# オックスフォード キリスト教辞典

The Concise Oxford Dictionary of the Christian Church

E.A.リヴィングストン 編
E.A.Livingstone
木寺廉太 訳
Renta Kidera

教文館

*The Concise Oxford Dictionary of the Christian Church*
Third Edition



Published by Oxford University Press in 2013

# 訳者序文

本辞典は *The Concise Oxford Dictionary of the Christian Church*, Third Edition, Oxford University Press, 2013の全訳である．この辞典は約60年の歴史をもつイギリスの権威ある標準的なキリスト教辞典の系譜につらなっている．

まず，この本の親辞典とも言うべき『オックスフォード　キリスト教会辞典』（*The Oxford Dictionary of the Christian Church*）について説明しておきたい．この辞典の初版は，オックスフォード大学神学教授 F. L. クロス（1900‒68年）が実に18年間の準備期間をかけて編集し，1957年にオックスフォード大学出版局から刊行された．4頁に及ぶ序文において，クロスはその内容，ほとんどの項目に付した参考文献，出版までの経緯を詳述して，並々ならぬ努力の跡を辿り，多くの人名を挙げて謝意を表したのち，別途，10頁に及ぶ500人近い寄稿者のリストを載せている．そしてこの序文から知られるのは，第2版以降に共同編者となったE. A. リヴィングストンがクロスの最も重要な協力者だったことである．『親辞典』は第2版（1974年），第3版（1997年），第3改訂版（2005年）へと次第に拡充されてきているが，リヴィングストンは本書「原著序文」に見るように，項目数をほぼそのままにしたその簡約版（*The Concise Oxford Dictionary of the Christian Church*）を多くの一般の読者のために企画して，それぞれ初版（1977年），第2版（2000年），第2改訂版（2006年）を出版してきた．

しかし『親辞典』の新版が第3改訂版で留まっているにもかかわらず，時代の変化やキリスト教界の動きに合わせて，『子辞典』は2006年の第2改訂版から7年ほどして，2013年に第3版（本辞典）が出版されたのである．両版を比較してみると，とりわけヨーロッパ以外のキリスト教への関心が深められており，新項目こそ「ヴェイユ」「遠藤周作」「フランキスクス（フランシスコ）」など86項目にすぎないが，実に多くの従来の項目でも十分な追加・補充がなされている．そのことが顕著なのは，「アメリカ聖公会」「十字軍」「世界教会協議会」「朝鮮のキリスト教」「福音主義」「ベネディクトゥス16世」などであって，その内容はほとんど一新されたといってよい．また，各国のキリスト教や各教派の項目などにも必要な追加がなされることでいわば「現代化」されている．

クロスとリヴィングストンが編者となって出版してきた，これら『親辞典』と『子辞典』を英語圏における最も定評のあるキリスト教辞典にした理由は何であろうか．それは，キリスト教史，英国教会，カトリック教会，典礼などに関する項目が充実しているゆえだけでなく，教派的な偏向のないエキュメニカルな精神にたって，現代のキリスト教界のさまざまなテーマをバランスよく扱っているゆえでもあろう．さらに訳者が特に強く感じたのは，記述が穏健で抑制の利いていること，表現が正確で分かりやすいことである．

本辞典はキリスト教に関する基本的な語彙や専門的な言葉を説明したいわば「キリスト教用語辞典」であり，キリスト教関係者に極めて有益であるだけでなく，一般の日本人が欧米文化に接する際に必要となるキリスト教に関するさまざまな知識を得るためにも大いに役立つものと確信する．

さて，訳者が翻訳にあたって腐心したのは最適な日本語の訳語をどう決定するかということであった．このために，多くの邦語文献を参照したが，一つ一つの項目を訳し始める前に，「凡例」に掲げた『キリスト教大事典（改訂新版）』『キリスト教人名辞典』『岩波キリスト教辞典』『新カトリック大事典』の対応する項目に少なくともまず目を通した．訳者はキリスト教用語の標準的な日本語の訳語が定着していくことに本辞典も貢献できればと強く願っている．

訳者が用いた複数の「大英和辞典」のあいだでは，キリスト教用語の訳語に必ずしも完全な統一性は見られない．本辞典の巻末の「欧文・和文項目対照表」は原著の項目のままABC順に並んでいるので，キリスト教用語になじみの薄い英語学習者にとって，一種の「キリスト教小英和辞典」の役割を果たすであろう．

最後に，本辞典の翻訳を勧めてくださった教文館代表取締役社長の渡部満氏，そして編集・校正の労を取ってくださった高木誠一氏はじめ出版部の方々に厚くお礼を申し上げる．

2016年10月

木　寺　廉　太

# 原著序文

1939年に，G. F. J. カンバーレッジ（Cumberlege）博士はオックスフォード大学ピュージー・ハウスの２人の若い司書に，手頃な『オックスフォード　キリスト教必携』（*Oxford Companion to the Christian Religion*）と考えられるものをできるだけ早く作成するよう委嘱することにした．その18年後の1957年に彼の後任は，当時オックスフォード大学レディー・マーガレット講座担当神学教授になっていたF. L. クロス（Cross）が編集した『オックスフォード　キリスト教会辞典』（*The Oxford Dictionary of the Christian Church*,『親辞典』と略す）を出版した．同書はすぐに標準的な参考図書となり，大グレゴリウスが聖書について語ったような，「小羊たちが歩み，象たちが泳ぐ流れ」を提供してきた．

（第１版が1977年に出版された）この簡約版（『子辞典』と略す）の目的は，象たちの水泳プールを必要とせず，また買う余裕もない小羊たちに基礎的な知識を提供することである．たいていの場合，誰なのかとか何なのかとかの問いに答えようとしており，主題に関わるさらなる知識や文献のリストに関しては，読者は『親辞典』の対応する項目を参照されたい．『子辞典』の第２版（2000年）と本辞典である第３版（2013年）は，『親辞典』のその後の第２版（1974年），第３版（1997年），その改訂版（2005年）に基づいているが，さらにその後の展開や，より一般的な関心事をも考慮している．なお，聖書の現代語訳に関しては同意が得られておらず，聖書の引用は欽定訳聖書に依っている．

新しい項目を書き，これまでの項目を修正し，他のさまざまな方法で助けてくださった多くの方々に謝意を認め表するのは，私にとり愉快な義務である．あまりに多すぎて全員の名前を挙げることができないが，とりわけ私は以下の方々に恩義がある．それは，教授マリリン・アダムズ（Adams）師，ヘレン・エカーマン（Åkerman），ミセス・シェイラ・オールコック（Allcock），グスタフ・アルナンダー（Arnander），B. W. ボール（Ball）博士，マイケル・ベントリー（Bentley）教授，D. ベヴァン（Bevan）氏，ミス・ニコラ・バイオン（Bion），シュタイヌン・A. ビエルンスドッティル（Björnsdóttir）師，イエズス会員クリス・ボールズ（Boles）師，博士マイケル・ブルドー（Bourdeaux）師，博士ティム・ブラッドショー（Bradshaw）師，セバスチャン・ブロック（Brock）博士，ヴァージニア・ギャラッド・バーネット（Burnett）博士，マダム・ディアーヌ・シャブロ（Chabloz），ジョン・P. チャーマーズ（Chalmers）師，E. A. コーツ（Coates）博士，ミセス・ジュディス・コレラン（Colleran），ミセス・マルゴルザタ・コフーン（Colquhoun），マーティン・コンウェー（Conway）師，ミス・ヘレン・コックス（Cox），リッチー・クレーヴン（Craven）氏，J. D. クリシュトン（Crichton）師，ミセス・マージョリー・J. クロスリー（Crossley），N. R. M. ド・ランジュ（Lange）博士，J. P. B. ドブズ（Dobbs）博士，主席司祭ジョン・ドルリー（Drury）博士，E. T. デュボワ（Dubois）博士，T. F. アール（Earle）教授，主席司祭ピーター・イートン（Eaton），主席司祭 D. L. エドワーズ（Edwards）博士，イエズス会員フィリップ・エンディーン（Endean）博士，ドミニコ会員・主席司祭 A. エスザー（Eszer）博士，教授ポール・フィッデス（Fiddes）師，主席司祭コランバ・グレアム・フレッグ（Flegg）博士，ミセス・ジャネット・フット（Foot），サラ・フット（Foot）教授，ニコラ・フレッシュウォーター（Freshwater），ドミニコ会員フランシス・サイモン・ゲイン（Gaine）博士，ジェームズ・H. グレーソン（Grayson）教授，ニッキー・ガンベル（Gumbel）師，B. J. T. ハンソン（Hanson）氏，ジェーン・ヒース（Heath）博士，博士チャールズ・ヒル（Hill）師，デーヴィッド・ヒリアード（Hilliard）教授，マイケル・ヒンドリー（Hindley）氏，ジョン・ハンウィック（Hunwicke）師，マイケル・ハッチンソン（Hutchinson）氏，主教キャロリン・アイリッシュ（Irish）師，ジェレミー・ジョーンズ（Johns）教授，P. M. ジョイス（Joyce）博士，エレイン・ケイ（Kaye）博士，主席司祭クリストファー・ルイス（Lewis）師，リチャード・ラインズ（Lines）氏，教授アンドルー・ラウス（Louth）師，教授 D. N. J. マカロック（MacCulloch）師，ニール・B. マクリン（McLynn）博士，アラン・マクォーリー（Macquarrie）博士，教授 J. マクォーリー師，ミス・マーティーナ・マンジェルズ（Mangels），ミセス・ディアドリ・マーティン（Martin），主教座聖堂参事会員 P. M. マーティン師，ディーター・メスナー（Messner）氏，ドミニコ会員 J. O. ミルズ（Mills）師，ドミニコ会員・主席司祭デニス・ミンズ（Minns）博士，ベルナドット・モハン（Mohan），博士アンドルー・ムーア（Moore）師，R. C. モーガン（Morgan）師，チャールズ・P. マグルストン（Mugleston）師，イエズス会員ジョゼフ・A. ミュニティズ（Munitiz）博士，ミス・クレア・ヒルズ・ノヴァ（Hils–Nova），アンソニー・オマホニー（O'Mahoney）教授，ドミニコ会員ロバート・オンバーズ（Ombres）博士，博士バリー・オーフォード（Orford）師，ミス・アリソン・オーエン（Owen），ナイジェル・パーマー（Palmer）教授，リチャード・パリッシュ（Parish）教授，パーク（Park）男爵夫人，教授ジョージ・パティソン（Pattison）師，教授 R. W. プファッフ（Pfaff）師，アンガス・フィリップス（Phillips）氏，ミス・A. ピクルズ（Pickles），博士 S. J. ピックス（Pix）師，コリン・ポドゥモア（Podmore）博士，博士 H. D. ラック（Rack）師，ベネディクト会員ダニエル・リース（Rees）師，主教座聖堂参事会員ジョン・リース師，博士 A. C. ロス（Ross）師，P. H. ルソー（Rousseau）博士，教授クリストファー・ローランド（Rowland）師，D. A. F. M. ラッセル（Russell）教授，マシュー・シュレッカー（Schrecker）氏，ヨハネス・シュヴァンケ（Schwanke）教授，リチャード・シャープ（Sharpe）教授，アニア・ショートランド（Shortland）博士，テオ・シンプソン（Simpson）師，J. J. スミス（Smith）博士，リチャード・ソワビー（Sowerby）博士，ミス・J. K. F. スウィンヤード（Swinyard），デーヴィッド・M. トンプソン（Thompson）教授，R. W. トルーマン（Truman）博士，ドミニコ会員・主席司祭サイモン・タグウェル（Tugwell）博士，ジョン・ウォルシュ（Walsh）博士，ベネディクト会員ヘンリー・ウォンスブロー（Wansbrough）師，教授キース・ウォード（Ward）師，ケヴィン・ウォード博士，P. A. ウォード・ジョーンズ（Ward Jones）氏，主教 K. T. ウェア（Ware）博士，マーク・ホイッタウ（Whittow）博士，教授 M. F. ワイルズ（Wiles）師，ミセス・メアリ・ウィルキンソン（Wilkinson），ミス・F. M. ウィリアムズ（Williams），主教座聖堂参事会員トレヴァー・ウィリアムズ，H. G. M. ウィリアムソン（Williamson），J. R. C. ライト（Wright）博士，主教座聖堂参事会員ヒュー・ウィブルー（Wybrew）師であり，また，アマナ会（Amana Society），ボドレアン（Bodleian）および付属図書館，特にオリエンタル・インスティチュート（Oriental Institute），サックラー（Sackler）およびヴィア・ハームズワース（Vere Harmsworth）図書館，ダウンサイド・アビー（Downside Abbey）図書館，シェーカー派図書館のスタッフの方々，オックスフォード大学出版局のスタッフ，特に義務の範囲を越えて協力してくださったコーネリア・ハース（Haase）および本版の校正刷りも読んでくださったフィリップ・ノークス（Nokes）氏と J. T. テンプル（Temple）教授である．

2013年6月　オックスフォード

E. A. リヴィングストン*

*E. A. リヴィングストン博士はこの簡約版（『子辞典』）が基づいている『オックスフォード　キリスト教会辞典』（『親辞典』）第3版とその改訂版の編者である．彼女は1971–95年に，国際教父研究会（International Conferences on Patristic Studies）の事務局長であり，その紀要を編集した．教父研究への貢献により，彼女は大英帝国5等勲爵士（MBE）に叙せられた．

# 凡　例

1. 本辞典は，Elizabeth A. Livingstone, *The Concise Oxford Dictionary of the Christian Church*, Third Edition, Oxford University Press, 2013の翻訳である．
2. 用語の表記に関しては，主として『キリスト教大事典（改訂新版）』教文館，1968年，新カトリック大事典編纂委員会編『新カトリック大事典』研究社，1996-2009年，『キリスト教人名辞典』日本基督教団出版局，1986年，大貫隆ほか編『岩波キリスト教辞典』岩波書店，2002年，『岩波世界人名大辞典』岩波書店，2013年を参照した．人名，地名の表記は原音読みを原則としたが，慣例に従った場合もある．
3. 聖書の引用および聖書文書の略語は『聖書　新共同訳』（日本聖書協会，1987年）に依拠した．ただし，たとえば「一コリ」でなく「Ⅰコリ」のように，略語の漢数字はローマ数字にした．
4. 本文中に言及された讃美歌（聖歌）のうち，『古今聖歌集』（日本聖公会，1959年）と『讃美歌』（日本基督教団出版局，1954年）に収録されているものは，その番号と歌い出し句を記した．
5. たとえば誓い*や「忠誠の誓い」*のように，本文中の「*」印は，直前にある用語が立項項目であることを意味している．
6. 本文中や項目間の「➡」印は，示された項目を見ることという意味である．
7. 巻末の「欧文・和文項目対照表」は原著の項目順に並んでいる．なお，本辞典の項目名の欧文は，原著のままでなく追加・補充を行った場合もある．
8. 欧文項目名に用いられた主な略語とその意味は以下のとおりである．

AD（Anno Domini: キリスト紀元）
BCP（Book of Common Prayer:『祈禱書』）
Bl（Blessed: 福者）
BVM（Blessed Virgin Mary: 聖母マリア）
f.（feminine: 女性形）
KBE（Knight Commander of the British Empire: 大英帝国２等勲爵士）
m.（masculine: 男性形）
Mme（Madame: 夫人）
NT（New Testament: 新約聖書）
St（Saint: 聖人）

オックスフォード
# キリスト教辞典

装丁　菊地信義

# あ

## 愛（あい）
love

キリスト教神学において，神の行為と人間の応答の本源．旧約聖書において，神の愛の特質はとりわけホセア*により認識されていたが，愛が神の本質的な性格を構成するという教理が展開されたのは，新約聖書においてのみである．キリストは人が神と隣人を愛するべきだという別々の戒めを結びつけて，それを敵に対する愛にまで拡大した．このキリストの愛（新約聖書において *agapē* と呼ばれる➡アガペー）は，情緒よりむしろ意志の問題であり，それはⅠコリント書13:1-8に明示されている．➡愛徳

## アイイ
d'Ailly, Pierre（1350/51-1420）

フランスの神学者．パリ*大学で教え，1397年にカンブレ(Cambrai)司教になった．彼の主要な関心事は，大シスマ*を終結させる手段を見いだすことであった．ピサ教会会議*に出席し，新たに選出されたアレクサンデル5世*を支持した．彼はその後継者であるヨアンネス23世*により枢機卿とされた．1414-18年に，彼はコンスタンツ公会議*に出席し，公会議首位説*を支持したが，「コンスタンツの決議条項」に全面的に同意したわけではない．1416年に，彼は強い影響を及ぼした『教会改革に関する論考』（*Tractatus super Reformatione Ecclesiae*）を刊行した．

教理上の教説において，アイイは通常オッカム*の見解を受容した．アイイの考えでは，神の存在は理性により証明される真理ではなく，罪も本質的に悪なのではなく，神がそう望むという理由だけで罪となる．彼の主張では，司教も司祭もその裁治権を直接にキリストから受けるのであって，間接的に教皇をとおしてではなく，また教皇も公会議も不可謬ではない．彼の見解は宗教改革者により発展し，またガリカニスム*に影響を与えた．

## アイ・エイチ・エス
IHS

イエス（Jesus）の名を指すモノグラムで，アンシアル字体*で書かれた対応するギリシア語ΙΗΣΟΥΣの最初の3文字．

## アイオナ
Iona

ヘブリディーズ諸島の小島で，聖コルンバ*が563年にスコットランドに来たすぐあとに，その地方の王から彼に与えられた．彼がそこに建てた修道院から，宣教者がスコットランドやイングランド北部に派遣された．修道院はその学問と芸術作品により有名になった．1203年に『ベネディクトゥス会則』*のもとに再編された．

アイオナ会（Iona Community）は，社会問題に受肉の神学を表現するために，G. F. マクラウド*により1938年に設立され，（1966年に完成した）修道院の再建した建物をその目的の象徴として用いている．もともと主にスコットランド教会出身の会員たちは，年に3か月アイオナで共同生活を送り，スコットランドの工業地帯や宣教分野での活動の準備をした．現在，会員はエキュメニカルで，アイオナでの滞在期間も自由に変えられる．アイオナ会は平和運動に指導的な役割を果たしてきた．

## 哀歌（あいか）
Lamentations of Jeremiah

この旧約聖書の文書は，前586年頃のエルサレム*崩壊後のユダの荒廃を扱っている．現代の学者は本書をエレミヤ*に帰することを否定する傾

向にあるが，本書はおそらく彼の生涯に由来する．キリスト教徒はふつう本書をキリストの受難と関連づけて解釈し，西方教会では，聖週間*の典礼で用いられる．

### アイク

➡エイク

### 愛餐

➡アガペー

### アイスランドのキリスト教
Iceland, Christianity in

キリスト教は980年頃にノルウェー*からアイスランドに達し，999/1000年の民会で受け入れられた．その中世の教会を行政的に管轄したのは，ブレーメン（Bremen），次にルンド*，最終的にトロンヘイム（Trondheim，旧称ニダロス［Nidaros］）であった．宗教改革*の際，アイスランドは，1380年頃からその属国となっていたデンマーク*に従い，ルター主義*を採用した．1874年の憲法の結果，非国教徒，すなわちカトリック，救世軍*，セブンスデー・アドヴェンティスト派*，のちにペンテコステ派*が現れた．また，福音ルター派教会から自由ルター派教会が独立した．アイスランドが1944年にデンマークから政治的に独立したとき，国民教会（福音ルター派教会）も同様な自由を獲得し，1997年に教会の事項に関して国家からの自治権を受けた．2012年に，人口のほぼ90%がキリスト教の教派に属し，大部分はルター派である．

### 愛徳（カリタス）
charity

ギリシア語の *agapē* は，他の箇所では通常 ‘love’（愛*）と訳されるが，欽定訳聖書（AV）では ‘charity’ と訳されている．➡アガペー

### アイネイアス（ガザの）
Aeneas of Gaza（518年没）

キリスト教徒の新プラトン主義*者．彼は『テオフラストス』（*Theophrastus*）において，霊魂の不滅性と肉体の復活を擁護したが，正統派のキリスト教の教理と矛盾するようなプラトン主義*の教えを否定した．

### 愛の祈り
affective prayer

嘆願事項を述べたり漫然とした考えに耽ることよりも，神への愛を強く望むことに力点が置かれているような祈り．

### 『愛の憲章』（『カルタ・カリターティス』）
*Carta Caritatis*（*Charter of Love*）

クリュニー会*の強制的な性格と対照的なために名づけられた『愛の憲章』は，シトー会*の会憲を略述する文書であった．これは1119年に教皇カリストゥス２世*に提出された．最終的な形は1155年頃のものであるが，その中心部分はおそらくステファヌス・ハーディング*の作であろう．

### アイル

➡側廊

### 「アイルランド条項」
Irish Articles

1615年に，アイルランド*教会によりその第１回総会（Convocation）で採択された104条の信仰箇条．どうやらJ. アッシャー*により作成されたらしく，（1635年にアイルランドで承認された）英国教会の「39箇条」*よりもカルヴァン主義的であった．

### アイルランドのキリスト教
Ireland, Christianity in

キリスト教は４世紀にガリアとブリタニアからアイルランドに広まった．最初の確実な年代は，プロスペル*の『年代記』中の，ケレスティヌス１世*が「キリストを信じるアイルランド人への初代司教として」パラディウス*を派遣したという記述の431年である．２番目の５世紀の史料である，聖パトリキウス*の著作は，アイルランドの明確な教会像を示していない．７世紀までは，アイルランドと他のケルト諸教会*の関係は緊密であ

ったが，その後の500年間，アイルランド教会は管区大司教の裁治権を欠く構造を維持した．いくつかの修道院が大きな自治的共同体へと発展した．アーマー*やコーク（Cork）のような場所は，しばしば信徒であった，教会の長の裁治権のもとにある都市になり，そのような多くの教会とその地所は，代々の教会の支配層により管理された．ヴァイキングの都市，特にダブリン*の定着が変化をもたらした．11世紀にノルウェー人（Norse）定住者がキリスト教徒になり，彼らの教会はイングランド教会との連携を模索した．12世紀の３度の全国的な教会会議が教区制度を創設し，また新しい修道会，特にシトー会*の活動が目立った．しかしながら，多くの以前からの教会は衰微し，また聖職者の独身制*と教会法に基づく結婚を課そうとする試みは一般にうまくいかなかった．1169年のノルマン朝の侵入およびアイルランド東部の大部分の植民地的占領は，教会の分裂をもたらした．15世紀には，聖職者は弛緩し，教会に対する俗権の支配はいっそう進展し，司牧的配慮は貧弱であった．

ヘンリー８世*のもとで，政府に近い大多数の聖職者や信徒は名目上，1537年のアイルランド首長令に同意した．1560年にアイルランド教会がアイルランド議会により設立されたが，宗教改革*は当初，ダブリンに統治された地域ないしイングランドやスコットランドからの最近の定住者地域外ではほとんど進展しなかった．17世紀前半にプロテスタンティズムの勢力は，イングランドやスコットランドの聖職者の影響で増大し，1592年にダブリンにトリニティー・カレッジ*が創設され，1615年に「アイルランド条項」*が公布された．同時に，復興したカトリシズムはアイルランド人の心をいっそう深くとらえた．1618年に常住のカトリックの位階制が一時的に，1591年以来任命されていた代牧*に置き換わった．それ以降，カトリシズムはアイルランドにおける多数派の信仰であり続けており，ますます民族性と文化的アイデンティティに結合している．1641年の反乱に示された，アイルランドにおけるカトリシズムと反乱の明白な結合の結果，特にカトリック信徒に向けた措置がとられた．ジェームズ２世*治下のカトリック復興と彼の続く敗北は差別的措置の拡大を促進し，それが1704年以降，カトリック信徒にもプロテスタントの非国教徒にも打撃を与え，政治的職務や土地の所有権をアイルランド教会員に限定しようとした．

東アルスター（Ulster）のスコットランド人定住者は17世紀に長老派*を広めており，1690年にアルスター大会（Synod）を組織した．さらに1650年代にイングランドから来た，イングランドの長老派，独立派*，バプテスト*，クェーカー*も存在し，それにフランスやラインラントからの亡命者が続いた．18世紀に，アイルランド教会は多数派のカトリックからもプロテスタントの非国教徒からも脅威を感じた．1798年の反乱は宗教的不信を強めた．1800年の合同法は，国教会としてのアイルランド教会の地位を確認したが，（1829年に承認された）カトリック解放を要求してカトリックの大衆を動員したD. オコンネル*の成功は，合同を支持するアングリカンと非国教徒を結合させた．飢饉と移民は19世紀にカトリックの人口を著しく減少させたが，次々に現れた改革的な司教がカトリシズムを復興し，力強いウルトラモンタニズム*的教会を築いた．

アイルランド教会は1869年に非国教化され，総会*（General Synod）が教会の統治母体となった．『祈禱書』は1878年と1924-26年に改訂され，『併用祈禱書』（Alternative Prayer Book）が1984年に認可された．これは現在，2004年に刊行された『新祈禱書』に置き換わっている．

1922年のアイルランド分割後，自由国（のちの共和国）の立法は多数派のカトリックのエートスを反映した．1938年の憲法はプロテスタントとユダヤ教の共同体を認めはしたが，1972年まで多数派の信仰の保護者としてのカトリック教会の特別な地位を認めていた．北アイルランドでは，人口の３分の１以上を占めるカトリックは，分割に決して満足せず，差別に対する彼らの不満は1968-69年に起こった紛争の原因の一つであった．諸教会間に横たわる不信観にもかかわらず，紛争の長期化と激しさは彼らに解決を模索して協力させることになった.

## アインジーデルン
Einsiedeln

スイスのベネディクト会*の大修道院で，巡礼地．聖マインラート*がかつて住んでいた場所に，同修道院が934年に設立された．大修道院図書館には，貴重な写本のコレクションがある．

## アインハルト（エギンハルト）
Einhard（Eginhard）（770頃-840）

フランクの歴史家．シャルルマーニュ*の信任を受け，アーヘンの宮廷付属学校の一員であった彼は，同地の建築活動の監督を委ねられた．彼の著作にはすぐれた『シャルルマーニュ伝』があり，皇帝の性格と支配に関するその生き生きとした描写で卓越している．いわゆる『アインハルト年代記』（Annales Einhardi）と『パーダーボルン史詩』（Paderborn Epic）を彼が書いたということはもはや受け入れられない．

## アヴァンチーニ
Avancini, Nikola（1611-86）

イエズス会*員の修徳的著作家，神学者．簡潔で力強い日々の黙想*の集成である，『4福音書によるイエス・キリストの生涯と教え』（*De Vita et Doctrina Jesu Christi ex Quattuor Evangelistis collecta*）は多くの言語に翻訳され，広く用いられた．

## アヴィケブロン
Avicebron（Avicebrol）（1020頃-1060頃）

スペイン出身のユダヤ人哲学者ソロモン・イブン・ガビーロル（Ibn Gabirol）のラテン名．質料と形相の区別は物質界とともに非物質界にも適用されるという彼の見解に対して，聖トマス・アクィナス*は反論を書いた．アラビア語で書かれた彼の主著『生の源泉』（*Fons Vitae*）はラテン語訳をとおして中世に広く読まれた．

## アヴィケンナ
Avicenna（980-1037）

イスラーム*の哲学者．彼の考えでは，神と人間を仲介する神性からの階層的発出がある．彼も通常，アリストテレス*にならって，必然的存在と偶有的存在を区別したが，それは神が必然的で，世界が偶有的だと考えたからであるが，彼は両者のあいだに，自然にではなく神がそうしたゆえに必然的だと彼が考えたイデアの世界を置いた．彼は初期のスコラ学者*に多大な影響を及ぼした．

## アウィトゥス（聖）
Avitus, St（518年頃没）

490年頃からヴィエンヌ司教．ローマの元老院議員の家系出身の彼は，父の没後に司教座を受け継いだ．彼はブルグント王国の教会生活に永続的な影響を及ぼし，アレイオス主義者*の王ジギスムントを正統派のカトリックに改宗させた．祝日は2月5日．

## アヴィニョン
Avignon

1309-77年のあいだ，アヴィニョンは教皇の居住地であったが（「バビロニア捕囚」*），クレメンス6世*がナポリ女王から購入する1348年までは教皇領ではなかった．

## アーヴィング
Irving, Edward（1792-1834）

カトリック使徒教会*の創立に関わったスコットランドのミニスター*．1822年に，彼はロンドンのハットンガーデンにあるカレドニアン・チャペルのミニスターになった．彼は千年王国説*に傾倒し，H. ドラモンド*の集会と接触するようになった．1830年に，ロンドン長老教会はアーヴィングを除名した．彼がミニスターであったリージェント街にある教会でのリバイバル運動*的騒動のあとで，彼は1832年に追放された．彼の追随者はニューマン通りの建物に移り，そこは1853年までロンドンでのカトリック使徒教会の本部であった．アーヴィングはスコットランド教会より教職を剝奪されたが，1833年にカトリック使徒教会の司教に叙階された．

## アヴェ・ヴェルム・コルプス
Ave verum Corpus

（ラテン語で「めでたし，まことの御体」の意.）短い作者不明の聖体の賛歌で，おそらく14世紀にさかのぼる.

## 『アヴェスタ』
Avesta

ゾロアスター教*の経典で，古代イラン人の神学や宗教体系を述べている.

## アヴェ・マリア（天使祝詞）
Hail Mary（Ave Maria）

聖母マリア*に対する祈りで，ガブリエル*とエリサベト*の挨拶（ルカ1:28, 42）に基づく．現在の西方の祈りは以下のように続く．(1) 'Hail Mary, full of grace, the Lord is with you: Blessed art thou among women, and blessed is the fruit of thy womb, Jesus'（めでたし，聖寵満ち満てるマリア，主御身と共にまします．御身は女のうちにて祝せられ，御胎内の御子イエスも祝せられ給う），(2) 'Holy Mary, Mother of God, pray for us sinners now and at the hour of our death'（天主の御母，聖マリア，罪人なる我らのために，今も臨終の時も祈り給え）．少し違った祈りが正教会で用いられている.

## アヴェ・マリス・ステラ
Ave maris stella

（ラテン語で「めでたし，海の星」の意.）広く好まれたマリア賛歌で，遅くとも9世紀にさかのぼる.

## アヴェロエス主義
Averroism

アヴェロエス（Averroes，イブン・ルシュド［Ibn Rushd］，1126-98年）はコルドバのイスラーム*の名家の出身である．1182-95年に，彼はマラケシュでカリフの主治医であった．彼の名声はアリストテレス*の注釈書に基づいている．アヴェロエスによれば，第1動者である神は世界からまったく分離しているのに対し，天界は人間に至る下降的系列の中で神から発出する知的存在である．彼は質料の永遠性と可能性を説き，また人間知性の単一性，すなわち人間全体に唯一の知性が存在し，すべての人がそれに参与することを説き，個人的な不死性を排除した.

アヴェロエスの学説は1230年頃にヨーロッパのカトリック世界に知られるようになったが，すぐにその意義が理解されたわけではない．1256年に，教皇アレクサンデル4世はアルベルトゥス・マグヌス*に知性の単一性に関するアヴェロエスの教えを研究するよう指示した．パリでは，ブラバンのシゲルス*がアヴェロエス主義的学説を説いたが，聖トマス・アクィナス*により攻撃され，1270年にパリ司教はアヴェロエス主義的教説に由来する13の誤謬を断罪した．1277年以降，アヴェロエス主義はパリ大学で教えることが禁じられたが，14世紀に再び浸透し，イタリアではルネサンスまで残存した.

## アウグスチノ隠修士会
Augustinian Hermits or Friars

現在の正式名称は「アウグスチノ会」（Order of the Brothers of St Augustine）．『アウグスティヌス会則』*を守る修道会．1256年に，隠修士*のさまざまな修道会が統合して形成され，西ヨーロッパに広く設立された．M. ルター*が属していたのもこの修道会の改革された修族であった．宗教改革の影響や後代の世俗化に痛手をこうむったが，現在もとりわけヨーロッパ，南北アメリカ，フィリピンにおいて存続している.

## アウグスチノ会
➡アウグスチノ隠修士会

## アウグスチノ修道祭式者会
Augustinian Canons

「アウグスチノ律修参事会」ともいう．11世紀半ばに，北イタリアや南フランスのさまざまな聖職者の共同体が，清貧・独身・従順の共同生活を営もうとした．彼らの生き方は1059年と1063年のラテラノ公会議*で認可された．12世紀前半までに，西ヨーロッパ中に広がったこれらの共同体の会員は修道祭式者会*員（Regular Canons）と呼ばれるようになった．彼らはまた一般に『アウグスティヌス会則』を採用していた．こうして，「修道祭式者会員」は「アウグスチノ修道祭式者会員」，すなわち『アウグスティヌス会則』に従う人と同義語になった．その他，サン・ヴィクトル会*やプレモントレ会*のような『アウグスティヌス会則』を守る独立の修道会も存在する．

## アウグスチノ律修参事会（りっしゅうさんじかい）

➡アウグスチノ修道祭式者会

## 『アウグスティヌス』

*Augustinus*

恩恵と人間性に関するC. O. ヤンセン*による論考で，1640年に刊行された．➡ヤンセン主義

## アウグスティヌス（カンタベリーの）（聖）

Augustine, St, of Canterbury（604-09年没）

初代のカンタベリー*大司教．グレゴリウス1世*によりローマから派遣されたアウグスティヌスは，597年にケントに上陸した．数か月以内に，キリスト教はその妻がすでにキリスト教徒であったケント王エセルベルト*により正式に受け入れられた．603年頃にアウグスティヌスは，ブリタニアにまだ残っていて，規律や慣行の諸問題でローマと相違していた古代ケルト教会*の代表者たちと合意に達するよう努めたが，失敗に終わった．604年に，彼はメドウェイ川の西方で伝道するようにユストゥス*を，またイースト・サクソン人のあいだで働くようにメリトゥス*をそれぞれ派遣した．祝日は5月26日，カトリック教会では1969年以降，5月27日．

## アウグスティヌス（ヒッポの）（聖）

Augustine, St, of Hippo（354-430）

ヒッポ・レギウス（Hippo Regius，現アンナバ［Annaba］）司教．キリスト教徒であった母（聖モニカ*）の影響で，彼は子どものときに洗礼志願者*となった．青年期に信仰を失い，17歳のとき，ある女性と同棲し，それは15年間続いた．374年頃，彼はマニ教*を受け入れ，カルタゴ，ローマ，ミラノで次々と教職を得ていくあいだ，マニ教とのゆるやかな関係を保った．ミラノでのさまざまなことが宗教的危機を生む要因となり，387年に聖アンブロシウス*から受洗した．彼は388年にアフリカに戻り，タガステに禁欲主義的な信徒の共同体を創設した．391年にヒッポを訪れた際，不本意ながら司祭に叙階された．おそらく395年夏に，彼は協働司教*となり，その後ほどなくしてウァレリウス（Valerius）の没後に単独の司教となった．

アウグスティヌスの司教聖別に異論のあったのはとりわけ，過去にマニ教徒であったからであり，彼は聖別後3年間で極めて反マニ教的な『告白録』*を書いた．彼がドナトゥス派*に反対したことは，カトリック教会の信頼を得るのに役立った．彼はドナトゥス派の司教たちに唯一性対神聖性という中心的な問題を議論するよう促し，同僚の司教たちにはドナトゥス派により授けられた秘跡を認めさせようとした．このために，彼は有効性*（validity）と効力（efficacy）の区別を展開した．

アウグスティヌスが数多くの駁論を書いたペラギウス*は，405年に『告白録』から引用された言葉を聞いて，それが人間の責任を損なうものだと憤慨した．ペラギウスの考えでは，恩恵は神の命令を遂行するのに必要ではあるが，道徳的行為という要因が役割を果たすべきである．アウグスティヌスは次のように論じる．恩恵なしには，信仰も善意のわざもありえない．アダムの堕落*の結果，人間性は腐敗し自己本位になった．それゆえ，必要な恩恵は外面的な命令より重要なもので，それは従順な心に注がれる神の愛なのであり，その結果，人間性を享受できるがゆえに正当に評価もできる．にもかかわらず，洗礼は実際の罪と「原初の」（すなわちアダムから集団的に伝わった）罪の両方を赦す秘跡ではあるが，いかなる信徒も肉欲に縛られている限り完成に達することはない．子孫をもうける結婚は性的本能を善用してはいるが，それは自己中心性という瑕疵を必ず伴う．救いは全面的に恩恵によるというのは予定*の論理である．功徳*に先立つ永遠の神意により，神は堅忍の賜物を授かる少数の魂を選ぶことで御自身の憐

れみを示した.

アウグスティヌスの他の主要な著作の中に『神の国』があり, 416–22年に幾度かに分けて書かれた. これは410年のローマ略奪が古い神々を放棄したせいだと考える異教徒の批判に対してキリスト教を擁護した大著である. 399–419年に書かれた『三位一体論』の中心的なテーマは, 三一性の概念に不合理なものがないのは, 存在・知識・意志すべてが人格を構成するがゆえだということである. 彼の『ヨハネによる福音書講解説教』, 説教, 『アウグスティヌス会則』*は彼の信仰の核心, すなわち神への憧憬と教会共同体への深い理解を表している. 生涯の終わり近くに, 自らの著作に関する『再考録』(*Retractationes*) を書き, 訂正したり自己弁護したりしている. その後の西方神学に対する彼の影響は計り知れない. 祝日は8月28日.

## 『アウグスティヌス会則』
Augustine of Hippo, Rule of St

3つの主要な形で存在する修道会会則で, 2つが男子, 1つが女子のためである. 3者の関連性については議論されている. 聖アウグスティヌス*の『再考録』には会則への言及がないので, 彼が原著者であるかは疑わしい. 本会則は11世紀末にアウグスチノ修道祭式者会*により採用されるまではほとんど知られていなかった. それはやがてドミニコ会*, アウグスチノ隠修士会*などさまざまな修道会により受け入れられた.

## アウクスブルク仮信条協定
Augsburg, Interim of

カトリックとプロテスタント間の宗教的和解の暫定的な基礎として, 1548年にアウクスブルク帝国議会で受け入れられた教理に関する表明. これはトリエント公会議*が最終的和解に達するまで存続することが意図されており, プロテスタントに聖職者の結婚と二種陪餐*を認めた.

## アウクスブルク宗教和議
Augsburg, Peace of (1555年)

1555年にアウクスブルク帝国議会において, フェルディナント1世と選帝侯たちのあいだで達せられたドイツ帝国内の宗教的諸問題の和解. この和議はカトリシズムとルター主義 (カルヴァン主義でなく) の存在を認め, 各領地で臣民が領主の宗教に従うべきことを定めた. ➡クイユス・レギオ, エイユス・レリギオ

## アウクスブルク信仰告白
Augsburg, Confession of (1530年)

1530年にアウクスブルク帝国議会で皇帝カール5世*に提出されたルター派の信仰告白. その言葉遣いはつとめて穏健である. 第1部は本質的なルター派の教理を要約し, 第2部は教会の悪弊を考察し, その改善策を追求している.

この信仰告白の非改訂本 (Invariata) は現在もルター派教会の標準的な信仰告白である. 1540年にP. メランヒトン*により出された改訂本 (Variata) は, ドイツのいくつかの地域の改革派 (カルヴァン派) 教会で受け入れられている.

## アウクセンティウス
Auxentius (373-74年没)

355年からミラノ司教. 彼は西方におけるアレイオス主義*の最も有力な支持者であった. 360年のパリと372年のローマの教会会議で異端者として断罪されたにもかかわらず, 彼は没するまで司教座を保持した. 彼の後を継いだのが聖アンブロシウス*である.

## アウソニウス
Ausonius (310頃-395頃)

ラテン語の詩人. デキムス・マグヌス・アウソニウスは379年に執政官にまでなった. 彼の詩作の一部は, 彼がキリスト教信仰を受け入れたことを示唆している. 彼はノラのパウリヌス*に韻文の手紙を書いて, 修道士になるのを思いとどまらせようとしている.

## アウディウス派
Audiani

アウディウスを創始者とする4世紀の厳格主義

的な分派．教会から離れたのは，聖職者があまりに世俗化しているという理由からである．

## アウドエヌス（ウーアン）（聖）

Ouen（Audoenus), St（610頃-684）

641年からルーアン(Rouen)司教．彼は学問を奨め，修道院を建て，聖職売買*などの悪弊と闘った．彼はメロヴィング朝の王たちによりいくつかの政治的な任務を帯びた．祝日は8月24日．

## アウトダフェ

auto de fe

（スペイン語で「信仰に関する判決文の宣告」の意．）スペインの異端審問*の儀式で，そこでは行列・ミサ・説教のあとに判決文が朗読されて刑が執行された．死刑を宣告された者は俗権に引き渡され，1781年まで火刑に処せられていた．➡「総説教」

## アウレリウス（聖）

Aurelius, St（430年頃没）

391年頃からカルタゴ*司教．彼は一連のアフリカ州教会会議を主宰し，聖アウグスティヌス*に高く評価された．祝日は7月20日．

## アウレン

Aulén, Gustaf（1879-1977）

スウェーデンの神学者．1933-52年にストレングネース（Strängnäs）監督．彼は「モティーフ研究（*Motivsforschung*）学派」の指導者の一人で，同派は教理の現行の形を強調するよりもむしろ教理の背後に本質的な真理を見ようとした．1930年の贖罪*に関する著書において，「悪魔に払われる身代金」という理論を修正した形で擁護した．彼のその後の著書が強調したのは，教理における一貫性と継続性の諸要素および福音書の記録の歴史的な信頼性であった．

## アエギディウス（ジャイルズ，ジル）（聖）

Giles（Aegidius), St（8世紀？）

肢体不自由者，物乞い，鍛冶屋の守護聖人．10世紀の伝記によれば，彼はアテネ出身で，ローヌ河口付近で隠修士になり，そこで草や雌鹿の乳で生活した．西ゴート人の王フラウィウス・ヴァンバ（Flavius Wamba）がアエギディウスの住まい付近で雌鹿を狩り，彼の聖性に感銘して，彼のために修道院を建てた．彼の墓所の近くに発展したフランスのサン・ジル（St-Gilles）の町は巡礼地になった．祝日は9月1日．

## アエギディウス（ローマの）

Giles（Aegidius）of Rome（1243/47頃-1316）

哲学者．ローマで生まれた彼は，パリ*でアウグスチノ会*員になった．彼は1295年にブールジュ（Bourges）大司教になった．彼の多数の著作には，アリストテレス*の著作とペトルス・ロンバルドゥス*の『命題集』*に関する注解書，アヴェロエス主義*者への駁論，天使*論，原罪*論が含まれる．最も有名な『君主の統治について』（*De Regimine Principum*）は彼の弟子（のちのフィリップ4世）のために書かれた．アエギディウスの『教皇の権能について』（*De Summi Pontificis Potestate*）は，ボニファティウス8世*の大勅書『ウナム・サンクタム』*の基礎となっている．

## アエティオス

Aetius（366年頃没）

ソフィスト．彼はアレクサンドリア*で弁証家となり，アレイオス主義者によって主教となった．彼とその弟子たちであるアノモイオス派*は，生まれたものである御子が生まれた方でない御父とは本質において類似していないと主張した．彼の『シンタグマティオン』（*Syntagmation*）はエピファニオス*の著書に保存され，またわずかな断片も残っている．

## 『アエテリアの巡礼記』

➡『エゲリアの巡礼記』

## 『アエテルニ・パトリス』

Aeterni Patris（1879年）

レオ13世*の発布した回勅*で，哲学，特に聖トマス・アクィナス*の著作を研究するように教会に勧めている．

## アエリア・カピトリナ
Aelia Capitolina

ハドリアヌス帝が130年頃に，（70年に破壊された）エルサレム*の地に建てた新しい都市．

## アエリオス
Aerius（4世紀）

ポントスの司祭．彼はもともとセバステ主教エウスタティオス*の協力者であったが，のちに2人は決別した．アエリオスが教えたのは，復活祭*の遵守がユダヤ教的な迷信であり，規定された断食が誤りであり，死者のための祈りや施しが無用であるということであった．彼の弟子たち（アエリオス派）は彼の没後まもなく消滅した．

## アエール
aer

典礼中にカリス*とパテナ*を覆うために東方教会で用いられるヴェール．

## アエルフリック
Aelfric（955頃-1020頃）

「文法学者」と呼ばれる．ウィンチェスター*においてエセルウォルド*のもとで教育を受け，1005年にエインシャム（Eynsham）修道院の初代院長になった．彼が英語で書いた2巻の説教集は宗教改革時代に有名になった．それは彼が聖母マリア*の「無原罪の御宿り」*の教理を排除するような表現を用いたのみならず，実体変化*と相いれない聖餐の教理を主張したと想定されたからである．彼は他のどの国語でも存在しなかったラテン語文法書を初めて英語で著したほかに，「聖人伝」に関する第3の説教集などを著した．彼の名声を最も高めたのは，地方の聖職者のために自国語での学問的な価値のある書物を提供したことである．

## アエルレッド（聖）
Ailred（Aelred）, St（1109/10-67）

リーヴォー*大修道院長．サクソン人の司祭の子である彼は，1133年頃にリーヴォーのシトー会*の修道院に入り，1143年にリーヴズビー（Revesby）大修道院長，1147年にリーヴォー大修道院長になった．彼の多数の霊的著作は関心や傾向において，聖ベルナルドゥス*やサン・ティエリのグイレルムス*の著作と類似している．アエルレッドの信仰を特徴づけるのは，キリストの苦難の人間性に深く傾倒していることである．彼の著作として，『愛の鏡』（*Speculum Caritatis*），『霊的な友情について』（*De Spirituali Amicitia*），エドワード証聖王*の伝記がある．2つの説教の集成が近年になって彼に帰されている．祝日は1月12日および3月3日．

## アカキオス（カイサリアの）
Acacius of Caesarea（365年没）

アレイオス主義*の神学者．彼は341年にエウセビオス*の後を継いで，パレスチナのカイサリア*の主教となったが，343年のセルディカ教会会議*により罷免を宣告された．359年に，彼はセレウキア教会会議*でホモイオス派*の信条を提案した．彼は363年にニカイア信条*に署名したが，アレイオス主義に戻ったので，365年に罷免された．彼の弟子たち（アカキオス派）は，357-61年に目立って重要な神学的なグループであった．

## アカキオスのシスマ
Acacian schism

アカキオス（Acacius）のコンスタンティノポリス総主教時代（在職471-89年）に始まった，482-519年のローマと東方のあいだの一時的なシスマ*．これは「ヘノティコン」*に起因する．

## アガタ（聖）
Agatha, St

シチリアのカタニアで殉教した処女．彼女の名前はミサ典文*にも出ており，ローマにある初期の2つの聖堂が彼女に献げられた．彼女の殉教記録*は伝説的である．祝日は2月5日．

## アガタンゲロス
Agathangelos

『アルメニア人の歴史』の有名な著者. 本書が記述するのは, アルメニア*の改宗および聖グレゴリオス（照明者）*の伝記であり, 著者はその同時代人だと述べている.「アガタンゲロス」は, 同国人にその改宗の「良い知らせ」を伝えるアルメニア人キリスト教徒の変名である.

## アカティストス
Acathistus

（ギリシア語で「座らない」の意. それは立って歌われるからである.）聖母マリア*を称える有名なギリシアの典礼聖歌. 聖ロマノス*の作と思われるが, 作者については異論もある.

## アガト（聖）
Agatho, St（577頃-681）

678年から教皇. 680年に, キリスト単意論*者に反対して, 彼はローマで教会会議を開催した. 彼はまた, カンタベリー大司教テオドルス*に反対したヨーク司教ウィルフリッド*の訴えを取り上げた. 祝日は1月10日.

## 贖い
redemption

贖いの概念は多くの宗教に共通しており, 罪, 苦難, 死から解放されたいという人々の願いに基づいている. キリスト教の主張では, 贖いはキリストの受肉と死をとおして事実となった. 神学者はそれを, 罪からの解放および神との交わりへの人間と世界の回復という二重の局面で見ている.

ギリシア教父が神的生活への人間の回復を強調したのに対し（➡神化）, 西方教会の教父はキリストの犠牲的な死をとおしての我々の罪の償い*を第1に考え, 原罪*論との関連でその贖いの神学を論じた. 聖トマス・アクィナス*の主張では, 罪が自然の実体として廃棄されることはありえないが, それは贖い主（Redeemer）の客観的な功徳*により道徳的に償われることができ, その功徳は悔悛した罪人に適用されると, 彼らは恩恵*を受けて義化*と聖化に向けて協力することができる. 宗教改革者は信仰のみによる以外, 人間の協力を否定し,「キリストの義」の罪人への転嫁*による罪の赦しと義認をもっぱら強調した. 16-17世紀に, J. カルヴァン*やJ. ヤンセン*の教えに影響された, プロテスタントやカトリックの神学者で, 贖いが選ばれた者のみに及ぶと主張した者もいたが, これは1653年にインノケンティウス10世*により異端的として断罪された. ➡贖罪

## 贖いの座
mercy-seat

ユダヤ教の神殿*において,「契約の箱」*の上に置かれた純金製のふたで, 神の休息所と考えられた（出25:17-22）.

## アガペー（愛餐）
agape

(1) 愛を表すギリシア語. 七十人訳聖書*では, あらゆる意味の愛を指して用いられている. 新約聖書*では, 特別な意味を獲得した. すなわち, キリスト教的な用法では, アガペー（*agapē*）は霊的で無私の愛を指し, 肉的な愛であるエロース（*erōs*）と対比される. ラテン語で *caritas* と訳され, これが英語の ‘charity’（愛徳*）の本来の意味である.

(2) この語はまた, 聖餐と密接に関係して初期の教会でなされたと思われる共同の宗教的な会食（愛餐）も指した. 現代でもこれをよみがえらせることに関心がもたれている.

(3) 18世紀に, アガペーはモラヴィア兄弟団*を含むさまざまな敬虔主義*の共同体に導入され,「愛餐」は19世紀半ばまでメソジズム*の確かな特徴となった. 20世紀になって, これは聖餐とは別の典礼式においてさまざまな伝統に立つキリスト教徒を和解させる手段として用いられた.

## アガペトゥス（聖）
Agapetus, St（536年没）

535年から教皇. キリスト単性論*者のコンスタンティノポリス総主教アンティモス（Anthimus）を罷免して, その後継者としてメナス*を聖別し

た．祝日は東方では４月17日，西方では９月20日．

## アガペモニー教会

Agapemone, Church of the

イギリスの宗派．H. J. プリンス（Prince, 1811-99年）により創始された．サマセット（Somerset）において補助司祭*であった彼は，主任司祭*と共にリバイバル運動を始めた．２人は英国教会を離れ，1849年スパクストン（Spaxton）村に「アガペモニー」すなわち「愛の家」を開設した．彼の弟子たちはプリンスを神的存在と信じたが，彼らの放縦さは大きなスキャンダルとなった．この派は20世紀初頭に消滅した．

## アガボ（聖）

Agabus, St

使徒言行録（11:28，21:10）に言及された預言者．東方教会では，ルカ福音書10:1の72弟子の一人と考えられている．祝日は東方では４月８日，西方では２月13日．

## 赤帽子（枢機卿の）

red hat

伝統的に枢機卿*に特有の，平たい山のあるつばの広い帽子．枢機卿は現在は代わりにビレット*をかぶるが，「赤帽子」という表現は今でも枢機卿職を指す．

## 赤ミサ

Red Mass

西方教会の慣行によれば，聖霊の信心ミサ*のことで，それが伝統的に赤の祭服を着用して執行されるのでそう呼ばれる．

## 赤文字の祝日

red letter day

重要な祝日ないし聖人の祝日で，しばしば教会暦に赤文字で表記される．英国教会ではこの語は，『祈禱書』*が特禱*，書簡，福音書を定めている祝日を指す．➡黒文字の祝日

## アカリー夫人（福）

Acarie, Mme, Bl（1566-1618）

修道名はマリー・ド・ランカルナシオン（Marie de l'Incarnation）．バルブ・ジャンヌ・アヴリヨ（Barbe Jeanne Avrillot）はクララ会*に入会したかったが，1584年にピエール・アカリーと結婚し，６人の子女をもうけた．その家は慈善活動と深い霊性の拠点であった．アカリー夫人は幻視とエクスタシス*を体験した．彼女は1604年のフランスにおける最初の改革カルメル会*の修道院を建てることに貢献した．彼女はまたウルスラ修道会*をパリに導入する手助けをし，オラトリオ会*の設立の際にベリュル*を援助した．1613年の夫の没後，彼女は信徒修道女*としてカルメル会に入会した．祝日は４月18日．

## アクアヴィーヴァ

Aquaviva（Acquaviva）, Claudio（1543-1615）

1581年からイエズス会*第５代総会長（General）．彼の指導下で同会は，内的組織の面でも司祭職への独自の接近法でも強化された．会員数は約5,000人から約１万3,000人に増加した．『イエズス会学事規定』*および『霊操』*使用上の指針（『霊操指導書』）が定められた．彼はまた，スペインのイエズス会員が力強い後ろ楯をえて始めた，同会の統治形態を変更しようとする企てをも阻止した．

## アクィラ訳

Aquila, version of

旧約聖書*のギリシア語訳．これを訳したアクィラは，ユダヤ教への改宗者で，ラビ*からヘブライ語を学んだ．彼はこの知識を用いて七十人訳聖書*の改訂版をつくり，正式のヘブライ語テキストに一致させた．おそらく140年頃に完成した彼の翻訳は極端な逐語訳である．

## アクィレイア

Aquileia

アドリア海岸のアクィレイアは，ローマ帝国後期に重要な都市になった．伝承によれば，聖マルコ*が伝道したというが，教会の起原は３世紀よ

りさかのぼりえない．381年に，司教ウァレリアヌス（Valerianus）はその地方の管区大司教*となっており，彼とその後任のクロマティウス*のもとで，アクィレイアは学問の中心地であった．（11世紀に再建された）バシリカ*の床は，4世紀前半のモザイクで飾られている．

## アクシオン・フランセーズ
Action Française

フランスの政治運動で，ドレフュス事件の最中の1898年に創始された．1926年にそれがピウス11世*により断罪された理由は，過激な愛国主義とカトリックの教理の皮相な誤用とであった．その新聞『アクシオン・フランセーズ』の最後の号は1944年に出た．

## アクスム
Axum（Aksum）

エチオピア*北部に存在．6世紀前半に有力なキリスト教の強国として起こり，7世紀にアクスム王国が滅亡したあとも，教会は現在に至るまでエチオピアで威信を保っている．

## 『アクタ・アポストリカエ・セーディス』
*Acta Apostolicae Sedis*

1909年に創刊された，ヴァティカン*の正式公報．

## 『アクタ・サンクトールム』
*Acta Sanctorum*

有名な聖人伝のシリーズで，教会暦*における聖人の祝日の順に配列されており，17世紀にボランディスト*により始められた．1925年までに11月10日に進んでいる．

## アクティオ
action

かつてはミサ全体を指したが，のちに，最後の犠牲の行為としてのミサ典文*に限定された．

## アグド教会会議（きょうかいかいぎ）
Agde, Council of（506年）

南フランスのアグドで，アルルのカエサリウス*を議長として開催された教会会議であり，47の真正な決議条項が保存されている．

## アクトン
Acton, John Emerich Edward Dalberg（1834-1902）

初代のアクトン男爵で，歴史家．1859年に，カトリックの『ランブラー』誌*の編集者となったが，教皇からの禁止を恐れて1864年に廃刊した．カトリック教会におけるウルトラモンタニズム*への動きに反対し続けた．1869年に，彼はヴァティカン公会議*での教皇の不可謬性*の宣言に組織的に反対するためにローマに赴き，デリンガー*と共同して，「クィリヌス」*の筆名で一連の書簡を公にした．1895年から，ケンブリッジ*大学欽定講座担当近代史教授であった．

## アグヌス・デイ（アニュス・デイ）
Agnus Dei

（ラテン語で「神の小羊」の意．）（1）西方教会の典礼において聖餐の少し前に朗唱される「見よ，神の小羊」（O Lamb of God）で始まる式文．（2）小羊の姿を描いた蠟製のメダイヨンで，教皇によりその教皇位の最初の年とその後7年目ごとに祝福される．

## アグネス（聖）（せい）
Agnes, St

彼女の殉教伝説の内容はさまざまであるが，その年代や処刑法について確実なことは知られていない．バシリカが350年頃にローマで彼女の墓所に建てられ，彼女の名前はローマのミサ典文*に記されている．美術において彼女が小羊の傍らに描かれるのは，おそらく「アグヌス（agnus,「小羊」の意）」と「アグネス」が似ているからであろう．2頭の小羊の毛から作られるパリウム*は，彼女の祝日（1月21日）に聖別される．

## アグネルス
Agnellus, Andreas（800頃-845頃）

ラヴェンナ*の歴史家．その『ラヴェンナ司教伝』（*Liber Pontificalis Ecclesiae Ravennatis*）は，聖アポリナリス*から彼自身の時代までの司教座*の歴史を書いている．そこには当代の建物や習慣に関するさまざまな情報が含まれている．

## アグネルス（ピサの）（福）
Agnellus of Pisa, Bl（1194頃-1236）

イングランドのフランシスコ会*管区の創設者．伝承によれば，彼は聖フランチェスコ*によって同会に受け入れられた．1224年にイングランドに派遣され，カンタベリー*，ロンドン，オックスフォード*に修道院を建てた．彼はR. グローステスト*にオックスフォード修道院での教育を依頼し，そこはやがて学問の拠点となった．祝日は9月10日（以前は3月13日）．

## アグノエタイ派
Agnoetae

キリスト単性論*に立つ分派で，キリストの霊魂には無知を帰した．アレクサンドリア*の6世紀の輔祭テミスティオス（Themistius）によって創始されたので，「テミスティオス派」（Themistians）とも呼ばれた．大多数のキリスト単性論者はこの派の教えを否定した．

## 悪魔
devil

神学用語で，堕落した天使の頭．堕落*の記事（創3章）では，エバ*を誘惑する蛇は伝統的に悪魔の化身と見なされており，ヨブ記*では，サタン*は誘惑者・苦しめる者として行動するが，常に神の意志に服している．偽典的なユダヤ教の文書には，異教の影響が明らかなずっと発展した悪魔学（demonology）が見られる．新約聖書*において，悪魔は主（イエス）をその公生涯の初めで誘惑しており（「キリストの誘惑」*），キリストは悪魔に逆らう人たちに対する悪魔の無力さを示している．サタンはまた，主の弟子たち，特に聖ペトロ*を手に入れたかった（ルカ22:31）．最後の審判のとき，悪魔と彼に属する者たちは永遠の火に入るであろう（マタ25:41）．天使の堕落の記事がヨハネ黙示録12:7-9にある．

大多数の教父の考えでは，天使の堕落は人間性への嫉妬により引き起こされたが，他の教父はそれを傲慢さに帰した．中世にはそのテーマで，多くの見解が生まれた．ドミニコ会*の考えでは，悪魔が創造された直後に犯した最初の罪は，自らの能力で獲得される自然の至福を願望することに現れた傲慢さにあった．フランシスコ会*の教えでは，悪魔は悪に固執するに至る前にさまざまな罪を犯した，すなわちその頭であるルキフェル*は神と等しくなることを欲し，その罪は自らの優秀さを過度に愛したことにある．16世紀以降も，伝統的な教えはたいていのキリスト教徒により受け入れられているが，思弁的な議論には反発がある．

## 悪魔の放棄（悪霊の拒否）
Renunciation of the Devil

洗礼*のときにサタンを放棄することは，『使徒伝承』*に証言があり，常に東西のほぼすべての洗礼式の一部となってきた．

## 悪魔祓い
exorcism

祈りや特定の言葉によって悪霊を追い払う儀式は，ユダヤ教徒や異教徒のあいだで一般的であった．新約時代から，教会は悪霊に憑かれた人たちの悪魔祓いを行った．カトリック教会はそのような儀式を規定しているが，司教により特に認められた司祭にその行使を限定している．英国教会において悪魔祓いの儀式が復活した結果，1975年にカンタベリー*大主教は指針を示した．教区主教が自教区のために方針を明確にするというのがその基本である．

悪魔祓いは洗礼志願者*にも行われてきた．それはカトリックの1972年の『成人のキリスト教入信式の儀式書』と1969年の『幼児洗礼儀式書』に含まれているが，後者の場合は省略できる．洗礼の際の悪魔祓いは，悪の勢力の制止を願う祈りである．

## アグラファ
agrapha

（ギリシア語で「書かれていないもの」の意．）4つの正典福音書に記されていないキリストの言葉を指す．あるものは使徒言行録（20:35）に，他のものは外典*福音書，特に『トマス福音書』*および教父の著作に記されている．

## アグリコラ
Agricola, Johann（1494頃-1566）

ドイツのプロテスタント．彼はM. ルター*の弟子で信奉者であったが，その反律法主義*的な見解のゆえに，まずP. メランヒトン*，次にルターと対立した．1540年に，彼はベルリンに移り，その対立を終わらせる撤回書を出した．ブランデンブルク選帝侯ヨアヒム2世は彼を総監督*に任命した．彼は1548年のアウクスブルク仮信条協定*の実現に関わり，またアディアフォラ主義者*に反対して伝統的なルター派を支持した．

## アグリッパ・フォン・ネッテスハイム
Agrippa von Nettesheim, Heinrich Cornelius（1486-1535）

学者，冒険家．彼の経歴には，サヴォイア公ルイーズの医師（1524年），カール5世*の史料編纂官（1529年），ヴィート*の側近（1532-35年）が含まれていた．教会の悪弊に対する彼の激しい批判は，カトリック教会への忠誠を誓うことで緩和された．1510年頃に書かれ，1531年に刊行された『隠された哲学について』（*De Occulta Philosophia*）は，あらゆる分野の知識を含み，かつ神の啓示と一致し究極的にそれに由来する，秘密の魔術的な知恵の古代的伝統だと彼が信じたものを回復しようとしている．彼の1530年の『不確かさについて』（*De Incertitudine*）は深い懐疑論の著作であって，スコラ学*を攻撃し，真理に到達するための理性の力を否定し，啓示を知識の唯一の源泉とした．

## 悪霊の拒否（あくれいのきょひ）
➡悪魔の放棄

## アケディア
accidie

（ギリシア語で「怠慢」「無関心」の意．）5世紀までに，この語はキリスト教禁欲主義における専門用語になっており，働いたり祈ったりすることに対して落ち着かず無力である状態を意味する．「7つの罪源」*の一つとされる．

## アケルダマ
Aceldama

「血の畑」の意で，エルサレム*付近の土地であり，そう呼ばれるのは，(1) マタイ福音書27:8によれば，イエスの血の代金で買われたからであるが，(2) 使徒言行録1:18-19によれば，イスカリオテのユダ*の最期の場だったからである．

## アコイメートイ派（は）
Acoemetae

（「眠らない人たち」の意．）正教会の修道士の有名なグループ．修道院長アレクサンドロスは400年頃にコンスタンティノポリス*に修道院を建てたが，その修道士たちは絶対的な清貧を守り，肉体労働をせず，交替に聖歌を歌って絶えず詩編を唱え続けた．その後，彼らはボスポラス海峡に面した現在のチブクリ（Tchiboukli）に移り，そこで初めて「アコイメートイ派」と呼ばれた．彼らはキリスト単性論*者に反対して正統信仰を守ったが，のちにネストリオス*的異端信仰に陥り，そのゆえに534年に教皇ヨアンネス2世により破門された．12世紀までには，コンスタンティノポリスに戻った．

## アゴバルドゥス
Agobard（769頃-840）

816年からリヨン大司教．彼は多才な学者であった．彼は像*の過度の崇敬，神明裁判*，魔術*信仰を攻撃した．彼はまた，ウルヘルのフェリクス*の養子論的な見解に反論した．メッスのアマラリウス*の典礼に関する見解にも反論したと思われるが，彼が問題の著作を書いたかどうかには異論がある．

## 朝の祈り

➡朝課

## アサフ（聖）

Asaph, St（6世紀後半）

ウェールズの聖人．12世紀の文献によれば，彼は聖ケンティゲルン*の弟子で，後者がスコットランドに戻ったとき，後を継いでラナルウィ（Llanelwy，のちのセント・アサフ*）修道院長になり，最初のウェールズ人のラナルウィ司教になった．祝日は5月1日，ウェールズ教会では5月5日．

## アジェンダ

Agenda

（ラテン語で「行われるべきこと」の意．）この語は，信仰の事柄と対比して宗教的実践に関わる事柄，聖餐の中心的な部分，規定された礼拝の様式について用いられてきた．

## アジョルナメント

aggiornamento

（イタリア語で「現代化」の意．）ヨアンネス23世*の教皇位と結びついた言葉で，信仰の新鮮な提示とともに，男女の自然権の承認および礼拝の自由と福祉国家の支援を表している．

## アスキュー

Askew (Ayscough), Anne（1521-46）

プロテスタントの殉教者．1545年に，彼女は聖餐に関するその信仰のために逮捕された．彼女は法廷で自説を撤回することも，また拷問を受けてさえプロテスタントの指導者に罪を負わせることも拒否した．彼女はスミスフィールド*で火刑に処せられた．

## アースキン

Erskine, Ebenezer（1680-1754）

スコットランド*国教会からの最も重要な18世紀の分離派教会の指導者．1703年からポートモーク（Portmoak）で，また1731年からスターリング（Stirling）でミニスター*であった彼は，有名な説教者であった．一般の会衆のミニスターへの選任権を支持した1732年の説教は，大会*との衝突につながった．彼と他の3人のミニスターは国教会の「主流派」から分離せざるをえないと感じ，1733年に「協力中会」（associate presbytery）を形成した．1740年に，彼は正式に解任された．内部の分裂（➡バーガー派）にもかかわらず，分離派教会はやがてスコットランドにおける大きな福音主義派の勢力となった．

## アースキン

Erskine, Thomas（1788-1870）

スコットランドの宗教思想家．彼はキリスト教の意味を主に人間の精神的・倫理的要求に合致することに見いだして，自由主義的見解を展開した．1831年に，J. M. キャンベル*が普遍的な贖罪論を説いたとして大会*により職を追われたとき，アースキンは彼を擁護した．

## アスク

Aske, Robert（1537年没）

「恩寵の巡礼」*の指導者．1536年に，ヨークシャーで反乱が起こったとき，彼はその「巡礼」の先頭に立った．国王側の指導者との交渉後，1537年に不平の是正の約束を得て北方に戻った．新たな反乱の勃発後，アスクは捕らえられ，反逆罪を宣告され，絞首刑に処せられた．

## アステリオス（ソフィストの）

Asterius（341年以後に没）

アレイオス派*の神学者．彼は341年のアンティオキア教会会議に出席した．その著作の断片が聖アタナシオス*（『シンタグマティオン』からの引用）およびアンキュラのマルケロス*により保存されている．彼に帰された詩編に関する説教が近代になって発見されたが，これを同名の別人の作と考える学者もいる．

## アストリュク
Astruc, Jean（1684-1766）

フランスの医学者, モーセ五書*の批評家．1753年の（匿名の）著書『モーセが創世記を書くために用いたと思われる原資料に関する推測』（*Conjectures sur les Mémoires originaux dont il paraît que Moyse s'est servi pour composer le Livre de la Genèse*）において，彼は現在の形の創世記*にはそれ以前の諸資料がつなぎ合わされていると主張した．

## アズベリー
Asbury, Francis（1745-1816）

アメリカにおける最初のメソジスト教会*監督*(bishops)の一人．彼は1771年にJ. ウェスレー*によりアメリカに派遣された．アメリカのメソジスト教会が1784年に独立した組織になったとき，彼はT. コーク*と共に共同監督（joint superintendents）になった．彼の『日記』は歴史的に価値が高い．

## アセルスタン
Athelstan（894頃-939）

927年からイングランド王．924年の父の死によりマーシア王と認められ，927年までにその支配地を拡大し，全イングランドの初代の国王となった．彼は教会に対する寛大な後援者で，その治世中に大陸の支配者や聖職者と接触した．

## 『遊び（あそ）の書（しょ）』
Sports, Book of

日曜日*に認められる娯楽を定義した宣言で，初めランカシャーの行政官に向けてジェームズ1世*により1617年に公布され，翌年，全国に拡大された．1633年にチャールズ1世*により再公布された．弓術や舞踏を認めており，安息日厳守主義*に対抗することを意図していた．

## アダイ
Addai

エデッサ*教会の伝説的な創設者．シリア語の伝承では，彼はルカ福音書10:1の72弟子の一人であった．『アダイの教え』*によれば，彼はアブガル*王を癒すために使徒聖トマス*によって遣わされた．エウセビオス*は彼をタダイ*と同一視している．

## アダイとマリの典礼文（てんれいぶん）
Addai and Mari, Liturgy of

今もアッシリア東方教会*とカルデア教会*により規範的なシリア語の典礼文．これはおそらくエデッサ*に由来し，3世紀にさかのぼるであろう．その本来の形におけるアナフォラ*の最重要な特徴は，（父なる神でなく）キリストへと向けられていることである．「制定の言葉」*が大多数の写本に欠けているが，これがもともとの特徴だったのかは議論が分かれる．

## 『アダイの教え（おし）』
*Addai, Doctrine of*

シリア語の文書で，どのようにしてアブガル*王がキリストと接触するようになり，アダイ*が彼を改宗させるためにエデッサ*に遣わされたかを記述している．現在の形の本書は5世紀初頭に由来するもので，のちのクラウディウス帝（54年没）の妻とされるプロトニケによる「聖十字架の発見」*という後代の伝説を含んでいる．

## アタナシオス（聖（せい））
Athanasius, St（296頃-373）

アレクサンドリア*主教．彼はアレクサンドリア主教アレクサンドロス*の秘書であり，325年のニカイア公会議*に彼に同行し，328年にその後を継いで主教となった．強力なアレイオス*派は彼に敵意をいだき，336-366年に幾度も彼をアレクサンドリアから追放した．

『受肉について』（*De Incarnatione*）において，彼はいかにして御言葉（ロゴス*）なる神が人間性との結合により堕落した人間に「神の像」*を回復し，その死と復活により死に打ち勝ったのかを説明している．多くの学者はこの著作年代を318年頃より前に推定するが，その約15-20年後とする学者もいる．主教としてのアタナシオスは，アレイオス主義*に対する最も偉大で一貫した反対者であった．339-359年に，彼は御子の真の神性を擁護して一連の著作を書いた．361年頃からは，彼は半アレイオス主義者*にニカイアでの用語「ホモウーシオス」*（「同じ実体の」の意）を認めさせるよう努めた．彼はまた『セラピオンへの手紙』において，聖霊の神性に賛成の論を張った．彼はパコミオス*やセラピオン*の友人であり，（おそらくその伝記を書いた）アントニオス*とも密接な関係にあり，エジプトにおける禁欲主義的な運動を助け，また修道制についての知識を初めて西方にもたらした．祝日は5月2日．

## アタナシオス（アトスの）（聖（せい））

Athanasius (the Athonite), St（920頃-1003）

彼はビテュニアで修道士になったが，アトス山*に移り，そこでその有名な修道院（ラウラ*）の中の最初のものを961年に創設した．彼はアトス山の多くの修道院の総院長となり，彼が没したときその修道院数は58であった．祝日は7月5日．

## アタナシオス信条（しんじょう）

Athanasian Creed（Quicunque vult）

西方のキリスト教界で広く用いられてきた信条．三位一体*と受肉*の教理を説明し，主（イエス）の生涯における最も重要な出来事のリストを加え，その諸命題を信じない人たちに対するアナテマ*を含んでいる．本信条を聖アタナシオス*に帰することが一般に否定される主な理由は，後代の論争で初めて現れる教理上の表現を含むからである．おそらく428年以降に作成されたものであろう．

## アダマンティオス

Adamantius

4世紀の対話篇『神への正しい信仰について』（*De recta in Deum fide*）における正統派の話者の名前であって，一般にその著者と推測されている．これは，まずマルキオン*の2人の弟子たち，次にバル・ダイサン*とウァレンティノス*の追随者たちとの論争の書である．

## アダム

Adam

聖書の物語によれば最初の人間．創世記には，彼の創造に関して2つの記述がある．1:26-31において，彼は第6の日に創造され，神にかたどり，神に似せて創られ，増えよと命じられ，地上の支配権を与えられた．創世記2:5-7は彼の創造を，地上に何もなかったときだとしている．エバ*はアダムのあばら骨から創られたと語られる．2人が禁じられた果実を食べることで神の命令に背いたとき（堕落*），エデンの園を追われ，アダムには苦しい労働が，エバにははらみの苦しみが科された．伝統的な神学はアダムに関する聖書の記述を，人間とその神との関係についての教理の中に役立てた．➡第2のアダム

## アダム

Adam, Karl（1878-1966）

ドイツのカトリック神学者．彼は自由主義的で近代的な見解をまったくカトリック的な正統信仰と結びつけ，一般信徒に大きな影響を及ぼした．彼の最も知られた著書は1924年の『カトリシズムの本質』（*Das Wesen des Katholizismus*）である．

## アダム（サン・ヴィクトルの）

Adam of St-Victor（12世紀）

続唱*の作詞者で作曲家．彼は長いあいだ，1130年頃にパリのサン・ヴィクトル大修道院に入り1177-92年に没したブルターニュ人と考えられてきた．彼は最近になって，1107年までにはノートル・ダム大聖堂*の先唱者*となり，1133年以後にサン・ヴィクトル大修道院に入り，1146年に没したアダムと同一視されるようになった．12世紀のパリに由来する約60の続唱のうち，どれがこのアダムの作かは明らかではないが，彼はおそらく初期のテキストの中核といくつかの旋律を作ったで

あろう．➡サン・ヴィクトル会

## アダム（マーシュの）
Adam of Marsh（1258年頃没）

インゲランドの神学者．1232-33年にフランシスコ会*員となり，1247年頃からオックスフォード*のフランシスコ会神学院の教授であった．学者としての仕事に加えて，彼はイングランドの政治・社会生活に多大な影響を及ぼした．

## アダムソン
Adamson, Patrick（1537-92）

1576年からセント・アンドルーズ大主教．彼は長老派*との論争に巻き込まれた．彼はジェームズ6世（のちの1世*）の支持を得たが，（スコットランド教会の）大会*との対立が増大し，彼の1585年の「国会の新条例における国王の意図宣言」は非常な反発を招いた．彼の性格と意見は，1586年のファイフ教会会議（Synod of Fife）において攻撃され，彼は破門された．

## アダムナン（聖）
Adamnan（Adomnán, Eunan）, St（628頃-704）

679年からアイオナ*修道院長．アイオナの修道士たちにローマ式の復活祭*の日付を受け入れるように説得できなかった彼は，692年にアイルランドに赴き，ローマの方式を奨励した．彼はまた戦時に非戦闘員を守る法律を提案した．それは697年のバー（Birr）教会会議で受け入れられ，「アダムナン法」として定期的に施行された．彼の『聖コルンバ*伝』は歴史的に極めて価値がある．彼はまた，ガリア出身の司教アルクルフス（Arculf）による聖地訪問の記述である『聖地について』（*De Locis Sanctis*）を著した．祝日は9月23日．

## アダム派
Adamites

初期キリスト教の小さな分派で，裸で生活することによって原初の無垢の状態への回帰をめざした．

## 新しいローマ
New Rome

コンスタンティノポリス*を指し，コンスタンティヌス*自身が名づけたのであろう．

## アダルベルト（ブレーメンの）
Adalbert of Bremen（1000頃-1072）

1043年からブレーメン・ハンブルク大司教．彼は特に北欧諸国への宣教活動の精力的な推進者であって，北欧の総大司教となることを企図した．1053年に，レオ9世*は彼を北欧諸国への教皇代理兼特使に任命した．彼の晩年は，1071-72年にハンブルクを破壊した異教徒のヴェンド人の侵入によって不遇であった．

## アーチ裁判所
Arches Court of Canterbury

以前はボウ教会*で開かれていた，カンタベリー*管区の裁判所．現在では当初の裁治権をもたず，教理・祭式・儀式に関わらない場合に，管区内にある司教区のコンシストリー*裁判所からの上訴を審理する．

## アッシジ
Assisi

ウンブリアの丘陵にある都市で，聖フランチェスコ*の生地として有名．聖フランチェスコと聖クララ*の遺体はその2つのバシリカに納められている．ポルチュンクラ*の礼拝堂はアッシジ郊外のバシリカの中にある．

## アッシャー
Ussher, James（1581-1656）

1625年からアーマー*大主教．深い学識をもつ学者であった彼は，聖書年代学やアイルランド*の初期の歴史を含む広範な主題に関する権威であった．彼は聖イグナティオス*の7通の真正な手紙を，その存在が以前は手紙全体の信用を傷つけていたその他の真作でない手紙から区別した．1641年のアイルランドの反乱後は，彼はイングランドに留まった．

## アッシリア教会

➡アッシリア東方教会

## アッシリア教会員

Assyrian Christians

古代のアッシリア人の子孫と主張する，アッシリア東方教会*員が近代になって採用した名称．その総主教*は現在は正式に「アッシリア東方教会のカトリコス総主教」と称している．なお最近では，「アッシリア」の名称が国外のシリア正教会*員によって時に用いられている．

## アッシリア東方教会（ネストリオス派教会）

Church of the East（Assyrian Church of the East）

まぎらわしいが，しばしばネストリオス*派教会（Nestorian Church）とも呼ばれる．メソポタミアのこの教会はローマ帝国の外部にあり，大きな公会議にも参加しなかったが，キリストの神性を肯定する，325年のニカイア*信条と正典は正式に410年に受け入れられた．431年のエフェソス公会議*，特に聖母マリア*に対するテオトコス*(神の母)の称号を拒否した．カルケドン定式*に対する態度が曖昧であったのは，ヒュポスタシス*という語の理解が異なっていたからである．典礼用語はシリア語である．

4-5世紀に，この教会は断続的に迫害を受けた．6世紀の修道院復興で多数の修道院が建てられ，7世紀前半にはアッシリア東方教会の宣教師は中国に達した．651年のペルシアにおけるササン朝の支配の終焉時に，キリスト教徒はその国で重要な宗教的少数派を形成していた．モンゴル帝国が1295年にイスラーム*に改宗したのち，アッシリア東方教会は14世紀に急激にその会員数を減らした．16世紀半ばに，カトリック東方教会*総主教の別派の創設で分裂した（➡カルデア教会）．いくつかの宣教団体が19世紀に西方から派遣された．20世紀には，アッシリア東方教会は政治的展開の結果として被害をこうむり，その推定で約40万人の教会員は現在は世界の多くの地域，特にアメリカに分散しており，中東に残っているのはほんの3万人ほどである．1968年以降にシスマ*が起こり，カトリコス*の一人はバグダードに，もう一人はアメリカに居住している．

## アッセンブリーズ・オヴ・ゴッド

Assemblies of God

個々のペンテコステ派*教会の中で，多くの自立してはいるが通常ゆるやかに結びついた国内的なグループの名称で，事実上ペンテコステ派内の教派である．最初の教派は1914年にアメリカで組織された．

## アッタベリー

Atterbury, Francis（1662-1732）

1713-23年にロチェスター*主教．1697年の（匿名の）『聖職者会議委員の手紙』（*Letter of a Convocation Man*）と1700年の『英国教会聖職者会議の義務と特権』（*Rights and Privileges of an English Convocation*）において，彼は王権に対して聖職者会議*を，主教に対して下級の聖職者を擁護した．1723年に，彼はジェームズ2世派の陰謀に加担した疑いで，職位を剥奪され追放された．

## アッティコス

Atticus（425年没）

406年からコンスタンティノポリス*総主教．聖ヨアンネス・クリュソストモス*に対する厳しい反対者であったが，クリュソストモスの断罪をめぐるローマとの争いが彼の主教座の威信を弱めたことを認識した．彼はローマとの親交を復旧し，クリュソストモスの名前をディプティク*に復元した．カルタゴ司教アウレリウス*の要請に応えて，彼はペラギウス主義者*と闘った．東方教会では，彼は聖人として崇敬されている．祝日は1月8日と10月11日．

## アッティラ

Attila（453年没）

433年頃からフン族の王．彼は451年にガリアに侵入した．452年に，彼はイタリアに向かい，北部の諸都市を略奪した．不確かな史料によれば，彼はレオ1世*に説得されて平和裡にローマを去った.

## アッバ
Abba

「御父」を意味するアラム語で, キリストによって用いられている.

## アッピア街道（かいどう）
Appian Way

前312年にケンソルのアッピウス・クラウディウス・カエクス（Appius Claudius Caecus）がローマから南イタリアへと造った道路. 聖パウロ*はアッピア街道を旅して, アピイフォルムとトレス・タベルネで, 一団のキリスト者に出迎えられた（使28:15）.

## アッボー（聖（せい））
Abbo（Abbon）, St（945頃-1004）

988年からフルリー*修道院長. クリュニー*改革を助成し, ガスコーニュのラ・レオル（La Réole）修道院の改革により引き起こされた暴動の際に没した. 彼の書簡はフランスと教皇庁の関係にとって貴重な資料である. その著作にはまた論理学, 数学, 天文学に関するものや教皇年代記がある. 祝日は11月13日.

## アッラー
Allah

神の名を指すアラビア語で, すべてのムスリム（Muslim）および状況によりアラビア語を話すキリスト教徒が用いている. ➡イスラーム

## アディアフォラ主義者（しゅぎしゃ）
Adiaphorists

ある規則や行為がどちらでも良いことと考えた, ドイツの一部のプロテスタント. この問題に関する第1の論争は, 1548年にライプツィヒ仮信条協定*との関連で起こった. 一方の側は, 堅信*や聖人崇敬*のようなカトリック的な実践が「アディアフォラ」（どちらでも良いこと）, すなわちプロテスタントの教理を損なうことなく譲歩できる事項だと宣言した. 他方の側は, これらの譲歩事項がルター主義*全体に及ぼす危険性を強調した. その論争は1577年の和協信条*によってやっと終結した. その裁定によると, 迫害のときには譲歩がなされるべきでないが, 他のときには聖書において命じられても禁じられてもいない儀式は個々の教会の決定に従って変更されてよい. 17世紀後半には第2の論争が, 観劇のようなすべての世俗的楽しみを罪とした敬虔主義*者と, それらがどちらでも良いことであり, したがって許されると考えたルター派正統主義者とのあいだに起こった.

## アデステ・フィデレス
Adeste fideles

作者の分からないクリスマス聖歌で, おそらくフランス人かドイツ人によって17-18世紀に書かれたのであろう. 通常の英訳は‘O come, all ye faithful’（「信じる者よ, みな来れ」の意）である（『讃美歌』111番参照）.

## アテナゴラス
Athenagoras（2世紀）

護教家*. 177年頃にマルクス・アウレリウス*とその息子に宛てた護教論『キリスト教徒のための請願書』は, キリスト教徒に対する当時の3つの誹謗, すなわち無神論*, 人肉嗜食, 近親相姦を論駁している. 論考『死者の復活について』も彼に帰されているが彼の作かどうか異論がある.

## アテナゴラス
Athenagoras（1886-1972）

1948年からコンスタンティノポリス*総主教. 正教会*内の全教会間の密接な協力関係を保とうとした彼の努力は, 彼の首唱で1961年以降ロードス島で開催されている全正教会会議（Panorthodox Conferences）に結実した. エキュメニカルな関係の分野で彼の最も顕著な業績は, 1964年にエルサレムで教皇パウルス6世*と会見したこと, および1965年にカトリック教会と正教会間のアナテマ*を取り消したことである.

## アテネ
Athens

1世紀までには，アテネはその哲学の学園だけで重要になっていた．聖パウロ*が訪れたが，彼の説教はほとんど反響を呼ばなかったと思われる（使17:16-34）．2世紀にはアテネにキリスト教会があった．アテネはキリスト教の哲学的解釈をする最初期の拠点の一つであったと思われるが，その学園は異教を支持しているという理由で529年にユスティニアヌス1世*により閉鎖された．その後ほどなくして，パルテノンや他の神殿は教会に変えられた．

## アデマル（モンテーユの）
Adhémar de Monteil（1098年没）

1080-87年にル・ピュイ（Le Puy）司教になった．1095年に，ウルバヌス2世*はクレルモン教会会議*をル・ピュイから召集し，アデマルを第1回十字軍*の教皇代理とした．アデマルの死去は，教皇が東方においてフランク人を抑える見込みを少なくさせた．

## アデラルドゥス（バースの）
Adelard of Bath（12世紀）

イングランドのスコラ*哲学者．その主著『同一と相異について』（*De Eodem et Diverso*）において，彼は普遍*に関するプラトン*的教えとアリストテレス*的教えとを一致させようと試み，普遍と個別が同一であり，人間の捉え方によってのみ区別されると考えた．

## アドヴェンティスト派(は)
Adventists

キリストの再臨*が間近いと共通して考えるさまざまなグループ．教派としてはアメリカにおいて1831年に始まった．最初の団体である「福音主義的アドヴェンティスト派」は消滅した．現在の主な教派は「アドヴェント・クリスチャンズ」とセブンスデー・アドヴェンティスト派*である．

## 『アドー殉教録(じゅんきょうろく)』
Ado, Martyrology of

聖アドー（800頃-875年）によって，853-60年に編纂された殉教録*．彼はのちにヴィエンヌ大司教になった．この構想と配列はのちの殉教録の模範となった．

## アトス山(さん)
Athos, Mount

突端にアトス山があるギリシアの海岸の半島は長いあいだ，東方正教会*の修道院が所有している．最初の修道院は961年にアトスの聖アタナシオス*により創設された．現在では20の事実上独立した修道院が存在するが，共通な関心事は会議で決められる．いかなる女性も半島に立ち入ることが許されない．

## アドーナイ
Adonai

（ヘブライ語で「主」を表す．）旧約聖書*にしばしば用いられた神の名．ユダヤ人はまた，それを発音してはならない名であるヤハウェ*の代わりとした．それはヘブライ語の聖書ではアドーナイに固有の母音記号で通常示された．キリスト教の典礼では，この語は大アンティフォナ*の一つでキリストに対して用いられている．➡聖4文字

## アトリウム
atrium

ローマ人の住宅の中庭．この語はまた，初期のキリスト教会堂に付属した前庭のことも指し，通常周囲に列柱をめぐらし，中央に泉水があった．

## アド・リミナ・アポストロールム
ad limina Apostolorum

（ラテン語で「使徒たちの敷居へ」の意．）「アド・リミナ・アポストロールム」，すなわち聖ペトロ*と聖パウロ*の墓への巡礼は，中世にさかんであった．現代においてこの語が通常示すのは，カトリックの司教たちが両使徒の墓を敬い，自分たちの司教区の状況について教皇に報告するように要

求されているローマ訪問のことである.

## アドロ・テ・デヴォーテ
Adoro Te devote

より正確には‘Adoro devote’(「私は謹んで崇める」の意). 聖トマス・アクィナス*に帰される聖餐の聖歌であるが,彼の作かどうかは異論がある.一般的な英訳は‘Thee we adore, O hidden Saviour’である(『讃美歌』202番参照).

## アナクレトゥス(聖)
Anacletus, St(1世紀)

ローマ司教. 彼はおそらく「クレトゥス」(Cletus)と同一視されよう.彼の前任者は聖リヌス*(聖ペトロ*の後継者)であり,ローマの聖クレメンス*がその後を継いだ. 聖クレトゥスの祝日は4月26日(1969年に削除).

## アナスタシア(聖)
Anastasia, St(304年頃)

殉教者. 彼女はどうやらパンノニアのシルミウム(Sirmium)で殺害されたらしく,その地から遺骨がゲンナディオス*によりコンスタンティノポリス*に移された. ここから彼女の崇敬が,(おそらく創立者に因む)ティトゥルス・アナスタシアエという名のローマの宮廷付近の教会堂にまで広まり,献堂はそのシルミウムの聖人のためのものと理解された. 祝日は西方では1969年まで12月25日,東方では12月22日. ➡クリュソゴヌス(聖)

## アナスタシウス(「司書」)
Anastasius Bibliothecarius(9世紀)

学者. 西方における当時の最もすぐれたギリシア語学者であり,教皇の司書となった(それゆえ彼は「司書アナスタシウス」と呼ばれる). 彼は869-70年の第8回公会議の最終会期に出席し,871年にその記録をラテン語に翻訳した. 彼は873年には,787年の第7回公会議の記録も翻訳した.

## アナスタシオス1世
Anastasius I(598年没)

559-70年と593-98年にアンティオキア総主教. ユスティニアヌス1世*が支持したキリスト不朽論*を批判したため,彼はユスティニアヌス2世により免職され23年のあいだ追放の身であった. 当時の教義をめぐる議論において重要人物であった彼は,三神論*への反論および三位一体の神と受肉,神の摂理,聖書解釈の諸問題に関する論考を著した. 彼はカルケドン信条を擁護したが,キリスト単性論者*との隔たりを埋めることにも努めた.

## アナスタシオス(聖)
Anastasius, St(700年頃没)

シナイ*山の聖カタリナ修道院長. 彼は640年にはすでにアレクサンドリアでキリスト単性論*を攻撃したと思われ,主著である『指導者』(*Hodegos*)が向けられているのも主にこの異端信仰である. 祝日は東方では4月21日.

## アナスタシス
Anastasis

(ギリシア語で「復活」の意.)この語はキリストの復活についても,一般に人間の復活についても用いられる. これはまた特に以下のものについても用いられる. (1) 西方では聖墳墓*聖堂と呼ばれるエルサレムの聖堂. (2)「キリストの陰府への降下」*という形でその復活を表現するギリシア的な様式.

## アナテマ
anathema

この語は「離される」または「呪われる」ことを意味する. 旧約聖書*では,これは一般には使用しない「神への奉納物」について用いられた. のちに人間に適用して,共同体からの排除や財産の喪失を意味するようになった. 聖パウロ*はこの語をキリスト教共同体からの分離について用いた. 異端者に対する通常の手続きとなった「アナテマの宣告」(anathematization)は破門*とは区別された. 破門が秘跡*と礼拝からの排除だけを意味したのに対し,アナテマは信徒の交わりからの完全な分離であった．この区別は徐々に意味を失い，1983年以降はこの語はカトリック教会の刑法典においていっさい正式に適用されていない．

## アナトリオス（聖）

Anatolius, St（282年頃没）

268年からラオディキア主教．聖別前はアレクサンドリアの教師で元老院議員であった彼は学識があった．彼の著作には，復活祭*の日付に関する論考（『復活祭について』）と数学の入門書がある．『アナトリオスの復活祭算定書』（*Liber Anatoli de Ratione Paschali*）も彼の作であることが最近立証された．祝日は7月3日．

## アナトリオス

Anatolius（400頃-458）

コンスタンティノポリス*総主教．アレクサンドリア*生まれの彼は，聖キュリロス*によりコンスタンティノポリスに派遣され，フラウィアノス*が449年に罷免されたとき主教に選ばれた．教皇レオ1世*は，彼がエウテュケス*とネストリオス*を断罪し，『レオの教書』*を承認するように要求した．アナトリオスは450年にそれに同意した．彼はマルキアヌス*帝にカルケドン公会議*の召集を勧め，カルケドン定式*の起草に一定の役割を果たしたと思われる．

## アナフォラ

Anaphora

聖餐の典礼における中心的な祈りについて東方教会で用いられる名称であり，西方教会では奉献文*と呼ばれる．

## アナムネーシス

Anamnesis

キリストの受難・復活・昇天を記念することで，大部分の典礼において「制定の言葉」*に続く奉献文*に含まれる．

## アニマ・クリスティ

Anima Christi

（ラテン語で「キリストの魂」の意．）「キリストの御魂よ，わたしを聖化してください」という言葉で始まる有名な祈りで，私的な奉献文としてもしばしば用いられる．この祈りは14世紀前半にさかのぼると思われる．

## アニュス・デイ

➡アグヌス・デイ

## アノモイオス派

Anomoeans

4世紀のアレイオス主義*と同類の教理の主唱者たちで，今日ではしばしば「新アレイオス主義者」（Neo-Arians）と呼ばれる．彼らの考えでは，御子は生まれたものであって，生まれた方でない御父とは本質において類似していない．彼らの指導者はアエティオス*とエウノミオス*であった．

## アーノルド

Arnold, Matthew（1822-88）

イギリスの詩人，文芸評論家．T.アーノルド*の長男で，彼は1851-83年に政府の視学官であるとともに，1857-67年にオックスフォード大学詩学教授でもあった．彼の考えでは，宗教は思弁でなく行為に関わるべきであり，キリスト教は国家的よりむしろ個人的行為に重点を置き，道徳性を感動および幸福で満たすものである．

## アーノルド

Arnold, Thomas（1795-1842）

1828-41年にラグビー（Rugby）校校長．彼は宗教的訓練という土台に基づいた教育体系を打ち立て，中産階級の子弟に義務，公共奉仕，個性の重要性を植えつけようとした．彼はその聖職中心主義を理由にトラクト運動*に反対した．彼は広教会派*運動の創始者であった．

## アパテイア

apatheia

「不可受苦性」ないし「情念を欠くこと」を意味するギリシア語で，東方教会の修徳神学で用いられる．神に関しては逐語的に用いられるが，人間の完徳に関する専門用語としても用いられ，情念の克服ないし平静心を指す．

## アピアリウス
Apiarius

アフリカ・プロコンスラリス州の司祭で，不品行のかどで彼の司教により罷免された．この事件は教皇の裁治権の増大との関連で重要である．アピアリウスは417-18年に教皇ゾシムス*に訴え，教皇は彼の復職を命じた．そこで，419年のカルタゴ教会会議*は海の向こうに（すなわち，ローマに）訴え出ることを禁止した．

## アビシニア教(きょう)会(かい)

➡エチオピア教会

## アブガル伝(でん)説(せつ)
Abgar, Legend of

伝承によれば，病気だったエデッサ*王アブガル５世（在位前４-後７年，13-50年）は，キリストに手紙を書いて，自分のところに来て癒してくれるように頼んだ．キリストは返書で，その昇天後に王を癒し福音をその民に説くために弟子を遣わすと約束した．エウセビオス*の著作ではその手紙のあとに，王を癒し町の多くの住民を改宗するタダイ*の宣教の記述が続いている．『エゲリアの巡礼記』*によれば，キリストの手紙がエデッサに保存されていた．

## アプシス（アプス）
apse

内陣*にあってその東端の半円形ないし多角形の部分．一般に，初期のバシリカ*様式の教会建築に特徴的であった．祭壇がアプシスの弦にあたる線上に置かれ，背後の曲線状の場所に司教と司祭の席があった．

## アブディショー・バル・ベリカ

➡エベド・イエス

## アブーナ
Abuna

エチオピア教会*の総主教*のこと．

## 油(あぶら)注(そそ)ぎ
anointing

人や物を不敬な用い方から区別し，それらに神の恩恵を注ぎ込ませる儀式的な行為．旧約聖書*では，祭司や王は油を注がれ，未来の解放者は「油を注がれた方」すなわち「メシア」*と呼ばれている．教会は早い時期から，洗礼*や堅信*や叙階*の儀式において秘跡的な油注ぎを用い，教会堂・鐘・祭壇などの聖別においてもそうした．➡聖香油，塗油，戴冠式（イングランドにおける）

## アフラハト
Aphrahat（４世紀前半）

シリア教父の最初の人．彼は禁欲主義者で，明らかに高位聖職者であった．（誤って『説教』と呼ばれている）彼の『論説』（*Demonstrations*）は，337-45年に完成した．最初の22はキリスト教信仰を概説しており，最後のものは付論である．これらはペルシアにおける初期のキリスト教および新約聖書*の本文に関する貴重な証言である．

## アブラハム
Abraham（Abram）

旧約聖書*の族長*．彼の物語は創世記11:26-25:18にある．カルデアのウルからハランに来ていた彼は，神の命令に応えてカナン*の地へ向かって出発した（➡約束の地）．神は彼に妻サライによって息子を，また数多くの子孫を得ることを約束した．イサク*の誕生後，その息子を犠牲としてささげよという命令によって，アブラハムの信仰は厳しく試された．彼がこの従順の行為を実行しようとしたとき，雄羊が代わりに備えられ，アブラハムは神の約束を更新された．

アブラハム伝承の歴史性についても年代についても，学者の意見は分かれている．しかしながら，故国を去る際のその信仰と従順さのゆえに，教会は常にアブラハムの中に霊的な父祖を認めてきた．彼がすすんで息子をささげようとしたことは，神の意志への全き従順さの模範となり，キリストの死を予示することになった．

## 『アブラハムの遺訓』

Abraham, Testament of

外典で，大天使ミカエル*により天に導かれたアブラハム*が，地獄と天国につうじる２つの道の幻をどのように見たかを記述している．彼は地上に戻されるが，最後に死の天使により天国に運ばれる．２世紀に由来するものであろうが，その著作年代についても，またその著者がキリスト教徒なのかユダヤ教徒なのかについても意見が分かれている．

## 『アブラハムの黙示録』

Abraham, Apocalypse of

おそらく１世紀に由来する外典．記述しているのは，アブラハム*の偶像礼拝からの改宗および彼が天で見た一連の幻である．キリスト教の影響を示しているが，冒頭の部分はユダヤ教の伝承に基づいている．

## アフリカ宣教会

African Missions, Society of

アフリカとアフリカ出身者のキリスト教への改宗のためにささげられた，司祭と信徒修道士とからなるカトリックの宣教会．1856年にメルキヨル・ド・マリオン・ブレジヤック（Melchior de Marion Brésillac）によりリヨンで創設され，最初の宣教団はシエラレオネ*とナイジェリア*に赴いた．アメリカでは，同会員は黒人やヒスパニックのアメリカ人のあいだで活動している．

## アフリカにおけるキリスト教

Africa, Christianity in

エジプトと地中海岸に加えて，キリスト教は４世紀までにヌビア*（ここではキリスト教は16世紀に消滅した）とエチオピア*に及んでいたが，15世紀後半のポルトガルの拡張期まではそれ以南には広がらなかった．16-17世紀には，キリスト教はコンゴ王国*に及び，アンゴラ*のポルトガル植民地に根づいたが，18世紀末でもキリスト教はわずかな海岸地域に限られていた．

新しい時代が始まったのは，1787年にノヴァスコシアから来た黒人のキリスト教徒がシエラレオネ*に定住してからであり，また，J. ファン・デル・ケンプ*が1799年にケープタウンに来て，そこから内地へと宣教を進めてからである．ロンドン宣教協会*，英国教会宣教協会*，聖霊修道会*，白衣宣教会*などの新しい宣教会がアフリカの多くの地域で活動を開始したが，最南端の地域を除けば，内地は1875年以前はほとんど手つかずであった．1875年にマラウィ*湖岸で，また1877年にウガンダ*で創始された宣教会は新時代を画した．続く30年間，政治的な「アフリカ争奪戦」があったが，宣教会はほとんどすべての地域で組織され，教会は成長していった．一般に宣教活動は植民地の支配体制から恩恵をこうむったが，宣教会によっては悪弊に対して批判の声をあげ，植民地時代後期には関係がしばしば緊迫した（たとえばジンバブウェ*，モザンビーク*，南アフリカ*においてそうであった）．政治的な独立以降は変化が見られる．

1890年代からいくつかの国のアフリカ人キリスト教徒たちは，宣教師の支配とその教えのいくつかの面を否定して，独立諸教会を創設し始めた．これらの中のある教会は宣教師の教会からの分離に起因し，もとの教会とほぼ類似していた．他の教会は，W. W. ハリス*やS. キンバング*のような「予言者」の活動に起因した．それらの数は20世紀に増大した．その性格はさまざまであるが，大部分の教会が霊的治癒*に関心をもち，アフリカ的伝統にたって病気を霊の憑依や魔術*の点から解釈する．

主流派の諸教会の指導権はほとんど，関係諸国の政治的独立の時期に，白人の宣教師から現地の黒人に移った．その時期（1960年頃）以降，すべての教会の成長は驚異的である．➡ローマ領アフリカにおける教会

## アベ
abbé

フランス語で，もともと大修道院長*に限定されていたが，現在では一般に在俗司祭にも用いられる．

## アベラルドゥス
Abelard, Peter（1079-1142/43）

哲学者，神学者．パリ*で弁証法，続いて神学を講じたが，エロイサとの恋愛事件の悲劇的な結末は1117-18年に彼をサン・ドニ*修道院へ隠遁させた．その後，ロスケリヌス*らが彼の三位一体論の正統性を非難し，彼は弁明を許されないままに1121年のソワソン教会会議*で断罪された．彼はサン・ドニに戻ったが，その修道院の守護聖人である聖ディオニュシウス*の聖伝を無遠慮に批判したためにそこを追われた．彼はトロワ付近にパラクレトゥス（Paracletus）という名の礼拝堂を建てたが，エロイサがのちにそこの女子修道院長となった．1127年に，アベラルドゥスはサン・ジルダ（St-Gildas）修道院長になったが，1136年までには彼は再びパリで教えていた．1140年に，聖ベルナルドゥス*が彼の教説をローマに告発したのち，彼の著作からのいくつかの命題がサンス教会会議*で断罪された．

彼の多数の著作の中に『然りと否』（*Sic et Non*）があるが，これは多くの問題に関する聖書と教父からの外見上矛盾する抜粋を集めたもので，読者に権威そのものとそれが表現されている異なった形との間の相違に気づかせることで，その矛盾を調和させる手助けをすることを意図している．『三位一体論』（*Theologia Summi Boni*）において，彼は三位一体の教理が「人間理性にそなわった類比」によってどのように理解されるのかを示そうとした．彼のよく知られた讃美歌の中に‘O quanta qualia’（「さかえあるいこいの日よ」『讃美歌』53番）がある．彼の哲学的・神学的な学説は，普遍*に対する初期の関心に主に決定づけられていた．彼の主張では，個物のみが「事物」（res）と呼ばれることができ，言語はこれらの事物からの抽象を示す．言語の音声（vox）や名称（nomen）はものとは見なされえず，ただ概念にすぎない．なぜなら個物が分かちもつ特質はそれ自体事物ではなく，心的行為の結果だからである．彼はのちに言語における意味の問題を重視した．彼によれば，言葉が意味をもつために必要であるものの理解は，神の御心に浮かんだものの，少なくともある程度は真の理解なのである．彼は『倫理学』において，罪が行為にでなく，神の御意志を侮ることにあると論じている．彼の目的は単に信仰を理性と対比させることでなく，信仰をより深くとらえるために信仰の内実を問うことであった．多くののちの著作家が彼の方法論を採用したのであり，彼の影響力はスコラ学*の歴史において著しい．

## アベル
Abel

創世記4:2によれば，アダム*とエバ*の次男．彼は兄のカインにより殺されたが，それはアベルの犠牲*が神に受け入れられたのに，カイン自身のは受け入れられなかったことで嫉妬したからである．キリスト教の伝統では，アベルはその生涯の無垢さ，受け入れられた犠牲，暴力による死のゆえに，キリストの予型*と見なされる．

## アベルキオスの碑文（ひぶん）
Abercius, Inscription of

ヒエロポリス（Hieropolis）主教のアベルキオス・マルケロス（Marcellus，200年頃没）の墓碑銘で，現在はヴァティカン*博物館にある．どうやらアベルキオスにより自分の未来の墓の上に建てられたらしく，各地で行われた聖餐*の様子を証言している．この碑文のテキストを載せ，ある『教えの書』をアベルキオスに帰している『アベルキオス伝』は後代のものである（おそらく4世紀）．

## アペレス
Apelles（2世紀）

グノーシス主義*の分派の創立者．もともとマルキオン*の弟子であった彼は，師の二元論を変更して，キリストのペルソナ（位格）に関するより緩和された仮現論*的教理を擁護しようとした．

彼の考えでは，キリストは世界の創造者ではない善神から送られ，奇跡的に諸要素から造られた肉体をとり現実に生活し受難した．

## アポカタスタシス（万物復興）
apocatastasis

最終的にはすべての自由で精神的な被造物（天使・人間・悪魔）が救われるという教理を指すギリシア語．これはおそらく543年のコンスタンティノポリス教会会議で出された，オリゲネス主義*に対する最初のアナテマ*において断罪された．近代になっても擁護者がいるこの教理は普遍救済論*とも呼ばれる．

## アポクリシアリウス
apocrisiarius（apocrisarius）

教会の使節や高位の他の役人．(1) 他の総主教の都市や宮廷への外交的代理として，総主教により派遣された使節．(2) フランク王の宮廷付きの司祭．

## アポクリファ（旧約聖書続編）
Apocrypha, the

（ギリシア語の「アポクリファ」は「隠されたもの」の意．）旧約聖書*のギリシア語版の一部として初期の教会により受け入れられたが，ヘブライ語の聖書に含まれていない聖書の各巻をさす．キリスト教におけるこれらの各巻の位置づけは多様である．ウルガタ訳聖書*とそれに由来する版では，そのほとんどが旧約聖書の一部となっているが，欽定訳聖書（AV），改訂訳聖書（RV），新英訳聖書（NEB）や他のカトリック以外の版では，旧約聖書と新約聖書*のあいだに区別して位置づけられるか，まったく省かれている．これらの書物に含まれるのは（欽定訳聖書の順序で）以下のとおりである．エズラ記（ギリシア語）*，エズラ記（ラテン語）*，トビト記*，ユディト記*，エステル記への付加，知恵の書*，シラ書*，バルク書*，エレミヤの手紙*，３人の若者の賛歌*，スザンナ*，ベルと竜*，マナセの祈り*，マカバイ記（第１・第２）*.

教会はこれらの書物をヘレニズム的ユダヤ教から受け入れた．エズラ記（ラテン語）を除くすべての書物を含むギリシア語の七十人訳聖書*（LXX）では，旧約聖書の他の書物と少しも区別されていない．その成立年代はおよそ前300年から後100年までで，大半は前200年から後70年までの期間，すなわち教会がユダヤ教から明確に分離する前である．ヘブライ語の旧約聖書の正典*が決定されたとき（おそらく後100年頃），排除された書物のヘブライ語の本文は複写されなくなった．他方，ギリシア語の聖書が残ったのは，初めに七十人訳聖書のすべての書物を等しく聖書として受け入れたキリスト教徒によって用いられたからである．

４世紀に多くのギリシア教父は，ヘブライ語聖書において正典である七十人訳聖書の書物とその他の書物との相違を認識するようになった．聖ヒエロニムス*はこの相違を受け入れて，後者のために「アポクリファ」という用語を導入した．わずかな例外を除いて，西方はすべての七十人訳聖書の書物を等しく正典と見なし続けた．東方では意見が分かれていたが，1672年のエルサレム教会会議*において，トビト記，ユディト記，シラ書，知恵の書のみが正典と見なされるべきことが決定された．宗教改革時代，プロテスタントの指導者たちは，ヘブライ語の正典に見いだされない七十人訳聖書の書物に対して霊感を受けた聖書の地位を与えることを拒否した．1548年に，トリエント公会議*はエズラ記（ギリシア語），エズラ記（ラテン語），マナセの祈りを除く全書物の正典性を確認し，その３書物はウルガタ訳聖書の補遺として収録された．この決定は1870年の第１ヴァティカン公会議*でも繰り返された．英国教会では「39箇条」*が，このアポクリファは「生活の模範や礼儀の教育」のために読まれるべきであるが，教理の根拠づけとして用いられるべきでないと記している．そのいくつかの書物は引き続き，英国教会のレクショナリー*に含まれている．それらは長老派*や他の非国教徒によりいぶかしく見られているので，しばしば英語訳聖書*から省かれている．しかし，その史料的価値は現代になってますます認められている．

## アポスティカ
aposticha

東方教会における，短い典礼用の聖歌ないし詩編からの聖句に付されたスティケロン*.

## 『アポストリチェ・クーレ』
Apostolicae Curae（1896年）

「英国教会の叙任」*を無効と宣言した，レオ13世*の大勅書.

## アポストロス
➡使徒

## アボット
Abbot, Ezra（1819-84）

アメリカの聖書学者．信仰的にはユニテリアン*で，1856年からハーヴァード大学に務めた．彼は改訂訳聖書（RV）のアメリカ新約改訂部門の最初からの委員の一人で，その判断は影響力をもった.

## アボット
Abbot, George（1562-1633）

1611年からカンタベリー*大主教．1597年に，オックスフォード大学ユニヴァーシティ・カレッジ学長になった．彼のピューリタニズムへの共感は，大学内で起こった高教会派*と衝突させたが，彼は1608年にスコットランド*の長老派*に主教制の合法性を認めさせる任務を果たしたことで，ジェームズ1世*の信任を得て，その後各地の主教を歴任した．大主教として，彼はカトリックには厳しく，国内外のカルヴァン主義*者には好意的であった．彼は国王がヴォルスティウス*をアルミニウス主義者*だとして，レイデン*大学の教授職から解雇させようとする企てを支持し，1618年のドルトレヒト会議*にイングランドも参加するようにさせた．彼がエセックス無効訴訟に関してとった強い姿勢は，尊敬と一時的な人気を得させた．1621年に，誤って猟場の管理人を殺してしまい，その立場にふさわしくないと見なされた．ジェームズが彼をかばうことにしたので，彼はその地位を保つことができた．彼はチャールズ1世*に戴冠したが，その治世中にはほとんど影響力をもたなかった.

## アポデイプノン
Apodeipnon

東方教会における夕方遅く行われる典礼で，西方の終課*に当たる.

## アポテオシス（神格化）
apotheosis

人間の神への同化．ギリシア人やローマ人は神々と人間のあいだに明確な区別をせず，少なくとも前4世紀以降，あたかも神々に対するように支配者に対して祭儀が行われたが，彼らに超自然的な力が帰されていたとは思われない．キリスト教徒がローマ皇帝の祭儀への参加を拒否したことが，当局による迫害の一因だと時に見なされてきたが，その参加がその場合には法的に義務づけられていなかったので本当とは思えない．➡神化

## アポリナリオス（ヒエラポリスの）
Apollinarius, Claudius（2世紀）

ヒエラポリス（Hierapolis）主教で護教家*．彼の著作はすべて失われたが，それにはマルクス・アウレリウス*に宛てた『信仰の弁明』が含まれていた．祝日は1月8日.

## アポリナリオスとアポリナリオス主義
Apollinarius and Apollinarianism

キリストの完全な人間性を否定した異端信仰とその主唱者．アレイオス主義*に反対する正統信仰*の支持者であったアポリナリオス（310年頃-390年頃）は，360年頃にラオディキア主教になった．彼のキリスト論的教説はその晩年に至るまで批判の対象にならなかったと思われるが，374-80年の複数のローマ教会会議と381年のコンスタンティノポリス公会議*で断罪された．彼は375年頃に教会を離れた．彼の数多い著作の大部分は失われ，残っている著作は他の著者の名前でか，断片で保存されている.

アポリナリオスは，変化することのない神的なロゴスのみが生来変化し誤りやすい精神ないし魂をもつ人間の救い主になりうると確信して，キリストのうちに人間の精神ないし魂が存在することを否定した．こうして彼はキリストのペルソナ（位格）における神性と肉の統一を強調し，キリストの生におけるいかなる道徳的発展の概念も否認することができたが，キリストの人間性が完全でないという意味をもたせることになった．カトリックの正統信仰により提起された根本的な異議は，もしキリストのうちに完全な人間性が存在しなければ，キリストは人間性全体でなく，ただその物的な要素しか贖うことができないというものであった．

## アポリナリス（聖）

Apollinaris, St（生没年不詳）

ラヴェンナ*の初代司教で，聖ペトルス・クリュソログス*によれば殉教者．祝日は7月23日．

## アポリュシス

Apolysis

東方の典礼における結びの祝福．

## アポロ

Apollos

アレクサンドリア*生まれの「学識のある」ユダヤ人で，「（洗礼者）ヨハネの洗礼しか知らなかった」（使18:24-25）が，どうやらすでにキリスト者であったらしい．M. ルター*などは，彼がヘブライ書*の著者であると推論した．

## アポロニオス（テュアナの）

Apollonius of Tyana（98年頃没）

新ピュタゴラス主義哲学者．反キリスト教的な著作家たちは，意識的に福音書のキリスト伝に類似させたアポロニオスの伝記をつくった．

## アーマー

Armagh

アイルランド*の北部にある大司教座．伝承によれば，聖パトリキウス*によって創設され，7世紀からアイルランドで最も有力な教会であった．イングランドによりアイルランドが征服され，ダブリン*が政治的中心となったことで，アーマーの独立性は弱まった．1552年に，最初のプロテスタントの主教が任命され，それ以降，プロテスタントとカトリック双方の主教（司教）職が継承されている．

## 『アーマー書』

Armagh, Book of

9世紀の子牛皮紙の写本で，現在はダブリンのトリニティー・カレッジ*に保管されている．本書に含まれるのは，聖パトリキウス*に関する史料集，ウルガタ訳*でない完全なラテン語訳新約聖書，スルピキウス・セウェルス*によるトゥールの聖マルティヌス*の伝記である．807-08年に書かれた本書は，聖パトリキウスの聖遺物として扱われ，宣誓の際に用いられた．

## アマナ会

Amana Society

小さなキリスト教のセクトで，「真の霊感の会」（Community of True Inspiration）ともいわれる．本会は1714年にドイツで始まった．その大部分は1842年にアメリカに渡り，1855年にアイオワ州アマナに定住した．その社会は共同体として組織されていたが，アマナ会は1932年に一種の株式会社に変わった．それ以降アマナ会は独立した法的団体となり，5,900名の会員を有している．

## アマラリウス（メッスの）

Amalarius of Metz（780頃-850/51）

典礼学者．カロリング・ルネサンスにおけるすぐれた人物で，835年にアゴバルドゥス*大司教が一時的に罷免されたとき，リヨン大司教座の管理を委ねられた．その『教会の典礼について』（*De ecclesiasticis officiis*）はローマ典礼とガリア典礼*の融合を促進する試みでもあり，中世に多大な影響を及ぼした．その祭式の説明は時に凝っており，838年のキエルジー教会会議*で，その一部が異端的だと宣告され，リヨンを去った.

## アマルリクス
Amalric（1207年頃没）

スコラ*哲学者．パリ*で教え，神がすべての被造物の根底にある一つの本質であり，神の愛のうちにとどまる者が罪を犯しえないと主張した．その教説は1210年に断罪された.

## アマンドゥス（聖）
Amandus, St（675年頃没）

「フランデレン（フランドル）の使徒」．628年に定住司教座のない司教に聖別され，フランデレンとケルンテンで精力的な宣教活動を行った．彼は修道院をヘント（ガン）に2つ，エルノン（Elnon）に1つ建てたが，後者はのちにサンタマン（St-Amand）修道院と呼ばれた．祝日は2月6日.

## アミアティヌス写本
Codex Amiatinus

ラテン語のウルガタ訳聖書*の現存する最古の写本．690年頃から700年のあいだにウェアマス*とジャローで書かれた．9-10世紀から，その写本はモンテ・アミアタ修道院にあったので，アミアティヌス写本と呼ばれる．1782年に，これはフィレンツェのラウレンティアーナ図書館に移された.

## アミクト
➡アミス

## アミス（アミクト）
amice

正方形か長方形の亜麻布で，紐がついており，西方教会では聖餐式の司式者やアルブ*を着用した他の聖職者が首の周りに着用する．➡アルミュス

## アーミッシュ
Amish（Amish Mennonites）

アメリカとカナダの小さな保守的グループで，ヤーコプ・アマン（Ammann，1656頃-1720年以前に没）の指導下にできたスイス兄弟団*からの分派に由来する．彼らの特徴は，頻繁に主の晩餐を守り，その際，互いの足を洗うこと，破門された人たちと絶縁すること，「質素な服装」である．彼らはほとんど18-19世紀に北アメリカに移住し，その大多数は古式アーミッシュ・メノナイト教会に属している．教理と教会規則に関して，彼らはメノナイト派*とほとんど違いがないが，礼拝において「ペンシルヴェニア・ドイツ語」を用いている.

## アミロー
Amyraut, Moïse（1596-1644）

フランスのプロテスタント神学者. 1626年から，彼はソミュール（Saumur）でミニスター*であり，そこのプロテスタント神学校で教え，1641年に校長となった．1634年の『予定論』において，キリストはただ救いに予定された人たちだけでなく，もし信仰をもつならば，すべての人たちを贖うために，この世に来たと説いた．彼は1637年にプロテスタントのアランソン（Alençon）会議で異端の疑いで審理されたが，断罪を免れた.

## アムステルダム大会
Amsterdam Assembly（1948年）

アムステルダムで開催された教会の指導者たちの大会で，正式に世界教会協議会*を設立した.

## アムスドルフ
Amsdorf, Nikolaus von（1483-1565）

ルター派*の神学者．彼は1517年にM. ルター*に同調し，1519年にライプツィヒ討論*へ，1521年にヴォルムス帝国議会*へルターに同行した. 1524年に彼はマクデブルクに赴き，プロテスタントの側からカトリックの聖職者に反対し，ルター主義の立場で礼拝を改革した．彼は1548年のライプツィヒ仮信条協定*に抗議し，アディアフォラ主義者*に反対する純正ルター派*の指導者の一人となった．G. マヨール*らとの論争で彼は，善行が無益なだけでなく，実際に有害であると主張した.

## アメリカ合衆国のキリスト教

United States of America, Christianity in

北アメリカの植民地への居住は，ヨーロッパのキリスト教の細分化状態を反映する，宗教的な多様性の様相を生み出した．1565年にフロリダ半島で，スペイン人が合衆国となる地域での最古のキリスト教の居住地であるセント・オーガスティンを建設した．その後，大陸の南西部で他のカトリックの宣教会が活動し，またカトリックの宣教師に同行したフランス人の毛皮交易者は北アメリカの奥地へ達した．国王の特許状を得たイングランドの土地会社は，ヴァージニアにおいて1603年にジェームズタウン，ニューイングランドにおいて1620年にプリマスと1630年にマサチューセッツ・ベイを建設した．ヴァージニアでは，英国教会が法的に公定（established）教会とされ，ニューイングランドでは，ピューリタニズム*が当初は公的な宗教であった．メリーランドはカトリックの貴族により1634年に創設された．ロジャー・ウィリアムズ*は非国教徒*のためにロードアイランドを建設した．クェーカー派*のウィリアム・ペン*が1681年にその特許状を得たペンシルヴェニアは，被抑圧者の避難所となった．オランダ人は1626年にニューネザーランドにオランダ改革派教会*，スウェーデン人は1638年にニュースウェーデンにルター派*教会をもたらした．17世紀末までに，地方的な様相が明らかであった．英国教会は南部のイギリス植民地では支配的で，ピューリタンのニューイングランドでは，契約神学により修正された改革派的な思想が優勢で，中部の植民地では，長老派*，クェーカー派，カトリック，ルター派，ユダヤ教徒，バプテスト派*が共存していた．北アメリカのスペインやフランス地域では，カトリック教会が公定教会であった．

18世紀の最も重要な出来事は，1720年代と1730年代にオランダ改革派教会，会衆派*教会，長老派教会で個別に起こった一連の宗教的リバイバル運動*である大覚醒*であった．1740年代初期に，宗教活動の大波がイギリス植民地中に押し寄せた．大覚醒から起こった「ニューライト運動」の特徴は，一変させる恩恵を描写できるほど霊的に経験することである，「新生」の必要性であった．この運動は信徒の説教者（exhorters）や巡回説教者を支持することにより，聖職者の伝統的な権威や教会区制度の全体性を攻撃する根拠を与え，また，女性に宗教的な機会を増大させ，アフリカ人奴隷やアメリカ先住民をキリスト教化する新たなはずみをもたらした．

アメリカ革命（独立戦争）後，アングリカンはS. シーベリー*が1784年に聖別されることで最初のアメリカ人主教をもち，プロテスタント監督教会（のちのアメリカ聖公会*）は英国教会にもはや従属しない自立的な組織体となった（➡アングリカン・コミュニオン）．メソジストはJ. ウェスレー*が1784年にアメリカのために「監督」（Superintendent）を任命したとき，アングリカニズムと決定的に分離した．同年，カトリックはイングランドの代牧*であることをやめ，1790年にJ. キャロル*が聖別されたとき，自分たちの司教をもつことになった．憲法が1791年の権利章典をもって信仰の自由を保証し，修正第1条が公定教会を禁じたので，宗教的多元性が組織化される基礎が生まれた．

19世紀前半に福音派の諸教会がリバイバル運動の新たな大波を経験したのは，何千人もの移住者が海岸地帯を離れてアパラチアを越えていったときであった．1800–35年の「第2次大覚醒」は国家全体に影響を及ぼした．1820年以降，北ヨーロッパや西ヨーロッパからの増大した移民の流れは宗教的多様性を増加させた．ほとんどが熱心なカトリックである約100万人のアイルランド人が1860年までに到来したことで，カトリック教会はその時点で単独では最大の教派になった．新しい宗教的な運動も存在した．ハーモニー協会*のように国外に由来するものもあったが，その多くは固有なもので，しばしばその中心となったカリスマ的な指導者は，特別な啓示を誇り，型にはまらない生き方を選んだ．シェーカー派*，オナイダ・コミュニティー*，「クリスチャン教会」（のちのディサイプル派*），モルモン教*がそうである．

人種上の奴隷制*の問題はアメリカのキリスト教徒を分裂させた．奴隷を解放することに賛成する者もいれば，奴隷制が聖書により是認され，キリスト教化の手段であると論じる者もいた．北部では，自由な身の黒人が独立した黒人教会*を組織した．1861–65年の南北戦争時までに，長老派，メソジスト派，バプテスト派はその問題をめぐって分裂していた．1859年のチャールズ・ダーウィン*による『種の起源』の出版に象徴される知的革命は神学上の対立に反映された．のちにファンダメンタリスト*と同一視された保守的なプロテスタントは，伝統の名において新しい科学を拒否し，教会における論争に巻き込まれた．「新神学」ないし「進歩的正統派」とも呼ばれたプロテスタント自由主義は，人間性と進歩に関する楽天主義的な見解を支持して科学と伝統の和解を試み，神の内在性を強調した．同時に，拡大する都市環境はそのストレスや不安とともに，新しい宗教運動を育んだ．クリスチャン・サイエンス*，セブンスデー・アドヴェンティスト派*，「エホバの証人」*がそうである．ホーリネス*とペンテコステ派*の諸教会は，霊的な活力の喪失に気づいた結果，都市にも地方にも生まれた．

20世紀前半に，19世紀中プロテスタンティズムが握っていた主導権は減退した．その原因は1つには，カトリシズム，ギリシア正教，ロシア正教，ユダヤ教，セクト的な諸教会の急速な発展であり，プロテスタンティズム内の神学的な分裂，特に近代主義者とファンダメンタリスト間の論争であった．プロテスタントの諸教派間で分裂を克服する努力が高まり，1908年に全米キリスト教協議会（Federal Council of Churches）が結成された．1941年にアメリカ・クリスチャン・チャーチ協議会，1942年に全国福音派協会（National Association of Evangelicals）が保守的なプロテスタント諸教会の代替的な連合体として組織された．長老派，メソジスト派，ルター派間の教会合同が20世紀半ば頃に起こった．第2次世界大戦後，東ヨーロッパや中東からの多数の移民が，以前にやってきていたギリシア正教会やロシア正教会以外の正教会の会員をもたらした．東方正教会*員の難民の流入は，中東における情勢の悪化とともに継続している．

20世紀後半の初めは既成の信仰にとり幸運であった．カトリック教会はアメリカ人の生活において強大な勢力になっており，1960年にカトリックのJ. F. ケネディが大統領に選ばれた．保守的な福音派は復活を経験し，ビリー・グラハム*はマスメディアを有効に用いて有名になった．1960年代に，より世俗的な生活様式へと一般に変化した．1962–65年の第2ヴァティカン公会議*はカトリック教会に変革や変動をもたらした．たいていのプロテスタント諸教会では会員数の減少が見られたが，より保守的な教会（特に南部バプテスト連盟）やセクト的な諸教会は成長し続けた．宗教問題が政治において顕著な役割を果たすようになり，「宗教的右派」は公立学校での祈りや聖書朗読および「伝統的な」家族中心の価値観を支持し，中絶*，女性に対する同等な権利，同性愛*，進化論*教育に反対し，テレビ説教者はこれらの考えを広めている（➡宗教放送）．フェミニスト神学*は強い影響力をもってきた．長年にわたりいくつかのプロテスタント教会でも，1977年以降，アメリカ聖公会でも実施されている，女性の叙任という考えは，教皇の宣言にもかかわらず，カトリック教会内に賛同者がいる．自由主義的なプロテスタント諸教会は選択の自由，ジェンダー，少数者の権利を含む諸問題に立ち向かった．「解放の神学」*者は教派の系列を超えてこれらの問題に対して発言した．主流派のプロテスタント諸教会において，職制における同性カップルの役割をめぐって論争がある一方で，カトリック教会は司祭による子どもに対する性的虐待の発覚によって弱体化している．宗教的多元性が以前よりずっと広がってきた理由には特に，東洋起原の宗教的諸伝統の発展およびアメリカ先住民の宗教やオカルトへの持続的な関心がある．キリスト教は20世紀半ばまでのように，アメリカ人の生活においてもはや主導権を握っていない．にもかかわらず，礼拝出席および教会が後援する活動への支援は，たいていのヨーロッパ諸国におけるよりアメリカ合衆国においてずっと多い．

## アメリカ・カトリック大学（だいがく）
Catholic University of America

本大学は1889年に首都ワシントンに設立された．もともとカトリックの聖職者の高度な教育を意図した大学であるが，信徒も1905年に入学が認められた．

## アメリカ聖公会（米国聖公会）
Episcopal Church in the United States of America

カンタベリー*大主教座と一体をなすアメリカ合衆国の教会．以前は「アメリカ合衆国プロテスタント監督教会」(Protestant Episcopal Church in the United States of America) と呼ばれたが，「アメリカ聖公会」は1967年に代案としての新名称となり，1979年に公式名称となった．

アメリカにおける最初のアングリカンの教会は1607年にヴァージニア州ジェームズタウンに建てられ，他の多くの集会ももたれたが，これらすべてはロンドン主教の裁治下におかれた．独立戦争後になってはじめて，プロテスタント監督教会は自立的な組織体となった．コネティカット州の聖職者により主教に選出されたS. シーベリー*は，1784年にスコットランド聖公会の主教たちの手から主教のオルド*を受けた．1789年の総会(General Convention) において，『祈禱書』が改訂され，教憲 (constitution) と教会法が起草された．その教憲のもとで，同教会はすべての立法機関において信徒に重要な役割を付与しており，主教は主教区会議 (diocesan conventions) において，聖職者と信徒の両階層の過半数により選出される．最終的な統治母体は総会である．

1861-65年の南北戦争中，南部諸州の同教会は別個の組織になったが，1865年の終戦後に統合した．それ以後，同教会は国内外で発展し，世界の多くの地域に宣教区が設立された．『祈禱書』は1892年と1928-29年に改訂され，1979年に公式化した新しい『祈禱書』には，伝統的言語と現代語の両方での式文が載っている．

1976年に司祭職への「女性の叙任」*を認める決定がなされたのに続いて，いくつかの小さなシスマ的な団体が生まれ，アングリカン・コミュニオンにおける最初の女性主教の叙任はいっそうの議論を引き起こした．2003年に同性愛*者であると公表していた人が主教に叙任され，アングリカン・コミュニオン全体を驚かせた．ある主教区において，同性間の結婚を祝福したことも分裂を生んだ．同聖公会の信徒数はこの半世紀間激減している．2000年以降，４つの主教区が同聖公会から分離したが，アングリカンとしてのアイデンティティを主張し続け，のちに和解した．にもかかわらず，2009年の総会で議長の主教に女性を選出した際，ほとんど反対がなく，女性聖職者は1979年の『祈禱書』と同様に広く受け入れられている．聖公会の神学校数は減少しており，神学教育のより協力的な方法が広く探求されている．エキュメニカルな活動の速度はやや遅くなっているが，他の教派との対話は盛んである．

## アメリカニズム
Americanism

19世紀末に特にアメリカのカトリックのあいだに広まった運動で，教会の外的な生活を近代の文化的な理念と思われるものに適応させようとした．その支持者は「積極的な」徳（人道主義など）を強調し，また教会が回心者に対する厳しい要求を緩和し，カトリック信者と他のキリスト教徒とのあいだの相違点を最小限にするべきだと主張した．アメリカニズムは1899年に断罪された．

## アーメン
Amen

「本当に」を意味するヘブライ語であり，宗教的な式文，特に祈り*の末尾で同意を表明するのに用いられる．

## アモス書
Amos, Book of

アモスは旧約聖書正典中の預言者の最初の人で，前760-750年に預言したといわれる．彼の主張によると，その預言的霊感は，彼が牧者であったとき神から直接受けた召命に由来した．彼のメッセージの主なテーマは，イスラエル社会の指導層の増大した繁栄により，貧しい人たちが搾取される不正な社会秩序が生まれたこと，したがって，神がイスラエルを滅亡させてその格別の状態を終わらせることである．その「主の日」は暗闇と絶望の日であろう．

## アラコック（聖）
Margaret Mary Alacoque, St（1647-90）

聖心*への信心の代表的な創始者．1671年に，彼女はフランス中部のパレ・ル・モニアル（Paray-le-Monial）でマリア訪問会*の修道院に入った．1673-75年に，彼女は幾度か聖心の啓示を受けた．その信心の主な特徴は，毎月の初金曜日*，木曜日の聖時間，イエスの聖心の祭日における聖体拝領に対する信心である．彼女の幻視は当初，妄想と見なされた．祝日は10月16日（以前は17日）．

## ア・ラスコ
➡ウァスキ

## アラソーン
Ullathorne, William Bernard（1806-89）

カトリックのバーミンガム司教．ダウンサイド・アビー*の修道士であった彼は，1832年にオーストラリア*への宣教を志願した．彼はそこでカトリック教会を設立し，特に囚人の中で活動した．彼は1840年にイングランドに戻った．1850年の位階制の復興とともに，彼はバーミンガム司教になった．彼はN. P. S. ワイズマン*と共に，古くからのカトリック信徒が当今の教会の新しい改宗者やイタリア人司祭と融合するように尽力した．第1ヴァティカン公会議*で，アラソーンは独立的な立場をとった．

## アラティウス
Allatius, Leo（1587/88-1669）

ギリシア出身のカトリック神学者．彼は1661年からヴァティカン*図書館長であった．さまざまな書物をとおして，正教会とカトリック教会の本質的な教理における一致を示そうとした．

## アラトル
Arator（6世紀）

キリスト教徒のラテン詩人．彼は宮廷に仕えることをやめて，ローマで副助祭*になり，教皇ヴィギリウス*に厚遇された．6歩格で使徒言行録を解釈した『使徒言行録について』（*De actibus apostolorum*）は，聖書の記述の象徴的な意味を詳しく解釈している．本書は広く愛読された．

## アラヌス（リールの）
Alan of Lille（1203年没）

詩人，神学者，説教者．おそらく1150年頃から1185年頃までパリで学びそして教えたのであろう．彼はのちに南フランスに移り，生涯の終わり近くにシトー*修道院に入った．初期の神学的な著作には，未完の『大全〈なぜなら人間は〉』（*Summa Quoniam homines*），神学的な真理を一連の法則や公理で述べようとしている『天的法則の定式集』（*Regulae caelestis iuris*），1182-83年頃の寓喩的な詩である『アンティクラウディアヌス』（*Anticlaudianus*）がある．彼が後年まとめたものには，逐語的・道徳的・寓喩的な解釈を施した聖書の用語辞典，組になった27のひな型の説教を載せた『説教法』*，悔悛者*のための中世最初の手引きである『悔悛に関する書』（*Liber poenitentialis*）がある．

## アラマーノ（福）
Allamano, Bl Giuseppe（1851-1926）

コンソラータ宣教会*の創設者．1880年に，彼はトリノのマリア聖堂の管理者に任命された．1891年に重病から回復して，司祭と信徒からなる宣教会を創設する誓いをたてた．彼は1901年にこれを実現し，また1910年には女子宣教会も創設し，没するまで両会を指導した．祝日は2月16日．

## アラム語
Aramaic

キリストの時代にパレスチナの日常語であり，ほぼ確実にキリストにより用いられたセム語．旧約聖書時代後期に，アラム語はパレスチナの口語としてヘブライ語*を徐々に駆逐し，また旧約聖書*の少しの部分はアラム語で書かれている．新約聖書時代までには，聖書のアラム語訳（タルグム*）が，人々のニーズに応えて生まれた．新約聖書*中の多くの章句がアラム語的な思考法を反映しており，まれにアラム語の単語が保存されている（たとえばマコ5:41）．

## アラリック
Alaric（370頃？-410）

西ゴート人の指導者．貴族の家系の出身で，395年までゴート世界における傑出した地位と帝国の軍隊における高官を兼ねていた．テオドシウス1世*の没後，帝国におけるより重要で正規の地位を得ようとしたが頓挫して，暴力に走った．彼は408年と409年にローマを攻囲し，410年にそこに侵攻して略奪した．この出来事は聖アウグスティヌス*に『神の国』の執筆を促した．

## アランデル
Arundel, Thomas（1353-1414）

ヨーク*大司教，続いてカンタベリー*大司教．彼はすぐれた政治家で，幾度もイングランドの大法官になった．彼はロラード派*に激しく反対し，1408年にオックスフォードで同派に対する管区会議を開催した．彼が1409年に出した教憲（Constitutions）は正統信仰を守ることを意図していた．

## 『アリステアスの手紙（てがみ）』
Aristeas, Letter of

ユダヤの偽典的な手紙で，七十人訳聖書*がどのようにして奇跡的に翻訳されたかを伝える伝承を含む．その成立年代は前200年から後33年のあいだでさまざまに推定されている．

## アリスティオン
Aristion（1世紀）

（エウセビオス*が報告する）パピアス*によれば，彼は長老ヨハネ*と共に，主（イエス）に関する伝承の最初の権威者であった．

## アリステイデス
Aristides（2世紀）

アテネ出身のキリスト教哲学者，護教家*．124年にハドリアヌス帝に宛てた，あるいはアントニヌス・ピウス帝（161年没）に宛てた『護教論』において，アリステイデスは神の存在と永遠性を弁護し，キリスト者がバルバロイ（非ギリシア人）・ギリシア人・ユダヤ人よりも神の本性を深く理解し，キリスト者のみが神の教えに従って生活していることを示そうとした．

## アリストテレス
Aristotle（前384-322）

哲学者．彼はアテネ*でプラトン*の周りに集まったグループの一人であった．その後，彼はのちのアレクサンドロス大王の家庭教師になった．アテネに戻って，アカデメイアとのつながりを切らなかったが，335年に対抗する学園をリュケイオンに開いた．

彼はプラトンの弟子であったが，その哲学的立場は非常に違っていた．プラトンが「イデア」の世界から出発したのに対し，イデアが存在するのは個物に表されるときだけだとアリストテレスは主張した．たとえば彼の考えでは，独自に存在を有する「木」のイデアがあるのでは決してなく，実際の個別的な木をつくるのは木の「形相」の「質料」との結合である．この見解が要請するのは，形相と質料の結合を説明する因果律であり，こうしてアリストテレスは「第1原因」を仮定することになったが，彼はこの第1原因がキリスト教的な意味における人格的だとは考えなかった．

アリストテレスの哲学が初期の教会において不信の目で見られたのは，主としてそれが世界の唯物論的な見方につながると考えられたからである．アリストテレスは，高く評価されていたプラトンとは正反対だと見なされていた．西方において，アリストテレスの諸著作に関する知識は，9-13世紀に徐々に再発見された．その科学的な著作のいくつかはアラビア語訳をとおして間接的に伝えられたので，神学的に疑念をもたれた．聖アルベルトゥス・マグヌス*や聖トマス・アクィナス*のような偉大なキリスト教哲学者が彼らの体系を公然とアリストテレス的な基盤の上に築いたにもかかわらず，その疑念が払われたのは，ようやく1879年に回勅『アエテルニ・パトリス』*でトマス主義的なアリストテレス主義の研究が勧められたときであった．

## アリストブロ（聖）

Aristobulus, St

ローマ書16:10において，聖パウロ*は「アリストブロ家の人々」に挨拶を送っている．あるスペインの伝承によれば，彼はスペインのブリトニア（Britonia. 現モンドニェド）司教になった．祝日は10月30日ないし31日．彼は時に，ギリシアのメノロギオン*によれば，70弟子の一人で（ルカ10:1），聖バルナバ*の兄弟，聖ペトロ*の義父であるアリストブロと同一視された．祝日は3月15日ないし16日．

## アリストン（ペラの）

Aristo of Pella（140年頃）

護教家．彼はどうやら（失われた）『討論』を書いたらしく，その中で，受洗したユダヤ人イアソン（Jason）はメシアに関する預言がキリストにおいて成就したことを論証して，仲間のユダヤ人パピスコス（Papiscus）を改宗させている．

## アーリントン

Errington, George（1804-86）

イギリスのカトリックの高位聖職者. 1855年に，彼はN. P. S. ワイズマン*の協働司教*およびトレビゾンド（Trebizond）名義大司教に任命され，ウェストミンスター*大司教位の継承権をえた．彼のワイズマンとの関係は険悪になった．アーリントンはピウス9世の辞職勧告を拒否したので，1862年に教皇によりウェストミンスターでの職を解かれた. 彼は1869-70年の第1ヴァティカン公会議*に出席し，不可謬性*反対の陳情に署名した.

## アール

Earle, John（1601頃-1665）

1663年からソールズベリー*主教．彼は1628年に著した，滑稽な人物描写の記録『ミクロコスモグラフィ』（*Microcosmography*）で文学的名声を博した．1643年に，彼はソールズベリー主教座聖堂のチャンセラー*になった．ピューリタン*から追放された彼は，亡命中のチャールズ2世*に随行し，王政復古後に主教職を歴任した．彼は非国教徒*に対して寛容であった．

## アルキマンドリテス

archimandrite

東方教会において，この語はもともと1つないしいくつかの修道院の長を意味した．今では，ただ独身の司祭に対する名誉の称号として用いられる．

## アルクイヌス

Alcuin（740頃-804）

カロリング*・ルネサンスの代表的な人物．ヨーク*の司教座聖堂付属学校で学んだ彼は，781年にシャルルマーニュ*と出会ってその宮廷に入った．796年から，トゥールのサン・マルタン修道院長であった．彼はすぐれた教育者であって，宮廷とトゥールとで，その当時の教会文化の資質を高めることに重要な役割を果たした．彼の多数の著作には，三位一体*論に関するもの，ウルヘルのフェリクス*の養子論*への3巻の反論，さまざまな聖人の伝記，詩，教育書がある．彼はまたローマのレクショナリー*を改訂し，『グレゴリウス秘跡書』*をガリアでの使用に合わせて増補した．祝日はアメリカの1979年の『祈禱書』では3月20日．

## アルコソリウム

arcosolium

ローマ時代のアーチ形で壁龕状の墓室で，地上や地下を掘って作られ，特にカタコンベ*の地下道を掘って作られたものをいう．遺体は壁龕状の墓に納められたが，遺体はまた，壁龕を水平に分かつか，時には祭壇として使われる石板の上下に納められることもあった．

## アルゼンチンのキリスト教
Argentina, Christianity in

キリスト教をアルゼンチンにもたらしたのは，1539年にやってきたフランシスコ会*員であり，約40年後にイエズス会*員がそれに続いた．以前のスペインの植民地が1816年に独立したとき，カトリックは国教となり，人口の90%以上の2,500万人の会員を誇っている．しかしながら，同国には司祭が不足しており，反聖職者主義*的感情をもった強力な団体も存在する．19世紀に宣教活動を開始したプロテスタント諸教会は，人口の３%を占めるにすぎず，この中ではペンテコステ派*が最大のグループである．

## アルテモン
Artemon（Artemas）（３世紀）

養子論*的異端者．カイサリアのエウセビオス*によれば，サモサタのパウロス*はアルテモンの異端信仰を復興したのであり，『小迷路』*はアルテモンの教えを批判した．

## アルドゥワン
Hardouin, Jean（1646-1729）

フランスのイエズス会*員．彼は新約時代以降の教会会議のテキストを校訂したことで主に記憶されている．

## アルトフォリオン
artophorion

東方教会における，聖別されたパンが保存される祭壇上の聖櫃*．聖体を病人に運ぶために用いられる小さな携帯用の聖櫃をも指す．

## アルドヘルムス（聖）
Aldhelm, St（709/10年没）

マームズベリー（Malmesbury）修道院長，続いて705年から初代のシャーバーン*司教．彼は大司教テオドルス*とハドリアヌス*により始められた改革運動において顕著な役割を果たした．彼はいくつかの修道院と教会堂を創設した．ラテン語で書いた多くの著作が残っている．祝日は５月25日．

## アルヌルフ（聖）
Arnulf, St（580頃-640頃）

メッス（Metz）司教．彼はアウストラシアの宮廷で要職に就いた．614年頃，彼はメッス司教に聖別され，623年からアルデンヌの宮廷で重要な役割を果たした．彼はのちに祈るために人跡まれな地に隠遁した．聖別前に結婚していた彼は，フランスのカロリング朝の始祖となった．祝日は７月18日ないし８月16日．

## アルノー
Arnauld, Antoine（1612-94）

フランスの神学者，哲学者．アンジェリーク・アルノー*の弟で，1638年からサン・シラン*の感化を受け，1641年にポール・ロワイヤル*に隠遁した．1643年の著者『頻繁な陪餐について』（*De la fréquente communion*）は，聖体拝領への周到な準備の必要性と正しい心の持ちようを強調しており，広く一般の人々にヤンセン主義*の主張を広めるのに大いに役立った．1644年から，彼はヤンセン主義者の定評のある指導者となった．彼は告解制度におけるイエズス会*の方式を攻撃したことで，1656年にソルボンヌ*から非難されることになり，正式に学位を剝奪されたが，1668年の「教会の平和」*後にそれは回復された．その後，P.ニコル*と共に1669-74年に，カルヴァン主義*者を批判する大著『聖体に関するカトリック信仰の不滅性』（*La Perpétuité de la foi catholique touchant l'Eucharistie*）を著した．

## アルノー
Arnauld, Jacqueline Marie Angélique（1591-1661）

「メール・アンジェリーク」（Mère Angélique）．アントワーヌ・アルノー*の姉である彼女は，1602年にポール・ロワイヤル*女子修道院長になった．彼女は1608年にある説教を聞いて回心するまでは，修道院の緩やかな規律を黙って受け入れていた．彼女は即座に徹底的な改革を始めた．修道院は発展し，1625年に彼女はそれをパリのより大きな建物に移した．ラングル（Langres）司教セバスチャン・ザメ（Zamet）との意見の相違から，1630年に院長職を辞したが，1636年に彼女の妹アニェス（Agnes）が院長に選ばれたので，再び間接的ながら力を発揮した．彼女はサン・シラン*の影響を受け，彼の指導のもとで修道院はヤンセン主義*の主張と実践の熱烈な支持母体となった．1642年から1654年まで，彼女は再び院長であった．

## アルノビウス

Arnobius（3-4世紀）

キリスト教の護教家．著書『異教徒駁論』（*Adversus Nationes*）の中で，彼はキリスト教が最上の異教哲学と調和することを弁明した．

## アルノビウス（小）

Arnobius Junior（5世紀）

おそらく北アフリカ出身の修道士で，自らとエジプトのキリスト単性論者*とのあいだの論争に関する文書を残した．彼はまた，詩編の寓喩的「註解」と福音書の注釈を書いた．『予定された者』*（*Praedestinatus*）も時に彼の作とされてきた．

## アルノルト

Arnold, Gottfried（1666-1714）

ドイツのプロテスタント神学者，敬虔主義的著作家．1699-1700年の主著『偏りのない教会史・異端史』（*Unparteiische Kirchen- und Ketzer-historie*）は，プロテスタントの神秘主義の歴史としても，埋もれてきた文書を用いている点でも重要である．1701年以降，彼はますます牧師の仕事に専念したが，この時期の著作は敬虔主義的である．彼はまた讃美歌作者としてもよく知られている．

## アルノルドゥス（ブレシアの）

Arnold of Brescia（1155年没）

教会改革者．修道祭式者会員*であったが，1139年頃司教と改革者たちとのあいだの紛争に関わって，ブレシアを去らざるをえなかった．フランスで，彼はペトルス・アベラルドゥス*を支持し，1140年のサンス教会会議*で彼と共に断罪された．彼は1146-47年にローマに行った．しばらく教会と和解していたが，彼は教皇の世俗権力の廃止を求める元老院を支援した．1148年に彼は破門され，その後皇帝フリードリヒ1世*により捕らえられ，絞首刑に処せられた．彼は聖職売買*の疑いのある司祭から彼の支持者たちが秘跡を受けることにたぶん反対したであろうが，当時の他の改革者と同様に，彼の主な関心は使徒的清貧の理想を再生することであった．彼はこれを発展させて，教会による世俗財産の所有と世俗的権威の行使とを攻撃した．

## アルバ

➡アルブ

## アルバニアのキリスト教

Albania, Christianity in

キリスト教はおそらく早くにアルバニアに達したが，5-6世紀の西ローマ帝国の没落とともにその影響力は全般的に消滅した．「暗黒時代」には，アルバニアは部分的にスラヴ人に征服された．9世紀には，その一部はブルガリア*王国に併合され，東方の正教会*に属することになり，11世紀にはセルビア*の支配を受けた．東西教会のシスマの時代には，一部がコンスタンティノポリスから離れてローマに対して忠誠を誓った．トルコ人が1521年に最終的にアルバニアを征服してからは，多数の棄教者が出た．1913年に，アルバニアは独立国となり，1922年に，正教会が独立自治教会*となった．1945年以降の共産主義の支配下に，すべての礼拝の施設が閉鎖されたが，1991年に再び宗教の外面的な実践が認められた．

## アルバヌス（聖）

Alban, St

最初の英国の殉教者．ウェルラミウム（Verulamium, 現セント・オールバンズ*）出身の異教徒であった彼は改宗して，彼がかくまった逃亡中の司祭から受洗した．皇帝が兵士を派遣して家を捜索させたとき，アルバヌスは司祭の服を着てごまかし，捕らえられ，死罪になった．殉教の年代は不明．伝統的にはディオクレティアヌス*帝治下（305年頃）に帰されてきたが，別の提案ではセプティミウス・セウェルス帝（209年頃）と結びつけられている．祝日は6月22日（1969年にカトリックの暦から省かれたが，現在でも地方では6月20日に守られている），『祈禱書』*では6月17日．

## アルビ派

Albigenses（Albigensians）

南フランスのある地域の住民を示す中世の用語で，12世紀後半から13世紀前半にそこで有力であった異端者たちを指す．彼らはカタリ派*の一派であった．彼らは1165年以降の教会会議で幾度も断罪され，インノケンティウス3世*は彼らに対して十字軍*を起こすことを認めた．北フランス軍に対抗したのは，その異端信仰に共鳴した人たちだけでなく，南フランス社会の多くの人たちであった．1233年に，異端審問*が異端者たちに対して効果的な行動をとり始め，1300年までにはわずかな人たちしか生き残らなかった．

## アルブ（アルバ）

alb

白い亜麻布の祭服*で，首から足首まで達し，きつい袖がつき，腰は帯で締められ，ミサのとき聖職者が着用する．

## アルファ・コース

Alpha courses

キリスト教信仰への体系的な入門講座で，ロンドンのブロンプトン（Brompton）にあるすぐれた福音主義的なアングリカンのホーリー・トリニティー（Holy Trinity）教会の後援のもとに実施されている．1977年に始まり，主に礼拝に出席しない人たちを対象としている．

## アルファとオメガ

alpha and omega（A and Ω）

ギリシア語のアルファベットの最初と最後の文字で，神の永遠性と無限性を示すのに用いられる．

➡アルファ・コース

## アルフェジ（聖）

Alphege, St（954-1012）

アルフヘア（Aelfheah）ともいう．1006年からカンタベリー*大司教．貧しい小作人たちの犠牲で解放されることを望まなかった彼は，デーン人により殺害され，そのため殉教者と見なされた．祝日は4月19日．

## アルフォンソ・デ・リグオーリ（聖）

Alphonsus Liguori, St（1696-1787）

レデンプトール会*の創設者，倫理神学者．彼は1726年に叙階される前には弁護士であった．彼の親友となったトンマーゾ・ファルコヤ（Falcoia）は，アマルフィ付近のスカーラ（Scala）にあった女子修道院の創設に関わっていた．ファルコヤが1730年にカステルラマレ(Castellammare)司教になったとき，アルフォンソはスカーラに移り，1731年にそこの修道院を改組した（最初のレデンプトリスチン女子修道会）．1732年に，彼はその近くに男子修道会である「至聖贖罪主会」すなわち「レデンプトール会」を創設した．ファルコヤが厳密には総会長（Superior-General）であったが，1743年に彼が没したあと，アルフォンソが正式に総会長に選ばれた．1762年に，彼は不本意ながらサンタガタ・デイ・ゴティ（Sant' Agata dei Goti）司教になったが，1775年に辞任した．

アルフォンソが福音を懐疑的な世代に勧める際に穏やかで直接的な方法を用いたのは，当時の告解制度の厳しさが罪人を取り戻すよりむしろ遠ざけると考えたからである．彼は自分の理念を有名な『倫理神学』（*Theologia Moralis*）において説いた．行為に関してどこまで「蓋然的な」判断に従うことが許されるかをめぐる議論において，彼は「同等蓋然説」*と呼ばれる理論を展開した．彼の信心に関する書物は広く読まれたが，その誇大な表現が批判の対象となった．祝日は8月1日（以前は2日）．

## アルフレッド大王

Alfred the Great（849-99）

871年からウェセックス王．イングランドにおけるキリスト教の維持に寄与した．デーン人への勝利に加えて，アルフレッドは教会改革を推進し，学問を復興させたことで重要である．学者たちの協力で，彼は多くのラテン語の著作を英訳したが，それにはグレゴリウス１世*の『司牧規則』，ボエティウス*の『哲学の慰め』が含まれる．彼の勧めで，ウースター*司教ウェルフェルト（Werferth）はグレゴリウスの『対話』を翻訳した．アルフレッドはキリスト教徒国王の模範と見なされた．祝日は10月26日．

## アルブレヒト（ブランデンブルクの）

Albert of Brandenburg（1490-1545）

枢機卿，マインツ大司教兼選帝侯．1517年に，ローマのサン・ピエトロ大聖堂*のためザクセンとブランデンブルクでの贖宥*状発行の責任を負い，それを説くためにJ. テッツェル*の協力を得た．彼は自由な見解の持ち主であり，人文主義者の友であった．1525年の農民戦争*のあいだはっきりした態度をとらなかった彼は，ドイツのカトリック諸侯と運命をともにした．彼はプロテスタントに対する極端な処置には反対したが，教皇職*の断固たる擁護者であった．

## アルブレヒト（プロイセンの）

Albert of Prussia（1490-1568）

ドイツ騎士団*最後の総長（Grand Master）であり，ホーエンツォルレルン家出身の初代のプロイセン公．彼はプロテスタントとなり，1525年にプロイセンを世襲の公国にすることに成功した．ルター主義*の厳格な形態が彼の領地内で確立した．

## アルベルトゥス・マグヌス（聖（せい））

Albert the Great, St（80歳以上で，1280年没）

ドミニコ会*の神学者，哲学者，科学者．彼は神学をケルン*で学び，さまざまなドミニコ会の修道院で教え，1245年から1248年までパリ*大学でドミニコ会担当の神学教授の一人であった．1248年に，新設のドミニコ会神学大学の責任者としてケルンに戻った．ここで彼は，偽ディオニュシオス*の著作およびアリストテレス*の『倫理学』の新しい完訳に基づいて講義した．1256年に彼は教皇庁を訪れ，そこでアヴェロエス*に帰される知性の非知性的本性の教えに反対する討論を行った．1260年に，彼はレーゲンスブルク司教になったが，1262年に辞任が認められた．かつての弟子であるトマス・アクィナス*がパリで断罪されるのを阻止するために彼が介入した1277年には，ケルンで教えていた．

アルベルトゥスが教えたのは，多くの神学者がアラビア人やユダヤ人の注釈者によりもたらされた新しいアリストテレス主義，とりわけアリストテレス自身のいくつかの哲学的な教えに反発していた時代であった．アルベルトゥスはアリストテレスのほとんどすべての著作および『原因論』*のようないくつかの偽書に関して注解書を書いた．彼が努めたのは，アリストテレスの物理学，形而上学，数学を西方人に理解できるものにすることであった．彼はトマス・アクィナスに深い影響を及ぼし，哲学者たちのあいだで影響力をもち続けた．彼の人気は主に誤って彼に帰された著作に基づいている．祝日は11月15日．

## アルマリウム

aumbry

教会堂ないし祭具室*の壁龕で，中世において聖器，書籍，時に保存されたパンが置かれた．➡聖櫃，保存（パンの）

## アルミニウス主義（しゅぎ）

Arminianism

ヤコブス・アルミニウス（Jacobus Arminius，すなわち，ヤーコプ・ヘルマンス［Jakob Hermansz］，1560-1609年）はオランダ改革派教会*の神学者で，1588年に同教会の牧師に任じられた．ローマ書*を研究することで，彼はカルヴァン主義的な予定*の教理を疑うようになった．1603年に，彼はレイデン*大学神学教授に任命されたが，直ちにF. ゴマルス*との論争に引き込まれた．アルミニウスはペラギウス主義*やソッツィーニ主義*の疑いを晴らした論争のあとでやっとその職に就いた．彼はベルギー信仰告白*やハイデルベルク教理問答*の修正を求めたが，不首尾に終わった．

1610年の『抗議書』*に正式に説かれているアルミニウスの教説は，カルヴァン主義*の決定論的な論理に対する神学的な反発であった．アルミニウス主義者が主張したのは，神の主権が真の人間の自由意志と両立すること，キリストが選ばれた者のためだけでなく万人のために死んだこと，堕罪前予定説*も堕罪後予定説*も聖書の教えに反していることであった．彼らは1618-19年のドルトレヒト会議*で断罪され，その多くは追放ないし迫害された．しかしながら，厳格なカルヴァン主義者よりも自由な神学の代表者として，彼らは近代のプロテスタント神学の形成に影響を及ぼした．17世紀のイギリスの神学における反カルヴァン主義的傾向は，その敵対者からは「アルミニウス主義的」と呼ばれたが，アルミニウスの教説がこの場合非常に直接的な影響力をもったかどうかは疑わしい．

## アルミュス
almuce（amice）

祭服の一つで，通常は毛皮のついたケープであり，いくつかの修道会で着用される．➡アミス

## アルメニアのキリスト教(きょう)
Armenia, Christianity in

アルメニア人は「照明者」グレゴリオス*により改宗したが，彼は314年にカッパドキアのカイサリアの府主教*により主教に聖別された．374年に，アルメニア人はカイサリア教会への依存関係を絶った．5世紀前半に，聖メスロプ*はアルメニア文字を考案し，聖イサク*と共に，聖書や典礼書のアルメニア語への翻訳を指導した．戦乱の影響で，アルメニア人は451年のカルケドン公会議*に出席しなかったが，555年にアルメニア教会がその公会議を拒否して以来，シスマ*が続いている．小アルメニア（すなわちキリキアで，12世紀末から1375年まで独立した王国）は，1307年にローマとの合同を受け入れ，これは1438-39年のフィレンツェ公会議*で承認された．大アルメニアのアルメニア人はフィレンツェ公会議に代表を送り，同会議は秘跡に関する有名な指令『アルメニア人のために』（Pro Armenis）を出した．しかし，こうして達成された合同はほとんど効果がなく，総主教による独立路線が1441年に再確立された．

約500万人のアルメニア人がいると考えられるが，その大部分はアルメニア教会に忠誠を表明しており，約50万人がローマと一体をなす．1895年のトルコ軍の侵攻中に殺害された一群の人たちは，1983年にヨアンネス・パウルス２世*により列福された．アルメニア教会の教義は東方正教会のそれと類似しており，典礼は実質上，古代アルメニア語によるバシレイオス典礼*である．

## アルル教会会議(きょうかいかいぎ)
Arles, Synods of

以下の教会会議がなかでも重要である．すなわちドナトゥス派*のシスマ*を扱うためにコンスタンティヌス*により召集された314年の会議，アレイオス主義*に従った353年の会議，アルビ派*の異端信仰に対処した1234年の会議，フィオーレのヨアキム*の教説を断罪した1263年の会議である．

## アルント
Arndt, Johann（1555-1621）

ルター主義*の神学者，神秘主義的著作家．彼は1606年の著書『真のキリスト教についての４書』（*Vier Bücher vom wahren Christentum*）により主として記憶される．彼は贖罪*の刑罰説に反対して，人々の心におけるキリストのみわざを力説した．

## アルンブラドス
Alumbrados

（スペイン語で「照明を受けた人たち」の意．）16世紀のスペインで，祈りと観想をむねとする隠遁生活をした霊的な人たちのゆるやかに組織されたグループ．彼らの中に非正統的な人たちがいたかどうかは明らかでないが，幾人かは確かに精神的に不安定で，異端審問*による厳しい扱いを受けた．のちに列聖された人たちもいる．➡イルミナティ

## アレアンドロ
Aleander, Girolamo（1480-1542）

人文主義の学者．レオ10世*がM．ルター*に大勅書『エクスルゲ・ドミネ』*を提示し，彼に反対する手だてを求めて皇帝と交渉することを委嘱された2人の教皇大使の一人であった．1521年のヴォルムス帝国議会*で，彼はルターを告発し，裁判なしの断罪を要求した．1524年に，彼はブリンディシ大司教になり，1538年に枢機卿になった．

## アレイオス
Arius（336年没）

異端信仰の創始者．おそらく260-280年にリビアで生まれた彼は，アレクサンドリア*で叙階され，その主要な教会の一つを管理することになった．319年頃，彼はキリストのペルソナ（位格）に関する従属説*的な教えの擁護者として頭角を現した．彼はアレクサンドリア教会会議で断罪され破門された．325年のニカイア公会議*も彼を断罪した．ニコメディアのエウセビオス*がもつ宮廷での影響力のおかげで，アレイオスはおそらく334年頃に追放の身を解かれたが，コンスタンティノポリスで急死した．➡アレイオス主義

## アレイオス主義（しゅぎ）
Arianism

キリストの完全な神性を否定した主要な異端信仰で，その創始者であるアレイオス*にちなんでこう呼ばれる．彼は以下のように考えたと思われる．すなわち神の御子は永遠的な存在でなく，世界創造のための媒介者として無から御父により創造された．それゆえ，御子は本来神ではなく，変化しうる被造物であるが，御子は神の直接的な被造物であるという点で，他の被造物とは異なっている．神の御子としての地位はその予見された義のゆえに御父により付与された．さて，従来の学者はこのような教説を異教的哲学への関心によるキリスト教信仰の粗悪化と見なした．最近論じられるようになったのは，アレイオス主義者たちの主要な目的が御父の神性を御子の神性から区別することであり，それは受肉した御子の限界を彼らが御父のみに帰した完全な神性に帰さない方法で，キリストの受肉*を表現するためであったということである．

アレイオスの教説は320年頃にアレクサンドリア教会会議で断罪されたが，帝国の平和を切望するコンスタンティヌス*の耳に達し，325年にニカイア*で会合する公会議が召集された．アタナシオス*が指導的な役割を演じた公会議は，御父と御子の永遠の共存性と同等性を信じるカトリックの信仰を定義した．有名な用語「ホモウーシオス」*（「同じ実体の」の意）が両者の同一実体性を表現するために用いられた．コンスタンティヌスは当初はニカイアの信仰を支持したが，やがてその考えは変化した．350年には，公然たるアレイオス主義者のコンスタンティウスが単独皇帝になった．アレイオス主義者の中に3つの主要なグループが起こった．今日では「新アレイオス主義者」とも呼ばれる「アノモイオス派」*は，御父と御子のあいだの相違を強調した．「ホモイオス派」*は御子が「聖書によれば」御父と類似していると主張することで，教義的な明確化を避けようとした．「半アレイオス主義者」*は，三位一体の神の最初の2つのペルソナ（御父と御子）のあいだの類似性と差異をともに表現するものとして，「ホモイウーシオス」（「類似した実体の」の意）という用語を好んだ．357年のシルミウム*教会会議で起草されたホモイオス派の信条は，359年にそれぞれリミニ*とセレウキア*で会合した東西の二重の教会会議で受け入れられた．アレイオス主義のこの輝く勝利は，半アレイオス主義者を正統派の陣営に引き入れることになり，また361年にコンスタンティウスが没するとともに，アレイオス主義は重要な支持者を失った．362年に，アタナシオスは教会会議を主宰して，それはアレイオス主義者に対する幅広い反対者を結束するのに役立った．西方では，アレイオスはほとんど直接的な影響力をもたなかったが，一定の期間，従属説*のより直截な聖書に基づく表現が強い力をもった．カッパドキア教父*によるニカイアの信仰のあざやかな説明は，381年のコンスタンティノポリス公会議*での正統信仰の最終的な勝利に道を整えた．

帝国から追われたアレイオス主義は，ゲルマン民族のあいだで存在し続け，このことは彼らが西ローマ帝国の大半を征服したとき，カトリックの信仰をもった臣民との同化を妨げた，スペインや北アフリカで迫害を引き起こした.496年のフランク人のカトリシズムへの改宗は，アレイオス主義の消滅への序章であった.

## アレオパギテース
Areopagite, the

ディオニュシオス・アレオパギテース*(偽ディオニュシオス）のことで，彼がこう呼ばれたのは，アレオパゴス*での聖パウロ*の説教（使17:34）により改宗したディオニシオ*と誤って同一人物とされたからである.

## アレオパゴス
Areopagus

（ギリシア語で「[軍神］アレスの丘」の意.）アテネのアクロポリスの西端に近い突き出た所．この名はまた，その丘で会合した寡頭制の会議も指した．聖パウロ*が彼の教えを説明するためにアレオパゴスに連れて来られたとき（使17:19），その法廷の前であったのか，あるいはその場所が単に会合に便利であったので選ばれたのかは不明である.

## アレグザンダー
Alexander, Michael Solomon（1799-1845）

1841年から，アングリカンのエルサレム教区*の初代主教.

## アレクサンデル2世（せい）
Alexander II（1073年没）

1061年から教皇．彼は以前はルッカ司教であった．ヒルデブランド（のちのグレゴリウス7世*）の支持により教皇に選ばれた彼は，皇帝ハインリヒ4世*の支持なしに教皇座に就いたが，皇帝は対立教皇*(ホノリウス2世）をたてた．1064年から教皇として広く認められたアレクサンデルは，改革派の理想の実現に努めた．彼は聖職売買*に反対する教令（decrees）を更新し，聖職者の独身制*を強化し，司教選挙の自由を守る規則を定め，結婚*に関する規定を設けた．彼はこれらの措置を強化するために強い行動をとった．彼はウィリアム1世*のイングランド侵入を承認した.

## アレクサンデル3世（せい）
Alexander III（1181年没）

1159年から教皇．彼の選出後すぐに対立教皇*としてたてられたヴィクトル4世は皇帝フリードリヒ1世*により支持された．17年に及ぶシスマのあいだ，アレクサンデルは主としてフランスに住んだ．ここでの滞在中，彼はベケット*事件に関してイングランド王ヘンリー2世と接触した．後継の大司教の妨害にもかかわらず，彼はその殺害に対して断固として悔悛を科した．1179年に，彼は第3ラテラノ公会議*を召集した．彼は12世紀のスコラ学の復興を奨励したが，長く彼に帰されてきたグラティアヌス*の『法令集』や『ロランドゥスの命題集』を書いたとは思われない.

## アレクサンデル5世（せい）
Alexander V（1339頃-1410）

1409年から教皇．カンディア（Candia，クレタ島のイラクリオン）のペトルスはフランシスコ会*員となり，パリ大学で教えた．1386年から各地の司教になった．ピサ教会会議*で，彼は空位と想定された教皇座に就くように満場一致で選出された．彼は10か月後に没した.

## アレクサンデル6世（せい）
Alexander VI（1431-1503）

1492年から教皇．ロドリゴ・ボルジア（Rodrigo Borgia）の選出は主として贈賄で確保された．その教皇位の最重要行為は，1493-94年に新大陸をスペイン*とポルトガル*のあいだで分割する条約を決めたこと，1498年にG.サヴォナローラ*を告発し処刑したこと，1499-1500年にムーア人に対して十字軍を起こしたこと，1500年の聖年*を祝ったことである.

## アレクサンデル7世

Alexander VII（1599-1667）

1655年から教皇．神学者として，彼は強い反ヤンセン主義*的な見解をもち，ヤンセン主義的な口実を不可能にするために，1656年に彼は，C. O. ヤンセン*がくみとった意味での，『アウグスティヌス』*からの「5命題」を断罪した．この点では，彼はフランス王ルイ14世によって支持されたが，のちにルイが教皇領*へ侵攻すると威嚇したとき，アレクサンデルは1664年に屈辱的なピサ条約を結ばざるをえなかった．1665–66年には，彼は蓋然説*の全体ではないが，いくつかの命題を断罪した．

## アレクサンデル8世

Alexander VIII（1610-91）

1689年から教皇．彼はフランス王ルイ14世との和解に努め，ルイは1690年にアヴィニョン*とヴネサン（Venaissin）を返還した．1690年に，彼は1682年の「ガリア4箇条」*およびC. O. ヤンセン*の31命題を断罪した．

## アレクサンデル（ヘールズの）

Alexander of Hales（1186頃-1245）

神学者．彼はパリで哲学と神学を学び，1220–21年頃に神学教授となった．彼は神学の講義の基本的なテキストとして，聖書の代わりにペトルス・ロンバルドゥス*の命題集を用いるという決定的な一歩を踏み出した．1236年に，彼はフランシスコ会*に入会したが，教授職にとどまった．彼はフランシスコ会神学派の創始者と見なされるが，彼の名前で伝わる『神学大全』（*Summa theologica*）はその一部が彼の手になる．彼は1242年に『フランシスコ会則の解釈』（*Expositio in Regulam S. Francisci*）を作成した，一般に「4人の教授」と呼ばれる教授たちの一人であった．

## アレクサンドリア

Alexandria

ローマ帝国の重要な都市．エジプトのアレクサンドリアはともにヘレニズムとユダヤ教の拠点であった．教会の創設は伝説的に聖マルコ*に帰されている．キリスト教思想の拠点としての名声を得たのは，クレメンス*とオリゲネス*の働きをとおしてである．その教会的な重要性は4–5世紀に，特にアタナシオス*とキュリロス*の両主教のもとで高まった．それはのちにコンスタンティノポリス*の出現により減少し，さらに大多数のエジプトのキリスト教徒がキリスト単性論*を支持したことで縮小し，7世紀のペルシア人とアラビア人の侵入によって事実上破壊された．東西教会の分裂にあたって，アレクサンドリアはコンスタンティノポリスの側にとどまった．➡コプト教会

## アレクサンドリア型本文

Alexandrian text

新約聖書*のギリシア語本文の初期の一形態で，現在ではしばしば中立型本文*と同一視される．

## アレクサンドリア教理学校

Catechetical School of Alexandria

高度な神学の教育に関心をもち，2–4世紀に教師が継続して管理した，アレクサンドリア*にあったキリスト教のこの学校のことは，シデのフィリッポス*（5世紀）や，相違点もあるが，カイサリア*のエウセビオス*により記述されている．しかしながら，この記述が正確かどうかは明らかでない．さまざまな独特の教師がいたことは確実であろうが，オリゲネス*が231年にカイサリアへと去ったあとも高度な教育が続いたかどうかは不確実である．

## アレクサンドリア写本

Codex Alexandrinus（'A'）

ギリシア語聖書の5世紀前半の写本で，キュリロス・ルカリス*がチャールズ1世*に献呈し，現在は大英博物館に所蔵されている．『クレメンスの第1の手紙』と『クレメンスの第2の手紙』も含まれている．

## アレクサンドリア神学（しんがく）
Alexandrian theology

アレクサンドリア*教会と結びついた神学派に対する近代になってからの名称．この語は，アンティオキア神学*と対比して，キリストの神性とそのペルソナ（位格）の単一性を強調する信仰の形態について特に用いられる．聖書の釈義において，アレクサンドリア学派はアンティオキア学派の逐語的で歴史的な方法論と対比して，秘義的で寓喩*的な解釈に惹かれていた．➡アレクサンドリア教理学校

## アレクサンドル
Alexandre, Noel（1639-1724）

ドミニコ会*員の教会史家．26巻からなる1676-86年の『教会史概観』(*Selecta Historiae Ecclesiasticae Capita*) は学識豊かな著作である．その数巻にみられるガリカニスム*への共感のゆえに，本書は禁書目録*に載せられた．

## アレクサンドロス（聖（せい））
Alexander, St（328年没）

312年からアレクサンドリア*主教．メリティオス*やアレイオス*のシスマの解決に努めた．彼は配下の司祭の一人であるアレイオスを破門し，ニカイア公会議*では指導的な役割を果たした．祝日は西方では２月26日，ギリシア教会では５月29日，コプト教会*では４月22日．

## アレクサンドロス（リュコポリスの）
Alexander of Lycopolis（３世紀）

マニ教*に対する反駁者．彼はキリスト教哲学の明快性と有効性を称賛し，それをマニ教の非論理的で矛盾した教えと対比している．

## アレゴリー
➡寓喩

## アレシウス
Alesius（Aless, Alane）, Alexander（1500-65）

スコットランド出身のルター主義*者．セント・アンドルーズ教会のカノン*であった彼は，P. ハミルトン*を論破するべく選ばれたが，1528年に彼の主張と火刑柱での確固たる態度に説得されてしまった．その後まもなくアレシウスは聖職者の品行を攻撃する説教をした．彼は投獄されたが，ドイツへと逃れ，そこでアウクスブルク信仰告白*に署名した．短期間，彼はケンブリッジ大学神学講師であった．1540年に，彼はフランクフルト・アン・デル・オーデル大学神学教授になった．彼は多くの釈義的で論争的な著作を書いた．

## アレストリー
Allestree, Richard（1619-81）

おそらく『人間の義務の全容』*の著者であろう．共和政時代には，個人の家で英国教会の礼拝を続ける手助けをした．1663-79年に，彼はオックスフォード大学欽定講座担当神学教授であった．

## アーレフ
aleph（א）

ヘブライ語のアルファベットの最初の文字．本文批判*ではシナイ写本*を指して用いられる．

## アレルヤ（ハレルヤ）
Alleluia（Hallelujah）

（ヘブライ語で「主をほめたたえよ」の意.）典礼における賛美の表現．この語は聖書（詩111-117編）に出ており，早い時期に教会の典礼に取り入れられた．西方では，四旬節中のミサと聖務日課から省かれており，喜びの表現として，特にしばしば復活節*に用いられる．東方では，アレルヤ唱は四旬節の礼拝において特にしばしば歌われる．

## アレルヤ続唱（ぞくしょう）
Alleluyatic Sequence

この名称が聖歌 'Cantemus cuncti melodum'（「ともにその美しい調べを歌おう」の意）に付けられたのは，しばしば「アレルヤ」を繰り返すからである．これは10世紀前半にさかのぼる．

## アレン
Allen, Roland（1863-1947）

宣教師で宣教の理論家．彼は1895年に海外福音宣教協会*の中国北部宣教会に加わったが，健康を害して1903年に北京を去った．彼は幅広い著作活動をして，「個々のメンバーが自ら見いだした福音を他者に伝えるという，自発的で組織化されない活動」によって拡大した，新約聖書の諸教会の地方的で固有な性格を，国外からの指導を押しつけ，資金的な統制をし，遊離した専門的な聖職を確立したと彼が感じた近代の宣教と対比している．

## アレン
Allen, William（1532-94）

1587年から枢機卿．1565年に，イングランドから逃れざるをえなかった彼は，イングランドの改宗のためにカトリックの宣教司祭(mission priests)の養成に専念した．彼は1568年にドゥエー*に，1575-78年にローマに神学校を創設し，1589年にバリャドリードでの創設を助けた．彼は「ドゥエー・ランス聖書」*の生みの親である．

## アロイシウス・ゴンザーガ（聖（せい））
Aloysius Gonzaga, St（1568-91）

カトリックの青少年の守護聖人．宮廷で数年を過ごしたのち，1585年にイエズス会*修練院に入った．彼はローマで疫病にかかった人たちの看護にあたったが，自らもその犠牲となって23歳で没した．祝日は6月21日．

## アロゴイ派（は）
Alogi

小アジアの異端者のグループ（170年頃）．彼らはモンタノス主義*に反対し，ヨハネ福音書*とヨハネ黙示録*をケリントス*の作と見なしたと思われる．この名称は論敵たちにより造り出され，「非理性的な人たち」と「ロゴスを信じない人たち」という二重の意味で用いられている．

## アロン
Aaron

ヘブライ人の伝承ではモーセ*の兄弟．彼はモーセの助力者に定められ（出4:14），のちに彼とその子孫は祭司に任じられた（出28章以下）．キリスト教神学では，彼はキリストの予型*である．

## あわれみの賛歌（さんか）
➡キリエ・エレイソン

## アン
Anne（1665-1714）

1702年からグレートブリテンとアイルランドの女王．ジェームズ2世*の次女であったが，父がカトリックになった後も引き続きアングリカンとして育った．彼女は聖職者のために1704年に「アン女王基金」*を創設した．主教を任命する権利を行使して，彼女は議会で高教会派*とトーリー党を優勢に導き，また「偽装信従禁止法」*（1702年に導入され，1711年に可決された）を支持した．

## アンキュラ
Ancyra

現在のトルコのアンカラ．ここで開催された重要な初期の教会会議の中に，(1) 棄教者や他の犯罪を犯した人たちの和解を論じた314年の教会会議と，(2) 御子が実体において御父と類似していると主張した半アレイオス主義*者たちによる358年の教会会議がある．

## アングリカニズム
Anglicanism

この語は本来的に，カンタベリー*大主教座と一体をなすキリスト教徒たちの教理と実践の体系を指すが，他のキリスト教共同体の見解と区別できる宗教的・神学的な見解をもつと主張する限りにおいてその体系について特に用いられる．教理的な体系として具体化したのは，エリザベス1世*の治世であった．『祈禱書』*・オーディナル*・「39箇条」*・『公定説教集』*を含むその式文集は，アングリカンの自己理解・説教・教理の基礎となった．17世紀に，英国教会はローマの要求を拒絶することを確認し，大陸の宗教改革者たちの神学的・教会的な体系を受け入れることを拒否した．歴史的主教制が維持されたが，多くの人たちはこれを神的な制度とは見なさなかった．正当な変更の範囲は，救いに必要なすべてのものを含む聖書に訴えることに限定されると考えられた．真理は，聖書およびそれ自体最初の4世紀間の伝統に基づくべき教会の権威という二重の証言から求められるべきである．

1660年の王政復古の際に主要なグループを構成したのは高教会派*であって，彼らは英国教会のカトリック的根源との連続性を強調した．1633–88年に，ケンブリッジ・プラトン学派*とその継承者たちが強調したのは，過去の知恵に対する保守的な敬意とともに敬虔な信仰であった．彼らの直接的な遺産が，18世紀前半に優勢であったラティテューディナリアニズム*で，実践的なキリスト教徒の生活・道徳性・熱狂への疑念を強調した．18世紀後半にブリテンやアメリカのアングリカンのあいだで福音主義*が出現したのは，ある程度この傾向に対する反発と見られよう．オックスフォード運動*がアングリカニズムに回復しようとしたのは，カトリック教会の一部としてその根源の自覚と秘跡重視の生活であった．20世紀半ばまでには，その指導者たちが擁護した多くの慣行が受け入れられた．

1948年まで，ランベス会議*は『祈禱書』*をアングリカン・コミュニオン*における絆と見なした．『祈禱書』はわずかな改訂を経て，世界中のさまざまな言語で用いられた．20世紀後半には多くの典礼上の試みがなされ，ほとんどすべての管区がさまざまな祈禱書を生み出した．非英語圏の国々におけるアングリカンの比率が増大したことは，現代のアングリカニズムにおけるエートスの一致を維持するという課題をもたらした．管区により対応が違うが，司祭職や主教職への「女性の叙任」*および同性のパートナーシップや聖職における同性愛*者の役割という問題は，アングリカニズムが包括する範囲を弱め，権威*の問題に注目させることになった．

## アングリカニズムにおける修道会（しゅうどうかい）
religious orders in Anglicanism

アングリカン・コミュニオンにおける修道会の復興はオックスフォード運動*の成果の一つであった．1841年に，E. B. ピュージー*のもとで誓願を立てたマリアン・レベッカ・ヒューズ（Hughes）は，1849年にオックスフォードの聖至純三位一体修女会（Convent of the Holy and Undivided Trinity）の初代会長になった．1845年に，彼はまたロンドンのリージェンツパークのパーク・ヴィレッジに最初の修女会を創立し，それはのちに，1848年にP. L. セロン*がデヴォンポートに創立した聖三位一体修女会（Society of the Holy Trinity）と合併した．その後次々に，1848年にウォンティジ（Wantage）に聖メアリ修女会（Community of St Mary the Virgin），1852年にクルーアー（Clewer）に洗礼者聖ヨハネ修女会(Community of St John the Baptist)，1855年にイーストグリンステッド（East Grinstead）に聖マーガレット修女会（Community of St Margaret, ➡ニール）が創立された．これらはみな「活動的」ないし「折衷的」修女会で，修道生活を奉仕の生活に結びつけ，大都市のスラムにおける貧者の世話に率先してあたった．1861年に創立された聖アンデレ女性執事会（Deaconess Community of St Andrew）は，共同生活を女性執事*の職位への受け入れと結びつけた点で独自の存在であった．1907年にオックスフォードのフェアエーカーズ（Fairacres）に，最初の「禁域*制の」修女会である神愛修女会（Sisters of the Love of God）の創立とともに，「観想的」生活が復興した．

最初の修士会は1866年にカウリー（Cowley）に創立された福音記者聖ヨハネ修士会*であった．1892年に創立された復活修士会*および1903–74年にケラム（Kelham）に存在した聖使修士会（Society of the Sacred Mission）はともに，聖職候補者（ordinands）を訓練した．1926–87年にナッシュドム（Nashdom）に存在した英国ベネディクト会は，カルデイ（Caldey）島に創立された修士会に由来し，後者の会員の大半は1913年にカトリック教会に転会した．1884年にラングーン（Rangoon，現ヤンゴン）で創立された，オールトン・アビー（Alton

Abbey) の修士会は1981年に『ベネディクトゥス会則』*を採用した. 1931年に英国フランシスコ会が創立され, 1938年にR. C. S. ゴフトン・サルモンド (Gofton–Salmond) は, ウェストサセックスのクローリー (Crawley) 付近の森林地帯に隠遁し, 半隠修士的で観想的な「神意の僕修士会」(Community of the Servants of Will of God) を創立した.

近年, 入会者が減少し, 修道会によっては閉鎖したり, 小さな施設に移っている. 少数のより小さな修女会は男女併存修道院*になり, また, 隠修士的生活への関心が増大している.

イングランドから, 修道生活の復興は多くのアングリカン・コミュニオンに広がった. イングランドの修道会の多くが海外に枝分かれした組織をもち, 新しい修道会がアメリカ, アフリカ, インド, オーストラレーシア (南洋州) に創立された.

## アングリカン・コミュニオン
Anglican Communion

カンタベリー*大主教座と一体をなし (in communion with), その指導的地位を認める教会. これを構成するのは, 英国教会*(国教制*をとる唯一の構成体), ほぼ全世界にある自立した教会や管区, カンタベリー大主教や大主教管区協議会 (Metropolitan Council) の裁治下にある少数の「管区外の」主教区*である.

宗教改革*後の250年間, アングリカン・コミュニオンは (1690年に非国教化した) スコットランド*聖公会を除いて, 唯一の (国教である) イングランド・アイルランド・ウェールズ教会だけからなっていた. 海外で活動する司祭はロンドン主教の裁治下におかれた. 1784年のスコットランドの主教たちによるS. シーベリー*の聖別後に, 1786年に通過した国会制定法は, 世界の他の地域の主教座のためにイングランドで主教を聖別することを可能にした. さらに, アメリカの主教はイングランドの大主教により聖別されていたが, 1789年にアメリカ聖公会*はカンタベリー大主教座と一体をなす自立的な組織体となった. 1787年に, 初代の植民地の主教が聖別され, 英領北アメリカに対する裁治権をもった. 主教職がインド*(1814年), オーストラリア*(1836年), ニュージーランド*(1841年), 大英帝国の他の地域にたてられた. 管区制が1835年に始まり, 徐々にカンタベリーの裁治権からの完全な独立性が管区制をもつ教区により確保された. このことは1960年代半ばまでにほとんどすべての地域に拡大した. ブリテンにおいて, アイルランド*教会が1869年に, ウェールズ*教会が1920年に非国教化した. 大英帝国内の海外の教会は19–20世紀に非国教化した. 大英帝国外では, たとえば中国*, 日本*, 南アメリカに, いくつかのアングリカンの主教座が設立された.

アングリカンの主教たちは集合体として10年ごとにランベス会議*に集まる. 1969年には, 各教会や管区からの主教と共に聖職者と信徒を含む「全聖公会中央協議会」(Anglican Consultative Council)が助言的な団体として創立された. 首座主教たちの定期的な会合が1979年以降に再開した.
➡アングリカニズム

## アングリカン・チャント
Anglican chant

アングリカン・コミュニオン*で広く用いられる, 詩編を唱える音楽. これを構成するのは, 各半節の最初の部分が朗誦音で歌われる, 協和音をつけて小節に区切った音楽による曲および韻律のリズムによる曲に合わせた結びの言葉である.

## アングリカン福音主義(ふくいんしゅぎ)グループ運動(うんどう)
Anglican Evangelical Group Movement

自由主義的福音主義*的な見解をもつアングリカンの聖職者と信徒からなる団体. 1906年に, 「グループ・ブラザーフッド」という名称の私的な会として始まったが, 1923年に公的な団体になった. これは1967年に正式に終了した.

## アングリカン–ローマ・カトリック国際委員会(こくさいいいんかい)
Anglican-Roman Catholic International Commission (ARCIC)

ローマ・カトリック教会とアングリカン・コミュニオン*の共同の委員会で, 両者のあいだの目に見える一致という目標を促進することを意図している．1966年の教皇パウルス6世*とカンタベリー大主教A. M. ラムジー*の会見後に発足した本委員会は，（「対話」と呼ばれる）一連の滞在型の会合をもち，「合意声明」をそれぞれ「聖餐の教理」（1971年），「職制と叙階式」（1973年），「教会における権威」（1976年）に関して出した．1988年のランベス会議*は前2者の声明が「アングリカンの信仰と本質において一致」すると考えたが，教皇の首位権に関する問題のさらなる検討を求めた．1991年の正式なカトリックの応答は，「相違ないし曖昧な点」が残っていると判断している．この間に，新たな委員会（ARCIC II）が1982年に設立され，1999年に教皇権に関し，また2005年に聖母マリア*に関して新たな「合意声明」を出した．別の委員会（ARCIC III）が教会論*と倫理を検討するために2010年に設立された．

## 『アンクレン・リウル』

*Ancren(e) Riwle*（*Ancrene Wisse*）

英語で書かれた13世紀初頭の「独住修道女*のための規則」．これはもともと3人の高貴な家柄の修道女のために書かれ，のちに著者によってより広い範囲の隠遁した人たちのために改訂された．著者がだれであるかは不明であるが，その文体は明快で，生き生きして，修辞学的に洗練されている．この「規則」は広く複製され，また他の男女の修道院のためにも翻案された．

## アングロ・カトリック主義（しゅぎ）

Anglo-Catholicism

「アングロ・カトリック」という用語は，1830年代のトラクト運動*に由来する，アングリカン・コミュニオン*内のグループについて一般に用いられる．アングロ・カトリック主義者は教会と秘跡に関する高教会派*的な教理を守り，彼らが重視するのは，「使徒継承」*，すなわち使徒たちにさかのぼる主教制，初期の数世紀間との英国教会の歴史的連続性，教会の国家からの完全な独立性である．

当初のトラクト運動支持者は教理に関心をもち，修道会*および秘密告白*や断食*の慣行のような個人的な規律のさまざまな実践を復興したが，儀式にはさほど関心をもたなかった．その後のアングロ・カトリック主義者は礼拝の外的形式のみを気にかけていると見なされるようになり，「儀式主義者」（ritualists）と呼ばれた．反対があったにもかかわらず，（たとえば，ろうそく*の使用のような）彼らが擁護した慣行の多くは英国教会全体に広がり，聖餐を頻繁に祝うようになったことも彼らの影響による点が大きい．➡オックスフォード運動

## アングロ・サクソン時代（じだい）の教会（きょうかい）

Anglo-Saxon Church

6世紀末から1066年の「ノルマンの征服」までのイングランドの教会．597年に，聖アウグスティヌス*が率いるローマからの宣教団が南部のサネット島に上陸し，司教座*が急速にカンタベリー*，ロンドン，ロチェスター*，ヨーク*に設立された．北部では，聖エイダン*が635年頃にリンディスファーン*司教となった．しばらく宣教活動は，復活祭*を守る日付のような習慣の相違をめぐる論争により妨げられたが，664年のホイットビー教会会議*以後，南北間の一致は徐々に得られた．669年に，タルソスのテオドルス*がカンタベリー大司教となり，その偉大な改革と組織化の活動を始めた．デーン人の侵入は教会にとって打撃であったが，アルフレッド*の勝利は侵入者によるキリスト教の名目上の受容を確実にした．10世紀には，聖ダンスタン*と聖エセルウォルド*により改革が始められ，大陸とのより密接な関係が築かれた．アングロ・サクソン時代の教会では，修道制が盛んで，大部分の伝道は修道士によってなされた．教会と国家のあいだにも特に密接なつながりがあった．通常，ある地域の改宗は王宮から始まった．司教区は部族の領域と重なり合っており，特定の会合が主として教会のそれか世俗のそれかを決めるのはしばしば困難であった．

### アンゲルス・シレジウス
Angelus Silesius（1624-77）

本名はヨーハン・シェフラー(Scheffler). 神秘主義的な詩人, 論争家. ルター派のポーランド貴族の息子である彼は, 1653年にカトリックに改宗した. 彼の名声を高めたのは, その神秘主義的な詩, 1657年の『聖なる魂の喜び』(*Heilige Seelenlust*)と1675年の『智天使的旅人』(*Der Cherubinische Wandersmann*)（1657年の初版時は別名）である.

### 暗黒時代（あんこくじだい）
Dark Ages, the

西ヨーロッパにおいて,（5世紀頃の）古典文化の衰退から,（11世紀頃の）中世文化の開始まで及ぶ期間.

### アンゴラのキリスト教（きょう）
Angola, Christianity in

アンゴラのポルトガル*植民地は1576年に始まった. 1596年から, それは新たに設立されたサン・サルヴァドル司教区内に置かれ, コンゴ王国*とアンゴラからなっていた. 奴隷貿易による混乱および長期間の司教の不在にもかかわらず, 教会は生き残った. アンゴラの諸地域はサハラ以南で唯一, 16世紀以来連続した地方教会が存在した場所であったが, 19世紀半ばまでは司祭がほとんどいなかった. 1865年に, フランスの聖霊修道会*が宣教の責任を負うことになり, 教会は再興し始めた. プロテスタントの宣教活動は, イギリスとアメリカからの諸教派によるもので, 19世紀に始まった. 1975年のアンゴラ独立後に続いた内戦の際に, バプテスト派*とメソジスト派*は政府と敵対する勢力としばしば協調したのに対し, カトリックはマルクス主義にたつ指導層に同調した.

すべての教会が関わったのは, 内戦を終わらせる試みであり, 1992年のマルクス主義の正式の終焉後は, 活気のある市民社会が繁栄しうる状況の創出であった. 2002年のサビンビ議長の急死がついに内戦を終わらせた.

伝統的に, カトリックは人口の半数を数え, プロテスタント諸教会が4分の1強であったが, この数字は特に都市部における1992年以降のペンテコステ派*諸教会の急速な増加で疑わしくなっている. なかでも盛んなのは, ブラジル*からの宣教活動に由来する「ユニヴァーサル・チャーチ・オヴ・ザ・キングダム・オヴ・ゴッド」(Igreja Universal do Reino de Deus）である.

### アンシアル字体（じたい）
uncial script

（現代の「頭文字」に似た）大文字で, 4-8世紀頃にギリシア語やラテン語の文書で用いられた. ➡ベザ写本

### アンジェラ（フォリーニョの）（福（ふく））
Angela of Foligno, Bl（1248頃-1309）

ウンブリアの神秘家. 夫の没後, 彼女はフランシスコ第3会の会員になった. 彼女の頻繁な幻視の記録は『幻視と教えの書』(*Liber Visionum et Instructionum*) として流布し, 初期のフランシスコ会の信心の極点を示している. 祝日は1月4日.

### アンジェラス（お告（つ）げの祈（いの）り）
Angelus

西方教会において1日3回（早朝, 正午, 夕べ）繰り返される信心で, 主の受肉の記念として唱句*と集会祈願*を伴う3回のアヴェ・マリア*からなる. 鐘*がアヴェ・マリアのために3回, 集会祈願のために9回鳴らされる.

### アンジェラ・メリチ（聖（せい））
Angela Merici, St（1470/75-1540）

ウルスラ修道会*の創立者. 一時期視力を失っていたが, 彼女は1535年にイタリアのブレシアで女子修道院を創立し, 聖ウルスラ*にちなんで命名した. 祝日は1月27日.

### アンジェリコ（福（ふく））
Angelico, Bl Fra（1395/1400-1455）

画家で, 修道名はジョヴァンニ・ダ・フィエゾレ. 1417-23年にドミニコ会*に入会した. 1430年代にはコルトナで活動し, そこに現在も彼の最も

偉大な作品のいくつかが残っている．フィレンツェのサン・マルコ修道院における彼の存在を示す最初期の証言は1441年にさかのぼる．ここでの彼の作品に含まれるのは，教会堂の祭壇画および修道院（convent）の修室*・回廊*・通廊（corridors）を飾るフレスコ画である．彼は1446-49年にヴァティカン*の礼拝堂に4枚のフレスコ画を描いた．彼の偉大な芸術的業績はその表現力と華麗な色彩にみられ，キリスト教芸術における最も記憶すべき表象の多くが彼の創案によっている．祝日はドミニコ会では2月18日．

## 按手（あんしゅ）
hands, imposition of（laying on of hands）

聖書や教会生活において顕著に現れる儀式的な行為．聖書において，その顕著な慣例は祝福のしるしとしてであるが（たとえば創48章），場合によって委託の要素が含まれている．按手はキリストにより多くの癒しの奇跡において行われた．使徒言行録におけるいくつかの場合は伝統的に堅信*や叙階*の範例と受けとられてきた．これらのテキストの意味は議論が分かれるが，各志願者の頭に司教が手を置くことは，この両方の秘跡の中心的な行為になった．司祭はカトリックの塗油*式において，また現代のあるアングリカンの「病者の訪問」*式において，病者に按手を行う．

## アン女王基金（じょおうききん）
Queen Anne's Bounty（QAB）

ヘンリー8世*の治下に王権に移されていた，初年度献上金*と10分の1税を収納するために，1704年にアン女王により創設された基金で，貧しいアングリカンの聖職者の生活を援助するのに用いられた．基金はのちに多額の議会からの補助金や個人からの寄付金を受けた．1948年に，本基金は英国教会財務委員会*と合同して，イングランドのために英国教会教会問題検討委員会*を創設した．

## アンスカル（聖（せい））
Anskar（Ansgar）, St（801-65）

「北方の使徒」．コルビー*の修道士であった彼は，ヴェストファーレンのコルヴァイ（Corvey），続いてデンマーク*とスウェーデン*に赴き，そこに最初のキリスト教会を建てた．彼は832年頃にハンブルク司教，848年頃にブレーメン大司教になった．祝日は2月3日．

## アンセム
anthem

アンティフォナ*という語を英語化した形で，通常，聖書からの言葉にあわせた声楽曲に用いられる．『祈禱書』*は朝夕の祈りの際の第3の特禱*後のアンセムを載せている．多くの現代のアングリカンの典礼では，「カンティクル*，詩編，聖歌*またはアンセム」が，聖餐式において福音書の前やさまざまな他の所で歌われる．

## アンセルムス（聖（せい））
Anselm, St（1033頃-1109）

1093年からカンタベリー*大司教．彼はそれまでベック修道院*長であった．彼はウィリアム2世と幾度も争い，その後1098年にローマに赴いた．彼は1099年に初めて，俗人による叙任に反対する教皇教令（decrees）について知った．新しい国王ヘンリー1世が1100年に彼をイングランドに呼び戻したとき，彼は妥協することなくその教令を守ることを主張した．1103年に，彼は再びローマに赴き，教皇と国王がひそかに妥協点に達した1107年まで追放の身であった．

哲学者また神学者として，アンセルムスは中世の思想家の中で先頭に位置している．先輩たちと違って彼が好んだのは，聖書や教父の権威を用いる代わりに，知的な推論によって真理を擁護することであった．彼の『モノロギオン』(*Monologion*)の目的は神の存在をただ合理的な根拠にたって確証することであった．『プロスロギオン』(*Proslogion*)ではこの推論に，本体論的証明*というより体系的な形が付与されている．もし我々が神によって，（アンセルムスはそう考えているが）「それより偉大なものが考えられえない何か」を意味するとすれば，我々はこの何かが存在するとしか考えられない．というのは，もし存在しなければ，それは「それより偉大なものが考えられえない何か」ではないことになるからである．彼の『なぜ神は人間となられたか』*は中世における贖罪*の神学に対して極めて重要な貢献をした．彼はこの教理を，罪により乱された創造の普遍的な秩序を回復するために必要な「充足」*（償罪）によって説明した．彼が否認したのは，充足するのが十字架の主要な目的であるとして，悪魔が堕落した人間に対して権利をもつという考えであった．アンセルムスは信仰のうちに，理性の正しい使用の前提条件を見たが，啓示された真理を理解しようとして知性をはたらかせるのは我々の義務である．祝日は4月21日．

## アンセルムス（ランの）
Anselm of Laon（1117年没）

神学者．彼はランの司教座聖堂付属学校で教えた．聖書に関する彼の講義は関心のある点をその都度考察しており，彼の没後，これらの講義は手を加えられ増補されて体系的なスンマ*となった．彼はその見解において伝統主義的であったが，その方法は新しいものであった．彼の著作の全文献が確定してはいないが，彼は確かに詩編，パウロ書簡，ヨハネ福音書の注解書を書き，それは「グロッサ・オルディナリア」*の基礎となった．

## アンセルムス（ルッカの）（聖）
Anselm of Lucca, St（1035頃-1086）

1073年にルッカ司教に任命された彼は，遅くとも1080年に，皇帝ハインリヒ4世*の支持者によって追放された．それ以降，彼はロンバルディアにおけるグレゴリウス7世*の常設教皇特使であった．彼は『カノン法集成』を編集し，グレゴリウスを支持して対立教皇に反対する論考を書いた．祝日は1月18日．

## 安全説（厳格説）
Tutiorism（Rigorism）

倫理神学*の体系で，これによれば，疑いがある場合，もし「より安全でない意見」（すなわち道徳的原則に反する意見）の中に，道徳的確実性に達するある程度の蓋然性がなければ，「より安全な意見」（すなわち道徳的原則にかなった意見）に従うべきである．安全説は1690年に断罪された．➡蓋然説

## 安息の年
Sabbatical Year

7年間のうちの1年間で，旧約聖書はそれを「安息」年として守り，土地に作付けせず，負債を免除し，ヘブライ人の奴隷を自由の身にするよう命じている．➡ヨベルの年

## 安息日
Sabbath

ユダヤの週*の第7日．神の礼拝のため（出31:13-17）とともに男性，女性，家畜の休息と休養のため（申5:14）の特別な日という二重の目的をもっていた．労働の禁止は詳細な規定で規制された．新約聖書時代に，治癒や麦の穂を摘むような行動は時に禁止されていると見なされたが，禁止された労働の正確な定義に関する議論はラビの時代まで続いた．キリストに対してファリサイ派*が主に立腹した点の一つは，安息日が人のために定められたのであって，その逆ではないと，キリストが言ったことである（マコ2:27）．初期の教会は休息と祈りの日として第7日を守り続けたが，復活が週の第1日に起こったという事実からやがて，土曜日*のユダヤの安息日がその日（日曜日*）に置き換わった．

## 安息日厳守主義
Sabbatarianism

神に命じられた休息の日の遵守における極端な厳格主義．土曜日*（ユダヤ教の安息日*）の遵守を主張したセクトが東ヨーロッパに存在し，イギリスやアメリカのさまざまな団体がそれに追随したが，これらの中にセブンスデー・アドヴェンティスト派*とセブンスデー・バプテスト派*がある．

日曜日*（キリスト教の安息日*）の厳守は，ヨーロッパ大陸では知られていない，イングランドとスコットランドの宗教改革の特徴であった．その

起原は，旧約聖書の趣旨に沿って厳格な実施を擁護した，ニコラス・バウンド（Bound）の1595年の『安息日の真の教理』（*True Doctrine of the Sabbath*）の刊行と結びついている．ジェームズ1世*が日曜日にさまざまな遊びを認めた『遊びの書』*を1617年に公布したことに続く論争は政治的な重みをもった．同書が1633年にチャールズ1世*により再公布されると，抗議の嵐をまきおこした．ピューリタンの安息日にはさまざまな国会制定法により賦課されていたが，王政復古時にいくぶん緩和された．アメリカに定住して，同じ原則をもちこんだピューリタンやスコットランドの長老派*の人たちがおり，立法でこの態度を支持した州もあった．イギリスでは，福音主義*的リバイバル*の影響下，厳格主義が18世紀末に再現した．1781年に主教B.ポーティアス*により起草された主日厳守法は，入場料を支払う娯楽や競争の日曜日の開場を禁じた．同様に，アメリカでも，1888年に創設された主日遵守同盟（Lord's Day Alliance）のようなグループが立法化を支持した．19世紀後半になってイギリスやアメリカの大部分で徐々に緩和されていった．

## アンダーヒル
Underhill, Evelyn（1875-1941）

イギリスの神秘主義的な生活の主唱者．1907年に，彼女は宗教的な回心を経験した．カトリック教会に惹かれたが，転会できないと感じ，神秘主義研究に向かった．1911年の『神秘主義』（*Mysticism*）の包括的な接近法は，同著を標準的な著作にした．1911年に，彼女はF.フォン・ヒューゲル*の影響を受けた．1921年に，彼女は英国教会の実践的な信徒になり，1924年以降，黙想会*を指導した．1936年の『礼拝』（*Worship*）は，その主題を広く再検討して彼女の全般的な見解を表現している．祝日はアメリカ聖公会*と『共同礼拝』*では6月15日．

## アンティオキア
Antioch

大きさと重要性において，シリアのアンティオキアはローマ帝国第3の都市であった．キリスト教の共同体が早い時期からここに存在し，キリストの弟子たちが初めて「キリスト者」と呼ばれたのもここであった（使11:26）．伝承によれば，聖ペトロ*が初代の主教であった．4世紀までにはその主教座は，キリスト教界の第3の総主教座としてローマ*とアレクサンドリア*の次に位置していた．コンスタンティノポリス*が勢力を増大させたこととエルサレム*が総主教座の地位へ昇格したことは，アンティオキアの重要性を縮小し，それはネストリオス*やキリスト単性論*に関わるシスマ*によりいっそう減少した．

## アンティオキア教会会議（きょうかいかいぎ）
Antioch, Council of（341年）

この教会会議は，アンティオキアにあるコンスタンティヌス*の「黄金聖堂」の献堂式の際に開催された．4つの信条がニカイア信条*の代わりに公布された．25箇条の（主に規律上の）「アンティオキア教令（Canons）」は長いあいだ，この教会会議で公布されたと考えられてきたが，現在では一般に330年にアンティオキアで開催された教会会議で定められたと考えられている．

## アンティオキア神学（しんがく）
Antiochene theology

アンティオキア*教会と結びついた神学派に対する近代になってからの名称で，アレクサンドリア神学*と対比される．聖書の釈義において，アンティオキア神学は聖書本文の逐語的で歴史的な意味をより重視した．キリスト論において，キリストの人間性とその道徳的選択の事実が強調された．そうしながら，しかもキリストの神性の不可受苦性*を維持するために，キリストのペルソナ（位格）の単一性は，アレクサンドリア神学ほど厳密には表現されなかった．ネストリオス*に関わる論争の核心にあったのは，主にこの相違である．

## アンティオコス・エピファネス
Antiochus Epiphanes（前164年没）

前175年からシリア王．前169年に，彼はエルサレム*を攻撃して神殿*を略奪した．前167年に，ユダヤの慣行が禁じられ，神殿が汚され，異教の祭儀が行われた．このことがマカバイ*戦争の要因となった．

## アンティキリスト

➡反キリスト

## アンティドロン
antidoron

（ギリシア語で「賜物の代わりに」の意.）東方教会でそこから聖餐のパンが切り取られたパンの残り．その典礼の最後に，理屈では聖餐に与らなかった人たちだけに，しかし実際には全会衆に配られる．➡プロスフォラ

## アンティフォナ（交唱聖歌）
antiphon

（もともと「2組の聖歌隊により交互に歌われるもの」の意で，交唱聖歌ともいう.）西方教会では，通常は聖書からの引用句で，聖務日課*における詩編*やカンティクル*の前後に唱えられる．この語はまた，4つの聖母アンティフォナについても用いられ，その一つは終課*の後で歌われる．東方教会ではこの語は，交唱で歌われるさまざまな聖歌のことを指す．

## アンティフォナーレ（交唱聖歌集）
Antiphonal（Antiphonary）

もともと西方教会における典礼書で，交唱で聖歌隊により歌われ，聖務日課*やミサ*の聖歌からなっていた．後代に，聖務日課とミサが分離し，現在の用法ではこの語は聖務日課に限定されている．

## アンティミンス
antiminsion（antimension）

東方教会において用いる絹か亜麻の布で，聖遺物が縫い込まれている．もともと聖別された祭壇がないときに用いるよう意図されていたが，現在では西方のコルポラーレ*のように用いられる．

## アンティレゴメナ
antilegomena

新約聖書正典の一部と見なされるべきだというその主張に異議が唱えられた諸文書に対して，カイサリアのエウセビオス*が付けた名称.

## アンテチャペル
ante-chapel

中世のあるカレッジの礼拝堂の西端にある場所.

## アンテペンディウム

➡祭壇前面飾り

## アンデレ（聖）
Andrew, St

使徒*．彼は聖ペトロ*の兄弟であって，彼に関するいくつかの出来事が福音書に記されている．エウセビオス*は彼がのちにスキティア（Scythia）に行ったと述べている．不確かな伝承によれば，彼は60年にギリシアのパトラスで十字架刑に処せられた．X形をした十字（「聖アンデレ十字」）の最も早い証言は10世紀にさかのぼる．彼はスコットランド，ギリシア，ロシアの守護聖人である．祝日は11月30日．

## 『アンデレ行伝』
Andrew, Acts of St

外典*の一書で，おそらく2世紀後半に由来し，トゥールのグレゴリウス*によるその要約が残っている．本書はギリシアのパトラスで投獄された使徒を描いている．本書の一部の異文である『アンデレの殉教』は彼の十字架刑による死を記しているが，「聖アンデレ十字」には言及していない．

## アントニウス（パドヴァの）（聖）
Antony, St, of Padua（1188/95-1231）

フランシスコ会*員．15歳のときアウグスチノ修道祭式者会*に入会した．モロッコで殉教した数人のフランシスコ会員の聖遺物が1220年にコインブラに運ばれてきたとき，彼は深く感動した．彼は祭式者会を退会する許しをえて，フランシスコ

会に入会し，同年のうちにモロッコに向けて出航したが，病のためにヨーロッパに戻らざるをえなかった．叙階の際に説教することを求められて，彼の思いがけない雄弁と学識が見いだされた．彼はフランシスコ会における最初の神学講師に任命され，いくつかの他の職にも就いた．彼が奇跡行為者と見なされ，紛失物を探すときによく祈願される理由はおそらく，彼が用いていた詩編集を持ち逃げした修練士の前に急に現れてそれを取り戻したという出来事のゆえであろう．祝日は６月13日．➡アントニウス運動

## アントニウス運動

Antonian movement

12世紀のフランシスコ会*員であるパドヴァの聖アントニウス*はポルトガル*で人気のある聖人であったが，彼への崇敬はポルトガル海上帝国を築いた船員や冒険家によりアジア，ブラジル*，アフリカ，特にコンゴ*のキリスト教王国に広まった．ドンナ・ベアトリス・キンパ・ヴィータ*（1706年没）の影響で，霊の憑依の信仰が盛んになり，サルヴェ・アントニアーナ（*Salve Antoniana*,「めでたし，アントニウスよ」）という新しい祈りが特に注目された．ベアトリスの没後，アントニウス派は長年にわたりコンゴの政治における疎外要因であり続けた．同派はカトリシズムの皮相性および十字架が別の（コンゴの伝統的な物神である）ンキシ（*nkisi*）になってしまったことを非難した．カトリック教会はアントニウス派を異端的で冒瀆的と見なして，抑圧しようと努めた．しかし，同派の精神は，長年の分裂にもかかわらず19世紀までキリスト教王国として存在し続けたコンゴで生き続けた．アントニウス運動の精神はまた新世界，特にハイチやアメリカ合衆国の南部諸州にも見られ，そこではコンゴやアンゴラ*からの奴隷が彼らのアフリカの遺産を，特に散発的な奴隷の反乱および自由の要求をとおして維持しようとした．

## アントニオス（エジプトの）（聖）

Antony, St, of Egypt（251？-356）

隠修士*．269年頃，彼は持ち物を人々に施し，禁欲主義的生活に身をささげた．285年頃，彼は完全に砂漠へ，ピスピル（Pispir）の「外の山」に隠遁し，そこで野獣の姿をした悪霊と闘ったといわれる．305年頃，彼は独居生活を離れ，弟子たちを会則のもとで生活する隠修士の共同体へと組織化したが，のちの修道会よりずっと緩やかな共同生活であった．310年頃，彼は再び（紅海に近い）「内の山」での独居生活へと隠遁したが，のちにニカイア*派を支持して影響力を行使し，その際，アタナシオス*と協力した．祝日は１月17日．

## アントニオス修道会

Antonians

エジプトの聖アントニオス*を保護者としたり，その流れを汲むと称する以下のいくつかの修道会．(1) 聖アントニオスのもともとの弟子たち．(2) 1095年にガストン・ド・ドフィネ（Gaston de Dauphiné）により創立された修道会で，「聖アントニウス病院修道会」と呼ばれる．(3) カトリック教会との結びつきを維持するために，17世紀に創立されたアルメニア*教会内の修道会．(4) 1615年にフランデレン（フランドル）に創立された修道会．

## アントニヌス（聖）

Antoninus, St（1389-1459）

フィレンツェ大司教．彼は1404-05年にドミニコ会員となり，同会の原初の規律や厳格さを回復しようと努めた一人であった．彼が1446年にフィレンツェ大司教に任命されたのは，フラ・アンジェリコ*の助言に基づいたといわれる．アントニヌスは教皇や政治家のよき相談役となった．彼はまたすぐれた神学書を著した．彼の考えでは，事業に投資される金銭は真の資本であり，それゆえ利子を受けとることは必ずしも不正ではない．祝日は５月10日．

## アントネリ

Antonelli, Giacomo（1806-76）

枢機卿，国務長官．1848年に，彼はピウス９世*のガエタ（Gaeta）への避難を助け，1850年の教皇

のローマ帰還後は，1870年まで事実上ローマの俗界の支配者であった．彼は第1ヴァティカン公会議*の召集に反対し，続いて不可謬性*の問題を議題から外すよう教皇に勧めた．

## アンドルーズ
Andrewes, Lancelot（1555-1626）

1605年からチチェスター*，1609年からイーリー*，1619年からウィンチェスター*の主教を歴任した．彼は1604年のハンプトン宮殿会議*に出席し，欽定訳聖書の翻訳者の一人となった．ジェームズ1世*の「忠誠の誓い」*維持が聖ロベルト・ベラルミーノ*により攻撃されたとき，アンドルーズは力強くすぐれた反論を書いた．1617年にジェームズ1世に同行してスコットランドに赴き，スコットランド人に主教制を受け入れるよう説得することに努めた．彼は神学的にはアングリカン特有の神学の形成において主要な影響を及ぼした人の一人であって，ピューリタニズムの厳格さに反発して，見解において合理的で，傾向においてカトリック的であった．生前の名声はなによりもその説教にあったが，彼の説教の最初の集成は1629年に刊行された．彼の有名な『私的な祈り』（*Preces Privatae*）は，私的に用いるために少しずつまとめられた祈りの集成であった．祝日はアングリカン・コミュニオンの地域により違いがあり9月25日ないし26日であるが，この違いは没した日付が曖昧なことによる．

## アンドレアス（クレタの）（聖）
Andrew of Crete, St（660頃-740）

神学者．彼は692年頃にクレタ島のゴルテュナ（Gortyna）大主教になった．彼は多くの聖歌，特に一連のカノン*を書き，その構成を自ら創案したといわれる．彼の多くの説教も残っている．祝日は7月4日．

## アンドレアス（サン・ヴィクトルの）
Andrew of St-Victor（1175年没）

聖書釈義家．パリのサン・ヴィクトル修道祭式者会員であった彼は，ヘレフォードシャーのウィグモア（Wigmore）修道院長になった．彼の注解書においてユダヤ人の資料を用い，中世で他に類をみないほどに聖書の逐語的な意味を重視した．
➡サン・ヴィクトル会

## アンドレーエ
Andreae, Jacob（1528-90）

ルター主義*の神学者．1561年からテュービンゲン*大学神学教授であった．彼はカトリックとルター派のあいだのさまざまな交渉に参加したが，とりわけルター派教会間の調和の確保に尽力した．彼は1577年の和協信条*の起草者の一人であった．

## アンナ（聖）
Anne, St

聖母マリア*の母．（聖書には見いだされない）彼女の名前とその生涯に関する伝承は，2世紀のヤコブの『原福音書』*に見られる．彼女への崇敬は中世に盛んになり，M. ルター*や他の宗教改革者による非難の対象となった．祝日は西方では7月26日，東方では7月25日．

## アンナス
Annas

後6年（ないし7年）から15年までのユダヤの大祭司*で，カイアファ*の義父．ヨハネ福音書18:13によれば，キリストはカイアファのもとに送られる前にアンナスのところに連れて来られた．

## アンノ・ドミニ（キリスト紀元）
Anno Domini（AD）

（ラテン語で「主の年に」の意．）キリストの誕生の伝統的な日付に基づいて，‘AD’で年代を示すこの現用の方法は，6世紀のディオニュシウス・エクシグウス*により創案された．現在では，実際の誕生は数年前であったと一般に考えられている．

## アンフィロキオス（聖）
Amphilochius, St（340頃-395）

373年からイコニオン主教．ナジアンゾスのグレゴリオス*の従兄弟である彼は，メッサリア派*を破門した390年のシデ教会会議の議長を務めた．彼の『セレウコスへのイアンボス詩』は，正典史にとって重要な聖書目録を含んでいる．祝日は11月23日．

## アンプッラ
ampulla

液体を容れる球形の器．この語は以下のものを指す．(1) カタコンベ*の墓で見いだされ，以前は殉教者の血が入っていると考えられた，通常はガラス製の瓶状の器．(2) 殉教者記念聖堂*で灯されたランプの油を容れるのに用いられる陶器．(3) 聖油を容れるのに用いられる器．最も有名なアンプッラは，聖レミギウス*がクローヴィス*の受洗の際に祈ったとき，鳩が運んできたと信じられたものである．ランス*に保存されたその「聖アンプッラ」(Sainte Ampoule) は，1131年から大革命までのフランス王の戴冠式に用いられてきたものとして有名である．

## アン・ブーリン
Anne Boleyn（1501？-36）

ヘンリー８世*の第２王妃．彼女は1531年にヘンリーと暮らし始め，1532年に妊娠した．彼女は1533年１月にひそかに結婚して王妃として戴冠された．彼女はのちのエリザベス１世*を出産したが，1536年に次子を死産した．彼女は姦通罪で訴えられ，大主教 T. クランマー*は彼女のヘンリーとの結婚を無効と宣言し，彼女は処刑された．「離婚」問題を引き起こすのに重要であったことに加えて，彼女は改革者たちが教会における勢力関係を前進させるのに大きな役割を果たした．

## アンプルフォース・アビー
Ampleforth Abbey

ノースヨークシャーにある，ベネディクト会*の修道院で，ロレーヌのデュールアール (Dieulouard) 出身の修道士たちを中核として1802年に創設された．この修道院はウェストミンスター・アビー*のベネディクト会との連続性を誇っている．

## アンブロシアステル
Ambrosiaster

聖パウロ*の13書簡に関するラテン語の注解書の著者に1690年以降つけられた名称であり，１つを除くすべての写本と大多数の中世の著作家とにより聖アンブロシウス*に帰されていた．現在では彼に帰することはあまねく否定されている．

## アンブロシウス（聖）
Ambrose, St（339頃-397）

ミラノ司教で，４人の教会博士*の一人．彼はアエミリア・リグリア州総督であったが，アレイオス主義*の司教アウクセンティウス*が没した373ないし374年に，ミラノの信徒たちはまだ受洗さえしていなかったアンブロシウスがアウクセンティウスの後を継ぐことを求めた．司教となった彼は説教者として有名であり，アレイオス主義に抗して正統信仰の熱心な支持者であった．彼は386年のアウグスティヌス*の回心にもある程度の影響を与えた．彼は代々の皇帝との関係において著しい影響を及ぼし，390年の虐殺事件ではテオドシウス１世*を破門して，教会の世俗権力からの独立性を主張した．『秘跡について』*と共に，彼の最も有名な著作は『聖職者の義務について』(*De Officiis Ministrorum*) であって，特に聖職者に関するキリスト教倫理を扱った論考である．彼はまたラテン語の聖歌*を作り，彼の影響力をとおして，聖歌は西方教会の典礼の不可欠な要素となった．祝日は12月７日，『祈禱書』*の暦では４月４日．

## アンブロシウス典礼（ミラノ典礼）
Ambrosian rite（Milanese rite）

古代以来，ミラノ大司教管区で行われている典礼で，カトリック教会に現存している数少ない非ローマ的典礼の一つ．この名称はミラノ司教アンブロシウス*に由来するが，彼とのいかなる関連性も証明されない．ローマ典礼との相違は重要でないいくつかの点であって，たとえばオフェルトリウム*(奉納唱) はクレド (信仰告白) の後でなく前にくる．ミサ典礼書*は1976年に，聖務日課書*は1983年に改訂された．

アンブロシオ聖歌（Ambrosian chant）はグレゴリオ聖歌と比べて，長大で旋律的な入念さと旋法的な自由さをもつ傾向を特色とする．➡単旋聖歌

## アンブローズ

Ambrose, Isaac（1604-64）

イングランドのピューリタン*．1627年以前に司祭に任じられ，さまざまな地位を占めた．1641年に，彼は長老制*を採るようになった．彼はランカシャーで「恥ずべき無知で不適格な聖職者」の追放委員会の委員を務めたが，1662年に自らが追放された．病後に彼が決心して，主（イエス）が彼の魂になしたことを信心深い書物に著したのが，1658年の『イエスを仰ぎて』（*Looking unto Jesus*）である．

## アンボン

ambo

キリスト教のバシリカ*式聖堂にある高い壇で，そこから聖書が朗読され，典礼の他の公的部分が行われた．14世紀からはアンボンは聖書台*と説教壇*で置き換わったが，地域によって近代になって再導入された．

## アンモナス（聖）

Ammonas, St（396年以前に没）

エジプトの隠修士．聖アントニオス*の弟子となり，その没後に後継者としてピスピル（Pispir）修道院を指導した．アンモナスのいくつかの言葉が『師父の言葉』*に保存され，14通の手紙の集成が彼のものとされている．祝日は1月16日．

## アンモニオス・サッカス

Ammonius Saccas（175頃-242）

アレクサンドリアの人で，新プラトン主義*の創始者といわれる．彼は教師として高く評価され，プロティノス*に影響を及ぼしたと思われる．

## アンモン（聖）

Ammon (Amun), St（350年頃没）

エジプトの隠修士．聖アタナシオス*による聖アントニオス*の伝記に言及されている．祝日は10月4日．

## 安楽死

➡臨終者のケア

## アンリ4世

Henry IV（1553-1610）

フランス王．プロテスタントとして育った彼は，1572年にナヴァル王になった．彼は宗教戦争に際しプロテスタント側についた．1589年に，彼はフランス王位を継承したが，1593年にカトリックになるまでは国王として認められなかった．1598年に，彼はナント王令*を発布して，地域によりプロテスタントに礼拝の自由を与えた．彼は暗殺された．

# い

## イアンブリコス（ヤンブリコス）
Iamblichus（250頃-330頃）

シリア学派の主要な新プラトン主義*者．彼は精神界と物質界間の媒介に関する複雑な理論を考え，プロティノス*の教説を根本的に変更して，プロティノスの一者を二重にし，その超越的な面と創造的な面を区別した．この区別は，東方神学と西方神学を分化させた，否定神学*と肯定神学の基礎に存在している．

## イヴォ（聖）
Ives, St（7世紀？）

ローマ経由でブリタニアに来て，ケンブリッジシャーで宣教したといわれる，ペルシア出身のブリタニアの司教．彼への崇敬は，彼のものとされる遺骨が1001年にケンブリッジシャーのセントアイヴズで発見されたときに始まった．祝日は4月24日と6月10日．コーンウォールのセントアイヴズは別の聖人にちなんで命名されたと思われる．

## イヴォ（聖）
Ivo, St（1040頃-1115）

1090年からシャルトル*司教．彼は当時の最も学識のある教会法学者で，その3つの論考，すなわち『3部作集成』（*Collectio Tripartita*），『法令集』（*Decretum*），『教会法典集』（*Panormia*）は教会法の発展に決定的な影響を及ぼした．祝日は5月20日ないし23日．

## イーヴリン
Evelyn, John（1620-1706）

イギリスの日記作家．彼は共和政時代には，財産を失った多くの聖職者を助けた．彼はチャールズ2世*とジェームズ2世*の治下に国王に厚遇され，さまざまな役職に就いた．彼は教会に関する事項，特にセント・ポール主教座聖堂*の再建に顕著な役割を果たした．彼の日記は社会史にとり重要な記録である．

## イエス
Jesus

ヘブライ語のヨシュア（Joshua）のギリシア語形．神の命令で，この名が幼児キリスト（Infant Christ）に付けられた（マタ1:21）．➡イエスの名

## イエスアート会
Gesuati（正式には Clerici apostolici S. Hieronymi）

福者ジョヴァンニ・コロンビーニ*により1360年頃に創立された信徒の修道会．彼らは固有の修道院を創設するという条件で，1367年に教皇の認可を得た．同修道会は1668年に廃止された．

## イエス運動（ジーザス運動）
Jesus Movement（Jesus Revolution）

通常は熱心で，福音的で，根本主義*的な，比較的に自発的な集団の組織をもたない運動に対する，1960年代後半と1970年代初頭の通称であり，運動はその時期の若者文化から生まれ，カリフォルニアで始まった．参加者（Jesus people）は体制教会を信用せず，大部分はペンテコステ派*の慣行や教えを受容した．

## イエス・キリスト
Jesus Christ

ナザレ*のイエスは弟子たちにより「キリスト」，すなわち（神の）メシア*つまり「油を注がれた方」と呼ばれる．イエスは明らかに，ヘロデ*大王が没した前4年の少し前に生まれ，ポンティオ・ピラト*による断罪後，30年または30年頃に処刑された（年代について，「聖書年代学」の項参照）．

（70年頃の）マルコ福音書*が伝えているのは，洗礼者聖ヨハネ*から受けた洗礼*，砂漠における誘惑*，ガリラヤ*とユダヤ*における説教・教え・癒しの働きである．記述の中心をなすのは「変容」*である．イエスは12弟子（使徒*）を選び，他の支持者を惹きつけた．宗教的指導層はイエスに敵対し，ついに裁判と十字架刑*にかけるためにピラトに引き渡した．イエスは葬られたが，墓はからになっていて，「若者」が「あの方は復活なさった」と言った．マルコ福音書の記述に概して従っているのはマタイ福音書*とルカ福音書*であり，復活*顕現および（ルカ福音書と使徒言行録における）昇天*の記述を含む拡張が見られる．ヨハネ福音書*の著者は明らかに，ユダヤにおけるイエスの活動に重要性を与える，異なった記述伝承を利用した．彼はイエスを，ほとんど人間的弱さや痛みと無縁な天からの人として描いており，その母マリア*と（主の）兄弟たち*が知られており，エルサレム*の外で十字架につけられて不名誉な死をとげたことを確信している．

イエスの若いときのことはほとんど知られない．「父とされる」聖ヨセフ*はイエスの活動中には出てこず，おそらくその前に没したのであろう．誕生物語はいくぶん旧約聖書をひな型としている．マタイ福音書の系図*は，イエスをダビデ*の子，神の子とメシア的に同一視することを確立した．ルカ福音書の序文は，聖書の伝承における異邦人*とイスラエルに対する神の救済的介入を定着させ，それにより「神の多民族からなる民」との教会の同一視を強化している．４福音書とも洗礼者ヨハネの重要性を想起している．イエスとヨハネの活動はおそらく重なっていたが，２人の使信と行動には相違がある．両者には終末論*的宣告における神の裁きのしるしが含まれていたが，イエスは，神の支配の近さを確信して，貧者，困窮者，罹災者，「イスラエルの家の失われた羊」にとり，このことの意味の積極的な役割を強調した．

その説教の様式はその内容よりも容易に分析される．イエスの記憶された言葉は主に譬え*と警句からなる．この世の現実を用いて，イエスは預言者的なそして預言者以上の権威をもって神の意志を宣告した．イエスは，御父（アッバ*）と呼びかけた神との親密な関係を意識することに基づく直接性をもって発言し行動した．安息日*の律法の解釈に関する議論がふつうであったが，イエスが安息日にだれかを癒したとき，その驚くべき能力が論争を引き起こした．神の意志と律法の意図に対するイエスの理解は，イエスに聖書解釈の伝統を批判させ，おそらく清浄に関する律法を軽視させることになった．逆に，イエスの離婚*の禁止は申命記*以上に厳しかった．イエスが自身の宗教的意味を表現した最も重要な象徴は，しばしば「神の国」*と呼ばれる神の支配ないし統治であった．しかしながら，イエスが神の支配の到来をどのように理解し，どのような種類の終末論的変革を構想していたかは明らかではない．イエスの行動と言葉は神の摂理・愛・裁き・赦しを表し，主権の象徴は，イエスが神について語るときの父性の象徴に条件づけられている．

「神の国」が潜在的にもつ政治的意味は時に，イエスが政治的な民族のメシアであることを示唆するように受けとられてきたが，イエスがこの言葉を反ローマ的な意味で用いたことはありそうもない．しかしながら，十字架刑に対する政治的理由づけは，エルサレムにおけるサドカイ派*の大祭司側の指導者とその仲間（ファリサイ派*やユダヤ人全体でなく）が，過越*の時期にイエスを裁判と処刑のためにローマの当局に引き渡した責任があるという強く証言された主張に適応しうる．イエスは群衆を惹きつけていたので，その熱狂がローマの介入につながらないかという恐れがイエスの逮捕を説明しえよう．弟子たちがイエスと共に逮捕されなかった事実は，その運動が重大な政治的脅威と認識されていなかったことを示す．

福音書記者がそれぞれの仕方で解釈したものを，どのように正確にイエスが理解したかははっきりしないが，イエスは明らかに神の救済のわざに自身が決定的な役割を果たしていると理解し，このことが苦難をもたらすことが明らかになった．政治的理由による処刑および十字架上の罪状書きは，イエスがキリストであった，ないしそうなるよう運命づけられていたという，弟子たちの増大する確信を明確化するのに役立ったであろう．しかし，決定的な要素は，彼らが信じたことがイエスの没後に続いたことであった．彼らはそれを復活と記述し，その意味は神がイエスを正当化したことであると理解した．➡キリスト論

## イエズス会

Jesuits（The Society of Jesus）

聖イグナティウス・デ・ロヨラ*により創立されたイエズス会は，1540年にパウルス3世*により認可された．会員の霊的な成長を確保するほかに，特に『霊操』*をとおして，「信仰の普及」とキリスト教的敬虔の促進のために働くことを目的とした．その最も特徴的な施設は，1548年以降世界中に開設された人文学の学院であった．イエズス会は宗教改革*に対抗するために創立されたのではないが，1550年までにはドイツの宗教状況と深く関わり始め，次に他の国々でも同様な状況に関わった．

イエズス会に固有なのは，教皇が命じるどこにでも宣教に赴くという誓いである．彼らは短期間に，インド*，日本*，ブラジル*に拠点をおいた．彼らの宣教と司牧の性格を示す他の特徴には，教皇による強制がなければ位階制のどんな地位も受けないという誓い，特有の修道服の欠如，内陣で聖務日課を朗誦する義務からの自由があった．

イエズス会は急速に発展し，17世紀初頭にはヨーロッパやその宣教地域においてゆるぎないように思われた．聖エドマンド・キャンピオン*とR. パーソンズ*が1580年に派遣されていたイングランドに，1623年に管区が創設された．しかしながら17世紀後半に，イエズス会はカトリック教会内で激しい反対に遭遇した．ヤンセン主義*者はイエズス会の弛緩的蓋然説を非難し，またイエズス会は，中国の儀式論争における適応*問題で批判を受けた．敵対者たちは連合して1764年に彼らをフランスから追放し，1759年に彼らはポルトガルから追放され，1767年に5,000人のイエズス会員がスペインとその領土から追放された．1773年に，クレメンス14世*はイエズス会を解散した．しかしながら，オーストリアとドイツでは，イエズス会は教授活動を認められ，プロイセンのフリードリヒ2世とロシアのエカテリーナ2世により保護された．イエズス会はイングランドでも存続し，（1634年に創設された）メリーランド管区での宣教活動もほぼそのまま継続した．他の地域でも，イエズス会は徐々に再建され，1814年にピウス7世により正式に再興した．現在は，世界のほとんどの国で活動しており，（ヴァティカン放送局を含む）ローマの多くの施設，世界の多くの地域での学校や大学，数多くの小教区への司祭の供給の責任を負っている．

## 『イエズス会学事規定』

Ratio Studiorum

（ラテン語で「学校教育の方法」の意．）1599年に公布された『イエズス会学事規定』（Ratio atque Institutio Studiorum Societatis Iesu）の略称．本規定は当時の最良の教育学的理論に基づいており，16世紀から18世紀までのイエズス会*の中等教育の成功に主として貢献した．その後，この語は1975年まで，イエズス会の神学生が学んだ哲学や神学に関する規定を指した．

## イエズス会の標語

Ad Majorem Dei Gloriam（AMDG）

ラテン語で「より大いなる神の栄光のために」を意味するイエズス会*の標語．

## イエス・ドゥルキス・メモリア

Jesu, dulcis memoria

12世紀末の詩で，その一部が英語聖歌として，E. キャズウォール*により‘Jesu, the very thought of Thee’に，また J. M. ニール*により‘Jesu! the very thought is sweet’に翻訳されて親しまれている．この詩は伝統的に聖ベルナルドゥス*に帰されてきたが，おそらくイングランドのシトー会*員の作であろう．➡バラの続唱

## イエスの祈り

Jesus Prayer

「主イエス・キリスト，神の御子，私をあわれん

でください」というこの祈りは，正教会*において広く用いられる．6-7世紀の著作に初めて見いだされる．

## イエスの兄弟(きょうだい)たち

➡主の兄弟たち

## イエスの語録(ころく)

Sayings of Jesus

２つのオクシリンコス・パピルス*(１番と654番）に保存されたテキストに対して最初の校訂者が付けた名称．これらのテキストは，655番のパピルス中のそれとともに，『トマス福音書』*のギリシア語の原本の一部ではないとしても，それと近似している．

## イエスの名(な)

Name of Jesus

名前とペルソナ間の密接な関係のゆえに，イエスの名は新約聖書においてキリストの同義語として用いられ，その本性と権威を指す．弟子たちは「イエスの名によって」，すなわちイエスの力によって奇跡を行い，悪霊を追い出し（マコ9:38-39，使4:30)，洗礼を授けている（使2:38)．イエスの御名への信心は15世紀にフランシスコ会*員により普及した．その祝日は1530年に彼らに認められ，1721年にカトリック教会全体に対して定められたが，1969年に削除された．守られたのは１月中の数日であった．アングリカン・コミュニオンでは，『祈禱書』の暦でそれに当てられた日付である８月７日に守られることもある．アメリカの1979年の『祈禱書』はそれを１月１日とし，他のさまざまなアングリカンの典礼は「主イエス命名の日」を「主の割礼の祝日」*の別称として用いている．

## 位階制(いかいせい)（ヒエラルキア）

hierarchy

この語は教父時代以来，叙階されたキリスト教の聖職者団について用いられてきた．カトリックの神学者は職階(order)の位階制と司牧権(pastoral government）の位階制を区別していたが，第２ヴァティカン公会議*以来，教会の位階制的構成は異なって見られている．まず，教皇と司教団が享受する最高の教会的権能が存在し，普遍的教会の上に権能を有している．次に，特定の教会とその群れが存在する．聖職*にある者のみが統治権ないし裁治権(power of government or jurisdiction)を行使することができる．司教・司祭・助祭の三重の位階制的聖職は，カトリック教会や東方教会と共に，アングリカン・コミュニオン*でも保持されている．

## 位格的結合(いかくてきけつごう)

➡ヒュポスタシス的結合

## 怒(いか)りの日(ひ)

➡ディエス・イレ

## イギリス教会協議会(きょうかいきょうぎかい)

British Council of Churches

グレートブリテンとアイルランドの諸教会間で共通のキリスト教的活動を促進し，合同という目標を奨励するために1942年に創設された組織．1948年の世界教会協議会*(WCC）の創設とともにその「準協議会」(Associated Council）になった．加盟教会数は年とともに増加し，1965年からローマ・カトリック教会もその会合にオブザーバーを派遣した．1990年に，「イギリス・アイルランド教会協議会」(the Council of Churches for Britain and Ireland）がこれを引き継ぎ，現在はチャーチ・トゥゲザー*となっている．➡クリスチャン・エイド

## イギリス国教会(こっきょうかい)

➡英国教会

## イギリス自由教会(じゆうきょうかい)

Free Church of England

エクセター*主教H. フィルポッツ*と同教区の聖職者の一人であるジェームズ・ショア（Shore）とのあいだで1843年に起こった論争に始まった小さなプロテスタントの教派．ハンティンドン伯夫人*結社と連携して，1863年に明確な教派を形成

した．1927年にイギリス自由教会は，1873年にアメリカ聖公会*から分離していた小教派である改革監督教会（Reformed Episcopal Church）と合同した．

## イギリス・チャーチ・ユニオン
English Church Union

1859年に設立された「英国教会保護協会」（Church of England Protection Society）が翌年に改名したもの．その目的は英国教会内に高教会派*的な原則を擁護・普及することであった．1934年にチャーチ・ユニオン*を創設するために，アングロ・カトリック会議（Anglo-Catholic Congress）と合同した．

## イグナティウス神父
Ignatius, Father（1837-1908）

本名はジョゼフ・レスター・ライン（Joseph Leycester Lyne）．伝道説教者．英国教会にベネディクト会*を復興しようとして，彼は1869年にフラントニー（Llanthony）近くのカペリ・フィン（Capel-y-ffin）に修道院を建てる土地をえた．1860年以来，執事であった彼は，1898年にJ. R. ヴィラット*により司祭に叙任された．

## イグナティウス・デ・ロヨラ（聖）
Ignatius Loyola, St（おそらく1491-1556）

イエズス会*の創立者．スペインの貴族の出身である彼は最初，軍人になったが，1521年に負傷した．彼はモンセラート*で剣を捨てた．1522-23年の1年間，マンレサ（Manresa）で，一連の霊的な経験をし，そこから『霊操』*に含まれた多くの識見を引き出した．エルサレム訪問後，1524-35年にスペインとフランスで学んだ．1534年に，彼と6人の仲間は生涯の清貧および聖地かそれが不可能なら教皇が派遣する場所での他者への奉仕を誓った．トルコ軍の攻撃で，彼らはエルサレムへ行くことができなかった．ローマの外で，イグナティウスは自らが神の命でキリストによりしもべとして受け入れられる幻をもった．1540年に，彼らはイエズス会を結成し，イグナティウスがその初代総会長になった．彼の目標は，より有効な職制をとおして教会の中に宗教的熱意と実践を再燃させることであった．彼はまた，ヨーロッパ以外での宣教活動，および1548年以降は教育を優先させた．祝日は7月31日．

## イグナティオス（聖）
Ignatius, St（35頃-107頃）

アンティオキア*主教．彼がアンティオキアからローマへ護送されたこと以外，その生涯について何も知られない．彼はスミュルナ*で聖ポリュカルポス*により迎えられ，そこから彼はエフェソス*，マグネシア（Magnesia），トラレス（Tralles）の諸教会へ励ましの手紙を書き，またローマの教会へ，当局に介入して彼から殉教の機会を奪わないよう頼んでいる．トロアス（Troas）から，イグナティオスはフィラデルフィア*とスミュルナの教会およびポリュカルポスへ手紙を書いた．コロセウム*が彼の殉教の伝承の場所である．

イグナティオスが強調するのは，キリストの神性と人間性の実体であり，その生命が聖餐*において継続しているということである．キリスト教信仰の一致の最上の保証は司教*であり，その権威なしには，聖餐も結婚も執り行われえない．祝日はカトリック教会（以前は2月1日），いくつかのアングリカンの暦，アンティオキアでは10月17日，ギリシア教会では12月20日．

## いけにえの奉献
immolation

犠牲をささげる行為．この語は現代の聖餐の神学において重要な位置を占めている．

## 異言
glossolalia（gift of tongues）

一種のエクスタシス*的な語りである，異言で語ることは時に，超自然的に引き起こされると信じられた．異言は新約時代には普通の現象であった（使10:46，Ⅰコリ14章参照）．たいていの権威者が同様のないし同一の経験だと信じていることが，多くのリバイバル運動*でも起こり，また現代のペンテコステ派*やカリスマ刷新運動*において顕著な役割を果たしている.

## 意向（いこう）
intention

（1）倫理神学*において,ある目的の達成に向けられた自由意志の行為.このような意向は,人が意識的に注意して欲するならば「現実的」(actual)であり,人がそのとき意識的に注意していなくても,かつての決意の力で欲し続けるならば「能力的」(virtual)であり,いっさいの自発的な行為がやんでいるが,もともとの決意が取り消されていないならば「習性的」(habitual)である.意向は行為の道徳性に影響を及ぼす.（2）秘跡を執行する際,教会が行うことを行おうという意志.聖職者の側のこのような意向は,本質的である.（3）「取り次ぎの祈り」*がなされる,物的であれ霊的であれ,特定の対象.（4）スコラ学*の知識論において,この語は時に,認識する意識にとって存在するかぎり,知識の対象を指す.

## イコノスタシス
iconostasis

ビザンティンの聖堂において,聖所*を身廊*から分ける仕切り(screen).

## イコン（聖画像（せいがぞう），聖像（せいぞう））
icon

イコンは平板な絵で,通常はテンペラ絵具で板の上に描かれるが,モザイクや象牙や他の素材にも描かれ,キリストや聖母マリアや他の聖人を表し,東方教会において崇敬されている.聖人はイコンをとおしてその慈悲深い力を行使すると信じられ,イコンは人間生活のあらゆる重要な出来事を統轄し,恩恵の力強い媒体と考えられている.
➡聖画像破壊論争,像

## イサク
Isaac

旧約聖書*の族長*.彼はアブラハム*とサラが結婚後長く子どもがいなかったあと,神の約束で生まれた息子であった.アブラハムの信仰を試すために,神はイサクを犠牲*としてささげるよう求めたが,父子の従順さに満足して,代わりに雄羊を受け入れた(創22章).キリスト教徒によって,イサクの犠牲はキリストの受難の予表と見なされている.

## イサク（大（だい））（聖（せい））
Isaac the Great, St（350頃-438）

389年頃からアルメニア*教会のカトリコス*すなわち総主教*.有名な禁欲主義者であった彼は,聖メスロプ*を奨励してアルメニア文字を考案させて,自らも聖書の一部を翻訳した.彼が没したとき,総主教職の聖別に関して,アルメニアのカイサリアとの依存関係は絶えた.祝日はアルメニア教会では9月9日と11月25日.

## イサク（ステラの）
Isaac of Stella（1100頃-1178頃）

シトー会*員.イングランド出身の彼は,1147年には(ポワティエの北東にある)ステラの修道院長であった.おそらく1167年に,彼はラロシェルに近いフランスの海岸の沖にあるレ島(Île de Ré)に修道院を建てるために,ステラを去った.彼は神への魂の上昇の理解を示し,愛の浄化をとおして,知性ないし理性が直観的知識のわざとして神との合一に達するとした.

## イサク（ニネベの）
Isaac of Nineveh（700年頃没）

「シリアのイサク」とも呼ばれる,修道的著作家.676年頃に,彼はアッシリア東方教会*のカトリコス*によりニネベ主教とされたが,まもなく退いてフージスタン(Khuzistan)に隠遁した.禁欲主義に関する彼の著作はアトス*やコプト*の修道制*に影響を及ぼし続けている.祝日は東方では1月28日.

## イサベル1世（せい）
Isabella I of Castile（1451-1504）

女王.カスティリャ・レオン王女であった彼女

は，1469年にアラゴンの王位継承者であるフェルナンド*と結婚した．1474年の異母兄の没後，彼女は異母兄の娘の王位継承の要求に異議を唱えた．それを退けたのちに，彼女と夫は王権を強化する一連の改革を始め，グラナダとナバラ南部を回復した．彼女はカナリア諸島を併合して海外進出の基盤をおき，コロンブスの探検を援助した．アレクサンデル6世*により「カトリック王」の称号を受けた彼女とフェルナンドは，本国でも海外でも，自らの王国内での宗教的統一を強調した．2人はシクストゥス4世*を説いてスペインの異端審問*所を設置させ，アメリカ先住民への宣教を組織した．

## イザヤ
Isaiah

ヘブライの預言者．彼はユダの諸王の宮廷において，特に外交問題で影響力をもった．前740年頃に預言者として召命を受けた彼は，前701年のユダへのアッシリアの侵入までその活動を続けた．伝承によれば，彼は殉教した．彼は神の主権を主張し，神の道徳的要求を強調し，神の聖性を力説して，この概念に倫理的内容を付与した．新約時代から，イザヤに帰された預言中のいわゆるメシア的章句（特に，9:2-7と11:1-9）は，キリスト教の著作家により史的なキリストに関係づけられてきたが，どの程度これらの章句が預言者自身に帰されうるかについて議論が分かれている．➡イザヤ書，『イザヤの昇天』

## イザヤ書（しょ）
Isaiah, Book of

伝統的にこの旧約聖書の文書全体がイザヤに帰されてきたが，最初の方の章の一部だけが彼の作である．本書は3部に分かれる．(1) 1-35章．非常におそらくイザヤによる部分は，1-12章，16-22章，28-32章の大部分である．預言者による開始の幻（6章）を除けば，これらの預言は主に，前740-700年のシリアの圧迫下にある政治的状況に関わっている．(2) 36-39章．主に列王記下に由来する部分．(3) 40-66章．これらの章は前の2つの部分より後代のものと思われる．現代の学者は40-55章を「第2イザヤ」*に，56-66章を「第3イザヤ」*に帰している．主題はイスラエルの贖いと世界へのその使命である．➡イザヤ，主の僕の歌

## 『イザヤの昇天（しょうてん）』
Isaiah, Ascension of

初期の教会でよく知られた外典的著作．第1部（1-5章）はイザヤの殉教の状況を記述し，第2部（6-11章）は彼がエクスタシス*のうちに諸天を通って昇天し，そこで受けた啓示を記述している．本書は現在，キリスト教に由来し，第1部が2世紀，第2部が1世紀後半にさかのぼると考えられている．

## 「イシー条項（じょうこう）」
Issy, Articles of（1695年）

J.-B. ボシュエ*がギュイヨン*夫人の著作を検討するために開催した委員会により，パリに近いイシーで起草された34箇条．いくつかのキエティスム*的教えを断罪した．

## イシドルス（聖（せい））
Isidore, St（560頃-636）

600年頃からセビリャ司教兼バエティカ（Baetica）管区大司教*．彼は自らの教会的立場を用いて西ゴート王国を強化させたが，彼がスペイン教会という概念を発展させ，外的権威から独立したスペイン・ガリア国家を統合したかは議論の余地がある．彼は633年の第4トレド教会会議*を主宰し，教会会議の決議条項に関する『スペイン教令集』*の発展と伝統的に結びつけられている．彼の影響力は西方においてフィリオクェ*を受容させるのに大いに貢献した．

彼の著作は中世の著者たちにより自由に用いられた知識の宝庫であった．最も重要な『語源』（*Etymologiae*）は，世俗的主題と宗教的主題をともに扱った百科全書である．本書は，語源が単語の示す事柄に関する知識をふつうもたらすという原理にたって構成されている．派生的で，ときに

空想的なこともあるが，当時の学問と思想を知る上で貴重な資料である．彼の『教会役務』(*De Ecclesiasticis Officiis*) は，モサラベ典礼*にとり有益な資料である．祝日は4月4日．➡イシドルス・メルカトル

## イシドルス・メルカトル
Isidore Mercator

『偽イシドルス教皇令集』*の著者が，セビリャの聖イシドルス*との（同一性でないにせよ）関係性をほのめかして用いた筆名．

## イシドロス（聖）
Isidore, St（440年頃没）

「ペルシオン（Pelusium）のイシドロス」と呼ばれる禁欲主義者．彼は近くの修道院に隠遁するまで，おそらくペルシオン教会で教師であった．カッパドキア3教父*と聖ヨアンネス・クリュソストモス*を尊敬していた彼は，431年のエフェソス公会議*中にアレクサンドリアのキュリロス*と文通した．2,000通以上のイシドロスの書簡が現存している．祝日は東方では2月4日．

## 異宗婚
➡混宗婚

## イシュトヴァン（聖）
Stephen, St（975-1038）

ハンガリー*の初代国王．彼は985年にキリスト教徒になり，997年にハンガリー公位に就くと，公国のキリスト教化に着手した．1001年に，彼は教皇より王冠を獲得したが，それはどうやらのちにローマへ返還されたらしく，ブダペストに保存されているハンガリーの王冠の一部に含まれているとはもはや考えられない．（現在は任意の）祝日は8月16日（以前は9月2日）であるが，ハンガリーでは，彼の聖遺物の移動の日である8月20日が主要な祝日である．

## イショダード（メルヴの）
Isho'dad of Merv（9世紀）

アッシリア東方教会*における（ティグリス河畔の）ヘダッタ（Hedatta）主教．彼はシリア語で旧・新約聖書の全文書の注解を書いた．

## E資料（エロヒスト資料）
'E'

モーセ五書*の起原に関する「資料仮説」に従う学者が，エロヒスト資料（Elohistic source）を指して用いる記号．E資料とJ資料*の違いは通常，神を指すのに前者がエローヒーム*，後者がヤハウェ*を用いることである．

## イースター
➡復活祭

## イスタンブール
➡コンスタンティノポリス

## イスパニア典礼
➡モサラベ典礼

## イスラエル
Israel

族長イスラエル（ヤコブ*）の子孫と考えられるヘブライ人の国家．王国の時代史では，聖書の著者はふつう，北の10部族*，すなわちソロモン*の没後にヤロブアム1世に従った部族のことを（ユダと対比して）イスラエルと呼んだ．神学的意味では，この語は，特に神との契約関係において，（南北を含む）国家全体を指す．新約聖書では，それは教会に転移された．

1948年に成立した現代のユダヤ人国家もイスラエルと呼ばれる．

## イスラーム
Islam

ムハンマド（Muhammad，570年頃-632年）が説いた宗教であり，その帰依者はムスリム（Muslim）と呼ばれる．アフリカの北半分，中東，パキスタン，バングラデシュ，マレーシア，インドネシア*，パプアニューギニアの住民の大部分の宗教

であり，いくつかのヨーロッパ諸国，ロシア*，カフカス（コーカサス），中央アジア，インド*，中国*にも相当なムスリムの少数派が存在する．

イスラームの中心的な教義は神（アッラー*）の絶対的な唯一性とムハンマドの預言者性である．主なイスラームの実践は，神の唯一性とムハンマドの使徒性への信仰告白，1日に5回の儀式的祈り，喜捨，ラマダーン月の断食，メッカへの巡礼である．

イスラームは，そこからユダヤ教もキリスト教も派生した原生の宗教と見なされている．歴史上のいくつかの時点で，神は預言者を遣わし，その最初がアダム*，最後がムハンマドだったのであり，アブラハム*もモーセ*もイエスもみな認められている．ムスリムの信仰では，イエスは処女から生まれはしたが，創造されたのであって，神の子ではなく，またその十字架刑は見かけにすぎなかった（➡キリスト仮現論）．東方では，キリスト教の著作家はイスラームの出現にすぐに反応し，反ムスリム的論争を展開したり，宥和的であったりした．西方の学者は初めて10世紀にイスラームとアラビア思想に関心をもち，12世紀からイスラームの論理学と形而上学が西方中世の哲学者と神学者に深い影響を及ぼした．

7-8世紀のアラブ人の征服はキリスト教徒（およびユダヤ教徒）の多くの共同体をムスリムの支配下に置いた．異教徒と違って，彼らは「啓典の民」として認められ，納税の代わりに保護された地位を与えられ，自らの宗教と法律を維持することができた．彼らは通常，財政的・法律的・社会的圧迫を受けたが，暴力的な迫害を受けることはまれであった．現代のイスラーム諸国において，キリスト教会に対する伝統的な寛容はイスラーム原理主義により脅かされている．2度の湾岸戦争および2001年のアフガニスタン侵攻は，宗教的に動機づけられた攻撃であると，ムスリムにより広く認識され，キリスト教会に対する迫害を増大させた．2003年以降，イラクの150万人のキリスト教徒の半数が移民となった．2010年12月に始まった革命的な抗議の影響力はまだ計りえないが，短期間で「アラブの春」はコプト教会*員のエジプトからの，またいくつかのキリスト教会のシリアからの脱出を加速させたと思われる．

## 「イタリアのギリシア人（じん）」
Italo-Greeks

(1) ビザンティン時代にシチリアや南イタリアに定住したギリシア人の子孫の教会．(2)その後，イタリアの諸港におちついたギリシア人の植民者の教会．(3) ムスリムの侵入を避けてきた，ギリシアやアルバニアからの亡命者の教会．それらはカトリック東方教会*である．

## 異端（いたん）
➡異端信仰

## 異端火刑法（いたんかけいほう）
De Haeretico Comburendo

1400年の異端信仰を抑圧する法令のラテン語名で，1401年に可決された．この法令により，教会裁判所で異端信仰に関して有罪とされた人たちは世俗の権威によって火刑に処せられた．

## 異端信仰（いたんしんこう）（異端（いたん））
heresy

カトリック信仰のいかなる定義された教理も正式に否定することないしそれに疑念をもつこと．早い時期から，教会は教える権威をもつと主張し，結果として異端信仰を断罪した．異端信仰に反駁する必要性は時に正統的なキリスト教教理の形成を鼓舞した．

最初の数世紀のあいだ，異端信仰は主として，キリストのペルソナ（位格）と三一神，あるいはその両者の本性を理解する誤った試みの問題であった．教会が固定し富裕な機関となったあとは，多くの異端的な運動が使徒的教会の単純さと見なされたものへの回帰の願いに鼓舞されており，秘跡や教会の他の制度をしばしば否認するようになった．異端審問*制度は異端者を回心させるために創設され，悔い改めようとしない人たちを処罰した．

カトリックの教会法によれば，異端信仰は「神によるカトリック信仰をもって信じられるべき」真理に対する受洗後の頑な否定ないし疑念と定義される．この「形相的（真正的）異端信仰」は重大な罪で，自動的な破門を伴う．たとえば異端的な環境で育った人たちが「善良な信仰をもって」異端的な教理を信じる「質料的（実質的）異端信仰」は，犯罪にも罪にもならず，そのような人たちが厳密に言えば異端者でもないのは，彼らが一定の教理を認めていないので，否定することも疑念をもつこともできないからである．

## 異端審問（宗教裁判）

Inquisition, the

異端信仰*の発見と告発に関わる教会の裁判所．1184年に，教皇ルキウス3世は司教が自教区で異端信仰の探索を行い，自説を撤回しない人たちを世俗の当局に処罰のために引き渡すよう命じた．この司教による探索は効果がないことがわかり，1233年頃にカタリ派*に対処するために，グレゴリウス9世*は主にドミニコ会*とフランシスコ会*から募った，直属の異端審問官（inquisitors）を任命した．彼らが任命されたのは，異端信仰が広まっていた地域においてだけであり，信徒の支配者が彼らの判決を執行する用意ができていた．異端審問官は嫌疑者を秘密に吟味し，被疑者には彼らに対する告訴内容が告げられ，弁護人は異端信仰を教唆したかどで告訴されることをおそれて，このような事件を弁護したがらなかった．自説を撤回した人たちには法的強制力のある悔悛が命じられた．悔悛しない異端者は，国家の法律に従い処罰されるために世俗の当局に引き渡され，これはふつう火刑*を意味した．このような事件は例外的であった．中世の異端審問は15世紀には衰微していたが，パウルス3世*により再設置された（➡検邪聖省）．このローマの異端審問所は，16世紀末までにイタリア半島から初期のプロテスタンティズムを根絶するのに貢献したが，確実な権限を行使したのは教皇領内だけであった．

イベリア半島では，異端審問は異なった様相を示した．フェルナンド5世*とイサベル*は，カスティリャにおけるただ名ばかりの改宗したユダヤ教徒の問題への関心から，1478年にシクストゥス4世*を説いて，新しい異端審問所を設置する大勅書が発布された．1480年に設立され，王権により支援された，スペインの異端審問所は高度に中央集権化した組織で，やがてナポリを除いて，スペイン王の配下にあった全土で活動した．16世紀には，（名ばかりの改宗したムスリムである）「モリスコ」（Moriscos），アルンブラドス*，プロテスタントを対象とした．その方式は中世のそれに基づいていた．1834年に最終的に廃止された．

1515年に，ポルトガル*のマヌエル1世はスペインの異端審問所の系統のものをポルトガルに設置することを求めた．教皇の反対にもかかわらず，ポルトガルの異端審問所は1536年に設置され，1561年にゴアにも拡大した．1821年に廃止された．

## 一元論

monism

存在する万物を単一の実体によって説明しようとする哲学．唯物論は一種の一元論である．一元論は，自存の（uncreated）神と被造界（created order）を峻別するキリスト教信仰とは相いれない．

## 1時課

Prime

1日の最初の時間，すなわち午前6時に伝統的に指定された聖務日課*．J. カッシアヌス*により，395年頃にベツレヘム*の彼の修道院に導入されたとふつう考えられており，『レグラ・マギストリ』*および6世紀の『ベネディクトゥス会則』*に明記されている．1964年に，それを唱えることは在俗聖職者にとり任意となり，1971年の聖務日課書*には記載されていない．

## 1万人の殉教者

Ten Thousand Martyrs

『ローマ教会殉教録』*に以前，記されていた2つのグループ．（1）6月22日には，アララト（Ararat）山で十字架刑に処せられた1万人の兵士の伝説的な記録があった．（2）3月18日には，303年のディオクレティアヌス*帝の迫害の初期に殉教した人々に関する事項があった.

### 意中留保
mental reservation

真実を話す義務と秘密を守る義務のあいだで起こりうる不一致から発展したのが，意中留保の教理である．カトリックの倫理神学者は「純然たる意中留保」と「広義の意中留保」を区別する．前者では，聞き手が必然的に騙されるような発言内容は，意図的に変更するという条件が付加される．1679年にインノケンティウス11世*により断罪されたのはこの種の意中留保であったと思われる．「広義の意中留保」では，話者がその意味を指示することなく，解釈が1つとは限らない言葉が用いられる．

### 1級小祝日
➡半復唱の祝日

### 慈しみのわざ（具体的な）
corporal works of mercy

伝統的に以下の7つがある．(1) 飢えた者に食べ物を与えること．(2) のどの渇いた者に飲み物を与えること．(3) 裸の者に着る物を着せること．(4) 宿のない者に宿を貸すこと．(5) 病人を見舞うこと．(6) 牢獄にいる者を訪問すること．(7) 死者を葬ること（マタ25:35-36参照）．➡慈しみのわざ（精神的な）

### 慈しみのわざ（精神的な）
spiritual works of mercy

伝統的に以下の7つがある．(1) 罪人を回心させること．(2) 無知な者を教え導くこと．(3) 疑いをもつ者に助言を与えること．(4) 悲しむ者を慰めること．(5) 害悪にじっと耐えること．(6) 危害を加えられても赦すこと．(7) 生者と死者のために祈ること．➡慈しみのわざ（具体的な）

### 一種陪餐論者
Subunists

二種陪餐論*者に反対して，1つの形色*での聖餐を擁護した，15世紀のボヘミア（現チェコ西部）の一派．

### 一神教（一神論）
monotheism

1人の人格的で超越的な神に対する信仰．伝統的なキリスト教の教えによれば，これが人間の本来の宗教であったが，堕罪*の結果として大部分の人間が喪失した．19世紀には，人間の宗教はアニミズムから多神教を経て一神教へと進化したとしばしば主張されたが，この学説は現在ではあまり広くは支持されていない．

### 一致兄弟団
Unitas Fratrum

ボヘミア兄弟団*とそれを継承したモラヴィア兄弟団を指すラテン語名．

### 『一致信条書』
➡『和協信条書』

### 5つの栄光の秘義
Glorious Mysteries, the five

ロザリオ*の第3環*で，以下の5つからなる，すなわち，(1) 復活*，(2) 昇天*，(3) 聖霊降臨*，(4) 聖母マリアの被昇天*，(5) 聖母の戴冠*である．

### 5つの悲しみの秘義
Sorrowful Mysteries, the five

ロザリオ*の第2環*で，以下の5つからなる，すなわち，(1) ゲツセマネでの苦難，(2) 鞭打ち，(3) 茨の冠，(4) 十字架を担うキリスト，(5) 十字架上での死である．

### 5つの聖なる傷
Wounds, the Five Sacred

福音書の受難物語は主（イエス）のわき腹が裂けたことだけをはっきり記録しているが，当時の十字架刑*で通常の慣行であった，両手と両足が突き刺されたことは復活での顕現で証言されている．5つの傷への信心は中世に発展し，アッシジの聖フランチェスコ*が受けた聖痕*により助長された．やがて，わき腹の傷への信心が優先されて聖心*への崇敬が生まれた．

## 5つの光の秘義

Luminous Mysteries, the five

ヨアンネス・パウルス2世*が2002年に付加したロザリオ*の新しい環*で，以下の5つからなる，すなわち，(1)「キリストの洗礼」*，(2) カナでの婚礼，(3)キリストの福音宣教，(4)「キリストの変容」*，(5)「最後の晩餐」*である．

## 5つの道

Quinque Viae (Five Ways)

聖トマス・アクィナス*が，我々に知られる神の存在の諸結果からその存在を証明しようとした，5つの「道」ないし証明法．すなわちそれらは，(1)変更は不変の変更者を含意していること，(2) 我々が世界の中に見いだすように，一連の作用因とその諸結果は，自存の第1作用因を含意していること，(3) 生成し消滅しうる諸事物の存在は，生成可能でも消滅可能でもない（すなわち「必然的な」）ものの存在を含意しており，必然的なものの存在は究極的に，その存在が自己以外の何物にも由来しないものの存在を含意していること，(4) 我々がする（多少とも「真実の」「高貴な」などの）比較は，これらすべての属性の中でそれ自体完全である比較の基準を含意していること，(5) 生命をもたないか非知性的な諸存在が一定不変にめざす目的に達することは，自然において働く目的ないし知性を含意していることである．

## 5つの喜びの秘義

Joyful Mysteries, the five

ロザリオ*の第1環*で，以下の5つからなる，すなわち，(1) 聖母マリアへのお告げ*，(2) 聖母のエリサベト訪問*，(3) 降誕，(4) 神殿におけるキリストの奉献*，(5) 神殿における少年イエスの発見である．

## 一般感謝の祈り

General Thanksgiving

『祈禱書』において，「連禱*または朝夕の祈り*の2つの最後の祈りの前に唱えられる」感謝の祈りの最初のもので，こう呼ばれるのは，後に続く（「降雨のため」などの）「特別感謝の祈り」(particular thanksgivings) と区別するためである．

## 一般告白（総告白）

General Confession

(1)『祈禱書』において，朝課*と晩課*の初めに全会衆によりなされる告白*．(2) 悔悛*者が（例外的に）最後の告白以降の罪だけでなく，過去のすべての罪を告白することにした私的な告白．

## 一般バプテスト派

➡普遍バプテスト派

## イディオータ

Idiot, the

中世の霊的著作家の筆名．彼は一般に，1381年頃に活動したフランスのアウグスチノ修道祭式者*であるライムンドゥス・ヨルダヌス (Raymundus Jordanus) と同定されている．

## イテ・ミサ・エスト

Ite, missa est

カトリックのミサにおける通常の結びの言葉で，「行きなさい，あなたたちは散会しなさい」の意．1969年以降，別の典礼の儀式が続くときは，この言葉は省略されている．

## 移動（転任）

translation

教会用語において，(1) 聖人の聖遺物*をもとの埋葬地から祭壇墓地ないしシュライン*へ，または1つのシュラインから別のシュラインへ移動すること (transference)．(2) 時節（たとえば，聖週間*）がその遵守を禁じているか，または上級の祝日が同日に重なったとき，祝日を別の日へ移動すること（➡祝日の競合）．(3) 聖職者が1つの教会の職務から別の職務へ，特に司教がある司教座から別の司教座へ移動すること．

## 移動祝日（いどうしゅくじつ）
movable feasts

世俗の暦の固定した日にならず，一定のきまりで変わる，毎年の教会の祝日．復活日*は3月21日と4月18日のあいだの「(教会的) 満月」([ecclesiastical] full moon)後の最初の主日である．➡祝日

## 命の書（いのちのしょ）
book of life

この語は新約聖書*におよそ6回出ている．選ばれた者の名が天上にある文書に記されるという概念は，旧約聖書*やエノク書*(第1) に見いだされる考えに基づいている．

## 祈り（祈禱）（いのり（きとう））
prayer

「本来の祈りは，我々が我々の救いに関わる事柄を神に求める嘆願 (petition) であるが，心を神に向けるという，別のもっと広い意味ももちうる」(ルイス・デ・グラナダ*)．嘆願の意味での祈りは，人々が自らの支配を超えたなにか高度な力に依存していると信じているところではどこでも，普遍的な現象である．中世に至るまでは，この他の意味は考慮されなかった．あらゆる種類の「心を神に向けること」を含む拡張した意味は中世後期に由来し，集団によっては，嘆願的な祈りを軽視する傾向があった．

古代において，祈りは通常，語られた言葉と動作を伴った．教会はやがて祈りが声に出して語られる必要がないと認識するようになった．中世の修道院の伝統はますます黙禱 (silent prayer) を強調し，それが信徒のあいだでも一般的になった．祈りは個人により私的にも，礼拝の正式の行為として公的にもささげられうる．キリストは弟子たちに「父なる」神に呼び求め，何を祈るべきかを教えたが，キリスト教の伝統は祈りを「主の祈り」*の言葉に限定しないことで一致している．オリゲネス*によれば，祈りはキリストをとおして御父にのみささげられるのでなく，キリストへの祈りも早い時期から一般的であり，続いて聖霊への祈りも導入された．神は人々が必要なものを人々以上に知っており，時間の初めから，なさることをすでに決めているという概念的な問題に対して，聖トマス・アクィナス*は古典的な解答を与えている．祈りにおいて，人々は神の意志を無理に引き出そうとせず，自らの願いを神に述べる．人々は神の心を変えようと望んで祈るのでなく，神が予定したある結果をもたらそうと神と協力するために祈る．祈りはそれ自体が神により引き起こされた，二次的な原因である．

初期の修道院の伝統は祈りにおける清さの必要性を強調した．祈りにおいて，心は気を散らさずに神に向けられていなければならない．この集中力を容易にするために，短くて真剣な祈りが勧められた．なるべくイエスの御名を含む，祈りの単純な表現を用いて常に唱えることを勧めた東方教会の著作家もいる．西方教会では，短くて真剣な祈りの伝統は中世末まで存続したが，15世紀以降，長く定まった期間の私的な祈りが求められた．14世紀以降，観想*と黙想*は時に祈りの一部ないし形式と見なされている．それ以来，「論弁的祈り」(discursive prayer)，「情緒的祈り」(affective prayer)，「観想的祈り」(contemplative prayer) のようなさまざまな種類の祈りが識別されており，これらは時に祈りの連続的段階として体系化されている．賛美，感謝，告白も通常は祈りの一部と見なされるようになった．

聖母マリア*や他の諸聖人への祈りは早くから証言されている．それが神への祈りと神学的に異なるのは，それは本来，諸聖人の (執り成しの) 祈りを求めていることである．その正当性をプロテスタントは否定している．

## イバス
Ibas (457年没)

435-49年と451-57年にエデッサ*主教．キリスト論*論争において，彼はネストリオス*派の二元論的な教えと聖キュリロス*のアレクサンドリ

ア*学派の立場とのあいだで仲介的な立場をとった．イバスはエフェソス強盗会議*で罷免され，カルケドン公会議*で復職したが，彼の著作中，現存する唯一のものである，433年のマリ（Mari）なる人物への書簡がユスティニアヌス*により断罪された．➡「3章」

## 茨の冠

Crown of Thorns

キリストの受難を道具だてた1つ．それと想定された冠の保存が最初に5世紀に言及されている．1239年に，当時コンスタンティノポリス*にあったその聖遺物はフランス王ルイ9世*が所有することになり，彼はそれを納めるためにサント・シャペル*を建てた．

## 息吹

insufflation

聖霊の影響力を象徴するために，人ないし物に息を吹きかける所作．カトリック教会は現在も聖香油*の聖別*の関連で息吹の儀式を行い，最近まで洗礼水の聖別の際にも行っていた．正教会といくつかの他の東方教会の儀式において，息吹がすべての洗礼式で行われる．

## イブン・ルシュド

➡アヴェロエス

## 異邦人

Gentiles

ふつう非ユダヤ人（non-Jews）を指す聖書の用語．

## 異邦人の使徒

Apostle of the Gentiles

聖パウロ*に与えられた名称（ガラ2:7-8参照）．

## 『イミタティオ・クリスティ』

*Imitation of Christ, The*

霊的な信心書で，模範としてのキリストに従うことによりいかに完徳を得るかを，キリスト教徒に教えることを意図している．1418年に普及するようになり，伝統的にトマス・ア・ケンピス*に帰されてきた．17世紀以降，他の著作家に帰す試みがあるが，一般に支持を得ていない．

## イーリー

Ely

673年に，聖エセルドレダ*はここに修道士と修道女のための男女併存修道院*を創設した．同修道院は870年にデーン人により破壊されたが，男子修道院のみが970年に再建された．イーリー司教座は1109年に設置され，修道院長（prior）と修道士たちが司教座聖堂参事会*を形成した．1541年の「修道院の解散」*に際し，修道院長は主席司祭*となり，また8人の主教座聖堂参事会員が任命された．大聖堂が有名なのは，（1340年代に完成した「越し屋根」［The Lantern］と呼ばれる）円蓋状の屋根のついた，1322-28年の中央の八角の塔および壮大なレディー・チャペルを含む他の14世紀の作品によってである．

## イリングワース

Illingworth, John Richardson（1848-1915）

英国教会の聖職者．彼のロングワース（Longworth）の司祭館（rectory）は『ルックス・ムンディ』*グループの拠点であった．

## イルティッド（イルトゥート）（聖）

Illtyd（Illtud）, St（5-6世紀）

ウェールズの聖人．彼は自らが建てたといわれる大修道院の院長であった．それはおそらくグラモーガン（Glamorgan）渓谷中のフラントヴィト・メイジャー（Llantwit Major）であった．祝日は11月6日．

## イルデフォンスス（聖）

Ildefonsus, St（607頃-667）

657年からトレド司教．彼は多くの著作を書いたといわれるが，以下の4著作のみが現存する．第1は聖母マリア*の特権を力強く主張したもの，第2は洗礼，第3は受洗後の魂の霊的生活に関するもの，第４の『著名者列伝』（*De Viris Illustribus*）は７世紀のスペイン教会史の重要な資料である．祝日は１月23日．

### イルミナティ（被照明派）
Illuminati

いくつかの宗教的熱狂主義者の団体につけられ，以下のものが含まれる．(1) アルンブラドス*．(2) バラ十字会*．(3) アダム・ヴァイスハウプト（Weishaupt）により1776年にバイエルンで創立されたフリーメーソン*に類似した結社．彼らは存在するすべての宗教団体の要求を否認して，自分たちだけにキリストの「照明の」恩恵が留まると主張した．彼らは1784年にバイエルンから追放されたが，他の場所で存続した．

### 慰霊ミサ
Trental

慰霊のための30回の連続したレクイエム*のミサで，１日間ないし30日間で唱えられた．

### イレナエウス
➡エイレナイオス

### 岩のドーム
Dome of the Rock

エルサレム*にあるムスリムの礼拝堂で，ユダヤ教の神殿*跡に建てられた．それが完成したのは691-92年であった．その名の由来する岩は，イスラーム*においては，そこからムハンマドが昇天したと信じられ，またユダヤ人によって，そこでアブラハム*がイサク*をささげようとしたと信じられている．このドームは「ウマールのモスク」（Mosque of Omar）とも呼ばれる．

### イング
Inge, William Ralph（1860-1954）

1911-34年にセント・ポール主教座聖堂*の主席司祭*．プラトン主義*の神秘思想に対する共感から，一連の神学的・信心的な著作が生まれたが，その中に1899年の『キリスト教神秘主義』（*Christian Mysticism*）や1918年の『プロティノスの哲学』（*The Philosophy of Plotinus*）がある．英国精神の好みや偏見に対する把握力，著作の挑発的な手法，純粋な英語の文体は，彼を当時の最も有名な教会人の一人にした．

### インクバティオ
incubation

幻視，啓示，病者の癒しなどを期待して，教会堂かその境内に寝泊まりする慣行．異教に由来するこの慣行は，特定の教会堂と結びつくようになった．

### 『イングランド修道院資料集』
*Monasticon Anglicanum*

中世のイングランドの修道院*および参事会教会*に関する，会憲などの資料の膨大な集成で，W. ダグデール*卿により1655-73年に刊行された．

### イングリッシュ・カレッジ（ローマの）
English College, Rome

カトリックの司祭を志願するイングランド人のための神学校．もともとイングランドからの巡礼者のための宿泊所として1362年に設けられたが，1579年に神学校として再建され，その学生たちは上長が適切だと見なしたときイングランドに赴くという宣誓を立てねばならなかった．➡W. アレン

### 『イン・コエナ・ドミニ』
In Coena Domini

（ラテン語で「主の晩餐にあたって」の意．）教皇による大勅書*の形で発布された，信仰や道徳に対する特定の違反者の一連の破門状．その発布は聖木曜日*に限定されるようになり，この名称が生まれた．この慣行は1869年に廃止された．

### 隠修士
hermit

宗教的動機から独居生活へと隠遁した人．キリスト教徒の隠修士は３世紀後半にエジプトおよび

その周辺地域に増加し始めた．西方では，隠修士は対抗宗教改革*以後に消滅したが，その伝統の多くはいくつかの修道会で保持されている．20世紀になって，隠修士は再びカトリックやアングリカンの教会に見られるようになった．東方では，隠修士はとぎれることなく存在してきた．➡修道士

## インスタンティウス
Instantius（4世紀後半）

プリスキリアヌス*を支持したスペインの司教．彼はプリスキリアヌスに帰される11論考のうちのいくつかの著者であろう．

## 姻族（いんぞく）
affinity

倫理神学*において，結婚により生まれた関係を指す．親族側のある人たちと姻族側の他の人たちとのあいだのその後の結婚にとり障害となるとされる．英国教会では，姻族の範囲は「親族・姻族結婚禁止表」*により規定されている．

## インターコンティネンタル・チャーチ・ソサエティー
Intercontinental Church Society（'Intercon'）

1851年に，「コロニアル（のちにコモンウェルス）およびコンティネンタル・チャーチ・ソサエティー」（CCCS）がそれ以前の2つの団体を合同して結成され，英国教会における福音派*が大英帝国において教会の拡大に積極的に従事することを可能にし，その後，ヨーロッパ大陸にチャプレンを派遣した．1979年に，本項目の名称になった．

## インティンクション
intinction

典礼的用法で，陪餐前に聖別されたないし聖別されていないぶどう酒に聖餐のパンを浸す慣行．病人の陪餐で，聖別されたパンが食べやすいように時に聖別されていないぶどう酒で湿らされた．より一般的にこの語は，いまも英国教会でふつうなように，ホスティア*が聖別されたぶどう酒に浸され，聖餐用スプーンで与えられたり，あるいは，ホスティアが「保存」*中にも用いられうる過程である，カリス*に浸すことによってかフィストゥラ*またはスプーンで，聖別されたぶどう酒のしるしがつけられるような慣行を指す．

これらすべての形のインティンクションは，1200年頃までに西方では実質的に消滅した．現代になって，ホスティアを聖別されたぶどう酒に浸す慣行は「保存」のためと病人の陪餐の手段として，アングリカン・コミュニオン*において時々復活しており，1980年代に，アングリカンのいくつかの教会で一般に行われるようになり，1989年にカンタベリー*とヨーク*の両大主教の声明で認可された．カトリック教会では，二種陪餐*にあずかる方法の一つとして，1965年に認可された．

## インテルディクトゥム
interdict

カトリック教会における教会による刑罰*で，信徒が霊的な事柄に参加するのを排除するが，教会の交わりからは排斥されない．過去において，インテルディクトゥムにはさまざまな種類があり，特定の人物や場所に付随していた．後者の主な結果は，若干の例外が認められたが，当該地域における秘跡とすべての公的儀式の挙行停止であった．1983年の『教会法典』*は場所に付随したインテルディクトゥムに言及していない．インテルディクトゥムは現在は破門*に似ているが，破門ほどの厳しい結果をもたらさない．典礼に参加することを禁じられるが，統治機能や個人的収入には影響しない．

## インドゥルトゥム（特典（とくてん））
indult

教皇ないし他の教会当局者により，教会の一般法からの逸脱に対して与えられる許可．

## インドネシアのキリスト教（きょう）
Indonesia, Christianity in

キリスト教は16世紀にポルトガル*海洋貿易帝国により実質的にインドネシアにもたらされた．

ポルトガルからのフランシスコ会*員は1534年にモルッカ諸島におちついた．オランダ人が17世紀にインドネシア諸島でポルトガル人に取って代わったのち，カトリック教会は衰退した．次の200年間，オランダ改革派教会*が，オランダ東インド会社の影響下で唯一の正式に認可された教会であり，同会社はその社員のためにオランダ*から聖職者をつれてきた．19世紀と20世紀前半に，さまざまな教派のオランダやドイツの宣教師が活動し，カトリックもプロテスタントもともにオランダの植民地政府から財政的援助を受けた．衝突を避けるために，オランダ当局はさまざまな団体を別々の地域に割り振った．オランダの支配とヨーロッパ人の宣教活動は日本軍の占領（1942–45年）により途絶した．1949年に，インドネシア新国家が誕生した．カトリシズムもプロテスタンティズムも正式に認可された宗教である．キリスト教徒は人口の約10%を占める．

## インド，パキスタン，バングラデシュのキリスト教（きょう）

India, Pakistan, and Bangladesh, Christianity in

4世紀におけるインド（とおそらくパキスタン）のキリスト教へのいくつかの曖昧な言及が存在するが，最初の明確な証言は，550年以前にインドにキリスト教徒がいたというコスマス・インディコプレウステス*の主張である（トマス・キリスト教徒の歴史について，「マラバル・キリスト教徒」の項参照）．

西方のキリスト教は1498年にポルトガル人によりインドにもたらされた．インド全体の住民に伝道する試みは，1542年のイエズス会*員の到来に由来する．教皇からの「保護権」(*padroado*) のもとに，ポルトガル*は東方においてすべての司教と宣教師を任命する権利を要求した．ポルトガルがこれらの義務を果たしえないことが明らかになっていき，1637年に，ローマの布教聖省*はインドの非ポルトガル地域のために，1人のバラモンを代牧*に聖別した．その職位にインド人を選ぶ政策は終わったが，代牧はますます多く任命された．1886年に，レオ13世*はインドと将来のパキスタンのために，正式の位階制*を創始した．

1660年からイギリス人，また遅れてオランダ人がインド亜大陸に存在した．彼らは主に自らの国民の霊的な配慮に関心をもった．プロテスタントの宣教活動は，デンマーク王フレデリック4世が南インドの属領トランクバール（Tranquebar）に宣教師を派遣した1706年に本格的に始まった．1793年に，最初のイギリ人宣教師であるW. ケアリ*がベンガルに上陸した．東インド会社が宣教活動に反対したので，ケアリはデンマーク領のセランポール（Serampore）に宣教地を移した．1813年の東インド会社の綱領の改訂の際，福音派の賛同で，カルカッタ（現コルカタ）教区の設立と宣教活動の自由が規定された．英国教会宣教協会*は宣教師を派遣し，英国教会の聖職者も多く来訪した．19世紀末までに，アメリカやヨーロッパ大陸からの多くの宣教師も来ており，19世紀後半に，現地人を改宗させる熱心な努力がなされた．現地のインド人の聖職者も，彼ら自身の言語で教育を受け，英語の知識のない人たちが叙任されることで生まれた．そのような最初の叙任は1850年に行われた．1930年に，これまで英国教会の一部であった，インドのアングリカン教会はインド・ビルマ・セイロン教会として独立した（1947年に，パキスタンがこの名称に加わった）．

インドにおける非カトリック諸教会間の協力関係は1855年にさかのぼる．一連の会議の結果，1908年に現代の最初の超教派的な合同である，南インド合同教会（South India United Church）が成立した（長老派*と会衆派*からなる）．ここから生まれた動きが1947年に南インド教会*の発足につながった．同様な動きは1970年の北インド教会*およびパキスタン教会*の発足にもつながった．

以前の英領インドが1947年に独立したとき，国は主にヒンドゥー国家のインドと主にムスリム国家のパキスタンに分かれ，後者の東部が1971年にバングラデシュとして独立した．宗教的自由がこれら3国家すべての憲法に記載されているが，改宗は邪魔され，インドではやがて，外国人の宣教師に制限が加えられた．にもかかわらず，キリスト教はイスラームについで2番目に多い宗教で，人口の約2.5％を占める．パキスタンでは，イギリス連邦からの宣教師に対する敵意はもともと少なかったが，1969年以降，政府はキリスト教の諸機関に対してますます統制を強化しており，キリスト教徒は自らの立場が脅かされていると感じている．彼らは人口の約1.5％を占める．

## イントロイトゥス（入祭）

Introit

西方教会において，ミサでの礼拝の開始の部分．もともと詩編全体からなっており，アンティフォナ*とグロリア・パトリ*と共に歌われたが，のちには詩編の一部だけが歌われ，カトリック教会では現在は，いくつかの他の賛歌で置き換えうる．イントロイトゥスは1552年の『祈禱書』から削除されたが，英国教会におけるその使用は19世紀に広く非公式に復活し，『併用祈禱書』*はミニスター*の入室の際の聖歌*，カンティクル*，または詩編を定めており，『共同礼拝』*は聖歌だけに言及している．

## 隠遁者

recluse

特に宗教的な黙想*を目的として，俗世から離れて生活する人．➡隠修士

## インノケンティウス1世（聖）

Innocent I, St（417年没）

402年から教皇．彼は教皇職に関して，いかなる前任者よりも重要な要求を行い，議論のある重要事項がローマの判断に委ねられるべきことを主張した．カエレスティウス*，ペラギウス*，および2人の支持者との論争において，インノケンティウス1世はアフリカの諸教会会議が行った決議を承認した．グッビオ（Gubbio）司教デケンティウス（Decentius）宛ての彼の有名な書簡は，ミサ典文*の歴史にとり重要であり，それはまた，司教が堅信*を授けることを語り，塗油*と悔悛*の儀式について言及している．祝日は7月28日（1969年に削除）．

## インノケンティウス3世

Innocent III（1160/61-1216）

1198年から教皇．世俗の事柄に介入する教皇職の権利を，支配者の道徳的振舞いを点検するその義務および教皇が封建制上の大君主であるという理論に依存させたインノケンティウスは，時代状況と彼自身の人格により，以前にも以後にも比類ないほどに，理論と実際を一致させることができた．皇帝ハインリヒ6世が1197年に没したのち，インノケンティウスは皇帝として選ばれた人物に戴冠するとともにその人物を吟味する要求を押しつけた．彼は順に対抗した帝位候補者を支持し，フリードリヒ2世*は彼がシチリアに関して教皇への臣従の礼を条件に皇帝に選出された．フランスでは，インノケンティウスはフィリップ2世（尊厳王）に王妃との復縁を強制した．ステファヌス・ラングトン*のカンタベリー*大司教への任命をめぐる論争は，イングランド王ジョン*を服従させ，ジョンはインノケンティウスが自らの封建制上の大君主であることを認めた．他の国でも，教皇は影響力を広げた．彼は新しい托鉢修道会であるフランシスコ会*とドミニコ会*を認可した．1215年のラテラノ公会議*は彼の在職期間の絶頂期の出来事であった．彼は「キリストの代理人」（Vicarius Christi）という称号を正規に用いた最初の教皇であった．

## インノケンティウス4世

Innocent IV（1254年没）

1243年から教皇．彼はかつて教皇となった最もすぐれた教会法*学者で，『注解』（Apparatus）と呼ばれる教皇教令*に関する大部の注解を書いた．彼が引き継いだフリードリヒ2世*との論争を解決しようとして成功せず，1245年の第1リヨン公会議*でフリードリヒの破門と廃位を宣言し，その息子との抗争を継続した．財政的に逼迫して，彼は教皇による「叙任」（provisions）の制度を拡充し，また異端審問*による拷問の使用を許可した．

### インノケンティウス10世

Innocent X（1574-1655）

1644年から教皇．フランス宮廷からの反対にもかかわらず選出された彼は，1648年のウェストファリア条約*に対する教皇特使の抗議を支持し，また1653年の大勅書『クム・オカジオーネ』*において，C. O. ヤンセン*の『アウグスティヌス』*からの「５命題」を断罪した．

### インノケンティウス11世（福）

Innocent XI, Bl（1611-89）

1676年から教皇．彼は教会問題におけるルイ14世の絶対主義と闘い，1685年のナント王令*の廃止を非難し，ガリカニスム*にも反対した．彼は同様に，イングランドにおけるジェームズ２世*のカトリシズム復興策をも非難した．インノケンティウスは1679年に弛緩説*の65命題，また1687年にキエティスム*の68命題を断罪した．祝日は８月12日．

### インパナティオ

impanation

聖餐*のある教理を指す名称で，生来の要素（パン）を失わずに，「真の臨在」*への信仰を守ることを意図している．

### インプリマトゥル

imprimatur

（ラテン語で「印刷してもよい」の意．）書物が適切な権威により印刷を認可された証明書．イングランドにおいて，16-17世紀のさまざまな事前許可制法が，書物の印刷や輸入のために，世俗や教会の権威からのインプリマトゥルを要求した．カトリック教会において，ある種の書物や他の文書が教理的ないし道徳的過誤を免れていることの，地方の裁治権者*による証明書が，その印刷前に要求されている．

### インプロペリア

Improperia（the Reproaches）

十字架につけられた救い主が不信仰の民に対して向けた一連の咎めの言葉で，カトリック教会の聖金曜日*の典礼の際に歌われる．旧約聖書の章句で構成されているが，その初期の歴史はよく知られていない．「十字架の崇敬」*において歌われる．

### インマヌエル

Immanuel（Emmanuel）

（ヘブライ語で「神は我々と共におられる」の意．）この語はイザヤ書7:14と8:8に出ているが，それが誰を指すのか明らかでない．マタイ福音書1:23において，その預言はキリストの誕生と関連づけて解釈されている．

### 韻律詩編

metrical psalters

宗教改革のとき，韻律詩編がネーデルラントおよびフランスとスイスの改革派教会に導入されたのは，ドイツのルター派*の聖歌よりも音楽的な礼拝の聖書的様式としてであった．イングランドではエドワード６世*の治世に，韻律詩編集がT. スターンホールド*らにより出版された．その後の多くの英語の詩編集のうち，最も広く用いられたのは1696年のN. テイト*とN. ブレイディーのものであった．19世紀半ば以降，韻律詩編の使用はイングランドではすたれたが，スコットランドでは国民の礼拝を特徴づけるものであり続けている．

# う

## ヴァイゲル
Weigel, Valentin（1533-88）

ルター派*の神秘主義的著作家．彼の著作を主として構成したのは，「聖書崇拝者」(Bibliolaters) への批判および教条的なルター主義とは相いれない宇宙論的な思弁である．彼の考えはJ. ベーメ*に影響を及ぼした．

## ヴァイス
Weiss, Johannes（1863-1914）

ドイツの新約聖書学者．彼の1892年の『神の国についてのイエスの説教』(*Die Predigt Jesu vom Reiche Gottes*) は，福音書に関する一貫した終末論*的解釈の最初の試みであって，キリストの宣教の中心的な目的は，御自身がメシアとして顕現すべき超越的な神の国の間近さを宣言することであるという見解を主張した．彼はこの見解をその後の著作でも詳述した．彼はまた1912年の『歴史と現代における宗教』(*Religion in Geschichte und Gegenwart*) 中の「新約聖書の文学史」(Literaturgeschichte des NT) の項目で，初めて様式史的研究*の原則を解説した．

## ウァスキ（ア・ラスコ）
Laski（à Lasco), John（1499-1560）

プロテスタントの宗教改革者．ポーランドの貴族出身の彼は，1526年から教会の改革に関心を示したが，極端すぎるとしてM. ルター*には賛成しなかった．ウァスキは1538年にワルシャワの助祭長*になったが，1540年に結婚のゆえに教会の役職を剥奪された．1542年に，公然とカトリック教会と断絶し，エムデン (Emden) でカルヴァン派の牧師に任命された．しばらくイングランドに滞在し，1552年の『祈禱書』に影響を及ぼしたと一般に考えられている．

## ヴァゾ
Wazo（980/90-1048）

1042年からリエージュ (Liège) 司教．彼はフランス王アンリ１世に反対して皇帝ハインリヒ３世の権利を擁護したが，教皇職と帝国間の初期の紛争では，霊的な権威の優越性を支持した．

## ヴァッラ
Valla, Lorenzo（1406頃-1457）

イタリアの人文主義者．「コンスタンティヌスの寄進状」*の偽作性を証明した1440年の有名な著作には，教皇職の世俗権に対する厳しい批判が含まれていた．彼はまたスコラ学*の論証法を嘲笑し，神の全能が人間の自由意志と調和することは理解できないとした．1441年に初版が刊行された『ラテン語の優雅さ』(*De Elegantiis Linguae Latinae*) は，長く人文主義者のラテン語に関する標準的な著作であった．彼の大胆な見解はルネサンスの学者に深い影響を及ぼし，その著作は宗教改革者により高く評価された．

## ヴァーツラフ（聖）
Wenceslas, St（907頃-929［ないしおそらく935］）

ボヘミア（現チェコ）大公．おそらく922年頃に母から政務を継いだ彼は，国民の宗教的・文化的向上のために努めた．弟に殺害された彼は，殉教者として崇敬された．J. M. ニール*による「善王ヴァーツラフ」の内容は架空のものである．祝日は９月28日．

## ヴァティカン
Vatican

教皇が1377年にローマに帰還して以来の主要な居所．現在の建物で，15世紀より古いものはほとんどない．大規模な改築計画が1447年にニコラウス５世*により立てられ，教皇宮殿はクレメンス８世*(1605年没）により完成した．1871年の保障法*により，ラテラノ大聖堂*およびカステル・ガンドルフォ*の教皇別荘と共に，ヴァティカンには治外法権が認められた．ヴァティカン博物館には初期キリスト教芸術および古代の美術品の価値あるコレクションが所蔵され，ヴァティカン図書館には重要な写本がある．➡サン・ピエトロ大聖堂

## ヴァティカン公会議（第１）

Vatican Council, First（1869-70年）

カトリックにより第20回公会議*とされる．1868年にピウス９世*により召集された本公会議は，さまざまな主題を論じることを意図していた．1869年12月に開催され，信仰論の討議から始めた．改訂された『カトリック信仰に関する憲章』(Dei Filius）は，1870年４月24日に発布された．それは「創造主である神」，「啓示」，「信仰」，「信仰と理性」に関する４章からなっている．次に，教皇の不可謬性*と首位権の問題に進むことが決められた．首位権の議論において，少数派は特に，教皇の裁治権を通常で，直接的で，真の牧者としてのものであると定義したことに反対した．彼らはまた，教皇の不可謬性を教会のそれとより密接に結びつけようとした．７月18日に採択された憲章『パストル・アエテルヌス』*は，両方の極端主義者を失望させた．同憲章は教皇の不可謬性を明確に言明しているが，教皇が教皇座から（エクス・カテドラ*）宣言して，信仰ないし道徳に関する教理を定義するときに限定した．７月19日のフランスとプロイセン間の戦争の勃発およびイタリア軍によるローマ占領が公会議を終わらせた．

公会議における定義づけが真剣な反対を招いたのは，ドイツとオーストリアにおいてだけであった．これらの国々では，少数派が「復古カトリック教会」*を組織し，ドイツでは，ビスマルクが教皇権の強化に対して反対したことが「文化闘争」*につながった．

## ヴァティカン公会議（第２）

Vatican Council, Second（1962-65年）

カトリックにより第21回公会議*とされる．公会議を開催する決定はどうやら完全にヨアンネス23世*によるものであった．その意図は，教会生活を刷新し，その教え，規律，組織を現代化するとともに，究極的な目標としてすべてのキリスト教徒の一致をめざすものであった．カトリック教会と一体をなしていない，主要な諸教会からのオブザーバーも公会議に招聘された．第１会期（1962年10-12月）後に，教皇ヨアンネスは没した．パウルス６世*は教皇選出後，公会議を継続する意向を表明した．第２会期（1963年9-12月）は『典礼憲章』および広報機関に関する教令を発布した．第３会期（1964年9-11月）は『教会憲章』（『ルーメン・ゲンティウム』*）およびエキュメニズムとカトリック東方教会*に関する教令を発布し，教皇は聖母マリアを「教会の母」と宣言した．第４会期(1965年9-12月）は，司教の司牧任務，修道生活の刷新，信徒使徒職を含むさまざまな主題に関する教令，キリスト教以外の諸宗教に対する教会の態度および信教の自由に関する宣言を発布した．教皇は自らが教会を治めるのを助ける新たな「世界代表司教会議」(episcopal synod）の規範を定め，教皇庁*の改革の開始を宣言した．

公会議のもたらした結果は広範にわたった．最も顕著なのは，典礼において，ラテン語がほぼ完全に自国語に置き換わったことであり，ほぼすべての典礼式文は改訂されてきており，二種陪餐*が徐々に信徒にまで広がった．カトリック教会における公の礼拝は現在，他の西方諸教会におけるそれときわめて類似している．他の諸教会との関係は現在は活発で，正教会*，アングリカン*，ルター派*，メソジスト*などの諸教会との定期的な対話がなされ，さまざまな活動領域で協力がなされている．『現代世界憲章』（『ガウディウム・エト・スペース』*）は教会の関心を，特に第３世界における社会的・政治的諸問題に向けさせ始めた．既婚の終身助祭*職の再興は，特に北アメリカに教会の職制の形態を変化させている．必然的に，諸変化がカトリック教会内で緊張を生み出してい

る．公会議の諸決定を実施する法制化について，パウルス6世の項参照．

## ヴァティカン写本(しゃほん)
Codex Vaticanus（'B'）

ギリシア語聖書の4世紀の写本で，現在はヴァティカン*図書館にあるが，遅くとも1481年以来そこに所蔵されてきた．創世記の大部分を他のヴァティカンにある写本から筆写して，15世紀に大幅に復元された．牧会書簡*はまったく欠けている．新約聖書*の読み方は，中立型本文*すなわちアレクサンドリア型本文*の主要な証言の一つである．

## ヴァラフリドゥス・ストラボ
Walafrid Strabo（808頃-849）

ストラボは「斜視の人」の意．詩人，聖書釈義家．彼はフラバヌス・マウルス*のもとで学び，829年に皇帝ルイ1世*の息子シャルル（のちのシャルル2世禿頭帝）の家庭教師，また839年にライヘナウ*大修道院長になった．彼の著作には，園芸に関する詩，韻文や散文での聖人伝，典礼に関する論考『起原について』（*De Exordiis*）がある．彼はモーセ五書*に関するフラバヌスの注解書を要約し，おそらく詩編と公同書簡に関して注解したが，彼が聖書に対して「グロッサ・オルディナリア」*を書いたという考えには根拠がない．

## ヴァランス教会会議(きょうかいかいぎ)
Valence, Councils of

3回の重要な教会会議がフランス南東部ドフィネ地方のヴァランスで開催された．(1) 374年の会議は4つの規律に関する決議条項を発布した．(2) 530年頃の会議はペラギウス主義*と半ペラギウス主義*を非難した．(3) 855年の会議は予定*について論じて，「二重の予定」を支持し，キリストの贖いのわざが全人類に及ぶという見解を否定した．

## ヴァルデス派(は)（ワルドー派(は)）
Waldenses（Vaudois）

12世紀以降，「ヴァルデス派」の名称はいくつかの異端者のグループを指してきた．16世紀に，あるグループがカルヴァン主義*を受け入れ，ヴァルデス派のプロテスタント教会である「ヴァルデス派福音教会」（Chiesa Evangelica Valdese）を形成した．

最古の史料は「ヴァルデス派の」異端信仰の創始をヴァルデス（Valdes）という人物に帰しており，ワルドー（Waldo）という表記やその個人名のペトルスは後代のものである．ヴァルデスはリヨンの富裕な市民であった．1170-73年頃，回心を経験し，自らの富を貧者に与え，施しと説教で生活し始めた．彼とその弟子たちが聖職者からの要請のもとでなければ説教を控えるという条件で，彼の生き方は1179年にアレクサンデル3世*により是認された．翌年，ヴァルデスは正統な信仰告白を行ったが，その後まもなく彼とその弟子たちは非公式な説教に対する教会からの禁止を破ったので，1182/83年に破門され，リヨンから追放された．1184年のヴェローナ*教会会議で彼らは，カタリ派*などと共に，異端者として断罪された（➡リヨンの貧者）．この段階でその運動を特徴づけたのは，信徒による巡回説教，自発的な貧困，慈善活動である．

（1205-18年に）ヴァルデスが没した頃，その運動は一連のシスマで分裂していた．「ロンバルディアの貧者」と呼ばれ，ミラノとピアチェンツァ周辺に拠点を置いたグループは，1205年にリヨンに拠点を置くグループとの関係を絶った．「リヨンの貧者」自体も1207年に分裂して，ヴァルデスのかつての弟子であるオスカのドゥランドゥス（Durand of Osca）は幾人かの仲間と共にカトリックの信仰に戻り，また他のグループも1210年にカトリシズムに戻った．1220年代には，現在のドイツにもヴァルデス派が存在した．彼らは説教を周知の支持者に限定し，カトリックの聖職者と彼らの執行する秘跡を信用せず，「死者のための祈り」*と煉獄*に関して疑念をもち，自らの説教する権利を主張したと思われる．1290年代には，南西アルプス地方，オーストリアなどにもヴァルデス派が存在した．14世紀以降，より緩和された形の異端信仰がそのさまざまなグループを特徴づけた．彼らは教会で行われる儀式に疑念をもっていたが，多くの場合，それに参加し続けた．ボヘミアにおけるフス派*のシスマの成立直後，ドイツのヴァルデス派とボヘミアの異端者間で接触がもたれた．

1500年までにはプロヴァンス，カラブリア，アプリア地方に広がっていた南西アルプス地方のヴァルデス派は，直ちにプロテスタントの宗教改革*に関心を寄せたが，彼らがジュネーヴ*からJ. カルヴァン*により派遣された定住した牧師，ジュネーヴの信仰告白と儀式をもつ，独自のプロテスタント教会を形成したのは，やっと1555-64年頃であった．プロテスタンティズムの到来とともにヴァルデス派は彼ら特有のアイデンティティを失ったが，サヴォイア公の領地になったアルプスの渓谷地域では例外で，1561年以降，彼らは通常は寛容に扱われたが，時に迫害されることもあった．1848年にこの「ヴァルデス派福音教会」には，ピエモンテ・サヴォイアにおいて完全な市民権が認められた．その礼拝は現在も16世紀のジュネーヴのプロテスタンティズムに基づいている．

## ヴァルテル（サン・ヴィクトルの）
Walter of St-Victor（1180年以後に没）

サン・ヴィクトル大修道院の副院長（➡サン・ヴィクトル会）．彼の『フランスの4迷宮駁論』（*Contra Quatuor Labyrinthos Franciae*）は弁証法的な方法論を攻撃し，ペトルス・アベラルドゥス*，ペトルス・ロンバルドゥス*，ポワティエのペトルス（1205年没），ギルベルトゥス・ポレタヌス*の4人に向けられている．

## ヴァルデンストレム
Waldenström, Paul Peter（1838-1917）

スウェーデン*の自由教会員．ルター派正統主義と一致しない彼の贖罪*論によれば，神が人間とでなく，人間が神と和解すべきであり，神は怒りにおいてでなく愛において御子を遣わした．ヴァルデンストレムはスウェーデンにおける最大のセクト的な運動を創始した．

## ヴァルトブルク
Wartburg

M. ルター*が1521年にヴォルムス帝国議会*からの帰途，捕らわれたのち（彼の黙認のもとに）隠れ住んだ，チューリンゲンにある城．

## ウァルブルガ（聖）
Walburga, St（710頃-779）

聖ウィリバルド*と聖ウィネバルド（Wynnebald, 761年没）の妹．彼女は聖ボニファティウス*のドイツにおける宣教活動を助けるためにイングランドから赴いた．ウィネバルドの没後，彼女はハイデンハイム（Heidenheim）の兄の男女併存修道院*の院長となった．祝日は2月25日と5月1日．

## ウァレリアヌス（聖）
Valerian, St（450年以後に没）

ケメネルム（Cemenelum，現ニースに近いシミエ[Cimiez]）司教．彼は439年のリエ（Riez）教会会議と442年のヴェゾン教会会議*に出席し，レオ1世*に対して，アルル司教座の裁治権的な要求を支持した．神学的に，彼は半ペラギウス主義*に傾いていたと思われる．祝日は7月23日．

## ウァレンス
Valens（4世紀）

ムルサ（Mursa，現クロアチアのオシイェク）司教．ウルサキオス*と共に，西方におけるアレイオス*派の指導者．アレイオスの弟子であった2人は，聖アタナシオス*の激しい敵対者になって，彼を攻撃したり，皇帝コンスタンティウス2世の政策上の変化に従ってより妥協的な立場をとったりした．

## ウァレンティヌス（聖）
Valentine, St

以前2月14日に祝われた祝日は2人のウァレンティヌス，すなわち，269年頃にフラミニア街道沿いで殉教したローマの司祭および，ローマに連行されて殉教したテルニ（Terni）司教に関わると思われる．聖ウァレンティヌスの祝日（バレンタインデー）と求愛（courtship）との関係は同名の聖人に関わるいかなる伝承とも結びつかない.

## ウァレンティノス
Valentinus（165年頃没）

グノーシス主義*の神学者, ウァレンティノス派の創始者. どうやらエジプト出身らしい彼は, 136年頃にローマに来て, 司教に選出されることを望んだといわれるが, 候補からはずされたので, 教会を離れ, 東方に赴いた. その後, 彼はローマに戻り, そこで没した.

ナグ・ハマディ文書中の（『真理の福音』*や『フィリポ福音書』*を含む）いくつかの文書は, ウァレンティノス派に由来するが, どれも確実にはウァレンティノスに帰されえない. 彼の体系はその弟子たちにより発展・修正された形態でのみ知られうる. 英知界すなわち「プレーローマ」は存在の原初的根源から発出した30の「アイオーン」からなる. 可見的世界はその起原を, これらアイオーンの最下位にあたるソフィアの堕落に負っている. この堕落の記述はさまざまであるが, 結果として, デミウルゴス*すなわち, 旧約聖書の神と同一視された「創造神」が生まれた. ウァレンティノスの神話は, どのようにして神的要素がこの異質の世界に閉じ込められるようになったかを示すことにより, 人間の境涯を説明することを意図していた. 贖いをもたらす, 別のアイオーンであるキリストは, 人間にその起原と運命に関する救済の知識（グノーシス）をもたらすために,（受胎ないし受洗の際に）人間をイエスと結びつける. しかしながら, この知識は「霊的な人たち」すなわち, それによりプレーローマに立ち帰る運命にあるウァレンティノス派の人たちにのみ与えられ, 他のキリスト教徒は信仰と善行により一種の救いに到達しうるが, プレーローマより低い領域に留まり, 残りの人たちは永遠の滅びに運命づけられる.

## ヴァロンブローザ修族（しゅうぞく）
Vallumbrosans

以前は独立した修道会であった単式誓願修道会*（修族）で, 会の名称はフィレンツェから約32kmのヴァロンブローザ（Vallombrosa）の本院に由来する. 本修道会は聖ヨアンネス・グアルベルトゥス*により1036年頃に創立された. 本院は1527年にカール5世*の軍隊により焼き払われ, 1808年にナポレオン軍により略奪され, 1866年にイタリア政府により閉鎖されたが, 1949年に再興した. ヴァロンブローザ修族は1966年にベネディクト会*連合に加わった.

## ウーアン
➡アウドエヌス

## ヴァンサン・ド・ポール（聖（せい））
Vincent de Paul（Depaul）, St（1581-1660）

ラザリスト会*および愛徳姉妹会（Sisters of Charity）の創立者. 海賊に捕らえられた彼は, チュニジアで奴隷として2年間を過ごした. 1613-26年に, 彼は艦長ゴンディ伯家付きの司祭であった. 艦船のチャプレンとして彼は1619年以降, 多くの囚人を救済するために尽力した. 1625年に, 彼はラザリスト会を創立した. 1633年に彼が聖ルイーズ・ド・マリヤック（Louise de Marillac, 1591-1660年）と共に創立した愛徳姉妹会は, 禁域*制をとらず, 終身の誓願を立てなかった最初の女子修道会（congregation）で, 病者と貧者の世話に没頭した. 祝日は9月27日（以前は7月19日）.

1833年に創立された「ヴィンセンシオ・ア・パウロ会」（Society of St Vincent de Paul, ➡オザナム）は, 貧者への奉仕のための信徒の団体である.

## ヴァン・ミルダート
Van Mildert, William（1765-1836）

1826年からダラム*主教. 国王に等しい権限を有する地位（palatine rank）にある最後の主教であった彼は, ダラム大学の創設者の一人であった.

## ヴィアティクム
➡最後の糧

## ヴィア・ドロローサ
via dolorosa

エルサレム*の道で，キリストがピラト*による裁判の場所からカルヴァリ*に向かったと考えられる．➡十字架の道行き

## ヴィア・メディア
via media

（ラテン語で「中間の道」の意.）「教皇制」*と非国教徒*のあいだの中間の道として，J. H. ニューマン*などのトラクタリアン*がアングリカンの体系を指した用語.

## ヴィアンネ（アルスの司祭(しさい)）（聖(せい)）
Curé d'Ars, the, St（Jean-Baptiste Marie Vianney）（1786-1859）

1815年に叙階され，1818年から彼はアルスの司祭であった．当初は近隣の村から，続いて遠くから，あらゆる種類の人々が彼の助言を求め，彼は告解室で長時間を過ごした．祝日は8月4日（以前は9日）.

## ヴィエイラ
Vieira, António（1608-97）

ポルトガルの神学者．ブラジルで育った彼は，そこで1623年にイエズス会*に入会した．1641年にリスボンに戻った彼はまもなく，宮廷で影響力をもつようになった．1652年に，彼は1649年に棄教したマラニャン（Maranhão）とグラン・パラ（Grão Pará）への宣教団を再組織するために派遣され，マラジョ（Marajó）島のネーンガイバス（Nheengaíbas）を改宗させた．入植者に反対してインディオの自由を擁護しようと試みた結果，彼は苦境に陥り，1661年にポルトガルに戻らざるをえなかった．彼は異端審問*所に召喚され，投獄された．1669年に，彼はローマに赴き，1675年に，ポルトガルの異端審問の裁治権から彼を免除する令状を得た．1681年に，彼はブラジルに戻り，残りの生涯を過ごした．

彼の説教はバロック時代の説教壇から語られた説教の傑作である．彼は政治的な洞察力をもっていたが，メシア信仰と千年王国説*にも強く影響されていた．

## ヴィエンヌ公会議(こうかいぎ)
Vienne, Council of（1311-12年）

カトリックにより第15回公会議*とされる．本公会議を召集したクレメンス5世*が主に論じようとしたのは，異端信仰と不品行の罪で告発されていたテンプル騎士団*の問題であった．当初，公会議の多数派の考えでは，テンプル騎士団に反対する証拠は不十分であったが，フランス王フィリップ4世が軍隊を伴ってヴィエンヌに現れると，教皇は同騎士団を解散させた．

## ウィギランティウス
Vigilantius（400年頃活動）

アクィタニア出身の司祭．ベツレヘム*に聖ヒエロニムス*を訪れたが，不和に陥り，ウィギランティウスはヒエロニムスをオリゲネス主義*者であると非難した．ヒエロニムスは406年に『ウィギランティウス駁論』（*Contra Vigilantium*）で応答した．

## ヴィギリウス
Vigilius（555年没）

537年から教皇．彼は「3章」*論争において当初，ユスティニアヌス1世*がモプスエスティアのテオドロス*，テオドレトス*，エデッサのイバス*の著作を断罪したことに同意しなかった．コンスタンティノポリスに召喚されたのち，ヴィギリウスは548年の文書『ユディカトゥム』（Iudicatum）で「3章」を排斥したが，カルケドン公会議*の教えを確認した．彼の条件付き「降伏」は西方で大きな反対にあい，教皇は『ユディカトゥム』を撤回した．553年に，彼は第2コンスタンティノポリス公会議*を主宰することを拒否したが，同公会議が「3章」を断罪したのち，結局その決定を受け入れた．この事例は第1ヴァティカン公会議*の際，教皇の不可謬性*に対する反対者により引合に出された．

## 『ヴィクティメ・パスカリ』
Victimae Paschali

（ラテン語で「過越のいけにえに」の意.）西方教会

における復活祭*の続唱*で，ヴィポ*が作詩した．

## ウィクトリキウス（聖）

Victricius, St（330頃-407頃）

386年頃からルーアン司教．彼はキリスト教徒になって軍務を離れた．彼は異教徒や異端者に対して信仰を擁護し，またフランデレン（フランドル），エノー（Hainault），ブラバントで宣教活動を行った．396年頃，彼はある教会に関する論争を解決するためにイングランドに招かれた．彼は規律事項に関するインノケンティウス1世*の有名な書簡の受取人であった．祝日は8月7日．

## ウィクトリヌス（聖）

Victorinus, St（304年頃没）

ポエトウィオ（Poetovio, 現スロヴェニアのプトゥイ［Ptuj］）司教．彼はラテン教会で知られる最初の釈義家であるが，ほとんどすべての著作が失われた理由はおそらく，『ゲラシウス教令』*によりそれらを外典的であるとして断罪されることになった，千年王国説*的な傾向のゆえであろう．彼の注解書の中で残存しているのは『ヨハネ黙示録注解』のみである．論考『世界の創造について』（*De Fabrica Mundi*）はほぼ確実に彼の作である．祝日は11月2日．

## ヴィクトル1世（聖）

Victor I, St（198年没）

189年からローマ司教．14日派*をめぐる論争を解決するために，彼はキリスト教界中で教会会議が開催されるよう命じた．彼は，エフェソスのポリュクラテス*などの小アジアの主教たちが，復活祭*を主日でなくニサン*月14日に守る彼らの慣行をやめることを拒否するならば破門すると警告した．ヴィクトルはその警告を実施したが，小アジアの諸教会がローマと一体をなし続けた事実は，彼がその宣告を撤回したことを示唆している．祝日は7月28日（1969年に削除）．

## ウィクトル（ウィタの）

Victor（5世紀末）

北アフリカのウィタ（Vita）司教．488年頃，亡命中に，彼は429-84年の期間のアレイオス*派のヴァンダル人による北アフリカのカトリック教会に対する迫害の歴史を書いた．その一部は同時代の資料と自分自身の体験に基づいている．

## ウィクトル（カプアの）（聖）

Victor, St（554年没）

541年からカプア（Capua）司教．彼の最も有名な著作は『福音書調和』で，ウルガタ訳聖書*の本文に基づいている．祝日は10月17日．

## ウィクリフ

Wycliffe（Wiclif）, John（1330頃-1384）

哲学者，神学者，改革者．彼は1360-61年頃にオックスフォード大学ベイリオル・カレッジ学長（Master），1365-67年に同大学カンタベリー・ホール学長（Warden）であった．彼はまた，1361-68年にフィリンガム（Fillingham），1368-84年にラジャシャル（Ludgershall），1374-84年にラタワース（Lutterworth）の主任司祭*でもあったが，1381年まで主としてオックスフォードに住んでいた．彼は，ともにエドワード3世の息子である黒太子および（1371年以降は）ゴーントのジョン（John of Gaunt）に仕えていたので，教会からの譴責から保護された．

ウィクリフの初期の名声は哲学者としてであった．彼は，自然的知識と超自然的知識の領域を分離する，オックスフォードで流行していた懐疑論に反発した．彼が『存在に関する大全』（*Summa de Ente*）において論じたのは，個々の事物が普遍の位階をつうじて神に由来するゆえ，本質において不変で不滅であるということであった．当時の宗教制度を嫌った彼は，その永遠で理想的な実体を可見的で「物質的な」教会と区別する教会概念を練り上げ，前者に由来しないどんな権威も後者に認めなかった．彼が『世俗的支配権について』（*De Civili Dominio*）において論じたのは，世俗と教会の権威が恩恵に依存するゆえ，聖職者が恩恵を受ける状態になければ，世俗の権限でその財産を正当に没収されうるということであった．彼はのちに，聖書が教理の唯一の規準であり，教皇の権威が聖書に確かな根拠がなく，修道院生活が聖書的な根拠をまったくもたないと主張した．彼は実体変化*の教理を，哲学的に不健全で，聖餐に対する迷信的な態度を助長するものとして非難した．

ウィクリフはオックスフォードで徐々に支持を失った．彼の聖餐論は1381年に大学により断罪され，また翌年，大司教 W. コートニー*は彼の幅広い教えと彼の信奉者を個別に断罪したが，ウィクリフ自身を断罪することはしなかった（➡「地震会議」）．ウィクリフはラタワースに隠遁した．彼の没後，彼の教えは1388年，1397年に，また1415年のコンスタンツ公会議*で繰り返し断罪された．イングランドにおける彼の影響力の範囲は不明であるが，1380年頃以降，彼の哲学的・神学的著作はチェコの学者，特に J. フス*に多大な影響を及ぼした．16世紀の宗教改革者たちはウィクリフに訴えたが，彼の関心事は彼らの関心事とは大いに異なっていた．祝日は『共同礼拝』*では12月31日．

## ヴィケリヌス（聖）

Vicelin, St（1090頃-1154）

「ホルシュタインの使徒」．1126年に司祭に叙階された彼は，ブレーメン司教により宣教師として異教徒のヴェンド人のもとへ派遣された．1127年以降，彼はホルシュタインで活動した．1147年のヴェンド人に対する痛ましい十字軍が彼の成果をだいなしにしたあと，彼は1149年にオルデンブルク（Oldenburg）司教に聖別されたが，ザクセン公の叙任を拒否したため承認されなかった（➡叙任権闘争）．祝日は12月12日．

## ヴィーコ

Vico, Giovanni Battista（1668-1744）

イタリアの法学者，哲学者．彼の主著は，1725年の『諸国民の共通性をめぐるある新しい学の諸原理』（*Principii di una scienza nuova d'intorno alla natura comune delle nazioni*，通称は『新しい学』）である．歴史研究の価値に対する R. デカルト*の批判に答えて，ヴィーコは自然科学の目的・方法と歴史学のそれとを区別した．彼によれば，人間でなく神が創造した自然の領域が人間には一般に分かりにくいのに対し，人間の行動を記述する歴史は，人間が創造したものなので人間に理解できる．「市民社会の世界は確かに人間により造られてきたのであり，その諸原理は我々の人間精神の諸様態に見いだされうる」．彼の考えでは，言語および儀式や神話の本性は社会を理解する鍵であり，隠喩を用いることにより，それらはその価値を明らかにする．

## ウィシャート

Wishart, George（1513頃-1546）

スコットランド*の宗教改革者．彼は1538年に異端信仰のかどで告発されたときイングランドに逃れ，さらに大陸を旅行した．1543年にスコットランドに戻った彼は，J. ノックス*に助けられて，改革派の教えのために活発に宣伝活動を始めた．彼は逮捕されて，火刑に処せられた．➡ビートン

## ヴィタリアヌス（聖）

Vitalian, St（672年没）

657年から教皇．その教皇位の初期に，彼は東方と良好な関係を築き，663年にビザンティン皇帝コンスタンス2世をローマに迎えた．のちに，彼の名前がコンスタンティノポリスでディプテュコン*から削除されたのは，彼がキリスト両意論*を支持したためである．祝日は1月27日．

## ウィタリス（聖）

Vitalis, St

聖アンブロシウス*によれば，393年に彼はボローニャ*で聖アグリコラ（Agricola）と（彼の奴隷であった）聖ウィタリスの遺体の発掘に立ち会ったが，2人とも殉教者であった．ウィタリスに対する崇敬は急速に広がった．2人の祝日は11月4日（ウィタリスと彼の妻ウァレリア［Valeria］の祝日は4月28日）．

## ヴィタンディ

vitandi

（ラテン語で「避けられるべき」の意．）信徒がいか

なる接触ももつことが禁じられた，破門*された人を指して以前に用いられた専門語．この区分はカトリックの教会法にはもはや見られない．➡トレラティ

## ウィッチコート
➡ホイッチコート

## ヴィッテンベルク
Wittenberg

宗教改革*の揺籃の地．M. ルター*は1508年にその地の大学教授になった．1517年に，彼は城教会の門扉に贖宥*状に反対して「95箇条の提題」を掲示し，また1522年に，プロテスタントの公的な礼拝がここの教区教会で初めて祝われた．

## ヴィッテンベルク協約（きょうやく）
Wittenberg, Concord of（1536年）

P. メランヒトン*により起草され，ヴィッテンベルクにおいてルター派*と南ドイツのツヴィングリ*派の両代表団により認められた，聖餐*論に関する合意．しかしながら，スイスのツヴィングリ派はそれを認めることを拒否した．

## 『ヴィディ・アクアム』
Vidi aquam

（ラテン語で「われは水を見た」の意．）復活節（Eastertide）中のミサで会衆に聖水を散布するときに西方教会で伝統的に歌われるアンセム*で，年間の他の時季に歌われる撒水式*のそれの代わりである．

## ヴィテロ
Witelo（1230年頃生まれ）

ポーランド*の数学者，自然哲学者．ヴィテルボ（Viterbo）の教皇庁*で，彼はのちに主著『光学』（*Perspectiva*）を献呈したムールベケのグイレルムス*を含む学者仲間と知り合った．数学的光学および視覚の生理学的・心理学的側面をともに論じた同著は主に，アラビアの学者アルハーゼン（Alhazen，アラビア名イブン・アル・ハイサム［Ibn al-Haytham］1040年頃没）の著作に基づいている．

## ヴィート
➡ヘルマン・フォン・ヴィート

## ウィトゥス（聖（せい））
Vitus, St（おそらく303年没）

殉教者．後代の伝説によれば，彼は南イタリアで異教徒の両親のもとに生まれ，乳母とその夫によりひそかにキリスト教徒として育てられ，この3人はディオクレティアヌス*帝の治下に殉教した．ウィトゥスは不慮の死，狂犬病，また舞踏病（St Vitus' dance）と呼ばれる痙攣性障害の守護聖人である．祝日は6月15日．

## ウィトゲンシュタイン
Wittgenstein, Ludwig（1881-1951）

哲学者．ウィーンに生まれた彼は1912年にケンブリッジ大学に赴いたが，オーストリア軍に入隊するために1914年に帰国した．1918年に完成された『論理哲学論考』（*Tractatus Logico-Philosophicus*）は，1921年に（別の表題で）出版された．すべての哲学的問題が解決されたと考えた彼は，1920-26年のあいだオーストリアの僻地の学校で教員であった．彼が哲学に戻ったのは，1つには彼の『論考』に対する誤解と思われるものの上に論理実証主義を構築していたウィーン学団の人たちと議論するためであった．彼は1929年にケンブリッジ大学に戻り，1939年に哲学教授になった．1953年の『哲学探求』（*Philosophical Investigations*）を始め，彼の後期の著作は没後に出版された．その中で彼が論じたのは，思想ないし言語と世界の関係，意味と理解の特質，意識の状態，意志であった．ある宗教哲学者たちは彼の著作から他の人たちがウィトゲンシュタイン・フィデイズム（fideism）と呼んだ理論を展開してきたが，それは信仰生活への参与者のみがふさわしい「言語ゲーム」をすることができ，その結果，信仰は外部からの批判を免れるという理論である．どの程度までこのような見解がウィトゲンシュタインの著作に基づくのかは議論の余地がある．

## ヴィートへの返書(へんしょ)
Antididagma

カトリックの慣行を改革するためにケルン*大司教ヴィート*により立てられた計画に反対して，ケルン司教座聖堂参事会が1544年に出した返書．

## ウィニフレッド（聖(せい)）
Winifred, St（650年頃没）

ウェールズ北部の守護聖人．後代の伝説によれば，彼女はハワルデンの王子カラドッグ（Caradog）に求婚された美しい女性であり，その申し出を断った彼女は，彼から傷を負わされた（ないし殺害された）が，彼女のおじの聖ベウノ*により奇跡的に癒された（ないし生き返らされた）．泉がその場所を示しており，現在のフリントシャーのホリウェル（Holywell）にある．ここで，彼女は修道院を建て，院長になった．祝日は11月３日．

## ヴィネ
Vinet, Alexandre Rudolf（1797-1847）

スイスの改革派神学者．1837-47年にローザンヌ大学牧会神学教授であったとき，彼はヴォー（Vaud）州における新設の自由教会に参加した．彼は礼拝の自由および教会と国家の分離を擁護した．彼のキリスト教観は個人主義的で，宗教の中心は良心であり，教義は倫理的な行動につながる限りにおいてのみ重要であると考えた．

## 『ヴィネアム・ドミニ』
Vineam Domini Sabaoth（1705年）

ヤンセン主義*者を断罪したクレメンス11世*の憲章．教皇が教理も事実問題も決定することができ，そのような決定が単に「従順な沈黙」をもってでなく，信徒の「心から」受け入れられるべきであると主張した．

## ヴィネガー聖書(せいしょ)
Vinegar Bible

1716-17年に印刷された欽定訳聖書の通称で，ルカ福音書20章の表題が‘The Parable of the Vineyard’（ぶどう園の譬え）の代わりに‘The Parable of the Vinegar’（酢の譬え）と読める．

## ヴィーヘルン
Wichern, Johann Hinrich（1808-81）

ドイツの「内国伝道」*の創始者．1833年に，彼はハンブルクで「ラウエス・ハウス」（Rauhes Haus）という施設を創設し，顧みられない子どもたちに精神的・物質的に必要なものを供給した．1844年以降に彼が編集した雑誌は，ドイツのプロテスタント諸教会のすべての慈善活動の中心的な機関誌となり，また彼の提案で，これらの活動は，1848年の福音主義教会の最初の会議で内国伝道中央委員会に統合された．彼はその後，プロイセンの刑務所の改善にも尽力した．

## ヴィポ
Wipo（1046年以後に没）

詩人，宮廷伝記作者．彼は２人の皇帝，コンラート２世とハインリヒ３世のチャプレン*であった．彼の最もよく知られた作品は『ヴィクティメ・パスカリ』*である．彼の『皇帝コンラートの事績』（*Gesta Chuonradi Imperatoris*）は，コンラート２世（在位1027-39年）の治世に関する主な史料の一つである．

## ヴイヨー
Veuillot, Louis（1813-83）

ウルトラモンタニズム*的なフランスのジャーナリスト．1843年に彼は，その教会に対する擁護をとおして国際的な重要性をかちえた『ユニヴェール』誌*の主幹になった．カトリックの教えの自由に賛成する本来の見解のゆえに，彼はフランスのカトリックに広く支持されたが，彼が教皇職の俗権および教皇の不可謬性*を擁護したときはそれほどではなかった．

## ヴィラット
Vilatte, Joseph René（1854-1929）

司教．1889年にウィスコンシンで新たに創設された復古カトリック教会*により司教に選出された彼は，インドでシリア正教会*の府主教により聖別された，以前のラテン教会の司祭であるアントニオ・アルバレス（Alvarez）により1892年にスリランカで聖別された．ヴィラットは多くの司教を聖別した．➡エピスコピ・ヴァガンテス

## ウィリアム1世（せい）
William I（1028？-87）

ノルマンディー公，イングランド王（「征服王」）．ノルマンディー公ロベール1世の庶子であったウィリアムは勝利をおさめ，ノルマンディーを掌握した．ここで，彼は教会の復興を進めた．1066年に，アレクサンデル2世*の承認のもとに，彼はイングランドを征服した．ローマとの彼の関係は一般に協力的であった．ウィリアムは俗人叙任を実行し続けたが，それをめぐる衝突は存在しなかった（➡叙任権闘争）．イングランドにおける司教職はおおむねノルマン人により占められ，大司教ランフランク*と共に，国王は聖職売買*，聖職者の不道徳，司教区の管理に関する教皇法令の履行に配慮した．

## ウィリアム（ウィッカムの）
William of Wykenham（1324-1404）

1367年からウィンチェスター*司教．1367年に大法官にもなったが，フランスとの戦争での失敗の責任を問われて，1371年に大法官職を追われた．彼はそこで主に，自教区および学校の創設計画に専念した．オックスフォード大学では，のちにニュー・カレッジと改称した，セント・メアリに献げたカレッジを創設し，またウィンチェスターでは，70人の貧しい学生のための学校（のちのウィンチェスター・カレッジ）を建てた．1386年に任命された摂政委員会の委員として，また1389-91年に再び大法官として，彼は調停的な役割を果たした．

## ウィリアム（ウェインフリートの）
William of Waynflete（1395頃-1486）

1447年からウィンチェスター*司教．ウィンチェスター・カレッジ学長，次いで新設のイートン（Eton）・カレッジ学長であった．1448年に，彼はオックスフォード大学に神学・哲学研究を促進するための学寮（hall）を創設する許可を得たが，それは1457-58年にモードリン（Magdalen）・カレッジとして再建された．彼はヘンリー6世*に厚遇され，国事で顕著な役割を果たし，1456-60年に大法官であった．彼はエドワード4世の即位に同意したが，1470-71年にヘンリーを再び支持した．

## ウィリアム（ノリッジの）（聖（せい））
William of Norwich, St（1132-44）

ユダヤ教徒により犠牲として殺害されたと思われた少年．ノリッジ*で徒弟であった彼は，1144年の聖週間*の月曜日に家から誘拐され，聖土曜日*に暴行の痕のある遺体が発見された．彼は過越祭*にユダヤ教徒により十字架につけられたのだと申し立てられた．祝日はノリッジでは3月26日，他の地域では3月25日．

## ウィリアム（ヨークの）（聖（せい））
William of York, St（1154年没）

ヨーク*大司教．ウィリアム・フィッツハーバート（FitzHerbert）は1141年にヨーク大司教に選ばれたが，彼がシトー会*員により聖職売買*のかどで告発されたので，カンタベリー*大司教シーオボールド*は彼の聖別を拒否した．教皇インノケンティウス2世が1143年に許可したので，彼はおそらくブロワのヘンリー*により聖別された．そのいざこざは，教皇庁におけるブロワのヘンリーと聖ベルナルドゥス*の権力闘争を反映していた．ウィリアムが1147年にパリウム*を受けるためにローマへ赴いたとき，（シトー会出身の）エウゲニウス3世*は彼を停職制裁*にした．彼の親族が対立候補者を大修道院長とするファウンテンズ・アビー*を襲ったため，ウィリアムは罷免された．教皇アナスタシウス4世は1153年に彼を復職させ，彼にパリウムを与えた．彼は1154年にヨークに入ったが，1か月以内におそらく毒殺された．彼は殉教者と見なされた．祝日は6月8日，移動*について，公現祭*後の第1主日に移された1478年まで1月8日．

## ウィリアム・オッカム

➡オッカム

## ウィリアムズ

Williams, Charles Walter Stansby (1886-1945)

詩人, 神学的著作家. 詩作とともに, 彼が書いたのは, 主として超自然的な主題に徹した小説, 1936年のカンタベリー*芸術祭のための戯曲, 歴史における聖霊の働きに支配された教会に関する型にはまらず洞察力のある研究である1939年の『鳩の降下』(*The Descent of the Dove*) である. 彼には, 愛される人の像が愛する人に啓示されるという理想主義的な愛の概念, 贖罪*がその頂点をなす範例である交換の文字どおりの理解がみられる. 彼は型どおりの護教論に心を動かされない多くの人たちに, キリスト教をカトリック的で秘跡を重視した形で勧めるのに寄与した.

## ウィリアムズ

Williams, Isaac (1802-65)

トラクタリアン*の詩人, 神学者. 1831年に司祭に叙任された彼は, 1833年にオックスフォード大学トリニティー・カレッジのディーンになり, 同じ頃, セント・メアリ教会でJ. H. ニューマン*の補助司祭*になった. 1836年の『ライラ・アポストリカ』(*Lyra Apostolica*) 誌に詩作を寄稿したほかに, 彼は「宗教知識伝達の制限」(Reserve in Communicating Religious Knowledge) を有名な『時局冊子』80号に書いたが, この結果, 彼は1842年に詩学教授の選挙で敗れた. その敗北後, 彼はオックスフォードを離れ, 隠退して余生を過ごした.

## ウィリアムズ

Williams, John (1582-1650)

ヨーク*大主教. ジェームズ1世*のもとで, 彼は多くの聖職禄を受けて, 1621年にリンカーン*主教になり, 国璽尚書にもなった. 彼はチャールズ1世*とW. ロード*に嫌われたが, 長期議会で協調的な政党の党首となり, 国王の信任を回復して, 1641年にヨークに転任した. 彼は内乱中は王党派であったが, ウェールズ*に隠退することを認められた.

## ウィリアムズ

Williams, John (1796-1839)

宣教師. 1816年に彼は, 南太平洋*をその最初の活動地域に選んでいたロンドン宣教協会*により受け入れられた. 彼は1817年にソシエテ諸島へ向けて旅立ち, 翌年, ライアテア (Raiatea) 島に落ち着いた. 1839年に, 彼はヴァヌアツのエロマンガ (Erromanga) 島にディロン湾から上陸したが, 彼と仲間は殺害され, 2人はプロテスタントの「殉教者」となった. 彼の死の知らせはイングランドで宣教熱を惹起した.

## ウィリアムズ

Williams, Roger (1603頃-1683)

宗教的寛容*の擁護者. どうやら英国教会で叙任されたらしいが, 彼は1630年に宗教的自由を求めて北アメリカに渡った. ボストンでも宗教的自由に制限があるのを見て, 彼は分離派教会を建設した. 1635年に, 彼はマサチューセッツを去るよう命じられ, 州外のインディアンのもとに逃れ, 1636年に「プロヴィデンス」(Providence) と命名した居留地を建設した. ここで, 彼はアメリカにおける最初のバプテスト派*教会を創立した. 彼は (のちに「ロードアイランド」と呼ばれることになる) 植民地のための特許状を得るためにイングランドに戻った. その憲法には広い宗教的寛容さが認められ, クェーカー派*が1656年にアメリカに来たとき, ウィリアムズは彼らの教えを批判したが, 彼らに政治的寛容を示した.

## ウィリアムズ

Williams, Rowan Douglas (1950-)

2002–12年のあいだカンタベリー*大主教. 1986–92年にオックスフォード*大学マーガレット欽定講座担当神学教授, 1992–2002年にモンマス (Monmouth) 主教, 1999–2002年にウェールズ大主教であった. 彼の大主教期には, 性に関する問題をめぐるアングリカン・コミュニオン*内の論争が影を落とした. 彼は英国教会に対する公的な意識を高め，他の諸教会の指導者からの尊敬をかちえた．2013年に，彼はケンブリッジ*大学モードリン（Magdalene）・カレッジ学長になった．彼は幅広い関心をもつ学者であり，深い霊性をもつ聖職者である．

## ウィリアムズ
Williams, Rowland（1817-70）

英国教会の聖職者．1860年の『論説と評論』*中の，聖書批評学に関する彼の論説は，異端信仰のかどで告発された．アーチ裁判所*は彼に1か年の停職制裁*を宣告したが，その宣告は1864年に枢密院司法委員会*により取り消された．

## ウィリバルド（聖）
Willibald, St（700頃-787頃）

アイヒシュテット（Eichstätt）司教．722年に，彼はイングランドからローマへの巡礼に出発し，さらに地中海東部へと赴いた．モンテ・カッシーノ*で10年間を過ごしたのち，740年にグレゴリウス3世は彼をドイツに派遣した．聖ボニファティウス*は741/42年に彼を司祭に叙階し，すぐあとに司教に聖別した．ウィリバルドは762年にアティニ（Attigny）教会会議で他の司教や大修道院長と友愛関係を結び，フランケンにおける教会を強化した．祝日は7月7日．➡ウァルブルガ

## ウィリブロード（聖）
Willibrord, St（657/58-739）

「フリースラントの使徒」．ノーサンブリア出身の彼は，アイルランド*にあるアングロ・サクソン系の修道院で12年間を過ごした．690年に，彼は宣教者として西フリースラントへ赴いた．692年のローマ訪問の際，彼はその宣教への教皇の支持を得て，695年の再訪の際，彼は「フリースラント人の大司教」に聖別された．ペパン2世（714年没）は彼にユトレヒトに大聖堂を建てる土地を与え，698年にウィリブロードはエヒテルナハ*修道院を創立した．彼の活動はデンマーク*，ヘルゴラント島，チューリンゲンまで広がった．祝日は11月7日．

1910年頃に創設された聖ウィリブロード協会（Society of St Willibrord）は，英国教会と復古カトリック教会*の関係を促進するために存在する．

## ヴィルギリウス（ザルツブルクの）（聖）
Virgilius of Salzburg, St（700頃-784）

「カリンティア（Carinthia）の使徒」．学識あるアイルランド人であった彼は，743年に大陸に赴き，数年間，司教にならずにザルツブルク司教区を治めた．このやり方に失望した聖ボニファティウス*は，地球の球体および対蹠地の存在に関する異端説のゆえに，748年にヴィルギリウスを教皇ザカリアス*に告訴した．しかしながら，ヴィルギリウスは755年ないし767年にザルツブルク司教に聖別された．彼はアルプス地方のスラヴ人の改宗に尽力し，774年に，ザルツブルクの最初の大聖堂を献堂した．祝日は11月27日．

## ウィルキンズ
Wilkins, David（1685-1745）

教会史家．ケンブリッジ大学のアラビア語教授であり，ランベス宮*付属図書館員であった．彼の1737年の『大ブリテンとアイルランドの教会会議議事録集成』（*Concilia Magnae Britanniae et Hiberniae*）は長く，大ブリテンとアイルランドの教会会議の標準的な資料であった．

## ウィルキンズ
Wilkins, John（1614-72）

1668年からチェスター*主教．彼の主な関心事は科学と哲学的言語を促進することにあり，王立協会が1660年に創設されたとき初代主事になった．チェスターでは，彼は非国教徒*に対する寛容を説いた．彼は自然神学の熱烈な支持者であり，また狂信的な人たちが引き起こす争いが不信仰の主な原因であると主張した．

## ウィルクス
Wilkes, Paget（1871-1934）

宣教師．1897年に，英国教会宣教協会*から派遣されて日本*へ渡来した．ここで彼が構想した

「日本伝道隊」(Japanese Evangelistic Band)の理念は，教会組織から独立した積極的な伝道をめざしていた．1903年に，「ワンバイワンバンド」(One by One Band)が結成され，本部が神戸に置かれた．ウィルクスは生涯，日本で活動した．

## ヴィルスナック
Wilsnack

ドイツのかつての巡礼地．1383年の聖堂での火事のあと，3つの聖別されたホスティア*が無傷で見つかったが，血の滴りが付いていたといわれる．申し立てられた奇跡は大勢の巡礼者を惹きつけた．1552年に，ヴィルスナックはプロテスタント化し，その奇跡のホスティアは焼却された．

## ウィルソン
Wilson, Daniel (1778-1858)

指導的な福音主義*者．1812-24年にロンドンのベッドフォードロー(Bedford Row)のセント・ジョンズ教会のミニスター*，次いで1824-32年にイズリントン(Islington)の主任代行司祭*であった．彼は1827年に年1回のイズリントン聖職者会議(Clerical Conference)，1831年に主日遵守協会(Lord's Day Observance Society)を創設した．1832年に，彼はカルカッタ(現コルカタ)主教職を受けた．インド*では，彼は教会とチャプレンの制度を改善し，南インドの諸教会からカースト制度を排除し，自らの財産の大半を(1847年に献堂された)カルカッタのセント・ポール大聖堂の建設に費やした．

## ウィルソン
Wilson, Thomas (1663-1755)

1698年からソダー・アンド・マン*主教．マン島の教会がイングランド議会の法令から自由なことを利用して，彼は1704年の彼の「教会規則」(Ecclesiastical Constitutions)により規律を強制したが，それは中傷，偽証，不品行などの違反に対して公の悔悛を科した．その適用は彼を激しい法的な論争に巻き込み，1722年に彼は自らの大執事*を異端信仰のかどで停職制裁*にした．彼の信心的著作は長い間広く読まれた．

## ウィルバーフォース
Wilberforce, Samuel (1805-73)

1845-69年にオックスフォード*主教，次いでウィンチェスター*主教．ウィリアム・ウィルバーフォース*の息子であった彼は，諸教会堂の建設やアングリカンの修女会(sisterhoods)の創設に尽力し，1854年にカドスドン(Cuddesdon)神学校を創立した．彼のすぐれた牧会管理法は広く模倣された．彼は植民地の教会のために総会体制を導入し，宣教主教の任命を可能にする立法化に貢献した．ウィンチェスター*主教時代，彼は欽定訳聖書の改訂を推進した．

## ウィルバーフォース
Wilberforce, William (1759-1833)

慈善運動家．彼は福音主義*者になったが，議会において最もよくキリスト教に奉仕できると説得されて，聖職*に就くことを思いとどまった．彼はクラパム・セクト*の重要なメンバーおよび福音主義者の指導者になった．彼の主要な関心事は奴隷貿易の廃止であったが，多くの有為転変を経て，これを達成する法案は1807年に法律になった(➡クラークソン)．その後，彼がその運動を支持した奴隷制*の完全な廃止は，1833年に実現した．彼は英国教会宣教協会*や「英国および海外聖書協会」*の設立に助力し，インド*へのイングランドからの宣教師の派遣を支持し，主日遵守運動を推進した．祝日はアメリカの1979年の『祈禱書』と『共同礼拝』では7月30日．

## ウィルフリッド(聖)
Wilfrid, St (634-709)

ヨーク*司教．リンディスファーン*で学んだが，ケルト*的な宗教生活に飽き足りなくなり，のちにリポン*の大修道院長のとき『ベネディクトゥス会則』*を導入した．664年のホイットビー教会会議*におけるローマ側の勝利は主に彼の功績である．その後，彼はコンピエーニュ(Compiègne)でヨーク司教に聖別された．帰国すると，彼の司教座に聖チャド*が就いていたが，669年に，カンタベリー*大司教テオドルス*により，ウィルフリッドがヨーク司教とされた．678年に，テオドルスがヨーク司教区を分割したとき，ウィルフリッドは上訴するためにローマに赴いた．彼は結局，686-91年に占めていた司教座に戻った．国王と争った結果，彼はヨークを離れざるをえず，703年に開催された教会会議は彼に退職を要求した．再度のローマへの上訴はうまくいったが，彼はベヴァリーの聖ヨアンネス*のはからいで退職した．ウィルフリッドはイングランドを教皇職と密接に関係づけ，イングランド北部においてケルト的慣行をローマ的慣行に置き換え，またケルト的修道制をベネディクト的修道制に置き換えることに成功した．祝日は10月12日．

## ヴィレ
Viret, Pierre（1511-71）

スイス西部の宗教改革者．彼は1531年にG. ファレル*により按手を受け，ジュネーヴ*とヴォー（Vaud）州における宗教改革の確立のためにファレルに協力した．ヴィレは1537-59年にローザンヌ教会の牧師であったが，教会の規律をめぐる対立のゆえに追放された．彼はその後，フランス改革派教会の形成において指導的な役割を果たした．

## ウィレハッド（聖）
Willehad, St（789年没）

ブレーメン司教．ノーサンブリア出身の彼は，765-74年のあいだのいつかフリースランドでの宣教活動に赴いた．780年に，シャルルマーニュ*は北海に近いヴェーザー（Weser）地方のザクセン人への宣教に彼を派遣した．彼の活動は782年の反乱で中断したが，のちに彼は活動を再開し，787年にブレーメンの初代司教に聖別された．祝日は11月8日．

## ウィンケンティウス（聖）
Vincent, St（4世紀）

スペイン*の最初の殉教者．伝承によれば，彼は助祭で，ディオクレティアヌス*帝の迫害*で殉教した．祝日は西方では1月22日，東方では11月11日．

## ウィンケンティウス（レランスの）（聖）
Vincent of Lérins, St（450年以前に没）

『備忘録』（*Commonitorium*）の著者．しばらく俗事に携わったのち，彼はレランス*で修道士になった．一般に考えられているのは，彼が予定*に関する聖アウグスティヌス*の教えに反対し，おそらくアクィタニアの聖プロスペル*の論争的な著作の一つの対象であったことである．ウィンケンティウス自身の『備忘録』はカトリックの信仰の確定への手引きをもたらすことを意図しており，有名な「ウィンケンティウスの基準」*を含んでいる．彼は伝承*を強調しているにもかかわらず，彼の考えでは，聖書がキリスト教信仰の最終的な根拠であり，教会の権威は聖書の正しい解釈を保証するためにだけ訴えられるべきである．祝日は5月24日．

## ヴィンケンティウス（ボーヴェの）
Vincent of Beauvais（1194頃-1264）

浩瀚で平易な百科事典『偉大な鏡』（*Speculum Maius*）の著者．ドミニコ会*員であった彼は，1225年のボーヴェの同会の修道院設立に関わったと思われ，1246年にその副院長（subprior）になった．同年おそく，彼はパリに近い，シトー会*のロワイヨモン（Royaumont）修道院の読師*に任命され，ルイ9世*と親しく接するようになった．1244年頃には構想ができて部分的に執筆されていた『偉大な鏡』は2部の概論を意図していた．同書はヴィンケンティウスが資料を収集するにつれて増大し，『自然の鏡』（*Speculum Naturale*），『教理の鏡』（*Speculum Doctrinale*），『歴史の鏡』（*Speculum Historiale*）の3部で1259年頃に完成した．第4部と推定された『倫理の鏡』（*Speculum Morale*）は真正ではない．

## 「ウィンケンティウスの基準」
Vincentian canon

レランスの聖ウィンケンティウス*が規定し

た，公同性（Catholicity，➡教会の標識）の三重の判断基準（test），すなわち「どこでも，いつでも，だれによっても信じられてきたこと」である．世界教会性（ecumenicity），古さ（antiquity），同意（consent）というこの三重の判断基準により，教会は真の伝承と偽りの伝承を区別することができる．

## ヴィンケンティウス・フェレリウス

➡ビセンテ・フェレル

## ヴィンセンシオ・ア・パウロ

➡ヴァンサン・ド・ポール

## ヴィンセンシオの宣教会(せんきょうかい)

➡ラザリスト会

## ウィンチェスター
Winchester

648年頃，ウェセックス王チェンウェル（Cenwealh, 672年没）はウィンチェスターに聖堂を建てた．司教が660年に任命されたのはおそらく，ウェセックスの司教区がドーチェスター*から同地に移ったときであろう．アルフレッド大王*（901年没）によるかつてのローマ都市の再建は，聖スウィジン*（司教在職852-62年）の名声と結びついて，その司教座の発展を促進した．聖エセルウォルド*（司教在職963-84年）は在俗カノン*をベネディクト会*修道士で置き換えた．彼とその後継者は司教座聖堂を大規模に再建した．（オールド・ミンスターである）その司教座聖堂と（901-03年に建てられた）ニュー・ミンスターおよび（902年以前に建てられた）ヌンナミンスター（Nunnaminster）は，アングロ・サクソン時代のイングランドで最大の教会の拠点となった．これらの建築物は現存しない．隣接した場所に新しい司教座聖堂がウァルケリン（Walkelin, 司教在職1070-98年）によりノルマン様式で建てられた．翼廊を除いて，この建築物は徐々にノルマン様式からゴシック様式に変えられた．ブロワのヘンリー*（司教在職1129-71年）はオールド・ミンスターから，現在のプレスビテリ*の周りの埋葬櫃（mortuary chests）へとサクソン諸王と司教たちの聖遺物*を運んだ．西正面と垂直式身廊*はウィリアム・エディントン（Edington, 司教在職1346-64年）とウィッカムのウィリアム*（司教在職1367-1404年）の時代に作られ，石造の仕切り*はおそらく1476年に完成していた．1539年の「修道院の解散」*の際，最後の修道院長（Prior）が新たな主教座聖堂の初代のディーン*になった．ウィンチェスター主教座はイングランドの主教区の中で第5位の序列で，その主教は現在も常に上院に議席を占めている．

## ウィンチェルシー
Winchelsea, Robert of（1245頃-1313）

1293年からカンタベリー*大司教．彼は1267年にパリ*大学人文学部長になり，1288年にはオックスフォード*大学総長であった．彼の神学的教説は主に三位一体論に関していた．大司教として，彼は教会の諸権利の揺るぎない支持者であり，まもなく主に聖職者への課税をめぐって，エドワード1世との闘争に巻き込まれた．かつての廷臣のベルトラン・ド・ゴが1305年に教皇クレメンス5世*となったとき，国王は1306年にウィンチェルシーを停職制裁*にすることができた．1307年のエドワード1世の没後，彼は復職したが，まもなくエドワード2世および教皇と対立し，貴族の反乱に荷担した．彼はその司牧的義務の追求に熱心で，彼の列聖が幾度か企図された．

## ウィンデスヘイム
Windesheim

現在のオランダのズウォレ（Zwolle）に近い．アウグスチノ修道祭式者会*の修道院が，フロレンティウス・ラーデウェインス*の指導のもとにG. フローテ*の6人の弟子により1387年に創設された．第2代院長ヨアンネス・フォス（Vos, 1391-1424年）のもとで，他の3つのネーデルラントの修道院と共に，「ウィンデスヘイム修族」（Congregation of Windesheim）を創設した．ウィンデスヘイム修道祭式者会（Canons）は「デヴォティオ・モデルナ」*の主要な修道院的な代表であった．そのメンバーには，トマス・ア・ケンピス*

やG. ビール*がいた.

## ヴィントホルスト
Windthorst, Ludwig（1812-91）

ドイツのカトリックの政治家. 彼はハノーファーで要職に就いた. 1866年のハノーファーとプロイセンの合併後, 彼は北ドイツ連邦議会, のちにドイツ帝国議会の議員になった. 1871年に, 彼は中央党*の結成に尽力し, 没するまでその指導者であった. 彼は文化闘争*を批判し, 5月諸法*の撤回の交渉に重要な役割を果たした.

## ウィンフリス
➡ボニファティウス

## ウェアマスとジャロー
Wearmouth and Jarrow

タイン（Tyne）川とウィア（Wear）川間にある, この2つのベネディクト会*の修道院は, 聖ベネディクトゥス・ビスコップ*によりそれぞれ674年と682年に建てられ, やがて学問と文化の拠点となった. 両者はベーダ*の著作をとおして広く知られるようになった.

## ウェイク
Wake, William（1657-1737）

1716年からカンタベリー*大主教. 1717-20年に, 彼は英国教会とフランス教会の合同計画に関して, ガリカニスム*の指導者, 特にL. E. デュパン*と折衝した. ウェイクは非信従者*にも理解を示し, 彼らの異議を考えて『祈禱書』中の変更を擁護した.

## 『ウェイマスの新約聖書』
Weymouth New Testament

『現代語による新約聖書』（*The New Testament in Modern Speech*）の書名で, 1903年に刊行された英語訳新約聖書の通称. バプテスト派*の学者であるリチャード・フランシス・ウェイマス（1822-1902）の著作である.

## ヴェイユ
Weil, Simone（1909-43）

フランスの哲学者. 裕福なユダヤ人の家庭に生まれた彼女は, 労働者階級の生活を経験するために農場や自動車工場で働いた. 1936年に, 彼女はスペイン内戦で共和国軍側についたが, ひどい事故に遭った. 1938年に, 彼女はいくつかの神秘的な経験の最初のものをして, カトリック教会の神学に近いものを受け入れるようになった. 彼女は1942年にフランスから逃れ, ロンドンで自由フランス軍と共に活動し, ナチ占領下の市民の糧食以上のものを摂ることを拒否した. すべて没後に出版された著作において彼女が探求したのは, 現代工業生活のもつ霊的に弱体化させる効果, 人間の搾取の諸原因, 人間の状況と超越者の領域との関係である. その著作の中には, 1947年の『重力と恩寵』（*La Pesanteur et la Grâce*）と1949年の『根をもつこと』（*L'Enracinement*）がある.

## ヴェイン
Vane, Henry（1613-62）

イングランドの政治家. 長期議会で, W. ロード*やストラフォード伯に激しく反対し, また主に「厳粛なる同盟と契約」*の作成にあたった委員の一人であった. 1652年に, 彼は国務会議議長になったが, のちに影響力を失った. 王政復古で, 彼は逮捕され, 処刑された.

## 『ヴェクシラ・レジス』
Vexilla regis

十字架上のキリストの勝利を称える, ウェナンティウス・フォルトゥナトゥス*によるラテン語の賛歌. 聖週間*の晩課*に歌われる. 英訳の'The royal banners forward go'はJ. M. ニール*による.

## ヴェステロースの布告
Västerås, Ordinance of（1527年）

ヴェステロースの国会が可決し, スウェーデン*におけるプロテスタントの宗教改革を実現した.

## ウェストコット
Westcott, Brooke Foss（1825-1901）

1890年からダラム*主教．ケンブリッジ大学欽定講座担当神学教授であったときに，彼がF. J. A. ホート*と共に準備した新約聖書のギリシア語本文の校訂版は1881年に刊行され，さらに同年にヨハネ福音書，1883年にヨハネ書，1889年にヘブライ書に関するすぐれた注解書が刊行された．自らの主教区において，ウェストコットは社会問題に特別な関心を払い，また1892年の炭鉱ストライキを仲裁した．祝日は『共同礼拝』では7月27日．

## ウェストファリア条約（じょうやく）
➡30年戦争

## ウェストミンスター・アビー
Westminster Abbey

おそらく13世紀に由来する伝説によれば，修道院（abbey）が616年にソーニー（Thorney）島に建てられ，奇跡的に聖ペトロ*に献堂された．その修道院の再建と修復は証聖王エドワード*によりなされた．ゴシック式の現在の聖堂の建設は1245年に着工した．東側は1269年に完成し，身廊*は1505年頃に完了した．C. レン*が設計した西塔は1745年には完成した．

証聖王エドワードが創建したそのベネディクト会*の修道院は，イングランドにおける最も栄えた修道院の一つになった．1540年に，修道院は解散し，参事会教会*が設立され，そのアビーはロンドン主教座から独立した，王室特別教区*（Royal Peculiar）になった．1540年に設立されたウェストミンスター主教区は，1550年に廃止された．ウィリアム1世*の時代以来，そのアビーは君主の戴冠式場であり，国民生活の拠点として独自の地位を保持してきた．

## ウェストミンスター会議（かいぎ）
Westminster Assembly

イングランドにおける教会を改革するために，1643年に長期議会により召集された教会会議（synod）．さまざまに異なった見解をもつ，30人の信徒代議員と121人の聖職者から構成されたが，「厳粛なる同盟と契約」*が採択されたとき，スコットランド*側から5人の聖職者委員と3人の信徒委員が加わった．

会議は「39箇条」*の改訂に着手したが，「厳粛なる同盟と契約」の採択とともに，新しい定式であるウェストミンスター信仰告白*の作成へと向かった．会議はまた「公同礼拝指針」*と2つの『ウェストミンスター教理問答』*を作成した．これらの文書はイングランドでは部分的で一時的にしか受容されなかったが，長老派*の世界全体に広く用いられるようになった．

## 『ウェストミンスター教理問答（きょうりもんどう）』
Westminster Catechisms

2つの教理問答*がウェストミンスター会議で作成され，1648年に議会およびスコットランド*教会の大会*で承認された．『大教理問答』はウェストミンスター信仰告白*の教えを平易に言い換えている．『小教理問答』は以下のよく知られた問答で始まる．「人間の主目的は何か」．「人間の主目的は神を賛美し，永遠に神を享受することである」．

## ウェストミンスター信仰告白（しんこうこくはく）
Westminster Confession

ウェストミンスター会議*で起草された長老派*の信仰告白．1648年に議会で承認されたが，その前年に，スコットランド*教会の大会*で批准されていた．本信仰告白は英語圏における長老主義教理の規準として直ちに確立した．

## ウェストミンスター大聖堂（だいせいどう）
Westminster Cathedral

カトリックのウェストミンスター大司教の司教座聖堂で，1895年に着工され，1903年に完成した．初期の「キリスト教ビザンティン」式で設計され，主に赤煉瓦で建築された．その丸天井のついた鐘楼の高さは87mである．

## ヴェストリー(教会区会)
vestry

聖堂の中か，聖堂に付属した部屋で，祭服，祭具やその他の礼拝に必要なものが保管されており，それには聖職者の祭服*も含まれる．教会区民(parishioners)が以前は教会区*の案件を処理するために会合したのがここであったという事実から，この語は「教会区会」(parochial body，担当の管理司祭*ないし補助司祭*，教会区の貧者の救援に指定された会員，同様に指定された財産の所有者)および実際の会合の両方を指すようになった．1894年以降，英国教会のヴェストリーは徐々にその権限のほとんどを失った．アメリカ聖公会*のどの教会区にも「教会区会」が存在し，管理司祭，2人の教会区委員*(wardens)，男性ないし女性の教会区代表者(vestrymen or vestrywomen)からなっており，教会区の財政管理の責任をもち，(主教の認可を受けることになる)管理司祭の任命を管理する．

## ウェストン
Weston, Frank (1871-1924)

1908年から，アングリカンのザンジバル主教．1898年に中央アフリカ学生伝道協会*に参加した彼は，アフリカ人のあいだで生活し，彼らの見方を理解するようになった．彼は1913年のキクーユ*会議の提案に率先して反対した．1920年に，彼はランベス会議*により公表されたキリスト教徒の一致への訴えに大きな影響を与えた．

## ヴェスペラーレ
Vesperale

(1)晩課*の際に用いる，詩編や賛歌(hymns)などを聖歌(chants)と共に載せた典礼書．終課*の大半もふつう付加されている．(2)西方教会において，祭壇を使用していないときに，祭壇の白い亜麻布に埃がかからないように覆う布．

## ウェスレー
Wesley, Charles (1707-88)

ジョン・ウェスレー*の弟．オックスフォード大学のメソジスト*の一人であった彼は，1735年に叙任された．彼はモラヴィア兄弟団*の影響を受け，1738年に回心を経験した．彼は1756年まで巡回説教に従事し，その後ブリストル，1771年以降はロンドンに落ち着いた．彼は英国教会，特に兄ジョンの定めたことからの離脱に向かういっさいの動きに反対した．彼は有能で疲れを知らない讃美歌作者であり，彼のすべての讃美歌集は兄弟の共作と称している．彼の讃美歌には'Jesu, Lover of my soul'(「わがたましいを」『古今聖歌集』403番，『讃美歌』273A番)や'Love divine, all loves excelling'(「あめなるよろこび」『古今聖歌集』362番，『讃美歌』352番)がある．祝日は兄ジョンと共に『共同礼拝』では5月24日，アメリカの1979年の『祈禱書』では3月3日．

## ウェスレー
Wesley, John (1703-91)

メソジスト*運動の創始者．彼はノースリンカンシャーのエプワース(Epworth)の主任司祭サミュエル・ウェスレー師の息子であった．オックスフォード大学で彼の周りには，「神聖クラブ」*ないし「メソジスト」と呼ばれることになるグループができた．彼は1728年に司祭に叙任され，1735年に，アメリカのジョージアへと宣教旅行に出発したが，入植者と不和になり，1737年に故国に戻った．彼はモラヴィア兄弟団*の影響を受け，1738年に回心を経験し，福音主義的な活動に生涯をささげることを決意した．教会堂から閉め出された彼は，G.ホイットフィールド*にならって，野外説教を始めた．彼は1740年にモラヴィア兄弟団と，翌年，ホイットフィールドと別れた．彼はついで信徒説教者の助けを得て自らの組織を発展させ，1751年までに活動をイギリス諸島全土に拡大し，広い地域を旅行した．1744年以降に彼が開催していた信徒説教者の会(conferences)は，1784年に年会となり，そのための法規が決定された．1760年代以降，メソジストの組織は徐々にアメリカでも発展した．この地域の必要性から，ウェスレーは1784年にT.コーク*を「監督」*(Superintendent or Bishop)に叙任し，コークがF.アズベリー*を同僚として叙任するよう指示した．ウェスレーは依然としてその運動が英国教会内に留まることを望んだが，ますます独立した組織が発展していった．

神学的には，ウェスレーは信仰のみによる義認*の教えを，「キリスト教徒の完全*」に達するほどの聖性を追求することの強調と結びつけた．知性に関しては，彼は超自然的なものへの強い信仰を，聖書，理性，教会教父*および経験に訴えることと結びつけた．彼は即興的な礼拝とともに，典礼的な祈りや聖餐の信心を重んじた．祝日は弟チャールズと共に『共同礼拝』では5月24日，アメリカの1979年の『祈禱書』では3月3日．

## ウェスレー
Wesley, Samuel Sebastian（1810-76）

作曲家，オルガン奏者．チャールズ・ウェスレー*の孫である彼は，ヘレフォード*大聖堂，エクセター*大聖堂，リーズ教会区教会，ウィンチェスター*大聖堂，グロースター*大聖堂のオルガン奏者であった．聖歌隊指揮者として傑出してはいなかったが，彼はすばらしい教会音楽を書いた．そのアンセム*として，‘The Wilderness’や‘Thou shalt keep him in perfect peace’がある．

## ヴェゾン教会会議（きょうかいかいぎ）
Vaison, Councils of

２回の重要な教会会議が南フランスの（オランジュ*に近い）ヴェゾンで開催された．(1) 442年の会議はとりわけ，聖職者が復活祭*の際に聖香油*を自らの司教から受けるべきことを定め，養子縁組を規制した．(2) 529年の会議は典礼に関して重要な４つの決議条項を発布した．

## ヴェダストゥス（聖（せい））
Vedast (Vaast), St（539年没）

彼はフランク王クローヴィス*の洗礼を準備するよう委任された（➡レミギウス）．499年頃に，ヴェダストゥスはアラス（Arras）司教に聖別され，そこでキリスト教を確立した．彼はまたカンブレー（Cambrai）司教区の責任もとった．祝日は２月６日．

## ヴェッキオニ
Vecchioni

ミラノの古いギルドの会員．最近まで４人の会員がミラノ大聖堂で典礼の盛式な執行の際に信徒のためにパンとぶどう酒の奉献を公に行っていた．

## ウェッセル（ハンスフォート）
Wessel（Gansfort）（1419頃-1489）

ネーデルラントの神学者．彼はパリ*で教え，のちにイタリアを訪れた．ドイツのプロテスタントが彼を「宗教改革前の宗教改革者」と見なす理由は，教皇職，教会の権威，当時の迷信的傾向に対する彼の態度において，彼がM. ルター*の多くの見解を共有したためである．

## ヴェッセンベルク
Wessenberg, Ignaz Heinrich von（1774-1860）

フェブロニウス主義*の改革者．彼が副助祭*にすぎなかった1802年に，コンスタンツ協働領主司教カール・フォン・ダールベルク（Dalberg）は彼を自らの司教総代理*に任命した．さまざまな改革を始めたほかに，ヴェッセンベルクは教皇職から大幅に独立したドイツ国民教会の設立をめざした．ローマでは，彼のヨーゼフ主義*的な諸原則は反対を引き起こし，ダールベルクは彼を罷免せざるをえなかった．1817年のダールベルクの没後，司教座聖堂参事会はヴェッセンベルクを司教代理（vicar）兼司教区管理者に選出した．彼は教皇に公然と対立して管理者として行動したが，1827年にコンスタンツ司教区はフライブルク司教区に併合された．彼は1833年に引退した．

## ヴェットシュタイン
Wettstein, Johann Jakob（1693-1754）

新約聖書批評学者．1733年以降，アムステルダム大学教授であった．1751-52年のギリシア語の新約聖書本文の彼の校訂版には，その本文批判脚注資料*中に，これまで未知の多くの異文やまたそれ以後共通に用いられるようになった写本の略語（*sigla*）が載っている．

## ウェッブ
Webb, Benjamin（1819-85）

教会学者．まだ学生のとき，J. M. ニール*と共に，彼はケンブリッジ・カムデン協会*を設立した．彼は厳密に穏健な儀式尊重主義者（ceremonialist）で，決して聖餐用の祭服を着用しなかった．

## ヴェトナムのキリスト教
Vietnam, Christianity in

キリスト教は現在のヴェトナムにスペインのフランシスコ会*員とポルトガルのドミニコ会*員によって16世紀に初めて説かれた．南部のコーチ・シナにおける宣教団が日本*から追われたイエズス会*員により1615年に創設された．フランスのイエズス会員ですぐれた言語学者であった，アレクサンドル・ド・ロード（Alexandre de Rhodes, 1591-1660年）は，ヴェトナム文化に適合したキリスト教を創立しようとした．1658年に，2人の代牧*がヴェトナムの北部と南部に任命され，最初のヴェトナム人司祭が1668年に叙階され，ヴェトナム人女子修道会が1670年に設立された．18世紀末には，キリスト教会は30万人の会員を数えた．（100人以上の殉教者が1988年に列聖されることになった）激しい迫害の波がフランスの介入を招き，1884年にコーチ・シナはフランスの植民地になった．カトリックの数は増大し，最初のヴェトナム人司教が1933年に任命された．1954年のフランスの敗北後，国は分裂した．多くのカトリックが北部の共産党政権から南部へと移住し，南部においてカトリック教会は共産主義に反対する砦として影響力ある地位を保った．

1955-75年の南北間の戦争は，ヴェトナムのキリスト教に深刻な影響を与えた．北部から南部へのカトリックの絶えざる出国は，北部からその教会建築の多くを失わせ，南部には移住者のための資源不足という問題を生み出した．南ヴェトナムの敗北はアメリカ合衆国などへのカトリックの多数の移住を招き，ヴェトナム教会を疲弊させ，また北ヴェトナムの勝利は国中での反宗教政策の実施につながった．外国人宣教師は追放され，カトリック教会の活動は制限された．カトリックを共産党が管理する「刷新・和解運動」などの社会主義組織に入れる政府の試みは成功しなかった．ヴェトナムでは，400万人から600万人のカトリックが礼拝に出席しているといわれる．プロテスタントの活動は1911年に始まったが，ヴェトナム戦争中にアメリカ軍が到来するまで影響力をほとんどもたなかった．

## ウェナンティウス・フォルトゥナトゥス
Venantius Fortunatus（530頃-610頃）

ラテン語の詩人．ヴェネツィア*の近くで生まれた彼は，565年頃，トゥールの聖マルティヌス*の墓所への巡礼に赴き，ポワティエに落ち着き，6世紀末に，その司教になった．彼の作品には，特定の目的のために書かれた多くの詩，韻文による『トゥールの聖マルティヌス伝』，散文による『ポワティエの聖ヒラリウス*伝』，『パリの聖ゲルマヌス*伝』，『王妃の聖ラデグンディス*伝』と共に，彼の才能の真の表出として卓越した賛歌があり，それらには『ヴェクシラ・レジス』*や『パンジェ・リングァ』*が含まれる．

## 『ヴェニ・ヴェニ・エマヌエル』
Veni, veni, Emmanuel

（「インマヌエル，来てください」の意．）この賛歌は「おお交唱」*を韻文化したものであるが，歌詞も作曲もその起原は明らかでない（「久しく待ちにし」『古今聖歌集』6番，『讃美歌』94番参照）．

## 『ヴェニ・クレアトル』
Veni Creator

おそらく9世紀にフランク王国で作曲された，聖霊へのラテン語の賛歌．10世紀以降，聖霊降臨節（Whitsuntide）の「晩の祈り」*で歌われてきており，司祭と司教の叙階式にも歌われる．英訳に‘Come, Holy Ghost, our souls inspire’がある（「みたまのかみよ」『古今聖歌集』250番，「みたまよくだりて」『古今聖歌集』276番，「きたれやみたまよ」『讃美歌』178番参照）．

## 『ヴェニ・サンクテ・スピリトゥス』
Veni Sancte Spiritus

聖霊降臨日*のための続唱*．現在は通常，S. ラングトン*に帰されている．英訳に 'Come, Thou Holy Paraclete' がある（「きよきみたまよ」『古今聖歌集』125番，「来ませみたまよ」『讃美歌』182番参照）．

## ヴェニテ
Venite

詩編95編（ウルガタ訳聖書*では94）のことで，名称はそのラテン語訳の冒頭語に由来する．聖ベネディクトゥス*の時代以降，西方教会の1日の最初の聖務日課*で唱えられてきた．『祈禱書』では朝課*に移されたが，『共同礼拝』は日によってその（全体か一部の）使用を維持している．

## ヴェネツィア
Venice

ヴェネツィア司教座は，カステロ（Castello）と呼ばれたオリヴォロ（Olivolo）島に774年に置かれた司教座にさかのぼる．オリヴォロ司教座とそれが属したグラード（Grado）総大司教座とのあいだの紛争の結果，両司教座は1451年に廃止され，ヴェネツィア総大司教座に置き換わった．

最も有名な聖堂は，もともとドージェ（総督）の礼拝堂であったサン・マルコ大聖堂である．聖マルコ*の聖遺物を納めることを意図した同聖堂は，883年に完成した．976年に焼失した同聖堂は1063-71年に，コンスタンティノポリス*の聖使徒聖堂を範として再建された．その平面は4本の腕が等しいギリシア十字をなし，中心と各腕にドームを戴いている．1807年に，総大司教座聖堂になった．

## ヴェリチコフスキー（聖（せい））
Velichkovsky, St Paisy（1722-94）

ウクライナ*の修道士，霊的著作家．1746年に，彼はアトス山*で修道士になり，そこに彼は他のスラヴ人やルーマニア人を惹きつけた．彼の共同体が増大したので，モルダヴィアに移した．初めはドラゴミルナ（Dragomirna）で，のちにニアメツ（Neamţ）で，彼はアトス山での生活を模範とする壮大な修道院を創立した．著作と弟子の訓練をつうじて，彼はヘシュカスモス*の伝統を継続する霊的なリバイバルを開始し，現在も東方正教界に影響を及ぼしている．祝日は11月15日．

## ヴェール
veil

(1) キリスト教徒の被りもの．ローマの既婚女性が被っていたヴェールは，3世紀以降，キリストとの霊的な結婚の象徴として聖別された処女に司教より与えられた．その後，女性の修道服*の最も重要な部分と見なされるようになった．

(2) さまざまな物を覆う典礼用の布のことで，たとえばカリス・ヴェール*，肩衣*，また聖別されたパンを入れるキボリウム*を覆うヴェールがある．西方教会では，受難節*のあいだ，のちには四旬節*のあいだ，すべての十字架像や絵画にヴェールをかける慣行があった．現在のカトリックの慣行では，ヴェールをかけることは義務ではない．

## ウェルギリウス
Virgil（前70-19）

ローマの詩人．プブリウス・ウェルギリウス・マロ（Publius Vergilius Maro）はマントヴァの富裕な市民の息子であった．彼は哲学を学ぶために修辞学と政治学をあきらめ，『アエネーイス』の完成後は哲学に専念するつもりであった．彼が著したのは，『詩選』（*Eclogues*）と呼ばれる10編の『牧歌』，イタリアとその農事に関する『農耕詩』，ホメロスに基づく，流浪のトロイア人によるローマ建国に関する叙事詩である未完の『アエネーイス』である．

ウェルギリウスの言語と文体は多大な影響を与えた．コンスタンティヌス*は『詩選』第4編を，処女から生まれたキリストの予言として用いようとした（6行「今や処女も戻る」[*iam redit et virgo*]．このことは彼の名前のスペルがVergilからVirgilに改変される要因の一つであった）．ウェルギリウスの安易なキリスト教化に対する抗議にもかかわらず，またローマでの異教側の長い深刻な反対の期間中，異教徒はウェルギリウスを哲学的な権威と見なしていたが，後代のキリスト教徒の著作家は彼に異教徒の著作家としては特別な地位を与えた.

## ウェルズ
Wells

大聖堂（minster）が8世紀の第3四半期かおそらく705年にはウェルズに存在した. 909年頃，この教会は新設されたサマセット（Somerset）人の司教区の司教座聖堂となった. 司教座が（1088-91年のあいだに）バース*（Bath）に移されたのち，ウェルズの教会は顧みられなかったが，司教ルイス（Lewes）のロベルトゥス（在職1136-66年）は司教座聖堂参事会*を再興し，司教座聖堂参事会長職（deanery）と22人の司教座聖堂参事会員の聖職禄（prebends）を備えた. 現在の主教座聖堂は1180年頃に着工され，主要な建物は1239年に献堂された. 13世紀の西正面には，293の中世の人物と浮彫りが刻まれている. 最も印象的な内部の特徴は，14世紀の逆さ迫持（inverted arches）で，それにより塔の柱が強化されている. ➡バース・アンド・ウェルズ

## ウェールズ語の聖書と祈禱書
Welsh Bible and Prayer Book

ウェールズ*語の新約聖書は1567年に初めて出され，これが1588年にW. モーガン*により刊行された完全な聖書の基礎として役立った. 1620年に出たその改訂訳は，新訳が1988年に刊行されるまで，一般的に用いられた.

1559年の英語の『祈禱書』のウェールズ語訳は1567年に出たが，読唱（lesson）はまだ英語で行われた. 1662年の『祈禱書』の完全なウェールズ語訳は1664年に出た. 1984年に出された新『ウェールズ教会用祈禱書』は，ウェールズ語と英語での礼拝を定めている. 聖餐式の新たに改訂された典礼式文が2004年に刊行された. それに続いた他の聖務日課として，2006年の『キリスト教への入門』，2009年の『日々の祈り』，2010年の『結婚式文』があり，2013/14年に『埋葬式文』が想定されている（➡『共同礼拝』）. ウェールズ語と現代英語によるこれらの礼拝式文は，1984年の典礼式文と併用できることが認められた.

## ウェールズのキリスト教
Wales, Christianity in

ウェールズにおけるキリスト教の初期の歴史ははっきりしないが，ローマ時代後期からの継続性が示唆されてきた. 6世紀には，デーヴィッド*，デイニオール*，ドゥブリキウス*のような，幾人かの優れたウェールズ人の聖人がおり，その伝記によれば，彼らは大きな修道院を建てた. これらのいくつかは司教座でもあり，その中のセント・アサフ*，セント・デーヴィッズ*，バンガー*は，後代に設置されたランダフ*と共に，12世紀には特定司教区（territorial bishoprics）になった. ウェールズ教会（Welsh Church）は保守的であったが，やがて768年以降，復活祭に関してローマの算定法を受け入れた. ノルマン征服後，ウェールズの司教座は徐々にカンタベリー*の首位権に服し，12世紀に司教区と小教区の境界が定められ始めた.「10分の1税」*が制度化され，13世紀末には，司法・行政組織が存在した. ラテン系の修道制もノルマン人の移住者により導入された. しかしながら中世後期には，ウェールズ教会はかなり無気力な状態に陥り，修道院には修道士がきわめて少なかった. ローマとの断絶および「修道院の解散」*にはほとんど抵抗が起こらず，むしろ最大の変動が起こったのは，メアリ1世*が短期間ながら聖職者の独身制*を強制したときであった. エリザベス1世*は常駐の，行動的で，ウェールズ語を話す主教を任命し，1559年の解決を課し，「ウェールズ語の聖書と祈禱書」*が1563年の法令で認可された.

ウェールズにおける非信従者*の初期を代表するのは，1639年にランファケス（Llanfaches）で設立された「集合」（gathered）教会である. 国教会の影響力は衰え，ウェールズの主教座は貧しく，転任を望む不在者（absentees）によりしばしば保持されており，10分の1税の信徒による移管（➡

聖職禄移管）により，たいていの教会区の聖職者は貧しく，高度の教育を受けていなかった．H.ハリス*により説かれたメソジズム*は急速に広がったが，その支持者は，カルヴァン主義メソジズム*が1811年に分離するまで国教会内に留まった．国教会は人口増加に適応しえず，非信従者が増大し，宗教的な相違が社会的・政治的な分裂を反映していた．1869年のアイルランド*教会の非国教化およびウェールズ教会の英語化は，非国教化の要求へとつながった．1914年の法令がついにウェールズ教会を非国教化し，それは1920年に発効した．独自の管区が創立され，主教たちは教会内のさまざまな要素を代表する選挙人により指名され，教区主教の一人がウェールズ大主教に選出された．ウェールズ教会(Church in Wales)はもはや「英国教会」(*Eglwys Loegr*, 'English Church')ではない．礼拝は英語とともに，ウェールズ語で行われ，1920年以降，同教会は人数でも影響力でも増大した．ウェールズの非信従者は一体化の対象を失い，ウェールズのナショナリズムは世俗的な対象へと向かった．カルヴァン主義メソジスト教会が今も自由教会の中で最多数を占める．バプテスト派*や独立派*もさかんであるが，合同改革派教会*やウェスレー派(Wesleyans)のあいだでは，会員数が減少している．カトリック教会は小さいが，活発で，主に南東部のアイルランド人の移住者からなり，カーディフ（Cardiff）大司教およびメネヴィア（Menevia）司教（その司教座聖堂はスワンシー［Swansea］にある）とレクサム（Wrexham）司教が存在する．カーディフにギリシア正教会が存在する．➡ローマ・カトリック教会（宗教改革以後のイングランドとウェールズにおける）

## ヴェルナッツァ
Vernazza, Battista（1497-1587）

アウグスチノ会*の女子修道祭式者会員（➡カノネス），神秘家．ジェノヴァの聖カタリナ*の弟子であった彼女は長く，カタリナの著作の最終的な編者と思われてきたが，この考えは正しくない．

## ヴェルハウゼン
Wellhausen, Julius（1844-1918）

ドイツの聖書批評学者，オリエント学者．モーセ五書*を構成する文書資料の相関的な年代づけに関する彼の見解は，遊牧の段階から預言者の段階を経て律法宗教に至る，ヘブライ宗教の発展を確立することをめざしていた．彼のモーセ五書の分析は旧約聖書学界で確立された通説となった．1930年代以降は異論もあったが，現在も支持者がいる．晩年は，彼は同様な手法で新約聖書の批判的な研究に傾注したが，この分野では，彼の結論は容易には受け入れられなかった．

## ウェルビー
Welby, Justin Portal（1956-）

2013年からカンタベリー*大主教．イートン校とケンブリッジ大学トリニティー・カレッジで学んだ彼は，11年間を石油産業に勤め，たちまち上級管理職になった．彼は職業倫理に関心をもつようになり，ロンドンで，（アルファ・コース*の拠点である）福音主義*的なホーリー・トリニティー（Holy Trinity）教会の会員になった．彼は叙任の意向を定め，1992年に執事，1993年に司祭になった．2002年に，彼はコヴェントリー*主教座聖堂のカノンおよび国際和解センターの聖職部門共同主事に任命された．以前にその産業界で働いていたナイジェリア*において，彼はムスリムとキリスト教徒の共同体間の関係を促進した．その後，カンタベリー大主教のアフリカへの使節として，彼は2008年のランベス会議*の準備中，ナイジェリアなどアフリカの主教たちをより自由主義的な構成員と和解させようとした．2007年に，彼はリヴァプール*主教座聖堂の主席司祭，2011年にダラム*主教になった．

## ウェルブルガ（聖）
Werburg（Werburgh）, St（699年頃没）

女子大修道院長．マーシア(Mercia)王の娘であった彼女はイーリー*修道院に入り，その院長になった．彼女はのちに叔父である国王エセルレッド(Ethelred)によりその王国の女子修道院改革を勧められた．875年に，彼女の遺体はチェスター*に移された．祝日は2月3日．

## ヴェルミーリ

➡ピーター・マーター

## ヴェローナ

Verona

歴史的に証言された最初のヴェローナ司教であるルキリウス（Lucilius）は，343年のセルディカ教会会議*に出席した．同市の守護聖人は聖ゼノ*である．重要な教会会議が1184年にヴェローナで開催され，司教による異端審問*を導入した．12世紀に建設された大聖堂には，ティツィアーノ*の聖母被昇天の絵画が所蔵され，聖堂参事会図書室には有名な写本群が収められている．➡「テオドシウス文庫」

## ヴェローナ兄弟会（きょうだいかい）

➡コンボーニ宣教会

## ウェロニカ（聖）（せい）

Veronica, St

エルサレムの女性で，カルヴァリ*に向かうキリストの顔の血と汗をぬぐうために，自分の頭に巻いていた布を差し出し，キリストはその上に御自身の顔が写った布を戻したといわれる．この伝説は現在の形では14世紀に初めて見られる．この出来事は「十字架の道行き」*中で決まった留を占めている．祝日は7月12日．

## ヴェン

Venn, Henry（1725-97）

福音派*．1759–71年に，彼はハッダーズフィールド（Huddersfield）の主任代行司祭*であった．彼はのちにC. シメオン*に影響を及ぼした．1763年の『人間の完全な義務』（*Complete Duty of Man*）は，福音派のあいだで広く読まれた．祝日は『共同礼拝』では7月1日．

## ヴェン

Venn, Henry（1796-1873）

宣教師，政治家．上記のヘンリーの孫である彼は，福音派*の指導的な人物で，1841–72年に，英国教会宣教協会*の総主事であった．彼は海外の諸教会が「自立的・自治的・自己増殖的」であることを望んだ．祝日は『共同礼拝』では7月1日．

## ヴォエティウス

➡ヴート

## ヴォス

Voss, Gerhard Jan（1577-1649）

オランダ*の人文主義神学者．彼はレイデン*大学，ついで新設のアムステルダム大学（Athenaeum）で教授を務めた．1618年の『ペラギウス主義の歴史』（*Historia Pelagiana*）などの著作は学界に堅実に貢献した．彼は使徒信条*が使徒でなく初期のローマ教会に由来することを初めて論じた一人であり，またアタナシオス信条*の伝統的な著者性を決定的に論駁した．

## ウォーターランド

Waterland, Daniel（1683-1740）

アングリカンの神学者．彼は特にキリストの神性，三位一体論，理神論*，聖餐*に関する当時の神学論争に参加した．彼の考えでは，聖餐は記念し代行する礼拝で，キリストの死を想起することから犠牲的な側面をもち，秘跡的な臨在はふさわしい受領者に伝達される，キリストの体と血の功徳と恩恵として理解されるべきである．この中間的な立場は英国教会において長くまた広く受け入れられた．

## ウォッツ

➡ワッツ

## ウォディング

Wadding, Luke（1588-1657）

フランシスコ会*員の歴史家．アイルランド人であった彼は，スペインでフランシスコ会に入会した．1618年に，彼は「無原罪の御宿り」*の教えを普及するためにローマに派遣された．彼は多くの教皇庁の委員会に加わった．彼の主著は，1540年までのフランシスコ会に関する資料の記念碑的な集成である1625–54年の『小さき兄弟会年代記』（*Annales Ordinis Minorum*）とその補遺である1650年の『小さき兄弟会の著作家たち』（*Scriptores Ordinis Minorum*），および1639年に刊行された，ドゥンス・スコトゥス*の著作の校訂版である．

## ウォード
Ward, Mary（1585-1645）

「マリア会」（Institute of the Blessed Virgin Mary）の創立者．彼女は1606–09年にサントメール*でクララ会*の会員であり，ついで5人の他のイングランド人女性と共にイエズス会*に範をとった修道会（congregation）となるべき組織を始めた．彼女の計画に含まれていたのは，禁域制，聖歌隊席での聖務日課*，司教の裁治権からの自由であったが，これらの革新は受け入れられず，同会は1631年に廃止された．彼女はやがてウルバヌス8世*の認可を得て，非公式にその活動を再開した．彼女に由来する修道会は教会法上の複雑な歴史を経て，2つの系統で存続しており，その1つは現在「イエス会」(Congregation of Jesus)と呼ばれる．

## ウォード
Ward, Reginald Somerset（1881-1962）

アングリカンの司祭，霊的指導者．彼は1915年まで主にロンドンの教会区で活動し，その後，匿名の友人たちの財政的な支援を受けて霊的指導に専念した．彼は英国教会において，特に聖職者に対して大きな影響を及ぼした結果，聖職者間で霊的指導者の慣行および悔悛*の聖奠が普及した．

## ウォード
Ward, Seth（1617-89）

1662年からエクセター*主教，ついで1667年からソールズベリー*主教．彼は以前はオックスフォード大学サヴィル（Savile）講座担当天文学教授で，王立協会の創立会員の一人であった．彼は非国教徒*に対する断固とした反対者で，秘密集会禁止法*と5マイル法*の熱烈な支持者であった．

## ウォード
Ward, Wilfrid（1856-1916）

カトリックの批評家．ウィリアム・ジョージ・ウォード*の息子である彼が著したのは，2巻からなる父親の伝記およびN. P. S. ワイズマン*とJ. H. ニューマン*の伝記である．ウォードの指導のもとで（1906年にその編集者になった）『ダブリン・レヴュー』*は名高い季刊誌になった．

## ウォード
Ward, William George（1812-82）

神学者，哲学者．オックスフォード大学ベイリオル・カレッジのフェローであった彼は，トラクト運動*の路線を極限まで押し進め，1845年に，彼は異端信仰のかどで学位を剝奪された．彼はカトリックになり，ウルトラモンタニズム*の立場を支持した．

## ウォートン
Wharton, Henry（1664-95）

中世史学者．1688年に，大主教W. サンクロフト*付きのチャプレンになった．彼は1689年にウィリアムとメアリに対して忠誠を誓い，2人を首長と認めたが，サンクロフトに信任され続けた．1691年のウォートンの主著『聖なるイングランド』（*Anglia Sacra*）の最初の2巻は，その司教座聖堂を修道司祭*が守ってきた宗教改革以前のイングランドの司教座の歴史にとっての包括的な史料集および中世の年代記の校訂版を載せている．在俗司祭*が守ってきた司教座聖堂を扱う第3巻は未完に終わったが，1695年にそのまま刊行された．

## ウォーバートン
Warburton, William（1698-1779）

1759年からグロースター*主教．1737–41年の『モーセの神法』（*Divine Legislation of Moses*）は，そこに永世の教理が含まれていないという奇異な議論で，理神論*者に対してモーセの律法の神的な起原を支持すると表明している．将来の報いと刑罰の教理が人間の幸福にとり本質的であるがゆえに，旧約聖書におけるその教理の欠如は神の霊感によってのみ説明されうるというのである．ウォーバートンは1766年には奴隷貿易に反対する説教をした．

## ウォーラム
Warham, William（1456頃-1532）

1503年からカンタベリー*大司教．1504-15年に，彼は大法官でもあった．1527年に，彼はヘンリー8世*の結婚の有効性を内密に調査する際の，T. ウルジー*の補佐役であり，1530年に，国王の離婚を認めるよう教皇に提出された請願書に署名した．1531年に，イングランドの聖職者がヘンリーを「イングランドの教会の最高の首長」として認めるように命じられたとき（➡首長令），ウォーラムは「キリストの法が許す限り」という修正句をつけた．1532年に，彼は効果はなかったが正式に，教皇に不利となる議会の全法令に対して抗議した．

## ヴォランタリー
voluntary

通常，礼拝の前後に演奏されるオルガン音楽．

## ウォール
Wall, William（1647-1728）

アングリカンの神学者．バプテスト派*側の議論を論駁することを意図した，1705年の『幼児洗礼の歴史』（*History of Infant Baptism*）は，その主題に関する英語での古典的な著作である．

## ウォールジンガム
Walsingham, Norfolk

ノーフォーク州の地名．11世紀に建てられたといわれる，ナザレ*の「聖なる家」（Holy House）のレプリカは，ウォールジンガムを中世における重要な巡礼地にした．そのシュライン*は1538年に破壊された．1922年に教区教会内に置かれた聖母マリア像は，新しいシュラインの中核になり，「聖なる家」を納める別個の建物が1931年に建てられた．1934年に，中世のスリッパ・チャペル（Slipper Chapel）がカトリックのシュラインとして献堂された．➡属人分区

## ヴォルスティウス
Vorstius, Conradus（1569-1622）

本名はコンラート・フォン・デア・フォルスト（Vorst）で，アルミニウス主義*神学者．1610年に，彼はJ. アルミニウスの後任としてレイデン*大学の神学教授に招聘された．同年，もともと1606年に公刊した著作の増補版である『神に関する神学的論考』（*Tractatus Theologicus de Deo*）を発表したが，これはその合理主義的な傾向のゆえに注目を引いた．F. ゴマルス*の率いる厳格なカルヴァン主義*者はそれを異端的だと宣言し，ジェームズ1世*はハーグ駐在の英国大使にヴォルスティウスの任命に反対するように指示した．ヴォルスティウスは1612年にレイデン大学を去らざるをえなかった．彼はF. ソッツィーニ*の著作を翻訳することで嫌疑を増大させた．1618-19年のドルトレヒト会議*で，彼は異端者として断罪され，オランダ共和国から追放された．

## ヴォルテール
Voltaire（1694-1778）

本名はフランソワ・マリー・アルウェ（François-Marie Arouet）で，フランスの「啓蒙思想家」（Philosophes）の中で最も有名．生涯をつうじて，彼はカトリック教会に反対したが，理神論*を熱心に擁護した．彼の1734年の『哲学書簡』（*Lettres Philosophiques*）はパリで焚書処分となり，彼はシャンパーニュへ逃れた．1758年に，彼はスイス国境近くに居を構え，「田舎の紳士」として暮らした．ここで，彼は積極的な社会的行動に転じ，宗教的な不寛容の犠牲者の問題を取り上げた．彼が無神論*を非難したのは，時に主張されるように，彼が神の存在と人間の不死に対する信仰をたんに大衆の統治のために必要だと見なしたからではなく，この信仰がなければ，人間存在が無意味な無秩序の一つとなるという現実的な確信からであっ

た．

## ウォールデン
Walden, Roger（1406年没）

カンタベリー*大司教．彼は国王に仕えて高官に就き，1395年にイングランドの財務長官になった．1397年にT. アランデル*が追放されたとき，リチャード2世はウォールデンに対して教皇によるカンタベリー大司教位の聖職録の直任（provision）を得た（➡後継聖職者任命法）．アランデルが1399年にのちのヘンリー4世と共に戻ったとき，ウォールデンの財産は没収され，その記録は抹消された．彼は1405年にロンドン司教になった．

## ウォールトン
Walton, Brian（1600-61）

通称「ロンドン多国語対訳聖書*」の編者．6巻のその『多国語対訳聖書』（*Biblia Sacra Polyglotta*）は1657年に完成した．9つの言語が載っているが，聖書の個別のどの文書も8版までしか印刷されなかった．凌駕されていないこの著書が特に有益なのはその明快な配列のゆえである．ウォールトンは1660年にチェスター*主教に任じられた．

## ウォールトン
Walton, Izaak（1593-1683）

イングランドの著述家．彼は1644年に仕事から引退し，その家令を務めたジョージ・モーリー（Morley，1684年没）のようなすぐれた教会人の家庭で残りの生涯を過ごした．彼の1653年の『釣魚大全』（*The Compleat Angler*）は実践的な手引きを理想化された田園生活像と結びつけている．彼が1640年にJ. ダン*，1651年にヘンリー・ウォットン（Wotton，1639年没），1665年にR. フッカー*，1670年にG. ハーバート*，1678年にR. サンダーソン*について次々に刊行した伝記は，アングリカンの聖人伝として重要であるが，ウォールトンは敬虔な目的で巧みな宣伝をしようとして，明らかに時には，話や出来事を合成したり，入れ換えたり，創作している．

## ヴォルフ
Wolff, Christian（1679-1754）

ドイツの哲学者．彼は1706年にハレ大学教授になった．G. W. ライプニッツ*の思想を体系化しようとして，彼は哲学の包括的な体系を展開した．理性に対する彼の信頼感を不快に思った敬虔主義*者は，1723年に彼の追放をフリードリヒ・ヴィルヘルム1世に勧めた．ヴォルフはマールブルク*に逃れた．彼は1740年にフリードリヒ大王が即位したときに復職し，彼の体系は18世紀後半に大半のドイツの大学で講じられた．

## 『ヴォルフェンビュッテル断片（だんぺん）』
Wolfenbüttel Fragments

H. S. ライマールス*が歴史的なキリスト教を批判した未刊の著作から，G. E. レッシング*が1774-78年に7つの断片を刊行したその表題．

## ヴォルフガング（聖（せい））
Wolfgang, St（924頃-994）

レーゲンスブルク（Regensburg）司教．シュヴァーベン出身の彼は，ライヘナウ*修道院で学び，トリーア大司教座聖堂付属学校で教え，965年頃，アインジーデルン*で修道士になった．971年に，彼はハンガリーに宣教に赴いた．翌年，彼はレーゲンスブルク司教に選ばれ，やがて熱心な改革者になった．彼の祝日（10月31日）は中央ヨーロッパで広く祝われている．

## ヴォルムス会議（かいぎ）
Worms, Conference of（1540-41年）

ドイツのカトリックとプロテスタントを再合同することを意図した会議．原罪*に関して合意点に達したあと，間近なレーゲンスブルク*帝国議会を考慮して議論は終了した．

## ヴォルムス教会会議（きょうかいかいぎ）
Worms, Synod of（1076年）

ドイツ王ハインリヒ4世*が叙任権闘争*の発端に，グレゴリウス7世*を廃位させるために召集させた教会会議．同会議はグレゴリウスを多くの罪で告発した．グレゴリウスはその直後にハインリヒを破門した．

## ヴォルムス協約

Worms, Concordat of（1122年）

叙任権闘争*を終結させた，カリストゥス2世*と皇帝ハインリヒ5世のあいだの協約．皇帝は指輪*と杖（staff）によるいっさいの叙任を放棄した．教皇が容認したのは，ドイツ王国（のみ）において，司教と大修道院長の選出が皇帝の臨席のもとに行われ，皇帝が彼らの聖別に先立って笏（sceptre）の授与によってレガリア*を与えることである．帝国の他の地域においては，聖別はレガリアの授与に先立って行われた．

## ヴォルムス帝国議会

Worms, Diet of（1521年）

M. ルター*がカール5世*の前で自らの教えを弁護した帝国議会．その議会の直後に，ルターの教えはヴォルムスの勅令で正式に断罪された．

## ヴォーン

Vaughan, Charles John（1816-97）

1879年からランダフ*の主席司祭*．1860年に，彼はドンカスター（Doncaster）の主任代行司祭*となった．ここで彼は叙任を受ける人たちを養成し始め，没するまでに「ヴォーンの鳩たち」と呼ばれた450人以上の若者が彼から教育を受けた．非信従者*に対する彼の共感のゆえに，南ウェールズで感化を与え，また，1883-84年に，カーディフにおけるユニヴァーシティ・カレッジの創立に貢献した．

## ヴォーン

Vaughan, Henry（1622-95）

詩人．彼はブレコン（Brecon）および1650年頃以降はニュートン・バイ・アスク（Newton-by-Usk）で医師をしていた．おそらく兄弟の死と重病のゆえに宗教的な経験をした結果，彼は1650-55年に『火花散る火打石』（*Silex Scintillans*）という一連の霊的な詩を発表した．それらを特徴づけるのは，強烈で持続的な宗教的熱情の雰囲気である．ヴォーンはしばしば形而上詩派*の一人に数えられる．

## ヴォーン

Vaughan, Herbert（1832-1903）

1892年からウェストミンスター*大司教，翌年，枢機卿に任じられた．古くからのイングランドのカトリックの家系出身の彼は，1866年にミル・ヒル*に「聖ヨセフ・カレッジ」を創立した．1872-92年に，彼はソルフォード（Salford）司教であった．彼の大司教位の最も注目すべき出来事は，カトリック信徒のためにイングランドの古い大学で学ぶ許可をローマの権威から得たこと，ウェストミンスター大聖堂の建設，「英国教会の叙任」*をめぐる議論，1902年の教育法との関連での活動であった．

## ヴォーン・ウィリアムズ

Vaughan Williams, Ralph（1872-1958）

イングランドの作曲家．第1次世界大戦に参加した以外，彼の生涯は音楽にささげられた．彼は9つの交響曲，6つの歌劇を含む，あらゆる種類の作品を作曲した．彼は，有名な *Sine nomine*（'For all the saints'「この世のいくさを」『古今聖歌集』137番）を含む讃美歌曲，すぐれた『ミサ曲ト短調』，カンティクル*集とアンセム*集，C. G. ラング*のカンタベリー*大主教への着座式のための『テ・デウム*ト長調』，ジョージ6世の戴冠式のための『祝祭テ・デウム』を作曲した．ヴォーン・ウィリアムズは『英語聖歌集』*の音楽主査を務め，『ソングズ・オヴ・プレイズ』*および『オックスフォード・キャロル集』の刊行を助けた．

## ウガンダのキリスト教

Uganda, Christianity in

最初のキリスト教宣教団は1877年に英国教会宣教協会*によりブガンダ（Buganda）王国に派遣され，カトリック教会の宣教は1879年に白衣宣教会*により開始された．宣教団間の対立にもかかわらず，初期の説教は王ムテサ（Mutesa）の宮廷で多くの人たちに歓迎された．その後継者（王ムワンガ［Mwanga］）の治下に，両教会がこうむった迫害は1つには，宮廷のキリスト教徒の少年たちがムワンガの性的な要求に従うのを拒否したことで引き起こされた．40人以上のキリスト教徒が1885-87年に殉教し，その中のカトリックの殉教者は1964年に列聖された．1894年にイギリスの保護領化する前の衝突で，宣教団は追放された．現地人の若い指導体制が確立し，信徒が教会生活で大きな役割を果たすようになり，大規模な改宗が起こった．イギリスの支配は伝道がブガンダからウガンダ保護領全体に拡大することを可能にした．学校の見事なネットワークが確立し，2010年には，人口の80％以上がキリスト教徒になった．

ウガンダは，英国教会もカトリック教会もともに，地方の聖職者が急速に発展したことで有名であった．1939年に，マサカ（Masaka）代牧*区は，現代では最初のアフリカ黒人のカトリック司教のもとでアフリカ人司祭たちに委ねられた．「東アフリカ・リバイバル運動」（East African Revival，「バラコーレ」*Balokole*，「救われた者」の意）が，1930年代にウガンダ聖公会から生まれ，ムガンダ・シメオン・ンシバンビ（Nsibambi）と英国教会宣教協会の宣教師であるジョー・チャーチ博士を指導者とした．同運動はウガンダ教会の生活に深い影響を及ぼし，ルワンダ，ブルンジ，ケニア*，タンザニア，コンゴ*，スーダン*に広がった．1977年に，同運動の大主教ジャナニ・ルウム（Janani Luwum）は，ウガンダにおける人権と自由の無視を弾劾したため，アミン大統領の命で殺害された．ルウムの像が「20世紀の殉教者」の一人として，ウェストミンスター・アビー*の西正面に立っている．

## ウクライナの諸教会（しょきょうかい）
Ukrainian Churches

これらに含まれるのはウクライナの複数の正教会およびいくつかのカトリック東方教会*で，後者はほとんどウクライナ西部，スロヴァキア，ハンガリー*，ポーランド*および北米の入植地に存在する．そのカトリック東方教会は以前はルテニア教会（Ruthenians）と呼ばれた．聖ウラジーミル*のスラヴ人改宗者であった彼らの先祖は，1237-40年のモンゴルによるキエフ・ルーシ国の崩壊およびリトアニアとポーランドによるウクライナの併合までは，ロシア*教会に属していた．1595年に，キエフ府主教と他の5人の主教はローマとの合同を求め，ブレスト・リトフスク合同*で達成された．1772-95年のポーランド分割後，ガリツィア（Galicia）以外のルテニア教会員はほとんどロシアの統治下に入り，彼らの教会は徐々に抑圧され，正教会に傾いていった．ガリツィアのルテニア教会員はオーストリアの統治下に入った．彼らは信仰の自由を享受し，理論上は，（19世紀後半以降は通常，ウクライナ教会と呼ばれる）カトリック東方ルテニア教会が独立したポーランドで1918年以降に設立された．ロシア革命時に，ウクライナの正教会はロシア正教会の自治的（self-governing）エクサルコス*教会と宣言され，1941年に自治（autonomous）教会となった．1946年に，ソヴィエト連邦とポーランド内のウクライナ・カトリック東方教会は解散させられ，ロシア正教会との合同を宣言させられた．カトリック東方教会員は秘密の存在であり続け，1989年にウクライナ・カトリック東方教会は復活した．2001年にヨアンネス・パウルス2世*は，スターリン主義のもとで命を落とした，多くのウクライナ人を含む一群の東ヨーロッパ人を列福した．現在，ウクライナには以下の4つのビザンティン典礼の教会が存在する．すなわち，ウクライナ正教会（モスクワ総主教管区），ウクライナ正教会（キエフ総主教管区），ウクライナ独立自治（Autocephalous）正教会，（ローマと一致した）ウクライナ・カトリック教会である．このうち最初の教会だけが他の正教会から承認されている．

別のウクライナ人の教会（ポドカルパティア［Podcarpathian］・ルテニア教会）が創設されたのは，カルパティア山脈南部の大部分のルテニア教会員がウジゴロド（Užhorod）の合同で1646年にローマと一致したときであった．1945年以降，この教会はトランスカルパティア・ウクライナ，スロヴァキア，ハンガリー間で分裂している．

アメリカ合衆国，カナダ，ブラジル，アルゼンチンには，十全な裁治権をもつウクライナ人の教会が存在する.

## 『ウスアルドゥス殉教録』

Usuard, Martyrology of

中世の殉教録*の中で最も広く流布し,『ローマ教会殉教録』*の基礎となった. その編纂者であるウスアルドゥス（875年頃没）は, パリのサン・ジェルマン・デ・プレ大修道院の修道士であった. 彼はその仕事を少し前の, ヴィエンヌのアドー（875年没）の殉教録（➡『アドー殉教録』）に準拠したと思われる.

## ウースター

Worcester

司教座は, マーシアの司教座が分割されたとき, フウィッケ（Hwicce）族のために680年頃に設立された. 最初の司教座聖堂はマーシアの歴代諸王により多大な基金が寄付された. 同聖堂に仕えていた在俗カノン*をベネディクト会*修道士で置き換えた聖オズワルド*はまた,（983年に完成した）新しい司教座聖堂を建てた. 聖堂がデーン人により破壊されたのち, 聖ウルフスタン*により1084-89年に再建された. 聖堂が火災で焼失し, 中央の塔が崩壊したあと, 1218年に再建され, 再献堂された. その後も数々の変更が加えられた. 聖歌隊席*は初期イングランド様式で, 身廊*は垂直式である. 修道院は1540年に解散し, 在俗司祭の参事会*（secular chapter）が1542年までに置き換わった.

## ウースター・ハウス宣言

➡信仰自由宣言

## うそをつくこと

lying

うそは話者の考えと一致しない陳述で, 欺く意図でつく. 旧約聖書でも新約聖書でも, うそをつくことは非難されている. 神学者が議論しているのは, たとえば潔白な個人の命を救うために, うそが合法かどうかということである. うそが微罪な場合, 義務の葛藤が生じることを認める神学者は多いが, それは例外的である.

## 歌ミサ（歌唱ミサ）

Missa Cantata

（ラテン語で「歌われるミサ」の意.）西方教会において, 司式者と会衆が, 荘厳ミサ*用の音楽に合わせて典礼の各部分を歌い, 助祭*や副助祭*を伴わないミサの形式. この語は現在はすたれている. ➡読唱ミサ

## 「内なる光」

Inner Light（Inward Light）

すべての個人の内にある神的な光で, それを受け入れる人たちを神と一致させ, また互いを一致させると考えられている. この概念はキリスト友会*に特徴的である.

## 宇宙論

cosmology

時間と空間における現象の総体として考察される世界を扱う形而上学*の一分野.

## 宇宙論的証明

Cosmological Argument

世界ないし宇宙の存在は（その特性と対照的に）神に起因するはずだと考える一群の証明. ある証明は, 神が世界の初めの原因として自明なはずだと主張し, 他の証明は, 世界の存在がそれが初めを持とうと持つまいと神の存在を含むと示唆する. ➡本体論的証明

## ウッダード

Woodard, Nathaniel（1811-91）

「ウッダード学校」（Woodard Schools）の創立者. イースト・ロンドンで補助司祭*であったとき, 彼は明確にアングリカンの基盤にたって中産階級のための教育を施す公立学校の必要性を確信した. 1848年に, 彼は『中産階級のための訴え』（*Plea for the Middle Classes*）において自らの理念を明らかにし, その計画を実現するために「セント・ニコラス協会」を設立した. 彼は特に高教会派*の人た

ちから広く倫理的・財政的な支援を受け，多くの学校が創立されたが，その中に1848年のランシング（Lancing）校や1850年のハーストピアポイント（Hurstpierpoint）校がある．彼は1870年にマンチェスターのカノン*になった．

## ウティカの殉教者たち

Utica, the Martyrs of

マッサ・カンディダ（Massa Candida,「白い牧場」）で殉教した年代不詳の，北アフリカの初期の殉教者たち．「白い塊り」と誤読されたその地名から，彼らが生石灰を冷やすために生きたままで投げ込まれ，彼らの身体が白い粉の塊りになったという伝説が生まれた．聖アウグスティヌス*によれば，その虐殺はカルタゴの北西56kmのウティカで起こった．祝日は8月24日．

## ヴート（ヴォエティウス）

Voet（Voetius）, Gisbert（1589-1676）

オランダ*の改革派*神学者．彼は1618-19年のドルトレヒト会議*に出席した．彼はレイデン*大学でF. ゴマルス*の影響を受け，初めからアルミニウス主義*に対する反対者で，非妥協的でカルヴァン主義*的な予定*論を擁護した．1634年に，ヴートはユトレヒト大学で神学およびオリエント諸語の教授になった．彼はオランダの敬虔主義*の成立に貢献した．

## 『ウナム・サンクタム』

Unam Sanctam（1302年）

ボニファティウス8世*がフランス王フィリップ4世との抗争に際して発布した大勅書*で，「唯一の聖なる公同の使徒的な教会」が存在し（➡教会の標識），その外には「救いも罪の赦しもない」と宣言した．新しいことを含んではいないが，教皇職の増大した要求を強調し，中世の教皇の教会政策の頂点を示している．

## 『ウニゲニトゥス』

Unigenitus

（1）クレメンス6世*が1343年に発布した大勅書*で，免償*の効力は教会の蓄積された功徳*を，教皇が配分することに基づくという教説を承認した．（2）クレメンス11世*が1713年に発布した大勅書で，P. ケネル*の『道徳的考察』（*Réflexions morales*）からの101の命題を断罪した．

## ウプサラ

Uppsala

ウプサラは1164年にルンド*から独立した教会管区の長になり，15世紀半ばから宗教改革期まで，ウプサラ大司教は「スウェーデン*の首席大司教*」と称された．1477年に設立された大学は19世紀には，ルンド大学の正統主義と対比して，自由主義的で「低教会派」的な神学の牙城となった．

## ウベルティーノ（カザレの）

Ubertino of Casale（1259-1330頃）

スピリトゥアル派*．彼は1273年にフランシスコ会*に入会した．1305年に彼が書いた主著『イエス・キリストの十字架につけられた生命の木』（*Arbor vitae crucifixae Jesu Christi*）は，強く黙示的な特質をもつ神秘主義的な著作である．彼は清貧に関する論争でスピリトゥアル派を擁護するために，1310年にクレメンス5世*によりアヴィニョン*に召還され，また1322年に，ヨアンネス22世*は「自発的な清貧」の問題，次いでドミニコ会*とフランシスコ会間の論点に関して，ウベルティーノの意見を求めた．彼は1325年に教皇庁*より逃亡し，1328年に，彼はローマに赴いたバイエルンのルートヴィヒに同行したフランシスコ会員の一人であったようで，1329年に，彼はコモ（Como）でヨアンネス22世を批判する説教をしたと思われる．

## 馬小屋

➡飼い葉桶

## ウマールのモスク

➡岩のドーム

## 羽毛亭請願書

Feathers Tavern Petition（1772年）

「39箇条」*への署名の廃止および聖書に対する信仰の単なる表明をそれに換えることを求めた，議会への請願書．これはロンドンのストランド（Strand）街にあった「羽毛亭」で起草された．

## ヴュルテンベルク信仰告白

Württemberg Confession

1552年にトリエント公会議*に提出するために起草された，プロテスタントの信仰告白．

## 裏切りの水曜日

Spy Wednesday

聖金曜日*の前の水曜日*で，イスカリオテのユダ*がキリストを裏切る手筈をした日であることに由来する名称（マタ26：14‐16）．

## ウラジーミル（聖）

Vladimir, St（1015年没）

「ロシア人とウクライナ人の使徒」．異教徒として育った彼は，キエフ公位を兄から奪い，ついで白ロシアの大部分を征服した．彼はビザンティン皇帝バシレイオス２世が反乱を鎮圧するのを助け，989年頃に皇帝の妹アンナと結婚した．それ以後，彼はその熱心な推進者となったキリスト教を力ずくで強制した．祝日は７月15日．

## ウリムとトンミム

Urim and Thummin

おそらくもともとは「くじ」と思われ，初期のヘブライの占いにおいて，人々に対する神意を解釈するために用いられた．旧約聖書に幾度か言及されている．

## ウルガタ訳聖書

Vulgate

西方で最も広く用いられてきたラテン語訳聖書．主として聖ヒエロニムス*の手になり，その本来の目的は古ラテン語訳聖書*の写本間の異同をなくすことであった．1546年に，トリエント公会議*はウルガタ訳聖書が聖書の唯一の真正なラテン語訳であると宣言した．

ヒエロニムスが382年に教皇ダマスス*の要請で始めた福音書の改訂は，384年に完成した．彼は新約聖書の他の部分は改訂しなかったと思われる．彼は旧約聖書の改訂を詩編から始めた．392年頃に彼は，七十人訳聖書*のオリゲネス*による『ヘクサプラ』*版テキストに基づいて，『ガリア詩編書』*を完成した．彼がついで結論したのは，旧約聖書の満足すべき版は直接にヘブライ語からの新訳によってのみ得られうるということであった．彼はこの翻訳に断続的にほぼ15年間を費やしたが，それに含まれていた詩編書*の新訳（『ヘブライ詩編書』）はあまり流布しなかった．新旧のラテン語訳聖書はしばらく併用されたが，ヒエロニムスの訳がすぐれていることは次第に認められた．（おそらく６世紀に）種々の文書が（我々がウルガタ訳聖書と呼ぶ）１冊の聖書にまとめられたとき，それを構成したのは，（詩編書を除いて）ユダヤの正典書のヘブライ語からのヒエロニムスによる訳，『ガリア詩編書』，トビト記とユディト記のヒエロニムスによる訳，その他のアポクリファ*の古ラテン語訳，福音書のヒエロニムスによる改訂訳，使徒言行録，書簡，ヨハネ黙示録の改訂訳である．福音書以外の（ヒエロニムスによる）改訂について確実に言いうることはせいぜい，その存在の最古の証言がペラギウス*とその仲間の著作中の引用に現れるということにすぎない．

## ウルサキオス

Ursacius（335‐71年に活動）

シンギドゥヌム（Singidunum，現ベオグラード）司教．ウァレンス*と共に，西方におけるアレイオス*派の指導者．

## ウルジー

Wolsey, Thomas（1472/74‐1530）

枢機卿．ヘンリー７世の治下に多くの聖職禄を得て，ヘンリー８世*の治下にたちまち要職に就いた．彼は1514年にヨーク*大司教，翌年に枢機卿になった．その３か月後，彼は大法官になり，ほとんど国王のような権威をもった．外交では，彼は神聖ローマ帝国とフランスのあいだで巧みに力の均衡を保った．1521年に，フランスとの友好関係を維持したかった彼が秘密条約を結ばざるをえなかった皇帝カール5世*は，ウルジーが教皇に選出されるためにその影響力を行使することはできなかった．本国では，彼が特にフランスとの戦争の資金を情け容赦のない方法で調達したために，多くの敵を作った．1527年にヘンリー8世が離婚をかちとろうと行動を起こし始めたとき，ウルジーは国王の意志を実現させようとした．その事例を決定する権威を教皇から自分に委ねさせようとする彼の計画は失敗した．離婚に必要な教皇の特免*を得られなかったウルジーは，アン・ブーリン*から非難され，国王の不興を招いた．1529年に，彼は教皇尊信罪法*の違反を訴えられ，大法官職を辞し，財産を国王に引き渡した．彼は最後の数か月を自教区で過ごした．1530年に，彼は反逆罪で逮捕され，ロンドンへの途上で没した．

## ウルジヌス
Ursinus, Zacharias (1534-83)

カルヴァン主義*の神学者．彼は1561年にハイデルベルクに赴く前は，ブレスラウで教えていた．選帝侯フリードリヒ3世*の依頼で，ウルジヌスはカスパル・オレヴィアヌス（Olevian）と共に「ハイデルベルク教理問答」*を起草した．フリードリヒが没すると，彼はノイシュタット（Neustadt）に赴き，『キリスト教の勧告』（*Admonitio Christiana*）を書いた．➡『ノイシュタットの勧告』

## ウルストン
Woolston, Thomas (1670-1733)

理神論*の著作家．1721年に，彼はケンブリッジ大学のフェローの地位を追われ，新しいセクトを創設しようとしているとして告発された．彼はA. コリンズ*を支持する論考を書き，処女降誕と復活が寓意であると主張した．

## ウルスラ（聖）
Ursula, St

聖ウルスラと1万1,000人の乙女に関する伝説は，4-5世紀の碑文に証言されている，ケルン*で殉教した無名の乙女たちへの崇敬から発展した．922年の説教が報告しているのは，数多くの女性がマクシミヌス帝治下の迫害*を逃れてブリタニアを離れ，ケルンでローマ軍の兵士により殺害されたという考えである．後代の伝説では，その名が彼女たちの指導者として付けられたウルスラが，1万1,000人の乙女と共にローマへの巡礼を続け，その帰途に，ケルンでフン人により虐殺された．祝日は10月21日（1969年に削除）．

## ウルスラ修道会
Ursulines

カトリック教会における最初の女子教育修道会．聖アンジェラ・メリチ*により1535年にブレシアで創立された．当初，会員は自らの家で生活していた．共同生活と単式誓願が1572年に導入された．1612年に，パウルス5世*はパリのウルスラ修道会に対して盛式誓願と厳格な禁域制を認めた．修道会活動はその後，特にフランスにおいて，女子教育の組織に発展した．たいていの修道院は自治制をとっていたが，1900年に，異なった修族に属する多くの修道院が「ローマ修族」(Roman Union) を形成した．その後に形成された修族には，1953年に創立された「カナダ修族」がある．第2ヴァティカン公会議*以降，（もはや厳格な禁域制をとらない）ウルスラ修道会には，幅広い司牧活動を行うことが認められている．

## ウルスラ・デ・ヘスス
Ursula de Jesús (1604-66)

ペルーの神秘家．奴隷出身の彼女は，主人の姪の奴隷としてクララ会*の女子修道院に入った．彼女はほとんど致命的な事故に遭い，熱烈な信仰をもつようになった．修道女の一人が1645年にウルスラを自由の身にし，2年後に，彼女は同修道会に入会した．彼女は煉獄*における魂と交流したと称し，その魂のために執り成した．彼女の驚くべき幻視は彼女の日記に記録されている（英訳付きの抜粋が2004年に出版された）．

## ウルトラモンタニズム（教皇権至上主義）
Ultramontanism

教皇庁*の権威への中央集権化を支持する，カトリック教会における傾向で，国家的ないし司教区的な独立性と対立する．ウルトラモンタニズムが発展した17-18世紀は，ガリカニスム*，ヤンセン主義*，ヨーゼフ主義*のような国家的で地方分権的な運動が，明確な異端信仰に関わったり，フランス革命がその論理的帰結である自由主義的な反キリスト教的な運動を是認したりして信頼を失ったときであった．ウルトラモンタニズムの勝利の主要な段階は，地方的な権威に対抗する教皇庁の権威の大黒柱であった，イエズス会*の1814年の復興，カトリシズムと自由主義が相いれないとされた，『謬説表』*の1864年の布告，教皇が信仰ないし道徳に関して厳かに宣言するとき不可謬であるという，1870年の第1ヴァティカン公会議*の宣言（➡不可謬性）であった．

## ウルバヌス2世（福）
Urban II, Bl（1035頃-1099）

1088年から教皇．彼はクリュニー*系の修道士であったが，グレゴリウス7世*によりローマに招かれた．教皇選出に際し，彼は皇帝ハインリヒ4世*に支持された対立教皇と対抗した結果，当初，ローマに入ることができなかった．1089年にメルフィ（Melfi）で開催した教会会議は，聖職売買*，俗人叙任（➡叙任権闘争），聖職者の妻帯に反対する決議条項を発布し，1095年にピアチェンツァとクレルモン*で開催した2つの教会会議も教会改革に関わっていた．クレルモンにおいて，「神の休戦」*が教会の法と宣言された．王妃を離縁して再婚していたフランス王フィリップ1世にはアナテマが宣告され，ウルバヌスは第1回十字軍*を起こした．彼はまた東方教会とのシスマを修復しようとした．祝日は7月29日．

## ウルバヌス5世（福）
Urban V, Bl（1309/10-70）

1362年から教皇．彼はベネディクト会*員で，多くの点でアヴィニョン*教皇中で最もすぐれていた．彼は特に聖職禄の配分との関連で，教会改革に真摯に取り組んだ．1367年に，皇帝カール4世に説得されて，ローマに帰還し，人々に熱烈に歓迎された．1369年に，彼はビザンティン皇帝ヨアンネス5世・パライオロゴスをカトリックへと受け入れた．同年遅く，ペルージアが反旗を翻し，戦争がイングランドとフランス間に起こった．聖ビルギッタ*の説諭にもかかわらず，ウルバヌスは1370年にフランスに戻った．祝日は12月19日．

## ウルバヌス6世
Urban VI（1318-89）

1378年4月8日から教皇．彼は，イタリア人を望むローマの民衆からの圧力のもとで，グレゴリウス11世*の没後に選出された．彼は以前は厳格さと事務能力で有名であったが，その教皇位は一連の無分別な行為でみたされた．1378年8月に，フランス人枢機卿らは彼の選出が強制下になされたので無効であると宣言し，9月に対立教皇クレメンス7世を選び，大シスマ*が始まった．

## ウルバヌス8世
Urban VIII（1568-1644）

1623年から教皇．マッフェオ・バルベリーニ（Maffeo Barberini）は本質的に「政治的な」教皇であったが，多くの聖人を列聖*し，1626年にマリア訪問会*のような新しい修道会を認可して宗教生活を奨励し，1627年にウルバニアナ大学（Urban College of Propaganda）を創立して宣教活動を促進した．列聖に関する彼の教令は現在の法でも有効であり，聖務日課書*に関する彼の改訂は1912年まで有効であった．彼はまたミサ典礼書*と司教典礼書*を改訂し，「守るべき祝日」*の数を減らした．彼のもとで，G. ガリレイ*は1633年に再度断罪され，C. O. ヤンセン*の『アウグスティヌス』*は1642年に異端的と宣言された．1625年以降，彼はハプスブルク家に反対する枢機卿リシュリュー*の政策を支持し，カトリック連盟への支援金の提供をやめたが，フランスとスウェーデンが同盟を結ぶのを妨げようとした．

## ウルビ・エト・オルビ
Urbi et Orbi

（ラテン語で「［ローマ］市と［全］世界に」の意.）特に教皇がローマのサン・ピエトロ大聖堂*から時に与える荘厳な祝福を指す言葉.

## ウルフィラス
Ulphilas（311頃-383）

「ゴート人の使徒」. 341年頃, 彼は（以前はニコメディア主教であった）コンスタンティノポリス主教エウセビオス*により主教に聖別された. ウルフィラスはその後, 自分が生まれたゴート人のもとへ宣教師として戻った. 彼は聖書をゴート語に翻訳した（➡ゴート語訳聖書）. エウセビオスとの結びつきから, 彼はアレイオス主義*に導かれ, ゴート人が長くその異端信仰に結びついたのも彼の影響による.

## ウルフスタン
Wulfstan（1023年没）

996-1002年にロンドン司教, 1002年以降, ヨーク*大司教（彼は1002-16年にウースター*司教を兼ねていた）. 彼は国王の傑出した助言者であり, 古英語でのすぐれた著作家であった. 彼の多くの説教は重要な教理を実践的に説明しており, 彼の『世俗と教会の統治論』（*Institutes of Polity, Civil and Ecclesiastical*）は主に, 社会のさまざまな階級や階層の義務に関わっている. 彼は, 1008年以降に国王エセルレッド2世やクヌートが発布した多くの法令を起草し, またさまざまな私的な法を起草したり左右した.

## ウルフスタン（聖）
Wulfstan, St（1008頃-1095）

ウースター*司教. 彼はウースターの修道院で25年間を過ごし, 1062年に不本意ながら司教位に就いた. 彼は自らの司教区を有効に管理し, またランフランク*と協力して, イングランドとアイルランド間の奴隷貿易を禁止させた. 祝日は1月19日.

## ウルプス・ベアータ・エルサレム
Urbs beata Hierusalem

ヨハネ黙示録21章に示唆された言葉で天のエルサレムを称える6-7世紀の聖歌. 多くの英訳の中の一つが, J. M. ニール*の 'Blessed City, heavenly Salem' である.

## ウルフリック（聖）
Wulfric（Ulrich）, St（1154年没）

独住修道士*. 彼にその財布の中身を言い当て, その後の清らかな生活を予言した物乞いとの出会いに帰される回心後, 1125年頃, 彼はサマーセットのハセルベリー・プラックネット（Haselbury Plucknett）の修室*に隠遁した. 彼はその予言や奇跡で有名になった. 祝日は2月20日.

## ウルマン
Woolman, John（1720-72）

アメリカのクェーカー派*の説教者. 1743年以降, 彼は奴隷制*に反対する長期にわたる運動を展開し, 黒人の権利を擁護してアメリカのクェーカー派の教会を訪れながら旅行した. 1756年に始まる彼の『日記』（*Journal*）は, その「生活, 伝道活動, キリスト教徒としての経験」を記録している.

## ウルリヒ（聖）
Ulrich, St（890頃-973）

923年からアウクスブルク司教. 彼は教皇により正式に列聖*されたことが知られる最初の人物で, ヨアンネス15世は993年に彼を聖人と宣言した. 祝日は7月4日.

## ヴレーデ
Wrede, William（1859-1906）

ドイツの新約聖書学者. 彼は1901年の『福音書におけるメシアの秘密』（*Das Messiasgeheimnis in den Evangelien*）において, 福音書に対する伝承史的研究*を提唱した. いわゆる「メシアの秘密」*の議論全体の出発点となった同著においてヴレーデは, マルコ福音書が史実の飾りのない記録であるという見解に異議を唱え，また福音書は後代の信仰を物語へと読み返したものなので，イエスはメシアと自称しなかったと主張した．1905年の『パウロ』(*Paulus*) においてヴレーデは，聖パウロ*がキリストの教えを根本的に変えたと論じた．

# え

## エアドメルス
Eadmer（1060頃-1126頃）

イングランドの歴史家，神学者．彼は聖アンセルムス*の一族であった．彼はアンセルムスや他のイングランドの聖人（ウィルフリッド*やダンスタン*を含む）の伝記，1066年頃から1122年頃までの時期のイングランド史，以前はアンセルムスに帰されていた，聖母マリア*の「無原罪の御宿り」*の教理を擁護する論考を書いた．

## 永遠の命
eternal life

キリスト教において，永久に続く命だけでなく，信徒が神の永遠的な存在への参与をとおしてここでいま所有することになる命の充足．

## 永久補助司祭
perpetual curate

英国教会において，聖職禄移管者（impropriator，➡聖職禄移管）により指名され，主教により認可された教会区*ないし地域で職務に就いた聖職者を指した，1969年より前の専門語．修道院に専有されていた教会区が，「修道院の解散」*の際に信徒教会管理者*の手に移ったとき（➡聖職禄専有），後者は教会区を配慮する（serve the cure）司祭を指名して主教の認可をえる必要があった．こうして認可された司祭は終身職となった．さまざまな19世紀の議会法により設置された新しい教会区や地域のミニスターも永久補助司祭であった．1968年の司牧条例（Pastoral Measure）により，すべての永久補助司祭は1969年に主任代行司祭*になった．➡補助司祭

## エイク
van Eyck, Hubert（1426年没）and Jan（1441年没）

フランデレン（フランドル）の画家．ヤンは1425年にブルゴーニュ公フィリップの宮廷画家になり，おそらく1430年にブリュッヘ（ブリュージュ）に落ち着いた．エイク兄弟を有名にした『ヘント（ガン）の祭壇画』は，2層に整った12枚のオーク材のパネルからなる大規模な多翼式祭壇画で，外側のパネルは両側に描かれている．そこには小羊の礼拝，王座のキリストなどの主題が描かれている．枠組の4行詩は，それがヒューベルトにより開始され，1432年にヤンにより完成したとしているが，ヒューベルトのそれとの関係は時に否定されてきた．16世紀以降，エイク兄弟が油絵を創案したと信じられてきたが，これは明らかに正しくない．しかし，2人（ないし，確実にヒューベルトの作品と知られるものはないので，ヤン）が示した技術的な進歩は，細部に関する無比の写実主義と色彩の豊かさを可能にした．

## 栄光の神学
➡十字架の神学

## 英国および海外聖書協会
British and Foreign Bible Society

最大の聖書協会の一つ．超教派的な団体で，英国および海外において聖書を印刷し配布するために1804年にロンドンで創立された．多くの言語で（アポクリファ*を含まない）聖書の翻訳を刊行してきた．

## 英国教会（英国国教会）
Church of England

314年のアルル教会会議*にブリタニアの司教が出席したことは組織的な教会の存在を証明する．ブリタニアのキリスト教徒をブリタニアの西方に押しやったアングロ・サクソン*人は，アイ

ルランドとスコットランド*からのケルト人*宣教者および597年にローマから派遣されたカンタベリーの聖アウグスティヌス*の宣教により改宗した.「アングロ・サクソン時代の教会」*の一体化・組織化はタルソスのテオドルス*のもとで達成され，彼は国内の教会会議を召集し，司教区を区分し，学問を奨励した．衰退した時期を経て，大司教の聖ダンスタン*，聖エセルウォルド*，聖オズワルド*は，同時代の大陸のひな型に従って修道院や司教座聖堂参事会の改革を始めた．ウィリアム1世*による征服後のノルマン時代には，司教座が遠隔地から都市に移され，建築事業が活発化し始め，教会行政が再組織化された.なかでも最も重要なのは，国王による教会裁判所と民事裁判所の分離であって，それは西方教会において教皇権を抑制する作用をもつローマの教会法*の導入に道を開いた．特に叙任権*および王権の範囲をめぐって，教会と国家間に多くの争いがあったが，13世紀には，イングランドにおける教皇権は強大になっていた．しかしながら，一方で国民的な自覚の高まりと，他方で（教皇の）「バビロン捕囚」*と大シスマ*という教皇側の失態とともに，ローマ教皇庁の強制と政策はイングランドにおいてますます批判の的となった．例えば，外国の聖職者を援助するためにイングランドの聖職禄の収入を転用する教皇側の慣行を中止させる法律があった.

16世紀にテューダー朝の君主が教皇庁に対して彼らの力を競うのが時宜にかなっていると判断したとき，国内の多くの要素が彼らを支えるように整っていた．宗教的な熱望の証拠は，学者のあいだでのスコラ学*に対する人文主義的な反感，知識人のあいだでの新しく印刷された宗教書の購入，また家庭的信心の普及に表れていた．宗教改革の機会はヘンリー8世*の有名な「離婚」であった．1532年に，聖職者会議*は国王が英国教会の地上における「最高の首長」(Supreme Head）であることを認め，一連の法律がイングランドとローマのあいだの財政的・法制的・行政的絆を断った．修道院は解散された．エドワード6世*の治下に，大主教T.クランマー*は1549年と1552年に第1次と第2次の『祈禱書』*を制定した．プロテスタンティズムへの進展はメアリ1世*の治下に逆戻りした．エリザベス1世*の即位とともに，教皇への服従は再び否認され，国王は「最高の統治者」(Supreme Governor）の称号を名乗り，第2次の『祈禱書』は若干の変更を加えて英国教会の礼拝書となり，「39箇条」*がその教理的規則集となった．包括的な国家的改革を達成しようとしたエリザベスの試みに異議を唱えた人たちのうち，カトリック信徒は大陸のカレッジ出身の宣教司祭たちに支えられ，プロテスタントは教会内からの変化に努めた．チャールズ1世*の治下，W.ロード*が権勢をほこり，教会内により高い基準の秩序をもたらそうとしたことはピューリタン*側の批判を激化させ，主教制とアングリカニズムを内戦における対立点とした．議会側の勝利はまず長老主義*的な改革，次に独立派*をもたらした．チャールズ2世*による王政復古とともに，英国教会は再び国教会となり，非国教徒に対して抑圧的な処置がとられた．ジェームズ2世*の英国教会への批判は彼が失墜した主な原因である.

名誉革命後，臣従拒誓者*の分離により弱体化した英国教会は,平穏な時期にはいった.制限された寛容は非国教徒をなだめ，神学論争は不人気になり，教会と国家の協調はあらゆる破壊的な活動に対する相互に防御的な協定であった．メソジスト*のリバイバルは，新しいキリスト教団体とアングリカンの福音主義*とを生み出した．ラティテューディナリアニズム*はずっと19世紀まで知的状況を支配し，新しい教会区や主教区の創設および多くの行政的改革がなされた．オックスフォード運動*は国教会のカトリック的な性格を新たに強調したが，儀式上の革新は論争や議論を引き起こした．1919年の「英国教会会議（権能）法」，すなわち「権能付与法」*は，英国教会会議*に議会で審議される議案を準備する権能を付与した．1927年と1928年に，議会は改訂された『祈禱書』を拒否した．1945年の第2次世界大戦終結以降，相当な変化があった．メソジスト教会との一致をめざす長い交渉は1972年に失敗に終わり（「英国教会とメソジスト教会の対話」*)，1982年の自由教会と契約を結ぶ試みも同様であったが（「再一致」*），1972年以降，他の教会員もアングリカンの教会で聖餐に自由にあずかることができる．1970年の総会体制*の導入はほとんどの領域で信徒に法的な発言の機会を与えた．祈禱書が改訂されて，1980年の『併用祈禱書』*，続いて『共同礼拝』*が生まれたが，これを容易にしたのは，一定の条件下で，議会に諮らずに自らの礼拝を管理する自由を英国教会に与えた1974年の「英国教会礼拝・教理条例」*であった．1976年以降，最高人事検討委員会*をとおして，教会は主教の選出に関して際立った発言力をもつ．1994年に司祭として「女性の叙任」*が実現したあとの信徒の離脱を防ぐために，その女性叙任が起こった主教区の主教の聖職を受け入れたくない教会区を管理するために，３人の管区主教の選任が規定された．主教としての女性叙任を認める条例草案が2012年の総会で否決された主な理由は，彼女らの聖職を受け入れえない人たちのために容認できる規定を定められなかったことである．➡アングリカニズム，アングリカン・コミュニオン

## 英国教会会議（えいこくきょうかいかいぎ）

Church Assembly（National Assembly of the Church of England）

正式名称が「英国教会全国会議」であるこの会議は，1919年の聖職者会議*で設立され，1970年に総会*（General Synod）に代わった．「英国教会会議」は「主教部会」（House of Bishops），「聖職者部会」（House of Clergy），「主教区協議会」（Diocesan Conferences）の代表選挙人により選ばれた「信徒部会」（House of Laity）からなっていた．1919年の「英国教会会議（権能）法」（Church of England Assembly［Powers］Act），すなわち「権能付与法」*により付与された権能に基づき，議会への提出議案を審議した．

## 「英国教会教会制度条例」（えいこくきょうかいきょうかいせいどじょうれい）

National Institutions Measure 1998

英国教会の中心的な組織を再統合する条例．大主教会議*を創設し，総会*（General Synod）の諸委員会や英国教会教会問題検討委員会*が以前にもっていた機能を同会議に移した．

## 英国教会教会問題検討委員会（えいこくきょうかいきょうかいもんだいけんとういいんかい）

Church Commissioners

1948年に，英国教会財務委員会*とアン女王基金*が合同して創設された組織．英国教会の歴史的資産の多くを管理する責任をもつ．1998年の「英国教会教会制度条例」*により，本委員会の人数は95から33に減少し，いくつかの財政上の責任を含む多くの機能が大主教会議*に移った．

## 英国教会財務委員会（えいこくきょうかいざいむいいんかい）

Ecclesiastical Commissioners

1835年から1948年まで，英国教会の財産と収入を管理した委員会．1948年に，アン女王基金*と合同して，イングランドのために英国教会教会問題検討委員会*を創設した．

## 英国教会宣教協会（えいこくきょうかいせんきょうきょうかい）

Church Mission Society（CMS）

1799年に創立された，アフリカとアジアの現地人に宣教師を派遣する最初の英国教会の協会．その神学は常に福音主義*的であった．

## 英国教会とメソジスト教会の対話（えいこくきょうかい…きょうかい…たいわ）

Anglican-Methodist Conversations

英国教会と自由教会（Free Churches）の一致は，もし後者が主教制を受け入れるならば達成されるであろうという，1946年のG. F. フィッシャー*の示唆に基づいて，「メソジスト会」（Methodist Conference）と「聖職者会議」*は1955年に対話を始めることに合意した．1968年に刊行された最初の報告書は，「オーディナル」*と「スキーム」の２部からなる．これはメソジスト会により受け入れられたが，1969年の聖職者会議でも1972年の総会*（General Synod）でも必要な過半数を得られなかった．新たな対話が1995年に始められ，契約（covenant）が2003年に結ばれた．

### 『英国教会の教理』
*Doctrine in the Church of England*（1938年）

1922年にカンタベリー*とヨーク*の両大主教により設置された，教理に関する委員会の報告書．英国教会内で合意している範囲を示すことを意図していたが，聖職者会議*では厳しい批判を受けた．

### 英国教会の叙任（聖職按手）
Anglican Ordinations

このテーマが1896年のレオ13世*の大勅書『アポストリチェ・クーレ』*によりカトリック教会では公的な議論から外されるまでは同教会の中で，英国教会の聖職（Orders）の有効性*に関してさまざまな意見があった．その有効性が攻撃された根拠には以下の2つの種類がある．それは（1）按手*の歴史的な連続性に対する攻撃と，（2）意図*において欠陥があるか，「用具の授与」*などの儀式の省略により無効であるとする，エドワード6世*治下に導入された聖職按手式文*に対する攻撃とによる．どちらの根拠も現在では一般に認められておらず，最近は，カトリック教会が英国教会の叙任の有効性を認めるのを拒否することがエキュメニカルな関係における重大な障害だと見なされている．

### 「英国教会礼拝・教理条例」
Worship and Doctrine Measure

1974年の「英国教会礼拝・教理条例」は総会*（General Synod）に対して，『祈禱書』*中の方式が「使用可能であり続ける限り」，礼拝に関するすべての事項を規定する権限を与えた．同条例はまた総会に対して，聖職者と信徒役職者（lay officers）に要求される，英国教会の教理への同意*に関する義務と方式を決定することを認めた．

### 英国国歌
'God Save the King/Queen'

歌詞はジェームズ2世*のカトリックの礼拝堂で用いられていたものが現行と実質的に等しいという証拠がある．旋律も，前半の章句に改作があるが17世紀のものと思われる．

### 英国国教会
➡英国教会

### 英国福音主義自由教会協議会
National Council of the Evangelical Free Churches

自由教会（Free Churches）間の相互の協議・協力・証言のために1892年に創設された自由教会国民会議（National Free Church Council）が，1896年に採用した組織（➡ヒューズ）．1940年に，合同して自由教会連盟会議(Free Church Federal Council, 現在の呼称は自由教会派*）となった．

### 『英語聖歌集』
*English Hymnal, The*

1906年に刊行されたアングリカンの聖歌集（hymnbook）で，その作成に貢献したアングロ・カトリック主義者*の共感をある程度反映している．1986年に，慣行や感情における典礼上の変化や交替により生まれた必要性に対応する意図で，改訂版が『新英語聖歌集』（*New English Hymnal*）の名で刊行された．両書には聖歌*と共にいくつかの典礼に関する事項が含まれている．

### 英語訳聖書
Bible（English Versions）

（1）「宗教改革以前の英語訳聖書」．アングロ・サクソン時代に，行間に注釈を書いた福音書や詩編および時に省略のある聖書の部分訳が存在した．1250年頃から，いくつかの書物，特に創世記・出エジプト記・詩編の中英語の韻文訳が生まれた．14世紀には，明白にJ. ウィクリフ*の影響下に，新約聖書のいくつかの匿名訳が現れた．1407年のオックスフォード教会会議は，全体訳にせよ部分訳にせよ聖書のいかなる新たな翻訳も禁止した．

（2）「宗教改革時代」．直接に原語からなされた最初の翻訳はW. ティンダル*のそれである．彼の新約聖書は1526年に大陸で印刷され，それに続いたのが，モーセ五書*（1529-30年），ヨナ書（1531年），創世記と新約聖書の改訂版であった．1534年に，カンタベリー聖職者会議*は聖書全巻が英語に翻訳されるようにヘンリー8世*に請願し，1535年にM. カヴァデール*は国王に献呈する英語訳聖書を刊行した．彼は自らの翻訳を利用できるところはティンダル訳に依拠させ，他の旧約聖書各巻をM. ルター*らのドイツ語から翻訳した．カヴァデール訳の詩編は『祈禱書』*の詩編部分に今も用いられている．1537年に，「マシュー聖書」*が国王の許可をえて刊行された．これを構成したのは，ティンダル訳のモーセ五書，おそらくティンダルにより翻訳されたが以前に刊行されていなかった，ヘブライ語から翻訳されたヨシュア記から歴代誌下までの各巻，1535年のティンダル訳の新約聖書，カヴァデール訳による残りの各巻である．さらに，聖書全巻の改訂として，1539年の「グレート・バイブル」*，（節区分を用いた）1560年の「ジュネーヴ聖書」*，1568年の「ビショップ・バイブル」*，またカトリック側では「ドゥエー・ランス聖書」*が刊行された．

（3）「欽定訳聖書」（Authorized Version: AV）．1604年のハンプトン宮殿会議*で，J. レノルズ*が聖書の新しい翻訳を提唱し，ジェームズ1世*がその作業を命じた．54人の改訂者に指示されたのは，「ビショップ・バイブル」を彼らの基礎とすること，教会用語を保持すること（洗礼には‘Washing’でなく‘Baptism’を用いる），ヘブライ語やギリシア語を説明するのに必要でない限り欄外注をつけないということであった．1611年に刊行された彼らの成果は極めて好ましい翻訳であったので，何世代にもわたり英語圏の人々にとり唯一の親しまれた聖書であった．アメリカでは，この聖書は‘King James Version’と呼ばれる．

（4）「改訂訳聖書」（Revised Version: RV）と「アメリカ標準訳聖書」（American Standard Version: ASV）．聖書学の進展および英語の用法の変化により，19世紀には欽定訳聖書に対する不満が高まった．1870年に，カンタベリー聖職者会議はこの問題を取り上げ，改訂者の委員会が組織された．彼らに指示されたのは，欽定訳聖書に一貫して忠実であって，その本文に可能な限りわずかな変更しか加えないこと，そのような変更の表現を欽定訳聖書やこれまでの聖書の言葉に限ることであった．新約聖書は1881年に，旧約聖書は1885年に，アポクリファ*は1895年に刊行された．1901年に刊行されたアメリカ標準訳聖書は，（文通をつうじて）協力してきたアメリカの学者たちが支持する読み方を改訂訳聖書の本文に取り入れた．

（5）「現代の翻訳」．20世紀には，聖書を現代の読者に分かりやすくしようとする目的で，新約聖書ないし聖書全巻の個人訳が数多くなされた．それらには，R. F. ウェイマス（Weymouth）の新約聖書（1903年），J. モファット*の新約聖書（1913年）と旧約聖書（1924年），R. A. ノックス*の新約聖書（1945年）と旧約聖書（1948-49年），J. B. フィリップス（Phillips）の *The New Testament in Modern English*（1958年，改訂版1973年）があり，また教会公認でない英語訳聖書として，アメリカなどの聖書協会により刊行された，*Good News Bible: Today's English Version*（新約聖書，1966年，聖書全巻，1976年）およびK. N. テイラー（Taylor）による『リビングバイブル』（*Living Bible*, 1971年）がある．しかしながら，最も重要な翻訳は共同的な作業であった．改訂標準訳聖書（Revised Standard Version: RSV，新約聖書は1946年，旧約聖書は1952年，アポクリファは1957年）は，北アメリカの主だったプロテスタント教会を代表する委員会によりなされた，アメリカ標準訳聖書（ASV）の改訂版である．改訂者たちは最新の学問と言語の変化を考慮して，より正確で古風な表現でない聖書を生み出そうとしたが，公の礼拝にふさわしい品位を保った．改訂標準訳聖書（RSV）はアメリカだけでなく，イギリスや他の英語圏でも広く用いられている．1965年に新約聖書，1966年に聖書全巻（ウルガタ訳聖書の順序で）が，インプリマトゥル*を受けた「カトリック版」として刊行された．カトリック，プロテスタント，正教徒の関心を引くことを意図して，「共通聖書」（Common Bible, 1973年）と呼ばれることになった聖書において，改訂標準訳聖書の本文は配列しなおされ，その改訂版である新改訂標準訳聖書（New Revised Standard Version:

NRSV）は1989年に刊行された．これは欽定訳聖書を直接に継承し，その荘重さを多く保っている．新英訳聖書（New English Bible: NEB，新約聖書は1961年，聖書全巻は1970年）は現代英語への聖書の新しい翻訳をめざし，原語から翻訳された．これを指導したのは，スコットランド教会が首唱して1947年に設立された，イギリス諸島のカトリックを除く教会の合同協議会であった．それは一部でしか受け入れられなかったが，1974年には改訂作業がカトリックを含む委員会により進められた．改訂英訳聖書（Revised English Bible: REB, 1989年）は新英訳聖書（NEB）の徹底した改訂版であり，一般に原文の扱いにおいてより保守的である．エルサレム聖書（Jerusalem Bible: JB, 1966年）は，エルサレムの「エコール・ビブリック」（École Biblique）のドミニコ会員によりヘブライ語・ギリシア語・アラム語の原典からフランス語に翻訳されて，1948–54年にフランスで刊行された聖書（La Bible de Jérusalem）の英語に対応した翻訳である．英語版は原語と照合して翻訳され，注が改訂されている．ウルガタ訳聖書の順序に従っているが，聖書の固有名詞について，ドゥエー・ランス聖書よりもAVやRVの伝統的な形を用いている（たとえば，ホセアについてOseeでなくHoseaにしている）．改訂版の新エルサレム聖書(New Jerusalem Bible, 1985年）は，フランス語の新版（1973年）を用いており，性差のない言葉を用いようと真摯に努めた最初の徹底した英語訳聖書であった．新アメリカ聖書（New American Bible: NAB，1970年）は，アメリカ・カトリック聖書協会（Catholic Biblical Association of America）のメンバーにより翻訳され，アメリカのカトリック信徒により広く用いられている．新国際聖書（New International Version: NIV, 1978年）は，ニューヨーク聖書協会（NewYork Bible Society）のもとで，幅広い福音主義の諸教派を代表する学者によりなされた翻訳である．

## 『エイコン・バシリケー』
*Eikon Basilike*

副題は「孤独と苦難のうちにある陛下の横顔」（The Portraiture of His Sacred Majesty in His Solitudes and Sufferings）．チャールズ1世*の処刑直前の，国王派による出版物で，彼自身の筆によると主張している．

## 栄唱（えいしょう）
➡頌栄

## 詠唱（えいしょう）
➡トラクトゥス

## エイダン（聖（せい））
Aidan, St（651年没）

アイオナ*のアイルランド人修道士で，リンディスファーン*司教．ノーサンブリア王オズワルド*の招聘でアイオナから派遣され，635年に司教に聖別された．彼はリンディスファーン島に本部を置き，本土へと長い旅をした．彼が教えた慣行はケルト教会*のものであった．祝日は8月31日．

## エイトン
Ayton, John（1350年以前に没）

アクトン（Acton）ともいう．イングランドの教会法学者．彼は教皇特使オットーとオットブオノの「教憲集」（Constitutions）に関する注釈書を書いたが，これは1496年のW. リンドウッド*の『管区法令集』（*Provinciale*）の最終版の中に印刷された．

## エイリフ
Ayliffe, John（1676-1732）

イングランドの法学者．アルファベット順に配列された1726年の『英国教会法』（*Parergon Iuris Canonici Anglicani*）は，現在も高い権威ある論考である．

## エイレトン
eileton

東方教会において，典礼の際に祭壇上にひろげられる布．西方のコルポラーレ*に対応する．

## エイレナイオス（聖）
Irenaeus, St（130頃-200頃）

178年頃からリヨン司教．一般にスミュルナ*出身と考えられ，その生涯と思想の両方で，東西間のきずなとなった．主著である『異端反駁』（*Adversus Haereses*）は，当時の教会にとり重大な脅威であったグノーシス主義*に対する詳細な駁論である．近代になって，第2の著作である『使徒的使信の証明』（*Demonstratio Praedicationis Apostolicae*）がアルメニア語訳で発見された．エイレナイオスは最初のすぐれたカトリック神学者である．彼のグノーシス主義への反駁は，対抗するキリスト教的グノーシスの提示によってだけでなく，教会の伝統的要素，特に司教制，聖書，宗教的・神学的伝統の強調によってであった．彼は受肉のキリストにおける人間的発展という「再統合」（recapitulation）の理論を展開し，それによりキリストの人間性に独自の肯定的価値を与えた．祝日は西方では6月28日，東方では8月23日．

## エウアグリオス・スコラスティコス
Evagrius Scholasticus（536頃-600）

教会史家．431年から594年に及ぶ彼の『教会史』は優れた資料を用いている．

## エウアグリオス・ポンティコス
Evagrius Ponticus（346-99）

霊的著作家．コンスタンティノポリス*で著名な説教家であった．382年に，彼はニトリア砂漠*に赴き，そこで残りの生涯を過ごした．彼はアパテイア*を経て観想*に至る，修道士（ないし隠修士）の向上の過程を論じ尽くした．彼の著作には，修道士の霊的生活に関する『修道士』（*Monachos*），同じテーマをより深く論じ，『認識者』（*The Gnostic*）という短い序文を付けた『認識の提要』（*Gnostic Chapters*），かつてアンキュラのニロス*に帰された『祈禱論』，および近代になって発見された，さまざまな聖書の諸文書に対するスコリオン*がある．

## エーヴァルト
Ewald, Heinrich Georg August（1803-75）

ドイツの旧約聖書学者，オリエント学者．1827年の彼の『ヘブライ語文法』は，旧約聖書文献学史において画期的であり，また『イスラエル民族史』はイギリスの学界にも影響を及ぼした．彼は旧約聖書批評学の否定的な傾向に抑制的な感化を及ぼした．

## エヴァンゲリスタリオン
Evangelistarium

正教会*において，復活祭*の変動する日付にあわせた，毎年の福音書の礼拝用聖句集．

## エヴァンジェリアリ
Evangeliary

（1）4福音書の聖句集．（2）聖餐式で朗読される福音書の箇所を載せた典礼書で，教会暦年におけるその位置に従っている．

## エヴァンソン
Evanson, Edward（1731-1805）

英国教会の司祭．職を辞したのち，1792年に，ヨハネによる福音書*の伝統的な著者性を最初に論理的に批判する著作を書いた．

## エウエルゲティノス
Evergetinos, Paul（1054年没）

重要な修道士の詞華集*の編集者．コンスタンティノポリス*の近くに修道院を創立して，1050年頃に霊的なテキストの集成をまとめた．彼はそれを『シュナゴーゲー』（*Synagoge*）と呼んだが，通常『エウエルゲティノン』と呼ばれる．

## エウカリスティア
➡聖餐

## エウキタイ派
➡メッサリア派

## エウギッピウス
Eugippius（455頃-535頃）

ナポリに近いルクラヌム（Lucullanum）修道院長．彼は聖セウェリヌス*の伝記と修道院会則を書いた．彼はまた，聖アウグスティヌス*の著作からの抜粋を編集し，おそらく福音書のウルガタ訳*本文の改訂にも関わった．

## エウゲニウス3世（福）
Eugenius III, Bl（1153年没）

シトー会*員．1145年から教皇．彼は聖ベルナルドゥス*が修道院長であったクレルヴォー*に1135年に入り，その大きな影響を受けた．1147年に，彼はベルナルドゥスに第2回十字軍*の勧説を依頼した．1148年に彼が開催したランス*教会会議はギルベルトゥス・ポレタヌス*の異端信仰とヒルデガルト*の幻視について議し，クレモナ教会会議でブレシアのアルノルドゥス*を破門した．祝日は7月8日．

## エウゲニウス4世
Eugenius IV（1383-1447）

1431年から教皇．彼の最初の事績の一つはバーゼル公会議*を解散することであったが，同会議が解散を拒否したので，1433年に彼はそれが公会議であることを承認した．公会議との緊張関係は続き，1438年に，彼は多数派の意向に反して，公会議をフェラーラに移し，翌年，フィレンツェに移した．継続中のバーゼル公会議は，1439年に彼を廃位し，対立教皇を選出したが，エウゲニウスがフィレンツェで締結した東西両教会の合同協定は短命ではあったが，彼の権威を強めた．➡フィレンツェ公会議

## エウケライオン
➡塗油

## エウケリウス（聖）
Eucherius, St（450年頃没）

リヨン司教．妻と息子たちと共に，彼はレランス*の修道院に入った．彼は432年と（彼がオランジュ教会会議*に出席した）441年のあいだのいつか，リヨン司教に選出された．彼は釈義的・修徳的な著作を書いた．祝日は11月16日．

## エウコロギオン
Euchologion

東方教会における祈禱書で，現行の3種の聖体礼儀の経典と典礼注規*，聖務日課*の不変の部分，秘跡*（機密）と準秘跡*の執行に必要な祈りを載せている．

## エウスタキウス（聖）
Eustachius（Eustace）, St

マドリード市と（聖フベルトゥス*と共に）狩猟家の守護聖人．彼の実在性は疑わしい．彼はローマの将軍であったが，角のあいだに十字架のある雄鹿を見て改宗し，真鍮製の雄牛像の中で火あぶりにされたという．祝日は9月20日（1969年に西方では削除）．

## エウスタティオス（アンティオキアの）（聖）
Eustathius, St

324年頃から327年頃までアンティオキア*主教．325年のニカイア公会議*で，彼には名誉ある地位が与えられ，彼は自教区に戻ると，アレイオス派*の疑いのある多数の聖職者を追放した．彼の非妥協的な態度は，カイサリアのエウセビオス*との衝突をもたらした．彼はアンティオキア教会会議で罷免され，トラキアに追放された．彼の著作のうち（オリゲネス*を批判した）『エンドルの口寄せ女について』（*De Engastrimutho*）のみが完全に残っている．祝日は7月16日．➡メリティオス

## エウスタティオス（セバステの）
Eustathius（300頃-377年以後に没）

357年頃からポントスのセバステ（Sebaste）主教．アレイオス*の弟子で，ニカイア*をめぐる問題で生涯をつうじて揺れ動いた．彼は修道制*の組織化に顕著な役割を果たした．晩年には，マケドニオス*主義の異端信仰を唱道した．

## エウストキウム（聖）

Eustochium, St Julia（370-419頃）

ローマ出身の処女．母である聖パウラ*と共に，エウストキウムは聖ヒエロニムス*の影響を受けた．処女性を論じた彼女宛てのヒエロニムスの手紙は物議をかもし，彼らは385年にローマを離れざるをえず，やがてベツレヘム*に落ち着いた．祝日は9月28日．

## エウセビウス（ヴェルチェリの）（聖）

Eusebius, St（371年没）

340年からヴェルチェリ（Vercelli）司教．アレイオス*論争において，正統信仰の強力な支持者であった．3通の手紙が残っている．伝統的にアタナシオス*に帰されてきた『三位一体論』（*De Trinitate*）がエウセビウスの作とされているが，議論が分かれている．祝日は8月2日（1969年までは12月16日）．

## エウセビオス（エメサの）

Eusebius（359年頃没）

シリアのエメサ（Emesa, 現ホムス）主教．半アレイオス主義*に共感していた聖書釈義家で，教理問題に関する著作家．アタナシオス*が339年に罷免されたとき，アレクサンドリア*主教に選出されたが辞退し，その直後にエメサ主教になった．現在まで，彼の著作の断片しか知られていないが，およそ30の説教が彼に帰されている．ガリアに由来する（まったく別の）説教集が長く「エウセビオス」の名前で流布してきたが，これは現在ではリエのファウストゥス*に由来すると見なされている．

## エウセビオス（カイサリアの）

Eusebius（260頃-340頃）

315年までに，彼はカイサリア*主教に就任した．アレイオス*論争に際し，アレイオスを支持し，324-25年のアンティオキア教会会議で断罪された．325年のニカイア公会議*で，彼は自らの正統信仰の証拠としてカイサリアの洗礼信条を提出して復職した．彼は最後にはニカイア信条*を受け入れたが，渋々そうしたのであり，アタナシオス*に反対し続けた．

エウセビオスの『教会史』は，使徒時代から彼自身の時代までのキリスト教史にとって主要な資料であり，主に彼以前の著作家からそのまま引用された抜粋の形で，東方教会に関する膨大な素材を含んでいる．彼の他の著作には，ディオクレティアヌス*帝の迫害を記述した『パレスチナの殉教者』，年表付きの普遍史の要約である『年代記』，頌詞ながら価値ある史的事項を含む『コンスタンティヌスの生涯』があり，また『福音の準備』は，なぜキリスト教徒がヘブライの伝統を受け入れ，ギリシアの伝統を否定するのかを示し，『福音の証明』はキリスト教を旧約聖書から証明しようとしている．

## エウセビオス（サモサタの）（聖）

Eusebius, St（380年没）

360年までに，彼はサモサタ（Samosata）主教に就任した．メリティオス*がアンティオキア*主教に選出されるのを支援し，その後のアレイオス主義*との彼の闘いに協力した．374年に，エウセビオスは正統信仰のゆえに追放されたが4年後に復職した．祝日は東方では6月22日，西方では6月21日．

## エウセビオス（ドリュライオンの）

Eusebius（5世紀半ば）

彼がコンスタンティノポリス教会会議でエウテュケス*の異端信仰を攻撃した448年までに，フリギア（現トルコ西部）のドリュライオン（Dorylaeum）主教に就任していた．エウセビオスは449年のエフェソス強盗会議*で罷免されたが，450年の皇帝マルキアヌス*の即位後に復職し，451年のカルケドン公会議*で顕著な役割を果たした．

## エウセビオス（ニコメディアの）

Eusebius（342年頃没）

ニコメディア（Nicomedia）主教，アレイオス*派の指導者．アレイオスがアレクサンドリア主教アレクサンドロス*により断罪されたのち頼ってきたとき，エウセビオスはすでにニコメディア主教であって，宮廷での彼の影響力をアレイオスのために用いた．エウセビオスは325年のニカイア公会議*の直後に追放されたが，328-29年に復職すると，アタナシオス*との闘いを指導した．337年に，エウセビオスは臨終の床にあるコンスタンティヌス*に授洗した．339年にコンスタンティノポリス*主教となった彼は，341年にアンティオキア*献堂会議（Dedication Council）を開催したが，これはアレイオス派が優勢になり始めたことを示している．

## エウセビオスの『福音書の列表』

Eusebian Canons and Sections

カイサリアのエウセビオス*により創案された列表（canons）で，1つの福音書の読者が他の福音書中の並行した章句（sections）や同様な事項を含む章句を見つけることができる．その章句の番号づけは以前はアンモニオス・サッカス*に帰されていた．

## エウタリオス

Euthalius

ギリシア語の新約聖書の多くの写本中に見られる編集資料集成の有名な作者．パウロ書簡のエウタリオスによる序文に，『パウロの殉教』（Martyrium Pauli）が付けられている．これはおそらく458年か396年に年代づけられようが，別人の作であろう．

## エウテュケス

Eutyches（378頃-454）

彼はコンスタンティノポリス*の修道院のアルキマンドリテス*であった．彼は448年にネストリオス*に反対したことで，キリストにおける両性を混同しているという正反対の異端信仰のかどで告発された（➡キリスト論）．彼はコンスタンティノポリス総主教フラウィアノス*により罷免され，449年のエフェソス強盗会議*で復職したが，451年のカルケドン公会議*で罷免され，追放された．エウテュケスは，受肉のキリストには単一の「本性」のみが存在すると主張し，その人間性が我々と同一実体であることを否定したが，これはキリストをとおしての我々の贖罪という考えとは相いれない見解であった．オリエンタル・オーソドックス教会*は「単一の本性」に関して彼の用語を共有しているが，キリストの人間性が我々と同一実体であることを否定している点で，彼を明確に断罪した．➡キリスト単性論

## エウテュミオス（聖）

Euthymius, St（377-473）

修道士．アルメニア*出身の彼は，405年にエルサレム*に来て，426年頃にカネル・アーマル（Khanel-Ahmar）にラヴラ*を創設した．彼はカルケドン公会議*の諸決定に対して忠実であり，パレスチナの修道制*の形成に寄与した．祝日は1月20日．

## エウテュミオス

Euthymius（11世紀半ば）

コンスタンティノポリス*のペリブレプトス（Peribleptos）修道院の修道士．彼はボゴミル派*の一派であるフンダギアギタイ派（Phundagiagitae）に対する論争的な著作を書いた．

## エウテュミオス・ジガベノス

Euthymius Zigabenus（12世紀初頭）

ビザンティンの神学者．彼の生涯について知られているのは，皇帝の命により，すべての異端信仰に反論する『教理の甲冑』（*Panoplia Dogmatica*）を書いたことだけである．ボゴミル派*に関する第27章は，ペリブレプトス修道院の修道士エウテュミオス*の著作とともに，同派に関する主要な情報源である．彼はまた，多数の聖書の注解書を著した．

## エウノミオス

Eunomius（394年没）

アレイオス主義*者でキュジコス（Cyzicus）主教．アエティオス*の弟子である彼は，おそらく360年にキュジコス主教になったが，数か月後に辞

任した．彼は追放中にダコラ(Dakora)で没した．

(『第1弁明書』と呼ばれる）彼の主著『アポロゲティコス』はおそらく，彼が辞任する直前のコンスタンティノポリス教会会議で行った自説の弁明である．カイサリアのバシレイオス*が書いた反論に対して，エウノミオスはおそらく378年に再反論した（『第2弁明書』)．ニュッサのグレゴリオス*の382年頃の『エウノミオス駁論』(*Contra Eunomium*)はこれを反駁したものである．エウノミオスは，その単一性がいっさいの区別に反するような単一で最高の「実体」を説いた．彼は御子の誕生が神性のうちに起こったことを否定し，御子が御父から直接に生じたものと見なし，御子は御父に類似させる創造的力を御父から受けたと説いた．彼の教えの最も顕著な特徴は，信仰生活にとり教理の厳密さが重要であることを強調したことであった．彼の主な重要性は彼に対するカッパドキア3教父*の反論にあり，神および神に関する人間の知識についての彼らの教理はエウノミオスの教えを批判しながら形成されたのである．

## エウフェミア（聖）

Euphemia, St（おそらく4世紀）

処女，殉教者．彼女は東方において，特に451年に公会議がカルケドン*で開催された聖堂の守護聖人として崇敬された．祝日は9月16日．

## エウロギア

eulogia

古い時代には，この語は「祝福」ないし「祝福されたもの」を意味した．ミサの終了後に，洗礼志願者*などに配られた祝福されたパンを指した．

➡パン・ベニ

## エキュメニカル運動（エキュメニズム，教会一致促進運動）

Ecumenical Movement（Ecumenism）

キリストを信じるすべての人たちの可見的な一致をめざす教会内の運動．統一への願いは新約時代にさかのぼりうる．現代のエキュメニカル運動は1910年のエディンバラ会議*に由来しているが，同会議はそれ以前の発展に多くを負っている．同会議がもたらしたのは，国際宣教協議会(International Missionary Council）の設立と，それに続く1925年の第1回「生活と実践」*世界会議および1927年にローザンヌ会議*に集まった第1回「信仰と職制」*世界会議の創設である．1948年に，この両組織が合同して世界教会協議会*を形成した．

1910-27年に運動を主導したのは主に西方のプロテスタントであった．しかしながら当初から，世界教会協議会にはいくつかの東方正教会*やオリエンタル・オーソドックス教会*が含まれていた．1961年に，正式のローマ・カトリック教会のオブザーバーが初めて世界教会協議会第3回総会に出席を認められ，1962年に，カトリック以外のオブザーバーが第2ヴァティカン公会議*に招待され，また1964年の公会議の『エキュメニズム教令』は，他の諸教会のメンバーを教会の外なる存在でなく「離れた兄弟」と呼んでいる．プロテスタント諸教会間のさまざまな組織的な合同が起こり（➡再一致)，また世界教会協議会の後援のもとに行われる多角的な議論と同時に，異なった教派の世界的な組織間の相互的な対話が行われている．地域・国家・地方レベルでの教会協議会は現在では通常，正教会やカトリック教会も含んでいる．1960年代後半以降，西方以外の諸教会や女性の参加が著しく増加している．これまでは，ペンテコステ派*の諸教会はほとんどこの運動に参加していない．

## エキュメニズム

➡エキュメニカル運動

## エギンハルト

➡アインハルト

## エグザミニング・チャプレン

examining chaplains

英国教会において，上級聖職*の志願者を審査する義務は本来，大執事*に属するが，他の聖職者もこの目的で任命される．

## エクサルコス（太守）

exarch

(1) ラヴェンナ*太守領など，ビザンティン帝国の属領の統治者．(2) 総主教*より下位にあるが，ある主教区*において府主教*を超える権限をもつ主教のこと．

## エクス・オペレ・オペラート

ex opere operato

（ラテン語で「行われた行いにより」の意．）秘跡の本質的に客観的な働き方およびそれが執行者や受領者の主観的な態度と無関係であることを表すために，神学者が用いる用語．

## エクスタシス（脱自）

ecstasy

ギリシア語の「エクスタシス」は「自分の外に立つ」ような，激しく感動した状態を指すのに用いられる．しばしば軽蔑語としても用いられたが，エクスタシスは神（the Divine）と一致するため自己超越した人（プラトン*）や預言者的霊感（フィロン*，ユスティノス*など）について用いられえた．プロティノス*は，個人が自らの精神力を超え出てもはやまったく「自己」ではないような「神との合一」を指して，肯定的な意味でエクスタシスを用いている．中世後期において，エクスタシスは「脱魂」（rapture）と結合するようになり，両者は多少とも感覚からの完全な離脱状態を指す専門語となるに至った．アビラの聖テレサ*および聖フアン・デ・ラ・クルス*の影響を受けて，両者は実質的に同一視され，霊的な過程の体系の中に固有の位置を与えられた．

## エクスペリウス（聖）

Exuperius, St（410年以後に没）

トゥールーズ司教．インノケンティウス1世*が彼に宛てた手紙は重要である．祝日は9月28日．

## 『エクスルゲ・ドミネ』

Exsurge, Domine

M. ルター*に破門を威嚇して，1520年にレオ10世*が発した大勅書*．ルターはその大勅書を公に焼いて，教皇職*と関係を絶った．

## エクスルテット（復活賛歌）

Exultet

（ラテン語で「喜べ」の意．）西方の典礼において，聖土曜日*に復活ろうそく*のそばに立つ助祭*により歌われる「復活賛歌」(Paschal Proclamation）で，冒頭語からエクスルテットと呼ばれる．

10世紀前半から14世紀まで南イタリアで，「エクスルテット・ロール」(Exultet Rolls）と呼ばれる巻物に，ふさわしい音楽的指示をつけて，テキストを書き記すのが慣例になっていた．テキストは各部分に分かれ，その部分にテキストとは逆向きに挿絵が描かれており，その結果，巻物の読み終わった部分がアンボン*の背後に下がったとき，会衆はその挿絵をまっすぐに見ることができた．

## エクセター

Exeter

680年頃までに，修道院がローマ人の居留地の城壁内に建てられていた．のちに再建・修復されたその修道院は1050年に衰微した．同年に，デヴォンとコーンウォールの両司教区を統合した司教クレディトン*のレオフリック（Leofric）は，ヴァイキングの攻撃から安全なエクセターを新しい司教座都市にした．ノルマン様式の大聖堂の塔のみが残っている．現在の大聖堂の大部分はイングランド・ゴシック様式によっている．有名なのは，ミゼリコルディア*席，1285年にグラストンベリー*で作られた時計，司教の椅子，西正面部の14-15世紀の彫像衝立である．

## 『エクテシス』

Ecthesis

（ギリシア語で「信仰の表明」の意．）皇帝ヘラクレイオス*が638年に発布した勅令で，キリストのペルソナ（位格）における，1つにせよ2つにせよ，「エネルゲイア」（働き）について言及することを禁じ，両性が単一の意志に結合していると主張した．➡キリスト単意論

## エクテニエ
ectene

東方教会において，輔祭により唱えられる，短い嘆願からなる祈りで，これに聖歌隊や会衆がキリエ・エレイソン*で応唱する．

## エクフォネシス
ecphonesis

東方教会において，聞こえる声で発せられる祈りの結びの言葉で，その他の言葉は静かに唱えられる．

## エグベルト（聖）
Egbert, St（729年没）

ノーサンブリア出身の隠修士．リンディスファーン*の修道士であった彼は，アイルランド*に渡り，ドイツへの伝道の組織化に影響を及ぼした．彼は聖ウィリブロード*らの宣教の準備をした．716年頃から，彼はアイオナ*島に住んだ．祝日は4月24日．

## エグベルト
Egbert（766年没）

ヨーク*大司教．彼は732年頃にヨーク司教になり，ベーダ*の助言で，735年にパリウム*の下付を（ローマに）願い出た．エグベルトは司教座聖堂付属学校を創設し，多くの改革を行った．彼の名前が付されているのは，教会法*の集成（現存しているのは11世紀のもの），ともに後代の加筆のある，教会規律に関する論考および『悔悛提要』(Poenitentiale）である．また彼のものとして流布している『司教典礼書』*は彼の作ではない．

## エーゲデ
Egede, Hans（1686-1758）

「エスキモーの使徒」．彼は1721年にルター派の宣教師としてノルウェーからグリーンランドへ渡った．1736年に，彼はコペンハーゲンに戻り，そこにグリーンランドへの宣教師養成神学校を創設した．

## 『エゲリアの巡礼記』（『アエテリアの巡礼記』）
Egeria（Etheria）, Pilgrimage of

おそらく381-84年に，ある敬虔な女性がエジプト，聖地*，エデッサ*，小アジア，コンスタンティノポリス*を歴訪した旅行記．前半において，彼女は各地を聖書の出来事の場所と同定して記録している．後半において，記述は主に典礼に関する事項，特にエルサレム*とその近隣の教会の礼拝についてである．

## エコランパディウス
Oecolompadius, Johannes（1482-1531）

宗教改革者．1515年に，彼はJ. フローベン*を助けて，エラスムス*が1516年にラテン語訳をつけたギリシア語新約聖書を刊行するのに協力し，その末尾に注を書いた．エコランパディウスは1520年に修道院に入ったが，宗教改革者と運命を共にするために，1522年にそこを去った．バーゼルに戻った彼の影響で，同市は宗教改革を導入し，1528年にはベルンも同調した．彼は教会政治への信徒の参加を擁護した最初の宗教改革者と考えられている．

## エザナ
Ezana（4世紀）

キリスト教に改宗した，アクスム*王国の国王．彼は330年頃から365/70年に統治したと思われる．（伝統的に333年とされる）彼の改宗の年代が不確実なのは，文献・貨幣・碑文からの証言が曖昧だからである．ルフィヌス*や後代の年代記作者の記録によれば，聖フルメンティオス*（380年頃没）はアクスムを訪れ，主教になり，その国で影響を及ぼした．356/57年に，皇帝コンスタンティウス2世（361年没）はフルメンティオスのことで「エザナス」(Ezanas）へ書簡を送った．エザナの碑文によれば，彼は王国を紅海を超えて拡大させた．➡エチオピア教会

## 『エジプト教会規律』
*Egyptian Church Order*

『使徒伝承』*の以前の名称．

## 『エジプト人福音書』

Egyptians, Gospel according to the

2世紀前半に，おそらくエジプトで禁欲主義的な観点から書かれた外典福音書．ほんのわずかな引用断片が残っている．ナグ・ハマディ文書*に収められている『エジプト人福音書』（Gospel of the Egyptians）とはなんの関係もない．

## エジャトン・パピルス

Egerton Papyrus

大英図書館にあるパピルスの2枚の不完全な紙葉と破片（「エジャトン・パピルス2」）で，正典福音書に類似しているが別個のギリシア語文書からの章句を含んでいる．150年頃に年代づけられてきたが，現在では200年により近い年代に位置づけられている．

## エスクリバー・デ・バラゲル

➡オプス・デイ

## エスコラピオス修道会

Piarists

特に貧者のあいだで，若者の教育に専念する修道聖職者会*．彼らの名称は「敬虔な学校」（Pious Schools），すなわち「自由で公の学校」に由来し，その最初のものは1597年に聖ホセ・デ・カラサンス*によりローマで開校した．その教師たちは1617年に修道会（congregation）として組織され，1621年に公式誓願修道会（order）になった．

## エステル記

Esther, Book of

本書は，ユダヤ人女性エステルがどのようにしてペルシア王クセルクセス（在位前486-65年）の王妃という影響力のある地位を獲得し，絶滅の危機にある同胞を救うのにそれを利用したかを語っている．人気のあった物語であった本書が旧約聖書*の正典*に含まれるようになった理由はおそらく，プリム*の祭を記述していたからであろう．

## エズニク

Eznik（5世紀）

アルメニア*のバグレヴァンド（Bagrevand）主教．彼は（現在は『神論』とも呼ばれる）『諸派駁論』を書き，聖書のアルメニア語訳に従事した．

## エスペン

Van Espen, Zeger Bernhard（1646-1728）

ネーデルラントの教会法学者．その最も重要な著作は1700年の『教会法総論』（*Jus Ecclesiasticum Universum*）である．彼はガリカニスム*の諸理論を擁護し，宗教的権威に反対する世俗権の熱心な支持者であった．

## エズラ

Ezra

ユダヤ人の祭司，書記官．彼の活動はエズラ記・ネヘミア記*と「エズラ記（ギリシア語）」に記録されている．彼はユダヤ人の民族的純粋性と特有性を守る手段を講じた．彼のエルサレム*への到着の伝統的な年代は前458年であるが，ネヘミア*より後ならば，428年か398年であろう．

## エズラ記（ギリシア語）・エズラ記（ラテン語）

Esdras, Books of

「エスドラス」はエズラ*のギリシア語・ラテン語形である．七十人訳聖書*に含まれるのは，エズラ記A，歴代誌上下・エズラ記・ネヘミア記の一部に基づくギリシア語の書，ヘブライ語原文にない付加的物語，および（1書として扱われた）エズラ記・ネヘミア記のヘブライ語からの直訳であるエズラ記Bである．ウルガタ訳聖書*の現在の形では，第1エズラ記と第2エズラ記は，別々の書として扱われたエズラ記・ネヘミア記の聖ヒエロニムスによる翻訳であり，第3エズラ記はエズラ記Aの古ラテン語訳で，第4エズラ記はギリシア語では残っていない別の書である．1546年に，第3エズラ記と第4エズラ記はカトリック教会の正典*として認められなくなり，その後のウルガタ訳聖書では，新約聖書の後の付録として載っている．1560年の「ジュネーヴ聖書」*とその後の英語訳聖書*において，ウルガタ訳聖書の第1エズラ記と第2エズラ記はエズラ記・ネヘミア記となり，第3エズラ記と第4エズラ記はアポクリファ*(旧約聖書続編) のエズラ記 (ギリシア語) とエズラ記 (ラテン語) となった．

「エズラ記 (ギリシア語)」(七十人訳聖書のエズラ記A，ウルガタ訳聖書の第3エズラ記) は，ヨシヤからエズラに至るイスラエルの物語を記す．ヘブライ語の正典諸文書からとられた素材で主に構成されている．一般に，前200-前50年に年代づけられている．

「エズラ記 (ラテン語)」(ウルガタ訳聖書の第4エズラ記，「エズラ黙示文学」[*The Ezra-Apocalypse*]) は以下の3部からなる．(a) 1-2章は，イスラエルの罪を非難し，部分的に新約聖書に基づく序の部分．(b) 3-14章は本来の「エズラ黙示文学」で，この中で著者は自らの幻を語り，天使と対話をしている．(最古の) この部分は一般に後70年以降，ハドリアヌス帝の治世 (117-38年) 以前に年代づけられている．(c) 15-16章は，付録であって，ある写本では「第5エズラ記」とされている．➡エズラ記・ネヘミア記

### エズラ記・ネヘミア記
Ezra and Nehemiah, Books of

旧約聖書*のこの2書は，歴代誌*から始まったユダヤ人の歴史を続けている．エズラ記はバビロニア捕囚からの帰還，神殿*再建の努力，エズラ*の派遣と活動を述べる．ネヘミア記はエルサレム*の再建に対するネヘミア*の計画および同市の居住環境の整備を述べる．現代の学者の一般的な考えでは，2書の編集者はエズラ記・ネヘミア記より後代に書いたということであるが，彼が歴代誌の著者でもあったかどうかについては意見が分かれている．➡エズラ記 (ギリシア語)・エズラ記 (ラテン語)

### エゼキエル書
Ezekiel, Book of

旧約聖書*の三大預言書の一つ．本書が預言するのは，諸外国の運命でもあった，バビロニア軍によるエルサレムとユダ王国の滅亡およびイスラエルの救済と回復である．本書は理想的な神政政治*の幻と特に再建される神殿*の形状と礼拝で終わっている．

エゼキエルはエルサレムの祭司で，おそらく前597年にバビロンに連行された．そこでの彼の体験は彼に，神の支配の普遍性を確信させたと思われる．伝統的に，本書全体はエゼキエルの作と見なされてきた．大多数の学者は現在，本書の大半がエゼキエルに由来し，その他の大部分は彼の言葉の伝承に影響を受けた預言的サークルに由来すると見なしている．少数の学者は本書のほんの一部がエゼキエルに由来すると見なしたり，そもそも彼がバビロンにいたことを疑問視したりしている．

### エセルウォルド (聖)
Ethelwold, St (908頃-984)

963年からウィンチェスター*司教．聖ダンスタン*とウースター*の聖オズワルド*と共に，エセルウォルドはイングランドの修道制の復興に貢献した．『レグラリス・コンコルディア』*はおそらく主に (少なくとも一部は) 彼の手になる．彼はまたおそらく，当時の修道制復興に関する記述を残し，『ベネディクトゥス会則』*の英訳にも携わった．祝日は8月1日．

### エセルドレダ (聖)
Etheldreda (Ethelthryth), St (679年没)

オードリー (Audrey) の別名もある．イーリー*修道院の創設者．キリスト教徒であったイースト・アングリア王の娘であった彼女は，2度結婚したが純潔を保った．彼女は672年頃に修道女になった．673年に，イーリーに男女併存修道院*を創設し，彼女は没するまでその女子大修道院長であった．祝日は6月23日，その移動*について，10月17日．

### エセルハルド
Ethelhard (805年没)

カンタベリー*大司教．彼は791年に選出されたが，793年まで聖別されなかった．マーシア人の大

司教に対するケント人の反対は796年に反乱を引き起こした．ローマを訪問して，エセルハルドはリッチフィールド*の大司教区としての地位の廃止を認められた．マーシアの司教区に対するカンタベリーの首位権は，803年のクロウヴァショウ教会会議*で承認された．

## エセルブルガ（聖）
Ethelburga, St（676年頃没）

女子修道院長．ロンドン司教聖エルコンワルド（Erconwald）の姉妹である彼女は，彼がバーキング（Barking）に建てた男女併存修道院*の初代院長であった．祝日は10月11日．

## エセルベルト（聖）
Ethelbert, St（616？年没）

560年頃からケント王．フランクの王シャリベールの娘ベルタ（Bertha）と結婚した．おそらく彼女の影響を受けたエセルベルトは，597年に聖アウグスティヌス*とローマからの宣教団を歓迎し，自らも改宗し，その後，王国内でキリスト教の活動を支援した．祝日は2月24日，現代の暦では2月25日．

## エセルベルト（聖）
Ethelbert, St（794年頃没）

イースト・アングリア王，殉教者．彼はオッファ*またはその妻の背信により暗殺されたといわれるが，エセルベルトは彼らの娘と婚約していた．彼はヘレフォード*に埋葬された．祝日は5月20日．

## 枝の主日（棕櫚の主日）
Palm Sunday

復活祭*の前の主日．この日の特徴的な儀式は，棕櫚の枝の祝福および西方教会では，主（イエス）のエルサレム*入城を記念する行列である．

棕櫚の枝の祝福の複雑な儀式は，構造的にミサと類似して，中世に発展した．英国教会では，その儀式は1549年に廃止されたが，近年になってやっと枝の主日のための特別な儀式がアングリカン・コミュニオンにおいて正式に認められた．カトリック教会では，その儀式は1955年に簡素化された．現在は，もし可能ならばミサが祝われるのとは別の建物で，会衆がもつ棕櫚の枝（ないし他の常緑樹の枝）の祝福が行われ，キリストのエルサレム入城の福音が朗読され，短い講話のあとに，聖職者と会衆は伝統的な典礼歌「グロリア・ラウス・エト・ホノル」（Gloria, laus et honor，オルレアンのテオドゥルフ*の作）ないし他の賛歌を歌いながら，聖堂へと列をなして入る．続くミサでは，受難の叙唱が含まれる．現代のアングリカンの儀式も同様な形式に従っている．ビザンティン典礼*では，棕櫚ないしオリーブの枝が祝福され，朝課*に配られるが，行列は一般的ではない．➡受難の主日

## エチオピア教会（アビシニア教会）
Ethiopian Church（Abyssinian Church）

オリエンタル・オーソドックス教会*の一つ．キリスト教は4世紀にテュロス出身の聖フルメンティオス*とアイデシオス（Edesius）兄弟によりエチオピアに導入され，6世紀前半に，エチオピア北部のアクスム*王国が有力なキリスト教国となった．イスラーム*の到来は7世紀以降，エチオピア王国の衰退およびキリスト教世界の他の地域からの孤立化をもたらした．1270年の（シェバの女王とソロモン*との子孫と称する）ソロモン朝の復興後，教会はデブラ・リバノス（Debra Libanos）修道院の創立者テクラ・ハイマノト（Tekla Haymanot）の改革により復興し，宣教活動が南部で行われた．16-17世紀に，ポルトガル*人は軍事援助を行い，宣教師を派遣した．1626年に，スセニョス（Susenyos）王は国民を代表して教皇職に正式に服従し，「キリスト単性論」*を誓絶した．しかし，王は国民の激しい抗議で退位し，イエズス会*員は追放された．エチオピアは19世紀まで宣教師の活動を受け入れなかった．エチオピア正教会の長は1959年までは，コプト*正教会の総主教*により任命される府主教*すなわち「アブーナ」*であったが，同年にエチオピア教会は独立自治教会となり，その長は現在は総主教の称号をもつ．1994年以降，別個にエリトリア（Eritrea）正教会の総主教

が存在する．典礼用語は，中世前期に口語としては用いられなくなったゲエズ語（Ge'ez）である．ユダヤ的な特徴がエチオピアのキリスト教に顕著である．エチオピア語の聖書には，『ヨベル書』や『エノク書（第1）』*のようないくつかの付加的な文書が含まれている．小さなカトリック東方*エチオピア教会も存在する．

## エック

Eck, Johann（Johann Maier 'of Eck'）（1486-1543）

（名前は生地のエック・アン・デア・ギュンツにちなむ．）ドイツの神学者．彼は人文主義の影響を受けた．贖宥*状をめぐる論争が起こるまでは，彼はM. ルター*と良好な関係にあったが，1519年のライプツィヒでの公開討論において，エックはカールシュタット*やルターと対決した．ルターが破門されたのは，エックの働きかけが大きかった．エックはその後も，ドイツのプロテスタントに対抗して，カトリック側を組織することに尽力した．

## エックハルト

Eckhart, Meister（1260頃-1328頃）

ドイツのドミニコ会*員の神学者，説教者．彼はパリ大学で講じ，またドミニコ会ザクセン管区長であった．スコラ*神学者として，彼は意欲的な思弁的・注解的著作である『3部作』（*Opus Tripartitum*）を構想したが，その一部しか残っていない．彼は説教者として有名であった．彼が1326年に異端的教説のかどで訴えられ，ケルン*大司教の裁判所で裁かれたとき，教皇に上訴したが，審理中に没した．1329年に，ヨアンネス22世*は28の命題を異端的ないしその疑いがあるとして断罪したが，エックハルトが没する前に自説を撤回したと表明した．

エックハルトの教えでは，我々が直面する一切の特殊のもつ複雑性を「突破」するべきなのは，神と（人間の）魂が分かちがたく一致している，すべての実在の単一の「根底」に達するためであり，それは形而上学的にも禁欲主義的にも，「これ」ないし「あれ」である一切のものから離脱することによる．エックハルトにとり「離脱」が最高の徳である理由は，それが神との最も親密な合一をもたらすからであり，キリスト教徒の生命は神御自身の生命と同様に神から自然に流れ出る．

## エッサイの窓（まど）

Jesse Window

「エッサイの樹」を描いた窓で，イエスがダビデ*の王統の出自であることに基づいており，ふつう，（ダビデの父である）エッサイから生え出て，イエスないし聖母子に至る樹の形をしていて，枝の渦形に中間の子孫たち（王たち）が配される．

## エッセネ派（は）

Essenes

どうやら前2世紀から後2世紀に存在したらしい，ユダヤ教の禁欲主義的なセクト．彼らの生活様式は高度に組織化され，共産主義的であった．キリスト御自身を含む，初期の教会の人物がエッセネ派とつながりをもっていたという推測は根拠がない．多くの学者はエッセネ派を死海写本*の教団と同一視している．

## エッファタ

Ephphatha

カトリックの洗礼式中の一つの儀式で，司式者は「エッファタ」（「開け」の意，マコ7:34）と言って，志願者の耳と口に触れる．

## エティエンヌ家（け）

'Stephanus'（Estienne）

学者で印刷業者の家系．

（1）ロベール・エティエンヌ（1503-59年）は，フランス王フランソワ1世の印刷業者であり，1532年の『ラテン語辞典』（*Thesaurus Linguae Latinae*）および，ヘブライ語の旧約聖書とギリシア語の新約聖書を含む聖書の校訂本で有名である．聖書への彼の注解はソルボンヌ*から非難されたので，1551年にジュネーヴ*に移った．彼が1551年版の新約聖書に導入した節区分は現在も用いられている（➡聖書の章節区分）．

（2）アンリ・エティエンヌ（1528-98年）は（1）

の長男で，教父*の校訂本を出版した．1572年の『ギリシア語辞典』（*Thesaurus Linguae Graecae*）は数世代にわたってギリシア語学者にとりなくてはならなかった．

## エディンバラ会議(かいぎ)
Edinburgh Conference（1910年）

この世界宣教会議（World Missionary Conference）は，世界への伝道の理念を提示し，現代のエキュメニカル運動*を開始したことで重要である．国際宣教協議会（International Missionary Council）を創設することにより，宣教会間の協力関係が増大した．

## エディンバラ会議(かいぎ)
Edinburgh Conference（1937年）

第2回「信仰と職制」*世界会議．同会議は，世界教会協議会*創設の提案を承認した．

## エデッサ
Edessa

現代名がウルファ（Urfa）のこの都市は，前304年に創建された．早くからシリア語*圏のキリスト教の中心地であった．エデッサは，ネストリオス派的傾向を申し立てられて489年に閉鎖するまで「ペルシア人の学校」の拠点であり，また同市は常にカルケドン公会議*のキリスト論に反対する中心であった．641年に，エデッサはアラブ人に征服されたが，数世紀のあいだ重要なキリスト教の中心地であり続けた．➡アブガル伝説

## エドウィン
Edwin（585頃-633）

616年からノーサンブリア王．625年に，彼はエセルベルト*王の娘エセルブルガ（Ethelburga）と結婚したが，彼女はキリスト教徒で，自らのチャプレンとして聖パウリヌス*を伴ってノーサンブリアに来た．627年に，エドウィンは受洗した．彼はパウリヌスをヨーク*司教に任命し，ヨークに石造の教会堂を建造し始めた．彼はハットフィールド・チェイスの戦いで戦死した．

## エドガー
Edgar（943頃-975）

959年からイングランド王．彼は修道院改革の活動を支援し，959年にカンタベリー大司教聖ダンスタン*，963年にウィンチェスター*司教聖エセルウォルド*を任命し，また聖オズワルド*を961年にウースター*司教，971年にヨーク大司教に任命した．エドガーが主宰して，970年頃にウィンチェスターで教会会議が開催され，同会議は『諸会則の調和』*を公布した．

## エドマンド（アビンドンの）（聖(せい)）
Edmund, St, of Abingdon（1180頃-1240）

誤ってエドマンド・リッチ（Edmund Rich）とも呼ばれる．1233年からカンタベリー*大司教．彼は国王の失政や教皇の強要を大胆に阻止しようとしたが，果たせなかった．彼は若い頃にオックスフォード*大学で新しい論理学を教えた．彼の同大学との結びつきを記念するのはセント・エドマンド・ホールである．彼は信心書『修道士の鏡』（*Speculum Religiosorum*）を著し，またアングロ・ノルマン語訳聖書の翻訳で通常『教会の鏡』（*Speculum Ecclesie*）と呼ばれる，俗ラテン語のテキストは広く流布した．祝日は11月16日．

## エドマンド（殉教王(じゅんきょうおう)）（聖(せい)）
Edmund the Martyr, St（840頃-869）

865年にはイースト・アングリア王であった．869年に，彼の王国はデーン人に侵入され，彼は捕らえられた．彼は王国をデーン人の支配者と折半するなら助けようと言われたが，キリスト教徒として，異教徒と提携するのを拒み，デーン人の弓訓練の的になる刑を受け，ついに斬首された．10世紀に，彼の遺体はベリー・セント・エドマンズ（Bury St Edmunds）に移動され，その修道院は巡礼地となった．祝日は11月20日．

## エドマンド・キャンピオン
➡キャンピオン

## エドワーズ
Edwards, Jonathan（1703-58）

アメリカの福音派*の説教者，カルヴァン主義*神学者．彼は1727年にマサチューセッツ州ノーサンプトン（Northampton）の会衆派*教会のミニスター*に任命され，自らの教会員が1734年に始まった一連の信仰復興運動*に参加したことにより，彼も公の舞台に登場することになった．1740年代の大覚醒*のあいだ，彼は福音派の信仰の闘士として現れた．彼は「新生」の必要性を説き，1746年の『宗教的情操論』（*Treatise Concerning Religious Affections*）において，信仰生活における意志と知性の役割をともに擁護した．1750年に，彼は陪餐に関して厳しい基準を主張したため，その職を剝奪された．彼はその後マサチューセッツ州ストックブリッジ（Stockbridge）で先住民のために宣教活動をした．彼は人間の堕落と倫理に関する著作とともに，1754年に『自由意志論』（*Freedom of the Will*）を著した．一般に理解されている自由を否定して，彼が主張したのは，自己決定が「哲理に反し，自己矛盾し，不条理なもの」であること，また美徳と悪徳の本質が「その原因でなくその本性」にあることであった．植民地時代のアメリカの最も重要な神学者・哲学者と見なされるエドワーズは，その著作，「ニューイングランド神学者」（New England Theologians）と呼ばれる弟子たちの学派，19-20世紀の福音派と新正統運動をつうじて，多大な影響を及ぼした．

## エドワード（聖）
Edward, St（962頃-978）

国王，殉教者．イングランド王エドガー*の長子である彼は，聖ダンスタン*の支持で，975年に父王の後継者になったが，3年後に暗殺された．1008年に，彼は正式に殉教者と定められた．祝日は3月18日，移動*について6月20日．

## エドワード（証聖王）（聖）
Edward the Confessor, St（1005頃-1066）

1042年からイングランド王．彼の治世は目立って平和であったが，1051年のゴドウィン伯とその息子たちの反乱によってだけかき乱され，彼らがその後も権勢を誇ったため，エドワードの王位を義弟のハロルド（ゴドウィンの息子）が継ぐことになった．エドワードは晩年に自らの霊廟としてウェストミンスター*にセント・ピーターズ・アビーを寄付・改築した．彼の高潔さの名声はノルマン征服後に高まった．祝日は10月13日．

## エドワード6世
Edward VI（1537-53）

1547年からイングランド王．彼はヘンリー8世*とジェーン・シーモア（Seymour）の息子であった．枢密院に自らの王権を委ねた彼は，政治的にほとんど役割を果たさなかった．しかしながら，彼の治世は教会に関しては多くの改革や変更がなされたことで目立っており，それらは大陸のプロテスタント神学者に影響を受けた政府によりしばしば英国教会に課された．それを特色づけるのは，1547年の国王勅令*の発布，1549年の聖職者の結婚の公認，1549年と1552年に承認された2度の礼拝統一法*（これらは『第1祈禱書』と『第2祈禱書』を課すことになった），1550年の新しい聖職按手式文*であった．

## エナルクシス
Enarxis

ビザンティン式の典礼において，プロスコミディア*と小聖入*のあいだの部分．3つの輔祭による連願*からなり，それぞれ聖歌隊により歌われる詩編ないし交唱聖歌*が続き，時に「至福の教え」*で終わる．

## エヌルクス（聖）
Enurchus, St（4世紀）

オルレアン司教．彼についてはほとんど何も知られていない．彼の祝日（9月7日）は，エリザベス1世*の誕生日を示すために，『祈禱書』の暦に載っている．

## エネルグメノイ
energumen

古代キリスト教の文献においてこの語は，正常でない精神的および身体的な状態，特に精神障害になった，悪霊に憑かれた人（demoniacs）などを指す．彼らは祓魔師*の介護を受けた．

## エノク
Enoch

旧約聖書*の族長の一人．多くの伝説が彼の名前に結びつくようになった．新約聖書では，彼が天に移されたことが言及されている（ヘブ11:5）．
➡『エノク書』

## 『エノク書』
Enoch, Books of

『エノク書（第1）』が『エチオピア語エノク書』と呼ばれるのは，それがエチオピア語でほぼ完全に残っているからで，最も重要な旧約聖書*の偽典*の一つである．それは一連の啓示を含み，その受領者とされているのはエノク*であり，その内容は悪や天使の起原，ゲヘナ*やパラダイス*の性格のような事柄である．本書は明らかに多くの文書の集成である．「譬えの書」（37–71章）中の「人の子」*に関する章句は，新約聖書の諸文書に影響を及ぼしたと広く考えられてきたが，たぶんその部分は本書への後代の（キリスト教徒による）挿入であろう．本書の他の部分は新約聖書*に反映されている．

『エノク書（第2）』または『スラヴ語エノク書』または『エノクの秘義の書』は，（ロシア教会の言語である）古代教会スラヴ語のみで残っており，『エノク書（第1）』と接点がある．『エノク書（第2）』の起原，年代，著者，原語に関して，意見が大きく分かれている．

『エノク書（第3）』はたしかにキリスト教の時代（おそらく4ないし5世紀）になって書かれたユダヤ教の作品である．反キリスト教的な論争の跡をうかがわせる．

## エバ
Eve

最初の女，アダム*の妻．創世記の物語（2章以下）では，彼女は禁じられた知識の木の果実を食べるよう誘惑された．エバとアダムは背き，堕落*し，エデンの園を追われた．エバには出産の苦しみが科された．彼女はフェミニスト神学*における重要なテーマである．

## エパノカミラフカ
epanokamelavchion

カミラフカ*の頂に置かれ，背中に垂れるヴェールで，東方教会において修道士や主教が着用する．

## エパルキア
eparchy

東方教会において，教会の管区*を指す．その長は「エパルコス」（eparch）で，しばしば「府主教」*と呼ばれ，自らの管区における主教*（bishops）の選出に際し拒否権をもつ．

## エビオン派
Ebionites

キリスト教時代の初期に，ヨルダン川*東部で活動したユダヤ人キリスト教の禁欲主義的な一派．その主な教えは，（1）例えば，イエスがヨセフとマリアの子で，鳩の形をした聖霊が受洗の際イエスに降りたというような，キリストのペルソナ（位格）の「限定した」教理，および，（2）モーセの律法の拘束力のある性格の強調であったと思われる．エビオン派はパウロ書簡を拒否し，唯一の福音書を用いたといわれる．

## 『エビオン派福音書』
Ebionites, Gospel according to the

エビオン派*で用いられたと想定されるギリシア語の外典*福音書に対して，現代の学者がつけた名称．エピファニオス*によれば，エビオン派は「マタイによる福音書を受け取り，それを『ヘブライ人福音書』と呼んだ」．それは正典のマタイによる福音書と同一視されえないし,『ヘブライ人福音書』*との関係も不明である.

## エピクテトス
Epictetus (50頃-130頃)

ストア派*の哲学者. キリスト教思想とエピクテトスの影響関係がしばしば議論されてきたが, 両者の類似性は道徳的性向が相似しているだけである.

## エピクレーシス
epiclesis

この語はもともと「祈願」(invocation) とまた「祈り」(prayer) 一般を意味したが, キリスト教の文献ではふつう, 聖餐におけるパンとぶどう酒の聖別を求める「嘆願」(petition) を指し, 御父が聖霊をパンとぶどう酒の上に送り,「キリストの体と血」にしてくださるよう求めるこの嘆願に通常限定される.

3世紀の『使徒伝承』*に見られるような初期の奉献文*には, 教会の献げ物の上に聖霊の降下を求める嘆願があり, パンとぶどう酒を受ける人たちがその恩恵を得て, すべての人が1つに集められるようにと願っている. 4世紀以降, その嘆願はより明確に, パンとぶどう酒の聖別と実体変化を求めるものとなった. ローマ・ミサ典文*には, 聖霊への明確な言及がない. しかしながら, 現代のカトリックの奉献文には, 聖霊の働きを求める2つの祈りが含まれ, 第1の祈りはパンとぶどう酒の実体変化を求め, 第2の祈りは拝領の実りと結びついている. 他の諸教会の現代の典礼にもしばしば, パンとぶどう酒の上に, 会衆の上に, より一般的に, 聖餐式そのものの上に, 聖霊の働きを求める祈りが含まれている.

## エピクロス派(は)
Epicureanism

ギリシアの思想家エピクロス (前342-270年) が創始した哲学的倫理学の学派. 彼は我々のあらゆる観念の源としての感覚が真理の唯一の基準を提供すると考え, 人間の行動の目標を快楽のうちに求め, それを苦痛と恐怖からの解放と同一視した.

## エピゴナティオン
epigonation

東方教会において, 芯のある菱形の祭服で, 高位聖職者が着用する.

## エピスコピ・ヴァガンテス
episcopi vagantes

(ラテン語で「遍歴する司教たち」の意.) 不規則ないし非合法な仕方で聖別された司教であった人たち, または, 正規に司教に聖別されたのちに, 聖別した教会により破門され, 認められた司教座と何の交渉ももたない人たちを指す名称. 交渉をもつ人たちの人数があまりに少なくて, セクトが個人的にだけ存在しているような人のことも指す.

## エピスコピウス
Episcopius (1583-1643)

本名はシモン・ビスコップ (Bisschop) で, アルミニウス主義*の代表的な教えを体系づけた. 1610年の『抗議書』*の署名者の一人である彼は, ドルトレヒト会議*に召喚されたレモンストラント派の主要な代表者であった. 彼は新たに創設されたレモンストラント兄弟団のために信仰告白を起草した. 彼はキリスト教の実践的な性格を強調し, 予定*に関する当時のカルヴァン主義の教えに抗議し, 罪に対する神ではなく人間の責任を強調し, キリストの神性の限定的な見解と従属説*的な三位一体論とを説いた.

## エピタフィオン
epitaphion

東方教会において, キリストの埋葬の場面を刺繍したヴェール. 聖金曜日*と聖土曜日*に行列で運ばれる. 主の昇天*祭前夜まで祭壇に置かれる.

## エヒテルナハ
Echternach

現在のルクセンブルクにあるエヒテルナハ修道院は, 698年に聖ウィリブロード*により創設された．多くの立派な写本が所蔵されており，同修道院は11世紀に，ドイツのザリエル朝の皇帝の工房となった．

### エピトラケリオン（エピタラヒル）
epitrachelion

東方教会において，司祭が着用するもので，西方教会のストラ*に当たる．

### エピファニー
➡公現祭

### エピファニオス（聖）
Epiphanius, St（315頃-403）

367年からサラミス（Salamis）主教でキプロス*の府主教*．彼はニカイア*信条の信仰を熱烈に支持し，アポリナリオス主義*とメリティオス派*の論争に関わり，382年に聖ヒエロニムス*と出会ってからは彼と共にオリゲネス主義*の攻撃を行った．エピファニオスの『薬箱』（Panarion）ないし『全異端反駁論』は，彼が知っていたすべての異端信仰*を記述し，攻撃している．祝日は5月12日．

### エピマニキア
epimanikia

東方教会において，袖カバーのことで，主教と司祭はスティカリオン*の袖の両端に，輔祭はスータン*の袖の両端に付ける．

### エフェソス（エフェソ）
Ephesus

新約時代に，エフェソスはローマ帝国のアシア州の首都で，重要な商業の中心地であった．聖パウロ*の重要な活動の場であり，伝承によれば，使徒聖ヨハネ*がここに住んだ．ヨハネ黙示録（2:1-7）が宛てた「7つの教会」*の一つであった．
➡7人の睡眠者（エフェソスの）

### エフェソス公会議
Ephesus, Council of（431年）

ネストリオス*に関わる論争を解決しようとして，テオドシウス2世*が召集した第3回公会議．アレクサンドリアのキュリロス*は，アンティオキアのヨアンネス*を代表とするシリアの主教たちや教皇特使の到着を待たずに開会した．ネストリオスは解任され，彼の教えは断罪され，ニカイア*信条が再確認された．他の人たちが到着し，シリアの主教たちは対抗して会議を開いたが，ヨアンネスとキュリロスのあいだの合意が433年に成立した．

### エフェソス強盗会議
Latrocinium（Robber Council of Ephesus）

449年にエフェソス*で開催された教会会議．キリスト単性論*の支持者であった，アレクサンドリア*総主教ディオスコロス*に支配された会議は，異端とされていたエウテュケス*を復権し，もとの修道院に復職させた．会議の決議条項は451年のカルケドン公会議*で覆された．

### エフェソの信徒への手紙（エフェソ書）
Ephesians, Epistle to the

この新約聖書*中の書簡はどうやら筆者が獄中にいたとき書かれたらしいが，文体と神学的強調点の考察から，学者たちはそれが聖パウロ*の作であることを疑問視するようになった．1:1の「エフェソにいる」という語がいくつかの写本に欠けているので，それが複数の教会に送られた写しの中に適当な地名が挿入された回状であったことが提唱されている．この手紙はコロサイ書*との密接な類似点があり，後者をより体系的な教理的論考へとまとめたもの，あるいはパウロ書簡の最初の集成への序文を意図した，パウロの教えの解説とさえ時に考えられている．

### エフォド
ephod

亜麻布と金箔で作られた，古代イスラエルの典礼祭服．どうやら大祭司*のみが着用したらしいが，亜麻布だけで作られた同様な衣類を他の人たち（たとえばサムエルやダビデ*）も着用した．

### エフォロス
ephor

東方教会における信徒の後見人ないし保護者で，10世紀以降しばしば修道院の財産を管理した．

### エフラエム（シリアの）（聖）
Ephraem Syrus, St（306頃-373）

シリアの聖書解釈学者，聖歌作者．ニシビス（Nisibis）が363年にペルシアの手に落ちたのち，彼はエデッサ*に移り，そこで彼の残っているほとんどの著作が書かれた．彼の浩瀚な釈義的・教義的・論争的・禁欲主義的な著作はほとんど韻文である．500以上の真正な聖歌*が残っており，彼の没後，それらは聖歌集にまとめられたが，なかでも最も有名なのは（5編の「真珠聖歌」を含む）「信仰聖歌集」，「楽園聖歌集」，（後半が「キリストの陰府への降下」*を唄う）「ニシビス聖歌集」である．散文と韻文で書かれた著作のいくつかは，異端者，特にマルキオン*，バル・ダイサン*，マニ*を論敵としている．エフラエムはシリア語で著作したが，その作品は早い時期にアルメニア語やギリシア語に翻訳された．祝日は東方では1月28日，西方では以前は2月1日，次いで6月18日，現在は6月9日（アメリカの1979年の『祈禱書』では6月10日）．

### エフラエム写本
Codex Ephraemi（'C'）

現在はパリにある，聖書の5世紀のギリシア語写本．シリアの聖エフラエム*による著作がその上に記載された重記写本*であった．

### エベド・イエス（アブディショー・バル・ベリカ）
Ebedjesus（Abdisho' bar Berikha）（1318年没）

アルメニア*の府主教．彼はその東方教会の最後の重要な神学者であった．シリア語で書かれた彼の著作には，シリア語の著作家の図書目録，教会法の2巻の大要，『真珠の書』（*Marganitha*）と呼ばれる神学書，50編の詩を収めた『エデンの園』（*Paradisus-Eden*）がある．

### エーベルリン
Eberlin, Johannes（1468頃-1533）

宗教改革の論争的な著作家．バイエルン出身のフランシスコ会*員であった彼は，1520年にM.ルター*の著作に出会い，翌年に15冊のパンフレットを出版した．この中で示された急進的な社会思想は，農民戦争*で表明されることになる不平をいだかせることになった．1522年以降，彼はより穏健になった．

### エホバの証人
Jehovah's Witnesses

C. T. ラッセル*のアドヴェンティスト派*的な教えに由来する「ものみの塔聖書冊子協会」（The Watch Tower Bible and Tract Society）の1931年以降の通称．彼の主な主張は，1914年にその実現が期待される神の国を準備するために，イエス・キリストが1874年に目に見えないかたちで到来しているというものであった．彼の後継者のJ. F. ラザフォード*は，その信奉者を「神政政治」*的に組織づけ，会員に世界に対する矛盾した関心と無関心を要求した．彼の政治的イデオロギー批判は政府との衝突につながった．エホバの証人の最も目に見えるしるしは，王国会館，訪問伝道，雑誌『ものみの塔』や『目ざめよ』の頒布活動である．彼らはまた，輸血の拒否，聖書の独自な翻訳，国旗儀礼の拒否においても特徴的である．会員数は約750万人いる．

### エマオ
Emmaus

主（イエス）が2人の弟子に復活後に顕現した村（ルカ24:13-35）．その位置は議論されている．

### エマソン
Emerson, Ralph Waldo（1803-82）

アメリカの随筆家，哲学者，詩人．彼は1829-32年に，ボストンでユニテリアン派*のミニスター*であった．その後，彼はマサチューセッツ州コンコード（Concord）で文学や哲学について講じた．彼の哲学は合理主義と神秘主義の結合に基づいていた．彼は基本的に「超越主義」(Transcendentalism) を信じていたと思われるが，それは「最高の啓示は神が万人のうちにおられる」という教えである．したがって，個人は自己のうちに必要な万物を持っており，救済すらも魂のうちに求められるべきだということになる．少なくとも1840年代以降，彼は広い影響力をもった．

## エムザー
Emser, Hieronymus (1478-1527)

カトリック著作家．彼は1519年から没するまで，M. ルター*の論敵であった．1527年に，エムザーはルターの1522年の『12月聖書』に対抗する翻訳を出版したが，それは序文や注を付けて類似させている．

## エームズ
Ames, William (1576-1633)

イギリスのカルヴァン主義*の倫理神学者．ケンブリッジで極端なピューリタン*になった彼は，オランダにおけるレモンストラント派*論争で重要な役割を果たし，1622年に，フラーネケル (Franeker) で神学教授となった．1632年の主著『良心について』(*De Conscientia*) は，決疑論*に関する最初のプロテスタントの論考の一つであり，長いあいだ，その鋭い結論で高い評価を受けた．

## エムス会議（かいぎ）
Ems, Congress of

1786年に，マインツ，トリーア，ケルン*，ザルツブルクの大司教の代表がバート・エムス (Bad Ems) で開催した会議．そこで起草された「エムス協定草案」(Punctation of Ems) は，ドイツにおける教皇の介入を制限しようとした．その草案がドイツの司教たちの支持を得るのに失敗したのは，彼らがその計画を大司教たち自身の地位を高めようとする策略だと解釈したからである．➡フェブロニウス主義

## エラストゥス主義（しゅぎ）
Erastianism

教会に関連する事項における，教会に対する国家の支配権のことを指し，スイスの神学者トーマス・エラストゥス (Erastus, 1524-83年) にちなんでそう呼ばれる．彼によれば，唯一の信仰を表明する国家において，国家当局は国家と教会の両方に関連する事項において裁治権を行使する権利と義務を有する．近代の世俗国家の発展とともに，エラストゥス主義は変更されるようになり，現在では一般に，信仰の表明の有無にかかわらず，国家の代表者が有する，国教会に関連する宗教的事項に関する立法権のことと理解されている．➡国教制

## エラスムス
Erasmus, Desiderius (1466-1536)

人文主義者．1487年にアウグスチノ修道祭式者会*に入会したが，のちに上長の同意をえて修道院を去った．彼はその後ヴェネツィア*のアルドゥス・マヌティウス (Aldus Manutius) の「新アカデミア」に加わり，そこで『格言集』(*Adagiorum chiliades*) を刊行し，国際的な名声をえた．彼はケンブリッジ大学の最初のギリシア語教授であった．1521年に，彼はバーゼルのJ. フローベン*のもとに身を寄せ，公的な地位の申し出をいっさい断った．宗教改革が1529年にバーゼルに導入されるや，彼はフライブルクに移住した．

1509年の『痴愚神礼賛』は修道制と教会の堕落に対する痛烈な風刺文である．1516年に，有名なギリシア語新約聖書を，彼自身の古典ラテン語訳をつけて刊行した．ギリシア語新約聖書に続く，彼の最も重要な仕事はおそらく，教父の信頼できるテキストを印刷する試みであったが，校訂作業に関わったとしても，おそらく序文を書いたにすぎないようである．彼は当時の最も名高い学者であった．彼はその風刺文をつうじて宗教改革への道を開いたが，自らは安定の擁護者としての教会に対して忠実であり続けた．

## 『エラスムスの福音書注解（ふくいんしょちゅうかい）』
*Paraphrases of Erasmus, The*

エラスムス*によって書かれた福音書注解で，

1547年のエドワード6世*の「国王布告」*により，すべての教会区教会に備え付けることが要求された．

## エラートン
Ellerton, John（1826-93）

イギリスの聖職者．彼は自ら作詩したり翻訳したりした多くの讃美歌*で想起され，その中に，'The day Thou gavest, Lord, is ended'（「この日もくれけり」『古今聖歌集』195番，「みかみのたましい」『讃美歌』43番）がある．

## 選び（えらび）
election

神学用語で，被造物に対してあるものを他のものに優先して選ぶように行使される，神の御意志の働き．旧約聖書*において，神の選びはとりわけ「選民」であるイスラエルにもたらされる．新約聖書において，古いイスラエルの位置を教会が占める．教父*やスコラ学者*の教えでは，この語は予定*との関係で重要な役割を果たした．神の選びがまったく信仰や善行と無関係かどうかが，特にカルヴァン主義*者のあいだで議論の的となった．K. バルト*が重視して主張したのは，選び（と棄却*）が実現するのは何よりもイエス・キリストにおいてであるということである．

## エリアス（コルトナの）
Elias of Cortona（1180頃-1253）

フランシスコ会*員．彼は聖フランチェスコ*の最も初期の仲間の一人であった．1232年に，エリアスはフランシスコ会の第3代総会長になったが，その任期中に特徴的であったのは，繰り返し起こった危機と独裁的な振舞いであった．彼は1239年にグレゴリウス9世*により罷免された．彼はその後フリードリヒ2世*に仕えたので，破門されて，修道会から追放された．

## エリウゲナ
Eriugena（Erigena）（810頃-877頃）

ヨアンネス・スコトゥス（John the Scot）とも呼ばれる哲学者．アイルランド生まれの彼は，ラン（Laon）の宮廷付属学校長になった．

彼の哲学は新プラトン主義*的な発出論をキリスト教的な創造論と調和させる試みである．『自然の区分について』（*De Divisione Naturae* または *Periphyseon*）において，エリウゲナは自然が以下の4種に区分されると論じている．第1は，創造されずに創造する自然，すなわち神，第2は，創造され創造する自然，すなわち原初的諸原因ないしプラトン的イデアの世界，第3は，創造され創造しない自然，すなわち感覚をとおして知覚される事物，最後は，創造もせず創造もされない自然，すなわち万物が最終的に還帰する神である．こうして，世界は神に始まり，神に終わると考えられている．13世紀に，この論考は断罪された．エリウゲナはまた，ゴットシャルク*を論駁して『神の予定について』（*De Divina Praedestinatione*）を著した．当時として例外的なことであるが，彼はギリシア語に堪能であったので，ディオニュシオス・アレオパギテース*の著作をラテン語訳し，その『天上位階論』の注解書を著し，証聖者マクシモス*やニュッサのグレゴリオス*の著作を翻訳した．

## エリオット
Eliot, Thomas Stearns（1888-1965）

詩人，批評家．アメリカ生まれの彼は，ロンドンの銀行で働いていた．1922-39年のあいだ，彼は雑誌『クライテリオン』（*The Criterion*）を編集した．彼は1925年にフェーバー（Faber）出版社に入社した．

ユニテリアン*の家庭で育ったエリオットは，初期の詩に反映している不可知論的な時期を通った．1927年に，彼は英国教会員となった．『4つの四重奏』（1935-42年）で頂点に達するその後の多くの詩は，彼の宗教的探究心，信仰と懐疑との闘い，伝統の中に新鮮な意味を見いだす試みを表現している．彼の詩劇は詩ほどは好評ではなかったが，信仰におけるなんらかのジレンマを伝えようとしており，特に1935年のカンタベリー・フェスティヴァルのために書いた『寺院の殺人』（*Murder* *in the Cathedral*) がそうである．彼はキリスト教の社会的意味に深い関心をもった．

## エリギウス（エロワ）（聖）

Eligius（Éloi), St（590頃-660）

金属細工師の守護聖人．貴金属を加工する技術をつうじて，彼はフランクの王たちの宮廷で高い地位に就いた．彼は641年にノワイヨン（Noyon）司教に聖別され，フランデレン（フランドル）で伝道した．祝日は12月1日．

## エリザベス1世

Elizabeth I（1533-1603）

1558年からイングランド女王．ヘンリー8世*とアン・ブーリン*の娘であった彼女は，国会制定法により王位継承権でエドワード6世*とメアリ1世*の次に位置づけられた．エリザベスは即位すると，メアリを不人気にした政策をやめようとした．エリザベス自身が共感していたのも，また支持者たちもプロテスタントであった．1559年の議会において，彼女は国王至上法*と1552年の『祈禱書』の回復を達成しようとした．彼女は英国教会の「最高の統治者」であることおよびわずかに変更された『祈禱書』を受け入れた．彼女はプロテスタントの主教たちを任命したが，カトリックの歓心を買ういくつかの試みもした．彼女は自らのチャペルに十字架像*を再導入し，伝統的な祭服*の着用を強制しようとした．その後，彼女はプロテスタント的な説教に制限を加えようとした．彼女が教会におけるいっそうの構造的な変革の検討を拒否したことで，彼女自身の主教たちを含む指導的なプロテスタントとの緊張状態が生まれた．

政治的には慎重であったが，エリザベスはプロテスタントの支援者を装い，海外でのプロテスタントの叛徒に軍事的援助を送った．1570年に，彼女はピウス5世*により破門された．1583年以降，彼女がイングランドのカトリックに対してより断固たる態度をとった理由は，陰謀を恐れたからであり，民衆のプロテスタントの増大が保守的な譲歩をあまり必要としなくなったからである．国教忌避*者に対する迫害は1585-91年に激しかった．1587年に，彼女はスコットランド女王メアリ・ステュアート*の処刑を認めた．プロテスタントの保護者としてのエリザベスのイメージは，女性の支配者への不信感を克服させ，「反教皇制」(anti-popery) を力強い国民的なイデオロギーとした．

## エリサベト（聖）

Elizabeth, St

洗礼者ヨハネ*の母で，聖母マリア*の「親類」(ルカ1:36)．新約聖書*の一部の写本によれば，マニフィカト*と呼ばれる言葉を語ったのはエリサベトである．祝日は西方では11月5日，東方では9月5日．

## エリザベト（ハンガリーの）（聖）

Elizabeth, St, of Hungary（Elizabeth of Thuringia）（1207-31）

ハンガリー王女であった彼女は，1221年にテューリンゲン方伯ルートヴィヒ4世と結婚した．1227年の夫の没後，彼女が宮廷から追放されたのは，彼女の慈善活動が領国の財政を破綻させたという理由であった．彼女はマールブルクに落ち着き，マールブルクのコンラドゥス*の指導のもとに，自分の子供たちの養育をあきらめ，極めて質素な生活をした．祝日は11月17日（以前は，アメリカの1979年の『祈禱書』と同様に，11月19日），『共同礼拝』では11月18日．

## エリパンドゥス

Elipandus（717頃-802）

トレド大司教．彼はスペインにおける養子論*的異端信仰の創始者で，主要な主唱者であった．彼の教えは792年以降の教会会議で幾度も異端的だとして断罪されたが，アラブの支配地域にあったので，彼は司教座を保持することができた．

## エリヤ

Elijah（Elias）（前9世紀）

イスラエルの預言者．列王記によれば，彼はカナンやフェニキアの祭儀に直面して，神の礼拝の優位を主張し，道徳的高潔さと社会的公正さの主張を支持し，天に上げられた．彼の帰還はイスラエルの解放と再興にとり自明の先駆けと見なされた．祝日は7月20日．

## エルガー
Elgar, Sir Edward（1857-1934）

イギリスの作曲家．彼は1900年頃，合唱曲や管弦楽曲の作曲家として国際的な名声をえた．彼の宗教的作品には，J. H. ニューマン*の詩『ゲロンシアスの夢』*への曲付け（1900年）およびオラトリオ*の『使徒たち』（*The Apostles*, 1903年）と『神の国』（*The Kingdom*, 1906年）がある．

## エルカサイ派
Elkesaites

116年頃にメソポタミアに起こったユダヤ的なセクト．彼らの名称は『エルカサイの書』に由来し，同書は身長が154.5kmもある天使によりエルカサイ（「隠された力」の意）に与えられた啓示を含むという．3世紀に同書は，エビオン派*の信仰と類似した信仰をもつユダヤ人キリスト教徒により継承された．

## エル・グレコ
El Greco（Domenicos Theotocopoulos）（1541-1614）

画家，彫刻家．クレタ島出身の彼は，1577年にはトレドに来ており，そこで残りの生涯を過ごしたと思われる．彼のスペイン時代の作品を特徴づけるのは，身体の特異な表現法とともに神秘主義的な特性である．形式的な量感表現は人間の形態として放棄され，また実質的により情緒的に似せるために，顔面の表現も誇張されたり，ゆがめられたりさえしている．

## エルサルバドルのキリスト教
El Salvador, Christianity in

エルサルバドルにキリスト教をもたらしたスペイン人は，1520年代にインディオのピピル人を征服した．同国は1821年までグアテマラ*総督領の一部であり，1823-39年に中央アメリカ連邦に属し，1839年に独立国になった．サンサルバドル司教区は1842年に，グアテマラからの独立が教皇庁より認められた．エルサルバドルのカトリック教会を特徴づけてきたのは，強い制度的な教会および地方の貧者に見られる高いレベルの信心である．1960年代後半まで，教会は政治的に保守的で，権力をもったエリートと結びついていた．しかしながら1970年代半ばに，エルサルバドル教会の諸派は「解放の神学」*と関わるようになった．「貧者の最優先」（preferential option for the poor）の方針は教会を，1979-92年の内戦中の軍政府と対立させ，多くの信徒のカテキスタ*や聖職者が1970年代後半から1980年代前半に暗殺されたが，大司教Ó. A. ロメロ*もその一人である．1992年の内戦の終結以来，特にカリスマ*的なカトリシズムやプロテスタンティズムのような新しい形のキリスト教が急増したために，「解放の神学」の人気は衰えてきた．➡ラテン・アメリカのキリスト教

## エルサレム
Jerusalem（Hierusalem）

ユダ王国の都，聖所（神殿*）の所在地，それゆえ「聖都」．考古学的な証拠によれば，その地の一部に前3000年頃には人が住んでいた．前1000年頃，「シオン」（Zion）と呼ばれるエブス人の要塞を占拠したダビデ*は，エルサレムを統一した王国の都とした．ソロモン*は神殿を建て，都を拡大した．前597年および再び前586年頃に，都はネブカドネツァルにより占領・破壊され，多くの住民がバビロンに連行された．捕囚*からの帰還後，数年して，前520-15年に，神殿の再建が行われた（「第2神殿」）．捕囚後，ユダヤ人国家はさまざまな外国勢力の宗主権のもとで会堂組織で統治された．マカバイ*戦争の末期に祭司王の短期の王朝が存在したが，前63年のポンペイウスによる征服後，国は直接ないし間接にローマから統治された．ユダヤ人は後66年に反乱を起こし，エルサレムは4年間包囲され，70年に陥落したとき，神殿を含む都は破壊された．135年に，アエリア・カピトリナ*という名の異教徒の都市として再建された．

エルサレムのキリスト教に関わる歴史は，十字架刑と復活に至る，主（イエス）の短い生涯から始まる．使徒たちはペンテコステ*後しばらくエルサレムで暮らし教え，最初の教会会議（council）のためにエルサレムで会合した（使15章，49年頃）．しかしながら，エルサレムがキリスト教の拠点として重要になったのは，326年頃の聖ヘレナ*の訪問および聖地を崇敬する習慣が起こってからであった．以前はカイサリア*の補佐主教*であったエルサレム主教に対して，451年のカルケドン公会議*で総主教*位が付与されたが，他の総主教のような威信をもつことはなかった．エルサレムのキリスト教的拠点は聖墳墓*聖堂である．現在の都市のほんの一部が新約時代のエルサレムである．カルヴァリ*と聖墳墓の伝承に基づく地は，ヘロデ*大王の城壁の外にあったが，十字架刑の約14年後にヘロデ・アグリッパが築いた城壁の内にあったので，現在の旧市内にある．

## エルサレム教区（アングリカンの）

Jerusalem, Anglican Bishopric in

1841年に，中東のアングリカンとプロテスタントに奉仕するために，イングランドとプロイセンの共同の努力により，教区がエルサレム*に設置された．主教はイングランドとプロイセンにより交代で選出されることになっていた．この計画は1886年に挫折し，それ以降，その主教座はアングリカンだけで維持されてきている．

## エルサレム主教会議

Jerusalem, Synod of（1672年）

正教会の主教会議で，ベツレヘム*の聖誕バシリカで開催された（それゆえ，「ベツレヘム主教会議」とも呼ばれる）．同会議はキュリロス・ルカリス*により助長された，カルヴァン主義*との適応へと向かう動きを否認することに努め，1642年のヤーシ主教会議*とともに，トリエント*のカトリシズムへの東方正教会の親密な接近を特徴づけた．教義事項に加えて，同会議は第２エズラ記，トビト記，ユディト記，知恵の書，シラ書，３人の若者の賛歌，スザンナ，ベルと竜，マカバイ記（第１－第３）を正典と認めた．

## エルビラ教会会議

Elvira, Council of

おそらくスペインのグラナダ（Granada）で，４世紀初頭，伝承では306年頃に開催された教会会議．同会議は背教と姦通に対して厳しい刑罰を科し，全聖職者に節制を要求した．

## エルモ（聖）

Elmo, St（San Telmo）（1190頃-1246）

福者ペドロ・ゴンサレス（Gonzalez）の民衆的な名前．ドミニコ会*に入会した彼は，アンダルシアのムーア人に対するフェルナンド３世の遠征に同行した．エルモは生涯の最後の10年間，スペイン北西部やポルトガル北部を説教しながら過ごした．彼は特に水夫の守護者と見なされた．おそらくこの理由で，彼ら水夫の以前からの守護聖人である，ディオクレティアヌス*の迫害*の殉教者でエルモ（Ermo ないし Elmo）と呼ばれた聖エラスムス（Erasmus）の名前がゴンサレスに付けられたのであろう．祝日は４月14日．

## エレミヤ

Jeremiah（前7-6世紀）

ユダの預言者．彼はエルサレム*と神殿*の来るべき崩壊を預言し，バビロニア人への服従を勧め，彼らによるエルサレムの包囲期間中，苦しんだ．586年頃のエルサレム崩壊後，彼はユダで解放されたが，ユダヤ人は彼をエジプトに連行した．伝承によれば，彼は石叩きの刑に処せられた．彼の受難およびエルサレム崩壊の預言は，キリストの生涯の予表として解釈されてきた．西方教会は受難節*の聖務日課において，エレミヤ書*や（エレミヤに帰された）哀歌*を用いてきた．

## エレミヤ書

Jeremiah, Book of

ユダヤの伝承と新約聖書における引用は，この旧約聖書の文書をエレミヤ*に帰しているが，多くの現代の批評家はその大部分を編集者に帰する．(30-31章の)「回復の約束」と「新しい契約」はしばしば，捕囚*期かその直後に生きた書記に由来すると考えられている．諸国民に対するいわゆる預言もまたしばしばエレミヤには帰されず，特に (50-51章の) バビロンに対する預言が否定されるのは，本書の他の部分で擁護された服従の政策と矛盾するからである．預言の２つの集成が混合して成立したであろう，七十人訳聖書*とマソラ*本文のあいだには著しい相違がある．36章に，預言はバルク*により筆記され，王の面前で読まれ，王により燃やされ，その後，追加の資料をつけて再び書かれたと記述されている．

エレミヤは神の超越性と義をともに称揚し，神がその民を断罪するのは彼らが神の義を放棄したからであると説く．神の義に対する認識は，邪悪な者が栄えるのを見てエレミヤを驚かせ，旧約聖書においてここで初めて，罪人の幸運と義人の受難という問題が提起される．本書の最も印象的な特徴は，神がその民と結ぶ「新しい契約」(31:31-34) であり，それには異邦人も加わるであろう (16:19-21)．

## エレミヤの手紙

Jeremy, Epistle of（Letter of Jeremiah）

旧約聖書のアポクリファ*中の短い一書．手紙の体裁で，エレミヤ*はバビロンに捕囚された人々に偶像礼拝の愚かさを非難している．おそらく前３ないし２世紀にギリシア語で書かれたのであろう．七十人訳聖書*および英語訳聖書では，バルク書*第６章となっている．

## エロヒスト資料

➡E 資料

## エローヒーム

Elohim

「神々」を意味するヘブライ語．旧約聖書*において，エローヒームは一般的にイスラエルの神について用いられており，特にしばしば２番目に古いモーセ五書*の資料とふつう見なされているもの (それゆえ，批評家がエロヒスト資料*と呼ぶもの) においてそうである．

## エロワ

➡エリギウス

## エンクラティス派

Encratites

禁欲主義的な実践と教えを徹底させた，初期のキリスト教徒のいくつかのグループの呼称で，彼らはたいていの場合異端的と見なされた．彼らはふつうぶどう酒と肉の摂取を，またしばしば結婚を拒否した．

## 演劇

drama

キリスト教の初期の数世紀間，演劇はただ見世物 (*spectacula*) の形だけで存在し，当然教会から嫌悪された．この伝統的な異教の見世物はローマ帝国の滅亡とともに消滅した．10世紀に新しい発展があったことを２つの文書が示している．ザクセンの修道女フロスヴィタ*は多くの教化的な宗教劇を書き，またエセルウォルド*は，典礼の際 (またはその後に) 教会で行われた，マイムや対話形式で，キリストの死と復活を祝う「称賛すべき習慣」を描写している．復活祭劇は，16世紀までヨーロッパに広く普及した他の典礼劇のひな型となった．民衆向けの自国語による宗教劇は12世紀には存在していたが，主として14-15世紀における英語の聖体劇や神秘劇*，フランス語の受難劇，道徳劇*が代表的であった．同時に，キリスト教界の全地域で世俗劇が大いに発展したが，その大半は少なくとも表面上は教化的であった．16世紀以降，演劇は一般的に教会との結びつきを失った．宗教改革者の中で最もピューリタン的な人たちは演劇をまったく否定しようとしたが，大部分のキリスト教徒は演劇を社会生活の通常の一部として黙認した．現代でも，例えばオーバーアマガウ*のような場所で，伝統的な宗教劇が残っており，また中世の神秘劇や道徳劇が数多く再演されている．

## エンコルピオン
encolpion

東方教会において，主教が身につける長円形のメダイユ．鎖で首からかける．

## 遠藤周作（えんどうしゅうさく）
Endo, Shusaku（1923-96）

キリスト教作家．子どものときにカトリック教会で受洗し，その後，慶応義塾大学でフランスのカトリック作家を学んだ．彼のキリスト教信仰と日本的国民性のあいだの緊張がその著作，特に1966年の『沈黙』に反映されている．1993年の『深い河』は宗派を超えた対話の有効性および和解の理解を証言している．

## エンノディウス（聖）（せい）
Ennodius, St, Magnus Felix（473頃-521）

キリスト教の修辞学者，514年頃からパヴィア（Pavia）司教．彼は教皇ホルミスダス*によりコンスタンティノポリス*に２度派遣され任務を遂行した．彼の多くの著作は，根本的に異教的な教養をキリスト教的信条の表明と結合しようとする試みを反映している．祝日は７月17日．

## エンヒュポスタシア
Enhypostasia

受肉したキリストにおいて，その人間性は独自の「ペルソナ（位格）」（ヒュポスタシス*）を有さないが，そうであるからといって「ヒュポスタシスを欠く」（anhypostatic）のでなく，そのヒュポスタシスをロゴスのそれの中に見いだすという教理．こうして，イエスという特定の人間を区別する特徴も，その属する種（人間性）の本質的特性も，神のヒュポスタシスに帰される．➡ビザンティオンのレオンティオス

## エンベリー
Embury, Philip（1728-75）

アメリカにおける最初期のメソジスト*派の説教者の一人．アイルランド生まれの彼は，J. ウェスレー*によって回心した．1768年に，彼はニューヨークにアメリカで最初のメソジスト派教会を設立したが，1770年に，キャムデン（Camden）に移り，新たなメソジスト派教会を設立した．

## エンメリック
Emmerick, Anna Katharina（1774-1824）

ドイツのエクスタシス*体験者（ecstatic）．彼女は1802年にヴェストファーレンのある修道院に入った．同修道院が1812年に閉鎖されると，彼女はある個人の家に身を寄せ，そこで重病を患った．彼女はその身に御受難の聖痕*を受けた．「御受難に関する黙想」や他の幻視は記録され，彼女の没後に出版された．

# お

## オイクメニオス
Oecumenius（6世紀）

ヨハネ黙示録の現存する最古のギリシア語による注解書の著者で，伝承は彼に「修辞学者」や「哲学者」の名称を帰した．その注解書はヨハネ黙示録を神の霊感を受けた正典文書として受け入れている．

## オーヴァオール
Overall, John（1560-1619）

1614-18年にコヴェントリー*・アンド・リッチフィールド*主教，続いてノリッジ*主教．1604年の『祈禱書』のカテキズム*に付加された聖餐*に関する部分は，1573年のA. ノーエル*の『小カテキズム』に基づいてオーヴァオールにより起草された．彼はまた欽定訳聖書の翻訳にも参加した．

## オーヴァーベック
Overbeck, Franz（1837-1905）

プロテスタント神学者．キリストの福音がまったく終末論的で，世界否定的であると考えたオーヴァーベックは，歴史的なキリスト教を否定するようになり，「世俗的教会史」を解明したが，そこでは教会史の過程が聖書における原初の啓示からの徹底的な逸脱と理解されている．内在的な宗教概念に対する批判をとおして，彼は現代の弁証法神学*に影響を及ぼした．

## 王位継承排除論争（おういけいしょうはいじょろんそう）
Exclusion Controversy

T. オーツ*による教皇派陰謀事件*の予告後，ホイッグ党はヨーク公（のちのジェームズ2世*）を王位継承から排除しようとした．ジェームズを排除する法案は1679年と1680年に否決された．

## 王位継承法（おういけいしょうほう）
Settlement, Act of, 1701

この法は王位継承権をジェームズ1世*の孫娘である，ハノーヴァー選帝侯夫人ソフィアの子孫に付与した．同法はこうして，チャールズ1世*の子孫の世襲的な権利を退けた．同法はまた，（カトリックおよびカトリックと結婚するなにびとをも王位から除外していた）「権利の章典」（Bill of Rights）の規定を，将来の君主が英国教会と「一体をなす」（join in Communion）ことを明確に定めることにより拡張した．

## 王権神授説（おうけんしんじゅせつ）
Divine Right of Kings

君主制が神に選ばれた統治形態であり，君主に対する反抗は常に罪であるという見解．悪い支配者への積極的な服従が道徳的に不可能な場合，消極的な服従（すなわち，不従順のゆえに科される処罰の甘受）が要求されると考えられる．

「今ある権威」に従うべきだという聖パウロ*の命令（ロマ13:1-2）は，「人間に従うよりも神に従わなくてはならない」（使5:29）必要性により変更されはしたが，キリスト教徒の政治的な静観主義の支えとして何世紀にもわたって繰り返し聞かれてきた．コンスタンティヌス*の改宗後，ギリシア的な王権神授説はキリスト教化され，皇帝は神の支配の知恵の地上における権化となった．神的な属性が帝王を描写するのに用いられ，同時に，皇帝に関わる語彙がキリストの王権を描写するのに用いられた．君主の神のような本性に，君主のキリストのような本性が付加された．君主は準祭司的存在であり，油注ぎ*が戴冠式の通常の特徴となった．12世紀以降のアリストテレス*とローマ法の復活とともに，王権神授説はローマの法制に関し，のちには絶対君主制に関し神学的な注解となった．王権神授説と対決した２つの反対する伝統として，教会による最高の権威の要求および民衆による代表的な制度があった．ステュアート朝のもとで，王権神授説はアングリカンの聖職者に広く受け入れられたが，ジェームズ２世*による英国教会への攻撃はその支持を減退させた．王権神授説に反対した人たちは，君主の権威が神により授けられたことを認めたが，神は君主制かどうか統治形態を選ぶ自由を民衆に残されたと主張した．

## 黄金数（おうごんすう）
Golden Number

ある年が（アテネの天文学者メトンにより前432年に考案された）メトン周期（Metonic cycle）の何年目に当たるかを示す数値．復活祭*の日付の算定に用いられる．

## 黄金続唱（おうごんぞくしょう）
Golden Sequence

聖霊降臨日*のための続唱*で，ヴェニ・サンクテ・スピリトゥス*のこと．

## 『黄金伝説』（おうごんでんせつ）
Golden Legend

ヴァラッツェのヤコブス*により編集された，聖人伝およびキリスト教の祝祭日に関する短い論考の集成．1265年には成立していた．説教者のための資料集を意図した本書は広く読まれた．

## 「黄金のエルサレム」（おうごん）
Urbs Sion aurea

クリュニーのベルナルドゥス*の作品からの一連の抜粋で，聖歌 ‘Jerusalem the golden’ に用いられた．➡ニール

## 黄金のばら（おうごん）
Golden Rose

ばらの形をした黄金と宝石の飾りで，四旬節第４主日に教皇により祝別され，その後，個人や団体に恩恵のしるしとして贈られる．

## 黄金律（おうごんりつ）
Golden Rule

「人にしてもらいたいと思うことは何でも，あなたがたも人にしなさい」（マタ7:12）という戒めを指す（近代の）名称．

## 王室礼拝堂（おうしつれいはいどう）
chapel royal

王室付属の私的な礼拝堂．イングランドの王室礼拝堂と王室「特別教区」*は，それが位置する教区主教の裁治権に服さず，君主の裁治権のもとにあり，それは「王室礼拝堂主席司祭」により行使される．

## 王たるキリストの祭日（おう・さいじつ）
Christ the King, Feast of

キリストの包括的権威を祝うためにカトリック教会において1925年に制定された祭日．1970年以来，待降節*が始まる前の最後の主日に祝われている．

## 王立教会音楽学校（おうりつきょうかいおんがくがっこう）
Royal School of Church Music（RSCM）

1927年に「英国教会音楽学校」（School of English Church Music）として創設され，1945年に現在のように改称された．1996年に，英国教会の正式な音楽部門に任じられた．その活動は同校付属の聖歌隊への助言，音楽の規定，合唱祭の組織からなる．

## 王立教会規律委員会（おうりつきょうかいきりついいんかい）
Ecclesiastical Discipline, Royal Commission on

英国教会における「礼拝様式に関する法の違反や無視」を調査し，防止策を案出するために，1904年に設置された委員会．1906年に同委員会は，同法があまりに狭く，規律を正す有効な方法となっていないと報告した．その勧告の一部は祈禱書の改訂の提案につながったが，1927年と1928年に議会で否決された．➡『祈禱書』

## オーエン
Owen, John (1616-83)

ピューリタン*．もともと長老派*であった彼は，より寛容な独立派*の立場にたった．O. クロムウェル*は彼をオックスフォード大学クライスト・チャーチ*のディーンに任じ，彼はクロムウェルの審査官*の一人であり，サヴォイ会談*に出席した．王政復古後，オーエンはロンドンで説教と著作に専念した．

## オエングス（聖）
Oengus, St (8-9世紀)

アイルランドの聖人，ふつうケリ・デ*と呼ばれるが，おそらく誤称である．韻文の殉教録*である『祝日考』(Félire) の著者．彼は後半生をレイシュ (Laoise) 県のクロネナフ (Clonenagh) 修道院およびその近くの隠遁所で過ごしたらしい．しばらくのあいだ，彼はダブリンに近いタラフト (Tallaght) 修道院にいた．ここで，彼は聖マエル・ルアイン (St Máel Rúain, 792年没) と共に，最古のアイルランドの殉教録であり当時の重要な資料である『タラフトの殉教録』を編纂した．現存する上記の両殉教録は800年頃ないし830年頃に年代づけられる．祝日は3月11日．

## おお交唱
O-Antiphons (Greater Antiphons)

それぞれ「おお」(ラテン語のO) で始まる交唱聖歌（アンティフォナ*）で，晩課*のマニフィカト*の前後に歌われ，カトリックの慣行によれば，降誕祭前夜に先立つ7日間におよぶ．

## 掟
precept

倫理神学における義務的事柄で，単に説得的事柄である「勧告」と対比される．➡教会の掟

## オキーノ
Ochino, Bernardino (1487-1564)

プロテスタントの宗教改革者．彼はオブセルヴァント派*のフランシスコ会*員，ついでカプチン会*員になり，それぞれ重要な地位に就いた．彼は1541年にルター派*になった．彼は異端審問*所に召喚されたが，ジュネーヴ*へ逃亡した．1547年に，T. クランマー*が彼をイングランドに招聘した．ここで，オキーノは教皇職およびカルヴァン*の予定*論に対する反駁書を著した．1555年に，彼はチューリヒで牧師になったが，やがて三位一体論と一夫一妻制に関する不健全な教えのゆえに職務を追われた．

## オクシリンコス・パピルス
Oxyrhynchus papyri

ナイル川の西約16kmのオクシリンコスで，1897年以降発見されたパピルスの集成．「イエスの語録」*の写本が含まれている．

## オクトエコス
Octoechos

東方教会における典礼書で，礼拝の可変の部分を載せているが，これらはトリオディオン*，ペンテコスタリオン*，メナイオン*など他の典礼書のうちの一つからだけ取られたものではない．

## オークリー
Oakeley, Frederick (1802-80)

トラクト運動*の聖職者．1839-45年に，彼はロンドンのマーガレット教会 (Margaret Chapel, 現オール・セインツ教会) の司祭であり，その教会はロンドンでのトラクト運動の礼拝の中心となった．彼は1845年にカトリックになり，1852年からウェストミンスター司教座聖堂参事会員であった．

## オコンネル
O'Connell, Daniel (1775-1847)

アイルランドの政治家．弁護士となった彼は，カトリックの指導者として急速に影響力を発揮した．1823年に，彼は法的手段でのカトリックの解放をめざしてカトリック協会*を結成した．1828年に，彼はクレア (Clare) 州の下院議員になった．翌年，カトリック教徒解放法*が通過した．オコンネルは今や自らの政党を率い，また（大ブリテ

ン・アイルランド）連合を解消する運動も次々に指揮した．彼が1841－42年にダブリン市長であったとき，その行動は厳正であったが，1843年に民衆に訴えて一連の「大集会」を開催した．彼は逮捕され，1844年に1年の禁固刑に処せられたが，上院へ上訴して釈放された．彼は現代のアイルランドの立憲的国民主義を生み出した．

## 幼子殉教者（おさなごじゅんきょうしゃ）
Holy Innocents

「2歳以下」のベツレヘム*の子どもたちで，マタイ福音書（2:16－18）によれば，幼子イエスを殺そうとする計画でヘロデ大王*により殺害された．彼らの死は，西方では12月28日（東方では12月29日）に祝われる．

## オザナム（福（ふく））
Ozanam, Bl Antoine Frédéric（1813-53）

フランスの学者．1833年に，彼は貧者のあいだで奉仕する信徒の団体「ヴィンセンシオ・ア・パウロ会」（Society of St Vincent de Paul ➡ヴァンサン・ド・ポール）を創立した．彼はソルボンヌ*の教授になり，1852年に初期のフランシスコ会*の詩集を編纂したが，これは中世の霊性史にとり重要である．彼はH. D. ラコルデールと共に，カトリック社会主義に関する自らの理念の公報として，1848年に新聞『新時代』（*Ère nouvelle*）を創刊した．祝日は9月8日．

## オ・サピエンティア
O Sapientia

（ラテン語で「おお知恵よ」の意．）「おお交唱」*の初めの交唱の冒頭語で，英語の暦では12月16日の前に置かれている．英語以外の暦では，日付は12月17日である．

## オ・サルタリス・ホスティア
O salutaris Hostia

（ラテン語で「おお救いの聖体よ」の意．）聖トマス・アクィナス*の聖歌 'Verbum supernum prodiens'（上なる御言葉は降りて）の最後の2節．カトリック教会ではしばしば聖体降福式*中に唱えられる．

## オジアンダー
Osiander, Andreas（1496/98-1552）

神学者．彼は1524年頃にルター派*に加わり，1529年のマールブルク会談*および1530年のアウクスブルク帝国議会に参加した．1550年の『義認*について』（*De Justificatione*）において，彼はM. ルター*の信仰義認論に反対して，義認がキリストの功徳*の単なる転嫁でなく，信徒への御自身の義の実質的な転移であると主張した．

## オズウィン（聖（せい））
Oswin（Oswine），St（651年没）

アングロ・サクソンの王．642年の親族の聖オズワルド*の没後，オズウィンはノーサンブリア王国の南部を統治することになった．彼は信心深いキリスト教徒で，聖エイダン*の友人であった．オズウィンはノースヨークシャーのリッチモンドに近いギリング（Gilling）で戦死した．彼の墓所は巡礼地になった．祝日は8月20日．

## オスティア街道（かいどう）
Ostian Way

ローマとオスティア港を結んだ古代の街道．

## オステルヴァルド
Ostervald, Jean Frédéric（1663-1747）

スイスのヌーシャテル（Neuchâtel）の改革派*の牧師．1713年に彼が刊行した聖餐典礼式文において，J. カルヴァン*の式文に『祈禱書』や『ローマ・ミサ典礼書』からの諸要素が結合している．20世紀まで用いられた同式文は，最初のエキュメニカルな典礼式文と見なされている．

## オステンソリウム
ostensory

会衆の信心の対象として見せる入れ物．この語は現在はふつう，聖体賛美式*に用いられる聖体顕示台*に限定されている．

## オーストラリアのキリスト教(きょう)
Australia, Christianity in

イギリス政府が1788年にニューサウスウェールズに流刑植民地をつくったとき，英国教会には恵まれた地位が与えられた．しかしながら，植民地政府は他の教派の礼拝をも奨励し，1820年代からはそれらの聖職者に財政的援助を与えた．多くのカトリックの囚人の司牧にあたったのは，まず囚人であった司祭，次に正式の司祭，そして1833年以降は宣教司祭であり，その中にW. B. アラソーン*とダウンサイド・アビー*の修道士J. P. ポールディング（Polding）がおり，後者が1835年に初代の司教に聖別された．会衆派*，メソジスト派*，長老派*（主にスコットランドからの入植者），バプテスト派*も入ってきた．1836年に，サウスオーストラリアが独立した植民地となったのは，非国教徒*の自由な入植を奨励するためであり，その中にプロイセンからのルター派*の亡命者がいた．先住民（アボリジニー）へのさまざまな教派の宣教は初期にはほとんど成果がなかった．

19世紀後半に世俗的な考えが広がった結果，宗教に対する国家の財政的援助は取り消された．1870年代に公立学校制度が確立して「自由で義務的で世俗的な」教育を行い，1880年以降，福音主義の信仰心は衰えた．20世紀前半までには，ほとんどの教派で大多数の聖職者がオーストラリア出身者となり，彼らのために神学校が建てられた．1918年以降，強調点が教派の諸問題から広い社会的な関心事へと変わってきた．教会協議会（Councils of Churches）がさまざまな州に設立されたが，それが追求したのは，公共の道徳性や社会的必要性の問題であって，神学的な問題ではなかった．

1945年以降，教派的な伝統はより自覚的にオーストラリア的になり，1981年に英国教会はオーストラリア聖公会（Anglican Church in Australia）になった．1977年に，メソジスト教会，大多数の会衆派や長老派が合同してオーストラリア合同教会（Uniting Church in Australia）を設立した．移住者たちがもたらしたのは，特にイタリアからの多数のカトリック信徒であり，東ヨーロッパからの正教徒である．2011年の国勢調査で表明したオーストラリア人の，約25%がカトリック信徒，約17%が聖公会員，約５%が合同教会員である．

## オズムンド（聖(せい)）
Osmund, St（1099年没）

1078年からソールズベリー*（旧称セイラム[Sarum]）司教．彼はセイラム司教座聖堂を完成させて1091年に献堂し，また司教座聖堂参事会*を設立した．13世紀にいくつかの司教座聖堂の法規に影響を及ぼした参事会規則が彼に帰されてきたが，その最初の部分もおそらく1150年以前に作られたものではない．やはり彼に帰されるセイラム式文*も，おそらくR. プア*（1237年没）より古いものではない．祝日は12月４日，その移動*について，７月16日．

## オズワルド（聖(せい)）
Oswald, St（605頃-642）

ノーサンブリア王．616年の父の没後にスコットランドに逃れざるをえなかった彼は，アイオナ*の修道士たちによりキリスト教に改宗した．彼は634年に帰国し，戦場に木製の十字架を立てて，ヘクサム（Hexham）に近いヘヴンフィールドでブリトン人の王カドワロン（Cadwallon）を破った．オズワルドはキリスト教を王国に定着させ始め，聖エイダン*を全面的に支援した．オズワルドは異教徒のマーシア王ペンダ（Penda）との戦いで戦死し，殉教者として崇敬されている．祝日は８月５日，地域により８月８日ないし９日．

## オズワルド（聖(せい)）
Oswald, St（992年没）

ヨーク*大司教．彼は962年に聖ダンスタン*によりウースター*司教に聖別され，972年にヨーク大司教になったあともその司教座を兼任した．彼は多くの修道院を創設したが，最も有名なのはケンブリッジシャーのラムジー（Ramsey）修道院であった．祝日は２月28日．

## オダ（聖）
Oda, St（958年没）

誤ってオド（Odo）とも呼ばれる．942年からカンタベリー*大司教．彼はデーン人出身であり，もともと異教徒であったといわれる．彼は聖職者の品行と規律の向上に努めた．祝日は7月4日．

## オーツ
Oates, Titus（1649-1705）

陰謀家．彼はカトリック信徒がチャールズ2世*を暗殺して，その弟のジェームズ*を王位につけようとしているという捏造した陰謀説を広めた．パニックは1678年から1681年まで続き，多くの人たちが彼の偽証により処刑された．➡教皇派陰謀事件

## オッカム（オッカムのウィリアム）
William of Ockham（1285頃-1347）

哲学者，神学者，論争家．サリー（Surrey）のオッカム出身の彼は，フランシスコ会*に入会し，オックスフォード*大学で教えた．1323年に，彼は危険な教えを説いたかどで，アヴィニョン*で告発された．彼はそこへ召喚され，委員会は彼の著作から51の命題を譴責したが，公式の断罪はなされなかった．1327年に，フランシスコ会総会長はフランシスコ会の清貧に関する論争において教皇令の検討をオッカムに指示した．オッカムはヨアンネス22世*が異端的な立場をとってきたと結論した．1328年に，オッカムはアヴィニョンから逃亡し，バイエルンのルートヴィヒ4世の庇護を受けた．破門され，フランシスコ会から追放されたオッカムは，教皇に対して論争的で，皇帝の政策に賛同的な諸著作を書いた．

オッカムは激しく，批判的で，独立心の強い思想家であり，形式論理学の発展に寄与した．彼は「節減の原理」(principle of economy,「オッカムの剃刀」[Ockham's razor]）を多用した．彼は普遍*の存在について，その概念を排除し，その後一般的に受容したが，個物のみが存在し，個物は精神により直接的に把握されるとした．神学的面で彼の思想の大半を決定していたのは，神の全能性を制限するいかなるものも取り除こうという彼の断固たる意図であった．彼の考えでは，世界がそれに従って創造され秩序づけられた，神意における永遠の理念という教えは神の自由性を制限している．しかし，神の全能性は哲学的に証明されえず，啓示をとおして信仰をもって認めねばならない．オッカムはまた伝統的な神の存在証明を哲学的に証明されていないと批判した．

オッカムが普遍の実在に対する普及していた信仰を徹底的に批判し，人間の知識を直感的認識に根拠づけ，神学の哲学との関係を再考したことは，実在へのより科学的な接近法をもたらす根拠を準備した．彼の哲学的・神学的な影響力は1340年頃から大学の世界に浸透し，彼はG. ビール*やM. ルター*により師として，また広く唯名論*の推進者として認められた．オッカムの政治論は公会議首位主義*運動の発展に重要な役割を果たした．祝日は『共同礼拝』では4月10日．

## オックスフォード
Oxford

この都市の教会の歴史は，その父が8世紀に修道院を建てた聖フリデスウィデ*と共に始まると思われる．中世をつうじて，オックスフォードはリンカーン*司教区に属していた．1542年に，ヘンリー8世*はオックスフォード主教区を創設し，廃止されていたオセニー・アビー（Oseney Abbey）を主教座聖堂としたが，1546年に主教座を聖フリデスウィデ修道院のあった場所に設立されたカレッジ（クライスト・チャーチ*）に移した．

大学の起原は12世紀にさかのぼり，教会区教会付属学校に加えて，その都市の中心で，独立した教師（masters）が人文学，神学，ローマ法・教会法を教えていたという断片的な証拠がある．1214年に，教皇特使*がこれらの学校のために教憲を起草し，このときから大学は団体として発展した．1220-30年に，托鉢修道士*，すなわちドミニコ会*員，フランシスコ会*員，カルメル会*員，アウグスチノ会*員がやってきた．諸カレッジが教師や学生のための寄宿舎から発展し，マートン・カレッジの校規（Merton's statutes）は1264年にさ

かのぼる．1571年に，大学は一体となり，そのときから1871年まで，「39箇条」*への署名が全員に要求された．校規はW. ロード*により再編され，いっそうの変更が19世紀に始まった．大学は当初から教会と密接な関係をもっており，現代になって初めて神学は支配的な地位をもたなくなった．

## オックスフォード運動（うんどう）
Oxford Movement

高教会派*的原則の回復をめざした，オックスフォードを中心とする英国教会内の運動（1833-45年）．その発展を招くことになった要因には，教会生活の衰退，神学における自由主義*の台頭，1829年の官職に対する宗教的審査の撤廃により引き起こされたアングリカン的アイデンティティの問題があった．1833年のアイルランドにおける10教区の削減の提案は，大学の教会堂でのJ. キーブル*の説教を行わせ（➡『国民の背教』），これが通常この運動の端緒と見なされている．その主な目的は，神的な機関としての英国教会，使徒継承*の教理，「信仰の規則」*としての『祈禱書』を擁護することであった．『時局冊子』（*Tracts for the Times*）はこの目的のために構想された（➡トラクト運動）．この運動の指導者はキーブル，J. H. ニューマン*，E. B. ピュージー*であった．この運動は強い支持を受けたが，大学内の自由主義者や主教たちから攻撃されもした．W. G. ウォード*の書物が1845年にオックスフォード聖職者会議により譴責されたのち，また1850年のゴーラム事件*後，多くの人たちがカトリック教会に転会した．しかし，大多数の人たちは英国教会に留まり，言論界や政府の敵意にもかかわらず，この運動は拡大した．その影響力が行使されたのは，礼拝と儀式の領域，社会領域（スラム・セツルメントはなかでも顕著な功績である），英国教会における宗教的共同生活の復興（➡アングリカニズムにおける修道会）においてである．➡アングロ・カトリック主義

## オックスフォード会議（かいぎ）
Oxford Conference（1937年）

エキュメニカル運動*の「生活と実践」*部門の第2回会議は，「教会，共同体，国家」を議題としてオックスフォードで開催された．「生活と実践」運動を「信仰と職制」*運動と合同する処置をとることが合意された．➡世界教会協議会

## オックスフォード・グループ
Oxford Group

F. N. D. ブックマン*が創始した宗教運動で，彼はその目的を「個人的・社会的・人種的・国家的・国際的な変化をもたらす生活法」と定義した．1920年に，彼はケンブリッジ*に続いて，オックスフォード*を訪れ，そこで彼の説教は戦後世代の学生に大きな影響を及ぼした．1928年に，オックスフォードからのグループが南アフリカを訪れ，そこで「オックスフォード・グループ」という名称が彼らにつけられた．反対もあったが，この名称で1939年に統一された．その間，1938年にブックマンが「道徳的・霊的な再武装」を呼びかけ，「道徳再武装」*の名称がオックスフォード・グループに取って代わったが，後者がイギリスでは正式の名称であった．

道徳再武装（2001年にイニシアティヴ・フォー・チェンジ［Initiatives for Change］と改名）は1939年にワシントンで開始した．ブックマンを支持したスイス人が彼らの国に戦後再建センターの創設を決定し，モントルーの近くに以前のコー（Caux）・パレスを取得した．センターは1946年に開館し，以前の敵国間の関係を修復するのに貢献した．現在は，世界の多くの地域に訓練や会議のセンターが存在する．ロンドンのウェストミンスター劇場はイギリスでの主要なセンターで，演劇を上演するほかに，世界中の映画やDVDのワークショップおよび配送センターである．

## お告げの祈り（つ／いの）
➡アンジェラス

## オットー
Otto, Rudolf（1869-1937）

プロテスタントの神学者．1917年の『聖なるもの』（*Das Heilige*）の中心的なテーマは，宗教的意

識においてヌミノーゼ*が果たす役割を強調することであった．

## オットー（バンベルクの）（聖）

Otto, St（1062/63-1139）

「ポンメルン（Pommern，現ポーランド北部のポモジェ［Pomorze］）の使徒」．1102年にバンベルク（Bamberg）司教に指名され，1106年に聖別された．彼は叙任権闘争*では中立的な態度を維持しようとしたが，教皇側に共感していた．ポンメルン人が和平の条件としてキリスト教を受け入れることを約束したのち，オットーは1124年にポンメルンに赴いた．彼は多くの重要な都市と大半の貴族を改宗させた．祝日は9月30日，『ローマ教会殉教録』*では7月2日．

## オットー（フライジングの）

Otto of Freising（1114/15頃-1158）

歴史家．フリードリヒ1世*の叔父である彼は，1138年にフライジング司教になった．彼の『年代記ないし2つの国の歴史』（*Chronicon seu historia de duabus civitatibus*）は，聖アウグスティヌス*の2つの国の概念を修正し，両者の結合をローマ帝国の継続体としての教会のうちに見た．彼の『フリードリヒ伝』（*Gesta Friderici*）は，主に原典に基づいてフリードリヒ1世の治世の前半を記述している．

## オッファ

Offa（796年没）

757年からマーシア王．彼は直接にないし上級領主として，ハンバー川以南のイングランドの他の諸地域に対する支配権を徐々に確立した．ハドリアヌス1世*との交渉の結果，2人の教皇特使*が786年にイングランドを訪れ，787年にリッチフィールド*に新しい大司教区が設置された（803年に撤回された）．787年に，彼の息子が王として聖別されたが，これはイングランド王の最初の聖別の記録である．

## オッフィキアリス（オフィシャル・プリンシパル）

Official Principal（Official）

アングリカンの教会法において，主教が以前，その強制的裁治権の行使を委託した人物．1963年以降，この職務は1人の判事であるチャンセラー*のそれと結合した．

カトリックの教会法によれば，どの教区司教も（司教総代理*のほかに）オッフィキアリス（*officialis*）ないし法務代理（judicial vicar）を任命しなければならず，そのオッフィキアリスは司教と共に1つの裁判を構成するが，司教が自らに留保している事項を裁くことはできない．

## オディリア（聖）

Odilia, St（720年頃没）

アルザスの守護聖人．彼女は生まれたとき盲目であったが，奇跡的に視力を回復したといわれる．父によりヴォージュ山脈中のホーエンブルク（Hohenburg，現モン・サントディル Mt Ste-Odile）に城を与えられた彼女は，女子修道院を創立し，その院長となった．同修道院は巡礼地となり，その泉の水は眼病を癒すといわれる．祝日は12月13日．

## オディロ（聖）

Odilo, St（961/62-1049）

994年からクリュニー*の大修道院長．彼のもとで，クリュニー系修道院の数は増加し，秩序が彼の中央集権化の構想により強化され，大部分の改革された修道院は直接にクリュニーに従属した．彼は教皇や皇帝たちからも尊敬され，またフランス南部とイタリアに対する「神の休戦」*は主として彼の功績であった．彼は11月2日の「死者の日」*の遵守を導入したが，これはやがてクリュニーから西方教会全体に広がった．祝日は1月2日（ベネディクト会*では，5月11日）．

## オド（聖）

Odo, St（879頃-942）

クリュニー*の第2代大修道院長．909年に，ボーム（Baume）修道院に入り，やがて修道院付属学校で教えた．彼は927年に聖ベルノ（Berno）の後を継いでクリュニーの大修道院長になった．彼はその修道院が次の数世紀のあいだ維持した高い地位へと引き上げるのに貢献した．彼のもとで，修道院教会が完成し，他の諸修道院に対する影響力は大きく増大した．祝日は11月18日(ベネディクト会*では，5月11日)．

## オド
Odo（1030年頃ないし1035年頃生まれ，1097年没）

1049/50年からノルマンディーのバイユー（Bayeux）司教．ウィリアム1世*(征服王)の異母弟であった彼は，ヘイスティングズの戦いに参加し，おそらく「バイユーのタペストリー」の制作を依頼した．1067年に，彼はケント伯となった．ウィリアム2世の治下に謀反に失敗して，オドはイングランドを去った．彼は1096年に第1回十字軍*へ出発したが，パレルモで没した．世事に多く関わったが，彼は司教として信望が厚かった．

## オトフリート（ヴァイセンブルクの）
Otfrid（Otfried）of Weissenburg（875年頃没）

古高ドイツ語の聖書叙事詩の著者．彼はアルザスのヴァイセンブルク（現ヴィッサンブール［Wissembourg］)の修道士であった．7,000行を超える詩の『福音書』(*Evangelienbuch*)は，神学的注解を伴った福音書の章句から構成されたキリストの生涯からなり，最後の審判で終わる．

## おとめマリア
➡マリア

## オナイダ・コミュニティー
Oneida Community

「完全主義者」(Perfectionists）とも呼ばれる．1848年に，ニューヨーク州オナイダに創始されたキリスト教的共産主義社会．成功した結果，1881年に株式会社に改組した．

## オネシモ（聖）
Onesimus, St

この人物のために聖パウロ*がフィレモン*への手紙を書いた，フリギア人の奴隷．伝承によれば，オネシモは殉教した．祝日は西方では2月16日，東方では2月15日（と11月22日)．

## オーバーアマガウ
Oberammergau

バイエルン南部の村．1633年に，村民は神がペストを免れさせてくれれば，キリストの受難と復活を記念する劇を10年ごとに奉納することを誓った．1634年に初めて上演された劇は，1680年以降，通常10年ごとに上演されてきており，幾度か書き直されている．上演には5時間以上かかり，850人以上の人たち，100人以上の音楽家，数頭の動物がステージに立つ．

## オバデヤ書
Obadiah, Book of

小預言書*の一つで，旧約聖書中で最も短い文書．本書は来るべき主の日に（ユダヤ人の伝統的な敵である)エドム人が罰せられることを預言する．

## オーバーン宣言
Auburn Declaration

アメリカ長老教会の「新派」(New School）が自らの主要な教理を明らかにした宣言で，1837年にニューヨーク州オーバーンで受け入れられ，「新派」がそれに立って別個の団体として組織される神学的根拠となった．

## オフィシャル・プリンシパル
➡オッフィキアリス

## オフィス派とナハシュ派
Ophites and Naassenes

蛇を特に重視したグノーシス主義*の派であるが，両派の関係は明らかでない．蛇がアダム*とエバ*を誘惑して善悪の知識の木から食べさせたので（創3章)，蛇はグノーシス主義者のあいだで名誉ある地位を得たと予想されるが，蛇を敵対的な勢力と見なした派もあった．➡ナハシュ派

## オフェルトリウム
➡奉納

## オプス・デイ
Opus Dei

(ラテン語で「神の御業」の意.) 聖務日課*を指す, ベネディクト会*の名称.

オプス・デイはまた, キリスト教的原則を日々の生き方に適用することを促進するのに励む, カトリックの団体の名称でもある. これは1928年にマドリードで聖ホセマリア・エスクリバー (St Josemaria Escrivá, 1902–75年) により創立され, 彼は1930年に女子部, また1943年に聖十字架の司祭会も設立した. 1982年に, 「聖十字架とオプス・デイの属人区*」が創設され, その組織では地方の司教に相当な独立性が付与された. 同属人区は多くの教育施設, 特にパンプローナ (Pamplona) 大学を維持している.

## オブセルヴァント派(原会則派)
Observants (Observantines)

聖フランチェスコ*の会則を何ら緩和せずに「遵守」しようとしたフランシスコ会*員たち. その運動は修道生活と規律における弛緩に対する抗議として1368年にイタリアで始まり, 主としてスピリトゥアル派*の人たちおよび会則に関する初期の教皇の声明から影響を受けていた. 1517年に, オブセルヴァント派はコンベンツアル派*から分離され, 真の聖フランシスコ会と布告された. 16世紀中に, オブセルヴァント派はレフォルマト派 (改革派), レコレクト派*, ディスカルケアト派 (跣足派*) に分かれたが, 1897年にこれらはみな単一のフランシスコ会に統合された. 第4のグループであるカプチン会*は1528年に完全に分離した.

## オプタトゥス(聖)
Optatus, St (370年に活動)

北アフリカのミレウィス (Milevis) 司教. 彼の論考『ドナトゥス派パルメニアヌス駁論』(*Adversus Parmenianum Donatistam*) を除けば, 彼について何も知られない. 彼の議論はドナトゥス派*における「公同性」の欠如に向いているが, 彼はまた彼らが「聖性」を主張することも非難している. 重要な歴史的文書からなる補遺は, 現代の学者の注目を大いに引いている. 祝日は6月4日.

## オーマン
Oman, John Wood (1860-1939)

長老派*の神学者. 1907–35年に, 彼はケンブリッジ大学教授であった. 宗教意識の独自性と独立性を超自然的なものの直接的・自己証明的な自覚と考えながらも, 彼が主張したのは, それが他の経験領域から孤立すべきでないということであった. 1931年の『自然的なものと超自然的なもの』(*The Natural and the Supernatural*) において, 彼はその立場の哲学的正当化を行った.

## オモフォリオン
omophorion

東方教会において, 主教が典礼の際や執行する他の儀式の際に用いる長いスカーフ.

## オラトリー
oratory

古代には教会堂 (churches) も個人的な (private) 礼拝堂*も指したこの語は, 教会区教会以外の礼拝の場所に限定されるようになった. カトリックの教会法は, オラトリーと個人的な礼拝堂を教会堂から区別する. オラトリーは一定の共同体ないし信者集団の便宜のために礼拝にあてられた場所を意味し, 個人的な礼拝堂は1人ないし少人数の便宜のための礼拝の場所を意味する. 一般に, すべての聖なる儀式がオラトリーにおいて行われうるが, 個人的な礼拝堂においては許可が必要である.

「オラトリー」(Oratory) は独立的に, オラトリオ会*および, たとえばロンドンのブロンプトン (Brompton)・オラトリーのように, 同会に属する教会堂を指す.

## オラトリオ
oratorio

(現代のような) 劇的な動き・舞台装置・衣裳などを伴わない，独唱者・合唱・管弦楽のための宗教的台本をもつ音楽作品．オラトリオはどうやら，ローマのオラトリー*において聖フィリッポ・ネリ*が行った劇的な礼拝に由来するらしい．合唱を強調する英語のオラトリオは，本質的にG. F. ヘンデル*の創作による．

## オラトリオ会(かい)
Oratorians (Congregation of the Oratory)

(1)「フィリッポ・ネリ*のオラトリオ会」(The Oratory of St Philip Neri) は，誓願*を立てないで共同生活を営む在俗司祭の修道会で，1575年に認可された．名称はローマのサン・ジロラモ教会のオラトリー*(小聖堂) に由来し，そこで彼らは「霊操」を行った．彼らの主な務めは祈り・説教・秘跡をとおして人々を神へと導くことである．彼らは人をひきつける礼拝，特によい音楽を重視した．近代のオラトリオ*は彼らの信心業で歌われた「霊的賛歌」(*laudi spirituali*) から発展した．オラトリオ会はJ. H. ニューマン*により1848年にイングランドに導入された．

(2)「フランスのオラトリオ会」は1611年にP. ド・ベリュル*により創立された．イタリアのオラトリオ会にならっているが，組織が中央集権化している点で大きく異なっている．その主な活動の一つは，トリエント公会議により規定された方針で経営された神学校*において司祭を訓練することである．フランス革命中に解散させられた同会は，1852年に再興された．

## オラフ (聖(せい))
Olav, St (Olav Haraldsson) (995？-1030)

ノルウェー*の守護聖人，1016-28年にノルウェー王．彼は王位に就く直前に受洗した．キリスト教に対する彼の支持は結局は決定的であったが，その方法の厳しさは抵抗を招き，彼はロシアに逃れざるをえなかった．彼は戦死した．祝日は7月29日．

## オラリオン
orarion

東方教会において，輔祭*が着用するストール．

➡ストラ

## オランジュ教会会議(きょうかいかいぎ)
Orange, Councils of

2回の教会会議が441年と529年に南フランスのオランジュで開催された．第2回会議の25箇条の教義教令 (*capitula*) は，以前その地方に浸透していた半ペラギウス主義*に反対して，恩恵*の本質に関する聖アウグスティヌス*の教理の多くの点を支持したが，会議は一定の人々が悪へと予定されていることを否定した．

## オランダ改革派教会(かいかくはきょうかい)
Dutch Reformed Church

カルヴァン主義*はオランダ*の蜂起において重要な役割を果たし，1609年に同国が実質的にスペイン*から解放されたとき，改革派 (プロテスタント) 教会が強い勢力をもった．同教会はオランダ人が入植し移住した各地に拡大した，すなわち (インドネシア*を含む) 東インド，スリランカ*，カリブ海*，南アフリカ*，アメリカ合衆国*である．

南アフリカにおいて，1652年のケープタウンへのオランダ人の入植がオランダ改革派教会を設立させた．ケープ植民地が1806年にイギリス領になったとき，オランダの教会との正規のつながりは切れたが，「現在なされている通りの公の礼拝が維持される」ことが合意され，1851年まで，イギリス政府は牧師の俸給を支払った．19世紀になってようやく，地方のコイ (Khoi) 人，奴隷，カラード (Coloureds) と呼ばれる混血の人たちを改宗する真剣な活動が起こった．1857年のシノッドで主張されたのは，可能なところでは「異教徒からでも我々の会員が現存している教会に受容され，編入されること」が望ましいということであった．しかし1859年には，シノッドはカラードのキリスト教徒のための分離した教会が規範となることを認めた．1881年に，これらの教会は自治的な教会となった．オランダ改革派教会はアフリカ人たちに対してほとんど影響力をもたなかったので，1910年になってやっと十分な教会が生まれて，別の民族的に定義された自治的教会が存在するようになった．1986年まで，中心となるオランダ改革派教会はアパルトヘイトを支持し，神学的に正当化した．同教会は，1961年に世界教会協議会*を脱会し，1983年に改革派教会世界連盟*から追放された．1986年に，同教会はアパルトヘイトを正当化するいかなる試みも否定し，さらに1998年に，同教会はアパルトヘイトの概念を罪だと主張して，改革派教会世界連盟に再加盟を認められた．1994年に，カラードの教会と黒人の教会が合同した．トランスヴァール州には，2つの小さい極めて保守的な改革派教会が存在し，1870年代に中心となるオランダ改革派教会と絶縁した．

## オランダのキリスト教（きょう）
Netherlands, Christianity in the

キリスト教はローマ時代に現在オランダと呼ばれる地域に伝わったが，その実際の改宗は7世紀末まで遅れた．聖ウィリブロード*と聖ボニファティウス*が主としてその伝道活動に従事した．国全体はユトレヒト司教座の支配的な影響下に入った．14世紀にオランダには，神秘主義的な敬虔と教育を強調する「デヴォティオ・モデルナ」*と呼ばれる運動が起こった．

宗教改革の際，ルター派*と再洗礼派*が当初は支持者を得たが，沈黙公ウィレム（オラニエ公）が1573年にカルヴァン主義*を受け入れたことは，スペインの支配に対する反乱の中で同派の信条の役割を際立たせた．1609年には，オランダは実質的に独立していた．改革派（カルヴァン派）は強い勢力をもったが，その内部では論争があり，たとえば，J. アルミニウス*をめぐる論争では，その支持者が1618-19年のドルトレヒト会議*で断罪された．他の論争から起こったのは，一つが1834年の分離で，厳格なカルヴァン主義者が「キリスト教改革派教会」を組織し，もう一つがA. カイパー*が指導した分離である．両グループは1892年に合同した．2004年に，キリスト教改革派教会とその母体であったオランダ改革派教会*とは，オランダ・ルター派福音教会と共に合同して，オランダ・プロテスタント教会を組織した．

カトリック教会は1583-1795年に厳しい刑法上の制約下にあり，1580-1853年には，司教区が存在しなかった．1697年に，ヤンセン主義*という非難がオランダのカトリック信徒に向けてなされた．代牧*であったピーテル・コッデ（Codde）が1702年に譴責を受けたのち，シスマが生まれ，彼の支持者は復古カトリック教会*員と呼ばれた．現代のオランダでは，カトリック信徒は強い組織力をもち，人口の約30%を占めるのに対し，プロテスタントは約20%である．20世紀後半になって，オランダのカトリック教徒のあいだには進歩的な思想がみられ，教皇職との摩擦が起こっている．

## オリヴィ
Olivi, Petrus Joannis（1248頃-1298）

スピリトゥアル派*のフランシスコ会*員．フランシスコ会の厳格派の指導者として，彼は1282年のストラスブールでの修道会総会*において異端の嫌疑で告発され，彼の著作は1283年に34の教説が譴責された．しかしながら，1287年のモンペリエでの修道会総会において，彼はその正統性を認められ，1292年にパリでも追認された．彼の没後，スピリトゥアル派のフランシスコ会員は彼を崇敬するようになり，また，1311年のヴィエンヌ公会議*において，彼のものと思われるいくつかの教説が断罪されたが，彼の名前は挙げられなかった．

## オリヴェタン
Olivetan（1506頃-1538）

プロテスタントの宗教改革者．本名はピエール・ロベールであったらしい．J. カルヴァン*の親族であった彼は，1532-35年に，ヌーシャテル（Neuchâtel）でワルドー派*の人たちに宗教改革の教えを説き，また宣教の目的で，聖書をフランス語に翻訳し，1535年に出版した．

## オリヴェト修族（しゅうぞく）
Olivetans

イタリアのシエナに近いオリヴェト山に，ジョヴァンニ・トロメイ（Tolomei）により1319年に創立された，ベネディクト会*の修族*．ベック修道院*も本修族に含まれる．

## オリエ
Olier, Jean-Jacques（1608-57）

聖スルピス会*および同神学校の創設者．視力を失うおそれのため，ロレト*に巡礼した彼は眼病を癒され，深い信仰生活へと回心した．1633年に司祭に叙階された彼は，ヴォジラール（Vaugirard）に神学校を設立した．彼は1642年にパリのサン・スルピス教会の教区司祭になったとき，神学校をそこに移した．彼は自教区を8つの地区に分け，司祭に各地区を担当させ，学校，カテキズムのクラス，「女性たちの家」，慈善施設を設けた．オリエは共通の目的をもつが，修道誓願を立てない在俗司祭の修道会を創設した．彼の霊的著作が中心とするのは謙遜であり，キリストの人間性への信心からキリストの神性へと向けられている．

## オリエンタル・オーソドックス教会（きょうかい）
Oriental Orthodox Churches

カルケドン定式*のキリスト論を受け入れなかった（アルメニア*教会，コプト教会*，エチオピア教会*，シリア正教会*の）諸教会に対する現代の名称．これらの諸教会を東方正教会*から区別し，キリスト単性論*という語を避けている．

## オリゲネス
Origen（185頃-254頃）

聖書批評家，神学者，霊的著作家．エジプトに生まれた彼は，キリスト教徒として育ち，アレクサンドリア*主教デメトリオス*に認められて，アレクサンドリア教理学校*の長となった．騒乱が215年にアレクサンドリアで起こったとき，彼はパレスチナへ赴いた．彼がそこで信徒であるのに説教したことは，アレクサンドリアの教会規律の違反と見なされ，呼び戻された．230年に，彼は再度パレスチナへ赴き，前回の訪問時に説教を彼に依頼した主教たちにより司祭に叙階された．その結果，デメトリオスは彼の職を奪い，その司祭職を剥奪した．オリゲネスは231年にカイサリア*に赴き，そこに彼が建てた学校は有名になった．250年のデキウス*帝の迫害で，彼は投獄され，拷問を受けた．

オリゲネスは多作であったが，著作の多くが失われ，またその他のほとんどの著作も断片やラテン語訳でしか残存していない．聖書批評に関する主要な作品は『ヘクサプラ』*であった．彼はまた聖書のたいていの文書に関する注解と多くの講話（homilies）を書いた．これらのいくつかのギリシア語原本は20世紀に発見された．主要な神学的著作である『諸原理について』（*De Principiis*）は，広範囲な神学的主題を論じている．2冊の修徳的な著作『殉教の勧め』（*Exhortatio ad martyrium*）と『祈りについて』（*De oratione*）は古代に広く読まれた．彼はまたケルソス*に反駁する護教的な著作も書いた．

聖書学者として，オリゲネスは字義的・道徳的・寓喩的な三重の意味を認めており，その中で彼は最後の意味を好んだ．彼の教理的学説の出発点は神の単一性（unity）への信仰であった．十全な意味でのこの単一性は父なる神に関して理解され，オリゲネスによれば，御子は御父より劣った（lesser）意味でのみ神的（divine）である．彼は哲学的思弁から独創性に富む思想を導き出したが，彼が表明した命題を確実だと考えたかどうかは必ずしも明らかでない．彼は創造が永遠的であると主張した．彼の主張によれば，すべての霊は平等に創造されたが，その自由意志の行使をとおして位階的な秩序に発展し，ある霊は堕罪した結果，悪霊となったり，肉体に閉じ込められた魂となった．死は最終的に魂の運命を決定するのではなく，魂は悪霊にも天使にも変わりうる．この上昇と下降は，すべての被造物が悪魔も含めて救済される，最終的なアポカタスタシス*まで継続する．

## オリゲネス主義（しゅぎ）
Origenism

オリゲネス*により表明されたり，彼に帰された一連の学説．彼の最初期の反対者であったオリュンポスのメトディオス*は，オリゲネスが魂の先在を説いたことおよび現世の体と復活の体との同一性を否定したことを非難した．４世紀の論争は主に『諸原理について』の三位一体論に関わっていた．オリゲネスはさらに，輪廻*を説き，また聖書をただ寓喩的に解釈したとして非難された．聖エピファニオス*による最初の攻撃は聖ヒエロニムス*によって継続された．398年に出されたルフィヌス*による『諸原理について』のラテン語訳は，オリゲネスの正統性を擁護することを意図していたが，400年のアレクサンドリア*教会会議はオリゲネス主義を断罪し，教皇アナスタシウス１世およびパレスチナとシリアの主教たちはこの断罪に同調した．

論争は６世紀にパレスチナで再燃した．オリゲネス主義の反対者を支持した皇帝ユスティニアヌス*は，オリゲネスの謬説の一覧とそれへの反論を載せた勅令を発布した．エルサレムのオリゲネス主義者の修道士は２派に分裂した．553年のコンスタンティノポリス公会議*は最終的にオリゲネスの教説を断罪した．

## 『オリゲネスの説教（せっきょう）』
Tractatus Origenis

以前はオリゲネス*に帰されていた説教の集成で，おそらくエルビラ司教グレゴリウス*の著作である．

## オリーブ山（やま）
Olives, Mount of

エルサレム*東部の連丘の最高点．キリストはしばしばそこに赴いたらしい．伝統的な昇天*の場所は，378年より前に建てられた昇天教会（Imbomon）と呼ばれる教会堂により示されている．もう一つの４世紀の教会堂であるエレオナ（Eleona）教会は，キリストが終末について語ったと信じられる洞穴のところに建てられた（マコ13章）．

## オルガン
organs

オルガンは大きな教会堂に見られ始めた10世紀までは純粋に世俗的な楽器であった．その従来の役割は一般に知られていないが，1400年頃に，オルガンの独奏部と聖歌隊が歌う単旋聖歌*ないし多声音楽を交互に演奏することがミサ*でも聖務日課*でも確立した慣行となった．これは特にフランスにおいて，19世紀までふつうに実践され続けたが，ドイツのルター派*教会では，コラール（chorale）に取って代わられた．17世紀前半から，オルガンはコラール音楽のただ伴奏をするようになり，会衆の歌唱を指導するという現在の一般的な役割は17世紀から徐々に発達した．20世紀後半になると，多くの教会堂において経済的な理由からパイプオルガンは電子オルガンへと置き換わったが，貧弱な代用品である．

## オルシシオス（ホルシエシ）（聖（せい））
Orsisius, St（380年頃没）

禁欲主義者，タベンニシ（Tabenne，ナイル川の島）修道院長．彼はパコミオス*の弟子で友人であり，（おそらくコプト語で）『修道士指導の教え』（*Doctrina de Institutione Monachorum*）を書いたが，これはラテン語訳で残存する．祝日は６月15日．

## オールダム
Oldham, Joseph Houldsworth（1874-1969）

宣教師，政治家，エキュメニカル運動*の指導者．彼は1910年にエディンバラ*で開催された世界宣教会議（World Missionary Conference）およびその継続委員会の主事（secretary）であった．東アフリカにおける年季労働の問題を政府と交渉するように宣教会に依頼された彼は，議論の中で植民地の政治的未来に関して宣教側の意見を表明した．1934年に，彼は「生活と実践」*世界会議の研究部門の長となり，その結果，1937年のオックスフォード会議*と1938年のユトレヒト会議において指導的な役割を果たしたが，後者は世界教会協議会*の暫定委員会を設置した．

## オルデリクス・ヴィタリス
Ordericus Vitalis（1075-1142？）

アングロ・ノルマンの歴史家．1085年に，彼はノルマンディーのベネディクト会*サンテヴルール（St-Évroul[t]）修道院に入った．彼はキリストの降誕に始まる『教会史』を書いた．その後半部分は，当時の政治史・教会史および慣行に関する重要な史料である．

## オールドカスル
Oldcastle, Sir John（1378？頃-1417）

ロラード派*の指導者．1413年に，彼は聖職者会議*のまえで異端の嫌疑で告発され，ロラード派の考えを支持した．彼は40日以内に自説を撤回するように言われたが，ロンドン塔から脱走した．彼はロラード派の反乱のために陰謀を指導したが，失敗した．捕らえられて，彼は処刑された．

## オルトリープ（ストラスブールの）
Ortlieb of Strasbourg（1200年頃）

インノケンティウス3世*により断罪された宗派（「オルトリープ派」[Ortlibarii]）の創始者．彼の教えは人間の神との汎神論*的な合一を強調し，その弟子たちは教会に反対して御霊の内なる権威に訴えて，世界の永遠性および非正統的な三位一体論と受肉論を主張した．

## オルトロス
Orthros

東方教会の朝の聖務日課*．

## オールブライト兄弟団

➡福音教会

## オレーム
Oresme, Nicholas（Nicholas of Oresme）（1320頃-1382）

フランスの数学者，自然哲学者，経済学者．彼はパリ*大学およびフランス宮廷と密接な関係があり，1377年からリジュー（Lisieux）司教であった．彼は地球が地軸を日々回転しているという説に賛同したが，そうしたのはキリスト教の真理を攻撃するのに理性を用いたがる人たちに対する策略だと言った．フランス宮廷のために，彼は自国語で哲学的著作を生んだが，その中にアリストテレス*の著作の翻訳と注解がある．

## オレンジ党の運動
Orangism

アイルランド*におけるプロテスタンティズムを擁護する運動で，1795年に組織されたオレンジ党（Orange Association）が支持した．

## オロシウス
Orosius, Paulus（5世紀）

歴史家．ブラガ（Braga, 現ポルトガル）出身の彼は，414年に北アフリカに移った．聖アウグスティヌス*の要請で書かれた『異教徒に反駁する歴史』（*Historia adversus Paganos*）は，ローマの災禍がその神々を放棄したためだという異教側の訴えを批判した．378年以降の部分のみが歴史的に価値がある．

## 恩恵（恩寵，恵み）
grace

キリスト教神学において，理性的存在に対してそれを聖化するために神により与えられる超自然的な助力．この助けの必要性は一般に認められているが，その方法は多くの議論の対象となってきた．

恩恵の神学は初めて，聖アウグスティヌス*とペラギウス*のあいだの論争で明確に起こった．アウグスティヌスは人間性を堕落*以降，全面的な悪であり劫罰に値すると見なし，堕落した人間は自力では罪を犯すことしかできず，あらゆる善行の実行には恩恵が必要であるとした．他方，ペラギウスの考えでは，人間は善を選ぶ自由があり，自らの努力で救いへの最初の行動を起こすことができ，恩恵は神の戒めがより容易に実現されるために与えられるとした．アウグスティヌスの教えの論理的な結論は救いとともに劫罰への予定*であるが，彼自身は「先行的恩恵」（prevenient grace, すなわち回心に先立つ恩恵）と「後続的恩恵」（subsequent grace, 神のエネルゲイア［働き］が回心後の個人と共働する）の区別などにより，人間の自由意志を擁護しようとした．このような体系的な展開が起こらなかった東方教会は，恩恵の必要性と人間の自由意志の実体をともに強調し，予定の概念に反対した．この考えはJ. カッシアヌス*の教えに反映しており，その恩恵論は西方ではアウグスティヌスとペラギウスを仲介する試みと見なされ，そのため「半ペラギウス主義」*と呼ばれた．カッシアヌスは原罪*に関するアウグスティヌスの教えを受け入れながらも，全面的な堕落，不可抗的恩恵（irresistible grace），無条件の予定を否定し，恩恵は普遍的に必要であるが，意志はどんな段階でも自由なままであるとした．529年の第2オランジュ教会会議*はこの問題をアウグスティヌス的な基礎にたって解決しようとしながらも，これを緩和し，「先行的恩恵」は堕落により必要となったと考えられたが，強調点が回心後の人間の側の協力に置かれ，劫罰への予定は排斥された．恩恵と自由意志の関係に関する議論は継続し，ゴットシャルク*をめぐる論争で激しいものになった．13世紀に，聖トマス・アクィナス*は「習性的恩恵」（habitual grace，秘跡をとおして通常伝わると考えられる）と「助力の恩恵」（actual grace, 非受洗者にも存在しうる）とを区別したが，ドゥンス・スコトゥス*は恩恵の神学との関係で神の無時間性を強調した．宗教改革者はより厳格なアウグスティヌス主義に戻った．J. カルヴァン*は絶対的な予定を説き，恩恵の完全性（indefectibility）の教えを加えた．この教えに異議を唱えたのはJ. アルミニウスとその支持者たちである（➡アルミニウス主義）．宗教改革後のカトリック教会では2つの主要な論争，すなわちL. デ・モリナ*の教えと結びついた論争とヤンセン主義*論争があった．

恩恵の授与と秘跡の受領の正確な関係も，同様な諸問題を引き起こしてきた．20世紀には，恩恵に関する西方の教理のもつ複雑さを克服するさまざまな試みがあったが，その一つとして，「創造された恩恵」（created grace，聖霊の働きの諸結果）のさまざまな分類に対する，「創造されない恩恵」（uncreated grace, 聖霊御自身）の概念の優位性の主張がある．

### 恩恵有期説

➡ターミニズム

### 穏健派
Moderates

スコットランド*教会において，18世紀後半に栄えた一派．彼らは反対者（すなわち「福音派」）よりも教理と規律に関する穏健な見解をもっていた．

### 御父受難説（父神受苦論）
Patripassianism

3世紀に起こったモナルキア派*の一派．その支持者の考えでは，父なる神が御子として苦しみを受けられた．

### 御血への信心
Precious Blood, devotion to the

受難の際に流されたキリストの血は，使徒時代以来，特に聖餐との関連で敬われ，贖いの力をもつと見なされてきた．さまざまな聖堂が御血の一部を所有していると主張し，大いに崇敬されてきた．御血を祝う祝日は19世紀にさまざまな修道会で祝われ，1849年に，その祝日はカトリック教会全体に広がった．当時は7月第1主日に守られ，1914年以降，1969年に「キリストの聖体の祭日」*と結合するまでは7月1日に守られた．

### 恩寵

➡恩恵

### 「恩寵の巡礼」
Pilgrimage of Grace, the

1536-37年のイングランド北部における一連の反乱．T. クロムウェル*および教会問題における政府の改変策（特に「修道院の解散」*および「10箇条」*中の秘跡と聖人崇敬に対する批判）への憎悪が広がっていた．加えて，経済的・社会的な不満も存在した．地域によっては，貴族やジェントリーが指導した．議会開催と刑罰免除の約束を得て，ヨークシャーの指導者であるR. アスク*はその軍隊を解散した．新たな反乱の勃発後，200人以上の反徒が絞首刑に処せられた．

## 恩典（おんてん）

➡インドゥルトゥム

## 女執事（おんなしつじ）（女性執事（じょせいしつじ），ディアコニッセ）
deaconess

教会において，一定の任務を正式に担った女性．女性が執事*職につくことは使徒時代にさかのぼる．聖パウロ*のフェベへの言及（[ケンクレアイ教会の] 執事，ロマ16:1）およびＩテモテ書3:11は通常その特定の職務を指すと考えられている．初期のころ，やもめ*と女執事の区別は曖昧であるが，女執事の職務は3-4世紀に発展した．多くの儀式が適切さの理由から１人の助祭（執事）によって行えなかったとき，女執事が女性の洗礼を補佐した．成人の洗礼がまれになったとき，女執事職はその重要性を失った．６世紀の２つの西方の教会会議はそれを廃止したが，場所によっては女執事は11世紀まで存続した．東方では，その消滅はより遅かった．19世紀に，女執事職は形を変えて再興した．ディアコニッセの最初のプロテスタントの団体は，1836年にカイザースヴェルト*に創立されたものである．英国教会では，聖アンデレ女性執事会(Deaconess Community of St Andrew)が1861年に創立され，1862年に，最初の女性執事がロンドン主教A. C. テイト*によりその職務に就けられた．女性執事に割り当てられた任務に含まれたのは，(赦免*を除く)「朝の祈り」*と「夕の祈り」*を唱えること，場合により，説教し，授洗し，葬儀を行うことである．1986年に，女性も執事職に就くことが認められたが，それより上の職位にはまだ認められていない．➡女性の聖職叙任

## オンブレリーノ
ombrellino

西方教会において，聖体を非公式に移動させるとき，その上を時に覆う小さな傘のような天蓋．

# か

## カイアファ
Caiaphas

その前でキリストが裁かれたユダヤの大祭司(マタ26:3など).

## ガイウス
Gaius (Caius) (3世紀初頭)

ローマの司祭. 彼はヨハネ福音書とヨハネ黙示録をケリントス*の作と見なして拒否した(➡アロゴイ派).「使徒たちの記念物」へのガイウスの言及は, ローマのサン・ピエトロ大聖堂*の地下の発掘に関する議論において重要なテキストの一つであった.

## 海外福音宣教協会
Society for the Propagation of the Gospel in foreign parts (SPG)

1701年にT. ブレイ*らにより創設され, その目的は海外の英国民のために英国教会の聖職者の職務を果たし, 英国王に服する非キリスト教徒に宣教することであった. 1965年に中央アフリカ学生伝道協会*と合併して, 合同福音宣教協会*となり, 現在は合同協会 (United Society: US) と呼ばれている. ➡キリスト教知識普及協会

## 改革長老派教会
Reformed Presbyterian Church

スコットランド*教会を国教化した1690年の決着の受け入れを拒否したスコットランドの長老派*の小さな団体. 改革長老派教会は1743年に組織された. 大多数は1876年にスコットランド自由教会*と合同したが, 一部は独立した団体に留まっている.

## 改革派教会
Reformed Churches

この語は時にすべてのプロテスタント教会を指すが, より正確には, ルター派*と対比して, 特にJ. カルヴァン*, J. ノックス*, U. ツヴィングリ*の神学に影響された教会 (カルヴァン派*と通称される) を指す.

## 改革派教会世界連盟
World Alliance of Reformed Churches

(長老派*と会衆派*からなる) 改革派教会世界連盟は, (1875年に創立された) 長老派教会世界連盟 (World Presbyterian Alliance) が (1891年に創立された) 国際会衆派教会協議会 (International Congregational Council) と合同して, 1970年に結成された.

## 改革ベルナルドゥス会
Bernardines (Reformed Congregation of St Bernard)

「フイヤン修族シトー会」*から分かれたイタリアの修道会.

## カイザースヴェルト
Kaiserswerth

このラインラントの町において, プロテスタントのディアコニッセ*の団体が1836年に創立されたのは, 看護や教育に専念する女性たちの組織を求める, 改革された諸教会の必要に応えるためであった. その施設では, 病者と貧者の世話, 教育, ないし小教区の活動に専念するディアコニッセを訓練した.

## カイサリア (パレスチナの)
Caesarea (Palestine)

ヤッファの北方の海岸都市で, ヘロデ*大王により再建され, アウグストゥス帝を記念して命名

された．前13年頃にパレスチナの首都になった．聖ペトロ*が訪れたとき，聖霊がここで初めて異邦人*に与えられた（使10:44-45）．聖パウロ*はここで２年間投獄された（使23:23, 24:27）．231年からオリゲネス*が居住したカイサリアは，学問の中心地として有名になった．この都市は十字軍*の時代にも重要であったが，1265年に破壊された．

## カイサリア型本文（がたほんもん）
Caesarean text

（西方型本文*やアレクサンドリア型本文*に匹敵する）新約聖書*のギリシア語本文の一形態で，B. H. ストリーター*がオリゲネス*が231年にパレスチナのカイサリア*に移ったあとに用いたマルコ福音書の本文の特色を基に確認したと主張した本文．

## 解釈学（かいしゃくがく）
hermeneutics

釈義*の方法の学．釈義が通常はテキストを説明する行為であるのに対して，解釈学は釈義的方法を案出する学ないし技術である．神学において，解釈学的理論は聖なるテキストの両義性への気づきおよびその結果起こった理解法の分析から起こった．プロテスタントが聖書の重要性を強調し，聖書を理解する可能性を信じたことは，聖書のより逐語的な釈義への回帰とともに，その理解法の省察を強めた．近代になって，F. D. E. シュライアマハー*はあらゆる人間の言説を正しく理解する行為を新たに際立たせ，それにより聖書解釈学を解釈の一般論に組み込んだ．その後，理解よりむしろ解釈が，世界との人間の関係の基本的な仕方と見なされてきており，形而上学よりむしろ解釈学をキリスト教神学の中心的な仕事と見なす神学者もいる．

## 改宗者（かいしゅうしゃ）
proselyte

ユダヤ教に改宗した人（convert），および広義で，いずれかの信仰ないしセクトに改宗（回心）した人．

## 会衆制（かいしゅうせい）（会衆派（かいしゅうは））
Congregationalism

個々の地方教会の独立と自治を基本とする教会組織の形態．この体系が原初的で，教会秩序の最初期の形態を示すと考えられてきた．しかしながら，近代の会衆制は宗教改革から始まる．1550年にはもう，国教会からの分離主義者*として，男女が神の言葉を説いたり，秘跡*を行うために集まった証拠がある．エリザベス１世*は教会の急激な改革を意図していないことが明らかになったとき，そのような集まりは数を増した．R. ブラウン*は神のもとに契約により結ばれたこれらの「集められた教会」が国家から独立して，自律する権利をもつと主張して，本質的な会衆制の方針を定めた．1580年代から，（外部の人たちが名づけた）「ブラウン主義者」（Brownists）は増加し，やや無定形な分離主義はより明確に定義された会衆制になり，教会がノリッジ*やロンドンなどに設立された．その運動は迫害により地下に追いやられた．ある分離主義者たちはオランダ，そして最終的にアメリカに逃れ，会衆派はそこにおける宗教と政治の形成に影響力があった．イングランドでは彼らは独立派*と呼ばれ，O. クロムウェル*の軍隊の主力を形成し，ウェストミンスター会議*で自己の立場を擁護し，1658年のサヴォイ宣言*で自己の原則を再確認した．1662年の「礼拝統一法」*は独立派も長老派*も同様に非国教徒としたが，1688年の「信仰寛容法」*は両者に存在する権利を与えた．この時期のこれら２つのタイプの教会を合併する試みが成功しなかった主な理由は神学的な相違であった．独立派は古い大学から排除されたので，非国教徒のアカデミー（Dissenting Academies）を建て，ロンドン大学の創立に指導的役割を果たした．福音主義*的リバイバルの成果は，スコットランドに会衆派が強く根づいたからである．

会衆派教会の独立性は彼らを完全に孤立させることはなかった．彼らは共通な信仰と秩序の絆を認識し，やがて相互の交流と支援のために州連合（County Associations）を創設した．スコットランド会衆派連盟（Congregational Union of Scotland）が1812年に，イングランドとウェールズの会衆派連合は1832年に創設された．これらの連合は立法的な権威をもたず，個別教会に助言をし，共通の意見を表明するのに役立ってきた．1972年に，イングランドとウェールズの会衆派教会の大部分は，イングランド長老派教会と合同して合同改革派教会*を設立し，それに，ディサイプル派*の大部分が1981年に，またスコットランド会衆派連盟の大部分が2000年に合流した．残りの会衆派諸教会のほとんどは会衆派連合（Congregational Federation）か会衆派諸教会の福音主義団体（Evangelical Fellowship）に合流した．アメリカ合衆国では，ほとんどの会衆派教会は1957年に福音派と改革派の教会と合同して合同キリスト教会*を設立し，会衆派教会は世界の他の地域でも現代の合同の動きに関わっている．➡再合同

## 会衆席（かいしゅうせき）
pew

当初，礼拝時の通例の姿勢は起立したり，跪いたりしていて，会衆には座席は備えつけられていなかった．その後，虚弱な人たちに配慮して，石製の座席が身廊*の壁につけて設けられた．13世紀末までには，多くのイングランドの教会堂には固定した木製の会衆席と呼ばれるベンチが備えつけられた．両端や背面には時に精巧に彫刻されていた．新しい教会堂や礼拝堂の資金を調達するために，1818年の教会建築物法（Church Buildings Act）とその関連法は，いくつかの会衆席を排他的に使用するための支払いを認めた．この「会衆席使用料」（pew rents）はほとんど残存していない．

## 会衆派（かいしゅうは）
➡会衆制

## 悔悛（かいしゅん）（ゆるしの秘跡（ひせき））
Penance

この秘跡の初期の歴史について，ほとんど知られていない．3世紀までに，発達した公の悔悛の制度が生まれていた．罪人が司教に悔悛を求めたのち，彼ないし彼女は悔悛者*の身分に登録され，共同体の交わりから分離され，一連の祈り，断食，施しを行う．その長さは罪の重さにより決まるが，一定の期間が経つと，罪人は和解を得て，会衆に迎え入れられる．悔悛はその時期には一生で1回だけ得ることができ，生涯の節制（continence）を必要とした．

新しい制度が西方においてケルト*ないしアングロ・サクソン*の修道士宣教者の影響下に発達した．悔悛は公的で長期で難儀なままであったが，罪の細部の告白は個人的となり，赦免*は告白*の際に与えられ，悔悛が始まる前にまで徐々にさかのぼった．ここから発達したのが，告白・赦免・軽い儀礼的な悔悛を伴う今日の「個人的な悔悛」（private Penance）である．1215年の第4ラテラノ公会議*は，少なくとも年1回すべてのキリスト教徒が小教区の司祭に彼ないし彼女の罪を告白することを要求した．1500年までに，定期的な告白の制度は至るところで，教会に対するより急進的な批判の大きな対象となっていた．東方教会においても，同様な発展が見られたが，ここでは悔悛は霊的方向と密接に結びつき，司祭職に限定されておらず，必ずしも赦免に言及していない．15世紀までに，赦しを求める祈りを伴う，司祭への個人的な告白は信徒のあいだに広く受け入れられた慣行であった．

悔悛の神学は，罪人のために執り成す教会の能力および罪人をを赦す教会のミニスターの権限に依拠している．しかしながら，西方教会では，受洗後の罪はある程度罪人の処罰により贖われねばならないと考えられるようになった．長期の悔悛がもたらす重大な不都合のため，減刑（commutation）の制度が発達した．数年の悔悛が金銭の支払いで1日に短縮されたり，その場所が詩編を繰り返し朗唱することで不愉快な境遇に置き換わったりできた．この減刑の考えが免償*の発展に影響を及ぼした．

（現在は「ゆるしの秘跡」［Sacrament of Reconciliation］と呼ばれる）1973年のカトリックの「悔悛の儀式書」（Order of Penance）は，3つの儀式を定めており，その1つは司祭の前での罪の個人的な告白なしに赦免の付与を認めているが，その慣行は厳しく限定されており，また，それにあずかる悔

悛者はのちに自らの罪を告白する義務がある．英国教会において，希望者のための悔悛の慣行が，19世紀に『祈禱書』の「病者の訪問」*の式文を基礎にして復活した．いくつかの現代のアングリカンの典礼には，悔悛者の和解（Reconciliation）の儀式が含まれている．➡告白の秘密

## 悔悛者（かいしゅんしゃ）
penitents

公の悔悛*に関する古代の制度において，悔悛者は特別な服を着て，教会堂で別個に礼拝を守ることにより，他の会衆と分離された．共同体の交わりに復帰したあとでさえ，若干の制約が残った．

## 海上の祈禱集（かいじょうのきとうしゅう）
Sea, Forms of Prayer to be used at

『祈禱書』に収められ，海上でのさまざまな状況下で用いる，祈りとアンセム*の小さな祈禱集．

## 蓋然説（がいぜんせつ）
Probabilism

ある行為の合法性ないし不法性が不確かな場合，たとえ反対の意見がより蓋然的であっても，自由の側にくみする一貫して蓋然的な意見に従うことが正当であるという原理に基づく，倫理神学*の体系．

蓋然説の原理は16世紀にスペインで展開され，その教えに古典的な形を与えたのはB. メディナ*で，ドミニコ会*とイエズス会*にともに受け入れられた．しかしながら，その体系は弛緩説*の非難を受けやすいことがわかった．1656年に，論争が起こった．ドミニコ会は厳格蓋然説*と呼ばれることになる体系を採用した．B. パスカル*はヤンセン主義*に鼓舞されて，イエズス会の道徳性を攻撃したが，それ以後，後者と蓋然説はますます同一視されてきている．18世紀前半には，厳格蓋然説が強い影響力をもった．その後の蓋然説の復権は特に聖アルフォンソ・デ・リグオーリ*の権威に負っており，彼は1762年に基本的には蓋然説の原理に基づく，自らの同等蓋然説*を説いた．蓋然説は，同等蓋然説とともに，第2ヴァティカン公会議*までカトリック教会において最も一般に受け入れられた体系となった．蓋然説は同公会議以降の倫理神学者の著作中には目立っていない．

## 回勅（かいちょく）
encyclical

一定の地域の全教会に宛てて送られた回状．初期の時代には，この語はどんな司教によって送られた書状をも指したが，現代のカトリックの用法では，教皇のそれに限定される．

## 改訂訳聖書（かいていやくせいしょ）（RV）
➡英語訳聖書

## 外典（がいてん）（新約聖書（しんやくせいしょ）の）
Apocryphal New Testament

対応する正典諸文書と形態や内容において類似した，新約聖書正典*以外の初期のキリスト教文書に対する近代になってからの名称．「外典」という表現は虚構的作品を意味しない．

多くの外典福音書が残っている．そのいくつかは信頼できる伝承を含んでいるが，このことは『トマス福音書』*のような最初期のものにのみ当てはまる．他は明らかに異端的見解を支持することが意図され，また別の福音書はキリストの幼年時代やその復活後の生に関する民衆の好奇心を満足させることをねらっている．

最も重要な行伝は『ペトロ行伝』*，『パウロ行伝』*，『ヨハネ行伝』*，『アンデレ行伝』*，『トマス行伝』*であって，いずれもおそらく2世紀に由来する．その題材は，使徒言行録*と類似しそれにおそらく影響された物語，信頼できる口頭伝承，明らかな作り話からなっている．そのほとんどすべては異端的影響を示している．

さらに，『ラオディキア人への手紙』*のような数多くの書簡や文書，また多くの黙示録が存在した．

## 会堂（かいどう）
➡シナゴーグ

## カイパー
Kuyper, Abraham (1837-1920)

オランダのカルヴァン主義*の神学者, 政治家. 1879年に彼が反革命党を結成したのは, 国民の正統派のカルヴァン主義者を政治勢力にすることを意図していた. この目的のために, 彼はまた1880年にアムステルダム自由大学を創立した. 1886年に, 彼はオランダ改革派教会*からの離脱グループを指導した. 1898年のプリンストン大学でのストーン (Stone) 講演『カルヴァン主義』において, 彼はカルヴァン主義がすべての現代の必要を充足させる生き方であるという見解を述べ,「共通の恩恵」という概念を強調した. ➡オランダのキリスト教

## 飼い葉桶 (馬小屋)
crib

西方教会の民衆の習慣で, キリストが誕生時に寝かされた飼い葉桶に聖なる御子の像を入れて, クリスマス*の前夜に聖堂内に置かれる. アッシジの聖フランチェスコ*が1223年にグレッチオで最初の飼い葉桶の模型を飾ったと考えられている.

## 解放の神学
Liberation Theology

1968年にコロンビアのメデジン (Medellín) で開催されたラテン・アメリカ司教会議において目立つようになった神学的な運動.「解放」という用語は, 押しつけられた解決を意味すると理解される「発展」を嫌って用いられた. 解放の神学者間に強調点の相違があるが, 彼らの思想には以下のような顕著な特徴がある. (1)「貧者の優先的選択」(preferential option for the poor), すなわち, 抑圧という状況下にある教会の主要な義務が貧者を支えることであるという理念. (2) 解放が救いにおける本質的要素と見なされるのは, 救いが人間全体に関わり, 単に彼または彼女の霊的必要性にのみ関わるのではないからである. (3) 出エジプト*が聖書的範例と理解されているのは, 個人の変革が社会の変革をとおしてのみ起こりうるからである. (4) 福音書を政治的に読み, キリストが不正な社会構造と対決したことを強調する. (5) 実践の優先, すなわち, 正しい信仰 (orthodoxy) は正しい行動 (orthopraxis) からのみ生まれるという確信. (6) 力で抑える構造が物理的力の行使と変わらぬ暴力であるという見解. 1984年には, 教理省*は解放の神学のさまざまな側面に関して極めて批判的であったが, それに続く1986年の訓令は多くの人たちに好意的に受け取られた.

解放の神学の最も明白な実践的表現は, 信徒の男女が指導する小さな近隣のグループである教会基礎共同体*の発展であった. ブラジル*だけでも, 数万の教会基礎共同体が存在する. その努力は, 霊的問題と社会問題を統合し, 人々に識字教育を施すことにより, 彼らの状況と権利にいっそう気づかせることである. 時折, たとえばニカラグア*やブラジルにおいて, これは特定の党派を支持することにつながった. 力の行使に対する態度に関しては, 解放の神学者の立場は, H. P. カマラ*大司教の平和主義から時に武器に訴えるものまで多様である. 解放の神学は黒人*神学, パレスチナ人の神学, フェミニスト神学*に影響を及ぼしてきた. ➡ラテン・アメリカのキリスト教

## 「会友」
adherents

スコットランド*教会において, 非陪餐者ながらその教会と密接な結びつきをもつ受洗者.

## 快楽主義
hedonism

すべての道徳的な行動の本来の目標が快楽であると主張する倫理説.

## ガイラー・フォン・カイゼルスベルク
Geiler von Kaisersberg, Johann (1445-1510)

「ドイツのサヴォナローラ*」と称される. 彼はフライブルクとバーゼルで教授職にあったが, 改革的な関心から学究活動を放棄した. 1478年から, 彼はストラスブール司教座聖堂の説教者となった. 彼の厳格な道徳的理想とすべての階層の悪徳に対する批判にもかかわらず, 聴衆を魅了した.

彼は改革を要求したが，教会を去る意図はなかったと思われる．

## 回廊（クロイスター）
cloister

修道院や他の宗教施設の中心部分を通常形づくる閉じられた空間．この語はまた一般に，修道院や修道生活をも指す．

## 下院議長（聖職者会議の）
prolocutor

カンタベリー*とヨーク*の聖職者会議*の下院それぞれの議長の称号．

## カイン派
Cainites

グノーシス主義*の一派で，旧約聖書*の神を世界に存在する悪を招いたと見なし，たとえばカインのようにその神に反抗した人たちを称揚した．

## カヴァデール
Coverdale, Miles（1487/88-1569）

聖書翻訳者．ケンブリッジでアウグスチノ隠修士会*に入った彼は，教会改革に情熱をいだいた．懺悔*や像*に反対する説教をしたため，彼は国外に居住することを強いられた．1535年に，彼は大陸で最初の完訳英語聖書を刊行した．1539年に，彼はR. グラフトン*と共に「グレート・バイブル」*を出版した．1551年に，彼はエクセター*主教になった．彼はメアリ1世*治下に再び追放されたが，エリザベス1世*治下には，ピューリタン*の指導者の一人であった．➡英語訳聖書

## ガヴァンティ
Gavanti, Bartolomeo（1569-1638）

バルナバ修道会*の典礼学者．教皇クレメンス8世*とウルバヌス8世*のもとで，聖務日課書*とミサ典礼書*の改革に尽力した．

## カヴェナンター
Covenanters

スコットランドの長老派*の団体で，自らの信仰を守るために誓約を結んだ．さまざまな小さな契約（covenants）が1556-62年に結ばれ，1581年の国王信条*に至った．1637年にチャールズ1世*がスコットランド*に『祈禱書』*を導入する企ては，翌年の国民契約*の結成を促進した．内戦の勃発後，イングランド議会は1643年にスコットランド国民と「厳粛なる同盟と契約」*を結んだ．1661-88年のスコットランドにおける長老派の迫害はさらなるカヴェナンターを生んだ．

## 『ガウディウム・エト・スペース』
Gaudium et spes（1965年）

第2ヴァティカン公会議*の『現代世界における教会に関する司牧憲章』（通称は『現代世界憲章』）の冒頭の言葉であり，ラテン語の表題．

## ガウデンティウス（聖）
Gaudentius, St（4-5世紀）

397年にはブレシア（Brescia）司教．404-05年に，彼はコンスタンティノポリス*に赴き，聖ヨアンネス・クリュソストモス*のために嘆願したが，成功しなかった．祝日は10月25日．

## ガウニロ
Gaunilo, Count

11世紀のベネディクト会*の修道士．彼は「愚者」を装って，アンセルムス*が『プロスロギオン』で用いた，神の存在の本体論的証明*の有効性を批判した．

## カウリー・ファーザーズ
Cowley Fathers, the

オックスフォードに近いカウリー近郊に創立された福音記者聖ヨハネ修士会*の司祭の通称．

## カウル
cowl

典礼のあいだ，現代のベネディクト会*員やシトー会*員がトゥニカやスカプラリオ*の上に着用する緩やかな外衣．大抵の修道会の修道服の一

部となっている（いつもは付けていない）頭巾は時にカウルと呼ばれる.

## カエキリア（聖）
Cecilia, St（2ないし3世紀）

ローマの殉教者. 彼女の（外典的な）殉教記録*によれば, キリスト教信仰のゆえに殺される前に, 夫とその弟を改宗させた. パスカリス1世のとき（817-24年）, 彼女の遺体はカタコンベ*から, ローマのトラステヴェレにある彼女の名のついたサンタ・チェチリア教会に移された. この教会が1599年に修復されたとき, その遺体は腐敗していなかったといわれる. 彼女は教会音楽の守護聖人である. 祝日は11月22日.

## カエキリアヌス
Caecilian（343年以前に没）

311年（あるいは307年）からカルタゴ司教. 彼の重要性はドナトゥス派*論争の最初の局面に関わったことにある. カルタゴの厳格主義者たちはカエキリアヌスがあるトラーディトル*により聖別されたという理由でその聖別が無効だと主張して, 対立司教をたてた.

## カエサリウス（聖）
Caesarius, St（470頃-542）

502年からアルル大司教. レランス*で修道士であった. 彼は南ガリアの教会運営において指導的な役割を果たし, 529年のオランジュ教会会議*において半ペラギウス主義*を断罪するのに多大な貢献をした. 2つの修道会会則に加えて, 多くの説教が残っている. 『旧教会条例』*（*Statuta Ecclesiae Antiqua*）は時に彼に帰されてきたが, ほぼ確実に誤りであろう. 祝日は8月27日.

## カエサリウス（ハイスターバッハの）
Caesarius of Heisterbach（1180頃-1240）

教会著作家. 1199年に, 彼は（ボンに近い）ハイスターバッハでシトー会*の修道院に入った. 『奇跡物語』（*Dialogus Miraculorum*, 1219-23年頃）は修練士の教育のために書かれた霊的な逸話集である. 彼はまた（すべてが残ってはいないが）『奇跡論』8巻とハンガリーの聖エリザベト*の伝記を書いた.

## カエサル
Caesar

この語は事実上, 1-3世紀におけるローマ皇帝の称号であった. パレスチナや諸属州の住民にとって, そう呼ばれた人物よりむしろ皇帝の位を指した.

## カエタヌス
Cajetan, Thomas de Vio（1469-1534）

ドミニコ会*の神学者. 彼は1508-18年に同会の総会長*, 1517年に枢機卿, 1519年にガエタ（Gaeta）司教になって, 教会行政に重要な役割を果たし, 1512年のラテラノ公会議*で改革の大義を主張し, 1518年にM. ルター*と討論し, 1530年にはヘンリー8世*が意図した離婚に反対した. 聖トマス・アクィナス*の『神学大全』*への1507-22年のカエタヌスの注解書は, 16世紀におけるトマス主義*復興の最初の記念碑的な著作であった.

## ガエターノ（聖）
Cajetan, St（1480-1547）

テアティニ修道会*の創立者. ローマの司祭であった彼は, ジャンピエトロ・カラファ（Carafa, のちのパウルス4世*）など3人と共に, 1524年にテアティニと呼ばれる修道聖職者会を創立した. 同会は誓願を立て, 共同生活をするが, 司牧活動を行う. 祝日は8月8日（以前は7日）.

## カエレスティウス
Celestius（5世紀）

異端者. ブリタニア出身の彼は, ローマでペラギウス*に出会いその代弁者として活動した. 2人が確信するようになったのは, 当時の低い道徳性が人々に自らの行動への責任を強調することによってのみ改善されうるということであった. そこで彼らは自由意志の教えを説き始めたが, その際恩恵*がはたらく余地を認めなかった. カエレスティウスはアダムの罪がその子孫に伝達されることを否定した（原罪*）．彼は410年頃北アフリカに移り，411年のカルタゴ教会会議*で断罪され，エフェソス*へと去った．

## 雅歌（がか）
Solomon, Song of（Song of Songs）

旧約聖書の一書．ソロモン*と彼の最愛の人（「シュラムのおとめ」）および彼らの友人に帰される恋愛詩集という形になっている．おそらく早くても前3世紀に由来しようが，個々の詩はずっと古いものであろう．

タルムード*では，同書はイスラエルとの神の関係の寓喩と見なされている．キリスト教徒は同書中に，教会ないし個々の魂との神の関係の記述を見た．

## 賀川豊彦（かがわとよひこ）
Kagawa, Toyohiko（1888-1960）

社会運動家．裕福な仏教徒の家庭に生まれ，キリスト教に改宗した彼は，神戸神学校とプリンストン神学校に学んだ．1917年に帰国した彼は，社会的状況の改善に尽力した．第2次世界大戦後，日本における民主主義運動の指導者であった．

## かぎ十字（じゅうじ）
➡スワスティカ

## 下級品級（かきゅうひんきゅう）
Minor Orders

上級品級*の下位にある，職制（ministry）上の地位．1972年以前のカトリック教会には，4つの下級品級，すなわち守門*，読師（宣教奉仕者*），祓魔師*，侍祭（教会奉仕者*）が存在した．1972年に，現在は「奉仕職」（ministeria）と呼ばれる下級品級は2つに減らされ，宣教奉仕者と教会奉仕者のみが残っている．下級品級すなわち奉仕職の授与式は主に，職務を執行する委任状および「祭具の授与」*からなる．東方教会に残っている下級品級は，教会奉仕者，カントル*，副輔祭*である．

## カーク
Kirk

スコットランド語で「教会」（Church）の同義語．

## カーク
Kirk, Kenneth Escott（1886-1954）

1937年からオックスフォード*主教．彼は当時の倫理神学*に関するアングリカンの著作家の中で最も傑出した人物として広く知られていた．彼の著作には，1927年の『良心とその問題』（*Conscience and its Problems*）と1931年の『神への直観』（*The Vision of God*）がある．

## カクストン
Caxton, William（1422頃-1491）

最初のイングランドの印刷業者．数年間商業に従事したのち，ブルゴーニュ公妃マーガレット（イングランド王の妹）のもとで働き，彼女のために数冊の本を英訳した．これを手で写すのに疲れた彼は，1471-72年にケルン*で印刷術を学び，それをブリュッヘ（ブリュージュ）に導入した．1476年9月には，彼はウェストミンスターのアーモンリ（Almonry）に印刷所を開いた．その多くの印刷物は宗教的な著作であった．

## 学生キリスト教運動（がくせいキリストきょううんどう）
Student Christian Movement（SCM）

「キリスト教信仰を理解し，キリスト教徒の生活を送ること」を望む，世界的な学生の団体の英国の支部．19世紀後半のケンブリッジ*など各地の独立した運動から発展した．（第2ヴァティカン公会議*以降はカトリックを含む）すべてのキリスト教の教派の出身者からなる団体として，その多くの指導者が前から連携してきたエキュメニカル運動*の見解と類似の見解を培った．第2次世界大戦後は，新しい大学における役割を見いだせず，短命で急進的な運動と提携し，1990年代には実質的に消滅した．同運動が展開した出版社は1989年に別組織になり，1997年に，『古今聖歌集』*の出版社に売却された．

## カーク・セッション
Kirk session

単に「セッション」ともいう，スコットランド*教会やその他の長老派*の諸教会における最下級審．

## 学部
➡権能

## 火刑
burning

生きながら火刑に処することは，後期のローマや初期のゲルマンの法における，特定の犯罪に対する刑罰であって，その後ほとんどの西ヨーロッパの刑法に採用された．有罪とされた異端者の火刑は中世に現れた．1022年に，フランス王ロベール2世はおよそ10人の有罪とされた異端者をオルレアンで火刑に処し，その後火刑は西方全体で異端信仰に対する通常の刑罰となった．当初，そのような処刑は教会当局の意向に反して行われたが，1184年に，教皇ルキウス3世は悔い改めない異端者が処罰のため俗権に引き渡されることを布告し，この慣行に続いて異端審問*が開始した．1298年までには，すべての統治者が異端信仰を火刑により処罰するようになっていた．イングランドでは，国王は死刑を宣告された異端者を火刑に処することを命令する詔書の布告権を主張した．1401年の「異端火刑法」*は異端者を火刑に処する法令上の効力を与えたが，その法は1533年に廃止され，メアリ1世*により復活し，1558年に再度廃止された．エリザベス1世*とジェームズ1世*はアレイオス主義*や再洗礼派*のかどで異端者を火刑に処するように命じた．そのような最後の火刑は1610年に行われた．ヨーロッパの他の地域でも異端信仰に対する火刑は17世紀には減少し，スペインとその属国においてさえまれになった．火刑はカトリックやスコットランドを含む一部のプロテスタントの国々において魔術*に対する処罰法であった．イギリス諸島における魔術に対する最後の火刑は1727年にドーノック（Dornoch）で行われた．ヨーロッパの一部では，魔女が遅くとも1750年代まで火刑に処せられた．

## 火刑柱
stake

人が特に火刑*により処刑されるため縛られる柱で，火刑そのものも指す．

## 賭け事
betting and gambling

賭け事は，何か価値あるものの得失が不確実な結果にまったく依存している契約である．一種の娯楽と考えられる賭け事の道徳性について議論されている．ある人たちの考えでは，賭け事は常に違法であるが，たいていのキリスト教徒はそしりを受けることを免れなくても，許されるものだと見なしている．それはおよそ不正なことではないが，掛け金が過度であってはならず，純粋な貪欲以外のもの，たとえば娯楽をその目的とするべきである．

## 掛け布
dorsal（dossal）

リレドス*の代わりに，祭壇の背後に時に掛けられる布．

## 仮現説
➡キリスト仮現論

## カシズマ
kathisma

ビザンティン式典礼では，詩編は20の部分に分けられる．「カシズマ」という用語が指すのは，これらの各部分およびオルトロス*中にそれぞれのカシズマの末尾に歌われる短い典礼用聖歌である．

## 「樫の木教会会議」（ドリュス教会会議）
Oak, Synod of the（403年）

「樫の木」と呼ばれた，カルケドンに近いドリュス（Drys）で開催された教会会議．多くの告訴内容をでっちあげて，聖ヨアンネス・クリュソストモス*を断罪した．

## 歌唱(かしょう)ミサ

➡歌ミサ

## ガスケ

Gasquet, Francis Aidan（1846-1929）

1914年から枢機卿．1878年にダウンサイド・アビー*の院長に選ばれた．1896年に，彼はローマに赴き，「英国教会の叙任」*に関する委員会のメンバーとなった．彼は1914年のベネディクトゥス15世*の選挙に加わり，反イギリス的な主張には反対した．彼の著作はしばしば不正確な点もあるが，イングランドの修道制の研究を進展させた．

## ガスコイン

Gascoigne, Thomas（1403-58）

イングランドの学者．彼はオックスフォード*で学究生活に一身をささげるために，ほとんどすべての教会の役職を断った．彼はウィクリフ*的傾向に反対したが，教会の悪弊を批判した．彼の主著は神学辞典であった．

## カーステアズ

Carstares, William（1649-1715）

政治家，スコットランドの長老派*のミニスター*．彼はオランダで，当時英国人の官吏を求めていたオラニエ公ウィレム（のちのウィリアム3世）に出会った．カーステアズは1688年にウィレムに同行してイングランドに赴き，スコットランド問題での主要な助言者となった．1690年のスコットランドにおける長老制の復興を指導した彼は，長老派教会大会議長*を4度務め，1707年のスコットランドによる連合法の受け入れを確実にすることに貢献した．

## カステリョ

Castellio, Sebastian（1515-63）

古典語学者，プロテスタントの神学者．プロテスタンティズムを受け入れたのち，彼はJ. カルヴァン*のもとで学び，1541年にジュネーヴ*で教職を得た．神学的相違からカルヴァンと仲たがいしたカステリョは，1545年にジュネーヴを去った．彼はバーゼルで1553年頃まで校正者として働いたのち，同地の大学でギリシア語教授になった．1551年に，彼は聖書の古典ラテン語訳を刊行した．彼は自由意志の教理を擁護したが，それは礼拝の自由の弁護を含んでおり，16世紀の神学者としては類のないことであった．彼はM. セルヴェトゥス*の火刑を非難する著作を書くよう唆した（またはおそらく自ら書いた）．彼の宗教的寛容*論は，『悩めるフランスに勧めること』（*Conseil à la France désolée*，1562年）に十全に表現されている．

## カステル・ガンドルフォ

Castel Gandolfo

ローマ市の南東約29kmにある小さな町で，教皇の夏の滞在地である．

## カスバート（聖(せい)）

Cuthbert, St（636頃-687）

リンディスファーン*司教．651年に，彼はメルローズ（Melrose）で修道士になった．修道院長と共に，彼はリポン*に修道院を設立しに行ったが，彼らが副王の要求するローマ式の慣例に従うことを拒否したため，追放され北方に戻った．664年に，カスバートはメルローズの副院長，その後リンディスファーンの副院長となった．彼はファーン（Farne）島で隠修士になることが許され，そこで多くの人々が彼の教えを請うた．685年に，彼はリンディスファーン司教に聖別されたが，ほどなくして再びファーンに隠遁した．彼の遺体は避難して，883年にチェスター・イン・ストリート，995年にダラム*に移され，そこでは「聖所の庇護権」*が発生し，彼への崇敬は重要となった．祝日は3月20日．

## カズラ

➡チャズブル

## ガスリー

Guthrie, James（1612頃-1661）

スコットランドの長老派*のミニスター*．彼は1650年に将軍J. ミドルトン（Middleton）を国民契約*の敵として破門し，公衆の前で悔悛させた．1654年に，英国国務会議はガスリーを審査官*の一人に任命した．王政復古後，彼は反逆罪に問われ，絞首刑に処せられた．

## ガスリー
Guthrie, Thomas（1803-73）

スコットランドの長老派*のミニスター*，社会改革者．10年紛争*の際福音派の支持者であった彼は，1843年の「スコットランド教会分裂」*で分離し，スコットランド自由教会*のミニスターのため牧師館建設の資金集めに貢献した．1847年から，彼は「貧民学校」の建設に従事し，そこでは貧しい子どもたちにプロテスタント的な基礎にたった健全な教育がなされた．彼は晩年にはスコットランドのための，超教派よりむしろ国家的な教育計画を擁護し，それは1872年のスコットランドの教育法において実現した．

## カズン
Cosin, John（1594-1672）

ダラム*主教．1627年の彼の有名な『静想祈禱集』（*Collection of Private Devotions*）は，王妃ヘンリエッタ・マリア*のイングランド人女官が用いるために編纂された．長期議会は彼からいっさいの聖職禄を剝奪し，1644年に，彼はケンブリッジのピーターハウス学長職を追われた．彼はパリに赴き，そこで王妃の家族の英国教会員のチャプレンになった．1660年の王政復古で，彼はダラム主教になった．彼は1661年のサヴォイ会談*に出席し，また『祈禱書』のその後の改訂に影響を及ぼした．彼の「ヴェニ・クレアトル」*の翻訳は聖職按手式文*に含まれている．➡『ダラムの書』

## カーゼル
Casel, Odo（1886-1948）

典礼学者．1905年に，彼はマリア・ラーハ*のベネディクト会*大修道院に入った．彼の関心は典礼の神学的側面にあり，聖餐の中に御自身の教会によるキリストの秘義の再現を見た．主著は『秘儀と秘義』（*Das christliche Kultmysterium*）である．

## 火葬（かそう）
cremation

遺体を焼いて灰にするという死者の処置の仕方．肉体の復活*の信仰のゆえに，初期のキリスト教徒は火葬を嫌い，埋葬*が一般に採用された．火葬は19世紀に主として自由思想家のあいだで実行された．正教会では通常まだ禁止されている火葬は，カトリック教会では1963年以降許可された．英国教会では，その合法性は1969年の『教令』*で認められており，2000年の『共同礼拝』*の司牧礼拝（*Pastoral Services*）は遺灰の埋葬の儀式を定めている．

## 仮装信従禁止法（かそうしんじゅうきんしほう）
Occasional Conformity Act

1711年の信仰寛容法の通称で，その一部分が意図したのは，公職に就くために英国教会で聖餐にあずかってきた非信従者*を非国教会の礼拝所に今後は出席させないことであった．そうしているのが見つかった人はだれでも，40ポンドの罰金刑に処せられ，職務を剝奪された．この部分は1719年に廃棄された．

## カーター
Carter, Thomas Thellusson（1808-1901）

トラクト運動*支持者．ウィンザーに近いクルーアー（Clewer）の主任司祭であった彼は，淪落した女性の救済のために1849年に「マーシーの家」（House of Mercy）を設立し，そこで奉仕するために1852年に「洗礼者聖ヨハネ修女会」（Community of St John the Baptist）を設立した．

## 肩衣（かたぎぬ）
humeral veil

西方教会において，肩にまく絹のショールで，両手を覆う．荘厳ミサ*において，副助祭*がパテナ*を持つために用いた．現在も「聖別されたパン」*の行列や聖体賛美式*の際に，司式者が着用する．

## カタコンベ
catacombs

迷路状の地下の通路からなる埋葬地で，しばしば階段のついた地下2-5階になっている．カタコンベでは遺体は，床面の墓か壁龕（ロクルス*）にしばしば複数が安置され，石板かタイルで封鎖された．同様の構造のものが各地で発見されているが，最も有名で大規模なカタコンベはローマ*近辺にある．どのローマの墓とも同じく法的に保護され，また市の城壁の外に掘られねばならなかった．掘削はおそらく150-200年頃に始まった．最初期のカタコンベのいくつかは私有地に掘られたと思われるが，その所有権と管理権はやがて教会に移った．遺族はおそらくカタコンベで記念の食事を摂り，４世紀までには，殉教者の墓所で彼または彼女の推定上の記念日に，聖餐がしばしば祝われた．殉教者の墓所を囲む区域は拡張され飾られた．４世紀以降は，カタコンベは次第に用いられなくなり，16世紀までに一般に忘れ去られた．

## カタバシア
katavasia

東方教会において，カノン*のオード（頌詩）の結びの節（stanza）．

## カタファルク
catafalque

そこにない遺体を象徴するために以前レクイエム*・ミサで用いられた棺台を模した架設物．この語は今では棺やその付随品という一般的な意味でも用いられる．

## カタリナ（アレクサンドリアの）（聖(せい)）
Catherine, St, of Alexandria

伝承によれば，彼女は４世紀に殉教した処女であった．聖人伝が貴族の出身で豊かな学識をもつ女性と表している彼女は，車輪につながれ，拷問を受け，首を切られた．遺体は800年頃にシナイ*山で発見されたといわれるが，殉教記録*はそれが没後天使によってそこに運ばれたと主張している．彼女の表象は釘のついた車輪である．祝日は11月25日であるが，カトリック教会では1969年に削除され，『共同礼拝』*では維持されている．

## カタリナ（シエナの）（聖(せい)）
Catherine, St, of Siena（1347？-1380）

16歳のときからドミニコ会*の第３会*員．彼女の考えでは，病者・貧者の世話をし，罪人を回心させるために孤独な生活を離れるようにキリストにより命じられたが，やがて彼女は地方の党派間，およびフィレンツェと聖座*のあいだの対立のようなより高次の問題で，仲保者として行動することを求められた．彼女は，グレゴリウス11世*が1377年に教皇座をアヴィニョン*から再びローマへ移すよう説得した．彼女の著作（手紙，祈り，および『対話』［*Dialogo*］と呼ばれる彼女の教えを統合したもの）において，中心的な主題は十字架につけられたキリストであり，彼女はキリストの血を神の愛の最高のしるし・約束であり，我々の愛の主要な動機であると見なした．祝日は４月29日（以前は30日）．

## カタリナ（ジェノヴァの）（聖(せい)）
Catherine, St, of Genoa（1447-1510）

神秘家．カテリーナ・フィエスキ（Fieschi）は16歳で結婚したが，10年後に突然回心した．彼女はほとんど毎日聖体を拝領し始め，多くの驚くべき心的経験をした．夫もジェノヴァの病院で病人の世話をする彼女を助けた．彼女の霊的教えは，1551年に刊行された『生涯と教え』（*Vita e dottrina*）に含まれているが，彼女の幻視の記述を現在の形にしたのはおそらく彼女ではなかろう．祝日は９月15日．

## カタリナ（スウェーデンの）（聖(せい)）
Catherine, St, of Sweden（1331-81）

聖ビルギッタ*の娘で，ヴァドステナ修道院の初代院長であった彼女は，生涯の大半をイタリアで過ごし，ビルギッタ修道会*の認可を得，自分の母の列聖*のために努力した．祝日は３月22日．

## カタリナ（リッチの）（聖）

Catherine, St, de' Ricci（1522-90）

ドミニコ会*の修道女で，1552年から没するまで，プラト（Prato）のサン・ヴィンチェンツォ修道院の院長ないし副院長．数年間にわたって周期的に脱魂状態になり，キリストの受難との強い一致を経験した．祝日は2月4日（1971年までは2月13日）．

## カタリヌス

Catharinus, Ambrosius（1484頃-1553）

神学者．ランチェロット・ポリーティ（Politi）は1517年にドミニコ会*員になり，同会の2人の聖人名をとって改名した．彼はやがてルター*の教説を論駁することに専念した．シエナで，彼は「無原罪の御宿り」*の祝日を祝うことの同意をとりつけようとして会の長上の敵意を招いた．彼はその後クレメンス7世*によって管区の長上の支配権から解放され，直接に総会長のもとに置かれた．リヨンで1542年に刊行された『著作集』に，彼は「無原罪の御宿り」と予定*に関する論考を含めた．彼は，特別の恩恵により断罪の可能性がないと保証された特別の聖人たちの「予定」と，救われることを神が知っておられるが，神により自由に与えられる恩恵を受け入れるかどうかによって，生涯にわたり救いか断罪かの可能性があるような「予知」とを区別した．彼はだれかが断罪へと予定されているという考えをきっぱりと否定した．彼はトリエント公会議*において顕著な役割を果たした．

## カタリ派

Cathars

（ギリシア語で「清い人たち」の意．）この語は教父時代のいくつかの分派を指すが，12-13世紀の教会に深刻な課題をつきつけた大規模な分離派について主に用いられる．彼らは同時代人に，カタリ派，マニ教徒*，ブルガリ派（Bulgari），アルビ派*，パタリ派*などさまざまな名称で呼ばれた．善と悪の2つの原理を主張する彼らは，肉体と物質を悪として否定した．救済の目的は肉体からの霊魂の解放であり，悪魔によりもたらされた「混在した」状態の終焉であった．彼らの考えでは，キリストは幻影的肉体をもった天使であり，したがって受難も復活もせず，その救済のわざはただ真の教えを人々に伝えることにあった．秘跡や地獄・煉獄・肉体の復活の教えを否定し，あらゆる物質が悪だと信じる彼らは，結婚および肉・牛乳・卵その他の動物性の食物の摂取を禁じた．この理想は大多数の人々には厳しすぎたので，彼らは2つの階級を区別した．すなわち，「完徳者」は按手による聖霊の洗礼である「救慰礼」（consolamentum）を受け，極めて厳しい戒律を守った．普通の「帰依者」は通常の生活を送ることが許されたが，死が近づいたとき「救慰礼」を受けるという約束をした．

このような思考法の記録は西ヨーロッパでは11世紀前半に見いだされうる．1140年頃から彼らの明確な思想と組織の証拠が存在し，1200年までには彼らは南フランスとロンバルディアで優勢であった．1215年の第4ラテラノ公会議*の諸改革やドミニコ会*の成立はともにある意味でこの異端信仰*の脅威への反応であったし，異端審問*の発展もそうであった．

## カッサンダー

Cassander, Georg（1513-66）

カトリック神学者．彼はカトリックとプロテスタントの調停に努め，二種陪餐を認めてカトリック側からの譲歩を擁護した．彼はその主著において，悪弊がカトリック教会を離脱する十分な理由となりえないことを示そうとした．1564年に，皇帝フェルディナント1世は教会合同の正式の試みにおいてカッサンダーの助力を求めたが，正式のプロテスタントの式文にカトリック的解釈を加えようとする彼の努力は両者から非難された．

## カッシアヌス

Cassian, John（360頃-430年以後）

修道士．彼は若いときベツレヘム*の修道院に入ったが，やがてエジプトで修道制を学ぶためにそこを去った．415年頃，彼はマルセイユに男女2

つの修道院を建てた．彼の『共住修道士規定』(*De institutis coenobiorum*) は，修道生活のための通常の規則を記し，修道士が完徳*に達するのに主に妨げとなることを論じている．本書は多くの西方の修道会会則の基礎と見なされた．『師父との対話集』(*Collationes Patrum*) は，東方の修道制の指導者たちとの対話の記録という形をとっている．彼は，聖アウグスティヌス*の極端な恩恵論に対してガリアの多くの修道士がおぼえた困惑を共有し，『対話』13巻でこの教理を非難した．カッシアヌスの立場はのちに半ペラギウス主義*と呼ばれた．東方における祝日は（閏年の）2月29日．

## カッシェル教会会議

Cashel, Council of（1172年）

アイルランド*に侵入後，ヘンリー2世により召集された教会会議．出席者は教皇特使としてのリズモア（Lismore）司教のクリスティアン，ほとんどすべてのアイルランドの聖職者，最も指導的な教会人，および国王により任命されたイングランドの聖職者であった．これによって，アイルランド教会はヘンリーの権威を承認したと見なされた．その決議条項が意図したのは，12世紀の規律をまだ極めて不安定なアイルランド教会に導入することであった．

## カッシオドルス

Cassiodorus, Flavius Magnus Aurelius（485/90頃-580頃）

ローマの政治家，著作家，修道院創立者．彼はラヴェンナ*において東ゴートの支配者たちのもとで高官を務めた．537年に，東ゴートの支配が崩壊したとき，彼は公的生活から身を引いた．彼はコンスタンティノポリス*に赴いたが，554年に平定されたイタリアに戻って，カラブリアの自らの地所にウィウァリウム（Vivarium）修道院を建てた．彼は重要な図書室をつくり，写本の複写を行わせ，ギリシア語の文書を翻訳させたが，それにはソクラテス*，ソゾメノス*，テオドレトス*の史書が含まれており，カッシオドルス自身の『教会史3部作』(*Historia Ecclesiastica Tripartita*) の基礎として役立った．

## カッシーノ修族

Cassinese Congregation

ベネディクト会*の修族*で，その起原は1409年にパドヴァでルドヴィコ・バルボ（Barbo）により始められた改革である．改革者たちの目的は，大修道院長を空職俸禄*保有者として任命する悪弊を除くことであった．本修族を20世紀まで特色づけたのは，修道会総会*の全般的な権威および大修道院長を暫定的に任命する中央集権制である．1504年にモンテ・カッシーノ*が加わったのちに現在の名称になった．➡スビアコ修族

## カッパドキア3教父

Cappadocian Fathers, the

聖バシレイオス*，ナジアンゾスの聖グレゴリオス*，ニュッサの聖グレゴリオス*の3人．

## ガッラ・プラキディア

Galla Placidia（390頃-450）

ローマ皇帝の妃．テオドシウス1世*の娘で，彼女の息子が425年にウァレンティニアヌス3世として即位したとき，彼女は摂政となった．彼女はエウテュケス*論争において教皇レオ1世*を支持した．

## 割礼

circumcision

割礼はユダヤ人のあいだで宗教的な儀礼として長く守られていたが，ほとんどの教会によって初期の時代に放棄された．聖パウロ*の書簡において，「割礼」は実質的にユダヤ人の慣行とされている．

## カーデイル

Cardale, John Bate（1802-77）

法律家で，1832年に創立されたカトリック使徒教会*の最初の「使徒」．彼は同教会の典礼司祭（liturgist）兼「使徒の柱」になった．

## カテキスタ
catechist

(1) 初期の教会における，洗礼志願者*の教師または教理学校 (catechetical school) の講師. (2) 現代の用法では，キリスト教でたとえば子どもにときおり教えることを任された人. (3) 宣教地での現地人の教師.

## カテキズム(教理問答)
catechism

キリスト教の教理の平易な手引き. もともとこの語は，洗礼*を受ける前の子どもや成人になされた口頭での教育を指していたが，そのような教育内容を含む書物を指すようになった. 中世には，信徒に教理問答を教える (catechizing) 規定がしばしば公布され，また主の祈り*，信条*，大罪*のリストなどの説明を含む書物が刊行された. 宗教改革は多数の新しいカテキズムをもたらした. M. ルター*の『小教理問答』(*Kleiner Katechismus*, 1529年) は今でもルター派教会において標準的である. 1563年の『ハイデルベルク教理問答』*は，カルヴァン主義*の諸教会で同様の位置を占めている. カトリック教会も多くの新しいカテキズムをもたらした. イギリスのカトリックは最近まで一般に『キリスト教教理のカテキズム』(*A Catechism of Christian Doctrine*, 1898年) を用いたが，この通称は『ペニー・カテキズム』(Penny Catechism) で，R. チャロナー*の作に基づいている. カトリック教会において教理の現代的な手引きが要望されて，1997年に『カトリック教会のカテキズム』*が刊行された. ➡『ジュネーヴ教理問答』，『ウェストミンスター教理問答』，『祈禱書』のカテキズム

## カテクメヌス
➡洗礼志願者

## カテケーシス(要理教育)
catechesis

特に初期の教会において，洗礼*を準備する洗礼志願者*になされた教育，およびそのような教育内容を含む書物. カトリック教会では，この語はまた生涯にわたる信仰の教育にも用いられる.

## カテドラ
cathedra

司教座聖堂*における司教*の椅子ないし座.「エクス・カテドラ」(ex cathedra,「司教の座から」) という表現は，教皇によりその職務の全権をもって発せられる宣言について用いられ，そのような宣言はカトリック信徒により不可謬*であると考えられている.

## カテドラルスクール
cathedral schools

中世ないしその後に，主教座聖堂*の少年聖歌隊員の教育のために設けられた学校. ほとんどの学校は他の授業料を払えない生徒たちの入学も認めた.

## カテナ
catena

(ラテン語で「鎖」の意.) 5世紀以降の聖書注解書を指し，そこでは順々に聖書本文の各節が以前の注解者に由来する章句の「鎖」で説明されている. ➡詞華集

## ガードナー
Gardiner, Stephen (1497頃-1555)

1531年からウィンチェスター*司教. ヘンリー8世*のアラゴンのキャサリンとの結婚を無効にするローマとの交渉に派遣され，1533年に，彼はその結婚を無効と宣言した法廷で補佐人を務めた. 彼はしばらくのあいだ国王至上権を受け入れたが，T. クロムウェル*の宗教改革的傾向に反対した. 彼はエドワード6世*の治下に投獄され，司教職を剝奪されたが，メアリ1世*により復職し，大法官 (Lord High Chancellor) になった.

## カドモン
Caedmon (680年頃没)

最初期の英語のキリスト教詩人. ベーダ*によ

れば，カドモンはホイットビー修道院で働いていたが，夢の中で神を賛美する韻文をつくる賜物を授かった．そこで，彼は修道士になり，聖書を韻文にあらためた．

## カートライト
Cartwright, Thomas（1535-1603）

ピューリタン*．ケンブリッジ大学トリニティ・カレッジのフェローであった彼は，1569年にレディー・マーガレット講座担当教授に任命された．彼は英国教会の体制を批判し，1570年に教授職を剝奪され，ジュネーヴに赴いた．彼は1572年に戻ったが，『議会への勧告』*を擁護したため，フェロー職を失った．彼は逃亡して1585年までイングランドに戻らなかったが，1583年からは半ば公然とカトリック教会に対する反論を書くように勧められた．1603年にジェームズ1世*が即位すると，カートライトは新しい国王に対するピューリタン側の千人請願*を起草し，またハンプトン宮殿会議*でのピューリタンの代表の一人となる予定であったと思われるが，会議開催の前に没した．

## カトリコス
Catholicos

現在ではアルメニア教会*，グルジア教会*，アッシリア東方教会*の総主教*に限定された称号（後2者の場合，「カトリコス総主教」と称される）．

## カトリシズム
➡ローマ・カトリシズム

## カトリック
Catholic

「一般的」ないし「普遍的」を意味するこの語は，キリスト教の用語として以下のようなさまざまな意味をもつようになった．(1) 地方のキリスト教会と区別された，普遍的教会の意味．(2)「異端的」ないし「シスマ的」と区別された「正統的」(orthodox) の意味．(3) 伝統的に1054年とされる東西教会のシスマ（分離）以前の教会の意味．分離以後は，西方教会は「カトリック」，東方教会は「オーソドックス」（正教会*）と自称した．(4) 宗教改革以後は，ローマ・カトリック教会が排他的にカトリックだと自称するようになった．アングリカンと復古カトリック教会*が，自教会とローマ・カトリック教会のほかに東方正教会を含めてカトリックだとするのは，これらの教派 (Communions) がともに初期の分離以前の教会を表すと信じているからである．(5) 一般にカトリックの語は，信仰と実践の歴史的・連続的伝統を保持していると主張するキリスト教徒について用いられ，究極的な基準を16世紀の宗教改革の原則にたって解釈された聖書のうちに見いだそうとするプロテスタント*と対比される．

## カトリック・アクション
Catholic Action

カトリック信徒の側から組織された宗教的活動で，特に社会的，教育的，あるいは半政治的な種類のもの．1922年に，ピウス11世*は聖職者の指導下にその目的の柔軟な組織の創設を奨励した．その後の教皇の発言は，地上に神の国を広めるという教会員各自の使命をいっそう強調している．

## カトリック解放令（かいほうれい）
Catholic Relief Acts（Catholic Emancipation Acts）

カトリック信徒を市民としての制約から解放する一連の法令．1778年の法令により，カトリック信徒は信仰を否定しなくても誓約をすれば土地を所有することが認められ，1791年に，カトリックの礼拝と学校が黙認された．1829年の「カトリック解放令」により，ほとんどすべての制約が除去され，カトリック信徒は大部分の公職に就くことが認められた．

## カトリック協会（きょうかい）
Catholic Association

アイルランドにおけるカトリック信徒の利益を守るためにD. オコンネル*により1823年に結成された協会．その影響力は1829年の「カトリック解放令」*の制定に大きく貢献した．

## カトリック教会
➡ローマ・カトリック教会

## 『カトリック教会のカテキズム』
Catechism of the Catholic Church（1997年）

カトリックの教えの包括的な記述．秘跡*や祈りのような信仰のさまざまな領域を扱っている一方，移植手術のための臓器売買のような現代の倫理的問題も含んでいる．正式のラテン語版は1997年に出版されたが，フランス語版は1992年にすでに公刊されていた．

## カトリック使徒教会
Catholic Apostolic Church

E. アーヴィング*の教えに部分的に影響された宗教団体で，その会員は時に「アーヴィング派」(Irvingites) と呼ばれた．同教会はサリーのオルバリー（Albury）で H. ドラモンド*の周りに集まっていた千年王国説*を信じる集会から発展し，アーヴィングもその会員であった．彼らはキリストの間近な再臨を信じて，使徒・預言者など原初の職制を再興する準備をした．最初の「使徒」である J. B. カーデイル*は1832年に任命され，12人の使徒団は1835年に最初の「会議」を開いた．彼らはやがてヨーロッパ大陸，カナダ，アメリカ合衆国へと宣教活動を行った．1901年の最後の「使徒」の没後，同教会は次第に衰え，今では実質的に消滅している．

## カトリック信仰協会
Catholic Truth Society

信心的・教育的・論争的性格の安価な印刷物を出すために1884年に組織されたカトリックの協会．

## カトリック青年労働者連盟
Jocists, Jeunesse Ouvrière Chrétienne（JOC）
(Young Christian Workers)

カトリック教会内の工場労働者の団体．この運動は，J.-L. カルディン*が第1次世界大戦後にブリュッセル近郊で組織し，1925年に教皇の認可を受けたグループから起こった．1926年に，同連盟はフランスに広がり，世界中に拡大した．青年労働者が自意識を高め，労働者仲間に伝道する責任を負うよう奨励している．

## カトリック東方教会（ユニアト教会，帰一教会）
Eastern Catholic Churches（Uniat Churches）

ローマと一体をなす (in communion with) 東方キリスト教界の諸教会のことで，その合同の条件に従ってそれぞれの言語と儀式を保持しており，通常は二種陪餐*，浸礼*，聖職者の結婚が認められている．彼らは独自の教会法*を保持してきたが，1990年にすべてのカトリック東方教会のための教会法典が公布された．主な教会は以下のとおりである．アンティオキア典礼のマロン教会*，シリア教会*，マランカル教会*，アルメニア典礼のアルメニア*教会，カルデア典礼のカルデア教会*，マラバル教会*，アレクサンドリア典礼のコプト*教会，エチオピア*教会，さらにビザンティン典礼のアルバニア*教会，ハンガリー*教会，メルキト教会*，ルーマニア*教会，ルテニア教会*，スロヴァキア教会および少数のブルガリア教会，セルビア教会，ギリシア教会である．

## カトリーヌ・ド・メディシス
Catherine de' Medici（1519-89）

1547年からフランス王妃，1559年から王母．宗教戦争において，彼女は最初は政治的理由から寛容策を擁護した．1567-70年に，彼女はプロテスタント側の反抗に直面して，暴力的な手段をとった．一時的な和解後に，彼女は自らの地位の再建を試みて，1572年に G. コリニー*の殺害と「サン・バルテルミの虐殺」*を断行した．

## ガードル（シンクチュア，チングルム）
girdle

典礼用の衣服の一つとして，ふつうアルブ*とともに着用し，したがって，6つの聖餐*用祭服の一つ．

## カドワース
Cudworth, Ralph (1617-88)

ケンブリッジ・プラトン学派*の哲学者．1654年から，彼はケンブリッジのクライスツ・カレッジ学長であった．ケンブリッジ・プラトン学派でおそらく最も高名である彼は，当時の宗教的独断論にも無神論にも反対した．1678年の『宇宙の真の知的体系』(*The True Intellectual System of the Universe*) において，彼は知識の唯一の真の源泉がキリスト教であると論じている．宗教的真理は以下の三大要素に包含される，すなわち，至高の神の知性およびその知性が創造した霊的世界の実在，道徳的観念の永遠の実在，道徳的自由と責任の実在である．

## カナダのキリスト教
Canada, Christianity in

1001年頃グリーンランドからのノルマン人植民者により現在のカナダに最初にもたらされたキリスト教は，1605年にアカディア（現在のノヴァスコシア）へのフランス人入植者の到来以降に永続的に根づき始めた．彼らはやがて先住民に伝道を開始した．フランシスコ会レコレクト派*，イエズス会*，聖スルピス会*，パリ外国宣教会はみなそれぞれの地域で活動した．(1763年に承認された) 英国による征服後，アングリカン*，メソジスト派*，イエズス会*がカナダ東部で目立っていたのに対し，1840年代から英国教会宣教協会*(CMS)とカトリックのオブレート会が北部と西部で最大の組織力を維持した．モラヴィア兄弟団*は1771年にラブラドルで活動を開始した．ケベックは厳密にカトリックの植民地であったが，その後アメリカに続いて英国の移民がさまざまな教派をもたらした．海外福音宣教協会*(SPG)や他の宣教協会が聖職者を叙任した．フロンティアでのリバイバル運動は多くの人たちを惹きつけ，オンタリオではメソジスト派が，海岸諸州ではバプテスト派*が優勢になった．合同への推進力が高まり，1925年にメソジスト派，会衆派*，大部分の長老派が「カナダ合同教会」(United Church of Canada) を成立させた．1960年代以降，多くの新しい典礼が見られるようになり，主要なプロテスタント（とアングリカン）の教会は女性を叙任している．1991年の国勢調査（教派への加入数を含む最近のもの）によれば，45%がカトリック，36%が多い順に，合同教会員，アングリカン，バプテスト派，ルター派*，ペンテコステ派*，正教会*信徒であった．福音派とペンテコステ派の諸教会が増大している．

## ガーナのキリスト教
Ghana, Christianity in

キリスト教の活動は，1471年のポルトガル人の海岸への上陸にさかのぼるが，オランダ人が1642年にポルトガルの権益を引き継いだとき，カトリックはほんの少数であった．スイスのバーゼル宣教団が1828年にデンマークの交易地区に入ったとき，持続的な宣教活動が開始した．他の宣教団もそれに続いた．次第に勢力を増したイギリスの力添えで，彼らはファンティ (Fante) 人のあいだで活動したが，アシャンティ (Ashante) 人は抵抗を続け，1896年にイギリスに征服されたことはおそらくキリスト教への反感を強めた．1880年のアフリカ宣教会*および1913年の白衣宣教会*の活動とともに，カトリックの宣教団も戻ってきた．第1次世界大戦中，ヨーロッパ大陸からの宣教師は追放されたが，教会員の数は各地で増大した．宣教師の指導を受けない説教者たちは，キリスト教を中心に幅広い運動を起こした．キリスト教がすでに定着していたところでは，予言や治癒を強調する教会が発展し，伝統的な文化の諸要素を取り入れている．(1957年に実現した) ガーナの独立の先駆者たちはたいていキリスト教の影響を受けており，教会は国家権力の行為にもある程度抵抗することができた．現在のガーナのキリスト教は南部で盛んで，北部ではそれほどではない．現在では，以前からの宣教団に由来する歴史的な諸教会に加えて，新しい教派およびカリスマ*的・準教会的な運動が見られる．より新しいペンテコステ派*の諸教会は現代的な科学技術や報道機関を強引な伝道に活用し，富や事業の福音を奨励し (➡プロスペリティ神学)，奇跡的治癒や悪魔祓いを強調している．著名なペンテコステ派の指導者であるメンサー・オタビル（Mensah Otabil）は，アクラにキリスト教主義大学を創立した．以前からある諸教会の多くも応答して，カリスマ的な様式の礼拝や宣教法を自らの教会に導入している．

## カナン
Canaan

のちにパレスチナと呼ばれた地で，イスラエル人が前2千年期後半に征服し占領した．

## カニシウス（聖）
Canisius, St Peter（1521-97）

イエズス会*の神学者．ケルン*にイエズス会修道院を建て，大司教ヘルマン・フォン・ヴィート*のプロテスタント的な見解を非難した．1549年から，彼はバイエルン，ウィーン，プラハで活動し，また数多くの平易なカテキズム*を著した．1556年に，彼は南ドイツ管区長になった．南ドイツ諸国における対抗宗教改革*の成功は，他の誰よりも彼に負うところが大きい．祝日は12月21日（以前は4月27日）．

## ガニング
Gunning, Peter（1614-84）

1669年からチチェスター*主教，1675年からイーリー*主教．彼は共和政時代も国教会の礼拝を続け，王政復古後，急速に昇進した．彼はサヴォイ会議*で指導的な役割を果たした．

## 鐘
bells

キリスト教の礼拝への鐘の導入をノラのパウリヌス*（431年没）と結びつける伝説には歴史的な根拠がない．振鈴（handbells）は，ケルト*の影響下にある地域で5-9世紀にさかんに用いられた．釣鐘（hanging bells）は，8世紀までには一般に用いられるようになっていた．鐘は人々を教会に呼び集めるために，また他の機会，たとえば教会区民（parishioner）の死亡を知らせたり，「アンジェラス」*の鐘を鳴らすために用いられる．➡鐘塔

## ガーネット
Garnet（Garnett）, Henry（1555-1606）

イングランドのイエズス会*員．彼は1586年にイングランド宣教団員として派遣され，翌年その団長になった．彼は火薬陰謀事件*の数か月後に逮捕，処刑されたが，事件に関する情報を明かさなかった．

## 「金持ち」
Dives

（ラテン語で「金持ち」の意．）この語はルカ福音書16:19-31の譬え*における無名の金持ちをさす便利な，ほとんど固有名詞になった．

## カーノ
Cano, Melchior（1509？-60）

スペインのドミニコ会*の神学者．彼はトリエント公会議*で聖体*と告解*に関する論争に参加し，のちにスペインの政治に関わった．彼が擁護したのは，司祭による祝福が形相*であるから，当事者の同意は結婚*の秘跡の単なる質料*であるという独特な見解であった．

## カノッサ
Canossa

グレゴリウス7世*に対するドイツのハインリヒ4世*の屈従の舞台となった北イタリアの城．1077年に，ハインリヒは悔悛者として，教皇が彼に陪餐を認めるまで，厳しい天候の中，城外で3日間を過ごした．

## カノネス
canoness

この語は8世紀に，共同生活をするが，自らの財産を保持した女性たちの共同体について初めて用いられた．彼女らはのちに「在俗カノネス」（secular canonesses）と呼ばれたが，今では存在しない．11世紀以降，多くの修道祭式者会*（律修参事会）には対応した女性の組織もあり，その会員は「女子修道祭式者会員」（canonesses regular）と呼ばれ，若干が今も存続している．

## カノン
canon

もとのギリシア語は杖や棒を意味したが，芸術や売買の規則に関して用いられたり，一覧表や目録を意味するようになった．キリスト教の用語では，教会により聖書と見なされた文書の一覧表（正典*），ミサの中心部分（ミサ典文*），教会の生活と規律に関する規則（教会法*）を意味する．

## カノン
canon（ecclesiastical title）

司教区*に正規に属するすべての聖職者を最初は指していたこの語は，司教座聖堂*や共住聖職者教会*に属する在俗聖職者（secular clergy）に限定されるようになった．「定住カノン」（residentiary canons）は司教座聖堂の永続的な有給職であり，主にその礼拝・組織などの維持に責任をもつ．英国教会での「不定住カノン」は一定の特権と責任を伴う無給職である．「信徒カノン」（lay canons）は1999年の主教座聖堂条例（Cathedrals Measure）のもとで，なによりも主教を選出するカノン団（College of Canons）の一員である．➡主教座聖堂準参事会員，主教座聖堂名誉参事会員

## カノン
canon（hymnological）

東方教会における詩節（stanzas of poetry）は，オルトロス*（朝課）の後半で歌われる聖書のカンティクル*（賛歌）の各節に挿入するために，7世紀に始まった．ほとんどの箇所で（マニフィカト*を除く）カンティクルのテキストはその後歌われなくなり，カノンと呼ばれる一連のオード（頌詩）のみが残った．

## カバシラス（聖）
Cabasilas, St Nicholas（1322年頃生まれる）

ビザンティンの神秘主義的著作家．『キリストにある生』に関する一連の講話において，彼は洗礼・堅信・聖餐をとおしていかにしてキリストとの霊的合一が達成されるかを説明した．彼はまた『神的典礼の解釈』を著した．祝日は東方では6月20日．

## ガバタ
Gabbatha

ヨハネ福音書19:13によれば，ピラト*がキリストを裁くために座った，エルサレム*内の場所．ガバタがあったというピラトの官邸の位置は最終的に同定されていない．

## カバラ
Kabbala（Cabbala）

ユダヤ教の神智学*の体系で，旧約聖書の秘教的な解釈法を用いることにより，その入信者に隠れた教えを啓示すると信じられた．キリスト教で影響を受けた一派が15-16世紀に広まった．

## カピチュラリー
➡カピトゥラリア

## カピト
Capito, Wolfgang（1478-1541）

プロテスタントの宗教改革者，旧約聖書学者．1523年に，彼はストラスブールに落ち着き，M. ブツァー*と共にその市の主な改革者になった．ブツァーと協力して，彼は1530年に四都市信仰告白*を起草し，1532年にB. ハラー*と協力して，ベルンでの宗教改革を強化する教会規則を定めた．彼は再洗礼派*や他の分離派に対して例外的に寛容であった．

## カピトゥラリア（カピチュラリー）
capitulary

（1）市民法の集成．（2）司教が自らの司教区の聖職者や信徒を指導するために，以前に制定した法令の集成．（3）聖書の写本において，各文書の冒頭におかれた内容の短い概要．

## 寡婦
➡やもめ

## カファルナウム
Capernaum

ガリラヤ湖岸の町で，キリストの宣教活動の拠点であった（マコ2:1）．今日のテル・フーム（Tell Hûm）と同一視されている．

## カプチン会
Capuchins

オブセルヴァント派*のフランシスコ会*員であったマテオ・ダ・バショ（Matteo da Bascio, 1552年没）により創立されたフランシスコ会の一派．会員はとがった頭巾（*capuche*）をかぶる．1529年に起草された会則は清貧・苦行・観想的な祈りというフランチェスコの理想を再強調した．現在に至るまで，カプチン会はフランシスコ会全体で最も厳格であった．

## ガブリエル
Gabriel

7人の大天使*の一人．ダニエル書*に現れ，洗礼者ヨハネ*の誕生を告げ，主（イエス）の受胎を聖母マリア*に告げる．祝日は東方では3月26日，西方では以前は3月24日，現在はミカエル*とラファエル*と共に9月29日．

## ガブリエル・セウェロス
Gabriel Severus（1540頃-1616）

正教会*の神学者．1577年に小アジアのフィラデルフィア（Philadelphia，現アラシェヒル）府主教となった．その主教座がトルコの支配下にあったので，彼はヴェネツィアでギリシア人キリスト教徒のために主教として活動した．最もよく知られた著作は，大聖入*の際のパンとぶどう酒に対する崇敬法を擁護したものである．

## カブリーニ（聖）
Cabrini, St Frances Xavier（1850-1917）

「イエスの聖心宣教修道女会」の創立者．イタリアで生まれ学んだ彼女は，孤児院で働く前に小学校で教えていた．彼女はその孤児院を後援した「神の御摂理修道女会」に入会したが，1880年に退会して，「イエスの聖心宣教修道女会」を創立した．グルネッロ（Grunello）とミラノに学校を開設したのち，彼女はレオ13世*によりイタリア人移民の世話をするためにアメリカに派遣された．他の修道女と共に，彼女は1889年にニューヨークに着いた．続く28年間にわたり，彼女はアメリカ合衆国*，ニカラグア*，パナマ，アルゼンチン*，ブラジル*，フランス*，スペイン*，イングランドにおいて学校，孤児院，女子修道院*，病院を開設した．教育に関する彼女の理想は，個々の学生における学びと関心の継続性にあった．富裕な患者や学生用の彼女の病院や学校は貧者用の同様な施設と共通の組織をなしていた．彼女は1946年に列聖された．祝日は12月22日．

## カプレオルス
Capreolus, John（1380頃-1444）

トマス学派*の哲学者，神学者．ドミニコ会*員の彼は，パリ*とトゥールーズで講じた．彼の主著である1409-32年の『弁護論』（*Defensiones*）は，聖トマス・アクィナス*の教説を多数の攻撃に対して擁護したものであり，トマス学派の権威を復興するのに大いに貢献した．

## カーペンター
Carpenter, Lant（1780-1840）

ユニテリアン派*のミニスター*．彼はイングランドのユニテリアン主義に，より自由主義的な精神を育てることに寄与した．1825年にこれまでの3つの派が合同して「英国国際ユニテリアン同盟」（British and Foreign Unitarian Association）が結成された際，彼は新しい団体の教憲から，三位一体論を偶像礼拝的だと烙印を押す前文を削除することに貢献した．

## カマラ
Câmara, Helder Passoa（1909-99）

1964-85年にブラジル*のオリンダ・エ・レシフェ（Olinda e Recife）大司教．ブラジル人の彼は，1952年にリオ・デ・ジャネイロ補佐司教に聖別された．彼はここでブラジル司教協議会とラテン・

アメリカ司教会議の創設に貢献した．彼は首都における見捨てられた人々の苦境にますます関心をもつようになり，大司教として，政治的不正をあからさまに非難した．「解放の神学」*に関する彼の著作をとおして世界的な名声を得た．

## ガマリエル
Gamaliel

聖パウロ*の師であったユダヤ教のラビ*．彼の寛容な見解は聖ペトロ*とその仲間たちに対する態度に例証されている（使5:34-40）．

## カマルドリ会(かい)
Camaldolese

聖ロムアルドゥス*は1012-23年にアレッツォ付近のカマルドリ（Camaldoli）に修道院を建てたが，その理想は最小限の共通な関係をもつことであった．彼がフォンテブオナ（Fontebuona）に建てた救護所（hospice）は共住修道院*に発展し，両修道院は互いに補完し合うものとされた．同会の修道院的なあり方は，その後に建てられた各修道院により異なっている．

## 神(かみ)
God

この語は，たとえば多くの想定された諸存在が信仰・礼拝・奉仕を要求する多神教におけるように普通名詞としても，そのような存在は唯一だとする一神教*におけるように固有名詞としても用いられる．キリスト教の主張では神は「1つの実体における3つのペルソナ（位格）」からなる三一神*で，父なる神はすべての存在の源泉であり，子なる神は父なる神の愛の永遠の対象で，創造と救済におけるその愛の仲介者であり，聖霊は父なる神と子なる神のあいだの一致の絆である．

モーセ*への神の啓示に関する旧約聖書*の記事において，神は対抗者の存在を許さない唯一の神として「ヤハウェ」*（わたしはあるという者）と名乗っている．預言者は神の諸相を発展させた．イスラエルの多くの人々にとって，ヤハウェがすぐれて民族的な神であったのに対し，ユダヤ人だけでなく異邦人の救済者でもある神という理念が，特に捕囚中やそれ以後に重要性をもつようになった（イザ49:6, ヨナ書）．新約聖書*中に記録された出来事において，新しい啓示が与えられた．これは受肉の御子，イエス・キリストをとおしてなされ，神を全人類の父として啓示し，その無限の善性は物質によって報いる必要がないほどであった．

教父時代の神論の発展を決定づけたのは，聖書の知識，異教徒・ユダヤ教徒・異端者との論争であり，たいていの教父の教育の基礎であったギリシア哲学であった．彼らの幅広い思索は聖アウグスティヌス*の著作の中に綜合され，彼は神の存在証明を，たとえば偶然性，世界の秩序と美，良心の道徳的議論から提示している．神の超越性を特に強調したのはディオニュシオス・アレオパギテース*で，彼は神を存在を超えていると見て，神にほぼ確実に到達するのは否定神学*であり，そこでは概念や表象が否定され，神は無知をとおして知られると考えた．彼の著作の翻訳者であるエリウゲナ*の考えでは，理性によって神が万物の原因だと知られても，神がどんな方かは知られない．神に関するより高い知識は観想により得られるが，その際も，神が天使や信徒に授ける神顕現をとおしてだけである．

スコラ学者*の関心の一つは，啓示に直接的に訴えないで，合理的な証明法で神性を研究することであった．聖アンセルムス*は神の存在の本体論的証明*の創始者であった．聖トマス・アクィナス*はこれを退け，神の存在に関する彼独自の5つの証明法（➡5つの道）を考えた．神の神人同形論的な概念と誇張した超越性とのあいだでバランスをとろうとして，彼は神を理解するのに，肯定・否定・卓越による3つの道があるという思想を展開した．神の善性（肯定の道）が主張されるが，神はまた「善ではない」，すなわち人間が善といわれるようには善でないし（否定の道），「善を超えている」，すなわちあらゆる人間的な善の概念を超えている（卓越の道）．

宗教改革者たちの強烈な個人的体験は彼らの強く個人的な神体験に反映された．M. ルター*はスコラ学の思弁的な神学を激しく非難し，J. カルヴァン*は神の主権と超越性を強調した．その後の神学は神の超越性と内在性*の強調のあいだで向きが変わり，しばしば汎神論*的な用語で表現された．

自然神学に対する決定的な批判はI. カント*によってなされ，彼は1781年の『純粋理性批判』*において神の存在のいかなる合理的証明も不可能なことを示そうとした．彼にとって，唯一の有効な証明は道徳性に基づくものであった（「私は信仰に道を譲るために知識を排除せねばならなかった」）．神信仰のいかなる形而上学的な根拠を拒否して，信仰を感情に依拠させる歩みを始めたのはF. D. E. シュライアマハー*であった．すべての宗教的言明は論理でなく個人的な体験に由来し，神信仰の起原は，人間に共通な依存の感情の中に求められねばならない．

20世紀前半に，神の超越性が再確認された．プロテスタント神学では，それは特にK. バルト*の名前と結びつき，カトリック神学では，スコラ学の再興においてそれとの対応がみられた．1960年代のいわゆる「神の死の神学」*は哲学的な有神論*に対する幅広い不満を反映しており，その一部はユダヤ人を絶滅しようとしたナチの企て（ホロコースト*）中の「神の沈黙」に対する省察に刺激されていた．プロセス神学*は神概念の再構築を追求し，神をある意味で被造界との交渉をとおして発展すると捉えて，神を超越的であるとともに内在的でもあり，永遠的であるとともに時間的でもあり，受苦不可能であるとともに受苦可能でもあるとした．ホロコースト中の「神の沈黙」に対する省察はまた，J. モルトマン*やエーバーハルト・ユンゲル（Jüngel）の神学における，苦難を受ける神という理解の背後にもある．より最近では，A. プランティンガ*らが人格的な神観念の堅固な哲学的擁護論を提唱している．

## カミザール派(は)

Camisards

熱狂主義的なフランスのプロテスタントのグループで，彼らを抑圧するためにルイ14世によりとられた苛酷な処置に反対して，1702年にセヴェンヌ地方で反乱を起こした．

## 神(かみ)の怒(いか)り

wrath of God, the

罪に対する神の態度を示す人格化された言葉．この表現は聖書にしばしば見られる．新約聖書では，神の怒りは特に最後の日の審判と結びついている．

## 神(かみ)のお告(つ)げ

➡聖母マリアへのお告げ

## 神(かみ)の休戦(きゅうせん)

Truce of God

中世において，特定の期間や時節，たとえば四旬節*に，教会により命じられた戦闘行為の禁止．

## 神(かみ)の協力(きょうりょく)

concursus divinus

（ラテン語で「神の関与，協力」の意．）神の恩恵*が有限な被造物の行為に対して協力することを指す専門語．

## 神(かみ)の国(くに)

Kingdom of God

「神の国」（ないし，マタイ福音書における「天の国」）は，イエス・キリストの教えにおける中心的な要素である．その起原は旧約聖書にある．神の支配は秩序と正義をもたらし，それにより創造における御自身の目的を明らかにすると期待された．ユダヤ人が政治的自治を失ったとき，「神の国」は歴史における神的な君主制の将来の出現に関する理念と結びつくようになった．旧新約聖書中間時代に，神の支配の到来は，神に敵対する諸勢力の打倒および権力のイスラエルないし神の仲介者であるメシア*への譲渡を意味すると見られた．

マルコ福音書（1:15）によれば，イエスの宣教は「神の国」の間近さの宣言で開始した．諸福音書は時に，それがすでに存在していることを示唆している（たとえば，ルカ17:21）．「神の国」に入るのは現在の可能性であるが，人間の支配の本性に関する当時の理解と対照的な振舞いを要求している（マコ10:13-27）．しかしながら，「神の国」の本性に関する明確な教えはほとんどない．共観福音書*をつうじて，イエスは「神の国」の意味，その新しさ，その要求を説明するために譬え*を用いている．イエスが1世代内のその到来を期待したことも示唆されている（マコ9:1），エルサレム*への旅，神殿*への勝ち誇った入場とそこでの出来事は，イエスの逮捕と処刑の理由と同様に，イエスの「神の国」理解にも，政治的要素があったことを示唆すると時に受けとられてきた（➡イエス・キリスト）．

新約聖書および初期の教父時代をつうじて，「神の国」の到来はこの世界で起こると期待された．3世紀には，再臨*の間近さへの信仰は弱まっており，聖アウグスティヌス*の議論では，「神の国」はその存在がキリストの第1の到来と第2の到来のあいだに，ただぼんやりと認識されうる超自然的な実体である．フィオーレのヨアキム*のヨハネ黙示録の解釈は，この世界での「神の国」の可見的な建設の可能性を再び開いた．多くの現代の政治神学も，「神の国」がまったく超越的であるという見解を受け入れることを拒否して，その建設における人間の努力の余地を見いだそうとしている．➡解放の神学，再臨，終末論，千年王国説

## 「神の賛歌」（かみのさんか）
Divine Praises, the

「神に祝福あれ」（Blessed be God）で始まる一連の賛歌で，ホスティア*が聖櫃*に置かれる前，「聖体による祝福」*後に時に唱え歌われた．賛歌の核心は，瀆神や不敬の償いに用いるために，イエズス会員ルイジ・フェリチ（Felici）により1779年頃に編集されたと思われる．

## 神の死の神学（かみのしのしんがく）
'death of God' theology

1960年代に，特にアメリカ合衆国で人気のあった運動.「神は死んだ」という表現はさまざまな仕方で用いられてきた.それは,キリストの死との関連で，M.ルター*による聖金曜日*の聖歌に表れる．G. W. F. ヘーゲル*がそれを用いたのは,絶対的精神が歴史という有限の実在に入るためにその超越性を放棄したことを意味するためである．この表現に文化的な意味を与えて，神概念が何らの妥当性ももたない文明の段階に男女が達したことを指すと考えた人もいる. F. W. ニーチェ*の考えでは，自律的な存在としての地位を獲得するために，人間は神を廃し，世界に対し責任をもち，道徳的価値を生み出さねばならない．これらのさまざまな意味が神の死の神学に反映している. G. ヴァハニアン（Vahanian）は1961年の『神の死』（*The Death of God*）で，現代の西欧文化において，神が有意味な要素であることをやめたと主張した．D. ボンヘッファー*の「宗教なしのキリスト教」という表現を取り上げて，さまざまな神学者は神のないキリスト教の諸見解を生み出そうとした．超越的な神は人間の自由と両立しがたいと考える人もいる．➡神

## 神の僕らの僕（かみのしもべらのしもべ）
Servus Servorum Dei

教皇が正式な文書で用いる称号.

## 神の像（かみのぞう）
image of God（imago Dei）

創世記1:26-27によれば,人間は「神の像」,「神の似姿」*に造られた．ある教父は「像」が人間の原初の状態,「似姿」がその栄光の最終の状態を指すと見なし，他の教父はそのような区別をしなかった．ある教父にとり，堕落*は「似姿」の喪失を意味し,他の教父にとり,「像」は損なわれているか壊されている．すべての人間にとって，洗礼は「像・似姿」の回復に不可欠の方法と見なされた.「像」が何にあるかが議論され,たいていそれは人間の自由意志に位置づけられた．16世紀の宗教改革者は,「像」が堕落の結果としてまったく失われたと主張して，人間性の全面的な堕落という彼らの教えを説いた.

## 「神の友」
*Gottesfreunde*

神秘主義的な敬虔を重んじる非公式の運動の支持者たちで，14世紀のラインラントやスイスが中心地であった．彼らは神との直接的な交わりを説き，教会組織から独立していた．

## 神の似姿
similitudo Dei

創世記1:26の伝統的な釈義に基づく区別によれば，もともと人間を構成していたが，堕落*をとおして失われた要素．➡神の像

## 神の母
➡テオトコス

## 神の御言葉
➡ロゴス

## カミラフカ
kamelavchion

東方教会において，修道士や聖職者が着用する黒くて丸い帽子．

## カミロ修道会
Agonizants（Camillians）

病人や臨終の床にある人たちに奉仕する修道会．1586年に聖カミロ・デ・レリス*によって創設された．

## カミロ・デ・レリス（聖）
Camillus of Lellis, St（1550-1614）

「病人に奉仕する聖職者修道会」の創設者．賭け事で財産を失った彼は，マンフレドニア（Manfredonia）のカプチン会*修道院に雇われ，1575年に悔悛の生活を始めた．彼はローマの病院で看護士となり，1584年に司祭に叙階された．その頃彼が創設した修道会の会員は病人，特に伝染病患者の心身両面での奉仕という第4の誓願を立てた．この修道会は「カミロ修道会」*とも呼ばれる．祝日は7月14日（以前は18日）．

## カメラリウス
Camerarius, Joachim（1500-74）

ドイツの古典語学者，宗教改革者．彼はアウクスブルク信仰告白*の起草に関わり，P. メランヒトン*の伝記を著し，カトリックとプロテスタントの再一致の可能性を1535年にフランソワ1世とまた1568年にマクシミリアン2世と論じた．

## カメルレンゴ
Camerlengo

教皇庁の会計院長官（chamberlain）．（教皇庁の一機関である）「教皇空位期間事務局」（Apostolic Camera）の局長で，聖座*の空位期間の経済問題を監督する．彼はまた，コンクラーヴェ*を召集し運営する．

## カメロン
Cameron, John（1446年没）

1427年からグラスゴー司教．彼は司教になったときすでにスコットランドのチャンセラーであった．1427年に，ローマで聖職禄をあさるスコットランド人の活動を制限する国王の立法を支持した．彼は1429年にローマに召喚されたが，国王は自分のチャンセラーを割愛できないと教皇に告げた．カメロンはバーゼル公会議*への正式のスコットランド代表団の一員であったし，その後の200年間で最初の教皇特使の訪問を整えたことは，スコットランドの教会を改革する動きを始めることになった．

## カメロン
Cameron, John（1579頃-1625）

スコットランドのプロテスタント神学者．彼はフランスとスコットランドで教授職に就いたが，世俗権の本質に関する彼の誇張した見解により騒ぎに巻き込まれた．神学的な著作において，彼は意志に対するキリストの働きが肉体的でなく道徳的であると論じたために，より厳格なカルヴァン主義者によってペラギウス主義*の傾向があると見なされた．彼の教えは当時の神学者の一派（「カメロン主義者」[Cameronites]）に受け入れられた．

## カメロン
Cameron, Richard（1680年没）

スコットランドのカヴェナンター*派の指導者．彼は同派の雄弁な野外説教者であった．1678年に，彼はオランダに赴き，そこで叙任された．スコットランドに戻って，1680年に「サンカー宣言」(Sanquhar Declaration）に同調したが，これはチャールズ2世*への忠誠を否認し，そのとき提案された国王からの寛容を受け入れたカヴェナンターを非難したものである．

## カメロン派
Cameronians

R. カメロン*の追随者のような極端なカヴェナンター*や特に改革長老派教会*を指す名称．

## 火薬陰謀事件
Gunpowder Plot（1605年）

英国議会を爆破し，国王，上下両院議員を一挙に殺害する計画で，カトリックが政府を掌握しうるだろうと期待していた．事件は密告された．

## カーライル
Carlile, Wilson（1847-1942）

「チャーチ・アーミー」*の創始者．実業界で活躍したあと，彼は1880年に司祭になった．1882年に，彼は「チャーチ・アーミー」を創始し，その名誉主事としての活動を教会区のさまざまな任務と結びつけた．祝日は『共同礼拝』*では9月26日．

## カーライル
Carlisle

ダラムのシメオン*によれば，聖カスバート*が685年にリンディスファーン*司教になったとき，カーライルの地所を与えられた．1133年に，カーライルは新しい司教区の中心になった．1122年頃にそこに建てられた修道院教会が司教座聖堂になり，アウグスチノ修道祭式者会*により管理された．その修道院が1540年に解散したとき，地所と所得は新しい司教座聖堂の設立に役立てるように用いられた．1649-52年に，聖堂は荒廃し，身廊*の5つのベイ（bays）は破壊された．聖堂の主要な誇りは14世紀の東窓である．

## ガラテヤの信徒への手紙（ガラテヤ書）
Galatians, Epistle to the

聖パウロ*がどうやらこの手紙をエフェソ*かマケドニアからガラテヤの改宗者たちに書き送ったらしいのは，彼らにユダヤの律法のすべての掟を守るよう要求し，それにより（彼の考えでは）キリストへの信仰の価値全体を危うくしそうな動きに関する知らせを受けたからである．この手紙が真正であることはあまねく認められている．前3世紀にガリア人が住み着いた，小アジア内陸のガラテヤ地方のキリスト教徒に宛てられたものであろう（伝統的な「北ガラテヤ説」）．あるいは，「ガラテヤ」はより広い地域にあたるローマのガラテヤ州を指すかも知れない（「南ガラテヤ説」）．どちらにせよ，この手紙の1章以下に記録されたパウロの生涯における出来事を使徒言行録と関連づけるには問題点がある．ある見解はこの手紙を50年かその数年前に年代づけ，パウロ書簡の最初のものとするが，たいていの学者は50年代半ばに年代づける．

## カラミー
Calamy, Edmund（1600-66）

「大カラミー（Calamy the Elder）」，イングランドの長老派*．彼は「スメクティムヌウス」*の一人であった．1643年のウェストミンスター会議*において，彼は高位聖職者制と会衆制のあいだの中庸を得たものとして長老制を擁護しようとした．彼はサヴォイ会議*では穏健な立場をとったが，信従を拒否して，1662年にその地位から追放された．

## カラミー
Calamy, Edmund（1671-1732）

非国教派*の歴史家で，前項「大カラミー」の孫．彼の著作はとりわけ，1662年に追放された聖職者やカレッジのフェローたちに光をあてた．

## カランサ
Carranza, Bartolomé（1503-76）

ドミニコ会*の神学者．彼はバリャドリード（Valladolid）のドミニコ会学院教授で，トリエント公会議*（の最初の2会期）の神学顧問であった．1554年に，彼はメアリ1世*と結婚する（のちの）スペインのフェリペ2世*に同行してイングランドに渡り，（T. クランマー*を含む）「異端者」に反対することに熱心であった．フェリペによりトレド大司教兼首席大司教*に任命されていたカランサは，在職後10か月して，国王の許可をえた異端審問*長官フェルナンド・デ・バルデス（Valdés, 1568年没）によって逮捕された．カランサは1559-76年のほぼ17年間，バリャドリードとローマで投獄されており，条件付きの釈放を認める判決が最終的に宣告された3週間後に没した．逮捕の理由となった彼の『キリスト教要理注解』（*Commentaries on the Christian Catechism*）は当初，ロンドン教会会議とイングランドの聖職者のために書き始められた．長期の投獄につながったいくつかの要素として，バルデスの反感と厳格な態度，フェリペとローマ間の裁治権上の対立，プロテスタントの教えがスペインに侵入するのを政府が恐れたことである．『注解』は非とされたが，結局ローマではまったく限定的な断罪でしかなく，グレゴリウス13世*はカランサの墓碑に称賛の辞を添えた．これは同時代のスペインにおける最大の教会に関する裁判事件であった．

## 『ガリア・クリスティアーナ』
*Gallia Christiana*

フランスの司教座，司教，大修道院，大修道院長の記録資料．1626年に出版されたこの表題の著作に由来し，1656年に改訂版が出され，その後も継続された．

## 『ガリア詩編書（しへんしょ）』
Gallican Psalter

七十人訳聖書*の『ヘクサプラ』*版ギリシア語テキストに基づいて392年頃に作成された，聖ヒエロニムス*によるラテン語の詩編書*の改訂版．ガリアで普及したためにこう呼ばれ，西方教会をつうじて礼拝で用いられるようになった．

## ガリア主義（しゅぎ）
➡ガリカニスム

## ガリア信仰告白（しんこうこくはく）
Gallican Confession（*Confessio Gallicana*）

1559年にパリで開催されたフランス改革派第1回教会会議が採択した信仰告白．実質的には，J. カルヴァン*の中心的な教理の要約である．

## ガリア聖歌（せいか）
Gallican chant

初期のガリア典礼*の音楽は残っておらず，その特色について，確実なことは何も知られない．

## ガリア典礼（てんれい）
Gallican rite

この語は以下の3つの意味で用いられる．すなわち，(1) シャルルマーニュ*のもとでローマ典礼が採用される以前に，ガリアで用いられた典礼体系，(2) 広義で，初期の西方教会におけるすべての非ローマ的典礼，(3) 17-18世紀の「新ガリア」典礼である．

初期の時代に，北イタリア，ガリア，スペイン*，ケルト*の諸教会の典礼が，なぜローマ典礼と相違していたかは分からない．ガリア典礼はその地方固有のもので，教会暦に従って変化する祈りの導入とともに発達した．ミサにおいて，いくつかの部分の順序がローマ典礼とやや異なっていた．「制定の言葉」*を除いて，ミサ典文*も季節によって変わり，時に一種のエピクレーシス*をともなった．洗礼の際に，洗足式*が付加された．叙階*式には，下級品級*のための公の儀式が含まれたと思われ，これはローマによって採用された．

## 「ガリア4箇条（かじょう）」
Gallican Articles, the Four

1682年にフランス聖職者会議*が発表した声明．世俗の事項に関する教皇の支配権を否定し，国王が民事において教会に従属しないことを主張した．教皇に対する公会議の優位を再確認し，フランス教会の古来の特権（liberties）が侵すことのできないものだと強調し，教皇の決定が変更を許さないものではないと主張した．➡ガリカニスム

### 仮庵祭（かりいおさい）
Tabernacles, Feast of

ユダヤ暦での大きな祭りの一つ．

### ガリオン
Gallio, Lucius Junius

セネカ*の兄である彼は，52年にアカイア州の総督であって，聖パウロ*はコリント*でガリオンの前に出廷した（使18:12）．

### ガリカニスム（ガリア主義（しゅぎ））
Gallicanism

特にフランスにおいて，教皇職の教会的権威からの，カトリック教会の多少とも完全な自由を主張した教理体系の総称．14-15世紀における主要な問題点は，教皇職との関係における特権的な地位に対するフランス教会の要求であった．1516年のボローニャ協約*において教皇は，フランス国王が司教や他の高位聖職者を任命する権利を認めた．1663年にソルボンヌ*は「ガリア4箇条」*と呼ばれる声明で1682年のフランス聖職者会議*が実質的に再確認した宣言を発表した．ガリカニスムの原則は18世紀にジャンセニスト*により説かれ，1786年のピストイア教会会議*で決議・宣言された．19世紀にはフランスでウルトラモンタニズム*の復興が起こり，1869-70年の第1ヴァティカン公会議*での教皇の不可謬性*の定義づけは，ガリカニスムをカトリシズムと両立しがたいものとした．➡フランスのキリスト教

### カリクストゥス
Calixtus, Georg（1586-1656）

プロテスタントの神学者．彼は1614年からヘルムシュテット（Helmstedt）大学神学教授であった．聖書，使徒信条*，最初の5世紀間の信仰を基準として，ルター派，改革派，カトリックを和解させるような神学体系（混交主義*）を構築しようとした．

### カリス（チャリス）
chalice

教会の慣例において，聖餐の際に聖別されたぶどう酒を入れるのに用いる杯．最初期のキリスト教のカリスは通常はガラス製であったが，4世紀には貴金属製がふつうになった．中世には，カリスは徐々に長くなった脚をもつようになった．

### カリス・ヴェール
chalice veil

聖餐の際の祭服と通常は同色で，正方形の素材でできており，ミサの執行中でカリス*とパテナ*が用いられない，すなわちオフェルトリウム*前と洗浄*後に，両者を覆うために西方教会で数世紀にわたって用いられた．1970年のカトリックのミサ典礼書*はカリス・ヴェールが常に白色であることを認め，2002年に，その使用は必須であるよりむしろ「称賛すべき」ものになった．

### カリストゥス1世（せい）（聖（せい））
Callistus（Calixtus）I, St（222年頃没）

217年からローマ司教．ヒッポリュトス*は彼がサベリウス主義*を黙認し，また特に姦淫や姦通の罪を犯した人たちの陪餐を許すなど厳しさに欠けるとして攻撃したが，その非難は幾分割り引いて考えるべきであろう．祝日は10月14日．

### カリストゥス2世（せい）
Callistus（Calixtus）II（1124年没）

1119年から教皇．信徒による叙任に強く反対した．その教皇在職中に，叙任権闘争*は1122年のヴォルムス協約*により解決した．1123年のラテラノ公会議*で，彼は聖職売買*，聖職者の独身制*，司教の選出法に関する一連の教令（decrees）を公布した．

## カリストゥス3世

Callistus (Calixtus) III (1378-1458)

1455年から教皇．もともとベネディクトゥス13世*を支持していたが，その後継者であるクレメンス8世（1423-29年の対立教皇*）を説得してマルティヌス5世*に服させた．彼の教皇としての主な努力は，1453年のコンスタンティノポリス陥落以来彼が熱心だった計画である，十字軍の結成に向けられたが，その計画はほとんど成功しなかった．彼はジャンヌ・ダルク*に対する判決を取り消した．

## カリス派

Calixtines

ボヘミアとモラヴィアのフス*派の中の穏健派で，二種陪餐主義*者ともいう．彼らがそう呼ばれたのは，信徒もパンと同様にカリス*(*calix*) からも聖餐を受けるべきであると信じたからである．

## カリスマ

charismata

（ギリシア語で「恩恵の賜物」の意．）すべてのキリスト教徒に，彼らの使命を果たすために授けられる霊的で一時的な天恵．狭義ではこの語は，個々のキリスト教徒が他のキリスト教徒の霊的な進歩を助けるという特定の働きをなすのに必要な超自然的な恩恵をも指す．

## カリスマ刷新運動

Charismatic Renewal Movement (Charismatic Movement, Neo-Pentecostalism)

主要な諸教会における主に信徒による運動．ペンテコステ派*に起原をもち，同派と同様に，集団の礼拝，霊的な「賜物」（カリスマ*）の働き，特に神的癒し（ないし霊的癒し*）と異言*を強調する．この運動は北アメリカで始まり，1960年頃にさかのぼる．カトリック教会では，この重要性が1987年の信徒に関するローマでの世界代表司教会議（Rome Synod of Bishops）での声明により認められた．この運動は当初見られたよりも組織化され，神学的に保守的になっている．

## カリタス

➡愛徳

## カリブ海のキリスト教

Caribbean, Christianity in the

最初の伝道を行ったカトリックの宣教師たちは，15世紀後半にスペインの入植者と共に到来した．しかしながら，原住民はほとんど全滅し，西アフリカからの奴隷がとって代わった．17世紀に，他の国々からも入植がなされた．フランス領では，1685年の奴隷貿易法（Code Noir）は奴隷全員が教育を受け，カトリックの洗礼を受けるよう定めたが，彼らに対する冷酷な扱いは反感を抱かせた．イギリス領では，英国教会が設立されたが，19世紀まで奴隷への伝道にほとんど寄与しなかった．しかしながら，宣教活動がモラヴィア教会*，メソジスト教会*，バプテスト教会*，さらに（1824年以降）長老派*教会により開始された．デンマーク領では，1755年の国王布告は神の御言葉が，奴隷とその受洗した子どもにも他の人たちと同様に説かれるべきであると定め，またルター派*の宣教団が続いて組織された．1808年に，ロンドン主教は日曜学校*が黒人の子どもたちの教育のために開設されることを奨励し，また1824年に，ジャマイカとバルバドスの主教区が設置された．1868-70年に，バルバドスを除く全地域で英国教会が国教化し，1883年に西インド諸島教会はアングリカン・コミュニオンの独立した管区を構成することになった．

もともとスペイン領ないしフランス領であった地域では，カトリック教会は優勢であり，トリニダード・トバゴが1802年にイギリスに割譲されても，そのカトリック教会の地位に何らの変化もなかった．1820年に，司教区がポート・オヴ・スペインに創設され，その後大司教区になったが，1971年に初めて西インド諸島出身者が大司教となった．他の諸教会でも徐々に，現地出身の聖職者が増大してきた．20世紀半ば以降，ペンテコステ派*がさかんになった．その中の最大のグループは「チャーチ・オヴ・ゴッド」と「ニュー・テスタメント・チャーチ・オヴ・ゴッド」である．大半のアフリカ系アメリカ人はいずれかのキリスト教を受け入れたが，アジア出身の移住者はほとんど自らの宗教を保持している．

## ガリマ福音書（ふくいんしょ）
Garima Gospels

エチオピア北部のアブーナ*・ガリマ修道院にある２巻の福音書写本．エチオピア書体で書かれ，ビザンティン様式の立派な彩飾が追加されている．放射性炭素年代測定法はそれが書かれた素材を330-650年としている．本福音書は修道士たちにより聖遺物*と見なされ，付随する多くの伝説の中に，修道院の創立者であるガリマ師がたった１日で複写し，装飾したというものがある．➡エチオピア教会

## ガリラヤ
Galilee

もともとこの語はナフタリ族の領土だけを指したが，新約時代には地中海からヨルダン川*までのパレスチナ北部全体を指した．ガリラヤはイエスの初期の生涯とその宣教の舞台であった．

## ガリレイ
Galilei, Galileo（1564-1642）

数学者，科学者．ピサ大学，続いてパドヴァ大学の数学教授として，ニュートンの物理学につながると見なされうる新しい運動論を発展させた．1609年に，彼は（のちに望遠鏡と呼ばれることになる）新しい器具のことを聞き，天体の組織的な観測に乗り出した．彼は1610年と1613年に出版した著作の中でその結果を用いて，太陽を中心とするコペルニクス*的な宇宙論を擁護した．1610年に，彼はフィレンツェに移った．やがてコペルニクス説の神学的な意味が初めて関心事となり，1616年に，検邪聖省*は太陽の不動性と中心性を地球のそれと対比して主張することが異端的だと断定した．新しい体系を仮説としてであれば論じうるという印象をどうやらもったらしく，ガリレイは1632年に別の著作を出版した．彼は異端審問*所に召喚され，自説を撤回させられ，自宅で軟禁され余生を送った．1992年に，ヨアンネス・パウルス２世*はガリレイの裁判官の「主観的な誤り」を認める委員会報告を承認した．

## カール５世（せい）
Charles V（1500-58）

皇帝．彼が1519年に選出されたとき，ネーデルラント，スペインとその帝国，ナポリ，ブルゴーニュを領有していた．彼が遭遇した最も緊急な問題はルター主義*の発展であった．1521年のヴォルムス帝国議会*はM. ルター*を追放したが，カールがかかえた他の難題のため一貫した行動をとることができなかった．1555年のアウクスブルク帝国議会で，プロテスタント諸侯は彼の弟のフェルディナントに「クイユス・レギオ，エイユス・レリギオ」*の原則を承認させた．カールは1555-56年に退位した．

## カルヴァリ
Calvary

キリストの十字架刑*の地．（当時はエルサレム*の城壁の外にあった）伝統的なその場所は，今は聖墳墓*聖堂に組み入れられている．

## カルヴァン
Calvin, John（1509-64）

フランスの宗教改革者，神学者．宗教改革運動に共鳴して，1533年にパリを去った．1534年に，彼は自らの聖職禄を辞退し，迫害を恐れて1535年にバーゼルに身を避けた．『キリスト教綱要』*の（ラテン語の）初版はそこで1536年に刊行された．その年遅くジュネーヴ*を通りかかった際，G. ファレル*に説得されて，その市に留まり宗教改革の組織化を手伝うことになった．1537年に，彼とファレルは教会と礼拝の組織化を定める信仰箇条を起草した．教会規律に関する彼らの厳しい要求に対して反対が起こり，1538年にベルンでの（ツヴィングリ*的な）宗教慣行に従うようにという市参事会の命令にカルヴァンが逆らったとき，彼は市を去るように命じられた．ストラスブールのフランス人教会の牧師であったとき，彼は1539年に

『キリスト教綱要』の増補版と『ローマ書注解』，また枢機卿サドレート*に宛てて宗教改革の諸原則を擁護した有名な手紙を書いた．1541年９月に，彼はジュネーヴに戻るようにという市参事会の要請を受け入れ，その後の14年間をそこで過ごして神政政治的な体制を築いた．1541年11月に市参事会により採択された彼の『教会規則』は牧師*・教師（doctors）・長老*（elders）・執事*という「４つの職制（ministries）」を区別した．彼は自国語を典礼に取り入れ，また教会規律をコンシストリー*の手に委ねたが，それは一時的な破門さえありうるとおどして道徳性を強要しようとした．いくらか反対があったが，1555年までにはカルヴァンは宗教改革の推進を実質的に妨げられなくなっていた．1559年のジュネーヴ・アカデミーの創設は彼の理念を伝える国際的なフォーラムを提供した．彼は宗教改革者の中で最も影響を及ぼした著作家であった．『共同礼拝』*において，彼は５月26日に祝われている．

## カルヴァン主義（しゅぎ）
Calvinism

特にT. ベザ*により明確化された，J. カルヴァン*の神学体系．ルター派でない大部分の非プロテスタント教会により一般に受け入れられた．ルター主義*と共通する点として，カルヴァン主義も信じるのは，唯一の「信仰の規則」*としての聖書，罪による人間の自由意志の束縛，信仰のみによる義認*である．ルター主義と相違する点は主に，カルヴァン主義が教会の教理や実践の規準として聖書をいっそう徹底的に用い，予定*と神の全能性を強調し，選ばれた人にとっての救いの確実さを重視し，教会と聖礼典に関するルターの教えを変更し，教会内での規律の必要性を強調したことである．ルターが国家の首位権を支持したのに対し，カルヴァンは国家を教会に従属させる神政政治を擁護した．聖餐に関して，カルヴァンは「真の臨在」*を信じるルターと単なる象徴と見るツヴィングリ*とのあいだの妥協をはかった．カルヴァンの言葉は曖昧であるが，ツヴィングリ主義に傾いている．

厳格なカルヴァン主義の最も影響を及ぼした文書は1566年の第２スイス信条*で，多くのプロテスタントの国々で受け入れられた．カルヴァン主義は1560年代初頭にフランスで相当な影響力をもち，宗教戦争までは，ユグノー*が政治的に優勢になることが可能なように思われた．オランダ*の革命が1566年に起こったのち，オランダ改革派教会*ではカルヴァン主義者が優勢であった．カルヴァン主義はまた，ドイツの諸地域，トランシルヴァニア，ハンガリー*でルター主義と置き換わった．イングランドでは，その最大の影響力が及んだのはピューリタン*に対してである．それが最も強く影響したのはスコットランドであり，北米植民地であった．カルヴァン主義は18-19世紀には退潮傾向にあったが，とりわけK. バルト*の著作をつうじて，20世紀における重要な宗教勢力として再び現れた．

## カルヴァン主義（しゅぎ）メソジズム
Calvinistic Methodism

H. ハリス*とダニエル・ローランド（Rowland, 1713-90年）のリバイバル運動的な説教をとおしてウェールズ*に起こった教会．彼らはイングランドのメソジスト*と接触をもったが，その運動の指導者のあいだでは英国教会から分離する意志はなかった．G. ホイットフィールド*が指導するイングランドのカルヴァン主義メソジストはやがて会衆派*に吸収された．ウェールズのカルヴァン主義メソジストの国教会からの分離は，迫害の結果として1795年に始まった．彼らは「信仰寛容法」*の保護を求めざるをえず，その教会堂は非国教徒のチャペル（Dissenting Chapels）として登録された．最初の教職叙任式は1811年に行われた．（ウェストミンスター信仰告白*に準拠した）信仰告白は1823年に起草され，教憲（*Constitutional Deed*）は1826年に正式に完成した．1933年の国会制定法は，カルヴァン主義メソジスト教会（ウェールズ長老教会とも呼ばれる）の宗教事項における自律を保証し，財産管理委員会（Property Board）が設けられた．この教会は運営形態が長老制で，主にウェールズ語を用いている．

## ガルガーニ（聖）

Galgani, St Gemma（1878-1903）

イタリアの聖痕*者．健康に恵まれなかったために，彼女は御受難修道会*に入会できなかった．彼女はしばしばエクスタシス*を経験し，1899-1901年に時々，聖痕と鞭打ちの傷を受けた．祝日は4月11日．

## カルケドン公会議

Chalcedon, Council of（451年）

第4回公会議*．エウテュケス*の異端信仰を論じるためにマルキアヌス*帝により召集され，会議はエウテュケスを断罪した．会議は続いて信仰の宣言文，いわゆるカルケドン定式*を起草した．出席したのはほとんどすべて東方教会の主教であったが，西方教会もその教義的決定を受け入れた．

## カルケドン定式

Chalcedon, the Definition of

451年のカルケドン公会議*により起草された信仰の宣言文．これはニカイア公会議*とコンスタンティノポリス公会議*のキリスト論*的定義を再確認し，ネストリオス*とエウテュケス*の誤謬を正式に否認している．キリストが両性（神性と人間性）をもった唯一のペルソナ（位格），御父と同一実体の神，我々と同一実体の人間であり，これらが混合されず，変化を受けず，分割されず，分離されず結合していると宣言している．7世紀末までに，この定式はオリエンタル・オーソドックス教会*を除く東西教会で徐々に受け入れられた．

## カールシュタット

Carlstadt（Karlstadt）（1480頃-1541）

ドイツの宗教改革者で，生地にちなんでカールシュタットと呼ばれる．1505年から，彼はヴィッテンベルク*で教えた．1518年に，彼はM. ルター*の贖宥*状批判を支持し，1519年に，公にJ. エック*と論争した．1520年に破門されたカールシュタットは，教皇職との断絶を宣言した．1521年に自国語で聖餐を執行したが，彼はそれをした最初の宗教改革者である．彼は祭服*を着用せず，ミサ典文*を用いず，犠牲に言及せず，信徒に二種陪餐を実施した．この段階での彼の改革のもくろみはルターよりも急進的で，彼と衝突するようになり，1523年に教授職を辞した．1534年に，彼はバーゼルで大学付属教会の説教者兼ヘブライ語教授に任命された．

## ガルス（聖）

Gall, St（550頃-650頃）

宣教者，聖コルンバヌス*の弟子．コルンバヌスが612年にイタリアに赴いたとき，ガルスは現在のスイスに留まり，主に隠修士*として生活した．ザンクト・ガレン（Sankt Gallen）修道院は719年頃に彼の隠遁所（hermitage）跡に創建された．祝日は10月16日．

## カール大帝

➡シャルルマーニュ

## 『カルタ・カリターティス』

➡『愛の憲章』

## カルタゴ教会会議

Carthage, Councils of

カルタゴで開催された初期の教会会議で，以下のものがある．(1) 聖キュプリアヌス*のもとで251年，252年，254年，255年，256年に開催された会議．前半の諸会議はデキウス*帝の迫害の際，棄教した人たちの和解に関係し，後半の諸会議は異端者の再洗礼に関する議論に関係した．(2) 聖アウレリウス*のもとで393-424年に開催された一連の会議．最も有名なのは419年の会議で，北アフリカに対して裁治権を行使しようとするローマの要求に異議が唱えられた．➡アピアリウス

## カルデア教会

Chaldean Christians（Syro-Chaldean Christians）

ローマ教皇座と一体をなすアッシリア東方教会*の一部．中東とマラバル派*の2つの主要なグループが存在する．中東グループ内の後継争いの

結果，カトリック東方教会*総主教の別派が1553年に起こり，1672年までローマと一体をなしていた．1681年にディヤルバクル（Diyarbekr）でカトリック東方教会総主教の新派が起こり，１世紀以上続いた．1830年に，カトリック東方教会総主教座が再興され,現在はバグダードにあって，「カルデアのバビロン総主教」と称している．約80万人のうち，約半数は中東以外で生活している．

## カルディン
Cardijn, Joseph-Léon（1882-1967）

カトリック青年労働者連盟*の創立者．彼は長いあいだ，工業化社会において青年労働者が教会から疎外されていることを懸念していた．1912年にブリュッセル郊外で補佐司祭に任命され，1915年に同市のキリスト教社会事業を担当して以来，労働者仲間に伝道する青年工場労働者のグループを組織した．彼は反対にも遭ったが，1925年に彼の要請を受けたピウス12世*は，現在は「カトリック青年労働者連盟」と呼ばれるこの運動を認可した．カルディンは世界中でこれを組織化することにその後の半生を過ごした．彼は顧問として第２ヴァティカン公会議*に出席し，1965年に枢機卿になった．

## カルトゥジア会（かい）
Carthusian Order

この厳格な観想修道会は，1084年にラ・グランド・シャルトルーズ*(会の名称はこの名に由来する）で,聖ブルーノ*により創立された．各修道士は沈黙を守ることを誓い，自らの修室*で日々数時間を労働と精神的祈りにささげ，そして聖務日課*，修道院のミサ，日に１度だけの食事のために集まる．1121-28年に，グイゴ１世*が会則として『シャルトルーズ修道院慣習律』(Consuetudines Cartusiae）を起草し，これは1133年に教皇の認可をえた．その後の改訂によっても，当初から修道会を特色づけた厳しさはほとんど緩和されなかった．18世紀末に，カルトゥジア会はフランス革命で大きな打撃をこうむり，また1901年にラ・グランド・シャルトルーズ修道院から再び追放され，そこに戻ったのは1940年である．修道会には若干の女子修道院も含まれる．

## カルトゥーシュ
cartouche

17-18世紀にイングランドの教会に広く導入された壁の銘板．

## カルポクラテス
Carpocrates（２世紀）

グノーシス主義*の教師で，おそらくアレクサンドリア*の出身．彼の弟子たちである「カルポクラテス派」は４世紀まで存続し，倫理的放縦や魂の転生，またイエスが単なる人間として生まれたことを説いた．

## カルボナリ党（とう）
Carbonari

（イタリア語で「炭焼き人」の意.）19世紀初頭にイタリアで結成された政治的な秘密結社．キリスト教的な象徴性を用いたが，神の啓示を否定し，美徳と兄弟愛のための十分な基盤として自然宗教*に頼った．

## カール・マルテル
➡シャルル・マルテル

## カルメル会（かい）
Carmelites

「カルメル山の聖母修道会」は12世紀後半に由来する．カルメル山*で生活していた一群の隠修士*は，1208年頃にエルサレム総大司教聖アルベルトゥスにより起草された厳しい会則を受け入れた．13世紀半ばまでに，十字軍国家が不安定になったため，一部の隠修士たちはヨーロッパに移住せざるをえなかった．1247年に，インノケンティウス４世*は人里離れた所だけでなく都市にも修道院の設立を認め，他の変更を行った．修道会はその後急速に発展した．『アルベルトゥス会則』に適応した女子修道院も修道会に加わり，1432年に正式に一員となった．1432年にはまた，エウゲニウス4世*が会則の再度の緩和を認めた．このことは，中世末期の規律の緩和とあいまって，1456年の改訂された会憲において促進された改革の試みへとつながった．フランス革命とその余波で同国における管区を失ったカルメル会は，ヨーロッパの諸管区をたてなおし，新世界と途上国で拡大した．現在，（古い会則を遵守する）「男子カルメル会」，（「テレサ*の改革」を自らの生みの親と見なす）「男子跣足*カルメル会」，（1831年にインドで設立された）「汚れなきマリアのカルメル会」があり，カルメル会修道女（Nuns）の禁域制修道院のほかに，活動的カルメル会修道女（Sisters）の諸修族や信徒の在俗会*がある．

## カルメル会の特権（土曜日の特権）
Sabbatine Privilege

カルメル会*に認められた免償*．ヨアンネス22世*に帰される1322年の大勅書*を根拠に，同会とその信心会（confraternities）の会員には，一定の条件を満たせば，確実な救いと煉獄*からの早期の解放が約束されていた．この特権は近代の諸教皇により公認されたが，最初の大勅書は真作でないと見なされている．

## カルメル山
Carmel, Mount

現在のハイファ（Haifa）港に近い高い峰．エリヤ*とバアル*の預言者との対決の場所となった（王上18章）．教会がそこに500年頃に建てられ，修道院もギリシア人修道士により創立された．➡カルメル会

## 『カルメル山登攀』
*Ascent of Mount Carmel, The*

聖フアン・デ・ラ・クルス*の論考名．

## カルロ・ボロメオ（聖）
Charles Borromeo, St（1538-84）

1560年からミラノ大司教，枢機卿．彼は対抗宗教改革*の指導者の一人であった．彼はトリエント公会議*の第3および最終会期を推進した．彼は自らの大司教区で改革を行い，（イエズス会*にならって）「献身者会」（order of Oblates）を創立し，聖職者の教育のために神学校を建て，児童の教育のためにキリスト教教理の信心会を再組織した．彼の影響力は広範囲に及び，特にスイスで著しかった．祝日は11月4日．

## ガレリウス
Galerius（311年没）

ローマ皇帝．彼は293年に東部でディオクレティアヌス*の副帝（Caesar）になり，305年にその後を継いだ．キリスト教徒の著作家によれば，ガレリウスは303年に始まった迫害*を鼓舞した．自らの支配権を西部において強化できず，彼は311年に寛容令を発布した．

## カロヴィウス
Calovius, Abraham（1612-86）

ドイツのルター派*の神学者．ルター派正統主義の揺るぎない擁護者として，彼は諸信条を再統一しようとするG.カリクストゥス*に反対した．彼はまたソッツィーニ*主義や敬虔主義*にも反対した．

## カロライン神学者
Caroline Divines

17世紀の英国教会の神学者たちで，特に高教会派*の原則の主唱者と見なされた．

## カロリング学派
Carolingian schools

シャルルマーニュ*（在位768-814年）の治世には知的なルネサンスがあり，中世全体にわたる学校のカリキュラムや教育の基礎を確立した．おそらくアルクイヌス*，オルレアンのテオドゥルフ*，パウルス・ディアコヌス*の助言をえて，シャルルマーニュ自身が読み書きの水準やラテン語の知識を高めるための改革を始めた．789年に，『全般的勧告』（*Admonitio generalis*）はすべての修道院と司教座において学校が建てられるようにと布告し，800年頃にすべての修道院長と司教へ送られ

た回状は，彼らが学問の研究を怠らないように促し，教えることの重要性を強調した．

カロリング時代の司教座聖堂や修道院付属学校における教育は自由学芸7科*を基本としていた．特定の学校がその学問により有名になった．いくつかの学校は写本の作製や図書室の充実に積極的であったが，それは学校やキリスト教的学問の必要性と結びついていた．それらの学校は古代の古典的な作家の現存する大多数の文書の保存に功があり，西方の古典的な伝統の継承に重要な役割を果たした．

## カロリング文書（ぶんしょ）
Caroline Books, the

790-92年頃に編纂された文書で，シャルルマーニュ*の作と主張された．同文書は（すべての像*を禁じたという理由で）754年の聖画像破壊*主義的教会会議と，（像に払われる過度の崇敬を認めたという理由で）787年の第2ニカイア公会議*とを非難した．同文書は長くアルクイヌス*に帰されていたが，彼が一部を書いたかもしれないが，おそらくオルレアンのテオドゥルフ*の作であろう．

## 環（かん）（ロザリオの）
chaplet

ロザリオ*の祈りを3分の1に分割した名称．5つの連*からなり，それ自体で完全な祈りを構成する．

## 管区（かんく）
province

地域的に近接した，数個の司教区*の集まりで，教会的な単位を構成し，そのような集まりがもともとローマ帝国の属州（provinces）と一致したのが名称の由来である．

## 管区大司教（かんくだいしきょう）（府主教（ふしゅきょう））
metropolitan

管区*への権限を行使する司教の称号．その義務に含まれるのは，教会管区会議（synods）の召集と主宰，司教区*の巡察*，空位の司教座の司牧，時に属司教*の任命や叙階への参与，また時に彼らへの規律的権限の行使である．管区大司教は現在ふつう大司教*や首席大司教*の称号をもつ．

## 管区長（かんくちょう）
provincial

修道会の役職者．彼は一定の地域内の全修道院に対して権威を行使する．その職は托鉢修道会*とともに存在するようになり，大部分の現代の修道会で受け継がれている．管区長は通常，管区総会（provincial chapter）で選出され，総会長（superior general）の認可を受けるか，総会長により任命される．管区長は一定期間，その職に就く．

## ガングラ教会会議（きょうかいかいぎ）
Gangra, Council of

341年頃にパフラゴニア（Paphlagonia，現トルコ北部）のガングラで開催された教会会議は，間違った禁欲主義に反対する20条の決議条項を可決した．さらに，禁欲主義の真の本質に関して，しばしば「決議条項21」と呼ばれる補遺が付加された．

## 慣行派（かんこうは）
Usagers

J. コリアー*らにより起草された『祈禱書』（Communion Service）を1719年に受け入れた臣従拒誓者*のこと．慣行派の名称が由来するのは，新しい式文に含まれていた，「聖品混合」*，「死者のための祈り」*，パンとぶどう酒の上に聖霊の降下を求める祈り（エピクレーシス*），奉献の祈りという4つの「慣行」（usages）である．

## 感謝（かんしゃ）の賛歌（さんか）
➡サンクトゥス

## 慣習書（かんしゅうしょ）（慣習律（かんしゅうりつ））
Customary（Consuetudinary, Liber Ordinarius）

本書には以下のものが含まれる．(1) 礼拝用の儀式の式文，および，(2) 特定の修道院，司教座聖堂，修道会などの規則や規律の慣習書．

## 慣習律

➡慣習書

## 灌水礼

affusion

西方教会において現在ふつうに行われている洗礼*の方法で，志願者の頭に水がかけられる．灌水礼が中世後期まで一般的にならなかったのは，浸礼*や完全浸礼*がそれまでは通常の方法だったからである．➡滴礼

## 完全（完徳）

perfection

この語の主要な意味は「完全であること」であり，絶対的な意味では，神のみに帰されよう．しかしながら新約聖書では，完全であることがしばしばキリスト教徒に命じられており，マタイ福音書5:48によれば，人間に要求されている完全さは神のそれと関係づけられている．早い時代から，殉教*は完全（ないし完成）と評され，やがてこの語は処女であることをも指すことになった．4世紀以降，修道制*が特に完全（完徳）の道と見なされるようになり，そこで「完徳の二重基準」が発達した．すなわち，いわゆる「完徳の勧告」*の実践を含む「宗教的完徳」は，洗礼により可能となる「キリスト教的完徳」から区別されることになった．

完全の探求はメソジスト派*につらなる諸教会およびペンテコステ派*諸教会で銘記されてきた．多くのプロテスタントと同様に，J. ウェスレー*の考えでは，完全は死の瞬間に付与されるが，同時にこの世でも，神と隣人への純粋な愛は心と生活の聖性を求める人たちに恩恵により信仰をとおして瞬時に授けられる．それは状態でなく動的な過程であり，相対的な完全であり続ける．神の知られた法に自発的に背くという意味で罪から解放されていても，受領者は堕落した人間のもつ精神的・肉体的な限定を受け，贖罪*に依存し続ける．➡P. W. パーマー

## 完全主義者

➡オナイダ・コミュニティー

## 完全浸礼

submersion（total immersion）

洗礼*の方法で，洗礼の水が志願者の身体を完全に沈める．浸礼*が現在でもふつうであるが，完全浸礼は正教会や他の東方教会で行われており，幼児洗礼*に関する1969年のカトリックの典礼で定められた方法の一つである．完全浸礼は初期の教会で実践されていたと広く考えられている．

## 乾燥状態

aridity（dryness）

この用語は一般にキリスト教徒の生活全体における自覚的な熱意や喜びの欠如ないし祈りや他の霊的修練における熱意や喜びの欠如を指す．霊的な著者が認めるように，乾燥状態が個人的に制御できない要因による場合，自らの弱さを想起し，神への奉仕が慰めを感じるかどうかに拠らないことを認識するよい機会であり，またその際，通常のキリスト教徒としての行いをやめるべきではない．

## 観想と観想生活

contemplation, contemplative life

ラテン語の*contemplatio*はそのギリシア語の対応語（*theoria*）と同様に，肉眼か精神でなにかを見ることを主に意味し，いずれの場合もなにかを行うことと対比される．大グレゴリウス*は「神の愛に全面的にささげられたもの」という観想生活の古典的な定義を示した．彼はまた，我々は神を愛することによりまさに神を知るとも説いた．

中世後期には，感情のうちにおぼえる神への激しい愛の観念をめぐって，黙想*と祈り*と観想の概念を融合する傾向があった．これから生まれたのが，一種の祈りとしての観想の概念であり，さらに，アビラの聖テレサ*や聖フアン・デ・ラ・クルス*により「念禱」*や黙想と区別された「観想的祈り」である．彼らはそれを祈りの超自然的な状態と定義し，そこでは精神と意志という自然

的な能力は停止する.

現代の「観想生活」は，カルトゥジア会*やカルメル会*の修道女のような，厳格な禁域制修道会の生活のことを指す.

## カンタータ
cantata

楽器により演奏されるソナタと違って，歌うことを意図して作曲された音楽形式．教会的背景をもって17世紀後半から18世紀前半にドイツにあらわれ，それはコラールの部分とともに，独唱用のアリアやレチタティーヴォを含む複数部分からなる作品であった．ルター派の礼拝では，その日の福音書に関する注解の働きをした．この語は今では拡大したアンセム*や小規模のオラトリオ*について用いられる.

## カンタベリー
Canterbury

597年に，聖アウグスティヌス*はカンタベリーに到着し，そこに最初の教会を建てた．彼はロンドンとヨーク*に大司教をもつ２つの管区にイングランドを組織するように命じられていたが，初めからロンドンの地位はカンタベリーに奪われた．その大司教は「全イングランドの首座主教」(Primate of All England)である．➡アングリカン・コミュニオン

ベーダ*によれば，既存のローマのバシリカがアウグスティヌスにより司教座聖堂として聖別された．1067年に火災で失われた教会堂は，ランフランクス*により再建され，アンセルムス*のもとで拡張され，1130年に聖別された．1174年の火災後に，聖歌隊席*は移行様式で再建された．大司教サドベリー*のもとで，身廊*は解体され，垂直様式で再建された．中世における大聖堂の最大の誇りは，1220年に献堂された聖トマス・ベケット*の霊廟であった.

598年頃，聖ペトロと聖パウロに奉献された修道院が，将来の司教や国王の遺体をおさめるためにその都市の東部に建てられた．978年に，聖ダンスタン*はその修道院教会を聖ペトロと聖パウロおよび聖アウグスティヌスに奉献しなおし，聖アウグスティヌス修道院と呼ばれるようになった．1848年に，その敷地内の建物が宣教師の訓練のためのカレッジとなり，それ以来他のさまざまな目的に用いられている.

## カンタベリー帽(ぼう)
Canterbury cap

英国教会の高位聖職者などが時にかぶる柔らかい布製の帽子.

## 姦通(かんつう)の女(おんな)のペリコペー
pericope adulterae

ヨハネ福音書7:53-8:11の章句．姦通の現場で捕らえられた女に対する，主（イエス）の思いやりのある扱いを記すこの章句は，ヨハネ福音書の原文には属していなかったが，この物語は初期のものと思われる．その章句はルカ福音書に属していたのであろう.

## カンティクル
canticle

（通常は詩編以外の）聖書に由来する歌ないし祈りで，教会の礼拝で用いられる．東西教会で，新約聖書*のカンティクルであるマニフィカト*とヌンク・ディミッティス*（さらに西方教会ではベネディクトゥス*）が毎日の聖務日課で用いられる．東方教会で使用が規定されている旧約聖書のカンティクルは通常は省略され，西方教会では日によって変わる．現代のアングリカンでは，カンティクルの選択はより変化に富んでいる.

## カンティリュープ（聖(せい)）
Cantilupe, St Thomas de（1218頃-1282）

「ヘレフォードのトマス」ともいう．1275年からヘレフォード*司教．彼は1261年と再度1273年にオックスフォード大学総長となり，1265年に短期間イングランドの大法官であった．司教として，彼は聖職売買やネポティズムと闘った．彼の晩年は裁治権の諸問題をめぐって，J. ペッカム*(1279年からカンタベリー大司教）との論争に終始し，つ

いに1282年に破門された．にもかかわらず，彼の聖性および彼の墓所での奇跡のゆえに1320年に列聖された．祝日はもともと10月2日，現在のカトリックの暦では10月3日．

## カント
Kant, Immanuel (1724-1804)

ドイツの哲学者．全生涯をプロイセンで過ごし，1770年からケーニヒスベルク大学論理学教授であった．彼は1781年の『純粋理性批判』*(*Der Kritik der reinen Vernunft*) において，初めてその「批判哲学」を記述した．彼はその後の著作において，同じ原理を他の諸問題に適用した．

カントの主たる目的は，数学と自然科学の明白な有効性に関する決定的な論理的根拠を見いだすことであったと思われる．彼の議論によれば，自然に対してその法則を規定するのは悟性 (*Verstand*) である．因果律の有効性は，自然の外的世界における強制的原理に依存するのでなく，意識が受け取る経験的な情報をそのようにしか解釈できないように構成されているという事実に存する．それゆえ，知識は知的行為と外から知性に提示されるものとの総合の結果である．あらゆる知識が自然に由来する要素を必要とすると考えたカントは，自然を超越する主体に関する知識を提供することを要求する伝統的な形而上学を批判した．神の存在に関する伝統的な証拠はみな有効でないとされた．しかし，自然神学が幻想であると主張しながらも，カントが信じたのは，個人における良心の厳しい声が，理性の確証しえない真理を彼らに確信させるということであった．義務の意識は我々に自由を確信させる．自由へのこの信仰と相関的に，不死および神的存在への信仰が存在するのは，この世界における徳と幸福の不均衡が，正義の要求を擁護する正しい神および神の働きのための別の世界を必要としているからである．カントは宗教を，神の命令のような我々の義務の承認と定義した．彼の考えでは，神秘主義的な経験の余地も，人格的な救済者の必要性も，(伝統的なキリスト教におけるような) 歴史的な救済者の余地もなかった．彼の思想は多大な影響を及ぼした．

## 完徳（かんとく）
➡完全

## 監督（かんとく）
superintendents

スコットランドの改革教会において，およそ以前の司教区に対応する地域を監督するために，1560年の『第1規律書』で任命された役職者 (➡『規律書』)．彼らは他のミニスター*より上位にあったが，教区主教と違うのは，同僚の長老たちによりその職に選ばれた点で，排他的な叙任権をもたず，他のミニスターの統制と譴責を受けることがあった．

ルター派*教会において，同じ名前の役職者は早い時期に同様な理由で同様な機能をもって創設され，俗権により俗権のために任命された．➡総監督

イングランドのメソジズム*において，J. ウェスレー*の存命中は，「アシスタント」の名称をもつ古参の巡回説教者が (地方的な団体の集まりである)「巡回区」(Circuit) を監督した．1790年代以降，これらのミニスターは「監督」(Superintendents) と呼ばれている．アメリカのメソジズムにおいて，「監督」ないし「総監督」の名称はもともと教会全体の2人の監督的なミニスターを指したが，やがて「監督」(Bishop) の名称に置き換わった．1908年以降，地区監督がアメリカ地方会 (American regional Conferences) 内の地区 (Districts) を監督している．

## 監督（かんとく）
➡司教

## 監督教会員（かんとくきょうかいいん）
Episcopalian

本来は監督*(司教，主教 [bishops]) が治める教会の信徒のことであるが，特にアングリカン・コミュニオン*の教会に関して用いる．➡アメリカ聖公会

## 完徳の勧告
counsels of perfection

伝統的には，清貧ないし「私的な（時には共有の）財産の否定」，貞潔ないし「結婚の否定」，上長*の正当な命令への従順である．中世後期以来，これらは（正式に）修道者*の生活（religious life）の基礎をなすと見なされてきた．➡義務以上の行為

## カントル
cantor

教会の典礼音楽を先導する人．司教座聖堂*や修道院教会では，単旋聖歌*の先唱句を歌うことによってそのピッチを伝え，またその独唱部分を歌う．現在のカトリック教会の用法では，ミサで会衆が歌う部分を先唱する務めの聖歌隊指揮者（choirmaster）をも指す．カントルはまた，ルター派教会の音楽監督の称号でもある．➡先唱者

## ガンドルフィ
Gandolphy, Peter（1779-1821）

イエズス会*員の説教者．彼はロンドンのスパニッシュ・チャペルで多くの人たちをカトリックに転会させた．1812年に，彼はアングリカンの『祈禱書』を範とした『典礼書』（*A Liturgy*）を出版した．彼は異端の嫌疑を受け，その嫌疑は晴れたが，自宅に引退した．

## カンパニーレ（鐘塔）
campanile（bell-tower）

鐘のある塔ないし尖塔．この語は特に，イタリアに起原をもつ教会付属の鐘塔を指す．

## カンパネラ
Campanella, Tommaso（1568-1639）

イタリアのドミニコ会*の哲学者．彼がアリストテレス*哲学を否認したことは上長らの敵意を招き，他方，反スペインの反乱に加担した疑いでナポリ市当局を怒らせて，1603-29年に投獄されていた．R. デカルト*を先取りしたカンパネラの考えでは，個人の意識は経験の基礎的な事実であり，神の存在は人間の意識のうちにある神の観念の存在から導き出されうるのである．

## カンバーランド
Cumberland, Richard（1632-1718）

道徳哲学者．1691年からピーターバラ*主教．1672年の『自然の法について』（*De legibus naturae*）において，彼は自然の法が倫理的で不変であり，その根本が「普遍的善意」であると主張した．彼はイギリスの功利主義*の真の創始者であった．

## カンペッジョ
Campeggio, Lorenzo（1472-1539）

1523年からボローニャ*大司教．彼は1518年にトルコ人に対する十字軍へのヘンリー８世*の支持を得るためにイングランドへ派遣され，1524年にヘンリーは彼をソールズベリー*司教にした．ドイツで活動したあと，彼はヘンリーが意図した離婚問題のためイングランドに戻った．彼はT. ウルジー*に当該問題の解決を指示されたが，教皇は判断を下す前にローマに照会することをひそかに彼に誓約させていた．国王を満足させられなかったカンペッジョは1529年にイングランドを去った．

## 寛容
➡宗教的寛容

## 寛容令
➡信仰寛容法

## 管理司祭
➡聖職禄所有者

# き

## 『偽イシドルス教皇令集』
➡『偽教皇令集』

## 帰一教会
➡カトリック東方教会

## キエティスム
➡静寂主義

## キエルジー教会会議
Quiercy, Synods of

幾度かの教会会議が9世紀にラン（Laon）に近いキエルジーで開催された．849年と853年の会議はゴットシャルク*が説いた極端な予定*論を断罪した．

## 義化
➡義認

## 機会原因論（偶因論）
Occasionalism

有限の事物が効果的因果性をもつことを否定し，変化が精神内に起こるとき，神は常に物質内に変化をもたらすために介入するか，逆もまた同じと仮定する，精神の物質との関係に関する哲学的理論．その主な主唱者に，A. ゲーリンクス*とN. マルブランシュ*がいた．

## 『議会への勧告』
*Admonition to the Parliament, An*（1572年）

英国教会に対して主教制でない体制を要求したピューリタン*的な宣言書．匿名で出されたが，その執筆責任を2人のロンドンの聖職者，トマス・ウィルコックス（Wilcox）とジョン・フィールド*に帰するのはおそらく正しいであろう．

## 祈願祭
Rogation Days

西方キリスト教界において，初夏における祈りと断食を定めた数日間で，収穫の祈りと結びついている．4月25日の「大祈願祭」（Major Rogation）は異教のロビグス祭（Robigalia）のキリスト教化したもので，穀物の病害を防ぐ祈りを唱えて畑を行列した．昇天*日前の月曜日，火曜日，水曜日の「小祈願祭」（Minor Rogations）は，ヴィエンヌの聖マメルトゥス*（475年頃没）が噴火に見舞われた自らの司教区のために定めた行列の連願*に由来する．英国教会では，1662年の『祈禱書』が「断食と節制の日」として3つの（小）祈願祭の遵守を定めた．カトリック教会では，祈願祭は1969年に，地上の収穫，人々の入用，手仕事のための祈りの期間に置き換わり，これらは年間のいつでも実施できる．

## 危機神学
Crisis, Theology of

K. バルト*とその信奉者の唱えた弁証法神学*の別称で，ギリシア語の「クリシス」（*krisis*）のさまざまな付随的な意味に基づいている．

## 棄却
reprobation

神が罪人を永遠の処罰へと断罪する行為，およびこの処罰の状態．聖アウグスティヌス*は，神がある人々を罪と劫罰へと予定することを意味するように解釈できる表現を用い，9世紀には，ゴットシャルク*はこのことをあからさまに説いて非難された．この問題は予定*をめぐる論争にとり中心的である．➡選び

## 『偽教皇令集』(『偽イシドルス教皇令集』)
False Decretals (Pseudo-Isidorian Decretals)

イシドルス・メルカトル*に帰された教会法*文書の集成で,実際はおそらくフランスで850年頃に編集された.全体は3部に分かれ,第2部と第3部は真正な教会会議の決議条項や教皇令に基づいているが,多くは改竄されている.第1部はクレメンス1世(ローマのクレメンス*)からミルティアデス*(314年没)までの諸教皇の名による書簡からなり,「コンスタンティヌスの寄進状」*を含むが,すべてが偽作である.これらが示している関心事は,管区大司教*や信徒に対して教区司教の権利を守ることおよび彼らを保証する教皇の首位権である.

## 棄教者
*lapsi*

(ラテン語で「堕落した人たち」の意.)迫害下にさまざまな程度でキリスト教信仰を否定した人たち.背教*はキリスト教徒が犯しうる最大の罪と見なされ,おそらく当初は赦されえないものと見なされた.250-51年の迫害*後は,教会は悔悛*および確認期間ののちに悔い改めを示しているそのような人たちを再び受け入れることに決めた.この決定はノウァティアヌス主義*の厳格派を公然たるシスマ*に追いやった.➡トラーディトル

## キクーユ
Kikuyu

アングリカン,長老派や他のプロテスタントの宣教会議が1913年に開催されたケニア*の村.構成する諸教会の連合が提案された.

## 偽クリュソストモス
Chrysostom, Pseudo-

多くの説教が誤って聖ヨアンネス・クリュソストモス*に帰されてきた.その中で特に興味深いのは,一部しか残っていないが4世紀後半の異端的な運動の代表者による説教である.3編の復活祭の説教はラオディキアのアポリナリオス*のものであり,復活の8日間*のための2編の説教はアノモイオス派*によると思われ,『未完のマタイ福音書説教』(*Opus Imperfectum in Matthaeum*)は5ないし6世紀のアレイオス派*の司教による一連のラテン語の説教である.

## 偽クレメンス文書
➡クレメンス文書

## 儀式書
ritual

厳密には,典礼の執行のために規定された式文の書.通例,この語は付随する儀典*をも指す.19世紀に,「儀式主義者」(Ritualist)の語は中世や当時のカトリックの儀典を英国教会に導入した人たちを指した.

## 儀式を伴うミサ
Ritual Masses

秘跡ないし他の厳かな行為が聖餐中に含まれる種々の機会,たとえば洗礼*式,結婚*式,結婚記念日などに用いるために,1970年の『ローマ・ミサ典礼書』で定められたミサ.

## 騎士団領
commandery

ヨハネ騎士団*において,騎士団員が管理する領地ないし荘園.

## 寄進供養礼拝堂
➡チャントリー

## キース
Keith, George (1638頃-1716)

「クリスチャン・クェーカー派」.長老派*の牧師になる教育を受けたが,1663年にクェーカー*になった.彼は1684年に,イースト・ジャージー植民地の主任監督官としてアメリカに渡った.彼はアメリカのクェーカーの規律と教えの多くの点が弛緩していると見なし,また彼らの「内なる光の充足性」の信仰を批判した.彼らと絶縁した彼の周りに,信奉者が集まり,「クリスチャン・クェ

ーカー派」と呼ばれた．彼は1693年にイングランドに戻り，1700年に英国教会に転会した．彼は海外福音宣教協会*によりアメリカに派遣された最初の宣教師の一人であった．

## 犠牲（ぎせい）
sacrifice

犠牲は基本的に献げ物，特に生きた被造物を神にささげることである．これは宗教に広く行きわたった特徴である．旧約聖書の初めの方に，カインとアベル*の犠牲の記事があるが（創4:3-5），イサク*を犠牲としてささげるようにという要求（創22章）は，ささげる必要性が犠牲の大きいことの根拠をなしている．犠牲はまた，シナイにおけるイスラエルとの神の契約*のように，契約を結ぶこととも結びつく．カナン定着後，犠牲の遵守はより綿密になった．前７世紀以降，それはエルサレムの神殿*に限定された．毎年の主要な犠牲は，過越祭*のときの「過越の小羊」*のそれおよび「贖罪の日」*のそれであった．

新約聖書において，キリストは当時の犠牲の慣行を許容したと思われるが，「犠牲」を「憐れみ」の下位に置くホセアの教えを同意しつつ引用した（マタ9:13，12:7，ホセ6:6参照）．聖餐を制定する際，御自身の死の犠牲的な特質を指摘して（マコ10:45参照），新しい契約において御自身の血を流すことを語った．教父*は新約聖書の理念を発展させ，「キリストの犠牲」の独自性を以下の点で強調した，すなわち，(1) キリストが自発的ないけにえ（victim）であり，(2) 無限の価値をもついけにえであり，(3) 御自身もまた祭司であることである．中世において，「キリストの犠牲」の聖餐との関係が詳述された．キリスト教神学もまたふつう，神の意志への個人の自覚的な服従が一種の犠牲でありうると主張する．➡聖餐の犠牲

## 既聖（きせい）ホスティアによるミサ
Presanctified, Mass of the

聖別（consecration）を伴わない短縮した聖餐典礼で，以前のミサで聖別されたホスティア*が聖体拝領に用いられる．東方教会では通常，四旬節*の水曜日と金曜日ごとに，また聖週間*の月曜日，火曜日，水曜日に祝われる．ここでは，既聖ホスティアによる典礼は晩課*と結びつき，以前に浸された（➡インティンクション）ホスティアを用いる複雑な礼拝である．大聖入*の際，聖別されたパンとぶどう酒が行列をして運ばれ，祭壇上に置かれる．「主の祈り」*のあとに，司祭自らがそれにあずかり（communicates），次に会衆があずかる．カトリック教会では，（正式にはもはや名称として存在しない）既聖ホスティアによるミサは，聖金曜日*に限定されている．「十字架の崇敬」*後，聖木曜日*に聖別されたホスティアを入れたキボリウム*が聖体遷置所*から主祭壇へ運ばれる．司祭はさまざまな祈りを唱え，自らがそれにあずかり，次に会衆があずかる．同様な儀式が現在はアングリカン・コミュニオンでも広く採用されている．

## 奇跡（きせき）
miracle

伝統的な見解によれば，奇跡は神の特別な介入により引き起こされる目立った事実で，自然法と通常呼ばれる事物の常態を超えている．奇跡の可能性が問われ始めたのは，近代科学の興隆および世界を閉鎖的体系と見なす傾向の増大に伴っていた．聖書と歴史の奇跡はその後はふつう，軽信的な同時代人により誤り伝えられた，自然的な説明の領域内の事実と見なされた．他方，神が自然法に従属せず，その原因である最高の第１原因と考えられるならば，神が時に二次的諸原因の介入なしに直接的に行動するであろう，という議論がある．

プロテスタントの正統信仰が通常，聖書に記録された奇跡に対する信仰に限定するのに対し，カトリックの主張では，奇跡は歴史をつうじて起こっており，ルルド*での有名な治癒は最もよく知られている．候補者を取り次ぐ奇跡の証拠は，列福*と列聖*に関する現行のカトリックの手続きにおいて必須の要素である．

## 奇跡劇（きせきげき）
➡神秘劇

## 期待の教会
expectant, the Church

天上と地上のあいだ，すなわち伝統的に煉獄*と呼ばれる所で待ち望んでいるキリスト教徒全体のこと．➡勝利の教会，戦いの教会

## 北インド教会
North India, Church of

アングリカン*，会衆派*，長老派*，バプテスト派*，ディサイプル派*，メソジスト派*の６つの諸教会の合同により，1970年に発足した教会．英国教会は1972年から本教会と相互陪餐を行っている．

## 北側聖歌隊
cantoris

（ラテン語で「カントル*の［席］」の意．）カントルの伝統的な場所が聖歌隊の北側にあるので，この語は交唱*で歌うときに北側に座る人たちを指す．➡南側聖歌隊

## キッテル
Kittel, Gerhard（1888-1948）

ドイツのプロテスタントの神学者．1928年から没するまで，彼は『新約聖書神学辞典』（*Theologisches Wörterbuch zum Neuen Testament*，全９巻，1933-73年，英訳本は1964-76年）を企画し，その最初の４巻を編集した．同辞典の目的は，ギリシア語の単語が新約聖書において有した意味を示すことであった．原始キリスト教とパレスチナのユダヤ教との関係に関する彼の初期の著作は，当時のドイツにおけるユダヤ人の状況の考察に導き，ナチの反ユダヤ主義を学問的に支持した．

## 偽ディオニュシオス
➡ディオニュシオス・アレオパギテース

## ギデオン聖書
Gideon Bibles

キリスト教徒の実業家たちと彼らの妻たちからなる協会によって，ホテルの客室，刑務所，病院などに備え付けられた聖書．この協会は1899年にウィスコンシン州ジェーンズヴィル（Janesville）で３人の外交員により組織され，その極めて不利な状況下での勝利が士師記6:11-7:25に記されているギデオンから命名された．1908年に，彼らはアメリカの全ホテルに聖書を備え付ける誓いをたてた．1947年に国際ギデオン協会（the Gideons International Extension Committee）が組織され，現在では全英語圏に組織されている．

## 偽典
pseudepigrapha

真の著者とは別人に帰された文書で，一般に権威を高めることが意図されていた．この語が特に指すのは，旧約聖書やアポクリファ*に含まれなかった，ほぼ前２世紀から後２世紀に由来する，偽名を用いたユダヤ教文書である．『エノク書』*，『モーセの昇天』*，『ソロモンの詩編』*などがある．

## 儀典
ceremonial

教会の慣行で，形態が正規に規定された礼拝を執り行うこと．➡司教儀典書

## 祈禱
➡祈り

## キドゥシュ
Kiddush

ユダヤ教における安息日*や他の祝祭日の聖化の儀式．それらの日の前夜の夕食に行われ，家長がぶどう酒や水をとおしてその日の「キドゥシュ」すなわち「祝福」を祈る．「最後の晩餐」*におけるキリストによる杯の祝福が過越*のキドゥシュであったかどうかが議論されてきた．

## 『祈禱書』（英国教会の）
Common Prayer, The Book of（BCP）

英国教会の長期にわたる唯一の公認の祈禱書（service-book）で，「朝の祈り」*と「夕の祈り」*，

聖奠（秘跡*）などの儀式の式文，詩編書*，（1552年以降は）聖職按手式文*を載せている．『祈禱書』が編纂されたのは，T. クランマー*が中世教会のラテン語による礼拝を改革・簡素化・短縮して，聖職者や会衆のための権威ある手引きとして，英語の便利で包括的な祈禱書を生み出すことを望んだからである．

『第１祈禱書』は1549年に作成され，その使用は最初の「礼拝統一法」*により命じられた．教理と儀式の点で，新旧の学派の折衷案であったので，双方が満足しなかった．プロテスタント側の批判を考慮して改訂されたのが，1552年の『第２祈禱書』である．メアリ１世*の治世後，これは少し変更して1559年のエリザベスの『祈禱書』として再刊された．共和政下に，『祈禱書』は正式に1645年の『公同礼拝規定書』（Directory of Public Worship）に置き換わったが，王政復古後に，1662年の「礼拝統一法」は聖職者会議*が改訂した『祈禱書』を公認した．最も重要な変更は書簡と福音書に1611年の欽定訳聖書*を用いたことである．この1662年版は現代までほとんど変更されていない．しかしながら，19世紀後半の典礼論争に直面して，新祈禱書（その使用は随意である）が聖職者会議と英国教会会議*により作成・承認されたが，1927年に下院で否決され，修正後も1928年に再度否決された．1955年にカンタベリーとヨークの両大主教は改訂を準備する典礼委員会を設置し，一定の期間にわたり個々の礼拝で公に試みたあと，1980年に『併用祈禱書』*が認可され，それが20年後に『共同礼拝』*に置き換わることになった．

イングランド以外の『祈禱書』には多くの変更があった．1764年のスコットランド（監督教会の）聖餐式聖務日課が1789年のアメリカの『祈禱書』に影響を及ぼした．他の地方では，アイルランド教会が非国教化により「礼拝統一法」から自由になり，1877年にプロテスタント的な方向への保守的な改訂版である独自の『祈禱書』を作成するまで，英国の1662年の『祈禱書』が用いられた．20世紀前半に，『祈禱書』の改訂版がカナダ*（1922年），アメリカ合衆国*（1928年），スコットランド*（1929年）で刊行された．アングリカン・コミュニオン*の他の地方において，『祈禱書』の全体ないし一部は通常，その土地の言語に翻訳されていたが，聖餐式の地方による異なる形態は20世紀前半に見られ始めた．1948年まで，ランベス会議*は『祈禱書』をアングリカン・コミュニオンの絆と見なしており，1958年以後になって始めて，地方ごとの改訂が奨励されるようになった．

1960年代に，現代英語がアングリカンの典礼に導入され，新しい実験的な儀式で神に ‘Thou’ よりむしろ ‘you’ で呼びかけられた．英国教会では，個々の礼拝の見直しに改訂祈禱書の刊行が続いたが，ある地方ではその使用は義務的であり，他の地方では『祈禱書』と併用されているが，実際はそれに置き換わる傾向にある．

## 『祈禱書（きとうしょ）』のカテキズム
Catechism, Prayer Book

『祈禱書』*中の「教え」（Instruction）で，堅信*の志願者が学ぶように，問答形式になっている．著者がだれであるかは不確実であるが，おそらく大半は A. ノエル*の作であろう．

## 「『祈禱書（きとうしょ）』への異議（いぎ）」
Exceptions

1661年のサヴォイ会議*において，1604年の現行の『祈禱書』*の改訂をめざして，ピューリタン*が行った異議申し立て．

## 祈禱台（きとうだい）（プリ・デュ）
prie-dieu

（フランス語で「神に祈る」の意.）私的な使用のための小さな祈禱台（prayer desk）で，ふつう斜めの（跪くための）板（ledge）がつけられている．

## キドロン
Cedron（Kidron）

エルサレム*東部の，その市とオリーブ山*のあいだにある谷ないし峡谷．ヨハネ福音書18:1はキリストが受難前夜にその小川を越えたと伝えている．

## キニョーネス
Quiñones, Francisco de（1540年没）

枢機卿. スペインの貴族出身の彼は, 1498年にフランシスコ会*に入会した. 1523年と1526年に, 彼はオブセルヴァント派*の総会長に選出された. 1527年の「ローマの略奪」後に, 彼はカール5世*とクレメンス7世*の仲介をし, 後者により枢機卿に任じられた. 教皇の指示で, 彼は新しい聖務日課書*を編纂し, それは1535年にパウルス3世*により刊行されたが, 枢機卿の名義聖堂にちなんで, しばしば「聖十字架の聖務日課書」と呼ばれる. 私的な使用を意図していたが, 1558年に禁書になるまで, 広く受け入れられ, また『祈禱書』にも影響を及ぼした.

## 義認（義化）
justification

教義神学において, 人間が神の目から見て正しい（righteous）とされるないし宣言される出来事ないし過程. 英語が由来するラテン語*justificare*は, 語源的に「正しいとする」（*justum facere*）という意味をもち, この解釈は宗教改革*まで変化しなかった. そのとき議論されたのは, 新約聖書において, ギリシア語の同義語（*dikaiōsis*）とその同族語が, ヘブライ語の用法を反映しており,「嫌疑を晴らすこと」ないし「正しいと宣言すること」を意味する法的隠喩として理解されねばならないということであった. 古典的なプロテスタント神学において,「義認」は神が「人間を正しいと宣言」することと解釈され, 義認は, 人間が「正しいとされる」聖化（sanctification）と区別される. ルター主義*でも, カルヴァン主義*でも, 義認は人間の協働（cooperation）なしに行われる神の行為と見なされているが, カトリック教会によれば, 義化（義認）は人間の協働を必要とする. 別の相違点は義認の形相因に関わっており, プロテスタントはそれを転嫁された（imputed）「キリストの義」と考え, トリエント公会議*はそれを固有のないし分与された（imparted）「キリストの義」と定義した. ➡転嫁

## キネウルフ
Cynewulf（9世紀ないし10世紀）

アングロ・サクソン時代の詩人. 4編の宗教詩が確実に彼の作である. キネウルフが書いた『キリスト』の後半は, 昇天の秘義を称え,『ジュリアナ』は聖女の殉教を記述し,『ヘレナ』（*Elene*）は聖ヘレナ*による聖十字架発見の物語であり,『使徒たちの運命』は彼らが分散したあとの断片的に結合された伝説である. 著者については, 何も知られていない. ➡『十字架の夢』

## 記念日
memoria

通常のカトリックの典礼文書において, 祝日*の3つのカテゴリー中の最下位に与えられた名称. ➡祭日, フェストゥム

## 疑悩
scruples

倫理神学*において, 罪がないのに罪があると理由なく恐れること.

## 跪拝
genuflexion

上体をまっすぐにして, 一時的に右膝をつくことで, 西方教会において,「聖別されたパン」*の前を通り過ぎるときや他の機会に, 儀式的に畏敬の念を表す動作.

## ギフォード講演
Gifford Lectures

ギフォード侯アダム・ギフォード（1820-87年）の基金により, スコットランドの諸大学で開かれる一連の講演で, 神の知識と倫理の基礎を促進・普及することを目的とする. 第1回講演は1888年に開かれた.

## ギブソン
Gibson, Edmund（1669-1748）

ロンドン主教. 彼がF. アッタベリー*と対立した, 聖職者会議*論争に介入した成果の一つが, 標

準的な手引きである1702年の『アングリカンの総会——英国聖職者会議の法令と議事録』(*Synodus Anglicana; or the Constitution and Proceedings of an English Convocation*)であった．彼の1713年の『英国教会法典』(*Codex Iuris Ecclesiastici Anglicani*)は，現在でも英国教会法典の最も完全な集成である．高教会派のホイッグ党員の彼は，1716年にリンカーン*主教, 1723年にロンドン主教になった．ロンドン主教時代，彼は当時その管轄下にあった北アメリカ植民地の安寧を推進した．

## キーブル
Keble, John (1792-1866)

トラクト運動*の指導者．同名の父はコルン・セント・オードウィン(Coln St Aldwyn)の主任代行司祭*であった．彼は父の教会区の世話を助けるために，1823年にオックスフォード大学オーリエル・カレッジのテューター職を辞任した．彼はここで詩集を編んで，1827年に『キリスト者の1年』*として刊行した．1831年に，彼はオックスフォード大学詩学教授に選任された．彼は危機が英国教会を改革的・自由主義的運動から脅かしていることをますます意識するようになり，1833年7月14日に大学において『国民の背教』*と題する巡回裁判(assize)の際の説教を行い，特にアイルランドの教区の削減の提案に反対した．彼はオックスフォード運動*において指導的な役割を果たし，『時局冊子』のいくつかの号に寄稿した．彼はE. B. ピュージー*と緊密に協力して，高教会派*の運動を着実に英国教会に根づかせた．1836年から，彼はウィンチェスター*に近いハーズリー(Hursley)の主任代行司祭であった．オックスフォード大学キーブル・カレッジは彼を記念して創設された．祝日はアングリカン・コミュニオンの一部の地域で5月29日ないし7月14日．

## キプロスのキリスト教(きょう)
Cyprus, Christianity in

キプロスに宣教したのは聖パウロ*と聖バルナバ*であった(使13章)．325年のニカイア公会議*には3人の主教が出席し, 431年のエフェソス公会議*は，総主教管区からの独立を志向するキプロスの主教たちの要求を認めた．5世紀以降，大主教ないしエクサルコス*が5人の総主教に次ぐ地位を保っている．キプロス島民はアラブの支配下に入ったが，10世紀に解放され，この時期に大きな諸修道院が建てられた．十字軍*兵士が1196年にラテン的な位階制*を導入した．ラテン教会は，トルコ人が1571年に同島を占領したときに消滅したが，ギリシア人はやがて自らの教会の再建を認められた．イギリスの統治が1878年に確立したあと，主教たちや聖職者が民族主義的指導者となりがちであったので，当局との関係はしばしば緊張した．1960年に，大主教マカリオスはキプロス共和国の初代大統領になった．1974年以降，同島の北部地域がトルコ人により占領され，教会と修道院が閉鎖され，破壊され，モスクに換えられた．

## 希望(きぼう)
hope

3つの対神徳*の一つ．最も広義では，未来の善への欲求・探求と定義されることができ，達成が困難ではあるが，不可能ではない．キリスト教の徳として，その主要な目標・動機・創始者は神御自身である．

## キボリウム(チボリウム)
ciborium

(1) 蓋のついたカリス状の容器で，聖餐用の聖別されたパンを入れるのに用いる．(2) 祭壇を覆う天蓋で，西方ではより一般的にバルダキヌム*と呼ばれる．

## ギボン
Gibbon, Edward (1737-94)

後期ローマ帝国に関する歴史家．彼は1764年にローマで『ローマ帝国衰亡史』(*Decline and Fall of the Roman Empire*)の構想を得た．本書は1776-88年に出版された．壮大な歴史書として比類がないが, 教会に対するその敵意は論争を引き起こした．

## 機密（きみつ）
➡サクラメント

## 義務以上の行為（ぎむいじょうのこうい）
supererogation, works of

カトリックの倫理神学*において，厳密な義務として命じられてはいない行為であって，それゆえ単純に悪に対する善ではなくて，善に対するよりよい善である行為である．したがって，「完徳の勧告」*は義務の行為でなく，義務以上の行為と考えられる．

## キャズウォール
Caswall, Edward（1814-78）

讃美歌作者．1840-47年に，彼はウィルトシャーのストラットフォード・サブ・カースル（Stratford-sub-Castle）の永久補助司祭*であった．1847年に，彼はカトリックになり，1850年にオラトリオ会*に入会した．ラテン語の多くの聖歌*を英訳したが，その中に 'Jesu, the very thought of thee' がある．

## キャソック（スータン）
cassock

聖職者が着用する，現在では通常は白色の長い上着．その起原は，6世紀に短い上着が一般に着用されるようになったとき，聖職者に限定されるようになった足首までの長い衣服にさかのぼる．（聖餐式のときには英国教会においてもそうであるが）カトリック教会におけるキャソックの代わりに，アルブ*を今では聖堂内で着用できる．西方におけるキャソックの色は，司教は紫，枢機卿は赤，教皇は白，そしてイギリスの王室チャプレンは赤である．

## キャドベリー
Cadbury, Henry Joel（1883-1974）

アメリカの新約聖書学者．1934-54年にハーヴァード大学新約学教授であった．様式史*的研究者であり，編集史*的研究の主唱者であった彼は，ルカ福音書と使徒言行録に関する著作において，聖ルカ*の文書が特に医学的関心を示しているという主張を事実上覆した．彼は新約聖書の改訂標準訳聖書（RSV）を刊行した委員会の一員であった．引退後，彼はクェーカー派*の歴史に関する2冊の標準的な著作を改訂し，また生涯をつうじてクェーカー派の活動において指導的な役割を果たした．➡英語訳聖書

## ギャラリー
Galilee

中世の大聖堂における袖廊（porch）ないし礼拝堂．

## キャロル
carol

もともと舞踊を伴う喜びの歌で，今では特に，宗教的な性格をもつ伝統的な歌を指す．現代の英国の慣行では，キャロルを歌うのをクリスマスの季節に限定し，聖歌とキャロルの区別をしない傾向がある．

## キャロル
Carroll, John（1736-1815）

アメリカ合衆国におけるカトリックの最初の司教．メリーランド生まれの彼は，サントメール*で教育を受け，1753年にイエズス会*員になった．同会が1773年に解散したあと，彼はアメリカに戻った．いくぶんベンジャミン・フランクリンの影響もあって，ピウス6世*は1784年にキャロルを宣教団の長（Superior of the Missions）に任命したが，これはアメリカの教会をイングランドの代牧*から独立させた一歩であった．1789年に，彼はボルティモア司教に任命された．1808年に，彼は大司教になり，その司教区*（diocese）は4つの司教座*（sees）に分割された．

## キャンドルマス
Candlemas

現在は2月2日に守られる祝日で，キリストの誕生から40日目の「聖母マリアの清め」*と「主の奉献」*を記念する（ルカ2:22-39）．この祝日は地

方的にエルサレムで350年頃から祝われていた．542年に，ユスティニアヌス*はコンスタンティノポリス*でそれが祝われることを命じた．それは東方教会全体に広がり，少し遅れて西方にも広がった．灯されたろうそく*をもった行列はカトリックの典礼の顕著な特徴である．

## キャンピオン（聖）
Campion, St Edmund（1540-81）

イエズス会*員．彼は1557年にオックスフォード大学セント・ジョンズ・カレッジのジュニア・フェローになり，1569年に英国教会の助祭に叙任された．1571年に，彼はフランスのドゥエー*に赴き，カトリック教会に転会した．彼は1573年にイエズス会員になり，1580年にR. パーソンズ*と共にイングランドへの最初のイエズス会宣教団に加わった．彼は1581年に逮捕され，君主への反逆罪に問われ処刑された．彼は1970年に列聖された40人殉教者*の一人である．

## キャンプ・ミーティング
➡野外集会

## キャンベル
Campbell, Alexander（1788-1866）

バートン・W. ストーン（Stone, 1772-1844年）と共に，ディサイプル派*の共同創立者．アイルランド出身の分離派長老教会の牧師の息子であった彼は，ウェストヴァージニアのベサニ（Bethany）に居住した．彼は聖書の合理的な研究が初期のキリスト教信仰の本質的な事実を明らかにすると教え，新約聖書*の教えに基づくキリスト教の一致を擁護した．彼は信条によって会員かどうかを吟味すべきではないと考え，長老派を去った．1812年に，彼はバプテスト派*に加わったが，やがてそこからも別れた．彼は西部保留地でリバイバル運動*を起こし，1832年に彼の運動は，ストーンがケンタッキーで始めたクリスチャン・コネクションと合同した．19世紀半ばには，ディサイプル派はアメリカ最大の教派の一つであった．

## キャンベル
Campbell, John McLeod（1800-72）

スコットランドの神学者．1831年に，彼は大会*により異端信仰の罪を問われ，職を追われた．彼は幸運にも1833-59年にグラスゴーで独立した会衆の牧会を続けることができた．彼の主著の主張は，キリストの受難の刑罰的な性格よりむしろその霊的な状況が贖罪をなしとげるというものであった．

## ギュイヤール（福）
Guyard（Guyart）, Bl Marie（1599-1672）

マリー・ド・ランカルナシオン（Marie de l'Incarnation）と称される．修道生活に惹かれていたが，1617年に彼女はC. J. マルタン（Martin, 1620年没）と結婚し，1児をえた．1631年に，彼女はトゥールのウルスラ修道会*の修道院に入った．彼女は1639年にケベックに修道院を設立する招きに応じた修道女の一人で，その初代院長になった．彼女は子どものときから幻を受けていた．祝日は4月30日．

## ギュイヨン
Guyon, Madame（1648-1717）

フランスの静寂主義*者．ジャンヌ・マリー・ブヴィエ・ド・ラ・モット（Jeanne Marie Bouvier de la Motte）は，1664年にJ. ギュイヨンと結婚した．1676年の夫の没後，彼女はあるバルナバ修道会*の司祭から影響を受け，彼と共にフランスをめぐった．2人は異端と不品行の嫌疑で投獄された．彼女はド・マントノン（Maintenon）夫人の努力で釈放された．1688年から，ギュイヨン夫人はF. フェヌロン*と文通し，彼は彼女の神秘的な経験を真正とみなした．しかしながら，J.-B. ボシュエ*は彼女の照明説（illuminism）に疑惑をもち，1694年に彼女に教義書簡を書いた．彼女は自らの異端の嫌疑を晴らすために神学に関する委員会の開催を要求したが，1695年のイシー*会議は彼女の著作を断罪した．彼女が説いたのは，この世からの完全な離脱，苦難と不幸への無関心，自己卑下，純粋な愛による神の意志への服従である．

## 『旧教会条例』
*Statuta Ecclesiae Antiqua*

（ラテン語で「教会の古い法令」の意.）信仰告白，規律に関する教令，叙階*の式次第を含む文書集．5世紀後半に南ガリアで編纂された．➡ゲンナディウス（マルセイユの）

## 救護院
hospitals

キリスト教の救護院は，4世紀以降に創設され，中世にその数を増し，通常は修道会と結びついていた．イングランドにおけるたいていの中世の救護院は，高齢者のための救貧院であった．

## 救済史
*Heilsgeschichte*

（ドイツ語で「救いの歴史ないし物語」の意.）聖書の啓示に表明された神の救いの計画に対する信仰を近代の歴史研究と結びつけるために，19世紀のキリスト教神学に導入された用語．G. フォン・ラート*による旧約聖書神学の「伝承史」像は，それが旧約聖書の記述の大半に適合することを示し，またO. クルマン*はそれを自らの新約聖書神学の中心点とした．この理念は教会を再発見した20世紀のプロテスタントのあいだでも，聖書を再発見した多くの第2ヴァティカン公会議*後のカトリックのあいだでも好まれた．それに反対したのは，啓示を説かれた御言葉のうちに聞く神学者であり，また啓示を歴史のうちに位置づけはするが，特別な聖書の「聖なる歴史」よりむしろ「一般的な歴史」を神を語る枠組と見なす神学者である．しかしながら，多くの人が同意するように，この理念はユダヤ人のメシア*であるキリストを「時の中心」と見なす聖ルカ*の歴史神学を明らかにする．

## 救済論
soteriology

キリスト教神学の一分野で，この世のためのキリストの救いのみわざを扱う．

## 救世軍
Salvation Army

福音伝道的・社会的活動に従事する，国際的なキリスト教組織．1865年にW. ブース*により創始され，1878年に現在の形態と名称を採用した．「大将」（General）を長とする，軍隊的形態で組織されている．その宗教的教えは主として伝統的な福音主義*的な信仰と一致しているが，すべての秘跡を否定し，キリスト教の道徳的側面を強調している．ブラスバンドつきの野外集会*が人々に信仰を伝える方法として重要な役割を果たしている．

## 旧約聖書
Old Testament

教会がユダヤ教*と共有する正典文書を指すが，さらに（カトリック教会と正教会では）現在はユダヤ教徒が正典と認めていないいくつかの他のユダヤ教の文書も含まれる（➡旧約聖書続編）．新約聖書と同様に，旧約聖書の諸文書も教会では霊感を受けたものと見なされ，教会はマルキオン*の時代以来ずっと旧約聖書を攻撃から守ってきた．
➡聖書

## 旧約聖書続編
➡アポクリファ

## Q資料
'Q'

マタイ福音書とルカ福音書が互いに緊密な類似性を示すが，マルコ福音書の並行箇所とは類似性を示さない，共観福音書中の章句の仮説的な資料について，聖書批評学者が厳密な意味で用いる（通常はドイツ語の *Quelle*「資料」に由来すると考えられる）しるし．そのような文書の存在に異議を唱える学者もいるが，広く受け入れられている．マタイ福音書とルカ福音書の共通の資料でなく，広義に共通の素材を指すものとして'Q'を用いる学者もいる．➡共観福音書問題

## キュプリアヌス（聖）

Cyprian, St (Thascius Caecilianus Cyprianus)（258年没）

カルタゴ司教. 彼は246年頃にキリスト教に改宗した, 異教徒の修辞学者であった. 2年ほどで, 彼はカルタゴ司教に選出された. 249年にデキウス*帝の迫害が始まったとき, 彼は避難せざるをえず, 251年に戻ってきた. 彼は, 信仰を捨てたり「証明書購入者」*になったキリスト教徒の安易な和解に反対し（➡棄教者), 251年と252年のカルタゴ教会会議*は, 彼らがしかるべき悔悛と猶予期間ののちはじめて和解できると決議した. その間に, ノウァティアヌス*のシスマ*(離教) が再洗礼をめぐる論争を引き起こした. キュプリアヌスは, 教会の外にある誰も教会の秘跡を執行しえないという理由で, 離教者の再洗礼を要求した. ローマ教会の考えでは, 離教者であれ異端者であれ, その授ける洗礼は有効であった. その後キュプリアヌスと教皇ステファヌス1世*のあいだで交わされた往復書簡は, 教皇の権利をめぐるのちの論争にとって重要であった. 迫害がその議論を中途で終わらせた.

キュプリアヌスの著作のいくつか, 特に教会・職制・秘跡を論じたものは, 神学的に重要である.『カトリック教会の一致について』(*De Catholicae Ecclesiae Unitate*) は, 教会における真の一致の本質を司教職との関連で論じており, 高く評価されている. 祝日は『祈禱書』では9月26日 (別のキュプリアノス*と混同されて),『共同礼拝』*では9月13日, カトリック教会では9月16日.

## キュプリアノス（聖）

Cyprian, St (300年頃)

アンティオキア*のキリスト教に改宗した魔術師. おそらく信憑性のない伝説によれば, 彼がキリスト教徒の処女を誘惑するために魔術を用いていたとき改宗した. 彼はアンティオキア主教となり, ディオクレティアヌス*帝の迫害の際に斬首された. 祝日は東方では10月2日, 西方では9月26日であるが, 1969年にカトリック教会では削除された.

## キュリロス（アレクサンドリアの）（聖）

Cyril, St, of Alexandria（444年没）

412年からアレクサンドリア*総主教. 彼が関わった多くの争いのうち最重要なものは, 聖母マリア*をテオトコス*(「神を産んだひと」) と呼ぶことに, マリアがキリストの人間性だけの母だからという理由で反対した1人の司祭を, コンスタンティノポリス*総主教ネストリオス*が支持したことにより引き起こされた. キュリロスはその異議のあった言葉を, 429年の復活書簡において擁護した. 彼はついで教皇ケレスティヌス1世*が430年にローマで教会会議を召集して, ネストリオスを断罪するように説得した. ケレスティヌスの代行者とされたキュリロスは, その断罪をアレクサンドリアで自ら開催した教会会議で繰り返し, その両会議の決議条項を添えた手紙および12のアナテマ*とともに, ネストリオスへ送った. 431年のエフェソス公会議*において, キュリロスがネストリオスを罷免させたのは, アンティオキア*の主教たちが到着する前であった. 彼らはそこで別の会議を開き, キュリロスを罷免したが, 433年に, 彼はアンティオキアの穏健な代表と合意に達した.

アレクサンドリア神学*の伝統の最も輝かしい代表であるキュリロスは, 三位一体およびキリストのペルソナ（位格）に関するギリシア的な教理を体系化した. 彼の著作を特徴づけるのは説明の明確さ, 思考の正確さ, 証明の巧みさであるが, 簡潔さを欠いている. それには書簡, 注解書, 教理神学に関する論考, 説教が含まれる. 祝日は東方では6月9日, 西方では6月27日（以前は2月9日).

## キュリロス（エルサレムの）（聖）

Cyril, St, of Jerusalem（315頃-387）

349年頃からエルサレム*主教. 357年に, アレイオス主義*のカイサリア主教アカキオス*はキュリロスがアレイオス主義に反対したという理由で追放したが, セレウキア教会会議*は359年にキュリロスを復職させた. キリストの神性に関するのちのキュリロスの信仰が反対者の疑念を生んだ理由は, 彼が「ホモウーシオス」*の語を人間による造語として嫌ったからである．379年のアンティオキア*教会会議はニュッサの聖グレゴリオス*を調査のために派遣したが，彼はエルサレム教会の信仰が正統であると報告した．

現存しているキュリロスの最も重要な著作は，洗礼志願者に対して説かれた一連の講話である．（四旬節前の）『教理講話序論』（Procatechesis）と（四旬節中の）『教理講話』（Catecheses）は380年頃に説かれた．（復活祭後の週に説かれた）『秘義講話』（Mystagogic Catecheses）は後継者の作でなければ，彼の主教職の最後に位置づけられなければならない．この一連の講話は典礼に関して重要な資料を提供している．祝日は３月18日．

## キュリロス（スキュトポリスの）
Cyril of Scythopolis（525年頃生まれ）

ギリシアの修道士，聖人伝作者．彼は543年にエルサレム*へ行った．彼は７人のパレスチナの修道院長の伝記の作者であり，その伝記は正確で詳細なことで注目すべきものである．

## キュリロス（聖）とメトディオス（聖）
Cyril, St（826-69）and Methodius, St（815頃-885）

「スラヴ人の使徒」．862年に，この兄弟はコンスタンティノポリス*から現在のモラヴィア（現チェコ東部）へと宣教者として派遣された．キュリロスはアルファベット（おそらくグラゴール文字*）を考案し（➡キリル文字），これはスラヴ典礼に用いられ，聖書のスラヴ語訳で流布した．彼はローマで没した．メトディオスはその後司教に聖別され，モラヴィアに戻った．彼はドイツの司教たちからの抵抗に遭い，教皇ヨアンネス８世は正規の典礼用語としてスラヴ語を用いる許可を一時的に取り消した．祝日は東方では５月11日，西方では２月14日（以前は３月９日，その後７月７日）．

## キュリロス・ルカリス
Lucar, Cyril（1570-1638）

1601-20年にアレクサンドリア*総主教，次いで1620年からコンスタンティノポリス*総主教．1596年のブレスト・リトフスク*主教会議に出席した彼は，カトリック教会とイエズス会*に反対するようになり，カルヴァン主義*者や英国教会とますます親しくなった．彼は1628年にアレクサンドリア写本*をチャールズ１世*に献呈した．1629年に，彼の署名入りの『信仰告白』（*Confessio Fidei*）がジュネーヴで出版されたが，これはカルヴァン主義的用語で伝統的な正教会の信仰を再解釈している．彼はコサック人をトルコ政府に反抗させたかどで処刑された．彼の教説はその後の数回の主教会議で断罪された．

## キュング
Küng, Hans（1928-）

スイスのカトリック神学者．第２ヴァティカン公会議*では専門顧問（*peritus*）を務め，1963年に，テュービンゲン大学教理神学教授および新設のエキュメニズム研究所所長になった．ヴァティカン公会議の推移に失望した彼は，教会に対して徐々に批判的になり，教皇の回勅*に対する抗議でそれを示した．この批判を表明しているのは，1967年の『教会論』（*Die Kirche*）と1970年の『ゆるぎなき権威？』（*Unfehlbar?*）であって，現代の教皇の要求および教皇職の権威の行使に対する痛烈な批判である．他の著作もやはり論争的であり，1979年にカトリック神学者として教える権威（*missio canonica*）が撤回されたが，1996年に定年になるまで大学の教授であった．その後，彼はキリスト教と他宗教の関係に関して多くの著作を書いた．

## ギュンター
Günther, Anton（1783-1863）

宗教哲学者．生涯の大半をウィーンで過ごした．彼の考えでは，人間理性は三位一体と受肉の秘義を科学的に証明でき，自然的真理と超自然的真理のあいだに何らの溝も存在せず，教会の教義はより完全な知識により変更されうる．

## 教会
Church

この語は教会堂（聖堂）および地方的ないし普遍的なキリスト教徒の共同体の両方を指す．１世紀のユダヤ教内の分派としての教会の起原は，主（イエス）による（使徒*と呼ばれる）12弟子の選びにある．彼らの宣教は当初イスラエルに向けられていたが，やがて復活後，異邦人*がギリシア語を話すユダヤ人キリスト教徒の仲間になり始めた．聖パウロ*の異邦人への宣教は異邦人キリスト教の基礎を築き，それが70年のエルサレム*陥落および80年代のユダヤ人キリスト教徒のシナゴーグ*からの追放後は優勢となった．初めから，教会は自らを任意の組織と見なしたことは決してなく，メシア*の到来を認めてきた「神の民」の忠実な生き残りの構成員であり，やがて普遍的な観点から自らの使命を理解した．60年代に聖ヤコブ*，聖ペトロ*，聖パウロが没し，ユダヤ人キリスト教が周縁化したあと，新しい組織が発展した．教会の本質はのちに伝統的な「教会の標識」*，すなわち唯一性・神聖性・公同性（catholicity）・使徒性に要約された．使徒の教えを説き，歴史的に使徒に由来する教会は使徒的である．教会員であること，聖職者の地位，教会の一致は，それぞれ可見的な秘跡，すなわち洗礼*と堅信*，聖なるオルドー*，聖餐*の秘跡にあずかることにより確証される．東西教会の分裂後，ローマ・カトリック教会と東方正教会はそれぞれ，他方がシスマ*状態にあり，自らが可見的教会の歴史的な現れと主張した．地上の可見的教会のほかに，亡くなった信徒たちの不可見的教会が存在する．

宗教改革*は教会観の再定義をもたらし，教会が秘跡とよりむしろ神の御言葉と関わっていることを示そうとした．プロテスタントの中で，以下の２つの教えが広い支持を得た．(1) 教会は可見的団体であり，神的な意図において世界中で唯一であるが，生起した過誤や腐敗のゆえに，可見的一致がこわれても特定の国家内で自らを改革することは正当化されるという教え．(2) 真の教会は，その成員が神のみにより知られる，救われた者の不可見的団体であるという教え．後者の見解の大多数の支持者の主張では，教会は，その成員ができる限り不可見的教会の成員と一致するような外的な組織を保持することが望ましい．あるプロテスタントの考えでは，可見的一致は支配者により決定された「国教」*によって各国にもたらされるべきである．他のプロテスタントはキリスト教共同体間の組織の一致を不必要と見なした．

現代では，カトリック，プロテスタント，正教徒のあいだで，教会の神学に対する新たな関心が高まっている．20世紀前半には，教会観は「キリストの体」というパウロ的概念を重視した．20世紀後半には，強調点がサクラメンタル（秘跡的）な存在としての教会に置かれ，これは共同体が教会の首位的現れである主教と共に聖餐を祝うために集まるものと見なす正教会の神学者が強調する概念である．これはまた，会衆派*やその他のプロテスタント諸教会を特徴づけている，教会を各会衆の中心にあるものと見なす概念と類似している．ローマ・カトリック教会において，以前よりも制度的・法制的でない見解が，第２ヴァティカン公会議*の『教会憲章』（*Lumen Gentium*, 1965年）に表現され，ここでは教会は主として「神の民」と見なされている．

## 教会一致促進運動

（きょうかいいっちそくしんうんどう）

➡エキュメニカル運動

## 教会一致の８日間

（きょうかいいっちのかかん）

Church Unity Octave

教会の可見的な再一致*のために，アングリカンの高教会派*のグループや他の人たちにより1908年以来，１月18-25日に守られている祈りの８日間*．P. I. クテュリエ*のもとで，広く守られている「教会一致祈禱週間」（Week of Prayer for Christian Unity）として定着した．

## 教会会議

（きょうかいかいぎ）

Council

教理や規律を決める目的で召集される，いくつかの教会の司教と代表者の正式な会議．大別して，公会議*は全教会を代表する司教の会議であって，その教令（decrees）は最高の権威を有すると考えられる．地方ないし「部分」教会会議は，教会のさまざまな単位，たとえば管区*，総大司教*区を代表するが，現在ではしばしば，たとえば

「シノッド」(synods) など他の名称で呼ばれる．
➡公会議首位説

## 教会管轄区使用禁止法
Ecclesiastical Titles Act 1851

カトリックの司教が連合王国内で（教皇が授与した）管轄区の称号を使用することを禁じた法．1850年にカトリックの位階制の再建に対する対抗措置として導入された同法は，1度も運用されず，1871年に廃止された．

## 教会基礎共同体
base ecclesial communities

（ポルトガル語で *comunidades eclesiais de base*, スペイン語で *comunidades eclesiales de base.*）主にラテン・アメリカ*における小さな近隣のグループで，主に聖書と経験の相剋に関する省察によって，霊的問題と社会問題を統合する．信徒の男女が指導的な役割を果たすこの共同体の創設は，20世紀後半の司祭の不足を補う試みの中でカトリック教会の聖職者により奨励された．この共同体は，1968年にメデジン（Medellín）で開催されたラテン・アメリカ司教会議および1975年に発布されたパウルス6世*の使徒的勧告『エヴァンゲリイ・ヌンティアンディ』(Evangelii Nuntiandi, 58-59項）により正式に公認された．この共同体は社会問題に関わり，パウロ・フレイレ（Freire）の1970年の『被抑圧者の教育学』に影響されて，識字教育や人権意識を強め，さらに基礎的な発展計画を促進した．この共同体はある国々，たとえばブラジル*において政治的影響力をもち，「解放の神学」*者たちのために踏み台を準備し，彼らの大多数は貧しい共同体の闘争から学んだ神学的見識に影響されていた．

## 教会区（小教区）
parish

イングランドにおいて，英国教会の司祭（管理司祭*）の霊的配慮のもとにある地域で，その宗教的管理（ministrations）を全住民が受ける．最初期のイングランドの教会区は，主として7世紀後半と8世紀に創設された修道院教会により支配された広い領域であった．10世紀に，これらの「古い教会堂」(old minsters) の教会区が細分化され始めたのは，荘園領主が彼らの私有地に教会堂を建て，小作人の10分の1税*と教会区的忠誠心を自らに流用したためであった．12世紀に，司教が地方のレベルに教会法の原則を適用し，信徒の聖職禄授与権者（patron, ➡聖職推薦権）の権利を制限したとき，教会区のネットワークが明確になった．1179年の第3ラテラノ公会議*は選任式*の権限を司教に付与し，聖職禄授与権者に対抗する管理司祭の立場を強化した．

早い時期から，イングランドの教会区はまた行政単位でもあったので，新しい教会区の創設は議会により管理されていた．1868年の教会維持税（Church Rates）の廃止とともに，教会区の世俗的な重要性は衰退した．主教区宣教・司牧委員会 (Diocesan Mission and Pastoral Committees) と英国教会教会問題検討委員会*が現在は実質上，新しい教会区の創設および共同司牧制*と集団司牧制*を管理している．

## 教会区委員
churchwardens

英国教会において，2人の教会区委員が聖職禄所有者*と教会区民 (parishioners) により毎年選出される．彼らは信徒を代表し，教会における動産の責任をもつ．

## 教会区委員補
sidesmen

英国教会において，毎年の教会区*の集会により，教会区内の真の信仰生活を推進し，教会区委員*を補佐するために選ばれる人たち．

## 教会区会
Parochial Church Council

教会区*の行政に信徒を参与させるために，1919年の英国教会会議(権限)法(Church of England Assembly [Powers] Act) により，英国教会のどの教会区にも設置された会議．

## 教会区会

➡ヴェストリー

## 教会区主任司祭

parson

本来，聖職録*の保持者で，その十全な権利を有するレクター*(主任司祭) のこと．この用法は17世紀まで一般的であった．(特に英国教会の) どの聖職者 (cleric) をも指す現在の用法が，この原意に置き換わった．

## 教会区書記

parish clerk

(ふつう職階にない信徒である) 教会の役職者 (official) で，イングランドでは礼拝中に会衆が応唱する際に司祭の補助をし，また教会堂の全般的な管理にもあたる．この職務は古いもので，1972年の地方自治体法のもとで，行政的に支援する地方行政区会 (parish council) の職員と混同してはならない．

## 教会区担当司祭

priest in charge (priest-in-charge)

英国教会において，主教の承諾のもとに教区内の霊的な世話を委託された司祭のことで，そこの聖職禄授与権者 (patrton) の授与権は1983年の牧会条例 (Pastoral Measure) のもとで一時停止された．

## 『教会訓練解説』

*Directory of Church Government, A* (1645年)

W. トラヴァーズ*によりラテン語で編集された，教会規律に関する書の英語訳．英語でもラテン語でも，ピューリタン*のあいだで手書きで流布した．英語訳が1645年に出版されたのは，長老主義*をイングランドに計画的に導入しようとする意図からであった．

## 教会建築学

➡教会論

## 教会合同協議会

Consultation on Church Union (COCU)

アメリカにおけるプロテスタントとアングリカンの諸教会の合同を協議する委員会．1962年に組織されたCOCUは，1970年に，関係教会間の有機的な一致を考えて『合同計画』(*Plan of Union*) を起草した．この提議に応えて，参加教会はさまざまな伝統間の相互陪餐 (full communion) という目標を再評価した．2002年に，COCUは「キリストにおいて一致する教会」(Churches Uniting in Christ) を組織し，各自の真正性を承認したが，職制の何らかの一致をめぐる協議を将来の課題とした．

## 教会裁判権条例

Ecclesiastical Jurisdiction Measure 1963

英国教会の教会関係法と裁判権を単一化することを意図した条例．本条例は，教理・儀式・典礼を含む問題で，聖職者に対する本来の裁判権を有する「教会留保事項裁判所」*を設立させた．(「行為の事例」[conduct cases] と呼ばれる) 他の事例には，現在は「聖職者規律条例」*が適用される．

## 教会裁判所に関する委員会

Ecclesiastical Courts Commissions

(1) 1830年に設置された議会のこの委員会は，教会問題に関する最終の上訴審として，「国王代理官裁判所」*を枢密院に置き換えることを勧告した．その結果，「枢密院司法委員会」*が1833年に創設された．(2) 儀式に関する論争を扱う方策を検討するために，新たな議会の委員会が1881年に設置された．1883年に，同委員会は裁判所の急進的な改革を勧告したが，立法化はなされなかった．

## 教会司牧援助協会

Church Pastoral Aid Society (CPAS)

補助司祭*と信徒の活動者 (lay workers) の聖職給 (stipends) のために助成金をだして，英国教会の活動を援助するために1836年に設立された協会．

### 教会祝祭学
heortology

教会暦*の祝祭日や時節の起原・歴史・意味の研究.

### 教会所属地
glebe (glebe land)

イングランドやスコットランドの教会法で，教会区*の聖職禄所有者*の維持のために当てられた土地．この語は現在は牧師館 (parsonage house) とそれに隣接する土地を除外している. 1978年に，イングランドにおける教会所属地の所有権は聖職禄所有者から主教区財務委員会 (Diocesan Board of Finance) に移された．スコットランドでは，教会所属地は1925年の国会制定法により教会全体理事会 (General Trustees of the Church) に付与された.

### 教会所領会計監査録
Valor Ecclesiasticus

1535年に行われた，教会と修道院の収入に関する公の査定で，「国王の帳簿」(King's Books) と通称された．これはヘンリー８世*が教会の収入を自分のものにするための法制化に必要であった.

### 『教会聖歌集』
*Church Hymnary, The*

英国の大部分の長老派*教会で用いられる公認された聖歌集 (hymnal)．1898年に刊行され，1927年と1973年に改訂された.

### 教会総会
Church Meeting

教会行政，教会員の受け入れ，役員の選出，規律の実行のために，会衆派*やバプテスト*教会の全成員による定期的な集会.

### 教会大分裂
➡大シスマ

### 教会団体説
collegialism

教会と国家はその構成員が至上権をもつ純粋な任意団体 (*collegia*) であり，世俗権力は教会に対して，他の任意団体に対する以上の干渉を行うべきでないという主張.

### 教会中心主義
ecclesiasticism

(1) 教会の慣行や管理などの外面的な細部に過度に留意すること．(2) 組織としての教会の利益のみに左右された見解.

### 教会の掟
Commandments of the Church (Precepts of the Church)

カトリック教会において，すべての教会員に課されるいくつかの道徳的・教会的な掟．1997年の『カトリック教会のカテキズム』*には５つの掟が挙げられている．すなわち，主日*と守るべき祝日*にミサ*にあずかること，少なくとも年に１度告白*すること (➡悔悛)，復活節に聖体を拝領すること，「守るべき祝日」を清く過ごすこと，大斎*・小斎*を守ることであり，第６の掟として，教会の物質的な必要性に応える義務が付け加えられる.

### 「教会の天使たち」
Angels of the Churches

ヨハネ黙示録1-3章に言及されている７つの教会の天使たち.

### 教会の標識
notes of the Church

教会*の４つの特徴的なしるしで，いわゆるニカイア信条*に初めて挙げられており，それは唯一性・神聖性・公同性 (catholicity)・使徒性*である．宗教改革*の時代，カトリックの神学者は，競合するキリスト教の諸団体の中で真の教会を識別するためにこの標識を用い始め，トラクタリアン*は英国教会の公同性を示すために用いた.

## 「教会の平和」

Peace of the Church, the

この語は，迫害が313年のミラノ勅令*とともに終わった，教会における新しい状況，および，1668年のヤンセン主義*をめぐる対立が一時的に終わったことを指す．

## 教会博士

Doctors of the Church

傑出した功績とすぐれた聖性をもつキリスト教の神学者に対して中世以来，正式に付与された称号．聖大グレゴリウス*，聖アンブロシウス*，聖アウグスティヌス*，聖ヒエロニムス*はもともと特に「４博士」と考えられてきた．現在，教会博士は30人を越えている．

## 教会分枝説

branch theory of the Church

教会が内部でシスマ*に陥り，そのいくつかの部分が互いに交流していないとしても，各部分が分割されない教会だという信仰をもち，使徒継承*を維持する限り，キリストの教会の「分枝」なのだという説．

## 教会分裂

➡シスマ

## 教会法

canon law

信仰・道徳・規律に関して教会権威者により課される教会の規則や法律の総体．その起原は，教理や規律に関して不確かであったり異議のある事柄を解決するために教会会議を召集し，（「決議条項」[canons]と呼ばれる）特別の宣言を出した慣行にさかのぼるであろう．有力な司教の教令(decrees)は別の法源であって，教皇の書簡（教皇教令*）にも特別の権威が付与された．教会法の発展において重要な段階に達したのは，グラティアヌス*がその『法令集』(*Decretum*, 1140年頃）を出したときである．これは本当は私的編纂物であったが，高い権威が付与され，その後の一連の集成により補足されて，『教会法大全』*(Corpus Iuris Canonici）に集大成した．後者は1917年に公布された『教会法典』*(Codex Iuris Canonici）においてそれが見直され法典化されるまで権威を保った．この『教会法典』は1983年に新たに改訂・公布された．また，カトリック東方教会*用の独自の法典も1990年に公布された．

普遍的に拘束力があると見なされる法律に加えて，カンタベリー*管区の教憲（Synodical Constitutions)のような地方的な権威をもつものもある．➡『教令』

東方のビザンティン帝国では，教会法(law of the Church）と国家法の区別が西方におけるほど明確ではなかった．帝国の法律が教会に関する事項を扱い，ユスティニアヌス*はカノンが法的効力をもつと布告した．明確な教会関係法（ecclesiastical law）が発達して，カノン（特にノモカノン*）の集成に関する注解書の形をとった．

## 『教会法改訂案』

*Reformatio Legum Ecclesiasticarum*

中世の教会法*に代えて，英国教会*のために秩序と規律の体系を定めることを意図したもの．改訂案は1553年３月の議会に提案されたが，エドワード６世*が没したため，それ以上に進展しなかった．

## 教会奉仕者

➡祭壇奉仕者

## 教会法大全

Corpus Iuris Canonici

1917年の『教会法典』*公布前の，西方教会における教会法*の主要な集成．以下の６つ，すなわち(1) 公会議の決議条項，教皇教令*などを私撰したグラティアヌス*の『法令集』(*Decretum*)，(2) グレゴリウス９世*の要請でペニャフォルテのライムンドゥス*が集成した５巻の教皇教令*（『グレゴリウス９世教皇令集』)，(3) ボニファティウス８世*により『グレゴリウス９世教皇令集』に付加された『第６書』*，(4) クレメンス５世*が編纂し，その没後にヨアンネス22世*が公布した『クレメンス集』*，(5) ヨアンネス22世の『追加教皇令集』*，(6)『普通追加教皇令集』(Extravagantes Communes)，および1261-1484年のあいだのさまざまな教皇教令からなる．

## 教会法的適齢
age, canonical

特定の義務などを負うことができるようになる，教会法*により定められた年齢．この語は特に叙階*との関係で用いられる．

## 『教会法典』
Codex Iuris Canonici (CIC)

1918年以後の，ローマ・カトリック教会における現行の教会法*の法典．カトリックの教会法の膨大な内容のゆえに，1917年に法典が編纂・公布され，1918年に発効した．新『教会法典』は1983年に公布され，カトリック東方教会*用の独自の法典も1990年に公布された．

## 教会留保事項裁判所
Court of Ecclesiastical Causes Reserved

1963年に設立された英国教会の裁判所．教理・儀式・典礼を含む，聖職者による犯罪に対する本来の裁判権を有し，これらの事項を含む「特許*の事例」に関してコンシストリー*裁判所から聴取する．➡教会裁判権条例

## 教会暦
➡典礼暦

## 教会論（教会建築学）
ecclesiology

(1)教会堂の建築および装飾に関する学問．(2)教会に関する神学のことで，現在ではこの方が通常の意味である．

## 共観福音書問題
Synoptic problem

3つの「共観福音書」(Synoptic Gospels，マタイ福音書，マルコ福音書，ルカ福音書）間の関係の問題で，3者が共有する主題の多さおよび言葉づかいや順序における多くの類似性によって提起された．現代のほとんどの学者の考えによれば，(1) マルコ福音書が共観福音書中で最古であり，マタイ福音書とルカ福音書により資料として用いられ，また (2) マタイ福音書とルカ福音書に共通な非マルコ的素材に関しては，各著者は互いに無関係に，Q資料*と呼ばれる失われた共通な資料（ないし資料群）を利用した．（マタイ福音書とルカ福音書がマルコ福音書とQ資料に依拠しているという）この「2資料」説は，19世紀にドイツで主として展開され，B. H. ストリーター*により古典的に表現され，ほぼ普遍的に受け入れられるようになった．20世紀後半に，少数の学者がマルコ福音書優先説*に異議を唱え，またQ資料の存在を否定した．

## 教義
dogma

キリスト教において，この語は神の啓示により確証され，教会により定義された宗教的真理を意味する．

## 教区境界の検分
beating of the bounds

中世のイングランドで一般的であった行事で，教会区*をめぐる祈願節*の行列と結びついていた．境界線が厳かに柳の枝で打たれ，時に教会区の少年たちが地面で打たれたりぶつけられたりした．ある教会区ではこの行事がまた行われるようになった．

## 教区除籍
excardination

西方の教会法*において，ある聖職者の，現在の裁治権者*との絆が切れることで，それは新しい上長のもとへ新たな登録（教区入籍*）をするためである．

### 教区入籍
incardination

西方の教会法*において，聖職者を新しい裁治権者*の裁治権（jurisdiction）のもとに，永続的に登簿すること（enlistment）.

### 教皇
Pope

（ラテン語の *papa* は「父」の意.）西方教会においてこの称号は，普遍的教会の地上における最高首長（supreme head）としての立場をあがめて，現在はローマ司教に限定されている．初期には，ラテン語の「パパ」はすべての司教を指した．東方教会では，ギリシア語の「パパス」（*pappas*）は，現在もそう呼ばれているように，アレクサンドリア*総主教に限定されていたようであるが，6世紀以降，コンスタンティノポリス*の尚書院は通常はこれをローマ司教に対して用いている.

### 教皇謁見
audiences, pontifical

ローマへの訪問者および聖座*との用務がある職員に対して，教皇が与える接見.

### 教皇冠（三重冠）
tiara

蜂の巣のような現在の形になったのは15世紀である．教皇が着用したり，教皇の前を捧持したのは，教皇行列のような重要な非典礼的な儀式や教義的定義づけのような裁治権に関わる荘厳な行為の際であったが，1978年にパウルス6世*が没してからは着用されていない.

### 教皇教令
decretals

厳密には問題に対する回答としての教皇書簡．教皇教令は教皇の裁治権において法的な権限をもつ．最も古く影響力をもった教皇教令集は520年頃にディオニュシウス・エクシグウス*により編集された．➡『偽教皇令集』

### 教皇権至上主義
➡ウルトラモンタニズム

### 教皇護衛兵
Noble Guard

以前，公務中の教皇に仕えた，貴族出身の77人からなる護衛兵．1801年に設置され，1970年に解散した.

### 教皇使節
Apostolic Delegate

その担当地域における教会の事情をヴァティカン*に伝えるために，教皇により任命された人.
➡教皇大使，教皇特使

### 教皇自発教令
motu proprio

（ラテン語で「自発的に」の意.）教皇による書簡で，教皇自身の任意で書かれ，個人として署名される．これが宛てられるのは，教会全体，その一部，ないし特定の個人である.

### 教皇職
Papacy

この語は厳密には教皇*すなわちローマ*司教の職を意味するが，それが一般に指すのは，神の任命により彼がキリスト教界に対して普遍的な権威をもつという主張とともに，彼により行使される教会内の中央集権化した管理体制である．カトリックの教えによれば，聖ペトロ*が初代ローマ司教であり，教皇はその職における彼の直系の後継者であるだけでなく，キリストにより彼に与えられた唯一の任務を継承する（特に，マタ16:18-19およびヨハ21:17参照)．教皇の首位権（primacy）は正式には東方教会により認められたことはなく，またプロテスタントの諸教派により否認された．756-1870年のあいだ，教皇職は中部イタリアの大部分を支配する国土を領有していた．➡ローマ・カトリシズム

### 「教皇制」
Popery

カトリック教会の教理と慣行に対する蔑称.

### 「教皇制」への反対宣言
Popery, the Declaration against

1678年の議会法が（ヨーク公を除く）全議員に対して，実体変化*，ミサ*，聖人*への祈願（invocation）を偶像礼拝として否認することを要求した宣言．1778年に，より緩和された誓いに置き換えられた．

### 教皇選挙会議場
➡コンクラーヴェ

### 教皇尊信罪法
Praemunire

（最初に，1353年，1365年，1393年に通過した）法令の名称で，教皇職による侵害に反対して，イングランド王が主張した権利を擁護することを意図したもの．この名称は法令，違反，令状，刑罰を表しえた．1353年の教皇尊信罪法は国王の法廷で判決を下すべき事例をイングランド国外へ訴えることを禁じた．すべての法令は1967年に廃棄された．

### 教皇大使
nuncio

ある国家に派遣された，聖座*の永続的な外交的代表者であって，ローマと派遣された国家中の教会とのあいだの連係役としても行動する．➡教皇使節，教皇特使

### 教皇庁（クリア）
Curia

教皇庁（Papal court）とその諸機関で，特にカトリック教会政治を行う．これは「教皇庁の省」*，裁判所，教皇庁評議会（Pontifical Councils）を含み，教皇から委任された権威をもって行動する．クリアはまた，カトリック教会において，各司教のために行動する司教区の補佐の法廷をも指す．

### 教皇庁尚書院
Chancery, Papal

12世紀後半に教皇の事務局に付けられた名称．14世紀には，尚書院は半ば立法府的な機能を果たしたが，15世紀からはその影響力は減少した．1973年に，尚書院は廃止され，その機能は教皇庁事務局（Secretariat）に移った．

### 教皇庁書記官
protonotary apostolic

教皇庁に所属した書記官*の団体の一員．

### 教皇庁の省
Roman Congregations

カトリック教会の中心的な管理に責任をもつ，ローマ教皇庁*の執行部門．1588年にシクストゥス5世*により創設された．1967年の再編で9つの省が生まれ，その大半は省名を変更したり，権限を再定義した．（1988年以降）さらなる変更が加えられ，9つの省の筆頭にあるのは以前の検邪聖省*，現在の教理省である．➡布教聖省，列聖省，礼部聖省

### 教皇庁文書速記官
abbreviator

教皇庁尚書院の以前の役職で，その主な任務は，教会の位階のコラティオ*のために書簡や詔書を整えることであった．彼がそう呼ばれたのは，教皇庁の文書に用いられた度を超えた略語による．

### 教皇庁立聖書委員会
Biblical Commission

1902年にレオ13世*により設立された枢機卿の委員会で，聖書研究をいっそう促進し，過度の批評学からの攻撃に対して聖書の権威を擁護することを目的とした．諸質問に答えて，同委員会は一連の保守的な回答（*responsa*）を示しており，1906年のモーセ五書*の著者をモーセとする回答などがそうである．1943年以降はより自由主義的な態度が広がり，1954年に，同委員会書記局は文献的な質問を扱った回答がその時代に規定されるもの

と見なされるべきだと宣言した．1971年に，教理省*に属するように改組され，現在は，最新の諸問題の聖書的な側面について教理省と教皇に助言する20名の学者により構成されている．

## 教皇特使
legate, Papal

ある任務を託された，聖座*を代表する人物．「派遣特使」（*Legati missi*）は，特定の任務を遂行するために派遣される特使であり，より高位の立場で任命される特使は，「全権特使」（*Legati a latere*）と呼ばれ，教皇の側近から選ばれる．「職位的特使」（*Legati nati*）は，いくつかの重要な大司教座の所持者で，特使的地位が安定した基礎にたって付与されていた．ある程度，これらの権利はいくつかの高位聖職者の職務に存続している．➡教皇使節，教皇大使

## 「教皇の攻勢」
'Papal Aggression'

1850年にピウス９世*がイングランドとウェールズをカトリック教会の管区とした行為に対する通称で，それは全員が担当教区をもつ大司教*と12人の属司教*からなる位階制*をなしていた．➡ワイズマン

## 教皇派陰謀事件
Popish Plot

T. オーツ*が1678年に自ら暴露したと主張した，チャールズ２世*を暗殺するという捏造された陰謀事件．

## 教皇名誉近衛隊
Palatine Guard

教皇を警護する市民軍．存在した２つの軍隊から1850年に組織されたが，1970年に解隊した．

## 教皇用輿
sedia gestatoria

教皇が一定の厳粛な機会に運ばれた移動用の輿．

## 教皇領
States of the Church（Papal States）

かつて教皇職の世俗的統治権を認められた，イタリアの地域とフランスのアヴィニョン*とヴネサン（Venaissin）の領地．これらの土地の一部は「聖ペトロの世襲領」*とも呼ばれた．

1791年に，フランスの教皇領は新共和国に吸収された．1861年までに，教皇職はローマだけに限定され，他の地域はイタリア王国に吸収された．1870年に，ローマも占領され，教皇はヴァティカン*に退いた．1871年の保障法*により，イタリアは教皇に年金を与え，ヴァティカンやラテラノ*の宮殿やバシリカ*およびカステル・ガンドルフォ*の教皇別荘が治外法権を有すると宣言した．1929年のラテラノ条約*もほぼ同様な合意事項を含み，また独立国としてヴァティカン市国を承認した．

## 共在説
consubstantiation

聖餐論において，聖別*後に，キリストの体と血およびパンとぶどう酒は互いに結合して共在するという説．

## 共住修道士
coenobite（cenobite）

（隠修士*と対比される）修道院で生活する誓願を立てた修道士（religious）．この語はまた専門語として，単独の住まいをもち沈黙の掟を守るが，それ以外は共通の禁域*で修道士*（monks）の一員として生活する独住修道士*（anchorites）にも用いられる．➡ラヴラ

## 共住聖職者教会
➡参事会教会

## 教書の国家認可制
exequatur

（ラテン語で「彼は執行できる」の意．）「国王の同意」（Regium Placet）とも呼ばれる権利で，教皇庁による教会関係の法令が自己の領土内で自動的に

効力をもつのを防ぐために，世俗の支配者が要求した．

## 兄弟会
sodality

カトリック教会において，共通の活動や相互の援助により一定の宗教的な目的を推進するために組織された団体．➡信心会

## 共通在職期間
tenure, common

2009年の「教会役職（礼拝形式）条例」（Ecclesiastical Offices［Forms of Service］Measure 2009）に基づき2011年以降，両大主教を含む英国教会のたいていの聖職者は，定年に達するかまたは規律上ないし能力上の理由で免職になるまで確実に在職する．

## 共通典礼文（聖人の）
Common of the Saints

独自の典礼文（固有式文*）をもたない聖人の典礼文を載せた，ミサ典礼書*や聖務日課書*の部分．

## 共同贖い主
Co-Redemptrix

聖母マリア*に帰される称号で，彼女がキリストの母として世界の贖い*に参与することを強調している．➡すべての恩恵の仲介者

## 協働司教
coadjutor-bishop

教区司教（diocesan bishops）を補佐するために任命される司教で，しばしば次に空位になったときその司教座*を継承する権限をもつ．この職位はカトリック教会やアメリカ聖公会*でも共通である．➡司教

## 共同司式
concelebration

幾人かの司祭による聖餐式の共同の司式．この慣行は初期の教会ではおそらくふつうであった．カトリック教会では，1963年に回復され，共同司式する全司祭がミサ典文*をともに唱えることが要求されている．英国教会でも共同司式は残っているが，聖餐式の中心部分（Canon）は通常は司式者のみにより唱えられる．

## 共同司牧制
team ministry

英国教会において，1968年以降，司牧体制が再編され，単一ないし複数の聖職禄*の地域における司牧（cure of souls）は，ティーム・レクターと呼ばれるその聖職禄所有者*，および主任代行司祭*の資格と聖職禄所有者の地位をもつ1人かそれ以上のミニスターで構成されるティームにより共同で行われる．➡集団司牧制

## 共同使用権
➡シムルタネウム

## 教導職（教導権）
Magisterium

公会議*，教皇*，司教*の文書に表現された，カトリック教会の教える権威．さまざまな種類の文書がさまざまなレベルの権威をもつと見なされ，最高のレベルの発言のみが不可謬性*をもつと見なされる．

## 共同生活兄弟団
Brethren of the Common Life

より高いレベルのキリスト教徒の生活・信心を達成するために14世紀に創設された団体．最初の指導者はG. フローテ*であり，彼は修道誓願を要求せず，弟子たちが自由に通常の職業を続けるのを認めた．この兄弟団は多くの学校を建てて，すぐれた自主的教育を施した．自分たちの学校に書物を備えるために，団員の多くは写本の筆写やのちに印刷に従事した．1384年にフローテが没したのち，フロレンティウス・ラーデウェインス*が指導者として後を継いだ．あるグループは会則を採用し，アウグスチノ修道祭式者会*として組織された．兄弟団員には，J. ブッシュ*，トマス・

ア・ケンピス*，G. ビール*がいた．➡デヴォティオ・モデルナ

### 共同聖別司教
co-consecrator

司教聖別式の際に，司式司教が行う按手を補佐する別の司教．

### 『共同礼拝』（『新祈禱書』）
Common Worship（CW）

『併用祈禱書』*の認可期間は通常，2000年に終了し，まとめて『共同礼拝』と呼ばれる祈禱書に置き換わった．2000年の『英国教会のための礼拝と祈り』（*Services and Prayers for the Church of England*）と題された主要な祈禱書に定められているのは，多くの新しい聖人名をもつ暦*，主日のための「朝の祈り」*と「夕の祈り」*，（現代語と伝統的言葉での）終課*，（それぞれ現代語と伝統的言葉での）聖餐式第Ⅰ式と聖餐式第Ⅱ式，誕生感謝の祈り，洗礼*，特禱*と「聖餐式後の祈り」*，主日と大きな祝日のための聖書日課*，詩編書*である．聖餐式では，第Ⅰ式（Order One）は『併用祈禱書』の2つの主要な儀式に基づき，第Ⅱ式（Order Two）は現代も一般に用いられている1662年の『祈禱書』に基づいている．第Ⅰ式に載っている8つの併用できる奉献唱*のうち2つは，第Ⅰ式の伝統的言葉での使用が定められている．『共同礼拝』には多くの補足的文書と併用書がある．補足的な主要文書である1998年の『礼拝への入門』（*Initiation Services*）は，（聖餐式を載せていない場合もあるが）洗礼式と堅信式および英国教会への入会式を定めており（2006年に『キリスト教への入門』［*Christian Initiation*］に改訂され，和解の式を含む），2000年の『司牧者の礼拝』（*Pastoral Services*）は，病人への奉仕，結婚式（民事婚後の祈りと祝福のための儀式を含む），緊急洗礼，葬送（埋葬や葬送式の概略を含む）を定め，2005年の『日々の祈り』（*Daily Prayer*）は平日の聖務日課*を定め，2006年の『時間と時節』（*Times and Seasons*）は（聖週間*の礼拝を含む）年間の特定典礼文*を載せており，そのほかに，2007年の『聖職按手式文』（*Ordination Services*）と聖書日課がある．

### 『共同礼拝規定書』
Common Order, Book of

(1) ジュネーヴ*のイングランド人プロテスタント教会のために，J. ノックス*により1556年に作成された礼拝規定書．1562年の大会*によりスコットランド*で使用が決まった本規定書は，1645年のウェストミンスター会議*の『公同礼拝規定書』（Directory of Public Worship）に置き換わった．

(2) 現代になってこの語はまた，さまざまな祈禱書について用いられるようになったが，いずれも義務的なものではなく，長老派*の伝統にたつ教会によってスコットランドで用いられている．1929年のスコットランド国教会とスコットランド合同自由教会*の合同を受けて，1940年の『共同礼拝規定書』が大会で承認された．1979年の『共同礼拝規定書』はその改訂版である．1994年に，『共同礼拝規定』（*Common Order*）と呼ばれる新版が刊行された．

### 教父
Fathers of the Church

4世紀後半から，この称号は教理的事項に関するその権威が特別な重要性をもつ，確定した人数ではないが過去の教会著作家を指すようになった．教父の特徴と考えられるのは，教理の正統性，生涯の聖性，教会の承認，古代に属することである．教父時代は一般に，西方ではセビリャの聖イシドルス*で，東方ではダマスコの聖ヨアンネス*で終わると見なされている．しかしながら正教会では，そのような限定は見られない．➡教父学，教父文献学

### 教父学（教父研究）
patristics

教父*（*patres*）の著作を扱う神学研究の領域．「教父学」にふつう含まれる教父は，その語のより限定的な意味においてであり，すなわち，新約聖書を含む大部分の文書の著作後で，8世紀末まで

に生きた教父のことである．この期間はふつう教父時代と呼ばれる．

## 経札（聖句の入った小箱）
phylactery

旧約聖書からの4つの章句を書きつけた子牛皮紙（vellum）を納めた小さな皮製の小箱．キリスト教前の時代から，正統的なユダヤ人がほぼ1年中，毎朝の祈りのときに経札を額と腕に付けたのは，律法を守る義務を想起するためであった（マタ23:5参照）．

## 教父文献学
patrology

教父*の著作に関して体系的に配列された入門書．

## 教父母
➡代父母

## 教理省
➡検邪聖省

## 教理問答
➡カテキズム

## 『教令』
Canons, the

宗教改革以後の英国教会における教会法規（canonical legislation）の主要部分は長く，1604年のカンタベリー聖職者会議*と1606年のヨーク聖職者会議で決議された『教令集』(Book of Canons) であった．扱われた内容として，礼拝の実施と秘跡（聖奠）の執行，聖職者の義務と振舞い，諸教会への配慮，教会裁判所がある．（依然として有効な）「告白の秘密」*を扱った第113条を除けば，この17世紀の『教令』は現在では，1964年と1969年に2部に分けて公布された新しいものに取って代わった．これはほぼ同じ領域を扱っており，総会*(General Synod) により時々改訂されている．

## 行列
Procession (liturgical)

行列は祝祭的ないし悔悛的である．西方教会の慣行によれば，祝祭日の聖餐式の執行前に行われ，古いイングランドの慣行では，行列は晩課*後に行われることになっていた．行列はたとえば聖金曜日*におけるように，証言の行為として時に戸外で行われる．他の伝統的な行列には，「枝の主日」*，祈願祭*，「キリストの聖体の祭日」*の行列がある．ビザンティン典礼では，行列は主日や大きな祭日の前夜の晩課に指定されている．聖金曜日と聖土曜日*にはエピタフィオン*をもった行列，また復活徹夜祭中の朝課*の初めでも行列がある．聖体行列について，「小聖入」「大聖入」の項参照．

## 行列用儀式書
Processional

行列*に用いるように正規に定められた連願*，聖歌，祈りを載せた儀式書．

## 巨大教会
megachurch

特別に多くの会衆のいる教会を指すアメリカ的な言葉．特に福音派*的な立場の教会を指す．

## ギヨーム
➡グイレルムス

## キラム
Kilham, Alexander (1762-98)

メソジスト*．1791年のJ. ウェスレー*の没後，彼はその運動の急進派の指導者になり，英国教会からの完全な分離およびすべての教会裁判所での信徒の参加を主張した．彼は1797年の「メソジスト会」(Methodist Conference) により追放され，翌年，メソジスト改革派*を創始した．

## キリアーレ
Kyriale

「ミサの通常式文」*用の聖歌を載せたラテン語

の典礼書で，この名称はその冒頭部分のキリエ*に由来する．

## キリアン（聖）
Kilian, St（689年頃没）

「フランケン（Franken）の使徒」．アイルランド*出身の彼は，フランク人への宣教者として赴き，ヴュルツブルクをその拠点としたとき，おそらくすでに司教であった．彼は多くの人を改宗させた．祝日は7月8日．

## キリエ・エレイソン（あわれみの賛歌）
Kyrie eleison

（ギリシア語で「主よ，あわれみたまえ」の意．）東方では遅くとも4世紀から，西方では6世紀から，教会の礼拝において用いられた神のあわれみを求める祈り．598年の書簡においてグレゴリウス1世*は，ローマでは「キリエ・エレイソン」が，東方には見いだされない「クリステ・エレイソン」（Christe eleison,「キリストよ，あわれみたまえ」）という同様な祈りで補われていると述べており，両者はやがてミサの冒頭の伝統的な場所になったところに置かれたと思われる．8-9世紀に見いだされる9回のキリエ（すなわち，3回の「キリエ・エレイソン」，3回の「クリステ・エレイソン」，3回の「キリエ・エレイソン」が唱えられる）は，1970年までローマ・ミサの伝統的な形となった．カトリック教会において，6回のキリエ（3回の嘆願の各々が司式者により唱えられるか聖歌隊により歌われ，会衆が応答として繰り返す）が，現在はミサの冒頭における悔悛の行為の一つとなっており，キリエはまた信徒の祈りにおける会衆の応答としても用いられている．

英国教会において，聖餐式におけるキリエは1552年の『祈禱書』において十戒*により置き換えられたが，その使用は19世紀に復活し，現代のアングリカンの典礼では認められている．朝課*，晩課*，嘆願*における（英語での）その使用は，1549年から現代に至るまで続いている．

## ギリシア語（聖書と教父の）
Greek（biblical and patristic）

七十人訳聖書*と新約聖書*のギリシア語の基礎はともに，アレクサンドロス大王（前323年没）の諸国征服の結果として近東に広がった（「コイネー」と呼ばれた共通語である）ヘレニズム期のギリシア語である．これはアッティカ方言（Attic）のギリシア語の簡素化された形で，他の諸方言からの寄与も若干見られる．しかしながら，著作家たちのあいだで差異がある．七十人訳聖書ではモーセ五書*とイザヤ書*は文学的なヘレニズム期のギリシア語で書かれており，他の預言者，詩編*，歴代誌*，サムエル記*の大半，列王記*は日常語に近くなっている．後代の文書中のいくつか（ダニエル書*，エズラ記［ギリシア語］*，エステル記*，ヨブ記*，箴言，「知恵の書」*）は意図的に文体が凝っている．新約聖書では，ルカ*が最も文学的な記者であり，次に聖パウロ*とヘブライ書*の著者がそれに続く．その反対に，ヨハネ黙示録*は無教養な日常語のギリシア語で，しばしば文法を無視している．最初の3世紀間，キリスト教の著作家は一般に異教の文学の影響を受けなかった．キリスト教が帝国の宗教になったとき，キリスト教徒はギリシア世界の教養を共有した．アッティカ的な様式の深い教養と文体の意識的な精緻さとが教父のギリシア語を特色づけており，特にヨアンネス・クリュソストモス*やナジアンゾスのグレゴリオス*の著作がそうである．ギリシア語はまた，キリスト教神学やキリスト教哲学の要請により必要となった，語意の変化の影響を徐々に受けた．

## ギリシアのキリスト教
Greece, Christianity in

キリスト教が1世紀にギリシアに広まったのは，主として聖パウロ*の伝道による．聖画像破壊論争*の際には，ギリシア人は画像*を固守した．1204年以降のフランク人による占領中，教会はカトリックの大司教の管轄下におかれたが，その東方教会的な特性を維持し，民衆を掌握し続けた．トルコ人が15世紀にギリシアの支配者になったとき，彼らはギリシア人の聖職者を厚遇した．独立戦争のとき，1821年に革命の旗を掲げたのはパトラス（Patras）大主教ゲルマノス（Germanus）であった．ギリシア教会は1833年にコンスタンティノポリス*からの独立を主張し，1850年に独立自治教会*として正式に承認された．聖職者は国家より給与を受けているが，1974年以降，教会と国家の結びつきは弱まっている．➡東方正教会

## キリスト
Christ

（ギリシア語で「油を注がれた者」の意.）この語はヘブライ語のマーシーアッハ（メシア*）のギリシア語訳である.もともと称号であったキリストは,復活したイエスの弟子たちにより彼らの主の固有名詞として用いられるようになり，その結果彼ら自身はキリスト教徒*と呼ばれるようになった.
➡イエス・キリスト，キリスト論

## キリスト・アデルフィアン派（は）
Christadelphians

ジョン・トマスにより1848年にアメリカで創立された教派．彼らの考えでは，福音の核心はエルサレムで始まる可見的神政政治をたてる力あるイエス・キリストの再臨を信じることであり，これを確信することが救いに必要である．

## キリスト仮現論（かげんろん）（仮現説（かげんせつ））
Docetism

初期の教会において，地上のキリストの人間性と受難を真実よりむしろ仮象と見なした，明確な教理というよりむしろ傾向.ある一派の考えでは,キリストは奇跡的に死を免れ，たとえばイスカリオテのユダ*ないしキレネ人シモン*が十字架刑*の直前にキリストと置き換わったという．キリスト仮現論は2世紀に特にグノーシス主義*者のあいだで頂点に達した．

## キリスト紀元（きげん）
➡アンノ・ドミニ

## キリスト教一致推進連合会（きょういっちすいしんれんごうかい）
Association for the Promotion of the Unity of Christendom（APUC）

特に英国教会とカトリック教会の再一致の運動を促進するために，1857年に創設された協会．カトリック教会が1864年に脱会せざるをえず，1921年には解散した．➡リー

## キリスト教考古学（きょうこうこがく）
archaeology, Christian

この言葉が指すのは，初期キリスト教の文書でなくその記念物の研究であり，それにより特に最初の6世紀間の教会の思想や宗教生活を解明することをめざしている．キリスト教考古学の起原は16世紀後半から17世紀前半におけるローマのカタコンベ*の調査と結びついており，ローマはその後250年間は主な注目の的であり続けた.20世紀初頭以来，研究領域はローマの外にも広がり，今では北アフリカを含む古代地中海世界の全域に及んでいる．特にイギリスでは，中世のキリスト教遺跡の発掘や学的研究をキリスト教考古学の分野に入れようとする傾向がある．

研究される主な種類の記念物は，墓地*，建築物（主に教会堂，洗礼堂*，修道院*），彫刻，絵画，モザイク，布地，典礼用品，さらにランプ*，メダル，指輪*など雑多な物である．このような物体の研究は，文献だけからでは得られない情報をもたらすものであり，キリスト教社会の低い階層の生活やキリスト教徒の生活のしきたりに関してはそうである．

## 『キリスト教綱要（きょうこうよう）』
*Institutes, The*

*Institutes* という語は，J. カルヴァン*の『キリスト教綱要』（*Institutio Religionis Christianae*）の英語の略語である．初版はラテン語で1536年に刊行され，最終版はラテン語で1559年に，フランス語で1560年に出た．本書は，（1）創造者なる神，（2）救済者なる神，（3）帰属（appropriation）の本質と方法，恩恵*の効果，（4）教会，職制，聖礼典に関するカルヴァンの特徴的な見解を述べている．

## キリスト教社会主義
Christian Socialism

英国教会員により始められた，社会改革のための19世紀の運動．1848年に始まった第1段階は，代わりのキリスト教的社会批判を提示することにより労働階級内のチャーティスト運動に反対する試みであった．1877年からの第2段階はいっそう政治的で，教会に社会的急進主義を普及させようとした．1854年の労働者カレッジ（Working Men's College）の設立はF. D. モーリス*による．他の指導者には，J. M. F. ラドロー*，C. キングズリー*，トマス・ヒューズ（Hughes）がいた．

## キリスト教女子青年会
YWCA（Young Women's Christian Association）

若い女性たちの必要に応えるための慈善団体．1855年にミス・エマ・ロバーツ（Robarts）が祈禱会（Prayer Union），またレディー・メアリ・ジェーン・キネアード（Kinnaird）が看護婦の宿泊所をロンドンで創始し，両組織は1877年に合同した．この運動は世界中の他の国々に拡大し，現在，本部はジュネーヴ*にある．イングランドとウェールズでは，人口に占める女性のパーセンテージを反映して，2010年にプラットフォーム51という名称を採用した．キリスト教女子青年会はキリスト教青年会*とはまったく別の組織である．

## キリスト教図像学
iconography, Christian

最初期のキリスト教芸術は主として象徴により表され，キリストは魚*や若い羊飼いとして，教会は船により表された．やがて東西間の強調点の相違を認めうるようになり，東方が芸術の典礼的な機能を強調したのに対し，西方は芸術が聖書の出来事や信仰の教理を絵画的に例示するものと見なした．ビザンティンの教会堂はしばしば内部全体を覆う，様式化され教訓的な装飾の体系づけられた構造を提示している．西方では，キリストの人間性に対する信心が増大した影響もあって，芸術の新しい写実的で，より象徴的でない様式が12世紀以降に発達し始めた．個性がある役割を果たしたとしても，芸術はふつう教会により規定されたひな型に一致した．14世紀に，宗教芸術はより知的でなく，いっそう情緒的になっていき，15世紀に，それはありのままに写実的で，生き生きとしたものになった．➡イコン

## キリスト教青年会
YMCA（Young Men's Christian Association）

1844年にジョージ・ウィリアムズ（1821－1905年）によりロンドンで創立された超教派的な団体．その中心には，他者と自らの信仰を共有することを望むキリスト教徒がいるが，信仰を異にしたり，信仰をもたない人たちも受け入れられる．女性や女児も1964年以降は会員となっている．同会は宿泊所，スポーツやレジャー施設，失業者用の職業訓練，麻薬患者のカウンセリング，児童や青年のキャンプなどを提供している．過去には，軍隊とともに広く活動したことがある．大ブリテンとアイルランドのキリスト教青年会の海外支部であるワイケア（YCare）は1984年に創立された．

## キリスト教知識普及協会
Society for Promoting Christian Knowledge (SPCK)

1698年にT. ブレイ*らにより創設され，その目的は「イングランドとウェールズなどにおける慈善学校の建設を推進・奨励し，国内外で聖書や宗教冊子を配布し」，一般にキリスト教知識を普及することであった．その本来の教育的・宣教的活動の多くは国民協会*および海外福音宣教協会*（SPG）に引き継がれた．SPCKは現在，3部門で活動しており，海外での出版事業を援助するワールドワイド・キリスト教知識普及協会，出版部門，書籍頒布部門がある．

## キリスト教徒（キリスト者，クリスチャン）
Christian

この名称はもともと外部の人がキリストの弟子たちにつけたもので，使徒言行録11:26によれば，40－44年頃アンティオキア*で最初に用いられた．タキトゥス*の報告では，この名称は64年のネロ*

の迫害のときローマの民衆のあいだに知れ渡っており，常に教会員に関するローマ側の正式の呼称であった．そこで迫害の際，しばしば重要なのは，この名称を告白するか否定するかということであった．のちには他の宗教と自己を区別する呼称として教会によって採用された．

## キリスト再臨信仰者合同協会

➡シェーカー派

## キリスト者

➡キリスト教徒

## 『キリスト者の１年』

*Christian Year, The*

１年の主日と祝日のための詩集で，1827年にJ.キーブル*により刊行された．

## キリスト単意論（単意説）

Monothelitism

キリストのうちに単一の意志のみを認める７世紀の異端信仰．皇帝ヘラクレイオス*の賛同のもとで，キリスト単性論*者もカルケドン*派も受け入れると思われる定式が624年に作られ，それはキリストのうちに両性を認めながら，唯一の行動様式（mode of activity），すなわち「エネルゲイア」（働き）が存在するとした．コンスタンティノポリス総主教セルギオス*が634年頃にホノリウス１世*に手紙を書いたとき，教皇はその返書において，当時「単一のエネルゲイア」に置き換わっていた，キリストにおける「単一の意志」という不適切な字句を用いた．この表現は638年にヘラクレイオスにより発布された『エクテシス』*において使用された．これは１つにせよ２つにせよエネルゲイアについて言及することを禁じ，唯一の意志を認めたものであり，２度のコンスタンティノポリス教会会議で承認されたが，その後の教皇たちにより否定された．第３コンスタンティノポリス公会議*が，キリストにおける神的と人間的の２つの意志の存在を正統信仰であると宣言した681年に，この論争は最終的に解決した．➡キリスト両意論者

## キリスト単性論（単性説）

Monophysitism

受肉のキリストのうちに，両性でなく単一の本性（すなわち，神性）のみが存在するという教理．この語はさまざまな立場を含み，正統的な解釈が可能であったり，なかったりする．「キリスト単性論者」（Monophysite）の語が451年のカルケドン公会議*の直後に初めて用いられたのは，受肉のキリストが「両性をもった」唯一のペルソナ（位格）であるという公会議の定式（➡カルケドン定式）を否定するすべての人たちを指すためである．彼らが否定した理由は，それが受肉の真の実体を不明瞭にし，ネストリオス*主義に近似していると思われたからである．

エウテュケス*が説いたのは異端的なキリスト単性論，すなわち，受肉後にはキリストのうちに単一の本性のみが存在し，その本性が「我々と同一実体」でないということである．穏健なキリスト単性論者が説いたのは，受肉のキリストのうちに「両性（すなわち，神性と人間性）からなる単一の本性」が存在するということである．彼らを指導したのは，アンティオキアのセウェロス*である．極端なキリスト単性論を支持したのは，キリスト不朽論者*である．

5-6世紀のあいだ，キリスト単性論者を正統派と和解させる多くの試みがなされ，それにはゼノン*，ユスティニアヌス１世*，ヘラクレイオス*などの諸皇帝の試みも含まれるが，独立した組織として，アルメニア*教会，コプト教会*，エチオピア教会*，シリア正教会*が形成された（➡オリエンタル・オーソドックス教会）．現代になって，正教会やカトリック教会との新たな接触がなされており，キリスト論に関するある程度の一致が最近の報告書に反映されている．

## キリスト中心主義的

Christocentric

(1) 神は御自身を受肉のキリストをとおしてのみ啓示すると主張する神学体系のことをいい，自

然宗教*の可能性を排除する. (2)より一般的に, キリストのペルソナ(位格)に集中する信仰体系を指す.

## キリストの体

Body of Christ

(1) キリストが聖母マリア*から受け, キリスト教神学によれば, 復活の際も変化はしても放棄されない人間の体. (2) 教会. (3) 聖餐*で聖別されたパン. (4) そのラテン語'Corpus Christi'で, 聖餐の制定を称える「キリストの聖体の祭日」*を指し, さらに聖餐(聖体)を記念してささげられた教会やカレッジの名称としても用いられる.

## キリストの系図

genealogies of Christ

マタイ福音書とルカ福音書は(いくらか異なった)「キリストの系図」を記している. 両者はキリストがダビデ*家に属することを強調する意図をもつ.

## キリストの神殿での奉献

Presentation of Christ in the Temple

『祈禱書』において, 2月2日の「聖母マリアの清め」*ないしキャンドルマス*の祝日の別称. 『共同礼拝』および他の現代のアングリカンの典礼における唯一の名称.

## キリストの聖体の祭日

Corpus Christi, Feast of

1970年以来, カトリック教会において正式には「キリストの体と血の祭日」(Festum Corporis et Sanguinis Christi). この祭日は聖餐*の制定と施与を記念するもので, 西方教会では「三位一体*の祭日」後の木曜日に守られてきた. この祭日の制定は主に福者ジュリエンヌ*(1258年没)の影響による. その遵守は1264年に教皇ウルバヌス4世により命じられ, 14世紀に西方で一般的になった. その祭日の典礼式文は伝統的に聖トマス・アクィナス*に帰されるが, おそらくそれは正しいであろう.

## キリストの代理人

Vicar of Christ (vicarius Christi)

8世紀にさかのぼる教皇の称号.

## キリストの人間性否定論

Nihilianism

キリストは, その人間性において「無」であって, その本質的存在はその神性(Godhead)のみに含まれているという教え. 1170年と1177年に断罪された.

## キリストの陰府への降下

Descent of Christ into Hell, the (Harrowing of Hell)

たいていのキリスト教徒が信じているのは, 信条中のこの条項が, 主はその死後, キリスト以前の人々の魂が福音の使信を待ちつつ存在する領域を訪れたことを指すということである. これは4世紀のアレイオス派*の式文に初めて現れ, そこから西方に広がり, 使徒信条*に組み込まれた.

## キリスト不朽論者

Aphthartodocetae

ハリカルナッソス主教ユリアノス*に指導された極端なキリスト単性論*のグループ. 彼らの教えでは, キリストの地上での肉体は受肉の瞬間からその本質において不朽で不受苦的で不死ではあるが, このことはキリストが自由意志で苦難と死を受け入れるのを妨げない.

## キリスト友会(フレンド派)

Friends, Religious Society of

ふつう「クェーカー派」*と呼ばれる. もともと「光の子ら」,「真理の友」,「友会」と呼ばれたキリスト教の基盤に立つ団体. アメリカの一部では, フレンド派教会(Friends' Church)が一般的である.

クェーカーの運動は17世紀半ばの宗教的騒乱から起こった. その創始者であるG. フォックス*は, 各人の中でのキリストの教えの直接性を強調し, このことにとって, 叙任されたミニスター*や聖別された建物は無関係であると考えた. 1655

年までに，クェーカー派はブリテンとアイルランド全体およびヨーロッパ大陸に広がり，1682年に，W. ペン*はクェーカーの原則にたつ「聖なる実験」の地としてペンシルヴェニアを建設した．彼らが誓い*を立てること，10分の1税*を払うこと，社会での上長者に服従することを拒否したため，1688年の信仰寛容法*が通過するまでは，ブリテンで広範囲な迫害を招いた．アメリカでは，E. ヒックス*の教えに由来する分裂が1827-28年に起こったが，彼による「内なるキリスト」の強調は聖書の権威と歴史的なキリストを軽視するものと思われた．ブリテンでは，19世紀に3つの小さな分離派が存在した．

17世紀のクェーカーの信仰内容は，R. バークレー*により説かれた．現在のクェーカーも「内なる光」*および聖霊の直接的な体験への信仰を保持し続けている．彼らは特定の典礼，信条，叙任されたミニスター，秘跡などをもたないが，霊的な洗礼と聖餐を信じている（アメリカの一部などでは，任意のミニスターによる沈黙の礼拝が，有給の牧師が行う既成の礼拝に置き換わっている）．クェーカーの組織は相関的な「教会関係集会」(Meetings for Church Affairs)の体系に基づいている．ブリテンでこれに含まれるのは，月会，総会，年会，受難会である（常設の代表団がブリテンのクェーカーに関する事項の管理責任を負っている）．その集会において，クェーカーは神の意志を見分けようとし，「書記」が「集会の判断」を記録し，投票で採決されることはない．世界の年会の各々は自立しているが，1937年に設立された「世界協議委員会」(World Committee for Consultation)をつうじて連携している．

19世紀半ばまで，他の非国教徒*と同様に，クェーカーもイングランドにおいて大学から排除されていたので，多くの人たちは自らの信念を商業・銀行業・工業において表現しようとした．彼らが武器を取ることを拒否し，社会的・教育的な発展，刑法の改正，平和と正義の増進，また特に20世紀に，国際援助に尽力したことで，彼らは広く尊敬を受けた．

## キリスト養子論

➡養子論

## キリスト両意論者（両意説者）

Dyothelites

キリスト単意論*者に反対して，キリストのペルソナ（位格）において，人間の意志と神の意志という2つの別個の意志が存在するという正統的な教理を信じる人たち．

## キリスト両性論者（両性説者）

Dyophysites

キリストのペルソナ（位格）において，神と人間の2つの別個の本性が共存するという正統信仰に関して，カトリック信徒に対してキリスト単性論*者が付けた呼称．

## キリスト論

Christology

キリストのペルソナ（位格），特にキリストにおける神性と人間性の一致，キリスト教信仰にとってのキリストの意義に関する究明．新約聖書*において，ナザレのイエスは教師・預言者・メシア*（キリスト）として示されているが，そのような単なる人間的な範疇は不十分であると感じられた．律法の解釈者である代わりに，イエスは律法を廃止する方と見なされている（マタ5:21-48）．ユダヤ思想がトーラー*や知恵*に帰してきた創造のわざにおける役割が，キリスト・神の子・御言葉に帰されている（Ⅰコリ8:6，ヘブ1:2，ヨハ1:3）．

神がその方をとおして天地を創造したまさにその方にイエスにおいて出会うのだという考えは，キリスト論へより哲学的に接近する出発点を提供した．2世紀の護教家*はイエスをロゴス*すなわち神の御言葉と見なし，あらゆる秩序と理性の根源と理解した．イエスにおいて，ロゴスは人間と一体になった．しかしながら護教家にとって，ロゴスは神と神とは異なる世界とのあいだの仲保者である．アレイオス*(336年没)がそのような従属的なロゴスは創造されない神ではなく，創造された秩序の一部だと考えたとき，アレイオスに反対した人たちにとっては，イエスが受肉のロゴスだと言うことはいわばイエスが神であると言うことであった．325年のニカイア公会議*において，アレイオスは断罪され，イエスにおいて受肉した神の子は「御父と同一実体（consubstantial）である」ことが主張された．キリストの神性の明確な主張は議論を引き起こした．アレクサンドリア*学派の人たちが強調したのは，キリストにおいて，神御自身が人間としての生を送ったことであり，アンティオキア*学派の人たちが強調したのは，キリストにおいて，人間性と神性がともにその各性を侵害することなく共働したことである．431年のエフェソス公会議*がテオトコス*（神の母）の称号を聖母マリア*に用いることに対して唱えたネストリオス*の異議を退けたのち，433年に，アレクサンドリアのキュリロス*と穏健なアンティオキア学派の人たちは「合同信条」（Formulary of Reunion）に記された合意事項に達した．この信条はキリストの単一性および「キリストが神性において御父と同一実体であり，人間性において我々と同一実体である」ことを主張した．エウテュケス*が447年に説き始めたのは，（両性の）結合後はただ一性しかなく，この本性は「我々と同一実体」ではないということであったが，この教えを断罪した451年のカルケドン公会議*の主張によれば，「混合されず，変化を受けず，分割されず，分離されずにある両性において，唯一のキリスト」が存在している．この公会議はまた，キリストにおいて唯一の実体（subject）が存在し，その方に逆説的に，神性と人間性という両性が帰されるという教皇レオ1世*のキリスト論的な教説をも支持した．エフェソス公会議もカルケドン公会議も完全な合意をもたらさなかった．ネストリオスを支持した人たちはエフェソス公会議を認めず，分派的な教会であるアッシリア東方教会*を設立した．いわゆる「キリスト単性論」*者はカルケドン定式*を拒否した．カルケドン派とオリエンタル・オーソドックス教会*とのあいだに合意をもたらそうとする努力の中で，6世紀の「新カルケドン派」は「エンヒュポスタシア」*の教理を展開した．西方では，カルケドン定式は一般的に受け入れられた．

宗教改革*の時代，キリスト論的な関心はキリストの両性の問題から贖罪におけるキリストのわざのより直接的な分析に移った．J. カルヴァン*が神的な超越性を強調したのに対し，ルター派*の伝統は，聖書が受肉における歴史的偶然性を強調していることに従い，十字架と復活におけるキリストの謙卑と高挙という2つの状態を説く新しいキリスト論を展開した．これはイエスおよび神におけるケノーシス*（自己無化）に関する考察へとつながった．

啓蒙主義*の時代以後に生まれた新しいキリスト論によれば，神へのキリスト教徒の信仰の際立った特徴は，この信仰がナザレのイエスに集中するのだという確信を表現する手段として「キリストの神性への信仰」を見なす傾向がある．それはイエスの神性を地上での御自身の生涯という唯一の特性において探求した．このような接近法に対する反動として，いわゆる「弁証法神学」*が起こった．K. バルト*の説く神は絶対的に他者であり，望むままに，また望むときにキリストにおいて御自身を啓示する．R. ブルトマン*にとって，イエスは人々に終末論*的使信を突きつけて，応答を求める方である．ブルトマンの弟子たちは，ケリュグマ*の重要性を認めつつ，さらにそれを歴史と関連づけようとして，史的イエスという「新しい探究」を展開した．J. モルトマン*はキリストの十字架をキリスト論だけでなく，神についてのすべての正当な教説にとっての鍵と見なしている．「解放の神学」*は貧者や被疎外者への愛に直接的に傾倒しつつ，受肉を救いに関連づけている．➡イエス・キリスト，史的イエスの探求，受肉

## 規律（きりつ）

➡ディシプリン

## 『規律書』（きりつしょ）

Discipline, Books of

1560年の『第1規律書』は，新しいスコットランド教会を管理し維持するために，J. ノックス*らによって起草された．これは施行されなかった．

主としてA. メルヴィル*の手になる1578年のいわゆる『第2規律書』は，緩和した形で主教制を回復しようとする努力に対して，より厳格な長老派*のマニフェストとして準備された．

## キリル文字（もじ）
Cyrillic

東方教会のスラヴ人により用いられるアルファベット．「スラヴ人の使徒」の一人であるキュリロス*にちなんでこう呼ばれるが，キリル文字でなく，グラゴール文字*が彼の考案したアルファベットだと通常考えられている．

## ギル
Gill, Arthur Eric Rowton（1882-1940）

彫刻家，書体考案者，木版彫刻家．1913年にカトリックになった．石造彫刻家として，碑文および十字架像*や聖水盤のような小品を刻むことに長じていた．彼は芸術をとおしてキリスト教的に捉えた創造の秩序を表現しようとした（彼のその評価には，性愛の臆しない称賛が含まれている）．

## キルウォードビー
Kilwardby, Robert（1279年没）

1273-78年にカンタベリー*大司教であり，彼は1278年に枢機卿*になり，イタリアのポルト（Porto）に転任した．彼はパリ大学人文学部教授であり，ドミニコ会*に入会し，オックスフォード大学で神学を学んだ．1277年に，彼はオックスフォードを巡察し，大学の教授たちとの関連で，文法・論理・自然哲学に関する30命題を断罪した．その断罪のいくつかは，形相の単一性に関して聖トマス・アクィナス*により主張された見解に対して主に向けられていた．キルウォードビー自身の著作には，アリストテレス*に主に基づいて知識を分類した『知識の起原について』（*De ortu scientiarum*），ペトルス・ロンバルドゥス*の『命題集』*に関する注解，関係・時間・想像・良心に関する諸論考がある．

## ギルガメシュ叙事詩（じょじし）
Gilgamesh, Epics of

バビロニアのギルガメシュ叙事詩は，前1800-300年に由来する書板や断片から知られる長大な叙事詩．その背後には，5つのシュメール語のギルガメシュ叙事詩が存在する．物語はギルガメシュの死への恐れと友人エンキドゥの死を中心とする．そのバビロニアの叙事詩中の洪水*物語は創世記6-9章の記事と対応している．

## キルクムケリオネス
Circumcellions

4世紀に北アフリカで活動し，ドナトゥス派*と合流した一群の略奪行為をした農民．

## キルケゴール
Kierkegaard, Søren Aabye（1813-55）

デンマークの哲学者．裕福なルター派*の家庭に生まれた彼は，ほとんど全生涯をコペンハーゲンで過ごした．当時の支配的なヘーゲル*哲学に対して，彼は自身の「実存主義*的」弁証法を対比させ，「神の前に存在する」個人の立場に含まれるものを提示した．深く独創的ではあるが，彼の思想がルター派の系譜を反映しているのは，信仰の理性との対立およびキリスト教共同体の概念をほとんど排除するほどの個人の魂の神との関係の強調においてである．「真理は主体性である」という，彼がしばしば繰り返した主張は，真理をその客体の代わりに，存在する主体と結びつけ，結局，他の主体との交通を不可能にする．彼は教理的真理の客観的体系の可能性を否定することにより，この立場から神学的帰結を引き出した．彼の影響力は現在も大きい．

## ギルダス（聖（せい））
Gildas, St（5-6世紀）

ブリタニアの修道士，歴史家．（どうやらウェールズ南部で書かれたらしい）彼の『ブリタニアの滅亡と征服について』（*De Excidio et Conquestu Britanniae*）は，450年頃と550年頃のあいだに侵入してきた異教徒のイングランド人による，ローマ支配下のブリタニアの滅亡に伴った災厄を主に非難している．彼はこの時期のブリタニアの歴史を概観しようとした唯一の当時の著作家である．祝日は1月29日．

## ギルピン
Gilpin, Bernard (1517-84)

「北方の使徒」．C. タンスタル*を大伯父にもつ彼は，エドワード6世*治下の教理上の変更に賛成しなかった．タンスタルは彼をほぼ確実に1556年にダラム*の大執事*にしたが，ギルピンが聖職者の退廃を非難したため，メアリ1世*の教会当局と衝突した．彼はエリザベス1世*の治下に主教職に推されたが辞退した．彼はイングランド北部へ長く輝かしい宣教旅行に赴き，多くの支持者を得たが，その中にはピューリタンも含まれた．

## ギルベルトゥス（センプリンガムの）（聖）
Gilbert of Sempringham, St (1083頃-1189)

ギルベルト会（Gilbertine Order）の創立者．リンカンシャーのセンプリンガムの教会区司祭であった彼は，7人の女性がシトー会*の方式に基づく会則を採用するのを奨励し，修道女会を組織した．やがて信徒の修道士や修道女も加わり，その数は増大した．シトー会が修道女会の指導を断ったので，ギルベルトゥスはそれをアウグスチノ律修参事会*に委ねた．その後，ギルベルト会は男女併存修道院*の形態をとった．祝日は2月4日．

## ギルベルトゥス・ポレタヌス
Gilbert de la Porrée (1154年没)

聖書の注解者，神学者．1080年頃かその少しあとに生まれた彼は，1142年にポワティエ司教になる前にパリ*で教えた．彼は詩編とパウロ書簡の注解書を著したが，主に彼が記憶されるのはボエティウス*の神学的な小品（*opuscula*）の注解書を著したためである．「神は一（位）である」と「神は三（位）である」という両言説を調和させる仕方について，本書で用いられた言語は反対を招き，ギルベルトゥスは1148年のランス*教会会議に出頭を命じられた．聖ベルナルドゥス*からの圧力にもかかわらず，公式の断罪はなかった．ギルベルトゥスの弟子たちはポレタヌス派（Porretani）と呼ばれた．

## 禁域（きんいき）
clausura (enclosure)

(1) ある修道院の一部に，同じ修道会に属する異性の修道士，また時に同性であっても信徒を立ち入らせない慣行，および，(2) そのように立ち入らせない区域．

## キング
King, Edward (1829-1910)

1885年からリンカーン*主教．彼は熱烈なトラクト運動*の高教会派*であった．1888年に，「儀式に関する告発」がチャーチ・アソシエーション*により彼に対して提起された．1890年の判決は本質的に彼に有利なものであった（➡リンカーン裁定）．祝日は『共同礼拝』*では3月8日．

## キング
King, Martin Luther (1929-68)

バプテスト派*の黒人牧師で，アメリカ合衆国の公民権運動の指導者．アラバマ州モントゴメリーの教会の牧師であった彼は，人種差別をめぐる闘争に参加し，1955年に黒人による1年に及ぶバス・ボイコット運動を組織した．1959年に，彼は牧師職を辞して，主に公民権運動に専念した．彼の考えでは，黒人の白人との和解は白人の黒人との和解と同様に重要であった．彼は1968年に暗殺された．1986年に，1月の第3月曜日は，彼の誕生を記念してアメリカ合衆国における国民の祝日になった．

## キング
King, William (1650-1729)

1703年からダブリン*大主教．彼はアイルランド*教会の霊的・世俗的福利を熱心に推進した．彼はホイッグ党に同調していたため首座大主教にはなれなかった．1702年の『悪の起原について』（*De Origine Mali*, 1731年に英訳）は，悪の存在を全能で慈悲深い神の概念と調和させようとしている．

## キングズ・カレッジ（ロンドンの）
King's College, London

1829年に設立された同カレッジは，1827年に設立されていた非宗派的な，ロンドンのユニヴァーシティー・カレッジに対する，アングリカン側の平衡錘を意図していた．1908–80年には，その神学部はカレッジの他の学部から独立していたが，現在は統合されている．同カレッジはロンドン大学を構成している．

## キングズリー
Kingsley, Charles（1819-75）

社会改革者，小説家．1844年に，ハンプシアのエヴァーズリー（Eversley）の主任代行司祭*になり，そこで残りの生涯の大半を過ごした．彼は「キリスト教社会主義」*運動における指導者であったが，国民の状況の改善のために政治的変革よりむしろ教育的・衛生的改革をめざした．彼は当初，その運動のパンフレットの主要な筆者で，「パーソン・ロット」（Parson Lot）の筆名で書いていた．どんな形の禁欲主義をも嫌った彼は，トラクト運動*の理念に対して批判的であった．1863年のJ. H. ニューマン*に対する熟慮を欠いた愚弄の結果，後者の『我が生涯の弁明』*が刊行された．キングズリー自身の著作には，1855年の『西へ向かえ』（*Westward Ho!*），1856年の『英雄物語』（*The Heroes*），1863年の『水の子どもたち』（*The Water-Babies*）がある．

## 禁婚期（きんこんき）
tempus clausum

（ラテン語で「閉じられた時」の意.）教会暦において，厳粛ないし悔悛的性格のゆえに通常，結婚*が正式にないしまったく祝われない時季．問題の期間は時季により異なっていた．この制限はカトリックの教会法にはもはや載っていないが，東方教会には残っている．

## 禁書目録（きんしょもくろく）
Index librorum prohibitorum

（ラテン語で「禁じられた書物の目録」の意.）略して「インデクス」という．カトリック教会により公布された書物の正式な目録で，その教会員が通常その読書と所有を禁じられた．最初のインデクスは1557年に異端審問*担当の省（➡検邪聖省）により公布された．1966年に，インデクスは付随する譴責とともに，教会法上の効力を失ったが，その道徳的な効力を保っているといわれる．

## 近代教会（きんだいきょうかい）
Modern Church

特に英国教会内で，自由な宗教思想の発展をめざしているアングリカンの協会．1898年に「教会員同盟」（Churchmen's Union）として設立され，1928年に「近代教会員同盟」，1987年から2010年まで「近代教会人同盟」（Modern Churchpeople's Union）になった．英国教会の包容性を支持し，近代科学と聖書研究に従って教理的言い換えの正当性を維持しようとしている．

## 近代主義（きんだいしゅぎ）（モダニズム）
Modernism

カトリック信仰を近代哲学，歴史などの諸科学，社会思想と密接に関連づけることをめざした，カトリック教会内の運動．19世紀後半にいくつかの国で内発的に起こったが，特にフランスで盛んであった．

その運動の主要な内容は以下のようであった．(1) 当時，カトリック教会以外では一般に受け入れられていた，聖書の批評的見解を誠実に受容すること．(2) スコラ*神学の「主知主義」を否定し，教理を実践に従属させる傾向．(3) 歴史的過程の意味をその起原よりむしろその結果に見いだす，歴史に対する目的論的態度．教会の発展は聖霊の導きのもとに起こったのであるから，福音の本質はその原初の核心によりむしろその十全な展開に存するであろう．この信念はしばしばキリスト教の起原に対する深い懐疑的態度に反映していた．

その運動の指導者には，A. ロワジー*，M. ブロンデル*，L. ラベルトニエール*，F. フォン・ヒューゲル*，G. ティレル*がいた．レオ13世*はその運動を黙許したが，ピウス10世*は1907年に断罪した．その運動に加担していた聖職者はたいてい破門されたが，信徒は処分されなかった．

広義では「近代主義者」の語は，カトリック教会以外における伝統的な神学に対する急進的な批判者，特に近代教会*と結びついた思想家をも指す．

## 欽定訳聖書（きんていやくせいしょ）

King James Version

1611年の一般に 'the Authorized Version'（AV）と呼ばれる英語訳聖書*は，特にアメリカではこう呼ばれる．

## 金の子牛（きんのこうし）

Golden Calf

礼拝の対象で，(a) 荒野でイスラエル人により（出32章），また (b) ヤロブアム１世により（王上12:28），その像が作られた．

## キンパ・ヴィータ

Kimpa Vita, Beatriz（1684-1706）

コンゴ*の予言者，（彼女がパドヴァの聖アントニウス*から幻を受けたことに因む）アントニウス運動*の創始者．ベアトリスはアントニウスが自らに憑いていると称して，内乱で苦しみ大西洋の対岸への奴隷貿易で崩壊しつつあった，コンゴのキリスト教王国の弱体化した国運の回復を自らの使命とした．彼女は首都サン・サルヴァドルが黒人のキリストが生まれた新しいベツレヘム*として回復したと宣言した．彼女自身が妊娠したとき，逮捕され，異端者として裁かれたが，その決定は国王（Manikongo）にもカプチン会*の宣教団にも支持された．彼女は火刑に処せられたが，彼女のコンゴ的な民族主義とその死にかたはジャンヌ・ダルク*と比較されてきた．

## キンバング

Kimbangu, Simon（1889頃-1951）

教会創設者．コンゴ民主共和国*のバプテスト*教会員であった彼は，1915年に受洗した．キンシャサで幻視による召命を経験したのち，彼は故郷のンカンバ（Nkamba）に戻り，ここで彼の治癒伝道は群衆を惹きつけた．彼は煽動のかどで逮捕され，死刑を宣告された（終身刑に減刑された）．彼の多くの信奉者も逮捕され，コンゴの他の地方に追放された．彼の運動は地下組織として継続し，1950年代になって正式な教会（「予言者シモン・キンバングによる地上のイエス・キリストの教会」[Église de Jésus-Christ sur la Terre par le prophète Simon Kimbangu]）が創設された．数百万人の会員がいると主張し，1969年に世界教会協議会*に加入した．

## 金曜日（きんようび）

Friday

金曜日はキリストの受難を毎週記念する日として広く守られ，伝統的に肉食の節制*あるいは他の悔悛*や慈善のわざが実践されている．➡聖金曜日，パエニテミニ，初金曜日

## 禁欲主義（きんよくしゅぎ）

asceticism

「鍛練」や「訓練」を指すギリシア語に由来するこの語は以下のことを意味する．(1) 悪徳と闘い，徳を身につけるためになされる行いと，(2) さまざまな面をもつ通例の社会生活や快楽の放棄，あるいは宗教的理由で困難な状況を受け入れることである．新約聖書*では，しばしば自己否定が勧められている．初期の教会では，結婚・家庭・財産の放棄を含む，多くの禁欲的な行いが一般的だったと思われる．極端な形での断食や自発的貧困を実践した禁欲主義者もいた．キリスト教禁欲主義の理論的な基礎は，アレクサンドリアのクレメンス*とオリゲネス*により据えられた．魂を情念から浄化するものとしての禁欲的な行いという理念をストア派*から受け継いだ彼らは，それをより完全に神を愛し観想に至るための必要な手段と見なした．オリゲネスはまた殉教への準備とし

てのその価値を強調している．3世紀後半以降の砂漠の師父たちやそれに続く修道制的な伝統は，より節度があり外面的な禁欲主義を好み，内面的な克己と徳の涵養をより強調しがちであった．キリストの人間性への信心がますます増大した中世においては，禁欲主義はキリストの苦難と一致したいという望みにますます鼓舞されるようになった．このことは鞭打ちとか毛衣や鎖の着用のようなより粗暴な形の禁欲主義をもたらした．中世末には，2通りの反応があった．さまざまな運動が内面的な生活を強調し，外面的で禁欲的な戒律の価値に異議を唱え，またプロテスタントの改革者たちは信仰による義認*を主張して，悔悛の多くの型どおりのわざの妥当性を否定した．しかしながら，禁欲的な理想はカトリック教会において支持された．ピューリタンのあいだでも，特定の快楽や娯楽の節制という消極的な意味で，禁欲主義は広く支持された．より積極的な意味で，禁欲主義はまたメソジズム*およびトラクト運動*支持者やその継承者のあいだでも認められる．古典的なキリスト教の主唱者によれば，禁欲主義はそれ自体が目的ではなく，本質的に神との一致の生への準備である．

# く

## グアテマラのキリスト教
Guatemala, Christianity in

カトリックのキリスト教は，1524年にインディオのマヤ人を征服したスペインとともにグアテマラにもたらされた．（ヌエバ・エスパーニャの副王領の行政区であった）グアテマラ王国の首都として，グアテマラ市はまた植民地である中央アメリカの教会の拠点でもあった．首都には，バロック時代のトリエント後のカトリシズムが栄えたが，地方では，マヤの宗教がカトリックを装いながら生き続けた．1821年に，グアテマラはスペインから独立し，1823–39年に中央アメリカ連邦に属し，その後独立国になった．教会の制度的な影響力は反聖職者主義的条例により縮小したが，その霊的な影響力は強いままで，特に地方では，コフラディアス（*cofradias*）と呼ばれるマヤ人の兄弟会が，マヤとカトリックの信仰を時に「フォーク・カトリシズム」（folk Catholicism）と呼ばれる信仰へと融合させた．1960年代後半から，教会内の一部は「解放の神学」*と関わるようになり，教会を保守的な軍事政権と対立させた結果，1982–96年の内戦中に27人の聖職者と多くのカトリック信者が暗殺された．

プロテスタントの宣教師がグアテマラに初めて来たのは1870年代であるが，グアテマラ人が大量にプロテスタンティズムに改宗し始めたのはやっと1960年代からで，主として新しいタイプの「非教派的な」グループの宣教師に応じており，その多くはアメリカ合衆国と結びつき，「共産主義の霊的な代案」を鼓舞した．福音派の運動は，プロテスタントのグループが緊急援助を提供した1976年の地震以後に急速に成長した．2000年には，グアテマラ人の約3分の1がプロテスタント（主にペンテコステ派*），残りの大半はカトリックであった．最近，伝統的な宗教の実践と先祖伝来の信仰に戻ったマヤ人もいる．➡ラテン・アメリカのキリスト教

## クァドラトス（聖）
Quadratus, St（2世紀）

護教家*．124年頃に小アジアで，彼は皇帝ハドリアヌスに宛ててキリスト教信仰のために『護教論』を著し，その断片がエウセビオス*により保存されている．彼はアテネ*主教であったかもしれない．祝日は5月26日．

## クァドリウィウム
➡4科

## グアルディアヌス
guardian

フランシスコ会*の修道院長（superior）．

## グアルベルトゥス
➡ヨアンネス・グアルベルトゥス

## 悔い改め
repentance

自らの罪を認め，咎めることであって，神へ向き直ることと一体である．その犯した罪を悔いて，告白し，償うことを含んでいる．

## グイゴ1世
Guigo I（1083-1136）

1109年からラ・グランド・シャルトルーズ修道院*の第5代院長．1109年以降，彼は『瞑想録』（*Meditationes*）を集成し始めたが，これはB. パスカル*の『パンセ』と比肩される．グイゴのもとで，ラ・グランド・シャルトルーズ修道院は娘修道院（daughter-houses）をもち始め，その必要性

を満たす理由からも，彼は1121-28年のあいだにカルトゥジア会*の慣習律*を起草した．

## グイゴ2世

Guigo II（おそらく1188年没）

1173年以降1180年までのいつかからラ・グランド・シャルトルーズ修道院*の第9代院長．彼の『修道士の階梯』（*Scala Claustralium*）は読書・黙想・祈り・観想の段階を区別し，霊的生活に関する後世のより体系的な概念の形成に寄与した．

## クイニセクスタ教会会議

➡トルロス教会会議

## グイベルトゥス（ノジャンの）

Guibert of Nogent（1053/65頃-1125頃）

1104年からラン（Laon）に近いノジャン修道院長．彼はベレンガリウス*の聖餐論に反対した．グイベルトゥスの著作には，聖書の解釈と説教に関する論考をつけた創世記の『訓釈』（*Moralia*），『ユダヤ人を反駁する受肉論』，第1回十字軍の歴史，聖遺物*の悪弊に対する痛烈な攻撃書，自伝がある．

## クイユス・レギオ，エイユス・レリギオ

cuius regio, eius religio

（ラテン語で「その領地の宗教は，その領主の宗教」の意．）1555年のアウクスブルク宗教和議*で採用された定式で，これにより帝国の各領主には自らの領地の宗教がカトリックであるか，ルター派であるかを決めることが許された．

## クィリヌス

Quirinus

第1ヴァティカン公会議*に関する一連の69通の手紙が，1869-70年に『アウクスブルガー・アルゲマイネ・ツァイトゥンク』誌で出版されたときの署名．その著者は現在，J. J. I. フォン・デリンガー*であったと知られている．

## グイレルムス（オーヴェルニュの）

William（Guilelmus）of Auvergne（1180頃-1249）

哲学者，神学者．1228年にパリ*司教になった．彼は托鉢修道会*を庇護し，ルイ9世*の宮廷で影響を及ぼした．彼の多数の著作は主に，浩瀚な哲学的・神学的な百科事典『神学と哲学の指針』（*Magisterium Divinale ac Sapientale*）を構成している．彼はアリストテレス*の言語と科学的方法論を用いたが，アリストテレスの多くの教えに対して慎重であった．

## グイレルムス（オセールの）

William（Guilelmus）of Auxerre（1231年没）

スコラ*神学者．パリ*大学で教えた．彼はアリストテレス*の自然学に関する諸論考を検討し，修正するために，グレゴリウス9世*が任命した委員の一人であり，特に自らの『スンマ・アウレア』（*Summa Aurea*）において，アリストテレスの新たに発見された諸著作を初めて利用した．

## グイレルムス（コンシュの）

William（Guilelmus）of Conches（1080頃-1154頃）

哲学者．シャルトルのベルナルドゥス*の弟子であった彼は，キリスト教的人文主義を促進するために世俗の学問や文学を学ぶことを奨励した．『宇宙の哲学』（*Philosophia Mundi*）と『ドラグマティコン』（*Dragmaticon*）を代表作とする彼の著作は，主に自然哲学を論じている．

## グイレルムス（サン・ティエリの）

William（Guilelmus）of St-Thierry（1075/80-1148）

神学者，霊的著作家．1120年頃，ランス*に近い，ベネディクト会*のサン・ティエリ大修道院長に選ばれた．彼はクレルヴォーの聖ベルナルドゥス*と親交を結び，1135年に大修道院長職を辞して，アルデンヌ山中のシニー（Signy）に修道院を建てていたシトー会*に入会した．

グイレルムスの初期の著作は主に教訓的な内容で，肉体と霊魂の関係に関する東西の教父*の教えを総合しようとした論考がある．1138年に，彼はベルナルドゥスに手紙を書いて，アベラルド

ゥス*の三位一体論と贖罪論を論駁するよう勧めた．グイレルムス自身もアベラルドゥスとコンシュのグイレルムス*への駁論を書いた．彼の他の著作には，雅歌に関する２つの注解，『瞑想的祈り』（*Meditativae Orationes*），「黄金の手紙」と呼ばれ，しばしばベルナルドゥスに帰された，有名な『モン・ディユ（Mont-Dieu）の修道士たちへの手紙・孤独な生について』（*Epistola ad Fratres de Monte Dei de Vita Solitaria*）がある．

## グイレルムス（シャンポーの）

William（Guilelmus）of Champeaux（1070頃-1121）

スコラ*哲学者．パリ*司教座聖堂付属学校で教えたが，その極端な実在論*がアベラルドゥス*により嘲弄されて，1108年に職を追われた．彼はサン・ヴィクトル修道院に隠遁し，どうやら自らの説を修正したらしく，また講義をとおしてサン・ヴィクトル会*の基礎を築いた．1113年に，彼はシャロン（Châlons）司教になった．

## グイレルムス（ティルスの）

William（Guilelmus）of Tyre（1130頃-おそらく1186）

歴史家．パレスチナでおそらくヨーロッパ人の子として生まれた彼は，1167年にエルサレム王アモーリー（Amaury，在位1162-74年）によりティルスの助祭長*に任命され，王の治世の公的歴史を書くという条件で聖職給が上げられた．1175年に，グイレルムスはティルス大司教に聖別された．彼の『海外諸地域における事績史』（*Historia Rerum in Partibus Transmarinis Gestarum*）は，（第１回十字軍*が布告された）1095年から1184年までの期間を扱っている．同著は1127年以降は主要な典拠である．彼はトリポリ（Tripoli）伯レーモン（Raymond，1105年没）や現地の十字軍兵士に同情していたが，彼の著作を特徴づけているのは，洞察力，寛容さ，幅広い資料を用いた証言の慎重な精査である．

## グイレルムス（マームズベリーの）

William（Guilelmus）of Malmesbury（1090頃-1143頃）

歴史家．彼は生涯の大半をマームズベリーの修道院で過ごしたと思われる．1120年の『イングランド諸王の事績』（*Gesta Regum Anglorum*）と1125年の『イングランド諸司教の事績』（*Gesta Pontificum Anglorum*）はそれぞれ，イングランドの世俗と教会の歴史を扱っている．『新しい歴史』（*Historia Novella*）は『イングランド諸王の功績』を1142年まで続けた．

## グイレルムス（ムールベケの）

William（Guilelmus）of Moerbeke（1286年没）

ギリシア語の哲学的・科学的な諸著作のラテン語への翻訳者．1260年にはドミニコ会*員としてギリシアにいた．1267年には，イタリアのヴィテルボ（Viterbo）に滞在しており，1279年まで聴罪司祭*として教皇庁*に仕えた．1278年に，コリント*大司教に聖別された．1283年には彼は再度，教皇庁に仕えた．彼がラテン語に翻訳したり，既存の翻訳を改訂したりしたのは，アリストテレス*，（その『３つの小品』［*Tria opuscula*］は長く彼の翻訳のみで知られていた）プロクロス*，他のギリシアの哲学者およびアリストテレスに関する古代の注解者の諸著作であった．

## 偶因論（ぐういんろん）

➡機会原因論

## 空職俸禄（くうしょくほうろく）

commendam

聖職禄*の保有者の欠員中，（信徒の場合もあるが）個人にその収入が一時的に付与されるとき，その個人は聖職禄を「委託されている」（*in commendam*）といわれる．徐々にこの語は，司教または他の高位聖職者が司教座のほかに多少とも永続的に所有する聖職禄に限定されるようになった．

## 寓喩（寓意）（ぐうゆ（ぐうい））

allegory

キリスト教の釈義において，聖書の伝統的な解釈法の一つであって，逐語的ないし歴史的な意味と対比される．そのギリシア語「アレゴリア」は古代の文学理論に由来し,「あることを語りながら,言われたこととは別のことを意味すること」と定義される.当初から,キリスト教徒が寓喩を旧約聖書*に適用したのは,それにキリスト教的な意味をもたせるためであった.聖パウロ*は古いイスラエルと教会との関係を示すためにこの語を用いた(ガラ4:24).寓喩の偉大な解釈者と見なされるオリゲネス*は,三重の逐語的・倫理的・霊的な意味を区別したが,実際に通常は文字と霊,歴史(ヒストリア)とそれより深い寓喩的な意味のあいだの二重の区別を用いたのであり,大多数の教父*もそのようにした.聖書のテキストの逐語的で歴史的な意味を守るという関心は,教父時代にはアンティオキア*の神学者たちによる,またのちに宗教改革者たちによる寓喩批判をもたらした.近代になって,教父の寓喩が新たに評価されてきており,それはしばしば「予型論」と呼ばれる.➡釈義

## 偶有性(ぐうゆうせい)
accident

中世の哲学で,その本性が主体として他の実在に内在する(*ens in alio*「他者において在る」)ことである実在.したがって,これは実体*(*ens per se*「自体的に在る」)と対比される.この語は聖餐の教理において重要な役割を果たした.というのは,スコラ学者*は臨在(Presence)の秘義を説明するために,「主体のない偶有性」の理論を導き出したからである.この概念は,パンとぶどう酒の実体がキリストの体と血のそれに変化したのちに,どのように前者の偶有性,すなわち量や色などが存在し続け,感覚により認知できるのかを説明するのに用いられた.➡実体変化

## クェーカー派(は)
Quakers

キリスト友会*(フレンド派)の通称.

## クオ・ヴァディス
Quo vadis?

最初に『ペトロ行伝』*に見いだされる伝説によれば,「主よ,どこへ行かれるのですか」(Domine, quo vadis? ヨハ13:36参照)という言葉を聖ペトロ*が語ったのは,ローマから逃げ出そうとした彼が出会ったキリストが「もう1度十字架に掛かるために行く」と答えたときであった.ペトロはローマに引き返して,殉教した.

## クォールズ
Quarles, Francis(1592-1644)

宗教詩人.しばらく大主教J.アッシャー*の秘書を務め,のちにロンドン市の年代学者になった.彼は1630年に『神の詩』(*Divine Poems*)と題する聖書意訳集,および1635年の『寓意画』(*Emblems*)と1638年の『人生の象形文字文書』(*Hieroglyphikes of the Life of Man*)という2冊の寓意画集を刊行した.後年,彼は信心的な散文を書き,宗教と道徳に関する思想の集成である1640年の『手引き書』(*Enchiridion*)は,大いに愛読された.しばしば奇をてらった表現や形容辞で飾り過ぎてはいるが,彼の詩は深い宗教的感情を示している.

## 苦行(くぎょう)
mortification

霊的な自己否定と身体的苦痛を自らに課することで,肉の欲望を「殺したり」「弱めたり」する行為を指す教会用語.➡禁欲主義

## クゴアノ
Cugoano, Ottabah(1757?年生まれ)

奴隷制廃止運動家.ガーナ出身の彼は,1770年に誘拐され,奴隷としてグレナダ島,次いでイングランドに連れてこられ,そこで解放された.彼は1773年に受洗し,奴隷制廃止運動*の熱心なメンバーになった.彼が執筆したのは新聞記事や1787年の『奴隷制と人種の売買という有害で邪悪な交易に関する思想と感想』(*Thoughts and Sentiments on the Evil and Wicked Traffic of Slavery and Commerce of the Human Species*)であって,そこで彼は聖書に基づく奴隷制*擁護論に反駁し,その完全な廃止を擁護した.

## クザーヌス
➡ニコラウス・クザーヌス

## 楔形文字
cuneiform

楔形の組み合わせからなる文字で，古代のアッカド,ペルシア,その他の碑文がこれで書かれた.

## クサントプロス
➡ニケフォロス・カリストス

## 9時課
None

聖務日課*の「小時課」(Little Hours)の最後.
➡「3時課，6時課，9時課」

## 愚者の祭
Fools, Feast of

中世の特にフランスで，1月1日またはその前後に広く祝われた，擬似的な宗教的祭.

## グスターヴ2世（グスタフ・アドルフ）
Gustavus II Adolphus (1594-1632)

1611年からスウェーデン*王. 1613年にデンマークと，1617年にロシアと講和を結び，1621年にポーランドのカトリックの王ジグムント3世に対する戦争を始めた．次々に勝利を収めて，グスターヴは1629年に6年間の休戦条約を結んだ．1630年に，バルト海への帝国の勢力の侵入を恐れて，彼は30年戦争*に介入することにした．フランスからの援助を得たが，ドイツのプロテスタント諸侯は当初は彼に敵対し，諸侯の大半が彼に味方したのは1631年のブライテンフェルト(Breitenfeld)における彼の勝利のあとであった．彼は西ドイツや南ドイツへと転戦した．リュッツェン(Lützen)の戦いで戦死した.

## グスタフ・アドルフ
➡グスターヴ2世

## グスタフ・アドルフ協会
Gustav-Adolf-Werk

1946年までは，'Gustav-Adolf-Verein'という名称．カトリック地域における弱小の姉妹諸教会を援助するドイツのプロテスタントの協会．グスタフ・アドルフ*の没後200年を記念して1832年に設立されたが，宮廷牧師のカール・ツィマーマン(Zimmermann)が1842年に自らの同様な協会をそれと合併させるまでは重要性をもたなかった.

## グスラック（聖）
Guthlac, St (674頃-715頃)

隠修士．王族の出身である彼は，レプトン(Repton)で修道士であった．彼はのちにリンカーンシャーのフェンズ(Fens)の小島に移り住み，厳しい禁欲生活を送った．(現在は，大英図書館所蔵の)グスラック写本は彼の伝記を描く線画である．祝日は4月11日(別の暦では，4月12日).

## クテュリエ
Couturier, Paul Irénée (1881-1953)

フランスの司祭．生涯の大半をリヨンで過ごした．アメー・シュル・ムーズ(➡シュヴトーニュ)に滞在して，彼のエキュメニカル運動への関心が起こった．彼は1933年にリヨンでキリスト教の一致のための3日間の祈りを導入し，翌年1月18-25日に8日間の祈りを続けた．これは「教会一致の8日間」*の発展したものである．彼は自らのエキュメニカル活動との関連で幅広い交流をもち，一致のための祈りに関して多くの冊子を出版・配布した.

## グーテンベルク
Gutenberg, Johann (1396頃-1468)

金細工職人，伝統的に西方における印刷術の確立者と考えられている.彼はマインツに生まれた.彼が1448年に借金したのは，おそらく印刷術を発展させるためであった．彼の最も有名な仕事はおそらく1453-55年のそれまで印刷された最古の縮約されていない「グーテンベルク聖書」で，確実に1456年には完成していた．それは各欄の行数から「42行聖書」とも呼ばれ，以前はマザラン聖書*とも呼ばれた．

## グーテンベルク聖書(せいしょ)

➡マザラン聖書

## グドゥラ（聖(せい)）

Gudule, St（710年頃没）

ブリュッセルの守護聖人．彼女はブラバント（Brabant）の名家の出身で，祈りと慈善的行為に身をささげたといわれる．祝日は1月8日．

## 功徳(くどく)（功績(こうせき)）

merit

神学において，「功徳」は神のためになされたわざに対して報いを受ける人間の権利を指す．その概念は聖書に基礎をもち，旧約聖書でも新約聖書でも，義人にはその善行に報いが約束されている．功徳の神学をきずいたスコラ学者*は，等価的功徳*と合宜*的功徳を区別したが，前者はなされた行為に対する公正な報いの要求を認め，後者は適合性があるという条件だけで報いを要求する．この伝統的な教理を否認したのは宗教改革者であり，特にM. ルター*は，義認*の前でなされても後でなされても，人間のすべてのわざが罪深いと説いた．

## グノーシス主義(しゅぎ)

Gnosticism

2世紀にキリスト教的な形態で目立つようになった複雑な宗教運動．ユダヤ教や異教に存在した思想の諸傾向が，キリスト教以前のグノーシス主義という信仰体系に結合していたのか，それともグノーシス主義が，新約聖書*中にも痕跡がありうるような，キリスト教の教えの不規則な発展として教会内で起こったのかは明らかでない．2世紀には，さまざまな形態がウァレンティノス*，バシレイデス*，マルキオン*のような個別の教師により発展したが，その運動全体にはいくつかの特徴が共通している．最重要性は，神に関し，また人間の起原と運命に関して啓示するとされた知識である「グノーシス」に与えられ，それによって人間の中の霊的な要素は救済されうる．この特別な「グノーシス」の源泉は，秘密の伝承が由来している使徒たち，ないしセクトの創設者に与えられた直接的な啓示と考えられた．グノーシス的教えはデミウルゴス*すなわち「創造神」と至高の知られざる神とを区別した．後者から，デミウルゴスは一連の発出ないし「アイオーン」（aeons）により派生した．デミウルゴスこそが創造の直接的な源泉であって，この世界を支配したので，世界は真に霊的なものに対して不完全で敵対的である．ある人々は神の霊的な実体の種子ないし火花をもっており，「グノーシス」およびそれと結合した儀式をとおして，この霊的な要素はその邪悪な物質的環境から救出されうる．キリストは「グノーシス」をもって至高神の使者として来た．神であるキリストは，人間本来の肉体をとることも死ぬこともなく，一時的にイエスという人間に住み，または幻として人間のすがたをとった．

グノーシス主義はさまざまな形態で長く存続した．3世紀にマニ*により創始されたマニ教は13世紀まで残ったし，その間に，これと関連性をもつと思われるアルビ派*やカタリ派*がフランス，ドイツ，イタリアに現れていた．マンダ教徒*は現在でも存続している．➡ナグ・ハマディ文書

## クーパー

Cooper（Cowper）, Thomas（1594年没）

1571年からリンカーン*主教，ついで1584年からウィンチェスター*主教．すぐれた学識をもち，1562年に，彼はJ. ジューエル*の『弁護論』（*Apology*）への攻撃に反論した．彼はまたマープレリット文書*を批判したが，特に文書『桶直しに御用はありませんか』（*Hay any Work for Cooper*）で逆襲された．

## クーパー

Cowper, William（1731-1800）

詩人，讃美歌作者．1754年に弁護士の資格を得たが，競争試験を恐れて1763年に自殺未遂を起こし，私立の精神病院に送られた．1767年に，彼は

バッキンガムシャーのオルニー（Olney）に移った．ここで，管理司祭*J. ニュートン*の信徒助手として活動し，その要請で聖歌*を書き始めた．彼が1779年にニュートンとともに刊行した『オルニー聖歌集』にすぐれた聖歌を寄稿した．その中に'God moves in a mysterious way'（「みかみのみむねは」『古今聖歌集』319番，『讃美歌』89番）や'Hark, my soul! it is the Lord'（「きけよわがたま」『古今聖歌集』366番）がある．

## 組会（くみかい）
class meeting

メソジスト派*の各教会の小グループにより，通常週ごとに開かれる集まりで，そこでは教会の基金への寄付金が払われ，個々の会員の行為や霊的成長に関して質問される．

## 『クム・オカジオーネ』
Cum occasione

ヤンセン主義*の教義的本質を具体的に表す「5命題」を断罪した，1653年のインノケンティウス10世*の大勅書．

## クムラン
Qumran

死海*の北西岸のいくつかの廃墟のある場所を指し，その近くで死海写本*の最初のものは1947年に発見され，その他の発見も遅れてなされた．

## クライスト・チャーチ（オックスフォードの）
Christ Church, Oxford

オックスフォード*大学のカレッジで，聖フリデスウィデ*修道院のあった場所に「カーディナル・カレッジ」としてT. ウルジー*により設立された．1546年に，ヘンリー8世*により再建された．同時に，新しい主教座は聖フリデスウィデ教会に移され，したがってそれが主教座聖堂兼カレッジ礼拝堂になった．

## クライトン
Creighton, Mandell（1843-1901）

歴史家，主教．彼は1884-91年にケンブリッジ大学教授，1891-97年にピーターバラ*主教，その後ロンドン主教になった．1882-94年に著された『教皇職の歴史』（*History of the Papacy*）は，明晰で客観的で博識な著作である．彼の主教時代は政治的手腕と機転で目立っており，特にそれは儀式主義者（Ritualists）とケンジット*主義者（Kensitites）のあいだの争いの処理において発揮された．

## クラウザー
Crowther, Samuel Adjai（Ajayi）（1809頃-1891）

英国教会の最初のアフリカ人主教．ヨルバ（Yoruba）人出身の彼は，奴隷狩りにあって売られた．彼を運ぶ船が抑留され，シエラレオネ*に連行され，彼はそこで1822年に英国教会宣教協会*（CMS）に保護された．（ロンドンのCMSの訓練校である）イズリントン・カレッジで学んだのち，彼は1843年に叙任され，1857年から，アフリカ人だけからなるニジェール宣教団（Niger Mission）を率いた．1864年から，彼は女王の裁治権外の西アフリカ主教であった（こうして，白人の聖職者に対する裁治権は回避された）．クラウザーの晩年には，アフリカ・ニジェール宣教団は事実上，ヨーロッパ人の宣教団により解体された．

## クラウディアヌス・マメルトゥス
Claudianus Mamertus（474年頃没）

キリスト教哲学者．聖マメルトゥス*の弟である彼は修道士になった．『魂の性状について』（*De Statu Animae*, 470年頃）において彼は，魂が被造物なので物体的であり広がりをもつと考えたリエのファウストゥス*に反対して，魂が非物体的であるという教えを擁護した．

## クラウディウス
Claudius（827年以後に没）

817年頃からトリノ司教．彼は画像の崇敬，聖遺物，十字架の崇拝，キリストの生涯のあらゆる可見的しるし，さらに巡礼や聖人の執り成しを幾度となく攻撃した．彼はまた聖書注解書でも有名である．以前は他の著者の作とされていた多くの著作が最近彼に帰されている.

## クラカンソープ
Crakanthorpe, Richard (1567-1624)

英国教会の聖職者. カルヴァン主義*的主張を学識をもって擁護した彼は, カトリックとの論争に関心をもった. 1625年に没後出版された主著『英国教会の弁護』(*Defensio Ecclesiae Anglicanae*) は, M. A. デ・ドミニス*自身の再転会の擁護に対する反論であった.

## クラーク
Clarke, Samuel (1675-1729)

英国教会の聖職者. 1704年と1705年に彼は, J. ロック*の経験主義を批判して合理的神学を擁護した2度のボイル*講演を行った. 理神論*者に対して批判的であったが, その教えのある面には同調していた. 1712年の『三位一体の聖書的教義』(*Scripture-Doctrine of the Trinity*)はユニテリアン*的傾向をもっていたので, 聖職者会議*で批判されたが, 正式な撤回は求められなかった.

## クラークソン
Clarkson, Thomas (1760-1846)

奴隷貿易反対運動家. 1787年に, 彼はシエラレオネ*における貧しい黒人のためのキリスト教的セツルメントの設立に関わり, また指導的なクェーカー派*の人たちや W. ウィルバーフォース*とともに, 大英帝国における奴隷貿易の廃止のために下院に圧力をかける団体を組織し, 1807年の「奴隷貿易禁止法」に結実した.

## グラゴール文字(もじ)
Glagolitic

スラヴ語のアルファベットで. 9世紀に「スラヴ人の使徒」キュリロス*により考案されたと一般に考えられている. ➡キリル文字

## クラショー
Crashaw, Richard (1613頃-49)

宗教詩人. ピューリタン*の息子である彼は, 高教会派*の影響を受け, 1644年に, 国民契約*への署名を拒否したため, ケンブリッジのピーターハウスのフェロー職を追われた. 彼はフランスに渡り, カトリックになった. 彼の詩は雅歌や聖テレサ*の神秘主義に育まれた信心に満ちている.

## グラストンベリー・アビー
Glastonbury Abbey

サマセット州にある修道院. もともとケルト*人により建てられ, 聖ダンスタン*のもとで, グラストンベリーは重要な教育的・宗教的な拠点となった. 1129-39年に, マームズベリーのウィリアム*が修道院の歴史を書いた. 本書の13世紀の改訂版はグラストンベリーをアリマタヤのヨセフ*, アーサー王, 聖パトリキウス*と結びつける伝説を記録している. 修道院は1539年に廃止された. グラストンベリーソーン (Glastonbury Thorn) は「レヴァントのサンザシ」(Levantine hawthorn) で, これをめぐっていくつかの伝説が伝わっており, O. クロムウェル*の時代に切り倒されたが, その木の蘖が残っている.

## グラース派(は) (サンデマン派(は))
Glasites (Sandemanians)

ジョン・グラース (Glas) とその女婿ロバート・サンデマン(Sandeman)にちなんで名づけられた, スコットランドの小さなセクト. 1719年にダンディー (Dundee) 付近のティーリング (Tealing) のミニスター*に任命されたグラースは, 国教会の存在が非聖書的だと考えるようになり, 長老制の基礎に異議を唱えた. 彼は1730年に解任された. 彼は (主に貧しい) 信奉者たちの独立した集会を組織し, そこでは聖職者でない長老たちが聖餐式を執行した. 指導権は徐々にサンデマンに移り, 彼は1757年の『セロンとアスパシオへの手紙』(*Letters on Theron and Aspasio*) は, 神がキリストの義のわざを個々のキリスト教徒に転嫁するというカルヴァン主義*の教えを批判し, サンデマンはむしろ, 論理的な信仰が神との適切な関係および救いの達成の唯一の基礎だと考えた. 最後の長老が1999年に没した.

## グラッデン
➡社会的福音

## グラッドストン
Gladstone, William Ewart（1809-98）

イギリスの政治家．福音主義者として育った彼は，高教会派*になった．1854年に彼は，「真の臨在」*の教理を説いたかどで起訴されたG. A. デニソン*を擁護した．1867年に，グラッドストンは自由党党首になった．彼が翌年の総選挙で闘ったのはアイルランド*教会の非国教化の問題であって，彼はそれを1869年に首相として達成した．1874年に，彼は英国教会の自由のためにテイト*大主教が提案した公同礼拝規制法*に反対し，また同年，特に第1ヴァティカン公会議*の決議に関してカトリック教会を痛烈に批判する書を著した．彼は拡大していた大英帝国において多くの主教座の創設に貢献した．彼は1896年の『バトラー主教の著作への補助的研究』(*Studies Subsidiary to the Works of Bishop Butler*)において，「条件付き不死説」*を擁護した．

## グラティアヌス
Gratian（1160年頃以前に没）

教会法学者．彼の生涯についてはほとんど何も知られない．『法令集』(*Decretum*）と呼ばれる彼の『矛盾する教会法令の調和』(*Concordia Discordantium Canonum*）は，教父のテキスト，公会議の決議条項，教皇教令の集成で，資料中の諸矛盾を解決することを意図した論考として編纂された．教皇庁*の実務における権威として用いられ，教会法大全*の一部となった．

## グラドゥアーレ
➡昇階唱

## グラトリ
Gratry, Auguste Joseph Alphonse（1805-72）

フランスのカトリックの護教論者．彼はフランスにおける教会生活の復興に関心をもち，オラトリオ会*の再興に尽力した．彼の多くの著作はキリスト教信仰を教養人に示そうとしている．

## クラーナハ
Cranach, Lukas（1472-1553）

ドイツの画家．若いときには祭壇画家，また生涯をつうじて肖像画家として有名であった．宗教改革*時代の初期に，彼はルター派*の考えをもっていた．

## グラハム（グレアム）
Graham, 'Billy'（William Franklin Graham）（1918-）

アメリカの伝道者．16歳のときに回心を経験し，1943年に南部バプテスト*連盟の牧師になった．1949年にロサンゼルスで最初の大規模な伝道集会を始め，1950年に「ビリー・グラハム伝道協会」(the Billy Graham Evangelistic Association）が創立された．それ以後，彼は世界を旅行し，「スタジアム伝道」でよく知られるようになり，大群衆に語りかけた．後年，彼はラジオやテレビの放送*を含む現代の科学技術を十分に用いている．

## クラパム・セクト
Clapham Sect

裕福な英国教会の福音主義*者の非公式なグループで，そのメンバーはロンドンのクラパム地区あたりに住み，その教会区教会で礼拝を守った．彼らの中には，1792-1813年にクラパムの主任司祭であったジョン・ヴェン（Venn），Z. マコーリー*，W. ウィルバーフォース*がいた．彼らが支持したのは，奴隷*貿易反対運動，宣教活動の拡大，「英国および海外聖書協会」*の創立，シエラレオネ*における模範的なコロニーの建設，日曜学校*の普及であった．

## グラフィーティ
graffiti

イタリア語．粗く引っかかれ，きれいには彫られていない古代の碑文．キリスト教のグラフィーティは特に口ーマのカタコンベ*に数多くある．

## グラフトン
Grafton, Richard（1507頃-1573）

印刷業者．宗教改革の熱烈な支持者であった彼は，1536年頃にE. ホイットチャーチ*とともにアントウェルペン（アンヴェルス）でマシュー聖書*の印刷を手配した．グラフトンは次にパリでグレート・バイブル*の印刷を担当したが，これがソルボンヌ*により差し止められたので，イングランドに逃れた．彼はまた1549年と1552年の『祈禱書』を印刷した．

## グラブリオ
Glabrio, Manius Acillius

91年の執政官（consul）．ドミティアヌス*帝により円形闘技場で野獣と闘うことを命じられた彼は，その後95年に追放され処刑された．彼がキリスト教徒であったという考えはおそらく誤りであろう．

## クララ（聖）
Clare, St（1193/94-1253）

クララ会*の創立者．彼女は自分の財産をなげうち，ポルチュンクラ*で聖フランチェスコ*の同調者となった．彼は彼女をあるベネディクト会*の修道院に預け，のちに彼女をアッシジ*の城壁の外にあるサン・ダミアーノ（San Damiano）へ移した．フランチェスコの生き方に従いたい他の女性たちがクララのもとに集まったとき，彼女は1215年頃に女子大修道院長*となり，没するまでその地位に留まった．祝日は8月11日（以前は12日）．

## クララ会
Poor Clares

聖フランチェスコ*と聖クララ*により1212-14年に創設された，フランシスコ会*の「第2会」．第1会則を1219年に認可され，若干緩和された第2会則を1247年に，個人的清貧とともに団体的清貧を実践する特権を含む第3会則を1253年に認可された．第3会則はすべての修道院（convents）により受け入れられたわけではなく，1263年に教皇ウルバヌス4世はより緩和された会則を認可し，これに従う修道女は「ウルバヌス派」（Urbanists）と呼ばれる．15世紀に，聖コレット（Colette）が（コレット派*と呼ばれる）その修道院で清貧の原則を復活した．16世紀のカプチン*系改革の影響で，カプチン派（Capuchinesses）が創立された．大部分のクララ会修道院は厳格に観想的であり，カトリック教会の中で最も厳しい女子修道会と見なされている．

## クラレンドン憲章
Clarendon, Constitutions of

ヘンリー2世によって祖父の時代のイングランドの慣習の言明として公布された16箇条からなり，教会と世俗の裁判権の関係やその他の問題を規定するためであった．同憲章は1164年にクラレンドン会議で提示されたが，同意を求められたトマス・ベケット*はその文書に印を押すことを拒否した．アレクサンデル3世*も複数の条項を非難し，長い論争が続いた．

## グランヴィル
Glanvill, Joseph（1636-80）

宗教著作家．1666年に，彼はバース（Bath）のアビー教会（Abbey Church）の主任司祭*になった．彼は1664年に設立された王立協会（Royal Society）の初期のメンバーであった．さまざまな著作で彼が示そうとしたのは，物理現象から引き出される証拠が宗教的信仰を支持するということであった．

## クランマー
Cranmer, Thomas（1489-1556）

カンタベリー*大主教．ケンブリッジのジーザス・カレッジのフェローになってまもなく，本質的にイングランドの問題が本来的に教皇に関わらないと確信するようになった．1529年に，ヘンリー8世*の離婚問題がうまくいきそうにないと思われたとき，クランマーは国王のために大学の考えを整理するという積極的な役割を果たした．1532年にW. ウォーラム*が没したとき，ヘンリーはクランマーがカンタベリー大司教に選出されるように整え，彼は1533年に聖別された．1533年に，彼はアラゴンのキャサリンのヘンリーとの結婚を無効とし，3年後に国王のアン・ブーリン*との結婚に関しても同様の判断を宣言した．彼はある程度,「10箇条」*および英語聖書の普及に功があった．エドワード6世*の治下，彼は1549年とさらに1552年の『祈禱書』*において，教会の礼拝を改革する願いを達成し，すぐれた英語の式文にした．古い教会の儀式の廃止，画像*の破壊，「42箇条」，教会法改訂の試み（『教会法改訂案』*）は主に彼の功であり，彼はヨーロッパの改革諸教会との合同を強く求めた．1553年のメアリ1世*の即位後，彼は反逆罪に問われ，裁かれ，死刑を宣告されたが，女王は助命した．異端のかどで裁かれたのち，いくどか転向を表明したが，それを打ち消して火刑に処せられた．祝日は『共同礼拝』*では3月21日，アメリカの1979年の『祈禱書』では10月16日（H. ラティマー*とN. リドリー*とともに）．

## グランモン修道会（しゅうどうかい）
Grandmont, Order of

聖エティエンヌ・ド・ミュレ(Etienne de Muret, 1054頃-1124/25)が創立したフランスの修道会で，その本院（mother-house）はノルマンディーのグランモンである．規律がもともと厳しかったが，徐々に緩やかになった．同修道会はフランス革命の前に消滅した．

## クリア
➡教皇庁

## クリエイショニズム
creationism

（1）神が各人のためにその受胎時かその後に新しい霊魂*を無から創造するという教え（霊魂創造説）．これは，霊魂が身体とともに生まれると主張する霊魂伝遺説*とも，霊魂の先在を説くいかなる教え（霊魂先在説）とも対比される．（2）この語は現在ではふつう広義で，世界が神により無から創造されたという信仰を指す．しかしながら，この語は通常は狭義で，聖書の記述の逐語的な真理の受容を指すものとされる．「若い地球」クリエイショニストの考えでは，世界はこの1万年以内に創造され，「古い地球」クリエイショニストは創造の6日間のそれぞれが24時間よりもずっと長いことを認める．これらの狭隘なクリエイショニズムはアメリカ合衆国でさかんになり，クリエイショニズムがアメリカの学校で科学として教えられうるかどうかについて論争がある．1925年のスコープス裁判（➡ファンダメンタリズム）は，合衆国憲法の政教分離に違反するゆえに教えられえないとした．

## クリスチャン
➡キリスト教徒

## クリスチャン・エイド
Christian Aid

以前はイギリス教会協議会*の一部門であった．現在はチャーチ・トゥゲザー*の公式な機関である．その起原は1944年に設立されたエキュメニカル難民会議（Ecumenical Refugee Commission）の作業にある．本機関は関係地域の諸教会員と共働して，世界中のより貧しい国国および難民や被災者を援助している．

## クリスチャン・サイエンス
Christian Science

メアリ・ベイカー・エディ（Eddy, 1821-1910年）が創始した宗教団体で，彼女はその教えを『科学と健康』（*Science and Health*, 1875年）とその改訂版『付・聖書の鍵』（with *Key to the Scriptures*, 1883年）で説いた．イエスの誕生・死・肉による復活に関する福音書の記述の史実性を認めた彼女は，人間イエスとイエスが啓示された神なるキリストとを区別した．神の本性を表さないものはすべて「非実在」であり，悪と病は決して実在ではなく，患者が（医療よりむしろ）神の力と愛に気づくことで滅ぼされうる．1879年に「科学者キリスト教会」（Church of Christ, Scientist）がマサチューセッツ州ボストンに建てられ，1892年に恒久的な地盤に改造された．クリスチャン・サイエンスは特に英語圏とドイツに広がった．

## クリスティーナ
Christina（1626-89）

スウェーデン*女王．グスターヴ２世*のただ１人生き残った子どもである彼女は，1632年にスウェーデン王位を継いだ．1644年から親政を行った彼女は，30年戦争*を終わらせることを最初の目標とし，1648年のウェストファリア条約*はある意味で彼女の功である．彼女は自国の教育を奨励し，外国からの学者を庇護した．1654年に譲位した．1655年に，彼女はカトリックになり，ローマに居住した．

## クリストフォロス（聖）
Christopher, St

（ギリシア語で「キリストを運んだ人」の意.）伝承によれば，彼は３世紀に小アジアで殉教した．ある伝説は彼を旅人の渡し守となって生計をたてた大男としている．１人の客は小年であったが，その少年がキリストであり，その重みが世界の重みであったので，苦しくて腰をかかめざるをえなかった．彼は旅行者の守護聖人であり，現代では運転者に崇敬されている．祝日は西方では７月25日であるが，1969年にカトリックの暦から省かれた．東方では５月９日．

## グリースバッハ
Griesbach, Johann Jakob（1745-1812）

新約聖書学者．1775年から，彼はイェーナ大学の新約学教授であった．1775-77年に，彼はギリシア語新約聖書を刊行し，その中でドイツでは初めて公認本文*を採用せず，それによりギリシア語テキストに関する以後のすべての研究の基礎を据えた．マルコ福音書*を共観福音書*の最後のものとする彼の説は20世紀によみがえったが，これを受け入れる学者はほとんどいない．

## クリスピヌス（聖）とクリスピニアヌス（聖）
Crispin and Crispinian, Sts（285年頃没）

殉教者．彼らの殉教に関する純粋に伝説的な記録によれば，この兄弟はディオクレティアヌス*帝の迫害のときローマをのがれ，ガリアのソワソンに靴屋を開いて，払える人の代金だけを受けとった．祝日は10月25日．

## クリスマス（降誕祭）
Christmas

キリストの誕生を祝う記念日．それが12月25日に祝われた最古の言及はフィロカルス教皇表（リベリウス教皇表*）にあり，336年にローマで行われたこととしている．この日付はおそらく「正義の太陽」の誕生を祝うことにより，「不敗の太陽の誕生」（*Natalis Solis Invicti*）の異教的祭日に対抗するために選ばれたのであろう．別の伝承はクリスマスの日付を，十字架刑*と同じ日に起こったと考えられた受胎告知*の日付から引き出し，３月25日と計算した．コンスタンティヌス大帝の即位後は，西方における12月25日の遵守はローマから広がった．東方では，密接に関連した１月６日のエピファニー*（公現祭）が当初はより重要であった．４世紀後半には，エピファニーはキリストの洗礼*とともにその誕生をも祝うようになった．５世紀半ばまでには，東方教会の大部分も12月25日を受け入れた．

西方ではクリスマスに，夜（通常は夜半）と早朝と日中の３回のミサが執り行われる．

## クリゼロウ（聖）
Clitherow, St Margaret（1556頃-1586）

「ヨークの殉教者」．彼女は18歳のときカトリックになった．1586年に逮捕され，司祭をかくまったかどで告発された．彼女の意志に反して子どもたちが証言を強要されないために，嘆願をせず，惨殺された．彼女は1970年に列聖されたイングランドとウェールズの「40人の殉教者」*の一人である．

## グリニヨン・ド・モンフォール（聖）
Grignion de Montfort, St Louis-Marie（1673-1716）

フランスの司祭．1704年に，彼はフランス西部で宣教を始めた．1842年に発見された『聖母へのまことの信心』（*Traité de la vraie dévotion à la Sainte Vierge*）は，カトリックの信心に強い影響を及ぼし

た．祝日は4月28日．

## クリフォード
Clifford, John (1836-1923)

イギリスのバプテスト派*のミニスター*．彼は1888年にバプテスト連合 (Baptist Union) の会長になり，1905-11年に，バプテスト世界連盟 (World Baptist Alliance) の議長であった．彼が1902年のA. J. バルフォア*の教育法に対する「消極的抵抗」運動を指導したのは，それが非国教徒に対して不法であると見なしたからである．

## クリプト・カルヴァン主義（しゅぎ）
Crypto-Calvinism

P. メランヒトン*の教えをけなして，純正ルター派*が用いた名称．

## グリムショー
Grimshaw, William (1708-63)

1742年からウェストヨークシャーのホーワース (Haworth) の永久補助司祭*．彼はメソジスト*や福音派*を講壇に迎え，巡回説教を行い，またJ. ウェスレー*がイングランド北部でメソジストの集会を指導するのを助けた．グリムショーの明らかな誠実さは彼の振舞いを教区主教に黙認させた．

## クリュシッポス（エルサレムの）
Chrysippus of Jerusalem (405頃-479)

教会著作家．彼は聖墳墓*聖堂で聖十字架の保管係になった．わずかに残っている作品には4編の頌詞がある．

## クリュソゴヌス（聖（せい））
Chrysogonus, St

伝説によれば，彼はディオクレティアヌス*帝の迫害の際ローマで逮捕され，アクイレイア*で処刑された．6世紀から，彼は聖アナスタシア*の霊的指導者だったと推測されるようになり，異教徒と結婚したキリスト教徒の生き方について彼女と論じたと考えられた．祝日は東方では12月22日，西方では以前は11月24日であったが，現在は削除されている．

## クリュソストモス
➡ヨアンネス・クリュソストモス

## クリュソストモス典礼（てんれい）
Chrysostom, Liturgy of St

1年の数日を除いて，東方正教会*において通常用いられる典礼．現在の形式の典礼は聖ヨアンネス・クリュソストモスの時代よりずっと後のものである．多くの学者がこの典礼を彼に結びつける根拠を疑問視しているが，彼の著作との並行箇所が最近その結びつきを擁護するようになった．その影響力が大きかった理由はおそらく帝都（コンスタンティノポリス）の典礼であったからであろう．

## クリュソストモスの祈（いの）り
Chrysostom, Prayer of St

『祈禱書』*中の祈りがT. クランマー*によりクリュソストモス典礼*から引用された．その作者は知られていない．

## クリュソログス（聖（せい））
Chrysologus, St Peter (400頃-450)

ラヴェンナ*司教．彼が司教位にあったのはラヴェンナのガッラ・プラキディア*の時代で，彼女の野心的な建築計画への熱意に協力した．彼に帰された多くの説教が残っているが，その他の文書はほとんどない．エウテュケス*に宛てた手紙において，信仰の問題でローマ司教座に従う必要性を主張した．祝日は7月30日（以前は12月4日）．

## クリューデナー
Krüdener, Barbara Juliana Freifrau von (1764-1824)

ロシアの敬虔主義*者．彼女は皇帝アレクサンドル1世に影響を及ぼし，神聖同盟*の理念に対する彼の支持を得た．

## クリュニーとクリュニー系修道院

Cluny, Cluniacs

ブルゴーニュのクリュニー修道院は909-10年に創立された．最初期から修道制の高い水準を遵守したことが影響を及ぼして，新旧の他の修道院もクリュニーの慣習を採用するようになった．改革の目的に含まれていたのは，特にアニアヌの聖ベネディクトゥス*により解釈されたとおりの厳格な『ベネディクトゥス会則』*への回帰であって，一般に個人的な霊的生活の涵養，(過度に長くなりがちであったが）聖務日課の強調，礼拝の華麗さと荘厳さが説かれ，それに応じて肉体労働は減少した．クリュニー系修道院は明らかに，大修道院長オディロ*(在職994-1048年）とフーゴー*(在職1049-1109年）の時代までは修道会として結合していなかったと思われる．フーゴーのもとで，クリュニー系修道院の数は1,000を越え，高度に中央集権化された．クリュニー修道院はそれ以後，教会生活やグレゴリウス7世*と関連する改革に多大な影響を及ぼした．中世後期にはその影響力は衰えたが，修道院は1790年まで存続した．

## グリューネヴァルト

Grünewald, Matthias（1475頃-1528)

生前はマティス・ゴートハルト・ニートハルト（Mathis Gothart Nithart）と呼ばれた，ドイツの画家．彼に帰される最も有名な作品は，現在はコルマール（Colmar）にある，イーゼンハイム（Isenheim）の祭壇画である．キリストの十字架刑が生々しい写実主義をもって描かれ，洗礼者聖ヨハネ*が十字架を指さしている．

## クリュプタ（地下祭室）

crypt

教会堂の下の（アーチ形の）部屋で，地下ないし半地下にあり，しばしば礼拝堂*ないし埋葬所として用いられる．

## グリーン

Green, Thomas Hill（1836-82)

哲学者．1866年から，オックスフォード大学で教えた．彼はI. カント*とG. W. F. ヘーゲル*の観念論をイングランドで再考し普及しようとした．グリーンの考えによれば，意識の分析が示すのは実在が単に集合体でなく有機的全体であり，芸術・道徳性・宗教の証言すべてが実在の霊的な本質を指し示し，永遠の意識である神は個人の中に具現しており，人格のみが発展の過程に意味を与えるので，個人の永遠性と不滅性が保証される．

## グリーンウッド

Greenwood, John（1560頃-1593)

初期の分離派*の指導者．ロンドンのセント・ポール・チャーチヤード内の家で，「エンシェント・チャーチ」(Ancient Church）を創設ないし創立した．彼は1587年に投獄された．彼はH. バロウ*とともに多くのパンフレットを書いた．2人は絞首刑に処せられた．

## グリンダル

Grindal, Edmund（1519？-83)

カンタベリー*大主教．エドワード6世*のチャプレンとなり，メアリ1世*の治下に亡命し，1559年にロンドン主教，1570年にヨーク*大主教，1575年にカンタベリー大主教になった．彼が1577年にピューリタン*の「聖書釈義集会」(prophesyings）を禁止するのを拒否したため，司牧権でなく裁治権を停止された．彼が没したとき，その辞職が話し合われていた．

## グルー

Grou, Jean-Nicolas（1731-1803)

フランスのイエズス会*員．1792年から，イングランドに住んだ．彼は主として霊的著作で有名である．

## グルジア教会（ジョージア教会）

Georgia, Church of

イベリア王ミリアン（Mirian）3世のおそらく334年の改宗は，聖女ニーノ（Nino）によるものであった．ルフィヌス*によれば，彼女はキリスト教徒の捕虜で，グルジアの伝承では，エルサレム*

と結びついている．5世紀に，グルジア文字が教会用に考案され，やがて福音書が（アルメニア語から）翻訳された．当初はアンティオキア*総主教座に属していたグルジア教会は，8世紀に独立自治教会*になった．1811年に，グルジア教会はロシア*教会に吸収された．1917年に独立自治教会の地位を再び得たが，1943年まではソヴィエト連邦やロシア教会によって承認されなかった．グルジア教会は民族主義的な対立の中心となり，厳しい迫害を受けたが，1977年以降，リバイバルが起こっており，それは1991年のソヴィエト連邦の崩壊に続くグルジアの独立により強化された．

## 『クルソル・ムンディ』
*Cursor Mundi*

世界史についての初期の英語詩で，おそらく14世紀前半にさかのぼる．最初の6巻は天地創造からキリストや使徒の生涯に及び，第7巻は最後の審判を扱っている．

## 『クール・デウス・ホモ』
*Cur Deus Homo*

（ラテン語で「なぜ神は人間となられたか」の意．）贖罪*に関する，聖アンセルムス*の論考の表題．

## クルーデン
Cruden, Alexander（1701-70）

「聖書のコンコルダンス*」の編纂者．彼は精神障害と隣り合わせの不安定な性格であった．1732年に，彼はロンドンに書店を設立した．1736年に聖書全体のコンコルダンスの編纂を始め，翌年の11月にキャロライン王妃に1冊を献呈した．

## クルマン
Cullmann, Oscar（1902-99）

新約聖書学者，神学者．1948-72年に，彼はバーゼルとパリで同時に教授であった．彼は特に，救済史*の理論を展開することに関心をもった．クルマンによれば，新約聖書*において特徴的なのはその時間と歴史についての考え方である．世界史をつうじて，救済史という狭い流れが存在してきた．イエス・キリストがその中心点である，この聖なる歴史は，一般史を理解する糸口を与え，それは形状として直線的であり，創造から完成へと辿るように見える．彼のエキュメニズム*への関心はその聖ペトロ*研究に示された．

## グルントヴィ
➡グロンドヴィ

## グレアム
➡グラハム

## グレイ
Gray, Robert（1809-72）

1847年からケープタウン主教で，1853年から南アフリカ*聖公会（Anglican Province）の首位大主教（Metropolitan）．1861年に彼は，グレイを任命した開封勅許状（Letters Patent）が自分をシノッドに召喚する権威を与えないと主張した聖職者ロング（Long）師を停職にした．ロングに有利な枢密院司法委員会*の裁定が憲法上重要であったのは，国教会としての英国教会は英国の全領土に及ぶという法的な主張を無効にしたからである．1863年に，ナタール主教コレンゾー*を異端の嫌疑で召喚したグレイは，彼を退位させ，次に破門した．その判決を覆した枢密院司法委員会の考えでは，グレイの開封勅許状は，それより以前に任命されたコレンゾーには強制的な権威をグレイに付与しえないというものであった．

## クレイトン
Clayton, John（1709-73）

最初のメソジスト*の一人．オックスフォードで，彼はウェスレー*兄弟が創設した「神聖クラブ」*のメンバーであった．1740年に，彼はマンチェスター大学教会のチャプレンになり，1760年に，同大学のフェローになった．

## クレオパ
Cleopas

復活のキリストがエマオ*への途上で出会った

2人の弟子のうちの一人（ルカ24:18）.

## グレコ

➡エル・グレコ

## グレゴリアナ大学

Gregorianum

ローマにあるイエズス会*の大学．聖イグナティウス・デ・ロヨラ*により「ローマ学院」（Collegium Romanum）として1551年に設立され，教皇グレゴリウス13世*により1582–84年に援助を受け，大学を構成することになった．

## グレゴリウス1世（大グレゴリウス）（聖）

Gregory I, St（Gregory the Great）（540頃-604）

590年から教皇．彼は573年にローマ市長官であった．その後，自らの富を貧者の救済と修道的な施設にささげ，自ら設立した修道院の一つに入った．彼が教皇になったとき，イタリアは悲惨な状態であった．592–93年にランゴバルド人と単独の講和を結び，皇帝の総督の権威を無視した．彼はまた，イタリアの内政や防備に関する事項で率先してさまざまなことを行った．彼は，コンスタンティノポリス*総主教が用いた「世界総主教」*という称号の承認を拒否した．彼の教皇職の業績の一つはイングランドへの伝道であって，そのために彼は自らの修道院から，カンタベリーの聖アウグスティヌス*とその他の修道士たちを選んだ．

グレゴリウスの『司牧規則書』（*Liber Regulae Pastoralis*）は，司教の司牧生活のための指示を述べている．（伝統的に彼に帰され，おそらくそれは正しいと思われる）『対話』（*Dialogi*）は，聖ベネディクトゥス*を含むイタリアの聖人たちの生涯と奇跡を語っている．彼はまた，旧約聖書のヨブ記や他の文書の注解書および福音書に関する講話を著した．854通の書簡が残っている．彼の神学には観想的生活の理想が目立っており，死後の魂の運命に関する彼の物語のいくつかは，煉獄*の教理の発展に寄与した．彼は修道制を推進し，典礼上に重要な変化をもたらし，典礼音楽の発展を助長して，ローマの「スコラ・カントールム」*を基礎づけた．彼の教皇位は，教皇職が教会における至上の権威だという理念を確立するのに寄与した．祝日は西方では9月3日（以前は3月12日，現在も東方ではこの日）．

## グレゴリウス2世（聖）

Gregory II, St（669-731）

715年から教皇．彼が直面した脅威は，対向してローマの城壁を修理させたサラセン人およびゲルマン諸部族の異教からきていた．後者に対して，彼は719年に，イギリスの修道士や修道女に支えられた聖ボニファティウス*を派遣した．聖画像破壊論争*において，グレゴリウスは727年に皇帝レオン3世*を非難したが，イタリアで計画された反乱を許さなかった．祝日は2月13日．

## グレゴリウス7世（聖）

Gregory VII, St（1085年没）

1073年から教皇．ヒルデブラント（Hildebrand）はおそらく1015年頃に生まれたと思われ，確実に1034年以降ではない．ローマの修道院で教育を受けた彼は，修道誓願を立てた．彼は教皇グレゴリウス6世の宮廷付司祭であったが，1049年のレオ9世*の即位後に大きな影響力を及ぼした．教皇としてのグレゴリウスは，教会の改革と道徳的復興のための仕事を拡大し，1074年に聖職者の聖職売買*と妻帯に反対する教令（decrees）を発布した．教皇特使により強化されたこの措置は，特にフランスとドイツで強い反対にあった．ドイツでは，破門と廃位で脅されたハインリヒ4世*は，1076年に2度の教会会議を開催して教皇の廃位を宣言した．グレゴリウスはそこでハインリヒを廃位して破門に処し，その臣下たちを忠誠の誓いから解いた．ハインリヒは1077年にカノッサ*で教皇に屈服し，悔悛を行い，譴責を赦された．にもかかわらず，ドイツの諸侯はシュヴァーベンのルドルフ（Rudolf）をドイツ王に選んだ．グレゴリウスがルドルフを承認したのは，カノッサで交わした約束を守っていなかったハインリヒを再び破門した1080年であった．ハインリヒは対立教皇を立て，1084年にローマを占領した．グレゴリウスはノルマン軍に救出されたが，サレルノ（Salerno）で没した．祝日は５月25日．

## グレゴリウス９世

Gregory IX（1148頃-1241）

1227年から教皇．彼は，フリードリヒ２世*が十字軍*への参加を約束しながら実行を延ばしたので破門にし，フリードリヒが1228年に和解に至っていないのに出航したとき，彼の領地と渡航先での聖務執行禁止*を宣言した．1230年に，教皇は皇帝との協定に同意したが，1239年に再び破門し，皇帝がローマを包囲しているなかで没した．

アッシジの聖フランチェスコ*の友人であったグレゴリウスは，1220年にフランシスコ会*の保護枢機卿になった．彼が1233年頃から任命された直属の異端審問*官を募ったのは，主にドミニコ会*とフランシスコ会からであった．1230年に，教皇はペニャフォルトのライムンドゥス*に，（1234年に発布された）いわゆる『リベル・エクストラ』（Liber Extra）にまとめるため，過去100年間の教皇教令*の集成を命じた．

## グレゴリウス10世（福）

Gregory X, Bl（1210-76）

1271年から教皇．彼はハプスブルクのルドルフ（Rudolf）をドイツ王として承認し，カスティリャのアルフォンソ（Alfonso）の王位の要求を断念させた．1274年の第２リヨン公会議*に，ビザンティン皇帝ミカエル８世は使節を派遣したが，再合同は短命であった．彼の教皇職中の諸改革の中に，1274年の教皇選挙におけるコンクラーヴェ*の導入がある．祝日は１月９日．

## グレゴリウス11世

Gregory XI（1329-78）

1370年から教皇．アヴィニョン*で教皇に選ばれた彼は，シエナの聖カタリナ*によりイタリアへの帰還を説得された．1377年にローマに入ったが，騒動を鎮められなかった．彼は1377年にJ. ウィクリフ*の教説を断罪した．大シスマ*が彼の没後に続いた．

## グレゴリウス13世

Gregory XIII（1502-85）

1572年から教皇．彼の教皇位は，その親スペイン的な政策と対抗宗教改革*の強力な推進が目立っている．彼はトリエント公会議*の決議を実施することに尽力し，多数の神学校*を創設して，その多くをイエズス会*に委ねた．イエズス会はまた，教皇から中国*と日本*への宣教の独占権を受けた．彼は1575年に聖フィリッポ・ネーリのオラトリオ会*，1580年に跣足カルメル会*を認可した．彼はまたグレゴリウス暦*を公布した．

## グレゴリウス16世

Gregory XVI（1765-1846）

1831年から教皇．教皇に選出された直後に，革命が教皇領内で勃発し，オーストリアの介入でやっと鎮圧された．紛争は続き，彼の教皇職の大半の期間，外国の諸勢力との関係は緊張したものであった．彼は1834年にF. R. ド・ラムネー*の自由主義，さらに1835年にG. ヘルメス*の半合理主義的な神学を断罪した．外国宣教の分野では，教皇は新しい司教区と代牧区を創設し，現地の聖職者の養成を奨励した．

## グレゴリウス（エルビラの）（聖）

Gregory of Elvira, St（392年以後に没）

グラナダ（Granada）付近のエルビラの司教．アレイオス主義*に対する頑な反対者であった彼は，359年のリミニ教会会議*でアレイオス主義に傾いた司教たちを赦すのを拒否したカリアリのルキフェル*を支持し，ルキフェルの没後は彼がルキフェル派の指導者になった．現在では重要な神学者として知られる彼の著作として一般に認められているのは，『オリゲネスの説教』*，『雅歌講解』，アレイオス主義を反駁した教理的な著作である『信仰について』（*De Fide*）である．祝日は４月24日．

## グレゴリウス（トゥールの）（聖）

Gregory of Tours, St（538/39-94）

573年からトゥール司教，歴史家．彼の『フランク人の歴史』(*Historia Francorum*) は天地創造から591年までを扱い，575年からが詳しい．この著作はフランス史にとり極めて重要である．聖人伝である『奇跡の書』(*Miraculorum Libri*) は歴史的な価値がより低い．祝日は11月17日．

## グレゴリウス（リミニの）
Gregory of Rimini（1358年没）

哲学者．アウグスチノ隠修士会*員であった彼はパリで教えた．彼の哲学はオッカム*の唯名論*的教えに従った．神学では，彼は完全にアウグスティヌス的であり，彼によれば，洗礼を受けていない幼児は永遠の劫罰を受ける．

## グレゴリウス聖水（せいすい）
Gregorian Water

西方の慣行で，教会堂や祭壇の聖別のために以前用いられた，正式に祝別された水．祝別の際に用いられる式文が教皇グレゴリウス1世*に帰されるのが名称の由来である．

## 『グレゴリウス秘跡書（ひせきしょ）』
Gregorian Sacramentary

伝統的にグレゴリウス1世*に帰される一群の秘跡書*に与えられた名称．これらのうち最も重要なのは，ハドリアヌス1世*からシャルルマーニュ*へ送られた書物である．同書中の欠損はガリアで流布していた『ゲラシウス秘跡書』*から補われた．これら2つの『グレゴリウス秘跡書』と『ゲラシウス秘跡書』が合わさって，後代のローマ・ミサ典礼書 (Roman Missal) が生まれた．ハドリアヌスが送った書物をグレゴリウス1世に帰することは，後者の祝日のためのミサを含んでいるので，文字どおりにはできないが，彼が編集した資料を含んでいることが証明されている．

## グレゴリウス暦（れき）
Gregorian calendar

1582年にグレゴリウス13世*により改定され，現在ではキリスト教界の大半で用いられている暦*．前46年にユリウス・カエサル (Julius Caesar) が制定したユリウス暦は，太陽をめぐる地球の周期に正確に対応しておらず，10日の誤差が累積していた．プロテスタントの諸国はグレゴリウス暦を導入したがらず，イングランドでは1752年まで採用されなかった．

## グレゴリオス（照明者（しょうめいしゃ））（聖（せい））
Gregory the Illuminator, St（240頃-332？）

「アルメニア*の使徒」．カッパドキアに亡命中にどうやらキリスト教徒として育ったらしい彼は，アルメニアに戻ったのち，王ティリダテス (Tiridates, 289-330?年) をキリスト教に改宗させた．グレゴリオスは主教（カトリコス*）に聖別され，主教職は数世代のあいだ彼の家系に属した．祝日は9月30日，アメリカの1979年の『祈禱書』では3月23日．

## グレゴリオス（ナジアンゾスの）（聖（せい））
Gregory of Nazianzus, St（329/30-389/90）

カッパドキア3教父*の一人．カッパドキアのナジアンゾス主教の息子であった彼は，アテネで学んだ．その後，修道生活に入った．372年頃，彼はカッパドキアの村のサシマ (Sasima) 主教に聖別され，補佐主教*として父を助けた．379年に，彼はコンスタンティノポリス*に迎えられ，そこでの彼の説教はニカイア*信仰の復興に貢献した．381年に，彼はコンスタンティノポリス主教に任命されたが，同年中に辞任した．彼の著作には，聖霊の教理のすぐれた論考を含む「5つの神学的説教」，聖バシレイオス*とともに編纂した『フィロカリア』*，アポリナリオス主義*に反対した書簡，および詩がある．祝日は東方では1月25日，西方では1月2日（以前は，アメリカの1979年の『祈禱書』と同様に，5月9日）．

## グレゴリオス（ニュッサの）（聖（せい））
Gregory of Nyssa, St（330頃-395頃）

カッパドキア3教父*の一人．聖バシレイオス*の弟である彼は，修道院に入った．371年頃，カッパドキアのニュッサ主教に聖別され，376年にアレイオス派*により罷免されたが，378年に主教座に復帰した.

彼の主要な神学的著作は，エウノミオス*，アポリナリオス*，アブラビオス（Ablabius）という人の三位一体に関する教えに反対する論争的な論考である.『教理講話』において，彼が洗礼志願者*に教える義務をもつ人たちのために説いているのは，三位一体，受肉，救済，および洗礼と聖餐の秘跡に関する教えである．彼の釈義的著作は特に聖書の神秘主義的な意味を論じている．彼はまた，『処女性について』，（マカリオス／シメオン*の「大書簡」にほぼ確実に影響された修道士たちのための霊的な指導書である）『キリスト教徒の定めについて』（*De Instituto Christiano*），姉である聖マクリナ*の伝記を著した．彼は三位一体に関するニカイア*的な教理の熱烈な擁護者であって，御子の誕生と聖霊の発出とを注意深く区別した．贖罪*に関する記述において，彼はおそらく初めて，悪魔が捕らえられた釣針の直喩を用いた．祝日は東方では1月10日，西方では3月9日（『祈禱書』では，マクリナとともに7月19日）.

## グレゴリオス・タウマトゥルゴス（聖）
Gregory Thaumaturgus, St（213頃-270頃）

ギリシア教父．カイサリア*でオリゲネス*によりキリスト教に改宗した．故郷のポントス（Pontus）州ネオカイサリア（Neocaesarea）に戻ったあとまもなくして，その主教となった．264-65年に彼は，サモサタのパウロス*に反対する最初のアンティオキア教会会議に出席した．グレゴリオスはまた，サベリウス主義*や三神論*と闘った．彼に帰され，また「タウマトゥルゴス」（奇跡を行う人）というあだ名を生んだ多くの奇跡は，彼の性格の強さを証言している．彼に帰されるごくわずかな著作は真正であり，その中に『信仰告白』（*Ecthesis*）およびいわゆる『教令書簡』（*Epistola Canonica*）があり，後者は初期の教会における悔悛の規律に関する情報を含んでいる．祝日は11月17日.

## グレゴリオス・パラマス（聖）
Gregory Palamas, St（1296頃-1359）

ギリシアの神学者，ヘシュカスモス*の主唱者．彼はアトス山*の修道士であった．1337年に彼は，極端な形で神の不可知性の教えを説いた，カラブリア（Calabria）出身の修道士バルラアム（Barlaam）との論争に巻き込まれた．ヘシュカストたちの観想的実践に対するバルラアムの非難に応えて，グレゴリオスは『聖なるヘシュカストたちを弁明する3部作』を著した．彼はのちに自らの神学をより簡潔に説明した『150章』を書いた．彼の議論では，祈りにおいてヘシュカストたちが用いる身体的訓練も，肉眼で「神の光」を見るというその主張も，人間を肉体と魂からなる統一体と捉える聖書的な概念によって擁護されうる．1347年に，彼はテサロニケ*大主教に聖別された．祝日は東方では11月14日および大斎第2主日.

## グレゴリオ聖歌
➡単旋聖歌

## グレゴリオ・ロペス
➡羅文藻

## クレディトン
Crediton

伝承では聖ボニファティウス*の生地と見なされ，909年頃にデヴォンとコーンウォールを管轄する司教座都市になった．1050年に，司教座はエクセター*に移った．1897年以降，クレディトンには補佐主教*がいる.

## クレド
➡信条

## クレド・ウト・インテリガム
credo ut intelligam

（ラテン語で「理解するために，私は信じる」の意.）聖アンセルムス*が信仰と知識の関係について，自らの考えを要約した表現.

## グレート・バイブル（大聖書）
Great Bible

T. クロムウェル*が1538年にすべての教区教会に備え付けることを命じた英語聖書．これは1539年になって出版され，M. カヴァデール*の仕事であった．

## グレー・フライアーズ
Grey Friars

フランシスコ会*の托鉢修道士を指し，彼らの衣服の色からそう呼ばれた(現在では一般に茶色)．➡ブラック・フライアーズ，ホワイト・フライアーズ

## クレメンス5世
Clement V（1264-1314）

1305年から教皇．ベルトラン・ド・ゴ（Bertrand de Got)は有力なフランスの家系の出身であった．彼の政策はフランスの影響力に大きく依存し，それは教皇の居所を1309年にアヴィニョン*に定めたときいっそう高まった．彼はフィリップ4世のテンプル騎士団*に対する攻撃を黙認し，1312年にヴィエンヌ公会議*で同騎士団を解散させた．教皇はテンプル騎士団の財産をヨハネ騎士団*に譲渡したが，フィリップはその大部分を手に入れてしまった．クレメンスは教会法に『クレメンス集』*を付加した．

## クレメンス6世
Clement VI（1291-1352）

1342年から教皇．ピエール・ロジェ（Roger）はアヴィニョン*で教皇に選出された．彼がフランスに同調したため，イングランドとフランス間の講和の努力は実を結ばなかっただけでなく，彼が教皇庁の資産を濫用したこともあり，イングランドでは反教皇的な法令，特に1351年の最初の「後継聖職者任命法」*が制定された．前任者と同様に，クレメンスもバイエルンのルートヴィヒの皇帝選出を認めず，1346年にベーメン（ボヘミア）のカールを神聖ローマ皇帝に任命した（カール4世）．イタリアでクレメンスが直面したのは，被後見人の女王ジョヴァンナ治下のナポリでの騒乱であり，1347年のコーラ・ディ・リエンツォ*に指導されたローマでの民衆の反乱であった．クレメンスはジョヴァンナからアヴィニョンを購入し，その都市をキリスト教界の知的な中核にしようと努めて，アヴィニョンの教皇庁を強化した．彼は説教者としても神学者としても有名であり，ユダヤ人を保護した．

## クレメンス7世
Clement VII（1478-1534）

1523年から教皇．個人的にその性格は非難すべき点がなかったが，優柔不断さのために，彼の教皇位は策略に富んだ外交術と陰謀が目立つことになった．彼はフランスのフランソワ1世と皇帝カール5世*の相反する目的の中間の路線を取ろうとし，またヘンリー8世*の「離婚」に関しても優柔不断に結論を引き延ばした．彼が教会内での改革の動きを助長することに失敗したため，その教皇在職中にプロテスタンティズムが拡大した．

## クレメンス8世
Clement VIII（1536頃-1605）

1592年から教皇．彼の政策は，相争う諸勢力の代表を教皇庁*に引き止め，特にスペインの勢力を抑制することであった．彼はナヴァルのアンリ*に対抗するカトリック同盟を支持したが，アンリとも交渉を続け，その結果，1595年にアンリ（4世）はカトリックになった．クレメンスはウルガタ訳聖書*，ミサ典礼書*，聖務日課書*の改訂版を刊行した．

## クレメンス11世
Clement XI（1649-1721）

1700年から教皇．政治の分野では，彼はほとんど成功せず，1713年のユトレヒト条約で，サルデーニャなどにおける教皇の権益は無視された．1705年の『ヴィネアム・ドミニ』*によるヤンセン主義*の断罪に続いたのは，1708年のP. ケネル*の著作の断罪と1713年の『ウニゲニトゥス』*である．中国の典礼問題をめぐるドミニコ会*とイエ

ズス会*間の論争において，教皇はイエズス会の見解を非難した検邪聖省*を支持した．1708年に，聖母マリア*の「無原罪の御宿り」*の祝日を全教会に義務づけた．

## クレメンス13世

Clement XIII（1693-1769）

1758年から教皇．その教皇在職中に主に関わったのはイエズス会*をめぐる騒乱であった．パリ高等法院が1761年にイエズス会の会憲の徹底的な改変を要求したとき，クレメンスは拒否した．ほとんどすべてのフランスのイエズス会員は1764年に故国を去らざるをえず，教皇は1765年にイエズス会の活動を称賛する大勅書を発してこれに応えた．イエズス会の解散を求める，1769年のスペイン，ナポリ，フランスの大使たちの要求はクレメンスの死を早めたと考えられる．

## クレメンス14世

Clement XIV（1705-74）

1769年から教皇．ブルボン家がイエズス会*を抑圧する用意のある教皇だけを認めることに決めていたような騒乱のコンクラーヴェ*で，彼は教皇に選出された．彼の主要な目的は，増大しつつある無宗教者に対抗してカトリックの諸勢力の支持を得るために，彼らと協調関係を維持することであった．圧力を受けて，教皇は1773年にイエズス会を解散する勅書を発した．教皇のアヴィニョン*とベネヴェントの領有権は回復したが，フランスでは国王の命で修道院が抑圧され続け，ポルトガルでは俗権が教会の問題や教育に介入した．

## クレメンス（アレクサンドリアの）

Clement of Alexandria（150頃-215頃）

神学者．アレクサンドリア*でパンタイノス*の弟子であり，190年頃に教師の役割をにない，202年頃に迫害のためにアレクサンドリアを離れた．彼の現存する著作には，『プロトゥレプティコス』(*Protrepticus*)，すなわち『ギリシア人への勧告』，キリスト教徒の生活と礼儀に関する『パイダゴーゴス（教導者）』(*Paedagogus*)，8巻の『ストロマテイス』(*Stromateis*)，すなわち『雑録』がある（『雑録』の最終巻は論理学に関する断片が紛れ込んだものと思われる）．クレメンスの著作は，キリスト教が無学な人たちのための宗教だという非難を反駁する試みを示している．クレメンスは，知的だと自負している異端的なグノーシス主義*と，旧約聖書*とギリシア哲学双方の完成をキリスト教の中に見る素朴な信仰とのあいだの中道を歩んでいる．彼が描くロゴス*は，ギリシア宗教の誤謬と不道徳性をあらわにし，洗礼をとおして，キリスト教という真の宗教へと導く方である．彼はロゴスをより深く理解するに至ったキリスト教徒を「グノーシス主義者（覚知者）」と呼んでいる．キリスト教徒の生の究極的目標は神化*として示されている．クレメンスの名前は初期の殉教録*には12月4日に出ているが，クレメンス8世*はその著作のいくつかの正統性が疑わしいという根拠で削除した．祝日はアメリカの1979年の『祈禱書』では12月5日．

## クレメンス（ローマの）（聖）

Clement of Rome, St（96年頃活動）

ローマ司教．彼は初期の継承リストにおいて聖ペトロ*の2ないし3番目の司教として出ているが，それほど早くローマに単独司教制が存在した証拠がないので，この証言の意味は明らかでない．真作でない「クレメンス文書」*のほかに，2通の『コリントの信徒への手紙』が彼に帰されてきた．前者（『クレメンスの第1の手紙』）は真作である．それは幾人かの長老が排斥されたコリント*教会での不和について論じるために，96年頃ローマ教会の名前で書かれた．排斥された長老を復職させ，正当な上長に従うべきことが主張されており，当時の職制の状態に関して貴重な証言を提供している．いわゆる『クレメンスの第2の手紙』は実際は説教であって，文体上から別の著者に帰される．最古のキリスト教の説教であり，一般的な表現でキリスト教徒の生活の特徴を述べている．ある伝承によれば，クレメンスはクリミアに追放され，鉱山で働かされた．彼は錨に縛られ，黒海に投げ込まれた．祝日は西方では11月23日，東方では11

月24日ないし25日. ➡使徒教父

## 『クレメンス集』
Clementines

教会法*において, 1314年にクレメンス5世*により編纂された教皇教令*の集成. ボニファティウス8世*, ウルバヌス4世, クレメンス自身の教皇教令を含んでいる.『教会法大全』*に正式に収録された最後の教令集.

## クレメンス文書（偽クレメンス文書）
Clementine Literature（Pseudo-Clementines）

多くの外典的な著作が初期の教会にローマの聖クレメンス*の名前で流布していたが, 通例「クレメンス文書」という名は以下の3者に限られる.

(1)『講話』(*Homiliae*) は, クレメンスがローマから主の兄弟ヤコブ*に書き送ったと想定される宗教的・哲学的な物語で, その序として, やはりヤコブに宛てた聖ペトロ*とクレメンスの2通の手紙およびその著作の正しい用い方に関する指示がある. 東方へのクレメンスの旅行が記述され, 彼はペトロと会い, そのシモン・マゴス*との争いを目撃した.

(2)『認知』(*Recognitiones*) は,『講話』に類似し, その記述はほとんど同じ背景にたっているが, クレメンスの家族の幾人かの浮沈およびペトロによる彼らの「認知」後の再会に関して細部が付加されている.

(3) 前2者の2つのギリシア語の『抜粋』(*Epitomae*). これは明らかに後代のもので, クレメンスの殉教の記述を紹介している.

通常考えられているのは,『講話』と『認知』がおそらく3世紀前半にさかのぼる共通の現存しない資料に依拠しているということである.『講話』は4世紀に属し, アレイオス主義*的な傾向を示している.『認知』はそれより後のものであろう. 両者は主にルフィヌス*によるラテン語訳で残っている.

## 『クレリキス・ライコス』
Clericis Laicos

1296年にボニファティウス8世*により公布された大勅書で, いかなる聖職者も教皇の同意なしに教会の収入を信徒に提供することを禁じ, またいかなる信徒もそのような支払いを受けることを禁じた.

## クレリクス
➡ルクレール

## クレルヴォー
Clairvaux

シトー会*の4番目の修道院で, 聖ベルナルドゥス*により1115年に創立された. 修道院は1790年に破壊され, その財産はフランス国家に引き渡された.

## クレルモン教会会議
Clermont, Council of（1095年）

この教会会議は, 教会の改革と第1回十字軍*を説くためにウルバヌス2世*により召集された. 神の教会を解放するためにエルサレムに行く人たちに対していっさいの悔悛の免除を布告したほかに, 多くの決議をした.

## クロイスター
➡回廊

## クローヴィス
Clovis（466頃-511）

フランク王. 481年に父の後を継いでサリ・フランク人の王になった. 彼が征服により拡張した領土は, ローマ領ガリアの大部分やその他の地域を含むようになった. その生涯の決定的な出来事は, キリスト教への改宗と受洗であった. トゥールのグレゴリウス*はその年代を496年としているが, 現代の史家はより正確な年代として503年, 506年, 508年などを挙げている.

## クロウヴァショウ教会会議
Clovesho, Councils of

ハンバー（Humber）川以南のイングランドの教

会を代表する一連の教会会議で，7世紀後半から9世紀前半に開催された. 747年の会議はローマ的典礼式の遵守を命じ. 803年の会議はリッチフィールド*の大司教区としての地位を廃止した．クロウヴァショウの位置は知られていない.

## グローシン
Grocyn, William（1449？-1519）

イングランドのルネサンス期の学者．ギリシア語とラテン語をフィレンツェで1488年から1490/91年にかけて学び，オックスフォードに戻ってギリシア語の最初の講義をした．彼の学識は高く評価され，彼はギリシア語写本のすばらしいコレクションを有していた．彼はその宗教観において保守的であると考えられてきたが，その証拠は決定的でない.

## クロース
Close, Francis（1797-1882）

1856-81年にカーライル*の主席司祭*．その前は1826年からチェルトナム（Cheltenham）の受給司祭*であった．ここにおける彼の説教は彼を最も知られた福音主義*の説教者の一人にした．1847年に，彼はチェルトナムにセント・ポール・アンド・セント・メアリ・カレッジを創設した.

## グロースター
Gloucester

修道院が681年にここに創設され，823年に参事会教会*に変わった．1017年に，ヨーク大司教ウルフスタン*によりベネディクト会*修道院として再建された．現在の大聖堂は1089年に建築が開始した．有名なのは，聖歌隊席*にあるノルマン様式の列柱に載った垂直な羽目板（Perpendicular panelling）および（1377年以前の）初期の扇狭間（fan tracery）つきの回廊*である．修道院は1540年に廃止された．翌年，修道院教会を主教座聖堂として，主教区が創設された.

## クロスターノイブルク
Klosterneuburg

ウィーンに近いアウグスチノ修道祭式者会*の修道院で，1108年には創設されていた．すぐれた芸術品や貴重な図書館を擁する．20世紀には，典礼運動*を支える拠点として有名になった.

## グローステスト
Grosseteste, Robert（1170頃-1253）

リンカーン*司教．彼の若い頃のことはほとんど知られていない．1225年には，彼はオックスフォードで神学の講義を行っていた．1230年頃，彼は大学での講師職をやめて，オックスフォードの城壁外に新設されたフランシスコ会*の学院の最初の教師（*lector*）になった．1235年に，彼はリンカーン司教になった.

1225年まで，主に科学的研究に従事していた．この分野での最も重要な仕事は，アリストテレス*の『分析論後書』（*Posterior Analytics*）の注解であった．1225年頃から1235年のあいだに，彼は彼の大部分の神学的著作を書いたが，その中に特に『6日物語』*，『十戒について』（*De Decem Mandatis*），『律法の終止について』（*De Cessatione Legalium*），および詩編やガラテヤ書の注解がある．彼はまたギリシア語に関して，西方ではこれまでほとんど類を見ない能力を有していた．司教となってから，一群の学者を雇って多くの書物をギリシア語からラテン語に翻訳した．これらに含まれるのは，ディオニュシオス・アレオパギテース*の著作とその注解，アリストテレスの『ニコマコス倫理学』とその注解である．彼がそのほか部分的に翻訳したのは，ダマスコの聖ヨアンネス*や聖バシレイオス*の著作，新たに発見された『12族長の遺訓』*，スイダス*に帰されるギリシア語辞典である.

彼は司教としても精力的で献身的であった．国王や教皇の役人が教会区の聖職禄*を侵害することに対して政治的な行動をとった．彼はその件で1250年にリヨンでインノケンティウス4世*に個人的に有名な上訴を行った．彼は教皇の役人，教皇庁，教皇自身による権力の悪弊を非難し，改革を提案した．祝日はアメリカの1979年の『祈禱書』および『共同礼拝』*では10月9日.

## クローチェ
Croce, Benedetto (1866-1952)

イタリアの哲学者. 彼の哲学は, 精神の活動に由来する諸形態に集中する一種の「創造的観念論」である. これらの形態のうち, クローチェは以下の4者を識別した, すなわち,「直観」(芸術),「概念」(科学, 哲学, 歴史),「個別性」(経済),「一般性」(倫理) である. 彼は, 宗教を直観の副次的形態, 神学を概念の不当な適用, そして両者を精神の単なる過渡的な表現と見なした.

## 「グロッサ・オルディナリア」
Glossa Ordinaria (Glossa Communis)

標準的な中世の聖書注解書で, 単に「グロッサ」とも呼ばれた. 主に教父の抜粋から作成され, 欄外や行間の注釈という形式であった. その作成はランのアンセルムス*の学派で始まり, 彼が詩編, パウロ書簡, ヨハネ福音書, 兄弟のラドゥルフス (Ralph) がマタイ福音書を担当した. 聖書全体のグロッサが完成したのは12世紀半ば頃であった.

## グロッタフェラータ
Grottaferrata

1004年に創設された, ローマに近いギリシア正教の修道院の地. 同修道院はラテン化されたが, 1881年にレオ13世*が純粋なビザンティン典礼を復興した.

## グロッパー
Gropper, Johann (1503-59)

神学者. 宗教改革者の教えに反対するために, ケルン*大司教ヘルマン・フォン・ヴィート*により1536年に召集された会議に出席後, グロッパーは『手引き』(*Enchiridion*) を著したが, その中で「二種の義」*の初期の教えを説いた. 当時, その教えは再一致の可能な基礎と受けとられていた. 彼は1541年にレーゲンスブルク宗教会議*に出席した. ケルン大司教がプロテスタントになったとき, グロッパーが彼の免職を確認し, ケルンにカトリシズムを回復した.

## グロティウス
Grotius, Hugo (1583-1645)

本名はフイフ・デ・フロート (Huig de Groot) で, オランダの法学者, 神学者. 若い頃から, さまざまな国家の役職に就いた. 彼は神学的にはアルミニウス主義*者の側についたが, 中庸を支持して, 1614年に『教会内の平和のための解決法』(*Resolution for Peace in the Church*) を起草した. 1619年に, 彼は終身刑に処せられたが脱獄し, 1621年にパリ*に落ち着いた. 1635年に, 女王クリスティーナ*は彼を駐仏スウェーデン大使にした.

グロティウスの主要な宗教的著作は『キリスト教の真理について』(*De Veritate Religionis Christianae*, オランダ語版は1622年, ラテン語版は1627年に刊行) である. 宣教者の手引きを意図した本書は, 自然神学の証言を擁護し, 他のすべての宗教に対するキリスト教信仰の優位性を確証しようとした. 1625年の『戦争と平和の法について』(*De Jure Belli ac Pacis*) は, 法を神学から切り離し, 正義の原則を, 社会的存在としての人間に源泉をもつ不変の自然法の中に定めた. 本書のゆえに, 彼は「国際法学の父」という称号を得た.

## クロティルド (聖(せい))
Clotilde, St (474-545)

フランク王妃. 492年ないし493年に, クローヴィス*と結婚すると, すぐに夫をキリスト教に改宗させようと努めた. 511年の夫の没後, 彼女はトゥール (Tours) の聖マルティヌス*修道院に隠遁した. 祝日は6月3日.

## クロデガング (聖(せい))
Chrodegang, St (766年没)

メッス (Metz) 司教, 重要な教会改革者. シャルル・マルテル*とペパン3世*の大臣であり, (おそらく742-47年のどこかで) メッス司教となったあとも政治家としての地位を保った. 彼は754年にフランク王国の教皇使節*として聖ボニファティウス*の後を継いだ. 748年に, クロデガングはゴルツェ*修道院を創立し, また司教座聖堂のカノン*たちに共住生活を義務づけ, 755年頃に彼らのために自らの名を冠する「会則」を起草した．それは彼らに私有財産の保持を認めた．彼はまた，ローマの聖歌と典礼を自らの司教区に導入した．祝日は3月6日．

## クローデル
Claudel, Paul Louis Charles（1868-1955）

フランスのカトリック著述家，外交官．彼の名声を高めたのは演劇であって，フランスの演劇界を活気づけた．彼の演劇の中心的なテーマは，キリストにおいて世界を神へ献げることである．彼の詩は当時の最も高雅なキリスト教的韻文と比肩する．

## クロプシュトック
Klopstock, Friedrich Gottlieb（1724-1803）

ドイツの詩人．長年デンマークで過ごし，そこで王フレデリック5世は彼に『救世主』（*Der Messias*）を完成させる奨励金を与えた．約2万行のこの叙事詩は受難と復活後の40日間を扱っている．地上の出来事を記述するだけでなく，天使や悪霊たちも登場させ，三位一体の神さえ現れて，すべての出来事や行為にその深い意味を与えている．

## クロマティウス（聖(せい)）
Chromatius, St（407年没）

388年頃からアクィレイア*司教．博識な学者で，聖ヒエロニムス*とルフィヌス*のあいだを調停しようと努めた．彼の説教のいくつかは以前から知られていたが，最近になって他の説教も彼のものと判明した．

## 黒(くろ)ミサ
Black Mass

以下の2者を指す通称．(1) レクイエム*すなわち死者のためのミサのことで，黒い祭服を着用する習慣からそう呼ばれた．(2) 瀆神的な意図で挙行されるミサのパロディ．

## クロムウェル
Cromwell, Oliver（1599-1658）

護国卿（Lord Protector）．1640年に，ケンブリッジから下院議員に選出された彼は，ピューリタン*側の宗教的・政治的見解を支持し，それに独立派*の熱烈な霊性を結びつけた．1642年に内戦が勃発したとき，それはチャールズ1世*にとってと同様，クロムウェルにとっても宗教戦争と思われた．彼は立派に訓練された軍隊を編成し，国王軍を破った．彼は国王を処刑する必要性を説き，彼もその死刑執行令状に署名した．次に冷酷にアイルランドでの反乱を制圧し，スコットランドに遠征した．1653年に，長期議会を解散し，軍隊仲間が起草した規定である統治章典のもとで「護国卿」となった．彼は議会およびイングランドとウェールズの各地の軍管区長官をつうじて統治したが，対立のゆえに，彼の望んだ多くの改革は実現しなかった．にもかかわらず，主教，主席司祭*，主教座聖堂参事会*は英国教会から排除され，『祈禱書』の使用は休止した．教会区は叙任された者とされない者の混在する聖職者のもとで存続した．軍隊の力に依存していた彼の政府は，その没後に崩壊した．彼は自らを神の摂理の道具と見なしていたが，その性格はさまざまに評価されている．

## クロムウェル
Cromwell, Thomas（1485頃-1540）

1540年にエセックス伯．1524年から，T. ウルジー*は彼を法律家として用いた．1529年のウルジーの失脚後，クロムウェルは国王の侍臣となって，プロテスタンティズムおよび教会と国家に対する国王至上権の強力な擁護者となった．1535年に，彼は教会関係の最高首長代行・国王代理（Vicar General and Vice-Gerent in Spirituals）となった．彼は1536-40年に修道院の巡察と解散*を取り決め，ヘンリー8世*と改革議会とのあいだの主要な橋渡し役を演じた．彼は1536年と1538年の国王勅令*を発布したが，後者は各教会に聖書を備えることを命じている．彼はヘンリー8世とクレーヴェのアンとの結婚を整えたが，これが彼の没落の主な原因となった．彼は反逆罪を宣告され，斬首された．

## 黒文字の祝日
Black Letter Days

（黒文字で印刷された）重要度の低い（大部分は聖書に登場しない）聖人の祝日であって，『祈禱書』*の暦に赤文字で表記されている主要な祝日と区別される．➡赤文字の祝日

## グロリア・イン・エクセルシス
Gloria in excelsis

「いと高きところには栄光，神にあれ」と続く賛歌のラテン語の冒頭語で，その賛歌の通称となった（大頌栄*）．その起原と著者は知られていない．4世紀には，「朝の祈り」の一部となり，正教会のオルトロス*(朝課）では現在でも唱えられている．西方教会では，主に聖餐式で唱えられる．

## グロリア・パトリ
Gloria Patri

「栄光は父と子と聖霊に」と続く小頌栄*の最初の2語で，三一神*に栄光を帰している．これを詩編のあとに唱え始めたのは4世紀である．

## グロンドヴィ（グルントヴィ）
Grundtvig, Nikolai Fredrik Severin（1783-1872）

デンマーク*の宗教的指導者．1839年から没するまで，彼はコペンハーゲンのヴァートゥ（Vartov）病院の説教者であった．1861年に，彼には「監督」の称号と地位が与えられた．1824年に，彼はデンマークのルター派*の改革運動を開始し(グロンドヴィ主義)，合理主義と国家による宗教支配とを非難した．

## クワイア
➡聖歌隊，聖歌隊席

## グンケル
Gunkel, Hermann（1862-1932）

プロテスタントの神学者．ドイツの諸大学で教鞭をとった．彼は宗教史学派*の指導的メンバーであり，様式史的研究*の創始者であった．彼は1901年の創世記注解においてその方法論を案出し，次にそれを詩編に適用した．彼の結論によると，ヘブライ宗教の詩歌は長い歴史をもち，その様式は比較的早期に口頭伝承として形成され，捕囚*期以前に十分に発展していた．

# け

## ケアード
Caird, Edward（1835-1908）

スコットランドの哲学者, 神学者. 1866-93年にグラスゴー大学道徳哲学教授であり, ついでオックスフォード大学ベイリオル・カレッジ学長になった. 彼はイギリスの哲学における新ヘーゲル主義の代表者の一人であった. 1893年の『宗教の発展』（*The Evolution of Religion*）と1904年の『ギリシアの哲学者における神学の発展』（*The Evolution of Theology in the Greek Philosophers*）において彼が主張したのは, 宗教的原理が意識における必然的要素であること, キリスト教が現実と理想の対立を克服するものとして絶対的宗教であることであった.

## ゲアドナー
Gairdner, William Henry Temple（1873-1928）

宣教師. 1898年に英国教会宣教協会*の宣教師としてカイロに赴いた. 彼はアラビア語とイスラーム研究ののち, アラブ・アングリカン教会（Arabic Anglican Church）の再編成に尽力したが, これは改宗したムスリムのための霊的な拠点となることが意図された.

## ケアリ
Carey, William（1761-1834）

バプテスト派*の宣教師. 英国教会員として受洗した彼は, 1783年にバプテストの教えに共鳴した. 主として彼の着想で, バプテスト宣教協会（Baptist Missionary Society）が1792年に設立され, 彼は1793年にインド*へ船で赴いた. 新約聖書のベンガル語訳に従事し（1801年に刊行）, カルカッタ（現コルカタ）にフォート・ウィリアム・カレッジ（Fort William College）が開学したとき, サンスクリット語, ベンガル語, マラーティ語（Marathi）の教授に任命された. 1809年に聖書全体をベンガル語に翻訳し, また24の他の言語ないし方言への全訳ないし部分訳をした.

## 敬虔主義（けいけんしゅぎ）
Pietism

（初めはドイツの）プロテスタンティズム内の17世紀後半と18世紀の運動であって, 内的な経験に根ざし, 宗教的献身の生活に表れる「敬虔の実践」に集中することにより, 正統主義プロテスタント諸派における制度と教義の重視に取って代わろうとした. その道は多くの著作家により準備されてきていたが, 1675年のP. J. シュペーナー*による『敬虔なる願望』*の出版は, 敬虔主義運動の発展において決定的な契機であった. シュペーナーは祈り, 聖書研究などのために信心の集会を創設したが, 本質的にルター派運動の教理から逸脱せず, 教会から分離することも意図しなかった. 時に千年王国説*的な期待をもつ反体制的な傾向は, 「急進的敬虔主義」の諸派に見いだされ, 彼らと正統的ルター派や改革的敬虔主義との関係が論争の対象になっている. より穏健な形態が大多数の牧師から支持された. 正統派との対立が避けがたくなったのは, ライプツィヒの学生間にリバイバルを引き起こすのに貢献したA. H. フランケ*がライプツィヒの神学者たちを批判したときであった. 新設のハレ（Halle）大学が以後, プロテスタントのドイツ中に広まった運動の中心地となり, その運動は地域により異なった形態をとった. ハレでは, 悔悛・恩恵・再生の厳格な組織に発展したが, 他方, ヘルンフート*では, 主として贖い主に対する個人的な信心からなっていた. 18世紀の敬虔主義を特徴づけたのは, さまざまな博愛主義的活動および宣教活動への寄与である. 敬虔主義は20世紀まで存続した.

## 『敬虔なる願望』
*Pia Desideria*

P. J. シュペーナー*の著書で，ドイツのプロテスタンティズムに宗教的リバイバルを助長することをめざし，敬虔主義*運動の創出における重要な要素となった．ドイツ語で書かれ，1675年に出版された．

## 啓示
revelation

キリスト教神学において，この語は神が開示する御自身に関する真理の総体および神によりその伝達が起こる過程の両方を指す．（たとえば，キリスト教的伝統の外にいる哲学者が立証しうると主張する神の存在のような）神に関するいくつかの真理は我々の自然的資質をとおして知られうると通例考えられるが，たとえば聖三位一体（Holy Trinity）の教理のような（➡三位一体の教理）他の真理は信仰によってしか知られないので，キリスト教の哲学者は「理性の真理」と「啓示の真理」を区別してきた．伝統的に，プロテスタントが考えてきたのは，いっさいの啓示が十全に聖書中に含まれているということである．カトリックの主張では，啓示の一部が教会の書かれていない伝統*にも見いだされるが，最近，カトリックの神学者は伝統と聖書を明確に区別せず，両者の究極的な一致を強調している．

## 形式的罪
formal sin

それ自体が誤っているか，行為者が誤っていると知っている罪深い行為．➡実質的罪

## 形而上学
metaphysics

アリストテレス*のギリシア語の編集者が彼の「第1の哲学」に付けた名称であり，類比的に同種の主題に関する論考を指す．この名称はもともと単にアリストテレスの全著作におけるその主題に関する諸著作の位置を示すにすぎず，それは「自然学」(*physica*) の「後」(*meta*) に置かれた．形而上学的探求の範囲を明確にすることは難しい．それは，アリストテレス主義者にとり存在そのものの検討であり，観念論者にとり経験の究極的な意味の検討であり，現代の実在論者にとり現実の最も普及した特徴（首尾一貫性，時空の関連性，因果関係など）の検討である．現代哲学における若干の傾向として，形而上学の有効性が疑問視されている．キリスト教神学には実在論的形而上学を当然視する傾向があるが，現代哲学の影響力から免れているわけではない．

## 形而上詩派
Metaphysical Poets

17世紀の詩人の流派で，J. ダン*，G. ハーバート*，R. クラショー*，ヘンリー・ヴォーン*，聖ロバート・サウスウェル*，F. クォールズ*が含まれる．流派の名称はもともと，学識の誇示，奇抜な表象，故意の多義性をもつ機知を含めて，軽蔑的な意味で用いられたが，19世紀末以降，彼らの現実的な資質が高く評価されている．

## 形色
➡種

## 敬神博愛主義者（神人愛主義者）
Theophilanthropists

18世紀末にフランスでできた理神論*的なセクト．その信条の3条項は神と徳と不死への信仰であった．総裁政府からパリの10の教会堂の使用が認められたが，カトリシズムが「1801年の政教協約*」により復興するとまもなく消滅した．

## 形相
form

この語は逐語的には「形」と同義であるが，哲学者はより広い意味で用いている．プラトン*にとり，形相はこの世のあらゆる種類の実体のひな型として働く永遠に超越的な原型である．アリストテレス*の考えでは，形相は事物自体の中にのみ存在し，事物をその事物であるようにし，（生物においては）その成長を支配する．聖アウグスティ

ヌス*は，創造された実体に表現された神慮の思想として，中期プラトン主義*的な形相理解を受け入れた．中世には，アリストテレスの形相と質料*の区別が復活・深化し，さまざまな区別が詳しくなされた．秘跡*の神学において形相は，秘跡に用いるために置かれる質料に意味を与える言葉からなると考えられる．たとえば洗礼*では，秘跡の質料は水であり，形相は「三一神の名」(Trinitarian formula) からなる．

## ケイトン
Caton, William (1636-65)

初期のクェーカー派*．巡回説教者であった彼は，短期間フランスで過ごし，オランダを訪れている．1689年にG. フォックス*が編集したケイトンの『日記』(*Journal*) は同派の信徒のあいだで長く読まれた．

## 刑罰（教会による）
penalties, ecclesiastical

カトリック教会において，以下の3種類に区分される．(1)「ケンスラ（譴責）」(censures) ないし「教育的刑罰」(medicinal penalties) は，違反者の矯正とその教会生活への復帰を意図しており，破門*，インテルディクトゥム*，聖職者に対する停職制裁*が含まれる．(2)「贖罪的刑罰」(expiatory penalties) は，違反者の処罰と教会の保護を意図しており，一定の地域での生活の禁止と聖職者としての生活の放棄が含まれる．(3)「予防処分」(penal remedies) および「悔悛」*．これらの処分（戒告と叱責）も同様に違反の防止ないし違反がなされた重大な嫌疑を対象としている．

## 啓蒙主義
Enlightenment, the

この語はもともとドイツ語の *Aufklärung* (➡ドイツの啓蒙主義) の訳語であったが，現在ではより一般的に，18世紀のヨーロッパの大部分を特徴づけた思想の運動を指す．その支持者たちは知的な探求においていっさいの権威や伝統を信用せず，真理が理性・観察・実験によってのみ得られうると信じた．彼らは知識を創造するだけでなく，それを普及し，できるならば，寛容，正義，人類の道徳的・物質的幸福を増進させようとした．その運動は広範囲な見解を包含し，その多くの指導者は，特にカトリックの諸国において，教会と衝突するようになった．

## 啓蒙主義（ドイツの）
*Aufklärung*

特に明快な形で18世紀のドイツに現れた思想の運動．それはあらゆる超自然的宗教への異議と人間理性の充足への信頼を，現世での人間の幸福を増進したいという欲求に結びつけた．その理念の一つは「信教の自由」*であった．➡啓蒙主義

## 契約
covenant

2人の当事者の一方が他方のために何かをする約束を任意に交わした約定．この概念は，神とその民イスラエルとの関係のひな型として用いられる以前に，一連の世俗的文脈で用いられた．この概念は旧約聖書*の信仰にとり中心的なものとなった．預言者が強調したのは，神と人間の完全な関係が心の内なる義に基づくことであり，エレミヤ*は「新しい契約」を期待した．新約聖書*において，聖パウロ*はこの終末論的な概念が聖餐に表されるキリストの犠牲の死のうちに実現したと見ている（Ⅰコリ11:25)．(「これはわたしの契約の血である」という）マルコ福音書14:24（およびマタイ福音書26:28の最良の写本）に見いだされる伝承は出エジプト記24:8を模倣しており，おそらくキリストの犠牲の死をイスラエルとのあの根本的な契約の観点から見ている．

## 経綸主義
Dispensationalism

聖書はそこに神の自己啓示と救済の計画が明らかにされている歴史において，段階（ないし経綸）により進歩の図式を表しているという信念．これらの段階には，ユダヤの神殿*，教会，再臨（パルーシア*)，最後に新しい天地の創造が含まれる．鍵

となる教えは，聖書が字義どおりに読まれるべきであり，未来の出来事の詳細な預言を含むということである．経綸主義は19世紀のJ. N. ダービー*の教えとプリマス・ブレズレン*運動に由来し，1909年の『スコーフィールド引照聖書』（*Scofield Reference Bible*）に代表され，アメリカ合衆国で多くの支持者を得た．

### 痙攣派（けいれんは）
Convulsionaries

パリのヤンセン主義*者の墓で，1731年に起こったとされる奇跡的な現象から始まった運動に起原をもつ預言者的な分派の人たち．彼らは主に，大勅書『ウニゲニトゥス』*に反対したヤンセン主義的な「上訴人」*であった．

### ケヴィン（聖）
Kevin, St（618年没）

ケムゲン（Coemgen）ともいう．ウィックロー（Wicklow）県のグレンダロク（Glendalough）修道院の創設者で院長であり，同修道院はアイルランドにおける巡礼の主な中心の一つになった．彼の伝記の資料は後代のもので，信頼できない．祝日は6月3日．

### ゲオルギオス（聖）
George, St

イングランドの守護聖人，殉教者．彼の生涯についてはほとんど何も知られていないが，その歴史的実在性は現在では一般に認められている．彼はコンスタンティヌス*帝（337年没）の時代より前にリュッダ（Lydda）かその近くで殉教したのかもしれない．彼に対する崇敬は6世紀までは盛んではなかったし，「竜退治」は12世紀後半に初めて彼に帰された．イングランドの守護聖人というその地位はおそらくエドワード3世の治世にさかのぼり，同王は1347年頃に聖ゲオルギオス（セント・ジョージ）を守護者とするガーター勲爵士団（Order of the Garter）を制定した．祝日は4月23日．

### ゲオルギオス
George（640頃-724）

「アラビア人の主教」．彼は686年にメソポタミアのアラビア遊牧民の主教となった．彼の著作はシリア正教会*の歴史にとり主要な資料の一つである．

### ゲオルギオス（カッパドキアの）
George of Cappadocia（4世紀）

極端なアレイオス*派の主教．357年にアレクサンドリア*の主教座を奪い，361年に殺害されるまでその職にとどまった．彼の殉教伝説の一部が聖ゲオルギオス*の伝説に入りこんだ．

### ゲオルギオス・シュンケロス
George Syncellus（800年頃活動）

ビザンティンの歴史家．コンスタンティノポリス*総主教タラシオス*のシュンケロス*であった．彼は天地創造からディオクレティアヌス*の時代までの重要な年代記を書き，彼の没後も，813年まで書き足された．

### ゲオルギオス・スコラリオス（ゲンナディオス2世）
George Scholarius（1405頃-1472頃）

コンスタンティノポリス*総主教．1439年のフィレンツェ公会議*で，彼は再一致*案を支持したが，やがてそのような計画にまったく反対した．1450年頃に修道士となり，ゲンナディオスと名乗った．コンスタンティノポリス陥落後，1454年にスルタンは彼を「ゲンナディオス2世」として総主教にした．彼は多くの著作を書き，聖トマス・アクィナス*の著作をギリシア語に訳した．

### ゲオルギオス・ハマルトロス
George Hamartolos（9世紀）

「罪人のゲオルギオス」とも「修道士のゲオルギオス」とも呼ばれるビザンティンの歴史家．彼は天地創造から842年までの『年代記略』（*Chronicon Syntomon*）を書いた．聖画像破壊運動*に対する反感に潤色されてはいるが，本書はフォティオス*

直前の時期の重要な資料である.

## ゲオン
Ghéon, Henri (Henri-Léon Vangeon) (1875-1944)

フランスのカトリック著作家. キリスト教演劇を構築しようとして, 自ら戯曲を書き, 1924年に組織した若いカトリック仲間の一座と活動した. 彼の著作の多くは聖人の生涯や他の聖なるテーマを扱っている. その熟慮された素朴な語調は中世の聖人伝*の雰囲気を再現しようとしている. 彼が書いた伝記は広く愛読された.

## けし飾り(かざ)
poppy heads

教会用語で, 教会の長椅子の側板頂部の飾りを指し, ユリの紋章にやや似た形をしている. 15世紀に一般的になった.

## ケズィック・コンヴェンション
Keswick Convention

祈り・聖書研究・講話を中心に, 毎年1週間にわたり開かれる, 福音主義*のキリスト教徒の集会. 「実践的な聖性の促進」を目的として, 1875年にカンブリア州ケズィックで始まった. 多くの国々の訪問者を惹きつけている. ケズィック・コンヴェンションに刺激されたと思われる多くの団体がアメリカ合衆国やカナダに存在する. 最も有名な「慈愛のケズィック・コロニー」は1897年に始まり, 「アメリカのケズィック」に発展した. この団体はアルコールと (現在は) 薬物の中毒と闘うことを強調している. 最初の年次集会をニュージャージー州ケズィックで開催した.

## ゲスト
Guest, Edmund (1518-77)

1571年からソールズベリー*主教. 1548年の『私的ミサに対する論考』(*Treatise against the Privy Mass*) は, 「聖餐の犠牲」*および聖別されたパンとぶどう酒の崇拝を非難し, 1549年に, 実体変化*を批判した. メアリ1世*の治下, 彼は身を隠した. 1560年に, ロチェスター*主教になった. 彼は1563年の「42箇条」*の改訂をめぐる議論で重要な役割を果たし, 「キリストの体は, 晩餐において, ただ天的なまた霊的な仕方によってのみ, 与えられ, 受けられ, 食される」という (「39箇条」*に入れられた) 文言を創案したのは彼であった.

## 決疑論(けつぎろん)
casuistry

一般的な道徳的原則を個々の事例 (cases) に適用する方法ないし知識. 個人的な悔悛*が普遍的に導入されたことは当然, 教会において正式の決疑論を生み出すことになり, 7世紀までには『償いの規定書』*が作成された. 16世紀から, 蓋然説*, 厳格蓋然説*, 同等蓋然説*のようなさまざまな決疑論の学説がカトリック教会において現れた.

## 結婚(けっこん) (婚姻(こんいん))
matrimony (marriage)

キリスト教徒の結婚がそれ以前の慣行や現代の世俗的慣行と異なる点は何よりも, それが女性のうちに求めた価値, およびそれが結婚の絆に帰する生涯にわたる本性の中にある. 「売買結婚」に基づいていた初期のヘブライ法により低い地位を帰されていた女性は, 何か「恥ずべきこと」で離縁されえた (申24:1). 結婚に関するその教えにおいて, キリストは神の創造の計画における本来の位置に結婚を戻すことに努めた (マコ10:6-9, マタ19:4-6). それゆえ, キリストは離婚*が神の意志に反すると主張した. しかしながら, (ルカ16:18と違って) マタイ福音書5:31-32および (マコ10:11と違って) マタイ福音書19:9が想定しているのは, キリストが「不法な結婚」の場合に例外を認めて, 申命記24:1に同意したということである. 結婚が生涯にわたるものだという神の意図を明示するために, 再婚は排除されている. 他のユダヤ教の思想家と違って, キリストはまた, 神の国*のために独身制を守る余地を認めた (マタ19:10-12). 主 (イエス) が離婚に反対したことを認めつつ (Ⅰコリ7:10), 聖パウロ*は司牧的実践上, 別居を認め (Ⅰコリ7:11), 場合によって明らかに再婚する自由を認めている（Ⅰコリ7:15）．これがカトリックの倫理神学において展開（また拡大）されたいわゆる「パウロの特権」*の基礎となった．パウロはキリストにおける男女の平等性を説いているが（ガラ3:28），Ⅰコリント書11:3–12では，彼はそのユダヤ教的背景およびギリシア・ローマ的背景にある父権制的な前提に追従している．

結婚の目的は，結婚における当事者の忠誠心と一致および子どもをもうけること（生殖）にあると伝統的に理解されてきた．生殖がしばしば主要な目的と理解されることで，「子どもの善」が他の事柄以上に考慮されることになり，また多くのキリスト教徒に家族計画のすべての人為的な手段を拒絶させた（➡避妊・生殖・中絶の倫理）．西方において，結婚は秘跡*と見なされるようになり，この場合，当事者が秘跡執行者であって，司祭は任命された証人である点で特有である．

結婚の儀式は，婚約*式と本来の結婚式からなる．婚約式は指輪*の授与（ないし指輪の交換）および手を握り合うことからなる．誓約をすることも含まれる．結婚式は本質的に祝福の式である．テルトゥリアヌス*の時代から，聖餐式の執行を含んでいた（➡結婚式のミサ）．結婚式のミサは，中世教会においてさえ，祭壇の前での祝福の式でしばしば置き換えられたが，この方法がプロテスタント教会に残っている．東方教会において，結婚式では書簡と福音書が朗読され，2人に（殉教者の冠を表す）冠が授与され，ぶどう酒を飲む．

教会が結婚の事項で排他的な裁治権（jurisdiction）を行使する権利が認められたのはやっと11世紀になってからであった．しかしながら，イングランドでは，民事婚（civil marriage）が1836年に確立され，1857年に，結婚の事項での教会裁判所の裁治権は廃止された．その後の法律で，離婚の拡大傾向の根拠が規定されたが，1969年の離婚改革法は結婚の「回復できない破綻」を唯一の規準とした．同様な展開が他の諸国でも起こった．民事法は教会の信仰に影響を及ぼさなかったが，カトリックでは，無効*の請願数が増加しており，これは教会裁判所で聴取される．アングリカン・コミュニオンの地域によっては，民事離婚後に，教会での再婚が時に認められており，他の管区では，祝福が民事婚後に与えられ，その後，両当事者が聖餐式にあずかる．正教会では，離婚はビザンティン時代以来認められてきたが，再婚や3度目の結婚に対しては別の儀式が行われる．

イングランドにおける最近の法律は，結婚式を挙げうる場所の範囲を広げた．英国教会では2008年まで，誰が特定の聖堂で式を挙げうるかについて厳密な規定が存在した．現在，これが認められうるのは当事者の一人が「資格上の関係」（qualifying connection）をもつ場合（すなわち教会区内での洗礼*ないし堅信*，または当事者の1人ないし1人の親が生涯の少なくとも6か月間，教会区内に居住ないし公的礼拝にいつも出席していること，または教会区で両親ないし祖父母が結婚式を挙げたこと）である．

現在，「結婚」という言葉が同性婚にも用いられる国もある．➡姻族，結婚許可証，結婚予告，聖職者の独身制．

## 結婚許可証（けっこんきょかしょう）
marriage licences

結婚予告*の必要性を免除する許可証は，14世紀以降は司教により交付されており，そのような許可証の発行権は1534年の議会法により主教に確認された．許可証は現在はふつう，主教区チャンセラー*に任命された主教代理*により交付される．許可証が交付される前に当事者の一人が誓うべきことは，彼または彼女が婚姻障害*がないと承知していること，当事者の一人が過去15日間，結婚式を挙げる教会区ないし礼拝堂管轄区に居住したか，その教会堂ないし礼拝堂が当事者の一人のいつもの礼拝の場所であることである．一定の時期，一定の教会堂や礼拝堂や他の好都合な場所で結婚する特別な許可証は，カンタベリー*大主教により交付される．

## 結婚禁止親等（けっこんきんししんとう）
prohibited degrees

2人の人が結婚することを不法とする，血液ないし結婚による関係．血液の関係は「血族」*と呼ばれ，結婚による関係は「姻族」*と呼ばれる．親族間の結婚を禁止する教会法は，レビ記18章に基づいており，時に少し拡張されている．1983年の『教会法典』*によれば，カトリック教会では，直系の子孫とのいっさいの結婚は無効であり，いとこ同士の結婚も同様である（後者の場合，特免*がありうる）．英国教会では，結婚禁止親等は1969年の『教令』*(B 31) 中の親族・姻族結婚禁止表に載っている．

## 結婚式のミサ
Nuptial Mass

結婚式および「結婚式の祝福」(nuptial blessing) を含む「結婚式のミサ」．1966年以降，「結婚式のミサ」はともに受洗者である混宗婚*でも認められているが，非カトリックの当事者は一般に聖体にあずかりえない．

## 結婚の絆の保護官
Defender of the Matrimonial Bond

結婚の無効*ないし解消（dissolution）が問題となっているカトリックの教会裁判所において，その義務が当該の結婚の絆（有効性）を支持することである一員．

## 結婚の有効化
validation of marriage

同意の欠如ないしなんらかの結婚無効障害*のゆえに無効とされた結婚が教会法において有効化されうるのは，(1) 同意の単純な繰り返しによるか，(2) もともとの瑕疵の状況に左右される，特免*によるかである．

## 結婚無効障害
diriment impediment

カトリックの教会法*において，人が有効な婚姻*を結ぶことを不可能にする事実ないし状況．そのような障害に含まれるのは，すでに結婚していること，聖職者であること，姻族*や血族関係*にあることである．神法によらないものは教会の権限によって特免*が与えられうる．➡婚姻障害

## 結婚予告
banns of marriage

礼拝の際に迫っている結婚式を公告する習慣は，血族関係*を保護するために中世初期に生まれたと思われる．1949年の婚姻法によれば，結婚予告は挙式に先立つ３回の主日に教会で行われねばならない．➡結婚許可証

## ゲツセマネ
Gethsemane, Garden of

エルサレム*のすぐ外にあった園で，イエスが最後の晩餐のあとにここに退き，その苦悶および裏切りを経験した場．

## 血族
consanguinity

一定の親等内での結婚を不法なだけでなく無効とすること．➡結婚禁止親等，親族・姻族結婚禁止表

## 決定論
Determinism

（人間の行為を含む）あらゆる出来事がともかくも不可避的か必然的かであるという見解．➡予定

## ゲッデス
Geddes, Jenny

言い伝えによれば，スコットランドの祈禱書が初めて用いられた1637年に，セント・ジャイルズ大聖堂 (St Giles' Cathedral) でエディンバラ主教の頭に自分の腰掛けを投げつけた野菜売り．

## ケッテラー
Ketteler, Wilhelm Emmanuel von (1811-77)

1850年からマインツ司教で，近代のカトリック社会思想の先駆者．1869年にフルダ*の司教協議会で説教して，経済的自由主義とキリスト教的原則のあいだの矛盾に注意を引いた．1869-70年の第１ヴァティカン公会議*において，彼が教皇の不可謬性*を定義することに反対した理由は，その宣言が「時機を得ていない」(inopportune) とい

うことであった．彼はまた文化闘争*にも反対して，ドイツにおけるカトリック教会の国家統制からの自由を擁護した．➡不可謬性反対派

## ゲットー
ghetto

以前，ユダヤ人が通例住んでいた，ある都市の街ないし区域．現在ではこの語は漠然と，少数派のグループの閉鎖的な居住区域を指す．

## ケットルウェル
Kettlewell, John（1653-95）

信仰書著作家で臣従拒誓者*．1689年の革命中，彼はいかなる口実のもとでも反抗すべきでないと説教し，1690年に職務を剝奪された．彼の1687年の『実践的信仰者』（*Practical Believer*）は広く読まれた．

## ケニアのキリスト教
Kenya, Christianity in

ケニアにおける近代のキリスト教は，英国教会宣教協会*の宣教師がモンバサ（Mombasa）の近くで活動を始めた1844年にさかのぼるが，1870年代までほとんど進展が見られなかった．モンバサに近いフリアタウン（Freretown）に設立された，解放奴隷のための施設は成果があり，最初のケニア人が1885年に叙任された．1896年に建設され始めたウガンダ鉄道が中央の高原地帯への接近を可能にしたとき，カトリックとプロテスタントの宣教会が増加した．ケニア中部のキクーユ*族は，白人植民者の味方と見なした宣教会に不信感をもち，植民者は宣教会を親アフリカ的と見なした．1929年に，陰核切除の慣行を禁止しようとするプロテスタントの宣教師の試みをめぐって，論争が起こった．多くのキクーユ族は宣教会の教会や学校を去り，宣教会の統制を受けない自らの自由な教会を発足させた．1952年のマウマウ（Mau Mau）の反乱において，秘密のマウマウの宣誓を拒否して殺害されたキリスト教徒がおり，彼らはムランガ（Murang'a）のアングリカンの大聖堂で追悼されている．1964年の独立後，教会には多くの人たちが来た．カトリック教会とアングリカン教会が最大であるが，独立した教会運動が成長し増大している．2000年には，人口の75%以上がキリスト教徒と称している．

保守的な福音派*諸教会が（アフリカ内陸教会員の）ダニエル・アラプ・モイ（Moi）の政権下に盛んになった．アングリカン，長老派*，カトリックは増大する独裁政治に一致して反対し，民主化と一党支配の終焉のために闘った．ペンテコステ派*諸教会も特に都市地域で盛んになったが，これはカリスマ*的なキリスト教諸派を生み出した．（依然としてケニアに根強い）イスラーム*との類似性を疑って，性倫理において厳密にキリスト教的な価値と見なされるものおよび国家のキリスト教的性格がますます主張されてきている．ムンギキ（*Mungiki*）のような，新伝統主義的な政治運動がキクーユの価値の再評価のために闘っている．

## ゲニザ
geniza

シナゴーグ*に付属した部屋で，礼拝に用いられない写本や使い古した聖書の写本や異端的な文書を保管した．

## ケネット
Kennett, White（1660-1728）

1718年からピーターバラ*主教．1689年の革命を積極的に支持し，指導的な低教会派*になった．バンガー論争*において，彼はB. ホードリー*に対して訴訟手続きをとることに反対した．ケネットは熱心な古代史研究者であった．

## ケネル
Quesnel, Pasquier（1634-1719）

フランスのヤンセン主義*者．1657年にオラトリオ会*に入会した．1672年に，彼は『道徳的考察』（*Réflexions morales*）として有名になった著作の初版を刊行した．手引き書（manuals）における霊性の形式化した方法に対して，同著は聖書の徹底的な学びの価値を強調して信心を高めた．1675年のレオ1世*の著作集の校訂版が禁書目録*に

載せられたのは，ガリカニスム*的理論が注釈の中で展開されていたからである．1684年に，彼は上長が課した反ヤンセン主義的定式に署名することを拒否して，ブリュッセルに赴き，投獄されたが，オランダに逃れた．彼の『道徳的考察』はクレメンス11世*による1708年の小勅書*と1713年の大勅書*『ウニゲニトゥス』*で断罪された．譴責された教理の中には，いかなる恩恵も教会の外では与えられず，恩恵は不可抗的であり，誰も恩恵なしにはいかなる善もなしえず，罪人のすべての行為は祈りでさえ罪であるという命題が含まれている．

## ケノーシス論
kenotic theories

（キリストの）受肉*に伴う謙卑（condescension）を説明しようとする理論．ケノーシスの語は，フィリピ書2:7のギリシア語動詞（*kenoō*）に由来し，改訂訳聖書（RV）で'*emptied* himself'（自分を無にした）と訳されている．ある19世紀のルター派の神学者の考えでは，神の子は人となるためにその神性という属性を放棄した．他の学者の主張では，受肉の範囲内で，その活動を制約された神性は，制限され真に人間的な意識をもった存在を主（イエス）において可能とした．伝統的な正統信仰が一般に主（イエス）の神性の自己無化（self-emptying）として認めているのはただ，それが損なわれないままで，肉体的に制限された人間性との合一を受け入れたという意味においてである．

## ケプラー
Kepler, Johann（1571-1630）

ドイツの天文学者．1613年のレーゲンスブルクでの帝国議会で，彼は仲間のプロテスタントの批判に反対して，グレゴリウス暦*を擁護した．彼の名声は主に，惑星の運動に関する3法則の発見による．彼の考えでは，世界は神御自身の存在を表現する秩序である．

## ゲヘナ
Gehenna

エルサレム*の外の谷．早い時期から人身御供が行われた場所で，のちのユダヤ教の考えでは，背教者や他の重罪人を罰するよう神に定められた場所と見なされた．それゆえ新約時代には，この語は最後の審判後の罪人のための最終的な責め苦の場所を意味した．➡地獄

## ゲマトリア
Gematria

ラビが単語から隠れた意味を引き出すために用いた解釈法．ヘブライ語の各文字が数値をもっていたことによるもので，その数値を合算することでヘブライ語の単語の数値を算定できる．この方法は時に初期のキリスト教徒によっても用いられた．ヨハネ黙示録13:18において，「獣の数字」*は666とされており，それが「皇帝ネロ」を表すヘブライ語の単語の数値である．

## ゲミストス・プレトン
➡プレトン

## ケムゲン
➡ケヴィン

## ケムニッツ
Chemnitz, Martin（1522-86）

ルター派*の神学者．人生の大半をブラウンシュヴァイクで過ごした．聖餐におけるキリストの「真の臨在」*に関するM. ルター*の教理を擁護したが，臨在の仕方のさらなる詳述には反対した．彼はトリエント公会議*を批判し，キリストのペルソナ（位格）に関する重要な教理的著作を書いた．和協信条*の起草に指導的な役割を果たし，ルター没後の世代におけるルター派の教理と実践を強化するのに主要な影響力をもった1人であった．

## 獣の数字
number of the beast

ヨハネ黙示録13:18の666（ないし，写本によっては616）という数．ギリシア語でもヘブライ語でも，

アルファベットの各文字は文字と同様に人物も表したので，どんな名前もその文字全部に対応する数で表されえた．その秘密の記号について，多くの説明がなされてきた．最もありそうなのは，「皇帝ネロ」が意図されているというものである．➡ゲマトリア

## ケラ

➡セラ

## ケーラー

Kähler, Martin（1835-1912）

ルター派*の神学者．彼について主として想起されるのは，1892年の論考『いわゆる史的イエス』（*Der sogenannte historische Jesus*, 1896年に改訂版）であり，その中で，彼は史的イエス*の生涯を再構成する19世紀の試みを批判した．

## ゲラシウス（聖）

Gelasius, St（496年没）

492年から教皇．「アカキオスのシスマ」*のあいだ，コンスタンティノポリス*に対してローマの司教座の首位権を擁護した．マニ教*徒がぶどう酒を拒否する誤りを指摘して，彼は二種陪餐を主張した．彼はまた，のちに「四季の斎日」*と呼ばれるようになる期間に，叙階がなされるよう規定した．彼はキリストの両性に関する論考を書いた．『ゲラシウス秘跡書』*と『ゲラシウス教令』*を彼に帰するのは誤りであるが，彼の著作の一部は『レオ秘跡書』*の中に含まれていよう．祝日は11月21日．

## 『ゲラシウス教令』

Decretum Gelasianum

初期のラテン語の文書で，聖書正典のリストを含む．写本において，本教令はしばしば教皇ゲラシウス*（496年没）に帰されているが，おそらく6世紀の作で，イタリアかガリアで成立したものであろう．

## ゲラシウスの嘆願

Deprecatio Gelasii

（ラテン語で「ゲラシウスの執り成し」の意．）普遍的な教会のためのラテン語の連願*．教皇ゲラシウス1世*の作とすることが今では一般に受け入れられている．彼はおそらくキリエ・エレイソン*が定着した場所で，ローマのミサの中に導入したと思われる．

## 『ゲラシウス秘跡書』

Gelasian Sacramentary

この名称は特定の写本（Vat. Reg. Lat. 316）およびそれが属する秘跡書*を指す．このヴァティカン図書館の写本は8世紀半ばに由来する．そのテキストを教皇ゲラシウス*に帰するのは誤りである．

## ゲラシオス（カイサリアの）

Gelasius（395年没）

367年頃からパレスチナのカイサリア*主教．確信的なニカイア*派であった彼は，ウァレンス帝の治下にしばらく自らの主教座から追放された．彼はエウセビオス*の『教会史』の続巻，アノモイオス派*に対する駁論，『信条講解』（Expositio Symboli）を書いた．

## ゲラシオス（キュジコスの）

Gelasius of Cyzicus

この名前は『教会史』ないし325年のニカイア*公会議の議事録の集成である『シュンタグマ』（Syntagma）の5世紀の著者に付けられた．本書は，自分たちの信仰がニカイアの師父たちのそれと同一だと主張するキリスト単性論*者を論駁することを意図している．

## ゲラン（聖）

Guérin, St Théodore（1798-1856）

セント・メアリ・オヴ・ザ・ウッズの御摂理修道女会（Congregation of the Sisters of Providence of St Mary-of-the-Woods）の創立者．アンヌ・テレーズ・ゲランはフランスで教えたのち，1823

年にリュイエ・シュール・ロワール（Ruillé-sur-Loir）で御摂理修道女会に入会し，修道女としてテオドールと名乗った．1839年に，ヴィンセンズ（Vincennes）司教が本院を訪れ，アメリカの広大な自教区のために宣教教師を募った．５人の修道女とともに，彼女はアメリカに向けて出発した．インディアナ州に着いた彼女は，インディアナポリス付近のセント・メアリ・オヴ・ザ・ウッズに女子修道院と学校を開設した．続けて複数の学校も開設され，カトリックだけでなく，それ以外の信徒も受け入れた．彼女が没するまでに，修道会は大いに拡大した．2006年に列聖された．祝日は10月５日．

## ゲランジェ
Guéranger, Prosper Louis Pascal（1805-75）

ベネディクト会*員．フランスのベネディクト会を再建する意図で，彼は1832年にソレーム*の修道院を買い取り，1833年に修道生活を始め，1837年にその初代院長になった．彼は典礼問題に強い関心をもっていた．

## ケリ・デ
Culdee

「神の下僕」を意味するこの名称は，以下の３者について用いられた．(1) 8-9世紀に，いくつかの教会でより厳しい信心の生活を追求したアイルランドの修道士，(2) その後，アイルランドやスコットランドのいくつかの教会で，12世紀以降に修道祭式者会*に置き換わるまで司教座聖堂の構成員であった聖職者，(3) 16世紀に卑しめて，ケルト式の会則を守る修道士．

## ケリュグマ
kerygma

（ギリシア語で「宣教」の意．）キリスト教の護教論（apologetic）における宣教の要素であって，ディダケー*すなわちその教訓的な側面と対比される．

## ゲーリンクス（ヘーリンクス）
Geulincx, Arnold（1624-69）

哲学者．スコラ学*と修道制*を批判したために，1658年にルーヴァン大学の教授職を追われた．彼はその後，レイデン*に赴き，カルヴァン主義*者になった．

R. デカルト*のいう肉体と精神の区別から出発したゲーリンクスは，機会原因論*と呼ばれる理論を展開した．彼は肉体に対する肉体の働き，精神に対する肉体の働き，肉体に対する精神の働きをいっさい否定し，したがって我々の意志により生み出されるあらゆる運動も否定した．神があらゆる運動と思想の唯一の原因であって，あらゆる副次的な原因は実体がない．人間は外界や自分の肉体に働きかけることができないので，肉体が関わる出来事のそれぞれの「機会」に，神が精神の中に対応する感覚を生じさせるのであり，精神が関わる出来事ではその逆である．その結果，すべてのことは神に直接的に従属している．神に向かって自発的な努力をすることができる人間の意志が自由の様相を示すのは，活動の結果がひとえに神にかかっているからである．しかしながら，神御自身は近寄りがたい存在であり，道徳的生活を送るためには，人間は自己のうちなる神的なもの，すなわち人間理性に従わねばならず，それにより人間は神性に与るのである．

## ケリントス
Cerinthus（100年頃に活動）

グノーシス主義者．彼は世界が至高神によってでなく，（より低次の存在である）デミウルゴス*ないし天使によって創造されたと説いたといわれる．彼の考えでは，イエスはその地上の生涯を単なる人間として始めたが，受洗の際に，高次の神的力である「キリスト」がイエスに降臨したが，十字架刑前に離れた．

## ゲール
Gale, Thomas（1635頃-1702）

古文書学者．1697年から，彼はヨーク*主教座聖堂参事会員であった．1687年に『５人のイングランド史家』（*Historiae Anglicanae Scriptores Quinque*）および1691年に『ブリタニア史家』（*Historiae Bri-*

*tannicae Scriptores*）を編集したが，両著は中世イングランド史の価値ある資料である．

## ゲルウァシウス（聖）とプロタシウス（聖）
Gervasius and Protasius, Sts

ミラノの最初の殉教者．2人について，確実なことは何も知られない．386年に，聖アンブロシウス*は「予感」に従い聖遺物を求めて発掘した．2人の遺骸がこれらの殉教者のものと認められ，新しい教会堂に移動され，そこで奇跡的治癒が起こったといわれる．祝日は6月19日．

## 『ケルズの書』
Kells, Book of

福音書の精密に装飾されたラテン語写本で，800年頃にさかのぼる．それはアイルランドのミース（Meath）県のケルズ（現シーアナナスモー［Caenannus Mór］）で書かれたと長く考えられてきたが，別の場所からそこにもたらされたのであろう．現在はダブリンのトリニティ・カレッジ*に所蔵されている．

## ケルソス
Celsus（2世紀）

異教徒の哲学者．彼の『真理の教え』（178年頃）は，その詳細な内容が残っている最古のキリスト教への攻撃書であり，大部分はオリゲネス*による駁論に収められている．ケルソスはロゴス*の教えとキリスト教の道徳律を称賛したが，教会の排他的な要求に反対し，キリスト教徒に彼らの宗教的・政治的不寛容さを捨てるよう訴えた．彼は受肉と十字架刑の教えを嫌悪した．

## ケルト諸教会
Celtic Churches

ケルト諸語を用いる諸地域，すなわち，カンブリア，ウェールズ*，コーンウォール，ブルターニュ，アイルランド*，スコットランド*の諸教会は，いかなる制度的な統一体によって結びついたこともなく，これらの諸教会に共通で他とは違った明確に定義された慣行も存在しなかった．にもかかわらず，各教会はすべてローマ時代後期のブリタニアの教会から発展した．キリスト教がアイルランドにもたらされたのはおそらくブリタニア西部との商業的結びつきによったと思われ，431年にパラディウス*が「アイルランドの初代司教」として派遣されることができた．しかしながら，聖パトリキウス*がブリタニアから来た5世紀後半にも，アイルランドは依然として大半は異教的で，彼の著作を除けば教会の痕跡は6世紀に至るまでまったく存在しない．その間にブリタニアでは，主に異教的なアングロ・サクソン*人の拡大がブリタニアの諸教会を西方に押しやった．アングロ・サクソン人に対する彼らの憎しみやローマからの宣教について，（カンタベリーの）聖アウグスティヌス*が彼らと合意に達することができなかったことがよく物語っている．

いくつかの特徴がケルト教会を特色づけると考えられてきた理由は，それをめぐって，西方で普及するようになった異なった慣行に従う諸教会と対立したからである．それには復活祭*を守る日付の算定法や剃髪*の仕方の相違が含まれる．ケルト教会の構造はほかよりも位階制的でなく，司教区の区域が不明確で，修道院が教会組織の中心になりがちであった．ノルマン人の到来後，安定した司教区・管区大司教区の組織がケルト教会全体に確立された．

## ゲルトルーディス（大）（聖）
Gertrude, St, 'the Great'（1256-1302頃）

ドイツの神秘家．チューリンゲンのヘルフタ（Helfta）の女子修道院に子どものときに預けられた彼女は，25歳のときに回心を経験し，その後，観想生活を送った．彼女はマクデブルクのメヒティルト*やハッケボルン（Hackeborn）の聖メヒティルトと交友があった．ゲルトルーディスの『神の愛の使節』（*Legatus Divinae Pietatis*，その第2巻だけが彼女により書かれ，残り4巻はノートに基づく）は，キリスト教神秘主義の偉大な文学的な所産の一つである．彼女は聖心*崇敬の初期の主唱者であり，カリブ海*の守護聖人．祝日は11月16日．

## ゲルトルーディス
➡ジェルトルード

## ケルドン
Cerdo（2世紀）

シリア出身のグノーシス主義者*で，140年頃ローマで教えた．彼の考えでは，旧約聖書*の創造神はイエス・キリストの父なる神と区別されるべきであり，肉体でなく魂のみが復活できる．

## ゲルハルト
Gerhard, Johann（1582-1637）

ルター派*の神学者．1616年から没するまでイェーナ大学の神学教授であった．スコラ学的方法論と用語を宗教改革の教義学に再導入した．1610-22年の彼の浩瀚な『神学総覧』（*Loci Theologici*）は，ルター派正統主義の標準的な概論となった．

## ゲルハルト
Gerhardt, Paul（1607-76）

ドイツのルター派*の讃美歌作詞者．彼は重要な牧師職に就いた．神学的には断固としてルター派にたったが，彼はカトリックの神秘主義の影響を受けている．彼の讃美歌*の一つである‘O Haupt voll Blut und Wunden’（「血しおしたたる」『古今聖歌集』83番，『讃美歌』136番）は，聖ベルナルドゥス*に帰される詩（‘Salve caput cruentatum’）に基づく．ゲルハルトの多くの讃美歌が愛唱されている．

## ケルビコン
Cherubicon（Cherubic Hymn）

東方教会において，大聖入*のときに通常歌われる聖歌．

## ケルビム（智天使（ちてんし））
Cherubim

複数形のヘブライ語で，天使*の9階級の第2位にある．

## ゲルホー（ライヘルスベルクの）
Gerhoh of Reichersberg（1092/93-1169）

アウグスチノ律修参事会*員．1118年頃にアウクスブルク司教座聖堂付属学校の校長（magister scholarum）になったが，司教の聖職売買*を咎めたために辞任せざるをえなかった．彼はロッテンブーフ（Rottenbuch）でアウグスチノ律修参事会に入会し，1132年にライヘルスベルクの司教座聖堂主任司祭*になった．彼はしばしば使節としてローマに派遣されたが，改革への熱意のために反感を招き，異端の嫌疑さえ受けた．1166年に，彼が皇帝フリードリヒ1世*により追放され，修道院を去らざるをえなかったのは，ゲルホーが皇帝のたてた対立教皇を支持するのを拒否したからである．1160-62年の有名な『反キリストの探索』（*De Investigatione Antichristi*）において，彼は教皇と皇帝の権力の領域をより明瞭に定義することを主張した．

## ゲルマヌス（オセールの）（聖（せい））
Germanus, St（437/48年没）

どうやら30年間，オセール（Auxerre）司教であったらしい．アクィタニアのプロスペル*が伝えるところでは，ゲルマヌスはペラギウス主義*を抑えるためにケレスティヌス1世*により429年にブリタニアへ派遣された．ゲルマヌスの伝記は，彼のことを極めてすぐれた禁欲主義的な司教と描き，彼がブリタニアを2度訪れ，またラヴェンナ*に旅したことを語っている．

## ゲルマヌス（パリの）（聖（せい））
Germanus, St（496頃-576）

555年からパリ*司教．司教になる前は修道士であった彼は，フランク王たちの不道徳を抑制し，絶え間ない内乱を終わらせようと努めた．サン・ジェルマン・デ・プレ*教会は彼の墓所の上に立っている．祝日は5月28日，その移動*について，7月25日．

ほぼ確実に誤って彼に帰されている2通の書簡は，初期の学者によりガリア典礼*の再構成に用いられた．それはおそらく700年頃に南フランスで書かれたものである．

## ゲルマノス（コンスタンティノポリスの）（聖）
Germanus, St（640頃-733頃）

コンスタンティノポリス*総主教．ハギア・ソフィア大聖堂*の司祭長であって，680年の第3コンスタンティノポリス公会議*と692年のトルロス教会会議*でおそらく一定の役割を果たした．彼は715年に総主教に選ばれる前はキュジコス（Cyzicus）府主教であった．総主教に就任後まもなくキリスト単意論*者にアナテマ*を宣告した．725年に，皇帝レオン3世*はイコン*の崇敬に反対する最初の勅令を出し（➡聖画像破壊論争），ゲルマノスはそれに反対したため，730年に辞任せざるをえなかった．彼は3つの論考，教義的な書簡，聖母マリア*の崇敬を擁護する講話を書いた．彼はまたおそらく，当時のビザンティン典礼を解釈する著作およびいくつかのすぐれた典礼詩を書いた．祝日は5月12日．

## ケルン
Cologne

ここに司教座はコンスタンティヌス*（337年没）の在位中かそれ以前に置かれた．11-12世紀には，ケルン大司教は重要な諸侯となり，1356年に，選帝侯として認められた．大聖堂*は13-15世紀と19世紀の建造物で，東方3博士*の霊廟がある．

## ゲレス
Görres, Johann Joseph von（1776-1848）

ドイツのカトリック著作家．さまざまな経歴を経て，彼は1824年にカトリックの信仰に戻り，1827年にミュンヘン大学の教授となり，ここでJ. J. I. フォン・デリンガー*やJ. A. メーラー*を含むカトリックの学者のサークルの中心的存在となった．ケルン*大司教のC. A. フォン・ドロステ・ツ・フィッシェリング*が1837年にプロイセン政府により罷免・投獄されたとき，ゲレスは翌年の論考『アタナジウス』（*Athanasius*）でこの問題を取り上げ，ドイツの全カトリック圏を教会を擁護する側に立たせた．ゲレスの著作は神秘主義の研究に刺激を与え，またドイツ国内でのカトリック思想の普及に貢献した．

## ケレスティヌス1世（聖）
Celestine I, St（432年没）

422年から教皇．彼がアピアリウス*を支持したことで，アフリカの司教たちは彼らの権利の侵害と見なしてそれに抗議するためカルタゴ*で424年頃に教会会議を開いた．429年に，ケレスティヌスはペラギウス主義*に対抗するためオセールのゲルマヌス*をブリタニアへ派遣した．430年のローマ教会会議で，ケレスティヌスはネストリオス*を正式に断罪した．祝日は東方では4月8日，西方では以前は4月6日，1922年以降は7月27日．現在は削除されている．

## ケレスティヌス3世
Celestine III（1106頃-1198）

1191年から教皇．彼は1140年のサンス教会会議*でアベラルドゥス*を擁護し，のちにトマス・ベケット*にはより妥協的な態度をとるように説いた．85歳で教皇に選ばれ，彼の在位期間は優柔不断さが目立っている．しかしながら，彼はテンプル騎士団*，ヨハネ騎士団*，新たに結成されたドイツ騎士団*を認可した．

## ケレスティヌス5世（聖）
Celestine V, St（1215頃-1296）

1294年7-12月に教皇．17歳でベネディクト会*員になったが，モローネ山（Monte Morrone）に隠遁した．彼の周りに集まった多くの弟子たちはケレスティヌス修道会*の核となった．およそ80歳で教皇に選ばれた彼は，純真で世事にうとく，ナポリ王シャルル2世に牛耳られ，辞任した．彼は洗礼名ピエトロにちなみしばしば聖ペトルス・ケレスティヌスとも呼ばれる．祝日は5月19日であるが，一般的な教会暦にはない．

## ケレスティヌス修道会
Celestine Order

ベネディクト会*の修族で，のちに教皇になったケレスティヌス5世*によりイタリア中部のモローネ山に設立された．1259年に建てられた修道院は，1263年に教皇の認可を受け，修道会は1275年に承認された．その規律は厳格であった．最後の修道院は1785年に閉鎖した．

## ケレブレト（ミサ執行許可状）

celebret

（ラテン語で「彼に執行させよ」の意.）カトリック教会において，その所持者にミサを執行することを認める証明書.

## ゲレルト

Gellert, Christian Fürchtegott（1715-69）

ドイツの詩人．彼はルター派*教会やカトリック教会で愛唱された多くの讃美歌*を作詞した．その中に，'Jesus lebt, mit ihm auch ich'（「主いきたまえば」『古今聖歌集』111番，「主は活きたもう」『讃美歌』156番）がある．

## 『ゲロンシアスの夢』

*Gerontius, The Dream of*

1865年に最初に出版された，J. H. ニューマン*の詩．正しい魂が死んで肉体を離れて，その後，天使たちと語らう幻である．

## ケン

Ken, Thomas（1637-1711）

臣従拒誓者*．1683年に，彼は国王の愛人であるネル・グウィン（Gwyn）に自宅の使用を拒否したが，チャールズ2世*はケンの勇敢さに敬服し，1684年に彼をバース・アンド・ウェルズ*主教に任命した．ケンは，1688年のジェームズ2世*の信仰寛容宣言*を朗読することを拒否した「7人の主教」*の一人であったが，ウィリアムとメアリに臣従を拒否して，その主教職を剥奪された．彼はさらに臣従拒誓派の主教の叙任にも反対した．彼が作詞した讃美歌*の中に，'Awake my soul, and with the sun'（「めさめよわがたま」『古今聖歌集』173番，『讃美歌』22番）や 'Glory to Thee, my God, this night'（「さかえあるかみよ」『古今聖歌集』189番，「このひのめぐみを」『讃美歌』36番）がある．祝日はアメリカの1979年の『祈禱書』では3月21日，『共同礼拝』*では6月8日．

## 権威

authority

個人やグループに戒めや勧めに従うよう説得する権力や権利．国家において，政府の強制権は服従を確保できるのであり，教会が組織化した社会と同一視されたとき，教会的権威は世俗の刑罰をもって強制された．キリスト教共同体において権威が今では良心*への訴えに基づいてはたらくのは，信仰や道徳において，共同体にとって受け入れられるものからの逸脱は排除や霊的譴責を伴うと理解されているからである．

キリスト教徒にとって，究極的な権威は，イエス・キリストにおいて啓示された神である．新約聖書*の諸文書はイエスの権威とその教えのキリスト教共同体による解釈の権威を前提としている．しかしながら教会において，さまざまな種類の対立があった．正教徒やアングリカンは主要な公会議を意思決定機関と見なしているのに対し，カトリック信者にとっては，それらは権威ある支配を行う教皇に助言するキリスト教的な意見を表明したものである．

## 『原因論』

*Liber de Causis*

主にプロクロス*の『神学綱要』の抜粋からなる論考で，850年頃に無名のムスリム哲学者によりアラビア語に翻訳された．1167-87年にラテン語に翻訳された本書は，アリストテレス*の著書として流布し，中世哲学に深い影響を及ぼした．

## 原会則派

➡オブセルヴァント派

## 厳格蓋然説（高度蓋然説）

Probabiliorism

ある行為の合法性ないし不法性が不確かな場合，それがより蓋然的なときだけ，法の側にくみ

する意見より自由の側にくみする意見に従うことが正当であるという原理に基づく，倫理神学*の体系．➡蓋然説

## 厳格主義（厳格説）
rigorism

専門的意味では，この語は安全説*と呼ばれる倫理神学の見解の別称である．一般的には，これは極端な禁欲主義や克己の実践，律法の厳格な文字どおりの遵守を指す．

## 厳格説
➡安全説

## 原義
➡原始義

## 顕現（神の）
Theophany

一時的で，必ずしも物体的でない，見えるかたちでの神の顕現（appearance）．

## 顕現日
➡公現祭

## 献香
censing（incensation）

香*を焚いて個人や物体に向けて振りかける典礼行為．➡香

## 現行罪
➡自罪

## 原罪
Original Sin

キリスト教神学において，人間が堕落*以来とらわれてきた罪の状態．この教理の聖書的基礎は，「1人の人（すなわち，アダム*）によって罪が世に入り」，その結果「1人の罪によって多くの人が死ぬことになった」というパウロの教えである（ロマ5:12-21およびIコリ15:22参照）．聖エイレナイオス*はグノーシス主義*者との闘いの中でこの教理を発展させ始め，異端者の二元論*的体系に反対するものとして，悪がアダムの罪をとおして世に入ったという教えを擁護した．ギリシア教父は一般に，アダム以降の人間が堕落した世に生まれたのだから，堕落の宇宙論的次元を強調したが同時に，人間が堕落しても自由であるという信仰を堅持した．原罪の教理の明確化は西方神学に委ねられた．ここで，テルトゥリアヌス*，聖キュプリアヌス*，聖アンブロシウス*が説いたのは，罪の結果のみならず，生殖行為をとおして伝達される罪そのものにおける，全人類のアダムとの連帯性であった．これを超えて，2つの学派の発展がみられた．聖アウグスティヌス*とその支持者の主張では，アダムの罪は情欲*によって子孫に伝達され，人類を「断罪された塊」（*massa damnata*）となし，自由意志を損ないはしないが，著しく弱める．聖アンセルムス*は原罪を情欲から分離し，原罪を「だれもが所有すべき義の欠如」と定義し，全人類が「種子的に」（*seminaliter*）アダムにおいて存在するのだから，それは生殖により伝達されると考えた．聖トマス・アクィナス*は堕落前のアダムの状態において，「純粋な自然」をそれを完成させた超自然的賜物から区別した．したがって，原罪は人間をその超自然的目的へと向かわせ，劣った力（powers）を理性に従属させることを可能にしていた，その超自然的特権の喪失からなっている．この概念は意志を理性に委ね，自然の力を堕落した人間の情念に委ねる．アクィナスによれば，原罪はアダムの個人的な過失としてでなく，すべての男女がアダムを最初の原動力とする1つの大きな有機体と見なされるのだから，過失を構成する，人間本性の状態として伝達される．伝達の方法は生殖であって，情欲を伴うかどうかにかかわらない．

16世紀には，M. ルター*もJ. カルヴァン*も再び原罪を情欲と同一視し，それが自由を損ない，受洗後も存続すると主張した．他方，D. デ・ソト*はアクィナスの教理を繰り返し，原罪の定義から情欲の要素をまったく除去し，原罪を聖化の恩恵の喪失と同一視した．この見解はカトリック教会

内で広く影響力をもったが，ヤンセン主義*者は古いアウグスティヌス的な悲観主義の傾向があった．18世紀以降，原罪の教義は啓蒙主義*による人間の進歩への確信と進化論により弱められたが，ある程度それは存続し，20世紀にK. バルト*とその弟子たちにより強く再確認された．現代の原罪の論じ方は，それを個人よりむしろ人間性に属するものと見なしがちで，それを遺伝よりむしろ人間の社会性に由来させている．

## 原始義（原義）

Original Righteousness（Original Justice）

カトリック神学によれば，堕罪*前に神により人間に無償で付与された完全な正しさ．人間が創造された原始義の状態は，情欲*からの自由，肉体の不死性*，幸福を含むと考えられる．

## 顕示台（聖体顕示台）

monstrance

聖遺物*ないし，より一般的には聖餐のホスティア*を崇敬するために顕示する容器．現在はふつう円盤状の入れ物でできており，金や銀の射出部分で縁取られ，中央がガラス張りになっている．➡オステンソリウム

## ケンジット

Kensit, John（1853-1902）

プロテスタントの論争家．彼は1885年にロンドンのパタノスター・ロウ（Paternoster Row）でシティー・プロテスタント書店を始め，1890年に新設された「プロテスタント真理協会」（Protestant Truth Society）の主事になった．1898年から，彼はロンドンとリヴァプールの両主教区で「儀式主義」（ritualism）の増大に反対する運動を組織し，行く先々で摩擦と騒動を引き起こした．

## 検邪聖省

Holy Office

異端信仰を国際的に扱うために1542年に，異端審問*と結びついて創設された「教皇庁の省」*．1965年に，検邪聖省は教理省（Congregation for the Doctrine of the Faith）となり，健全な教理の擁護とともにその推進という積極的な働きを担っている．1988年以降，省名の英訳は‘Congregation of the Doctrine of the Faith’である．

## 「厳粛なる同盟と契約」

Solemn League and Covenant

1643年のスコットランド人とイングランド議会間の協約．そこに表明された意図は，スコットランドの長老派*教会の存続，英国教会の改革，イギリス諸島の諸教会の画一化，議会の諸権利および各王国の自由の保持，国王の正当な権限の擁護であった．一時は，ウェストミンスター会議*の動きは長老派的な傾向をもっていたが，1644年以降，独立派*が権力を握り，「同盟と契約」はイングランドでは死文化した．

## 現象学

phenomenology

この語は現在は主として，エドムント・フッサール（Husserl, 1859-1938年）の哲学的教説と彼の学派（なかでも，M. ハイデガー*）を指す．フッサールによれば，現象学は本質と本質的意味の発見と分析に関わる記述的学問である．それはいっさいの形而上学的問いを排除すると称しているが，フッサールのその学問の最初の労作における多くが，プラトン主義*的実在論に陥りがちであった．このプラトン主義的要素は彼の弟子たちにより展開され，（トマス主義*型でない）アウグスティヌス*主義型のキリスト教形而上学を擁護するために用いられた．フッサール自身は晩年の著作で，一種の主観的観念論を受け入れた．

現象学は，1910-33年の時期のドイツ哲学において最も影響力のある運動であった．ナチのもとで不評であったが，フランスにおいて修正された形で復活し，またカトリック教会において，イエズス会*の哲学者バーナード・ロナガン（Lonergan, 1904-84年）や教皇ヨアンネス・パウルス２世*に影響を及ぼした．フッサールが現象を記述する際，真理の問いを「括弧入れ」ないし「捨象」したことは，現代の宗教研究の大きな拠り所となっ

た．➡実存主義

## 堅信（けんしん）
Confirmation

秘跡の神学において，受洗の際にすでにある程度受けた聖霊の恩恵が十全に付与される儀式．

多くの神学者は堅信の例を新約聖書*における按手*の言及（たとえば，使8:14-17）に見たが，初期のあらゆる証言において，全面的なキリスト教徒の生活への開始と結びつくさまざまな要素を正確に関係づけることは難しい．3世紀前半に，按手と油注ぎ*は洗礼式に不可欠なものとして記述されている．3世紀半ばに両者は実際の洗礼から区別され，4世紀には堅信は，油注ぎによるものであれ按手によるものであれ，西方教会ではしばしば別個の儀式となった．教会への加入を求める志願者が増えて，司教1人が彼ら全員に授洗できなくなったので，小教区*の聖職者がふつう洗礼式を行うようになり，入信式（initiation ceremonies）において司教が果たす役割は次の司教訪問まで延期され，そのときに志願者は堅信のために司教に引き合わされた．東方教会では，洗礼と同時に堅信式を行う慣行が保持された．このことが可能であったのは，主教の役割を油注ぎに用いられる油の聖別に限定したからである．その油は次いで教会区司祭に渡され，彼は機会があるごとに堅信式を行う．

堅信式の神学的な意味はこれまでも今も議論されている．ある人たちはそれを洗礼の不可欠な部分であり，その効果において洗礼と区別できないものと見なす．他の人たちは，聖霊の新しい賜物，特に悪との闘いにある志願者を強めるのに必要な恩恵を与えるものと見なす．

中世後期以来，カトリック教会における通常の慣行は，7歳の誕生日を過ぎたらなるべく早く堅信を受けさせることであったが，1971年以降，もっと遅い年齢の可能性が予想されている．堅信は通常，ミサのあいだに授けられる．説教のあとに，志願者たちは自らの洗礼の約束を更新する．司教は彼らに手を伸ばし，聖霊を受けるようにと祈り，次に各自の額に聖香油*を塗って「十字架のしるし」*をする．ある場合には司祭が現在では，司教により聖別された聖香油を用いて独自に堅信を授けることができ，たとえば別の教派（Communion）からの改宗者を受け入れる場合である．

宗教改革のとき，英国教会は中世の慣行を続けたが，油の使用は1549年に，また「十字架のしるし」は1552年に廃された．『共同礼拝』*は『祈禱書』*より短い式文を定めているが，各志願者の名前を載せている．『祈禱書』によれば，だれも堅信を受けたか，または「堅信を受ける準備ができ，それを望む」までは，聖餐を認められないが，1972年以降，受洗した他の教会（Churches）の成員も認められている．正式に定められた教育が伝統的に堅信に先行してきた．

堅信式はまた，ルター派*や他のプロテスタントの教会でも行われている．

## 献身者（けんしんしゃ）
oblate

中世初期に，この語は両親により修道院に奉献され，そこで育てられた子どもたちを特に指した．のちには広く，修道院内でか，そこと深く関わって生活したが，完全な修道誓願を立てなかった信徒を指した．この語はカトリック教会のいくつかの修道会の名称中にも用いられている．➡ベネディクト会律修献身会

## ケンスラ
➡罰

## 謙遜（けんそん）
humility

もともと低い境遇とそれに結びついた怯えた態度を指すこの語は，ユダヤ・キリスト教において，肯定的な意味を獲得した．神の前に従順であると理解された謙遜が徳と見なされるようになったのは，キリストが「へりくだって，死に至るまで従順であられた」（フィリ2:8）からである．聖トマス・アクィナス*は謙遜が，神により各自に定められた範囲内にそれを保つ適度の望みを意味すると考えた．M.ルター*は謙遜を神の意志をすすん

で受け入れることと見なし，現代のプロテスタントの道徳家は謙遜を神への我々の依存に対する完全な忍従と同一視している．

### 「謙遜な近づきの祈り」
Humble Access, the Prayer of

『祈禱書』の聖餐式の祈りで，「わたしたちは謹んでこの聖餐卓に近づきます」（We do not presume to come to this thy Table）という言葉で始まる．これは1548年の『聖餐式順序』（Order of the Communion）のために作成され，アングリカンの典礼でさまざまに用いられてきた．

### 謙遜派
➡フミリアティ

### ケンティゲルン（聖）
Kentigern, St（612年頃没）

聖ムンゴ（Mungo）とも呼ばれる宣教者．12世紀の伝記によれば，彼は南スコットランドのブリトン人の王子の孫で，ストラスクライド（Strathclyde）のブリトン人の司教となり，グラスゴー教会を創建した．彼はウェールズとカンブリアで宣教したといわれる．彼の有名な墓所はグラスゴー大聖堂にある．祝日は1月13日．

### 献堂式
dedication of Churches

教会堂の献堂式の最古の記録は314年のティルス*主教座聖堂のそれである．常設の教会堂の正式な聖別に関して，聖餐式で終わる6つの主要な部分からなる複雑な儀式が発達した．1977年のカトリックの儀式書の規範版によれば，献堂式はミサの中で行われ，祭壇と教会堂の壁の，聖香油*を用いた司教による油注ぎ*が含まれる．仮設の教会堂の場合，司祭によるより簡素な祝福の儀式が定められている．献堂式は常設の教会を意図しているが，礼拝に使用されえない場合，教区司教は相応な目的であれば世俗の目的の使用を許可できる．

献堂式の祝日は当該教会堂の献堂式の日を毎年祝う．聖墳墓*聖堂の献堂式の祝日はエゲリア*に記述されている．英国教会における『共同礼拝』*の定めでは，「献堂式の日が未知の場合，献堂式の祝日は10月の第1主日か，三位一体節の最後の主日か，その地方で選ばれた適切な日に守られる」．

### ゲンナディウス（マルセイユの）
Gennadius of Marseilles（470年頃活動）

司祭，教会史家．彼の『著名者列伝』（*De Viris Illustribus*）は，ヒエロニムス*の同名の著書の続編で，その書誌学的な情報は極めて貴重である．彼が広く流布した神学概論である『教会教義に関する書』（*Liber ecclesiasticorum dogmatum*）の初期の校訂本の著者であったことはほぼ確実である．『旧教会条例』*も時に彼に帰される．

### ゲンナディオス1世（聖）
Gennadius I, St（471年没）

458年からコンスタンティノポリス*総主教．若い頃，彼はアレクサンドリアの聖キュリロス*のキリスト論*に反対した．彼は聖書の注解書や教義的な著作を書いた．祝日は東方では11月17日，西方では8月25日．

### ゲンナディオス2世
➡ゲオルギオス・スコラリオス

### 堅忍
perseverance

一般的な意味のほかに，この語は特に予定*論との関連で，回心後に信仰にしっかり留まり，救いの達成にふさわしく生きることを指す．

### 権能（学部）
faculty

誰かがあることを行ったり，ある地位を占めたりすることを許す，教会の長上からの特免*ないし許可（licence）のことで，彼はこれなしには適法に行ったり地位を占めたりできない．1534年に，人々が特免*を求めてローマに訴えるのを抑えるために，「権能裁判所」*が設置された．どの主教区においても，聖別された土地・建物とその内容は主教の最終管理権のもとにあるので，教会堂やチャーチ・ヤード*の追加・変更には権能が必要である．そのような場合，その権能を通常与えるのは主教のチャンセラー*であるか，または1991年以降，争う余地のない場合は大執事*である．

学問の世界では，この語は特定の学問の教育のための組織であり，それが学位を受領ないし請求するための権能を付与できたので「学部」と呼ばれるようになった．

## 権能裁判所（けんのうさいばんしょ）
Faculties, Court of

カンタベリー*とヨーク*の両管区において，特免*・許可（licences）・権能*の付与が教皇からカンタベリー大主教に移った1534年に設置された裁判所．

## 権能付与法（けんのうふよほう）
Enabling Act

1919年の「英国教会会議（権能）法」（Church of England Assembly［Powers］Act）の通称．同法が英国教会会議*に対して付与した権能は，教会に関する法案を準備し，それが議会の両院の一つの教会委員会（Ecclesiastical Commission）により承認されたのちに，それを議会に提出することであり，議会はそれを受理または拒否できるが，変更できない．同法はまた，教会区会*に法的な地位を付与した．

## 権標捧持者（けんぴょうほうじしゃ）
verger（virger）

厳密には，高位聖職者の前を権杖（mace）や権標（verge）を捧持する役職者．現在はふつう，聖堂内の管理者を指す．

## ケンプ
van der Kemp, Johannes Theodorus（1747-1811）

オランダの宣教師．1791年の妻と娘の急死に続く回心後，彼はスコットランド*教会で叙任され，1799年にロンドン宣教協会*により派遣された3人の宣教師のリーダーとして南アフリカ*に赴いた．幻視的なコサ（Xhosa）人の預言者ニチカナ（Ntsikana，1760頃-1820年）がおそらくケンプの説教を聞いたと思われる．彼は結局，コイ（Khoi）人（「ホッテントット人」，のちの「ケープ・カラード人」［Cape Coloured］）のあいだに落ち着いた．

## ケンプ
Kempe, Margery（1373頃-1438年以後に没）

『マージェリ・ケンプの書』（*Book of Margery Kempe*）の著者．1393年頃に，彼女はノーフォーク州リン（Lynn）の選出議員であるジョン・ケンプと結婚し，14人の子どもを得た．彼女は精神異常を経験したあと，幾度か幻視を受け，また夫とともにカンタベリー*へ巡礼に赴いた．彼女があらゆる快楽を非難したことは，強い反対とロラード派*であるとの批判を招いた．彼女は1413年に聖地*を，1417年にサンティアゴ・デ・コンポステラ*を，1433年にノルウェーとダンツィヒを訪れた．上記の書物は彼女の旅行と神秘的経験を記述している．唯一の写本が現存することが知られており，1980年に英国図書館により取得された．祝日は『共同礼拝』*では11月9日．

## 『原福音書』（げんふくいんしょ）
Protevangelium

『ヤコブの書』*の別称．

## ケンブリッジ
Cambridge

ローマ時代に起原をもつこの都市に，中世盛期には極めて多くの教会堂や修道院が存在した．ケンブリッジシャーが1109年にリンカーン*司教区から分離したとき，その初代司教はイーリー*に居住したが，イーリーとケンブリッジの結びつきは強かった．おそらく司教のもとにある聖職者が，1209年のオックスフォード*での暴動を逃れてきた学者たちを歓待し，ケンブリッジ大学を創設したのであろう．最初のカレッジであるピーター・ハウスは1284年に創立された．ケンブリッジ大学は国王の庇護を受けたが，15世紀まではオックスフォード大学と比べて目立たなかった．大主教T. クランマー*を含む宗教改革の指導者たちの多くはケンブリッジ出身であり，16-17世紀の指導的なアングリカンもそうであった．19世紀にはこの大学は，特にC. シメオン*の感化をつうじて福音主義的リバイバルにおいて一定の役割を果たし，またその後著名な聖書学者を輩出した．

## ケンブリッジ・カムデン協会(きょうかい)
Cambridge Camden Society

教会芸術を研究するために，J. M. ニール*とB. ウェッブ*により1839年に設立された協会．1846年に「教会学協会」(Ecclesiological Society) と改名されて，1868年まで存続した．

## ケンブリッジ・プラトン学派(がくは)
Cambridge Platonists

1633-88年にケンブリッジ大学で活動した，影響力のある哲学に通じた聖職者のグループ．彼らはピューリタン*と高教会派*の中間に位置しており，教会内での寛容と思いやりを擁護したが，自分たちの主張を準拠させたのは，理性が自然宗教と啓示宗教の調停者であるという考えであった．彼らは理性が人間精神に内在する神の力によって啓示の事実を判断できると考えた．この学派に属したのは，B. ホイッチコート*，R. カドワース*，H. モア*である．

## 憲法派教会(けんぽうはきょうかい)
Constitutional Church

フランス革命中に，1790年の「聖職者民事基本法」*により設立された国家教会．その聖職者は，憲法制定会議が規定した宣誓を行った人たちであった．憲法派教会は「1801年の政教協約」*により終了した．

## ケンリック
Kenrick, Francis Patrick (1796-1863)

カトリックの大司教．ダブリン出身の彼は，ケンタッキー州バーズタウン (Bardstown) で神学を教えるためにアメリカ合衆国に赴いた．1830年に，彼はフィラデルフィア司教の協働司教*になった．ある教会をインテルディクトゥム*のもとに置くことにより，彼は牧師を任命する司教の権威を役員に認めさせた．反カトリック的な暴動に対する彼の扱い方は，カトリシズムに対する敵意を弱めた．1851年にボルティモア大司教になった彼が主宰したボルティモア教会会議*の第1回全体会議は，アメリカ合衆国のカトリック教会の多くの規律に関する問題を解決した．彼はアメリカの重要な倫理神学者であった．

## 原歴史(げんれきし)
*Urgeschichte*

(ドイツ語で「前史」の意．) 弁証法神学*でよく用いられる用語で，信仰の観点からは，人々に対する神の直接的な超自然的啓示と見られるが，人間の視点から見れば，単に歴史的な事件と思われる出来事を指す．

# こ

## ゴア
Gore, Charles（1853-1932）

1911-19年に，オックスフォード主教．1884-93年にオックスフォード大学のピュージー・ハウス（Pusey House）の初代学長であった彼は，1888年の著作『キリスト教会の職制』（*The Ministry of the Christian Church*）において，主教制に関するカトリック的な教理を擁護し，1889年に『ルックス・ムンディ』*を編集した．彼の独立心と強い性格は新たな要素をアングロ・カトリック主義*にもたらした．彼はまた復活修士会*の創立に関わった．1902年にウースター*主教になり，1905年にはバーミンガム初代主教になって，ここで大いに活躍した．彼はオックスフォード主教に転任してからはさほど恵まれなかった．

## コアーブ
coarb

アイルランドにおいて，教会を創立した聖人の「継承者」．

## ゴアール
Goar, Jacques（1601-54）

フランスのドミニコ会*員の典礼学者．彼の著作のうち最も重要なのは『エウコロギオン*――ギリシア儀式書』（*Euchologion sive Rituale Graecorum*, パリで1647年に刊行, 再版はヴェネツィアで1730年に刊行）である．これには，ギリシア典礼の式文，聖務日課，秘跡書などと，そのラテン語訳文と注解が含まれており，当該分野におけるその後のすべての研究の基礎となった．

## ゴイセン
Gueux

（フランス語で「浮浪者」の意.）もともと，1566年に異端審問*に反対して総督パルマ女公マルゲリータに請願した人たちのことで，その後，ネーデルラントでスペイン人に反対した他のプロテスタントの諸団体の呼称となった．

## 香
incense

香は多くの宗教的儀式で用いられ，その香煙は祈りの象徴と見なされる．4世紀の最後の四半世紀まで，キリスト教における香の使用の明白な証言はない．祭壇，教会堂，人々などへの献香*は東方では5世紀後半に初めて記録され，西方では9世紀に記録されている．西方では香は長らく荘厳ミサ*でだけ用いられていたが，1969年以降，たとえば聖餐式などでより広く認められている．東方では，香はたいていの儀式で用いられる．➡香炉

## 行為（人間の）
act, human

倫理神学*において，この語は知識と配慮をもってされた，人間の自由で任意の行為を示す．そのような行為に対してのみ，倫理的に称賛や非難がなされうる．

## 高位聖職者
prelate

この語はもともと広い意味をもっていたが，高位の教会の役職者（officials）に限定されるようになった．英国教会では，主教を指すが，カトリック教会では，教皇庁に属するさまざまな役員（officers）も指す．➡属人区

## 合一の道
➡浄化・照明・合一の道

## コヴェントリー
Coventry

ベネディクト会*の修道院が1043年にコヴェントリーに創立され，1095年に，同地は司教区の所在地になった．コヴェントリー・アンド・リッチフィールド*(1188-98年に選定された）司教は1836年まで存続したが，コヴェントリーが真の司教都市になったのはやっと12世紀であった．主教区は1918年に再設置された．（1433年に完成した）セント・マイケル参事会教会が主教座聖堂*になった．それは1940年の空爆で大部分が破壊された．新しい大聖堂が完全に現代的な設計で，1962年に献堂された．古い大聖堂からの黒焦げの十字架は，大聖堂の当局者が深く関わってきたドイツとの和解のわざの象徴である．

## 紅海（こうかい）
Red Sea

出エジプト記14-15章に記録された，イスラエルの人々の紅海の渡渉は，エジプトにおける彼らの奴隷のような境遇を終わらせ，その後，彼らの運命における転機と見なされた．

## 公会議（こうかいぎ）
Oecumenical Councils（General Councils）

全世界の司教および他の教会組織の代表者の会議で，教理・規律などに関するその決定は全キリスト教徒を拘束すると見なされる．カトリック教会法によれば，教皇のみが会議を召集し，（自らか代理人をつうじて）主宰し，その教令（decrees）を認可する権限をもつ．一定の条件下で，公会議に集まった司教団は不可謬の教育的権威を有すると考えられる．

以下のいくつかの教会会議*は東西教会でともに公会議と見なされている．すなわち，325年の第1ニカイア公会議*，381年の第1コンスタンティノポリス公会議*，431年のエフェソス公会議*，451年のカルケドン公会議*，553年の第2コンスタンティノポリス公会議*，680-81年の第3コンスタンティノポリス公会議*，787年の第2ニカイア公会議*である．カトリック教会は以下の教会会議も公会議的（oecumenical）権威を有すると見なしている．すなわち，869-70年の第3コンスタンティノポリス公会議，1123年の第1ラテラノ公会議*，1139年の第2ラテラノ公会議*，1179年の第3ラテラノ公会議*，1215年の第4ラテラノ公会議*，1245年の第1リヨン公会議*，1274年の第2リヨン公会議*，1311-12年のヴィエンヌ公会議*，1414-17年のコンスタンツ公会議*，1431-45年のバーゼル・フィレンツェ公会議*，1512-17年の第5ラテラノ公会議*，1545-63年のトリエント公会議*，1869-70年の第1ヴァティカン公会議*，1962-65年の第2ヴァティカン公会議*である．

## 公会議首位説（公会議首位主義）（こうかいぎしゅいせつ（こうかいぎしゅいしゅぎ））
Conciliar theory（Conciliarism）

教会における最高の権威が公会議*にあるという説．この説と結びついた運動は15世紀に頂点に達したが，その出発点は教会法学者が教皇の権威の増大する要求を異端的な教皇の理論的可能性と調和させることに苦慮していた13世紀前半であった．1378年の大シスマ*の発生は権威の問題を深刻な形で提起した．1380年に，ゲルンハウゼンのコンラドゥス*は公会議の召集を主張して，単独の認められた教皇がいない場合，その召集権は枢機卿*に移ると論じた．コンスタンツ公会議*の最初の会期で，公会議の権能（power）が直接にキリストに由来すると主張されたが，シスマを終わらせることに成功したことがまさに公会議首位主義者の立場を弱めた．ピウス2世*は1460年に明確に教皇から将来の公会議への控訴を禁じ，15世紀以降は公会議首位説への支持は衰えた．

## 効果的な恩恵（こうかてきなおんけい）
efficacious grace

カトリックの恩恵*に関する神学において，常にその効果をもたらすために，それに対して自由な同意が意志により与えられる恩恵．そのような恩恵の効力（efficacy）が，恩恵の性格に拠るのか，それとも神が受領者の意向に適合すると予見する状況下で与えられるという事実に拠るのかが議論されてきた．

### 『抗議書』(『レモンストランティア』)
Remonstrance, the

1610年にゴーダ (Gouda) で起草された, アルミニウス主義*の教説の言明. 1608年のJ. アルミニウスの『命題の宣言』(*Declaratio Sententiae*) から取られた有名な5条項を含んでおり, レモンストラント派 (Remonstrants) の教説を要約し, その後の論争の課題を提示した. それが否定したのは, 予定*の堕罪前予定説*と堕罪後予定説*の両者, キリストが選んだ者のためだけのために死んだという教説 (➡選び), 後者にとっての恩恵が不可抗的で不朽であるという概念である. レモンストラント派は1618–19年のドルトレヒト会議*で断罪された.

### 合宜説
congruism

神から見て人間の状況が適用するのに最もかなっている場合, 神がその善行の行使に対して恩恵*(「合宜的功徳による恩恵」[*gratia de congruo*]) をほどこすという説. ➡スアレス, 等価的功徳

### 康熙帝
Kangxi (1654-1722)

清朝の皇帝で, イエズス会*の宣教師により示された技術的・天文学的・数学的な知識に関心をもった. そのいくつかは宮廷でも用いられ, 1692年に康熙帝は, カトリックのために礼拝の自由を許可し, 存在する教会堂を保護する寛容令を発布した. しかしながらドミニコ会*員などは, 伝統的な祖先崇拝に対するイエズス会の態度に同意せず, またキリスト教の宣教師に対する皇帝の支持も徐々に失われた. ➡中国の典礼論争

### 広教会派
Broad Church

英国教会の中で, 神学上の積極的な定義づけに反対し, アングリカンの諸式文を広くて自由な意味で解釈しようとした人たちを指す通称で, 高教会派*と低教会派*に準じて名づけられた.

### 高教会派
High Churchmen

17世紀に案出された用語で, カトリック教会の一派としての歴史的な連続性を強調し, 君主制と主教制の諸権利および秘跡の本性に対する「高い」評価を支持する英国教会員を指す. そのような派の存在はエリザベス時代にさかのぼることができ, 同派はステュアート朝のもとで盛んであった. 1689年のオラニエ公ウィレム (ウィリアム3世) の即位は無効にできない世襲継承の原則を破り (➡王権神授説), 臣従拒誓者*の分裂 (schism) を助長したが, 多くの高教会派は信仰を強め, 広まりつつある非正統説 (heterodoxy) およびプロテスタントの非国教徒*の容認に反対して英国教会を守るために, 他の国教徒たちとともに活動し続けた. 高教会派的見解をもつ人たちは当初, 1828年以降に教会の特権が侵害されるのをみて, オックスフォード運動*と関心を共有したが, 多くの人たちはやがて, 分裂を生じさせる革新的なその傾向により離反した. ➡アングロ・カトリック主義

### 後継聖職者任命法
Provisors, Statutes of

1351年, 1353年, 1365年, 1389年に通過した4つのイングランドの法で, 通常の聖職禄授与権者 (patron) の長を超えた, 教皇による空位の聖職録の直任 (provision) ないし任命 (nomination) の実行を阻止することを意図していた. にもかかわらず, その直任の慣行は宗教改革まで続いた.

### 公現祭 (顕現日)
Epiphany

(ギリシア語で「顕現」[manifestation] の意.) 1月6日に守られる教会の祭日. 公現祭は東方で始まり, 3世紀以来キリストの洗礼*を記念して祝われ, その主な特徴の一つは水の儀式的祝福であった. 公現祭は4世紀に西方に導入された. ここで, 公現祭は東方3博士*をとおして, 異邦人へのキリストの顕現と主に結びついたが, キリストの洗礼およびカナでの奇跡 (ヨハ2:1–11) もまた

想起される．1955年に，公現祭後の主日はカトリック教会において別個の「主の洗礼の祝日」となった．

## 高祭壇
High Altar

教会堂の主祭壇で，伝統的にその東端の中央に置かれる．

## 洪秀全
Hong Xiuquan（1814-64）

中国の幻視家，「太平天国の乱」*の指導者．

## 交唱聖歌
➡アンティフォナ

## 交唱聖歌集
➡アンティフォナーレ

## 洪水
Flood（Deluge），the

創世記6:5-9:17によれば，神は人間の悪のゆえに「すべて肉なるものを終わらせる」ため地上に「洪水」をもたらしたが，ただノア*とその家族だけが，動物の全種とともに，地上に再び住むように箱舟*の中にとどまった．同様な洪水物語は，ギルガメシュ叙事詩*を含むメソポタミアの伝承に見いだされ，またそのような洪水について考古学的な証拠もある．

## 公正証明官
Promotor Justitiae

（ラテン語で「正義の奨励者」の意．）カトリック教会における列福*や列聖*の候補者のために，彼または彼女に帰された証拠を，その没した司教区において注意深く吟味する責任をになう司祭．➡信仰証明官

## 功績
➡功徳

## 降誕祭
➡クリスマス

## 肯定
affirmation

イングランドの民法において，誓い*の代わりになされる正式な宣言．宗教的な信念のゆえか信仰をもたないゆえにか，良心的に誓いを忌避する人たちがこれを行う．

## 皇帝教皇主義
Caesaropapism

専制的な君主がその統治権において教会に対する至上の支配権をもち，通常は教会の権威に保留される事柄（たとえば教理）にさえそれを行使するような体制．この語は最も一般的には，東方の総主教たちに対してビザンティン皇帝により行使された権威に関して用いられる．

## 「強盗会議」
➡エフェソス強盗会議

## 合同改革派教会
United Reformed Church

イングランドとウェールズの会衆派*教会の大部分とイングランド長老派*教会の合同により1972年に設立された教会．1981年にイギリスのチャーチ・オブ・クライスト（➡ディサイプル派）の大部分も合流した．教会の一部はスコットランドに存在したが，同教会は「連合王国合同改革派教会」と称した．2000年に，スコットランド会衆派連盟も同教会に合流した．

## 合同キリスト教会
United Church of Christ

1957年にアメリカ合衆国において成立した教会で，福音改革派のほぼすべての教会と会衆派クリスチャン教会（Congregational Christian Churches）の約85％が合同したものである．両教会自体がそれ以前の合同を反映し，前者にはルター派*とカルヴァン派*の要素が含まれている．

## 合同キリスト教文書協会
United Society for Christian Literature

宗教小冊子協会*，(1858年に創立された) インド・アフリカ・キリスト教文書協会，(1884年に創立された) 中国キリスト教文書協会が合併して，1935年に設立された協会．

## 高等宗務裁判所
High Commission, Court of

1549年から，異端信仰を阻止し，公の礼拝の規定された形式を強制する教会に関する委員会 (commissions) がしばしばイングランドにおいて設置された．「高等宗務」の用語が1570年頃に現れ始め，1580年以降ふつうに用いられるようになったのは，臨時の委員会が常設の裁判所へと発展したことに対応している．これは教理上および規律上の訴訟を扱う教会の裁判所から，通常の上訴裁判所へと変わったものである．1641年に廃止された．

## 公同書簡
Catholic Epistles

この語が新約聖書*のヤコブ書*，Ⅰ・Ⅱペトロ書*，Ⅰヨハネ書*，ユダ書*について本来用いられたのは，それらが「一般的」で，特定の個人や教会に宛てられていないからである．しかしながら，Ⅱ・Ⅲヨハネ書も公同書簡に含めるのがふつうである．

## 合同長老派教会
United Presbyterian Church

合同分離派教会*と，聖職禄授与権制度 (patronage system) をめぐる紛争後の1761年に設立された救済教会 (Relief Church) とが合同して1847年にスコットランドで形成された教会．1900年に，わずかな少数派（ウィー・フリーズ*）を除いて，スコットランド自由教会*と合同して，スコットランド合同自由教会*を形成した．

## 高等批評
➡上層批評

## 合同福音宣教協会
United Society for the Propagation of the Gospel (USPG)

1965年に，海外福音宣教協会* (SPG) と中央アフリカ学生伝道協会* (UMCA) が合併して設立された．2012年に，合同協会 (United Society: US) と改称した．

## 合同分離派教会
United Secession Church

バーガー派*中の「新しい光派」(New Lichts) と反バーガー派 (Antiburghers) の合同により1820年にスコットランドで形成された教会．1847年に，合同長老派教会*の一部となった．

## 合同メソジスト教会
United Methodist Church

(1) イングランドにおいて，メソジスト改革派*，バイブル・クリスチャン派*，合同メソジスト自由教会*の合同により1907年に設立されたメソジスト派*の一派．1932年にメソジスト教会*に合流した．(2) アメリカ合衆国において，米国メソジスト教会と福音合同兄弟団 (Evangelical United Brethren) の合同により1968年に設立された教会．同国における主要なメソジスト教会であり，世界中に約1,200万人の教会員がおり，そのうちの約800万人がアメリカ合衆国にいる．

## 合同メソジスト自由教会
United Methodist Free Churches

1907年に合同メソジスト教会*を設立した諸教会の一つ．教理上でなく組織上の理由でウェスレー・メソジスト教会 (Wesleyan Methodism) から分離していた複数の小教会が合併したものである (➡メソジスト教会)．プロテスタント・メソジストは1827年に形成され，その分離の直接的な原因はリーズのブランズウィック (Brunswick)・チャペルでのオルガンの設置であったが，根底にある原因は教会行政に参加したいという信徒の意志であった．ウェスレー・メソジスト・アソシエーションは，ミニスターの訓練のための神学校の設立に関する論争の結果として1835年に形成され，翌年，プロテスタント・メソジストと合併した．ウェスレー・リフォーマーズは，3人のミニスターがフライシート（Fly Sheets）と呼ばれる匿名のパンフレットに関する質問に答えることを拒否して1849年の会議から追放されたのちに形成された．ウェスレー・メソジスト・アソシエーションと大部分のウェスレー・リフォーマーズが1857年に合同してこの合同メソジスト自由教会を設立した．

## 公同礼拝規制法（こうどうれいはいきせいほう）
Public Worship Regulation Act 1874

英国教会における儀式主義（ritualism）の台頭を抑えることを意図した法律．1877–82年間に4人の司祭が法廷侮辱罪で投獄されたことは，この法律の信用を失わせた．同法は1963年に廃止された．

## 「公同礼拝指針」（こうどうれいはいししん）
Worship, Directory of Public（Westminster Directory）（1645年）

「公同礼拝指針」は長老派*の思想にたって，ウェストミンスター会議*により作成され，『祈禱書』*に置き換わることを意図していた．スコットランド*では，同指針は大会*で受容されて，長老主義の規範の一つになった．イングランドにおけるその使用を要求する法令が議会を通過したが，長期間は強制されなかった．

## 高度蓋然説（こうどがいぜんせつ）
➡厳格蓋然説

## 公認本文（公認聖書）（こうにんほんもん（こうにんせいしょ））
Textus Receptus

（ラテン語で「受け入れられた本文」の意．）19世紀後半まで用いられ，印刷された校訂版に含まれていた新約聖書のギリシア語本文．事実上，大部分の写本に含まれていたビザンティン型本文*である．➡本文批判

## 光背（こうはい）
aureole

宗教画において，時に像を囲む金色の背景で，頭だけを囲むニンブス（すなわち光輪*）とは区別される．

## 劫罰（ごうばつ）
damnation

一般的に「断罪」（condemnation）を指すが，特に地獄*への永遠の喪失（*damnum*）を指す．

## 酵母入りのパンと酵母を入れないパン（こうぼいりのパンとこうぼをいれないパン）
bread, leavened and unleavened

聖餐式において，大部分の東方教会が酵母入りのパンを用いるのに対し，西方のカトリック教会は酵母を入れないパンを用いる．この相違は対立の原因となった．アングリカン・コミュニオン*では，暗示しても明示しても，現在ではどちらを用いることも認められている．酵母入りのパンは一般に非信従者*に用いられている．

## 高慢（こうまん）
pride

「7つの罪源」*の最初のもので，自己の卓越性を過当に評価すること．

## 『高名ならざる人々の書簡』（こうめいならざるひとびとのしょかん）
*Epistolae Obscurorum Virorum*

J. ロイヒリン*とケルン*のドミニコ会*員とのあいだの論争における有名なパンフレット．1515年と1517年に2部に分けて刊行された．後期スコラ学*の方法論，当時の宗教的慣行，教会の多くの制度や教えに対する痛烈な風刺文である．

## 高利（こうり）
usury

旧約聖書において，利子を取ることは借り主がユダヤ人の場合には禁じられている．教父時代には，聖職者は利子を取って金を貸すことが禁じられ，12世紀には，この禁令は信徒にも適用されたが，ユダヤ人は1215年の第4ラテラノ公会議*で免除された．それは中世の金銭観により単なる両替の手段として正当化された．資本主義の台頭と

ともに，金銭は両替のつまらない手段でなく富を生み出す資本と見なされるようになった．貸付に対して適正な利率の利子を取ることは教会（と国家）により認められているので，「高利」の用語は法外な利率に限定されてきた．

### 功利主義（こうりしゅぎ）
Utilitarianism

善を幸福と同一視し，最大の多数者に最大の幸福をもたらすような行為が正しいと主張する，倫理学における学説．

### 効力主義（こうりょくしゅぎ）
virtualism

この聖餐*論によれば，パンとぶどう酒は聖別後も変化せずに存在し続けるが，聖餐に与る信徒はそれらとともに，キリストの体と血の効力（virtue）ないし力を受ける．

### 光輪（こうりん）（ニンブス）
halo（nimbus）

頭の周囲，またはよりまれに，身体全体の光の輪．キリスト教芸術において，その使用は当初キリストに限定されていたが，5世紀以降，聖母マリア，天使，聖人に，その後は他の重要な人物に広がった．現在のカトリックの慣行で光輪が認められているのは，列聖または列福された人物，あるいはその崇敬がそれ以外で承認されている人物に対してだけである．➡光背

### コヴル
Covel, John（1638-1722）

1688年からケンブリッジのクライスツ・カレッジ学長．1669年に，彼はコンスタンティノポリス*のイギリス大使館付きチャプレンに任命され，そこで将来の研究のための資料を収集した．1722年の『現代ギリシア教会考』（*Account of the Present Greek Church*）は，19世紀以前のギリシア教会に関する情報を提供している数少ない書物の一つである．

### 香炉（こうろ）
thurible（censer）

儀式の際に香*を焚くための金属製の容器．通常，それは鎖で吊り下げられるので，献香*のあいだ振ることができる．

### 香炉奉持者（こうろほうじしゃ）
thurifer

宗教的な儀式や礼拝の際に，香炉*を運ぶ人．

### 5月諸法（がつしょほう）
May Laws

ビスマルクの文化闘争*と結びついた法律．1873年5月に可決されたこれらの諸法は，ドイツのカトリック教会に対するものであった．

### 古カトリック主義者（こカトリックしゅぎしゃ）
➡復古カトリック教会

### 古儀式派（こぎしきは）
Old Believers（Starovery）

総主教ニーコン*による典礼改革を受け入れることを拒否したロシア*正教会の一派．彼らは1667年に破門され，迫害された．一人の主教も分離しなかったので，彼らには位階制が存在しなくなり，2派に分裂した．一方は「ポポフツィ」（Popovtsy）と呼ばれ，彼ら自身の司祭制を確立する手段を求め，他方は「ベズポポフツィ」（Bezpopovtsy）と呼ばれ，その必要性を否定した．1846年に，退職した主教がポポフツィに迎えられ，位階制を確立した．1667年に古儀式派に課されたアナテマ*は，1971年にロシア正教会により解かれたが，シスマ*は解消していない．

### コギト・エルゴ・スム
*cogito ergo sum*

（ラテン語で「われ思う，ゆえにわれあり」の意．）R. デカルト*が受け入れた真理の第1原理で，たとえどんなに人間が疑っても，疑う主体としての自分自身を決して疑いきれないからである．

### 護教家（護教家教父，弁証家）
Apologists

120年頃と200年のあいだに，外部の人たちに対して自分たちの信仰を論理的に擁護し推薦することに初めて取り組んだキリスト教の著作家たちに与えられた名称．護教家に含まれるのは，アリステイデス*，殉教者ユスティノス*，アテナゴラス*，タティアノス*，テオフィロス*，テルトゥリアヌス*である．彼らが闘わなければならなかったのは，異教の哲学とそれが影響を及ぼした一般のキリスト教観であり，特にユダヤ人からの異議であった．彼らが用いた方法は，キリスト教が政治的に無害で，道徳的・文化的に異教よりすぐれていることを示すことであった．

### 護教家教父
➡護教家

### 護教論（弁証学）
apologetics

キリスト教信仰やキリスト教的習慣を，他の選択肢や批判に反対して擁護すること．そのような活動の長い伝統が，アレオパゴス*での聖パウロ*の説教，２世紀の護教家*，聖トマス・アクィナス*に見られる．護教論に対する異議はK. バルト*により唱えられ，啓示のみに根拠をもつ福音が，自然に基づく理性によるキリスト教の擁護のためにどんな共通な基盤も認めることはないと主張した．この見解にはプロテスタント（たとえばP. ティリッヒ*），カトリック（たとえばH. キュング*）双方の神学者により異論が唱えられており，彼らの主張では，人間理性は完全に腐敗しているとは見なされえず，自然界，特に人間性は超越性を理性的に擁護しうるように暗示するものである．

### 『古今聖歌集』（英語版）
*Hymns, Ancient and Modern*（1861年）

H. W. ベイカー*により編集された聖歌集（hymnal）で，古代や近代の材料を自由に利用し，（しばしばJ. M. ニール*により翻訳された）伝統的な聖務日課*の聖歌*を多く取り入れている．その音楽が普及に役立った．1950年と1983年に改訂版が出され，2000年の改訂版は『コモン・プレイズ』*と呼ばれる．

### コーク
Coke, Thomas（1747-1814）

メソジスト派*の宣教活動の先駆者．1784年にJ. ウェスレー*は彼を，その年のうちにボルティモアの会議で創設されることになる「メソジスト監督教会」（Methodist Episcopal Church）の監督（superintendent，のちにbishop）に「叙任」した．コークはその生涯を二分して，アメリカの教会と彼が開始した西インド諸島*の宣教活動とに尽くした．➡アズベリー

### 国王至上法
➡首長令

### 国王信条
King's Confession

「教皇制」*がスコットランドで再興することが危惧された1581年に，ジョン・クレイグ（Craig）が起草したプロテスタントの信仰宣言．これは王ジェームズ*（スコットランドで６世）により署名されたので，この通称がつけられた．1638年の国民契約*の基礎をなしている．

### 国王代理官裁判所
Delegates, Court of

イングランドにおいて，1533年の「聖職者の服従」*法令（1534年に可決）のもとにある委員たちは，前年までローマに行っていた「大主教裁判所」からの上訴*を扱うために任命され，彼ら全体は「国王代理官裁判所」と呼ばれるようになった．1833年から，その地位は「枢密院司法委員会」*に置き換わった．

### 国王付き聖職者
Clerk of the Closet

英国教会において，王立チャプレン会（Royal College of Chaplains）を主宰する聖職者．彼は聖別

後に敬意を表する主教を君主に引き合わせる．

## 「国王の疫病」のための接触

King's evil, touching for the

「国王の疫病」すなわち瘰癧を癒すのに，国王が触れると効果があるという伝承は，11世紀にさかのぼりうる．イングランドでは，女王アン*がこの儀式を行った最後の君主であった．

## 『国王の書』

King's Book

1543年にヘンリー8世*が公布した『すべてのキリスト者にとって必要な教理と学識』(*A Necessary Doctrine and Erudition for any Christian Man*)の通称．同書は1537年の『主教の書』*に基づいていたが，大部分において，その神学はカトリック的方向への反動であった．

## 『国王の賜物』

*Basilikon Doron*

イングランド王ジェームズ1世*が長男ヘンリー（1612年没）のために書いた本．そのうわべの目的はヘンリーが王位を継いだとき義務を果たすよう導くことであったが，真の目的は国事に介入する聖職者を叱責することであった．1603年に刊行されるとすぐに人気を集めた．

## 「国王布告」

Injunctions, Royal

教会問題に関してテューダー朝が発した一連の命令で，以下のものがある．(1) ヘンリー8世*が1536年に聖職者に対して，反ローマ的法令を遵守し，さまざまな慣行を放棄し，民衆に英語で「主の祈り」*などを教えることを要求した命令．(2) ヘンリー8世が1538年にグレート・バイブル*をすべての教会に備え付けることを定めた命令．(3) エドワード6世*が1547年にすべての教会区教会に聖書とともに『エラスムスの福音書注解』*(*Paraphrases*) の備え付けを要求し，行列*を禁止し，『嘆願』*が英語で唱えるか歌われることを定めた命令．(4) メアリ1世*が1554年に，妻帯聖職者が罷免されるか離婚すること，「新しい方法で」叙任された聖職者が「以前は彼らに欠けていた地位」に就くことを要求した命令．(5) エリザベス1世*が1559年に，1547年の国王布告を，極端な反ローマ主義を和らげた上で，実質的に再公布し，さらに礼拝の内容などについて他の事項を付加した命令．

## 国際聖書研究者会

International Bible Students' Association

C. T. ラッセル*により，アメリカ外の「聖書研究者」と呼ばれる彼の信奉者の用務を扱うために設立された団体．イギリスの「エホバの証人」*の母体の一つでもある．

## 国際福音宣教団

Overseas Missionary Fellowship（OMF）

東アジアへの超教派的で国際的な宣教団．1865年に中国内地宣教協会*として設立され，1965年にこの名称になった．

## 国事詔書

pragmatic sanction

この語はもともと，後期のローマ法において，特に王位継承問題で，王子の支配権の範囲を限定する合意を指した．1438年にフランスの聖職者が発布した『ブールジュ（Bourges）国事詔書』は，ガリカニスム*の原則の表れであって，フランス教会が教皇職と独立にその世俗財産を管理する権利をもつことを支持し，教皇が空位の聖職録つきの聖職者を任命することを否認した．それは1516年のボローニャ協約*で置き換えられた．

## 黒人教会（アメリカ黒人教会）

Black Churches（Afro-American Churches）

古代のヌビア*とエチオピア*の教会を除けば，黒人教会はアメリカ合衆国*のアフリカ人奴隷の子孫たちのあいだで18世紀に始まった．1740年代から福音主義的リバイバル*が黒人をキリスト教に惹きつけた主な理由は，黒人も説教者や指導者として積極的な役割を果たすことができたからである．1770年代までには，黒人のバプテスト派*が奴隷と自由人からなる独立した黒人の集会の牧師として活動していた．南部の黒人教会は奴隷の反乱を助長しがちだと思われたので，制限され時には抑圧された．しかしながら19世紀には，奴隷たちは奴隷所有者の同意があってもなくても規則的に自らの宗教的集会を守り，説教や歌において，自分たちを神が解放する選ばれた民だと認め，霊歌*に表現された明確な宗教文化を生み出した．

北部では，1776–83年のアメリカ革命後の奴隷制の廃止は，黒人が宗教的自由を行使することを可能にした．白人からの差別により疎外されたフィラデルフィアの黒人は，1794年に2つの重要な教会を創設し，続いてさまざまな教派の他の教会が創設された．1816年に，最初の主要な黒人の教派であるアフリカン・メソジスト監督教会（African Methodist Episcopal Church）が創設された．大部分の黒人の教会はプロテスタントであった．教会員は主に女性で，20世紀までは叙任から除外されていたが，女性は家庭での祈禱会を指導し，影響を及ぼした．黒人は1780年代に最初のアメリカからの海外宣教活動を開始した．1865年の黒人解放後，北部の宣教師たちは南部に赴いて以前に奴隷だった人たちのあいだに教会を組織し，南部の教会員の到来は北部の諸教派の役割を増大させ，全国的な規模にした．奴隷だった人たちは自らの教会を創設するために白人の教会から離脱した．19世紀末には，黒人の教会員は830万人の黒人人口のうち270万人に達した．1895年に，黒人バプテスト派は合同してナショナル・バプテスト・コンヴェンション（National Baptist Convention）を創設し，やがて最大の黒人の教派となった．別の黒人たちは，聖化と異言を強調する新しいホーリネス*やペンテコステ派*の教会に加わった．20世紀初頭，増加した地方の黒人たちは都市に移住した．カトリシズムは主に小教区の学校をつうじて相当数の黒人の改宗者を惹きつけた．世俗の学校も徐々に競合し始めたが，教会は黒人の社会的・文化的・政治的生活にとって中心的な機関であり続けている．

イギリスでは，黒人教会の存在は都市域で重要である．1945年以後，カリブ海出身の非常に多くの黒人が労働者として雇われた．最初に来た多くの黒人は主流派の教会の出身であったが，イギリスの教会で歓迎されていないと感じて，教派的忠誠心を軽視するようになった．その後の移住者たちは主にホーリネスやペンテコステ派の教会から来た．彼らは名目上のキリスト教と見なした存在から疎外されていると感じた．教派的忠誠心の薄い人たちのホーリネス的ペンテコステ派的流れへの結集は，さまざまな教派に属するアフリカ系カリブ人にとって，礼拝における共通な絆だけでなく，社会的・文化的結合力をもたらした．さらに，セブンスデー・アドヴェンティスト派にも黒人教会があり，アフリカ・キリスト教会（African Christian groups）も生まれている．

## 獄中書簡（ごくちゅうしょかん）
Captivity Epistles, the

獄中で聖パウロ*により書かれたと信じられている4つの書簡，すなわちフィリピ書*，コロサイ書*，エフェソ書*，フィレモン*書である．

## コクツェーユス
➡コッケイユス

## ゴグとマゴグ
Gog and Magog

ヨハネ黙示録20:8において，両者はサタンの支配下にある2つの勢力．旧約聖書*ではエゼキエル38–39章に出ており，そこではゴグがイスラエルの地に侵入するさまざまな国民の首長として記述されている．後代の黙示文学やラビ文学では，伝統的に神の民への敵対者を表している．（1940年に壊された）ロンドンのギルドホールにあった木製のゴグとマゴグの像は，中世の伝説の2人の巨人を表していた．

## 告白（こくはく）
➡コンフェッション

### 告白教会
Confessing Church（Confessional Church）

ナチスに支持された「ドイツ・キリスト者」*信仰運動と激しく対立したドイツ福音主義のキリスト教徒たち．告白教会は，M. ニーメラー*の指導下に1933年に結成された「牧師緊急同盟」，「ドイツ・キリスト者」に屈していなかったルター派の領邦教会（*Landeskirchen*），特にドイツ西部における強力な教区の活動に支えられた．1934年に「ドイツ・キリスト者」が正式に管理している地域で，告白教会は独自の教会当局を設立し始め，1934年にはまたバルメン宣言*を採択した．1939年の大戦の勃発はそれ以上の公然たる抵抗を不可能にした．1945年に大戦が終わって，告白教会の指導者は世界教会協議会*の暫定会議の代表者に「戦争責任告白」をした．1948年に，ドイツ福音主義教会*はドイツ内のすべての州のルター派，改革派，合同派の諸教会の連盟として創立された．告白教会は活発な運動体であり続けたが，もはや唯一の教会組織であるとは主張していない．

### 告白の秘密
Seal of Confession

悔悛*の秘跡において，悔悛者*が言ったどんなことも絶対に漏らさない義務．

### 『告白録』（アウグスティヌスの）
*Confessions of St Augustine, The*

聖アウグスティヌス*により398-400年頃に書かれた反マニ教的な散文詩．表題は神を称えるという聖書的な意味での告白（賛美）と罪の告白（懺悔）を表す．第1-9巻は自伝的であり，最後の4巻は創世記1章における記憶・時間・創造・教会の寓喩を論じている．

### 国民協会
National Society

「貧民教育国民協会」（The National Society for the Education of the Poor in the Principles of the Established Church）として1811年に設立された協会の通称．これはイングランドとウェールズにおける初等教育の先駆的な機関の一つであった．1870年の初等教育法の制定後，本協会の学校（「国民学校」［National Schools］）は独立した存在であったが，1902年に地方自治体から財政援助を受け始めた．現在は国家に属しつつも，一定の独立性を保ち，それには特に教会的領域が含まれる．1934年以降すべての階級を受け入れている本協会の活動には，日曜学校*や成人教育も含まれる．

### 国民契約
National Covenant（1638年）

エディンバラで始まったスコットランド*の長老派*の契約で，1637年の『祈禱書』をスコットランド教会に課そうとする試みに反対したもの．

### 『国民の背教』
National Apostasy, Sermon on

J. キーブル*が1833年にこの表題で行った説教はふつう，オックスフォード運動*の端緒と見なされている．

### 告諭
charge

主教，大執事，その他の教会人によりなされる演説で，それは彼または彼女の裁治権下にある聖職者の巡察*の際である．告諭はまた，叙任*の直前に叙任候補者（ordinands）に向けて主教により（また長老派教会*ではミニスター*により）なされる．

### 御公現の祝日
➡公現祭

### 9日間の祈り
Novena

西方教会における9日間の信心業で，それにより特別な恩恵を得ることが期待されている．

### 心
heart

聖書において，心は通常，人格全体を指すが，ここでの強調点は感情よりむしろ理性と意志の活

動に置かれている．キリスト教霊性において，心は神の愛を受ける器官と見なされている．➡聖心（イエスの）

## コーサード
Caussade, Jean Pierre de（1675-1751）

フランスの禁欲主義的著作家．1693年にイエズス会*員になった彼は，各地を旅行した．彼の影響力は，キエティスム*の断罪のあおりを受けていた神秘主義を復権するのに大いに貢献した．霊的な傾向の手紙に加えて，彼は祈りに関する著作を書いた．彼の名を最も有名にしているのは，神の摂理へ委ねることについての論考であるが，他のテキストとともに，この論考を彼が書いたかどうか疑問視されている．

## ゴシック祭服（さいふく）
Gothic vestments

中世様式の「聖餐用祭服」*で，ストール*とマニプルス*は長くて細く，チャズブル*は広げると円形かそれに近い形をしている．➡祭服

## 御受難修道会（ごじゅなんしゅうどうかい）
Passionists

十字架の聖パオロ*が創立した「イエス・キリストの受難の修道会」(Congregation of Discalced Clerks of the Most Holy Cross and Passion of our Lord Jesus Christ)の会員の通称．パオロは1720年にその会則を起草し，1737年に最初の修道院を建てた．御受難修道会員はキリストの受難の記憶を広めるという第4の誓願を立てる．

## 五旬祭（ごじゅんさい）
➡ペンテコステ

## 五旬節の主日（ごじゅんせつのしゅじつ）
➡四旬節前第1主日

## 五書（ごしょ）
➡モーセ五書

## 古シリア語訳聖書（こシリアごやくせいしょ）
Old Syriac version

5世紀にペシッタ*が形成される前に，シリア語*圏の教会に流布していた新約聖書のシリア語訳．2つの写本のみが知られ，それはともに福音書であるが，使徒言行録のシリア語訳の存在が使徒言行録の注解書により証言されている．➡シリア語訳聖書

## ゴスケリヌス
Goscelin（1107年かそれ以後に没）

イングランドの聖人伝作者．サントメール(St-Omer）でベネディクト会*員であった彼は，1058年に当時ラムズベリー（Ramsbury）司教であったヘルマヌス（Herman, のちにシャーバーン*司教，次いでソールズベリー*司教）に仕えることになった．ヘルマヌスの後継者オスムンド*に疎んじられたゴスケリヌスは，いくつかの修道院に留まって，地方の聖人の伝記を書いたと思われる．1090年頃から，彼はカンタベリー*の聖アウグスティヌス修道院に住んだ．

## ゴスペラー
Gospeller

聖餐*式において，福音書を読み唱える人．

## ゴスペル・ミュージック
Gospel Music

信仰復興運動*的な性格の宗教音楽で，19世紀後半にアメリカで起こった．そのテキストは個人的な救いや天上の喜びの期待というテーマを強調し，その音楽は主に様式的に大衆的で世俗的な音楽に由来している．霊歌*や日曜学校用讃美歌から発展して，D. L. ムーディ*やI. D. サンキー(Sankey)の信仰復興運動と結びついた，讃美歌*などを中心とした音楽となった．最大の特徴は各節の末尾でのリフレーンの使用である．黒人教会*では，20世紀初頭以降，ゴスペル・ミュージックはより急進的な形をとり，ラグタイム，ジャズ，ブルースや類似の様式を取り入れ，歌唱指導者と会衆間の応答歌を生み出した．その演奏者はギタ

ーなどの楽団つきの独唱者から，会衆が参加する場合もある大規模な「ゴスペル聖歌隊」に至るまでさまざまである．この黒人教会のゴスペル・ミュージックはペンテコステ派*や世界中の他のカリスマ*を強調する諸教会に広がっている．

## コスマス・インディコプレウステス
Cosmas Indicopleustes（6 世紀半ば）

（「インド航海者コスマス」の意．）彼はアレクサンドリア*の商人で，修道士になったらしい．彼の547年頃の『キリスト教地誌』（*Christianikē topographia*）は，プトレマイオスの学説に反対し，聖書の逐語的な理解と調和させる意図で，さまざまな天文学の教えを擁護している．本書の主要な価値は，地理的な情報，特にスリランカ*の情報，およびキリスト教の伝播の証言にある．

## コスマス（聖）とダミアノス（聖）
Cosmas and Damian, Sts

医者の守護聖人．伝承によれば，この双子の兄弟は患者に報酬をまったく要求しないで医療を行った．2人は殉教したと思われる．祝日は東方では7月1日（ないし11月1日），西方では9月26日（以前は27日）．

## コスマス・メロードス（聖）
Cosmas Melodus, St（675頃-751頃）

ギリシア語の典礼用聖歌作者．彼はダマスコの聖ヨアンネス*の父親の養子になった．8世紀初めに，彼はエルサレムに近い聖サバス（Sabas）のラヴラ*に入り，735年に，ガザに近いマイウマ（Maïuma）の主教になった．彼の最も有名な作品は，大きなキリスト教の祝日のためのオード（頌詩）であるカノン*であり，そのうち14編が東方教会の典礼書に入っている．祝日は東方では10月14日．

## コスモクラトル
Cosmocrator

（ギリシア語で「世界の支配者」の意．）異教の宗教用語から取られたこの語は，たとえばグノーシス主義*者やマルキオン*により，サタンを指す専門語として用いられるようになった．

## ゴター
Goter（Gother）, John（1704年没）

カトリックの論争家．長老派*出身の彼はカトリックになり，1668年にリスボンのイングリッシュ・カレッジに入学した．1685年に，彼は『カトリック信徒――誤解と真実』（*A Papist Misrepresented and Represented*）の第1部を出版し，続いて1687年に第2部，第3部を出版した．これには多くの反論がなされた．1718年に出版したローマ・ミサ典礼書*の翻訳はどうやら完全なテキストとしての最初の英語版であったらしい．

## 告解
➡コンフェッション

## 告解火曜日
Shrove Tuesday

「灰の水曜日」*の前日で，その日に（司祭が）信徒の「告解を聞くこと」（shriving），すなわち，告解*と赦免*の日であることに由来する．

## 国家行事記念礼拝
State Services

英国教会において，国家の祝賀や解放の日を記念するために指定された礼拝．『祈禱書』の末尾に印刷された多くの礼拝が以前は存在したが，1859年以降，君主の即位を記念する礼拝だけが残っている．

## 国家の祈り
State Prayers

『祈禱書』において，早禱*や晩禱*の終わり近くの，君主や王室のための祈り．

## 国教会
Establishment

教会の用法では，特定の教会を国家の教会として国家が承認すること．旧約聖書*におけるユダヤ教や多くの古代世界における宗教的慣行は市民的秩序の一部であったが，キリスト教会の国教化への最初の動きはコンスタンティヌス*(337年没)の時代に始まる．彼はキリスト教に宗教的寛容*を認めただけでなく，教会に対して帝国における恵まれた地位を与え，教会の問題に関して相当な規制を加えた．宗教改革以降，カトリック教会はヨーロッパの多くの国で国教として続いたが，たいてい王権の規制下にあった．プロテスタント諸国では，教皇の裁治権が否認されたので，国民教会（national Churches）がたてられ，通常は国家がその教会を財政的に援助し，人事や他の問題でより直接的に規制した．18世紀になると，国教会(established Churches）という理念全体に異議が唱えられた．アメリカの憲法は主義として宗教の国教化を禁じた．19-20世紀の社会の世俗化は，ヨーロッパのいくつかの地域で，教会と国家の分離およびそれに続く教会の非国教化をもたらした．南アメリカ，アジア，アフリカにおいて，独立した諸国の体制側は，以前の植民地当局がたてた教会の非国教化をもたらした．

イングランドにおいて，英国教会*は国教会である．1534年の首長令*はヘンリー8世*が「英国教会の地上における唯一最高の首長」であることを宣言し，エリザベス1世*はその後継者と同様に「最高の統治者」であった．実際，この国王の首長性は17世紀末までに議会の首長性になった．宗教改革以降，教会に対する新しい法律を制定する唯一の方法は国会制定法によるものであった．1919年に状況が変更され，総会*(General Synod)が承認した条例（Measures）は，（議会が承認したときのみに与えられる）「国王の裁可」を受けてはじめて効力をもつ．1974年以降，総会は礼拝の方式に関して教会法規により立案できるが，やはり「国王の裁可」を必要とする．王権にはまた，縮小しつつあるが，重要な聖職禄授与権が属しており，主教，若干の主席司祭，主教座聖堂参事会員，さらに若干の教会区の聖職者の任命における正式の役割を首相と共有している．26人の主教は貴族院に議席をもつ．

## 国教忌避（こっきょうきひ）
recusancy

権威に服従するのを拒否すること，特に国教会である英国教会の礼拝に出席するのを拒否すること．とりわけカトリックの国教忌避者（recusants）について用いられたが，プロテスタントの分離派*をも指した．教皇が1570年にエリザベス1世*を破門するまで，国教忌避がまれであったのは，保守的な宗教的諸要素が国教会に対するその態度に関して明確な教えを受けていなかったからである．1580年頃にイエズス会*員や他の司祭たちが大陸から到着するとともに，国教忌避には力強い弾みがついた．エリザベス時代やジェームズ1世*時代の政治家がそれを危険な問題と見なしたのは，たとえばイングランド北部のような地方の社会的構造の中に，それが根深く浸透していたからである．少数の国教忌避者はイングランドにおいてカトリックの慣行を維持した．➡ローマ・カトリック教会（宗教改革以後のイングランドとウェールズにおける）

## コックス
Cox, Richard（1500頃-1581）

イーリー*主教．1543年の『国王の書』*を起草した委員会の一員で，1548年の『聖餐式順序』*および1549年と1552年の『祈禱書』の編纂を助けた．彼はヴェルミーリ*や他の外国人神学者をオックスフォード大学に招いた．彼はメアリ1世*治下に追放された．エリザベス1世*治下の1559年に，彼はイーリー主教になったが，十字架像*や灯火のゆえに女王のチャペルでの奉仕を拒否した．

## コッケイユス（コクツェーユス）
Cocceius, Johannes（1603-69）

教義学的神学者で，本名はヨーハン・コッホ(Koch)．ブレーメンで生まれ，1650年にレイデン*に移る前，ブレーメンとフラネケルで教えた．彼は純粋に聖書にたって教義学的神学を説こうと努め，カルヴァン主義*者と公言していたが，当時のカルヴァン主義的精神にもスコラ学*的正統信仰にも反対した．彼は神と人間の関係を個人的な契約の点から解釈したので，彼の学説は「契約神学」（*Föderaltheologie*）と呼ばれるようになった．

## コッタ
cotta

サープリス*の短い祭服で，以前はカトリック教会で広く着用された．

## ゴットシャルク（ゴデスカルクス）
Gottschalk（804頃-869頃）

異端とされた神学者．フルダ*大修道院に献身者*として入った彼は，のちに修道生活を離れようとした．彼が主張した予定*に関する極端な教説によれば，選ばれた者は至福へと予定されているが，他の者は罪を犯さなくても永遠の業火に予定されている．ある地方司教*により叙階され，自らの説をイタリアやバルカンで広めた．848年に，彼はドイツに戻り，その教説はマインツ教会会議で断罪された．彼はランス*大司教ヒンクマルス*のもとに送られ，849年のキエルジー教会会議*で，彼は再び断罪され，聖職を剝奪され，投獄を宣告された．ゴットシャルクは「長文の告白」（Confessio prolixior）と呼ばれる見解表明で，ヒンクマルスの司牧書簡に応えた．彼はまた，ヒンクマルスに反対して「三重の神性」（trina deitas）という言葉の使用を擁護して，パスカシウス・ラドベルトゥス*により引き起こされた聖餐論争にも参加した．

## ゴットハルト（ゴーデハルト）（聖）
Gotthard（Godehard），St（960/61-1038）

1022年からヒルデスハイム（Hildesheim）司教．彼は991年にニーダーアルタイヒ（Niederaltaich）で修道士となり，996年にその院長になった．皇帝ハインリヒ２世*は彼に南ドイツの多くの修道院の改革を委ねた．アルプスのザンクト・ゴットハルト峠（サン・ゴタール峠）は，彼に献げられた頂上の礼拝堂にちなんで名づけられたといわれる．祝日は５月４日．

## コッホレウス
Cochlaeus, Johannes（1479-1552）

カトリックの論争家で，本名はヨーハン・ドーベネック（Dobeneck）．彼はルネサンスのプラトン主義*的・人文主義的な復興に強く同調していた．彼はM. ルター*に反対する著作を書いたが，その論争の激しい調子はあまり歓迎されなかった．

## コッリュバ
kollyva

東方教会において，記念礼拝中に故人のために祝福され，また出席者に配られる聖餅．

## ゴデスカルクス
➡ゴットシャルク

## ゴーデハルト
➡ゴットハルト

## ゴート語訳聖書（ごやくせいしょ）
Gothic version

ギリシア語の聖書はどうやらウルフィラス*（383年没）によりゴート語に翻訳されたらしいが，ほんの一部しか残っていない．

## コートニー
Courtenay, William（1342頃-1396）

1381年からカンタベリー*大司教．国王エドワード１世の曾孫であった彼は，教会と国家において高い地位に昇った．J. ウィクリフ*の敵対者であった彼は，彼の教説を断罪した1382年の「地震会議」*を召集した．

## ゴドフロワ・ド・ブイヨン
Godfrey of Bouillon（1100年没）

十字軍*の指揮官．ブーローニュ伯家の出身で，バス・ロレーヌ（Basse-Lorraine）公であった彼は，1096年に第１回十字軍に出発し，1099年にエルサレム*を占領した攻撃を指揮した．彼はその都市の最初のキリスト教徒の支配者に選ばれた．彼は十字軍における幾人かの重要な君主の一人であったが，その英雄として描かれてきた.

## コドリントン
Codrington, Christopher (1668-1710)

軍人，植民地行政官．彼はバルバドスに医学と神学の学校を建てるために遺産を遺したが，のちにそのメンバーは西インド諸島*で宣教活動を行うことになる．「コドリントン宣教師養成学校」(Codrington Missionary Training College)は1714-42年に建てられた.

## ゴートン
Gorton, Samuel (1592頃-1677)

「ゴートン派」(Gortonites) の創立者．ロンドンの洋服屋であった彼は，1636年頃に信教の完全な自由を享受することを望んで，マサチューセッツ州のボストンに渡ったが，そこで州当局と衝突した．彼は多くの非正統的な教理を主張するようになり，たとえば，三位一体*の教理を否定し，「条件付き不死説」*を唱えた．彼の信奉者たちは18世紀までセクトとして存続した.

## ゴードン
Gauden, John (1605-62)

1660年からエクセター*主教，1662年にウースター主教に転任．内戦の初期には，彼は議会派に与していたが，のちに意見を変えた．彼はピューリタン*に対する論争的な著作を刊行し，おそらく『エイコン・バシリケー』*の著者である.

## ゴードンのカルヴァリ
Gordon's Calvary

ある考古学者たちがキリストの十字架刑*の地と考える，エルサレム*の北の城壁外の場所．その支持者の一人であるC. G. ゴードン将軍にちなんでそう呼ばれる．➡カルヴァリ

## ゴードン暴動(ぼうどう)
Gordon Riots (No Popery Riots)

1780年にロンドンで起こった暴動で，ジョージ・ゴードン卿が率いる暴徒が，1778年のカトリック解放令*の廃止を要求して議事堂へと行進した.

## 『この人(ひと)を見(み)よ』
*Ecce Homo*

1865年に，J. R. シーリー*卿が出版した論争的なキリスト伝の表題．本書はキリストを道徳的な改革者として描写した.

## 小羊(こひつじ)
lamb

キリストの象徴として小羊を用いることは，ヨハネ福音書1:29やヨハネ黙示録5:12のような章句に基づいている．時に，十字架のそばか近くの小羊はキリストのいけにえを表し，時に，小羊はシオン*の山に立って描かれる(黙14:1参照)．新約聖書の他の章句は信徒を羊として表していることを示し，「良い羊飼い」*がその小羊をかかえたり，小羊のあいだに立っている．692年のトルロス教会会議*が小羊の形でのキリストの表現を禁じたのちは，そのような表象は西方教会に限定された．
➡アグヌス・デイ，過越の小羊，プロスフォラ

## 小瓶(こびん)（ミサ用(よう)の）
cruets

ガラスないし貴金属製の容器で，それに入れて聖餐用のぶどう酒と水が祭壇へ運ばれる.

## コープ
cope

西方教会の典礼において，チャズブル*を使用しないときに着用される半円形の外衣．中世には，祝日の修道院の儀式用外衣として広く使用された．英国教会では，1604年の『教会法規』*が主教座聖堂*と参事会教会*における聖餐式の際司式者によるコープの使用を命じた．コープは19世紀に広く用いられるようになった.

## コファン
Coffin, Charles (1676-1749)

讃美歌作者．1718年に，彼はパリ大学学長にな

った．彼は1727年にラテン語の讃美歌*集を出版し，そのいくつかは英語版でよく知られている．たとえば，'On Jordan's banks the Baptist's cry'がそうである．

## コプト教会
Coptic Church

オリエンタル・オーソドックス教会*の一つ．伝承によれば，エジプトの教会は聖マルコ*により創設され，アレクサンドリア*が初期の教会における主要な主教座の一つであった．エジプト教会はディオクレティアヌス帝の迫害で大きな苦難に遭った．4世紀に，修道制*が聖アントニオス*らによりエジプトに始められた．大多数のコプト教会員は，「受肉のキリストにおける両性」というカルケドン定式*を否定し，その他のキリスト教界からますます分離していった．アレクサンドリアに創立された正教の（メルキト派*）教会は民衆の支持をほとんど得られなかった．しかしながら上エジプトにおいて，修道制が急速に発展した．7世紀に，コプト教会員はアラブ人に征服され，その支配は今日まで続いている．エジプト以外では，エルサレム*，スーダン*，ケニア*，フランス*，アメリカ合衆国*にコプト教会の主教区が存在する．エチオピア教会*はエジプト教会の自治的な「娘」教会である．さらに，コプト教会のエルサレム主教アタナシオスがカトリック教会と合同した1741年に始まる小規模なカトリック東方*コプト教会も存在する．

## コプト語
Coptic

コプト語は3世紀半ば頃から10世紀までエジプトの民衆により通常話された言語で，現在もコプト教会*の典礼用語である．本質的に，古代エジプトの言語であるが，極めて多くのギリシア語が取り入れられ，それと類似したアルファベットで書かれる．➡サヒド方言，ボハイル方言

## コペルニクス
Copernicus, Nicholas（1473-1543）

天文学者．1495年から，ポーランド北東部のフラウエンブルク（Frauenburg, 現フロムボルク）に司教座聖堂参事会員禄をもち，1510年からそこに住んだ．1514年までに，彼は『草案』（*Commentariolus*, 1878年に初めて出版された）を書いており，地球でなく太陽が宇宙の中心であり，地球はその周りを回転する惑星の一つだとする新しい天文学の体系を略述した．これは1543年の『天球回転論』（*De revolutionibus orbium caelestium*）に結実した．神学的な異議は当初弱かったが，問題がG. ガリレイ*により広まると，宗教的論争が激しくなり，1616年に本書は禁書目録*に載せられた．

## コヘレトの言葉（伝道の書）
Ecclesiastes

この旧約文書の主要なテーマは，人生の無価値さと空虚さである．英語の表題は，ヘブライ語の表題「コヘレト」（Qoheleth）を訳そうとしたもので，英語訳聖書はふつうこれを「説教者」（Preacher）と訳す．本書は伝統的にソロモン*に帰されているが，主題と言語様式から明らかなように，本書は旧約聖書*の歴史の後期に書かれたもので，ヘブライ語の正典*に認められた最後の諸文書の一つであった．

## 5マイル法
Five Mile Act

1665年の「非国教徒法」（Nonconformists Act）の通称で，1662年の「礼拝統一法」*への信従を拒否した聖職者が，教会ないし国家の政体のいかなる変化も企てないという誓約を行わなかったならば，以前の任地であった市，町，教会区の5マイル以内で説教したり，教えたり，入ったりすることを禁じた．

## ゴマルス
Gomar, Francis（1563-1641）

オランダのカルヴァン主義*者．1594年に，彼はレイデン*大学神学教授に任命された．ここで彼は厳格なカルヴァン主義の支持者となり，J. アルミニウス*との長い論争に引き込まれた．1618-19

年のドルトレヒト会議*で，ゴマルスはアルミニウス主義に対する主要な反対者の一人であったが，予定*の堕罪前予定説*に対する多数の支持を得ることはできなかった．彼はオランダ語の旧約聖書の正式の改訂委員の一人であった．

## コミュニティー・チャーチ
Community Churches

正規の教派的なつながりをもたない独立した地方の教会を指す，どうやら19世紀にさかのぼるらしい通称．もともと地方の教会から生まれ，しばしば教派的なプロテスタンティズムに不満な人たちから構成される．彼らはだれでも他の教会の会員であることを否定するように勧めることなく，自分たちの礼拝に受け入れる．国際コミュニティー・チャーチ協議会（International Council of Community Churches）が，（1930年代に始まり，主に黒人教会からなる）コミュニティー・チャーチ隔年協議会と（1940年に創立され，主に白人教会からなる）コミュニティー・チャーチ協議会の合併により，1950年にイリノイ州のレークフォレストで創立された．この団体のメンバーは教会の自治の原則により制限されているが，世界のいくつかの地域では，「コミュニティー・チャーチ」の語は既成の教派に属する教会の名称として付け加えられている．

## コムガル（聖）
Comgall, St（600年頃没）

バンゴル*修道院長である彼は，6世紀のアイルランドにおける最もよく証言された修道院教会の創設者の一人である．7世紀に書かれたボッビオのヨーナス（Jonas）による聖コルンバヌス伝は，コムガルと過ごしたコルンバヌス*の学びの日々を伝えている．コムガルの徳は，7世紀後半の「バンゴルの交唱聖歌集*」に収められた聖歌*の中で称えられている．祝日は5月10日．

## コメス（聖句集）
Comes

（ラテン語の *Liber comitis* は「コメスの書」の意で，手引きを指す．）ミサの際に書簡*として朗読される聖句を載せた，または書簡と福音書*の双方を載せた書．もともとは朗読する聖句全部の集成であったが，この語は朗読される聖句の箇所だけを載せたリストの意味で用いられるようになった．

## コメニウス（コメンスキー）
Comenius, Johannes Amos (Jan Amos Komenský)
(1592-1670)

教育学者．彼はボヘミア兄弟団*に属し，フルネク（Fulnek）とのちにポーランドのレシュノ（Leszno）でミニスター*であった．1656年のレシュノの崩壊後，彼はオランダに亡命した．

彼の教育理念は個人的な宗教経験に影響されていた．キリスト教的な愛ですべての宗教を結びつけるユートピア的教会を望んで，彼は教育をその実現への手段と見なした．学習よりむしろ，キリスト教主義にたった人格の発展が究極的な目標である．彼の理念は近代の教育学に影響を及ぼした．1890年代から，彼の宗教的・哲学的思想への関心がよみがえっている．

## 『コモン・プレイズ』
*Common Praise*

『古今聖歌集』（英語版）*の2000年の改訂版の名称．

## 固有式文（こゆうしきぶん）
Proper

教会暦で変化する聖餐式*と聖務日課*の部分．「聖人の固有式文」は固定日の祝日のためのものであり，「時の固有式文」は主日*，週日*，移動祝日*のためのものである．カトリック教会では，多くの聖人の祝日が他のものと同じ固有式文を用いており，そのような固有式文は「共通典礼文」*の表題で一緒に印刷されている．➡通常式文

## 暦（こよみ）
calendar

キリスト教の成立時に用いられていた暦法は，ユリウス・カエサル（Julius Caesar）が前46年に制定したものであった（ユリウス暦）．これによる1

年の長さはまったく正確に計算されたものではなかった．その誤差は1582年のグレゴリウス暦*により修正された．

西暦紀元（Christian era）を主（イエス）の受肉の年から始めることは，6世紀のディオニュシウス・エクシグウス*により提案され，やがてキリスト教界中で採用された．計算は想定された受胎告知*の日付である紀元（AD*）元年3月25日から始められ，それが元日とされた．グレゴリウス暦が年の初めを1月1日に戻した．教会暦（ecclesiastical calendar）については「典礼暦」参照．

## コラティオ
collation

（1）断食日に，1回の主要な食事に加えて許される軽食．（2）特に修道院での読書のために用意された教父*の『対話集』（➡カッシアヌス）．（3）裁治権者*が聖職推挙権者（patron）であるときの，教会の聖職禄*への聖職推挙*で，聖職推薦（presentation）と聖職推挙が同一の行為となる．

## コーラ・ディ・リエンツォ
➡リエンツォ

## 古ラテン語訳聖書
Old Latin versions

ウルガタ訳聖書*に取って代わられる前に，教会で用いられた古ラテン語訳聖書．南ガリアと北アフリカにおけるその存在は，2世紀末より前に証言されている．その写本間には異同が多く，それに伴う不都合を軽減するのが主な理由で，聖ヒエロニムス*はウルガタ訳聖書に取り組んだ．

## ゴーラム事件
Gorham Case

1847年に，司祭G. C. ゴーラムはブランプフォード・スピーク（Brampford Speke）の聖職禄（vicarage）を授与された．エクセター*主教H. フィルポッツ*は彼の洗礼による再生の教理が不健全であるとして，その就任を拒否した．ゴーラムは枢密院司法委員会*に上訴した．同委員会は，ゴーラムが考えていないことを彼に帰したのだとして，彼の見解が英国教会の教理に反していないとの判決を下した．この決定は論争を引き起こし，また多くの人たちをカトリック教会に転会させた．

## 『コーラン』（『クルアーン』）
Koran

ムハンマドが大天使ガブリエル*の仲立ちにより自らに神の言葉として啓示されたと主張した，イスラーム*の聖典．

## コリアー
Collier, Jeremy（1650-1726）

イングランドの臣従拒誓者*．1696年に，彼は2人のウィリアム3世暗殺未遂者に赦罪宣告を与えたことで法益を剝奪されたが，1697年にロンドンに戻った．1713年に，彼は「臣従拒誓者の主教」として聖別され，東方正教会との合同のため努力した．1718年の『臣従拒誓者の祈禱書』（Nonjurors' Communion Office）の作成は主に彼の功績である．

## コリニー
Coligny, Gaspard de（1519-72）

ユグノー*．彼は1560年にカルヴィニズム*に改宗し，1569年に，ユグノー側の指導者として認められた．宮廷での彼の影響力のため，フランスはネーデルラントの争乱に助力することになった．彼は「サン・バルテルミの虐殺」*で殺害された．

## コリュリス派
Collyridians

どうやらトラキアで起こったらしい4世紀の分派で，主に女性から構成され，聖母マリアへの偶像礼拝的な祭儀を行った．

## コリンズ
Collins, Anthony（1676-1729）

イングランドの理神論*者．1713年の主著『自由思想論』（*A Discourse of Freethinking*）が論じているのは，自由な探求が真理に到達する唯一の手段であり，聖書によっても命じられているということであった．理神論の擁護を意図しており，多くの教会人の反論を受けた．

## コリント（コリントス）
Corinth

新約時代に現代のギリシアにあったコリントはローマ帝国のアカイア州の首都で，重要な商業都市であった．その教会は50年頃に聖パウロ*により設立された．傑出したユダヤ人の改宗者もいたが，主に異邦人から構成されていたと思われる．自らの知識を誇った人たちもいたようであるが，確かに多くの人たちは，奴隷を含む貧しい階級の出身であった．➡ローマのクレメンス

## 『コリントの信徒への第３の手紙』
Corinthians, Third Epistle to the

コリント教会からのある外典書簡に対する返書として書かれた外典書簡．この２通は時に170年頃の『パウロ行伝』*に入れられている．

## コリントの信徒への手紙（コリント書）
Corinthians, Epistles to the

この２通の聖パウロ*の手紙はおそらく，52-56年頃にエフェソ*とマケドニアから書かれた．パウロがコリント教会から知らせを受けて執筆することになったⅠコリント書は，さまざまなテーマを扱っている．聖餐（10:16以下，11:20以下），愛（アガペー*）（13章），復活（15章）に関する部分は新約聖書*における最も重要な箇所にはいる．Ⅱコリント書における主要なテーマは，キリスト教の使徒*の権威と職制である．8-9章はもともと別の手紙であり，10-13章は違った手紙に属していたと考える学者もいる．

## ゴルクムの殉教者
Gorcum Martyrs

1572年のゴイセン*によるゴルクム（オランダ南部）の占領後に，カルヴァン主義*者により処刑された19人のカトリックの司祭たち．祝日は７月９日．

## ゴルゴタ
Golgotha

カルヴァリ*のヘブライ語形．

## ゴルゴニア（聖）
Gorgonia, St（370年頃没）

ナジアンゾスの聖グレゴリオス*の姉妹．彼女の生涯のある出来事は，時に（おそらく誤って），「保存された聖体」（Reserved Sacrament）に対する信心の初期の事例と受けとられた．祝日は東方では２月23日，西方では12月９日．

## コールダーウッド
Calderwood, David（1575-1650）

スコットランドの教会史家．彼は，A. ヘンダーソン*が『公同礼拝規則書』を起草する際に協力した．コールダーウッドの主著『真のスコットランド教会史』（*The True History of the Church of Scotland*）は反エラストゥス主義*的な傾向があるが，16-17世紀のスコットランドの教会史に関する貴重な情報源である．

## ゴルツェ
Gorze

メッス（Metz）付近にあった修道院で，748年に聖クロデガング*により創立された．９世紀中の困難な時期を経て，同修道院はメッス司教アダルベロ（Adalbero）１世（在職929-62年）により再建・復興され，修道院改革の中心となった．同修道院が推進した慣行を，クリュニー*のそれと対比して「ゴルツェ的」慣行と呼ぶ習わしになった．その指導者たちの庇護者である信徒や司教たちは，彼らを招いて領地内の修道院を委ね，改革させた．そのような修道院は組織的にはまとまらず，主に信心会*と相互の祈りの絆によって結びついていた．

## コルトス
Colluthus（４世紀）

アレクサンドリア*の分派を形成した司祭．聖アレクサンドロス*の主教在職期間（312-28年）に，

コルトスは司祭でしかなかったのに，叙階する権限を主張した．324年に，彼は罷免された．

## コルドリエ
Cordeliers

フランスでフランシスコ会*のオブセルヴァント派*に付けられた名称で，腰の周りに巻いた結び目のある縄に由来する．フランス革命中に，ある政治結社もこの名称を用いた．

## コルネリウス（聖）
Cornelius, St（253年没）

251年からローマ司教．司教位が14か月空位ののち選出された彼は，ノウァティアヌス主義*の離教者（schismatics）からの反対に直面した．彼らは迫害*中に棄教した人たちに対するコルネリウスの比較的に寛大な処置に対して抗議した．彼は追放先で，伝承によれば殉教者として没した．祝日は9月16日．

## コルネリウス・ア・ラピデ
Cornelius a Lapide（Cornelis Cornelissen van den Steen）（1567-1637）

フランデレン（フランドル）の聖書釈義家．1592年にイエズス会*員になった．1616年に，彼はローマに招かれ，そこでヨブ記と詩編を除くすべての正典文書の注解書を完成した．

## コルビー
Corbie

アミアンの東にある，この有名な修道院は660年頃にリュクスーユ*修道院から分かれて創立された．立派な図書館をもち，最も重要なカロリング学派*の中心地の一つであった．

## コルベ（聖）
Kolbe, St Maximilian（1894-1941）

殉教者．ライムンド（Rajmund）・コルベはポーランド人で，1910年にフランシスコ会*に入会するときマクシミリアンを名乗った．1922年に，彼はキリスト教の教えを広めるために雑誌を発刊し，1939年にポーランドがドイツに占領されたあとも発行し続けた．彼は1941年に逮捕され，アウシュヴィッツに送られた．ここで，彼は逃亡者への報復として餓死監房に移るように選ばれた青年の身代わりを進んで引き受けた．祝日は8月14日．

## コルポラーレ（聖体布）
corporal

西方の典礼の用法において，四角形の亜麻布で，その上に聖餐*のパンとぶどう酒が置かれ，聖別される．

## コルマン（聖）
Colman, St（676年没）

ノーサンブリアにおけるケルト側の指導者．661年にリンディスファーン*司教になった．664年のホイットビー教会会議*において，彼は復活祭*の日付の算定法や剃髪*の仕方のようなケルト的な方式を保持するよう訴えたが成功しなかった．彼はやがてリンディスファーンを去って，アイルランドのある修道院に隠遁した．祝日は2月18日．

## コールリッジ
Coleridge, Samuel Taylor（1772-1834）

詩人，思想家．彼は1798年にW. ワーズワース*とともに，『抒情歌謡集』（*Lyrical Ballads*）を出版したが，コールリッジの最も有名な寄稿作品は『老水夫の歌』（The Ancient Mariner）である．その後ほどなくして，彼のすぐれた詩の最後のものを書いたが，その中に1800年の『クリスタベル』（Christabel）と1802年の『失意の頌』（Ode to Dejection）がある．

コールリッジは当時の形式化したプロテスタントの正統信仰にも，物質主義的・合理主義的な傾向にも反対して，人生と宇宙の霊的解釈を求める基本的な欲求を説いた．キリスト教が何よりもまず倫理的であるという確信から，彼は広く共通の教えに基づいてキリスト教界を統一する可能性を信じた．

## コルンタール
Korntal

シュトゥットガルトの北西にある．ルター派*の国家教会の増大する合理主義に反対して，共同社会が敬虔主義*者の生活の拠点として1819年にここに創設された．会員の生活は細かく規定され，教育施設と社会的・宣教的活動が彼らの主要な功績であった．会員数は1,400人を超える．1871年以降，その共同社会と関係のない人たちが現在はかなり大きな町であるコルンタールに居住している．

## コルンバ（聖）
Columba, St（521頃-597）

アイオナ*修道院長，宣教者．アイルランドの王家出身で，彼も参加した561年のカルドレベネの戦いの後，彼は巡礼者としてブリタニアに渡り，アイオナ島に修道院を建てた．574年に，彼はアイダン・マック・ガブラインをダルリアダのスコット人の王として聖別し，575年に，アイルランドのドルイム・ケットで開かれた王たちの会議に出席した．彼はアイルランドにドゥロウ（Durrow）修道院を建てた．祝日は6月9日．➡アダムナン

## コルンバヌス（聖）
Columbanus, St（615年没）

修道院長，宣教者．バンゴル*のアイルランド人修道士であった彼は，590年頃にアイルランドを去って，終わりのない巡礼の旅に出て，ガリアに渡った．彼はアンヌグレー（Annegray）とリュクスーユ*に修道院を建てた．彼の宗教的な熱意と私的な悔悛*の勧めは，キリスト教が低調だった地域を再活性化するのに役立ったが，彼がアイルランド教会の慣行に固執したため反対が起こった．彼は仲間とともに610年にガリアから追放され，ほどなくボッビオ*に落ち着いた．彼の残した作品には，手紙，説教，修道士の規則がある．彼に帰される共同の贖いの規定書も実質上彼に由来する．祝日は11月23日．➡ガルス

## コールンヘルト
Coornhert, Dirck Volckertszoon（1522-90）

オランダの神学者．オランダで当時の傾向であった厳格なカルヴァン主義*的な教えに反対して，自由主義を擁護した．彼は可見的な教会という概念を否定し，聖書と使徒信条*に霊感を得た信仰の充足性を主張した．原罪*の教えをまったく否定して，彼は内的な敬虔の必要性を力説した．アルミニウス主義*や敬虔主義*はある程度彼の影響を受けている．

## コレギア派
Collegiants

1610年頃オランダ*で起こった「レモンストラント派」(Remonstrants)，すなわちアルミニウス*派の別派と思われ，名称は自らの集団をコレギアと呼んだことに由来する．彼らの考えでは，教会は不可見的な社会であり，いかなる外的に構成された教会も堕落している．キリストがメシアであり，聖書が霊感を受けた書物であると信じる以外に，彼らはいっさいの信仰告白も組織化された職制も認めなかった．この分派は18世紀末頃に消滅したようで，大半の信徒はレモンストラント派ないしメノナイト派*に合流した．➡『抗議書』

## コレクトリア
correctoria

（ラテン語で「修正」の意.）(1) ラテン語のウルガタ訳聖書*の改変されたテキストを「修正する」一連のさまざまな読みを含む書物．(2) 1277年のパリとオックスフォードでの聖トマス・アクィナス*の断罪後，彼の教えを批判ないし擁護する論争的な文書．

## コレット
Colet, John（1466？-1519）

1504年からセント・ポール司教座聖堂*の主席司祭*．イタリアでギリシア語を学んだ．その帰途，彼は教会の悪弊を絶えず非難し，また教会の教理に異議を唱えたことは決してないが，しばしば異端信仰の嫌疑を受けた．彼は私財の多くを費やしてセント・ポール校（St Paul's School）を再建し，そこでは153人の少年が初等教育を受け，健全

でキリスト教的な仕方で育てられ，ラテン語もギリシア語も教えられた.

## コレット派

Colettines

聖コレット（Colette，1381-1447年）により創設されたクララ会*の一派．彼女はピカルディーのコルビー（Corbie）出身で，1807年に列聖された（祝日は3月6日）.

## コレンゾー

Colenso, John William（1814-83）

1853年からナタール（Natal）主教．抗議の嵐を引き起こしたのは，永遠の刑罰を否定し，多くの伝統的な秘跡の神学を拒否した1861年のローマ書の注解書であり，その伝統的な著者性と正確さに異議を唱えたモーセ五書*とヨシュア記*に関する論考であった．1863年に，彼は首位大主教（metropolitan）のR. グレイ*により退位させられた．コレンゾーが訴えた枢密院司法委員会*は1865年に彼に有利な裁定をしたが，それは彼を任命した開封勅許状（Letters Patent）がグレイを任命したそれより以前のものだという理由であった．そこでグレイにより正式に破門され，グレイは別の主教を聖別したが，コレンゾーは彼の地位を維持し，一連の法的な決定により主教座聖堂とその資産を得た．ナタールのシスマ*は1911年にやっと終結した.

## コロサイの信徒への手紙（コロサイ書）

Colossians, Epistle to the

新約聖書*中の手紙で，伝承では聖パウロ*がおそらくローマ*で，あるいはエフェソス*で獄中にあったとき書かれたと考えられてきた．現代の多くの学者はパウロの初期の弟子の作としている．現トルコ西部のコロサイにあった教会は，パウロでなくエパフラスにより建てられた．手紙の主な目的は，読者に十全な救済者であり主であるキリストへの信仰を想起させることであった.

## コロセウム

Colosseum

ローマの「フラウィウス円形闘技場」が8世紀頃から呼ばれるようになった名称．80年頃に完成したコロセウムは，初期の多くの殉教の場所として崇められてきたが，この伝承の真実性は疑問視されている.

## コロディー

corrody

もともと修道院の寄進者やその名義人がもっていた，人を院内に食事付きで居住させる権利であったこの語は，その必要性を満たしたり，支払ってコロディーを確保した人たちに修道院が与えた年金や他の手当を指すようになった.

## 古ローマ聖歌

Old Roman chant

5つの写本で伝わるローマ典礼様式の音楽的レパートリー．ふつうグレゴリオ聖歌*より古いと考えられているが，両者ともより単純な原型に由来するであろう.

## コロンビーニ（福）

Colombini, Bl Giovanni（1304-67）

イエスアート会*の創立者．シエナの裕福な商人であった彼は，50歳の頃，エジプトの聖マリア*の伝記を読んで心を動かされた．彼はそれから貧者と病者の世話に身をささげ，その後，妻の同意を得て別居した．他の若い貴族たちが彼の生き方に倣ったので，市当局は彼を追放したが，ペストが流行すると，呼び戻された．1367年に，彼とその仲間は正式にイエスアート会として認可された．祝日は7月31日.

## 婚姻

➡結婚

## 婚姻障害

impediment

教会法*において，適切に婚姻*を結ぶ際の障害．1983年までのカトリックの教会法において，「障害」は「違法」(impedient) か「無効」(diriment) のどちらかであった．前者は婚姻を禁じても，それを無効 (invalidate) とはせず，「障害」にもかかわらず結ばれた婚姻はもはや存在しないとされる．後者はそのような婚姻を無効 (null and void) と見なす．➡結婚無効障害

## コンヴェント（女子修道院）
convent

教会の用法では，修道士が共同で生活する建物，または修道会そのもの．歴史的には，男女の修道院のどちらも指したが，英語では現在は通常，この語は女子修道院に限定されている．

## コンガール
Congar, Yves (1904-95)

フランスのドミニコ会*の神学者．彼は教会論*とエキュメニズム*に情熱的に関心を示した．論争的な記事において，彼はフランス文化の教会からの離反を教会の「醜くなった顔」のせいにした．彼は教会の本質について多数の著書を刊行し，1950年に「源泉への回帰」による教会の構造の改革を訴えた．フランスにおける「労働司祭」を支持する記事を刊行したため，彼は1954年に教授活動を禁じられた．1958年のヨアンネス23世*の選出とともに，状況は変わった．コンガールは第2ヴァティカン公会議*の準備委員会の神学顧問に任命され，その多くの文書に影響を及ぼした．彼は1969年に教皇庁の国際神学委員会委員，1994年に枢機卿*になった．

## コンクラーヴェ（教皇選挙会議場）
conclave

新教皇を選出するあいだ，枢機卿が閉じ込もる閉じた部屋．「コンクラーヴェ」の語はまた漠然と，この機会での枢機卿の集まり，またはもっと漠然と何らかの目的での枢機卿の集まりをも指す．

## 混交主義
syncretism

特に哲学的・宗教的な体系の関連で，対立する教理や慣行を両立させる試み．この語は，G. カリクストゥス*の教えに適用された17世紀に有名になった．

## コンゴ王国のキリスト教
Congo, kingdom of, Christianity in

ポルトガル*の探検隊は1483年に当時のコンゴ王国に達した．1491年に，国王と王子の一人は受洗した．国王は異教徒に戻ったが，そうしなかった王子は父の没後，アフォンソ1世（在位1506-43年）として即位した．彼も後継者たちも多くの司祭の気に入り，1625年に，イエズス会*はサン・サルヴァドルにカレッジを開設した．1645年に，カプチン会*の宣教団が到着し，以後150年間，カプチン会員はこの国で活動した．1665年に，アントニオ1世がポルトガル人に敗北した後，王国は大きく弱体化した．教会生活は西部のソヨ地方では継続したが，18世紀をつうじて宣教師は補強されなかった．キリスト教徒の生活は，司祭のいない教会を導いた現地人の教師 (*maestri*) だけによって支えられた．にもかかわらず，イギリスのバプテスト派*の宣教団が1870年代にサン・サルヴァドルに到着したとき，歓迎した国王はまだ自らをキリスト教徒と思っていた．（その後の歴史については，「コンゴ民主共和国のキリスト教」の項参照.）
➡アンゴラのキリスト教，アントニウス運動

## コンゴ民主共和国のキリスト教
Congo, Democratic Republic of the, Christianity in

19世紀後半に，中央アフリカのこの広大な地域は，主としてベルギー王レオポルド2世の努力をとおして，コンゴ自由国と呼ばれる1つの国家を形成した．1878年にバプテスト宣教協会は同国の海岸地方で活動を開始し，1880年に白衣宣教会*が東部で宣教所を創設した．イギリス，アメリカ，スウェーデンの宣教団もこれに続いた．1890年代半ばから，粗暴さを強めた独占貿易を行う自由国に融資する王レオポルドの政策のため，宣教活動は困難となり，プロテスタントの宣教団から

抗議された．それに続く世論に喚起されて，ベルギーはコンゴを1908年に編入した．政府と密接な協力関係にあったカトリックのベルギー人宣教師は，広範な特権を与えられた．1946年になってやっと，プロテスタントも同じ扱いを受けるようになった．カトリック教会と国家のあいだの結びつきは，ブリュッセルに社会主義政権ができた1950年代に弱まった．S. キンバング*の苦難以来追放されていた「独立アフリカ教会」（Independent African Churches）や予言者の運動も許された．

1960年の独立後，宣教師に対する敵意が強かった．（1971-98年のあいだザイール共和国と称した）独裁国家のもとで，教会は全体としてアフリカ化され，1965年の大統領令により，以下の３つの教会だけが認められた．すなわち，（最大の多数派である）カトリック教会，（宣教師により建てられたプロテスタント教会のゆるやかな連合体である）「ザイール・キリスト教会」，キンバング教会であり，のちにギリシア正教会とアングリカン教会が加えられた．1998年のモブツ政権の崩壊以降，宗教生活を政府の監督下に置くこの試みが衰退した理由は，キンシャサなどの大都市におけるペンテコステ派*諸教会の増大およびコンゴ東部の一部地域での政権の崩壊であった．地方の住民は行軍中に多大な苦難を与える軍指揮官や兵士に対して無防備である．この状況下，諸教会はきわめて重要な役割を果たし続け，わずかでも医薬品や教材を提供し，各教会が生活のもろさと頼りなさに立ち向かうのを助けた．➡コンゴ王国のキリスト教

## コンコルダンス
concordance

聖書の単語のアルファベット順に配列されたリストで，個々の単語がおのおのどの箇所に，どんな前後関係で出ているかを短く示す．そのような最初のリストである，ウルガタ訳聖書*のコンコルダンスは，説教を書く材料として，パリのドミニコ会*員により13世紀に作成された．最初の段階では，箇所だけが挙げられ，やがて8-10語の前後関係が付加された．1286年以前に，短く前後関係を付加した１巻本のコンコルダンスが完成していた．それは1474年に印刷されて，現代まで用いられた．ヘブライ語旧約聖書のコンコルダンスは1437-45年に編纂され，1523年に出版され，ギリシア語新約聖書のコンコルダンスは1546年に，七十人訳聖書*のコンコルダンスは1607年に出版された．英語での最初のコンコルダンスは，1535年にT. ギブソン（Gybson）が作成したM. カヴァデール*訳新約聖書のコンコルダンスである．聖書全体のコンコルダンスは1550年にJ. マーベック*により作成された．欽定訳聖書*の最も重要な英語のコンコルダンスは1737年にA. クルーデン*により作成された．聖書の現代語訳にはいくつものコンコルダンスがある．

## コンサルヴィ
Consalvi, Ercole（1757-1824）

イタリアの教会政治家．若くして教皇庁に勤め，1800年に枢機卿に任命され，国務長官になった．彼は「1801年の政教協約」*の締結に主に貢献した．彼は1815年のウィーン会議で教皇の代理を務め，教皇領の回復をもたらした．

## コンジェ・デリレ（主教選挙勅許書）
*congé d'élire*

（フランス語で「［司教を］選挙する許可」の意．）1214年に，王ジョン*はイングランドの司教が主席司祭*と司教座聖堂参事会*により選挙されることに同意したが，国王の許可であるコンジェ・デリレがまず確保され，選挙の結果が国王の裁可により確認されることになった．宗教改革以降は，コンジェ・デリレに「主教候補者指名書」（letter missive）が添えられ，主席司祭と主教座聖堂参事会*（1999年以後はカノン団）に対して君主がそこに挙げた人物を選挙するよう要求している．

## コンシグナトリウム
consignatorium

司教が聖香油*で新受洗者に「しるしを与えて」堅信*を行うために用いた部屋や建物．

## コンシストリー（枢機卿会議）
consistory

ローマ・カトリック教会において，教皇が召集し主宰する枢機卿*の会議．ローマ在住の枢機卿だけが出席するべき通常の枢機卿会議は，教皇が彼らの意見を求めたり，パリウム*の授与のような盛式な行為をしようとするとき開催される．全枢機卿が出席する特別の枢機卿会議は，重要な問題で開催の必要性があるときに行われる．

英国教会において，コンシストリー裁判所（Consistory Court）は主教区内における教会法の執行のための主教の裁判所である．これは特許*事例および教理・儀式・典礼を含まない聖職者に対する訴訟（「管理事例」'conduct cases'）に関する第1審である．裁判長であるチャンセラー*は懲戒的な訴訟が教理・儀式・典礼の問題を含むと認定すれば，それは「留保事例」（reserved case）となり，直ちに教会留保事項裁判所*に回される．

多くの長老派*教会において，コンシストリー裁判所はスコットランドにおけるカーク*・セッションに対応する裁判所に対して付けられた名称である．

## 混宗婚（異宗婚）
mixed marriage

異なった教派のキリスト教徒間，ないしキリスト教徒と非受洗者間の結婚*．この語は特に当事者の一人がカトリックである場合に用いられ，そのような結婚は依然として，教区司教ないし他の権限をもつ権威者の許可を必要とする．

## コンスタンツ公会議
Constance, Council of（1414-18年）

公会議は皇帝ジギスムントの主唱で，ヨアンネス23世*により召集された．その目的は大シスマ*を終結させ，教会を改革し，異端信仰と闘うことであった．

1414年には3人の教皇がいた．すなわち，ウルバヌス6世*の後継者であるグレゴリウス12世，アヴィニョンのクレメンス7世の後継者であるベネディクトゥス13世*，ピサ教会会議*で選出されたアレクサンデル5世*の後継者であるヨアンネス23世である．ヨアンネスは，他の2人がそうするなら自分も辞任することを申し出て，1415年3月20日に変装してコンスタンツを去った．4月15日に，公会議は教令（decree）『ハエク・サンクタ』（Haec Sancta）を決議し，公会議がその権限をキリストから直接受けており，だれも（教皇でさえ）それに従う義務があると宣言した．ヨアンネスは連れ戻され，5月29日に罷免された．グレゴリウスは7月4日に退位したが，それは彼の代理が改めて公会議を召集した直後であった．さまざまな政治的措置がとられたあと，1417年7月26日にベネディクトゥスは罷免された．特別な手続きを踏んで，オッドー・コロンナが11月11日に教皇に選出され，彼はマルティヌス5世*と名乗った．

教会の改革は多難であったが，各国民の要求の多くが政教協約*により解決された．異端信仰と闘うその努力において，公会議はJ. ウィクリフ*の200以上の命題を断罪した．皇帝から通行許可証をえてコンスタンツに来たJ. フス*は異端者として断罪されて，火刑に処せられ，プラハのヒエロニムス*も同様であった．

この公会議は通常，第16回公会議とされるが，公会議そのもの（oecumenicity）が始まった時点は，冒頭なのか，グレゴリウスの再召集なのか，マルティヌスの選出なのかで意見が分かれる．その重要性はシスマを終結させたこと，および権威全般，特に教会の権威に関する理念を明確化し普及させたことにある．

## コンスタンティヌス大帝（コンスタンティヌス1世）
Constantine the Great（337年没）

ローマ皇帝．皇帝コンスタンティウス・クロルスと聖ヘレナ*の子である彼は，306年にヨーク*で皇帝と宣言され，312年の「ミルウィウス橋頭の戦い」*後に，帝国の西部正帝になった．（ラクタンティウス*によれば），コンスタンティヌスは夢で受けた指示に従って，十字架のしるしのもとで戦っていた．彼は自らの勝利をキリスト教の神に帰し，その後ほどなくして寛容と皇帝の恩恵がキリスト教に与えられた.

コンスタンティヌスの政策は，教会と国家をできるだけ密接な絆で結びつけることであった.313年に，ドナトゥス派*はアフリカの教会との彼らの論争を解決することを彼に訴えた.彼自らが316年にその問題で聴取し，ドナトゥス派に不利な判断をくだした．騒動が続いたので，彼は抑圧的な手段で自らの決定を強化したが，そのシスマ*を終わらせることができなかった．争っている当事者からの同様な訴えがあって，彼はアレイオス*論争を解決するために，325年にニカイア公会議*を召集した.

324年のクリュソポリスの戦いで単独皇帝になったコンスタンティヌスは，自らの首都をビュザンティオン（再興され，330年に「コンスタンティノポリス」*として献都された）に定めた．彼は臣下のあいだで影響力をもっていた異教を注意深く扱う必要があった．キリスト教への彼の傾倒がその政策や立法において明白であったにもかかわらず，没する直前まで受洗しなかった（洗礼の延期は当時ふつうであった）．321年に，彼は日曜日が国家的休日となることを命じ，特にパレスチナ，ローマ，コンスタンティノポリスにある教会堂に気前よく寄付した．伝説が歴史以上に多くのものを付け加え，潤色されたものの中に「コンスタンティヌスの寄進状」*がある．東方教会では，彼は聖人として崇敬され，祝日は（聖ヘレナとともに）5月21日.

## 「コンスタンティヌスの寄進状」
Donation of Constantine

8世紀後半に偽造された文書で，850年頃の『偽教皇令集』*に含まれる．コンスタンティヌス*帝による自らの改宗，信仰告白，教皇シルヴェステル1世*とその後継者に授けた特権に関する記録とされている．その特権に含まれているのは，アンティオキア*教会，アレクサンドリア*教会，コンスタンティノポリス*教会，エルサレム*教会に対する首位権およびイタリアと「西方諸地方」に対する支配権である．教皇は聖職者に対する最高の裁判官とされ，また帝冠を譲られた（がそれを教皇は断った)．文書が偽作であることは15世紀に証明された.

## コンスタンティノポリス
Constantinople

330年に，コンスタンティヌス*はビュザンティオン（Byzantium）というギリシア人の都市のあった場所に，自らの首都としてコンスタンティノポリスを献都した．1453年にトルコ人に占領され，イスタンブールと改称されるまで，東ローマ帝国の首都であった．同市は1923年までトルコの首都であった.

ビュザンティオンには遅くとも2世紀から教会があったし，コンスタンティノポリスは献都以来キリスト教都市であった．381年に，その主教にはローマ司教に次ぐ名誉ある上位が与えられ，451年に，教皇は異議を唱えたが，総主教としての権限が正式に与えられた．東方における首位権をめぐって，コンスタンティノポリスに異議を唱えたのはアレクサンドリア*であったが，6世紀までに，コンスタンティノポリス総主教は東方において世界総主教*として認められた．ローマとの離間は進み，通常1054年とされる，カトリック教会の西方（Catholic West）と正教会の東方（Orthodox East）のあいだの最終的な分裂に至った.

トルコの支配下に，多くの古代の教会堂や修道院が破壊されたりモスクに変えられたが，その中に（現在は博物館になっている）ハギア・ソフィア大聖堂*がある．1923年のローザンヌ条約で，トルコ共和国はコンスタンティノポリス総主教管区内のギリシア人キリスト教徒を保護せざるをえなくなったが，総主教はトルコ国民からだけ選出されうる.

## コンスタンティノポリス公会議（第1）
Constantinople, First Council of（381年）

アレイオス*論争の終結にあたり，東方教会を統一するためにテオドシウス1世*により召集された．西方の司教は1人も出席しなかったが，第2回公会議と見なされるようになった．キリストの教理に関するニカイア公会議*の成果が承認され，キリストの人間性はアポリナリオス主義*を断罪することにより保証された．伝統的にこの公会議に帰されるいわゆる「ニカイア・コンスタンティノポリス信条」は，おそらくこの公会議により起草されたのでなく，是認されたのであろう．
➡ニカイア信条

## コンスタンティノポリス公会議（第２）
Constantinople, Second Council of（553年）

「３章」*をめぐる論争を解決するために，皇帝ユスティニアヌス*により召集された第５回公会議．主に東方の主教が出席したこの公会議は「３章」を断罪し，その著者たちのアナテマ*を宣告した．それに対し，公会議への出席を拒んだ教皇ヴィギリウス*は，いわゆる『決定』(Constitutum）を起草した．この文書はモプスエスティアのテオドロス*の60の命題を断罪したが，彼にアナテマを宣告することを拒んだ理由は，彼がエフェソス公会議*でもカルケドン公会議*でも断罪されなかったこと，および死者を断罪するのは教会の慣習でないことであった．皇帝の圧力で，ヴィギリウスはついに公会議の受け入れに同意し，「３章」に好意的な自らの以前の決定を取り消した．

## コンスタンティノポリス公会議（第３）
Constantinople, Third Council of（680-81年）

東方教会におけるキリスト単意論*論争を解決するために召集された第６回公会議．教皇アガト*の使節が出席したこの公会議は，キリスト単意論の定式とその支持者を断罪し，キリストにおける神的意志と人間的意志という２つの意志の存在が正統信仰であると宣言した．

## コンソラータ宣教会
Consolata Missionaries

福者G. アラマーノ*がトリノにそれぞれ1901年と1910年に創設した男女のカトリックの宣教会．1923年に，最終的に正式の認可を受けた．「慰めの聖母マリア」への献身で知られる．

## コンタキオン
contakion（kontakion）

東方教会において，一連の節で構成され，典礼での使用が意図された聖歌*．

## コンタリーニ
Contarini, Gasparo（1483-1542）

枢機卿．「新学問」(New Learning）の支持者である彼は，神学者として有名になった．信徒にすぎなかった彼は，1535年に枢機卿になった．1536年に，彼はトリエント公会議*を準備することになる委員会の任務をまかされ，1541年のレーゲンスブルク会議*では，彼はルター派*との合同をもたらす最後の試みに積極的な役割を果たした．1511年の彼の神秘的な体験は，M. ルター*の有名な「塔の体験」(*Turmerlebnis*）より数年前であった．

## コント
Comte, Auguste（1798-1857）

フランスの実証主義*と「人類教」(religion de l'humanité）の創設者．その学説の基本は，人類および個人の発展の諸段階を構成する神学的・形而上学的・「実証的」な「３段階の法則」(loi de trois états）である．神学的・形而上学的な段階において，人間精神は諸現象を説明する原因ないし本質を求めるが，第３の実証的な段階において，その説明に法則が見いだされる．コントは，愛他主義が利己主義を克服する一大体系に全人類を組織化することを主張した．このことは宗教的な基礎にたってのみ可能だと考えた彼は，神の代わりに「偉大な存在」である人間性（humanité）を置き，儀式を主にカトリックから借りた新しい種類の宗教を創設した．

## コンドラン
Condren, Charles de（1588-1641）

フランスの神学者．彼は1617年にオラトリオ会*に入り，1629年にP. ド・ベリュル*の後を継いで総会長（Superior General）になった．彼は霊的な指導者として各地に招かれた．彼の書簡集は没後1642年に，また弟子たちによりまとめられた『司祭職の理念』(*L'idée du sacerdoce*）は1677年に出版された.

## コンフィテオル
Confiteor

（ラテン語で「私は告白する」の意.）ローマ・カトリック教会で用いられた祈りの形の一つ. ラテン語のテキストの最初の言葉に由来する.

## コンフェッション（告白，告解，懺悔）
confession

（1）殉教者*や「証聖者」*の墓，そのような墓の周りに建てられた建造物やシュライン*，あるいは殉教者が葬られた聖堂.（2）殉教者や証聖者による信仰告白（profession of faith），そして一般に信仰の表明. この語は特に16-17世紀のプロテスタントの信仰告白について用いられる. この意味から，教派や宗派を指すのに用いられるようになった.（3）典礼において全会衆によりなされるか，個人的ないし秘密告白*において個々の悔悛者*によりなされる罪の告白（懺悔）. ➡悔悛，赦免

## コンフェッソル（証聖者，聴罪司祭）
confessor

（1）初期の教会で，彼または彼女の信仰を告白して苦難を受けたが，殉教するには至らなかった人（証聖者）. 後代には，この語は漠然と聖なる人たち，また最後には，教皇によりそう名付けられた人たちも指すようになった.（2）（特に個人的な）告白*を聴く司祭（聴罪司祭）.

## コンプトン
Compton, Henry（1632-1713）

1675年からロンドン主教. 王女メアリとアン*の家庭教師であったが，その反教皇的な態度のためにジェームズ2世*の不興を買った. 彼はJ. シャープ*を停職させられなかったという理由で職務執行停止処分に処せられ，続いて反ローマ的な説教のゆえにセント・ジャイルズ・イン・ザ・フィールドの主任司祭*とされた. 彼はウィリアム3世の戴冠式を司式し，包容主義の政策と「信仰寛容法」*を支持した.

## コンプルトゥム版多国語対訳聖書
Complutensian Polyglot

聖書全体の最初の多国語対訳聖書*で，枢機卿ヒメネス・デ・シスネロス*が私財を投じて1502年に始めた. 彼はアルカラ（Alcalá, ラテン語名 Complutum）に学者を集め，そこでこの聖書は1514-17年に印刷された.

## コンベンツアル派
Conventuals

フランシスコ会*の一派で，聖フランチェスコ*の会則の適応と緩和および教皇による特典の適用を認め，それには蓄財を許す特典も含まれていた. この語はまた，カルメル会*の同様な一派についても用いられる. ➡オブセルヴァント派

## コンボスキニオン
komvoschinion

東方教会において，西方のロザリオ*と同種の，結び目つきの紐.

## コンポステラ
➡サンティアゴ・デ・コンポステラ

## コンボーニ（聖）
Comboni, St Daniele（1831-81）

中央アフリカのカトリックの初代司教，コンボーニ宣教会*の創立者. 1854年に，彼はニコラス・マッツア（Mazza）によりヴェローナ*で創立された学校においてアフリカ宣教のために司祭に叙階され，のちにアフリカのその分校の副校長になった. 1864年に，「アフリカの再生計画」をいだき，その基本的な目標は「アフリカをアフリカとともに救う」ことであった. 1867年にマッツアの学校がアフリカでの活動を放棄したとき，コンボーニはコンボーニ宣教会と呼ばれるアフリカのための宣教会を創立した. 1870年の第1ヴァティカン公会議*に，彼は「中央アフリカの黒人のための嘆願書」を提出した. 1872年に，彼は「ヴェローナ

の女子宣教会」（Missionary Sisters of Verona）の学校を創立した．1877年に中央アフリカの代牧*に任命された．彼は奴隷制度*の廃止のためにも闘い，2003年に列聖された．祝日は10月10日．

## コンボーニ宣教会（ヴェローナ兄弟会）

Comboni Missionaries of the Heart of Jesus（Verona Fathers）

宣教活動に献身する，司祭と信徒修道士からなる宣教会．通称はヴェローナ兄弟会．D. コンボーニ*は1867年にヴェローナ兄弟会，1871年にヴェローナ姉妹会（Verona Sisters，現コンボーニ女子宣教会［Comboni Missionary Sisters］）を創立した．

## 根本主義

➡ファンダメンタリズム

## コンモディアヌス

Commodian

キリスト教ラテン詩人．彼は通常，3世紀半ばに北アフリカで活動したと考えられているが，もっと遅くたとえば5世紀のガリアに位置づける人もいる．彼は異教からの改宗者であった．2つの詩が残っている．

## 婚約

betrothal

2人の人間のあいだの将来の結婚を随意に約束すること．多くの国々では，証人の前での正式の婚約が通例であるが，イングランドでは，教会はこの問題にいかなる権威を行使することもやめた．

➡結婚

## コンラドゥス（ゲルンハウゼンの）

Conrad of Gelnhausen（1320頃-1390）

神学者，ハイデルベルク大学の初代総長．1378年の大シスマ*の発生以来，彼は公会議首位説*の主唱者であった．彼の思想は，教皇と教皇庁とにまったく対立した，信徒の全会衆と理解される教会の根元的な権威に訴えることに基づいていた．1380年の『調和の書簡』（*Epistola Concordiae*）において，彼は普遍的教会のために，教皇なしでも，枢機卿*が公会議*を召集するべきだと論じた．

## コンラドゥス（マールブルクの）

Conrad of Marburg（1180頃-1233）

異端審問*官．ドイツでの改革の任務を託され，テューリンゲン方伯ルートヴィヒ4世の信頼を得た．1225年に，彼はルートヴィヒの妻である聖エリザベト*の霊的指導者・聴罪司祭となった．1231年に，彼は異端者に対する絶対的な権限を有する，ドイツの最初の教皇の異端審問官に任命された．彼はその職権を冷酷に行使したので，殺害された．

# さ

## サ
Sá, Manoel de（1530頃-1596）

ポルトガル*のイエズス会*員．1595年に，彼は辞書形式の決疑論*の手引きである『名言集』(*Aphorismi Confessariorum*）を刊行した．文書による告解*と赦免*を認めたという理由で1603年に禁書目録*に載せられたが，1607-08年の改訂版は高く評価された．

## ザアカイ
Zacchaeus

徴税人*である彼は，キリストを見るために木に登ったが，降りて来るように名前を呼ばれて，キリストを自らの家に泊めた（ルカ19:1-10)．

## 再一致
➡再合同

## 祭器卓
credence（credence table）

祭壇の近くに置かれる小さな机で，聖餐に用いられるパン，ぶどう酒，水，その他の礼拝の付随品を載せておく．

## 祭具室
➡サクリスティー

## 最高人事検討委員会
Crown Nominations Commission

1976年の主要な政党の指導者が合意した慣例により，英国教会の教区主教を任命する際，２人の候補者名を首相に提示する（2003年まで‘Crown Appointments Commission’と呼ばれていた）委員会．同委員会には，カンタベリー*とヨーク*の大主教のほかに，総会*(General Synod）の聖職者と信徒の両院の代表，空位の主教区の主教空位期委員会*の代表が含まれる．

## 再合同（再一致）
reunion

弟子たちが１つであるようにというキリストの祈り（ヨハ17:21）を反映して，教会の可見的な一致への願いが20世紀に高まった．キリスト教の主要な諸教派間の教理的合意の増大は典礼改革により促進された．20世紀後半には，他教会員に対するカトリック教会の態度に開放性も見られるようになった．

正教会*との再合同は西方諸教会でしばしば試みられてきた．1439年のフィレンツェ公会議*により実現した短期間の合同後，他に意義ある接近は見られなかった．いくつかの正教会は第２ヴァティカン公会議*にオブザーバーを派遣し，1965年に，東西教会間の1054年の相互破門宣告は取り消された．18世紀以来，正教会と英国教会のあいだで接触があり（現在，「女性の叙任」*が妨げとなっている），正教会はオリエンタル・オーソドックス教会*，復古カトリック教会*，改革派教会*と討議を行っている．

17世紀以来，英国教会とカトリック教会間の再合同への願いがあったが，特にオックスフォード運動*とトラクト運動*後の時期および1921-25年のマリーヌ会談*の時期に高まった．イングランドの非国教徒*の諸派を国教会に合同させるいくつかの努力もあったが，王政復古時に長老派*と独立派*を「包含する」試みは失敗した．1888年のランベス会議*はそのような合同のための4条件を規定した（➡「ランベス綱領」)．英国教会と自由教会（Free Churches）間の対話で明らかになった主な問題点は職制の問題に関わっていた．同じ問題が主として見られたのは，成功しなかった「英国教会とメソジスト教会の対話」*においてであり，1978年に設立されながら，1982年に英国教会により否認された「諸教会契約協議会」(Churches' Council for Covenanting)の提案においてであった．

英国教会と他国のプロテスタント諸教会間の再合同の計画は16世紀以来，議論されてきた．20世紀には，英国教会とヨーロッパのさまざまなルター派*の国教会間の相互陪餐が合意された．これらのうち最も有名なのは，1988年のマイセン協定*と1992年のポルヴォー協定*であった．2001年に，同様な計画がアメリカ福音ルター派教会(Evangelical Lutheran Church in America)とアメリカ聖公会*に，相互職制をもった完全な相互陪餐(full communion)の関係をもたせた．

多くの交渉が成功しなかったが，19世紀初頭以来，一連の教会合同がなされた．過去の分裂が長老派*では，スコットランド*において1847年，1900年，1929年に，またアメリカにおいて1958年，1983年に修復され，またイギリスとアメリカのメソジスト教会*でも修復された．教派的な境界を超えて，プロイセンのルター派教会と改革派教会は1817年に合同して，プロイセン合同福音教会(United Evangelical Church of Prussia)，のちの合同福音教会が結成された(➡ドイツ福音主義教会)．完全な合同ではないが，1973年のロイエンベルク協約*はヨーロッパのルター派教会と改革派教会を合同させた．1972年に，イングランド長老派教会とイングランドとウェールズの会衆派教会の大部分は合同して合同改革派教会*を設立し，1981年にイギリスのディサイプル派*の大部分も合流した．ヨーロッパ大陸のプロテスタント諸教会間のさまざまな合同がなされ，2011年のスウェーデン*における３つの教会の合同もその例である．超教派的基盤にたった合同により合同教会が，1925年にカナダ*で，1947年に南インド*で，1948年にフィリピン*で，1965年にザンビア*で，1970年にザイール*，北インド*，パキスタン*で，1971年にバングラデシュ*で，1977年にオーストラリア*で成立した．これらの合同にはしばしば長老派と会衆派が加わり，アングリカンはインド亜大陸での合同にだけ加わった．地方的な合同がアフリカやアジアで教会を土着化させるのに重要な役割を果たしたので，いくつかの宣教会の創設した教会は，単一の財源も人材も地方的な教会によって引き継がれてきた．1970年に，２つの世界的な教派組織が合同して，改革派教会世界連盟*を結成し，その所属教会が合同に加わることを奨励している．近年，イギリスやアメリカにおいて合同を求める勢いが失われてきたと感じる人もいて，「再合同」の用語は現在ほとんど用いられない．➡アングリカン－ローマ・カトリック国際委員会，エキュメニカル運動，カトリック東方教会，教会合同協議会

## 最高法院（サンヘドリン）
Sanhedrin

新約聖書時代においてエルサレム*に設けられたユダヤの最高評議会兼裁判所．その起原はよく知られていないが，このような評議会が活動していたことがローマ時代以前に証言されている．どうやら祭司と信徒，すなわちサドカイ派*とファリサイ派*を含んでいたらしく，新約聖書はそれが大祭司*により主宰されたことをほのめかしている．最高法院が死刑罪を裁く権限をもっていたかどうかが議論されているが，キリストに死刑宣告を下したという伝承にはそのような権限が前提されている．

## 最後の糧（ヴィアティクム）
Viaticum

（ラテン語で「旅路の食糧」の意.）臨終の人を永遠の旅路のための恩恵で強めるように授けられる聖体.

## 最後の審判
General Judgement (Last Judgement), the

死の直後に魂に下されるいわゆる私審判*と対比され，キリスト教神学において，死者の復活後の「最後の審判」(公審判)は，各自に対する神の判決と同様に，人類に対する神の最終的な判決の機会と考えられている．

## 最後の出来事
➡終末論

## 最後の晩餐
Last Supper

十字架刑*の前夜の，キリストの最後の食事．聖餐*の制定は，キリストがこの食事の際にパンとぶどう酒で行った象徴的な行為の中に見られる．それに言及しないヨハネ福音書*はただ，「使徒たちの洗足」のみを記述している（13:1–11）．伝統的に，その食事は共観福音書*に従って過越*であったと考えられてきたが，ヨハネ福音書は異なった編年法に拠っている．

## 最後の福音書朗読
Last Gospel

福音書（通常は，ヨハ1:1–14）の朗読で，1964年まで西方教会の典礼においてミサの最後に行われていた．

## 再婚
digamy

初期の教会において，最初の配偶者が死んだ後に再び結婚した人たちは冷遇された．325年のニカイア公会議*は彼らがキリスト教徒の交わりから排除されてはならないと主張した．東方教会は西方教会よりもこの問題について常に厳格であったし，今でも，結婚の祝福が最初の結婚に対するのと同じ形では与えられない．➡重婚

## 祭司
➡司祭

## 祭司資料
➡P資料

## 祭日
Sollemnitas

1969年以来，カトリック教会で最重要な祝日*を指す．

## 再叙階
reordination

「教会外で」（*extra ecclesiam*），すなわち異端的ないしシスマ的な司教によって，あるいは，「教会内で」（*intra ecclesiam*）あっても教会法に基づかず，すなわち罷免されたないし聖職売買的な司教によって受けた，司祭職への叙階*を再度行うこと．3世紀以降，論争のまととなった再叙階は，秘跡*の教理がより厳密に定式化され始めた12世紀まではしばしば行われた．カトリック神学によれば，定められた形式で，正しい意向をもって受けるならば，職階*の秘跡は受階者に消えない霊印*を与えると考えられている．ギリシア教会は692年のトルロス教会会議*で再叙階を否認したが，実践面で揺れている．

## 「最初の殉教者」
Protomartyr

ふつうは聖ステファノ*の称号で，時にさまざまな国の最初の殉教者たちを指し，たとえば「イングランドの最初の殉教者」聖アルバヌス*と呼ばれる．

## 再生
regeneration

霊的に生まれ変わることで，伝統的な神学によれば，洗礼*により魂のうちに起こる．

## 再洗礼派
Anabaptists

さまざまな密接に関連したグループに対する包括的な名称で，幼児洗礼*が真の洗礼ではないと考え，自分たちの子どもが受洗することを認めず，16世紀に「信徒の洗礼」を再制定した．主なグループは以下のとおりである．(1) 1521年にヴィッテンベルク*に現れた，T. ミュンツァー*と「ツヴィッカウの預言者たち」*．(2) 1525年にチューリヒでキリスト教徒の成員となる基礎条件として「信仰者の洗礼」を再導入したスイス兄弟団*．彼らはミュンツァーと違って無抵抗を説き，キリスト教徒が行政職に就くことを拒否した．(3) モ

ラヴィアに避難した共同体．彼らはヤーコプ・フッター（Hutter，1536年没）の指導のもとに財産共有制に基づく共同社会を築いた．「フッター派」（Hutterites）と呼ばれるその弟子たちはカナダとアメリカにいる．(4) 南ドイツの再洗礼派．ハンス・フート（Hut，1527年没）の終末論的・霊的な関心を共有したが，特にピルグラム・マルペック（Marpeck，1556年没）の指導のもとに，スイス兄弟団の見解に同調して自分たちの見解を和らげた．(5) メルヒオル派（ないしホフマン派）．メルヒオル・ホフマン*に影響された再洗礼派で，主に北西ドイツとネーデルラントで活動した．(6) ミュンスターに避難した再洗礼派．1533-35年に聖徒の王国を建設しようとしたが，彼らの過激さはその運動に不評をかった．(7) メノナイト派*．

再洗礼派はM. ルター*，U. ツヴィングリ*，J. カルヴァン*から非難され，カトリックとプロテスタント双方から迫害された．1534年までにはイングランドに再洗礼派がおり，おそらく初期の分離派*やブラウン*主義者に影響を与えた．

## 在俗会

➡奉献生活の会

## 在俗司祭

secular clergy

世俗で生活する司祭*で，「修道司祭」*，すなわち修道会の会員と区別される．

## 祭壇

altar

この語は早い時代から聖餐のテーブルを指したが，これをミサの犠牲*の教理と結びつけた宗教改革者たちからは嫌われた．

最初期の祭壇は個人の家のテーブルであったので，たぶん木製であった．殉教者の墓で聖餐を祝う慣習がおそらく石製の祭壇の導入につながったのであろう．迫害後は，殉教者の遺体は祭壇の下に置かれ，1977年までカトリック教会はすべての祭壇における聖遺物の安置を義務づけていた．1つの教会にただ1つの祭壇があるのが長く慣習となっていたが，西方において個人のミサをささげる習慣から他の祭壇が付け加わるようになり，元来の祭壇は「主祭壇」（high altar）と呼ばれるようになった．祭壇は長いあいだ教会の東壁を背にして置かれていたが，現在では一般にそれ以前の独立した位置に戻っている．➡西向きの位置

## 祭壇前面飾り（アンテペンディウム）

antependium

祭壇前面に掛かっている覆いないしフロンタル*．

## 祭壇棚

gradine

祭壇の上部や後部の棚で，その上に十字架，ろうそくなどが時に置かれる．

## 祭壇衝立

retable

祭壇*の背後に置かれた衝立で，付属品を載せる棚の形か，装飾板用の枠でできている．

## 祭壇の柵

altar rails

祭壇を不敬な行為から守るための柵は，内陣前仕切り*とそれを守る扉が取り除かれたエリザベス1世*の治世初期に広く英国の教会で導入された．ピューリタン*はそれを嫌ったが，1660年の王政復古の際に再び設けられるようになった．

## 祭壇の燭台

altar lights

祭壇に十字架とともに2つの燭台を置く慣習は1175年頃の証言がある．用いられた燭台の数は変化したが，カトリック教会では現在は祭壇上か近くの床の上に置けばよい．英国教会では19世紀に，祭壇の燭台の適法性に異議が唱えられたが，1890年に認められた．

### 祭壇奉仕者（教会奉仕者）

acolyte

カトリック教会における，２つの下級奉仕職（Lesser Ministries）の上位．1972年まで，４つの下級品級*の一つで，「侍祭」と呼ばれていた．251年頃に彼らへの最初の言及があり，彼らは特にミサの内外で聖体拝領が行われる際に，祭壇*の奉仕にあたる．副助祭*に協力する彼らは，ミサと洗礼において他の下級品級の大部分の役務を吸収した．1972年以降，祭壇奉仕者は信徒である．

### 裁治権者

Ordinary

教会法において，その職務に付随した裁治権（jurisdiction）を行使する聖職者（ecclesiastic）．カトリック教会では，この語は厳密に定義されており，それが含むのは，教区司教，一時的であっても司教区ないし特定の教会を監督する者，司教総代理*，司教代理（episcopal vicars），（会員に対する）聖職者修道会（clerical religious institutes）の上級長上（major superiors）である（➡奉献生活の会）．『祈禱書』でのその意味は正確には定義されていないが，通常は主教を指す．

### 再統合

recapitulation

ラテン語の *recapitulatio* に対応するギリシア語の動詞（*anakephalaioein*）がエフェソ書1:10に用いられ，そこでは神がキリストのもとに万物を「１つにまとめられる」といわれている．この章句から，この用語は教父たちに受け継がれた．再統合の概念を精緻なものにした聖エイレナイオス*は，それがキリストの従順をとおしての堕落した人間の神との交わりへの回復でもあり，受肉をとおしての過去における神の啓示の要約でもあると解釈した．

### 祭服

vestments

教会の礼拝を執り行うときに，聖職者が着用する特有の装い．その起原は古代世界の通常の衣類であるが，それが4-9世紀に特に聖職者の服装へと発展した主な理由は，信徒が長いトゥニカ（tunics）や外套を着用しなくなったからである．10世紀には，主な典礼用の祭服とその着用は西方では確立していた．10-13世紀に，わずかな変更がなされた．スペルペリケウム*は多くの場合アルバ*で置き換わり，カズラ*はほとんどミサの執行時に限定されるようになり，トゥニチェラ*が副助祭*特有の祭服となった．司教にも司教靴*，司教冠*，手袋*のような祭服が付け加わった．東方教会における主な祭服も西方教会のそれと似ているが，トゥニチェラ，ダルマティカ*などは見られず，逆に西方には，エピゴナティオン*やエピマニキア*に対応するものはない．➡コープ，聖餐用祭服，「礼拝装具規定」

### 祭服論争

Vestiarian Controversy

エドワード６世*とエリザベス１世*の治下に始まった祭服（clerical dress）をめぐる論議は，ピューリタン*派の基盤の一つになった．問題が先鋭化したのは，グロースター*主教に指名されたJ. フーパー*が当初，聖職按手式文*に定められた，サープリス*とロチェット*を着用して聖別されることを拒否した1550年であった．M. パーカー*による1566年の『公示』（*Advertisement*）は，教会区教会におけるサープリスの着用および主教座聖堂と参事会教会*におけるコープ*の着用を要求した．ロンドンの37人の聖職者が遵守することを拒否して，聖職を剝奪された．混乱は続いたが，やがてたいていの聖職者は同意した．

### サイモン・サドベリー

➡シモン（サドベリーの）

### 再臨

➡パルーシア

### ザイール

➡コンゴ民主共和国

## サヴァ（サバス）（聖）
Sava (Sabas), St（1175頃-1235）

セルビア*の守護聖人．1191年に，セルビア王の息子ラストコ（Rastko）は，ひそかにアトス山*に赴き，修道士となり，サヴァと名乗った．1206年に，彼はセルビアに戻り，ストゥデニツァ（Studenica）修道院のアルキマンドリテス*として，同国の宗教的・政治的生活において積極的な役割を果たした．1219年に，彼はセルビア教会を独立させ，ニカイア総主教により同教会の初代大主教に聖別された．祝日は，セルビア教会では1月14日．

## サヴィニー大修道院
Savigny, Abbey of

ノルマンディーの修道院．1093年に，モルタン（Mortain）のヴィタリス（Vitalis, 1122年没）はサヴィニーの森に隠修士修道院（hermitage）を建てた．幾人かの隠修士が『ベネディクトゥス会則』*をその原初の厳格さで遵守する召命を受け，大修道院が1115年に創設された．高い評価を受けるようになり，「娘修道院」（daughter houses）も創設された．1147年に，修道院全体がシトー会*に併合された．

## サヴォイ会議
Savoy Conference（1661年）

12人の主教，12人の長老派*のミニスター*，および両派からのそれぞれ9人の補佐人（assessors）による会議で，『祈禱書』*を改訂するために，ロンドンのサヴォイにあったG. シェルドン*の公舎で会合した．長老派は国教会内に留まりうる手段を模索したが，彼らの「『祈禱書』への異議」*に対して，主教側はわずかに17のささいな譲歩をしただけであった．

## サヴォイ宣言
Savoy Declaration（1658年）

会衆派*の原則と組織に関する声明で，120の教会代表によりロンドンのサヴォイ礼拝堂で開催された会議で起草された．「序文」に続いて，ウェストミンスター信仰告白*に近似した「信仰告白」および「規律の綱領」からなり，後者はいっさいの必要な権限がそれぞれの個別の教会に付与されていると宣言し，より広い組織の制定をキリストにおいて拒否している．

## サヴォナローラ
Savonarola, Girolamo（1452-98）

イタリアの説教者，改革者．1475年にドミニコ会*に入り，1491年にフィレンツェのサン・マルコ修道院長になった．その頃，彼は黙示録的な様式の説教法を採用し，教会や社会の腐敗に対する神からの差し迫った懲罰を預言し，神からの特別な啓示を受けるように要求した．既存のドミニコ会の改革以上のものを望んだ彼は，1493年にロンバルディア改革管区からのサン・マルコ修道院の独立をかちえて，他の修道院が従属する新管区を創設した．政治的に，彼は社会的・道徳的改革を要求し，フィレンツェに一種の神政政治的民主制を確立した．彼が1494-95年にイタリアに侵攻したフランス王シャルル8世を支持したのは，国王を改革のための神による道具と見たからである．1495年に，アレクサンデル6世*は彼をローマに召喚したが，フィレンツェを離れることができないと返答した．1497年に，彼は破門されたが，その破門が無効であると考えて，説教を続けた．1498年に，彼はキリスト教諸侯に手紙を書いて，公会議の開催を要請した．民衆の意見は彼に敵対するようになり，フィレンツェ当局に見捨てられた彼は，逮捕され，シスマと異端信仰のかどで断罪され，絞首刑に処せられた．彼が預言者で聖人であったのか，それとも心得違いの厄介者であったのかについて，今でも議論されている．

## サウスウェル
Southwell

ヨークの聖パウリヌス*が630年頃ここに共住聖職者教会*を建てたといわれる．在俗カノン*団は1540年にヘンリー8世*により解散されたが，1585年に再興され，1841年に再び解散された．1884年に，大部分がノルマン様式の聖堂が新しい主教区の主教座聖堂になった．

## サウスウェル（聖）
Southwell, St Robert（1561頃-1595）

イエズス会*員，詩人．ノーフォーク出身の彼は，1586年にイングランドの宣教に派遣された．彼は1592年に捕らえられ，3年間の監禁後，反逆者として絞首刑に処せられ，四つ裂きにされた．彼は1970年に列聖された「イングランドとウェールズの40人殉教者*」の一人である．深い宗教的感情を表している彼の詩作は，カトリックからもプロテスタントからも愛好され，影響力をもった．

## サウスコット
Southcott, Joanna（1750-1814）

預言者と自称した．酪農婦ののち奉公人になった彼女は，1791年にメソジスト派*になり，翌年，自分がヨハネ黙示録12章の「太陽をまとった女」であると宣言した．1814年には，彼女は第2の救世主を産むことになっていた．その間，彼女は14万4,000人の選民になると期待した多くの人たちを「会員とした」．R. T. デーヴィッドソン*はカンタベリー*大主教のとき，彼女の預言の箱を開けるために主教たちを召集せざるをえなかった．

## 魚
fish

キリスト教美術とキリスト教文学において，魚が象徴しているのはキリストであり，時に新受洗者や聖餐でもある．困窮者を援助する，現代のある英国教会の団体が，魚の象徴を用いている．

初期の時代から，魚は断食*と節制*の日に肉の代わりに摂取された．

## ザカリア
Zachariah

洗礼者聖ヨハネ*の父（ルカ1章と3:2）．ユダヤ人の祭司であった彼は，「聖霊に満たされる」息子をもつことを約束する幻を神殿*で受けたといわれ，彼は「ベネディクトゥス」*（ザカリアの歌）でその子どもの誕生を祝った．祝日は11月5日．

## ザカリアス（聖）
Zacharias, St（752年没）

741年から教皇．教皇になった最後のギリシア人である彼は，ランゴバルド王リウトプランドに4都市とその全財産を教会に返還させ，ラヴェンナ*への攻撃を中止させた．ザカリアスのフランク王国との関係は親密で，751年に，彼がペパン3世*を支持して，最後のメロヴィング朝の国王の廃位を承認したことが宣言された．ザカリアスは皇帝レオン3世*やコンスタンティノス5世の聖画像破壊*政策を非難した．祝日は東方では9月5日，西方では以前は，3月15日．

## ザカリアス・スコラスティコス
Zacharias Scholasticus（536年以後に没）

キリスト単性論*的著作家．492年頃にコンスタンティノポリス*で弁護士となり，のちにレスボス島のミテュレネ（Mitylene）主教であった．彼の主著は『教会史』で，450-91年の期間の記述の価値が高い．彼はまたアンティオキアのセウェロス*，イベリア人ペトロス（488年没）らの伝記および新プラトン主義*者やマニ教*徒に対する駁論を書いた．

## ザカリアの歌
➡ベネディクトゥス

## ザクセン信仰告白
Saxon Confession（1551年）

ザクセン選帝侯モーリッツの要請で，トリエント公会議*のためにP. メランヒトン*が起草したプロテスタントの信仰告白．

## サクラメンタリウム
➡秘跡書

## サクラメント（秘跡，聖礼典，聖奠，機密）
sacrament

この語は，ラテン語の新約聖書においてギリシア語の *mystērion*（秘義）を翻訳するのに用いられたラテン語の *sacramentum* に由来する．したがって，サクラメント（秘跡）はキリスト教徒が「キリストの秘義」に参与する手段である．この参与は一定の象徴的な行為（たとえば，洗礼*の洗い，聖餐*の食事）をとおして果たされる．

この語の範囲は変わってきた．それを「見えない恩恵の見えるしるし」と定義した聖アウグスティヌス*は，それを信条や「主の祈り」*のような定式（*formulae*）に適用し，この広い意味が最初の1,000年間はふつうであった．12世紀に，西方神学がその意味を狭めたのは，キリストによる制定を本質的な特徴と見なしたことによる．ペトルス・ロンバルドゥス*の『命題集』*において，西方で伝統的になっていた「7つの秘跡」*が挙げられている，すなわち，洗礼，堅信*，聖餐，悔悛*，終油（病者の塗油*），叙階*，婚姻*である．他の象徴的な儀式は「準秘跡」*と呼ばれるようになった．キリストによる制定という概念の重要性にもかかわらず，いくつかの場合，キリストによるそのような制定の機会は明白ではなく，そのような制定は暗黙のものと考えねばならない．近代になって，通例そこで列挙される諸秘跡が暗黙のものである，キリストの根本的な秘跡として，教会をいっそう強調するようになった．

中世において，秘跡の「質料」と「形相」が区別され，質料は物質的要素（たとえば，聖餐におけるパンとぶどう酒）であり，形相は「聖別の言葉」である（「これはわたしの体である」，「これはわたしの血である」）．諸問題にもかかわらず，その区別は20世紀半ばまで西方神学における規範となった．このような接近法によれば，正しい意向*をもって受ける，正しい質料と正しい形相が秘跡の有効性*には必要であり，これらが存在する場合，秘跡が恩恵を通常もたらすのを保証するのにその行為の執行が十分な理由は，秘跡の有効性が，カトリック神学によれば，執行者の立派さとは無関係だからである（➡エクス・オペレ・オペラート）．にもかかわらず，受領者が正しい意向をもっていなければ，秘跡は恩恵をもたらさない．第2ヴァティカン公会議*以降に公認された典礼では，「言葉」がますます強調されており，聖書朗読と説教が秘跡の執行の正規の部分を構成している．「言葉」はこうして秘跡の「形相」以上のものとなり，それにより心が来るべき神の恩恵へと開かれるキリストの御言葉との出会いをもたらす．秘跡のうちの3者，すなわち洗礼，堅信，叙階は永続的なしるしないし霊印*を魂に刻むと考えられ，したがって繰り返されえない．プロテスタンティズムにおいて，サクラメント神学の専門的な表現はあまり発展しなかったが，洗礼および聖餐ないし「主の晩餐」*が大いに重視され，それらにあずかることは極めて真摯に受け取られている．➡悔悛，結婚，堅信，職階と叙階，聖餐，洗礼，『洗礼・聖餐・職務』，塗油

## サクリスタン
sacristan

この語が指すのは，(1) セクストン*ないし (2) 祭服と祭具を含む，聖堂の内容物を保管する役職者である．

## サクリスティー（祭具室（さいぐしつ））
sacristy

祭具を保管するため，また司祭などの聖職者が着替えるための，聖堂や礼拝堂の付属の部屋（ないし一続きの部屋）．

## サザーク
Southwark

英国教会のこの主教区は1905年に創設された．1106年に創建された（「ロンドン市の川向こうの」）セント・メアリ・オーヴァリ（Overie）修道院教会が主教座聖堂になった．それは1539年の「修道院の解散」*以来，サザークのセント・セイヴィア（St Saviour）教会区教会であったが，19世紀に大規模に再建された．

カトリックの司教区は1850年の位階制の復興にさかのぼり，1965年に大司教区になった．

## サシェヴェレル
Sacheverell, Henry（1674-1724）

高教会派*の聖職者，パンフレット作者．1705年に，彼はサザーク*のセント・セイヴィア教会

(St Saviour's, 現在のサザーク主教座聖堂) のチャプレンに選ばれた. 彼は1709年に行った2度の説教で, 無抵抗の教えを擁護し, ホイッグ党政府の宗教寛容政策および仮装信従禁止法*の容認が教会にとって危険であることを強調した. 下院はその説教を扇動的であるとして糾弾し, サシェヴェレルは告発されたが, 下された判決は彼にとって勝利といえるほど軽いもので, 彼は人々の英雄になった.

## サタン
Satan

ユダヤ・キリスト教的な伝統において, 悪の最高に具現化されたもので, 悪魔*とも呼ばれる.

## サッコス
sakkos

東方教会において, 主教が着用する刺繍を施した典礼用祭服. 西方におけるダルマティカ*にその形状が似ている.

## サトゥルニノス
Saturninus (2世紀)

シリアのグノーシス主義*者. 彼の考えでは, 諸物の起原は万人に未知の御父に求められ, 御父が一群の天使や超自然的なものを創造し, 次いで後者が人間を創造した. 人間は地面をのたうつ無力な存在であったが, 神的な閃光が人間を足で立たせた. ユダヤ人の神は創造天使の一人で, 至高の御父がこの神を滅ぼして, 神的な閃光を受けた者たちを贖うために, 救い主を遣わした.

## サドカイ派(は)
Sadducees

ファリサイ派*と対立した, ユダヤ教の政治的・宗教的セクト. 数は多くなかったが, 高い地位の人たちを含み, 個々のサドカイ派は政治的な影響を及ぼし, キリストの時代, エルサレム*において重要な勢力であった. 彼らは, ファリサイ派が受け入れた伝統的な解釈を否定し, 成文律法のみを受け入れた. したがって, 彼らは身体の復活に対する信仰および天使や諸霊の存在も否定した. 彼らはキリストに反対する指導的な役割を果たし, また繰り返し使徒たちを攻撃したと思われる.

## サードナ
Sahdona (7世紀)

霊的著作家. 635/40年頃, 彼はアッシリア東方教会*のマホゼ (Mahoze) 主教になったが, キリストのペルソナ (位格) に関する教えのゆえに追放された. 『完徳の書』はシリアの霊性の傑作である.

## サトル
➡碑文 (初期キリスト教の)

## サドレート
Sadoleto, Jacopo (1477-1547)

1536年から枢機卿. 1537年に, 彼は教会改革と公会議準備の特別委員会の委員になった. 彼はP. メランヒトン*とジュネーヴ*市会をカトリック信仰に戻そうと努めた. サドレートはパウルス3世*が最も信頼した助言者の一人であった.

## サナティオ・イン・ラディケ
sanatio in radice

(ラテン語で「発端からの癒し」の意.) 教会法において, 無効であった「結婚」*がさかのぼって, すなわち挙式の時点から有効とされる手続き.

## 砂漠(さばく)の師父(しふ)
➡修道制

## サバス (聖(せい))
Sabas, St (439-532)

修道士. カッパドキア出身の彼は, 478年にエルサレム*と死海*のあいだに大ラヴラ*を設立した. 彼は490年に不本意ながら (当時は修道士ではまれであったが) 司祭への叙階を受け入れ, 492年に, エルサレム総主教は彼をパレスチナの全隠修士の長に任命した. 祝日は12月5日.

## サバス
➡サヴァ

## サバティエ
Sabatier, Auguste（1839-1901）

フランスのプロテスタント神学者．F. D. E. シュライアマハー*と A. リッチュル*の教説をフランスに広め，歴史的本文批評法を新約聖書に適用し，また，特にキリスト教の教義を宗教感情の象徴と解釈することにより，フランスのプロテスタンティズムだけでなく，カトリックの神学界にも深い影響を及ぼして，近代主義*運動を準備することに貢献した．

## サバティエ
Sabatier, Paul（1858-1928）

カルヴァン派*の牧師，聖フランチェスコ*の研究者．2度牧師職に就いたが，健康を害して辞職せざるをえず，残りの生涯を研究にささげた．1893年の『聖フランチェスコの生涯』（*Vie de S. François*）は，フランチェスコの布教を「純粋な福音」に照らして，中世教会の再生として描いており，提示法においてすぐれ，心理的理解において鋭い．彼のその後の研究は多くの新しい史料を発掘したが，源泉史料に関する彼の論点のいくつかは誤りであると分かっている．

## ザバレラ
Zabarella, Francesco（1360-1417）

イタリアの教会法学者．1411年にヨアンネス23世*により枢機卿に任命された彼は，コンスタンツ公会議*の開催のために皇帝ジギスムントとの交渉にあたった．公会議でのザバレラの行動は大シスマ*を終わらせるのに貢献した．教会法に関する彼の著作は長く標準的なものであった．

## ザビエル（聖）
Francis Xavier, St（1506-52）

「インド諸国（Indies）と日本*の使徒」，イエズス会*の創立メンバー．スペインのバスク人の貴族出身の彼は1534年に，聖イグナティウス・デ・ロヨラ*と他の5人とともに，清貧および聖地ないし教皇が彼らを派遣する場所での奉仕を誓った．ポルトガルの大使がパウルス3世*にイエズス会員の派遣を要請したのに応えて，ザビエルは1541年にリスボンを出帆した．翌年，彼はゴア（Goa）に到着し，そこを活動の拠点とした．彼はトラヴァンコール（Travancore），マラッカ，モルッカ諸島，スリランカ*で宣教した．1549年に，日本に上陸し，そこで大迫害にも耐え抜く教会を設立した．彼は中国*に赴く途上で没した．彼の働きは，その旅行が広範囲にわたり，極めて多くの改宗者を得た点で注目される．祝日は12月3日．

## サヒド方言
Sahidic

コプト語*の一つの方言．➡ボハイル方言

## サビーナ（聖）
Sabina, St

彼女の殉教記録*によれば，ウンブリアの寡婦で，召使いによって改宗し．126年頃にローマで殉教した．そのような聖人が存在したことはありそうもない．その殉教記録はローマのアヴェンティーノ丘のサンタ・サビーナ聖堂の由来を説明するためにおそらく書かれたのであろう．

## サープリス（スペルペリケウム）
surplice（superpelliceum）

広い袖のついたゆったりした白色の典礼用の衣服．アルブ*から発達し，その下に暖かい衣類をつける余地がある．12世紀以降，下級聖職者に特有な衣服となり，ミサのとき以外には司祭によっても着手された．現在は，あらゆる聖職者により着手され，たとえば聖歌隊員のような信徒によっても用いられる．英国教会におけるその使用は，エリザベス1世*の治下に論争の的であったが，現在は認められている．➡祭服論争

## サープリス・フィー
surplice fees

結婚式や葬式の際，司式者にかかわらず，教会

区*の管理司祭*に支払われる謝礼.

## サベリウス主義

Sabellianism

「様態論*的」モナルキア主義*の別称で，おそらくローマ出身の3世紀の神学者であるサベリウス（Sabellius）にちなむ名称.

## サマセット公

Somerset, Duke of（1506頃［ないし1500頃］-1552）

1547-49年のあいだ，イングランドの摂政（Protector）．エドワード・シーモア（Seymour）は，ヘンリー8世*の3番目の妻ジェーン・シーモアの兄であった．彼の甥がエドワード6世*として即位したとき，枢密院内で指導的な人物であった．摂政として，彼は英国教会において改革運動を推進した．彼は1549年に罷免され，陰謀罪で処刑された.

## さまよえるユダヤ人

Wandering Jew, the

伝説によれば，十字架刑に赴く途上のキリストを嘲弄したため，再臨の時まで地上を放浪するよう運命づけられた1人のユダヤ人．この伝説は1602年に出されたパンフレットに初めて現れた.

## サマリア

Samaria

イスラエル*，すなわち「北の10部族」の王国の首都で，オムリ王により前880年頃に建設された．721年頃に占領したアッシリア人は，その帝国の他の地方からの異教徒をここに住まわせた（王下17章，18:9-12）．ユダヤの伝承によれば，のちのユダヤ教や新約聖書に知られているサマリア人はこれらの住民の子孫である．旧約聖書に関して，彼らは若干違った五書*（「サマリア五書」［Samaritan Pentateuch］）のみを受け入れた．ユダヤ人のサマリア人に対する反感は有名であった．➡善いサマリア人

## サムエル記

Samuel, Books of

旧約聖書の2巻からなるサムエル記は，もともと単一の書であり，便宜上それを分割した七十人訳聖書*の編者はまた，サムエル記と列王記*を単一の「（4つの）王国の書」にまとめた．英語の表題はヘブライ語に従っている．預言者サムエルの物語を述べたのち，同書はサウル（在位前1025頃-1010年頃）とダビデ*（在位前1010頃-970年頃）の治世を記述している.

## サムソン

Samson（おそらく前11世紀）

イスラエルの英雄で，伝統的に偉大な「士師」の最後の人物．士師記13:2-16:31の記述によれば，彼は並外れた力をもち，ペリシテ人のあいだで大混乱を引き起こした．彼がデリラのとりこになり，彼女に自分の強さの秘密を漏らしたとき，ペリシテ人は彼の目をえぐり出したが，彼は神殿の2本の柱を引き倒すことで復讐し，そこにいた3,000人が死んだ．最近の学者はサムソンの物語を，おそらくさまざまな地方の英雄を扱う，もともと独立した説話であったと考えている．サムソンの信仰はヘブライ書11:32で褒められている.

## サムソン（聖）

Samson, St（562年以後に没）

ブルターニュのドル（Dol）司教．ウェールズ南部出身の彼は，聖ドゥブリキウス*により叙階され，カルディー（Caldey）島の修道院に入った．彼はセヴァーン（Severn）川の近くの洞窟に隠遁し，その後出席した教会会議で，司教に聖別された．自らの修道院を去るように幻で告げられた彼は，ブルターニュへ赴いた．そこで彼が立てたドル修道院は宣教活動の拠点となった．彼は562年のパリ教会会議に出席した．祝日は7月28日.

## サムナー

Sumner, John Bird（1780-1862）

1848年からカンタベリー*大主教．R. D. ハンプデン*の神学に共感しなかったが，彼がヘレフォ

ード*主教に任命されることに，サムナーは反対せず，その聖別に加わった．ゴーラム事件*をめぐる論争において，彼は洗礼による再生が英国教会の基本的な教理であることを否定した．1852年に，聖職者会議*が135年間の休会後に初めて開催されたとき，その上院を主宰した．

## サラセン人(じん)
Saracens

（アブラハム*の息子である）イシュマエルの子孫と称する，北アラビアの遊牧民をおそらくもともと指した語．遅くとも9世紀以降，すべてのムスリム，特に十字軍*兵士が戦った相手を指すようになった．

## サラバイタイ派(は)
sarabaites

初期の教会における禁欲主義者たちで，自らの住まいないし小さな集団で生活し，修道院としての上長を認めなかった．

## サラビア
Saravia, Hadrian a（1532頃-1613）

プロテスタント神学者．若いときに，彼はサントメール*でフランシスコ会*に入会したが，1557年にプロテスタンティズムに転向して同会を離れた．1561年のベルギー信仰告白*の起草に参与した．1584年に，彼はレイデン*大学神学教授になったが，1587年に（レスター伯であった）総督を支持したことで教授職を解雇され，イングランドに亡命して，引き続き聖職禄*を受けた．1590年の神学的主著『福音宣教のさまざまな段階について』（*De Diversis Ministrorum Evangelii Gradibus*）において，彼は自らの立場を「神法」に訴えることに基礎づけて，主教制を擁護した．福音を異教徒に説く義務を力説した最初のプロテスタントの一人であった．彼は欽定訳聖書の旧約聖書の翻訳も分担した．

## サラマンカ学派(がくは)
Salmanticenses

1600-1725年にかけてサラマンカ（Salamanca）で教えた一群の跣足カルメル会*員で，『神学大綱』（*Cursus theologicus Summam d. Thomae complectens*）の著者たちの通称．『大綱』は聖トマス・アクィナス*の『神学大全』の膨大な注解である．

## ザラ・ヤコブ
Zara Yakub（1399頃-1468）

1434年からエチオピア*国王．中央集権化を図り，敵対する将軍を抑え，ムスリムの侵攻を撃退して，少なくとも一時的にイスラーム*の脅威を防いだ．彼はキリスト教を奨励し，伝道を促進し，迎合的な大修道院長を任命することで修道院支配を強化した．彼が著したさまざまな神学書の中に，エチオピア教会の信条がある．彼は西方教会との接触を深め，フィレンツェ公会議*に代理を派遣した．

## サルウィアヌス（マルセイユの）
Salvian（400頃-480頃）

教会著作家．娘の誕生後，彼とその妻は禁欲主義の生活を送った．431年にはすでに司祭であった彼は，マルセイユで40年以上を過ごしたと思われる．『神の統治について』（*De Gubernatione Dei*）は衰退期のローマ文明の悪徳を戦勝者たる蛮族の美徳と対比することにより，後者を社会に対する神の裁きの証人，摂理におけるキリスト教徒の生活と信仰の純粋さへの刺激として用いている．

## サルヴェ・レジナ
Salve Regina

（ラテン語で「めでたし，（聖なる）女王よ」の意．）最古のマリアへのアンティフォナ*の一つで，時に西方教会では定時課*の結びに歌われ，また聖母マリアに対してよく唱えられる祈りである．その作者は知られていない．最古の写本の証言は通常，11世紀末に年代づけられる．

## サールウォール
Thirlwall, Connop（1797-1875）

1840年からセント・デーヴィッズ*主教．ウェールズ語を学び，自教区の教会生活を復興し，自由な精神で当時の教会問題に関わった．彼は1848年にユダヤ人の市民としての制約の撤廃を支持し，1869年にアイルランド*教会の非国教化を説いた．サールウォールとA. C. テイト*は，主教J. W. コレンゾー*が自分たちの主教区で説教することに反対する禁止令を出すのを拒否した，英国教会内のただ2人の主教であった．

## サルディカ
➡セルディカ

## サルディス
Sardis

小アジア西部のリュディア（Lydia）の都市．そこのキリスト教会は，ヨハネ黙示録（3:1–6）が宛てた「7つの教会」*の一つである．古代後期には繁栄した都市であった．中世には，重要な中心地で，主教座があったが，17世紀には，司祭や聖堂の存在しないトルコの村になっていた．

## サルピ
Sarpi, Paolo（1552-1623）

「マリアのしもべ修道会」*員の法学者，神学者．ヴェネツィア*出身の彼は，同会の要職に就いた．1606–07年のヴェネツィアとパウルス5世*間の争いにおいて，サルピは同共和国の利益を擁護した．彼は1607年に破門されたが，没するまで司祭としての活動を続けた．彼の『トリエント公会議史』（*Istoria del Concilio Tridentino*, 1619年にロンドンで初版）は真正な資料に基づいているが，トリエント公会議*を教会改革に反対する単なる陰謀と見なしている．

## サレジオ会（かい）
Salesians

この名称をもつ修道会の中で重要なのは「フランソワ・ド・サル*修道会」で，1859年にトリノの近くに聖ジョヴァンニ・ボスコ*により，貧しい階級の青少年にキリスト教教育を施し，また彼らの叙階をめざして創設された．1846年に，彼が命名した「祭のオラトリオ」（festive oratories）や夜間学校に少年たちを集め始めた．フランソワ・ド・サル（フランシスコ・サレジオ）を守護聖人とする，司祭と教師の修道会（congregation）が活動を発展させるために生まれ，1859年にボスコが起草した会則により生活し始めた．彼は1872年に少女たちのために同様の活動をする女子修道会も創設した．

## サロス
salos

（ギリシア語で「愚かな」の意．）東方で独特の禁欲主義を実践し，社会の中で聖なる愚者として振舞った人．最も有名なのは6世紀のシメオン（Simeon）で，その伝記がネアポリスのレオンティオス（Leontius）によって書かれた．その慣行は人気を得て，のちにロシア教会に広がった．

## サロメ
Salome

（1）エルサレム*までキリストに同行した女性．マタイ福音書は彼女をゼベダイの子らである聖ヤコブ*と聖ヨハネ*の母と同一視していると思われる（マタ27:56，なおマコ15:40参照）．彼女は時に聖母マリアの姉妹と同一視される（ヨハ19:25）．➡マリア（新約聖書における）

（2）マタイ福音書14:6とマルコ福音書6:22で名前を挙げずに言及されているヘロディアの娘に対して，ヨセフス*が呼んでいる名前．

## 三一神論者（さんいつしんろんじゃ）
➡三位一体論信奉者

## サン・ヴィクトル会（かい）
Victorines

パリのかつてのサン・ヴィクトル（St–Victor）大修道院にあった修道祭式者会*．修道院はシャンポーのグイレルムス*により創設され，1113年に建てられた．サン・ヴィクトル会の会員であった有名な学者，神秘家，詩人には，サン・ヴィクトルのアダム*，サン・ヴィクトルのフーゴー*，サン・ヴィクトルのリカルドゥス*，サン・ヴィクトルのヴァルテル*がいる．12世紀末には，明確な知的集団ではなくなっていた．

## 賛課（さんか）
Lauds

西方教会の朝の聖務日課*で，1911年以前には常に詩編148-150編を含み，そこに *Laudate*（賛美せよ）が繰り返されるので，この名称が生まれた．『祈禱書』において，賛課と早禱*が部分的に結合して「朝の祈り」（Morning Prayer）となった．

## 3科（トリウィウム）
trivium

文法学，修辞学，論理学を指す中世の名称で，自由学芸7科*の下位を構成した．➡4科

## サンキー
➡ムーディ

## ザンキ
Zanchi, Girolamo（1516-90）

カルヴァン主義*の神学者．1531年にアウグスチノ会*員になり，ルッカ（Lucca）に派遣された．そこで，彼はヴェルミーリ（ピーター・マーター*）の影響を受けた．ザンキは次々に，ストラスブールで教授，北イタリアのキアヴェンナ（Chiavenna）で改革派*教会の説教者，ハイデルベルクで教授であった．プファルツが1576年にフリードリヒ3世*の没後にルター派*になったとき，ザンキはノイシュタット（Neustadt）に赴いた．彼はZ. ウルジヌス*とともに改革派の信条を起草した．

## 「3教派（きょうは）」
Three Denominations, the

長老派*，会衆派*，バプテスト派*教会を指す名称．ロンドンにおけるそのミニスター*たちは，1727年に共同の政治行動のための協会を設立した．➡レギウム・ドーヌム

## 産業労働者キリスト教友和会（さんぎょうろうどうしゃきょうゆうわかい）
Industrial Christian Fellowship

キリスト教信仰を産業労働者の世界に伝えようとした英国教会の組織で，産業労働者への伝道およびキリスト教の理論と実践を産業労働に結びつけることを目的とした．それ以前の2つの団体が合併して，1918年に組織された．

## サンクトゥス（感謝の賛歌）（かんしゃのさんか）
Sanctus

聖餐*式中の叙唱*に続き，「聖なる，聖なる，聖なる」（イザ6:3）の語で始まる賛美の聖歌．最古の聖餐式では唱えられていなかったらしいが，大抵の東方教会および若干の西方教会での聖餐式における使用が350年には証言されている．

## サンクトゥス・ベル
sacring bell（Sanctus bell）

たとえば奉挙*の際に，会衆の注意を集めるためにミサで鳴らした鈴．

## ザンクト・ガレン
➡ガルス

## サンクトラーレ
Sanctorale

ミサ典礼書*，レクティオナリウム*，聖務日課書*の一部で，特定の聖人の祝日に固有なミサないし聖務日課のさまざまな部分を含んでいる．➡テンポラーレ

## サンクロフト
Sancroft, William（1617-93）

1678-90年にカンタベリー*大主教．彼の大主教職を特徴づけたのは，政治的にも霊的にも英国教会の力を回復する偉大な努力であった．1685年にカトリックのジェームズ2世*が即位するとき，サンクロフトは陪餐を省略できるように戴冠式*を変更した．彼は1688年に信仰寛容宣言*に反対した「7人の主教」*を率いたにもかかわらず，オラニエ公ウィレム（のちのウィリアム3世）を国王

として認めることを拒否したため，臣従拒誓者*として大主教職を剥奪された．彼は臣従拒誓者の継承を永続させる計画を支持し，1692年に，ノリッジ*の職を剥奪された主教ウィリアム・ロイド（Lloyd）に正式に自らの大主教の権威を譲渡した．

## 懺悔

➡コンフェッション

## 産後感謝式
Churching of Women

キリスト教徒の女性が出産後におこなう感謝の儀式．セイラム式文*に基づく，『祈禱書』*の日課は聖餐に先行することになっている．『共同礼拝』*は「誕生感謝の祈り」と「養子縁組後の感謝式」という新しい礼拝を定めたが，両者とも家族全員の出席を意図している．『祈禱書』のそれと類似していたカトリックの儀式は，洗礼*式の最後の母親の祝福に置き換わった．

## サン・ジェルマン・デ・プレ
St-Germain-des-Prés

6世紀に創設されたパリ*にある大修道院．パリの聖ゲルマヌス*は557/59年に聖堂を献げ，それにのちに彼の名が付された．17世紀に，サン・モール学派*による改革を受け入れ，学問の拠点として有名になった．建物の大半はフランス革命で破壊されたが，その写本は残存している．

## 参事会

➡チャプター

## 参事会教会（共住聖職者教会）
collegiate church

カノン*および（または）主教座聖堂名誉参事会員*の団体（すなわち，「参事会」*）をもつが，しかし主教座聖堂*のように主教座ではない教会．

## 参事会ミサ
Capitular Mass

カトリックの司教座聖堂*や参事会教会*で唱えられ，歌われる公のミサで，参事会（チャプター*）の全員が出席する．

## 3時課・6時課・9時課
Terce, Sext, None

それぞれ第3時（午前9時），第6時（正午），第9時（午後3時）に唱えられる聖務日課*．それぞれを構成するのは，聖歌，交唱聖歌*による3つの詩編（ないし，3部に分けた1つの詩編），短い聖書朗読，唱句*と唱和（response），結びの祈りである．1971年以降，これらの聖務日課のうち1つだけが義務づけられ，それを唱える時刻は選択できると規定されている．

## 「3時間の礼拝」
Three Hours' Service

聖金曜日*の正午から午後3時までの主（イエス）の受難の時間に守られる礼拝．通常，（伝統的に「十字架上の7つの言葉」*による）7つの説教からなり，聖歌や祈りがあいだに入る．

## 三枝燭台
triple candlestick

西方教会の典礼において1955年まで，祭壇への行列中に灯された3本のろうそくを立てるために三枝燭台が用いられた．東方教会では，主教が典礼の際に祝福を与えるとき，三枝燭台（および二枝燭台*）が用いられ，主教は両手に1つずつその燭台をもつ．

## 『サン・シストの聖母』
Sistine Madonna（Madonna di S. Sisto）

ラファエッロ*による祭壇画で，現在はドレスデンにある．聖シクストゥス2世*と聖バルバラ*にはさまれて，空の雲の上に浮かぶ聖母子を描いている．

## サン・シモン
Saint-Simon, Claude Henri de Rouvroy（1760-1825）

フランスの社会主義の主唱者．多くの著作で彼が論じたのは，産業労働者階級のみが人間の道徳的・身体的な福祉のために働くこと，彼らは従来の特権階級よりも優遇されるべきであることであった．1825年の『新しいキリスト教』（*Nouveau Christianisme*）が主張しているのは，キリスト教における唯一の神的な原則は，人々が同じ家族の一員として互いに振舞うべきである，すなわち，社会を多数派の利益のために組織すべきであるということである．したがって，宗教は教義や儀式を無視すべき付属物と見なして，最も貧しい人たちの向上をはかるべきである．

彼の教えは存命中ほとんど支持されなかったが，のちに19世紀や20世紀前半に影響力をもった．

## 三重冠（さんじゅうかん）

➡教皇冠

## 「39箇条（かじょう）」

Thirty-Nine Articles

英国教会により最終的に認められた一連の教理的な定式．最初の本文は1563年に聖職者会議*により公布され，1571年に現在の最終的な形になった．信条の形でキリスト教の教理を述べたものでなく，むしろ教義的な教えを短く要約したもので，各箇条は当時の論争で提起されたいくつかの点を論じている．さまざまな解釈がそれらの点についてなされてきたが，おそらくこの自由さは起草者により意図されていたのであろう．1865年まで，聖職者はそのいずれの箇条も認めることが要求されたが，その後より全般的な同意に置き換わり，1975年以降，同箇条は聖書に啓示され，公同的な信条（catholic creeds）に示された信仰を証言する，英国教会の歴史的な定式の一つとして認めさえすればよいことになった．

## 30年戦争（ねんせんそう）

Thirty Years War（1618-48年）

中央ヨーロッパで戦われた一連の宗教的・政治的な戦争．その原因になっていたのは，神聖ローマ帝国*の衰退および1555年のアウクスブルク宗教和議*後に続いた宗教的な不安定であった．ベーメン（ボヘミア）のプロテスタントは1618年に反乱を起こし，プファルツ選帝侯フリードリヒ５世を皇帝フェルディナント２世*に対抗させたが，カトリック同盟の軍隊に敗れた．1623年に，戦争はニーダーザクセンで再燃した．1626年の皇帝側の将軍たちの勝利後，リューベック和約が1629年に締結された．同年，フェルディナント２世は1552年以降に不当に専有している教会財産を返還するよう命じたが，この勅令の実施は大きな反対にあった．1630年に，スウェーデン王グスターヴ２世*はポメルンに上陸し，反ハプスブルク政策を進めていた枢機卿リシュリュー*に支援された．1632年に，グスターヴはリュッツェンの戦いに勝利したが，自らは戦死した．1634年に皇帝軍とバイエルン軍がネルトリンゲンで決定的な勝利を得たことは，1635年の皇帝と大半のプロテスタント諸侯間のプラハ条約につながった．しかしながら，スウェーデン軍は戦争を続行し，またフランスから公然と支援された．フランスの立場はますます有利になり，1644年に開始された交渉の結果，1648年にヴェストファーレン和約（ウェストファリア条約）が締結された．これにより，帝国内の教会の状況は1624年当時に回復されたが，戦争中に賠償金として諸勢力間で分配され，世俗の管理下にあった多くの教会財産は回復されなかった．アウクスブルク宗教和議の諸条項は再確認され，カルヴァン派*にも拡大された．

## 「３章（しょう）」

Three Chapters, the

543-44年の勅令で皇帝ユスティニアヌス１世*が断罪した「３章」，すなわち，(1) モプスエスティアのテオドロス*自身とその著作，(2) アレクサンドリアのキュリロス*に反駁したテオドレトス*の著作，(3) エデッサ*のイバス*がマリ（Mari）に宛てた書簡である．３者ともネストリオス*に同情的であると見なされていたので，ユスティニアヌスはこの勅令がキリスト単性論*者の歓心を買うものと期待した．東方の総主教たちは同意したが，教皇ヴィギリウス*は当初，その勅令がカルケドン公会議*の教令に反するという理由で承認することを拒否した．553年のコンスタンティノポリス*での第5回公会議が「3章」を断罪したのち，教皇はその公会議の決定を受け入れた．

## サン・ジョヴァンニ・イン・ラテラノ大聖堂（だいせいどう）

➡ラテラノ大聖堂

## 山上の説教（さんじょうのせっきょう）

Sermon on the Mount

マタイ福音書5-7章にあり，キリストの言葉を編集したもので，その道徳的な教えを要約している．「至福の教え」*や「主の祈り」*が含まれる．

## サン・シラン（デュヴェルジェ・ド・オランヌ）

Saint-Cyran, Abbé de (Jean Duvergier de Hauranne) (1581-1643)

1620年からサン・シラン委託大修道院長（commendatory Abbot, ➡一時保有聖職禄），ヤンセン主義*の著述家の一人．C. O. ヤンセン*の親友で，聖アウグスティヌス*の著作に惹かれ，彼がアウグスティヌス主義にたってカトリシズムを改革しようとしたのは，それにより武装してプロテスタンティズムを負かしたいという望みからであった．1623年以降，彼はアルノー*家およびポール・ロワイヤル修道院*に近づき，1633年から，同修道院の霊的指導者として，大きな影響を及ぼすようになった．

## 三神論（さんしんろん）

tritheism

神的ペルソナ（位格）における実体の一致を否定する，三位一体*に関する異端的な教説．この語は特に，ヨアンネス・フィロポノス*を含む，一群の6世紀のキリスト単性論*者の教説を指す．ヨアンネスが説いたのは，3つのペルソナが共有する共通な本性は知的な抽象であり，御父，御子，聖霊が共通な本性と実体をもつが，個々に別個の実体ないし本性であり，その属性において異なっているということである．この教説は680-81年のコンスタンティノポリス公会議*で三神論として断罪された．ロスケリヌス*とギルベルトゥス・ポレタヌス*もともに三神論を非難され，断罪された．

## 撒水式（さんすいしき）

Asperges

西方教会において，主日のミサで入祭後に祭壇や人々に聖水*を散布すること．

## サンス教会会議（きょうかいかいぎ）

Sens, Councils of

多くの地方的な教会会議がサンスで開催された．1140年のそれはP. アベラルドゥス*を異端の嫌疑で断罪した．

## サンタクロース

Santa Claus

ミュラ（Myra, 現トルコ南西部）主教であった聖ニコラオス*を指すオランダ語がアメリカでなまったもの．

## サンダー・シン

Sundar Singh, Sadhu (1889-1929頃)

インドのキリスト教徒，神秘主義者．シーク教徒の富裕な家に生まれた彼は，1905年に改宗して，英国教会で受洗した．彼はヒンドゥー教の形式でキリスト教を伝えようとして，サドゥー（すなわち「聖なる人」の意）の衣を身にまとった．彼はインド各地を旅行し，チベットにまで伝道しようとした．祝日は『共同礼拝』*では6月19日．

## サンダーズ

Sanders (Sander), Nicholas (1530頃-1581)

カトリックの論争家，歴史家．彼は1559年にイングランドから逃れた．1565年に彼はルーヴァンに赴き，神学教授となり，J. ジューエル*の『弁明』が引き起こした論争に関わった．1572年に，彼はイングランド問題に関するグレゴリウス13世*の顧問となり，1579年に，反乱を扇動するために教皇使節としてアイルランド*へ赴いた．未完の『英国教会のシスマの発端と展開』（*De Origine ac Progressu Schismatis Anglicani*, 1585年に出版）は現在，その論争された諸点で正確であると認められている．

## サンダーソン
Sanderson, Robert（1587-1663）

1660年からリンカーン*主教．1661年のサヴォイ会議*で指導的な役割を果たし，また1662年の『祈禱書』の序文を起草した．1678年に出版された彼の『良心の9つの事例』は倫理神学に大きく貢献した．

## サンタ・マリア・マッジョーレ聖堂（ローマ）
Santa Maria Maggiore, Rome

聖堂は教皇リベリウス*（在位352-66年）により建てられ，現在の聖堂はシクストゥス3世（在位432-40年）のもとで建てられた．中世の伝承によれば，その場所を示した聖母マリア*は，8月の夜なのに奇跡的な降雪の中で彼女の足跡を残したという．

## サンチェス
Sánchez, Thomas（1550-1610）

スペインのイエズス会*員．彼を有名にしたのは1602年の『聖なる結婚の秘跡論』（*Disputationes de sancto matrimonii sacramento*）で，結婚の道徳的・教会法的局面に関する包括的な著作であり，17世紀に高い評価を受けた．

## サンデー
Sunday,Billy（1862-1935）

アメリカの伝道者．プロ野球選手として活躍したのち，彼は1886年に街頭説教者によって回心した．彼はやがて自ら説教を始め，大聴衆を惹きつけた．彼の人気は第1次世界大戦に衰えた．1920年に，彼は大統領候補として共和党からの指名を得ようとした．

## サンティアゴ・デ・コンポステラ
Compostela（Santiago de Compostela）

スペイン北西部にあり，伝承で使徒聖ヤコブ*の埋葬地とされる．9世紀以来，司教座があり，巡礼の中心地．➡ヤコブス騎士団

## 暫定式文
Interim rite

1927-28年の祈禱書改訂案が否決されたのち，主教A.チャンドラー（Chandler）が1931年に提案した英国教会の聖餐式文．

## サンデマン派
➡グラース派

## サント・シャペル（パリ）
Sainte-Chapelle, Paris

この礼拝堂は「茨の冠」*を納めるために，フランス王聖ルイ9世*により建てられた．1245年頃に建設され始め，1248年に献げられた．裁判所の一部となっている同礼拝堂は1906年についに世俗化された．

## サン・ドニ
St-Denis

パリ*の北6.5kmのサン・ドニ大修道院は，625年頃に創設され，聖ディオニュシウス*の有名なシュライン*を納めた．フランス王の歴代の墓所となり，王家の厚遇を受けた．1792-93年の革命時に解散され，略奪された．現在の建物は「国有記念物」である．

## サントメール
St-Omer

アルトワ（Artois）のサントメールのイエズス会*カレッジは，イングランドのカトリックの信徒を教育するために，1592年頃にR.パーソンズ*により創設された．イエズス会が1762年にフランスから追放されたとき，彼らは学院をブリュッヘ（ブリュージュ）に移し，のちにストーニーハースト*に移した．

## 3人の若者の賛歌（ダニエル書補遺の）
Song of the Three Young Men（Song of the Three Children）

アポクリファ*の短い「文書」．七十人訳聖書*および（ダニ3:23のあとに挿入されている）ウルガ

タ訳聖書*において，この賛歌はネブカドネツァル王により炉の中に投げ込まれた3人のヘブライの捕囚民に関する物語の一部である．ベネディチテ*と呼ばれる賛歌が含まれている．

## サン・パオロ・フオリ・レ・ムーラ聖堂（ローマ）
St Paul's outside the Walls, Rome（San Paolo fuori le Mura）

『リベル・ポンティフィカリス』*によれば，もともとの建物はコンスタンティヌス*により聖パウロ*の聖遺物*の上に建てられた．大規模なバシリカ*の再建は確かに4世紀後半に計画され，ホノリウス帝（在位395-402/03年）により完成した．この聖堂は1823年の火災で破壊され，勝利門とそのモザイクだけが残った．初期のバシリカのプランに従う現在の聖堂は，1854年に献げられた．

## サン・バルテルミの虐殺
Bartholomew's Day, Massacre of St

多数のユグノー*の虐殺で，1572年8月23-24日の夜とそれに続く2日間，パリおよび他のフランスの都市で起こった．

## ザンビアのキリスト教
Zambia, Christianity in

宣教活動は，1964年の独立以降はザンビアと呼ばれている，この中央アフリカの地域では比較的に遅く始まった．1886年に，パリ福音宣教協会がロジ（Lozi）族のあいだで活動を開始した．同じ頃，ロンドン宣教協会*が北部で宣教を始め，スコットランド長老派*教会が東部に来た．カトリックの主要な宣教会は北部では白衣宣教会*，南部ではイエズス会*であった．教派を超えて宣教会を合同する，1930年代の初期の試みの結果，（産銅地帯［Copperbelt］の合同宣教会である）アフリカ合同教会（African United Church）とミンドラ（Mindola）・エキュメニカル財団が生まれた．1965年に，会衆派*，メソジスト派*，パリ福音宣教協会を含む，ザンビア合同教会（United Church of Zambia）が結成された．他の主要な教派はアングリカン，（南アフリカ*からのオランダ改革派教会*により創設された）アフリカ改革派，「エホバの証人」*である．植民地時代に創立された独立した重要な教会は，アリス・レンシナ（Lenshina）によるルンパ教会（Lumpa Church）であったが，その後ケネス・カウンダのもとでの新国家により追放された．1996年に，チルバ大統領はザンビアがキリスト教国家であると宣言し，その後の憲法修正でこれを確認した．カトリックも伝統的なプロテスタント諸教会も批判的であったこの動きは，チルバ自身のペンテコステ派*の支持層を厚遇し，彼の政策への批判を抑圧する，彼による政治的な策略と見なされた．結果的に議論が続いており，2010年に国連事務総長の潘基文がザンビア訪問の際，同性愛者の権利を擁護したことをめぐり議論が起こった．ザンビア人の半数以上はいずれかの教会員で，カトリックが最も多い．

## サン・ピエトロ大聖堂（ローマ）
St Peter's, Rome（Basilica di San Pietro in Vaticano）

現在の16世紀の建物は，コンスタンティヌス*（337年没）が聖ペトロ*の磔刑地と伝えられる場所に建てた以前のバシリカ*式聖堂に置き換わった．ニコラウス5世*（在位1447-55年）はそれをラテン十字形の新聖堂に置き換える計画を立てた．1506年にユリウス2世*のもとで開始された作業を継続した一連の建築家は，みな設計を変更した．建物は1614年に完成し，1626年に献げられた．

聖ペトロの伝統的な墓所は主祭壇下の「コンフェッション」*（*confessio*）である．1940年以来実施された発掘の結果，3世紀にさかのぼるキリスト教徒のシュライン*の存在が明らかになった．

## 讃美歌
➡聖歌

## 『354年の年代記』の編者
Chronographer of AD 354, the

4世紀にローマでキリスト教徒用に起草された暦書の編者に対して，T. モムゼン（Mommsen）が付けた名前．本文書に含まれるのは，255-352

年のローマ司教の命日一覧，初期のローマの殉教録*，聖ペトロ*から教皇リベリウス*までのローマ司教名簿（リベリウス教皇表*）である．

## サンヘドリン

➡最高法院

## サンベニート

sanbenito

中世やその後のスペインでの異端審問*所が異端と宣告した人たちに着用を命じた悔悛の衣服．通常は黄色であったが，俗権に引き渡される人たちの場合，火炎などを装飾した黒色であった．➡アウトダフェ

## 三位一体修道会（さんみいったいしゅうどうかい）

Trinitarians（Order of the Most Holy Trinity）

本修道会はマタの聖ヨアンネス*とヴァロワの聖フェリクス（1212年没）により1198年に創立され，その会員は時に「マタ会員」（Mathurins）と呼ばれる．彼らは捕虜の救出のために尽力した．1596年に，改革がスペインで開始され，この跣足三位一体修道会（Barefooted Trinitarians）のみが存続して，教育・看護・司牧活動に従事している．

## 三位一体の教理（さんみいったいのきょうり）

Trinity, doctrine of the

唯一の神が御父，御子，聖霊という３つのペルソナ（位格）と１つの実体において存在するという，キリスト教の中心的な教義．人間に御自身を啓示する神は，同時に３つの異なった存在方法における１つの神であるが，永遠に１つであり続ける．

「三位一体」の語はそのギリシア語形である *trias* がアンティオキアのテオフィロス*により最初に用いられたが（➡三つ組），キリスト教の神学者はこの教理の予表を聖書の中に見てきた．３人の人がアブラハム*に現れたこと（創18章）は，神の三重の本性の啓示を予示すると見なされた．マタイ福音書28:19の洗礼定式における３つのペルソナへの言及のほかに，Ⅱコリント書13:13における パウロによる祝福のように，新約聖書の他の章句にも三位一体的な（Trinitarian）意味があると考えられている．

本教理を展開させるのにふさわしい概念を見いだすことは困難で，多くの2-3世紀のキリスト教徒は，のちに非正統的と見なされた諸見解を採用した．その一つは，いわゆる「経綸的三位一体論」（economic Trinity）で，そこではペルソナ間の区別がただ被造界に対するそれらの働き（functions，ないし「経綸」[economies]）に依存していたし，ほかにさまざまな従属説*的な提案も含まれていた．325年のニカイア公会議*と381年のコンスタンティノポリス公会議*において，本教理は概略，肯定的よりむしろ否定的な表明法で定義され，サベリウス主義*に反対して，神的ペルソナの真の区別が，また，アレイオス主義*とマケドニオス*主義（Macedonianism）に反対して，神的ペルソナの同等性と永遠なる共存性（co-eternity）が確認された．ペルソナが起原においてのみ相違するのは，御父が生まれざるかたであり，御子が御父から生まれたかたであり，聖霊が御父から発出するからである．東方では，聖霊が御父から御子をとおして発出すると理解した教父もいたが，他の教父は「聖霊の二重の発出」*を明示しないか否定している．フォティオス*時代以降，御父のみからの聖霊の発出を信じることが東方神学を特徴づけている．

西方における本教理の展開は少し異なっていた．ラテン神学者の出発点は，多くのギリシア神学者のようなペルソナ間の相違ではなく，その実体の一致であった．聖霊の発出は御父と御子にともに帰された．聖アウグスティヌス*は御子の誕生を御父の側の思索の行為になぞらえ（テルトゥリアヌス*に基づく考え），また聖霊を御父と御子の相互愛と説明した．このいわゆる「心性的三位一体論」（psychological theory of the Trinity）はスコラ学者*により展開された．

スコラ学者により仕上げられた三位一体論（Trinitarian doctrine）は，17世紀にソッツィーニ*主義（Socinianism）とユニテリアン主義*によりそれに異議を唱えられたが，現在も西方神学の中心

的な構成要素である．20世紀に, J. モルトマン*は特色ある「社会的三位一体論」を展開し，三位相互内在性*という教父の教説を復活させて，十字架につけられた神としての神の自己区別化を表現した．

## 三位一体の主日

Trinity Sunday

ペンテコステ*すなわち聖霊降臨日*後の最初の主日．三位からなる神を崇めるその祝日の遵守は，西方では1334年に一般に命じられた．主日の算定は, セイラム式文*と『祈禱書』において「三位一体の主日」後からであって，1969年までローマ典礼でふつうであったようにペンテコステ後からではない．➡典礼暦

## 三位一体論信奉者（三一神論者）

Trinitarian

近代語で「三位一体の教理」*を信じる人で，ユニテリアン*と対比される．

## 三位相互内在性

circumincession（circuminsession）

キリスト教神学において，三位一体の神の3つのペルソナ（位格）が相互に浸透し合っていることを指す専門語．

## サン・モール学派

Maurists

サン・モール*修族*のベネディクト会*員．本修族は，1600年にサン・ヴァンヌ（St-Vanne）修道院で開始された改革をフランスで代表するために，1618年に創立され，1621年に教皇の認可を得た．本修族を有名にした文学的・歴史的著作は，主としてパリのサン・ジェルマン・デ・プレ*大修道院を活動の拠点とした．本修族は1818年に解散した．

# し

## 師
Dom

（ラテン語の *Dominus*「主」の短縮形.）ベネディクト会*などの修道会の，誓願を立てた修道士の呼称.

## シイボレト
shibboleth

エフタがギレアド人をエフライ人から区別するために用いた言葉で，後者がそれを「シボレト」(sibboleth) と発音すると, その出自が分かった（士12:4以下）. 現代の用法では，分派や党派の合言葉を指す.

## シェイクスピア
Shakespeare, John Howard（1857-1928）

イギリスのバプテスト派*. 1898年にバプテスト・ユニオンの事務局長になった彼は，これを影響力のある組織に作り替えた. 彼は1905年のバプテスト世界連盟（Baptist World Alliance）および1919年の福音自由教会連盟会議（Federal Council of the Evangelical Free Churches ➡自由教会派）の創設に貢献した.

## J資料（ヤハウィスト資料）
'J'

モーセ五書*の起原に関する「資料仮説」に従う学者が用いる記号で, ヤハウィスト資料（Jahvistic or Yahwistic source）を指す. その特徴は，単純な物語的文体と神人同形論*および出エジプト記3:14-15のモーセ*への啓示以前でさえ神名のヤハウェ*を用いていることである.

## シェオール
Sheol

旧約聖書において，地下界，死者の霊魂がとどまる場所. 欽定訳聖書（AV）では 'hell' 'grave' 'pit' などさまざまに訳されている. 最近の翻訳は通常，固有名詞としてシェオールのままにしている. その概念は来世に対する未発達ではっきりしない信仰を反映しており，それは後代のユダヤ教のより明確な信仰に置き換わった.

## シェーカー派
Shakers

「キリスト再臨信仰者合同協会」（The United Society of Believers in Christ's Second Appearing）とも,「千年期教会」（The Millennial Church）とも呼ばれる. ランカシャーのボルトン（Bolton）で「シェーキング・クェーカー派」（Shaking Quakers）と呼ばれたグループ中で1747年に起こった共産主義的な団体で，クェーカー派*の母集団との関係は明らかではない. 最初の指導者たちの後を継いだ,「マザー・アン」と呼ばれたアン・リー（Lee）は,「キリストにおける女性原理」と見なされ，イエスが「男性原理」であり，彼女において，再臨*が実現したとされた. 1774年に，彼女は小さな集団を率いてアメリカに渡り，彼らはニューヨーク州のオールバニー付近に定住した. 1780年代には，既存のリバイバル運動*のメンバーが合流した.

「シェーカー」の名称は, 彼らが霊的な高揚力で集会中に起こす身体の震動に由来し，これはのちに儀式的な踊りに発展した. 各共同体内の大「家族」に組織された彼らは, 位階制的な管理下で財産共同体を守っている. 衣服や個人的な振舞いに関しても, 細かな規律が行使される.「単純さ」の原理を体現しているシェーカー派の工芸品は現在，その美的資質で称賛されている. 1992年以降，唯一の共同体が存続するのみである.

## シェヌーテ
Shenoute（おそらく466年没）

388年頃から，エジプトのアトリビス（Athribis）修道院長．修道士と修道女からなる彼の修道会は著しい発展を遂げた．彼の統制は厳格で，彼は聖パコミオス*のより人間的な『会則』に多くの厳しい条件を付け加えた．431年に，彼はアレクサンドリアの聖キュリロス*に同行してエフェソス公会議*に出席し，ネストリオス*への反対で重要な役割を果たした．（コプト語で残る）彼の著作は主として修道生活の指針と修徳の勧めを論じている．祝日はコプト教会では7月1日．

## ジェネラル神学校（ニューヨーク）
General Theological Seminary, New York City

アメリカ聖公会*における，聖職者のための最大の訓練の拠点．1817年に創設された．

## シェパード
Sheppard, Hugh Richard Lawrie（1880-1937）

愛称「ディック・シェパード」(Dick Sheppard)，1914-26年に，ロンドンのセント・マーティン・イン・ザ・フィールド教会の主任代行司祭*．彼の宗教的熱意と個人的魅力は，特に放送の拡大後（➡宗教放送），生活のあらゆる分野で多くの人たちを惹きつけた．1929-31年に，彼はカンタベリー*主教座聖堂の主席司祭*であった．晩年は，彼は熱心な平和主義者であった．

## ジェフリー（モンマスの）
Geoffrey of Monmouth（1154年没）

セント・アサフ*司教，擬歴史家．彼の『ブリタニア王列伝』（*Historia Regum Britanniae*）は，アエネアスの曾孫であるブルートゥスから7世紀のカドワラドル（Cadwaladr）までのブリタニア史を書いたと称している．そこには，アーサー王の治世に関する相当な量の（また想像上の）記述が含まれている．その宮廷における教会関係の事項およびロンドン，ヨーク，カーリオン（Caerleon）の大司教座に関する彼の架空の記述は，12世紀の教会政治に影響を及ぼした．

## シェーベン
Scheeben, Matthias Joseph（1835-88）

カトリック神学者．1860年以降，彼はケルン*の神学校の教義学教授であった．さまざまな著作で彼が強調したのは，18-19世紀の神学の合理主義的・自然主義的な傾向に反対して，超自然的な信仰の重要性であった．第1ヴァティカン公会議*に際して，彼はJ. J. I. フォン・デリンガー*の反対者で，教皇の不可謬性*の熱心な擁護者であった．

## シェマー
Shema, the

ユダヤ人が朝夕唱える信仰告白．3つの聖句（申6:4-9，11:13-21，民15:37-41）からなり，前後の祈りにはさまれている．

## ジェームズ1世
James I（1566-1625）

イングランド王であり，スコットランド王としては6世．彼は母であるスコットランド女王メアリ・ステュアート*の退位により1567年にスコットランド王になり，1603年のエリザベス1世*の没後，母がヘンリー7世の曾孫であったためにイングランド王位を継いだ．ロンドンへの途上，彼にはピューリタン*により千人請願*が提示された．1604年のハンプトン宮殿会議*で彼らの要求を聴き，譲歩点も示したが，同時に長老主義*に対する反対を表明し，王権神授説*と使徒継承*の関係性を支持した．彼は聖書の新しい翻訳を認可した（1611年の「欽定訳聖書」➡英語訳聖書）．彼はカトリックに対して寛大な扱いを好んだが，1605年の火薬陰謀事件*は国教忌避*者に対してより厳しい法律を課することになった．彼の治世中，宮廷における聖職者の影響力は増大した．スコットランドにおいて1610年，彼は教会会議（Assembly of the Church）に主教制の導入に同意させ，やがて『パース条項』*を受け入れさせた．1617年に，彼は「遊びの書」*を発して日曜日の適法な娯楽を認めた．

## ジェームズ2世

James II (1633-1701)

イングランド王であり，スコットランド王としては7世（在位1685-88年）．チャールズ1世*の次男である彼は，1670年頃にカトリックになった．彼を王位継承者から排除するその後の試みは失敗した．治世の当初，彼は英国教会を支持したが，やがて審査律*の適用に特免権を要求し，カトリック信徒を高官に任命して，1687年と1688年に信仰寛容宣言*を発した．W. サンクロフト*と他の6人の主教がこの第2の宣言を説教壇から発表するのを拒否して，「7人の主教の裁判」*が起こった．英国教会の権利を支持するという再度のジェームズの約束も，オラニエ公ウィレム（ウィリアム3世）とホイッグ党が自分を廃位させるのを阻止できず，フランスへと逃亡した．ジェームズはのちにアイルランド*の回復を図ったが，1690年に敗北した．

## ジェームズ

James, William (1842-1910)

プラグマティズム*の哲学者．ハーヴァード大学教授であった彼の考えでは，我々は（自らを「より幸福に」するがゆえに）神の存在を「信じる権利」をもつが，その信仰の有効性に対する科学的な確実性は存在しない．1902年の『宗教的経験の諸相』（*The Varieties of Religious Experience*）において，彼はいまではよく知られている「1度生まれ」（once-born）型と「2度生まれ」（twice-born）型の宗教を区別し，回心の科学的な分析をした．

## シエラレオネ

Sierra Leone

この名は1896年までは，フリータウン周辺の狭い地域を指した．ここでは1787年に，クラパム・セクト*の会員が貧しい黒人の自立したキリスト教的な居住地のために土地を購入した．これはやがて崩壊したが，独立戦争で英国を支援したアメリカからの黒人兵士により1792年に再建された．彼らは活発な教会生活，すなわち，メソジスト教会*，バプテスト教会*，「ハンティンドン伯爵夫人の結社」*をもたらした．1808年に，シエラレオネは英国の植民地となり，西アフリカ中からの捕獲された奴隷船の上陸地となった．彼らの大半は宣教団（特に英国教会宣教協会*）および1792年の入植者により提供された新しいモデルの社会に入っていった．キリスト教的で教養ある，英語を話すクリオ（Krio）社会が形成された．シエラレオネ人は西アフリカへと広く出て行き，キリスト教を伝えた．1896年の英国保護領の併合はシエラレオネの人口基盤を変化させた．1961年に独立国家が生まれたとき，クリオ社会は衰えており，内陸地域が優勢になっていた．内陸地域への宣教は1790年代から始まっており，アメリカからの宣教団も19世紀半ばから加わったが，成果は目立たなかった．今日，合同メソジスト教会*とカトリック教会が内陸地域における指導的なキリスト教会である．キリスト教徒は少数なままで，2000年に人口の約11％であるのに対し，ムスリムは約半数であった．1990年代に，シエラレオネは恐ろしい内戦状態に陥り，多くの市民が殺害されたり手足を切断されたりした．諸教会は2001年の内戦終結の達成および「真実・和解委員会」（truth and reconciliation commission）の設置に重要な役割を果たした．内戦をあおったのは，麻薬の使用および悪しき霊力に祈願する伝統的な秘密結社の過激化であった．その結果として，これらの悪霊と闘うと称するペンテコステ派*のグループが増大している．

## シェリング

Schelling, Friedrich Wilhelm Joseph von (1775-1854)

ドイツの哲学者．初期には，宇宙として表現される無限で絶対的な自我である，唯一の実体を認めていた．この抽象的な汎神論はやがて「自然哲学」（Naturphilosophie）という概念に向かって修正された．それによれば，自然は合目的的ながら無意識に働く絶対的な存在である．自然の精神との関係の問題はこうして彼の「同一哲学」（Identitätsphilosophie）を生んだ．自然も精神も唯一で同一の存在の現れにすぎないのは，絶対的な同一性が万物の根拠だからである．キリスト教を自らの哲学と調和させる試みにおいて，彼は神における以下の3つの要素を区別した，(1) 理性によらない原初の必須の存在，(2) 神の本質の3つの可能性，すなわち，無意識的意志（質料因），合理的意志（作用因），両者の一致（創造の目的因），(3) 原初の存在を克服して，その3つの可能性から展開する3つのペルソナ（位格）である．シェリングはドイツの思想界およびP. ティリッヒ*に深い影響を及ぼした．

## ジェルソン
Gerson, Jean le Charlier de（1363-1429）

フランスの聖職者，霊的著作家．パリ*大学で学び，神学教授になり，1395年に大学総長（Chancellor）になった．彼は内部からの教会改革および大シスマ*の終結のために尽力した．フランスがベネディクトゥス13世*に服従することになったのは，主にジェルソンの働きであった．1415年に，彼はコンスタンツ公会議*に出席して，教皇に対する公会議の優位を主張し，神学教授も司教とともに公会議で発言することを要求した．彼はまた「コンスタンツ4箇条」の起草に加わった．

ジェルソンは公会議首位説*を展開したが，教皇の首位権を否定したわけではない．倫理神学において，彼は極端な唯名論*の教理を受け入れ，それに従って，何もそれ自体で罪ではなく，行為の善悪はただ神の意志によって決定されるとした．彼の神秘主義の教えはアウグスティヌス*的な傾向を示し，彼は意識的に「古代派」（antiqui）の霊的な教えを，神学を単なる弁証法に変えてしまいそうな唯名論の「近代派」（moderni）の無味乾燥な主知主義的な活動に対比させた．霊的な生活を扱った多くの論考の中で主要なものは，1397年の『観想の山』（*La montagne de contemplation*）である．彼の公会議に関する見解と神秘主義的な教えは強い影響を及ぼした．『イミタティオ・クリスティ』*を彼に帰することは，一般に否定されている．

## ジェルトリュード（ゲルトルーディス）（聖）
Gertrude, St（629-59）

女子修道院長．ペパン1世（シャルル・マルテル*の曾祖父）の娘である彼女は，ニヴェル（Nivelles）に彼女の母が創設した修道院の初代院長になった．祝日は3月17日．

## シェルドン
Sheldon, Gilbert（1598-1677）

1663年からカンタベリー*大主教．1660年に彼はロンドン主教となって，サヴォイ宮殿に入り，1661年にサヴォイ会議*が彼のその公舎で会合した．大主教として，彼はW. ロード*の宗教的原則の再興に尽力した．彼は1664年に聖職者会議*が聖職者への課税を廃止する計画を遂行した．

## ジェンティーレ
Gentile, Giovanni（1875-1944）

イタリアの哲学者．初期のファシスト党員であった彼は，1922-24年に文部大臣として公立の学校にカトリシズムの教育を再導入した．彼はB. クローチェ*とともに観念論哲学を展開した．ジェンティーレの考えでは，人間精神に認識される観念は，根本的に歴史的な実体である．神は「超越的な純粋思惟」，宗教は生命の完全な直観であり，そのカトリック的な形態はとりわけイタリア国民の要求に適うものである．

## 塩（しお）
salt

防腐剤的な特質から，塩は特にセム族のあいだで，清浄と腐敗しないことのしるしであった．契約と友情を確かめるのに役立ち，また献げ物にはすべて塩をかけねばならなかった（レビ2:13）．洗礼志願者*へ祝福された塩を授けることは以前は，洗礼*に関するカトリック式典礼の一部をなしていた．塩はまた聖水*の準備の際にも用いられる．

## シーオボールド（テオバルドゥス）
Theobald（1161年没）

1139年からカンタベリー*大司教．彼は国王スティーヴンから推薦された．失望してしまった，ウィンチェスター*司教で教皇特使であるブロワのヘンリー*は，1143年までイングランド教会における競争相手となった．シーオボールドが1148年に国王に反抗して，ランス*教会会議に出席したとき，彼の財産は没収され，彼は追放され，しばらくの間，エウゲニウス3世*はイングランドをインテルディクトゥム*のもとに置いた．1149年に，シーオボールドは教皇特使となり，1151年にロンドンで重要な教会会議を教皇特使として主宰した．1152年に，彼はスティーヴンの息子であるユースタスへの戴冠を拒否したため，フランドル（フランデレン）へ逃れざるをえなかった．まもなく呼び戻されて，1153年に彼はスティーヴンおよびアンジューのヘンリーと和解した．1154年にスティーヴンが没すると，シーオボールドはヘンリーを国王へと戴冠し，トマス・ベケット*を大法官に任命するよう推薦した．シーオボールドはイングランド教会に新たなアイデンティティと目標を与えることに貢献した．

## シオン
Zion

ダビデ*がエブス人から奪ったエルサレム*の要害（サム下5:6–7）．この名称はエルサレムそのもの（イザ1:27），また寓意的に，天の都（ヘブ12:22）を指すようになった．

## シオン・カレッジ（ロンドンの）
Sion College, London

トマス・ホワイト（1624年没）は，ロンドンの聖職者用の「カレッジ」と付属の救貧院のために3,000ポンドを遺贈した．1886年にロンドンウォールからヴィクトリア河岸に移った同カレッジは，1996年まで主として図書館として機能したが，同年，建物を売却し，蔵書の大半をランベス*宮殿図書館とロンドン大学キングズ・カレッジ*のあいだで分けることが決まった．

## 時課（時禱）
Day Hours

伝統的に，朝課*以外の聖務日課*の礼拝で，賛課*，1時課*，3時課*，6時課*，9時課*，晩課*，終課*の7つである．

## 死海
Dead Sea

イスラエルとヨルダンの境界の内海で，ヨルダン川*が流れ込んでいる．

## 死海写本
Dead Sea Scrolls

この語は，主として1947–60年に死海*の北西岸および西岸の7つの場所で発見された巻物と断片を指すが，通常はクムラン*付近の洞穴からの文書のみを指す．それらは洞穴番号，場所，略称で示され，たとえば1QHは洞穴1，クムラン，*Hodayot*，すなわち『感謝の詩編』を指す．

クムランの洞穴からは，850以上の文書が残存している．前3世紀にさかのぼるものもあるが，大部分は前130年から後50年までのものである．それらはおそらくかつて，クムランにあった建物に拠点を置いたユダヤ教のある教団の図書館に属していたのであろう．多くの学者はこの教団をエッセネ派*と同一視している．

正典の旧約聖書*のほとんどすべての文書が死海写本に含まれており，旧約聖書のテキストの歴史を復元するのに重要である．正典以外の写本には，既知のいくつかの外典や偽典文書（たとえば『エノク書』*，『ヨベル書』*）および多くの未知の文書が含まれている．特にクムラン教団と関連していると思われる写本の例は，『宗規要覧』やさまざまな典礼文書である．他の文書はよそで作成されて，クムランで複製・刊行されたのであろう．死海写本は，キリスト教の誕生時のユダヤ教の生活や思想に関する証言を提供している．

## 詞華集
florilegium

以前の著者の著作からの章句集．特別な関心が払われたのはギリシア教父の詞華集である．（カテナ*と呼ばれる）聖書注解書の抜粋からなる詞華集のほかに，5世紀以降に編集された多くの教義的な詞華集が残っている．それは個々の神学者の正統性ないし非正統性を確証するためにしばしば作成され，教会会議の決議禄（*acta*）に載せられた．カイサリアの聖バシレイオス*が作成した抜粋集（『フィロカリア』*）は，非教義的な種類の教父詞華集である．ラテン語の詞華集も 5 世紀以降作成された．その素材は教父の著作であり，やがてカロリング*時代やのちには12世紀の著者からの抜粋で補足された．初期のラテン語詞華集は教義的で修徳的であった．中世後期には，詞華集は説教に欠かせなかった．

### 時課の典礼

➡聖務日課

### シーカー派
Seekers

17世紀前半のイングランドにおける，英国教会や特にピューリタン*の会派からの離脱者のゆるやかなグループ．彼らの考えでは，反キリスト*の霊が教会を支配するようになってから真の教会は存在しておらず，神が新しい教会を建てるために御自身にかなった時に新しい使徒や預言者を任命するのであり，彼らはこの過程を早めるのは正しくないと考えた．

### シカルドゥス
Sicard（1155頃-1215）

1185年から，イタリアのクレモナ司教．1213年までの世界史である『年代記』（*Chronicon*）は，フリードリヒ 1 世*の十字軍*にとり主要な典拠である．シカルドゥスの『司教冠』（*Mitrale*）は当時の典礼の様子を示している．彼はまた，グラティアヌス*の『法令集』（*Decretum*）とに関する大全を書いた．

### 弛緩説
Laxism

ある行為をなす方向に，どんなにわずかでも蓋然性がある場合に，自然法や実定法の義務を弛緩させる，倫理神学*における体系．17世紀におけるその表明は，蓋然説*の出現と結びついている．弛緩説的命題は1679年に断罪された．

### 四季の斎日（聖職按手節）
Ember Days

四季それぞれの 3 日間，すなわち聖ルチア*の祝日（12月13日），四旬節*第 1 主日，聖霊降臨日*，「十字架称賛の祝日」*（ 9 月14日）それぞれの後の水曜日*，金曜日*，土曜日*で，西方教会では断食*と節制*の日として守られる．カトリック教会では1969年に，その時々の地域の必要に応えて司教協議会により規定される祈願日（days of prayer）に置き換わった．もともと農作物と関係していた「四季の斎日」は，遅くとも 5 世紀から叙階*式と結びついた．「四季の斎日」と聖職按手*候補者のための祈りとの結びつきは，聖職按手式を行う通常の時期が変化しても現代のアングリカンの典礼において保たれている．たとえば『共同礼拝』は，聖ペトロ*の祝日と聖ミカエル*と諸天使の祝日とに最も近い主日の前に，2 組の「聖職按手節」を置いている．

### 式文（ユース）
use

典礼学において，標準的な（特にローマの）典礼（rite）の地方的な変更版．西方において，そのような式文が生まれた理由は，ガリア典礼*がヨーロッパ中に広がってローマ典礼に吸収されたからであり，ローマ典礼そのものにおいて地方的な発展がなされたからである．たとえばセイラム式文*のように，それらはしばしば各地で用いられた．たいていの地方的な式文はトリエント公会議*により廃止された．

### 司教（主教，監督）
bishop

キリスト教会における聖職者の最高位．（アングリカン・コミュニオン*を含む）カトリック界において，司教（主教）は最も重要な牧会者で，自らの司教区*において個々に統一体（unity）の拠点を形成し，同時に教会という統一体を具現する．司教はまた，自らの聖別および品級*の授与権によって，各時代をつうじて教会の連続性を証言する．司教は通常，管区大司教*と2人の他の司教の手から聖別を受け，その管区大司教の管区*内の特定の司教区を治めるために聖別される．カトリック教会では，司教の選出は教皇によりなされる．その他の教会では，司教は通常，司教区の主席司祭*と司教座聖堂*の参事会*ないし司教選出のための他の教会組織により選出される．英国教会では，最高人事検討委員会*が2人の名前を首相に提示し，首相が1人を君主に推薦する．君主は続いてカノン団（College of Canons）に選出を委ね，選出された人物を任命する．司教候補者は分別のある年齢（英国教会では30歳）に達しており，一定の期間司祭職にあった者で，善良な性格であり，正統な教理にたっていなければならない．西方教会における司教の主たる義務を構成するのは，自らの司教区の全般的な監督，自らに属する聖職者と信徒の指導，彼のみが授与する権限をもつ秘跡（堅信*と叙階*）を執行することである．教区司教（diocesan bishops）を補佐する他の司教たちは，属司教*（suffragans），補佐司教（auxiliaries），協働司教*（coadjutors），協力司教（assistants）と呼ばれる．東方教会における主教の立場も類似しているが，他の司祭たちと違って主教は非婚（ないしやもめ）であることが必要である．中世以来，イングランドの主教は貴族院に議席をもっていたが，1878年以降は26人の主教のみがこの特権を享受している．司教（主教）の伝統的な標章（insignia）に含まれるのは，自らの司教座聖堂*における座（カテドラ*），ミトラ*，牧杖*，「胸飾り十字架」*，指輪*である．

司教職（episcopate）の起原については長いあいだ議論されてきた．当初，'episcopos'（監督）と'presbyter'（長老）は互換的に用いられたと思われる（たとえば，使20:17と20:28参照）．しかし，2世紀初頭のイグナティオス*において，監督（bishops）と長老（presbyters）と執事（deacons）ははっきり区別されている．2世紀半ばまでには，キリスト教の指導的な拠点は自らの司教（監督）をもっていたようであり，宗教改革まで，キリスト教はどこでも司教を基礎として組織されていた．宗教改革以後，監督（bishop）の呼称は一部のルター派の教会で保持されたが，使徒継承*やそれに由来するいかなる特定の権限も通常はまったく要求していない．この呼称はまた，アメリカやアフリカのメソジスト監督教会（Methodist Episcopal Churches）でも用いられている．

## 司教冠（しきょうかん）

➡ミトラ

## 『司教儀典書』（しきょうぎてんしょ）

Caeremoniale Episcoporum

カトリック教会において，司教による典礼の執行を規定した書物．1600年に出された『司教儀典書』はわずかに変更されたが，第2ヴァティカン公会議*まで用いられた．新しい『司教儀典書』は1984年に出された．

## 司教教書（しきょうきょうしょ）

➡司牧教書

## 司教区（しきょうく）（主教区（しゅきょうく））

diocese

教会用語で通常，教会における行政の地域的単位．カトリック教会では，「司牧のために司教に委託された神の民の一部分」と定義されるが，通例特定の地域を含む．西方教会では，司教区はより下位の聖職者や時に1人かそれ以上の司教に補佐されて，司教により管理される．司教区は通常，小教区*に区分され，ふつう結合して管区*を形成し，その管区を統轄するのは教区司教の一人であって，他の司教区の諸問題に介入するさまざまな権限をもつ．東方教会では，この語は総主教*の管轄区域を指す．➡エパルキア

## 司教空位期（しきょうくういき）

sede vacante

（ラテン語で「司教座が空位である」の意．）司教区に司教がいない期間．

## 司教靴
sandals, episcopal

革底で上部を刺繡した短靴であって，1984年以前に西方教会において，盛式教皇ミサやその際に執行される（叙階*のような）他の儀式のときに，司教が着用しえた.

## 司教座
see

司教*の正式の「座」ないし「位」（カテドラ*）．通常は司教区*の司教座聖堂*にあるので，司教座聖堂が位置する場所はまた司教管区（bishop's see）とも呼ばれる．➡聖座

## 司教座聖堂（主教座聖堂，大聖堂）
cathedral

司教区*の司教*の座すなわちカテドラ*が置かれる教会．通常は大きくて，ある程度華麗である．もともと司教とその一家で管理されていたが，司教座聖堂の責任は徐々に独立した聖職者の団体に委託されるようになり，それが発展して教会の団体である「司教座聖堂参事会」（チャプター*）となった.

中世のイングランドでは，聖堂参事会員は在俗司祭か修道司祭であった．「修道院解散」*とともに，修道院組織が解体した．新しい法令が，以前は修道士により管理されていた主教座聖堂に定められ，「ニュー・ファウンデーション」と呼ばれるようになり，中世の法規を保ち「オールド・ファウンデーション」と呼ばれる主教座聖堂と対比される．現代におけるイングランドの主教区の新設は，それに応じた主教座聖堂の増加をもたらした．ほとんどの場合，既存の教会が用いられたが，(たとえばリヴァプール聖堂*のように)教会によっては新しい建物が建てられた．1850年のイングランドにおけるカトリック教会の位階制の復興に続いて，たとえばウェストミンスター大聖堂*のように司教座聖堂が建てられた.

英国教会では，主教座聖堂は現在は以下の3つの団体により管理されている．すなわち，(1) 主席司祭（ディーン*），定住カノン（residentiary canons），主に信徒である他の人たちからなる「チャプター」，(2) 主席司祭，カノン*全員，補佐主教*，専任有給協力主教，主教区の大執事*からなる「カノン団」(College of Canons)，(3) 主教が任命した信徒の議長，主席司祭，およびチャプター，カノン団，主教座聖堂所属者など関係者の代表からなる「会議」(Council) の3者である．さらに主教座聖堂のスタッフに含まれるのは，音楽の部分で司祭の礼拝をささえる「主教座聖堂準参事会員」*，およびオルガン奏者，聖歌隊員（時に「信徒の聖職者」［lay clerks］と呼ばれる），少年聖歌隊員（choristers）からなる「聖歌隊」*である．由緒ある主教座聖堂には，高度な音楽的演奏の伝統が残っている.

## 司教座聖堂参事会
➡チャプター

## 司教座聖堂参事会員
➡カノン

## 司教杖
➡牧杖

## 司教制（主教制）
episcopacy

司教（主教）による教会運営の体制.

## 司教総代理（大主教代理人）
Vicar General

司教が自らの裁治権の行使上，自らの代理人とする役職者．初期には，この職務はたいていは助祭長*により遂行されたが，13世紀後半には総代理職が確立し，その任務が定義された.

英国教会において，この職務はふつう主教区チャンセラー*にゆだねられている．両大主教にもそれぞれ「大主教代理人」がいて，主教選挙の有効性と候補者の資格に異議が唱えられた場合，主教を承認するために裁判を開く.

## 司教代理

➡主任代行司祭

## 司教典礼書

Pontifical

西方教会の典礼書（liturgical book）で，司教が司式する儀式，たとえば堅信*や叙階*の典礼の祈りや式文を載せているが，司教盛儀ミサ（Pontifical Mass）は載せていない．おそらく10世紀にマインツで編纂された司教典礼書は，ヨーロッパ中で受け入れられ，ローマで認められた．これに基づく諸書が，マンドのドゥランドゥス*が1293－95年頃に個人的に編纂しなおした司教典礼書を生み出した．これが1596年にクレメンス８世*により刊行された『ローマ司教典礼書』(Pontificale Romanum）の基礎となった．（適用範囲において未完結な）新しい司教典礼書が1978年に刊行され，それ以降も，改訂された儀式用の付加式文が刊行されている．

## 司教用祭具

pontificals

高位聖職者*が司教盛儀ミサ（Pontifical Mass）を行う際に着用するないしできる司教位の標章(insignia)．それには手袋*，ダルマティカ*，指輪*，胸飾り十字架*，牧杖*，ミトラ*が含まれる．

## 司教用膝掛け

gremial

西方教会の慣行によって，司教が膝にかける布で，ミサのあいだに着席するとき手で祭服を汚さないために用いる．

## 仕切り（スクリーン）

screens

木製，石造，金属製の仕切りで，しばしば絵画や彫刻で飾られ，聖堂を２つないしそれ以上の部分に分けている．聖歌隊席*を身廊*から隔てる，内陣*仕切りないし聖歌隊席仕切りは，高いか極めて低い．十字架像（rood）が上にあるとき，「ルード・スクリーン」と呼ばれる．➡イコノスタシス，内陣前仕切り

## 仕切り格子

transenna

教会建築において，規則的に穴をあけた，通常は大理石製の壁．仕切り格子はしばしば，殉教者の墓を囲むのに用いられた．

## シクストゥス２世（聖）

Sixtus（Xystus）II, St（258年没）

257年から教皇．彼は異端者による洗礼の有効性*をめぐって彼の前任者（ステファヌス１世*）によって絶たれていた，聖キュプリアヌス*や北アフリカと小アジアの諸教会との関係を回復した．シクストゥスは殉教し，深く崇敬された．祝日は８月７日（以前は，6日）．

## シクストゥス４世

Sixtus IV（1414-84）

1471年から教皇．フランシスコ会*員であった彼は，1464年に同会の総会長になった．彼とともに，ルネサンス諸教皇のネポティズム*はその最悪の段階に達し（➡ユリウス２世），教皇職はイタリアの諸都市との政治的陰謀に巻き込まれ，教皇庁の財政は逼迫した．彼はシスティナ合唱団(Sistine Choir）を創設し，システィナ礼拝堂*を建てた．

## シクストゥス５世

Sixtus V（1521-90）

1585年から教皇．彼の教皇位は，教会と教皇領の統治における，冷酷に実施された広範にわたる諸改革にささげられた．彼はいくつかの役所の売却，いっそうの「モンテス」*の設置，課税により教皇庁の財政を安定した基盤に置いた．彼は枢機卿*の人数を70人に限定し，また「教皇庁の省」*を創設した．彼はラテラノ*宮殿とヴァティカン*図書館を建て，ローマに水道を整備した．彼はまたウルガタ訳聖書*の改訂版を準備した．

## 死刑

capital punishment

判決に基づいて死罪にすること．聖パウロ*もその合法性を認めていたと思われ（ロマ13:1-5)，

キリスト友会*以外のどの教派自体も死刑を非道徳的とは考えていない．死刑が第6戒（出20:13）に違反すると考える個々のキリスト教徒も時にいた．現代における多くの国々での死刑廃止は少なくともある点でキリスト教の影響力による．

## シゲベルトゥス（ジャンブルーの）
Sigebert of Gembloux（1030頃-1112）

年代記作者．リエージュに近いジャンブルー修道院の修道士であった．彼の主著は，（学術的な教会史である）『著名者列伝』（*De Viris Illustribus*），キリストの受肉と受難の年代を世界全体の年代学に位置づけようとする『10年の書』（*Liber Decennalis*），1024年以降のいくつかの一次史料を用いている（381年から1111年までの）『年代記』（*Chronicon*）である．彼はグレゴリウス7世*の諸改革に時機を失したものとして反対した．

## シゲルス（ブラバンの）
Siger of Brabant（1240頃-1284頃）

アヴェロエス主義*哲学者．1266年には，彼はパリ*で教えていた．1270年にパリ司教による13の誤謬の断罪に巻き込まれ，同年，聖トマス・アクィナス*は『知性の単一性についてアヴェロエス主義者を駁す』（*De Unitate Intellectus contra Averroistas*）を書いたが，同書は主としてシゲルスに向けられていた．1276年に，彼はフランスの異端審問官であるシモン・デュ・ヴァル（Simon du Val）に異端のかどで召喚された．彼が釈放されたのか，すでに王国を去っていたのか，明らかではない．

シゲルスの最も重要な著作は，アリストテレス*の『形而上学』に関する注解と『討論集』（*quaestiones*）および，当時パリで課程に取り入れられたばかりの自然哲学に関する著作であった．彼はアリストテレスの見解がたとえ啓示された真理に反していても秘密にしないことを自らの仕事と見なしていた．問題となった主要な教理は，宇宙の永遠性と人間における知性の単一性とであり，それは個人の不死性および来世における賞罰の否定に関わっていた．ある教えは神学では真実でも，哲学では虚偽であると，彼が考えているといって批判者は非難した．彼にはこれに対して異論があったとしても，哲学的真理の重要性をどの程度彼が説明したのかは彼の著作から明らかではない．

## 地獄（じごく）
Hell

この語は聖書の英語訳では，死者の場所であるヘブライ語の「シェオール」*および，死後の悪人が罰せられる場所であるギリシア語の「ゲヘナ」*の両方を表すために用いられている．キリスト教の神学では，これは，まだ悔悛していない罪人が神の最後の裁きにより渡されると考えられる場所ないし状態を通常意味する．伝統的なスコラ*神学によれば，地獄にある魂が経験するのは，神の存在からの排除と神との接触の欠如である「損失の罰」（*poena damni*）および，聖書において火で示され，魂を苦しめる外的な要因として通常解釈される「感覚的罰」（*poena sensus*）である．現代の神学が強調するのは，必然的に魂を神から，さらにはあらゆる幸福の可能性から分離してしまうような，魂が自身の意志へ最後まで執着し，神の意志を拒否することの論理的な結果が地獄にほかならないということである．➡陰府

## 司祭（しさい）（祭司（さいし））
priest

英語の ‘priest’ は語源的に ‘presbyter’（ギリシア語で *presbyteros*）の縮約形であるが，新約聖書の伝統的な英語訳は *presbyteros* を ‘elder’（長老*）とし，‘priest’（祭司）と ‘priesthood’（祭司職）を純粋に祭司的用語であるギリシア語の *hiereus* と *hierateuma*（ラテン語で *sacerdos* と *sacerdotium*）に当てている．古英語期末までに，‘priest’ は「司祭」も「祭司」もともに指す言葉になっていたので，それは両義的な用語であった．

祭司職の理念と制度はほとんどすべての主要な宗教に存在し，ふつう犠牲*の概念と結びついている．旧約聖書によれば，モーセ*の時代以前の祭司職は族長制的であったが，モーセは「祭司として仕えさせるために」アロン*とその子らを聖

別するよう命じられ（出28:1），のちに祭司はアロンの子孫であると考えられたが，実際は大いに異なっていたらしい．祭司職，特に大祭司*の重要性は，後期ユダヤ教における神殿*の地位が高まるとともに増大した．神と人との仲介者としてのその高い地位は，キリストの時代のユダヤ教の祭司職の卓越性を示していた．新約聖書では，大祭司としてのキリストという理念がヘブライ書*において明確に表現されている．

‘priesthood’ がキリスト教の職制に属するという理念は，聖餐の犠牲的な理解から起こり，‘priesthood’ の旧約聖書的な理念に基づいて徐々に発達していった．‘priest’ の語は2世紀末まではキリスト教の聖職者を指すことはなかったと思われるが，そのころその語はふつう司教に限定されていた．3世紀中に，長老（presbyters）は司教の祭司職（*sacerdotium*）を共有すると考えられるようになり，聖餐式を執行し，悔悛した棄教者*を赦しうるようになったが，これらの職務は司教が不在のときのみ果たされのであり，司教に委任されたと見なされたと思われる．キリスト教が地方にも拡大し，小教区教会（parish churches）が整備されるにつれて，長老（司祭）は司教の祭司的職務をより十分に行使した．教区司祭（parish priest）が聖餐式の通常の司式者となり，赦免*の権能を通例行使したので，神への人の代表よりむしろ人への神の代表とますます見なされるようになった．教区司祭は封建制的位階制を超えて地位を得たが，自らの司教にまったく依存したままであったのであり，その地位の有効性*は彼の叙階*にかかっていた．

聖職者の ‘priesthood’ をほとんどもっぱらミサとの関係で見るという中世神学の傾向は，宗教改革者たちにそれを拒否させることになった．‘priest’ の語が『祈禱書』に保持されたのは，執事*が聖餐式を司式しないことを明らかにするためであったらしい．➡職階と叙階

## 侍祭（じさい）

➡祭壇奉仕者

## 自罪（じざい）（現行罪（げんこうざい））
Actual Sin

人間の意志の自由で個人的な行為の結果である罪．キリスト教神学では，これは原罪*と対比される．➡罪

## ジーザス運動（うんどう）

➡イエス運動

## 自死（じし）（自殺（じさつ））
suicide

自らの命を意図的に断つことは，全般的な殺人の禁止を除いて，聖書において特に断罪されていないが，ほぼすべての聖書の自死は神に疎んじられた結果であり，1世紀における通常のユダヤの慣行ではどうやら，自死者は恥ずべきものとして暗くなってから埋葬されたらしい．ローマ法は自死を道徳的に断罪することに反対した．キリスト教の当局は徐々にではあるが逆の立場をとった．4世紀後半以降，教父たちは自死を強く徹底的に断罪しており，聖アウグスティヌス*はキリスト教徒の女性が強姦を避けようとして自死するのを思いとどまらせようとしている．その同じ頃，没後の制裁がエジプトの修道制のもとで現れており，6世紀には，教会法は自死者に通常の埋葬と祈りを否定した．たいていの中世の世俗法は教会法上の罰則を補って，自死を財産没収の犯罪に加えるなど独自の罰則を科した．制裁はさまざまな程度の厳しさで適用されたが，自死が世俗的犯罪であるという状態はイングランドでは1961年まで続いた．現代において制裁が衰退した原因は，ローマ法と伝統に由来する，自死が本質的に無罪であるという単純な見解，および，自死が誤っていても，自死者に同情し，彼または彼女のために神の憐れみを願うべきであるというより複雑な見解のゆえである．カトリックの教会法はもはや自死者を明確にはキリスト教的な埋葬から排除していないし，英国教会の『教令』*は特定の礼拝による埋葬を認めている．『カトリック教会のカテキズム』*は自死を断罪しながらも，「教会が自らの命を断った人たちのために祈る」ようにと積極的に

述べている．特免を与えられない限り，未遂の自死はカトリックの叙階にとり障害である．1953年に創設されたボランティア組織である「サマリタンズ」（the Samaritans）は，自死を考えている人たちに匿名で助けを与えている．➡死者のための祈り

## シジウィック
Sidgwick, Henry（1838-1900）

道徳哲学者．ケンブリッジ大学で，彼は宗教テストの廃止運動を支持した．主として快楽主義*的な傾向にたつ道徳哲学の研究である，1874年の『倫理学の諸方法』（*Methods of Ethics*）は多大な影響を及ぼした．

## 士師記（ししき）
Judges, Book of

この旧約聖書の文書は，ヨシュアの死から王国成立までのイスラエル人の歴史を辿り，パレスチナの征服と結びつく出来事を記述し，サウルの時代以前に国を支配した幾人かの指導者（「士師」）の名前をめぐって組み立てられている．本書はヨシュア記*の続きであるというが，同時期も扱っており，おそらくより正確な描写をしている．

## 死者のための祈り（ししゃのためのいのり）
dead, prayers for the

Ⅱマカバイ記12:40-45は死者のための祈りが記録されている唯一の聖書のテキストであるが，カタコンベ*の碑文，初期の典礼，さらに教父の著作の中に，その慣行の豊富な証言がある．東方教会では，この祈りに何らの限定も加えられていない．聖人や殉教者，「陰府*にある」人たち，異教徒などもみなその名が挙げられている．西方では，この祈りは徐々に「聖なる魂」すなわち煉獄*にある魂のための祈りに限定された．西方教会が殉教者や聖人の魂のために祈らないのは，彼らがすでに至福の状態にあると信じられているからである．断罪された人たちも我々の祈りが助けとなりえないと考えられているが，彼らが誰なのかは神のみに知られることである．したがって，カトリックの教会法はさまざまな階級の人たちに関して，没する前に悔悛のしるしを示していなければ，死者のためのミサや葬儀を正式に行うことを禁じている（しかしながら，私的な祈りやミサは認められている）．宗教改革者たちがやがて死者のための祈りを否定した理由は，それには聖書的な根拠がないと考えたからであり（アポクリファ*がもはや聖書と位置づけられなかったので，マカバイ記は忘れられた），また彼らが煉獄の教えを否定したからである．英国教会では，死者のための明確な祈りは1552年の『祈禱書』*から消えたが，19世紀半ばから広く用いられてきた．それは『共同礼拝』*およびいくつかの（すべてではないが）他の現代のアングリカンの典礼において認められている．福音主義*者や自由教会は今でも死者のための祈りを避けている．➡自死，埋葬式，レクイエム

## 死者の日（ししゃのひ）
All Souls' Day

亡くなったすべての信徒の魂を記念する日で，「諸聖人の祭日」*の翌日の11月２日．それが広く守られるようになったのは，クリュニーのオディロ*（1049年没）の影響による．英国教会では宗教改革時代に途絶えたが，現在では多くのアングリカンの典礼にそれに関する規定がある．

## 死者ミサ（ししゃミサ）
➡レクイエム

## 死手（ししゅ）
Mortmain

土地が教会などの団体により保有されているため，譲渡できない状態．不動産を獲得する教会の権利を制限することを意図した「死手法」（Statutes of Mortmain）は，中世に繰り返し制定された．イングランドでは，この概念は1960年に最終的に廃止された．

## 四旬節（大斎節）（しじゅんせつ（だいさいせつ））
Lent

復活祭*前の40日間の断食期間．最初の３世紀

間は，断食期間は通常は2-3日間を超えなかった．40日間，すなわち四旬節の最初の言及は325年にさかのぼるが，その期間の算定法は長い間教会により異なっていた．西方教会では，四旬節は現在は（主日を除いて）「灰の水曜日」*から聖土曜日*までである．

最初の数世紀間，断食の遵守は厳格であって，日に一食のみが許され，鳥獣の肉，魚肉，またたいていの地域では卵と「ラクティキニア」*も禁じられた．西方では，断食は徐々に緩和された．カトリック教会において，1966年に断食の義務は四旬節の初日と聖金曜日*に限定された．東方教会では，肉，魚，卵，「ラクティキニア」の節制は現在も広く実践されている．

西方教会において，四旬節のもつ悔悛的性格は，ミサにおける紫色の祭服の着用やアレルヤ*唱の省略のような，典礼のさまざまな特徴に反映している．東方教会において，聖餐式の執行は土曜日と主日に限定される．水曜日と金曜日には，既聖ホスティア*による典礼が行われる．この期間はまた悔悛のときとして，祝祭を避け，施しを行い，いつもよりも信心のわざに励む．現代の西方教会は，身体的な断食よりむしろこれらの側面を強調している．

## 四旬節前第1主日（五旬節の主日）

Quinquagesima

現代の用法では，「灰の水曜日」*の前の主日．この名称はカトリック教会では1969年に，その後，いくつかの現代のアングリカンの典礼でも削除された．

## 四旬節前第2主日（六旬節の主日）

Sexagesima

四旬節*の前の第2主日で，復活祭*前の第8主日．この名称は1969年にカトリック教会で削除され，もはやいくつかの現代のアングリカンの典礼にも載っていない．

## 四旬節前第3主日（七旬節の主日）

Septuagesima

四旬節*の前の第3主日で，復活祭*前の第9主日．カトリック教会では，1969年に削除された．以前は四旬節の断食にむけた段階を示す日で，この日から聖週間*まで紫色の祭服が着用された．この名称は『祈禱書』でも用いられてきたが，いくつかの現代のアングリカンの典礼では削除されている．

## 四旬節第1主日

➡四旬節の40日間

## 四旬節第4主日

Refreshment Sunday

四旬節第4主日がこう呼ばれるのはおそらく，5,000人の供食（ヨハ6:1-14）に関わる伝統的な福音書の日，ないしこの日に定められた四旬節の規律のためである．マザリング・サンデー*と通称される．

## 四旬節の40日間（四旬節第1主日）

Quadragesima

四旬節*の40日間および，時に四旬節第1主日の別称．

## 四書

Tetrateuch

（創世記から民数記まで）モーセ五書*中の最初の4つの書を指す名称．論じられているのは，これらの文書が同じ資料から，同じ編集の原則にたって編集されたこと，および旧約聖書の最初の部分における主要な分割線は民数記の終わりに引かれるべきであることである．それゆえ，申命記はそれに続く列王記までの「申命記史書」*の冒頭の文書と見なされている．

## 「地震会議」

Earthquake Synod

1382年に，大司教W. コートニー*が主宰してロンドンのブラックフライアーズ（Blackfriars）において開催された会議．その途中で，都市が地震で揺れた．会議はJ. ウィクリフ*の著作からとられた24の命題を異端的だとして断罪し，また異端信仰に対するさまざまな対抗策をとった．

## 私審判

Particular Judgement

カトリックの神学において，肉体からの分離の直後に各自の魂に下される審判．したがって，「最後の審判」*（公審判）に先立ち，別のものである．

## システィナ礼拝堂

Sistine Chapel

ヴァティカン*宮殿の主要な礼拝堂で，その名称はシクストゥス4世*（在位1471-84年）の命で建てられたことに由来する．

## シスネロス（ヒメネス・デ・シスネロス）

Cisneros, Francisco Ximénez de（1436-1517）

トレド大司教枢機卿．トレドでオブセルヴァント派*のフランシスコ会員になる前は，シグエンサ（Siguenza）司教区の司教総代理*であった．彼は多くの悔悛者を惹きつけ，遠隔地の修道院に隠遁した．1492年に，彼は意に反してイサベル1世*の聴罪司祭*となり，彼女は霊的な問題だけでなく，国事に関しても彼の意見を求めた．彼は1495年にトレド大司教になったが，同時にカスティリャ王国の宰相を兼ねた．1504年のイサベルの没後，彼はフェルナンド5世*とその婿のフェリペ1世とのあいだの協調関係の確立に努め，後者がカスティリャ王となった．1506年のフェリペの没後，シスネロスはフェルナンドが1507年に彼のために枢機卿の帽子を携えてナポリから帰還するまで，実質的にカスティリャを治めた．フェルナンドが1516年に没したあと，その孫のカルロス（カール5世*）が未成年のあいだ摂政であった．シスネロスはカルロスに会いに行く途中おそらく毒殺されたが，カルロスはすでにアストゥリアスに上陸しており，実質的に彼をその職から解いていた．シスネロスは偉大な学問の保護者で，私財を投じてアルカラ大学を創設し，コンプルトゥム版多国語対訳聖書*を刊行した．

## シスマ（離教，教会分裂）

schism

教会の一致からの正規の意図的な分離．そこに関わる分離が基本において教理的でない点において，異端信仰*と区別される．カトリック神学者は教皇と一致しない人たちをシスマの状態にあると見なすが，第2ヴァティカン公会議*の『エキュメニズム教令』が述べているのは，他の諸教会の受洗者が「カトリック教会と不完全ながらある程度一致した」状態にあるということである（➡エキュメニカル運動）．「シスマ」という語はしばしばアングリカンやプロテスタントの神学者により，たとえばアングリカニズムとローマ・カトリシズム間のそれのように，教会内の分裂（divisions）を指す．➡大シスマ

## 支聖堂

chapel of ease

母教会に従属した礼拝堂で，祈りや説教の際教会区民が容易に使えるように建てられた．多くの支聖堂は教会区民の信望をえて，秘跡の執行や埋葬に用いられた．

## 私設礼拝堂

proprietary chapel

英国教会において，寄付金で建てられ，民間の個人により維持されていた礼拝堂．このような礼拝堂のミニスター*はふつう，教会区*の管理司祭*の同意があるときのみ発行される，主教としての許可証を授けられた．ほとんど現存していない．

## 「至善至高の神へ」

DOM（Deo Optimo Maximo）

もともとユピテルに向けられた異教の定型句であったが，キリスト教的に利用されて，教会の扉や墓石に刻まれるようになった．

## 自然神学

Natural Theology

啓示*の助けなしに人間理性のみにより獲得されうる，神に関する知識の総体．宗教改革の神学

者は一般に，堕落した人間理性が自然神学に関与する適格性を否定し，この不適格性はK.バルト*や弁証法神学*者により再び主張された．➡宗教哲学，神義論

## 自然徳（しぜんとく）

➡枢要徳

## 自然法（しぜんほう）

Natural Law

さまざまな意味で用いられる表現であるが，神学的文脈では創造主により現実に（in nature）植えつけられた法で，それを理性的な被造物は理性に照らして識別しうる．この概念はなんらかの形で古代・中世・近代の思想家により受け入れられてきたが，善が為されるべきで，悪が避けられるべきだという以外に，その内容に関してほとんど合意がなかったように思われる．「自然権」と理解される「人権」（および「動物の権利」）は時に自然法の概念に基づいてきており，国際法の増大する重要性がそれに対する新たな関心につながっている．

## ジータ（聖（せい））

Zita, St（1215頃-1272）

奉公人の守護聖人．12歳のとき，彼女はルッカ（Lucca）のファティネリ（Fatinelli）家の奉公人となり，生涯そこに留まった．彼女は篤い信仰心をもっていた．祝日は4月27日．

## 七十人訳聖書（しちじゅうにんやくせいしょ）（セプトゥアギンタ）

Septuagint（'LXX'）

旧約聖書のギリシア語訳の中で最も重要なもの．その起原に関するユダヤの伝承が首唱者とするプトレマイオス・フィラデルフォス（在位前285-46年）は，ヘブライ語の律法の翻訳を望み，72人の翻訳者（「七十人訳聖書」の名称はこれに由来する）をその仕事に従事させたという（➡『アリステアスの手紙』）．その名称は徐々にモーセ五書*だけでなく，旧約聖書全体を指すようになった．長い期間にわたりさまざまな場所でなされた，多くの翻訳者による仕事と思われる本書は，前132年にはおそらく完成していた．ヘブライ語の聖書と異なる点は，各文書の順序および本書にはいわゆるアポクリファ*（旧約聖書続編）が含まれていることである．➡聖書

初期の教会において，七十人訳聖書は旧約聖書の標準版と見なされ，新約聖書の著者はそこから（常にではないが）通常は引用しており，本書はまた古ラテン語訳聖書*の基礎にもなった．聖ヒエロニムス*のウルガタ訳聖書*は初めて，原典から直接に翻訳された旧約聖書のラテン語訳をキリスト教徒にもたらし，七十人訳聖書が逐語的に霊感を受けているという信仰を一掃するのに貢献した．本書は現在も東方正教会における旧約聖書の正典である．

## 自治体法（じちたいほう）

Corporation Act 1661

地方自治体の公職に就くすべての者に，国王に対する反逆の否認を誓わせ，「厳粛なる同盟と契約」*の無効と不法を宣言させ，選出の前年に英国教会の儀式に従った受聖餐者であることを要求した法令．1828年に廃止された．

## 7人の主教の裁判（にんのしゅきょうのさいばん）

Seven Bishops, Trial of the

ジェームズ2世*が1688年にすべての教会堂における彼の信仰寛容宣言*の朗読を命じたとき，大主教W.サンクロフト*と6人の他の主教が抗議した．彼らは投獄され，煽動罪で裁かれたが，無罪で放免された．

## 7人の睡眠者（にんのすいみんしゃ）（エフェソスの）

Seven Sleepers of Ephesus

皇帝デキウス*の迫害（250年頃）中に洞窟の中に閉じ込められ，皇帝テオドシウス2世*（450年没）の治下に目を覚ましたといわれる，7人のキリスト教徒の若者．祝日は7月27日．

## 7人の奉仕者（にんのほうししゃ）（7人の執事（にんのしつじ））

Seven Deacons

使徒言行録6:1-6によれば，教会の俗事に奉仕

するために任命された，「7人の評判の良い人たち」を指す名称．伝統的に，彼らの任命は執事*職を創始したものと見なされた．

## シチリアの晩禱事件

Sicilian Vespers, the

1282年のシチリアにおけるフランス人に対する虐殺で，晩禱*の鐘の音がその合図であった．

## 十戒

Commandments, the Ten（Decalogue）

シナイ*山でモーセ*に啓示され，2枚の石の板に刻まれた神の掟．本文は2つのほぼ同様な版で保存されている（出20:2-17, 申5:6-21）．その年代は論争の的である．多くの学者はその原初の形態がモーセ自身にさかのぼる可能性を認めてはいるが，現在も未解決のままである．

十戒は教会の教えにおいて重要な役割を果たしてきた．聖アウグスティヌス*の時代までには，十戒は洗礼志願者*の教育において目立った位置を占めていた．十戒はさらに，9世紀における悔悛制度の発達および16世紀の宗教改革者の教えの中で重要になった．1552年の『祈禱書』*では，聖餐式の導入部分で十戒が唱えられたが，現代の慣例では通常，省略されるか，キリエ・エレイソン*ないし「最も重要な掟」（マコ12:29-31）で置き換えられている．『共同礼拝』*には，これらの併用祈禱に関して規定がある．

## 「10箇条」

Ten Articles（1536年）

宗教改革期において，英国教会が公布した最初の信仰箇条．ヘンリー8世*の要望で聖職者会議*によって採択され，翌年，『主教の書』*に置き換わった．

## ジッキンゲン

Sickingen, Franz von（1481-1523）

ドイツの騎士．U. フォン・フッテン*の影響下，彼は宗教改革に同調し，J. ロイヒリンを擁護し，自らの居城をプロテスタントのための避難所として提供した．1522年に，ジッキンゲンはトリーア大司教に対して軍隊を率い，負傷して没した．

## 実在論

Realism

（1）思弁を嫌い，事実に根ざすような信仰．この意味で，キリスト教は実在論的であるといわれる．（2）外的世界の実体（reality）を説く哲学理論で，それが意識により構成されているという観念論的見解と対比される．（3）より専門的な意味で，抽象的な概念（「普遍」*）は，それが具現化した個物（「特殊」）とは別個の存在であるという見解．これは中世にプラトン*の形而上学に基づいて展開され，唯名論*と対比される．➡絶対的観念論

## 執事

➡助祭

## 実質的罪

material sin

それ自体で（「実質的に」）神の法に反しているが，行為者が無知ないし強制により行ったゆえに，過失でない行為．➡形式的罪

## 実証主義

Positivism

本来の狭義の意味での，フランスの思想家 A. コント*の体系であって，知的探求を観察できる（「実証的」［positive］）事実に限定し，哲学や神学の問題を含む，究極的問題に関する一切の考察を避けている．実証主義の用語は，特に自然科学が知識の規範を提供すると見なされると，形而上学を否定するような哲学的見解を広義で指すようになった．このような見解は，自らの教えを「論理実証主義」（Logical Positivism）と呼んだ，1922年に創始された「ウィーン学団」（Vienna Circle）により展開された．これが20世紀の哲学にも間接的には神学にも永続的な影響を及ぼしたのは，ある命題が有意味かどうかの判定基準として検証可能性（verifiability）を要求したことによる．

### 実証神学
Positive Theology

歴史的で特定の事実,慣行,法令に関する諸問題を扱う神学の一分野で，普遍的有効性の宗教的原則や法則を論じる「自然神学」*と対比される．カトリック神学では,思弁神学（speculative theology）と対比して，歴史神学とも呼ばれる．

### 実存主義
Existentialism

個々に存在する人間とその自由に対する実践的な関心を共有するタイプの哲学思想．この運動はS. キルケゴール*，F. W. ニーチェ*，その現象学*が人間の意識内の普遍的要素を記述する体系的な方法をもたらしたE. フッサール（Husserl）にさかのぼる．実存主義的な思考の主要部は，20世紀初頭のドイツにおけるキルケゴールの発見および第1次世界大戦後のヨーロッパにおける文化の破壊に由来すると思われる．

キリスト教的実存主義の問題はプロテスタントの神学論争において目立っている．反対者の主張では，実存主義は神学を人間学*に縮小し，キリスト教の歴史的な根拠を破棄し，救いを真の実存を支持するだけの単なる自発的な決断と見なしている. 支持者の考えでは,実存主義的な観点は新約聖書の中に含意されており，救いの出来事を歴史の一部として認めることは信仰の根本的な性格を確認するのに役立つにすぎないとして，救いを外面的な出来事の中にでなく神と我々の個人的実存との出会いの中に位置づけている．実存主義は1950年の回勅『フマニ・ゲネリス』（Humani Generis）により断罪されたが，あるカトリックの神学者たちに影響を及ぼし続けている．

### 実体
substance

（1）哲学において,この語はアリストテレス*の時代以来,重要な役割を果たし,彼の識別法はスコラ*学者に引き継がれた．一般に,実体（*substantia*）は，可変的で知覚できる偶有性*と対比される，永続的で根元的な実体（reality）であった．

（2）神（Godhead）に関するキリスト教の教理において，この語は3つのペルソナ（位格）すべてがただ1つである，根元的な存在を表すのに用いられる．

（3）聖餐*に関する中世の教えにおいて，聖餐の形色*の実体はその偶有性と対比された．➡実体変化

### 実体変化
transubstantiation

聖餐*の神学において，その偶有性*（すなわち，パンとぶどう酒の外観）のみが存続して，パンとぶどう酒の実体*全体がキリストの体と血の実体全体に変化すること．この語は12世紀後半に用いられるようになった. 1215年のラテラノ公会議*で，聖餐の物素（elements）はキリストの体と血に「実体変化する」といわれたが，その教理の仕上げがなされたのは，13世紀にアリストテレス*の形而上学が受容されて，聖トマス・アクィナス*の教えに古典的な形でまとめられたときであった．実体変化はトリエント公会議*で再確認された．アングリカン－ローマ・カトリック国際委員会*は1971年に「聖餐の教理」に関して合意に達し，「実体変化」の語が「神秘的で根本的な変化」がどのように起こるかよりむしろ，その変化の事実性を肯定すると述べている．

### 実体変化への反対宣言
Declaration against Transubstantiation

すべての官吏や軍人に対して，1673–1829年に課された宣言．

### 『失楽園』
*Paradise Lost*

J. ミルトン*の叙事詩で，堕落*および人類に対するその結果を記述している．

### 質料
matter

中世哲学において，形相*により確定され現実化するまえに，すべての物質的存在の基礎をなす

素材．スコラ学者*はこのアリストテレス*的な概念を秘跡*の神学に適用した．

## 指定日(していび)
station days

教皇がローマのいわゆる「指定聖堂」(station chuches) の一つで以前にミサを司式した特定の日々．指定日 (*stationes*) を遵守した初期の証言が存在するが，そのような遵守に断食が含まれていた事実を除いて，その内容は明らかではない．ローマでは，4世紀以降，集合聖堂 (*collecta*) から教皇がミサを行う指定聖堂までの聖職者や会衆による行列により，荘厳さが高まった．伝承によれば，特定の聖堂を指定日のそれぞれに割り当てたのはグレゴリウス1世*であった．教皇指定聖堂ミサは特にアヴィニョン*の教皇の捕囚期に衰微したが，その慣行の痕跡は指定聖堂の訪問者に与えられる免償*に残っている．

## 史的(してき)イエスの探求(たんきゅう)
Historical Jesus, Quest of the

A. シュヴァイツァー*の1906年の『ライマールスからヴレーデまで――イエス伝研究史』(*Von Reimarus zu Wrede. Eine Geschichte der Leben-Jesu-Forschung*) の英語訳は，1910年に『史的イエスの探求』として刊行され，この表題は，歴史批評的方法論によってナザレのイエスの生涯と教えを再構成するという啓蒙主義*後の試みを指す名称となった．

H. S. ライマールス*の先駆的著作の結論が知られるようになったのは，G. E. レッシング*が1774-78年に『ヴォルフェンビュッテル断片』*を刊行したときであった．その後，D. F. シュトラウス*が1835年の『イエス伝』(*Leben Jesu*) において福音書の歴史性に異議を唱えたことが，近代的な意味の福音書批評学を創始した．イエスを単に人間として描く試みという水門は1863年に J. E. ルナン*によって開かれた．このことは，ドイツにおけるその後の自由主義のプロテスタンティズムおよびアメリカにおける社会的福音*運動の中心的な課題となった．K. バルト*や R. ブルトマン*がこの「史的イエスの探求」を否認したにもかかわらず，探求は1950年代には後者の弟子たちにより再開し（「新しい探求」），ブルトマン学派以外でも絶えず継続している．1970年代以降，証拠が乏しいという認識にもかかわらず，イエスに関する書物はますます多く刊行されている．➡イエス・キリスト

## 熾天使(してんし)
➡セラフィム

## 使徒(しと)（アポストロス）
Apostle

（ギリシア語の「アポストロス」は「派遣された者」の意.）(1) 初期の教会で，その指導者のうちのある人たち（Ⅰコリ12:28)，特に宣教者，およびヘブライ書3:1 (使者) でキリスト御自身に与えられた名称．この語の起原と意義について議論があるが，派遣されることを指すのは確かである．聖パウロ*は復活のキリストからの委託を根拠にしてその名称を自らに要求し (ロマ1:1など)，また主の兄弟の聖ヤコブ*(ガラ1:19) を含む他の人たちについても用いた．特に聖ルカ*によりしばしば，その名称は12弟子について用いられ，その名前はマルコ福音書3:14-19，マタイ福音書10:2-4，ルカ福音書6:13-16に記されている．この3者でわずかな違いがあるのはおそらく，使徒の総数が流動的というより不確定であったことや同一人物の名前の違いを示している．使徒の名称はやがてその12人に限定されるようになった．近代の用語法ではその名称は，ある地方への最初のキリスト教宣教の指導者にも時につけられた，たとえば「アイルランドの使徒」聖パトリキウス*．➡使徒継承

(2)「アポストロス」(聖使徒経) は東方教会で聖餐式の際に読まれる書簡*の名称である．

(3) カトリック使徒教会*の一つの役職．

## シトー
Cîteaux

ブルゴーニュに創立されたシトー会*の本院 (mother house)．フランス革命で接収されたシトー

修道院は，1893年に結合したトラピスト修族から形成された新しい独立した修道会（厳律シトー会）によって1898年に取得された．

## 時禱（じとう）

➡時課

## 時禱派（じとうは）

Stundists

1858-62年頃に，ルター派*や改革派*の牧師およびメノナイト派*の説教家の影響下にウクライナで起こったロシアの福音主義的なセクト．彼らは徐々にバプテスト派*に接近し，同派は1944年にロシアで設立された「福音主義キリスト教徒およびバプテスト派の全合同協議会」に合流した．

## 使徒会（しとかい）

Apostolici

（ラテン語で「使徒の（弟子たち）」の意．）自分たちか他者によりこの名称がつけられた団体は以下のとおりである．(1) 2-4世紀のグノーシス主義*の一派．(2) 12世紀にケルン*付近やフランスのペリグーで盛んであった禁欲主義的団体．(3) 1260年にパルマで起こったセクトで，清貧に関するフランシスコ会の教えに影響を受けたが，1286年と1291年に断罪された．(4) 再洗礼派*の一派．

## シトー会（かい）

Cistercian Order

同会は，ベネディクト会*のあり方を当時存在したどれよりも厳格的・原初的なものにしたいと望んだモレームの聖ロベルトゥス*らにより1098年にシトー*で創立された．幾年かの不安定な時期のあと，聖ベルナルドゥス*が1112年に修練士*として入り，同会は急速に発展した．

シトー会の生活は隠遁的な共同の執り成しと礼拝のそれであった．修道院は遠隔地にだけ建てられ，教会堂は簡素で，肉体労働に原初的な重要性が与えられた．会憲が12世紀につくられ，（『愛の憲章』*を含む）その基本的な文書がその過程で徐々にあらわれた．創設した側の修道院は，自ら創設した修道院を永続的に監督した．これは慣行と規律を守るための大修道院長による巡察をとおして実行された．「娘修道院」（daughter-abbeys）もまた自ら修道院を創設できたので，派生関係ができあがった．シトー修道院（「母修道院」）自体は，最古の娘修道院（「父修道院」）により巡察された．シトー会の大修道院長全員は毎年開かれる修道会総会*に出席しなければならず，この総会には修道会全体に対する立法・行政・司法的な権限が付与されていた．

15世紀にカスティリャから始まったが，国外の修道院はシトー修道院の統制外でその国の修族*を形成した．17世紀には，他の修道会と同様にシトー会も，会則の一切の緩和を拒否する改革者（厳律派［Strict Observance］）と，最小の変化を望みシトー修道院に指導された改革者（寛律派［Common Observance］）とに分裂した．

18世紀のオーストリア・ハンガリー帝国におけるシトー会員は，教育や司教区の責任を負うことによってやっとヨーゼフ主義*の勅令の時期を耐え忍んだ．その後まもなく，フランス革命はフランスと近隣諸国の全修道院だけでなく，その中央集権的体制をも破壊した．19世紀の政府側の修道院生活に対する敵意と，20世紀の戦争や危機とは，修道院の大量の閉鎖と排除をもたらした．寛律派の総会長（Abbot General）は現在，異なった修道生活を送るおよそ12の修族からなる連合体を統轄している．

1790-91年に，シトー修道院と「父修道院」が消滅したために，ラ・トラップ*修道院が同会でフランスに残った唯一の男子修道院となった．24人の修道士がスイスに避難したが，彼らはやがて新会員を集め，さまざまな国で修道院を創立した．彼らのうち，ある人たちはA.-J. le A. ド・ランセ*の本来の改革に従い，他の人たちは，スイスのトラピストにより採用されたよりいっそう厳格な形態に従ったが，後者はフランスに帰還後わずかだけ緩和された．1892年に，3つのトラピスト修族は結合し，翌年新しい独立した修道会として認可された．1902年に，シトーが彼らの本院になってからは，厳律シトー会（Cistercian Order of the

Strict Observance）ないし改革シトー会（Reformed Cistercians）と呼ばれる．この修道会は1791年に破壊された厳律派から継続してはいないが，ラ・トラップにおける1664年のランセによる改革の直系の子孫である．世界的な拡大は均一的実践を変更させ，1990年に承認された新会憲のもとで，文化的相違が認められたが，トラピストの体制は厳格なままである．分離した2つのシトー会は協力し合っている．

## 『使徒戒規』（『ディダスカリア』）
Didascalia Apostolorum

初期の「教会規則」で，シリア語の正式な題は『我らの贖い主の12使徒と聖なる弟子たちによる公同の教え』．さまざまな職業の読者に宛てて書かれており，悔悛，礼拝，迫害中の態度のような雑多なテーマを扱っているが，順序だって記述されていない．この規則は特に，ユダヤ教の祭儀律法が依然として拘束力をもつと見なすキリスト教徒に向けられており，3世紀に北シリアで成立したと思われる．もともとギリシア語で書かれたが，完全にはシリア語だけで残っている．

## 『使徒教会規律』
Apostolic Church Order

初期のキリスト教文書で，教会の慣行や道徳的規律に関する規則を含んでいる．その内容は幾人かの使徒に帰されているが，おそらく300年頃のエジプトにおいてギリシア語で編纂されたのであろう．

## 『使徒教憲』
Apostolic Constitutions

350–80年頃にさかのぼる教会法の集成で，ほぼ確実にシリアに由来する．編纂者に関してさまざまに推論されてきたが，それは明らかにアレイオス主義者*で，おそらく「アレイオス主義者」ユリアノス*であろう．

## 使徒教父
Apostolic Fathers

その著作の全体ないし一部が残っている，新約聖書時代直後の教父たちに17世紀以来つけられた名称．使徒教父に含まれるのは，ローマのクレメンス*，イグナティオス*，ヘルマス*，ポリュカルポス*，パピアス*，および『バルナバの手紙』*，『ディオグネトスへの手紙』*，『クレメンスの第2の手紙』，『ディダケー』*の著者たちである．

## 『使徒教令』
Apostolic Canons

使徒たちに帰される85箇条の教令集で，『使徒教憲』*の結びの章を構成する．そのほとんどは聖職者の責任と道徳的指導を扱っている．その最初の50箇条はディオニュシウス・エクシグウス*によりラテン語に翻訳されたので，西方教会の教会法*の一部となった．

## 使徒継承
apostolic succession

教会の職制が連続的な継承により使徒*をとおしてキリストに由来すると考えられる方法．通常，その継承が司教の連続性により維持されてきたという主張と結びついてきた．1世紀末にローマのクレメンス*により強調された継承の連続性には時に異議が唱えられてきた．歴史的な教会内で広く説かれてきたその必然性は，大部分のプロテスタントにより否定され，他の神学者により条件付きのみで主張されている．使徒継承の連続性に関する疑念が，1896年のローマによる「英国教会の叙任」*の断罪につながる一因であった．最近では，「歴史的主教性」の維持は，アングリカンや他の団体を含む再一致*の計画の中で論点となっている．➡『アポストリチェ・クーレ』

## 使徒言行録
Acts of the Apostles

新約聖書*の5番目の文書．キリストの昇天*から62年頃の聖パウロ*のローマ訪問まで，教会の宣教を略述しており，一般に聖ルカ*の著作と認められている．その著作年代はさまざまに議論されているが，大多数の学者はおそらく80年代を受け入れるであろう．この年代は，初期の教会の理想像を考慮するのに充分な時間が経過しているが，しかしローマ当局による組織的な迫害*より前である．いわゆる「わたしたち資料」（16:10-17, 20:5-15, 21:1-18, 27:1-28:16）は著者の旅行日記に由来し，彼が自ら語る多くの出来事の目撃者だったことを示していよう．あるいは，一人称の使用は彼の資料の一つないし自らの叙述を生き生きとさせたいという彼の願望に由来していよう．

本書はキリスト教の神的な起原を強調している．使徒たちの主張によれば，イエスはその復活によりそう宣言されたメシアである．救いはこの方をとおして与えられるが，パウロにおけるほど，その死と明確には結びつけられていない．キリストが神であられるという信仰は，特に「主」という称号に表わされている．使徒言行録によれば教会に初めからあった儀式は，罪の赦し（remission）のための洗礼*（2:38）と「パンを裂くこと」（2:42，この語は聖餐*を指している）とであった．教会は当初は使徒たちだけによって治められていたと思われ，のちに「７人」（6:1-6），さらに「長老」*と「監督」*が加わったが，後２者はまだ区別されていない．使徒言行録に描かれた教会像は不完全ではあるが，おそらく十分に信頼できるものであろう．

## 使徒座
Apostolic See

ローマの司教座*のことで，そう呼ばれるのは，聖ペトロ*と聖パウロ*の両使徒とのその伝統的な結びつきによる．

## 使徒座代理区長
➡代牧

## 使徒時代
Apostolic Age

キリスト教史における最初の時代に対する近代になってからの名称で，ほぼ使徒*の生存中に当たる．

## 使徒信条
Apostles' Creed

西方教会で用いられる信仰告白文．他の初期の信条*と同様に，父なる神，イエス・キリスト，聖霊と関わる３つの部分からなる．使徒信条という名称は390年頃の聖アンブロシウス*の書簡に初めて見いだされ，その時代までには，それが使徒たちにより共同で作成されたという伝承が広がっていた．中世初期までには，西方各地で洗礼の際に，また7-9世紀には日々の聖務日課においても用いられるようになった．現代では教会の一致に関する議論の中で，信仰を結びつける式文と見なされている．

## 使徒性
apostolicity

ニカイア信条*の中で挙げられた４つの「教会の標識」*の一つ．カトリックの見解ではこの語は，使徒継承*と教理の連続性――これにカトリック教会は「ペトロの座」との一致を加えるであろう――による使徒*との一体性を意味する．プロテスタントはこの語が，使徒時代以後の堕落と対比される「原初性」を意味すると理解している．

## 『使徒たちの手紙』
Apostles, Epistle of the（Testament of Our Lord in Galilee）

150年頃に書かれた外典*的な文書で，使徒たちにより送られた回勅*のような形式をとっている．使徒たちと復活のキリストとの会話を記録することを意図している．

## 『使徒伝承』
*Apostolic Tradition, The*

現在では一般に聖ヒッポリュトス*（236年頃没）の著作と考えられている典礼書で，伝承*に基づくと主張される詳細な儀式や慣行を記述している．そこに含まれるのは，叙階*と洗礼*の儀式および1970年のカトリックのミサ典礼書*における第２奉献文*の根拠として用いられた奉献文である．もともとギリシア語で書かれたが，ラテン語や東方の諸言語の翻訳で残っている．その年代と著者性について議論が分かれている．

## シドニウス・アポリナリス（聖）
Sidonius Apollinaris, St（430頃-486頃）

政治家，司教．450年頃，彼はのちの皇帝アウィトゥス（在位455-56年）の娘と結婚し，順調な政治生活に入った．おそらくまだ信徒であった470/71年に，彼がクレルモン（Clermont）司教に選ばれたのは，1つにはゴート人に対してその地方を守るためであった．クレルモンが475年に西ゴート人に占領されたとき，彼は投獄されたが，釈放されて，476年に自教区に復帰した．彼が司教になったときに書くことをやめた詩作は，すぐれた技巧を示しており，また彼の書簡は貴重な史料である．祝日は8月21日ないし23日．

## シートン（聖）
Seton, Elizabeth Ann Bayley, St（1774-1821）

アメリカの愛徳修道女会（Sisters of Charity）の創立者．彼女は1805年にカトリックになり，1808年にL. W. V. デュブール*に勧められて，ボルティモアに学校を創立した．1809年に，彼女と仲間たちは修道女会を設立し，大司教J. キャロル*のもとで誓願を立て，セント・ジョセフ修道女会となった．同会はメリーランド州エミッツバーグ（Emmitsburg）に移り，1810年に2つの学校を創立したが，1つは少女たちの全寮制学校で，もう1つは貧者のための学費無料の学校であり，後者はアメリカで最初のカトリックの無料の教区立学校であった．1812年に，同会は聖ヴァンサン・ド・ポール*の会則を採用して，セント・ジョセフ愛徳修道女会となり，その後，病院や孤児院を創設した．「マザー・シートン」は1975年に列聖された．祝日は1月4日．

## シナイ
Sinai

律法がモーセ*に与えられた，エジプトとパレスチナのあいだの砂漠にある山（出19:1以下）．伝統的なシナイの場所（現在のジェベル・ムーサ［Jebel Musa，「モーセの山」の意］）は，キリスト教修道制の初期の中心地であった．アレクサンドリアの聖カタリナ*に献げられた修道院は，彼女の遺体が奇跡的に運ばれた場所に建てられたと称する．

シナイ教会は正教会の中で最小の独立教会であり，聖カタリナ修道院長である「シナイ山大主教」により統轄されている．➡シナイ写本

## シナイ写本
Codex Sinaiticus（'א'）

おそらく4世紀に書かれたギリシア語聖書の写本で，シナイ*山の聖カタリナ修道院でC. ティッシェンドルフ*により発見された．彼は写本の大部分をロシア皇帝に献呈したが，ソヴィエト連邦政府はそれを1933年に大英博物館の財団に売却した（写本の43枚はライプツィヒにあり，さらに15枚が1975年に聖カタリナ修道院で発見された）．写本には，旧約聖書*の約半分，新約聖書*全体，『バルナバの手紙』*『ヘルマス*の牧者』の一部が含まれる．新約聖書の読み方は，中立型本文*すなわちアレクサンドリア型本文*の主要な証言の一つである．

## シナゴーグ（会堂）
synagogue

ユダヤ人はエルサレムの神殿*での礼拝にもはや参加できなくなった，前6世紀のバビロニア捕囚*期に礼拝の定期的な集会所としてシナゴーグを導入したらしいが，シナゴーグの最初の明確な証言はヘレニズム時代のエジプトに由来する．シナゴーグの礼拝は常に犠牲を伴わないものであり，主に聖書の朗読からなり，祈り，賛歌，時に説教がなされた．キリストはシナゴーグの礼拝に出席し，シナゴーグでしばしば説教し，教えた．使徒言行録の記述によれば，聖パウロ*の通常の慣例として，彼はまず訪れた土地のシナゴーグで説教し，ユダヤ人が彼の使信に反応しなかったとき初めて異邦人へと向かった．

## シノッド
➡教会会議

## シノディコン
Synodicon

(1) シノッド（教会会議*）の記録ないしそのような記録の集成. (2) 東方教会において,「正教の勝利の祝日」*に用いられる典礼文. 総主教メトディオス１世により843年頃に編纂され, しばしば修正されてきた.

## 『シノドス』
Sinodos

エチオピアの教令集で, その最初の２部はしばしば『アレクサンドリア・シノドス』と呼ばれる. 含まれているのは以下の４文書, すなわち『使徒教会規律』*, 『使徒伝承』*, 『使徒教憲』*第８巻の一部, 『使徒教令』*である.

## 死の舞踏
Dance of Death

ヨーロッパ芸術における寓喩的なテーマで, 通常は骸骨で表現される死の表象が, さまざまな人物と出会い, 彼ら皆と踊りながら墓所へと導くさまが描かれている.

## シビュラの託宣
Sibylline Oracles

異教の「シビュラ文書」を模した託宣の集成. ６歩格で書かれた託宣に先立ったのは, それがさまざまな時期のギリシアのシビュラ（Sibyls）の発言であると主張する散文の序詩である. その真正性を受け入れた多くの教父*は, そこからキリスト教を擁護する論拠を引き出した. 現代の批評家がそれをユダヤ教やキリスト教の著者たちに帰するのは, 真正なギリシアの託宣がいくつかの箇所で挿入されているとしても, 全体の傾向が一神教的でメシア的だからである. ユダヤ教の部分の年代はマカバイ期から皇帝ハドリアヌス（在位117-38年）の時代に及び, キリスト教の付加部分は２世紀以降に由来すると思われる.

## 至福直観
Beatific Vision

天において神的存在を見ることで, それはキリスト教神学によれば贖われた者の最終的な定めである. その本質について中世後期に大いに議論された. ある神学者たちによれば, 至福直観は例外的な状況において短い期間ながら現世で与えられる.

## 至福の教え
Beatitudes, the

「山上の説教」*（マタ5:3-11）と「平地の説教」（ルカ6:20-22）における, 来るべき至福に関するキリストの約束.

## 『師父の言葉』
Apophthegmata Patrum

エジプトの修道士たちの言葉や簡潔な物語の集成. その資料は4-5世紀にさかのぼり, 初期の砂漠の霊性を生き生きと伝えている.

## シーベリー
Seabury, Samuel（1729-96）

アメリカ聖公会*の初代主教. 1753年にリンカーン*主教により司祭に叙任された彼は, ニューブランズウィック（New Brunswick）に続いて, ニューヨークの近くで活動した. 1783年に主教に選ばれた.（合衆国が独立したために）「忠誠の誓い」*を立てられなかったことがイングランドの主教による聖別を妨げたので, 彼は1784年にスコットランドのアバディーンで聖別された. 有能な組織者で管理者であった彼は, 本国の高教会派*の伝統が展開できる構造と典礼をアメリカ聖公会にもたらした. 彼の聖別は, アメリカの1979年の『祈禱書』と『共同礼拝』とで, 11月14日に祝われている.

## ジベルティ
Giberti, Gian Matteo（1495-1543）

1524年からヴェローナ*司教. 彼は, トリエント公会議*への道を開いた, 教会改革に関するイタリア側の指導的な提唱者の一人であった.

## 詩編

Psalms, Book of

（ギリシア語の*psalmoi*は「楽器伴奏つきの歌」の意.）旧約聖書には，数え方に相違があるが，150の詩編が含まれている．その大部分について，ギリシア語聖書とラテン語聖書（ウルガタ訳聖書*）の数え方は，『祈禱書』やたいていの非カトリック系の英語訳聖書*でも踏襲されたヘブライ語聖書の数え方より1編あとになっているので，たとえば欽定訳聖書の詩編90編はウルガタ訳聖書の詩編89編である．

現在の形の詩編書*（Psalter）は本質的に典礼書であり，それはしばしば「第2神殿の賛歌集」と呼ばれてきた．ダビデ*が詩編書全体の著者であると信じられてきたが，それはもはや支持されない．大部分の学者の考えでは，詩編はさまざまな著者と広く異なった時代に由来する．

伝統的に解釈される詩編は，神と人間の関係の全範囲に関わると考えられる．この100年間，この解釈には異議が唱えられ，たとえばある人たちは，詩編の「わたし」がふつう個人でなく，国家としてのイスラエルを指すと論じた．

教会において，詩編書は非常に早い時期から公の礼拝や個人の祈りで用いられてきた．カトリック教会の聖務日課*において，最近の再編まで，詩編書全体が唱えられ，東方教会では現在もそうされている（四旬節*には週に2度唱えられる）．

## 詩編書

Psalter

(1) 教会の礼拝において，適切に翻訳して用いられる聖書の詩編*.

西方教会において，最初のラテン語の詩編書は七十人訳聖書*から翻訳された．聖ヒエロニムス*は『ガリア詩編書』*の序文において，以前に七十人訳聖書からの詩編の翻訳に取り組んだと述べており，この著作はかつて『ローマ詩編書』*と同一視された．392年頃，彼は七十人訳聖書の『ヘクサプラ』*版テキストから新たに翻訳し（『ガリア詩編書』)，400年頃にヘブライ語から別の詩編書を作成した（『ヘブライ詩編書』[Hebrew Psalter]）．聖務日課書*において，『ガリア詩編書』は，1945年にヘブライ語テキストから作成された新しいラテン語の翻訳に置き換わるまで用いられ続けた．しかしながら，1971年の聖務日課書におけるテキストは，ヘブライ語への忠実さをウルガタ訳聖書*の文体の適切さと結合させようとする折衷的な翻訳である．現代のカトリックの典礼で用いられている詩編書の自国語版は通常，ヘブライ語テキストに基づいている．

『祈禱書』中の詩編は，ウルガタ訳聖書から，したがって『ガリア詩編書』からのM. カヴァデール*訳に基づいており，それゆえヘブライ語聖書に見いだされない多くの七十人訳聖書の読み方を含んでいる．『共同礼拝』中の詩編は，アメリカ聖公会*の詩編書に基づいており，通常はヘブライ語テキストと一致し，一般に性差のない言葉を用いている．

東方教会において，ギリシア語圏のキリスト教徒は七十人訳聖書の詩編を用い，それはスラヴ諸教会が用いる翻訳の基礎ともなった．シリア諸教会は過去において（また地域により現在も）ヘブライ語聖書から翻訳されたペシッタ*の詩編を用いた．詩編書が自国語で用いられる，たいていの現代の正教会では，七十人訳聖書からの翻訳が好まれている．

(2) 礼拝に用いる詩編を載せた書．西方教会では，詩編は通例，聖務日課*の要請に従って配列され，しばしばアンティフォナ*や聖歌のような他のものを載せていた．その内容が聖務日課書*に組み込まれると，用いられなくなった．東方教会では，個別の詩編書が現在も一般的であり，詩編は20の部分に分けられ（➡カシズマ)，それには，カンティクル*，頌歌（odes)，聖歌，祈りのような他の素材も含まれている．

## 詩編の集会祈願

Psalter Collects

詩編の各編と関連づけて構成された集会祈願*．古代末期に，そのような集会祈願が実際にそれぞれの詩編のあとで唱えられた証拠も存在するが，おそらくスペイン以外で，典礼の際にその全部が用いられたとは思われない.「詩編の集会祈願」は現代の特にカトリックの典礼で，限定的に用いられている.

## 司牧教書（司教教書）
pastoral letters

司教*が自らの司教区*の全員に宛てた公式の書状．司教が自らの聖職者（clergy）だけに宛てた回状（encyclical letters）と区別される．➡回勅

## 司牧書簡
➡牧会書簡

## 司牧神学（牧会学）
pastoralia

小教区*の司祭の生活と行動を規制する原則に関する神学の一部門.

## シボレト
➡シイボレト

## シミアー
chimere

英国教会の主教や神学博士が着用する袖なしの長衣.

## シムルタネウム（共同使用権）
simultaneum

この語はもともと,16世紀のドイツにおいて,同じ領域内で２つかそれ以上の宗派に諸権限を与えることを指した．これはやがて信仰的に異なった２つの宗派が単一の教会堂を使用する権利を指すように限定された．この慣行に関する規定は1697年のレイスウェイク*条約で決められた.

## シメオン
Simeon

（1）ヘブライの族長の一人で，その名の部族の先祖，（2）高齢の敬虔なユダヤ人で,エルサレム*の神殿*で幼児イエスを腕に抱き，現在は「ヌンク・ディミッティス」*と呼ばれる言葉を語り，聖母マリアも剣で心を刺し貫かれると預言した（ルカ2:25-35）.

## シメオン
Simeon, Charles（1759-1836）

福音主義*的リバイバルの指導者．1783年から，彼はケンブリッジの聖三一教会の主任代行司祭*であった．当初，彼は反感を買ったが，その司牧的情熱は敵意を乗り越え，福音主義者の学生や叙任候補者に多大な影響を及ぼした．彼は1799年の英国教会宣教協会*の創立者の一人であった．彼はまた自らの主張に沿って教会の聖職禄授与権（patronage）を確保し，管理するために，財団（シメオン財団［Simeon Trustees］）を創設した．祝日は『共同礼拝』では11月13日，アメリカの1979年の『祈禱書』では11月12日.

## シメオン（新神学者）（聖）
Simeon, the New Theologian, St（949-1022）

ビザンティンの神秘家,霊的著作家.981年に,彼はコンスタンティノポリス*の聖ママス（Mamas）修道院長になったが，彼の教えのある面により引き起こされた激しい反対のゆえに，1009年に小アジアに追放された．彼は「神の光」の直観に中心的な位置を帰して，ヘシュカスモス*の出現に対して形成的な影響を及ぼした.「新神学者」という呼称はおそらく，東方で「神学者グレゴリオス」と呼ばれた，ナジアンゾスの聖グレゴリオス*との対比を意味している.祝日は東方では３月12日.

## シメオン（ダラムの）
Simeon of Durham（1060頃-1130頃）

年代記作者．ダラム*の修道士であった彼は，（1096年までの）その司教座の歴史を書き，またおそらく,イングランドの全体史の著者でもあった.

## シメオン（柱頭行者）（聖）
Simeon Stylites, St（390頃-459）

最初の柱頭行者*．修道士として生活したのち，彼はシリア北部で隠修士として数年間を過ごし，次いで柱の上で生活した.当初は柱は低かったが,

40キュービット，すなわち約20mに達するまで次第に高くなり，彼は没するまで，その頂で生活した．この新しい苦行の仕方は巡礼者を惹きつけ，また広く模倣された．祝日は東方正教会では9月1日，シリア正教会では7月27日，西方では1月5日．

## シメオン（テサロニケの）（聖）

Simeon of Thessalonica, St（1429年没）

テサロニケ*大主教．彼の生涯についてほとんど知られていないが，彼は有力な著述家であった．「すべての異端信仰を駁し唯一の信仰を語る対話」である主著は，教理に関する短い論考および典礼と秘跡に関する長い論考からなっている．以前から知られていた他の著作のほかに，政治的関心をもつ論考の集成が最近発見された．祝日は9月15日．

## シメオン（メソポタミアの）

Simeon of Mesopotamia（5世紀）

メッサリア派*の指導者で，写本によって偽マカリオス（Pseudo-Macarius）の著作に帰されているシメオンと時に同一視される．➡マカリオス／シメオン

## シメオンの歌

➡ヌンク・ディミッティス

## シメオン・メタフラステス（聖）

Simeon Metaphrastes, St（960年頃活動）

ビザンティンの聖人伝作者．彼の名声はその（『メノロギオン』［Menologion］という）聖人伝集による．聖人伝の一部は従来の集成から単に筆写されているが，大半は様式を当時の趣向に合わせるために言い替えられている（メタフラステスとは「言い替える者」の意）．ゲオルギオス・ハマルトロス*の年代記を948年まで継続したものは，いくつかのギリシア語写本および古教会スラヴ語訳ではシメオン・ロゴテテス（Logothetes）に帰されており，この人物はしばしばシメオン・メタフラステスと同一視されてきたが，現在はその同一視には異論もある．祝日は東方では11月9日ないし28日．

## シモニア

➡聖職売買

## 僕の歌

Servant Songs

第2イザヤ*中の4箇所（イザ42:1-4，49:1-6，50:4-9，52:13-53:12）で，「主の僕」（servant of the Lord）の人物と性格を描写している．作者が指すのはイスラエルの民なのか個人なのか議論されている．キリスト教徒によって，その章句はキリストの預言と解釈されてきた．

## シモン

Simon, Richard（1638-1712）

聖書学者．1662-78年に，彼はフランスのオラトリオ会*員であった．1678年の彼の『旧約聖書の批判的歴史』（*Histoire critique du Vieux Testament*）において，彼は同一の出来事に関する二重の記事の存在や様式の違いから論じて，モーセ*が五書*の著者であることを否定した．シモンは一般に旧約聖書の批評学の創始者と見なされている．

## シモン（キュレネ人）

Simon of Cyrene

十字架刑*への途上にあるキリストの十字架をローマ人兵士に無理に担がされた通行人（マタ27:32など）．現代では，彼は見捨てられた人たちのあいだで働く人々により守護聖人と称されている．

## シモン（サドベリーの）

Simon of Sudbury（1381年没）

1375年からカンタベリー*大司教．彼はJ.ウィクリフ*に対して訴訟手続きをとることには教皇からそうするよう命じられるまで気が進まなかったと思われ，その後もそのやり方は極端ではなかった．1380年に，彼は大法官になり，人頭税の徴収の責任者になった．彼は民衆に殺害された．➡ボール

## シモン（新約聖書における）
Simons in the NT

(1) 使徒であるシモン・ペトロ*(聖ペトロ)，(2) 熱心党のシモン*，(3) シモン・マゴス*，(4) キレネ人シモン*のほかに，新約聖書は以下のシモンに言及している．(5)「主の兄弟たち」*の一人であるシモン，(6) その人の家で「罪深い女」がキリストに香油を塗った，ファリサイ派*のシモン（ルカ7:36-50），(7) ベタニア*のその人の家で1人の女がキリストに香油を注ぎかけた，ハンセン病者のシモン（マコ14:3-9），(8) 聖ペトロがヤッファでその人の家に滞在した革なめし職人のシモン（使9:43）．

## シモン（「熱心党の」）（聖）
Simon, St, 'the Less'

使徒．聖ルカ*は彼を「熱心党のシモン」と呼んでいる（使1:13，なおルカ6:15参照）．その党が当時存在したならば，彼が熱心党*の党員であったことを意味しよう．外典の『シモンとユダ*の受難』はペルシアにおける2人の使徒の説教と殉教を記述している．西方では，彼らは常に教会暦でも教会堂の奉献でもいっしょである．祝日は東方では5月10日，西方では，聖ユダとともに10月28日．

## シモン・ストック（聖）
Simon Stock, St（1165頃-1265）

イングランドのカルメル会*員．彼は1254年にロンドンで開催された総会で総会長（Prior General）に選ばれたと思われ，（以前考えられたのと違い），インノケンティウス4世*がカルメル会の慣行上の変更を認可した1247年には，シモンはその職に就いていなかった．伝承によれば，1251年に彼は「スカプラリオの信心」を生じさせた聖母マリアの幻を受けたが，それはカルメル会の小スカプラリオ*を着用した人はだれでも救われるという信仰に基づく信心である．祝日は5月16日．

## シモン・ペトロ（聖）
Simon Peter, St

もともとシモンと呼ばれていた，聖ペトロ*の別名．

## シモン・マゴス（魔術師シモン）
Simon Magus

使徒言行録8:9-24によれば，サマリア*で活動し，キリスト教に改宗して受洗した魔術師で，彼は金銭で霊的な力を得ようとして聖ペトロ*に叱責された（聖職売買*［シモニア］の語はこのことに由来する）．グノーシス主義*に反対した教父たちはシモンをその創始者と見なした．聖ヒッポリュトス*は『大いなる啓示』（*Apophasis Megale*）という短い論考をシモンに帰している．しかしながら，グノーシス主義とのシモン・マゴスの関係，特に，同書がおそらく帰される，シモン自身よりむしろシモン派（Simonians）という2世紀のセクトとの彼の関係については議論が分かれている．

## ジャイルズ
➡アエギディウス

## ジャウエット
Jowett, Benjamin（1817-93）

1870年から，オックスフォード大学ベイリオル・カレッジ学長．神学において極めて自由主義的であった．1860年の『論説と評論』*中の彼の聖書解釈に関する論考は，同書中で最も議論を呼んだ論考の一つであった．それ以降，彼の正統性に疑念がもたれ，彼は神学的主題での執筆を止めた．彼の最も重要な業績は，1871年のプラトン*の翻訳であった．

## 社会的福音
Social Gospel

19世紀後半から20世紀前半のアメリカとカナダのプロテスタンティズムにおける，キリスト教の社会的局面を代表する最も特徴的な運動．労働組合を結成する労働階級の権利を擁護した，会衆派*の牧師で多くの著作があるワシントン・グラッデン（Gladden，1836-1918年）は「社会的福音の父」と呼ばれる．ジョサイア・ストロング（Strong，1847-1916年）は，（アメリカ）福音主義連盟（Evangelical Alliance）の幹事として，この運動を推進する超教派的集会を組織した．W. ラウシェンブッシュ*はこの運動の最も重要な主唱者であった．会衆派，聖公会*，バプテスト派*，メソジスト派*，長老派*の諸教会で盛んになり，主として自由神学に基づいていたこの運動は，人間の本性とその可能性を高く評価し，進歩の観念を強調し，その特色は改革主義的で，ややユートピア的な傾向をもっていた．第１次世界大戦後に最も盛んになり，多くの教会の思想の中に重要な遺産を残した．

## 社会奉仕団（しゃかいほうしだん）
*Diakonisches Werk*

ドイツとオーストリアのプロテスタント諸教会の慈善団体が1975年以来用いている名称．内国伝道*の活動を取り込み，福祉事業を支援している．ドイツにおける最大の個人雇用主の一つで，2011年にほぼ45万人の有給職員がいる．

## 釈義（しゃくぎ）
exegesis

テキストを説明する行為で，そのテキストは神学では通常は聖書である．釈義の目的は著者の考えを記述したり，その考えを現代の状況に適用することである．

聖書の釈義は早い時代からユダヤ教徒によってもキリスト教徒によってもなされてきた．グノーシス主義*の釈義家と違って，キリスト教の著作家は，意味が使徒の伝統に基づいて解明されねばならないと主張した．主として寓喩*的な解釈法はアレクサンドリア*学派により発展したのに対し，アンティオキア*学派は聖書の逐語的な意味の説明を発展させた．西方では，スコラ学者*は四重の逐語的・寓喩的・倫理的・類比的（ないし神秘的）釈義法を好んだ．彼らが主に貢献したのは，素材の体系化と論理的な秩序の増大であった．宗教改革の時代，多くのプロテスタントの神学者は釈義の規準として教会の伝統の権威を否定して，聖霊の内的な証言に換えた．プロテスタントのあいだで，逐語的・歴史的批評が初めて行われるようになった．それは18世紀のドイツに強く現れた．19世紀初頭から，多くの関心が払われたのは，聖書の各文書の起原・特質・歴史およびイエスの生涯を含む聖書に関する歴史の再構成に対してであった．近代主義*者の中に著しい例外があるが，カトリックの釈義は概して1950年代頃までは，聖書批評学を無視するかそれに反発したが，プロテスタントと同様にカトリックのあいだでも，開放性と自主性が現在では一般的である．➡解釈学

## シャクストン
Shaxton, Nicholas（1485頃-1556）

ソールズベリー*主教．ヘンリー８世*の離婚を検討するために1530年にケンブリッジ大学により任命された委員会の委員であった．彼は進んだプロテスタント的な見解を展開した．1535年に，彼はソールズベリー主教になったが，「６箇条」*に抵抗して1539年に辞任した．1546年に，彼は聖餐に関する異端的な見解のゆえに告発されたが，自説を撤回した．メアリ１世*の治下に，イーリー*主教の補佐主教*になった．

## ジャクソン
Juxon, William（1582-1663）

1660年からカンタベリー*大主教．1633年にW. ロード*の後を継いでロンドン主教になった．高教会派*として知られたが，広く信頼された．彼はチャールズ１世*の処刑に立ち会った．彼は共和政のもとで主教職を剥奪されたが，危害を加えられることはなかった．彼は大主教には3年しか在職しなかった．

## ジャコバン
Jacobins

フランスのドミニコ会*員たちで，パリのサン・ジャック（St-Jacques）通りの彼らの修道院にちなむ名称．1789年に，修道院はそれ以後にジャコバン党と名乗った革命下の政治結社に占拠された．

## 赦罪（しゃざい）
➡赦免

## 写字室（しゃじしつ）
scriptorium

写字生が写本を複写するための部屋.

## シャッフ
Schaff, Philip（1819-93）

神学者, 教会史家. まず1844年にペンシルヴェニア州のマーサーズバーグのドイツ改革派神学校教授, 次いで, 1870年にニューヨーク州のユニオン神学校*教授になった. 彼はJ. J. ヘルツォーク（Herzog, 1882年没）の浩瀚な『プロテスタント神学と教会百科事典』（*Realencyclopädie für protestantische Theologie und Kirche*）のアメリカ版および教父テキストの一連の翻訳を編集し, 1877年に, 信条文書の貴重な集成である『キリスト教界の諸信条』（*The Creeds of Christendom*）を編纂した. 彼はマーサーズバーグ神学*の主唱者であった.

## 赦禱式（しゃとうしき）
Absolutions of the Dead

カトリック教会で以前, レクイエム*・ミサのあと, 遺体が教会堂から運びだされる前になされた儀式. 死者の魂のための祈りおよび遺体への聖水*の散布（散水）と献香*からなっていた. 1969年にこれは告別式に置き換わり, 短い式辞, 遺体への散水と献香, 集会祈願*, 詠唱を含んでいる.

## ジャドソン
Judson, Adoniram（1788-1850）

ビルマ*へのアメリカ人宣教師. ロンドン宣教協会*との協議のためにイギリスに来て, 1812年に会衆派*のミニスター*に叙任された. インドのセランポール（Serampore）に着いた彼は, バプテスト派*になった. 彼は東インド会社の諸地域で活動を続ける許可が得られず, 1813年にラングーンに赴き, そこで聖書をビルマ語に翻訳し始めた. 彼はカレン族のあいだで実りある活動をした.

## シャトーブリアン
Chateaubriand, François-René, Vicomte de（1768-1848）

フランスのロマン主義の著作家. 政治家として傑出した経歴をもった. 彼の1802年の『キリスト教の精髄』（*Génie du christianisme*）はカトリックのキリスト教の輝かしい修辞学的護教論である. 彼は18世紀の合理主義的哲学者の破壊的な著作がもたらした不信からキリスト教をすくい上げようと努め, 議論の場を理性から感情に移した.

## 謝肉祭（しゃにくさい）
carnival

カトリックの諸国で, 四旬節*直前の祝いの時期を指す名前.

## シャーバーン
Sherborne

聖アルドヘルムス*は西ウェセックスの司教座を705年にここに設置し, 教会堂と学校を創設した. 978年に, 司教ウルフシゲ（Wulfsige）は『ベネディクトゥス会則』*を導入した. その司教座はラムズベリ（Ramsbury）と1058年に統合し, 1075年にオールド・セイラム（Old Sarum）に移った（➡ソールズベリー）. 1536年の「修道院の解散」*で, その修道院は教会区教会になった. ソールズベリー主教の補佐主教*であるシャーバーン主教区が1928年に創設された.

## シャープ
Sharp, James（1618-79）

1661年からセント・アンドルーズ大主教. 彼が報償としてこの職に任命されたのは, 1660年に将軍ジョージ・マンク（Monck）に協力し, ひそかに主教制の復興に努めたためである. 大主教として, 彼は長老制を廃止するために厳しい手段をとり, またローダーデール（Lauderdale）伯の抑圧的な政策に対する支持により激しい反感を招いた. シャープは暗殺された.

## シャープ
Sharp, John（1645-1714）

1691年からヨーク*大主教. ノリッジ*主教座聖堂の主席司祭*として, 彼は1688年に信仰寛容宣言*の朗読を拒否した．翌年，彼はウィリアムとメアリに対する忠誠を誓ったが，臣従拒誓者*により空位となった主教職を前任者の存命中は受けないと宣言した．シャープの主教位を特徴づけたのは，その高い義務感であった．

## シャフツベリー
Shaftesbury, Anthony Ashley Cooper（1801-85）

第7代シャフツベリー伯，社会改革者．彼の主要な関心は労働階級の諸条件の改善にあり，1874年の工場法の成立に貢献した．彼は熱心な福音主義*者であった．長年にわたり，彼は「英国および海外聖書協会」*の会長であった．彼はまた，教会司牧援助協会*の初代会長でもあり，英国教会宣教協会*とキリスト教青年会*の活動に深い関心を寄せた．祝日は『共同礼拝』*では10月1日．

## 赦免（赦罪）
absolution

悔い改めた罪人に対して，司教ないし司祭がキリストによる罪の赦し（forgiveness）を宣言する正規の行為．赦免の表現は多くの礼拝式文に含まれているが，伝統的なカトリックの信仰では，大罪*は悔悛*（告解）の秘跡においてのみ通常赦される（absolved）．叙任されたミニスター*による正規の赦免の必要性は，いかなる秘跡の効力もそのような赦免に一般的に帰していないプロテスタントのあいだではふつう否定される．赦免の直説的式文（「わたしはあなたを赦す」）は西方において個人に対して用いられる．神が個人ないし会衆を赦すよう司祭が正規に祈る嘆願的式文は，典礼の中で赦免のために用いられ，東方では個人に対しても用いられる．

## シャルトル
Chartres

4世紀以来，このフランスの都市には空白期間もあるが司教座が置かれてきた．司教座聖堂*はクリュプタ*と，1130年頃から1230年のあいだにクリュプタ上部に建造し装飾された壮大なゴシック式教会とからなる．その聖堂の誇りは，ステンドグラスおよび西正面と南北翼廊（transepts）のポーチにある石の彫刻である．フルベルトゥス*（1028年没）はここで教えたが，シャルトルが12世紀における学問の一大中心地であったという考えは捨て去られた．

## シャルドン
Chardon, Louis（1595-1651）

フランスのドミニコ会*員の霊的著作家．『イエスの十字架』（*La Croix de Jésus*, 1649年）において論じているが，キリストに与えられた恩恵が受難と十字架刑を選びとらせ，さらに神による遺棄の感覚さえもったのと同じように，信徒における恩恵もまたきまって，たとえ慰めや「霊的事柄」が霊的生活の初期の段階に伴ったとしても，十字架と悲哀へと導くものである．悲哀をとおして，魂は神のみに頼るようになる．

## シャルル・マルテル（カール・マルテル）
Charles Martel（690頃-741）

フランクの支配者．メロヴィング朝の宮宰ペパン2世（714年没）の庶子であった彼は，反対に遭ったが，723年までには「フランク人の第一人者」（*Princeps Francorum*）としての地位を確保した．彼はフリースラント人，ザクセン人，バイエルン人に対して遠征を行い，732年にポワティエの戦いでアラブ軍を破った．

## シャルルマーニュ（カール大帝）
Charlemagne（Charles the Great）（742頃-814）

800年から，のちに神聖ローマ帝国*と呼ばれることになる国の初代皇帝．768年に，フランク王である父ペパン3世*が没したとき，シャルルマーニュと弟は王国を分割し，彼は771年に単独支配者となった．彼は領土を広げた．まず，おそらくハドリアヌス1世*の要請でランゴバルド王国を征服した．次に彼がおこなった遠征の相手は，772-98年にザクセン人，785-801年にスペインのムスリム*であった．800年のクリスマスにローマでレオ3世*により皇帝として戴冠された．

シャルルマーニュは本国で強力な行政機関をつ

くり，教会の改革と学問を奨励した．彼自身が関心をもったのは，当時の主要な神学的論点である養子論*，フィリオクェ*，聖画像破壊論争*であり，アルクイヌス*らにより準備された聖書の改訂版であった．彼は典礼的統一を実現しようとし，ローマ典礼の普及に努め，標準的な説教集*や認可された教会法*集を整えた．彼が宮廷の「学派」を形成した学者たちを保護したことは学問を刺激した．➡カロリング学派

## シャーロック
Sherlock, William（1641-1707）

セント・ポール主教座聖堂*の主席司祭*．1688年の名誉革命の際，彼はもともと臣従拒誓者*側に立った．1690年の『三位一体論と受肉論の擁護』（*Vindication of the Doctrines of the Trinity and of the Incarnation*）は激しい論争を引き起こし，彼は三神論*を説いていると非難された．同年，彼はウィリアムとメアリに対する忠誠を誓い，1691年に，セント・ポール主教座聖堂の主席司祭になった．彼は現在では，1689年の『死に関する実践的講話』（*Practical Discourse concerning Death*）で最もよく記憶されている．

## シャロン
Charron, Pierre（1541-1603）

フランスの説教者，哲学者．M. モンテーニュ*の影響を受けたシャロンは，なんの助けも受けない人間理性が神とその特性に関して確信に至りうるということを疑った．彼の考えでは，カトリック教会が啓示された真理の媒体であった．彼の1601年の主著『知恵について』（*De la sagesse*）は禁書目録*に載せられた．

## ジャンセニスム
➡ヤンセン主義

## シャンタル（聖）
Jane Frances de Chantal, St（1572-1641）

マリア訪問会*の創立者．1601年の夫の没後，彼女は貞潔の誓願を立てた．（霊的な指導者である）聖フランソワ・ド・サル*の助けにより，彼女は1610年にアヌシー（Annecy）にマリア訪問会の最初の修道院を建てた．14歳の息子を残して，彼女は修道会に入り，その組織化に尽力しながらその後の生涯を送った．祝日は12月12日（以前は8月21日）．

## ジャンヌ・ダルク（聖）
Joan of Arc, St（1412-31）

「オルレアンの乙女」．農民の娘であった彼女は，1425年に超自然的な訪れの最初のものを経験し，それを閃光を伴う声と説明した．その「声」はフランスを救うという使命をジャンヌに示した．1429年に，彼女は（聖別・戴冠されていなかった）国王（シャルル7世）にその声の真正さを納得させた．白銀の甲冑を着けた彼女は，オルレアンを解放する部隊を率い，戴冠式のためにランス*に進軍するようシャルルを説いた．1430年にブルゴーニュ軍に捕らえられ，イングランド側に買い取られ，魔術*と異端信仰*の嫌疑をかけられた．教会裁判所による裁判後，火刑に処せられた．1456年に裁判が見直され，彼女が不当に断罪されたと宣言された．1920年に列聖された彼女は，フランス第2の守護聖人である．祝日は5月30日．

## ジャン・バティスト・ド・ラ・サール（聖）
John Baptist de La Salle, St（1651-1719）

キリスト教学校修士会（Institute of the Brothers of Christian Schools，通称はラ・サール会）の創立者．1667年からランス*司教座聖堂参事会員であった．1678年に叙階され，1679年にランスで2つの自由学校の開校を援助した．彼は自分の家に住んでいた数人の教師たちに宗教思想を教えることに関心をもつようになった．1683年に，彼は参事会員職を辞して，自らの共同体の育成に専念した．1699年に，彼はパリで最初の日曜学校を開設し，職人の子弟に技術教育と宗教教育を行った．やがて，学校がフランスの他の地域や国外でも開設された．1690年に，彼は修士会に司祭を含めることに反対し，1694年に最初の会則を起草した．祝日は4月7日（以前は5月15日）．

### ジャン・ユード（聖）
Eudes, St John（1601-80）

フランスの小教区宣教師（missioner）．1623年にオラトリオ会*に入会した．10年間の宣教活動ののち，彼は1643年に退会し，カーン（Caen）で「イエス・マリア修道会」を創設したが，これは神学校の創立を目的とする司祭たちの修道会である．彼はイエスの聖心*への信心を育み，それを神学的に基礎づけようとした．彼はまた，「マリアの聖心*」への信心を奨励した．祝日は８月19日．

### 種（形色）
species

「形相」ないし「種」を意味するラテン語で，スコラ*神学では秘跡で用いられる物的要素，特に聖餐におけるパンとぶどう酒を指すものとして使われ，その意味で，神学的な英語にも引き継がれた．➡二種陪餐

### 週
week

典礼期間としての週は，ユダヤ人の安息日*遵守に由来する．神にささげられた休息の日という概念はキリスト教徒により受け継がれたが，キリストの復活*を記念して，安息日は週の第１日（主日*）に置き換わった．火曜日と木曜日のユダヤ人の断食日は，裏切りの日である水曜日*（➡裏切りの水曜日）と十字架刑*の日である金曜日*に移された．キリストの昇天*と聖餐*の制定を祝う日としての木曜日は中世前期に目立つようになり，土曜日*は聖母マリア*にささげられ始めた．➡聖週間

### シュヴァイツァー
Schweitzer, Albert（1875-1965）

ドイツの神学者，医師，オルガン奏者．1901年の『メシア性と受難の秘義』（*Das Messianitäts- und Leidensgeheimnis*）において，彼は主（イエス）の教えが世界の間近な終末に対する御自身の確信を中心とするという考えを説いた．同書は評判となり，1902年に，彼はストラスブール大学講師になった．1906年の『ライマールスからヴレーデまで』（*Von Reimarus zu Wrede*）において，彼は「徹底的終末論*」に基づいて，キリストの生涯の解釈を展開した．彼の考えでは，主（イエス）は世界の速やかな終末に対する期待を同時代人と共有したが，これが誤りだと分かったとき，御自身が終末に先立つ苦難から御自身の民を救うために受難を覚悟した．1911年に，シュヴァイツァーは医学の学位を取得し，1913年に病者の世話と宣教活動に従事するために，ガボン共和国（当時のフランス領赤道アフリカ）のランバレネ（Lambaréné）へ赴いた．1917年にフランスで抑留されたのち，彼は翌年，ストラスブールに戻った．1923年の『文化哲学』（*Kulturphilosophie*）は「生命への畏敬」としての倫理に関する彼の見解をまとめている．1924年に，ランバレネに戻った．そこでの病院が残りの生涯の主要な関心事であったが，彼は神学的著作活動も続けた．彼はヨーロッパ大陸だけでなく，イギリスやアメリカのプロテスタント神学にも多大な影響を及ぼした．

### 「シュヴァーバッハ条項」
Schwabach, Articles of（1529年）

ルター派*の最初の信仰告白．その17箇条は，マールブルク会談*で検討され，１箇条を除いて採択されたものに基づいていた．

### シュヴァルツ
Schwartz, Eduard（1858-1940）

古典文献学者，教父*学者．ドイツの各大学で教授職を務めた．主著である1914-40年の『公会議記録集』（*Acta Conciliorum Oecumenicorum*）は，東方での公会議の壮大な校訂本で，エフェソス公会議*とカルケドン公会議*の「記録」の批判校訂版を初めて刊行した．聖アタナシオス*に関する1904-11年の論文集も重要である．

### 自由意志説信奉者
Freewillers

1540年代から1560年代までイングランド南東部で活動した急進的なグループ．彼らは救いの獲得

における自由意志の重要性を強調し，宗教的寛容*を擁護した．

## シュヴェンクフェルト派(は)
Schwenckfeldians

シュレージエンの宗教改革の神学者，カスパル・シュヴェンクフェルト（Caspar Schwenckfeld, 1490-1561年）の信奉者．気質上，神秘家であったシュヴェンクフェルトは，J. タウラー*や M. ルター*の著作に感銘を受けたが，やがてプロテスタントの多くの教えに無条件には同意できないと思った．彼はまた，キリストの人間性の神化という教えを説くようになり，1540年に，この主題で自らの信念を論考にした．数年後，彼はルター派を離れた．彼の没後，「キリストの栄光の告白者」と自称した弟子たちの小集団が，彼の教えを広め続けた．1734年にフィラデルフィアに定着した一派が存続している．

## 終課(しゅうか)（就寝前(しゅうしんまえ)の祈(いの)り）
Compline

西方教会の時課*（➡聖務日課）の最後のもので，就寝前に唱えられる．さまざまな形が4世紀までに発達した．詩編91編がそのほとんどで唱えられ，4編と134編も通例唱えられる．聖歌と（1977年までベネディクト系の典礼に入っていなかった）ヌンク・ディミッティス*がやがて付け加わった．終課の大半は『祈禱書』*の晩禱*に取り入れられた．

## 集会(しゅうかい)
➡シュナクシス

## 集会祈願(しゅうかいきがん)（特禱(とくとう)）
collect

細部に相違はあるが，(1) 父なる神への呼びかけ，(2) 嘆願，(3) キリストの名による願いまたは神に栄光を帰することからなる短い形式の祈願．のちに密唱*や「聖体拝領後の祈願」*と呼ばれるようになった祈願と構成の上で区別できないが，聖餐式におけるこの語は通常，聖書朗読の直前の祈願に限定される．このような祈願は5世紀にはよく知られており，聖餐式でも日々の聖務日課でも役割を果たした．

## 集会(しゅうかい)の書(しょ)
➡シラ書

## 収穫感謝祭(しゅうかくかんしゃさい)
Harvest Thanksgiving

ブリテンにおける，大地の恵みに感謝する非公式な宗教的な祭で，通常は収穫を終えた9月か10月の主日に守られる．祭を毎年行うのがふつうになったのは19世紀半ばからで，教会区の感謝祭が伝統的な収穫祭（Harvest Home）に置き換わった．さまざまな現在のアングリカンの典礼ではこの日のために，一連の特禱，詩編，聖書朗読が規定されている．

## 自由学芸(じゆうがくげい)7科(か)
seven liberal arts

中世前期において，世俗の教育の中心部分を構成した学問群で，基本的な3科*（文法学，修辞学，論理学）とより進んだ4科*（音楽，算数，幾何，天文学）とからなっていた．学生が自由学芸に関する学びを終えるまでは，神学の学びへと進む資格があるとは考えられなかった．

## 収穫祭(しゅうかくさい)
Lammas Day

8月1日で，初期のイングランド教会において，新麦で作ったパンがこの日のミサで，おそらく収穫を感謝して祝福された．

## 自由(じゆう)カトリック教会(きょうかい)
Liberal Catholic Church

伝統的なカトリックの秘跡体系を，信仰の自由および全生命の再受肉と一致に関する神智学*的理念の受容と結びつけようとする団体．その創設者であるジェームズ・インガル・ウェッジウッド（Wedgewood, 1883-1951年）およびチャールズ・ウェブスター・リードビーター（Leadbeater, 1847-1934年）はともに，1916年に復古カトリック教会*の使徒継承をつうじて司教に聖別された神智学者であった．ウェッジウッドは，A. H. マシュー*により聖別された（が，のちに絶縁された）F. S. ウィロビー（Willoughby）により聖別され，ウェッジウッドがリードビーターを聖別した．自由カトリック教会は，主にアメリカ合衆国，オーストラリア，イギリス，フランス語圏アフリカにおいて，数万人の信徒をもつ．

## 重記写本（パリンプセスト）
palimpsest

もとの文書が消され，次にその表面が他の（ふつうまったく別の）文書に用いられた写本．有名な例はエフラエム写本*である．

## 宗教改革
Reformation, the

この語は時に，14-17世紀の西方キリスト教界における一連の変化を指すために用いられるが，通常は16世紀前半に限定される．それは教会の位階制的構造に対するロラード派*やフス*派の攻撃から始まったといわれる．16世紀前半まで，カトリックの教理からの逸脱は稀であったが，教皇職と教皇庁の財政的強要およびその世俗性とイタリア諸王家の政治への介入に対する攻撃は多かった．M. ルター*が贖宥*状の販売に伴う悪弊に抗議したとき，新生面を開いたわけではなかった．彼が聖アウグスティヌス*を学んだことは，救いとの関連で，中世後期の神学が「わざ」を強調したことに異議を唱えさせ，救い（義認*）が信仰のみによると主張させた．彼はさらに，教皇職が教会においていかなる権威ももたないとし，実体変化*の教理，強制的な「聖職者の独身制」*，修道士の誓願*などの教皇の要求を，広範な欺瞞の一部として提示した．彼の著作はドイツの諸都市の教養のある信徒に影響を及ぼし，また農民戦争*中に，彼が諸侯の権威主義を擁護したことは，1530年のアウクスブルク信仰告白*におけるルター主義*の古典的な表明以前および以後の20年間，多くのドイツの諸侯の支持を得るのに役立った．これらの諸侯およびデンマーク*王とスウェーデン*王は，彼らの領土内の教会をルター主義の原則に従って改革し統制し，そしてその原則はまたドイツの多くの帝国都市によっても受け入れられた．

それに対し1523-25年に，スイスの宗教改革者U. ツヴィングリ*はチューリヒの市当局の支持を得て，その都市で反教皇的，反位階制的，反修道制的な改革を遂行していた．その聖餐論や社会理論においてルターよりも急進的で，それほど衒学的でないツヴィングリの神学は，スイスのいくつかの州や南西ドイツのいくつかの都市に影響を及ぼした．1531年の彼の没後，チューリヒの影響力は衰え，1540年代には，ジュネーヴ*が改革派*の（すなわち，非ルター派の）プロテスタントにおいて目立つようになった．ここで，1541年以降，J. カルヴァン*が教会と市当局間にきずいた新しいバランスの中で，教会はチューリヒやルター派の諸都市におけるよりも独立的な役割を果たした．1536年の彼の『キリスト教綱要』*は，救いにおける予定*の役割を明示した，一貫した体系を提示した．改革派のプロテスタンティズム（カルヴァン主義*）は数世代にわたって，ドイツのいくつかの地方，フランス*，オランダ*，スコットランド*，イングランドにおける宗教改革の推進力となり，ほとんどどの場合でも，政治闘争と結びついていた．

（しばしば「徹底的宗教改革」と呼ばれる）さまざまな民衆の運動は通例，三位一体*のような根本的な教理，さらには教会と国家の結びつきをも否定した．しばしば不正確に「再洗礼派」*と呼ばれる彼らは，ほとんど至るところで迫害された．

イングランドの宗教改革は独自の経過を辿った．多くの伝統的な信仰を保持していたヘンリー8世*が教皇の首位権の否定および「修道院の解散」*を遂行したのは主として，短期間の政治的目的の追求と国王の支配権の拡張のためであった．彼には反対もあったが，改革的な大陸の教えが本国のロラード派と結びついた．エドワード6世*の治下，政治的打算およびT. クランマー*らの影響力が，教理と典礼のより広範な変更をもたらした．変化を逆転させようとするメアリ1世*の試みのあと，エリザベス1世*の即位に続いたのは，以前のプロテスタント的諸規則の再確認であった．イングランドの宗教改革は改革派の神学と礼拝の諸要素を伝統的な教会の構造に移植したものであり，その連続性が平和な変更を確保し，また結局，広く人々に受け入れられることになった．➡英国教会，対抗宗教改革

## 自由教会派
Free Churches Group

1892年に創設された自由教会国民会議（National Free Church Council）には，緩やかな形で地方の諸会議が連携していた．1919年に創設された福音自由教会連盟会議（Federal Council of Evangelical Free Churches）は，正式に承認された代表制に基づく会員からなっていた．両組織は1940年に合同して，自由教会連盟会議（Free Church Federal Council）を形成し，それが1998年に自由教会会議（Free Churches Council），さらに2001年に自由教会派になった．➡英国福音主義自由教会協議会

## 宗教学校
faith schools

精神や教えがある程度一定の宗教団体に管理されている学校．イギリスには，慈善学校や18世紀後半以降は日曜学校*が存在したが，普通教育の提供は19世紀前半に国民協会*のような教会を基にした団体により始められた．1833年以降，政府の補助金が徐々に任意団体の学校に支給されるようになったが，代わりに学校は必要な施設の建設や視察を受け入れざるをえなかった．1870年に，公立学校の同様な組織が確立し，そこでは特定教派に関わる教育は認められなかった．1944年以降，任意寄付制学校（voluntary schools）は公費助成学校（aided schools）と公費管理学校（controlled schools）に分かれ，前者は後者より自由を保持しているが，受ける資金は少ない．20世紀後半に，ムスリムなど他の非ユダヤ・キリスト教的な団体が学校を創設し，その後同様な政府の補助金を求め，それは1998年に最初に実現し，「宗教学校」という語が用いられるようになった．たとえばフランスのような国の場合，宗教学校と国家組織はまったく分離している．

## 宗教裁判
➡異端審問

## 宗教史学派
*Religionsgeschichtliche Schule*（History of Religion School）

キリスト教の解釈において，宗教の比較研究からの知識を広範に利用することを擁護した，1880-1920年のドイツの聖書学者の有力な一派．教義的考察を最小限に抑えた彼らの考えでは，宗教的文書はその著者の思想や願望の孤立した表現としてでなく，その部族や国民の長く，しばしば複雑な発展の所産として考察されねばならない．当初，彼らはユダヤ・キリスト教内の歴史的発展のみを辿ろうとしたが，やがてエジプト，バビロニア，ヘレニズムの宗教体系における並行事例も研究するようになった．

## 宗教小冊子協会
Religious Tract Society

小冊子*や他の福音派の文書を発行し，流布するために，1799年に創立されたアングリカンと非信従者の協会．1935年に，合同キリスト教文書協会*に吸収された．

## 宗教心理学
psychology of religion

心理学の概念や方法論を宗教的経験や行動に適用した現代の学問分野．心理学のそのような可能性ある適用を研究した最初の一人はW. ジェームズ*であった．彼は神に対する人間の応答における幸福ないし葛藤の経験，および宗教的回心と高徳性（saintliness）や神秘主義の諸経験を研究した．ジークムント・フロイト（Freud, 1856-1939年）の精神分析に関する著作の多くは，宗教の心理学的研究に貢献したが，宗教に関する彼の批判的・還元主義的見解はもはや賛同を得ていない．同様に，カール・グスタフ・ユング（Jung, 1875-1961年）の結論は，対照的に人間の経験における宗教

現象にほとんど無差別な有効性を帰しがちで，逆に宗教心理学にとっての永続的価値の言い換えを招いた．1960年代前半以降，より複雑な分析法が展開されてきた．宗教行動と経験は時代，認知様式，他の個人的性格，さらには病理学的で，薬物により引き起こされた状況との関連で研究されてきた．しかしながら，単なる心理学的な方法は，宗教行動と経験のある面を非宗教的用語で説明しえても，それらの有効性に関する問いに十分には答ええない．

## 宗教的寛容（しゅうきょうてきかんよう）
toleration, religious

唯一の真の宗教であると称するキリスト教は原則として，他宗教に対して不寛容であり，自らに関わる異端信仰*には繰り返しアナテマ*が宣告された．しかしながら実際に，キリスト教会とその指導者がしばしば，非キリスト教的な存在およびキリスト教内の多様性を黙認ないし「寛容に扱った」のは，彼らの力が不信心者ないし反対者（dissenters）を強制的に一致させられなかったからである．

古代後期の異教世界におけるキリスト教徒は，常に非キリスト教徒から不寛容をこうむったわけではなく（➡初期キリスト教における迫害），キリスト教徒自身がほとんど常に自らの中で不寛容であった．コンスタンティヌス*以降，教会の権威と世俗の権力が密接な関係をもつとともに，非正統信仰への固執は世俗法とともに教会法に対する違反となった．中世をつうじて教会の主流の意見が従ったのは，異端者や離教者に対して聖アウグスティヌス*が処罰を要求したことであった．指導的なプロテスタント宗教改革者（M. ルター*，J. カルヴァン*，T. ベザ*，H. ブリンガー*）は直ちに個人の良心の自由に対して賛成の論を唱えたと思われるが，彼らが異端信仰の根絶へと協力するために，教会と世俗の権力の権利と義務に対する断固たる擁護者であることが判明した．彼らは自らの仕方で礼拝する自由を要求したが，容赦しない熱心さで反対者を追及した．

17世紀のイングランドでは，バプテスト派*，会衆派*，クェーカー派*は教会と国家からの自らの宗教的独立を主張した．実際的な寛容における実験が北アメリカで起こり，メリーランドとロードアイランドの建設者は，世俗の権力に依存する宗教的な強制に責任を負わなかった．恵み深い神への信仰が個々のキリスト教徒の自由の受容を伴うという，S. カステリョ*の主張はさらにJ. ミルトン*により発展させられたが，他方，J. ロック*が論じたのは，教会は反対者を追放する権利をもつが，それ以上に彼らを追い回す権利をもたない自発的な組織であるということであった．啓蒙主義*の知識人は寛容に対する賛成論を教会の権威に対するだけでなく，キリスト教自体に対する攻撃にも利用した．19世紀に，多くの国々において，国家による宗教的寛容に関する相異なる擁護者がそれを法制化した．20世紀に，カトリック教会内での多くの議論の末，1965年の第2ヴァティカン公会議*の『信教の自由に関する宣言』（*Dignitatis Humanae*）が宣言したのは，「宗教の領域において，何人も自らの良心*に反して行動するよう強制されるべきでない」こと，また，信教の自由への権利は人間の威厳に基づいていることである．こうしてカトリック教会は，長く他のキリスト教世界で守られてきたのと同じ立場を採用した．➡諸宗教の神学

## 宗教的自由主義（しゅうきょうてきじゆうしゅぎ）
➡ラティテューディナリアニズム

## 宗教哲学（しゅうきょうてつがく）
philosophy of religion

独立した学問分野としての宗教哲学という概念は，啓蒙主義*の所産であった．その目的は「宗教」や「宗教的経験」という用語が扱う一連の現象を哲学的に研究することである．それは人間生活の一要素としての宗教の，本質・内容・起原，およびある程度，その価値を研究し，宗教の主張が真理かどうか吟味する．初期の著作家たちの「自然神学」*は，最も広い意味で宗教哲学と見なされえたが，自然神学が啓示神学への序幕と見なされたのに対し，宗教哲学はこの区別を認めない．した

がって，キリスト教だけでなく，どんな宗教にも見いだされる概念を吟味することができる．諸宗教が真理に対して矛盾する主張をする限り，どの種の矛盾を伴うかの探究が，宗教哲学にとりいっそうの関心事となってきており，それにより宗教哲学は比較宗教学*と重なり合うことになる．

## 『宗教の類比』
*Analogy of Religion, The*（1736年）

J. バトラー*のこの有名な書物は，キリスト教が非理性的ではなく，自然宗教と啓示宗教が両方とも明確に理性的であることを示そうとした．彼の議論によれば，特定の宗教的な信念に対するさまざまな異議が決定的でないのは，自然に関する非宗教的な信念に対しても同様な異議を唱えうるからである．蓋然性の秤は，その命題が実質的な重要性をもつ自然宗教と啓示宗教の両方の真実性を指し示している．

## 宗教放送
broadcasting, religious

宗教を扱うラジオ番組を伝えるために電子メディアを用いることは，1920年代の正規の放送の開始より先であった．1912年に，R. E. フェセンデン（Fessenden）はアメリカ東岸沖の船にクリスマスイブの礼拝を伝えた．正規の放送が大西洋の両側で開始したとき，宗教にとっての将来性が認識されたが，その背景・管理・内容はアメリカとヨーロッパでは別々に発展した．

アメリカでは，最初の公認ラジオ局であるKDKAが1921年に礼拝を放送し，1924年に宗教的後援で開業した最初のラジオ局であるKFUO（'keep forward, upward, onward'「前進・上昇・向上せよ」）が放送を開始した．1927年に，連邦ラジオ委員会が設置され，認可政策は厳しいものとなり，教会所有のラジオ局の数は減少した．主要なラジオのネットワークが設立されたとき，その伝える宗教放送は「主流派の」キリスト教のものであった．福音主義のプロテスタント諸教派は商業的ラジオ局から時間帯を購入し，多くの聴取者に気に入り資金を募るような番組の作成法を学んだ．商業的ラジオ局がほとんどなかったヨーロッパでは，ラジオをつうじての改宗法は禁じられたか賛成されなかったが，宗教放送はその勢いを増した．オランダ*は公共放送の均衡のとれた組織をつくることで宗教間の相違を認め，宗教に基づく4つの礼拝（2つのプロテスタントと2つのカトリックの礼拝）を放送した．イギリスでは，キリスト教には放送における特定の地位が付与され，1922年に開業したイギリス放送協会（BBC）は，1923年に日曜日委員会を設置した．中央宗教諮問委員会の設置は，アングリカンと非国教徒だけでなく，カトリック信徒も参加していた点で重要であって，日曜日だけでなく平日も放送を監視した．イタリアでは，カトリック教会が強力で，1944年以前には国営ラジオでプロテスタントの宗教放送はまったく行われなかった．

アメリカでは，宗教的メッセージを放送したラジオでの名士たちはテレビ放送に移った．彼らの多くは宗教的なだけでなく政治的な論争にも関わるようになった．1950年に，ビリー・グラハム*の「決断の時」は初めて大手のネットワークでテレビ放送されたが，ますますアメリカだけでなく国際的でもある市場だと考えられるようになったもので優勢だったのは，有料の福音主義的放送であった．最もよく知られたカトリックの放送説教者は尊者 F. J. シーン*で，彼の「人生の生き甲斐」(Life is Worth Living) を後援したのはテキサコ（Texaco）社であった．ヨーロッパの諸国でも，テレビの登場は宗教放送の機会をもたらし，フランスでは1948年のクリスマスイブに，カトリックのミサの最初のテレビ放送が行われた．

BBCによる宗教放送はテレビでもラジオでも一般に「主流派」中心であったが，1954年に「民衆の宗教番組」がテレビに取り入れられた．1955年に商業的テレビ局間の競争が起こるとともに，企画の数も増えた．1970年代以降，フォーラムとしての宗教放送にいっそう重点が置かれ，いかなる教会にも属さない人たちの宗教的関心に応じる試みがなされてきている．

## 『宗教法令』
Organic Articles（1802年）

フランスにおける公の礼拝および教会と国家間の関係を規制した，ナポレオンの規定.

## 重婚
bigamy

(1)「最初の」結婚の解消が公表されていないのに，その「最初の」夫か妻がまだ生きている人がする「第2の結婚」.(2) 古い用法で，この語は最初の結婚の配偶者が死んだ後の第2の結婚を表す. ➡再婚

## 十字架刑（磔刑）
crucifixion

十字架に釘付けないし縛ることによる処刑法. 奴隷に対する極刑として，ローマ人のあいだでさかんに用いられたが，ローマ市民であることが証明されない人にも科されたようである．2人の強盗にはさまれたキリストの十字架刑はすべての福音書記者*によって記録されている（マタ27:35-38，マコ15:24-27，ルカ23:33，ヨハ19:18).

## 十字架修道会
crutched friars（fratres cruciferi）

いくつかの修道会に付けられた総称で，そのほとんどは修道祭式者会*であるが，歴史ははっきりしない. 名称の由来は，十字架を手に持っていたり，会服の前面に縫い込んでいたからである. セルのテオドール（Theodore of Celles）により1210年頃にフランデレン（フランドル）で創立されたそのような修道会は近隣諸国に広がった. フランス革命でほとんど消滅したが，その後一部が再興した.

## 十字架像（磔刑像）
crucifix

十字架につけられた主（イエス）の像をもった十字架像. 私的・公的な信心の対象として，カトリック信徒のあいだで広く用いられている. 宗教改革後の英国教会では，19世紀以前にはまれであった. ルター派*は十字架像を習慣的に用いる唯一のプロテスタントの教派である. 東方教会では，それは平板な像であるイコン*に置き換わっている.

## 十字架のしるし
sign of the Cross

初期から「十字架のしるし」は，日常生活における行動を聖別するために，誘惑や試練における励ましとして，また迫害時の相互の認識手段として用いられてきた. 洗礼*や堅信*の際も用いられ，その慣行は人々や事物の祝福*へと拡大された. 現在は，右手を額から胸へ，次いで肩から肩へと動かし，中央へ戻る形でなされる.

## 十字架の神学
*theologia crucis*

（ラテン語で「十字架の神学」の意.）神の存在に対する我々の知識は，キリストを御自身の謙卑において，また御自身が十字架上で受けた苦難において学ぶことに由来しなければならないという神学的な原則に対して，M. ルター*が付けた名称. 彼がそれを対比させた「栄光の神学」（*theologia gloriae*）は，神の真の知識が自然の学びから得られうると主張する.

## 十字架の崇敬
Veneration of the Cross（Creeping to the Cross）

ラテン式典礼での聖金曜日*の儀式を指し，聖職者と会衆が通常は聖堂の入口で十字架を厳かに崇敬する.

## 十字架の7つの言葉
seven Words from the Cross

キリストが十字架上で語ったと，諸福音書が記録する7つの言葉. それらは (1)「父よ，彼らをお赦しください. 自分が何をしているのか知らないのです」（ルカ23:34)，(2)「あなたは今日わたしと一緒に楽園にいる」（ルカ23:43)，(3)「婦人よ，御覧なさい. あなたの子です」「見なさい. あなたの母です」（ヨハ19:26-27)，(4)「わが神，

わが神，なぜわたしをお見捨てになったのですか」（マタ27:46），(5)「渇く」（ヨハ19:28），(6)「成し遂げられた」（ヨハ19:30），(7)「父よ，わたしの霊を御手にゆだねます」（ルカ23:46）である．

## 十字架の道行き（留）
Stations of the Cross

ピラト*の官邸から埋葬に至る，キリストの最後の旅における出来事を描く14の絵画ないし彫刻．通例，聖堂の壁間にかかげられている．順にその留の前に止まって，祈りを唱え，それぞれの出来事について黙想するのが信心としてさかんである．

## 『十字架の夢』
*Dream of the Rood, The*

十字架刑*のあいだの聖十字架の感情を表現する古英語の詩．詩の年代と起原と同様に，作者についても何も知られていないが，以前はキネウルフ*に帰されていた．そのうちの15行は８世紀の「リズルの十字架」（Ruthwell Cross）に刻まれている．

## 十字架のヨハネ
➡フアン・デ・ラ・クルス

## 十字軍
Crusades

教皇に是認された聖戦（holy wars）で，もともと聖地*をイスラーム*から奪還するために戦われたが，その後に対象とされたのは，（特にスペインや東ヨーロッパにおける）他の不信者，（特に13世紀のラングドックのアルビ派*，15世紀のボヘミアのフス*派，1588年におけるイングランドのエリザベス１世*のような）異端者，（特に皇帝フリードリヒ２世*とそのギベリン党の後継者のような）教皇職に対するさまざまな政治的敵対者であった．15世紀以降，十字軍は主としてオスマン帝国に対して向けられた．十字軍兵士（crusaders）には，免償*および死んだ場合は殉教者*の地位が与えられた．

十字軍の歴史は，以下の４期に区分されよう．

(1) 1095-1187年．ビザンティン皇帝アレクシオス１世の要請で，「第１回十字軍」は1095年のクレルモン教会会議*でウルバヌス２世*により布告され，東方のキリスト教徒をトルコ人から守り，エルサレム*と聖墳墓*をムスリムの支配から回復することを意図していた．いくつかの軍団が出発した．アンティオキア*は1098年に，エルサレムは1099年に占領された．ゴドフロワ・ド・ブイヨン*がエルサレムのラテン人の初代統治者に任命されたが，1100年に弟のボードゥアンが後を継いで初代国王になった．1109年までにレヴァント地方に成立した４つのラテン人国家は，アンティオキア公国，エデッサ*伯国，トリポリ伯国，最大のエルサレム王国であった．1144年のエデッサ陥落は1145-49年の「第２回十字軍」を誘発した．クレルヴォーの聖ベルナルドゥス*が説き，フランス王ルイ７世とドイツ王コンラート３世が率いた同十字軍は，ダマスコ*での屈辱的な敗北に終わった．1160年代以降，ラテン人は近隣のスンニ派のムスリムからますます圧迫されるようになった．1187年に，サラーフ・アッディーンはハッティンで王国軍を敗り，エルサレムを再征服した．

(2) 1187-1291年．イングランド王リチャード１世，フランス王フィリップ２世，皇帝フリードリ１世*が関わった1189-92年の「第３回十字軍」はラテン人による海岸地域の支配を回復したが，エルサレムの再征服には失敗した．一連の13世紀の十字軍は悪化した．1202-04年の「第４回十字軍」は，コンスタンティノポリス*へと進路を変えた．アッシジの聖フランチェスコ*が関わった1213-21年の「第５回十字軍」およびフランス王聖ルイ９世*が率いた1248-54年の「第７回十字軍」はともに，ナイル川のデルタで敗れた．破門されていた皇帝フリードリド２世が率いた1228-29年の「第６回十字軍」だけは交渉によって一時的にエルサレムをどうにか回復した．1291年までに，エジプトのマムルーク朝の支配者は主要なレヴァント地方のラテン人の領土すべてを征服してしまったが，この時期をつうじて十字軍への参加（Crusading）は極めて組織的で盛んであり，特に自国の近くの異端者や不信者に向けられたときはそうであった．1209–55年のアルビジョワ十字軍（➡アルビ派）は，東方での十字軍と同様に十分な支持を受けた．

（3）1291–1798年．1291年以降も16世紀まで，十字軍への参加は威信ある行為として盛んであり続けた．エルサレムを回復する計画は依然なされたが，実際の努力が集中したのは，（ドイツ騎士団*が率いた）バルト海およびオスマン・トルコの興隆との戦いに対してであり，後者で指導的な役割を果たしたのはヨハネ騎士団*および16世紀にはスペインとオーストリアのハプスブルク家の支配者であった．十字軍思想はポルトガルとスペインによる大洋への拡張を動機づけるのに役立ち，イングランドに対するスペインの無敵艦隊は1588年に依然として十字軍と宣言され，ヨハネ騎士団は1798年までマルタからトルコ人に対する十字軍に従事し続けたが，宗教改革後のキリスト教界が教派的に分裂したために，十字軍への参加は徐々に魅力と実際的な効用を失った．

（4）1798年から現代まで．「クルセード」「クルセーダー」（Crusades, Crusaders）の肯定的な概念が復興中世的なロマン主義と帝国主義という文脈において西方で再現し，このことはビリー・グラハム*のような福音派*のキリスト教徒によるこれらの語の使用を容易にし，またイスラーム世界に対する極度に否定的な反応を惹起した．➡少年十字軍，戦争へのキリスト教徒の態度，テンプル騎士団

## 修室

➡セル

## 週日
feria

古典ラテン語ではこの語は「祝日」や「休日」を意味するが，教会用語では祝日でない（土曜日と主日以外の）日を指す．

## 週日用応答祈願
preces feriales

（ラテン語で「週日の祈り」の意．）「キリエ・エレイソン」*，「主の祈り」*，唱句*と答唱*からなる一連の短い祈りで，西方教会の聖務日課*において（祝日でない）週日に唱えることになっている．

## 自由主義
liberalism

頑迷さから自由になり，改革を求める新しい理念や提案を進んで歓迎する一般的な傾向で，神学的文脈ではさまざまな意味合いがある．19世紀にカトリック教会内で独自のグループを形成した「自由主義的カトリック」（Liberal Catholics）は，神学的には概して正統的であったが，政治的民主主義と教会改革を支持した．他方，「自由主義的プロテスタンティズム」は，キリスト教信仰の反教義的・人道主義的な再構築に発展し，かつてほぼすべてのプロテスタント教会で支持されたように思われた．「自由主義」という言葉はまた時に，聖書的・教義的な正統信仰と一致しない，世俗的な人文主義への信仰を指す．

## 自由主義的福音主義
Liberal Evangelicalism

福音主義*のリバイバルとの精神的共通点を維持しながら，古来の真理を近代思想とより一致すると思われる用語で言い換えることに関心をもつ，英国教会内の人たちの見解．➡アングリカン福音主義グループ運動

## 従順（服従）
obedience

人に法的な上長の意志を実行する気にさせる道徳的美点．絶対的な従順は神のみに示されるが，人間への従順は権威の範囲や良心の要求により限定される．従順は修道者*が立てる誓願*の一つである．

## 就寝前の祈り

➡終課

### 自由精神の兄弟団
Brethren of the Free Spirit

神との完全な一致を達成することによって，伝統的な道徳律からまったく自由になりうると確信していた人たち．彼らは1270年代にアウクスブルク付近で聖アルベルトゥス・マグヌス*により初めて確認された．この異端信仰はベギン*の一派と合流するに至った．

### 修族
➡単式誓願修道会

### 充足
➡償罪

### 従属説
subordinationism

御子が御父に従属すると見なしたり，聖霊が御子と御父に従属すると見なす，神（Godhead）に関する教え．従属説は最初の3世紀間の多くの教えにおいて特徴的な傾向であったが，4世紀中に確立された正統信仰の規範により，異端的と見なされるようになった．この問題は，アレイオス*主義との論争に続いてプネウマトマコイ*との論争で扱われた．

### 集団司牧制
group ministry

英国教会において，多数の近隣の教会区*は集団をつくり，おのおのの聖職禄*の所有者（管理司祭*）は，自らの聖職禄を管理する以外に，集団内の他の聖職禄の管理司祭を補助する法的な権威をもつ．➡共同司牧制

### 修道院
monastery

修道士*ないし修道女*の共同体の家．

### 修道院衣食住係
cellarer

中世の修道院における役職の一つ．彼は食料品が手元に十分あるかどうか調べる責任者であったが，実際には通常，外部の商人との修道院のほぼすべての取引を任されていた．

### 修道院看護係
infirmarian

修道院において，その施療所を管理する人．

### 修道院管理役員
obedientiary

修道院内の永続的な役員のことで，ほぼ廃語となった．

### 修道院暖炉室
calefactory

中世の修道院のこの部屋には，修道士のために炉火が灯され続けていた．この語は現在は修道院内の共同の休憩室を指す．

### 修道院の解散
Dissolution of the Monasteries

13世紀以降の修道院改革にもかかわらず，修道院の財産および疑いもない堕落の事例のために，修道院は批判を受けることになった．しかしながら，ヘンリー8世*によるその完全な解散は主に財産を獲得するためであった．1535年の「修道院解散法」（The Suppression of Religious Houses Act, 1536年に可決）は，収入が毎年200ポンド以下のすべての修道院の解散を命じ，およそ250が含まれた．修道院への人気が一因となった1536–37年の「恩寵の巡礼」*の鎮圧後，国王の代理人は残りの男女の修道院を解散させるために国内を巡察した．残りの托鉢修道院（friaries）は1538年に解散した．1539年の「修道院解散法」は，譲渡されたないしされるべきすべての修道院を国王に与えることでその過程を完成させ，最後の修道院は1540年に譲渡された．托鉢修道士*を除いて，大多数の修道士*には年金が支給された．解散による収益の大部分は国王から貴族やジェントリーに渡ったが，その一部は6つの主教区*の新設に用いられた．

### 修道院の日々のミサ
Conventual Mass

聖務日課*が公に朗誦される，修道院で歌われる（時に唱えられる）公のミサ．

### 修道院用聖務日課書
Monastic Breviary

『ベネディクトゥス会則』*を遵守する修道士*および修道女*により以前に用いられた聖務日課書*．1977年の『修道院用時課の典礼書』（*Thesaurus Liturgiae Monasticae Horarum*）に定められた，選択的な４つの聖務日課*に置き換わった．

### 修道会総会（総会議）
General Chapter

現在，「奉献生活の会」*と称される修道会や修族*の長や代表者による，教会法に基づく会議．➡総会長

### 修道祭式者会（律修参事会）
canons regular（regular canons）

11世紀に始まった修道会会則を守るカノン*(祭式者）の団体．12世紀には一般に『アウグスティヌス会則』*を採用したので，「アウグスチノ修道祭式者会」*と呼ばれるようになった．

### 修道士
monk

この語はふつう，貞潔・清貧・従順の誓願を立てて生活する「修道者」*である男子共同体員を指すが，その本来の用法は隠修士*ないし修道院共同体員に限定され，彼らの主要な務めは，修道院*内で神を賛美することである．➡修道制，奉献生活の会

### 修道志願者
postulant

修練者*に迎えられる前に，修道会への志願者として予備的段階にある人．➡準修道志願者

### 修道司祭（律修者）
regular

修道誓願*を立て，会則を守りながら，共同生活を送るカトリックの聖職者の通称．在俗司祭*，すなわち世俗で生活する司祭と区別される．

### 修道者
religious

「奉献生活の会」*の会員の正式名称．修道者は従順，貞潔，清貧という福音的勧告*を守り，共同生活をする公の誓願*を立てねばならない．➡修道士

### 修道女
nun

一般的な用法で，清貧・貞潔・従順の誓願*のもとで生活する，女性の宗教的共同体の一員を指す．カトリックの教会法においてこの語は，部外者がふつう入ることを許されず，会員がまれにしか離れることを許されない修道院に生活する，禁域*制の修道会（enclosed orders）の会員に限定される．

### 修道制
monasticism

キリスト教修道制は，禁欲主義*と祈り*の生活により，キリストをつうじて神を求める願いに動機づけられている．キリスト教徒の修道士*や修道女*は自ら，永続的な基礎にたって修道生活（monastic life）を送るように神から個人的な召命を受けていると信じている．修道生活の２つの主要な形態は，隠修士*的生活と共住修道士*的生活である．修道生活には，独身制*およびこの世からのある程度の隠遁が伴い，それには私有財産の放棄が含まれる．祈り，読書，労働が修道士や修道女の日々の生活の基礎をなす．彼らの主要な務めは，修道院*の域内で神を賛美することであり，共住型修道制では，典礼と特に聖務日課*が修道院の祈りにおいて中心的な役割を果たすようになった．修道院での労働にはどんな形もありうるが，伝統的に農耕，学問，教えることが含まれる．

修道制の起原はおそらく，初期の教会の禁欲主義的運動にある．4世紀になって（「砂漠の師父」[Desert Fathers] のあいだでの）エジプトにおける修道制の発展は特に重要であった．聖アントニオス*と聖パコミオス*はそれぞれ，隠修士的（eremitical）生活と共住修道士的（coenobitical）生活の先駆者と見なされている．シリア，パレスチナ，小アジアにも，修道制が急速に発展した．西方では，東方の修道院的伝統はその文献が5世紀に知られるようになるにつれて重要になった．J. カッシアヌス*や『レグラ・マギストリ』*の影響を受けた聖ベネディクトゥス*は，6世紀前半に共住型修道院のために『ベネディクトゥス会則』*を書いた．9世紀までに，同会則は西ヨーロッパで主要なものとなった（➡ベネディクト会）．中世後期の西方で始まった（修道祭式者会*や托鉢修道会*のような）新しい形式の信仰生活は，その制度の多くを修道制から取り入れた．16世紀には，修道生活はプロテスタント諸教会において消滅したが，カトリック諸国ではフランス革命やナポレオン戦争まで持続した．19世紀半ばには，多くのヨーロッパ諸国で復興が起こり，修道制は北アメリカやオーストラリア*に広がった．20世紀には，アフリカ，アジア，南アメリカに定着し始めた．

修道制はまたビザンティン帝国でもさかえた．キリスト教とともにスラヴ諸国にも広まり，11世紀にはキエフに修道院が存在し，14世紀にはモスクワ近辺で修道生活がさかえた．ロシアの修道制の19世紀における復興は1917年まで持続した．正教会の修道制における特別な位置を占めているのはアトス山*で，あらゆる正教会出身の修道士がいる．➡アングリカニズムにおける修道会，カルトゥジア会，クリュニー会，シトー会

## 修道誓願（しゅうどうせいがん）

profession, religious

「修道者*の生活」（religious life）に固有な，清貧，貞潔，従順という3つの福音的な勧告（➡完徳の勧告）に従うことを明示的ないし暗示的に約束する，公の誓願*を立てること．

## 修道聖職者会（しゅうどうせいしょくしゃかい）（律修聖職者会（りっしゅうせいしょくしゃかい））

clerks regular（regular clerks）

宗教的誓願を立てて，共同で生活し活発な司牧活動を行う，カトリックの聖職者のある団体に付けられた名称．このような修道聖職者会は，秩序ある規律に鼓舞されて活動を遂行しようとする，さまざまな聖職者の団体の努力をとおして，16世紀に生まれた．これに含まれるのは，テアティニ修道会*（1524年），バルナバ修道会*（1530年），イエズス会*（1534年）がある．

## 修道服（しゅうどうふく）

habit（religious dress）

修道生活を外面的に明らかに示すしるし．修道服を着用したのは古い修道会の会員（修道士，托鉢修道士，修道女）で，通常はトゥニカ（上着），帯ないしガードル*，スカプラリオ*，頭巾（男性），ヴェール*（女性），外套からなる．現代では，修道会により思い切った変化がみられる．

## シュヴトーニュ

Chevetogne

1939年以降ベルギーのシュヴトーニュにあるベネディクト会*修道院は，ベネディクト会がキリスト教の一致のために祈るようにというピウス11世*の要請に応えてL. ボーデュアン*により1925年にアメー・シュル・ムーズ（Amay-sur-Meuse）に創設された．この修道院はカトリック教会と他の諸教会間のより密接な関係を回復しようと努め，ラテンと東方の2つのグループに分かれ，前者は西方典礼，後者は東方（ギリシアとスラヴ）典礼を守っている．

## 「12箇条（かじょう）」

Twelve Articles

1525年にメミンゲン（Memmingen）で採択された農民戦争*の主要な綱領．農民の要求に含まれていたのは，彼ら自身の牧師を任命する権利，10分の1税*の管理，農奴制の廃止であった．M. ルター*は同箇条に同意を表明したが，反乱によりこれらの目的を達成する試みには反対した．

## 『12使徒の教訓』

➡『ディダケー』

## 『12族長の遺訓』

Testaments of the Twelve Patriarchs

偽典*的な文書で，ヤコブ*の12人の息子がそれぞれ死の床で子孫に与えた使信を記したとしている．その著作の起原がキリスト教的なのかユダヤ教的なのか明らかでない（後者の場合，明白にキリスト教的な章句は改竄として説明される）．もしユダヤ教の文書ならば，おそらく前2世紀に由来し，キリスト教の文書ならば，後200年頃に由来しよう．

## 12大祝日

Twelve Great Feasts, the

東方教会において，典礼暦に以下の12の主要な祝日がある．すなわち，公現祭*（1月6日），「キリストの神殿での奉献」*（2月2日），「聖母マリアへのお告げの祝日」*（3月25日），「枝の主日」*，「昇天日」（➡キリストの昇天），聖霊降臨*，変容*（8月6日），「聖母マリアの眠り」*（8月15日），「聖母マリアの誕生の祝日」*（9月8日），「聖十字架の称賛」*（9月14日），「聖母マリアの奉献」*（11月21日），降誕祭*（12月25日）である．復活祭*は特別な祝日として扱われる．

## 12夜

Twelfth Night

通常，クリスマス*後の12日節（Twelfth Day）の前夜（すなわち1月5日）を指すが，時に12日節（すなわち1月6日）当日に祝われる．以前は，施しを行う時季として守られた．

## 『収入台帳』

*Liber Censuum*

ローマ教会の正式の登記簿で，修道院，教会，都市，王国のような組織から聖座*に払われる税（census）を記録していた．この台帳はチェンチオ・セヴェッリ（Cencio Sevelli，のちのホノリウス3世*）により編纂された．

## 10年紛争

Ten Years' Conflict

スコットランド*教会における争いで，「スコットランド教会分裂」*で頂点に達した．信徒の聖職禄授与権（patronage）はスコットランドでは長く不満の種であり，1834年に大会*は，聖職禄授与権者（patron）による被推挙者（presentee）が「家族の家長たち」の過半数から否認された場合，プレスビテリ*がその被推挙者を拒否する義務を定めた拒否権法（Veto Act）を可決した．失望した聖職禄授与権者と被推挙者はエディンバラの最高民事裁判所，最後は上院にまで上訴し，両機関は拒否権法を権限外（*ultra vires*）と宣告した．T.チャーマーズ*に率いられた「侵入拒否者」（Non-intrusionists）は，国家関係がもはや宗教問題には存在しないと結論し，1843年に教会の3分の1以上のミニスター*が分離して，スコットランド自由教会*を形成した．

## 10部族

Ten Tribes, the

前930年頃のソロモン*の没後，ヘブライの12部族中の10部族はイスラエル王国を形成するために分離し，2部族がユダ王国を形成した．イスラエルが721年頃にアッシリア軍に征服されたとき，住民の多くはアッシリアへ移住させられた（王下17:1-6）．

## 10分の1税

tithes

全収穫物と全収益の10分の1を神に対して，したがって教会に対してその職務の維持のために献げること．10分の1税の支払いは旧約聖書で命じられているが（レビ27:30-32），しかしながら新約聖書では暗示されているだけで（マタ5:17-19），新約聖書はむしろ自発的な施しを強調している（たとえば，IIコリ9:6-7）．初期の教会は献金（offerings）に依存していた．4世紀に，土地の収穫物の10分の1を納めることは，キリスト教徒の義務であると説かれ始め，続く数世紀間で，このことは徐々に定着した．イングランドでは，930年頃に国王アセルスタン*の法令により法的に強制された．10分の1税はかつては司教，聖職者，教会堂の維持，貧者の救済のあいだで教会法に基づいて分配されたが，やがてその配分は収納した聖職者に任された．当初，土地の所有者は自らの好む聖職者に10分の1税を納めえたが，教会区*制の発展につれて，各教会区の10分の1税はそれ自体の「教会区主任司祭」*に割り当てられることになった．

イングランドでは，1836年以降のさまざまな法令の結果として，10分の1税の支払いは1988年に廃止された．スコットランドでは，（'teinds'と呼ばれた）10分の1税は1925年まで徴収され，アイルランドでは，1871年に廃止された．アメリカでは法的に徴収されたことはない．

10分の1税に対する権利に由来する，英国教会内の主任司祭*と主任代行司祭*間の区別については，両司祭の項参照．

## 周歩廊（しゅうほろう）
ambulatory

ノルマン様式のいくつかの教会堂で，内陣のアプシス*が連続した側廊*で囲まれたときに設けられた通路．

## 終末論（しゅうまつろん）
eschatology

「最後の出来事」（the last things），すなわち個人の霊魂および被造世界の最終的な運命に関する教説．初期の教会で期待された世界の終末が起こらなかったので，それは大部分のキリスト教神学にとり重要でないものとなった．その概念は徐々に個別化され，「四終」（Four Last Things，すなわち死，審判，天国*，地獄*）が待降節*の説教の主題を形成した．19世紀における初期のユダヤ教黙示文学*の発見は，聖書中の終末論的な素材を注目させた．より明確にJ. ヴァイス*が1892年に主張したのは，キリスト御自身が何よりも神の最終的な介入について語ったということであった．A. シュヴァイツァー*はキリストの教えにおける終末論的な要素の中心性という見解を広めた．その評価は今も議論の的になっている（➡イエス・キリスト）．C. H. ドッド*はキリストの教えを「実現された終末論」（realized eschatology）と説明して，「神の国」*という言葉における未来的な要素を排除した．K. バルト*は聖書の終末論を永遠の存在の点から，またR. ブルトマン*は人間の実存の点から再解釈し，2人ともその未来的な視点を消し去っている．この未来的な視点を再発見したのは，J. モルトマン*や「解放の神学」*者たちであって，現代の聖書学やマルクス主義研究にも依拠している．➡パルーシア

## 終油（しゅうゆ）
➡塗油

## 修養会（しゅうようかい）
➡黙想会

## 14日派（かは）
Quartodecimanism

復活祭*を週のどの日であろうとニサン*月14日（ユダヤ教の過越祭*の日）に守る慣行．その伝統は小アジアに根ざしていた．スミルナ*主教聖ポリュカルポス*が155年頃にローマを訪れたとき，教皇（司教）アニケトゥス（Anicetus）は自らの慣行を変えることを拒否したが，ポリュカルポスが自らの慣行に従い続けることには疑念をはさまなかった．より厳格な方針をとったヴィクトル1世*（在位189-98年）は，14日派を抑圧しようとした．14日派はのちに別の教会を組織して，5世紀まで存続した．

## 修練者（しゅうれんしゃ）（修練士（しゅうれんし））
novice

修道院共同体の見習い中のメンバー．修練者は上長の権威のもとにあり，修道服を着て，会則に従う．修練者は教会からの罰を受けることなくいつでも去ることができる．

## ジューエル
Jewel, John（1522-71）

1560年からソールズベリー*主教．改革派の知

的な指導者の一人であった彼は，メアリ1世*の治下，大陸に逃れた．聖別後，彼はカトリックとピューリタン双方に対して，アングリカン的解決の強固な支持者となった．英国教会を擁護した，1562年の有名な著作『英国教会の弁明』(*Apologia Ecclesiae Anglicanae*) において論じられているのは，全般的な宗教改革が必要であったこと，トリエント公会議*のような集まりによる改革が不可能なこと，地方の諸教会が地方教会会議をとおして法律を制定する権利をもつことである．

## 主教（しゅきょう）
➡司教

## 主教区（しゅきょうく）
➡司教区

## 主教空位期委員会（しゅきょうくういきいいんかい）
Vacancy-in-See Committee

英国教会における主教区が空位になったとき，その主教区の主教空位期委員会は，主教区の必要事項を起草し，可能性のある候補者たちを吟味し，最高人事検討委員会*に出席する6人の代表を選出する．

## 主教座聖堂（しゅきょうざせいどう）
➡司教座聖堂

## 主教座聖堂準参事会員（しゅきょうざせいどうじゅんさんじかいいん）
minor canon

日々の礼拝の補助のために，主教座聖堂*や共住聖職者教会*に属する聖職者 (cleric)．➡カノン

## 主教座聖堂名誉参事会員（しゅきょうざせいどうめいよさんじかいいん）
prebendary

(現在はふつう名誉的な) 主教座聖堂*の聖職禄*保有者を指す称号．中世において，たいていの修道院でない司教座聖堂の財産は，「聖職禄を生む土地」(prebends) と呼ばれた個々の部分に分けられ，そのおのおのが参事会*の各員の扶養に当てられ，その保有者はこの英語名で呼ばれるようになった．

## 主教制（しゅきょうせい）
➡司教制

## 主教聖書（しゅきょうせいしょ）
➡ビショップ・バイブル

## 主教選挙勅許書（しゅきょうせんきょちょっきょしょ）
➡コンジェ・デリレ

## 主教戦争（しゅきょうせんそう）
Bishops' Wars

1639年と1640年にスコットランドで戦われた2度の短い戦争．チャールズ1世*がスコットランドに『祈禱書』*の使用を強要しようとしたので，スコットランド人は主教制を廃止するという明確な目的をもって反乱を起こした．

## 主教代理（しゅきょうだいり）
surrogate

教会用語で，結婚予告*なしに結婚許可証*を交付するために，主教により代理として任命された人．

## 『主教の書』（しゅきょうのしょ）
Bishops' Book (1537年)

『キリスト者の教育』(Institution of a Christen Man) と題された本書は，イングランドの主教と聖職者の委員会により編集された．信条*，秘跡*，十戒*，「主の祈り」*，アヴェ・マリア*を説明し，英国教会とカトリック教会のあいだで議論されたさまざまな問題を扱っている．➡『国王の書』，「10箇条」

## 祝日（教会の）（しゅくじつ（きょうかいの））
feasts, ecclesiastical

以下の主要な3つに分けられる．

(1) 主日*．キリストの復活を毎週記念する日．

(2) 移動祝日*．最も重要なのは，キリストの復活を毎年記念する復活祭*および「聖霊降臨の

主日」*である．他のいくつかの祝日は復活祭の日付とともに変わる．

(3) 固定祝日（Immovable Feasts）．最も早いのは，おそらく殉教者*の毎年の記念日であって，それに他の聖人の祝日がのちに付け加わった．4世紀には，さまざまな主イエスの固定祝日，特にクリスマス*と公現祭*が一般に守られるようになった．➡記念日，祭日，典礼暦，フェストゥム，守るべき祝日

## 祝日の記念祈禱（しゅくじつのきねんきとう）
commemoration

西方教会の典礼において，2つの祝日*が同日に重なったとき，最近まで下級の祝日は，祝っている（上級の）祝日に対応している祈禱のあとで，その祈禱のいくつかを含めることで「記念」された．➡祝日の競合

## 祝日の競合（しゅくじつのきょうごう）
occurrence

教会暦において，2つの祝日*（ないし他の「祝日の記念祈禱」*）が同日に重なること，たとえば降誕祭*と主日*の場合．西方教会では，そのようなときは上級の祝日が守られる．➡祝日の連続

## 祝日の連続（しゅくじつのれんぞく）
concurrence

守るべき教会の祝日や祭日などが連続し，その結果として，第2晩課*ないし第1晩課の晩禱*が第1晩課*ないし第2晩課の晩禱と重なってしまうこと．祭日*の晩を除いて，1971年に第1晩課が廃止された結果，かつて存在した複雑な規則は削除された．『共同礼拝』では，第1晩禱をもつどんな「祝祭日」でも選択できる．➡祝日の競合

## 祝福（しゅくふく）
blessing（benediction）

神の恵みを厳然と表明すること．人々や事物への祝福は旧約聖書*に記録されている．キリスト教の慣行では，祝福が頻繁になされるのは，典礼，特にパンとぶどう酒を聖別する際の祝福においてである（マタ26:26-27がそうである）．多くの場合，あらゆる礼拝を祝福をもって閉じるのが現在の慣行であり，それはしばしば祭壇でなされる（祝禱）．1984年の『ローマ儀式書』*における祝福の部分は，人間や物体に対する祝福のさまざまな形を定めている．これらの祝福は真の礼拝であり，聖書の朗読と「取り次ぎの祈り」*を含む．

## 祝福儀式書（しゅくふくぎしきしょ）
Benedictional

西方教会において，以前に司教によって用いられた祝福のいくつかの祈りを含む典礼書．

## 守護聖人（しゅごせいじん）
patron saint

特定の場所，人物，組織に関して，天において特別に執り成し*や弁護をする存在として選ばれた聖人．教会堂に対して守護聖人を定める習慣は，殉教者の墓所の上に教会堂を建てた慣行に由来する．➡聖人崇敬

## 守護天使（しゅごてんし）
guardian angels

天使*が神により各自の肉体と霊魂を守護するために任じられるという信仰は，異教やユダヤ教世界にも共通していたが，旧約聖書において明確には述べられていない．新約聖書において，この信仰は使徒言行録12:15に反映しており，子どもに関して，主（イエス）により是認されている（マタ18:10）．この信仰は一般に教父により受け入れられたが，初めて明確に定義されたのは，12世紀のオータンのホノリウス*による．彼の考えでは，おのおのの霊魂は肉体に導入される瞬間に天使に任される．守護天使の働きは肉体と霊魂の保護および神に祈りをとどけることである（黙8:3-4）．祝日は10月2日．

## 首座主教（首席大司教）（しゅざしゅきょう（しゅせきだいしきょう））
Primate

「第1位の（first）主教座」にある主教に対する称号で，通常はある1つの国ないし住民の主たる

(chief) 主教である．カンタベリー*大主教は「全イングランドの首座主教」，ヨーク*大主教は「イングランドの首座主教」である．

## シュジェール
Suger（1081頃-1151）

1122年からサン・ドニ*大修道長．低い階級の出身ながら，生涯の大半にわたりフランス王の有力な助言者であった．第2回十字軍*のためにルイ7世が不在であったとき，彼は摂政の一人であった．シュジェールによる『ルイ6世伝』は一級の史料である．彼がその建築の次第を記した，新しいサン・ドニ聖堂は，ゴシック建築の発展における重要な一歩であった．

## 主日（日曜日）
Sunday

日曜日は主にこの日のキリストの復活を記念して，ユダヤの安息日*(土曜日*）に置き換わった．すでに新約聖書時代に，聖パウロ*とトロアスのキリスト教徒は「パンを裂くために」週の初めの日に集まっており（使20:7)，ヨハネ黙示録（1:10）では，日曜日は「主の日」と呼ばれている．

休息の日としての日曜日の遵守は4世紀には教会の規定中に定められ始め，321年に，コンスタンティヌス*は都市居住者が日曜日に働くことを禁じたが，農場労働は許可した．6-13世紀に，教会の規定は厳しくなり，ミサへの出席さえ強制し，それは世俗の権威による厳しい罰則により補われた．13世紀以降，特免*が一般的になった．現行のカトリックの教会法によれば，信徒は通常，日曜日ないし前夜にミサに出席し，また「神にささげられる礼拝，主の日にふさわしい喜び，精神と肉体の当然の休養を妨げるような労働や仕事」を控えるべきである．

プロテスタント諸教会は当初，特別な日曜日の規定を導入しなかったが，日曜日の悪用は地域によっては反動を招き，安息日厳守主義*の発展につながった．19世紀には，日曜日はまだ深い信心の義務であったが，20世紀の生活の世俗化はその宗教的な遵守を低減させた．西方世界におけるレジャーの増加には，日曜日のレクリエーションと商業の活動への制限を撤廃する圧力が伴ってきた．

## 主日文字
Sunday letter

教会暦において，（1月1日をA，2日をBのように）順にその年の日に当てはめられた，AからGまでの7文字の中の1文字で，その年の主日*(日曜日）に当たる．

## シュジュギア
➡「対」

## 主席司祭
➡ディーン

## 首席司祭
archpriest

初期には，この称号は都市の司教が不在ないし空位の際に司教のもつ多くの典礼上や管理上の機能を果たした先任の司祭に与えられた．地方では，それは主日の聖餐を祝うために結合した複数の教会区*を主宰し，司教が以前に行っていた他の機能を果たした聖職者に与えられた．カトリック教会では，それは1598-1621年にイングランドに派遣された外国の神学校出身の在俗司祭の監督者に与えられた．「上訴人」*とG. ブラックウェル*のあいだの争いは「首席司祭論争」と呼ばれる．正教会では，それは名誉の称号として残っており，既婚の司祭が到達しうる最高の位である．

## 首席大司教
➡首座主教

## ジュゼッペ（コペルティーノの）(聖)
Joseph of Cupertino, St（1603-63）

フランシスコ会*の修道士．コペルティーノの貧しい大工の息子であった彼は，若いときにカプチン会*の信徒修道士になった．カプチン会が彼の扱いに困って追放したとき，コペルティーノに近いラ・グロテッラ（La Grotella）のコンベンツアル派*フランシスコ会が彼を第3会員*として受け入れた．彼は1628年に司祭に叙階された．残りの生涯において，彼はエクスタシス*を経験し，それに伴う空中浮揚で注目された．祝日は9月18日（1969年に削除）．

## シュタイナー

Steiner, Rudolf（1861-1925）

人智学*の創始者．1902年に，彼は神智学*協会ドイツ支部の指導者になったが，本部の東方支部を認めず，1913年に独立した支部として人智学協会を創始した．彼が意図したのは，普通人に固有の霊的な認識力を発展させ，物質主義により疎遠になっている霊的世界と接触させることであった．

## シュタイン（聖）

Stein, St Edith（1891-1942）

カルメル会*の修道女．ユダヤ人の彼女は，フッサールのもとで学び，現象学*研究で指導的な人物になった．1922年にカトリックになり，現象学をトマス主義*的な観点から解釈しようとした．彼女は1934年にカルメル会に入った．アウシュヴィッツのガス室でナチスにより殺害された．祝日は8月9日．

## シュタウピッツ

Staupitz, Johann von（1465頃-1524/25）

アウグスチノ隠修士会*員，M. ルター*の師．シュタウピッツはヴィッテンベルク*大学の創設に関わり，1502年に，神学部長兼聖書釈義教授になった．1503年に，彼はアウグスチノ隠修士会の改革された修族の総会長代理（Vicar General）に選出された．彼は予定*，選び*，義認*に関して新しい理解を展開した．これはシュタウピッツと同じ修道会に属し，彼を霊的指導者として見いだしていたルターに影響を及ぼした．シュタウピッツはルターにヴィッテンベルクで神学を学ぶように勧め，聖書釈義教授の後任として彼を指名した．免償*をめぐる論争が起こったとき，彼はルターを修道誓願から解き，仲裁を試みたが成功しなかった．シュタウピッツはその後，ベネディクト会*員になった．

## 首長令（国王至上法）

Supremacy, Acts of

1534年の国王至上法（The Supremacy of the Crown Act）はヘンリー8世*とその後継者に「英国教会の地上における唯一最高の首長（supreme head）」という称号を認めた．それはメアリ1世*の治下に廃止された．エリザベス1世*の1558年の首長令は翌年に可決され，「女王がこの王国の世俗ならびにあらゆる霊的ないし教会的事柄や問題における唯一最高の統治者（governor）」であると宣言した．

## 出エジプト記

Exodus, Book of

この旧約聖書*の文書は，「出エジプト」（すなわち，モーセ*が率いるイスラエル人のエジプト人の桎梏からの解放）およびシナイ*山での律法の授与に伴う出来事を記録している．その著者は伝統的にモーセに帰されてきた．現代の学者は本書をモーセより後代のものとしており，本書が編集されたもので，その資料層はおそらく前9-5世紀に書かれたと考える学者もいる．出エジプトの年代も議論が分かれているが，大多数の学者は前13世紀を支持している．その解放はユダヤ教の歴史をつうじて，選民に対する神の恩恵の顕著な事例と見なされてきた．キリスト教の著作家は過越*の比喩を，カルヴァリ*でのキリストの犠牲および聖餐*の犠牲と関係づけて用いた．現代では出エジプトは，アメリカ合衆国の黒人のキリスト教からラテン・アメリカの解放の神学者に至る，多くのグループにとって解放のシンボルとなっている．

## シュッツ

Schütz, Heinrich（1585-1672）

ドイツの作曲家．その残存する作品のほとんどはラテン語とドイツ語の両方のテキストでルター派*教会のために作曲された．彼は受難曲*で有名である．

## シュトゥルム
Sturm, Johannes (1507-89)

宗教改革者，教育者．M. ブツァー*の影響でプロテスタントになった彼は，1537年にパリからストラスブールに移った．ここで，彼は宗教改革を推進するのに積極的な役割を果たした．教育に対する彼の関心は，ストラスブールをヨーロッパにおける主要な教育の中心地の一つにするのに貢献した．

## シュトラウス
Strauss, David Friedrich (1808-74)

ドイツの神学者．1835年の有名な『イエスの生涯』(*Leben Jesu*) は「神話論」をイエスの生涯に適用した．同書は福音書中のすべての超自然的な要素の歴史的根拠を否定し，福音書はキリストの死と2世紀の福音書文学とのあいだに発展した，故意でなく創造された伝承(「神話」) に帰されている．原始キリスト教の発展はヘーゲル*的弁証法によって理解されうる．同書を書いたために，シュトラウスはテュービンゲンでの職を失ったが，同書はその後の福音書の批判的研究に深い影響を及ぼした．

## シュトリーゲル
Strigel, Victorinus (1524-69)

宗教改革時代の神学者. 1548年に, 彼は新設されたイェーナ大学の教授兼学長となった．ここで，M. フラキウス・イリリクス*の厳格なルター主義に反対して，シュトリーゲルはより穏健で宥和的な教理を説き，一種の神人協力説*を擁護した．

## シュトルヒ
Storch, Nicolas (1536年以後に没)

再洗礼派*．彼が「ツヴィッカウの預言者たち」*の指導者になったのは，T. ミュンツァー*が1520-21年に同市に滞在していたときであった．農民戦争*における反乱軍の敗北後，シュトルヒはフランケン北部の再洗礼派の指導者として現れた．1536年に，彼はツヴィッカウに戻ったといわれる．彼の教えは心霊主義的で，教会の間近の清めを期待する千年王国的なものであった．

## シュトロスマイエル
Strossmayer, Joseph Georg (1815-1905)

1850年から, クロアチア東部のジャコヴォ (Djakovo) のカトリック司教．彼は汎スラヴ主義を推進し，セルビア*とロシア*の正教会との合同のために尽力し，受益者の教派を無視して教育に多額の資金を費やした．1869-70年の第1ヴァティカン公会議*で，彼は教皇の不可謬性*の教理に反対し，折もあろうにプロテスタンティズムを擁護したために物議をかもした．

## シュナクサリオン
Synaxarion

(1) 東方教会において，早朝の礼拝 (オルトロス*) で読まれるように定められた聖人や祝日に関する短い記述．(2) これらの章句を含む書物 (「大シュナクサリオン」)．(3) 守るべき祝日をただ挙げただけの別の書物で，適切な聖書の朗読箇所が載せられている (「小シュナクサリオン」)．

## シュナクシス（集会（しゅうかい））
synaxis

公の礼拝のための集まり．東方教会において，この語は聖餐を含む．西方では初期には特に「典礼のない (aliturgical) シュナクシス」, すなわち聖餐式のない礼拝を指し，詩編，聖書朗読，祈りからなっていた．

## シュナプテ
Synapte

東方教会において，典礼などの礼拝で用いられる，連願*形式の祈り．

## 受難（じゅなん）（受苦（じゅく））
Passion, the

この語は主イエスの地上の生涯の最後の日々における，贖罪に関わる苦難 (redemptive suffering) と特にその十字架刑*をもっぱら指す．

**受難曲**
Passion, musical settings for the

4世紀末頃から，聖書の章句は教会堂で音調をつけて朗唱され，受難*に関する福音書の記述も聖週間*に同様に朗唱された．登場人物は初めは音の高低で区別され，遅くとも13世紀までには，3人かそれ以上の歌い手のあいだで記述を区分して際立たせた．15世紀以降，一部ないし全部が多声音楽（ポリフォニー）で組み立てられるようになった．17世紀末以降，叙情詩が説明部分で歌われ，あわせてコラールが会衆により歌われるようになり，楽器類も導入された．J. S. バッハ*はこのオラトリオ*風の受難曲で秀でている．重要な20世紀の受難曲には，1966年のクシシュトフ・ペンデレツキ（Krzystof Penderecki）の『ルカ受難曲』と1982年のアルヴォ・ペルト（Arvo Pärt）の『ヨハネ受難曲』がある．

**受難劇**
➡演劇，神秘劇

**受難週**
➡聖週間

**受難節**
Passiontide

伝統的に，「受難の主日」*から聖土曜日*までの四旬節*の最後の2週間．慣行としてこの期間中，教会堂内のすべての十字架像，絵画，像にヴェール*をかけ，グロリア・パトリ*を省いた．カトリック教会では「受難の主日」の名称が1969年に削除され，儀式は「枝の主日」*と結びついた．現在は，この期間全体に特有な儀式はなく，例外的に，ヴェール*の着用が認められ，ウェナンティウス・フォルトゥナトゥス*による聖務日課用聖歌*が用いられうる．➡聖週間（受難週）

**受難の主日**
Passion Sunday

伝統的に四旬節*第5主日の通称．カトリック教会では，この主日の特別な名称は1969年に削除され，「受難の主日」は通常，（四旬節第6主日である）「枝の主日」*（「主の受難の枝の主日」[Dominica in Palmis de Passione Domini]）を指す．➡受難節

**受難日**
➡聖金曜日

**受難物語集**
Passional

(1) 聖人の伝記や行伝からの章句集で，その祝日の朝課*で朗読される．(2) 4福音書からのキリストの受難物語集．

**受肉**
Incarnation

キリスト教の受肉の教理が主張するのは，神の永遠の御子がその人間の母から肉体をとったことと，史的なキリストが真の神であると同時に，真の人間であるということである．それは神性と人間性の統合ないし永続性がいずれも損なわれずに，両性がキリストのペルソナ（位格）において永続的に一致することを主張し，この一致の開始を人間の歴史の明確で既知の年代に帰する．

この教理は4-5世紀の論争の影響で明確になり（➡キリスト論），451年のカルケドン公会議*で正式に定義された．しかしながら，カルケドン定式*の限定内で，議論は続いた．中世において多く議論された（しかし決して解決しなかった）点は，受肉が（人祖の）堕落*のゆえだけに起こったのかどうかということであった．

受肉の教理は時間と永遠，有限性と無限性の関係の諸問題を提起する．ある現代の神学者は受肉の中に，人間性と神の本質的な関係性の宗教的表現を見ている．他の神学者は受肉を道徳的価値の点から解釈しようとして，キリストの人間としての意志と神の意志との一致の中に，キリストの神性の本質を見ている．さらに，ある神学者はイエスの救済する意義を表現するために，受肉の概念の適切性に異議を唱えている．

## 主任司祭

➡レクター

## 主任代行司祭（司教代理）

vicar

英国教会において，すべての聖職禄所有者*は現在，主任司祭*かまたは主任代行司祭である．もともと全員が主任司祭であった．中世に，教会区*の10分の1税*を専有した（➡聖職禄専有），修道院のような他の宗教団体はその際，教会区の任務を果たすために主任代行司祭を任命して授ける必要があった．教会区司祭として，主任代行司祭は主任司祭と同等の地位を保持し，聖職選任式*と聖職就任式*の形式は同一である．➡永久補助司祭，共通在職期間，共同司牧制

## ジュヌヴィエーヴ（聖）

Geneviève, St（422頃-500頃）

パリ*の守護聖人．その伝記によれば，彼女は7歳のときに神に奉献し，15歳のときに修道女となって，禁欲主義的な生涯を送った．彼女の執り成しで，アッティラ*が率いるフン族は451年にパリを攻撃しなかったという．祝日は1月3日．

## ジュネーヴ

Geneva

ジュネーヴにおけるキリスト教共同体の創設は350年頃にさかのぼり，4世紀末には司教区の中心地であった．1162年に，皇帝フリードリヒ1世*はジュネーヴ司教に俗権を授与した．繁栄が増大し，商人たちはジュネーヴが都市国家を構成するよう強く求めた．1387年に，司教アデマール・ファブリ（Fabri）は都市君主たる司教の基本権を保持しつつ，同市に自由特許状を付与した．ジュネーヴにおける宗教改革*の起原は1513年以降，都市君主たる司教の残存権力に対する政治的反抗と結びついている．G. ファレル*，P. ヴィレ*，アントワーヌ・フロマン（Froment）の説教は，その運動を信仰的に基礎づけ，1535年のミサの廃止につながった．1536年に，宗教改革は正式に法令により採用され，その都市国家はカトリックの司教区から分離した．J. カルヴァン*は長老主義*的な教会体制を導入し，1541-42年に自らの改革の大部分を完成した．1559年に，彼は主として聖職者を訓練するために，ジュネーヴ・アカデミーを創設した．17世紀の停滞と硬直の時期のあと，18世紀にはより自由な傾向が現れ，ルター派*にも1707年に礼拝の自由が認められた．1799年のナポレオンによる同市の併合は，1535年以降初めて，カトリックの礼拝を正式に認めることになった．1815年のフランス軍の撤退後，同市と周辺地域はスイス連邦の一州となった．1907年に，カルヴァン派教会は国家から分離した．

ジュネーヴには，世界教会協議会*を含むいくつかの国際的な教会組織がある．歴史的な背景から，ジュネーヴは長老主義の拠点と見なされ，ローマがカトリック教会を指すように，長老派教会を指す．

## ジュネーヴ一致信条

Consensus Genevensis（1552年）

予定*に関するJ. カルヴァン*の教えを再定式化したもの．主にA. ピギウス*に反駁しているが，カルヴァンの教説を攻撃していたH. H. ボルセック*らのプロテスタントに反対することも意図していた．

## ジュネーヴ・ガウン

Geneva gown

初期の改革派*のミニスター*が着用した説教の際の黒いガウンで，ゆったりして袖がついている．現在でも長老派*や他のカルヴァン派*のミニスターが着用している．

## 『ジュネーヴ教理問答』

Genevan Catechism

J. カルヴァン*による2書．(1) 第1の書（*Catechismus Genevensis Prior*）は『キリスト教綱要』*に基づく教理の要約で，1537年にフランス語で出された．これには，ジュネーヴ*市民に課せられたG. ファレル*による信仰告白を含む他の諸文書が結びついており，諸文書の関係は明らかでない．

(2) 第2の書（*Catechismus Genevensis*）は問答体のカテキズム*で，1542年にフランス語で出版され，1545年にラテン語訳をつけて再発行された．本書はジュネーヴの教会国家の基本的な文書の一つとなった．

## ジュネーヴ聖書
Geneva Bible

1560年にジュネーヴ*で初めて出版された英語訳聖書*で，ほぼ1世紀間広く用いられた．➡ブリーチズ聖書

## シュネシオス
Synesius（370頃-413頃）

プトレマイス（Ptolemais）主教．キュレネ（Cyrene）生まれの彼は，古い家系の出身であった．403/04年に，彼はキリスト教徒の女性と結婚した．宮廷への任務を成功させて，同胞の信頼を得た彼は，410年頃，キュレナイカ（Cyrenaica，現リビア）のプトレマイス主教に選ばれた．少し躊躇したのち聖別されたが，結婚生活と哲学研究の継続を認められた．主教になる前に，彼は多くの哲学的論考を書いたが，そのどれもなんら明確にキリスト教的なものを示していない．彼はまた9つの賛歌を書いたが，10番目の賛歌である有名な「主イエスよ，わたしを覚えてください」は写字生の作である．彼の書簡は属州の教会生活の研究にとり重要な史料である．

## 主の祈り（主禱文）
Lord's Prayer（Pater noster）

「わたしたちの父よ」で始まる祈りで，主（イエス）により弟子たちに教えられた．マタイ福音書6:9-13とルカ福音書11:2-4はやや異なった形で祈りを伝えており，マタイ福音書の方が一般にキリスト教徒により用いられる．結びの頌栄*はおそらく初期に付加されたもので，後代の福音書写本に見いだされる．

主の祈りはふつう呼びかけと7つの祈願に分けられ，前の3つの祈願は神の栄光をたたえ，後の4つの祈願は人間の主な身体的・精神的必要性のためである．糧を説明するのに用いられた（「日ごとの」と訳される）ギリシア語の *epiousios* の意味は不確かである．主の祈りは正規に，聖餐式と聖務日課*において役割をもち，しばしば唱えられてきた．

英語圏のカトリックとプロテスタントでともに伝統的に用いられている，主の祈りの英語版は，1541年のヘンリー8世*の法令を受容した結果である．それはW. ティンダル*の新約聖書版の形にほぼ従っている．

## 「主の会衆」
Congregation of the Lord（Congregation of Christ）

J. ノックス*を支持したスコットランドの改革者の自称．

## 主の割礼の祝日
Circumcision, Feast of the

キリストの割礼を記念して，クリスマス*の8日目，1月1日に伝統的に守られる祝日．この慣行は6世紀半ばにさかのぼる．割礼の日を迎えたとき，幼子はイエスと名付けられたので（ルカ2:21），多くの現代のアングリカンの典礼はこの祝日を「主イエス命名の日」と呼ぶ．カトリック教会では，1月1日は現在は「神の母聖マリアの祭日」と呼ばれる．➡イエスの名

## 主の兄弟たち（イエスの兄弟たち）
brethren of the Lord

新約聖書*において言及された「主の兄弟たち」は以下のどれかであろう．(1) キリストのあとに生まれた，聖母マリア*とヨセフ*の息子たち．(2) 聖ヒエロニムス*の説で，「ヤコブとヨセの母」（マコ15:40）であるマリアの息子たち．彼はそのマリアをクロパの妻でもあり聖母マリアの姉妹でもあるとした．(3) ヨセフと先妻の息子たち（東方教会の考え）．(4)（聖母マリアの姉妹とはされない）「ヤコブとヨセの母」であるマリアと，おそらくヨセフの兄弟のクロパとの息子たち．

## 主の晩餐
Lord's Supper

聖餐*のことで，特に現在ではプロテスタントにより用いられる．

## 主の日
Lord's Day, the

主日*を指すキリスト教徒の言い方．

## 主の奉献
Presentation of the Lord

1969年以降，カトリック教会においてキャンドルマス*の祝日を指す名称．

## シュパイアー帝国議会
Speyer, Diets of

(1) 1526年の議会はドイツにおける宗教改革の影響力を強化した．諸侯は自国の教会の案件を良心に従って定めるべきことが決議された．

(2) 1529年の議会は多数派のカトリックに支配されていた．カトリック地域におけるルター派*に対するいっさいの寛容をやめる法律を制定した．5人の諸侯と14の都市が正式に「抗議」(プロテスト)したので，宗教改革者は「プロテスタント」と呼ばれるようになった．➡プロテスタンティズム

## シュパラティン
Spalatin, Georg (1484-1545)

人文主義者，宗教改革者，ゲオルク・ブルクハルト (Burkhardt) は，ニュルンベルクに近いシュパルト (Spalt, 彼の名はこの地名に由来する) に生まれた．1509年に，彼はザクセン選帝侯フリードリヒ3世*の息子たちの教師になった．1511年に，シュパラティンはヴィッテンベルク*に派遣され，そこでM. ルター*と知り合った．ためらいがちな選帝侯がその宗教改革者の考えに納得したのは主にシュパラティンの影響力による．1525年に，彼はアルテンブルク (Altenburg) に赴き，カトリシズムからルター主義*に転じた．

## 守秘規定
disciplina arcani

(ラテン語で「秘密の規律」の意.) いくつかの神学的な教理や宗教的な慣行を洗礼志願者*や異教徒に対して秘密にする，初期の教会で行われた習慣．

## シュペーナー
Spener, Philipp Jakob (1635-1705)

ドイツの敬虔主義*の初期の指導者．J. アルント*やイングランドのピューリタン*の著作およびJ. ド・ラバディー (➡ラバディー派) に影響を受けたシュペーナーは，福音主義的な熱意でルター派*教会を再生させる召命を受けたと確信するようになった．1666年に牧師に任命されたフランクフルトで，彼は自宅で週に2度集まる信心の集会である「敬虔集会」(Collegia Pietatis) を導入し，また1675年に『敬虔なる願望』*を出版した．ルター派の伝統に忠実であったが，その信仰の個人的・内面的な傾向から，正統主義の不毛で論争的なあり方に批判的になった．彼はまた，教会生活において信徒に積極的な役割を務めさせようとした．1686年に，彼は宮廷説教者としてドレスデンに赴いた．ライプツィヒ大学神学部と衝突するようになり，1691年にベルリンに移った．当時すでに「敬虔主義」と呼ばれた彼の運動は拡大し，1694年に，ハレ (Halle) 大学が主として彼の影響下に創立された．

## 「シュマルカルデン条項」
Schmalkaldic Articles (1537年)

パウルス3世*が召集した公会議に提出するように，ザクセン選帝侯フリードリヒの要請で，M. ルター*が起草した教理的声明．チューリンゲンのシュマルカルデンに会合したルター派諸侯と神学者は，P. メランヒトン*によるより宥和的な付加とともに，この条項を承認した．

## シュマルカルデン同盟
Schmalkaldic League

1531年にいくつかのドイツのプロテスタント諸侯と都市間で結ばれた同盟で，彼らの宗教的自治

を圧迫する，1530年のカール5世の「アウクスブルク帝国議会の休会」に反対するものであった．本同盟はルター派とツヴィングリ派*を結びつけた．

## ジュミエージュ
Jumièges

ルーアンの27km西方のベネディクト会*修道院．654年頃に聖フィリベルトゥス*により建てられ，ヨーロッパ北部の文化的中心地の一つになった．17世紀には，サン・モール修族*の改革と結びついた．

## シュモネー・エスレー
Eighteen Benedictions, the

18の（現在は，19の）祝禱からなる祈りで，平日のユダヤ教のシナゴーグ*での3度の礼拝ごとに唱えられる．その内容は部分的にキリスト教以前の時代にさかのぼる．

## 守門（しゅもん）
doorkeeper

守門は西方教会における下級品級*の最下位に位置していた．守門は251年頃の手紙に言及されている．その役務は現在の権標捧持者*のそれに類似していた．カトリック教会では，守門職は1972年に廃止された．

## 「受容者」（じゅようしゃ）
Acceptants

ヤンセン主義*論争において，1713年の大勅書*『ウニゲニトゥス』*を「受容」した人たち．➡「上訴人」

## シュライアマハー
Schleiermacher, Friedrich Daniel Ernst（1768-1834）

ドイツの神学者．彼はベルリンの「慈善病院」（Charité）で改革派説教者，1804-07年にハレ大学神学教授，その後，ベルリンの「三一教会」（Dreifaltigkeitskirche）の説教者，新設大学の神学部長であった．1799年に出版した有名な『宗教論』（*Reden über die Religion*）において，彼は知識人を宗教に引き戻そうとした．宗教が直観と感情に基づき，いっさいの教義から独立していると主張する彼は，その最高の経験を無限との一致の感覚の中に見た．1821-22年の『キリスト教信仰論』（*Der christliche Glaube*）において，彼は宗教を絶対依存の感情と定義し，それは一神教に最も純粋に表れるとしている．この感情が異なる個人や民族の中で示すさまざまな形式は宗教の多様性を説明し，その中でキリスト教は最高のものではあるが，真に唯一のものではない．感情を宗教の基礎として彼が強調したのは，当時のドイツの合理主義および支配的な形式的正統信仰に対する反発からであった．プロテスタント思想に対する彼の影響力は著しい．

## シュライン
shrine

この語は聖遺物箱*を意味しうるが，現在はふつう，教会堂やどこか聖なる場所に通常保管された，特別に重要な聖なる像，特に巡礼*と関連する像を指す．

## シュラッター
Schlatter, Adolf（1852-1938）

プロテスタント神学者．彼の考えでは，組織神学の唯一の健全な基礎は聖書の釈義にあり，彼は新約聖書の全文書に関する注解を書いた．彼はまた，キリスト教信仰に対するいっさいの観念論的な解釈に反対し，こうしてK. バルト*の弁証法神学*を先取りしていた．

## シュラン
Surin, Jean-Joseph（1600-65）

フランスのイエズス会*員の神秘主義者，霊的著作家．1634年に，彼は悪霊に憑かれたと信じられたウルスラ修道会*員の悪魔祓い*のためにルーダン（Loudun）に派遣された．彼は長上*の霊的指導者として行動し，その修道女は回復した．シュランは約20年間の精神的障害を経験し，交互に（自死*を試みるなど）自らが劫罰*を受けていると信じたり，神の恩恵を受けていると信じたりした．現代の学者は双極性障害を疑っている．しかしながら，シュランは真正な神秘的経験をしたと思われる．彼の著作が擁護しているのは神の存在の霊操および観想の祈りであり，後者において，聖霊の導きにゆだねた霊魂は神の愛のうちに我を忘れる．

## ジュリアナ（ノリッジの）
Julian of Norwich（1342頃-1416年以後に没）

イングランドの霊的著作家．1394年に，彼女がおそらくノリッジ*のセント・ジュリアン教会で独住修道女*であったこと以外，生涯についてほとんど知られない．彼女の記録では，1373年5月に，彼女は15の幻視（showings）（および翌年のもう一つの幻視）からなる啓示を受けた．現在ではふつう『神の愛の啓示』（*Revelations of Divine Love*）と呼ばれる彼女の本は，おそらく1373年の直後に書かれた短い版と，最も早くても1393年に完成した長い版で残っている．彼女の使信の中核は神の愛である．キリストの受難のうちに，彼女は現世の一切の悪を神との合一に達しうる人間を創造した神の目的の一部として理解する鍵を見いだしている．祝日はアングリカン・コミュニオンの諸地域で，5月8日．

## ジュリエンヌ（リエージュの）（福）
Juliana of Liège, Bl（1192頃-1258）

「キリストの聖体の祝日」*の擁護者．リエージュに近いアウグスチノ会*の修道院で誓願を立てた彼女は，幻視を経験して，「キリストの聖体の祝日」の制定に努めた．1230年に，彼女は院長になったが，まもなく反対にあって修道院を去らざるをえず，リエージュに逃れた．当時リエージュの助祭長であったジャック・パンタレオン（Pantaléon）の支持を得て，彼女の没後に，彼が教皇ウルバヌス4世として1264年にその祝日を制定した．祝日は4月5日．

## ジュリュー
Jurieu, Pierre（1637-1713）

フランスのカルヴァン主義*の論争家．1674年に，彼はスダン（Sedan）のプロテスタント学院の神学とヘブライ語教授となった．同院が1681年に閉鎖されたとき，彼はロッテルダムのワロン教会（Walloon Church）のミニスターになった．1675年の『信心論』（*Traité de la dévotion*, 1692年に英訳された）は広く読まれた．彼の多くの論争書は激越で，必ずしも正統的とは限らない．1677年の『教会の権力論』（*Traité de la puissance de l'Église*）は，教会における権威に関するカルヴァン主義的見解を擁護するために法律上の議論を用いている．カルヴァン主義のあらゆる面に関する倦まない活動家であった彼は，オランダ*におけるフランス人亡命者の社会を支配した．1686-89年のあいだ，隔週で発行された『司牧書簡』（*Lettres pastorales*）は，フランスにおけるプロテスタントの苦難と忠誠を記録している．

## 狩猟（しゅりょう）
hunting

一般に信徒には合法と考えられる狩猟は，506年のアグド教会会議*から始まる一連のガリアの教会会議により聖職者には禁じられ，その決定は「教会法大全」*に取り入れられた．中世には，「音を立てない」（quiet）狩猟と「音を立てる」（noisy）狩猟の区別がなされ，後者だけが聖職者に禁じられると広く思われた．1983年のカトリックの『教会法典』*はこのことに言及しない．現代では，信徒による狩猟も聖職者による狩猟も，時に人道的理由で非難される．

## シュレーゲル
Schlegel, Friedrich（1772-1829）

ロマン主義*的著述家，カトリックの護教家．1797年に彼はベルリンに落ち着き，ロマン主義運動の指導者の一人になった．1808年にカトリックになった．ウィーンで1810-12年に行った，文学と近代史に関する講演において，彼はナポレオン的な国家に反対して中世的な帝政の理念を擁護した．彼はカトリック的基礎にたってオースリアとドイツの国民生活を復興しようとした．状況的に，この趣旨での国家の改革に絶望した彼は，文学や哲学がカトリシズムを復興することに期待した．

### 棕櫚の主日（しゅろのしゅじつ）

➡枝の主日

### シュンエイスアクタイ

subintroductae（*syneisaktai*）

初期の教会において，霊的結婚によって男性と同居した女性．この慣行は4世紀前半の教会会議で禁止された．

### 殉教記録（じゅんきょうきろく）

Acts of the Martyrs

初期のキリスト教徒の殉教に関する最も信頼できる記述は，数は少ないが裁判の公の記録に従ったものである．いわゆる「殉教伝」（Passions）はキリスト教徒の著者によって書かれ，目撃者の報告に基づいている．後代のものは奇跡物語によりしばしば潤色されている．第3の部類は伝説（legend）の領域に属するもので，おそらく何らの歴史的な核ももたない．

### 殉教者（じゅんきょうしゃ）

martyr

この英語は，「証人」を意味するギリシア語に由来する．それはキリストの生涯と復活の証人としての使徒に関して用いられていたが（たとえば，使1:8），迫害*の拡大とともに，その語は信仰のために苦難を受けた人たちのために留保されるようになり，ついに，殉教の死を遂げた人たちに限定された．彼らは教会において急速に崇敬の中心になった．早い時期から，「血の洗礼」である殉教は，通常の洗礼を受けていなくてもそれと同等と見なされた．1969年までのカトリック教会の慣行によれば，殉教者の聖遺物*がどの聖別された祭壇にも納められていなければならなかったし，東方教会では現在でも規則となっている．

### 殉教者記念聖堂（じゅんきょうしゃきねんせいどう）

martyrium

殉教者*の墓所ないし聖遺物*の上に建てられた教会堂，ないし時に，殉教者を記念して建てられた教会堂．

### 殉教伝（じゅんきょうでん）

➡殉教記録

### 殉教録（じゅんきょうろく）

martyrology

キリスト教の殉教者*の公式の一覧表．最古のものは暦で，その祝日の殉教者と殉教の場所を単に掲げていた．後世の「歴史的な」殉教録（たとえば『ウスアルドゥス殉教録』*）は，価値に相違のある諸資料からの物語を付加している．➡殉教記録，『ローマ教会殉教録』

### シュンケロス

syncellus

ビザンティン教会において，主教と一緒に暮らした教会人で，特に家庭のチャプレンの資格をもっており，主教の倫理生活の潔白を証言した．後代，この語はのちにその職を継いだ，高位聖職者の顧問的な人物を指した．

### 巡察（司教による）（じゅんさつ（しきょうによる））

visitation, episcopal

司教による巡察は，その司教が管轄する司教区に関する世俗的・霊的な事柄を定期的に視察する意図がある．その仕事がすでに司教の代理により実施されていた中世後期には，違反者の公表に関する詳細な法規が定められていた．英国教会では，カンタベリー*大主教とヨーク*大主教はそれぞれの管区の教会区を訪問する権利をもっている．

### 準修道志願者（じゅんしゅうどうしがんしゃ）

aspirant

修道生活へ召されることを望んでいる人．➡修道志願者

### 純粋現実態
Actus Purus

神の本性を特徴づけ，神をその被造物から区別するために（たとえば聖トマス・アクィナス*によって）用いられたスコラ学*の用語.

### 『純粋理性批判』
*Critique of Pure Reason, The*

I. カント*がその「批判哲学」(Critical Philosophy）の主張を初めて記述した著作で，1781年に刊行された.

### 純正ルター派
Gnesio-Lutherans

N. フォン・アムスドルフ*と M. フラキウス・イリリクス*に指導された厳格なルター派*の一派に対する現代名で，2人は1548年にザクセン公モーリッツ（Moritz）により提唱されたライプツィヒ仮信条協定*に反対した. ➡アディアフォラ主義者

### 旬節の主日
➡四旬節前第3主日

### 準秘跡
sacramentals

カトリック神学によれば，秘跡*に類似した，霊的な効果をもつ聖なるしるし. 秘跡の数が12世紀に西方教会で7つに限定されたとき，キリストにより制定されたと考えられない，類似した宗教的儀式が「準秘跡」と呼ばれた. 何よりもまず儀式自体の力をとおして恩恵をもたらすと考えられる秘跡（➡エクス・オペレ・オペラート）と対照的に，準秘跡はエクス・オペレ・オペランティス・エクレシアエ（*ex opere operantis ecclesiae*），すなわち教会の働きをとおして恩恵をもたらす. 準秘跡には，聖油の祝福や「食前・食後の感謝の祈り」*などが含まれる.

### 準備の日
Preparation, Day of

金曜日を指すユダヤ教の名称で，安息日*の前日，したがってその準備をする日. この名称は他の大きな祝日，たとえば過越*の前日も指したらしい. 4福音書とも十字架刑*が準備の日に起こったと記録している.

### シュンマコス
Symmachus（おそらく2世紀後半）

オリゲネス*の『ヘクサプラ』*の第4欄に置かれた，旧約聖書のギリシア語訳の訳者. 彼は字句上の正確さよりも読みやすさや受け入れられやすさを優先し，ヘブライ語の本文の擬人法的な表現を変更した.

### 巡礼
pilgrimage

巡礼は一般に聖地*への旅のことで，超自然的助けを得るためないし悔悛*や感謝の行為として，信心の動機から行われる. しかしながら，巡礼者(pilgrim)にあたるギリシア語やラテン語は，「外地滞在者」を意味したのであり，巡礼は特定の場所への旅でなく，自国からの自発的な異境流浪（exile）と見なされえた. そのような理解が頂点に達したのは，神の愛のための永遠の巡礼という修徳的理想をもった，6世紀以降のアイルランド人修道士においてであり，それが聖コルンバ*や聖コルンバヌス*を鼓舞した. カロリング朝以降，その慣行は少なくとも西方において，次第に衰退した. 一方では，特別な聖地への巡礼という概念が発展していた. キリストの地上の生涯と結びついた場所を訪れる慣行は，326年の皇母聖ヘレナ*のエルサレム*訪問から強い刺激を受けた. パレスチナへの巡礼とほぼ同等な地位にあったのは，使徒ペトロ*と使徒パウロ*の墓を訪れるローマへの巡礼であった. 8世紀以降，公の悔悛の代わりに巡礼を課す慣行が巡礼者の数を増大させ，彼らは中世には大規模に組織された. 現代では，ルルド*が巡礼地として比類ない名声を得ている.

### ジョヴァンニ（カペストラーノの）（聖）
Giovanni Capistrano, St（1386-1456）

托鉢修道士．入獄中に聖フランチェスコ*の幻を見て，出獄後の1416年にフランシスコ会*に入会した．彼は，コンベンツアル派*とオブセルヴァント派*の合同を議するために1430年にアッシジ*で開催された修道会総会*に出席し，また幾度か総会長代理（Vicar General）となった．1451年に，彼はフス*派との闘いの援助のためにオーストリアに派遣された．ハンガリーにおいて，彼は将軍フニャディ（Hunyady）とともに，1456年にトルコ軍を敗った軍隊を率いた．祝日は10月23日（以前は3月28日）．

## ジョヴァンニ・ボスコ

➡ボスコ

## 頌栄（栄唱）

doxology

三位一体の神に栄光を帰すること．「グロリア・イン・エクセルシス」*（大頌栄）と「グロリア・パトリ」*（小頌栄）のほかに，聖歌に付属した韻を踏んだ形式の頌栄もある．

## 宵課

Nocturn

西方教会の伝統的な夜間の聖務日課*（朝課*）の一区分．

## 昇階詩編（都に上る歌）

Gradual Psalms (Songs of Ascent, Songs of Degrees)

詩編120-134編を指し，各編にはヘブライ語で，聖ヒエロニムス*が'canticum graduum'（歩みの歌）と訳した表題が付いている．その表題にはさまざまな説明がなされてきた．

## 昇階唱（グラドゥアーレ）

Gradual

西方教会において，通常は詩編からなる答唱*で，聖餐式における最初の聖書朗読の直後に唱えられた．1969年以降，答唱詩編がしばしばこれに代わっている．

## 浄化・照明・合一の道

purgative, illuminative, and unitive ways

キリスト教徒の発展をこれらの3つの「道」ないし段階へと分析することはディオニュシオス・アレオパギテース*に由来し，彼は浄化・照明・合一ないし完成（purification, illumination, and union or perfection）の律動を，天使の位階制にも地上の教会にも帰した．ディオニュシオスの中世西方の解釈者たちは彼の体系で3つの道による霊的発展を説明して，悪弊を根絶し，徳を涵養することから始まり，黙想と観想による精神の照明を経て，合一的な愛で頂点に達するとした．これらの3つの道は聖フアン・デ・ラ・クルス*のような後代の著作家により受け入れられ，キリスト教霊性の体系的な理論における古典となった．

## 召喚

citation

裁判所，特に教会裁判所（ecclesiastical court）への出頭命令．

## 「召喚者」

apparitor

人々を裁判所に召喚したり，その判決を執行したりするために，教会裁判官（ecclesiastical judge）により選ばれた役人．

## 小祈禱書

Primer (Prymer)

遅くとも14世紀以降，教養ある信徒のあいだで人気のあった信心書．聖母マリアの小聖務日課*，「7つの悔罪詩編」*，15の「都に上る歌」*，「諸聖人の連願」*，死者のための聖務日課が載っている．

## 上級品級

Major Orders

下級品級*と区別して，キリスト教の職制（ministry）の上級職．上級品級は現在はふつう，司教*，司祭*，助祭*を指す．過去には，副助祭*職が時に上級品級と見なされ，その場合他の2者は助祭

職と（司教職を含む）司祭職であった．➡聖職

## 小教区

➡教会区

## 唱句
versicle

キリスト教の礼拝において，交唱で唱えられたり歌われ，しばしば詩編から引用される短い章句．会衆の側からか聖歌隊の片方からの唱和（response）で答えられる．➡答唱

## 条件付き不死説
conditional immortality

不死性*は肉体とは別個の存在としての霊魂*の必然的な属性ではなく，むしろ，裁きの日に人間全体に付与され，信徒のキリストへの信仰，あるいは現代では各自の生前の振舞いを条件とするという説．この思想が19世紀に再び好まれるようになったのは，永遠の刑罰という正統な教理もすべての自由で精神的な被造物が最終的には救われるという説（アポカタスタシス*ないし普遍救済論*）も受け入れず，悔い改めない邪悪な人たちの運命を説明する方法としてであった．条件付き不死説は最近再び福音主義*者のあいだで知られ，彼らは霊魂の消滅（annihilation）が地獄における一定の期間の苦痛のあとにくると考えている．

## 小斎

➡節制

## 小罪
venial sin

カトリックの倫理神学*において，魂を死へと向かわせたり，また大罪*を除くすべての悪の中で最大のものであるが，魂から完全に聖化の恩恵を奪うことのない罪．

## 償罪（充足）
satisfaction

損害を償う行為で，キリスト教神学において通常は，罪のゆえに神に対して当然な罰を受けること．聖アンセルムス*は贖罪*との関連でこの語に神学的な内容を与え，キリストの死をこの世の罪に対する身代わりの（vicarious）充足（償罪）と解釈した．

カトリック神学では，償罪は悔悛*の秘跡における必須の要素と考えられている．悔悛が軽減され，償罪前に赦免*を与える慣行が生じたために，過失の赦しとそれに当然な償罪とのあいだの区別が明確に導き出された．挙げられた古典的な例は，ナタンが神による赦しを宣言したのちにダビデ*に課した悔悛であった（サム下12:13-14）．こうして「善行による償罪」（*satisfactio operis*）は，罪自体が秘跡による赦免により赦されたのちに，煉獄*での懲罰を免れる必要な手段と見なされるようになった．

## 小冊子

➡トラクト

## 招詞

➡初めの祈り

## 小修道院
priory

小修道院長*（prior）ないし女子小修道院長*（prioress）が統轄する修道院．たいていの托鉢修道会*における通常の修道院である．『ベネディクトゥス会則』*に従う修道会では，コンヴェント*的な‘priory’は自治的であり，従属的な‘priory’は他の修道院に従属している．

## 小修道院長（大修道院長代理）
prior

男子修道会における役職の保持者．大修道院（abbey）では，大修道院長*（abbot）の代理が通常‘prior’と呼ばれ，小修道院*（priory）では，‘prior’がその修道院長（superior）である．（フランシスコ会*を除く）托鉢修道会*および若干の修道会において，‘prior’はすべての修道院長の通称である．

### 証聖者

➡コンフェッソル

### 小聖入
Little Entrance

東方教会において，典礼*の際に福音書*を運ぶ行列．➡大聖入

### 小聖務日課
Little Offices

もともと「小聖務日課（聖母マリアの）」*に則り，信心に用いることを意図した極めて短い聖務日課*であった．近代になってこの語は，聖務日課に基づいて，共同ないし個人で用いることを意図した，より詳細な（通常は自国語の）祈りを指すようになった．聖務日課が1971年に再編され，この短い聖務日課は実質的に廃止された．

### 小聖務日課（聖母マリアの）
Little Office of Our Lady

聖務日課*に則って，聖母マリアをたたえる短い聖務日課．10世紀に初めて見られ，その使用は修道会から在俗聖職者に普及した．それは多くの新しい女子修道会のための通常の口禱（vocal prayer）となった．1953年に，その改訂が認可され，大きな多様性が見られる．➡小祈禱書

### 上訴
appeals

自らの教区司教よりも上の権威に対する，聖職者や信徒による上訴は，ローマの市民法に基づき，いくつかの教会会議により規定されてきた．ヘンリー2世の時代からイングランドでは，代々の国王はローマへの上訴を制限することに努め，上訴は1534年にヘンリー8世*によりついに廃止され，彼は国王代理官裁判所*を教会に関する諸問題の最終的な裁定機関とした．現在では，英国教会における上訴には，のちに修正された「1963年の教会裁判権条例*」が適用される．

### 上層批判（高等批判）
higher criticism

（特に）聖書の諸文書の著者により用いられた文学的方法や資料に関する批判的研究で，著者の筆跡を残したとおりにテキストを回復することだけに関心をもつ本文批判*（下層批判［lower criticism］）と区別される．

### 「上訴人」
Appellants

（1）G. ブラックウェル*が首席司祭*兼布教区監督者に任命されたとき，その取り消しを求めて1598-99年にローマへ上訴した31人のカトリックの在俗司祭（secular priests）．最初の上訴は却下されたが，続く1601-02年の上訴によりブラックウェルは叱責された．

（2）P. ケネル*の『道徳的考察』中の101の命題を1713年の大勅書『ウニゲニトゥス』*が断罪したことを認めなかった，ヤンセン主義*的・ガリカニスム*的考えの人たちに与えられた名称．1717年に，4人の司教が教皇の大勅書に反対して次回の公会議へ上訴し，まもなく他の司教たち，ソルボンヌ*，幾人かの聖職者も同調した．1718年に，クレメンス11世*は正式に断罪し破門した．

### 上長

➡長上

### 小勅書

➡ブリーフ

### 昇天（キリストの）
Ascension of Christ

キリストが「天にのぼられた」という諸信条にある記述は，主に使徒言行録1:1-9に基づいており，そこでは40日間の顕現後，復活の主は使徒たちに語り，次いで雲の中に上げられている．使徒たちがオリーブ山*からエルサレム*へ戻るという言及（使1:12）は，昇天がオリーブ山で起こったという伝承を生み出した．それに対して，ルカ福音書24:50-53はこのキリストの天への退出が復

活の日の夕方にベタニア*で起こったことをほのめかしているようである．聖ルカ*の記述の背後には，神がその十字架刑のあとにイエスの正しさを擁護したという，初期の教会の確信がある．キリストの昇天は復活後の顕現の終わりを示し，現在におけるキリストの支配を意味し（Ⅰコリ15:25参照），教理的にはキリストの人間性が天へと挙げられたことを意味する．昇天日(Ascension Day)は復活の主日後の6番目の木曜日，すなわち40日目に守られ，教会暦の主要な祭日の一つである（「主の昇天の祭日」）．

**鐘塔**（しょうとう）

➡カンパニーレ

**少年十字軍**（しょうねんじゅうじぐん）

Children's Crusade（1212年）

エルサレム*をキリスト教の支配下に取り戻そうと意図した民衆運動．ケルン*から出発した主要な一団はジェノヴァまで達したが，それ以上は進まなかった．いわゆる「少年」には，おそらく従者，羊飼い，その他の周縁化された人々も含まれていた．

**召命**（しょうめい）

calling

救いに定められた人たちがそれにより福音を受け入れることを納得する神の働きを指す術語．

**証明書購入者**（しょうめいしょこうにゅうしゃ）

libellatici

249-51年のデキウス*帝の迫害時に，異教の神々に犠牲を捧げていないのに捧げたと言って，市の当局から証明書(*libelli*)を買い入れた人たち．

**照明の道**（しょうめいのみち）

illuminative way

霊的生活の中間の段階．➡浄化・照明・合一の道

**『小迷路』**（しょうめいろ）

*Little Labyrinth, The*

テオドトス*やアルテモン*のような養子論*的異端者を批判した，現存しない3世紀の論考．その著者性は議論されている．

**情欲**（じょうよく）

concupiscence

倫理神学*において，感覚に位置づけられる，世俗的な目的に対する過度の欲望．カトリック神学は一般に，情欲を原罪*の一部よりむしろその結果と考え，情欲を「徳を実践する素材」と見なすのは，情欲が感覚の混乱した動きに抵抗する機会を理性と意志にもたらすからである．プロテスタント神学は情欲そのものを罪と見なし，その存在を神に対して背くことと見なす．

**小預言者（小預言書）**（しょうよげんしゃ（しょうよげんしょ））

Minor Prophets, the

旧約聖書において，12の短い預言書の著者のことで，イザヤ*，エレミヤ*，エゼキエル*という三大預言者と対比される．12人はホセア*，ヨエル*，アモス*，オバデヤ*，ヨナ*，ミカ*，ナホム*，ハバクク*，ゼファニヤ*，ハガイ*，ゼカリヤ*，マラキ*である．

**小預言書**（しょうよげんしょ）

➡小預言者

**勝利の教会**（しょうりのきょうかい）

triumphant, the Church

天国*におけるキリスト教徒全体．➡戦いの教会

**叙階**（じょかい）

➡職階と叙階

**除外権**（じょがいけん）

Exclusion, Right of

あるカトリック国家の長たちが，教皇に選出されることから排除したい特定の候補者を指名す

る，以前から要求してきた権利．1904年に否認された．

## 書簡（しょかん）
Epistle

聖餐式において，聖書の２つの章句が読み唱えられるのが長く習慣となっており，前者が「書簡」と呼ばれた理由は明らかに，通常は新約聖書*の書簡の一つから選ばれたからである．1969年に，カトリック教会は旧約聖書からも読誦に含める古来の慣行を回復し，新約聖書の福音書*以外の部分の朗読は平日には必ずしも義務ではなくなった．同様な取り決めは今では英国教会でも認められている．東方教会では，書簡（「聖使徒経」*と呼ばれる）と福音書はすべての聖体礼儀で唱えられる．

## 書記官（しょきかん）
notaries

行為や文書を真正なものにするために，その真実性を確認・証言する，特別に任命された人たち．中世には，彼らの任命は教皇ないしその代理人の務めであり，彼らの活動は国際的であったし，現在もそうである．現代の英国の書記官，すなわち公証人（notary public）は，通常は事務弁護士か法廷弁護士でもあり，カンタベリー*大主教の権能裁判所*により認められ，規制される．➡教皇庁書記官

## 贖罪（しょくざい）
Atonement

キリスト教神学において，キリストの犠牲の死をとおして人間が神と和解すること．

そのような和解の必要性は，神の絶対的な義という旧約聖書*の概念に含意されている．その達成は神御自身の行為に依存するものと説明され，それは不浄さを清める犠牲の制度を定めることによるか，新しい契約を立てることによる．新約聖書*において，キリストは「多くの人の身代金」として御自分の命を献げると言ったと書かれている（マコ10:45）．最初期のキリスト教の教えでは，キリストの死は「わたしたちの罪のため」であると宣言されている（Ｉコリ15:3）．

教父たちは新約聖書の教理を展開したが，新たな問題も提起した．オリゲネス*にとってキリストの死は，堕落*により人間に対する支配権を獲得していたサタン*に払われた身代金であった．聖アウグスティヌス*の考えでは，子なる神が御自身に我々の本性を取ることにより，人間性そのものに変化をもたらした．一般的な教父の教えでは，キリストは代理でなく代表であり，その苦難・従順・復活の結果は全人類ないしそれ以上に及ぶ．11-12世紀のアンセルムス*の『クール・デウス・ホモ』*とともに，強調点が変わった．サタンの役割は，罪ゆえに神に対して当然な充足（償罪*）という概念に取って代わられた．キリストの死はそこで，悪魔に払われる身代金でなく，御父に払われる負債と見なされた．宗教改革*時代のM. ルター*は充足説を否定しており，彼の教えでは，キリストは人間に当然な刑罰を自発的な身代わり（substitution）として負い，人間の代わりに神により罪人と見なされた．この「刑罰説」の誇張した表現に反発して起こったのがソッツィーニ*派が擁護した教理で，十字架刑の客観的効果を否定し，キリストの死を主に弟子たちへの模範と見なした．しかしながら1930年に，G. アウレン*は贖罪の「古典的概念」としてキリストの勝利という伝統的なテーマを擁護し，またバルト*の神学はあらためて，キリスト教信条の中心として十字架を強調した．

## 贖罪の日（しょくざいのひ）
Atonement（Expiation）, Day of

毎年のユダヤの断食日で，人々を罪から清め，神とその選民のあいだの良い関係を復興することを意図している．旧約聖書*で定められた多くの儀式はどうしても廃れたが，この日は現在もユダヤ人によって断食と祈りをもって広く守られている．ヘブライ語では「ヨーム・キップール」*という．

## 食前・食後の感謝の祈り（しょくぜん・しょくごのかんしゃのいのり）
Grace at meals

食前・食後に感謝の祈りをささげる習慣はキリ

スト教徒に限らない．さまざまな一定の祈りが声を出して修道院，カレッジ，学校などで唱えられる．

## 食卓の祈り
benedictio mensae

「食前・食後の感謝の祈り」*に当たる典礼上の祈り．

## 職務執行停止命令
inhibition

聖職禄所有者*の振舞いが職務を執行するのに適切でないとき，主教がそれを停止するために発する命令．

## 贖宥
➡免償

## 徐光啓
Xu Guangqi（1562-1633）

明朝の政治家，著名なカトリック信徒．彼はM.リッチ*と出会い，受洗して保録（パウロ）と名乗った．1616年に，中国人キリスト教徒は迫害され，イエズス会*宣教師は追放のおそれがあったとき，徐は彼らに反対する動きをとるべきでないということを皇帝に説得する上で，指導的な役割を果たした．彼は1629年に，3人の宣教師の助けをえて，暦の改訂を任され，またキリスト教的な科学書や数学書の漢訳に協力した．20世紀になって，彼の偉大さは中国カトリック教会および中国知識人層により認められている．

## 助祭（執事，輔祭）
deacon

キリスト教の職制において，司教*（監督）と司祭*（長老*）に次ぐ地位．執事職（diaconate）の制定は伝統的に，執事の名称は見出されないが，貧しい人たちに仕え，施し物を分配するための，按手*による「評判の良い7人」の任命（ordination）にあると見られている（使6:1-6，➡7人の奉仕者）．執事が新約聖書*において正式に出てくるとき（フィリ1:1，・テモ3:8），「監督」と結合しており，執事は監督の補佐役であったと思われる．牧会書簡*では，執事は教会の役員の独立した階級で，主に世俗的な務めを担っている．助祭（執事）は聖イグナティオス*の手紙において初めて，司教と司祭に次ぐ第3の地位として現れる．助祭職に通常生涯にわたって就いていた教父時代には，その任務は場所によりさまざまであった．助祭は今に至るまで聖餐式を執行したり，赦免*を与えたりすることを禁じられており，通例，書簡*や福音書*を読み唱え，聖別されたパンとぶどう酒を人々に分配することを助け，信徒の祈りを導いてきた．西方では，助祭の典礼における任務は595年に縮小されたが，施し物を集めて分配する責任は助祭の重要性を増し，一定の教会の主席助祭である助祭長*は，司教の主要な管理職員となった．助祭の影響力は中世には減少し，大部分の西方の司教（監督）教会では，助祭（執事）職は司祭職の準備段階にすぎなくなった．しかしながら，第2ヴァティカン公会議*は（東方教会では保持されてきた）終身助祭職の再興を構想し，いくつかの国でカトリックの司教は年配の既婚者を助祭に叙階したが，助祭に叙階された若い人は依然として独身性*を守る義務がある．宗教改革の際，英国教会は執事職を維持した．1986年に，女性もそれに就けるようになったが，これはアングリカン・コミュニオン*のいくつかの他の地域ではすでに実行されていたことである．

多くのプロテスタント教会において，執事の名称は職制上のある任務に就いている人に用いられる．ルター派*教会では，執事は正式な職位ではあるが，補佐的な地方のミニスターを指す．カルヴァン*は施し物を管理する執事と貧しい人たちや病人の世話をする執事との2種類の執事を区別した．後者は長老派*における執事の職務として残っている．バプテスト派*と会衆派*の教会では，執事は牧師を補佐し，聖餐式の際にパンとぶどう酒を分配する．➡女執事

## 助祭・司祭候補者認定式

Admission to Candidacy for Ordination of Deacons and Priests

カトリック教会において，祭壇奉仕者*と朗読奉仕者*の階級が司祭職へと至る段階でなくなった1972年に導入された儀式．ミサにおいて，あるいは「神のことばの宣言」を含む他の礼拝において，候補者たちが司教に推薦され，司教は彼らを吟味し，彼らのために祈る．

## 助祭長

➡大執事

## ジョージア

➡グルジア

## 女子修道院

➡コンヴェント

## 女子小修道院長

prioress

通常 ‘prioress’ は対応する男子修道会における ‘prior’（小修道院長*）と同じ職務を果たす．現在のカトリックの慣行における女子大修道院長*職が修道女*(nuns）の女子修道院長（superiors）に限定されるのに対し，‘prioress’ の称号は厳密な意味で修道女でない女性たちの「修道会」(Religious Institutes ➡奉献生活の会）でも用いられている．

## 女子大修道院長

abbess

独立した女子修道院の長．この称号は，ベネディクト会*，シトー会*，トラピスト*，クララ会*，そのほかに女子修道祭式者会（カノネス*）において用いられる．最初に知られている例は514年にさかのぼる．中世において，女子大修道院長によっては多大な権力が要求された場合があるが，トリエント公会議*は大部分の特別な特権を廃した．

## 諸宗教の神学

theology of religions

いかに神（ないし，究極的な神的実体）がキリスト教以外の諸宗教をつうじて救いのために働くかを説明すること．神による救いの最終的な仲保者たるイエス・キリストへの信仰は，御自身が他の諸伝統内でも宗教的願望を実現したり，代替させることになっているという見解を助長した．この意見は，キリストの到来前や福音が伝わらなかった場所での救いの可能性に関する当惑によって修正された．

2-3世紀の護教家*たちは，ギリシアの諸宗教，古代のユダヤ教，さらに仏教徒やバラモン教徒にも示された神的ロゴス*の普遍的な存在という教えに基づく，他宗教に対する肯定的な見解をもっていた．コンスタンティヌス*以降，これまでキリスト教の異端者や離教者に適用されていた「教会の外に救いなし」という公理が異教徒やユダヤ教徒に拡大されたのは，ローマ帝国ではすべての人がキリスト教の使信を聞きうることが当然のことと思われたからである．1215年の第４ラテラノ公会議*と1442年のフィレンツェ公会議*は，救いが教会に限定されるという考えを承認した．15世紀後半と16世紀における既知の世界外の人々との出会いは，救いに関してそのような人々の有罪性に関する議論を再燃させた．教会の外の救いが「願望の洗礼」ないし「暗黙の信仰」により可能であると論じたドミニコ会*員やイエズス会*員もいた．18-19世紀には，キリスト教の優越性を信じながらも，排他主義的な見解が他宗教における倫理的願望や霊性の深さに対する適切な応答であることに疑念をもつようになった（プロテスタントとカトリック双方の）宣教師がいた．宗派を越えた運動の開始は時に，1893年にシカゴで開催された「世界諸宗教議会」(World’s Parliament of Religions）の第１回会議にさかのぼられる．20世紀後半に，キリスト教徒はますます他宗教とさまざまに接触した．第２ヴァティカン公会議*は，カトリック信徒が他宗教における神聖で，善良で，真実なものを評価するようにと勧め，また1979年に世界教会協議会*は生ける信仰とイデオロギーをもつ人々との対話に関するサブユニットを確定した．その対話が強調してきたのは，神学的な概念の象徴的な本質とともに，異なった宗教に共通な諸要素である．概して，これらの運動を動機づけてきたのは救いの包括主義的な理解であって，「宇宙的なキリスト」ないし「規範的なキリスト」のような概念を用いており，それがともかくも他の信仰者にとっても彼ら自身の伝統内で有効であると考えられている．キリスト教の正統信仰を，ある意味で独自に摂理によるものとして他の諸伝統を受容することと結びつけようとする神学者もいる．

## 助修士（じょしゅうし）
conversi

修道院における信徒修道士*について広く用いられる名称．

## 諸書（しょしょ）
Hagiographa

（ギリシア語で「聖文書」の意．）旧約聖書正典の第３区分を指す名称で，「律法」と「預言者」に属さないすべての文書．含まれる文書は，詩編，箴言，ヨブ記，ルツ記，哀歌，雅歌，コヘレトの言葉，エステル記，ダニエル書，歴代誌上下，エズラ記，ネヘミア記である．➡聖書

## 叙唱（じょしょう）
Preface

西方教会の聖餐*式において，礼拝の中心部分を導入する言葉．「スルスム・コルダ」*で始まり，「サンクトゥス」*で終わる．それは主として創造主への賛美であり，天使たちと一致してささげられる．叙唱の各部分は守られる祝日とともに変化する．

## 処女降誕（キリストの）（しょじょこうたん）
Virgin Birth of Christ

イエス・キリストが人間の父親をもたず，聖霊の力で聖母マリアが身ごもったかたであるという信仰は，福音書におけるキリストの幼年期の記述（マタ１章以下とルカ１章以下）に明言されており，正統的なキリスト教神学の一貫した教えとなってきた．この150年ほどのあいだに，この信仰に異議を唱えた自由主義的な神学者が挙げた根拠は，すべての奇跡的なものに対する一般的な疑念，ヘブライ語の不正確な翻訳のゆえにイザヤ書7:14の七十人訳聖書がその伝説を生んだか，少なくとも強めたという考え，新約聖書の他の箇所には処女降誕への言及がないこと，その誕生が他の人間のそれと似ていることがキリストの十全な人間性により適合することである．これらの点のどれにも答えられていない．ともかく，キリストが神の子であることを受け入れることは神学的に，キリストがヨセフ*の子でないことに依存せず，処女降誕の教理は受肉*の教理とは異なる．

現代のカトリックの用法では，「処女降誕」の語はより広い意味をもち，上記のような処女懐胎および，２世紀以来証言された，聖母マリアが処女，すなわち「純潔な処女」（*virgo intacta*）のままで出産したという信仰の両方を含む．➡無原罪の御宿り（聖母マリアの）

## 女性執事（じょせいしつじ）
➡女執事

## 諸聖人の祭日（しょせいじんのさいじつ）
➡諸聖徒日

## 諸聖徒日（諸聖人の祭日）（しょせいとび（しょせいじんのさいじつ））
All Saints' Day

既知・未知を問わずすべてのキリスト教の聖人を称える，西方では現在は11月１日に守られている祝日．もともとはどうやらペンテコステ*後の最初の主日に守られたらしく，東方では今もそうである．11月１日に守られるようになったのはグレゴリウス３世（741年没）の時代からであり，教皇はその日に「諸聖人」のために礼拝堂を献げた．

## 女性の聖職叙任（じょせいのせいしょくじょにん）
women, ordination of

キリストの弟子たちの中に目立った女性がおり，また初期の教会でも女性は新興の共同体において指導的な役割を果たしたが，これらの役割が，２世紀までに定着した司教*・司祭*・助祭*とい

う三重の職制とどのように関係するのかは知られていない．異端者の団体において司祭的な働きをする女性への言及は，正統派において，そのような行動が不法と見なされていたことを示す．教父時代において，女執事*という明確な職位（order）が存在した証拠があるが，彼女たちが助祭職にある女性と見なされたかは不明であり，やもめ*たちや処女たちとの彼女たちの関係も曖昧で，その職位は西方では11世紀には消滅し，東方ではその少しあとに消滅した．

女性を公式の職制に受け入れた最初の教会は，宗教改革*で司教・司祭・助祭という三重の職制を放棄していて，集中した位階制的構造をほとんどか全く持たなかった教会であった．たとえば1611年に，イングランドのバプテスト派*の信仰宣言（*Declaration of Faith*）は，「男女の執事職」を規定した．しかしながら，女性の聖職叙任が重要な関心事になったのはやっと19世紀になってからであった．たいていの教派では，（たとえば説教者のような）非公式の職制は，叙任された聖職者の階級への女性の受容に先行していた．

ディアコニッセの職位は1836年にドイツのカイザースヴェルト*で再興した．1862年に，A. C. テイト*はエリザベス・フェラード（Ferard）を英国教会における最初の女性執事にした．アメリカ聖公会*では，女性執事職は1889年に規範（canon）に従い確立された．メソジスト派*の女性執事制はアメリカでは1888年に，イングランドでは1890年に確立された．

一般に認められた教派におけるミニスター*としての女性の最初の聖職叙任は，1853年にニューヨーク州ウェイン郡バトラー・アンド・サヴァナの第１会衆派*教会でなされた．その後の19世紀中に，女性は合衆国において，ユニヴァーサリスト協会（Universalist Association），ディサイプル派*，いくつかのバプテスト派，メソジスト派，長老派*により叙任された．イングランドでは，最初の女性が1918年に地方のバプテスト教会の牧会的配慮のために叙任され，また1925年に「大ブリテンとアイルランドのバプテスト同盟」は公に女性をミニスターとして認定した．他の非信従者*教会も20世紀中にそれに続いた．1929年にオランダ*のルター派*で初めて女性が叙任されて以降，多くのルター派教会が女性を叙任された職制と認めてきたが，依然としていくつかの教会はそうしていない．

アングリカン・コミュニオンでは，フローレンス・ティム・オイ・リ（Tim Oi Li）が香港主教により1944年に司祭に叙任されたのは，中国における戦争や革命で孤立したキリスト教徒に奉仕するためであった．主教の措置は1948年のランベス会議*により断罪された．しかしながら，1968年の会議は女性執事が「執事職の枠内にある」ことを確認して，各管区におけるその問題に関する法的な規範化への道を開いた．アメリカ聖公会では，このための法制化が1970年になされ，英国教会では1986年になされた．1976年に，アメリカ聖公会における女性のいくつかの非公式な司祭叙任を経て，総会（General Convention）は女性の司祭叙任と主教聖別をともに認めた．英国教会は1993年に女性の司祭叙任を認めた．女性はいつも多くの管区で司祭に叙任されてきている．

アメリカ合衆国の合同メソジスト教会*は1980年に大きな教派の中では最初の女性の監督を選んだ．歴史的継承において主教職に選ばれた最初の女性は，1989年にアメリカ聖公会のマサチューセッツ補佐主教*として聖別され，最初の教区主教はニュージーランド*で1990年に聖別された．アングリカン・コミュニオンの管区の約半数は女性を主教に選出できるよう法制化したが，2010年までにこの法制に則って行動したのはカナダ*聖公会とオーストラリア*聖公会だけである．ルター派は1992年に２人の女性を監督に選び，他の例がそれに続いた．

カトリック教会*，東方正教会*，オリエンタル・オーソドックス教会*は男性のみの叙任された職制を維持して，それが職階*の本質であると考えている．

## 職階と叙階（叙任，聖職按手）
(しょっかい と じょかい（じょにん，せいしょくあんしゅ）)

Orders and Ordination

教会の職制（ministry）の起原は，主（イエス）が御国の働きを12人（マタ10:1-5など）や72人（ルカ10:1）に委任したことにさかのぼる．それはペンテコステのあとに新しい力とより広い責任を受けた（使2:1-13）．新しくたてられた教会において，地方の職制の状況はさまざまであったが，聖パウロ*が認めていた預言者*と教師というカリスマ的な職制は（Ⅰコリ12:28），やがて「長老」*に取って代わられた．使徒言行録はパウロ自身が長老を任命したと述べており（14:23），また20:28では，監督*を長老とほぼ同義と見なしている．単独司教職（monarchical episcopate）は聖イグナティオス*（107年頃没）によりアンティオキア*で擁護され，強調されている．しかしながら，使徒的指導制およびさまざまなカリスマ的ないし非カリスマ的な職制から，一致の中心をもたらすより強固な教会的職階（order）への漸進的な移行は，歴史家には部分的にしか見えない．Ⅰテモテ書3-4章は，監督と執事*という明確な職階に関する最初の証言である．そこでは，叙階も予示ないし予見され，地方の長老がテモテに按手*を施し（4:14），聖霊がその儀式により授けられたと理解されている．「7人」の任命に関する使徒言行録6:1-6の記述もこの状況を反映している．後代の慣行を暗示するこれらすべては，神によるミニスター*（奉仕者）の選びという意味を保っており，それは聖マティア*のくじでの選びの記述（使1:23-26）にも表れている．3世紀半ばまでに，体制の相当な発展が明らかである．コルネリウス*（在位251-53年）のときローマには，司教のほかに，46人の司祭，7人の助祭，7人の副助祭*，42人の侍祭*，52人の祓魔師*，読師*，守門*がいた．中世後半には，7つの職階（品級，Orders）が存在するというのが一般的な見解で，西方教会では，3つの上級品級*と4つの下級品級*が区別された．カトリックの神学によれば，職階の賜物は秘跡であり，消えない霊印*を授けるものと考えられている．中世には，下級品級もふつう「職階の秘跡」（sacrament of Orders）の中に含まれると見なされていたが，カトリックの神学者は現在はこの見解を否定している．

洗礼*と堅信*を受けた男性のみが合法的に叙階されうると伝統的に考えられている．しかしながら現代では，アングリカン・コミュニオンの多くの管区は女性の執事職と司祭職を認め，いくつかの管区は主教職をも認めている（➡女性の叙任）．候補者（candididate）は善良な道徳的性格をもち，現在は職務への神からの召命を確信していなければならない．聖職候補者（ordinands）は適齢に達していなければならず（➡教会法的適齢），また救霊のために一般に「受階名義」*を必要とする．伝統的な神学の考えではまた，職階の秘跡は正式に聖別された司教によってのみ合法的に授けられうる．

叙階は常に聖餐という背景のもとで行われてきた．東方では長く簡素であったその儀式は，西方では中世末までに複雑になっていた．カトリック教会では，ずっと簡素化した叙階式が1968年に導入された．司教は現在は黙って各助祭候補者に按手を施し，次にその全員のために叙階の祈りを唱える．各候補者がダルマティカ*とストラ*を着用したのち，司教は各々に福音書を授け，それを宣べ伝え，それにより生きるよう命じる．司祭候補者の場合，司教が按手を施す際に，他の聖職者（clergy）が参与し，別の叙階の祈りが用いられる．司教は次に各候補者の両手に聖香油*を注ぎ（anoints），各々に会衆がささげたパンとぶどう酒を入れたパテナ*とカリス*を授ける．司教叙階（聖別）の場合，共同聖別司教*が司式司教（consecrating bishop）に参与するのは，聖別の祈りが有効性*をもつために必要と考えられるからである．この祈りが唱えられているあいだ，福音書が候補者の頭上にかかげられる．司式司教は次にその頭に油をそそぎ，福音書を授け，指輪*をその指にはめさせ，ミトラ*をその頭にかぶせ，牧杖*を与える．英国教会では，2007年の「共同礼拝用聖職按手式文」（CW *Ordination Services*）が，「聖職按手式文」*に対する従来の代案（1978年）の後継案となった．そこで聖職按手式（Liturgy of Ordination）を構成するのは，参入，宣言，聖職按手への会衆の同意，聖職按手の祈りでしめくくられる長い祈りであって，その祈りのあいだに，主教は各候補者に按手を施す．司祭と主教の聖職按手の場合，司式主教に参与するのは同じ職階の聖職者である．新たに叙任された聖職者には，与えられた権威のしるしとして，聖書が授けられる（聖職按手の祈りのあとか「派遣」[Sending Out]と呼ばれる式の最終部分において）．助祭の洗足式，司祭と主教の油そそぎ，（全職階の）祭服着用，司祭へのパンとぶどう酒の奉献は随意である．主教には「派遣」の際に牧杖が与えられる．

西方教会において，「四季の斎日」*(聖職按手節）は司祭と助祭の叙階を行う通常の時期であった．最近，聖ペトロ*の祝日は「三位一体の主日」*に置き換わった．➡英国教会の叙任（聖職按手）

## ジョット
Giotto（1267頃-1337）

本名はアンブロジョット・ディ・ボンドーネ(Ambrogiotto di Bondone)．画家．彼の生涯について，ほとんど何も知られない．1329-33年頃にナポリ王ロベルトに雇われており，1334年にフィレンツェ大聖堂の建築監督に任命された．彼は，イタリアにおける後期ビザンティン美術に特徴的な厳格な形式を脱し，新しい意味の劇的な写実主義を導入した．アッシジ*の聖フランチェスコ聖堂上堂のフレスコ画連作を彼が描いたことに異論があるが，確実に彼の作として信頼できるのは，パドヴァのアレーナ（スクロヴェーニ）礼拝堂およびフィレンツェのサンタ・クローチェ聖堂のペルッツィ礼拝堂とバルディ礼拝堂のフレスコ画連作などである．これらすべては，自然主義に対する関心および物語や性格描写に対する天分を表している．

## ショートハウス
Shorthouse, Joseph Henry（1834-1903）

1881年の『ジョン・イングルサント』(*John Inglesant*)の著者．クェーカー派*の家に生まれた彼は，1861年に英国教会で受洗した．ジョン・イングルサントの巡礼の描写における繊細さと魅力，17世紀の宗教生活に対する同情的な理解，リトル・ギディング*での共同体に関する生き生きとした描写は，同書をアングリカニズムについての力強い弁明書にした．

## 叙任（じょにん）
➡職階と叙階

## 叙任委託書（じょにんいたくしょ）
Letters Dimissory

英国教会において，上級聖職*の候補者が自らの聖職資格*をもつ教区の主教が，別の教区の主教に，叙任という聖職的行為をなすために発する許可状(licence)のことでそれは前者の主教がその候補者の叙任を不適当だと見なしたときである．

## 叙任権闘争（じょにんけんとうそう）
Investiture Controversy

1076年のグレゴリウス７世*に対するドイツ王(のちの皇帝)ハインリヒ４世*の服従の拒否から，1122年のヴォルムス協約*までの，教皇と皇帝間の長い一連の争いをしばしば指す用語であり，ノルマン朝やフランスの国王たちとの同時代の教皇の争いのことも指す．叙任権の問題は，司教や修道院長に職務を象徴する指輪*と牧杖*を授ける王権と関わっていた．俗人叙任(lay investiture)はグレゴリウス７世により，おそらく1075年に，確実には1078年に禁じられ，1100年になってやっと主要な問題となった．イングランドでは，この問題は聖アンセルムス*のもとで重大となり，彼はヘンリー１世に臣従の礼を行ったり，俗人叙任を受けていた司教を聖別したりすることを拒否した．妥協点に達したのは1105年にベック*においてであり，1107年に承認された．またひそかな了解がどうやら1107年にフランスでも得られたらしい．帝国における正式な解決はヴォルムス協約により達成された．俗人の支配者は指輪と牧杖を授けることをやめたが，世俗的所有物(temporalities)を授与し，聖別の前か後に臣従の礼を受け続けた．

## 初年度献上金（しょねんどけんじょうきん）
annates

聖職禄*の初年度の収入で，教皇庁に納入された．イングランドでは，その納入先は1535年に王権に移された．これは1704年に「アン女王基金」*に割り当てられ，1926年に廃止された．

## ジョベルティ
Gioberti, Vincenzo（1801-52）

イタリアの政治家，哲学者．1834年にイタリアから追放された彼はブリュッセルで教鞭をとり，そこで多くの哲学的な著作を出版した．1847年にイタリアに戻った彼は，1849年に短期間ヴィットリオ・エマヌエーレ２世の内閣の一員となった．ジョベルティの哲学的な理念は本体論主義*的であった．彼の考えでは，存在の諸秩序と知識のあいだには正確な一致があり，人間精神は絶対的で必然的な存在である神を直接に知覚するのであり，その神はすべての存在の創造的な原因であり，人間の知識の源泉である．

## ショーペンハウアー
Schopenhauer, Arthur（1788-1860）

ドイツの哲学者．彼の主著は「1819年の」（実際は1818年の）『意志と表象としての世界』（*Die Welt als Wille und Vorstellung*）であった．彼の考えでは，究極の実体は意志である．彼は被造物への同情や禁欲による意志の否定が存在の諸悪からの至高の救済であると説いて，自らがキリスト教神秘主義者と一致していると主張したが，彼の哲学全体は厭世主義的で，19世紀のドイツにおける主要な反キリスト教的な体系の一つであった．

## ジョワンヴィル
Joinville, Jean de（1224頃-1319）

フランスの歴史家．1248年の十字軍*の際，ルイ９世*に従ってエジプトとパレスチナに赴き，国王とともに捕虜となった．彼はルイの列聖*に対する証人の一人であり，また国王の有名な伝記を書いた．

## ジョン
John（1167-1216）

1199年からイングランド王．ヘンリー２世の末子であった彼は，父に対しても兄であるリチャード１世に対しても陰謀を企てたが，にもかかわらず後者によりその後継者として指名された．即位すると，彼はイングランドとノルマンディーにより承認され，1202年に，甥のアルチュールが要求していたアンジューとブルターニュを破り，1203年にアルチュールを殺害した．続く数年間で，彼は大半のフランスの領土を失った．インノケンティウス３世*が1207年にスティーヴン・ラングトン*をカンタベリー*大司教に任命したとき，ジョンはその承認を拒否した．1208年に，イングランドはインテルディクトゥム*のもとに置かれ，1209年に，ジョンは破門された．貴族たちを信頼できず，教皇による廃位とフランスの侵入におびえたジョンは，1213年に屈服し，イングランドとアイルランドを教皇の宗主権下に置いた．1215年に，貴族たちはマグナ・カルタへの署名を獲得した．ジョンはやがて自らの行為を後悔し，内乱が起こった．彼は王国の混乱のうちに没した．

## ジョーンズ
Jones, Griffith（1683-1761）

ウェールズ巡回学校（Welsh circulating schools）の創設者．1716年からランドウラー（Llanddowror）の主任司祭*であった．1730年に，彼は成人と子どものための「巡回学校」を創設し始め，巡回教師にウェールズ語聖書を読みながら生徒を教えさせた．

## ジョーンズ
Jones, Inigo（1573-1652）

最初のイギリスの古典的な建築家．イタリアでアンドレア・パラーディオ（Palladio，1580年没）の作品を研究した．教会建築家としての彼の意義は，当時のゴシック様式でなく，古代の神殿に基づく古典的な様式を用いたことにある．彼が手がけた建築には，セント・ジェームズ宮殿のクイーンズ・チャペル，セント・ポール聖堂，コヴェント・ガーデンがある．

## ジョーンズ（「ジム」）
Jones, James Warren 'Jim'（1931-78）

アメリカのカルト指導者．若いときに，彼は社会的良心にめざめ，人道的活動に従事した．1952年に，彼はメソジスト派*教会で学生牧師になったが，1954年以降，特に「人民寺院」(Peoples Temple）と呼ばれる独立した多民族からなる集会（congregations）を組織した．彼は信奉者たちに財産の共有を勧め，この事業から起こった社会活動は多くの人を惹きつけたが，批判もまねいた．彼が「異言*で語ったこと」はペンテコステ派*を引き入れた．1965年に，彼は自らの共同体をカリフォルニアに移し．政府の干渉についての被害妄想が強まり，彼は「ジョーンズタウン」と名づられることになる土地を南米のガイアナに獲得し，1977年に彼自身がそこに赴いた．過酷な状況および彼が行使した独裁的な統制の結果，脱会を試みる人たちがでた．同地を訪問した合衆国の議員が殺害された．その直後，ジョーンズは約900人の信奉者にシアン化合物入りのグレープジュースを飲ませた．彼自身は側近に射殺された．

## ジョーンズ
Jones, Rufus Matthew（1863-1948）

アメリカのクェーカー派*．彼の多くの著作の中に，1909年の『神秘宗教の研究』(*Studies in Mystical Religion*）がある．

## ジョーンズ（「ネイランドの」）
Jones, William, 'of Nayland'（1726-1800）

アングリカンの聖職者．1777年に，彼はサフォーク州ネイランドの永久補助司祭*になったので，上記の伝統的なあだ名が付いた．彼は臣従拒誓者*の高教会派*的な伝統を守り続けようとした．1756年の『三位一体に関するカトリック的教理』（*The Catholic Doctrine of the Trinity*）において，彼は三位一体の教理が聖書中に含まれていることを聖書のテキストから証明しようとした．

## ジョンソン
Johnson, Samuel（1709-84）

著述家，辞書編集者，論争家．敬虔な高教会派*であった彼は，若いときの自らの回心を W. ロー*の『真摯な招き』(*Serious Call*）の読書に帰している．ジョンソンは1755年の英語辞書（*Dictionary of the English Language*）のほかに，さまざまな作品を書いた．

アメリカの讃美歌作者であるサミュエル・ジョンソン（1822-82年）を，この辞書編集者と混同してはならない．

## シラ書（集会の書）
Ecclesiasticus

アポクリファ*の一書で，通常いわゆる知恵文学に含められる（➡知恵）．本書はエルサレムのシラの子，イエスス（すなわちヨシュア）により，ヘブライ語で執筆ないし編纂された．翻訳者の序言も述べているが，ギリシア語への翻訳は前132年以降にエジプトで著者の孫によりなされた（欽定訳聖書に印刷された最初の序言は偽作である）．44-50章の父祖の一覧および他の内的な証言は，原著が前132年より約２世代前の年代に由来することを裏づける．

## シラス（聖）
Silas, St

聖パウロ*のギリシアへの最初の訪問時の同労者で，使徒言行録15:22-18:5においてシラスと呼ばれている．パウロはⅡコリント書1:19では彼をシルワノと呼び（Ⅰペト5:12も同じ)，テサロニケの信徒へ連名で手紙を書いている．祝日は７月13日，ギリシア教会では，７月30日．

## 『シラブス』
➡『謬説表』

## ジラルドゥス・カンブレンシス
Giraldus Cambrensis（Gerald de Barri）（1146頃-1223）

歴史家．1175年頃から1203年のあいだ，彼はウェールズのブレコン(Brecon)の助祭長であった．彼は２度セント・デーヴィッズ*司教に選出されたが，聖別されなかった．彼の歴史書は面白く，生き生きとしているが，時に事実が誇張されている.

## シーリー
Seeley, John Robert (1834-95)

歴史家.『この人を見よ』*(1865年) の著者.

## シリア型本文(新約聖書の)
Syrian text of the NT

B. F. ウェストコット*とF. J. A. ホート*の考えで,300年頃にシリアのアンティオキアかその近くで作成され,アンティオキアのルキアノス*がおそらくその著者である,新約聖書のギリシア語本文の校訂のために2人がつけた名称.

## シリア・カトリック教会
Syrian Catholics

シリア正教会*から分かれた,カトリック東方教会*の一つ.現在の教会の起原は,カトリックになったアレッポ府主教ミカエル・ガルヴェー(Garweh) が1783年に総主教になったことにさかのぼる.第1ヴァティカン公会議*に,有名な学者であるダマスコ大主教 C.-J. ダヴィド (David, 1829-90年) がオリエントの顧問としてローマで出席した.同教会の総主教は現在,レバノンのベイルートに居住している.

## シリア語
Syriac

キリスト教時代が始まる直前から,エデッサ*やその近隣で話されたアラム語*の一分派.これらの地域における活発なキリスト教会のゆえに,初期の教会において広く用いられた.現存する文献の大半はキリスト教のものであり,多くのギリシア教父の著作がシリア語訳のみで残存している.アッシリア東方教会*(ネストリオス派教会) およびシリア正教会*(ヤコブ教会) の典礼用語として残ってきた.アラビア語が日常語になり,シリア語はますます人為的な言語になったが,後者は限定的ながら用いられ続けている.

## シリア語訳聖書
Syriac versions of the Bible

シリア語訳聖書が年代的に古いことおよびシリア語学者の持ち前の正確さのゆえに,本文批評学にとり極めて価値が高い.旧約聖書の主要な訳は以下の2者である.(1) おそらく2世紀前半に,エデッサ*でユダヤ人共同体のためにおそらく一部はユダヤ人により翻訳された「ペシッタ」*.(タルグム*がペシッタに由来する) 箴言を除けば,この翻訳はシリア語圏のキリスト教徒のみによって用いられ,現在も標準訳である.(2) オリゲネス*の『ヘクサプラ』*中の七十人訳聖書*本文を忠実に翻訳した「シロ・ヘクサプラ」(Syro-Hexapla) で,シリア正教会*のテラ (Tella) 主教パウロスにより616-17年頃にアレクサンドリア*で翻訳された.

福音書はタティアノス*の『ディアテッサロン』*のシリア語訳および古シリア語訳聖書*と呼ばれる個々の4福音書の翻訳で知られていた.後者はおそらく200年より古くはないが,シリア語の『ディアテッサロン』とは無関係なそれより後の翻訳であって,一般にペシッタの基礎になったと考えられている.さらに以下の2つの新約聖書の翻訳が存在した.すなわち,508年の「フィロクセニアナ」*と616年の「ハルクレンシス」*である.

## シリア正教会(ヤコブ教会)
Syrian Orthodox Church

オリエンタル・オーソドックス教会*の一つ.そのキリスト論を受け入れることを拒否した.451年のカルケドン公会議*の直後に,別個の団体として成立した.アンティオキア*総主教のもとでの独立した位階制が6世紀に確立した.会員数を減少させたのは,14世紀のモンゴル人の侵攻,18世紀の独立した帰一教会*の総主教座の成立 (➡シリア・カトリック教会),20世紀のトルコ人による虐殺であった.シリア正教会員は現在,4,000人から5,000人で,その半数以上が現在ヨーロッパと南北アメリカ,オーストラリアにおり,またおそらく南インドに約100万人 (➡マラバル・キリスト教徒) いる.1960年代以降,多数が西ヨーロッパに移住した.彼らの典礼用語はシリア語であり,彼らはヤコブ派*ないしキリスト単性論*者とも呼ばれる.

## シリア・マラバル教会

➡マラバル・キリスト教徒

## シリキウス（聖）

Siricius, St（334頃-399）

384年から教皇. 彼の教皇位は教皇権の発展上で一時期を画した. 385年に彼がタラゴナ(Tarragona）司教ヒメリウス（Himerius）に宛てた書簡は, 悔悛者に対する比較的に寛大な処置を擁護しており, 最初の教皇教令*である. 386年にローマで開催された教会会議の規律に関する決議条項（canons）は, 北アフリカの教会に伝えられた. 祝日は11月26日.

## 自律修道院

idiorrhythmic

アトス山*のいくつかの修道院を指す名称で, 個人の財産を所有する権利を含め, かなりの自由を修道士に認めていた.

## 自立主義

voluntaryism

教会は国家から独立しているべきだという考え.

## ジル

➡アエギディウス

## シルウィア（アクィタニアの）

Silvia of Aquitaine

ローマ人総督ルフィヌスの親戚. 彼女はかつて『エゲリアの巡礼記』*の著者と考えられた.

## シルヴェステル1世（聖）

Silvester（Sylvester）I, St

314-35年にローマ司教. 彼について, ほとんど何も知られていない. 後代の伝説によれば, 彼はコンスタンティヌス*のハンセン病を癒して, 彼にラテラノ*の洗礼堂で授洗し, また皇帝により与えられた土地に, ローマ司教座聖堂としてラテラノ聖堂を建てた. 彼はまた「コンスタンティヌスの寄進状」*の受領者とされている. 祝日は西方では12月31日, 東方では1月2日.

## シルヴェステル2世

Silvester（Sylvester）II（940頃-1003）

教皇. ジェルベール（Gerbert）は学者としても教会人としても重要である. ランス*司教座聖堂付属学校で, 彼は実践的な教育体系としてアリストテレス*とボエティウス*の論理学の著作の要旨を用いた, ヨーロッパで最初の教師であり, 彼は大部の数学の論文を書いたと思われる. 991年にランス大司教, 998年にラヴェンナ*大司教, 999年に教皇になった. これらの昇進を皇帝オットー3世に負っており, 彼がシルヴェステルと名乗ったのは, 教皇の皇帝との協力の範例と長く見なされてきたシルヴェステル1世*に意識的に倣おうとしたからである. 教皇として, 彼は聖職売買*に反対し, 聖職者の独身制*を支持し, 東ヨーロッパの教会を強化することに尽力した. 彼はポーランドのグニエズノ（Gniezno）とハンガリーのエステルゴム（Esztergom）に大司教座を設置し, またハンガリーの聖イシュトヴァン*を国王として承認した.

## シルヴェステル修道会

Silvestrines（Sylvestrines）

『ベネディクトゥス会則』*を遵守する単式誓願修道会*. 聖シルヴェステル・ゴッツォリーニ（Gozzolini, 1267年没）により1231年に創立され, 1973年にベネディクト会*連合に加わった.

## ジルソン

Gilson, Étienne（1884-1978）

トマス主義*の哲学者. フランスで教授職を務めたが, その後トロントの教皇庁立中世研究所長であった. 1959年以降は主としてフランスに住んだ. 彼の最初の著作はR. デカルト*に関するものであるが, 彼の生涯の大半は中世哲学の研究にささげられた. 彼には, 中世哲学のさまざまな側面およびその主要な人物に関する著作がある.

## シルミウム瀆神信条

Sirmium, Blasphemy of

357年に開催されたシルミウム（現セルビアのスレムスカ・ミトロヴィツァ［Sremska Mitrovica］）教会会議で公布された教理信条で，極端なアレイオス派*の教えを述べている．三位一体論における「実体」の用語への言及がいっさい禁じられ，御子の御父への従属が主張された．この名称は，これを記述したポワティエの聖ヒラリウス*に由来する．

## 試練

➡誘惑

## シロアムの池

Siloam, Pool of

エルサレム*の池ないし貯水池で，旧約聖書でも新約聖書でも言及されている．ほぼ確実に，現代のビルケト・シルワン（*Birket Silwān*）である．

## ジロラモ・ミアーニ（エミリアーニ）（聖）

Jerome Emiliani（Miani），St（1481-1537）

ソマスカ修道会*の創立者．ヴェネツィア*出身で，1518年に司祭に叙階された彼は，生涯にわたって貧者や病者のあいだで活動し，孤児院，病院，転落した女性の救護施設を建てた．1532年に，彼はこの活動を促進する団体を創立した．祝日は2月8日（以前は7月20日）．

## シーン（尊）

Sheen, Ven. Fulton John（1895-1979）

アメリカのカトリック司教，テレビ伝道者．1926年に，彼はアメリカ・カトリック大学*に迎えられ，哲学と神学を教えた．1950年に，彼は布教協会（Society for the Propagation of the Faith）の全米主事に任命され，翌年，シザリアナ（Caesariana）名義司教兼ニューヨーク補佐司教に聖別された．彼は1966年にニューヨーク州のロチェスター司教になって，第2ヴァティカン公会議*の教令を実施する試みをつうじて論争を引き起こした．1969年に，彼はウェールズのニューポート名義大司教に任命された．

1930年以降，彼はラジオ番組「カトリック・アワー」を司会した．1951年に彼が始めた毎週のテレビ番組「人生の生き甲斐」（Life is Worth Living）は「フルトン・シーン番組」になった．そのラジオとテレビの両番組とも極めて人気があった．彼の活動はアメリカ合衆国におけるカトリック教会に対する偏見の壁を崩した．2012年に，ベネディクトゥス16世*が彼の「英雄的な徳」の生涯をたたえたのは，列聖*への第一歩である．➡宗教放送

## 神化

deification

「神になること」で，ギリシア教父や東方正教会の神学において，恩恵*が（人間を）変容させることを指す用語．Ⅱペトロ書1:4（「あなたがたが神の本性にあずからせていただくようになるためです」）はこの概念を明確に支持する唯一の聖書の箇所であるが，パウロやヨハネの思想とも結びつく．聖エイレナイオス*が発展させた考えによれば，神が受肉において我々の生命を共有したように，我々は神の生命を共有し，「神自身となる」よう定められている．神は御子の受肉をとおして，人間が御子にある神の生命を共有するよう招いているという教えは，聖アタナシオス*などによって繰り返されている．東方では，この教えは聖グレゴリオス・パラマス*において決定的な表現を見いだした．彼の考えでは，人間性は神の本性にでなく，神のエネルゲイア（働き）にあずかりうる．神化の表現は西方神学では顕著ではないが，典礼の祈りや神秘家の教えに見いだされる．

## 神学

theology

字義的には「神に関する学問」．ギリシア教父のあいだでこの語は，三一神*の教理（すなわち，被造界との御自身の関係と対比された，神の存在に関する教理）ないし（神が真に知られるのは祈りにおいてだけであるがゆえに）祈りを指すようになった．西方では，神によって啓示された宗教的真理に関する学問を意味するようになった．その主題は神

とその被造物の存在と本性，およびアダム*の堕落*から，キリストによる贖い*とその教会による民への仲保までの，神的摂理の複合的な全体であり，理性だけで理解できる，神に関するいわゆる自然的な真理も含まれる．その目標は信仰に啓発された理性をつうじて信仰の内容を探求し，そのより深い理解を助長することである．

## 神格化（しんかくか）

➡アポテオシス

## 『神学大全』（しんがくたいぜん）

*Summa Theologiae*

聖トマス・アクィナス*の教義的な主著で，この語は最近まで‘*Summa Theologica*’と綴られれていた（➡スンマ）．トマスの3部は神，人間の神への還帰，人間の神に至る道としてのキリストについて論じている．秘跡と終末に関する最終部は未完のまま残され，欠けた部分はトマスの『命題集注解』に基づいて補充された．

## 神学的嫌悪（しんがくてきけんお）

odium theologicum

神学論争がしばしば引き起こす敵意を指す，よく知られた表現．

## 神学校（しんがっこう）

seminary

教会用語で，聖職者の養成に専念する学校ないしカレッジのこと，特にカトリック教会におけるそのような施設を指す．トリエント公会議*はどの司教区*にも神学校を設立することを命じた．1983年の『教会法典』*は小神学校と大神学校を定めており，前者は若者が他の若者と同じ課程を学びながら，霊的に養成されるのを助け，後者は成人を霊的・学問的・司牧的に司祭職へと養成する．

## 神学校（アングリカンの）（しんがっこう）

Theological Colleges（Anglican）

これらの神学校において，候補者は叙任の最終的な準備を受ける．1810年に創設されたエディンバラ神学校は，アングリカン・コミュニオン内で現存する最古の神学校である．その後19世紀中に，神学校がイングランドの大部分の主教区で開設されたが，近年，多くの神学校が閉鎖ないし合併し，また他の教派の神学校と合併したものもある．

## 新カルケドン主義（しんカルケドンしゅぎ）

Neo-Chalcedonianism

カルケドン公会議*のキリスト論をアレクサンドリアの聖キュリロス*のキリスト論に照らして解釈し，公会議がキュリロスを裏切ったというキリスト単性論*者の主張に反対した6世紀の神学者の立場を指すために案出された現代の用語．この立場には，受肉のキリストの唯一のヒュポスタシス*が三位一体の神の第2のペルソナと同一であるという主張が含まれ，結果としてテオパスキタイ派*の定式を正当化した．

## 進化論（しんかろん）

evolution

地上のすべての生物が「無原則な」遺伝子突然変異と自然選択に由来するという考え．これは神的な導きを排除すると論じる進化論者もいれば，神が進化論的な過程をたてた結果，知的生命が生まれたのであり，これが一種の神慮であると考える進化論者もいる．したがって，神に対する信仰と両立するような進化論も存在する．➡ダーウィン

## 『新祈禱書』（しんきとうしょ）

➡『共同礼拝』

## 信経（しんきょう）

➡信条

## 『神曲』（しんきょく）

*Divina Commedia, La*

地獄（Inferno），煉獄（Purgatorio），天国（Paradiso）という来世の三界に関するダンテ*のビジョンを記した彼の詩の通称．そのビジョンの中で，ダ

ンテは1300年のある1週間旅をして，世界の此岸の暗い森から，地球の中心のサタンのいる地獄，煉獄の山の7層の壇，エルサレムと正反対に位置する島を通って，その山頂の地上楽園へと至る．そこまでは，ウェルギリウス*が彼の導き手であったが，今や彼はベアトリーチェに会う．彼女は彼を9つの遊星天・恒星天を通って至高天へと導き，そこでは，クレルヴォーの聖ベルナルドゥス*が代わって導き手となる．聖ベルナルドゥスはダンテを聖母マリアに紹介し，その執り成しで詩人に一瞬の至福直観*が許される．『神曲』の年代・目的・詳細な解釈はさまざまに議論されている．

## 神義論（しんぎろん）
Theodicy

世界における悪の存在に由来する異議に反対して，神の善性と全能を擁護することに関心をもつ，自然神学*の一部門．この語は時に，自然神学の同義語として用いられる．

## シンクチュア
➡ガードル

## 箴言（しんげん）
Proverbs, Book of

この韻文からなる旧約聖書の一書は，8つの明確に定義された部分に分かれ，その3つはソロモン*に帰されている．本書は広く異なった時期と場所に由来する，さまざまな箴言の集成を編集したものであるが，個別の集成には，いっそう多様な起原の個々の格言が含まれている．これらのいくつかはソロモンにさかのぼろうが，彼が本書を編集したという伝承はおそらく，彼が箴言を述べたことで知られ，またその宮廷を東方の知恵の中心としたという事実（王上5:9-14）で最もよく説明される．

## 神言修道会（しんげんしゅうどうかい）
Divine Word, Society of the（SVD）

司祭と信徒修道士からなるカトリックの宣教修道会．本修道会はドイツ人司祭である聖アルノルト・ヤンセン（Janssen）によりオランダのステイル（Steyl）で創立されたが，それは彼が文化闘争*のゆえにドイツ国外で創立せざるをえなかったからである．1905年に公式に認可された修道会は，その活動を「福音がまったく説かれなかったか，地方の教会が独自に存立できない地域」に集中させている．アメリカでは，本修道会はイリノイ州のテクニー（Techny）に外国で最初の神学校を創立し，信徒の黙想会*運動を始めた．本修道会はまた，黒人のアメリカ人をカトリックの聖職位に初めて就けた．

## 神権政治（しんけんせいじ）
➡神政政治

## 信仰（しんこう）
faith

この語は2つの異なった意味で用いられる．(1) 信条*，教会会議*の諸定式などや，特に聖書において見いだされる真理の総体（「キリスト教信仰」）．この教理の複合体はキリストの教えを具現したか，それから成立したと見なされ，人間が意図的に拒絶する場合，自らの救いを危うくすると見なされる．

(2) この客観的な信仰は，「主観的な」信仰により補完される．これは神の真理への人間の応答であり，知的な同意よりむしろ神への信頼を意味するものとして新約聖書*に描かれている．正統派の神学者によれば，それは自然的でなく，超自然的な行為であり，魂における神の働きに依存する．にもかかわらず，それは意志の行為を要求する．信仰の行為におけるこの主意主義的な動きは，それが有すると考えられる道徳的特性および意図的な不信仰が神の譴責に値するという確信を説明する．中世には，自然理性の光により人間知性に理解できる真理（たとえば神の存在）と，信仰によってのみ充当できる真理（たとえば三位一体の神への信仰）のあいだで区別がなされた．宗教改革において，信仰は新しい強調点をえた．「信仰のみ」による義認*というM. ルター*の教えは，信仰がそもそも人間の行為として認められる限り，信仰の主意主義的な側面を強調した．そこにおける主要な要素は信頼，キリストの贖罪のわざへの極度に個人的な信頼であった．18-19世紀には，信仰と知識は，I. カント*やS. キルケゴール*のような思想家によってまったく対照的なものとされ，信仰は客観的な内容のない主観的な態度であるように思われた．カトリック教会では，第2ヴァティカン公会議*が信仰の諸教派間の探究における新しい局面を開いた．それは「福音」の「真理」を，以前の神学者ほど排他的に命題的な用語で理解せず，良心*の重要性を認めた結果，人間は進んで信仰を確認するようにと招かれるにちがいない．

## 信仰寛容法（寛容令）

Toleration Act 1688

1689年に可決されたこの法は，一定の条件下で非国教徒*に礼拝の自由を認めた．カトリックおよび三一神を信じない者は同法の恩恵に浴さなかった．

## 信仰義認論

Solifidianism

信仰のみによる（*per solam fidem*）義認*という教理．➡ルター主義

## 信仰告白

➡コンフェッション

## 信仰自由宣言

Declarations of Indulgence

宗教的寛容*に関して，チャールズ2世*とジェームズ2世*により発せられた4つの宣言．1660年の「ウースター・ハウス宣言」（Worcester House Declaration）は儀式に関して一時的な自由を認めた．本来の信仰自由宣言のうち，1662年の宣言は，非国教徒に対する刑法の適用を猶予する権限を自らに認める法案を議会に提出しようとするチャールズ2世の意図を示している．1672年，1687年，1688年の他の3つの宣言は，これらの法の適用を国王大権によって猶予した．

## 信仰主義

fideism

知性が神に関する事柄を知りえないとふつう信じ，したがって信仰を過度に強調するさまざまな教え．

## 信仰証明官

Promotor Fidei

（ラテン語で「信仰の奨励者」の意．）教皇庁の列聖省*の最も重要な神学者．彼は列福*や列聖*の候補者に帰された徳と奇跡を吟味する責任をになっており，性急な決定を避けることが意図されている（彼は「悪魔の代理人」［Devil's Advocate］と通称された）．彼は現在は，ある事例の最終審査をする神学顧問の会議を主宰し，教皇に進言する枢機卿や司教のために報告書を準備する．➡公正証明官

## 信仰と職制

Faith and Order

1927年のローザンヌ会議*と1937年のエディンバラ会議*を開催したエキュメニカル運動*の一部門．世界教会協議会*に合流した．

## 信仰の基準

Rule of Faith（*Regula Fidei*）

2世紀に流布したキリスト教信仰の概略を述べるのに用いられた名称の一つ．他の名称には「真理の基準」，「信仰の規則」，「真理の規範」があった．後代の信条*と違って，これらの定式の表現は定まっていなかった．

## 「信仰の擁護者」

Defender of the Faith

「7つの秘跡」*の教理を擁護したヘンリー8世*の論考を多として，1521年にレオ10世*がヘンリーに与えた称号．1544年に，議会はイングランドの君主の正式な称号としてこれを認め，以後のすべての君主の肩書となっている．

## 信仰復興運動

➡リバイバル運動

## 審査官と追放官

Triers and Ejectors

1640年に,「恥ずべき」(scandalous) ミニスター*(すなわちロード*主義ないし「アルミニウス主義」*の同調者) を追放するために, 議会に委員会が設置された. その後, 地方諸委員会が,「厳粛なる同盟と契約」*を認めない人たちを追放するために設置された. 国家審査官委員会 (national commission of Triers) は, 公の説教者 (preachers) とレクチャラー*を職務に就かせる前に認めるために, 1654年にO. クロムウェル*により任命された.

## 審査法（審査律）

Test Act

1673年に可決された, 1672年の教皇派忌避法 (Popish Recusants Act) が国王のもとで官職にある全員に要求したのは, 英国教会の慣行に従って聖餐に与ること, 国王至上権を承認し, 君主に対して忠誠を誓うこと,「実体変化への反対宣言」*を行うことである. 審査法は1829年まで有効であった.

## 信者のミサ

Faithful, Mass of the

聖餐式*のうち奉納唱*から最後までの部分で, 初期の時代には受洗者 (信者) のみが儀式のその中心部分に残ったのでそう呼ばれた. ➡洗礼志願者のミサ

## 臣従拒誓者（臣従拒否者）

Nonjurors

1688年以降, ウィリアムとメアリに対する忠誠を誓い, 2人を首長と認めることをためらった英国教会員のことで, ためらった理由は, そうすることでジェームズ2世*とその後継者に対する以前の誓いを破ることになると考えたからであった. 彼らの中には, (大主教W. サンクロフト*やT. ケン*を含む) 9人の主教と約400人の司祭がいたが, 彼らは聖職録を奪われた. そのほかに, すぐれた信徒もいた. 主教たちは教会法による裁定なしに議会の法律で罷免されたので, 臣従拒誓派の聖職者は彼らを正当な主教と見なした. 継承を維持するために, さらに2人の主教が1694年にひそかに聖別された. 18世紀末までに, 臣従拒誓者の大半は国教会 (Established Church) に吸収された.
➡高教会派

## 信受者主義

receptionism

聖餐についての教えの一つで, これによれば, パンとぶどう酒は聖別後も変化しないで存在し続けるが, 信仰をもつ陪餐者はそれらとともに, キリストの体と血を受ける.

## 新受洗者

neophyte

(ギリシア語で「新たに植えられた」の意.) この語は初期の教会においてふつう, 洗礼を最近受けた人たちを指した.

## 信条（信経, クレド）

creed

キリスト教の教理の重要な諸点に関する, 簡潔で正式な認可された言明. 古典的な例には, 使徒信条*とニカイア信条*がある. 洗礼志願者はもともと, 信仰の短い定式を受け入れたが, これが徐々に信条へと明確化された. 325年のニカイア公会議*以後, 信仰の信条的な表明は正統信仰の規範として用いられるようになった. 聖餐の際に (ニカイア) 信条を唱える慣行が5世紀に東方で地方的な慣習として起こったが, ローマでは1014年まで採用されなかった. ➡信仰の基準

## 「信条の授与」

traditio symboli

初期の教会において, 洗礼*志願者は長期の教育を受けたが, その後半は「信条の授与」と呼ばれる信条の説明からなっており, 志願者はその信条を自らに受けとめた. 受洗時に, 彼らは信条を

唱えて告白するよう要求され，こうして司式する司教へ「信条の返還」(*redditio symboli*)を行った．この儀式は1972年のカトリックの成人洗礼式で復活した．

## 神人愛主義者（しんじんあいしゅぎしゃ）

➡敬神博愛主義者

## 信心会（しんじんかい）

fraternities（confraternity）

中世において，多くの種類の信心会が，聖職者と信徒の宗教的・社会的必要性を満たすために設立された．その主要な目的は会員のために，葬儀の際のミサや祈りによる相互扶助，病の際の代願などを確保することであった．信心会はまた，死や自然災害のような偶発事のために物質的な備えをし，寄付を募って親睦を深め，気晴らしをした．信心会はカロリング時代から急速に発達した．13世紀までは，ふつう（田舎でも都市でも）地域的な団体かまたは修道院に付属していた．それ以降，信徒信心会として発展し，鞭打ち苦行者*のような運動を含むようになり，彼らは異端信仰や男色に反対したり，内紛を鎮め，貧者を助けることに関心があった．多くの信心会は托鉢修道士*と連携したが，それはしばしば特定の地域には限定されなかった．➡兄弟会

## 神人協力説（しんじんきょうりょくせつ）

synergism

義認*の働き（ないし回心の経験）において，人間の意志が神の恩恵に協力しうるという見解．この説が反対者により帰されたP. メランヒトン*は，義認が聖霊の働きであるのに対し，人間の意志は義認の必然的な結果である善行を伴うと説いた．

## 『信心生活入門』（しんじんせいかつにゅうもん）

*Devout Life, Introduction to the*

聖フランソワ・ド・サル*による霊的生活に関する有名な論考．社会的な地位にある人人の実際的な問題・義務を論じているが，その教えは普遍的に適用できるものである．最初に1609年に出版された（最終版は1619年）．

## 神人同形論（しんじんどうけいろん）

anthropomorphism

神学において，人間の諸特徴を神に帰すること．その妥当性の議論は，しばしば類比*の概念に集中してきた．

## 信心ミサ（随意ミサ）（しんじんミサ（ずいいミサ））

Votive Masses

過去において『ラテン・ミサ典礼書』は，平和の回復や主の受難記念のような種々の機会と対象のために信心ミサを定めていた．1970年の『ローマ・ミサ典礼書』には15の信心ミサが挙げられ，その目的は信徒の信仰を高めることである．荘厳な信心ミサは種々の必要と機会のための46のミサと祈りに置き換えられたのに対し，「儀式を伴うミサ」*が特定の必要のために定められた．

## 神人両性具有行動（しんじんりょうせいぐゆうこうどう）

theandric activity

神人（God-man）の特徴的な行動を指して，ディオニュシオス・アレオパギテース*が用いた言葉．

## 神聖クラブ（しんせいクラブ）

Holy Club

ジョン・ウェスレー*が個人の信仰を深めるために1729年にオックスフォード大学で結成した，「メソジスト」*のグループに付けられたあだ名．

## 神政政治（神権政治）（しんせいせいじ（しんけんせいじ））

theocracy

（字義的には「神による支配」．）このギリシア語はユダヤ人の政体を指して，ヨセフス*により案出された．イスラエルにおける王政の成立以前，神はヘブライ人の最高の支配者と見なされ，その律法は宗教と世俗の義務を制定し，また王が立てられたあとでさえ，王は神の摂政にすぎなかった．王政が消滅した捕囚後は，より完全な神政政治が創案された．支配の神政政治的な形態は多くの古

代民族に知られていたし，またイスラーム*においても本来的である．神政政治的な理念を実現する試みが，J. カルヴァン*によりジュネーヴ*でなされた．

## 神聖同盟
Holy Alliance

1815年にロシア，オーストリア，プロイセンの君主たちにより，その後他の君主たちにより署名された宣言で，以後の列強間の関係が「我らの主の聖なる宗教が教える最高の真理」に根ざすことを謳っている．

## 「神聖法典」
➡レビ記

## 神聖ローマ帝国
Holy Roman Empire

カール大帝（シャルルマーニュ*）は800年に教皇レオ３世*により普遍的なローマ皇帝として戴冠されたが，西方地域を支配することだけを要求し，東方の皇帝が1453年までコンスタンティノポリス*に存続し続けた．カールの息子の没後も，皇帝の称号は縮小した領土の西方の支配者たちにより924年のその瓦解まで保持された．962年に，ドイツのオットー１世はローマでヨアンネス12世*により皇帝として戴冠された．ザクセン朝，ザリエル朝，ホーエンシュタウフェン朝と続くオットーの後継者たちは1254年まで皇帝の称号を保持した．「神聖な帝国」という表現は，教皇職の霊的な裁治権に対応するものとしてフリードリヒ１世*により1157年から用いられ，「神聖ローマ帝国」という用語は皇帝に統治された領土に適用されるようになった．1440年から，その称号はハプスブルク朝の支配者により保持され，帝国は「ドイツ国民の神聖ローマ帝国」と呼ばれた．その帝位は1806年にナポレオン１世により廃された．

## 親族・姻族結婚禁止表
Kindred and Affinity, Table of

1563年に大主教M. パーカー*により公布され，慣例上『祈禱書』の末尾に印刷されているこのリストは，レビ記18章で結婚が禁止されている親等に基づいている．同表は1946年に若干変更され，また養子の件が付加された1969年に変更された．
➡結婚禁止親等

## 神智学
theosophy

神的事物に関する知識を意味するギリシア語の *theosophia* は，魔術に関するパピルスに見出され，新プラトン主義*者にも用いられ，ヨアンネス・スコトゥス・エリウゲナ*によりラテン語化された．17世紀に，ユダヤ教のカバラ*に見出された直観的な知識に基づくような思弁を指すものとして，ラテン語と自国語の双方で復活した．現代では，それはあらゆる宗教に想定される隠れた本質を指し，あらゆる文化と宗教的伝統における個々の賢人により伝達される経験論的な哲学と信じられている．直覚により得られる真理に関する知識は，各自に潜在する力の発展から生じると考えられている．神智学の根本的な教えは，一切の存在が統一体であるということで，物的でも霊的でも，万物の本質は唯一の生命である．神智学的な哲学は人格的な神の存在，個人の不死性，キリスト教の啓示の有効性を否定する．

神智学協会（Theosophical Society）は1875年にニューヨークでH. P. ブラヴァツキー（Blavatsky）夫人とH. S. オルコット（Olcott）大佐により設立された．彼らは1879年にインドに移り，その直後に，協会の本部はマドラスに近いアディヤール（Adyar）に置かれた．1907年のオルコットの没後，A. ベザント（Besant）が協会会長に選ばれ，協会はやがて世界中に広がった．

## 人智学
anthroposophy

R. シュタイナー*により展開された思想で，人間の霊魂は独自の力で霊的世界と接触しうるという前提にたっている．魂の再生とカルマ（karma）の概念がその中核にある．キリストを宇宙的存在として認めるが，そのキリスト理解は正統的キリスト教のそれとは大きく異なっている.

## 神殿(しんでん)
Temple, the

伝承はエルサレム*におけるイスラエル民族の聖所（shrine）という考えをダビデ*に帰しているが，最初の神殿はソロモン*の治世（前970頃-930年頃）にさかのぼる．その建築は民族の中心的な聖所（sanctuary）になり，ここだけで，犠牲的礼拝が献げられた.前586頃にバビロニア軍により破壊され，その再建（「第２神殿」）は前520頃に着手された．神殿の建物はヘロデ*大王により再建された．これがキリストの時代の神殿である．後70年のエルサレム陥落とともに，神殿における礼拝は行われなくなった.

## 神殿騎士修道会(しんでんきししゅうどうかい)
➡テンプル騎士団

## 神殿奉献記念祭(しんでんほうけんきねんさい)
Dedication, Jewish Feast of the

ユダ・マカバイ*により前165年に制定された祝日で，アンティオコス・エピファネス*によって神殿*が汚されたあと，それを潔めたことを記念している．現代のユダヤ人はこれを「宮清めの祭り」(Hanukkah）として守っており，11月末から12月に当たる.

## 信徒(しんと)
laity

信徒（lay person）は,聖職者ないし（伝統的には）修道会に属さない教会員である．カトリック教会における聖職者と信徒間の明確な区別の強調を緩和した第２ヴァティカン公会議*は,「神の民」の一員としての信徒の役割を強調し（たとえば，礼拝において)，社会的秩序を改善する信徒の使命を明示した．英国教会では，教会統治において1969年の総会体制*条例により増大した役割が信徒に付与された.

## 信徒教会管理者(しんときょうかいかんりしゃ)
lay rector

英国教会において，聖職禄*のうち，主任司祭*の10分の１税*を受ける資格を以前に認められていた信徒．信徒教会管理者は教会堂の内陣*を修理する法的義務を有する．この義務は2000年の人権法に違反するとされたが，2003年に貴族院により再確認された.

## 信徒修道士／信徒修道女(しんとしゅうどうし／しんとしゅうどうじょ)
lay brother, lay sister

聖務日課*の交唱義務がなく，手仕事に従事する,修道会の会員．この制度は11世紀に始まった．1965年の第２ヴァティカン公会議*の指示では，信徒修道士は共同体の生活の中心に位置づけられるべきであり，また，可能ならば，修道女*という唯一のカテゴリーが存在するべきである．➡助修士

## 新年(しんねん)
New Year's Day

キリスト教徒はローマ人の新年の始め（１月１日）を示す「サトゥルナリア祭」(Saturnalia）を祝うのを避けた．その後，キリスト教徒はそれぞれの地域で別の日を年始とした．イングランドでは，１年は「聖母マリアへのお告げの祝日」（３月25日）に始まった．グレゴリウス暦の導入とともに，１月１日が受け入れられた．東方正教会*では，（９月１日の）新年は多くの聖歌をもって荘厳に祝われるが，西方では，１月１日が（カトリック教会で現在は「神の母聖マリアの祭日」として祝われる）「主の割礼の祝日」*であるという事実を除けば，伝統的になんら典礼的な重要性をもたない．イングランドでは,特にメソジスト派*において，非公式な「除夜の礼拝式」が一般的である.

## 真の臨在(しんのりんざい)
Real Presence, the

（特にアングリカン*の）聖餐神学において，聖餐のパンとぶどう酒におけるキリストの体と血の実際の臨在を強調するいくつかの説を示すのに用い

られる表現で，象徴的にのみ臨在すると主張する他の諸説と対比される．

## ジンバブウェのキリスト教（きょう）

Zimbabwe, Christianity in

16世紀と17世紀前半，宮廷にイエズス会*とドミニコ会*の宣教師が存在した．17世紀後半に排除された宣教活動は，19世紀後半にロンドン宣教協会*とイエズス会により再開されたが，セシル・ローズがその地域を征服するまではほとんど進展しなかった．1896年以降，教会は急速に増大し，(英国とアメリカの) メソジスト*派，ルター派*，アングリカン*，カトリックが宣教師を派遣した．1924－28年に宣教会議議長であったジョン・ホワイト（White，1933年没），アングリカンの海外福音宣教協会*の宣教師アーサー・シアリー・クリップス（Cripps，1952年没）らは，植民地時代をつうじてアフリカ人の権利を擁護することに寄与した．しかしながら，ローデシアの入植地内に英国の諸教会員が存在したことは時に，彼らがより明確な立場をとることを妨げ，特に1965年のイアン・スミスによる一方的独立宣言に続く時期がそうであった．その後の解放戦争（*Chimurenga*）中，地方の諸霊にしばしば祈願され，伝統的なアフリカの諸宗教が復興し，アフリカ独立諸教会が急増した．1980年の独立以降，ペンテコステ派*も増大した．その顕著な教会は，預言者兼大監督であるエゼキエル・グティ（Guti）が率いる，ジンバブウェ・アッセンブリー・オブ・ゴッド・アフリカである．カトリック教会は国家権力に強く立ち向かった記録をもち，スミス政権に反対し，ジンバブウェ初代大統領ロバート・ムガベの責任を問うた．ブラワヨ（Bulawayo）大司教ピウス・ンクベ（Ncube）は人権の率直な擁護者であった．他方，ハラレ（Harare）の聖公会主教ノルベルト・クノンガ（Kunonga）は，ムガベの忠実な支持者であった．クノンガはジンバブウェ聖公会により職権濫用のかどで裁かれ，2008年に免職され，主教区はそれ以降，生活面での干渉や財産の没収を受けた．白人ジンバブウェ人の農場の収用を含む，2000年の土地改革はキリスト教の諸教会を分裂させた．たいていの人は土地の再配分を支持したが，多くの人はその実施の激しさや苦しみには批判的であった．

## 神秘劇（しんぴげき）（奇跡劇（きせきげき））

Mystery Plays（Miracle Plays）

神秘劇や奇跡劇という名称は，中世後期の自国語による宗教劇を漠然と指し，特に英語の聖体劇やフランス語の受難劇が知られている．この種の演劇*の起原に関して，詳細は明らかでないが，典礼，特に聖週間*と復活祭*のそれがその形成に影響を及ぼしたことは確かである．聖書の自国語訳や対観福音書はより直接的な資料であった．外典の伝承や聖人伝もまた劇化された．演劇は16世紀に抑制されたが，現代になって復活したものもある．

## 神秘主義（しんぴしゅぎ），神秘神学（しんぴしんがく）

mysticism, mystical theology

現代の用語では，「神秘主義」は通常，直接的な個人的経験による（「神」と呼ばれても呼ばれなくても）究極的実在（Ultimate Reality）の直接的認識の主張を指し，「神秘神学」は神秘主義的現象の研究ないし神秘主義的生活の学問を意味する．トランスや幻視のような超常的な経験もしばしば「神秘主義的」と見なされるが，通常は本質的とは考えられない．プロテスタント神学者は神秘主義を不信の目で見がちである．近年，この主題への関心が増大している．

「秘義」（mystery）と結びついた言語は，初期の教会において共通しており，その用法は，キリスト教の教理と典礼が啓示によってのみ知られる事柄を含むという確信に基づいている．しかしながら，「神秘神学」という言葉を初めて用いたのはディオニュシオス・アレオパギテース*である．明確な概念と論証を用いる「哲学的神学」とともに，象徴や儀式を扱わざるをえない「神秘神学」が存在し，これは神に関する知的な概念を超えて，「無知の真に神秘主義的な暗闇」において神との真の合一へと我々を導く．ここでは，聖書の「神秘主義的な言葉」の高みが把握され，「神学の秘義」が沈黙のうちに啓示される.

後代のビザンティンの著作家には，ディオニュシオスが「合一的」と呼ぶ霊的過程の第3段階を「神秘主義的」と名づけた者もおり，これはある人が今や他者に神の秘義を「伝授する」立場にあることを意味すると受け取られている.

西方中世のディオニュシオス解釈者の傾向として，「神秘神学」は浄化・照明の道を経て，感情の頂点で神との愛の合一へと導き，そこではいっさいの知的な働きが無視されると見なされた．しかしながら議論されたのは，「神秘神学」がまったく意志と感情の中に位置づけられるべきなのか，あるいは，それはむしろ信仰に教化された，神との合一への知性の上昇ではないのかということであった．中世後期の著作家において，「神秘神学」はますます神の経験的な認識を意味すると受け取られ，著作家によっては，特定の主観的な経験が，（一般に16世紀以降は観想*と同一視された）「神秘神学」の獲得を構成ないし指示するものと明言する者もいた．この過程はアビラの聖テレサ*や聖フアン・デ・ラ・クルス*において頂点に達し，その後の2人の影響力は顕著であった.

17世紀以降，カトリック神学者のあいだで，「神秘神学」に置き換わった用語である「神秘主義」が，すべてのキリスト教徒に開かれた，聖化の恩恵の通常の開花と見なされるべきなのか，それともそれが少数者に保留された特別な恩恵と見なされるべきなのかについて議論された．現代の議論を支配しているのは，「神秘主義的経験」の概念であり，一方で，さまざまな宗教に共通な神秘主義的要素の探求であり，他方で，特にキリスト教的な「神秘主義」を確認する試みである.

## 神父（しんぷ）

➡ファーザー

## 新プラトン主義（しんぷらとんしゅぎ）

Neoplatonism

プロティノス*と（ポルフュリオス*，イアンブリコス*，プロクロス*を含む）その後継者の哲学体系．その基本的な特徴は3つの実在（hypostases），すなわち，存在する万物がそこから発出する究極的な未知の源泉たる「一者」，完全に向かう直観的認識の領域たる「知性」，論弁的な思想と行動の領域たる「魂」である．発出の外に向かう動きが出会うのは還帰の上に向かう動きであって，それは観想*として現れ，存在する万物はこれら2つの力の釣り合いである．還帰の観想的動きは「一者」を，知者にとり抽象法を意味する浄化によって求め，エクスタシス*の神秘主義的な経験により「一者」との合一を見いだす.

徹底した新プラトン主義者はどうしてもキリスト教に反対したが，新プラトン主義は1つには後期ローマ世界全体へのその普及力によって，キリスト教神学に影響を及ぼした．その影響は聖アウグスティヌス*，シュネシオス*，ディオニュシオス・アレオパギテース*の著作において明らかである.

## シンプリキアヌス（聖（せい））

Simplicianus, St（400年没）

397年からミラノ司教．彼はマリウス・ウィクトリヌス*の改宗およびある程度聖アウグスティヌス*の改宗に貢献した．アウグスティヌスの言葉から，シンプリキアヌスは聖アンブロシウス*の受洗を準備したと受け取れよう．祝日は8月16日（時に，13日）.

## シンプリキウス（聖（せい））

Simplicius, St（483年没）

468年から教皇．476年の最後の西ローマ皇帝の廃位に続いて，イタリア王としてアレイオス主義*者が立ち，キリスト単性論*的異端信仰が拡大した彼の教皇位中，ローマ司教座の裁治権的要求と威信を擁護した．東方では，彼はキリスト単性論的批判者に対抗して，カルケドン定式*の擁護のために首尾よく介入した．祝日は（地方的に）3月2日ないし10日.

## 親睦の接吻（しんぼくのせっぷん）

➡平和の接吻

## シンマクス（聖）

Symmachus, St（514年没）

498年から教皇．テオドリクス*王に支持された対立候補者の反対にあったが，507年に，テオドリクスは反対することをやめた．教皇位の後半，シンマクスはゼノン*の「ヘノティコン」*および彼がローマから追放したマニ教*徒に反対して，カトリック信仰の擁護に尽力した．彼はアルルのカエサリウス*にパリウム*を送ったが，カエサリウスはイタリア以外でこの特権を受けた最初の司教である．シンマクスはすべての主日と殉教者の祝日のミサで「グロリア・イン・エクセルシス」*を（司教だけで）歌うよう定めた．祝日は7月19日．

## 申命記

Deuteronomy, Book of

モーセ五書*の最後の書．本書はモーセ*の最後の言明を含み，それは基本的に（十戒*を含む）7つの主に立法的・勧告的な言葉からなっている．本書はモーセの死の記事で終わる．

申命記の特徴的な様式と用語は本書を他の五書から区別する．伝統的な見解によれば，本書はモーセによって書かれたとされるが，大多数の現代の批評家は現在の形の本書をずっと後代，ふつう前7世紀に当てる．しかしながら彼らが強調するのは，本書が長い文献的な歴史を証言しているということである．

## 申命記史書

Deuteronomistic History

M. ノート*らにより申命記*から列王記*までの文書に与えられた名称で，これらすべては同じ編集原則によって編集され，個々の素材を集めて1つの枠組みにまとめた1人ないし複数の編集者は，神の命令への服従が成功に，不服従が災難につながると信じていた．

## 申命記資料

➡D資料

## 神明裁判

ordeals

宣誓証言や証人証拠が有罪・無罪を定めるのに不十分と考えられた場合に，中世前半のヨーロッパで用いられた裁判の立証法．被疑者は，たとえば熱した鋤の刃の上を歩くような肉体への試練にさらされ，無罪・有罪は傷口がきれいか腐ったかといった，肉体上の結果で証明された．神明裁判は通常は教会により行われ，司祭の承認がその執行には必要とされた．それは告発に対して神の判断を示すものと見なされた．1215年の第4ラテラノ公会議*が聖職者の神明裁判への参与を禁止したので，神明裁判はいくつかの国では急速にすたれたが，完全に消滅するには時間がかかった．

## 新約聖書

New Testament

キリスト教会がもっぱら用いる正典諸文書で，ユダヤ教*と共有する旧約聖書*と対比される．新約聖書に含まれるのは，4福音書，使徒言行録，パウロ書簡，公同書簡，ヨハネの黙示録である．

➡正典（聖書の）

## 『真理の福音』

*Evangelium Veritatis*（*Gospel of Truth*）

ナグ・ハマディ*で発見されたコプト語の文書に含まれていたグノーシス主義*の論考．本書は御父の「御言葉」あるいは「御名」としてのイエスの来臨を説明し，彼の死とその意味について解説している．悪が女性に擬人化された「迷い」に帰されるなど，いくつかの独特な特徴が見られる．エイレナイオス*がウァレンティノス*の弟子の作として言及した同名の著作と本書を同一視する学者もいる．また，ウァレンティノス自身により書かれたとする説もある．

## 浸礼

immersion

洗礼*の方法で，志願者の身体が洗礼の水の中に沈められ，その水が頭にかけられる．浸礼は現在も東方教会でふつうである．西方では，主とし

て灌水礼*に置き換わったが，正式にはアングリカンやカトリックの諸教会において現在も奨励されている．➡完全浸礼

## 心霊主義（しんれいしゅぎ）
Spiritualism

死者の霊と交信することを意図した(しばしば迷信的な）信仰や慣行の体系．降霊術（necromancy）はたいていの「原始的な」，また多くの「高等な」宗教に共通な要素であり，初期の例はサムエル記上28:8に記録されている．近代の心霊主義は1848年のアメリカのフォックス家の神秘的な経験に由来し，イングランドやヨーロッパ大陸に広がった．主に媒体をとおして，念力や自動書字などの手段で，死者の霊魂と交信するとされる．心霊主義の慣行は教会のど教派からも断罪されている．

キリスト教心霊主義教会（Christian Spiritualist Churches）はイエス・キリストの指導を受け入れるとしているが，彼らのキリストの理解は正統教会のそれとは異なっている．

## 身廊（しんろう）（ネーヴ）
nave

聖堂内で，正面入口から内陣*と聖歌隊席*までの部分で，信徒に開放されている．

# す

## スアレス
Suárez, Francisco（1548-1617）

スペインのイエズス会*員．ローマとアルカラ（Alcalá）で教え，1597年に，フェリペ2世*にコインブラ（Coimbra）大学に招聘された．スアレスはイエズス会で最高の神学者と見なされる．

1597年の『形而上学討論集』（*Disputationes Metaphysicae*）は標準的な教科書になったが，アリストテレス*的な思想の配列を捨てて，主題を独立した体系として扱っている．恩恵*に関する一連の大著を書いて，彼は合宜説*と呼ばれる体系において，モリナ*主義にたちつつ，人間の自由と神の恩恵間の関係の問題に解決法を提示した．スアレスによれば，神は人間の自由な行為を引き起こすのでなく，（中間知*と呼ばれる）神の特別な知識によってそれを予知して，神は選ばれた人間が所与の状況下で善用することを予知する恩恵を彼らに与えることにより救いをもたらす．この教えは反論もまねいたが，トマス主義にたたないカトリック神学者たちの教理として普及した．自然法と国際法の諸原則に関する，1612年の『法について』（*De Legibus*）はヨーロッパやアメリカの法学者や立法者に影響を及ぼした．

## 随意討論
*quodlibet*

（ラテン語で「何でも随意に」の意.）中世の大学における実習．本来は，出席者のだれかが提起した問題を扱うために，教授が引き受けた随意の討論であった．解答はのちに書きとめられ，刊行された（『随意討論集』[*quaestiones quodlibetales*]）．14世紀には，学位を望む講師に要求された実習の一部になった．

## 随意の献げ物
freewill offerings

古代のイスラエル*の犠牲の体系における，和解の献げ物の3種類のうちの一つで（レビ7:11-18），法的な要求の限度を超えているために随意と呼ばれた．現在では，この語は教会財政を支える任意献金を指す．

## 随意ミサ
➡信心ミサ

## 水餐主義者
Aquarians（Hydroparastatae）

聖餐において，ぶどう酒の代わりに水を用いた初期のセクト．

## スイス兄弟団
Swiss Brethren

1525年に（チューリヒに近い）ツォリコン（Zollikon）でキリスト教徒の成員となる基礎条件として「信仰者の洗礼」を再導入した再洗礼派*のグループ．この名称はもともとスイスのドイツ語圏内の会衆を指したが，オーストリア・ティロル，南ドイツ，アルザスの同様なグループも指すようになった．彼らの宗教的教義は，1527年の「シュライトハイム信仰告白」（Schleitheim Confession），すなわち「多くの神の子の兄弟的結合」に表明された．彼らはスイスでも存続したが，大半はドイツ，オランダ，アメリカに移住し，アメリカではメノナイト派*の一部と合流した．➡アーミッシュ

## スイス人衛兵
Swiss Guard

教皇宮殿の衛兵．ユリウス2世*（在位1503-13年）が創設したその部隊は，みなスイス各州から

採用された約100人からなる.

## スイス信仰告白

➡スイス信条

## スイス信条(スイス信仰告白)

Helvetic Confessions

第1スイス信条はドイツ語圏のスイス全体の統一した信仰告白として, H. ブリンガー*らにより1536年に起草された. 第2スイス信条はブリンガーによりプファルツ選帝侯フリードリヒ3世*の要請で1566年に起草され, フリードリヒはカルヴァン派への支持を表明した. この信条はやがてスイスのプロテスタント教会のみならずスイス以外の「改革派」*(すなわちカルヴァン派) 教会でも広く受け入れられた.

## スイダス

Suidas (1000年頃)

「辞典編集者」. この名で流布したギリシア語辞典が「スイダス」という名の人物の著作であるという考えはおそらく誤りである. この語はどうやら情報の兵器庫を意味するらしい. 1000年頃に完成した辞典には, 歴史的に重要な項目が含まれている.

## スイツァー

Suicer, Johann Kasper (1620-84)

スイスの改革派*神学者. 1682年の『教会とギリシア教父宝典』(*Thesaurus Ecclesiasticus e Patribus Graecis*) は, すぐれた学識と価値をもつ著作である.

## 水曜日

Wednesday

早い時期から, 水曜日は金曜日*とともに, キリスト教徒の断食日であり (➡断食),「四季の斎日」*において長くそうであったし, 東方教会では現在もそうである. 水曜日はイスカリオテのユダ*と祭司長たちがキリストを裏切る手筈をした日であったゆえに (マコ14:1, 14:10-11, ➡裏切りの水曜日), 断食日として選ばれたといわれる. ➡聖週間

## スヴァメリアン

Suvermerian

(ドイツ語の '*Schwärmer*'「熱狂主義者」に由来.) ザクセンの宗教改革者がスイスのプロテスタントの過激派を指した言葉.

## スウィジン(聖)

Swithun (Swithin), St (862年没)

852年からウィンチェスター*司教. 彼の生涯について, ほとんど何も知られていない. もともと聖堂の壁外に「つましく」葬られていた彼の遺体は, 971年に大聖堂内のシュライン*に移動された. 1093年に, 彼の聖遺物は再び移動されたが, 彼のシュラインが宗教改革時の1538年に破壊されたとき消失した. 聖スウィジンの祝日 (7月15日) の天気が40日続くという俗信は, スウィジンが没した日 (7月2日) の聖人である聖プロケッスス (Processus) と聖マルティニアヌス (Martinianus) の祝日にまつわる同様な言い伝えに由来しよう.

## スウィフト

Swift, Jonathan (1667-1745)

1713年から, ダブリン*のセント・パトリック教会の主席司祭*, 風刺作家. 政治的には, 彼はホイッグ党員であったが, 1708年の仮装信従禁止法*を批判し, また, 同年の『キリスト教を廃する不都合性の証明論』(*Argument to Prove the Inconvenience of Abolishing Christianity*) において, 宗教的目的に自らの風刺力を用いた. 彼は一般に, 1726年の『ガリヴァー旅行記』の著者として記憶されている.

## スウェーデンのキリスト教

Sweden, Christianity in

830年頃, 聖アンスカル*はストックホルムの近くに教会を建てたが, これは存在し続けなかった. より永続的な宣教を開始した, イングランド出身の修道士である聖ジーグフリード (Sigfrid) は,

1000年頃，国王オラフ３世に授洗した．全土の改宗は実質的に12世紀前半までに完成した．1104年に，ルンド*司教アスケル（Asker）は新設された北欧管区の大司教になり，1164年に，ウプサラ*が（当時デンマーク*領であった）ルンドから独立した大司教区になった．

宗教改革はゆるやかで，政治的な出来事と密着していた．スウェーデン王グスターヴ１世（在位1523-60年）は財政的に困窮しており，司教たちの権限を抑制したかった．彼の庇護のもとで，オラウス・ペトリ*は1524年にストックホルム市の書記に任命され，1527年のヴェステロースの国会で，司教・司教座聖堂・修道院の「余剰」収入は国王に帰属した（➡ヴェステロースの布告）．1531年に，オラウスの弟ラウレンツィウス・ペトリ*は教皇の認可なしにウプサラ大司教（大監督）に聖別されたが，使徒継承*はヴェステロース司教ペトルス・マグニ（Petrus Magni）の参与をとおして維持された．まもなく，修道院は消滅し，司教（監督）たちは国家公務員となったが，スウェーデン人がアウクスブルク信仰告白*を受け入れて，ルター派*の教義を採用したのはやっと1593年になってからであった．

17世紀末頃，敬虔主義*がスウェーデンで盛んになり，それと闘うために，1726年の秘密集会布告は宗教的な目的の集会を制限した．E. スヴェーデンボリ*は合理主義と神秘主義を結びつけて，新しい倫理宗教を形成しようとした．1860年の非国教徒法は礼拝の自由をもたらし，キリスト教諸教派の形成を認めた．1878年に，P. P. ヴァルデンストレム*がスウェーデン教会と袂を分かって創設したルター派自由教会であるスウェーデン聖約キリスト教団（*Svenska Missionsförbundet*）は現在，独自のミニスターと聖礼典をもっている．20世紀初頭の神学的なリバイバルを指導した，ウプサラ大監督 N. セーデルブルム*は，エキュメニカル運動*において指導的な役割を果たした．国民の大多数は依然として，2000年に非国教化されたスウェーデン教会に属しているが，その人数はそれ以降は減少している．2011年に，スウェーデン聖約キリスト教団，スウェーデン・バプテスト同盟，スウェーデン・メソジスト教会は合併して「共同の未来」（*Gemensam Framtid*）という仮称の団体を設立した．かなりの人数のカトリック，正教徒，ペンテコステ派*も存在する．

## スヴェーデンボリ

Swedenborg, Emanuel（1688-1772）

スウェーデンの科学者，神秘思想家．1716-47年にスウェーデン鉱山局に勤務中，彼はさまざまな後代の科学的な仮説や発見を先取りした．彼はまた，宇宙が根本的に霊的な構造をもつことを科学的な分析をとおして示すことにますます関心をもった．1743-45年に，彼は精神的世界との直接的な接触を自覚するようになり，また自説を全世界に広めるよう命じられていると感じた．その機関は，既成の諸教会から独立した団体としてでなく，どんな教会的背景をもとうと，彼の教えを受け入れるすべての人たちの霊的な兄弟会として組織された「新しい教会」であった．彼の体系の基礎は物理的世界と精神的世界間の「照応の教え」であった．彼は精神的世界が，１人の偉大な人間を構成する，死者のさまざまな集まりを含むと考えた．彼はキリストを人間の最高の現れとして受け入れたが，贖罪*の教理を否定した．

彼の教えを最初に広めた人たちの中に，２人の英国教会の聖職者がいたが，「新エルサレム教会」（New Jerusalem Church）と呼ばれる，独立した団体の公式の成立は，1787年のロンドンにおける５人のウェスレー派出身の説教者による活動の結果である．アメリカでの最初の集会は1792年にボルティモアで始まった．ヨーロッパ大陸，オーストラリア，カナダ，日本，ニュージーランド，南アメリカ，西アフリカ，南アフリカにもスヴェーデンボリ派（Swedenborgians）が存在する．世界中で，約６万人の会員がいるという．

## 枢機卿（すうききょう）

cardinal

当初は特定の教会に永続的に属するどの司祭にも付けられていたこの称号は，ローマの聖職者，すなわち教区司祭，「ローマ近郊教区」*の司教，

７名（のちに14名）の分教区助祭（district deacons）に限定されるようになった．彼らはやがて枢機卿団を形成し，教皇の直接的な助言者となった．彼らは聖座*の空位のあいだカトリック教会を管理し，1179年以降，教皇の選挙権は独占的に彼らがもっている．現在では80歳未満の枢機卿だけが選挙することができる．

枢機卿の３階級はそれぞれ違った時代に生まれた．「司祭枢機卿」はいくつかのローマの教会の教区聖職者であった．「助祭枢機卿」はローマの７つの分教区の貧しい人々の世話をした．「司教枢機卿」が任じられたのは８世紀頃で，教皇の職務が増大して，時に教皇の代理として行動するように近隣の司教の助力を求めることが必要になったときであった．現在は，すべての枢機卿は司祭職に就いていなければならず，またまだ司教でない場合は司教に聖別される．枢機卿は教皇により任命される．それを免除されるか，在外教区の司教でない限り，枢機卿はローマに居住して，教皇庁の諸官庁や省*の長を務め，教会の諸任務を統轄する．➡コンシストリー

## 枢機卿会議（すうききょうかいぎ）

➡コンシストリー

## 枢機卿団（すうききょうだん）

Sacred College（Sacred College of Cardinals）

枢機卿*団（college of cardinals）の以前の名称であり，現在の通称でもあるが，今は ‘sacred’ が正式の名称から削除されている．

## 崇敬（すうけい）

➡ドゥリア

## 崇拝（すうはい）

adoration

厳密な用語法では，「崇拝」は神のみにささげられるべき礼拝（worship）行為を指す．初期のころは，この語は時に個人や聖なる性格のものに払われる崇敬（veneration）を含めて曖昧に用いられた．聖画像破壊論争*以降は，神の崇拝であるラトリア*（礼拝）と被造物の崇敬であるドゥリア*とのあいだの区別が認められるようになった．

## 枢密院司法委員会（すうみついんしほういいんかい）

Judicial Committee of the Privy Council

枢密院に諮問して行動する国王のもつ，広範囲な教会に関する裁判権を調整するために，議会法により1833年に創設された上訴審．1963年の教会裁判権条例*のもとで，本委員会は規律の事例に関していかなる裁判権ももたなくなったが，教理・儀式・典礼を含まない事例に関して依然として権能*の上訴*を聴取する．さらに，若干の他の条例のもとで提案された計画に反対する上訴をも聴取する．

## 枢要徳（自然徳）（すうようとく（しぜんとく））

cardinal virtues（natural virtues）

賢明，節制，勇気，正義の諸徳で，キリスト教の思想家によって対神徳*と対比される．

## スエトニウス

Suetonius（140年頃没）

ローマの著述家で，121/22年まで皇帝ハドリアヌスの文書係．彼はどうやらキリスト教に言及した最初の異教の著述家の一人らしい．

## スカプラリオ

scapular

１枚の布からなる衣で，両肩にかけて，体の前と背に垂らす．通常は幅が35‒45cmで，両端はほとんど両脚に達し，正規の修道服*の一部となっている．（「小スカプラリオ」と呼ばれる）ずっと小さな同様の衣を着用するのは，修道会に入会しながら在俗生活を送る会員である．重要な特権がカトリック教会における小スカプラリオの着用に付与されてきた．

## スカラメッリ

Scaramelli, Giovanni Battista（1687‐1752）

イエズス会*員の霊的著作家．長く古典と見なされてきた，1752年の『修徳の手引き』（*Direttorio*

*ascetico*）において，彼はキリスト教徒の完徳の本質とそれに達する手段を吟味している．

## スカリジェル

Scaliger, Joseph Justus（1540-1609）

フランスの学者．1562年にカルヴァン主義*者になった．1593年以降，彼はレイデン*大学教授であった．ラテン語作家の校訂は本文批評*の分野を大いに前進させた．最も有名な著作である1583年の『時の修正』（*De Emendatione Temporum*）は，近代の年代学を確立した．

## 過越（過越祭）

Passover（Pasch）

「出エジプト」*と結びついて，毎春祝われたユダヤの祭り．出エジプト記12章中のその制定の記述によれば，小羊が各家で屠られ，その血が入口の柱と鴨居に塗られたのは，エジプトの初子が殺害されたとき，主の使いがそのしるしのある家を「過ぎ越した」ことを記念するためであった．のちに，小羊は神殿*でいけにえにされた．キリストの時代，過越祭はニサン*月14/15日の夜間に祝われる，ユダヤの主要な祭りであった．

「最後の晩餐」*が（共観福音書*の編年法が示すように）過越の食事であったにせよ，（ヨハネ福音書が示すように）なかったにせよ，聖餐*が過越の時期に制定されたことと，キリスト教徒がキリストの死の中に，過越に予示されたいけにえの成就を見たことは明らかである．同様に，キリスト教の復活祭*（復活徹夜祭*）の最古の祝い方も，ユダヤの過越祭から発達した．

## 過越の小羊

Paschal lamb

ユダヤの過越祭*でいけにえにされ，食される小羊．類比により，キリストは「過越の小羊」と見なされる．

## スキリウムの殉教者たち

Scillitan Martyrs, the

180年に処刑された，北アフリカのスキリウム（Scillium）の7人の男性と5人の女性で，キリスト教を放棄し，皇帝の守護霊（genius）にかけて誓うことを拒否したからであった．祝日は7月17日．

## スキレベークス

➡スヒレベークス

## スクリーン

➡仕切り

## スクルティニウム

scrutiny（scrutinium）

初期の教会において，洗礼志願者*が洗礼*の前に受ける正規の試験．1972年のカトリックの『成人洗礼の儀式書』には，洗礼志願者の3つのスクルティニアが含まれており，四旬節中のある主日に行われる，聖餐中の福音書朗読後の説教，祈り，按手からなる．この語はまた，聖職*への志願者の試験をも指す．

## スクループ

Scrope, Richard le（1346頃-1405）

1398年からヨーク*大司教．1399年にリチャード2世の退位の強制を支持し，ヘンリー4世の即位に努力したが，後者の統治に不満をもつようになり，ノーサンバーランド伯の反乱に好意を寄せ，スクループの聖性の評判がそれを強化した．彼は国王軍に対抗して一軍を率いたが，計略により降伏し，非合法的に死罪を宣告された．彼の墓所で奇跡が起こったと信じられた．

## スクーン

Scone

スコットランド*のパースシャー（Perthshire）にある．古代の宗教的中心地で，ピクト王国の首都があった．アウグスチノ修道祭式者会*の修道院が1115年頃にここに建てられ，1153年以降，歴代のスコットランド王はスクーンで戴冠された．1296年にスクーンからウェストミンスター・アビー*に持ち去られた「運命の石」は，1996年にエディンバラ城に移された．伝承では，その石の上にヤコブ*がベテル*滞在中，頭をのせたと信じられた（創28:11）.

## ズケット
zucchetto

カトリックの聖職者が着用する小さく丸い頭蓋帽.

## スケティス
Scete

ニトリア砂漠*の南部で，4-5世紀に修道制の拠点として有名であった.

## スコット
Scott, George Gilbert（1811-78）

建築家．福音主義*の家庭に生まれた彼は，ゴシック芸術の原理を学ぶように，A. W. N. ピュージン*とB. ウェッブ*にさそわれた．1844年に，スコットはハンブルクのルター派聖堂のコンペに勝利した．イギリスの多くの聖堂を設計し，ウェストミンスター・アビー*やイーリー*，ヘレフォード*，ソールズベリー*，チェスター*の各聖堂の修復の仕事を任された．彼の「修復」が反対に遭ったのは，既成の仕事よりも自らの設計を優先させたからである.

彼の孫のジャイルズ（Giles）・ギルバート・スコット（1880-1960年）は，リヴァプール*の英国教会の主教座聖堂を設計した.

## スコット
Scott, Thomas（1747-1821）

聖書注解者．1788-92年に週刊で出された『聖書注解』（*Commentary on the Bible*）は広く読まれた．その注解は聖書の各節に使信を見いだそうとし，問題点を回避しなかった.

## スコットランド教会分裂（きょうかいぶんれつ）
Disruption, the（1843年）

スコットランド自由教会*が（1,203人のうち）474人のミニスター*の分離により創設された，スコットランド*国教会における教会分裂．➡10年紛争

## スコットランド合同自由教会（ごうどうじゆうきょうかい）
United Free Church of Scotland

合同長老派教会*とスコットランド自由教会*の合同により1900年に形成された教会．その大部分は1929年にスコットランド国教会に合流したが，少数派はその合同に加わらなかった.

## スコットランド自由教会（じゆうきょうかい）
Free Church of Scotland

1843年の「スコットランド教会分裂」*の際に，スコットランド*国教会のほぼ3分の1のミニスター*と会員が分離して創設した団体．1900年に，合同長老派教会*と合同してスコットランド合同自由教会*を形成した.

## スコットランド自由教会少数派（じゆうきょうかいしょうすうは）
Wee Frees

スコットランド合同自由教会*に加わらなかった，スコットランド自由教会*中の少数派の通称.

## スコットランド信仰告白（しんこうこくはく）
Scottish Confession

スコットランド改革派教会の最初の信仰告白．典型的にカルヴァン主義*の文書である同信仰告白は，1560年にスコットランド議会により採択され，1647年にウェストミンスター信仰告白*に置き換わるまで標準的な信条であり続けた.

## スコットランドのキリスト教（きょう）
Scotland, Christianity in

キリスト教の最古の証言はスコットランド南西部における5-6世紀の多くの碑文である．6世紀後半に，聖コルンバ*や他のアイルラン出身の「聖人」が（スコットランド北部の）ダルリアダ（Dalriada）王国で活動していた．アイオナ*（修道院）はノーサンブリアのバーニシア（Bernicia）王国の改宗に大いに貢献したが，そこにおいてコルンバの教会が影響力を失ったのは，オズウィ（Oswiu）王が664年にローマ式の復活祭を採用し（➡ホイットビー教

会会議），ピクト人へのノーサンブリアの影響の結果，ピクト人も710年にローマの方式を採用したのちであった．9世紀のピクト王国（Pictland）とダルリアダ王国の合併およびイングランドとの国境の漸進的な確定は，スコットランド王国の成立へとつながった．王妃聖マーガレット*（1093年没）と彼女の息子たちによるイングランドとアングロ・ノルマンとの結びつきは，スコットランド教会の構造を変容させる新しい教会の指導者たちをもたらした．明確な境界をもつ管轄司教区（territorial episcopate）は国王が課す「10分の1税」*（teind）により支えられた．ヨーク*大司教による，スコットランド諸司教区に対して自らの管区大司教*権を広げる試みは，1192年に西方教会の歴史において類のない妥協につながり，ヨークのもとに留まったギャロウェー（Galloway）を除くすべての司教区が，ローマ以外のいかなる上級の権威からも免属*となり，教皇たちは自らをスコットランドの管区大司教と見なした．中世後期には，スコットランド教会は一般に国王の監督下にあり，国王と教皇は意見が一致しないことはめったになかった．

スコットランドへの宗教改革の最初の波及はルター派*で，第2の波及はカルヴァン派*であった．J. ノックス*が1559年に戻ったのち，スコットランド改革派教会が1560年に長老主義*にたって成立した．しかしながら，1世紀以上にわたって，スコットランドの長老主義の運命が消長を繰り返したのは，ステュアート朝の諸王が，スコットランド教会（Kirk）を主教制にしようと決意したからである．『祈禱書』の強制は1637年にスコットランド教会とチャールズ1世*間の対立を危機に陥れた．翌年，長老派の国民契約*が結ばれ，主教制は放棄された．1643年のスコットランドの国民契約派と長期議会間で結ばれた「厳粛なる同盟と契約」*はイギリス諸島全土に長老主義を課すことになった．ウェストミンスター会議*はさらに，スコットランド教会が基準として正式に受け入れた多くの文書を生み出した．1660年の王政復古後，主教制が再興したが，名誉革命（イギリス革命）後，スコットランド教会は1690年に再び長老制になり，現在に至っている．

スコットランド教会を弱体化させたのは，18世紀の多くの分離および，ほぼ3分の1のミニスター*と会員が国教会を去って，スコットランド自由教会*を創設した，1843年の「スコットランド教会分裂」*であった．その後，スコットランドにおける長老派諸教会間で合同がなされ，特に1847年に合同分離派教会*と救済教会（Relief Church）が合同長老派教会*を形成し，1900年に合同長老派教会とスコットランド自由教会*がスコットランド合同自由教会*を形成し，1929年にスコットランド合同自由教会とスコットランド教会は後者の名称で合同した．1929年の再合同後に住民の大半が属したスコットランド教会は，長老制で，国教会的で，財団法人であり，その霊的な独立性とともに国会制定法により庇護されている．1690年以降に主教制を支持する人たちから起こったのがスコットランド聖公会（Episcopal Church of Scotland, 1979年以来，Scottish Episcopal Church と称す）である．これはアングリカン・コミュニオン*の自律した（autonomous）管区であり，それを統治する総会*（General Synod）の一院は7人の教区主教から構成されている．彼らが自らの中から選ぶプライマス*は彼らの議長であるが，管区大主教的な権威は個人でなく，主教団がもっている．カトリック教会が影響力をもったのは，宗教改革にほとんど影響されなかったハイランドの信徒の子孫や工業の発達したローランドへ移住したアイルランド人信徒に対してであった．近年，幅広い信徒を惹きつけ，現在では人口の約15%を数え，スコットランド教会を相当上回っている．

## スコトゥス主義（しゅぎ）
Scotism

ドゥンス・スコトゥス*により説かれたスコラ哲学の体系．

## スコラ学（がく）
Scholasticism

古代の権威あるテキストの検討法から発展した学問的な探求法で，まずこれらのテキスト中の矛盾した言明のリストを作成し，次にその根底にある一致点を明らかにするために，そのリストに論理学の法則を適用することにより，スコラ学者（scholastics）は結局これらすべてのテキストが証言する内的な真理と見なすものに到達する．この方法はもともと，11世紀後半以降，西ヨーロッパの学校や大学で発展した教授法であり，16世紀まで盛んであった．

中世の学者が論理的な議論の仕方を展開するのに用いたテキストは主としてボエティウス*の諸著作であった．シャルルマーニュ*とアルクイヌス*は修道院付属学校と司教座聖堂付属学校の枠組みを定め，そこで学問が養成され，資料が収集され，1050年までには論理的資料の重要な収集物が存在した．11世紀後半と12世紀に，スコラ学の方法が発展した．ランのアンセルムス*とその兄弟は聖書の講義のために，教父*から権威ある言明を収集し，それを聖書の対応するテキストに結びつけて，「グロッサ・オルディナリア」*を作成した．2人の教父がその解釈において異なる場合，その矛盾した言明は教室で比較され，「問題」（*quaestio*）の主題となった．この方法はペトルス・アベラルドゥス*により『然りと否』（*Sic et Non*）において完成された．単に権威あるテキストを収集するだけで，それらを聖書の章句に結びつけなかったアベラルドゥスは，聖書の講義から体系的な探求（questioning）を分離する道を後代に示した．その序文で彼はまたスコラ学の2つの重要な教えを挙げた，すなわち，(1) 探求は真理の把握に重要であること，(2) 探求中に起こる相違は一般に，異なる著者がさまざまに用いる用語の意味を確定することで解消されうることである．12世紀末までに，リールのアラヌス*が神学における言語と論理学の適切な用法のために完全な法則集をまとめていた．

13世紀に，諸大学は学校での教授法を発展させた．パリ*大学は初めて思弁的な探求を聖書の講義から分離した．ペトルス・ロンバルドゥス*の『命題集』*が新しい講義課程のための教科書に選ばれた．正規の講義のほかに，大学暦の特別な日々が討論に当てられ，教授が討論の主題を提起するか，出席者のだれかが教授に質問することができた．これらの『定期討論集』（*quaestiones disputatae*）や『随意討論集』*で，学問的な方法論が十分に展開されえたのは，教授が問題に対してあらゆる角度から自由に探求したからである．13世紀におけるスコラ学的方法論の発展の最終段階に達したのが自由な構成のスンマ*であって，そこでは問題の命題が教室で用いるテキストでなく議論の内的な展開によって書き取られた．

13世紀の主な論争は，アリストテレス*の自然哲学とそのアラビア語やヘブライ語による注解者の内容をめぐって展開した．非宗教的な学問と神学間に根本的な矛盾がないことを証明しようとする，聖トマス・アクィナス*らの努力にもかかわらず，信仰と理性間の可能な調和に関する疑念は，アリストテレスの自然哲学の知識が増大するにつれて高まった．14世紀には，スコラ学的方法論の範囲はいっそう狭く限定されるようになった．現在の課題は古代の書物への関心に取って代わり，テキストと問題の結びつきは単に形だけのことになった．ドゥンス・スコトゥス*は，世界の構造がほかならぬ神の意志と矛盾律により拘束された，神の権限の唯一の可能な現れを表していると述べて，論理学の普遍的な有効性に限界を設けた最初の神学者であった．オッカム*はさらに進めて，論理学と実体の関連を断ち，論理学が言葉により表される実体に関するものではなく，まさに言葉に関するものであると主張し，論理学が神学には役に立たないと考えた．スコラ学は人文主義者により非難され，16世紀には，たいていのヨーロッパの大学は中世の学芸課程をギリシア・ラテン語文献の研究に置き換えた．

## スコラ学者（がくしゃ）
Schoolmen（Scholastics）

中世のヨーロッパの，当時はふつう「学校」（スコラ）と呼ばれていた大学における，哲学や神学の教師．

## スコラ・カントールム
Schola Cantorum

（ラテン語で「歌い手の学校」の意．）初期の教会の礼拝において，すべての音楽は聖職者と会衆により奏でられたが，一群の訓練された歌い手をもつ慣行が徐々に導入された．ローマ*において，スコラ・カントールムはグレゴリウス１世*(604年没)により安定した基盤にたって設立された．その慣行は西方キリスト教界に広がった．

## スコラスティカ（聖）
Scholastica, St（480頃-543頃）

聖ベネディクトゥス*の妹．彼女はモンテ・カッシーノ*の近くのプロンバリオラ（Plombariola）に修道院を建てたといわれる．祝日は２月10日．

## スコラ的博士
Doctors, Scholastic

中世後期には，傑出したスコラ学*の教師らに，しばしば特別な修飾語がつけられた．たとえば，聖トマス・アクィナス*は「天使的博士」（*Doctor angelicus*）と呼ばれた．

## スコーリー
Scory, John（1585年没）

英国教会の主教．「修道院の解散」*まではドミニコ会*員であった．1552年にチチェスター*主教になった．メアリ１世*の治下に，彼は職務を剝奪された．彼はプロテスタンティズムの放棄を約したが，イングランドを去った．彼は1558年に戻って，翌年，ヘレフォード*主教になった．M. パーカー*の聖別に参与することにより，主教継承が英国教会において維持される径路の一人になったと考えられる．

## スコリオン
scholia

古代の写本の欄外に挿入された注．キリスト教の学者により，聖書や教会の諸テキストの写本に導入された．しばしば一種の注解書として集成され，公刊された．

## スサンナ（聖）
Susanna, St（３世紀）

ローマの殉教者．伝承によれば，彼女はディオクレティアヌス*の異教徒の縁者との結婚を拒否したため処刑された．祝日は８月11日．

## スザンナ（ダニエル書補遺の）
Susanna, Book of

アポクリファ*の短い文書で，ウルガタ訳聖書*ではダニエル書*13章とされている．同書はスザンナに対して言い立てられた偽証の姦淫罪，彼女の断罪，ダニエルの賢明さによる彼女の救出を語っている．教会では，その出来事は救われた霊魂を象徴している．

## スタッダート・ケネディ
Studdert Kennedy, Geoffrey Anketell（1883-1929）

英国教会の司祭．1916−19年に，軍隊付チャプレンとして，彼が配った紙巻きタバコの商標から「ウッドバイン・ウィリー」（Woodbine Willie）の愛称で呼ばれた．1922年に，彼はロンバード街のセント・エドマンド教会の主任司祭*に任命された．彼は伝道説教を継続し，産業労働者キリスト教友和会*と旅行や活動をともにした．彼はさまざまな神学的主題に関して型にはまらない見解をもっていた．祝日は『共同礼拝』*では３月８日．

## スタッド
Studd, Charles Thomas（1862-1931）

宣教師．彼は父親が1877年にM. D. ムーディ*とI. D. サンキーの宣教で回心したことに影響されて，中国*での宣教活動を志願した．「ケンブリッジ・セヴン」の一人であった彼の目的は大きな関心を呼び，学生ボランティア運動のもとをつくった．彼は中国，インド*，中央アフリカに活動を広げた．

## スタッブズ
Stubbs（Stubbe）, John（1543頃-1590）

ピューリタンの著作家．1579年に，彼は『大きい割れ目の発見』（*The Discovery of a Gaping Gulf*）を刊行して，エリザベス１世*とアンジュー公フランソワとの結婚の計画を批判した．スタッブズ，彼の著作の発行者，印刷者はともに判決を下され，最初の2人は右手を切断された．1587年にスタッブズは，1584年のW. アレン*の『イングランドのカトリック信徒擁護論』(*Defence of the English Catholics*) に対する（現在は失われた）反論を書くようにバーリー (Burghley) 卿に委嘱された．

## スタッブズ
Stubbs, William (1825-1901)

歴史家，主教．1866-84年にオックスフォード*大学欽定講座担当近代史教授であり，次いで，1884-89年にチチェスター*主教，1889-1901年にオックスフォード主教であった．彼は当時の最もすぐれた英国史家であった．彼の著作の多くは教会の史料を扱っている．

## スタニスラフ
➡スタニスワフ

## スタニスワフ（聖）
Stanislaus, St (1030-79)

ポーランド*の守護聖人．1072年からクラコフ司教であった彼は，国王ボレスワフ2世と対立するようになり，国王の恥ずべき行為を繰り返し非難した．スタニスワフはついには国王を破門したので，伝承によれば，ボレスワフ自身がミサの最中に彼を殺害した．祝日は4月11日（以前は5月7日，クラコフでは5月8日）．

## 『スターバト・マーテル』
Stabat Mater dolorosa

（ラテン語で「悲しみの聖母は立っておられた」の意．）十字架のもとでの聖母マリアの悲しみをのべる，年代不詳のラテン語の聖歌．中世後期に典礼で用いられるようになった．多くの英訳の一つに，'At the Cross her station keeping' がある．➡続唱，ヤコポーネ・ダ・トディ

## スターレツ
staretz

ロシア教会において，彼または彼女の聖性のゆえに霊的指導者としてもてはやされる人．スターレツは教会の位階制において正式な位置を占めていない．

## スターン
Stern, Henry Aaron (1820-85)

ユダヤ人への宣教師．ヘッセン・カッセル州でユダヤ人の子に生まれた．商人としてロンドンに赴いた彼は，1840年にキリスト教の洗礼を受けた．その後，彼は叙任された．中東各地のユダヤ人のあいだで活動し，エチオピア*において，いわゆる「黒人のユダヤ人」であるファラシャ人 (Falashas) のあいだで重要な活動をした．晩年は，ロンドンで宣教活動をした．

## スータン
➡キャソック

## スタントン
Stanton, Arthur Henry (1839-1913)

アングロ・カトリック主義*の司祭．1862年に，彼はホルボーン (Holborn) のセント・オールバン教会の聖職資格者*に叙任され，50年間そこで補助司祭*であった．そのロンドンの困難な地区の一つで人々の信頼を得たが，当時の多くのアングロ・カトリック主義の司祭と同様に，当局からの反対に遭った．

## スーダンのキリスト教
Sudan, Christianity in

スーダン北部における，古代のヌビア*教会は16世紀に消滅した．キリスト教は19世紀にナイル川上流域に戻ってきた．1846年に，中央アフリカ代牧区が設立され，（D. コンボーニ*を含む）カトリックの宣教師がハルトゥームおよびナイル川上流域に教会を建てるために活動した．宣教活動は1881年のマフディー派の反乱で終わってしまったが，スーダンに対する英国とエジプトの共同統治が1899年に確立するとともに再開された．直接的な伝道は大部分がムスリムの北部では認められなかったが，南部では，コンボーニ宣教会*が戻

り，英国教会宣教協会*やアメリカの長老派*教会宣教会が続いた．南部における教育はすべて宣教師に任されていた．1946年に，政策が変わり，南部は，1956年に実現した独立に向けて，ムスリムの北部に統合されることになった．1957年に，教会学校は国有化され，残っていた宣教師も1964年に追放された．教会は主要な都市以外では聖職者を奪われたが，南部の人たちがムスリムの北部に対するキリスト教的アイデンティティを見いだすにつれ，教会員は増加した．世界教会協議会*と全アフリカ教会協議会（All Africa Conferences of Churches）が主として，スーダン政府と南スーダン解放運動間の1972年のアディス・アベバ協定を周旋した．しかしながら，同協定は徐々に政府側により破棄された．

20世紀末頃まで，キリスト教は南部の人たちの生活で周縁的なままであった．しかし，1985-2005年の第2次内戦中，ディンカ（Dinka）人，ヌエル（Nuer）人，エクアトリア州の他の部族が熱狂的にキリスト教を受け入れたのは，ハルトゥームに支援されたイスラーム化計画に抵抗する手段として，また民族的な文化とアイデンティティを主張する方法としてであった．カトリックとプロテスタント双方のキリスト教の指導者は，2011年の南スーダンの独立国家形成に大きな役割を果たした．しかしながら，スーダン自体にも，特にヌーバ山地やハルトゥーム周辺に有力なキリスト教徒の少数派が存在する．

## スタンフォード
Stanford, Sir Charles Villiers（1852-1924）

作曲家，教師．1883年から，彼はロンドンの王立音楽大学作曲学教授で，1887年からケンブリッジ大学音楽学教授を兼職した．アングリカンの典礼聖歌（services）を多く作曲したことは，ヴィクトリア期の教会音楽に新鮮さを与えた．彼はまた「主はわたしの羊飼い」（The Lord is my shepherd）や「汝ら，新しいエルサレムの聖歌隊よ」（Ye choirs of new Jerusalem）のアンセム*を書いた．

## スターンホールド
Sternhold, Thomas（1549年没）

韻律詩編作者（versifier）．ヘンリー8世*に仕え，宮廷寵臣となった．おそらく1549年に，彼は19編の詩編を含む韻律詩編の初版を出版し，エドワード6世*に献呈した．1549年に没後出版された第2版には37編が収録されたが，それには（おそらくサフォークの聖職者である）ジョン・ホプキンズ（Hopkins, 1570年没）による7編が追加されていた．ジョン・デイにより1562年に印刷された完全版は『スターンホールドとホプキンズ詩編集』（Sternhold and Hopkins）と呼ばれた．➡デイの韻律詩編集

## スタンリー
Stanley, Arthur Penrhyn（1815-81）

広教会派*の教会人．1864年からウェストミンスター・アビー*の主席司祭*であった彼は，アビーを教派に関係なく万人にとっての国民的な聖堂にしようとした．彼はアビーで聖餐にあずかるように，ユニテリアン派*を含む，改訂訳聖書（RV）を翻訳した学者全員を招いたことで，保守的な教会人を怒らせた．生涯をつうじてつきまとった非正統的な雰囲気にもかかわらず，彼の影響力は大きかった．

## スティカリオン
sticharion

東方教会において着用される典礼用の短衣で，西方教会におけるアルバ*に相当する．

## スティガンド
Stigand（1072？年没）

カンタベリー*大司教．1047年にウィンチェスター*司教になった．彼が1052年にカンタベリー大司教に任命されたとき，彼はウィンチェスター司教座も保持した．彼は1058年まで教皇の承認を受けなかったし，承認したベネディクトゥス10世自身が1059年に罷免された．スティガンドのカンタベリーでの曖昧な地位がウィリアム1世*の1066年の侵攻に口実を与えたが，彼は王位が安泰

になるまで征服王により礼遇された．1070年に，ウィリアムは彼を教皇使節により罷免させ，彼は獄中で没した．

## スティケロン
sticheron

東方教会において，詩編の節ないし他の聖書の章句に付された，短い典礼用の聖歌．

## ステイナー
Stainer, Sir John（1840-1901）

オルガン奏者，作曲家．1872年に，彼はセント・ポール主教座聖堂*のオルガン奏者になり，彼がそこで行った音楽上の改革はその指導下で有名になった．1889-99年に，彼はオックスフォード*大学音楽学教授であった．彼の主要な作品はオラトリオやカンタータであり，その中に，1887年の『十字架刑』（*The Crucifixion*）がある．

## ステイプルトン
Stapleton, Thomas（1535-98）

カトリックの論争家．彼は1558年，メアリ1世*の治下にチチェスター*の主教座聖堂名誉参事会員*になったが，エリザベス1世*の即位とともに，ルーヴァンへ逃れた．彼はドゥエー（Douai）とルーヴァンの大学で教え，ヒルファーレンベーク（Hilvarenbeek）のディーン*になった．彼は有能で学識豊かな論争家であった．

## ステイプルドン
Stapeldon, Walter de（1261頃-1326）

1308年からエクセター*司教．エクセターの大聖堂の再建を助け，また彼が建てたステイプルドン・ホールがオックスフォード大学エクセター・カレッジになった．彼はエドワード2世の失政に荷担したかどで，ロンドンの暴徒に殺害された．

## スティリングフリート
Stillingfleet, Edward（1635-99）

1689年からウースター*主教．ラティテューディナリアニズム*の立場にたった．1659年の『和解論』（*Irenicum*）は，国教会派と長老派*間の協調を主張し，教会政治の諸形態を非本質的であると見なした．1664年の『プロテスタント宗教の諸根拠に関する理性的見解』（*Rational Account of the Grounds of the Protestant Religion*）において，彼はW. ロード*とJ. フィッシャー*間の論争に関するイエズス会*の見解に反論した．1685年の『英国の起原』（*Origenes Britannicae*）は，英国の教会（British Church）の諸史料を扱っている．

## ステファヌス1世（聖）
Stephen I, St（257年没）

254年から教皇．ガリアやスペインにおける紛争に介入した．彼はその後，異端者による洗礼の有効性をめぐって，それを無効と考える聖キュプリアヌス*との激しい論争に巻き込まれた．祝日は以前は8月2日．

## ステファヌス2（3）世
Stephen II（III）（757年没）

752年から教皇．（彼は，「ステファヌス2世」が選出の4日後に没したので，時に3世ともいわれる）．ランゴバルド王がローマを包囲したとき，教皇はビザンティン皇帝に援助を求めたが拒否されたので，フランク王ペパン3世*の援助を求めて，アルプスを越えた．ステファヌスは754年にペパンから議論の多いキエルジー（Quiercy）の「寄進状」（現在はしばしば「ペパンの寄進状」［Donation of Pepin］と呼ばれる）を得た．「コンスタンティヌスの寄進状」*が創作されたのはおそらくステファヌスの教皇庁においてであった．➡聖ペトロの世襲領

## ステファヌス3（4）世
Stephen III（IV）（772年没）

768年から教皇．信徒を教皇選挙から排除した教会会議をラテラノ*で開催し，像*の崇敬を認め，聖画像破壊*を決議した754年の教会会議にアナテマを宣告した．彼はランゴバルド人を支持した．

## ステファヌス・ハーディング（聖）
Stephen Harding, St（1134年没）

シトー会*の大修道院長．モレーム（Molesme）の修道士であった彼は，1098年にシトー*に赴いた共同体に属していた（➡ロベルトゥス）．1109年に大修道院長になった．聖ベルナルドゥス*と30人の仲間が1112年にその共同体に加わったとき，修道院は消滅の危機にあった．突然の人数の増加はやがて他の施設を必要とした．本来の厳格さと同一の管理体制を維持するために，ステファヌスは『愛の憲章』*の中心部分を起草し，シトー会における定期的な巡察や修道会総会*の制度を確立した．祝日は（他の人たちとともに）1月26日（以前は4月17日と7月16日）．

## ステファノ（聖）
Stephen, St（35年頃没）

「最初の殉教者」*．伝統的に最初の執事*．使徒言行録6:5によれば，エルサレム*で「食事の世話をする」ために使徒たちにより任命された人たちの一人であった（➡7人の奉仕者）．彼はまた説教をしたり，奇跡を行ったりしたことが報告されており（使6:8以下），ユダヤ人の敵意を招いた．最高法院*の前で長い説教をしたのち（使7:2-53），どうやら正式の裁判を受けずに，石を投げつけられて殺された．彼は迫害者に対する赦しを乞いながら死んだ（使7:60）．祝日は西方では12月26日，東方では12月27日．

## ステュワードシップ
stewardship

召使いによるその所有者のための財産の管理のことであり，特に現代では，しばしば「クリスチャン・ステュワードシップ」と呼ばれる，定期的に教会に寄付する一定金額の決まった約束のこと．ステュワードシップの概念は少なくとも新約聖書にさかのぼるが，アメリカで19世紀に「ステュワードシップ覚醒（Awakening）」を引き起こしたのは，宣教師に資金を供給する必要性であった．重要な要素として，富者だけでなく誰もが宗教に対する支援者になりうるという概念が存在した．アメリカのプロテスタント諸教会は「総訪問」（Every Member Canvass）を展開し，教会区の毎年のステュワードシップ計画を支援する多くの常設の教派ごとの機関を設置した．この組織を改良したのが，ハーバート・ウェルズ（Wells）が1946年に創始した，シカゴに本部のあるウェルズ組合（Organization）のような，商業的な基金調達機関である．この組合は3年ごとのステュワードシップ計画を，まず1954年にオーストラリアに，続いて，イングランドを含む他のイギリス連邦諸国に導入した．その計画は凝ったパンフレットと教会区での晩餐とともに，すでに十分な財政的約束をした教会員による個人的な勧誘を呼び物にしている．彼らが強調するのは，教会にとっての金銭の必要性および，個人的なキリスト教ステュワードシップの一環として規則的な財政支援を約束する個人の必要性である．彼らはしばしば教会区の収入の増加をもたらしたが，当初の成功後，多くの教会は経費を削減し，ウェルズ方式に固有な仲間圧力を除去したがってきた．彼らはそこで独自のステュワードシップ部門を設けた．1920年代以降，ステュワードシップ神学は，しばしば時間，能力，財産などと定義される，生活のあらゆる局面に適用された．

## ステリー
Sterry, Peter（1613?-72）

ピューリタン*．ウェストミンスター会議*の一員で，1649年以降，O. クロムウェル*のチャプレンの一人であった．クロムウェルの没後，ステリーは著作活動に専念した．その神学はカルヴァン主義*と新プラトン主義*の混交であった．

## ストア派
Stoicism

キティオンのゼノン（Zeno，前335-263年）がアテネ*で創始したギリシア・ローマの哲学の学派．その体系は一種の唯物論的な汎神論*である．神は万物に内在するエネルゲイア（働き）であり，それにより自然界が創造され保持される．神はまた世界理性ないし「ロゴス」*であり，世界の秩序と美の中に現れる．ストア派にとって，善人は賢人であり，その知恵は自然に従うこと，すなわち神的理性に具現された宇宙の法に従って生きることに存する．

## ストゥディウム・ゲネラーレ
studium generale

13世紀半ば以降の，地方的な意義を超えた高等教育機関で，特に，(1) さまざまな地域や通常はさまざまな国々からの学生からなる大学，および (2) ドミニコ会*のような修道会が設けた国際的なカレッジを指し，後者は大学と並行関係にあったり，しばしば提携していた．

## ストゥディオス
Studios

コンスタンティノポリス*の修道院のことで，おそらく454年より前に，同年に執政官になったストゥディオスにより創設された．その修道士たちはカルケドン公会議*の正統信仰の有名な擁護者であった．799年に，聖テオドロス*に率いられたサックディオン（Saccudium）の修道士たちが修道院を強化した．テオドロスは『バシレイオス会則』*に基づく新しい会則を導入した．手仕事が大きな役割を果たし，規律が厳しかったが，強調点が置かれたのは教父研究であった．ストゥディオスは東方修道制の模範になり，アトス山*の修道士たちに影響を及ぼした．

## ストックホルム会議（かいぎ）
Stockholm Conference（1925年）

ストックホルムで開催された「生活と実践」*部門の普遍的なキリスト教の会議で，政治的・社会的・経済的生活に対するキリスト教の影響力を促進するためであった．➡エキュメニカル運動

## ストット
Stott, John Robert Walmsley（1921-2011）

指導的なアングリカンの福音主義*者．ロンドンのランガム（Langham）広場のオール・ソールズ教会で1945年に執事に叙任され，その教会で彼は1950年に主任司祭*になった．同教会はその大勢の会衆，聖書の教え，のちに「全員の宣教」（Every Member Ministry）と呼ばれた信徒指導職の展開で有名であった．

彼の多数の著作中で最もよく知られているのは，大学での宣教の際の講演である，1958年の『信仰入門』（*Basic Christianity*）である．1970年に，彼が主にアメリカ，オーストラリア，アジアにおける活動に専念しうるために，主任代行司祭*としてマイケル・ボーエン（Baughen，1930年-）が任命された．1967年にキール（Keele）で，また1977年にノッティンガムで開催された福音主義会議（Evangelical Congresses）は，主としてストットの着想に依っていた．両会議は倫理的・道徳的問題とともに宣教的・社会的関心を呼び起こし，福音主義者をアングリカンの生活の主流に導いた．彼が1982年に創始し，出資している「福音主義文献トラスト」（Evangelical Literature Trust）は，世界の途上国の図書館，学生，牧師に書籍を供給した．

## ストーニーハースト・カレッジ
Stonyhurst College

イングランドにあるカトリック系のパブリックスクール．イエズス会*が経営するこの学校の起原は，1592年にサントメール*で創設されたイングランド人の男子のカレッジにさかのぼる．1794年に，ランカシャーのストーニーハースト・ホール（Stonyhurst Hall）に移転した．➡パーソンズ

## ストラ（ストール）
stole

色のついた素材でできた，細長い帯状の典礼用の祭服*．西方教会において，助祭*に特有の祭服となり，助祭はそれを左肩の飾帯のように着用し，その両端は右腕の下で固定される．しかしながら，ストラはまた，司祭の通常の祭服でもあり，司祭はそれを首の周りにかけ，その両端は司教と同様に前に垂らす．聖餐時に用いられるほかに，ストラが着用されるのは，秘跡を執行するときや一般に説教をするときである．ストラの色は他の祭服

の色や状況次第であり，たとえば，告白を聴くときは，司祭は紫のストラを着用する．英国教会では，ストラ（ストール）の使用が宗教改革時に消滅したが，19世紀半ばに復活した．1969年の『教令』*は聖餐式と特定聖務日課*においてその使用を認めている．

## ストライプ
Strype, John（1643-1737）

英国教会の教会史家．彼の著作は主に宗教改革期を扱っており，その中に，1694年の『トマス・クランマー回顧録』（*Memorials of Thomas Cranmer*）や1709-31年の『イングランド宗教改革年代記』（*Annals of the Reformation in England*）がある．それらは配列が悪く，しばしば誤りがあるにもかかわらず，その基礎にある考証の豊富さのゆえに貴重である．

## ストラトフォード
Stratford, John（1275/80頃-1348）

1333年からカンタベリー*大司教．ウィンチェスター*司教のとき，彼は1327年にエドワード2世に退位を勧め，1330年に，エドワード3世はストラトフォードを大法官にした．エドワードが1340年に遠征に失敗して戻ったとき，一連の責任が彼に帰された．彼は断固たる態度で，貴族が議会の同僚によってのみ裁かれるという原則を承認させた．その後，彼は政治生活から退いた．

## ストリーター
Streeter, Burnett Hillman（1874-1937）

新約聖書学者．1905-33年に，彼はオックスフォードのクイーンズ・カレッジのフェローであり（1933-37年に，そのプロヴォスト*），1915-34年に，ヘレフォード*の主教座聖堂参事会員でもあった．共観福音書問題*についての彼の研究は，マルコ福音書の優先説（➡マルコ福音書優先説）とQ資料*の存在とをイングランドの教会人に受け入れさせることに貢献した．1924年の『4福音書』（*The Four Gospels*）において，彼は福音書全体に基づいて自らの結論を述べ，ルカ福音書の前史およびカイサリア型テキスト*に関する自らの主張を説いた．

## ストリート
Street, George Edmund（1824-81）

建築家．1849年までは，彼はG. G. スコット*のもとで働いていた．ゴシック復興における指導者になり，オックスフォード*，ヨーク*，リポン*，ウィンチェスター*の主教座聖堂を建て，また多くの聖堂や教会施設を設計した．

## ストール
stalls

大聖堂や他の聖堂の聖歌隊席の両側にある固定した座席．通常，高い持送りで分けられ，しばしば豊かな彫刻が施され，時に天蓋で覆われている．その座席はしばしば折りたたまれ，ミゼリコード*と呼ばれる持送りを引き出す．

## ストール
➡ストラ

## ストロング
➡社会的福音

## ストーン
➡キャンベル

## スパージョン
Spurgeon, Charles Haddon（1834-92）

バプテスト派*の説教者．1854年に，彼はサザーク*に赴いた．彼の説教は多くの聴衆を集めたので，ニューイントン・コーズウェー（Newington Causeway）にメトロポリタン・タバナクルという新教会堂が建てられた．聖書釈義の自由主義的な方法論に強硬に反対して，自教会の幾人かの教会員を離間させ，1887年に，彼はバプテスト同盟（Baptist Union）と決別した．

## スビアコ
Subiaco

ローマの東約64kmの町で，聖ベネディクトゥス*が世間から隠遁して定住した洞窟のあった場所として有名である．彼はその地域に12の修道院を建て，そのうちの2つは現存している．

## スビアコ修族

Subiaco Congregation

以前は「原始会則カッシーノ修族」と呼ばれていた，ベネディクト会*の国際的な修族*．本修族は1851年にカッシーノ修族*の中から生まれ，1967年に改称した．

## スピノザ

Spinoza, Benedictus de (Baruch de) (1632-77)

オランダのユダヤ人哲学者．1656年に，彼はシナゴーグ*から追放され，アムステルダムを去らざるをえなかった．各地で，彼はレンズ磨きにより生計を立てた．大半の著作は没後に刊行されたが，その中に1677年の主著『エチカ（幾何学的秩序により証明された倫理学）』(*Ethica ordine geometrico demonstrata*) がある．

スピノザの体系の基礎は，単一の包括的な実体としての神という概念であり，その存在の根拠をそれ自体の中にもっている．この実体は無限であり，無限な数の属性をもち，その中の2者である思惟 (*cogitatio*) と延長 (*extensio*) のみが人に知られうる．すべての個物は物心どちらかの，これら2つの属性の様態である．人間精神は，必然に従って働く神的で非人格な知性の一部である．したがって，スピノザは自由意志，人格の永遠性，不死性を否定する．最高の人間の行動は神に対する忠実な観想であって，それは情念を抑制し，理性に従って生きることができる限り可能となる．聖書に関する研究のゆえに，彼は近代の歴史的聖書批評学の先駆者の一人になった．

## スピュリドン（聖）

Spyridon (Spiridion), St (348年頃没)

キプロス*のトレミトス (Tremithus) 主教．伝承によれば，ディオクレティアヌス*帝の迫害を受けた農夫であった．主教として，彼はニカイア公会議*に出席したといわれる．彼が343年頃のセルディカ教会会議*に出席したことは確かである．その生涯にまつわる多くの伝説が残っている．祝日は東方では12月12日，西方では12月14日．

## スピリディオン

➡スピュリドン

## スピリトゥアル派

Spiritual Franciscans

聖フランチェスコ*が没する前から，以下の2派が区別されえた，すなわち (1) 清貧の規定を緩和して，修道会を再編することを願った人たち，(2) 本来の生活法を維持することを願った，のちに「熱心派」(Zealots) ないし「スピリトゥアル派」と呼ばれた人たちである．後者のグループは，フランチェスコの会則が徐々に緩和されるにつれて，いっそう目立ってきた．兄弟 (friars) にゆだねられた財産が教会に属し，兄弟がその生活や労働に必要なものを使用できるという，聖ボナヴェントゥラ*の主張に基づく妥協案は，1279年の教皇ニコラウス3世の教令に具体化した．それはスピリトゥアル派には受け入れがたいものであったが，1312年に再確認された．彼らが引き続き非妥協的なのを見て，ヨアンネス22世*は破門するとおどして権威に従うよう命じ，1318年に彼らのうちの4人を異端者として火刑に処した．その後まもなく，フランシスコ会*はもともとの分裂の争点をめぐってシスマのおそれがあったが，それはキリストと使徒たちの清貧に関する理論的な問題で，ヨアンネスは1323年にこれを異端的と宣言した．迫害に遇って，スピリトゥアル派の数は減少したが，その運動が刺激となって，フランシスコ会内に，まず原会則派（オブセルヴァント派*）のちにはカプチン会*のようなより厳格なグループが生まれた．

## スヒレベークス

Schillebeeckx, Edward Cornelis Florentius Alfons (1914-2009)

カトリック神学者．アントウェルペン（アンヴェルス）出身の彼は1934年にドミニコ会*員になった．1947-58年にルーヴァン大学教授，次いで1958-82年にネイメーヘン大学教授になった．第2ヴァティカン公会議*に，専門顧問（*peritus*）でなく，オランダの司教たちの顧問として出席した．

主（イエス）を終末論的な預言者として解釈した1974年の『イエス——1人の生ける者の物語』（*Jezus, het verhaal van een levende*）は，ローマで激論を引き起こした．それに続いたのが1977年の『義と愛——恩恵と解放』（*Gerechtigheid en liefde: Genade en bevrijding*）である．カトリック教会の増大する保守主義のゆえに，彼は計画していた3部作の完成を延期し，1980年の『教会の職務』（*Kerkelijk ambt*）において，最初の千年紀の範例と現代のニーズに基づいて，職務に関するカトリック神学の変化を要求した．この関心が彼の3部作の終巻である，1989年の『神の物語としての人間』（*Mensen als verhaal van God*）に影響を及ぼしており，この著作において，「解放の神学」*や「異宗派間の対話」に影響された将来のヴィジョンが，位階制的な教会の経験により曖昧にされている．

## スピンクス
Spinckes, Nathaniel（1653-1727）

臣従拒誓者*．ソールズベリー*のセント・マーティン主教座聖堂名誉参事会員*兼主席司祭*であった彼は，1690年にウィリアムとメアリへの宣誓を拒否して職務を剝奪された．1713年に，彼は2人のスコットランド人主教に補佐された，G.ヒックス*により主教に聖別されたが，主教を名のらなかった．慣行派*をめぐる論争では，彼は『祈禱書』をそのまま保持することを擁護した．学殖豊かな彼は，篤い信仰のゆえに敬われた．

## スブキンクトリウム
subcinctorium

マニプルス*に似た教会の祭服．中世において，司教や時に司祭が着用したが，その使用は教皇に限定されるようになり，現在はまったくすたれた．その目的はストラ*をガードル*に固定することであった．

## スプーン（典礼用の）
spoon, liturgical

東方の典礼では，スプーンは聖体を拝領する際に用いられ，聖別されたホスティアの一部がカリスに浸され，パンとぶどう酒がスプーンにのせて聖体拝領者に渡される．カトリック教会では，聖別されたぶどう酒を渡すためのスプーンの使用が1965年に認可されたがめったに使用されず，2002年の典礼注規*から消えた．

## 『スペイン教令集』
Hispana Collection

（教会会議の）決議条項（canons）や教皇教令*の集成で，スペインに由来するためこう呼ばれる．異論はあるが永続的な伝承がセビリャのイシドルス*と結びつける最古の形の本書が載せているのは，ダマスス*からグレゴリウス1世*までの教皇の教皇教令に続いて，633年のトレド教会会議*までの数回の教会会議の決議条項である．

## スペインにおけるキリスト教
Spain, Christianity in

伝承はスペインへの伝道を聖パウロ*と聖ヤコブ*に帰しているが，スペインの教会組織に関する最古の記録は254年の聖キュプリアヌス*の書簡である．キリスト教が3世紀末までに普及したことを証言するのは，ディオクレティアヌス*帝の迫害におけるスペイン人の殉教および306年頃のエルビラ教会会議*の規律に関する条項である．5世紀に，スペインの大半はアレイオス*派の西ゴート人の支配下に入った．彼らのカトリシズムへの改宗は，589年に国王レカレド*により正式に宣言された．8世紀に，西ゴート王国は北アフリカからのイスラーム*の勢力に征服された．正式には寛容下にあったキリスト教徒は時折，迫害を受けた．キリスト教諸国が8-10世紀に起こって，徐々に南方に拡大した．1250年頃までに，イベリア半島の大半はキリスト教徒の支配下に入っていた．11世紀前半以降，フランスやローマの影響力が徐々に強まった．それはクリュニー系修道院*やシトー会*修道院の建設および1080年に規定されたモサラベ典礼*のような明確にスペイン式の慣行の消滅に見られよう．このころ，アルフォンソ6世勇敢王はサンティアゴ・デ・コンポステラ*への巡礼のための「サンティアゴの路」（Camino de Santiago）を整えるのに大いに貢献した．スペインで盛んであったドミニコ会*もフランシスコ会*も，オブセルヴァント派*の分派を生む改革運動を経験した．こうしてフランシスコ会員は，オブセルヴァント派でトレド大司教であるF. ヒメネス・デ・シスネロス*のもとで，アメリカ発見で宣教領域に提供された機会を活用できる立場にたった．スペインの異端審問*所は，フェルナンド5世*とイサベル*の要請で発布された，1478年と1483年のシクストゥス4世*の大勅書によりスペイン中に設置され，国王の権威を行使する枢密院として機能した．

16世紀における教皇職とのスペインの結びつきは，緊張や衝突を伴いもしたが，極めて重要であった．トリエント公会議*におけるスペイン人枢機卿の影響力は対抗宗教改革*を具体化するのに貢献した．スペインでは，アルンブラドス*やプロテスタントのグループが抑圧され，アビラの聖テレサ*，聖フアン・デ・ラ・クルス*，ルイス・デ・レオン*，ルイス・デ・グラナダ*のような偉大な神秘家や霊的著作家が教会から冷遇され，投獄されさえした．アウトダフェ*および1560年頃のトレド大司教B. カランサ*の逮捕は，宗教改革に対するスペインの応答の最も劇的な表現であった．

18世紀に，マドリードとローマ間の目立った係争点は，スペイン教会，その役職，財源に対して，ブルボン王家が支配権の確認と拡大を主張したことと関わっていた．外交関係は1709年に断絶し，1737年まで修復されなかった．1753年の政教協約は国王に多くの譲歩をしたが，カルロス3世（在位1759-88年）が明言した主張である，国王の権威を擁護し，ローマからの距離を維持するという，（国王により指名された）司教たちが全般に支持した政府に対して強い懸念を払えなかった．1767年のイエズス会*員の追放はこのことと関係していた．外面的な信心に表された民間宗教は根強く続き，教会は全般に貧者に対する世話というその社会的義務に真剣に取り組んだが，その高度な階層内で，改革的な運動が発展し，無教育と闘って信仰を純化しようとした．カルロス3世の治下，異端審問に対する国王の主権が再確認されたが，宗教に関するその伝統的な裁治権は依然として認められた．19世紀をつうじて，またフランコ将軍時代まで，教会と自由主義*は対立していた．中心的な問題は，どの程度スペインが特定宗派の国家に留まるべきかということであった．1830年代には，男子修道会が解散させられ，1834年に，異端審問所が最終的に廃止された．宗教の自由に対する権利は1869年憲法で認められたが，実際には限定されていた．1876年憲法で認められた1851年の政教協約は，教会と国家の関係を実現性のある基盤にたったものにし，それは1923年のプリモ・デ・リベラのクーデターまで続いた．1876年以降，制度化された教会は，修道女が携わる教育と保育をほとんど独占して，その社会的地位と影響力を刷新した．1930年代前半に，第2共和国が特に1933年の「信仰告白および修道会法」をつうじて，社会の広汎な世俗化を追求したことは，激しい対立を引き起こし，またピウス11世*の断罪を招いた．1936年の内戦勃発以降，民族主義的な主張が，スペインのカトリックの価値とアイデンティティを擁護するための「十字軍」として教会の権威により提示された．これが1937年7月の「世界の諸司教宛のスペイン諸司教の共同書簡」の論点であって，間接的にゲルニカの爆撃に刺激を受けていた．内戦のほとんど初期に，約7,000人の司祭，修道士，修道女が殺害され，教会堂や他の教会関係の建物が破壊されたことは，その戦闘の「十字軍」観をいっそう強めた（殺害された人たちのうち，506人が2005年と2007年に列福された）．1939年のフランコ将軍の勝利後，共和国の世俗化策は一掃され，教会と国家の以前の緊密さが復活した．1960年代まで，その結びつきは変わらなかった．その後，批判が聖職者間に高まり，フランコが1975年に没するまでには，教会は独裁制から十分に距離を置いていたので，1978年憲法に記された新秩序中に安定した位置を占めることができた．現在は，スペインには正式な国教がなく，プロテスタンティズムももはや法的な制約を受けていない．しかしながら，1960年代以降，オプス・デイ*が相当な政治的・社会的な影響力をもっている．

## すべての恩恵の仲介者

Mediatrix of All Graces

聖母マリア*に帰される称号で，彼女がキリストとともに人類に恩恵を付与するという考えを表している．➡共同贖い主

## スヘルストラート

Schelstrate, Emmanuel（1649-92）

教会史家，教会法学者．アントウェルペン（アンヴェルス）出身の彼はヴァティカン*図書館長になった．守秘規定*に関する1685年の論考で彼が展開した見解は，キリスト，使徒とその後継者が守るよう要求した秘密が，初期の教会におけるキリストのペルソナ（位格）の教理および秘跡に対する証拠の相対的不十分さを証明するというものであった．

## スペルペリケウム

➡サープリス

## スペルマン

Spellman, Francis Joseph（1889-1967）

アメリカの枢機卿．1916年にローマで司祭に叙階された彼は，1925年まで母国でボストン教会の助祭長を務め，その年，教皇庁*に任命された最初のアメリカ市民として，ヴァティカン*の国務省に入った．ここで，彼はエウジェニオ・パチェリ（のちのピウス12世*）と親交を結んだ．1932年に，スペルマンはボストン補佐司教に任命された．1935年以降，彼はヴァティカンとアメリカ合衆国政府間の正式な関係を強化するために活動し，1936年にローズヴェルト大統領と訪米中のパチェリとの会談を準備し，1939年に，ローズヴェルトは彼を教皇への個人的な使節に指名した．1939年のパチェリの教皇選出直後に，スペルマンはニューヨーク大司教に任命され，同年，全軍に対する司教としての監督権を付与された．この任務での旅行の結果，彼は1943-44年に連合国，教皇職，イタリア政府間の交渉を斡旋したため，教皇庁国務長官職を提示された．彼は固辞して，没するまでニューヨークに留まり，1946年に枢機卿*になった．にもかかわらず，彼の政治的・教会的な影響力は第2次世界大戦後は衰えた．有能な財政管理人であった彼は，ニューヨークの教会の施設を拡張し，また彼は特にヴェトナム戦争中，共産主義に対する敵意で有名であった．全般に神学的に保守的であったが，彼は1960年代前半にはカトリックの自由主義的な神学生を擁護し，第2ヴァティカン公会議*では，信教の自由に関するその改革的な教えを主唱した．

## スペンサー

Spencer, Herbert（1820-1903）

19世紀のイングランドにおける不可知論*の主要な主唱者．彼は実体を知られうるもの（科学の分野）と知られえないもの（宗教の分野）に分けた．彼の主張では，人は知られえないものを意識しえないだけでなく，その知識自体が結局は知られえないものに依拠しており，絶対者は万物の背後にある基本的な実体である．にもかかわらず，絶対者は言葉の厳密な意味で知られえない．

## スペンサー

Spencer, John（1630-93）

イングランドのヘブライ語学者．1685年の『ヘブライ人の儀式の律法とその胸当て』（*De Legibus Hebraeorum Ritualibus et earum Rationibus*）において，彼はヘブライ人の宗教儀式と他のセム民族のそれとの関連を探ろうと努めた．彼はしたがって比較宗教学*研究の創始者と称される．

## スポッティスウッド

Spottiswoode, John（1565-1639）

セント・アンドルーズ大主教，歴史家．もともと厳格な長老派*であった彼は，国王の政策の支持者，ジェームズ1世*の主要な代弁者となって，スコットランドの教会（カーク*）を抑圧した．1610

年にグラスゴー大主教に聖別され，1615年にセント・アンドルーズ大主教になった．1618年のカークの大会*で，彼は自ら選挙なしに大会議長*になって，『パース条項』*を課した．1635年に，チャールズ1世*により大法官に任命された彼は，スコットランドへの『祈禱書』の導入を不本意ながら支持した．国民契約*が1638年に結ばれると，彼はニューカースルに逃れた．1655年に没後出版された，1625年までの『スコットランド教会史』（*History of the Church of Scotland*）は，史料によく裏づけられているが，著者の立場を反映している．

### ズボン聖書(せいしょ)
Breeches Bible

1560年のジュネーヴ聖書*の通称で，創世記3:7の「腰を覆うもの」の訳語 'breeches'（ズボン）に由来する．欽定訳聖書はそれを 'aprons'（前掛け）と訳した．

### スマイス（スミス）
Smyth（Smith），John（1570？-1612）

普遍バプテスト派*の有名な創始者．英国教会で叙任された彼は，リンカーン*でピューリタン*の説教者となり，やがて（1607年までに）ゲインズバラ（Gainsborough）で分離派*の牧師となった．1608年頃に亡命者の一団を率いてアムステルダムに赴き，そこで自らに授洗して（➡セ・バプテスト派），1609年に，彼は最初の近代のバプテスト教会*を設立した．彼は徐々にメノナイト派*の影響下に入った．➡ヘルウィス

### スマート
Smart, Peter（1569-1652頃）

ピューリタン*．ダラム*主教座聖堂名誉参事会員*であった彼は，高教会派的な装飾に反対し，また1628年に，先進的な儀礼の推進者の一人であったJ. カズン*に反対する説教をした．スマートはダラム高等宗務裁判所*に訴えられ，事例が付託されたヨーク*高等宗務裁判所により科された罰金の支払いを拒否したため，罷免され投獄された．1640年に釈放され，翌年，前職に戻った．彼は1643年に「厳粛なる同盟と契約」*に加わり，いくつもの没収された聖職禄*を得た．

### スマラグドゥス
Smaragdus（825年以後に没）

サン・ミイエル（St-Mihiel）大修道院長．809年のアーヘン教会会議に出席し，その結論をシャルルマーニュ*から教皇レオ3世*に送られた書簡中に明記した．スマラグドゥスは多くの神学的・修徳的な著作を書いたが，その中に『ベネディクトゥス会則』*に関する解説（Expositio）がある．

### スミス
Smith, John（1618-52）

ケンブリッジ・プラトン学派*．B. ホイッチコート*の影響のもとで，彼は指導的なケンブリッジ・プラトン学派*の一人となり，当時の辛辣な神学論争に反対して霊的宗教を支持した．

### スミス
Smith, William Robertson（1846-94）

スコットランド*の神学者，セム学者．彼は旧約聖書の高等批評*により引き起こされた騒動の中心にいた．『大英百科事典』中の彼の諸論文は，聖書の霊感説を弱めるものとして，スコットランド自由教会*の大会*の委員会により批判され，1881年に，彼はアバディーンのフリー・チャーチ・カレッジの教授職を追われた．後半生をケンブリッジで過ごした．1881年の『ユダヤ教会における旧約聖書』（*The Old Testament in the Jewish Church*）に関する彼の諸講演は，モーセ五書*の構造と年代およびイスラエル宗教の発展に関するJ. ヴェルハウゼン*の学説を広め，また，1882年の『イスラエルの預言者』（*The Prophets of Israel*）において，彼はこの基盤に立って，初期の預言者の生涯と教えを説いた．

### スミスフィールド
Smithfield

ロンドンのこの地は，特に宗教改革期に処刑場として有名であった．現在は，食肉市場である．

## スミルナ（スミュルナ）
Smyrna

ローマ帝国のアシア州内の都市（現トルコのイズミル［Izmir］）. そのキリスト教会は，ヨハネ黙示録（2:8-11）が宛てた「７つの教会」*の一つで，来るべき迫害が警告されている. 聖ポリュカルポス*はここで殉教した. この都市には長く相当数のキリスト教徒が存在し続けた.

## 「スメクティムヌウス」
'Smectymnuus'

J. ホール*の『謙遜な諫言』（*Humble Remonstrance*）に反論して，キリスト教の職制に関する長老派*の理論を擁護する，1641年に刊行された書物の著者の筆名. この名は５人の著者の頭文字からできている.

## スライダヌス
Sleidanus, Johannes（1506-56）

ドイツの宗教改革の歴史家. 彼は（正確な年代は分からないが）プロテスタント的な見解を受け入れ，1545年に，ドイツにおけるプロテスタント側の歴史を書くよう，シュマルカルデン同盟*により委嘱された. 1555年の彼の『皇帝カール５世治下の宗教と政治』（*De Statu Religionis et Reipublicae Carolo V Caesare Commentarii*）は現在，同書に保存された多くの公文書のゆえに高く評価されている.

## スリランカのキリスト教（きょう）
Sri Lanka, Christianity in

コスマス・インディコプレウステス*によれば，６世紀のスリランカ（旧称はセイロン）にはアッシリア東方教会*のキリスト教徒がいたが，彼らは消滅したと思われる. 1505年以降，スリランカはポルトガル*の海上貿易の支配圏に入り，最初のカトリックの司祭が1518年にコロンボに到来した. 1543年に，宣教活動を開始したのはフランシスコ会*で，17世紀に他の修道会が続いた. キリスト教共同体は急速に発展した. 1658年にポルトガル人を追放したオランダ人は，カトリック教会の根絶を図り，オランダ*から宣教師を招き，オランダ改革派教会*を支援した. 1796年に英国人がオランダ人に取って代わり，1802年にセイロンは英国の植民地になった. 英国の支配下で宣教活動を行ったのは，バプテスト派*教会，ウェスレー・メソジスト教会*，英国教会宣教協会*，海外福音宣教協会*のようなイングランドの団体であった. 1948年の政治的独立以降，諸教会はいずれも復興した仏教と対決することになり，仏教は1972年に国教となった. 合同したプロテスタント教会を形成する試みは1980年代に放棄された. しかしながら，ペンテコステ派*諸教会はこの時期に拡大した. キリスト教徒は人口の約８％を占め，そのうちの約90％はカトリックである.

## スルスム・コルダ
Sursum corda

（ラテン語で「［汝らの］心を挙げよ」の意.）聖餐式において，司式者が叙唱*の直前に会衆に語りかける言葉.

## スルピキウス・セウェルス
Sulpicius Severus（360頃-430頃？）

歴史家，聖人伝作者. 394年頃に回心して隠遁生活に入る前は，アクィタニアにおいて弁護士であった. その後，南西ガリアの領地に修道院を建て，貴族的な修道生活を送った. 彼による『トゥールの聖マルティヌス伝』はマルティヌス*を奇跡に証言された，神の人として記述している. その後，スルピキウスは３通の手紙と『対話』を追加し，その中で，マルティヌスの奇跡を行う力がエジプトの禁欲主義者のそれと比較されている. さらに，彼が書いた『年代記』は旧約聖書と400年頃までのキリスト教史を要約しており，プリスキリアヌス派*の運動にとり重要な史料である.

## スレッサー
Slessor, Mary（1848-1915）

合同長老派教会*の宣教師. 1876年に，彼女は西アフリカのカラバル（Calabar）海岸に派遣された. ここで，彼女は現地人に多大な影響を及ぼし，多くの部族的な悪弊（たとえば双子殺しや人身供犠）をやめさせた．1905年に，彼女には行政官の権限が与えられた．祝日は『共同礼拝』*では1月11日．

## スワスティカ（かぎ十字）

swastika

同じ長さの腕をもった十字形の標章で，どの先端も直角に曲がっている．おそらくもともと，幸運をもたらし，不幸を防ぐ魔よけであった．前4000-3000年頃の壺に刻まれている．20世紀に，ナチ党の公式の標章として用いられた．

## スンマ（大全）

Summa

本来さまざまな主題に関する参考図書を指したこの語は，神学，哲学，教会法などの提要を指すようになった．これらの提要はそれ以前の『命題集』*とほぼ同様に，スコラ学における入門書として用いられた．➡『神学大全』

# せ

## 聖衣（せいい）
Holy Coat

12世紀以来，トリーア（Trier）司教座聖堂とアルジャントゥーユ（Argenteuil）教会区教会がともに，キリストの「縫い目のない衣服」（ヨハ19:23）を所有していると主張してきた．

## 聖遺物（せいいぶつ）
relics

キリスト教の慣行で，この語がふつう指すのは，没後の聖人の遺骨およびその身体に触れた聖なるものである．しかしながら，最も重要な聖遺物は「真の十字架」（ないし，その断片）であり，伝承によれば，それは326年に聖ヘレナ*により発見された．早い時期から，殉教者*の遺体は崇敬され，その確実な証拠が156-57年頃の『ポリュカルポス殉教録』に見られる．ローマでは，その崇敬はカタコンベ*と結びつき，そこにおける殉教者の墓所で，礼拝が行われた．イコン*だけでなく，聖遺物の崇敬も否定した聖画像破壊*論者に反対して，787年の第２ニカイア公会議*は聖遺物を侮蔑する者にアナテマを宣告し，すべての聖堂が聖遺物で聖別されるよう命じた．西方教会では，聖遺物崇敬は十字軍*時代に極めてさかんになり，しばしば真作でない，多くの聖遺物が聖地からもたらされた．それらは聖遺物箱*に納められ，行列で運ばれ，また，しばしば迷信的な慣行を生んだ．

聖遺物崇敬の神学的根拠は中世に展開された．強調点が置かれたのは，栄光ある復活へと定められた聖霊の宮としての，聖人の遺体の特別な威厳，および彼らを奇跡を行う機会とされた，神により与えられた是認である．この教理は宗教改革者に反対して，トリエント公会議*で確認された．➡聖人崇敬

## 聖遺物安置所（せいいぶつあんちじょ）
feretory

そこで聖人の聖遺物*が納められ，崇敬されるシュライン*．

## 聖遺物箱（せいいぶつばこ）
reliquary

聖遺物*を納める容器．さまざまな形をした聖遺物箱はしばしば貴金属製で，豪華に装飾されている．

## 聖歌（讃美歌）（せいか（さんびか））
hymns

音楽にあわせた聖なる韻文は常にキリスト教の礼拝の一部をなしてきた．当初，旧約聖書，特に詩編が用いられたが，早い時期に，明確にキリスト教的なもの，たとえばマニフィカト*が現れ，また初期の聖歌からの引用と思われるものが新約聖書のさまざまな箇所に見いだされる．聖歌の使用は幾人かの初期の教父により言及されており，「フォス・ヒラロン」*はニカイア前の時代に由来するものである．４世紀以降，聖歌はキリスト教の秘義を祝うためだけでなく，たとえばアレイオス*論争において，異端信仰を主唱ないし論駁するために用いられた．５世紀以降，聖書以外の言葉は典礼において認められないと考えるキリスト教徒もいたが，「トロパリオン」*（単一スタンザの聖歌）が当時の東方教会の祈禱書に見いだされ，それがのちにコンタキオン*やカノン*を形成することになった．

ラテン語の聖歌はギリシア語の聖歌より遅れて現れ，聖アンブロシウス*が実際に弾みをつけた．３つの聖歌だけが確実に彼に帰されうるが，彼はラテン語の聖歌作歌法の発展の道筋を単純で，信心深く，直接的なものと規定し，彼の影響力をと

おして，聖歌は西方教会の公の礼拝にとり評価された，欠かせない一部となった．聖歌は12世紀までローマの聖務日課*に取り入れられなかったが，その発展はさまざまな時間や季節に用いるために，整然と順序が定められるようになった．

中世をつうじて，聖歌は自国語で書かれたが，それは主として宗教の主流外にいる人たちによるものであった．宗教改革*とともに，状況は変わった．ルター派*はドイツにおいて，M. ルター*自身により，またその後P. ゲルハルト*により書かれた新しい多くの聖歌を生んだ．他方，カルヴァン派*は礼拝において聖書の言葉しか認めず，詩編が韻律詩編*として編まれた．英国教会において，聖歌が実質的に祈禱書から消えたのは主に，T. クランマー*がラテン語の聖歌をうまく英語に取り入れる「寛容さと柔軟さ」を欠いていたからであると思われる．

近代の聖歌（讃美歌）の作詞や作曲は主に18世紀になされた．顕著な歩みを始めたのはI. ワッツ*で，その聖歌は歌い手の霊的な経験を表現するために書かれた．それに続いたのは，ジョンとチャールズ・ウェスレー*兄弟の仕事である．聖歌を歌う習慣はメソジスト*のあいだで奨励され，英国教会の福音派*のあいだで広まった．アメリカでは，黒人霊歌*が1797-1805年の第2次大覚醒*における力強い要素であった．19世紀前半までには，英国教会において聖歌の使用に対する偏見は消えつつあり，R. ヒーバー*の1827年の『教会暦聖歌集』（*Hymns written and adapted to the Weekly Church Services of the Year*）は，福音派外でも聖歌に対する偏見を克服するのに役立った．聖歌の使用を促進するのにいっそう影響力をもったのはオックスフォード運動運動で，古代や中世の教会の聖歌が教会の古代性とカトリック性を強調するのに用いられた．さまざまな新旧の聖歌集が刊行され，最も広く用いられたのは1861年の『古今聖歌集』（英語版）*および1906年の『英語聖歌集』*である．1980年代には，多くの英国教会の新しい聖歌集が刊行され，上記両書の改訂版もそれに含まれる．カトリックのあいだでも，19世紀に平易な聖歌への要望が，F. W. フェイバー*のような讃美歌作者に反映されている．第2ヴァティカン会議*以降，聖歌は広くミサで用いられるようになり，もはやカトリックの作者のものに限定されていない．クェーカー派*を除いて，他のすべての英語圏の諸教会は，キリスト教礼拝の付属品よりむしろその不可欠な部分としての，重要な位置を聖歌に帰している．長年にわたり，自らの礼拝に用いる認可された聖歌集が刊行されてきており，たとえば，1898年のスコットランドと他の長老派*教会の『教会聖歌集』*や1900年の『バプテスト教会聖歌集』（*The Baptist Church Hymnal*）などがそうであり，英国教会と同様に，最近も改訂版や新しい聖歌集を刊行している．学校のような特定な種類の団体用の聖歌集や少数の非教派的な聖歌集も存在し，特に1925年の『ソングズ・オヴ・プレイズ』*や1977年の『オーストラリア聖歌集』（*Australian Hymn Book*）がそうであって，後者は1979年の『ウィズ・ワン・ヴォイス』（*With One Voice*）の名で呼ばれることが多い．現代の聖歌によっては平易な言語的・音楽的表現を用いているものもあるが，古典的な聖歌の伝統的な言語は通常維持されている．

## 聖階段（ピラトの階段）

Scala Sancta（Scala Pilati）

ローマのラテラノ大聖堂*の近くの，28段の大理石の階段．伝承によれば，キリストが死罪判決後にこの階段を降り，その後，エルサレムのピラト*の宮殿から聖ヘレナ*により西方にもたらされた．

## 聖骸布

Holy Shroud

トリノに保存され，キリストの体が埋葬のため包まれた埋葬衣（マタ27:59など）として長く崇敬されてきた聖遺物*．1988年の炭素年代測定法は，それが編まれた亜麻を収穫した年代を1260-1390年のあいだであると示した．

## 聖画像

➡イコン

## 聖画像破壊論争
Iconoclastic Controversy

725年頃から842年までギリシア教会を激しく動かした，イコン*(聖画像）の崇敬（veneration）をめぐる論争．726年に，皇帝レオン3世*はすべての像*が偶像であると断じ，その破壊を命じた．これを妨害したことにより，特に修道士たちに対する迫害が起こった．753年に皇帝コンスタンティノス5世が召集したヒエレイア（Hieria）教会会議は，キリストの人間性のみを表すことで，イコン崇拝者がネストリオス*主義者のようにキリストの一致を分裂させているか，キリスト単性論*者のようにキリストの両性を混同していると主張し，聖母マリアと聖人のイコンが偶像であると断じ，その破壊を命じた．迫害は増大したが，レオン4世（在位775-80年）のもとで緩和され，その没後，息子の摂政であった皇后エイレネ（Irene）は前任者たちの政策を転換した．787年の第2ニカイア公会議*は，ヒエレイア教会会議の決議を無効にし，イコンに対してふさわしい崇敬がなされるべきことを定め，国内のイコンの修復を布告した．

「第2期の聖画像破壊論争」は814年にアルメニア出身のレオン5世のもとで起こり，彼はイコンを教会堂や公共の建物から撤去した．総主教ニケフォロス*は815年に罷免され，ストゥディオスの聖テオドロス*は追放された．迫害が終わったのは，842年の皇帝テオフィロスの没後であった．その寡婦であるテオドラは843年にメトディオスを総主教に選出させ，四旬節第1主日にイコンを記念する祝日が祝われた．これは東方教会において現在も「正教の勝利の祝日」*として守られている．

## 聖家族
Holy Family, the

幼子イエスとその母（聖母マリア*）と養父（聖ヨセフ*）．聖家族への崇敬そのものは17世紀にカトリック教会でさかんになった．聖家族の祝日は降誕祭*後の第1主日に祝われる．

## 聖歌隊（クワイア）
choir（musical）

礼拝を補助する歌唱者の団体．4世紀にはすでに，下級品級*の聖職者や少年たちからなるそのような団体が存在した．グレゴリウス1世*(604年没）の時代までには，スコラ・カントールム*が設立されていたと思われる．12世紀頃，多声音楽が教会の単旋律聖歌*に取って代わり始め，信徒の歌唱者が教会の聖歌隊を補強した．最近では，多くの教会が聖歌隊を儀式張らない「ミュージック・グループ」の歌唱者や器楽奏者で代えたりしている．

## 聖歌隊席（クワイア）
choir（architectural）

聖職者席（seats of the clergy）を含む聖堂の一部．ローマのバシリカ*では，これらの席は祭壇*のうしろのアプシス*の周りに置かれた．現在の聖歌隊席は通常，内陣*の西端に含まれる．

## 聖歌隊席の修道女
choir sisters

聖歌隊席ですべての聖務日課*に出席が義務づけられている修道女で，会則のもとに生活しながらも若干の聖務日課だけに出席する信徒修道女*と対比される．この区別は今日ほとんどすたれている．

## 生活と実践
Life and Work

キリスト教信仰と社会・政治・経済との関係に関わるエキュメニカル運動*の一部門．1925年にストックホルム会議*，1937年にオックスフォード会議*を開催した．➡世界教会協議会

## 生活の座
*Sitz im Leben*

主に聖書批評学で用いられるこのドイツ語は，(しばしば共同体の生活において)，特定の物語，言葉などが生み出されたり，保存されたりして，伝達された状況を意味する．

## 誓願
vows

約束するほかならぬ相手が気に入ると思われることを行うという，厳かで自発的な約束．旧約聖書では，誓願は時に神による一定の恩恵の授与に依存しており，他の誓願は無条件に行われたと思われる．誓願を果たす義務は，エフタの娘の場合に見るように（士11:30-39），絶対的だと見なされえた．しかしながら，新約聖書では，キリストは誓願を口実に両親への義務を人に免れさせうるユダヤの掟を断罪した（マコ7:9-13）．

カトリックの倫理神学によれば，有効な誓願は，理性を十分に働かせうる人により自由に行われ，実行の可能性の範囲内にあり，将来的な善につながるものでなければならない．修道制*の発展とともに，「修道者*の生活」（religious life）に入る際に立てる，福音的な「完徳の勧告」*に従うという三重の誓願が特別な重要性を帯びるようになった．13世紀頃から，教会法*は単式誓願（simple vow）と盛式誓願（solemn vow）を区別してきた．現在の「修道者の生活」においては主に，有期誓願（temporary vow）と終生誓願（perpetual vow）が区別されている．➡誓い

## 正教
➡正統信仰

## 正教会
➡東方正教会

## 政教協約
concordat

俗権と教権のあいだの，双方の関心事についての協約．

## 政教協約（1801年の）
Concordat of 1801

ピウス7世*とナポレオン・ボナパルトのあいだで締結された協約で，フランスにおけるカトリック教会の正式の復興をもたらした．

## 正教の勝利の祝日
Orthodoxy, Feast of

聖画像破壊*派の没落と像*の復活を祝うために，843年に制定された祝日．現在は東方教会において（正教会*でも帰一教会*でも），あらゆる異端信仰*に対する正教*の勝利を記念するために，四旬節（大斎）第1主日に守られている．

## 聖金曜日（受難日）
Good Friday

十字架刑*を記念する日として守られた復活祭*直前の金曜日で，断食*・節制*・悔悛*の日である．

現行のカトリックの儀式を構成するのは，ヨハネ福音書による受難詠唱とともに朗読と祈り，インプロペリア*とトリスアギオン*の詠唱とともに「十字架の崇敬」*，および聖木曜日*に安置された聖体による交わりの儀式（➡既聖ホスティアによるミサ）である．英国教会では，『祈禱書』は聖餐式の通常の執行を定めているが，最近までこれはまれにしか行われなかった．現在のアングリカンでは，現行のカトリックの儀式に類似した礼拝がかなり広く守られている．典礼外の信心で最も知られているのは「3時間の礼拝」*である．大陸のプロテスタントでは，聖金曜日はしばしば「主の晩餐」*を行う特別な日である．正教会*では，晩課*はエピタフィオン*の厳かな崇敬で終わり，聖土曜日*（つまり聖金曜日の夜）の朝課*はキリストの象徴的な埋葬の礼拝で終わる．

## 聖句集
➡コメス

## 聖句の入った小箱
➡経札

## 聖香油
chrism

ギリシア教会とカトリック教会の儀式で用いられる，オリーブ油とバルサムを混ぜたもの．聖香油は司教によってのみ聖別されることができ，東

方では現在でも，総主教*および独立自治教会*の他の長たちによって聖別される．現行のカトリックの慣行によれば，聖香油は聖木曜日*に聖別され，1955年以降，特別な「聖香油のミサ」でなされる．東方では，「聖香油を注ぐこと」（chrismation）は洗礼*式の一部であり，また聖香油は背教*者の和解および他のキリスト教会からの改宗者の受け入れにも用いられる．西方では，聖香油は洗礼，堅信*，聖職*の聖別の際に用いられる．東西教会で，聖香油はまた，教会堂や祭壇の聖別の際に用いられる．

## 聖香油入れ（せいこうゆいれ）
chrismatory

3種類の聖なる油，すなわち洗礼志願者*の油，病者の油，聖香油*を入れる小さな器．

## 聖痕（せいこん）
stigmatization

キリストの受難*の傷痕が人体に再現すること．聖痕（stigmata）が不可見的な場合は，苦痛が外的なしるしなしに経験され，可見的な場合は通常，両手，両足，心臓の近く，さらに頭や肩や背中の傷痕ないし出血からなる．聖痕は化膿せず，治療で治らない．聖痕を受けたことが知られる最初の人はアッシジの聖フランチェスコ*であり，その後多くの例があるが，大部分は女性である．聖痕に対するカトリック教会の姿勢は慎重であった．

## 聖座（せいざ）
Holy See

この語は一般に教皇職*を指す．

## 聖餐（せいさん）（聖体（せいたい），エウカリスティア）
Eucharist

(1) 名称．キリスト教の礼拝の中心の部分を表す（「感謝」の意の）「エウカリスティア」（聖餐）という名前は，キリストが制定の際に「感謝の祈りを唱えた」からとも，礼拝はキリスト教徒が感謝を表す最高の行為だからとも説明される．他の名称は，「聖餐」（Holy Communion），「主の晩餐」*，「ミサ」*，また東方教会では「聖体礼儀」（Divine Liturgy）である．

(2) 起原．聖餐の制定は聖パウロ*によりⅠコリント書11:23-25に，また共観福音書*に記録されている（➡制定の言葉）．使徒言行録によれば，極めて早期から聖餐がキリスト教の礼拝の正規の部分であり，キリストにより制定されたことが明らかである．

(3) 教理．聖餐が信徒に「キリストの体と血」を伝達することは，当初から一般に受け入れられていた．聖餐の物素（elements，パンとぶどう酒）自体はふつう「（キリストの）体と血」と呼ばれた．教父*時代において，パンとぶどう酒が聖別後にも存続すると信じているかのように著作した神学者もいれば，聖別後にはもはや存在しないと考えているかのような神学者もいたが，明確な定義づけは試みられなかった．9世紀のパスカシウス・ラドベルトゥス*や11世紀のベレンガリウス*の主張から起こった論争以降，定義づけが望ましいと感じられた．1215年の第4ラテラノ公会議*は，カタリ派*に対して「真の臨在」*を主張するために「実体変化」*という用語を用いた．13世紀中に，この教えは論じ尽くされ，聖別はパンとぶどう酒の「実体」に変化をもたらすが，「偶有性」*（すなわち外観）はそのままであると主張された．

宗教改革の時代，この問題で多くの論争があった．M. ルター*は共在説*を擁護したが，それによれば聖別後に，パンとぶどう酒および「キリストの体と血」は共在する．U. ツヴィングリ*の主張では，主の晩餐は何よりも記念の儀式であり，物素には変化がない．J. カルヴァン*とカルヴァン主義者は中間の立場をとり，彼らは物素内で変化が起こることを否定したが，信徒が「キリストの体と血」の力，すなわち効力（virtue）を受けるのだと主張し，この教えはヴァーチャリズム*と呼ばれるようになった．『祈禱書』の曖昧な用語は，英国教会の中にさまざまな教えを併存させてきた．

少なくとも1世紀末から，聖餐がある意味で犠牲だとも広く考えられてきたが，ここでも定義づけは段階的になされた．聖餐の教えのこの面は，東方教会において議論の的であり，1157年のコンスタンティノポリス*教会会議は，聖体礼儀が「高く祭壇上に永遠に祝福される」キリストの犠牲を現臨させるという教えを支持した．宗教改革の神学者のあいだには，犠牲を否定したり，それを超現実的な意味で説明する傾向があった．他方，トリエント公会議*は，ミサの犠牲が宥めるものであること，生きている人と死んだ人のために資すること，カルヴァリ*の犠牲の充足性を減じないことを確認した．

20世紀になって，神学者は聖餐の理解にとり中心的なこととして，アナムネーシス*(すなわち，記念）の要素を強調した．アングリカン－ローマ・カトリック国際委員会*はこの問題で一定の合意に達し，「過去における出来事を現在において有効にするもの」と理解され，アナムネーシスの理念を強調した．こうして聖餐は，「十字架上のキリストの贖いのわざが教会において宣言され，有効とされる手段」だと表現される．典礼運動*は聖餐が「過越の秘義」（paschal mystery）全体の記念であることを強調し，教会の共同体的性格との聖餐の関係およびその執行における信徒の役割を明示した．第２ヴァティカン公会議*も，会衆の積極的な参加に表明される，聖餐の共同体的性格と聖餐式の社会学的意義を強調した．➡奉献文

## 聖餐形式論者（せいさんけいしきろんじゃ）
Sacramentarians

聖餐のパンとぶどう酒が「サクラメント的な」すなわち「隠喩的な」意味だけでキリストの体と血であると主張した神学者を指して，M. ルター*が付けた名称．この語は聖餐における「真の臨在」*を否定する者すべてを指すようになった．

## 聖餐式後の祈り（せいさんしきごのいのり）
postcommunion

西方教会の聖餐式において，聖体拝領（Communion）に続く祈り．

## 『聖餐式順序』（せいさんしきじゅんじょ）
Communion, The Order of the（1548年）

英語で作成された聖餐式の式文で，もともと，司祭の聖餐式と会衆の聖餐式のあいだのラテン語ミサに挿入された．その核心部分は，勧告，陪餐予定者への短い言葉，一般懺悔と赦罪，「慰めの言葉」*，「謙遜な近づきの祈り」*，二種陪餐*による執行の言葉，祝福*であった．その内容は『祈禱書』に引き継がれた．

## 聖餐式前禱（せいさんしきぜんとう）
Ante-Communion

英国教会における聖餐式の最初の部分で，「戦う教会」*のための祈りまででそれを含み，特に聖餐式の残りの部分がないときに，この語が用いられる．

## 聖餐式のない日（せいさんしきのないひ）
aliturgical days

聖餐式やミサが行われない日．カトリック教会では，聖金曜日*と聖土曜日*がこれにあたる．東方教会ではその数はずっと多い．

## 聖餐卓（せいさんたく）
Communion table

聖餐式が行われるテーブル．英国教会では，この語は特に低教会派*的な見解の人たちにより用いられ，他の人たちは一般に祭壇*の語を好む．

## 「聖餐認定条例」（せいさんにんていじょうれい）
Admission to Holy Communion Measure 1972

この1972年の条例は，英国教会の総会*（General Synod）が，受洗していても堅信礼を施されていない人たちの陪餐の認定を可能にするもので，それらの人たちには他の教会の陪餐会員も含まれる．

## 聖餐の犠牲（せいさんのぎせい）
Eucharistic Sacrifice

聖餐*のうちに生者と死者のために有効な宥めの犠牲*が存在するという，トリエント公会議*で確認された教理．この犠牲と十字架上のキリスト

の奉献*との関係は大いに議論されてきている．キリスト教信徒の「応答的な」犠牲や地上の成果の奉納もこの議論の一部となっている．プロテスタントはキリストの贖いのわざの充足性に何も付加したくないと思われる．カトリックはその贖いの十全な実体の存在を聖餐のうちに確認したいと思っている．

### 聖餐の説教
action sermon

スコットランドの長老派*において，「主の晩餐」*の執行前になされる説教．

### 聖餐用祭服
Eucharistic vestments

西方では，聖餐*式の司式者の伝統的な祭服*は，アルブ*，アミス*，チャズブル*，ガードル*，マニプルス*，ストール*である．それらは２世紀のローマ市民の世俗的な衣服に由来する．東方教会でも祭服は基本的に同じであるが，形状が異なっている．英国教会では，宗教改革以降用いられなくなった．19世紀におけるその復興は論争を生んだが，1969年の『教令』*は「通例の祭服とともにアルブの着用」を認めた．➡コープ，「礼拝装具規定」

### 盛式ミサ
➡荘厳ミサ

### 聖使徒経
➡使徒

### 聖シノド（聖務会院）
Holy Synod

1721-1917年のあいだ，ロシア*正教会における最高統治機関．ピョートル大帝が設置した主教と聖職者からなる委員会であった．

### 静寂主義（キエティスム）
Quietism

17世紀の幾人かの著作家，特に（1687年に断罪された）M. デ・モリノス*および彼に続くギュイヨン*夫人と大司教フェヌロン*の教えを指し，広義には，この語は人間の活動を軽視する霊性のすべての体系を漠然と指す．

静寂主義の根本的な原則はあらゆる人間的な努力を非難することである．その主唱者たちは「静寂の祈り」に関する，アビラの聖テレサ*のそれのような以前の教えを誇張したと思われる．彼らの考えでは，完全であるためには，人々は全き受動性と意志の根絶に達して，自らの救いに配慮するのをやめるほどに，神に自らを委ねねばならない．この状態に到達するのは，魂が意識的に論弁的な（discursive）黙想*だけでなく，いかなる明確な行為も拒否して，単純に純粋な信仰をもって神の存在の中に憩う，一種の念禱*による．いったん人がこの状態に到達すると，外的な行為は不必要であり，罪はありえない．

### 静修
➡潜心

### 聖週間（受難週）
Holy Week

復活祭*に先立つ１週間で，キリストの受難への献身の期間として守られる（週の各曜日に固有な現行の儀式について，「枝の主日」，「聖木曜日」，「聖金曜日」，「聖土曜日」，「復活徹夜祭」の各項参照）．

### 聖週間の最後の３日間
Triduum Sacrum

（ラテン語で「聖なる３日間」の意.）聖週間*の最後の３日間，すなわち，聖木曜日*，聖金曜日*，聖土曜日*．

### 聖十字架修士会
Society of the Holy Cross

C. F. ラウダー*らにより1855年に創立された，アングロ・カトリック*の聖職者の修士会．その目的は，聖職者間でのより厳格な生活の推進，貧者への宣教，カトリック信仰と慣行を擁護する著作の刊行であった．

## 聖十字架の称賛（せいじゅうじか の しょうさん）
Exaltation of the Cross

キリストの十字架を記念する祝日で，9月14日に祝われ，「聖十字架日」*とも呼ばれる．この祝日はもともと，エルサレム*の聖墳墓*聖堂の335年の献堂式および聖ヘレナ*による「聖十字架の発見」*と結びついていた．しかしながら西方では，ペルシア人の手から再発見して631年にエルサレムで十字架の聖遺物*を奉献したことを記念するようになった．

## 聖十字架の発見（せいじゅうじか の はっけん）
Invention of the Cross

伝説によれば，キリストと2人の盗賊の十字架は聖ヘレナ*により発見され（*inventae*），キリストのそれは奇跡により同定された．その聖遺物*は聖墳墓*聖堂に保存され，のちにその木の一部は世界中に送られ，その崇敬はエゲリア*により記述されている．聖十字架の発見を9月14日に祝うことが7-8世紀に東方から西方へ広まったとき，「聖十字架の称賛」*の祝日へと発展した．もっと古く西方で5月3日を祝っていたのは，ヘレナが聖十字架を5月3日に発見し，その日に祝うことを命じたという伝説に由来する．この日は1961年にカトリック教会では削除された．

## 聖十字架日（せいじゅうじかび）
Holy Cross Day

さまざまなアングリカンの暦で9月14日のことをいい，また「聖十字架の称賛」*の祝日をも指す．

## 聖書（せいしょ）
Bible

英語の「バイブル」は複数の書物を意味するギリシア語（*biblia*）に由来する．聖書が単一体と見なされるようになったので，この語は単数名詞として用いられるようになった．

「ユダヤ教の聖書（旧約聖書）」．ユダヤ教徒は彼らの聖書を3つのグループに区分した．(1)「律法」は創世記から申命記までのモーセ五書*であり，他の2者より高いレベルにあると見なされた．(2)「預言者」はヨシュア記，士師記，サムエル記（上・下），列王記（上・下），イザヤ書，エレミヤ書，エゼキエル書および12の小預言者*である．(3)「諸書」*に含まれるのは，英語の旧約聖書にある他の書物およびユダヤ教徒がのちに排除した，たとえばトビト記*のようなその他の書物である．キリストの時代までには，ユダヤ教徒は「律法」と「預言者」を聖書として認めていたが，「諸書」の正確な範囲はまだ定義されていなかった．ユダヤ教の聖書の正典*は1世紀末頃かおそらくそのやや後に確定された．

「ギリシア語の旧約聖書」．キリスト教時代の前に，ヘブライ語の聖書はギリシア語に翻訳されており，のちに正典から排除されたいくつかの書物も含んでいた．最も一般的に用いられた翻訳は七十人訳聖書*（LXX）であり，キリスト教徒が最初にユダヤ教の聖書として受け入れたのもこれであった．ユダヤ教が後100年頃にいくつかの書物を排除したことは，当時の教会によって無視された．のちに，ヘブライ語の正典から排除された書物は「アポクリファ」*と呼ばれるようになった．

「新約聖書」．2世紀をつうじて，教会は自らの書物のいくつか，特に使徒的起原のそれを，ユダヤ教から受け入れていた書物と同等の権威・霊感をもつと見なすようになった．4福音書と聖パウロ*書簡を基本とする新約聖書の正典は，一般に定義なしに存在するようになった．それがおそらく正式に確定されたのは382年にローマにおいてであって，そのとき（七十人訳聖書を基本とする）キリスト教の旧約聖書も定義された．

「権威と解釈」．キリストと初期の教会によりユダヤ教の聖書に対して示された敬意は，聖書に対するキリスト教の態度の基本となっている．聖霊により霊感を受けたと見なされた旧約聖書は，神の啓示であり，キリストの再臨を準備するものと見なされた．旧約聖書の多くの定めはキリスト教の啓示に取って代わったが，旧約聖書全体はその権威を保持し，そのメッセージは新約聖書により補完されたので，2者は単一で最終的な啓示を形成した．マルキオン*の異議を除けば，この見解は正統と異端の双方から受け入れられた．宗教改革者たちは寓喩*的意味に対する逐語的・歴史的意味の優越性を主張し，教会の伝統*に反対して聖書に訴えたが，このように強調することは逐語霊感説につながった．カトリックもプロテスタントも共有した霊感説は，歴史・教理・倫理の事柄だけでなく，宇宙論や自然科学においても聖書の言説が真実であることを強調した．この立場はデカルト主義*哲学や近代科学により異議を唱えられ，18世紀には聖書の言語学的・本文批判*的・歴史的研究により弱められた．19世紀のイギリスでは，地質学や進化論が聖書の権威を動揺させた．激しい論争にもかかわらず19世紀末までには，高等批評*はヨーロッパや北アメリカのプロテスタント教会で広く受け入れられた．ピウス10世*による近代主義*の抑圧とアメリカにおける根本主義*の出現は聖書批評に対する反発であったが，1943年以降，カトリックの聖書学はより前向きに発展し，第2ヴァティカン公会議*以降は重要な役割を果たしている．福音主義の学問も進歩し，より新しい文学的接近法が，より論争的な歴史性の問題から注意を逸らせた．➡ウルガタ訳聖書，英語訳聖書，教皇庁立聖書委員会，古シリア語訳聖書，古ラテン語訳聖書，史的イエスの探求，シリア語訳聖書，聖書神学，聖書の写本，様式史

## 聖所
sanctuary

祭壇*（ないし，いくつかの祭壇があれば，主祭壇［high altar］）を含む聖堂の部分．ビザンティンの聖堂では，イコノスタシス*で囲まれている．➡内陣

## 聖職
Holy Orders

キリスト教の職制（ministry）の高位聖職者で，司教*（主教），司祭*，助祭*（執事）のこと．➡上級品級

## 聖職按手
➡職階と叙階

## 聖職按手式文
Ordinal

英国教会における，「主教・司祭・執事の聖職按手と聖別の形式と様式」（The Form and Manner of Making, Ordaining, and Consecrating of Bishops, Priests, and Deacons）．1550年，1552年，1559年，1662年の4つの英語の聖職按手式文が存在し，最初のものはセイラム式文*に基づいていた．ここでは，主教聖別において，油注ぎ*および指輪*とミトラ*の授与という中世の儀式が省略されていた．司祭按手（Ordering）において，「用具の授与」*が1552年に省略されたが，すべての聖職按手式文は，按手に伴う式文中に，「聖霊を受けよ．なんじたれの罪を赦すともその罪赦され，たれの罪を定むるともその罪定められるべし」という言葉を載せている．➡職階と叙階

## 聖職按手節
➡四季の斎日

## 聖職欠格法
Clerical Disabilities Act 1870

英国教会の聖職者がその昇任を辞退したのち，放棄行為（Deed of Relinquishment）を履行し，それにより聖職按手*によって失っていた市民権を回復することを認める法令．

## 聖職者（英国教会の）
Clerk in Holy Orders

英国教会において，主教，司祭，執事に対する，主に法的で正式の名称．

## 聖職者会議（カンタベリーとヨークの）
Convocations of Canterbury and York

英国教会の2つの古い管区の聖職者会議で，アングロ・サクソン時代*にさかのぼる．もともと高位聖職者だけで構成されていたが，1225年に，S.ラングトン*は司教座聖堂と修道院の参事会*のために聖職者会議代議員*をも召集した．1283年以降，カンタベリー聖職者会議には各司教区の聖職者と司教座聖堂参事会の代表が含まれている．

当初は，司教と下級の聖職者は同席していたが，15世紀以来，両院に分かれている．

早い時期から，これらの会議は聖職者が自らに課税する媒体であったが，1664年に聖職者会議は自らで譲渡金を決める権利を国王に渡し，結果として業務の認可も得られなくなった．バンガー論争*中に，聖職者会議は国王詔書により休会となった．その後の会議は純粋に形式的なもので，やっと1852年のカンタベリー聖職者会議と1861年のヨーク聖職者会議が再び業務を論じ始めた．両聖職者会議の合同会議が20世紀初めから開催されている．1969年の総会体制*条例により，カノン*による立法権を含む，聖職者会議のほとんどすべての機能は総会に移ったが，要求があれば各聖職者会議が個別に集まり，総会の前に教理と礼拝に関する事項が個別に審議できることが定められた．

## 聖職者会議召集状（せいしょくしゃかいぎしょうしゅうじょう）
Letters of Business

国王が英国教会の聖職者会議*に向けて以前に発した書状で，同会議が規定された議題に関して教令（canons）を準備することを可能にした．

## 「聖職者規律条例」（せいしょくしゃきりつじょうれい）
Clergy Discipline Measure 2003

教理・儀式・典礼を含まない，聖職者に対する英国教会内の規律に関する訴訟を扱うために，聖職者規律委員会（Clergy Discipline Commission）を設立した条例．➡教会留保事項裁判所

## 聖職者席（せいしょくしゃせき）
sedilia

（ラテン語で「座席」の意．）内陣*の南側の，司式者，助祭，副助祭のための座席．中世のイングランドでは通常，壁の壁龕に設置された石製の長椅子であった．ヨーロッパ大陸や近代のイングランドでは，木製の座席がより一般的であった．1964年以降，聖所*の中央の司式者用の椅子が一般に聖職者席に置き換わった．

## 聖職者特権（せいしょくしゃとっけん）
Benefit of Clergy

中世に聖職者に付与された，重罪で告発されても世俗の法廷で裁かれないという特権．英国では1827年にやっと廃止された．

## 「聖職者の服従」（せいしょくしゃのふくじゅう）
Submission of the Clergy

イングランドの聖職者会議*が1532年にヘンリー8世*の要請に屈した法．その意図は教会に関して国王の至上権を確立することであった．1534年に，ローマへの上訴*の禁止と一本化した1533年の「聖職者の服従法」に組み込まれた．

## 聖職者民事基本法（せいしょくしゃみんじきほんほう）
Civil Constitution of the Clergy（1790年）

フランスの教会を再組織化するために，フランス革命中に憲法制定議会が決議した立法措置．聖職者の給与は国家により払われ，司教と主任司祭（*curés*）は地方の富裕な市民によって選挙されることになり，司教職への指名を確認する教皇の権限は首都大司教に移された．1790年11月27日に，憲法制定議会は聖職を保持したい全聖職者に民事基本法への宣誓を課した．約半数の小教区聖職者（parish clergy）はそれを受け入れた．➡憲法派教会

## 聖職就任式（せいしょくしゅうにんしき）
induction

新しい聖職禄所有者*の任命における最終段階．司祭が主教により選任された（instituted）のちに，彼は（ないし彼女は）通常，大執事*により聖職禄*(所有職）へと就任し（inducted），大執事は聖職禄所有者の手を教会堂の扉の鍵の上に置き，彼（ないし彼女）に鐘を鳴らせる．この法的な結果は，世俗的所有物の所有権と教会区*の管理権を譲渡することである．➡聖職選任式

## 聖職就任証（せいしょくしゅうにんしょう）
Letters of Orders

叙任された聖職者に向けて出される証明書で，

叙任式を行った主教の刻印と署名がある.

## 聖職受諾法(せいしょくじゅだくほう)
Clerical Subscription Act 1865

聖職按手*と昇任に関して,英国教会の聖職者がなす表明の形式を変更した法令.国王至上権の承認はもはや要求されず,ただ「39箇条」*への一般的な同意が求められた.1975年に,同意の形式はいっそう厳格でないものになった.➡同意宣言書

## 聖職推挙権(せいしょくすいきょけん)
advowson

管理司祭*を教会区*や他の教会の聖職禄*へと指名する権利.聖職推挙権は教区主教ないし(聖職禄授与権者[patron]と呼ばれる)他の人によって保持される.個人ないし団体,聖職者ないし信徒である聖職禄授与権者は,候補者を主教へと聖職選任*ないし聖職就任*のために推挙する.主教は正当な理由があれば被推挙者を拒否できる.英国教会における聖職推挙権は,贈与,相続,また(1923年までは)売却により譲渡できる財産権である.しかしながら,1986年の「聖職禄授与権(聖職禄)条例」(Patronage [Benefices] Measure)以降は,英国教会ないしそれと聖餐をともにする教会の陪餐会員のみが聖職禄授与権を行使することができ,また推挙には主教および教会区会*の代表の同意が必要である.

## 聖職推挙権妨害排除令状(せいしょくすいきょけんぼうがいはいじょれいじょう)
Quare Impedit

英国教会において,聖職禄授与権者(patron)が被推挙者を教会の聖職禄に就任(institute)させることを拒否した主教に対して,世俗の裁判所に訴えることを認める令状.➡聖職推挙権

## 聖職推薦状(せいしょくすいせんじょう)
Letters Testimonial

1977年まで,英国教会における叙任候補者が,叙任式を行う主教に提出する必要があった「品行方正」(good life and conversation)の証明書.用語は同年に変わったが,原則はそのままである.

## 聖職選任式(せいしょくせんにんしき)
institution

主教が新しい聖職禄所有者*を,教会区*の霊的な奉仕のために任命すること(admission).

## 聖職代議員(せいしょくだいぎいん)
Proctors of the Clergy

英国教会において,聖職者から選出された代表で,職務上の議員とともに,カンタベリー*とヨーク*の聖職者会議*の下院を構成する.

## 聖職任命予告(せいしょくにんめいよこく)
Si quis

(ラテン語で「もし誰かが」の意.)英国教会において,異議の申し出を求めて,聖職禄*,聖職*などの候補者に関して,1976年まで布告されていた通告.

## 聖職売買(せいしょくばいばい)(シモニア)
simony

シモン・マゴス*(使8:18-24参照)に由来する,この用語は霊的なものの購入ないし売却を意味する.初期の教会の教令が示すように,聖職売買は迫害時以降によく行われるようになり,特に教会での昇任との関連で,それを禁止する規定が繰り返された.

## 聖職禄(せいしょくろく)
benefice

諸儀式への報酬として生涯にわたる地所の付与についてもともと用いられた用語.教会法*では聖職禄は,そのしかるべき遂行に対して一定の収入を提供する一定の義務や条件を規定している教会職(ecclesiastical office)を意味するようになった.英国教会における教会区*の聖職禄保持者は主任司祭*か主任代行司祭*と呼ばれる.➡聖職推挙権

## 聖職禄移管
impropriation

教会の聖職禄を，その財産を使用するために，信徒の所有者ないし団体に譲渡ないし編入すること．「修道院の解散」*の際に，修道院が専有していた（appropriated）多くの聖職禄は信徒教会管理者*に移管された（impropriated，➡聖職禄専有）．修道院が主任代行司祭*に付与する必要がない場合は，信徒教会管理者がこの特権を相続し，その聖職禄の霊的な任務を果たす永久補助司祭*を任命した．

## 聖職禄所有者（管理司祭）
incumbent

英国教会において，教会区*の管理権の所有者，すなわち主任司祭*，主任代行司祭*，（1969年までは）永久補助司祭*および（1969年以降は）ティーム・レクター（➡共同司牧制）．

## 聖職禄専有
appropriation

教会区*の10分の1税*や収益を，修道院，カレッジ，他の宗教団体に編入する慣行．その際は通常，教会区の任務を果たすために主任代行司祭*を任命して授ける必要があった．➡聖職禄移管

## 聖書写本
manuscripts of the Bible

古代世界において，筆記がふつうなされたのは，（パピルスの茎からつくった）パピルス（➡パピルス学）または特に準備した獣皮（「羊皮紙」[parchment] や「子牛皮紙」[vellum]）の上にであった．聖書の大抵の文書を含めて長いものの場合，多くのシートが綴り合わされて，巻物や綴本（codex）がつくられた（そこではシートはまずばらで折り重ねられ，次に現在の本のように綴じられた）．

我々が筆記の仕方について明確な情報をもつ最古の旧約聖書の部分はエレミヤ書*であり，これは巻物に書かれたといわれる（エレ36:2）．巻物は当時のユダヤ人が用いたふつうの形式の書物と思われ（エゼ2:9参照），キリスト教徒の時代までずっとそうであった．死海写本*の証言が示すように，羊皮紙もパピルスも用いられたが，特に聖書の文書に関しては羊皮紙が好まれた．ユダヤ教徒はやがて私用には綴本を採用したが，シナゴーグ*での朗読用には，現在に至るまで羊皮紙の巻物に忠実であり続けている．

旧約聖書諸文書の最初のギリシア語訳はエジプトでなされたと思われるので，パピルスに書かれたのであろう．キリスト教以前の時代で確実に残っているのは，2巻のパピルスの巻物だけで，ともに申命記の一部を含み，前2-1世紀にさかのぼる．後2-3世紀にさかのぼる，旧・新約聖書諸文書の，キリスト教徒による多くの断片は，すべて綴本からきている．4世紀中に，羊皮紙がパピルスに置き換わる傾向があり，少なくとも教会での公の朗読用に書かれた写本の場合はそうであった．そのような写本は聖書全体かその一部を含んでおり，テキストは縦行（columns）に配列され（1ページに2-4行），正規のアンシアル字体*で書かれたが，これは今日のほぼ大文字に当たる．9世紀頃に，（「小文字体」と呼ばれる）新しい字体が導入され（➡筆記字体*），この字体の使用は，新約聖書全体を便利な1巻に収めるのを可能にした．

最古の知られたラテン語聖書写本は4世紀のヴェルチェリ写本（Codex Vercellensis）で，紫色の羊皮紙に銀色のインクのアンシアル字体で書かれた豪華な書物であり，福音書の古ラテン語訳*テキストをほぼ完全に含んでいる．最古の完全な聖書は，7世紀末にノーサンブリアで書かれたアミアティヌス写本*である．東方におけるように，小文字体がつくられ，13世紀には非常に薄い羊皮紙と字体の使用は，聖書全体を「ポケット聖書」と名づけられた1冊の便利なサイズの書物に収めるのを可能にした．

（多くは5世紀にさかのぼる）シリア語*や（4世紀にまでさかのぼる）コプト語*などの聖書写本も存在する．「2か国語」写本には3種類があり，第2のテキストが第1のテキストのすぐ上に書かれたり，両テキストが同一ページの並行した縦行に写し取られたり，反対のページに互いに真向かいに配列されたりする．（テキストを準備する際の聖

書写本の使用について,「本文批評」の項参照).

## 聖書神学（せいしょしんがく）
Biblical Theology

20世紀半ばの聖書学者における有力な運動で,K. バルト*や他の同様な見解をもつ思想家に由来する. その支持者たちの一般的な考えでは,(1) 聖書の概念は他の思想とは性質が異なり,ヘブライ思想はギリシア思想より好ましい. (2) 聖書の概念はあらゆる本質的な目的にとり今でも適切である. (3) 歴史における神の働きは啓示の主要な媒体である. (4) 聖書の素材は内的な一貫性をもち,契約*のような重要概念を中心とするものだとしばしばいわれる. (5) 聖書の記録は一般的に歴史的な信頼性をもつ.

## 聖書崇拝（せいしょすうはい）
bibliolatry

聖書の字句に対する過度の崇敬で,一部のプロテスタントに見られる.

## 聖書台（せいしょだい）
lectern

典礼書を支えるための書見台で,しばしば翼を伸ばした鷲やペリカンの形をしている.

## 聖書年代学（せいしょねんだいがく）
chronology, biblical

(1)「旧約聖書」*. 記述された出来事の正確な年代を定めるのが難しい理由は,旧約聖書以外の資料から知られる出来事への言及がほとんどないからであり,ヘブライ語の聖書における出来事の継続時間が必ずしも一貫しておらず,七十人訳聖書*にも相違があるからであり,年代学的体系が特定の神学的な目的に用いられたりするからである. 前9世紀からは,記述された出来事の年代は,アッシリアやペルシアの年代と比較することによりおおよそ知られうる.

(2)「新約聖書」*. (年代決定の) 複雑化の要因は,支配者の統治年代の数え方の相違やユダヤ暦の複雑さである. マタイ福音書2:1によれば,イエスは「ヘロデ*王 (前4年頃没) の時代に」生まれたが,ルカ福音書2:2によれば,「キリニウスがシリア州の総督であったとき (おそらく後6-9年) に行われた最初の住民登録」のときであった. 公生涯における他の出来事に関しても同様な不一致があるが,十字架刑*の最もありそうな年代は30年か33年である. また,皆が一致しているのはイエスが,26-36年にユダヤ総督であった「ポンティオ・ピラト*のもとに苦しみを受けた」ことである. 聖パウロ*の回心の年代も議論が分かれている. 新約聖書に記録された出来事の大要は,以上の不確定さに影響されることはない.

## 聖書の教会宣教協会（せいしょのきょうかいせんきょうきょうかい）
Bible Churchmen's Missionary Society (BCMS)

本協会が英国教会宣教協会*(CMS) から離脱して組織されたのは1922年で,離脱の理由は福音派*の伝統的な教理,特に聖書の完全な無謬性への信仰に対する忠誠を主張するためであった.

## 聖書の章節区分（せいしょのしょうせつくぶん）
Bible divisions and references

旧約聖書*(たとえばモーセ五書*) の大きな部分を諸文書へと区分することは,1つの巻物に適切な量と結びついていた. ヘブライ語がヘブライ語以上に場所をとるギリシア語に翻訳されたとき,いくつかの文書 (たとえばサムエル記) は2つに分けられた. 逆に,項目が文書に集められた. 章区分はキリスト教の聖書に始まる. 参照の容易さのために導入された章区分はさまざまな体系,たとえばエウセビオスの『福音書の列表』*に従っている. 現行のものはステファヌス・ラングトン*(1228年没) に帰される. 節番号は最初に,15世紀半ばにラビのナタン (Nathan) が作成したヘブライ語聖書のコンコルダンスに用いられた. 節番号はエティエンヌ家*のロベールにより印刷されたフランス語 (1553年) とラテン語 (1555年) の旧約聖書のために用いられた. 彼は新約聖書については1551年版で彼自身の節番号を用いた. これらは今日まで用いられている. 1560年の「ジュネーヴ聖書」*は全巻に節番号をつけた最初の英語訳聖書であった.

## 聖所の庇護権
sanctuary, right of

中世のイングランドにおいて，教会的庇護権と世俗的庇護権の２種類があった．前者は聖堂内に避難した罪人がそこから連れ去られず，補佐官の前で放棄の宣誓をして，港に向かうことが許された慣行から発展した．世俗的・司法的庇護権は国王の許可に頼るもので，領主が王権をもち，国王の令状がない場合に釈放されると考えられていた．この制度がしばしば教会的庇護権と混同されたのは，罪人が通常，特にダラム*のような教会区において，釈放の際聖堂に戻されたからである．1540年に，聖所の庇護権は７つの都市に限定された．1623年に，犯罪に対する庇護権は廃止されたが，1723年まで民事訴訟では残っていた．

## 聖心（イエスの）
Sacred Heart

イエスの心臓への信心は中世にさかのぼりうるが，長く神秘家に限定されていた．16世紀に，その信心は禁欲的生活を送る多くの人たちに広がった．綿密な神学的基礎が聖ジャン・ユード*により敷かれたが，その信心の目的と実践に明確な形を与えたのは，1673-75年の聖マルグリット・マリー・アラコック*の幻視であった．その最も傑出した特徴は，特に聖体において神の愛に対してなされた辱めのために行う償い*であった．これはカトリックのさかんな信心となったが，その祭日のためのミサと聖務日課は1765年まで許可されなかった．聖心の祭日は「キリストの聖体の祭日」*の翌週の金曜日に守られる．

## 聖心（マリアの）
Sacred Heart of Mary

聖母マリアの心臓への信心は，17世紀に聖ジャン・ユード*により奨励され，彼はそれを「イエスの聖心*」への信心と結びつけた．1805年にピウス５世*がその遵守を認可した祭日は，1944年に普遍的に８月22日に守られることになったが，1969年に，任意の記念日*となった．

## 聖人崇敬
saints, devotion to the

聖人を敬い，彼らに祈願する（invoke）慣行は，長くカトリック教会と正教会の信心における要素となってきた．その正当化の根拠は，聖人が（その聖性のゆえに）神に近く，また（その本性を共有する）我々に接近可能であるという信念であり，「取り次ぎの祈り」*の有効性である．

新約聖書において，ある人々に対する来世における特別な特権の賜物が，使徒たちに対するキリストの約束のうちに示されているように考えられ（マタ19:28），死者が生者のために執り成すという考えの確証が「金持ちとラザロの譬え」に見いだされる（ルカ16:19-31）．しかし，聖人崇敬の支持者が訴えるのは，特定の箇所よりむしろ，キリストの体としての教会というパウロの教えのもつ意味である．

156年頃の『ポリュカルポス*殉教録』に，殉教者*への崇敬の明確な証言があり，この崇敬は彼らの聖遺物*への崇敬がさかんになることで助長された．４世紀以降，聖人と見なされる人たちの身分が「証聖者」*や処女を加えることで拡大したのは，放棄と聖性の生活がキリストのために命を落とした人たちへの崇敬と同等と思われたからである．神学者は聖人崇敬が偶像礼拝であるという非難を論駁しようとして，「ラトリア」*の語で表現される神の礼拝と，「ドゥリア」*の語で表現される，聖人にふさわしい敬意と模倣の崇敬（cult）とを区別した．

民衆による聖人崇敬と教父の教えの普及に従って典礼が発展した．ミサにおける聖人への言及は聖アウグスティヌス*により証言されており，８世紀以降，聖人伝が朝課*で読まれた．諸公会議はしばしば，民衆による聖人崇敬の行き過ぎと迷信を抑制する必要があった．宗教改革者，特にツヴィングリ*やカルヴァン*派が聖人崇敬をまったく否定した理由は，それが聖書に明白に勧められていないということであった．英国教会では，その正当性が議論されている．東方教会の態度は

カトリック教会のそれに類似している．➡列聖，列福

## 聖人伝（せいじんでん）
hagiography

聖人の生涯に関する文献．主要な資料には，殉教録*，殉教伝*，（教会）暦*，伝記，典礼式文がある．これらの文献の批判的な吟味は特にボランディスト*によりなされてきた．

## 聖人伝文学（せいじんでんぶんがく）
hagiology

聖人の生涯と伝説およびその崇敬を扱う文学．

## 聖人の執り成し（せいじんのとりなし）
comprecation

聖人たちが残された教会のためにしていると信じられる執り成し．この語はまた漠然と，聖人の執り成しを神に求めることをも指す．

## 聖水（せいすい）
holy water

特別の宗教的な目的のために祝福された水．諸々の祝福，奉献，悪魔祓い，聖堂に入る際の儀式的な清め，また西方では撒水式*にも用いられる．

## 聖水器（せいすいき）
stoup

信徒が身を清める聖水を入れた，聖堂の入口近くの水盤．聖水器はさまざまな形をしており，壁に嵌め込まれるか，台石に載っていて，しばしば立派に装飾されている．➡洗礼盤

## 聖水盤（せいすいばん）
piscina

（ラテン語で「水盤」の意.）地面につながる排水管のついた小さな容器で，ふつう祭壇南側の壁龕に置かれる．ミサの際に，司祭の両手およびカリス*とパテナ*の洗浄*に用いられる．

## セイスの舞踏（ぶとう）
Seises, Dance of the

「キリストの聖体」*と「聖母マリアの無原罪の御宿り」*を祝う期間，セビリャ大聖堂で行われる舞踏．

## 聖スルピス会（せいスルピスかい）
Saint-Sulpice, Society of

1642年にパリ*のサン・スルピス教会の教区に，J.-J. オリエ*により創設された在俗司祭の修道会（congregation）で，特に神学校の指導者にふさわしい熱心な聖職者の養成をめざしている．同会は1657年にカナダ*に活動を広め，やがてフランスの教会生活に多大な影響を及ぼし，現在もフランスで司祭職に就く多くの人たちを養成している．フランス以外では，カナダとアメリカ合衆国にも管区をもち，日本*，ザンビア*，ラテン・アメリカ*で宣教活動を行っている．

## 聖像（せいぞう）
➡イコン

## 聖体（せいたい）
➡聖餐

## 聖体安置塔（せいたいあんちとう）
sacrament house

「聖別されたパン」*の保存*のための，シュライン*状をした置き場．スコットランド*以外では，小さな塔をもつ形となり，中央部分にしばしば透かし細工が施された．16世紀以降，一般に聖櫃*で置き換わった．

## 聖体劇（せいたいげき）
auto sacramental

スペインの宗教劇で，イングランドの道徳劇*といくらか類似している．それがさかんだった時期は15-16世紀で，常に「キリストの聖体の祝日」*と結びついていた．それはのちに発展して，聖体の秘義を寓喩的に扱う形になったが，1765年に禁止された．

**聖体顕示台**

➡顕示台

**聖体降福式**

Benediction of the Blessed Sacrament

保存されている聖体で人々を祝福することで終わる西方教会の礼拝. 1953年以後に「夕べのミサ」が導入されるまでは, カトリック教会における夕方の礼拝の最も一般的なものになっていた. ➡聖体賛美式

**聖体賛美式**

Exposition of the Blessed Sacrament

ミサとは別の儀式としての聖体賛美式は14世紀から始まった. 現代のカトリック教会の顕示(exposition) 方法には以下の2種がある. (1) 盛式(solemn form) の場合, 大きなホスティア*が祭壇上かその上部の顕示台*に顕示され, 周りにろうそくやしばしば花が置かれ, 香が焚かれる. (2) 単式 (simple form) の場合, 聖体拝領のためのホスティアを入れたキボリウム*が聖櫃*の開いた扉に顕示される. 儀式は (単式の場合は肩衣*で覆われた) ホスティアによる会衆の祝福で終わる. 過去にはその祝福は聖体降福式*と呼ばれる礼拝で, 短い顕示期間の直後にしばしば与えられた. 現在では, 独自に祝福を与えることは禁じられている. ➡40時間の祈り

**聖体遷置所**

Repose, Altar of (Repository)

(西方教会の慣行によれば) 聖木曜日*に聖別されたホスティア*を聖金曜日*の聖餐のために移動して, 保管する祭壇.

**聖体拝領皿**

Communion plate

カトリック教会において, かつて陪餐者が秘跡を受けるとき, 顎の下におかれた銀ないし金めっきした皿. この語はまた, 聖体拝領に用いられる容器をもまとめて指し, それらはしばしば金めっきされている.

**聖体拝領唱**

Communicantes

カトリックのミサ典文*(および第1奉献文*) の部分で, そう呼ばれるのはラテン語テキストの最初の言葉に由来する. 「制定の言葉」*のすぐ前に来る.

**聖体拝領前の断食**

Eucharistic fast

聖体拝領に先立つ期間, 飲食を完全に絶つことをふつう指す. 西方における断食の伝統的な期間は前日の真夜中からであった. その慣行は宗教改革者にも受け継がれたが, プロテスタントのあいだで徐々にすたれた. 英国教会内でそれを奨励したのはトラクト運動*の支持者であった. カトリック教会では1964年に, 断食の期間は聖体拝領の1時間前に縮まった. 東方教会では, 厳格な断食が前日の就寝時から守られている. ➡断食

**聖体布**

➡コルポラーレ

**聖地**

Holy Land (holy places), the

イエスの受肉*の地やその聖なる場所との関連で, パレスチナやイスラエルに付けられた名称. 聖書の出来事と伝統的に結びついて, 巡礼がなされる.

**「制定の言葉」**

Institution, the Words of

聖餐*を定める際にキリストにより用いられた, 「これはわたしの体である」および「これはわたしの血である」という言葉. 西方教会では通常, 典礼におけるこれらの言葉が物素 (elements, パンとぶどう酒) の聖別*をもたらすと考えられてきた.

**聖奠**

➡サクラメント

## 正典（聖書の）
canon of Scripture

カノン*という語は次第に，正式に聖書として認められた諸文書を指す専門語となっていった．旧約聖書*のヘブライ語の正典が後1世紀後半には決まっていたと長く考えられていたが，これよりずっと後まで限定的な正典がなかったことが示唆されており，旧約聖書の正典が新約聖書*の正典のひな型となったのかそれとも逆なのかが議論されている．ディアスポラ*のユダヤ人も他のいくつかのギリシア語の文書を同様に霊感を受けたものと見なし，その大部分はアポクリファ*として欽定訳聖書（AV）や改訂訳聖書（RV）に収められている．4福音書と聖パウロ*の13書簡は少なくとも諸教会で130年頃までに，使徒の教えに対する権威のある証言として認められていた．2世紀末頃には，これらの新約聖書の諸文書は，旧約聖書と同じ地位に立つ「聖書」と見なされるようになった．他の新約聖書の文書は認めれられるのに時間がかかったが，たとえば『バルナバの手紙』*のようないくつかの文書は大半の教会から拒否されながらも，若干の教会によって認められた．聖アタナシオス*の367年の「復活節の手紙」は，現在の新約聖書の正典に関する最古の正確な言及である．おそらく382年にローマにおいて開催された教会会議が旧新約聖書の正典の完全な一覧表を示し，それはトリエント公会議*で示されたものと同一である．

## 聖伝
➡伝承

## 聖堂
➡教会

## 正統信仰（正教）
Orthodoxy

宗教体系として，異端信仰*と対比される正しい信仰．この語はまた特に，コンスタンティノポリス*と一体をなす東方の諸教会との関係で用いられ，集合的に「東方正教会」*と表現することで，「オリエンタル・オーソドックス教会」*と区別する．➡正教の勝利の祝日

## 聖徒の交わり
Communion of Saints

使徒信条*において「聖なる公同の教会」に続く句．通常解釈されるのは，各々のキリスト教徒とキリストのあいだに，また天国*，煉獄*，地上のどこにいようと，あらゆるキリスト教徒のあいだに存在する霊的な交わりである．

## 聖土曜日
Holy Saturday

復活日*の前日．墓に埋葬されたキリストの体を記念する日．➡土曜日，復活徹夜祭

## 聖なる扉
Holy Door, the（Porta Santa）

ヴァティカン*宮殿に最も近い，サン・ピエトロ大聖堂*のファサードの扉．通常は煉瓦で閉じられたその扉は，聖年*のあいだ，聖年の免償*を得ることを望む人たちが通るために開かれる．

## 聖なる槍
Lance, Holy

主（イエス）の死体を刺すのに用いられたと，ヨハネ福音書19:34に言及されている槍と信じられた聖遺物*．その存在の最初の記録は6世紀にさかのぼる．ペルシア人が615年にエルサレム*を占領したとき，その槍は彼らの手に落ちたが，その先端は残り，コンスタンティノポリス*に運ばれた．1241年に，これはルイ9世*に献呈され，パリのサント・シャペル*に保管されたが，フランス革命時に紛失した．「聖なる槍」の別の部分と称するものが1492年にトルコ人により教皇に送られ，ローマのサン・ピエトロ大聖堂*に保管されているが，その真正性は常に疑問視されてきた．

## 聖年
Holy Year

教皇が一定の条件でローマを訪れる全員に特別

な免償*を付与する年で, いわゆる「ヨベルの年」*である．これを1300年に始めたボニファティウス8世*は100年目ごとに祝われることを意図したが, その間隔は1470年に25年目ごとに定められた．

通常聖年のほかに，20世紀には以下のような2種類の特別聖年があった．すなわち，1933年のキリストの十字架刑と復活（慣例として後33年とされる）を祝する「贖いの聖年」，および1987-88年の聖母マリア*の「無原罪の御宿り」*の定義の100年記念と想定されるその生誕の2000年記念を祝する「マリアの聖年」である．さらに, 2000年に千年紀を, 2008-09年に聖パウロ*を, 2009-10年に司祭*職を, 2012-13年に信仰*を祝する聖年があった．

## 聖杯（せいはい）
Grail, the Holy

中世の騎士物語において，霊的な力をもち，条件によっては，所有者に神秘的な利益をもたらす容器.「最後の晩餐」*の際にキリストが用いた杯と時には同一視される．

## 聖牌（せいばい）
➡接吻板

## 「聖パトリキウスの胸当て（むねあ）」
Breastplate of St Patrick

古いアイルランドの聖歌*で，次のように始まる翻訳で親しまれている．'I bind unto myself today/The strong Name of the Trinity'．この聖歌は8世紀前半にさかのぼると考えられるが，聖パトリキウス*に帰することは言語的根拠から不可能である．

## 聖（せい）パトリキウスの煉獄（れんごく）
St Patrick's Purgatory

ドニゴール（Donegal）県のダーグ（Derg）湖のステーション島にある巡礼地で，そこでキリストが聖パトリキウス*に煉獄*および地上の楽園*への入口を啓示したと考えられている．最初の記録された訪問は12世紀半ばにさかのぼり，多くの騎士が14-15世紀に巡礼した．16世紀以降，あらゆる階級の巡礼者が，悔悛と信仰をもって聖所を訪れる全員に対するパトリキウスによる全免償*の約束に引きつけられてきた．

## 聖（せい）ピウス10世司祭兄弟会（せいしさいきょうだいかい）
Society of St Pius X

カトリック教会の教えと礼拝を第2ヴァティカン公会議*以前のままに持続するために，大司教M. ルフェーヴル*により1970年に創立された司祭兄弟会（priestly fraternity）．1988年に，ルフェーヴルおよび彼が教皇の許可なしに聖別した4人の司教に対して破門*が宣言された．ベネディクトゥス16世*が2009年にその破門を解いたのは，同会の地位をカトリック教会内で整える試みの一環としてであった．

## 聖櫃（せいひつ）（タベルナクルム）
Tabernacle

現在カトリック教会において,「聖別されたパン」*が保存された容器を納めた，祭壇上に置かれた箱を指す語．➡保存（パンの）

## 聖品混合（せいひんこんごう）
mixed chalice

ほとんどすべての歴史的な典礼は，聖餐のカリス*の中で水をぶどう酒に混合することを命令ないし想定している．この慣行は，キリストがおそらく「最後の晩餐」*でなさったことを反映している．1549年の『第1祈禱書』は, この慣行の継続を指示したが，その指示は1552年に削除された．19世紀の英国教会におけるその復興は，アングロ・カトリック主義*者とその反対者のあいだで論争の的となった．

## 聖（せい）フィリポの斎（さい）
Philip's Lent, St

東方教会において，11月15日から12月24日までの期間で，西方教会の待降節*にあたる．

## 『聖フランチェスコの小さき花』(『フィオレッティ』)
Little Flowers of St Francis (*the 'Fioretti'*)

アッシジの聖フランチェスコ*とその仲間についての物語の集成. 1335年頃に書かれたラテン語の『聖フランチェスコとその仲間の行伝』(Actus beati Francisci et sociorum eius) の一部と他の素材を, どうやら無名の人物がトスカナ方言に翻訳したものらしく, その翻訳は1375年頃である.

## 聖墳墓
Holy Sepulchre

キリストが埋葬され, 復活したと考えられる, エルサレム*の岩に掘った墓. それは325-26年に発見され, 周りの岩が切り払われた. 墓の上に建てられた(「アナスタシス」*と呼ばれる) 円形堂(rotunda), カルヴァリ*の上の隣接した建造物, 「マルティリウム」(Martyrium) と呼ばれるバシリカ*(おそらく「聖十字架の発見」*の場所) が335年に献堂された. これらの建物は1009年にほぼ徹底的に破壊されたが, マルティリウムを除いて, 十字軍*兵士により修復・拡張された. 12世紀以来ほとんど変わっていない聖墳墓聖堂は現在, ギリシア正教会*, ラテン教会 (フランシスコ会*), アルメニア*教会, コプト教会*, シリア正教会*, エチオピア教会*により管理され, 聖堂各所における時間帯や月日ごとの権利は国家により保証されている. 典礼年の主な出来事は復活祭に集中し, 聖火の儀式が正教会により聖土曜日*にユリウス暦に従って祝われている.

## 聖別
consecration

神に奉献するために物や人を取り分けること. この語が指すのは, (1) 聖餐に関して, パンとぶどう酒がキリストの体と血に聖変化すること, (2) 聖職者や信徒に関して, 教会により認められた誓願や他の契約をとおして「完徳の勧め」*を公言することである. この語は以前はまた, 司教とすることをも指したが, 現在では司教も聖別よりむしろ叙階されると言われ (➡叙階), また, 教会堂や祭壇に関しても用いられたが, 現在では聖別よりむしろ献堂されるといわれる (➡献堂式).

## 聖別されたパン (聖餐式)
Blessed Sacrament

聖餐に関して用いられる用語で, 聖別されたパン (とぶどう酒) および聖餐式の両方を指す.

## 聖別の祈り
Consecration, the Prayer of

『祈禱書』の聖餐式における中心的な祈り.

## 聖ペトロの世襲領
Patrimony of St Peter

ローマ教会に属する土地. 321年のコンスタンティヌス*の勅令が教会に永続的な所有権の保持を可能にして以来, 世襲領はイタリアにおける広大な土地や他の国々における土地を含むようになった. 世襲領がいっそう獲得されるにつれ, 教皇はローマ周辺の領域を守ることに集中した. 753年に, ステファヌス2世*はフランク王ペパン3世*に保護を訴えた. 754年と756年の寄進(Donations) により, ペパンはラヴェンナ*太守*領, ローマ侯領などの領地を教皇職*に贈り, ビザンティンの権威を否定して, いかなる世俗権力からも独立した教皇領*を創設した.

## 西方型本文 (新約聖書の)
Western text of the NT

さまざまな読みのまとまりを特徴とする新約聖書のギリシア語本文の一形態で, その主な証言が西方に由来すると考えられたゆえに西方型と命名された. 現在では, この形態の本文は西方に限定されておらず, この語は地理的な名称よりむしろ固有名詞と認識されている.

## 聖母子像
➡マドンナ

## 聖母の戴冠
Coronation of Our Lady

天上における聖母マリア*の最終的な勝利で，キリストにより戴冠されている．ロザリオ*の最後の「栄光の秘義」*のテーマである．

## 聖母の訪問の祝日
Visitation of Our Lady

ルカ福音書1:39–56に記録された，聖母マリアのエリサベト*訪問を記念する祝日．13世紀にその起原がある．カトリック教会で1969年に5月31日に移されるまで，7月2日に祝われていた．さまざまな現代のアングリカンの典礼でも5月31日に祝われる．

## 聖母マリア
➡マリア

## 聖母マリアの清めの祝日
Purification of the BVM

ルカ福音書2:22–39に記録された，神殿での聖母マリアの清めを記念して，2月2日に守られる祝日で，キャンドルマス*とも呼ばれる．

## 聖母マリアの誕生の祝日
Nativity of the BVM

9月8日に守られるこの祝日は，東方では8世紀に証言がある．西方では11世紀までは一般に守られなかった．なぜこの日付が選ばれたかは不明である．

## 聖母マリアの7つの悲しみ
Seven Sorrows of the BVM

以前のカトリックの聖務日課書*によれば，聖母マリアが悲しみを経験したのは以下の場面でであった，すなわち，(1) シメオン*の預言，(2) エジプトへの逃避，(3) 聖なる息子を見失ったとき，(4) カルヴァリ*への途上のキリストとの出会い，(5) 十字架の下での起立，(6) 十字架からのキリストの降架，(7) キリストの埋葬である．1969年以前には，「受難の主日」*後の金曜日および9月15日（現在は「悲しみの聖母の祝日」）に祝われた．

## 聖母マリアの眠り
Dormition of the BVM

東方教会における，聖母マリア*の「お眠り」（*dormitio*）の祝日で，西方教会における聖母マリアの被昇天*に対応し，8月15日に祝われる．

## 聖母マリアの奉献
Presentation of the BVM

聖母マリアが3歳のとき，神殿で奉献されたことを祝う，11月21日に守られる祝日で，その奉献は『ヤコブの書』*で述べられている．

## 聖母マリアへのお告げの祝日
Annunciation of the BVM

3月25日（レディー・デー*）に祝うこの祝日は，天使ガブリエル*によりキリストの受肉*と御宿り（conception）が聖母マリア*へ告げられたことを記念する（ルカ1:26–38）．カトリック教会では現在は「神のお告げの祭日」（Annunciation of the Lord）と呼ばれ，いくつかの現代のアングリカンの暦では「聖母マリアへのお告げの祝日」（Annunciation of Our Lord to the BVM）と名づけられている．

## 聖母礼拝堂
Lady Chapel

聖母マリアに献げられた礼拝堂で，大きな教会堂の一部をなす．

## 聖務会院
➡聖シノド

## 聖務指針書
Ordinal

中世において，教会暦年における変化に応じて唱えられるべき聖務日課を司祭に知らせた書物．

## 聖務日課
Office, Divine

教会の日々の公の礼拝で，カトリック教会では「時課の典礼」（Liturgy of the Hours）とも呼ばれる．定められた時刻に唱えることが聖務日課を他の典礼儀式と区別する．

一定の時刻に祈りを唱える慣行はユダヤ人のあいだで一般的であり，それがたぶん初期のキリスト教徒に受け継がれたのであろう．

当初から，詩編の一部がキリスト教徒の祈りに用いられたようである．初期の修道士（「師父」）は詩編の長い部分を用い，異なったグループの修道士は時に詩編集を交換した．この慣行は東方における聖バシレイオス*と西方における J. カッシアヌス*による聖務日課の構成に影響を及ぼした．昼夜の時課*に関する修道院用の聖務日課が存在するようになった．すなわち，朝課*と賛課*，3時課*，6時課*，9時課*，晩課*，終課*である．1時課*はどうやらベツレヘム*の近くで始まり，カッシアヌスにより採用されたらしい．司教座聖堂や修道院以外の教会堂では，より単純な型の朝夕の祈りが存在した．5世紀以降，ローマの大バシリカ*は修道共同体に守られたので，これらの共同体が朝夕の祈りに，他の時課や夜課（Night Office）ないし徹夜課*を付加した．8世紀までには，時課と朝課というサイクルは在俗司祭でも修道士でも，すべての聖職者にとり一般的なものとなっていた．教皇庁*は簡便な聖務日課を発達させた．教皇庁の威信のゆえに，12世紀までには，これがローマ教会の聖務日課と見なされた．アッシジの聖フランチェスコ*がこれを托鉢修道士のために採用し，その使用はヨーロッパ全体に広がった．

原則的に，全詩編が毎週唱えられるべきで，朗読は聖書の大部分を含むべきであったが，諸聖人の祝日や他の要因が増したために，中世末期には聖務日課は混乱していた．1568年に，ピウス5世*は新しい聖務日課書*を発行し，これは1911年にピウス10世*により簡素化された．聖務日課の完全な再編は，1971年にパウルス6世*により発行された『時課の典礼書』（*Liturgy of the Hours*）においてなされた．ここに定められているのは，読書課*，賛課，昼の日課（➡「3時課・6時課・9時課」），晩課，および就寝前に唱えるべき終課である．聖書のほかに，教父や後代の著作家からの読書がなされる．すべてのカトリックの司祭と司祭職を志願する助祭および会則がそれを要求しているすべての修道者は，聖務日課を日々唱えなければならない．修道会によっては独自の聖務日課が存在するし，夜の日課を唱えるべき修道会もある．➡修道院用聖務日課書

英国教会では宗教改革の際，伝統的な聖務日課は朝夕の祈り（早禱*と晩禱*）へと結合された．アングリカン・コミュニオンの地域によっては，聖務日課のいくつかの現代的な再構成がみられ，たとえばアメリカの1979年の『祈禱書』において正午の祈り，『共同礼拝』において日中の祈りが定められている．

## 聖務日課書（ブレヴィアリウム）
Breviary

詩編，聖歌，日課（lessons），祈りなどを含む典礼書で，カトリック教会の聖務日課*において朗唱される．さまざまな項目が初めはいろいろな典礼書に含まれていた．1日の聖務日課，定式書に必要なテキストを照合し，そのテキストの参照箇所や開始部分を定めることは11世紀に発達した．12世紀には，正規のテキストが付加されて聖務日課書がつくられた．

## 聖務日課用聖歌
Office hymns

聖歌*は『ベネディクトゥス会則』*において修道院の聖務日課*の一部として出ているが，ローマ式典礼において12世紀まで一般に用いられなかった．1971年の『時課の典礼書』（*Liturgy of the Hours*）は，すべての聖務日課において聖歌を詩編の前に置き，各日課用に2組の聖歌を定め，また司教が別の聖歌を導入するために協議することを認めている．

## 生命倫理
bioethics

この語は，生物学と医学の分野内で生じた諸問題に関する倫理的な考えを表現するために1971年に造り出された．キリスト教徒にとって，生命倫理は倫理神学*の一部であり，人間の生命の神聖

さ，隣人愛，神の主権の尊重を含む，倫理神学の諸原則に支配される．➡避妊・生殖・中絶の倫理，臨終者へのケア

## 聖木曜日
Maundy Thursday（Holy Thursday）

（英語の maundy はラテン語の mandatum「掟」に由来する．）復活祭*直前の木曜日で，この日に与えられた「新しい掟」（*mandatum novum*，ヨハ13:34）にちなんでこう呼ばれる．主イエスが聖餐*をこの日に制定したことを特に祝ったことが4世紀には証言されている．カトリック教会では1955年以降，聖木曜日のミサは夕方に執行されている．それを特に目立たせる特徴の一つは洗足式*であり，また全出席者がこのミサで聖別されたホスティア*の聖餐にあずかることが期待されている．その後，聖金曜日*の典礼に必要なホスティア（➡既聖ホスティアによるミサ）が聖体遷置所*へと行列で運ばれ，数時間のあいだ見張りがなされる．司教座聖堂において，聖香油*が翌朝の特別な「聖香油のミサ」で祝福される．同様な儀式は現在も英国教会で認められる．王室の「洗足式」（Maundy Ceremony）はこの省略された名残である．

## セイヤーズ
Sayers, Dorothy Leigh（1893-1957）

小説家，宗教的劇作家，護教家．英国教会の聖職者の娘であった彼女が書いたのは，探偵小説（最後の出版は1937年），1937年と1939年のカンタベリー*・フェスティヴァルのための2つの戯曲，キリスト伝をラジオ戯曲化し，1941-42年に放送された『王になるべく生まれた男』（*The Man Born to be King*）である．この作品が論争を引き起こしたのは，俳優によるキリストの表現の仕方および彼が用いた会話が現代英語であったことによる．彼女は専門的な能力にキリスト教信仰の意味に対する新鮮な洞察を結びつけた．彼女の重要な仕事はダンテ*の『神曲』に対する注釈付きの韻文訳（1949-62年，『天国篇』は没後出版）であった．

## 聖ヨハネ騎士修道会
➡ヨハネ騎士団

## 聖4文字
Tetragrammaton

神の名であるヘブライ語4文字יהוה（すなわち，YHWH ないし JHVH）を指す専門語．その聖なる性格上，前300年頃以降，ユダヤ人は聖書を朗読するとき，それを発音するのを避けようとして，「アドナーイ」*（Adonai，すなわち「主」を指すヘブライ語）と言い代えた．それゆえ，七十人訳聖書*では *Kurios*，ウルガタ訳聖書*では *Dominus*，たいていの英訳聖書では 'the LORD' と訳される．母音記号*がヘブライ語写本に付されたとき，'Adonai' の母音記号が聖4文字に書き込まれ，16世紀以降，一方の母音を他方の子音に結合させて作られた，「エホバ」（Jehovah）という「雑種の」言葉が定着した．本来の発音はふつう，「ヤハウェ」*ないし「ヤーヴェ」（Jahveh）であったと考えられる．（現在は前者が一般的であるが）両者とも学問的な著作中に見出される．

## セイラム式文
Sarum（Salisbury），Use of

ソールズベリー*（旧称セイラム）の司教座聖堂で中世に用いられたカトリック式典礼を変更したもので，伝統的に聖オズムンド*に帰されている．「慣習書」*すなわち司教座聖堂の規則や慣習および礼拝の完全な手引きが R. プア*（1237年没）により編纂された．「新セイラム式文」は14世紀に改訂されたものである．中世後期に，セイラム式文は他の多くの司教区で模倣され，また1549年の『祈禱書』に主要な素材を提供した．

## 聖霊
Holy Spirit（Holy Ghost）

キリスト教神学において，聖霊は三一神*の第3の位格（ペルソナ）で，父なる神および子なる神と区別されるが，同一実体・同等であり永遠に共存し，完全な意味で神である．

キリスト教の神学者が指摘するのは，「御霊」の

概念が神の働きの手段として大きな役割を果たしている旧約聖書において，教理が徐々に展開したことである．神の霊はすでに天地創造の際に働いており，神の真理を伝えるよう任命された人たちに授けられ，将来の希望が成就した時代には，御霊の働きと力はより大きいものとなろう．イエスは聖霊についてほとんど語らなかったが，弟子たちの復活信仰は聖霊体験に強く特徴づけられ，彼らはこれを来るべき時代の始まりにおける神の賜物と解釈した．この確信は，聖霊が弟子たちに劇的に降臨した，ペンテコステ*の日の聖ペトロ*の説教に関する使徒言行録の記事中のヨエル書3:1-5の引用に要約されている．時折，使徒たちは按手*により聖霊を授けている．福音書はイエスが受洗の際聖霊により力あるかたとされ，聖霊により荒野に導かれたと述べ，またその御宿り（conception）も聖霊の働きであると主張する．

神のこの断続して働くが非人格的である力という旧約聖書的な見解は，新約聖書において二重の発展を経る．聖霊は受洗の際にすべてのメンバーに授けられると考えられており，聖パウロ*書簡とヨハネ福音書において，この概念は個人化され，倫理的な内容を付与されている．ヨハネ福音書14-16章において，聖霊はイエスとはちがう「別の弁護者」であるが，同様なわざをなし，イエスが言ったりしたりしたことを明らかにする．パウロは聖霊をイエスと密接に結びつけることができたので，両者はほとんど同一である．聖霊を有することは信徒を主イエスと一致させるので，道徳的に重要である．

新約聖書において明示されていない，聖霊の教理は数世紀間は十分には深められなかった．360年から，それは論争の的となった．マケドニオス*派は御子の神性を主張しながら，聖霊の神性を否定した．381年のコンスタンティノポリス公会議*において，この異端信仰*は結局否認され，御霊の十全な教理が教会の中で権威あるものとして認められた（東西教会間の教理の差異について，「聖霊の二重の発出」および「フィリオクェ」の項参照）．➡カリスマ刷新運動，ペンテコステ派

## 聖霊異質論者（せいれいいしつろんじゃ）

➡プネウマトマコイ

## 聖霊降臨運動（せいれいこうりんうんどう）

➡ペンテコステ派

## 聖霊降臨の主日（せいれいこうりんのしゅじつ）（聖霊降臨日（せいれいこうりんび））

Whitsunday

聖霊が復活祭*後の50日目に使徒たちに降ったことを記念する祝日（➡ペンテコステ）．教会における復活祭に次ぐ2番目に重要な祭日（festival）に数えられる．西方では，ペンテコステの前夜（vigil，➡徹夜祭）もやがて洗礼*の第2の機会となり，復活徹夜祭*と同様な儀式が行われるようになった．また‘Whitsunday’という語は，その日の新しい受洗者が着用した白衣に由来するといわれる．カトリック教会では，「聖霊降臨の主日」と待降節*とのあいだの主日は，1969年まで「ペンテコステ後の主日」と数えられていた．東方教会では，四旬節から復活節までの期間以外の主日は現在も同様に数えられているが，祝日自体は聖三位一体の祝日として守られ，翌日の月曜日が聖霊の祝日と名づけられている．➡典礼暦

## 聖霊修道会（せいれいしゅうどうかい）

Holy Ghost Fathers（Spiritans）

聖霊修道会（Congrégation du Saint-Esprit）は，司祭の訓練のために1703年にパリで創立された．1734年に正式な認可を得たのちに，特にフランスの植民地における宣教活動に関わるようになった．1848年にピウス9世*の要請で，フランソワ・マリー・ポール・リベルマン（Libermann）は黒人奴隷の伝道のために1841年に自らが創立したマリアの御心宣教会（Congrégation du Saint-Coeur de Marie）を聖霊修道会に合併させ，これを再編成した．聖霊修道会は東西アフリカにおけるカトリックの宣教活動の先駆者であった．

## 聖礼典（せいれいてん）

➡サクラメント

## 「聖霊による洗礼」
'baptism in the Holy Spirit'

ペンテコステ派*での形で今日最もよく知られる教理．同派の一般的な主張では，信徒は回心やサクラメントとしての洗礼*(「水による洗礼」)と異なるキリストの独自の働き（マコ1:8参照）をとおしてキリストの証人となる力を与えられる．彼らが力説するのは，聖霊が最初の使徒たちに降ったのと同様に，「満たされる」ように召された人たち（使2:4参照）も「聖霊によって洗礼を受ける」こと（使11:15-16参照），およびこの「洗礼」の通常の外面的なしるしは異言*を話すこと（使10:44-47参照）である．この教えはこの主要な教会におけるカリスマ刷新運動*の多くのメンバーによっても緩和された形で受け入れられてきた．

## 聖霊の二重の発出
Double Procession of the Holy Spirit

聖霊は御父と御子とから発出するとする西方教会の教理．これに対して，東方の神学者は，神（Godhead）において神性の単一の源泉があるべきだと主張し，聖霊は御父から「御子をとおして」発出すると考える．西方の神学者の議論では，ラテン人もギリシア人も父子関係以外のすべてのことが御父と御子に共通だと考えているので，父子関係が関わらない聖霊の発出（Spiration）も両者に共通であるべきである．この問題は864年のフォティオス*の時代までは東西教会間の論争点にはならなかった．これはフィレンツェ公会議*における主要な難点の一つであった．➡フィリオクェ

## セイロン
➡スリランカ

## セウェリアノス
Severian（400年頃活動）

シリアのガバラ（Gabala）主教．聖ヨアンネス・クリュソストモス*の敵対者であった彼は，403年にクリュソストモスの追放につながる出来事に参画した（➡「樫の木教会会議」）．セウェリアノスは主としてアンティオキア学派*の聖書釈義家として重要である．

## セウェリヌス（聖）
Severinus, St（482年没）

「オーストリアの使徒」．若いときは東方で修道士であった．453年のアッティラ*の没後，セウェリヌスはそのころ異民族の侵攻で荒廃していたノリクム・リペンセ（Noricum Ripense，現オーストリア東部）に来た．彼は教会を再興し，2つの修道院を建て，救援活動を組織した．祝日は1月8日．

## セウェロス（アンティオキアの）
Severus（465頃-538）

シリア正教会*のアンティオキア総主教．コンスタンティノポリス*で，彼は迫害されていたキリスト単性論*者の修道士に対する皇帝アナスタシウス1世（在位491-518年）の支持を獲得し，512年に，罷免されたフラウィアノス2世に代わって，アンティオキア総主教となった．518年に，皇帝ユスティヌス1世が即位すると，セウェロスは罷免された．彼は穏健なキリスト単性論者の指導的な神学者であった．彼の著作は主にシリア語訳で残存している．

## 世界教会協議会
World Council of Churches（WCC）

エキュメニカルな協議会で，1948年にアムステルダム*で正式に創始され，「聖書に従い，主イエス・キリストを神であり救い主として告白し，それゆえ御父・御子・聖霊であられる唯一の神の栄光のために聖書の共通な招きをともに実現しようとする諸教会の交わり」と構成の上で定義づけられている．この組織は「生活と実践」*および「信仰と職制」*という従来の2つの運動が合流して形成され，その後，1961年に国際宣教協議会（International Missionary Council），1971年に世界キリスト教教育協議会（World Council of Christian Education）の合流により拡大した．暫定的な組織は1938年にユトレヒトで設立されたが，第2次世界大戦のゆえに，正式の設立は1948年まで延期された．1946年の形成の途上で，国際宣教協

議会と協力して，本協議会はスイスのボセイ*に国際問題教会委員会（Commission of the Churches on International Affairs）およびエキュメニカル研究所を設置した．6ないし8年ごとの代議員総会（Representative Assemblies）は世界のさまざまな地域で開催される．総会代表者が選出する中央委員会の委員たちがさらに執行委員会を選出し，この両委員会が総会と総会のあいだは運営機関として機能する．協議会の事務局はジュネーヴ*にある．活動の中心となるのは，キリスト教の一致，証し，奉仕という本質的な目標である．

カトリック教会とユニテリアン派*を除いて，約350の構成教会がほぼすべての教会の伝統を代表し，ほぼすべての東方正教会*を含んでいる．1961年以降，カトリック教会は総会にオブザーバーを派遣しており，1968年に「信仰と職制」委員会の正式委員となって，1982年の文書『洗礼・聖餐・職務』*の作成に関わった．

## 世界基督教統一神霊協会
Unification Church（Holy Spirit Association for the Unification of World Christianity）

「統一教会」と略称され，1954年に大韓民国（南朝鮮*）で文鮮明（Sun Myung Moon，1920-2012年）により創立された．朝鮮戦争後に現れた新しい宗教の中で最も盛んになり，キリスト教と朝鮮の伝統を混合している．彼が著した『原理講論』と聖書がグループの2つの中心的なテキストである．同協会の教えの主要な面は，人々を罪の物的基盤から清める，第2のアドヴェントの主である第2のメシアの到来である．多くの人々は文自身がこの新しいメシアであると信じた．絶頂期には，同協会は世界中で約300万の信者を擁していると称した．最近では著しく減少したが，依然として広く商業活動をしている．

## 世界宣教協議会
Council for World Mission

1966年に，ロンドン宣教協会*とイギリス連邦宣教協会を継承して，会衆派世界宣教協議会が創設された．合同改革派教会*が創設されたとき，同協議会は拡大して，1973年に（会衆派・改革派）世界宣教協議会になり，1977年に現在の名称になった．

## 世界総主教
Oecumenical Patriarch

コンスタンティノポリス*大主教ないし総主教が用いる称号．

## ゼカリヤ書
Zechariah, Book of

小預言書*の一つ．主としてゼカリヤ自身に由来する1-8章は前519-17年に年代づけられる．序言的な預言に続いているのは，8つの幻である．その一つ（4:1-14）において，当時のユダヤ王家の長であったゼルバベルは，神殿*の再建を完成するように勧められており，おそらく「ダビデの子孫」と認められる（➡メシア）．7-8章において，ゼカリヤは断食よりむしろ正義の必要性を強調し，また神を求める多くの民が進んでユダヤ人のもとに集まる，ユダの将来の栄光を預言している．9-14章は，後代の状況を反映した，2つの作者不明の託宣からなる．

## セクエンツィア
➡続唱

## セクストン
sexton

伝統的に，セクストンは教会区*役員（parish clerk）の補佐であった．その主な仕事は教会堂を掃除し，鐘を鳴らし，墓を掘ることであった．英国教会では現在は，教会区*役員もセクストンも任命する，ミニスター*と教会区会*とが，彼らの仕事と雇用期間とを定める（1969年の『教令』*中のカノンE 3）．➡サクリスタン

## セクタリー
sectary

この用語は17-18世紀においてイングランドの非信従者*のプロテスタントを指した．現在は時

に，自らの宗教団体に対する熱心さが行き過ぎていると見なされる人たちを指す．

## 世俗主義（せぞくしゅぎ）
secularism

この語は1850年頃に案出され，神への信仰や来世に頼ることなく，ただ現世から取られた原理に立って，生活を秩序づけ解釈しようとする体系を指す．現在は一般的な意味で，超自然的な宗教の原理を否定しないとしても無視する傾向を指す．

## セッカー
Secker, Thomas（1693-1768）

1758年からカンタベリー*大主教．医学を修めた彼は非国教徒*であったが，英国教会*員になり，1723年に司祭に叙任された．ジョージ2世の王妃キャロラインの厚遇を得て，彼は早い昇進を遂げた．彼は一般に寛容と良識を示した．アメリカ植民地への主教の派遣に好意的であった．

## 石棺（せっかん）
sarcophagus

通常は浅浮き彫りで飾られた石棺．ビザンティン期まで，キリスト教徒も異教徒も石棺をよく用いた．初期のキリスト教徒の石棺は異教的な模様で飾られていたが，4世紀以降，いくつかのキリスト教的な主題が描かれた．

## 説教（せっきょう）
preaching

説教（すること）は常にキリスト教の聖職（ministry）の本質的部分と見なされてきたが，異なった伝統の中で，説教に対する強調点は変化してきた．聖職に関するアングリカンの見解では，説教は聖礼典（秘跡*）の執行と同等の位置を占めている．カルヴァン派*の伝統では，説教はミニスターの主要な働きと認められ，カルヴァン派*の教会堂では，説教壇*は建物の中心の最上位に置かれている．カトリック教会は時に説教を秘跡の執行に従属させてきたが，1962-65年の第2ヴァティカン公会議*が宣言したのは説教（homily or sermon）が聖餐だけでなく，他の秘跡の不可欠な部分でもあること，および説教が司祭や司教という聖職にとり中心的であることであった．

説教は神の権威のもとにある発言であり，その権威の伝達は説教にとり発言自体と同じくらい重要である．旧約聖書の預言者は自らを神の代弁者と見なし，彼らの働きをとおして，神がその言葉（word）によりその民とかかわるという観念は，旧約聖書の伝統の重要な部分となった．新約聖書において，ヨハネ福音書がその伝統を用いたのは，「御言葉は肉となって，わたしたちの間に宿られた」（1:14）と，イエス・キリストの誕生が記述されたときであった．キリストは福音書において権威をもって語ったかたとして描かれている．キリストの死と復活後，使徒たちには同様であるが依存的な聖職を果たすことが指示されたが，彼らの説教の内容がキリストの証言である点で依存的なのである．

1世紀以来，説教の働きは全面的ではないが，主に教会に向けられており，その目的はキリスト教共同体を強化することである．説教は聖書と密接に関連し，しばしば聖書の章句の解説という形式をとる．説教を効果的に行うには通常，教養ある聖職であることが必要だと見なされる．その反対に，説教は神学研究，文筆生活，政治に影響を与えてきた．➡『説教集』，『説教法』

## 説教者兄弟会（せっきょうしゃきょうだいかい）
➡ドミニコ会

## 説教集（せっきょうしゅう）
homiliary

朝課*での朗読のために，教会暦に従って配列された説教（homilies）の集成．

## 『説教集』（せっきょうしゅう）
Homilies, Books of

不忠実で学識のない聖職者が用いるために起草された，12の規定された説教の集成が，1547年にエドワード6世*の摂政評議会の権威のもとで刊行された．新たに21の説教を加えた『第2説教集』

は，エリザベス１世*のもとで最終的に1571年に刊行された．本説教集は「39箇条」*にも言及されているので一定の権威を保っている．

## 説教壇（せっきょうだん）
pulpit

説教者や朗読者のための石製や木製の高い台．説教壇は初めて中世後期に一般的になった．司教座聖堂*以外では，身廊*の北側が説教壇にとりふさわしい位置と見なされている．技量が時に凝ったものになっている．説教壇は一般に修道院の食堂（refectories）にもある．

## 『説教法』（せっきょうほう）
*ars praedicandi*

（ラテン語で「説教する方法」の意.）中世の『説教法』は，説教集の付録としてか説教者のために他の補助手段とともに流布した手引きとして，説教作成上の教えをもたらした．これが特有の形態をとったのは12世紀であって，その最初の重要な例はリールのアラヌス*によるものである．

## 節酒（せっしゅ）
➡節制

## 節制（せっせい）（小斎（しょうさい））
abstinence

悔悛*の実践で，ある種の食物の摂取を控えることである．カトリック信徒における肉食の節制は，伝統的にほとんどすべての金曜日*やその他の機会に守られてきた．1966年に悔悛の日数は縮小され，司教協議会（Episcopal Conferences）には節制の代わりに，他の形の悔悛の実践，特に慈善や信心のわざで置き換える権限が与えられた．東方教会では，この慣行はより厳格である．年に約150日の節制の日があり，肉のほかに魚，卵，牛乳，チーズ，油，ぶどう酒の摂取が禁じられる．
➡断食，『パエニテミニ』

## 節制（せっせい）（節酒（せっしゅ））
temperance

理性に従って欲望や情念を抑制することで，４つの枢要徳*の一つである．キリスト教徒にとって，身体的な面での節制は，「聖霊の神殿」と見なされる身体の自己管理の必要性と結びつく．

アルコールの節制を助長するために創設された「節酒協会」（temperance societies）は19世紀にさかのぼる．最初のアメリカの節酒協会は1808年にニューヨーク州サラトガ（Saratoga）で創設されたが，全国的な運動の形成は主にL. ビーチャー*の功績であった．1833年に設立された「合衆国節酒同盟」は1836年に（カナダの協会を受け入れるために）「アメリカ節酒同盟」（American Temperance Union）と改称した．目標が節酒なのか完全な禁酒なのかに関して不一致がみられたが，後者が受け入れられた．酒類の製造・販売・運搬は合衆国で1919–33年に禁止された．その禁止は不人気で，節酒協会の指導者の信用を落とした．最近では，（1947年に創設された「国際節酒協会」を含む）諸協会は，アルコール，タバコ，ドラッグなどの問題に関わっている．同様な節酒協会は英国にも創設され，簡易食堂（coffee taverns）がパブに代わるものとして建てられたが，パブの影響力はアメリカにおけるそれほど大きくはなかった．

## 絶対的観念論（ぜったいてきかんねんろん）
Absolute Idealism

「観念論」は時に哲学的な理論に付される名称で，それによれば，実体は物的なないし精神から独立的なものであるよりむしろ，心的なないし霊的な（観念的な）ものである．「絶対的観念論」は「主観的観念論」とは異なっている．後者が典型的には唯一の実体は人間精神内の観念だと考えると理解されるのに対し，前者によれば，意味のある実体は人間精神の外に存在する．

## 折衷主義（せっちゅうしゅぎ）
eclecticism

異なった学派や伝統から諸要素を選択して，それらを結合する神学や哲学のある方法．

## セッド（聖）
Cedd, St（664年没）

東サクソン人の司教．聖チャド*の兄である彼は，リンディスファーン*で育った．エセックスの宣教に派遣され，654年に司教に聖別された．彼はノースヨークシャーのラスティンガム（Lastingham）修道院の創立者で，初代院長であった．664年のホイットビー教会会議*において，ローマ式の復活祭を受け入れた．祝日は1月7日（『共同礼拝』*では10月26日）．

## 接吻板（聖牌）
pax brede（pax, osculatorium）

象牙製，金属製，木製などの小さな板で，表に宗教的主題を表し，裏に取っ手が突き出ており，以前は「平和の接吻」*を伝えるのに用いられた．その板は司式者が接吻し，次に順にそれを受け取った他の人たちが接吻した．

## セーデルブルム
Söderblom, Nathan（1866-1931）

1914年から，ウプサラ*のルター派*教会監督．エキュメニカル運動*を支え，1925年の「生活と実践」*に関するストックホルム会議*における指導的な人物であった．彼の目標は，特に教理的な相違を考慮せずに社会問題に関して，諸教会間で実際的な協力関係を組織化することであった．

1903年の『啓示の本性』において，彼は高等批評*の立場を擁護し，宗教史の学問的研究が神に関する確実な知識に導くと主張した．彼はキリストにおける両性の教義を現代人には受け入れがたいものとして批判し，また神の啓示が聖書にも教会にも限定されず，歴史をつうじて継続していると主張した．

## セドゥリウス
Sedulius（5世紀）

詩人．若いときの彼は，異教の文学に傾倒していた．その後(おそらくキリスト教に改宗したのち)，彼は司祭に叙階され，修道院で生活した．彼のすぐれた詩『復活祭頌歌』（*Paschale Carmen*）は，キリストの生涯をその受胎から昇天まで辿り，どの場面でもその奇跡性を強調している．

## セドゥリウス・スコットゥス
Sedulius Scottus（9世紀）

詩人，教師，聖書批評家．アイルランド*で生まれ，学んだ彼は，840-51年のあいだのいつかフランスへ赴き，次いで巡歴する宮廷に従った．彼が折々に書いた詩は庇護者の領域を示している．『キリスト教的指導者について』（*De Rectoribus Christianis*）は，のちの国王ロータル2世の家庭教師という正式な立場から書かれたのであろう．セドゥリウスの詳細な文法的注解は教師としての仕事を示している．他の著作にはマタイ福音書とパウロ書簡の注解があり，後者はペラギウス*の真正な注解を利用している．

## セニェリ
Segneri, Paolo（1624-94）

イタリアのイエズス会*員．すぐれた説教者であった．彼の説教は力強い秩序ある議論を効果的で情緒的な訴えに結びつけた．

## セネカ
Seneca, Lucius Annaeus（前4頃-後65）

ローマの道徳哲学者，悲劇詩人．元老院議員となったが，41-49年にコルシカに流刑になり，その後，のちの皇帝ネロ*の師となった．ネロが54年に即位したのち，セネカは国政の主要な助言者であったが，厚遇されなくなり，62年に公務を退き，65年に自死を強いられた．数編の悲劇，書簡体のエッセー，さまざまな論考を書いた．彼はストア派*であることを自称し，その著作はストア派に関する我々の知識の主要な源泉の一つである．➡ガリオン

セネカ（8通）と聖パウロ*（6通）のあいだの外典的な往復書簡が存在する．それらの様式や文体は両者の作でないことを示している．

### ゼノ（聖）
Zeno, St（375年頃没）

362年頃からヴェローナ司教．北アフリカ出身者であった．彼の『説教』（*Tractatus*）には，テルトゥリアヌス*やキュプリアヌス*の著作との類似点がみられ，また中世初期までは流布しなかった．祝日は4月12日．

### ゼノ
Zeno（491年没）

474年から東ローマ皇帝．彼の治世を特徴づけたのは一連の悲惨な戦争であり，482年の「ヘノティコン」*も彼が望んだ，キリスト単性論*者と正統派のあいだの一致をもたらすことに何ら寄与しなかった．➡アカキオスのシスマ

### セバスティアヌス（聖）
Sebastian, St

ディオクレティアヌス*帝の迫害で死刑に処せられたと信じられているローマの殉教者．伝説によれば，彼はディオクレティアヌスにより射手に矢を射られる判決を受けたが，回復して皇帝の面前に現れたので，皇帝は彼を棍棒で撲殺させた．祝日は1月20日．

### セバステの40人の殉教者
Sebaste, the Forty Martyrs of

320年頃に小アルメニアのセバステ（現トルコのシヴァス［Sivas］）で殉教した「雷電軍団」（Legio fulminata）の40人のキリスト教徒兵士で，彼らは凍った湖の氷上に裸で放置され，背教を試みて湖岸に温かい風呂が用意された．落伍した1人の兵士の身代わりになった異教徒の衛兵は直ちに改宗した．祝日は東方では3月9日，西方では以前は3月10日．

### セ・バプテスト派
Se-Baptists

（ラテン語 *se baptizare*「自らに授洗する」に由来.）J. スマイス*の信奉者を時に指す名称．

### セバルドゥス（聖）
Sebaldus, St

ニュルンベルクの守護聖人．彼の生没年代（9-11世紀）は議論されているが，おそらく11世紀の隠修士運動に位置づけられ，ニュルンベルクに近い森で暮らしたと思われる．彼の墓は1072年以降，巡礼地であったという証言がある．祝日は8月19日．

### ゼファニヤ書
Zephaniah, Book of

小預言書*の一つ．本書は「主の日」におけるすべての民に対する裁きが近づいていることを告知するが，諸国民のあいだの未来の改宗およびユダヤ人のあいだの忠実な「残りの者」の希望を約束する．その預言はヨシヤ（前608年頃没）の治下になされたと主張しているが，おそらく前621年より前に始まった．『ディエス・イレ』*の冒頭語は本書1:15-16のウルガタ訳*から取られている．

### ゼフィリヌス（聖）
Zephyrinus, St（217年没）

198年からローマ司教．彼についてほとんど何も知られていない．聖ヒッポリュトス*は彼が規律を守らせる点で厳しさに欠け，当時ローマで広まっていた（特にサベリウス主義*のような）異端信仰を抑圧することに失敗したと非難した．祝日は8月26日（1969年に削除）．

### セプトゥアギンタ
➡七十人訳聖書

### セブンスデー・アドヴェンティスト派
Seventh-day Adventists

もともと1844年にキリストの再臨*を期待した，アドヴェンティスト派*の一派．その年のうちに，彼らは週の第7日を安息日*として遵守し始めたが，「セブンスデー・アドヴェンティスト」の名称は1861年まで採用されなかった．イングランドにおける，同派の組織的な共同体としての発端は1878年のサウサンプトンでの宣教にさかのぼ

る．彼らは忠実なプロテスタントの教派で，聖書が信仰と実践の誤りない規則をもたらし，キリストの再臨が間近いと信じているが，後者の日付を設定しているわけではない．彼らは完全浸礼*で成人洗礼を行い，厳格な節制*を要求し，金曜日の日没から土曜日の日没まで安息日を遵守する．現在の世界の会員数は1,700万人以上（イギリス諸島では約３万1,000人）である．

## セブンスデー・バプテスト派（は）

Seventh Day Baptists

1640年代頃から，イングランドのバプテスト派*の中で，十戒*の第４戒が休息と礼拝の日として，日曜日*よりむしろ土曜日*の遵守を要求していると見なす人たちがいた．その運動は北アメリカに広がり，彼らの一派が1671年にロード・アイランドのニューポートでバプテスト教会員であることをやめた．セブンスデー・バプテスト派は少数ながら現在も存続している．

## セミ・キエティスム

➡半静寂主義

## ゼムラー

Semler, Johann Salomo（1725-91）

ルター派*の神学者，聖書批評家．批評的・歴史的方法を聖書研究に適用した最初のドイツ人神学者の一人で，多くの目新しくしばしば非正統的な結論に達した．しかしながら彼は，キリスト教の聖職者がいっさいの伝統的な教理を公言することを要請されていると考えた．

## セラ（ケラ）

cella（cella cemeterialis）

キリスト教の初期に墓地*に建てられた小さな礼拝堂．

## セラピオン（聖）（せい）

Serapion, St（360年以後に没）

339年頃からナイル・デルタのツムイス（Thmuis）主教．彼はその前は修道士で，聖アントニオス*の仲間であった．聖アタナシオス*は皇帝コンスタンティウス２世への困難な任務のためにセラピオンを選び，また彼に聖霊の神性に関する一連の書簡を書き送った．セラピオンはマニ教*徒に対して駁論を書き，また彼の名で伝わる秘跡書*はおそらく彼が編集したものであろう．祝日は３月21日．

## セラフィム（熾天使）（してんし）

Seraphim

イザヤ*が神の御座の上方に見た６つの翼をもつ被造物（イザ6:2-7）．キリスト教の釈義家の考えでは，彼らはケルビム*の上位の階級にある天使*である．

## セラフィム（サーロフの）（聖）（せい）

Seraphim of Sarov, St（1759-1833）

ロシアの修道士，スターレツ*．19歳のときに，彼はロシア東部のオカ（Oka）地方のサーロフ修道院に入った．1794-1825年のあいだ，彼は隠遁生活を送り，最初は修道院の近くで隠修士として過ごし，次いで修道院内の小さな修室*に引きこもっていた．1825年に，彼は自らの修室の扉を開いた．その後は霊的な指導の活動に専念し，ロシア中からの訪問者を受け入れた．彼は霊的生活における喜びと朗らかさの重要性を強調した．祝日は１月２日．

## セリパンド

Seripando, Girolamo（1492/93-1563）

アウグスチノ隠修士会*員．同会で高い地位に就き，1539-51年に総会長であった．彼はトリエント公会議*で重要な役割を果たした．ルター派*との完全な断絶を避けようとして，彼は義認*に関して穏健な立場をとり「二種の義」*の理論を採用したが，支持を得ることができなかった．1554年にサレルノ大司教，1561年に枢機卿になった．

## セル

cell

（1）修道士*や修道女*の個人的な「修室」．通常はほんの必要なものだけがある．(2) 大修道院の付属小修道院．(3) 世俗の環境下でキリスト教信仰を広める厳しい活動に従事する約束をしたキリスト教徒の小グループ．

## セルウィン

Selwyn, George Augustus（1809-78）

1841-67年にニュージーランド*の初代主教．彼は信念的にはトラクタリアン*であった．彼はニュージーランド教会の未来に顕著な影響を及ぼし，その制度化に大いに貢献した．祝日はアメリカの1979年の『祈禱書』および『共同礼拝』*では4月11日．

## セルヴェトゥス

Servetus, Michael（1511頃-1553）

医者，反三位一体論的著作家．1531年に，彼は三位一体論に関する当時の公式的な表現を批判する論考を出版して，プロテスタントの友人たちを憤慨させた．医学を学んだのち，彼は1542年にヴィエンヌ大司教の侍医に任命された．1546年にJ. カルヴァン*と文通を始め，1553年に匿名で出版されることになる主著『キリスト教復元論』(*Christianismi Restitutio*) の草稿を送付した．本書において，セルヴェトゥスは伝統的な三位一体論を否定しただけでなく，受肉に関する非正統的な見解を展開した．カルヴァンの内報で，セルヴェトゥスの著者性が異端審問*所へ知らされた．彼は投獄されたが，ジュネーヴ*に逃れた．彼は逮捕され，その近くで異端者として火刑に処せられた．この出来事は，異端者が死罪を宣告されるべきかどうかで，プロテスタント間に激しい論争を巻き起こした．

## セルギイ（聖）

Sergius, St（1314頃-1392）

ロシアの修道院改革者，神秘家．兄とともに，彼はモスクワに近いセルギエフ (Sergievo) に有名な聖三位一体修道院を建て，タタールの侵攻後に失われていた修道院生活をロシアに再建した．ロシアのあらゆる階級に多大な影響を及ぼし，40の修道院を建てた．祝日は9月25日．

## セルギウス1世（聖）

Sergius, St（701年没）

687年から教皇．彼は，皇帝ユスティニアノス2世が692年のトルロス教会会議*を支持しようとする試みに反対し，またミサにアグヌス・デイ*の朗唱を導入した．祝日は9月8日．

## セルギウス・パウルス

Sergius Paulus

キプロス*の総督で，使徒言行録13:4-12によれば，彼の面前で説教するように聖パウロ*と聖バルナバ*を招き，そして「信じた」という．

## セルギオス

Sergius（638年没）

610年からコンスタンティノポリス総主教，キリスト単意論*の主唱者．キリスト単性論*者をカルケドン*派の正統信仰の支持者と和解させることを試みて，彼が説き始めたのは，キリストのうちには両性が存在するが，唯一の「エネルゲイア」(働き) しか存在しないということであった．エルサレムの聖ソフロニオス*に反対された彼が633年に公布した『プセフォス』(Psephos) は，1つにせよ2つにせよキリストにおける「エネルゲイア」について言及することを禁じた．彼はまた，教皇ホノリウス1世*に訴え，両者はともにキリストのうちに唯一の「意志」が存在する点で合意した．この教理は，638年にセルギオスが起草した『エクテシス』*において，皇帝ヘラクレイオス*により発布された．「アカティストス」*は時にセルギオスに帰されてきた．

## セルディカ（サルディカ）教会会議

Serdica (Sardica), Council of

主として聖アタナシオス*の正統性を決定するために，セルディカ（現ブルガリア*のソフィア）で343年頃に召集された教会会議．東方の主教たちは，東方が追放したアタナシオスが西方により教会会議の一員と見なされているという理由で出席を拒否したため，西方の司教たちだけで会合した．彼らはアタナシオスの復権を確認し，いくつかの有名な規律に関する教令（canons）を決めた．これらには，ローマ司教を，ある状況下で告訴された司教のための上訴*裁判所とする規定が含まれていた．

### セルデン
Selden, John（1584-1654）

法学者．穏健なピューリタン*である彼は，1643年にウェストミンスター会議*の一員になった．1618年の『10分の1税の歴史』（*The History of Tithes*）において，彼は10分の1税*を支払う義務の法的な基盤を支持したが，神的な基盤を否定した．

### ゼルノーフ
Zernov, Nicolas（1898-1980）

ロシアの学者，エキュメニカル運動*家．1921年にロシアを離れ，1934年にヨーロッパに落ち着いた．1947-66年に，彼はオックスフォード大学スポールディング（Spalding）講座担当東方正教文化講師であった．1959年に彼が東西両文化のキリスト教徒を融合するためにオックスフォードに創設した家には，学生用の図書館や宿泊所，ロシア正教会の礼拝所が設けられており，のちに建設され（1973年に献堂され）た教会堂は，ギリシア正教とロシア正教の教区間で共有されている．彼は著作をとおしてロシア正教の世界を西方においてなじみ深いものにした．

### セルビア教会
Serbia, Church of

セルビアへの組織的な宣教活動はまず9世紀後半にビザンティン側から着手され，891年には，キリスト教が正式の宗教となっていた．セルビア人が東方キリスト教に属することは，13世紀前半まで決定的ではなかった．独立自治教会*のセルビア教会は1219年に聖サヴァ*により確立された．1346年に，セルビア教会の長は総主教*の称号を得て，総主教座はペチ（Peć）にあった．セルビア総主教位は1375年にコンスタンティノポリスにより承認された．オスマン・トルコの時代，セルビア人はますますギリシア教会の支配下に入り，ペチ総主教区は1766年に廃止された．セルビア教会は1879年に再び独立自治教会となり，1920年に総主教位は回復し，総主教座はペチからベオグラードに移った．1992年の不和の結果，1996年に対抗する総主教が選ばれ，現在は2つの対抗する位階制が存在する．セルビア教会は国民の民族的な抱負と常に密接に結びついてきており，1990年代には，政府が「大セルビア」という目的を暴力的に追求するのを嘆くほかはなかった．

### セレウキア教会会議
➡リミニ教会会議とセレウキア教会会議

### ゼーロータイ（熱心党）
Zealots

反乱を起こしたユダヤ人の党派．ヨセフス*によれば，彼らはエルサレム*において，後70年の滅亡につながったローマ人に対する熱狂的な反抗を鼓舞した党派の一つであった．彼らは通例は以下の2者と同一視されてきた，すなわち，(1) 後6年に反乱を指導したガマラ（Gamala）のユダの追随者，および (2) マサダ（Masada）でローマ軍に投降することを拒否したシカリ派（Sicarii）である．ルカ福音書6:15で聖シモン*に付された「熱心党」の異名は，彼がその党員であったことを意味するか，または彼の性格を表している．

### セロン
Sellon, Priscilla Lydia（1821-76）

「アングリカニズムにおける修道会」*の再興者．1848年に，エクセター*主教H. フィルポッツ*の公衆への訴えを聞いた彼女は，イングランドを離れる計画を止めて，プリマス，デヴォンポート，ストーンハウスの困窮者のもとで活動を始めた．彼女は仲間とともにデヴォンポート・マーシー修女会（Devonport Sisters of Mercy）を創立した．1856年に，彼女はその修女会を，ロンドンのリージェンツパークのオズナバーグ（Osnaburgh）にあった聖十字修女会（Sisters of the Holy Cross）と合併させ，（のちにバークシャーのアスコット・プライオリーに本部を置いた）至聖三位一体修女会（Society of the Most Holy Trinity）の修女長（Abbess）となった．祝日は『共同礼拝』*では11月20日．

## 宣教（せんきょう）
missions

キリスト教信仰を非キリスト教徒のあいだに広めることは，最初期から教会の主要な務めの一つであった．「すべての民をわたしの弟子にしなさい」という命令が，復活者キリストに帰された（マタ28:19）．聖パウロ*の働きおよび（特に聖トマス*などの）使徒たちに正しくまたは誤って帰された宣教旅行に加えて，数えきれないキリスト教徒がやがてローマ世界中に，またそれを超えて福音を伝えた．ネストリオス派教会*の宣教師（missionaries）は，中国*にまで赴いた．5世紀のアイルランド*における聖パトリキウス*の活動に続いたのは，スコットランド*やイングランドにおける宣教活動であり，イングランド北部での聖エイダン*の活動は，ローマから派遣された聖アウグスティヌス*の南部における活動により拡充された．彼に対してグレゴリウス1世*が，異教の神殿を破壊せずキリスト教の教会堂に転用するように指示したことは，宣教思想の発展において重要であった．8世紀に，ブリタニア出身の宣教師は北ヨーロッパと中央ヨーロッパの改宗に貢献した．シャルルマーニュ*の征服には，被征服者の強制的な洗礼が伴った．スラヴ世界には，ローマからもコンスタンティノポリス*からも宣教がなされた．ポーランド*人，ハンガリー*人，ロシア*人が改宗した．中世後期には，ヨーロッパの残りの異教の民族を改宗する努力がなされ，（十字軍*により一般に影が薄くなったが）ムスリムへの宣教が開始され，タタール人（Tartars）や中国人への宣教活動も継続された．

対抗宗教改革*はカトリック教会に宣教的努力を再興させた．北西ヨーロッパでの「損失」を打ち消すような新しい「利得」が模索され，ドミニコ会*員，フランシスコ会*員，アウグスチノ会*員，および新設のカプチン会*員，イエズス会*員は，南北アメリカ，インド*，日本*，中国，アフリカ*において進んで活動した．1622年にグレゴリウス15世が設立した布教聖省*は，宣教活動をスペインやポルトガルの世俗的関心から解放することに努めた．同省はその後カトリック教会における宣教活動を全般的に監督した．19世紀には，多くの近代の修道会が特に宣教活動に献身し，その中に，マリスト修道会*，聖霊修道会*，ミル・ヒル宣教会*，神言修道会*，白衣宣教会*が含まれる．慈善・教育活動が重視され，修道女が重要な役割を果たした．20世紀前半に異なった接近法を予示したのは，1919年のベネディクトゥス15世*の使徒的書簡『マクシムム・イルド』（Maximum illud）であって，聖職者や位階職とともに，各地で教会がしっかり根づくことをめざしていた．1965年の第2ヴァティカン公会議*が強調したのは，典礼と神学を適合させる前提条件として，人びととその文化を理解する必要性であった．

プロテスタント諸教会においては当初，さまざまな理由で宣教活動がほとんどなかった．キリスト教知識普及協会*（SPCK）と海外福音宣教協会*（SPG）はそれぞれ1698年と1701年に設立されたが，主要な宣教活動は依然としてモラヴィア兄弟団*およびインドにおけるデンマーク・ハレ宣教団（Danish–Halle missions）によって続行されていた．福音主義*のリバイバル*は，世界規模の福音伝道に新たな弾みとなった．メソジスト宣教協会（Methodist Missionary Society）は1786年に，バプテスト宣教協会（Baptist Missionary Society）は1792年に，ロンドン宣教協会*（LMS）は1795年に，英国教会宣教協会*（CMS）は1799年に，英国および海外聖書協会*は1804年に創立された．同様な組織はアメリカおよびヨーロッパの他の地域でも創立された．この驚くべき活動の拡大は，1859年の中央アフリカ学生伝道協会*（UMCA）のような，特定の活動領域をもつ他の協会の創立をも促した．最近までプロテスタントの諸教派に限定されていた，エキュメニズムにも発展があった．1910年にエディンバラ*で開催された世界宣教会議（World Missionary Conference）は，エキュメニカルな基本にたって世界への伝道をめざした．1921年に創設された国際宣教協議会（International Missionary Council）は，1961年に世界教会協議会*と合流して，その世界宣教・伝道委員会（現在は，宣教・教育・証し委員会）となった．1963年以降，同委員会は，20世紀になってヨーロッパやアメリカからアフリカや極東の諸地域まで拡大した正教会*と協力している．宣教の領域の他の要素は，世界教会協議会に所属しないさまざまな「独立した」諸教会の活動である．同時に，非西方世界からのキリスト教徒の宣教師が福音を西方文化に導入し，体制教会と世俗化した国民間の溝を埋めようと努めている．

## 宣教奉仕者（読師）
lector（reader）

英国教会とカトリック教会における，下級品級*の一つ．初期には，読師の主な働きは，旧約聖書の預言書，書簡，また場所によっては，福音書を朗読することであった．カトリック教会では，この職位は1972年に２つの残った奉仕職（*ministeria*）の下位を構成することになり，さまざまな職務が割り当てられた．男性のみがこの職に選任されうるが，宣教奉仕者の職務は男性でも女性でも果たしうる．（アングリカン・コミュニオンにおけるこの職について，「朗読奉仕者」の項参照.）➡祭壇奉仕者

## 宣言的制定法
Declaratory Acts

スコットランド*の長老派*教会における２つの法令で，聖職者が下位の信仰基準のどんな条項にも署名する義務を免除している．合同長老教会*が可決した1879年の法令は，「平等に人間に対する救いの自由な提供」を宣言し，嬰児や異教徒の劫罰*が必ずしも選び*に含まれていないことおよび全面的な堕落と死への予定は人間の責任を考慮すべきことを確認した．これは創世記の創造物語における「６日間」のような問題に対して，意見の自由を明確に支持したものである．スコットランド自由教会*が可決した1892年の法令も同様な傾向にある．両法令は，1929年に再合同したスコットランド教会の「合同の基礎と計画」において「教憲を示す指導的な文書」に含まれている．

## 洗手式
lavabo

（ラテン語で「私は洗うであろう」の意.）聖餐式において，司式者が奉献*のあとに指を洗う儀式．

## 洗浄
ablutions

（1）聖体*（聖餐）の拝領後に，司式者が指とカリス*を洗うこと．この儀式は10-11世紀に聖餐式の一部となった．詳細は変わってきている．（2）カトリック教会において，新司祭が叙階のミサの際に聖体拝領後にぶどう酒で口をすすぐこと（1968年まで慣例であった）や，病者の聖体拝領の際に以前は一般的であった，同様に水ですすぐこと．同様な慣行は東方にも存在しており，その多くの地域で陪餐者は典礼における聖体拝領後に聖別されていないぶどう酒を受けとる．

## 先唱者
precentor

主教座聖堂*において，合唱礼拝の指導の責任をもつ聖職者．「オールド・ファウンデーション」の主教座聖堂では，先唱者は参事会*員であり，「ニュー・ファウンデーション」の主教座聖堂では，主教座聖堂準参事会員*ないしチャプレン*である．➡カントル

## 先唱者代理
succentor

「オールド・ファウンデーション」の主教座聖堂*において，先唱者*の代理を通常指す称号．先唱者代理は一般に主教座聖堂準参事会員*である．

## 潜心（静修）
recollection

神および自己自身に配慮する態度を指して，現代の霊的著作家が用いる用語．魂は俗事への関心によって気が散ってしまうので，その霊的目的に

集中するために自己自身の「心を潜める」(collect itself) べきであるという考えは，少なくともプラトン*にさかのぼる．「潜心」を指すスペイン語は15世紀に初めて見られる．アビラのテレサ*のような著作家たちは，潜心を祈りの種類ないし段階と見なしている．その後，この用語はほとんどすべての種類の霊操を指すようになった．

## 占星術の学者たち

➡東方3博士

## 戦争へのキリスト教徒の態度
war, Christian attitude to

キリスト教の教えが完全に支配する世界では，戦争は排除されると常に認識されてきた．にもかかわらずキリスト教徒は，武力の行使が法の権威を維持するのに必要な世俗社会の一員であるゆえ，戦争とそれへのキリスト教徒の参加が時には倫理的に正当化され，称賛に値しさえすると，例外なくではないが広く考えられてきた．世俗の政体が異教的であった初期には，いくつかの教会の法令はキリスト教徒が兵役に就くことを禁じたと思われるが，2世紀以降，軍隊にはキリスト教徒が存在した．コンスタンティヌス*時代以降，キリスト教徒は戦争への参加に関する疑念にいっそう苦しまなくなった．十字軍*は建前としては宗教的な目的でなされた戦争行為の古典的な代表例である．中世の倫理神学者はキリスト教徒が正当に参加しうる戦争としえない戦争を区別するようになった．聖トマス・アクィナス*は「正戦」の3つの条件を規定して，それが主権者の権威に基づき，理由が正しく，戦闘員が正しい意図をもつべきであるとした．F. デ・ビトリア*(1546年没) はさらに，戦争が「適切な手段で」行われねばならないとした．

現代では，戦争行為がどんな状況下でも福音により禁じられているという教えである「絶対平和主義」(Absolute Pacifism) は，教会の指導者を含む，さまざまなグループの人たちにより支持されている．「正戦」への参加も，手段 (大量破壊兵器や特に核兵器) が決して「適切」でないゆえに，もはや不可能であるとも論じられている．しかしながら，キリスト教思潮の主流は，物質的な破壊よりいっそうひどい悪事が存在することを根拠に，現代の平和主義運動を支持していない．

## 戦争への聖職者の参加
war, participation of the clergy in

中世以降，上級品級*の聖職者は殺害 (shedding of blood) に直接に関わることを明確に禁じられている．しかしながら，国家権力が彼らに軍事的な義務を負うよう強いるとき，彼らには従うことが許されている．英国教会は通例その中世からの規律を支持しているが，軍務に就いた聖職者がいても，教会罰を科してこなかった．

## 洗足式
Pedilavium (foot-washing)

「最後の晩餐」*前のキリストの行為 (ヨハ13章) を記念して，聖木曜日*に行われる洗足式．聖木曜日のミサが午前に執行されるようになると，洗足式は独立した儀式として夕方行われ，司教座聖堂や大修道院教会に限定された．ピウス12世*の聖週間聖務指針書は夕方のミサを復活させ，洗足式を説教の直後に置き，すべての教会でそれを遵守するよう勧めた．12人 (カトリック教会の典礼注規*によれば男性であるが，現在は時に女性を含む) が聖所*に導かれ，司式者が順にひとりずつ足を洗い拭く．英国教会では，宗教改革の際削除された洗足式の規定は，1986年に復活し，『共同礼拝』やアングリカン・コミュニオンの他のいくつかの地域の典礼式文にも載せられている．ビザンティン典礼では，同様な儀式が主に主教座聖堂や修道院教会に限定されて，聖餐の典礼に準拠している．

## 跣足派
discalced

(字義どおりには「靴を履かない」の意．) この語は，その会員が靴でなくサンダルを履く，修道会や修族について用いられる．たとえば，跣足カルメル会*や御受難修道会*がそうである．➡履靴派

## 選定権
option

以前，大司教がもっていた権利で，それは司教を聖別する際に，次の空位期に聖職禄授与権者（patron）として行動しうるように，聖職禄*を選定する権利であった．この語はまた，一定の司教座聖堂ないし聖堂参事会のメンバーがもっている，特定の聖職禄ないし称号を随意に選定する権利も指す．

## セント・アサフ
St Asaph

ウェールズ*にあるセント・アサフ聖堂はもともとは修道院で，伝統的に聖ケンティゲルン*により6世紀後半に建てられたと考えられている．12世紀の伝記によれば，彼の後を継いだのは聖アサフ*で，聖堂はのちに彼の名にちなんで改称された．12世紀には，特定司教区（territorial diocese）になった．現在の主教座聖堂は主として1480年頃の司教レッドマン（Redman）の仕事であり，聖歌隊席は1770年頃に再建され，1869-75年に，G. G. スコット*により全面的に修復された．

## セント・オールバンズ
St Albans

聖堂が遅くともベーダ*の時代以来，聖アルバヌス*の有名な殉教地のウェルラミウム（Verulamium）に存在し，794年頃，オッファ*王が修道院を寄贈した．1077年に，ノルマン人の初代院長であるカーン（Caen）のパウルスがそれを再建し始めた．宗教改革時の1553年に，聖堂はエドワード6世*により買い取られ，教会区教会として用いられるようになった．1877年に，セント・オールバンズ主教区が設置され，大修道院は主教座聖堂になった．

## セント・ジョージ礼拝堂（ウィンザーの）
Windsor, St George's Chapel

「ウィンザー王室自由礼拝堂」（Royal Free Chapel of Windsor）は（1348年頃に創設された）ガーター（Garter）勲爵士団のシュライン*を管理するために，エドワード3世により建てられ，1352年に定款を受けた．現在の垂直式礼拝堂は，その精巧な石造丸天井とともに，1475-1508年にさかのぼる．

## セント・デーヴィッズ
St Davids

伝承によれば，修道院が6世紀の聖デーヴィッド*により，のちにセント・デーヴィッズと呼ばれるメネヴィア（Menevia）に創設された．1115年に，ウェールズ*出身の最後の司教が没したとき，国王ヘンリー1世は聖職者に彼らの司教として，カンタベリー*大司教の権威を認めるつもりの，王妃マティルダのチャプレンのベルナルドゥスを押しつけた．セント・デーヴィッズに管区大司教*座の地位を確保しようとする，12世紀と13世紀前半のさまざまな試みは成功しなかった．その間に，聖デーヴィッドのシュライン*はさかんな巡礼地になった．現在の主教座聖堂は司教レイア（Leia）のペトルス（在職1176-98年）により建造され始めた．

## セント・ポール主教座聖堂（ロンドン）
St Paul's Cathedral, London

聖堂が607年頃にケント王エセルベルト*により，ロンドン初代司教聖メリトゥス*のための司教座聖堂として創設された．675-85年に，聖エルコンワルド（Erconwald）により石造で再建された．このサクソン様式の建物は1087年に焼失した．ノルマン様式の司教座聖堂が同年に再建され始め，1240年に完成した．中庭の北東部に，「セント・ポールの十字架」が立っていて，宗教的・政治的宣言，説教，議論のための国民的な拠点であったが，1643年に破壊された．すでに荒廃していた主教座聖堂は，1666年の大火で焼失した．C. レン*卿が設計した，現在の主教座聖堂は伝統的なゴシック様式の基本計画に古典様式を結びつけている．1710年に完成した．

## 千人請願
Millenary Petition

1603年にピューリタン*によりジェームズ1

世*に提出された請願で，その中で彼らは「人間によって定められた礼拝様式に苦しめられていること」からの解放を請うた．これはハンプトン宮殿会議*を開催する直接のきっかけとなった．

### 千年王国説（千年至福説）
millenarianism（chiliasm）

将来のミレニアム，すなわち千年間の至福に対する信仰．キリスト教におけるこの概念の主要な典拠はヨハネ黙示録20章である．それを信奉するある人たちの考えでは，それはキリストの再臨*に続いて起こり，他の人たちの考えでは，それは待降節*に先行し，その道を備える．

初期の教会において，千年王国説は主としてグノーシス主義*者やモンタノス主義*者のあいだに見いだされたが，幾人かの初期の教父によっても受け入れられた．中世において，千年王国説的テーマの重要な主唱者はフィオーレのヨアキム*であった．宗教改革*時代には，多くの再洗礼派*およびボヘミア兄弟団*が千年王国説の信奉者であり，千年王国説の信仰は16–17世紀のイングランドのプロテスタンティズムに広まっていた．ドイツでは，千年王国説的見解は17–18世紀の敬虔主義*運動において普及した．19世紀に，黙示録的・千年王国説的観念の新たな主張者がアメリカやイギリスに現れ，その中にアーヴィング*派，プリマス・ブレズレン*，アドヴェンティスト派*が含まれ，最後の派はキリストの再臨後の天的な千年至福の観念を復活させた．20世紀には，アジア，アフリカ，南アメリカの現地の諸教会は，さまざまな千年王国説的信仰を生み出した．1944年に，検邪聖省*は千年王国説に反対する裁定をし，主要なキリスト教会もこの問題を慎重に扱ってきている．

### 千年期教会
➡シェーカー派

### 千年至福説
➡千年王国説

### センプリンガム
Sempringham

リンカンシャー南部にある，センプリンガムの聖ギルベルトゥス*が創立した修道会であるギルベルト会の母院．

### 全免償
plenary indulgence

現代のカトリック神学において，個人の罪に当然な一時的罰（temporal punishment）の全部を免除する（remit）と考えられる免償*．その有効性は（誰も確信しえない）魂の性向の完全さに依拠すると信じられるので，魂が特定の全免償により十分に益になったのかという疑いの要素が存在する．全免償の発布の知られている最古の例は，罪を告白した十字軍兵士が負うべきすべての悔悛*が赦されるという，ウルバヌス2世*による約束であった．

### 全面的堕落
total depravity

堕落*の結果として，人間の状態の極端な悲惨さを表現するために，特にカルヴァン主義*において用いられる言葉．

### 前夜祭
wake

この語はもともと特定の聖日前に守られた終夜の徹夜祭*を指したが，やがてその聖日自体の祝宴や酒宴，ついで地方の守護聖人の祝日に毎年開かれる定期市を指すようになった．

### 洗礼（バプテスマ）
Baptism

水の使用を伴う秘跡*である儀式で，これにより志願者は教会への加入を認められる．使徒言行録や聖パウロ*の書簡における多くの言及から，洗礼が最初期の日々にまでさかのぼることは明らかである．キリスト御自身がこの秘跡を定めたと伝統的に考えられてきたが，どの程度御自身の意図を明示したのか，またまさに教会を永続的な制度と見なしたのかは今も議論されている．

洗礼は遅くとも1世紀末以来「父と子と聖霊の名によって」授けられてきた．初期の教会では通常，洗礼は浸礼*によって授けられていた．司教が通例主宰するその儀式は，按手*と油注ぎ*を伴い，最後に聖餐*が祝われた（西方におけるこれらの儀式の後代の区分について，「堅信」の項参照）．最初の4-5世紀間は一般に，死が間近だと思われるまで受洗を延ばしたのは，それに伴う責任のゆえであった．

洗礼の神学は，異端者により授けられた洗礼の有効性*をめぐる3世紀の論争によって明瞭にされた．主として聖アウグスティヌス*の影響によって，信仰の有無や聖職者の有徳性にかかわらず，秘跡の有効性は正しい形式を用いることにかかっていることが認められてきた．ペラギウス主義者*に対するアウグスティヌスの主張によれば，洗礼の主な効果の一つは，新生児さえ天国に入ることを妨げる魂にある原罪*のしみを除去することである．さらにアウグスティヌスの考えでは，聖霊は聖化する恩恵とは独立した効果を洗礼においてもたらし，それは無効にされえず，繰り返されえない．16世紀に，カトリックの教えのさまざまな面が宗教改革者たちにより否認された．M. ルター*は洗礼が必要だという信念を信仰のみによる義認*という教理と結びつけようとした．ルターにとって洗礼は，それを受けた後に人々の罪がもはや人々に帰されることがない，神の恩恵を約束するものである．U. ツヴィングリ*は洗礼がキリスト教会への個人の加入を認める単なるしるしだと見て，洗礼の必要性を否定した．J. カルヴァン*の教えでは，洗礼が選ばれた人たちにとってのみ有効なのは，彼らだけがそれがなければ洗礼が無価値になる信仰をもっているからである．『祈禱書』*は伝統的なカトリックの教えを保持した．トリエント公会議*でカトリック教会が強調したのは，洗礼が単に恩恵のしるしであるだけでなく，障害を持たない者に実際に恩恵を含み授けるということである．第2ヴァティカン公会議*以降，カトリック教会はあらためて洗礼を，入信の秘跡としての堅信および最初の聖体拝領と結びつけた．

カトリック教会で用いられている儀式の形式は，西方における最も精緻なものである．幼児洗礼*の場合，幼児をキリスト教信仰によって育てる両親から迎えること，悪魔祓い*の祈り，水の祝福，両親と代父母*による悪霊の拒否と信仰宣言，「三一神の名」（Trinitarian formula）による浸礼ないし灌水礼*での洗礼，聖香油*による油注ぎが含まれる．父親か代父か他の人が復活ろうそく*から灯されたろうそくをもつ．成人洗礼の場合も，聖香油注ぎが省略される以外，これとさほど異ならず，受洗後直ちに堅信を受ける．英国教会の儀式も同様であるが，より簡素である．『共同礼拝』*によれば，悪霊の拒否に続くのは，各志願者への十字架のしるし，水の祝福，「三一神の名」による浸礼ないし灌水礼での洗礼である．白衣を着て香油と衣服を用いることを選択できるという規定がある．灯されたろうそくが新受洗者に授与される．正教会では，悪魔祓い，悪魔の拒否，信仰告白からなる，洗礼志願者として受け入れる儀式に続くのが本来の洗礼式であって，そこでは水と香油が祝福され，志願者が香油を注がれ，3度水に沈められ，白衣を着せられる．受洗直後に聖香油注ぎが行われ，可能ならば同時に，聖体が新受洗者に授けられる．

## 洗礼（せんれい）（キリストの）
Baptism of Christ

キリストの洗礼は最初の3福音書の記者により記録され，ヨハネ福音書中に暗示されている．概して懐疑的な批評家さえ，イエス・キリストが洗礼者聖ヨハネ*の話を聞きに来て，その手から洗礼を受けたことを認めている．マルコ福音書1:10-11が伝えるのは，天が裂ける光景および神的な声がキリストの御子性を宣言することである．その後の記者たちは，罪なき神の子が悔い改めの洗礼を受け，しかもそれが下位の人物の手からであることに対する当惑を示している．

### 洗礼志願者（カテクメヌス）
catechumens

初期の教会において，洗礼*を準備する訓練や教育(カテケーシス*)を受けている人たち．彼らには教会内に一定の場所が割り当てられていたが，本来の聖餐式が始まる前にきまりで退去した．志願者が復活徹夜祭*に受洗するために，それに先立つ四旬節*のあいだのこまかな準備の儀式が定められていた．

1962年に，洗礼志願期（catechumenate）がカトリック教会において復興し，『ローマ儀式書』*に残る（登録，悪魔祓い*，受洗前の油注ぎ*という）諸要素が個別に行われることが規定された．1972年の『成人のキリスト教入信式の儀式書』は復興された洗礼志願期を，すべての成人洗礼の前に必要なものとした．数週間にわたり行われるさまざまな儀式が，異なった段階を表している．➡スクルティニウム

### 洗礼志願者のミサ
Catechumens, Mass of the

聖餐式の前半を指し，こう呼ばれるのは初期の教会において洗礼志願者*が出席を認められていたのが礼拝のこの部分だからである．➡信者のミサ

### 洗礼者聖ヨハネ斬首の記念日
Decollation of St John the Baptist

8月29日のこの祝日は，マタイ福音書14:3-12とマルコ福音書6:14-29に記された洗礼者聖ヨハネ*の斬首を記念する日である．

### 洗礼者ヨハネの誕生の祝日
Nativity of St John the Baptist

ルカ福音書1章に記録された洗礼者の奇跡的な誕生を祝うために，遅くとも4世紀以降，6月24日に守られてきた祝日．

### 『洗礼・聖餐・職務』
'Baptism, Eucharist and Ministry' (BEM)

このテーマに関する重要な文書は，1982年にペルーのリマで開催された，世界教会協議会*の「信仰と職制」*委員会総会で承認された．そこには(カトリック教会を含む）事実上すべての教派の代表者が出席していた．文書は明確に，いっさいの不一致を除去するに足る合意点ではなく，一致点を確認しており，一致の回復は段階的な過程と見なされている．

### 洗礼堂
baptistery

洗礼*が授けられる教会堂の建造物ないしその一部．3世紀以降，洗礼堂はしばしば教会堂の西側の独立した建造物で多角形であった．幼児洗礼*の普及で，しばしば教会堂西端に置かれた洗礼盤*を用いるようになった．

### 洗礼盤
font

洗礼水を入れる容器で，西方では通常は石製である．初期には，洗礼盤は地上面より下に置かれた大きな水槽で，洗礼盤に立った志願者の上に水が注がれた．灌水*が西方で一般的な洗礼の方法になってからは，洗礼盤はだんだん小さくなり，高さが高くなった．東方では，通常は金属製の移動できる洗礼盤が現在も用いられている．

# そ

## ゾイゼ（福）
Henry Suso, Bl（1295頃-1366）

ドイツの霊的著作家．13歳のときにコンスタンツのドミニコ会*修道院に入り，5年後により高度の段階をめざした．ケルン*で学んでいた彼は，エックハルト*の影響を受けた．1330年に，修道会内の対立から教職を追われた彼は，スイスやライン上流地帯で広く説教した．主著『永遠の知恵の書』ないし『知恵の時計』は実践的で暖かく信心深い黙想の書である．それはドイツ語とラテン語の両方で書かれた．祝日は1月23日（以前は3月2日，その後2月15日）．

## 像
images

人間や動物や植物をどのように表現することも，偶像礼拝の危険性のゆえにモーセの律法で禁じられた（出20:4）．像について旧約聖書の他の箇所で言及されているが，マカバイ*の時代から，パレスチナのユダヤ人は少なくとも神殿*に関する限り，この禁止の戒めを厳格に守ったと思われる．

最古のキリスト教の絵画として知られるものはカタコンベ*にあり，2世紀にさかのぼる．迫害*の時代以降，聖なる像が特に東方教会の祭式において重要な役割を果たすようになった．このことは，神が人間性をとることで可見的になった受肉の神学的意義を強調することにより正当化された．聖画像破壊論争*が解決されて以降，イコン*は正教会*の不可欠の要素であり続けている．西方教会では，彫像を含む像の崇敬はよりゆるやかに発展した．聖トマス・アクィナス*は，像に払われる敬意がその原型にまでさかのぼるという，東方の神学者が規定した考えにたって，教理的な根拠を示した．宗教改革*の時代，像の使用に大部分の宗教改革者が反対し，特にU. ツヴィングリ*やJ. カルヴァン*の弟子たちがそうであり，ピューリタン*がそれに続いた．ルター派*はその実践に対してより寛容で，自派の祭壇に十字架像*をつけている．

## 総会
➡総会体制

## 総会議
➡修道会総会

## 総会体制（英国教会の）
Synodical Government

1969年の「総会体制条例」で導入され，1970年に実施された，英国教会の統治体制．総会（General Synod）は英国教会会議*のすべての権限と聖職者会議*の一部の権限を引き継いだ．それを構成するのは，カンタベリーとヨークの両聖職者会議の上院のメンバーからなる「主教部会」（House of Bishops），規模がやや縮小された，聖職者会議の2つの下院からなる「聖職者部会」（House of Clergy），主席司祭管区会議（deanery synods）の信徒部会のメンバーにより選ばれた「信徒部会」（House of Laity）の3部会である．教理的定式，教会の礼拝，聖奠の執行に関する事項は，主教部会により提案されたものだけが承認されうる．「主教区協議会」（diocesan conferences）に置き換わったのは主教区会議（diocesan synods）で，それぞれが主教，聖職者部会，信徒部会からなる．後2者のメンバーは主に主席司祭管区会議の各部会により選ばれる．1980年に，主教部会が設置されたが，その構成員は，教区主教および教区主教が指名して主教区内で活動する，すべての補佐主教*やその他の主教である．以前の地区大執事*協議会（ruridecanal conferences）は主席司祭管区会議に置き換わった．本体制の基盤は依然として，主席司祭管区会議と教会区会*のメンバーがそこから選挙される，各教会区の選挙人名簿である．

### 総会長
General

現在，正式には「奉献生活の会」*と称される修道会や修族*の長の通称．ふつうは人名に付けられる．総会長の英語名は，フランシスコ会*では 'Minister General'，イエズス会*，レデンプトール会*などでは 'Superior General' である．

### 総監督
General Superintendent

多くのドイツのプロテスタント諸教会における，以前の教会の役職の最高位．現在ではこの称号は監督（Bishop）や議長（President）のそれに置き換わっている．ブランデンブルク州では，総監督はベルリン監督の指導下にある．

### 総告白
➡一般告白

### 嫂婚制（レビラト婚）
levirate marriage

ある人が自らの兄弟のやもめと結婚すること．

### 荘厳ミサ（盛式ミサ）
High Mass（Missa Sollemnis）

読唱ミサ*よりも儀式の多いミサを久しく指してきた名称．イングランドでは，（正式のラテン語名が意味したように）助祭*と副助祭*の補助を意味し，他の場合は，歌ミサ*が用いられた．アメリカでは，'High Mass' は助祭や副助祭のいないミサを指すことができた．

### 総主教（総大司教）
patriarch

ローマ*，アレクサンドリア*，アンティオキア*，コンスタンティノポリス*，エルサレム*というキリスト教界（Christendom）の5つの主要な主教座*の主教*を指す，6世紀にさかのぼる称号で，その裁治権は隣接領域に及ぶ．より近年になって，この称号は東方のいくつかの独立自治教会*の長にも付与されている（ロシア*，セルビア*，ルーマニア*，ブルガリア*，グルジア*）．カトリック教会では，この称号はたとえばヴェネツィア*のようないくつかの司教座の司教を指す敬称である．
➡カトリコス，世界総主教

### 総主教代理
➡エクサルコス

### 装飾壁
➡リレドス

### 創世記
Genesis, Book of

旧約聖書*の最初の文書．天地万物の起原と人類の初期の歴史を扱い，創造*，堕落*，洪水*，アブラハム*の召命の物語，エジプトにおけるヨセフの捕らわれとそこでの彼の家族の繁栄の物語を含んでいる．本書は伝統的にモーセ*の作と考えられてきたが，大多数の現代の学者の考えでは，本書はモーセ五書*の他の文書にも遡りうる資料群からなる編集的作品であるか，モーセよりずっと後の時期に統一的に編集されたものである．

### 「総説教」
sermo generalis

異端者の審問で異端審問*所による最終の判決が宣告された儀式．短い説教のあと，判決文が宣告された．無罪と宣告された者は放免され，自説を撤回した者は教会法に定められた悔悛を受けるように宣告され，悔悛しない異端者は処罰のために俗権*に引き渡された．この場合，火刑*に処せられた．アウトダフェ*という用語も用いられた．

### 創造（天地創造）
creation

神学において，天地万物が神の自由な行為により無から存在するようになったという概念であり，したがって神は創造主（Creator）と呼ばれる．この教えはユダヤ・キリスト教の伝統に特徴的である．少数の教父は，天地万物を形成するさい神は先在の物質を利用したというプラトン*哲学の見解を受け入れたが，2世紀末までには，「無からの創造」（*creatio ex nihilo*）という見解がほとんど普遍的に教会で受け入れられた．これは1215年の第4ラテラノ公会議*で教義として表現され，1870年の第1ヴァティカン公会議*で再確認された．19世紀前半以来の（天文学・地質学などの）増大した知識によってもたらされた，伝統的な創造観における変化は，我々の秩序の概念や出来事の年代決定（さらには旧約聖書*が科学の書物と見なされうるかという問い）に影響を及ぼしているが，創造という根本的な概念にはほとんど影響を与えない．にもかかわらず，伝統的な創造観はしばしば時間の初めの1回だけの出来事を連想させてきたが，これは創造を時間をつうじて継続的な過程と理解するように代わってきた．（相対論，量子論などの）現代物理学の発達が示唆するように，創造の教えは創造された秩序が神の維持し保持する力に依存していることを確認することである．

## 創造分生説（そうぞうぶんせいせつ）

➡霊魂伝遺説

## 早禱（そうとう）

➡朝課

## 相伴説（そうはんせつ）

➡併存説

## 騒乱罪（そうらんざい）

brawling

教会の中や敷地で騒乱を起こす違反．

## 即位記念礼拝式文（そくいきねんれいはいしきぶん）

Accession Service

統治している英国の君主の即位記念日に用いられる祈禱文で，『祈禱書』*の末尾に載せられている．

## 俗権（ぞくけん）

secular arm

教会法において，教会関係の事例に介入する際の国家ないしなんらかの俗人の権力．個人が教会の裁治権の過程に介入したり妨げたりするために俗人の権威（lay authorities）に訴えることは，最近までカトリック教会において破門により処罰された．他方，教会は自らの法廷で毀損や死罪を伴う刑罰を課すことを望まなかった．厳格な処置が必要だと思われたとき，特に異端信仰に対して，教会の審問官による審問後，断罪された罪人は処罰のために俗権（secular authorities）に引き渡された．

## 属司教（補佐主教）（ぞくしきょう（ほさしゅきょう））

suffragan bishop

この語が指すのは，(1) 大司教*ないし管区大司教*に関わる司教*，および (2) 教区司教を助けるために任命された協力司教である．中世後期には，そのような任命が頻繁で，教皇によりなされた．イングランドにおいて，1534年の補佐主教法が補佐主教の任命法を定めたが，その職は1592年に消滅した．1870年に，2人の補佐主教がこの法に基づいて聖別され，1888年に，補佐主教がその称号をなのりうる地域のリストを拡大することが定められた．1978年以降，教会区と総会*が補佐主教区の新設に関わっている．

## 続唱（セクエンツィア）（ぞくしょう）

Sequence（Prose）

1970年まで一定の日に，ミサのアレルヤ*唱のあとで（現在はその前に）歌われた聖歌．本来，この語は「アレルヤ」の語の末尾の母音を純粋に旋律として長く歌うことを指したと思われる．9世紀に，子音のテキストが旋律につけられた．この語はその後，結果的に旋律とテキストの全体，時にテキストだけを指すようになった．そのようなテキストの体系的な集成を作った最初の著者はノートカー・バルブルス*(912年没）であった．その後の著者には，ビンゲンの聖ヒルデガルト*やサン・ヴィクトルのアダム*がいた．中世後期には，多くの続唱が用いられたが，現在残っているのは以下の5つ，すなわち，『ヴィクティメ・パスカリ』*，『ヴェニ・サンクテ・スピリトゥス』*，（「キリストの聖体の祝日」*のための）『ラウダ・シオン』*，『ディエス・イレ』*，『スターバト・マーテル』*であり，そのうちの最初の2つが必須として用いられる．

## 属人区

personal prelature

オプス・デイ*の創設に伴い1982年に設けられた組織．事例ごとに聖座*によって設立される属人区は，同区の奉仕のために叙階*する権利を有する司教（➡高位聖職者［prelate］）により監督される，在俗司祭*である司祭と助祭からなる．

## 属人分区

Ordinariate, Personal

2009年に，ベネディクトゥス16世*は主として，カトリック教会との相互陪餐を望むアングリカンのグループのために，教会法に基づく新たな組織を創設した．

教理省*は司教協議会（Conference of Bishops）の管轄区域内に1つないしそれ以上の分区（Ordinariates）を設置している．これらの分区のメンバーには，かつてアングリカン・コミュニオンに属していた聖職者と信徒，および時に他のカトリックが含まれる．ローマ式に従って典礼を執行するとともに，分区は聖餐などの秘跡，聖務日課*など他の典礼儀式を，聖座*が承認した，アングリカンの伝統本来の祈禱書に従って執行することができる．この規定は，アングリカニズムの霊的・典礼的・司牧的な伝統をカトリック教会内に生き続けさせることをめざしている．教皇が属人分区を管理するために任命する裁治権者*（Ordinary）は，司祭でなければならないが，司教である必要はない．そのような分区は法的に司教区*に匹敵する．その裁治権者は各司教協議会のメンバーである．彼は分区内に教区入籍*された聖職者のために十分な報酬が支給されることを保証し，彼らの病気・障害・老年の際の必要に備えねばならない．必要なら，また裁治権者が許可すれば，司祭は司祭職の行使と両立できる世俗の職業に従事してもよい．

最初の属人分区は「ウォールジンガム*の聖母マリア」（Our Lady of Walsingham）のそれで，イングランドとウェールズ司教協議会の管轄区域内に2011年に設置された．

## 属性の交流

➡属性の融通

## 属性の融通（属性の交流）

communicatio idiomatum

（ラテン語で「［両性の］属性の交流」の意．）キリストにおける人間性と神性とは区別されるが，そのペルソナ（位格）における一致のゆえに，一方の属性は他方についても妥当するという教理．

## 族長

patriarch

字義的には，家族ないし部族の父ないし指導者．この語は最もふつうに，イスラエルの偉大な先祖である，アブラハム*，イサク*，ヤコブ*を指す．この語はまた洪水*以前の人類の先祖やヤコブの12人の息子たちも指す．➡『12族長の遺訓』

## ソクラテス

Socrates Scholasticus（380頃-450）

ギリシアの教会史家．彼の『教会史』はエウセビオス*の著作の続編であることを意図しており，305年のディオクレティアヌス*帝の退位から439年までを扱っている．精彩を欠いているが，全般に客観的で，平明に書かれている．

## 側廊（アイル）

aisle

教会の身廊*の拡張部分であって，連続したアーチのあるその両壁を穿ち，分離したより低い屋根をもつ拡張部分を作ったもの．この ‘aisle’ を身廊などの座席間の通路を指して使うのはまったく誤りである．

## ゾシムス（聖）

Zosimus, St（418年没）

417年から教皇．彼の教皇位は一連の失策で特徴づけられた．ペラギウス*とその支持者の事例を再審した彼は，勅令によりその撤回を余儀なくされ，聖アウグスティヌス*と北アフリカの教会の見解に同調し，ペラギウス主義を断罪することになった．ゾシムスが一杯くわされたのは，シッカ（Sicca）司教によりアピアリウス*に下された判決を破棄しようとして，セルディカ教会会議*に属する教令をニカイア公会議*の決定と誤認して引用したときであった．祝日は12月26日．

## ゾシモス

Zosimus（5世紀後半）

ギリシアの歴史家．410年までを扱う彼のローマ帝国史は，4世紀の世俗史の一級の史料である．その異教的な視点のゆえに，本書はキリスト教著作家中の教会の諸事項に関するよく知られた記述の誤りを正す役割を果たす．

## ソゾメノス

Sozomen（5世紀前半）

教会史家．コンスタンティノポリス*で法律家であった彼は，エウセビオス*の『教会史』を自らの時代まで続けることに決めた．ソゾメノスの著作は323－425年の期間を扱っている．彼はソクラテス*に依拠したが，アルメニア*人，サラセン人，ゴート人へのキリスト教の普及など，いくつかの主題をより詳細に記述している．

## ソダー・アンド・マン

Sodor and Man

現在のアングリカンのソダー・アンド・マン主教区はマン島からなっている．伝承は5世紀におけるそこでの司教権の確立を聖パトリキウス*に帰している．8世紀のノルウェー*人の支配者の到来後，マン島は彼らによりスコットランド西部の島々と併合され，「南部諸島」（Southern Isles,「ソダー」）の一部となった．単独の司教座は1134年に設立され，1154年以降，ノルウェーのニダロス（Nidaros）管区に属した．14世紀半ばに，イングランド国王がマン島を領有し，マン島とその司教区のスコットランド側とで司教が並行して存在することになった．1542年以降，ソダー主教区はヨーク*管区に属しているが，独自の聖職者会議*を有している．「アンド・マン」という語尾はどうやら誤って，17世紀の法文書作成者により付け加えられたらしい．

## ソッツィーニ

Socinus

2人のイタリアの宗教思想家名のラテン語形．

(1) レリオ・フランチェスコ・マリア・ソッツィーニ（Sozini, 1525－62年）．ボローニャ*で法律を学んだ彼は，神学に主たる関心を見いだし，さまざまな国の宗教改革者と交流した．ジュネーヴ*で，彼は三位一体論に関して正統性を疑われたが，H. ブリンガー*を納得させ，その後，ソッツィーニはチューリヒに住んだ．

(2) (1) の甥である，ファウスト・パオロ・ソッツィーニ（Sozzini, 1539－1604年）．1562年に，彼はリヨンでヨハネ福音書に関する著作を刊行して，キリストの真の神性を否定し，翌年には，人間の生来の不死性*も否定した．1563年にイタリアに戻り，1574年までトスカナ大公の娘に仕えて，うわべはカトリシズムに従った．1579年以降，彼はポーランド*に住み，上流階級のあいだに穏健なユニテリアン主義*の教えを広めることに尽力した．➡『ラクフ教理問答』

## ソト

Soto, Dominic de（1494-1560）

スペインのドミニコ会*員．彼はサラマンカ大学神学教授であった．1545年に，カール5世*は彼をトリエント公会議*の勅任神学者に選び，その会議でソトは，恩恵*と原罪*に関するトマス主義*的な教えを説いた．

## ソドムとゴモラ
Sodom and Gomorrah

創世記19:24-25によれば，その邪悪さのゆえに天からの火によって滅ぼされた2つの都市．ソドムと同性愛*的行為との関連は創世記19:1-14のみに依拠しており，そこでは，ソドムの男たちは2人の御使いに性的な暴行を加えようとして，御使いに対するロトのもてなしを悪用しようとしている．

## ソートリー
Sawtrey, William（1401年没）

ロラード派*．ノーフォークのリン（Lynn）の司祭であった彼は，1399年に異端信仰の嫌疑で自らの司教により召喚された．1401年に彼が大司教T.アランデル*の前に告発され，異端火刑法*により火刑に処せられたのは，彼が2年前に誓絶した異端信仰に逆戻りしたからであった．

## 供(そな)えのパン
Shewbread

ユダヤの神殿*の慣行によれば，香の祭壇のそばに置かれた12個のパン．各週末に新たに置き換えるときは，祭司だけが食することができた．現代の聖書翻訳はしばしば「臨在のパン」（Bread of the Presence）や「奉納のパン」（bread of offering）の方を好む．

## ゾナラス
Zonaras, Johannes（12世紀）

ビザンティンの教会法学者，歴史家．彼は修道院に隠遁する前は，皇帝の行政官として高い地位に就いていた．彼の『歴史の大観』（*Epitomē Historiōn*）は本書にしかない史料を保存しており，1118年までを扱い，彼が目撃した出来事を記述している．彼はまたギリシアの教会法に関する注解を書いた．

## ソフィア
➡知恵

## ソフロニオス（聖(せい)）
Sophronius, St（560頃-638）

634年からエルサレム*総主教．633年以来，彼はキリスト単意論*に対する主要な反対者であった．638年のアラブ人へのエルサレムの割譲の交渉にあたった．祝日は3月11日．

## ソボルノスチ
sobornost

英語に正確に対応しないロシア語．近代ロシアの神学において，各自が十全な自由と個人的全体性を維持しつつ，教会の有機的交わりの中で多数の人たちが一致することを意味する．正教会*に独特の特質として主張され，カトリック教会における法的権威の強調やプロテスタント諸教会の個人主義と対比されている．➡ホミャコーフ

## ソマスカ修道会(しゅうどうかい)
Somaschi

北イタリアのソマスカ（Somasca）で聖ジロラモ・ミアーニ*により1532年に創立された聖職者の修道会．

## ソールズベリー
Salisbury

1058年にラムズベリ（Ramsbury）とシャーバーン*の両司教区を統合したラムズベリ司教ハーマン（Herman）は，1075年に司教座をオールド・セイラム（Old Sarum）に移した．彼の後継者である聖オズムンド*は司教座聖堂を完成させ，司教座聖堂参事会*を設立し，またおそらくセイラム式文*の基礎をなした聖務日課を起草した．R.プア*は1219年に司教座をニュー・セイラムすなわちソールズベリーに移し，1220年に新しい司教座聖堂の建設に着手し，それは1266年に完成した．1334-50年に建てられた尖塔はイングランドで最も高い．

## ソルボンヌ
Sorbonne

パリ*古来の大学の最も有名なカレッジ．ルイ

9世*の聴罪司祭*であったロベール・ド・ソルボン（Sorbon, 1274年没）により，神学の学位を望む学生の教育のために，1257年頃に創立された．1554年以降，神学部の正規の集会場となり，「ソルボンヌ」は神学部の通称となった．1793年に閉鎖されたが，1808年に大学の神学部として再建された．神学部は1885年に廃止されたが，「ソルボンヌ」の名はパリ大学全体を指すものとして用いられ続けた．パリ大学が1969年に分離した13大学へと再編成されて以来，その名称は本来の場所と結びついた大学，すなわち，パリ第1，第3，第4大学に付けられている．

## ソレアス
soleas

東方教会の聖堂において，イコノスタシス*のすぐ前の壇．

## ソレスビ
Thoresby, John（1373年没）

1352年からヨーク*大司教．彼は1349-56年にイングランドの大法官，1355年に王国の守護者（guardian）であった．主として彼の働きで，カンタベリー*とヨーク両管区のそれぞれの特権をめぐる古くからの論争が解決した．

## ソレーム
Solesmes

フランスのベネディクト会*の有名な修道院の所在地．同修道院は1010年に創立されたが，近代の修道院の歴史はP. ゲランジェ*師にさかのぼり，彼は1833年に他の5人の司祭とともにそこで修道生活を始めた．同修道院は典礼運動*の拠点となり，典礼音楽の復興と発展に顕著な役割を果たした．

## ゾロアスター教（マズダ教）
Zoroastrianism（Mazdaism）

イランで支配的な宗教になった，ゾロアスター（Zoroaster）に帰される宗教的教理体系．イランがイスラーム*に改宗したのち，ゾロアスター教徒はインド*に移ったが，そこでは彼らはパールシー（Parsis）と呼ばれている．

ゾロアスターは伝統的に前6世紀に生きたと考えられているが，その年代については議論が分かれている．彼の教えと後代の二元論的なゾロアスター教とのあいだの連続性の程度に関しても不一致がある．後者によれば，世界はひとりの「賢明な神」（アフラ・マズダ）によりその聖なる霊と他の6つの霊の助力で造られた．賢明な主に対立するのは造られざる「悪しき霊」で，他の悪しき霊たちに支えられている．被造界は善と悪の戦いの場である．死に際して，各自は「決定の橋」の上で彼の言行に従って裁かれ，落伍者は地獄に落ちる．世界の最後の日に，救世主が栄光のうちに現れ，最終決戦で善が悪に勝利をおさめる．ゾロアスター教は時に，キリスト教に影響を及ぼしたと考えられている．➡『アヴェスタ』

## ソロヴィヨフ
Solovyov, Vladimir（1853-1900）

ロシアの哲学者，神学者．1881年までは，彼はカトリック教会に対する反感を多くのスラヴ派と共有していた．その後，態度を変え，正教会とカトリック教会の合同問題をJ. G. シュトロスマイエル*と協議した．ソロヴィヨフの1889年の『ロシアと普遍教会』（*La Russie et l'Église universelle*）は，ロシアで激しい反対に遭った．彼は宗教問題について執筆することを聖シノド*により禁じられた．1896年に，彼はモスクワのカトリック教会で聖体を拝領したが，彼の考えでは，これは普遍教会を支持する行為であった．その哲学的体系において，彼はグノーシス主義*的な諸要素を認め，「ソフィア」（知恵*）である女性原理ないし「世界の魂」の存在を是認した．ソロヴィヨフの影響力は，ロシアの知識人が世界の明確に宗教的・キリスト教的見解へと向かうことに貢献した．

## ソロモン
Solomon（前930年頃没）

父ダビデ*の後継者となった前970年頃からイスラエル*の王．列王記上1-11章が与える印象は，富と知恵を称えられる東方の専制君主である．この名声のゆえに後代になって，箴言*，雅歌*，『コヘレトの言葉』*，『知恵の書』*が彼に帰された．彼の治世は古代イスラエルの繁栄の絶頂期を示し，神殿*は，エルサレム*を王国にふさわしい首都とするよう意図された壮大な建築群の一部であった．事業の資金を調達するために，彼は強制的に徴税し，就労させた．結果的に不満が高まり，彼の没後，北の10部族*が分離した．➡雅歌，知恵の書

## 『ソロモンの詩編』

Solomon, Psalms of

18の詩編からなるユダヤの偽典*的な1書．ギリシア語（およびギリシア語からのシリア語訳）でのみ残っているが，同書はほぼ確実にヘブライ語で書かれた．マカバイ*期以後，おそらく前70-40年に由来する．最後の2つの詩編はダビデ*家出身のメシア*の到来を預言している．

## 『ソロモンの頌歌』

Solomon, Odes of

この偽典*的な著作は叙情詩的性格の42の賛歌集である．おそらくキリスト教徒に由来する．1世紀から3世紀のあいだでさまざまに年代づけられているが，2世紀後半が最も妥当である．おそらくシリア語で書かれたのであろうが，本来の言語がギリシア語であったか，シリア語であったか，議論が分かれている．

## ソロモンの知恵

➡知恵の書

## ソワソン教会会議

Soissons, Councils of

2回の主な教会会議は，三神論*を説いたとしてロスケリヌス*を断罪した1092年頃の会議と，ペトルス・アベラルドゥス*の『三位一体論』（*Theologia Summi Boni*）を断罪した1121年の会議であった．

## 損害賠償

restitution

西方の倫理神学において，他者に対してなした侵害を償う，「交換正義」（commutative justice）の行為．

## 『ソングズ・オヴ・プレイズ』

*Songs of Praise*

1925年に初めて出版された，どの教派のキリスト教徒によっても用いられることを意図した聖歌集．神学的な立場は著しく自由主義的で，1931年の再版でその度合を深めた．

## 存在論主義

➡本体論主義

## 存在論的証明

➡本体論的証明

## 尊者

Venerable

（1）カトリック教会において，列聖*の過程で一定の段階に達した特定の故人に授けられる称号．この称号はまた他に，生前の聖性が著しかった人物についても用いられる．特に「尊者ベーダ*」が有名である．（2）英国教会において，大執事*の称号．

## 尊称（聖職者に対する）

Reverend

15世紀以来，聖職者を指す尊称．17世紀以来，この語は通信の際に聖職者の名前に付ける尊称として用いられている．大主教は‘Most Reverend’，他の主教は‘Right Reverend’，主席司祭*は‘Very Reverend’と呼ばれる．

## ソーンダイク

Thorndike, Herbert（1598-1672）

アングリカンの神学者．1643年に聖職禄を剝奪され，1646年にケンブリッジ大学トリニティー・カレッジのフェロー職を追われた．1661年に，彼は

ウェストミンスター主教座聖堂名誉参事会員*になった．彼の主著は，1659年の『英国教会の悲劇への終章』(*An Epilogue to the Tragedy of the Church of England*) である．この中で，彼は最初の6回の公会議*に基づく再合同したキリスト教界を期待しており，西方教会に対する規範的な権利をもつ教皇に対して一定の優越性を認めている．聖餐に関する部分で彼が考えているのは，キリストの体と血の神秘的であるが客観的な臨在がパンとぶどう酒の実体に付加されるのは聖別によるが，しかしながら，それは「制定の言葉」*によってでなく，祈りを唱えることによってもたらされるということである．

# た

## 大イサク

➡イサク

## 第１金曜日

➡初金曜日

## ダイエ

Daillé, Jean (1594-1670)

フランスの改革派神学者，論争家．1626年から没するまで，彼はパリ改革派教会が礼拝を守っていた，シャラントン（Charenton）で牧師であった．彼はキリスト教の教理がすべて聖書の中に述べられているか，そこから引き出されうると主張した．彼はまた，キリストが選ばれた人のためだけでなく，すべての人のために死んだと教えたM. アミロー*を擁護した．

## 大会（長老派教会の）

General Assembly

長老派*教会の最高会議．

## 大会議長（モデレーター）

Moderator

長老派*の教会裁判所において，モデレーターはその裁判所の長で，その訴訟手続きを主宰する「同輩中の首位者」として任命された長老である．スコットランド*教会の大会*議長は，同教会の代表を務める．

## 大覚醒

Great Awakening, the

アメリカにおける広範なリバイバル運動*．1726年頃，オランダ改革派教会*のあいだで始まった大覚醒は，長老派*や会衆派*に広がり，1740年代にニューイングランドで頂点に達した．それはJ. エドワーズ*やG. ホイットフィールド*の説教と密接に結びついていた．18世紀後半から19世紀前半の同様なリバイバル運動は「第２次大覚醒」，また1875年頃から1914年までの時期のそれは「第２次大覚醒」と呼ばれる．

## 大カッパ

cappa magna

カトリック教会における，裾と頭巾のついた外套で，その着用は今では司教に限られている．

## 代願

➡執り成し

## 戴冠式（イングランドにおける）

Coronation rite in England

以下の３つの部分からなる．すなわち，(1) 君主によりなされる約束および会衆による彼または彼女への歓呼．(2) 君主の聖別と油注ぎ．(3) 着衣，戴冠，着座*である．これに忠誠の誓いと君主の聖餐が続く．

イングランド王の戴冠式のための最古の式文は９世紀にさかのぼる．それは973年のエドガー*王の戴冠時に補足され，それ以降さらに修正され，最も詳細な式文は1308年に用いられた『リベル・レガリス』*中のものである．1603年のジェームズ１世*の戴冠式のために，それは英語に訳され，聖餐式は全般に『祈禱書』に沿って行われた．プロテスタンティズムを擁護する祈りが1689年に付加された．

## 戴冠式用ストール

armill

英国の戴冠式*用の表章（regalia）の一つ．この語は腕輪を意味するが，『リベル・レガリス』*などではストール*に似た衣服の名とされ，油を注がれた国王の準祭司的な性格を表すと考えられてきた．エリザベス2世の1953年の戴冠式の際，腕輪の形の戴冠式用ストールの使用が復活し，女王のストールが式の直後にかけられた．

## ダイクス
Dykes, John Bacchus（1823-76）

讃美歌作曲家．1862年に，彼はダラム*のセント・オズワルド教会主任代行司祭となったが，彼の高教会派*的な傾向は主教との長く不幸な軋轢を生んだ．彼が作曲した讃美歌*は人気を博した．その中に，*Hollingside*（「おのれをたのみ」『古今聖歌集』298番，「わが主よ」『讃美歌』350番）や*Dominus regit me*（「かしこみてあおげ」『古今聖歌集』215番）がある．

## 大グレゴリウス
➡グレゴリウス1世

## 対抗宗教改革（反宗教改革）
Counter-Reformation

ヨーロッパにおけるカトリック教会の信仰復興運動で，通常16世紀半ばから1618-48年の30年戦争*の時期までと考えられている．プロテスタントの反対派に刺激されたとはいえ，カトリック教会内の改革運動はルター派のシスマ*とほとんど同時期に始まっていた．（カプチン会*，テアティニ修道会*，バルナバ修道会*のような）1520年代の新しい修道会に遅れて創立されたイエズス会*はやがて，ヨーロッパ内でもアメリカや東洋の宣教会としてもその運動の先鋒となった．1562-63年のトリエント公会議*の最後の会期で達成された，教理の諸定義とさまざまな内的改革は，プロテスタントとの和解を望んだカトリックに対しても，教皇の権利に反対してきたフランスやスペインの司教に対しても，教皇職の勝利を確実にした．16世紀後半の教皇たちはイタリアにおける平和を利用して，教皇庁*や司教団内の規律を向上させた．フェリペ2世*治下のスペインは対抗宗教改革の世俗の腕と考えられたのに対し，スペインの神秘家の霊的な資質，帝国の機構の巧みな操作，幾人かの重要な王女の回心は，16世紀後半と17世紀前半の成功の要因であった．ヨーロッパにおけるその運動の最大の勝利は，南ドイツとポーランド*が再びローマに服従することになったことである．

## 待降節
Advent

（ラテン語の*Adventus*はキリストの「来臨」を指す．）クリスマス*直前の教会の期間．西方では，聖アンデレ*の祝日（11月30日）に最も近い主日から始まり，東方では11月半ばに始まる．断食は西方ではもはや命じられていないが，待降節はクリスマスのみならずキリストの再臨*に備える，悔い改めの期間として守られる．

## 第5王国派
Fifth Monarchy Men

イングランドの17世紀半ばの熱狂的なセクトで，そのメンバーはアッシリア，ペルシア，ギリシア，ローマの諸帝国に続く「第5の王国」（ダニ2:44）を建設しようとした．1657年と1661年に反乱を起こして失敗し，指導者は斬首され，セクトは消滅した．

## 第5・6教会会議
➡トルロス教会会議

## 大斎
➡断食

## 大罪
mortal sin

（Ⅰヨハ5:16で「死に至る罪」と呼ばれる）最も重い種類の罪*に対する伝統的な名称で，カトリック教会では現在でも正式に「重罪」（grave sin）とされる．カトリックの教えによれば，このような罪は満足を被造物に求めることにより，人間の最後の目的としての神から意識的に離れ去ることからなり，適切な悔い改め*が伴わなければ，聖化の恩恵の喪失および永遠の劫罰*をもたらす．この種の罪を犯すのは，その罪性を明確に意識し，意志が完全に同意し，「重大な事柄」（grave matter）に関わる場合である．➡小罪

## 大斎懺悔式文
Commination

裁治権者*により指定された「灰の水曜日」*などの日に用いるために，『祈禱書』*の編者によって作成された式文．勧め（その中で，さまざまな種類の悪事を行う者に対する災いが挙げられる），詩編51編，代禱，祈禱からなっている．

## 大祭司
high priest

旧約聖書において，その制度が出エジプト記28章に記述されている，レビ人*による祭司職の長．その主な職務は神殿の礼拝を監督することで，「贖罪の日」*に儀式を行うことはその特権であった．捕囚*後の時代，大祭司は主要な宗教的役職者であるとともに，ユダヤ国家の長でもあった．

## 大斎節
➡四旬節

## 第 3 イザヤ
Trito-Isaiah

イザヤ書*の最後の56-66章，ないしその著者（たち）．

## 第 3 会
Third Orders

通常，托鉢修道会*の一つに属する宗教的組織で，修道士の第 1 会および修道女の第 2 会から区別するために第 3 会と呼ばれ，現在はふつう誓願を立てた男女からなる．第 3 会の起原は，12世紀に発展した，自発的に悔悛者*の地位を受け入れる慣行にある．13世紀に，これらの悔悛者の教会法的な立場を明確化し，彼らを宗教的組織に集めるために，さまざまな試みがなされ，多くの人たちがフランシスコ会*やドミニコ会*に所属した．1284年に，ドミニコ会総会長は自らの裁治権に属する「ドミニコ悔悛修道会」（Dominican Order of Penance）を創設し，その直後には，フランシスコ会にもその管理下で，「フランシスコ第 3 会」（Third Order of St Francis）と呼ばれることになった，悔悛者の集団に対する公的な責任が与えられた．13世紀後半に，男女の非正規の共同体が修道院を創設し，托鉢修道会に属した．15世紀に，そのいくつかは修道誓願を立て始めた．これらの共同体から発展したのが「律修第 3 会」（Third Orders Regular）で，その会員は時に「律修第 3 会員」（Regular Tertiaries）と呼ばれる．彼らはその修道会の第 1 会員および第 2 会員とほとんど相違がない．修道誓願を立てない第 3 会員は「在世第 3 会員」（Secular Tertiaries）と呼ばれ，世俗にあって通常の生活を営むが，修練者*となり，会則を遵守し，一定の決まった祈りを唱えねばならない．

## 第 3 のローマ
Third Rome

ロシアのキリスト教徒がモスクワを指す名称．

## 大司教（大主教）
archbishop

4-5世紀に総主教*や他の重要な主教座の保持者につけられたこの称号は，教会管区に対する裁治権をもつすべての管区大司教*について用いられるようになった．

## 大司教区（大主教区）
archdiocese

その保持者が職務上，大司教*である司教区*で，たとえばカンタベリー*や，カトリック教会のウェストミンスター*である．

## 大シスマ（教会大分裂）
Great Schism

この語は以下の 2 つについて用いられる．(1) 枢機卿フンベルトゥス*がミカエル・ケルラリオス*を破門し，後者が西方の特使（legates）を破門した1054年に伝統的に年代づけられる東西教会の

分裂．話し合いは長期間にわたって続いた．1484年のコンスタンティノポリス主教会議（Synod）による，フィレンツェ*の再合同の正式な破棄は決定的な分裂を表している．分裂は続いているが，1054年の相互破門は1965年に無効とされた．

（2）西方のキリスト教界が対立教皇の擁立により分裂した，1378-1417年の期間．コンスタンツ公会議*はマルティヌス5世*を選出することでこのシスマを終結させた．➡シスマ

## 大執事（助祭長）
archdeacon

アングリカン・コミュニオン*では，大執事は主教により委任された管理権をもつ聖職者である．各自に指定された領域は大執事管区（archdeaconry）と呼ばれ，たとえば「リンジー（Lindsey）大執事」のような管轄区の称号で呼ばれる．その職務は通常，聖職者の規律上の監督全般を含み，教会財産の聖職外の管理にあたる．大執事はもともと，教区主教を助ける執事*たちの長であった．

## 太守
➡エクサルコス

## 大修道院長
abbot

西方教会において，ベネディクト会*に属する修族*，シトー会*，トラピスト*，および律修参事会*の修道院長の正式の称号である．『ベネディクトゥス会則』*によれば，大修道院長はその修道院の父と見なされるべきであり，その管理にあたり強い権力をもつ．現在では，大修道院長はその修道院（abbey）の修道士たちにより選ばれ，典礼による祝福を受け，指輪*，ミトラ*，牧杖*を授かる．➡小修道院長

## 大修道院長代理
➡小修道院長

## 大主教
➡大司教

## 大主教会議
Archbishops' Council

英国教会の指導部を集中させ，中心的な組織を統合するために，1998年の英国教会教会制度条例*により創設された会議．これは以前に英国教会教会問題検討委員会*と総会*（General Synod）とに属する諸委員会が行っていたいくつかの機能をまとめている．大主教会議は毎年総会に報告書を出し，立法措置には総会の審議を経る．そのメンバーに含まれるのは，カンタベリー*とヨーク*の大主教，聖職者会議*の下院議長*を含む，両院を代表する総会から選ばれる幾人かの役員と会員，1名の英国教会財産委員（Church Estates Commissioner），さらに総会との協議のために大主教により任命される6名を限度とするメンバーである．

## 大主教区
➡大司教区

## 大主教代理人
➡司教総代理

## 大秦景教流行中国碑
Sigan-Fu stone（Sian-Fu stone）

西安にあるアッシリア東方教会*（ネストリオス派教会）の初期の記念碑．781年に建てられたこの碑は，635年の大秦からの宣教師の到着を記し，それ以降の教会の盛衰を述べている．13世紀以前の極東におけるキリスト教の発展に関する主要な証言である．➡中国のキリスト教

## 対神徳
theological virtues

聖パウロ*によりキリスト教徒の生活の基礎としてまとめられている，信仰*，希望*，愛徳*（ないし愛*）の諸徳で，枢要徳*と対比される．

## ダイスマン
Deissmann, Adolf（1866-1937）

ドイツのプロテスタントの神学者．聖書文献学の分野で傑出した先駆的研究を行い，発見された

ばかりの大量のパピルス*を活用した.

### 大聖書
➡グレート・バイブル

### 大聖堂
➡司教座聖堂

### 大聖入
Great Entrance

東方教会において，聖餐のパンとぶどう酒がプロテシス*から祭壇*へ運ばれる，オフェルトリウム*の前の荘厳な行列.

### 大全
➡スンマ

### 大勅書
bull

「ブリーフ」*(小勅書)より厳粛で重要な種類の，教皇が出す文書による訓令.

### 大勅書集
bullarium

教皇による大勅書*や類似の文書の集成.

### 大天使
archangel

(ギリシア語で「首位の天使*」の意.) キリスト教の伝統では，ミカエル*，ガブリエル*，ラファエル*らが大天使に数えられる.

### 第2イザヤ
Deutero-Isaiah

イザヤ書*の後半部の無名の著者の通称. イザヤ書40-66章が一体だと信じた初期の批評家たちは，第2イザヤをこれらの全章の著者に当てたが，現在は40-55章の著者に通常限定される. ➡第3イザヤ

### 第2のアダム
Second Adam

贖われた人間の新たな頭である，キリストの称号で，堕落した人間の本来の成員で予型である，「最初のアダム*」と対比される. この概念は聖パウロ*にさかのぼるが，しかし彼の表現は「第2のアダム」でなく「最後のアダム」である(Iコリ15:45).

### 代父母(教父母)
godparents (sponsors)

洗礼*の際の証人で，新受洗者のキリスト教徒としての教育の責任をもつ. 幼児洗礼*の場合，彼らはまた幼児の名において「悪霊の拒否」*，信仰宣言と服従の約束をする.

### 太平天国の乱
Taiping Rebellion

当初はキリスト教の教えに影響を受けた，中国南部の反乱. その指導者である洪秀全*は，福音派*のトラクトをとおしてキリスト教に接していた. 1837年に病床で，彼はこのトラクトに由来する幻視を経験し，彼のその後の説教をつうじて「上帝会」という団体の結成に役立った. 彼はそのグループを率いて反乱を起こし，1851年に太平天国を建て，1853年以降は南京を首都とした. 国名は「神の国」*という聖書的な概念を反映している. 彼は新しい暦を導入し，政治体制を変革し，私有財産の所有を禁止した. 清朝軍に対する初期の軍事的勝利ののち，1864年に主要都市は陥落し，太平天国は滅亡した.

### 代牧(使徒座代理区長)
Vicar Apostolic (vicarius apostolicus)

ふつう宣教対象の諸国の，まだ司教区*が設定されていない地域にいる特定の人々の司牧をゆだねられた，カトリックの聖職者を指す名称. 通常は名義司教である.

### 『太陽の賛歌』
*Canticle of the Sun, The*

自然における神の啓示を称えた，聖フランチェスコ*の賛歌．

## 第4福音書

➡ヨハネによる福音書

## 対立教皇

antipope

ローマ司教座を有する，ないし合法的にそれに選ばれたと見なされる人物に反対して，ローマ司教として立てられた人物．

## 『第6書』

Sext

教会法*において，1298年にボニファティウス8世*により発布された，教皇教令*の第6書．1234年のグレゴリウス9世*による5書の発布以降に出された教皇教令を載せている．➡『クレメンス集』

## タヴァナー聖書

Taverner's Bible

リチャード・タヴァナーにより1539年に刊行された英訳聖書．マシュー聖書*の改訂版であった．

## ダヴィッド（ディナンの）

David of Dinant（1200年頃活動）

博物学者，哲学者．おそらく現在のベルギーのディナンの出身である．彼は医者と自称し，解剖学に関する論考を著した．インノケンティウス3世*は1206年に彼を「チャプレン」として招いた．1210年に，サンス（Sens）教会会議は彼の著作の焼却を命じた．現存する断片は，彼がアリストテレス*の自然学的著作の原典に対する知識を示しており，驚くべき教えを説いている．ダヴィッドの考えでは，実在におけるいっさいの区別は第1の可能的存在により説明されることができ，彼はそれを神的存在と同一視した．物質的・知的・霊的なすべての存在は，1つの同じ実体，すなわち神を有する．パリにおけるそのような見解の流布が，そこでのアリストテレスの『形而上学』および自然哲学に関するその諸著作の研究を断罪することにつながった．

## ダーヴィト（アウクスブルクの）

David of Augsburg（1200頃-1272）

ドイツの説教者，霊的著作家．おそらくアウクスブルク生まれの彼は，レーゲンスブルクでフランシスコ会*に入会した．のちに，彼はアウクスブルクに新たに建てられた修道院に移った．彼の主要なラテン語の著作は，しばしば聖ベルナルドゥス*や聖ボナヴェントゥラ*に帰されてきた『構成論』（*De Compositione*）という3部作および2通の書簡である．他の著作が彼のものかどうかは議論が分かれている．彼はドイツ語で霊的な著作を刊行した最初の著書と一般に見なされている．そのうちのあるものはラテン語の著作に基づいているが，独自な著作もある．彼の教えは著しく実践的である．

## ダーウィン

Darwin, Charles（1809-82）

博物学者，地質学者．1859年の『種の起源』（*The Origin of Species*）と1871年の『人間の由来』（*The Descent of Man*）の著者であった．彼の考えでは，生物の種は自然選択により進化し，環境に最もよく適応した個体が生存し繁殖するのは最も確実らしい．➡進化論

## ダヴェンポート

Davenport, Christopher（1595頃-1680）

イングランドのカトリック神学者．おそらくオックスフォードで学んでいるとき，彼はカトリックに改宗した．1617年にフランシスコ会*員になり，王妃ヘンリエッタ・マリア*およびブラガンサのキャサリンのチャプレンになった．彼は多くのアングリカンの聖職者と友好関係をもち，「39箇条」*がカトリックの伝統と調和して解釈されうることを示そうとした．

## ダヴェンポート
Davenport, John（1597-1670）

ピューリタン*．ロンドン教会の主任代行司祭*，続いてアムステルダムの英人教会の共同牧師であった．彼は1637年にボストンに渡り，1638年に，ニューヘヴン植民地を建設した．ここでは，教会員であることが選挙人にも公務員にも義務づけられた．1662年に，彼は半途契約説*と結びついた，洗礼をめぐる論争に関わった．

## ダウジング
Dowsing, William（1596-1668）

ピューリタン*の聖像破壊者．彼は教会堂の装飾品の破壊に関する1643年の議会の命令を実行するのに熱心で，ケンブリッジシャーとサフォークで活動した．

## タウセン
Tausen, Hans（1494-1561）

宗教改革者，「デンマークのルター」．ヨハネ騎士団*員であったが，ヴィッテンベルク*で学んだときM. ルター*の影響を受けた．デンマーク*に戻った彼は，新奇な教理を教えたかどで投獄された．釈放された彼は，修道服を脱ぎ，1526年に国王フレデリク１世のチャプレンになって結婚し，礼拝でデンマーク語を用いた．1529年に，彼はデンマーク国会の支持を得た．彼とその支持者は43箇条の信仰告白を起草したが，これはその後，より穏健なアウクスブルク信仰告白*に置き換わった．1535年に，タウセンはモーセ五書*のデンマーク語訳を刊行した．1542年に，彼はリーベ（Ribe）監督に任じられた．

## タヴナー
Tavener, Sir John Kenneth（1944-2013）

イングランドの作曲家．1969年の『ケルトのレクイエム』（*Celtic Requiem*）や1993年の『アテネ讃歌』（*Song for Athene*）のような聖なる合唱曲で知られている．1977年に，彼は正教会の会員になり，その典礼が彼のその後の作品に深い影響を及ぼした．早い時期から，彼は死のテーマと儀式に関心をもった．彼の作品の多くは絶えず心に浮かぶ性質のもので，（彼自信の言葉を借りれば）「音楽と舞踊におけるイコン*」と評されよう．

## タウラー
Tauler, John（1361年没）

ドイツの霊的な教師．おそらく13世紀末頃に生まれ，ストラスブールでドミニコ会*に入会した．彼は聖職者および修道女の指導者として有名であった．彼の説教と一通の手紙を除いて，他の著作を彼に帰することは現在は否定されている．彼の霊性が注目されるのは，内面性（離脱，霊魂における神の誕生，霊魂の「根底」に生きること）と諸徳や敬虔的修練の外面的実践間の調和のゆえである．彼は後代のドイツの信心に対して，カトリックとプロテスタントの双方に，永続的な影響を及ぼした．

## ダウンサイド・アビー
Downside Abbey

バース付近にある．このベネディクト会*の修道院の起原は，1607年にドゥエー*に創立されたイングランド人の小さな修道院にさかのぼる．フランス革命の際追放された修道士はイングランドに来て，1814年にダウンサイドに落ち着いた．

## 「高台（たかだい）」
'high places', the

旧約聖書において，神が初期に犠牲を伴って礼拝された，エルサレム*以外の地方の（通常は高い所の）聖所．異教との類似性をもった，これらの場所での礼拝は多くの預言者により非難された．「高台」は前621年に破壊された．

## 高間（たかま）（２階（かい）の広間（ひろま））
Cenaculum（Upper Room）

「最後の晩餐」*が行われ，聖霊がペンテコステ*のときに降臨した，エルサレムにあった「２階の広間」．「ダビデの墓」と呼ばれる構造の「２階の広間」がその高間と推測されている．

### タキトゥス
Tacitus, Cornelius（55頃-113年頃以後）

ローマの歴史家.『年代記』(15:44) において，彼はローマのキリスト教徒に対するネロ*の迫害を64年のその都市の大火のための身代わりであったと記している. この箇所はキリストの十字架刑についての，非キリスト教徒による最初の言及である.

### タク・エイチ
Toc H

P. T. B. クレイトン (Clayton) 師のもとで, 1915年にベルギーで創設された兵士のクラブであるトールボット・ハウスを起原とするキリスト教団体で，E. S. トールボット*の息子であるギルバート・トールボット中尉 (1915年没) にちなんで命名された. 1920年に，(TH の陸軍での電信信号で略した) タク・エイチがロンドンで再創設され，急速に拡大した. さまざまなキリスト教的社会活動に従事している.

### ダグデール
Dugdale, William（1605-86）

『イングランド修道院資料集』*の著者. この著作は，ダグデールが1638年に出会ったロジャー・ドズワース (Dodsworth) が収集した文書に基づいている. ほどなくして，内戦を案じたクリストファー・ハットン (Hatton) 卿の命で，イングランドの主要な教会にある記念物の正確な複写や記録を作成した.

### 托鉢修道士（托鉢修道会）
mendicant friars（friars）

財産を所有することを禁じられた修道会の会員である彼らは，労働や物乞いをして生活し，1つの修道院に拘束されなかった. 中世には，彼らの活動は主として都市で行われた. 彼らが司教の裁治権から免属*され，説教や聴罪の権限を拡大したことは大きな反感を招いた.

### 多国語対訳聖書（ポリグロト聖書）
Polyglot Bibles

「多国語対訳聖書」は数か国語のテキストを載せた1冊の聖書である. そのような聖書は特に16–17世紀に刊行された. 最も有名なのは1522年の「コンプルトゥム版多国語対訳聖書」*で，旧約聖書をヘブライ語，ラテン語，ギリシア語，新約聖書をギリシア語とラテン語の並行欄で印刷した.

### 堕罪
➡堕落

### 堕罪後予定説
sublapsarianism（infralapsarianism, postlapsarianism）

カルヴァン主義*的な予定*の教理で，神が個人を救いへ選ぶか選ばないかを定めるのは堕罪*後であると考える. ➡選び，堕罪前予定説

### 堕罪前予定説
supralapsarianism（antelapsarianism）

カルヴァン主義*的な予定*の教理で，神が個人を救いへ選ぶか選ばないかを定めるのはまさに堕罪*前であると考える. ➡選び，堕罪後予定説

### ダーシー
D'Arcy, Martin Cyril（1888-1976）

イエズス会*員の哲学的神学者. 1933–45年に，彼はオックスフォード大学のキャンピオン・ホール院長であり，1945–50年に，イギリス管区長であった. 彼は人々にカトリックの思想・哲学をあまり狭い神学的な関心からでなく説いた.

### タダイ（聖）
Thaddaeus, St

マタイ福音書10:3とマルコ福音書3:18（写本によっては，レバイ［Lebbaeus］）で言及されている彼は，通常は使徒ユダ*と，また時にアダイ*と同一視される.

## 堕胎

➡避妊・生殖・中絶の倫理

## 戦いの教会

militant, the Church

まだ地上にあるキリスト教徒全体のことで，煉獄*や天国*におけるキリスト教徒全体と区別される．➡勝利の教会

## タックニー

Tuckney, Anthony（1599-1670）

ピューリタン*．1633年にリンカーンシャーのボストンの主任代行司祭*になった．1643年に，彼はウェストミンスター会議*の議員となり，教理的な諸文書の起草に指導的な役割を果たした．彼は王政復古まで，ケンブリッジ大学で高い地位に就いていた．

## 磔刑

➡十字架刑

## 磔刑像

➡十字架像

## 脱自

➡エクスタシス

## タッソ

Tasso, Torquato（1544-95）

イタリアの詩人．1565年に枢機卿ルイージ・デステ（Luigi d'Este）に仕えたが，第1回十字軍*に関する叙事詩である『解放されたエルサレム』（Gerusalemme liberata）に大半の時間を割くことができ，1574年にそれを完成させた．彼はその後，宗教的な疑念と迫害妄想に悩んだ．彼はクレメンス8世*が彼に約束した桂冠詩人の称号を受ける直前に没した．

## タッタム

Tattam, Henry（1789-1868）

イギリスのコプト学者．彼はニトリア砂漠*でいくつかの重要なコプト語・シリア語写本を発見したが，その中には，5世紀の福音書の古シリア語訳*写本が含まれている．

## ダッチ・リフォームド教会

➡オランダ改革派教会

## ダッパ

Duppa, Brian（1588-1662）

彼は次々に，1638年からチチェスター*主教，1641年からソールズベリー*主教，1660年からウィンチェスター*主教となった．1645-60年に，彼は迫害された教会の指導者の一人であった．彼は共和政時代には，追放された聖職者をまとめる努力をし，機会があれば私的な聖職按手式を行った．

## タティアノス

Tatian（2世紀）

護教家*，厳格主義者．中東出身の彼は，150-65年にローマでキリスト教徒になった．172年頃，彼は東方に戻り，エンクラティス派*を創始したといわれる．『ギリシア人への言葉』（*Oratio ad Graecos*）はキリスト教の古さと清さを擁護し，ギリシア文明を批判している．彼が名声に最も値するのは彼による『ディアテッサロン』*である．

## 譬え

parable

共観福音書*において，この語は，よく知られた諺から短い隠喩や凝った寓喩*に至るまで，幅広い印象的な言葉を指す．マルコ福音書にはこれらすべての例が含まれており，種を蒔く人（4章）や邪悪な農夫（12章）の歴史的な譬えは規模や重要性で目立っている．それらはその記述の神学的意義について読者の注意を喚起する．マタイ福音書における譬えには，マルコ福音書における譬えより道徳的特徴が付与されている．ルカ福音書は「善いサマリア人」*（10章）や放蕩息子（15章）のような，有名で現実的な物語を付加している．マタイ福音書の譬えのように，それらは道徳的目的をもつが，それほど強くないし全く寓喩的ではない

のが特徴的である．ヨハネ福音書における寓喩は譬えとは呼ばれない．

## タナー
Tanner, Thomas（1674-1735）

古物研究家，1732年からセント・アサフ*主教．1695年の『修道院の知識』（*Notitia Monastica*）は，イングランドとウェールズにおける中世の修道院に関するすぐれた記述である．（1748年にD. ウィルキンズ*により刊行された）『ブリタニア・ヒベルニア書庫』（*Bibliotheca Britannico-Hibernica*）は，17世紀初頭までの英国の著作家を記述しており，長く標準的な著作であった．

## ダニエル（聖）
Daniel, St（409-93）

柱頭行者*．彼は柱頭行者の聖シメオン*の弟子で，51歳のとき，コンスタンティノポリス*から6.5km離れた柱の上に座を占めた．彼はそこに33年間住み，キリスト単性論*を支持した皇帝バシリスクスを論駁するために，1度だけ柱を降りた．

## ダニエルー
Daniélou, Jean（1905-74）

フランスのイエズス会*員の神学者．1943年から，彼はパリのアンスティテュ・カトリックの教授であった．第2ヴァティカン公会議*で神学顧問（*peritus*）であった彼は，1969年に枢機卿に任じられた．彼には，オリゲネス*，フィロン*，またニカイア公会議*前のキリスト教の教理史に関する著作があり，またフランス語訳付きの教父と中世のテキストの重要な叢書である『キリスト教原典叢書』（*Sources Chrétiennes*）の創刊者の一人である．➡リュバック

## ダニエル書
Daniel, Book of

この旧約聖書*の文書は以下の2部からなる．すなわち，(a) バビロニア王ネブカドネツァルとベルシャツァル，およびメディア王ダレイオスの治下の，ダニエルと3人の友人の経験を記述する物語の部分（1-6章），および (b) ユダヤ民族の将来の運命を啓示する一連の幻の部分（7-12章）である．本書が前6世紀にバビロニアへ捕囚されたユダヤ人の一人であるダニエルにより書かれたという伝統的な考えは，現在ではほとんど一般に支持しがたいと見なされている．現代の批判的な意見は一致して，本書の起原を前167-64年としている．➡3人の若者の賛歌，スザンナ，ベルと竜

## ダービー
Darby, John Nelson（1800-82）

プリマス・ブレズレン*の創立者．彼は英国教会で叙任されたが，1827年に辞任して，当時新たにA. N. グローヴズ（Groves）が創立した「ブレズレン」と呼ばれるセクトに加わった．これはあらゆる教会の職制や外的な形態を否定した．この団体内の抗争がシスマにつながり，ダービーは，分離した「ダービー派」（Darbyites）という，より厳格なブレズレンの指導者となった．

## ダビデ
David（おそらく前970年没）

ユダ王国の初代の王．彼の治世が語られているのは，サムエル記上16章から列王記上2章までと，歴代誌上3章と11-29章の理想化された記述である．彼が最初に登場したのは，サムエル*により将来の王として油を注がれたときであった．ペリシテ人の巨人であるゴリアトに対する勝利ののち，ダビデはサウルにより重んじられたが，やがてその嫉妬をかい逃亡した．サウルの没後，ダビデはヘブロンでユダの諸部族の王となり，その後イスラエルの諸部族の王としても認められた．彼はエルサレム*を自らの都とし，そこで33年間統治した．彼は「箱」*を都に運び入れ，伝承によれば，「神殿」*の建設を計画した．彼は伝承によって詩編*の作者と見なされているが，その断片ですら彼の作でありそうもない．

ヘブライ人の伝承において，ダビデの名は中心的な位置を占めた．彼の家と支配は永遠に続くものとされた．しかし，彼の王国はソロモン*の没後に北の諸部族（イスラエル）の忠誠を失い，前586

年にバビロニア軍の手に落ちた．その後，預言者*たちは「ダビデ」の支配権（すなわち，ダビデの家）の再興を，その家の将来の王子により成就される民族の解放の一環として期待した．新約聖書において，福音書記者*たちはメシア*がダビデの子孫であることを当然視しており，主（イエス）がその受難の前にエルサレムで迎えられたのは「ダビデの子」としてであった．教父*たちはダビデをキリストの予型*と見なした．

## ダフ
Duff, Alexander（1806-78）

スコットランド*の長老派*の宣教師．インド*へのスコットランド国教会の最初の宣教師であった彼は，1830年にカルカッタ（現コルカタ）に渡った．彼が建てた学校はインドにおける西洋の教育の拠点へと発展した．1843年の「スコットランド教会分裂」*の際，彼はスコットランド自由教会*に属したので，自らの宣教活動の全財産を失った．1851年に（さらに再度1873年に），自由教会の大会議長を務めた．1856-64年の彼の最後のインド滞在中，彼は主としてカルカッタ大学の創設に専念した．

## ダブリン
Dublin

ダブリンは9世紀にノルウェー人（Norse）の都市として発達した．知られている最初の司教ドナトゥスは，1074年に没した．1152年に，ダブリンは大司教座都市になった．大司教セント・ローレンス・オトゥール（St Laurence O'Toole，在職1162-80年）は，司教座聖堂参事会*を修道祭式者会*にした．イングランド人のアイルランドへの侵略は彼が大司教のときに起こった．ダブリンはイングランド統治下で首都となり，宗教改革期までその後の大司教は英国王に任命されたイングランド人であった．エリザベス1世*のもとで，（プロテスタントの）アイルランド教会がついに設立され，1591年に，トリニティー・カレッジ*が居留地を維持するために創設された．しかしながら，国民の大多数はカトリックに留まった．ダブリンはたいてい司教総代理*により管理されていたが，通常の司教区の体制が再開したのは，大司教トーマス・トロイ（Troy，在職1786-1823年）のときである．彼のもとで，メイヌース・カレッジ*が創設され，臨時司教座聖堂が1815年に建てられ，多くの学校や修道院が設立された．1929年以降，ダブリンには教皇大使*が常駐している．

## 『ダブリン・レヴュー』
*Dublin Review*

有力なカトリックの季刊誌で，その最初の号は1836年に発行された．1969年に，『マンス』（*The Month*）誌と合併したが，それも2001年に休刊した．

## 『タブレット』
*Tablet*

1840年に創刊されたカトリックの週刊新聞．

## タベルナクルム
➡聖櫃

## タボル派（は）
Taborites

フス*派の極端な一派で，この派の名称は彼らがタボル山という旧約聖書からの名前（士4:6-14）をつけたプラハ南方の要塞に由来する．彼らは1419年の国王ヴェンツェルの没後に勢力を強めて，指導者であるジシュカ（Žižka）のもとで，武器をとって「神の国」*を広め始めた．彼らは1424年のジシュカの没後に2派に分裂した．穏健派は1433年の「プラハ協約」（➡二種陪餐論）の締結後にカトリックに合流した．急進派は1434年にリパン（Lipany）で敗れて影響力を失ったが，彼らの伝統の一部の要素はボヘミア兄弟団*に継承された．

## 魂（たましい）
➡霊魂

## ダマスコ
Damascus

シリアの古来の首都．聖パウロ*がキリスト教信仰へと回心したのは，エルサレム*からダマスコへの途上であった．キリスト教共同体が使徒時代から絶えずそこに存在してきた．ダマスコには現在，ギリシア正教会*，ギリシア・カトリック教会（メルキト教会*），アンティオキア正教会の主教座がある．

## ダマスス（聖）
Damasus, St（304頃-384）

366年から教皇．リベリウス*の没後，ダマススの支持者とライバルのウルシヌス（Ursinus）の支持者のあいだで争いが起こり，両名とも別々のバシリカ*で選出された．皇帝ウァレンティニアヌス1世はダマススを支持し，ウルシヌスを追放した．ダマススは教会会議や皇帝の助けによって，アレイオス派*，ドナトゥス派*，マケドニオス*派，ルキフェル*派などの異端弾圧に積極的であった．彼はローマの使徒座の地位を強め，教皇の公文書館を建て，殉教者の墓所を飾った．おそらく382年にローマにおいて開催された教会会議で，彼は聖書の正典を布告し，また聖ヒエロニムス*に聖書のテキストの改訂を委嘱した（➡ウルガタ訳聖書）．祝日は12月11日．➡「ダマススの信条」，『ダマススの教書』

## 『ダマススの教書』
Tome of Damasus

（おそらく377年に開催された）ローマ教会会議で承認された24の決議条項の集成で，当時，正当なアンティオキア*主教であるとローマで認められたパウリノス宛てに教皇ダマスス*によって送られた．そのうちの23条項は教義に関するもので，4世紀の三位一体論やキリスト論に関する異端信仰にアナテマを宣告している．主教の転任*を断罪した第9条項はアンティオキアのメリティオス*に反対している．

## 「ダマススの信条」
Fides Damasi

（ラテン語で「ダマススの信仰」の意．）重要な信条の一つで，以前は聖ダマスス*ないし聖ヒエロニムス*に帰されていたが，現在では5世紀末頃のガリアに由来すると考えられている．

## ダミアン（聖）
Damien, St（1840-89）

ハンセン病者への宣教師．ジョゼフ・ド・ヴーステル（Joseph de Veuster）は，1859年にピクプス会（Picpus Society, イエズス・マリアの聖心会）に入会し，「ダミアン」と修道名を名乗った．1863年にハワイ諸島に派遣され，1873年に自ら志願して，モロカイ（Molokai）島のハンセン病者の社会へ赴いた．彼はひとりで600人の患者の霊的・物的な必要を満たし，その病で没した．祝日は4月15日．

## ターミニズム
Terminism

（1）恩恵有期説．ある敬虔主義*者の考えで，それによれば，神はすべての個人の生涯の中で一定の時期ないし期間を定められ，それが過ぎると，彼らは救いに至る機会を失う．（2）唯名論*の別称．

## タムエトシ
Tametsi

結婚*の正式な祝い方を定めた，1563年のトリエント公会議*の教令．内密婚*を抑止することを目的としていた．小教区で公的に布告されてはじめて実施されたが，プロテスタント諸国では通常，布告されなかった．1908年に「ネ・テメレ」*の規定に置き換わった．

## タラク
Tulloch, John（1823-86）

スコットランドの神学者．1875年頃から，彼はスコットランド教会の最も傑出した人物であり，1878年に，大会議長*に選ばれた．彼は自由主義的な正統派の精神を覚醒させ，教理における教会の包括性を擁護しようとした．

## 堕落（堕罪）
Fall, the

人類がそれにより原初の無罪性を失った，アダム*とエバ*の不従順の最初の行為．創世記2章以下によれば，蛇に誘惑されたエバは禁じられた「善悪の知識の木の果実」を食べ，アダムにも同じことをさせた．その罰として，2人はエデンの園を追われ，アダムには苦しい労働が，エバにははらみの苦しみが科され，蛇と人類のあいだに永久の敵意が置かれた．聖書の記述が教えるところでは，罪は人間の選択により生じ，あらゆる人間生活はそれにより悪い方へ根本的に変化した結果，その現状は創造主が意図されたものとは違っている．

現代になるまで，一般のキリスト教徒の信仰では，アダムとエバの堕落は歴史的な出来事と見なされていた．蛇は悪魔*と同一視され，それは善なるものとして創造されたが，自ら以前に堕落した霊的な存在であるとされ，それゆえ原初の堕落はアダムとエバよりむしろサタン*のそれだと結論された．すべての男女はアダムとエバの子孫だと信じられたので，堕落の結果は遺伝により万人に影響を及ぼすと考えられた．ギリシア教父がアダムの罪により人類になされた悪を最小限に評価しようとしたのに対し，ラテン教父（特に聖アウグスティヌス*）はアダムの違犯とその人類への結果の無法を強調して，原罪*の教理を発展させた．現代では，堕落の概念は科学に知られた人類の発展の諸事実と一致しないとしばしば考えられているが，正統派の神学者は依然として創世記2章以下の物語の中に，神との関係における人間に関する根本的な真理を見ている――たとえその真理が現在は伝説的な形でそこに伝えられていると考えられているとしても．➡全面的堕落

## タラシオス（聖）
Tarasius, St（806年没）

784年からコンスタンティノポリス*総主教．西方教会と良好な関係を築こうとして，教皇ハドリアヌス1世*と協力して女帝エイレネに公会議の開催を説得した．それは彼の主宰のもとに787年にニカイア*で開催された．彼はストゥディオスのテオドロス*により放縦さを非難された．祝日は2月25日．

## ダラム
Durham

10世紀末に，リンディスファーン*の司教座がダラムに移り，大聖堂が聖カスバート*の遺体を葬るシュライン*として建てられた．司教カリレフ（Carilef）が現在の大聖堂を1093年に建て始め，在俗司祭をベネディクト会修道院に属させ，それは1540年の「修道院の解散」*まで続いた．大聖堂西端の礼拝堂（Galilee chapel）はノルマン時代末期に建てられ，バラ窓と精巧な彫刻のある「9祭壇の礼拝堂」は初期イギリス様式である．ダラムの中世の司教たちは王権伯と並ぶような世俗の管轄権を保有しており，この地位はW. ヴァン・ミルダート*主教（在職1826-36年）の時代まで主教座に付属していた．ダラムはロンドンとウィンチェスター*とともに，カンタベリー*とヨーク*に次ぐ地位を占めており，ダラム主教は主教座に就くとすぐに上院の議員となる．大学は1832年に創設された．

## 『ダラムの書』
Durham Book

J. カズン*とW. サンクロフト*による写本の注を付して，1619年に印刷された『祈禱書』1冊で，1662年の改訂のための最初の草稿を意図していた．ダラム*に保存されている．

## ダランベール
D'Alembert, Jean Le Rond（1717-83）

フランスの数学者，哲学者，百科全書派*．彼は数学的才能を示し，1743年に「ダランベールの原理」と呼ばれる定理を展開した論考を刊行した．彼が宗教論争に関わったのは，D. ディドロ*の『百科全書』（*Encyclopédie*）に協力したためで，彼はそこに多くの項目とともに，『序説』（*Discours préliminaire*）を寄稿した．

## タリス
Tallis, Thomas（1505頃-1585）

イングランドの作曲家．1540年にウォールサム・アビー（Waltham Abbey）が解散するまでそこのオルガン奏者であり，のちには，王室礼拝堂*のジェントルマンになった（➡バード）．彼の主要な作品は声楽曲であり，多くはラテン語に作曲されたが，アングリカンの典礼聖歌（service），レスポンス，アンセム*をも作曲しており，その様式の単純さによって，分かりやすい語法を望むT.クランマー*の願いを反映している．

## タルグム
Targum

旧約聖書のアラム語*による注釈つきの翻訳で，ヘブライ語がユダヤ人のあいだで会話の通常の手段でなくなったときにうまれた．

## タルシキウス（聖）
Tarsicius, St（3-4世紀）

殉教者．伝承によれば，彼はローマで「聖別されたパン」*を運んでいるとき，パンを冒瀆から守ろうとして，群衆により殺された．祝日は8月15日．

## タルソス
Tarsus

ポンペイウスは小アジアのこの古い都市を前67年にローマのキリキア州の首都にした．ストア派*の拠点となり，また聖パウロ*の生まれた都市であった．

## タルハン主教
tulchan Bishops

1572年のリース（Leith）会議での政教協約後にスコットランド改革派教会に導入された名義主教を指す蔑称．雌牛に乳を出させるために欺いて見せた子牛のわら人形を指す「小山」の意のゲール語である *tulachan* に由来し，主教の収入の流用を指している．

## ダルボア
Darboy, Georges（1813-71）

1863年からパリ*大司教．ガリカニスム*に同調し，司教の独立性を主張したため，ローマと対立した．第1ヴァティカン公会議*の以前とその最中は教皇の不可謬性*の定義に反対したが，やがてそれに署名した．パリ・コミューンが1871年にパリを支配した際，彼は射殺された．

## ダルマティカ
dalmatic

西方教会で助祭*がミサの際に着用する祭服で，場合により司教も着用する．肩を通って前面から背面へと縦に施された2色の線で飾られている．

## ダルマン
Dalman, Gustaf Herman（1855-1941）

ドイツの聖書学者．1世紀のユダヤ教*の言語・思想・慣習に関する重要な研究を行い，また彼の著作はキリストの日常語がギリシア語でなくアラム語であったことを示したといえよう．

## タルムード
Talmud

ミシュナー*（ユダヤ人の口頭伝承）とゲマラ（Gemara, ミシュナーに関する議論の集成）を包含する，ユダヤ教の聖典．エルサレム・タルムードとバビロニア・タルムードという，2つの主なタルムードはともに後5世紀にさかのぼるが，それ以前の素材を含んでいる．

## ダレス
Dulles, Avery（1918-2008）

アメリカの枢機卿*．合衆国国務長官であったジョン・フォスター・ダレス（1959年没）の息子である彼は長老派*で育ったが，しばらくのあいだ不可知論を経て，1940年にカトリックになった．第2次世界大戦中は海軍士官として従軍し，退役後，イエズス会*員になった．カトリックの諸大学の神学教授として，彼はエキュメニズム*における先駆者であり，その明快で偏りのない論評で有名であった．当初，第２ヴァティカン公会議*の指導的な弁護者であった彼はその後，会議後の過度の現代化と思われるものに対して批判的になった．彼の多くの著作中で，最も有名なのは1972年の『教会のモデル』（*Models of the Church*）である．2001年に枢機卿に任じられた．

## タレーラン・ペリゴール

Talleyrand-Périgord, Charles Maurice de, Prince of Benevento（1754-1838）

1789年に，彼はオータン（Autun）司教に聖別された．フランス革命に参加して憲法制定議会議員となり，聖職者民事基本法*へ宣誓し，同じく宣誓した人たちが空位になった司教座を充たすよう彼らを聖別した．1791年に，彼はオータン司教を辞任することを強制され，翌年，破門された．彼は1796年に外務大臣になり，1814年に臨時政府を指導し，1830-34年に駐英フランス大使であった．

## ダン

Donne, John（1571/72-1631）

形而上詩派*．1598年に，彼は国璽尚書トマス・エジャトン（Egerton）卿の秘書となったが，卿の姪とひそかに結婚したために解雇された．非宗教的な仕事を見つけようとしてうまくいかず，彼は1615年に叙任された．1621年に，彼はセント・ポール主教座聖堂*の主席司祭*になった．

ダンの世俗的な詩は主に若いときに書かれた．彼の宗教詩の大半は困窮した中年期に属する．1623年に重病にかかったとき，有名な『父なる神への賛歌』（Hymn to God the Father）と『黙想集』（*Devotions upon Emergent Occasions*，1624年に出版）を書いた．彼の説教は古い形式に従った傑作であるが，彼の偉大な力量は倫理神学者として発揮され，他の罪人に対する憐れみを見いだした罪人として説いている．祝日は1979年のアメリカの『祈禱書』と『共同礼拝』*では３月31日．

## 単意説（たんいせつ）

➡キリスト単意論

## 単一神教（たんいつしんきょう）

henotheism

複数の神々の存在を認めるが，特定の一神を家族ないし部族の神と見なし，その神を礼拝の中心とし，実際的な目的から他の神々の存在を無視するような原始的な宗教．現代の学者の一般的な考えでは，初期のヘブライ人の信仰はこのようなものであった．➡拝一神教

## ダンカー派（は）

Tunkers（Dunkers, Dunkards, German Baptists）

プロテスタントの一派で，名称は独特な洗礼の儀式に由来する．1708年にドイツで起こった同派は，迫害により1719-29年にアメリカに移住せざるをえなかった．1880年代に，彼らは以下の３派に分かれた．(1) 保守的な「古ドイツ・バプテスト兄弟団」（Old German Baptist Brethren），(2) 多数派は「ドイツ・バプテスト兄弟団」と呼ばれたが，1908年に「兄弟団の教会」（Church of the Brethren）と改称した．(3) より自由主義的な「兄弟団教会」（Brethren Church）は1939年に２つに分裂した．いずれのダンカー派も，新約聖書以外の信条を告白することを拒否し，完全浸礼*を主張し，主の晩餐の際に愛餐*も実施し，誓いを立てたり武器を取ることを拒否する．

## 嘆願（たんがん）（『祈禱書（きとうしょ）』の）

Litany, the BCP

英国教会において，主日，水曜日，金曜日の「朝の祈り」*のあとに唱えられるか歌われるよう指示された，『祈禱書』中の「共同嘆願」（general supplication）の形式．付加的な嘆願（petitions）とともに，聖職按手式*にも含まれる．

## 断食（だんじき）（大斎（だいさい））

fasts and fasting

悔悛に関する規律としての断食は，感覚的な快楽の誘惑を弱めることにより，霊的な生活を強めることを意図している．断食はユダヤ教において実践され，キリストによってもどうやら実例と教えの両方で勧められたらしい．初期の教会におい

て，定期的な毎週の断食日がやがて発達し，それは特に金曜日*と水曜日*であり，西方では時に土曜日*であった．四旬節*の断食は復活祭*前の40日間に拡大するようになった．東方教会はさらに3つの断食期間を追加した．

初期の時代には，断食は断食日の全日ないし一部分において食物の摂取を完全に控えることを意味し，後者の場合は減食であった．東方では，断食は現在でもかなり厳格に守られている．現代のカトリックの慣行では，断食は一般に，朝夕の軽い「コラティオ」*と1回の主要な食事を意味する．カトリック教会において，唯一の一般に義務的な断食日は現在は，「灰の水曜日」*と聖金曜日*である．英国教会では，『祈禱書』は「徹夜・断食・小斎日の一覧」を載せているが，その遵守法について特定の指示を与えていない．➡節制

## 単式誓願修道会（修族）

congregation, monastic

通常は大修道院総会長（Abbot President ないし Abbot General）と呼ばれる上長のもとに結合した修道院の集合体．その目的はよい規律の育成にあり，個々の修道院は独立性を保っている．

## 単唱の祝日

Simple Feasts

1960年より以前のカトリック教会暦において，最下位の階級の祝日．➡復唱の祝日

## 男女併存修道院

double monastery

修道士と修道女の修道院．両者は別々ながら隣接した建物で生活し，共通の教会堂の別の場所で礼拝し，共通の上長に管理されていた．当初，このような修道院はローマ帝国末期に東方で見られた．西方では，6-7世紀のフランス，イングランド，ドイツに多かった．大半は9-10世紀に消滅したが，12世紀に小さな修道会で復興し，センプリンガムの聖ギルベルトゥス*の修道会もその一つである．

## タンスタル

Tunstall, Cuthbert（1474-1559）

1522-30年にロンドン司教，次いでダラム*司教．ヘンリー8世*の離婚の際，彼は王妃の顧問の一人であった．その後も，彼はカトリックの教理に共感していたが，決断力に欠けていたので，初めは国王至上法*に反対したが，その後それを受け入れた．エドワード6世*の治下に，彼の立場はより困難になり，1552年に主教位を剝奪されたが，メアリ1世*の治下の1554年に復職した．エリザベス1世*が即位すると，国王至上法に反対し，1559年にM. パーカー*の聖別を拒否した．タンスタルは主教位を剝奪され，ランベス*宮殿に幽閉された．

## ダンスタン（聖）

Dunstan, St（909頃-988）

カンタベリー*大司教．グラストンベリー*の修道士で，940年頃に大修道院長になった．彼は『ベネディクトゥス会則』*の厳格な遵守を主張して，修道院を改革した．エドガー*が全イングランドの王になったのち，ダンスタンは959年にカンタベリー大司教とされ，2人はともに教会と国家の改革を構想した．イングランドにおける修道制の再興は第1にダンスタンの働きであった．改革が進むにつれて，聖エセルウォルド*や聖オズワルド*が率先してそれを行った．祝日は5月19日．➡『レグラリス・コンコルディア』

## 単性説

➡キリスト単性論

## 単旋聖歌

plainsong（plainchant）

ラテン語の典礼の伝統的な音楽で，聖グレゴリウス1世*にちなんで「グレゴリオ聖歌」（Gregorian chant）としばしば呼ばれるが，現存する形では，どちらかといえば彼とはほとんど無関係である．中世初期にはこれに多くの他の典礼（とその音楽）が共存していて，それにはアンブロシウス典礼*（ミラノ典礼），初期のガリア典礼*，モサラ

べ典礼*，古ローマ*典礼が含まれていた．この単旋聖歌の起原および古ローマ聖歌との関係は議論されている．

単旋聖歌自体はまったく単旋律（monophonic）であるが，モテット*のような多声音楽の曲種の基礎としてその後しばしば用いられた．それが常に韻律的でない時価で歌われたかどうかが議論されている．その調性の構成が基づくのは，旋法の体系，すなわち，ピアノの白鍵に対応し，大部分はD，E，F，Gの音符を中心とする音階である．16世紀には，伝統的な単旋聖歌は人文主義的理念の影響を受けて変化し，たとえば音符を再配置することにより，冗長なメリスマ（melismas）が強調された音節に当てられた．19世紀に，主としてソレーム*の修道士の活動をとおして，中世の伝統の復興が追求された．第2ヴァティカン公会議*後は，単旋聖歌はローマ典礼で通常は伴奏として用いられないが，トラクト運動*時代からアングリカン・コミュニオン*で用いられてきた，翻訳されたテキストで単旋聖歌を歌うことは最近，カトリック教会でも受け入れられている．

## 団体性（だんたいせい）
collegiality

司教たちは単なる個人の集まりでなく，各自がその一部である団体を構成するということを意味して，神学的な背景で用いられる言葉．カトリック教会において，この概念は1965年の「世界代表司教会議」（Synod of Bishops）の設置に具体化された．

## 「団体法」（だんたいほう）
Associations, Law of

1901年のフランスの法で，労働組合の権利を拡大したが同時に，1804年の法令のもとで認可を要請しながら認められなかった修道会がその立場を合法化するよう要求した．1902年の選挙後に政権をとった急進的な政府のもとで，認可を要請していなかった修道会は直ちに解散させられ，認可を要請していた修道会は，慈善活動に従事する女子修道会を除いて，1903年に拒否された．1904年に，すべての修道者*はフランスで教育職から追放された．

## ダンテ
Dante Alighieri（1265-1321）

詩人，哲学者．ダンテはフィレンツェに生まれた．1274年にベアトリーチェにはじめて出会った．1290年の彼女の没後，彼は「これまでどんな女性のためにも書かれなかったような」詩を書くと約束し，その約束は『神曲』*で果たされた．彼はさらに哲学を学び，政界に入り，1301年にフィレンツェから追放された．彼は皇帝ハインリヒ7世を支持し，『帝政論』（*De Monarchia*）を著した．ここで論じられているのは，人々の現世の幸福および教皇と教会からの帝国の独立を達成するための，普遍的な君主制（帝政）の必要性である．1313年のハインリヒの死去はダンテの期待を打ち砕いた．彼の晩年は『神曲』を完成することにささげられた．

## タントゥム・エルゴ
Tantum ergo

聖トマス・アクィナス*による聖歌『パンジェ・リングァ』*の最後の2節で，カトリックにおいてしばしば聖体降福式*で用いられる．『古今聖歌集』218番中の「たえなるおくぎを」の部分である．

## タンバラム会議（かいぎ）
Tambaram Conference

国際宣教協議会（International Missionary Council）が召集した宣教会議で，1938年にインドのマドラスに近いタンバラムで開催された．➡エキュメニカル運動

## 段落聖書（だんらくせいしょ）
Paragraph Bibles

1755年に（従来の欽定訳聖書の節区分と違った）段落区分の新約聖書が，改訂本文とともに，J. ウェスレー*により発行された．段落区分の欽定訳聖書全体は宗教小冊子協会*により1838年に出版さ

れた．段落聖書は，改訂訳聖書や他の近代の大抵の翻訳が採用した基礎となった．➡英語訳聖書

# ち

## 小さき兄弟会

➡フランシスコ会

## 知恵（ソフィア）

wisdom

旧約聖書では，人間の知恵であれ神の知恵であれ目立った地位を占めている．人間の知恵は実践的でもあり思弁的でもある．神の知恵は創造および諸民族や個人に対する神の導きに示される（知10-19章）．それは単なる属性以上のもので，ますますヒュポスタシス*になる傾向があり，特に箴言*8章や知恵の書*7:22-23においてそうである．いわゆる「知恵文学」（Wisdom Literature）は一般にヨブ記*，箴言，コヘレトの言葉*，シラ書*，知恵の書を含むと考えられる．神の知恵に関する思弁との実践的な忠告の結合はこの種の文学に特徴的で，知恵がソロモン*のような古代の指導者に帰されている．新約聖書では，聖パウロ*はキリストを「神の知恵」と呼んでいる（Ⅰコリ1:24）．彼はまたⅠコリント書12:8で，霊の賜物としての知恵という旧約聖書の見解を反映している（イザ11:2）．教父*の多くは「知恵」を受肉した御言葉すなわちロゴス*の同義語として用いているが，「知恵」を三位一体の第3位のペルソナ（聖霊）と同一視している教父もいる．知恵の中に神的発出および世界の創造と救済の根拠を見たグノーシス主義*思想では，その概念は中心的な役割を果たした．現代ではそれは，V. ソロヴィヨフ*やS. ブルガーコフ*のようなロシアの著述家の思想において，神性と結びついて思弁の対象となり，またフェミニスト神学*において重要な役割を果たしてきた．

## チェコスロヴァキア・フス教会

Czechoslovak Hussite Church

チェコスロヴァキア教会により1971年に採用された名称で，同教会の起原は1890年に創設された「イェドノタ」（Jednota）と呼ばれるカトリックの司祭連盟にさかのぼる．彼らが求めたのは，典礼へのチェコ語の導入，聖職者の義務的な独身制*の廃止，教会政治への信徒の参加であった．1919年にチェコスロヴァキアが独立国になったとき，これらの要求はローマに提示された．それが拒否されて，イェドノタは1920年に独立した宗教団体を創設した．それは長老主義*的方針にそって構成された．

## チェザリーニ

Cesarini, Julian（1398-1444）

1426年から秘かに枢機卿であったが，そのことは1430年に公表された．1431年に，彼はバーゼル公会議*の議長になった．彼は1431年12月14日に厳かに開会し，同会議がエウゲニウス4世*によって解散されても自らの指導権を行使し続けて，教皇と公会議の和解を追求した．公会議がフィレンツェ*に移されたあとも，チェザリーニはギリシア教会とローマ教会の合同の交渉に顕著な役割を果たした．彼はハンガリー王に対トルコ戦争を説いたが，キリスト教軍はヴァルナ（Varna）で全滅し，チェザリーニも殺された．ある史料によれば，それは戦い後の逃走中であった．

## チェスター

Chester

この都市にはおそらくマーシアの司教座が置かれていたが，中世をつうじてほぼ司教区ではなかった．主教座を1541年に再設置したのはヘンリー8世*で，彼は解散した聖ヴェルブルガ*修道院を主教座聖堂とし，キリストと聖母マリア*に献堂した．

## チェスター・ビーティ・パピルス
Chester Beatty Papyri

現在はダブリンにある一群のパピルスの写本で，その大部分は1931に A. チェスター・ビーティ（1968年没）が取得した．これには聖書の写本が含まれ，最古の羊皮紙の写本よりも1世紀かそれ以上古いのでギリシア語聖書に対して価値ある証言を提供している．

## 知恵の書（ソロモンの知恵）
Wisdom of Solomon

アポクリファ*の一書．第1部(1:1-6:8)は義人と悪人を待ち受ける運命の相違を扱い，第2部(6:9-9:18）は本書にその名称を与えている「知恵」*に関する黙想を含み，第3部（10-19章）は出エジプト*までのイスラエルの歴史を回顧し，13-15章に偶像崇拝に関する補遺が付いている．本書をソロモン*に帰するのは文学的な技巧である．

本書はキリスト教思想に多大な影響を及ぼしてきた．新約聖書の著者により直接に用いられたと思われる．後代に，神の知恵に関して用いられた用語は進んでキリストに適用された．

## 知恵文学
➡知恵

## チェルシー教会会議
Chelsea, Councils of

8世紀後半と9世紀前半にチェルシーで開催された，ハンバー（Humber）川以南のイングランド教会を代表する一連の教会会議．787年の会議では，リッチフィールド*の大司教座への昇格が認められ，816年の会議では，修道院に対する司教の裁治権が確認し，拡張された．

## チェンバーズ
Chambers, Robert（1802-71）

スコットランドの出版業者，著述家．『創造に関する博物学の痕跡』（*Vestiges of the Natural History of Creation*，1844年）は人間の起原の進化論*を擁護する通俗的な手引きで，民衆がC. ダーウィン*の所見を受け入れるのに役立った．

## 誓い
oath

たとえばバプテスト派やクェーカー派*などいくつかのキリスト教の団体は，マタイ福音書5:33-37が一切の誓いを禁じていると解釈するが，一般的なキリスト教の教えでは，誓いは望ましくないとしても，人間の弱さにより必要とされ，重大な必然性のゆえに認められる．それは人が真実であると知っているものとのみ関わり，その目的は道徳的に善でなければならず，それが有効であるために，誓いを立てる意図を伴わなければならない．➡忠誠の誓い，誓願

## 地下祭室
➡クリュプタ

## 地区主教
area bishop

英国教会において，主教区*がのちに修正された「1978年の主教区条例（Dioceses Measure）」により複数の地区に分けられたとき，その教区主教により一定の権限が法的に委任された補佐主教*を指す非公式な名称．

## 地区助祭長
➡地区大執事

## 地区大執事（地区助祭長）
rural dean（area dean）

英国教会において，（伝統的に「地区大執事管区」[rural deanery]，現在は一般に「主席司祭管区」[deanery]と呼ばれる）一定の地域における一群の教会区*の長．この職務は古いが，その義務は徐々に大執事*に引き継がれた．1836年に復活した地区大執事は，主席司祭管区内の管理司祭*と承認された聖職者からなる地区大執事会（ruridecanal chapter）の議長であり，1969年の総会体制*条例により設立された主席司祭管区会議（deanery synods）の共同議長でもある．

## チチェスター
Chichester

聖ウィルフリッド*がヨークから亡命していたあいだにセルセイに置かれた司教座は，1075年のロンドン教会会議の決議の結果，（ローマ時代にレグヌムがあった）チチェスターに移された．司教座聖堂は12–13世紀に建てられた．

## チチェリー
Chichele, Henry（1362？-1443）

1414年からカンタベリー*大司教．ロラード派*問題に対する政府側の司牧的回答の起草者の一人であった．彼は「後継聖職者任命法」*に関するマルティヌス5世*の非難に抵抗したことで，教皇特使になることができず，また他の屈辱を受けた．1438年にオックスフォード大学のオール・ソウルズ・カレッジ（All Souls College）を創立した．

## 知的設計（ちてきせっけい）
Intelligent Design

生命を説明するために，（必ずしも神ではないが）進化に依らない知性の働きを想定する必要があるという仮説．一種のクリエイショニズム*であると広く考えられているこの記述がまぎらわしい理由は，知的設計は進化*が起こったことを認めるからである．この運動は1980年代に始まった．2005年のデラウェア州の判事の判決によれば，知的設計は科学でなく，それを教えることは合衆国憲法を愚弄している．

## 智天使（ちてんし）
➡ケルビム

## 地方主教（ちほうしゅきょう）（地方司教（ちほうしきょう））
chorepiscopus

初期の教会において，主教としての十全な叙階*権をもつ地方の主教．彼には限定された権限しかなく，教区主教の権威に全面的に従属していた．東方では，特に小アジアで4世紀に多くの地方主教が存在したが，彼らの機能は徐々に限定され，13世紀には消滅した．西方では，439年に最初に言及されており，8世紀にはドイツの宣教地域で多数存在したが，12世紀には消滅した．

## チボリウム
➡キボリウム

## チーホン（聖（せい））
Tikhon, St（1866-1925）

ヴァシリイ・イヴァノヴィチ・ベラーヴィン（Belavin）は，ロシア*教会の1700年以降で最初の総主教であった．1917年に，彼はモスクワ府主教になり，その後同年中に，全ロシア公会は彼を総主教に選出した．彼の勇気と謙遜さはその道徳的な権威を高めた．1919年に，彼は教会の迫害者全員にアナテマを宣告したが，赤軍と白軍間の内乱中の聖職者に関して中立の立場をとった．1921–22年の飢饉中に国家が教会財産を没収したことに抵抗し，逮捕された．1923年に，彼はソヴィエト政府に忠誠を表明する宣言に署名し，その後モスクワの修道院で過ごして，首都で職に留まることを認められた．祝日は10月9日．

## チーホン（ザドンスクの）（聖（せい））
Tikhon of Zadonsk, St（1724-83）

ロシアの霊的著作家．1761年に彼はノヴゴロド主教区の補佐主教，1763年にヴォロネジ（Voronezh）主教に任命された．1767年に辞職し，1769年に中央ロシアのザドンスク修道院に落ち着いた．彼は西方から大きな影響を受けたが，東方正教会の修徳的・神秘主義的な伝統を深く理解していた．祝日は8月13日．

## チマブーエ
Cimabue（1302年ないしそれ以後に没）

フィレンツェの画家チェンニ・ディ・ペーポ（Cenni di Pepo）の通称．彼の作品があるのは，ローマ，アッシジ*のサン・フランチェスコ聖堂，特にその上堂の翼廊（transept）とアプシス*，ピサの司教座聖堂のアプシスである．

## 着座式（ちゃくざしき）
enthronization (inthronization)

新しい大司教なり司教なり君主が，儀典*に従い固有な座（throne）に導かれ着席することで，その占有権が付与される儀式．君主の場合，着座式は戴冠式*の一部をなしている．司教はもともと聖別*後すぐに聖別した司教によりその座に着けられた（enthroned）と思われる．12世紀後半に，司教は通常彼らの司教座聖堂の外で聖別され，着座式は独立した儀式となった．13世紀には，着座式は司教座*への正式な就任の儀式と理解されるようになった．同時に，管区大司教*は着座式を行う任務を助祭長*に付与し始めた．

## チャズブル（カズラ）
chasuble

聖餐式を執行する際に司教や司祭により着用される最も外側の祭服で，東方教会ではフェロニオン*と呼ばれ，朝夕の日課を盛式に執行するさいやその他の場合にも着用される．チャズブルはギリシア・ローマ世界の男女が着用した外出着に由来する．

## チャーターハウス
charterhouse

カルトゥジア会*修道院を指す英語名．一般に「チャーターハウス」と呼ばれるパブリックスクールは，ロンドンにあった修道院跡に建てられた．

## チャーチ・アソシエーション
Church Association

英国教会内に信仰と礼拝のプロテスタント的理念を維持するために，幾人かの福音主義的な教会人により1865年に設立された協会．1950年に，（「ナショナル・チャーチ・リーグ」と合同して）「チャーチ・ソサエティー」（Church Society）となった．

## チャーチ・アーミー
Church Army

1882年にW. カーライル*により創始された，アングリカンの信徒の伝道者組織で，救世軍*のそれとおおむね類似している．幅広い教会員の立場にたって，伝道のほかに社会活動にも従事している．

## チャーチ・オブ・クライスト
➡ディサイプル派

## チャーチ・シスター
Church Sisters

スコットランド*教会において，特に教会区*の活動を助ける女性．彼女らは現在は女性執事*職に変わっている．

## チャーチ・ソサエティー
➡チャーチ・アソシエーション

## 『チャーチ・タイムズ』
*Church Times*

1863年にさかのぼる週刊の宗教的新聞．アングロ・カトリック主義*的主張を広めるために創刊されたが，現在では英国教会における穏健な教会人の立場を占めている．

## チャーチ・トゥゲザー
Churches Together

「イギリス教会協議会」*を1990年に引き継いだ「イギリス・アイルランド教会協議会」（Council of Churches for Britain and Ireland）が，1999年にこの名称になった．イギリス教会協議会よりも幅広いキリスト教の伝統を受け入れ，新しいイギリスのエキュメニカル*な団体，すなわちイングランドのチャーチ・トゥゲザー，スコットランドのアクション・オブ・チャーチ・トゥゲザー（ACTS），ウェールズのチャーチ・トゥゲザー（CYTUN），およびアイルランドのエキュメニカルな団体の活動と連携している．

## チャーチ・ヤード
churchyard

本来は，教会が立っている敷地である．この語はしばしば「墓地」*と同義語であるかのように用いられる.

## チャーチ・ユニオン
Church Union

イギリス・チャーチ・ユニオン*とアングロ・カトリック会議（Anglo-Catholic Congress）が合同して，1934年に創設されたアングリカンの協会.

## チャップマン
Chapman, John（1865-1933）

新約聖書学者，教父学者．1929年にダウンサイド・アビー*大修道院長になった．彼の『霊的書簡』（*Spiritual Letters*, 1935年）は高く評価されている.

## チャド（聖）
Chad, St（672年没）

リッチフィールド*司教．聖セッド*の弟である彼は，聖ウィルフリッド*がフランスに赴き不在のとき非合法にヨーク*司教に任命されたが，ウィルフリッドが帰国すると，大司教テオドルス*の裁定を受け入れて，669年にラスティンガム（Lastingham）修道院に退いた．その率直さに感銘を受けたテオドルスはチャドの聖別を合法化して，彼をマーシア人の司教とした．チャドは司教座をリッチフィールドに据えた．祝日は3月2日.

## チャドウィック
Chadwick, Henry, KBE（1920-2008）

アングリカンの聖職者，学者．1959-69年にオックスフォード大学欽定講座担当神学教授，1969-79年にオックスフォード大学クライスト・チャーチ学長，1979-85年にケンブリッジ大学欽定講座担当神学教授，1987-93年にケンブリッジ大学ピーター・ハウス学長を歴任した．彼が書いたのは，オリゲネス*，プリスキリアヌス派*，聖アウグスティヌス*に関する著作，専門的な諸点に関する論考，全般的な教会史である．その博識を高く評価され，20世紀後半における彼の影響力は甚大であった．彼の釣り合いのとれた判断力は，第1期のアングリカン－ローマ・カトリック国際委員会*の初期の会期に多大な貢献をした.

## チャニング
Channing, William Ellery（1780-1842）

アメリカのユニテリアン派*．1803年にボストンの会衆派*教会の牧師となった．アメリカの会衆派教会における自由主義者と保守主義者の分裂において，チャニングは自由主義的ないしユニテリアン的主張をした．1820年頃から，彼はユニテリアンと見なされたが，ユニテリアン派を分派（sect）とは認めなかった.

## チャネル諸島（しょとう）のキリスト教（きょう）
Channel Islands, Christianity in the

キリスト教は明白に5-6世紀に導入された．1204年にイングランドとノルマンディーが分離したあと，同諸島は政治的にはイングランドに併合された．教会的には結局，1568-69年のエリザベス1世*の命令でクータンス（Coutances）主教区から分離され，ウィンチェスター*主教区に編入された．16世紀に，ユグノー*や他のプロテスタントの亡命者が島民に長老主義*を受け入れるように説いたが，アングリカニズムがジェームズ1世*の治世に強制され，今も公的な信仰となっている.

## チャプター
chapter

（1）修道院で毎日公に読まれたような，修道会会則の一つの章（➡聖書の章節区分）．（2）この朗読を聞くためや他の目的の修道士の集会，さらに彼らが属する修道会総会*．（3）教会組織に責任をもつ団体のメンバー．英国教会の「主教座聖堂参事会」（cathedral chapters）は主席司祭*，定住カノン，主に信徒である他の人たちからなる（➡主教座聖堂）.

## チャプター・ハウス
chapter house

司教座聖堂*や修道院のチャプター*の集会に用いられた建物.

## チャプレン
chaplain

普通,小教区*に属さない職務を果たす聖職者.チャプレンがしばしば任命されるのは，君主，司教，他の高位の教会人のため，学校・牢獄・大使館のような施設，また大部分のキリスト教国の軍隊において奉仕するためである.

## チャペル
➡礼拝堂

## チャーマーズ
Chalmers, James（1841-1901）

スコットランドの会衆派*の宣教師，探検家.叙任されたのち，1866年に彼は南太平洋*のラロトンガ（Rarotonga）に赴いた．そこで現地固有の教会を育成することに貢献し，1877年にニューギニアに移った．彼は現地人の信頼をゆっくりとかちえた．彼はまたフライ川流域の人々との友好関係の樹立に努力したが，パプア湾で殺害された.

## チャーマーズ
Chalmers, Thomas（1780-1847）

神学者，慈善事業家．スコットランド*国教会におけるミニスター*の公選運動および1843年に失敗に終わったシスマ*において指導的な役割を果たしたことで重要である．その年彼は相当数の支持者とともに国教会を離れ，スコットランド自由教会*を創設した．➡スコットランド教会分裂

## チャリス
➡カリス

## チャールズ1世(せい)
Charles I（1600-49）

1625年からグレートブリテンとアイルランドの王．彼が支持したのは，優勢なカルヴァン主義*的見解を捨てて，カトリック的伝統に近い神学的立場を歓迎しようとする教会内の党派であった.彼は高教会派*を重んじて，1633年にW. ロード*をカンタベリー*大主教に任命したが，その後彼もロードとともに不人気になった．王妃のヘンリエッタ・マリア*がカトリックであったことは彼の苦境を増した．スコットランド*において，『祈禱書』*を強制し，スコットランド教会の管理と政策を支配しようとする彼の企ては，スコットランドを長老主義*に誓約させる1638年の国民契約*の結成を招いた．1642年にイングランドで起こった内戦の主な原因は教会間の相違であった．1648年には，チャールズの敗北は英国教会の失墜と長老主義の一時的な勝利を確実にした．彼の処刑は1つには，彼が主教制を犠牲にすることを拒否したからであり，殉教*と見なされてきた．祝日は『共同礼拝』*では1月30日.

## チャールズ2世(せい)
Charles II（1630-85）

（亡命中の）1649年からグレートブリテンとアイルランドの王で，1660年に復位. 彼はブレダ宣言*で宗教的寛容*を約束し，王政復古後は，1662年と1672年の信仰寛容宣言*によってそれを実行しようと努めた．しかしながら，国民感情は排他的なほどアングリカンであって，1662年に礼拝統一法*，1664年に秘密集会禁止法*，1665年に5マイル法*，1673年に審査法*が可決された．国王はついに国教会を支持したが，死の床で正式にカトリックの信仰を告白した.

## チャロナー
Challoner, Richard（1691-1781）

『霊魂の園』*の著者．両親は長老派*であったが,彼はまだ少年のときカトリックになった.1741年に，彼はハマースミス（Hammersmith）でデブラ（Debra）の名義司教（*in partibus*）に聖別され，あわせて代牧*の協働司教*となり，1758年にその後を継いで代牧となった．論争的・信心的な書物を著し，「ドゥエー・ランス聖書」*を改訂した.

## チャンセラー
chancellor

英国教会において，主教区チャンセラー（diocesan chancellor）は専門の法律家で，主教区の世事の

管理における主教の主要な代理人である．主教区チャンセラーは特許*事例におけるコンシストリー*裁判所の唯一の裁判長である．彼らは特許の申請，および主教代理*をつうじて一般人の結婚*の許可を扱う．2名の聖職者と2名の信徒を陪審として，彼らは1963年の教会裁判権条例*に基づいて，教理・儀式・典礼問題を含まない限り，聖職者に対する訴えを聴取する．

イングランドでは，チャンセラーの称号はまた，「オールド・ファウンデーション」の主教座聖堂*に属する定住カノン*の一人により用いられている．チャンセラーはカテドラルスクール*と図書館の責任者であったが，現在ではしばしばもっと広い教育的職務を果たしている．

カトリック教会の司教区チャンセラーは主として公文書の責任者であるが，相当な権威が司教によりしばしば付与される．

## チャントリー（寄進供養礼拝堂）

chantry

寄進者およびその名指した他の人々のために，ミサを執り行う司祭の生活を維持する寄付金，そのような寄付を受けた司祭団，そのようなミサが執り行われた礼拝堂を指す．その礼拝堂は通常，祭壇の形をし，教会堂内の仕切られた部分にあるか，または「チャントリー礼拝堂」として建てられた建物である．14–15世紀に，チャントリーの数が多くなった．ヘンリー8世*治下の1545年に，チャントリーの資産は治世中は国王に帰属することになったが，その徹底した廃止は，エドワード6世*治下の1547年の「寄進供養礼拝堂解散法」（Dissolution of Colleges Act）の通過まで起こらなかった．チャントリーはしばしば教育上の拠点でもあったので，いくつかが学校として再建され，それは時にエドワード6世の名を冠している．

## 中央アフリカ学生伝道協会

The（Anglican）Universities' Mission to Central Africa（UMCA）

1857年に設立された．マラウィ*への探検後に同協会は1864年に，当時の奴隷貿易の中心地であったザンジバル島に移転した．同貿易が1873年に廃止され，協会の活動は大陸部で再建され，タンザニア，マラウィ，ザンビア*へと拡大した．1965年に，本協会は海外福音宣教協会*（SPG）と合併して合同福音宣教協会*（USPG）となり，2012年に，合同協会（United Society: US）と改称した．

## 中央党

Centre Party

1870–71年にプロイセンのカトリック議員により結成された政党で，それは保守党や特に国民自由党の反カトリック政策に対抗するためであった．同党は「文化闘争」*におけるビスマルクに対する最も効果的な敵対者であった．他のドイツの諸政党とともに，1933年に解散させられた．1945年以降，その位置を占めているのはキリスト教民主同盟（CDU）である．

## 中間期間

interstices

教会法*において，キリスト教の職務上の異なった品級*が同一人物に授けられる間に経過しなければならない期間．

## 中間知（中知）

*scientia media*

（ラテン語で「中間の知識」の意．）L. デ・モリナ*が神の知識と人間の自由意志を調和させる試みの中で案出した用語．それは神が「条件上の未来の行為」（futuribilia），すなわち，現在は存在しなくとも，一定の条件が実現すれば存在することになり，したがって，単なる可能性と実際の未来の出来事の中間にある事柄に関して持たれる知識を指す．モリナ主義の教えによれば，この中間知は神意とは独立している．

## 駐棺門

lych-gate（lich-gate）

チャーチ・ヤード*（墓地）へと入る屋根付きの門で，その下に棺が置かれて，司式をするミニスター*の到着を待つ．

## 中国内地宣教協会
China Inland Mission（CIM）

1865年にJ. H. テイラー*により創設された，中国*内地への超教派的な宣教団体．1951年に同協会は中国から撤退し，その活動領域を東アジアに移した．1965年に「国際福音宣教団」*と改称された．

## 中国のキリスト教
China, Christianity in

伝説によれば，使徒聖トマス*が中国で説教した．「大秦景教流行中国碑」*は，アッシリア東方教会*の宣教者が7世紀に中国に達したことを示している．ネストリオス*派のキリスト教はそこに14世紀まで存続した．最初の西方からの宣教はモンテ・コルヴィーノのヨアンネスによるものであったが（1294年頃），これは1368年の明朝の成立とともに終わった．イエズス会*の有名な宣教は1582年に始まった（➡リッチ）．彼らは中国のキリスト教会を確立することに成功したが，その適応*の仕方は論争を引き起こし，それに続く18世紀の教皇の権威の主張は皇帝を敵にまわすことになった．迫害が起こり，禁教令が出された．

19世紀の宣教活動は清朝の孤立主義政策に遭遇した．1807年に広東に到着した，最初のプロテスタントの宣教師であるR. モリソン*がそこに留まりえたのは，彼が東インド会社に通訳として雇われていたからである．1839-65年の期間に，西欧列強は軍事行動をつうじて自らの居住権と裁治権を確保した．その後，欧米のすべての主要な教派の宣教師が来て，国中に教会・学校・病院を建てた．共産党が1949年に政権をとったとき，これらのキリスト教の施設は国家に没収され，多くの教会が閉鎖され，宣教活動は制限された．1950年の朝鮮戦争がその圧迫を強めたのは，ほとんどすべての宣教師が中国の交戦国の出身者であったからである．大多数のプロテスタントの宣教師は1952年までに中国を去った．中国の独立を強調しようとする新指導層は，中国人キリスト教徒に「三自（自治・自養・自伝）愛国運動」を組織するよう圧力を加えた．多くの困難を経て，中国人のカトリック信徒は1957年に「カトリック（天主教）愛国会」(Catholic Patriotic Association)を組織したが，これは中華人民共和国を承認していないヴァティカンとは交渉がない．2000年にヨアンネス・パウルス2世*は，多くの時代のいくつものグループの中国人殉教者を列聖したが，その中に1946年と1955年に殉教したグループも含まれる．1966-76年の文化大革命中，宗教的な忠誠心がわかると迫害され，事実上すべての教会は礼拝を禁止された．1978年に「近代化」路線が党大会で採択され，1979年から教会は再開され始め，新しい教会も次々に建てられた．プロテスタントが彼らの主要な自治団体の役を果たす「中国キリスト教協会」（China Christian Council）を組織し，カトリックが独自の「主教団」（Bishops' Conference）を創立した1980年以降，諸教会は公認された建物で登録された指導者のもとに自らの関心事を追求する自由を比較的享受している．約3,500万人のプロテスタントと1,000万人のカトリックがいると考えられる．国家の権威に届けたくないかなりの数のプロテスタントのグループおよび，ローマに対する直接的な服従関係を放棄したくない多くのカトリック教会も存在する．これらは非宗教的な権威からのいっそう強い圧力下にあるが，活動し，多くの場合，拡大し続けている．最近になって，「人生の意味と目的」に関して働きたい，高等教育を受けた人たちのあいだで，キリスト教信仰に対する関心が新たに増大し，また多くの自発的な上流階級のあいだでもそうなり始めている．キリスト教的な背景をもつ多くの古典的な神学書が公開市場で翻訳・刊行されている．国家の権威は警戒を怠っていないので，キリスト教徒はだれも警告や起こりうる投獄を確実に避けることはできない．

## 中国の典礼論争
Chinese Rites Controversy

中国文化の表現がキリスト教内でどの程度適応されうるかを中心とする，17-18世紀の中国での論争．西方の科学的な発見を示すことにより宮廷で厚遇を得た，イエズス会*員のM. リッチ*（1610年没）が確信したのは，儒教の古典の最高神が人格的で，キリスト教の有神論*と同化しうるということであった．神は適切に「天」と呼ばれうる．リッチがまた主張したのは，祖先崇拝という中国の儀式が迷信的でなく，まったく世俗的なので，キリスト教の慣行とともに受け入れられうるということであった．ドミニコ会*員などは同意せず，ローマに上訴した．特に1715年のクレメンス11世*によるものなど一連の判断はその異議を支持したが，いくつかの譲歩もなされた．皇帝の康熙帝*は敵に回り，本論争は中国におけるキリスト教の宣教活動の拡大に悪影響を及ぼした．➡中国のキリスト教，適応

## 忠誠の誓い

Allegiance, Oath of

英国教会において，聖職者の職にある人たちが行った，君主に対する誠実さと真の忠誠の誓い．

## 中絶

➡避妊・生殖・中絶の倫理

## 中知

➡中間知

## 柱頭行者

Stylite（Piller Saint）

初期の教会において，柱の頂で生活した隠遁者（solitary）．柱の高さはさまざまで，頂上の欄干に柱頭行者は眠るために寄りかかった．食物は通常，弟子か崇拝者によって提供された．5–10世紀に，そのような禁欲主義者の多くの例が存在するが，現代には例が少ない．➡シメオン

## 中立型本文

Neutral text

ヴァティカン写本*とシナイ写本*で代表される新約聖書のギリシア語本文の一形態で，他のどの本文よりも校訂的修正による改変的影響を受けていないと考えられるので，F. J. A. ホート*によって名づけられた．現在ではしばしばアレクサンドリア型本文*と呼ばれる．

## チューリヒ一致信条

Consensus Tigurinus（Zurich Consensus）

（ラテン語で「チューリヒの合意」の意.）スイスのフランス語圏とドイツ語圏のプロテスタントの代表が1549年に合意した信条．その主な関心は聖餐論の提示であり，カルヴァン主義*の原則に従っているが，ツヴィングリ*主義者が共在説*に対して感じた異議に抵触していない．➡ブリンガー

## 朝課（早禱）

Mattins（Matins）

これはもともと日々の祈りの初期の一巡における朝の礼拝であった．その後，初期の朝の徹夜*の祈りが先行することになった．西方では，この名称はやがて聖務日課*の徹夜ないし夜間の部分に結びつき，従来の「朝の祈り」（morning prayer）は賛課*と呼ばれるようになった．朝課は主に，詩編95編（「初めの祈り」*），聖歌，詩編，（通常は聖書，教父，聖人伝からの）朗読，テ・デウム*からなる．1971年に，朝課は読書課*に置き換えられた．

英国教会では，このMattins（早禱）という名称は「朝の祈り」（Morning Prayer）に用いられる．『祈禱書』の式文の内容は，晩禱*のそれと類似している．諸要素が中世の朝課の式文，賛課，1時課*に由来する．現代のアングリカンの典礼では，代替のカンティクル*や季節的な変異が認められている．

## 聴罪司祭

Penitentiary

カトリック教会において，聴罪司祭は悔悛*の秘跡の執行およびその関連事項の若干の側面をになう聖職者である．➡コンフェッソル

## 長上（上長）

superior

その教会における地位により他者に対して権威をもつ人．この語はふつう，修道会*ないし修族*の長を指す．

## 「長身の兄弟たち」
Tall Brothers

4世紀末に，オリゲネス主義*運動をエジプトにもたらした4人の修道士．399年に，彼らはニトリア砂漠*からアレクサンドリア*に赴き，その後さらにコンスタンティノポリス*へ赴き，そこで聖ヨアンネス・クリュソストモス*から支持された．

## 徴税人
publican

ギリシア語の *telōnēs*（ラテン語の *publicanus*）を翻訳するために英語訳聖書で伝統的に用いられた語．ローマ政府に仕えて，税金の取立てを請け負った，財政上の組織の一員．その体系は悪弊や堕落につながり，徴税人は一般に嫌われた．

## 朝鮮のキリスト教
Korea, Christianity in

キリスト教はカトリックもプロテスタントも朝鮮全体で強い伝統をもつ．同国は第2次世界大戦後に分割された．南北の両共和国は1948年に成立した．北朝鮮（朝鮮民主主義人民共和国）では，キリスト教は抑圧されたが，朝鮮キリスト教徒連盟が結成され，1983年以降は若干のリバイバルが見られる．キリスト教がより強い南朝鮮（大韓民国）では，2005年の国勢調査の結果，人口の29.7％がカトリシズムかプロテスタンティズムに属していると称している．

朝鮮のカトリック教会の起原は，若い貴族の儒学者たちが中国へのイエズス会*員宣教師M. リッチ*の著した『天主実義』を読んだ18世紀後半にさかのぼる．彼らの一人である李承薫（1756-1801年）の北京における1784年の受洗後，教会は当初は外国の宣教師からの影響を受けずに急速に拡大したが，やがて孝心という中心的な儒教の価値を可見的に表す最も重要な儒教の先祖伝来の儀式の実践をめぐって政府と衝突するようになった．より寛大な正祖（在位1776-1800年）の没後，一連の全国的・地方的な抑圧が開始し，19世紀末まで継続した．迫害の結果，キリスト教徒になっていた貴族の多くは遠隔地に逃れ，身分を隠し，社会の最下層の人たちにキリスト教の教えを広めた．最初の西方からの宣教師は1836年にパリ外国宣教会から到着した．国家にとり倫理的・社会的・政治的な脅威と考えられたため，何千もの朝鮮人らが殺害された．朝鮮におけるカトリシズムの200年祭の1984年に，ヨアンネス・パウルス2世*は103人の朝鮮人殉教者を列聖した．19世紀後半から20世紀半ばまで，カトリックの人数は増えたが，人口に占めるパーセンテージは変わらなかった．顕著な拡大は第2ヴァティカン公会議*後に始まった．カトリックもプロテスタントも20世紀後半の民主化運動において目立った存在で，福祉的・社会的活動に参加した．パーセンテージの点で，カトリシズムが増加し続けているのに対して，プロテスタンティズムは増加が止まっている．

プロテスタンティズムの起原は，1880年代前半のJ. ロス*による新約聖書の翻訳にさかのぼる．全体が朝鮮文字で書かれたこれらの文書の普及で，自主的な伝道によるキリスト教徒の小さな共同体が生まれた．1884年以降に北アメリカのメソジスト派*と長老派*の宣教師が到来し，学校や病院を建設したことは，進歩的なエリート，特に啓蒙運動家のあいだで大いに歓迎され，また地方のキリスト教徒もこれらの活動を手本とした．聖書を教えながら，女性伝道者が広めたのは，読み書きの能力および社会的変革の基礎をなす社会的，性的な平等性に関するキリスト教の教えであった．1910年の日本による朝鮮の併合後，プロテスタントは政治的・宗教的基盤にたった民族主義運動において目立った存在であった．1945年には，人口の3％がプロテスタントであった．この数字が1953年の朝鮮戦争の休戦後に大韓民国で急激に増加したのは，伝道の機会が工業都市の急速な発展により引き起こされた社会的混乱とともに増大したからである．都会の多くの教会は，その教派とともに，世界で最大級のものである．アメリカ合衆国に続いて，大韓民国は伝道者を派遣している最大の国家である．プロテスタントとカトリックのキリスト教信徒は，保守的な教派にも自由主義的な教派にも属しているが，与党内でも野党内でも，不均衡なほどに国内政治に積極的に関わっており，数人の大統領も存在した．

キリスト教の土着化についても重要な貢献があった．19世紀末に，朝鮮のプロテスタントは自発的に儒教的な祖先崇拝に代わる儀式を創案し，偶像崇拝の問題と孝心を表す必要性を提起した．基督教大韓監理会（Korean Methodist Church）が設立された1930年にメソジストは，現在は世界中でメソジストにより用いられている彼ら自身の信条を著した．➡世界基督教統一神霊協会

## 調停神学（ちょうていしんがく）
*Vermittlungstheologie*

19世紀のドイツのプロテスタント神学者の学派を指し，さまざまな方法で，宗教改革の諸信条の伝統的なプロテスタンティズムを近代の科学・哲学・歴史学と結合しようとした．

## 聴聞裁判所（ちょうもんさいばんしょ）
Audience, Court of

以前にあった，カンタベリー*管区の教会裁判所で，そこで大主教がその特使としての権限を行使した．17世紀にアーチ裁判所*がこれに取って代わった．

## 聴聞者（ちょうもんしゃ）
audientes

初期の教会において，洗礼志願期（catechumenate）の最初の段階に属する人たち．

## 長老（初期の教会の）（ちょうろう（しょきのきょうかいの））
presbyter

パレスチナのキリスト教会の最古の組織はユダヤ教のシナゴーグ*のそれと似ていて，どの教会も一団の「長老たち」（elders, *presbyteroi*）により管理されていた．使徒言行録14:23は聖パウロ*が自ら創立した諸教会で長老を任命したと述べている．当初，長老たちは「監督たち」（overseers, *episcopoi*, すなわち「司教」*）と同義であったと思われるが，2世紀以降，監督（司教）の称号は通常，これらの地方の長老団（councils of presbyters）の長に限定されて，「司教」自身が長老から区別されるようになり，長老（司祭）はその権威を司教からの派遣に基づくと考えられた．➡司祭，職階と叙階

## 長老（長老派教会の）（ちょうろう（ちょうろうはきょうかいの））
elder

長老派*教会における役員．以下の2種類がある．すなわち，(1) その職務が牧会である「宣教長老（つまり牧師）」（Teaching elders）と，(2) 教会の行政・管理において牧師を補佐する，しばしば任職された信徒である「治会長老」（Ruling elders）である．この語が明確化せずに用いられるときは，ふつう後者を意味する．➡長老（初期の教会の）

## 長老制（長老派）（ちょうろうせい（ちょうろうは））
Presbyterianism

教会が長老*（presbyters）により統治される教会政治の形態．16-17世紀のその支持者は長老制を革新ではなく，新約聖書に見いだされる使徒的ひな型の再発見と見なした．大部分の長老派（Presbyterians）が現在認めているのは，初期の教会が長老制的要素とともに監督制的要素も会衆制的要素ももっていたこと，長老制が唯一の許される教会政治組織であると主張できないことである．

長老派教会（Presbyterian Churches）の統治の通常の組織は，相互に関係のある位階制的団体である，セッション（カーク*・セッション），プレスビテリ*，シノッド（Synod），大会*からなる．これらはみな，ミニスター*（牧師）と長老*（elders）から構成される．長老は会衆から選ばれた代表であるが，彼らの職務は教会の「4つの職制」（➡カルヴァン）の一つとして認められ，説教，教育，聖礼典の執行に参与できる．ミニスターは会衆により選ばれるが，彼らの叙任*はプレスビテリの行為である．大部分の長老派教会は男女をともにミニスターと長老とに叙任する．すべての長老派教会は聖書を信仰と実践の最高の基準と認め，また多くの教会は依然としてウェストミンスター信仰告白*と2つの『ウェストミンスター教理問答』*を彼らの主な従属的基準と認めている．アメリ

カ合同長老派教会（United Presbyterian Church in the United States of America）は1967年に，『信条書』（*Book of Confessions*）を教理的基礎として採用し，これは1983年に形成されたアメリカ長老派教会（Presbyterian Church [USA]）でも受け入れられた．そこには，バルメン宣言*や1967年までに起草された新しい形式の信条など，さまざまなカルヴァン主義*の文書が載っている．1991年に『短い信仰の表明』（Brief Statement of Faith）が追加された．長老派の礼拝は神の言葉を聞くことと説教することを強調するが，20世紀後半に，聖礼典が高く評価されるようになり，主の晩餐が現在はふつう年に7–12度ほど行われている．

長老派教会は世界中に存在するが，特に集中しているのは，アメリカ合衆国，（唯一，長老派を国教とする）スコットランド*，ハンガリー*，オランダ*，北アイルランド，スイス，フランス*，カメルーン，大韓民国（➡朝鮮のキリスト教）である．（1875年に創立された）長老派教会世界連盟（World Presbyterian Alliance）は1970年に国際会衆派教会協議会（International Congregational Council）と合同して，改革派教会世界連盟*を結成した．アメリカにおいて，特に1958年と1983年に長老派諸教会の合同があり，後者は南北戦争以来分裂していた長老派の諸派を合同した．長老派教会はまたカナダ*，フィリピン*，ザンビア*，オーストラリア*，南北インド*，パキスタン*において，さまざまな教派との地域的な合同を行ってきた．1972年に，イングランド長老派教会はイングランドとウェールズの会衆派教会の大部分と合同して合同改革派教会*を設立した．

## 長老派（ちょうろうは）

➡長老制

## チョーサー

Chaucer, Geoffrey（1343/44-1400）

イングランドの詩人．フランスで戦い，捕虜となり，国王によって解放され，国王に仕えることになった．『カンタベリー物語』（*Canterbury Tales*）はどうやら1387年頃に書き始められたらしいが，彼が没したときまだ未完であった．序文の反教会的な風刺は内容として伝統的なもので，なんら改革的な傾向に動機づけられていない．苦痛の力という彼の理想像は，聖人の伝記および忍耐強いグリゼルダ（Griselda）の物語に表れている．

## チリのキリスト教（きょう）

Chile, Christianity in

チリへのスペイン人の侵入は1535年に始まり，最初の宣教司祭は1541年に到着した．しかしながら，チリの改宗は17世紀末になるまで実現しなかった．1818年に，チリはスペインから独立したが，カトリック教会は「保護され」，補助され続けた．1925年に，教会と国家は分離した．人口のおよそ78％が名目上カトリックである．プロテスタントの活動は1821年に始まる．ペンテコステ派*の諸教会は1960年代以来著しく増大している．

## チリングワース

Chillingworth, William（1602-44）

英国教会の聖職者．カトリックになり，1630年にドゥエー*に赴いた．翌年彼はイングランドに戻り，1634年には再びプロテスタントであると公言した．彼の1638年の『プロテスタントの宗教．救いへの確かな道』（*Religion of Protestants a Safe Way to Salvation*）は，教理的問題における理性と自由な探求の権利を擁護し，いかなる教会も不可謬ではないと主張した．

## チングルム

➡ガードル

## 陳情書（ちんじょうしょ）

gravamen

（中世ラテン語で「苦情」の意．）聖職者会議*の下院から上院に，改善を求めて提出される覚書．

## 沈黙論法（ちんもくろんぽう）

silence, the argument from

ある著者の残存した著作中に，ある主題についてなんの言及もないことから，その著者がそれを知らなかったと推論すること.

# つ

## ツァーン
Zahn, Theodor (1838-1933)

ドイツの新約聖書学者，教父学者．穏健な保守主義に立ち，その著作は博識と綿密さを特徴としていた．新約聖書の正典*に関する一連の浩瀚な研究は先駆的なものであった．彼にはまた，アンキュラのマルケロス*，ヘルマス*，聖イグナティオス*，『ヨハネ行伝』*に関する著作がある．

## 「対」(シュジュギア)
syzygy

たとえば男性性と女性性のような，一対の宇宙論的な対立物を指して，グノーシス主義*者が用いる語．宇宙はそのような対立物の相互作用をとおして存在するようになったと考えられた．

## 『追加集』
Extravagantes

グラティアヌス*の『法令集』(Decretum) に含まれていなかったが公認された教皇教令*(すなわち「教令外の集成」'extra decretum vagantes') のことをかつて指していたこの語は，現在はもっぱら，教会法大全*の結びの2者を指す．

## 追放官
➡審査官と追放官

## ツィンツェンドルフ
Zinzendorf, Nikolaus Ludwig Graf von (1700-60)

「ヘルンフート兄弟団」すなわち「モラヴィア兄弟団」*の創立者．1722年以降，彼は自らの領地にオーストリアからのプロテスタントの移民を受け入れたが，彼らの多くはボヘミア兄弟団*の流れに立つ人たちであった．1727年に政府の役職を離れ，このヘルンフート*という共同体の霊的な配慮に専念した．彼は革新者として正統主義ルター派の人たちに非難され，1736-47年のあいだ，ザクセンから追放された．彼はバルト諸国，オランダ*，イングランド，西インド諸島*，北アメリカに共同体を組織した．

彼は啓蒙主義*の精神にも伝統的なプロテスタントの正統主義にも反対した．「神が多くの方法でかなえてくださる」ことを信じた彼は，プロテスタント諸教会内での幅広い活動を望んだが，状況に迫られて，彼の運動は別個の組織を採用することになった．1737年に，彼はイングランドでモラヴィア派の司教から司教位を受けた．一時は，彼は福音主義*者，特にJ. ウェスレー*に影響を及ぼしたが，義認*と聖化の関係に関する彼の教えおよび彼の「心の宗教」という主情主義には異議が唱えられた．彼が宗教における感情の占める位置を強調したことは，F. D. E. シュライアマハー*をつうじて，19世紀の神学に影響を及ぼした．

## ツヴィッカウの預言者たち
Zwickau Prophets

ザクセン南部の工業都市のツヴィッカウに選ばれた者の共同体を建設しようとした初期の再洗礼派*のグループ．彼らの指導者の一人であったN. シュトルヒ*は，1521年にヴィッテンベルク*を訪れ，P. メランヒトン*やN. フォン・アムスドルフ*に感銘を与えた．彼らの影響力はツヴィッカウでは1530年代まで残っていた．

## ツヴィングリ
Zwingli, Ulrich (Huldreich) (1484-1531)

スイスの宗教改革者．1506年に司祭に叙階された彼は，グラールス (Glarus) の司祭として人文主義の研究に大いに没頭した．1516年に，彼はアインジーデルン*に移ったが，そこでの巡礼の悪弊は改革に対する彼の欲求を高めた．1518年に，彼はチューリヒ大聖堂の説教者に選ばれた．教会の権威との決裂は徐々に起こった．スイスにおける宗教改革の真の開始は，1519年にツヴィングリが新約聖書について行った説教であり，それに続いたのは，煉獄*，聖人*への祈願，修道制*に対する批判である．宗教改革に関する彼の最初の論考は1522年に出された．事態を処理するためにチューリヒに派遣されたJ. ファーバー*が公開討論で敗れたのは，ツヴィングリが67の提題を公表した1523年であった．真理の唯一の基礎は福音であり，教皇の権威，ミサの犠牲，断食の時季，聖職者の独身制*は否定された．市参事会はツヴィングリを支持し，大聖堂参事会は司教の管理から独立した．彼はそこで彼の特徴的な神学(ツヴィングリ主義［Zwinglianism］)を展開し始めた．1522年には彼はまだ伝統的な聖餐論を受け入れていたが，1524年には純粋に象徴的な解釈を支持した．1525年以降，M. ルター*に反対する一連の著作において，ツヴィングリは（ルターの共在説*に反対して）キリストを聖餐において臨在させるのは陪餐者の信仰のみであり，「物質的臨在」は問題にまったくならないと主張した．ツヴィングリはまたルターよりも明確に，キリストにおける人間性と神性を区別し，また律法と福音のあいだのルター的な区別を否定した．ルターと違って，ツヴィングリは統治者が宗教問題で法律を制定する権利をもつと考えていた．彼の運動はスイスの他の地域にも広がったが，森林５州で抵抗に遭った．1531年に，森林５州は突然チューリヒを攻撃し，ツヴィングリは戦死した．

## 痛悔（つうかい）
contrition

罪への一種の内面的な後悔や嘆き．倫理神学者は真の痛悔が神への愛に基づくべきだと考え，それゆえ罰への恐れのような低次の動機に基づく罪への不完全な嘆きである「不完全な痛悔」*と区別する．

## 『通告文』（つうこくぶん）
Advertisements, book of

1566年に大主教M. パーカー*によって出された文書の略称．なかでもそれが命じているのは，聖餐式の際のサープリス*の着用と聖餐を受ける際の跪拝である．この文書が1559年の「礼拝統一法」*に述べられた「他の命令」と理解されるべきかどうか議論されている．➡祭服論争

## 通常式文（つうじょうしきぶん）（ミサの）
Ordinary of the Mass（*Ordo Missae*）

最近まで，この語は教会暦で変化する部分と区別して，ミサの不変ないしほぼ不変の部分を指してきた．1970年の『ローマ・ミサ典礼書』（*Missale Romanum*）は‘*Ordo Missae*’の語を礼拝全体に当てている．

## 償い（つぐない）
reparation

他者に対してなされた損害を償うこと．倫理神学では，それは一般に損害賠償*と同義で用いられる．現代の信心の用語ではしばしば，祈り*や悔悛*による神に対する罪の償いを指し，聖心*への信心では中心的な役割を果たしている．➡償罪，罪の償い

## 『償いの規定書』（つぐないのきていしょ）
Penitential Books

告白者（confessors）のための指示を含む手引きで，各自の一連の段階ごとの悔悛*を伴う，罪のリストが記載されていた．６世紀のケルト*教会に最初に現れ，西方教会に広がった．より整然とした手引きをもたらす努力は，ヴォルムス司教ブルカルドゥス*（1025年没）の『法令集』（*Decretum*）の第19巻で頂点に達した．

## ツツ
➡トゥトゥ

## つなぐことと解（と）くこと
binding and loosing

マタイ福音書16:19でキリストが聖ペトロ*に，またのちにすべての使徒たちに（マタ18:18）授けたと伝えられる権能（power）．これは教会に対して訓練を行う一般的な権威であると思われるが，これを罪を赦すないし赦さない権能（ヨハ20:23）と同一視する人たちもいる．

## 罪（つみ）
sin

被造物が神の知られた意志に意図的に違反すること．旧約聖書において，それはアダム*とエバ*の最初の違犯以来，神の民およびこの世界の経験における変わらない要素として表される．エゼキエル*やエレミヤ*はすべての人間が負うべき彼らの罪に対する個人的な責任を明示する．詩編は罪のもつ個人的・情緒的効果に対する鋭い洞察力を特徴とする．新約聖書において，主（イエス）の教えは罪の根源が個人の性格にあることを明らかにする（マタ5:21-25，15:18-20）．聖パウロ*は罪を人間の良心に記されている自然法*への違反と説明し（ロマ2:14-16），その普遍性を主張している．

後代の神学が聖書に含蓄されたものに付け加えたことはほとんどない．この神学の発展における有力な要素は，聖アウグスティヌスが罪は本質的に善の欠如であるというプラトン*的な見解を支持して，悪が実体であり，被造界が生得的に悪であるというマニ教*の教えを否定したことである．中世における悔悛*の制度の発展は罪の外面的な見解を助長しがちであった．これを否定したM. ルター*は，信仰のみによる義認*を説いた．啓蒙主義*の世俗化の影響で，罪を宗教的背景から外して，道徳的悪と解釈する試みがなされた．19世紀には，罪の概念はほとんどの大衆的な宗教的教えから大幅に排除された．20世紀に，罪の重大さがあらためて強調された（たとえば，弁証法神学*）．➡贖い，原罪，贖罪，堕落

## 罪の償い（つみのつぐない）
expiation

神ないし隣人に対して犯した罪を贖ったり埋め合わせしたりすること．キリスト教の主張では，人間の罪の唯一で十全な償いは，キリストによりなされた御自身の生涯と死の奉献であり，この奉献の功徳は無限である．➡償罪，贖罪，償い

# て

## テアティニ修道会

Theatines

この修道聖職者会*は聖ガエターノ*とキエティ（Chieti，別名テアテ［Theate］）司教ジャンピエトロ・カラファ（Carafa，のちのパウルス4世*）により，1524年にローマで創立された．同修道会は内部からの教会改革をめざし，対抗宗教改革*において重要な役割を果たし，スペインや中央ヨーロッパへ拡大した．

## デイ

Day, Dorothy（1897-1980）

アメリカ合衆国において，フランス人の神秘家であるピーター・モリン（Maurin, 1877-1949年）とともに，信徒が主導するカトリック労働者運動を組織した．急進的な社会主義者であった彼女は，さまざまな悲惨な個人的問題に関わったが，娘を出産後の1927年にカトリックになった．1933年にモリンに勧められて，彼女は月刊新聞『カトリック労働者』（*Catholic Worker*）を創刊し，多くのアメリカのカトリック信者に，『レルム・ノヴァールム』*におけるレオ13世*の社会教説を意識させ，最大で10万部以上が発行された．デイとモリンはまた「ホスピタリティーの家」を創立したが，それは大恐慌時代のニューヨークその他の都市の困窮した男女のために食糧や収容施設を提供した．1940年代以降，彼女の平和主義は分裂も引き起こしたが，カトリック労働者コミュニティーはいまも自発的な貧困を受け入れ，ホームレスや亡命者や見捨てられた人々のためにホスピタリティーを提供している．デイは禁欲主義的実践の必要性を強調するカトリック労働者の黙想会*を奨励した．

## ディアコニッセ

➡女執事

## ディアスポラ

Diaspora, Jewish

ユダヤ人の「離散」は前721年頃と前597年頃のアッシリアとバビロニアによる追放に始まった．やがてローマ帝国全体に広がり，新約時代までには，アレクサンドリア*に少なくとも100万人のユダヤ人がいた．ディアスポラのユダヤ人は母国との接触を保ち，神殿*税を納め，自らの宗教を守った．アジアや小アジアにおけるユダヤ人のシナゴーグ*はキリスト教の宣教の最初の場面であった．

## ティアティラ

Thyatira

新約時代のリュディア（Lydia）北部にあった都市で，現在のトルコのアクヒサール（Akhisar）．ヨハネ黙示録（2:18-29）が宛てた「7つの教会」*の一つがあり，キリスト教徒に「みだらなことをさせ，偶像に献げた肉を食べさせ」ている「イゼベルという女」を大目に見ていることが叱責されている（2:20）．3世紀に，モンタノス派*の拠点であった．

1922年に，西ヨーロッパに新設された正教会のエクサルコス*に，コンスタンティノポリス総主教より「ティアティラ府主教」の称号が与えられた．1963年に，そのエクサルコス職（Exarchate）は分裂し，1968年以降，グレートブリテンのギリシア正教会の霊的な長は「ティアティラとグレートブリテン大主教」と称している．

## 『ディアテッサロン』

Diatessaron

150-60年頃に，タティアノス*が連続した記述で4福音書を編集したもの．シリア語*圏において，5世紀に4つの個別の福音書が用いられるようになるまで標準的なテキストであった．その原語はおそらくシリア語かギリシア語であった．

### ディアドコス
Diadochus（5世紀）

451年からフォティケ（Photike）主教．彼は霊的完全に至る方法に関して，ギリシア語で100編の『知識の章』（*Capita Gnostica*）を著した．これは「イエスの祈り」*に明確に表現されることになる信心についての最古の証言の一つである．他のさまざまな著作が彼に帰されているが，確証されていない．

### ディアマー
Dearmer, Percy（1867-1936）

宗教音楽および儀式に関する著作家．中世のイングランドの儀式を祈禱書の典礼に適用する試みを公にし，1899年の『教区司祭の手引き』（*The Parson's Handbook*）において自らの考えを述べ，1901-15年に，プリムローズヒルのセント・メアリ教会の主任代行司祭*としてそれを実践に移した．1919-36年に，彼はロンドンのキングズ・カレッジ*で教会芸術教授であった．彼は1906年の『英語聖歌集』*と1925年の『ソングズ・オヴ・プレイズ』*の共同編集者であった．

### ディアンペル教会会議
Diamper, Synod of（1599年）

インド*のコーチン（Cochin）の南東約19kmで開催された，現地のトマス・キリスト教徒（マラバル・キリスト教徒*）の教会会議で，マラバル・カトリック東方教会として存続することになった．ネストリオス*主義が否定され，ローマへの完全な服従が強制されたが，「アダイとマリの典礼文」*は保持された．

### 『ディエス・イレ』
Dies irae

（ラテン語で「怒りの日」の意．）西方教会において，死者のためのミサの続唱*の冒頭語で，その名称となった．『ディエス・イレ』は12世紀のベネディクト会*起原の韻を踏んだ祈りにさかのぼると考えられている．1969年以降，その使用は任意となっている．

### ティエリ
➡テオドリクス

### 『ディオグネトスへの手紙』
Diognetus, the Epistle to

無名の質問者に宛てて，これまた無名のキリスト教徒により書かれたギリシア語の手紙．おそらく2世紀か3世紀の作と思われる．著者はなぜ異教やユダヤ教を容認しえないかを説明し，キリスト教徒を世界の魂と表現し，キリスト教が神の唯一の啓示であると主張している．

### ディオクレティアヌス
Diocletian（Gaius Aurelius Valerius Diocletianus）（245-313）

284-305年のローマ皇帝．軍隊により皇帝と宣言された彼は，専制君主制を創設し，半神的な支配者として自らに全権を集中した．286年に，彼は共同正帝としてマクシミアヌスと統治することにし，東部帝国を自らとり，西部帝国を彼に与えた．305年に，ディオクレティアヌスは退位し，マクシミアヌスにも同調させた．

彼の治世の大半は，キリスト教徒は平穏さを享受したようである．303年に，大迫害が始まった．2月23日の勅令は教会堂の破壊とキリスト教文書の焼却を命じた．続く勅令は聖職者に，また304年初頭の勅令は全信徒に神々への供犠を命じた．抵抗した場合の刑罰は投獄，拷問，時には死刑であった．迫害が最終的に終わったのは，312年のミルウィウス橋頭*でのコンスタンティヌス*の勝利と313年のミラノ勅令*による．➡迫害（初期キリスト教における）

### ディオクレティアヌス紀元
Diocletianic Era

284年のディオクレティアヌス*帝の即位の年から起算する紀元．「殉教者紀元」（Era of the Martyrs）とも呼ばれる．

## ディオスコロス
Dioscorus（454年没）

444年からアレクサンドリア*総主教．エウテュケス*を支持し，449年にエフェソス*で，コンスタンティノポリス主教フラウィアノス*を罷免したエフェソス強盗会議*を主宰した．450年の皇帝テオドシウス２世*の没後に帝国の神学的な政策が転換し，ディオスコロスは451年のカルケドン公会議*で罷免され，帝国政府により追放された．彼はコプト教会*では聖人と見なされている（祝日は９月４日）．

## ディオドロス
Diodore（390年頃没）

378年からタルソス主教．アンティオキア*でアレイオス主義*と闘い，背教者ユリアヌス*に反対していた．381年に，彼はテオドシウス１世*により正統信仰を判定する主教団の一人に任命された．アンティオキア神学*の伝統に従い，逐語的で歴史的な聖書釈義を主張し，アポリナリオス*に対してキリストの完全な人間性を主張した．詩編に関する注解を除けば，彼の著作は断片しか残っていない．

## ディオニシオ（アレオパゴスの議員（ぎいん））
Dionysius the Areopagite

アテネ*での聖パウロ*による彼の回心は使徒言行録17:34に記録されている．彼をパリのディオニュシウス*やディオニュシオス・アレオパギテース*と同一視しようとして混乱が起こった．

## ディオニュシウス（聖（せい））
Dionysius, St（268年没）

259年からローマ司教．アレクサンドリアのディオニュシオス*との従属説*に関する論争を除けば，生涯についてほとんど何も知られていない．祝日は12月26日．

## ディオニュシウス（カルトゥジア会（かい）の）
Dionysius the Carthusian（Denys van Leeuwen, Denys Ryckel）（1402-71）

神学者，神秘主義者．聖書に関する注解のほかに，彼はボエティウス*，ペトルス・ロンバルドゥス*，ヨアンネス・クリマコス*，ディオニュシオス・アレオパギテース*の著作の編集や注解をし，また倫理神学*や教会規律に関して著作を書いた．

## ディオニュシウス（パリの）（聖（せい））
Dionysius of Paris, St（St Denys, St Denis）（250年頃）

フランスの守護聖人．６世紀のトゥールのグレゴリウス*によれば，ディオニュシウスはガリアを改宗させるために派遣され，パリ司教になったのちに殉教した．626年に，彼の遺骨はサン・ドニ*に移された．９世紀の彼の伝記では，彼はアレオパゴスの議員ディオニシオ*と同一視され，したがって，偽ディオニュシオス*文書の著書と信じられた．祝日は10月９日．

## ディオニュシウス・エクシグウス
Dionysius Exiguus（526年と556年頃のあいだに没）

スキュティア（Scythia）出身の修道士で，年代学と教会法*への貢献により有名である．彼は496年のゲラシウス１世*の没後まもなくローマに着いたと思われる．新しい「復活祭周期」(Easter cycle)の算定を依頼された彼は，ディオクレティアヌス紀元*を放棄して，自らの復活祭周期の元年を（想定した主［イエス］の）受肉の年から起算した．（年代を紀元前と紀元後とする）この「キリスト紀元」はベーダ*により採用され，現在も用いられている．ディオニュシウスの教会法令集は大きな影響力をもった最初の集成であった．

## ディオニュシオス
Dionysius（170年頃）

コリント*主教．彼の何通かの手紙がエウセビオス*に記述されている．祝日は東方では４月８日．

## ディオニュシオス（大（だい））（聖（せい））
Dionysius the Great, St（264年頃没）

248年からアレクサンドリア*主教．250年のデキウス*帝の迫害の際，市を離れ，また257年のウァレリアヌス帝の迫害の際に追放された．彼はさまざまな重要な論争に関与した．彼は迫害のもとで棄教した人たちを教会に再び受け入れることを認め，教皇ステファヌス*（1世）とともに，異端者や離教者を再洗礼なしに受け入れることとした．ディオニュシオスはサベリウス主義*を攻撃したが，ローマのディオニュシウス*から三神論*者と避難された．後者は前者の弁明を受け入れた．祝日は11月17日．

## ディオニュシオス・アレオパギテース（偽ディオニュシオス）

Dionysius the Pseudo-Areopagite（500年頃）

神秘主義的神学者．アンティオキア総主教セウェロス*の支持者が，アレオパゴスの議員ディオニシオ*の作と考えて，533年に（自説擁護のために）訴えた一群の神学的著作の著書を指す名称．著者は6世紀初頭に，おそらくシリアで執筆したと思われる．残存している著作は，9層の天使の階級がいかに神と人間のなかだちをするかを説明する『天上位階論』，秘跡や聖職者と信徒の階級を論じる『教会位階論』，神の存在と属性を検討する『神名論』，魂の神への上昇を記述する『神秘神学』，10通の手紙である．

ディオニュシオスの著作の目的は全被造物の神との合一であり，その合一は浄化・照明・完成（ないし合一）という三重の過程の最終段階である．このような合一（ないし神化*）への道の一つの面は，実体的な被造物の使用と関わり，神学における隠喩としての表象の使用（たとえば「神は焼き尽くす火である」）および秘跡的行為における物的要素の使用を含む．その別の面は，我々の知的な概念を神に適用することで完成することと関わる．この両面は神が象徴や概念を超えていることを示し，この発見は否定神学*を指し示し，そこでは魂は知性による論証や感覚による認識を超えて，「神的な暗闇の光」と合一し，無知をとおして神を知るに至る．これらの著作はその固有の価値とともに使徒的権威をもつと思われたために，東方でも西方でも中世神学に深い影響を及ぼした．

## ディガーズ

Diggers（17世紀）

レヴェラーズ*の一派．キリスト教的道義が求めているのは，共産主義的な生活様式および王領地や公共用地の耕作だと信じた彼らは，1649年にあちこちの荒れ地を掘り返し始めた．この運動は1年以内に弾圧された．

## ティキコ（聖）

Tychicus, St

使徒言行録20:4によれば，彼は聖パウロ*の第3回伝道旅行に同行したアシア州出身者であった．新約聖書において幾度か言及されている．祝日は東方では12月8日，西方では4月29日．➡トロフィモ

## テ・イギトゥル

Te igitur

（ラテン語で「それゆえ，主よ」の意．）ミサ典文*の最初の部分と長く見なされ，それゆえその最初の部分の名称でもあった，祈りの冒頭語．

## 低教会派

Low Church

主教職，司祭職，聖礼典といったことに対して比較的に「低い」位置を与え，その信仰においてプロテスタントの非国教徒のそれに近い，英国教会内の部分．

## 定言的命令

Categorical Imperative

I. カント*の倫理思想において，理性に付与され，それゆえあらゆる理性的存在を拘束する絶対的な道徳律．

## 帝国監督

Reichsbischof

1933年にドイツ福音主義教会連盟が採用した，その長の名称．➡ドイツ・キリスト者

## ティコニウス
Tyconius（400年頃没）

ドナトゥス派*の神学者．彼は重要な信徒であったと思われる．380年頃のドナトゥス派のカルタゴ教会会議で，そのカトリック的な見解を非難され，断罪されたが，カトリック教会に転会することを拒否した．彼の主著である『規則の書』（*Liber Regularum*）は，聖書解釈に関する7つの規則を詳説している．それらは聖アウグスティヌス*によって，その『キリスト教の教え』（*De Doctrina Christiana*）に引用され，その結果，中世の釈義に影響を及ぼした．ティコニウスのヨハネ黙示録注解の原本はもはや存在しないが，トリノ写本中の作者不明のヨハネ黙示録注解の断片が直接にその原本に由来すると思われる．

## ディサイプル派（チャーチ・オブ・クライスト）
Disciples of Christ（Churches of Christ）

19世紀のアメリカの開拓地での協力した伝道に関心をもった長老派*のあいだで，特にA. キャンベル*とバートン・W. ストーン（Stone, 1772–1844年）により始められた宗教団体で，1832年に独立した一派となった．この教会は会衆主義的に組織され，聖書を信仰の唯一の拘束力のある基礎と見なし，信徒による授洗を行い，主日ごとに聖餐を守る．国内の教会組織や聖書の理解をめぐる相違が社会学的な相違で増幅して，1906年以降アメリカで以下の3つの主要なグループが形成された，すなわち（1）クリスチャン・チャーチ（ディサイプル派），（2）チャーチ・オブ・クライスト，（3）クリスチャン・チャーチ／チャーチ・オブ・クライストである．この区分は世界の他の地域にも反映しているが，名称や組織の区分は同一ではない．この派は多くの教会合同に加わり，イギリスでは，（1842年に創立された）チャーチ・オブ・クライストの大部分は1981年に合同改革派教会*に合流し，残りの大半はチャーチ・オブ・クライスト団体（Fellowship of Churches of Christ）を創立した．

## 定時課
Hours, Canonical

聖務日課*に規定された日々の祈りの時刻と，特にそこで守られるべき礼拝．➡時課

## ディシプリン（規律）
discipline

この語は以下のような宗教的な意味をもつ．すなわち，（1）教会の信仰的・道徳的生活に関する規定や慣例の全体，（2）苦行の体系で，たとえば修道院生活に含まれるもの，（3）悔悛の鞭打ちに用いられた，結び目つきの縄の鞭，鎖などの器具，（4）専門語として，厳格な原則に基づくカルヴァン主義的な政治形態である．信仰上の義務の軽視に対する罰則を決めることは，長老と牧師から構成されたコンシストリー*の果たす義務である．

## 定住
residence

すべての聖職者には，その職務を果たすように任じられた場所に定住する重い義務がある．悪弊が頻繁に見られたために，その主題に関する訓令が初期から教会法*に見られ，その義務は現行のカトリックの教会法や1969年の英国教会の『教令』（C 25）において明記されている．

## 定住性
stability

『ベネディクトゥス会則』*を遵守する修道士や修道女が守るべき義務の一つ．一定の場所にとどまる，一定の団体とともにとどまる，修道生活にとどまるなどさまざまな意味に解釈される．

## 停職制裁
suspension

カトリック教会において，聖職者に科される「ケンスラ（譴責）」ないし「教育的刑罰」の一つ（➡刑罰）．停職制裁は職階*の若干のまたはすべての職務，統治権，職務に付随する権利と任務のいずれを行使することも禁じる．英国教会において停職制裁は，1963年の教会裁判権条例*に基づいて，

教理・儀式・典礼を含まない違反に対する有罪判決後に聖職者に科される5つの譴責の一つである.

## D資料（申命記資料）
'D'

モーセ五書*の起原に関する「資料仮説」に従う学者が，申命記*に最も特徴的に表現されている資料を指して用いる記号.

## ディスコス
discus

東方教会において，その上で聖餐のパンをささげ聖別する皿. ➡パテナ

## ディスマス
Dismas

キリストとともに十字架につけられた「悔い改めた泥棒」の伝説的な名前（ルカ23:39-43）.

## ティソ
Tissot, James Joseph Jacques（1836-1902）

フランスの聖書の挿絵画家. 彼は肖像画家，風俗画家で，『虚栄の市』の戯画で有名であった. 回心を経験したのち，彼はキリストの生涯の挿絵を描くことに専念した. 1896年の『我らの主，イエス・キリストの生涯』（*Vie de Notre-Seigneur Jésus-Christ*）において，彼は福音書の諸場面を新鮮で型にはまらない様式で描いた. 旧約聖書の彼の挿絵は質的に劣る.

## ディダケー
didache

（ギリシア語で「教え」の意.）教訓的な初期キリスト教の護教論（apologetic）における要素で，ケリュグマ*すなわち「宣教」と対比される.

## 『ディダケー』（『12使徒の教訓』）
*Didache*（*The Teaching of the Twelve Apostles*）

道徳や教会の慣行に関する短い初期キリスト教の手引き. 洗礼*，断食*，祈り*，聖餐*，に関して，また使徒*と預言者*，監督*と執事*の接し方が説かれている. 洗礼は可能であれば浸礼*で授けられることになっており，他と異なったものと古風なものとの2種の聖餐の祈りが見られる. 原著の著者・年代・場所は知られていない. 大多数の現代の学者は現在はこれを1世紀に年代づけている. 記述された共同体はおそらくシリアにあったであろう.

## 『ディダスカリア』
➡『使徒戒規』

## ティツィアーノ
Titian（Tiziano Vecellio）（おそらく1487/90-1576）

ヴェネツィア*の画家. 1516年以降, 彼はヴェネツィア派のすぐれた指導者であった.（ヴェネツィアのサンタ・マリア・デイ・フラーリ［Santa Maria dei Frari］聖堂の主祭壇のために1518年に完成した）有名な『聖母の被昇天』は，高度な技巧を発揮しているが，宗教的感情に欠ける. 他方，（ルーヴル美術館所蔵の1542年頃の）『荊冠』や（ウィーン美術史美術館所蔵の1543年の）『この人を見よ』は，悲劇的感情に満ちている. 彼の晩年の作品はますます劇的な効果を強調している.

## ディックス
Dix, Gregory（1901-52）

英国教会ベネディクト会の修道士. 後年，彼は英国教会で有名な人物となり，影響力のある論争家であった. 彼の最も重要な著作である1945年の『典礼の形』（*The Shape of Liturgy*）は，英国教会において典礼研究を復興し，普及させるのに貢献した.

## ティッシェンドルフ
Tischendorf, Constantin（1815-74）

新約聖書の本文批判家. 1859年から，彼はライプツィヒ大学神学教授であった. 写本を求めて，多くの図書館を訪れたが，彼の発見した最も有名なものはシナイ写本*である. 1841-69年に, 彼は充実した本文批判脚注資料*を付したギリシア語新約聖書を8冊刊行したが，その第8版は今日で

も標準的な参照文献である.

### ディッペル
Dippel, Johann Konrad（1673-1734）

ドイツの敬虔主義者*. 1695-98年にルター派正統主義から敬虔主義に移った. 彼はキリスト教と教会, 正しい生活と正しい教理の対比を強調した著作を書き, コンスタンティヌス*以降のキリスト教の発展が初期の理想からの堕落であったと主張した. ルター派の教会当局は彼にそれ以上の神学的著作の出版を禁じた. 彼はそこで化学や錬金術の分野に向かった.

### ディデュモス（「盲目の」）
Didymus the Blind（313頃-398）

アレクサンドリア*の神学者. 三位一体の神学において揺るぎないニカイア派*であったが, 553年のコンスタンティノポリス公会議*でオリゲネス主義*者として断罪され, 彼の著作の多くは失われてしまった.（ヒエロニムス*の翻訳による）『聖霊論』,（損傷のある）『マニ教徒駁論』, 聖書釈義の断片が以前から知られていた.『三位一体論』は18世紀以来彼に帰されてきたが, 現在では異論もある. 聖バシレイオス*の『エウノミオス駁論』の4巻と5巻は時にディデュモスに帰される. エジプトのトゥーラ(Toura)付近で一群のパピルス*写本が1941年に発見され, 彼のヨブ記, ゼカリヤ書, 創世記の注解が知られるようになったが, 他のいくつかの注解の真正性は確実ではない.

### テイト
Tait, Archibald Campbell（1811-82）

1868年からカンタベリー*大主教. 1841年にオックスフォードで, 彼は『時局冊子』90号に抗議した4人の教官の一人であった(➡トラクト運動). 1856-68年のロンドン主教時代, 彼はピムリコー（Pimlico）のセント・バルナバ教会の補助司祭*アルフレッド・プール（Poole）が告解*を聴聞したかどで, その職を剝奪した. 1860年に『論説と評論』*を公に非難したが, 1864年には, 2人の執筆者に対して好意的な枢密院司法委員会*の多数意見に同意した. 大主教として, 彼は非国教化されたアイルランド教会と可能な限り最良の関係を築くために, 政治的手腕を発揮した. 1874年の公同礼拝規制法*の成立はもっぱら彼の創案による.

### ティトス
Titus（4世紀）

シリア南西部のボストラ（Bostra）主教. マニ教*徒に対する長い駁論を書いた. 第1部で, 彼は神の摂理と人間の自由意志という概念に基づいて, 悪の問題に対するキリスト教的な解決法を提示し, 第2部で, 旧約聖書を擁護して, 新約聖書に対するマニ教的な歪曲を非難している.

### ディートリヒ（ニーハイムの）
Dietrich of Nieheim（Niem）（1340頃-1418）

教皇庁の公証人. 大シスマ*を終わらせる努力において顕著な役割を果たした. コンスタンツ公会議*で, 彼はヨアンネス23世*を否認し, 会議場においても著作においても公会議首位説*を支持した. 彼の歴史的な著作は一面的ではあるが, 当時の出来事を知るための貴重な資料である.

### ディドロ
Diderot, Denis（1713-84）

フランスの百科全書派*. 彼がチェンバーズ（Chambers）の『百科事典』（*Cyclopedia*）をフランス語訳するようにという1746年の出版者の示唆から, ダランベール*とともに, 新しくてより大がかりなフランス語の『百科全書』（*Encyclopédie*）を編集する計画が生まれた. ディドロが初めに教会から離間した理由の一つは教会の課す性的な束縛に我慢できなかったことであるが, 知的な妨害が離間を増長した. 第3代シャフツベリー*伯爵(その『徳に関する研究』[*Inquiry Concerning Virtue*]をディドロは1745年にフランス語訳した)の自然宗教, J. ロック*, 当時の科学研究に影響を受けて, ディドロは合理主義的な理神論*から, 神性（deity）への信仰を不要とする唯物論的な経験論へと移った. しかしながら, 彼は無神論には道徳的に難点をおぼえ, 後期の著作は倫理的な問題への関心を示している.

## デイニオール（聖）
Deiniol, St（584年頃没）

ウェールズ*の聖人．バンガー*・イスコード（Bangor Iscoed）修道院の創設者として敬われ，516年に，聖ドゥブリキウス*により初代のバンガー司教に聖別されたと言われている．ハードン（Hawarden）の聖デイニオール図書館は，W. E. グラッドストン*により設立された寄宿舎のある図書館である．祝日は9月11日．

## デイの韻律詩編集
Day's Psalter

ジョン・デイ（1584年没）により1562年に印刷されたT. スターンホールド*とジョン・ホプキンズ（Hopkins）の韻律詩編集の通称．

## 剃髪
tonsure

頭髪の全部ないし一部を剃ることで，伝統的にカトリック教会において修道士や聖職者を目立たせる特徴. 1972年に導入された「助祭・司祭候補者認定式」*には剃髪は言及されていない．現在は，修道士はそれぞれ独自の慣習に従っている．

## ディプテュコン（ディプティク）
diptychs

ギリシアやラテンの聖餐式で祈りがささげられる，生者と死者のキリスト教徒の代願名簿．初期には，ディプテュコンは公に読まれ，名前の付加ないし削除は入信ないし破門のしるしと見なされた．

## ティペット
tippet

聖歌隊席*にいるアングリカンの聖職者がサープリス*の上に着用する, 幅広い黒色のスカーフ. 両肩から前に垂らしたアカデミック・フードの長い端に起原があるようで，もともと聖職者に限定されていなかった．

## ディベリウス
Dibelius, Martin（1883-1947）

ドイツの新約聖書学者．様式史的研究*法の創始者で，彼はそれを福音書や書簡に適用した．エキュメニカル運動*を支持し，「信仰と職制」*世界会議での指導者であった．

## ディベリウス
Dibelius, Otto（1880-1967）

ルター派のベルリン監督．マルティン・ディベリウス*の従兄弟である彼は，1925年にクーアマルク（Kurmark）の総監督*になった．彼はエキュメニカル運動*の初期のさまざまな会議に参加した．1933年に，彼はその職を追われ，ナチスにより拘束されたが，告白教会*とともに活動した. 1945年にベルリン監督，1949年にドイツ福音主義教会*議長，1954年に世界教会協議会*の議長の一人になった．

## ティホン
➡チーホン

## ティモテオス
Timothy（518年没）

511年からコンスタンティノポリス*総主教．いくぶん躊躇したのちに，彼はキリスト単性論*を擁護し，515年の教会会議で，彼はカルケドン*派の教理を断罪した．コンスタンティノポリスの典礼におけるニカイア信条*の常用の開始は彼に帰されている．

## ティモテオス
Timothy（6ないし7世紀）

ハギア・ソフィア大聖堂*の司祭．異端者たちの教会への復帰に関する論考を書き，彼らを分類して，洗礼*を必要とする人たち，堅信*（聖香油*を注ぐこと［chrismation］）だけを必要とする人たち，ただ自らの過ちを誓絶することが必要な人たちに分けた．

## ティモテオス・アイルロス
Timothy Aelurus（477年没）

アレクサンドリア*総主教．457年に総主教になったが，そのキリスト単性論*的な見解のゆえに，大多数の主教に受け入れられず，460年に皇帝レオ１世により追放された．流刑中，彼はキリスト単性論を広めるために多数の著作を書いたが，彼がエウテュケス*にもアナテマを宣告した理由は，エウテュケスと違って，彼の考えでは，キリストの人間性は他の人間の本性と同じ実体からなるからである．475年に皇帝バシリスクスによりアレクサンドリアに呼び戻され，皇帝ゼノ*による新たな追放令が実施される前に没した．祝日はコプト教会では７月31日．

## テイヤール・ド・シャルダン
Teilhard de Chardin, Pierre（1881-1955）

フランスのイエズス会*員の神学者，科学者．中国で長年にわたり活動し，古生物学者として名声を得た．彼は晩年をアメリカで過ごした．彼の神学的著作は没後にはじめて刊行され，1955年の『現象としての人間』（*Le phénomène humain*）が最初である．それらの著作は科学と宗教の新たな総合として強い印象を与えた．宇宙は運動がそこで常により複雑な体系へと発展する進化的な過程と見なされている．この複雑化への運動と相関するのは，高度のレベルの意識への運動である．その過程全体は，新たなレベルへの飛躍がなされるいくつかの危機的な時期ないし発端を含んできた．地上での生命の発生とその後の人間における合理的な自意識の発生はそのような発端であった．この後者の発生が特別な意義をもつのは，進化がもはや自然法のみに従って起こるのでなく，人間がそれを定めることに参与ことを意味するからである．その過程全体は，万物が神において一致する実現へと運動している．

## テイラー
Taylor, James Hudson（1832-1905）

中国内地宣教協会*の創設者．医者であった彼は，宣教師になるよう召されていると感じて，中国伝道会（Chinese Evangelization Society）の援助で1853年に中国に赴いた．1860年にイングランドに戻り，1865年に超教派的な中国内地宣教協会を創設した．彼は中国に戻り，できる限り中国の習慣に適合し，宣教活動を同国人の心に浸透させた．

## テイラー
Taylor, Jeremy（1613-67）

英国教会の主教，著作家．チャールズ１世*のチャプレン，アピンガム（Uppingham）の主任司祭*，その後，王党派のチャプレンであった．しばらく投獄されたのち，彼は1645年にウェールズに隠遁し，ゴールデン・グローヴでカーベリ（Carbery）卿のチャプレンとして過ごした．1660年に，テイラーはダウン・アンド・コナー（Down and Connor）主教兼ダブリン*大学副総長に任じられ，翌年，ドロモア（Dromore）主教を兼ねた．彼の名声は主としてその信心に関する著作，特に1650年の『聖なる生き方』（*The Rule and Exercise of Holy Living*）と1651年の『聖なる死に方』（*The Rule and Exercise of Holy Dying*）のゆえである．それらは節制と中庸を強調する秩序立った敬虔を主張する点で，アングリカンの霊性を典型的に表している．彼の神学的著作の表現はあまり適切ではない．祝日はいくつかのアングリカンの教会では８月13日．

## テイラー
Taylor, John（1694-1761）

非国教徒*のミニスター*．1754-57年の『ヘブライ語コンコルダンス』（*Hebrew Concordance*）は，辞書として役立つことも意図しており，ヘブライ語の語根の研究に寄与した．アメリカでも英国でも広く流布した，1740年の『原罪に関する聖書の教理』（*Scripture Doctrine of Original Sin*）は，カルヴァン主義*の体系の基盤を弱め，アメリカの会衆派*においてユニテリアン*運動を起こさせた．

## ディリゲ（埋葬式の聖務日課）
Dirge

死者のための聖務日課を指す伝統的な名称．詩編5:9「主なる神よ，導いてください」（Dirige

Domine Deus）の古い交唱聖歌*に由来するディリゲは，もともと朝課*に限定されていたが，前夜に歌われる晩課*を含むようになった.

## ティリッヒ
Tillich, Paul（1886-1965）

プロテスタント神学者．ドイツの諸大学で教授職に就いていたが，1933年にドイツを離れた．彼はアメリカに落ち着き，順次，ユニオン神学校*，ハーヴァード大学，シカゴ大学で教授を務めた．

ティリッヒには多くの著作があり，彼は大きな影響を及ぼした．彼の目的はキリスト教信仰と現代文化間の間隙を埋めることであった．そのために，彼は「相関関係（correlation）の方法」を用いたが，それによれば，キリスト教の啓示の内容は文化的状況から起こる諸問題への解答として述べられる．彼はこのことを実存主義*，本体論，ユング心理学によって解釈した．彼の著作中で，おそらく最も重要なのは，1951-64年の『組織神学』（*Systematic Theology*）である．

## デイル
Dale, Robert William（1829-95）

会衆派*の説教者，神学者．自らが司牧していたバーミンガム市の市政において指導的な役割を果たした．彼は1891年に世界会衆派教会会議（International Congregational Council）の議長となった．1875年の『贖罪』（*The Atonement*）において，彼は懲罰説を主張したが，法廷的側面よりむしろ倫理的側面を強調しようとした．

## ティルスとシドン
Tyre and Sidon

レバノン海岸の，フェニキア人の２つの主要都市．旧約聖書時代に，両市は貿易で栄えていた．キリストに惹きつけられた人たちの中に同地方の住民がいたし（ルカ6:17），御自身もその地方に赴いた（マコ7:24）．

## ディルタイ
Dilthey, Wilhelm（1833-1911）

ドイツの哲学者．現代的な歴史哲学の実質的な創始者であった．彼は文化・芸術・宗教などの研究に用いられる「人文科学」の方法論と自然科学で用いられる方法論のあいだの根本的な相違を強調した．彼はF. D. E. シュライアマハー*の強い影響を受け，後者と同様に，了解の方法を著作家や芸術家の創造的な工程を再創造する試みと見なした．しかしながら，彼は霊的生活が信条として理解されるにはあまりに複雑だと考えて，体系的な社会学の可能性には批判的であった．彼自身の宗教研究は特に，人間文化の一要素としての宗教に向けられていた．

## ティーレ
Tiele, Cornelis Petrus（1830-1902）

オランダの神学者．1877-1901年に，レイデン*大学宗教史学教授であった彼は，比較宗教学の発展に大きな影響を及ぼした．

## ティレル
Tyrrell, George（1861-1909）

イギリスの近代主義*の神学者．1879年にカトリック，翌年にイエズス会*員になった．1896年に，彼はロンドンのイエズス会教会である「ファーム・ストリート」（Farm Street）に派遣され，ここで人気のある聴罪司祭となり，信心書をとおして名声を博した．F. フォン・ヒューゲル*との交友によって，大陸の近代主義者の著作に親んだことは，彼がスコラ学*に対して反感をもち，宗教の反知性的・経験的な側面を強調するようになることにつながった．1899年の「誤った信心」（Perverted Devotion）と題した地獄に関する論考は，彼にノースヨークシャーのリッチモンドのイエズス会の修道院に隠遁することを余儀なくさせた．彼は1905年に還俗を願い出たが認められず，翌年，イエズス会から追放されたのは，匿名の「ある教授への手紙」からの抜粋を刊行したあとであったが，そこでは彼は生ける信仰を死せる神学と対比した．1907年の『タイムズ』紙上の２通の手紙が，ピウス10世*による回勅『パスケンディ』（Pascendi）の発布に抗議したとき，ティレルは破門された．

1909年に没後出版された『十字路のキリスト教』(*Christianity at the Cross-Roads*) は, キリスト教が最終的な宗教なのかを問い, キリスト教がその萌芽にすぎない普遍的な宗教の望みを抱かせている.

## テイロ(聖)
Teilo, St(6世紀)

ランダフ*の守護聖人,その司教. パレスチナに巡礼中に, エルサレム*で司教に聖別され, (やや信頼できる伝承として) ブルターニュのドル (Dol) に聖サムソン*を訪れたと伝えられる. テイロはまた, 495年に聖ドゥブリキウス*の後を継いでランダフ司教になったといわれる. 祝日は2月9日.

## ティロットソン
Tillotson, John (1630-94)

1691年からカンタベリー*大主教. 1661年のサヴォイ会議*に非信従者*側の立会人 (watcher) として出席した. 1689年に, 彼はセント・ポール主教座聖堂*の主席司祭*に任命された. 彼の大主教職は平凡であった. 彼の政策が基づいていたのは, カトリック教会への嫌悪感およびユニテリアン派*を除くすべてのプロテスタントの非国教徒*を英国教会内に含めるという願いであった.

## ディーン
dean

以下のようなさまざまな役職の名称. (1) 主教座聖堂*のディーン (主席司祭) はその礼拝を管理し, チャプター*, カノン*団, 主教座聖堂会議 (cathedral council) とともに, その建物と財産を管理する. (2) ディーンやチャプターによって管理された, ウェストミンスター*やその他の特別教区*の参事会教会*の長. (3) アーチ裁判所*の主席判事. (4) カトリック教会において, 枢機卿団*の長はそのメンバーからローマ近郊*枢機卿により選出された司教枢機卿である. (5) ルター派*教会の監督 (superintendent) やカルヴァン派*教会の監督 (overseer) も時にディーンと呼ばれる. ➡地区大執事

## ティンダル
Tindal, Matthew (1655-1733)

指導的な理神論*者. 1730年の『天地創造と同じほど古いキリスト教』(*Christianity as Old as the Creation*) が示そうとしているのは, すべての理性的な被造物に共通な不変の自然法が存在するということ, このことに対して, 福音が何かを付加したり除去するのでなく, 人々を迷信から自由にすることを意図しているということである.

## ティンダル
Tyndale (Tindale), William (1494?-1536)

聖書の翻訳者, 宗教改革者. ロンドン司教であるC. タンスタル*によって, 聖書を英訳する計画に対する支持を拒否されたティンダルは, ドイツに赴いた. 新約聖書の最初の翻訳の印刷は1525年にケルン*で始められ, 同年, ヴォルムスで完成した. ティンダルは生涯の大半をアントウェルペン (アンヴェルス) で過ごし, 繰り返し新約聖書を改訂した. 彼はまた, 1530年にモーセ五書, 1531年にヨナ書の翻訳を刊行し, ヨシュア記から歴代誌下までを原稿で残した. ギリシア語とヘブライ語からなされた彼の翻訳は, 欽定訳聖書 (AV) と改訂訳聖書 (RV) の基礎となった (➡英語訳聖書). 彼はM. ルター*の信仰のみによる義認*に関する教えを離れて, 信仰と善行による2種の義認の思想へと移った. ティンダルの聖餐論はU. ツヴィングリ*のそれに類似したものになった. 彼は異端信仰のかどで火刑に処せられた. 祝日はいくつかのアングリカン教会では10月6日.

## ティンターン・アビー
Tintern Abbey

ウェールズのワイ (Wye) 川の渓谷にあった. ロモーヌ (L'Aumône)・アビー出身のシトー会*の修道士のために1131年に創建された. 壮大な修道院教会堂 (abbey church) が13世紀に建てられた. その廃墟はW. ワーズワース*の詩作に霊感を与えた.

## ティントレット
Tintoretto（1518-94）

ヴェネツィア*の画家で，彼の名は父の職業が染物師（イタリア語でtintore）であったことに由来する．主要な宗教的作品は，ヴェネツィアの慈善団体である「サン・ロッコ同信会館」(Scuola di San Rocco)のために制作された．彼は階下の広間の壁や天上を覆う64枚の巨大な油絵を描き，1576-88年に，階上の広間の部屋に油絵を描いた．階下には，聖母マリアの生涯からの諸場面およびマグダラの聖マリア*やエジプトの聖マリア*の絵画，階上には，キリストの生涯と受難の場面が見られる．どの作品も劇的な瞬間に集中し，鋭い視点および光と影の対比とともに，強烈な色彩を示している．

## デーヴィッド（聖）
David, St（601年頃没）

ウェールズ*の守護聖人．伝説によれば，彼は貴族の出身で，12の修道院を創設し，メネヴィア(Menevia, のちのセント・デーヴィッズ*）に住み，そこで修道院を建てて極端に禁欲主義的な生活を送った．わずかに歴史的に確証される事実の一つは，彼が560年頃のブレフィ（現Llanddewi Brefi）教会会議に出席したことである．祝日は3月1日．

## デーヴィッドソン
Davidson, Randall Thomas（1848-1930）

1903年から1928年に辞任するまでカンタベリー*大主教．ヴィクトリア女王の信任の厚い顧問として，また首座主教*として，彼は教会と国民に大きな影響を及ぼした．彼が大主教として取り組んだのは，ウェールズ*教会の非国教化，キクーユ*会議に続く論争，権能付与法*，マリーヌ会談*，『祈禱書』の改訂，さまざまな東方教会との関係であった．彼は1908年と1920年のランベス会議*を主宰し，またアメリカ合衆国とカナダを公式に訪問した最初のカンタベリー大主教であった．

## デ・ヴェッテ
de Wette, Wilhelm Martin Leberecht（1780-1849）

ドイツの神学者．彼の急進的な合理主義のゆえに，ベルリン大学の教授職を追われた．1822年から，彼はバーゼル大学教授であった．彼はのちにより保守的になり，宗教体験の重要性を強調したが，彼が聖書の奇跡について疑ったこと，およびキリストの降誕・復活・昇天の物語を神話に帰したことは敬虔主義者*を怒らせた．

## デヴォティオ・モデルナ
Devotio Moderna（Modern Devotion）

（ラテン語で「新しい信心」の意．）14世紀末のネーデルラントに起こった霊的生活のリバイバル．個人の内面的な生活を強調し，体系的な黙想*を奨励した．デヴォティオ・モデルナは「共同生活兄弟団」*と呼ばれる在俗司祭や信徒の団体をとおして，一般に人たちに伝わった．また，アウグスチノ修道祭式者会*のウィンデスヘイム*修族の修道士の中に，主要な代表者がいた．

## テウダ
Theudas

使徒言行録5:36でガマリエル*に帰された演説中に言及されている，不成功に終わった反乱の指導者．ヨセフス*は後45ないし46年の同名の指導者による反乱を記述しているが，この2つの言及を調和させるのは困難である．

## テオグノストス
Theognostus（3世紀）

アレクサンドリア*の教会著作家．シデのフィリッポス*の記述によれば，彼はアレクサンドリア教理学校*の学頭であったが，他の古代の権威は彼にそのような地位を与えていない．彼は『梗概』(*Hypotyposes*)においてオリゲネス*主義的な傾向に立って，体系的な神学を構築しており，同書に関する記述がフォティオス*に見られる．

## デオ・グラティアス
Deo gratias

（ラテン語で「神に感謝を」の意．）西方教会の礼拝において絶えず用いられる典礼的表現．ドナトゥス主義*論争のあいだ，離教*者側が用いた「神に賛美を（Deo laudes）」と対比して，正統信仰のしるしであった．

## テオドゥルフ
Theodulf（750頃-821）

オルレアン司教，詩人，本文批判家．スペインへのサラセン人の侵攻のために逃れてきた西ゴート人である彼は，シャルルマーニュ*の宮廷で歓待され，798年にはオルレアン司教になった．818年に，彼はルイ１世*に対する陰謀の嫌疑でいっさいの職務を剝奪された．

彼の著作はアーヘンの宮廷の知的な関心事を反映している．『聖霊について』（*De Spiritu Sancto*）は「聖霊の二重の発出」*に関する教父の著作からの抜粋集である．『洗礼式について』（*De ordine baptismi*）は，シャルルマーニュが司教たちに洗礼をどう理解しているかを尋ねた書簡に対する返書の一つである．（現在は主としてテオドゥルフに帰されている）「カロリング文書」*は，私的な礼拝や典礼における可見的な像*の問題を扱っている．彼の賛歌の一つで，西方教会において「枝の主日」*の行列の際に歌われるのが，「グロリア・ラウス・エト・ホノル」（Gloria, laus et honor，「ユダのわらべの」『古今聖歌集』74番，「あがないぬしに」『讃美歌』129番）である．テオドゥルフの最も顕著な業績はウルガタ訳聖書*の学問的な改訂であった．

## テオトキオン
theotokion

東方教会において，聖母マリアに関する一連の典礼聖歌．

## テオトコス（神（かみ）の母（はは））
Theotokos（Mother of God）

「神を産んだひと」の意で，聖母マリアの称号．この語は人気のある信心の名称となった．429年に，キリストの完全な人間性と相いれないとしてネストリオス*主義者に非難され，その代わりに「キリストの母」（Christotokos）が提案された．テオトコスはアレクサンドリアの聖キュリロス*により擁護され，431年のエフェソス公会議*と451年のカルケドン公会議*で支持された．その正統性はその後一般に受け入れられた．

## テオドシウス１世（せい）
Theodosius I（the 'Great'）

「大帝」と呼ばれる．379-95年にローマ皇帝．政治的には，彼はゴート人を敗り，鎮圧した．教会的には，彼は正統派のキリスト教国家を確立し，アレイオス*派やその他の異端審問は法的に違反とされ，犠牲が禁じられ，異教はほぼ不法とされた．

## テオドシウス２世（せい）
Theodosius II（401-50）

408年から東ローマ皇帝．彼が教会史において重要なのは，431年にエフェソス公会議*を召集したことおよび『テオドシウス法典』*を公布したことである．政治的には，彼は無力であった．

## 「テオドシウス文庫（ぶんこ）」
Theodosian Collection

ヴェローナ*聖堂参事会の写本LX（58）中の文書の集成で，助祭テオドシウスの署名がある．他に見出されない重要な素材を含んでいる．

## 『テオドシウス法典（ほうてん）』
Theodosian Code

コンスタンティヌス*の時代からテオドシウス２世*の時代までにローマ皇帝が定めた通則の集成．テオドシウス２世の命で集成・編纂された同法典は，438年に公布された．東方でユスティニアヌス１世*により廃棄されたあとも（➡『ユスティニアヌス法典』），西方では権威ある法典として認められた．

## テオドティオン
Theodotion（おそらく２世紀）

オリゲネス*の『ヘクサプラ』*において，七十人訳聖書*のすぐあとに置かれた，旧約聖書のギリシア語訳の訳者ないし改訂者．彼に帰されたいくつかの抜粋はそれ以前の改訂者の仕事であろう．

4世紀以降の教会において，ダニエル書に関しては七十人訳聖書よりむしろこのテオドティオン訳が好んで用いられた．

## テオドトス

Theodotus（2世紀）

グノーシス主義*者．ウァレンティノス*の弟子で，アレクサンドリアのクレメンス*により保存された彼の著作の断片から知られる．

## テオドトス

Theodotus（Cobbler or Leather-seller）（2世紀）

「靴職人ないし革商人」．養子論*的モナルキア主義*者．彼の考えでは，イエスは受洗の際，聖霊によって聖別されキリストになった人間であった．彼は教皇ヴィクトル1世*により破門された．

## テオドトス

Theodotus（445年頃没）

アンキュラ*主教．当初はネストリオス*の支持者であった彼は，その最も断固たる敵対者の一人になり，431年のエフェソス公会議*でキュリロス*の側に立って顕著な役割を果たした．テオドトスの残存している著作には降誕祭*と「聖母マリアの清めの祝日」*のための説教があり，これらの祝日の初期の証言となっている．

## テオドラ1世（せい）

Theodora I（500頃-547）

ユスティニアヌス1世*の妻で，527年に共治する女帝として戴冠された．彼女は当時の神学論争に多大な影響を及ぼした．キリスト単性論*者に共感しており，ユスティニアヌスが特に「3章」*論争においてキリスト単性論者と和解しようとしたのも，おそらく主に彼女が原因であろう．

## テオドリクス

Theodoric（455頃-526）

475年から東ゴート王，493年からイタリアの支配者．幼少期を人質としてコンスタンティノポリス*で過ごした．487年に，彼はオドアケルを倒してイタリアを支配するよう，皇帝ゼノン*に命じられた．テオドリクスはオドアケルを敗り殺害し，次いで実質的に独立して支配した．彼とその臣民はアレイオス*派であったが，カトリック教会がその聖堂，財産，特権を保持することを認めた．

## テオドリクス（シャルトルの）

Thierry（Theodoricus）of Chartres（1100頃-1155頃）

哲学者，教師．ブルターニュ出身の彼は，1125年頃から1141年までパリ*で教師として名声を博し，おそらく1141年にシャルトル*司教区のチャンセラー*になった．1148年のランス*教会会議でのギルベルトゥス・ポレタヌス*の審議に参加した．

テオドリクスの最も独創的な成果は，自由学芸をキリスト教の教理に適用したことである（➡自由学芸7科）．ボエティウス*の『聖なる小論』（*Opuscula Sacra*）に関する彼の分析は，ギルベルトゥス・ポレタヌスが提案したものより保守的な，三一神*の解釈をもたらした．テオドリクスによれば，三一神の教理は単一性（御父）の考察から演繹されねばならず，それが同等性（御子），さらに両者の絆（聖霊）へとつながるのである．『6日間の御業について』（*De Sex Dierum Operibus*）は，自らがプラトン*とアリストテレス*から学んだことから見た，創世記1章に関する大胆な解釈である（➡『6日物語』）．彼はアリストテレスの四原因を三位一体のペルソナ（位格）に措定し，御父を作用因，御子を形相因，聖霊を目的因とし，他方，神により創造された物質を質料因とした．

## テオドルス（タルソスの）（聖（せい））

Theodore of Tarsus, St（602頃-690）

668年からカンタベリー*大司教．小アジア出身のギリシア人で，彼を教皇ヴィタリアヌス*に推薦したハドリアヌス*がブリタニアまで彼に同行した．テオドルスは教会体制の改革に取りかかり，司教区を分割し，司教職を拡充した．672/73年に，彼はハートフォード*で全イングランド教会の最初の重要な教会会議を召集し主宰し，また679年に再度ハットフィールド*で教会会議を開催した．多くの著作が最近彼のものと同定された．彼に帰された『償いの規定書』は彼の見解を反映している．祝日は9月19日．

### テオドレトス
Theodoret（393頃-460頃）

423年から，シリアのキュロス（Cyrrhus）主教．彼はやがて，ネストリオス*とアレクサンドリアのキュリロス*間のキリスト論論争に巻き込まれた．キュリロスに反対した論争的な著作で，テオドレトスはキリストにおける両性論（duality）を主張し，テオトコス*の称号をただ比喩的な意味でのみ受け入れた．彼は448年にこの立場をその後の信仰告白で放棄したにもかかわらず，449年に開催されたエフェソス強盗会議*で罷免され，追放された．新たに即位した皇帝マルキアヌスは彼を451年のカルケドン公会議*に召喚し，彼は不本意ながらネストリオスにアナテマを宣告した．彼はどうやら自教区を無事に管理しつつ晩年を過ごしたらしい．1世紀後に，キュリロスに反対した彼の著作は「3章」*論争の対象となり，553年のコンスタンティノポリス公会議*で断罪された．

彼の残存する著作には，『ギリシア人の疾病の治療』(*Graecarum Affectionum Curatio*) というすぐれたキリスト教護教論，キリスト単性論*に対する駁論である『物乞い』(*Eranistes*)，エウセビオス*の著作を引き継いで428年までを扱った『教会史』，アンティオキア*学派の最もすぐれたものともいうべき，釈義的な著作がある．

### テオドロス（ストゥディオスの）（聖）
Theodore of Studios, St（759-826）

修道院改革者．794年にビテュニア地方のサックディオン（Saccudium）大修道院長になった．796年に，彼は皇帝コンスタンティノス6世の不法な結婚に反対して追放されたが，翌年に呼び戻された．799年に，彼とその修道院の大半はサラセン人の侵攻にさらされたサックディオンから，コンスタンティノポリスの古いストゥディオス*修道院へと移り，同修道院はテオドロスのもとで東方修道制の拠点になった．レオン5世は813年に皇帝になると，聖画像破壊*政策を再開して，その最も強力な反対者であるテオドロスを追放した．820年のレオンの暗殺後，テオドロスは呼び戻されたが，聖画像崇敬はコンスタンティノポリスでは禁じられ，彼は残りの生涯を対岸のトリュフォン（Tryphon，現トルコのコジャエリ［Kocaeli］）半島で過ごした．彼の著作には，『小要理教育論』，『大要理教育論』，『既聖ホスティア*による典礼論』，数編の霊的な説教がある．東方教会で広く崇敬されている．祝日は11月11日．

### テオドロス（読師の）
Theodore the Lector（6世紀）

歴史家．彼の『3部史』(*Historia tripartita*) は，ソクラテス*，ソゾメノス*，テオドレトス*の教会史からの抜粋からなっている．彼自身の教会史はユスティヌス1世（527年没）の時代まで及んでいたが，断片しか残っていない．

### テオドロス（モプスエスティアの）
Theodore of Mopsuestia（350頃-428）

アンティオキア*学派の釈義家，神学者．392年から，彼はキリキアのモプスエスティア主教であった．その聖書注解において，彼は批判的・文献学的・歴史的な方法論を用い，アレクサンドリア*学派の寓喩的な解釈を否定した．受肉における彼の教えは，431年のエフェソス公会議*と553年のコンスタンティノポリス公会議*で断罪されたが，シリア語で保存された彼の著作の復元から分かったことは，彼が時に不当に断罪されたということである．彼のキリスト論的な用語は不明確である．➡「3章」

### テオドロス（ライトゥの）
Theodore of Raïthu（550年以後，おそらく7世紀に活動）

スエズ湾岸のライトゥ修道院の修道士．のちに（ライトゥに近い）ファラン（Pharan）主教になったと思われ，キリスト単働論（monenergism，➡セルギオス）の主唱者として，キリスト単意論*論争の初期の段階に巻き込まれた．彼はまた『備え』（*Praeparatio*）を書き，アレクサンドリアの聖キュリロス*とカルケドン公会議*のキリスト論的な定式を擁護し，アンティオキアのセウェロス*とハリカルナッソスのユリアノス*の教説を批判した．

## テオパスキタイ派

Theopaschites

（ギリシア語で「神受難論者」の意．）受肉のキリストとの一体性という見解から，神が受難したと言いうると考えた，5-6世紀の人たち．この主題に関する最初の論争が起こったのは，ペトロス・ホ・クナフェウス*らのキリスト単性論*者がキリスト論的な賛歌と見なしていた「トリスアギオン」*に，彼が「我らのために十字架につけられた」という一節を付加したときである．その付加は，それが三一神*に向けられていると見なしたカトリック側から断罪された．第2の論争の中心となったのは「三一神の1つが肉において受難された」という定式であって，最初は519年にコンスタンティノポリス*のスキタイ人修道士たちにより擁護された．それはコンスタンティノポリス総主教および（若干の躊躇はあったが）教皇ホルミスダス*によって否定されたが，皇帝ユスティニアヌス1世*および教皇ヨアンネス2世によって支持された．553年の第2コンスタンティノポリス公会議*は，肉において十字架につけられたキリストが三一神の1つであることを否定する人たちにアナテマを宣告した．➡御父受難説

## テオバルドゥス

➡シーオボールド

## テオファニア

➡顕現（神の）

## テオフィロス（アレクサンドリアの）

Theophilus（412年没）

385年からアレクサンドリア*総主教．総主教時代の初期には，彼はその都市に残っていた異教の撲滅に積極的な役割を果たした．もともとオリゲネス主義*の支持者であった彼は，オリゲネス主義の修道士に対する反対者になった．「長身の兄弟たち」*が聖ヨアンネス・クリュソストモス*によってコンスタンティノポリス*で庇護されたとき，テオフィロスはこの機会を利用して，403年の「樫の木教会会議」*でクリュソストモスを罷免させた．祝日はコプト教会とシリア教会ではそれぞれ10月15日と10月17日である．

## テオフィロス（アンティオキアの）

Theophilus（2世紀後半）

アンティオキア*主教，護教家*．彼の『護教論』の目的は，神に関するキリスト教的概念およびオリュンポス宗教の不道徳な神話よりも創造*の教理がすぐれていることを異教世界に提示することであった．彼は神性（Godhead）に関して「三つ組」*の語を用いた最初の神学者であった．

## テオフュラクトス

Theophylact（1050/60年頃に生まれ，1125年以後に没）

ビザンティンの釈義家．1090年頃に，彼はブルガリア人の地にあるオフリド（Ohrid，現マケドニア）大主教になった．彼の主著は，旧約聖書の数文書および黙示録を除く新約聖書の全文書に関する注解である．それらは思想と表現において明快で，本文に忠実に従っているが，同時に実践的な道徳性を強調している．

## 『テオロギア・ゲルマニカ』

➡『ドイツ神学』

## 『テオロギア・ドイチュ』

➡『ドイツ神学』

## テカクウィタ（聖）

Tekakwitha, St Kateri（1655頃-1680）

「モホーク族（Mohawks）の百合」．父はイリコイ族（Iriquois）酋長で，母はキリスト教徒のアルゴンキン族（Algonquin）出身者であったが，彼女は幼くして孤児になり，父方のおじに引き取られ

た．彼女は村を訪れたイエズス会*の宣教師に感銘を受けた．1676年に，彼女は受洗し，家族の反対に遭ったので，モントリオールに近いキリスト教徒のモホーク族の部落に移った．極端な禁欲主義を実践した．修道女たちに出会って，彼女はモホーク族の女性にとり異例なことであるが，貞潔の誓願を立てた．1980年に列福されたが，どうやら列福された最初のアメリカ先住民らしい．彼女は2012年に列聖された．祝日はアメリカ合衆国では7月14日，カナダでは4月17日．

## デカルト
Descartes, René（1596-1650）

フランスの哲学者．1629年にオランダに落ち着き，その形而上学の最終的な言明である『第1哲学についての省察』（*Meditationes de Prima Philosophia*）を1641年に，浩瀚な哲学的・科学的教本である『哲学の原理』（*Principia Philosophiae*）を1644年に出版した．1649年に，彼はスウェーデン女王クリスティーナ*の家庭教師となった．

数学の明確さと確実さに惹かれたデカルトは，その方法論を人間の知識全体に広げようとした．この目的のために，彼は「最小の懐疑を想定しうる一切のものを否定する」懐疑の方法論をたてたが，それは哲学のための揺るぎない基礎に至るためであった．これを彼は有名な「コギト・エルゴ・スム」*の中に見いだす．彼の神の存在証明は彼が自らの中に見いだす神観念から出発する．その観念を生じさせたものは，そこに表されているあらゆる完全さを有しているにちがいない．

## デカルト主義（しゅぎ）
Cartesianism

R. デカルト*の教説に表された哲学体系．

## デキウス
Decius（251年没）

249年からローマ皇帝．249年に，彼はすべての臣下が異教の神々に犠牲を捧げ，自らの服従を示す証明書を取得するように命じた．古来の宗教との一致の一般的な行為としておそらく意図されたことが，帝国規模でのキリスト教徒の迫害*につながった．➡証明書購入者

## 適応（てきおう）
accommodation

神学において，テキストないし教えを変化した状況に適合させること．この語は以下の場合に用いられる．(1) 特にカトリックにおいて，聖書のテキストに著者が意図していない意味をもたせる場合．たとえば「ヨセフのもとに行け」というファラオの言葉（創41:55）をイエスの養父に関連づけている．(2) 18世紀のドイツの自由主義神学者たちが，聖書をとおして神と交わる方法を説明する場合．たとえば旧約聖書*の一部の著者性や悪霊憑きの客観的事実に関するキリストの言葉や想定は，イエスの思想を当時のユダヤ教に意識的に適応したものと説明される．(3) キリスト教徒によるより一般的な意味での教えにおいて，慎重さのために真理のただ一部だけを教えたり，キリスト教の教えをよりいっそう受け入れやすくするためにその形を変更したりする場合．この意味での適応の顕著な例は，中国*におけるイエズス会*の宣教師のやり方であって，神の代わりに「天」を用い，改宗者が祖先崇拝と類似した儀式を続けるのを認めた．

## 滴礼（てきれい）
aspersion

志願者がただ洗礼の水を散布される洗礼*の方法で，例外的な場合にのみ認められると考えられている．➡灌水礼

## テクラ（聖（せい））
Thecla, St

処女．彼女に関する伝承は『パウロとテクラの行伝』*に由来する．祝日は西方では9月23日（1969年に削除），東方では9月24日．

## テサロニケ
Thessalonica

現在はセサロニキ（Thessaloniki）と呼ばれるが，

長くサロニカ（Salonika）と呼ばれたこのギリシアの都市は，前315年頃に建設された．ローマ人のもとで，マケドニア州の事実上の首都となった．後50ないし51年に聖パウロ*がその都市を訪問し，建設したキリスト教共同体は（使17章），その正統信仰と確固たることで有名であった．

## テサロニケの信徒への手紙（テサロニケ書）
Thessalonians, Epistles to the

Ⅰテサロニケ書はおそらく51年頃にコリント*で聖パウロ*により書かれた．彼がそこで改宗者たちに確約しているのは，キリストの再臨*の際，キリストにある死者がまず最初に復活し，それから，生き残っている者が彼らと一緒に御自身と出会うことである．彼はこれらの出来事の時間と時期について記すことをしないが，主の日は「盗人が夜やって来るように」来る（5:2）．パルーシア*が間近に迫っていると信じて，日常の義務を怠っていたテサロニケの信徒に対して，Ⅱテサロニケ書は背教と「滅びの子」が最初に出現することを想起させているが，まだ「阻止している」ものがあると教えている（2:6）．これはクラウディウス（Claudius）帝治下のローマ帝国を指すかもしれないが，伝統的な見解では，超自然的な力を指す．

Ⅰテサロニケ書の真正性は一般に認められている．Ⅱテサロニケ書の真正性が多くの学者により否定されている理由として，１つには両書簡の終末論における相違があるが，さらに後者の言語の一致が模倣を示唆しているからでもある．

## 手燭（ブジア）
bugia（scotula, palmatorium）

ろうそく*を灯した携帯用の燭台で，カトリックの司教が祈禱書を読むときに時おり傍らに置かれる．

## 『テスタメントゥム・ドミニ』
Testamentum Domini

初期キリスト教の短い論考で，キリストの言葉に含まれているとしている．教会規律の問題，教会建築，典礼に関する詳細な規則を含んでいる．おそらく4-5世紀に由来し，個人の編集によるもので，どの教会の公的な慣行も示してはいない．

## テゼ共同体
Taizé Community

ロジェ・シュッツ・マルソーシュ（Roger Schutz-Marsauche, 1915-2005年）により1940年に創始された，エキュメニカルな修道共同体．彼の目的はキリスト教徒間の分裂を解決する道を示し，キリスト教徒の和解をとおして人類の対立を克服することであった．ブルゴーニュのテゼに家を購入した彼は，ユダヤ人や他の難民の世話を始めた．最初の兄弟たちは1949年に修道誓願を立てた．彼らはみなプロテスタントであったが，1969年以降，カトリックも加わった．1958年以降，共同体はテゼに多くの若者を迎え入れている．毎週の「大陸をつなぐ集い」（intercontinental meetings）の中心にあるのは，「和解の教会」（Church of Reconciliation）における１日３回の共同の祈りである．毎年，兄弟たちは「ヨーロッパの集い」を開き，何千もの若者を大都市の小教区から数日間迎え入れている．

## テッツェル
Tetzel, Johann（1464頃-1519）

ドイツのドミニコ会*員．リヴォニア（Livonia, 現ラトヴィア）のドイツ騎士団*領において免償*（贖宥）を説いたのち，1516年に彼はローマのサン・ピエトロ大聖堂*の修復のために免償を説くように任じられた．彼が自ら属した仲間に課せられた指示に従って主張した論点は，金銭を支払うことで煉獄*における魂のために，たとえ恩恵を受ける状態にない魂によってでさえ，免償が獲得されうるということである．彼の説教はM. ルター*が1517年に「95箇条の提題」を提示するのを促進した．

## 鉄の王冠
Iron Crown

ランゴバルドの王冠．ランゴバルド王アウトリスの寡婦であるテオデリンダ（Theodelinda）のために作られた王冠で，594年にトリノ公に贈られ，近代のイタリア王国に伝わった．内側の鉄環は真の聖十字架の釘から作られたといわれる．

## 徹夜祭（てつやさい）
Vigil

（ラテン語の *vigilia* は「不寝番」「夜警」の意．）夜間に行われる礼拝，および拡大して祝祭日の前日（前夜）を指す．早い時期から，復活徹夜祭*では一連の長い聖書朗読が行われ，それは夜明けの聖体拝領で終わった．4世紀に，洗礼*が「聖霊降臨の主日」*にも授けられるようになると，同様な徹夜祭が生まれた．この頃までに，土曜日の夜から主日の朝まで，またはおそらく主日の朝早くから毎週，徹夜祭を守った証拠があり，このような徹夜祭は祈りの礼拝としてさかんで，復活に関する福音書の箇所の朗読で終わった．他の機会の徹夜祭もさかんになった．ある地域では，徹夜祭は拡大して晩課*の形をとり，他の地域では，朝の聖務日課*が早い時間に拡大した．

8世紀以降，徹夜祭を前日の夕方に早めるのがふつうになり，徹夜祭は徐々にその日の朝にくりあがった．多くの祝祭日には徹夜祭が行われるようになり，それは前日の特別のミサとほとんど変わらなかった．1969年のカトリック暦は復活徹夜祭のみを保持したが，特別の聖書の箇所が一定の祝祭日前の日々の夕方のミサのために定められ，1971年の聖務日課書*にも主日や祝祭日の徹夜祭のためのいくつかの箇所が載っている．

パルーシア*が真夜中に起こるという信仰は，エジプトの初期の修道士に影響を及ぼしたと思われる．彼らが共同生活をするようになったとき，夜間の大半を祈りと詩編唱のうちに過ごした．都市に住む禁欲主義者もどうやら夜明けの公の礼拝前に祈りと詩編朗読のために集まったらしい．詩編が聖書の朗読箇所に入れられるようになった．修道院の聖務日課と修道院以外の教会の聖務日課が影響し合った．『ベネディクトゥス会則』*は夜の聖務日課を「徹夜課」（vigiliae）と呼んでいる．

東方教会では，（晩課，アポデイプノン*，真夜中の聖務日課，オルトロス*からなる）徹夜祭の礼拝はその重要性を保持し続けている．修道院では，主要な徹夜祭が厳かに長く行われている．

## デッラ・ロッビア
della Robbia, Luca (1399/1400-1482) and Andrea (1435-1525)

フィレンツェの芸術家．叔父のルーカの作品には，大理石彫刻，フィレンツェ大聖堂の青銅製の北側祭具室の扉，施釉テラコッタでの浮彫があり，最後のものはしばしば青い背景に白い人物を示し，果物や草花で縁取られている．甥のアンドレーアの作品には，フィレンツェの孤児院の玄関を飾った幼児の円形浮彫の連作や多くの聖母子像がある．

## テ・デウム
Te Deum

韻文による，御父と御子に対する賛歌．22節以下は祈願で，早い時期に原文に付加された．この賛歌を聖アンブロシウス*や聖アウグスティヌス*に帰することは，現代の学者により否定されている．聖務日課*におけるその使用は，『ベネディクトゥス会則』中に言及されている．『祈禱書』は早禱*中に ‘We praise thee, O God’（「神よ，われら汝をたたえ」『讃美歌』563番参照）という英訳を載せている．現代のアングリカンの典礼は少なくともいくつかの機会に，「朝の祈り」(Morning Prayer) での使用を認めているが，しばしば結びの節を省き，また中心部分が埋葬式*によって用いられることがある．

## テトス（聖（せい））
Titus, St

聖パウロ*の異邦人の弟子．テトスはエルサレム*での使徒たちのいわゆる教会会議（council）に向かう旅行で最初に登場し（ガラ2:1），その後コリント*への宣教に派遣された（Ⅱコリ8:6，16-17，23）．テトス書1:5によれば，彼は教会を組織するためにクレタに残され，エウセビオス*は彼がその初代主教になったといっている．祝日はギリシア教会とシリア教会では8月25日，西方教会では以前は1月4日，次いで2月6日，現在は聖テモテ*とともに，1月26日．テトス書について，牧会書簡の項参照．

## テートとブレーディー
Tate, Nahum（1652-1715）and Brady, Nicholas（1659-1726）

1696年の『詩編の新訳』（*New Version of the Psalms*）の著者．2人はアイルランドのプロテスタントであった．テートは1692年に桂冠詩人になった．1688年に叙任されたブレーディーは，ウィリアム3世，メアリ，女王アン*のチャプレンであった．『詩編の新訳』は当時の誇張した趣向による韻律詩編であって，徐々にT. スターンホールド*とJ. ホプキンズの翻訳に置き換わり，19世紀前半まで広く用いられた．

## デ・ドミニス
de Dominis, Marco Antonio（1560頃-1624）

1602-16年にスパラト（Spalato, 現スプリト）大司教．政治的・個人的に苦境にたち，大司教職を辞任せざるをえなかった．彼はイングランドで歓待され，1617年に，ウィンザー大聖堂の主席司祭*になった．『教会政体論』（*De Republica Ecclesiastica*）において，ローマの君主制的な政体を批判し，国教会を擁護した．彼は1622年にイングランドを去り，ローマと和解し，その後，英国教会を批判した．

## デニー
Denney, James（1856-1917）

スコットランド自由教会*の神学者．スコットランド合同自由教会*で重要な役職に就き，スコットランド国教会との再合同運動に指導的な役割を果たした．教理的には，彼は自由主義的立場から福音主義的立場へ移った．

## テニソン
Tenison, Thomas（1636-1715）

1695年からカンタベリー*大主教．大主教法廷（Archbishop's Court）を復活し，海外福音宣教協会*（SPG）の創設に多大な貢献をした．ホイッグ党および低教会派*の見解を支持したため，女王アン*のもとで不遇であった．

## デニソン
Denison, George Anthony（1805-96）

1851年からトーントン（Taunton）の大執事*．1854-58年に，彼は聖餐*における「真の臨在」*の教理を説いたかどで民事裁判所に起訴されたが，有罪を免れた．

## テネブレ
Tenebrae

聖週間*の木曜日，金曜日，土曜日に行われる朝課*と賛課*の通称．1955年まで，その3日間の前夜にくりあげて歌われた．（ラテン語で「暗闇」を意味する）この名称はおそらく，礼拝中に1本ずつ聖堂内のろうそくを消していく儀式に由来した．

## 「手の動き」
manual acts

1662年の『祈禱書』*のルーブリック*（典礼注規）は，聖餐式の司式者がパテン*を両手で取り，パンを裂き，自らの手をその上に置き，またぶどう酒の奉献の際も同様の動きをすることを義務づけている．1875-77年のリズデール審判*における枢密院司法委員会*の判断では，会衆が「手の動き」を見ることができないように，司式者が意図的に立つべきではない．

## デ・フィデ
*de fide*（*de fide catholica*）

カトリック神学において，ある命題が教会により明確に真であると宣言され定義されたならば，その命題は「デ・フィデ」（ないし「デ・フィデ・カトリカ」）である，すなわちカトリックの信仰として守るべきだとされる．

## デフェンソル
Defensor（7世紀後半）

ポワティエに近いリギュジェ（Ligugé）の修道士．修徳文書『火花の書』（*Liber Scintillarum*）を編集し，これは中世をつうじて広く流布し，ベーダ*などの作とされた．

## 手袋（典礼用の）
gloves, liturgical

西方教会では，典礼用の手袋は教皇ミサの際教皇および他の幾人かによりはめられた．その使用は1968年に義務的ではなくなった．

## デ・プロフンディス
*De profundis*

（ラテン語で「深淵から」の意．）その冒頭語から，詩編130編がこう呼ばれる．西方では伝統的に，死者のための祈りに用いられる．

## テーベ軍団
Theban Legion, the

テーベ地方*出身のキリスト教徒からなる軍団で，ディオクレティアヌス*帝の迫害で虐殺されたといわれる．➡マウリキウス

## テーベ地方
Thebaid, the

ナイル川上流地方で，その首都であるテーベ（Thebes）にちなんだ名称．3世紀以降，キリスト教修道制の発祥地となった．

## デミウルゴス
Demiurge

「職人」を意味するギリシア語で，プラトン*により可見的世界の制作の記事の中で神的存在について用いられ，キリスト教のギリシア語の著作家によっても万物の創造者としての神について用いられている．グノーシス主義者*はこの語を貶めて，物質界の起原を帰した下位の神について用い，至高神と区別した．英語ではふつう，この語はこのグノーシス主義との関連で用いられる．

## テミスティオス派
➡アグノエタイ派

## デメトリオス（聖）
Demetrius, St（231/32年没）

189年からアレクサンドリア*主教．初めは彼はオリゲネス*を支持して，202年頃，アレクサンドリア教理学校*の長として認めた．のちに，オリゲネスがまだ信徒であるのにパレスチナで説教したとき，デメトリオスは彼を呼び戻し，その行為を非難した．231年に，デメトリオスは彼がカイサリア*で正規の手続きを踏まず司祭に叙階されたため追放し，直後にその司祭職を剝奪した．祝日は東方では10月26日，西方では10月9日．

## テモテ（聖）
Timothy, St

聖パウロ*の第2回伝道旅行の際の仲間で，その後その最も親しい友人の一人であったらしい．テモテはテサロニケ*（Ⅰテサ3:2）やコリント*（Ⅰコリ4:17）への宣教を任された．Ⅰテモテ書1:3が示唆しているのは，彼がエフェソ*でパウロの代理になっていたことであり，エウセビオス*は彼をその都市の初代主教と見なしている．彼は97年に殉教したといわれる．祝日は1月26日（以前は24日），ギリシア教会とシリア教会では1月22日．

## デュヴェルジェ・ド・オランヌ
➡サン・シラン

## デュ・カンジュ
Du Cange, Charles Dufresne（1610-88）

フランスの歴史家，文献学者．彼の1678年の『中・近世ラテン語著作用語辞典』（*Glossarium ad scriptores mediae et infimae latinitatis*）は，今も後期ラテン語（Late Latin）の重要な完結した辞書である．1688年に，後期ギリシア語（Low Greek）に関する同様の辞書も出版された．

## デュシェーヌ
Duchesne, Louis（1843-1922）

フランスの教会史家．1895年から，彼はローマのフランス学院長であった．キリスト教考古学と初期の教会史の分野で優れていたが，その鋭い批

判精神と伝統的な伝説に対する否定的な態度のゆえに批判者も多かった.

## デュシェーヌ（聖）

Duchesne, St Rose Philippine（1769-1852）

聖心会（Society of the Sacred Heart）のアメリカで最初の修道院の創立者. 裕福な家庭に生まれた彼女が1788年に入ったグルノーブルのマリア訪問会*の修道院は, 1792年に解散した. 1804年に, 彼女は（1800年に創立された）聖心会に入会し, 1818年に, L. W. V. デュブール*による自教区での宣教師を求める訴えに応えて, ニューオーリンズに派遣され, ミズーリ州セント・チャールズに女子修道院と学校を設立した. 翌年, 本院はミズーリ州フロリサント（Florissant）に移転した. ここで, 彼女は修練院を設立したが, フランス文化を（奴隷制*に関する問題を含む）アメリカの状況に適応させるさい, さまざまな困難に遭遇したために, 1839年に職を辞した. 1841年に, 彼女はシュガー・クリーク（Sugar Creek）のポタワトミ（Potawatomi）・インディアンへの宣教に赴き, 大いに敬われた. 病のために自らの修道院に戻らざるをえなかった彼女は, そこで悔悛・祈り・黙想のうちに生活した. 1988年に列聖された. 祝日は11月17日.

## テュートン騎士団

➡ドイツ騎士団

## デュパン

Dupin, Louis Ellies（1657-1719）

ガリカニスム*を支持した神学者. 約60巻の浩瀚な『教会著作家新叢書』（*Nouvelles Bibliothèques des Auteurs Ecclésiastiques*, 1686-1719年）の最初の数巻は批判を受けた. 1693年にパリ大司教により譴責されたが, 同叢書の執筆を継続し, それが禁書目録*に載せられたのは1757年になってからであった. 彼は1717年にロシア教会とフランス教会の合同計画に参加し, また1718年には, 同じく実ることはなかったが, 英国教会とフランス教会の合同を達成することを試みて, カンタベリー大主教ウェイク*と文通した.

## デュパンルー

Dupanloup, Félix Antoine Philibert（1802-78）

1849年からオルレアン司教. フランスにおける最も重要なカトリックの教育者の一人となり, 1850年に認められた, 私立学校を経営する権利を教会のために確保することに尽力した. 1870年の第1ヴァティカン公会議*では, 彼は少数派の人たちに投票を控え, 退席するよう勧めたが, 彼は公会議の決定を受け入れた.

## テュピコン

typicon

東方教会における典礼の手引きで, 暦年をつうじていかに礼拝が唱えられるべきかを指示している. この語はまた, 修道院の会則をも指す.

## テュービンゲン

Tübingen

テュービンゲン大学は1477年に創立され, ヴュルテンベルク（Württemberg）がウルリヒ公により1534-35年にプロテスタント化したとき, ルター派正統主義（Lutheran orthodoxy）の拠点になった. 18世紀後半, 啓蒙主義*が敬虔主義*後に起こったとき, ゴットロープ・クリスティアン・シュトル（Storr, 1746-1805年）に率いられた神学の「テュービンゲン学派」が現れた. この学派を特徴づけた「聖書的超自然主義」は, 聖書を神の啓示として擁護し, 文法的・歴史的釈義*によって合理的に解釈した. このように啓示を強調し, キリストを最高の神的に証言された神の使者としたことはその近代的合理主義を, I. カント*により擁護された宗教における理性の中心性や J. S. ゼムラー*の適応*の理論から識別した. 19世紀に F. C. バウル*により創始された別の神学のより有名な学派（➡テュービンゲン学派）は, その歴史的発展が神の霊により示された, 新約聖書とキリスト教教理に関する理解を確立した. カトリック神学部が J. A. メーラー*のもとに1817年に創設された. 同学部を特徴づけたのも, 歴史的方法と思弁的方法の結合, および近代思想を啓示の事実と関係づける必要性の強調である. これは K. アダム*や H. キュング*の仕事に継続した.

## テュービンゲン学派（がくは）
Tübingen School

F. C. バウル*により創始された，ドイツの歴史神学者の学派．同学派は歴史をつうじての精神の弁証法的な運動という G. W. F. ヘーゲル*の概念から，キリスト教の発展を理解した．初期の教会は「ペトロ派」(Petrinists,「ユダヤ人キリスト教徒」) と「パウロ派」(Paulinists,「異邦人キリスト教徒」) に分かれ，彼らの対立は2世紀後半にやっと解けた (「カトリシズム」)．たいていの新約聖書の文書は2世紀後半の「総合」への過程の段階と見なされ，それが言及する時期に対して歴史的な価値がほとんどないと見なされた．同学派の影響力は1840年代に頂点に達した．その年代づけはやがて放棄されたが，その歴史的方法論はその後の学問を形成した．カトリックのテュービンゲン学派について，「テュービンゲン」の項参照.

## デュブール
Dubourg, Anne（1520頃-1559）

フランスのプロテスタントの殉教者．1557年にパリ議会の議員 (*conseiller-clerc*) になった．1559年の復活祭に，彼はユグノー*とともに聖餐にあずかった．議会においてユグノーを擁護する挑発的な演説をしたため，彼は逮捕され，異端のかどで裁かれ，火刑に処せられた.

## デュブール
DuBourg, Louis William Valentine（1766-1833）

カトリックの大司教，アメリカでの教育後援者．フランスの貴族出身の彼は，1790年にパリで叙階されたが，フランス革命で危険にさらされスペインに逃れた．1794年にボルティモアに赴き，翌年，聖スルピス会*に入会した．彼は1803年にボルティモアにセント・メアリズ・カレッジを創立し，その後，E. A. B. シートン*がメリーランド州エミッツバーグで初等学校を開設したり，セント・ジョセフ・カレッジおよび愛徳修道女会 (Sisters of Charity) のアメリカ支部を設立したりするのを後援した．1812年に，彼はニューオーリンズ司教区の使徒座管理者 (apostolic administrator)，1815年にルイジアナ司教になった．彼が1820年に青年のために開設した学院はセント・ルイス大学に発展した．彼は1826年に司教職を辞してフランスに戻り，モントバン (Montauban) 司教，次いで1833年にブザンソン大司教になった.

## デュ・プレシ・モルネー
du Plessis-Mornay, Philippe（1549-1623）

ユグノー*の指導者．1572年の「サン・バルテルミの虐殺」*を逃れ，ユグノー側の軍事指導者として，またオラニエ公ウィレムやナヴァル王アンリ (のちのアンリ4世*) の外交顧問として活動した．1589年に，彼はソミュール (Saumur) 知事となり，1593年にそこにプロテスタントの大学を創設した．同年のアンリのカトリックへの改宗は彼にとり打撃であったが，宗教的寛容*のために尽力し続け，1598年のナント王令*の発布に貢献した．同年に，彼は聖餐に関する論考を出版した．J. D. デュ・ペロン*は誤った引用があると批判した．1600年の公開討論で，デュ・プレシは敗れたが，誤った引用はほとんど見いだされなかった．1621年に迫害が再開したとき，彼は知事を解任された.

## デュ・ペロン
Du Perron, Jacques Davy（1556-1618）

フランスの枢機卿．カルヴァン派*のミニスター*の子であった彼は，1577-78年にカトリックになった．アンリ4世*が1593年にカトリック教会に受け入れられる前に指導にあたり，1595年に王の赦免を確保するためにローマに派遣された．彼は多くの論争に関わったが，1600年のP. デュ・プレシ・モルネー*との論争もその一つである．デュ・ペロンは1604年に枢機卿になり，1606年にサンス (Sens) 大司教に任じられた．彼の著作においても，1615年の3部会での有名な演説においても，彼はガリカニスム*に対してウルトラモンタニズム*を擁護した.

## 『テュポス』
Typos, the

『エクテシス』*と取り替えるために，647年ないし648年に皇帝コンスタンス２世により発布された勅令．何人であってもキリスト単意論*にせよキリスト両意論*にせよそれを主張することを禁止し，教えが最初の５回の公会議*で定義されたことに限定されるように要求した．

## デュ・ムーラン
du Moulin, Pierre（1568-1658）

フランスの改革派の神学者．宗教論争で顕著な役割を果たし，カトリック信徒もカルヴァン派もひとしく刺激する仲介的な立場を支持した．

## デューラー
Dürer, Albrecht（1471-1528）

ドイツの画家，版画家．彼の宗教画には，有名な祭壇画がある．聖書の挿絵として広く用いられた彼の木版画は，イタリアの画家にも影響を及ぼした．彼の版画を特徴づけるのは，綿密に観察された背景の風景画である．彼はカトリックの信仰を否定したことはなかったが，宗教改革には共感していた．

## デュリー
Dury（Durie）, John（1596-1680）

スコットランドのプロテスタントのミニスター*．プロイセンで，彼はカトリック以外の諸教会，特にルター派教会とカルヴァン派教会の合同案を策した．1634年に，彼は英国教会の司祭に叙任された．彼は宗教的な一致をめざして，しばしば旅行した．内戦の際，初めは王党員であった彼は，1643年にロッテルダムでチャプレンを務め，1645年にロンドンに戻って，ウェストミンスター信仰告白*と『ウェストミンスター教理問答』*の起草に関わった．

## テラペウタイ派
Therapeutae

エジプトのユダヤ人からなるキリスト教以前の修道院的な共同体で，フィロン*に記述されている．彼らの歴史については，何も知られていない．

## デリッチ
Delitzsch, Franz Julius（1813-90）

ドイツの旧約聖書学者，オリエント学者．ルター派の敬虔主義的な背景をもち，ユダヤ系の出自の彼は，反ユダヤ主義と闘い，ユダヤ人の改宗を促進するよう努めた．彼は1886年にライプツィヒに「ユダヤ教研究所」（Institutum Judaicum, のちに Institutum Delitzschianum と改称）を設立し，1877年に，新約聖書をヘブライ語に翻訳した．彼は旧約聖書に関して一連の注解書を刊行し，ラビ文学に関しても多数の著作がある．

## デリンガー
Döllinger, Johann Joseph Ignaz von（1799-1890）

バイエルン出身の教会史家．1826-73年に，彼はミュンヘン大学教会史教授であった．当初，彼はウルトラモンタニズム*を信奉していたが，やがてローマの影響力に対して批判的になった．『ヤーヌス*の手紙』（*Letters of Janus*, 他の人たちとともに1869年に出版）および『クィリヌス*の手紙』（*Letters of Quirinus*, 1869-70年に出版）は，彼が第１ヴァティカン公会議*および教皇の不可謬性*の教理に対する手強い批判者であることを示した．公会議の決定を受け入れるのを拒んだため，彼は1871年に破門された．晩年，主に復古カトリック教会*と関わりをもち，教会再一致のために活動した．➡ボン教会再一致会議

## テルステーゲン
Tersteegen, Gerhard（1697-1769）

ドイツのプロテスタントの敬虔な著作家．20歳のとき敬虔主義*者の一派と関わって回心を経験し，リボン織りで生計をたてながら隠遁生活を送った．1728年以降，彼は魂の指導と信心の集会にまったく専念した．フランスの静寂主義*の著作をドイツ語に翻訳したほかに，彼は詩や讃美歌およびカトリックの神秘家の一連の伝記を刊行した．彼の信心は極めて個人主義的であった．今日，彼は

主にその讃美歌で知られており，その中に，'Gott ist gegenwärtig'（「くしきみいつ」『古今聖歌集』156番）がある．

## テルトゥリアヌス
Tertullian, Quintus Septimius Florens（160頃-225頃）

北アフリカの教父．異教徒としてカルタゴで育った彼は，法律家であったと思われる．197年までにキリスト教に改宗した．その生涯と著作の年代は議論の的になっている．

テルトゥリアヌスは多くの護教的・神学的・禁欲的な著作を書いた．197年頃の『護教論』（*Apologeticum*）において，彼はキリスト教に対する寛容を訴え，異教の迷信を非難し，キリスト教徒の道徳性に対する告発に反論し，キリスト教徒が国家にとり決して危険ではなく有益な市民であると主張している．キリスト教徒に向けた道徳的・規律的な著作において，彼は不道徳や偶像礼拝に染まることを免れるのに必要な，異教社会からの分離を強調している．多くの職業や社会制度が禁じられ，結局は殉教を受け入れねばならない．彼は『聖ペルペトゥア*と聖フェリキタス*の殉教』の編者であろう．彼の神学的著作はその発端と様式においてたいがいは論争的である．初期の『異端者への抗弁』（*De Praescriptione Haereticorum*）において，おおむねすべての異端信仰を扱い，唯一の真の教会のみが真正な伝統を所有し，聖書を解釈する権威をもち，議論の必要がないと説いている．マルキオン*に反対して，旧約聖書と新約聖書の御神の同一性および預言者が語ったメシア*とイエス・キリストの同一性を擁護した．プラクセアス*に反対して，様態論*の非聖書的・非歴史的な意味を明示し，三一神*に関する明確な教理を述べようとした．霊魂伝遺説*を擁護した『魂について』（*De Anima*）において彼が道を開いた，堕罪*と原罪*に関する悲観主義的な教えは，聖アウグスティヌス*を経て，ラテン神学を支配するようになった．テルトゥリアヌスにおける厳格主義的な傾向およびそれが引き起こした対立は，彼をモンタノス派*に傾倒させた．彼の厳格主義は，『結婚の1回性について』（*De Monogamia*）や『貞節について』（*De Pudicitia*）のような，残存しているモンタノス派的な著作において明らかである．

## デルバリゼー断片（だんぺん）
Der Balyzeh fragments

1907年に，上エジプトのデルバリゼーで発見されたギリシア語のパピルス*写本の不完全な断片．それに含まれているのは，典礼の祈りと（6世紀の）信条である．年代がさまざまに推定されているその祈りは，「制定の言葉」*のまえにエピクレーシス*の存在を示している．

## テルマリオン
thermarion

東方教会において，聖餐の際に，聖別後のぶどう酒に混ぜるために用いたり，祭壇を奉献する際に，その洗浄のために用いたりする温水を容れる器．

## テレサ（マザー・テレサ）（聖（せい））
Teresa, St Mother（1910-97）

「神の愛の宣教者会」（Missionaries of Charity）の創設者．アグネス・ゴンジャ・ボヤジウ（Agnes Gonxha Bojaxhiu）は現在のマケドニアでアルバニア人の家庭に生まれた．1928年に，ロレット修道会（Sisters of Loretto）に入会し，リジューのテレーズ*からテレサと名乗った．彼女は富裕層に迎合する学校で教えるために，カルカッタ（現コルカタ）に派遣された．最も貧しい人たちに惹き付けられるのを感じ，1948年に修道会を退会することを許可された．サリーを着用した彼女は，カルカッタのスラムに入って暮らし，貧者の子どもたちを教え，見捨てられた人たちの世話をした．他の人たちも彼女に加わり，1950年に新しい修道会「神の愛の宣教者会」（女子修道会）が認可された．それに続いて，1963年に「神の愛の兄弟宣教者会」（Missionary Brothers of Charity），1969年に「国際マザー・テレサ共働者会」（International co-Workers of Mother Teresa）が創設された．（特に死を待つ人たちに対する）彼女の献身は世界の心象をとらえた．インドで国葬が行われた．2016年に列聖され

た．祝日は9月5日．

## テレサ（アビラの）（聖）
Teresa of Ávila, St（1515-82）

「テレサ・デ・ヘスス」（Teresa de Jesús）に対する通称．スペインの神秘主義者．1535年にアビラでカルメル会*のエンカルナシオン修道院（「緩和会則派」［Mitigated Observance］）に入ったが，彼女が最終的に完徳の生へと回心したのは1555年になってからであった．彼女の神秘的な生活はその直後に，神からの語りかけ，最初の脱自*，キリストの知的直観から始まった．反対にもかかわらず，彼女は1562年にアビラで，原始会則を遵守するサン・ホセ修道院を創立した．ここで，霊的な自叙伝である『生涯』を完成したのち，（修道女［nuns］のために）『完徳の道』を書き始めた．1567年以降，聖フアン・デ・ラ・クルス*の協力で，修道女と托鉢修道士（friars）のために，原始会則を遵守する修道院（「跣足*カルメル会」［Discalced Calmelites］）を創立することに従事した．同時に，彼女自身の宗教生活は深まって，1572年に「霊的な結婚」の状態に達した．彼女は『霊魂の城』，いくつかの小著，数編の詩を書いた．彼女の霊的著作家としての影響力が画期的なのは彼女が初めて，論弁的な（discursive）黙想*と脱自*の中間にある祈りの状態の存在を指摘し，黙想からいわゆる神秘的な結婚への祈りの生活全体を体系的に記述したからである．彼女は霊的な経験を不断の活動と結びつけた．祝日は10月15日．

## テレジオ
Telesio, Bernardino（1509-88）

イタリアの人文主義者．1566年に，彼はナポリで科学アカデミーを創建した．彼の教説は極端な経験論に基づいていたが，質量と形相というアリストテレス*の教説が物質と力の教説に置き換わる，思弁的な体系を構築した．

## テレーズ（リジューの）（聖）
Teresa（Thérèse）of Lisieux, St（1873-97）

フランスのカルメル会*の修道女．敬虔な時計屋の娘であった彼女は，15歳でリジューのカルメル会の修道院に入る許可を得た．1890年に誓願を立て，1893年以降，修練長補佐であった．彼女は結核にかかって没した．

彼女の名声が広まった主な理由は，リジューの女子修道院長がテレーズの自叙伝である『ある霊魂の物語』（*L'Histoire d'une âme*）の改訂版をカルメル会の全修道院に配布することを決めたからであった．奇跡が報告され，1907年にはこれらの記述がその自叙伝に添付された．彼女は1925年に列聖された．彼女への崇敬が普通の人たちに広く受け入れられた理由として，彼女の生活は，聖性（sanctity）の獲得が極端な苦行をとおしてだけでなく，小事における不断の断念（renunciation）をとおしても可能なことを示しているからである．彼女はその自叙伝の副題から「小さき花」と愛称される．祝日は10月1日（以前は，3日）．

## テレスフォルス（聖）
Telesphorus, St（137年頃没）

127年頃からローマ司教．彼はその殉教がはっきり証言されている唯一の2世紀の教皇である．祝日は東方では2月22日，西方では1月2日ないし5日（1969年に削除）．

## テレマコス（聖）
Telemachus, St

テオドレトス*によれば，テレマコスは東方出身の修道士で，ローマの剣闘士の競技を終わらせようとして，391年に剣闘士を引き離すために競技場に入り，観客によって殺された．祝日は1月1日．

## 天
Heaven

キリスト教神学では，神と天使の住まいであり，最後には，すべての贖われた人がその永遠の報いを受けることになる住まい．聖書では，天は空の上にあると考えられている．

すべての信仰をもつ弟子たち（単に例外的な人間でなく）が，キリストの勝利をつうじて，結局キリストとともに栄光のうちに支配するというのは，キリスト教特有の希望と信仰である．このことは歴史の終わりに達成されると考えられようが，一般的復活（general resurrection）の前でさえ，贖われた人の少なくとも幾人かはキリストとともに，すなわち天において存在することも信じられた．カトリックの教理によれば，これらは恩恵の状態で没し，煉獄*でそのしみを清められ，天に昇り，そこで完全な至福を享受している魂であるが，（聖母マリア*を例外として）そのような魂は，死者の一般的復活までその身体との再結合を待っている．現代の神学者が強調するのは天上の生活の細部よりむしろその質である．

## 転嫁
imputation

義認*に関する古典的なプロテスタント神学によれば，「キリストの義」は信徒が転嫁に基づいて義とされるために，信徒の人格にとり外来的ながら，信徒に転嫁ないし帰与される（reckoned）．対照的に，カトリックの教理によれば，信徒は各自にとり本来的な分与された（imparted）ないし注入された（infused）義に基づいて義とされる．

## 天蓋（行列用の）
canopy, processional

カトリック教会において，行列の際の聖体，また以前は特定の高位聖職者の上を覆った天蓋．

## 天使
angel

聖書では，天使たちは数えきれないほど多くの，神と人間との中間的存在として表され（たとえば創32:2），天の廷臣であり（イザ6章），特定の天使は国々や人々のために神の命令を実行するものだといわれる（たとえばダニ10:3と12:1）．キリストは民衆の信仰を是認したと思われ，多くのキリストの言葉（たとえばマタ16:27，18:10，26:53）が天使に言及している．新約聖書*の記者たちは，キリストがその生涯の最重要な時点ではいつも天使たちに囲まれていたと述べている．

1世紀において，天使への関心は比較的に薄く，主にエフェソ書1:21とコロサイ書1:16に挙げられた天使の秩序の問題に集中していた．偽ディオニュシオス*の『天上位階論』では，天使たちはそれぞれ3つの階級からなる3つの位階に整理されている．中世には，天使たちの細部，たとえばその実体性・形態・本性に関して思弁や論争があった．概して，カトリックは天使の実在性を説き，聖人にささげるのと同様な崇敬を定めている．プロテスタントは定義することを避けてきており，現代では，そのような超自然的な存在の概念全体に異議が唱えられている．➡守護天使，大天使，能天使

## 天使祝詞
➡アヴェ・マリア

## 伝承（伝統，聖伝）
tradition

初期の教父*において，「伝承」は神によりなされ，御自身によりその民に預言者と使徒をとおして伝えられた啓示を意味する．それは何か「言い渡されたもの」でなく「引き渡されたもの」を意味する．3世紀以降，それは時に明確に，聖書に含まれた福音書の記録と同一視された．

より近代的な意味で，伝承は原初の信仰の説明と解明の持続的な流れを意味し，キリスト教が過去の時代に提示し理解した方法を明示する．それは過去の蓄積された知恵である．宗教改革期に，書かれていない伝承の啓示および聖書が論争の的となった．聖書のみの有効性に対するプロテスタントの信仰に反対して，トリエント公会議*は聖書および書かれていない諸伝承（聖伝）が同等の権威をもつものとして受け入れられるべきことを規定したと思われる．第2ヴァティカン公会議*はこの区別を最小限にして，聖書および伝承が「同じ神的な源泉から流れ出て，一致へと合流し，同じ目的に向かう」と述べている．

## 伝承史的研究
traditio-historical criticism

聖書批評学において，（しばしば口頭による伝達と特定の関連をもつ）本文と主題の発展の研究，およびそれらが生み出された共同体の生活における状況とその文化的な背景の研究. ➡編集史的研究，様式史的研究

## 天地創造（てんちそうぞう）

➡創造

## 伝統（でんとう）

➡伝承

## 伝道者（でんどうしゃ）

➡福音宣教者

## 伝統主義（でんとうしゅぎ）

Traditionalism

厳密な意味では，19世紀のカトリックの一群の思想家が提案した理論で，それによれば，いっさいの形而上学的・道徳的・宗教的な知識は，間断のない伝承として人々に伝えられた神の原初の啓示に基づいている．いかなる真理にも独力で到達する力を人間理性に対して否定して，啓示された伝承を信じることをあらゆる知識の起原とする．多くの教令で断罪され，1870年の第1ヴァティカン公会議*で可能なカトリック的学説から排除された．

## 伝道の書（でんどうのしょ）

➡コヘレトの言葉

## 転任（てんにん）

➡移動

## テンプル

Temple, Frederick（1821-1902）

1897年からカンタベリー*大主教．1857-69年にラグビー校校長，1869-85年にエクセター*主教，1885-97年にロンドン主教であった．ロンドン時代，彼は1890年のリンカーン裁定*で一定の役割を果たし，また高教会派*との対立に巻き込まれた．彼の首座主教*職を特徴づけたのは，『アポストリチェ・クーレ』*に対する1897年のカンタベリーとヨーク*の両大主教による「応答」(Responsio)，1897年のランベス会議*，1899-1900年のランベス見解*の公表である．

## テンプル

Temple, William（1881-1944）

1929-42年にヨーク*大主教，1942年からカンタベリー*大主教であった．彼はフレデリック・テンプル*の息子であった．1923年に，彼は1938年に『英国教会の教理』*に関する報告書を出した委員会の委員になり，1925年にその委員長になった．ヨーク大主教時代，特に社会的・経済的・国際的な問題に対する関心をとおして，国民生活に貢献した．1941年にモルヴァン会議*を主宰した．彼はまた「信仰と職制」*運動および「生活と実践」*運動を支援した．彼のカンタベリー大主教時代には，第2次世界大戦が影を落としたが，枢機卿A. ヒンズリー*および自由教会*会議議長とともに，戦後の解決策を導く原則をまとめた声明を出した．祝日は『共同礼拝』*では11月6日．

## テンプル騎士団（きしだん）（神殿騎士修道会（しんでんきししゅうどうかい））

Templars（Knights Templar）

正式名称は「キリストとソロモンの神殿との貧しい騎士団」で，中世キリスト教界の二大騎士団(military Orders）の一つ．本来の中核はシャンパーニュ出身の騎士ユーグ・ド・パイヤン（Hugues de Payens）と8人の仲間から構成されており，彼らは1119年頃，聖地の公道で巡礼者を保護する誓願を立てた．彼らには，ソロモンの神殿*の聖域内に宿舎が与えられた．1128年のトロワ（Troyes）教会会議で，聖ベルナルドゥス*が起草したといわれる彼らの会則は認可された．彼らはやがて影響力でも富でも増大し，キリスト教界の至るところで財産を獲得した．彼らには教皇職から広範な特権が付与された．12-13世紀の十字軍*国家において，テンプル騎士団とヨハネ騎士団*の軍事力は戦闘で重要な役割を果たした．

同騎士団の誠実さと信頼性のゆえに，銀行とし

て信用されるようになった．その富は1291年にアッコが陥落した後に衰微していった．フランス王フィリップ4世はその富を欲しがり，裏切った騎士団員の助けで，彼は騎士団に対して男色・瀆神*・異端信仰の嫌疑をかけた．クレメンス5世*は1312年にヴィエンヌ公会議*で同騎士団をしぶしぶ解散させた．テンプル騎士団の無罪性は現在は一般に認められている．

## テンプル騎士団支団
preceptory

テンプル騎士団*において，その地方の領地に組織された共同体．

## テンプルトン財団
Templeton Foundation

大資本家のジョン・テンプルトン卿（1912-2008年）により15億ドルの毎年の基本金で1972年に創設された本財団は，究極的実在に関する諸発見への基金的な触媒の働きをし，複雑性，進化論*，赦し，愛をも含む多くの主題についての研究を支援している．「宗教における進歩」に関するテンプルトン賞の毎年の授与で最もよく知られている．これは生命の霊的次元を肯定することに格別に貢献した現存者に栄誉を与える．賞金の額がノーベル賞より高いのは，（ノーベルが配慮しなかった）「宗教における進歩」が他のどんな領域における進歩よりも重要であるという，テンプルトンの信念を反映している．

## テンポラーレ
Temporale

ミサ典礼書*，レクティオナリウム*，聖務日課書*の一部で，教会暦による礼拝のさまざまな部分を含むが，サンクトラーレ*に定められている部分は除かれる．

## デンマークのキリスト教
Denmark, Christianity in

キリスト教が9世紀に確乎たる地歩を占めたのは，デーン人の長であるハーラルがフランク王ルートヴィヒ1世*を訪問した際に受洗し，帰途に聖アンスカル*を伴ったときである．11世紀に，キリスト教は一般に受け入れられた．デンマークの宗教改革は1520-40年に起こった．ルター派の信条が1530年に採用され，1537年に，J. ブーゲンハーゲン*がルター派の監督制を創設し，新しい礼拝様式を導入した．17世紀に，デンマーク教会はルター派の「正統主義」の温かみのない主知主義の影響を受け，17世紀後半から18世紀前半に，それへの敬虔主義*的な反発を経験した．19世紀の正統派のルター主義のリバイバルは主にN. F. S. グロンドヴィ*の働きである．完全な信仰の自由を認めた1849年と1852年の法律で，福音主義ルター派教会は非国教化されたが，国家の支援を受け続けている．1947年に，監督のうちの一人の反対があったが，議会は女性牧師を認める法律を制定した．デンマークからの海外宣教は1814年に始まり，その最大の活動地は東アフリカである．

## 典礼
Liturgy

この語は以下の2つの意味で用いられる．(1) 私的な信心と対比された，教会のすべての規定された礼拝．(2) 特に，東方教会では，聖餐式を指す（奉神礼）．派生的な意味では，礼拝を規定する式文やその研究をも指す．

## 典礼以外の聖務案内
➡ミサ執行案内

## 典礼運動
Liturgical Movement

教会の正式な礼拝における信徒の積極的な参加を回復することをめざす運動．カトリック教会において，その復興はP. L. P. ゲランジェ*に由来しようが，その主たる刺激は1903年の教会音楽に関するピウス10世*の教令および彼による頻繁な聖体拝領の奨励から起こり，いくつかのベネディクト会*修道院により促進された．第2次世界大戦頃のフランスや少し遅れてドイツで，この運動の勢いは修道院の拠点から小教区へと広がった．発達してきた形式で典礼の細心な遵守を回復する試みに，儀式自体の改革という問題が付け加わったのは，儀式を以前の典礼的慣行および同時代の司牧的必要性といっそう調和させるためであった．ピウス12世*は1951年と1955年に聖週間*の典礼の改定をもって，典礼儀式の改革を開始した．第2ヴァティカン公会議*は信徒の参加を奨励し，自国語の使用と儀式の改革を定めた（新しいミサの通常式文*，レクティオナリウム*，典礼暦が1969年に，また最も新しいミサ典礼書*が1970年に発行された．洗礼*，堅信*などの新しい儀式に関しては各項目参照）．最近では，異なる文化が広がる世界の異なる地域での執行のために，典礼を適応させる可能性が考察されている．

英国教会では，聖餐式に中心的位置を与えるという，トラクタリアン*により始められた儀式主義運動（Ritualist Movement）は，20世紀前半に発展した．その後，さまざまな朝の礼拝を1回の「教会区聖餐」で置き換える傾向など，主日礼拝の様式にも変化が起こっており，典礼の共同的側面を強調する儀式が，広くカトリック教会から取り入れられている．他の諸教会でも，個人主義に反対する同様な動きがある．

## 「典礼外の儀式」

extra-liturgical services

公認の典礼式文中に決まった形式がさだめられていない儀式（礼拝）．

## 典礼学（礼拝学）

liturgiology

典礼およびそれと関連する主題に関する学問的研究．

## 典礼色

colours, liturgical

教会暦のさまざまな季節に応じて，祭服や他の典礼用品に用いる色の編成は，12世紀前半のアウグスチノ修道祭式者会*の用法に初めて見られる．西方教会における標準的な編成（白，赤，緑，紫，黒）はずっとのちに確立された．東方教会では典礼色に関して明確な規定はない．

## 典礼注規

➡ルーブリック

## 典礼秘跡省

➡礼部聖省

## 典礼暦（教会暦）

year, liturgical（ecclesiastical calendar）

西方教会では，キリスト教の1年は週*および復活祭*と降誕祭*の祭日を基本とし，待降節*第1主日から始まる．主日*の算定は伝統的に，待降節のあいだ，降誕祭のあとと公現祭*のあと，四旬節*のあいだ，復活祭のあと，「聖霊降臨の主日」*ないし「三位一体の主日」*のあとの順でなされてきた．1969年にカトリック教会に導入された暦によれば，公現祭のあとの「年間の主日」（Sundays of the Year）は，四旬節の初日から「聖霊降臨の主日」までの期間を除いて，連続して算定される．この方式は現在，多くのアングリカン諸教会でも採用されている．東方正教会でも，典礼暦は西方とほぼ同じであるが，それが（ビザンティン帝国での課税年度が開始した）9月1日に始まり，また四旬節から復活節（Eastertide）までの期間以外の主日が，「五旬祭*後の」主日と算定されることが異なっている．その四旬節から復活節までの期間は，復活祭前の10週間と「五旬祭後主日」（Sundays after Pentecost）を含む．➡暦，トリオディオン，ペンテコスタリオン

## 『天路歴程』

*Pilgrim's Progress, The*

ベッドフォードの獄中で書かれた，J. バニヤン*のこの傑作の第1部は1678年に，第2部は1684年に出版された．「滅亡の都」から「天の都」への旅の途中で，クリスチャンが出会う人物や出来事（たとえば「世俗賢人」「グレイト・ハート」「落胆の沼」「ハウス・ビューティフル」）はイングランドの宗教文学の一部になっている．

# と

## ドイツ騎士団（テュートン騎士団）
Teutonic Order（Order of German Knights）

ドイツ騎士団は1190年にアッコの近くに開設された看護施設から発展した．1198年に，ヨハネ騎士団*の会則による騎士団に改編し，1245年にテンプル騎士団*の会則を遵守するようになった．騎士，司祭，信徒修道士からなる同騎士団は，パレスチナとシリアで活動し富裕化したが，やがてキリスト教界の領域をよそに拡大しようとした．マゾフシェ（Mazowsze）公コンラット（のちのポーランド王）は異教徒のプロイセン人を征服するように騎士団員を招請し，1226年にフリードリヒ2世*は総長に諸侯の権限を授け，騎士団に将来の征服地に対するほぼ無制限な権利を与えた．1231年に，騎士たちはヴィスワ川を渡り，1236年以降，騎士団はリヴォニア（Livonia，現ラトヴィア）にも拡大したが，13世紀後半以降，ますます領地の管理に専念した．リトアニアがカトリックとなり，1386年にポーランド王国と合同したとき，騎士団の十字軍的な仕事は意味を失った．1525年に，総長プロイセンのアルブレヒト*はその職を辞し，ルター派に変わり，領地を世俗国家の公国とした．同騎士団はオーストリアにおいてハプスブルク家の庇護のもとに存続し，1840年頃以降，特に陸軍病院や学校における病院活動に，その使命を再び見出してきた．

## ドイツ・キリスト者
German-Christians（*Deutsche Christen*）

ナチズムとキリスト教のあいだに統合をもたらそうとしたプロテスタントのグループ．1933年に，彼らは教会内の選挙で過半数を得て，最も有名なメンバーであったルートヴィヒ・ミュラー（Müller）が，ドイツ福音主義教会の帝国監督*になった．（ユダヤ人を聖職者や教会の役員から排除する）「アーリア人条項」（Aryan paragraph）を帝国教会の規約に挿入しようとする彼の試みおよび彼が福音主義青年団をヒトラー・ユーゲントに編入したことは，初期の告白教会*を離反させ，またハンス・ケルル（Kerrl）が1935年に教会担当大臣に任命されることにより，ミュラーは実質的に権力を失った．にもかかわらず，ドイツ・キリスト者は第2次世界大戦のあいだ，ドイツの領邦教会（*Landeskirchen*）の過半数の指導権を保持した．戦後，最も極端なメンバーは公的には姿を消し，他のメンバーは自由教会に入るために脱退した．

## 『ドイツ神学』（『テオロギア・ドイチュ』，『テオロギア・ゲルマニカ』）
*Theologia Deutsch*（*Deutsche Theologie*）

14世紀後半にドイツ騎士団*の司祭によってドイツ語で書かれた匿名の霊的な論考．神との合一の道として，徹底的な霊の貧困と自己否定を勧めている．

## ドイツ福音主義教会
Evangelical Church in Germany（*Evangelische Kirche in Deutschland*）

1945年に形成された，ドイツの自立的なプロテスタント領邦教会の連合体．27の加盟教会の7つはすでに，ルター派*教会と改革派*教会を含む合同福音教会（Evangelical Church of the Union）を結成していた．これらの教会間には，完全な聖礼典の交わりがあるが，ルター派教会はまだ正式には合同福音教会や改革派教会と完全な相互陪餐を認めていない．1948年に，ルター派の領邦教会はドイツ福音主義教会の中に，ドイツ合同福音ルター派教会（United Evangelical Lutheran Church of Germany）を結成した．1973年のいわゆるロイエンベルク協約*に基づいて，ドイツ福音主義教会の加盟教会間のよりいっそうの一致に到達する試みは，全加盟教会の承認を得られなかった．

## 登位宣言
Declaration of the Sovereign（Royal Declaration）

ウィリアムとメアリが1689年に王位に就いたとき，議会が２人に課したカトリックの信仰を否定する宣誓．すべてのその後の英国の君主により実行されてきたが，その形式は1910年に簡素化された．

## 同意宣言書
Assent, Declaration of

（英国教会の「歴史的な式文集」と呼ばれる）「39箇条」*，『祈禱書』*，オーディナル*への同意宣言書で，その職に就く条件として，英国教会のすべての主教，聖職者，朗読奉仕者（readers），信徒奉仕者（lay workers）に同意が要求される．

## 同一実体
consubstantial

「１つの同じ実体からなる」．この語は特に，三位一体の３つのペルソナ（位格）間に存在する永遠の関係について用いられる．➡ホモウーシオス

## ドゥエー
Douai

フランス北東部の都市．以前はスペイン領ネーデルラントに属していたドゥエーは，1562年にフェリペ２世*により創立された大学の所在地であり，そこにはイギリス諸島出身のカトリックの学生のために建てられたいくつかのカレッジがあった．W. アレン*が創設したものは，イングランドで活動する司祭を訓練する重要な神学校となり，そのメンバーが「ドゥエー・ランス聖書」*を翻訳した．カレッジがフランス革命で閉鎖されたのち，その活動はアショー（Ushaw）付近とウェア（Ware）のセント・エドマンズ・オールド・ホール（St Edmund's Old Hall）で続いている．➡ダウンサイド・アビー

## ドゥエー・アビー
Douai Abbey

バークシャーのウールハンプトン（Woolhampton）にある．1615年にパリで創立された，イギリスのベネディクト会*の「殉教王聖エドマンド修道院」はジャコバイトの拠点となった．フランス革命中の苦難を経て，修道士たちは1818年に，現在のダウンサイド・アビー*の修道士が立ち退いたあとのドゥエー*の建物に移った．彼らは1903年にフランスから追放されたが，ドゥエーの名を保持しながら，ウールハンプトンに居住している．

## ドゥエー・ランス聖書
Douai-Reims Bible

現代まで英語圏のカトリック信徒により用いられている聖書の翻訳．これはドゥエー*にあったイングリッシュ・カレッジのメンバーが翻訳した．新約聖書は（カレッジが一時的に移っていた）ランス*で1582年に，旧約聖書は1609–10年にドゥエーで出版された．その翻訳はウルガタ訳聖書*からなされ，極めて逐語的である．現代版は1749–50年にR. チャロナー*によりなされた改訂に基づいている．➡英語訳聖書

## 等価的功徳
condignity

恩恵*に関するスコラ*神学において，堕落した人間がキリスト教徒として聖霊に自覚的に頼りつつ行う行為は罪人として，神の「等価的功徳による恩恵」（*gratia de condigno*）に値すると見なされる．➡合宜説

## ドゥクオボル派
➡ドゥホボール派

## 同時２地点存在
bilocation

１人の人が同時に２つ以上の場所に存在すること．

## 答唱（レスポンソリウム）
responsory

伝統的に一連の唱句*と唱和（responses）からなる典礼での聖歌で，テキストは通常，聖書から取られる．別々の人たちが1文ないし1行を交互に歌うように意図して配列されている．ミサにおいて以前に答唱が行われたのは昇階唱*（現在は，カントル*ないし聖歌隊と会衆により歌われる答唱詩編［Responsorial Psalm］で置き換えられている）および奉納*の際であった．聖務日課*では，「読書課」*中の朗読後に答唱があり，「小答唱」（responsorium breve）が他の聖務日課中のリトル・チャプター*に続いて行われる．英国教会では，『共同礼拝』*が朝夕の祈りにおけるゴスペル・カンティクルの前に答唱を定めている．

## 同性愛
homosexuality

旧約聖書において，同性愛的振舞いへの唯一の明確な言及は，創世記19:4-11のソドム*の物語であり，おそらく関連することが士師記19章およびレビ記18:22と20:13に記録されている．新約聖書において，同性愛はⅠコリント書6:9-11とⅠテモテ書1:10，そして最も強くローマ書1:27で戒められており，多くの道徳家がこれらの箇所により支持されると見なす見解は，同性愛が，生殖のためでない他の性行為とともに，自然法*に反するというものである．

教父時代，中世，その後のキリスト教の道徳家はこの判断を受け入れたのであって，やっと現代になって，同性であれ異性であれ，その道徳的価値を決定するのは関係の質であることが論じられてきた．1991年に，英国教会の総会の主教部会は信徒間の永続的な関係における同性愛行為を否定しない報告を出したが，聖職者は聖書的理念を維持する特別な責任を有すると主張した．しかしながら，1998年のランベス会議*は，すべてのキリスト教徒にとり「節制*が結婚へと召されていない人たちには正しい」という考えを表明した．同性愛的振舞いの罪性，特にその職制との関係をめぐる諸問題は現在，アングリカン・コミュニオン*の一致をおびやかしており，アメリカ聖公会*は2003年以降，同性愛者の司祭や主教を公に叙任しているのに対し，アフリカの諸教会は同性愛の容認に反対している．イギリスでは，非信従者*の諸教会によっては，同性愛者を職制に受け入れ，また同性婚を祝福している．正教会は同性愛的行為を罪と見なすので，同性のパートナーシップへの祝福の要求を拒否している．そのような結びつきを「結婚」と称したい世俗の権威に反対しているのは，カトリックの聖職者であり，多くのアングリカンである．

## トゥトゥ（ツツ）
Tutu, Desmond Mpilo（1931-）

1986-96年に南アフリカ聖公会ケープタウンおよび首都大主教．黒人のアフリカ人である彼はケープタウン大主教になる前に，1975-76年にヨハネスバーグの主席司祭*，1976-78年にレソト主教，1978-85年に南アフリカ教会協議会（South African Council of Churches）の総幹事，1985-86年にヨハネスバーグ主教であった．彼はE. U. T. ハドルストン*から影響を受けた．聖書が政治的な書物であり，人種差別的で不正な体制に反対する教えを伝えていると確信したトゥトゥは，他の南アフリカの黒人指導者が没したり獄中にあったので，アパルトヘイトに対する南アフリカで最も有名な反対者になった．多くの人々に敬われた彼は，1984年にノーベル平和賞を受賞した．アパルトヘイト撤廃後は，1995-99年に「真実・和解委員会」（Truth and Reconciliation Commission）の委員長であった．

## 同等蓋然説
Equiprobabilism

聖アルフォンソ・デ・リグオーリ*が擁護した倫理的学説．それによると，問題が法の停止に関わる場合，より厳格な道に従うべきであるが，その法自体が存在するかどうかが問題な場合，より自由な道を追求してもよい．➡蓋然説

### 道徳劇(どうとくげき)
Morality Play（Morality）

15-16世紀に人気のあった，演劇*の一形態で，その中で，さまざまな抽象概念を擬人化した主要人物が道徳的な真理や教訓を与えた．道徳劇は神秘劇*から独立して発達したが，併存した．

### 道徳再武装(どうとくさいぶそう)
Moral Re-Armament

F. N. D. ブックマン*が「道徳的・霊的な再武装」を呼びかけた1938年以降の，オックスフォード・グループ*の活動の通称．2001年に，イニシアティヴ・フォー・チェンジ（Initiatives for Change）と改称した．

### 道徳神学(どうとくしんがく)
➡倫理神学

### 道徳哲学(どうとくてつがく)（倫理学(りんりがく)）
moral philosophy（ethics）

超自然的な啓示に由来する考察から離れて，何が善か，何が義かという問いを探求する哲学の一部門で，道徳的概念の本性・意味・根拠を吟味する．

### トゥニチェラ
tunicle

西方教会の典礼において，副助祭*がアルバ*の上に着用した祭服．ローマ帝国後期の日常の外套から発展したと思われる．1972年に，副助祭職がカトリック教会において廃止されるとともに着用されなくなった．

### ドゥブリキウス（聖(せい)）
Dubricius（Dyfrig）, St（6世紀）

ランダフ*の有名な司教．彼はウェールズ南部に修道制を定着させたと思われるが，一般に彼に関する伝承は信頼できない．祝日は11月14日．

### ドゥプレックス・クェレラ
Duplex Querela

英国教会において，主教が自らに推薦されたある聖職者に対して聖職禄*を授けることを拒否したとき，その聖職者に認められた訴訟法．➡クァーレ・インペディット

### 東方(とうほう)3博士(はかせ)（占星術(せんせいじゅつ)の学者(がくしゃ)たち）
Magi

（ギリシア語で「賢人たち」の意.）マタイ福音書2:1-12によれば，キリストを礼拝した最初の異邦人．星に導かれて，彼らは黄金・乳香・没薬の贈り物をもって東方からベツレヘム*に来た．彼らが王であったという考えはキリスト教の伝承ではテルトゥリアヌス*に初めて現れ，彼らの人数が3人であったとしたのはオリゲネス*が最初である．彼らの聖遺物といわれるものがケルン*大聖堂に納められている．➡公現祭，ベツレヘムの星

### 東方正教会(とうほうせいきょうかい)（正教会(せいきょうかい)）
Orthodox Church（Eastern Orthodox Church）

ほとんどが主として東ヨーロッパに位置する諸教会の総称．各教会はその内的な管理において独立しているが，ともに同じ信仰を共有し，互いに交わり，コンスタンティノポリス*総主教*（世界総主教*）の名誉的首位権を認めている．

「正教会」と呼ばれる存在は歴史的にビザンティン帝国の教会から発展した．その東側は，5-6世紀のキリスト単性論*とネストリオス*に関わるシスマにより制限されることになった（オリエンタル・オーソドックス教会*も「正教会」と称している）．9世紀以降，ローマとコンスタンティノポリスのあいだの緊張が増大し，伝統的には1054年に年代づけられる最終的な分裂に至ったが，それは実際は漸進的な過程であった．主要な教理的問題点は教皇側の主張とフィリオクェ*であった．東方にも西方にも制限を受けた正教会は，北方に拡大した．宣教活動が9世紀に聖キュリロス*と聖メトディオス*により開始され，ブルガリア*，セルビア*，続いてロシア*が主としてビザンティンの宣教師の活動をつうじてキリスト教信仰へと改宗した．1453年のコンスタンティノポリス陥落以降，ロシア教会（Church of Russia）は正教会全体の

中で最大で最も影響力のある教会である．5世紀以上にわたって，その正教*は最初はオスマン帝国，次に共産主義のもとで迫害を受けたが，1988年頃の共産主義勢力の崩壊とともに，新しい拡大の時代がロシアおよび東ヨーロッパの他の地域で始まった．主に1920年以降の移民をとおして，正教はアメリカ合衆国*，西ヨーロッパ，オーストラリア*，アフリカに伝わった．

正教会の信仰は何よりもまず7つの公会議*の教義的な決定事項に基づいている．いくつかの地方教会会議（主教会議）もまた，正教会の教理に決定的な影響を及ぼしたが，特に「神の光」に関するヘシュカスモス*の教えを承認した1341年と1351年のコンスタンティノポリス教会会議，および聖餐と教会の本性に関する正教の教えを明確化した1642年のヤーシ*教会会議と1672年のエルサレム*教会会議がそうである．正教会は7つの「機密」(mysteries，秘跡*）を認めるが，機密と死者の埋葬*のような他の準機密的行為のあいだに厳密な区別がない．洗礼*は浸礼*で行われ，「傅膏」(chrismation，堅信*）は受洗の直後に司祭により行われ，子どもも幼時から聖体にあずかる．原則として，礼拝はその国語で守られるが，多くの場所で古語が用いられている．イコン*の崇敬は公私ともに正教会の礼拝で重要な役割を果たしている．死者への執り成し*は正教の霊性で強調されるが，カトリシズムで発達したような煉獄*の教理は認められていない．修道院は正教の歴史をつうじて影響力が大きく，主要な修道的拠点はアトス山*である．主教は独身の聖職者から選ばれる．教会区司祭は一般に結婚しているが，輔祭になる前でなければ結婚できない．たいていの正教会は現在は世界教会協議会*に参加しており，近年はオリエンタル・オーソドックス教会とも友好関係を発展させ始めている．

## ドゥホボール派（ドゥクオボル派）
Doukhobors

（ロシア語で「霊を求めて闘う者」の意．）起原が不明なロシアの分派．1740年頃に，ハリコフ地方の農民のあいだで起こったと思われる．彼らはロシア政府と衝突するようになり，大半はキプロスやカナダへ移住した．カナダへの移住者の大部分はさまざまな激動を経て，1938年にドゥホボール正教会（Orthodox Doukhobors）とも呼ばれる組織(Union of Spiritual Communities in Christ)になった．ロシアに留まった人たちは迫害され続けた．ドゥホボール派の信仰によれば，神はすべての人間の中に存在し，したがって人間は平等であり，キリストは霊感を受けた指導者の継承の一環をなしている．彼らは聖書，秘跡，キリスト教の教義を否定する．

## 糖蜜聖書（とうみつせいしょ）
Treacle Bible

1539年のグレート・バイブル*の通称で，エレミヤ書8:22中，「ギレアドに乳香がない」の「乳香」を「糖蜜」と訳したことに由来する．欽定訳聖書はそれを ‘balm’ と訳している．

## ドゥーム
Duhm, Bernhard（1847-1928）

ドイツの旧約聖書学者．1888年から，バーゼル大学教授であった．彼の主要な研究は預言者に関するものである．1892年のイザヤ書*の注解書において，イザヤ56-66章を後代の作（第3イザヤ*）として，40-55章（第2イザヤ*）と分離し，また「主の僕の歌」*が第2イザヤの作ではないと論じた．

## ドゥラ・エウロポス
Dura Europos

ユーフラテス河畔の古代都市．発掘により，最古の（245年より以前に）確実に年代づけられるユダヤ教のシナゴーグ*および初期のキリスト教の教会堂が発見された．後者は個人の家の2部屋からなっており，おそらく240年代にさかのぼる．

## トゥラブディン
Tur ‘Abdin

（直訳すると「(神の）僕のための山」)．トルコ南東部の地域で，エデッサ*の北にあたり，多くの初期のシリア正教会*の修道院の遺跡や現在も存続している教区教会堂で有名である.

## ドゥランドゥス（サン・プルサンの）

Durandus of Saint-Pourçain（1275頃-1334）

ドミニコ会*員の哲学者. パリ大学で教え, 1313年にアヴィニョン*の教皇庁で講じるために召喚され, のちに司教になった. 彼は唯名論*と呼ばれることになる立場の最初期の主唱者の一人であった. 可知的形象と可感的形象に関する当時の学説を否定して, 唯一の真の実在が個物であると考え, 物体の個別化がその質料と形相の結合によることを認めた. 神学において, 彼は信仰と理性の明確な対比を主張した. 彼の考えでは, エウカリスティア*におけるキリストの臨在は, パンとぶどう酒が存在し続けることを排除しない.

## ドゥランドゥス（トロアルンの）

Durandus of Troarn（1018頃-1088）

1059年からノルマンディーのトロアルンの大修道院長. フェカン（Fécamp）の修道士であったとき, 『主の体と血について』（*Liber de corpore et sanguine Domini*）において, 1050年代に当地で知られていた聖餐に関する教理を記している.

## ドゥランドゥス（マンドの）

Durandus, William（1230頃-1296）

1285年からマンド（Mende, 現フランスのロゼール［Lozère］県の県都）司教. 彼は中世の主要な教会法学者の一人であった. 1274年の第２リヨン公会議*の際グレゴリウス10世*に随行し, おそらくその教令の草案を作成した. 彼の『裁判の鏡』（*Speculum iudicale*）は訴訟手続きを中心としており, 『聖務日課の理論』（*Rationale Divinorum Officiorum*）は寓意的な解釈を伴う, 典礼に関する知識の大要である. 彼の『司教典礼書』*はひな型となった.

## ドゥリア（崇敬）

dulia

正教会やカトリック教会の神学者によれば, 聖人にのみささげられる崇敬（reverence）であって, 神にのみささげられるラトリア*（礼拝）と対比される. ➡ヒュペルドゥリア

## トゥルナイゼン

Thurneysen, Eduard（1888-1974）

スイスのプロテスタント神学者. 1913年以降, 彼はK. バルト*と親しくなり, 弁証法神学*の推進に大いに貢献したが, 特にその牧会的・社会的な適用に関心をもっていた.

## ドゥンス・スコトゥス（福）

Duns Scotus, Bl Johannes（1265頃-1308）

哲学者. おそらく, スコットランドのベリックシャーのドゥンス付近で生まれた. 彼は1280年頃にフランシスコ会*員になり, オックスフォード*大学で人文科学と神学を学び, そこで講義をした. 彼はまたケンブリッジ*大学でも講義をした可能性がある. 彼はパリ*大学で学位を取得して, 1305年に大学教授（regent master）になった. 1307年に, 彼はケルン*に移った. 彼の主著はペトルス・ロンバルドゥス*の『命題集』*の注解である.

1277年にパリ司教がアリストテレス*のいくつかの命題を断罪したあとに著作活動をしたスコトゥスは, アリストテレス主義とヘントのヘンリクス*につらなるアウグスティヌス*主義との中間に位置しようとした. スコトゥスは創造された実在と神の行為の両方の, 根本的な偶発性（非必然性）を主張する. 彼の考えでは, 人間の意志が自由であるためには, それが実は欲することを選ばないことを欲しえなければならない. 知性は意志に導きを与えるが, 意志は理性の示唆に反対できる. 神が命じさえすれば, 人間の行為には道徳的価値が与えられる. その例外は神を愛する行為である. 神を愛することは「神」という言葉に含意されている. 神の存在に関するスコトゥスの証明が示そうとしているのは, １つの必然的原因が偶発的実在の存在を説明するのに必要だということである. 被造物は必然的に存在するのではなく, 生じさせられる可能性をもっている. もし被造物が生じさせられうるならば, それを生じさせる作

用者が存在するにちがいない．彼は個別化が質料によるという聖トマス・アクィナス*の命題を否定し，それよりも，各被造物にはその質料と形相を付加された独自の個別性の形態が付与されていると考える．彼は個体のもつある直観的な知識を認めるが，確実性が神の照明の結果としてのみ起こるというヘントのヘンリクスの主張を否定し，アクィナスと同様に，確実性は知性により自然に知られる必然的な原則に由来すると考える．神学においてスコトゥスは，神の愛の至高の現れとしてキリストの首位性を強調し，その受肉は堕罪*に関係なく起こったであろうと考える．スコトゥスにとって，この見解は聖母マリア*の「無原罪の御宿り」*の教理を伴うものであり，彼はこれを擁護した最初のよく知られた神学者である．祝日は11月８日．

### 読師

➡宣教奉仕者

### 独住修道士／独住修道女
anchorite, anchoress

沈黙・祈り・苦行の孤独な生活を送るために，この世から隠遁する人．この語は特に，限られた居所（彼または彼女の修室*）で生活する人について用いられる．➡隠修士

### 読唱ミサ
Low Mass

西方教会において，近代まで極めてしばしば用いられた，簡素化された形のミサ．読唱ミサでは，司式する司祭にはただ１人の奉仕者（server）以外に手助けする人はおらず，ミサのどの部分も歌われなかった．この語はカトリックの通常式文*（*Ordo Missae*）にはもはや出ておらず，それが現在求めているのは，会衆とともに執行されるすべてのミサが可能ならば歌唱を伴った共同ミサであるべきだということである．➡荘厳ミサ

### 読書課
Office of Readings

1971年に朝課*に置き換わった聖務日課．１日のいつでも唱えることができる．主な要素は聖歌，詩編，および２つの読書で，そのうちの１つだけは聖書からである．

### 瀆神
blasphemy

神への冒瀆を表す発言・思想・行為．瀆神は直接的に神に対してか，間接的に教会や聖人に対して向けられ，その本性上道徳的な罪である．イングランドとウェールズでは，瀆神および瀆神的文書に関する普通法違反は2008年に廃止された．

### 独身制（聖職者の）
celibacy of the clergy

東方教会での法的立場は一貫して，司祭と輔祭が叙階前は結婚できるが，叙階後はできず，また主教が独身でなければならないというものである．西方教会での法的立場は徐々に確立され，それによるとすべての上位の聖職者は独身であることが要求される．最も古い法令はエルビラ教会会議*（306年頃）の決議条項第33条である．中世には，上級聖職*の人たちに独身制を強制する努力が繰り返された．この立場は今もカトリック教会で保持されているが，第２ヴァティカン公会議*以降，年配の既婚者で助祭になったり，他の教派からカトリックに転会した既婚の聖職者に時に特免*が与えられたりしている．英国教会では，聖職者の独身制の義務は1549年に廃止された．

### 瀆聖
sacrilege

神の礼拝へと公にささげられた人，物，場所に対する冒瀆ないし軽蔑的な扱い．重大な罪と見なされる．

### ドクターズコモンズ
Doctors' Commons

15世紀後半に設置された教会の法律家の協会．教会裁判所および海事裁判所で実務を行う人たちのための弁護士会（college of advocates）として使

われた．カンタベリー*大主教裁判所の裁判官は通常この会員から選ばれた．1857年に実質的に役割を終えたが，1912年まで法的には存在した．

## 特定祈禱集（とくていきとうしゅう）
Occasional Prayers

『祈禱書』において，連願*ないし「朝の祈り」と「夕の祈り」*の最終の祈りの前の「いくつかの（固有の）機会に」用いられる11の祈禱集．現代のアングリカンの典礼では，この数は増えている．

## 特定聖務日課（とくていせいむにっか）
Occasional Offices

『祈禱書』において，洗礼*や結婚*のような特定の場合のみに用いられる聖務日課*．

## 特定バプテスト派（とくていは）
Particular Baptists

普遍バプテスト派*のアルミニウス主義*と対比して，その神学が本質的にカルヴァン主義*的なバプテスト派*の一派．イングランドにおけるその最初の団体は1633年に設立された．1891年に，新連盟（New Connexion）の普遍バプテスト派は，特定バプテスト派のあいだに組織されていたバプテスト派同盟（Baptist Union）と合流した．

## 特典（とくてん）
➡インドゥルトゥム

## 特禱（とくとう）
➡集会祈願

## 特別教区（とくべつきょうく）
Peculiar

それが位置する主教区*の主教の裁治権（jurisdiction）に服さない場所．（たとえば，ウィンザーのセント・ジョージ礼拝堂*やウェストミンスター・アビー*のような）王城や王宮に付属した通常は教会堂である王室特別教区（Royal Peculiars）は，元首の裁治権だけに服する．（たとえば，修道院や主教座聖堂関連の特別教区［Monastic and Cathedral Peculiars］のような）別種の特別教区のたいていの権利と特権は現在は排除されている．

## 特別式文（ローマ典礼の）（とくべつしきぶん（てんれい））
Extraordinary Form of the Roman Rite

2007年の『スンモールム・ポンティフィクム』（Summorum Pontificum）においてベネディクトゥス16世は，1962年まで存在したローマのミサ典礼書が教会法上，決して廃止されていないと宣言し，（若干の制限付きで）カトリックのすべての司祭にその使用を許可した．（以前は通常トリエント典礼書［Tridentine Rite］と呼ばれていた）この式文を，彼は「ローマ典礼の特別式文」と名づけ，1970年にパウルス６世*により認可されたミサ典礼書*を通常式文（Ordinary Form）と名づけた．前者はラテン語でのみ執行されるが，後者はラテン語ないし自国語で執行される．

## 特別崇敬（とくべつすうけい）
➡ヒュペルドゥリア

## 特免（免除）（とくめん（めんじょ））
dispensations

教会当局により与えられる，他の場合なら教会法的に不法なことを行うことを認める許可（licences）のことで，そのような規則の違反に対する刑罰の免除をも指す．中世後期には，特免は実質的に教皇の特権になっていたが，1965年に，教皇に特に留保された場合を除いて，特定の場合に純教会法から特免を与える権限がカトリックの教区司教に付与された．特免の対象に含まれるのは，聖職者の叙階*，誓願*，結婚*，離婚*に関する事例である．教会が保留したり廃止したりできるのは，自然法や神法ではなく，教会自らがたてた法のみである．英国教会では，教皇の特免権は1534年にカンタベリー*大主教に移されたが，現在ではそれは主に，特別な結婚許可証*の付与に用いられている．メソジスト教会*総会（Conference）は時に，信徒に対して聖餐式を主宰することを認める許可書（dispensations）を付与している．

## 独立自治教会（どくりつじちきょうかい）
autocephalous（church）

この語が初期の教会で用いられたのは，何らの上級の権威のもとになく，それゆえ府主教*からも総主教*からも独立した主教たち，および府主教があいだに立たず直接に総主教に従属した主教たちについてであった．この語は現在は，自分たち自身の主教会議（synods）により治められる，東方正教会*の各国の教会について用いられる．

## 独立派（どくりつは）
Independents

会衆派*の別称．

## ドシテオス
Dositheus（2世紀）

ユダヤ系グノーシス主義*の異端者．サマリア*出身で，オリゲネス*によれば，申命記18:18に予言されたメシアと自称した．弟子たちの小集団は10世紀まで存続した．『セツの3つの柱についてのドシテオスの啓示』で始まる小品がナグ・ハマディ*で発見されたが，これがまさにドシテオスの作なのか，それとも同名の別人の作なのかは分からない．

## ドシテオス
Dositheus（1641-1707）

1669年からエルサレム*総主教．1672年のエルサレム主教会議*を開催し，その決議条項と信仰告白の主要な起草者であった．彼の総主教職を特徴づけたのは，修道院と教会財政のさまざまな改革およびラテン人に対してギリシア人を強く擁護したこと（たとえば，フランシスコ会*員の聖地*に関する権利をめぐる論争において）である．彼はまた，ロシアにおいてギリシア文化の影響を伸長させようとした．

## ドストエフスキー
Dostoevsky, Fedor Mikhailovitsch（1821-81）

ロシアの小説家．彼は生前は主に雑誌記者として認められていた．彼の永続的な仕事は，彼が人間精神の奥底に達した小説であった．それには，1865-66年の『罪と罰』，1869年の『白痴』，1880年の『カラマーゾフの兄弟』がある．彼の宗教的な経験の中心は，弱くみじめな者に対する神の自由な賜物としての救いの自覚であり，神と人間のあいだのいかなる協力を認めることも拒否することである．その結果は，理性と意志の宗教および両者に由来する道徳的努力の完全な欠如である．彼の小説における登場人物はまったく感情によって生きており，その主要なものは無限で不合理な同情である．彼の作品はロシア正教にもK. バルト*の弁証法神学*にも深い影響を及ぼした．

## ド・スメット
de Smet, Pierre-Jean（1801-73）

アメリカ先住民への宣教団の創立者．フランドルのワロン人であった彼は，イエズス会*員になり，宣教活動を志しアメリカで叙階された．彼が出会った2人のフラットヘッド（Flathead）ないしセイリッシュ（Salish）族の先住民は，彼の部族を教育する司祭と派遣を希望した．ベルギー人の司祭や修道女の援助を受けて，ド・スメットはその部族および他の部族のために宣教団を組織した．1847年に，彼はイエズス会の宣教団に対する責任から解放された．彼はのちに連邦政府に雇われ，国家からも部族の指導者たちからも信頼された．

## トセフタ
Tosefta

（ヘブライ語で「補遺」の意．）ミシュナー*と同じ性格をもち，同時代でありながら，それに収められなかった，初期のユダヤの伝承の集成．

## ドーチェスター（オックスフォードシャー）
Dorchester, Oxon

635年に，ノーサンブリア王聖オズワルド*とウェセックス王キネギルス（Cynegils, 643年没）は同地を司教座とすることに同意し，聖ビリヌス*が司教になった．1072-73年頃に，司教座はリンカーン*に移った．1140年に創立されたアウグスチノ修道祭式者会*の修道院は1536年に解散し，その修道院教会は現在は教会区教会である．1939年に，主教区が再興され，オックスフォード主教の補佐主教*区である．

## 特権付き祭壇（とっけんつきさいだん）
privileged altar

1967年までのカトリックの教会法によれば，そこで行われるミサの適用により，全免償*が煉獄*にある魂に与えられえた祭壇．

## ドッド
Dodd, Charles Harold（1884-1973）

新約聖書学者．マンチェスター大学，ケンブリッジ大学で教授をつとめた．キリストは神の国*が御自身の宣教活動とともにすでに到来したと見なされたという彼の説（「実現された終末論*」）は広く議論を呼んだ．1950年から，彼は「新英訳聖書」（NEB）の総主事であり（1965年から共同主事），新約聖書の翻訳に貢献した．➡英語訳聖書

## ドッドウェル
Dodwell, Henry（1641-1711）

神学者．1688年に，オックスフォード大学キャムデン講座担当古代史講師に任命された．彼は臣従拒誓者*の主教の復位が教会法に反すると主張し，「忠誠の誓い」*を拒否した1691年にその地位を失った．彼は臣従拒誓者を擁護した主要な人物の一人である．

## ドッドリッジ
Doddridge, Philip（1702-51）

非国教会系聖職者，讃美歌作者．レスターシャーのキブワース（Kibworth）の非国教会系神学校に学んだ．1729年に，同神学校はドッドリッジのもとでノーサンプトン（Northampton）に再建され，彼は同市の重要な非国教会系教会の牧師となった．5人の長老派*を含む8人の牧師によって1730年に「長老に叙任された」彼は，教派的な傾向を消そうと努め，1748年に英国教会の聖職者との説教壇の交換を提案した．彼は福音主義的リバイバルの初期の動きを歓迎し，近代の宣教活動の先駆的存在でもあった．彼の多くの讃美歌*の中に，Hark the glad sound! the Saviour comes'（「もろびとこぞりて」『古今聖歌集』2番，『讃美歌』112番）や 'O God of Bethel, by Whose hand' がある．

## ドナテッロ
Donatello（Donato di Niccolò di Betto Bardi）（1385/86頃-1466）

イタリアの彫刻家．彼の生没地はフィレンツェで，断続的に約30年間その大聖堂の装飾に従事した．彼の理解では，キリスト教的なパトスは歪曲と醜悪により表現されうるし，肉体的な美と精神的な美は同一ではない．損傷した『マグダラのマリア像』（フィレンツェ，大聖堂博物館）などの作品は深く感情に訴える．『キリストの昇天，天国の鍵の授与』（ロンドン，ヴィクトリア・アンド・アルバート美術館）のような浅浮彫は遠近法を開拓した．後代の彫刻家はみな彼の影響を受けた．

## ドナトゥス派（は）
Donatists

ドナトゥス派は北アフリカの教会におけるシスマ*的な一派であった．彼らが（おそらく311年に聖別された）カルタゴ司教カエキリアヌス*を受け入れるのを拒否した理由は，彼の聖別者がディオクレティアヌス*帝の迫害*の際トラーディトル*であったということである．その異議を支持したヌミディア（Numidia）の司教たちは，カエキリアヌスの対立司教としてマヨリヌス（Majorinus）を聖別した．その後を継いだのがドナトゥス（Donatus）で，シスマの名前は彼に由来する．ローマ司教ミルティアデス*のもとで委員会が313年にその論争を調査し，ドナトゥス派に不利な裁定をした．国家は316-21年に強制権を行使し，5世紀初めにも再度そうした．にもかかわらずシスマは，北アフリカの教会が7-8世紀のアラブ人による征服により滅ぼされるまで続いた．ドナトゥス派は北アフリカ人の地方的な感情，カルタゴに対するヌミディアの嫉妬，経済的な不安に依拠した．神学的には彼らは厳格主義的で，自分たちだけが教会を形成していると主張した．彼らは聖アウグスティ

ヌス*に厳しく批判された.

## ドハーティ
Doherty, Catherine (1896-1985)

カトリックの信徒使徒職 (lay apostolate) の先駆者の一人. ニズニノヴゴロド出身の彼女は, 正教会で受洗し, 1912年に従兄弟のボリス・デ・フエック (Hueck) と結婚した. ボリシェヴィキ革命中, 彼らはイングランドに逃れた. 彼女は1919年にカトリックになった. 彼女と夫が移住したトロントで, 1934年に彼女は「友愛会館」(Friendship House)を開設した. 同会館は困窮した男女に食糧や住まいを提供したが, 1936年に閉鎖せざるをえなかった. ハーレムとシカゴで友愛会館を開設したのち, 彼女は意見の相違から指導者の地位を降りた. 彼女の結婚は1943年に無効とされ, 彼女はエディー・ドハーティと結婚した. 彼らはオンタリオ州のカンバミア (Combermere) に落ち着き, 聖母会館 (Madonna House) を設立した. 同会館は清貧・貞潔・従順にささげた男女の共同体であった. 彼らは講演や新聞『ソーシャル・フォーラム』紙をつうじて, 共産主義の興隆に対して反対運動を起こした. 司教たちのまねきで, 彼らは世界の多くの地域に聖母会館を開設した. 彼女は東方キリスト教の霊的特徴を北アメリカにもたらした.

## トビト記(き)
Tobit, Book of

このアポクリファ*の文書にはトビトの物語が語られている. 彼は敬虔なユダヤ人で, 捕囚民としてニネベに連れて来られ, 老いてから貧乏になり失明した. 彼は祈り, またメディアの友人に金を預けていたのを思い出して, 息子トビアを連れとともにメディアに派遣したが, その後その連れが天使ラファエル*であると分かった. その天使の助けで, トビアは親族の女性を悪魔の力から解放し, 彼女と結婚した. ラファエルは預金を取り戻し, ついでトビアに父の視力を回復させた.

## トプレディ
Toplady, Augustus Montague (1740-78)

英国教会の聖職者, 讃美歌作者. 1758年に, 彼は極端なカルヴァン主義*的な見解を受け入れ, それは1774年の『英国教会の教理的なカルヴァン主義に関する歴史的な証拠』(*The Historic Proof of the Doctrinal Calvinism of the Church of England*) に詳述されている. 彼は主としてその讃美歌で記憶されており, その中に 'Rock of Ages' (「ちとせのいわよ」『古今聖歌集』387番, 『讃美歌』260番) がある.

## トマス (聖(せい))
Thomas, St

使徒. 4福音書すべてで, 12使徒の一人として言及されている. ヨハネ福音書において, 彼は3つのエピソードで現れる. すなわち, ベタニアの途上で, 主 (イエス) と「一緒に死のうではないか」と言い (11:16), イエスの最後の言葉を遮って「どこへ行かれるのか, わたしたちには分かりません. どうして, その道を知ることができるでしょうか」と言い (14:5), また復活を疑っている (20:24-28). キリストの顕現後, 「わたしの主, わたしの神よ」という言葉で自らの信仰を告白し, それによって, 御自身の神性をはっきりと告白した最初の人となっている. ある伝承によれば, 彼はパルティア人に福音を説き, 別の伝承によれば, インド*で説教した. 祝日はカトリック教会, 『共同礼拝』*, シリア教会では7月3日, 『祈禱書』と現代のいくつかのアングリカンの典礼では12月21日 (以前はカトリック教会でも同日であったし, 現在も『共同礼拝』で認められている), ギリシア教会では10月6日.

## トマス (ヴェルチェリの)
➡トマス・ガルス

## トマス (チェラーノの)
Thomas of Celano (1190頃-1260)

聖フランチェスコ*の最初期の伝記作者. 1228年と1246-47年に2つの伝記, さらに1250-53年に『聖フランチェスコの奇跡考』(*Tractatus de Miraculis S. Francisci*) を書いたが, 現代になって,それらの歴史性に異議が唱えられた．彼はまた聖クララ*の『伝記』(*Legenda*)，および不確かな伝承によれば，「ディエス・イレ」*を書いた．

## トマス（ヘレフォードの）

➡カンティリュープ

## トマス（マルガの）

Thomas of Marga（9世紀）

アッシリア東方教会*の歴史家．現在のイラクのマルガ主教，のちにベート・ガルマイ（Beth-Garmai）府主教であった．840年頃に書かれた『支配者の書』(*Book of Governors*)は，アッシリア東方教会の修道制史にとり重要な史料である．

## トマス・アクィナス（聖）

Thomas Aquinas, St（1225頃-1274）

哲学者，神学者．5歳のときに，大修道院長になるであろうことを期待されて，モンテ・カッシーノ*修道院へ送られた．フリードリヒ2世*の軍隊が1239年に修道院を占領したとき，トマスはナポリに赴き，そこでドミニコ会*に入会した．彼はパリ*へ派遣された．ここでその影響下に入ったアルベルトゥス・マグヌス*とともに，1248-51年にケルンに滞在した．パリに戻ったトマスは，さまざまなテキストに関して講義をし，アヴィケブロン*に対して反論を書き，またどうやらドミニコ会員が非キリスト教徒と接する際に使用するように意図されたらしい『対異教徒大全』(*Summa contra Gentiles*)を書き始めた．1259-68年のイタリア滞在中，ドミニコ会のさまざまな修道院で教え，「キリストの聖体の祭日」*の典礼式文を仕上げ，またもともと大学の学びを義務づけられていない托鉢修道士*用の手引きとして意図された『神学大全』*を書き始めた．パリに戻った彼は，1268-72年に，大学でドミニコ会担当の神学教授の一人であった．彼は托鉢修道士の教授の権利をめぐる教区司祭教授団との論争，ブラバンのシゲルス*との論争，さらに神学におけるアリストテレス*の使用にまったく反対する保守的な神学者との論争に巻き込まれた．1272年に，彼はドミニコ会のストゥディウム・ゲネラーレ*を設立するためにナポリに赴いた．1273年の神秘的で衝撃的な体験が彼の教授活動と著作活動を終わらせた．

彼は膨大な著作を残したが，それに含まれるのは『神学大全』のほかに，聖書注解，アリストテレスの著作に関する注解，学問的な討論集，霊性に関する著作である．彼は啓示に首位性を与えたが，人間理性に固有な自律性を認め，信仰と理性の両領域をはっきり線引きした．彼の考えでは，知識は必然的に感覚による認識から始まる．有効な議論が自然界の諸事実から始まるという確信は，神の存在に関する彼の証明法にその特徴的な形態を与えた（➡5つの道）．さらに彼の思想にみられるのは，（神は「純粋現実態」であられるので）可能態と現実態間，質料と形相間，本質と存在間の反定立である．

トマスが示しているように，哲学と異なって，神学は知識の整った集合体である限り学問であるが，その最初の原則として，検証も証明もできない高度の知識，すなわち神が啓示なさる知識に依存している．神により啓示された根本的な真理は，唯一の神（Godhead）における3つのペルソナ（位格）からなる三一神*および人間性のペルソナとしての御言葉の受肉である．しかし彼の考えでは，神の存在のような，理性が自力で理解しうる真理のためにも啓示が必要であった理由は，啓示なしにはそのような「真理はわずかな人々だけに，……しかも多くの誤謬をまじえて知られたであろう」からである．彼は神学を，礼拝，道徳，霊的な実践を含む，教会生活全体を包含する単一の学問分野と見なした．神を唯一の自存的な存在，存在しないことができない必然的な存在と見なすトマスは，内在と超越間の二分法を解決するこができ，すべての被造物の中心にその存在の原因として神の本質的な臨在を提示した．彼が強調したのは，受肉におけるキリストの人間性の役割および贖いのわざとのその因果関係である．このわざを継続している諸秘跡は，御自身の人間性の延長である．トマスの考えでは，聖餐が諸秘跡中で最高のものであり，「職階*の秘跡」(sacrament of Orders)の究極の目的は聖餐であるから，司祭職が最高の職階であって，それゆえ司教職は別個の職階ではない．彼が実体*と偶有性*というアリストテレス哲学を利用したのは，実体変化*の体系的な理解を深めるためであった．

彼のさまざまな教えが生前にも没後にも攻撃された．1277年のパリ司教による公的な断罪は，教皇庁の介入によりやっと回避された．トリエント公会議*時代までには，カトリック教会は彼の教えの要旨を教理の真正な表現と認めていた．祝日は1月28日（以前は3月7日）．

### トマス・ア・ケンピス
Thomas à Kempis（1380頃-1471）

修徳的な著作家，おそらく『イミタティオ・クリスティ』*の著者．トマス・ヘメルケン（Hemerken）はクレーフェルト（Krefeld）に近いケンペン（Kempen）で生まれ，共同生活兄弟団*で教育を受け，1399年にズウォレ（Zwolle）に近い（ウィンデスヘイム*の姉妹修道院である）アグニーテンベルク（Agnietenberg）修道院の修道祭式者会*に入り，1406年に修道誓願を立てた．彼のすべての著作には，深い信仰心が浸透している．祝日はアメリカの1979年の『祈禱書』では7月24日．

### トマス学派
➡トミズム

### トマス・ガルス
Thomas Gallus（1246年没）

「ヴェルチェリ（Vercelli）のトマス」とも呼ばれる．神秘主義的な神学者．パリのサン・ヴィクトル会*のカノン*であった彼は，1219年に北イタリアのヴェルチェリで新修道院の設立を助けるために派遣された．彼はディオニュシオス・アレオパギテース*の個別の著作に関する注解およびその体系全体の梗概を書いて，その著作を西方に知らしめた．彼はディオニュシオスの否定神学*を，人間存在の最奥の部分が神を理解する非知性的で神秘主義的な能力であるという概念と結びつけた最初の人であったと思われる．

### 『トマス行伝』
Thomas, Acts of

使徒聖トマス*の宣教活動を述べる外典*の一書．インドの王グンダフォルス（Gundaphorus）は熟練した建築家を得るために商人をシリアへ派遣した．その商人が会ったイエスはトマスを推薦した．トマスは商人とともに行くことに同意した．グンダフォルスなど多くの人たちが改宗した．トマスはミュグドニア（Mygdonia）に夫との婚姻関係をやめるよう説いたために結局殺された．本書には，有名な「贖い主への賛歌」（108-113章，現在はふつう「真珠の歌」と呼ばれる）および洗礼（27章）と聖餐（50章）に関する賛歌的な祈願が含まれている．本書はもともとグノーシス主義的で，どうやら3世紀半ばまでに，おそらくシリア語で書かれたらしい．

### トマス・キリスト教徒
➡マラバル・キリスト教徒

### トマス・デ・ヘスス
Thomas a Jesu（1564-1627）

スペインの霊的著作家．ディアス・サンチェス・ダビラ（Díaz Sánchez de Ávila）は1587年にカルメル会*に入会した．宣教論に関する彼の著作は，布教聖省*の創設に貢献した．神秘主義に関する彼の著作は，聖テレサ*の教えをスコラ学*的な論考の様式で表している．

### 『トマスによる幼時物語』
Thomas, Infancy Gospel of

外典*文書で，キリストにより幼年時代になされた奇跡を記したと称している．それらの奇跡は主に力を誇示しており，神学的な点や道徳的な正当化はみられない．

### 『トマスの書』
Thomas, Book of

1945-46年にナグ・ハマディ*で発見されたコプト語*の文書の一書．イエスにより聖トマス*に語られた「秘密の言葉」を含むと称しており，その主題は倫理と終末論である．

## 『トマスの黙示録』

Thomas, Apocalypse of

外典的な終末論的論考で，おそらく4世紀末にマニ教*徒によって書かれた．

## 『トマス福音書』

Thomas, Gospel of

外典*福音書で，そのコプト語*版は1945-46年にナグ・ハマディ*で発見された．ギリシア語の原本はおそらく150年頃，コプト語版は350年頃にさかのぼる．聖トマス*の作と称している．形式上，正典福音書と類似しておらず，イエスの言葉と譬えからなり，物語の部分はほとんど，ないしまったくない．後期の段階で正典福音書に影響を受けた，独立した伝承を示しているのであろう．グノーシス主義*的な見地から理解されうるが，グノーシス主義的な文書かどうかは確かでない．

## トミズム（トマス学派）

Thomism

聖トマス・アクィナス*の教えの体系的な表現．

## ドミティアヌス

Domitian, Titus Flavius（51-96）

81年からローマ皇帝．ローマ史家は彼を専制君主と評価し，キリスト教の伝承では，彼は迫害者と考えられてきた．彼の後継者のもとでは，キリスト教徒であることがすでに死罪に値したが，これはネロ*帝の治世以来，一貫していたかもしれない．➡迫害（初期キリスト教における）

## ドミティラ

Domitilla, Flavia（100年頃没）

皇帝の家系出身のローマ人女性．ドミティアヌス*帝の従兄弟であった夫が95年頃に処刑されたとき，彼女はパンダテリア（Pandateria）島に追放された．2人はキリスト教徒として処罰されたといわれるが，その主張には重大な疑問がある．

## ドミニクス（聖）

Dominic, St（1174頃-1221）

ドミニコ会*と呼ばれる「説教者兄弟会」の創立者．旧カスティリャ出身の彼は，オスマ（Osma）の司教座聖堂参事会員となった．1203-05年に，北ヨーロッパへの2度の使節団でオスマの新司教に同行した．スペインへの帰途，2人はアルビ派*に対する宣教に関わることになった．巡回し，托鉢しながら説教する新しいスタイルが採用され，1214年に，宣教団の正規の一員であったドミニクスがその責任を負った．トゥールーズ司教に支えられた彼は，そこに永続的な説教者の修道会を創立した．彼らは『アウグスティヌス会則』*を採用し，1216-18年に，ホノリウス3世*により新修道会として段階的に認可された．1217年に，ドミニクスは同志（托鉢修道士*）を世界の他の地域へ派遣し始めた．1220年に，彼はボローニャ*で修道会総会*を開催し，そこで修道会の最初の会憲が定められた．彼はまた，女子修道会の基礎も築いた．事実ではないが，伝統的に彼が「ロザリオの祈り」*を創始したと考えられている．祝日は8月8日（1558年まで8月5日，その後は8月4日であった）．

## ドミニコ会（説教者兄弟会）

Dominican Order（Order of Preachers）

イギリスでは「ブラック・フライアーズ」*とも呼ばれる．ドミニコ会員は公に，説教と救霊に熱心であり，学問が常に中心的な位置を占めてきた．聖ドミニクス*が創立した同修道会は，1220年のボローニャ*での修道会総会*において明確な形態を決めた．個人だけでなく修道会としての清貧を採用し，修道院と教会堂のみを所有した．修道会は収入でなく施しにより維持されることになった．修道会はヨーロッパ中に，またアジアへと広がり，ドミニコ会員は東半球や西半球でポルトガルやスペインの探検家に随行した．宗教改革期とそれに続く政治的動乱期において，彼らは修道院や管区さえも失ったが，19世紀における修道会の復興以降，再び世界中に広がった．

修道会の知的側面は13世紀に拡大し，複雑な教育体系が確立して，通常は大学と結合した「ストゥディウム・ゲネラーレ」*において頂点に達した．アリストテレス*のキリスト教哲学への適応は，主としてドミニコ会員，特に聖アルベルトゥス・マグヌス*と聖トマス・アクィナス*の成果であった．黒死病後の無差別な補充や他の要因により，修道院生活が弱体化し，規律が弛緩した．14世紀において，修道会を改革する試みがあり，改革修道院，さらには改革修族と管区が設置された．収入を生む財産の所有禁止は実行不可能だとわかり，結局1475年にシクストゥス4世*により取り消された．ドミニコ会員は中世をつうじて教皇庁により重用され，十字軍*を勧説し，また地域によっては異端審問*官を務めた．

修道会総会長の裁治権のもとに，観想修道女（第2会）と聖ドミニコ信徒兄弟会（➡第3会*）も存在し，実践活動に従事するドミニコ女子修道会および在俗会*とあわせて，法制的でない「ドミニコ会的修道家族」を構成している．

## ドミニス

➡デ・ドミニス

## トムソン

Thompson, Francis（1859-1907）

カトリック詩人．司祭をめざしたが断念し，その後，医者にもなれなかった．1885年に，彼はロンドンに赴き，極度の貧困状態で3年間を過ごした．1893年の最初の『詩集』（*Poems*）に収められているのが「天の猟犬」（The Hound of Heaven）で，それは神による魂の追求に関する注目すべき叙述である．彼の詩作は17世紀の形而上詩派*のそれと類似している．

## 塗油（とゆ）

unction

たとえば君主の戴冠式*のような宗教的な意義をもつ儀式において油を塗ることで，通常は司教ないし司祭により行われる．カトリック教会や東方正教会では，塗油は洗礼*と堅信*の際に行われるが，この語はたいていの場合，西方では長く「終油」（Extreme Unction）と呼ばれてきた「病者の塗油」（Unction または Anointing of the Sick）の秘跡を指す．

新約聖書において，病者の塗油はマルコ福音書6:13とヤコブ書5:14-15で言及されている．教父*にもさまざまに言及されており，ペトルス・ロンバルドゥス*（1160年没）の時代以降，「7つの秘跡」*の一つとされている．800年頃まで，病気からの快復が結果として期待された．しかしながら西方では，その儀式は悔悛の制度と結びつくようになり，ふつう死が近づくまで延期され，身体的な快復は期待されなかった．1972年のカトリックの儀式書は再び癒しを強調している．祈りと按手ののち，病者の額と手に油が塗られ，通常は聖木曜日*に司教により聖別された油が用いられる．東方教会では，（祈りと油を意味するギリシア語に由来する）「エウケライオン」（*Euchelaion*）と呼ばれるその儀式は，教会堂内で複数の司祭により行われる．主たる目的は身体的な癒しといわれるが，しばしば病者ではない人たちによって聖餐への準備と受け取られている．英国教会では，塗油式が1549年の「病者の訪問」*の式文に含まれていたが，1552年に削除された．病者の塗油の規定は『共同礼拝』を含む現代のアングリカンのほとんどの典礼にある．

## 土曜日（どようび）

Saturday

ユダヤの「安息日」*およびキリストの体が墓の中に留まった日．西方では，土曜日は3世紀まで断食*の日と見なされたが，四旬節*と「四季の斎日」*を除いて，土曜日の断食は結局1918年に廃止された．他方，たいていの東方諸教会では4世紀以降，土曜日は現在も四旬節に土曜日と主日*に限定されている典礼の執行が特徴的であった．西方における土曜日と聖母マリア*の結びつきは中世に発達した．東方教会では，土曜日は死者の記念と結びついている．➡聖土曜日

## 土曜日の特権（どようびのとっけん）

➡カルメル会の特権

## トーラー
Torah

ふつう「律法」と訳されるヘブライ語．神の御意志に従って「トーラー」すなわち教えを与えることは祭司の顕著な職務であった．それゆえこの語はまた，そのような祭司の書かれた決定事項の集成，さらにはモーセ*の律法を含むモーセ五書*およびその律法に含まれる個々の規定をも指すようになった．

## ドライヴァー
Driver, Samuel Rolles（1846-1914）

旧約聖書学者，ヘブライ語学者．1883年から，オックスフォード大学欽定講座担当ヘブライ語教授であった．彼の健全な判断力と慎重さは，イギリスにおける旧約聖書の批評的研究の普及に多大な貢献をした．

## ドライデン
Dryden, John（1631-1700）

詩人，劇作家，論争的著作家．ピューリタン*として育った彼は，O. クロムウェル*の文官として仕えたが，チャールズ2世*に迎合した．1670年に，ドライデンは桂冠詩人，宮廷史料編纂官に任じられた．彼は1682年の『信徒の宗教』（*Religio Laici*）において，R. シモン*の旧約聖書に関する著作をアングリカンの自由と矛盾しないとして擁護し，英国教会をローマと熱狂主義のあいだの中道をもたらすものとして描いている．ジェームズ2世*の即位後，ドライデンはカトリックになり，1687年の寓意詩『牝鹿と豹』（*Hind and the Panther*）において，自らの新しい（カトリック）教会を「乳白色の牝鹿」として擁護した．

## ドライ・マス
Dry Mass

中世後期にふつうであった，短縮した形のミサ．奉納唱*，ミサ典文*，聖体拝領が省略されていたので，本来のミサではなかった．例えばこれが行われたのは，司祭が特定の日に2度目のミサを挙げたい場合や断食を終えていない司祭が応じられない場合であった．

## ド・ライル
de Lisle, Ambrose Lisle March Phillipps（1809-78）

イギリスの著作家．両親はアングリカンであったが，彼は1824年にカトリックになった．英国教会とカトリック教会の再一致の推進に積極的であった．彼はキリスト教一致推進連合会*の創設に参加したが，1864年にそれがローマから断罪されたとき脱会した．

## トラヴァーズ
Travers, Walter（1548頃-1635）

ピューリタン*．アントウェルペン（アンヴェルス）のイギリス人教会で叙任されていた彼は，1581年にロンドンのテンプル教会で午後の聖書講師となり，英国教会で職階*を受けることを拒否しなければ，1584年に主任牧師（Master）になることになっていた．1594年に，彼はダブリンのトリニティー・カレッジ*のプロヴォスト*(学長）になった．主著は『教会規律と英国教会の書』（*Ecclesiasticae Disciplinae et Anglicanae Ecclesiae ... Explicatio*, 1574年）および『教会の聖なる規律』（*Disciplina Ecclesiae Sacra*）で，後者は1587年に書かれ，手書きで流布していたが，『教会訓練解説』*として英語訳が1645年に出版された．両著ともに教会政治の長老制*的な形態を神的な制度として擁護しており，長老派に関する英語での最も重要な解説書であった．

## トラヴェルサーリ
Traversari, Ambrogio（1386頃-1439）

学者，神学者．1400年にカマルドリ会*に入会した．多くの教父の写本を明らかにするとともに，彼はさまざまなギリシア教父の著作をラテン語に翻訳した．彼はバーゼル公会議*で教皇の首位権を擁護し，フィレンツェ公会議*での「フィリオクェ」*の議論において資料を提供し，1439年の「合同教令」（Decree of Union）のギリシア語版を作成した．

## トラクタリアニズム
➡トラクト運動

## トラクタリアン
➡トラクト運動

## トラクト（小冊子）
tract

通常は宗教上ないし道徳上の目的をもつパンフレット．16-17世紀の宗教論争はトラクトの刊行を活発にしたが，マープレリット文書*はその一例である．『時局冊子』（*Tracts for the Times*）について，トラクト運動の項参照．

## トラクトゥス（詠唱）
tract

特定の悔悛の日々に，ミサでの昇階唱*のあとで，アレルヤ*唱の代わりに以前歌われたり唱えられたりした詠唱(chant)．1969年に削除された．

## トラクト運動（トラクタリアニズム）
Tractarianism（Tractarian Movement）

オックスフォード運動*の初期の段階を指す名称で，その後援のもとに1833-41年に発行された『時局冊子』（*Tracts for the Times*）に由来する（➡トラクト）．その目的は「『教皇制』*と『非国教主義』（Dissent）に反対して」教会の諸原則を普及させることであった．その形式は短いパンフレットから学問的な論考に徐々に変化した．（「39箇条」*に関する）J. H. ニューマン*の『時局冊子』90号により物議をかもし，続刊できなくなった．他の寄稿者には，E. B. ピュージー*やJ. キーブル*がいた．

## トラクトリア
tractoria

もともと「召喚状」を意味したこの語はまた，教会会議の決議条項を収めた書簡も指した．

## ド・ラ・タイユ
➡ラ・タイユ

## トラーディトル
traditors

聖書を所有することがディオクレティアヌ*帝の迫害*時に禁じられたとき，聖書を官憲に引き渡したキリスト教徒を指す，北アフリカでの名称．
➡棄教者

## トラハーン
Traherne, Thomas（1637頃-1674）

英国教会の聖職者，著述家，詩人．彼の名声は，1896-97年に発見され始めた一連の手書き原稿および詩集（1903年刊行）と『瞑想の諸世紀』（*Centuries of Meditations*, 1908年刊行）によっている．その後発見された著作には，『瞑想選——天の注解』（*Select Meditations: Commentaries of Heaven*）や『神の国』（*The Kingdom of God*）がある．彼の著作を特徴づけるのは，強烈な至福直観（vision of felicity），自由意志と霊魂の能力の強調，人間の経験と知識の多様性の評価である．祝日は『共同礼拝』*では10月10日．

## トラピスト会
Trappists

フランス革命以降，避難先から戻ったラ・トラップ*修道院の修道士たちが建てた修道院の属する「改革シトー会」（Reformed Cistercians）の通称．➡シトー会

## ドラモンド
Drummond, Henry（1786-1860）

政治家で，カトリック使徒教会*の創立者の一人．同教会は，1826-30年にサリーのオルバリー（Albury）で彼の周りに集まっていた「成就されていない預言」に関する集会から発展した．1833年に，彼はその2代目の「使徒」となり，やがてスコットランドとスイスの責任を負った．

## ドラモンド
Drummond, Henry（1851-97）

信仰復興運動者．D. L. ムーディ*とI. D. サンキー（Sankey）の伝道を助け，のちにいくつかのイ

ギリスの大学で伝道活動をした．ドラモンドは地質学者や探検家として有名であった．

## ドラモンド
Drummond, James（1835-1918）

ユニテリアン派*の聖職者．1885-1906年に，彼はマンチェスター・ニュー・カレッジ学長であり，初めはロンドン，その後1889年からはオックスフォードにいた．彼がユニテリアン主義を評価したのは，その教義的な反論よりむしろその神学的な自由の奨励であった．彼の考えでは，福音書の説く復活や自然への奇跡はアプリオリに不可能ではないが，それを確認する証拠は不十分である．

## トーランド
Toland, John（1670-1722）

理神論*的な著作家．1696年の『非神秘的なキリスト教』（*Christianity not Mysterious*）において，神御自身もその啓示も人間理性の理解力を超えていないと主張し，キリスト教の秘義を異教的概念の侵入と聖職者の策謀に帰している．同書は大きな反感をかった．新約聖書の真正性に疑問を投げかけたと思われた，1698年の『ミルトン伝』（*Life of Milton*）の一節はいっそうの憤慨を招いた．トーランドは反論の中で，自分が外典のことを指していると弁解した．独創的な思想家ではなかったが，彼の影響力は大きかった．

## トリウィウム
➡3科

## トリエント公会議（こうかいぎ）
Trent, Council of（1545-63年）

カトリックにより第19回公会議*とされ，対抗宗教改革*の諸理念を具体化し，カトリック教会における規律と霊的生活の刷新のために堅固な基礎を築いた．プロテスタンティズムの拡大と道徳的・行政的な改革の必要性が普遍的な教会会議の開催を広く要求していた．1537年にパウルス3世*により召集された本公会議は，ようやく1545年にトリエントで開催された．

「第Ⅰ会期」（1545-47年）．公会議はニカイア信条*を信仰の基礎として再確認し，宗教的真理の源泉として，聖書および書かれていない諸伝承*（聖伝）がともに有効であること，教会が聖書を解釈する唯一の権利をもつこと，ウルガタ訳聖書*の権威を支持し，諸秘跡*の神学を全般的に定義した．原罪*および義化*と功徳*に関する教令は，プロテスタントの教説の本質を非難している．

「第Ⅱ会期」（1551-52年）．ユリウス3世*により再召集された公会議は，聖餐*，悔悛*（ゆるしの秘跡），「終油の秘跡」（病者の塗油*）に関して重要な決定に達した．実体変化*が確認され，ルター派*，カルヴァン派*，ツヴィングリ*派の聖餐に関する教理は否認された．

「第Ⅲ会期」（1562-63年）．公会議がピウス4世*のもとで再開したとき，プロテスタントと和解するあらゆる望みは消えていた．聖餐に関する併存説*と一種陪餐の正当性が確認され（➡二種陪餐），またミサの犠牲的な性格に関してさまざまな定義づけがなされた．他の諸教令は職階*と結婚*を扱い，各司教区に神学校を設立させ，司教の任命を規定した．公会議により推奨ないし開始されたさまざまな課題は完成へ向けて教皇へ引き継がれた．そこに含まれたのは，ウルガタ訳聖書*の改訂，『ローマ・カトリック要理問答』*の発行，聖務日課書*とミサ典礼書*の改定である．

## トリオディオン
Triodion

ビザンティン典礼において，四旬節前第4主日から聖土曜日までの礼拝のさまざまな部分を含む典礼書．

## トリスアギオン
Trisagion

（ギリシア語で「3度，聖なる」の意．）「聖なる神，聖なる勇気，聖なる常の者や，我らを憐れめよ」の繰り返し．正教会の礼拝を特徴づけるもので，たいていの礼拝で唱えられる．ローマ典礼では，聖金曜日*のインプロペリア*で唱えられる．➡テオパスキタイ派，ハギオス・ホ・テオス

## 取り次ぎの祈り
➡執り成し

## トリテミウス
Trithemius, Johannes（1462-1516）

1483-1503年に，ドイツのシュポンハイム（Sponheim）大修道院長．彼は急速に修道院の改革を実現し，その図書館の写本は同修道院を有名にした．

## 執り成し（取り次ぎの祈り，代願）
intercession

他者のための嘆願の祈り．広義では，カトリック神学によれば，他者のために功徳*に値する行為を行ったり，特定の意向のために免償*を得ることによっても，執り成しがなされる．

## トリニティー・カレッジ（ダブリンの）
Trinity College, Dublin

ダブリン*大学の一つのカレッジで，1591年に創設された．1873年まで，英国教会員のみが入学できた．

## トリマー
Trimmer, Sarah（1741-1810）

著述家．彼女は日曜学校*の設立に関心をもった．ともに1793年に刊行された，旧約聖書と新約聖書の『要約』（*Abridgements*）は，慈善学校の教科書を意図していた．1786年の『ロビンズ一家物語』（*The History of the Robins*）は長く，上級生に好まれた児童文学であった．彼女の多くの教科書は貧者の教育を意図していた．

## ドリュス教会会議
➡「樫の木教会会議」

## ドリール（尊）
Delille, Ven. Henriette（1813-62）

尊者*．（アメリカ黒人の修道会である）聖家族姉妹会（Sisters of the Holy Family）の創立者．白人男性と，ルイジアナ州の法律では結婚できなかった「解放された黒人女性」の娘であった彼女は，ウルスラ修道会*とカルメル会*から入会を断られた．他の人たちとともに，彼女は高齢者用の施設と非白人にキリスト教を説く施設を建てた．1852年に，彼女らは誓願を立て，聖家族姉妹会を創立した．2010年に，ベネディクトゥス16世*が彼女の「高潔で有徳な」生を認めたことは，列聖*への第1歩である．

## ドーリング
Dolling, Robert William Radclyffe（1851-1902）

アングロ・カトリック主義者*．1885年に，彼はウィンチェスター・カレッジ・ミッションである，ランドポートのセント・アガサ教会を担当し，ここで彼はスラムの生活の不幸とみごとに闘った．1896年に，当時のウィンチェスター主教R. T. デーヴィッドソン*がドーリングの儀式の方法に反対したため辞任した．彼はロンドンにあるポプラー（Poplar）のセント・セイヴィア教会の主任代行司祭*になった．

## トルヴァルセン
Thorvaldsen, Bertel（1770-1844）

デンマーク*の彫刻家．彼の最も有名な作品は，コペンハーゲンの聖母教会（Frue Kirke）にあるキリストと12使徒の群像，『変容のキリスト像』である．祝福を与えるキリストの両手はしばしば模倣された．

## 「トルガウ条項」
Torgau Articles

M. ルター*，P. メランヒトン*，J. ブーゲンハーゲン*，J. ヨーナス*の規律と儀式に関する要求を要約した覚書で，1530年のアウクスブルク帝国議会に提出された．

本条項は，シュヴァーベン・ザクセン信条とマウルブロン定式を調和させるために召集された一群の神学者が起草した1576年の『トルガウの書』とは区別されねばならない．J. アンドレーエ*による本条項の要約が，1577年の和協信条*に含まれた．

### トールク
Tholuck, Friedrich August Gottreu（1799-1877）

ドイツのプロテスタント神学者．影響力の大きかった1823年の『罪と贖い主に関する教え』（*Die Lehre von der Sünde und dem Versöhner*）は，ドイツにおける合理主義の拡大を阻止するのに貢献した．彼は調停神学*の代表者で，教義を軽視して個人的な敬虔を重視した．

### トルケマダ
Torquemada, Juan de（1388-1468）

スペインのドミニコ会*員の神学者．1432−37年に，彼はバーゼル公会議*に出席し，ボヘミア人およびギリシア人との交渉に積極的な役割を果たした．1439年に枢機卿に任命され，残りの生涯を教皇の教会政策に大きく関わった．彼は教会法および教会の本性に関する著作を書いた．

### トルケマダ
Torquemada, Tomás（1420-98）

スペインの異端審問*官．ユダヤ人の家系出身の彼は，若いときにドミニコ会*に入会し，その改革に熱心であった．長年にわたって，フェルナンド５世*とイサベル１世*の（少なくとも名義上の）聴罪司祭*であった．1482年に，新設されたスペインの異端審問所の異端審問官に任命され．翌年，初代所長になった．彼は異端審問の実施のために一連の指示を出した．彼のもとで異端審問は，特に名目的に改宗したユダヤ人の抑圧のために用いられる強い力となった．彼はまた，1492年に下された，ユダヤ人をスペインから追放するという決定にも影響を及ぼした．

### トルストイ
Tolstoy, Leo（1828-1910）

ロシアの作家，社会改革者．最も有名な小説である1864−69年の『戦争と平和』および1873−77年の『アンナ・カレーニナ』の刊行後，文学的な野心を捨てたが，道徳的・宗教的な主題に関して執筆し続けた．彼は正教会の形式主義に批判的になり，正教会は1901年に彼を破門した．彼は質素に生きようとし，自らの財産や家庭生活の幸せを否定した．最終局面での彼の宗教的な教えは，奇跡などの無意義なことを無視した福音書に従うことであると称した．彼はキリストの神性を否定し，また人の最大の善は相互に愛し合うことにあると信じた．

### ドルト
Dold, Alban（1882-1960）

ベネディクト会員の学者．1903年にボイロン*で誓願を立てた彼は，典礼書の重記写本*の研究に従事し，新しい技術をみがき，蛍光発光による難解なテキストの解読の写真術を開発した．

### ドルトレヒト会議（かいぎ）（ドルト会議（かいぎ））
Dort（Dordrecht）, Synod of（1618-19年）

アルミニウス主義*をめぐる論争を解決するために，オランダ国会によりドルトレヒトに召集されたオランダ改革派教会*の総会議（assembly）．そこで承認された５条項は，無条件な選び，限定的な贖罪，人間の全面的な堕落，不可抗的な恩恵，聖徒の最終の堅忍を擁護している．同会議はまた，ベルギー信仰告白*とハイデルベルク教理問答*の権威を承認した．この結果，約200人のレモンストラント派（Remonstrants, ➡『抗議書』）の聖職者が罷免された．

### トールボット
Talbot, Edward Stuart（1844-1934）

英国教会の主教．1870−88年にオックスフォード大学キーブル・カレッジの初代学長，1888−95年にリーズ（Leeds）の主任代行司祭*であった彼は，1895年にロチェスター*主教になった．ここでの彼の主な仕事はその主教区を二分して，サザーク*主教座を創設することであり，1905年にそのサザーク主教になった．1911−23年に，彼はウィンチェスター*主教であった．生涯をつうじて穏健な高教会派*的な原則を推進した．

トールボット・ハウス（タク・エイチ*）は，彼の息子であるギルバート・トールボット（1891-1915年）を記念して創設された．

## トルーロ
Truro

コーンウォールを含む，英国教会のトルーロ主教区は，1877年に創設された．アングロ・サクソン時代まで，コーンウォール教会（Cornish Church）は独立していたが，931年に，最終的にイングランド教会に統合され，コーンウォールはイングランドの司教区になった．1027年に，同司教区はクレディトン*司教区に編入され，1050年に，合同した司教区の司教座はエクセター*に定められた．

## トルロス教会会議
Trullan Synod

553年の第5回公会議と680–81年の第6回公会議の課題を完成させて，規律的な教令を通過させるために，692年に開催された東方の主教たちによる教会会議（別称は「クイニセクスタ教会会議」［Quinisext Synod］ないし「第5・6教会会議」［Fifth-Sixth Council］）．会議はコンスタンティノポリス*の宮殿の「丸天井の間」（‘trullus’）で開催された．その教令は教皇により拒否された．

## トルン会議
Thorn（Torun），Conference of（1645年）

トルンにおけるカトリック，ルター派*，カルヴァン派*の神学者たちの会議で，再合同*をもたらすためにポーランド*王の提案で開催された．なんの成果も得られなかった．

## 奴隷制
slavery

ある人が別の人の所有物となる隷属状態．新約聖書では奴隷制を特に断罪していないが，人間の霊的同等性と要求される愛徳とは奴隷制と両立しない．コンスタンティヌス*帝以降，帝国の法律もキリスト教徒の考えに従い，多くの緩和策が導入された．奴隷制は徐々に農奴制というより緩和された制度に変わり，その農奴制も中世末に消滅した．しかしながら，1453年のコンスタンティノポリス*陥落以降，トルコ人は多くのキリスト教徒を隷属状態に置き，またアメリカでは，スペイン，ポルトガル，イギリスの入植者がインディアンたちを奴隷にしたり，アフリカから奴隷を導入したのに対して，宣教師は抵抗し，歴代の教皇は断罪した．18世紀に，奴隷制に反対する運動がクェーカー派*や続いてW. ウィルバーフォース*のような博愛主義者により展開された．イギリス帝国では，奴隷貿易は1808年に非合法とされ，奴隷制は1833年に廃止された．アメリカ合衆国では，1865年の憲法修正条項が奴隷制を永久に禁止した．➡奴隷制廃止運動

## 奴隷制廃止運動
Abolitionist Movement

西ヨーロッパと南北アメリカにおける，18世紀後半から19世紀前半の運動で，奴隷制*の廃止をめざした．イギリスでは，W. ウィルバーフォース*や他の福音主義*者たちの尽力により，大西洋の対岸への奴隷貿易は1808年に非合法とされ，奴隷制自体がイギリス帝国全体で1833年に禁止された．アメリカの南部諸州における奴隷制の正当性に対して，北部諸州の考えは否定的になった．指導的な奴隷制廃止運動家の一人であったウィリアム・ロイド・ギャリソン（Garrison, 1805–79年）は，奴隷の窮状に注目させるために自らの新聞『解放者』（*The Liberator*）を用い，また1833年にアメリカ反奴隷制協会（the American Anti-Slavery Society）を設立した．合衆国憲法のもとでは，奴隷制に関する法律は個々の州の管轄下にあった．北部諸州と南部諸州は新たに建てられた西部の準州で奴隷制に関する対立する見解をもっており，いくつかの南部諸州では，逃亡奴隷の返還に関して明文化された法律が存在した．しかしながら一連の隠れ家が，奴隷が自由になるカナダに到達することを可能にするために建てられた．ハリエット・ビーチャー・ストウ（Stowe, 1811–96年）による1852年の『アンクル・トムの小屋』（*Uncle Tom's Cabin*）の出版は，奴隷の状況に広く注目させた．奴隷制の問題は1861–65年の南北戦争を引き起こすきっかけになった．1865年の憲法修正第13条により，奴隷制はアメリカの全州において廃止された．その後まもなくして，奴隷制はラテン・アメ

リカ*でも禁止され，そのうち最後に禁止されたのは1880-86年のキューバと1883-88年のブラジル*である．

## ドレクセル（聖）

Drexel, St Katharine（1858-1955）

慈善事業家，修道女．裕福な銀行家の娘として相続した多くの財産を，彼女はアメリカ先住民とアメリカ黒人への宣教活動にささげた．1891年に，新しい修道会である「聖体修道女会」（Sisters of the Blessed Sacrament for Indians and Colored People）を設立した．彼女はアメリカ合衆国の多くの地域で学校や女子修道院を，また1925年に特にアメリカ黒人のためにニューオーリンズにカトリック大学を創設した．

## トレド教会会議

Toledo, Councils of

多くの教会会議がスペインのトレドで開催された．400年の「第1回」会議はプリスキリアヌス派*を断罪し，589年の「第3回」会議で，西ゴート王レカレド*はアレイオス派*の信条を排斥し，633年の「第4回」会議は重要な典礼規定を発布した．

## トレ・フォンターネ

Tre Fontane

ローマの南にある，聖パウロ*の伝統的な殉教地．伝承によれば，彼の頭は体から離れて3地点で地上から跳ね上がり，それぞれから泉が湧き出たので「3つの泉」を意味する地名が生まれた．

## トレメリウス

Tremellius, John Immanuel（1510-80）

ヘブライ語学者．ユダヤ人の子として生まれた彼は，1540年にカトリシズムに改宗したが，翌年，ピエトロ・マルティーレ・ヴェルミーリ*に説得されて，プロテスタントになった．1549-53年に，トレメリウスはケンブリッジ大学欽定講座担当ヘブライ語講師であった．彼は旧約聖書と新約聖書をそれぞれヘブライ語とシリア語からラテン語に翻訳した．

## トレラティ

tolerati

（ラテン語で「寛容に扱われる」の意．）教会法*で以前に用いられた専門語で，信徒がある程度の接触をもつことがゆるされた，破門*された人を指した．➡ヴィタンディ

## トレルチ

Troeltsch, Ernst（1865-1923）

ドイツの神学者，哲学者．1894-1915年にハイデルベルク大学で，その後はベルリン大学で教授であった．神学者としての彼の独創性は，社会学的な理論を神学に適用したことにある．彼はまた，キリスト教とともに他の世界宗教の真理性を最初に真剣に考察した一人であった．

## トレンチ

Trench, Richard Chenevix（1807-86）

1863-84年にダブリン*大主教．アイルランド*教会の非国教化に対するW. E. グラッドストン*の提案に強く反対した．キリストの譬え*に関する著作（1841年）とキリストの奇跡*に関する著作（1846年）は，一定の人々に福音書への新鮮な関心を生み出した．

## トレント

➡トリエント

## トロアス

Troas

聖パウロ*が幾度か訪れた，小アジア北西部の都市．彼はここで「マケドニア人」の幻を見た結果，福音をヨーロッパに伝えることになった（使16:8-11）．

## ドロステ・ツ・フィッシェリング

Droste-Vischering, Clemens August von（1773-1845）

ケルン*大司教．貴族出身の彼は，カトリック貴

族に自らの政策を受け入れさせたかったプロイセン政府の提唱で，1835年に大司教に選ばれた．彼が政府と対立するようになった理由は，まずヘルメス主義*を認めるのを拒否したためであり，次に混宗婚*をめぐる問題であった．背信的な行動をしたという口実で，彼は1837年に投獄された．J. J. フォン・ゲレス*は1838年の論考『アタナジウス』(*Athanasius*) でこの問題を取り上げた．ドロステは1839年に釈放され，ミュンスター (Münster) に隠遁した．

## ドロテア (聖)

Dorothy (Dorothea), St

処女，殉教者．彼女の伝説的な殉教記録 (*Acta*) によれば，処刑場に向かう途中にテオフィロスという若い法律家に嘲られた．彼は彼女が行こうとしている楽園から果物を送ってくれと頼んだ．やがてりんごとばらの入った籠をもった天使が現れ，彼女はそれらをテオフィロスに送った．彼は果物を食べ，キリスト教徒になり殉教した．祝日は2月6日 (1969年に削除)．

## ドロテオス (聖)

Dorotheus, St (6世紀)

霊的著作家．540年頃，ガザ付近に修道院を建て，そのアルキマンドリテス*になった．その修道士のために，彼は修道生活に関する一連の講話を著したが，9世紀になって編集された24編のすべてが彼の作というわけではない．彼は謙遜を尊重し，愛に優るものとしている．

## トロパリオン

troparion

東方教会において，一連の賛美章句を指す通称．

## トロフィムス (聖)

Trophimus, St (3世紀頃)

アルルの初代司教．祝日は12月29日．

## トロフィモ (聖)

Trophimus, St

使徒言行録20:4と21:29によれば，聖パウロ*の第3回伝道旅行の途中と彼のエルサレム*までの旅行に同行し，そこでは，パウロがトロフィモを神殿*内に入れたという噂が騒動の主要な根拠になった．祝日は他の聖人とともに4月14日．

## トロープス

trope

西方教会において，ミサ*の聖歌 (chants) および聖務日課*の聖歌を導入するか，それらに挿入された，旋律を伴った詩句ないし文．固有式文*用のトロープスは，特に11世紀に盛んになり，その後衰えた．通常式文*用のトロープスは，トリエント公会議*により禁じられるまで存続した．

# な

## 「内国伝道」
*Innere Mission*

この語は，教区活動に加えて，ドイツのプロテスタント諸教会内で組織された，すべての自発的な宗教的・慈善的・社会的活動を含む．この伝道の中心的な組織は1848年にさかのぼる．1957年に，それは1945年に形成されたドイツ福音主義教会*の一機関であるヒルフスヴェルク（*Hilfswerk*）と合同し，困窮者を救済し，教会から疎外された人たちと接触している．現在は，社会奉仕団*における大きな構成員である．➡ヴィーヘルン

## 内在性（神の）
Immanence, Divine

天地における神の遍在性（omnipresence）．この教理は神に関するキリスト教的概念を必然的に構成している．

## ナイジェリアのキリスト教
Nigeria, Christianity in

ナイジェリアに現在居住する人たちの，最初のキリスト教との出会いは1470年代のポルトガル人宣教団から始まった．近代のキリスト教の様相は1840年代に由来する．1843–45年に，英国教会宣教協会*（CMS）とウェスレー・メソジスト教会*は，シエラレオネ*で改宗し故国に戻ったかつて奴隷であったヨルバ（Yoruba）人の要請で，彼らの国に入った．1846年に，ジャマイカからの長老派*の宣教団がカラバル（Calabar）に設立された．より重要なのは，アベオクタ（Abeokuta）におけるCMSの宣教団の設立であり，1850年にはアメリカのバプテスト派*が続いた．1857年以降，S. A. クラウザー*はニジェール川とベヌエ川流域の住民への宣教団を率い，ニジェール・デルタおよびイボ（Igbo）人のあいだで教会を設立した．カトリックの活動が再開したのは，アフリカ宣教会*がラゴス（Lagos）に到着した1868年のことである．ナイジェリア南部の人たちのあいだで，キリスト教は急速に広がった．1918年以後，予言や治癒を強調する現地の教会が，宣教師により導入されたものとは異なる型の教会を発展させた．1967–70年の内乱以降，多くのカリスマ*的な教会や福音主義的運動が見られる．

ナイジェリア北部は主としてムスリムである．しかしながら，CMSとカトリックの宣教団はその活動を北部にも拡大し，また2つのプロテスタントの組織が特にこの地域で活動しており，スーダン国内宣教団（Sudan Interior Mission）から，西アフリカ福音主義教会（Evangelical Churches of West Africa）が生まれ，スーダン連合宣教団（Sudan United Mission）から，ナイジェリア・キリストの教会連合体（Fellowship of Churches of Christ in Nigeria）内の8つの教会が生まれた．キリスト教徒はナイジェリア北部で重要な少数派を形成している．キリスト教の南部とムスリムの北部間のナイジェリアの宗教的分裂はますます気がかりなものになっており，北部の少数派であるキリスト教徒は，特にイスラーム法を復活させた諸国では危うい状態にあると感じている．イスラームの過激組織であるボコ・ハラムはさらに，北部でのキリスト教の表現を制限し，（キリスト教と結合した）あらゆる種類の西洋的教育を禁止しようとし，教会堂や政府の建物を爆破する作戦を行っている．彼らはキリスト教徒からも穏健なムスリムからも脅威と見なされている．南部では，特にヨルバ人のあいだに強力な少数派であるムスリムが存在するが，彼らは地方の共同体においてより安定した地位を占めている．最近，ペンテコステ派*諸教会が活発で強硬になり，ムスリムの主張と釣り合う「キリスト教的」国家をめざす運動を起こしてい

る．ナイジェリアのキリスト教は強く守られ，進んでいる．ナイジェリア聖公会（Anglican Church in Nigeria）は執拗に同性愛*に反対し，キリスト教的価値を見捨てたといって，西方諸教会を批判している．

## 内陣（ないじん）
chancel

もともとは聖堂内で，現在では「聖所」*と呼ばれる，祭壇のすぐ周りの部分．聖所から西側に聖職者と聖歌隊のためにより広い空間が確保されたとき，この語はこの領域をも指すことになり，そこで現在では身廊*と翼廊（transept）より東側の，聖堂の中心部分の全体を指す．

## 内陣障壁（ないじんしょうへき）
➡内陣前仕切り

## 内陣前仕切り（ないじんまえしきり）（内陣障壁（ないじんしょうへき））
jube

聖堂の身廊*を聖歌隊席*から隔てる内陣高廊（rood loft）．

## 内密婚（ないみつこん）
clandestinity

正式の権威の承認なしに結婚式を挙げること．中世に広がっていたその悪弊に対処する試みは，16世紀にカトリックとプロテスタントの双方でなされた．宗教改革者の一般的な考えでは，親が同意しない結婚は無効であった．1563年にトリエント公会議*が，内密の結婚は正式の結婚ではあるが，以後はそのような結婚は無効と見なされることを定めるまでは，カトリックの教会法学者は曖昧であった．結婚はすべて教会区司祭（または他の司祭）と２人の他の証人の前でなされることになった．英国教会では，周知（publicity）は結婚予告*，結婚許可証*ないし登録管理者の証明書の発行，結婚式への証言の要請により確保される．しかしながら内密婚は一般に，結婚を避けるためだとは考えられていない．

## ナウムブルク宗教会議（しゅうきょうかいぎ）
Naumburg Convention（1561年）

ナウムブルクで開催された，ドイツの諸侯とプロテスタント指導者の会議で，教理的一致を得ようとした．ルター派*とカルヴァン派*は一致しえなかった．

## 亡（な）き妻（つま）の姉妹（しまい）との婚姻法（こんいんほう）
Deceased Wife's Sister's Marriage Act 1907

この法令は妻を失った男性が亡き妻の姉妹と結婚することを認めている．その規定および対応する1921年の「亡き兄弟の妻との婚姻法」の規定は，『教会法規』*が1946年に修正されるまでは英国教会の教会法と矛盾していた．

## 慰（なぐさ）めの言葉（ことば）
Comfortable Words, the

新約聖書*からの４つの聖句で，『祈禱書』*は司式者が人々の赦免後の聖餐式の際に朗読されることを命じている．『共同礼拝』*では，その使用は聖餐式第Ⅱ式で要求されているが，その他では任意である．

## ナグ・ハマディ文書（もんじょ）
Nag Hammadi papyri

上エジプトのナグ・ハマディ（古代のケノボスキオン［Chenoboskion］）付近で1945–46年に発見された13のパピルス写本の集成．コプト語*で書かれ，後3–5世紀に年代づけられ，40以上の（主にグノーシス主義*の）文書を含み，それらはほとんど以前は知られていなかった．グノーシス主義に関する我々の知識の主要な源泉であるこれらの写本はすべて，現在はカイロのコプト博物館にある．それには，『真理の福音』*や『トマス福音書』*が含まれる．

## 嘆（なげ）きの壁（かべ）
Wailing Wall

ユダヤの伝承で「西壁」（Western Wall）とも呼ばれる，エルサレム*にある壁．もともとはヘロデ*大王により建設された神殿*建築の一部で，70

年の神殿崩壊以来，ユダヤ人により崇められてきた.

## ナザリウス（聖）
Nazarius, St

聖アンブロシウス*が395年頃にミラノ郊外の庭園でその遺体を発見し，市内の聖堂に移した聖人. 祝日は，遺体が同じ庭園で発見された聖ケルスス（Celsus）とともに，7月28日，ナザリウスの移動*について5月10日.

## ナザレ
Nazareth

ガリラヤ*の村で，キリストが育ち，宣教の開始まで住んでいた.

## ナザレ人（ナザレ派）
Nazarene（Nasorean）

(1) 新約聖書において，キリストは「ナザレのイエス」と呼ばれており，これはふつう「ナザレ*出身」の意味で理解される. (2)「ナザレ人」はユダヤ教徒がキリスト教徒を指した名称であった. (3)「ナザレ派」は，ユダヤ教の律法の多くを遵守し続けた，シリア在住のユダヤ民族からなるキリスト教徒の集団に関して，4世紀のキリスト教著作家が用いた名称である. (4) マンダ教徒*も時に「ナザレ派」と呼ばれる.

## 『ナザレ人福音書』
Nazarenes, Gospel of the

エピファニオス*やヒエロニムス*によれば，ベレア（Beroea）のナザレ派*が用いたアラム語の福音書. エピファニオスがそれをマタイ福音書のアラム語訳と見なすのに対し，ヒエロニムスは『ヘブライ人福音書』*と同一視した.

## ナザレ派
➡ナザレ人

## ナジル人
Nazirites

（欽定訳聖書では，Nazarites.）神に献身して，ぶどう酒を飲むことを避け，髪を伸ばしたままにし，死体に近づいて汚れを受けないという誓願を立てたイスラエル人（民6章）.

## ナタナエル
Nathanael

イエスの弟子. 彼の召命はヨハネ福音書1:43-51に語られている. 彼はふつう聖バルトロマイ*と同一視される.

## 宥め
propitiation

この語の一般的な意味は，宗教的ないし道徳的な罪（sin or offence）が神（Deity）に対して犯されたとき，祈りないし犠牲により神の怒りを鎮めることである. しかしながら，新約聖書における主たる意味は，我々の神（God）との関係にとって我々の側の障害を取り除くことでありうるキリストの死が「宥めの」（propitiatory）死であると言うことは，罪により損なわれた神と人間の関係を回復するのに，それが効果的であると言うことである. ➡贖罪

## ナタリティア
natalitia

（ラテン語で「誕生日」の意.）初期の教会において，この語はキリスト教徒，特に殉教者の没した日を指し，彼らの永遠の生命への誕生日を意味した.

## ナッグズヘッド物語
Nag's Head Story

M. パーカー*の主教への聖別の正当性を疑って，17世紀に作られたらしい物語. その陳述によれば，チープサイドにあるナッグズヘッドの居酒屋で，J. スコーリー*はパーカーや他の主教を任命するさい，順に各自の首に聖書をかけて，こう言った.「真摯に神の御言葉を説教する権威を受けよ」.

## 七書

Heptateuch

旧約聖書の最初の７つの文書の統一性のゆえに，それらを指すのに時に用いられる名称．

## ７つの悔罪詩編

seven penitential Psalms, the

詩編6，32，38，51，102，130，143編を指す．

## ７つの教会

Seven Churches

ヨハネ黙示録1–3章に載っている手紙が宛てられた小アジアの教会，すなわち，エフェソ*，スミルナ*，ペルガモン*，ティアティラ*，サルディス*，フィラデルフィア*，ラオディキア*の諸教会である．

## ７つの罪源

seven deadly sins

高慢*，貪欲，色欲，嫉妬，貪食，憤怒，怠惰（アケディア*）を指す．➡大罪

## ７つの秘跡

seven sacraments, the

洗礼*，堅信*，聖餐*，悔悛*，終油（病者の塗油*），叙階*，婚姻*を指す．これら７つの秘跡*が他のすべての宗教的儀式と性質が異なる一群をなすと信じられるようになったのは，ペトルス・ロンバルドゥス*（1160年没）の『命題集』*をとおしてであった．それが７であることはトリエント公会議*で定義され，東方教会でも一般に受け入れられている．

## ７つの美徳

seven virtues, the

信仰*，希望*，愛徳*（愛*），正義，賢慮，節制*，剛毅を指す．➡対神徳

## ナハシュ派

Naassenes

オフィス派*と同一でないとしても，それと類似したグノーシス主義*の一派．

## ナホム書

Nahum, Book of

小預言書*の一つ．前612年頃のニネベの陥落を預言し，それが切迫したものと見なされているので，本書は通常この出来事の直前に年代づけられる．冒頭の賛歌（1:2–9ないし1:2–2:2）は独立した資料に由来するであろう．

## ナルサイ（ナルセス）

Narsai（Narses）（503年頃没）

詩人，アッシリア東方教会*の神学者．おそらく399年に生まれた彼は，エデッサ*の有名な神学校の校長になったが，471年頃，ニシビスに逃れ，そこで主教バルスマス*はナルサイに神学校の設立を依頼した．多くの韻文講話とわずかな聖歌が現存している．

## ナルセス

➡ナルサイ

## ナルテクス（拝廊）

narthex

ビザンティン式の聖堂において，身廊*の正面入口の間で，身廊とは柱，框，壁で隔てられる．洗礼志願者*や悔悛者*の控え間であった．

## ナント王令（ナント勅令）

Nantes, Edict of（1598年）

フランスの宗教戦争の最後に，アンリ４世*によりナントで発せられた王令で，ユグノー*に対して広範な権利を認めた．彼らには（いくつかの都市を除いて）自らの信仰の自由な実践が認められ，彼らの守備隊，牧師，学校に対して国家の助成金が与えられた．同王令は1685年に廃棄された．

# に

## 二位一体論
Binitarianism

神（Godhead）において２つのペルソナ（位格）しか存在しないという信仰で，聖霊の神性（deity）を否定することを意味する．

## ニカイア公会議（第１）
Nicaea, First Council of（325年）

皇帝コンスタンティヌス*が召集した，この第１回公会議は主にアレイオス*論争を扱った．ニコメディアのエウセビオス*によって提示されたアレイオス派の信条が拒否されたのち，カイサリアのエウセビオス*は自らのパレスチナの教会の洗礼信条（Baptismal Creed）を提出し，これに「ホモウーシオス」*の語が追加されて，公会議により正統的であると認められた．しかしながら，公会議が公布した信条はこれではなく，別のもので，おそらくエルサレム教会の洗礼信条の改訂版であった．４つの反アレイオス的なアナテマ*を付した信条に，２人を除いて，出席した主教全員が署名した．アタナシオス*はこの闘いにおいて正統信仰の指導的な擁護者であったと思われる．公会議はまた，エジプトの「メリティオス派のシスマ」*および復活祭論争*に関して合意に達し，さらに20箇条の決議条項を公布した．318人という伝統的な出席した主教数はおそらく象徴的にすぎず，ほぼ220-250人位であったと思われる．➡ニカイア信条

## ニカイア公会議（第２）
Nicaea, Second Council of（787年）

第７回公会議*で，聖画像破壊論争*を終結させるために摂政皇后エイレネ（Irene）により召集された．公会議は教皇ハドリアヌス１世*の書簡に表明された，像*の崇敬（veneration）に関する教えに対する支持を宣言し，そのような崇敬が（神のみにささげられるべき崇拝*でなく）尊敬と栄誉の対象であり，その像に対する栄誉がその原形になっている対象に至ることを付け加えた．

## ニカイア信条
Nicene Creed

以下の２つの信条を指す．(1) ニカイア公会議*により公布された信条で，学者がＮと表記するもの．アレイオス主義*に対して正統信仰を擁護するために起草され，「ホモウーシオス」*の語が含まれている．それに付加された４つの反アレイオス的なアナテマ*も，本文の不可欠な部分と見なされるようになった．

(2) 一般の用法で「ニカイア信条」はしばしば，東西教会で聖餐式の際に通常用いられる，より長い信条を意味する．「ニカイア・コンスタンティノポリス信条」とも呼ばれ，Ｃと表記される．451年のカルケドン公会議*のときから，これは381年のコンスタンティノポリス公会議*の信条と見なされてきた．同会議で起草されなかったが，是認されたと思われる．その起原は不詳であるが，おそらくコンスタンティノポリス教会の洗礼信条（Baptismal Creed）であった．中世初期に，「フィリオクェ」*が西方でこれに付加された．

## ２階の広間
➡高間

## ニカラグアのキリスト教
Nicaragua, Christianity in

カトリックのキリスト教がニカラグアにもたらされたのは，(1524年までに終わった)スペインによる西部と中部の征服とともに，16世紀のことであった．ニカラグアはスペイン帝国の周辺部に位置

したので，その植民地制度およびカトリック教会は比較的に弱かったが，1838年に共和国として独立したのち数年で，教会は国家の最も永続的な制度の一つとなった．19世紀半ばの反聖職者主義的立法により政治的影響力が縮小したが，西部，中部，北部において，カトリシズムは強い制度的・霊的な権威を保持した．1960年代半ばに，ニカラグア教会は「解放の神学」*の影響を受け，またそれに貢献した．急進的なカトリック信徒は1979年にソモサ体制を打倒するサンディニスタの反乱を支援した．1983年の訪問の際，ヨアンネス・パウルス２世*は過度の政治性のゆえに幾人かの司祭を懲戒した．その後の「人民」教会と「公的」教会のあいだの分裂は1989年まで続いた．

（時にモスキート海岸と呼ばれる）東海岸はプロテスタントが多い．18世紀後半から19世紀半ばに，イギリスは東海岸を植民地化し，黒人労働者，英語，プロテスタンティズムを導入した．海外福音宣教協会*は1742年に活動を開始したが，イギリス人が19世紀前半に黒人労働者をジャマイカから連れてくるまではほとんど成果がなかった．1896年になって，ニカラグアで最初の永続的な英国教会の礎がブルーフィールズ（Bluefields）に置かれた．ニカラグア聖公会の責任は，英国教会からアメリカ聖公会に移されたが，現在は中央アメリカ地域聖公会（Anglican Church of the Central American Region）に属している．

プロテスタントでは最大のモラヴィア教会*は，宣教師を1749年にブルーフィールズへ派遣した．当初はミスキート人（Miskitu）やクレオール人（Creoles）のあいだで活動し，同教会は急速に発展した．現在では東海岸のほとんどどの村でも積極的に活動しており，また合衆国やヨーロッパに宣教師を派遣している．スペイン語地域では，主要なプロテスタントとして，ペンテコステ派*とバプテスト派*が存在する．

## 肉体労働（にくたいろうどう）
servile work

主日や祝日(Holy Days)に禁じられている労働．それを定義するさまざまな試みがなされてきた．この用語は1983年の『教会法典』*には載っていない．現在のカトリックでの要件について，「主日」の項参照．

## ニクラエス
Nicholas, Henry（Hendrik Niclaes）（1502-1580頃）

「ファミリスト」*の創設者．裕福な織物商人の彼は，アムステルダムで再洗礼派*とともに活動した．1539年頃，神との交信で，「愛の家族」という新しいセクトの創設を命じられたと信じた．1540年に，エムデン（Emden）に赴き，多くの書物を著し，その中に『正義の鏡』がある．1560年に，当局は彼のセクト的活動に反対する処置をとり，彼はカンペン（Kampen），ロッテルダム，最後にケルンへと逃れた．彼は自分がキリスト教界におけるシスマを解決するつもりであったが，プロテスタントとカトリックの双方から断罪された．

## ニケタ（ニケタス）（聖（せい））
Niceta, St（414年頃没）

370年頃からレメシアナ（Remesiana，現ニーシュ南東のベラ・パランカ［Bela Palanka］）司教．彼の『信条の解説』（*Explanatio Symboli*）は使徒信条*の歴史にとり主要な証言で，「聖徒の交わり」*という語を用いた最古の文書である．テ・デウム*を彼に帰することは一般に受け入れられていない．祝日は６月22日．

## ニケタス
➡ニケタ

## ニケタス・アコミナトス（ニケタス・コニアテス）
Nicetas Acominatos（Nicetas Choniates）（1155/57-1217）

ビザンティンの学者．コンスタンティノポリスで皇帝に仕えて頭角を現し，1204年のその陥落時にニカイアに逃れた．彼の著作には，当時の異端信仰を論駁し，1156-66年の教会会議の主な資料でもある『正統信仰の宝』，および1204年の十字軍*兵士によるコンスタンティノポリス占領の記事が特に貴重な，1118-1206年の『年代記』がある．

## ニケタス・コニアテス

➡ニケタス・アコミナトス

## ニケタス・ステタトス

Nicetas Stethatos（1005頃-1085頃）

ビザンティンの修道士．若いときに，彼はコンスタンティノポリスのストゥディオス*修道院に入り，「新神学者」聖シメオン*と出会った．1053-54年に彼は，1054年の相互破門に至った，枢機卿フンベルトゥス*と総主教ミカエル・ケルラリオス*とのあいだの論争に関わった．ニケタスによるシメオンの伝記は，位階制に反対して，信徒であっても霊的な父権制を擁護したものと見なされている．彼の『3世紀間の実践・本性・覚知の章』（*Three Centuries of Practical, Physical and Gnostic Chapters*）に含まれた霊的な教えは，シメオンに負うており，ニケタスも嘆きの賜物を重視している．

## ニケフォロス（聖）

Nicephorus, St（758-828）

コンスタンティノポリス*総主教．宮廷生活を退いて修道院に隠遁したが，コンスタンティノポリスに呼び戻されて，806年に総主教に任じられたときまだ上級聖職*に就いていなかった．その代わりに，皇帝ニケフォロス1世（在位802-11年）が皇帝コンスタンティノス6世の不法な結婚を祝福したかどで罷免されていた司祭の復職を要求したとき，総主教はしばらく躊躇したのち譲歩した．皇帝レオン5世（在位813-20年）が聖画像破壊*政策を再びとり始めたとき，ニケフォロスは抵抗した．彼は815年に追放され，もとの修道院に隠遁した．聖画像破壊論争中の著作のほかに，彼は602-770年のビザンティン史を著した．祝日は東方では6月2日，西方では3月13日．

## ニケフォロス・カリストス（クサントプロス）

Nicephorus Callistus（Xanthopoulos）（1256頃-1335頃）

ビザンティンの歴史家．主著『教会史』はキリスト降誕から610年の皇帝フォカス（Phocas）の没年までを記し，いくつかの初期の論争や異端信仰に関する資料を保存している．1555年にラテン語に翻訳され，像*や聖遺物*の擁護のための材料を提供した．

## 二元論（二性論）

dualism

(1) 善と悪が別個で同様に究極的な第1原因の所産と考える形而上学的仮説．(2) 受肉したキリストには，両性だけでなく人間と神の2つのペルソナ（位格）が存在したという見解．

## ニコデモ

Nicodemus

夜間にイエスを訪れて，ヨハネ福音書3:1-15に記された，キリスト教の復活に関する対話をした学識あるユダヤ人．彼はのちにアリマタヤのヨセフ*がイエスを埋葬する際に助けたといわれる（ヨハ19:39）．

## ニコデモ主義

Nicodemism

夜間にイエスを訪れたニコデモ*に由来する「ニコデモ派」（Nicodemite）の語は一般に，隠れたないし臆病な信奉者を指す．J. カルヴァン*はこの語を，外面的にカトリックの慣行を続けている，カトリックのフランスに在住するプロテスタントへの改宗者に当てはめた．現代では，ニコデモ主義はあらゆる形の宗教的見せかけを指す．

## ニコデモス・ハギオリテス（聖）

Nicodemus of the Holy Mountain, St（1749頃-1809）

アトス山*のギリシア人修道士，霊的著作家．彼が編纂した主要なものは，『フィロカリア』*および1800年の『ピダリオン（舵）』（*Pidalion*）と題した東方教会の教会法に関する注解であった．彼はまたカトリックの著作家からギリシア語訳したが，その中に聖イグナティウス・デ・ロヨラ*の

『霊操』*も含まれる．祝日は東方では7月14日．

## 『ニコデモ福音書』

➡『ピラト行伝』

## ニコメデス（聖）
Nicomedes, St

初期の殉教者．彼はローマのカタコンベ*の一つに埋葬されたと思われる．その殉教の状況や年代について，何も知られない．祝日は9月15日（『祈禱書』では6月1日であるが，これはローマの教会堂が彼に献堂された日付）．

## ニコライ派（ニコラオス派）
Nicolaitans

ヨハネ黙示録2:6と2:14-15に言及された一派で，彼らは異教の礼拝への回帰を支持したと思われる．この名称が寓意的であって，そのようなセクトが存在しなかった可能性もあるが，同一名称のグノーシス主義*的なセクトが幾人かの初期の教父により言及されている．後代，この語は聖職者の独身制*の擁護者により，妻帯した司祭について用いられた．

## ニコラウス1世（聖）
Nicholas I, St（867年没）

858年から教皇．その教皇位が証言するのは東方教会との長引いた闘争であった．彼は皇帝がイグナティオスを罷免し，フォティオス*をコンスタンティノポリス主教座に就けたことを承認するのを拒否し，863年にイグナティオスの復職を宣言した．ニコラウスはまた新たに改宗したブルガリア*人をローマ側につけようとした．867年に，フォティオスは教皇の廃位を宣言したが，自らその年のうちに罷免された．西方において，ニコラウスはロレーヌ王ロータル（ロテール）2世の離婚問題で断固たる態度をとり，ラヴェンナ*大司教ヨアンネスに対してローマ司教座の首位権を主張し，ランス*大司教ヒンクマルス*に論争に介入する教皇職の権利を認めさせた．祝日は11月13日．

## ニコラウス5世
Nicholas V（1397-1455）

1447年から教皇．その懐柔的な精神と外交的な手腕により，1448年のウィーン政教協約における聖職禄*と司教職の問題で教皇権を承認させ，また1449年に対立教皇フェリクス5世の退位およびバーゼル公会議*の自己解散によりシスマ*を終わらせた．彼は悪弊の改革に尽力した．彼は非難の余地のない生活をし，信仰を新しい学問と調和させることに腐心した．

## ニコラウス（トレンティーノの）（聖）
Nicholas of Tolentino, St（1245頃-1306）

アウグスチノ隠修士会*員．彼の生活は敬虔であったが，平穏無事ではなかった．トレンティーノに埋葬された遺体の一部から，大災害の前に出血したといわれる．祝日は9月10日．

## ニコラウス（バーゼルの）
Nicholas of Basle（1395年頃没）

異端者．彼はバーゼル地域で説教したベガルド*であった．1393年に火刑に処せられた，弟子のマインツのマルティヌスによれば，ニコラウスは使徒よりもよく福音を理解していると主張し，教会的な権能を有するといい，弟子たちを教会への服従から原初の無垢の状態へと解放すると宣言した．彼の見解がマルティヌスの告白が意味するほど急進的であったかどうかはわからない．長年異端審問*を逃れたのちに，ヴィエンヌで火刑に処せられた．

## ニコラウス（フリューエの）（聖）
Nicholas of Flüe, St（1417-87）

「修道士クラウス」（Bruder Klaus）とも呼ばれる．1467年に，彼は妻と10人の子どもと別れる同意を彼女から得て，ランフト（Ranft）渓谷で隠修士の生活を始めた．彼は聖体以外なにも食物を摂らず，19年間そこで過ごしたといわれる．彼の幻視の記事は近代になって関心を呼んでいる．祝日は3月21日，（彼が守護聖人となっているスイスでは）9月25日．

### ニコラウス（リールの）
Nicholas of Lyre（1270頃-1349）

聖書釈義家.（ノルマンディーのエヴルー教区にある）リール出身の彼は，フランシスコ会*員になり，1300年頃にはパリへ移った．彼は本質的に研究に従事した学者であった．聖書の文字通りの意味に集中し，各章の各節ないし各区分ごとに『注解』（*Postillae*）を書いた．これには彼のヘブライ語本文とラビの注解書に関する知識が反映している．彼の『文字通りの注解』（*Postillae Litterales*）と『道徳的注解』（*Postillae Morales*）はともに長く，聖書の決定的な注解書と見なされた．

### ニコラウス・クザーヌス
Nicholas of Cusa（1401-64）

ドイツの哲学者. 1433年に，トリーア司教座に関する論争の法律顧問としてバーゼル公会議*に出席し，またフス*派の和解のために尽力して，公会議にカリス派*を認めさせた．彼はもともと公会議首位説*を主張していたが，その支持者と疎遠になり，1437年以降，教皇のために挺身した．ニコラウス5世*は1448年に彼を枢機卿とし，1450年に（ティロル公国の）ブリクセン（Brixen, 現イタリアのブレッサノーネ）司教兼ドイツ語圏諸国への教皇特使*に任命した．彼は改革のために活動したが，1458年にジギスムント公と衝突して自教区を離れざるをえなかった．彼は晩年をローマで過ごした．

知的な見解において，ニコラウス・クザーヌスはルネサンスの先駆者であった．主著『知ある無知』（*De Docta Ignorantia*）は，彼の有名な2つの原理，すなわち「知ある無知」と「反対の一致」（coincidentia oppositorum）の擁護論であった．「知ある無知」が人間知性に到達しうる知的理解力の最高段階である理由は，絶対で唯一で無限に単純な真理が人間には知られえないからである．対照的に，知識は相対的・複合的で，せいぜい近似的にすぎない．それゆえ，真理への道は理性も矛盾の原理も超えている．直観によってのみ，我々はそこでいっさいの矛盾がであう「反対の一致」である神を見いだしうる．

### ニコラオス（聖）
Nicholas, St

ミュラ（Myra, 現トルコ南西部）主教．伝承によれば，ディオクレティアヌス*帝の迫害のとき投獄され，また第1ニカイア公会議*に出席したというが，出席したことはありえない．彼は船員およびロシアの守護聖人と見なされ，また子どもの守護聖人でもあり，祝日の12月6日に子どもへ贈物をする（これがサンタクロース*の起原で，この英語は聖ニコラオスを指すオランダ語に由来する）．彼のシンボルは時に，金の入った3つの袋で，それは彼が3人の娘を零落から救うために与えたといわれる婚資を指す．

### ニコラオス・カバシラス
➡カバシラス

### ニコラオス派
➡ニコライ派

### ニコラス（ヘレフォードの）
Nicholas Hereford（1420年頃没）

ロラード派*の著作家．オックスフォードで，J.ウィクリフ*の支持者になり，1382年にはウィクリフの教えを説いていた．このため，彼は断罪され，2度投獄された．1391年頃に自説を撤回したようで，1394年にヘレフォード*司教座聖堂参事会員となり，1417年にカルトゥジア会*員になった．彼の名前は，ウィクリフによる聖書の英語訳の初期の段階と結びついている．

### ニコル
Nicole, Pierre（1625-95）

フランスの神学者，論争家，モラリスト．A.アルノー*と深い親交を結び，その協力で彼の多くの著作は書かれ，その中に1662年の『思考の論理学ないし技術』（*Logique ou l'Art de penser*, ふつう『ポール・ロワイヤルの論理学』と呼ばれる）が含まれる．彼の多くの著作はヤンセン主義*論争を扱ったが，たいていのヤンセン主義者の著作よりも性格において穏健である．彼はまた，カルヴァン主義*者や静寂主義*者への論駁書も著した．1671-78年の主著『道徳論集』（*Essais de morale*）は，堕落した人間性という悲観主義的な見解を反映しており，一般に世俗から外面的にも内面的にも隠棲することを擁護したが，世俗で地位のある人たちも敬虔なキリスト教的生活を送りうることを認めた．

## ニーコン
Nikon（1605-81）

1652-58年に，モスクワ総主教．彼は祈禱書の諸規定をギリシアの慣行に一致させてロシアの典礼を改革し，悪弊を一掃しようとした．十字を2本でなく3本の指で切ったり，アレルヤ*を3回繰り返すといった慣行を決めた．1658年に，彼は皇帝の信を失い，辞任した．彼は復職しようとしたが，1667年のモスクワ主教会議で罷免されて追放されたにもかかわらず，彼の典礼改革は是認された．

## ニサン
Nisan

ユダヤ教の暦の最初の月で，およそ4月にあたる．過越*が行われる月で，「過越の小羊」*がニサン月14日に屠られた．

## 西アフリカのキリスト教
West Africa, Christianity in

最初のヨーロッパ人は15世紀末に西アフリカ海岸に到着したが，彼らの大多数は伝道よりむしろ奴隷貿易に関わった．19世紀には，あらゆる教派の諸教会による持続的な宣教活動が存在した．アングリカン*，メソジスト*，バプテスト*がシエラレオネ*で，長老派*がナイジェリア*で活動する一方，メソジストはまたガーナ*，ガンビア，ダホメ（現ベナン）でも宣教した．カトリック教会はコンゴ*で厚遇され，カトリックの宣教活動は西アフリカのほとんどすべての地域で行われた．フランス領では，（A. シュヴァイツァー*のような）福音主義教会員が活動した．

西アフリカ諸国の大半が第2次世界大戦後に達成した独立に合わせて，プロテスタント諸派により国民的な諸教会が設立され，カトリック教会では従来の代牧*職が位階制に置き換わった．1951年に，リベリアを除く，その地域のアングリカンの主教区は，西アフリカ管区教会を形成した．1979年に，独立のナイジェリア管区がその中から形成されたが，1982年にリベリア主教区がそれに加わった．2012年に，同管区はガーナとそれ以外の2つの管理管区（administrative provinces）に分割された．➡アフリカにおけるキリスト教

## 西インド諸島のキリスト教
➡カリブ海のキリスト教

## 二枝燭台と三枝燭台
dikirion, trikirion

東方教会の主教が典礼の際に祝福を与えるとき用いる二枝ないし三枝の燭台．➡三枝燭台

## 西向きの位置
westward position

初期のローマの教会堂によっては，聖餐式の司式者は祭壇の遠い側に立ち，会衆と向き合っていたと思われる．（通常は西向きの）この位置は「東向きの位置」*に取って代わられたが，カトリック教会において徐々に復活し，また英国教会のたいていの教会堂でも用いられてきた．

## 二種の義
double justice

義認*の秘義を説明しようとする試みとして，16世紀の神学者たちが指摘した2種類の義のあいだの区別．恩恵*により獲得される義と善行により獲得される義という伝統的な区別が，M. ルター*の初期の著作『二種の義について』（*De duplici justitia*，1519年）の背後に存在した．さまざまなカトリックの著作家は，ルターの信仰義認論の中に，ある真理を認めながら，（1）聖化する恩恵および（または）恩恵と協働して実行された善行により獲得される「生得的な」（inherent）義と，（2）キリストの功徳が信徒に転嫁*されたとき，信仰

により獲得される「転嫁された」(imputed) 義とを区別した.

## 二種陪餐（にしゅばいさん）

Communion in both kinds (Communion under both species)

パンとぶどう酒の２つの形色*(species) によって聖餐を受ける慣習は，12世紀頃まで一般的であったが，例外もあった．西方では13世紀には，カリス*は司式者に限定された．この慣行の正当性はフス*派により否定された．16世紀の宗教改革者の主張も，二種陪餐のみが聖書的根拠をもつというもので，その慣行は英国教会を含むすべてのプロテスタント教会で受け入れられた．カトリック教会では，トリエント公会議*は現存の慣行が併存説*で正当化されると決定したが，第２ヴァティカン公会議*以降は，一般的に二種陪餐が規定され，それがますますふつうになっている．➡インティンクション，二種陪餐論

## 二種陪餐論（にしゅばいさんろん）

Utraquism

信徒が聖職者と同様に，パンとぶどう酒の両方で聖餐を受けるべきだという見解．J. フス*の追随者により主張された．「二種陪餐」*は1433年の『プラハ協定』によりボヘミアの信徒に認められた．1462年にピウス２世*により公に撤回されたその慣行は，1620年のボヘミアの反乱の鎮圧後に消滅した．

## 二性論（にせいろん）

➡二元論

## ニーチェ

Nietzsche, Friedrich Wilhelm (1844-1900)

ドイツの哲学者．1869-79年に，バーゼル大学教授であったが，健康を害して辞職した．1889年に，彼は精神に異常をきたした．

ニーチェは体系的な思想家であるよりむしろ預言者であった．彼の考えでは，生は力への意志であるが，それは大衆により集団的に行使されるのでなく，偉大な個人，すなわち「超人」の力である．この超人を可能にするために，キリスト教に由来する現在の諸価値が廃棄されねばならない理由は，それらが謙遜や同情などを徳だと称して，強者を犠牲にしながら力に参与する弱い廃嫡された「群れ」の分け前だからである．

## 日曜学校（にちようがっこう）

Sunday Schools

現在は主に宗教的な教育が日曜日*に施される，主として子どものための学校で通常，教会区*や修道会との関連で設けられている．貧しい子どものための日曜日の学校の例は以前から個々に存在していたが，その運動を盛んにしたR. レイクス*は，地方の管理司祭*と協力して，グロスター(Gloucester) の子どもに読み書きと『祈禱書』のカテキズム*を日曜日に教えるために，1780年に４人の女性を雇った．彼の例にならって，その運動はヨーロッパやアメリカに広がった．イングランドでは，２つの全国的な協会が超教派的に組織され，1783年の「日曜学校協会」(Sunday School Society) は個々の学校を財政的に支援し，また1803年の「日曜学校連盟」(Sunday School Union) は書籍や資料の発行を援助した．しかしながら，たいていの学校は地方的に支援され，1800年代初めからは，超教派的な協力に代わって，教派的な競争が起こった．より明確に英国教会の教えを伝えたいというアングリカンの願いから，1843年に「日曜学校学会」(Sunday School Institute) が設立され，1936年に国民協会*と合併した．「日曜学校連盟」は1921年に「国民日曜学校連盟」と改称していたが，1966年に「国民キリスト教教育協議会」(National Christian Education Council) になった．

## 日曜日（にちようび）

➡主日

## ニッチュ

Nitzsch, Karl Immanuel (1787-1868)

ドイツのルター派*の神学者．当時の懐疑的な合理主義に直面して，彼はキリスト教の純粋に思

弁的な解釈を否定して，宗教的知識の基礎を生み出すと考えた宗教的感情の直接性を強調した．1817年のプロイセン諸教会の福音主義的合同を推進した．

## 日中聖務日課書

Diurnal

時課*を含む祈禱書．

## ニトリア砂漠

Nitrian Desert

ナイル・デルタの西部の地域で，キリスト教修道制の拠点として有名であった．➡スケティス

## ニニアン（聖）

Ninian, St（5ないし6世紀）

ブリトン人の宣教者．ベーダ*の報告によれば，聖コルンバ*が563-97年にわたってスコットランドにおいて北部のピクト人を改宗させる前に，ニニアンは南部のピクト人のあいだで活動していた．ベーダはニニアンのことを「ローマで正統信仰の教育を受けたブリトン人」の司教であると述べ，「アド・カンディダム・カサム」（Ad Candidam Casam,「白亜の館で」，現ホィットホーン［Whithorn］）と呼ばれる場所にトゥールの聖マルティヌス*に献げられた聖堂を建て，自らそこに葬られたと述べている．彼の墓所は巡礼地になった．祝日は9月16日．

## ニネベの断食

Nineveh, Fast of

東方教会*，シリア正教会*，コプト教会*では四旬節前の第3週に，アルメニア教会*では四旬節直前に守られた，四旬節前の2日ないし3日間の断食．

## ニーバー

Niebuhr, Helmut Richard（1894-1962）

アメリカの神学者．ラインホルド・ニーバー*の弟である彼は，1938年から没するまでイェール大学で教えた．彼は合衆国における信仰と社会的グループとの相関関係を分析した．

## ニーバー

Niebuhr, Reinhold（1892-1971）

アメリカの神学者．1928-60年に，ニューヨークのユニオン神学校*で教えた．彼は聖書の啓示の概念に回帰しようとし，自由主義神学にも形而上学にも批判的であって，原罪*の教理を復権させた．彼はキリスト教が文化との関係で直接的な預言者的使命をもつと考え，その時代，彼の「キリスト教現実主義」はアメリカの社会的・政治的制度に対して強い批判力を行使した．

## 日本のキリスト教

Japan, Christianity in

聖フランシスコ・ザビエル*はキリスト教を1549年に日本にもたらした．1596年以降の断続的な迫害にもかかわらず，多数のキリスト教徒が小さな共同体をつくって信仰を守り続けた．1859年の日仏修好通商条約は礼拝の自由を外国人に認め，それに続いて新たにカトリック，アングリカン，長老派*の宣教師が来日した．1861年に，ロシア正教会からの宣教団が来日し，その正教会の人数を上回ったのはカトリック教会だけであった．1877年に，複数の長老派の諸教会が合同し始め，1891年までかかった（日本基督教会）．複数のアングリカンの宣教団は合同して1887年に日本聖公会を創設した．当初，キリスト教への改宗は西洋の教育に対する若者の渇きに手助けされたが，1890年には国家的自立への反動が起こってきた．1941年のアメリカおよびイギリスとの開戦は，ヨーロッパ人の司教や聖職者全員の退去につながり，政府は非カトリック系のキリスト教全体を日本基督教団という単一のプロテスタント教会にまとめようとした．1945年の日本の敗戦後，国家神道は解体し，宗教の自由が認められた．アングリカン，ルター派*，その他の数グループは日本基督教団を離脱したが，それは現在も日本における最大のプロテスタントの団体である．日本聖公会は日本人主教のもとで再組織された．キリスト教徒は人口の約1％を占めている．

## ニーメラー
Niemöller, Martin (1892-1984)

ドイツのルター派*の牧師．1937年の反ナチ的行動のゆえに逮捕され，強制収容所に投獄された．条件付きで釈放を提案されたが，彼は拒否し，ナチに対するプロテスタントの抵抗運動の象徴的人物となった．第2次世界大戦後，シュトゥットガルトでの「罪責宣言」において指導的な役割を果たした．

## 入祭（にゅうさい）
➡イントロイトゥス

## ニュージーランドのキリスト教（きょう）
New Zealand, Christianity in

マオリ人への最初のキリスト教の宣教は，1814年にニューサウスウェールズのアングリカンのチャプレンによって開始された．ウェスレー・メソジスト教会*は1822年に，フランスのカトリック教会は1838年に宣教を開始した．1840年代までに，マオリ人の大多数はキリスト教の礼拝に出席していた．1840年のイギリスによるニュージーランド併合後，大規模なヨーロッパ人の植民があり，それがさまざまな教派を導入した．ニュージーランドのアングリカン主教座が1841年に置かれ，G. A. セルウィン*が初代主教となった．1928年に，1人のマオリ人が彼らの活動を監督するためにアオテアロア（Aotearoa）主教に聖別された．ニュージーランドでは，女性が1977年以降，アングリカンの司祭職に就いており，最初の女性主教が1990年に聖別された．1992年に，英国教会のニュージーランド管区は，アオテアロア・ニュージーランド・ポリネシア聖公会（Anglican Church in Aotearoa, New Zealand and Polynesia）になった．カトリック教会は1848年に2つの司教区，1887年に1つの大司教区を設立し，最初のマオリ人であるカトリックの司教は1988年に聖別された．人口全体では，アングリカンが最も多くカトリックと長老派*がそれに続く．マオリ人のあいだでは，アングリカンとカトリックの次に，マオリ人の治癒者 T. W. ラタナ（Ratana, 1870-1939年）が創始した土着の共同体であるラタナ教会とモルモン教*が続く．

## ニュートン
Newton, Isaac (1642-1727)

イギリスの数学者，自然哲学者．当時の最もすぐれた物理学者であった彼は，引力の法則を定式化し，微分学を発見し，白色光を正確に分析した．1687年の『自然哲学の数学的原理』（*Philosophiae Naturalis Principia Mathematica*）において，彼はまた宗教的確信を述べてもいる．彼にとって，神への信仰は宇宙の秩序に主として依存していた．英国教会員ではあったが，彼が個人的に三位一体*の教理を否定した理由は，そのような信仰が理性で把握できないからということであった．

## ニュートン
Newton, John (1725-1807)

イギリスの福音主義*者の聖職者．奴隷貿易人であったり，リヴァプールで潮位監視人であったりした．彼は非国教徒*の牧師になろうとしたが，バッキンガムシャーのオルニー（Olney）の補助司祭*となり，1764年に叙任された．ここでW. クーパー*と協力して，1779年に『オルニー聖歌集』（*Olney Hymns*）を刊行した．ニュートン自身の聖歌の中には，‘Glorious things of Thee are spoken’（「さかえにみちたる」『古今聖歌集』303番，『讃美歌』194番）や‘How sweet the Name of Jesus sounds’（「イエスきみの」『古今聖歌集』327番，『讃美歌』287番）がある．

## ニューマン（福（ふく））
Newman, Bl John Henry (1801-90)

トラクト運動*の指導者，のちに枢機卿．福音主義的な影響下に育った彼は，オックスフォード大学オーリエル・カレッジのフェローとなり，1828年にセント・メアリ教会の主任代行司祭*に就任した．オックスフォード運動*と深く関わり，そこでの指導的な人物であった．彼は『時局冊子』のうち27の号に寄稿した．1841年の『時局冊子』90号において，彼はトリエント公会議*の諸決議と一般的に一致させた，「39箇条」*の解釈を擁護したため，『時局冊子』は大学の評議員会により断罪され，オックスフォード主教はその筆者を沈黙させた．その間，1839年からニューマンは英国教会の主張に疑念をもち始めていた．1842年から，リトルモア（Littlemore）に住み，半ば修道院的な施設をたてた．1843年に主任代行司祭を辞任し，1845年にカトリックになった．彼は転会を弁明して1845年に『キリスト教教理発展論』（*Essay on the Development of Christian Doctrine*）を刊行した．

ローマで叙階された彼は，1849年にバーミンガムでオラトリオ会*を設立し，1854-58年に，ダブリンの短期のカトリック大学学長であった．教皇が世俗権力を保有することに反対したことは，H. E. マニング*との不和を招いた．1864年のC. キングズリー*との論争の結果として刊行されたのが，ニューマンの『我が生涯の弁明』*で，それは彼に対する大きな共感を得た．翌年，彼は『ゲロンシアスの夢』*を書いた．1870年の『承認の原理』（*Grammar of Assent*）の注目すべき点は，実質的承認と概念的承認の識別，我々が神を知るときに良心が果たす機能の分析，「推論的感覚」（illative sense），すなわち，宗教的確実性に至るために，厳密な論理の限界外の過程を経て，所与の事実から判断する機能の分析である．1879年に，枢機卿に任命された．カトリック教会における彼の仕事はほとんど生存中は成果がなかったが，彼の教えの大半は第２ヴァティカン公会議*で公式に表明された．彼は2010年に列福*された．祝日は10月９日．

## ニュルンベルク宣言（せんげん）

Nuremberg Declaration（1870年）

第１ヴァティカン公会議*の教皇に関する教令に反対して，ニュルンベルクに集まった14人のドイツのカトリックの教授や教師が発表した信仰に関する声明．その後，他の人たちも署名した．署名者は復古カトリック教会*運動の中核を形成した．

## ニール

Neal, Daniel（1678-1743）

歴史家．ロンドンのオールダーズゲート・ストリートで独立派*教会の牧師であった彼は，当時の最高のピューリタン*説教者の一人と認められた．1732-38年の『ピューリタンの歴史』（*History of the Puritans*, 1517-1688）は，その強いピューリタン的偏向にもかかわらず貴重である．

## ニール

Neale, John Mason（1818-66）

高教会派*のアングリカンの著述家，讃美歌作者．1842年に叙任された彼は，1846年からイーストグリンステッド（East Grinstead）にあったサックヴィル・カレッジ（Sackville College）学長であった．1855年に，聖マーガレット修女会（Sisterhood of St Margaret）を創立したが，女子教育と病者の看護に献身したこの修女会は，英国教会における主要な修道会の一つになった（➡アングリカニズムにおける修道会）．彼の儀式主義的慣行は，1847-63年のあいだ職務執行停止命令*を招いた．

ニールはすぐれた讃美歌作者であった．彼自身の作詞で ‘O happy band of pilgrims’（「あめにたびたつ」『古今聖歌集』435番）や ‘Art thou weary’（「つかれたるものよ」『古今聖歌集』394番）があり，ラテン語やギリシア語の聖歌からの訳詞で ‘Jerusalem the golden’（「黄金のエルサレム」）や ‘All glory, laud and honour’ がある．1862年の『東方教会聖歌集』（*Hymns of the Eastern Church*）は，東方の聖歌の多くの訳詞を含み，東方において重要な復活を強調する考えをアングリカンの礼拝にも間接的に導入した．祝日はアメリカの1979年の『祈禱書』および『共同礼拝』*では８月７日．

## ニル・ソルスキイ（聖（せい））

Nil Sorsky, St（1433-1508）

ロシアの修道士，神秘家．アトス山*を訪れた彼は，ヘシュカスモス*の観想的生を受け入れた．ロシアに戻った彼は，霊的師父（スターレッツ*）に指導される小グループ（スキート［*skit*］）による新しい型の禁欲的修道生活を導入し，そのために会則を書いた．祝日は４月７日と５月７日．

## ニーロス（苦行者の）（聖）
Nilus the Ascetic, St（430年頃没）

（誤って）「シナイのニーロス」とも呼ばれる．伝承によれば，彼はコンスタンティノポリス*宮廷で官吏であったが，シナイ*山で隠修士になった．しかしながら，彼はアンキュラ出身で，コンスタンティノポリスで学び，その後アンキュラの近くに修道院を建てて，その院長になったと思われる．ここから，彼は多数の手紙を書いた．彼の著作は主に禁欲的・道徳的な主題を扱っている．霊的生活に対する彼の理想は「適度な貧困」に基づく「キリスト教的哲学」であった．

## 人間学（人類学）
anthropology

この語はより正確な意味において，たとえば神あるいは天使の研究と対比して，人間の研究を意味する．それによりキリスト教の護教家が，人間を経済的な単位や心理学的な反射神経の集まりだと説明する見解に反対して，人間の真の本性を提示することが可能となる．一般的な用法では，「人類学」は未開民族の生活や環境を研究する学問について，さらに近年では，社会における人間の研究について用いられる（社会人類学）．

## 『人間の義務の全容』
*Whole Duty of Man, The*

1658年頃に刊行され，かつて広く読まれた信心書．H. ハモンド*，J. フェル*，R. アレストリー*に帰されている．

## ニンブス
➡光輪

## 任命式
installation

カノン*ないし主教座聖堂名誉参事会員*を，主教座聖堂*ないし参事会教会*における聖職者席（stall）へ正式に就けること（induction）．➡就任式

# ぬ

## ヌビアのキリスト教(きょう)
Nubia, Christianity in

第１瀑布とそこから南方のハルトゥーム周辺地域までの，ナイル川流域（以前，ヌビアと呼ばれた地方）には，6世紀後半から遅くとも15世紀まで相当なキリスト教会が存在した．４世紀にはヌビア北部にキリスト教徒がいたらしいが，キリスト教の正式の導入は543年に皇帝ユスティニアヌス*と皇后テオドラ*が派遣した宣教師の到着から始まる．その地方の３人の王が改宗し，やがて住民の大多数がそれに続き，580年頃までには，３つの王国はすべて正式にキリスト教化した．ヌビア教会はキリスト単性論*にたち，主教はアレクサンドリア*総主教により任命された．キリスト教に対して寛容で，ヌビアと良好な関係にあった，エジプトのファティマ朝が1172年に滅亡した．ヌビアの教会と国家はともに衰退した．15世紀にヌビア各地でまだキリスト教徒の王や主教がいたが，16世紀前半までに，ムスリムの政治的支配権が確立し，キリスト教会は消滅した（近代のキリスト教について，「スーダンのキリスト教」の項参照）．

## ヌミノーゼ
numinous

宗教において「聖なるもの」として経験されるものにおける，非合理的で非道徳的なものの諸要素を指して，R. オットー*が案出した言葉．ヌミノーゼは畏怖や卑下の感情とともに宗教的魅惑の要素を含むと考えられる．

## ヌンク・ディミッティス
Nunc Dimittis

「シメオン*の歌」（ルカ2:29-32）のことで，ウルガタ訳聖書*の冒頭語に由来する．東方教会では，晩課*で唱えられる．たいていの西方教会の聖務日課書*では，その使用は終課*に命じられており，そこから『祈禱書』やいくつかの現代のアングリカンの典礼では「夕の祈り」*に移った．

# ね

## ネアンダー
Neander, Joachim（1650-80）

ドイツの讃美歌作者．彼は敬虔主義*運動の支持者になった．彼の讃美歌には自然の美に対する愛が反映している．多くの讃美歌の中に，'Lobe den Herren, den mächtigen König der Ehren'(「ちからの主を」『古今聖歌集』157番，『讃美歌』9番）がある．

## ネイラー
Nayler, James（1618頃-1660）

クェーカー派*．1651年に議会軍から退き，同年，G. フォックス*によるクェーカー派の「内なる光」*の教理を受け入れた．当初，彼はその運動の指導部においてフォックスに次ぐ位置にあり，1655年夏から1656年春にかけて，ロンドンでその代表者となった．その直後に，彼をキリストとして礼拝しようとするランター派*的見解の人たちの影響下に入った．彼はある女性を復活させたと信じられ，フォックスとは対立し，キリストのエルサレム入城を擬してブリストルに入った．彼は1659年まで投獄されていた．

## ネーヴ
➡身廊

## ネヴィン
Nevin, John Williamson（1803-86）

アメリカの神学者．自由主義的神学を求めて長老主義*の教えを捨て，1840年にペンシルヴェニア州のマーサーズバーグにあったドイツ改革派神学校の教授になった．1843年の『求道者席』（*The Anxious Bench*）において，当時の信仰復興運動*の方法を批判した．1844年に，P. シャッフ*が彼に同調し，2人が代表する神学的立場は「マーサーズバーグ神学」*と呼ばれるようになった．1846年の『神秘的臨在』（*The Mystical Presence*）において，ネヴィンはプロテスタントが通常考える以上に秘跡的なキリスト教の概念を擁護した．

## ネウマ
neume

単旋聖歌*において，単一の音節に当てられた音符群，ないしその旋律を示すのに用いる符号．

## ネオカイサリア教会会議（きょうかいかいぎ）
Neocaesarea, Council of

（3世紀前半で，おそらく325年以前の）開催年代不詳の，カッパドキアの教会会議．主に規律と婚姻問題に関する15箇条の決議条項は，東西教会の教会法*に取り入れられた．

## ネオト（聖）（せい）
Neot, St（9世紀頃）

コーンウォールの聖人．11-12世紀の伝承によれば，彼はグラストンベリー*の修道士であったが，隠修士となるため現在コーンウォールのセント・ネオト（St Neot）と呼ばれる地に隠遁した．没後，遺体はケンブリッジシャーのセント・ネオツ（St Neots）に移動されたといわれる．祝日は7月31日．

## ネクタリオス（聖）（せい）
Nectarius, St（397年没）

コンスタンティノポリス*主教．洗礼を受けていなかったが，彼は381年にテオドシウス1世*によりナジアンゾスの聖グレゴリオス*の後任に選ばれた．ネクタリオスは当時開会中の公会議*の最終段階を主宰した．祝日は10月11日．

## ネクタリオス
Nectarius（1605-1680頃）

1661-69年にエルサレム*総主教. 彼はいっさいの西方神学に反対した. 1662年に, 彼はP. モギラ*の『正教信仰告白』の認可を表明し, 1672年のエルサレム主教会議*で顕著な役割を果たした.
➡ドシテオス

## ネクタリオス（エイナの）（聖）
Nectarios of Egina, St（1846-1920）

ギリシア正教会の主教. アナスタシオス・ケファラス（Cephalas）は30歳のとき修道士になり, ネクタリオスと名乗った. アテネ*で学んだのち彼が赴いたアレクサンドリア*で, 説教者としての才能が認められ, ペンタポリス（Pentapolis）主教に聖別された. しかしながら, 彼は中傷されたためにやがてギリシアに戻った. 1894年に, アテネの教会学校の管理者になった. 62歳のときにエイナ島に隠遁した彼は, 女子修道院を創設した. 彼は霊的指導者および奇跡行為者として有名になった. 没するまでに, 彼の聖性は認められ, 1961年にコンスタンティノポリス*世界総主教により正式に承認された. 祝日は11月9日.

## 「根こそぎ請願」
'Root and Branch'

この1640年のロンドン市の請願は, 主教体制が「従属するすべてのものを含めて」（with all its dependencies, roots, and branches）廃止されることを求めた. これは「根こそぎ請願」と呼ばれるようになり, この表現は徹底的な政策を指すようになった.

## ネストリオス
Nestorius（351年以後に生まれ, 451年以後に没）

コンスタンティノポリス*総主教, 異端信仰の創始者（heresiarch）. 彼の名にちなむ教えであるネストリオス主義（Nestorianism）は, 受肉のキリストのうちに2つの異なったペルソナ, すなわち1つは神的で, 他は人間的なペルソナが存在すると説き, それは, 受肉のキリストのうちに神であり人間である唯一のペルソナが存在するという正統的な教えに反している. ネストリオスがネストリオス主義を説いたかどうか議論されている.

428年に, テオドシウス2世*は当時アンティオキア*で修道士であったネストリオスをコンスタンティノポリス総主教に任じた. ネストリオス配下の司祭が, 異端信仰（アポリナリオス主義*）の気味があるとして, テオトコス*という称号の使用に反対したとき, ネストリオスは彼を支持した. その称号の妥当性をめぐって, 論争が展開した. 430年のローマ教会会議で, 教皇ケレスティヌス1世*はネストリオスの教えを断罪し, ネストリオスが従わない場合, アレクサンドリアのキュリロス*は罷免宣告を伝えるよう委任された. キュリロスはコンスタンティノポリスに派遣した使節をつうじて宣告文をネストリオスに手交し, 12のアナテマ*でネストリオスを断罪し, 10日以内に自説を撤回するよう要求した. その間に, 皇帝は公会議を召集し, それは431年にエフェソス*で開催され, ネストリオスを罷免した. 436年に, 彼は上エジプトに追放され, そこで没した（その年代は不詳）.

ネストリオスの主な著作は, たいていは断片のみで残っている書簡や説教であった. 彼はまた『ヘラクレイデスのバザー』(Bazaar of Heracleides）という論考も書いた. これは神学的な風潮が変化したときに書かれ, この中で彼が主張しているのは, 彼自身の信仰が, 当時（エウテュケス*主義者に反対した）正統派が支持した信仰と同一であるということであった. 彼が何を教え, どの程度それが異端的かは明らかでない.

5世紀後半と6世紀に,「ネストリオス的」という名称は敵対者により, 厳格なアンティオキア的キリスト論のすべての支持者を指した. その結果, アッシリア東方教会*は「ネストリオス派教会」と呼ばれるようになった.

## ネストリオス派教会
➡アッシリア東方教会

## ネストレ
Nestle, Eberhard（1851-1913）

ドイツの聖書学者. 1898年に初版が刊行された, 彼のギリシア語新約聖書校訂版は広く用いられている.

## 熱心党
➡ゼーロータイ

## ネッター
Netter, Thomas（1375頃-1430）

カルメル会*員の神学者. J. ウィクリフ*の信奉者に対する闘いに従事し, 1413年のJ. オールドカスル*の裁判やその他の裁判に関わった. ネッターはヘンリー5世の聴罪司祭, ヘンリー6世*の霊的な助言者であった. 主著『カトリック教会信仰の教理的正統性』(*Doctrinale antiquitatum fidei ecclesiae catholicae*) はウィクリフとフス*派の教えを論駁することを意図している. (反ウィクリフ文書の集成である)『ジザニウス分冊』(*Fasciculi Zizaniorum*) は伝統的にネッターに結びつけられてきたが, その一部でさえ彼の作とは思われない.

## ネ・テメレ
Ne Temere（1907年）

一方ないし両方の当事者がカトリックである結婚*は, 教区司祭かその裁治権者か彼らの一人に委任された司祭のまえで祝われねばならないという（会議聖省）令. 1970年に, パウルス6世*は混宗婚*の場合, ある程度の緩和を認めた.

## ネヘミヤ
Nehemiah

捕囚*後の時代のユダヤ人の指導者. ペルシア王アルタクセルクセスの献酌官であった彼は, パレスチナを訪れる許可を得た. 前444年頃に総督としてエルサレム*に着き, 城壁の修復を指揮した. 前432年に, 再度エルサレムを訪れ, そこで重要な道徳的・宗教的改革を導入した. 彼の活動はエズラ*のそれと結びつけられているが, 2人の正確な関係は不明である. ➡エズラ記・ネヘミア記

## ネポティズム
nepotism

職務や聖職禄授与権 (patronage) を縁故者に授けること. 幾人かの16世紀の教皇に対してしばしば非難された.

## ネメシオス（エメサの）
Nemesius of Emesa（390年頃活動）

キリスト教哲学者, シリアのエメサ主教.『人間の本性について』(*De natura humana*) は, 主にプラトン*哲学的基礎にたって, キリスト教の啓示と調和する霊魂論をを構築しようとした試みである.

## ネリ
➡フィリッポ・ネリ

## ネルセス4世（聖）
Nerses IV, St（1102-73）

1166年からアルメニア*教会のカトリコス*. アルメニア教会とビザンティン教会の合同に尽力した. 韻文や散文での多数の著作のうち最も有名なのは,（冒頭行の）「御父の独り子, イエス」にちなむ救済史の黙想的詩である. 祝日は8月13日.

## ネルセス（聖）
Nerses, St（373年頃没）

アルメニア*教会の第6代カトリコス*.「照明者」グレゴリオス*の直系である彼は, 353年頃にカトリコスになった. アルメニア教会を再組織化し, 多くの慈善施設を設立した. 彼はアレイオス*主義的な王アルシャク2世により追放された. その後継王により復職したネルセスは, 新王を批判したため毒殺された. 祝日は11月19日.

## ネレウス（聖）とアキレウス（聖）
Nereus and Achilleus, Sts（おそらく1世紀）

ローマの殉教者. 伝説的な「言行録」によれば, 彼らは聖ドミティラ*とともにテッラキナ (Terracina) 島に送られ, そこでネレウスとアキレウスは斬首され, ドミティラは火刑に処せられ

た．祝日は５月12日．

## ネロ
Nero, Claudius（37-68）

54年からローマ皇帝．16歳で皇帝と宣せられた彼は当初，セネカ*と近衛長官ブッルスの指導下に比較的に善政を行ったが，やがて民意を憤慨させた．ユダヤなどで反乱が起こり，軍隊は彼を見捨て，彼は自死した．

多くの人が64年にローマの大半を消失した火事を起こしたのはネロだと信じたので，この点での不評を転嫁するために，スケープゴートとしてキリスト教徒を罰した（➡迫害［初期キリスト教における］）．彼は聖パウロ*が上訴した皇帝であった．ネロが個人的に審理したとは考えられないが，重要な伝承によれば，聖ペトロ*も聖パウロも彼の治世に処刑された．➡獣の数字

## 念禱（ねんとう）
mental prayer

この語はさまざまな意味で用いられてきたが，ふつうは観想*と違って論弁的な（discursive）黙想*を指す．

# の

## ノア
Noah (Noe)

創世記6-9章の物語によれば，ノアとその家族はゴフェルの木の箱舟*で救われ，残りの人類は洪水*で滅びた．

## ノアイユ
de Noailles, Louis Antoine (1651-1729)

1695年からパリ*大司教で，1700年に枢機卿に任じられた．献身的な牧会者で，聖職者の規律を熱心に改革した．ノアイユは，1695年と1699年にP. ケネル*の『道徳的考察』を称賛したことで，ヤンセン主義*者の疑いをかけられた．ガリカニスム*の揺るぎない支持者である彼は，1700年，1704年，1713年のフランス聖職者会議*においてフランスの司教の権限を擁護し，それにより教皇権至上主義*者の反感を招いた．1718年に，彼は大勅書『ウニゲニトゥス』*に反対して上訴した．1728年にその受諾の署名を強要されたが，のちに流布した撤回書を準備していた．

## 「ノイシュタットの勧告（かんこく）」
*Neostadiensium Admonitio* (1581年)

ルター派*の1577年の「和協信条」*に対して，ハイデルベルクの「改革派（カルヴァン派*）」の教会員が応答したもの．カルヴァン主義特有の教理を表明している．➡ウルジヌス

## ノイマン
Neumann, Therese (1898-1962)

バイエルンのコナースロイト（Konnersreuth）出身の幻視家．1926年に，受難*の幻視を見始め，聖痕*を受けた．彼女は1927年以降，日々の聖体以外なにも食物を摂らず，さまざまな超自然的能力がそなわったといわれる．カトリック教会の当局はこの件で見解を明らかにしていない．

## ノウァティアヌス主義（しゅぎ）（ノウァティアヌス派（は））
Novatianism

西方教会における厳格主義的なシスマ*．ノウァティアヌス（Novatianus）はローマの司祭で，『三位一体論』の著者である．251年にコルネリウス*が教皇に選出されたことにどうやら失望したために，ノウァティアヌスはデキウス*帝の迫害中に妥協した人たちに対して譲歩することに反対した厳格主義派に加わり，ローマの対立司教に選ばれた．彼は257-58年に殉教した．ノウァティアヌス主義者は教理的には正統的であったが，破門された．彼らは5世紀まで存続した．

## ノヴェロ
Novello, Vincent (1781-1861)

教会音学家．ロンドンのポルトガル大使館礼拝堂およびムーアフィールズ（Moorfields）のカトリック教会でオルガン奏者であった．彼は教会音学の出版およびJ. ハイドンやW. A. モーツアルトのミサ曲とG. P. ダ・パレストリーナ*の音楽をイギリスに導入したことで記憶される．

## 能天使（のうてんし）
Powers

中世の天使論（angelology）によれば，天上の位階中の天使たちの第6位の階級．この語はまた，他の被造物を支配ないし左右する天上の存在をも指す．

## ノウ・ナッシング党（とう）
Know-Nothing

党員がその活動について問われたとき「何も知らない」と答えることになっていた，19世紀のア

メリカの政党．彼らはいっさいの「外国からの影響力，『教皇制』*，イエズス会*主義（Jesuitism），カトリシズム」に反対しようとした．

## 農民戦争（のうみんせんそう）
Peasants' War

以前は「農民一揆」（Peasants' Revolt）と呼ばれた．1524–26年におけるドイツの農民の一連の反乱．直接的な原因はおそらく宗教的・社会的・経済的・政治的なものであった．M. ルター*の万人祭司説は，現実よりもっと大きな社会的平等性を前提していると解釈されえたが，農民の経済的窮乏はひどかった．T. ミュンツァー*の黙示的幻視は，戦争を招いたわけではないが，後半の段階で鼓舞するものとして役立った．反乱軍は一群の農奴，農民，市民，下級聖職者からなっていた．彼らは1525年にメミンゲン（Memmingen）で採択された「12箇条」*において不満を述べたが，真の指導者がほとんどいなかったため，容赦なく鎮圧された．

## 「ノエティックス」
Noetics

オックスフォード大学オーリエル・カレッジにおける19世紀前半の教師（dons）の一団．彼らは正統信仰を批判し，英国教会の包容力を拡大しようとした．

## ノエトス
Noetus（200年頃）

異端者．おそらく御父受苦論*を最初に説き，受肉して生まれ，苦しみ，死んだのは父なる神であるとした．彼はまた，ロゴス*論を否定し，反対者を二神論（ditheism）者と非難した．200年頃にスミュルナで断罪された．

## ノーエル
Nowell, Alexander（1507頃-1602）

1560年からセント・ポール主教座聖堂*の主席司祭*．大・中・小の3つのカテキズム*を書いた．1573年に刊行された『小カテキズム』は，1549年の『祈禱書』のカテキズムと極めて類似しているので，ノーエルが後者も書いたと論じられてきた．

## 「ノース・エンド」
'North End'

英国教会の聖餐式において，司式者が聖餐卓で時にとる（北端の）位置．現在では明白な福音主義*者に限定されており，彼らの主張では，これは司式者に祭司的ないし仲保者的機能を帰さないためである．

## ノックス
Knox, Edmund Arbuthnott（1847-1937）

1903–21年のあいだ，マンチェスター主教．当時の最も傑出した福音派*の一人，（ブラックプール海岸での伝道で有名な）すぐれた説教者，教会学校の擁護者であった．

## ノックス
Knox, John（1513頃-1572）

スコットランド*の宗教改革者．宗教改革の思想をもった彼は，1547年にセント・アンドルーズで説教者になった．1551年にエドワード6世*のチャプレン*になり，その立場で『第2祈禱書』の改訂に助力した．メアリ1世*の即位後，彼は大陸に逃れ，1556年に，ジュネーヴ*のイギリス人教会の招聘を受け入れた．ここで1558年に，『女たちの奇怪な統治に反対するラッパの最初の高鳴り』（*The First Blast of the Trumpet against the Monstrous Regiment of Women*）を刊行して，女性による統治が自然法と神の定めに反すると主張した．彼は1559年にスコットランドに戻り，宗教改革勢力の指導者になった．『スコットランド信仰告白』*を起草し，スコットランドにおける教皇の権威を廃止し，ミサの執行や出席を禁止する指令を導入した．1560年の『第1規律書*』と1556–64年の『共同礼拝規定書』*は主に彼の手になる．1561年のメアリ・ステュアート*の帰国後，ノックスは彼女と何度も対立した．彼の主著は『スコットランド宗教改革史』（*History of the Reformation within the Realm of Scotland*，完全版の出版は1644年）である．

## ノックス
Knox, Ronald Arbuthnott（1888-1957）

カトリックの護教家で，聖書の翻訳者．E. A. ノックス*の息子である彼は，1917年にカトリックになった．1926年からオックスフォード大学のカトリックの学部学生のチャプレンであったが，1939年にそれを辞して聖書の翻訳に専念した．彼の翻訳はラテン語のウルガタ訳聖書*に基づいており，聖書を時代を超えた英語に移すことをめざした．新約聖書は1945年に，旧約聖書は1949年に，聖書全体が1冊として1955年に刊行された．

## ノート
Noth, Martin（1902-68）

ドイツの旧約聖書学者．彼の初期の著作は初期のイスラエルの社会的・政治的構造を論じている．彼はまた伝承史的研究*を行った．特に重要な主張点は，ヨシュア記，士師記，サムエル記上・下，列王記上・下が「申命記史書」*を構成し，申命記の大部分がモーセ五書*の結論部分であるよりむしろ申命記史書の前文であるということである．

## ノートカー
Notker（940頃-1008）

972年からリエージュ（Liège）司教．彼はその地位を皇帝オットー1世に負うていたので，生涯をつうじてイタリアとロレーヌにおけるドイツの権益を擁護した．リエージュの諸学校の後援者で，有名な学者を招いた．

## ノートカー・バルブルス
Notker Balbulus（840頃-912）

「吃音者ノートカー」の意．ザンクト・ガレン*修道院付属学校教師．文芸作品，特に続唱*の集成である『賛歌集』（*Liber Hymnorum*）で有名である．彼はまたおそらく，「ザンクト・ガレンの修道士」によるシャルルマーニュ*に関する，注意深く構成された逸話や道徳話である『シャルルマーニュ伝』（*Gesta Caroli Magni*）の著者である．祝日は4月6日．

## ノートカー・ラベオー
Notker Labeo（950頃-1022）

「ドイツ人ノートカー」とも呼ばれる．ザンクト・ガレン*修道院付属学校教師．生徒がラテン語のテキストや聖書を学ぶのを助けるために，彼は前例のないラテン語とドイツ語を併記した多くの教材を創作した．彼は当時の最も有名な自国語の著作家であった．

## ノートルダム大聖堂（だいせいどう）（パリの）
Notre-Dame, Paris

パリ司教座聖堂．初期のフランス・ゴシック様式によるこの大聖堂は，1163年に建造が開始され，1182年に献堂された．西正面は1200-20年に付加された．

## ノビス・クオクェ・ペッカトリブス
Nobis quoque peccatoribus

（ラテン語で「我ら罪人なれども」の意．）ミサ典文*の一区分の冒頭語．

## ノビリ
de Nobili, Robert（1577-1656）

イタリアのイエズス会*員の宣教師．彼は1603年にインド*に渡った．インド社会におけるバラモンの影響力を見て，彼はその苦行者の悔悛的な生活様式を採用した．彼の方針は批判されたが，いったんその方法が1623年に教皇グレゴリウス15世により承認されると，南インドにおける活動を成功させることができた．

## ノモカノン
Nomocanon

東方教会において，教会法および帝国法の集成で，主題に従って配列されている．

## ノリス
Noris, Henry（1631-1704）

イングランド人の家系出身の神学者．ヴァティカン図書館の管理責任者で，1695年から枢機卿になった．ペラギウス*論争史である1673年の『ペラギウス派史』(*Historia Pelagiana*) およびそれに続くアウグスティヌス*の恩恵論の擁護論は，多くの反論を生んだ.

## ノリス
Norris, John (1657-1712)

ケンブリッジ・プラトン学派*の最後の人物. N. マルブランシュ*の影響を受けた彼は，デカルト主義*をプラトン主義的神秘主義と結びつけた. 1701-04年の『理念論ないし叡知的世界論』(*Essay towards the Theory of the Ideal or Intelligible World*) は，J. ロック*の1690年の『人間悟性論』を痛烈に批判した.

## ノリッジ
Norwich

イースト・アングリアの改宗は7世紀にさかのぼる. 672年に, カンタベリー*大司教テオドルス*は司教区を北フォークと南フォークに分割し，エルムハム (Elmham) をノーフォーク (Norfolk) の新教区とした. 1094-95年に，司教座は司教ロジンガのヘルベルトゥス (Herbert of Losinga, 在職1091-1119年) によりノリッジに移され，彼は1096年にホーリー・アンド・アンディヴァイディッド・トリニティー大聖堂を創建し，『ベネディクトゥス会則』*に基づく修道院教会とした. 主教区の範囲は1837年までほぼ変更されず，およそ現在のノーフォーク県に当たる. 大聖堂は主にノルマン様式で，15世紀の尖塔および15-16世紀の穹窿状の屋根をもつ. 祭壇の背後に主教座が位置するのはイングランドではほかにない. ➡ジュリアナ (ノリッジの)

## ノルウェーのキリスト教(きょう)
Norway, Christianity in

10世紀半ば以降，キリスト教は徐々に導入されたと思われるが，時に武力によるものであった. 1030年の聖オラフ*の没後は，「異教」側からの反対の記録はない. ニコラス・ブレークスピアー(のちの教皇ハドリアヌス4世*) はニダロス (Nidaros, 現トロンヘイム) に大司教区を設置し，その裁治権は他のノルウェーなどの司教区に及んだ. 宗教改革が，ノルウェーを併合したデーン人により1537年に強制された. ルター派*が国教となり，他の教派は1845年まで認められなかった. ノルウェーは1814年から1905年までスウェーデン*に併合されていた. 19世紀半ば以降，「低教会派」的な敬虔主義*が影響力をもった非国教会諸派も拡大している (メソジスト派*，バプテスト派*，ペンテコステ派*，第2次世界大戦後は，エホバの証人*，モルモン教*). 2002年に，教会問題検討委員会が教会と国家の分離を勧告して以来，議会が指名した委員会も2006年に変更を勧告したが，立法化は行われなかった. 2011年のウトヤ島での大虐殺以降，教会出席者が増加した. 同年，聖書の新しいノルウェー語訳が刊行された. カトリック教会は1843年に導入され，1945年以降，その地位は知的な改宗者や移住亡命者により強化されている.

## ノルベルトゥス (聖(せい))
Norbert, St (1080頃-1134)

プレモントレ会*の創立者. 彼は1115年頃に回心を経験した. 北フランスで巡回説教者として有名になり，1120年にプレモントレ渓谷にプレモントレ会を創立した. 彼は1126年にマクデブルク大司教に任じられたが，改革への熱意から多くの人の敵意を買った. 1132-33年に皇帝ロータル2世に随行してローマに赴き，対立教皇アナクレトゥスに対してインノケンティウス2世を支持し，また叙任権*をめぐる新たな闘争の勃発を防いだ. 祝日は6月6日.

# は

## バアル
Baal

この名は，農業の豊穣や動物の繁殖をもたらすと考えられたセム族の神々について特に用いられた．イスラエルの預言者たちは，神の礼拝を地方のバアルたちの礼拝と結合させようとする試みに絶えず反対せざるをえなかった．

## パイ
Pie（Pica）

15世紀のイングランドにおいて，礼拝式文を唱えるための法規書を指した名称．『祈禱書』（の「教会の礼拝に関して」の項）において，「その規則の数と厳しさ」のゆえに非難されている．

## 拝一神教（はいいっしんきょう）
monolatry

他の神々が存在すると考えられるときに，一神に礼拝を限定すること．これが多神教(polytheism)から一神教*へ移行中の必須の段階であり，シナイ*契約から預言者の時代へのイスラエルの状況を特徴づけると考える旧約聖書学者もいる．➡単一神教

## 灰色の姉妹会（はいいろのしまいかい）
Grey Nuns

さまざまな国の愛徳修道女会(Sisters of Charity)の通称．最もよく知られているのは，病者の世話に献身する小さな女性の団体として，聖マリー・マルグリット・デューヴィル（d'Youville, 1771年没）が1737年にモントリオールで創立したものである．

## 背教（はいきょう）
apostasy

キリスト教信仰を放棄すること．1983年までカトリック教会において，この語はカトリック教会からの公の離脱および終身の誓願を立てた誓願修道者*の脱会についても用いられた．➡棄教者

## 陪餐許可証（ばいさんきょかしょう）
Communion tokens

聖餐を受けるのにふさわしいことを証明するものとして役立った金属のしるし．主としてスコットランド*教会で用いられ，その役割は一般に陪餐者の名前の書かれた印刷したカードに代わっている．

## 陪餐の回数（ばいさんのかいすう）
Communion, frequency of

使徒言行録2:46のありうる解釈にたてば，使徒の教会員は毎日聖餐にあずかっていた．新約聖書*の他の箇所や2世紀の著者からみて，地方の教会員はみな日曜日の聖餐式で陪餐していたと思われる．その後，典礼への出席は一般的であったが，陪餐は頻繁ではなくなった．1215年の第4ラテラノ公会議*はすべてのキリスト教徒の少なくとも年に1度の陪餐を命じた．カトリックであれプロテスタントであれ，中世以後のほぼすべてのリバイバルは陪餐の回数を増やすよう努めた．カトリック教会では，「聖体拝領前の断食」*の緩和がこの目的で行われ，20世紀後半にはたとえば「結婚式のミサ」*で陪餐が時に同じ日に2度行われた．毎週の陪餐はカトリック教会や英国教会の熱心な信徒のあいだで一般的であり，修道院や小規模な信徒の会合で毎日の陪餐がふつうになっている．（月に1度に満たない）頻繁でない陪餐から毎週の（あるいはもっと頻繁な）陪餐への同様な変化が，20世紀中に東方正教会や多くのプロテスタントの監督教会以外の教会でも起こった．

## バイシュラーク
Beyschlag, Willibald（1823-1900）

ドイツの福音主義神学者．調停神学*の指導的な主唱者であった彼は，カルケドン*的キリスト論を否認した．1870年以降，彼はプロイセン教会の新会憲の起草に協力し，文化闘争*において政府を支援した．彼は福音主義同盟*結成の際に主に尽力した一人であった．

## ハイデガー
Heidegger, Martin（1889-1976）

ドイツの哲学者．1929-51年に，フライブルク（Freiburg）大学教授であった．分かりにくい言語で，科学的なギリシアの伝統の知的な語彙に意識的に逆らって，彼は人間を実存主義*的に分析した．こうして，1927年の『存在と時間』（*Sein und Zeit*）は，統一性と全体性において「存在」に集中するために，個人の一時的な存在をあらわにする．人間の現存在（*Dasein*）は，唯一の超越的な可能性であって，直接的で一時的な関係性に根ざしている．無に直面する真の実存は，ただ死を十分に受け入れることによってのみ生きられる．ハイデガーの晩年には，「存在」は哲学的に探求されるよりむしろ直感的に把握されているように思われる．

## 『ハイデルベルク教理問答』（『ハイデルベルク信仰問答』）
Heidelberg Catechism

選帝侯フリードリヒ3世*の依頼で，Z. ウルジヌス*とカスパル・オレヴィアヌス（Olevianus）により1562年に起草されたプロテスタントの信仰告白であって，1563年にプファルツにおける標準的な教理書として認められた．

## 灰の水曜日
Ash Wednesday

四旬節*の最初の日．かつては，公の悔悛者*がこの日に悔悛*を始めることが儀式として認められていた．この宗規がすたれたとき，会衆の一般的な悔悛がそれに代わった．これを象徴するのが，聖職者や会衆の頭に灰をかけるもので，現在でも『ローマ・ミサ典礼書』で定められた儀式であり，今やアングリカン・コミュニオンの多くの地域でも復興している．

## バイブル・クリスチャン派
Bible Christians

ブライアン派（Bryanites）とも呼ばれる教派で，1907年に合同メソジスト教会*に加わった．同派はウェスレー*のメソジスト教会*の地方説教者であったウィリアム・オブライアン（O'Bryan）によってデヴォン北部に1815年に創設されたが，彼は自身の巡回教区の域外まで伝道することを望んでいた．この運動は急速に広まり，海外での宣教活動にも従事した．

## ハイム
Heim, Karl（1874-1958）

ルター派*の神学者．1920年に，テュービンゲン*大学教授になった．彼は（異教的な）ドイツ的信仰運動に対する指導的な反対者であった．神学において，信仰と理性の相違を強調し，信仰の超越性を説いた．

## ハイモ（ファヴァシャムの）
Haymo of Faversham（1244年没）

フランシスコ会*員．ケントのファヴァシャム出身の彼は，おそらく1226年にフランシスコ会に入会した．彼はエリアス*の罷免に指導的な役割を果たし，1240年に総会長に選ばれた．彼の業績には，平日の私的な修道院のミサに関する儀式書や典礼書がある．

## ハイラー
Heiler, Friedrich（1892-1967）

ドイツの宗教学者．カトリックとして，彼はカトリック神学を学んだが，1919年にウプサラ*でルター派*となった．1922年にマールブルク大学*教授に任命された．彼はドイツの高教会派的運動を組織し，フランシスコ会第3会*員の福音派を創立さえした．1918年の主著『祈り』（*Das Gebet*）

は，その主題に関する包括的な歴史的分析である．

## 拝領唱
Communion anthem（antiphon）

カトリックのミサにおいて，聖体拝領中に朗唱される交唱聖歌*．

## 拝廊
➡ナルテクス

## ハインリヒ２世（聖）
Henry II, St（972-1024）

ドイツ王，皇帝．1002年に国王になり，1014年に皇帝に戴冠された．彼はしばしば教会の問題に介入したが，一般にローマを政治的に支持した．後年，ゴルツェ*修道院を中心とする修道院改革運動を支援した．後代の伝説では，彼は敬虔と禁欲のすぐれた君主と見なされた．祝日は７月13日（以前は15日）．

## ハインリヒ４世
Henry IV（1050-1106）

ドイツ王，皇帝．1056年に王位を継いだ．彼の治世を悩ませたのは，反抗的なザクセン諸侯およびグレゴリウス７世*の諸改革であった．1075年にザクセン諸侯に対して勝利を得たハインリヒは，教皇に対する服従を拒否し，グレゴリウスの廃位を宣言してその破門の脅しに応えた．グレゴリウスはそこでハインリヒの臣下たちを忠誠の誓いから解いた．ザクセン人は再び反乱を起こし，諸侯はハインリヒが教皇と和解しない限り，服従を拒否した．ハインリヒは1077年にカノッサ*で教皇に屈服した．1080年に，彼は再び破門され，彼は対立教皇を立てて，1084年に皇帝に戴冠された．

## ハウ
Howe, John（1630-1705）

ピューリタン*．1652年に，彼は「私的な主教」と見なしたウィンウィック（Winwick）のピューリタンの主任司祭により叙任された．1654年に，彼はデヴォンのグレート・トリントン（Great Torrington）の管理司祭になったが，1662年にそこから追放された．1676年に，ロンドンのハバーダッシャーズ・ホールで長老派*の協力牧師になった．彼は1689年にウィリアム３世を迎える非国教徒牧師代表団の首席を務めた．彼の立場はラティテューディナリアニズム*に傾き，長老派と会衆派*の合同のために尽力した．

## バウアー
Bauer, Bruno（1809-82）

ドイツの神学者．彼はD. F. シュトラウス*以上に過激な立場をとり，福音書の物語を１人の（２世紀の）人間の想像力に帰した．

## パーヴィー
Purvey, John（1353頃-1428頃）

ウィクリフ*派の説教者．ロラード派*の活動の嫌疑で1401年に裁かれ，彼は自説を撤回したが，1403年に職を辞し，ロラード派に戻ったらしい．彼の名前はウィクリフによる英語訳聖書の改訂と結びつけられてきたが，この結びつきは疑わしい．

## パーヴィス
parvis

もともと司教座聖堂ないし他の大きな教会堂の前庭であったこの語は，教会堂のポーチ（袖廊）のポルティコ（列柱廊）も指すようになった．誤って時にそのようなポーチの上にある部屋を表す．

## ハウエルズ
Howells, Herbert Norman（1892-1983）

イギリスの作曲家．主にその合唱曲と教会オルガン曲，とりわけ特定の主教座聖堂と参事会教会のための一連の曲で知られる．彼のアンセム*には‘Like as the hart’や‘O pray for the peace of Jerusalem’がある．

## バヴォ（聖）
Bavon, St（653年頃没）

ヘント（ガン）とハールレムの守護聖人．祝日は５月10日，８月１日と９日，10月１日．

## ハウゼル
Housel

聖餐を指す中世の英語名.「ハウゼル布」(houselling cloth) は, 聖体拝領の際に拝領者の前に広げるか, 拝領者がもった長く白い亜麻布を指す.

## バウチャー
Bourchier, Thomas (1410頃-1486)

1454年からカンタベリー*大司教, 1467年から枢機卿. 彼は政治問題に深く関わり, 1457年に, チチェスター*司教R. ピーコック*の裁判に指導的な役割を果たした.

## パウラ（聖）
Paula, St (347-404)

ローマの女性. 385年に, 彼女と娘の聖エウストキウム*は聖ヒエロニムス*に従ってパレスチナに赴いた. 彼女はベツレヘム*に落ち着き, 修道士と修道女のための修道院を建てた. 祝日は1月26日.

## ハウリー
Howley, William (1766-1848)

1828年からカンタベリー*大主教. 彼は「領主大主教」(Prince-Archbishops) の最後にあたり, その大主教座の収入は没後に英国教会財務委員会*の管理下におかれた. 当初, オックスフォード運動*を支持したが, やがて共感しなくなった.

## パウリキアノス派

➡パウロス派

## パウリヌス（アクィレイアの）（聖）
Paulinus, St (730頃-802)

アクィレイア*司教. 彼はシャルルマーニュ*が776年にフランクの宮廷に招き, 787年にアクィレイア総大司教に任命した学者であった. 彼は養子論*との闘いに寄与した. 彼はまたすぐれた詩人であった. 祝日は1月28日 (および1月11日と3月2日).

## パウリヌス（ノラの）（聖）
Paulinus, St (353/55-431)

ノラ (Nola) 司教. 結婚前に, カンパニアの総督であった. 彼は回心を経験し, 390年より前に受洗した. 1人息子の没後, 彼と妻は禁欲生活の誓いを立て, 財産を施し始めた. パウリヌスはバルセロナで393/94年に叙階された. 翌年, 彼と妻はスペインを去って, カンパニアのノラの聖フェリクス (Felix) の墓所付近で修道生活を送り, パウリヌスは403-13年のあいだのいつか, ノラ司教となった. プルデンティウス*とともに, 教父時代の最も重要なキリスト教ラテン詩人の一人である. 祝日は6月22日.

## パウリヌス（ヨークの）（聖）
Paulinus, St (644年没)

ヨーク*司教. 601年にグレゴリウス1世*によりイングランドへ派遣された. 625年に, ノーサンブリア王エドウィン*がケント王女エセルブルガ (Ethelburga) と結婚したとき, パウリヌスは司教に聖別され, 彼女とともにヨークに赴いた. 彼の説教に影響されて, エドウィンと貴族たちは627年にグッドマンハム (Goodmanham) の教会でキリスト教を受け入れた. エドウィンが633年に敗れたのち, パウリヌスはエセルブルガとともにケントに戻り, ロチェスター*司教になった. 祝日は10月10日.

## バウル
Baur, Ferdinand Christian (1792-1860)

ドイツのプロテスタント神学者, テュービンゲン学派*の創始者. 1826年から没するまでテュービンゲン大学で教えた. 1835年から, 彼はG. W. F. ヘーゲル*の歴史的発展の理論に影響を受けた. 彼の1835年のグノーシス主義*の解釈および教理に関するさまざまな著作がそうである. 彼はまた, 初期の教会の中に対立があった事実に気づき, やがてこれを初期のキリスト教に対する自らの理解の手段とした. 1835年に, 牧会書簡*が前提する歴史的な状況のゆえに2世紀のものだとして, 同書簡のパウロの著者性を否定した. さらに1845年のパウロ研究は，ガラテヤ書，Ⅰコリント書，Ⅱコリント書，ローマ書を除く全パウロ書簡の真正性を否定し，また使徒言行録を2世紀後半の作とした．1847年の福音書研究では，ユダヤ主義的な派を代表するものとしてマルコ福音書が最も古く，最終的な和解を描写するものとしてヨハネ福音書が最も新しいとしている．彼の主張では，ヨハネ福音書は2世紀のグノーシス主義やモンタノス主義*に関する論争を反映しており，歴史的な価値がない．このような見解は論争を巻き起こした．

## パウルス3世(せい)

Paul III（1468-1549）

1534年から教皇．個人としては，アレッサンドロ・ファルネーゼ（Alessandro Farnese）は典型的なルネサンス教皇であったが，教会の内部改革を推進した．彼は徳性と学識にすぐれた人たちを枢機卿*に任じ，改革案を起草する委員会を設置し，新しい修道会，特にイエズス会*を支援し，1540年に認可した．1542年に，彼は異端審問*所を再開し，また反対を強く抑えて公会議*を召集し，それは1545年にトリエント*で開催された．彼はプロテスタンティズムの拡大を阻止する政治的な努力においてはあまり成功しなかった．彼が1538年にヘンリー8世*に対して発した大勅書*は，イングランドをローマからそれまで以上に疎遠にした．

## パウルス4世(せい)

Paul IV（1476-1559）

1555年から教皇．ジャンピエトロ・カラファ（Giampietro Carafa）は，1504-24年にキエティ（Chieti）司教であり，1520年にM. ルター*の件を扱う委員としてローマに滞在した．彼は聖ガエターノ*とともにテアティニ修道会*を創立するために司教職を辞した．1536年に，ナポリ大司教になった．教皇としては，彼のスペイン*に対する嫌悪の情はメアリ1世*との不和につながり，またプロテスタンティズムのどんな傾向にも反対した結果，枢機卿を異端審問*にかけるほどであった．

## パウルス5世(せい)

Paul V（1552-1621）

1605年から教皇．ヴェネツィア*議会が宗教的建造物の建設と教会に対する市民の財産の寄進や売却を制限した1604-05年の法律を廃止することを拒否したとき，教皇は同議会を破門に処し，同市をインテルディクトゥム*のもとに置いた．彼はジェームズ1世*によりイングランドにおいて要求された「忠誠の誓い」*を断罪した．カトリック教会をロシア*で復興させる試みに失敗したのち，彼はドイツにおける30年戦争*の勃発に遭遇した．しかしながら，彼はすぐれた教会法学者であり，また教育や介護に献身する修道会の活動を支援し，宣教，特にアフリカ*とカナダ*への宣教を促進した．

## パウルス6世(せい)（福(ふく)）

Paul VI, Bl（1897-1978）

1963年から教皇．ジョヴァンニ・バッティスタ・モンティニ（Giovanni Battista Montini）は，1922年から30年以上にわたって教皇庁国務省に勤務し，その間数か月ワルシャワで勤務した．1954年に，ミラノ大司教になった．1958年に，ヨアンネス23世*は彼を枢機卿*に任じ，第2ヴァティカン公会議*ではたえず彼を引き立て，ヨアンネス23世が没したとき，教皇に選ばれた．彼は公会議を継続し，前任者と同じ政策を遂行することを約束した．公会議中，彼は教皇の決定により審議し諮問する権限をもつ「世界代表司教会議」（Synod of Bishops）を設置すると宣言した（公会議の諸教令について，「第2ヴァティカン公会議」の項参照）．

彼の教皇位の最も広範な改革は，彼が公会議の意向を実行するために任命した諸委員会をとおして遂行された．それに含まれるのは，別冊のレクティオナリウム*を伴う，1970年の新しいミサ典礼書*および1971年の新しい聖務日課書*の発行であり，これらはミサと聖務日課*の再編を含み，現在はともに自国語が用いられている．彼自身の回勅*は一般により保守的に思われ，それには，聖職者の独身制*の必要性を強調した1967年の『サケルドターリス・カエリバートゥス』（Sacerdotalis caelibatus）および産児制限の人工的手段を断罪した1968年の『フマナエ・ヴィタエ』が含まれ，1968年以降，彼は教会内の緊張状態に直面した．

1964年の聖地*訪問の途中，コンスタンティノポリス世界総主教*アテナゴラス*と会見し，また公会議の結びに，東方正教会*との歴史的な友好関係を樹立した．彼はまた1966年に，アングリカン－ローマ・カトリック国際委員会*を発足させた．彼は広く国外を旅行した最初の教皇であった．彼は司教と聖職者の定年を75歳と定め，教皇職の儀式的華美を抑え，自らの教皇冠*を貧者のために売り払った．

## パウルス・ディアコヌス

Paul the Deacon（Paulus Diaconus）（720頃-800頃）

年代記作者．ランゴバルド人の貴族の家に生まれた彼は，特別に恵まれた教育を受けた．781年頃，シャルルマーニュ*のもとを訪れ，785年頃までフランク王国に留まった．おそらくモンテ・カッシーノ*に隠棲したのちに，568–744年の時期を扱う主著『ランゴバルド人の歴史』（*Historia Gentis Langobardorum*）に着手した．本書は当時のランゴバルド史の主要な史料であり，特にフランクとランゴバルドの関係および当時の生活の生き生きとした描写で貴重である．

## パウロ（聖）

Paul, St（おそらく62-65年没）

「異邦人*の使徒」．タルソス*生まれで，もともと「サウロ」と呼ばれた聖パウロは，使徒言行録によればローマ市民権をもったユダヤ人であった．彼はファリサイ派*として育てられ，おそらくガマリエル*のもとでエルサレム*で学んだ（使22:3による）．イエスの弟子たちの新しい「道」と接触したパウロは教会を迫害した．使徒言行録9:1–2は彼がダマスコ*で改宗（回心）者を逮捕することを大祭司から認められていたと述べている．その途上，彼自身が回心した．

「史料」．パウロの活動に関する使徒言行録の記述はずっと問題視されている．彼の生涯と宣教活動の一次史料は，一般に真正と認められている，ローマ書*，Ⅰコリント書*，Ⅱコリント書*，ガラテヤ書*，フィリピ書*，Ⅰテサロニケ書*，フィレモン*書の７つの書簡である．Ⅰテサロニケ書とおそらくガラテヤ書を除いて，他の書簡は50年代半ばの数年間に書かれた．コロサイ書*とⅡテサロニケ書*の真正性は疑わしく，エフェソ書*はすぐれた弟子に由来すると広く考えられており，牧会書簡*はほぼ確実に後代のものである．ネロ*帝治下に殉教したという初期の証言を除いて，使徒言行録が扱う時期以降，彼がどう生きたかについて信頼すべき証言はない．おそらくローマ書15章に基づいて，彼がスペイン*を訪れたと想定する史料もある．

「宣教活動」．パウロの回心は33年頃に年代づけられよう．彼は復活の主（イエス）の幻を見て（Ⅰコリ9:1），そのことに彼の召命と使徒*たる身分がかかっていることをほのめかしている（Ⅰコリ15:8–9）．ガラテヤ書1:16から，彼の宣教が当初から異邦人に向けられたと思われるが，このことを疑問視する人もいる．パウロはアラビアに赴き，ダマスコに戻り，３年後にエルサレムに赴いて，聖ペトロ*と聖ヤコブ*と知り合いになり，その後，シリアおよびキリキアに赴いた．次の14年間に，彼は聖バルナバ*とともに，アンティオキア*からキプロス*，パンフィリア，南ガラテヤへ旅行し戻ってきたことが，使徒言行録13–14章に記述されている．ここには（使徒言行録と相違して），シラス*とテモテ*とともにフリギアと北ガラテヤ（使16:6参照），トロアス，ギリシアを通った旅行も含まれよう．エルサレムへの再度の訪問で，そこでのいわゆる教会会議（council，49年頃）は，パウロがエルサレム教会のために資金を募るという条件で，異邦人への宣教を継続することを認めたが，ユダヤ人キリスト教徒の中には彼に反対し続ける人たちもいた．

50–52年頃，彼はコリントで18か月間過ごしたが，使徒言行録18:12–17におけるガリオン*への言及は，その滞在を一定の確実性をもって年代づけることを可能にする．パウロの活動の次の大きな中心地はエフェソであって，そこに2–3年間留まった．彼は56–57年にマケドニアおよびアカイア（おそらくその州都であるコリント）に赴いたあと，「献金」を携えて，彼の異邦人諸教会の代表とともに，エルサレムへの最後の訪問をした．パウロがこの時期に直面した最も混乱を伴う問題は，彼の諸教会を訪れて，彼の改宗者に律法の遵守を説いた宣教者に由来していた．ガラテヤ書に見られるパウロの応答は激しいが，熟考したものである．彼にとりきわめて重要であったのは，エルサレム教会が彼の律法から自由な異邦人への宣教を結局認めるかどうかであった．彼の懸念には充分に根拠があった．エルサレム教会が献金をもったパウロと彼の異邦人の仲間をどんなに「喜んで」迎えたとしても（使21:17），彼が逮捕されたのはどうやらヤコブの提案であったらしい．続いて最高法院*においてとカイサリア*でのローマ総督による裁判が行われ，2年間投獄された．皇帝に上訴したパウロは，囚人としてローマに送られた．難船後，彼はおそらく60年に到着し，軟禁されてさらに2年間を過ごした．

「神学」．パウロは名言家で，修辞的に力強く，神学的に深い書簡を書いた．律法よりむしろキリストが信徒の神との関係において決定的であるという彼の主張は，キリスト教のユダヤ教主流派からの分離を避けがたいものにした．彼は律法と預言者における神および神の啓示に関する以前からの信仰を説いたが，新しい要素は神が今も働いているということであった．御子を送った神は，ユダヤ人と同様に異邦人を来るべき時代に移すことにより，今の悪しき時代から救い出しつつある．このことは十字架につけられたメシア*の復活とともに始まり，やがて世界を変えるであろう．パウロのメシア的ユダヤ教における決定的要素は，「我らの主イエス・キリスト」なるメシアの到来とアイデンティティであり，そのかたの死を彼はいけにえとして理解し，そのかたの復活は新しい創造を始める普遍的復活の初穂・初めである．信じる者は洗礼によって（象徴的に）キリストに結ばれ，キリストと一体となり，したがって「キリストの内に」いる．キリストの名によって受洗した人たちが受ける聖霊*は，信じる者の心に神の愛を注ぎ，愛，喜び，平和などの実を結ぶ．パウロが描く，キリストを離れた人間像は否定的で，世界は裁きのもとにあり，神からの解放的な介入を必要としている．ユダヤ人も異邦人もともに同じ境涯にあり，同じ方法，すなわちキリストへの信仰により救われる．

「影響」．イスラエルを究極的に包括するというパウロの希望はやがて潰えたが，彼が異邦人の改宗者への割礼*の強要を拒否したことは，エルサレムを超えてキリスト教の宣教を成功させた．彼が残した書簡の集成とキリスト教の聖書へのその編入は，彼に別種の影響力を与え，彼の修辞は彼の議論を理解しない民衆の信仰の育成を助けた．彼が救いの古い道と新しい道を論争的に対比したことは，聖アウグスティヌス*の反ペラギウス*的恩恵*論，M. ルター*の信仰義認*論，J. カルヴァン*の予定*論に多大な影響を及ぼした．それは人間性を神学の中心にする現代の傾向をも間接的に支えている．

西方での1月25日の「パウロの回心記念日」*に加えて，祝日は東西教会で，聖ペトロとともに共同で，6月29日．なお，6月30日の聖パウロの記念祭は1969年にカトリックの暦から削除された．

## 『パウロ行伝（ぎょうでん）』
Paul, Acts of St

ギリシア語で書かれ，2世紀に流布した外典*の一書．聖パウロ*の事績を称えることを意図し，ずっと伝説的な素材を含んでいる．独立に流布していた多くの論考が，現在は本書の一部となっており，それには『パウロの殉教』*，『パウロとテクラの行伝』*，そしておそらく『コリントの信徒への第3の手紙』*が含まれる．

## パウロス（サモサタの）
Paul of Samosata（3世紀）

260年頃からアンティオキア*の異端的な主教．キリストのペルソナ（位格）に関する彼の教えは，2度ないしおそらく3度のアンティオキア教会会議で断罪され，268年に，その主教座から追われた．彼は一種のモナルキア主義*を説いたと思われ，それによれば，御言葉は単に御父の属性，その理性（ロゴス）ないし勢力にすぎない．彼の考えでは，受肉において御言葉が人間イエスに降り，その結果「神の子」となった．御言葉が御父と別のヒュポスタシス*であることを否定するために，彼が「ホモウーシオス」*という用語を使用したことは断罪されたと思われる．後代，彼はネストリオス*の反対者によりその先駆者と見なされた．パウロスの弟子たちであるパウロス派（Paulianists）は彼の没後も長く存続した．

## パウロス（テーベの）（聖）

Paul of Thebes, St（340年頃没）

伝統的に，最初の隠修士*．彼はデキウス*帝（在位249–51年）の迫害の際砂漠に逃れたらしい．聖アントニオス*は，パウロスが113歳のときに訪れ，またその後彼を葬ったといわれる．祝日は1月15日．

## パウロス・シレンティアリオス

Paulus Silentiarius（Paul the Silentiary）（6世紀）

（シレンティアリオスは宮廷の静寂を維持する職.）キリスト教詩人．彼の主な作品は，562年のコンスタンティノポリス*でのハギア・ソフィア*の献堂を記念する聖歌で，聖堂を詳しく描写している．

## パウロス派（パウリキアノス派）

Paulicians

ビザンティン帝国内の分派．同派の創始者は，アルメニア*のキボッサ（Kibossa）に教会を建て，684年頃に石で打ち殺された，マナナリ（Mananali）のコンスタンティノスであったと思われる．彼らは9世紀に激しい迫害に遭い，大勢がイスラーム*を受け入れ，また，ブルガリア*に逃れた人たちは10世紀にボゴミル派*と合流したと思われる．彼らは12世紀には独立した分派としては存在しなくなったらしい．彼らは二元論*的な教理を説き，キリストの肉体とその贖いの事実を否定し，その教えこそキリストの最も重要なわざであると見なした．マルキオン*と同様に，彼らは旧約聖書を否定し，ルカ福音書とパウロ書簡をとりわけ尊重した．

## パウロ宣教会

Paulists

アメリカ合衆国においてカトリック教会の活動と関心を高めるために，1858年にI. T. ヘッカー*が創立した「パウロ宣教会」（The Missionary Society of St Paul the Apostle in the State of New York）の通称．

## 『パウロとテクラの行伝』

Paul and Thecla, Acts of Sts

『パウロ行伝』*を構成する外典*の一書．本書はどのようにして聖パウロ*がイコニオンで貞潔の恵みを説き，聖テクラ*を婚約者のタミュリス（Thamyris）から引き離したかを記述している．パウロは市当局に告発され鞭打たれ，他方，テクラは死罪になったが，奇跡的に助かった．

## パウロの回心記念日

Conversion of St Paul, Feast of the

1月25日に祝われるこの祝日は西方に固有のもので，ガリアに由来する．

## 『パウロの殉教』

Paul, Martyrdom of St

聖パウロ*の最期を記述した外典*の一書．『パウロ行伝』*の最後の部分を構成する．

## パウロの特権

Pauline Privilege

異教徒のときに結婚した配偶者がキリスト教徒になった場合，もし非キリスト教徒の配偶者が別れることを欲するか，改宗した配偶者の信仰と実践において重大な妨げとなるならば，前者が新たに婚姻を結びうることを聖パウロ*（Ⅰコリ7:15）が認めた特権．この権利はカトリックの教会法に記載されている．

## 『パウロの黙示録』

Paul, Apocalypse of St

ギリシア語で書かれ，現在の形では4世紀にさかのぼる外典*の一書．聖パウロ*が「第3の天」

にまで引き上げられたとき（Ⅱコリ12:2）見たということを記述している．来世に関する思想の源泉として大いに愛好された．ナグ・ハマディ*で発見されたグノーシス主義*的な『パウロの黙示録』とは異なる文書である．

### 『パエニテミニ』
Paenitemini（1966年）

カトリック教会において悔悛*の規定を改訂した使徒教憲（Apostolic Constitution）．断食*の日数を縮小し，悔悛の日の伝統的な節制*の代わりに，他の形の悔悛，特に慈善や信心のわざで置き換える権限を司教協議会（episcopal conferences）に与えた．

### パオロ（十字架の）（聖）
Paul of the Cross, St（1694-1775）

御受難修道会*の創立者．パオロ・フランチェスコ・ダネイ（Danei）は，没落貴族の家庭に生まれた．1720年に，幻視によりキリストの受難を記念する修道会を創立することを鼓舞され，最初の修道院が1737年に建てられた．彼はすぐれた説教家であり，奇跡行為者および霊的指導者として有名であった．祝日は10月19日（以前は，4月28日）．

### パーカー
Parker, Matthew（1504-75）

1559年からカンタベリー*大主教．彼はもともとアン・ブーリン*の聖職禄授与権（patronage）をつうじて昇進した．エリザベス1世*により大主教に任命された彼は，エドワード6世*の治下に主教座を保持していた4人の主教により聖別された．彼は1559年の「解決」をいっそうの変革から守り，過去との絆をできる限り保つように努めた．彼は「39箇条」*および「ビショップ・バイブル」*の刊行に関わり，1566年に，なかでもサープリス*の着用を命じた『通告文』*を出した．彼はピューリタン*の反対に遭遇した．

### パーカー
Parker, Theodore（1810-60）

アメリカのユニテリアン派*の説教者．1842年の『宗教についての論考』（*Discourse of Matters Pertaining to Religion*）において論じているのは，キリスト教の永遠の本質がイエスの道徳的影響力であり，奇跡*への信仰は無用であるということであった．

### ハガイ書
Haggai, Book of

小預言書*の一つ．ダレイオス王の第2年，すなわち前520-19年に年代づけられる本書は，神殿*再建の促進に関わる4つの言葉からなる．敵に対する勝利をゼルバベルに約束する第4の言葉（2:21-23）は，伝統的にメシア*への言及と見なされてきた．

### ハガダー
Haggadah

（ヘブライ語で「語り」の意．）ユダヤ教において，(1) 過越*の食事の際の祈りを唱える儀式，(2)（ミドラシュ*とタルムード*という）伝承文学のうち，ハラカー*に含まれないもので，特に聖書やラビに関する人物の物語や伝説を指す．

### バーガー派
Burgher

スコットランドの分離派教会(Secession Church)内の会派．1747年に市民誓約（civil Burgess Oath）中の宗教条項を合法と認めて，それを認めなかった反バーガー派（Antiburghers）と分かれた．

### 墓堀人（フォソーレス）
fossors（grave-diggers）

キリスト教の初期の時代には，彼らは下級の聖職者と見なされ，4世紀後半から5世紀前半には，カタコンベ*の管理を支配する強い共同組織を形成した．

### ハギア・ソフィア大聖堂
Hagia Sophia

「聖なる知恵*」すなわち「キリストのペルソナ

(位格)」に献げられたコンスタンティノポリス*の本教会堂は，ユスティニアヌス1世*の治下に建設され，538年に献堂された．その主要な特徴はバシリカ*を飾る巨大なドームである．1453年に，トルコ人はこの教会堂をモスクに変え，そのモザイクは覆い隠され，部分的に破壊された．修復作業中に発見されたモザイクは，20世紀に復元された．1935年以降，その教会堂は博物館になっている．

## パキアヌス（聖）
Pacian, St（4世紀）

バルセロナ司教．ノウァティアヌス主義*者に反対して罪の赦しに関するカトリックの教理を擁護した．彼は「私の名はキリスト教徒ですが，姓はカトリック（catholicus）です」という書簡中の警句的な言葉で有名である．祝日は3月9日．

## ハギオスコープ
hagioscope（squint）

教会堂の内陣*の壁にあけた窓で，礼拝者がミサの際，ホスティア*の奉挙*を見ることができる．

## ハギオス・ホ・テオス
Agios o Theos

（ギリシア語で「聖なる神」の意．）ギリシア語のアンセム*で，カトリックの聖金曜日*の典礼文に翻訳されずに残っている．

## パキスタン教会
Pakistan, Church of

パキスタンにおけるアングリカン*，メソジスト派*，長老派*，ルター派*の諸教会の合同により，1970年に発足した教会．

## パーキンズ
Perkins, William（1558-1602）

ピューリタン*神学者．ケンブリッジ大学において，力強い反ローマ主義の神学者，ピューリタン原理の支持者として有名になった．彼の著作は17世紀をつうじてカルヴァン主義*の傾向をもつ神学者に高く評価された．

## 白衣の主日
Low Sunday

復活祭*後の第1主日．

## 迫害（初期キリスト教における）
persecutions, early Christian

キリスト教は当初，ローマ当局には，寛容に扱われていたユダヤ教*の一部と思われていたが，キリスト教徒に対するユダヤ教側の動きがその別々のアイデンティティを明らかにした．初期のキリスト教の儀式の秘密主義およびキリスト教の言語（たとえば，ヨハ6:35）と愛餐*や聖餐*に対する誤解は，彼らが恥ずべき行為（*flagitia*），乱交，近親相姦，人肉嗜食をしていると異教徒に推測させた．このことから，なぜネロ*帝が64年に彼らをローマの火事に関してスケープゴートにできたかがわかる．そのときから，迫害は断続的に続いた．迫害はドミティアヌス*帝の治下にも証言されており，総督プリニウス*(112年頃没）は自認したキリスト教徒自身が死罪に値すると受けとっている．トラヤヌス帝とその後継者たちはキリスト教徒に対する民衆の憤りを抑えようとせず，キリスト教徒は通常の社会生活から疎外された．迫害はどんな短い治世でも証言されてはいるが，249年まで中央政府により起こされておらず，散発的であり，効果的でなかった．

教会が勢力と名望を増すにつれて，民衆の敵意は和らいだが，3世紀半ばに，皇帝たちはローマの安寧が神々の恩恵に拠るという概念をいっそう真剣に受けとめた．249年に，デキウス*帝はすべての臣下が犠牲を捧げ，自らの服従を示す証明書を取得するように命じた．拒否した人たちはキリスト教徒として選抜され，結果的に罰せられた．迫害は251年のデキウスの没後は続かなかった．ウァレリアヌス帝は257年にキリスト教の集会を禁止し，聖職者に供犠を命じ，258年に彼らを死刑に処し，高い階級の信徒を他の重い刑罰に処した．ウァレリアヌスは260年にペルシア人に捕らえられ，キリスト教徒はその集会を再開し，財産を回復した．組織的な迫害はディオクレティアヌス*帝の治世の後半に再開した．299年に，彼は軍隊と宮廷からキリスト教徒を排除する策をとったが，303年に初めて，彼は全般的な迫害の勅令を発した．勅令は強化され，供犠がすべての臣下に命じられた．恐ろしい迫害が帝国中で起こったが，その激しさは地域により異なっていた．ディオクレティアヌスと共同正帝のマクシミアヌスが305年に退位したのち，迫害は西方でおさまったが，東方では，ガレリウス*帝が311年に寛容令を発布するまで続いた．コンスタンティヌス*は306年にガリアとブリタニアで帝位に就き，キリスト教徒に対して寛容と財産の返還を認めており，マクセンティウス帝も311年にイタリアでその例にならっていた（➡ミルウィウス橋頭の戦い）．313年のいわゆるミラノ勅令*において，リキニウス帝は東方で同様のことを認めた．

迫害の犠牲者は処刑され，殉教者*の名声を享受した．多くのキリスト教徒がしばらく投獄されたり，鉱山に送られた．背教させようとする拷問をしばしば耐えた生存者は，証聖者*として信望を得た．多くのキリスト教徒はまた，信仰を否認したり，否認したことを当局に納得させたりした．これらの棄教者*，証明書購入者*，トラーディトル*をそもそも，またどんな条件で復帰させうるかに関する論争から起こったのが，ノウァティアヌス派*，メリティオス派*，ドナトゥス派*のシスマ*であった．

## バクスター
Baxter, Richard（1615-91）

ピューリタン*．1638年に叙任されたが，1640年には当時の英国教会の主教制への信頼をなくした．1641年に，彼はキッダーミンスター（Kidderminster）の聖職禄所有の補助司祭となった．彼はここで1650年まで働き，たいていは教派的な違いを無視した．彼は内乱の初期には議会軍に加わったが，1647年にそれを離れたのち，1650年に古典的な信心書『聖徒の永遠の安息』（*The Saints' Everlasting Rest*）を著した．彼は1660年のチャールズ２世*の招聘に貢献したが，ヘレフォード*主教職を辞退した．彼はそこでキッダーミンスターに戻ることも聖職禄を保持することも許されなかった．サヴォイ会議*で，「祈禱書への異議」*を唱えた．1662-87年に，彼は迫害を受けた．彼はほとんど200冊もの著作を残した．そこには素朴で敬虔な心情が表され，節度に対する好みが反映されている．彼の讃美歌*の中に，'Ye holy angels bright'（「いとけだかき」『古今聖歌集』360番）がある．祝日は『共同礼拝』*では６月14日．

## ハクスリー
Huxley, Thomas Henry（1825-95）

生物学者．1860年に，進化論に関して，オックスフォード司教S. ウィルバーフォース*と注目すべき意見交換をした．ハクスリーは1863年の『自然界における人間の位置の証拠』（*Evidence as to Man's Place in Nature*）において，人類が下等動物に由来するという見解を擁護し，1863年の「生命の物質的基礎」に関する講演において，一種の不可知論*を説いた．彼の議論では，誰も精神や物質の本性を知りえず，形而上学は不可能で，人生における主要な義務は貧困と無知からの救済である．彼は科学教育の価値を強調したが，彼の考えでは，それは道徳的行為の基礎である宗教的感情が維持されうる唯一の手段として，聖書の学びにより補足されねばならない．1879年のD. ヒューム*に関する研究において，ハクスリーは奇跡を論じ，これをきっぱりとは否定していない．

## パグニヌス（パニーノ）
Pagnini, Santi（1470-1536）

イタリアのドミニコ会*員の学者．1528年に，彼は原語から新しい完訳ラテン語聖書を刊行したが，そこでは本文は節に区切られている．その翻訳はM. カヴァデール*により用いられた．

## ハクニー連隊（れんたい）
Hackney Phalanx

19世紀前半の英国教会の高教会派*のゆるやかな組織で，ロンドンのハクニーの主任司祭J. J. ワトソン（Watson）やサウス・ハクニーの主任司祭

H. H. ノリス（Norris）に結びついている．彼らは（その一人の住まいの名から）時に「クラプトン・セクト」（Clapton Sect）と呼ばれる．➡クラパム・セクト

## バークリー
Berkeley, George（1685-1753）

哲学者．1734年からクロイン（Cloyne）主教．彼の考えでは，我々が物質的事物の実在を肯定するとき，それが知覚されていると言っているにすぎない．物質的対象が我々に知覚されなくても存在し続けるのは，それがただ神の思考の対象であるがゆえである．第一義的な意味で存在する唯一の事物は精神であり，物質的対象は精神によって知覚されるという意味でだけ存在する．

## バークレー
Barclay, John（1734-98）

ベレア派*の創始者．スコットランドのフェターケアンで長老派*のミニスター*A. ダウを補佐していたとき，バークレーは1766年に『常に喜べ』（*Rejoice Evermore*）を刊行し，その中で直接的な神の啓示の教えを説いた．彼は長老会で譴責され，1772年にダウが没したときもその後任になれなかった．1773年にエディンバラで，ベレア派という新しい教会を創設したが，同派の名称は聖書研究への熱心さに由来する（使17:10-11参照）．

## バークレー
Barclay, Robert（1648-90）

スコットランドのクェーカー派*の神学者．彼は父にならって1667年にクェーカーになった．1676年にラテン語で刊行された『弁証論』（*Apologia*）の英語版は1678年に出た．聖書を含む外的な権威の充全性に対して，本書は「内なる光」の教理を感銘深く擁護したことで，クェーカー主義の古典的表出とされるようになった．バークレーはヨーク公（のちのジェームズ2世*）に厚遇され，W. ペン*のペンシルヴェニア建設を援助することができた．

## バークレー
Barclay, William（1907-78）

新約聖書学者．1947-77年に，グラスゴー大学で教鞭をとった．彼の重要性はとりわけ，新約学の成果を精選し，著作や放送をつうじて広く人々に伝える能力にあった．

## バークレー派(は)

➡ベレア派

## パークローズ
parclose

寄進供養礼拝堂*の祭壇および死者の家族たちの一つないしそれ以上の座席を囲うための仕切り*ないし柵．宗教改革の際，これらの囲いは「家族席」（family pew）に発展した．

## ハーゲナウ会議(かいぎ)
Hagenau, Conference of

カール5世*が1540年に召集した会議で，ドイツのカトリックとプロテスタントの論争点を討議した．会議は実際的な成果がなく決裂した．

## バゴット
Bagot, Richard（1782-1854）

1829-45年にオックスフォード*主教，1845-54年にバース・アンド・ウェルズ*主教．オックスフォードにおいて，『時局冊子』90号の発行後，彼はJ. H. ニューマン*にトラクト*発行を中止させたが，1842年にはトラクト運動*支持者の「判断力の嘆かわしい欠如」を非難しつつも彼らを擁護した．生涯の最後の日々は，聖餐論をめぐるG. A. デニソン*との論争にあけくれた．

## 箱舟(はこぶね)（契約(けいやく)の箱(はこ)）
Ark

（1）ノア*が洪水*の際に命を守るために建造した箱舟．（2）ヘブライの民の最も神聖な宗教的象徴で，神の臨在を表すと信じられていた「契約の箱」．木製の長方形の箱で，内も外も金めっきがされていた．伝承によれば，イスラエル人はその箱

を出エジプトの時からカナン*の地へと運んだ．ソロモンの神殿*において，それが安置されたのは「至聖所」で，そこに大祭司*だけが年に1度入った．エルサレム*が前586年頃バビロニア軍の手に落ちたとき，箱が失われたことは明白であるが，その後の歴史については何も知られていない．

教父はノアの箱舟が教会の予型*であり，契約の箱がキリストの象徴であると解釈した．

## パコミオス（聖）

Pachomius, St（290頃-346）

キリスト教共住修道*制の創始者．彼はどうやら兵役に服していたらしいが，313年に退役後，改宗し，受洗した．しばらく彼は隠修士*パライモン（Palaemon）の弟子であった．320年頃，パコミオスはテーベ*のタベンニシ（Tabennisi）に修道院を創設し，彼の名声により多くの人を惹きつけた．他の修道院も続いて建てられた．彼の『会則』は完全にはラテン語訳だけで残存している．祝日は西方では5月14日，東方では5月15日，コプト教会*では5月9日．

## パーシヴァル

Percival, John（1834-1918）

1895年からヘレフォード*主教．晩年，英国教会と非信従者*諸教会との再一致*問題を前進させようとした．彼はヘレフォード主教座聖堂で非信従者の陪餐を許し大いに物議をかもした．

## パジェット

Paget, Francis（1851-1911）

1901年からオックスフォード主教．彼は『ルックス・ムンディ』*派によるトラクト運動*の再解釈を支持した．1891年の『規律の霊』（*Spirit of Discipline*）には，「アケディア」*に関する有名な論文が含まれている．

## 初めの祈り（招詞）

Invitatory

典礼の用法で，祈りへの招き（たとえば「祈りましょう」）．この語は特に，アンティフォナ*を伴うヴェニテ*を指し，ふつう1日の最初の聖務日課*の冒頭に唱えられる．（時にそれ自体が「初めの祈り」と呼ばれる）そのアンティフォナは季節により変化する．

## バシリカ

basilica

初期の聖堂の形態で，おそらく同名のローマの建物をひな型としているらしい．しばしばアトリウム*や外の中庭を通って接近するバシリカは，主要な建物につづく狭いポーチ（ナルテクス*）からなっていた．建物には身廊*と2列（ないし4列）の側廊*があり，列柱が水平のアーキトレーヴ（台輪）と，のちにはアーチとを支え，その上に窓の開いたクリアストーリー（明かり層）が置かれた．建物の東端はアーチになった半円形のアプシス*であった．1段高い祭壇*はアプシスの弦にあたる線上に置かれ，その下かまたは床より低く「コンフェッション」*といわれる，時に守護聖人*の遺体を納めた墓室があった．「バシリカ」の称号は今では教皇により特定の特権的な聖堂に付与される．

## バシレイオス（大）（聖）

Basil, St,'the Great'（330頃-379［この少し前に没したかもしれない］）

大バシレイオスといわれ，カッパドキア3教父*の一人．ニュッサのグレゴリオス*の兄である彼は，358年にネオカイサリア付近に隠修士として身を落ち着けた．彼がその隠遁の地を去ったのは，アレイオス主義者*のウァレンス帝に対して正統信仰を擁護するようにと主教エウセビオスに求められたときであった．370年に，カッパドキアのカイサリア主教になった．その在職中，彼はエウノミオス*が指導する極端なアレイオス派および聖霊の神性を否定するプネウマトマコイ*との論争に関わった．

彼の著作には，膨大な書簡集，『聖霊論』，『エウノミオス駁論』3巻がある．彼はナジアンゾスの聖グレゴリオス*と共同で『フィロカリア』*を編纂した．彼は半アレイオス主義者*をニカイア*の定式に従わせ，彼らの用語「ホモイウーシオス」（「類似した実体の」の意）が，ニカイアの用語「ホモウーシオス」*（「同じ実体の」の意）と同じ意味をもつことを示そうとした．381年のコンスタンティノポリス公会議*以後にアレイオス主義論争が実質的に終結したのは，彼の成果をあかししている．彼は組織化するすぐれた能力をもち，東方の修道制に今なお保持されている組織とエートスを付与した．祝日は西方では1月2日（以前は6月14日で，今もアングリカン・コミュニオン*の地域によっては同日），東方では1月1日．➡『バシレイオス会則』

## バシレイオス（アンキュラの）
Basil of Ancyra（4世紀）

アレイオス主義*の主教．336年に，マルケロス*の後を継いでアンキュラ*主教に選ばれた彼は，343年にセルディカ教会会議*で罷免され，348年頃にコンスタンティウス帝によって復職した．彼はいくつかのアレイオス派の教会会議に参加したが，極端なアレイオス主義的教理に対する批判を強めたため360年に罷免された．

## バシレイオス（セレウキアの）
Basil of Seleucia（468年以後に没）

彼は448年以前にセレウキア大主教になっていた．エウテュケス*を448年に断罪した彼は，449年の「強盗会議」*におけるエウテュケスの復権に同意したが，450年にそれを撤回して『レオの教書』*に署名した．

## 『バシレイオス会則』
Basil, Rule of St

聖バシレイオス*により起草された修道会会則で，東方教会における修道士が守っている通常の会則の基礎になっている．その会則の最も普及した形式は，6世紀にまとめられ，のちに拡大されたさまざまなバシレイオスの文書からなっている．別の形式がストゥディオスの聖テオドロス*（826年没）により本会則を改訂する際に用いられた．本会則は厳格ではあるが，砂漠の隠修士の極端な禁欲主義を避けている．

## バシレイオス典礼
Basil, Liturgy of St

この典礼には2つの形式があり，その古く短い方がコプト教会*の通常の典礼である．この形式は現代の奉献文*，特にカトリック教会の第3奉献文のひな型として役立った．数世紀間，長い方が東方教会の主要な典礼であったが，特定の数日を除いて，やがてクリュソストモス典礼*に取って代わられた．

## バシレイデス
Basilides

2世紀にアレクサンドリア*で教えたグノーシス主義*的傾向の神学者．彼の思想体系を再構成しがたい理由は，著作のわずかな断片しか残っておらず，しかも矛盾する記述があるからである．彼の弟子たちはやがて独立した一派を形成した．

## ハース
hearse

（1）15本のろうそくを立てた三角形の燭台で，以前はテネブレ*の際に用いられた．（2）さまざまな葬儀用の家具で，現在は通常は霊柩車を指す．

## バース・アンド・ウェルズ
Bath and Wells

カンタベリー*管区にある司教座*で，909年頃ウェルズ*の司教区*として創設された．1088–91年のいつか，司教座はバースに移された．ホノリウス3世*は1219年に「バース・アンド・ウェルズ」という名称を認可し，1245年にインノケンティウス4世*は司教選出がバースとウェルズで交互に，両参事会の共同でなされ，着座式が選出された司教の属する聖堂で行われるように定めた．1540年のバース・アビー（Bath Abbey）の解散以降はウェルズがその司教区の唯一の司教座聖堂となり，バースの修道院教会は教会区*教会として用いられている．

## パスカシウス・ラドベルトゥス（聖）

Paschasius Radbertus, St（790頃-860頃）

神学者．修道士であり，843/44-849年にコルビー*修道院長であった．彼の著作には哀歌やマタイ福音書に関する注解があるが，聖餐*に関する最初の教理的論考である『主の体と血について』（*De Corpore et Sanguine Domini*）で最もよく知られる．聖餐におけるキリストの臨在を主張する彼はそれをさらに，マリアから生まれ，十字架上で受苦し，再びよみがえり，聖別のたびごとに神の全能により奇跡的に増し加わる肉であると明確化した．彼の教えはラトラムヌス*やフラバヌス・マウルス*により攻撃された．パスカシウス・ラドベルトゥスはまた，西方における聖母マリアの被昇天*の歴史で重要であり，聖ヒエロニムス*に帰されてきた『コギティス・メー』（*Cogitis me*）の著者でもあることが現在一般に認められている．祝日は4月26日．

## パスカリス2世

Paschal II（1118年没）

1099年から教皇．1102年に俗人叙任（lay investiture）に反対する教皇令を更新した．彼は帝国との叙任権闘争*を解決はしなかったが，1107年までにイングランドおよびフランスとのあいだで妥協点に達した．彼はハインリヒ4世*に対するのちの皇帝ハインリヒ5世の反抗を支持したが，後者が叙任を行ったとき，パスカリスは彼に反対し，また1116年には，ハインリヒが1111年に彼を拘禁して強要した譲歩を拒絶した．パスカリスは教皇職とクリュニー*の絆を維持し，数度の教会会議が重要な決議条項を発布した．他方，1107-08年にボエモンド1世*がビザンティン皇帝アレクシオス1世を攻撃するのを支持したことは，激しい憤慨を招いた．

## パスカル

Pascal, Blaise（1623-62）

フランスの科学者，論争家，キリスト教護教家．家庭で教育された彼は，1646年にヤンセン主義*者と接触した（「最初の回心」）．パリで科学研究を続け，また社交界に出入りした．1654年に「決定的な回心」が起こり，翌年以降，ポール・ロワイヤル修道院*をしばしば訪れた．

1655年のソルボンヌ*によるA. アルノー*の断罪は，1656-57年に『プロヴァンシアル』（*Lettres écrites à un provincial*, 通称は *Lettres provinciales*）を書かせた．イエズス会*の恩恵論（モリナ*主義）および倫理神学（蓋然説*）に対するこの攻撃は，イエズス会の決疑論*のもつ道徳的性格を示し，ヤンセン主義者の厳格な道徳性をそれに対比させることを意図していた．『パンセ』（*Pensées*）は当時の自由思想家の無関心に対して，キリスト教の真理を擁護することをめざしており，哲学的論証に頼るよりむしろ，著者が描く人間の状態に対するキリスト教独自の適切性を説いている．パスカルが未完のまま残した原稿の集成が1670年に出版されたが，それ以外は順不同で選集に入れられ，全体は幾度も編集し直されている．

## パスカ論争

➡復活祭論争

## パスクアル・バイロン（聖）

Paschal Baylon（Pascual Bailon）, St（1540-92）

フランシスコ会*員の信徒修道士*．カスティリャとアラゴンの国境地帯に生まれ，幻視に従って，近隣のアルカンタラ改革フランシスコ会の修道院に入り，厳しい苦行*を実践した．特に「聖別されたパン」*の祭儀への信心が篤く，1897年にレオ13世*は彼を聖体大会と聖体信心会（Eucharistic Congresses and Associations）の守護聖人とした．祝日は5月17日．

## 「パース条項」

Perth, Articles of

1618年にパースでジェームズ1世*がスコットランド*教会に強制した，陪餐時に跪くことなど5箇条．1621年に，スコットランド議会を通過した．

## パストフォリオン
pastophorion

東方教会において，アプシス*に近接した祭具室*で，聖体の保存*に用いられた.

## 『パストル・アエテルヌス』
Pastor aeternus（1870年）

教皇の首位権と不可謬性*を定義した，第1ヴァティカン公会議*の教義憲章.

## ハスモン家（け）
Hasmonaeans

マカバイ家*の別称.

## パーセル
Purcell, Henry（1659-95）

イングランドの作曲家．1679年に，ウェストミンスター・アビー*のオルガン奏者に任じられ，1682年に王室礼拝堂*のそれも兼任した．彼の最も有名な教会音楽の一つは，1694年の『テ・デウムとユビラーテ（*Te Deum* and *Jubilate*）ニ長調』である．彼は『わが祈りを聞きたまえ』（Hear my prayer）のような，多くのフル（full）・アンセム*を従来の多声音楽の様式で書いたが，彼の顕著な貢献は，しばしば弦楽器の伴奏によるヴァース（verse）・アンセムを発展させたことにある．その音楽の多くは精緻で高度に劇的であり，その言葉はほとんど常に旧約聖書から取られている.

## バーゼル公会議（こうかいぎ）
Basle, Council of（1431-49年）

この公会議*はマルティヌス5世*により召集された．新教皇エウゲニウス4世*が公会議を解散したとき，公会議は教皇の決定を無視し，教皇より公会議が上位にあるというコンスタンツ公会議*の決議を再確認した．教皇は1433年に政治的圧力を受けて自らの決定を撤回し，公会議を承認した．1437年に，フス*派の問題が教皇の見解に逆らって「コンパクタータ」（合意文書）を批准することで決着し，ボヘミア（現チェコ西部）の信徒に二種陪餐*が認められた．同年に，東西教会を再合同することを意図した公会議の場所をめぐって，正教会との分裂が起こった．エウゲニウスはそこで公会議をフェラーラに移した．バーゼルに留まった人たちは1439年に彼の廃位を宣言し，対立教皇*フェリクス5世を選出した．1448年に，彼らはバーゼルから追われ，1449年にローザンヌで公会議の終結を決議した.

バーゼル公会議の公会議性（oecumenicity）には異議が唱えられてきたが，今ではほとんどのカトリック信徒は，フェラーラとフィレンツェ*に移るまでの最初の25の会期を承認している.

## バーゼル信条（しんじょう）
Basle, Confessions of

O. ミュコニウス*により起草された「（第1）バーゼル信条」は，1534年にバーゼルで導入された宗教改革の基礎となった．これはM. ルター*とU. ツヴィングリ*の立場の妥協を示している．1536年の「第1スイス信条」*は時に「第2バーゼル信条」と呼ばれる.

## パーソンズ
Parsons（Persons）, Robert（1546-1610）

イエズス会*員．オックスフォード大学を去り，ルーヴァンでカトリックになり，1575年にイエズス会に入会した．1580年に聖エドマンド・キャンピオン*とともにイングランドへのイエズス会宣教団員に選ばれた彼は，翌年大陸に逃れざるをえなかった．彼は教皇や他の支配者（特にスペインのフェリペ2世*）から信頼された顧問になった．1597年からローマのイングリッシュ・カレッジ*の学長であり，バリャドリード，セビリャ，サントメール*でのイングリッシュ・カレッジの創設に関わった．彼は熟達した論争家であったが，彼の著作で最も有名なのは1582年の『キリスト者の手引き』（*The Christian Directory*）という霊的な論考である.

## バターフィールド
Butterfield, Sir Herbert（1900-79）

歴史家．ヨークシャーのウェスレー派の説教者の息子であった彼は，幼いときからウェスレー派のメソジズム*に染まっていた．メソジズムは彼の中に留まり続けたが，徐々に緩和されたアングリカニズム*へと一連の転換を経験し，晩年にはブルトマン*的な見解に達した．バターフィールドは教授としての全生活をケンブリッジ大学ピーターハウスで過ごし，そこを卒業後にフェローを経て，1955-68年には学長であった．彼は歴史に関する著作で最もよく知られ，1963年から1968年に隠退するまで欽定講座担当近代史教授であった．彼の一貫したキリスト教的な見解はまた，最も愛読されている著作である，1949年に出版された講演集『キリスト教と歴史』（*Christianity and History*）に充満している．

## バターフィールド
Butterfield, William（1814-1900）

建築家．オックスフォード運動*の影響を受けた熱心な教会人であった．彼が建てた多くの教会堂に含まれるのは，ロンドンのマーガレット通りのオール・セインツ（All Saints'）教会，オックスフォード大学のキーブル（Keble）・カレッジ，さらにオーストラリアのパース，アデレード，メルボルンの主教座聖堂である．

## パタリ派（は）
Patarenes

この語は極端な改革運動の名称として，ミラノで1050年代に初めて現れ，ミラノの「屑拾い」地区の名称に由来すると考えられる．パタリ派はミラノの政治で重要な役割を果たし，これまで概して独立的であったミラノ教会にローマの介入を招き，教会の問題に世俗の権力が関わることに反対した．1071年に，皇帝ハインリヒ4世*が新大司教を叙任したとき，パタリ派は教会法にかなった自由な選挙を要求し，自らの運動をロンバルディアの各地に広げ，ハインリヒに対抗してグレゴリウス7世*の同盟者になった．この運動はミラノでは12世紀前半まで続いた．1170年代に，パタリ派は異端者の一般的な名称として再び現れた．

## パーチャス裁定（さいてい）
Purchas Judgement

枢密院司法委員会*が1871年にジョン・パーチャス師に対して，聖餐*式の祭服，「東向きの位置」*，聖品混合*，カトリック式のパン（wafer bread）が不法であるとした裁定．この決定は「儀式主義者」（ritualists）が法律違反者と考えられるということを意味したが，一般に無視された．

## 初金曜日（はつきんようび）（第1金曜日（だいきんようび））
First Fridays

カトリック教会における毎月の第1金曜日の信心で，聖マルグリット・マリー・アラコック*がキリストにより授けられたといわれる，9か月続けて月の第1金曜日に聖体拝領にあずかるすべての人に特別な恩恵が与えられるという約束に基づいている．

## バックファスト・アビー
Buckfast Abbey

デヴォンにある．最初の修道院は1018年に創建された．1136年にサヴィニー修道院*長に譲渡され，1147年にシトー会*の会則を採用し，1539年の修道院解散*までシトー会の修道院であった．私宅が19世紀にこの地に建てられたが，そこに亡命したラ・ピエール・キ・ヴィル（La-Pierre-qui-Vire）修道院からのフランス人修道士たちが1882年にやって来た．現在の修道院教会は1932年に献堂された．

## 発出（はっしゅつ）
Procession（theological）

三位一体の教理において，聖霊を御父と御子の両ペルソナ（位格）から区別する特性．➡聖霊の二重の発出，フィリオクェ

## ハッチンソン
Hutchinson, John（1674-1737）

著述家．1724年の『モーセのプリンキピア』（*Moses's Principia*）において，聖書的哲学の体系を主唱し，ヘブライ語が人類の最古の言語であ

り，正しく解釈すれば，すべての知識に鍵を与えると主張した．その理論は，「ハッチンソン派」(Hutchinsonians）と呼ばれる，主に高教会派*のアングリカンのサークルにより発展させられた．正統的なキリスト教の秘跡的・神秘主義的な解釈において，彼らはしばしばオックスフォード運動*の先駆者と見なされる．

## ハットフィールド教会会議（きょうかいかいぎ）
Hatfield, Council of（679年）

大司教テオドルス*が主宰し，ハットフィールド（おそらくヒースフィールド［Heathfield］）で開催された，このイングランド教会の教会会議は，キリスト単意論*を否認し，最初の5回の公会議の決議条項を承認し，「聖霊の二重の発出」*の信仰を確認した．

## ハットン
Hutton, Richard Holt（1826-97）

宗教的著作家．ユニテリアン派*の教職を志したが，英国教会員となった．1861年に，彼に『スペクテーター』(*Spectator*）の共同編集と経営の仕事が任され，彼はそこからキリスト教的原則にたってJ. S. ミル（Mill）やT. H. ハクスリー*の支配的な不可知論*に異議を唱える説教壇として同誌を用いた．

## バッハ
Bach, Johann Sebastian（1685-1750）

ドイツの作曲家．1723年から没するまでライプツィヒにあるルター派の聖トーマス教会のカントル*であった．彼の作品には，2つの受難曲（1724年の『ヨハネ受難曲』と1727年の『マタイ受難曲』）があり，大規模なオラトリオ*風の受難曲*となるよう福音書の記述にアリアやコラールを織り込んでいる．その他に『マニフィカト』*，『クリスマス・オラトリオ』（クリスマスの季節用の6部のカンタータの連作），『ミサ曲ロ短調』があり，この最後の作品も典礼用の壮大なものである．彼の音楽は教派的な範囲を超えている．

## パティソン
Patteson, John Coleridge（1827-71）

宣教師．1855年に，メラネシアの宣教活動を支援するために南太平洋*に向けて出発した．彼は「南十字星号」で島々を巡り，1861年にメラネシアの初代主教に聖別された．彼は1871年に殺害された．その死はイングランド人を深く印象づけた．祝日は，アングリカン・コミュニオンのいくつかの地域で9月20日．

## パティソン
Pattison, Mark（1813-84）

1861年からオックスフォード大学のリンカーン・カレッジ学長．1832年に，オーリエル・カレッジに入学し，J. H. ニューマン*の影響を受けた．のちに，オックスフォード運動*に対する彼の熱意は冷め，それとともに制度的なキリスト教に対する信仰も同様であった．彼は『論説と評論』*の著者の一人であった．

## バティフォル
Batiffol, Pierre（1861-1929）

教会史家で，一時期，初期の近代主義*者と関わった．1903年の『聖餐論』は論争を引き起こし，彼はトゥールーズのアンスティテュ・カトリックの学長職を辞任せざるをえなかった．1893年の『ローマ聖務日課書の歴史』(*Histoire du Bréviaire romain*）は典礼研究の復興に影響を及ぼした．

## ハーディング
➡ステファヌス・ハーディング

## ハデウェイフ
Hadewijch（13世紀）

観想的な著作家．彼女はブラバント(Brabant)方言を話し，おそらくベギン*の共同体に属していた．（書簡形式の論考である）『幻視』(*Visions*)，スタンザ詩(*Poems in Stanzas*)，カプレット詩(*Poems in Couplets*）はいずれも，いかなる合一をも超越した神との魂の合一を論じている．彼女の「愛の神秘主義」(*Brautmystik*）は聖ベルナルドゥス*の伝統の中にあったが，彼女はこれを自分のものとし，また宮廷風恋愛の概念や用語をキリスト教の目的に適用した点で卓越していた．カプレット詩のいくつか（25-29編）は現在は「ハデウェイフ2世」という追随者に帰されており，17-24編の著者性にも異論がある．

## ハデス

➡陰府

## バーデット・クーツ
Burdett-Coutts, Angela Georgina（1814-1906）

遺産相続人，慈善事業家．彼女は祖父で銀行家トマス・クーツの財産を相続した．彼女が英国教会へ寄付したのは，多くの教会堂の建設と寄贈およびケープタウンやアデレードやブリティッシュ・コロンビアの主教区の寄贈であった．

## パテナ（パテン）
paten

現在はふつう銀製か金製の皿で，聖餐式の執行の際にパンがその上に載せられる．

## 鳩（はと）
dove

鳩はキリスト教において，「平和と和解」，「聖霊」，「教会」，「洗礼により再生した個々の魂」を象徴するものとして用いられる．「聖餐の鳩」（Eucharistic Dove）は「聖別されたパン」*を入れるための鳩の形をした中空の容器である．

## バード
Byrd, William（1543-1623）

イングランドの作曲家．1563年にリンカーン*主教座聖堂のオルガン奏者になった．1570年に，彼は王室礼拝堂*のジェントルマンになり，T. タリス*とともにそのオルガン奏者になった．彼は実践的なカトリック教徒であったが，それによって職務の遂行を妨げられることはなかった．ラテン語の礼拝用の3曲の壮麗なミサ曲，2巻の昇階唱*，その他の音楽のほかに，彼は英語の典礼の応答祈願（Preces），レスポンス，連禱に曲をつけ，少なくとも朝夕の祈りのための2つの完全な典礼聖歌（services），2つの別の夕拝用の典礼聖歌，「喜びもて歌え」（Sing Joyfully）を含む多くのアンセム*を作曲した．

## ハートフォード教会会議（きょうかいかいぎ）
Hertford, Council of（672/73年）

イングランド教会の再組織化を推進するために，カンタベリー大司教テオドルス*が開催した司教たちの会議．10の決議条項を発したが，特に聖職者と修道士の権利と義務に関わっている．本会議はイングランド教会が統一体として行動した最初の機会であった．

## パトモス
Patmos

ヨハネ黙示録*の著者が黙示を受けたエーゲ海の島．伝承によれば，使徒聖ヨハネ*はドミティアヌス帝の治下（81-96年），パトモスに追放され，ネルウァ帝の治下（96-98年），エフェソス*に戻った．1088年に聖クリストドゥロス（Christodulus）により創設された修道院は，現在も存続している．

## バトラー
Butler, Alban（1710-73）

通常，1756-59年の『聖人伝』（*The Lives of the Saints*）として知られる著作の著者．その伝記は教会暦に従って配列されている．バトラーは1746-66年にイングランドへの宣教司祭であり，その後サントメール*のイングリッシュ・カレッジ学長になった．

## バトラー
Butler, Joseph（1692-1752）

ダラム*主教．1718-26年に，ロンドンのロールズ・チャペル*の説教者を務め，そこで行った説教は好評を博した．1726年に，彼はダラム州スタノップ（Stanhope）の豊かな聖職禄*を獲得し，そこで有名な『宗教の類比』*（1736年）の刊行を準備した．1738年にブリストル主教になり，1750年にダラムに転任した．

バトラーは宗教改革以降のイングランドにおける最も偉大な自然神学と倫理学の主唱者の一人である．彼の考えでは，道徳性は自らの本性に従い生きることにあり，人間の本性における主要な構成原理は自己愛・博愛・良心である．真の博愛は厳密に無私である．良心に結びつくのは，それを認める人たちに，結果を考慮しない服従を強いる至高の権威である．道徳性の原理は直観的に明白であり，道徳的判断の誤謬は迷信や自己欺瞞からのみ起こる．摂理への信仰からバトラーが確信したのは，結局は良心の命令や自己愛の要請が同じ結論を示すことが分かるということであった．祝日はアメリカの1979年の『祈禱書』および『共同礼拝』*では６月16日．

## バトラー

Butler, Josephine Elizabeth（1828-1906）

社会改良家．彼女の主要な関心は売春婦の更生と「白人奴隷」売買の廃止にあった．彼女の活動はほとんど絶え間ない祈りの生活に基づいていて，シエナの聖カタリナ*を自らの模範と考え，その伝記を1878年に刊行した．祝日は『共同礼拝』*では５月30日．

## バトラー

Butler, William John（1818-94）

1885年からリンカーン*の主席司祭*．1846年にウォンティジ（Wantage）の主任代行司祭*になった．管理司祭*を長く務めて，彼は多くの司祭を育成し，1848年に，彼は聖メアリ姉妹会を創設し，これは聖メアリ修女会（Community of St Mary the Virgin: CSMV）として，「アングリカニズムにおける修道会」*の最大のものの一つにまでなった．

## ハドリアヌス１世(せい)

Hadrian I（795年没）

772年から教皇．シャルルマーニュ*を説得して，774年にランゴバルド王国を征服して，その国王を廃位させることにより，ハドリアヌスは教皇職を長年の脅威から解放した．彼はまた，養子論*を抑圧する際にシャルルマーニュの援助を利用し，典礼や教会法における一致を達成するその努力を支援した．➡『グレゴリウス秘跡書』

## ハドリアヌス４世(せい)

Hadrian IV（1100頃-1159）

本名はニコラス・ブレークスピアー（Nicholas Breakspear）．1154年から教皇．教皇職に就いた唯一のイングランド人．ブレシアのアルノルドゥス*を処刑させ，フリードリヒ１世*（バルバロッサ）への戴冠に同意する前に，彼を完全に臣従させた．皇帝はその帝冠を教皇からの恩恵（*beneficium*）としてもつというハドリアヌスの主張は，アレクサンデル３世*のもとで激化した争いを促進した．イングランドのヘンリー２世に対してアイルランド*の最高君主権（overlordship）を付与した大勅書の真正性は，長いあいだ異論もあったが，現在は一般に認められている．

## ハドリアヌス６世(せい)

Hadrian VI（1459-1523）

1522年から教皇．のちのカール５世*の家庭教師であり，1516年からはスペインの実質的な支配者であった．教皇としての主な目標は，教皇庁*を改革し，ヨーロッパの諸侯を和解させ，プロテスタンティズムの拡大を抑え，ヨーロッパをトルコ人の脅威から解放することであった．彼の改革の努力は挫折し，ロードス島は1522年10月に陥落した．

## ハドリアヌス（カンタベリーの）（聖(せい)）

Hadrian the African, St（709/10年没）

修道士．教皇ヴィタリアヌス*によりカンタベリー*の司教職に就くよう提案されたが辞退した彼は，タルソスのテオドルス*が任命されるように尽力した．ハドリアヌスはテオドルスとともに668年にイングランドに渡り，カンタベリーの「聖ペトロと聖パウロ修道院」（のちの聖アウグスティヌス修道院）の院長，同修道院付属学校の校長になった．学識豊かな彼は教育の水準を高めた．

## パトリキウス（聖）
Patrick, St（5世紀）

「アイルランド*の使徒」. ブリタニアに生まれ, キリスト教徒として育った. 16歳のとき海賊に捕らえられ, アイルランドで牧夫として6年間を過ごした. 彼は熱心に神に求めて, 逃れうるとの神のメッセージを受けた. 彼は船員にブリタニアに運んでくれるよう頼み, 別人になって親族のもとに戻った. 彼は聖職者になる訓練を受け, （彼自身の言葉によれば）「アイルランドの司教」としてブリタニアから赴いた. 彼は残りの生涯をアイルランドで過ごし, 宣教し, 聖職者を叙階し, 修道士や修道女をそだてた. 彼はおそらく彼の性格への攻撃に応えて, 『告白』（*Confession*）と呼ばれる, 自らの霊的な巡礼に関する感動的な記述を書いた. 彼の生涯の年代に関する議論が集中してきたのは, ケレスティヌス1世*（432年没）が「キリストを信じるアイルランド人への初代司教として」パラディウス*を派遣したという, アクィタニアのプロスペル*の記述である. 議論されているのは, パトリキウスの宣教が431年よりさほどあとではないということで, このことから, 彼の誕生の年代が推測され, 彼の没年が460年頃とされる. 他の人たちは, 彼が1世代あとに生き, 490年頃に没したと論じている. 彼に帰される教令（canons）や「聖パトリキウスの胸当て」*は彼の作ではない. 祝日は3月17日. ➡聖パトリキウスの煉獄

## パトリック
Patrick, Simon（1625-1707）

1689年からチチェスター*主教, ついで1691年からイーリー*主教. 1653年に, 彼は長老派*のミニスター*に任じられたが, H. ハモンド*とH. ソーンダイク*を学んで, 1654年に主教按手をめざすことに決めた. 彼はすぐれたラティテューディナリアン*で, 多作家であった.

## ハドルストン
Huddleston, Ernest Urban Trevor（1913-98）

英国教会のインド洋（Indian Ocean）管区大主教. 1941年に復活修士会*に入会し, 現在はソウェト（Soweto）と呼ばれる南アフリカの居住域で活動するために派遣された. 彼はその後, 1960-68年にタンザニアのマサシ（Masasi）主教, 1968-78年にロンドン東部のステップニー（Stepney）主教, 1978-83年にモーリシャス主教兼インド洋管区大主教を歴任した. 彼はアパルトヘイトに対するアフリカ人の闘争に深く関わり, 1956年に著書『慰めはいらない』（*Naught for Your Comfort*）を著した.

## バートン
Barton, Elizabeth（1506頃-1534）

「ケントの乙女」. 使用人であった彼女は, 自失状態になり, 予言能力をもつと主張し, カンタベリー*で修道女になった. その後の彼女の予言は, 王妃と離婚するつもりのヘンリー8世*を攻撃する内容であった. 彼女は自失状態になったことはないと告白して処刑された.

## パナギア
panagia

（ギリシア語で「いとも聖なる」の意.）東方教会における聖母マリアに対する尊称. この語はまた以下のものも指す. (1) 正教会の主教が胸にかけて着用する, 聖母マリアを描いた長円形のメダル. (2)聖母マリアを記念して厳かに祝福されたパン.

## バニェス
Báñez, Domingo（1528-1604）

スペインのドミニコ会*員の神学者. 1580年から, サラマンカ大学で首席教授の地位にあった. 彼は伝統的なスコラ*神学を主唱し, 恩恵*をめぐるイエズス会とドミニコ会の論争に関わったが, これはローマでの1598-1607年の特別委員会の設置につながった. バニェスはまた, アビラの聖テレサ*の霊的指導者で聴罪司祭であった.

## パニーノ
➡パグニヌス

## バニヤン
Bunyan, John (1628-88)

『天路歴程』*の著者. 彼の生涯についてはほとんど知られていない. 貧しい家庭に生まれた彼は, 1644-46年に議会派の側について内乱に参戦し, 1649年頃に敬虔な女性と結婚した. 1653年に, ベッドフォードで独立派*の教会員になり, 1657年に正式に説教者として認められた. 王政復古後に, 1660-72年の大半をベッドフォードの獄中で過ごした. 獄中および出獄後, 多くの著作を書いた. その主要なものは自伝であって, 1666年の『罪人のかしらへの溢れる恩寵』(*Grace Abounding to the Chief of Sinners*), 『天路歴程』, 1682年の『聖戦』(*The Holy War*) がある. バニヤンにとって, 世界はもっぱら霊的な戦いの場であり, 魂の救いのほかに重要なものは何もなかった. 祝日は『共同礼拝』*では8月30日.

## ハニングトン
Hannington, James (1847-85)

宣教師. 1884年に, 東赤道アフリカの初代主教に任命された. 彼はウガンダ*へ赴く途中で殺害された. 祝日はアングリカン・コミュニオンの諸地域で10月29日.

## バーネット
Barnett, Samuel Augustus (1844-1913)

社会改良家. 1873-94年に, ロンドンのホワイトチャペルにあるセント・ジュード教会の司祭, 1884-96年に, その設立に尽力したホワイトチャペルの大学の施設トインビー・ホールの初代所長であった. 生涯をつうじて彼は積極的に, キリスト教の原理に基づいた社会状態の改良をめざす事業を創始し, キリスト教徒のその事業への協力を要請した. 祝日は『共同礼拝』*では6月17日.

## バーネット
Burnet, Gilbert (1643-1715)

1689年からソールズベリー*主教. 彼は不首尾に終わったが, 非国教徒を英国教会に復帰させることを準備する計画をたてた. 彼の主教職は熱心さと活発さの模範であった. 彼の著作には1723-34年の『私自身の時代の歴史』(*History of My Own Time*) がある.

## パネンベルク
Pannenberg, Wolfhart (1928-2014)

ドイツのプロテスタント神学者. 1968-93年に, ミュンヘン大学プロテスタント神学部組織神学教授であった. 彼が1961年に共編者であった『歴史としての啓示』(*Offenbarung als Geschichte*) において論じたのは, キリスト教神学が信仰のある種の特権的な認識論に訴えることによっては批判から身を守りえず, 信仰はむしろ, 合理的にいえば, 啓示の言葉での解釈を示唆する, 一定の歴史的事実への応答の仕方だということであった. このような訴えがなされている重要な事実が探求されているのは, 1964年の最初の大著『キリスト論要綱』(*Grundzüge der Christologie*) においてであり, キリストの復活*の歴史性を擁護している点で注目される. その後の著作で主張されたのは, キリスト教神学が批判的な合理性という共通な文脈の中で無神論*と議論すべきだということであった. 1988-93年の浩瀚な『組織神学』(*Systematische Theologie*) は, キリスト教の教理の真実性を論証するその決意で有名である. 彼の著作に含まれているのは, キリスト教社会倫理における (革命と反対の) 改革への力強い擁護論であり, また未来の力としての神の本体論をもって希望の神学を補強する, 論争的ながら新しい試みである.

## パノルミタヌス
Panormitanus (1386-1445)

教会法学者. ニコロ・デ・トゥデスキ (Tudeschi) は1435年にパレルモ大司教になった (彼の名前はこの都市の旧称パノルムス [Panormus] にちなむ). 1433年に, 彼はエウゲニウス4世*によりその代理人としてバーゼル公会議*に派遣されていたが, 1436年に, エウゲニウスが指名した人物に反対してナポリ王位を主張していたアラゴン王アルフォンソの大使として帰国した. したがって, パノルミタヌスは常に対立教皇を支持し, 教皇が公会議*より下位にあると主張した（➡公会議首位説）．彼の主著は教会法に関するもので，グレゴリウス9世*の教皇教令*，『セクスタ』*『クレメンス集』*に関する注解がある．

## パパ・アンゲリクス
Papa Angelicus（Pastor Angelicus）

（ラテン語で「天使的な教皇」の意.）ある教皇が教会において使徒的純一性と熱意を回復し，新しい時代を始めるという，13世紀のイタリアに起こった信仰.「マラキアスの予言」*では，106代目の教皇，すなわちピウス12世*がそう呼ばれている．

## ハバクク書
Habakkuk, Book of

小預言書*の一つ．ハバククは抑圧と不法を嘆いている．神の答えでは，さしせまった懲らしめはカルデヤ人の侵入によるが，彼らもまた高慢さと偶像礼拝のゆえに滅亡する．3章はその民を救うために来られる神の幻を記している．

本書はおそらく前7世紀後半か6世紀前半に年代づけられる．たいていの批評家は一致して3章を独立した付加とみている．「義人はその信仰によって生きる」（2:4）という本書の中心的なメッセージは，キリスト教思想において重要な役割を果たしてきた．

## ハーバート
Herbert, Edward（1582-1648）

チャーベリー（Cherbury）の初代男爵，哲学者，詩人．彼の考えでは，宗教の本質は以下の5つの生得観念のうちにある．すなわち，神が存在すること，神は礼拝されねばならないこと，徳はこの礼拝の主要素であること，罪の悔い改めは義務であること，賞罰を伴う来世があることである．彼はイギリスの理神論*の先駆者であった．

## ハーバート
Herbert, George（1593-1633）

詩人．E. ハーバート*の弟である彼は，廷臣としての将来を約束されているように思われた．ジェームズ1世*の死没およびN. フェラー*の影響のゆえに，ハーバートは神学を学ぶようになった．1630年に叙任され，ソールズベリー*に近いベマートン（Bemerton）を含むフグルストン（Fugglestone）の主任司祭*となった．

彼の最も有名な散文の著作で，1652年に没後出版された『聖堂の司祭』（*A Priest to the Temple; or the Country Parson*）は，イングランドの聖職者の穏健で健全な理想像を描いている．『聖堂』（*The Temple*）という表題の詩集は，臨終に際しフェラーに託され，1633年に出版された．ハーバートは深い宗教的な確信とすぐれた詩的才能をもっていた．現在も歌われている彼の讃美歌*の中に，‘The God of love my Shepherd is’ や ‘Let all the world in every corner sing’（「世のものなべて」『古今聖歌集』349番）がある．祝日はアングリカン・コミュニオンの一部で2月27日．

## パピアス
Papias（60頃-130）

小アジアのヒエラポリス（Hierapolis）主教．彼の著作はエイレナイオス*とエウセビオス*による引用でしか残存していない．最初の2福音書の起原に関する断片において彼が述べているのは，聖マルコ*が聖ペトロ*の通訳者となって，主（イエス）の言行を記憶した限りすべて，順序正しくではないが正確に記したこと，および聖マタイ*が主（イエス）の言葉をヘブライ語で書き留め，だれもができる限りよく翻訳したことである．

## バビュラス（聖）
Babylas, St（250年頃没）

240年頃からアンティオキア*主教．聖ヨアンネス・クリュソストモス*の記述によれば，バビュラスはある皇帝が罪を悔い改めなかったという理由で教会への出入りを拒否した．彼はデキウス*帝の迫害で投獄され，獄中で没した．祝日は西方では1月24日，東方では9月4日．

## パピルス学
papyrology

パピルス(papyrus)に書かれた写本を扱う学問．パピルスは以前はナイル川に豊富に生えていた水草の茎の髄から造った筆写材料である．古代エジプトで用いられ，遅くとも前5世紀から，子牛皮紙に取って代わられた後4世紀まで，ギリシア・ローマ世界における主要な筆写材料であった．パピルス写本はエジプト以外の地域ではほとんど残存しておらず，エジプトでは1778年に初めて発見された．➡聖書写本

## バビロニア捕囚（バビロン捕囚）
Babylonian captivity

ユダヤの住民の多くが前597年頃と前586年頃の二次にわたって抑留されたバビロニアへの捕囚．この表現はまた，1309年から1377年までの，アヴィニョン*への教皇の捕囚*(exile)にも比喩的に用いられる．

## バプテスト派
Baptists

プロテスタント最大の教派の一つ．近代におけるその起原は通常，アムステルダムに逃れた分離主義者* J. スマイス*の活動に帰される．彼は1609年に，集まった教会員になる基礎として自覚的な信徒の洗礼を再び制定した．イギリスにおける最初のバプテスト教会はスマイスの集会の会員たちで構成されていたが，彼らはT. ヘルウィス*の指導のもとに1612年にロンドンに戻っていた．ここから起こった諸教会は神学的にアルミニウス主義*的で，「普遍バプテスト派」*として知られるようになった．1633年に，カルヴァン主義的なロンドン分離派のグループによる信徒の洗礼の採用は，国中の多くの地域に「特定バプテスト派」*教会を生み出した．多くのバプテスト派は17世紀のより急進的・霊的・政治的な運動と結びついたが，王政復古後は長老派*や独立派*に接近し，プロテスタント非国教徒*の3教派*の一つとして認められた．18世紀には，多くの「普遍バプテスト派」はユニテリアン主義*の影響を受けるようになったが，福音主義的リバイバルの刺激を受けて，新連盟（New Connexion）が1770年に創設され，活発な活動を維持し，1世紀後にはバプテスト派の主流に合流した．1792年に創設されたバプテスト宣教協会（Baptist Missionary Society）は，プロテスタント諸教会の中で近代の宣教活動のさきがけとなった．19世紀には，バプテスト派は一般にあまり厳格にはカルヴァン主義的でなくなり，大部分のバプテスト教会はすべての信徒が聖餐にあずかるのを受け入れた．信徒数の増加は人口の増加をしのいだが，英国では20世紀後半に著しく衰退した．

アメリカにおいて，バプテストの原則にたつ最初の教会は1639年にR. ウィリアムズ*により設立された．18世紀には，大覚醒*がきっかけとなって急速でめざましい発展をとげた．フロンティアの西漸に際して，バプテストの伝道者たちはその先頭にたち，多くの南部の州ではバプテスト派が最大の教派になった．アメリカの黒人教会*員の約3分の2はバプテストである．2002年現在，北アメリカには3,300万人以上のバプテストがいる．彼らはいくつかの連盟に組織されており，その中では南部バプテスト連盟（Southern Baptist Convention）が最大でまた最も保守的である．

1834年，ハンブルクにバプテスト教会が設立された．ここから，ヨーロッパ大陸における広範なバプテスト運動が起こり，スラヴ語圏の諸民族にまで広がった．バプテスト派は一般に帝政ロシア*では迫害され，ソヴィエト体制の初期に信徒数が増加したが，のちに信仰の自由の抑圧に苦しんだ．1990年以降，彼らは著しく増加し，今では以前のソヴィエト連邦の諸国で最大の教派になっている．オーストラリア*とニュージーランド*では，バプテスト教会は19世紀前半に設立され，20世紀には，バプテスト派の活動はアジア，南アメリカ，そしてとりわけアフリカ*に拡大した．1905年に，バプテスト世界連盟（Baptist World Alliance）が国際的な協力の場として設立された．そこには現在，220か国のバプテスト派の同盟（Unions）および連盟（Conventions）が加入しており，「バプテスト」と呼ばれる世界中の約1億1,000万人の受洗したキリスト教徒のうち約4,100万人が含まれる．

南部バプテスト連盟は2004年にメンバーではなくなった.

エキュメニカル運動で，バプテスト派が組織的連合の企てに乗り気でなかったのは，彼らが信徒の洗礼に立ち会うこと，およびキリストの直接の支配のもとに「集まった」共同体として外的な教会の権威から地方教会の自由を維持したかったからである．しかし，地方教会はその生活と宣教のために「キリストの精神を見いだす」ように結合し，バプテスト派は他のキリスト教徒との協力には熱心で，エキュメニカルな協調関係において，特に地方的なレベルで多くのことに参画した．ほんの24ほどのバプテスト派の連盟と同盟が世界教会協議会*のメンバーであるが，その受洗した会員数の合計は，バプテスト世界連盟の構成員の約50%を占めている.

## バプテスマ

➡洗礼

## パフヌティオス（聖）

Paphnutius, St（360年頃没）

上テーベ*の主教．マクシミヌス・ダイア帝（在位305-13年）の迫害*で拷問を受けたエジプトの修道士であった．彼の説得により，ニカイア公会議*は聖職者に妻と離縁するよう命じなかったといわれる．祝日は9月11日.

## ハブラー

chaburah

（ヘブライ語で「友人」の意.）ユダヤ教の慣行で，宗教的目的のために形成された友人グループ．彼らはしばしば毎週，安息日や祭日に会食した．キリストと弟子たちがそのようなハブラーを形成し，「最後の晩餐」*がハブラー的食事であったと論じられている.

## バベルの塔

Babel, Tower of

創世記11:1-9によれば，天に届く塔で，その思い上がった建設は，建設者間の言語の混乱をとおして神により阻止された.

## パーマー

Palmer, Phoebe Worrall（1807-74）

アメリカのリバイバルの説教者，ホーリネス運動*の指導者．1837年に，6人の子どものうち3人を亡くしたのち，彼女は「全き聖化」（entire sanctification）をもたらす経験をした．彼女は「聖霊による洗礼」*が直ちに聖化をもたらすと考えて，J. ウェスレー*の教えを変更した．彼女はリバイバルの集会や野外集会*で語り始め，当時の女性にはまれな指導的役割を果たした．彼女が配布したトラクトは諸教会が接触していなかった人たちに届けられた．貧者と接することで，彼女は社会活動に尽力するようになり，ニューヨークのスラム街にセツルメントを建てた．彼女が「聖霊による洗礼」を強調したことは，ペンテコステ派*やカリスマ刷新運動*への道を開くのに役立った.

## パーマー

Palmer, William（1811-79）

1832年からオックスフォード大学モードリン・カレッジのフェロー．1840年と1842年に，アングリカン教会と正教会とのあいだの相互陪餐の可能性を探求するためにロシアを訪れ，また彼はイギリスにおいて東方教会に対する関心を高めるのに貢献した．彼は1855年にカトリックになった.

## ハーマン

Hamann, Johann Georg（1730-88）

宗教思想家．彼はドイツの「疾風怒濤」運動の祖の一人であった．彼は宗教に関して内なる経験の重要性を強調し，個々人の諸権利を称揚し，啓蒙主義*の合理主義を攻撃した．1784年の『ゴルゴタとシェブリミニ』（*Golgatha und Scheblimini!*）において，彼はキリスト教を三一神，贖罪，救済の歴史的な啓示として擁護した.

## ハーマン

Herman, Emma（1874-1923）

著作家．長老派*のミニスターの妻であった彼女は，コンスタンティノポリスとシドニーに住んだ．のちに，彼女は英国教会員となった．主著は，1915年の『神秘主義の意味と価値』（*The Meaning and Value of Mysticism*）および1921年の『創造的祈禱』（*Creative Prayer*）である．

## ハミルトン
Hamilton, John（1511-71）

1547年からセント・アンドルーズ大司教兼スコットランド首席大司教*．プロテスタンティズムに対する最も影響力ある反対者の一人であった．彼は聖職者の道徳性と信徒の宗教教育を改革するために教会会議を開催した．その主な成果は，1552年に彼の名前で編集された自国語の教理問答である．1560年に，議会がJ. ノックス*の信仰告白を受け入れたことに抗議した．ハミルトンは1563年に投獄されたが，メアリ・ステュアート*のとりなしで釈放された．女王の失脚後，彼は反逆罪を宣告され，絞首刑に処せられた．

## ハミルトン
Hamilton, Patrick（1504頃-1528）

スコットランドのプロテスタントの初期の殉教者．彼はM. ルター*の著作に惹かれ，ヴィッテンベルク*とマールブルク*を訪れた．スコットランドに戻った彼は，その誤謬を得心させるよう委任されていたA. アレシウス*を回心させた．ハミルトンは異端の嫌疑で，火刑に処せられた．

## ハミルトン
Hamilton, Walter Kerr（1808-69）

1854年からソールズベリー*主教で，イングランドの教区主教になった最初のトラクタリアン*．1861-64年に，彼はその聖職禄が彼の教区内にあり，『論説と評論』*に寄稿したR. ウィリアムズ*を告訴した．

## ハーモニー協会（きょうかい）
Harmony Society

J. G. ラップ*がヴュルテンベルク（Württemberg）に創設した共産的セクト．その共同体はアメリカに移り，1905年に解散した．

## 破門（はもん）
excommunication

破門された人を信徒の交わりから排除し，他の特典の剥奪や制約を科す教会によるケンスラ（譴責）．破門が（被破門者の）魂の神との一致にまで及ぶとは称していない．カトリック教会では現在，破門は「教育的」刑罰*の一つである．破門は教会当局により宣言ないし科されるか，または，たとえば中絶*をした場合は自動的に宣告される．すべての被破門者が禁じられるのは，秘跡を執行したり，（死ぬ危険性がある場合を除いて）秘跡に与ったりすること，聖職者として公の礼拝に参加したり，教会の役職や管理行為を果たしたりすることである．破門が科されたり宣言されると，付随的な結果が伴う．英国教会では，『祈禱書』*と1969年の『教令』*は破門の可能性を想定しているが，その行使は現在は極めてまれである．

## ハモンド
Hammond, Henry（1605-60）

英国教会の聖職者．1633年に，ケントのペンズハースト（Penshurst）の主任司祭*になり，毎日の礼拝と毎月の聖餐式を行った．1645年に，チャールズ１世*の常任チャプレンとなり，1647年の国王の投獄まで仕えた．共和政時代には，彼は困窮した聖職者の貧困を軽くし，将来の叙任候補者を訓練する基金を作ることに尽力した．1653年の新約聖書全巻に関する注解書は，聖書批評学の先駆的な仕事である．彼はまた，B. ウォールトン*の多国語対訳聖書（Polyglot Bible）の出版を助けた．

## バーユス
Baius, Michel（1513-89）

フランデレン（フランドル）の神学者．以前にソルボンヌ*により非難されていたにもかかわらず，彼はトリエント公会議*に出席したルーヴァン大学の代表の一人であった．1567年の大勅書は，彼の名前を挙げずにその著作からのいくつかの命題を断罪した．彼は正式に自説を撤回した．

バーユス主義(Baianism)の主な主張点は以下のとおりである.(1) 原初の状態では,無罪は人間に対する神の超自然的な賜物ではなく,人間本性そのものを必然的に補完するものであった.(2) 原罪*は単に恩恵の喪失ではなく,遺伝により伝わる生来の情欲*であるので,意識のない子どもにさえ自然に罪ないし道徳的悪が存在する.(3) 贖い*の唯一の働きは,我々が本来の無罪という賜物を回復し,道徳的な生き方をするのを可能にすることである.この目的が達成されるのは,各自の功徳*に値する行為をする動機として情欲を愛に換えることによる.こうして,贖いにより与えられる恩恵は超自然的とは見なされえない.

## ハラー
Haller, Berchtold (1492-1536)

宗教改革者.1520年にベルン*のカノン*になった.1521年から,彼はU.ツヴィングリ*と接触した.ハラーは1526年のバーデン(Baden)と1528年のベルンの討論に参加し,1528年のプロテスタント典礼や改革令の作成に協力した.1532年から,彼はベルンのすぐれた宗教的指導者であった.

## パラ(ポール)
pall

(1) 聖餐式のとき,カリス*を覆う小さな亜麻布で,現代の形は1枚の厚紙で固めている.(2) 葬儀の際に,棺を覆う布.➡コルポラーレ

## ハラカー(ハラハー)
Halachah

(ヘブライ語で「それにより歩むもの」の意.)ラビ・ユダヤ教において,直接的に実践される教えの総体で,ハガダー*と対比される.

## パラクレートス
Paraclete

ヨハネが用いた,聖霊に対する形容語で,伝統的に「弁護者」(Comforter)と訳される.現代訳はしばしば「助け主」(Helper)や「慰め主」(Consoler)か,パラクレートスのままである.

## パラケルスス
Paracelsus (1493-1541)

スイスの医者である,テオフラストゥス・ボンバストゥス・フォン・ホーエンハイム(Theophrastus Bombastus von Hohenheim)が名乗った名前.彼は新プラトン主義*的基盤にたって神秘的な神智学*を構築した.彼の考えでは,我々が自ら自然である程度だけ自然を知るのとちょうど同じように,我々が神であるだけ神を知るのである.

## バラ十字会(じゅうじかい)(ローゼンクロイツ派(は))
Rosicrucians

キリストの復活と贖いの対をなす象徴として,バラと十字架の紋章を崇めた秘密結社.1614年と1615年に,『友愛団の名声』(*Fama Fraternitatis*)と『友愛団の信仰告白』(*Confessio Fraternitatis*)がドイツにおいて匿名で出版された.1616年にそれに続いたのが,(現在はルター派の牧師であるJ. V. アンドレーエに帰されている)『クリスティアン・ローゼンクロイツの化学の結婚』(*Chymische Hochzeit Christiani Rosenkreutz*)で,クリスティアン・ローゼンクロイツなる人物が自然の隠れた事物の研究と秘教的・反カトリック的なキリスト教へと献身する秘密結社を設立したと述べており,著者はこの結社がまだ存在すると主張している.これらの書物は真摯に受け取られ,錬金術的傾向をもったさまざまな結社がその影響下に存在するようになった.

## パラダイス(楽園(らくえん))
paradise

この語はおそらくペルシア語に由来し,囲まれた庭ないし楽園を意味する.七十人訳聖書*では,神によりエデンに置かれた「園」のギリシア語訳として,創世記2–3章に用いられている.後代のユダヤ教の文献では,物質的であれ精神的であれ,至福の状態を意味するようになった.ルカ福音書23:43において,復活直前の義人の状態(リンボ*)を指すのか,それとも祝福された人たちの天国と同義語なのか,さまざまに解釈されている.IIコリント書12:4とヨハネ黙示録2:7では,後者の意味

で用いられている．一般的な用法ではふつう，未来の至福の状態を意味する．

## パラディウス（聖(せい)）
Palladius, St（5世紀）

アイルランドの初代司教．アクィタニアのプロスペル*によれば，助祭であったパラディウスは，ブリタニアのペラギウス派*の異端信仰を抑えるために，オセール（Auxerre）司教聖ゲルマヌス*の派遣をケレスティヌス1世*に提言し，のちに自らもアイルランドに初代司教として派遣された．7世紀以降の聖パトリキウス*伝は，パラディウスをパトリキウスのために道を空けておいた失敗した宣教者として描いている．パラディウスの経歴はおそらくパトリキウスの伝説に包摂されたのであろう．祝日は7月7日．

## パラディオス
Palladius（364頃-420/30）

初期の修道制の歴史家．エジプトの修道士とともに数年を過ごし，エウアグリオス・ポンティコス*の弟子であった．400年に，パラディオスはビテュニアのヘレノポリス（Helenopolis）主教になった．彼の『ラウソス史伝』（*Historia Lausiaca*）は，時に軽信に基づいているが，初期の修道制の歴史にとり残存する最も価値ある文書である．彼はまた『聖ヨアンネス・クリュソストモス*の生涯に関する対話』を著した．

## パラディグマ
Paradigm

その教えを納得させるために，イエスの言葉を中心に組み立てられた物語を含む，福音書中の章句を，様式史的研究*者が指した名称．

## バラの続唱(ぞくしょう)
Rosy Sequence

聖歌「イエス・ドゥルキス・メモリア」*の一部で，セイラム式文*において「主イエス命名の日」（➡イエスの名）のための続唱*として用いられた．

## バラバ
Barabbas

（マコ15:6-15とその並行箇所によれば）ピラト*がキリストに代わり出獄させた強盗．

## ハラハー
➡ハラカー

## パラバラニ（パラボラニ）
Parabalani（Parabolani）

病者の看護に献身した，アレクサンドリア*の男性の団体．5-6世紀の法規における言及から，彼らは公共の義務を免除された聖職者であったと思われる．

## パラボラニ
➡パラバラニ

## パラマス
➡グレゴリオス・パラマス

## パリ
Paris

この都市は早い時期にキリスト教の中心であった．トゥールの聖グレゴリウス*によれば，パリの初代司教の聖ディオニュシウス*は，教皇ファビアヌス*により250年頃に派遣された1人であった．サンス（Sens）への道沿いのキリスト教徒の墓地やシテ島の司教館は3世紀後半から4世紀前半にさかのぼる．フランク王クローヴィス*はパリを507年に首都としたが，11-12世紀に復興するまで，パリの重要性は弱まった．パリ大学の起原は12世紀にさかのぼり，1215年にインノケンティウス3世*より教規を受けた．13世紀前半に創設されたコレージュ（学寮）は，もともと貧しい学生のために宿舎や食物を提供したが，ソルボンヌ*が最も有名であった．13世紀に，パリはスコラ学*の主要な中心であった．パリは大シスマ*や改革公会議の時代に重要な役割を果たし，後者においてその学者の幾人かは公会議首位主義*者であった．パリは1622年に大司教区*になった．17世紀中のパリで宗教的再生をもたらす活動をしたのは，聖フランソワ・ド・サル*，聖ヴァンサン・ド・ポール*，P. ド・ベリュル*であって，彼らは首都で多くの支持者を得ていたジャンセニスム*やガリカニスム*と対抗した．1789年の革命で，古い大学は解体され，新しい大学が1806年に文学部，医学部，法学部の統合により設置されたが，そのとき設置されなかった神学部の代わりになっているのは，1875年以降，アンスティテュ・カトリック（Institut Catholique）である．1925年に設立された聖セルギイ正教会神学校（Orthodox Institut St-Serge）は，一連のすぐれたロシア人神学者を惹きつけた．➡サン・ヴィクトル会，サン・ジェルマン・デ・プレ，サント・シャペル，サン・ドニ，ノートルダム大聖堂，ポール・ロワイヤル修道院

## パリウム
pallium

2本の垂れた紐と6つの黒い十字架がついた白地の環状の肩衣で，教皇が着用し，また教皇によりカトリック教会の管区大司教*に授与される（以前は他の司教や大司教に授与されることもあった）．これはローマ教会と一体化して，管区大司教が自らの管区で法的に所有する権限を意味すると考えられる．パリウムは英国教会では宗教改革時に用いられなくなったが，まだ紋章に用いられている．

## ハリス
Harris, Howel(l)（1714-73）

ウェールズのカルヴァン主義メソジスト派の創始者の一人．1735年の回心体験後に，彼はポーイス（Powys）で信徒として巡回伝道を始め，回心者の「伝道所」を設立した．ウェールズ・メソジスト運動の他のメンバーとの意見の相違から，彼は1750年にそれから分離した．彼はトレヴェッカ（Trevecca）で宗教団体を設立し，1760年代に，近隣でハンティンドン*伯夫人結社の設立にも関わった．ハリスは生涯，英国教会に留まった．

## ハリス
Harris, William Wadé（1860頃-1929）

「預言者ハリス」と呼ばれる西アフリカの伝道者．リベリアのグレボ（Glebo）人であった．メソジスト*として育った彼は，アメリカ聖公会*でカテキスタ*として訓練された．1910年に反政府活動で入獄中に，預言者としての召命を確信するようになり，1913-15年の17か月間，コートジヴォワールを越えてガーナ*まで説教活動をして，キリストの来るべき裁きを説き，伝統的な呪物崇拝の放棄を訴えた．白衣をまとい，十字架と聖書をもち，女性の歌い手をつれた彼は，印象的な人物で，多くの人たちに洗礼を授け，大きな影響を及ぼした．

## ハリソン
Harrison, Frederic（1831-1923）

イギリスの実証主義*哲学者．若いときは，彼は英国教会員であったが，A. コント*の影響を受け，1870年に実証主義者となった．彼はその学派のイギリスにおける指導者になった．

## ハリファックス
Halifax, Charles Lindley Wood（1839-1934）

第2代ハリファックス子爵．高教会派*で，1866年の聖ヨハネ修士会*の創立に関わり，また1868-1919年と1927-34年にイギリス・チャーチ・ユニオン*の総裁として，当時の教会関係のほとんどの論争に関わった．E. F. ポルタル（Portal）と親交を得て，英国教会とカトリック教会の再一致に努力した．ポルタルとともに，彼は1894-96年に会談を始めることができたが，『アポストリチェ・クーレ』*で挫折した．1920年のランベス会議*の訴えののち，彼は再びこの問題を枢機卿D. J. メルシエ*と再開し，両者でマリーヌ会談*を設定した．

## バリューズ
Baluze, Étienne（1630-1718）

教会史家，教会法学者．彼の著作には，インノケンティウス3世*の書簡集の校訂（1682年，未完），

『新公会議録集成』(*Conciliorum Nova Collectio*, 1683年),『アヴィニョン教皇伝』(*Vitae Paparum Avenionensium*, 1693年) があるが, 最後の著作はガリカニスム*の嫌疑で禁書目録*に載せられた.

## バリントン
Barrington, Shute (1734-1826)

ランダフ*, ソールズベリー*, ダラム*の主教を歴任した彼は, 当時の最も影響力のある高位聖職者*の一人であった. 明確な信仰箇条が国教会には不可欠だという理由で,「39箇条」*に署名する義務を少しでも緩和することに反対した.

## パリンプセスト
➡重記写本

## バルク書(しょ)
Baruch, Book of

アポクリファ*の一書. これに続くのが「エレミヤの手紙」*で, 両書と哀歌*をあわせて, エレミヤ書*の補遺をなす. 本書を構成するのは, エレミヤ*の書記であるバルクによるとされる序言, 典礼的な告白, 説教, 一連の賛歌である. 一般にマカバイ*時代後期にさかのぼるとされるが, 後70年以後かもしれない.

## 『バルク書(しょ)(第(だい)2)』
Baruch II

『シリア語バルク黙示録』. エレミヤ*の書記であるバルクにより書かれたとされるユダヤ教の書物. 神殿*の崩壊後にユダヤ人を励ますために, 70年のエルサレム*陥落後におそらく書かれたのであろう. ギリシア語で書かれた本書の大半はシリア語でのみ残っている.

## 『バルク書(しょ)(第(だい)3と第(だい)4)』
Baruch III and IV

『ギリシア語バルク黙示録』(伝統的に『第3バルク書』といわれる) は, バルクに与えられた7つの天の幻を記述する黙示的作品である. どうやらユダヤ教の著作らしいが, キリスト教徒の手で加筆されている. 2世紀にさかのぼるであろう.『エレミヤ余禄』ないし『バルク余禄』(伝統的に『第4バルク書』といわれる) は, エレミヤの生涯の最期を扱っている. 本書はおそらくユダヤ人キリスト教徒の作で, やはり2世紀にさかのぼる. 第3と第4の番号が逆につけられることもある.

## ハルクレンシス
Harklean version

616年にハルケル (Harkel) のトマスによりなされた, シリア語訳のフィロクセニアナ*の改訂版.

## バル・コクバ
Bar Cochba

132年のパレスチナにおけるユダヤ人の反乱の指導者. 彼は自らがメシア*だと主張し, またそう認められた.

## バルサヌフィオス(聖(せい))
Barsanuphius, St (540年没)

修徳的著作家. 生涯の大半をガザの南方で隠修士として過ごした. 隠修士仲間のガザのヨアンネスと交わした書簡集をつうじて, 東方の霊性に多大な影響を及ぼした. それは『問答集』と呼ばれる. 祝日は東方では2月6日.

## バルサモン
Balsamon, Theodore (1140頃-1195年以後)

ギリシアの教会法学者. 彼の『評注』(*Scholia*) は以下の2部からなる. それは (1) フォティオス*の『ノモカノン』*の注釈と (2) 東方における教会法*の主要な集成の一つとである.

## パルーシア(再臨(さいりん))
Parousia (Second Coming)

(ギリシア語で「現存」ないし「到着」の意.) 英語のこの語は特に, 生者と死者を裁き, 現在の世界の秩序を終わらせるための, (のちに「再臨」と呼ばれた) 栄光に包まれたキリストの再来を指す. 初期のキリスト教徒はこの出来事が間近いと信じており, この信仰はしばしば復活したが, 支配的なキリスト教の伝統は，再臨の時期や方法に関する思弁には反対してきた．

## バルスマス

Barsumas（496年以前に没）

アッシリア東方教会*のニシビス主教．モプスエスティアのテオドロス*の神学を熱心に広めた．彼はニシビスに大きな影響力をもつ神学校を設立することに尽力し，エデッサ*の神学校が489年に閉鎖されたとき，そこからの亡命者たちを迎え入れた．

## バル・ダイサン（バルデサネス）

Bar-Daisan（Bardesanes）（154-222）

後代の著作家たちにより異端者と見なされた．彼の生涯に関して確実なのは，彼がエデッサ*のアブガル８世の宮廷と結びつきのある思索的な思想家であったことだけである．『運命に関する対話』において，彼は占星家の決定論に反論している．彼の宇宙論的な教えはおそらくマニ*に影響を与えた．彼のキリスト論は仮現論*的であり，彼は肉体の復活を否定した．

## バルダキヌム（バルダッキーノ）

baldacchino

祭壇*を覆うのに用いられる天蓋で，ウンブラクルム（umbraculum）あるいはキボリウム*ともいう．木・石・金属で作られる場合は柱で支えられ，絹やベルベットで作られる場合は天井から吊るされるか壁に付けられる．この語はまた，司教の座席の上や彫像の上の天蓋および行列，たとえば聖体行列で運ばれる移動可能な天蓋についても用いられる．

## バルタザール

Balthasar, Hans Urs von（1905-88）

スイスの神学者．1929年に，イエズス会*に入会した．1940-48年に，バーゼル大学のチャプレンであった．ここで彼は，医者で神秘家のアドリエンヌ・フォン・シュパイル（Speyr）と出会い，彼女の幻視の筆記者，またその著作の編集者となった．1950年に，彼はイエズス会を退会し，彼女と協力して在俗会*を創立した．彼は1988年に枢機卿に指名されたが，任命を受ける前に没した．

彼の著作は膨大で多岐にわたる．最大の業績は未完に終わった1961-69年の『栄光』（*Herrlichkeit*）とその補足的な著作である．神の栄光は聖書の啓示の中心的な概念と見なされ，それは何よりも美であり，また真でもあり善でもある．この概念は，観想のうちに知識と愛を結びつけることにより，神学の基礎を広げている．

## バルティマイ

Bartimaeus

エルサレムへの最後の旅の途上にあったキリストにより癒された盲人の物乞い（マコ10:46-52）．

## バルデサネス

➡バル・ダイサン

## バルデス

Valdés, Juan de（1490？-1541）

スペイン出身の宗教的著作家．1531年にスペインの異端審問*所からイタリアへ逃亡した．1534年以降，彼はナポリに住み，教会における改革と復興を切望する一群のすぐれた人たちの霊的な中心人物になった．外面的にはカトリックに留まったが，彼の個人的な信仰と内面性の概念は性格上おおむねプロテスタント的であり，のちに改革派の伝統に広く訴え，彼の没後，その幾人かの友人はカトリック教会を去った．彼は多くの宗教的著作を書き，ヘブライ語の詩編をカタルーニャ語に翻訳した．

その双子の兄弟である，アルフォンソ・デ・バルデス（1490?-1532年）は，有名な人文主義者であった．空虚なもの，外面的な形式になってしまった信仰を批判した，1529年の『メルクリオとカロンの対話』（*Diálogo de Mercurio y Carón*）は，長く誤って上記のフアン・デ・バルデスに帰されていた．

## ハルデンベルク
Hardenberg, Albert（1510頃-1574）

宗教改革者．1527年頃にアドゥアルト（Aduard）修道院に入った．彼はやがてJ. ウァスキ*などの宗教改革者と接触するるようになり，1542年に明確に彼らに同調した．ハルデンベルクは大司教ヘルマン・フォン・ヴィート*を助けるためにケルン*に行き，1545年にヴォルムス帝国議会*に出席し，1547年にブレーメン大聖堂の説教者に任命された．彼は主の晩餐に関するルター派の教理を否定したかどで，1561年にこの職を追われた．1567年から，彼はエムデン（Emden）の説教者であった．

## バルト
Barth, Karl（1886-1968）

スイスのプロテスタント神学者．アルガウ州ザーフェンヴィル（Safenwil）の牧師であった1919年に，有名な『ローマ書』（*Der Römerbrief*）を著した．本書において，彼は自由主義神学の中でかき消されていたパウロ的・宗教改革的なテーマ（すなわち，神の主権性，人間の有限性と罪深さ，終末論*，人間の制度への神の裁き）をよみがえらせた．1921年に，ゲッティンゲン大学助教授になり，続いて1925年にミュンスター大学，1930年にボン大学教授になった．1933年にドイツで「教会闘争」が始まるとともに，彼は「告白教会」*と運命をともにした．1934年のバルメン宣言*は主に彼が起草したものである．1935年に，バーゼル大学神学教授になった．

バルトは，神学と文化のあいだの根本的に誤ったと彼が考えた19世紀的な総合から，神学を逸らすことをめざした．神学は聖書の中に伝えられた神の言葉に基づくべきである．彼の考えでは人間理性は，イエス・キリストにおける神の恵み深い啓示においてのみ与えられる神の知識に達する力をもたない．この啓示は神から人間へと来るもので，神を把握しようとする人間の罪深い試みだとされる宗教と対比される．この見解は自然神学*を排除し，キリスト教以外の宗教との対話を実質的に不可能にする．

多くの他の著作に加えて，バルトは生涯の大半を壮大な規模で自らの神学の体系的な記述にささげた．『教会教義学』（*Die kirchliche Dogmatik*）の第1巻は1932年に，最終冊は1967年に出た．本書は未完であるが，宗教改革以来刊行されたキリスト教教理の最も詳細なプロテスタント側の記述である．

## ハルトマン
Hartmann, Eduard von（1842-1906）

ドイツの哲学者．彼が「無意識」の中に見たのは，意志であると同時に表象であり，進化的発展の根拠でもある，全面的に浸透した一元論*的な原理である．絶対精神の宗教に至る一段階にすぎないキリスト教は死んだ宗教であり，その墓堀人が近代のプロテスタンティズムであるとした．

## バルトロマイ（聖）
Bartholomew, St

12使徒の一人．時にナタナエル*と同一視される．彼はインド*を訪れたかもしれない．伝承によれば，アルメニア*のアルバノポリス（Albanopolis）で生きたまま皮を剝がれたといわれる．祝日は西方では8月24日，東方では6月11日．

## バルトロマイ修道会
Bartholomites

（1）1296年に故国を逃れて，1307年にジェノヴァに定着したアルメニア*の修道士たちの修道会で，聖バルトロマイ*に献げた教会堂を建てた．同会は1650年に禁止された．

（2）1640年に創設されたドイツの在俗司祭の修道会で，30年戦争*による衰微後における聖職者と信徒の道徳・規律を復興することを目的とした．誓願を立てずに共同生活を送り，1803年におけるドイツの教会国家の世俗化まで存続した．

## 『バルトロマイ福音書』
Bartholomew, Gospel of St

その存在がヒエロニムス*とベーダ*に知られていた外典*福音書．これはグノーシス主義*的福音書との並行箇所がある『バルトロマイの問い』

におそらく組み込まれたのであろう．

## バルトロマエウス（ピサの）

Bartholomew of Pisa（1260頃-1346）

ドミニコ会*の神学者で，アルファベット順に配列された1338年の『良心問題大全』（*Summa de Casibus Conscientiae*）で特に有名である．

## バルトロメオ（福）

Bartholomew of the Martyrs, Bl（1514-90）

ポルトガルのドミニコ会*の神学者．バルトロメオ・フェルナンデスの「ア・マルティリブス（殉教者の）」という添え名は，受洗した教会名に由来する．1559-82年に，ブラガ（Braga）司教であった．トリエント公会議*で，彼は聖職者の改革に関する教令の起草に関わった．彼は2001年に列福された．祝日は7月18日．

## バルトロメーオ

Bartolommeo, Fra（1475-1517）

フィレンツェの画家．G. サヴォナローラ*の信奉者で，1500年にドミニコ会*に入会し，フィレンツェのサン・マルコ修道院にとどまった．彼の最も有名な作品には，サンタ・マリア・ヌオヴァ教会のために1499-1500年に制作した『最後の審判』（今はサン・マルコ美術館にある）とピッティ美術館の『悲嘆』がある．

## パルドン祭

➡免罪

## ハルナック

Harnack, Adolf（1851-1930）

ドイツの教会史家，神学者．1888-1921年に，ベルリン大学教授であった．彼はおそらく当時の最も傑出した教父学*の学者で，特にニカイア前の時期を扱った．彼が保守派からの反対を招いたのは，伝統的なキリスト教の教義に対して批判的な態度をとったからであり，教理的な面を除外するほどにキリスト教の道徳的な面を強調したからである．彼はまた，共観福音書問題*でもすぐれた研究を刊行した．

## バルナバ（聖）

Barnabas, St

エルサレム*で最初期のキリストの弟子たちの一人になったユダヤ人のレビ人*．聖パウロ*とともに，使徒*と呼ばれている（使14:14）．彼は回心後のパウロを使徒たちに紹介し，パウロの第1回「宣教旅行」に同行した．のちに，マルコ*と呼ばれるヨハネをめぐる争いで2人は分かれ，バルナバはキプロス*へ向かって船出した．彼は伝承ではキプロス教会の創設者であり，聖人伝は彼が61年頃キプロスのサラミスで殉教したとしている．祝日は6月11日．

## バルナバ修道会

Barnabites

1530年にミラノで創設された小修道会．正式な名称は「聖パウロ修道聖職者会」（Clerks Regular of St Paul）であるが，この通称はミラノの彼らの聖バルナバ教会に由来する．

## 『バルナバの手紙』

Barnabas, Epistle of

使徒バルナバ*に帰されるが，おそらく70-150年のいつかアレクサンドリアのキリスト教徒により書かれた手紙.ユダヤ教に対して激しく攻撃し，旧約聖書*の中にキリスト教への証言を見ることを主張する．➡使徒教父

## 『バルナバ福音書』

Barnabas, Gospel of

どうやら14世紀に書かれたらしいイタリア語の文書で，著者はキリスト教からイスラーム*に改宗したイタリア人である．

## バルバラ（聖）

Barbara, St

伝承によれば，ニコメディアの異教徒の娘で，キリスト教に改宗したために，父親により官憲に渡され殉教した．祝日は12月4日，カトリック教

会では1969年に削除された.

## バルフォア
Balfour, Arthur James（1848-1930）

イギリスの哲学者, 政治家. 1902-05年に首相, 1916-19年に外相であった. 1879年の『哲学的懐疑の擁護』（*Defence of Philosophic Doubt*）は, その表題にもかかわらず, 人間の究極的な確信が信仰という非理性的な根拠に基づくことを示そうとしている. 1895年の『信仰の基礎』（*Foundations of Belief*）は, 政治家としての名声のゆえに広く注目を集めた.

## バル・ヘブラエウス
Bar Hebraeus（1226-86）

シリア正教会*の主教で博学なアブ・アル・ファラジュ（Abû-l-Faraĝ）の通称. トリポリとアンティオキアで医学を学んだ彼は, 1246年に主教に聖別され, 1264年に東方の総主教代理（Primate）になった. 性格においてほとんど百科全書的な彼の著作は, 主としてシリア語*で書かれたが, 一部はアラビア語で書かれている.

## ハルムス
Harms, Claus（1778-1855）

ルター派*の神学者. 1835年にキール（Kiel）の聖ニコライ教会の牧師になった. 彼は, プロイセンのプロテスタント諸派を合同する動きにより, ルター神学特有の要素が脅威にさらされたとき, それを擁護したことで主として記憶される.

## バルメン宣言（せんげん）
Barmen Declaration（1934年）

ドイツのバルメンにおける告白教会*の第1回会議で採択された宣言で, ナチのドイツ・キリスト者*の神学的に自由主義的な傾向と対決して, 教会の信仰と使命を定義している.

## バルラアム（聖（せい））とヨアサフ（聖（せい））
Barlaam and Joasaph, Sts

人気ある聖人伝の人物. キリスト教に改宗するだろうという予言のゆえに, 異教徒のインド王の息子ヨアサフ（またはヨサファト［Josaphat］）は, 人生の事実や不幸について何も知ることがないように王宮内に閉じ込められた. 修道士バルラアムはひそかに彼を訪ね, キリスト教に改宗させる. ギリシア語のテキストは伝承としてダマスコの聖ヨアンネス*に帰されてきたが, どうやら彼の作ではないらしい. 祝日は11月27日.

## ハルレス
Harless, Gottlieb Christoph Adolph von（1806-79）

神学者. 彼は大学教授であり, 当時のルター派正統主義の最も影響力ある代表者の一人であった. 1852年に, バイエルンでの教会の最高責任者になり, その国教会を再組織した.

## パレストリーナ
Palestrina, Giovanni Pierluigi da（1525頃-1594）

イタリアの作曲家. ローマの大きな諸聖堂でさまざまな地位に就き, 聖フィリッポ・ネリ*のオラトリオ会*に属していたらしい. 1571年から没するまで, サン・ピエトロ大聖堂*の聖歌隊長であった. 彼の作品には,（1573年に初演された）有名なインプロペリア*である『教皇マルケルスのミサ曲』（*Missa Papae Marcelli*）, ミサ曲『永遠のキリストの恵み』（*Aeterna Christi munera*）や『マリアは天に昇りたもう』（*Assumpta est Maria*）, 雅歌からの章句へのモテット*がある. 彼の音楽は深い霊性に満たされている.

## バレリーニ
Ballerini, Pietro（1698-1769）

教父学者. ベネディクトゥス14世*によりレオ大教皇*（1世）の著作の新版を出すように委嘱されたが, これはガリカニスム*に影響されたP. ケネル*の版と置き換えるためであった. 1753-57年に弟のジローラモ（Girolamo）との共著で刊行した新版は, 今も標準的なテキストである. 兄弟によるの他の共著に, 聖ゼノ*, 聖アントニヌス*, ラテリウス*の著作の校訂版がある.

## ハレル
Hallel

（ヘブライ語で「賛美」の意.）ユダヤ人により詩編113–118編に付けられた名称. ハレルはたいていの主要なユダヤ教の祝祭日や過越の食事の際に用いられた. これは「最後の晩餐」*のときキリストと使徒たちが歌った賛美の歌であろう（マタ26:30）.

## ハレルヤ
➡アレルヤ

## バロ
Baro, Peter（1534-99）

フランス出身の反カルヴァン主義の神学者. フランスを逃れた1574年に, ケンブリッジ大学レディー・マーガレット講座担当神学教授に任命された. ここで彼は, 以前個人的にJ. カルヴァン*と結びつきがあったにかかわらず, カルヴァン主義的教理のうち特に予定説的なものに対する批判者になった.

## バロウ
Barrow（Barrowe）, Henry（1550頃-1593）

イングランドの会衆派*の指導者. 1586年に, J. グリーンウッド*を獄中に訪ねたことで, 彼も逮捕され, 没するまで拘留されていた. 彼は分離派と会衆派の独立性を擁護する書物を次々に書いた. 1590年に, 彼は煽動的な文書を配布したとして告発され, 3年後に絞首刑に処せられた.

## バロウ
Burrough, Edward（1634頃-1663）

クェーカー派*. 1652年にG. フォックス*の説教を聴いて, キリスト友会*に入会し, 自ら説教を始めた. 彼は1662年に逮捕され, 獄中で没した.

## バーロウ
Barlow, William（1568年没）

1559年からチチェスター*主教. アウグスチノ修道祭式者*であった彼は, 1530年代に国王の外交部員であり, アン・ブーリン*に厚遇された. 1536年にセント・デーヴィッズ*主教, 1548年にバース・アンド・ウェルズ*主教になったが, メアリ1世*の即位後辞任し, エリザベス1世*の即位後チチェスター主教になった. 大主教M. パーカー*の主要な聖別者としてのバーロウの立場は, アングリカンの叙任をめぐる論争の焦点になった. バーロウ自身の聖別の記録が残っていなかったが, それが正式にカトリックの定式書（オーディナル*）のもとで行われたことはまったく明らかである.

## バーロウ
Barlow, William（1565頃-1613）

1605年からロチェスター*主教, 1608年からリンカーン*主教を歴任した. 1604年に, 彼はハンプトン宮殿会議*に出席し, 彼が作成したその会議録（*Summe and Substance of the Conference ... at Hampton Court*）は批判もあったが, 今も最も申し分のない記録である. 欽定訳聖書の翻訳者の一人であった.

## バロック
baroque

美術や建築の華麗な様式で, 17世紀と18世紀前半にイタリアでさかえ, ヨーロッパ, 特にフランスやスペインに広がった.

## パロッティ会（かい）
Pallottini Fathers

1835年に聖ヴィンチェンツォ・パロッティ（Vincenzo Pallotti, 1795–1850年）により創立された, カトリックの司祭, 信徒修道士, 準会員（associates）からなる修道会. 以前は「宣教の敬虔会」（Pious Society of Missions）と呼ばれていたが, 現在は一般に「カトリック使徒職活動会」（Society of the Catholic Apostolate）と呼ばれる. パロッティの考えでは, すべてのキリスト教徒は他者の救いのために働く同等な立場にある. ピウス11世*は彼をカトリック・アクション*の先駆者と見なした.

## バロニウス
Baronius, Cesare（1538-1607）

教会史家．オラトリオ会*員であった彼は，1596年に枢機卿になり，1597年にヴァティカン*図書館長になった．12巻からなる1588-1607年の『教会年代記』（*Annales Ecclesiastici*）は1198年までの教会史で，『マクデブルク世紀史』*に対するカトリック側の反論として書かれた．

## パロワシアン
Paroissien

17世紀以降フランスで刊行され，信徒が使用することを目的とした自国語のさまざまな祈禱書の名称．ふつう典礼式文や私的な祈禱文を載せている．

## ハワード
Howard, John（1726頃-1790）

刑務所の改革者．福音派の敬虔な人物であった彼は，1773年にベッドフォード（Bedford）の州長官になった．州の刑務所における既決囚や未決囚の苦しみを見たことから，その改革のために尽力するようになった．彼は看守の正規な俸給を確保した．彼は広く旅行し，刑務所や隔離病院を訪れ，1777年に『イングランドとウェールズにおける刑務所の現状』（*The State of the Prisons in England and Wales*）を刊行した．小さいが影響力あるボランティア団体である「ハワード刑罰改革連盟」（Howard League for Penal Reform）は，1866年に彼を記念して創設された．

## 半（はん）アレイオス主義（しゅぎ）
Semiarianism

356年頃からアンキュラのバシレイオス*の周りに集まり，キリストの御子性に関して正統主義（orthodoxy）とアレイオス主義*の中間的な教理を支持した神学者たちの教え．「ホモウーシオス」*（「同一実体の」）という用語に反対して，彼らは自らの標語として，「ホモイウーシオス」（homoiousios,「類似した実体の」）という用語を好んだが，そのグループの全体的な傾向は正統主義に向かっていた．

## 繁栄（はんえい）の神学（しんがく）
Prosperity theology

時に「健康と富」（Health and Wealth）の神学とも呼ばれ，E. W. ケニヨン（Kenyon）やオーラル・ロバーツ（Oral Roberts）のような福音派*の説教者によって1950年代にアメリカ合衆国で創始された．同神学の考えでは，神は真の信徒には金銭的な祝福を望む．救いには，癒しと金銭的な成功が含まれ，贖罪*は信徒を病気と貧困から解放する．同神学は大韓民国，アフリカ，南アメリカで影響力をもっている．独立した牧師たちが時に大きな教会を牧会し，会衆の信仰告白および多額の献金の代わりに富を約束する．「繁栄の神学」を疑いの目で見るたいていのキリスト教徒が指摘するのは，イエスの富に対する批判および御自身が財産をもたなかったことである．

## 晩課（ばんか）（晩（ばん）の祈（いの）り）
Vespers

東西教会の夕べの祈りであり，聖務日課*の中で最も古くから存在した．西方教会における現在の形では，賛歌に続くのは，２つの詩編唱和，新約聖書のカンティクル*，短い聖書朗読，答唱*，交唱で歌われるマニフィカト*，祈り，祝福である．賛課*と結合した晩課は，１日の聖務日課では最も重要なもので，しばしば厳かに唱えられている．『祈禱書』における晩禱*の礼拝はいわば，晩課を範として終課*から一部を付加して形成された．東方教会において，晩課に当たるヘスペリノス（Hesperinos）の中心部分は「フォス・ヒラロン」*の唱和である．これに先立つのは詩編，連禱*，トロパリア*であり，これに続くのは（祝日と四旬節には）聖書朗読，別の連禱，祈りとトロパリア，ヌンク・ディミッティス*である．

## バンガー（バンゴル）
Bangor

この地名をもつ多くの町のうち，最もよく知られているのは以下の３つである．(1) ウェールズ北西部の町で，アングルシー島に面している．伝承によれば，その司教座は聖デイニョル*(584年頃没) により創設されたという．➡バンガー論争

(2) レクサム (Wrexham) 地方にあり，ウェールズにおける最大の修道院の一つがある．

(3) 北アイルランドのダウン県にあるバンゴル．聖コムガル*が555年ないし559年に修道院を創設した．聖コルンバヌス*や聖ガルス*はこの修道院出身である．バンゴルの『交唱聖歌集』*は680-91年にここで書かれ，初期のアイルランド教会における聖歌隊*の日課にとって唯一の現存する典礼的典拠である．

## ハンガリーのキリスト教

Hungary, Christianity in

4世紀のキリスト教の宣教は永続的な影響を残さなかった．9-10世紀に，東西教会のキリスト教が広がったが，西方教会が優勢になった．教会の正規の体制は1001年に国王聖イシュトヴァン*により敷かれ，彼は司教座を設置した．教会問題への国家による統制は常に強かったが，それはマリア・テレジア (在位1740-80年) とヨーゼフ2世 (在位1780-90年) のもとで強化され，後者は修道院の3分の1を解散した (➡ヨーゼフ主義)．しかしながら，カトリック教会は1945年まで政治問題に大きな影響力を維持し，共産党政権下で迫害されたが，1989年のその政権の崩壊前から状況は改善しつつあった．

16世紀に，ハンガリーの大部分が宗教改革側に移った．カトリック教会は西部地域を回復したが，東部地域では，断続的な迫害にもかかわらず，プロテスタンティズム，特にカルヴァン主義が優勢である．北東部地域には，少数のカトリック東方教会*員が存在する．

## バンガー論争

Bangorian Controversy

バンガー*主教B. ホードリー*が1717年にジョージ1世の前で行った説教に続いて起こった論争．その説教は，福音書がいかなる可見的教会の権威をも正当化しないことを示そうとした．ホードリーを総会による断罪から守るために，国王は聖職者会議*を休会にしたが，その会議は形式的なもの以外，1852年まで開催されなかった．

## 反キリスト (アンティキリスト)

Antichrist

キリストへの敵対者の長．新約聖書*でその名が言及されるのはⅠヨハネ書とⅡヨハネ書だけであるが (ここでは反キリストは受肉を否定する者と同一視されている)，多くの人たちが反キリストを，ヨハネ黙示録の異様な獣やⅡテサロニケ書2:3-10の「不法の者」の中に見ている．ある人たちは反キリストを人間でなく悪魔と結びつけたし，他の人たちは反キリストに (たとえばネロ*のような) 歴史的な人物への言及を見ている．

## パンクラティウス (聖)

Pancras, St (304年没)

殉教者．彼に関する信頼できる情報は何もない．伝承によれば，彼はディオクレティアヌス帝の迫害*の際14歳で殉教したローマ教会員であった．ロンドンのセント・パンクラス駅は，彼に献堂された教会区教会の場所にちなんで名づけられた．

## バングラデシュ

➡インド，パキスタン，バングラデシュのキリスト教

## バンクロフト

Bancroft, Richard (1544-1610)

カンタベリー*大主教．ピューリタニズム*だけでなく，長老派*に対してもあからさまな反対者であった．1597年に，ロンドン主教になったが，J. ホイットギフト*が高齢で病身だったので，実質的に大主教職を担った．彼はハンプトン宮殿会議*でも指導的な役割を果たし断固とした立場をとった．その後1604年に，カンタベリーに転任した．1604年と1606年のカンタベリーとヨークの聖職者会議*が制定した教会法*は主に彼の仕事であった．

## 万軍
Sabaoth

「軍勢」を意味するヘブライ語で，新約聖書の古い翻訳やテ・デウム*の伝統的な版では訳出されない．

## 万軍の主
Lord of Hosts

この神の称号は旧約聖書に282回出ている．七十人訳聖書*の数箇所およびそのラテン語訳は *Deus omnipotens*（全能の神）であり，これが英語の‘Almighty God’の直接的な原形である．

## 反啓蒙主義
obscurantism

特に宗教的と思われる動機から，知的な啓蒙主義*に積極的に反対すること．

## 『反抗議書』
Contra-Remonstrantie

1611年に，より厳格なオランダのカルヴァン主義*者が，アルミニウス*主義的な『抗議書』*に対する異議を唱えた反論．これには，ある魂*が劫罰*へと無条件に予定されているという教えが含まれている．➡ドルトレヒト会議

## バンゴル
➡バンガー

## 反三位一体論
antitrinitarianism

三位一体*の教理を否認する点だけで一致する，さまざまなキリスト教を自称する立場．反三位一体論者に含まれるのは，エビオン派*，従属説*の支持者，モナルキア主義的様態論者*，アレイオス主義者*，そして近代のユニテリアン主義者*である．

## 『パンジェ・リングァ』
Pange lingua

2つのラテン語の聖歌．すなわち，ウェナンティウス・フォルトゥナトゥス*による受難節*の聖歌（*Pange lingua gloriosi proelium certaminis*，「かしこみたたえよ」『古今聖歌集』78番，「かちうたうたいて」『讃美歌』137番）および聖トマス・アクィナス*による「キリストの聖体」*の聖歌（*Pange lingua gloriosi corporis mysterium*，「いざわがくちびる」『古今聖歌集』218番）である．後者について，「タントゥム・エルゴ」の項参照．

## 反宗教改革
➡対抗宗教改革

## 汎心論
panpsychism

宇宙の万物には一定の意識があるという19世紀の見解．キリスト教の神学者にはほとんど受け入れられなかった．

## 汎神論
pantheism

神と万物が同一であるという信念ないし学説．この語は1705年にJ. トーランド*により創案されたと思われるが，汎神論的な体系は早い時代にさかのぼる．神性（Divine）との合一を激しく希求する神秘主義*は，しばしば汎神論だと非難された．

## ハンスフォート
➡ウェッセル

## 半静寂主義（セミ・キエティスム）
Semi-Quietism

大司教フェヌロン*らの教えで，彼らは静寂主義*に帰する譴責を受けるほど明確に非正統的ではないが，幾分かの静寂主義的な傾向を示した．

## 反聖職者主義
anticlericalism

19世紀と20世紀にヨーロッパやラテン・アメリカ*の多くの地域に影響した，政治や宗教における自由主義的運動．国教としてのローマ・カトリック教会に対して向けられ，それが宗教的真理と

政治的権力を独占していると主張した．フランス革命は反聖職者主義にとって突破口であった．1815年以降のカトリック教会の反動主義的体制や保守的な社会的エリートとの一体化は，多くの自由主義者や民主主義者を反聖職者主義に駆りたてた．これが大きなうねりとなったのは特に，フランス*とベルギー*における1830年の革命，1834年のポルトガル*と1836年のスペイン*における自由主義者の勝利，1910年のポルトガル革命の後であった．ラテン・アメリカでの反聖職者主義は，1910年の革命後のメキシコ*で盛んであった．国家統一への動きは反聖職者主義の背後にある第2の力であった．カトリックの聖職者や信徒のローマに対する忠誠心は，国民国家の建設者によって主権国家に対する異議とみられた．特にイタリアは，教皇の世俗的権力が排除された1870年まで統一されえなかった．教皇がイタリア，ドイツ，フランスの全体主義的政府と妥協した結果，1944年以後の西ヨーロッパにおける自由主義的・民主主義的体制の復帰を特徴づけたのは，ある種の反聖職者主義の再燃であった．➡「団体法」

## パンタイノス（聖）

Pantaenus, St（190年頃没）

ストア派*からの改宗者であった彼は，180年頃から没するまでアレクサンドリア*で教えた．エウセビオス*の記述によれば，パンタイノスはアレクサンドリア教理学校*の長であり，また「インド」で説教した．祝日は7月7日，コプト教会*では6月22日．

## パンタレオン（聖）

Pantaleon（Pantaleimon），St（305年頃没）

殉教者．彼について，確実なことは何も知られない．ある伝説によれば，皇帝ガレリウス*の侍医で，背教したが，再び改宗し，ディオクレティアヌス*帝が宮廷からキリスト教徒を追放する命令を出したとき殉教した．祝日は7月27日，他の日付もある．

## バンティング

Bunting, Jabez（1779-1858）

メソジスト教会*のミニスター*．1835年に，ロンドンのホクストン（Hoxton）に設立された最初のウェスレー神学校の校長になった．彼の主要な仕事は，メソジスト教会を健全な組織をもち，英国教会から独立した真の教会に変えることであった．

## ハンティンドン

Huntingdon, Selina, Countess of（1707-91）

「ハンティンドン伯爵夫人の結社」（the Countess of Huntingdon's Connexion）と呼ばれるカルヴァン主義的なメソジストの団体の設立者であるセライナ・ヘースティングズ（Selina Hastings）．彼女は1739年にウェスレー*のメソジスト運動に加わった．彼女はメソジストのミニスターを自らのチャプレン*に選任して支援したが，彼女が望むだけ多くの英国教会の司祭を同等者としてチャプレンの位に任命しうるという彼女の主張は，1779年のロンドンのコンシストリー*裁判所により承認されなかった．彼女はそこで自らのチャペルを信仰寛容法*のもとでの非国教会系の礼拝所として登録し，それを1790年に結社とした．彼女の支持者の多くは会衆派*に吸収されたが，2003年にも約750人の成人会員がいた．

## ハント

Hunt, William Holman（1827-1910）

ラファエル前派の（Pre-Raphaelite）画家．1848年に，D. G. ロセッティ*とともに，「ラファエル前派兄弟団」を結成した．1854年にハントは，魂の扉を叩いている主（イエス）を表す有名な『世の光』を完成した．そのオリジナルはオックスフォード大学キーブル（Keble）・カレッジにあり，1899年に描き始めた大判はセント・ポール主教座聖堂*にある．彼の芸術はすべて深い宗教的感情に満ちている．

## 晩禱

Evensong

英国教会における「夕の祈り」*の通称．『祈禱書』による式文は基本的に，詩編，旧約聖書からの朗読，マニフィカト*，新約聖書*からの朗読，ヌンク・ディミッティス*，使徒信条*，祈りからなる．事実上，この晩禱は晩課*と終課*を結合したものである．現代のアングリカンの典礼が導入した変化は主に，短縮の方向と代案の規定に見られる．「光の祝福」や「フォス・ヒラロン」*の唱和が顕著な特徴になっている場合がある．

## 半途契約

Half-Way Covenant, the

17-18世紀のアメリカの会衆派*の教理で，説明できる宗教経験をもったことのない，共同体の（特に受洗した）成員の神との関係を表明すると考えられた．

## パンニキス

Pannychis

徹夜課*を意味するギリシア語．主に死者のための徹夜課を指す．

## 晩の祈り

➡晩課

## パンフィロス（聖）

Pamphilus, St（240頃-310）

オリゲネス*の弟子．アレクサンドリア*で学び，パレスチナのカイサリアで神学を教え，そこで殉教した．マクシミヌス・ダイア帝の迫害*で投獄されているとき，『オリゲネスのための弁明』（*Apologia pro Origene*）を著し，それにカイサリアのエウセビオス*が第6巻を付け加えた．祝日は東方では2月16日，西方では6月1日．

## 半復唱の祝日（1級小祝日）

Semi-Doubles

カトリックの暦において，中間的な等級の祝日で，1955年に廃止された．➡復唱の祝日

## 万物復興

➡アポカタスタシス

## ハンプデン

Hampden, Renn Dickson（1793-1868）

1848年からヘレフォード*主教．1832年のバンプトン（Bampton）講演『スコラ哲学』（*Scholastic Philosophy*）において，彼は教義的諸要素が大きく後退したキリスト教観を表明した．彼が主教に任命されたとき，強い反対があった．

## ハンプトン宮殿会議

Hampton Court Conference（1604年）

英国教会の主教たちとピューリタン*の指導者たちが開いた会議で，千人請願*に提示された教会改革に対するピューリタンの要求を検討した．ピューリタン側はわずかな譲歩しか勝ち取れなかった．

## パン・ベニ

pain bénit

（フランス語で「祝福されたパン」の意．）最近まで，フランスやカナダの教会で，ミサのあとに会衆にしばしば配られた祝福されたパン．

## 半ペラギウス主義

Semipelagianism

5世紀にこの人間性に関する教理を支持した神学者たちは，救いにとり恩恵*が必要なことを否定しないが，キリスト教徒としての生活への第1歩が通常，人間の意志によりふみだされ，恩恵は付随的にのみ伴うと主張した．この立場はおおよそ聖アウグスティヌス*の見解とペラギウス*の見解の中間に位置した．この教えはまず425年頃，J. カッシアヌス*を含む，南ガリアの修道院運動の代表者たちにより表明された．アクィタニアの聖プロスペル*が反対したにもかかわらず，半ペラギウス主義は数世代にわたってガリアにおける恩恵に関する支配的な教えであり続けた．529年のオランジュ教会会議*により，半ペラギウス主義（とペラギウス主義）が断罪されたのち，アウグスティヌスの恩恵論が一般に西方で受容された．

## パンマキウス（聖）

Pammachius, St（340頃-410）

ローマのキリスト教徒，聖ヒエロニムス*の友人．妻の没後，修道服をまとい，信心の事業に私財を投じた．その中にオスティア*の巡礼者のための有名な施設も含まれる．祝日は8月30日．

## 反マルキオン派の序文

Anti-Marcionite Prologues

ウルガタ訳聖書*のおよそ40の写本の中のマルコ，ルカ，ヨハネの3福音書に付けられた短い前置きの序文．これはもはやマルキオン*に対抗して書かれたとは考えられていない．➡マルキオン派の序文

## 万有内在神論（万有在神論）

panentheism

宇宙全体は神の存在に含まれ浸透している結果，そのどの部分も神の中にあるが，（汎神論*とは反対に）神の存在は宇宙を超えており，宇宙に埋没しないという考え．この概念は近年もある程度支持されている．

## 反律法主義

antinomianism

キリスト教徒は恩恵によって，いかなる道徳的律法を守る必要性からも自由になっているという見解の総称．さまざまなグノーシス主義*の諸派は，物質が霊とは鋭く対立しているので，身体の行動がどちらでも良く，それゆえ放縦が許容されると考えた．宗教改革時代に，反律法主義的な教えが再現した．たとえば，信仰義認*というルター*の教理を受けて現れた，再洗礼派*がそうであった．

## パンを裂くこと

Fraction

エウカリスティア*において，聖体拝領の前に行われる正式なパン裂き（breaking of the bread）．これは「最後の晩餐」*でのキリストの行為にさかのぼり，「パン裂き」をエウカリスティアの通称とするほど，初期の儀式における極めて顕著な要素であった．パン裂きの正確な仕方や時間はさまざまな典礼により異なっていた．

# ひ

## ヒアキントゥス（聖）
Hyacinth, St（1257年没）

「ポーランド*の使徒」．ポーランド北東部に生まれた彼は，イタリアに赴き，1220年頃にドミニコ会*に入会した．ドミニコ会宣教団の長としてポーランドに派遣され，1223年にクラコフ，1225年頃にグダンスクに修道院を建て，宣教活動に専念した．スカンディナヴィアにおける彼の広範囲な活動の物語は歴史的な根拠を欠いている．祝日は8月17日（以前は16日）．

## ピアソン
Pearson, John（1613-86）

1673年からチェスター*主教．学識豊かな深い学者であった．1659年の古典的な『信条の講解』（*Exposition of the Creed*）は，イーストチープ（Eastcheap）のセント・クレメント教会における一連の講話がもとになっている．彼はJ. ダイエ*の批判に反対して，聖イグナティオス*の手紙の真正性を擁護し，その結論は後代の研究により補強されている．

## ピアソン
Pearson, John Loughborough（1817-97）

建築家．彼の作品は主に教会堂建築で，幾何学的ゴシック様式によっており，精巧な細部，優雅な均整，壮大な穹窿を特色とした．最もよく知られているのはトルーロ*大聖堂である．

## ビアード
Beard, Charles（1827-88）

ユニテリアン派*のミニスター*．1864-67年に『神学評論』（*Theological Review*）誌を編集し，1883年の宗教改革に関する一連のヒバート（Hibbert）講演を行い，その中で宗教改革者の業績の，明確に神学的側面よりむしろ人文主義的側面を強調した．

## ピウス1世（聖）
Pius I, St（154年頃没）

140年頃からローマ司教．ムラトリ正典目録*によれば，彼はヘルマス*の兄弟であった．彼の司教職について，確実なことは何も知られない．祝日は7月11日（1969年に削除）．

## ピウス2世
Pius II（1405-64）

1458年から教皇．エネア・シルヴィオ・デ・ピッコロミニ（Enea Silvio de' Piccolomini）は指導的な人文主義者であった．バーゼル公会議*で，エウゲニウス4世*に反対して対立教皇フェリクス5世を支持し，また1440年の『公会議の権威に関する諸対話の本』（*Libellus Dialogorum de Concilii Auctoritate*）において，公会議首位説*を擁護した．1445年に，エウゲニウスと和解し，自らの道徳生活を改め，翌年に叙階された．1453年のコンスタンティノポリス陥落以来，彼は十字軍*のために活動し，教皇となってからは，トルコ軍との戦争に他のすべての関心事を従属させた．1460年の大勅書『エクセクラビリス』（*Execrabilis*）において，公会議への控訴の慣行を断罪した．ルイ11世は1461年に『ブールジュ国事詔書*』を撤回したが，ドイツの多くの諸侯は教皇に対して多かれ少なかれ敵対し，自分たちを支持するものとして教皇の以前の見解を持ち出した．

## ピウス4世
Pius IV（1499-1565）

1559年から教皇．おそらく彼の最大の業績は，1562-63年にトリエント公会議*を再開し，成功裡に閉会させたことであり，彼はその諸教令の実施に着手した．1564年に新しい禁書目録*を公刊し，『ローマ・カトリック要理問答』*を準備し，教会の職務の全保持者に対して「トリエント信仰試問」（Professio Fidei Tridentina）を課し，枢機卿団*を改革した．

## ピウス5世（聖）

Pius V, St（1504-72）

1566年から教皇．14歳のときドミニコ会*に入会し，教皇となってからも，修道生活の修徳的慣行を守り続けた．教皇が白いキャソック*を着用する習慣は，彼のドミニコ会の修道服の色に由来するといわれる．彼は教会の改革のために熱心に活動した．彼は司教と聖職者にトリエント公会議*の勧告を受け入れさせ，1566年に『ローマ・カトリック要理問答』*を完成させ，1568年に『ローマ・聖務日課書』と1570年に『ローマ・ミサ典礼書』を改訂した．宗教改革の拡大に対する闘いにおいて，イタリアでは異端審問*をうまく活用したが，1570年に彼が女王エリザベス1世*を破門したことは，イングランドにおけるカトリックの立場を悪化させた．トルコ軍は1571年に「レパントの海戦」*で教皇・スペイン・ヴェネツィアの連合艦隊に敗れた．祝日は4月30日（以前は5月5日）．

## ピウス6世

Pius VI（1717-99）

1775年から教皇．彼の在位中，教皇の威信は衰退期にあった．フェブロニウス主義*の諸見解がヨーゼフ2世により実施され（➡ヨーゼフ主義），1782年の教皇のウィーン訪問も成果がなかった．1786年に，同様な教理がピストイア教会会議*で可決されたが，ピストイアの決議条項の85項目は1794年にピウスにより断罪された．1791年に，彼はフランスの聖職者民事基本法*をシスマ的・異端的として断罪し，市民としての宣誓を受け入れた司祭と高位聖職者*の全員を停職制裁*にした．フランスはそこでアヴィニョン*とヴネサン（Venaissin）の教皇領を併合した．その後，ナポレオンは教皇領を占領し，その占領は領土の割譲と賠償金の支払いにより1799年にやっと終わった．ピウスはヴァランス（Valence）で囚人として没した．

## ピウス7世

Pius VII（1742-1823）

1800年から教皇．「1801年の政教協約*」により，カトリシズムはフランスで復興されたが，協定の成果は『宗教法令』*により損なわれたので，それに抗議したが無駄であった．1808年に，フランス軍はローマに入った．ピウスは自らを囚人と見なし，交渉を拒否し，1809年に教皇領はフランス帝国に併合された．逮捕されてフォンテーヌブローに移されていたピウスは強制されて，1813年にナポレオンに大幅に譲歩したが，2か月後にそれを撤回した．ナポレオンの没落後，1814年にローマに帰り，同年にイエズス会*を再興した．1815年のウィーン会議では教皇領を回復し，新しい政教協約が続く数年間でさまざまな国と締結された．

## ピウス9世（福）

Pius IX, Bl（1792-1878）

1846年から教皇．自由主義的理念の支持者としての名声のゆえに教皇に選出された彼は，国民的人気を失い，1850年にローマに帰還できるまで，ヨーロッパのカトリック諸国に頼らざるをえなかった．彼の世俗の権力は徐々に低下し，1870年のヴィットリオ・エマヌエレによるローマ占領後は，教皇職は1871年の保障法*により実質的にいっさいの世俗的統治権を剝奪された．しかしながら，霊的・教会的な業績として，新しい司教区と宣教区が創設され，位階制が1850年にイングランド，1853年にオランダで復活した．カトリックの信心は1854年の聖母マリアの「無原罪の御宿り」*の教理の定義により鼓舞された．彼の教皇位の最重要な出来事は，1869-70年の第1ヴァティカン公会議*による教皇の不可謬性*の定義であった．

➡『謬説表』

## ピウス10世（聖）

Pius X, St（1835-1914）

1903年から教皇．当初から，彼が政治的教皇よりむしろ宗教的教皇であることを志したのは明らかである．フランス政府が1905年に政教分離を実行したとき，ピウスは1906年に物質的被害を犠牲にして，国家による干渉から，フランスにおける教会の独立を確保した．1907年に，近代主義*を断罪し，3年後に反近代主義誓文（anti-modernist oath）を導入した．彼は一連の困難な改革をなしとげたが，それには（1917年に，ベネディクトゥス15世*により公布された）教会法*の法典化，聖務日課書*の改訂，典礼における単旋聖歌*の伝統的位置への回復が含まれる．1905年に日々の聖体拝領を奨励したことは，現代の典礼運動*の基礎をきずいた．祝日は8月21日．

## ピウス11世（せい）
Pius XI（1857-1939）

1922年から教皇．アンブロジオ・ダミアノ・アキレ・ラッティ（Ambrogio Damiano Achille Ratti）は，「キリストにおける万物の復興」を彼の教皇位の主要な目的とした．このために，多くの影響力のある回勅を公布したが，その中に，避妊*を断罪した1930年の『カスティ・コンヌビイ』（Casti Connubii），社会問題に関する1931年の『クアドラゲシモ・アンノ』（Quadragesimo Anno）があり，またカトリック・アクション*に支持を表明した．1925年の「ヨベルの年」*は（リジューの聖テレーズ*のそれを含む）多くの列聖*の機会であった．ピウスの在位中，最重要な政治的出来事は1929年のラテラノ条約*であった．晩年は，第2次世界大戦の勃発につながるヨーロッパでの出来事で暗雲が立ち込めていた．➡『ミット・ブレネンダー・ゾルゲ』

## ピウス12世（せい）
Pius XII（1876-1958）

1939年から教皇．エウジェニオ・パチェリ（Eugenio Pacelli）は1901年に教皇庁国務省に入り，1920年にベルリンへの教皇大使*，1930年に教皇庁国務長官になった．第2次世界大戦勃発の6か月前に教皇に選出された．ナチの残虐行為に直面して彼が「沈黙した」といわれることは，批判の対象となっており，ヴァティカンの文書館からの新資料の出版で最近も批判が強まっている．しかしながら，大戦中，彼は特に囚人の苦境を救うために尽力した．

1947年の回勅『メディアトル・デイ』（Mediator Dei）は，典礼において自国語を用いる要望に共感を示し，典礼運動*に条件付きの支持を与えた．1951年に，復活徹夜祭*を土曜日の夜に戻し，その後の数年間，聖週間*の典礼全体を再編した．1953年と1957年の「聖体拝領前の断食」*の緩和は，夕方のミサの広範な導入を可能にした．教皇位中の他の出来事として，1943年にカトリックの学者に対して聖書研究へのより批判的な接近法を認めたこと，ローマのサン・ピエトロ大聖堂*地下の発掘の開始，聖母マリアの被昇天*の教理の定義がある．1949年の検邪聖省*の訓令は，エキュメニカル運動*に参与する人たちの一致への願いが聖霊に鼓舞されていることを認め，また厳しい条件付きで，カトリックの専門家が信仰と道徳に関して他のキリスト教徒との議論に加わることを許した．

## ピウス4世の信仰宣言（せい　しんこうせんげん）
Creed of Pius IV（Professio fidei Tridentinae）

1564年に，ピウス4世*により公布された定式．トリエント公会議*で発布された教理の要約を含む．1967年までカトリック教会における聖職者に課されていたが，この年より短く明確でない定式に置き換わった．

## ピエタ
Pietà

キリストの遺骸を膝に抱えて嘆き悲しむ聖母マリア像．

## ピエトロ・マルティーレ・ヴェルミーリ
➡ピーター・マーター

## ヒエラカス（レオントポリスの）
Hieracas of Leontopolis（2-3世紀）

エジプトにおける修道制運動の指導者．魂の先在および復活した肉体の霊的性格を支持した．アレクサンドリアのペトロス*によるオリゲネス主義*に対する断罪はヒエラカスに向けられたものであろう．著作は何も残っていない．

## ヒエラルキア

➡位階制

## ヒエロニムス（聖）

Jerome, St（Hieronymus）（345頃-420）

聖書学者．アクィレイア*の近くで生まれた．374年頃に，パレスチナに向けて旅立った．彼はアンティオキア*にしばらく滞在したのち，シリアの砂漠で隠修士として4-5年のあいだ生活し，ここでヘブライ語を学んだ．382-85年のあいだ，彼はローマにおり，教皇ダマスス*の秘書として活動し，広く禁欲主義を説いた（➡パウラ，メラニア）．386年に，ヒエロニムスはベツレヘム*に定住し，そこに新しく建てられた修道院を統轄した．

ヒエロニムスの学識は初期の教会において卓絶していた．彼の最大の業績は，聖書の大部分をその原語からラテン語に翻訳したことである（➡ウルガタ訳聖書）．彼はまた多くの聖書の注解を書いた．教会がヘブライ語の聖書正典*を受容することを擁護したが，アポクリファ*とのちに呼ばれた文書を排除した．エウセビオス*の『年代記』を翻訳したうえで加筆し，教会の著作家の伝記（『著名者列伝』［*De Viris Illustribus*］）を編集し，オリゲネス*やディデュモス*の著作をラテン語に翻訳した．彼はアレイオス主義*，ペラギウス主義*，オリゲネス主義*を批判した．彼の手紙の一部は極端な禁欲主義を擁護している．祝日は9月30日．

➡詩編書

## ヒエロニムス（プラハの）

Jerome of Prague（1370頃-1416）

ボヘミア（現チェコ西部）の宗教改革者で，J. フス*の友人．おそらくプラハ出身の彼は，オックスフォードで学び，そこからJ. ウィクリフ*の著作を持ち帰った．1407年にプラハに戻ると，宗教的論争に積極的に加わり，愛国的な学生たちの指導者となった．彼は1415年にフスに随行してコンスタンツ*へ赴いた．フスの没後，彼は強制されて，ウィクリフとフスをの教えを呪詛する文書を朗読し，教皇と公会議の権威を承認した．この「放棄の誓い」*の真実性に疑いがかけられ，彼の裁判が1416年に再開された．彼はその「放棄の誓い」を撤回し，火刑に処せられた．

## 『ヒエロニムス殉教録』

Hieronymian Martyrology

5世紀半ばにイタリアで編纂された殉教録*．テキストに先立つ書状中に，この編纂が聖ヒエロニムス*によるという言明があることから命名された．

## 「ヒエロニムスの信条」

Fides Hieronymi

（ラテン語で「ヒエロニムスの信仰」の意．）おそらく4世紀後半の，使徒信条*の初期のもの．写本中で聖ヒエロニムス*に帰されている本信条はまた，エルビラの聖グレゴリウス*にも帰されてきた．

## ピオ（ピエトレルチーナの）（聖）

Pio da Pietrelcina, St（1887-1968）

通称「パードレ・ピオ」（St Padre Pio）．カプチン会*員．フランチェスコ・フォルジョーネ（Forgione）は南イタリアのピエトレルチーナに生まれ，1903年にカプチン・フランシスコ会に入会し，ピオと名乗った．1910年に司祭に叙階され，1916年以降，フォッジャ（Foggia）に近いサン・ジョヴァンニ・ロトンド（San Giovanni Rotondo）修道院（friary）で実質的に全生涯を過ごし，そこに葬られた．長期間にわたる彼の職務に関する公的不信や制限にもかかわらず，彼が世界的な信奉者を獲得したのは，その生活の聖性，特に告解*時に彼が与えた霊的教え，彼に帰される神秘的な現象や（1918年以降の）聖痕*のゆえであった．彼はサン・ジョヴァンニ・ロトンドに病院を創設し，「祈りのグループ」の幅広いネットワークを設立した．彼は2002年に列聖された．祝日は9月23日．

### ピオニオス（聖）
Pionius, St（250年没）

殉教者．デキウス*帝の迫害の際スミュルナ*で処刑されたが，その死を記述する殉教伝（*Acta*）は信頼すべきものである．彼は『ポリュカルポス*殉教録』（*Martyrium Polycarpi*）を残すことに貢献した．祝日は東方では3月11日，西方では2月1日．

### 比較宗教学
comparative religion

学問的・歴史的な方法により世界の諸宗教とその相互関係を研究する学問分野．学問としてその研究がうまくいくかどうかは，宗教の普遍性および広く分散した民族的・社会的グループにおいてあるパターンの宗教的経験が起こる頻度にかかっている．比較宗教学が研究するのは，さまざまな形態の宗教行動が現れる条件，その成長の過程，それが属する文化・伝統において果たす役割である．究極的な妥当性の問題には関わらない．キリスト教の伝統に限られると思われてきた多くのことが他の世界の宗教とも共通だと考えられることを認めることにより，キリスト教信仰に問題を提起した．他方，比較宗教学はキリスト教におけるある要素の特有性を明らかにし，またキリスト教の護教家に他の宗教に対するより深い理解をもたらし，宣教の方法に影響を及ぼしもした．➡宗教哲学

### 東向きの位置
eastward position

典礼の際に，この語は聖餐式の司式者が祭壇に対して会衆と同じ側に立ったときの位置で，会衆を背にすることになる．教会堂の通常の方位*のゆえに，この位置では，司式者はふつう東に向く．➡西向きの位置

### ビカーステス
Bickersteth, Edward（1786-1850）

チャールズ・シメオン*が没した1836年から1850年まで，英国教会の福音主義*者の指導者．1815年に弁護士を辞め，執事，そして司祭に叙任され，宣教師間の論争を解決するために英国教会宣教協会*（CMS）を代表してアフリカに派遣された．彼は1824-30年に同協会の書記であり，1830年にワットン（Watton）の主任司祭*になった．彼はパーカー協会（Parker Society）の創設者の一人であり，福音主義同盟*の創設にも積極的であった．

### 秘義（ロザリオの）
Mysteries of the Rosary

ロザリオ*の連*と結びついた黙想*の主題．ヨアンネス・パウルス2世*が2002年に「5つの光の秘義」*を付加するまで，「5つの喜びの秘義」*，「5つの悲しみの秘義」*，「5つの栄光の秘義」*と呼ばれる3つに分けられた15の主題があった．

### ピギウス
Pighi（Pigge），Albert（1490頃-1542）

オランダのカトリック神学者．1538年の主著『教会の位階制について』（*Hierarchiae Ecclesiasticae Assertio*）は，キリスト教の真理に関する聖書と同等な源泉として，聖伝*を精緻に擁護し，教皇の不可謬性*の教理を擁護し，教皇が個人的に異端信仰に堕しうるという主張を否定した．

### ピキュリアー・ピープル派
Peculiar People（Plumstead Peculiars），the

1838年に，サウスエンド（Southend）付近のロッチフォード（Rochford）で創始された信仰療法を行う小さなセクト．1956年に，彼らは福音主義諸教会連合（Union of Evangelical Churches）と改称した．

### ピーク
Peake, Arthur Samuel（1865-1929）

聖書学者．プリミティブ・メソジスト教会*のミニスター*の息子であった彼は，1904年からマンチェスター大学教授であった．彼は主として1919年の1巻本の『聖書注解』（*Commentary on the Bible*）の編集で記憶される．1962年にM. ブラッ

ク（Black）と H. H. ローリー（Rowley）が編集した，『ピーク注解』(*Peake's Commentary*) のいわゆる新版は内容が一新されている．

## ピクシス
pyx

正式の文書では，この語は保存されたホスティア*を入れることを意図したすべての容器を指すが，ふつう特に，聖別されたパンを病者に運ぶのに用いる，金ないし銀メッキした小箱を指す．この目的で，それは小さな聖体布*で覆われ，司祭の首からさげたピクシス袋に入れられる．➡キボリウム

## ビクトリア
Victoria, Tomás Luis de（1548-1611）

スペインの作曲家．ローマで学んで，聖フィリッポ・ネリ*のオラトリオ会*に入会したのち，1587年にスペインに戻り，フェリペ2世*の妹である皇太后マリアの聴罪司祭および彼女が暮らすマドリードの修道院の聖歌隊長になった．彼の作品はすべて宗教音楽で，強い神秘主義的な感情に満ちた作品は，ルネサンス期の最高のものに数えられる．その中の聖週間*のための音楽に，モテット『すべて道行く人よ』(O vos omnes) がある．

## 非国教徒（ひこっきょうと）
Dissenters

信仰的な背景から，国教会*から分離する人たち．この語はもともとカトリック信徒を含んでいたが，現在ではふつうプロテスタントの非国教徒に限定されている．

## ピーコック
Pecock, Reginald（1393頃-1461）

1444年からセント・アサフ*司教，ついで1450年からチチェスター*司教．1457年に異端として告発され，自説を撤回したが，司教職を剝奪された．

彼のよく知られた著作『抑圧者』(*The Repressor*)は，ロラード派*と闘うために書かれた．同書が強調しているのは，聖書が従属し補充する，「神の手で人の心の中に (in mennis soulis) 書かれた律法」である．

## ピコ・デラ・ミランドラ
Pico della Mirandola, Giovanni（1463-94）

イタリアの貴族，学者，哲学・宗教関係の著作家．古典学者であるほかに，ヘブライ語，アラム語，アラビア語を学んだ．彼はカバラ*の中にキリスト教の秘義への手がかりを求めた最初の人であり，キリスト教以外の諸宗教の中に真理の存在を偏見なく想定し，混交主義*の初期の主唱者であった．

## ビーコン
Becon, Thomas（1511頃-1567）

プロテスタントの改革者．1538年に司祭に叙任された彼は，プロテスタントの教理を説いたかどで逮捕され，1541年と1543年に自説の撤回を強要された．エドワード6世*の治下にさまざまな職に就いたが，メアリ1世*の治下に投獄され，次いで外国に逃れた．エリザベス1世*治下の1559年に，カンタベリー*主教座聖堂のカノン*となった．彼の多作で通常論争的な著作は広く人気を博した．彼は『説教集』*の第2巻に姦通に関する説教を寄稿した．

## ピサ教会会議（きょうかいかいぎ）
Pisa, Council of

1378年以来，西方キリスト教界を分裂させていた大シスマ*を終わらせるために，1409年に枢機卿たちにより召集された．会議はベネディクトゥス13世*とグレゴリウス7世を罷免し，アレクサンデル5世*と名乗った第3の教皇を選出した．その権威は議論されている．会議はシスマを終わらせなかったが，1417年のコンスタンツ公会議*で見いだされた解決への準備をした．

## ビザンティン型本文（がたほんもん）（新約聖書の）（しんやくせいしょ）
Byzantine text of the NT

ギリシア語を話す教会で標準的になったギリシ

ア語の新約聖書．今ではしばしばルキアノス型本文*と呼ばれる．

## ビザンティン典礼
Byzantine rite

東方正教会*の典礼で，コンスタンティノポリス*(ビザンティオン)で用いられたのでこう呼ばれる．

## 被昇天（聖母マリアの）
Assumption of the BVM

聖母マリア*が，「その地上の生涯を終えた後，霊魂・肉体ともに天の栄光へと上げられた」(1950年の定義）という信仰．この信仰は初期の教会には知られておらず，4世紀に由来するある新約聖書の外典に初めて現れる．この教理は西方の正統派ではトゥールのグレゴリウス*(594年没）により表明され，7世紀末までには広く知られていたと思われ，さまざまなスコラ学者*により擁護された．1950年に，ピウス12世*はこれを定義した．東方教会では，肉体の被昇天は一般的であるが，カトリックの定義ほど明確でない用語を用いている．

聖母の被昇天が祝われる日付（8月15日）は，おそらく聖母マリアへの教会の献堂と結びついている．英国教会では，この祝日は1549年に『祈禱書』*から消えたが，今でも多くの地域で守られている．アングリカン・コミュニオンの諸地域で，8月15日は聖母マリアの主要な祝日として守られているが，被昇天に関連づけられていない．

## 被昇天アウグスチノ会
Assumptionists（Augustinians of the Assumption）

1845年にニーム（Nîmes）で創設された修道会．その会員は緩和した『アウグスティヌス会則』*を守っている．その活動は救護院や学校の管理，文書の配布，宣教を含んでいる．

## 被照明派
➡イルミナティ

## ビショップ・バイブル（主教聖書）
Bishops' Bible

大主教M. パーカー*の指導のもとに作られた英語訳聖書*で，1568年に刊行された．これは「グレート・バイブル」*の改訂訳であった．

## P資料（祭司資料）
'P'

モーセ五書*の起原に関する「資料仮説」に従う学者が，祭司資料（Priestly source）を指して用いる記号．その特徴は，叙述の部分よりも儀式や祭儀の律法を重視し，神の神人同形論*的な概念を避けていることである．

## 非信従者
Nonconformity

どんな国教会*の教理・政策・規律にも信従するのを拒否する人たち．この語は現在では英国教会に反対するすべての「非国教徒」*，特にプロテスタントの支持者を指す．(イングランドにおける）長老派*，(現在は主として合同改革派教会*と合同した）会衆派*，メソジスト派*，クェーカー派*，バプテスト派*が含まれる．

## 非信従者礼拝堂令
Nonconformists' Chapels Act 1844

長老派*とユニテリアン派*のあいだの論争に直面して，この法令が定めたのは，特定の教理ないし礼拝様式が信託証書により規定されていない場合，これまでの25年間の慣行が集会所で適切になされることの証拠と受け取られるべきだということであった．これは1960年に廃止された．

## 非神話化
demythologizing

R. ブルトマン*が新約聖書*を批判的に解釈する目的で1941年から用いた用語で，それはその神話的な言語の神学的な意味を表現するためであった．彼の主張では，聖書の説く3層の世界，天使*信仰などは現代世界では信じがたく，福音の使信はつまずきの石から解放されうる．彼が神話を排除するよりむしろ解釈するのだと主張したにもかかわらず，彼のスローガンはキリスト教のさまざまな還元主義的解釈と結びつくに至った．

## ビーズ
bead

もともとこの語は祈りを意味したが，やがて「祈りを唱える」(telling beads)，すなわちロザリオ*のビーズを数えるために用いられる小さな球状のものを指すようになった．

## ピスガ
Pisgah

ヨルダン川*東部の山ないし山脈で，そこでモーセ*が聖地を望むことが許され，その子孫がそれを所有すると約束された（申34:1-4）．ふつうネボ（Nebo）山北西のラス・シヤガ（Ras Siyagha）と同定されている．

## 『ピスティス・ソフィア』
*Pistis Sophia*

3世紀のエジプトで書かれた文書で，復活後に地上での20年の滞在の終わりに，キリストにより幾人かの弟子に与えられた教えを記録したと主張している．擬人化された「ピスティス・ソフィア」（すなわち「信仰・知恵」）の，「我意」という名の悪霊からの救いを述べている．

## ピストイア教会会議
Pistoia, Synod of（1786年）

ピストイア・プラート（Prato）司教S. デ・リッチ*が議長となって開催された教会会議．同会議は多くのガリカニスム*の原則を可決し，また宗教的慣行における変更を決議し，教会の典礼におけるラテン語の使用を断罪した．これらの提案は民衆の反対を招き，公的にも不興であった．ピウス6世*は1794年にピストイアの決議条項の85項目を断罪した．

## 秘跡
➡サクラメント

## 秘跡書（サクラメンタリウム）
Sacramentary

西方教会において，13世紀まで聖餐*式で司式者が用いた典礼書．ミサ典文*，固有の集会祈願*，叙唱*，年間をつうじて用いる祈りが含まれていたが，書簡*，福音書*，唱えられる礼拝の部分は載せられていなかった．秘跡書にはまた，叙階*の定式，祝福および司教や司祭が用いる他の祈りも含まれていた．秘跡書は徐々にミサ典礼書*や司教典礼書*に置き換わった．

## 秘跡注規
cautel

秘跡の正しい執行のためのルーブリック*（典礼注規）による指示．

## 『秘跡について』
*De Sacramentis*

ほぼ確実に聖アンブロシウス*（397年没）の著作である，短い典礼に関する論考．新しい受洗者にあてた本書は，洗礼*，堅信*，聖餐*を論じている．これは実質上，伝統的な形でローマのミサ典文*を伝える最古の証言である．

## ビセンテ・フェレル（聖）
Vincent Ferrer（Vicente Ferrer）, St（1350-1413）

スペインのドミニコ会*員の巡回説教者．1390年まで，多くの時を学問的な活動に費やした．ベネディクトゥス13世*は彼を1394-98年に自らの教皇庁に雇用した．ビセンテは大シスマ*を終わらせるために活動し，ベネディクトゥスの非妥協性のゆえに彼のもとを去った．1399年以降，ビセンテは説教者としてヨーロッパの多くの国を巡回し，通常彼と同行した追随者たちは告白を聴いたり，教えを施したり，鞭打ち苦行者*の行列を導いたりして彼を助けた．祝日は4月5日．

## 非創造的光
Uncreated Light

ヘシュカスモス*の体系において，神の可視的な臨在の神秘主義的な光で，魂が禁欲的な浄化と信心の過程に従うことにより感知しうると考えられた.

## ピーターバラ
Peterborough

この地のサクソン人の村に,修道院が655年頃に建てられた.教会堂がデーン人により破壊されたあと,966年頃にウィンチェスター*司教エセルウォルド*により再建され,彼が教会堂を聖ペトロ*に奉献したので,その村はピーターバラと呼ばれるようになった.この教会堂は1116年に消失し,新しい教会堂の礎石が翌年に置かれ,1237年に完成した.1541年に,それは新設の主教区の主教座聖堂となった.

## ピーター・マーター(ヴェルミーリ)
Peter Martyr (1499-1562)

この名は,ピエトロ・マルティーレ・ヴェルミーリ(Pietro Martire Vermigli)の英語形.宗教改革者.殉教者聖ペトルス*にちなんで命名された彼は,アウグスチノ会*に入会し,1533年に,ナポリでサン・ピエトロ修道院長になった.M.ブツァー*やU.ツヴィングリ*の著作を読んで感銘を受け,宗教改革者に同調したことから誤りを告発され,1542年にイタリアから逃れた.1547年に,彼はT.クランマー*に招かれてイングランドに来て,翌年,オックスフォード大学欽定講座担当神学教授になった.1549年の聖餐論争に加わり,1552年の『祈禱書』の改訂に参与し,教会法改革委員会の委員でもあった.メアリ1世*が即位すると,彼は軟禁され,やがてストラスブールに赴くことが認められ,その後1556年に,彼はチューリヒに移った.

## ビーチャー
Beecher, Lyman (1775-1863)

アメリカのプロテスタントの聖職者.まず長老派*教会,次いで会衆派*教会の牧師であった.内乱前のアメリカの福音主義的プロテスタンティズムにおける重要人物である彼は,リバイバル運動*における指導者であり(初めは彼はC.G.フィニー*とその「新しい方法」に反対したが,のちにフィニーを認めた),社会改革(節酒*運動と奴隷制度*反対運動)の自覚的な擁護者であり,ユニテリアン主義*とカトリシズムに対する揺るぎない反対者であった.1835年に,長老会*とシノッド(教会会議)により異端の疑いで裁かれたが無罪となった.

## 筆記字体(ひっきじたい)
cursive script

本来は「ギリシア語小文字」(Greek minuscule)と呼ばれる,正式の典籍体となったものの基本をなし,速く書くために,小さく丸い文字(lowercase)を用いた.この字体は7-8世紀にはじめて見られる.➡アンシアル字体

## ヒックス
Hickes, George (1642-1715)

臣従拒誓派*の主教.1683年にウースター*の主席司祭*になった.1689年に,ウィリアムとメアリへの宣誓を拒否して,1690年にその主席司祭職を剝奪された.1694年に,臣従拒誓者によりセトフォード(Thetford)名義主教に聖別され,1709年のW.ロイド(Lloyd)の没後,彼らの指導者と目された.臣従拒誓派の使徒継承を維持するために,彼は1713年にコリアー*ら3人の主教を聖別した.

## ヒックス
Hicks, Elias (1748-1830)

アメリカのクェーカー派*.彼は黒人問題に深い関心をもった.クェーカー主義がいかなる信条的基礎を生み出すことにも反対し,特に1824年の『教理書簡』(*Doctrinal Epistle*)において,彼はキリストのペルソナ(位格)と贖罪*という正統主義的教理の主張に反対した.1827-28年には,フィラデルフィアなどで彼の支持者(「自由派」ないし「ヒックス派」[Hicksites])と正統派のあいだで分裂(schism)が起こった.

## ヒッポ教会会議(きょうかいかいぎ)
Hippo, Council of (393年)

ローマ領アフリカにおける,カトリックの(す

なわち，非ドナトゥス派*の）教会会議．その決議条項（canons）の抄録（*breviarium*）は一般の教会法に組み入れられた．

## ヒッポリュトス（聖）

Hippolytus, St（170頃-236頃）

神学者．ローマの司祭で，どうやら重要な人物であったらしい．彼は，彼が異端的だと見なしたカリストゥス*（在位217-22年）のもとで，ローマの対立司教に選ばれることになったと思われ，カリストゥスの後継者たちをも非難し続けた．皇帝マクシミヌスによる迫害で，ヒッポリュトスと教皇ポンティアヌス（Pontianus, 在位230-35年）はともにサルデーニャに追放された．2人の遺体は236年にローマに持ち帰られた．祝日は東方では1月30日，西方では8月13日．

ヒッポリュトスのいくつかの著作の目録が，復活祭暦とともに，1551年にローマで発見された彫像に刻まれていた．他の多くの著作の目録がカイサリアのエウセビオス*と聖ヒエロニムス*により記載されている．主著は『全異端反論』（*Refutatio omnium haeresium*）で，1851年に『フィロソフーメナ』（*Philosophumena*）という表題で刊行された．本書において，ヒッポリュトスはロゴス*論の形で彼の三位一体の神学を表明しており，一方は内在的・永遠的ロゴス，他方は御父の発する声としての外的・一時的ロゴスという，ロゴス（御言葉）の2段階を区別する．御自身のうちに御父のすべてのイデアを有するロゴスは，それを御父の創造的行為者として実現することができる．『全異端反論』はまた，異教からの改宗者の増加により余儀なくされた悔悛の制度の緩和に対して激しい反対を表明している．

『使徒伝承』*をヒッポリュトスに帰することは，現在では一般に認められている．通常彼に帰される他の著作には，さまざまな聖書注解，ノエトス*の追随者への駁論（『ノエトス駁論』），『年代記』（*Chronicon*）がある．『全異端反論』と『ノエトス駁論』のあいだに，文体や神学上の差異があることから，両書を2人の著者の作に区別して，時におそらく東方の司教である第2のヒッポリュトスを仮定する学者もいる．

## 『ヒッポリュトス教令』

Hippolytus, Canons of St

おそらく336-40年に編纂された教令集．これは『使徒伝承』*に依拠している．

## 否定神学

apophatic theology（negative theology）

いかなる我々の概念も適切に神に関して肯定されうるということを否定することによって，神に接近する方法で，肯定神学・象徴神学と対比される．魂は神に関するあらゆる観念や表象をも認めないで，「理解を超えた暗闇」に入り，そこにおいて「言い表しえない方と完全に合一する」（ディオニュシオス・アレオパギテース*）．否定神学の根源は，旧約聖書*の各所にある画像*を造ることの禁止およびギリシアの哲学者による神人同形論*の同様な否定にみられよう．西方教会では否定神学は，人間が神的なものを理解する力が不足していることを肯定することと見なされがちである．東方教会では否定神学は，神の本質は知られえないが，神は御自身をそのエネルゲイア（働き）をとおして我々に啓示することを肯定することと見なされる．

## 否定信条

Negative Confession

国王信条*の別称で，1560年の「スコットランド信仰告白」*と一致しないいっさいの教理を否定したゆえにこう呼ばれた．

## ピトゥー

Pithou, Pierre（1539-96）

神学者．カルヴァン主義*者として育った彼は，1573年にカトリックになった．1594年の論考『ガリア教会の特権』（*Les Libertés de l'Église gallicane*）は，ガリカニスム*の指導原理を初めて明確化した．

## 人の子
Son of Man

新約聖書において，唯一の例外があるが（使7:56)，御自身のみにより用いられたイエスの自称．新約聖書時代のアラム語では，この表現はほとんど「わたし」の言い換えとして用いられえたらしく，いくつかの例において，別の福音書の並行箇所で「人の子」が「わたし」になっている．旧約聖書において，対応するヘブライ語の表現はしばしば「人」すなわち「人類」と同義語である．しかしながら，ダニエル書7:13において，「人の子のような者」が「神の国」*の最終的な到来という文脈中に現れ，神の選民を代表する象徴として用いられている．ダニエル書では，それは何か天使的な存在を指しており，個人的な指導者ないしメシア*との同一視は『エノク書（第1）』*の「譬えの書」や第2エズラ記*まで見いだされず，しかもこれらの箇所はおそらく後代のものなので，福音書に影響を及ぼしえなかったであろう．福音書中のこの表現に関する秘義の要素から確認されるのは，それがイエスの時代より前には確立したメシア的な称号ではなかったことである．福音書の後代の読者は，「神の子」が指す御自身の神性の威厳と対比して，「人の子」がキリストの受肉の人間性の謙遜を指し，また，「ダビデの子」という称号と結びついた民族主義的な概念と対比して，「人の子」が御自身の万人救済的な役割を強調するものと見なした．

## ビトリア
Vitoria, Francisco de（1483-1546）

スペインのドミニコ会*員．1526年から，サラマンカ大学神学部主任教授を務めた．神学の教科書としてペトルス・ロンバルドゥス*の『命題集』*を聖トマス・アクィナス*の『神学大全』*へ置き換えることにより，ビトリアがサラマンカで創始した新しい大学は，16世紀のスコラ学*研究にとってヨーロッパでの主要な拠点となった．彼は現在しばしば「国際法の父」と見なされている．彼はインド諸島征服の道徳性を論じ，アメリカにおけるスペインの植民地建設の仕方を批判した．彼はまた正しい戦争*の条件を規定し，またキリスト教界と世界全体とに深刻な害悪をもたらすならば，いかなる戦争も許されないと考えた．

## ビドル
Biddle, John（1615-62）

イングランドのユニテリアン主義*者．聖霊の神性に反対する彼の『12の反論』（XII Arguments）は1647年に刊行されたが，焼却を命じられた．さらに2冊の反三位一体論的な小冊子を刊行したが，独立派*の議員の友人たちにより死刑宣告を免れた．1652年の大赦令の通過で，彼の信奉者たちは決まった主日礼拝を守り始めた．彼は続いて2つのカテキズムを刊行したが，ほどなく獄死した．

## ビードル
beadle

スコットランド*教会においてカーク・セッション*により任命される役員で，礼拝の場所を管理し，また他の同様な機能を果たす．

## ビートン
Beaton（Bethune), David（1494頃-1546）

1538年から枢機卿，1539年からセント・アンドルーズ大司教．スコットランドのジェームズ5世のもとで要職にあり，1542年の国王の没後，摂政になろうとした．彼がスコットランドで記憶されているのは，ビートンの命をねらう政治的な陰謀に加担したと思われるG. ウィシャート*を裁き断罪したことである．ビートンは暗殺された．

## ビナティオ
bination

同一の司祭が同じ日に2回ミサを司式すること．カトリック教会では，2回以上のミサが規定されているクリスマス*のような例外的な場合を除いて，司祭は通常1日に1回しかミサを個人司式（ないし共同司式）することができない．地区の裁治権者*は，司牧上必要な場合，司祭が1日に2回以上司式することを許可できる．

## 避妊(ひにん)・生殖(せいしょく)・中絶(ちゅうぜつ)の倫理(りんり)
contraception, procreation, and abortion, ethics of

生殖と結びついた道徳的な問題に対して，キリスト教徒が適用する原則は，人間の生命の神聖さ，隣人愛，神の主権と摂理の尊重である．これらの原則に立って．初期のキリスト教の思想家は，異教の思想家と対照的に，嬰児殺しや中絶を一致して非難している．教父が一般に避妊を非難するのも，結婚による生殖が善であるという旧約聖書*の教えそのままを主張したものであり，それは（ストア派*の思想とも類似して）生殖をその目的としない性行為の不自然さを主張した論拠と結びついている．

これらの禁止事項は，避妊と中絶に対する伝統的な態度について疑問視されるようになった最近まで，キリスト教の教えを支配した．1930年のランベス会議*は，人工的な避妊の妥当性を条件付きで認めると表明した．同様な見解の変化はプロテスタントの主流派の教会で広がり，カトリックの倫理学者にもある程度支持されている．カトリック教会の正式の教えは1930年にピウス11世*により確認されたもので，「結婚の行為において，故意にその生む自然な力を奪う」ような結婚の用い方を非難している．いわゆる「周期避妊法」（rhythm method）がカトリック教会で正式に認めている唯一の避妊法である．東方正教会では，地域により個々にさまざまな助言がされているようである．

不妊の解決をめざす技術的な進歩に対する対応も同様な相違を示す．カトリックの声明は夫による人工授精と体外受精とを自然法*に反するとして非難するが，それは性行為の生殖的・結合的な面を分離し，生殖がそうあるべき人間的行為の価値を無視するからである．一部のカトリックを含めて，他の倫理学者が論じるのは，キリスト教の結婚がそのために定められた（西方の伝統では，生殖的・結合的・秘跡的な）善を受け入れるべきなので，たとえ各個の性行為がそうでなくともそれは妥当するということである．彼らはそれゆえ（避妊と同様に）夫による人工授精と体外受精とを，結婚がその善の一つを得させるのだとして，原則的に認めうると見なす．他方，提供された素材を伴う方法は，生殖を結婚外で起こさせるという異議を招きやすい．（遺伝子の一方または両方を提供した夫婦のために，受精卵が着床される）代理出産は，どの教派の倫理神学者にもほとんど受け入れられていない．

中絶の問題でも，態度においてある変化が見られる．現代の外科医学は胎児を中絶することにより，出産により危険にさらされそうな女性の生命を救うことができるので，キリスト教徒によっては中絶を許されると見なす．母親や家族の利益が著しく脅かされている場合，中絶を認めるキリスト教徒がいるし，多くの国の民法もこれを認めている．しかしながらカトリック教会の主張では，それ自体を目的とするいかなる中絶（「直接的中絶」）も罪であるが，付随的に中絶をおこすような手術（「間接的中絶」）は許される．したがって，癌になった子宮の摘出は適法と見なされよう．「卵子が受精したときから，人間の生命が始まる」というカトリックの教えが，直接的中絶および実験や病気治療のための人間の受精卵や胎児の使用を非難する根拠となっている．キリスト教徒（や他の人たち）のあいだで，いつ生命が始まるかについて一致していない．➡生命倫理

## 「日(ひ)の老(お)いたる者(もの)」
Ancient of Days

ダニエル書7章に見いだされる神の名．

## ヒーバー
Heber, Reginald（1783-1826）

1823年からカルカッタ（現コルカタ）主教．彼はその讃美歌*でよく知られ，その中に，‘Holy, holy, holy, Lord God Almighty’（「せいなるせいなる」『古今聖歌集』130番，『讃美歌』66番）や ‘From Greenland’s icy mountains’（「きたのはてなる」『古今聖歌集』290番，『讃美歌』214番）がある．

## ヒバート
Hibbert, Robert（1770-1849）

ヒバート基金（Trust）の創立者．ジャマイカの

自らの農園の奴隷たちの福祉のために，ユニテリアン派*の牧師を雇った．彼が1847年にヒバート基金を創立したのは，「最も単純で理解できる形でキリスト教を広め」，また「宗教問題に関して個人的判断の権利を自由に行使する」ためであった．その目的は反三位一体論的であった．

## 日々洗礼派（ひびせんれいは）
Hemerobaptists

日々の清めが宗教の本質的な要素であった，ユダヤ教の一派．

## ピピン
➡ペパン

## ビブリア・パウペルム
Biblia Pauperum

（ラテン語で「貧しい人々の聖書」の意．）初等教育のためのさまざまな短い聖書の概要を指して用いられることもあるこの語は，特に各ページに，セットになった人物像が2点の旧約聖書の予型*（type）を左右に伴った新約聖書の対型（antitype）を示している絵本を指すようになり，それには聖書からの短い説明文と記憶を助ける聖句が添えられていた．

## 碑文（初期キリスト教の）（ひぶん（しょききょうの））
inscriptions, early Christian

（不確かな解釈の暗号である）「サトル」（SATOR）という有名な四角連語がキリスト教のものならば，（79年に滅びた）ポンペイで発見されたその例は，残存している最古のキリスト教の碑文であるにちがいない．3世紀の碑文はローマのカタコンベ*においてかなり一般的で，4世紀以降，ローマ，北アフリカ，シリア，小アジアで極めて一般的になった．

異教の碑文と対照的に，キリスト教の碑文は個人的な詳細を示さない．碑文全体は，共同体の構成や教会の拡大の証言として貴重であり，当時の一般的キリスト教徒の信仰を証言する．

## 秘密告解（ひみつこっかい）
auricular confession

司祭の聴聞で，神に罪を告白すること．➡悔悛

## 秘密集会禁止法（ひみつしゅうかいきんしほう）
Conventicles Act 1664

この法は，『祈禱書』に基づかない礼拝のための，（家族に加えて）5人以上のすべての集会を不法と宣言した．

## 『秘密のマルコ福音書』（ひみつのまるこふくいんしょ）
Mark, Secret Gospel of

1958年に発見された，アレクサンドリアのクレメンス*に帰される書簡は，「秘密のマルコ福音書」なるものに警鐘を鳴らし，そこから引用している．その引用が，マルコ福音書やヨハネ福音書の資料として役立った，元来のマルコ福音書のアラム語版にさかのぼるという主張は支持を得ていない．

## ヒムナリウム
Hymnary

西方教会の儀式の中世における典礼書で，典礼暦に従って配列された，聖務日課*の韻律の聖歌*を載せていた．

## ヒメネス・デ・シスネロス
➡シスネロス

## 白衣宣教会（びゃくいせんきょうかい）
White Fathers

1868年にアルジェで枢機卿C.-M. A. ラヴィジュリー*が設立した「アフリカ宣教会」（The Society of Missionaries of Africa）の通称．構成員である在俗司祭と協働修道士は，誓願*なしに共同生活をするが，生涯にわたりアフリカでの宣教に従事する盛式の誓い*を立てる．彼らは白いチュニックと外套を着用し，首の周りにロザリオを巻く．彼らはアフリカで活動中のカトリックの宣教会で最大である．

## 百科全書派（ひゃっかぜんしょは）
Encyclopedists

D. ディドロ*と（最初のうち）J. Le R. ダランベール*により編集されたフランス語の『百科全書』（*Encyclopédie*, 28巻, 1751-72年）への寄稿者たち.『百科全書』は世俗的な観点から，芸術と科学における人類の業績の全域を再検討することに着手した．その論調は，啓示された宗教の主張をめぐって，合理主義的な人文主義と懐疑論のそれであった．宗教的・政治的自由への申し立てが，大量の正確な知識の中に巧みに取り入れられている．『百科全書』は宗教的領域とともに政治的・社会的領域において，既存の信仰や慣行に対する反対者にとっての再結集地となった．

## 『謬説表』（びゅうせつひょう）（『シラブス』）
Syllabus Errorum

ピウス9世*の従来の言明中ですでに断罪されており，1864年に誤謬であると布告された80の命題表．広範にわたっており，汎神論*，合理主義，教会とその諸権利，世俗社会とその教会との関係，教皇の世俗的権利，近代の自由主義を含んでいた．その添え状が『謬説表』を教義的に拘束力のあるものにしたように思われる．その結果は抗議の嵐を巻き起こした．

## ヒューゲル
von Hügel, Baron Friedrich（1852-1925）

カトリック神学者，哲学者．視野の広い教育を受け，1867年にイングランドに落ち着いた．彼はカトリック教会における文化的で自由主義的な傾向に徐々に共感を覚えるようになり，近代主義*運動の幾人かの指導者の友人になった．1908年に，『ジェノヴァの聖カタリナとその友人たちに学ぶ宗教の神秘主義的要素』（*The Mystical Element of Religion as studied in St Catherine of Genoa and her Friends*）を公刊した．これに続いたのは，1911年の『ブリタニカ大百科事典』11版中のヨハネ福音書に関する項目，1912年の『永遠の生命』（*Eternal Life*），1921-26年の『宗教哲学に関する試論と講話』（*Essays and Addresses on the Philosophy of Religion*），（彼が果たせなかったギフォード講演*の一部であり，1931年に没後公刊された）『神の実在』（*The Reality of God*）である．彼が関心をもったのは，歴史とのキリスト教の関係，キリスト教徒の生活における人間の文化の位置，終末論*の意義であった．彼は制度化されたもの，知的なもの，神秘主義的なものを宗教における3つの永続的な要素と見なした．彼はカトリック教会の内部以上に外部において，イングランドの文化圏で宗教的に主要な影響力をもった一人であった．

## ビュザンティオン
➡コンスタンティノポリス

## ピュージー
Pusey, Edward Bouverie（1800-82）

トラクト運動*の指導者．1828年から，オックスフォード大学欽定講座担当ヘブライ語教授およびクライスト・チャーチの参事会員であった．1833年末に，『時局冊子』に寄稿して正式にオックスフォード運動*に参加し，彼の名声と学識は同運動に大いに貢献した．1839年に妻を亡くしたことは彼の生涯に消えない影響を残し，それ以降，多くの苦行を実践した．J. H. ニューマン*が1841年に退いたあとは，オックスフォード運動の指導力は主にピュージーに移った．1843年に大学で行われた『聖餐』（*The Holy Eucharist*）に関する説教は，副学長と6人の神学部教授により断罪されたが，その断罪がそれを世間に広く知らせることになり，「真の臨在」*の教理を注目させた．1845年に，彼は最初のアングリカンの修女会の創立に立ち会った（➡アングリカニズムにおける修道会）．1846年に，大学で新たに『悔悛者の全き赦免』（*The Entire Absolution of the Penitent*）に関する説教を行い，英国教会のために鍵の権能および司祭による赦免の実体を主張した．この説教は，現代のアングリカニズムにおいて個人的な告白の実践を復興するよう奨励した点で重要であった．高教会派*運動の主要な闘士として，ピュージーは，たとえばゴーラム事件*のときのように，しばしば同派の教理を擁護しなければならず，1867年から，「儀式主義」(Ritualist) 論争で積極的な役割を果たした．彼はカトリック教会との合同を促進する意図で，さまざまな著作を書いたが，第1ヴァティカン公会議*が1870年に教皇の不可謬性*を定義したとき，彼の期待は裏切られた．オックスフォード大学のピュージー・ハウスは彼を記念して設立された．祝日はアメリカの1979年の『祈禱書』では9月18日，『共同礼拝』*では9月16日．

## ピュージン
Pugin, Augustus Welby Northmore (1812-52)

建築家，教会建築学*者．「ゴシック復興運動」(Gothic Revival) の主唱者であった．彼はバーミンガムのセント・チャド (St Chad) 司教座聖堂，チードル (Cheadle) のセント・ジャイルズ (St Giles) 聖堂，ウェア (Ware) のセント・エドマンド・カレッジの礼拝堂を手がけた．チャールズ・バリー (Barry, 1795-1860年) と協力して，国会議事堂を設計した．

## ヒューズ
Hughes, Hugh Price (1847-1902)

メソジスト派*のミニスター*．「キリスト教社会主義」*を主張した最初の非国教徒の指導者の一人であった．彼は「非国教徒の良心」の代弁者となり，国家がキリスト教的実践の規準を維持するために介入するべきだと要求した．1885年に，非国教徒の意見を伝える主要な道具となった週刊の『メソジスト・タイムズ』(*Methodist Times*) を発刊した．彼は非国教徒の諸派の相互協力のために働き，1896年に英国福音主義自由教会協議会*の初代総裁になった．

## ヒュパティア
Hypatia (375頃-415)

哲学者．彼女はアレクサンドリア*の新プラトン主義*学派の名声を高めた．彼女がアレクサンドリアの異教徒の長官をキリスト教徒に敵対させた疑いで，キリスト教徒の暴徒に襲われ殺害された．

## ヒューバート・ウォールター
Hubert Walter (1205年没)

カンタベリー*大司教．1189年にソールズベリー*司教になった．1190年に，彼は第3回十字軍*の際，大司教ボールドウィン*に同行した．ヒューバート・ウォールターはリチャード1世から任命されて1193年にカンタベリー大司教になり，捕虜になった国王の釈放の交渉をし，身代金を用意した．国王の不在中，司法長官 (justiciar) として1193年12月から1198年7月までイングランドを統治した．1195年に，彼はまたイングランドとウェールズへの教皇特使*にもなった．彼の教皇特使の職務はケレスティヌス3世*の没後に終わり，司法長官職も退いたが，教会と国家に対して無比の権威と影響力を行使し続けた．彼は1199年に大法官 (chancellor) になった．

## ヒュパパンテ
Hypapante

キャンドルマス*の祝日を指す，東方教会での名称．

## ヒュプシストス派(は)
Hypsistarians

4世紀のセクトで，彼らは神を「父」として礼拝することを否定し，「万物の支配者・至高者」として敬った．

## ヒュペルドゥリア（特別崇敬(とくべつすうけい)）
hyperdulia

聖母マリア*にささげられる崇敬 (veneration) で，テオトコス*としてのそのすぐれた威厳のゆえである．➡ドゥリア

## ヒュポスタシス
hypostasis

このギリシア語（文字どおりには「実体」[substance]）は，さまざまな意味をもつ．民衆の言語では，「幻想」と反対の「客観的な実在」を指した．初期のキリスト教著作家において，ヒュポスタシス「存在」ないし「本質的な実在」を指すために

用いられ，意味上「ウーシア」(*ousia*, ギリシア語の「存在」）と区別されなかった．しかしながら，4世紀半ば以降，ウーシアと対比されて，特に三位一体論とキリスト論の文脈において，「個別的な実在」(individual reality）を意味するようになった．「1つのウーシア（*Ousia*）における3つのヒュポスタシス（*Hypostaseis*)」という定式は，三位一体の神の正統な教理の要約として受け入れられるようになった．

## ヒュポスタシス的結合（位格的結合）

Hypostatic Union

イエス・キリストの一つのペルソナ（「ヒュポスタシス」*）における神性と人間性の結合．この教理は451年のカルケドン定式*において教会により正式に受け入れられた．

## ヒューム

Hume, David（1711-76）

スコットランドの哲学者，歴史家．彼は理性を経験の所産に還元した．人間精神のすべての認識は経験の印象か，この印象の褪せたものである観念かである．しかし，観念間の関係が確実に知られうるのに対し，実在性のある諸事実は蓋然性のある外観を超えて確証されえない．因果性は論理の概念ではなくて，我々の想像力に印象づけられた習慣と連想の結果なのであり，人間精神自体は連想により結びついた認識の総体にすぎない．したがって，形而上学のような学問は存在せず，神の存在や物質の世界を信じることが実際的に必要でも，理性により証明されえない．我々の道徳的生活は情念に支配され，これが我々の意志や行動を決定する．すべての知識を単なる認識に還元し，それを記録し吟味する純粋に知的な能力をまったく排除することによって，ヒュームはすべての真の知識を滅ぼし，純粋な懐疑主義を説いた．彼の有名な『奇跡論』(Essay on Miracles）において，奇跡はその定義からしてまったくありそうもないのだから，奇跡の記事は常に疑うべきだと論じている．

## ヒューム

Hume, George Basil（1923-99）

イギリスの枢機卿．アンプルフォース*・カレッジで学んだ彼は，1941年にそこでベネディクト会*に入会し，1963年に同大修道院長に選ばれた．1976年に，ウェストミンスター*大司教に任じられ，枢機卿になった．彼は直ちに国民的な指導者となり，その大司教在職中，イギリスのカトリック教会は国民生活の主流に組み入れられた．

## ピューリタン

Puritans

エリザベス1世*の宗教解決に満足せず，ジュネーヴ*的なひな型にのっとって，非聖書的で堕落したと思われる形から教会をもっと浄化しようとした，極端なイングランドのプロテスタント．多数派ではなかったが，彼らは強力かつ有力であった．当初，彼らは教会の装飾，祭服*，サープリス*，ロチェット*，オルガン*，「十字架のしるし」*，教会裁判所を攻撃し，説教，主日厳守，祭壇の「聖卓向き」の位置を強調した．1570年代初頭から，極端なピューリタンは主教制自体を攻撃し，長老制*を擁護した．エリザベス1世は，英国教会を変えようとするいっさいのピューリタンの試みに厳しく反対した．ジェームズ1世*が即位すると，彼らは1603年に千人請願*を提出し，それは翌年のハンプトン宮殿会議*の開催につながったが，成果は得られなかった．1600年までに，会衆制*を擁護するようになったピューリタンもいた．1642年以降の（時に「ピューリタン革命」と呼ばれる）「内乱」は長老制の一時的な勝利につながったが，セクトの多様化にもつながり，「ピューリタン」の用語は1660年以降は妥当性を失った．

この「ピューリタン」の語は，イギリスではほとんどまたはまったく神学的な意義をもたずに，依然として漠然と狭い見解を指す．しかしながらアメリカ合衆国では，もっとずっと一般的な意味をもち，福音主義*もプロテスタンティズム*も指す．

## ピュロン主義
Pyrrhonism

本来は，ギリシアの思想家であるエリス（Elis）のピュロン（Pyrrho）が前300年頃に説いた懐疑主義の哲学体系．広義でこの語は現在，すべての懐疑主義的な思想体系を指す．

## 病者の塗油
➡塗油

## 病者の訪問
Visitation of the Sick

『祈禱書』中の「病者の訪問のための儀式書」は，病者の前での祈り，勧め，祝福を定めており，（英国教会における19世紀の悔悛*の聖奠の復活の基礎となった）司祭による赦しを規定した式文を伴う告白への勧めを含んでいる．「病者の聖餐」は病室における聖餐の執行を定めている．現代のアングリカンの典礼には癒しを求める祈りが含まれ，また按手*，塗油*，（しばしば信徒が運んだ）「保存された聖餐」によるか，病者の前での執行による聖餐を定めている．

1972年のカトリックの「病者の塗油と病者への司牧的配慮に関する儀式書」も，祈り，聖書朗読，詩編，祝福，按手からなる同様な儀式を定めている．重病の場合，これに続くのは塗油と聖餐であり，臨終の際は，「最後の糧」*と「臨終者のための祈り」*が続く．

## ピラト
Pilate, Pontius

後26-36年のユダヤ総督（そのラテン語は「プロクラトル」[procurator] でなく「プラエフェクトゥス」[praefectus]）で，その在職中にキリストが十字架につけられた．

## 『ピラト行伝』
Pilate, Acts of

キリストの裁判・死・復活を記述する外典の一書．写本によっては，「キリストの陰府への降下」*に関する独立した論考が付加され，両者あわせて時に『ニコデモ*福音書』と呼ばれる．本来の行伝である第1部は，おそらく4世紀よりさかのぼらない．第2部は老シメオン*の息子たちにより書かれたと主張する．本書は，「キリストの陰府への降下」に関する中世の演劇群およびアリマタヤの聖ヨセフ*や聖杯*の伝説の基礎となっていた．

## ピラトの階段
➡聖階段

## ヒラリウス（アルルの）（聖）
Hilary of Arles, St（401頃-449）

アルル司教．レランス*の修道士であった彼は，430年頃にアルルの管区大司教*になり，いくつかの教会会議を主宰した．444年に，1人の司教を罷免することにより，彼は自らの権限を超え出たように思われ，教皇レオ1世*はアルルの管区大司教裁治権を剝奪し，ガリアの教会に対する至上の権威をローマに認める勅令を皇帝から獲得した．祝日は5月5日．

## ヒラリウス（ポワティエの）（聖）
Hilary of Poitiers, St（315頃-367/368）

彼の時代の最も重要な西方の神学者．異教から改宗した彼は，350年頃にポワティエ司教に選ばれた．アレイオス主義*の論争に巻き込まれ，おそらくカトリックの教えを擁護した結果として，356年に皇帝コンスタンティウスにより4年間追放された．359年に，ヒラリウスはセレウキア教会会議*で正統信仰を擁護した．彼の主な著作には，『三位一体論』（*De Trinitate*，アレイオス派駁論），当時の教理史にとり貴重な『教会会議論』（*De Synodis*），いわゆる『記録文書』（*Opus Historicum*）がある．西方教会で知られている最初の讃美歌作者である．祝日は1月13日（1969年以前は，カトリック教会では1月14日）．

## ヒラリオン（聖）
Hilarion, St（291頃-371）

パレスチナにおける独住修道士*的生活の創始

者．彼はアレクサンドリア*でキリスト教に改宗し，聖アントニオス*の影響を受けて，隠修士*としてしばらくエジプトの砂漠に隠遁した．306年に，ヒラリオンはパレスチナに戻り，ガザの近くで極端な禁欲主義的生活を送った．祝日は10月21日．

## ビリヌス（聖）

Birinus, St（649/50年没）

オックスフォード付近のドーチェスター*の初代司教で，「西サクソン人（West Saxons）の使徒」．ジェノヴァで聖別され，634年にウェセックスに上陸した．635年に，彼はキネギルス（Cynegils, 643年没）王を改宗させ授洗し，王はドーチェスターを司教座として与えた．祝日は12月3日（地方により12月5日），『共同礼拝』*では9月4日．

## ビール

Biel, Gabriel（1420頃-1495）

スコラ*哲学者．共同生活兄弟団*に入り，1479年にウーラッハ（Urach）修道院長になった．彼はテュービンゲン大学の創設に貢献し，そこで神学教授となった．彼はオッカム*の唯名論*的思想の追随者であった．ビールの考えでは，「正しい価格」は神学的格言よりむしろ需要と供給で決定され，商人は社会の有益なメンバーである．

## ビルギッタ（スウェーデンの）（聖）

Bridget（Birgitta）of Sweden, St（1303頃-1373）

ビルギッタ修道会*の創立者．彼女ははやく結婚し，8人の子をもうけた．夫の没後，一連の啓示を受けたと思われ，それにより教皇にアヴィニョン*からローマへ帰還するよう促した．彼女はまた，新しい修道会の創立に関する詳細な指示を受けた．1349年から，主としてローマに居住した．彼女の『啓示録』（*Revelationes*）は中世において高く評価された．祝日は7月23日（以前は10月8日）．

## ビルギッタ修道会

Bridgettine Order（Brigittine Order）

この修道会はスウェーデンの聖ビルギッタ*により彼女の受けたと思われる啓示に基づいて創立された．ヴァドステナ（Vadstena）修道院の土地は1346年に与えられ，修道会は1370年の大勅書により認可された．男女併存修道院*として組織され，司祭や信徒修道士*がより数の多い修道女たちのチャプレンや助力者としてはたらいている．両者は分離しているが，聖堂は共通である．男子修道院は1842年に消滅したが，1976年に復活した．修道女がまだわずかな修道院を維持している．

## ピール教会区

Peel parish

英国教会において，ロバート・ピール卿が首相のとき可決された，1843年の新教会区法（New Parishes Act）ないしその案件でのその後の法の一つで設置された教会区*．

## ピルキントン

Pilkington, James（1520頃-1576）

1560年からダラム*主教（その主教座に就いた最初のプロテスタント）．1558年のメアリ1世*の没後，大陸から戻り，『祈禱書』の改訂に積極的に参与し，ケンブリッジ大学で宗教改革の教えを支持した．ダラムにおいて彼がプロテスタントの主張を支持したことは敵意を招いた．

## ピルクハイマー

Pirckheimer, Willibald（1470-1530）

ドイツの人文主義者．ニュルンベルクの彼の家は学問の中心地であった．宗教改革の初期に，彼はM. ルター*に好意的で，その主たる敵対者であるJ. エック*を『エックを切る』（*Eccius Dedolatus*）で批判した．しかし，彼はルターがカトリック教会から離れたことを残念に思い，1521年に，彼が宗教改革者の追随者として受けていた，破門宣告の赦しを乞うた．

## ピルグリム・ファーザーズ

Pilgrim Fathers

マサチューセッツ州プリマス（Plymouth）植民地を建設したイングランド人で，1620年にメイフラワー号でオランダとイングランドから出帆した.

## ヒルダ（聖）
Hilda, St（614-80）

ホイットビーの女子修道院長. ノーサンブリア王家出身の彼女は, 657年にホイットビーに男女併存修道院*を創設したが, 同修道院は名声と影響力を高めた. 664年のホイットビー教会会議*において, 聖コルマン*とともに, ケルト的な慣行を擁護した. 祝日は11月17日, アメリカの1979年の『祈禱書』では11月18日,『共同礼拝』*では11月19日.

## ヒルデガルト（ビンゲンの）（聖）
Hildegard of Bingen, St（1098-1179）

ビンゲンに近いルペルツベルク（Rupertsberg）の女子修道院長. 貴族の家に生まれ, おそらく幼少から超自然的な宗教体験をもった彼女は8歳のとき, ベネディクト会*のディジボーデンベルク（Disibodenberg）修道院に属した隠遁者*である福者ユッタ（Jutta）に委ねられた. 1136年にユッタが没すると, ヒルデガルトは周りに集まっていた修道女たちの長として彼女の後を継ぎ, のちに修道院をルペルツベルクに移した.

彼女の『スキヴィアス』（*Scivias*, おそらく「(生ける光の) 道を知れ」[scito vias (viventis luminis)] の短縮形）は, 1141-51年に口述され, 26の幻視を記録しており, 最後の審判に至る救済史観を示している. 本書に続くのは, 徳と悪徳の論争およびそれが来世で報われる喜びと苦痛に関する幻視にささげられた『功徳の生の書』（*Liber vitae meritorum*）であり, 宇宙・地球・被造物に関する幻視を含む『神の御業の書』（*Liber divinorum operum*）である.『スキヴィアス』における重要な要素は劇的な歌曲の体系であって, それは彼女の音楽劇『諸徳の劇』（*Ordo virtutum*）にも用いられている. 彼女には他に, 音楽作品や2冊の医学書がある. 祝日は9月17日.

## ヒルデブラント
➡グレゴリウス7世

## ヒルデベルトゥス（ラヴァルダンの）
Hildebert of Lavardin（1056-1133）

詩人, 教会法学者. 1096年にル・マン（Le Mans）司教に選ばれた彼は, 司教座聖堂の建設を続行し（1120年に献堂された）, ローザンヌのアンリ*を自教区から追放し, おそらく1123年の第1ラテラノ公会議*に出席した. 1125年に, トゥール（Tours）大司教になった. 彼は主としてその文学的著作で有名であり, 中世における優雅な文体の模範と見なされた. 彼に帰されている著作がすべて真正なわけではない.

## ビルトフェルト
Byrhtferth（1020年頃没）

学者. ラムジー・アビー（Ramsey Abbey）の修道士であった彼は, コンピューター集計的で聖人伝的・歴史的な重要な著作群を残したが, これに含まれるのは『エンキリディオン』と呼ばれる計算表や注解書, ヨーク大司教聖オズワルド*の伝記, アルフレッド*の治世までのイングランドの歴史である『王国史』（*Historia regum*）である. この最後の著作は長くダラムのシメオン*に帰されていた. ビルトフェルトはその関心の広さがベーダ*と匹敵する唯一のアングロ・サクソンの著作家である.

## ヒルトン
Hilton, Walter（1343頃-1396）

イングランドの観想的な著作家. イーリー*とヨーク*でT. アランデル*を取り巻く聖職者の一人であった彼は, 隠修士*として過ごしたのち, 1386年頃にノッティンガムシャーのサーガートン修道院（Thurgarton Priory）でアウグスチノ修道祭式者会*員になった. 彼の主著は英語で書かれた『完徳の階梯』（*Scale of Perfection*）である. 本書は, まず「信仰における改革」, 次に「心における改革」による, 魂における歪められた神の像の新生を描いている. これらの段階のあいだに介在するのが, 罪深い自己愛から神の愛へと移行する苦行の「光る暗闇」である. 彼は他に英語でさまざまな著作を書き, スペイン語から『完徳に関する8章』を翻訳し，ラテン語で学問的な著作を書いた．祝日は『共同礼拝』*では3月24日．

## ビルニー
Bilney, Thomas（1495頃-1531）

プロテスタントの殉教者．H. ラティマー*を宗教改革の教理にめざめさせ，M. パーカー*に影響を及ぼしたといわれる．1531年に，彼はロラード派*の疑いで裁かれた．前言撤回後にこれを取り消して火刑に処せられた．

## ビルマ
➡ミャンマー

## ピルミニウス（聖）
Pirminius, St（おそらく753年没）

ライヘナウ*の初代大修道院長．724年にライヘナウ修道院，またバーデンとアルザスのアレマン人のために他の修道院を建てた．彼は伝統的に『スカラプスス』（*Scarapsus*，1つの写本では『ピルミニウスの言葉』［*Dicta Pirminii*］と呼ばれている）の著者と見なされており，同書は使徒信条*の現行形の最古の証言を含んでいる．祝日は11月3日．

## ビレット（ビレタ）
biretta

西方教会において，時に聖職者がかぶる硬い四角形の帽子．

## ビンガム
Bingham, Joseph（1668-1723）

英国教会の聖職者．1708-22年の有名な10巻本『キリスト教会古代史』（*Origines Ecclesiastiae: or the Antiquities of the Christian Church*）は，初期の教会の位階制，組織，規則，規律，暦に関して体系的に配列したその豊かな情報によって，今なお凌駕されていない．

## ヒンクマルス
Hincmar（806頃-882）

845年からランス*大司教．ロータル（ロテール）2世が妻を離縁しようとしたとき反対し，また司教団や教皇に対して自らの管区大司教*としての諸権利を守ることに努めた．869年のロータルの没後，ヒンクマルスは教皇の異議にもかかわらずメッス（Metz）でカール（シャルル）2世（禿頭王）に戴冠した．

思索的な神学者ではなかったが，予定*に関するゴットシャルク*との論争において顕著な役割を果たした．彼自身がゴットシャルクへの反論を書き，またヨアンネス・スコトゥス・エリウゲナ*の応援を求めた．ヒンクマルスが晩課*の聖歌の一つにある「三重の神性」（Trina Deitas）という句は三神論*的だと考え，「最高の神性」（Summa Deitas）に変えたときにも，ゴットシャルクやラトラムヌス*との別の論争が起こった．ヒンクマルスは，彼の大司教在職中の初期に編纂された『偽教皇令集』*を最初に知っていた人たちの一人である．

## ヒンズリー
Hinsley, Arthur（1865-1943）

1935年からウェストミンスター*大司教，1937年から枢機卿．彼は1940年に「霊の剣」*運動を創始し，第2次世界大戦初期にイギリスのカトリックの指導者として広く知られた．

# ふ

## プア
Poore, Richard（1237年没）

1217-28年にソールズベリー*（旧称セイラム，Sarum）司教．1219年に，彼は司教座をオールド・セイラムから現在地に移し，翌年，現在の大聖堂の建設に着手した．「ソールズベリー慣習書*」を起草し，おそらく「セイラム式文」*を最終的な形に仕上げた．彼が起草した司教区法規は他の司教区でも広い影響を及ぼした．1228年に，彼はダラム*司教に転出した．

## ファイユーム・パピルス
Fayûm Gospel fragment

1882年に発見された3世紀のパピルスの断片で，マルコ福音書14:27-30と近似した，聖ペトロ*の否認の予告の不完全な記述を含んでいる．

## ファウストゥス（ミレウィの）
Faustus of Milevis（4世紀）

マニ教*の伝道者．ローマで名声を得たが，383年にカルタゴを訪れたとき，当時マニ教徒であったアウグスティヌス*は彼のことを偽善家と思った．

## ファウストゥス（リエの）（聖）
Faustus of Riez, St（490年頃没）

神学者．レランス*の修道士であった彼は，460年頃にプロヴァンスのリエ司教になったが，のちに西ゴート王のアレイオス主義*的政策に反対したために司教座から追放された．『恩恵論』（*De Gratia*）において，半ペラギウス主義*的な立場をとり，神の恩恵との人間の共働の必要性および罪の中にあっても，その恩恵を受け入れるための人間の原初の自由意志を強調した．エメサのエウセビオス*の名前で流布してきた，ガリアに由来する説教集の一部はファウストゥスの作であろう．祝日は9月28日．

## ファウルハーバー
Faulhaber, Michael von（1869-1952）

ドイツ人の枢機卿．1917年にミュンヘン大司教になり，1921年に枢機卿に任じられた．彼は初期には教父学の研究に重要な貢献をなし，のちにはドイツ・カトリック右派の指導者となった．ヒトラーが政権に就いた当初は影響されたが，ファウルハーバーはやがてナチスに対する率直な批判者となった．

## 『ファウンデーション』
*Foundations*

1912年に出版された神学論文集．「近代思想から見たキリスト教信仰の言明」であると称した．それは論争を巻き起こし，初めは影響力をもった．

## ファウンテンズ・アビー
Fountains Abbey

1132年にヨーク*からの修道士により建設された，リポン*付近の大修道院で，1133年にシトー会*の修道院となった．教会堂と修道院の広大な遺構が残っている．

## ファクンドゥス
Facundus（6世紀）

アフリカ・ビュザケナ州のヘルミアネ（Hermiane）司教．キリスト単性論*論争において，「3章」*の主要な支持者の一人であった．彼はコンスタンティノポリス*に行き，そこで547-48年に完成した論考で，イバス*，モプスエスティアのテオドロス*（若干の留保をつけて），テオドレトス*の正統信仰を擁護した．ファクンドゥスはアフリカに戻り,「3章」*が排斥されたのちに,さらに571年頃に2冊の著作で自説を説いた.

## ファーザー(神父)
Father

もともと司教の称号であったこの語は,のちに聴罪司祭*を指すようになり,中世のイングランドでは彼らは「霊父」(ghostly fathers) と呼ばれた.イングランドでは,すべてのカトリックの司祭は,在俗司祭も修道司祭も,現在では「ファーザー」と呼ばれる.この慣行はアングロ・カトリック*のあいだでも見られる.

## ファスティディウス
Fastidius(5世紀前半)

ブリタニアの教会著作家.ゲンナディウス*は彼を司教と呼び,『キリスト教徒の生活』(*De vita christiana*)と『やもめ暮らしの遵守』(*De viduitate servanda*)を彼に帰している.両著の著者性は議論されており,しばしばペラギウス*の作とも考えられている.

## ファティマ
Fátima

ポルトガルの巡礼地.1917年に,3人の読み書きのできない子どもが1人の女性の幻視を見た.彼女は自分が「ロザリオの聖母」(Our Lady of the Rosary) だと名乗り,ロザリオの祈りを毎日唱えるように告げ,自分のために礼拝堂を建てるよう求めた.子どもの一人,ルシア・ドス・サントス(Lúcia dos Santos, 2005年没) によれば,幻視は「秘密の」約束 (最後のものは2000年に発表された) を含み,それがソヴィエト連邦での共産主義の崩壊およびヨアンネス・パウルス2世*が1981年の狙撃事件で助かったことにおいて果たされたと考える人もいる.

## フアナ・イネス・デ・ラ・クルス
Juana Inés de la Cruz(1648/51-95)

メキシコの修道女,著作家.スペイン人の父とクレオール人の母の娘として生まれた彼女は非嫡出子であった.若いときに早熟であった彼女は,ヌエバ・エスパーニャ副王夫人の厚遇を受けた.メキシコ・シティで跣足カルメル会*の女子修道院に入ったが,2年後の1669年に,規律が緩やかなヒエロニムス修道会に移った.彼女は優れた詩,演劇,自伝的な評論を書き,女性の諸権利を擁護した.晩年,教会からの譴責を恐れて筆を折った.彼女は修道院内で疫病に感染した修道女たちを看病しながら没した.

## ファナル
Phanar, the

コンスタンティノポリス*における世界総主教*の公邸と邸宅.

## ファノン
fanon

この語は礼拝のさまざまな装身具を指してきたが,現在では,教皇が荘厳教皇ミサを司式するとき,アミクト*の上に最近まで着用した襟つきの肩衣に限定される.

## ファーバー(ファブリ)
Faber (Fabri), Johann (1478-1541)

1530年からウィーン司教.エラスムス*との交友から,P. メランヒトン*やU. ツヴィングリ*の改革の志に共感したが,教理的な相違が明らかになるにつれ,支援を控えて,カトリック正統主義を擁護した.

## ファビアヌス(聖)
Fabian, St(250年没)

236年からローマ司教.250年に,デキウス*帝の迫害*が起こったとき,最初の殉教者の一人であった.祝日は1月20日.

## ファビオラ(聖)
Fabiola, St(399年没)

ローマの女性.夫と離婚後,(教会法に反して)再婚した.2度目の「夫」の没後,悔悛を行い,厳格な修道生活に入った.395年に,彼女はベツレヘム*に赴き，聖ヒエロニムス*の指導下に修道生活を送った．祝日は12月27日．

## ファブリ
Fabri, Felix（1438-1502）

博学なドミニコ会*員で，エジプトと聖地への1480年と1483-84年の旅行の生き生きとした記録を残した．

## ファブリーツィウス
Fabricius, Johannes Albert（1668-1736）

ドイツのルター派*の学者．ホメロスから1453年に及ぶ時代にわたる，『ギリシア語文献目録』（*Bibliotheca Graeca*, 1705-28年）およびそれと対応するラテン語文献の解題は，文献のその後の研究史の基礎を築いた．彼はアポクリファ*に関する重要な著作を書き，1716-18年に，ヒッポリュトス*の著作の最初の校訂本を出版した．

## ファミリスト
Familists

1540年にエムデン（Emden）でH. ニクラエス*により創設された「愛の家族」（Familiy of Love, Familia Charitatis）というセクトのメンバー．彼らは「内なる光」*および自らの魂におけるキリストの誕生を信じた．彼らは教会の礼拝や秘跡を否定したが，外面的には国家の宗教に従うことを勧められた．そのセクトは17世紀に消滅した．

## ファラー
Farrer, Austin Marsden（1904-68）

アングリカンの哲学的・聖書的神学者．1935-60年にオックスフォード大学トリニティー・カレッジのチャプレン兼フェローであり，次いでキーブル・カレッジ学長となった．その思想において哲学・神学・霊性の諸領域を結びつけたことで，彼は多くの人から20世紀のアングリカニズムの最も傑出した人物の一人と見なされた．

1943年の『有限と無限』（*Finite and Infinite*）において，有神論的原理が人間の主体性と働きの分析に内在すると論じた．1948年の『幻の鏡』（*The Glass of Vision*）は，神の啓示がどのようにして中心的な聖書の表象（images）をつうじて伝えられるかを説明している．このことは彼の新約聖書に関する著作で展開された．

## ファラー
Farrar, Frederic William（1831-1903）

1895年からカンタベリー*大聖堂の主席司祭*．「広教会福音派」（Broad Church Evangelical）であった彼は，特に1874年の『キリストの生涯』（*Life of Christ*）や1879年の『聖パウロの生涯と活動』（*Life and Works of St Paul*）をつうじて，ヴィクトリア時代の中産階級の宗教的感情と教養に多大な影響を及ぼした．

## ファリサイ派（は）
Pharisees

（ヘブライ語で「分離者」の意.）ヨセフス*により，また新約聖書中で言及されているユダヤ教の党派．モーセ*の律法を書かれたとおりに正確に適用しようとしたサドカイ派*と違って，ファリサイ派は異なった状況に適用できるように律法の解釈を認めた．福音書では，彼らはキリストの主要な敵対者として現れ，たとえば罪を赦し，安息日*を破っているとして，キリストを攻撃した．キリストが非難したのは，福音書が彼らの純粋に外面的な律法遵守および彼らの独善性として記述している点である．彼らは誕生期の教会に対してサドカイ派ほど敵対的ではなく，復活信仰も共有していた．後70年のエルサレム*陥落後は，歴史から姿を消した．

## ファルク
Falk, Paul Ludwig Adalbert（1827-1900）

ドイツの自由主義的な政治家．1872-79年に，彼は文化闘争*において教会に対して国家を守るという明確な指令を受けて任命された文部大臣であった．彼の５月諸法*は，正統的プロテスタントおよびカトリックの反対によって拒否された．

## ファルダ
falda

以前，教皇が時にアルバ*の上に着用した白い上衣．

## ファレル
Farel, Guillaume（1489-1565）

宗教改革者．ルフェーヴル・デタープル*の影響を受け，1520年代初頭にプロテスタンティズムを受け入れた．彼はフランス語で最初のプロテスタントの礼拝式文を準備し，1529年に，プロテスタント信仰の宣言書である有名な『大要』（*Sommaire*）を出版した．彼は宗教改革を，1530年にヌーシャテル（Neuchâtel）に導入し，P. ヴィレ*とともにヴォー（Vaud）州に，また1534-36年にジュネーヴ*に確立した．彼はのちにヌーシャテルに戻り，そこでジュネーヴ式の宗教改革モデルを実践した．

## フアン（アビラの）（聖）
John of Ávila, St（1499/1500-1569）

「アンダルシアの使徒」．1526年に叙階された彼の，宣教師としてメキシコ*に赴く計画が実らなかった理由の一つはおそらく，彼のユダヤ系の出自からくる難点からであった．彼はアンダルシア中で説教活動をした．1531年に，セビリャで異端審問*所に告訴されて，1年間獄中にあった．

小教区の聖職者の資質および彼らの行う司牧的配慮を改善し，信徒にキリスト教信仰を教える必要性に対する関心から，彼は信徒と聖職者のためにカレッジや学院を設立した．彼は霊的指導を求める人たちと幅広く文通した．1530年代半ばに若い貴族出身の修道女のために書かれた，彼の代表的な霊的著作である『聞け，娘よ』（*Audi, Filia*）は，その深化した形で，すべてのキリスト教徒のために完徳の道を説いている．本書は，個人が赦しを見いだす，神を固く信じることおよびキリストの受難と功徳を黙想することを力説している．最終版は1574年に没後出版された．祝日は5月10日．

## ファン（典礼用の）
fan, liturgical

遅くとも4世紀から，ファンは献げ物に虫が来ないようにするために，聖餐式の際に時に用いられた．東方教会で現在でも残っているのは純粋に象徴的意味においてである．

## ファン・エイク
➡エイク

## ファンダメンタリズム（根本主義）
Fundamentalism

進化論，自由主義神学，聖書批評学に反対する，さまざまなプロテスタントの団体における運動．19世紀後半に始まり，第1次世界大戦後，特にアメリカで発展した．保守的なプロテスタントの一連の聖書会議（Bible Conferences）がアメリカのさまざまな場所で開催された．1895年のナイアガラの会議は，以下の「ファンダメンタリズムの5要点」と呼ばれるようになるものを公表した，すなわち，聖書の逐語的無謬性（verbal inerrancy），イエス・キリストの神性，キリストの処女降誕*，身代わりの死と見る贖罪*論，キリストの身体的再臨である．1919年に，世界キリスト教ファンダメンタリスト協会（the World's Christian Fundamentals Association）が結成され，やがてアメリカのいくつかのプロテスタントの教派はファンダメンタリスト側とモダニスト*側に分裂した．その論争が注目を引いたのは，テネシー州デイトンの一教師J. T. スコープス（Scopes）が進化論*を教えたことで州法違反で訴えられた1925年であった．

広い意味で，ファンダメンタリズムという語は他の宗教的・政治的グループ（たとえば「ムスリム原理主義」）をも指す．1950年以降，これらは勢力を増し，一般に保守的な社会的立場を支持しており，地域によっては，カリスマ*的な傾向により強化されている．

## フアン・デ・ディオス（聖）
John of God, St（1495-1550）

ヨハネ病院修道会*の創立者．兵士として戦ったのち，中年になって生活態度を変え，スペインでトラクトを売り歩いて信仰を広めようとした．1538年に，彼を聖性の生活へと回心させたアビラの聖フアン*は，彼の行動力を病者と貧者の世話に向けさせた．祝日は3月8日．

## フアン・デ・ラ・クルス
John of the Cross（1505頃-1560頃）

ドミニコ会*員の霊的著作家．1538年に，他のスペイン人托鉢修道士とともに，ポルトガル*のドミニコ会の改革を助けるために派遣され，残りの生涯をそこで過ごした．主著は『口禱の必要性に関する対話』（*Dialogue on the Necessity of Vocal Prayer*）である．静修*の霊性の拡大に反対して彼が論じたのは，霊的生活が内面的な信心的熱意にでなく，徳の真摯で断固たる実践にあるということであった．

## フアン・デ・ラ・クルス（聖）
John of the Cross, St（1542-91）

スペインの神秘家，跣足*カルメル会*の共同創立者．1563年にカルメル会員になった．修道会に広がっていた放縦さに不満であった彼は，聖テレサ*の助力で，托鉢修道士（friars）を含める彼女の改革を導入した．1575年に履靴*カルメル会（Calced Carmelites，すなわち「緩和会則派」［Mitigated Observance］）の総会長が改革に反対したあと，彼は1577年に投獄された．彼は9か月後に脱獄し，履靴派と跣足派の分離は1579-80年に実現した．彼は1582年にグラナダの修道院長，1588年にセゴビアの修道院長になった．彼は跣足カルメル会の総会長代理（Vicar General）の敵意を招き，1591年にアンダルシアに追放され，重病にかかって没した．

神秘的生活に関する彼の多数の著作は，スペイン語の最上の詩に数えられる，自作の3編の詩にほどこした注解からなっている．『霊の賛歌』はその豊かな心像を「浄化・照明・合一の道」*によって説明している．それよりも体系的なのは『カルメル山登攀』*と『魂の暗夜』（唯一の未完の論考）であり，「感覚の夜」と「霊の夜」をとおしての魂の浄化を論じている．これらの夜は能動的な面と受動的な面をもつ．能動的には，魂は（感性的な信心を含む）感覚に関する事象への依存から脱却し，神への信仰のみに固執し，受動的には，『生ける炎』に記述されているように，神は魂を御自身との合一へと変容するように働く．体系的に提示されているが，これらの夜は，神への変容・参与のための魂の浄化という，単一の過程の連続的な局面でなく，補完的な部分である．祝日は12月14日（以前は11月24日）．

## フィオレッティ
➡『聖フランチェスコの小さき花』

## フィストゥラ
fistula

通常は金製ないし銀製の管で，それを用いて信徒が中世に杯からのぶどう酒を時に受けた．

## フィチーノ
Ficino, Marsilio（1433-99）

イタリアの人文主義者，哲学者．彼は，フィレンツェに「プラトン・アカデミア」を創立することを望んだコジモ・デ・メディチの庇護のもとにあった．フィチーノはその長となった．彼はギリシア語を学び，プラトン*の新しい翻訳を始めた（1484年に出版）．1473年に叙階された彼は，1476年の『キリスト教について』（*De Religione Christiana*）において，キリスト教とギリシア的神秘主義の統合を説いた．（1469-74年に執筆され，1482年に出版された）彼の哲学的主著『プラトン神学――魂の不死性について』（*Theologia Platonica de Immortalitate Animarum*）は主としてプラトンの『パイドン』に準拠している．彼はまた，プロティノス*，ポルフュリオス*，ディオニュシオス・アレオパギテース*の著作をラテン語訳した．

## フィッギス
Figgis, John Neville（1866-1919）

アングリカンの歴史家，神学者．1907年に，復活修士会*に入った．彼は政治理論に関する多くの著作を書いたが，現代の全権を有する国家において，宗教や人間の自由にとっての脅威に気づいていた最初のキリスト教思想家の一人であった．

## フィッシャー
Fisher, Geoffrey Francis（1887-1972）

1945–61年のあいだカンタベリー*大主教．1939–45年のロンドン主教時代，戦災が必要とした牧会制度の再編にすぐれた行政的手腕を発揮し，教会戦災本委員会の議長を務めた．1946年に，彼はケンブリッジで再一致*に関する影響力をもった説教を行った．1960年に，コンスタンティノポリス*世界総主教*および教皇ヨアンネス23世*を訪問するために旅行した彼は，1397年以降ヴァティカンを訪れた最初のカンタベリー大主教であった．彼は新しい管区の創設を奨励し，またアングリカン・コミュニオン*のアフリカやアジア地域に関する自らの権威を放棄した．

## フィッシャー（聖(せい)）
Fisher, St John（1469-1535）

1504年からロチェスター*司教．エラスムス*の友人であった彼は，当時の最もすぐれた学者の一人であった．彼はヘンリー８世*の『７つの秘跡の弁護』（*Assertio Septem Sacramentorum*）の著者とのちに誤って言われたほどであり，カトリックの教理を擁護する重要な著作を書いた．ヘンリーが1527年にアラゴンのキャサリンとの離婚を望み始めたとき，フィッシャーは彼女の最も重要な擁護者であった．彼はヘンリーがイングランドの教会の権利を侵害したことに反対したが，「最高の首長」としての国王に対する，聖職者会議*による最初の服従の軽減は1531年に「キリストの法が許す限りにおいて」という条項の挿入で図られた．王位継承法が要求する宣誓を拒否した彼は，1534年にロンドン塔に投獄された．1535年に，彼は国王にひそかに国王の首長権（supremacy）に関する意見書を提出したが，大逆罪を宣告され処刑された．裁判の前に，パウルス３世*は彼を枢機卿にした．祝日は以前は７月９日，現在は，聖トマス・モア*とともに，６月22日（『共同礼拝』では７月６日）．

## フィッシャー
Fisher, Samuel（1605-65）

クェーカー派*．彼の1660年の『大学に対する田舎者による批判』（*Rusticus ad Academicos*）は，共和政下の最も重要なクェーカー派の論争書と見なされている．

## フィッシャー（イエズス会員(かいいん)）
Fisher the Jesuit（John Fisher）（1569-1641）

カトリックの論争家．本名はパーシー（Percy）．若いときにカトリックになった彼は，1594年にイエズス会*に入会した．イングランドで布教に努め，多くの人をカトリックに転会させた．彼に対する英国教会側の反対者には，ジェームズ１世*や W. ロード*がいた．

## フィッツラルフ
FitzRalph, Richard（1295頃-1360）

1347年からアーマー*大司教．1334–36年にアヴィニョンの教皇庁を訪問した際に，至福直観*をめぐる論争に関わり，1337–44年には，アルメニア*教会と論争した．1357年からの最後のアヴィニョン訪問は，彼の托鉢修道会*に対する批判と関わっていた．彼は自発的な托鉢がキリストの教えに反すると主張した．『救い主の貧しさについて』（*De Pauperie Salvatoris*）において，彼は福音的貧しさの問題および恩恵の状態との支配・所有・使用の関係を論じ，のちに J. ウィクリフ*に影響を及ぼした．

## フィデース（フォワ，フォア）（聖(せい)）
Faith（Foy）, St（287年頃没）

処女，殉教者．後代の伝説によれば，アキテーヌのアジャン（Agen）で信仰を守って殉教した．彼女の聖遺物*は855年頃にコンク（Conques）修道院に移され，そこは有名な巡礼地になった．祝日は10月６日．

## フィニー
Finney, Charles Grandison (1792-1875)

アメリカの伝道者．1821年に，彼は回心を経験した．1824年にニューヨーク州オナイダ（Oneida）の長老会*により按手を受け，リバイバル運動*の巡回説教者としてめざましい活動を始めた．1835年に，オハイオ州オーバーリン（Oberlin）のオーバーリン・カレッジ神学教授に任命された．1837年に，長老主義を離れた彼はまた，同市の会衆派*教会の牧師になった．ほとんど人の手を借りないで，彼はアメリカのリバイバル運動を一変させた．彼が普及させたのはいわゆる「新しい方法」，すなわち（数日間にわたり非宗教活動を停止する）「延長集会」（protracted meetings），「特別席」（anxious bench），祈禱集会，個人名を挙げての公の祈り，劇的な説教法である．彼は回心における人間の責任と働きという神学を支持して，カルヴァン主義*と予定*に反対するようになった．

## フィニアン（聖）
Finnian, St（6世紀）

アイルランドの『年代記』はクロナード（Clonard）のフィニアン（549年没）とモヴィル（Moville）のフィニアン（579年没）の2人を区別している．そのどちらかがおそらく，聖ギルダス*に宛てて修道的規律に関して手紙を書き，聖コルンバヌス*の使用した『贖罪規定書』（*Poenitentiale*）を著したフィニアン（Vinnianus）であろう．前者の祝日は12月12日，後者の祝日は9月10日．

## フィヒテ
Fichte, Johann Gottlieb (1762-1814)

観念論の哲学者．1794年にイェーナ大学の哲学教授に任命されたが，1799年に無神論の嫌疑で解雇された．1810年から，ベルリン大学教授となった．

フィヒテの考えでは，我々の知識の対象は自我の意識の所産である．しかしながら，この自我は個々の「自我」ではなく「絶対我」であって，哲学的直観によってのみ知られうる．絶対我は3つの局面で展開し，まず自らを仮定し，次に自らに反する非我を仮定し，最後に非我に限定されたものとして自らを仮定する．フィヒテによれば，神は「生きて働く道徳律」である絶対我であるが，人格的と考えるべきではない．真の宗教は「進んで正しいことをすること」にある．道徳性が規範であるような状況に社会が達したとき，教会は不必要になるであろう．

## フイヤン修族シトー会
Feuillants

大修道院長J.ド・ラ・バリエール（Barrière）により1577年に創設された，（トゥールーズに近い）ル・フイヤン（Le Feuillant）の改革派シトー会*で，彼はシトー会以上に厳格な会則を導入した．本修道会は1589年に独立したが，ナポレオン戦争中に廃止された．

## フィラストリウス（聖）
Philaster (Filaster), St（397年頃没）

ブレシア（Brescia）司教．381年に，2人のアレイオス*派の司教を罷免したアクィレイア*教会会議に出席した．385年頃，28のユダヤ教的異端信仰と128のキリスト教的異端信仰を論駁することを意図した論考を書いた．その著作は配列がぎこちなく，調和がとれていないが，西方での実際の必要性を満たしたと思われる．祝日は7月18日．

## フィラデルフィア
Philadelphia

ローマ帝国のアシア州内の都市．ヨハネ黙示録（3:7-13）が宛てた「7つの教会」*の一つであった．その忠実さをほめられている．

## フィラデルフィア派
Philadelphians

17世紀のセクト．バークシャーのブラッドフィールド（Bradfield）の主任司祭*ジョン・ポーディジ（Pordage，1607-81年）は，J.ベーメ*に対する彼の熱意に共感する弟子たちを周りに集めた．1670年に，それは「敬虔と神の哲学を推進するフィラデルフィア協会」（Philadelphian Society for the

Advancement of Piety and Divine Philosophy）として組織された．会員は教会に対する忠誠心を維持しなければならなかった．彼らは秘教的・擬似神秘主義的な教えに満ちた一種の自然的汎神論*を説き，彼らの魂は聖霊により直接に教化されると考えていた．

## フィラレート
Philaret（Filaret), Drozdov（1782-1867）

ロシアの神学者，1826年からモスクワ府主教．彼はすぐれた主教で，教会と国家に深い影響を及ぼした．彼の著作の中で最も有名なのは，1823年に出版された要理書である．

## フィラレート
Philaret（Filaret), Theodore Nikitich Romanov（1553頃-1633）

モスクワ総主教．彼の息子は1613年にツァーリ（皇帝）に選ばれたが，ポーランド人に捕らわれていたフィラレートは，1619年まで解放されなかった．同年に，総主教に任じられ，没するまで実質的にロシアを支配した．彼は熱心な改革者で，神学研究を奨励した．

## フィリオクェ
Filioque

（ラテン語で「そして御子からも」の意．）「聖霊の二重の発出」*を示す教義的な表現で，西方教会によりニカイア信条*の「聖霊は御父から発出し」の「御父」の直後に付加された．その挿入が最初に見られるのは589年の第３トレド教会会議*であった．その使用は796年のフリウリ（Friuli）教会会議で擁護され，809年のアーヘン（Aachen）教会会議で承認された．信条はフランク教会内で聖体拝領の際一般に唱えられたので，この表現は広く普及していった．これは西方教会に対する東方教会による批判の主要な根拠となってきた．現代のアングリカンの神学者はしばしば，信条からフィリオクェを省くことに同意しようとしている．

## フィリップ
Philip, John（1771-1851）

スコットランドの宣教師，南アフリカ*の教会改革者．1819年に，ロンドン宣教協会*の南アフリカ調査団に加わり，そこに留まった．彼は現地人の権利の熱心な擁護者であった．コイ（Khoi, ホッテントット［Hottentot］）人のための彼の行動は，市民権をすべての人種に拡大した1828年の「条項50号」（Ordinance 50）の成立を準備した．彼の尽力で，パリ福音宣教協会（Paris Evangelical Missionary Society）がソト（Sotho）人に，アメリカ外国伝道局（American Board of Missionaries）がズールー（Zulu）人に宣教団を派遣した．

## フィリップス・アラブス
Philip the Arabian（249年没）

244年からローマ皇帝．248年にローマ建国千年祭を華麗で伝統的な宗教行事で祝った．この事実と彼の鋳造貨幣は，彼がキリスト教徒であったという伝承に不利になる．彼はキリスト教に対して寛容であったと思われる．

## フィリッポス（シデの）
Philip Sidetes（５世紀）

歴史家．パンフィリアのシデ（Side）出身の彼は，コンスタンティノポリス*に赴き，そこで候補に挙がりながら総主教になれなかった．彼の『キリスト教史』は天地創造から430年までの時期に関する情報の寄せ集めであって，わずかに残存する断片中に，使徒ヨハネ*とその兄ヤコブ*がユダヤ人により殉教したと，パピアス*が述べたという記述が含まれている．

## フィリッポ・ネリ（聖(せい)）
Philip Neri, St（1515-95）

「ローマの使徒」．1533年にローマに赴いた彼は，1538年から慈善事業に没頭し，カタコンベ*で祈りながら夜を過ごした．1544年に，彼は自らの心を奇跡的に大きくしたと思われるエクスタシス*を経験した．叙階後，1551年にサン・ジロラモ（San Girolamo）教会で司祭たちと共住を始め，やがてその教会の告解室（confessional）が彼の活動の中心地となった．彼はまた，成人にも子どもにも霊的な講演をした．これらの活動の一つから起こったのがオラトリオ会*である．祝日は5月26日．

## フィリピの信徒への手紙（フィリピ書）
Philippians, Epistle to the

この新約聖書の書簡は聖パウロ*により，彼がヨーロッパで創立した最初の教会である，ギリシアのフィリピ教会に宛てられている．その真正性は古代において一致して証言され，現代の学者によってもほぼ完全に認められている．おそらくパウロがローマで監禁されていた後のほうの時期に書かれたのであろうが，その本来の場所や年代は議論の対象になってきた．

フィリピの信徒へ彼らの協力を感謝したのち，パウロは獄中における説教の成果を告げ，彼らに慈しみ・自制・謙遜を説いている．さらに戒め励ましたのち，彼は頌栄と挨拶で結んでいる．この書簡にはきわめて重要なキリスト論的な章句（2:5-11）が含まれている（➡ケノーシス論）．これらの章句は本来は賛歌として存在したと通常考えられている．

## フィリピンのキリスト教
Philippines, Christianity in the

キリスト教は16世紀のスペインによる征服と占領とともに導入された．1565年のスペイン支配の開始から19世紀におけるその終了まで，カトリック教会はスペイン王により支援され，大きく支配された．フィリピン人への宣教活動はスペインとメキシコからの修道会により行われ，住民の大半が受洗した．1890年代に，スペイン人聖職者によるカトリック教会の継続的支配と修道会司祭の富に対して憤り，ローマから独立した民族主義的な教会が生まれ，「フィリピン独立教会」（Philippine Independent Church）が1902年に創設された．1961年に，同教会とアメリカ聖公会*は相互陪餐を認めた．

1898年のフィリピンの合衆国への割譲とともに，プロテスタントの宣教活動が開始した．1948年に，いくつかの教派が「フィリピン合同キリスト教会」（United Church of Christ in the Philippines）を設立し，1963年に，「フィリピン教会協議会」（National Council of Churches of the Philippines）が創設されたが，大半の福音主義のプロテスタントは，同教会協議会に加盟しないセクトに属している．1946年に独立した共和国になったフィリピンには，アジアで最もキリスト教徒が多い．フィリピン人の80％以上がカトリックである．全般的に保守的な聖職者団と，教会やフィリピン社会の改革を求める相当数の聖職者とのあいだで分裂が続いている．

## フィーリプ
Philip（1504-67）

ヘッセン方伯．M. ルター*を支持したドイツの諸侯中で最も有能であった彼は，宗教改革をヘッセンに導入し，1527年にプロテスタント神学者のための学校としてマールブルク*大学を創立した．ルターとU. ツヴィングリ*間の理解をもたらすことには成功しなかったが，フィーリプはプロテスタント諸侯を一致させ，1531年に，シュマルカルデン同盟*が結成された．彼の立場は1540年に重婚問題で悪くなり，また皇帝と和解した．晩年はカトリックとプロテスタントを一致させることに尽力した．

## フィーリプ派
Philippists

ルター派*神学者であるフィーリプ・メランヒトン*の追随者．

## フィリベルトゥス（聖）
Philibert, St（684年没）

ジュミエージュ*修道院の創設者，初代院長．モー（Meaux）に近いルベー（Rebais）の大修道院長であったが，修道士たちの不従順さのゆえに，ネウストリア（Neustria）に隠遁せざるをえず，彼はそこにジュミエージュ修道院を創設した．674年に，彼は宮宰を批判したため追放された．彼はまたエル（Her）島に別の修道院（現ノワルムティエ

[Noirmoutier]修道院)も創設した．祝日は8月20日．

## フィリポ（新約聖書における）
Philips in the NT

(1) 使徒聖フィリポ．ヨハネ福音書（6:7）によれば，5,000人の供食の際，200デナリオン分のパンでは足りないと答え，また何人かのギリシア人がイエスに面会したいとき，ガリラヤのベトサイダ*出身のフィリポのもとへ来ており(12:20-21)，その後，イエスに「主よ，わたしたちに御父をお示しください」と言った（14:8）．フィリポのその後の生涯はよく知られていない．ある伝承によれば，彼は十字架刑に処せられた．祝日は東方では11月14日，西方では（聖小ヤコブ*とともに）5月1日，カトリック教会では，1955年に5月11日に移され，1969年に5月3日になった．

(2) 福音宣教者*聖フィリポは，「評判の良い7人」の一人で，7人が貧しい人たちに仕え，施し物を分配するために任命されたことが使徒言行録6:1-6に記録されている（のちに助祭*と見なされた）．彼はサマリアで宣教に従事し，エチオピアの宦官に授洗し（使8章），その後，カイサリア*で聖パウロ*を泊めた（使8:21）．ある伝承は彼をリディアのトラレス（Tralles）主教としている．祝日は東方では10月11日，西方では6月1日．

(3) テトラルケース（領主）のフィリポ．ヘロデ大王の息子の一人である彼は，前4年と後33/34年のあいだ，「イトラヤとトラコン地方の領主」（ルカ3:1）であった．➡フィリポ・カイサリア，ヘロデ家

## フィリポ・カイサリア
Caesarea Philippi

現在のバニアス（Banias）で，ヘルモン山の麓にある．聖ペトロ*がキリストのメシア*性を告白した場所（マコ8:27-29）．

## 『フィリポに送ったペトロの手紙』
Peter, Letter of St, to Philip

ナグ・ハマディ*で発見されたコプト語の文書．表題が少なくとも最初の部分だけに妥当するその本文は，聖フィリポ*の応答，オリーブ山*での使徒たちの集合，復活のキリストの顕現，その後の会話を記している．

## 『フィリポ福音書』
Philip, Gospel of

ナグ・ハマディ*で発見されたグノーシス主義*的な文書の一つ．救済への問いに関する一連の考察で，物語の部分はなく，キリストに帰されるごくわずかな出来事や言葉からなる．

## フィリモア
Phillimore, Robert Joseph（1810-85）

イギリスの裁判官．1867-75年に，アーチ裁判所*の判事（Dean）であった．1873年の彼の『英国教会法』（*Ecclesiastical Law of the Church of England*）は，長く標準的な著書であった．

## フィールド
Field, Frederick（1801-85）

19世紀の最も博識で厳正な教父学者の一人．1839年に聖ヨアンネス・クリュソストモス*のマタイ福音書講解，1849-62年にパウロ書簡，1867-75年にオリゲネス*の『ヘクサプラ』のそれぞれ重要な校訂本を出版した．

## フィールド
Field, John（1545-88）

長老主義*の伝道者．教会法に拠らず若年で1566年に司祭に叙任された彼は，やがてロンドンの極端なピューリタン*組織の指導的なメンバーとなり，1571-79年の8年間，説教を禁止された．1572年に，彼は辛辣な『英国教会になお残存する教皇主義的悪弊について』（View of Popish Abuses yet remaining in the English Church）を著し，T.ウィルコックス（Wilcox）の『議会への勧告』*とともに出版された．2人は1年間の禁固刑に処せられた．フィールドは熱心な伝道者で組織者であったが，長老主義的均一性をイングランドのピューリタンに付与する試みに成功しなかった．

## フィールド
Field, Richard（1561-1616）

1609年からグロースター*大聖堂の主席司祭*．1604年のハンプトン宮殿会議*に出席した．彼の主著『教会について』（*Of the Church*，1606-10年）は，当時のカトリック教会が排他性と純粋性を主張する点で，古代のドナトゥス派*と対応すると論じた．

## フィルポッツ
Phillpotts, Henry（1778-1869）

1830年からエクセター*主教．古い型の高教会派*に属した彼は，オックスフォード運動*に共感していた．洗礼による再生を否定したという理由で，彼が司祭ゴーラム*をブランプフォード・スピークの受禄聖職者にしなかったことは，有名な教会関係の訴訟を引き起こした．

## フィルポット
Philpot, John（1516-55）

プロテスタントの殉教者．エドワード6世*の治下のいつか，ウィンチェスター*の大執事*になった．1553年のメアリ1世*の最初の聖職者会議*で，実体変化*説を批判したために投獄された．彼はスミスフィールド*で火刑に処せられた．

## フィルミクス・マテルヌス
Firmicus Maternus, Julius（360年以後に没）

成人してキリスト教に改宗した修辞学者．その主著『世俗的宗教の誤謬について』（*De errore profanarum religionum*）は，武力で偶像を破壊するよう，コンスタンティウス2世とコンスタンスの両帝に訴えている．

## フィルミリアノス（聖）
Firmilian, St（268年没）

230年頃からカッパドキアのカイサリア主教．彼は教皇ステファヌス1世*に反対する聖キュプリアヌス*を支持して，洗礼は教会内で行われたもののみが有効であり，それゆえ異端者には「再洗礼」が必要であると考えた．彼はサモサタのパウロス*の問題を検討するために開催されたアンティオキア教会会議の最初の会議を主宰した．祝日は東方では10月28日．

## フィレアス（聖）
Phileas, St（306/07年没）

下エジプトのトゥムイス（Thmuis）主教．高貴な生まれで，裕福であった彼は，アレクサンドリア*で投獄され，総督に審問され，処刑された．獄中から自らの教会員に宛てた書簡が，エウセビオス*により伝わっている．祝日は2月4日．

## フィレモン
Philemon

聖パウロ*の短い書簡の受取人．フィレモンはコロサイかその近隣のキリスト教徒で，その奴隷のオネシモ*は逃亡し，パウロに出会った．パウロがオネシモを主人のもとに送り返す際に持たせたこの手紙は，オネシモへの寛大さを求めている．伝承によれば，フィレモンは殉教した．祝日は11月22日．

## フィレンツェ公会議（フェラーラ・フィレンツェ公会議）
Florence（Ferrara-Florence），Council of（1438-45年）

バーゼル公会議*を引き継ぎ，エウゲニウス4世*が1438-39年にフェラーラへ，1439-43年にフィレンツェへ，1443-45年にローマへ移した．この公会議の主要な目的は，オスマン勢力に対抗して西方からの支援を求めていたギリシア教会との再合同*であった．主な論争点は，「聖霊の二重の発出」*，聖餐式での「酵母を入れないパン」*の使用，煉獄*の教理，教皇の首位権であった．フィリオクェ*条項はとりわけ難題であった．公会議がフィレンツェに移ったのち，ベッサリオン*はギリシアの主教会議に「教義講話」（Oratio Dogmatica）を提示して，二重の発出がラテン教父によってもギリシア教父によっても多少とも明確に教えられていると説いた．結局，ギリシア側はその懸案に関する妥協案を受け入れた．これは1439年7月5

日に調印された「合同教令」(Decree of Union) に盛り込まれた．ギリシア人が去ったのち，公会議は会期を続行した．公会議に対する教皇の優越性が確認された．合同がアルメニア*教会と1439年に，コプト*教会と1442年に，また他のさまざまな東方教会とも確立された．

ギリシア教会との合同にコンスタンティノポリスの民衆が異議を唱えた．同市は1453年にオスマン軍の手に落ち，合同は頓挫した．アルメニア教会との合同は1475年まで続いた．フィレンツェ公会議の重要性は，教理を定義したこと，およびそれが教会合同のために確立した原則，すなわち，儀式の多様性を認めながらの信仰の一致にある．

## 『フィロカリア』
*Philocalia*

「美なるものへの愛」を意味するこの表題が特に指すのは，(1) 358–59年に，聖バシレイオス*とナジアンゾスの聖グレゴリオス*が共同で編纂した，オリゲネス*の著作からの詞華集である『オリゲネスのフィロカリア』，および，(2) 1782年にコリント府主教聖マカリオスと聖ニコデモス・ハギオリテス*が出版した『フィロカリア』であり，後者は4–15世紀の修徳的・神秘主義的著作の集成で，ヘシュカスモス*の教えを扱っている．

## フィロカルス教皇表

➡リベリウス教皇表

## フィロクセニアナ
Philoxenian version of the NT

フィロクセノス*のために，508年にギリシア語から翻訳された新約聖書のシリア語訳．これは616年にハルケル (Harkel) のトマスにより改訂されたが，原文の大半は失われた．➡ハルクレンシス

## フィロクセノス
Philoxenus (440頃-523)

485年からマッブグ (Mabbug，シリアのヒエラポリス) 主教．彼は初期のシリア正教会*の指導的な思想家・著作家の一人であった．➡フィロクセニアナ

## フィロストルギオス
Philostorgius (368頃-439頃)

アレイオス*派の歴史家．300年頃から430年までを扱う，彼の『教会史』はわずかな断片とフォティオス*による要約で残存している．本書は不正確で偏っているが，すぐれた史料を用いていることと主要なアレイオス派の人物を幾人か記述しているゆえに貴重である．

## 『フィロパトリス』
*Philopatris*

キリスト教を攻撃するギリシア語の対話篇．サモサタのルキアノス*の作と称されてきたが，おそらく10世紀のものであろう．

## フィロポノス

➡ヨアンネス・フィロポノス

## フィロメナ (聖)
Philomena, St

1802年にカタコンベ*の一つで発見されたロクルス*を覆っていた3枚のタイルに，配列し直すと「フィルメナよ，汝に平安あれ」(Pax tecum Filumena) と読める文字 ‘LUMENA/PAX TE/CUM FI’ が刻まれていた．墓で発見された遺骨は，殉教したキリスト教徒の処女のものと見なされ，彼女はしばらく広く崇敬された．祝日は8月11日(1961年に削除)．

## フィロン
Philo (前20頃-後50頃)

ユダヤ人の思想家，釈義家．アレクサンドリア*の裕福な祭司の家系出身の彼は，当時のヘレニズム化されたユダヤ人の中で最も重要な人物であり，多作な著作家であった．彼の宗教観は折衷主義的で，彼はさまざまな教説を，調和的な全体に結合せずに組み立て直した．彼の最も影響力をもつ業績は，聖書の寓喩*的な解釈法を発展させたことで，それによりギリシア哲学の多くを旧約

聖書中に発見することができた．キリスト教神学にとり特に関心がもたれるのは，フィロンがその体系の中でロゴス*に与えた中心的な位置であって，それは世界を秩序づける創造的な力であると同時に，人が神を知る仲保者でもある．フィロンの思想の多くがキリスト教神秘主義の伝統に受け継がれたが，彼自身が神秘主義者と見なされるかどうか議論が分かれている．

## フィンランドのキリスト教（きょう）
Finland, Christianity in

フィンランドにおけるキリスト教の起原は明らかでない．しかしながら，12世紀までにはキリスト教をスウェーデン*とロシア*から受け入れており，1220年には，独立した教会組織が確立していた．ルター主義*が1523年に導入された．フィンランド東部のカレリア（Karelia）地方では，住民は正教徒であった．フィンランドが1809年にロシアの支配下に入ると，正教会は人数も影響力も増大させた．1869年と1889年の法令により，カトリシズムは1523年以降初めて信教の自由が認められたが，ごく少数のままである．フィンランド国教会はルター派で，監督職の継承が1884年まで維持されていたが，3人の監督職が同時に空位になった同年に途切れ，スウェーデン教会の助力で徐々に回復している．人口の90％が同教会に属する．1992年のポルヴォー協定*は英国教会との相互陪餐と聖職者の交流を定めた．フィンランド正教会は人口の1％を占める第2の教会である．

## フェアベアン
Fairbairn, Andrew Martin（1838-1912）

会衆派*の神学者．オックスフォード大学のマンスフィールド・カレッジの初代学長であった（1886-1909年）．彼はドイツ訪問後，神学的自由主義を熱心に擁護した．彼の雄弁・学識・個性のゆえに，彼は当時の会衆派の牧師のあいだで独自な地位をかちえた．

## フェイバー
Faber, Frederick William（1814-63）

オラトリオ会*員．初めカルヴァン派*であった彼は，オックスフォードでJ. H. ニューマン*の影響を受け，英国教会で叙任された．1845年に，カトリックになった．他の転会者とともに，彼は小共同体を設立し，それは1848年に聖フィリッポ・ネーリ*のオラトリオ会に合流した．翌年，そのロンドン支部長となった．彼は多くの讃美歌*や信心書を書いた．

## フェオファン（隠修士（いんしゅうし）の）（聖（せい））
Theophan（Feofan）the Recluse, St（1815-94）

主教，霊的著作家．ゲオルギイ・ヴァシリエヴィチ・ゴヴォロフ（George Vasilievich Govorov）は1841年に修道士になって，フェオファンと名乗った．1859年にタンボフ（Tambov）主教に聖別され，1863年にウラジーミル主教となったが，1866年に隠遁した．彼は残りの生涯をヴィシンスカヤ（Vyshi）修道院で過ごした．彼は18世紀のヘシュカスモス*復興の成果をロシアに熟知させるのに貢献し，ロシア正教会において「イエスの祈り」*の使用を普及させた．祝日は1月10日．

## フェストゥム
festum

（ラテン語で「祝日」の意．）現行のカトリックの典礼暦において，祭日*に次ぐ重要性を認められた祝祭日の名称．➡祝日

## フェニックス（不死鳥（ふしちょう））
phoenix

古代のいくつかの伝説の対象となった神秘的な鳥．その一つによれば，500-600年生きると，フェニックスは自ら灰の中に身を焼き，そこから若い姿で生き返った．早い時代から，キリスト教の著作家はフェニックスを復活の像と見なした．

## フェヌロン
Fénelon, François de Salignac de la Mothe（1651-1715）

フランスのカンブレ（Cambrai）大司教．1678年から，プロテスタンティズムからの改宗者の指導

にあたり，1689年に，ルイ14世の孫の師に任じられた．フェヌロンは1688年にギュイヨン*夫人と出会い，彼女の霊的経験の記述や特に純粋な愛と「受動的祈り」の教えに共鳴した．彼は長く彼女を擁護し，それゆえ，彼女が1694年に譴責を受けたとき，彼も巻き込まれることになった．1695年に，カンブレ大司教になり，静寂主義*を断罪する「イシー条項」*に署名した．しかしながら1697年に，彼は『諸聖人の箴言の説明』(*Explication des maximes des saints*) を刊行して，無私の愛という概念を擁護した．本書はJ.-B. ボシュエ*により批判され，激しい論争が続いた．彼の著作からの23命題が1699年に教皇インノケンティウス12世により断罪されたとき，フェヌロンはそれを受け入れた．彼は霊的な指導者ともてはやされ，その霊的な著作は18世紀に影響力をもち続けた．

## フェブロニウス主義（しゅぎ）
Febronianism

特に世俗の領域での18世紀のドイツにおける，教皇職の諸権利に反対するカトリック教会内の運動．1763年に，3人の選帝侯である大司教にローマに対する彼らの不平の調査を依頼されていたJ. N. フォン・ホントハイム*が「ユスティヌス・フェブロニウス」(Justinus Febronius) という筆名で自らの所見を発表した．大司教たちは1786年のエムス会議*で権利を主張しようとしたが成功しなかった．

## フェミニスト神学（しんがく）
feminist theology

女性のために社会主義をもたらそうとする決意で一致している，さまざまな要素からなる神学的な運動．その起原は19世紀の社会的運動にさかのぼるが，それがキリスト教の伝統内で重要な課題となったのは，やっと第2次世界大戦後，それも特に1980年代になってからである．ここでの中心的な問題は，女性性 (the feminine) を神性 (the godlike) と結びつけることに関する当惑である．神が性別や性差 (sex and gender) を超えていることは同意されているので，フェミニスト神学者が賛成するのは，性差のないかたちで神を「認識する」人間的に性差のない神学である．十全な「神の像」*を女性に帰するうえの「つまずきの石」として，以下の4つが考えられる．すなわち，神のうちに女性性を見いだせないこと，女性が男性に由来し，それゆえ男性に従属するという主張，女性が受動性を特徴とするという仮定，超越的な精神と反対の身体性と女性を同一視する傾向である．(以前は，雄が最初の原因と考えられていた) 生殖において，女性の役割の同等な重要性が現代になって認められたことが広い意味をもつと主張され，特に「父母なる神」のようなメタファーで，神を適切に表現する言葉を用いている．聖書の考察において，聖書のどの視点に重点が置かれるべきかに関するフェミニスト神学者の評価に影響を及ぼしているのは，人種や階級の複雑さ，「草の根」的な経験，教会や学界に変化をもたらす努力のような諸要素である．神の知恵*であるソフィアの，人間の女性性の尊厳・知性との結びつきに特に関心が払われている．万人を将来の相互関係の変革へと招いている復活のキリストの臨在のもとに生きる確信もまた重要視されている．➡女性の叙任

## フェラー
Ferrar, Nicholas (1592-1637)

リトル・ギディング*の創設者．ケンブリッジのクレア・ホール (Clare Hall) のフェローに選ばれ，ヴァージニア会社の副収入役になり，議員に選ばれた．1625年に，リトル・ギディングに落ち着き，そこに英国教会の教えに従う一種の共同生活団を設立しようと，親族の他の人たちも彼に合流した．彼は1626年に執事に叙任された．彼の指導下に，共同生活団は厳格な規則のもとで祈りと労働の生活を送った．祝日は『共同礼拝』*では12月4日，アメリカの1979年の『祈禱書』では12月1日．

## フェラーラ・フィレンツェ公会議（こうかいぎ）
➡フィレンツェ公会議

## フェランドゥス
Ferrandus（548年4月以前に没）

カルタゴ*教会の助祭．彼の『教会会議決議条項梗概』（*Breviatio canonum*）は，初期の教会会議の決議条項の梗概である．

## フェリキタス（聖）
Felicity（Felicitas）, St（2世紀）

ローマの殉教者．彼女の『殉教伝』（*acta*）によれば，7人の息子とともに殉教した．彼女はミサ典文*に載っているフェリキタスであろう．祝日は11月23日．

## フェリキタス（聖）
Felicity（Felicitas）, St（203年没）

北アフリカの殉教者．彼女は聖ペルペトゥア*の仲間の一人であった．祝日は3月7日（以前は3月6日）．

## フェリクス（聖）
Felix, St（648年頃没）

ダニッジ（Dunwich）司教．当時追放中のイースト・アングリア王子シゲベルト（Sigeberht）をキリスト教に改宗させたのち，イースト・アングリアの異教徒に福音を伝えることに成果をあげた．祝日は3月8日．

## フェリクス
Felix（818年没）

スペインのウルヘル（Urgel）司教，養子論*的異端信仰の主唱者の一人．792年のレーゲンスブルク教会会議で異端の嫌疑で告発され，自説を撤回した．彼はのちに再び自説を唱え，アルクイヌス*により著された批判書にも動じなかった．彼は794年のフランクフルト教会会議および799年ないし800年のアーヘン教会会議で正式に告発され，彼は後者の教会会議で再び自説を撤回した．

## フェリペ2世
Philip II（1527-98）

1556年に彼が相続した複合的な君主国には，スペインの全王国，ナポリ，シチリア，ミラノ，オランダ*，アメリカのスペイン帝国，フィリピン*が含まれていた．1554-58年に，メアリ1世*の夫として，彼はまたイングランドの名目上の国王であったが，戴冠されなかった．当初，彼の政策は全体として守勢であった．しかしながら，オランダにおける彼の宗教政策と地方条例の無視のゆえに，内乱と外国からの介入が起こった．1580年頃から，彼の政策はより攻勢に転じ，アメリカからの銀の輸入の増大と外国からの借款により管理された．彼は1580年にポルトガル*を征服し，ネーデルラント南部（現ベルギー*）を再征服し，1588年にイングランドに対して無敵艦隊を派遣したが敗れ，また軍隊をフランスに派遣した．彼はその野心的な目的の達成には失敗したが，領土の大半を守り，カトリシズムを維持し，オスマン帝国に勝利し，フランス王アンリ4世*がプロテスタンティズムを放棄するのに貢献した．

## フェル
Fell, John（1625-86）

1676年からオックスフォード*主教．共和政下に，個人宅で英国教会の礼拝を続け，1660年にクライスト・チャーチ*の主席司祭*になった．彼は大学にアングリカン正統主義（Anglican orthodoxy）を再びもたらした．

## フェルディナント2世
Ferdinand II（1578-1637）

神聖ローマ皇帝，対抗宗教改革*の主要な支持者の一人．1619年に皇帝になる前にすでにオーストリアの自国内でカトリシズムの回復に多大な貢献をしており，ハプスブルク家所領全体からのプロテスタンティズムの一掃に着手した．カルヴァン派のプファルツ選帝侯フリードリヒ5世に王位を継がせる，ベーメン（ボヘミア）のプロテスタントの企ては潰えたが，フリードリヒを攻撃しようとするフェルディナントの決定が対立を30年戦争*へと拡大させた．カトリック側の軍事的勝利後，皇帝が1629年に発布した『回復勅令』（Restitutionsedikt）はプロテスタントに対して専有している教会財産を返還するよう命じた．プロテスタントは反抗し，グスターヴ２世*の助力でほとんど皇帝を圧倒した．

## フェルナンド５世

Ferdinand V（1452-1516）

「カトリック王」．カスティリャ・レオン王，アラゴン王．1469年に，カスティリャ王位継承を争っていた又従姉妹のイサベル*と結婚した．２人は彼女の競争相手を倒し，まず共同統治したのはカスティリャ，および，やがてフェルナンドが1479年に父の王位を継いだアラゴンであった．彼の政治的力量の結果として，彼はマキャヴェリの『君主論』に記録された．彼が1492年にグラナダのムーア人を征服したこと，およびスペインの異端審問*に熱心であったことのゆえに，彼とイサベルは，アレクサンデル６世*により「カトリック王」の称号を受けた．

## フェルメントゥム

Fermentum

５世紀のローマにおいて，主日の教皇ミサから教会区司祭へ送られた聖餐のパンの断片で，キリストにおける信者の一致を象徴した．

## フェロニオン

phelonion

東方教会において，西方教会のチャズブル*のあたるもの．

## フォアスクエア・ゴスペル・チャーチ

Foursquare Gospel Church

1927年に法人化された，ペンテコステ派*の独立した教派．A. S. マクファーソン*が設立した，ロサンジェルスのアンジェラス・テンプルから発展した．名称はエゼキエル書1:10の４つの生き物の幻に対する彼女の解釈に由来する．教派は北アメリカに800万人弱の会員を擁するとしており，ナイジェリア*などにも会員が存在する．

## フォイエルバッハ

Feuerbach, Ludwig Andreas（1804-72）

ドイツの哲学者．G. W. F. ヘーゲル*の教えを，キリスト教に敵対する実証主義的意味に改作しようとした．超越性を信じることを一切拒否する彼の考えでは，神学と哲学は本来的に人間存在の本質のみに関わるものである．

## フォエバディウス（聖）

Phoebadius, St（395年頃没）

南フランスのアジャン（Agen）司教．アレイオス主義*に反対し，『アレイオス派駁論』（*Liber contra Arianos*）において，357年のシルミウム*信条（Sirmian formula）を非難した．359年に，彼はリミニ*信条に署名したが，その内容を知ると，その教会会議を非難した．祝日は４月26日．

## フォカス（聖）

Phocas, St（117年没）

ポントスのシノペ（Sinope）主教．浴槽で水死させられた，同名の殉教者が『ローマ教会殉教録』*で７月14日に以前は祝われていた．彼は，ディオクレティアヌス*帝の迫害で殉教したといわれる「庭師聖フォカス」やアンティオキアの聖フォカスと混同されている．さまざまな伝承が融合して，聖フォカスへの崇敬は，特に船乗りのあいだでさかんであった．

## フォークス

Fawkes, Guy（1570-1606）

火薬陰謀事件*の最も有名なメンバー．彼は火薬に点火する仕事を任されていたが，見張り中に逮捕された．

## フォコラーレ

Focolare, the

（イタリア語で「暖炉」の意．）主としてカトリックの信徒による運動であるが，エキュメニカルな会員と共感を得ている．正式名を「マリアのみ業」（Opera di Maria）というこの運動は，1943年にキアラ・ルービック*（Chiara Lubich）により北イタリアのトレント（Trento）に設立された．1962年に，教皇の認可を受け，その会則は1990年に承認された．フォコラーレ運動は独身者も既婚者も含み，諸教会間の対話をつうじて，他の宗教や現代文化との一致をめざしている．

## フォーサイス
Forsyth, Peter Taylor（1848-1921）

会衆派*のミニスター*，神学者．1901年にハムステッドのハクニー（Hackney）神学校長になった．初期には，彼は神学において自由主義者であったが，のちに十字架をとおしての贖罪*の必要性を深く感じて，その態度を修正した．

## フォズディック
Fosdick, Harry Emerson（1878-1969）

アメリカのバプテスト派*のミニスター*．1926-46年に，ニューヨークのバプテスト・リヴァーサイド教会のミニスターであった．彼は福音的自由主義の立場から，幅広い著作活動をした．

## フォス・ヒラロン
Phos Hilaron

東方教会において，（西方教会の晩課*に当たる）「ヘスペリノス」（Hesperinos）に唱えられる聖歌で，その聖務日課における中心部分．これはある現代のアングリカンの典礼中，「夕の祈り」*で用いられ，J. キーブル*による‘Hail! gladdening light’（ああ，喜ばしき光よ）の翻訳がある．

## フォソーレス
➡墓堀人

## フォックス
Fox, George（1624-91）

キリスト友会*（クェーカー派*）の創始者．レスターシャーの織工の息子であった彼は，1643年に家族や友人とのいっさいの絆を絶つようにという召命を感じ，数年間旅をした．1646年に，キリストの「内なる光」*に頼りながら，教会への出席を放棄した．彼は1647年に説教活動を始め，魂に語りかける神の「内なる声」の中に真理がなによりも見いだされると説いた．彼はしばしば投獄されたが，信奉者を引きつけ，彼らを固定した組織へとまとめていった．彼は西インド諸島や北アメリカ，さらにドイツやオランダにも伝道した．彼の『日記』（*Journal*）は1694年に出版された．『共同礼拝』*において祝日は1月13日．

## フォックス
Foxe, John（1516-87）

殉教者列伝記者．メアリ1世*の即位とともに，大陸に渡った．彼はキリスト教の迫害史を書き，最初にラテン語版が1554年にストラスブールで出版された．増補された英語版は1563年に『教会の中で起こった事柄に関する行伝と記録』（*Acts and Monuments of matters happening in the Church*）という題名で出版され，ふつうフォックスの『殉教者列伝』（Book of Martyrs）と呼ばれる．その主な目的はメアリ治下のプロテスタントの殉教者の英雄的行為を称揚することであった．同書は多大な歴史的価値を保っているが，フォックスの注釈には偏向がみられる．

## フォックス
Foxe, Richard（1448？-1528）

1501年からウィンチェスター*司教．外交官として活動していたとき，主に財政的目的で聖職者に任じられた．1511年から，彼は政治的には徐々にT. ウルジー*に取って代わられた．1515-16年にオックスフォード大学のコーパス・クリスティ・カレッジを創設した．

## フォティオス
Photius（810頃-895頃）

コンスタンティノポリス*総主教．皇帝ミカエル3世が858年に総主教イグナティオスを罷免したとき，まだ信徒であったが，後継者に任命された．イグナティオスが退任を拒否したので，ミカエルとフォティオスは教皇ニコラウス1世*に使節団を派遣した．ニコラウスの教皇使節はイグナティオスを罷免した861年のコンスタンティノポリス教会会議に出席していたが,863年のローマ教会会議で，ニコラウスはその議事録を無効とし，イグナティオスが依然として総主教であると宣言して，フォティオスを罷免した．867年に，フォティオスは回状でブルガリア*におけるカトリックの宣教者の存在を侵害として非難し，信条中のフィリオクェ*句に対する反対を表明した．867年にはまた，コンスタンティノポリス教会会議は教皇に対して罷免を宣告した.867年の皇帝バシレイオスの即位とともに，状況は一変した．イグナティオスは復職し,877年のその没後にやっと，フォティオスは復職した．879-80年のコンスタンティノポリス教会会議で，教皇使節はフォティオスを承認したと思われるが，彼は依然としてビザンティン教会内で窮境に直面し，レオン6世*が886年に皇帝になると，フォティオスは退任した．

フォティオスのシスマ*は，キリスト教界の統一の中心であるというローマの主張と，ほぼ同等の地位にある5つの総主教職というギリシアの概念とのあいだの対立を目立たせた．フォティオスはまた，フィリオクェ問題でその導入についてローマを非難した最初の神学者でもあった．彼は広い関心と該博な知識をもつ学者であった．主著『図書目録』(*Bibliotheca* ないし *Myriobiblion*) は，数百の書物を論評しており，しばしば膨大な分析と豊富な引用を伴っている．東方教会では，聖人として崇敬されている．祝日は2月6日.

## フォーテスキュー
Fortescue, Adrian (1874-1923)

著作家．1907年に，レッチワース (Letchworth) でカトリックの教会区司祭になり，そこに教会堂を建てて，典礼生活の中心とした．1918年の彼の『ローマ典礼の諸儀式』(*Ceremonies of the Roman Rite*) は，実際の典礼式文として広く用いられた．

## フォニール
Vonier, Anscar (1875-1938)

ベネディクト会*員の神学者．1906年にバックファスト・アビー*の大修道院長に選ばれた彼は，直ちに修道院教会の改築を始めた．1925年の『聖餐の教理への鍵』(*A Key to the Doctrine of the Eucharist*) において，彼は時代に先駆けて聖餐の共同的な性格を強調した．

## フォーブズ
Forbes, Alexander Penrose (1817-75)

1848年からブリーキン (Brechin) 主教,「スコットランドのピュージー」と称された．トラクト運動*の精神をスコットランドに普及するよう努めた．彼は1857年に出した最初の告諭*において,「真の臨在」*の教えを擁護したため主教団の譴責を受けた．

## フォリオット
Foliot, Gilbert (1110頃-1187)

ロンドン司教．クリュニー*の修道士であった彼は,1148年にヘレフォード*司教になった．1162年のカンタベリー*大主教位の候補者であり，T.ベケット*の支持で1163年にロンドン司教になった.ヘンリー2世がベケットと不和になったとき，フォリオットは国王を支持した．1164年にベケットがフランスに逃れたあと，カンタベリー管区のディーン*であったフォリオットは，ベケットが1169年に彼を不服従のかどで破門するまで，その管区の事実上の長として行動した．1170年に，ベケットは (教皇の権威で解かれていた) 破門を更新し，停職制裁*でそれを強化したが，それはフォリオットが国王の息子の戴冠式に出席してカンタベリー教会の権限を侵害したからである．イングランドに戻ったベケットはフォリオットを赦すことを拒否した．そこで彼はノルマンディーの国王の宮廷に行き，ベケットの暗殺につながる議論に加わった．共謀の嫌疑が晴れた彼は，1171年に破門および1172年に停職制裁を解かれ，イングランド教会における指導的な地位を回復した．

## フォールウェル
Falwell, Jerry Lamont (1933-2007)

アメリカのテレビ伝道者．1957年に，ヴァージニア州のリンチバーグ (Lynchburg) でトマス・ロード (Thomas Road) 南部バプテスト教会を設立した．彼が設立したなかで最も重要なのは，1979年に法人化された「モラル・マジョリティ」（➡福音主義）であって，その目的は「人生」「家族」防衛」「イスラエル」のためであった．彼に惹きつけられた多くの聴衆は多額の献金をした．彼が批判されたのは，その説教の政治的な内容，同性愛*者への攻撃，南アフリカ*におけるアパルトヘイトに対する態度である．

## フォルディッド・チャズブル
folded chasuble

前面を留めたチャズブル*の一種で，以前西方教会において，悔悛の時期のハイ・マス*の際に助祭*や副助祭*が着用した．

## フォールドストゥール
faldstool

カトリック教会において，司教や他の高位聖職者が座に就いていないとき，聖所*で用いる折りたたみ式の椅子．

## フォルム
forum

（ラテン語で「公共広場」，「法廷」の意．）倫理神学*において，この語は教会によるその裁判権（judicial power）の行使を指し，「内的法廷」（internal forum）と「外的法廷」（external forum）が区別される．前者では特に悔悛*の秘跡において，個人の霊的善に関わる事柄に対して判断が下され，後者すなわち教会の裁判所（ecclesiastical courts）では，教会の公的善が問題とされる．

## フォルモスス
Formosus（816頃-896）

891年から教皇．東方教会に対して建設的に行動し，フォティオス*の叙階問題に妥協的な解決法を提案した．フォルモススの没後，帝政における彼の反対勢力は彼が聖座*を簒奪したと告発し，897年に教皇ステファヌス6世が召集した教会会議は彼の教皇職を無効とした．その後の教皇がこの決定を覆した．

## フォワ
➡フィデース

## フォントヴロー修道会（しゅうどうかい）
Fontevrault, Order of

女子大修道院長*の会則のもとで生活する男女併存修道院*．フランスのフォントヴロー修道院は1100年に福者ロベール・ダルブリセル（Robert d'Arbrissel）により設立された．それはフランス革命で消滅したが，1806年に女子修道会だけが再建されたものの，もはや存続していない．

## 不可抗的無知（ふかこうてきむち）
invincible ignorance

倫理神学*における用語で，真摯な道徳的努力により除去されえないような無知を指す．故意でないので，神の法を犯す意向をまったく持ちえないがゆえに，罪とはならない．

## 『不可知の雲』（ふかちのくも）
*Cloud of Unknowing, The*

14世紀の作者の分からない英語の神秘主義的な著作．著者の主張では，現世において，神は知性によって把握されえない．神と我々とのあいだには，ただ「愛の鋭い矢」によってのみ射通されうる「不可知の雲」が常に存在する．

## 不可知論（ふかちろん）
agnosticism

一般的な理解では，神が存在するかどうかは我々には知りえないという見解．

## 不可謬性（ふかびゅうせい）
infallibility

啓示された真理を教える際に誤りを犯しえないこと．多くのキリスト教徒はヨハネ福音書16:13のような章句に基づいて，教会が不可謬であると主張するが，そのような不可謬性が司教座（seat）にあるという考えが存在してきた．1870年の第1ヴァティカン公会議*においてカトリック教会が宣言したのは，教皇は信仰ないし道徳に関する教理が使徒伝承から伝わった神の啓示の遺産の一部であると定義するとき不可謬であるというものであった.

## 不可謬性反対派（ふかびゅうせいはんたいは）
Inopportunists

第1ヴァティカン公会議*において，教皇の不可謬性*を定義することに，「時機を得ていない」（inopportune）という理由で反対した人たち.

## 不完全な痛悔（ふかんぜんなつうかい）
attrition

罰への恐れないし罪の醜さの自覚から生じる，罪への嘆き．これは神への愛から生じると考えられる痛悔*と対比される.

## ブキャナン
Buchanan, George（1506-82）

スコットランドの学者，文人．ポルトガル*で教えていたとき，当時の教会に関する彼の風刺文によって異端の疑いを受け，異端審問*で投獄され，エラスムス*的な人文主義からプロテスタンティズムに転向した．1561年にスコットランドに戻った彼は，1567年に長老派教会大会議長*を務めた．メアリ・ステュアート*およびジェームズ6世（イングランドのジェームズ1世*）のチューターであったが，王権神授説*を否定し，国民を政治権力の源泉と見なした.

## 布教聖省（ふきょうせいしょう）
Propaganda Fide, Congregation of

世界中の宣教活動および確立した位階制のない地域の管理に関わる「教皇庁の省」*の一つ．新たに見いだされた異教徒の霊的な必要性に応じるために，16世紀後半に創設された．1988年に福音宣教省（Congregation for the Evangelization of the Nations, Congregatio pro Gentium Evangelizatione）と改称された.

## 福音（福音書）（ふくいん（ふくいんしょ））
Gospel

(1) キリスト教の啓示の中心的な内容で，救済の喜ばしい知らせ．聖パウロ*がまだ知らないローマ*の信徒に手紙を書くとき，説明なしにこの語を用いていることから分かるのは，そのキリスト教的な意味がすでに一般化していたことである．(2) キリスト教の福音が説明されている書物の名称（福音書）．この用法はマルコ福音書（1:1）の冒頭語に由来するであろう．唯一の福音しかありえないので，2世紀の表題はその教会の書物を「マタイによる福音書」などと呼んだ．マタイ，マルコ，ルカ，ヨハネの独自の権威は2世紀後半に確立された．(3) この語はまた，2世紀中やその後に教会外で書かれたいわゆる外典*福音書をも指す．これらは正典*福音書より明らかに歴史的に劣っているので，教会内で正典福音書の権威に重大な異議を唱えなかった.

## 福音記者聖ヨハネ修士会（ふくいんきしゃせいヨハネしゅうしかい）
Society of St John the Evangelist（SSJE）

1866年にR. M. ベンソン*により創立されたアングリカンの最古の修士会である．最後の2人の会員が2012年に隠退したので，1913年に独立していたアメリカ管区だけが残っている．➡アングリカニズムにおける修道会

## 福音教会（ふくいんきょうかい）
Evangelical Church

ジェイコブ・オールブライト（1759-1808年）にちなんでオールブライト兄弟団（Albright Brethren）とも呼ばれた，小さなアメリカのプロテスタントの教派．もともとルター派*であったオールブライトは，メソジスト*監督教会に転会した．1796年に，彼は説教を開始したが，メソジストの指導者の援助を得られなかったので，自らの支持者のために独立した組織を形成し，それは1816年から福音教会連合（Evangelical Association）と称した．内部の論争から分裂も起こったが，1922年に再合同して福音教会と呼ばれることになった．同様な教派との合同を経て，1968年に合同メソジスト教会*に合流した.

## 福音主義（ふくいんしゅぎ）
Evangelicalism

(1)「福音主義的」(Evangelical) という語が宗教改革以来，プロテスタント諸教会を指すのは一般に，それらが自らの教えをすぐれて福音に基礎づけていると主張するからである．

(2) ドイツとスイスではこの語は，カルヴァン派*(「改革派」*) 教会と対比して，プロテスタント教会の中のルター派*教会のことを長く指してきた．

(3) 英国教会ではこの語は，個人的な回心およびキリストの贖罪死への信仰による救いを特に強調する一派をふつう指す．そのグループは18世紀に起こり，メソジスト*運動と接点をもった．C. シメオン*は福音主義をケンブリッジ大学の一大勢力とし，間接的に他大学にも普及させ，聖職者と信徒を教会区*や海外での活動のために準備をさせた．福音主義者 (Evangelicals) の信仰的な熱心さを嫌って反対もあったが，彼らの敬虔と人間愛は徐々に多くの追随者を集めた．

1830年頃から，アングリカンの福音主義は狭量になり，特に千年期まえのキリストの再臨信仰をめぐって分裂した．しかしながら一般に，聖書逐語霊感説を受け入れ，科学の諸発見や聖書批評学に反対している．個人的な聖化と世界伝道を強調するようになるとともに，社会的・政治的改革は福音主義者のプログラムから消えた．

20世紀になると，聖書批評学の諸発見を受け入れた自由主義的福音主義*者と，聖書逐語霊感説に固執した保守的福音主義 (Conservative Evangelicals) とのあいだに深い分裂が起こった．後者は20世紀後半にリバイバルを経験した．1967年にキール (Keele) で開催された第1回全国福音主義アングリカン会議 (National Evangelical Anglican Conference) は1世紀間の孤立を破った．それ以降，保守的福音主義者は英国教会の総会* (General Synod) や他の会議の正式なメンバーとなり，自由主義者に反対するためにしばしばアングロ・カトリック主義*者と協働している．政治や社会主義に対する新たな関心および文化の享受へのより積極的な態度も生まれてきた．

アメリカ合衆国では，福音主義はピューリタン*が1620年にニューイングランドに定着して以来ずっと，文化や政治の形成に関わってきた．彼らはアングリカン国教会による教会体制から逃れることを願った．この願望はやがて1789年の憲法修正第1条に記された．個人の信仰，各自の回心，聖書への厳格な依存という福音主義の強調点は，永続的で広域にわたるものであることがわかった．今日，福音主義運動はたいていの大きな教派において明瞭で，政治，特に右派に影響を及ぼし続け，共和党の歴代の大統領や「モラル・マジョリティ」(➡フォールウェル) を支えた．知識人として，アメリカの福音主義の思想や護教論*において継続的な学統を形成したJ. エドワーズ*は，カルヴァン主義*の教理と啓蒙主義*の哲学を結びつけた．プリンストン神学校*では，B. B. ウォーフィールド (Warfield，1921年没) が改革派福音主義神学を展開し，聖書の無謬説を擁護した．(A. プランティンガ*のそれのような) キリスト教護教論や自然神学も影響をもち続けている．神学的には，K. バルト*を福音主義的神学者として評価する最近の傾向が強まっている．福音主義の情緒的な側面は信仰復興運動*をつうじて盛んになり，1980年代に，福音派 (Evangelicals) は教派の違いを超えて多くの有力な回心者を得た．とりわけ，南部バプテスト派*は，特に個人の回心と聖書の中心的な役割との関連で，たとえば堕胎や同性愛*に対する倫理的な立場において，1980年代の福音派と類似している．しかしながら，南部バプテスト派特有の根本主義*のために，若干の教会が「アメリカ・バプテスト派」からだけでなく，より一般的な福音主義の立場からも分離した．宣教活動は福音派の諸教会により創始され後援され続けている．最近，福音派はメノナイト派*のような諸教会において社会的な神学や実践を創出しつつある．強硬な反カトリシズムは世俗的な自由主義という目立った共通の脅威を前にして弱まり，福音派とカトリックのあいだで対話が展開し始めている．アメリカ合衆国における福音主義は，文化的な変化との関連および新しい形の福音主義や礼拝の発見において順応性があることがわかり，イギ

リスにおけるよりずっと有力な運動である. ➡黒人教会（アメリカ黒人教会）, 大覚醒

## 福音主義同盟
Evangelical Alliance

1846年にロンドンで結成された超教派的な団体で, それは「『教皇制』*とピュージー*主義の侵害に対抗して, 啓発されたプロテスタンティズム*の力を結合し集中するため, また聖書のキリスト教という関心を促進するため」であった. 1951年に, 全米福音派協会（American National Association of Evangelicals）と英国福音主義同盟（British Evangelical Alliance）の合同会議において, 世界福音主義同盟（World Evangelical Fellowship）が同様な原則にたって創設された.

## 福音主義同盟（ドイツの）
Evangelische Bund

1866–67年にW. バイシュラーク*らにより, カトリックの増大する勢力に対抗して, プロテスタントの勢力を擁護するために結成されたドイツのプロテスタントの同盟.

## 福音主義連盟
Evangelical Union

1843年にJ. モリソン*によりスコットランドに創設された教派. 独立した諸教会の協会で, その構成教会に何の裁治権も行使しなかった. 1897年に, 大部分の教会はスコットランド会衆派連盟（Congregational Union of Scotland）に合流した.

## 福音書（典礼における）
Gospel（in the Liturgy）

聖餐式において, それぞれのミサにふさわしい福音書の箇所が朗読される. それは名誉ある順番として（書簡*などの朗読があった場合, それより後の）最後の場所で朗読される. 正教会*では, 福音書はまたさまざまな他の儀式で厳かに朗誦される.

## 福音書記者
➡福音宣教者

## 福音宣教者（福音書記者, 伝道者）
evangelist

(1) 新約聖書*において, この語は3度, 巡回する宣教者を指している. おそらく特定の役職が指示されてはいない. 大衆に説教する, プロテスタント教会の信徒がエヴァンジェリスト（伝道者）と呼ばれることもある. (2) 専門語として, 正典の4福音書*のそれぞれの記者のこと.

## 福音宣教省
➡布教聖省

## 福音派
➡福音主義

## 「フークウースクェ」
Hucusque

ハドリアヌス1世*がシャルルマーニュ*に送った秘跡書*への補遺の序文の冒頭語で, しばしばその補遺そのものも指す. これは秘跡書の欠損を補うことを述べている. 一般に, アニアヌの聖ベネディクトゥス*が著したと考えられている. ➡『グレゴリウス秘跡書』

## 福者
➡列福

## 服従
➡従順

## 復唱の祝日
Double Feasts

ローマ・ミサ典礼書*と聖務日課書*において, より重要な祝日に対して以前付けられていた名称. ➡単唱の祝日

## 副助祭（副輔祭）
subdeacon

カトリック教会において, この職が1972年に廃止されるまで, 上級品級*の最下位の人. この職は3世紀には存在したが, 13世紀までに, 上級品級

でなく下級品級*と見なされるようになっていた.

副助祭は荘厳ミサ*における3人の聖職者の一人で，そこでの彼の任務には，書簡*を唱えることが含まれていた．しかしながら近代になって，彼の役割はしばしば助祭*や司祭*により引き受けられた．英国教会では，この職は16世紀に廃止された．副輔祭職は東方教会では下級品級として残っている．

## 副文（閏月）(ふくぶん（うるうづき）)
Embolism

（ギリシア語で「挿入」の意.）ローマ・ミサにおいて，ミサ典文*と平和の祈りのあと，「主の祈り」*に挿入された，「わたしたちを救い」で始まる祈り．この語はまた（特に宗教的な意味でなく），354日の太陰年と365日と1/4日の太陽年の暦での日数の相違を表す閏月の意にも用いられる．

## 副輔祭 (ふくほさい)
➡副助祭

## ブーゲンハーゲン
Bugenhagen, Johann（1485-1558）

ルター派*の神学者．北ドイツとデンマーク*におけるルター派の教会生活の組織化に指導的な役割を果たした．1528年の『ブラウンシュヴァイク教会規則』は主に彼が起草したものである．1537年に，彼はデンマークに赴き，プロテスタントの基盤にたって教会を再組織化し，7人の監督*を任命した．こうしてデンマーク教会は使徒継承*を終わらせた．

## フーコー（福）(ふく)
de Foucauld, Bl Charles Eugène（1858-1916）

探検家，隠修士．フランス軍兵士としてしばらく過ごしたのち，モロッコを探検した．1890年に，トラピスト*修道院に入ったが，よりいっそうの孤独を求めた彼は，有期誓願期間が終わった1897年に厳律シトー会を離れた．1901年に司祭に叙階された．そのすぐあとに，彼はアルジェリアに行き，まずベニ・アベス（Beni Abbès）で，次に遠隔のホガル山地のタマンラセ（Tamanrasset）で隠修士として過ごした．彼は暗殺された．

彼は「小さい兄弟会」と「小さい姉妹会」のために会則を作成したが，1人の仲間も加わらなかった．1933年に，ルネ・ヴォアイヨーム（René Voillaume）と他の4人の司祭は，サハラ砂漠の外れに居を定め，フーコーの最初の会則に基づく修道生活を選んだ．1945年以降，小さな共同体が世界のほとんどの地域で設立されている．生活の中に観想的な要素を維持しながら，この「イエスの小さい兄弟会」は居住している経済的・社会的な環境に適合することに努めている．彼らのほとんどは工場や農場などで働いて生計を立てながら，周りの人たちと生活を共有することで自らの影響力を及ぼしている．同様の目的で，「聖心の小さい姉妹会」が1933年にモンペリエの近くで，「イエスの小さい姉妹の友愛会」が1939年にサハラ砂漠のトゥグール（Touggourt）で創設され，それに続いたのが1958年の「福音の小さい兄弟会」と1965年の「福音の小さい姉妹会」である．

## フーゴー（聖）(せい)
Hugh, St（1024-1109）

1049年からクリュニー*の大修道院長．レオ9世*はフーゴーを信頼し，フーゴーは9代の教皇の助言者として，教会や政治の問題に著しい影響を及ぼした．彼は1050年にトゥールのベレンガリウス*の断罪の決定に関わり，グレゴリウス7世*の改革の努力を支援した．フーゴーのもとで，その修道院は絶頂期に達した．1095年にウルバヌス2世*自身が，キリスト教界で当時最大の教会堂であった，クリュニーの新しいバシリカ*の高祭壇*を聖別した．祝日は4月29日．

## フーゴー（聖）(せい)
Hugh, St（1140頃-1200）

1186年からリンカーン*司教．25歳頃にラ・グランド・シャルトルーズ修道院*でカルトゥジア会*員になった．1180年頃，王ヘンリー2世はイングランドにおける最初のカルトゥジア会修道院であるウィタム（Witham）の修道院長としての彼の働きを支援した．司教として，彼は自教区をよく管理し，国王からの勇気ある独立性を示した．彼はその聖性のゆえに崇敬され，その墓所は巡礼地となった．祝日は11月17日．

## フーゴー（サン・ヴィクトルの）
Hugh of St-Victor（1142年没）

神学者．1115年頃にパリのアウグスチノ修道祭式者会*のサン・ヴィクトル大修道院に入ったこと以外，その生涯についてほとんど何も知られない（➡サン・ヴィクトル会）．彼の著作には，文法学，幾何学，哲学に関するもの，諸学（*artes*）と神学の研究への入門書である『学習論』（*Didascalion*），聖書の注解書，ディオニュシオス・アレオパギテース*の『天上位階論』の注解，秘跡論，霊性に関するものがある．これらの全領域で，彼は顕著な貢献をしたが，学識をひけらかしたり，独創性を主張したりしていない．彼が知識の区分の体系に，人文科学とともに，機械学（mechanical arts）を含めたことは有名である．

## プサルテリウム
psaltery

（1）古代から中世の弦楽器．（2）詩編書*の項の（2）の旧称．

## ブジア
➡手燭

## 不死性（ふしせい）
immortality

不死性の希望は特別にキリスト教的な教えではないが，キリスト教信仰において不可欠の要素である．キリスト教以前の時代，ギリシアの哲学者は誕生前の霊魂*の存在と死後のその存続を推定し，また身体をそこから死が霊魂を十全な存在へと解放する牢獄と見なしていた．来世に関する初期のヘブライ思想はシェオール*における影のような存在という概念をほとんど超えなかったが，その後のキリスト教以前のユダヤ教において，来世の実体に関するより明確な意味づけが発展した．不死性の教理がキリスト教において獲得した本質的な形は，「キリストの復活」*の事実から生まれた．我々の最高の運命はもはや不死の霊魂の存続でなく，復活のキリストとの結合の生と見なされ，それは身体と霊魂の再結合をとおしてのみ完成に達する．18世紀後半以降，特にI. カント*により，伝統的な議論に異議が唱えられている．カントの考えでは，霊魂の不死性ないしはその逆を確証するのは，「理論理性」の能力を超えており，それは道徳的な経験に基づいて，すなわち「実践理性」をとおして確証されうると彼は論じた．道徳律の不変の性格および現世の明白な不正は，これらの不正が正されるより清純な生の存在を示す確実な指標であった．同様な傾向の議論は多くの現代の弁証家によりなされている．➡条件付き不死説，復活（死者の）

## 不死鳥（ふしちょう）
➡フェニックス

## 府主教（ふしゅきょう）
➡管区大司教

## 不受苦性（神の）（ふじゅくせい（かみの））
impassibility of God

正統派の神学の通常の考えでは，神は外からの作用や内からの変化する情緒により引き起こされる苦しみも，別の存在により引き起こされる苦楽の感情ももたない．しかしながらキリスト教において，いっさいの情念を排除すると思われる，神の不変性・完全性・完結性の理念と，神が本質的に愛であり，その本性が受肉のキリスト，特にその受難に示されているという中心的な確信とのあいだに緊張がある．それゆえ，無条件に神の不受苦性を語ることが正当かどうかを問う現代の神学者もいる．20世紀において，神の不可受苦性に関して，哲学者はそれに一貫性がないと言い，プロセス神学*者はそれが時代遅れの形而上学の遺産だと言い，J. モルトマン*などは現代の全体主義体制下の苦難にてらしてそれが冒瀆的に不適切だと言って異議を唱えた．

## 父神受苦論（ふしんじゅくろん）

➡御父受難説

## フス

Huss, John（Jan Hus）（1372頃-1415）

ボヘミア（現チェコ西部）の宗教改革者．1400年に司祭に叙階された彼は，やがてプラハのベツレヘム礼拝堂の有名な説教者になった．J. ウィクリフ*の著作がボヘミアで知られるようになると，フスはその政治的な教説に惹かれ，予定*および選民の教会に関するその教えに共感した．当初，プラハ大司教ハーゼンブルク（Hasenburg）のズビニェク（Sbinko）からの励ましを受けていたが，やがて聖職者の品行に関するその熱烈な説教は敵意を招き，説教を禁じられた．教皇位をめぐる候補者間の競争の最中に，国王は1409年にプラハ大学の管理を「チェコ」国民に委ね，それがウィクリフ派の教説の拠点となり，フスは学長に選出された．孤立した大司教ズビニェクはやがてアレクサンデル5世*に忠誠を誓い，教皇はウィクリフの著作の破棄および，フスの影響力を抑えるために，私設礼拝堂での説教の停止を命じた．1411年に，ヨアンネス23世*はフスを破門した．人心がフスを離れたので，国王は彼をプラハから遠ざけた．彼は支持者の貴族とともに避難し，1413年に主著『教会について』（*De Ecclesia*）の完成に専念したが，その一部はウィクリフから直接に取られている．教皇庁の決定により公会議へ上訴した彼は，皇帝ジギスムントからの通行証をもってコンスタンツ公会議*へ赴いた．彼は投獄され，火刑に処せられた．

フスの没後，彼は国民的な英雄になった．ボヘミアのチェコ人のあいだで，さまざまな不満がフスの名をつけた抗議運動に発展した．1420年の「プラハ4箇条」により，フス派（Hussites）は世俗化の綱領，二種陪餐論*，自国語での典礼，教会改革を規定し，重要な点で宗教改革*を先取りしている．1420-34年の対フス派戦争のあいだ，彼らはこれらの多くをボヘミアで実施することができ，それはボヘミア兄弟団*の一派に永続的な遺産を残した．

## ブース

Booth, William（1829-1912）

救世軍*の創始者，初代大将（General）．1861年に，メソジスト教会*を離れ，自らのリバイバル運動*をはじめた．当初はキリスト教伝道会（the Christian Mission）と呼ばれ，福音伝道的・社会的・救援的な活動に従事した．救世軍がアメリカ合衆国，オーストラリア，ヨーロッパへと拡大した1880年以降は，旅行や集会での説教に生涯の大半を費やした．祝日は『共同礼拝』*では8月20日．

## ブセット

Bousset, Wilhelm（1865-1920）

ドイツの新約聖書学者．後期ユダヤ教および初期キリスト教の，当時のヘレニズム諸宗教との関係を研究した．「宗教史学派」*の発達は多くを彼に負っている．

## プセロス

Psellus, Michael（1019頃-1078頃）

ビザンティンの哲学者，歴史家，神学者，政治家．宮廷で高官であったが，1072年に厚遇されなくなった．彼の『年代記』（*Chronographia*）は，976-1077年間の重要な史料である．彼の他の著作には，聖書注解，西方教会の神学者やメッサリア派*に反対する論考，プラトン*やアリストテレス*の注解がある．

## ブツァー

Bucer（Butzer），Martin（1491-1551）

宗教改革者．ドミニコ会*員であった彼は，1521年にルター主義*を受け入れ，1523年にストラスブールに落ち着き，その小教区*を任された．彼は1529年のマールブルク会談*およびカトリックとプロテスタント間の不成功に終わったさまざまな会談に出席した．彼はヘルマン・フォン・ヴィート*を助けてケルン*で改革派の教えを導入しようとしたが成功を見なかった．ブツァーの聖餐論は通常，M. ルター*とU. ツヴィングリ*のそれの中間に位置すると考えられている．1549年に，ブツァーはT. クランマー*の招きでイングランドに来て，ケンブリッジ*大学欽定講座担当神学教授になった．彼は部分的にアングリカンのオーディナル*に影響を及ぼした．

## フッカー
Hooker, Richard（1554頃-1600）

エリザベス１世*の教会的な解決に関する最も重要な支持者．1593-1662年の彼の論考『教会政治理法論』(*Of the Laws of Ecclesiastical Polity*) は，エリザベスの教会の本質的な構造を正当化することを意図していたが，幅広く捉えた哲学的神学をも包含していた．聖書に命じられていないことはすべて不法だと考えるピューリタン*に彼は反対することから，自然法に根本的な「絶対」に基礎をおく法の理論を築いた．この自然法は神の最高の理性の表現であり，聖書を含むすべてのことはそれに照らして解釈されねばならない．しかし，法の永続性は細部の発展を排除しない．教会は静的でなく有機的な制度であり，教会の統治と行政の方法は状況に従って変化するであろう．それゆえ，英国教会は改革されても，中世の教会との連続性を保持している．祝日はアングリカン・コミュニオンの諸地域で11月３日．

## 復活（キリストの）
Resurrection of Christ

神が御子を世に遣わしただけでなく，十字架上のその死後に御子の正しさを示したという確信は，新約聖書の証言にとり基本的であり，キリスト教の信仰と神学の隅石である．

Ｉコリント書15:3-5（あるいは15:3-7）において，聖パウロ*により引用されている最初のキリスト教の信条の一つが述べているのは，キリストが「３日目に」(神により) 起こされ，ケファ（すなわち聖ペトロ*）と12人（の使徒*）に現れたことである．他の人たちに現れたことも記載されている．パウロが15:11で主張しているのは，この信仰が初期の教会のどこでも共有されていたことである．

諸福音書は，マグダラの聖マリア*のみによる（ヨハ20:1-9）ないしそれ以外のもう一人かそれ以上の女性たちによる（マタ28:1，マコ16:1，ルカ24:10)，キリストの空虚な墓の発見を報告している．しかし，キリストの復活を告げたのが，１人の天使か２人の天使か，それとも若者であったのか，キリスト御自身が次いで現れたのか，弟子たちにガリラヤ*に行くように指示したのが，キリストであったのか，それとも若者であったのか，女性たちが指示に従ったのかなど，他の細部では一致していない．エルサレム*およびガリラヤでの（ないし，そのどちらかでの）出現が続く．これらの伝承を調和させる試みは批評家を納得させていないが，神的な出来事自体に対する聖書著作家の証言は一致している．しかしながら，（福音書記者より以前に書いている）パウロが空虚な墓に言及しなかったので，その歴史性を疑う現代の批評家もいる．

キリストの復活の体の本性は議論の的となってきた．その客観的実体の主張は，ルカ福音書24:36-43に見いだされるが，諸福音書は一般に，キリストが以前の地上の生へと戻ったことをほのめかすのを避けている．たとえば，キリストは閉じられた戸を通って来たといわれている（ヨハ20:19)．

## 復活（死者の）
resurrection of the dead

キリストのパルーシア*ないし「再臨」の際に，亡くなった人々の魂*が身体的生を回復し，そしてその救われた人々がこの回復した形で天国の生へと入るというのが，基本的なキリスト教信仰である．死者の復活に関するキリスト教の教えが，魂の自然的な不死性*というギリシア的教説と違うのは，それが心身の有機体全体の回復を意味し，死後の生が全面的に神の賜物と考える点にある．ある時期には，復活が死者の身体の物質的な部分さえ生き返らせると主張されたが，現在，多くの神学者が論じているのは，復活の体が新しい秩序のそれであり，同一の人物の有機体であると識別できるという意味だけで地上の体と等しいということである．

## 復活祭（復活日）
Easter

キリストの復活の祭日で，キリスト教会の最大で最古の祭日．古代教会において，洗礼志願者*は聖土曜日*の夜に守るべきことをすべてしたのち，復活日があけて受洗し，聖体を拝領した．東西両教会では，諸儀式は土曜日に移された．カトリック教会では，1951-55年にそれらはその土曜日／主日の夜間に戻された．東方教会では，土曜日の礼拝に加えて，復活の主日（Easter Sunday）の朝課が深夜に始まり，復活の主日の典礼がそれに続く．➡復活徹夜祭

復活祭の日付は「過越の満月」(Paschal Full Moon）で決まり，その上限と下限は3月21日と4月25日である（復活祭の算定法をめぐる論争について，「復活祭論争」の項参照）．

## 『復活祭年代記』
Chronicon Paschale

7世紀前半に編集されたビザンティンの年代記で，この復活祭年代記という名称は復活祭の算定法に基づく．アダムの創造から630年までを扱うが，そのすべてが残っているわけではない．

## 復活祭連禱
Easter Litany

ボヘミア兄弟団*の主要な信仰告白．使徒信条*に基づくが，かなり拡大している．1749年に由来する．

## 復活祭論争（パスカ論争）
Paschal Controversies

復活祭*の日付の算定法をめぐる論争．(1) 復活祭が太陰月の固定日（ニサン*月14日）かそれに続く主日のどちらで守られるべきかという論争（➡14日派）．(2)（ユダヤの算定法を受け入れた）アンティオキア*教会が用いた「過越の満月」(Paschal Full Moon）の決め方と，独立した算定法を用いたアレクサンドリア*教会のそれとのあいだに相違があったが，325年の第1ニカイア公会議*は後者に与する決定をした．(3) 4-5世紀における異なる「復活祭周期」の使用による，ローマとアレクサンドリアの算定法間に相違があった．アレクサンドリアで使用されていたメトン（Meton）19年周期が，西方で525年にディオニュシウス・エクシグウス*により正式に採用された．(4) ケルト諸教会*には復活祭を守る独自の算定法があり，このことは（カンタベリーの）聖アウグスティヌス*の宣教団の到来後に論点となった．ローマの慣行は664年のホイットビー教会会議*によりノーサンブリアに受容され，その後イングランド全体に広がった．

1582年のグレゴリウス暦*の導入とともに，復活祭は再びキリスト教界のさまざまな地域で異なった日付で守られるようになった．正教会はたいていは固定祝日に関してグレゴリウス暦を採用しているが，まだ復活祭をユリウス暦に従って算定する．彼らの「過越の満月」が天文学的満月より5日遅いので，彼らの復活祭は西方の日付と時に一致するが，しばしば1週間，4週間，ないしは5週間遅れる．

## 復活賛歌
➡エクスルテット

## 復活修士会
Community of the Resurrection

このアングリカンの修士会はC. ゴア*によりオックスフォードで1892年に創立され，1898年にウェストヨークシャーのマーフィールド（Mirfield）に移った．この修士会は叙任候補者を訓練するカレッジをもち，南アフリカ*とジンバブウェ*で司牧・教育活動に従事している．

## 復活節
Paschaltide（Eastertide）

復活祭*にすぐ続く期間．カトリック教会では，復活の主日（Easter Sunday）からペンテコステ*までである．英国教会は長く復活節を復活祭から「三位一体の主日」*前の土曜日までとしてきたが，『共同礼拝』や他の式文集は現在はカトリックの慣行に従っている．

## 復活徹夜祭
Paschal Vigil Service

聖土曜日*／復活の主日（Easter Sunday）の夜間に守られる主要な儀式．当初は単にキリストの受難*と復活*を記念するものであったと思われ，洗礼*と密接に結びついていた．4世紀以降，聖金曜日*を独立して守るようになり，復活徹夜祭の強調点は復活を中心とするようになった．西方教会では礼拝が土曜日の朝に行われていたが，1951年にカトリック教会では土曜日の夜に戻された．

現行のカトリックの儀式によれば，教会堂の外で祝福された「新しい火」から灯された復活ろうそく*が，暗くした教会堂を通って運ばれ，他のろうそくがそれから灯され，復活賛歌*が歌われる．9箇所に及ぶ聖書が朗読され，説教が続く．洗礼盤*への行列のあと，洗礼水が祝福される．洗礼がどの志願者にも授けられる（また，施す資格をもつ司教ないし司祭がいるならば，堅信*も行われる）．会衆はそこで自らの洗礼の約束を更新する．礼拝は復活祭の聖体拝領の残りの部分をもって終了する．英国教会では，カトリックの儀式をひな型とした復活徹夜祭が，2005年の『共同礼拝』*の『時間と時節』（*Times and Seasons*）に含まれている．ビザンティン典礼では，復活徹夜祭は本来は聖土曜日の晩課*から始まり，それは旧約聖書からの15箇所の朗読で終わり，その後，聖体が拝領される．これらの礼拝は土曜日の午後遅くに始まることを意味するが，ふつう午前中に早められる．正教会の復活徹夜祭と通常考えられるものは，（真夜中に始まる）朝課*および復活日の典礼からなっており，真夜中の聖務日課がそれに先行する．

## 復活日

➡復活祭

## 復活ろうそく

Paschal Candle

復活徹夜祭*に，復活ろうそくは「新しい火」から灯され，暗くした教会堂を通ってそれを運ぶ助祭（執事）は，祭壇に着くまでに3度立ち止まり，そのたびに「キリストの光」（Lumen Christi）を唱える．他のろうそくは復活ろうそくから灯される．カトリック教会やアングリカン・コミュニオンの多くの教会では典礼に合わせて，復活祭*から「聖霊降臨の主日」*の前夜まで，および1年中の洗礼式の際に灯される．

## 物活論

hylozoism

あらゆる物質には生命があるという見解．

## ブックマン

Buchman, Frank Nathan Daniel（1878-1961）

オックスフォード・グループ*の創始者．アメリカでルター派*のミニスター*として働き，社会活動に従事したが，幻滅して職を退いた．イギリスを訪れ，ケジック・コンヴェンション*に出席して回心を経験した．彼はインドや極東を訪れ，1920年にケンブリッジに赴いた．幾人かのケンブリッジの学生が彼のオックスフォード訪問に同行し，この訪問からオックスフォード・グループ運動が生まれた．1930年代には，彼は広範囲に旅行した．1938年にロンドンで，彼は「道徳再武装」*を提唱したが，これは精神的に社会を変革する際の個人の役割を強調する活動を発展させたものである．

## 復古カトリック教会（古カトリック主義者）

Old Catholics

カトリック教会から分離したキリスト教徒からなる，少数の国ごとの諸教会．

(1) オランダ*の復古カトリック教会は，時に「ユトレヒト教会」と呼ばれる．その起原はヤンセン主義*論争に対する教皇側の対応および特に代牧*であったピーテル・コッデ（Codde）が1702年に罷免されたことにある．ユトレヒト司教座聖堂参事会はローマとは独立して行動し，1723年にコルネリウス・ステーンオーヴェン（Steenoven）をユトレヒト大司教に選出した．彼はローマ当局と衝突しながらも，その聖別は正規であった，バビロン司教ドミニック・マリー・ヴァルレ（Varlet）により聖別された．ステーンオーヴェンの没後，ヴァルレは1725年にその後継者を聖別した．

(2) ドイツ，オーストリア，スイスの復古カトリック教会．これらの諸教会を創設したのは，1870年の第1ヴァティカン公会議*により定義された教皇の不可謬性*および普遍的通常裁治権に関する教義の受け入れを拒否し，その直後にカトリック教会から分離した人たちである．彼らはその司教継承権をユトレヒト教会から受けた．

(3) スラヴ起原の小さなグループ．1897年のアメリカ合衆国におけるポーランド国民教会および1924年のクロアチア国民教会は，分離した諸教会を創設した．

復古カトリック教会の教理的基礎は，1889年に承認された「ユトレヒト宣言」*である．復古カトリック教会の司教は幾度もアングリカンの主教の叙任に参与してきた．

「古カトリック主義者」の語はイングランドでは，改宗者や移住者と対比して，古い（特に国教忌避*者の）背景をもつカトリック教徒のことも指す．

## 復古ローマ・カトリック教会
Old Roman Catholic Church

その司教的秩序をA. H. マシュー*にさかのぼらせる小さな共同体．

## ブッシュ
Busch, Jan（1399-1480頃）

共同生活兄弟団*の主要な団員の一人．バーゼル公会議*の精神に従って修道院改革に尽力し，一時ニコラウス・クザーヌス*と協力して活動した．彼はウィンデスヘイム*の共同生活兄弟団の歴史を著した．

## ブッシュネル
Bushnell, Horace（1802-76）

アメリカの会衆派*．1833-59年にコネティカット州ハートフォード（Hartford）の牧師であった彼は，ニューイングランドにおける自由主義神学の主唱者であった．言語が本質的に表象的であるという理由で彼が考えたのは，三位一体の教理は神が3つの異なった諸相で経験される点で人間にとって真ではあるが，それは神の内なる本性に関する真の知識をもたらすこともなく，神の本質における永遠的な区別の存在を必要ともしないということであった．

## フッター派
➡再洗礼派

## フッテン
Hutten, Ulrich von（1488-1523）

ドイツの人文主義者，論争家．両親によりフルダ*修道院に入れられたが，1505年に逃げ出した．1515年頃，彼は『高名ならざる人々の書簡』*への寄稿者になった．1519年から，彼はローマの権力からのドイツの解放の手段を見た，M. ルター*の宗教改革の宣伝に生涯をささげた．フッテンはこの目的のためにドイツ語とラテン語で一連の論考を書いた．生涯の最期には，U. ツヴィングリ*がフッテンをかくまった．

## 祓魔師
exorcist

伝統的な下級品級*の第2位．祓魔師の役務は，「エネルグメノイ」*への按手や洗礼志願者*の悪魔祓い*を含むようになった．カトリック教会では，この職は1972年に廃止された．

## プーデース
➡プデンス

## プデンス（プーデース）（聖）
Pudens, St

テモテ*に挨拶を送っていると，Ⅱテモテ書4:21で言及されている，ローマのキリスト教徒．伝承では，彼は聖ペトロ*にローマで宿を提供した．このプデンスを，自らの家（プデンス名義聖堂［*titulus Pudentis*］ないしプデンス教会［*ecclesia Pudentiana*］）をローマ教会に献げたというプデンス（おそらく3世紀）と同一視する十分な根拠はない．前者の祝日は，東方では4月14日，（時に前者と同一視された）後者の祝日は，西方では5月19日．

## プデンティアナ（聖）
Pudentiana, St

初期のローマのキリスト教徒の処女であったといわれるが，彼女への崇敬はおそらく，聖プデンス*の教会である，ローマの「エクレシア・プデンティアナ（*ecclesia Pudentiana*）」が聖プデンティアナを前提とするという誤った理解に基づいている．祝日は5月19日．

## ぶどう酒
wine

ぶどう酒は聖書にしばしば言及され，新約聖書時代のパレスチナで毎日の飲み物であったと思われる．ぶどう酒は伝統的に有効な聖餐*のための必須の素材の一つと考えられてきた．授与（administration）の言葉は聖別されたぶどう酒が陪餐者（communicant）にキリストの血を与えることを示しているが，カトリック神学者の考えでは，キリストの体と血はともに聖餐の両形色*のおのおのに臨在する（➡併存説）．早い時期から，聖餐の際水をぶどう酒に混合する習慣があった．英国教会では，その混合は1552年以降は命じられていなかったが，19世紀に一般的に復興した（➡聖品混合）．良心に基づくぶどう酒の節制から，非信従者*による発酵してないぶどう果汁の使用が起こった．この問題は時にエキュメニズム*の議論で争点となった．

## プトレマイオス体系
Ptolemaic system

プトレマイオス（Ptolemaeus，後2世紀）による天文学の体系で，彼は太陽，月，惑星の見かけ上の動きを，地球が静止しているという前提で説明した．

## プネウマトマコイ（聖霊異質論者）
Pneumatomachi

聖霊の十全な神性を否定した異端者たち．彼らが目立ってきたのは，セバステのエウスタティオス*がその指導者になった373年であったが，374年に教皇ダマスス*により断罪された．380年頃の最盛期のセクトには，聖霊の神性を否定しながら，聖霊の御子との同一実体性を認めたより保守的な一派，および後者をも否定した急進的な一派が含まれていた．プネウマトマコイは381年のコンスタンティノポリス公会議*でアナテマ*を宣告され，やがて消滅した．➡従属説

## フーバー
Huber, Samuel（1547頃-1624）

プロテスタントの論争家．キリストの贖罪の普遍性を主張したため，1588年にスイスから追放された．彼はその後，和協信条*に署名して，しばらくドイツのルター派*教会の牧師となったが，それは彼の贖罪論が極端すぎると分かるまでの期間であった．

## フーパー
Hooper, John（1495頃-1555）

プロテスタントの殉教者．1550年に，グロースター*主教に指名されたが，首長令への宣誓から天使と聖人への言及が削除されてから，また主教の祭服の合法性について長く迷った末にやっと主教職を受け入れた．メアリ1世*が即位すると，投獄され，1555年に，異端の嫌疑で裁かれ，火刑に処せられた．彼は極端なツヴィングリ*的なプロテスタンティズムの主唱者で，著作をとおしてピューリタン*に影響を及ぼした．

## ブーバー
Buber, Martin（1878-1965）

ユダヤ人の宗教哲学者．ウィーン生まれの彼は，シオニズム運動に参加した．1933年にフランクフルト大学の教授職を追われ，1938年に，エルサレムのヘブライ大学の教授になった．

キリスト教の神学者にもドイツ青年運動にも影響を及ぼした，ブーバーの最もよく知られた著作は1923年の『我と汝』（*Ich und Du*）である．そこでは，「我－汝」関係が「我－それ」関係と対比されており，前者では他者に十全な実在が与えられるのに対し，後者では他者は「我」の欲求や目的に従属している．

## プファフのエイレナイオス断片（だんぺん）
Pfaff fragments of Irenaeus

クリストフ・マテーウス・プファフが1713年に発表した4つの断片で，彼はそれらをトリノの図書館で発見したと主張し，聖エイレナイオス*に帰した．A. ハルナック*はそれらがプファフ自身の偽作であることを明らかにした．

## プーフェンドルフ
Pufendorf, Samuel（1632-94）

ドイツの自然法・国際法の教授．H. グロティウス*の体系を発展させて，彼は法を自然法，民法，道徳法に三分し，道徳法が啓示に，民法が国家の実定法に基づくのに対し，自然法が社会の衝動に，したがって人間理性にその基礎をもつと主張した．彼はまた「教会団体説」*と呼ばれる教会政治論を説いた．

## フープマイアー
Hubmaier, Balthasar（1485？-1528）

ドイツの再洗礼派*．1521年に，ヴァルツフート（Waldshut）の教会区司祭になり，ここでスイスの宗教改革者たちと接触するようになって，1523年にU. ツヴィングリ*と公然と同盟して，宗教改革を導入した．しかしながら1525年までには，ツヴィングリの教えを捨てて，再洗礼派の教えに立った．彼はやがて農民戦争*に巻き込まれたが，「12箇条」*の起草者かもしれない．彼はウィーンで火刑に処せられた．

## プフルーク
Pflug, Julius von（1499-1564）

ナウムブルク（Naumburg）司教．人文主義に同調し，プロテスタントとの和解に熱心で，この目的でいくつかの宗教会議（conferences）に出席した．彼は聖職者の結婚および二種陪餐*を許容しようとした．1541年にナウムブルク司教に選出されたが，1547年まで司教座に着けなかった．1548年のアウクスブルク仮信条協定*は主に彼の手になる．

## フベルトゥス（聖（せい））
Hubert, St（657頃-727）

「アルデンヌ（Ardennes）の使徒」．705-06年に聖ランベルトゥス*の後を継いでトンゲレン・マーストリヒト（Tongeren-Maastricht）司教になった．717-18年に，彼は司教座をリエージュ（Liège）に移した．彼が狩りをしていたとき，角のあいだに十字架のある雄鹿を見たという物語は，15世紀以前には見いだされない．祝日は11月3日．

## 普遍（ふへん）
universals

同じ類や種からなる個物に属する共通の要素を表す抽象的な概念．中世の普遍論はギリシア哲学に由来した．普遍が「事物」(*res*) かそれともただの「名称」(*nomina*) かという問いに対する答えに従って，哲学者たちは実在論*か唯名論*かに賛同した．

## 普遍救済論（ふへんきゅうさいろん）
➡ユニヴァーサリズム

## 普遍バプテスト派（ふへんバプテストは）（一般バプテスト派（いっぱんバプテストは））
General Baptists

特定バプテスト派*と対比され，その神学はアルミニウス主義*的で，その組織は長老派*的であった．このグループには，T. ヘルウィス*に指導された最初のイングランドのバプテスト*が属していた．多くの普遍バプテスト派教会がユニテリアン主義*に移ったのちに，新連盟（New Connection）が1770年に創設された．このグループは1891年に特定バプテスト派と合流した．

## 『フマナエ・ヴィタエ』
Humanae Vitae（1968年）

中絶*および「周期避妊法」（rhythm method）以外のあらゆる種類の産児調整を断罪した，パウルス6世*の回勅．➡避妊・生殖・中絶の倫理

## フミリアティ（謙遜派（けんそんは））
Humiliati

イタリアの悔い改めの運動．その信奉者は単純な生活を受け入れ，誓い*を立てることを拒否し，許可なしに説教することを主張し，1184年に，位階制*に対する不服従のゆえに断罪された．インノケンティウス3世*は1201年に彼らを単一の総会に管理される以下の3団体に再編成した．すなわち，第1はカノンと修道女の男女併存修道院*，第2は独身の男女の信徒からなる修道院，第3は在宅の既婚者からなっていた．前2者は托鉢修道会*に同化し，第3の団体は14世紀に消滅した．

## フラー
Fuller, Andrew（1754-1815）

バプテスト派*のミニスター*．1785年の『万人が受けるに値する福音』（*The Gospel worthy of all Acceptation*）は，「罪人の義務として霊的な何らの善いものも認めない」極端なカルヴァン主義*に反対している．1792年に，彼はバプテスト宣教協会の初代主事になった．

## フラー
Fuller, Thomas（1608-61）

アングリカンの歴史家．彼はいくつかの聖職禄を有し，O. クロムウェル*の時代に聖職剝奪を逃れることができた．彼の機知に富み親しみやすい文体のために広く名声を博した．最も有名な著作は，1655年の『イギリス教会史』（*Church-History of Britain*）と1662年に没後に刊行された『イングランドの名士たち』（*Worthies of England*）である．

## フラ・アンジェリコ
➡アンジェリコ

## フライ
Fry, Elizabeth（1780-1845）

クェーカー*の刑務所改良運動家．ジョン・ガーニー（Gurney）の娘である彼女は1800年に，ロンドンの商人で「プレーン・クェーカー」のジョン・フライと結婚した．1811年に，彼女はキリスト友会*の公認された「ミニスター」*として登録された．1813年に，彼女の関心は刑務所の状態に向けられ，彼女はニューゲート刑務所の女性囚人の福利に貢献した．彼女は男女の囚人の分離，犯罪者の分類，女性囚人は女性が監督すること，世俗教育・宗教教育の提供のために運動を起こした．祝日は『共同礼拝』*では10月12日．

## プライス
Price, Richard（1723-91）

非信従者*のミニスター*，倫理・政治哲学者．1758年の『道徳の基本問題に関する論評』（*A Review of the Principal Questions in Morals*）において，のちにI. カント*が表明した教説と類似性をもつ倫理的行為に関する見解を擁護した．プライスは行為の正偽が本質的にその行為に帰属すると考え，倫理学の「道徳的感覚」説を批判した．1778年には，彼はユニテリアン派*になった．

## プライマス
Primus

スコットランド聖公会（Scottish Episcopal Church）を主宰する主教の称号．➡スコットランドのキリスト教

## フラウィアノス（聖）
Flavian, St（449年没）

446年からコンスタンティノポリス*総主教．448年のコンスタンティノポリス教会会議で，彼はキリストのペルソナ（位格）に関する異端的な教えのゆえにエウテュケス*を破門した．翌年のエフェソス強盗会議*で，この決定は覆され，このときフラウィアノスが受けた虐待がその死を招いたといわれる．彼はカルケドン公会議*で名誉回復がなされ，殉教者と見なされた．祝日は東方では2月16日，17日，18日のいずれかと11月12日，西方では2月18日．

## ブラウン
Browne, George（1556年頃没）

ダブリン*大主教．イングランドのアウグスチノ隠修士会*の管区長であった彼は，1534年にヘンリー8世*により，国王至上権*への宣誓の実施

を含む会員巡察の役割を課された. 1536年に, ダブリン大主教に任命された. 彼はアイルランドの修道院の廃止に加担し, エドワード6世*の治下に英国教会を受け入れたアイルランドの聖職者の長になった. 1554年に, 彼はメアリ1世*の治下に大主教座を剥奪されたが, それはおそらく彼が妻帯していたからであろう.

## ブラウン
Browne, Robert (1550頃-1633)

ピューリタンで分離派*. バーリー卿ウィリアム・セシル (Cecil) の親族である彼は, T. カートライト*の影響を受け, 1581年にノリッジ*で独立した教会を設立した. 彼はたちまち投獄されたが, セシルの仲裁で釈放され, オランダのミデルビュルフ (Middelburg) に信徒たちとともに移住した. 彼はやがて彼らの多くと仲たがいした. 彼はイングランドに戻って, 英国教会に正式に復帰し, 1586年にサザーク*のセント・オラヴ (Olave) 校の校長になったが, 依然として分離派の教会を牧会したと思われる. 1591年に, 聖職に叙任され, ノーサンプトンシャーのソープ・アチャーチ (Thorpe Achurch) の主任司祭*になった. 彼は会衆派*の初期に重要な影響を及ぼし, その最初のメンバーはしばしば「ブラウン主義者」(Brownists) と呼ばれた.

## ブラウン
Browne, Sir Thomas (1605-82)

医師, 博物学者, 古物研究家, モラリスト. 1642年の『医師の宗教』(*Religio Medici*) において, 彼は自然という書物を読みつつ, 神の御言葉への敬虔な信仰を経験論と調和させることを説いた. 1646年の『疫病的な偽知識』(*Pseudodoxia Epidemica*) は, 一般に容認されたさまざまな信仰を理性と経験に照らして吟味している. 1658年に刊行された2部作『瓶埋葬論』(*Hydriotaphia*) と『キュロスの庭』(*The Garden of Cyrus*) は, 埋葬の慣習に関する論考の形式で記した, 死と復活についての瞑想禄である.

## ブラウンソン
Brownson, Orestes Augustus (1803-76)

アメリカの哲学者. 次々に1822-26年に長老派*の信徒, 1826-32年にユニヴァーサリズム*の説教者, 1832-44年にユニテリアン派*の牧師となり, 1844年以降はカトリック信徒であった. 1838年に, 彼は『ボストン・クォータリー・レビュー』を創刊した. ユニヴァーサリストとして, 彼は急進的な社会問題に関心をもち, 死刑*と奴隷制*に反対する一方, 女性の権利と教育を支持した. 彼はやがて社会の有機的な一体性を信じるようになった. カトリックとして自らが1844年に創刊した『ブラウンソンズ・クォータリー・レビュー』を, 彼は一時的に中断したが1875年まで編集した. 彼の主著は1866年の評論集『アメリカン・リパブリック』であった. 彼は残りの生涯をカトリック的なアメリカのビジョンを創造することにささげた.

## プラエポシティヌス
Praepositinus (1140頃-1210頃)

神学者, 典礼学者. おそらくクレモナ出身の彼は, パリ*で学び, のちにそこで神学を教えた. 1194年に, マインツ司教座聖堂付属学校長に招聘された. 1206-09年に, 司教座聖堂の尚書院長としてパリ大学総長であった. 主著『神学大全』(*Summa Theologica*) は, ペトルス・ロンバルドゥス*の『命題集』の形式を踏まえている. 典礼年に則ったプラエポシティヌスの『聖務日課論考』(*Tractatus de Officiis*) は, マンドのドゥランドゥス*による標準的著作の主要な源泉であった. プラエポシティヌスは12世紀後半のパリの神学者の中で代表的人物の一人であった.

## ブラガ典礼(てんれい)
Braga, rite of

ポルトガル北部のブラガ司教座聖堂で用いられているカトリックの典礼様式. 14世紀にはすでに存在していた. 1924年に改訂され, 大司教管区内の使用が随意になった1971年に再改訂された.

## フラキウス・イリリクス
Flacius Illyricus, Matthias (1520-75)

ルター派*の神学者．1544年にヴィッテンベルク*大学のヘブライ語教授に任命された．どうやらM. ルター*の個人的な友人ではなかったらしいが，彼は純正ルター派*的な傾向を支持した．1548年に，ヴィッテンベルク大学神学部をまとめてアウクスブルク仮信条協定*に反対させようとしたが失敗し，マクデブルクへと移った．そこで彼は，アディアフォラ主義者*への反論を書いた．彼は「『マクデブルク世紀史』の著者たち」*の背後で指導的な役割を果たしたが，おそらく著者の一人ではない．

## プラクセアス
Praxeas (200年頃活動)

テルトゥリアヌス*が駁論を書いた異端者．プラクセアスは教皇（ヴィクトル1世*ないしゼフィリヌス*）を動かしてモンタノス派*に反対させたといわれ，彼はまた，父なる神が苦しみを受けたと言明して神性の単一性を支持した人たちである「御父受難説*的モナルキア派*」の指導者と自称した．彼は自説を撤回した．

## プラクセデス（聖）
Praxedes (Prassede), St (1-2世紀)

殉教者．彼女の（真作でない）殉教記録（*acta*）によれば，マルクス・アウレリウス*帝の迫害中にキリスト教徒をかくまったローマの処女であった．祝日は7月21日．

## プラグマティズム
Pragmatism

あらゆる真理が有用な結果をもち，これがその真理性の判断基準であるという原則に基づく信念の体系．プラグマティズムは，宗教が心理学的基準を満足させ，ふさわしい価値を生み出すならば，それを正当化し弁明する．

## フラゴン
flagon

教会用語で，聖餐式のためにぶどう酒を入れる容器．通常は蓋と柄がついて，しばしば貴金属製のフラゴンが用いられるようになったのは，二種陪餐を行うので多量のぶどう酒が信徒のために必要となった宗教改革以後であり，イングランドの実例は1570年代にさかのぼる．1637年のスコットランドの『祈禱書』および1662年の『祈禱書』におけるルーブリック*(典礼注規）は，ぶどう酒をフラゴンに入れて聖別するように定めている．

## ブラシオス（聖）
Blasius, St

歴史的に価値のない伝説によれば，彼はアルメニアのセバステ主教であって，4世紀に殉教した．祝日は西方では2月3日（以前は15日），東方では2月11日．

## ブラジルのキリスト教
Brazil, Christianity in

ブラジルのキリスト教化は主にイエズス会*により行われ，同会は1554年にサンパウロ市を建設した．強制的にキリスト教に改宗させられた奴隷がアフリカから流入し，アフリカの諸部族の言語と文化を維持する方法として，アフリカの宗教とカトリシズムの統合が生まれた（アフロ・ブラジリアン教会）．ブラジルは1822年にポルトガルから独立した．1889年の共和政の成立とともに，教会は非国教化され，礼拝の自由があらゆる団体に保証された．最近では，プロテスタンティズム（特にバプテスト*，ペンテコステ派*，セブンスデー・アドヴェンティスト派*），神霊主義*，アフロ・ブラジリアン教会がその信徒を増大させている．カトリックのブラジル人の司教たちは積極的に「貧者の選択」(option for the poor）を実践してきたし，「解放の神学」*の主唱者の多くはブラジルにある教会基礎共同体*において活動した．オランダの改革派*の侵攻中，1645年に殉教した一群のブラジル人は2000年にヨアンネス・パウルス2世*により列福された．

## ブラス
brasses

真鍮板でできた記念碑で，像や銘が刻まれ，教会堂の床石か壁に置かれた．これは13世紀にさかのぼり，16世紀まで広く用いられ，19世紀に復活した．

## ブラスタレス
Blastares, Matthew（1335年頃活動）

テサロニケ*の修道士．彼は教会法*のアルファベット順に配列した便覧を作成したが，聖歌の集成も行ったと思われる．

## プラチェボ
Placebo

（ラテン語で「私は気に入られよう」の意．）死者の晩課*を指す伝統的な名称で，冒頭語からそう呼ばれる．

## ブラックウェル
Blackwell, George（1547-1612）

カトリックの首席司祭*．フランスのドゥエー*の神学校で学んだのち，1576年にカトリックの宣教のためにイングランドに戻った．1598年に，彼は在俗司祭の監督をまかされ，首席司祭の称号を与えられた．彼が支援したのは，君主との政治的な和解をめざした在俗司祭たちに反対してエリザベス1世*の政府を倒そうとした（イエズス会*員を中心とする）人たちの政策であった．31人の在俗司祭（「上訴人」*）は1598-99年にローマへ上訴した．ブラックウェルに有利な回答が出されたが，再度の上訴後，1602年に叱責された．彼は1607年に投獄され，ジェームズ1世*に対して「忠誠の誓い」*を行い，1608年に首席司祭を解任された．

## ブラック・フライアーズ
Black Friars

ドミニコ会*員の通称で，白い服の上に黒いマントを着用していることからそう呼ばれる．➡グレー・フライアーズ，ホワイト・フライアーズ

## ブラック・マンクス
Black Monks

中世のイングランドでベネディクト会*の修道士につけられた名前で，彼らの黒い服に由来する．➡ホワイト・マンクス

## 「ブラック・ルーブリック」
Black Rubric

『祈禱書』*の聖餐礼拝規定の末尾に印刷された「跪拝の宣言」（Declaration on Kneeling）につけられた19世紀の名称．これは議会の承認なしに1552年の『祈禱書』に付加された．ルーブリック*は赤文字で印刷されるようになっており，同宣言がルーブリックでないことはそれを黒文字で印刷することにより示された．

## ブラッドフォード
Bradford, John（1510頃-1555）

プロテスタントの殉教者．1550年にN. リドリ*により執事に叙任され，そのチャプレンに任命された．メアリ1世*の即位後，謀叛のかどで投獄された．彼は囚人仲間の自由意志説信奉者*に反対して，予定*の教えを擁護した．彼はスミスフィールド*で火刑に処せられた．

## ブラッドリー
Bradley, Francis Herbert（1846-1924）

絶対的観念論*の主唱者．1893年の『仮象と実在』（*Appearance and Reality*）は，19世紀のイギリスの形而上学における最も独創的な著作であった．彼が論じたのは，自然科学・倫理学・宗教などの領域の至るところに矛盾が明らかなこと，それゆえ，これらの領域は実在とは見なされえないことである．唯一の真の実在は，絶対という包括的な経験の中に見いだされるべきであり，他方，主観と客観とのあいだの懸隔を含むいっさいの矛盾は超克されなければならない．有神論と個人の不死性は否定されている．

## ブラッドワーディーン
Bradwardine, Thomas（1295頃-1349）

カンタベリー*大司教．オックスフォード大学で教え，その後1337年に聖パウロ司教座聖堂*のチャンセラーになった．1349年に，彼はカンタベリー大司教に聖別されたが，その年のうちに没した．

主要な神学書『神の擁護』(*De causa Dei*) において，明白な命題について神学的な体系を築こうとした．流布していたペラギウス主義*的思想に反対して彼が強調したのは，恩恵の必要性および必然であろうと偶然であろうとあらゆる行動の背後にある神の意志の「不可抗的」有効性であった．彼の著作はJ. ウィクリフ*の予定説に道を開いた．

## フラティチェリ
Fraticelli

もともと異端的なフランシスコ会*員の軽蔑語であったフラティチェリは，以下の２つのグループを指し，ともに主としてイタリアに限定され，1500年までに消滅した．(1)「貧しい生活のフラティチェリ」(*Fraticelli de Paupere Vita*) はアンゲルス・クラレヌス (Angelus Clarenus, 1337年没) の信奉者であった．(2) チェゼーナのミカエル (Michael de Cesena, 1342年没) の信奉者である「言論のフラティチェリ」(*Fraticelli de Opinione*) は，独自の司教，司祭，女性の説教者をもつ教会として組織されていた．

## プラティナ
Platina, Bartolomeo (1421-81)

イタリアの人文主義者．ヴァティカンの図書館員時代，1479年に『教皇列伝』を編纂した．ハレー彗星への言及と祈りの記述および1456年のトルコ軍に対するカリストゥス３世*の呪い (curses) が並記されていることから，教皇が彗星を破門したという寓話が生まれた．

## プラトン
Plato (前427-347)

ギリシアの哲学者. ソクラテスの弟子であった. 399年のソクラテスの処刑後，プラトンはアテネ*を離れた．388年以降のいつか，アテネに戻り，市の郊外のアカデモスの神域に学園アカデメイアを創設した．短期間を除けば，生涯の最後の40年間をアカデメイアで過ごしたと思われる．

若干の書簡集を例外として，プラトンの著作は対話篇の形式からなる．ソクラテスがしばしば主な話し手であり，それぞれの対話篇の表題の由来となるさまざまな批判家や弟子が彼との議論に加わっている．

初期の対話篇において，主な強調点は倫理的である．強調されている点は，精神と意志の涵養，「魂の善性」は，人生の主要な務めであること，これは善性・真理・美を理性により洞察することで達成されること，啓発された良心による道徳性と要請は，政治生活において尊重されるべきであること，理性的・道徳的人格は，魂がこれらの価値について知っていることを「想起すること」により創造されることである．魂は善であると信じるものを自然的にめざすゆえに，悪事を働くことは誤って心に抱いた善を追求することである．

これらの教えは，特に後期の対話篇において展開された原理体系の基礎になっている．これは感覚と日々の経験の世界を，「イデア」(ないし，より良い「形相」) という真実の高次な世界と対比させている．これらの「形相」は個々の実体中に「存在」し，永遠の形相を把握し，それに参与することにより，魂はその真の安寧を獲得し，「生成」の変化を超越できる．しかし，「善の形相」である最高の価値は神秘的なままである．

プラトンの狭義の神学論は『ティマイオス』(*Timaios*) および『法律』(*Nomoi*) 第10巻に存在する．『ティマイオス』が記述するのは，どのように神的なデミウルゴス*(「神」) が世界を存在させるか，どのように「神」が世界を永遠の原型の像とするのか，どのように「神」が世界に精神と魂を分与することにより自らの完全に参与することを可能とさせるかということである．『法律』第10巻が具体的に表現するのは，自然神学*の知られる最古の説明，すなわち，すべての運動が究極的にその頂点に「完全に善なる魂」を要請するという信念に基づく一種の宇宙論的証明*である．どのようにプラトンが諸形相の最高のものを至高の魂としての「神」に関係づけたかははっきりしない.『ティマイオス』において，諸形相は「神」の諸理念であるが,「神」も諸形相の範型に似せて宇宙を創造したので，ある意味で諸形相に従属したと思われる．しかしながら，この問題が議論のまととなったのは，神学により関心をもった後代のプラトン主義者のあいだでであった.

## プラトン主義

Platonism

プラトン*の教えはヘレニズム時代に広く支持され，後期ユダヤ教に影響を及ぼした．後3世紀に，プロティノス*によるプラトンの体系の改鋳(新プラトン主義*)は，キリスト教に対して意識的に反対しつつ，ポルフュリオス*により展開された.

プラトン主義のキリスト教思想との混交の始まりは，アレクサンドリアのクレメンス*とオリゲネス*にさかのぼる．キリスト教神学にとりいっそう重要なのはプラトンの教えの聖アウグスティヌス*への影響であって，彼の権威は多くのプラトン的概念がラテン的キリスト教において永続的な地位を得るのに寄与した．それ以降，プラトンの諸形相は神の創造的諸思想であると必ず解釈された．キリスト教神秘主義に対するプラトン主義の関連性は，ディオニュシオス・アレオパギテース*および東西の他の霊的著作家により高く評価された．ルネサンスはプラトン自身に対する関心を復活させ，プラトンの影響力は特にイングランドにおけるキリスト教哲学に重要な役割を果たし続けている．大陸のプロテスタント正統派は，自然理性に対する不信感から一般にプラトン主義に冷淡で，20世紀に，ギリシアの形而上学に対する神学的な批判が存在した.

## フラバヌス・マウルス（ラバヌス・マウルス）

Hrabanus Maurus（Rabanus Maurus）(780頃-856)

詩人，教師，大司教．献身者*としてフルダ*大修道院に入り，818年に同修道院付属学校長となり，824-42年に同修道院長であった．847年に，マインツ大司教になった.

学校長のとき，彼は文法や時間の計算法に関する著作,聖書のほぼ全文書に関する注解,多くの聖歌を書いた．大修道院長のとき，彼は教会法や慣行に関する論考を書いたが，その一つが，聖職者のための手引き書の『聖職者の教育について』(*De institutione clericorum*）である．大司教のとき，彼は（たとえば地方司教*に関するように）特定の規律の問題や（特に，ゴットシャルク*に反対した，『予定について』[*De praedestinatione*] におけるように）神学に取り組んだ．842年頃に書かれた『事物の本性について』(*De rerum naturis*) は百科全書的著作である．50通以上の書簡とおよそ100編の詩が残っており,『ヴェニ・クレアトル』*は時に彼に帰されている.

## ブラムホール

Bramhall, John（1594-1663）

1661年からアーマー*大主教．1633年にストラフォード (Strafford) のチャプレンとしてアイルランドに赴き,1634年にデリ(Derry)主教になった．彼は1642年にイングランドに戻り，1644年に大陸に渡った．彼はその追放の期間を英国教会をもろもろの攻撃から擁護することに費やし，彼の著作が反駁した相手は，ピューリタン*，T. ホッブズ*の哲学的唯物論・決定論，カトリック教会であった. 彼は大主教として,「国教遵奉法」(Conformity Laws) を強制することに慎重であった.

## フランキスクス（フランシスコ）

Francis（1936-）

2013年から教皇．最初のイエズス会*出身の，また新世界出身の教皇．イタリア系移民の家族の5人の子どもの一人である,ホルヘ・マリオ・ベルゴリオ (Bergoglio) はブエノスアイレスに生まれた. 1958年にイエズス会に入会する前は，化学技術者として働いた．彼はアルゼンチン，チリ，スペインで学び，1969年に司祭に叙階された．1971年にイエズス会アルゼンチン管区の修練院長に任命され，1973-79年に管区長であった．彼は次いでブエノスアイレスのサン・ミゲル大神学校（Colegio Máximo) 校長兼神学教授に任命され，1990年にアルゼンチンのコルドバのイエズス会学院で霊的指導者になった．1992年に，ブエノスアイレス補佐司教に任命され，1997年に大司教になった．2001年に枢機卿に任じられ，2005-11年に，アルゼンチン司教協議会議長であった．ベネディクトゥス16世*の退位後，彼は教皇に選出され，アッシジの聖フランチェスコ*に従ってフランキスクスと名乗った．

大司教および枢機卿としての彼の生活を特徴づけたのは，簡素さと貧者への思いやりであり，彼は教皇としてもそれらを強調している．イエズス会アルゼンチン管区長のとき彼は，ラテン・アメリカの他の地域のイエズス会員が信奉していた「解放の神学」*を支持しなかった．彼は神学的な保守派と評されている．

## フランク
Franck, Sebastian（1499頃-1542頃）

ドイツの人文主義者，急進的な宗教改革者．1520年代にルター派*になり，1526年から牧師に任じられた．やがて彼はその職に失望して，出版業に移った．彼の急進的な思想のゆえに，1531年にはストラスブールから，1539年にはウルムから追放された．彼が主唱した一種の非教義的なキリスト教は，カトリックにもプロテスタントにも不快なものであった．

## フランクフルト教会会議（きょうかいかいぎ）
Frankfurt, Councils of

フランクフルト・アム・マインで開催された多くの教会会議の中で最も有名なのは，シャルルマーニュ*がキリスト養子論*を断罪するために794年に召集した会議である．

## フランケ
Francke, August Hermann（1663-1727）

ドイツの敬虔主義*者，教育家．彼がP. J. シュペーナー*と接するようになったとき，すでに敬虔主義的な信仰に惹かれていた．1691年に，フランケはハレ（Halle）大学のギリシア語・東洋語教授およびハレ郊外のグラウハ（Glaucha）の牧師に任命された．1696年に，彼は「師範学校」（Paedagogium）や孤児院を建て，それらはともに大きくなり，印刷所や薬局がやがて付け加わった．彼の神学はシュペーナーのそれに似ていたが，内面の宗教的な苦闘の必要性をより強調した．彼が課そうとした厳格な倫理的規準はその敬虔主義に律法主義的な傾向を与え，特に北ドイツや中央ドイツにおける敬虔主義の発展に影響を及ぼした．

## プランケット（聖）（せい）
Plunkett（Plunket）, St Oliver（1625-81）

1669年からカトリックのアーマー*大司教．1673年に始まった迫害中，アイルランドに留まった．T. オーツ*の教皇派陰謀事件*により引き起こされた狂乱のさなか，彼は1679年に逮捕され，ロンドンで裁判にかけられ，反逆罪で処刑された．祝日は7月11日．

## フランシスコ
➡フランキスクス

## フランシスコ会（かい）
Franciscan Order

正式名称が「小さき兄弟会」（Order of Friars Minor）であるこの修道会は，アッシジの聖フランチェスコ*が，今は失われた『原始会則』を追随者に与えた1209年に創立された．この会則は1221年に改訂され，さらに最終的な形になったのは1223年であり，その年，ホノリウス3世*は大勅書（bull）によりこれを認可したので『公認会則』（Regula Bullata）と呼ばれる．その顕著な特徴は，個々の兄弟（friars）だけでなく修道会全体の完全な清貧を要求していることである．修道会の発展とともに，会則の文字どおりの解釈を主張するスピリトゥアル派*と，より穏健な考えを好む多数派という2つのグループが対立した．1317-18年に，修道会が財産を団体として所有することを認めたヨアンネス22世*の2つの大勅書により，問題は厳格派に不利に決着した．多くのスピリトゥアル派の人たちは去り，14世紀のあいだ，規律の弛緩が広がった．清貧への回帰はオブセルヴァント派*によりもたらされ，同派はコンスタンツ公会議*が彼らのフランス管区に固有の管区長（provincials）の選出を認めた1415年と，エウゲニウス4世*が彼らに固有の総会長代理（Vicar General）を置いた1443年に教会内で承認された．同派は1517年にコンベンツアル派*から分離され，真の聖フランシスコ会と布告された．別の改革の動きがカプチン会*を創立させ，その会則は1529年に起草された．17-18世紀に改革諸派が再び生まれた．その主なものは「レフォルマト派」（Reformati），レコレクト派*，ディスカルケアト派（跣足派*）であり，彼らは同じ総会長のもとに留まりながら独自の会憲に従った．19世紀末に，修道会は1897年に認可された会派の統合により新たな活気を取り戻した．

フランシスコ会には観想修道女の第2会であるクララ会*と第3会*も属しており，後者は現在は律修第3会と在俗第3会に分かれている．

英国教会において，フランチェスコの理想に影響されたグループが1921年にドーセットのサーンアバス（Cerne Abbas）の近くに移り住んだ．彼らは1931年に誓願を立て，修道会を設立した．アングリカンの女子修道会も存在する．

## フランシスコ・ザビエル

➡ザビエル

## フランス聖職者会議（せいしょくしゃかいぎ）

Assemblies of the French Clergy

フランスのカトリックの聖職者たちの代表者が5年ごとに開催した会議で，16世紀末からフランス革命まで常設の機関であった．1682年の「特別」会議は「ガリア4箇条」*を承認した．

## フランスのキリスト教（きょう）

France, Christianity in

キリスト教は小アジアからの宣教者により2世紀にガリアに導入されたと思われる．リヨンのキリスト教会は177年に迫害*を受けた．ガリアの司教職は250年頃と313年のあいだに確立された．314年のアルル教会会議*には14人のガリアの司教が出席し，5世紀には，ローマ帝国支配下のガリア教会（Gallo-Roman Church）の明確な組織化がみられた．アレイオス主義*の西ゴート人による南ガリアの占領はカトリックの司教たちの生活を妨害しなかったように思われるが，フランク人の王クローヴィス*のカトリシズムへの改宗と彼のガリア征服は，教会と世俗の支配者のあいだの密接な関係の樹立につながった．751年に最終的に王位を確保したペパン3世*，その息子シャルルマーニュ*，およびその後継者たちのもとで，教会生活のあらゆる面に関わる法律が制定された．フランク人の教会で注目すべきなのは，典礼の整備，教会の聖歌の発達，ウルガタ訳聖書*の影響を及ぼした改訂であった．フランク人の支配者と教皇職との密接な関係は，800年にシャルルマーニュが皇帝として戴冠されたことに劇的に表現された．教会と国家の協力関係は，ユーグ・カペーが987年にフランスで最後のカロリング家の支配者の後を継いだのちも続いた．叙任権闘争*において，指輪*と牧杖*を司教に授ける国王の権利をめぐってあからさまな衝突はなかった．2人の改革的な教皇であるウルバヌス2世*とカリストゥス2世*はフランス人であったし，フランスは十字軍*およびクリュニー会*とシトー会*が生まれた国であった．南フランスへのアルビ派*の普及後に，アルビジョワ十字軍（1209-29年）はラングドック（Languedoc）をフランス王国に吸収させることになった．

フィリップ4世（在位1285-1314年）の治下，教皇の権能と威信は，ボニファティウス8世*が1303年にフィリップの手先により囚われたことで傷つけられた．1305年にクレメンス5世*が教皇に選出されたのに続いて，教皇庁はフランス領内のアヴィニョン*に移った．しかしながらフランスによる教皇職の捕囚の代わりに，フランスは教皇による「叙任」（provisions）の拡大のために聖職禄*を求めて荒らされた．ガリカニスム*が生まれたのは，教会会議が1378年に始まった大シスマ*を終わらせる手段として，教皇から聖職禄と課税に対する権利を奪おうとしたときである．

1516年のボローニャ協約*は，フランス王に高位聖職者を任命する権利を付与することで，フランスの君主がローマと断絶するよりむしろ妥協する気にさせた．それはまた，フランスの教会全体がプロテスタンティズムに変わりうるように国王の支持を得ることをめざしていたJ. カルヴァン*とT. ベーズ*の（不成功に終わった）戦略にも影響を与えた．アンリ4世*が1593年にカトリックに改宗するまで，ユグノー*はこの実現を望んでいた．（プロテスタントのアグリッパ・ドビニェ［Agrippa d'Aubigné，1552-1630年］が『悲劇』［*Les Tragiques*］の中で回顧的に年代づけた）1572年の「サン・バルテルミの虐殺」*で頂点に達した，15世紀後半中の長引いた内乱ののち，ユグノーは1598年のナント王令*のもとで制限された保護を受けたが，これも減退し，ついに1685年の王令の廃止により除去された．ユグノーの人数は減少し，カトリックの信仰はトリエント公会議後の信心により活気づけられた．ルイ14世（在位1643-1715年）はプロテスタントだけでなく，教皇職に対しても国王の権力を主張し，聖職者は1682年に「ガリア4箇条」*を発表した．この時期に始まるのは，J.-B. ボシュエ*による説教の最も傑出した諸例である．ルイ14世はまたジャンセニスト*を攻撃し，ポール・ロワイヤル*の彼らの霊的な拠点を破壊してイエズス会*の意図を助長した．この論争はB. パスカル*の『プロヴァンシアル』に記憶すべく記録されている．キリスト教信仰は都市を除いてほとんど例外なく実践されていたが，知的には教会は（たとえばヴォルテール*やJ. J. ルソー*からの）批判に対して不完全な応答しかできず，その富のゆえに反聖職者主義*の標的であった．1789年の革命で，教会財産は売却され，10分の1税*は廃止され，修道誓願は禁止された．1790年の聖職者民事基本法*は憲法派教会*を設立した．1801年の政教協約*は，「祭壇を復興し」，教皇職の威信を増大し，フランスの聖職者のガリカニスム的精神を弱体化した．この復興のいくつかの特徴はF.-R. ド・シャトーブリアン*の『キリスト教の精髄』に表現されている．それ以降，ウルトラモンタニズム*が勢力を得て，1870年の第1ヴァティカン公会議*での勝利へと動きだした．19世紀に，カルヴァン主義はいくらか復興したが，1872年に正統派，穏健派，自由派に分裂して弱体化した．

多くの教会人がナポレオン3世の体制に帰属意識をもち，その後，王党派的な復興が提案がされたため，第3共和政の政治家は反聖職者主義的な政策を採用し，さまざまな法律が教会の影響力を弱めた．20世紀初頭に，大多数の修道会がフランスから追放され，1905年に教会と国家は分離した．教会への国家の補助金は中止し，それとともに組織としての教会の認可も中止したが，国家は重要な聖堂や大聖堂の維持費を補助し続けており，いくつかの国民の休日は現在もキリスト教の祝祭日と一致している．第1次世界大戦中，フランスの聖職者は信徒とともに戦い，多くのフランス人と教会とのあいだの距離は縮まった．遠慮がちに修道会が戻ってきて，両大戦間で注目されるのは，教会と国家のあいだの関係の改善であった．カトリックの学問は第2次世界大戦後の数年間，発展・開花し，エルサレムのフランス人ドミニコ会*員は聖書の最初の学問的な翻訳（1948-54年，「エルサレム聖書」）を刊行した．1940-50年代の労働司祭の活動は，19世紀の教会にとっての労働者階層の喪失に対抗することを意図していた．1984年にカトリックは，教会立の学校を国家組織に編入する社会党政権の計画を撤回させることができ，1980年代に，教会は2つの放送局を開設した．20世紀におけるカトリックの根強い影響力を特徴づけたのは，フランソワ・モーリアック（Mauriac，1885-1970年）の小説，P. L. C. クローデル*の演劇，オリヴィエ・メシアン（Messiaen，1908-92年）の音楽，ル・コルビュジエ（Le Corbusier，1887-1965年）の建築におけるキリスト教的探求心の要素であった．フランス教会を混乱させたのは大司教M. ルフェーヴル*の離反であったが，彼の分離主義的運動はそれを聖座*に結びつける試みに反対し続けている．20世紀に現れたものとしてさらに，その霊性がプロテスタントの起点を超えて広がった，エキュメニカルなテゼ共同体*の誕生，ルルド*のマリア聖堂に対する国際的な崇敬，（パリ*のサン・ジェルヴェ［Gervais］教会に本部を置き，「都市砂漠」を活性化しようとする）「エルサレム兄弟会」(*Fraternité de Jérusalem*) の創設がある．数度の教皇の訪問はフランスに，「教会の長女」(1980年のヨアンネス・パウルス2世*の言葉) としての歴史的立場を想起させようとしているが，2008年のベネディクトゥス16世*に対する大統領ニコラ・サルコジの熱烈な歓迎ぶりは批判された．2010年に，人口の65%がまだカトリックであると称しているが，10%未満がミサに出席しているにすぎない．正式な非宗教主義という原則が厳密に課されているとはいえ，この国は少なくともある程度，文化的・芸術的にそのキリスト教的遺産と調和している．

## フランソワ・ド・サル（聖）

Francis de Sales, St (1567-1622)

対抗宗教改革*の指導者．世俗の職業に就くよう誘われていたが，彼は聖職に強い召命を感じた．1593年に，司祭に叙階され，ジュネーヴ*の司教座聖堂主任司祭*となった．彼は多くのカルヴィニスト*をカトリシズムに転会させた．1599年に，ジュネーヴの協働司教*に任じられたが，1602年にその司教座を継ぐまでは聖別されなかった．彼は1604年に聖ジャンヌ・フランソワーズ・ド・シャンタル*と出会い，彼女とともに1610年にマリア訪問会*を創立した．彼の最も有名な著作である1609年の『信心生活入門』*および1616年の，霊的生活でより進んだ人たちのための『神愛論』(*Traité de l'amour de Dieu*) は，個人に与えた教えがもとになっている．祝日は1月24日 (以前は27日)．

## プランタン

Plantin, Christopher (1520頃-1589)

印刷業者．フランスで育った彼は，1548年にアントウェルペン (アンヴェルス) に移り，やがてヨーロッパで最大の印刷・出版所を建てた．最も有名なのは1569-72年のアントウェルペン版の多国語対訳聖書*であった．彼とその後継者はきわめて多くのミサ典礼書*，聖務日課書*，その他の典礼書を印刷したが，それはスペイン王の領地内で彼に付与された独占権に基づいていた．

## フランチェスカ（ローマの）（聖）

Frances of Rome, St (1384-1440)

ベネディクト会律修献身会*の創立者．修道生活を切望していたが，結婚し，模範的な妻であり母であった．1425年に，彼女は貧しい人たちを助けるために，厳格な誓約を立てない，敬虔な女性の共同体を創立した．1436年の夫の没後，その共同体に入り，上長となった．ピウス11世*は彼女を運転者の守護聖人とした．祝日は3月9日．

## フランチェスコ（アッシジの）（聖）

Francis of Assisi, St (1181/82-1226)

フランシスコ会*の創立者．アッシジの裕福な商人の息子であった彼は，1202年に境界の小競り合いで捕虜となり，1年間獄中にあった．1204年に再び戦争に赴いた彼は，幻により故郷に戻るように命じられた．ローマへ巡礼に行った彼は，物乞いと衣服を交換し，物乞いをしてその日を過ごした．アッシジに戻って，古い仲間とのつきあいをやめ，父親から勘当され，ハンセン病者を抱擁することでその病に対する恐怖心を克服し，廃墟となっていた教会堂の修復に没頭した．1208年頃，ミサに出席したとき，弟子たちにすべてを捨てるように命じるイエスの言葉 (マタ10:7-19) が読まれるのを聞き，しかもそれを自分への個人的な招きと受けとめた．彼はやがて一群の追随者を集めた．彼らの人数が12人に達したとき，簡単な会則 (『原始会則』[Regula Primitiva]) を起草し，1209年のローマ訪問の際，それに対してインノケンティウス3世*の口頭での認可を得た．アッシジに戻り，彼は兄弟 (托鉢修道士*) を2人ずつ説教するために派遣した．彼らは「小さき兄弟たち」(friars minor) と自称し，急速に増加した．1212年に，フランチェスコの理想は聖クララ*により受け入れられ，彼女は女性のための同様な組織を設けた．病のためにアフリカに行けなかったフランチェスコは，おそらく1215年の第4ラテラノ公会議*に出席し，そこで彼の修道会は既存の会則を採用する命令を受け入れずにすんだ．1219年に，彼は2人の総会長代理 (vicars) に修道会を任せてエジプトに行ったが，彼らの管理のまずさのゆえに帰国せざるをえなかった．悪弊を正すために，のちのグレゴリウス9世*の助けを借りて，フランチェスコはもとの会則を『第1会則』(Regula Prima)と呼ばれるようになるものに成文化した．ホノリウス3世*は1223年に，『公認会則』(Regula Bullata)と呼ばれる，『第1会則』の改訂版を認可した．1223年の暮れに，フランチェスコはどうやら最初の飼い葉桶*を飾らせたらしい．彼は1224年に聖痕*の賜物と受けた．彼の寛大さ，単純な信仰，激しい信心，自然への愛，深い人間愛は，彼を現代における最も人気のある聖人の一人にしている．祝日は10月4日(聖痕の祝日は9月17日)．➡『聖フランチェスコの小さき花』，『太陽の賛歌』

## フランチェスコ（パオラの）（聖(せい)）
Francis of Paola, St (1416-1507)

ミニミ修道会*の創立者，イタリアの船員の守護聖人．少年時代に1年間，フランシスコ会*員と生活した．1431年に，彼はまずティレニア海に近い洞窟で，次に近くの森で隠修士*として生活を始めた．彼のもとに1435年頃に他の隠修士が加わり，その霊的な指導者となった．1452年頃から，彼は彼らと共同体の生活を始めた．他の共同体の設立も続いた．祝日は4月2日．

## フランツェリン
Franzelin, Johann Baptist (1816-86)

オーストリアのイエズス会*員．第1ヴァティカン公会議*の実現のために重要な役割を果たし，1876年に枢機卿となった．彼は深い学識をもち，多くの教義的な論考を書いた．

## ブランディナ（聖(せい)）
Blandina, St

彼女はリヨンで177年に殉教した奴隷．祝日は，西方では6月2日，東方では7月26日．

## プランティンガ
Plantinga, Alvin (1932-)

アメリカの分析哲学者．オランダ改革派教会*員の家庭に育った彼は，1982年にノートルダム大学ジョン・オブライエン哲学講座教授に任命された．論理学に関する著作をつうじて，本体論的証明*の新しい解釈を提示し，悪の問題に対する新しい接近法を提唱した．改革派の認識論と呼ばれるものを彼が展開した説は，J. カルヴァン*および最近では聖トマス・アクィナス*に依拠しており，宗教哲学者のあいだで大きな議論の対象となっている．認識論の多くの著作で議論されるのは，個人が神を信じつつ理性的であるためには，信仰に対する確実な証拠と健全な議論の存在に気づかねばならないということである．これに対してプランティンガが議論するのは，神に対する信仰が以下の条件のもとで保証され(したがって知識と見なされ)うるということである，すなわち，個人の認識力が神の御計画どおりに正しく働き，環境が神信仰の形成にふさわしいという条件である．

## フリア
Frere, Walter Howard (1863-1938)

1923-35年のあいだトルーロ*主教．1892年から復活修士会*員であった彼は，マリーヌ会談*に出席し，典礼研究の権威であった．

## フリーア・ロギオン
Freer logion

復活のキリストに帰された言葉を含む，(ワシントンD.C.のフリーア博物館所蔵の) 5世紀のギリシア語のW写本(フリーア福音書写本)において，マルコ福音書16:14のテキストに付加された章句．

## プリエリアス
Prierias, Sylvester (1456-1523)

本名シルヴェステル・マッツォリーニ(Mazzolini)，M. ルター*の最初期の論敵の一人．ピエモンテのプリエーロ(Priero)出身の彼は，1471年にドミニコ会*に入会し，同会でさまざまな職務に就いた．1512年に，レオ10世*は彼を「教皇庁付神学顧問」(Magister Sacri Palatii)，異端審問*官，図書検閲官，およびローマ大学トマス神学教授に任命した．彼はJ. ロイヒリン*やルターに対する訴訟手続きおよびP. ポンポナッツィ*やエラスムス*

の事例に関わった．教皇庁の決定の延期は，ルターに対するプリエリアスの著作の影響力を軽減した．

## ブリギッド（聖）

Brigit（Bride）, St（おそらく5-6世紀）

彼女はアイルランド*でたいへん崇敬されているが，彼女に関する伝承には矛盾点がある．彼女は実在せず，キリスト教化された異教の女神ブリグ（Brig）を表しているかもしれない．ある伝承は彼女を，生地とされるダンドーク付近のフォガード（Faughard）に結びつけ，別の伝承はキルデア（Kildare）に結びつけて，そこでは彼女は守護聖人，修道院創立者として崇敬されている．祝日は2月1日．

## プリケット

pricket

奉納ろうそく*を載せる，1本かそれ以上の釘のついた燭台．

## フリス

Frith, John（1503頃-1533）

プロテスタントの殉教者．オックスフォードの「カーディナル・カレッジ」（クライスト・チャーチ*）のフェローであった彼は，1528年に異端の嫌疑で投獄されたが，大陸に逃れ，W.ティンダル*の活動を助けた．1532年に帰国した彼は，煉獄*と実体変化*が必須な教えであることを否定したため捕らえられ，火刑に処せられた．

## プリスカ

Prisca

ニカイア*やカルケドン*公会議など若干のギリシアの会議の決議条項（canons）のラテン語訳の名称．ほぼ確実に5世紀に由来する．

## プリスキラ（プリスカ）（聖）

Priscilla（Prisca）, St（1世紀）

初期のキリスト教への改宗者．彼女は新約聖書に6度言及されており，明らかに彼女と夫のアキラは原始教会の卓越した教会員であった．聖プリスカ名義聖堂（*titulus S. Priscae*）と呼ばれるローマの聖堂に聖遺物が納められているという聖プリスカ，ないし最古のカタコンベ*の一つである「プリスキラ墓地」（Coemeterium Priscillae）のプリスキラと，彼女とを同一視しうる十分な根拠はない．祝日は東方では2月13日，西方では7月8日．

## プリスキリアヌス派

Priscillianism

起原が不明確な4-5世紀の異端信仰．プリスキリアヌス（Priscillianus）はスペインの禁欲主義運動の指導者で，その支持者には，インスタンティウス*とサルウィアヌス（Salvianus）という2人の司教や多くの女性がいた．（プリスキリアヌスの名は挙がっていないが）彼に帰された教理が380年のサラゴサ（Zaragoza）教会会議で断罪されたにもかかわらず，彼はそのすぐ後にアビラ司教になった．381年に，彼とその信奉者たちは追放された．イタリアで，彼らは世俗権力により追放令を解いてもらい，スペインに戻って，多くの信奉者を得た．しかしながら，新皇帝マクシムスはカトリックの司教たちの支持を望み，386年に，プリスキリアヌスは魔術を行ったかどで皇帝の法廷で裁かれ，有罪判決を受け，処刑された．388年のマクシムスの没落は帝国の政策に新たな変化をもたらし，プリスキリアヌス派は隆盛になった．コンポステラ*の聖地（shrine）はプリスキリアヌスの墓所にたてられた可能性がある．この派の運動は6世紀末まで持続した．

プリスキリアヌス派の教理に関する我々の知識は主として，一般にプリスキリアヌスないしおそらく彼の弟子に帰される匿名の著作の集成に由来する．これらから明らかなのは，同派が霊的な革新の運動であったことである．プリスキリアヌスは禁欲主義を大いに重視した．彼はマニ教*徒という非難を否定したが，そのような非難を受けやすくさせた彼の教えの特徴として，特に，禁欲主義的闘いの宇宙的次元への関心，既婚のキリスト教徒に低次の徳を認めたことと対比して独身制を要求したこと，神秘的なものを好んだことが挙げられる.

## プリーストリー
Priestley, Joseph (1733-1804)

長老派*のミニスター*, 科学者. 彼の宗教的信仰はますます非正統的になっていった. 1782年の『キリスト教の腐敗の歴史』(*History of the Corruptions of Christianity*)において, キリストの不能罪性 (impeccability) と不可謬性*を否定し, これらの見解をさらに詳述したのが, 1786年の『イエス・キリストに関する初期の見解の歴史』(*History of Early Opinions concerning Jesus Christ*)においてである. 1791年に, ユニテリアン*協会の創立者の一人となった. 1794年から, 彼はアメリカに住んだ. 科学者として, 彼は1774年の酸素の「発見」および1774-86年の『種々の気体に関する実験と観察』(*Experiments and Observations on Different Kinds of Air*)で有名である.

## ブリッグズ
Briggs, Charles Augustus (1841-1913)

旧約聖書学者. ニューヨークのユニオン神学校*教授であった. 高等批評*の主唱者であった彼は, ICC注解シリーズおよびヘブライ語辞典の共同編著者であった.

## ブリッジウォーター論文叢書(ろんぶんそうしょ)
Bridgewater Treatises

1833-36年に刊行された8人の論文集で,「被造物に表された神の権能・知恵・善性」の諸相に関するものであった. 1829年に没した第8代ブリッジウォーター伯爵であるF. H. エジャトンは刊行のために8,000ポンドを遺贈した. ➡エジャトン・パピルス

## ブリッジズ
Bridges, Robert Seymour (1844-1930)

1913年から桂冠詩人. 1882年に, 文学と音楽に没頭するために医学を捨てた. 1929年の『美の遺言』(*The Testament of Beauty*)は哲学的な詩で, 科学的な知識をキリスト教信仰と一致させようとしている. 1895-99年の『ヤッテンドン聖歌集』(*Yattendon Hymnal*)において, 彼は多くの美しい16-17世紀のメロディーをよみがえらせた. 彼の作品は『英語聖歌集』*に取り入れられた. 彼はまた, G. M. ホプキンズ*の『詩集』の最初の全集を刊行した.

## フリデスウィデ(聖(せい))
Frideswide, St (727年没)

オックスフォード*の町と大学の守護聖人. 12世紀の伝記によれば, 彼女は「オックスフォード王」ディダムス (Didanus) の娘で, オックスフォードに父親が建てた修道院の院長になった. 彼女の名を冠した修道院が1002年にオックスフォードに存在し, 彼女の霊廟は巡礼地になった. その修道院は1525年にT. ウルジー*により廃止されたが, 教会堂は1546年に新しいオックスフォード主教区の主教座聖堂となった. 祝日は10月19日.

## プリ・デュ
➡祈禱台

## ブリテン
Britten, Edward Benjamin (1913-76)

イギリスの作曲家. 1947年に, サフォークのオールドバラ (Aldeburgh) に居住し, 有名な音楽祭を主宰した. 1962年のコヴェントリー*大聖堂の献堂に伴う祝典のために書かれた『戦争レクイエム』において, 彼は (第1次世界大戦で戦死した) ウィルフレッド・オーウェンの詩を伝統的なラテン語典礼文と並置させた. テ・デウム*とユビラーテ*のための楽曲, ウェストミンスター大聖堂*聖歌隊のための1959年の『ミサ・ブレヴィス』, 1943年のカンタータ*『小羊にありて喜べ』を除けば, 彼は特に教会の礼拝に用いる作品をあまり書いていないが, 無辜の「アウトサイダー」の悲惨や苦境に関心を払った.

## プリドー
Prideaux, Humphrey (1648-1724)

1702年からノリッジ*の主席司祭*. 彼が名声を

かちえたのは，理神論*者を攻撃した1697年の『マホメット伝』(*Life of Mahomet*) および紀元前数世紀間のユダヤ民族を考察した1716-18年の『ユダヤ人の歴史との関係における旧・新約聖書』(*The Old and New Testaments connected in the History of the Jews*) によってである．

## フリードリヒ1世（バルバロッサ）

Frederick I (Barbarossa) (1122頃-1190)

ドイツ王，皇帝．1152年に，ドイツの諸侯により国王に選ばれた彼は，従弟のハインリヒ獅子公に実質的に北東部を委ねてドイツの平和を確保した．イタリアでは，彼が1153年にエウゲニウス3世*と締結し，1155年にハドリアヌス4世*と更新したコンスタンツ条約により束縛された．1155年に皇帝として戴冠されたのち，フリードリヒとハドリアヌスのあいだの緊張は増大した．1159年の教皇選挙で2人の教皇が選ばれたとき，フリードリヒは1160年にアレクサンデル3世*に対抗して，少数派の候補者ヴィクトル4世を承認した．1176年にレニャーノの戦いで敗れたあと，彼はロンバルディア同盟かアレクサンデルのいずれかに譲歩する必要性に迫られ，教皇に従う方を選んだ．ドイツでは，ハインリヒ獅子公が反乱を起こしたが，1181年にこれを征圧したのち，フリードリヒは畏怖の念を起こさせる人物となった．彼の勢力は，その息子（ハインリヒ6世）が1186年にノルマン王家の相続人であるシチリア王女と結婚したことで増大した．1189年に，十字軍*に出発したが，キリキア (Cilicia) で溺死した．

## フリードリヒ2世

Frederick II (1194-1250)

神聖ローマ皇帝，シチリア王．皇帝ハインリヒ6世（1197年没）の息子である彼は，パレルモ (Palermo) で育った．後見人のインノケンティウス3世*がヴェルフェン家の皇帝オットー4世に対抗するためフリードリヒの援助を必要としたとき，彼はアルプスの北側でシュタウフェン家が失っていた地位を回復することができた．1215年にドイツ王になり，十字軍*への参加を約束しながら出発を延期した．グレゴリウス9世*により破門された彼は，1228年に出発した．彼はスルタンとの合意によりエルサレム*を回復した．イタリアに戻った彼は，1230年に教皇から赦免された．彼はドイツでの反乱を征圧し，すぐ後にロンバルディア同盟への攻撃を開始したので，教皇職との紛争は避けがたかった．グレゴリウスは1239年に再びフリードリヒを破門し，その臣下たちに彼への服従の義務を解いた．フリードリヒは1243年にインノケンティウス4世*の教皇選出をもたらしたが，インノケンティウスは1245年にフリードリヒに異端と冒瀆*のかどで廃位を宣言した．彼の支配はますますメシア性を帯び，彼の敵対者は彼に反キリスト*の烙印を押した．

## フリードリヒ3世

Frederick III (1463-1525)

1486年からザクセン選帝侯で「賢明侯」と呼ばれる．当初から，人文主義的な教育と教会の改革に関心をもった．1502年に，ヴィッテンベルク*大学を創設し，のちにそこで教えるためにM. ルター*とP. メランヒトン*を招聘した．ルターが1518年にローマに召喚されたとき，フリードリヒは事態がドイツ国内で解決されるように図った．1521年のヴォルムス帝国議会*がルターを追放刑にしたとき，フリードリヒは彼をヴァルトブルク*に保護した．フリードリヒがどの程度ルター主義の教えを受け入れたかに関しては，議論が分かれている．

## フリードリヒ3世

Frederick III (1515-76)

1559年からライン・プファルツ選帝侯で「敬虔侯」と呼ばれる．妻をとおして，彼は宗教改革*に対して好意的になったが，彼女はルター派*に傾き，彼はカルヴァン派*に傾いた．当初，彼は両者の妥協を図ったが，1563年に『ハイデルベルク教理問答』*を起草させ，プファルツをカルヴァン陣営に組み入れた．

## プリニウス
Pliny（Gaius Plinius Caecilius Secundus）（61頃-112頃）

ローマの元老議員，文人．ビテュニア・ポントス州総督のとき，キリスト教徒の扱い方について皇帝トラヤヌスに指示を求めた．キリスト教徒として彼の前に告発された人たちのうち，告白したり，神々ないし皇帝に犠牲を捧げるのを拒否したりした人たちを処刑していた．しかし，ある人たちはこの供犠という審問で自らの背教を証明したが，プリニウスは違反が（キリスト教徒という）名前だけにあるのか，キリスト教の儀式に固有と想定される犯罪的行為にあるのかを知らなかった．トラヤヌスはその返事で，背教者が罰せられるべきでなく，キリスト教徒が「探索」されるべきでないと書いた．➡迫害（初期キリスト教における）

## ブリニョン
Bourignon, Antoinette（1616-80）

フランデレン（フランドル）の熱狂主義者，神秘主義的著作家．彼女は新しい修道会を創設しようとしたが，1662年以後，主流派のキリスト教から離れた．彼女の影響を受けたP. ポワレ*が彼女の著作を刊行した．

## ブリーフ
briefs, Church

特別に慈善的な目的で募金を許可する（通常は国王，時には主教や大主教により出される）令状．宗教改革後のイングランドでは，ブリーフは教皇により出される「小勅書」を引き継ぐもので，教会において朗読された．この手続きは1828年に廃止された．

## プリフィカトリウム
purificator

聖体拝領の際，拝領後にカリス*を清めるために用いられる小さな白い亜麻布．

## プリマシウス
Primasius（6世紀）

ハドルメトゥム（Hadrumetum，現チュニジアのスース［Sousse］）司教．彼のヨハネ黙示録の注解が貴重なのは，新約聖書の古ラテン語訳*の歴史の解明を可能にするからである．

## プリマス・ブレズレン
Plymouth Brethren

キリスト教の宗教団体で，その名称は，イングランドにおける最初の拠点が1830年にJ. N. ダービー*によりプリマスに設けられたことに由来する．彼らの教えはカルヴァン主義*と敬虔主義*からの諸要素を結合しており，強調点は千年王国説*的期待にしばしば置かれている．彼らは多くの世俗の職業を否定し，新約聖書の基準に適合する職業だけを認める（たとえば，医学）．キリストの人間性および教会の組織に関する論争から，1849年に「開放的ブレズレン」（Open Brethren）と「排他的ブレズレン」（Exclusive Brethren）に分裂した．彼らの人数は20世紀後半に急に減少した．

## プリミケリウス
primicerius

教会や世俗のある種の役員のうち，先任者の称号．

## プリミティブ・メソジスト教会（きょうかい）
Primitive Methodist Church

1932年に合同したメソジスト教会*の一つ．1800年頃，ヒュー・ボーン（Hugh Bourne）がスタッフォードシャーのモウコップ（Mow Cop）の近くにおいてメソジズムの正規の組織外で福音主義運動を開始し，ここでアメリカ人メソジストのロレンゾ・ダウ（Lorenzo Dow）が野外集会*を英国のメソジズムに導入した．通常の教会活動に惹かれていなかった人たちのためのこの種の集会は，ウェスレー総会（Wesleyan Conference）により断罪され，1810年に，ボーンおよびタンスタル（Tunstall）についでハル（Hull）で福音主義活動に参加していたウィリアム・クラウズ（Clowes）の両名はメソジスト教会から追放された．1811年に，彼らの信奉者たちはプリミティブ・メソジスト教会の名のもとに合同した．彼らは広く福音伝道に従事し，

1843年に，オーストラリア*とニュージーランド*への宣教団を設立した．1932年に，彼らはウェスレー・メソジスト教会および合同メソジスト教会*と合同した．

## プリム
Purim

春に祝われるユダヤ人の祭り．エステル記*に記述された，ペルシア王国での前473年の虐殺からユダヤ人がのがれたことを記念している．ヨハネ福音書5:1に言及された「ユダヤ人の祭り」はかつてプリム祭と考えられた．

## フリーメーソン
Freemasonry

フリーメーソンの起原はおそらく，イングランドの石工（masons）が自らの職業の秘密を守るために信心会を組織した12世紀にさかのぼる．この団体は1547年に廃止されたが，やがて社会的・教育的な目的で再組織され，18世紀に理神論*の拠点になった．（もはや石工と無縁な）フリーメーソンはイングランドから他の国々へ広がった．ラテン諸国では，フリーメーソンの各支部（Lodges）は教会と宗教に反対し，イングランドやゲルマン諸国ではほぼ非教義的なキリスト教を表明した．ラテン諸国のフリーメーソンが宗教に敵対したため，カトリック教会により繰り返し断罪され，また東方正教会員はフリーメーソンになることを禁じられている．

## ブリュッヘ（ブリュージュ）の朝課（ちょうか）
Mattins of Bruges

1302年５月18日の夜明けに，フランデレン（フランドル）の住民がブリュッヘを占領中のフランス人に行った大虐殺．

## プリン
Prynne, William（1602頃-1669）

ピューリタン*の論争家．チャールズ１世*とヘンリエッタ・マリア*を暗に攻撃していると思われた『芝居者を鞭打つ』（*Histriomastix*）を1632年に出版して，プリンは重罪を科され，「遊びの書」*を批判して，1637年に再び投獄された．長期議会が1640年に成立すると，彼は釈放され，国王に対して武器をとる権利を擁護した．教会に対する国家の優越性を説く彼の理念は独立派*からの支持を失わせ，彼は同派を攻撃した．彼は寛容の概念を嫌った．彼は1648年に下院議員となったが，意外にも国王の処刑に反対した．彼は共和政下においてしばらく投獄された．1660年２月に，彼は議員に復職し，チャールズ２世*の王政復古を準備する，議会の解散法案を提出した．チャールズは彼をロンドン塔文書管理官に任命したが，彼が長老派*であったために，復興したアングリカニズムと衝突した．

## ブリンガー
Bullinger, Heinrich（1504-75）

スイスの宗教改革者．聖書の根本的重要性を確信した彼は，ルター主義*，のちにツヴィングリ主義を受け入れた．1531年に，ツヴィングリの後を継いで，チューリヒの主任牧師になった．スイスにおいて，彼は1536年と1566年にスイス信条*（第１と第２）および1549年にチューリヒ一致信条*を起草して指導的な役割を果たした．これらの信条は宗教改革に対する国家的な基礎をもたらし，宗教改革が単なる諸州間の事象になることを妨げた．国外では，彼はルター派の聖餐論と闘い，再洗礼派*の神学を論駁した．彼はキリスト教国家とキリスト教会のあいだに基本的な差異を認めず，キリスト教社会のための規範が，旧約聖書*において神により立てられていると考えた．この契約*の神学から結論されるのは，世俗の権威の管轄権は教会の諸問題にも及び，予定*は依然として最も重要ではあるが，神の選びは男女が契約の諸条件を守る場合にのみ拘束力があるということである．

## プリンストン神学校（しんがくこう）
Princeton Theological Seminary

長老派*のミニスター*を養成するために，1812年に創設された施設．カルヴァン主義*神学の重要な拠点となり，理性と啓示された真理，神と自然の働きの調和を強調した．聖書の無謬性と進化論*の真理性が，特にB. B. ウォーフィールド（Warfield, 1921年没）により両立しうると見なされた．1929年に，より保守的なグループが分離して，フィラデルフィアにウェストミンスター神学校（Westminster Seminary）を創設した．

## ブル
Bull, George（1634-1710）

1705年からセント・デーヴィッズ*主教．揺るぎない高教会派*であった．1669-70年の『使徒的調和』（*Harmonia Apostolica*）は義認*のよりプロテスタント的な見解を攻撃している．1685年の有名な『ニカイア信条擁護論』（*Defensio Fidei Nicaenae*）はD. ペトー*に反対して，ニカイア前の教父たちの三位一体論がニカイアおよびニカイア後の正統派の神学者たちのそれと一致していると主張した．ブルはフランスの聖職者からの正式の謝辞という異例の贈り物を受けた．

## プール（ポール）
Pole, Reginald（1500-58）

カンタベリー*大司教．母が王家出身のプールは，1530年にヘンリー８世*によるヨーク*ないしウィンチェスター*の司教職の提案を断り，国王の行動を非難する書物を著した．パウルス３世*は彼を1536年に枢機卿に任じ，1538年に，スペインとフランスに対してイングランドとの絶交を説得するため使節として派遣したが成功しなかった．1553年のエドワード６世*の没後，プールはイングランドへの教皇特使*に任じられた．彼は正式に議会を（教皇庁からの）分裂から赦し，両聖職者会議*を主宰した．1556年に，彼は司祭に叙階され，その２日後にカンタベリー大司教に聖別された．教皇パウルス４世*とスペイン王フェリペ２世*のあいだで戦争が勃発すると，女王アリ１世*は教皇の敵となり，プールは教皇特使職を辞した．

## ブルガーコフ
Bulgakov, Sergius（1871-1944）

ロシアの神学者．1917年の革命後にロシアから追放された彼は，1925年から没するまでパリの正教神学院教授であった．彼はエキュメニカル運動*への参加をつうじて，西ヨーロッパとアメリカでその名を広く知られた．神学的には彼はソフィア論（Sophiology）への貢献で最もよく知られているが，これは神と世界の関係に関する諸問題を，神の知恵*（ソフィア）の概念によって解決しようとする思想である．

## ブルガリアのキリスト教（きょう）
Bulgaria, Christianity in

キリスト教のブルガリアへの正式の導入は，ボリス王の受洗とともに864-65年に起こった．東西からの宣教者が活動していたが，ボリスは870年頃に東方教会の方を選んだ．シメオン帝（在位893-927年）の治下に，ブルガリア教会は独立自治教会*となったが，トルコの支配下でますますコンスタンティノポリスに従属し，ついに1767年にその独立は消滅した．1870年に政治的独立を獲得して，ブルガリア人は自治的な代理区（エクサルカトゥス*）を創設したが，1872年にコンスタンティノポリス総主教から民族主義のゆえに破門され，そのシスマ*は1945年まで続いた．1953年に，ソフィア府主教*は総主教の称号をなのり，1961年に（コンスタンティノポリスの）世界総主教*によって承認された．1992年に，数人の主教が主教会議（Synod）を離れ，独自の主教会議を開催した．双方が相手方に忠実な主教区に自分たちの主教を任命し，1996年には対抗する総主教が選出された．統一が回復した2010年まで対抗する位階制が並存していた．

## ブルカルドゥス
Burchard（965頃-1025）

1000年からヴォルムス司教．1008年頃から1012年のあいだに，教会法*の集成である『法令集』（*Decretum*）を編纂し，これは11-12世紀に多大な影響を及ぼした．

## フルク
Fulke, William（1538-89）

ピューリタン*の神学者．ケンブリッジのセント・ジョンズ・カレッジのフェローのとき，祭服論争*に関わり，一時的に職を追われた．彼はレスター伯の支援を受けて，1578年にケンブリッジのペンブルク・ホール（Pembroke Hall）の学長に選ばれた．彼がドゥエー・ランス聖書*の新約聖書を批判したことから，それがイングランドにおいて広く知られることになった．

## フルクトゥオスス（聖）
Fructuosus, St（259年没）

タラゴナ（Tarragona）司教． 2人の助祭とともに，捕らえられ，火刑に処せられた．祝日は1月21日．

## ブルグンディオ（ピサの）
Burgundio of Pisa（1110頃-1193）

法律家．彼はダマスコの聖ヨアンネス*や他のギリシア教父の著作をラテン語に翻訳した．

## プルケリア（聖）
Pulcheria, St（399-453）

450年から東ローマ帝国帝妃．414-16年に，弟であるテオドシウス２世*の摂政であった．正統信仰の断固たる支持者であった彼女は，弟にネストリオス*を断罪させ，キリスト単性論*論争において，正統信仰の側にたった．帝妃として，彼女は公会議*をカルケドン*で開催する準備をした．祝日は９月10日．

## フルゲンティウス（聖）
Fulgentius, St（468-533，またはおそらく462頃-527）

507年頃（または502年）から北アフリカのルスペ（Ruspe）司教．彼はアレイオス*派のヴァンダル王トラサムンド（Thrasamund）から迫害を受けた．フルゲンティウスは司教になった直後，サルデーニャに追放された．515年頃（または510年）にアレイオス派の聖職者と論争するためにアフリカに戻ったが，２年後に再び追放され，523年に最終的に戻った．彼はアレイオス主義やペラギウス主義*を反駁する論考を書いた．祝日は１月１日．

## ブルサ
burse

硬い材質の２つの直角部分をもつカバーで，1970年までは，カトリックのミサ典礼書*はコルポラーレ*をその中に入れておくことを定めていた．ブルサはもはや要求されていないが，カトリックやアングリカンの教会では今でも広く用いられている．

## プルス（プレン）
Pullen, Robert（1146年没）

神学者．オックスフォード*大学の最初期の有名な教授の一人であり，のちにパリ*大学で教えた．1143/44年に枢機卿に任じられた．彼の現存する主要な著作は，一連の神学的主題を扱った集成である『命題集』*であるが，やがてペトルス・ロンバルドゥス*のそれに置き換えられた．

## フルダ
Fulda

ヘッセン州のフルダ大修道院は聖ボニファティウス*の弟子により744年に設立され，聖人の墓所のゆえに巡礼地となった．フラバヌス・マウルス*のもとで，フルダはキリスト教文化の重要な中心地の一つであった．結局，同修道院は1803年に世俗化された．1829年に，フルダは司教座都市になった．

## ブールダルー
Bourdaloue, Louis（1632-1704）

フランスの説教者．1648年にイエズス会*に入会した．1670年にルイ14世とその廷臣の前で行った12回の一連の四旬節・待降節の説教によって，傑出した説教者としての名声を得た．

## ブルック
Brooke, Stopford Augustus（1832-1916）

広教会派*の神学者，著述家．広く読まれた1865

年の『フレデリック・ウィリアム・ロバートソン*の生涯と書簡』は，広教会派の見解を表しており，福音主義*陣営から鋭く攻撃された．1866年に，ロンドンのヨーク・ストリートにあるセント・ジェームズ私設礼拝堂*のミニスター*に任命され，彼の説教は多くの会衆を惹きつけた．1867年に，女王直属のチャプレンになった．1876年に，ブルームズベリーのベッドフォード・チャペルに移り，そこで1880年に英国教会を離れたのちも司牧活動を続けた．

## ブルックス
Brooks, Phillips（1835-93）

1891年から，アメリカ聖公会*のマサチューセッツ主教．当時のアメリカで最も有名な説教者であった．彼は，キャロル‘O little town of Bethlehem’（「ああベツレヘムよ」『讃美歌』115番）の作者である．祝日はアメリカの1979年の『祈禱書』では1月23日．

## プルデンティウス
Prudentius（348-410頃）

ラテン詩人，聖歌作者．アウレリウス・プルデンティウス・クレメンスはスペイン出身で，行政面で高官となり，引退後に信心のわざとキリスト教的著作に専念した．彼の教訓詩は，古典的様式の模倣とともに観念的思想において卓越性を示している．キリスト教徒の魂と教会の闘いに関して寓喩的に記した『魂の闘い』（*Psychomachia*）は，後代の著作家にお影響を及ぼした．彼の叙情詩ないし「聖歌」からの抜粋はほとんどの西方の聖務日課書*に見いだされる．よく用いられる聖歌に，‘Bethlehem, of noblest cities’がある．

## プルデンティウス
Prudentius, Galindo（861年没）

843年頃からトロワ（Troyes）司教．ランスのヒンクマルス*とゴットシャルク*とのあいだの予定*に関する論争で重要な役割を果たした．プルデンティウスはゴットシャルクのアウグスティヌス主義を擁護し，神の万人救済の意志を否定した．『ヒンクマルスへの手紙』（*Epistola ad Hincmarum*）において，彼は救済と劫罰*への二重予定説を説いた．

## フルード
Froude, Richard Hurrel（1803-36）

トラクト運動*家．オックスフォード大学のオーリエル・カレッジのフェローであった彼は，オックスフォード運動*の初期の段階でJ. H. ニューマン*やJ. キーブル*に同調した．1838-39年に没後に刊行された『遺稿』（*Remains*）は，主に個人的な日記からの抜粋であり，宗教改革者に対する酷評および禁欲主義的実践の開示により衝撃を与えた．

## ブルトマン
Bultmann, Rudolf（1884-1976）

新約聖書学者，神学者．1921年から1951年に引退するまでマールブルク大学*の教授であった．彼は共観福音書*における歴史的価値に異議を唱えるほどまでに，様式史*的研究法を適用した．1926年に刊行した『イエス』（*Jesus*）において，イエスの使命が弟子たちを決断へと招くことだとした．ブルトマンはその聖書学の学識をK. バルト*の弁証法神学*および信仰のみによる義認*というルターの教えに結びつけることによって，歴史と信仰をほとんど完全に断絶させ，十字架につけられたキリストという事実だけをキリスト教信仰に必要なものとした．彼が聖パウロ*とヨハネ福音書の著者だけを新約聖書の真の神学者と見なした理由は，彼らが宣べ伝えられた言葉すなわちケリュグマ*によりもたらされた個人の変革された自己理解の点から，人間の実存を解釈し，神・キリスト・救いについて語っているからである．このように神学的主眼を狭めることは，新約聖書における宇宙論的要素を「神話」だと批評することを意味しており，1940-50年代にブルトマンを有名にしたのは，新約聖書を非神話化*する彼のもくろみであった．キリストの使信を現代世界に理解できるものとするその後の彼の目的はより広く尊重されてきた．

## ブルーノ（聖）

Bruno, St（925頃-965）

953年からケルン大司教．ドイツ王ハインリヒ1世の三男であった彼は，兄オットー1世の統治において指導的な役割を果たした．祝日は10月11日．

## ブルーノ（聖）

Bruno, St（1032頃-1101）

カルトゥジア会*の創立者．1057年頃にランス*の司教座聖堂付属学校の校長になった．1080年より少しあとに，彼は修道生活を始めた．しばらくモレームの聖ロベルトゥス*の影響下にあった彼は，6人の仲間とともにグルノーブル付近の山岳地帯に赴き，そこで1084年にカルトゥジア会を創立した．1090年に，彼はかつての教え子である教皇ウルバヌス2世*によりイタリアに招かれた．彼はレッジョ大司教になることを断り，カラブリア地方に退いて，ラ・トッレ（La Torre）修道院を建て，そこで没した．祝日は10月6日．

## ブルーノ

Bruno, Giordano（1548-1600）

イタリアの哲学者．1562年にナポリでドミニコ会*に入会したが，非正統的な信仰で譴責され1576年に逃亡した．1596年に，異端審問*所の密使によって捕らえられ，火刑に処せられるまで投獄されていた．彼はアリストテレス*の学説に激しく反対し，N. コペルニクス*を称賛した．彼は自然を熱心に研究して，極端な種類の汎神論*的内在主義の立場をとるようになった．神は万物の作用因・目的因であり，初め・中間・終わりであり，不滅にして無限である．

## ブルヒャルト

Burchard（Burckard），John（1506年没）

1483年から教皇庁の儀典長．彼の主要な成果は1502年に刊行された『ミサ聖祭執行の手引き』（*Ordo servandus*）という，ロー・マス*のための詳細なルーブリック*であった．これは1570年の『リトゥス・セレブランディ』（*Ritus Celebrandi*）の基礎となり，この種のミサのための儀典書（ceremonial）を規定する最初の試みであった．

## フルベルトゥス（聖）

Fulbert, St（970頃-1028）

1006年からシャルトル*司教．1004年には，シャルトルで助祭であり，司教座聖堂付属学校で教えていた．残存する主要な著作は，100通を超える書簡集と24の詩集である．前者は主として政治や行政に関係し，後者は教室での覚え歌や逸話から自伝や祈りにまで及ぶ．彼に帰されている他のものには，真正性の程度に差があるが，いくつかの説教と上記以外の詩集があり，「新しいエルサレムの聖歌」（Chorus novae Ierusalem）という復活祭聖歌が含まれる．祝日は4月10日．

## ブルームハルト

Blumhardt, Johann Christoph（1805-80）

プロテスタントの伝道者．プロテスタントの「バーゼル宣教会」（Basel Mission）を創設したC. G. ブルームハルトの甥である彼は，1838年にヴュルテンベルクのメットリンゲン（Möttlingen）で牧師となった．彼の伝道活動は，時にそれに付随した肉体的な癒しのゆえに広く注目を集めた．1852年から，ゲッピンゲン付近のバート・ボル（Bad Boll）で活動し，そこは宣教活動の重要な拠点となった．

## フルメンティオス（聖）

Frumentius, St（300頃-380頃）

「エチオピア*人の使徒」．ルフィヌス*によれば，インドからの帰途，「蛮族」に逮捕され，逮捕者の王のもとに連行されたが，助けられて王に仕えた．フルメンティオスは宣教活動に従事し，聖アタナシオス*によりアクスム*主教に任じられた．祝日はギリシア教会では11月30日，コプト教会*では12月18日，西方教会では10月27日．➡エザナ

## フルリー

Fleury

7世紀にモンテ・カッシーノ*から聖ベネディクトゥス*と聖スコラスティカ*の遺体が（実際にか想定上で）移動され，それを納めるために修道院

が建てられたことで有名になった場所．同地はサン・ブノア・シュール・ロアール（Saint-Benoît-sur-Loire）とも呼ばれる．その修道院は1790年に廃止された．1944年に，修道士たちがフルリーに戻り，新しい修道院が建てられた．

## フルリー
Fleury, Claude（1640-1723）

フランスの教会史家. 1689年から, ルイ14世の孫たちの教師の一人であり，1715年の同王の没後，若いルイ15世の聴罪司祭*に選ばれた．彼の主著は1691-1720年の20巻からなる『教会史』（*Histoire ecclésiastique*）で，これは最初の浩瀚な教会史で，その学識と識見で名声を博した．

## ブルンナー
Brunner, Emil（1889-1966）

スイスの弁証法神学*者．1922-53年に，主としてチューリヒ大学で教えた．彼は神学的自由主義に反対して，K. バルト*を支持した．ブルンナーが彼とまったく決別したのは，M. ブーバー*の影響および彼が自然神学*の概念を受け入れたことによる．彼は被造物から神についての限定的な知識が得られるとした．被造物は啓示と同様な個人的出会いをもたらしはしないが，キリスト教思想の必須の条件である．彼の著作には，1927年の『仲保者』（*Der Mittler*）や1932年の『戒めと秩序』（*Das Gebot und die Ordnungen*）がある．

## ブレイ
Bray, Thomas（1656-1730）

「キリスト教知識普及協会」*（SPCK）と「海外福音宣教協会」*（SPG）の創設者．アメリカのメリーランドの教会組織からの援助要請がロンドン主教H. コンプトン*に届いたとき，主教はブレイを主教代理（commissary）に任命した．聖職者の貧しさを見て，ブレイは植民地において無料図書館を設立する計画をたて，英国でも同様の計画を推進した．その他に彼が計画して実現したものに，1698年のSPCKの創設がある．彼はまた，他の人たちと協力して，1701年に海外宣教のための別の協会としてSPGを創設した．祝日はアングリカン・コミュニオンの諸地域では2月15日．

## ブレイク
Blake, William（1757-1827）

詩人，芸術家．彼の作品には，1789年の『無垢の歌』（*Songs of Innocence*），1794年の『経験の歌』（*Songs of Experience*），序文が有名な「エルサレム」から始まり，広く国歌として用いられた1804年の『ミルトン』（*Milton*），寓喩的な詩『エルサレム』がある．彼の書物はたいてい手で彫られ彩色した素描で飾られている．1826年の『ヨブ記の挿絵』において，しばしば壮大な強さと美しさをもつ各人物は，生硬な白黒の対比の世界の中で動いており，非現実をさまようというその特徴的な印象をブレイクの作品に与えている．

## フレイター
frater

食事や休憩のために用いられた，托鉢修道会（friary）などの修道院の部屋．

## ブレイバーン
Brabourne, Theophilus（1590-1661頃）

イングランドのピューリタン*の著作家．1628年と1631年に刊行した2冊の小冊子で，日曜日でなく土曜日がキリスト教の安息日であるべきだと主張した．その2冊目の小冊子のせいで18か月間ニューゲートに投獄された．この騒ぎが一つの機縁となって，チャールズ1世*は『遊びの書』*を1633年に再刊した．

## ブレイ村（むら）の司祭（しさい）
Bray, the Vicar of

俗謡の主人公で，チャールズ1世*からジョージ1世までの治世ごとの国教に熱心なふりをして，自らの聖職禄の保有を確実にしたという．

## ブレヴィアリウム
➡聖務日課書

## フレシエ
Fléchier, Esprit (1632-1710)

フランスの説教家, 文筆家. 主に説教, 特に弔いの説教で有名であった. 1687年に, ニーム(Nîmes)司教になり, 1685年のナント王令*の廃止直後の時期に, 穏健な態度で影響を及ぼした.

## ブレスト・リトフスク合同
Brest-Litovsk, Union of

現在ではよく「ブレスト合同」と呼ばれる. ウクライナ*教会 (またはルテニア [Ruthenian] 教会) とカトリック教会のあいだで1596年に決定された合同.

## プレスビテリ
Presbytery

(1) 聖堂の聖歌隊席*の奥にある, 聖所*ないし内陣*の東部. (2) (特に) カトリックの司祭の住居. (3) 現在の長老派*の慣行によれば, 特定の地域に対する監督権と裁治権をもつ教会の評議会(Church court). 長老派のミニスター*はこのプレスビテリにより叙任されてそれに服し(ミニスターである評議員のみが按手をさずける), そのプレスビテリは公の礼拝の監督に責任をもつ.

## プレスビテル・ヨアンネス
Prester John

アジアの中世の伝説的なキリスト教徒の王. ムスリムを敗り, 聖地を救援しようとするネストリオス派*の祭司王の物語は, 12世紀半ばからヨーロッパに広がった. 1177年に, アレクサンデル3世*は「いとも聖なる祭司, インドの王へ」手紙を書いた. これはプレスビテル・ヨアンネスに宛てられたと想定されているが, しばしばインドと混同されていた, エチオピア*の実際の王のことであったであろう. 別の説はプレスビテル・ヨアンネスを, 1141年にペルシアのスルタンを敗った西遼の皇帝グルカーン (Gor Khan) と同一視している.

## ブレダ宣言
Breda, Declaration of

1660年4月, チャールズ2世*が王政復古の直前にオランダのブレダで発した宣言. 王国の治安に関係しない宗教に関して, 「繊細な良心に従う自由」を約束した.

## フレッチャー
Fletcher, John William (1729-85)

シュロプシャ (Shropshire) のメイドリー (Madeley)の主任代行司祭*. スイスに生まれて教育を受けた彼は, 1750年にイギリスに来た. 1753年に, 彼は (当時まだ英国教会内に留まっていた) メソジスト*運動に加わった. 1757年に教職となり, 1760年にメイドリーの聖職禄を受けた. 彼はJ. ウェスレー*がメソジスト運動を指導する後継者として彼を指名したいという願いを断ったが, その高潔さは同運動に対して強い個人的な影響を及ぼした.

## ブレット
Brett, Thomas (1667-1744)

臣従拒誓者*. 1714年のジョージ1世の即位後, 聖職禄を辞退した. 彼はG. ヒックス*により臣従拒誓者として認められ, その没後, 1716年に主教に聖別された. 彼は臣従拒誓派とギリシア正教会との合同のために折衝したが, 成果はなかった. 彼は慣行派*をめぐる論争に関わった. 彼の1720年の『古代の典礼論』(*Dissertation on the Ancient Liturgies*) は今もその価値を失っていない.

## ブレーディー
➡テートとブレーディー

## プレデッラ
predella

(1) 祭壇へ向かう段の最上部の台で, 司祭は以前はミサを執行するときその上に立った. (2) リレドス*の基底部.

## プレトン
Gemistus Plethon, Georgius (1355頃-1452)

学者．15世紀初頭から，ペロポネソス半島のミストラ（Mistra）に住んだ．彼はプラトン*の教えに心酔し，1438-39年に東方教会の代表者の一人としてフィレンツェ公会議*に出席したとき，イタリアの人文主義者たちに歓迎された．彼の『法律』はプラトンの『法律』を範としている．彼はまた，聖霊の発出*に関する東方教会の教えを擁護する論考を書いた．

## ブレミュデース
Blemmydes, Nicephorus（1197-1269？）

ギリシアの神学者．彼は東西教会を統一する試みで積極的な役割を果たした．

## フレミング
Fleming, Richard（1431年没）

1420年からリンカーン*司教．1407年にオックスフォード大学で学生監であった彼は，ウィクリフ*派の信徒に関心を示した．1423年にイングランド国民を代表してパヴィアとシエナの教会会議に出席し，マルティヌス5世*に強い印象を与えた．1427年に，フレミングがオックスフォード大学のリンカーン・カレッジを創設したのは主に，（彼がその後強く否定するようになっていた）ウィクリフ派の教えに対する反対者を養成するためであった．

## ブレモン
Brémond, Henri（1865-1933）

フランスの霊的著作家．その代表作『フランスにおける宗教感情の文学史』（*Histoire littéraire du sentiment religieux en France*, 1916-33年，索引，1936年）は，主に17世紀のフランスの霊性史であり，傑出した宗教的人物に関する一連の論考からなっている．

## プレモントレ会（かい）
Premonstratensian Canons

「ノルベルト会」（Norbertines）とも，またイングランドでは，修道服の色から「白い参事会員」（White Canons）とも呼ばれる．聖ノルベルトゥス*により1120年にラン（Laon）に近いプレモントレ（Prémontré）に創立された修道会．その会則の基礎はいわゆる『アウグスティヌス会則』*で，いっそう厳格にしている．修道会は西ヨーロッパに広がり，ハンガリー*で影響力があった．19世紀前半にほとんど消滅したが，その後復興し，特にベルギー*で活動している．

## フレール・ローラン
Brother Lawrence（1614頃-1691）

本名をニコラ・エルマン（Nicolas Herman）という「復活のフレール・ローラン」は，カルメル会*の信徒修道士*で神秘家であった．没後に『霊的金言』（*Maximes spirituelles*, 1692年）と『フレール・ローランの品性と談話』（*Mœurs et entretiens de Frère Laurent*, 1694年）として刊行された彼の著作は，心象によろうと知性によろうと，「神の臨在の実践」からなる高度の祈りを勧めている．

## プレン
➡プルス

## ブレンダン（聖（せい））
Brendan（Brenainn），St（484-577/583）

クロンファート（Clonfert）修道院長．生前に航海者として有名であった．作者は分からないが，おそらく8世紀の『聖ブレンダンの航海』（*Navigatio S. Brendani*）は，ブレンダンと12人の修道士が地上の楽園を求めてさまざまな神秘的な島々へとおこなった航海を記述している．彼がクロンファート（アイルランドのゴールウェー県にある）に修道院を建てたことは事実であろう．祝日は5月14日．

## ブレンツ
Brenz, Johann（1499-1570）

ドイツの宗教改革者．1522年に，シュヴェービシュ・ハル（Schwäbisch Hall）の聖ミカエル教会で説教者になり，それ以後，宗教改革を積極的に支持した．1525年の彼の『シュヴァーベン契約書』（*Syngramma Suevicum*）において，聖餐における「真の臨在」を強調し，ヴュルテンベルクの大半におけるルターの教説の受容を確実にした．1527年に，彼はハルにおける教会秩序について提言し，それは1535年からヴュルテンベルク全体で採用され始めた．彼はまた「ヴュルテンベルク信仰告白」*を起草した．1553年に，彼はシュトゥットガルト司教座聖堂主任司祭になった．

## ブレント
Brent, Charles Henry（1862-1929）

アングリカンのエキュメニカル運動*の指導者．カナダに生まれて神学教育を受けた彼は，1901年にフィリピンの主教となり，そこでアヘン売買と闘った．1918年にウェスタン・ニューヨーク主教となった．1910年のエディンバラ会議*のあとに，アメリカ聖公会*総会(General Convention)を説得して「信仰と職制*世界会議」を召集させた．その会議が1927年にローザンヌ*で会合したとき，彼はその議長となった．祝日はアメリカの1979年の『祈禱書』では3月27日．

## フレンド派

➡キリスト友会

## 『プロヴィデンティッシムス・デウス』
Providentissimus Deus（1893年）

レオ13世*により公布された聖書研究に関する回勅．その目的は考古学や文献批判によりもたらされた状況下で指導をすることであった．新しい証拠を研究する必要性を強調しながら，領域によってはそれを利用することを断罪した．

## プロヴォスト
provost

現代では，教会参事会*(ecclesiastical chapter)の長．イングランドでは1999年までこの称号は，主教座聖堂が教会区教会でもある，主教座聖堂参事会の長の新しい主教区で用いられていた（彼または彼女は現在はディーン*と称される）．プロヴォストはまたカレッジの長をも指す．

## プロキメノン
prokimenon

ビザンティン典礼において，聖書からの一連の朗読の初めに唱えられる，詩編からの章句．晩課*では，朗読が伴わなくても，フォス・ヒラロン*のあとで常に唱えられる．

## ブロクサム
Bloxam, John Rouse（1807-91）

儀式尊重主義者，博学な教会学者．英国教会における儀式復興の真の創始者であった．リトルモアでJ. H. ニューマン*の助任司祭であったとき，ブロクサムはさまざまな典礼用品を導入したが，F. オウクリ*がロンドンのマーガレット教会でこれを採用し，そこから広く用いられるようになった．

## プロクロス（聖）
Proclus, St（446/47年没）

434年からコンスタンティノポリス*総主教．穏健な正統信仰のゆえに支持され，その人気は438年に聖ヨアンネス・クリュソストモス*の遺体を厳かにコンスタンティノポリスに移したことで高まった．彼の著作には，モプスエスティアのテオドロス*に反対して書かれた，「両性における1人のキリスト」の教理に関する，いわゆる「聖プロクロスの手紙（Tome）」がある．祝日は東方では11月20日，西方では10月24日．

## プロクロス
Proclus（410/12-85）

新プラトン主義*哲学者．初めはアカデメイアの学生として，のちにその学頭として，生涯の大半をアテネで過ごした．彼の著作は後期のアテネの新プラトン主義を知るのに主要な源泉である．彼の哲学はプロティノス*の思想を体系化したもので，あわせて，神（the Divine）との接触を可能にする方法として，異教の祭儀の効果を評価した．彼の著作には，新プラトン主義の形而上学の簡潔な概要である『神学綱要』とより精緻な『プラトン神学』がある．

## プロコピオス（カイサリアの）
Procopius of Caesarea（６世紀半ば）

ビザンティンの歴史家．彼の著作には，自らが証人であった戦争に関する『戦史』(*De bellis*)，皇帝ユスティニアヌス*の建築物を記述した『建築物』(*De aedificiis*)，没後に公刊された，いわゆる『逸話』(*Anecdota*) ないし『秘史』(*Historia arcana*) があり，歴史的な価値が高い．

## プロコピオス（ガザの）
Procopius of Gaza（475頃-538頃）

修辞学者，聖書釈義家．5-6世紀のキリスト教の修辞学者からなる「ガザ学派」のおそらく最も重要な人物であった．彼の聖書に関する著作はほとんど以前の釈義家からの広範な抜粋からなっている．

## フロスヴィタ（ロスヴィタ）
Hroswitha（Hrosvit, Rosvitha）（10世紀）

詩人．ザクセンのガンデルスハイム（Gandersheim）修道院のカノネス*であった．彼女は聖人に関する８編の詩，６つの劇，オットー朝に関する未完の頌詞を書いた．彼女の劇は，テレンティウス（Terentius）が女性の弱さを表現したのに対し，キリスト教徒の処女や悔悛者の貞潔を対比させることを意図していた．

## プロスコミディア
Proskomide

東方教会において，聖餐のためにパンとぶどう酒を準備することで，礼拝が始まる前に行われた．
➡プロスフォラ

## プロスフォラ
prosphora

東方教会における聖餐（聖体礼儀）のパン（altar bread）．伝統的に，５つの塊が必要で，プロスコミディア*の際に厳かに切り分けられる．（「小羊」と呼ばれる）１つの塊は典礼に用いられ，残りは聖別されてはいないが，のちに会衆に配られる（➡アンティドロン）．ギリシア教会は現在は一般に１つの大きな塊を用いるが，ロシア教会は５つの小さな塊を用い続けている．

## プロスペル（アクィタニアの）（聖）
Prosper of Aquitaine, St（390頃-463頃）

神学者．プロスペル・ティロ（Tiro）は，半ペラギウス主義*論争が426年に起こったとき，マルセイユに住んでいた．彼は聖アウグスティヌス*に手紙を書き，431年に，アウグスティヌスの没後，アウグスティヌスの教えに対するケレスティヌス１世*の支持を得るためにローマへ赴いた．プロスペルの著作から判断して，彼の神学的見解は，初期の論争的著作の厳格なアウグスティヌス主義から，多くの人の永罰（reprobation）を信じつつも，劫罰（damnation）への予定*を否定し，万人を救う神の意志を肯定する，より穏健な見解へと発展したと思われる．その生涯の最後の時期，レオ１世*に親しく仕えた．祝日は７月７日．

## プロセス神学
Process Theology

人間の発展的ないし進化的な性質を強調する現代の神学運動で，神御自身が変化する世界との交わりをとおして発展の過程にあると考える．アメリカ合衆国において，特に1920-30年代のシカゴ大学で起こった．その神概念が強調するのは，神の被造物との関係，神の御自身を「超越する」能力（しかし，他の実体に関しては「非超越的」なままである），神の「両極」性，神の第１の属性が自存性（uncreatedness）よりむしろ愛であることである．

## プロタシウス
➡ゲルウァシウスとプロタシウス

## フローテ
Groote（Grote）, Geert（1340-84）

「共同生活兄弟団」*の創設者．1374年に，奢侈から簡素へと回心し，1379年にユトレヒト（Utrecht）司教区で伝道説教者となった．当時の悪弊をあからさまに批判したために，1383年に説教者としての許可は取り消され，その宣告に対する上訴は聞き届けられなかった．彼の周りに集まった友人たちは，デーフェンター（Deventer）で半ば修道院的な生活を行い，共同生活兄弟団の中核を形成した．

## プロティノス
Plotinus（205頃-270）

新プラトン主義*哲学者，神秘主義者．244年に，ローマで学園を創設した．彼の著作は没後にポルフュリオス*により編集された．

プロティノスの思想の主たる関心は，単一性と多様性間の関係とかかわる．存在の位階の頂点にあるのは，第1原理である「一者」ないし「神」である．その下に，イデア界である「神的知性」がある．次に来るのが，プロティノス的三つ組の第3位にある「霊魂」であり，可知的世界と可感的世界のあいだを媒介する．「世界霊魂」は，個体の霊魂と同一水準にある，「霊魂」という実在の一部である特別な霊魂であり，他の霊魂が活動しつつ参与している宇宙を創造し秩序づける．すべての霊魂は観想のために「霊魂」の単一性とその受容力に参与する．観想が最も完全な活動である理由は，それにより霊魂が神との合一に達しうるからである．この目的に達するために，霊魂は知覚できるものへの執着や論弁的な推理だけでなく，「一者」を瞥見したり，「一者」と合一したりする最高の知的な観想をも超越しなければならない．「一者」を瞥見することは記述されえず，人が見る光になることや恋人の和合になぞらえられる．プロティノスの体系において，合一は霊魂が創造の際に受ける理性という自然な力により達成されるのに対し，カトリックの教えでは，それは神の恩恵のわざである．にもかかわらず，プロティノスはキリスト教思想に間接的に影響を及ぼした．

## プロテシス
prothesis

東方教会において，この語は以下のものを指す．(1) 聖餐のためにパンとぶどう酒を厳かに準備するプロスコミディア*がなされる机．(2) この机が置かれている，聖堂のアプシス*の左側の部屋．(3) プロスコミディア自体．

## プロテスタンティズム
Protestantism

この語が由来する「抗議文」（Protestatio）は，1529年のシュパイアー帝国議会*において5人の宗教改革派諸侯と14の都市が提出した声明であった．宗教改革の運動を抑えたかったカトリック勢力が数で優っていたが，抗議文の署名者たちは沈黙を守ることが「神の名誉と我々の魂の永遠の生命」にとって問題であると信じていた．「プロテスタント」の語はもともとルター派*だけを指し，カルヴァン主義*者は「改革派」*と呼ばれた．したがって，それはもともとその現代の反カトリック的な特徴が示すよりもっと肯定的な意味をもっていた．

ルター主義，カルヴァン主義，ツヴィングリ*主義は現在はみなプロテスタントと見なされ，一般的な意味でプロテスタントである多くの教派が存在する．英国教会がプロテスタントかどうかは，議論が分かれる．その語は『祈禱書』に用いられていないが，チャールズ1世*はプロテスタンティズムへの帰依を肯定して，カトリシズムにもピューリタニズム*にも反対するものとしてその語を用いている．王政復古後は，非信従者*も含むように一般に拡大された．

プロテスタンティズムが極めて包括的な用語になったので，その信仰を定義することは困難であるが，啓示された真理の唯一の源泉として聖書を受け入れること，信仰のみによる義認*の教理，信徒の万人祭司制が特徴的である．プロテスタントは（聖職者／修道士の霊性と信徒の霊性のような）いかなる種類の2階層の霊性も否定し，聖書解釈および高い基準の個人的道徳性に基礎づけられた信徒の霊性が規範となってきた．一般に，プロテスタントの礼拝を特徴づけるのは，全会衆の参加，自国語で聖書を公に読むこと，説教*の強調である．カリスマ的なペンテコステ派*のキリスト教は現代のプロテスタンティズムにおける重要な要素となった．

18世紀に，啓蒙主義*の影響がそれ以前のプロテスタントの確信のいくつかを揺るがせ始め，聖書の字義的理解に疑義を唱え，啓示宗教に関して理性を強調し，内面的・主観的な霊性宗教の重要性を強調した．F. D. E. シュライアマハー*が感情を強調したことに反発したA. リッチュル*は，1870年から1920年頃までのプロテスタント自由主義（Liberal Protestantism）の傾向を定着させ，I. カント*の倫理主義と形而上学的懐疑主義を復興させ，歴史研究を奨励した．K. バルト*は古典的な教義上のプロテスタンティズムを包括的に言い換えようとしたが，それは三位一体の神への信仰が，神は御自身を啓示するという前提を受容することの必然的な結果であるという確信に基づいていた．

アメリカのプロテスタンティズムは，ニューイングランドの17世紀のピューリタニズム，18世紀の大覚醒*，19世紀のリバイバル運動*から成長した．これらの要素はカルヴァン主義とアルミニウス主義*を独自に混交させ，アメリカ文化に深く影響を及ぼした．プロテスタントは社会改革に強く意欲的で，個人の道徳的・精神的な向上にも専念した．20世紀に，アメリカのプロテスタンティズムは，国外で人権を，国内で個人の権利を擁護した．その信仰の自由は諸教派（denominations）の急増をもたらし，西方教会の歴史的な典礼と教理群に対する還元主義的な接近法を育てた．支配的な改革派の宗教的エートスに反対して，移民者のグループ，特にルター派は，伝統的な形式の礼拝・信心・神学を用いることに苦闘したが，それらはプロテスタントの主流派から長く疑問視された．➡福音主義

## プロテスタント監督教会（かんとくきょうかい）

➡アメリカ聖公会

## ブロード・ストール

broad stole

ある告解の時期に行われるハイ・マス*の途中で，ストール*と同様に助祭が以前着用した幅の広い帯状の布．

## プロベーショナー（牧師輔（ぼくしほ））

probationer

長老派*教会において，プレスビテリ*による試験と承認を受けたのち，説教する許可を得た人．彼はミニスター*を補佐できるが，自らの職務へと叙任されるまでは聖礼典を執行できない．

## フローベン

Froben, Johann（1460頃-1527）

印刷業者，学者．1491年にバーゼルで共同で印刷所を開設し，1512年に独立して印刷を始めた．その印刷は活字の質と高度の正確さで有名であった．エラスムス*は1513年頃に彼の家に移り，印刷用に一連の校訂本を準備したが，それには1516年のギリシア語新約聖書の初版や幾人かの教父の著作が含まれている．

## ブロムフィールド

Blomfield, Charles James（1786-1857）

1828年からロンドン主教．彼が主教職にあった期間，200ほどの新しい教会が建てられ，献堂された．彼の政策も聖職者としての態度も一貫性に欠けるように思われる．彼は1841年のエルサレム教区*設立を支持したが，R. D. ハンプデン*をヘレフォード*主教に任命することに反対する抗議書に署名した．

## フロルス

Florus（860年頃没）

リヨンの助祭，司教座聖堂のカノン．アマラリウス*が典礼上の変更を加えようとしたとき，フロルスはいくつかの著作で彼を批判したが，その中に『ミサの解説』（*Expositio Missae*）がある．予定*に関する論争において，彼はゴットシャルク*を擁護した．彼はまたさまざまな教父の著作に基づいて，パウロ書簡に関する解説書を編集した．

## フロレンティウス・ラーデウェインス

Florentius Radewijns（1350-1400）

共同生活兄弟団*の最初期のメンバーの一人．1384年にG. フローテ*が没したのち，彼がデーフ

ェンター（Deventer）に創設した共同体の長となった．フロレンティウス・ラーデウェインスの影響のもとで，ウィンデスヘイム*に修道院が1387年に創設された．

## フロロフスキー
Florovsky, George（1893-1979）

ロシアの神学者．1920年にロシアを去り，1926年にパリの聖セルギイ正教会神学院の教授になった．1948年にアメリカに移った彼は，ハーヴァードとプリンストンで教授職を務めた．彼はギリシア教父に関する著作を（主にロシア語で）書き，ロシアの宗教思想の研究書を出版した．彼はエキュメニカル運動*に貢献した．

## フロワサール
Froissart, Jean（1335頃-1404頃）

フランスの年代記作者．1382年から没するまで，ブロワ（Blois）の宮廷のチャプレン兼シメー（Chimay）の司教座聖堂参事会員であった．彼の『年代記』（*Chroniques*）は，1325-1401年のあいだの相当数のヨーロッパ諸国の歴史を記述し，その多くは目撃情報に基づいている．

## プローン
Prone

中世において，土曜日や他の祝日の奉納唱*後に，荘厳ミサ*に挿入された自国語の典礼文（office）．通常，「祈りを唱えること」（bidding of the beads，➡ビーズ），「主の祈り」*や信条を唱えること，さらに，次の祝日と断食日の知らせおよび結婚予告*からなっていた．

## フロンタル
frontal

刺繍された布片で，時には木製や金属製で，彫刻やエナメルで飾られ，祭壇前面に掛かっている．ふつう交換可能で，色はその季節やその日の典礼色と一致する．➡祭壇前面飾り

## ブロンデル
Blondel, David（1590-1655）

フランスの教会史家．生涯の大半を地方の牧師として過ごしたが，1650年にアムステルダムでG. J. ヴォス*の後継者となった．彼の1628年の『偽イシドルスとトゥリアヌス・ウァルパンテス』（*Pseudo-Isidorus et Turrianus Valupantes*）は，『偽教皇令集』*の歴史性を最終的に信頼できないものとした．

## ブロンデル
Blondel, Maurice（1861-1949）

フランスのカトリック哲学者．1893年の『行為』（*L'Action*）における行為の分析から彼が結論したことは，行為を生み出す人間の意志が充足されえないのは，その根本的な願望がいかなる有限の善によっても決して果たされないからであるということである．これを出発点として，彼は神の存在が意志に依拠するという議論を展開し，それに照らしてスコラ学的な証明法を変更した．神は第1原理・終極点として意志に御自身を顕す．それゆえ，我々は神に従うか神に逆らうかどちらかを「選択」しなければならない．後期の著作では，ブロンデルは抽象的な概念をより重視し，たとえば神の存在の純理的な証明法において，体系的な論証の正当性を肯定した．しかしながら彼の考えでは，被造物の知識が神の知識に先行するのではなく，むしろ，アリストテレスやトマスの証明法を可能にするまさにその状況こそが，神の不明瞭ながら実証的な肯定の存在なのである．一定の期間，彼は近代主義*運動の指導者たちと密接な関係にあった．

## 文化適応（ぶんかてきおう）（インカルチュレーション）
inculturation

別の文化をもつ個人がある特定の文化の特徴を獲得すること．特に，非キリスト教的な諸文化の信仰や慣行に適応するように，キリスト教の典礼を適合させること．

## 文化闘争(ぶんかとうそう)

*Kulturkampf*

1870年代における，カトリック教会に対するドイツの強圧的な政治運動. 1871年に，ビスマルクはプロイセン文部省のカトリック局を廃止し，1872年にP. L. A. ファルク*を文部大臣に任命した. イエズス会*は追放され，教育は国家の監督下に置かれ，1873年の有名な5月諸法*が可決された. 強い反対が起こったのを見たビスマルクは，政教協約*の締結がドイツ帝国を安泰にすると確信するようになった. 1870年代末に，上記の政策は保持されていたが，新教皇のレオ13世*とのあいだで和平が結ばれた.

## フンベルトゥス（シルヴァ・カンディダの）

Humbert of Silva Candida（1061年没）

教会改革者，教会政治家. モアイアンムーティエ（Moyenmoutier）の修道士であった彼は，1049年にレオ9世*とともにローマに来た. 1051年2月には，彼はシルヴァ・カンディダ司教枢機卿であった. 彼はコンスタンティノポリス*総主教ミカエル・ケルラリオス*との交渉に深く関わった. フンベルトゥスはペトルス・ダミアニ*に応えて，聖職売買*を論駁する論考を書き，俗人による叙任権*の行使を初めて非難した. ➡大シスマ

## フンベルトゥス（ロマンの）

Humbert of Romans（1277年没）

1254-63年にドミニコ会*総会長を務めた. パリ大学で学び，1224年にパリで同修道会に入会した. 彼はドミニコ会の典礼の最終的法典化およびドミニコ会修道女の組織化に決定的な貢献をした. 彼は哲学研究を修道会の知的生活に取り入れ，その学問的体制を完成させることに寄与し，しかもそれを反托鉢修道会論争という最悪の状況下に巧みになしとげた. 彼の『3提議』（*Opus Tripartitum*）は，第2リヨン公会議*の準備文書として，グレゴリウス10世*のために起草された. カトリック教会と正教会間のシスマに関する提議は，中世やさらに近代のエキュメニズムへの試みに影響を及ぼした.

## 糞便派(ふんべんは)

Stercoranists

聖別されたパンも受領者により消化され排泄されると主張した人たち. セクトとして記述されているが，そのようなセクトが存在した証拠はないと思われる.

## 分離派(ぶんりは)（分離主義者(ぶんりしゅぎしゃ)）

Separatists

R. ブラウン*の追随者，およびのちには会衆派*や英国教会から分離した他の人たちを指す名称.

# へ

## ヘア
Hare, Julius Charles (1795-1855)

広教会派*．ドイツ旅行をつうじて，ドイツの神学者や文学者の影響を受けた．彼は多くのドイツの思想をイギリスの神学に導入した．1840年に，彼はルイス（Lewes）の大執事*になった．

## ベア
Bea, Augustin (1881-1968)

1959年から枢機卿．ドイツ人イエズス会*員の彼は，生涯の大半を聖書学研究にささげていたが，ヨアンネス23世*は彼を1960年に新設したキリスト教一致推進秘書局の局長に任命した．ベアは非カトリック信徒の洗礼*の重要性を強調しており，第2ヴァティカン公会議*の諸文書が非カトリック信徒のことを教会の外にあるというより，「離れた兄弟」と呼んだのは，主にベアの影響力による．

## ヘアシャツ
hair-shirt

規律の方法として着用した，毛を織り込んだシャツ．

## ベイカー
Baker, Augustine (1575-1641)

ベネディクト会*の著作家．『聖なる知恵』（*Sancta Sophia*）は没後に刊行された禁欲主義的な作品の集成で，観想*の方法を説明している．彼には，イングランドにおけるベネディクト会の歴史に関する著作もある．

## ベイカー
Baker, Sir Henry Williams, Bart. (1821-77)

讃美歌作者．1851年から，レミンスターに近いモンクランド（Monkland）の司祭であった．彼の多くの讃美歌*の中に，'The King of Love my Shepherd is' や 'Lord, Thy Word abideth' がある．彼は1861年の『古今聖歌集』*の初版を編集した．

## 並行法（へいこうほう）
parallelism

ヘブライ語の詩の特徴．以下の3種類がある．(1)「同義的（synonymous）並行法」は，わずかに異なった言葉で同じ考えを単純に繰り返す．(2)「対立的（antithetical）並行法」は，第1の考えを第2の考えと対比させる（たとえば，箴17:22）．(3)「総合的（synthetic）並行法」では，第1の考えが第2ないし第3の考え中の類似した考えにより展開ないし完成される（たとえば，詩2:2）．

## 米国聖公会（べいこくせいこうかい）
➡アメリカ聖公会

## 『ベイ詩編集（しへんしゅう）』
Bay Psalm Book

（俗称がベイステートである）マサチューセッツ州ケンブリッジで1640年に刊行された韻律詩編集．北米植民地で印刷された最初の本であった．

## 併存説（へいぞんせつ）（相伴説（そうはんせつ））
concomitance

聖餐において，キリストの体と血とが聖別されたパンとぶどう酒のおのおのに臨在するという説．➡二種陪餐

## ペイトン
Paton, John Gibson (1824-1907)

バヌアツ（旧称はニュー・ヘブリディーズ）への宣教師．スコットランドの改革長老派教会*員で

あった彼は,1858年にアネイティアム(Aneityum)島に着き,すぐそのあとにタナ(Tanna)島に移ったが,1862年にオーストラリア植民地に逃れた.1866–81年に,彼はタナ島近くのアニワ(Aniwa)島のヴィクトリア長老派教会の宣教師であり,1881年以降はメルボルンで活動した.1889年の自伝は彼への支持を引き起こした.

## ペイトン
Paton, William(1886-1943)

長老派*のミニスター*,宣教活動に関する著作家.国際宣教協議会(International Missionary Council)幹事,機関誌『国際宣教』(*International Review of Missions*)の編集者であった.➡エディンバラ会議

## 『併用祈禱書』
Alternative Service Book(ASB)

1965年の「祈禱書併用条例」は,限られた期間,英国教会の礼拝が『祈禱書』*だけでなく英国教会会議*(のちの総会*[General Synod])により承認された形態に従ってよいと規定した.1974年の「英国教会礼拝・教理条例」*は永続的にそのような礼拝形態を認めた.現代英語による3度にわたる独立した礼拝が試みになされたのち,全面的に1980年に『併用祈禱書』が認可された.2000年に,本祈禱書は『共同礼拝』*に置き換わった.

## ベイリー
Baillie, John(1886-1960)

スコットランドの神学者.1934–56年に,エディンバラ大学神学教授であり,のちにニュー・カレッジ学長でもあった.彼の多数の著作を特徴づけているのは,キリスト教信仰の本質に忠実であることだが,いくつかの伝統的な表現に当惑し,哲学的・神学的な極端を避けている.著作に1934年の『そして永遠の命』(*And the Life Everlasting*),1936年の『朝の祈り,夜の祈り』(*A Diary of Private Prayer*),1962年の『神の臨在の感覚』(*The Sense of the Presence of God*)などがある.

彼の弟,ドナルド・マクファーソン(Donald Macpherson)・ベイリー(1887–1954年)は,1948年の著作『神はキリストのうちにいませり』(*God was in Christ*)で世界的な名声を得た.

## ベイリー
Bayly, Lewis(1631年没)

『敬虔の実践』(*The Practice of Piety*,第3版は1613年,初版の刊行年は不明)の著者.本書は特にピューリタン*のあいだで人気があった.1616年から,バンガー*主教であった.

## ペイリー
Paley, William(1743-1805)

『キリスト教の証拠』(*Evidences of Christianity*)の著者.パウロ書簡と使徒言行録中の聖パウロ*に関する記述を比較することにより,新約聖書に記録された出来事の歴史性を証明するために書かれた,1790年の『パウロの時間』(*Horae Paulinae*)は,おそらく彼の唯一の独創的な著作である.1794年の有名な『キリスト教の証拠論』(*View of the Evidences of Christianity*)は,その議論が新説をほとんど加えていないにもかかわらず,諸事実の効果的な提示法と明解な文体のゆえに愛読された.彼は1782年にカーライル*の大執事*になった.

## ヘイリクス(オセールの)
Heiric of Auxerre(841-76/77)

教師,聖人伝作者.約7歳で献身者*として,オセールのサン・ジェルマン(聖ゲルマヌス*)修道院に入った.別の地で学んだのちに,彼は没するまで,オセールで教師であった.主著は韻文によるゲルマヌス伝である.

## ヘイリン
Heylyn, Peter(1600-62)

英国教会の論争家.彼が高教会派*的見解を擁護したことはW.ロード*の関心を引いた.チャールズ1世*はヘイリンを1631年にウェストミンスター*の主教座聖堂名誉参事会員*にし,またその他の庇護を加えた.1630年代に,彼はロード派の諸改革の正式の擁護者となり,1636年の『安息日

の歴史』(*History of the Sabbath*) は，安息日厳守*反対主義を擁護し，他の著作において，聖餐卓*(ないし祭壇*) が教会堂の東端に置かれることを支持し，革新的との非難を退けた．共和政時代には，彼の論争書は身の危険を招いた．王政復古後，彼は英国教会の復権，特に聖職者会議*の復活のために尽力した．

## ベイル
Bale, John (1495-1563)

オソリー (Ossory) 主教．11歳のときからカルメル会*員であった彼は，1533年頃プロテスタントになった．彼はそれから宗教改革を擁護して，素朴なプロテスタント劇を書いた．1552年にオソリー主教に任じられたとき，伝統的な儀式による聖別を拒否し，『祈禱書』の使用を主張することで論争を引き起こした．イギリスの書誌学の先駆的試みである『イギリスの作家目録』(*Illustrium Maioris Britanniae Scriptorum, hoc est, Angliae, Cambriae, ac Scotiae Summarium*) には，党派心は強いが真の学識が反映されている．

## ヘイルモス (連接歌)
heirmos

カノン*の各オード (頌詩) 中の，冒頭のスタンザ (連)．

## 平和の接吻 (親睦の接吻)
Kiss of Peace (pax)

聖餐の典礼において，愛と一致のしるしとしての，信徒相互の挨拶．殉教者聖ユスティノス*により初めて言及されている．もともとは実際の接吻であった「平和の接吻」も，さまざまな儀式で変化してきている．最近は西方では，握手がふつうになっている．東方正教会の慣行では，「平和の接吻」はまた復活祭の朝課の終わりに全会衆により交わされる(これが復活徹夜祭*の一部となっている)．

## ペイン
Paine, Thomas (1737-1809)

政治改革者．ノーフォークに生まれた彼は，1774年にアメリカに赴いた．1776年に，アメリカの独立を支持するパンフレット『コモン・センス』(*Common Sense*) を出版した．彼は1787年にイギリスに戻り，1791年に有名な『人間の権利』(*Rights of Man*) の第1部を刊行した．1792年の第2部の刊行後，彼は逮捕をのがれてパリへ逃亡した．1794-95年の『理性の時代』(*The Age of Reason*) は，キリスト教の信仰と制度が迷信と不誠実に満ちていると嘲笑している．

## ベインブリッジ
Bainbridge, Christopher (1464頃-1514)

1508年からヨーク*大司教．1509年に，ヘンリー8世*は彼を大使としてローマに派遣した．1511年に，ユリウス2世*は彼を枢機卿に任じて，フェラーラに対する遠征隊を彼に委ねた．彼は従軍司祭の一人に毒殺された．

## ベヴァリッジ
Beveridge, William (1637-1708)

1704年からセント・アサフ*主教．1672年に，コーンヒルのセント・ピーター教会司祭になり，日ごとの礼拝と主日ごとの聖餐を守った．1691年に，T. ケン*が罷免されたとき，ベヴァリッジは空位になったバース・アンド・ウェルズ*主教職に推挙された (が辞退した)．彼の1709年の『宗教に関する私見』(*Private Thoughts upon Religion*) により，その世紀の霊的著作家の一人に数えられる．

## ベウノ (聖)
Beuno, St (640年頃没)

クリュノグ (Clynnog) 修道院長．彼はヘレフォードシャーにいくつかの修道院を建てたといわれるが，彼の主な宣教活動はウェールズ北部であったと思われ，そのクリュノグ・ファウル (Clynnog Fawr) にあった彼の墓は長いあいだ崇敬の対象であった．祝日は4月21日．➡ウィニフレッド

## ペギー
Péguy, Charles Pierre (1873-1914)

フランスの詩人，哲学者．熱心な社会主義者でド

レフュス擁護派であった彼は，ソルボンヌ*での学びを放棄して，パリで書店を営み，それが知的活動の拠点となった．1900年に彼が創刊した『半月手帖』（*Cahiers de la Quinzaine*）において，彼と寄稿者はその時代の悪弊を攻撃した．ひととき公然たる無神論*者であった彼は，1907年頃にカトリック信仰へと回帰したが，家庭的な事情のゆえに教会と和解しないままとなった．

## ベギンとベガルド
Beguines, Beghards

ベギンは主に中世後期に，敬虔であるが修道女的でない生活を送った女性たちである．単独ないし共同で生活した彼女たちは，ベギンである間は独身であることを約束したが，私有財産を放棄する必要はなく，自分たちの身分を変更して結婚するのは自由であった．ベギンに対応する男性たちがベガルド（通常，織工や染色業者や縮絨業者）であって，財産を共有し，私有財産をもたなかった．12世紀のネーデルラント（低地地方）に出現したベギンは，13-14世紀にドイツやフランスや他の地域にもその数を増した．彼女たちが禁域制度をもたず修道女でもないため，また神との直接的な個人的関係を強調する熱狂主義的な敬虔としばしば結びついていたので，教会当局から批判された．1311-12年のヴィエンヌ公会議*はベギンとベガルドを断罪した．幾人かのベギン（たとえばM.ポレット*）は処刑された．

## 『ヘクサプラ』（6欄組聖書）
Hexapla

オリゲネス*により編纂された旧約聖書版で，そこにはヘブライ語のテキスト，それのギリシア文字による音訳，そしてアクィラ訳*，シュンマコス*訳，七十人訳聖書*（本文批評の印をつけた改訂版），テオドティオン*訳という4つのギリシア語版が縦欄に併記されている．旧約聖書のいくつかの部分では，さらに3つのギリシア語版が付加され，9欄となっている．

## ヘグメノス
hegumenos

修道院の指導者を指す，東方における称号．

## ヘゲシッポス（聖）
Hegesippus, St（2世紀）

教会史家．グノーシス主義*者に対して5巻からなる『回顧録』を書いた．彼は初期のローマ司教の「継承リスト」を作成したと思われ，エピファニオス*のリスト（『全異端反駁論』27:6）がこれを転載したのかが議論されている．もし転載したのならば，ヘゲシッポスのリストは初期のローマ司教名の最古の証言ということになる．祝日は4月7日．

## ベケット（聖）
Becket, St Thomas（1120？-1170）

1162年からカンタベリー*大司教．彼はそれまで大法官であり，ヘンリー2世の親友であったが，不本意ながら大司教職を受け入れて，大法官を辞任した．特に罪を犯した聖職者の裁判と処罰をめぐる国王との争いの結果，ヘンリーは1163年に司教たちが「王国の古い慣習」を是認するように求めた．この慣習を法制化した「クラレンドン憲章」*が1164年に公布されたとき，ベケットはいったんそれに同意したが，すぐにその行動を悔いた．そこで，ヘンリーは彼に大法官として受け取った金額を計算するように求め，また彼が同憲章を守るという約束を破ったことで責めた．ノーサンプトンにおける国王裁判所でのベケットの裁判と断罪の結果，彼はフランスに逃れ，アレクサンデル3世*に訴えた．教皇は意外にも，ヨーク*大司教により挙行された息子の戴冠式の償いをすると約束したヘンリーと和解し，一方ベケットは戴冠式に出席した司教たちに停職制裁*に関する教皇書簡を送った．彼はイングランドに戻ったとき，教皇が科す刑罰を受け入れると司教たちが誓わない限り彼らを赦すことを拒否した．ヘンリーは怒りを爆発させ，4人の騎士がカンタベリーに行って大聖堂内でベケットを暗殺することを触発する言葉を吐いた．その殺害は憤りを招き，ベケットの霊廟はカンタベリーをキリスト教界における主要な巡礼地の一つにした．祝日は12月29日，その移動*について，7月7日．

## ヘーゲル
Hegel, Georg Wilhelm Friedrich（1770-1831）

ドイツ観念論の哲学者．1818年に，J. G. フィヒテ*の後を継いで，ベルリン大学哲学教授となった．彼の体系特有の特質は，すべての哲学的問題と概念を発展的視点で提示するその試みにある．ヘーゲルにとって，どんな観念も不変で永遠の価値をもつことはなく，その発達の絶えざる過程の中でその意味を開示する．それは，相違と対立がたとえ相反したままでも，その相関関係内の一致をとおして了解できるようになる過程である．さらに，思想が理解する対立もまた実体を構成する．発達は，「定立」（*thesis*）に「反定立」（*antithesis*）が後続し，それに続く両者に帰着する矛盾が「総合」（*synthesis*）というより高い次元に至る，弁証法的な「運動」の結果である．思想と実体の両方における，すべての相違の究極的な解決は絶対者において達成される．宇宙に関するこの発展的視点が自然科学のみならず人文科学をも含むのは，真理が個人の紀律のみならず全体の紀律にも存するからである．ヘーゲルは自らをキリスト教徒と見なしたが，彼の宗教哲学において，彼は宗教思想を，哲学が概念的で十分に合理的な用語で言い換えた，真理の比喩的な表現であると見なした．

彼は後代の思想に多大な影響を及ぼしたが，それにはカール・マルクスの思想も含まれる．イギリスにおけるヘーゲルの信奉者には，T. H. グリーン*がおり，彼をつうじて観念論は1885-1920年のイギリスの宗教哲学に深い影響を及ぼした．

## ベーコン
Bacon, Francis（1561-1626）

哲学者．ジェームズ1世*のもとで，さまざまな地位に就き，1618年に大法官になり，ヴェルラム（Verulam）男爵になった．1621年に，彼は収賄の罪を認めて，公務から退いた．

1605年の『学問の進歩』（*Advancement of Learning*）および1608年頃に書かれ1620年に印刷された『ノヴム・オルガヌム』（*Novum Organum*）において，ベーコンは自然的な知識の2つの特質を強調した．彼の考えでは，知識は累積するものであり，過去の知恵を単に保つよりむしろ広げることが可能である．彼の主張では，追求されるべき知識は「人の資産の保全」のために不可欠な手段のような，実際的な目的にかなうものである．没後の1627年に刊行された『ニュー・アトランティス』（*The New Atlantis*）は，協同の仕事としての自然探求という彼の概念を具現している．主に俗人の教化をめざす『随筆集』（*Essays*）は1597年，1612年，1625年の3度にわたって増補された．「無神論」に関する随筆は1612年に初めて書かれた．

ベーコンの考えでは，我々は自然的な知識により神の存在を確証しうるが，神の本性・働き・目的を知るためには啓示に頼らねばならない．彼は理性的な魂が神により人間の体に植えつけられたと考えることで，魂の不死性を確保した．

## ベーコン
Bacon, Roger（1214/20頃-1292年かそれ以後に没）

イングランドの哲学者．彼の最初期の著作は，アリストテレス*に帰された著作に関する一連の『討論集』である．彼は次に言語・数学・自然科学の研究に転じた．1257年頃に，おそらくオックスフォードでフランシスコ会*に入会した．彼は西方の教育における欠陥に関する考えを1人の司祭に説明する機会をもったが，その司祭は1265年に教皇クレメンス4世になった．教皇は彼の教えを記述して「密かに遅れずに」ローマに送ることを命じた．ベーコンは仕事に取りかかり，1267年暮れか1268年初めに『大著作』として知られる7部からなる百科全書的な著作を教皇へ送った．その中で，ラテン人のあいだで哲学の進歩を妨げ，イスラーム*との闘いにおいて西方キリスト教界を弱めた諸原因を略述した．その著作はまた，聖書の正確な理解のために諸言語を学ぶことの重要性および西方キリスト教界を強めるために数学・光学・自然科学・道徳哲学が有益であることも強調している．より短い2つの『小著作』と『第3著作』は，『大著作』を要約したり，部分的に推敲したものである．1268年にクレメンス4世が没したことで，ベーコンの思想が教皇により推賞される望みもなくなった．1277年に，彼は「疑わしい新奇さ」と「危険な教え」のかどでフランシスコ会総会長より断罪されたといわれるが，断罪に至った事情は知られていない．

## ベザ（ベーズ）
Beza, Theodore（1519-1605）

カルヴァン主義*の神学者．テオドル・ド・ベーズ（Bèze）はブルゴーニュの古いカトリックの家系の出身であった．彼は1548年にカトリシズムを放棄し，ジュネーヴ*に赴いた．1549-58年に，彼はローザンヌ大学でギリシア語教授であったが，1558年にJ. カルヴァン*がジュネーヴに新設されたアカデミーの教授職をベザに提供し，ベザは1595年までその職に就いていた．1561年に，ポワシー会談*に出席した．1564年のカルヴァンの没後，ベザはその後を継いでジュネーヴ教会の長，ヨーロッパにおけるカルヴァン主義運動の指導者になった．1571年に，ラ・ロシェル全国教会会議（National Synod）を主宰したが，これはフランスのユグノー*教会の統合を特色づけた．

1559年に，ベザはカルヴァン主義信仰を解説した『キリスト教信仰告白』（*Confession de la foi chrétienne*）を刊行し，翌年ラテン語に翻訳された．1550-60年代に，彼は自由意志に関してS. カステリョ*と論争し，L. ソッツィーニ*らに対して正統的な三位一体論を擁護した．キリストの（人間性でなく）神性が聖餐において信徒にとり臨在するという見解を擁護して，彼はルター派のキリスト遍在論者*に反対する一連の著作を書いた．彼は堕罪*さえも神の永遠の計画の一部であると論じて，カルヴァンの予定*の教理を強化したと一般に考えられている．ある人たちは救いへと選ばれ，他の人たちは滅びへと選ばれ，キリストの贖いの死は前者にのみ提供されるということになる．彼は1556年に新約聖書の注釈つきラテン語訳を刊行し，1565年にギリシア語本文を付け加えたが，これらは多大な影響を及ぼし，欽定訳聖書の翻訳者によっても用いられた．➡ベザ写本

## ベザ写本（しゃほん）
Codex Bezae（'D'）

4福音書と使徒言行録の（ラテン語とギリシア語の）写本とヨハネの手紙のラテン語断片で，いわゆる西方型本文*の主要なアンシアル字体*の代表である．4-6世紀に書かれた本写本は，T. ベザ*によりケンブリッジ大学に寄贈された．

## ペシッタ
Peshitta

5世紀前半以降のシリア語*圏のキリスト教界における聖書の正式のテキスト．新約聖書はエデッサ*主教ラブラ*（在職412-35年）により改訂されたようであるが，おそらく4世紀末までにその作業は始められていた．ヨハネ黙示録，Ⅱペトロ書，Ⅱ・Ⅲヨハネ書，ユダ書を含んでいなかった．旧約聖書の起原は明確でないが，部分的にはユダヤ教徒により改訂されたと思われる．

## ヘシュカスモス（ヘシカズム）
Hesychasm

東方教会における，特にアトス山*の修道士と結びついた，内面的で神秘主義的な祈りの伝統．聖グレゴリオス・パラマス*の著作の中に典型的な表現が見られる．ヘシュカストたちは「イエスの祈り」*を絶えず唱えることを特に重視した．彼らは特定の姿勢をとることを勧め，祈りを唱えることで時を計る呼吸法をした．彼らの直接的な目的は，彼らが「精神の心との一致」と表現したものを獲得することであり，その結果彼らの祈りは「心の祈り」となった．これは神に選ばれた人たちにおいて「神の光」を見るようにさせ，それは肉眼ででも見られうると信じられた．

## ヘシュキオス
Hesychius（300年頃活動）

聖書本文批評学者．ヒエロニムス*によれば，ヘシュキオスはヘブライ語原典に従って七十人訳聖書の本文を改訂した．

## ヘシュキオス（エルサレムの）（聖）

Hesychius of Jerusalem, St（5世紀）

ギリシアの教会著作家，釈義家．若いときに，彼は修道士であったが，その経歴について他に何も知られていない．彼は451年のカルケドン公会議*に至る論争において，アレクサンドリア学派を積極的に支持した．彼は聖書全巻の注解書を著したといわれる．以前は聖アタナシオス*に帰されていた，詩編に関する多量の注解の大部分はおそらくヘシュキオスの筆になる．祝日はギリシア教会では3月28日．

## ベーズ

➡ベザ

## ヘースティングズ

Hastings, James（1852-1922）

スコットランドの長老派*のミニスター*．彼は『聖書辞典』（*Dictionary of the Bible*, 1898-1904年），『宗教・倫理百科辞典』（*Encyclopaedia of Religion and Ethics*, 1908-26年）など宗教的百科辞典の編集者として有名である．

## ベーダ（聖）

Bede, St（673頃-735）

「ベーダ・ヴェネラビリス（尊者*ベーダ）」（Venerable Bede）と称される．アングロ・サクソン時代のイングランドの最も重要な学者．7歳のとき新しく創設されたウェアマス*修道院に献身者*として預けられ，682年のジャロー（Jarrow）修道院の創設とともにそこに移された．リンディスファーン*とヨーク*への短い旅行を除けば，彼は生涯をジャローで過ごした．

彼の教育的な著作には，混同・誤解されがちなラテン語の単語をアルファベット順に配列した語彙集，韻律の長短を規定する原則論，惑星の運行のような自然現象の概説がある．彼の著作には数多くの写本が残っている．『時間について』（*De Temporibus*）は，ホイットビー教会会議*で採用されたローマの方式に従って復活祭*の日付を算定する原則を学生たちに説明するために書かれた．復活祭の日付の算定に関してその後に書かれたより論証的な『時間の算定について』（*De Temporum Ratione*）は，中世で最も深く研究されたコンピューター集計的な手引きであった．聖書の諸文書に関する彼の注解は主に，説明の明晰さという関心に動機づけられていた．それが同時代や次代の人たちに気に入られたのもこの点である．彼は『ヒエロニムス殉教録』*を大規模に改訂し，また聖カスバート*の2冊の伝記（散文と韻文）を著して，ヨーロッパ中にカスバートへの崇敬を確立させることになった．彼はコンピューター集計的な関心から年代学の研究へと進み，その頂点に達したのが731年に完成した『イギリス教会史』（*Historia Ecclesiastica Gentis Anglorum*）であり，初期のイングランドを理解するのに最も重要な資料である．祝日は5月25日（以前は27日）．

## ペタヴィウス

➡ペトー

## ベーダ・カレッジ

Beda, the

ローマにあるイギリス人のためのカレッジ．ここでは年がいってから神の召命を見いだしてカトリックの司祭をめざす志願者たちおよびカトリック教会での叙階を望むカトリックでない聖職からの転会者たちが訓練を受ける．

## ベタニア

Bethany

マルタ*，マリア，ラザロ*の村で，エルサレム*から約3km離れており，キリストが受難前の週に滞在した．現在の名前は「エル・アザリエ」すなわち「ラザロの所」である．改訂訳聖書（RV）でヨハネ福音書1:28の「ヨルダン川の向こう側のベタニア」は別の村である．

## ベタバラ

Bethabara

欽定訳聖書（AV）でヨハネ福音書1:28によれば，洗礼者ヨハネ*が洗礼を授けていた所で，おそらく「キリストの洗礼」*の地．改訂訳聖書（RV）が採用した多くの写本は，この地を「ヨルダン川の向こう側のベタニア*」と読む．

## ヘッカー
Hecker, Isaac Thomas（1819-88）

パウロ宣教会*の創立者．1844年にカトリックになり，翌年ベルギーでレデンプトール会*の修練院に入り，1851年に故郷のニューヨークに戻った．レデンプトール会の上長と衝突した彼は，1857年に誓願の特免を受けて，パウロ宣教会と呼ばれる，アメリカでの宣教活動をする新しい修道会（congregation）を創立した．1899年のレオ13世*によるアメリカニズム*の断罪は，ヘッカーを念頭においているといわれる．

## ペッカム
Pecham（Peckham）, John（1225頃-1292）

カンタベリー*大司教．イースト・サセックスのパチャム（Patcham, 旧称はペッカム）で生まれ，パリ*，ついでオックスフォード*で学び，そこで1250年頃にフランシスコ会*に入会した．彼はパリ，オックスフォード，ローマで教えた．1279年に，カンタベリー大司教に任命された．彼は直ちに力強い改革策を始めたため，属司教*の幾人かと対立した．

神学において，彼はフランシスコ会の伝統を支持した．彼は人間における形相の単一性に関する聖トマス・アクィナス*の教えに反対し，1286年にそれを異端的として断罪した．ペッカムは神学上の多くの著作を残し，光学に関する標準的な論考を著し，すぐれた詩人であった．

## ベック修道院（しゅうどういん）
Bec, Abbey of

ノルマンディーのベック修道院は福者ヘルルイヌス（Herluinus）により創立され，1041年に聖別されたが，1060年に大規模に再建された．ベックの有名な修道士には，ランフランクス*やカンタベリーのアンセルムス*がいる．ベックは1626年にサン・モール修族*に属することになり，1790年に取り壊された．1948年に，ベネディクト会（オリヴェト修族*）が再建された．

## ベッサリオン
Bessarion（1403-72）

枢機卿, ギリシア人の学者, 政治家．1437年に，皇帝ヨアンネス８世・パライオロゴスによりニカイア府主教*に任命された．彼は皇帝に随行してフィレンツェ公会議*に出席した．彼は西方の神学者の議論に納得し，ギリシア教会とラテン教会の合同を擁護した．彼は1439年に枢機卿に任命され，教会のさまざまな任務を果たし，教皇候補にもなった．1463年に，ピウス２世*は彼を（1453年以来トルコ人の手中にあった）コンスタンティノポリス総大司教に任命した．彼はアリストテレスの『形而上学』をラテン語に翻訳し，学者たちを熱心に庇護した．

## ヘッドラム
Headlam, Arthur Cayley（1862-1947）

1923-45年に，グロースター*主教．それ以前は大学教授であった．いっさいの教会的な党派（アングロ・カトリック*，福音派*，近代主義*者）を嫌った穏健な教会人であった彼は，当時の最も影響力のあるイギリスの高位聖職者の一人であった．

## ベツレヘム
Bethlehem

エルサレム*の南約９kmの小さな町で，ダビデ*の出身地，キリストの誕生地．330年にコンスタンティヌス*によりキリストの誕生地とされる場所に建てられた降誕聖堂（Church of the Nativity）があり，その最初の聖堂の大部分が残っている．1672年に，ベツレヘム主教会議ともいうエルサレム主教会議*がここで開催された．

## ベツレヘム会（かい）
Bethlehemites

いくつかの修道会の名称であるが，そのほとんどは今はない．1976年に，カルトゥジア会*に影響を受けた男女それぞれのベツレヘム会がフランスに創設され，彼らはとりわけ宗教芸術に関心をもっている．

## ベツレヘムの星

Star of Bethlehem

キリストの生誕時に「先立って進み，幼子のいる場所の上に止まった」（マタ2:9）のを賢人たちが見たという星（➡東方3博士）．これを天文現象と結びつけるさまざまな試みがなされてきた．

## ベテル

Bethel

（ヘブライ語で「神の家」の意．）(1) エルサレム*の北方にあった聖所．創世記28:10-22によれば，ヤコブ*がここで見た夢の中で神の顕現があった．前930年頃のソロモン*の没後にヘブライ人の王国が分裂した際，北のイスラエル*王国の初代の王がここに金の子牛像を置き，その礼拝は前621年まで続いた．

(2) ヴェストファーレンのビーレフェルトに近い小さな町にあった「ボーデルシュヴィング諸施設」(*Bodelschwinghsche Stiftungen*) につけられた通称．これらはてんかん症患者の家，ディアコニッセ*（女性奉仕者）や看護士の訓練センター，プロテスタントの神学生のためのカレッジであった．

(3) 特にメソジスト派*やバプテスト派*の人たちにより，礼拝所につけられた名称．

## ペトー（ペタヴィウス）

Pétau, Denis（Petavius, Dionysius）(1583-1652)

イエズス会*員の歴史家，神学者．1627年の『年代学』(*Opus de Doctrina Temporum*) は，古代の年代学研究に深く貢献した．彼はまた，1612年にシュネシオス*の著作，1622年にエピファニオス*の著作の有名な校訂版を出版した．教義神学者として初めて，彼は教理的発展という考えを受け入れ，後代の基準に照らして，多くの教父の教えの不十分さを認めた1人であった．

## ベトサイダ

Bethsaida

ガリラヤ湖に注ぐヨルダン川*東岸にあった主に異教的な村．その正確な位置は議論の的になっている．キリストが訪問した（マコ8:22）.「ガリラヤのベトサイダ」（ヨハ12:21）は別の場所かもしれない．

## ベトザタ（ベテスダ）

Bethesda

ヨハネ福音書5:2によれば，エルサレム*にあった池で，周期的な水の動きと結びついて，治癒力をもつと信じられていた．

## ベトナム

➡ヴェトナム

## ベトファゲ

Bethphage

オリーブ山*にある村で，ベタニア*に近い（マコ11:1）．

## ペトラルカ

Petrarch, Francesco (1304-74)

イタリアの詩人，人文主義者．1326年に，下級品級*に就いた．（『カンツォニエーレ』[*Canzoniere*] 所収の）ラウラ（Laura）に関する韻文およびスキピオ・アフリカヌスに関する叙事詩『アフリカ』(*Africa*) により，1341年に桂冠詩人となった．1347年に，彼はコーラ・ディ・リエンツォ*の短命な共和政運動を支持した．その後の数年間，ペトラルカはさまざまな政治的使節を務めた．名声を愛する詩人の感受性や異教文化に対する学者としての情熱とはしばしば矛盾した彼の宗教性は，いくつかのラテン語の論考に表現されている．彼の最後の重要な詩的作品である『勝利』(*Trionfi*) は寓喩の形で，万事に対する神の勝利および感覚の支配からの人間の究極的救済を謳っている．

## ペトリ

Petri, Olaus (1493-1552)

スウェーデン*の宗教改革者．ヴィッテンベルク*で学び，ルター派*の信仰をもって故国に戻った．グスターヴ１世の厚遇を得て，1531-33年には大法官になったペトリは，スウェーデンにおける教理上の変化の指導的な主唱者になった．彼は1529年にスウェーデンの最初の祈禱書を刊行し，またおそらく，1526年の新約聖書のスウェーデン語訳にも貢献した．

弟のラウレンツィウス（Laurentius）・ペトリ（1499-1573年）はウプサラ*初代大監督であった．

## ペトルス（アミアンの）
Peter the Hermit（1115年没）

「隠者ピエール」ともいう．第１回十字軍*の説教者．12世紀の史料は，彼が巡礼者としてエルサレム*を訪れ，戻ってからウルバヌス２世*に救援を送るよう訴えたと記しているが，この記述には事実の要点が込められていよう．1095年のクレルモン教会会議*後に，彼が募った軍隊はトルコ人により壊滅した．彼はそこで主部隊に合流し，ともにエルサレムに入った．ヨーロッパに戻った彼は，自ら創設に協力していた，アウグスチノ修道祭式者会*修道院の小修道院長*になった．

## ペトルス（アルカンタラの）（聖）
Peter of Alcántara, St（1499-1562）

スペイン跣足*フランシスコ会*員．フアン・デ・サナブリア（Sanabria）はアルカンタラで生まれ，1515年にサント・エバンヘリオ準州のフランシスコ会に入会し，ついでコンベンツアル派*に属したが，1517年にオブセルヴァント派*に移った．1519年に，その修道院はサン・ガブリエル管区となり，スペイン跣足フランシスコ会の主管区と見なされた．1557年に，ペトルスは改革コンベンツアル派の総会長直属管区長（Commissary General）になった．ペトルスの名を冠する，1556年頃の『祈りと黙想論』（*Tratado de la oración y meditación*）とルイス・デ・グラナダ*の『祈りと黙想の書』（*Libro de la oración y meditación*）の関係は長く議論されてきた．前者は後者からの借用部分もあるが，基本的にペトルスの著作と思われる．祝日は10月19日．

## ペトルス（殉教者）（聖）
Peter Martyr, St（1200頃-1252）

「ヴェローナ*のペトルス」（Petrus Veronensis）ともいう．異端審問*官．ヴェローナの主にカタリ派*の家庭出身の彼は，にもかかわらず，カトリックとして育った．彼はおそらく1220-21年頃にドミニコ会*に入会した．雄弁な説教者で，カタリ派に対する成功した論争家として有名であった彼は，1251年にミラノとコモ（Como）の異端審問官に任命され，翌年，暗殺された．祝日は６月４日（以前は４月29日）．

## ペトルス（タランテーズの）（聖）
Peter of Tarentaise, St（1175年没）

（サヴォワのムティエ［Moûtiers］に近い）タランテーズ大司教．以前はシトー会*の修道士であった．彼は自教区を徹底的に改革した．教皇から厚く信任され，またイングランドの王子ヘンリー（のちのヘンリー２世）とフランスのルイ７世の和解にあたった．祝日は５月８日．

## ペトルス（ブリュイの）
Peter de Bruys（おそらく1130年のすぐ後に没）

異端者．彼は幼児洗礼*，ミサ*，教会堂，死者のための祈り，十字架に対する崇敬のほかに，聖書の大部分と教会の権威を否定した．彼には相当な支持者がいた（ペトルス派［Petrobrusians］）．彼の教えはしばしば断罪され，ニーム付近のサン・ジル（St-Gilles）で民衆により火中に投ぜられた．

## ペトルス・ヴェネラビリス
Peter the Venerable（1092/94-1156）

1122年からクリュニー*の大修道院長．反対に遭いながら，彼は特に財政的・教育的分野で重要な改革を遂行した．クリュニーでの彼の学究への関心は，修道生活を祈りと肉体労働に限定することをのぞんだ聖ベルナルドゥス*と対立させることになった．1130年にペトルスは，かつてクリュニー系の修道士であった対立教皇アナクレトゥス２世に反対して，インノケンティウス２世を支持し，また1140年に，アベラルドゥス*を保護した．

ペトルスは『コーラン』*をラテン語に訳出させ，イスラーム*に反対する著作を書いた．彼の他の著作には，ブリュイのペトルス*やユダヤ人に対する論駁書，講話，いくつかの韻文がある．列福されていないが，若干の殉教録*で12月29日に記念される．

## ペトルス・カニシウス

➡カニシウス

## ペトルス・カントル

Peter the Chanter（1197年没）

神学者．12世紀後半のパリ*における最も影響力の大きい教師の一人であった．彼は倫理学の実践的問題に集中し，聴罪司祭の指導のために具体的な事例を議論して，悔悛*の実施において遵守されるべき状況の教理化に貢献した．彼は司法の行使における神明裁判*を強く非難した．

## ペトルス・コメストル

Peter Comestor（1178/79年没）

聖書学者．1147年にトロワ（Troyes）司教座聖堂参事会会長（dean）となり，1168年にノートルダム大聖堂*尚書院長（chancellor）にもなった．彼は晩年にパリのサン・ヴィクトル*修道院に引退するまで，その両方の職に留まった．彼の最もよく知られた著作である『スコラ的歴史』（*Historia Scholastica*）は，天地創造*からキリストの昇天*までの連続的な歴史書で，聖書の記述の間隙を埋めるために，教父*や異教の著作家の著作を用いている．

## ペトルス・ダミアニ（聖）

Peter Damian, St（1007-72）

教会改革者．ラヴェンナ*出身の彼は，1035年にフォンテ・アヴェラナ（Fonte Avellana）隠修士修道院（hermitage）に入り，1043年頃に院長に選ばれた．彼は聖職者の世俗性と聖職売買*に対する妥協しない説教者として有名になり，1057年にオスティア（Ostia）司教枢機卿に任じられた．彼は神学と教会法の分野における重要な思想家であり，シルヴァ・カンディダのフンベルトゥス*の厳格な見解に反対して，聖職売買の罪を犯した司祭が執行した秘跡の有効性*を擁護し，また同性愛*に反対する論考を書いた．祝日は2月21日．

## ペトルス・ノラスクス（ペドロ・ノラスコ）（聖）

Peter Nolasco, St（1180頃-1249頃）

メルセス修道会*の創立者．おそらく1220年代半ばには捕虜を買い戻す活動をしていた．この活動の中心地はカタルーニャであった．他の人たちも彼の活動に協力したとき，メルセス修道会が形成され始めた．彼の没年には異論があるが，彼は1245年以降はもはや修道会の長ではなかった．祝日は1月28日（以前は，31日），現在は削除されている．

## ペトルス・ロンバルドゥス

Peter Lombard（1100頃-1160）

「『命題集』*の師」．1143/44年からパリ*の司教座聖堂付属学校で教えた．1148年に，彼はランス*教会会議でギルベルトゥス・ポレタヌス*に反対し，1159年にパリ司教に任命された．彼の『命題集』は，(1) 三位一体の神，(2) 天地創造と罪，(3) 受肉*と諸徳，(4) 秘跡*と4つの終末の出来事に関する4巻に分類される．彼の没後，その著作の正統性に異議が唱えられたが，1215年以降しばらくのあいだ，それはカトリック神学の標準的な教科書になった．秘跡に関するその教えは重要な発展を示しており，ペトルスは秘跡の数を7つと主張し，それを準秘跡*から区別し，その特質の有効性と因果律を主張することにより秘跡の概念を明確化した最初の人たちに属する．

## ペトロ（聖）

Peter, St

「使徒*の第一人者」．ヨハネ福音書（1:35-42）によれば，兄弟のアンデレ*によりキリストに紹介され，ケファという名を与えられたが，それはギリシア語の岩（*petra*）に対応するアラム語である．マタイ福音書（4:18-20）とマルコ福音書（1:

16-18）によれば，2人はともに漁師だったときに召された．12使徒のすべてのリストにおいて，ペトロは最初に挙げられている．彼は少数の「中枢グループ」だけがいることを認められた3つの機会のすべてに立ち会い，また使徒の代弁者として常に主導している．フィリポ・カイサリア*で，イエスがキリストであるという信仰告白をペトロがしたあと（マコ8:27-30，なお，マタ16:16「生ける神の子キリスト」），マタイ福音書（16:18-19）は，天の国の鍵および「つなぎかつ解く」権限の授与とともに，「あなたはペトロ．わたしはこの岩の上にわたしの教会を建てる」という主（イエス）の約束を付け加えている（この章句の正確な解釈は多くの論争の的となってきた）．ペトロの優位性は再び「最後の晩餐」*の際に主（イエス）により肯定されているが（ルカ22:31-32），イエスを決して見捨てないと自慢げに言ったペトロに対して，その夜，鶏が鳴くまでに3度，イエスを知らないと言うだろうと予告された．大祭司の中庭で，彼がイエスの弟子の一人だととがめられ，3度イエスを知らないと言い，イエスの予告を思い出し，深く悔いた（マタ26:69-75）．女性たちからイエスの墓がからであると聞いてすぐ，ペトロはかけつけ（ルカ24:12），その後，復活のキリストが特別にペトロに現れるという恩恵をえた（ルカ24:34）．キリストの昇天*後，ペトロは使徒たちを主導し，使徒言行録の前半をつうじて，彼らの頭として現れる．彼はコルネリウスを受け入れることにより教会を異邦人へと開き（使10:1-11:18），また彼の権威はいわゆるエルサレム教会会議（49年頃）でも明白である（使15:7-11）．

その後の彼の生涯について，ほとんど知られていない．彼とローマの関係を示す伝承は古く，比類ないものである．彼に25年間のローマ司教職を帰する後代の伝承には，十分な確証がない．彼の没年はネロ*帝（在位54-68年）の治世におかれ，おそらく64年の迫害*時であろう．ローマのサン・ピエトロ大聖堂*のその墓所が真正であると信ずべき歴史的根拠がある．彼の記憶がマルコ福音書の背後にあるというパピアス*の記述は，多くの学者により受け入れられている．祝日は（時に，聖パウロ*とともに）6月29日．➡ペトロの手紙

## 『ペトロ行伝（ぎょうでん）』

Peter, Acts of St

180-90年頃にギリシア語で書かれた外典*の一書．その一部である『ペトロの殉教』は「クオ・ヴァディス」*の出来事および聖ペトロ*の逆さ十字架刑を記している．

## ペトロク（聖（せい））

Petrock, St（Pedrog）（6世紀）

コーンウォールの聖人．ウェールズの族長の息子で，アイルランドで学んだのち，コーンウォールに赴き，パドストウ（Padstow）とボドミン（Bodmin）に修道院を建てたといわれる．祝日は6月4日．

## ペドロ・クラベル（聖（せい））

Peter Claver, St（1580-1654）

「黒人の使徒」．カタルーニャ出身の彼は，1610年に現在のコロンビアに赴き，直ちに，西アフリカから悲惨な状況下に連れてこられた奴隷たちへの宣教を始めた．1616年に司祭に叙階された彼は，30万人以上に教え，授洗したといわれる．祝日は9月9日．

## ペトロ献金（けんきん）

Peter's Pence（Rome-Scot）

かつて教皇に納付された，イングランドにおける教会税．国王オッファ*（796年没）により初めて納付されたペトロ献金は，極貧の家庭を除く全家に対する徴税で，12世紀には年1度の税に代わった．それは1534年に廃止された．1850年のカトリックの位階制の復興後，司教たちはローマへの定期的に組織された寄金を再開することに同意し，1860年代以降，ペトロ献金は非公式に司教区を基盤に募られ，1871年に公的な認可をえた．

## ペドロ・ゴンサレス

➡エルモ

### ペトロス（アレクサンドリアの）（聖）
Peter of Alexandria, St（311年没）

300年からアレクサンドリア*主教．彼はディオクレティアヌス*帝の迫害に耐え，棄教者の教会への再受容のために規則を起草した．彼が身を隠しているあいだに，メリティオス*は司祭を叙階し始め，その後，アレクサンドリアに対する権威を要求した．ペトロスは311年に平和が回復したとき復帰したが，その直後に斬首刑に処せられたと思われる．祝日は東方では11月24日，西方では11月26日．

### ペトロス・ホ・クナフェウス
Peter the Fuller（488年没）

（ギリシア語の *Knapheus* は「縮絨工」の意．）アンティオキア*総主教．不確かな伝承によれば，彼は自らが縮絨工であったコンスタンティノポリス*のアコイメートイ派*の修道院で修道士であった．キリスト単性論*的教えのゆえに追放された彼は，皇帝ゼノン*に随行して，アンティオキアに赴いた．ここで，ペトロスはアポリナリオス主義*者に加担し，主教と対立した．470年の主教の不在中に，彼はゼノンに支持されて自ら主教となった．コンスタンティノポリス総主教ゲンナディオス1世*はペトロスに対する追放令を得たが，482年にペトロスはゼノンの「ヘノティコン」*に同意して，主教座を回復した．彼は「トリスアギオン」*に「我らのために十字架につけられた」という一節を付加した人として知られる．

### ペトロス・モンゴス
Peter Mongo（490年没）

アレクサンドリア*総主教．477年に，キリスト単性論*者のティモテオス・アイルロス*の後継者に選ばれた．ローマ*とコンスタンティノポリス*はともにティモテオス・サロファキオロス（Salophaciolus）を総主教と認めたが，482年にサロファキオロスが没すると，コンスタンティノポリス総主教アカキオス*は皇帝ゼノン*に，「ヘノティコン」*を受け入れる代償にモンゴスを認めるよう説得した．

### ペトロ典礼
Peter, Liturgy of St

ビザンティンとローマの典礼の諸要素を結合したミサ式文で，おそらくイタリアのギリシア人教会での使用のために起草されたが，ただ文書上の実験としてまとめられたのであろう．マロン教会*の聖ペトロ第3アナフォラ*とは区別されねばならない．

### ペトロニウス（聖）
Petronius, St（5世紀）

ボローニャ*司教（在職432頃-450年）．1162-80年に書かれた彼の（大部分が伝説的な）伝記によれば，彼は皇帝の家系の出身で，エルサレム*を訪れ，司教になってから，聖墳墓*聖堂にコンスタンティヌスが建てさせた建築群にならった，修道院と教会堂を建てた．祝日は10月4日．

### 『ペトロの殉教』
➡『ペトロ行伝』

### 『ペトロの宣教』
Peter, Preaching of St

聖ペトロ*の作と称するギリシア語の論考であるが，おそらく2世紀に由来する．宣教上の宣伝を意図して，ギリシア人やユダヤ人の信仰に対するキリスト教の一神教の優位性を強調している．

### ペトロの手紙（ペトロ書）
Peter, Epistles of St

この2通の新約聖書の手紙は聖ペトロ*に帰されている．Iペトロ書は迫害*下にある小アジアのキリスト教共同体を励ますために書かれた．ペトロの著者性を疑問視する根拠として挙げられたのは，その文体がガリラヤの漁師のそれではないこと，手紙中の章句がパウロの教えを反映していること，小アジアの教会の迫害が（プリニウス*における）112年頃より前にはほかに証言されていないことである．しかしながら，考察すべきなのは国家による公式な迫害ではなかろう．その議論には結論は出ていない．

Ⅱペトロ書の主要なメッセージは，偽りの邪悪な教師に対する警告である．同書はペトロにより書かれたと称するが，後代の作であるさまざまな証拠があり，正典*に受け入れるには相当なためらいがあった．おそらく150年頃に年代づけられよう．

## 『ペトロの黙示録』
Peter, Apocalypse of St

2世紀前半に由来する，この外典*黙示録は，どのようにして主（イエス）が使徒たちに，来世における兄弟たちとその報いに関する幻視を示したかを記している．ナグ・ハマディ*で発見された『ペトロの黙示録』は表題だけが共通である．

## ペドロ・ノラスコ
➡ペトルス・ノラスクス

## 『ペトロ福音書』
Peter, Gospel of St

おそらくシリアで2世紀前半に書かれた，外典*福音書．残存する部分から，大部分は伝説的な作であったと思われる．

## ペニファーザー
Pennefather, William（1816-73）

福音主義*の聖職者．彼は1852-64年にバーネット(Barnet)のクライスト・チャーチ，1864-73年にイズリントン（Islington）のミッドメイ（Midmay)・パークのセント・ユダ教会の管理司祭*であった．1861年に，彼はカイザースヴェルト*をひな型として，のちのミッドメイ女性執事会（Deaconess Institution）を創設したが，それは1940年まで（ハイベリ［Highbury］のセント・クリストファー女性執事会の名称で）存続した．➡女執事

## ペニントン
Penington（Pennington), Isaac（1616-79）

クェーカー派*．彼は1642-43年にロンドン市長であった同名のアイザック・ペニントン卿の長男であった．1657年に，ジョージ・フォックス*の説教を聞き，翌年，彼と妻はクェーカー派になった．同派にはこれまで2人のような地位の人はいなかった．1660年以降，彼は5度投獄され，その財産は没収された．チャルフォント・セント・ジャイルズ（Chalfont St Giles）のジョーダンズ（Jordans）の彼の所有地に建てられた集会所は現在も残っている．

## ベネット
Bennett, William James Early（1804-86）

英国教会の高教会派*．ロンドンのナイツブリッジ（Knightsbridge）にあるセント・ポール教会の教会担当司祭（priest-in-charge）であったが，1850年，ピムリコ（Pimlico）にセント・バルナバ教会を創立した．彼が導入した急進的な儀式は民衆の暴動を引き起こした．1867年にE. B. ピュージー*に宛てた公開書簡において，ベネットは聖餐における「真の臨在」*を扱ったことで，一連の訴訟事件が起こり，当時の法廷は教理の問題を扱うには不適切なことが明らかになった．

## ベネット
Benet of Canfield（1562-1611）

神秘主義的著作家．ウィリアム・フィッチ（Fitch）は1585年にカトリックになり，1587年にパリでカプチン会*に入会した．彼は1599年にイングランドに戻ったが，1602年ないし1603年までウィズビーチ（Wisbech）城内に幽閉された．1610年に書かれた『完徳の規則』（*Règle de Perfection*）は3つの面で神の意志を扱っている．すなわち外的には神の意志は人生の諸状況で積極的に探求され，内的には神の意志は受動的な魂の霊感や照明をとおして表され，本質的には魂は知性や表象の助力なしに直接的に神の意志を観想し，このことは神の前に自己の消滅を引き起こす．

## ベネディクトゥス12世
Benedict XII（1342年没）

1334年から教皇．ジャック・フルニエ（Fournier）は第3代のアヴィニョン*教皇であった．シトー会*員で大修道院長であった彼は，教皇としてい

くつかの教会改革に着手した．彼は聖職者の強欲と闘い，枢機卿による以外の聖職禄一時保有*を禁じ，修道会の熱心な改革者であった．政治の分野ではあまり成功しなかった．1336年に，彼は償うべき罪のない義人の魂が，没後直ちに至福直観*を享受するという教理を明示した．

## ベネディクトゥス13世

Benedict XIII（1423年没）

1394-1417年にアヴィニョン*に拠った対立教皇*．ペドロ・デ・ルナ（Pedro de Luna）はウルバヌス6世*の選出に同調したが，のちに対立教皇クレメンス7世を支持した．ベネディクトゥスは，必要ならば退位してでもシスマ*を終わらせると約束したのが主な理由で，クレメンスの後を継いだ．即位後，彼は辞任を拒んだ．ピサ教会会議*は1409年に彼を罷免し，コンスタンツ公会議*も1417年にその罷免を確認し，彼の最後の支持者たちも彼を離れた．

## ベネディクトゥス13世

Benedict XIII（1649-1730）

1724年から教皇．ドミニコ会*員であった彼は，1725年のラテラノ教会会議を主宰し，聖職者の道徳的刷新をはかった．同年に，彼は大勅書『ウニゲニトゥス』*を再確認したが，ドミニコ会員にはヤンセン主義*に近い恩恵*の教理を許容した．

## ベネディクトゥス14世

Benedict XIV（1675-1758）

1740年から教皇．典型的な管理者であり，世俗権力との関係では宥和的で，教皇権の道徳的影響力を強化することに努めた．彼が1734-38年に著した『神の僕たちの列福と福者たちの列聖について』（*De Servorum Dei Beatificatione et Beatorum Canonizatione*）は，今も列福*と列聖*の歴史と手続きに関する古典的な論考である．彼はまた1748年に，司教区代表者会議（Diocesan Synods）に関する権威ある著作をまとめ，またミサの犠牲に関する著作を書き，1752年に司教儀典書*の標準版を出した．彼は科学や学問に強い関心をもち，ローマに多くのアカデミーを創設した．

## ベネディクトゥス15世

Benedict XV（1854-1922）

1914年から教皇．第1次世界大戦の勃発直後に教皇に選出された彼は，非人間的な戦争行為に抗議し，平和の実現のために精力的な努力をした．1917年に，新しい『教会法典』*を公布し，1919年の使徒的書簡の中で，宣教にあたる司教が現地の聖職者を養成するよう主張した．

## ベネディクトゥス16世

Benedict XVI（1927-）

2005-13年のあいだ教皇．バイエルン出身のヨーゼフ・ラッツィンガー（Ratzinger）は，彼の世代の大抵のドイツ人と同様に，ヒトラー・ユーゲントに入団した．のちに，彼はドイツのさまざまな大学で教授を務め，1962-65年の第2ヴァティカン公会議*に神学顧問として出席した．もともと進歩的な神学者と見なされていた彼は，いっそう伝統的になった．1977年に，彼はミュンヘンとフライジンク（Freising）大司教に任命され，ほどなくして枢機卿*となった．彼は1981年に教理省（もとは検邪聖省*）長官に任命され，2005年に教皇に選出された．彼は2013年に退位した．

彼は1950年代以降，幅広い主題で著作を出版し，教皇になったのちも可能な限りそうし続けた．典礼および神学と哲学の関係に対する関心が彼の主要なテーマであり，神学の歴史的な発展への関心も深い．2005年に，彼は教皇庁*で演説して，第2ヴァティカン公会議がカトリック教会の生活における新しい出発点でなく，過去と連続した改革点と見なされるべきであると論じた．彼は「連続の解釈学」を擁護し，「断絶の解釈学」を批判した．彼は2005年に始まる一連の回勅*を発布したが，第3の回勅である2009年の『真理における愛徳』（Caritas in Veritate）は，愛徳*の制度的・政治的要素に集中したカトリック的な社会教説を論じている．2007年に『スンモールム・ポンティフィクム』（Summorum Pontificum）により，（第2ヴァティカン公会議以前のいわゆるトリエント・ミサ典礼書［Tridentine Mass］である）1962年当時のミサ典礼書*の使用許可を延長し（➡ローマ典礼の特別式文），2009年に使徒憲章（Apostolic Constitution）『アングリカノールム・チェティブス』（Anglicanorum Coetibus）により，カトリック教会内にアングリカンの伝統の要素を維持するために，属人分区*を新たに創設した．

## ベネディクトゥス（アニアヌの）（聖）

Benedict of Aniane, St（750頃-821）

大修道院長．779年に，彼はラングドックのアニアヌにある自領内に修道院を建てたが，それはフランスの修道院の広範囲な改革の拠点となった．彼は『ベネディクトゥス会則』*を体系化し，それは816年と817年に開催されたアーヘン（Aachen）教会会議で正式に承認された．彼がおそらく「フークウースクェ」*を著したのであろう．祝日は2月11日．

## ベネディクトゥス（ヌルシアの）（聖）

Benedict of Nursia, St（480頃-550頃）

「西方修道制の創始者」．ローマ社会の放縦さを見て，彼は500年頃に隠修士として生きるためにスビアコ*の洞窟へと隠遁した．共同体が彼のまわりにできあがり，彼はその地域に一群の修道院を建てたといわれる．司祭らの嫉妬を受けたために，彼は529年頃に少人数の修道士をつれてモンテ・カッシーノ*へ移った．ここで彼は修道制*を改革する計画を練り上げ，修道会会則（『ベネディクトゥス会則』*）を作った．彼は叙階されず，修道会の創設も企図しなかったと思われる．祝日は西方では7月11日（以前は3月21日），東方では3月14日．

## ベネディクトゥス（ザカリアの歌）

Benedictus

洗礼者ヨハネ*の誕生の際にザカリア*により歌われた感謝の歌（ルカ1:68-79）． 西方教会では「朝の祈り」*の典礼で歌われ，『祈禱書』*でも朝課*のためとされている．

## 『ベネディクトゥス会則』

Benedict, Rule of St

ヌルシアの聖ベネディクトゥス*によって，モンテ・カッシーノ*のほとんどが信徒からなる修道士のために540年頃に起草された修道院会則．ベネディクトゥスは彼以前の諸会則を自由に利用しながら，修道院の霊的生活ならびに管理に関する厳格で包括的で個性的な規則書を生み出した．➡ベネディクト会

## ベネディクトゥス・クィ・ヴェニト

Benedictus qui venit

マタイ福音書21:9「主の名によって来られる方に，祝福があるように」のラテン語．（カトリックを含む）ほとんどの古い典礼において，サンクトゥス*のあとに歌われるか唱えられる．その使用は『共同礼拝』*や他の現代のアングリカンの儀式でも認められている．

## ベネディクトゥス・ビスコップ（聖）

Benedict Biscop, St（628頃-689/90）

修道士．ノーサンブリアの貴族の出身である彼は，666年にレランス*で修道士になった．669年に，大司教テオドルス*に随行してカンタベリー*に来た．674年に，ウェアマス*に聖ペトロ修道院を建て，682年に，ジャローに聖パウロ修道院を建てた．彼は5度にわたってローマを訪れ，ローマの聖歌や典礼方式を導入し推進した．祝日は1月12日．

## ベネディクト会

Benedictine Order

ヌルシアの聖ベネディクトゥス*は修道院を建て，『ベネディクトゥス会則』*を起草したが，修道会を創設はしなかった．彼の『会則』は修道院が採用しうる会則の一つにすぎなかったが，7-8世紀には広く遵守されるようになった．816-17年に，ルートヴィヒ1世*はアニアヌの聖ベネディクトゥス*に補佐されて，フランクの領土内のすべての修道院に，同会則に基づく同一の規定を課した．西方における修道士・修道女たちはみな，

聖ベネディクトゥスの家族すなわち修道会に属していると意識するようになった.

中世には，典礼の遵守はますます長時間化し，手作業は重視されなくなり，修道院は富裕になり，悪弊が入り込んできた．各修道院が自律している（すなわち自らの大修道院長*を超える上長をもたない）ということは改革を困難にした．909年に創設されたクリュニー*は改革の拠点の一つであった．幾人かの教皇はシトー会*にならって修道会総会*や巡察をもうけて改革を推進しようとした．15世紀には，独立した諸修道院の連合が存在し（たとえば1446年のドイツのブルスフェルデ連合），また個々の修道院の自律性が実質的に廃止されるような修族*がいくつか創設された．16世紀には，宗教改革がイングランドと北ヨーロッパの他の地域で修道院生活を終わらせた．啓蒙主義*，フランス革命，19世紀の反聖職者的立法はほとんどすべてのベネディクト会の修道院を廃止させたが，19世紀半ばにリバイバルがあり，1833年にソレーム修道院*，1863年にボイロン修道院*が建てられた．1893年に，レオ13世*はベネディクト会のすべての修族をベネディクト会連合（Benedictine Confederation）へと結びつけ，ローマに在住する首席大修道院長（Abbot Primate）職をもうけた．それ以後，『ベネディクトゥス会則』を遵守する修道会（ヴァロンブローザ修族*，オリヴェト修族*，カマルドリ修族*，シルヴェステル修族*）が加わったが，シトー会は加わっていない.

『ベネディクトゥス会則』を遵守する修道女会は遅くとも7世紀にさかのぼる．トリエント公会議*は1563年に，ベネディクト会が以前に実践してきた以上に厳しい禁域*をすべての修道女*に課した．修道女ではなく，禁域の厳しい規則をもたないベネディクト修道女会（Benedictine sisters）が（教育を含む）慈善活動や宣教活動に従事している．これらの会のほとんどは19-20世紀に創設され，アメリカで広く知られているが，アフリカでも増加している.

20世紀に，ベネディクト派の修道会（Benedictine communities）が英国教会やスウェーデン*のルター派教会に創立された．➡アングリカニズムにおける修道会，修道制

## ベネディクト会の標語

UIODG（IODG）（*[ut] in omnibus Deus glorificetur*）

ラテン語で「すべてにおいて神が賛美されますように」を意味するベネディクト会の標語.

## ベネディクト会律修献身会

Oblates Regular of St Benedict

緩和された形の『ベネディクトゥス会則』*に基づいて生活する，ローマの女子修道会．彼女らは祈りと善行に励むが，誓願*を立てず，財産も放棄せず，取り消しできる従順の誓いを立てる．1425年に，ローマの聖フランチェスカ*により創立された.

## ベネディチテ

Benedicite

（ラテン語で「汝ら［主を］ほめたたえよ」の意.）「燃え盛る炉」の中で，シャドラクとメシャクとアベド・ネゴが唱えたとされるカンティクル*すなわち賛歌（ダニ3章参照）．これは「3人の若者の賛歌」*の一部である．早い時期からキリスト教の礼拝で用いられてきた.

## 「ヘノティコン」

Henoticon

キリスト単性論*者と正統派のあいだの一致を得るために482年に作成され，皇帝ゼノ*により支持された神学的定式．東方では広く受け入れられたが，ローマからは是認されず，「アカキオスのシスマ」*を引き起こした.

## ペパン3世（小ピピン）

Pepin（Pippin）III（714-68）

フランク王．シャルル・マルテル*の息子である彼は，父の後を継いでフランク王国の宮宰となった．教皇ザカリアス*の同意を得たと主張して，彼は751年に名ばかりのメロヴィング朝の国王に代わって，フランクの貴族たちにより国王に選ばれ，フランクの司教たちにより塗油された．754年

に，塗油式がステファヌス2世*により再度行われ，ペパンは教皇にラヴェンナ*太守*領，ローマ侯領などの領地の回復を約束した．754年と756年にランゴバルド人を敗ったペパンは，（もはや残存しない）「ペパンの寄進状」（Donation of Pepin）に挙げられた領地を教皇に贈って自らの約束を果たした（➡聖ペトロの世襲領）．治世をつうじて，メッス司教クロデガング*と協力して，ペパンは聖ボニファティウス*により始められた教会改革を推進することに積極的な役割を果たした．彼の後継者は息子のシャルルマーニュ*である．

## ヘーフェレ
Hefele, Karl Joseph（1809-93）

教会史家．1869年から，ロッテンブルク（Rottenburg）司教であった．彼は第1ヴァティカン公会議*の準備に重要な役割を果たしたが，教皇の不可謬性*の教理に反対した．彼の主著は1855-90年の『公会議史』（*Conciliengeschichte*, 最後の8-9巻はJ.ヘルゲンレーター［Hergenröther］が執筆）である．

## ヘフディング
Høffding, Harald（1843-1931）

デンマークの哲学者．彼は世界の霊的な解釈を支持したが，「原因」や「人格」の概念を絶対者に適用したり，個人の不死性の信仰を肯定（ないし否定）したりする十分に理論的な根拠があることを否定した．彼は自らの立場を「批判的一元論*」と呼んだ．

## ヘブドマダリアン
hebdomadarian

司教座聖堂や修道院において，通常は1度につき1週間にわたって，聖餐式や聖務日課を主宰する司祭．

## ヘブライ語（ご）
Hebrew

実質的にほぼすべての旧約聖書が書かれたセム語．新約時代には，口語のヘブライ語は主としてアラム語*に置き換わっていたが，ヘブライ語は文語として残っており，現代のイスラエルの公式の言語として復活した．新約聖書において「ヘブライ語」という場合，古典的なヘブライ語ないしパレスチナの口語的なアラム語方言を指す．

わずかな碑文を除くと，唯一の現存している古典的なヘブライ語文献は旧約聖書である．語彙は少なく，文体は単純で直接的である．最古のヘブライ語は古代フェニキア文字に似て，右から左へと書かれ，ギリシア語および自らのアルファベットの起原ともなった．前586年頃から前538年頃のあいだのバビロニア捕囚*中に，アラム化した文字に代わり，そこからいわゆる「アッシリア」ないし「方形」文字が発達した．このアルファベットは22の子音文字からなっていた．母音文字の欠如は，まず母音文字と子音文字の両方を表す既存の子音文字をいくつか用いることにより，のちには母音記号*と呼ばれる画や点の方式を発達させることにより埋められた．

## ヘブライ人（じん）
Hebrew

パレスチナの住民で，族長*たちやモーセ*とともにその地に入った．彼らは一般に「イスラエル人」と自称した．「ヘブライ人」という名称は主に彼らについて他者から用いられた．

## 『ヘブライ人福音書』（じんふくいんしょ）
Hebrews, Gospel according to the

ユダヤ人キリスト教徒が用いた外典*福音書．本福音書は『エビオン派福音書』*やアラム語の『ナザレ人福音書』*などとさまざまに同一視されてきたが，ユダヤ人キリスト教の諸福音書間の関係は明らかでない．残っている断片には，正典福音書に記録されていないいくつかのイエスの言葉が含まれており，歴史的な価値をもつ伝承を保存しているかもしれない．

## ヘブライ人への手紙（ヘブライ書）（じん てがみ しょ）
Hebrews, Epistle to the

伝統的にパウロ書簡に含められてきたこの手紙は，新約聖書中の他の大部分の文書と違って，著者名も宛名も載せておらず，伝統的な表題はおそらくその内容からの類推による．この手紙はキリスト教の説く摂理の合目的性と古い契約に対するその優越性を主張している．特にキリストのペルソナ（位格）に関する，その神学的な教えは新約聖書において抜きんでたレベルに達している．

早い時期から，この手紙はアレクサンドリア*においてパウロの作として受け入れられた．西方では，ローマのクレメンス*に帰され，4-5世紀までパウロの作として引用されたり，確実に正典と見なされたりすることはなかった．現代の学者の考えでは，その内的な証拠が非パウロ的であることを示している．その著者もその想定された読者もどうやらユダヤ教の礼拝に通じているらしいが，ユダヤ教からの改宗者に宛てられたのかそれとも異邦人になのかは議論が分かれている．著作年代として，70年以前を支持する学者もいるが，大多数はドミティアヌス*帝（在位81-96年）の治下に年代づけている．

## ヘブロン
Hebron

エルサレム*の南南西36kmにある，世界最古の都市の一つ．アブラハム*がパレスチナに着いたとき，遊牧生活の住まいとして選ばれ（創13:18），また旧約聖書に記録されたさまざまな出来事の舞台でもある．

## ベーマ
bema

東方教会で，西方教会の聖所*（sanctuary）に対応する．

## ベーメ
Boehme, Jakob（1575-1624）

ドイツのルター派の神智学的著作家．彼は自らの著作の中で神の啓示により学んだことだけを記したと主張している．

ベーメによれば，父なる神は「無底」（Ungrund），宇宙の定義しがたい素材であって，善でも悪でもないが，無意識で計り知れずに両者を含む．この「深淵」は光で智恵なる御子において自己を知り，聖霊において自己を拡大・表現しようとする．神は2つの意志，すなわち善なる意志と悪なる意志，「愛」と「怒り」を有し，それが自然を創造させ，7つの自然の霊において自己を展開し，そのうちの最後が人間である．創造の展開は啓示，すなわち神の誕生である．人間はこの啓示をキリストへの信仰をとおして受け入れ，神の誕生を自らの魂において経験する．人間はそこで地上において征服者となり，最後には天の都において堕天使であるルシフェルに取って代わるであろう．ベーメの著作は極めて難解ではあるが，広く影響を及ぼした．

## ヘメルリ
Hemmerli（Hemmerlin）, Felix（1388頃-1460頃）

スイスの改革者．チューリヒ出身の彼は，1421年にゾロトゥルン（Solothurn）の聖ウルズス（Ursus）司教座聖堂主任司祭になり，共住聖職者の法令を改訂した．彼はまたあらゆる種類の改革を擁護し，托鉢修道会*やロラード派*を非難した．晩年，彼は政治に関わり，教会の地位を失った．

## ベラカー
Berakah

ユダヤ教の典型的な祈りで，神への賛美ないし感謝を表す．

## ペラギア（聖）
Pelagia, St（311年頃没）

処女，殉教者．彼女は家が迫害*中に兵士に囲まれたとき，自らの貞潔を守るために窓から海中に身を投げたという，アンティオキア*の15歳の少女であった．祝日は6月9日．この歴史的な人物の名前に付加されたのが，突然回心して，オリーブ山*の洞窟で厳しい隠遁者として生きた，アンティオキアの4世紀の女優に関する伝説である．彼女の祝日は10月8日．タルソス*の処女殉教者である第3のペラギアの物語は，前2者が結びついたものと思われる．このペラギアは皇帝のめかけとなることを拒否して焼き殺されたことになっている．祝日は東方ではやはり10月８日．

## ペラギウス主義（ペラギウス派）
Pelagianism

神学的に，ペラギウス主義は神の恩恵*から独立して，人間が自らの努力で救いへと最初の行動を起こしうるとする異端信仰*である．歴史的に，それは４世紀後半から５世紀前半にローマで教えた，ブリタニア出身の神学者ペラギウス（Pelagius）の名前と結びついた，異種の諸要素からなる禁欲主義的運動であった．それは380年代に聖ヒエロニムス*を高く評価したローマの貴族階級のあいだに起こった．ペラギウスが寄与した点は，神に付与された本性により善を選ぶ人間の自由を強調することによって，マニ教*という非難に対してキリスト教禁欲主義を擁護する神学をもたらしたことである．原罪*の伝達の否定は，ペラギウスの支持者であるカエレスティウス*に影響を及ぼした，「シリア人」ルフィノス*によりペラギウス主義に導入されたと思われる．

409/10年に，ペラギウスとカエレスティウスはイタリアを去って北アフリカへ赴き，そこからやがてペラギウスはパレスチナに移った．カエレスティウスはアダムの罪の子孫への伝達を否定したとして告発され，411年のカルタゴ教会会議*で断罪された．その直後，聖アウグスティヌス*はペラギウスの教説に反対する説教をし，著作を書き始めた．415年に，ペラギウスはアウグスティヌスによりパレスチナに派遣されていたオロシウス*によって，異端信仰のゆえに告発された．ペラギウスはエルサレム教会会議とディオスポリス（Diospolis）教会会議では無罪となったが，北アフリカの司教たちは416年の２度の教会会議でペラギウスとカエレスティウスを断罪し，インノケンティウス１世*に２人を破門するよう勧告した．教皇ゾシムス*はこの事例を再審したが，418年に前任者の判断を追認した．

ペラギウス自身はその後歴史から姿を消した．しかしながら，ペラギウス主義を擁護したアエクラヌムのユリアヌス*は，アウグスティヌスと激しい論争を行った．カエレスティウスとその支持者は431年のエフェソス公会議*で再び断罪された．以後も，ペラギウスのものと識別される教説がブリタニアで支持され続けたが，ガリアでは，論争が半ペラギウス主義*を生み出した．

## ヘラクリウス
➡ヘラクレイオス

## ヘラクレイオス（ヘラクリウス）
Heraclius（575-641）

610-11年からビザンティン皇帝．631年に，ペルシア人が614年に持ち去っていた十字架をエルサレム*に戻した．教理上の一致を得ようとする試みとして，彼は638年に『エクテシス』*を発布した．➡十字架称賛

## ヘラクレオン
Heracleon（145-80年頃活動）

グノーシス主義*の教師．ヨハネ福音書の注解を書いた．ナグ・ハマディ文書*の『３部の教え』が時に彼に帰される．

## ヘーラルト・ゼルボルト（ジュトフェンの）
Gerhard Zerbolt of Zutphen（1367-98）

共同生活兄弟団*のメンバー．司祭で，デーフェンター（Deventer）の図書館員になった．彼はその学識が豊かで，霊的指導者としてすぐれていた．彼の著作の一つは聖イグナティウス・デ・ロヨラ*の『霊操』*に影響を及ぼした．

## ベラルミーノ（聖）
Bellarmine, St Robert（1542-1621）

神学者．ロベルト・フランチェスコ・ロモロ・ベラルミーノは1560年にイエズス会*員になった．1599年に枢機卿になり，1602-05年にカプア大司教であった．

彼はプロテスタンティズムに対する激しい反対者であった．1586-93年の主著『キリスト教信仰をめぐる論争についての考察』（*Disputationes de Controversiis Christianae Fidei*）は，カトリック教会の立場にとり体系的で明確な弁明書となった．

彼は1592年にウルガタ訳聖書*の改訂版の刊行に貢献した．教皇が世俗の事柄においては直接的でなく間接的な権力しかもたないという見解のゆえに，ベラルミーノはシクストゥス5世*の不興を買った．G. ガリレイ*に対する好意的な態度は，彼が理性的であったことを示している．祝日は9月17日（以前は5月13日）．

## ベリアル
Belial

おそらく「無価値」「悪意」「破滅」を意味するヘブライ語．旧約聖書には，たとえば「ベリアルの子ら」のように通常は名詞と結びついて何度か出ているが，新約聖書には1回だけである（Ⅱコリ6:15）．

## 『ヘーリアント』
*Heliand*

古ザクセン語の聖書の詩．タティアノス*の調和福音書に基づき，頭韻体の詩で書かれている．ラテン語の「序文」によると，最近改宗したザクセン人の臣下のために，ルートヴィヒ1世*の命で書かれた．

## ペリカン
pelican

嘴で自らを傷つけて自らの血で雛を養うペリカンの表象は，特に聖餐をとおして伝達される，キリストの贖いのわざの予型*として広く用いられた．

## ペリカン
Pelikan, Jaroslav Jan（1923-2006）

父親がスロヴァキア人のアメリカの学者．1972-96年にイェール大学スターリング歴史学講座教授であった．生涯の大半はルター派*であったが，1998年に正教会に転会した．彼には数多くの著作があり，幅広い学問的関心が結実したのは，1971-89年の『キリスト教の伝統——教理発展の歴史』（*The Christian Tradition: A History of the Development of Doctrine*），および2003年の『信条』（*Credo*）であって，後者は教会のさまざまな地域の信条と信仰告白に対する歴史的指針を提供しており，それにはペリカンとヴァレリー・ホチキス（Hotchkiss）が同年に校訂した3巻からなる諸文書の英訳が付されている．

## ペリコペー
pericope

聖書の章句で，特に教会の礼拝で朗読されるよう定められた章句．➡レクティオナリウム

## ヘリター
heritor

スコットランド*においてヘリターは，10分の1税*（teinds）をミニスター*（牧師）に支払い，教会区教会と牧師館を補修する義務が代々伝わっていた，教会区内の相続できる財産の所有者であった．1925年の議会法は彼らの権利と義務の消失を規定した．

## ベリュル
Bérulle, Pierre de（1575-1629）

フランスの外交官，神学者．1604年のスペイン訪問後に，改革カルメル会*をパリに導入し，また1611年に，聖フィリッポ・ネリ*により創立されたオラトリオ会にならってフランスのオラトリオ会*を創立した．彼は1625年のヘンリエッタ・マリア*とチャールズ1世*の結婚に必要な特免の交渉にあたった．1627年に，彼は枢機卿になった．彼の主著『イエスの身分と偉大さについての考察』（*Discours de l'État et des Grandeurs de Jésus*）において，彼のキリスト中心的霊性，人となった神としてのキリストへの信心を説いている．

## ヘーリンクス
➡ゲーリンクス

## ベル
Bell, George Kennedy Allen（1881-1958）

1929-58年にチチェスター主教．1924-29年に，彼がカンタベリー*主教座聖堂の主席司祭*であったとき，訪問者税が廃止され，「大聖堂の友」

(Friends of Cathedral) が組織された. 彼は「生活と実践」*運動の指導者の一人であった. 彼はナチ政府と闘っている告白教会*を支援した. 第2次世界大戦中, ドイツの諸都市に対する無差別爆撃を批判した. 戦後, 彼の国際的な交友は1948年の世界教会協議会*の開催を容易にした. 彼は南インド教会*を支援し, 「英国教会とメソジスト教会の対話」*の共同の議長であった.

## ベール
Bayle, Pierre (1647-1706)

懐疑主義的な著作家. 1681-93年に, ロッテルダム大学教授であった. 宗教と道徳が互いに独立しているので, あらゆる私的・社会的徳が無神論者によっても実践されうると考えて, 普遍的な寛容を擁護した. 彼の最も有名な著作は1695-97年の『歴史的・批判的辞典』(*Dictionnaire historique et critique*) である.

## ヘルウィス
Helwys, Thomas (1550頃-1616頃)

イングランドのバプテスト*. 1608年に J. スマイス*とともにオランダに移住した彼は, 幼児洗礼*が無効なことを確信するに至り, スマイスの分離派教会に加わり, 最初のバプテスト教会が誕生した. 1612年に, ヘルウィスはロンドンに戻り, イングランドにおける最初の普遍バプテスト派*教会を設立した. 1611-12年の『不正の秘密についての宣言』(*Declaration of the Mystery of Iniquity*) には, 普遍的な宗教的寛容に対する初期の訴えが主張されている.

## ヘルウィディウス
Helvidius (4世紀)

聖母マリア*の永遠の処女性を否定したことを, 聖ヒエロニムス*により非難されたローマ人神学者.

## ペルガモン
Pergamum

この都市 (現トルコのベルガマ [Bergama]) は前2世紀に文化の中心地であった. パピルスの代替物としての羊皮紙 (parchment, 「ペルガモンの紙」[*pergamena carta*] に由来する) の発明は, この時期に属する.

ヨハネ黙示録 (2:12-17) が宛てた「7つの教会」*の一つであったペルガモンは, 「サタンの王座がある所」と呼ばれている. 現存する支配者を礼拝する許可を受けた, アシア州での最初の市であったので, これはおそらく皇帝礼拝を指す.

## ベルギー信仰告白(しんこうこくはく)
Belgic Confession (1561年)

ガリア信仰告白*に基づいて起草された改革派教会*の信仰告白. 1566年のアントウェルペン (アンヴェルス) のシノッド (教会会議) で採用されたことは, オランダ*においてカルヴァン主義の原則が最終的に受け入れられたことを示している.

## ベルギーのキリスト教(きょう)
Belgium, Christianity in

4世紀半ばに, 初代のトンゲレン (Tongres) 司教がセルディカ教会会議*とリミニ教会会議*に出席したが, この地域は7世紀に聖アマンドゥス*や聖エリギウス*の働きによりいっそう永続的にキリスト教に改宗した. 非常に多くの修道院が建てられ, 中世をつうじて見られた宗教的熱意は, ベギンとベガルド*の運動およびリュースブルク*やハデウェイフ*のような神秘家の著作の中に見いだされる. 宗教改革以後, スペインによる抑圧はベルギーとなる地域をカトリックの影響力の範囲内にとどめた. 17世紀には, ヤンセン主義*が厳しい論争の的となった. ベルギーが1830年にオランダ*から独立したとき, 教会と国家の分離が憲法に記されたが, カトリック系の学校の財務管理や他の事柄をめぐって繰り返し起こっている諸問題に今も緊張が表れている. ベルギーはなによりカトリック教徒の国であり, たとえば D. J. メルシエ*枢機卿のマリーヌ会談*での貢献, J. L. カルディン*枢機卿のカトリック的社会思想への影響力, L. J. スーネンス (Suenens) 枢機卿の第2ヴァティカン公会議*への貢献など, 現代においてベルギー教会は国際的な役割を果たしている．プロテスタント，正教徒，ムスリムの数は少ない．

## ベルググラーフ
Berggrav, Eivind（1884-1959）

1937-50年にオスロー監督．彼はその後エキュメニカル運動*の指導者になった．1940年のナチによるノルウェー占領後に，レジスタンスを組織した．1941年に逮捕され，1945年まで獄中にあった．彼は世界教会協議会*の創設に貢献した．

## ベルクソン
Bergson, Henri（1859-1941）

フランスの哲学者．実在に至る道は直観によると信じたベルクソンは，すべてのかたちの主知主義を徹底的に批判することをめざした．彼の考えでは，実在に関するすべての主知主義的概念は，物理学者の図形や時計的時間に類似した空間的表象に依拠しており，真実を歪めてしまうので，時間の新しい概念をえるために放棄されねばならない．実在は進化し発展するものであり，道徳的行為の根底にあるのは「生の躍動」（*élan vital*）である．彼の思想は，伝統的な神学が人間の知性に与える支配的な位置に満足していなかった多くの宗教思想家（特にカトリックの近代主義者*）をひきつけた．

## ベルコーウェル
Berkouwer, Gerrit Cornelis（1903-96）

オランダ改革派*の神学者．（A. カイパー*が創立した）アムステルダム自由大学で学んだのち，1927-45年に牧師として働き，1943-45年にオランダ改革派教会の総会議長であった．1945-73年にアムステルダム自由大学組織神学教授であった．彼は1949-72年に一連の『教義学研究』（*Dogmatische Studiën*）を出版した．彼の著作において指導的役割を果たす原理は「相関関係」であると思われ，彼によれば神学は，信仰と神の御言葉および教会とその教えと絶えざる関係をもつことによってのみ有意義で適切なのである．彼は「生活の喧騒」からかけ離れた思弁的な神学を批判した．1954年の『カール・バルトの神学における恩恵の勝利』（*De Triomf der Genade in de Theologie van Karl Barth*）において，彼は贖いに関するK. バルト*の理解に賛同したが，イエス・キリストにおける啓示に関するバルトの排他的な理解を批判した．カトリック神学に対する批判者である彼は，第2ヴァティカン公会議*にオブザーバーとして招かれ，またオランダ改革派教会の中でエキュメニカル運動*に熱心な一人であった．

## ペル・サルトゥム
per saltum

（ラテン語で「跳躍して」の意．）特定の職階（Orders）を，以前に下級の職位を得ていなかった候補者に授与することを指す用語．たとえば，まだ助祭でなかった人の司祭への叙階*がこれにあたる．

## ペルジーノ
Perugino, Pietro Vannucci（1446頃-1523）

イタリアの画家．1482年に，システィナ礼拝堂*に『聖ペトロへの鍵の授与』を描いた．作風の信心深い温かさのゆえに，彼の宗教画への依頼が殺到した．彼の最高の作品は，1496年に完成したフィレンツェのサンタ・マリア・マッダレーナ・デイ・パッツィ聖堂のフレスコ画『キリストの磔刑』である．

## ベルジャーエフ
Berdyaev, Nicolas（1874-1948）

ロシアの実存主義*哲学者．1922年から，亡命者（émigré）となり，主にパリで生活した．彼の著作はマルクス主義から観念論へ，そこから正教ないし彼のいう正教的神秘主義への哲学的な発展を表現している．最も神学的な著作である1927年の『自由精神の哲学』は，独自の宗教的な実存主義ないし人格主義哲学を展開している．彼の考えでは，「現代史の矛盾」は「神と人の創造」の新時代を予示している．正教への彼の批判的で非信従的な忠誠と結びついていたのは，道徳的・社会的なラディカリズムと革命後のロシアの結果的な受容であった．

## ベルゼブル

Beelzebub（Beelzebul）

諸福音書で「悪霊の頭」につけられた名前であって，そこではキリストの敵対者はキリストが「ベルゼブルによって悪霊を追い出している」（マコ3:22-26とその並行箇所），すなわち，悪い者の力でないし代理で行動していると非難している．

## ベルと竜（ダニエル書補遺の）

Bel and the Dragon

旧約聖書*のあるギリシア語写本においてダニエル書*に付随した2つの物語であって，英語聖書のアポクリファ*に（単一の物語として）入れられた．本書はダニエルの手柄を語っている．

## ベルナデット（聖）

Bernadette, St（1844-79）

ルルド*の農民の娘．14歳のとき，ルルド付近のマサビエル（Massabielle）の洞穴で18回にわたって聖母マリア*の幻を見た．彼女はのちにヌヴェール（Nevers）愛徳修道会に入会した．祝日はフランスでは2月18日．

## ベルナール・ギー

Gui, Bernard（1261頃-1331）

ドミニコ会*員の歴史家．1307年にトゥールーズの異端審問*官，1324年にロデーヴ（Lodève）司教に任命された．彼は主にドミニコ会の歴史に対する貢献で記憶される．

## ベルナルディヌス（シエナの）（聖）

Bernardino of Siena, St（1380-1444）

フランシスコ会*の改革者．22歳のときにフランシスコ会員になり，1438年にイタリアのオブセルヴァント派*総会長代理（Vicar General）に選出された．彼は雄弁な説教者で，没したときイタリアでおそらく最も影響力のある宗教者であった．彼は「イエスの名」*の信心を推進した．祝日は5月20日．

## ベルナルドゥス（クリュニーの）

Bernard of Cluny（1100頃-1150頃）

モルヴァル（Morval）のベルナルドゥスともいう．彼はクリュニー会*員であったらしい．彼の詩「世のさげすみ」（*De contemptu mundi*）は「黄金のエルサレム」*（Jerusalem the Golden）の原詩である．➡ニール

## ベルナルドゥス（クレルヴォーの）（聖）

Bernard of Clairvaux, St（1090-1153）

クレルヴォー*大修道院長．1112年に，シトー*修道院に入り，3年後にクレルヴォーに新しい修道院を建てるために派遣された．彼は教会や政治の諸問題で計り知れない影響を及ぼすようになった．1128年にトロワ教会会議で，彼自身が起草したといわれるテンプル騎士団*の会則を承認させた．1130年の紛糾した教皇選挙では，彼はインノケンティウス2世の勝利をもたらした．1145年に，シトー会員でベルナルドゥスの弟子であったエウゲニウス3世*が教皇に選出されたことで，ベルナルドゥスの教皇庁との関係はいっそう緊密になった．晩年には第2回十字軍を勧説した．

彼の最もよく知られた著作は雅歌*に関する未完の説教集である．そこで彼は，修道士の実践的な生活から雅歌の花婿と花嫁の神秘的な出会いにまで説き及んでいる．彼は寓喩*を用いることによって，花婿をキリストと，花嫁を時に教会，時に彼自身と解釈した．他の説教は聖母マリア*への深い崇敬の念を表している．さまざまな論考が修徳生活の個々のテーマを抜き出している．彼の書簡は政治的・道徳的な問題に対する関心を示しており，それが1140年のサンス教会会議*におけるペトルス・アベラルドゥス*の断罪を準備し確実にした．ベルナルドゥスは神学における理性の使用を制限しようとし，クリュニー系修道院*の生活の奢侈を非難して，修徳的理念を擁護しようとした．ユダヤ人を迫害することに反対した点で，同時代人から突出していた．祝日は8月20日．

## ベルナルドゥス（シャルトルの）
Bernard of Chartres（1080頃-1130頃）

文法教師．シャルトル*司教座聖堂のカノン*であった彼は，遅くとも1114年頃には聖堂付属学校の教師になっていた．

## ペルペトゥア（聖）
Perpetua, St（203年没）

北アフリカの殉教者．『聖ペルペトゥアと聖フェリキタスの殉教』（*Passio Sanctarum Perpetuae et Felicitatis*）は，どのようにして彼女とその女奴隷であるフェリキタス*が，他の北アフリカの洗礼志願者*とともに投獄され，受洗後にカルタゴの闘技場で断罪され処刑されたかを記述している．それは同時代の文書である．祝日は以前は３月６日で，1969年以降，３月７日である．

## ヘルマス
Hermas（２世紀）

使徒教父*の一人に数えられる，『ヘルマスの牧者』*の著者．キリスト教徒で奴隷であった彼は，解放され，結婚し，富裕な商人になり，その後，迫害*に遭って全財産を失った．『ヘルマスの牧者』は以下の３部に分かれる．すなわち，１人の貴婦人が教会を代表するヘルマスに現れる５つの「幻」，ヘルマスがキリスト教徒の振舞いと道徳に関して教える12の「戒め」，さまざまなキリスト教の原理が一連の表象のもとに示される10の「譬え」である．本書は悔悛*の必要性および受洗後の罪の赦しの可能性を説いている．ヘルマスは自分がローマの聖クレメンス*の同時代人であるといっているが，ムラトリ正典目録*は本書をピウス１世*の兄弟に帰しており，多くの学者はそこで本書を140-55年に年代づけている．

## 『ヘルマスの牧者』
*Shepherd of Hermas, The*

ヘルマス*の著書のことで，著書名は牧者の姿をして，その内容の一部をヘルマスに伝えたとされる天使に由来する．

## ヘルマン
Herrmann, Wilhelm（1846-1922）

神学者．1879年に，マールブルク大学*組織神学教授になった．彼は福音書をある意味で歴史的人物の記録と見なしたが，彼が主張したのは，教会は人類に影響を及ぼすようなキリストに関する事実のみを説くべきであるということであって，それはたとえば処女降誕などと区別された，キリストの道徳的な教えである．

## ヘルマンヌス・コントラクトゥス
Herimannus Contractus（Hermann the Lame）（1013-54）

詩人，年代記作者．ライヘナウ*の修道士であった彼には，広範囲な主題の著作がある．その中には多くの聖歌*やアンティフォナ*があるが，「サルヴェ・レジナ」*や「アルマ・レデンプトーリス・マーテル」（Alma Redemptoris Mater）の作者とするのは根拠が不十分である．彼の『年代記』（Chronicon）は，当時の歴史の記録として価値が高い．

## ヘルマン・フォン・ヴィート
Hermann of Wied（1477-1552）

改革者．1515年にケルン*大司教・選帝侯になった．若いときは，彼はプロテスタントの運動に反対していたが，1539年頃にカトリック教会内の同様の運動を始めた．彼はますますプロテスタンティズムを支持するようになり，1546年に破門され，免職された．彼の改革への提案は『祈禱書』の編集に影響を及ぼした．彼はルター派として没した．➡グロッパー

## ヘルミアス
Hermias（生没年不詳）

キリスト教の哲学的な著作家．彼はただ『異教の哲学者たちに対する嘲笑』という小著の著者としてのみ知られる．現代の学者は本書を2-6世紀のあいだでさまざまに年代づけている．

## ヘルメス主義

Hermesianism

ミュンスター（Münster）大学の神学教授であったゲオルク・ヘルメス（Hermes, 1775–1831年）が説いた哲学的・神学的な教理体系．我々の唯一の確実な知識は精神に実際に存在する観念に関するものであると考えた彼は，客観的な真理の規準は我々の主観的な信仰のうちに見いだされねばならないと説いた．彼の考えでは，この原理から出発して，神の存在が合理的理性により証明されうるし，超自然的な啓示の可能性もそこで証明されうる．

## ヘルメス文書

Hermetic books

あらゆる知識の父で保護者と信じられたエジプトの神トト（Thoth）の後代の名である，ヘルメス・トリスメギストス（Hermes Trismegistos）に帰されたギリシア語やラテン語の宗教的・哲学的な文書群．これらはおそらく後1世紀半ばから3世紀後半に由来する．

## ベルン提題

Berne, Theses of

市会により召集され1528年1月6–26日に行われた論争のために，ハラー*ら2人のベルンの牧師が起草した10箇条からなるツヴィングリ*派の神学的命題．カトリックとプロテスタントによる論争のあと，本提題はベルンの宗教改革を施行する教令に組み入れられ，またスイス内でのチューリヒの信条についての孤立を終わらせた．

## ヘルンフート

Herrnhut

ドレスデンの東およそ64kmの村で，N. L. フォン・ツィンツェンドルフ*が提供した場所に，モラヴィア兄弟団*の一派が1722年に建設し，定住した．

## ベレア派（バークレー派）

Bereans（Barclayans, Barclayites）

1773年にJ. バークレー*によってエディンバラで創設されたセクトで，同派の名称は聖書研究への熱心さに由来する（使17:10–11参照）．ベレア派はスコットランドとともに，ロンドンやブリストルにも創設されたが，1798年のバークレーの没後まもなく消滅し，主に会衆派*に合流した．

## ヘレナ（聖）

Helena（Helen）, St（255頃-330頃）

皇帝コンスタンティヌス*の母．夫に離縁された彼女には，コンスタンティヌスの即位後に名誉ある地位が与えられた．彼女は熱心にキリスト教を保護した．326年に，聖地を訪れ，オリーブ山*とベツレヘム*にバシリカ*を建てた．後代の伝承によれば，彼女はキリストがつけられた十字架を発見した．祝日は西方では以前は8月18日，東方と『共同礼拝』*では5月21日．

## ヘレフォード

Hereford

司教座は，ロチェスター*司教プッタ（Putta）が自教区への異教徒の侵入者から逃れてきて，676年に設立された．イースト・アングリア王聖エセルベルト*はその大聖堂に埋葬され，聖母マリア*とともに，共同守護聖人とされた．現在の大聖堂の主要部分は1079–1110年にさかのぼる．1786年に，大聖堂の身廊*につながる西端が壊れた．13世紀後半のヘレフォードの世界地図（*Mappa Mundi*）は，世界をエルサレム*を中心とする円として描き，全体は最後の審判の描画のもとにある．

## ベレンガリウス（トゥールの）

Berengar of Tours（1010頃-1088）

神学者．彼の家系はトゥールの聖マルティヌス司教座聖堂とつながりがあり，1030年には彼はそこで参事会員であった．アンジェ（Angers）で助祭長兼管理者になったが，トゥールに戻り，1070年頃から「諸学校の校長」であった．1080年よりのちに，隠遁生活に入った．彼はその聖餐論のゆえにひどく批判され，それへの反論がヨーロッパ中で書かれた．ランフランクス*による反論に応えた書（伝統的には『聖餐について』[*De Sacra Coena*]，現在では『ランフランクスへの答書』[*Rescriptum contra Lanfrancum*] といわれる）において，彼は「真の臨在」*の事実を肯定しているが，パンとぶどう酒におけるいかなる物質的な変化もそれを説明するのに不必要であると主張している．

## ベロック
Belloc, Joseph Hilaire Pierre（1870-1953）

カトリックの歴史著作家，批評家．G. K. チェスタトン（Chesterton, 1874-1936年）とその弟と組んで政治的批判活動を展開し，一般に「チェスタベロックス」と呼ばれた．ベロックはジャーナリズムで有名になり，カトリック的な自由経済主義を唱え，ヨーロッパ文明の伝統的な価値を擁護した．彼の歴史関係の著作は，深い学識よりも輝かしい文体で知られる．

## ヘロデ家（け）
Herod family

ヘロデ大王（Herod the Great）は前40年にローマ人によりユダヤ人の王に任命され，前37-4年に統治した．キリストの誕生は彼の治世中である．ヘロデ大王の没後，領土は息子たちに分割された．すなわち，アルケラオス（Archelaus）はユダヤ*，イドマヤ（Idumaea），サマリア*のエトナルケース（領主）となったが，後6年に廃位され，領土はローマ総督（prefects）のもとに置かれた．ヘロデ・アンティパス（Antipas）はガリラヤ*とペレア（Peraea）のテトラルケース（領主）となり（前4年と後39年のあいだ），洗礼者ヨハネ*を斬首刑に処した，福音書に出てくる「領主ヘロデ」である．フィリポ*は残りの領土のテトラルケースとなった（前4年と後33/34年のあいだ）．

ヘロデ大王の孫であるアグリッパ（Agrippa）1世は37-41年にこれらの全領土を継承し，44年まで統治し，使徒言行録の「ヘロデ王」である．その息子アグリッパ2世は50年頃と93/100年のあいだ統治し，聖パウロ*がその前に出頭した「アグリッパ王」である．

## ヘロデ派（は）
Herodians

福音書において，キリストに敵対したとされる一派．おそらくヘロデ家*の支持者．

## ペローネ
Perrone, Giovanni（1794-1876）

イタリアのイエズス会*員．1835-42年の『神学序説』（*Praelectiones Theologicae*）は，19世紀におけるカトリック教義学に関する最も広く用いられた書物の一つであった．

## ペン
Penn, William（1644-1718）

ペンシルヴェニアの創設者．彼が1666年に聞いた説教は決定的な影響を及ぼし，翌年，クェーカー派*になった．彼は新たに得た信仰を擁護して書いた著作のゆえに，ロンドン塔に投獄された．獄中で，1669年にクェーカー派の実践の古典である『十字架なければ冠なし』（*No Cross, No Crown*）を書いた．彼はクェーカー派らのために良心の自由を保証する植民地をアメリカに建設することに関心をもつようになった．1677年以降，彼と他のクェーカー派の2人は，クェーカー的原則にたつ憲法をもつウェスト・ニュージャージーの管財人であり，1681年に，彼はイースト・ニュージャージーを取得するために他の11人と協力した．1681年にはまた，彼は特許状によりペンシルヴェニアの交付権を取得し，それは翌年に確認された．彼は経済的に植民地を発展させるために「商人の自由社会」（Free Society of Traders）を創設し，一神教および信教の自由と矛盾しないどんな礼拝も許容する憲法を起草し，アメリカへ赴いた．1684年にイングランドに戻っていた彼は，1687年の信仰寛容宣言*に関して，クェーカー派からの謝意をジェームズ2世*に表明した．

## ベンゲル
Bengel, Johannes Albrecht（1687-1752）

ルター派の新約聖書学者．1734年の新約聖書本文と本文批判脚注は，この分野での学問的著作の最初のものである.

## 遍在説（キリストの）
ubiquitarianism

M. ルター*とその多くの信奉者が主張した，キリストはその人間性においてあらゆる場所に臨在するという教え. ルターは聖餐*におけるキリストの「真の臨在」*への信仰を擁護するためにこの遍在説を用いた.

## 編集史的研究
redaction criticism

初期の資料について聖書の記者によりなされた編集作業に関する研究，たとえばマタイとルカによるマルコ資料の使用に関する研究. ➡Q資料，様式史的研究

## 弁証家
➡護教家

## 弁証学
➡護教論

## 弁証法神学
Dialectical Theology

K. バルト*とその学派の神学思想を指す名称で，他の方法論に見られる「イエス」と「ノー」を超えた，弁証法的な神理解において真理を見いだすという理由でこう呼ばれた. その目的は，型にはまった表現でのあらゆる定式化から信仰の絶対性を守ることである. 近代神学の自由主義的な伝統を拒否するバルトは，宗教改革者，特にJ. カルヴァン*の基本的な思想に戻ろうとした. 弁証法神学が神の超越性を強調したことは，異なった伝統にたつ多くの神学者に影響を及ぼした.

## ベン・シラの知恵
➡シラ書

## ヘンソン
Henson, Herbert Hensley（1863-1947）

1918-20年にヘレフォード*主教，次いで1920-39年にダラム*主教. 彼のヘレフォード主教への指名に異議があったのは，彼の教理上の立場，特に処女降誕*と奇跡*に対する彼の態度のゆえであったが，大主教R. T. デーヴィッドソン*とヘンソンが彼は以前の見解を撤回したと思われる共同声明を出して，危機は回避された. 議会が1927-28年に『祈禱書』の改訂を否決するまでは，彼は国教会*を強く支持していたが，その後，教会のために国家の支配からの自由を追求した.

## ベンソン
Benson, Edward White（1829-96）

1877-83年に初代のトルーロ*主教，1883-96年にカンタベリー*大主教. 1886年に信徒評議会（House of Laymen）の設立を促進し，1887年にはエルサレム教区*を再設置した. リンカーン*主教E. キング*に対して提起された儀式に関する告発を扱うために，ベンソンは「カンタベリー大主教法廷」を復活させた. ➡リンカーン裁定

## ベンソン
Benson, Richard Meux（1824-1915）

福音記者聖ヨハネ修士会*の創立者. 1850年に，オックスフォードに近いカウリー（Cowley）の司祭に任命された. 彼が1859年にインドに赴こうとしていたとき，主教S. ウィルバーフォース*が彼に留まってオックスフォード教会区周辺の発展に尽くすように説得した. J. キーブル*の説教に感銘を受けて，1866年に福音記者聖ヨハネ修士会を創立した.

## ヘンダーソン
Henderson, Alexander（1583頃-1646）

スコットランドのカヴェナンター*の指導者. 1638年の国民契約*の主要な起草者であり，1639-40年の主教戦争*中，スコットランドの長老派*のすぐれた指導者であった. 彼は1643年にスコットランドとイングランドのために「厳粛なる同盟と契約」*，また1644年に『公同礼拝規則書』（Directory of Public Worship）を起草した.

## ペンテコスタリオン
Pentecostarion

東方教会において，復活祭*から「五旬祭*後主日」(Sunday after Pentecost) までの，礼拝の諸部分を含む典礼書.

## ペンテコステ（五旬祭）
Pentecost

過越祭*後の50日目にあたる，ユダヤ教の五旬祭（「週の祭」Feast of Weeks）を指すギリシア語．聖霊がこの日に使徒たちに降ったので(使2:1-4)，この名称は，一般に「聖霊降臨の主日」*と呼ばれる，この出来事を祝うキリスト教の祝日をも指す.

## ペンテコステ派
Pentecostalism

現代の「聖霊降臨運動」(Pentecostal movement) を特徴づけるのは，「五旬祭*の日の」最初のキリスト教徒と同じ経験をし，霊的「賜物」を受ける可能性を信じることである(使2:1-4参照)．その信奉者は（しばしば大きな自発性を特徴とする）礼拝における集団的な要素を強調し，Ⅰコリント書12章と14章に挙げられ，使徒言行録に記録されている賜物（たとえば，異言*，霊的癒し*，悪魔祓い*）の実践およびすべての信徒がこれらの賜物を所有することを強調する．同派のたいていの人たちの主張では，これらの賜物を実践する「力」は「聖霊による洗礼」*と呼ばれる経験によって初めに付与される.

20世紀初頭に，「聖霊の洗礼」(Spirit baptism) の諸経験がアメリカのさまざまなリバイバル運動*やホーリネス運動*のあいだで報告され，1906年にロサンジェルスで起こったそれは注目をひいた．合衆国におけるペンテコステ派最大の教派は，1914年に組織された諸教会の連合体である「アッセンブリーズ・オヴ・ゴッド」*である．イギリスのペンテコステ派の起原は，「聖霊の洗礼」を受けたと主張したメソジスト派*のミニスターが1907年に来訪したことにさかのぼり，それを強化したジャマイカからの移民が，1953年に「ニュー・テスタメント・チャーチ・オヴ・ゴッド」を創設した．ペンテコステ派はまた，早くから他の西ヨーロッパの国々に広がり，ラテン・アメリカ*やインドネシア*，またアフリカ*独立諸教会のあいだにも拡大している．1960年頃から，聖霊降臨運動はキリスト教の主流派の諸教派内にも広く見られるようになり，時に「ネオ・ペンテコステ派」(Neo-Pentecostalism) と呼ばれる (➡カリスマ刷新運動).

## ヘンデル
Handel, George Frideric (1685-1759)

作曲家．ドイツで生まれ，イタリアにしばらく滞在したが，1712年から主としてロンドンに住んだ．彼は英語のオラトリオ*の創始者と見なされ，合唱曲に顕著な役割を与えている．ほとんどのオラトリオはもともと劇場で演奏されたが，舞台や劇場の衣装を用いていない．最も有名な1741年の『メサイア』(*Messiah*, 初演は1742年) は，劇的でない点で異例である．他の宗教的作品にはアンセム*『祭司ザドク』(*Zadok the priest*) があり，1727年以降，イギリス国王の戴冠式に歌われている.

## 変容（キリストの）
Transfiguration, the

主（イエス）がその地上の生涯中に栄光のうちに姿を現したことで，共観福音書中で言及され（マタ17:1-13，マコ9:2-13，ルカ9:28-36)，またⅡペトロ書1:16-18に暗示されている．モーセ*とエリヤ*とともに，変容したキリストが現れたことは，聖ペトロ*，聖ヤコブ*，聖ヨハネ*により目撃され，福音書記者により歴史的な出来事として記述されているが，これは復活*の顕現が置き違えられたのだと考える批評家もいる．8月6日に祝われる「主の変容の祝日」は，東方で始まった．西方では，カリストゥス3世*が1456年7月22日のベオグラードでのトルコ軍に対する勝利を記念して，その一般的な遵守を命じたが，その知らせが彼のもとに届いたのが8月6日であった.

## ヘンリー6世
Henry VI (1421-71)

イングランド王．1422年にヘンリー5世の後を継いだ彼は，1429年にイングランド王，1431年にフランス王に戴冠された．フランスにおける窮境は増大し，イングランドは個人的な対立で不安定であった．息子が誕生したことで，ヨーク公リチャードの継承権を排除できたが，ヘンリーが1453年に精神疾患にかかると，ヨーク公が摂政となった．２人の関係は悪化し，1459年に内戦に至り，ヘンリーは投獄された．救出された彼は，スコットランドに亡命したが，1465年に捕らえられ，投獄され，やがて処刑された．彼は深く敬虔な人であった．彼はイートン（Eton）・カレッジとケンブリッジ大学キングズ・カレッジを創立した．

## ヘンリー８世(せい)

Henry VIII（1491-1547）

1509年からイングランド王．M. ルター*の思想がイングランドの大学に影響を及ぼし始めたとき，ヘンリーは公式の正統信仰を表明することに同意した．彼は自らの業績となった1521年の『７つの秘跡の弁護』（*Assertio Septem Sacramentorum*）により「信仰の擁護者」*の称号を得た．1527年に，アラゴンのキャサリンとの結婚を無効にするために行動を起こし始めた．ヘンリーの考えでは，キャサリンが亡兄と以前に結婚していたことは，ユリウス２世*により与えられた特免*にもかかわらず，彼女との結婚を無効にするものである．1529年に，結婚に関する訴答手続き（pleadings）がロンドンにおいてT. ウルジー*とL. カンペッジョ*の前でなされたが，クレメンス７世*はこの事案をローマに移した．1529年11月に，ヘンリーは議会を召集した．1530-31年に，（教会の裁治権の不法な行使のゆえに）全聖職者を教皇尊信罪法*に違反したかどで告発することで，聖職者会議*から罰金およびローマからのイングランドの裁治権の独立に対するヘンリーの要求の限定された承認を得た．1532年に，条件付であった前年の初年度献上金*禁止法のために，イングランドからの教皇の収入は無くなるおそれがでてきた．下院からの請願が，残部の聖職者会議から「聖職者の服従」*を得るために用いられた．しかしながら，これらの処置はアン・ブーリン*とのヘンリーの結婚問題をあまり進展させなかった．1532年８月にW. ウォーラム*が没すると，ヘンリーはT. クランマー*をカンタベリー大司教に任命した．1532年12月にアンは妊娠し，1533年１月にヘンリーはひそかに彼女と結婚した．４月に，議会は結婚のような世俗の事案でのローマへの上訴を禁止した．クランマーはヘンリーのキャサリンとの結婚を無効とし，アンとの結婚を有効であると宣言し，アンを王妃として戴冠した．クレメンスはヘンリーがキャサリンと復縁しなければ破門すると脅していたが，1534年の王位継承法は，ヘンリーのアンとの結婚および王位をその子孫に継がせることを承認する宣誓を国民に課し，首長令*はヘンリーが英国教会の「最高の首長」（supreme head）であると宣言し，大逆罪法は首長権（supremacy）を否定することを禁止した．国王の首長権を否定した人たちの中で最も著名であった，T. モア*やJ. フィッシャー*は処刑された．ヘンリーは1536年に「修道院の解散」*を始め，ルター派*の諸侯と折衝し，1536年の「10箇条」*を支持した．1536年10月の「恩寵の巡礼」*は，少なくとも北部では変化に対する敵意の存在を示していた．1537年に，ヘンリーは『主教の書』*に十全な正式の認可を与えることを拒み，彼独自のより保守的な改訂版を編集し始め，1543年に『国王の書』*にまとめた．1539年の「６箇条」*はカトリックの教理を再確認した．彼は晩年に信仰のバランスをとろうと努めた．➡宗教改革

## ヘンリー（ブロワの）

Henry of Blois（1171年没）

1129年からウィンチェスター*司教．彼はウィリアム１世*（征服王）の孫，国王スティーヴンの兄弟であった．1136年のコルベイユ（Corbeil）のウィリアムの没後，ヘンリーはカンタベリー*大司教位を望んだが，1139年にシーオボールド*を聖別した教皇インノケンティウス２世はヘンリーに教皇特使職を授けたが，これはある意味で彼をシーオボールドの上長とした．ヘンリーはそこでウィンチェスターの大司教座への昇格を模索した．1154年のスティーヴンの没後，ヘンリー２世の治

下の彼の立場は不安定であって，ベケット*論争では，彼は大司教のためにできるだけのことをした．彼は偉大な建設者で，ウィンチェスターにセント・クロス・ホスピタルを創立した．

## ペンリー
Penry, John（1559-93）

分離派*．彼はピューリタン*的な思想のゆえに，主教たちと対立するようになった．1588年にマープレリット文書*が現れたとき，彼はほぼ確実に不当にその作者の嫌疑をかけられ，スコットランドに逃れた．1592年に戻ったとき，彼はロンドン分離派教会に属した．彼は正当な理由なく反逆罪で絞首刑になった．

## ヘンリエッタ・マリア
Henrietta Maria（1609-69）

王妃．彼女が1625年にチャールズ１世*と結婚するときの条件は，カトリック信徒に対する刑罰法規が停止され，彼女がその信仰の自由な実践を認められることであった．彼女は不人気であった．

## ヘンリクス（ヘントの）
Henry of Ghent（1293年没）

神学者．1276年にはパリ*大学教授となった彼は，積極的な大学での教育活動を教会の役職と結びつけた．彼は托鉢修道会*に与えられた特権をあからさまに批判した．1276-92年に，彼は多数の『随意討論集』*，『定期討論大全』（*Summa, Quaestiones ordinariae*），またおそらくアリストテレス*の『自然学』に関する討論集および彼に帰された『６日物語』*の注解書も著した．ヘンリクスは新アウグスティヌス主義の在俗聖職者の中で主要な代表者であった．彼が強調したのは，神の全能性，創造における神の自由意志，範型的概念ないし可能的本質の存在，人間が真の認識に至るために神の照明が必要なこと，人間の行為において意志が理性より優位であることであった．

## ヘンリクス（ローザンヌの）
Henry of Lausanne（1145年以後に没）

セクトの人．巡回説教者であった彼は，1116年頃にル・マン（Le Mans）で司教の許可により四旬節の説教を行った．彼は異端の嫌疑を受けるほど反聖職者主義を主張したので教区から追放されたが，南フランスでその活動を続けた．聖ベルナルドゥス*によれば，ヘンリクスは秘跡の客観的な有効性を否定した．➡ヘンリクス派

## ヘンリクス派(は)
Henricians

ローザンヌのヘンリクス*の影響下に12世紀に起こった，中世の異端的なセクト．

# ほ

## ボアネルゲス
Boanerges

ゼベダイの子ヤコブ*とヨハネ*に対してキリストにより付けられたあだ名（マコ3:17）.

## ポアレ
➡ポワレ

## ホアン
➡フアン

## ホイストン
Whiston, William（1667-1752）

数学者，神学者．1703年に，I. ニュートン*の後を継いで，ケンブリッジ大学ルカス講座担当数学教授になったが，そのアレイオス*主義的な見解のゆえに，1710年に大学から追放され，その後，1747年に普遍バプテスト派*になった．彼は1737年に刊行したヨセフス*の翻訳で記憶されている．

## ホイッチコート
Whichcote, Benjamin（1609-83）

ケンブリッジ・プラトン学派*の一人．1644年にケンブリッジ大学キングズ・カレッジ学長になった．王政復古の際，職務を剝奪されたが，1662年に礼拝統一法*を受け入れたのち，ロンドンで重要な主任司祭*職に就いた．

彼はピューリタン*の悲観的な人間観を嫌い，人間を「理性の子」と称揚した．彼は理性の中に聖書の判断基準を認めて，善良な人たちが不一致な諸点は解決できないと主張し，思想の自由を訴えた．

## ホイッティアー
Whittier, John Greenleaf（1807-92）

アメリカのクェーカー派*の詩人．彼は奴隷制*反対運動に参加した．彼の詩作から賛美歌としてよく知られるようになったものに，'Dear Lord and Father of mankind'（「ガリラヤのうみべ」『古今聖歌集』159番，『讃美歌』317番）や 'Immortal love, forever full'（「み空のかなたに」『讃美歌』300番）がある．

## ホイッティカー
Whitaker, William（1547/48-95）

ピューリタン*．1580年に，ケンブリッジ大学欽定講座担当神学教授になり，1586年にセント・ジョンズ・カレッジ学長になった．厳格なカルヴァン主義*者であった彼は，学問への傾倒と公平さによって大きな影響を及ぼした．彼は「ランベス条項」*の作成の主たる責任者であった．

## ホイッティンガム
Whittingham, William（1524頃-1579）

ダラム*の主席司祭*．そのカルヴァン主義*的な見解のゆえに，メアリ1世*の治世中，イングランドを離れざるをえなかった．彼はJ. ノックス*に従ってジュネーヴ*に赴き，1559年に彼の後を継いでミニスター*となったが，どうやら彼はまだ叙任されていなかったらしい．1563年に，ダラムの主席司祭に任命された．彼が画像を破壊し，『祈禱書』に従わなかったために，ヨーク*大主教エドウィン・サンズ（Sandys，1588年没）は彼から職務を剝奪しようとしたが，それは彼が合法的に叙任されていないという理由からであった．ホイッティンガムは決着がつく前に没した．

## ホイットギフト
Whitgift, John（1532頃-1604）

1583年からカンタベリー*大主教．彼がT. カートライト*に反対したことがエリザベス1世*の注目をひくまで，彼はケンブリッジ大学で要職に就いていた．1583年に彼が公布した「11箇条」の1箇条は，既存の解決に対する忠誠箇条への署名を要求した．彼は（たとえばマープレリット文書*の件のように）ピューリタニズム*を弾圧するために教会委員会（Ecclesiastical Commission）を利用し，また長老制*を教会に課そうする1584-89年の急進的なピューリタンの試みを阻止した．主教制と統一的礼拝の断固たる擁護者であった彼は，神学的にはカルヴァン主義*者であった．➡「ランベス条項」

## ホイットチャーチ
Whitchurch, Edward（1561年没）

印刷業者．宗教改革思想の支持者になり，1537年にR. グラフトン*と協力し，（アントウェルペンで印刷された）マシュー聖書*を普及した．1538年に彼とグラフトンは，M. カヴァデール*がその英訳新約聖書をパリで印刷するために財政的な援助をし，翌年，彼らはグレート・バイブル*をロンドンで刊行した．エドワード6世*の治下に，ホイットチャーチは1549年と1552年の『祈禱書』を印刷した．

## ホイットビー教会会議
Whitby, Synod of（664年）

ノーサンブリア王オズウィ（Oswiu, 670年没）が召集した教会会議で，復活祭*を守る日付の算定法（➡復活祭論争）や剃髪*の仕方を自国内で統一するために開催した．オズウィは聖ペトロ*の伝統に従うことを決定した．ノーサンブリアはローマの慣行を受容し，変更を望まない聖職者はアイオナ*やのちにはアイルランド*に退いた．歴史家の見解にもかかわらず，この会議がノーサンブリアを超えて大きな影響力をもったと考えうる理由はほとんどない．➡ウィルフリッド，コルマン

## ホイットフィールド
Whitefield, George（1714-70）

メソジスト教会*の伝道者．オックスフォード大学で，ウェスレー*兄弟の影響を受けた．彼らにならって，1738年にジョージア州に赴いたが，司祭に叙任されるため，また孤児院の建設費を集めるために同年中に帰国した．（特に1739年以降の野外集会*での）彼のめざましい説教は注目すべき反響を呼んだが，教会当局からの反対を招いた．1741年に，彼のカルヴァン主義*神学のゆえに，ウェスレー兄弟と別れ，ロンドンのムーアフィールズ（Moorfields）に「集会所」（Tabernacle）を建てた．彼のゆるやかなカルヴァン主義メソジズム*連盟（Connexion）は主として他の人たちに差配されていたので，ホイットフィールドはすべての教会に対する「覚醒させる人」（Awakener）として行動することを決意した．レディー・ハンティンドン*の後援のもとに，彼は貴族社会に聴衆を得た．彼は福音主義的なリバイバルの最も際立った説教者であり，アメリカでは，大覚醒*を鼓舞するのに貢献した．

## 『ポイマンドレス』
*Poimandres*

ヘルメス文書*の最初の論考．

## ボイル
Boyle, Robert（1627-91）

科学者．自分の科学的業績が自然という神的な設計を証明するものと見なし，科学研究とキリスト教信仰のあいだの調和を強調する諸論考を刊行した．彼は不信仰者を論駁する講演のために年につき50ポンドを残したが，それが「ボイル講演」（Boyle Lectures）である．

## ボイロン大修道院
Beuron, Abbey of

ドナウ川上流域のホーエンツォレルンにある，ベネディクト会*ボイロン修族の首席修道院．アウグスチノ修道祭式者会*が11世紀にボイロンに創立されたが，今日の大修道院は1863年に設立され，1873年に修族*となった．この大修道院は典礼運動*中にその活動で有名になった．

## 母音記号
vowel points

ヘブライ語*はもともと母音記号なしで書かれていた．その言語がもはや話されず，伝統的な発音が忘れられる危険があったとき，「母音記号」の体系が導入され，子音文字の本文に点や画が添えられた．

## 方位
orientation

長軸が東西方向になっている，教会堂の建て方．ローマの初期のバシリカ*では，祭壇は西端にあったが，他の教会堂では一般に東端にあった．方位は歴史的に日の出に向かって祈る異教的な習慣に由来するが，キリスト教徒はその受容のうちに，昇る太陽としてのキリストへの象徴的な指示を見た．➡東向きの位置

## 「放棄の宣誓」
Abjuration, Oath of

スチュアート王家と教皇の世俗権力とを放棄する宣誓で，民間や軍事や教会の役職に就く全員に1702年に課された．これは1858年に新たな「忠誠の誓い」*に置き換わった．

## 「放棄の誓い」
abjuration

人が以前に信奉していた思想，人物，事物を放棄する行為．過去には，カトリックの教会法はこれを，カトリックの信仰と唯一性に反する誤りを，証人の前で外面的に撤回することだと定義した．1857年から1967年まで一定の「放棄の誓い」が，他の団体からカトリック教会に受け入れられた人々に課された．ギリシア教会は他のキリスト教の教派からの改宗者とともにユダヤ教*やイスラーム*からの改宗者のための「放棄の誓い」を保持している．

## 奉挙
Elevation

聖餐式において，「制定の言葉」*が唱えられた直後に，司式者が聖別されたパンとぶどう酒を順次高く掲げることで，会衆が崇めることができるように見せるためである．ホスティア*を奉挙する慣行は明白に13世紀初期にさかのぼり，カリス*の奉挙は後代に付け加わった．

## ボウ教会
Bow Church

ロンドンのチープサイド（Cheapside）にあるセント・メアリ・ル・ボウ教会（S. Maria de Arcubus）が「ボウ教会」と呼ばれるのは，その地にあった最初の11世紀の教会に存在した石のアーチに由来する．現在の教会はC. レン*により建てられた．アーチ裁判所*という名称もこの教会に由来する．

## 暴君殺害
tyrannicide

その支配が耐えがたくなった暴君を殺害すること．あるキリスト教徒の考えでは，いっさいの殺害が禁じられているか，または，力は神的な権威により事実上の民政に付与されているという理由で，暴君殺害は正当化されない．たいていのキリスト教徒の考えで，暴君殺害を含む反抗が擁護される条件は，抑圧者が外国人であって，戦争が正当化される場合および不平の種が増大し，より穏健な救済策がない状況の場合である．

## 奉献
oblations

キリスト教の用法では，この語は聖餐式で聖別のために奉献されたパンとぶどう酒のことも，また聖職者・病者・貧者などの使用のためにミサで信徒によりささげられるいかなる種類の贈物をも指す．

## 奉献生活の会
Institutes of Consecrated Life

福音的な「完徳の勧告」*の実践を表明した教会共同体に対して，正式なカトリックの文書で現在用いられる用語．これに含まれるのは「修道会」（Religious Institutes，まだ一般に ‘religious orders’ と

呼ばれる）および「在俗会」（Secular Institutes）である．「修道者」*（members of Religious Institutes）は公の誓願*を立て，共同生活をする．在俗会員は福音的勧告に従う義務があり，世俗の聖化に身をささげ，世俗において，家族内か団体でか，または個人で生活する．

## 奉献台

➡プロテシス

## 奉献文
Eucharistic Prayers

聖体*祭儀（ミサ*）の中心的な祈り．3世紀に至るまで，ミサの通常の司式者であった司教は，この祈りを創作して唱えたようで，早い時期で残っている祈りもおそらく可能な範例にすぎない．4-5世紀に，聖バシレイオス*や聖ヨアンネス・クリュソストモス*に帰される典礼中の祈り（アナフォラ*）が生まれた．西方では，ローマ・ミサ典文*が6世紀以降に用いられた実質的に唯一の奉献文であった．宗教改革の際，ルター派*は叙唱*と「制定の言葉」*を除いて，ミサ典文全体を削除したし，改革派教会*がしばしば執行の保証として用いた言葉は奉献文とは何ら対応しなかった．『祈禱書』はミサ典文の諸要素を配列し直し，「制定の言葉」の直後に聖餐式を入れた．1968年に，礼部聖省*はカトリック教会で用いる3つの新しい奉献文を定めたが，これはわずかに改訂されて第1奉献文となった，ミサ典文の代案としてであった．その後もいくつもの奉献文が認可されている．アングリカン・コミュニオン*の諸地域はさまざまな奉献唱を生み出し，典礼上の改訂は大部分の西方諸教会で進行している．

奉献文に通常含まれるのは以下の要素である．すなわち，サンクトゥス*を含む，創造と救済に対する感謝，「制定の言葉」，アナムネーシス*，エピクレーシス*，「取り次ぎの祈り」*，栄唱*である．

## 奉仕者
server

西方教会において，特に聖餐*の際に聖所*で奉仕する人（minister）．奉仕者は答唱*を行い，パンとぶどう酒を祭壇*に運び，司式者の両手を洗う．1994年まで，男性だけがカトリック教会において奉仕者になることができた．

## 奉納（オフェルトリウム）
Offertory

聖餐式において，(1) 聖別されるために，礼拝者がパンとぶどう酒（と水）を奉献すること．(2) その奉献の際，ローマ典礼で以前歌われたアンセム*．通常はアンティフォナ*のみで構成されるようになり，現在ではしばしば聖歌や他の賛歌で置き換わっている．

## ホエイトリー
Whately, Richard（1787-1863）

1831年から，アングリカンのダブリン*大主教．オックスフォード大学では，「ノエティックス」*の代表的人物の一人で，エラストゥス主義*や福音主義*に対する反対者であった．彼の著作に影響を受けたJ. H. ニューマン*はかつて彼の支持者であった．のちに，ホエイトリーはトラクト運動*に批判的になった．ダブリンでは，彼はアイルランド*の政界で活動し，国民教育局長として重要な貢献をした．

## ボエティウス
Boethius, Anicius Manlius Torquatus Severinus（480頃-524頃）

哲学者，政治家．中年になって，政治に積極的に関わり始め，522年に，ラヴェンナ*の東ゴートの宮廷で宰相になった．反逆の疑いを受け，処刑された．

ボエティウスはアリストテレス*の『命題論』と『カテゴリー論』のラテン語訳および注解を著し，ポルフュリオス*の『エイサゴーゲー』のマリウス・ウィクトリヌス*によるラテン語訳を注解した．これらは中世初期の西方において，アリストテレスを知る主要な源泉であった．ボエティウスの最も有名な著作である『哲学の慰め』（*De consolatione philosophiae*）は，死を前にして書かれた．この中で，彼は摂理を擁護し，我々にとって偶発的なものが時を超えた神にとってそうではないという教えによって，摂理を自由意志と調和させている．特にキリスト教的な教えがないにもかかわらず，この著作の教訓は中世の注解者には明瞭であって，魂は哲学をとおして神を心に描く知識に到達する．「聖セウェリヌス」としての祝日は10月23日．

## ボエモンド1世(せい)
Bohemond I（1052頃-1111）

アンティオキア*公．第1回十字軍*で南イタリア軍団を率いた．彼がアンティオキアの征服をゆるぎないものにすることを引き受ける代わりに，他の指揮官たちは皇帝アレクシオス1世に返還されるべきその都市の所有権をボエモンドに保証した．彼は新たなラテン人のエルサレム総大司教よりアンティオキア公に叙せられた．彼はのちにビザンティン軍に破れ，カノサ（Canosa）で没した．

## ホーキンズ
Hawkins, Edward（1789-1882）

1828–74年に，オックスフォード大学のオーリエル・カレッジ学長．彼はJ. H. ニューマン*に影響を及ぼして初期の福音主義*から引き離したが，のちには彼がテューターとなることをやめさせた．1841年に，ホーキンズはオックスフォード大学の諸学長名で『時局冊子』90号の論難書を起草した．

## 牧師(ぼくし)
pastor

ルター派*や他のプロテスタントの諸教会により聖職者（clergy）に与えられる名称で，主として教会や会衆を担当する．➡ミニスター

## 牧師輔(ぼくしほ)
➡プロベーショナー

## 牧杖(ぼくじょう)（司教杖(しきょうじょう)）
crosier（pastoral staff）

司教（主教）や時に一部の男女の大修道院長が用いる杖．東方教会では，2匹の蛇に挟まれた十字架が載っている．牧杖に似た西方教会の形態は後代の象徴的表現に由来する．

## ボゴミル派(は)
Bogomils

マニ教*に起原をもつ中世のバルカン半島の宗派．その教えによれば，世界と人間の肉体はサタンが創造したもので，魂のみが神により創造された．結婚・肉食・ぶどう酒を自制し，いっさいの所有を否定するという理想は「完徳者」によってのみ実践された．普通の信徒は罪を犯しても，完全者に従えば臨終の床で「霊的洗礼」を受けることが約束された．彼らの考えでは，キリストは人間の肉体をもたず，そう見えているだけである．彼らは秘跡・教会・聖遺物を否定したが，自分たち自身の位階制は保持した．

11世紀には，ボゴミル派はバルカン半島と小アジアに急速に広がり，12世紀半ばからは，フランスとイタリアでカタリ派*が形成される際に影響を及ぼした．13世紀には，ボゴミル派の人たちはダルマチアと特にボスニアで著しく拡大し，そこではパタリ派*の名で，彼らはやがて支配的な宗教集団になった．トルコの征服後は，多くの人々はイスラーム*を受け入れ，実際にこの異端信仰の痕跡はバルカン諸国にまったく残っていない．

## 輔祭(ほさい)
➡助祭

## 輔祭室(ほさいしつ)
diaconicon

ビザンティン教会において聖所*の南側の場所で，名称の由来は輔祭*が管理するからである．ここには聖なる容器，祭服，祈禱書が保管されている．

## 補佐主教(ほさしゅきょう)
➡属司教

## ホサナ（ホザンナ）
Hosanna

「どうか救ってください」というヘブライ語の祈願のギリシア語形（*ōsanna*）．群衆は「枝の主日」*にエルサレムに入城する主イエスを歓迎してホサナと叫んでおり，それは早い時期にキリスト教の典礼に導入された．

## ボーサンケト
Bosanquet, Bernard（1848-1923）

観念論哲学者．F. H. ブラッドリー*と並んで，イギリスにおける絶対的観念論*のすぐれた主唱者であった．彼は宗教を形而上学に至る単なる段階と考え，神を絶対の出現のうち最高のものにすぎないとした．彼は受肉*を無意味なものと見なした．

## ホザンナ
➡ホサナ

## ホシウス
Hosius（Ossius）（256頃-357/58）

295年頃からコルドバ司教．彼は313-25年にコンスタンティヌス*の教会関係の顧問であったと思われる．アレイオス*論争の初期の段階で，ホシウスは調査のためにアレクサンドリアに派遣され，皇帝が325年にニカイア公会議*を召集したのはどうやら彼の報告の結果であったらしい．彼はこの公会議で重要な役割を果たし，また343年の反アレイオス派のセルディカ教会会議*を主宰した．彼は聖アタナシオス*を支持したため，355年に追放された．357年のシルミウム*教会会議で，「瀆神信条」（Blasphemy）に署名し，自教区に戻ることを許された．

## ホシウス
Hosius（Hozjusz）, Stanislaus（1504-79）

ポーランドの枢機卿．1551年に，エルムラント（Ermland，現ヴァルミア［Warmia］）司教になり，そこでの主要な仕事の一つはプロテスタンティズムと闘うことであった．1552-53年の主著『カトリック教会信仰告白』（*Confessio Catholicae Fidei Christiana*）において，彼はカトリシズムとキリスト教が全く一致していることを証明しようとした．1560年に，ピウス4世*は彼を皇帝フェルディナント1世への教皇大使*に任命した．彼はこの立場でトリエント公会議*の再開を準備した．1561年に枢機卿に選ばれ，トリエントへの教皇特使*に任命され，教理に関する議論で指導的な役割を果たした．

## ボシオ
Bosio, Antonio（1575頃-1629）

イタリアの考古学者．1632年（実際は1634年）に刊行された『地下のローマ』（*Roma sotterranea*）は，G. B. デ・ロッシ*の諸研究が刊行されるまで，カタコンベ*に関する標準的な著作であった．

## 星型金具（ほしがたかなぐ）
asteriscus

ビザンティン典礼*中にパンの上に置かれる用具で，パンを覆っているヴェールにパンが触れないようにするためである．それはサンクトゥス*のときに外される．

## 捕囚（ほしゅう）
Exile, the

この語はもっぱら，前586年頃から前539年頃までの，ユダヤ人のバビロニアへの捕囚（captivity）を指す．➡バビロニア捕囚

## ボシュエ
Bossuet, Jacques-Bénigne（1627-1704）

フランスの説教者．1669年にコンドン（Condom）司教に任命され，そのすぐれた「追悼説教」（Funeral Orations）のうち，（ヘンリエッタ・マリア*を悼む）最初の説教を行っている．1670-81年に，王太子の教師職を務め，1681年にモー（Meaux）司教になった．彼はそれ以後フランスの教会の諸問題において顕著な役割を果たした．1682年，彼が起草した「ガリア4箇条」*の穏健なガリカニスム*に対してフランスの聖職者の支持をとりつけるの

に，彼はとくに与って力があった．彼は1685年のナント王令*の廃止に同意し，プロテスタントに反対するさまざまな著作を書いた．晩年には，ギュイヨン*夫人の件をとおして，F. フェヌロン*と激しく論争することになり，ボシュエは1699年のフェヌロンの断罪を招いた．1731年の『福音に関する黙想』（*Méditations sur l'Évangile*）と1727年の『神秘への上昇』（*Élévations sur les mystères*）はフランスのカトリックの信心文学の古典である．

## 保障法（イタリアの）

Guarantees, Law of

イタリアの新王国の最初の政府と教皇庁とのあいだの関係を規定するために，1871年に制定された法律．

## 補助司祭

curate

本来は教会区*の配慮（「治癒」[cure]）を行う叙任された人，すなわち，英国教会では主任司祭*（rector）ないし主任代行司祭*（vicar）．そのような聖職者は管理司祭*（incumbent）とも呼ばれる．管理司祭は聖職禄授与権者（patron）により選出され，主教により魂の「治癒」を認められる（➡聖職推薦権）．しかしながら，この語は今では助手のないし無給の聖職者を指す，すなわち，管理司祭を補助するためか，管理司祭が一時的に空位ないし欠格になったときに教会区を担うために任命された聖職者である（「教会担当補助司祭」[curate in charge]）．助手補助司祭（assistant curates）は管理司祭ないし主教により指名され，主教により認可される．➡永久補助司祭

## ホスキンズ

Hoskyns, Sir Edwyn Clement（1884-1937）

聖書学者．1919年から，ケンブリッジ大学コーパス・クリスティ・カレッジの礼拝堂主席司祭*であった．1926年の『カトリック的・批評学的評論集』（*Essays Catholic and Critical*）への寄稿論文において，彼は自由主義的プロテスタンティズムのいわゆる「史的イエス」が非歴史的であると論じた．新約聖書に関する著作のほかに，1933年にK. バルト*の『ローマ書』を英訳した．

## ボスコ（聖）

Bosco, St John（1815-88）

サレジオ会*の創設者．9歳のとき見た幻により，彼は少年たちをキリスト教信仰に導くことに強い関心をもつようになり，1859年にトリノの近くに「フランソワ・ド・サル*修道会」，通称「サレジオ会」*を創設した．祝日は1月31日．

## ホスティア（ホスチア）

Host

犠牲の意味から，聖餐*における聖別されたパンを指し，キリストの体の犠牲と見なされる．

## ホスティエンシス

Hostiensis（Henry of Susa）（1200頃-1271）

教会法学者．バルトロマエイス（Bartholomaeis）ないしスサのヘンリクスが通常ホスティエンシスと呼ばれるのは，彼が1262年からオスティア（Ostia）の枢機卿司教であったからである．彼の主著は，実際的な使用を意図した教会法とローマ法の概要を提供した『スンマ』（*Summa*），およびグレゴリウス9世*の教皇教令*に関する浩瀚な『資料』（*Apparatus*）ないし『講義』（*Lectura*）である．

## ポスティラ

postil

中世には聖書本文の注解を指したこの語は，特にその日の福音書や書簡に関する説教ないし説教集録を指すようになった．

## ホスピス活動

➡臨終者のケア

## ホズマー

Hosmer, Frederick Lucian（1840-1929）

アメリカの讃美歌作詞者．1869年に按手礼を受けてユニテリアン派*の牧師になった．彼の讃美歌*は，特に19世紀後半の解放的な自由主義神学

の支持者のあいだで広く愛唱された．その中に，'Thy Kingdom come, On bended knee'（「みまえにひれふし」『古今聖歌集』8番，「主よみくにを」『讃美歌』233番）がある．

## ホーズリー

Horsley, Samuel（1733-1806）

1788年からセント・デーヴィッズ*，1793年からロチェスター*，1802年からセント・アサフ*のそれぞれの主教．彼は三位一体とキリストの神性の教理をめぐるJ. プリーストリー*との論争で主に有名である．ホーズリーは，ニカイア前の教会がキリストの御父との同一実体性の神学で一致していたという伝統的な見解を擁護した．

## ホセア書

Hosea, Book of

小預言書*の一つ．ホセアはイスラエル社会における不正を非難するが，彼のイスラエルに対する非難の中心は，聖所における宗教混淆的な礼拝で，そこではカナンの宗教伝統がより厳格なイスラエルの宗教を圧倒するか，おそらく置き換わっていた．彼は神と人間の関係の例証として，密接な人間関係を用いた最初の聖書の著者の一人であり，神の愛の特質に対するその認識は，神の父性に関するユダヤ・キリスト教の教えに道を開いた．神がイスラエルを罰するというアモス*の確信を共有しつつも，ホセアは神の愛がその善のゆえにイスラエルを見捨てることを許さないと信じていた．

## ボセイ

Bossey

スイスにある．世界教会協議会*のエキュメニカル研究所が1946年にジュネーヴから19kmのボセイ城に開設された．

## ホセ・デ・カラサンス（聖）

Joseph Calasanctius (José de Calasanz), St（1557-1648）

エスコラピオス修道会*の創立者．1583年に司祭に叙階され，スペインでさまざまな地位に就いた．彼は1592年に恵まれた聖職禄を得ようとしてローマに赴いたが，ローマの貧しい地区の子どもたちの状況に心を動かされ，彼らのキリスト教教育に専念する決心をした．1597年に，ルートヴィヒ・フォン・パストル（Pastor）の主張では，ヨーロッパ初の無料の民衆の学校を開いた．この活動に永続性を与えるために，彼はエスコラピオス修道会を創立した．「敬虔な学校」(Pious Schools) と呼ばれた彼の学校では，カトリックとプロテスタントとユダヤ教の子どもたちが同等に受け入れられた．祝日は8月25日（以前は27日）．

## 保存（パンの）

reservation

聖餐*(Eucharist) の際に聖別されたパン（および時にぶどう酒）を保存しておくことで，それは主に拝領（Communion）のためである．当初，信徒は「聖別されたパン」*(Blessed Sacrament) を彼らの家に保存したり携帯したりしていたが，4世紀以降，教会堂が通常の保存場所になった．「聖別されたパン」が保存されたのは，祭具室*ないし教会堂の壁中のアルマリウム*，祭壇にかけられたピクシス*，祭壇上の聖櫃*などであり，聖櫃が最近までカトリック教会では通常の慣行であったし，現在でも東方教会ではそうである．現行のカトリックの法規は別棟の礼拝堂での保存を支持しているが，いくらかの許容範囲を認めている．ランプ*が敬意をはらって近くに灯され続ける．パンのみの保存が本来，東西両教会における共通な慣行であったと思われるが，東方教会においてホスティアは現在，拝領のスプーン*で聖別されたぶどう酒のしるしをつけられ，次いでわざわざ乾かされる．

英国教会では，1549年の『祈禱書』は病者の拝領のために保存を規定したが，その規定は1552年に削除された．19-20世紀に，その慣行はある地域で復興した．現在，多くのアングリカンの典礼注規では黙認されている．

## ポタミウス
Potamius（359年以後に没）

知られている最初のリスボン司教．初めは正統的なニカイア*派の立場を擁護したが，少なくともしばらくのあいだ，皇帝コンスタンティウス2世のアレイオス*主義的政策に加担した．彼の著作のうち4書が残存し，3書が正統主義的で，1書がアレイオス主義的である．

## 墓地（ぼち）
cemetery

死者を埋葬する場所．この語が由来するギリシア語は「眠る場所」を意味し，もっぱらキリスト教徒の埋葬地を指して用いられたと思われる．

## 牧会学（ぼっかいがく）
➡司牧神学

## 牧会書簡（ぼっかいしょかん）（司牧書簡（しぼくしょかん））
Timothy and Titus, Epistles to

聖パウロ*に帰された，新約聖書のⅠ，Ⅱテモテ，テトスの3書簡に対する一般的な「牧会書簡」(Pastoral Epistles）というこの名称は18世紀にさかのぼる．19世紀前半以降ますます合意されてきたことは，同書簡は初期の伝承を含んでいるが，そこに反映された状況が聖パウロの生前より後代のものであるということであり，パウロの著者性は一般に否定されている．

重要な主題は，ユダヤ的な思弁の諸要素および神の創造に対する信仰と両立しがたい禁欲主義を含んだと思われる，偽りの教えと闘いうるキリスト教の職制の組織化である．教会の組織化の発展に対する同書簡の証言は重要であるが，曖昧である．「監督*たち」（bishops）はテトス書1:5-7において「長老たち」（elders）と同義であるように思われるが，1:7における（単数形の）「監督」への言及は，聖イグナティオス*の手紙において見出される単独司教（monarchical bishop）の方向への発展を示していよう．同様に，「執事」*(deacon）が「助力者」「補佐役」を意味する非専門語として用いられているのか，職制の順位中の地位を指しているのか明らかでない．いずれの場合も，関心の中心は役職者の道徳的な資質であって，その職務ではない．

## ホック祝節（しゅくせつ）
Hocktide

復活祭*後の第2月曜日と火曜日．

## ホッジ
Hodge, Charles（1797-1878）

長老派*の神学者．ほぼ生涯をつうじてプリンストン神学校で教えた．独創的な思想家ではなかったが，多大な影響を及ぼし，門弟を育てた．

## ポッター
Potter, John（1674頃-1747）

1737年からカンタベリー*大主教．オックスフォード*主教のとき，J. ウェスレー*を司祭に叙任した．ポッターは1715年にアレクサンドリアのクレメンス*のすぐれた校訂版を刊行した．

## ボッビオ
Bobbio

アペニン山脈にある小さな町で，かつて聖コルンバヌス*により612年に建てられた修道院が存在した．初期の写本の有名なコレクションには，(現在はパリにある)「ボッビオ・ミサ典礼書」(Bobbio Missal）も含まれていたが，それは8世紀にさかのぼる典礼書の重要なコレクションであった．

## ホッブズ
Hobbes, Thomas（1588-1679）

イングランドの哲学者．彼が王党派にも議会派にも気に入られなかったのは，主権は究極的に国民に由来するが，暗黙の契約により君主に譲渡されているのであって，君主の権力が絶対であっても，それは神から授かったものではない（➡王権神授説）と，ホッブズが考えたことによる．1640-51年のあいだ，彼は亡命していた．イングランドに戻って彼は1651年に，政治的絶対主義に関する哲学的論考である『リヴァイアサン』*を刊行した．

彼の説が倫理の根底で中断したのは，善悪の真の区別の余地を残さなかったからである．

## ポーティアス（ポルテウス）
Porteus, Beilby（1731-1808）

1787年からロンドン主教．アメリカ人で，高揚期の福音主義*学校の実践的理想に共鳴し，アメリカの黒人奴隷に対する宣教活動を推進した．彼はまた熱心な安息日厳守主義*者であった．

## ポティヌス
➡ポテイノス

## ポテイノス（ポティヌス）（聖）
Pothinus, St（87頃-177）

リヨン初代司教．おそらく小アジア出身で，聖ポリュカルポス*の弟子であった．177年の殉教者の一人．祝日は6月2日．

## ボーデュアン
Beauduin, Lambert（1873-1960）

シュヴトーニュ*修道院の創設者．1906年に，ルーヴァンにあるベネディクト会*のモン・セザール（Mont-César）修道院に入った．ここで彼が1914年に書いた『教会の敬虔』（*La Piété de l'Église*）は，典礼運動*の目的を普及させた．ピウス11世*がキリスト教の一致のために祈るようにベネディクト会に要請したのちに，ボーデュアンはアメー・シュル・ムーズ（Amay-sur-Meuse）に一致の修道院を創設した．彼はマリーヌ会談*の際メルシエ*枢機卿に随行し，報告書の中で，英国教会が「ローマと一致しても吸収されない」ようにという彼の願いを表明した．結果として，彼は1928年にアメーを去らざるをえず，1930年にローマの法廷で断罪された．彼は1950年に，シュヴトーニュに移っていた彼の修道院に戻った．

## ホート
Hort, Fenton John Anthony（1828-92）

新約聖書学者．1878年から，ケンブリッジ大学教授であった．彼はB. F. ウェストコット*とともに，新約聖書のギリシア語本文の校訂のために，1852年から1881年のその刊行までほぼ間断なく尽力した．その正確さと判断の適切さにおいて際立っている．ホートはさらに「改訂訳聖書」（RV）の「知恵の書」とⅡマカバイ記を担当した．➡英語訳聖書

## ボトゥルフ（聖）
Botulph（Botolph, Botwulf）, St（7世紀半ば）

アングロ・サクソン年代記によれば，654年にイカンホー（Icanhoe，サフォークのイケン［Iken］であって，リンカンシャーのボストンではなかろう）に修道院を建てた．祝日は6月17日．

## 施し物分配係
almoner

しばしば聖職についている係員で，施し物を分配する義務を負う．

## ボドマー・パピルス
Bodmer papyri

重要な写本のコレクションで，大半はパピルスであり，M. ボドマー（1971年没）が自らの蔵書としてジュネーヴで大部分は1956年に収集した．これに含まれるのは，200年頃のヨハネ福音書のほぼ完全な写本（P. 66）やメリトン*の『過越について』の写本である．➡パピルス学

## ホードリー
Hoadly, Benjamin（1676-1761）

1716年からバンガー*，1721年からヘレフォード*，1723年からソールズベリー*，1734年からウィンチェスター*のそれぞれの主教．彼はホイッグ党に厚遇された低教会派*の指導者であった．「キリストの王国ないし教会の本質」に関する，1717年の彼の説教はバンガー論争*を引き起こした．

## ボドリー
Bodley, George Frederick（1827-1907）

教会建築家，設計者．1869-98年に，T. ガーナ

ー（Garner）と協力して，イングランドの多くの教会で19世紀のイングランド・ゴシック的伝統を発展させた．彼の様式はアングリカン・コミュニオン全体に広がった．彼はタスマニアのホーバート（Hobart）にあるセント・デーヴィッズ主教座聖堂，そしてまたH. ヴォーン（Vaughan）と協力して，首都ワシントンにあるエピスコパル大聖堂を設計した．

## ボナー

Bonner, Edmund（1500頃-1569）

1539年からロンドン司教．エドワード6世*の治下，1547年の国王勅令*に反対し，『祈禱書』*の諸規定を守らなかった．1549年に，彼は枢密院の指令に背いたかどで司教位を剝奪され投獄された．1553年にメアリ1世*の治下に復位した彼は，精力的にカトリックの信仰と礼拝を復興し，異端者に有罪を宣告したが，彼が残酷だったという評判は誇張されている．エリザベス1世*の治下，1559年に国王至上法*を拒否し，再び職位を剝奪され，晩年を獄中で過ごした．

## ボナヴェントゥラ（聖）

Bonaventure, St（1217頃-1274）

フランシスコ会*の神学者．ジョヴァンニ・ディ・フィダンツァ（Giovanni di Fidanza）はおそらく1243年にフランシスコ会員になった．彼はパリ大学の教授であった．1257年に，総会長に選ばれ，修道会における内部の対立を克服するために尽力した．1263年に，彼の著した聖フランチェスコ*伝は正式の伝記として認められた．1273年に，アルバノの司教枢機卿に任じられた．

神学者として，彼は聖アウグスティヌス*に由来する伝統に忠実であり続け，また聖トマス・アクィナス*ほどには，アリストテレス*の学説に共感を示さなかった．『魂の神への道程』（*Itinerarium Mentis in Deum*）において，忠実なキリスト教徒に神が与える神秘的な照明に比して，人間理性そのものの愚かさを強調した．霊的著作家としてのその影響力はながく続いた．祝日は7月15日（1969年まで7月14日）．

## ボニファティウス1世（聖）

Boniface I, St（422年没）

418年から教皇．彼はペラギウス主義*に反対する立場をとり，南ガリアにおける管区大司教の権利を回復し，テオドシウス2世*がイリュリクム州をコンスタンティノポリス*の管轄下に移そうとしたとき，同州を自らの裁治権に確保した．祝日は9月4日．

## ボニファティウス8世

Boniface VIII（1234頃-1303）

1294年から教皇．彼の教皇位はフランス王フィリップ4世との抗争に著しく影響された．1296年の大勅書『クレリキス・ライコス』*は，教皇の同意なしに聖職者から特別な税を徴収することを禁じた．そこで，フィリップは貴金属のローマへの移送を禁じた．教皇は彼に譲歩して，彼が課税しようとするとき，その必要性を自ら決める権利を与えた．両者の抗争は1301年に再燃した．1302年の大勅書『ウナム・サンクタム』*において，ボニファティウスは万人に対する教皇の裁治権を擁護した．1303年に，フィリップはボニファティウスを裁判にかけようとした．教皇はアナーニ（Anagni）で破門の大勅書を準備したが，囚われの身になった．彼は3日後に救出されたが，健康を害してまもなく没した．彼の業績として『第6書』*の編纂および1303年のローマ大学（Sapienza）の創設が挙げられる．

## ボニファティウス（聖）

Boniface, St（675頃-754）

「ドイツの使徒」．本名がウィンフリス（Wynfrith）である彼は，ウェセックスで（伝承ではクレディトン*で）生まれた．グレゴリウス2世*が719年に彼に異教徒への宣教の任務を与え，彼は多くのヘッセン人を改宗させ，722年に司教座なしの司教に聖別された．フリッツラルに近いガイスマル（Geismar）でトール（Thor）神の樫の木を切り倒したその行為により，多くの改宗者を得た．おそらく732年に，グレゴリウス3世は彼にパリウム*を送り，次の数年間，彼はライン東岸の確立した教会組織の基礎を築いた．彼はフランク教会を改革するために一連の教会会議を召集し,746年頃にマインツ大司教になった．数年後に身を引き，かつて716年には宣教が成功しなかった地であるフリースラントに戻り，ここで彼は殉教した．祝日は6月5日．

## ボニファティウス（サヴォワの）

Boniface of Savoy（1270年没）

カンタベリー*大司教．彼はサヴォワ公の子といわれ,少年期にカルトゥジア会*に入った．彼は1241年にカンタベリー大司教に選ばれたが，1249年まで着座しなかった．彼の管区巡察は強い抵抗に遭った．彼は国外で過ごすことが多かった．

## ボノスス

Bonosus（400年頃没）

ナイスス（Naïssus, 現ニシュ）またはセルディカ*の司教で，聖母マリア*の永遠の処女性を否定した．彼の支持者であるボノスス派（Bonosians）は7世紀まで存続した．

## ホノラトゥス（聖）

Honoratus, St（429/30年没）

アルル司教．執政官の家系出身の彼は，キリスト教に改宗した．彼はレランス*島に居住し，410年頃に有名な修道院を建てた．429-30年に，アルル司教になった．祝日は1月16日．

## ホノリウス1世

Honorius I（638年没）

625年から教皇．自らアングロ・サクソン人のキリスト教化に関心を寄せ，またアクイレイア*・グラド（Grado）の総大司教間のシスマ*を終わらせた．しかしながら，キリスト単意論*論争における彼の行動は，教皇の不可謬性*に反対する論拠の一つとなった．634年頃,コンスタンティノポリス総主教セルギオス*はキリストの「単一のエネルゲイア（働き）」の問題について彼に手紙を書いた．この表現は，両性を告白しながらも，唯一の行動様式（mode of activity），すなわち御言葉のそれを受肉のキリストに帰していた．これはキリスト単性論*者を満足させるのに有益と思われたが，エルサレムのソフロニオス*により激しく反対されていた．ホノリウスはセルギオスに好意的な返書を送り，その中でキリストにおける「単一の意志」という不適切な字句を用いた．この表現は『エクテシス』*において使用され，ホノリウス自身が681年の第3コンスタンティノポリス公会議*でアナテマ*を宣告された．

## ホノリウス3世

Honorius III（1227年没）

1216年から教皇．インノケンティウス3世*の後を継いだ彼は，前任者の政策および第4ラテラノ公会議*の決議条項の実現に尽力した．1220年に皇帝フリードリヒ2世*に戴冠し，ヨーロッパの政治問題で顕著な役割を果たした．彼はドミニコ会*，フランシスコ会*，カルメル会*の会則を認可し，その第3会*の育成に努めた．彼は『収入台帳』*を編纂した．

## ホノリウス（オータンの）

Honorius 'of Autun'（12世紀前半に活動）

平俗な神学者．「オータン教会の司祭・教師」ホノリウスと自称しているが，現在はただの筆名と見なされている．彼はおそらくしばらくイングランドで過ごし，その後，南ドイツで修道士，おそらく隠遁者*となった．彼は多作の著作家であった．広く永続的な人気を博した著作は，キリスト教教理の最初の概説書の一つである『教えの手引き』（*Elucidarium*）および宇宙論と地理学の概論である『世界の像』（*Imago mundi*）であった．彼は独創的な思想家ではなかった．

## ボハイル方言

Boharic

コプト語*の一つの方言．➡サヒド方言

## ポープ

Pope, William Burt（1822-1903）

ウェスレー*派の神学者．1867-86年に，マンチェスター大学ディズベリ（Didsbury）・カレッジのテューターであった．1875年の『キリスト教神学概説』（*Compendium of Christian Theology*）は，キリスト教的な完全*に関するメソジストの教理に共鳴して擁護している．

## ボーフォート
Beaufort, Henry（1375頃-1447）

1426年から枢機卿．1397年にゴーントのジョン（John of Gaunt）の嫡出子と認められた彼は，1398年にリンカーン*司教，1404年にウィンチェスター*司教になった．コンスタンツ公会議*に出席し，マルティヌス5世*の選出に大いに貢献した．彼はイングランドの政治に顕著な役割を果たし，幾度か大法官になり，1424-26年に事実上，国を治めた．ウィンチェスターにおいて，彼は司教座聖堂の身廊*の改築を完成させた．

## ホプキンズ
Hopkins, Gerard Manley（1844-89）

詩人．1866年にカトリックになり，1868年にイエズス会*に入会した．彼は生前は詩人としてほとんど知られていなかったが，彼の原稿を保存していたR. S. ブリッジズ*がそれを1918年に編集した．最も意欲的な作品は『ドイチュラント号の難破』（*The Wreck of the Deutschland*）であるが，ホプキンズの著作を特徴づけるのは，感情の激しさ，リズムの自由さ，単語の個性的な用法である．

## ホーフバウアー（聖(せい)）
Hofbauer, St Clement Mary（1751-1820）

「ウィーンの使徒」．牧畜業者兼肉屋の息子であった彼は，1784年にレデンプトール会*に入会した．反宗教的なヨーゼフ主義*の法律のためにウィーンで修道院を創設することができなかった彼は，ワルシャワに赴いた．1808年にナポレオンによりワルシャワから追放された彼は，ウィーンに戻った．ここで，彼の影響力は上層から下層にまでおよび，ヨーゼフ主義や啓蒙主義*の効果を弱めた．祝日は3月15日．

## ホフマン
Hofmann, Johann Christian Konrad von（1810-77）

ドイツのルター派*の神学者．1845年から，エルランゲン（Erlangen）大学神学教授であった．彼はルター派の教説を妥協せずに主唱することをめざし，正統ルター派の「エルランゲン学派」の指導者であった．彼は近代の歴史的思考法をイスラエル史と教会における神の働きに対する聖書的信仰と結びつけようとした，救済史*神学の先駆者として最もよく知られる．

## ホフマン
Hoffmann（Hoffman）, Melchior（1500頃-1543頃）

ドイツの再洗礼派*．ルター派*に加わり，1523年に信徒説教者となった．彼は徐々に終末論に鼓吹されるようになり，ついにストラスブールで再洗礼派に加わった．彼は各地を説教して回り，最後の審判の日を待つために1533年にストラスブールに戻った．彼は没するまで獄中にあった．「メルヒオル派」（Melchiorites）は彼の没後も再洗礼派の一派として残った．

## ボヘミア兄弟団(きょうだいだん)
Bohemian Brethren

のちに「モラヴィア兄弟団」*や「一致兄弟団」*と呼ばれた．彼らは二種陪餐論*者の一派で，1467年に正式にそこから分離し，単純で脱俗的なキリスト教を固守した．プラハのルカーシュ（Lukáš, 1528年没）により教会として組織された本兄弟団は急速に拡大した．1547年以降に彼らに対して抑圧的な手段がとられたため，多くの団員がポーランド*に移住し，そこでは1555年にカルヴァン主義者*と合流した．ボヘミア（現チェコ西部）に留まった人たちは1575年に自分たちの礼拝を守る自由を獲得したが，主要な拠点をモラヴィア（現チェコ東部）に定めた．「モラヴィア兄弟団」という別称はこれに由来する．彼らは多くの権利を得て，ボヘミアのプロテスタンティズムの指導的な宗派となったが，1620年のワイセンベルクの戦いののち，すべてのプロテスタントは追放された．1721

年に，宗派の残留者はN. L. フォン・ツィンツェンドルフ*の申し出を受け入れて，ヘルンフート*に加わり，これと合同した．本兄弟団はとりわけ教会の礼拝・組織・教育を重視した．彼らのチェコ文学への貢献度は，特に1579–93年の聖書のチェコ語訳により際立っている．彼らは初期のメソジズム*に影響を及ぼした．

## ホミャコーフ
Khomiakov, Alexis Stepanovich（1804-60）

ロシアの哲学的神学者．正教会のキリスト教にたって形成しようとしたスラヴ派の創始者の一人であった．(「自由なき統一」という）カトリック的な，また（「統一なき自由」という）プロテスタント的な教会概念と対照して，彼は，キリストがその頭，聖霊がその魂であり，その本質が「自己と一体となった霊における自由」である，有機的社会を正教会の中に見た．この教会の本質的な特性は内的な聖性であり，それに参与する人たちは，それと外的な交わりをもたなくても救われうる．（しばしば「ソボルノスチ」*の語で要約される）彼の教会概念は，ロシア正教会だけでなくギリシア正教会の教会論に影響を及ぼした．

## ホモイオス派（は）
Homoeans

カイサリア*主教アカキオスの指導のもとに，355年頃に存在するようになったアレイオス*派．彼らはキリストのペルソナ（位格）の議論を，彼御自身が御父と類似（ギリシア語で「ホモイオス」）であるという主張に限定しようとした．

## ホモウーシオス
homoousios

（ギリシア語で「同一実体の」の意で，*consubstantialis* というラテン語に訳される．）神（Godhead）における御父と御子の関係を表すために，ニカイア信条*に用いられた用語で，もともとアレイオス主義*を排除することを意図している．神学者によっては，神における区別に余地を残すと考えられる「ホモイウーシオス」(homoiousios，「類似した実体の」）という用語が好まれた．

## ボランディスト
Bollandists

『アクタ・サンクトールム』*のイエズス会*員の編集者たちで，創始者で最初の編集者であるヨアンネス・ボランドゥス（Bollandus，1596–1665年）にちなんでこう呼ばれる．

## ホランド
Holland, Henry Scott（1847-1918）

神学者，説教者．1884–1910年に，セント・ポール主教座聖堂*のカノン*であり，その後，オックスフォード大学欽定講座担当神学教授になった．彼はキリスト教の原理を社会的・経済的諸問題に関係づけることに深い関心をもち，1889年にC. ゴア*とともにキリスト教社会同盟（Christian Social Union)を創設した．彼の作詞した讃美歌*には‘Judge eternal, throned in splendour’がある．

## ポーランドのキリスト教（きょう）
Poland, Christianity in

キリスト教は10世紀におそらくモラヴィア（現チェコ東部）からポーランドに導入された．966年にミェシュコ1世が受洗し，1000年にグニエズノ(Gniezno）に管区大司教座が置かれた．15世紀前半には，一部の貴族はフス派*を支持し，16世紀には，宗教改革も進行した．カルヴァン主義*が最強の影響力をもったが，ルター派*がドイツ語地域で拡大し，同国は亡命したボヘミア兄弟団*やソッツィーニ*派の安息の地となった．宗教的緊張が高まったが，1573年のワルシャワ会議により相互の寛容が確保された．1595年に，ルテニア教会（Ruthenian Church, ➡ウクライナ教会）がコンスタンティノポリス*との関係を絶ってローマに服し，そのすぐ後にポーランドのアルメニア*人もカトリック東方教会*に属した．17世紀に，多数派のカトリックは寛容をほとんど死文化した．1795年に完結した，ロシア，オーストリア，プロイセンによるポーランドの分割は，カトリック教会に重大な結果をもたらした．ロシア人はカトリックに制限を加え，1831年にカトリック東方教会員にローマとの関係を絶たせた．1919年のポーランドの独立とともに，カトリック教会の影響力は回復したが，正教会は多くの東部地域で影響力を保った．正教会もカトリック教会も，1939-45年のドイツとロシアによる占領下および1945年に確立した共産主義の支配する政府のもとで苦しんだ．1978年のポーランド人教皇の選出およびカトリック側の抵抗は，1989年の共産主義体制の崩壊における要素であった．

## ポリグロト聖書（せいしょ）

➡多国語対訳聖書

## ホーリネス運動（うんどう）

Holiness Movement

完全な聖化（sanctification）が個人の危機的な経験において瞬時に起こるという信仰を中心とする，主にアメリカの宗教運動．本運動は19世紀半ばにまずメソジスト*教会において起こり，メソジストの信徒の指導者であるP. W. パーマー*により1835年から推進された．本運動は，ニュージャージー州ヴァインランド（Vineland）で1867年に始まった，ホーリネス・キャンプ・ミーティングをとおして全米に浸透した（➡野外集会）．依然としてメソジストが主体であったが，運動は他のプロテスタント諸教会にも広がった．1880-90年代に，ホーリネスの擁護者たちとメソジストの監督たちとのあいだに緊張がたかまり，分離したグループは新しいホーリネスの諸教派を設立した．その最大のものはナザレン教会（Church of the Nazarene）で，1908年にアメリカで独立した教派となり，またインディアナ州アンダーソン（Anderson）に本部を置くチャーチ・オブ・ゴッド（Church of God）は1881年に設立された．

本運動がウェスレー*の教説を変更しているのは，「招き・決心・あかし」というリバイバル運動*の方法を強調し，可見的証拠を主張したことである．19世紀後半には，肉体的治癒が一般に期待され，聖化の経験は「聖霊による（時に，聖霊の）洗礼」と呼ばれた．20世紀初頭に，ペンテコステ派*の結成によって分裂し，残りのホーリネス諸派は勢力が衰えた．イギリスにおいて，ホーリネス諸教派は少数である．➡黒人教会（アメリカ黒人教会）

## ポリュカルポス（聖（せい））

Polycarp, St（伝統的に69頃-155頃，しかしおそらくその数年後に没）

スミュルナ*主教．2世紀半ばのアシア州における指導的なキリスト教徒であったと思われる．聖イグナティオス*が彼に宛てた手紙および彼自身の『フィリピの教会への手紙』が残っており，後者は新約聖書を多く引用している．ポリュカルポスは復活祭*を守る日付を議論するためにローマへ赴き，それぞれの教会が独自の慣行を維持し，アシアは14日派*の慣行を続けることで合意した．スミュルナに戻った直後，逮捕された．彼は86年間キリストに仕えてきたと告白して，信仰を否認することを拒否して，火刑に処せられた．祝日は2月23日（西方では，以前は1月26日）．

## ポリュクラテス

Polycrates（2世紀）

エフェソス*主教．彼は，復活祭*が一律に主日に守られるようにしようとした教皇（ローマ司教）ヴィクトル1世*に反対した指導的な14日派*であった．

## ホール

Hall, Joseph（1574-1656）

ノリッジ*主教．ジェームズ1世*の代表の一人としてドルトレヒト会議*に出席した．1627年に，エクセター*主教になった．主教たちが1640年の議会で攻撃されたが，彼は主教職を擁護した．1641年にノリッジに転任したが，その収入は議会により没収され，困窮の中で暮らした．

## ホール

Hall, Robert（1764-1831）

バプテスト派*．彼はブリストル（Bristol, 1785-90年と1826-31年），ケンブリッジ（1791-1806年），レスター（Leicester，1807-25年）において影響力のある説教者であった．

## ボール
Ball, John（1381年没）

司祭．1366年に，財産に関するウィクリフ*の教えを説教したかどで非難され，のちに投獄された．1381年のワット・タイラーの農民一揆の際，メイドストンにあったカンタベリー*大司教の牢獄から反徒により解放された．彼は社会的平等に反対する人々を殺すように民衆を唆し，大司教サドベリーのシモン*の殺害にも立ち会った．ボールは反逆者として処刑された．

## ポール
➡プール

## ポルヴォー協定（きょうてい）
Porvoo Agreement

1992年にフィンランドのポルヴォーで締結された本協定は，イギリスとアイルランドのアングリカン教会とスカンディナヴィアとバルト諸国のルター派教会とのあいだで，共通教会員制と相互職制（interchangeable ministry）を規定した．ラトヴィアとデンマークの教会を除いて，すべての教会により1996年に承認され，デンマークは2010年に加入した．➡再合同

## ホルコット
Holcot, Robert（1349年没）

スコラ*神学者．ドミニコ会*に入会し，オックスフォード*大学で学び，教えた．1343年以前にノーサンプトン（Northampton）に移り，疫病に苦しむ病人の看護をして没したといわれる．『命題集』*に関する彼の注解書は広く流布した．オッカム*の影響力が強く，神の存在や神による天地創造について十分に証明できる証拠を見いだせないと主張することが難しいような時代にオックスフォードで活動したホルコットは，神が善意の人に対して救済に必要な御自身に関する知識を与えると言うだけにとどめた．彼の聖書注解において，主要な強調点は説教へのテキストの適用に置かれている．

## ボルジア
Borgia, Cesare（1475-1507）

イタリアの君主．教皇アレクサンデル6世*の庶子で，ナヴァル王の妹と結婚した．有能な軍人であった彼は目的を達成するのに悪辣であったが，いったん征服した領民に対する統治は公正で堅実であった．マキャヴェリの『君主論』のモデルといわれる．

## ホルシエシ
➡オルシシオス

## ホルステ
Holste, Lucas（1596-1661）

ヴァティカン*の司書．1625-26年にカトリックになった彼は，スウェーデン女王クリスティーナ*が1655年にインスブルックで公にプロテスタンティズムを放棄するのを受け入れた．彼は博識な学者であった．

## ボルセック
Bolsec, Hieronymus Hermes（1584年没）

医師，宗教論争家．もともとパリでカルメル会*員であった彼は，1545年頃にプロテスタンティズムを受け入れ，次いで医師となった．ジュネーヴ*でJ．カルヴァン*と衝突して，救いないし劫罰への予定*がまったく個人の信仰ないし神への信仰の欠如にすぎないと論じた．彼はジュネーヴ市域から追放された．彼は晩年にカトリックの信仰に復帰した．

## ボルセナの奇跡（きせき）
Bolsena, the Miracle of

伝説によれば，ウンブリアのボルセナの町でミサを行っていたドイツ人の司祭が，パンとぶどう酒の実体変化*への不信に悩んだ．するとそれらは変形して，血が聖別された両物素から流れだし，コルポラーレ*を濡らすのを彼は見たという．

## ポルチュンクラ
Portiuncula

アッシジ*を降った平地にある小さな礼拝堂*. そこで, 聖フランチェスコ*は召命を受け, 彼の生涯をつうじて修道会の本拠地であった. 礼拝堂と彼が没した修室*は現在, 壮麗な16世紀の聖堂に囲われており, それは1832年の震災後に再建された. 礼拝堂名にちなむ「ポルチュンクラの免償*」は, 1216年にホノリウス3世*により付与されたといわれる.

## ホルツマン
Holtzmann, Heinrich Julius (1832-1910)

ドイツのプロテスタントの神学者, 聖書批評学者. 彼はマルコ優先説*を擁護し, またイエスの自意識における心理学的な発展を主張した.

## ボルティモア教会会議
Baltimore, Councils of

メリーランド州ボルティモアで開催された一連の教会会議で, 3回が全体会議 (1852-84年), 10回が管区会議 (1829-69年) であって, それによりアメリカのカトリック教会の管理や規律に関する多くの点が確定した.

## ポルテウス
➡ポーティアス

## ボールドウィン
Baldwin (1190年没)

カンタベリー*大司教. 1180年にウースター*司教になるまでは, デヴォンシャーのフォード (Forde) でシトー会*員であった. 1184年に, 彼はカンタベリーに転任した. カンタベリー付近のハッキントン (Hackington) に, のちにランベス*に在俗カノン (secular canons) のカレッジを創設しようとする彼の計画は, カンタベリーのクライスト・チャーチの修道士たちとの議論を引き起こし, ローマの教皇庁の法廷で争われた. 1188年に, ウェールズ*の司教区を管区大司教として訪問し, ウェールズにおけるカンタベリーの裁治権を確認した. 彼は第3回十字軍*に参加して没した.

## ポルトガルのキリスト教
Portugal, Christianity in

ポルトガルの独立の歴史は12世紀に始まり, 教皇職の自治的封臣となった. 大シスマ*において, 反カスティリャ的感情がポルトガルの司教たちをウルバヌス6世*とその後継者の側につかせた. 15世紀末の司教や聖職者たちによる改革は宗教改革を先取りしていたので, 宗教改革は同国にほとんどまたはなんの影響も及ぼさなかった. 16世紀に, ポルトガルはカトリックの拡張主義の最前線に位置した. 異端審問*所が1536年に設置されたのは主に, 住民のあいだでユダヤ的・ムスリム的な宗教慣行の残滓と思われるものを根絶する意図からでであった. 禁書目録*が1547年に初めて公布され, しばしば改訂され, その後も増補された. 王家がまっさきに歓迎したイエズス会*はやがて, 教育面で支配的な役割を果たした. 多くのポルトガルの神学者がトリエント公会議*に出席し, その教令は熱烈に喧伝された. ポルトガルの宣教師は, ブラジル*から日本*に至るまで多くの国々で活動した. これらすべてが熱狂主義や後進性をもたらしたと後代に評価されたが, この時期のポルトガルの宗教活動の活力は疑いえない. ラテン語で読むことができる, ポルトガルの神学者や宣教師の著作は, ヨーロッパのプロテスタント諸国でさえ, 広く読まれた.

18世紀に, ポルトガルはイエズス会*をその領土から追放した最初の国で (1759年), それに続く2つの出来事で, 教会は激しい反聖職者主義的な政府の政策により大きく弱体化した. 1832-34年の内戦での自由主義陣営の勝利後, 修道会の財産は没収され, 修練士*になることは禁止された. 1911年の共和政の成立とともに, 教会は非国教化された. 1940年に, サラザール右派政権のもとで, ヴァティカンとの新しい政教協約*が締結されたが, 教会の体制との密接な関係は1974年の革命後, さらなる不信を招いた.

今日, ポルトガル人の大多数はカトリックであり, 教会は教育面で重要な役割を維持し, 相当な政治的影響力を行使しえている．にもかかわらず，ポルトガルはスペインやイタリアほど明らかなカトリック国ではない．街頭で聖職服を着用する人はまれで，多くの宗教的記念碑は国家の管理下にある．宗教的慣行は各宗教で異なり，大都市や南部の大きなアレンテージョ州では極めて少ない．聖職志願者数は急速に減少している．

1867年頃に由来する小さな監督教会である「ポルトガル・ルシタニア教会」(Lusitanian Church of Portugal) は，1980年にアングリカン・コミュニオンに加入した．

## ボルドーの巡礼者（じゅんれいしゃ）
Bordeaux Pilgrim

西方から聖地*へと赴いた，知られるかぎり最初のキリスト教徒の巡礼者. 彼（もしかすると彼女）は，333-34年に旅行した．

## ボルハ（聖）（せい）
Borgia (Borja), St Francis (1510-72)

スペインのイエズス会*員．1543年に父を継いでガンディア公になった. 妻の没後, イエズス会に入会し，3年間の清貧に関する特免をえて，1548年にひそかに修道誓願をした．1550年にローマに赴き，そこでイエズス会員であることを公にした．彼は1554-60年にイエズス会のスペイン・ポルトガル管区長を務めた．1561年にD. ライネス*の補佐となり，1565年にその後を継いで総会長*になった．非常に重要な人物が会員になったことは新修道会の威信を高め，彼の財力と影響力は「ローマ・カレッジ」(のちのグレゴリアナ大学*）の創設にとり決定的であった．彼はまた，中南米諸国へのイエズス会の宣教活動を始めた．祝日は10月10日．

## ポルフュリオス
Porphyry (232頃-303頃)

新プラトン主義*哲学者．彼が一時的にキリスト教徒であった可能性がある. 彼はローマで262年に出会ったプロティノス*をとおして新プラトン主義思想に信服した．

『キリスト教徒駁論』は448年に焚書にされ，主にその反論書中の断片でのみ残っている．彼は教師としては尊敬していたキリストに関する批評に一定の抑制を加えていると思われるが，キリストの生涯の明らかな失敗をキリストが神でなかったことの証拠と見なした．彼は使徒たちや教会の指導者を激しく非難し，デキウス*帝やアウレリアヌス帝が助長した宗教的復興に反対しているとして，愛国心の欠如のゆえに結局，教会を非難した．ポルフュリオスの多数の哲学的著作は，不明瞭にプロティノスらの説とされてきた多くのことを明快に説明・展開・保持している点で重要である．彼はまたプロティノスの伝記を著し，その諸著作を編集した．

## ホルミスダス（聖）（せい）
Hormisdas, St (523年没)

514年から教皇. 彼の主たる重要性は「アカキオスのシスマ」*を和解させたことにある．519年に彼は，カルケドン定式*と『レオの教書』*が承認されている教義定式に対して，コンスタンティノポリス*総主教ヨアンネスおよび遅れて約250人の東方の主教たちの署名を得た．アカキオスと他の異端者たちが断罪され，ローマ司教座の権威がきわだった．祝日は8月6日．

## ポール・ロワイヤル修道院（しゅうどういん）
Port-Royal, Convent of

ヤンセン主義*の拠点．シトー会*女子修道院が1204年にパリ南西の湿地帯のポール・ロワイヤルに設立された(「ポール・ロワイヤル・デ・シャン」[Port-Royal-des-Champs])．1602年に，アンジェリーク・アルノー*は修道院長に任命された．1608年に自らの責務を新たに確信した彼女は，遠大な改革に着手した．1625年に，共同体はパリの新しい修道院（「ポール・ロワイヤル・ド・パリ」[Port-Royal-de-Paris]）に移り，1627年にシトー会の裁治権から離れた．1635年に，ラングル (Langres) 司教S. ザメ (Zamet) はポール・ロワイヤルの指導を，ヤンセン*の友人であるサン・シラン*に委ね，1643年の彼の没後は，その影響力は，ヤンセン主義と呼ばれるようになっていたものの代表者であるアントワーヌ・アルノー*により維持された. 1637年以降, サン・シランの感化を受けた人たちが「隠遁者」(Solitaires) として共同体の近くに住み始めるようになり, 1648年までには, 彼らの労働はポール・ロワイヤル・デ・シャンに修道女を受け入れられるものにした. しばらくのあいだ, 両修道院は単一の修道院組織として存在したが, 1669年に分離し, ポール・ロワイヤル・ド・パリがアレクサンデル7世*の反ヤンセン主義定式に署名した修道女たちに譲られたのに対し, ヤンセン主義の多数派がポール・ロワイヤル・デ・シャンで形成された. 1705年に, クレメンス11世*はその定式に署名するさい意中留保*を用いた修道女を断罪したが, 彼女らはこの新しい定義を受け入れることを拒否して, 結局, 1709年に離散させられた.

## ポレット
Porette (Porete), Margaret (1310年没)

『単純な魂の鏡』(*The Mirror of Simple Souls*) の著者. おそらくエノー (Hainault) 出身の彼女は, すでに異端的として断罪されていた書物を広め続けたかどでパリで火刑に処せられた. 同書は長く害のない敬虔な書物として知られ流布してきたが, ポレットが著者であることはやっと1965年に分かった.

## ボロー
Borrow, George Henry (1803-81)

旅行家, 『ロマの男』(*The Romany Rye*, 1857年) の著者. 彼は「英国および海外聖書協会」*の頒布人であり, あまり知られていないさまざまな言語に聖書を部分訳した. 1843年の『スペインにおける聖書』は, その生き生きとした叙述によって人気をえた.

## ホロコースト
Holocaust

火でまったく焼き尽くされる犠牲, すなわち完全な犠牲. やや不正確な語法であるが, この語は多くの犠牲者を伴う犠牲をも指す. 1950年代から, 1933-45年のヨーロッパのユダヤ人に対するナチによる迫害をもっぱら指すようになった. ホロコーストは東ヨーロッパの強制収容所のガス室でユダヤ人を根絶しようとする企てで頂点に達した.

## ボローニャ
Bologna

北イタリアの都市. 中世において, 12世紀に創設されたその大学は, 教会法*と市民法の研究のヨーロッパにおける主要な拠点であった.

## ボローニャ協約(きょうやく)
Bologna, Corcordat of (1516年)

教皇レオ10世*とフランス王フランソワ1世のあいだの協約で, ブールジュ (Bourges) の「国事詔書」*を廃止した. 国王には, 高位聖職者たちを任命する自由な権利が付与され, 彼らは教皇により追認された.

## ホロロギオン
Horologion

東方教会において, 年間をつうじて繰り返す, 教会の聖務日課*の各部分を載せた典礼書.

## ホワイト
White, Francis (1564頃-1638)

次々にカーライル*主教, ノリッジ*主教, イーリー*主教を歴任した. アルミニウス主義*者であった彼は, 1625年にリチャード・モンタギュー (Montagu, 1641年没) の『皇帝への訴え』(*Appello Caesarem*) の印刷を許可し, また翌年, ヨーク・ハウス会議でカルヴァン主義*の教えを批判した. 彼はまた反教皇派の論争家でもあり, 1622年にイエズス会*員 J. フィッシャー*との公式の論争でアングリカンの立場を示す W. ロード*を助けるように, ジェームズ1世*より依頼された.

## ホワイト
White, John (1867-1951)

スコットランド*教会の指導者. スコットラン

ド合同自由教会*との合同の可能性を協議するために1909年に任命された委員会中の，スコットランド教会の最初からの委員であった彼は，1929年の合同につながる運動の主要な指導者であった．彼が議会におけるその通過に貢献した立法は，国教会*としてのスコットランド教会の地位を保持したが，議会や裁判所から独立して関係事項を管理する自由を同教会に与えた．彼は合同後の教会の最初の大会議長*に全会一致で選出された．

## ホワイト
White, Joseph Blanco（1775-1841）

神学的著作家．スペインでアイルランド人とスペイン人の息子として生まれた彼は，1800年にカトリックの司祭に叙階された．彼は宗教上の疑念に悩み，イングランドに渡りアングリカンになった．彼はトラクタリアン（➡トラクト運動）のあいだでよく知られた存在であったが，最後はユニテリアン*になった．

## ホワイト
Whyte, Alexander（1836-1921）

スコットランド*の福音主義者．1870–1916年にエディンバラのスコットランド自由教会*立（のちにスコットランド合同自由教会*立）セント・ジョージ教会のミニスター，1909–18年にエディンバラのニュー・カレッジ学長であった彼は，ヴィクトリア朝後期のスコットランドにおける最もすぐれた説教者と見なされた．彼はW. R. スミス*の聖書批評学および1910年のエディンバラ会議*におけるエキュメニカル運動*の開始を受け入れた．

## ホワイト・シスターズ
White Sisters

以下の女子修道会の通称．(1)「白衣宣教会」*を助けるために，1869年に枢機卿C.–M. A. ラヴィジュリー*によって設立された「白衣修道女会」（Congregation of the Missionary Sisters of Our Lady of Africa），(2) 着衣から白衣修道女会とも呼ばれる「聖霊修道女会」（Congregation of the Daughters of the Holy Ghost）は，1706年にブルターニュで創立された．その主な目的は教育と看護である．彼女たちは1902年の法令でフランスからほとんど追放されたが，現在は世界の各地に修道院を建て，また宣教している．

## ホワイト・フライアーズ
White Friars

カルメル会*員（Carmelite friars）を指し，彼らの白い外套とスカプラリオ*からそう呼ばれた．➡グレー・フライアーズ，ブラック・フライアーズ

## ホワイト・マンクス
White Monks

シトー会*の修道士を指し，彼らの染色してない羊毛の着衣からそう呼ばれた．

## ホワイト・レディーズ
White Ladies

白衣を着用した以下の女子修道会の通称．(1) 1796年にフランスで創立され，1853年以降，カナダにも設立された教育修道会である「聖母奉献修道会」（Sisters of the Presentation of Mary），(2)「マグダレナ修道女会」（➡マグダレン），(3) 中世の女子シトー会*．

## ポワシー会談（かいだん）
Poissy, Colloquy of

フランスの司教たちとT. ベザ*に率いられたプロテスタントの牧師たちのあいだで，1561年に（パリに近い）ポワシーで開かれた会議．フランスのプロテスタントに正式な承認を与えた，1562年の勅令を発布する道を整えた．

## ポワレ（ポアレ）
Poiret, Pierre（1646-1719）

フランスのプロテスタントの霊的著作家．彼はA. ブリニョン*に傾倒した．1708年の『神秘文学集』（*Bibliotheca mysticorum*）は，神秘主義的主題に関する比較的重要でない著作家についての珍しい情報を含んでいる．

## ホーン

Horne, George (1730-92)

1790年からノリッジ*主教. 高教会派*の原則に立っていたが, メソジスト*の霊的なまじめさに感銘を受け, J. ウェスレー*が彼の主教区で説教するのを許した.

## ボン教会再一致会議

Bonn Reunion Conferences

デリンガー*の主宰で1874年と1875年にボンで開催された2つの会議で, 歴史的なキリスト教の信仰と職制をもつ諸教会間の再一致を促進することを目的とした. 会議の主導権は新たに分かれた復古カトリック教会*の手にあった.

## 本体論主義（存在論主義）

Ontologism

19世紀の幾人かのカトリックの哲学者が支持した哲学体系. 本体論主義者の主張では, 神御自身が人間思想の正当性を保証し, それ自体が真理であるあらゆる人間の知識は, 自存の「真理」の直接的な直感的知識を含み, 万物に関する最初で最も単純な概念である存在という概念は, 絶対的な「存在」の直接的な直覚である. 7箇条の「本体論主義者の誤謬」(Errores Ontologistarum) は, 1861年に検邪聖省*により断罪された.

## 本体論的証明（存在論的証明）

Ontological Argument

神の存在に関する古典的な証明法で, 神の概念が神の真の存在を伴うと考えるもの. 聖アンセルムス*により初めて論じられた. ➡宇宙論的証明

## ポンティフェクス・マクシムス

Pontifex Maximus

（ラテン語で「最高の大神官［Pontiff］」の意.）もともとはローマの最高神官 (chief priest) を指す異教の称号であったが, 15世紀以降は, 教皇を指す通常の尊称となった.

## ホントハイム

Hontheim, Johann Nikolaus von (1701-90)

フェブロニウス主義*の創始者. 1742年に, ドイツの選帝侯である大司教たちのために, 教皇職の歴史的立場に関する研究を始めた. 1763年に, 「ユスティヌス・フェブロニウス」(Justinus Febronius) という筆名で, 『教会の現状とローマ教皇の法的権限について』(*De statu ecclesiae et legitima potestate Romani Pontificis*) を刊行した. そのガリカニスム*的な傾向のゆえに, 同書は1764年に禁書目録*に載せられた. 1778年に, 彼は正式に自説を撤回した.

## ボンヘッファー

Bonhoeffer, Dietrich (1906-45)

ドイツのルター派*の牧師. 告白教会*の側につき, 1934年にバルメン宣言に署名した. ロンドンのルター派教会のチャプレンを務めたのち, 1935年にドイツに戻った. 彼はナチ政府により説教とベルリンへの入市を禁止された. 1942年に, ヒトラーに反対するドイツ人とイギリス政府の連携をとる努力をした. 1943年に逮捕され, 1945年に絞首刑に処せられた.

彼の著作は幅広い影響を及ぼした. 最もよく知られる『抵抗と信従』(*Widerstand und Ergebung*, 1951年) は, 人間性の増大する世俗化と世俗的仕方で神について語る必要性とに関心を払っている. 彼の教えが表しているのは, 此岸において彼岸を探求することと教会の徹底した改革を要求することであって, 彼の考えでは, 現状の教会は現代に対して何のメッセージももたない. 彼が追求したのは, 聖書的信仰にとり不可欠なものとして伝統的な宗教を不要にすることができるようなキリスト教であった. 祝日は『共同礼拝』*では4月9日.

## ホンベルク会議

Homberg, Synod of

1526年にヘッセン方伯フィーリプ*が, 自らの領土の教会のためプロテスタントの原則にたつ教会制度を確立するために召集した宗教会議. 同会議はヘッセンのために教会規則を起草する委員を

任命した．しかしながら，委員会が提出した文書は各集会の独立性を主張し，公布されなかった．

## ポンポナッツィ

Pomponazzi, Pietro（1462-1525）

イタリアのルネサンス期の哲学者．彼の考えでは，自然的理性により人間の魂の可死性を論証することができ，その非物質性と不死性について正当に語りうる唯一の意味は，反省的知識および宇宙的概念を理解するその能力と関連している．彼の議論によれば，これらの教えがキリスト教徒をなんら憤慨させない理由は，それらが単に人間理性から推論されたことであり，教会に対する超自然的な啓示より劣るものだからである．

## ポンポニア・グラエキナ

Pomponia Graecina（1世紀）

ブリタニアの征服者であるアウルス・プラウティウス（Aulus Plautius）の妻で，彼女がかなり早くキリスト教に改宗したと考える人もいる．

## 本文批判（ほんもんひはん）

textual criticism

その著作が印刷術の発明前の時期に由来する著作家の本文に関する批判的な研究．本文を正確に複写しうる写字生はほとんどいない．したがって，本文が複写されればされるほど，またその結果写本の数が増えれば増えるほど，写本間の相違点はより大きくなる．本文批判の仕事は，さまざまな段階を経た本文の歴史を再構成し，著者の手を離れて，元来の本文を最終的に確定するために，（「異読」と呼ばれる）写本中の相違点を比較・評価することである．➡上層批判

旧約聖書の現存する大部分のヘブライ語写本には異読がほとんどない．この状況はおそらく，紀元後数世紀間のいわゆるマソラ*本文の確定およびそれが最大の注意を払って複写されたことに起因する．しかしながら，七十人訳聖書*のギリシア語写本は互いに相違点を示しているが，多くの箇所でヘブライ語との相違点で一致している．批評家の推論によれば，七十人訳聖書の翻訳はマソラ本文として残ったのとは違った（おそらくそれより古い）本文からなされた．この推論は死海写本*の発見により確証されている．

新約聖書において，ギリシア語写本間で多くの異読があり，マルコ福音書*の結びを含む異読のように，そのいくつかは重要である．研究の結果，本文の3つの型が区別され，（ラテン語，シリア語*，コプト語*などの）古代語への翻訳の証言および教父*における引用が，これらの型の地方と年代を決定することを可能にした．それらは，(1) 2世紀前半の原型にさかのぼるにちがいないアレクサンドリア型本文*（ないし中立型本文*），(2) 後150年頃にさかのぼりうる（主要な証言がラテン語訳や教父であることが名称の由来である）西方型本文*，(3) 3世紀末頃に体系的な改訂がなされたと思われる，アンティオキア*とコンスタンティノポリス*と結びつくビザンティン型本文*ないしシリア型本文*である．この最後の型の本文は新約聖書の現存する大部分のギリシア語写本に見出され，最初に印刷された本文でもあった．

古代や中世のキリスト教の著作家の著作は，唯一の写本で残っている場合もあれば，多くの写本で残っている場合もある．後者の場合，本文批判で直面する問題やそれを扱うのに用いる方法は，新約聖書において出会ったものと類似している．

近代における聖書や他の本文の校訂者（editors）が彼らの校訂版（edition）の本文として印刷するのは，1つの写本の本文かまたは彼らが利用できる資料全部から再構成した本文である．いずれの場合も，（たとえば解釈や引用の形で）他の写本などに見出される異読の説明を本文に添えるのは有益である．これはふつう，ページの脚注として印刷され，「本文批判脚注資料」*と呼ばれる．

本文批判が聖書の伝統的な翻訳の背後にある本文を根本的に変えたという考えは，近代の翻訳版（versions）の出版を促進した要素の一つであった．少なくとも新約聖書に関しては，結果として生じた変更はしばしば想定されたほど根本的ではなかった．

**本文批判脚注資料**（ほんもんひはんきゃくちゅうしりょう）
critical apparatus
印刷された本文において，公認の本文の読みと違った写本の読みのリスト．一般に，ページの脚注として印刷される．➡本文批判

# ま

## マイセン協定
Meissen Agreement

1988年にドレスデンの北西のマイセンで到達した，英国教会とドイツの福音派*教会間の協定．両教会は彼らの共通の遺産に立って充分に可見的な一致のために活動することを誓約した．相互の聖餐を受容することを再確認したが，職制の互換性を確立できなかった．➡再合同

## 埋葬式
burial services（funeral services）

埋葬は死者をほうむる伝統的なキリスト教の方法である．初めは，埋葬は喜びのときであった．名ばかりのキリスト教徒が増加して，そのような喜びを必ずしも似つかわしくないとした8世紀頃に，埋葬式は「暗い」ものとなり，祈禱式は速やかな清めを祈願した．中世後期になると，「埋葬の祈り」（committal prayers）を伴う埋葬式に先立って，まず「晩の祈り」*，続いて朝課*と「朝の祈り」*（ディリゲ*）が夜間に唱えられ，夜が明けてレクイエム*・ミサが行われる．1969年のカトリックの『葬儀儀式書』（*Ordo Exsequiarum*）はさまざまな葬儀形式を提示し，場合により，ミサを含むすべての葬儀を死者の家で行うことを認めている．『祈禱書』*では，（聖書の引用，詩編，日課という）簡素な形式のディリゲが定められ，墓地のそばでの埋葬の祈りが続く．現代のアングリカンの典礼は言葉遣いを変化させ，別の詩編や日課を認め，聖餐も選択できるようにしている．さらに，火葬*も認められ，時に遺灰の埋葬という形式も含まれる．正教会での埋葬式に含まれるのは，「キリストよ，汝の僕に休息を与え給え」というコンタキオン*および聖書の書簡と福音書である．通常，棺は開けたままで，会葬者は遺体に接吻する．➡死者のための祈り

## 埋葬式の聖務日課
➡ディリゲ

## マイター
➡ミトラ

## マイモニデス
Maimonides, Moses（1135-1204）

ユダヤ教の哲学者で，ラムバム（Rambam）と通称される．コルドバ出身の彼は，最後はフォスタート（Fostat，現カイロ）に落ち着き，そのユダヤ人社会の長になった．彼はミシュナー*に関する注解と膨大なタルムード*大全（Mishneh Torah）を著した．（アラビア語で書かれた）『迷える人々の導き』はユダヤ的啓示の知識を，アリストテレス*により提示された人間理性の成果と調和させようとしている．同書は中世のキリスト教思想に影響を及ぼした．

## マインラート（聖）
Meinrad, St（861年没）

アインジーデルン*の守護聖人．ライヘナウ*の修道士であった彼は，より厳しい生活を求め，現在のアインジーデルン（「隠棲所」の意）大修道院がある場所に落ち着いた．彼は自らが歓待した2人の暴漢により殺された．祝日は1月21日．

## マウリキウス（聖）
Maurice, St

テーベ軍団*の指導者．5世紀の史料によれば，テーベ地方*で募ったキリスト教徒だけからなる軍団がガリアに移動したが，彼らは犠牲を捧げるのを拒否したため，ディオクレティアヌス*帝の迫害で虐殺された．祝日は9月22日．

## マウルス（モール）（聖）
Maurus (Maur), St（6世紀）

ヌルシアの聖ベネディクトゥス*の弟子．543年にフランスに赴いて，グランフイユ（Glanfeuil）修道院（のちのサン・モール・シュール・ロワール［St-Maur-sur-Loire］修道院）を建てたといわれる．祝日は1月15日．

## 前垂れ
apron

キャソック*を短くしたもので，アングリカンの主教・主席司祭・大執事に特徴的な祭服であるが，今ではめったに着用されない．

## マカバイ記
Maccabees, Books of

最初の2書の英雄であるユダ・マカバイ*にちなんで名づけられたこの4書は，七十人訳聖書*のいくつかの写本中に見いだされる．最初の3書は東方教会の正典*に含まれ，最初の2書はカトリック教会の正典および（非カトリック系の）英語聖書のアポクリファ*に含まれる．Ⅰマカバイ記は，前175年にアンティオコス・エピファネス*が即位してから前135年にシモン・マカバイが没するまでのユダヤ人の歴史である．神殿*に対する冒瀆およびマタティアと息子たちの反抗が記述されている．おそらく前100年頃に書かれ，この時期の主要な史料である．Ⅱマカバイ記は，ユダ・マカバイのニカノルに対する勝利で終わる，前176-61年のマカバイ戦争の歴史を扱っている．これはもっと詳しい著作の要約で，前63年以前に書かれたと思われる．Ⅲマカバイ記は，前217年に神殿の聖所に侵入しようとしたプトレマイオス4世の企て，彼の失敗，エジプトのユダヤ人に対する報復の企てを記述する．前100から後70年のあいだに書かれた本書はおそらく，マカバイ時代の出来事との類似性のゆえにマカバイ記と名づけられた．Ⅳマカバイ記は，情念に対する敬虔な理性の卓越性に関する哲学的な論考で，マカバイ時代の歴史からの範例で説明されている．

マカバイ記には，不死性*（Ⅱマカ7:9，23，Ⅳマカ）および「死者のための祈り」*（Ⅱマカ12:43-45）に関する重要な教えが含まれている．

## マカバイ記7兄弟の祝日
Maccabees, Feast of the Holy

その殉教死がⅡマカバイ7章に記述されている7兄弟を記念するために，8月1日に以前に西方教会で守られた（そして東方教会で現在も守られている）祝日．

## マカバイ家
Maccabees

有名なユダヤの一家で，アンティオコス・エピファネス*によってエルサレム*の神殿*に異教の祭儀が導入されたことに対して，武力で反対した．反乱は前168年にモディンで始まり，老祭司マタティアは異教の祭壇にいけにえを献げようとした背教したユダヤ人を殺害した．戦いは彼の5人の息子により継続され，その中の3人，ユダ*，ヨナタン，シモンがユダヤ人を勝利に導いた．

## マカリイ（モスクワの）（聖）
Macarius of Moscow, St（1481/82-1563）

1542年からモスクワおよび全ロシア府主教．ロシア教会の教会法*および典礼上の慣行の改革に着手した．祝日は12月30日．

## マカリイ（モスクワの）
Macarius of Moscow（1816-82）

1879年からモスクワ府主教．ミハイル・ブルガコフ（Bulgakov）は修道士になったとき，マカリイと名乗った．1857年にタンボフ（Tambov）主教に任命されるまで，神学教授であった．神学に関する2冊の主著は，プロテスタントの影響力を阻止するために，ロシア教会に課されてきた正式な教理的立場を反映している．彼はまた，1857-82年に12巻の（1667年までの）『ロシア教会史』を著した．

## マカリオス（アレクサンドリアの）（聖）
Macarius of Alexandria, St（394年頃没）

エジプトの隠修士で，しばしばエジプトの聖マカリオス*と混同される．彼はケリア（Kellia）の修道士に尽くすために，355年頃に司祭に叙階された．修道院規則が彼に帰されてきたが，おそらくそれは誤りである．祝日は西方では1月2日，東方では1月19日ないし5月1日．

## マカリオス（エジプトの）（聖）

Macarius of Egypt, St（300頃-390頃）

「大マカリオス」とも呼ばれる．エジプト出身の彼は，30歳頃にワディ・エル・ナトルンのスケティス*砂漠に修道士のコロニーを建設し，それはエジプト修道制の主要な拠点の一つとなった．聖アタナシオス*の支持者として，そのアレイオス*派の後任者により一時的に追放された．（彼に帰された「説教集」について，「マカリオス／シメオン」の項参照）．祝日は西方では1月15日，東方では1月19日ないし3月9日．

## マカリオス（エルサレムの）（聖）

Macarius of Jerusalem, St（334年頃没）

311年頃からエルサレム*主教．アレイオス*を支持することを拒否し，325年のニカイア公会議*でアレイオス主義に反対した．その後まもなくして，彼はコンスタンティヌス*によりエルサレムに聖墳墓*聖堂を建てることを委任された．祝日は3月10日．

## マカリオス／シメオン

Macarius/Simeon（4-5世紀）

大部分の写本でエジプトの聖マカリオス*に帰され，少数の写本でシメオンという人物に帰された，いわゆる「説教集」（homilies）の著者．本来の説教のほかに，応答形式のものや手紙もある．エジプトのマカリオスに帰することはできず，シリア起原と思われる．その「説教集」のメッサリア派*との関係が議論されている．（431年のエフェソス公会議*により断罪された）メッサリア派の『禁欲論』（*Asceticon*）の多くの章句は，どうやら「説教集」から取られたらしく，また少数の写本が著者としている「シメオン」は，テオドレトス*が言及しているメッサリア派の指導者，「メソポタミアのシメオン」*であろう．しかしながら相違点もあり，「説教集」とカイサリアの聖バシレイオス*やニュッサの聖グレゴリオス*とのあいだに類似点がある．「説教集」の教えはヘシュカスモス*の特徴を予示し，東方正教会の修道院霊性に影響力をもった．

## マカリオス・マグネス

Macarius Magnes（4-5世紀）

キリスト教護教家．彼の『アポクリティコス』（*Apocriticus*）は，ある博識で有能な新プラトン主義者（おそらくポルフュリオス*）がキリスト教信仰に対して唱えた異議に反駁している．

## マーガレット

Margaret, 'The Lady'（1443-1509）

リッチモンド・ダービー伯夫人のマーガレット・ボーフォート（Beaufort）は，王ヘンリー7世の母で，宗教的・教育的関心事のためにその地位を活用した．彼女はオックスフォード大学とケンブリッジ大学に講師職を創設し，ケンブリッジ大学のクライスツ・カレッジとしてゴッズ・ハウスを再建した．彼女が創設した，ケンブリッジ大学セント・ジョンズ・カレッジはその没後に完成した．

## マーガレット（スコットランドの）（聖）

Margaret of Scotland, St（1046頃-1093）

スコットランド王マルコム3世の王妃で，1070年に結婚した．彼女の勧めで，多くの悪弊が正され，四旬節の断食や復活祭の聖餐式を規定するために教会会議が開催された．彼女は極めて信仰深かった．祝日は（1969年以降），11月16日（以前は7月10日，次に8日）．

## マーク

Myrc（Mirc）, John（1400年頃活動）

宗教的著作家．シュロップシャーのリルズホール（Lilleshall）の律修参事会*長であった．彼は教会暦の主要な祝祭日の説教集である『祝祭日の書』（*Liber Festialis*），『聖職者の手引き』（*Manuale*

*Sacerdotum*),(英語の韻文による)『教会区司祭のための教え』(*Instructions for Parish Priests*)を書いた.

## マクシミリアヌス(聖)
Maximilian, St(295年没)

殉教者.ローマ軍に勤務することを拒否したために,ヌミディア州のテウェステ(Theveste)で処刑されたと記録されている.祝日は3月12日.

## マクシム・グレク(聖)
Maximus the Greek, St(1470頃-1556)

修道士.ミカエル・トリヴォリス(Trivolis)は1505/06年にアトス山*の修道士であった.ギリシア語聖典を教会スラヴ語に翻訳する有能な学者を求める,1516年のモスクワ大公からの要請に応えて,マクシムはモスクワへ派遣された.翻訳のほかに,神学・哲学・国政術・社会問題に関する著作を書いた.さまざまな論争に巻き込まれ,彼は長期の投獄を宣告され,孤独な監禁生活を送った.祝日は1月21日.

## マクシムス(聖)
Maximus, St(408/23年没)

トリノ司教.その100以上の説教が現存し,北イタリアにおける典礼史および異教の持続状況を明らかにしてくれる.祝日は6月25日.

## マクシモス(キュニコス派の)
Maximus the Cynic(4世紀)

コンスタンティノポリス*の闖入した主教.アレクサンドリア*での不名誉な経歴を経て,379年にコンスタンティノポリスに赴いた.ナジアンゾスのグレゴリオス*が病床についていた380年のある夜,マクシモスは主教に聖別された.381年のコンスタンティノポリス公会議*は彼が「主教でもないし主教であったこともない」と宣言した.しばらくのあいだ,彼は西方で支持された.彼はキュニコス派の哲学に対する信念をニカイア信仰の告白と結合していると称した.

## マクシモス(証聖者)(聖)
Maximus the Confessor, St(580頃-662)

ギリシアの神学者,修徳的著作家.皇帝ヘラクレイオス*のもとで書記官であった.614年頃に修道士になっていた彼は,626年のペルシア人の侵入に際して北アフリカに逃れた.640年頃から,キリスト単意論*に対する断固たる反対者であり,649年のラテラノ教会会議におけるその断罪に尽くした.653年にコンスタンティノポリス*に送られ,皇帝コンスタンス2世の「テュポス」*への署名を拒否したため,トラキアに追放された.

マクシモスには,教理的・修徳的・釈義的・典礼的な主題に関する著作がある.彼の考えでは,歴史の目的は神の御子の受肉と人間の神化*であり,それは神の像の回復に存する.情念を欠いた潔白な状態に創造された人間は,快楽を欲することにより悪をこの世に生じさせ,それが感覚に対する理性の支配を打ち壊した.それゆえ,平衡を回復するために,キリストは苦しみをもって人間を贖わねばならなかった.受肉の御言葉をとおして,人間は無知から解放されるだけでなく,徳を実践する力を与えられる.克己をとおして得られる,人間生活の目標は,愛による神との一致である.祝日は西方では8月13日,東方では1月21日(および8月13日).

## マグダレン
Magdalens

マグダラの聖マリア*との関連で,この語はしばしば更生した売春婦を指してきた.中世には,それは更生した女性からなる修道院的共同体の名称として広く用いられ,そこには潔白な生活を送る他の人たちも所属していた.

## 『マクデブルク世紀史』の著者たち
Centuriators of Magdeburg

世紀別に区分した教会史で,別名『マクデブルク世紀史』といわれる『キリストの教会の歴史』(*Historia Ecclesiae Christi*, 1559-74年)の著者たちは,新約聖書の純粋なキリスト教がM.ルター*により解放されるまで,漸進的に「教皇という反キリスト」の支配下にあったと記述している.

## マクトゥス(マロ)(聖)
Machutus (Malo), St (640年頃没)

ブルターニュの聖人. 伝承によれば, 聖ブレンダン*により修道生活の指導を受け, サン・マロ(St-Malo) の対岸の地に定住して, 禁欲的生活を送った. 祝日は11月15日.

## マグヌス(聖)
Magnus, St

(1) 殉教者. ローマの殉教録*の8月19日の項に出ている同名の聖人は, 間違いにより挿入されたと思われる. (2)「フュッセンのマグヌス」(Magnus of Füssen, 770年頃没) は, バイエルンのアルゴイ(Allgäu) の使徒. 彼の伝道の中心はフュッセンで, そこで鉄鉱石を開発し始めた. 祝日は9月6日. (3) マグヌス (1116年没) は, オークニー(Orkney) 諸島の支配者であるエルリン (Erlin) 伯の息子であった. 彼はノルウェー王に捕らえられたが, スコットランドに逃れ, その後オークニー諸島に戻って共同統治していた親類の裏切りで殺害された. 祝日は4月16日.

## マクファーソン
McPherson, Aimée Semple (1890-1944)

「フォアスクエア・ゴスペル・チャーチ」*の設立者. 1908年に結婚したロバート・センプルをとおしてペンテコステ派*に改宗した. 1910年の夫の没後, 再婚し, 新しい夫 (ハロルド・マクファーソン) とともに巡回伝道者になった. 彼女は多くの聴衆を惹きつけ, その説教は「地獄の火」なしに黙示録的であった. 彼女が集めた基金が融資した, ロサンジェルスのアンジェラス・テンプル(Angelus Temple) は1923年に開設された. これがフォアスクエア・ゴスペル・チャーチの本部となった. 1926年の不可解な失踪後, 彼女は個人的に不幸な親族関係, 金銭的な投機, 法的な争議に巻き込まれた. にもかかわらず, 多くの人たちが主流派の諸教会を去ったとき, 彼女は彼らが求めていた効果的な指導力と宗教的な熱意を示した.

## 幕屋
Tabernacle (Tent of Meeting)

荒野を放浪中, モーセ*の指示のもとに造られたといわれる, 移動式の聖所 (shrine). 神学的には, 神の民のただなかにおける神の臨在を具現すると考えられた. ヘブライ書*の著者はキリストの贖罪のわざを説明するために, 幕屋の表象を用いた (ヘブ9:1-10:25参照).

## マクラウド
MacLeod, George Fielden (1895-1991)

アイオナ*会 (Iona Community) の設立者. 1926年に, エディンバラの当世風のセント・カスバート (St Cuthbert's) 教会のミニスター*に任命されたが, そこでの名声にもかかわらず, 彼は1930年にグラスゴーのスラム街にあるゴヴァン (Govan) 旧教会区教会のミニスターになる招待を受け入れた. 1930年代に, 彼は平和主義者・社会主義者および傑出したラジオ説教家になった. 1938年に, 彼はアイオナ会を設立した. 彼は幅広い影響を及ぼし, 多くの名誉を受け, 1967年に貴族院議員になった.

## マクラウド
Macleod, Norman (1812-72)

スコットランドのミニスター*. 女王ヴィクトリアの愛顧を受け, 19世紀のスコットランドの最もすぐれたまた尊敬された教会区のミニスターの一人であった.

## マクラレン
Maclaren, Alexander (1826-1910)

バプテスト派*の説教家, 講解説教者. 彼は1875年と1901年にバプテスト同盟 (Baptist Union) の議長であり, 1905年にバプテスト世界連盟 (Baptist World Alliance) の初代議長を務めた.

## マクリナ(聖)
Macrina, St (327頃-380)

聖バシレイオス*とニュッサの聖グレゴリオス*の姉. 父方の祖母である「大マクリナ」と区

別するために「小マクリナ」と呼ばれる．彼女はポントス州の一家の領地にすぐれた修道院的共同体を設立した．祝日は7月19日．

## マグルトン派

Muggletonians

1652年にジョン・リーヴ（Reeve）といとこのロドウィク・マグルトン（Muggleton）により創始された小さなセクト．三位一体の教理を否定し，彼らの考えでは，受肉の期間中，天国はエリヤ*に委ねられた．そのセクトの最後のメンバーは1979年に没した．

## マケドニオス

Macedonius（362年頃没）

342年頃からコンスタンティノポリス*主教．半アレイオス主義*を支持し，359年のセレウキア教会会議*で自己の立場を弁護した．360年に，彼はアレイオス*派主導のコンスタンティノポリス教会会議で罷免された．4世紀末から，彼は「プネウマトマコイ」*の創始者と見なされてきたが，この関連づけがどこまで正しいか疑問である．

## マコノキー

Mackonochie, Alexander Heriot（1825-87）

アングロ・カトリック主義*の指導者．ホルボーン（Holborn）のセント・オールバンズ（St Alban's）教会を委ねられた1862年には，彼は急進的な「儀式主義者」（ritualist）と認められており，1867年以降，その儀式的慣行のゆえにチャーチ・アソシエーション*から繰り返し訴追された．

## マコーリー

Macaulay, Zachary（1768-1838）

英国教会福音派*の博愛主義者．ジャマイカで農園の管理人として働いていた彼は，奴隷の悲惨な状況に嫌悪感をおぼえた．1792年にイングランドに戻り，奴隷貿易の禁止と奴隷制*廃止を自らの主要な関心事とした．彼は「クラパム・セクト」*のメンバーであった．

## マーサーズバーグ神学

Mercersburg Theology

アメリカの思想的学派で，教理の重要性を強調して，19世紀半ばの主情主義にも合理主義にも反対した．宗教改革者の教説を支持しながら，これを教父とそれに続く思想との関連で理解した．その名前はペンシルヴェニア州のマーサーズバーグの町に由来し，そこにはマーシャル・カレッジ（Marshall College）とドイツ改革派教会の神学校が存在した．この運動を目立たせたのは，1843年のJ. W. ネヴィン*による『求道者席』（*The Anxious Bench*）の出版で，当時の信仰復興運動*の方法を批判したものであった．

## マザーズ・ユニオン

Mothers' Union, the

結婚と家庭生活を支援する女性の団体．1876年に教会区の団体として，ハンプシャーのオールド・アルレスフォード（Old Alresford）の主任司祭の妻，メアリ・エリザベス・サムナー（Sumner）により創立された．1926年に国王の特許状を受け，現在は80か国以上で400万人の会員がいる．アングリカン教会を基盤として活動し，読み書きの能力の育成，育児，貧困の軽減を支援している．

## マザー・テレサ

➡テレサ

## マザラン

Mazarin, Jules（1602-61）

政治家．ウルバヌス8世*に仕えていた彼は，アヴィニョン*へ赴いた．1639年に，フランスに帰化し，1640年にルイ13世に仕えることになり，その推薦で1641年に枢機卿になった．1642年に，宰相としてA. J. デュ・リシュリュー*の後を継いだマザランは，没するまで実質的にフランスを支配した．1648年のウェストファリア条約*で，彼はフランスの領土を拡張したが，1648–53年の国内の経済的危機すなわちフロンドの乱を防ぎえなかった．彼はユグノー*に対して融和政策をとった．彼はスペインとの戦争を継続し，やがて1659

年にフランスに優位なピレネー条約を結んだ.

## マザラン聖書
Mazarin Bible

枢機卿マザラン*の蔵書中の写本から命名されたラテン語の聖書. 現在はよく「グーテンベルク聖書」と通称される. ➡グーテンベルク

## マザリング・サンデー
Mothering Sunday

四旬節*(大斎節) 第4主日. この語は以下のものを指す. (1) この日に母親を訪れる, イングランドのいくつかの地域の習慣. (2) この日に主教座聖堂ないし母教会を訪れる慣行. (3) この日のための伝統的な書簡中の言葉, すなわち「わたしたちの母であるエルサレム」(ガラ4:26).

## マーシー修女会 (マーシー女子修道会)
Sisters of Mercy

(1) 看護活動などに従事した (特にアングリカンの) 修道会が19世紀に広く用いた名称(➡セロン). (2) ダブリンで1827年に創設されたカトリックの女子修道会.

## マシュー
Mathew, Arnold Harris (1853-1919)

復古カトリック教会*の司教. 1908年に, オランダの復古カトリック教会からイギリスにおける大司教に聖別されたが, 1910年にその聖別がイギリスで自らの追随者を増やそうという誤った考えで獲得されたという理由で解任された. 彼はエピスコピ・ヴァガンテス*の変則的な司教継承の諸例を残した.

## マーシュ
Marsh, Herbert (1757-1839)

1819年からピーターバラ*主教. ドイツにおいて, 彼は特に福音書に適用した, 流行していた批判的方法に精通するようになり, ケンブリッジ大学に戻ったのち, 彼はこの方法をイギリスに普及させた最初の人たちに属した. 彼は当時の英国教会の最も重要な主教であった.

## マシュー聖書
Matthew's Bible

1537年に刊行された英語訳聖書. その想定された編者名である「トマス・マシュー」は, J. ロジャーズ*の別名であった.

## 魔術
witchcraft

神や天使以外の超自然的な存在の能力によると主張される魔術的な力の行使. エン・ドルの魔女 (witch) に関する記述 (サム上28:7-25) および旧約聖書 (出22:18) と新約聖書 (ガラ5:20) における魔術の断罪は時に, その存在の証拠として提示されてきた.

1100年より以前, 西ヨーロッパにおける魔術は主に, その宗教的文脈から分離した異教的な儀式の遂行から成り立っていた. 12世紀に, ヘレニズムやアラビア起原の学問的で儀式的な呪術 (magic) が西方に伝わった. 教会はこれをより真剣に考察し, 諸霊への祈願 (invocation) を含むあらゆる儀式を断罪した. にもかかわらず, 魔女や魔術師 (sorcerers) が逮捕されたのは, 刑事上の損害を与えることを企てたかどで告発されたときだけであった. 彼らはその後, 司教の法廷で裁かれ, もし有罪となると, 世俗法に従い民事法廷で罰せられた. 1398年以降, 異端審問*にそのような事例に対する裁判権が付与された.

魔術に対する裁判は14世紀後半から増大したが, 最も多かったのは1580-1630年の期間, 国によっては18世紀前半であった. おそらく約50万人が申し立てられた犯罪のために処刑されたが, 起訴手続きの方法はさまざまであった. 地中海諸国では, 起訴手続きはほとんどなかった. オランダ*では, 死刑の適用は1600年頃に中止され, フランスでは1624年以降, 釈放が一般的となった. イングランドでは, 最悪の迫害が1645-46年に起こった. いかなる規模の魔女狩りも各地で1750年には終わっており, 魔術に関する法律もこの期間に廃止された. 魔術に対する最後の法的な処刑は1782

年にスイスでなされた.

### 魔術師シモン

➡シモン・マゴス

### マシュー・パリス

Matthew Paris（1200頃-1259）

年代記作者. 1217年にセント・オールバンズ*のベネディクト会*修道院に入った. 天地創造から1259年までの世界史である『大年代記』(*Chronica Majora*) は, 当時の出来事にとり貴重な資料である.

### マシヨン

Massillon, Jean-Baptiste（1663-1742）

フランスのオラトリオ会*員. 当時の最も傑出した説教者の一人で, 啓蒙主義*の指導者からさえ尊敬された. 1717年に, 彼はクレルモン (Clermont) 司教に任命され, 晩年は自教区の司牧活動に専念した.

### マズダ教

➡ゾロアスター教

### マソラ学者

Massoretes

後6-10世紀頃に, 旧約聖書のヘブライ語本文に関する作業に携わったユダヤ教の文法学者. 彼らは写字生のために欄外注や指示を示すことにより, 付加・改変・改悪から聖書本文を守ろうと努めた. 彼らはまた, ヘブライ語が現用語でなくなった時点でどう発音されていたかを示すために, 母音記号*やアクセントも導入した. 彼らの作業に由来する本文は「マソラ本文」(Massoretic text) と呼ばれる.

### マタイ（聖）

Matthew, St

使徒*. マタイ福音書10:3で徴税人*と記されている. キリストによるマタイの召命はマタイ福音書9:9に記録されている (マルコ福音書とルカ福音書における並行箇所では, その人物はレビ*と呼ばれている). パピアス*によれば, マタイはヘブライ語でキリストのロギア*を編集し, 伝統的に第1福音書の著者と見なされている. 祝日は東方では11月16日, 西方では9月21日.

### マタイによる福音書（マタイ福音書）

Matthew, Gospel of St

4福音書の中で最古であると伝統的に考えられた本福音書は, 新約聖書の正典*中で最初に位置する. おそらく後80-90年頃に書かれた. 2世紀以降, 使徒聖マタイ*に帰されてきたが, 目撃証人の著作でありそうもない. 大部分の学者の考えでは, 著者はマルコ福音書に依拠しつつ, それを他の資料, 特にQ資料*で敷衍した. 著者は「キリストの系図」*と「幼時物語」から始めている. 彼はマルコ的な枠組みの中に長い「説教」集を加筆し, ルカ福音書における並行箇所では分散している類似した素材をまとめるために, 記述を配列し直している. キリストは預言の成就者およびユダヤ律法の真の解釈者として提示されている. 聖ペトロ*へ与えられた特別な委託 (16:17-20) は強い影響を及ぼすことになった. 共観福音書*の中で, 会衆の読書に最も適しているとされる.

### マダウラの殉教者たち

Madauran Martyrs（2世紀）

北アフリカの最初の有名な殉教者たち. その4人は180年にマダウラで巡礼したと思われる. 最古の言及は4世紀にさかのぼる.

### マッカイ

Mackay, Alexander Murdoch（1849-90）

英国教会宣教協会*の宣教師. 1878年にウガンダ*に到達した. 彼が聖書の一部をスワヒリ語に翻訳したことは王ムテサ (Mtesa) の関心をよび, マッカイは宣教活動の継続を許された. 彼はやがてカトリックとムスリム双方から妨害を受け, 1887年に追放された. 彼はウガンダの現地語の書き方を創出し, 聖書をそれで翻訳した.

## マッキントッシュ
Mackintosh, Hugh Ross (1870-1936)

スコットランドの神学者. 1904年に, エディンバラ大学ニュー・カレッジ組織神学教授に任命された. 彼はドイツのプロテスタント神学における自由主義運動に共鳴し, ドイツの学説をイギリスに普及させようとした.

## マックス・ミュラー
Max Müller, Friedrich (1823-1900)

比較言語学者, 宗教的著作家. ドイツ出身の彼は1848年にオックスフォードに赴き,『リグ・ヴェーダ』の初版の印刷を監修した. 彼はやがて大学の構成員となった. 1875年に, 51巻の東方の宗教的古典の翻訳である,『東方の聖典』(*The Sacred Books of the East*) の編纂を始めた. 彼はまた宗教の比較研究に関する著書を書いた.

## 末日聖徒イエス・キリスト教会
➡モルモン教

## マッタエウス(アクアスパルタの)
Matthew of Aquasparta (1240頃-1302)

フランシスコ会*の神学者. 1287年に, 同会の総会長になり, 1288年に枢機卿*になった. 彼はボニファティウス8世*の信任を得て要職に就き, 教皇権に関してその見解を支持した. 彼の著作には説教, 聖書注解,『命題集』*の注解, 随意討論集*, 論題集 (*quaestiones disputatae*) がある. 彼は聖ボナヴェントゥラ*の弟子であったが, ある面でドゥンス・スコトゥス*を予期させた.

## マッフェイ
Maffei, Francesco Scipio (1675-1755)

歴史家. 彼の歴史に関する主著は, 生地のヴェローナ*を扱っていた. 1712年に, 彼はテオドシウス文庫*を発見した.

## マティア(聖)
Matthias, St

使徒*. 使徒言行録1:15-26に伝えられた伝承によれば, イスカリオテのユダ*の背信により生まれた12使徒における空白を埋めるために, くじで選ばれた. 彼は聖書の他のどこにも言及されていない. 祝日は西方では5月14日 (以前は, 24日ないし閏年なら, 2月25日, なお2月24日が現在でもアングリカンの教会の一部で守られている), 東方では8月9日.

## 『マティア福音書』
Matthias, Gospel of St

数人の初期の教父が言及している, 現存しない外典福音書.

## マーティノー
Martineau, James (1805-1900)

ユニテリアン派*のミニスター. 1869年に, マンチェスター・ニュー・カレッジの学長になったが, 司牧活動を続けた. 彼は自然科学の否定に反対する有神論*的な立場を擁護し, ダーウィンの進化論*により修正を余儀なくされた「秩序の議論」(Design argument) を展開した. 彼はイングランドとアイルランドにおけるユニテリアン派の組織化に貢献した.

## マーティン
Martin, Gregory (1582年没)

聖書翻訳者. ノーフォーク公の家庭でテューターであったが, 公爵が投獄されると, マーティンは1570年にドゥエー*に逃れた. 彼はここでウルガタ訳聖書*の英訳に専念した. ➡ドゥエー・ランス聖書

## マーティン
Martyn, Henry (1781-1812)

英国教会の宣教師. 1805年にカルカッタ (現コルカタ) の東インド会社のチャプレンになった. 現地人への宣教活動のかたわら, 彼は新約聖書をヒンドゥスタニ語とペルシア語に, 詩編をペルシア語に,『祈禱書』をヒンドゥスタニ語に翻訳した. 祝日はアメリカの1979年の『祈禱書』では10月19日.

## マデバ

➡メデバ

## マートン

Merton, Thomas (1915-68)

トラピスト会*員，著作家．アメリカでカトリック教会に転じた彼は，1941年にケンタッキー州のゲツセマニ(Gethsemani) 大修道院でトラピスト会に入会した．1948年の自叙伝『七重の山』(*The Seven Storey Mountain*) は，修道的霊性を広く読者に伝えた．彼のその後の著作は現代のカトリシズムにおける変化を反映して，他の諸々の伝統に対する多大な開放性および現代人の道徳的ジレンマへの関心を示している．彼はやがて隠修士*として過ごすようになった．

## マドンナ（聖母子像）

Madonna

（イタリア語で「我が女主人」の意.）聖母マリア*の称号で，特にその像や絵を指す．

## マナ（マンナ）

manna

イスラエル*の民がエジプトから聖地*へ至る旅の途中に，奇跡的に与えられた食物（出16章)．キリスト教の聖餐*の予型*と見なされる．

## マナーズ・サットン

Manners-Sutton, Charles (1755-1828)

1805年からカンタベリー*大主教．カトリック信徒の解放には反対したが，非国教徒*への譲歩に同意した．彼は「ハクニー連隊」*の多くの提案を支持し，1811年の国民協会*の設立を支援し，インド*における英国教会の主教制の創設のために影響力を発揮した．

## 『マナセの祈り』

Manasses, Prayer of

このアポクリファ*の一書は，ユダの王マナセのものとされた悔い改めの祈りからなる．著作年代は不確かであるが，後３世紀には証言がある．東方教会において，四旬節中の終課*および一部の大祝日の前夜に唱えられる．

## 「愛弟子」

'beloved disciple'

ヨハネ福音書*(たとえば13:23) において，名前を伏せて理想化された弟子．しばしば使徒である聖ヨハネ*と同一視されているが，他の人も提案されている．

## マニとマニ教

Mani (Manes) and Manichaeism

史料間に矛盾点があるが，マニ (216頃-276年) はササン朝ペルシアの首都セレウキア・クテシフォンの近くに生まれ, 240年に教え始めたと思われる．ゾロアスター教*徒からの反対で，追放された．彼は242年に戻り, シャープール１世により初めは支持され次に攻撃され，ついに生皮をはがれて処刑された．

マニの教説は東ペルシアのグノーシス主義*的伝統の急進的な支流であった．それは光と闇のあいだの想定された原初の対立に基づいていた．その教えによれば, 宗教の実践の目的は, サタンが光の世界から盗み出して，人間の知能に閉じ込めた光の分子を解放することであり，イエス，仏陀，預言者，マニはこの仕事の手助けのために派遣された．この解放を達成するために，厳格な禁欲主義が実践された．マニ教内には，異なった基準の厳格さを示す階級の位階制が存在し，「選ばれた者たち」は宣教活動や完徳をめざす日常生活において「聴聞者たち」に支えられていた．

マニ教は急速に拡大した．エジプトには３世紀末までに，またローマには４世紀初頭に伝播し，４世紀後半には多数のマニ教徒が北アフリカに存在し，一時的に聖アウグスティヌス*もその一人であった．どの程度，マニ教がアルビ派*，ボゴミル派*，パウロス派*に影響を及ぼしたかが議論されているが，中国領トルキスタンに10世紀まで存続したことは明らかである．

## マニフィカト（マリアの賛歌）
Magnificat

（ラテン語テキストの冒頭語にちなんで呼ばれる）賛歌で，聖母マリア*の親類のエリサベト*が「主の母」と挨拶したとき，マリアが応えたもの（ルカ1:39-55）．早い時期から，西方教会では晩課*のカンティクル*であった．『祈禱書』の晩禱*に含まれており，現代のアングリカンの典礼でもその位置を保っているが，毎日歌われるわけではない．東方教会では，朝の聖務日課の一部をなしている．ルカはマニフィカトを元来，聖母マリアでなく，エリサベトに帰したと論じる学者がいる．

## マニプルス
maniple

ミサのときに聖職者が以前に左腕に下げていた，絹製の帯状の薄い布．

## マニング
Manning, Henry Edward（1809-92）

ウェストミンスター*大司教．英国教会で叙任され，1841年にチチェスター*の大執事になった．初めは福音主義*者であったが，次第にトラクト運動*の立場に変わり，オックスフォード運動*の指導者と見なされた．ゴーラム*への判決はアングリカニズムに対する彼の信頼をなくさせ，1851年に彼はカトリックになった．N. P. S. ワイズマン*により司祭に（再）叙階され，主としてロンドンの貧者のための伝道活動にあたる聖カルロ・ボロメオ*献身者会（Oblates of St Charles Borromeo）を創立した．1865年に，ワイズマンの後を継いでウェストミンスター大司教となった．第1ヴァティカン公会議*において，彼は教皇の不可謬性*の宣言を支持した．1875年に，枢機卿*となった．彼は社会事業に深く関わり，1889年のロンドン港湾ストライキの際に調停をした．

## マヌアーレ
Manuale

（ラテン語で「手引き書」の意．）中世において，秘跡を執行する司祭のために規定された式文を載せた書物の通称．

## マビヨン
Mabillon, Jean（1632-1707）

サン・モール学派*の学者．1653年にランス*でベネディクト会*のサン・レミ（Saint-Rémy）大修道院に入ったが，1664年に文書の編集を手伝うために，パリのサン・ジェルマン・デ・プレ*大修道院へ派遣された．サン・モール学派の中でおそらく最も博識な彼は，約20巻の書物を著し，聖ベルナルドゥス*の著作やさまざまな重要な典礼文書を編集した．

## マープレリット文書
Marprelate Tracts

主教制*を非難する，一連の激しくしばしば下卑たピューリタン*の文書で，マーティン・マープレリットの筆名で1588-89年に刊行された．

## マーベック
Merbecke（Marbeck）, John（1585年頃没）

イングランドの音楽家．1541年にウィンザーのセント・ジョージ礼拝堂*のオルガン奏者に任命された彼は，英語聖書への最初のコンコルダンス*を作成したかどで，1543年に異端として死刑を宣告された．しかしながら，彼は赦免された．1550年に，『楽譜つき祈禱書』（*Book of Common Prayer Noted*）を作成したが，これは1549年のエドワード6世*の『第1祈禱書』のために作曲された単旋聖歌*である．これは19世紀に復活した．

## マメルティヌスの牢獄
Mamertine Prison

ローマの2つの牢獄からなる建物で，伝承によれば，聖ペトロ*が入獄中に2人の看守を改宗させた．

## マメルトゥス（聖）
Mamertus, St（475年頃没）

463年に，（ガリアの管区大司教である）ヴィエンヌ（Vienne）司教．470年頃に，彼は地震などの危難に対する代願の行為として，昇天*日前の数日に「連願」*を導入したが，この慣行はやがて祈願祭*の制度となった．祝日は5月11日．

## 守るべき祝日
Feasts of Obligation

カトリック教会において，聖職者も信徒も守るべき目立って重要な祝日で，当日ないし前夜にミサにあずかり，また，「神に捧げるべき礼拝，その日固有の喜び，精神および身体の相当の休養を妨げる労働および業務」をさしひかえる．

## マヨール
Major (Maier), Georg (1502-74)

ルター派*の神学者．ヴィッテンベルク*においてM. ルター*とP. メランヒトン*のもとで学び，1537年以降は生涯の大半をそこで過ごした．彼はルターの著作のヴィッテンベルク版の刊行に尽力した．彼は「マヨール論争」(Majoristic Controversy) の中心人物として主に有名である．1552年に，彼は善行が救いのために必要であると主張した．N. フォン・アムスドルフ*らの純正ルター主義*者たちはこの発言が信仰のみによる義認*という教理と相いれないと非難した．マヨールはそこで自説を修正して，善行が義認の単なるしるしであると主張した．

## マラウィのキリスト教
Malawi, Christianity in

D. リヴィングストン*は1859年にマラウィ湖に達し，中央アフリカ学生伝道協会*(UMCA) の最初の探検隊が1861年に到着した．スコットランド自由教会*とスコットランド*国教会は，1875年と1876年に共働の宣教会を派遣し，1888年にオランダ改革派教会*のケープ・シノッドがこれに加わった．この3派の宣教会は1924年に合同して中央アフリカ長老派教会 (Church of Central Africa Presbyterian) を形成した (➡ローズ)．白衣宣教会*は1889年に到着し，マリスト修道会*の協力でマラウィにカトリック教会を創設した．アフリカ独立諸教会中で最大なのは，民族主義的な指導者であるジョン・チレンブウェ (Chilembwe, 1915年没) が創設した摂理産業宣教会 (Providence Industrial Mission) である．スコットランド宣教会教会 (Church of Scotland Mission) は特に積極的に，1950年代には中央アフリカ連邦に反対し，また白人入植者の支配よりむしろアフリカ人のもとでの独立を支援した．スコットランドとマラウィの関係は緊密である．初代大統領ヘースティングズ・バンダ (Banda，在職1966-93年) は長老派*の長老であった．彼の長い支配は徐々に独裁的になり，キリスト教諸教会，特にカトリック教会とのちには長老派教会とは，バンダを退陣させ，政府の民主的な体制を復興させるのに重要な役割を果たした．約1,400万人の人口のうち，2008年には82％以上がキリスト教徒であった．

## マラキアス（聖）
Malachy, St (1094-1148)

アーマー*大司教，アイルランド教会の改革の支持者. 1129年にアーマー大司教に指名されたが，対立候補の反対で，1134年まで就任できず，1137年には辞職した．1139年に，彼はアイルランドの2人の大司教のためにパリウム*を求めてローマへ赴いた．その途上，彼は将来彼の伝記を書くことになる聖ベルナルドゥス*に逢った．マラキアスはクレルヴォー*の4人の修道士とともに，シトー*会をアイルランドに導入した．祝日は11月3日．

## マラキアスの予言
Malachy, Prophecies of

いわゆる「マラキアスの予言」は誤って聖マラキアス*に帰されたが，彼とは関係がない．どうやら1590年に作成されたらしい文書に含まれており，ケレスティヌス2世 (在位1143-44年) から，世界の終末時の「ペトルス2世」までの各教皇の託宣なるものを載せている．

## マラキ書
Malachi, Book of

小預言書*の一つ．著者は神のその民に対する愛を強調しつつ，それに応えるのが祭司による誠意のない礼拝とふさわしくない慣行だけだとして，審判の日が確かに来ることを告げる．3:1の主の道を備える使者に関する預言は，マルコ福音書1:2の洗礼者ヨハネ*に当てはめられ，1:11の「清い献げ物」への言及は，キリスト教の伝統では，聖餐*の預言と受けとられている．

### マラナ・タ
maranatha

「主は来られた」ないし，おそらくは「主よ，来てください」を意味するアラム語．

### マラバル・キリスト教徒（トマス・キリスト教徒）
Malabar Christians（Thomas Christians）

広義では，インド*西南部のケララ州に住むシリア式典礼を守るすべてのキリスト教会を指し，狭義では，ローマと一体をなす教会（「シリア・マラバル教会」[Syro-Malabar Church]）を指す．どの教会も使徒聖トマス*により創設されたと主張するが，6世紀より以前にインドにキリスト教徒がいた確実な証拠はない．彼らはおそらく最初は東シリアから来たのであろう．1599年のディアンペル教会会議*で，彼らはネストリオス*主義を否定し，カトリック教会に加わった．1653年に西方教会からの離反があったが，彼らの約3分の2は1662年にローマとの一致に戻った．残りはシリア正教会*に加わったが，19世紀末に，その改革派が「マル・トマ（Mar Thoma）教会」を設立し，南インド教会*と連携している．別の派はローマとの合同を模索し，1930年にマランカル教会*が成立した．インドのシリア正教会内には2人のカトリコス*がいて，1人はダマスコの総主教を承認し，もう1人は独立している．1907年以降さらに，アッシリア東方教会*の総主教に従う少数派も存在する．

### マランカル教会
Malankarese Church

1930年にローマとの一致を回復した，マラバル・キリスト教徒*の一派．

### マリア（聖母マリア，おとめマリア）
Mary, the Blessed Virgin（BVM）

キリストの母．新約聖書において，聖母マリアはマタイ福音書1-2章と特にルカ福音書1-2章の誕生物語で顕著な存在である（➡処女降誕）．キリストの公生涯中に幾度か言及されているが，彼女は主として背景に留まっている．ヨハネ福音書19:25によれば，彼女は十字架のそばにまた現れる．エルサレムにおいて，彼女は初期の教会の成長を目撃した（使1:14）．

マリアが最初期の教父文献で言及されるのはまれである．彼女の永遠の処女性は『ヤコブの書』*で初めて主張され，聖アタナシオス*により支持され，5世紀以降は東西教会の正統派の教父により認められた．マリアに関する教理の発展は，「テオトコス」*の称号を支持した431年のエフェソス公会議*で大きな弾みを受けた．6世紀に，聖母マリアの肉体の被昇天*の教理は，正統派ではトゥールのグレゴリウス*により表明され，その祝日は宗教改革前の時期に反対されることなく普及したと思われ，1950年にカトリック教会のために定義された．他方，「無原罪の御宿り」*の教理は中世には議論のまとで，1854年にカトリック教会のために定義された．近代になって，マリアが「すべての恩恵の仲介者」*(Mediatrix of All Graces)，「共同贖い主」*(Co-Redemptrix）であると教皇が定義するよう求める動きがあったが，第2ヴァティカン公会議*の『教会憲章』に付されたマリアに関する章は抑制されたものとなっている．

正教会のマリアに関する教理は，カトリック教会のそれと類似しているが，聖母マリアの肉体の被昇天は教義化されず，「無原罪の御宿り」は否定されている．宗教改革者はマリアの謙遜を強調し，カトリック教会による彼女の賛美を非難して，すべてのプロテスタント諸教会には，マリアへの過度の信心に対する反動があった．英国教会では，オックスフォード運動*以降，聖母マリアに重要な位置を与える神学者がおり，ドイツのプロテスタント神学者は，マリアに関する教理の一面を復興しようとしている．

マリアの取り次ぎ*の効果への信仰，それゆえマリアに直接祈ることは，おそらく極めて古くから存在した．それは3世紀後半ないし4世紀前半に由来するパピルスに証言されている．西方教会における典礼式文は，主日ミサと聖務日課とともに，聖母マリアの小聖務日課*を載せるようになった．民衆の信仰心が表現されたのは，アヴェ・マリア*，ロザリオの祈り*，アンジェラス*，および特にルルド*やファティマ*への巡礼においてである．正教会においてマリアへの信心が表現されているのは，アカティストス*聖歌およびテオトキア（Theotokia）すなわち，三位一体の神への祈願に続くテオトコスへの短い祈りにおいてであり，後者は8世紀に用いられるようになった．最初のマリアの祝日は，降誕祭前の主日に多くの地域で守られた一般的な記念祭であったが，これが8月15日の「聖母の被昇天の祭日」に発展した．聖母マリアに関する他の主要な祝祭日は以下のようである（ないし，であった）．すなわち，12月8日の「無原罪の聖マリアの祭日」，9月8日の「聖マリアの誕生の祝日」*，3月25日の「聖母マリアへのお告げの祝日」*，2月2日の「聖母の清めの祝日」*（最後の2者は現在のカトリック教会ではキリストの祝祭日として祝われる），「聖母の訪問の祝日」*（7月2日であったが，現在のカトリック教会およびいくつかの現代のアングリカンの暦では，5月31日）である．1969年以降，カトリック教会は1月1日を（「主の割礼の祝日」*の代わりに）「神の母聖マリアの祭日」として祝っている．多くの現代のアングリカンの暦では，8月15日は聖母マリアの主要な祝日である（被昇天に関連づけられてはいない）．

## マリア（エジプトの）（聖）

Mary of Egypt, St（5世紀）

悔悛者．アレクサンドリア*での女優ないし娼婦としての不名誉な生活ののち，エルサレム*の聖墳墓*聖堂で回心し，パレスチナ東部の砂漠に身を引き，47年間そこで孤独のうちに生活したといわれる．彼女の物語はよく知られるようになり，正教会において四旬節の第5主日用の典礼式文の一部となる．祝日は東方では四旬節の第5主日および4月1日，西方では4月2日（3日と9日も）．

## マリア（新約聖書における）

Marys in the NT

新約聖書*において，(1) 聖母マリア*と (2) マグダラのマリア*のほかに，以下の4人が言及されている．すなわち，(3) 十字架のそばに立っていた「クロパの妻マリア」（ヨハ19:25），(4)「小ヤコブとヨセの母」（マコ15:40）で，十字架のそばに立っており，また空虚な墓を目撃した（マコ16:1）．彼女は (3) と同一人物かもしれない．(5) マルタ*とラザロ*の姉妹であるベタニアのマリア（ヨハ11:1以下）で，キリストが彼らの村を訪れたとき，その足もとに座った（ルカ10:38以下）．彼女は誤ってマグダラのマリアと同一視されてきた．(6) ヨハネ・マルコ*の母（使12:12）．

## マリア（マグダラの）（聖）

Mary Magdalene, St

キリストが「7つの悪霊」を追い出したといわれる（ルカ8:2）弟子．彼女はキリストの十字架のそばに立っており（マコ15:40），他の2人の女性とともに，その空虚な墓を見いだし（マコ16:1以下など），同じ日の朝早く復活のキリストに出会った（マタ28:9，ヨハ20:11-12）．西方の伝承は長く彼女を，キリストの足に香油を塗った「罪深い女」（ルカ7:37-38）ややはりキリストに香油を塗った，マルタ*の妹マリア（ヨハ12:3）と同一視したが，これらの同一視は現在否定されている．いくつかのグノーシス主義*の文献では，彼女は復活のキリストとその弟子たちのあいだの啓示の仲介者ないし取り次ぎとして現れる．東方教会の初期の伝説によれば，彼女はエフェソス*に赴き，そこで没した．西方では，彼女がマルタとラザロ*とともに，南フランスに来たという伝説が生まれた．

## マリア会

Marianists（Society of Mary）

カトリックの司祭と信徒からなるこの修道会は，宗教的無関心と闘うために，福者ギヨーム・

ジョゼフ・シャミナード（Chaminade）によりボルドーで1817年に創立された．その会員は主に教育活動に従事している．

## マリア崇拝
Mariolatry

神にふさわしい敬意を聖母マリア*に誤って帰すること．この語は時に，プロテスタントがカトリック教会における聖母マリアへの過度の信心と見なすものに関して，不当に用いられる．➡ヒュペルドゥリア

## マリアナ
Mariana, Juan（1536-1624）

スペイン*のイエズス会*員．暴君殺害*を正当化する1559年の『王と王政について』（*De Rege et Regis Institutione*）は，イエズス会がフランス王アンリ４世*の暗殺や火薬陰謀事件*を招いたという考えを助長した．マリアナはまたスペイン史を著した．

## マリアの賛歌
➡マニフィカト

## マリアのしもべ修道会
Servites

７人の裕福なフレンツェの市会議員により創設された修道会で，彼らは伝承では1233年に聖母マリアへの崇敬に専念するために自らの地位を捨てた．彼らは『アウグスティヌス会則』*を採用し，ドミニコ会*の会憲から若干の補充をした．同会は1304年にベネディクトゥス11世により正式に認可されて以降，急速に発展した．

## 『マリアの誕生福音書』
Mary, Gospel of the Birth of

中世の外典的な書物で，聖母マリア*の誕生，3-12歳のあいだの神殿*での生活，婚約，お告げ*，処女降誕*を記述している．

## 『マリア福音書』
Mary, Gospel of

グノーシス主義*的な外典福音書で，その３世紀の断片がギリシア語原本で残されている．その中で（マグダラの）マリア*は，７つの惑星の領域を通るグノーシス主義者の進歩が説明される幻視を記述している．

## マリア訪問会
Visitation Order（Order of the Visitation of the BVM, Visitandines）

聖フランソワ・ド・サル*と聖ジャンヌ・フランソワーズ・ド・シャンタル*により1610年に創立された本修道会は，従来の修道会の厳しさに耐えられない女性を受け入れることを意図し，謙遜，親切，修道女的愛の涵養に努めた．1618年以降は禁域*制をしいた同修道会は，主として観想生活を送っているが，現在は学校を経営する団体を含んでいる．

## マリア・マッダレーナ・デ・パッツィ（聖）
Mary Magdalene de' Pazzi, St（1566-1607）

カルメル会*の神秘家．誓願を立てたのち数年間，彼女は霊的な荒廃と肉体的な苦痛にひどく悩んだが，1590年以降，一連のエクスタシス*を体験した．この間に彼女がしばしば与えた霊的な助言は書き留められ，没後に刊行された．祝日は５月25日（以前は29日）．

## マリア模倣会
Mariavites

ワルシャワの司祭 J. コワルスキ（Kowałski）と第３会員* F. コズウォフスカ（Kozłowska）が，カトリック教会から破門されて，1906年に創立したポーランド*の教派．1909年に，コワルスキは復古カトリック教会*ユトレヒト司教により司教に聖別されたが，数年間の活動ののちその教派は衰微し，1924年に復古カトリック教会は彼らを除名した．マリア模倣会は内部で分裂を経験した．

## マリア・ラーハ
Maria Laach

コブレンツの北西24kmにあるベネディクト会*大修道院で，1093年に創建されたが，1802年に世俗化された．1862–63年にこれを取得したイエズス会*は，ボイロン*修族のベネディクト会へ売却した．マリア・ラーハは典礼研究の中心地となり，典礼運動*において重要な役割を果たした．

## マリア論
Mariology

聖母マリア*の人格，および受肉*の経綸におけるその役割に関する体系的研究．

## マリウス・ウィクトリヌス
Victorinus Afer, Caius Marius（4世紀）

修辞学者，神学者．北アフリカ出身の彼はローマで教えた．彼はキリスト教徒になって，362年に修辞学の教授を辞め（とやかく言われ，また聖アウグスティヌス*に影響を及ぼした出来事），またアレイオス*派を反駁する神学書を著した．彼の著作が分かりにくい理由は主に，ニカイア信条の三位一体論を説明し擁護するために，4世紀の新プラトン主義*的な形而上学を利用しようとして，彼が哲学的なギリシア語をラテン語に翻訳した事実のためである．

## マリウス・メルカトル
Marius Mercator（5世紀前半）

ラテン語の著作家で，以前は北アフリカ出身と見なされていたが，おそらくイタリア生まれ．彼はネストリオス派*にもペラギウス派*にも反駁書を著し，彼の著作はネストリオスの教説に関する我々の知識の主要な源泉の一つである．

## マリオット
Marriott, Charles（1811-58）

J. H. ニューマン*が英国教会を去ったあとの，トラクト運動*の指導者．

## マリスト修道会
Marists（Society of Mary）

尊者ジャン・クロード・マリー・コラン（Colin）によりリヨンで1816年に創立され，司祭と信徒修道士からなる会員の主な働きは教育活動と宣教活動である．西太平洋地域が1836年に彼らの特別な活動領域に割り当てられた．

## マリタン
Maritain, Jacques（1882-1973）

フランスのトマス主義*の哲学者．1906年にカトリックになり，パリ，トロント，プリンストンで教授職を務めた．1970年に，「イエスの小さい兄弟会」に入会した（➡フーコー）．多数の著作において，彼はトマス主義の古典的な教説を，形而上学，理論哲学，道徳・社会・政治哲学，教育哲学，歴史，文化，芸術，詩歌に適用しようとした．

## マリー・ド・ランカルナシオン
➡ギュイヤール

## マリーヌ会談
Malines Conversations

1921–25年に，ベルギーのマリーヌ（メヘレン）で開催された，アングリカンとカトリックの神学者間の会合で，枢機卿D. J. メルシエ*が主宰した．相当な一致点が見いだされたが，会談は具体的な成果がなく終わった．

## マルカ
Marca, Pierre de（1594-1662）

フランスの教会法学者．1641年の『政教協調論』（*De Concordia Sacerdotii et Imperii*）は，ガリカニスム*を擁護しており，禁書目録*に載せられた．1662年に，彼はパリ*大司教に任命された．

## マルガリータ（アンティオキアの）（聖）
Margaret (Margarita), St

ピシディア（Pisidia）のアンティオキア出身の彼女は，聖マリーナ（Marina）とも呼ばれる．ディオクレティアヌス*帝の迫害時の殉教者であったと推測されるが，彼女に関する確実なことは何も知られていない．彼女は特に出産の際に祈願される．祝日は西方では7月20日，東方では7月17日．

## マルキアヌス
Marcian（396-457）

450年から東ローマ皇帝．キリスト単性論*を抑圧し，451年のカルケドン公会議*の第6会期に自ら出席した．

## マルキアノス（修道士の）
Marcian the Monk（おそらく4世紀後半）

修徳的著作家．彼は長く『エデッサ詞華集』(*Florilegium Edessenum*）中の3つの短い章句の著者として知られていたが，現代になって，J. ルボン（Lebon）は9つの他の著作を彼に帰し，また彼をカルキス（Chalcis）砂漠で生活して385年頃に没したマルキアノスと同定した．他の学者はこれらの著作の一部ないし全部を，492年に没したベツレヘムのマルキアノスに帰している．

## マルキオン
Marcion（160年頃没）

異端者．ポントス州シノペ（Sinope）出身の彼は，140年頃にローマに赴き，その地の教会に所属したが，144年に破門された．彼は帝国の広範囲にわたって自らの信奉者を小さな共同体へと組織化した．3世紀末までに，彼らの大半はマニ教*に吸収された．

マルキオンの中心的な命題は，キリスト教の福音が律法を排除した完全に愛の福音だということである．したがって，彼が旧約聖書を否定したのは，そこに描かれた創造神がイエスにより啓示された愛の神と何の共通点もないと考えたからである．彼の考えでは，この律法と恩恵の対比は聖パウロ*によってのみ十全に理解され，12使徒や福音書記者はユダヤ教的影響力の残滓により真理に対して一般に盲目であった．それゆえ，マルキオンにとっての聖書の正典は，聖パウロの10書簡（彼は牧会書簡*を否定したか，または知らなかった）およびルカ福音書*の校訂版であった．マルキオンのキリスト論は仮現論*的であった．

## マルキオン
Malchion（3世紀）

アンティオキア*の司祭．彼は270年頃のアンティオキア教会会議で，サモサタのパウロス*を尋問するために選ばれた．

## マルキオン派の序文
Marcionite Prologues

パウロ書簡の各々に付けられた，一連の短い前置きの序文で，ウルガタ訳聖書*の多くの写本に見いだされる．その大半はおそらくマルキオン*派に由来しよう．

## マルクス・アウレリウス
Marcus Aurelius（121-80）

161年からローマ皇帝．ストア派*の哲学者と自称したが，他の諸哲学の影響を受けていた．彼の時代に，キリスト教徒は散発的な迫害*を受けた．彼の『自省録』の中に，キリスト教徒への敵意のある暗示を見る学者もおり，一節（11:3）は頑固な反抗精神をキリスト教徒に明確に帰しているが，これは曲解と思われ，キリスト教に関する彼の意見について，何ら明確な見解はその著作から引き出せない．多くの護教論がキリスト教の著作家により彼に提出された．

## マルグリット・マリー・アラコック
➡アラコック

## マルケット
Marquette, Jacques（1637-75）

フランスのイエズス会*の宣教師，探検家．1666年に，叙階され，直ちにヌヴェル・フランス（カナダ*）へと配属された．彼はアメリカ先住民の諸部族に一連の宣教を行い，またミシシッピ川を探検した．ミルウォーキーのマルケット大学は彼の名にちなんでいる．

## マルケリナ（聖）
Marcellina, St（330頃-398頃）

聖アンブロシウス*の姉．353年に教皇リベリウス*によりおとめとして聖別された．祝日は7月17日．

## マルケロス（アンキュラの）
Marcellus（374年頃没）

アンキュラ主教で，ニカイア公会議*における「ホモウーシオス」*説の擁護者．336年に主教職を罷免され，337年に復職したが，339年頃に再び追放された．彼の教説では，神の一性（Unity）において，御子と聖霊は創造と救済という目的のためだけに独立した実在として現れ，救済のわざが達成されたとき，両者は神の一性に帰するであろう．ニカイア信条*における「その御国は終わることがない」という条項は，彼の教説に反対するために挿入された．

## マルコ（聖）
Mark, St

福音書記者*．パピアス*は，聖ペトロ*の通訳者になったマルコが主（イエス）の言行を記憶した限りすべて記したと述べており，マルコはⅠペトロ書5:13においてペトロと結びついている．彼は聖バルナバ*のいとこであるヨハネ・マルコと伝統的に（しかしおそらく誤って）同一視されてきたが，この人物は第1回宣教旅行の際バルナバと聖パウロ*に同行したのち別れ，その後，キプロス*への宣教の際バルナバに同行し，またパウロとともにローマに滞在した．エウセビオス*によれば，マルコはアレクサンドリア*に赴き，その初代主教となった．後代の伝承はマルコをヴェネツィア*と結びつけた．祝日は4月25日．

## マルコス（隠修士の）
Mark the Hermit（生没年代不詳，おそらく5世紀前半または6世紀）

修徳的著作家．アンキュラ*の近くで修道院長であったらしいが，のちにおそらくパレスチナかエジプトで隠修士になった．彼の著作は主として実践的である．人間の功績*に対する彼の批判は，初期のプロテスタント神学者に評価された．以前は彼に帰されてきた『断食について』(*De ieiunio*)は現在は，修道士のマルキアノス*に帰されている．

## マルコス派
Marcosians

ウァレンティノス*の弟子である，グノーシス主義*者マルコスの信奉者たち．彼らはどうやらローヌ川流域で活動したらしい．

## マルコ典礼
Mark, Liturgy of St

アレクサンドリア*教会の伝統的なギリシア語の聖餐式典礼で，以前にエジプトのメルキト教会*により用いられた．さまざまな式文の背後に，原初的で地方的なエジプトのテキストが存在し，そこでは大きな代願がサンクトゥス*の前に置かれ，そのサンクトゥスの末尾にベネディクトゥス*がなかった．コプト語*とエチオピア語での式文が現在でもコプト教会*とエチオピア教会*で用いられている．

## マルコによる福音書（マルコ福音書）
Mark, Gospel of St

パピアス*の記述によれば，この福音書は聖ペトロ*からその情報を得た聖マルコ*によって書かれた．後代の伝承はこの福音書をローマに結びつけている．これはヨハネ・マルコによって書かれたのであろうが（➡マルコ），なぜそれほど重要でない人物に誤って帰されたのかは理由が明らかでないが，「マルコ」というのはありふれた名前である．「コイネー」すなわち共通なギリシア語*で書かれたマルコ福音書は，4福音書の中で最も洗練されていない．（通常，後64年とされる）ペトロの没後すぐか，エルサレム*包囲中，ないし70年のすぐあとに書かれたのであろう．

マルコ福音書は，イエスがメシア*であり，神の子であることを明らかにする（1:1）．悪霊に知られたこの真理は徐々にしか開示されない．洗礼者聖ヨハネ*の説教，キリストの洗礼*と誘惑*，その治癒と説教の活動に関する記事のあと，8:27以下において，イエスがメシアであるというペトロの告白が転換点となっている．これ以降，マルコ福音書は主（イエス）の教えの主題として，苦しみを受け，殺され，復活する「人の子」*の必要性を記述する．受難物語はキリストの死を旧約聖書の預言の成就，新しい契約を開始する犠牲として記述する．十字架刑*のあとに，復活の記述が続くが，福音書は16:8で突然終わっている．16:9–20は，2つの初期の「結び」の一つである．➡共観福音書問題，マルコ福音書優先説，メシアの秘密

## マルコ福音書優先説（ふくいんしょゆうせんせつ）

Marcan hypothesis, the

マルコ福音書*が4福音書の中で最古であり，またキリストの生涯の説明において，諸事実が最小限の混乱・解釈・潤色を伴って書き留められているとする説．

## マルシリウス（パドヴァの）

Marsilius（Marsiglio）of Padua（1275頃-1342）

学者．パドヴァで学んだのち，パリへ赴いた．彼はその主著『平和の擁護者』（*Defensor Pacis*）を1324年に完成した．1326年に彼がその著者であることが知られると，彼は破門されていたバイエルンの皇帝ルートヴィヒ4世のもとに逃れた．1327年に，ヨアンネス22世*は同書の5命題を断罪し，その著者を破門した．

『平和の擁護者』によれば，国家は社会を統一する力であり，その権威を人民から受け，人民は支配者を譴責し廃位する権利を保有する．他方，教会は霊的にも世俗的にも，何ら固有の裁治権をもたず，教会のすべての権利は国家により与えられ，国家は随意にそれを撤回できる．教会の位階制*は神的でなく人間的な制度であって，聖ペトロ*には首位権は決して与えられなかった．教会の諸事項における主要な権威は，司祭と信徒からなる総会にある．これらの思想は中世の社会観に反していた．

## マルタ（聖）（せい）

Martha, St

マリアとラザロ*の姉．ルカ福音書10:38–42に記述された出来事から彼女はふつう，「観想的」キリスト教生活の典型であるマリアと対比して，「活動的」キリスト教生活の典型であると見なされる．中世の伝承によれば，マルタ，マリア（ここではマグダラのマリア*と同一視されている），ラザロは，南フランスに来て，マルセイユやさまざまな場所で教会を建てた．祝日は東方では6月4日，西方では7月29日．

## マルタ騎士団（きしだん）

➡ヨハネ騎士団

## マルタ十字（じゅうじ）

Maltese Cross

白地に8つの先端をもつ黒十字で，マルタ騎士団（Knights of Malta），すなわちヨハネ騎士団*が採用したためにこう呼ばれる．

## マルッキ

Marucchi, Orazio（1852-1931）

イタリアの考古学者．ローマのカタコンベ*が彼の研究の主要な対象であった．

## マルティヌス1世（聖）（せい）（せい）

Martin I, St（655年没）

649年から教皇．彼はキリスト単意論*に激しく反対した．彼は皇帝コンスタンス2世の『テュポス』*への署名を拒否したため捕縛され，コンスタンティノポリス*に護送され，クリミア半島に追放され，その直後に没した．殉教者として崇敬されている最後の教皇である．祝日は4月13日，東方ではさらに9月20日，西方では以前は11月12日．

## マルティヌス4世（せい）

Martin IV（1210頃-1285）

1281年から教皇．シモン・ド・ブリー（Brie）は，ルイ9世*の弟シャルル・ダンジューの影響力で選出されたので，教皇在位中，常にシャルル

に依存していた．ビザンティン帝国を侵攻する計画を支援する意図で，1281年に皇帝ミカエル８世パライオロゴスを破門して，1274年のリヨン公会議*で達成された，ラテン教会とギリシア教会の合同を危うくした．

## マルティヌス５世

Martin V（1368-1431）

教皇．オッドー・コロンナ（Oddo Colonna）は1417年にコンスタンツ公会議*で満場一致で教皇に選出された．彼の就任は大シスマ*の終結を特徴づけ，対立教皇*クレメンス８世は1429年に退位した．マルティヌスは1418年にコンスタンツ公会議，1424年にパヴィアとシエナの教会会議を解散して，教皇権を強化した．

## マルティヌス（トゥールの）（聖）

Martin, St（397年没）

トゥール（Tours）司教，フランスの守護聖人．315年頃ないし336年頃にハンガリーで異教徒の両親から生まれた．父と同じ軍人にならざるをえなかった彼は，アミアン（Amiens）で裸の物乞いに外套の半分を与えた．その後見たキリストの幻に導かれて18歳で受洗したが，356年までローマ軍に留まった．360年に，ポワティエのヒラリウス*と協力し，リギュジェ（Ligugé）修道院を建てた．371年頃にトゥール司教に選ばれた彼は，修道制*を実践し推進し続け，積極的に地域の伝道に努めた．プリスキリアヌス*が世俗の法廷により断罪された際，マルティヌスは教会の諸事項への世俗の介入を非難した．祝日は西方では11月11日，東方では11月12日．

## マルティヌス（ブラガの）（聖）

Martin, St（520頃-579）

570年頃からブラガ（Braga）管区大司教．ガリシア（Galicia）のスエヴィ人をアレイオス派*からカトリックへ改宗させることに尽力し，洗礼*の際浸礼*のみを用いるスペインの慣行に反対した．彼は数編の道徳的論考を書き，砂漠の師父の言葉をラテン語に翻訳し，教令集を編集した．祝日は3月20日．

## マルテーヌ

Martène, Edmond（1654-1739）

サン・モール学派*の学者．彼の主著は1700-02年の『古代教会典礼集』（*De antiquis ecclesiae ritibus*）で，その歴史的意義に関する論考を付した，典礼文書の一大集成である．

## マルテンセン

Martensen, Hans Lassen（1808-84）

デンマークのプロテスタント神学者．1854年から，シェラン（Sjaelland）島の監督であった．1849年の主著『キリスト教教義学』（*Den Christelige Dogmatik*）は，信仰と認識の調和の原理に基づいており，その観点から彼はルター派*の教理体系を解釈した．S. キルケゴール*が国教会を攻撃した際の主要な敵対者として，マルテンセンは主に想起される．

## マルドナド

Maldonado, Juan（1533-83）

スペインの神学者．1562年にイエズス会*員になったのち，パリで教えた．1574年に，ソルボンヌ*の教授団が彼の教説を異端的だと非難した．嫌疑は晴れたが，彼はパリを離れた．1596-97年に刊行された福音書注解は高く評価されている．

## マルニクス

Marnix, Philipp van（1540-98）

サンタルドゴンド（Sainte-Aldegonde）男爵，オランダのカルヴァン派*の神学者，政治家．1562-69年に，そのプロテスタント的・国民主義的な著作で名声を得たが，その中で最も有名なのが1569年の風刺的な『聖なるローマ教会の蜂の巣箱』（*De biënkorf der heilige roomsche kerche*）である．1566-67年頃，スペインからの独立戦争の指導者となり，沈黙公ウィレム（オラニエ公）の親友になった．1585年以降，マルニクスは文筆活動，特に詩編のオランダ語訳に専念した．

## マールハイネケ
Marheineke, Philipp Konrad（1780-1846）

プロテスタントの神学者．1811年から，ベルリン大学教授であった．彼はキリスト教信仰を擁護するために，G. W. F. ヘーゲル*哲学に訴えようとし，プロテスタントとカトリックの信条は高度のヘーゲル的総合において統一されうるとした．

## マルブランシュ
Malebranche, Nicolas（1638-1715）

フランスの哲学者．1660年にオラトリオ会*員になった．彼の最も重要な著作は，1674年の『真理の探究』（*Recherche de la vérité*）および1680年の『自然と恩恵について』（*Traité de la nature et de la grâce*）である．彼は精神に対する物質のいっさいの働きが可能なことを否定し，物質的創造における事物に対応して，精神界における新しい創造的行為の結果として感覚を説明した（「機会原因論」*）．

## マールブルク会談（かいだん）
Marburg, Colloquy of（1529年）

ヘッセン方伯フィーリプ*が，ルター派とツヴィングリ派の一致をめざして召集した会談．通常理解されているのは，U. ツヴィングリ*，J. エコランパディウス*，M. ブツァー*は，15箇条の「マールブルク条項」のうち14箇条について，M. ルター*とP. メランヒトン*に同意したこと，および会談が失敗したのは，ツヴィングリがルターの聖餐*論の受容を拒否したことだけによるということであるが，その同意は見せかけにすぎなかったと考える歴史家もいる．

## マールブルク大学（だいがく）
Marburg, University of

1527年にヘッセン方伯フィーリプ*により創設された本大学は，ヨーロッパで創立された最初のプロテスタントの大学であった．その神学部は，特に19世紀半ば以降有名である．

## マルミオン（福（ふく））
Marmion, Bl Columba（1858-1923）

1909年からマレズー*の大修道院長．アイルランド出身の彼は，有能な霊的著作家であり，指導者であった．彼の主著は一連の霊的な説教に由来する．

## マレズー
Maredsous

1872年に創設された，ベルギーのベネディクト会*大修道院．有名な学問の拠点．

## マロ
Marot, Clément（1497頃-1544）

フランスの詩人，翻訳家．彼による49の詩編のフランス語韻文訳は，1538-42年に刊行され，それはプロテスタント教会に称賛をもって受け入れられ，また1562年にフランス語で最初の自国語の詩編集を刊行したT. ベザ*によりその基礎として用いられた．

## マロ
➡マクトゥス

## マロー論争（ろんそう）
Marrow Controversy

スコットランド*教会における論争で，1645年に書かれ1718年に再版された，『現代神学の精髄』（*The Marrow of Modern Divinity*）が1720年の大会*により断罪されたことで起こった．同書はカルヴァン主義*的な教えを強く擁護し，反律法主義*を支持すると見なされた．

## マロン教会（きょうかい）（マロン派（は））
Maronites

シリア起原のカトリック東方教会*で，大部分の信徒はレバノンに住む．彼らはその起原を聖ヨアンネス・クリュソストモス（407年没）の友人聖マロン（Maro）に辿れると主張するが，独立した共同体としての彼らの存在は，7-8世紀のキリスト単意論*論争中に始まる．彼らは，キリストのペルソナのうちに人間と神の2つの意志が存在するという，第3コンスタンティノポリス公会議*

の教理を否定した．1182年以降，彼らはカトリック教会と正式に一体をなしている．

## マンシ
Mansi, Giovanni Domenico（1692-1769）

教会法学者, 1765年からルッカ（Lucca）大司教．彼の唯一の重要で独創的な著作は1724年の『留保された事項とケンスラ論』（*Tractatus de Casibus et Censuris Reservatis*）であった．彼はまた，通例，注をつける以上のことはしなかったが，多数の書物を出版した．その中で最も有名なのは，教会会議の公文書集である．

## マンス
manse

(1) 非信従者*の牧師の住宅．(2) スコットランドにおいて，スコットランド教会のミニスター*の住宅．(3)イングランドの教会法において，聖職禄に属する，牧師館（parsonage house）と教会所属地*を合わせたもの．

## マンスス・マインド
Month's Mind

1970年まで，没後ないし埋葬後30日目に行われたレクイエム*・ミサ．

## マンセル
Mansel, Henry Longueville（1820-71）

1868年からセント・ポール主教座聖堂*の主席司祭*．「宗教思想の限界」（*The Limits of Religious Thought*）に関する, 1858年のバンプトン講演において彼が論じたのは，人間知性の限界とは，宗教の真理が思弁でなく啓示で知られることを意味するということであった．神は御自身において不可知であり，神の本性は超自然的な啓示からのみ把握される．彼の主張は多くの批判を招いた．

## マンダ教徒（きょうと）
Mandaeans

イラク南部とイラン南西部に存続する，グノーシス主義*的な一派．彼らの起原は，後1-2世紀にヨルダン*川東部に住んで，洗礼を繰り返し行ったグループにさかのぼるであろう．彼らの考えでは，肉体に不本意に閉じ込められて，悪霊に迫害されている魂を解放するのは，かつては自ら地上に存在し，闇の勢力を打倒した救済者「マンダー・ドゥ・ハイイェー」，すなわち擬人化した「生命の認識」である．マンダ文書はユダヤ教やキリスト教に対して対立的であるが，多くの要素が両宗教に由来するように思われる．

## マンデ
Mande, Hendrik（1360頃-1431）

共同生活兄弟団*の一人．1395年に，ウィンデスヘイム*の修道院に入り，フラマン語で7篇の神秘主義的な論考を書いたが，それはJ. ファン・リュースブルク*の理念を具現し展開したものであった．

## マンディアス
mandyas

東方教会において，修道士と主教が着用する外套．

## マンテーニャ
Mantegna, Andrea（1431-1506）

イタリアの画家．彼の名声を確立したのは，パドヴァのエレミターニ（Eremitani）聖堂に1448-57年に描いたフレスコ画連作『聖ヤコブスと聖クリストフォルスの生涯』である（1944年に戦禍にあった）．彼は祭壇画で有名で，初期の作品では，聖人たちがグループに分かれているが，後期の作品は構成の独創性を示している．ミラノのブレーラ（Brera）美術館の有名な『死せるキリスト』は，肉体を短縮法で描く技術で秀でている．

## マンテレッタ
mantelletta

カトリック教会において，高位聖職者が着用する膝まで達する短い外套．

## マンテローネ
mantellone

教皇庁の下級の高位聖職者が1969年まで着用した絹製ないし羊毛製の紫色の外套.

## マント
Mant, Richard（1776-1848）

1823年からダウン・アンド・コノー（Down and Connor）主教（1842年からドロモール［Dromore］主教も兼務）. 神学的著作のほかに, 彼はよく知られた讃美歌を作詞したが, その一つが 'Bright the vision that delighted'（「おおみやにいのる」『古今聖歌集』129番）である.

## マントゥム
mantum

11-14世紀に教皇選挙に際してある役割を果たした教皇の赤色の外套で, それを着用することが教会を治める自らの権利の教皇への譲渡を示したからである.

## マンナ
➡マナ

# み

## ミカエル（シリア人の）
Michael the Syrian（1126-99）

1166年からシリア正教会*のアンティオキア*総主教．彼の年代記は，今は散逸した多くのシリア語史料を保持しており，シリア正教会の歴史と十字軍*に関する資料を提供している．

## ミカエル（大天使）（聖）
Michael the Archangel, St

ダニエル書（10:13以下，12:1）では，選ばれた民の助力者であると言われ，ユダ書（9節）では，モーセ*の遺体のことで悪魔と言い争い，ヨハネ黙示録（12:7-9）では，竜に戦いを挑んでいる．ミカエルは外典*諸文書でも重要な役割を果たし，また教会においては早くから，異教徒と闘うキリスト教徒の軍隊の助力者，また特に臨終の際の個々のキリスト教徒の保護者と見なされた．祝日は西方では9月29日，東方では11月8日．➡天使

## ミカエル・ケルラリオス
Michael Cerularius（1058年没）

1043年からコンスタンティノポリス*総主教．東西教会の大シスマ*は通例彼の総主教の在職中に年代づけられる．彼は反ラテン的な見解をもち，フィリオクェ*および聖餐における「酵母を入れないパン」*の使用を非難した．ビザンティン皇帝と枢機卿フンベルトゥス*の率いる使節団とのあいだを仲介する試みは失敗し，1054年に西方側は東方側を破門し，ケルラリオスは西方側を破門した．

## ミカ書
Micah, Book of

小預言書*の一つ．この旧約聖書の文書の著者であるミカは前8世紀に生き，721年頃のサマリア*の滅亡前に預言し始めたと思われる．1-3章が一般に彼の著作と認められており，サマリアとエルサレム*の滅亡を預言している．たいていの批評家は本書の残りの部分を後代のものと見なす．4-5章は民の再生とメシアの到来を預言し，6-7章は主として神とその民のあいだのやりとりで占められている．ミカ書6:3-5における神の不満の言葉は，西方教会の聖金曜日*の典礼におけるインプロペリア*のひな型をなしている．

## 『ミクロログス』
*Micrologus*

11世紀のローマ・ミサ典礼書で，西方の典礼がどのように発達したかについて証言している．シャフハウゼン（Schaffhausen）の修道士であったコンスタンツのベルノルドゥス（Bernoldus, 1054頃-1100年）の著作であろう．

## ミゲティウス
Migetius（8世紀）

スペインの異端者．彼が説いたと思われるのは，神は（御父として）ダビデ*に，（御子として）イエスに，（聖霊として）聖パウロ*において啓示されたということであった．

## ミケランジェロ
Michelangelo（1475-1564）

イタリアの芸術家．1496年に，ミケランジェロ・ブオナローティ（Buonarroti）はローマに赴き，そこで1501年に完成した『ピエタ』*では，キリスト教的な簡素さと古典的な美しさが和合している．一時的にフィレンツェに滞在し，1501-04年に有名な『ダビデ』を制作した．1508-12年に，システィナ礼拝堂*の天井に有名なフレスコ画を描き，彼はまた1534-41年にその祭壇の壁面に『最後の

審判』も描いた．彼は教皇庁に仕え続け，サン・ピエトロ大聖堂*の建築主任となった．

## 御言葉（みことば）

➡ロゴス

## ミコニウス

➡ミュコニウス

## ミサ

Mass

（ラテン語で *missa* と綴る．）聖餐式*を表す名称で，現在は特にカトリック教会により用いられる．

## ミサ曲（きょく）

Mass, music for the

聖歌隊*ないし会衆により歌われる典礼聖歌は以下の２種に分かれる．(1) ミサの通常式文*用の聖歌（「キリエ」*，「グロリア・イン・エクセルシス」*，「クレド」*，「サンクトゥス」*と「ベネディクトゥス・クイ・ヴェニト」*，「アニュス・デイ」*と「イテ・ミサ・エスト」*）で，その歌詞は常に同じである．(2) ミサの固有式文*用の聖歌で，それは祝日ごとに変化し，イントロイトゥス*，グラドゥアーレ*(1970年に答唱*詩編に置き換わった)，オフェルトリウム*と拝領唱*，また時にセクエンツィア*からなる．

通常式文用の最古の聖歌は，司式者が歌うミサの式文中に用いられる聖歌に対応した抑揚のある叙唱にすぎず，「イテ・ミサ・エスト」はふつう「キリエ」の旋律を繰り返した．11世紀以降のポリフォニー（多声音楽）の発達とともに，２声ないし多声用に作曲され始めた．15世紀前半に，「サンクトゥス」と「アニュス・デイ」が共通拍の編曲で現れ，「グロリア」・「クレド」がそれに続いた．その後15世紀中に，循環ミサ曲（Mass-cycle）が一般的になった．16世紀にポリフォニーが十分に発達したことにより，G. P. ダ・パレストリーナ*やW. バード*のそれのような壮麗なミサ曲が生まれた．18世紀に，管弦楽曲が大陸ではさかんになり，ミサ用と見せかけた音楽を演奏会場に導入した．典礼式文と分離した音楽がますます華やかになることに反対して，典礼運動*の支持者は単旋聖歌*の復興を促進した．近年は，会衆が参加しうる音楽に強調点が置かれている．

16世紀のイングランドにおける自国語への典礼式文の翻訳は，新しい本文に適合する新しい楽曲の必要性を生み出した．これを実現したのは，J. マーベック*以降の一連の作曲家であるが，19世紀までは聖餐式用の楽曲は主として主教座聖堂*や参事会教会*に限定されていた．最近の現代語の典礼式文は新しい楽曲を作り出し，それらは主として会衆により歌われることを意図し，20世紀の民衆音楽の表現形式をしばしば使用している．

## ミサ執行案内（しっこうあんない）（典礼以外の聖務案内（てんれいいがいのせいむあんない））

Ritus Servandus

伝統的なカトリック典礼に関する２つの典礼事項の略称．(1) ミサの慣行と儀典に関する規則で，以前はミサ典礼書*の冒頭に印刷されていたが，現在は，1969年に公布されて1970年のミサ典礼書に付された「総説」（Instructio Generalis）に置き換えられた．(2) 聖体降福式*や他の典礼以外の聖務のための指示や祈りを載せた書．現在は，1973年の『ローマ儀式書』*の一部である「ミサ以外の聖体拝領と聖体の秘義について」（*De Sacra Communione et de Cultu Mysterii Eucharistici extra Missam*）に置き換えられた．

## ミサ執行許可状（しっこうきょかじょう）

➡ケレブレト

## ミサ典文（てんぶん）

Canon of the Mass (Roman Canon)

1968年までカトリック教会全体で実際に用いられたミサの奉献の祈り．ほぼ同類の祈りが聖アンブロシウス*(397年没）に引用されており，教皇聖グレゴリウス１世*(604年没）の時代までには実質的に定着していた．

その一部よりむしろ導入と見なされるようになった叙唱*からもともと始まっていたミサ典文は，「制定の言葉」*を含む一連の短い祈りから構成されている．わずかに改訂されているが，1970年の『ローマ・ミサ典礼書*』において第1奉献文*となっている．

## ミサ典礼書（てんれいしょ）
Missal

ミサを執行するための言葉や儀式に関する指示を含む文書．ミサ典礼書は10世紀に使用され始めたが，それ以前（アンティフォナーレ*やエヴァンジェリアリ*などに）分散していたものを1冊にまとめたものであり，その発展は私的ミサを唱える慣行により助長された．しかしながら，1970年の『ローマ・ミサ典礼書』（*Missale Romanum*）は，別冊のレクティオナリウム*として発行された朗読聖書を省略している．

## 「ミサと聖餐（せいさん）の原則（げんそく）」
Formula Missae et Communionis

1523年にM. ルター*が著した改革された聖餐式文．ラテン典礼が保持されているが，儀式の中心的な部分は，「聖餐の犠牲」*の教理を示唆するものをいっさい排除するために，徹底的に変わっている．

## ミシュナー
Mishnah

（ヘブライ語で「反復」それゆえ「学習」の意．）ラビ・ユダヤ教の初期の権威ある文書．ラビ・ユダ・ハ・ナシ（Judah ha-Nashi，後229年頃没）に帰されており，初期の伝承および編纂し集成したもので，パレスチナとバビロニアのタルムード*の基礎をなしている．ミシュナーとタルムードのユダヤ教に対する影響力は，聖書に次ぐものである．

## ミゼリコード
misericord

聖歌隊席・聖職者席の折りたたみ式の椅子の裏に取り付けた持送りで，礼拝中に長時間立っていることができない人たちのために，支えとなるようにに作られたとふつういわれる．

## ミゼレーレ
Miserere

詩編51編（ウルガタ訳聖書*では詩50編）の通称で，ラテン語版の冒頭語にちなむ．

## 三つ組（みつぐみ）
Triad

神性における三位一体*性（Trinity in the Godhead）に関して，アンティオキアのテオフィロス*が最初に用いた語．

## 密唱（みっしょう）
Secret

ミサにおいてパンとぶどう酒の奉献後に，司式者が唱えた祈りのことを長く指した名称．1964年まで慣例上，黙って唱えられた．この名称はおそらくこの状況に由来した．1969年に「奉納物への祈り」（*The Prayer over the Offerings*）と改称され，声を出して唱えるか歌うように指示された．

## 3つの証（あかし）し
➡ヨハネのコンマ

## 『ミット・ブレネンダー・ゾルゲ』
*Mit brennender Sorge*

（ドイツ語で「火急の憂慮をもって」の意．）ピウス11世*が1937年の枝の主日にドイツのすべてのカトリック教会で読み上げられることを命じた，ナチズムを非難する回勅．

## ミード
Mede（Mead），Joseph（1586-1638）

イングランドの聖書学者．彼の最もよく知られた著作である，1627年の『黙示録理解の鍵』（*Clavis Apocalyptica*）のヨハネ黙示録解釈の原則は，その預言が年代順に一体をなし，裁きの日が地上の教会にとり1,000年間の平和の期間であるということであった．

## ミトラ（マイター，司教冠）
mitre

典礼の際の被り物で，司教*の標章（insignia）の一つ．東方教会では王冠の形で，エナメルか刺繡のついたメダイヨンで飾られている．西方教会では盾形で，ふつう刺繡されたサテン製で，しばしば宝石で飾られており，2枚の縁取りした垂れ飾りが背後に下がっている．

## ミドラシュ
Midrash

（ヘブライ語で「(聖書の）探求・研究」の意．）この語はふつう，ユダヤ教の聖書釈義の伝統全体を指すが，主としてラビ*による聖書解釈を指し，それは後2-8世紀にパレスチナで，またより小規模にバビロニアで盛んであった．すべてのミドラシュのテキストにおいて，聖書はあらゆる知恵と真理の主要な源泉と見なされ，それは神の御心に起原をもつゆえ，無謬であり，まったく一貫している．解釈者の目的は明らかな誤りを説明し，矛盾点を調和させ，律法の教えを引き出して，それをユダヤ人の生活に適合させることである．この目的のために，解釈者はテキストを操作する極端な技法に訴えることもある．年代的な問題にもかかわらず，ラビのミドラシュは旧約聖書の新約聖書的な釈義を解明するために用いられてきており，オリゲネス*や聖ヒエロニムス*の著作をより明確にしてくれる．

## ミトラス教
Mithraism

ミトラス（Mithras）はインドやイランにおける光および盟約の義務と結びついた神で，おそらく後100年頃にローマ帝国において特有な崇拝の対象となった．ミトラスの密儀が小グループの男性信徒により行われた地下の神殿では，儀式的食事に用いるベンチが片側に並び，原初の雄牛を屠る神像が威圧していた．ミトラス教は4世紀に消滅したと思われる．

## ミドルトン
Middleton, Thomas Fanshawe（1769-1822）

1814年から英国教会のカルカッタ（現コルカタ）初代主教．彼の主教在職中，教会生活で大きな発展が見られ，1820年にカルカッタに神学校（Bishop's College）が設立された．

## 南アフリカにおけるキリスト教
South Africa, Christianity in

ザンベジ川以南のアフリカへの最初のキリスト教の宣教師たちはポルトガル人であった．彼らの成果は極めて限定的で，キリスト教を真に導入したオランダ人は1652年に植民し始めた．ナポレオン戦争中，イギリスがケープ植民地を占領し，1814年にイギリス領とした．

大きな白人社会の存在が植民者の教会を設立させたが，1737年のケープ植民地へのモラヴィア派*の宣教団を除けば，18世紀末まで，アフリカ人たちを改宗する試みは実質的に存在しなかった．ロンドン宣教協会*は1799年に到来し，多くの最も有名な宣教師をもたらしたが，その中に，J. T. ファン・デル・ケンプ*，J. フィリップ*，R. モファット*がいた．メソジスト派*は1814年に到来し，国内で最大のアフリカ人信徒を有するようになった．特に有力になったスコットランド*教会の宣教団は，シスカイ（Ciskei）のラヴデール*に宣教教育の拠点を置いた．オランダ系植民者がケープ植民地から移動した，1837年のグレートトレック（Great Trek）の結果，オランダ改革派教会*(ダッチ・リフォームド教会）と分離して，南アフリカ・ダッチ・リフォームド教会（Hervormde Kerk）がトランスヴァール州の国教会として設立され，またさらなる分離が南アフリカ改革派教会（Gereformeerde Kerk）を生み出した．カトリックの宣教師は19世紀後半から増加した．宣教団の増大は1904年のエキュメニカルな宣教総合協議会（General Missionary Conference）の創設につながり，これが南アフリカ教会協議会（South African Council of Churches）に発展した．

南アフリカ聖公会（Church of the Province of Southern Africa）はアングリカン・コミュニオン*

の独立した管区で，ナミビア，レソト，ボツワナ，スワジランド，モザンビーク*に主教区がある．ケープタウン大主教座は主教R. グレイ*により1847年に創設された．同管区はアングロ・カトリック主義*の強い影響を受けてきた．オランダ改革派教会と違って，聖公会にはどの人種の会員もいたが，少なくとも1960年代まで，イングランド出身の白人聖職者に極めて強く依存し，その教会区は人種問題で大きく分裂していた．

人種差別的な政府の政策は諸教会と衝突した．その神学が20世紀には一時は「アパルトヘイト」策を支持したオランダ改革派教会は，1960年のシャープヴィル（Sharpeville）の危機のあとに世界教会協議会*を脱会した．他の諸教会はみな国家の政策に反対したが，黒人教育における諸教会の活動も1954年に実質的に停止した．1963年にヨハネスバーグにクリスチャン・インスティチュートが設立されるとともに，人種差別に対するキリスト教徒の反対はより組織的になり，D. M. トゥトゥ*のような黒人キリスト教徒にますます指導された．1948年以降，聖公会の指導は，特にトゥトゥのほかに主教アンブローズ・リーヴズ（Reeves），大主教E. U. T. ハドルストン*，スティーヴ・ビーコー（Biko，1977年没）により，アパルトヘイトに対する闘いと同一視されてきた．

1994年のアパルトヘイトの終結とともに，人種に基づく国民の区分は普通選挙の実施で終わった．ネルソン・マンデラが初代の黒人の大統領になった．1997年の新憲法は国家の世俗的な性格を強調したが，キリスト教が黒人と白人からなる南アフリカ人の圧倒的な多数の宗教であることを認めた．キリスト教はその後に設置された，大主教トゥトゥを委員長とする「真実・和解委員会」（Truth and Reconciliation Commission）で，異論はあるが，重要な役割を果たした．（死刑および性的方向性を理由とする差別の廃止を含む）憲法の自由で人道的な価値は，ますます強く保守的になった福音派*やペンテコステ派*などの側から批判を招いたが，アフリカ民族会議の圧倒的な支持を失うことはなかった．2012年に，南アフリカ聖公会は最初のアフリカ人女性を主教としてスワジランド主教区のために選出した．

アフリカ独立諸教会（Independent African Churches）は常にキリスト教界の多数派で，アフリカ人キリスト教徒の少なくとも30％が属しており，その中でシオン・キリスト教会が最大である．ある教会は，その教理や職制を保持している主流教会からのシスマに起因し，他の教会は，特に治癒*のような独自の儀式を発展させ，しばしば「予言者」といわれる人物により創始された．最も有名なのは，ズールーランドのアイゼイア・シェンベ（Shembe，1870頃-1935年）により創始されたアマナザレタ（Amanazaretha）である（➡アフリカにおけるキリスト教）．1994年以降，多くの新しいペンテコステ派の諸教会が黒人や白人の会員を惹きつけており，都市の教会によっては人種的に会員が異なっている．

## 南（みなみ）インド教会（きょうかい）
South India, Church of

（1）アングリカンのインド・ビルマ・セイロン教会，（2）メソジスト派*教会，（3）（すでに長老派*，会衆派*，オランダ改革派*諸教会により形成されていた）南インド合同教会（South India United Church）が合同して，1947年に創始された教会（➡インド，パキスタン，バングラデシュのキリスト教）．この合同が実現できたのは，会衆派，長老派，主教制の聖職者が再叙任されることなく合同の職制を受け入れ，（アングリカニズムからの）歴史的継承への主教職の導入と将来へのその維持と結びついたからである．

1948年のランベス会議*はこの合同にある程度の条件付きの認可を与え，1955年に英国教会と南インド教会間に「部分的な相互陪餐」が実現した．これは1972年に延長された．南インド教会はアングリカン・コミュニオン*に属していないが，全聖公会中央協議会（Anglican Consultative Council），ランベス会議，首座主教会議（Primates' Meeting）の一員である．

## 南側聖歌隊
decani

（ラテン語で「ディーン*の［席］」の意.）ディーンの座席が主教座聖堂の南側にあるので，この語は交唱*で歌うときに南側に座る人たちを指す. ➡北側聖歌隊

## 南太平洋におけるキリスト教
South Pacific, Christianity in

ロンドン宣教協会*が派遣した伝道者*たちは，1797年にタヒチで活動を開始し，急速にそれを拡大させた．特にウェスレー・メソジスト教会*，長老派*教会，ルター派*教会のような多くの他の団体は，太平洋の島島に伝道する試みにおいて大きい役割を果たさなかった．カトリックの側での活動は，会員中にダミアン*神父がいたピクプス会（Picpus Society，イエズス・マリアの聖心会）やマリスト修道会*に特に任された．アングリカンの活動は，ニュージーランド*の初代主教であるG. A. セルウィン*のもとで開始し，（1861年に創設された）メラネシア主教区は，1975年に独立した管区になるまでニュージーランド管区に属した．1891年にオーストラリアから開始されたパプアへのアングリカンの宣教団は発展して，1977年にパプアニューギニア管区になった.

交通手段の不便さや多くの住民の粗暴さは南太平洋における宣教活動を困難なものにしたが，ほとんどの人々が現在はキリスト教を受け入れている. 20世紀において，多くのエキュメニカルな活動があった．1968年に創始されたパプアニューギニア・ソロモン諸島合同教会（United Church of Papua New Guinea and the Solomon Islands）は，ロンドン宣教協会*の活動から生まれた，メソジスト派教会とパプア・エカレシア（Ekalesia）を合同したものである．20世紀後半の別の傾向は，自治的な諸教会の創立および土着の指導者の増加である．現在，彼らの影響力をおびやかしているのは，ほとんどがアメリカ合衆国やオーストラリアからの多くの福音派*やペンテコステ派*のグループである．➡J. C. パティソン，J. G. ペイトン

## ミニスター
minister

（ラテン語で「奉仕者」の意.）教会で霊的な職務を果たすよう正式に委託された人．監督（主教）制でない教会では，聖職者（cleric）の通称として用いられる．英国教会の典礼式文では通常，司祭であってもなくても，司式者を指す.

## ミニミ修道会（ミニモ会）
Minims（Ordo Fratrum Minimorum）

パオラの聖フランチェスコ*によって創立された托鉢修道会で，伝統的な創立の年は1435年である．彼らの会則の主要な特徴は，肉や魚のほか，卵，チーズ，バター，ミルクを永久に断つという第4の誓願であったが，会則の悔悛的側面は1973年にいくぶん緩和された．本修道会は16-17世紀に最も発展し，18世紀後半から19世紀に著しく衰えたが，20世紀に復興した.

## ミニモ会
➡ミニミ修道会

## ミーニュ
Migne, Jacques-Paul（1800-75）

編集者，神学書の出版者．彼が出版したのは膨大な宗教書や辞典，特にインノケンティウス3世*までのラテン教父の集成である『ラテン教父』（*Patrologia Latina*，221巻，1844-64年）および1439年までのギリシア教父の集成である『ギリシア教父』（*Patrologia Graeca*，162巻，1857-66年）であって，これらの集成は引用する際の標準的なテキストとなっている.

## ミヌキウス・フェリクス
Minucius Felix（2ないし3世紀）

『オクタウィウス』（*Octavius*）の著者．本書はキリスト教徒のオクタウィウスと異教徒のカエキリウス（Caecilius）との会話の形式でキリスト教を弁護しており，後者は議論をとおして改宗している.

## ミネオン

➡メナイオン

## ミヒャエリス

Michaelis, Johann David（1717-91）

ドイツのプロテスタントの神学者．彼が主として重要なのは，ヘブライ語とアラビア語および聖書の初期の写本に関する著作のゆえである．彼がモーセ五書*の律法を人間による業績として論じたことは，ドイツの聖書批評学の発展に多大な影響を及ぼした．

## 都に上る歌

➡昇階詩編

## ミャンマー（ビルマ）のキリスト教

Burma, Christianity in

イタリアのバルナバ修道会*は1722年にビルマ（現ミャンマー［Myanmar］）に宣教活動を始め，1830年から他のカトリックの修道会がそれを担った．最初の永続的なバプテスト派*の宣教団はアメリカからA. ジャドソン*に率いられて1813年に来た．アングリカンの宣教活動は1859年に，メソジスト*のそれは1879年に始まった．キリスト教は仏教的な背景をもつビルマ人の改宗者をほとんど得られなかったが，カレン，カチンなどの少数民族のあいだに成果があった．カトリックの位階制は1955年に創設された．以前はインド・ビルマ・セイロン（現スリランカ*）教会に属していたアングリカン教会は1970年に独立した管区になった．最大のキリスト教団体はビルマ・バプテスト・コンヴェンションである．1948年の独立以降，ビルマは主に軍事的社会主義政権に統治されてきた．外国の宣教団は1966年に追放され，外の世界との接触は制限されている．キリスト教徒が迫害されているという報告を政府は否定している．

## ミュコニウス

Myconius, Friedrich（1490-1546）

チューリンゲンのルター派*の宗教改革者．フランシスコ会*員であった彼は，M. ルター*の贖宥*状攻撃に同感したために，同会のいくつかの修道院に監禁された．1524年に，彼は逃げ出し，同年，ゴータ（Gotha）で説教者に任命された．ここで彼は結婚し，いくつかの学校を改革し，力強い道徳的影響力を及ぼした．ルターやP. メランヒトン*と文通しながら，ミュコニウスは宗教改革運動において指導的な役割を果たした．J. ヘラー（Heller）との共著『宗教改革史』（*Historia Reformationis*）は，貴重な同時代の史料である．

## ミュコニウス

Myconius, Oswald（1488-1552）

スイスの宗教改革者，人文主義者．チューリヒで，司教座聖堂参事会にU. ツヴィングリ*を説教者に選ぶよう説得し，やがてその協力者になった．1532年に，彼はバーゼル大学でJ. エコランパディウス*の後任の教授となった．ルター派*との妥協をはかる彼の願いに表れた教義にとらわれない性向および破門*のような問題における増大する世俗権力側への不信は，厳格なツヴィングリ派の不信を招いた．彼はツヴィングリの伝記を書き，1534年の「バーゼル信条」*を起草した．

## ミュラー

Müller, George（1805-98）

慈善事業家，説教者．1825年にハレ大学に在学中，回心を体験した．1830年にティンマス（Teignmouth）に移った彼は，プリマス・ブレズレン*に加わった．彼は地方の説教者になり，信者席料（pew rents）を廃止し，給料を辞退し，支持者からの献金で生活した．1832年に，ブリストルに移り，孤児の世話に身をささげ，やはり自発的な献金のみに頼った．70歳になって，彼はヨーロッパ，インド*，オーストラリア*，中国*への17年に及ぶ伝道旅行に出発した．

## ミュラー

Müller, Julius（1801-78）

ドイツのプロテスタント神学者．1839-44年の主著『罪に関するキリスト教の教説』（*Die christliche Lehre von der Sünde*）において，各自の側の自由で知的な決断の行為により引き起こされる，時間を超えた堕罪の受容にたって，罪の事実を解釈しようとした．彼はプロイセン福音主義連盟（Prussian Evangelical Union）の結成に指導的な役割を果たした．

## ミュラー

➡マックス・ミュラー

## ミューレンベルク

Muhlenberg, Henry Melchior（1711-87）

アメリカのルター派*教会の「創始者」．ゲッティンゲンで幅広い敬虔主義*を吹き込まれた彼は，宣教活動に関心を示した．ペンシルヴェニアのルター派の集会からの要請に応えて，1742年に彼をアメリカに派遣したのは，A. H. フランケ*により設立された宣教拠点であった．ミューレンベルクは信条的なルター主義を教授し，離反した教会員を回復し，ルター派教会の組織化に責任をもたねばならなかった．彼はアメリカでの奉仕のためにヨーロッパのルター派の牧師を募集し，アメリカ人の聖職者を訓練し，1748年に，アメリカにおける最初の永続的なルター派シノッドである「ペンシルヴェニア・ミニステリアム」（Ministerium of Pennsylvania）を組織した．

## ミュンスター

Münster, Sebastian（1488-1552）

ドイツのヘブライ語学者．1534-35年にドイツで最初のヘブライ語聖書を出版し，ラテン語への逐語訳と注を付けた．M. カヴァデール*は1539年に「グレート・バイブル」*の旧約聖書のために，これを全面的に用いた．

## ミュンツァー

Müntzer（Münzer）, Thomas（1489頃-1525）

ドイツの急進的な宗教改革者．1517/18年に，ヴィッテンベルク*大学で講義を聴き，1520年におそらくM. ルター*の推薦でツヴィカウの説教者になった．彼はヴィッテンベルクの字句にとらわれた聖書解釈と合致しない，霊的で神秘主義的な神学を展開した．彼は次々にツヴィカウ，プラハなどから追放されたが，1523-24年にアルシュテット（Allstedt）で牧師をしていたとき，ドイツ語で最初のミサを行い，小冊子を作成して幼児洗礼*に関する留保を表明した．1525年に，彼はミュールハウゼン（Mühlhausen）で市政府を神の御言葉に誓った永久参事会に再編し，改革された礼拝の確立を完成した．彼は農民戦争*において地方軍を率いたが，反乱側の敗北後，処刑された．後代の再洗礼派*の指導者の幾人かは，その主張においてミュンツァーの名前と神学に訴えた．

## ミラノ勅令（ちょくれい）

Milan, Edict of

こう呼ばれる文書は，皇帝リキニウスが属州総督に宛てた313年の回勅である．ミラノでコンスタンティヌス*と交わした合意に従ってリキニウスが東方の属州に約束したのは，キリスト教徒を含むすべての人の礼拝の自由および303年の迫害以降で教会が失った財産の返還であった．➡迫害（初期キリスト教における）

## ミラノ典礼（てんれい）

➡アンブロシウス典礼

## ミリーチュ

Milíč, Jan（1325頃-1374）

ボヘミアとモラヴィアにおけるフス*以前の改革者の中で最も重要な人物．彼は皇帝の大法官庁に勤めていたが，1363年末には世俗の職を辞して，聖職者の悪弊に激しく反対する説教をした．1360年代後半に，彼はローマで異端審問*所により投獄され，異端の嫌疑でアヴィニョンに召喚されていたときに没した．

## ミルウィウス橋頭（きょうとう）の戦（たたか）い

Milvian Bridge, Battle of the（312年）

コンスタンティヌス*がマクセンティウスを敗った戦い．これはコンスタンティヌスをリキニウスの共治帝とさせ，いわゆる「ミラノ勅令」*の発布につながった．

## ミルティアデス（聖）

Miltiades, St（314年没）

310年ないし311年から教皇．彼の在位中，コンスタンティヌス*がマクセンティウスを敗り，いわゆる「ミラノ勅令」*が発布された．ミルティアデスはドナトゥス派*を断罪した教会会議を開催した．祝日は12月10日．

## ミルティッツ

Miltitz, Carl von（1480頃-1529）

教皇大使*．枢機卿T. デ・ヴィオ・カエタヌス*がM. ルター*を沈黙させることに失敗したのち，ミルティッツは選ばれて「黄金のばら」*をザクセン選帝侯フリードリヒ3世*に届け，ルターに反対させようとした．ミルティッツは和解を図ることを引き受け，1519年のアルテンブルク（Altenburg）での会談で，ルターは問題決定をドイツ人司教に一任してこれ以上の行動を控えることに同意した．ミルティッツはライプツィヒに赴き，運動を抑えることを望んで，J. テッツェル*を非難したが，ルターとのさらに2度の会談も成果がなかった．

## ミルドレダ（聖）

Mildred, St（700年頃）

ミンスター・イン・サネット（Minster-in-Thanet）女子修道院長．ミンスター女子修道院を創立した聖エルメンブルガ（Ermenburga）の娘であったミルドレダは，母の修道院に入り，修道院長職を継いだ．11世紀に，彼女の聖遺物をめぐる争いがあった．祝日は2月20日（以前は7月13日）．

## ミルトン

Milton, John（1608-74）

詩人，論争家．早くからその学識と文才で高い評価を得ており，彼の『キリスト降誕の朝に寄せる頌詩』（*Ode on the Morning of Christ's Nativity*）は1629年の作である．1641年に，長老派*になったが，結婚の解消性を弁護した1643年の『離婚の教理と規律』（*Doctrine and Discipline of Divorce*）は不和を招いた．これが検閲官の許可なしに出版されたことは，この問題が議会に提起されることになり，また出版の自由を擁護する，1644年の有名な『アレオパジティカ』（*Areopagitica*）をミルトンに書かせることになった．この時点から，彼の信仰的立場は独立派*に傾き，1649年から彼は共和政府を支持した．1651年に，彼は失明した．O. クロムウェル*に敬服していたにもかかわらず，彼は各地の諸教会の完全な非国教化という自らの主張とは反する，クロムウェルの後年の教会政策には異議を唱えた．宗教的・政治的望みが潰えた彼は，再び詩作に戻った．1667年に出版した，彼の最高の作品である『失楽園』*において，「神が人間に対してなさったことを正当化」し，この世における悪と不正の根拠を示そうとした．1671年に，続編として『復楽園』（*Paradise Regained*）と『闘士サムソン』（*Samson Agonistes*）が出版され，前者はキリストの誘惑を扱い，後者は「ガザの牢屋の前での」サムソンの最後の日々を記述しているが，ここでこの盲目の英雄はある意味でミルトン自身を表している．

## ミルナー

Milner, John（1752-1826）

カトリックの護教家．1803年から，カスタバラ（Castabala）名義司教およびイングランドのミッドランド（Midland）地区の代牧*であった．1801-02年に執筆され，1818年に出版された主著『宗教論争の終焉』（*The End of Religious Controversy*）は，力強くカトリック教会を擁護した書簡集である．

## ミルナー

Milner, Joseph（1744-97）

福音派*の聖職者．1770年から，補助司祭*となり，続いてハンバー（Humber）河畔のノース・フェリビ（North Ferriby）の主任代行司祭*となった．弟によって完成された，1794-1809年の『キリスト教会の歴史』（*History of the Church of Christ*）は，教父から広範に引用している福音派の数少ない著作の一つで，若き日のJ. H. ニューマン*に影響を及ぼした．

## ミル・ヒル宣教会

Mill Hill Missionaries

正式名称は「聖ヨセフ外国宣教会」(St Joseph's Society for Foreign Missions) で, 宣教されていない人たちに福音を広めることに献身した, 在俗司祭と信徒修道士からなるカトリックの宣教会. 1866年にハーバート・ヴォーン*により, ロンドン北西部のミル・ヒルで創立された. 1894年にイギリスの保護領となったウガンダ*で, 同宣教会は重要な役割を果たし, またアフリカなどの他の地域でも活動している.

## ミルマン

Milman, Henry Hart (1791-1868)

1849年からセント・ポール主教座聖堂*の主席司祭*. 1829年の『ユダヤ人の歴史』(*History of the Jews*) は, 旧約聖書の記述の論じ方で批判を招いたが, 同書はユダヤ人をオリエントの民として扱い, 奇跡的要素を軽んじた. 1855年の有名な『ラテン・キリスト教史』(*History of Latin Christianity*) は, 中世の生活と制度に関して知的な研究を促進した.

## 民数記

Numbers, Book of

この旧約聖書の文書は大部分, モーセ*のもとで砂漠をさすらったイスラエルの民の経験を記述している. 本書の表題は2度の人口調査の記録 (1-4章と26章) により説明される.

## ミンスター

minster

イングランドにおいて, 主教座聖堂 (たとえば, ヨーク*) や他の大きな教会堂 (たとえば, ベヴァリー [Beverley]) を指す名称. ミンスターはもともと, 修道院関係の建物や教会堂, 厳密には修道院*ないし在俗カノンの住まいを意味した. アングロ・サクソン*時代のイングランドにおいて, 一群の聖職者が共同で生活していた「オールド・ミンスター」は, 広い教会区の拠点であって, その中で, 司祭が1人ずつ仕える新しい教会堂がより小さな地域を担当した.

# む

## 『6日物語』
Hexaemeron

創世記1章における，6日間での天地創造の記述であり，これに関する教父による注解をも指す．

## 無原罪の御宿り（聖母マリアの）
Immaculate Conception of the BVM

「聖母マリア*が……その懐胎の最初の瞬間において原罪*のすべての汚れから保護されていた」という教義は，1854年にピウス9世*により定義された．この教理は中世をつうじて議論された問題であったが，16世紀以降一般にカトリックにより受け入れられた．これを東方の神学者が支持しなかった主な理由は，彼らが原罪に関する西方の理解を共有しなかったからである．1476年に教皇シクストゥス4世*により承認された祝日は12月8日に守られる（東方では，聖母マリアの御宿りの祝日は12月9日に守られる）．

## 無効
nullity

法において，無効は一般に，不可欠な要件の欠如ないし致命的な不備の存在のゆえに，ある行為ないし契約の法的有効性*がないことを意味する．

カトリックの教会法*は婚姻*の無効に関して決定する，複雑な規則と教会裁判所の世界的な組織をもつ．婚姻したと称していても，一定の形式が満たされなかったり，無効障害*が存在したり，当事者の一方の同意が実質上欠けていたりすれば，その婚姻は無効と宣言されうる．少なくとも一方の当事者が信仰に基づいて行動したのならば，無効宣言がなされたあとでも，子どもたちは嫡出と認められる．

イングランドでは1857年以降，民事法廷が婚姻に関する裁判権を行使し，英国教会は一般にそれに従ってきた．1973年の婚姻法により，婚姻が初めから法的拘束力をもたなかったり（void，たとえば結婚禁止親等*内の場合），取り消しができたり（voidable，たとえば不適格か意志的な拒絶，同意の欠如，精神的異常のゆえに完成されていない場合）すれば，無効と宣言されうる．2002年まで，英国教会の聖職者は，1957年の聖職者会議法により，離婚*によって解消した婚姻の当事者が生存中は，結婚式を行わないように勧告されていたが，この制約は無効の場合には実際に適用されなかった．

## 無酵母主義者
Azymites

1054年の大シスマ*の際に東方教会が西方教会につけた名称で，後者が種なしパンを聖餐で用いたことと関連している．➡種入りパンと種なしパン

## 無神論
atheism

現在では通常，神を信じないことを意味する．不可知論*という表現が19世紀に一般に用いられるようになるまで，「無神論者」は，神の存在を証明できない命題と考える人たちについて用いられていた．そのような人たちには，哲学的不可知論者，唯物論者，汎神論者という3つの主なグループがあるが，そのいずれもが無神論者でありうるが，必ずしもそうではない．たとえば哲学的不可知論者は通常，神の存在を肯定したり否定したりすることを我々に強いるには証拠が不十分だと言うが，彼らが厳密に無神論者と呼ばれうるのは，神の存在を肯定することが単に軽率なだけでなく無意味なことだと彼らが付言するときのみである．現代の無神論は通常その支持者によって，人間の自由を確認し，自らの運命を統御する能力

を守る方法と見なされている．逆説的になるが，「無神論」はキリスト教神学者たち（たとえばJ.モルトマン*）によって，神を多くの実体的存在の一つであり，有限の存在を侵害する無限の存在であると仮定することを避けるための正当な手段と見なされている．

## ムスリム

➡イスラーム

## 鞭打ち苦行者

flagellants

中世後期に，世の罪の償いのために体を鞭で打ちながら行列した人々の集団．飢饉や戦争，またおそらくフィオーレのヨアキム*の預言は，神が怒っているという確信を生んだ．1260年に，償いの行列などの活動がイタリア全土で起こった．その運動は自然発生的で，あらゆる階層をとらえた．それは急速にドイツ，フランス，ネーデルラントにも広がり，1348-49年の黒死病のあとも現れた．➡信心会

## 無秩序の主人

Misrule, Lord（Abbot, Master）of

中世に，クリスマスの宴会や余興の司会をするように選ばれた人．

## ムーディ

Moody, Dwight Lyman（1837-99）

アメリカの伝道者*．1856年に会衆派*になった彼は，シカゴでの自らの日曜学校*と結びついた伝道活動を開始した．1870年に彼に協力するようになった，アイラ・デーヴィッド・サンキー（Sankey, 1840-1908年）は，歌唱とオルガン演奏をもって，ムーディの宣教に常に同行した．2人はアメリカとイギリスを旅行した．1873年の『サンキー・ムーディ聖歌集』（Sankey and Moody Hymn Book）には，サンキーや他のリバイバリストが用いた多くの聖歌が載せられている．ムーディはアメリカ合衆国内でさまざまな機関を創設した．

## 胸飾り十字架

pectoral cross

貴金属製の十字架で，首のまわりに鎖をかけて胸に着ける．英国教会では，その使用はほとんどもっぱら主教に限定され，カトリック教会と特に東方教会では，もっと広く用いられる．

## ムラトリ

Muratori, Lodovico Antonio（1672-1750）

イタリアの歴史家，神学研究者．1723-51年に28巻のイタリア中世史の膨大な史料集である『イタリア史料集成』（*Rerum Italicarum Scriptores*），および1748年に重要な典礼文書の集成である『古ローマ典礼』（*Liturgia Romana Vetus*）を刊行した．

➡ムラトリ正典目録

## ムラトリ正典目録

*Muratorian Canon*

現存する最古の新約聖書文書の目録で，ミラノで8世紀の写本中にL. A. ムラトリ*により発見された．一般に2世紀後半に由来すると考えられているが，4世紀に帰する学者もいる．ヘブライ書*，ヤコブ書*，Ⅰペトロ書*，Ⅱペトロ書*，Ⅲヨハネ書*を除く新約聖書の全文書に言及している．

## ムリリョ

Murillo, Bartolomé Estebán（1617-82）

スペインの画家．特に「無原罪の御宿り」*の画家として有名で，20枚以上を描き，また彼は「聖母子」のテーマに関するスペインで最も重要な画家であった．彼は子どもたちを描くのにすぐれていた．

## ムンゴ

➡ケンティゲルン

# め

## メアリ1世（メアリ・テューダー）
Mary Tudor（1516-58）

1553年からイングランド女王．ヘンリー8世*とアラゴンのキャサリンの娘であった彼女は，エリザベス*の誕生で王位継承権から除外されたが，1544年にエドワード6世*に次ぐ位置を与えられた．彼女が女王になったとき，初めはプロテスタントの臣下の信仰を禁止しつつも彼らに寛大さを示したが，1554年の反乱ののちは，いっそう厳しく統治する決心をした．スペインのフェリペ2世*との彼女の結婚はひどく嫌われた．1555年に，R. プール*はイングランドを教皇職と和解させた．同年，異端処刑法が復活し，異端に対する裁判が開始され，T. クランマー*，H. ラティマー*，N. リドリ*，J. フーパー*らが火刑に処せられた．ピューリタンの迫害およびメアリが子どもに恵まれなかったことは国民の信頼を失わせた．

## メアリ・ステュアート
Mary, Queen of Scots（1542-87）

メアリ・ステュアート（Stuart）は1543年にスコットランド*女王として戴冠された．彼女は教育を受けるためフランスに渡り，1558年にフランス王太子と結婚した．夫の没後，1561年にスコットランドに戻った．ここで，フランス寄りの摂政ギーズの体制に対する国民的な反感が，J. ノックス*が指導するプロテスタント的な運動と結びついて，プロテスタントが支配する政府が樹立された．メアリは自らの王国に対する理解力を示さず，臣下の忠誠心の残滓を消し去った．1565年に，ダーンリー卿と結婚し，将来のジェームズ1世*(スコットランド王としては6世)の母となった．1567年に，ダーンリー卿はボスウェル伯により暗殺されたが，どの程度メアリが関与したかが問題にされている．彼女のボスウェル伯との結婚に続いて，プロテスタント諸侯の反乱が起こった．彼女は拘禁され，やがて1567年に退位した．翌年，彼女は脱出し，イングランドに逃れた．エリザベス1世*はメアリを監禁状態に置いた．一通の軽率な手紙でバビントン陰謀事件との関与が疑われ，彼女は処刑された．

## メアリ・テューダー
➡メアリ1世

## 名義教会
title

遅くとも3世紀以降，この語はローマの古くからある諸教会を指してきた．幾人かの聖職者は各ティトゥルス（*titulus*）に属していたので，彼ら全員は生活費のために収入を得ており，叙階*時の「名義教会」への配置が生活費の支給を意味するようになった．したがって，この語は生活費の保証がついた一定の霊的な責務や職務という一般的な意味をもつようになり，その保証なしには，司教は通常ある男性（ないし女性）を叙階できなかったので，聖職禄（living）として扱うほど，進んでその人を支援することになった．

## 瞑想
➡黙想

## 瞑想アウグスチノ会
Recollects

スペインで生まれた，アウグスチノ隠修士会*の厳格な一派．その最初の修道院は1589年に建てられた．同派は1602年に別個の管区を設立し，1621年に別個の修族を形成して，1912年に独立した修道会を構成した．

## 『命題集』(めいだいしゅう)
Sentences

キリスト教教理の主な諸真理を短く説明したもの．ラテン語の *sententia* はもともと思想のなんらかの説明を意味したが，中世には，釈義との関連で新しい専門的な意味をもった．命題集（Collections of *Sentences*）はそこで，体系化された意見の集成となった．最も有名なのは，ペトルス・ロンバルドゥス*のそれであった．13世紀には，*sententia* は受容された神学的命題（proposition）を指した．

## メイヌース・カレッジ
Maynooth College

ダブリンから約24kmにあるメイヌースの「王立カトリック・カレッジ」（Royal Catholic College）は，アイルランドにおけるカトリックの司祭養成のために1795年に設立された．1896年以降，同カレッジは教皇庁立大学であり，1910年以降はアイルランド国立大学のカレッジでもある．

## メイン（聖(せい)）
Mayne, St Cuthbert（1544-77）

イングランドで処刑された，カトリックの神学校出身の最初の司祭．オックスフォード大学で，E. キャンピオン*の影響を受けて，カトリックになった．ドゥエー*で叙階されたのち，1576年にイングランドへの宣教師として派遣され，コーンウォールの郷士（landowner）のチャプレン*になった．彼は発見され，死刑を宣告された．彼は1970年に列聖された40人殉教者*の一人である．

## メキシコのキリスト教(きょう)
Mexico, Christianity in

1519年の最初のスペイン軍の侵攻から５年以内に，フランシスコ会*員や他のカトリックの宣教師が到着した．改宗者は多かったが，常にまったく自発的になされたわけではなく，キリスト教の外面的な告白のもとで，多くの異教的慣行が残った．メキシコの独立は1821年に達成されたが，教会と国家が分離して，すべての教会財産が国有化された19世紀半ばまでは，教会の影響力は強かった．1917年の憲法下において，教会学校が閉鎖され，司祭の人数が厳格に制限された．1926年に，教会と国家間のさらなる衝突が起こったが（処刑された人たちのうちの数人はその後に列福された），1929年までに妥協点に達した．1992年に，憲法の修正条項はすべての教派を財産権をもつ法人として認め，外国人聖職者の存在を合法化した．➡解放の神学，ラテン・アメリカのキリスト教

## 恵(めぐ)み
➡恩恵

## メシア
Messiah

（ヘブライ語で「油を注がれた者」の意.）神により特別な権能と任務を授けられた者．ギリシア語には *christos* と訳され，「キリスト」*はそれに由来する．

旧約聖書において，この語はレビ記4:3の祭司のように，特別な任務を受けた者も指しえたが，より特別に，神の命令で油を注がれたと考えられた王を指したのであって，「主が油を注がれた者」として，その人は神聖であった（サム上24:7）．その後，ダビデ*王朝全体が神に特別に選ばれたと見なされ，「主が油を注がれた者」であるとともに「ダビデの子」でもある王という希望は決して消滅しなかった．

新約聖書において，解放者へのユダヤ人の期待はルカ福音書24:21や使徒言行録1:6に反映しており，またマタイ福音書2:2-4では，以前のユダヤ教に見られなかった用法であるが，イエスは「定冠詞付き」で，「キリスト」ないし「メシア」と呼ばれている（欽定訳聖書は the Christ，新改訂標準訳聖書は the Messiah と訳している➡英語訳聖書）．解放者がダビデの子孫であるという期待は，（キリストの）系図*にも「ダビデの子」のような称号にも存在する．十字架上の罪状書きはイエスがメシア的人物として処刑されたことを裏づけるが，イエス御自身がその役割をこの表現で明示したかは明らかでない．マルコ福音書の中間点で（8:29），聖ペトロ*はイエスがメシアであると告白するが，

弟子たちはだれにも話さないようにと言われ，イエスがだれであるか（identity）は，その受難（14:61-62）と死（15:39）において初めて明らかにされる．聖パウロ*の書簡中では，「キリスト」（ないし「メシア」）の称号はすでに単なる名前になろうとしている．➡イエス・キリスト，キリスト，キリスト論，メシアの秘密

## メシアの秘密
messianic secret

この表現を用いたW. ヴレーデ*が1901年に論じたのは，マルコ福音書においてイエスが悪霊に取りつかれた人に沈黙を命じ，御自身がメシア*であること（identity）を秘密にしたことが，歴史的な回想でなく，初期の教会による，復活後のメシア信仰とイエスの宣教・自己理解の歴史的事実とのあいだの緊張から生まれたということであった．

## メーストル
de Maistre, Joseph（1753-1821）

フランスのウルトラモンタニズム*の著作家．彼は18世紀の合理主義の影響を受けたが，1789年の革命後は，教会の中に政治的な安定の保証を見る反動主義者になった．1819年の主著の『教皇論』（*Du pape*）において彼が論じているのは，社会の唯一の真の基礎は権威にあり，それは教皇職が担う霊的な権威と人間の国王が担う世俗の権威という二重性をとるということである．彼の思想はガリカニスム*の崩壊に寄与した．

## メスロプ（聖）
Mesrop（Mesrob）, St（360頃-439）

アルメニア*の宣教者，アルメニア文字の考案者．高官であったが，修道生活に入り，北部および東部アルメニアの宣教活動のために弟子たちを募った．401年頃に，アルメニア文字を考案し，カトリコス*のイサク*とともに，アルメニア語訳の聖書・典礼書・神学書をシリア語やギリシア語から作成する事業を指導した．祝日は2月19日と11月25日．

## メソジスト改革派
Methodist New Connexion

メソジスト派*の一派で，1797年にウェスレー・メソジスト教会から分離し，1907年の合同に加わり合同メソジスト教会*に入った．最初の分離はA. キラム*に指導され，主張点は教会裁判所での信徒の参加およびアングリカンの礼拝のすべての慣行の廃止であった．

## メソジスト教会（メソジスト派）
Methodist Churches

1784年に，J. ウェスレー*は「メソジストと呼ばれる者の年会（Yearly Conference）」が共同体として継続するために法規を決定し，彼がその会員と宣言した100人を指名し，彼らの後継者を任命する方法を規定した．「会」（Conference）はさまざまな「説教の家」（のちの「礼拝堂」）に説教者を任命する権限をもち，その家の所有権は受託者委員会に帰属した．ウェスレーが1791年に没したとき，メソジズムの英国教会との将来の関係が議論のまととなったが，1795年の「会」が採択した「和解計画」（Plan of Pacification）は，メソジストの礼拝堂における洗礼と聖餐の執行を定め，「『会』との十全な結びつき」をもつ説教者へ牧師権（ministerial rights）を与えると宣言した．按手によるミニスターの叙任は1836年に再度採決された．

1797年のメソジスト改革派*の分離は小規模であった．19世紀前半に分離していたメソジスト派から，プリミティブ・メソジスト教会*，バイブル・クリスチャン派*，ウェスレー・メソジスト・アソシエーション，ウェスレー・リフォーマーズが生まれ，そのいくつかは1857年に合同して合同メソジスト自由教会*を設立した．1907年に，メソジスト改革派，バイブル・クリスチャン派，合同メソジスト自由教会は合同して合同メソジスト教会*を設立し，1932年にこれが本来のすなわちウェスレー・メソジスト教会とプリミティブ・メソジスト教会と合同して英国メソジスト教会を設立した．合同メソジスト派とウェスレー・リフォーム・ユニオンは別組織のままである．

メソジスト教会の組織は実質的に長老制的で，

最高の権威をもつ「会」は，同数のミニスターと信徒からなる．メソジズムに特有な組織によれば，「(メソジスト教会の) すべての会員はその名前が組会名簿に登録され，組会*の指導者 (Class Leader) の司牧的配慮のもとに置かれ，四季の会員証を受ける」．「キリスト教徒の経験を分かち合う」ための週ごとの組会は価値のある制度である．

1784年に，ウェスレーはT. コーク*とF. アズベリー*を北アメリカのために「叙任」した．合衆国の拡大とともに，メソジストの数は急速に増えた．南北戦争後，北部と南部に2つの主要なメソジスト教会が存在したが，1939年に両者は合同した．1968年に，この米国メソジスト教会に福音合同兄弟団 (Evangelical United Brethren) が合同して，合同メソジスト教会*が設立された．現在もまだ小規模なメソジスト諸教会が存在し，3つの伝統的な黒人*の教派もそれに含まれる．アメリカのメソジズムは主として「監督制」(episcopal) で，監督 (bishops) と呼ばれる「監督」*(superintendents) をもつが，カトリック的な意味での司教職を求めてはいない．世界のたいていの地域にメソジスト教会が存在し，その多くは独立した「会」組織をもつ．カナダ*，南インド*，ザンビア*，オーストラリア*のメソジスト教会は，それぞれの国の合同教会 (United Churches) に加入しているが，ヨーロッパ大陸ではベルギー*，スペイン*，フランス*において，メソジストは他のプロテスタントと合同した．2010年に，メソジストの数は世界中に約7,000万人いて，そのうち約25万人だけがイギリスにいる．➡英国教会とメソジスト教会の対話

## メソジズム（メソジスト主義）
Methodism

ジョン・ウェスレー*とチャールズ・ウェスレー*および彼らの信奉者により推進された信仰と実践の体系．18世紀には，この語はしばしば漠然とあらゆる種類の福音派を指したが，ウェスレーの運動が独立した教派として組織されてからは，この名称はこの教会およびそこから分かれた他の教会のメンバーに限定されている．➡メソジスト教会

## メソニクティコン
Mesonyktikon

東方教会における，真夜中の聖務日課*．

## メッサリア派（エウキタイ派）
Messalians (Euchites)

どうやら4世紀のメソポタミアに起こったらしい，敬虔主義的で禁欲的なセクト．彼らはシリア，小アジア，トラキア，エジプトに広まり，431年のエフェソス公会議*で断罪されたが，7世紀まで存続した．彼らの考えでは，アダム*の堕罪の結果，万人の魂には悪魔が実体的に結合しており，洗礼により追い出されないこの悪魔は，集中した絶えざる祈りによってのみ離れる．これはいっさいの情念や欲望を排除することを意図していた．ディアドコス*，ニュッサのグレゴリオス*，マカリオス／シメオン*の諸著作とメッサリア派との関係について，多くの議論がなされてきた．

## メディナ
Medina, Bartolomé (1527-80)

スペインのドミニコ会*員の神学者．「蓋然説*の祖」と呼ばれている．聖トマス・アクィナス*の『神学大全』への注解において，メディナが擁護している見解によれば，2つの意見が存在する場合，その両方が蓋然的であっても，それが同等な程度でないなら，より低い蓋然性に従うというものである．

## メデバ（マデバ）の地図
Madeba Map

死海*の東部のメデバ教会で1896年に発見された，色モザイク製のパレスチナと近東の地図．ほぼ確実に6世紀にさかのぼる．

## メトディオス
➡キュリロスとメトディオス

## メトディオス（オリュンポスの）（聖）

Methodius of Olympus, St（311年頃没）

リュキア（Lycia, 現トルコ南西部）地方の主教．彼の生涯について，ほとんど知られていない．ディオクレティアヌス*帝の迫害で殉教したらしい．彼の多くの著作のうち，一部だけが残っている．『シュンポシオンないし貞潔について』（『10人の処女の饗宴』とも呼ばれる）は，処女性を称揚している．復活に関する論考において，彼はオリゲネス*と意見を異にし，復活の体と生前の体との同一性を説いた．自由意志に関する彼の著作は，グノーシス主義*の宿命論に反対して人間の自由を擁護している．祝日は西方では9月18日，東方では6月20日．

## メトロファネス・クリトプロス

Metrophanes Critopoulos（1589-1639）

1636年からアレクサンドリア*総主教．アトス山*のギリシア人修道士であった彼は，キュリロス・ルカリス*により神学を学ぶためにイングランドに派遣された．1638年に，彼はキュリロス・ルカリスに対してカルヴァン主義のゆえに宣告されたその断罪決議に署名した．

## メナイオン（ミネオン）

Menaion

東方教会における12か月の典礼書で，（各月ごとに）固定祝日用の聖務日課*の可変の部分を載せている．

## メナス（エジプトの）（聖）

Menas, St（3-4世紀頃）

エジプトの殉教者．おそらくエジプトで生まれ殉教したが，彼の物語は，ディオクレティアヌス*帝のもとでフリギアで処刑された兵士である，たぶん別のメナスか聖ゴルディオスの物語と混同されたらしい．マレオティス湖の南西の彼の有名な生地は巡礼の中心地になった．祝日は11月11日．

## メナス（コンスタンティノポリスの）（聖）

Menas, St（552年没）

536年からコンスタンティノポリス*総主教．543年の「3章」*論争の始めに，勅令に署名し，補佐主教*にもこれを強いた．彼らは教皇ヴィギリウス*に訴えられ，メナスは547年に短期間，また551年に再度破門された．祝日は8月25日．

## メノナイト派（メノー派）

Mennonites

1536年にカトリック教会との関係を断って，再洗礼派*になった，フリースラントの教会区司祭であるメノー・シモンス（Menno Simons, 1496-1561年）の信奉者．彼が説いたのは，成人信徒の洗礼，地方の会衆の責任と権利を強調する団体的な教会組織，行政職へのキリスト教徒の参加の拒否，無抵抗であった．17-18世紀に，メノナイト派はオランダで増大し影響力をもった．2003年に約130万人のメノナイト派がいたが，その半数以上は南半球にいた．

## メノー派

➡メノナイト派

## メノロギオン

Menologion

東方教会における聖人伝を載せた典礼書で，（9月から始まる）教会暦年をとおして月ごとに配列されている．

## メヒタル修道会

Mechitarists

1701年にコンスタンティノポリス*で創立されたカトリック東方教会*のアルメニア*人修道会．1703年にトルコ人に追われ，1717年にヴェネツィア*のサン・ラザロ（San Lazzaro）島に落ち着いた．修道会の別派はその後ウィーンに創立された．両修道会ともその印刷所から重要なアルメニア語の書物を出版している．

## メヒティルト（マクデブルクの）

Mechtild of Magdeburg（1207頃-1282頃）

神秘主義的な啓示書の著者．ザクセンの貴族出身の彼女は，マクデブルクでベギン*となった．『神性の流れる光』(*Das fließende Licht der Gottheit*)と題する，彼女の幻視に関するさまざまな書物は，1250年頃から1282年のあいだに書かれ，キリストとの対話，花嫁神秘主義，三位一体的な神学と終末論を含んでいる．1270年にヘルフタ(Helfta)のシトー会*女子修道院に入った彼女は，そこで(しばしば混同される)ハッケボルン(Hackeborn)の聖メヒティルトや聖ゲルトルーディス*と交友があった．祝日は『共同礼拝』*では11月19日．

## メムリンク
Memling (Memlinc), Hans (1440頃-1494)

画家．ドイツ出身の彼は，1465年にはブリュッヘ(ブリュージュ)の市民になっていた．色彩とその調和で有名な彼の絵画には，ロンドンのナショナル・ギャラリー所蔵の「ダン(Donne)三連祭壇画」および聖母像や他の祭壇画がある．

## メモラーレ
Memorare

広く用いられる，聖母マリア*に向けた「取り次ぎの祈り」*．通例，クレルヴォーの聖ベルナルドゥス*に帰されてきたが，真の作者は不明である．最も好まれた英語訳は‘Remember, O most loving Virgin Mary’で始まる．

## メモリアーレ・リトゥウム
Memoriale Rituum

今は使用されていない典礼書で，小さなカトリックの教会区教会で以前用いられた短縮形の，キャンドルマス*，「灰の水曜日」*，「受難の主日」*，聖週間*の最後の3日間用の儀式文が載せられていた．

## メーラー
Möhler, Johann Adam (1796-1838)

カトリックの歴史家，神学者．テュービンゲン*大学教授，続いてミュンヘン大学教授であった．カトリック・テュービンゲン学派の指導的代表者であった彼は，制度としてよりむしろ聖霊に満たされた生ける共同体としての教会の本質を強調した．

## メラニア
Melania

(1) 大メラニア(Melania ‘the Elder’)(342頃-410年頃)．ローマの裕福な女性であった彼女は，夫の没後，修徳生活に入り，ローマを離れ，アクイレイアのルフィヌス*とともにオリーブ山*に男女併存修道院*を建てた．(2) 聖メラニア(小)(St Melania ‘the Younger’)(385頃-438/39年)．大メラニアの孫である彼女は，夫とともにベツレヘム*の聖ヒエロニムス*のもとに赴いた．彼女はオリーブ山に別の修道院を建てた．祝日は12月31日．

## メラネシア兄弟会(きょうだいかい)
Melanesian Brotherhood

アングリカンの伝道者*の修道会で，伝統的な清貧・貞潔・従順の誓願を立てるが，通常は限定した期間である．1925年に，ソロモン諸島出身のイニ・コプリア(Ini Kopuria)により創立された．

## メランヒトン
Melanchton, Philipp (1497-1560)

ドイツの宗教改革者．1518年に，ヴィッテンベルク*大学ギリシア語教授になり，そこでM.ルター*と影響を及ぼし合った．1521年に，ルターがヴァルトブルク*に保護されていたあいだ，メランヒトン自身が宗教改革運動の先頭に立った．当時の最も博識で知的に旺盛な人物の一人であった彼は，律法と自由意志に関するカトリックの教えにルター以上に近かったが，さらなる分裂を防ぎたいという彼の思いが，聖餐*に関するツヴィングリ*やカルヴァン*の教えに近づけさせた．メランヒトンは1529年のシュパイエル帝国議会*，同年のマールブルク会談*，1530年のアウクスブルク帝国議会に出席し，彼はその会議でのアウクスブルク信仰告白*の主な起草者であった．しかしながら1537年に，彼は『シュマルカルデン条項』*における教皇職に対する公然たる断罪には反対した．カトリックとプロテスタント間の，1540-41年のヴォルムス会議*と1541年のレーゲンスブルク会議*において，メランヒトンとM. ブツァー*は両教会を合同させようとしたが成功しなかった．晩年において，メランヒトンはルター派の領邦教会における教会的・教育的な再建およびアディアフォラ主義*論争に深く関わった．彼がまた批判を受けたのは自由意志に関するその教えであったが，それは義認*は聖霊の働きであるが，人間の意志は義認の当然の結果である善行に励むことになるというものである．この教えは彼の『神学総覧』（*Loci communes,* 初版は1521年）の1535年版で，完成した表現になっている．➡神人協力説，フィーリプ派

## メリチ

➡アンジェラ・メリチ

## メリティオス（聖）

Melitius, St（381年没）

360年からアンティオキア*主教．アレイオス主義*論争の過程で，幾度も追放され，378年に最終的に復位した．381年の第1コンスタンティノポリス公会議*で議長となった．彼の名にちなんでアンティオキアで「メリティオス派のシスマ」*が起こったのは，アンティオキア主教エウスタティオス*の支持者がメリティオスの神学に疑念をもち，362年にパウリノス（Paulinus）の主教聖別をかちえたからであった．このシスマはメリティオスの没後まで続いた．祝日は2月12日．

## メリティオス派のシスマ

Melitian Schisms

(1) エジプトのリュコポリス（Lycopolis）主教メリティオスは，迫害下に棄教した人たちの復帰に関して，306年頃にアレクサンドリア*主教ペトロス*により規定された条件が寛容すぎると見なした．メリティオスは騒動を起こし，ペトロスにより破門され，自ら叙階した聖職者からなるシスマ的な教会を設立した．このメリティオス派は少数ながら8世紀まで存続したと思われる．(2)「メリティオス」の項参照．

## メリ・デル・ヴァル

Merry del Val, Rafael（1865-1930）

枢機卿．レオ13世*に選ばれて教皇庁に仕えた彼は，1896年の「英国教会の叙任」*の正当性を否定した委員会を主宰した．1903年に，彼を枢機卿兼国務長官にしたピウス10世*の非妥協的な政策に同調した．メリ・デル・ヴァルは司牧的感性にすぐれていた．

## メリトゥス（聖）

Mellitus, St（624年没）

619年からカンタベリー*大司教．601年に，グレゴリウス1世*によりイングランドに派遣された彼は，604年にイースト・サクソン人の司教に聖別された．祝日は4月24日．

## メリトン（聖）

Melito, St（190年頃没）

サルディス*主教．その生涯について，ほとんど何も知られていない．彼の多くの著作のうち，断片のみが知られていたが，1940年にパピルス*に保存された著作が公刊された．『過越について』（*Peri Pascha*）の主要なテーマは，キリストにより始められた新しい過越*である．そこには，ユダヤ教徒に対する強い反論およびキリストの真の人間性に関する反グノーシス主義的な主張が見られる．祝日は4月1日．

## メリノール会

Maryknoll

メリノール宣教会（Maryknoll Fathers and Brothers）と通称される米国カトリック外国宣教会（Catholic Foreign Mission Society of America）は，トマス・フレデリック・プライス（Price, 1860-1919年）とジェームズ・アンソニー・ウォルシュ（Walsh, 1867-1936年）により1911年に創立された修道会である．メリノール修道女会（Maryknoll Sisters）と通称されるメリノール女子修道会（Foreign Mission Sisters of St Dominic）は，メアリ・ジョゼフィーン・ロジャーズ（Rogers, 1882-1955年）により創立され，1920年に教皇の認可を受けた．両会員とも世

界中の，特にアジア，アフリカ，ラテン・アメリカ*の諸国で奉仕活動をし，貧者や無力な人たちとともに生活し，貧困と闘い，医療を提供し，共同体を建設し，平和と社会正義を助長している．1980年に，２人のメリノール修道女がエルサルバドル*で貧者とともに活動中に殺害された．1970年に設立された同会の出版部であるオルビス出版（Orbis Books）は，「解放の神学」*および世界的規模の信仰の流布に重要な役割を果たしている．

## メルヴィル
Melville, Andrew（1545-1622）

スコットランド*の長老派*の神学者．グラスゴー大学とセント・アンドルーズ大学で学長職に就き，重要な教育改革を行った．彼はまた，残存していたスコットランドの監督制を批判するのに積極的な役割を果たし，1575年に，『第２規律書』*の起草を任された．1582年の長老派教会大会議長*として，「タルハン主教」*の一人であるR. モンゴメリー（Montgomery）を訴追した．これらの行為は，彼に対するジェームズ１世*の敵意を招いた．メルヴィルは1607年にロンドン塔に幽閉されたが，1611年に釈放されて，スダン（Sedan）大学の教授職を与えられた．

## メルキゼデク
Melchizedek

創世記14:18によれば，戦いから帰って来たアブラハム*に，パンとぶどう酒を贈った「サレムの王」で「いと高き神の祭司」．ヘブライ書の著者は彼の祭司職をキリストのそれを予示するものと見なし（6:20，7:1以下），別のキリスト教の伝承は彼の贈り物に聖餐*の予型*を見た．

## メルキト教会（メルキト派）
Melkites（Melchites）

キリスト単性論*を否定し，451年のカルケドン定式*を受け入れ，コンスタンティノポリス*主教座と一体をなす，シリアとエジプトのキリスト教徒．今日ではこの語は，アンティオキア*，エルサレム*，アレクサンドリア*の総主教座に属しつつ，（特にカトリック東方教会*員ではあるが，正教会員でもある）ビザンティン典礼のキリスト教徒を指す．

## メルシエ
Mercier, Désiré Joseph（1851-1926）

ベルギーの哲学者，高位聖職者．ルーヴァン大学教授として，トマス主義*の復興を熱心に支持した．1906年に，マリーヌ（メヘレン）大司教，翌年に枢機卿に任命された．1908年の四旬節の司教教書*において，彼はG. ティレル*を批判した．メルシエはマリーヌ会談*における，カトリック側の指導的な人物であった．

## メルシュ
Mersch, Émile（1890-1940）

イエズス会*員の神学者．「キリストの神秘体」の点から神学的総合を構築しようとした．彼は教会の教理を歴史をとおして辿り，それを体系的観点から説明した．

## メルセス修道会
Mercedarians（Nolascans）

ムーア人に捕らわれたキリスト教徒の買い戻しを助けるために，聖ペトルス・ノラスクス*が創立した男子修道会で，1235年にグレゴリウス９世*により認可された．その主要な活動は捕虜の買い戻しのために施しを集めたり，自己の財産から金銭を調達することであったが，会員たちはまたキリスト教徒の解放を交渉するためにムスリムの土地を旅行もした．19世紀以降，同修道会は教育・慈善・宣教活動に従事している．

## メルセンヌ
Mersenne, Marin（1588-1648）

フランスの哲学者，科学者，神学者．近代哲学史における彼の位置は，彼が当時の多くの指導的な哲学者・科学者と結んだ絆によるものである．彼は新しい科学的な動きが反宗教的な方向に進むのを防ぐのに貢献した．

## メルヒオル派

➡ホフマン

## メンサ
mensa

（ラテン語で「卓」の意.）キリスト教の初期の時代，この語は墓所の上か側に置かれた墓石を指し，また死者を記念する食事の食卓を指した．ふつう，祭壇*上部をなす平らな石（あるいは他の素材）を指すこともある．

## 免罪（パルドン祭）
Pardon

（1）贖宥*の別称．贖宥を得る権利を売り歩いた「免罪符（贖宥状）売り」（Pardoners）は，公然と非難された．（2）ブルターニュにおいて，贖宥を授ける，教会堂の守護聖人の祭．しばしば村祭とともに行われる．

## 免除

➡特免

## 免償（贖宥）
indulgences

キリストや聖人の功徳*に基づく，赦された罪に当然な一時的罰（temporal penalty）の教会による免除（remission）．免償を与える慣行が前提しているのは，罪は罪人が悔悛*と赦免*により神と和解した後でも，地上か煉獄*かで罰を受けねばならないこと，「聖徒の交わり」*をとおして，すべてのキリスト教徒はキリストの救いのわざの功徳と聖人の功徳とにあずかりうること，教会はこれらの功徳の恩恵を与えうることである．

初期の教会において，証聖者*や殉教を待つ人たちによる執り成し*は，悔悛中の人たちの教会法上の規律期間を短縮するために，教会当局により認められていた．西方における煉獄の教理の発展とともに，教会法上の悔悛は煉獄における一時的罰に代わるものと見なされるようになり，そこから起こった信仰は，教会法上の悔悛を必要としない罪に対してさえ，聖人の祈りや功徳がそのような罰を短縮するのに役立つというものであった．その後，代替的なわざが定められた悔悛の代わりに認められ，キリストや聖人の功徳がその不足を補うために適用された．12世紀以降，免償の授与は一般的になった．贖宥状（免罪符）の販売のような，中世後期に発展した相当な濫用は，宗教改革*の直接的な原因となった．1967年に，パウルス6世*は伝統的な教理の実際の適用法を改訂したが，それは教会の目的が，単に信徒が自らの罪に相当する償罪*をする手助けをすることだけでなく，主に信徒をより深い愛（charity）へと導くことを明らかにするためであった．免償はもはや日数や月数で限定されない．免償はただ，免償を得る行為をなす人がすでに愛により得た免除を補うと同時に，彼（ないし彼女）が免除を得る際の痛悔*をも補う．➡全免償

## 免属
exemption

教会法的な意味で，通常の長上*（ふつうは司教区*の司教）による統制から自由で，それゆえ一般に修道院ないし修道会の長上，あるいは教皇に直属すること．「免属の」（exempt）という語はまた，管区大司教*に属さず，聖座*に直属した教区にも用いられる．中世における免属の数の増加は，司教と修道会のあいだの摩擦の原因となったので，免属はトリエント公会議*で制限された．免属の法的な影響力をいくらか変更した1983年の『教会法典』*は，免属をすべての「奉献生活の会」*が享受する自治権に従属させた．

# も

## モア
More, Dame Gertrude (1606-33)

霊的著作家．聖トマス・モア*の玄孫である彼女は，カンブレ（Cambrai）にある英国系ベネディクト会*修道院の最初の修道志願者*の一人であった．のちに彼女の伝記を書いたA. ベイカー*の指導を受けた．彼女自身の著作は没後に，『神を愛する人の聖なる実践』（*The Holy Practices of a Divine Lover*, 1657年）および『愛の人の告白』（*Confessiones Amantis*, 1658年）として刊行された．

## モア
More, Hannah (1745-1833)

宗教的著作家，慈善事業家．W. ウィルバーフォース*の影響を受けた彼女は，チェダー（Cheddar）と近隣の村に学校を創設したが，その時代，民衆の教育という企画はほとんど前例がなく，宗教教育は糸紡ぎの訓練と結びついていた．1793–99年に，彼女はフランス革命の影響力と闘うために多くの小冊子*を書き，それらは『廉価小冊子叢書』（*Cheap Repository Tracts*）にまとめられた．

## モア
More, Henry (1614-87)

ケンブリッジ・プラトン学派*の一人．さまざまな著作において彼は，T. ホッブズ*によって代表される唯物論に反対して，有神論*と不死性*を擁護した．モアは神的真理が本能的に合理的であることを強調し，理性より高度の原理の存在を主張して，それを「神的叡知」（Divine Sagacity）と名づけた．彼の考えでは，正しい性向と自由な知性の涵養をとおしてのみこの高度の真理を把握しうるが，その後，この直覚的本能（intuitive instinct）は理性の方法で確認されうる．

## モア（聖）
More, St Thomas (1478-1535)

イングランドの大法官．チェルシーの彼の自宅は学問と敬虔の拠点であった．1516年の彼の最も有名な著作『ユートピア』（*Utopia*）は，自然法・信仰・理性によって生きる理想的な共同体を描写し，その時代の悪弊に痛撃を加えた．

1510年以降，一連の官職に就き，1529年にT. ウルジー*の後任として大法官となった．ルター*をめぐる論争がヨーロッパ中で高潮に達した1520年代，カトリシズムの熱心な擁護者として現れた．彼はヘンリー8世*の1521年の『7つの秘跡の弁護』（*Assertio Septem Sacramentorum*）の執筆に協力した．しかしながら，ヘンリーの離婚問題で支援を渋ったことは，モアの政治的立場を困難にし，それを維持できなくさせたのは，ヘンリーによるイングランドにおける教会の権利への侵害であった．1532年に，聖職者会議*がヘンリーの要求を受け入れたとき（➡聖職者の服従），モアは大法官を辞任した．彼が1534年に王位継承法への宣誓を拒否したとき，ロンドン塔に投獄された．彼は国王の首長権*を否定したとして大逆罪で裁かれ，有罪を宣告され処刑された．祝日は以前は7月9日，現在は，聖ジョン・フィッシャー*とともに，6月22日（『共同礼拝』では7月6日）．

## モーヴィンケル
Mowinckel, Sigmund Olaf Plytt (1884-1965)

ノルウェーの旧約聖書学者．彼の最も注目すべき著作は詩編に関するものであった．彼の考えでは，ヤハウェ*の王位を祝う詩編は，ヤハウェの即位が毎年祝われた捕囚前の祝祭の儀式に属し，またそのテーマは後代の終末論的希望のひな型を提供した．彼にはまた，メシア*的希望，エズラ記・ネヘミア記*，六書*に関する著作がある．

## モウル
Moule, Handley Carr Glyn（1841-1920）

1901年からダラム*主教．1881年に，ケンブリッジ大学リドリー・ホールの初代校長になった．彼はケンブリッジ大学で，またその後ダラムでも福音主義*の指導的な人物であった．

## モウルトン
Moulton, James Hope（1863-1917）

古典語学者，イラン語学者，新約聖書学者．彼は新約聖書のギリシア語に非文学的なパピルス*からの新しい証言をもたらした．

## 燃える柴（もえるしば）
burning bush, the

主の御使いが「柴の間に燃え上がっている炎の中に」現れた（出3:2-4），モーセ*の召命の場面．

## モーガン
Morgan, William（1545-1604）

ウェールズ*語の聖書翻訳者．1595年からランダフ*主教，1601年からセント・アサフ*主教であった．彼がまだ教会区司祭であったとき，聖書をウェールズ語に翻訳し，1588年に刊行した．新約聖書の翻訳は，1567年にすでに刊行されていた翻訳に基づいているが，旧約聖書は原語から独力で翻訳された．

## モギラ
Mogila, Peter（1596-1646）

正教会の神学者，1632年からキエフ府主教．彼の著作中で最も重要なのは『正教信仰告白』である．正教会の信仰を包括的に概説した本書は，1642年のヤーシ主教会議*で承認され，1645年に刊行され，正教教理の主要な証言であり続けている．

## 黙示文学（もくしぶんがく）
Apocalyptic literature

ギリシア語の「アポカリュプシス」は「啓示」ないし「開示」を意味するので，黙示文学は通常は隠されていることを啓示したり未来を啓示するものだと主張する．ユダヤ教黙示文学はおよそ前200年から後200年までの期間に属し，現在の秩序の終焉や次なる世界を論じている．

本来の黙示文学は，前175-64年のアンティオコス・エピファネス*による迫害中に書かれたダニエル書*からおそらく始まるが，近づきつつある「主の日」に言及する預言書のいくつかにも黙示的傾向がある．黙示文学はほとんど常に偽名を用いており，イスラエルの過去の英雄的人物の名前で書かれている．旧約聖書*以外で，ユダヤ教黙示文学に含まれるのは，『エノク書（第1・第2）』*，『バルク書（第2）』*，エズラ記（ラテン語）*，『モーセの昇天』*，『ヨベル書』*，『イザヤの昇天』*，『12族長の遺訓』*である．主なキリスト教黙示文学はヨハネ黙示録*と（正典外の）『ペトロ黙示録』*である．

## 黙想（瞑想）（もくそう（めいそう））
meditation

キリスト教の伝統において，この語は以下の事柄について用いられてきた．(1) 聖書の本文の朗誦ないし暗唱．(2) 1日中，宗教的真理を心に留めること．(3) 事物について考えることで，力点が知的な厳格さや認識の鋭さに置かれることも，信心的な熱意に置かれることもある．(4) 精神やしばしば想像力を，信仰の真理や特にキリストの生涯の出来事に専念させることで，情緒的な反応を引き起こす意図がある．この最後の意味で，黙想は祈りの一部と見なされるようになり，観想*と区別された．現代では，黙想の諸形態が東洋の非キリスト教的な諸宗教から取り入れられ，特定の対象への集中よりむしろ，熟慮的な思考の放棄としばしば関わっている．

## 黙想会（修養会）（もくそうかい（しゅうようかい））
retreat

一定の日数を沈黙のうちに過ごし，宗教的修練に専念すること．正式の信心として，黙想会は対抗宗教改革*期に導入され，「黙想の家」（retreat houses）は17世紀に建てられた．カトリック教会では，毎年の黙想会に参加する慣行が19世紀に広

まった．➡潜心，黙想

## 目的論
teleology

究極目的ないし目的因の研究であり，特に宇宙が構想と目的を包含するという見解．この見解は，神の存在に関する（「物理的・目的論的証明」ないし「目的論的証明」［teleological argument］と呼ばれる）構想からの現代的証明の基礎をなしている．その古典的な形では，どの生物学的な種も明白に自分自身の要求を充たすように構想されているという観察から出発し，そこから知的な創造主の存在を証明する．➡宇宙論的証明，本体論的証明

## モサラベ聖歌
Mozarabic chant

モサラベ典礼*の音楽．大部分の初期の写本中のネウマ*は現在は読唱されえないが，その旋律が，アンブロシオ聖歌（Ambrosian chant ➡アンブロシウス典礼*）ともグレゴリオ聖歌*とも類似していたという証拠がある．

## モサラベ典礼（イスパニア典礼）
Mozarabic rite

イベリア半島で最初期から11世紀まで用いられた典礼様式の通称．それがローマ典礼に置き換わったのは，スペイン*のキリスト教徒による再征服の結果であった．その廃止に抵抗したトレドでは，６つの小教区でその使用の継続が認められた．F. ヒメネス・デ・シスネロス*は1500年と1502年にミサ典礼書*と聖務日課書*を刊行させた．1989年に，トレド教区（および，裁治権者*の許可があれば，スペイン中）において，新しい『イスパニア・モサラベ・ミサ典礼書』（*Missale Hispano-Mozarabicum*）の全般的使用が許可されたが，これは最古の写本に基づき，また第２ヴァティカン公会議*の改革との関連で改訂されたものである．

モサラベ典礼はガリア典礼*と類似しているが，北アフリカやおそらくビザンティンからの影響もみられる．ミサの特徴として目立つのは，ギリシア語でトリスアギオン*を唱えること，毎日変わる（叙唱*に対応する）「イラティオ」（Illatio），７つに（シスネロスのミサ典礼書によれば，９つに）ホスティア*の「パンを裂くこと」*で，これはキリストの生涯の秘義を表している．聖務日課*において，在俗司祭と修道士のそれには相違があった．前者は晩課*と朝課*だけからなっていたが，後者の最も発達した形では，日中も12回，夜間も12回の聖務日課を守ったと思われる．

## モザンビークのキリスト教
Mozambique, Christianity in

ポルトガル*による占領は1505年にモザンビークの海岸で始まり，ザンベジ川流域に拡大した．1577年から，ドミニコ会*員の宣教師が到来し，1610年にイエズス会*員の宣教師が続いた．ポルトガルにおける1759年のイエズス会および1834年の他の修道会の追放後，モザンビークにおけるキリスト教はほとんど消滅した．宣教師は19世紀後半に戻り始めたが，1940年の教皇庁とポルトガル共和国間の政教条約後にやっと司教区が設立された．1975年の政治的独立前の10年間，宣教師と植民地政府間に緊張が存在した．マルクス主義にたつ新政権は教会に敵対的であったが，両者の関係はその後正常化した．メソジスト派*，長老派*，バプテスト派*のようなプロテスタント諸教会は，植民地時代に認知されるために闘った．初代大統領サモラ・マシェル（Samora Machel，在職1975-86年）はメソジスト出身であった．内乱中もその後も，諸教会は社会奉仕を行い，平和的な解決のために活動した．ペンテコステ派*のアッセンブリーズ・オヴ・ゴッド*は独立時にすでにプロテスタント最大の教派であったが，それ以降，多数の新しいペンテコステ派*の諸教会が存在し，ブラジル起原の教会も含まれる．カトリック教会はモザンビークのキリスト教会では最大である．

## モーシェ・バル・ケーパー
Moses bar Kepha（815頃-903）

863年頃からシリア正教会*のモスル（Mosul）主教．彼は聖書の大部分の文書に関して注解書を書いたといわれ，創世記，福音書，パウロ書簡に関

する注解書が部分的に残存している.

## モズリー
Mozley, James Bowling (1813-78)

トラクト運動*後の神学者. 1845年のJ. H. ニューマン*の離脱後, モズリーはしばらくオックスフォード運動*の指導的なメンバーであった. 1865年のバンプトン講演『奇跡論』(*Miracles*) は, 当時の緊急の課題に対するすぐれた労作と称賛された.

兄のトマス・モズリー (1806-93年) は, 1882年の『オーリエル・カレッジとオックスフォード運動の回想』(*Reminiscences, chiefly of Oriel College and the Oxford Movement*) で想起される.

## モーセ
Moses

イスラエルの指導者, 律法授与者. モーセ五書*の記述によれば, エジプトで生まれ, ファラオの娘にひそかに助けられて命拾いした. 彼はヘブライ人をその苦役から助け出すようにという神の命令を受け, やがて彼らをエジプトから導き出した. 砂漠を越える旅の途中, 彼らはしばしば彼に反抗したが, 彼の執り成しにより, 彼らには食物としてのマナ*および共同生活を導く十戒*が与えられた. 彼は約束の地を見ることができ, モアブで没した.

この記述の信頼性に関する意見は, モーセについての記述を実際に真実であると見なすものから彼の存在を否定するものにまで及ぶ. たいていの学者が認めるのは, モーセのようなだれか指導的な人物がイスラエル民族の一致により前提されていること, ヘブライ人は初期の苦役の時期が事実でなかったならば, それを記そうとしなかったであろうということである.

モーセはキリスト教の伝承において重要な人物である. キリストの変容*の場面で, モーセは律法の代表者として現れる. モーセはさまざまな伝説のテーマとなった.

## モーセ五書(こしょ) (五書(こしょ))
Pentateuch

5巻の「モーセ*の文書」, すなわち創世記*, 出エジプト記*, レビ記*, 民数記*, 申命記*を指して, 聖書学者が用いる名称. 伝統的に, これらの文書はモーセ自身により書かれたと考えられてきた. 19世紀に,「資料仮説」(documentary hypothesis) がJ. ヴェルハウゼン*らにより展開され, これによれば, モーセ五書は前9-5世紀に由来する文書資料から編纂されたものである. 今でも, 以前に独立していた資料が結合してモーセ五書を形成したことを否定し, 一群の口伝が現在の形のモーセ五書のようなものになるまで徐々に発達したと論じる学者もいる. ➡J資料, E資料, D資料, P資料

## モーセス (コレネの)
Moses of Khoren

後439年までの名高い『アルメニア*の歴史』の著者. 彼は聖メスロプ*の弟子と自称しており, これが正しければ, 彼は5世紀に生きたことになるが, おそらくその著作は8世紀前半に年代づけられよう.

## モゼッタ
mozetta (mozzetta)

短い肩マント状の衣服で, 1969年まで小さなフードが付いていた. 教皇, 枢機卿, その他の高位聖職者が着用する.

## 『モーセの昇天(しょうてん)』
*Moses, The Assumption of*

後1世紀の複合的なユダヤ教の文書で, その大半は失われた. 含まれていたのはイスラエル民族の歴史を預言するモーセ*の言葉, およびおそらくモーセの死去と昇天の記述であった.

## モダニズム
➡近代主義

## モット
Mott, John Raleigh (1865-1955)

アメリカのメソジスト派*. 彼は宣教を熱心に主張したことで有名になり, 1910年のエディンバラ*第1回国際会議を召集した委員会の議長であった. 彼のエキュメニカル運動*への関心はこの時期にさかのぼる. 彼は「信仰と職制」*と「生活と実践」*の両会議において, また世界教会協議会*の創設においても多大な貢献をした.

## モテット
motet

多声音楽の曲種の一つで, 典礼において補間的位置を占めた. その明確な役割は変化したが, ミサにおいてオフェルトリウム*と奉挙*の際に主に用いられてきた. 中世のモテットは一群の独唱が意図され, 構成的基礎として単旋聖歌*の旋律を用いた. 15世紀以降, 合唱曲の形になり, ジョスカン・デプレ (Josquin des Prés, 1521年没), O. デ・ラッスス*, G. P. ダ・パレストリーナ*らとともにその頂点に達した. 17世紀には, 独唱が再び楽器の伴奏とともに用いられた.

## モデレーター
➡大会議長

## モナルキア主義(しゅぎ) (モナルキア派(は))
Monarchianism

2–3世紀の神学的運動. その支持者は一神教*と神性 (Godhead) の単一性 (モナルキア) とを守ろうとする試みにおいて, 御子の独立的自存(subsistence) を正当に扱えなかった. 2つのグループが存在した. 「養子論*的」モナルキア主義者の考えでは, イエスは御父からの勢力ないし影響力がその人間性に留まったという意味においてのみ神であった. 「様態論*的」モナルキア主義者の考えでは, 神性における唯一の差異は様態ないし働きの継承である. 彼らが御父受難説*者とも呼ばれるのは, 彼らの教えでは, 御父が御子として苦しみを受けたからである.

## モナルキア派(は)の序文(じょぶん)
Monarchian Prologues

ウルガタ訳聖書*の多くの写本において, 各福音書に付けられた短い前置きの序文. 以前は2–3世紀のモナルキア派*の資料に由来すると考えられて, この名称が付けられた. たいていの最近の批評家の考えでは, これはプリスキリアヌス派*の影響を受けており, 4世紀後半か5世紀前半に由来する.

## モニカ (聖(せい))
Monica, St (331頃-387)

ヒッポの聖アウグスティヌス*の母. 40歳のとき夫に先立たれた彼女は, 息子が正道からそれたことを気遣い, 彼の回心のために熱心に祈った. 彼女は北アフリカからイタリアへ, 次いでローマからミラノへと彼について行き, ミラノで聖アンブロシウス*の影響を受け, また息子の回心に立ち会った. 祝日は8月27日(以前は, アメリカの1979年の『祈禱書』と同様に, 5月4日).

## モーネ
Mone, Franz Joseph (1796-1871)

ドイツの歴史家, 典礼学者. 1850年の『ラテン語とギリシア語によるミサ典礼書』(*Lateinische und griechische Messen*) は, 一連の典礼祝日との関連性をまったく欠くことで有名な初期のミサ典礼書を含んでおり, 通常, 『モーネ・ミサ典礼書』(Mone Masses) と呼ばれる.

## モノゲネス
Monogenes, The

ギリシア語の聖歌で, その冒頭語にちなみ, ビザンティン典礼歌に含まれる.

## ものみの塔聖書冊子協会(とうせいしょさっしきょうかい)
➡エホバの証人

## モバリー
Moberly, Robert Campbell (1845-1903)

英国教会の神学者. 主著は, 「英国教会の叙任」*の有効性に関する有名な補遺を付した1897年の『聖職者の職能』(*Ministerial Priesthood*), および贖罪*論の独創的で深い研究書である1901年の『贖罪と人格』(*Atonement and Personality*)である.

## 模範説（もはんせつ）
exemplarism

贖罪*についての見解で, 我々にとってのキリストの死の価値は純粋に, その完全な愛と自己放棄により我々に示した道徳的な模範にあり, これが我々の想像力と意志を刺激して悔い改めと聖性に導くと主張する.

## モファット
Moffat, Robert (1795-1883)

宣教師. ロンドン宣教協会*により南アフリカ*に派遣された彼は, アフリカーナー (Africaner) というホッテントット人の首長を改宗させ, 正式な支持を得た. モファットは初めはベチュアナ人 (Bechuanas), 次いでマタベレ人 (Matabele) のあいだで活動した. 彼はのちの女婿であるD. リヴィングストン*にアフリカ行きを勧めた.

## モファット
Moffatt, James (1870-1944)

新約聖書学者. スコットランド自由教会*のミニスター*であった彼は, 1927-39年に, ニューヨークのユニオン神学校*の教授であった. 彼の聖書の翻訳は口語英語で書かれ, 新約聖書は1913年に, 旧約聖書は1924年に刊行され, 全体が1935年に改訂された. 彼はまた, 自らの翻訳に基づく新約聖書の注解書を編集した.

## モラヴィア教会（きょうかい）
➡モラヴィア兄弟団

## モラヴィア兄弟団（きょうだいだん）
Moravian Brethren

現在はふつう「モラヴィア教会」(Moravian Church) と呼ばれる. N. L. フォン・ツィンツェンドルフ*の支援のもとに, 1722年からヘルンフート*に定住した, ボヘミア兄弟団*の残留者は「モラヴィア兄弟団」ないし「一致兄弟団」*と呼ばれるようになった. 共同体内には, 強い敬虔主義*的な要素が存在し, 初期には, ルター派*教会と密接な関係をもった. 彼らはキリストを知らない人たちに御自身を証言するようにという特別な召命感をもっており, 1732年に, モラヴィア派 (Moravians) の宣教師は西インド諸島*で活動を開始し, やがて1733年にグリーンランド, 1736年に南アフリカ*, 1752年にラブラドルに赴いた.

モラヴィア派が常に強調してきたのは, 信条よりむしろ交わりと礼拝である. 彼らは司教*, 司祭*, 助祭*の職位を保持しているが, それらはカトリックの対応職位とは完全には一致しない. モラヴィア教会は25の自治的な管区からなり, 約98万人の会員がおり, そのほぼ3分の2がタンザニアとその近隣諸国に在住する.

## モラン
Morin, Jean (1591-1659)

フランスのオラトリオ会*員の神学者. 聖書学者および教父学者であった彼は, 東西教会を合同する企図において叙階*に関して, ウルバヌス8世*に助言した. 彼は「用具の授与」*が叙階式の問題を構成しているという考えを否定した.

## モリス
Morris, William (1834-96)

イギリスの芸術家, 著述家. 生活と芸術の統一が中世以後の専門化と機械化により破壊されたと考えて, その再統一をめざした. 健全な社会生活が健全な芸術の必須条件と信じた彼は, 1884年に社会主義者同盟 (Socialist League) を創立した. 彼の初期の小説はG. チョーサー*に則っており, 後期のそれは遠い過去や遠い未来を扱っている. 1890年に, 彼はケルムスコット・プレス (Kelmscott Press) を設立した.

## モーリス
Maurice, Frederick Denison (1805-72)

キリスト教社会主義*者. ユニテリアン派*の

ミニスターの息子であった彼は，次第にアングリカンの信仰を受け入れるようになり，1834年に叙任された．1846年に，ロンドンのキングズ・カレッジ*に新設の神学部の神学教授になった．彼は1848年の政治的出来事に動かされ，キリスト教の原理を社会改革に適用することに関心をもつようになって，J. M. F. ラドロー*と知り合うことでキリスト教社会主義者となった．モーリスの正統信仰には絶えず疑念がもたれ，1853年の『神学論文集』（*Theological Essays*）が危機を招いて，キングズ・カレッジから罷免された．すなわち，彼は1つの論文で，未来の刑罰の永続性という通説を批判し，新約聖書における「永遠」が時間と無関係であると主張した．1866年に，彼はケンブリッジ大学の道徳哲学のナイツブリッジ（Knightsbridge）教授となった．祝日はアメリカの1979年の『祈禱書』および『共同礼拝』*では4月1日．

## モリソン
Morison, James（1816-93）

「福音主義連盟」*の創設者．キルマーノック（Kilmarnock）で合同分離派教会*のミニスター*として，彼はキリストが万人のために贖罪をなしたと説き，その信念を小冊子で公にした．彼は1841年に合同分離派教会から追われ，1843年に「福音主義連盟」を創設した．

## モリソン
Morrison, Robert（1782-1834）

中国*への最初のプロテスタント宣教師．ロンドン宣教協会*に所属した彼は，1807年に広東に派遣された．やっとのことで，彼は当時は外国人が教えてもらえなかった中国語を学習した．彼は中国語の文法書，辞典，聖書翻訳を刊行した．

## モリナ
Molina, Luis de（1535-1600）

スペインのイエズス会*員の神学者，1588年の『恩恵の賜物との自由意志の調和』（*Concordia liberi arbitrii cum gratiae donis*）の著者．

「モリナ主義」（Molinism）の語は，本書できずかれたモリナの恩恵*論を指しており，その中心的な内容として，恩恵の有効性がその究極的根拠をもつのは，神の恩恵の賜物自体の実体においてでなく，この賜物をもって人間が自由に協働することを神が予知する事実においてである．この教説は保守的な神学者により非難され，その後の論争は1598-1607年にローマに設置された特別委員会のテーマとなった．➡バニェス

## モリノス
Molinos, Miguel de（1628-96）

スペインの静寂主義*の思想家．1663年にローマに派遣された彼は，極めて人気のある聴罪司祭*，霊的指導者になった．1675年に，彼は『霊の導き』（*Guía espiritual*）を刊行して，獲得的（acquired）ないし能動的観想*の祈りを勧めた．彼の考えでは，論弁的な（discursive）黙想*と違って，この静寂の祈りは理性や心象からの助けをなんら必要とせぬ，神の意志へのまったき服従であり，いったん障害が克服されると，誘惑は無視されうる．この不完全な観想は熟練した指導者のもとですべての人に開かれており，完全に神の賜物である，（完全な）注入的（infused）ないし受動的観想と対比される．モリノスは1686年に検邪聖省*により逮捕され，裁判ののち断罪され，1687年に自説を撤回したが，終生，獄中にあった．

## モール
➡マウルス

## モルヴァン会議（かいぎ）
Malvern Conference

大主教 W. テンプル*の司会で，1941年にモルヴァンで開催されたアングリカンの会議であって，キリスト教信仰に照らして，文明が直面する危機を考察するためであった．その「成果」は特に教会の経済生活との関係に関わっていた．

## モルトマン
Moltmann, Jürgen（1926-）

ドイツの改革派神学者．彼の信仰と神学的視点

は，1945-48年のイギリスでの捕虜経験に影響された．彼は各地の大学で教授職を務めたが，1967年から退職するまでテュービンゲン*大学教授であった．彼は3冊の著書，すなわち，1964年の『希望の神学』(*Theologie der Hoffnung*)，1972年の『十字架につけられた神』(*Der gekreuzigte Gott*)，1975年の『聖霊の力における教会』(*Kirche in der Kraft des Geistes*) により最もよく知られ，それらに続いて，メシア*的神学や終末論*に関する著書がある．彼の神理解を特徴づけるのは，（伝統的な不受苦性*の概念と対比される）神の受苦性（passibility）および「社会的三位一体論」である．神的ペルソナは世界との相互関係史に関わると見なされている．

## モルモン教

Mormons

「末日聖徒イエス・キリスト教会」(The Church of Jesus Christ of Latter-day Saints) の通称．この教会を1830年にニューヨーク州マンチェスターで創立した，ジョゼフ・スミス（1805-44年）は，啓示をとおして『モルモン経』(*The Book of Mormon*) を与えられたと主張した．1843年に，スミスは一夫多妻を認める別の啓示を受けた．スミスの後を継いで統首 (President) になったブリガム・ヤングは，1847年に彼らの本部を現ユタ州のソールト・レーク・ヴァレーに移した．一夫多妻の慣行は連邦政府との衝突を生んだので，1890年に彼らの統首はその信徒に法律の遵守を勧めた．

モルモン教は「三位一体の神」*の修正した教理を受け入れ，そこでは御父，御子，聖霊は，目的と完全の共通な神性で結びついた，分離した諸神 (Gods) と信じられている．彼らの教えには強いアドヴェンティスト*的要素がある．彼らの考えでは，キリストはその復活後，アメリカで短いあいだ活動し，シオンは西半球に樹立される．彼らは宣教活動を重視し，男性信徒は自費で2年間この活動にあたることが期待されている．（ワード部 [wards] という）地方教会に加えて，彼らは会堂 (temples) を建て，そこでは結婚式や死者のための洗礼のようなさまざまな儀式が行われる．2011年には，モルモン教は1,400万人以上の会員がいると公称した．

## モローネ

Morone, Giovanni（1509-80）

イタリアの枢機卿．1536年にドイツへの教皇大使*となり，1540年のハーゲナウ*，1541年のレーゲンスブルク*，1542年のシュパイヤーの各国会に出席した．彼は宗教改革者の不満に一定の同感を示し，敵意の少ない関係を築こうとした．1542年に，枢機卿に任命され，来るべきトリエント公会議*の3人の議長の一人に指名された．1557年に，パウルス4世*は彼を異端の嫌疑で投獄した．彼はピウス4世*のもとでいっさいの嫌疑が晴れ，教皇により公会議の最後の会期で用いられた．

## モン・サン・ミシェル

Mont-St-Michel

フランス北部の沖合の岩石からなる島に，小聖堂が8世紀にアヴランシュ（Avranches）司教聖オベール（Aubert）により，夢に現れた聖ミカエル*（ミシェル）の命に従って建てられた．966年に，ベネディクト会*の修道院が創設され，その後，要塞が付加された．

## モンシニョル

Monsignor

通常，Mgr. と略される．カトリック教会において，ふつう教皇より授けられた職務ないし栄誉に伴う，教会における称号．

## モンセラート

Montserrat

バルセロナに近いこの山は，そこに聖杯*城を擁するという伝説に結びついている．その聖堂の「モンセラートの聖母」像が有名なベネディクト会*の修道院は，1025-35年に創設された．聖イグナティウス・デ・ロヨラ*はここで彼の剣を捨てた．ここは巡礼地である．

## モンタノス派

Montanism

2世紀の終末論的な運動で，その信奉者は教会への聖霊のすみやかな降臨を期待し，このことの最初の顕現を自らの指導者のうちに見た．モンタノス（Montanus）は156-57年ないし172年にフリギアで説教を開始した．彼はプリスカ（Prisca）とマクシミラ（Maximilla）という2人の女性を伴っていた．

発展した禁欲主義的な特徴は特に，ローマ領アフリカにおけるその運動の一派において顕著であり，テルトゥリアヌス*を傾倒させた．同派は再婚を認めず，断食に関する当時の規定が厳格でないと非難し，迫害時の逃亡を禁じた．

## モンタランベール

Montalembert, Charles René Forbes（1810-70）

フランスのカトリックの歴史家．F. R. ド・ラムネー*と H.-D. ラコルデール*が後援した運動につらなったが，グレゴリウス16世*が1832年に自由主義*を断罪したとき，従順に振舞い，しばらく自説の宣伝を中止した．彼の歴史的著作は文体的に洗練されているが批判性に欠けており，その中で最もよく知られているのは，1860-67年の『西方の修道士』（*Moines d'occident*）である．

## モンテ・カッシーノ

Monte Cassino

529年頃に聖ベネディクトゥス*が建てた，ベネディクト会*の中心的な修道院．11世紀に繁栄の頂点に達し，1071年にノルマン様式の聖堂が献堂され，その写字室*の名声が確立した．

## モンテスキュー

Montesquieu, Charles Louis Joseph de Secondat, Baron de la Brède et de（1689-1755）

フランスの歴史家，哲学者．1721年に匿名で刊行した『ペルシア人の手紙』（*Lettres persanes*）は，ヨーロッパ社会に対する洒脱な風刺小説で，ルイ15世の政治とカトリック教会を攻撃した．主著である1748年の『法の精神』（*Esprit des lois*）は，自由の保証および政府の理想形への道として，三権分立という英国的な原則を擁護している．本書で彼はキリスト教を，直接的には来世のみに専念しながら，現世での秩序と幸福を生み出す，社会における強力な道徳的力と見なしている．

## モンテス・ピエターティス

montes pietatis

中世末期に，困窮者に金を貸した慈善的な機関．15世紀半ばから，イタリアのフランシスコ会*員は多くのモンテスの設立を実現させ，経費に対して低利で貸し付けた．彼らはドミニコ会*員により，高利*に対する教会法の禁止令に違反しているという理由で反対されたが，1515年にレオ10世*により承認された．

## モンテーニュ

Montaigne, Michel de（1533-92）

フランスの随筆家．ペリグー（Périgueux）の租税法院（Cours des Aides）の評定官であったが，1568年に父の遺産を相続して職を辞し，1571年にモンテーニュ城に隠棲した．彼は1580年に『エセー』（*Essais*, 随想録）の最初の2巻を刊行し，1585年に第3巻を刊行した．『エセー』中の最長の章は「サブンデのライムンドゥス*の弁護」（レーモン・ド・スボンドの弁護［Apologie de Raymond de Sebonde］）である．この中で，彼は人間精神の可謬性および万物を知ることの不可能性を論証している．懐疑主義が用いられるのは，人間を謙虚にし，もっぱらカトリック教会に啓示された信仰を擁護するためであり，助力のない人間理性に基づくあらゆる哲学的・宗教的な確実性を論破し，各自にとっての恩恵の必要性を強調している．『エセー』は1676年に禁書目録*に載せられた．

# や

## 野外集会（キャンプ・ミーティング）
camp meeting

野外で行われた宗教的リバイバル運動*の集会で数日間続き，参加者はテントや仮の小屋で過ごした．最初に1799年に始まったこの種の集会をしばしば活用したのは，特にアメリカのメソジスト派*であった．

## 約束の地
Promised Land, the

アブラハム*とその子孫に約束されたカナン*の地（創12:7など）．

## ヤコブ
Jacob

旧約聖書*の族長*．イサク*の息子である彼は，兄エサウをうまくだまして長子権を奪い，メソポタミアのハランに逃れた．カナンに戻る途中で，彼は神秘的な神の使いと格闘し，「イスラエル」*の名前を受けた．イスラエルの12部族はその名前を彼の息子たちから取っている．

## ヤコブ（聖）
James, St

「主の兄弟」（マコ6:3とその並行箇所）．新約聖書の証言の自然な解釈では，聖母マリア*と聖ヨセフ*の息子である（➡「主の兄弟たち」）．早い時期から，彼は聖ペトロ*とともにエルサレム*教会の指導者であり，ペトロがエルサレムを離れたあとは，ヤコブが最高の権威者であったと思われる．アレクサンドリアのクレメンス*によれば，ヤコブは「エルサレム主教」に選ばれ，ヘゲシッポス*はヤコブが62年に殉教したと述べている．祝日は東方では10月23日，アメリカの1979年の『祈禱書』でも同日．

## ヤコブ（大）（聖）
James, St, 'the Great'

使徒．聖ヨハネ*の兄．弟子たちの特権的なグループに属し，ヤイロの娘の復活，「キリストの変容」*，ゲツセマネ*での「苦悶」に立ち会った．12使徒の中で最初に殉教し，44年に斬首された．彼がスペイン*に宣教したという伝承はほぼあまねく否定されている．祝日は東方では4月30日，西方では7月25日．

## ヤコブ（小）（聖）
James, St, 'the Less'

この名前はマルコ福音書15:40の「小ヤコブ」に由来するがふつう，12使徒の一人であるアルファイの子ヤコブ（マコ3:18とその並行箇所）を指し，したがってマルコ福音書15:40のヤコブと同定される．「小ヤコブ」という呼び名はおそらく「大ヤコブ*」と区別するためだけに付けられたのであろう．祝日は東方では10月9日，西方では，使徒聖フィリポ*とともに，以前は5月1日，『祈禱書』では現在も同日．カトリック教会では，1955年に5月11日に移され，1969年に5月3日になった．

## ヤコブ（エデッサの）
Jacob of Edessa（640頃-708）

シリア正教会*の学者．684年に，エデッサ*主教になったが，4年後に主教職を辞した．彼はギリシア語だけでなくヘブライ語にもある程度通じており，旧約聖書ペシッタ*の数冊の文書を改訂した．彼の著作には，エウセビオス*の『年代記』の692年までの増補，聖書に関する多くのスコリオン*およびアンティオキアのセウェロス*のいくつかの著作の翻訳がある．祝日はシリア正教会では5月31日．

## ヤコブ（サルグの）
Jacob of Sarug（Serugh）（451頃-521）

シリア語の教会著作家.519年にシリア北西部のバトナイ（Batnae）主教になった．彼の主要な著作は主として聖書を主題にした一連の韻文説教集で,「聖霊の笛」と称された．彼の教義的立場は現代になって議論の的で，最近のたいていの学者は彼がキリスト両性論*をまったく否定してはいなかったと見なしている．祝日はシリア正教会では11月29日.

## ヤコブ（ニシビスの）（聖）
Jacob of Nisibis, St（338年没）

ニシビス主教．シリア教会の伝統において常に卓越した人物であり，後世には学識・能力・聖性のゆえに名声を得た．彼は325年のニカイア*公会議に出席し，テオドレトス*によれば，ヤコブはアレイオスに反対したが，テオドレトスの記述には時代錯誤がある．祝日は7月15日.

## ヤコブ騎士団
Santiago, Order of

使徒聖ヤコブ*を守護聖人とする騎士団（military order）で，巡礼者保護とムーア人追放のために1170年に創立された．テンプル騎士団*をひな型としていたが,騎士たちには妻帯が許された.16世紀に，スペインとポルトガルの両君主のもとで世俗化され，それぞれ，騎士団（order of chivalry）と勲爵士団（order of merit）になった.

## ヤコブ教会
➡シリア正教会

## ヤコブス（ヴァラッツェの）（福）
James of Voragine, Bl（1230頃-1298）

『黄金伝説』*の著者．1244年にドミニコ会*に入り，1292年にいやいやながらジェノヴァ大司教になる前にさまざまな職務についた．『黄金伝説』のほかに，彼はジェノヴァの歴史や一連の説教集を書き，後者に含まれる『聖母マリアの祝日』（*Mariale*）では,聖母マリアのさまざまなアトリビュートと称号について，資料がアルファベット順に配列されている．祝日は7月13日.

## ヤコブス（助祭）
James the Deacon（7世紀）

ヨーク*司教の聖パウリヌス*の協力者．パウリヌスが633年にケントに戻ったとき,ヤコブスはイングランド北部に留まり，ノーサンブリアにおけるキリスト教の復興に際し，宣教活動をつうじて積極的な役割を果たした.

## ヤコブ典礼
James, Liturgy of St

ギリシア語とシリア語で残っているこの典礼は伝統的に,「主の兄弟」ヤコブ*に帰されている.（451年のカルケドン公会議*以降に分離した教会となった）シリア正教会*や主要な正教会で用いられていることから，ヤコブ典礼は5世紀半ばには成立していたと思われる.

## 『ヤコブのアポクリュフォン』
James, Apocryphal Epistle of

ナグ・ハマディ*で発見された,おそらくグノーシス主義*の文書．書簡形式で始まるが，やがて復活のキリストからペトロ*と（著者と称する）「主の兄弟」ヤコブ*とに与えられた教えの記述になっている．おそらく2世紀半ばに由来する.

## 『ヤコブの書』
James, Book of

『原福音書』*ともいう.ルカ1-2章に記述されたキリストの誕生と結びついた出来事に関する潤色された記事から主に構成された，外典の幼時福音書*.「主の兄弟」ヤコブ*によると称している本書は2世紀に由来すると思われる.

## ヤコブの手紙（ヤコブ書）
James, Epistle of St

「神と主イエス・キリストの僕であるヤコブが離散している12部族の人たちに宛てた」書簡の形式をしたこの新約聖書の文書は，公同書簡*の最初に来る．立派なギリシア語を用いて，明快で力強い文体で書かれ，内容はほとんどまったく教訓的である．著者を「主の兄弟」ヤコブ*とする伝統的な見解は，手強い異議に遭遇せねばならないが，そのどれも決定的なわけではない．いずれにせよ，本書は95年以前に成立したと思われ，50年頃のような非常に早い年代に賛成する学者もいる．

## 『ヤコブの黙示録』

James, Apocalypses of

ナグ・ハマディ*で発見された2つの短いグノーシス主義*の文書．キリストと「主の兄弟」ヤコブ*のあいだの対話を表現している．

## ヤコブ派

Jacobites

シリア正教会*の別称で，ヤコブ・バラダイオス*にちなんでいる．

## ヤコブ・バラダイオス

Jacob Baradaeus（500頃-578）

彼にちなんで，「ヤコブ派」*の名称がシリア正教会*に与えられた．彼はコンスタンティノポリス*に15年間とどまった．ガッサーン朝のキリスト単性論派の王が542年頃に主教を求めていたとき，ヤコブはひそかにエデッサ*主教に聖別された．彼はその後の生涯を人目を忍んで，聖職者を叙階したり，分離派の位階制の樹立を助けたりして過ごした．祝日はシリア正教会では7月31日．

## ヤコポーネ・ダ・トディ

Jacopone da Todi（Jacopo Benedetti）（1230頃-1306）

フランシスコ会*員の詩人．1278年頃にフランシスコ会の信徒修道士*になった．1294年に，彼と他の幾人かにケレスティヌス5世*より分離した共同生活を送る許可が与えられ，修道会会則をその原初の厳格さで守った．この決定は1298年に破棄され，ヤコポーネはスピリトゥアル派*の一人として1303年まで投獄された．彼はラテン語とウンブリア方言で，繊細で信心深い詩（*Laude*）を書いた．それには伝統的に「スターバト・マーテル」*が含まれると考えられてきたが，おそらく誤りであろう．祝日は地方的に12月25日．

## ヤーシ主教会議

Jassy, Synod of（1642年）

ヤーシ（現ルーマニア*東部）で開催された主教会議．ギリシアとスラヴの正教会双方の代表からなる同会議は，キュリロス・ルカリス*のカルヴァン主義*的な教説を断罪し，P. モギラ*の『正教信仰告白』（*Orthodox Confession*）（のやや変更した本文）を承認した．

## ヤスパース

Jaspers, Karl（1883-1969）

ドイツの哲学者．キリスト教的実存主義*を展開した．彼は宗教と哲学を対比させ，特に自己を把握する能力における，科学の限界を強調した．この自己はあらゆる存在の根源であり，特に自己開示の願望に特徴づけられている．彼はキリストの排他的な主張を否認したが，最後の諸著作において，キリストに特別な位置を与えたように思われる．

## ヤヌアリウス（聖）

Januarius（Gennars）, St

ベネヴェント（Benevento）司教，ナポリの守護聖人．おそらくディオクレティアヌス*帝の迫害で殉教した．ガラス瓶に保管された，彼の血のいわゆる「液化」（liquefaction）は，毎年約18日間起こると信じられている．祝日は東方では4月21日，西方では9月19日．

## ヤーヌス

Janus

J. J. I. フォン・デリンガー*と他の人たちが1869年に『謬説表』*を非難して一連の手紙を出版したときに用いた筆名．➡クィリヌス

## ヤハウィスト資料

➡J資料

## ヤハウェ
Yahweh

神を指すヘブライ語固有の名．おそらく聖４文字*の本来の発音を表している．

## ヤブネ
➡ヤムニア

## ヤムニア（ヤブネ）
Jamnia（Jabneh）

ヤッファ（Joppa）の南，約21kmにある町．70年のエルサレム*陥落後，ユダヤ教の宗教指導者の会議がここに置かれた．ラビたちにより討議された主題に含まれていたのは明らかに，何冊かの聖書の文書の位置づけであったが，100年頃にここで開催された特別な会議が旧約聖書の正典*の範囲を定めたということを支持する証拠はまったくない．

## やもめ（寡婦）
widows

新約聖書時代には，やもめは仲間のキリスト教徒の施し（charity）を要求できると認められていた．彼女たちはやがて教会の中で認められた地位を獲得し，その初期の歴史は，女執事*のそれと密接に関連している．

## ヤング
Yonge, Charlotte Mary（1823-1901）

小説家．1836年にJ. キーブル*がハーズリーの主任代行司祭*になったとき，彼女はその影響を受けた．彼女は自らの作家としての能力を用いて，小説の形で信仰を広めようと決心した．名声を博した小説のほかに，J. C. パティソン*やハンナ・モア*の伝記を書いた．

## ヤンセン
Jansen, Cornelius Otto（1585-1638）

『アウグスティヌス』*の著者．1617年にルーヴァン（Louvain）に新設されたカレッジの校長となった．彼は聖アウグスティヌス*の著作を何度も読んだあとで，1628年に『アウグスティヌス』を書き始め，それは没後の1640年に刊行された．1636年に，彼はイープル（Ypres）司教に聖別された．
➡ヤンセン主義

## ヤンセン主義（ジャンセニスム）
Jansenism

教義的にヤンセン主義は，C. O. ヤンセン*の1640年の『アウグスティヌス』*に実質的に由来し，インノケンティウス10世*により異端として断罪された「５命題」に要約される．それが意味するのは，神からの特別な恩恵*なしには，人間は神の命令を実行しえないこと，および恩恵の働きは不可抗的なことである．したがって，人間は自然的か超自然的な決定論の犠牲者であり，非強制的なものによってのみ制限されている．

ヤンセン主義者の第１世代は，ヤンセンの友人で協力者であったサン・シラン*の弟子たちであった．ポール・ロワイヤル修道院*を含む，この「サン・シラン派」（Cyranists）のグループはすでに1638年に存在していた．1643年のサン・シランの没後，アントワーヌ・アルノー*が彼らの指導者となり，彼の著作がその運動の方向を定めた．それは，ヤンセンが解釈した聖アウグスティヌス*の恩恵の神学の擁護であり，教会の規律の全事項における厳格主義的傾向であり，蓋然説*に対する反対である．

1653年に，インノケンティウス10世はヤンセン主義の立場を要約する「５命題」を断罪した．ヤンセン主義者は，断罪された命題が異端的なことを承認するが，それがヤンセンの教えを表現していないと主張して，断罪を回避しようとしたが，この区別は1656年にアレクサンデル７世*により否認された．1668年に，ヤンセン主義者は条件付きの譲歩を強いられたが，その運動は同調者を獲得し続けた．ヤンセン主義の教義が再確認されていた，1693年のP. ケネル*の『道徳的考察』は，1713年の大勅書『ウニゲニトゥス』*において断罪された．フランスでは，ヤンセン主義者はその後，周期的に迫害に遭った．オランダ*では，ヤンセン主義は寛容に扱われ，1723年にオランダのヤンセン主義者はユトレヒト司教を選出し，彼が1724年に聖別されて，シスマが生まれた（➡復古カトリック教会）．ヤンセン主義はトスカーナでも強力であった．

## ヤンブリコス

➡イアンブリコス

# ゆ

## ユイスマンス
Huysmans, Joris Karl（1848-1907）

フランスのカトリック作家．内務省の官吏であったが，彼が名声をえたのは主にその文学活動で，それは宗教芸術，儀式，神秘主義に対する彼の関心を反映している．

## 唯名論
Nominalism

人間が付けた名称のような普遍的概念の本質を強調する言語理論．11－12世紀の普遍*論争での唯名論は，ロスケリヌス*とP. アベラルドゥス*により展開された．それが向けられたのは，類や種のような普遍は，それが具現化した個物とは別個の存在だと考える実在論*者に対してであった．ロスケリヌスは種の統一性を否定し，三神論*者と非難された．アベラルドゥスは普遍を「事物」（*res*）と対立した「名称」（*nomen*）だと述べたが，個物間の類似が知識の確立のために普遍の使用を正当化することを否定しなかったようである．

別の型の唯名論が14世紀に現れたが，それは通常，オッカム*と結びついている．彼の主張によれば，普遍は実在中に決して見いだされず，ただ人間精神中にのみ見いだされ，普遍は個物を知る単なる手段である．これを神学に適用して唯名論は，形式的な区別と関係に依存する，三位の実在が信仰の権威によってのみ受け入れられうる程度まで，神の存在を単純化する．理性は宇宙の第1原因が唯一の神であることを証明できない．そこで，理性の領域からほとんどすべての信仰の与件を取り消し，その結果，スコラ学*の崩壊への道を開いた．

## ユウェナリス
Juvenal（458年没）

422年頃からエルサレム*主教．彼の主な念願は，エルサレムを「総主教*座」にすることであったと思われる．彼は431年のエフェソス公会議*ではネストリオス*に反対して，アレクサンドリアのキュリロス*の側についたが，自らの要求に対するキュリロスの支持を得ることができなかった．エウテュケス*論争において，449年の「強盗会議」*ではディオスコロス*を支持したが，451年のカルケドン公会議*では，その断罪に賛成投票した．この公会議はエルサレムを，パレスチナへの裁治権をもつ総主教座として承認した．東方教会の一部の地域で，彼は聖人として崇敬されている．祝日は7月2日．

## ユウェンクス
Juvencus, Caius Vettius Aquilinus（4世紀）

詩人．スペインの貴族出身の司祭である彼は，330年頃に約3,200行の6歩格詩（hexameter verse）でキリスト伝を書いた．主にマタイ福音書に基づいているが，ルカ福音書およびヨハネ福音書の最初の数章の幼時物語により補われている．

## 夕方の聖餐
evening Communion

新約聖書*には聖餐が夕方に執行された可能性を示す箇所もあるが，やがてふつうは早い時間に執行されるようになったと思われる．宗教改革以降，あるプロテスタントの教会によっては，主の晩餐が朝夕の区別なく執行された．カトリック教会では，「聖体拝領前の断食」*の規則が第2次世界大戦中に緩和され，夕方のミサが軍の施設で許可され，現在ではすべての教会で一般的である．英国教会では，（1852年に導入された）夕方の聖餐の執行は，20世紀半ばまでは低教会派*の特徴であったが，もはやそうではない．

## 有効性（ゆうこうせい）
validity

特定の正規の条件が満たされれば，秘跡*が真正であることを示すために用いられる，秘跡に関する西方の神学用語．有益性（ないし効力[efficacy]）や規則正しさとは区別される．つまり秘跡は，たとえ（教会という団体の外で）不規則に執行されたり，たとえ受領者が秘跡をとおして恩恵*を受けないという意味で無益に執行されても，依然として真の（ないし有効な）秘跡でありうるので，（洗礼*の場合は）教会の会員たる資格を与えたり，（叙階*の場合は）職階*を与えたりできる．その正規の条件とは，秘跡の執行者が（必要ならば）有効に叙階されていること，教会の典礼の本質的な部分が用いられること（➡形相），教会が秘跡を執行するさい行おうとすることに対する，執行者の側の正しい意向*が存在することである．この概念が西方で発展したのは，異端信仰やシスマにおいて協議された，教会の秘跡との関係に関する問題との関連においてであった．宗教改革時に，たいていのプロテスタントにより否定された．

## 有資格者（ゆうしかくしゃ）
competentes

（ラテン語で「有資格者」の意．）初期の教会において，洗礼*を受ける準備の最終段階にある洗礼志願者*.

## 有神論（ゆうしんろん）
Theism

一般的な用法でこの語が指すのは，世界を創造しただけでなく保持し支配する超越的で人格的な神を認める哲学的な体系であり，その偶発性として，奇跡や人間の自由意志の行使は排除されない．さまざまな内容をもつ有神論は，正統的なキリスト教の哲学者，ユダヤ教*，イスラーム*に共通な見解である．

## 夕の祈り（ゆうのいのり）
Evening Prayer

『祈禱書』にある夕方の祈り（➡晩禱）．この語はまた時に，1971年のブレヴィアリウム*において，カトリックの「晩の祈り」*（晩課）の意で用いられている．

## ユヴラン
Huvelin, Henri（1838-1910）

司祭，霊的指導者．1875年に，パリのサントギュスタン（St-Augustin）教会の補助司祭*になり，没するまでそこに留まり，キリスト教徒からも非キリスト教徒からも敬愛された．

## 誘惑（試練）（ゆうわく（しれん））
temptation

この語の語源は「試練」ないし「試験」という中立の意味を示唆している．この原初の意味は神がアブラハム*を試みたという考え（創22:1）に保持されている．それは伝統的な「主の祈り」*における「誘惑」の意味でもあろう（マタ6:13, ルカ11:4）．しかしながら，新約聖書の大半の箇所および今日の用法において，罪へと唆すことを意味してきた．この意味で，誘惑は堕罪*前であっても，人間の経験に属すると思われる．悪しき行為への傾向は同意する前は罪ではない．ヤコブ書によれば，誘惑は自由意志に固有なものであるが，神は魂が耐えうる限度を超えた誘惑に遭わせることをなさらない．誘惑の伝統的な源泉は世界，肉体，悪魔である．

## 誘惑（キリストの）（ゆうわく）
temptation of Christ

荒野でのキリストの誘惑の記述において，３つの特別な誘惑として，マタイ福音書4:1-11に記されているのは，(1) 空腹を満たすのに石をパンに変えるために，神の子としての御自身の力を行使すること，(2) 神殿の屋根から飛び降りること，すなわち神を恣意的に試み，見世物的な奇跡を演じること，(3) 悪魔にひれ伏して拝むことで，世のすべての国々に対する権限を悪魔から獲得すること，すなわち不当に獲得された権限のゆえに，御自身の真の使命を放棄することである．ルカ福音書4:1-13では，最後の２つの誘惑は順序が逆になっている．

## ユグノー
Huguenots

カルヴァン派*のフランスのプロテスタント．この名称はおそらくドイツ語のアイトゲノッセン（*Eidgenossen*「同盟者」，すなわちスイス連邦に加盟した人たちの意で，ジュネーヴで *eigenotz* とフランス語化された）に由来する．1539年の第１回会議で，フランス・プロテスタント教会は正式にカルヴァン主義の基礎にたって組織された．その運動に抵抗したのは，1539年に実権を握ったギーズ家であった．しかしながら，1561年までは，ユグノーは国民の中でまだ少数派であり，同年のポワシー会談*後に，彼らは自らの信仰を実践するある程度の自由を得た．彼らは国家にとり危険と見なされ，続く1562−94年の宗教戦争がカトリックとユグノーのあいだで戦われた．1598年に，アンリ４世*はナント王令*によりユグノーに礼拝の自由やその他の権利を認めた．1628年のラ・ロシェル（La Rochelle）要塞の陥落後，彼らは政治的な権利を失い，彼らの自由は徐々に縮小し，ナント王令は1685年に廃棄された．多くのユグノーはカトリシズムを受け入れるかフランスから去ることを強制された．1702−03年のカミザール派*の反乱の失敗後，フランスにおけるユグノーの影響力は取るに足らないものになり，1802年にやっと彼らの教会の法的な地位が回復した．1909年に，彼らは非カルヴァン派の諸派と合同して，フランス・プロテスタント連盟（Fédération Protestante de France）を結成し，1938年以降，フランス・プロテスタント教会に属している．

## ユース
➡式文

## ユスティニアヌス１世
Justinian I（483-565）

527年からローマ皇帝．北アフリカとイタリアを再征服した．彼は多くのバシリカ*をコンスタンティノポリス*（ハギア・ソフィア大聖堂*も含まれる），ラヴェンナ*など各地に建設し，新しい法典を公布した（➡『ユスティニアヌス法典』）．正統信仰の擁護者として，彼はモンタノス派*を弾圧し，529年に哲学の学園を閉鎖した．キリスト単性論*者と和解しようとする努力は実らず「３章」*論争につながった．

## 『ユスティニアヌス法典』
Justinian, Code of

この『テオドシウス法典』*の改訂版は529年にユスティニアヌス１世*により公布された．それは『新勅法』（Novellae）および『学説彙纂』（Digesta）と『法学提要』（Institutiones）により補われ，合わせて『市民法大全』（*Corpus Iuris Civilis*）を構成することになった．ローマ法の権威ある法典として，徐々に西ヨーロッパ中に受け入れられた．この法典は西方の教会法*の発展に強い影響を及ぼした．

## ユスティノス（殉教者）（聖）
Justin Martyr, St（100頃-165頃）

護教家*．異教徒の家庭に生まれた彼は，130年頃にキリスト教に改宗した．彼は哲学者であり続けながら，キリスト教を最初はエフェソス*で，のちにローマ*で教えた．155年頃の『第１弁明』は皇帝アントニヌス・ピウスとその養子たちに宛てられ，161年のマルクス・アウレリウス*の即位の直後にどうやら書かれたらしい『第２弁明』は元老院に宛てられた．ユスティノスと弟子の幾人かは165年頃にキリスト教徒として告発され，犠牲を捧げることを拒否したために斬首された．

無神論*や不道徳という非難に反駁しているほかに，ユスティノスや他の護教家たちが論じたのは，キリスト教が真の哲学であり，それに比して，他の諸哲学は偽りであるか，キリストにおいて実現された真理の影であるということであった．この議論にたって，ユスティノスは「発生させる」ないし「発芽させる」ロゴスの教えを展開したのであり，そのロゴスは人々に真理全体を教え，彼らを悪霊の諸力から贖うために，真理の種子を万人の中に蒔いており，キリストにおいて受肉されたと説いた．ユスティノスがロゴスの教えを用いたのは，キリスト教徒が一神教*者にとどまりながら，なぜイエス・キリストを神に「次ぐ位置の」ロゴスの受肉者と見なして礼拝するのかを説明するためであった．『ユダヤ人トリュフォンとの対話』が論じているのは，キリストにおける旧約聖書の預言の成就は，旧い契約が一時的なこと，およびイスラエルに取って代わる異邦人の召命を立証するということである．他の多くの著作がユスティノスの名で流布してきたが，どれも真作でない．祝日は6月1日，西方では，以前は4月14日．

## ユース・デヴォルトゥム
jus devolutum

スコットランド*教会において，会衆が9か月経っても後任のミニスターを任命できなかったとき，空位の職に後任者を選ぶ権利を長老会*に委譲すること．

## ユストゥス（聖）
Justus, St（627年頃没）

624年からカンタベリー*大司教．グレゴリウス1世*の2度目の宣教団とともに601年にイングランドに派遣され，604年にロチェスター*初代司教に任命された．彼はノーサンブリア（Northumbria）の宣教活動のために聖パウリヌス*を聖別した．祝日は11月10日．

## ユダ（聖）
Jude, St

使徒*．彼は少なくとも西方では一般に，新約聖書の「ユダの手紙」*の著者と同一視されている．外典の『シモン*とユダの受難』は，イランでの2人の使徒の説教と殉教を記述している．カトリック教会では，ユダは特別に困難な状況下に祈られる．祝日は東方では6月19日，西方では，聖シモンとともに10月28日．

## ユダ（イスカリオテの）
Judas Iscariot

キリストをユダヤ当局に売り渡した使徒．彼の死は3箇所（マタ27:3-5と使1:16-20とパピアス*）で記録されているが，マタイ福音書の記述だけがそれを自死*と明示している．

## ユダ族
Judah

ユダ族はイスラエル*の12部族のうち最も有力な部族であった．930年頃にソロモン*が没したあと，ユダ族はベニヤミン族とともに（ユダ王国と呼ばれる）別の王国を形成し，10部族*の北王国より長く続いた．➡ユダヤ教

## ユダの手紙（ユダ書）
Jude, Epistle of St

新約聖書の公同書簡*の一つ．本書簡は，ふつう使徒ユダ*と同一視される，「ヤコブの兄弟であるユダ」により書かれたと主張する．その目的は危険な教理の拡大と闘うことである．その成立年代は不確かである．

## ユダ・マカバイ
Judas Maccabaeus（前161年没）

シリアのセレウコス朝の王に対する反乱における，ユダヤ人の指導者．彼は166-64年に一連の勝利を得て，163年にアンティオコス5世・エウパトル（在位164-62年）から完全な宗教的自由をかちとった．ユダ・マカバイはローマの援助を受ける交渉に成功したが，使節団の結果を知る前に戦死した．

## ユダヤ
Judaea

キリストの時代にこの名称は，ヨルダン川*の西部のパレスチナが分割された（ガリラヤ*，サマリア*，ユダヤという）3つの地域のうちの最南部を意味したが，広義にパレスチナ全体も指した．

## ユダヤ教
Judaism

ユダヤ民族の信仰と実践．この語は，前586年頃のバビロニア捕囚*で滅亡した，ユダ王国の名前

に由来する．現代の学者によれば，この用語はこの時代以降のユダヤ人の信仰と実践を指すが，広義では，ユダヤ教は何世紀も以前の族長*にまでさかのぼるといえよう（➡イスラエル）．約1,300万人のユダヤ教徒（ユダヤ人）のうち，半数は南北アメリカに住んでおり，残りの相当数がイスラエルに住む．1948年にユダヤ人国家として成立したイスラエルにおいてのみ，ユダヤ人は人口の多数派を構成している．

後70年まで，ユダヤ人の宗教生活はエルサレムの神殿*を中心としており，世襲の祭司制があり，動植物の犠牲を伴う毎日や毎年の儀式が行われた．その時期の末までに，神殿とその祭司制に対する批判的な動きもあり，絶えず拡大するディアスポラ*が意味したのは，多くのユダヤ人がエルサレムへの巡礼という願望を果たしえないということであった．地方のシナゴーグ*は聖書の学びや宗教教育またおそらく礼拝のための，人々の集会所となった．後70年のローマ人による神殿崩壊後，犠牲中心の礼拝は途絶えた．宗教的なまたある点で世俗的な権威はともに，ラビ*の手に集中し，新しい指導体制が生まれた．ラビ・ユダヤ教はユダヤ世界の大半の地域に広まった．その古典的な成文の文書はタルムード*であるが，ラビ文献にはまた，ミドラシュ*，さまざまな中世の聖書注解，ハラカー*も含まれる．

17世紀の啓蒙主義*の初期以来，ラビ的正統派は当時の状況に由来する課題に抵抗することがますます困難になり，ラビの勢力は衰退した．リバイバル運動であるハシディズム（Hasidism）が，1730–1830年の期間，東ヨーロッパのユダヤ人社会に広がった．西ヨーロッパでは，さまざまな穏健な運動が19世紀に起こり，現在もよく知られる諸教派の基礎を築いた．それらは「自由派」，「改革派」，「保守派」，「正統派」（いまもイスラエルなどで強力な，さまざまな形の伝統的ユダヤ教と区別して，時に「新正統派」ないし「近代正統派」とも呼ばれる）である．近代のユダヤ教を特徴づけているのはやはり，ヨーロッパにおける政治的な反ユダヤ主義（antisemitism）の出現，ロシアにおけるポグロム（pogroms）とそれに続くロシアからのユダヤ人の大量移住，ナチス・ドイツにおけるユダヤ人への人種的迫害とホロコースト*，イスラエル国家の創設，イスラエルとアラブ連盟諸国とのあいだの紛争である．

神学はユダヤ教にとって，キリスト教にとってほど中心的ではなく，世界を創造し，その中で働き，やがてそれを贖い，またトーラー*などに御自身の意志を啓示した，単一で唯一で霊的な神なる概念が広く受容される．ユダヤ教の礼拝は伝統的に，トーラー，預言書，詩編からの読誦，聖歌，一定の祈りからなる．典礼改革の動きから，相当な改訂とシナゴーグにおける自国語の導入がなされた．➡ユダヤ教徒へのキリスト教徒の態度

## ユダヤ教徒(きょうと)へのキリスト教徒(きょうと)の態度(たいど)

Jews, Christian attitude to

キリスト教はユダヤ教*と多くの共通な基盤を共有する．イエス・キリスト*はユダヤ人（ユダヤ教徒）であったし，教会の最初期のメンバーもそうであった．キリスト教のユダヤ教からの分離の基礎は，聖パウロ*がキリスト教への異邦人*改宗者に割礼を要求せず，神との新しい契約関係が律法のわざでなく，神への信仰に基づくと主張したことによりきずかれた．ユダヤ人キリスト教徒の迫害とシナゴーグ*からの彼らの追放は苦痛を伴った．4福音書とも，責任をユダヤ当局に転嫁することにより，イエスを十字架につけたローマ政権の責任を免除しようとしており，2つの契約に関する議論に見られた交替論（supercessionist）神学も，教会が真のイスラエルであるという前提とともに，中傷の歴史の一因となった．2世紀初頭から，キリスト教著作家はユダヤ教徒に関する否定的なイメージを述べた．教会会議はユダヤ教徒を改宗させる目的以外で，彼らと社会的・宗教的に接触することをやめるよう定め，ローマ帝国におけるキリスト教の「勝利」は，帝国の立法で同様な傾向につながった．にもかかわらず，ユダヤ教の強制的な根絶をめざした措置は，最初の6世紀間はまれであった．7世紀初頭に，すべてのユダヤ人の受洗がいくつかの国で布告され（613年にスペインで，632年にビザンティン帝国とフランスで），

ユダヤ人の立場は制限された．第1回十字軍*の時期から，ユダヤ人に対する激しい攻撃があり，場所によっては共同体全体が抹殺された．1215年の第4ラテラノ公会議*は，ユダヤ人がキリスト教徒と区別されうるように，特徴的な衣服の着用を課した．虐殺に続いて，さまざまな国からの追放が行われ，1500年までにはヨーロッパの多くの国でユダヤ人がいなくなり，残ったユダヤ人は，カトリックとプロテスタント双方のもとで，厳しい制約下に生活した．同時に，時には死をもって脅して，ユダヤ人を改宗させる努力がなされ，改宗したユダヤ人とその子孫は，特にスペインやポルトガルで差別的措置を受けた．18世紀に，啓蒙主義*の影響下に，ユダヤ人の状況を改善する努力がなされたが，しばしば教会人により反対された．一方で，特別にユダヤ人に向けた新しい宣教活動が起こった．19世紀後半に起こった反ユダヤ的な政治運動である反ユダヤ主義（antisemitism）は，多くの伝統的なキリスト教の議論を巧みに利用し，（カトリックとピューリタン双方を含む）キリスト教徒の支持に頼った．反ユダヤ主義はオーストリア，ドイツ（➡ドイツ・キリスト者），フランスやその他の国において，さまざまな形でキリスト教的諸運動により支持されたが，多くの著名なキリスト教徒たちはそれに反対した．

ホロコースト*後，新しい時代が始まった．1947年に，新たに組織された「キリスト教徒とユダヤ教徒の国際協議会」（International Conference of Christians and Jews）の後援下に協議会が開催され，キリスト教の教えから反ユダヤ主義を根絶する目的で「10項目」のリストを挙げた．1948年の世界教会協議会*も1965年の第2ヴァティカン公会議*もともに，反ユダヤ主義を非難した．たいていの主要教会において，キリスト教徒とユダヤ教徒間の交流を促進し，過去の傷を癒し，有害であったと認められる教えを改める試みがなされている．

## ユダヤ主義者（しゅぎしゃ）
Judaizers

初期の教会において，旧約聖書のレビ的な律法が依然としてすべてのキリスト教徒に対して拘束力をもつと見なしたユダヤ人キリスト教徒（Jewish Christians）．

## 「ユダヤ人（じん）への教会（きょうかい）のミニストリー」
Church's Ministry among Jewish people

1809年に「ユダヤ人へのキリスト教普及ロンドン協会」として設立された団体の1995年以降の名称．もともとは超教派的であった同協会は1815年にアングリカンの協会となったが，現在では他の教派からの会員もいる．

## ユーダル
Udall（Uvedale），John（1560頃-1592）

ピューリタン*のパンフレット作者，ヘブライ語学者．1588年に，匿名で『英国教会の現状』（*The State of the Church of England*）という広く読まれたパンフレットを出版し，また彼はマープレリット文書*との関連を疑われた．1590年に，宣誓して嫌疑を晴らすことを拒否した彼は，1588年の「真理の証明」（*A Demonstration of the Truth*）の筆者として有罪とされたが，死刑は執行されなかった．1593年に出版された『聖なる言語の鍵』（*Key of the Holy Tongue*）には，ヘブライ語辞書が載せられている．

## ユーダル
Udall（Uvedale），Nicholas（1505頃-1556）

宗教改革者，劇作家．ルター派*に共感したために1529年にオックスフォード大学を去ったのであろう．1534年に，彼はイートン校校長になったが，1541年に免職された．1547年に，彼は王女メアリ（のちの1世*）を助けて，エラスムス*の『注解書』（*Paraphrases*）の英訳にあたった．ユーダルはエドワード6世*の治下にもメアリ1世の治下にも厚遇され，1555年にウェストミンスター校校長になった．彼は1542年にエラスムスの『格言集』（*Apophthegms*），1550年頃にピーター・マーター*の聖餐論の英訳を出版し，また彼がロンドンの学校のために書いたクリスマス用の喜劇『レイフ・ロイスター・ドイスター』（*Ralph Roister Doister*）

は，長く失われていたが，19世紀に発見された．

## ユディト記
Judith, Book of

このアポクリファ*の文書が語るのは，ネブカドネツァルがユダヤ人を痛めつけようとして将軍ホロフェルネスを派遣したとき，どのようにしてユディトがホロフェルネスの陣営に赴き，彼を魅了し，その首を取ったかということである．アッシリア人はその後恐怖にかられて敗走した．本書は極めて非歴史的である．「ユディト」という名前は「ユダヤ女」を意味し，彼女は忠実で抵抗するイスラエルを擬人化していると思われる．

## ユード
➡ジャン・ユード

## ユード修道会
Eudists

聖ジャン・ユード*により創設された「イエス・マリア修道会」(Congregation of Jesus and Mary) の通称．フランス革命でほとんど消滅したが，1826年に再建され，主として中等教育に従事している．

## ユトレヒト宣言
Utrecht, Declaration of

復古カトリック教会*の教理的基礎となっている信仰告白．1889年にユトレヒトで起草された．原初の教会の信仰に対する支持を表明しながら，それは主として，論争の的となっているカトリック教会の特定の教理と関わっており，それには第1ヴァティカン公会議*の教皇職に関する諸教令，「無原罪の御宿り」*の教義，『謬説表』*が含まれる．

## ユニアト教会
➡カトリック東方教会

## ユニヴァーサリズム（普遍救済論）
universalism

(1) 神の目的はユダヤ民族だけでなく少なくとも他の諸国民の一部をも含むという，後期のヘブライの預言者の一部に見られた教説．(2) アポカタスタシス*の別名で，普遍救済論のこと．

## 『ユニヴェール』誌
*Univers, L'*

L. ヴイヨー*を主幹として，極端なウルトラモンタニズム*的な見解を発表する機関誌となったフランスの雑誌．

## ユニオン神学校（ニューヨーク）
Union Theological Seminary, New York

すべての教派の「穏健な見解をもつ人たち」のために，「新学校」長老派の独立の活動により，1836年に創設されたミニスター*を訓練する機関．

## ユニテリアン主義（ユニテリアン派）
Unitarianism

神の単一人格 (unipersonality) を支持して，三位一体*およびキリストの神性の教理を否定する，キリスト教思想と宗教的実践の一派．

近代のユニテリアン主義は宗教改革時代に始まる．極端な改革思想の保持者，特にセクトのあいだで支持者を集めた．初期のユニテリアンにはM. セルヴェトゥス*やB. オキーノ*がいた．組織的な共同体が16-17世紀にポーランド*で形成されるようになり，そこではファウスト・ソッツィーニ*が1579年以降，1604年に没するまで指導者であり，『ラクフ教理問答』*が1605年に刊行された．

イングランドでは，J. ビドル*の追随者が1652-54年にロンドンで集会を維持した．1世紀後，ユニテリアンの思想はJ. プリーストリー*により擁護され，1773年に，T. リンジー*は英国教会から離れて，初めてユニテリアン派を設立した．ユニテリアンに対する刑法は1813年まで有効であった．18世紀に，ユニテリアンの見解はまた，非国教徒の会衆，特にイングランドの長老派のあいだで広く受け入れられた．19世紀に大きな影響を及ぼしたJ. マーティノー*が主張したのは，「ユニテリアン」が教派の限定的な名称でなく，ただ個人の信仰の名称でありうるということであった．

20世紀前半には，地域によって，より急進的なユニテリアン主義に向かう動きも見られた．1925年以来，イングランドのユニテリアンは独自の組織化された教派であるが，その人数は近年は次第に減少している．

アメリカでは，明確なユニテリアン主義の起原は18世紀後半にさかのぼる．19世紀前半に，ユニテリアン主義はまた会衆派に受け入れられた．19世紀末までに，アメリカのユニテリアン主義は自由主義ないし合理主義的な運動になっており，科学的な方法論や理念を受け入れ，キリスト教以外の諸宗教の真理性を認めていた．1961年に，（1825年に発足した）アメリカ・ユニテリアン協会（American Unitarian Association）はアメリカ・ユニヴァーサリスト教会（Universalist Church of America）と合同して，ユニテリアン・ユニヴァーサリスト協会（Unitarian Universalist Association）を結成した．

## ユバフス
Ubaghs, Gerhard Casimir（1800-75）

ルーヴァン大学の伝統主義*的な本体論主義*の主要な代表者．彼は，形而上学的・道徳的真理の認識が口伝により伝承された原初の神の教えに基づくという伝統主義の信念を，「客観的な理念」における知性による神の直接的な観想という本体論主義的教理と結合した．彼の教えは1864年に譴責され，彼はまもなく退任した．

## ユビラーテ
Jubilate

（ラテン語で「歓呼しなさい」の意．）詩編100編の最初の言葉に由来する．「朝の祈り」*の際，『祈禱書』におけるベネディクトゥス*の代わりとされ，『共同礼拝』では，公現節における開始のカンティクルとされる．

## 指輪（輪）
rings

指輪は忠実さのしるしと見なされる．キリスト教で用いる指輪には以下のものがある．(1) 西方における司教指輪．指輪は7世紀に司教の職務の標章の正式な1つとして初めて言及されている．現在は通常，アメシストを含んでいる．

(2) 修道女の指輪．多くの修道会において，指輪は修道誓願*の際に授けられる．

(3) 結婚指輪．古代ローマ人が用いた婚約指輪に起原をもつ結婚指輪は，早い時期からキリスト教徒に受け入れられた．その用い方に関する習慣はさまざまであった．現行のカトリックの結婚式といくつかの現代のアングリカンの結婚式では，相互の指輪の交換がなされる．

(4)「漁夫の指輪」（Fisherman's Ring）は印鑑用指輪で，新教皇の指にはめられ，その没後に鋳つぶされる．そこに彫られているのは，小舟で漁をする聖ペトロ*であり，まわりに教皇名が刻まれる．

(5) イングランドにおける「戴冠指輪」（Coronation Ring）は「国王の尊厳とカトリック信仰の擁護のしるし」として，君主の右手第4指にはめられる．

(6) ロザリオ*の輪．10個の小珠がついており，ロザリオを唱えるために用いられる．

## ユリアヌス（アエクラヌムの）
Julian of Eclanum（386頃-454）

ペラギウス主義*の神学者．416年にアプリア（イタリア南東部）のアエクラヌム司教になったが，ゾシムス*のペラギウス主義断罪文書への署名を拒否したため，ユリアヌスはその職を罷免され，追放された．彼の『トゥルバンティウスに宛てて』（*Ad Turbantium*）と『フロールスに宛てて』（*Ad Florum*）の相当な部分が，聖アウグスティヌス*の反論中に現存しており，堕落した人間の全的な腐敗というアウグスティヌスの説を激しく非難している．20世紀になって，さまざまな釈義的著作およびモプスエスティアのテオドロス*の詩編注解のラテン語訳が彼に帰された．

## ユリアヌス（トレドの）（聖）
Julian of Toledo, St（644頃-690）

トレド大司教．改宗したユダヤ人の家庭に生まれた彼は，680年にトレド司教に聖別された．彼はスペインにおける最重要な管区大司教座としてのトレドの地位を強化した．彼はトレドで国家的教会会議（national councils）を開催する伝統を復興し，神学的議論の問題において，独立した審査権に対するスペインの司教たちの権利を主張した．彼の著作には，教皇ベネディクトゥス２世の批判に応えて，自らのキリスト論*を擁護したもの，キリスト（メシア）がまだ到来していないというユダヤ人の信仰に対する反論，「最後の出来事」*に関する論考がある．祝日は３月８日．

## ユリアヌス（「背教者（はいきょうしゃ）」）
Julian the Apostate（332-63）

フラウィウス・クラウディウス・ユリアヌス（Flavius Claudius Julianus）は，361年からローマ皇帝であった．コンスタンティヌス*の甥である彼は，新プラトン主義*に惹かれ，エレウシス（Eleusis）の密儀に入信した．355年に，彼は副帝として軍隊に紹介され，360年に部下により皇帝と宣せられた．361年の皇帝コンスタンティウス２世の没後，今や単独皇帝となったユリアヌスは，大望のある改革に着手した．彼がめざしたのは，キリスト教の特権を剝奪し，公然たる迫害から完全に免れた異教を活性化することであった．362年に，彼はペルシア遠征に出発した．小アジアとシリアでは，彼の厳格な規律と反キリスト教的な政策は不人気であった．彼は矢にあたって死亡した．彼の論考『キリスト教徒駁論』（*Adversus Christianos*）の大半は，アレクサンドリアのキュリロス*による同書への反論から復元されうる．

## ユリアノス（「アレイオス主義者（しゅぎしゃ）」）
Julian the 'Arian'（４世紀）

神学者．以前はハリカルナッソスのユリアノス*に帰されていた，カテナ*中の多くの章句が現在では４世紀に由来し，アレイオス主義*的出自を示すと考えられている．1973年に，D. ハーゲドルン（Hagedorn）は復元した『ヨブ記注解』をこの「アレイオス主義者」ユリアノスに帰して，彼はまた『使徒教憲』*の編纂者であり，聖イグナティオス*の手紙の長文の改訂（すなわち，改竄）を招いたと論じた．

## ユリアノス（ハリカルナッソスの）
Julian of Halicarnassus（518年以後に没）

カリア（Caria, 小アジア南西部）のハリカルナッソス主教．518年の皇帝ユスティヌス１世の即位時に，ユリアノスはカルケドン公会議*のキリスト論を受け入れることを拒否したために罷免され，アレクサンドリア*に逃れた．キリスト不朽論*論争において，彼はキリストの肉体の不朽性を支持した．彼の著作の断片がアンティオキアのセウェロス*による彼への反論中に保存されている．以前は彼に帰されていた『ヨブ記注解』は「アレイオス主義者」ユリアノス*の著作と思われる．

## ユリウス１世（せい）（聖（せい））
Julius I, St（352年没）

337年から教皇．アレイオス*論争において，彼は正統信仰の擁護者であり，アンキュラのマルケロス*とアタナシオス*を庇護した．342-43年に，ユリウスはセルディカ教会会議*を召集し，同会議はアタナシオスがアレクサンドリアの主教座の正当な保有者であると宣言した．同会議によりローマ司教であるユリウスに上訴裁判権（appellate jurisdiction）が認められたために，彼の名前は教皇の諸権利の増大とともに有名になった．祝日は４月12日．

## ユリウス２世（せい）
Julius II（1443-1513）

1503年から教皇．彼を枢機卿に任命したシクストゥス４世*の甥であった．彼の教皇位の主要な業績は，教皇職の世俗的権力の復興と増大であった．彼はイタリアにおいて幾度も軍事行動を起こし，フランスの援助を得てヴェネツィア*を敗った．1511年に，彼はフランスに対抗して神聖同盟を結んだ．ルイ12世はこれに応えて1511年に教皇を廃位するためにピサに公会議を召集したが，教皇は第５ラテラノ公会議*を召集して，皇帝マクシミリアンを味方にした．

ユリウス２世はルネサンス芸術の保護者であっ

た．サン・ピエトロ大聖堂*の修復のために販売した贖宥*状は，のちにM. ルター*の「95箇条の提題」の誘因となった．

## ユリウス3世（せい）

Julius III（1487-1555）

1550年から教皇．1545年に，彼はトリエント公会議*の初代議長となり，1547年に同会議をボローニャに移すことに尽力した．教皇として1551年に，彼は公会議がその会期を再開するよう命じたが，公会議は政治的混乱のために翌年に中断せざるをえなかった．1553年のエドワード6世*の没後，彼はR. プール*に広範囲な権限を与えて派遣した．

## ユリオス・アフリカノス

Julius Africanus, Sextus（180頃-250頃）

キリスト教著作家．彼はおそらくもともとユダヤ人であった．彼はエデッサ*王室と親交を結び，また皇帝ヘリオガバルス（在位218-22年）へのエマオ*からの使節として成果を挙げた．彼の主著は217年までの『世界史』であり，その断片を他の著作家たちが保存している．彼の考えでは，世界は天地創造から約6,000年続き，キリストの誕生はその5,500年目に起こった．

## ユーリヒャー

Jülicher, Adolf（1857-1938）

新約聖書学者．1889-1923年に，マールブルク大学*神学教授であった．彼の主張によれば，イエスの譬え*は寓喩でなく直喩として理解されねばならない．彼は新約聖書の古ラテン語訳*の本文を校訂した．

## ゆるしの秘跡（ひせき）

Reconciliation, Sacrament of

悔悛*の現在の名称．

## ユルスト

d'Hulst, Maurice（1841-96）

フランスの学者，司祭．1881年から，パリ*のアンスティテュ・カトリック（Institut Catholique）の学長であった．当初，彼はのちに近代主義者*になった多くの人たちの協力者であったが，1893年以降はより保守的になった．

## ユング写本（しゃほん）

Jung Codex

ナグ・ハマディ*で発見された写本の一つ．チューリヒのユング研究所により1952年に購入された．現在はカイロにある．

# よ

## ヨアキム（聖）

Joachim, St

聖アンナ*の夫，聖母マリア*の父．2世紀の『ヤコブの書』*に初めて言及されている．祝日は西方では（聖アンナとともに）1969年以降，7月26日，東方では9月9日．

## ヨアキム（フィオーレの）

Joachim of Fiore（1135頃-1202）

聖書釈義家，神秘主義者．コラッツォ（Corazzo）修道院の修道士であった彼は，1177年に院長に選ばれた．彼はより観想的な生活を送るためにこの職を辞し，1196年についに，シーラ（Sila）高原に自らの修道会（congregation）を創設する許可を教皇より受けた．

彼の主著の中心的な教えは，3つの時代にわけて考察した，歴史全体の三位一体論的な概念である．「婚姻者の級」（Ordo conjugatorum）に特徴づけられる第1は御父の時代で，そこでは人間は旧約時代の終わりまで律法のもとで生きた．「聖職者の級」（Ordo clericorum）に特徴づけられる第2は御子の時代で，恩恵のもとで生き，新約時代にあたる．「修道士の級」（Ordo monachorum）ないし「観想者の級」（Ordo contemplantium）に特徴づけられる第3は聖霊の時代で，旧新約聖書に由来する「霊的な知性」（Spiritualis Intellectus）の自由の中で生きるであろう．この最後の時代は，全世界を改宗させ，「霊的教会」（Ecclesia Spiritualis）を迎えるために，新しい修道会の創設を見るであろう．没後，ヨアキムの思想は，特に一部のフランシスコ会*員やフラティチェリ*により革命的な結論に導かれた．

## ヨアサフ

➡バルラアムとヨアサフ

## ヨアンネス12世

John XII（964年没）

955年から教皇．ローマの支配者の息子であった彼は，18歳のときに教皇になった．彼は北イタリアの支配者であるベレンガリウス2世とその息子に対抗する自分を助けてくれるよう，ドイツのオットー1世に要請した．962年に，ヨアンネスはオットーをローマ皇帝として戴冠した．オットーは「オットーの特許状」（Privilegium Ottonis）を交付して，中部イタリアの教皇領を承認したが，次に自分への忠誠を要求した．ヨアンネスは皇帝軍のあいだで反乱を画策し，ベレンガリウスやビザンティン側からの援助を求めた．963年にオットーがローマで主宰した教会会議（synod）は，ヨアンネスを廃位し，代わりに1人の信徒（レオ8世）を選出した．オットーはまた，「オットーの特許状」の改訂版を交付して，新しく選出された教皇が聖別前に皇帝に忠誠の誓いをたてることを要求した．964年に，ヨアンネスはローマに戻り，レオを罷免したが，その後まもなくして没した．

## ヨアンネス21世

John XXI（1277年没）

1276年から教皇．ペトルス・ヒスパーヌス（Petrus Hispanus）はリスボンで，おそらく1205年頃以降に生まれた．1273年に，ブラガ（Braga）大司教に選ばれ，フラスカティ（Frascati）司教枢機卿に任じられ，1274年の第2リヨン公会議*に出席した．教皇として，リヨンで達成されたギリシア教会との合同を維持することに関わり，また1277年にパリ司教に対して，信仰に有害な誤謬を教えている人たちを自分に報告するよう求めた．

彼の『論理学綱要』（*Summulae logicales*）は，おそらく1230年代初頭にスペイン北部で書かれ，論理学に関する最も影響力ある中世の手引きである

(『論理学綱要』の著者とその後の教皇を同一視することに異論もあるが，一般に受け入れられている)．彼はまた，論理学や医学に関する他の著作を書き，またアリストテレス*のいくつかの著作に注解した最初の人たちに属する．

## ヨアンネス22世

John XXII（1249-1334）

1316年から教皇．彼は教皇庁をアヴィニョン*に移すことに着手し，そこに留まり，周りに職人や学者を集めた．彼はフランシスコ会*を分裂しかねない争いに巻き込まれることになった．1317年に，彼はスピリトゥアル派*を退け，その教理を異端的であると非難した．その後まもなくして彼は，キリストと使徒たちの貧困が絶対的であったという主張を断罪し，フランシスコ会員の中には，支持者であるバイエルンのルートヴィヒ4世のもとに逃れる者もいた．1324年に，教皇はルートヴィヒを異端者と宣言し，確執が続いた．ルートヴィヒはローマを占領し，1328年に対立教皇*をたてたが，その対立教皇は1330年に屈服した．

すぐれた教会法学者であるヨアンネスは1317年に，『教会法大全』*の最後の正式な教令集である『クレメンス集』*を公布したが，彼自身の教令の集成は，のちに『ヨアンネス22世の追加集*』(Extravagantes Johannis XXII)として同様な扱いを受けた．彼は教皇庁を再組織化し，財政を健全化した．「アニマ・クリスティ」*の著者性が時に彼に帰されてきた．

## ヨアンネス23世

John XXIII（1419年没）

1410-15年のあいだ，ベネディクトゥス13世*とグレゴリウス12世に対する対立教皇*．ヨアンネスは1410年に（アレクサンデル5世*の後を継いで）教皇に選ばれたが，その選出の合法性は聖職売買*によるものとして異議を唱えられてきた．当時鼎立した3人の教皇の中では，彼に最も多くの支持者がいた．1413年に，彼は大シスマ*を終わらせるために公会議を召集し，それはコンスタンツに会合した．彼はやがて公会議から権威を奪うためにコンスタンツから逃亡した．彼は力ずくで連れ戻され，1415年に廃位された．

## ヨアンネス23世（聖）

John XXIII, St（1881-1963）

1958年から教皇．アンジェロ・ジュゼッペ・ロンカリ（Angelo Giuseppe Roncalli）は，ベルガモに近い大農家に生まれた．1925年に，アレオポリス（Areopolis）名義司教およびブルガリアへの代牧*となった．1934年に，トルコおよびギリシア教皇使節*に任命され，バルカン諸国において正教会との良好な関係を築いた．1944年に，パリへ教皇大使*として派遣され，1953年に枢機卿に任じられ，同年中にヴェネツィア*総大司教*となった．

77歳で教皇に選出された彼は，枢機卿たちに以下の3つの企画を提案した．すなわち，ローマ教区会議（diocesan synod）の開催，公会議*の開催，『教会法典』*の改訂である．その教区会議は1960年に開催され，地方的諸問題を論じた．第2ヴァティカン公会議*は彼の教皇位における最も重要な出来事であった．彼はこれを召集する理念を聖霊の鼓舞に帰し，教会の宗教生活を刷新する仕事を公会議に託した．それは信仰の実体を新しい言語で表現し，その規律と組織を現代化することであり（➡アジョルナメント），すべてのキリスト教徒の一致を究極の目標としていた．1960年に，キリスト教一致推進秘書局(Secretariat for Promoting Christian Unity）を創設し，他の諸教会から公会議のオブザーバーを招聘した．彼は公会議の第1会期を開会しまた閉会し，変革に好意的な人たちを奨励するために1度介入した（公会議の立法と意義について，「第2ヴァティカン公会議」の項参照)．1961年に，カトリック教会は初めて世界教会協議会*総会にオブザーバーを派遣した．彼の教皇位をつうじて，カトリック教会の中に他のキリスト教の諸団体との再一致を妨げているものを抑えたいという願いがあるという感情があったし，また彼は聖金曜日*の典礼文からひどく憤慨させている章句を除くことにより，ユダヤ教*との関係を改善しようとした．

## ヨアンネス（アパメアの）
John of Apamea（5世紀前半に活動）

シリア語の霊的著作家で，「隠者」ヨアンネス（John the Solitary）とも呼ばれる．彼の著作に『魂についての対話』がある．

## ヨアンネス（アンティオキアの）
John of Antioch（441年没）

429年からアンティオキア主教，ネストリオス*論争における穏健な東方教会の指導者．アレクサンドリアのキュリロス*が431年のエフェソス公会議*でネストリオスを断罪したあとで，ヨアンネスは対抗する会議を開き，キュリロスを断罪し，ネストリオスを擁護した．433年に，ヨアンネスはキュリロスと和解した．

## ヨアンネス（エフェソスの）
John of Ephesus（507頃-586）

シリア正教会*の歴史家．542年に，異教徒を改宗させるためにエフェソス*地域に派遣され，ヤコブ・バラダイオス*によりその主教に聖別された．ヨアンネスの『教会史』はその第3部だけが完全に残っており，571-85年の時期を扱っている．

## ヨアンネス（聖(せい)トマスの）
John of St Thomas（1589-1644）

スペインの神学者．フアン・ポアンソ（Poinsot）は1609年にドミニコ会*に入会し，聖トマス・アクィナス*の教えに対する専心を表すために「聖トマスのフアン」と名乗った．彼の主な著作は『哲学教程』（*Cursus Philosophicus*, 1631-35年）およびアクィナスの『神学大全』を注解した『神学教程』（*Cursus Theologicus*, 1637-67年）である．彼はアクィナスの結論だけでなく，それに至った議論をも考慮している．

## ヨアンネス（ソールズベリーの）
John of Salisbury（1115頃-1180）

人文主義者．1147年から，カンタベリー*大司教テオバルドゥス*の秘書となり，その没後は後継者のベケット*に仕え，ヘンリー2世との抗争中のベケットを助けた．1176年に，シャルトル*司教になった．

彼の主著は，政治問題を論じつつ宮廷生活を批判した『ポリクラティクス』（*Policraticus*）および文法・修辞学・論理学の研究を擁護した『メタロギコン』（*Metalogicon*）である．1148-51年にわたる『教皇史』（*Historia Pontificalis*）は主に教皇庁の諸問題を扱っている．彼の書簡は，ベケットとヘンリー2世間の抗争の歴史にとり重要な史料である．

## ヨアンネス（ダマスコの）（聖(せい)）
John of Damascus, St（655頃-750頃）

ギリシアの神学者．彼の家族は長らくダマスコ*の財務行政に関わってきており，彼も父の後を継いでカリフに仕えた．彼はおそらく706年には職を辞し，エルサレム*の近くで（言い伝えでは，聖サバス*修道院で）修道士になり，また司祭になった．彼は聖画像破壊論争*において像*の強力な擁護者であった．

彼の最も重要な散文の著作である『知識の泉』（*Fons Scientiae*）は，2部からなる．すなわち，論理学の教科書（「弁証」[*Dialectica*]），（イスラーム*で終わる）異端信仰*のリスト，「正統信仰論」（*De Fide Orthodoxa*）である．第3部において，ヨアンネスは主として彼以前の著作家たちからの抜粋の形で，キリスト教信仰の大要を示している．その4つの部分は，三位一体の神，創造・人間・摂理，キリスト論，その他のテーマを論じている．彼の他の偉大な著作『聖なる並列』（*Sacra Parallela*）は，神，人間，徳・悪徳に関する3巻からなる，聖書と教父の文書の浩瀚な集成であり，第3巻が並列に論じられているので，このラテン語名が生まれた．彼は説教者として有名であったが，その講話はほとんど残っていない．彼の最大の著作はおそらくその典礼詩である．彼の復活祭のカノン*は英語に翻訳されて親しまれている（'The Day of Resurrection/Earth tell it out abroad'「あまつかみの子ら」『古今聖歌集』101番，「地よ，声たかく」『讃美歌』154番）．彼は後世の神学に大きな影響を及ぼした．祝日は東方では12月4日（西方では，以前は3

月27日）．➡バルラアムとヨアサフ（聖）

### ヨアンネス（ダリュアタの）
John of Dalyatha（8世紀）

霊的著作家，おそらく確実に「サバ（Saba）のヨアンネス」と同一人物．東方アッシリア教会*員であった彼は，イラク北西部のさまざまな修道院で修道士として生きた．しばらく，彼はダリュアタ山中で隠修士であった．彼がメッサリア派*やサベリウス*派と誤解されて非難された修道士の組織に属していたので，彼の著作は786年に断罪された．約25の講話，50通の書簡，1組の『知識の摘要』が現存する．

### ヨアンネス（「断食者」）
John the Faster, St（595年没）

582年からコンスタンティノポリス*総主教であったヨアンネス4世のこと．588年に，「世界総主教」*という挑戦的な称号を名のった．教皇ペラギウス2世やグレゴリウス1世*からの抗議にもかかわらず，ヨアンネスはこの称号を後継者に伝えた．彼に帰される，コンフェッソル*のための手引きである『告解規定書』（Penitential）は，9世紀をさかのぼらない．祝日は東方では9月2日．

### ヨアンネス（ネポムクの）（聖）
John of Nepomuk, St（1340頃-1393）

ボヘミアの殉教者．プラハ大司教代理として彼は，修道院を抑圧する王ヴェンツェル4世の企図に反抗した．国王の命令で，ヴルタヴァ（モルダウ）川で溺死させられたが，発見された遺体は対抗宗教改革*中に崇敬の中心になった．祝日は5月16日（1961年に削除された）．

### ヨアンネス（パルマの）（福）
John of Parma, Bl（1209-89）

フランシスコ会*員．1247年に総会長に選出された彼は，修道会の本来の禁欲主義と規律を回復することに努めたが，適応させる必要性も認めた．彼は質素な生き方をしたが，自らの厳格さを他者に押しつけなかった．彼がローマで異端の嫌疑で告発されたのは，清貧に関する彼の見解のためよりむしろフィオーレのヨアキム*に対して共感していたためであろう．彼は後継者として聖ボナヴェントゥラ*を指名して，1257年に職を辞した．祝日は3月20日．

### ヨアンネス（ベヴァリーの）（聖）
John of Beverley, St（721年没）

ヨーク*司教．ホイットビー*の修道士であった彼は，687年頃にヘクサム（Hexham）司教に聖別された．705年に，ヨーク司教になったが，それは当時ウィルフリッド*が求めていた職であった．ヨアンネスは没する前に，ベヴァリーに設立していた修道院に隠遁した．彼に対する崇敬はイングランドで盛んになった．祝日は5月7日（没した日）および10月25日（聖遺物の移動）．

### ヨアンネス（マタの）（聖）
John of Matha, St（1213年没）

三位一体修道会*の創立者．プロヴァンス出身の彼は，捕虜の救出のために修道会を創立し，ローマで没した．祝日は2月8日．

### ヨアンネス（ラグーザの）
John of Ragusa（1395頃-1443）

神学者．イヴァン・ストイコヴィチ（Stojković）はラグーザ（現ドゥブロヴニク）出身で，若いときにドミニコ会*員になった．1431年に，マルティヌス5世*は彼を教皇庁の神学者としてバーゼル公会議*へ派遣し，また1435-37年のあいだ，ギリシア人がローマとの一致に至るためにコンスタンティノポリスへの公会議使節として活動した．コンスタンティノポリスにおいて，彼は重要な写本群の収集を行い，それをバーゼルのドミニコ会修道院に遺贈した．その一部は，エラスムス*がギリシア語新約聖書の初版を刊行するさい，印刷業者の写本として用いられた．

### ヨアンネス・グアルベルトゥス（聖）
John Gualbert, St（1073年没）

ヴァロンブローザ修族*の創立者．フィレンツェに近いベネディクト会*の修道院に入ったが，聖職売買*的な選挙に当惑して，1036年頃に隠棲し，やがてヴァロンブローザに落ち着いた．ここで，彼の周りに集まった修道士たちは，半ば隠修士的な生活をするという条件で，『ベネディクトゥス会則』*を厳格に守った．彼が導入した助修士*の労働力は，修道士を手作業から解放した．祝日は7月12日．

## ヨアンネス・グラマティコス
John the Grammarian（515年頃に活動）

神学者．新カルケドン主義*の初期の代表者であった．アンティオキアのセウェロス*による反論中に保存された，カルケドン定式*の擁護論の断片およびキリスト単性論*者やマニ教*徒に反対する著作が残っている．

## ヨアンネス・クリマコス（聖）
John Climacus, St（570頃-649頃）

修徳的・霊的著作家で，彼の名前は有名な著作名中の梯子（*Klimax*）にちなむ．16歳のとき，シナイ*山を訪れ修練士*となり，のちに修道院長となった．彼の『楽園の梯子』は修道院の徳と悪徳および完全な不受動心（アパテイア*）の本質を論じており，後者はキリスト教の完徳の理想として支持されている．祝日は3月30日（さらに，東方では，四旬節の第4主日）．

## ヨアンネス・クリュソストモス（聖）
Chrysostom, St John（347頃-407）

コンスタンティノポリス*主教．アンティオキア*で学び，その後（373年頃）隠修士になった．381年に輔祭，386年に司祭になった彼は，特に説教者の任務に就いた（ギリシア語で「クリュソストモス」は「黄金の口をもった」の意）．有名な一連の『彫像について』という説教は，皇帝の彫像が倒されたアンティオキアでの暴動のあとの387年になされた．聖書の諸文書に関する講話は，最大のキリスト教の解釈者としての彼の評価を確立した．これらの講話はある著者の霊的意味を理解するすぐれた才能を直接的に実践的適用に移す同等の能力に結びつけている．しかしながら，彼は聖書の寓喩*的な釈義*には反対し，逐語的な意味の重要性を強調した．398年に，コンスタンティノポリス総主教に任じられた．彼は皇妃エウドクシアの不興を買った．オリゲネス主義*の断罪後にエジプトから逃げてきた「長身の兄弟たち」*をヨアンネスがかくまったとき，アレクサンドリア総主教テオフィロス*はコンスタンティノポリス主教座を貶める好機を得た．テオフィロス派で固められた403年の「樫の木教会会議」*で，ヨアンネスは断罪され罷免された．宮廷により撤回されたが，彼のあからさまな発言は皇妃を怒らせ，細かい手続きを踏んで追放された．祝日は西方では9月13日（以前は1月27日，アングリカン・コミュニオンの一部でも同日），東方では11月13日．➡偽クリュソストモス，クリュソストモス典礼，クリュソストモスの祈り

## ヨアンネス・スコラスティコス
John Scholasticus（577年没）

565年からコンスタンティノポリス*総主教であったヨアンネス3世のこと．総主教になる前に，カノン（'Synagoge'）の集成を行い，のちにそれを補充した．それは東方教会の教会法*の原典の一つとなった．➡ヨアンネス・マララス

## ヨアンネス（聖）とパウルス（聖）
John and Paul, Sts

4世紀の2人のローマの殉教者で，実際に確実なことは何も知られない．2人の名前はローマ・ミサ典文*に記載されている．祝日は6月26日．

## ヨアンネス・パウルス1世
John Paul I（1912-78）

1978年8月26日から9月28日のあいだの教皇．アルビーノ・ルチアーニ（Albino Luciani）は1958年にヨアンネス23世*によりヴィットリオ・ヴェネト（Vittorio Veneto）司教に聖別された．1969年に，パウルス6世*は彼をヴェネツィア*総大司教に任じ，1973年に枢機卿にした．ヴェネツィアにおいて，彼は5回のエキュメニカルな会議を主宰

した．彼の教皇選出は予期されていなかった．多数の枢機卿は，司牧経験はあるが，教皇庁との結びつきをもたない教皇の新しい方式を懸念したと思われる．選出されて33日後に，彼は心臓発作で没した．ヴァティカンの不手際で，いわれない他殺説が広まったりした．

## ヨアンネス・パウルス2世（聖）
John Paul II, St（1920-2005）

1978年から教皇．ポーランド*の軍人の息子であったカロル・ヴォイティワ（Karol Wojtyła）は，クラコフ近郊の工業都市に生まれた．1958年にオンビ（Ombi）名義司教兼クラコフ補佐司教に，1964年にクラコフ大司教に，1967年に枢機卿になった．彼は第2ヴァティカン公会議*に出席し，公会議後のいくつかの委員会の委員であった．

彼は教皇となった最初のスラヴ人であり，1523年以降最初の非イタリア人であった．1979年に，プエブラ（Puebla）でラテン・アメリカ司教協議会を開催するためにメキシコ*に赴いた．彼はその国の大地に接吻し，大群衆のまえでミサを行い，以後の外国訪問の自らのやり方を定めた．彼はその後100か国以上を訪問し，その中に1982年のイギリス訪問も含まれる．ポーランドから広がった，共産主義の崩壊における重要な役割が彼に帰されている．1989年に，彼はヴァティカンでソヴィエト連邦の最高会議幹部会議長を迎え，その後まもなく，カトリック東方教会*はソヴィエト連邦において合法化された．

彼の教皇位を特徴づけたのは，正教会*に対する関心である．彼は避妊*・中絶・同性愛*に対する教会の態度においていかなる譲歩をすることも拒絶し，伝統的な立場を繰り返し再確認した．彼は前例のないほど多数の列福*・列聖*を行った．1994年に，司祭職への「女性の叙任」*を認める権威が教会にないと宣言し，1995年に教える権威が不可謬と定義された．1997年に『カトリック教会のカテキズム』*が刊行された．

彼は1984年に世界教会協議会*を訪れて，エキュメニカル運動*が逆行できないと語ったが，信仰の一致に達する手段として相互陪餐を拒否した．彼は特に正教会との良好な関係を推進したが，1980年代後半の東ヨーロッパにおけるカトリシズムの復興は争点となった．英国教会との関係も後退した．1993年に発表された『エキュメニズムに関する原則と規範の適用のための指針』は，エキュメニカルな活動へのカトリックの参加を奨励したが，その範囲を定義した．彼は世界の他の宗教，特にイスラーム*やユダヤ教*との良好な関係を助長した．

彼は教皇庁*を再組織化し，教皇庁と枢機卿団を国際化し続けた．彼は1983年に新『教会法典』*を公布し，1990年にカトリック東方教会用の独自の法典を公布した．

## ヨアンネス・フィロポノス
John Philoponus（490頃-570頃）

哲学者，キリスト単性論*的神学者．若いときからキリスト教徒であった彼は，アレクサンドリア*に住んだ．彼の哲学的著作には，アリストテレス*に関する注解とプロクロス*への反論がある．彼の神学的著作には，『世界の創造について』（*De Opificio Mundi*）と『仲裁者』（*Arbiter*）がある．彼のキリスト論*はアンティオキアのセウェロス*のそれに類似し，彼の三位一体論の神学は680-81年の第3コンスタンティノポリス公会議*で三神論*的として断罪された．

## ヨアンネス・マララス
John Malalas（490頃-575頃）

「雄弁家」ヨアンネスの意．ビザンティンの年代記作者．彼は時にヨアンネス・スコラスティコス*と同一視されてきたが，文官であったと思われる．彼の『年代記』は天地創造から565年ないしおそらく574年までの期間を扱ったが，563年までしか残っていない．

## ヨアンネス・モスコス
Moschus, John（550頃-619/34）

霊的著作家．575年頃，彼はエルサレム*に近い修道院に隠棲し，その後広く旅行して，さまざまな修道制の拠点を訪問し滞在した．『霊的牧場』

(*Pratum Spirituale*) は，修道生活に関する逸話の一大集成で，信心の手引き書として広く読まれた．

## 善いサマリア人

Good Samaritan

ルカ福音書10:25-37の譬え*のサマリア*人で，追いはぎに襲われた旅人の面倒を見た．

## 良い羊飼い

Good Shepherd

特にヨハネ福音書10:7-18における説教および良い羊飼いの譬え（ルカ15:3-7）に基づく，キリストの称号．

## ヨウィアヌス

Jovian（332頃-364）

363年６月から364年２月のあいだローマ皇帝．皇帝ユリアヌス*の没後，ヨウィアヌスは軍隊により皇帝に選ばれ，ペルシアとの屈辱的な講和を結ばざるをえなかった．神学的な論争で，彼は正統信仰を擁護し，聖アタナシオス*を受け入れた．

## ヨウィニアヌス

Jovinian（405年頃没）

ローマとミラノの教会会議で断罪された非正統的な修道士．処女性が結婚よりすぐれた状態であることおよび節制が感謝した食事よりすぐれていることを否定した．彼は聖母マリアの永遠の処女性を信じなかった．

## 8日間（8日目）

Octave

キリスト教の典礼用語で，祝日からその日を含めて８日目．この語はまたその８日間全体も指し，その期間をつうじて，いくつかの大きな祝日が続くようになった．カトリック典礼の通常式文では現在，降誕祭*と復活祭*のみが守られているが，特別式文*では，ペンテコステ*の８日間も存続している．

## 用具の授与

instruments, tradition of the

被叙階者に対して，その職務を特徴づける用具を厳かに授与すること．カトリック教会では，助祭は福音書を，司祭はパンを入れたパテナ*とカリス*を受ける．1662年の『祈禱書』に付随した英国教会の聖職按手式文*は，新約聖書が執事に，聖書が司祭に渡されるよう命じている．いくつかの現代のアングリカンの典礼でも，司祭へのカリスとパテンの授与が復活ないし許容されてきている．

## 様式史的研究

form criticism

特に聖書に適用して，特定の章句の構造的な様式を分析することにより，その起原を発見し，その歴史を辿る試み．それは以下の３つの過程を伴う．すなわち，(1) 伝達される過程で一般に固定されたと考えられる様式である，資料の個々の単位への分析．(2) これらの様式のより早い歴史の回復．(3) 歴史的な背景がさまざまな様式を決定したことの提案である（「生活の座」*）．この方法は旧約聖書*との関連で発展したが，それが最も顕著に適用されたのは，共観福音書*の背後にある口頭伝承に対してであった．そこで明らかになった主な様式は以下のように分類される．(1) パラディグマ*（イエスの言葉で終わる短い物語）．(2) 奇跡物語．(3) イエスの言葉．(4) 歴史物語・伝説（すなわち，物語資料）．教会の必要性がイエスに関する伝承を形成するのに役立ったことは一般に認められている．論争の的となっているのは，それらの伝承がこの背景下に生まれたとか，教会におけるその使用がその文学的な様式から類推されうるとかいう主張である．➡編集史的研究

## 幼児洗礼

Infant Baptism（Paedobaptism）

当初から洗礼*はキリスト教共同体への加入の普遍的な手段であったが，新約聖書は幼児に洗礼を授けることに対して特別の典拠を含まない．しかしながら少なくとも３世紀以降，キリスト教徒

の両親から生まれた子どもは幼時に受洗した．16世紀にこの慣行は再洗礼派*により，また17世紀以降にはバプテスト派*(およびその後のディサイプル派*）によっても否認された．

新約聖書において，キリスト教徒の子どももキリスト教徒と見なされており，家族の洗礼が言及されている場合，子どもも成人とともに受洗したであろう．『使徒伝承』*は，小さい子どもがまず受洗すべきであり，もし自分で話すことができないならば，家族の一員が代わりに話すべきであると明確に述べている．オリゲネス*は幼児洗礼を確証された慣行として言及しており，テルトゥリアヌス*は幼児洗礼に反対している（ことでその存在を証言している)．4世紀になってさえ，キリスト教徒の子どもがすべて幼時に受洗したわけではないが（聖バシレイオス*やナジアンゾスの聖グレゴリオス*は20歳代に受洗した)，この頃には幼児洗礼はますます一般的になった．コンスタンティヌス*によるキリスト教の公認とともに，受洗はもはや迫害の危険を伴うことがなくなり，教会が5世紀に国家と同一視されるようになると，洗礼は誕生と結びついた通過儀礼と見なされるようになった．

カトリック神学によれば，幼児洗礼は新生という本質的な賜物を授ける．この慣行を否認する人たちの根拠は，それが新約聖書の典拠を欠くことであり，（秘跡*でなく）単なる儀式として，それは無自覚な受洗者になんらの恩恵も授けえないということである．現代でも，子どもを受洗させる多くの人たち自身が名ばかりのキリスト教徒であるという事実を考慮して，伝統的な慣行が再考されてもいる．1969年の幼児洗礼に関するカトリックの儀式書は，場合によっては洗礼が延期されるべきことを認めている．➡洗礼

## 幼児の洗礼服
chrysom（chrism-robe)

罪の清めのしるしとして，洗礼の際に幼児が着用する．もともと，聖香油*(chrism）が落ちるのを防ぐために頭にかぶった布であった．英国教会では，その使用は1552年に消滅したが，『共同礼拝』*では認められており，カトリック教会でも残っている．

## 幼時福音書
Infancy Gospels

キリストの誕生と幼年期に関する外典的な物語群で，初期に流布していた．

## 養子論（キリスト養子論）
Adoptianism

(1) 8世紀のスペインに由来する異端信仰で，その主張によれば，キリストはその人間性においては真の神の子ではなく，神の養子にすぎない．トレド大司教エリパンドゥス*はミゲティウス*に反論した際，(「ダビデの子孫から生まれた」) キリストの人間性とその神的な御子性とを明確に区別して，人間イエスは神の養子にすぎないと主張した．エリパンドゥスはスペインの司教たち，特にウルヘル司教フェリクス*に支持されたが，エリパンドゥスの没後，その異端信仰は消滅した．それは12世紀に緩和された形でアベラルドゥス*，ギルベルトゥス・ポレタヌス*らによってよみがえった．(2) この語はまた，初期のギリシア神学においてキリストを神的な力を授かった人間と見なす異端的傾向について用いられてきた（この場合は通常 ‘Adoptionism’ と綴られる)．

## 様態論
Modalism

初期の教会における，三一神*に関する非正統的な教えで，3つの位格（ペルソナ）の永遠性を否定し，神性（Godhead）におけるその区別が一時的にすぎないと主張した．モナルキア主義*のうちの一つ．

## 要理教育
➡カテケーシス

## 要理書
➡カテキズム

## ヨエル書(しょ)
Joel, Book of

小預言書*の一つ．本書の最初の部分（1:1–2:17）は，いなごによる災害を告げ，これを背景として，悔い改めへの呼びかけを伴う「主の日」の接近を描く．残りの部分は，未来においてすべての人に御霊が注がれること，ユダの最終的な救い，諸国民の滅びを預言している．

## ヨーガ
yoga

「結ぶこと」を意味するサンスクリット語．専門的な意味で，いっさいの感覚による認識を排除することに集中して神的霊との魂の合一をめざす，インドの宗教哲学の体系を指す．ヨーガはキリスト教の信心に影響を及ぼした．この語は曖昧な意味で，禁欲的な側面をもつ，現代の健康文化の体系を指す．

## ヨーク
York

ヨークはブリタニア北部のローマ人の軍事拠点であった．ヨーク司教の存在が314年に記録されている．キリスト教会はサクソン人の侵攻で破壊された．625年にヨーク司教に聖別された聖パウリヌス*は，627年にノーサンブリア王エドウィン*に授洗し，631年にパリウム*を受けた．別の異教徒の侵攻後，633年にパウリヌスはロチェスター*に逃れ，ヨークはリンディスファーン*の司教の管理下に入った．司教座は聖ウィルフリッド*の司教聖別とともに664年に復興した．735年に，エグベルト*のもとで，司教座は大司教座に昇格し，その大司教は北部管区の首座司教*になった．最初のノルマン人大司教，バイユー（Bayeux）のトマス（在職1070–1100年）のもとで，上位をめぐる争いがカンタベリー*とヨークのあいだで始まった．最終的に決着させた教皇インノケンティウス6世（在位1352–62年）は，カンタベリー大司教が上位にあって，「全イングランドの首座司教」の称号をもつこと，ヨーク大司教は「イングランドの首座司教」と称されることを決定した．

中世のヨークは地方の中心地として重要で，中世以降，ヨーク大司教はイングランド北部の統治に関わった．繁栄の絶頂期には市内に，40以上の小教区教会と9つの修道院があった．ローマ時代にさかのぼる教会堂は存在しないが，その時代の素材がいくつかの教会堂で再利用されている．セント・マイケル・レ・ベルフレイ（St Michael-le-Belfrey）の位置にあったと思われるサクソン式の司教座聖堂は1069年の暴動で破壊された．ノルマン式の聖堂に続いて，1227年頃から1472年のあいだに同じ位置に現在のヨーク・ミンスター（York Minster）が建てられた．19世紀に4度，修復がなされた．西塔およびローマ時代の遺構上に立つ西正面は，1967–72年に補強された．1984年の火事で受けた重大な損傷も修復された．

## 予型(よけい)
types

神学用語で，旧約聖書の出来事や人物におけるキリストの摂理の予表．キリストが御自身の復活*の表象としてヨナ*に言及することができたように，聖パウロ*はイスラエルの人々が紅海を渡ったことの中に，洗礼の「予型」を見た（Iコリ10:1–6）．予型論（typology）は初期の教会でよく用いられた．

## 預言(よげん)
prophecy

早い時期からキリスト教徒が信じてきたのは，（キリストの）受肉前に，聖霊なる神が「預言者により語られた」（ニカイア信条*）ことであり，預言者が未来に関してだけでなく，同時代人にも神の意志を宣べ伝える，神の使信の霊感を受けた伝達者であることが一般に認められてきた．

遅くとも新約時代以降，ユダヤ人は「預言者」の語を，古い「律法」とより新しい「諸書」の間にある，旧約聖書の正典の大きい部分に適用した．この関連で通例，(1)「前の預言者（預言書）」，すなわちヨシュア記，士師記，サムエル記，列王記，および (2)「後の預言者（預言書）」，すなわちイザヤ書，エレミヤ書，エゼキエル書と「12の小預言書*」が区別された．しかし，預言者の名は個人的に広義で，たとえばモーセ*に適用されえた．

ヘブライの預言の起原は王制の初期にさかのぼりうる．サムエル記上9-10章は2種類の預言者の存在を証言している．すなわち，いなくなったろばの行方をサウルに示しえた，サムエルのような透視力をもった「先見者」，および，自らでなく，神の言葉と考えられる言葉を語った，地方の神殿と結びついた「脱自*者」（サム上10:10-11）である．徐々に脱自的な特徴は重要性を失い，神の使信ないし「言葉」の伝達が預言の支配的な特徴となった．預言者が伝達した使信の中に，1つの発展を辿ることができよう．アモス*はイスラエルに対する神の裁きを救いようのないものと宣言したが，のちの預言者は裁きを超えて希望を見ており，捕囚後には，預言者の使信は祝福と激励のそれに変わっている．

メシア*に関する章句の大部分が出ているのは，旧約聖書の預言書においてである．キリスト御自身が旧約聖書の預言の実現を御自身の働きの中に見ており，たとえば，御自身の到来により，イザヤ書61:1の言葉が実現したと宣言している（ルカ4:21）．同様に，福音書記者も彼らが記す出来事の中で多くの旧約聖書の預言の実現を指摘しており，旧約聖書の預言に訴えることは初期のキリスト教の説教の変わらない特徴であった．教父時代や中世において，キリスト教の教理を説明しようとするほとんどすべての人は聖書の霊感がキリスト教の啓示の預言者による予知を保証していると想定し，その結果，旧約聖書の本文が，たとえば特定のキリスト論にとっての論拠として用いられた．イザヤ書7:14のような本文の中に，新約聖書の出来事に真に先行するものが存在するのかについて疑念が投げかけられ始めたのは，やっと啓蒙主義*や歴史への批判的接近法が起こってからであった．

## 預言者（初期キリスト教の）

prophets（early Christian）

現象としての預言は初期の教会でたしかに証言されているが（Ⅰコリ12-14章），新約聖書に言及された預言者の地位は不確かである．時に，彼らは明確な役職者として現れ（Ⅰコリ12:28），他の箇所ではそれほど明確でないものとして示されており（たとえば，使11:27），男性と同様に女性も預言することができた（使21:9）．預言の権威を当然とする初期のキリスト教著作家もいたが，預言はすたれたと思われる．「預言者」はモンタノス派*において再び顕著となったが，主流教会の発達した司教の権威に対抗して自らの権威を確立することはできなかった．旧約聖書の預言者について，「預言」の項参照．

## ヨサファト・クンツェヴィチ（聖）

Josaphat, St（1580または1584-1623）

1618年からウクライナのポーロツク（Polotsk）大司教であった彼は，カトリック教会により正式に列聖された東方教会の最初の聖人であった．彼はブレスト・リトフスク合同*後のまだ不安定であった教会生活を復興することに尽力した．彼は敵対派により殺害された．祝日は11月12日．

## ヨシフ・ヴォロツキイ（聖）

Joseph of Volokolamsk, St（1439/40-1515）

ロシアの修道院改革者．修道生活を数年送ったのち，厳格な改革を行い，モスクワに近いヴォロコラムスクに修道院を建てた．ニル・ソルスキイ*と違って，彼は贈与を歓迎し，従順・労働・長時間の典礼からなる厳格な生活をする大きな共同体を創出した．祝日は9月9日．

## ヨシャファトの谷

Jehoshaphat, the Valley of

ヨエル書4:2と4:12に基づく，主の来るべき裁きの伝説的な場所．後4世紀以降，この名称はエルサレム*をオリーブ山*から分ける谷を指すものとされてきた（➡キドロン）．

## ヨシュア記

Joshua, Book of

この旧約聖書の文書は，モーセ*の死からその後継者ヨシュアの死までのイスラエルの民の歴史を辿り，パレスチナへの侵入とその征服，その12部族間の分配，ヨシュアの最後の言葉を伝えている．資料の一部は前9世紀にさかのぼるかもしれないが，本書はおそらく6世紀かそれ以降まで現在の形になっていなかったろう．

## ヨセフ（聖）

Joseph, St

聖母マリアの夫.マタイ福音書もルカ福音書も，主（イエス）の誕生時に，マリアがヨセフと「婚約していた」と述べているが，両記者ともマリアの処女性を強調している．ヨセフはダビデの家系に属する敬虔なユダヤ人であり，マタイ福音書13:55によれば，大工であった．キリストは少なくとも12歳までは，ナザレのその家で育った.『ヤコブの書』*では，ヨセフはマリアと結婚したとき年をとっていたと言われており，彼は聖性のひな型として，さまざまな伝説の主題となっている．彼への崇敬は東方で始まり，比較的遅く西方でも発展した．祝日は東方では降誕祭後の第1主日，西方では3月19日．カトリック教会では，彼はまた5月1日に「労働者聖ヨセフ」としても祝われる（もはや義務的ではない）.

## ヨセフ（アリマタヤの）（聖）

Joseph of Arimathaea, St

十字架刑後にピラト*にキリストの遺骸の引き取りを願い出て,それを埋葬した「助言者」．彼が聖杯*をもってイングランドに来て，グラストンベリー*の教会堂を建てたという伝説は，13世紀以前には見いだされない．祝日は東方とアメリカの1979年の『祈禱書』では7月31日，西方では3月17日．

## ヨセフォス（讃美歌作者の）（聖）

Joseph the Hymnographer, St（810頃-886）

ギリシアの讃美歌作者．聖画像破壊論争*中にローマに向けてコンスタンティノポリス*を出発したが，海賊に捕らえられ，奴隷として数年を過ごした．彼はその後逃れて,850年頃にコンスタンティノポリスで修道院を建てた．彼は1,000のカノン*を作ったといわれる．祝日は東方では4月3日．

## ヨーゼフ主義

Josephinism

1765-90年のあいだの神聖ローマ皇帝ヨーゼフ2世の教会改革を動かした諸原則．これに含まれたのは，J. N. フォン・ホントハイム*が主張したような，宗教的寛容，ローマに関係なく教会の事項を規定する権利，霊的範囲内の教皇の権限の制限である．

## ヨセフス

Josephus, Flavius（37頃-100頃）

ユダヤ人の歴史家．パレスチナ出身で，ファリサイ派*に属した．66年に，ユダヤ戦争に参加した．捕虜になったのち，彼はウェスパシアヌスが皇帝になるだろうと予言してその厚遇を得て，エルサレム包囲中は，ティトゥスに通訳として仕えた．彼はローマに帰還するティトゥスに随行し，文筆活動に専念した.『ユダヤ戦記』はアンティオコス・エピファネス*の時代からユダヤ戦争勃発までの出来事の要約であり，後半部は大半が目撃証言による記述である.『ユダヤ古代誌』は天地創造からユダヤ戦争の初期に至るユダヤ人の歴史を辿っている.「彼を人と呼んでよいなら，賢人である」（18.3.3）とキリストに言及している現在の形は真正ではない．ヨセフスはキリストに触れたが，その本来の言及が初期のキリスト教の著作家により改作されたと思われる．

## 予定

predestination

この神意（Divine decree）によれば，ある人たちは絶対確実に(infallibly)永遠の救いに導かれる.予定は福音書において前提とされており，たとえばマタイ福音書20:23では，キリストは御自身の右と左にだれが座るかは「わたしの父によって定められた人々」に許されると言ったという．ローマ書8:28-30において，聖パウロ*は「御計画に従って召された」者たちの救いの過程を，予知と予定から，召命（vocation）・義化*・栄化（glorification）へと辿っている．

西方教会において，聖アウグスティヌス*はこの教えをペラギウス*論争において展開した．アウグスティヌスによれば，予定の秘義は神的選択の理由を人間精神が理解できないことにあり，にもかかわらず，その選択は完全な正しさにおいてなされる．それは最終的な堅忍*の賜物を含み，人間の受容にでなく，永遠の神意にかかっており，したがって絶対確実であるが，しかしながら，アウグスティヌスによれば，自由意志を侵害しない．南ガリアにおいて，彼の教えに異議を唱えたのはJ. カッシアヌス*と他の半ペラギウス主義*者であったが，アウグスティヌスの立場が529年のオランジュ教会会議*で認められた．9世紀に，ゴットシャルク*は自らアウグスティヌスに基づいて，ある者が永遠の至福へ，他の者が永遠の業火へという二重の予定を説いた．この教えは849年のキエルジー教会会議*により断罪された．中世の教えはアウグスティヌスに基づいていたが，ダマスコの聖ヨアンネス*に代表されるギリシアの教理を考慮していた．ヨアンネスの考えでは，神は万人の普遍的な救いを「先立って」望んでいるが，彼らの罪の結果として，ある者に永遠の刑罰を望む．この見解を神の全能や恩恵*の有効性と調和させるさまざまな試みがスコラ学者*によってなされた．

予定は宗教改革時に重要な問題として再び現れた．M. ルター*はアウグスティヌスの教理をそのまま復活し，それと関連づけて，人類の堕落を新たに強調した．1525年に彼が主張したのは，神の主権的行為において，選ばれた者も棄却された者もともに彼らの功罪にかかわらず予定されているということであった．しかしながら，1577年の和協信条*はフィーリプ派*の立場をまとめており，彼らは堕罪*後の人類の全面的な堕落と信仰のみによる義認を認めたが，二重の予定がその両者に伴うことを否定した．これがルター派の教理となっている．しかしながら，二重の予定はカルヴァン主義*の体系の隅石となった．アルミニウス主義*者により否定されたこの教えは，1618-19年のドルトレヒト会議*と1647年のウェストミンスター会議*により課せられ，少なくとも堕罪後は，神は万人の救いを望まないし，キリストは選ばれた者のみのために死んだたと宣言した．トリエント公会議*後のカトリック神学者は予定の教理を表現するさい，人間の同意の要素および「万人の救い」という神の意志の事実を保持しようとしている．➡選び，棄却

## 『予定された者』

*Praedestinatus*

おそらくシクストゥス3世（在位432-40年）の教皇職中にローマで作成された論考で，当時，聖アウグスティヌス*の諸著作の影響下に教えられていた極端な予定*論に反駁している．

## 予定説

predestinarianism

この教えによれば，人間の自由意志および協働は，予定*の原理の徹底的な適用により救いの過程から排除される．

## ヨナ書

Jonah, Book of

小預言書*の一つ．本書が語るのは，ニネベに行って，悔い改めを説くようにという，ヨナへの神の命令，海へと逃れようとする彼の試み，船外へ投げ出され，魚に呑み込まれたこと，3日後に救助されたこと，その宣教の成功である．本書の大部分は批評家により捕囚*後の時期に帰されている．「ヨナのしるし」（マタ12:39など）は，キリストの復活の預言として解釈されている．

## ヨーナス

Jonas, Justus（Jodocus Koch）（1493-1555）

ドイツの宗教改革者．エラスムス*とM. ルター*に敬服していた彼は，1521年にヴォルムス*へと後者に随行した．1523-33年のあいだ，ヨーナスはヴィッテンベルク*大学神学部長であり，プロテスタントとして指導的な役割を果たした．彼はルターとP. メランヒトン*の著作のラテン語・

ドイツ語両訳者であった.

## 世の光(よのひかり)
Light of the World, the

ヨハネ福音書8:12に由来するキリストの称号.W. H. ハント*の有名な絵画のテーマである.

## ヨハネ(聖(せい))
John, St

使徒. 伝承によれば, 第4福音書, ヨハネ黙示録*, 公同書簡*のうちの3通(ヨハネ書*)の著者.兄の聖ヤコブ*および聖ペトロ*とともに, ヨハネは弟子たちの中心的なグループに属し, ヤイロの娘の復活,「キリストの変容」*, ゲツセマネ*での「苦悶」に立ち会った. 使徒言行録において, ペトロとともに幾度も言及され, エルサレム*での使徒たちの会議 (council) に出席した (ガラ2:9).

第4福音書において, 彼の名前は出てこないが, 伝承は彼を「イエスの愛しておられた」弟子と同一視しており, 最後の晩餐でイエスの胸もとに寄りかかり, 十字架のもとでイエスによりその母を託され, 復活の朝にペトロとともに墓に駆けつけ, ティベリアス湖畔で主 (イエス) を認めた.「愛弟子」*のヨハネとの同一視には現代では異論もある.

伝承によれば, ヨハネはエフェソス*に落ち着き, パトモス*へ追放されて, そこで黙示録を書き, エフェソスに戻って, そこで福音書と書簡を書いた. 祝日は東方では9月26日 (および5月8日), 西方では12月27日.

## ヨハネ(洗礼者(せんれいしゃ))(聖(せい))
John the Baptist, St

「キリストの先駆者」. ルカ福音書(1:5-25)によれば, 彼はザカリア*とエリサベト*の息子で, その誕生は天使により予告された. 4福音書とも後27年頃の彼の出現を, ヨルダン川*で聴き手に悔い改めと洗礼を要求する説教者として記述している. キリスト御自身も彼から受洗した1人であった. ヘロデ*・アンティパスの結婚をヨハネが非難したことで, 投獄され処刑された(マタ14:1-12).彼の影響力が持続したことが使徒言行録 (18:25) に証言されており, 新約聖書以外でも, ヨセフス*が彼に言及している. 彼の誕生の祝日 (6月24日) は, 彼の殉教の祝日 (8月29日) よりずっと厳かである.

## ヨハネ(「長老(ちょうろう)」)
John the Presbyter

「長老」という語はⅡヨハネ書とⅢヨハネ書の著者の自称であり, パピアス*は「長老」ヨハネに言及している. パピアスの証言がエフェソス*における使徒聖ヨハネ*以外の第2のヨハネの存在を示すと考える学者がいる. この見解の支持者中のある者は, この長老に第4福音書と (3つの) ヨハネ書を帰するし, 他の者はⅡヨハネ書とⅢヨハネ書とおそらくヨハネ黙示録を帰する.「愛弟子」*も使徒ヨハネや「長老」ヨハネとの同一視が試みられた.「長老」はエフェソスでは使徒を指す地方的な名称だったのであろう.

## ヨハネ騎士団(きしだん)(聖(せい)ヨハネ騎士修道会(きししゅうどうかい))
Hospitallers (Knights Hospitaller)

正式名称の「エルサレム聖ヨハネ救護騎士修道会」は, 11世紀後半に本部としていたエルサレムの病院が洗礼者聖ヨハネ*に献げられたことに由来する. 1310年以降はロードス騎士団とも呼ばれ, また1530年からマルタ騎士団 (Knights of Malta) と改称した.

1080年頃に, 巡礼者のための宿泊所がエルサレムに建てられた. 1099年の十字軍*兵士の勝利ののちに, 修道会が創始され, 教皇の認可を得た.その元来の関心は病者の看護であったが, 12世紀には, おそらくテンプル騎士団*にならって, 修道騎士 (brother knights) の会員を増大させた. 彼らは十字軍の盛衰をともにした. 1291年にアッコが陥落したのち, キプロス島に逃れ, その後, 1309年にロードス島を征服した. 彼らは1480年にトルコ人に対してロードス島を守ったが, 1522年に敗れた. 1530年に, 彼らはマルタ島をカール5世*から取得した. 彼らは1571年の「レパントの海戦」*に参加したが, 17-18世紀には衰退し, 1798年にナポレオンにマルタ島を占領された．1998年に，彼らには島の一つの城が与えられた．同騎士団は現在は主に病院活動に従事している．

イングランドにおける彼らの財産は1540年に没収された．1820年代に，フランスのマルタ騎士団が主にアングリカンの基礎にたつイギリス管区を再興し，1888年に騎士階級を構成した．それが創設したのが，1877年の聖ヨハネ・アンビュランス・アソシエーションおよび1888年の聖ヨハネ・アンビュランス・ブリゲードである．

## 『ヨハネ行伝(ぎょうでん)』
John, Acts of

初期のギリシア語の外典*文書で，使徒聖ヨハネ*の生涯における出来事を記述している．1886年に発見された断片は，キリスト仮現論*的な表現でのキリストの受難の記事および現在では「イエスの賛歌」と呼ばれる賛歌を含んでいる．

## ヨハネス
➡ヨアンネス

## ヨハネによる福音書(ふくいんしょ)（ヨハネ福音書(ふくいんしょ)）
John, Gospel of St

第4福音書はすでに2世紀初頭に存在していた．それが使徒聖ヨハネ*により書かれたという伝承は少なくとも，2世紀末にさかのぼり，聖エイレナイオス*により証言されている．彼はおそらくその情報を聖ポリュカルポス*から得た．しかしながら，ポリュカルポスは別のヨハネ，すなわち「長老」ヨハネ*を指している．第4福音書は主（イエス）の奇跡*と教えに関する単なる記述ではなく，イエスのペルソナと教理に関する深く熟考した説明であるので，直接の使徒が著者であるとは考えられない．多くの点で，すぐれた資料や歴史的な伝承が想定され，著者は「わたしたちが」見たことを証言していると主張する（1:14）．

第4福音書は内容・文体・見解において，共観福音書*と大きく異なる．たとえば，主（イエス）の公生涯（ministry）は3度の過越*に及んでいて，エルサレム*とガリラヤ*のあいだを往き来している．両替人の神殿*からの追放は，公生涯の終わりでなく，初めに置かれており，「最後の晩餐」*は過越の食事ではない．聖餐*の制定のような重要な出来事について言及されず，よく知られた譬え*も見られない．他方，ヨハネ福音書には，共観福音書が言及しない，ラザロ*の復活のような出来事の記述がある．とりわけ，イエスは御自身が神の独り子であることとその救いの使命をあからさまにまたしばしば語るが，他方，共観福音書ではそのような主張はまれである．

構成は明瞭である．すなわち，(1) イエスが神の永遠の言（ロゴス*）として示されるプロローグ（1:1-18），(2) 公生涯（1:19-12:50），(3) 最後の晩餐における，個人的な教えと御父への祈り（13-17章），(4) 十字架刑と復活の記述（18-21章）である．21章はおそらく補遺であり，いわゆる「姦通の女のペリコペー」*は本来のテキストに含まれていなかった．

中心的な教えはキリスト論*的である．イエスは神の永遠の御子であり，御父が持つ一切いのものを与えられ，それには生命を与え，裁きを行う権威が含まれる．イエスの行動と言葉はきまってその敵対者に否定ないし誤解されるが，イエスを受け入れ信じる人たちにとり，それらは神の啓示である．全人類の救いに対するイエスの使信と使命は「光」と「命」によって説明されている．救いがキリストの死（と復活）に依存するというキリスト教の教えが見いだされ，これらの出来事に続く聖霊の賜物が特に強調されている．

## 『ヨハネのアポクリュフォン』
John, Apocryphon of

1896年以来知られていたコプト語文献で，さらに3つの写本がナグ・ハマディ*で発見された．キリストと使徒聖ヨハネ*の対話の形式をとっており，グノーシス主義*の初期の歴史にとり重要である．

## ヨハネのコンマ
Johannine Comma

（「3つの証し」［Three Witnesses］とも呼ばれる．）

Ⅰヨハネ書5:7-8の本文中の挿入句で，それを含めた訳は以下のようになる.「天において証しするのは3者で，御父と御言葉と聖霊であり，この3者は一致します. 地において証しするのも3者で，霊と水と血であり，この3者は一致します」. この挿入句は欽定訳聖書（AV）にも取り入れられているが，現代の学問的な翻訳では省略される.

## ヨハネの手紙（ヨハネ書）
John, Epistles of St

伝承が使徒で第4福音書の著者である聖ヨハネ*に帰している3通の新約聖書の手紙. 福音書の使徒的著者性を擁護する現代の学者はまたふつう，Ⅰヨハネ書の著者性を認めるが，擁護しない学者のあいだでは意見が分かれている. Ⅱヨハネ書とⅢヨハネ書は古代において一般に真正と認められていなかった. 多くの現代の学者はそれらをⅠヨハネ書の著者とは別の著者に帰している.

Ⅰヨハネ書は第4福音書の多くのテーマを想起しており，著者はキリスト教の伝統と経験の継続性を強調している.「偽りの兄弟たち」は，イエス・キリストが「肉となって来られた」ことを否定したり，義と愛の掟に逆らったりしたとして非難されている. 著者は罪のない完全さという理想を言葉で力説し，キリスト教徒が罪を犯しえない，それゆえたぶん犯さないことを示唆しているが，同時に，我々が罪を犯し，赦しを必要とし，それを受けることを強調してもいる. 2人以上の著者がいたに相違ないと推測する学者もいるし，矛盾した立場を非難する必要性に気づいていたと考える学者もいる. Ⅱヨハネ書は正しい教えを守り，偽りの教師との交わりを避ける必要性を，またⅢヨハネ書はもてなしを強調している（Ⅰヨハ5:7-8について「ヨハネのコンマ」の項参照）.

## ヨハネの黙示録（ヨハネ黙示録）
Revelation, Book of

新約聖書の最後の書で，唯一の黙示文学*. 小アジアの「7つの教会」*に宛てた手紙を除けば，本書は一連の幻からなる.

著者は表題と1:9では「ヨハネ」，表題の後代の写本では「神学者」と呼ばれている. 西方では，彼は早くから使徒聖ヨハネ*と見なされたが，彼が著者でありそうにない. ヨハネ福音書*やヨハネ書簡との語彙上のわずかな接点がある. そのような特徴は黙示録と福音書の著者たちの共通な神学的背景を示唆しうるが，共通な著者性は終末論・論調・言語における大きな相違によって排除される.

ローマに対する敵意ある態度は，本書が64年のネロ*帝治下の迫害より以前ではありえないことを示している. たぶんもっと後の迫害，おそらくドミティアヌス帝（在位81-96年）の迫害期に由来するであろう. 多くの心像や表象は確かに歴史的関連性をもっているが，本書の目的は来るべき出来事に関する情報よりむしろ神の力と目的に関して確信を与えることである. 被抑圧者に関するその政治的情熱はある現代の読者を惹きつけているが，その重要性および潜在的に危険な影響力は，その未来主義的な（futuristic）終末論およびあらゆる時代の千年王国説*信奉者や特に現代の根本主義*的プロテスタントによるその利用に由来している.

## ヨハネ病院修道会
Brothers Hospitallers

大半の会員が信徒からなる修道会で，聖フアン・デ・ディオス*（1550年没）による病人への看護活動から発展した. 1572年に，修道会はピウス5世*により認可され，『アウグスティヌス会則』*を採用した.

## ヨーハン（ヴェーゼルの）
John of Wesel（Johann Ruchrat）（1400頃-1481）

教会改革者. 1463年にヴォルムスで司教座聖堂付説教者になった. 教会と秘跡に関するフス*派的な教理を説いたかどで告発された彼は，1477年に免職され，1479年に異端審問*にかけられた. 自説を撤回したのち，終生監禁された. 彼の著作には『命題集』の注解，贖宥*状への反論，無原罪の御宿り*に関する論考がある. 彼の考えでは，聖書のみが信仰における最終的権威である.

## ヨハンナ（女性教皇）
Joan, Pope

男装した1人の女性が1100年頃に教皇に選ばれ，子どもを出産したのち没したという伝説は，13世紀に初めて現れた．根拠はまったくない．

## ヨブ記
Job, Book of

この旧約聖書の文書の主要部分は，ヨブと3人の友人間の議論からなる．そのテーマは罪なき人の苦難という問題である．ヨブが苦難は罪の結果であるという伝統的な見解を否定するのは，彼が自らの無罪性を疑っていないからである．神の全能性の強調を除いて，この問題に対してどんな最終的な解答も提示されていない．

## 『ヨベル書』
Jubilees, Book of

旧約聖書外典の一書で，「小創世記」とも呼ばれる．シナイ山*でモーセ*に対して神より伝えられたと主張する．創世記と出エジプト記の一部の内容を再解釈している．その目的は，律法が祭日，安息日*などに関する規定とともに族長の時代にさかのぼることを示すことであったと思われる．本書は一般に前2世紀に年代づけられる．

## ヨベルの年
Jubilee, Year of

(1) モーセ*の律法（レビ25章）によれば，50年目ごとにめぐる年で，ヘブライ人の奴隷は自由を回復し，土地はもとの所有者に返還されることになっていた．この律法が旧約時代に実際にどの程度守られたか不確かである．(2) カトリック教会における「聖年」*．

## 陰府（ハデス）
Hades

死者の霊魂が裁きのまえに待機する場所で，キリストが十字架刑のあとで訪れた．➡キリストの陰府への降下

## ヨーム・キップール
Yom Kippur

「贖罪の日」*を指すヘブライ語．

## ヨルダン川
Jordan, River

4本の川が合流して形づくられるヨルダン川は，「ガリラヤ湖」を通り，やがて死海*に入る．ヨルダン川を渡って，ヘブライ人は初めて「約束の地」に入った（ヨシュ3:16）．洗礼者聖ヨハネ*はその岸で説教をし，キリストもその水で受洗した1人であった（マタ3:13）．ヨルダン川は（特に洗礼における）清めの達成の象徴，また人間が最終的に至福に至る最後の障害の象徴となった．

## ヨーロッパ教区
Europe, Diocese in

北部と中央ヨーロッパにおけるロンドン主教の裁治権が（1842年に創設された）以前の管区外のジブラルタル教区と合同して1980年に生まれた英国教会の主教区で，正式には「ヨーロッパのジブラルタル教区」（Diocese of Gibraltar in Europe）と呼ばれる．

## 4科（クァドリウィウム）
quadrivium

自由学芸7科*の上位を構成する4学科（音楽，算数，幾何，天文学）を指す中世の名称．➡3科

## 40時間の祈り
Forty Hours' Devotion

カトリックの信心業（devotion）で，聖体がおよそ40時間にわたり顕示され（➡聖体賛美式），信徒が次々とその前で祈る．現在の形の信心業はイタリアで16世紀に始まった．

## 「42箇条」
Forty-Two Articles

1553年に公布された英国教会の信条．「39箇条」*の基礎をなした．

### 42行聖書

➡マザラン聖書

### 40人殉教者（イングランドとウェールズの）

Forty Martyrs of England and Wales

1535–1680年に国家により処刑された，40人のイングランドとウェールズのカトリック信徒．1960年に，この期間に処刑された人たちに関する列聖証明官（promoters）は，40人殉教者と呼ばれる選ばれた数に限定することを決定した．教皇庁はグループ全体のために，各自の証拠の代わりに２人の奇跡の証拠を受け入れることを認めた．40人殉教者は1970年に列聖された．祝日は10月25日．

### 四戴冠殉教者

Quattro Coronati

西方教会で11月８日に祝われる４人の殉教者で，ローマの有名なバシリカが献堂されている．どの聖人を指すのか不確かである．

### 四都市信仰告白

Tetrapolitan Confession

プロテスタントの信仰告白で，1530年のアウクスブルク*帝国議会の際にM. ブツァーとW. カピト*により起草され，南ドイツの４つの都市の名でカール５世*に提出された．

## ら

### ライオン
lion

ライオンの洞窟におけるダニエルの物語（ダニ6章）の説明において，ライオンは選ばれた民に対する神の救済の「予型」*と見なされている．ライオンはまた，聖マルコ*の象徴でもある．

### ライコート
Rycaut, Paul（1628-1700）

旅行家, 著述家．コンスタンティノポリス*でイギリス大使館の秘書，次いでスミュルナ*でレヴァント（Levant）会社付き領事であった．1679年の『ギリシアとアルメニアの諸教会の現状』（*The Present State of the Greek and Armenian Churches*）は現在も重要な情報源である．

### 「ライスワイク条項」
➡「レイスウェイク条項」

### ライダー
Ryder, Henry（1777-1836）

英国教会において，主教になった最初の福音主義*者．彼はハロービー（Harrowby）卿の息子であった．当初，彼は福音主義者から離れていたが，その仲間になり，その最も傑出した指導者の一人になった．1815-24年に，グロースター*主教，次いでコヴェントリー*・アンド・リッチフィールド*主教であった．彼は自教区で諸改革を行い，大抵の主教よりも多く説教し，大衆を助けるように努め，多くの新しい教会堂を建てた．

### ライツェンシュタイン
Reitzenstein, Richard（1861-1931）

ドイツの古典語学者，宗教史学者．1904年の『ポイマンドレース』（*Poimandres*）中で，彼が示そうとしたのは，新約聖書の用語や理念が大きくヘルメス文書*に由来し，キリスト教会がヘルメス共同体をひな型としているということであった．

### ライデン
➡レイデン

### 雷電軍団
Thundering Legion

マルクス・アウレリウス*帝のドナウ方面での戦いで突然の雷雨が172年にローマ軍を喉の渇きと敗北から救ったとき，キリスト教徒はこのことを「第12雷電軍団」（Legio XII Fulminata）に属するキリスト教徒の祈りに帰した．「雷鳴のする」（thundering）を「雷に撃たれた」（thunderstruck）と誤訳したことが，敵を敗走させたのは落雷であるという翻案につながったのであろう．

### ライトフット
Lightfoot, John（1602-75）

聖書学者, ラビ*文献学者．ウェストミンスター会議*のメンバーで，極端な長老派*に反対した．彼は1657年のB. ウォールトン*の『多国語対訳聖書』*の出版に協力した．ライトフットの1658-78年の『ヘブライとタルムードの時代』（*Horae Hebraicae et Talmudicae*）は，新約聖書の解釈にとってユダヤ教研究がもつ意義を示すことを意図しており，今日でもまったくは凌駕されていない．

### ライトフット
Lightfoot, Joseph Barber（1828-89）

1879年からダラム*主教．ケンブリッジ大学で教授を務め，1870-80年に新約聖書の改訂委員会（Company of Revisers）の委員であった．新約聖書と教父に関する彼の批判的な著作を特徴づけたのは，幅広い学識，明快な叙述，平易な表現，教派的論争の回避であった．彼の著作には，聖パウロ書簡の注解書，1869年のローマのクレメンス*の校訂本，および，シリア語版の3通のみが真正だとするウィリアム・キュアトン（Cureton）の提言を否定した，有名な1885年の『イグナティオス』（*Ignatius*）がある．➡イグナティオス

## ライネス
Laínez, Diego（1512-65）

イエズス会*第2代総会長．彼は聖イグナティウス・デ・ロヨラ*がイエズス会を結成するのを助けた．ライネスはトリエント公会議*において顕著な役割を果たし，最も非妥協的な立場を代表した（たとえば，義認*に関して）．イグナティウスが1556年に没したとき，ライネスはまず総会長代理としてその後を継ぎ，1558年から総会長になった．

## ライプツィヒ仮信条協定
Leipzig Interim（1548年）

ザクセン選帝侯モーリツが提案したよりプロテスタント的な表明で，アウクスブルク仮信条協定*が受け入れられなかったドイツの多くの地域で採用された．

## ライプツィヒ討論（ライプツィヒ論争）
Leipzig, Disputation of（1519年）

この討論はカールシュタットに対するJ. エック*の挑戦により引き起こされた．恩恵と自由意志に関する学問的な議論で始まったが，M. ルター*が現れると，討論は教会の教理的権威の問題に移った．ルターが述べたのは，公会議が誤りうるのみでなく，事実，誤ったということであった．

## ライプツィヒ論争
➡ライプツィヒ討論

## ライプニッツ
Leibniz, Gottfried Wilhelm（1646-1716）

哲学者．1673年から，ブラウンシュヴァイク・リュネブルク侯の宮中顧問官となり，その主な正規の仕事はブラウンシュヴァイク家に関する資料を収集することであった．彼は他の関心も持ち続けた．

（1720年に刊行された）『モナドロジー』（*Monadologie*）によれば，宇宙は無数の「モナド」（monads）すなわち単純な実体だけからなる．常に活動しそれぞれ独立したこのモナドは，無に次ぐ最下位から，神である最上位へと絶えず上昇する連続的系列をなす．ライプニッツは時に神をモナドの最上位と呼んだが，神をモナド的連続的系列に含めることを，神の超越性というキリスト教的見解と調和させるのに苦心し，場合によっては，あたかも神がその連続的系列の外にあり，モナド的存在の原因であるかのように，ないし，それが「電光」により神から生じたかのように語っている．

## ライヘナウ
Reichenau

724年に聖ピルミニウス*により建てられたベネディクト会*修道院で有名な，ボーデン湖の西の小島．重要な文化の中心地であった．

## ライマールス
Reimarus, Hermann Samuel（1694-1768）

理神論*者，聖書批評家．1727年から，ハンブルクでヘブライ語・東洋語教授を務めた．彼が1744-67年に書いた論考から，G. E. レッシング*は1774-78年に『ヴォルフェンビュッテル断片』*を刊行した．ライマールスが生前は刊行を控えたその著作は，奇跡と啓示を否定し，聖書の記者の意識的な欺瞞，矛盾，狂信を非難した．本書は1972年に完全な形で刊行された．

## ライムンドゥス（サブンデの）
Raymond of Sebonde（1436年没）

スペインの哲学者．彼はトゥールーズで教えた．彼の（1484年に最初に刊行された）『自然ないし被造物の書』（*Liber Naturae sive Creaturarum*）あるいは『自然の神学』（*Theologia Naturalis*）が名声をえたのは，それを1569年に翻訳し，擁護したM. ド・モ

ンテーニュ*をとおしてであった．その翻訳の序文は，人間理性がキリスト教の啓示の内容を自然のみによって見いだしうると主張しており，1559年に禁書目録*に載せられた．しかしながら，ライムンドゥスの著作自体は高く評価された．

## ライムンドゥス（ペニャフォルトの）（聖）

Raymond of Peñafort, St（1180頃-1275）

スペインの教会法学者．1222年にドミニコ会*に入会した．彼の『悔悛事例大全』（*Summa de casibus poenitentiae*）は悔悛*の体系の発展に深い影響を及ぼした．1230年に，グレゴリウス9世*はグラティアヌス*に続く教皇教令*の集成と整理を命じたが，その仕事は1234年に完成し，発布された．1238年に，ライムンドゥスはドミニコ会総会長に選出され，彼が再整備した法規は本質的に1924年まで遵守された．1240年以降，彼は主にユダヤ人とムーア人の改宗に尽力した．祝日は1月7日（以前は23日）．

## ライムンドゥス・ノンナトゥス（聖）

Raymond Nonnatus, St（1204頃-1240）

メルセス修道会*の宣教者．北アフリカに派遣され，多くの奴隷を解放したと思われる．彼の財産が枯渇したとき，買い戻しのために自ら奴隷となった．数年間，彼はムスリムのあいだで生活し，多くの人をキリスト教へと改宗させた．彼は自らの修道会の会員により買い戻された．祝日は8月31日．

## ライランズ・パピルス（ヨハネ福音書の）

Rylands St John

現在はマンチェスターのジョン・ライランズ・ユニヴァーシティ・ライブラリーにある，パピルス*の1頁の部分で，一方がヨハネ福音書18:31-33，他方が同18:37-38のテキストである．たぶん2世紀前半に由来するこのパピルスは，新約聖書のどの部分に関しても知られる最古の写本であるとともに，ヨハネ福音書の存在に関する最古の明確な証言でもある．

## ライル

Ryle, John Charles（1816-1900）

1880年から，リヴァプール初代主教．有力な福音主義*者であった彼が自らの信念を主張した多くの小冊子は広く流布した．

## ラインケンス

Reinkens, Joseph Hubert（1821-96）

復古カトリック教会*の司教．1850年にブレスラウ（Breslau）大学の教会史教授になった．彼は第1ヴァティカン公会議*での教皇の不可謬性*の定義に反対し，1871年にニュルンベルク宣言*に署名した．カトリック教会を破門された彼は，1873年に復古カトリック教会の初代司教に選出され，デーフェンター（Deventer）司教のヘルマン・ヘイカンプ（Heykamp）により聖別された．

## ラヴィジュリー

Lavigerie, Charles-Martial Allemand（1825-92）

枢機卿．1867年に，彼がアルジェ大司教への任命を受諾したのは，アフリカ大陸を伝道する目的のためであった．このために，1868年に白衣宣教会*，1869年に白衣修道女会（➡ホワイト・シスターズ）を設立した．1878年に，レオ13世*は中央アフリカにおけるカトリックの宣教会の組織化を彼に委ね，1882年に彼を枢機卿に任命し，1884年に彼のためにアフリカ首座司教の称号をもつカルタゴ司教座を復興した．1888年の1年間，彼は奴隷制*に反対する運動をヨーロッパの各首都で展開した．

## ラヴェンナ

Ravenna

伝承によれば，ラヴェンナの初代司教は聖アポリナリス*であった．402年に，西ローマ帝国の宮廷がラヴェンナに移り，493年に，ラヴェンナを陥落させた東ゴート王テオドリクス*は，ここを首都とし，アレイオス*派の教会を保護した．540年に，ビザンティン軍に占領され，751年にランゴバルド人に占領されるまで，ラヴェンナにはビザンティンの総督府が置かれた．その都市の重要性は，5世紀に新たに設置された大司教座を管轄する司教の地位を高め，6世紀に「大司教」の称号を与えた．5-6世紀に，多くの見事な聖堂が建てられ，モザイク壁画で飾られており，その時代の現存する最もすぐれたコレクションである．

## ラウシェンブッシュ
Rauschenbusch, Walter（1861-1918）

北アメリカにおける社会的福音*の主唱者．ニューヨークのドイツ系第2バプテスト教会の牧師をしながら，増大する社会的罪悪の犠牲者に遭遇した．彼の敬虔主義*的な背景は社会問題を扱うのにほとんど助けとならなかったが，A. リッチュル*らの説く「神の国」の神学の中に，彼が受け継いだ福音主義的確信と新しい社会的確信を結びつける方法を見いだした．1907年の『キリスト教と社会的危機』（*Christianity and the Social Crisis*）は，キリスト教信仰を社会的情熱に結合させることを雄弁に訴えている．

## ラウス
Routh, Martin Joseph（1755-1854）

1791年から，オックスフォード大学モードリン・カレッジ学長．S. シーベリー*がアメリカ聖公会*の主教継承のためにヨーロッパに派遣されたとき，それをスコットランド聖公会で受けるよう助言したのはラウスであった．散逸していたニカイア前の教父のテキストを校訂した『聖なる遺産』（*Reliquiae Sacrae*）は，1814-18年に公刊された．

## ラウダー
Lowder, Charles Fuge（1820-80）

アングロ・カトリック*の司祭．ピムリコ（Pimlico）のセント・バルナバ教会の補助司祭*であった彼は，1855年の聖十字架修士会*の創立者の一人であった．1856年に，セント・ジョージ教会の一員となり，ロンドン東部での最初の定期的な伝道活動に指導的な役割を果たした．急進的な儀式は暴動を引き起こしたが，その活動は広がり，ラウダーはロンドン・ドックス（Docks）にセント・ピーター教会を建て，その主任代行司祭*になった．

祝日は『共同礼拝』*では9月9日．

## 『ラウダ・シオン』
Lauda Sion

聖トマス・アクィナス*により「キリストの聖体の祝日」*のために作詞された（現在は必須とされていない）続唱*の冒頭語で，続唱そのものも指す．英訳詩 'Laud, O Sion, thy Salvation'（シオンよ，救い主をたたえよ）には，幾人かの作曲家が曲をつけている．

## ラヴデール
Lovedale

南アフリカ*の東ケープ州にある宣教教育センター．1824年に，ロンドン宣教協会*の別派からの宣教師たちがテュメ（Tyume）谷に宣教の拠点を置いた．1841年に，ラヴデール・インスティテューションがそこで発足した．多民族からなり，男女共学制をとり，南アフリカ全体におけるアフリカ人の教育の指導的な機関となったが，1952年の「バントゥ教育法」（Bantu Education Act）がこの活動を終わらせた．

## ラヴラ（ラウラ）
lavra（laura）

（ギリシア語で「通路」の意．）初期の教会において，各自の庵に居住しながら，1人の修道院長に従っていた独住修道士*の居住地．最古のラヴラは4世紀前半にパレスチナに設立された．近代では，この名称は重要な共住修道士*の修道院について用いられている．

## ラウレンティウス（聖）
Laurence, St（258年没）

ローマの助祭，殉教者．伝承によれば，教会の富を差し出すよう要求されたとき，彼は貧者を集めて，ローマ市長官に彼らを差し出して，「この人たちが教会の宝です」と言ったので，彼は罰として炮烙の上で炙り殺された．この物語は現代の学者により全般に否定されている．祝日は8月10日．

## ラウレンティウス（ブリンディシの）（聖）
Laurence of Brindisi, St（1559-1619）

カプチン会*員．帝国軍のチャプレン*として，十字架像を高く掲げながら，1601年のハンガリーのセーケシュフェヘールバール（Székesfehérvár）の戦いでトルコ人に対して先頭に立った．彼はボヘミア，オーストリア，ドイツでルター派*と闘うために活動し，詳細な論考である『ルター主義概論』（*Lutheranismi Hypotyposis*）を書いた．祝日は7月21日（以前は23日）．

## ラウントリー
Rowntree, Joseph（1836-1925）

クェーカー派*の慈善事業家．ココアメーカー「ラウントリー会社」の社長であった彼は，労働者のために適正な労働時間，労働条件，よりよい賃金，高齢や失業に対処する策を確保する運動における先駆者であった．彼はその理想を実行するために3つの受託財団を設立した．

## ラエテントゥル・カエリ
Laetentur Coeli

以下の2文書の冒頭語．(1) アレクサンドリア総主教キュリロス*よりアンティオキア主教ヨアンネス*に宛てて433年に送られたギリシア語の合同式文で，ヨアンネスは以前はネストリオス*の教説に条件付きの支持を与えていたが，この文書は両教会が合意した合同の条件を包含している．(2) エウゲニウス4世*が1439年に公布した大勅書*で，フィレンツェ公会議*で合意した，東方正教会と西方教会間の合同を布告している．

## ラオディキア
Laodicea

アシア州内のギリシア都市．コロサイ書4:16やヨハネ黙示録3:14以下に言及されている初期のキリスト教会の所在地であり，数世紀間にわたりやや重要な司教座が存在した．

## 『ラオディキア教令』
Laodicea, Canons of

教会法の初期の集成に包含された，4世紀に成立した59の教令．「ラオディキア教会会議」について，明確なことは何も知られないが，345年以降か，おそらく遅くともその20年後に開催されたと思われる．写本によっては，（旧約聖書続編*とヨハネ黙示録を欠いた）聖書の正典目録が付されており，このリストは時に教令60と呼ばれる．

## 『ラオディキア人への手紙』
Laodiceans, Epistle to the

ラオディキア*に宛てた聖パウロの書簡のことがコロサイ書4:16に言及されているが，現存しない．この題をもつラテン語の外典の書簡は，パウロ自身の言葉を稚拙に接ぎ合わせており，疑いもなく欠落した書簡を補おうとしている．これは2-4世紀に年代づけられよう．

## 楽園
➡パラダイス

## ラクタンティウス
Lactantius（250頃-325頃）

キリスト教の護教家．ルキウス・カエリウス・フィルミアヌス（Lucius Caelius Firmianus）・ラクタンティウスはニコメディア（Nicomedia）で修辞学の教師であった．一般にキリスト教への改宗者であったと考えられている．彼はコンスタンティヌス*の息子のクリスプス（Crispus）の師となった．彼の現存する主要な著作のうち，『神的綱要』（*Divinae Institutiones*）は，キリスト教を知識人に勧め，ラテン語で初めてキリスト教的生き方の体系的記述をしようとしており，『神の創造について』（*De Opificio Dei*）は，神の存在を人間の肉体の不思議から証明する試みであり，『神の怒りについて』（*De Ira Dei*）は，人間の罪に対する神の罰を論じ，『迫害者たちの死について』（*De Mortibus Persecutorum*）は，教会に対する迫害者たちの最期を記述している．

## ラクティキニア
lacticinia

牛乳および牛乳からつくられる食物で，（肉や卵と同様に）初期のまた中世の教会で，断食日にはしばしば禁じられたし，東方教会では現在でもそうである．

## 『ラクフ教理問答』
Racovian Catechism

ソッツィーニ主義の最初の宣言．F. P. ソッツィーニ*による草案をもとに，ヴァレンティーン・シュマルツ（Schmalz）とヨハネス・フェルケル（Völkel）により起草され，1605年にポーランド南部のラクフ（Raków）においてポーランド語で刊行された．続いて，ドイツ語版とラテン語版も刊行された．本書は正式の信仰告白書であると主張しておらず，むしろ信徒に永遠の命を示す一群の意見を集めている．

## ラグランジュ
Lagrange, Marie-Joseph（1855-1938）

ドミニコ会*員の聖書学者．1880年に，エルサレム*に「エコール・ビブリック」（École Pratique d'Études Bibliques）を設立した．彼はカトリック教会における批判的な聖書学を奨励するレオ13世*の努力を支援した．彼自身の立場はおそらく，カトリックの正統信仰と両立しうるような上層批評*のそれに近かった．

## ラ・グランド・シャルトルーズ修道院
Grande Chartreuse, La

カルトゥジア会*の本院（mother house）で，グルノーブル（Grenoble）の北26kmにある．

## 『ラコルタ』
Raccolta

教皇による免償*がつき，すべての信心業を含む，正式に認可されたカトリックの祈禱書．1968年のより短い『エンキリディオン・インドゥルゲンティアルム』（Enchiridion Indulgentiarum）に置き換えられ，それは最近では1999年に改訂された．

## ラコルデール
Lacordaire, Henri-Dominique（1802-61）

フランスのドミニコ会*員．F. R. ド・ラムネー*の新聞『未来』（*L'Avenir*）への寄稿者であったが，同紙が1832年に断罪されたとき，ラムネーと袂を分かった．1835-36年に，ラコルデールはパリのノートル・ダム大聖堂*で，最初の連続説教を行い，多くの会衆，ことに知識人に注目された．しかしながら，彼の政治的自由主義とウルトラモンタニズム*的神学は不信を招き，彼はローマに隠棲した．1839年に，彼はドミニコ会をフランスに復興させたいと考えて，同会に入会した．1843年に，1790年の同会の鎮圧以後でフランスにおける最初のドミニコ会修道院をナンシーに創設し，1852年に，彼は教育に携わる第3会*を創始した．

## ラザフォード
Rutherford, Joseph Franklin（1869-1942）

「エホバの証人」*と通称される組織の第2代会長．バプテスト派*の家庭に生まれた彼は，ミズーリ州で弁護士となった．1906年に，彼はC. T. ラッセル*の聖書研究会に参加し，やがてその組織の法律顧問になった．1917年に会長に選出された彼は，その組織を第2次世界大戦中の多くの国における迫害に耐えるだけの，立ち直りの早い神政政治*的な組織に変えた．

## ラザフォード
Rutherford, Mark

ウィリアム・ヘイル・ホワイト（William Hale White，1831-1913年）の筆名，著述家．生涯の大半を公務員として過ごした彼は，1881年の『マーク・ラザフォード自伝』（*The Autobiography of Mark Rutherford*）で宗教作家として名声をかちえた．

## ラザフォード
Rutherford, Samuel（1600頃-1661）

スコットランド*の長老派*のミニスター*．1639年に，セント・アンドルーズ大学セント・メアリズ・カレッジ神学教授，1647年に同カレッジ学長になった．彼は1643年のウェストミンスター会議*におけるスコットランド代表の一人であった．絶対君主制を非難する1644年の『法と王』(*Lex Rex*)は，彼が本質的な理論家であるという評判を生み，同書は1660年の王政復古時に公に焚書になった．1649年の『良心の偽りの自由に対する自由な議論』(*A Free Disputation against Pretended Liberty of Conscience*)において，彼は信仰の自由の弁護が神と聖書の位置に良心を置いているという理由で，宗教的迫害を擁護した．

## ラザリスト会

Lazarists

1625年に聖ヴァンサン・ド・ポール*により創立された，修道誓願のもとに生活する在俗司祭の修道会である「ヴィンセンシオの宣教会」(Congrégation de la Mission)の通称．ラザリスト会という名称は，パリにおけるヴァンサンの本部であったサン・ラザール(St-Lazare)修道院に由来する．

## ラ・サール

➡ジャン・バティスト・ド・ラ・サール

## ラ・サレット

La Salette

アルプス山中の農村で，1846年に農民の少年と少女がその幻視を見た聖母マリアは，彼らをとおして「すべての彼女の民に」悔い改め後の神の憐れみの約束およびのちにピウス9世*に伝えられた特別な秘義を与えた．1852年に，現在の教会堂の最初の礎石がその幻視の場に据えられ，そこは巡礼の有名な中心地となっている．

## ラザロ

Lazarus

新約聖書における2人の人物の名前．(1) キリストの「金持ち」*とラザロの譬え*(ルカ16:19-31)におけるその貧者．(2)マルタ*とマリアの兄弟．ヨハネ福音書11:1-44によれば，キリストは彼を死者の中から生き返らせた．ある批評家の見解では，(共観福音書*に言及のない) この物語は譬えから構成された．東方教会の伝承によれば，ラザロは，マルタ，マリアらとともに，ユダヤ人により漏れ口のある舟に乗せられたが，キプロス*に上陸し，キティオン(Kition)主教になり，後代の西方教会の伝承によれば，彼はマルセイユ司教であった．祝日は東方では「枝の主日」*前の土曜日，西方では12月17日，『共同礼拝』*では(マルタとマリアとともに) 7月29日．

## ラシ

Rashi (1040-1105)

ユダヤ人聖書学者．彼の名前であるRabbi Shelomo ben Itzchak(ラビ・ソロモン・ベン・イサク)の頭文字からRashi(ラシ)と呼ばれた．彼は故郷のトロワ(Troyes)においてラビ*であった．彼の学問的見解および字義的意味の評価は旧約聖書の解釈における新時代の開始を特徴づけた．彼の注解はユダヤ教徒とキリスト教徒のあいだでともに影響力をもった．

## ラシュダル

Rashdall, Hastings (1858-1924)

道徳哲学者，神学者．1888-1917年に，オックスフォード大学で教え，次いで，カーライル*主教座聖堂の主席司祭*であった．1907年の『善悪論』(*The Theory of Good and Evil*)は，彼が「理想的な功利主義*」(Ideal Utilitarianism)と呼んだ倫理説を展開した．1919年の『キリスト教神学における贖罪論』(*The Idea of Atonement in Christian Theology*)は模範説*を擁護した．

## ラス・カサス

Las Casas, Bartolomé de (1484-1566)

スペインの宣教師．「インディアスの使徒」．1502年にスペインの総督とともにヒスパニオラ(Hispaniola)に渡った．彼はインディオの権利の擁護者となり，アメリカでもスペインの宮廷でも，入植者が行った残酷な搾取法に反対した．1522年にドミニコ会*に入会し，1543-47年にメキシコのチアパ(Chiapa)司教であった．彼は衰弱したインディオを助けるために，アメリカへのアフリカ人奴隷の限定的な輸入に同意したが，「奴隷貿易」や大規模な輸入には徹底的に反対した．1552年の『インディアスの破壊』（*Destrucción des las Indias*）は，入植者のなした恐ろしい行為を断罪した．

## ラスキン
Ruskin, John（1819-1900）

イギリスの芸術批評家，社会改革家．彼の名声は1843-60年の『近代画家論』（*Modern Painters*）の第1巻で確立した．これやその後の著作で，彼は芸術の霊的な解釈を示した．彼の考えでは，人間の美術と建築はその宗教と道徳性の現れである．1851-53年の『ヴェネツィアの石』（*Stones of Venice*）に含まれた「ゴシックの本質」に関する章は，建築におけるゴシック復興運動の発展に影響を及ぼした．1860年以降，彼は社会的・経済的諸問題に没頭した．彼の初期の福音主義*は漠然とした有神論*に取って代わられ，また社会改革に対する彼の理念には，国家から俸給を受ける役人と最低限の教養をもつ完全に従属的な国家教会という計画が含まれていた．1870年に，オックスフォード大学の初代美術教授に選ばれ，ここでの彼の社会的プログラムは影響力をもち，大学内にスラムのセツルメントを設立させた．

## ラスコリニキ
Raskolniki

（ロシア語で「離教者」の意.）古儀式派*の別称．

## ラースロー（聖）
Ladislaus（László), St（1040-95）

1077年からハンガリー王．叙任権闘争*において，彼はドイツ皇帝に反対してグレゴリウス7世*とヴィクトル3世の側についたが，ウルバヌス2世*がクロアティアに対するラースローの宗主権を認めなかったとき，教皇職との関係は緊張した．彼はキリスト教信仰を，特にクロアチアやダルマチアに広めることに尽力した．祝日は6月27日．

## ラター
Rutter, John（1945-）

イングランドの作曲家，指揮者．イギリスやアメリカで愛好されている多くの合唱曲を書いたが，その中に1974年の『グロリア』と1990年の『マニフィカト』がある．彼は1996年に『ヨーロッパの聖なる音楽』（*European Sacred Music*）を編集し，1970-80年にデーヴィッド・ウィルコックス（Willcocks）とともに，3巻本の『聖歌隊のためのキャロル』（*Carols for Choirs*）を編集した．1981年に彼が創立した室内合唱団である「ケンブリッジ・シンガーズ」は，多くの宗教的合唱曲のレコーディングを行ってきた．

## ラ・タイユ
de la Taille, Maurice（1872-1933）

フランスのイエズス会*員の神学者．彼の1921年の主著『信仰の神秘』（*Mysterium Fidei*）はミサの包括的な研究である．彼の主張では，唯一の真の犠牲はカルヴァリでの犠牲であって，それを「最後の晩餐」*は期待し，ミサは回顧する．

## ラッスス
Lassus, Orlande de（Orlando di Lasso）（1532頃-1594）

作曲家．1556年に，ミュンヘンに赴き，バイエルン公の宮廷礼拝堂でテノール歌手となり，1563年以降は没するまで楽長（Maestro di Capella）であった．あらゆる種類の声楽曲で多作であった彼の技法は，G. P. ダ・パレストリーナ*のそれに匹敵したが，その様式と表現の範囲はより多彩であった．ラッススの宗教音楽には，60以上のミサ曲，マニフィカト*用の80曲，約500曲のモテット*がある．

## ラッセル
Russell, Charles Taze（1852-1916）

現在は「エホバの証人」*と通称される組織の先駆的な「シオンのものみの塔冊子協会」（Zion's Watch Tower Tract Society）を1881年に創始した．ペンシルヴェニアの呉服商であった彼は，アドヴェンティスト派*に出会う前は会衆派*教会の信徒であった．彼は永遠の裁きの教えを否定し，キリストの再臨が1874年に起こっていると信じ，1914年の世界の終末を期待するようになった．彼の出版物は彼を自分たちの牧師と見なした人たちを惹きつけたが，彼は牧師に任じられたことはない．1879年に雑誌『シオンのものみの塔』を創刊した．彼を会長とする(1896年に改称された)「ものみの塔聖書冊子協会」(The Watch Tower Bible and Tract Society)は，さまざまな騒ぎに巻き込まれながらも，事業を発展させた．

## ラッツィンガー

➡ベネディクトゥス16世

## ラッハマン

Lachmann, Karl (1793-1851)

ドイツの文献学者，本文批評家．1831年と1842-50年にギリシア語新約聖書の２つの版を出版したが，彼が以前に古典の著作家に関して用いた，さまざまな異文を評価する際の本文批評の方法を聖書本文に適用している．彼はまたマルコ福音書優先説*を健全な立場で主張した最初の学者でもあった．

## ラップ

Rapp, Johann Georg (1757-1847)

ハーモニー協会*の創設者．

## ラティオナレ

rationale

この語は以下のものを指した，すなわち (1) ユダヤの大祭司*が着用した胸当て，(2) ドイツの司教が着用した典礼用祭服，(3) ミサを執行する司教が以前，時に着用した金製の飾り，(4) 広義で，たとえば，マンドのドゥランドゥス*の著作『聖務日課の理論』(*Rationale Divinorum Officiorum*)の表題におけるように，原則の知的な説明である．

## ラティテューディナリアニズム(宗教的自由主義)

Latitudinarianism

この語は1660年代に用いられ始め，神学的思索よりも実践的道徳性を強調した一群の英国教会の聖職者を批判的に指した．ラティテューディナリアニズムは啓示と理性の一致を強調しつつ，包括的なプロテスタンティズムを展開した．18世紀には，三位一体の神に関する非正統説を時には含む，ひどく常識的な信仰を奨励したりした．科学革命との初期の結びつきから，1770年代の衰退に至るまで，ラティテューディナリアニズムはイギリスにおける啓蒙主義*にキリスト教的様相を与えた．

## ラティマー

Latimer, Hugh (1485頃-1555)

宗教改革者．1522年に，ケンブリッジ大学よりイングランドのどこででも説教する許可を得たが，その極端なプロテスタント的な教えのゆえに1532年に聖職者会議*により譴責された．ヘンリー８世*が1534年に教皇職と正式に関係を絶ったとき，ラティマーは王室のチャプレン*になり，1535年にウースター*主教に任命された．彼は「修道院の解散」*の件で国王を支持した．1539年に，彼は「６箇条」*法令に反対して，主教職を辞した．1546年に，ロンドン塔に監禁されたが，エドワード６世*の治下に釈放された．1548年に，「鋤について」(Of the Plough) という有名な説教をした．メアリ１世*が即位すると，彼はT. クランマー*やN. リドリー*とともに，カトリックの神学者と論争するためにオックスフォードに移された．彼はカトリックの聖餐論を受け入れることを拒否し，破門され，リドリーとともに，火刑に処せられた．祝日は『共同礼拝』*ではリドリーとともに，アメリカの1979年の『祈禱書』ではクランマーとリドリーとともに，10月16日．

## ラデグンディス(聖)

Radegunde, St (518頃-587)

フランク王クロテール１世の妃．550年頃，兄が夫に殺害されたのを機に，彼女は宮廷から逃れた．

その直後，ポワティエの近くに修道院を建て，そこで残りの生涯を過ごした．569年に，彼女は真の十字架の断片を取得し，そのことはウェナンティウス・フォルトゥナトゥス*に『ヴェクシラ・レジス』*を書かせることになった．祝日は８月13日．

## ラテラノ公会議
Lateran Councils

７世紀から18世紀までローマのラテラノ宮殿（➡ラテラノ大聖堂）で開催された一連の教会会議で，そのうちの５回は西方教会では公会議*として位置づけられる．1123年の第１ラテラノ公会議は叙任権闘争*を終結させたヴォルムス協約*を承認した．1139年の第２ラテラノ公会議はブレシアのアルノルドゥス*の追随者を断罪し，1179年の第３ラテラノ公会議は教皇選挙を規定した．1215年の第４ラテラノ公会議は（初めて正式に「実体変化」*という用語を用いて）聖餐論を定義し，また年１回「ゆるしの秘跡」*を受けることを規定した．1512–17年の第５ラテラノ公会議は，フランスのルイ12世が召集した反教皇的なピサ教会会議の決議条項を無効とした．

## ラテラノ条約
Lateran Treaty（1929年）

イタリア政府と聖座*のあいだのこの条約は，イタリアの首都としてのローマの位置を定め，ヴァティカン*市国を独立国として承認した．

## ラテラノ大聖堂（サン・ジョヴァンニ・イン・ラテラノ大聖堂）
Lateran Basilica

洗礼者聖ヨハネ*に（現在は合わせて使徒聖ヨハネ*にも）献げられたこのバシリカ*は，ラテラーニ家に属していた宮殿のあった場所に立っている．コンスタンティヌス*により教会に与えられたその宮殿は，４世紀から1309年にアヴィニョン*に移るまで，教皇の公邸であった．宮殿は1308年に火災でほぼ消失した．古代美術の博物館でもある新宮殿は，現在はローマ司教区の事務局となっている．現在の聖堂はウルバヌス４世*以降の歴代の教皇のもとで建設され，ローマ司教座聖堂である．

## ラテリウス
Ratherius（887頃-974）

ヴェローナ*司教．931年にその司教座に就いたが，まもなく罷免された．彼は962–68年に再びヴェローナ司教となった．不従順で野心的な性格の彼は，当時の教会生活で顕著な役割を果たした．

## ラテン・アメリカのキリスト教
Latin America, Christianity in

キリスト教がラテン・アメリカにもたらされたのは，16世紀における北米・中米・南米へのスペイン*人とポルトガル*人の征服者による．「カトリック王」であるフェルナンド５世*とイサベル*に支援された征服者たちは，（コロンブスのアメリカ「発見」の数か月前の1492年に完成した）北アフリカのムスリムのムーア人からのスペイン・ポルトガルの再征服の直後に，南北アメリカに来て，カトリック信仰を王権への忠誠と融合させた宗教的市民精神をもたらした．1494年のスペイン・ポルトガル間のトルデシリャス（Tordesillas）条約において，教皇アレクサンデル６世*が新世界に対する両国の権利を承認したのは，その住民に洗礼を授け，宗教教育を施す両国の能力に基づいていた．ヴァティカンはスペイン・ポルトガルに「インディアス保護権」（*patronato real de las Indias*）を認め，それは両国の君主に領土内の全司教の任命権を与え，教会と王権間の絆を確認した．

フランシスコ会*員，ドミニコ会*員，アウグスチノ会*員，遅れてイエズス会*員が南北アメリカの現地人のあいだで宣教したが，その成果はさまざまであった．アメリカの現地の大きな民族，すなわちメキシコ*のアステカ人，ペルーのインカ人，グアテマラ*とユカタンのマヤ人を改宗させるために活動した初期の宣教団が，当初は抵抗に遭いながら，やがて成果を上げることができたのは，強制およびB. デ・ラス・カサス*のいう「平和的説得」をとおしてであり，その結果，現地人を征服前の多神教からキリスト教へ改宗させた．

16世紀後半のイエズス会員は，新世界のカトリシズムの帝国建設者となり，メキシコやブラジル*の遠く離れた辺境地域に教会堂・学校・大学・布教区を創設した．17世紀において，（部分的にトマス・モア*の『ユートピア』に基づく）パラグアイのグアラニー（Guaraní）人地域のイエズス会の布教区は，最も有名なカトリックの布教区であった．イエズス会は1767年にラテン・アメリカから追放された．

ほとんどのラテン・アメリカ諸国が19世紀前半に独立したときまでに，カトリック教会は単一の最も普及した有名な植民地の機関であった．カトリック教会はラテン・アメリカにおける最大の土地保有者であり，さまざまな教会の所有する資産をとおして富を管理した．高等教育のあらゆる機関を経営し，異端審問*をつうじて植民地の政治的・知的生活を支配し，実質的にあらゆる共同体において小教区の生活をつうじて積極的にせよ消極的にせよ存在感をもった．カトリック教会を権力に対する保守的で先祖返り的な競争相手と見なした新しい自由主義的で民族主義的な政府は，市民の教会に対する忠誠心を民族主義に置き換えようとした．フランスやアメリカの革命の理神論*に影響された新しい民族主義的な政府は，反聖職者主義*的な政策を定め，19世紀から20世紀前半にかけて多くのラテン・アメリカ諸国において教会の制度的存在感を大きく弱めた．にもかかわらず，カトリシズムはラテン・アメリカの霊的風景上の支配的な存在にとどまり，歴史家が「ラテン・アメリカの霊的征服」と呼んだものの永続的な反映であった．その征服が実際は不完全であったことは，カトリックの信仰や儀式と混合した，土着の宗教の永続的な存在が証明しており，それは「フォーク・カトリシズム」（folk Catholicism），「宗教的シンクレティズム」，「クレオール宗教」（creolized religion）などさまざまに呼ばれる慣行で，メキシコ南部，グアテマラ，エクアドル，ペルーのような現地人の割合が大きい地域では現在も一般的である．ブラジルやカリブ海上諸島*のような，アフリカ人の子孫が人口の相当数を占める地域では，アフリカの宗教思想と慣行はカトリシズムと融合して，ディアスポラ的宗教を形成し，カトリックの聖人の名前をアフリカの神々に付け，その帰依者は憑依儀礼を行い，血のいけにえを献げるが，これらは正統的なカトリシズムと何ら対応しない．

20世紀半ばまでに，近代化の必要性はカトリック教会内で認識され，幅広い改革が1962-65年の第2ヴァティカン公会議*により始められた．その改革はラテン・アメリカでは，1968年にコロンビアのメデジン（Medellín）で開催されたラテン・アメリカ司教会議（CELAM）で示された．司教たちは「貧者の優先的選択」（preferential option for the poor）の方針を採用し，「解放の神学」*を支持して，福音書を政治的に読み解き，キリストが不正な社会構造と対決したことを強調した．解放の神学は1970年代と1980年代前半に，多くのラテン・アメリカ諸国，特にブラジル，エルサルバドル*，ニカラグア*において，教会の指導勢力となったが，その政治的積極行動主義の呼びかけの結果，多くのカトリック信徒と教会の指導者が抑圧的な軍事政権の手で暗殺された．

解放の神学の絶頂期は，ラテン・アメリカにおけるプロテスタンティズムの興隆と一致していた．海外聖書諸協会やプロテスタントの宣教師たちは，たいていは初めはイギリス，遅れてアメリカ合衆国から来て，19世紀からラテン・アメリカで活動したが，ラテン・アメリカのカトリックをプロテスタントに改宗する彼らの努力は長期間にわたって成功しなかった．長老派*，メソジスト派*，クェーカー派*，バプテスト派*の多くの宣教師は，プロテスタンティズムを社会的・経済的発展と同一視して，学校や病院，また識字を行う施設のような宣教会経営の機関の大きなネットワークを作った．メキシコ，グアテマラ，ペルーのような諸国では，19世紀後半の自由主義政権は，カトリックの小教区の教育と置き換えるために，プロテスタントの動きの奨励した．アングリカンとルター派*の教会も19世紀後半にラテン・アメリカで拡大したが，主にその国外在住者の司牧にあたっているのは，特にエキュメニカル運動*がカトリック諸国でのアングリカンのカトリックへの改宗を阻止して以降である．しかしながら，プロテスタンティズムは20世紀後半まで地方の住民に根づかなかった．1960年代までに，「非教派的な」福音派教会の努力，テレビ伝道を含む多くの要素が，都市への移住および共同体や家族の伝統的なネットワークの崩壊を助長し，これらすべてはラテン・アメリカのプロテスタント化に寄与し，この傾向は1980年代と1990年代に強まった．最も広く発展したのはペンテコステ派*の諸教会で，その代表的な指導者は，外国人宣教師に反対する地方の牧師たちである．1970年代に，カリスマ*的なカトリシズムやカトリック復興運動（Catholic Renewal）と呼ばれる，ペンテコステ派に対するカトリック側の対応する動きがラテン・アメリカに導入され，それが多くの地域で明確な宗教的慣行として解放の神学に置き換わってきている．

## ラテン語(ご)
Latin

行政や法廷の言語であるラテン語はまた，ローマ帝国の西方の属州における多くの民の通常の口語でもあった．ラテン語は初期のキリスト教徒の言語の一つとしてふつうに用いられていたが，4世紀になってやっとギリシア語に置き換わった．そのときまでに，古典ラテン語は後期ラテン語となっており，より通俗的な口語が文語にも導入されていた．4世紀後半に，ラテン語を用いる一連のすぐれた人物が，ラテン語を西方教会の言語として確立させた，すなわち，それは聖ヒラリウス*，聖アンブロシウス*，聖アウグスティヌス*，聖ヒエロニムス*であり，最後のヒエロニムスのウルガタ訳聖書*は急速に西方教会中に普及した．同じ時期に，オリゲネス*のようなギリシアの神学的著作家についてラテン語訳がなされた．この時期頃から宗教改革*期まで，ラテン語は西方で支配的な位置を占めた．何世紀にもわたって，西ヨーロッパの大半において聖書研究・神学・典礼の言語であっただけでなく，リテラシーの唯一の言語であった．

西ローマ帝国の分裂とともに，イタリア語，フランス語，スペイン語などの多くのロマンス諸語が成立するにつれ，口語のラテン語は徐々に標準的な文語から異なっていった．しかしながら，ロマンス語地域を超えてキリスト教が広がったことは，ラテン語が教会の学問的言語として書かれたり話されたりするために学ばれたことを意味する．シャルルマーニュ*のもとで，カロリング帝国全体のために，典礼に共通な中核およびラテン語の確立した発音を定める努力が熱心になされた．8–13世紀に，ラテン語は西方教会におけるほとんどすべての文筆活動に用いられ，11世紀後半と12世紀においてラテン語はまた，教会裁判所・学校・大学において口語としても習得された．

13世紀において，西ヨーロッパに増大したリテラシーは自国語の文学を生み出し，15–16世紀には，ラテン語の使用はますます学問的になった．宗教改革とともに，ラテン語は改革派諸教会において典礼の目的以外では用いられなくなった．ラテン語の使用を学問的・慣習的目的に限定するようになったことは，プロテスタント諸国と同様にカトリック諸国でも明白である．カトリック教会の正式な文書において，ラテン語のテキストは世界中で自国語の翻訳に対する権威の役割を果たす．第2ヴァティカン公会議*が宣言したのは，ラテン語の使用は典礼において維持されるべきであるが，自国語の使用もある程度認められるということであったが，後者は結局ほとんどまったくラテン語に置き換わった．➡「特別式文（ローマ典礼の）」

## ラート
Rad, Gerhard von（1901-71）

ドイツの旧約聖書学者．彼の最も重要な著作は申命記*，六書*の分析と解釈，旧約聖書神学に関するものであった．彼は旧約聖書神学の統一的体系の構築をめざしておらず，以下のものについて詳述した．すなわち，（1）祭儀中に示され，歴史的伝承中に伝えられた，イスラエルの救済史*の告白．（2）預言者によるより古い伝承および新しい神の行為が起ころうとしているという彼らの宣言の厳密な研究．（3）修正された予型論*的解釈法による，旧約聖書と新約聖書の関係である．

## ラードナー
Lardner, Nathaniel（1684-1768）

非国教徒*の護教者．1727-57年の14巻の『福音書の歴史の信憑性』（*The Credibility of the Gospel History*）は，聖書の記述における不一致を調和させようとしており，学者にとり知識の宝庫である．

## ラ・トラップ
la Trappe

ノルマンディーのオルヌ（Orne）県ソリニー（Soligny）の近くにあるこの修道院から，トラピスト会*の名前が来ている．1122年にサヴィニー修道院*の娘修道院として創設され，1148年にシトー会*に属した．16世紀前半から衰退していたが，A.-J. le A. ド・ランセ*が1662年に厳律派（Strict Observance）の立場を採り，1664年に独自の厳格な改革を始めた．フランス革命時に，修道士の約3分の1は俗人になるよりむしろ避難を選んだ．1815年に，彼らは破壊された修道院を再建するために戻ってきた．ラ・トラップ修道院は，厳律シトー会の中でシトー修道院に次ぐ地位にある．

## ラトラムヌス
Ratramnus（9世紀）

神学者．825年頃にコルビー*修道院に入った．843年の『主の体と血について』（*De Corpore et Sanguine Domini*）は，聖餐に関するパスカシウス・ラドベルトゥス*の論考の実在論*に反対した．849-50年の『予定について』（*De Praedestinatione*）において，彼はゴットシャルク*の善ないし悪への二重の予定*への信念に対して教父からの根拠を明らかにした．867年頃の『ギリシア人の反対への駁論』（*Contra Graecorum Opposita*）は，フォティオス*の批判に対する西方教会の応答であり，同書の中で，「聖霊の二重の発出」*を擁護している．11世紀に，彼の聖餐に関する論考はパンとぶどう酒の実体変化と相いれないと見なされ，1050年に断罪された．それは宗教改革期にやっと盛んに読まれるようになり，N. リドリー*の聖餐論形成の主な源泉となった．

## ラトリア
latria

神にのみささげられる十全な神的礼拝．➡崇拝，ドゥリア

## ラドロウ
Ludlow, John Malcolm Forbes（1821-1911）

キリスト教社会主義*の創始者．1843年に法曹界に入った彼は，1848年の革命後にパリからF. D. モーリス*に宛てて手紙を書き，「新しい社会主義はキリスト教化されねばならない」と主張した．主として彼の功で，1852年の産業共済組合法（Industrial and Provident Societies Act）が成立し，彼はまたモーリスと協力して労働者カレッジ（Working Men's College）を設立した．ラドロウの影響力は，他の多くの国々に存在する，教会と社会主義間の対立をイギリスにおいて防ぐのに貢献した．

## ラーナー
Rahner, Karl（1904-84）

20世紀で最も影響力のあるカトリック神学者の一人．1922年にイエズス会*に入会し，インスブルック大学，ミュンヘン大学，ミュンスター大学で教授職に就いた．第2ヴァティカン公会議*で専門顧問（*peritus*）であった．

彼の基本的な立場は，1939年の『世界の中の精神』（*Geist in Welt*）に述べられている．実存主義*によって，聖トマス・アクィナス*の認識論を感覚像を媒介して知性的存在を把握することであると解釈しながら，ラーナーは人間の主観性を，その究極の決定因が神であるような存在の地平で機能すると見なしている．1958年以降，彼はハインリヒ・シュリアー（Schlier）とともに，叢書『論題集』（*Quaestiones Disputatae*）を編集し，彼はまた，『神学と教会事典』（*Lexikon für Theologie und Kirche*）の第2版（1957-65年，および第2ヴァティカン公会議関係補遺）の編集者の一人であった．彼の司牧に関する著作は直截で力強い．

## ラバディー派
Labadists

創立者のジャン・ド・ラバディー（Jean de Labadie, 1610-74年）にちなんで命名された，小さなプロテスタントのセクト．彼らは敬虔主義*的な見解をもち，共産主義的な基盤にたって組織されており，ラバディーの没後も約50年間存続した．

## ラバヌス・マウルス
➡フラバヌス・マウルス

## ラバルム
labarum

皇帝コンスタンティヌス*により採用された軍旗．（ΧΡΙΣΤΟΣ「キリスト」の最初の2文字である）ギリシア文字XとPを交差させた，キリストのモノグラムを組み込んでいた．

## ラビ
rabbi

（ヘブライ語で「我が師」の意．）敬われるべき教師に対するユダヤの尊称．新約時代の直後に，たとえば「ラビ・ヨハナン」のように，称号としてユダヤ人の宗教的指導者名に添えられるようになった．ローマ人はラビに代議的司法権を付与し，それはヨーロッパにおいて近代まで続いた．今日の西方では，ラビは宗教的教役者であるが，イスラエルにおいては国家公務員である．

## ラファエッロ
Raphael（Raffaello Sanzio）（1483-1520）

ルネサンスの画家では最も有名．1508年に，ヴァティカンの「大広間」（Stanze）の装飾のためにローマに招かれ，1514年にサン・ピエトロ大聖堂*の建築主任に任命された．彼の作品には，1504年の『マリアの結婚』（ミラノ，ブレーラ絵画館），『サン・システの聖母』*，1513-14年頃の『小椅子の聖母』（*Madonna della Sedia*，フィレンツェ，ピッティ美術館）がある．

## ラファエル（聖）
Raphael, St

トビト記*と『エノク書*（第1）』において，神の御前に仕える7人の大天使*の一人．トビト記（12:15）では，ラファエルは聖なる人の祈りを神に執り成し，『エノク書（第1）』（10:7）では，堕天使の罪により汚れた地を「癒した」といわれる．祝日は以前は10月24日，1969年に聖ミカエル*と結びつけられて9月29日．

英国教会において，セント・ラファエル組合（Guild）が教会の通常の機能として癒しの働きを確保するために1915年に創設された．

## ラブラ
Rabbula（435年没）

412年からエデッサ*主教．シリア教会の指導的人物であった彼は，ネストリオス*主義に反対し，特にモプスエスティアのテオドロス*の著作を攻撃した．彼は新約聖書のペシッタ*の成立に功があったとかつて考えられた．

## ラーブル（聖）
Labre, St Benedict Joseph（1748-83）

フランスの巡礼者，托鉢の聖人．ベチューヌ（Béthune）の近くで生まれた彼は，トラピスト*会からもカルトゥジア会*からも，共同生活に適さないとの理由で断わられ，孤独と巡礼の生活に使命を見いだした．彼はヨーロッパの主要な聖地をほとんど訪れた．祝日は4月16日．

## 羅文藻（ルオ・ウェンザオ，グレゴリオ・ロペス）
Lopez, Gregory（1615/16-91）

中国人最初の司教．異教徒の家庭に生まれた彼は，成人になってキリスト教徒になった．1651年にドミニコ会*員になり，1654年に中国人最初の司祭に叙階された．1674年に，彼に司教位が授与されたが，辞退した．インノケンティウス11世*は1679年にその辞退を覆し，彼に聖別の受諾を命じた．しかしながらその際は，ドミニコ会の当局から同意されなかったが，1685年に結局イタリアのフランシスコ会*により聖別された．彼の没後，1926年まで中国人の司教はいなかった．

## ラベルトニエール

Laberthonnière, Lucien（1860-1932）

カトリックの近代主義*の神学者．彼は倫理的ドグマティズムと呼ばれる，宗教的真理に関する実用主義的な見解を展開し，それを1903年の『宗教哲学論』（*Essais de philosophie religieuse*）と1904年の『キリスト教の実在論とギリシアの観念論』（*Le Réalisme chrétien et l'idéalisme grec*）において表明したが，両書とも禁書目録*に載せられた．

## ラムジー

Ramsey, Arthur Michael（1904-88）

1961-74年にカンタベリー*大主教．1952年にダラム*主教になる前に，ダラム大学とケンブリッジ*大学で教授職を務めた．1956年にヨーク*大主教になった．カンタベリー大主教時代，彼は広く旅行して，アングリカン・コミュニオンの諸管区を訪れ，正教会やカトリック教会との関係を改善した．国内では，彼は英国教会への総会体制*の導入を統轄し，1974年の英国教会礼拝・教理条例*において典礼に対する実質的な管理権を教会に確保した．神学者として，彼は聖書神学*運動の代表者であったが，彼が主として想起されるのは霊性に関する著作によってである．彼は観想*的祈りがすべてのキリスト教徒の切望しうるものであると説いた．

## ラムス

Ramus, Petrus（Pierre de la Ramée）（1515-72）

フランスの人文主義者．パリ*大学のカリキュラムを批判したが，1551年にコレージュ・ロワイヤル（Collège Royal）の教授になった．1562年にカルヴァン*派になり，ドイツに赴いた．彼は1571年にパリに戻ったが，「サン・バルテルミの虐殺」*で殺害された．彼が人間精神の生得的論理に背くものとして批判したアリストテレス*の体系に対して，自らの体系を立てたが，それは体裁上は体系的に（いわゆる「二分法」で）示した，キケロ流の論題を展開したものであった．

## ラムネー

Lamennais, Félicité Robert de（1782-1854）

フランスの宗教的・政治的著作家．不本意ながら，彼は1816年に司祭に叙階された．1818年に，彼は『宗教無関心論』（*Essai sur l'indifférence en matière de religion*）の第1巻を刊行した．この中で，彼は「普遍理性」（raison générale）ないし「共通感覚」（sens commun）と同一視する権威の原理を展開し，個人は真理に関する彼の知識にとりその共同体に依存していると主張した．1820-23年の続巻は，カトリックのキリスト教を人類全体の宗教と同一視し，超自然的なものを否定し，支配者たちがその振舞いをキリスト教的理念に適合させるのを拒否したとき，臣下が世俗の君主への忠誠から解放されると説いた．現世の諸悪と闘うために彼が望んだのは，教皇を諸国王や諸国民の指導者とする神政政治*であった．その著作を是認した教皇レオ12世は，おそらくラムネーを枢機卿にしようとしていた．その後，ラムネーは差し迫った革命を予言し，教会と教育制度の国家からの分離および出版の自由を要求した．自らの新聞『未来』（*L'Avenir*）の最終号で，自由を愛するすべての国民の一致を呼びかけた．教皇自身もこの自由をめざす十字軍の先頭に立ってくれると確信したラムネーは，グレゴリウス16世*の前で自らの考えを弁護するために1832年にローマに赴いたが，それは同年の回勅『ミラリ・ヴォス』（Mirari vos）において断罪された．ラムネーの有名な反論である1834年の『一信者の言葉』（*Paroles d'un croyant*）は，信仰の事柄において教会の権威を承認するが，政治の領域においてそれを否定しており，1834年6月に断罪された．彼は教会を去り，彼を和解させるあらゆる試みは成功しなかった．彼は近代主義*の先駆者であった．

## ラリベラ

Lalibela

エチオピア*の印象的な岩窟諸聖堂の場所．以前はロハ（Roha）と呼ばれていたが，諸聖堂が帰されたラリベラ（1185?–1225年）にちなんで改称された．火山岩から作られた11のモノリス（1枚岩）の諸聖堂は精巧に刻まれ，各々11mの深さの堀で囲まれている．それらは地下の通路で結ばれ，もともと砦であったであろう．長く巡礼者を惹きつけ，その起原や建設に関して多くの伝説がある．ラリベラは現在は世界遺産に登録されている．

## ラング
Lang, Cosmo Gordon（1864-1945）

1908–28年にヨーク*大主教，1928–42年にカンタベリー*大主教．再一致*問題に熱心であった彼は，重要な『全キリスト者への訴え』（Appeal to All Christian People）を公にした1920年のランベス会議*の再一致委員会の委員長であった．彼は復古カトリック教会*を1930年のランベス会議に招待し，1939年に（イスタンブールの）ファナル（Phanar）地区に世界総主教*を訪ねた．彼は1936年の国王エドワード8世の退位に関して重要な役割を果たした．

## ラングトン
Langton, Stephen（1150/55頃-1228）

カンタベリー*大司教．パリ*に学び，そこで聖書注解者，説教者，神学者として名声が高かった．1207年に，インノケンティウス3世*は彼をカンタベリー大司教に聖別した．国王ジョン*が大司教としてラングトンを認めることを拒否したので，1213年まで着座できなかった．国王に対する貴族たちの不満をラングトンが支持したために教皇の不興をかい，1215–18年のあいだ司教職を停止された．ラングトンのもとで，聖職者の振舞いや初等の宗教教育の水準は高められ，彼が1222年のオックスフォード管区会議で公布した教憲（constitutions）はその後の範例となった．彼は聖書の諸文書を章に区分したといわれており，それは若干の変更を加えて現在も用いられている．彼はおそらく「ヴェニ・サンクテ・スピリトゥス」*を作詞した．

## ランシー
Runcie, Robert Alexander Kennedy（1921-2000）

1980–91年にカンタベリー*大主教．彼の招待で，1982年にカンタベリーを訪れたヨアンネス・パウルス2世*は，宗教改革以降イギリスに来た最初の教皇であった．ランシーの支持で，女性が英国教会において執事*になることを認める法案が1986年に可決された．1988年のランベス会議*において，彼は「女性の叙任」*をめぐってアングリカン・コミュニオン内で分裂を避けるために尽力した．

## ランス
Reims

伝承によれば，司教座は3世紀に置かれたが，歴史的証拠のある最初の司教であるインベタウシウス（Imbetausius）は，314年のアルル教会会議*に出席した．その司教座の勢力が増大したのは，クローヴィス*に授洗し，近隣地域に宣教した聖レミギウス*（533年頃没）およびヒンクマルス*（882年没）の在職中であった．10世紀半ば以降，ランス大司教はフランス王に戴冠する権利をかちえた．フランスの見事なゴシック建築である司教座聖堂は，1211年に着工され，14世紀に完成した．聖遺物として，「聖アンプッラ」がある（➡アンプッラ）．

## ランス（典礼用の）
lance（liturgical）

ビザンティン典礼において，プロスコミディア*のときに聖体のパンを切るのに用いる小さなナイフ．

## ランセ
Rancé, Armand-Jean le Bouthillier de（1626-1700）

ラ・トラップ*修道院の改革者．A. J. du P. ド・リシュリュー*を代父にもつ彼は，1636年には5つの聖職禄*を委託されており（*in commendam*，➡一時保有聖職禄），その中にシトー会*のラ・トラップ修道院も含まれていた．彼は世俗的な生活を送っていたが，1657年のある人の急逝が劇的な回心を引き起こした．ラ・トラップ修道院以外のすべての聖職禄を譲渡して，彼は1662年に厳律シトー会の修道士たちがそれらを引き継ぐようにした．ペルセーニュ（Perseigne）修道院で修練者*として1年間を過ごした彼は，1664年に誓願を立てた大修道院長として祝福された．彼が従来の厳律派の規則に付け加えたより厳格な規定は，彼の主張では，シトーの本来の慣行に基づくものであった．彼はシトー会と厳律派の会則を遵守し続けたが，フランス革命時にラ・トラップ修道院だけが残存したために，修道会に彼の改革が広く受け入れられることになった．➡トラピスト会

## ランター派

Ranters

17世紀のイングランドにおいて反律法主義*的で汎神論*的な傾向をもった人々の集合体．彼らはおそらく，その粗野な振舞いと発言で人々に*うさん臭く思われた，急進的な宗教的分派の周辺にいた，異種の個人の集まりであった．

## ランダフ

Llandaff

カーディフの北西3kmにあるウェールズの主教座．主教区はウェールズ南東部に及んでいたが，1921年にモンマス（Monmouth）主教区が独立した．その初期の歴史は，全体に信頼できる史料ではない『ランダフの書』に記されている．ノルマン朝の諸王のもとで，教会組織がウェールズに拡大したとき，その司教座は，修道院教会の長を司教として生まれた．1107年に司教ウルバヌスはカンタベリー*の裁治権を認め，1120年に司教座聖堂を建て始めた．19世紀に大々的に再建されたが1941年に空襲で戦禍をこうむった．1957年に再建されたとき，ジェーコブ・エプスタイン（Epstein）卿による立派な彫像『王座のキリスト』（Christ in Majesty）が身廊の東端に高く設置された．

## ランプ

lamps

キリスト教の礼拝はふつう夜間に行われたので，ランプはおそらく初めから礼拝で用いられたであろう．「フォス・ヒラロン」*の詠唱に伴って，儀式で夕べのランプを灯すことが，聖バシレイオス*により証言されている．遅くとも6世紀以降，（ランプやのちにはろうそく*のような）明かりを聖堂や聖遺物の前に（また東方教会ではイコン*の前に）灯すことが習慣になった．保存された聖体の前で常時ランプを灯すことは，西方教会では13世紀に一般的になったが，16世紀以前は必須ではなかった．

## 『ランブラー』誌

*Rambler*

1848年に創刊された，カトリックの月刊誌で，自由主義的なイングランドのカトリシズムの機関誌となった．1864年にH. E. マニング*により廃刊となった．

## ランフランク

Lanfranc（1010頃-1089）

学者，1070年からカンタベリー*大司教．1042年に，ベック修道院*に入り，1045年にその副院長*になった．1063年に，彼はカーン（Caen）の聖ステファヌス修道院長になった．ベック修道院では，彼は詩編やパウロ書簡を注解した．彼の注解書はランのアンセルムス*によって用いられ，その結果，「グロッサ・オルディナリア」*に取り入れられた．ランフランクの『主の体と血について』（*De Corpore et Sanguine Domini*）は，トゥールのベレンガリウス*の聖餐論に対する最初の広く知られた批判書であった．ランフランクの考えでは，聖別された物素（elements）はキリストの不可見的な体と血を含むが，パンとぶどう酒という形色（species）のもとに隠されている．彼は実体変化*説に近づいていた．

ノルマン朝になって最初のカンタベリー大司教であったランフランクは，すぐれた管理者であった．彼はカンタベリーのクライスト・チャーチでの混乱した共同体を復興し，司教座聖堂を再建し，修道生活における遵守を改善する会憲を定めた．イングランド教会における彼の実際の権威は1075

年の教会会議で示され，司教座をセルシー(Selsey)からチチェスター*へ，リッチフィールド*からチェスター*へ，ラムズベリー(Ramsbury)からオールド・セイラム（Old Sarum）へ移した．彼は聖職者の妻帯や蓄妾に反対したが，依然として俗人叙任を当然の慣行と見なしていた(➡叙任権闘争)．それゆえ，彼はグレゴリウス7世*に同調しなかったが，教皇に忠実であった．祝日は『共同礼拝』*では5月28日．

## ランベス
Lambeth

700年以上にわたって，ランベスはカンタベリー*大主教のロンドンでの公邸である．大司教ボールドウィン*(1190年没）がランベスの荘園と邸宅を取得したが，1658年頃まで「ランベス宮殿」(Lambeth Palace）と呼ばれなかった．1610年に創立された図書館には，約2,500の写本が収蔵され，また1279－1928年のあいだの大主教（大司教）に関する記録が保管されている．

## ランベス会議（かいぎ）
Lambeth Conferences

カンタベリー*大主教を議長として約10年ごとに開催される，アングリカン・コミュニオン*の主教たちの会合で，もともとランベス*宮殿で開催されていたが，1978年以降，カンタベリー州のケント大学で開催されている．第1回会議は1867年に開催されたが，これはカナダ*でのアングリカン教会の総会からの要請に応えたもので，主教J. W. コレンゾー*の問題および『論説と評論』*の刊行の及ぼす不安定な影響に関わっていた．この会議を教理を定義する権限をもつ教会会議（Council）とする考えは放棄され，アングリカンの主教たちの意見表明は重要であるが，ランベス会議の決議には拘束力がない．1920年の会議は，再一致のための重要な『全キリスト者への訴え』(Appeal to All Christian People）を公表し，世界中のキリスト教会の指導者に送られた．1958年の会議は，家族計画に対して慎重な承認を与えた．1978年の会議は，一部の管区における事実上の「女性の聖職叙任」*を承認し，1998年の会議は「女性の聖職叙任」を認めない人たちの立場の正当性を確認し，また同性愛*に関する重要な声明を発した．多くの保守的な福音主義*の主教が出席を拒否した2008年の会議は主に，アングリカン・コミュニオンにおける分裂の防止について議論した．

## ランベス学位（がくい）
Lambeth degrees

神学，人文学，法学，医学，音楽の学位で，カンタベリー*大主教が，教皇特使*(legatus natus)として以前享受していた多くの権限を彼に付与した1533年の教会学位法（Ecclesiastical Licences Act, 1534年に可決）に基づいて授与する．

## ランベス見解（けんかい）
Lambeth Opinions

1899年に，カンタベリー*とヨーク*の両大主教が質問に答えて，典礼における香*の使用および行列における灯火の携行が英国教会では「命じられも勧められもしていない」という彼らの見解をランベス*宮殿において述べた．1900年の別の見解は「保存」*の適法性を否定した．

## 「ランベス条項（じょうこう）」(「ランベス信条（しんじょう）」)
Lambeth Articles

大主教J. ホイットギフト*のもとに集まった委員会により，1595年にランベス*で作成された9箇条のカルヴァン主義*的命題．公認されなかった．

## 「ランベス信条（しんじょう）」
➡「ランベス条項」

## 「ランベス4綱領（こうりょう）」
Lambeth Quadrilateral

時に「シカゴ・ランベス4綱領」(Chicago－Lambeth Quadrilateral）とも呼ばれ，再合同する教会にとっての基盤を述べたものとして，1888年のランベス会議*で承認された条項．1886年にシカゴのアメリカ聖公会*の総会（General Convention）で同意された条項に基づいており，聖書，使徒信条*とニカイア信条*，洗礼*と聖餐*，主教制の4者である．

## ランベール

Lambert, François（1486/87-1530）

宗教改革者．15歳のときにフランシスコ会*に入会したが，1522年にスイスを旅行中にU. ツヴィングリ*に出会い，修道会を去った．1526年に，彼はヘッセン方伯フィーリプ*に招かれた．ランベールはホンベルク会議*で活躍し，ヘッセンのためにプロテスタントの「教会規則」の起草を担当し，1527年にマールブルク*大学神学教授になった．

## ランベルトゥス（聖(せい)）

Lambert, St（635頃-705/06年以前に没）

殉教者．670年頃からトンゲレン・マーストリヒト（Tongeren-Maastricht）司教であったが，政治的理由で675年頃から682年のあいだ司教座から追放された．彼が非業の死を遂げたことは明らかと思われるが，その状況はさまざまに伝承されている．祝日は9月17日，（718年の聖遺物のリエージュへの）移動*について5月31日．➡フベルトゥス

## ランペルトゥス（ヘルスフェルトの）

Lampert（Lambert）of Hersfeld（1024頃-1081年以後に没）

ドイツの年代記作者．1058年にヘルスフェルト修道院に入り，ヘッセン地方のハーズンゲン（Hasungen）修道院の初代院長になった．天地創造に始まる彼の『年代記』（*Annales*）は，1072-77年のあいだの記述が詳しい．それはハインリヒ4世*とグレゴリウス7世*間の闘争に関して主要な資料であると長く見なされてきた．その正確さは19世紀に疑問視されたが，その価値は現在では回復してきている．

# り

## リー
Lee, Frederick George (1832-1902)

1867-99年に，ランベス*にあるオール・セインツ教会の主任代行司祭*．彼は英国教会とカトリック教会の再一致のために働き，1857年のキリスト教一致推進連合会*(APUC) および1877年の共同再一致修道会 (Order of Corporate Reunion) の創設に尽力した．1877年頃にローマ教皇庁に認められ，高位聖職者によりひそかに聖別されたと思われ，ドーチェスター*司教の肩書を得た (➡エピスコピ・ヴァガンテス)．彼は1901年にカトリックになった．

## リヴァイアサン
➡レビヤタン

## リヴァプール大聖堂(だいせいどう)
Liverpool Cathedrals

(1) 英国教会の主教座聖堂は壮大なロマン派的ゴシック様式で，ジャイルズ・ギルバート・スコット*により設計された．礎石は1904年に据えられ，建設は1978年に完成した．

(2) カトリックの司教座聖堂．(1853年の A. W. N. ピュージン*と1930年のエドウィン・ラチェンズ [Lutyens] 卿による) 以前の2つの設計が未完成に終わったあと，フレデリック・ギッバード (Gibberd) 卿による，円形でまったく現代的な建物が1967年に献堂された．

## リヴィングストン
Livingstone, David (1813-73)

宣教師，探検家．ロンドン宣教協会*(LMS) の後援でアフリカに赴き，ベチュアナランド(現ボツワナ) で宣教師として活動した．彼の探検の報告はイギリスで関心を呼び，1856年の帰国時には熱狂的に歓迎された．1858年に，アフリカに戻ったが，もはや厳密には宣教師としてではなかった．彼はチルワ湖とニヤサ湖を発見し，またナイル川の上流域を探検した．彼は中央アフリカ学生伝道協会*(UMCA)に対する初期の援助者でもあった．

## リーヴォー
Rievaulx

(Rye Vale,「ライ川の谷間」の意.) ノースヨークシャーにあった，イングランドにおける最古のシトー会*の修道院の一つ．ヨーク*大司教サースタン (Thurstan, 1140年没) の招きで，一群のシトー会員がクレルヴォーの聖ベルナルドゥス*により修道院建設のためにイングランドに派遣され，1131年に，ウォルター・エスペック (Espec) がヨークの北約32kmの土地を彼らに提供した．その第3代大修道院長聖アエルレッド*(在職1147-67年) の時代までに，修道士の数は600人になった．その大修道院は現在は廃墟になっているが，すぐれた初期のイングランドの十字形聖堂の大部分が残っている．

## リウトプランドゥス
Liudprand (Liutprand) (922頃-972頃)

クレモナ司教．北イタリアの支配者ベレンガリオに仕えていたが，皇帝オットー1世に忠誠を誓うことになり，オットーは彼を961年にクレモナ司教に指名し，その後さまざまな職務に就かせた．リウトプランドゥスの(888-949年を扱う)『報復の書』(*Antapodosis*) および (960-64年を扱う)『オットーの事績』(*Historia Ottonis*) は，同時期のイタリア史の主要な史料であるが，修辞的技巧と偏見が正確さと客観性を曇らせている．

### リエンツォ
Rienzo, Cola di（1313頃-1354）

ローマ人民の護民官．1343年に，クレメンス6世*のローマへの帰還を説得する使節団の一員として派遣され，彼の能力は教皇に感銘を与えた．1347年5月に，彼は民衆を蜂起させ，その結果として，民衆は彼を「人民の護民官」にした．当初，名目上は教皇特使と協力して統治したが，ますます貴族的になった．彼はラテラノ大聖堂*の洗礼盤*で沐浴し，教皇が工作していた皇帝カール4世の選出に異議を唱えた．ローマの民衆は1347年12月にリエンツォを追放した．1350年に，カールは彼を逮捕し，彼をアヴィニョン*のクレメンスのもとに送り，クレメンスは彼を投獄した．にもかかわらず，1353年に枢機卿アルボルノス（Albornoz）が秩序の回復のためにローマへ赴いたとき，インノケンティウス6世はリエンツォを同行させ，彼は1354年に勝ち誇ってローマに入った．彼の振舞いは再び民衆を憤らせ，民衆は彼に対して立ち上がり，彼は逃げる途中で殺害された．

### 履靴派（りかは）
calced

（ラテン語で「靴を履いた」'*calceatus*' の意．）この語は自分たちを跣足派*の托鉢修道士から区別するために，ある修道会について用いられる．たとえば，テレサ*が改革した跣足カルメル会*員に対して，靴を履く非改革派は「履靴カルメル会員」と呼ばれる．

### リカルドゥス（サン・ヴィクトルの）
Richard of St-Victor（1173年没）

サン・ヴィクトル会*の神学者，霊的著作家．たぶんスコットランド*出身の彼は，若いときにパリのサン・ヴィクトル大修道院に入った．彼の最も重要な神学的著作である『三位一体論』（*De Trinitate*）は，愛の本性に基づいた，三位一体の神にとっての必然的な理性という複雑な議論を提示している．彼の他の著作は主として霊的生活および聖書の釈義に関するものである．彼が強調したのは，神学の諸問題における証明と議論の重要性であり，一連の権威だけに頼ることの愚かさであった．

### リカルドゥス（チチェスターの）（聖（せい））
Richard of Chichester, St（1197頃-1253）

チチェスター*司教．ウィッチ（Wych，すなわちDroitwich）に生まれたので，時に「ウィッチのリカルドゥス」と呼ばれる．1244年にチチェスター司教に選ばれ，翌年インノケンティウス4世*により聖別された．彼は深い霊性の人であり，すぐれた管理者であった．祝日は4月3日，その移動*について，6月16日（『共同礼拝』にも祝日がある）．

### リカルドゥス（ミドルトンの）
Richard of Middleton（Richardus de Mediavilla）（1249年頃に生まれた）

フランシスコ会*員の哲学者，神学者．彼がイングランド出身かフランス出身かで議論されているが，その生涯についてほとんど知られない．彼は確かに1284-87年にパリで摂政の教師であった．彼の主著は，ペトルス・ロンバルドゥス*の『命題集』*に関する，その明瞭さと明確さで有名な注解書および『随意討論集』（*quaestiones quodlibetales*）と『定期討論集』（*quaestiones disputatae*）である．

### 離教（りきょう）
➡シスマ

### リグオーリ
➡アルフォンソ・デ・リグオーリ

### 陸徴祥（りくちょうしょう）
Lu, Cheng-hsiang（Lou, Tseng-tsiang）（1871-1949）

中国の政治家，ベネディクト会*員．プロテスタントのカテキスタ*の息子であった彼は，政府のさまざまな高い職務に就いた．1911年にカトリックになった．1927年に，ブリュッヘ（ブリュージュ）に近いサンタンドレ（St-André）修道院に入った．中国にベネディクト会の修族を設立するために東洋に戻る彼の意図は，病弱のために実現しなかった．彼はキリスト教を儒教の完成と見なし，聖ヨハネ*のロゴス*論を老子の道教と一致すると見た．

## 離婚(りこん)
divorce

この語は，結婚*の絆の解消も合法的な離別も指す．西方の教会法*が結婚の不解消性の原則を支持して以来，前者の意味の離婚は英国教会の歴史的な規則に反しており，民事法廷で離婚した人は最近までふつう教会で再婚できなかった．しかしながら，2002年以降，双方のどちらも前の結婚の破綻に関与していない場合，教会における再婚の決定は司式する聖職者に委ねられている．カトリック教会では，秘跡的であり（性交で）完成された結婚は（配偶者の）死亡によってのみ解消されうるが，秘跡的でない結婚（すなわち受洗者間でない結婚），ないし秘跡的であるが完成されていない結婚は，さまざまな論点から解消される．後者の合法的な離別に関して，西方の教会法は重大な原因，特に姦通の場合に離婚を認めている．東方教会では，両方の意味での離婚が多くの根拠で許されている．➡無効

## リシュリュー
Richelieu, Armand Jean du Plessis de (1585-1642)

フランスの神学者，政治家．1622年に枢機卿に任じられた．1624年に国務諮問会議議長となり，1629年からフランスの宰相であった．中央集権的な絶対主義の確立をめざした彼は，封建貴族にもユグノー*にも反対した．後者は1628年にラ・ロシェル（La Rochelle）で敗れ，その政治的特権は失われた．国外では，皇帝に反対してプロテスタントのドイツの諸侯およびスウェーデン*のグスターヴ2世*を支援して，ドイツにおける対抗宗教改革*の拡大を妨げた．彼は自らの政治的義務と宗教的義務を分離させた．1629年からクリュニー*大修道院長兼修道会総会長（Abbot-General）であり，ベネディクト会*や他の修道会の改革を奨励し，宗教的実践の復興と司祭の訓練を促進した．

## 理神論(りしんろん)
Deism

17世紀後半から18世紀にかけてイギリスで展開された自然宗教．当初，神は創造者であるが，世界に対してそれ以上何の関心ももたないと考える人たちから，来世への信仰を含む自然宗教のあらゆる真理を受け入れるが，啓示を否定する人たちに至るまで，さまざまな種類の理神論者がいた．徐々に，神の摂理および応報や刑罰に対するいっさいの信仰が放棄され，その後の理神論の主な特徴は，被造物への以後の干渉がその全能と不変性を傷つけるものとして否定されるような創造神を信じることであった．イギリスで広く受容されることがなかった理神論は，フランスとドイツで大きな影響を及ぼした．

## リズデール審判(しんぱん)
Ridsdale Judgement

1877年の枢密院司法委員会*の審判で，聖餐の際の祭服の着用は英国教会において違法であるが，「東向きの位置」*は会衆に（司式者の）「手の動き」*が隠れない限り認められるというものであった．その審判の被告人はC. J. リズデール師であった．

## 理性(りせい)の年齢(ねんれい)
age of reason

子どもが善悪を識別し，したがって自分の行動に責任をもちうると考えられる年齢．カトリックの倫理神学では，それに達するのはおよそ7歳と考えられている．

## リタ（カッシャの）（聖(せい)）
Rita of Cascia, St (1381-1457)

修道女．彼女は仕方なく結婚したらしいが，模範的な妻であり，母であった．夫の没後，（言い伝えでは）超自然的な導きによって，ウンブリアのカッシャでアウグスチノ会*の女子修道院に入った．祝日は5月22日．

## 律修参事会
➡修道祭式者会

## 律修者
➡修道司祭

## 律修者聖省
Congregation, Religious

盛式誓願*をする修道会と違って，単式誓願をした者が関わる，カトリック教会における「奉献生活の会」*の省は1983年まで律修者聖省と呼ばれていた．この用語はもはや正式には認められていない．➡教皇庁の省

## 律修聖職者会
➡修道聖職者会

## リッチ
Ricci, Matteo（1552-1610）

イエズス会*の宣教師．1582年に，マカオに派遣され，そこで中国語を学び始め，1601年に北京に落ち着いた．彼はヨーロッパの科学的な発見を誇示し，天文学を説明することにより宮廷の人たちの厚遇を得た．彼はさまざまな護教的・教理的著作において儒教の古典をキリスト教の人文主義者の倫理に同化させることにより学者層に影響を及ぼした．正式のキリスト教のカテケーシス*は背後に押しやられた．彼の適応*の仕方に対する批判は約100年後の「中国の典礼論争」*につながる要素の一つであった．➡中国のキリスト教

## リッチ
Ricci, Scipione de'（1741-1810）

イタリアの教会改革者．1780年に，ピストイア・プラート（Pistoia-Prato）司教になった．彼はヨーゼフ主義*の教説およびより高度の道徳的水準を北イタリアに導入することを主導した．彼は1786年のピストイア教会会議*で改革案を提案したが，多くの反対にあい，1791年に辞職した．

## リッチフィールド
Lichfield

聖チャド*のもとでマーシアの司教座が置かれたリッチフィールドは，787-803年のあいだ大司教区であった．司教座の名義は1075年にチェスター*，1095年にコヴェントリー*へ移ったにもかかわらず，リッチフィールドは中世をつうじて教区の司教行政の拠点であり続けた．その司教座聖堂の大半は13世紀にさかのぼる．

## リッチュル
Ritschl, Albrecht（1822-89）

ドイツのプロテスタント神学者．初めボン大学，次いでゲッティンゲン大学において神学教授であった．彼は宗教が他の諸経験に還元できないことを強調した．我々は理性でなく信仰により了解するのであり，この信仰は事実の知的な了解にでなく，価値判断をすることにかかっている．彼はさらに，個人にとってでなく，共同体にとって，福音が自覚的であったし，現在もそうであることを強調した．義認*が何よりもまず達成されるのは，共同体においてであり，それをとおしてである．彼の著作，特に1870-74年の『義認と和解についてのキリスト教的教説』（*Die christliche Lehre von der Rechtfertigung und Versöhnung*）は，19世紀後半のドイツの神学に多大な影響を及ぼした．いわゆる「リッチュル学派」を特徴づけるのは，倫理と「共同体」の強調および形而上学や宗教的経験の否定である．

## 律動的聖務日課
rhythmical office

中世に盛んであった聖務日課*で，聖歌だけでなく，詩編と読誦を除くほとんど他のすべての部分も韻律や押韻がつけられた．

## リッピ
Lippi, Fra Filippo（1406頃-1469）

イタリアの画家．フィレンツェでカルメル会*により孤児として育てられた彼は，1420年にカルメル会員になったが，1461年頃に誓願を解かれ，

結婚を認められた．彼の作品には，1437年の『バルバドーリ祭壇画』，1441年の『聖母の戴冠』，1452-65年のプラート大聖堂内の洗礼者聖ヨハネと聖ステファノのフレスコ画連作がある．彼は宗教芸術の発展に影響を及ぼした．

## リデル
Liddel, Henry George（1811-96）

辞典編纂者．1855-91年のあいだオックスフォード大学クライスト・チャーチ*の主席司祭*であった．彼がロバート・スコット（Scott）と共同で編纂したギリシア語辞典は，1843年につつましい形で出版された．同辞典は繰り返し増補された．

## リテレート
literate

英国教会において，学位なしで上級聖職*に就くことが認められた聖職者．

## リドリー
Ridley, Nicholas（1500頃-1555）

1550年からロンドン主教．1535年頃から，宗教改革者の教えに傾いており，1546年頃，彼はT. クランマー*が「真の臨在」*の聖餐論を変更した際に影響を及ぼした．リドリーは1549年の『祈禱書』の編纂およびケンブリッジ大学でのプロテスタンティズムの確立に貢献した．にもかかわらず，1550-51年には，彼はJ. フーパー*が主教に聖別されるさいロチェット*とシミアー*の着用を避けようとするのを阻止するのに指導的役割を果たした．メアリ1世*が即位すると，リドリーは職務を剝奪された．彼は1554年に破門され，H. ラティマー*とともに火刑に処せられた．祝日はアメリカの1979年の『祈禱書』ではラティマーとクランマーとともに，『共同礼拝』*ではラティマーとともに，10月16日．

## リトル・ギディング
Little Gidding

ハンティンドン（Huntingdon）の北西18kmにある土地で，フェラー（Ferrar）家が1625年から英国教会の宗教的規則のもとで生活したが，1646年にO. クロムウェル*の兵士により破壊されてしまった．一家はN. フェラー*，彼の母，彼の兄弟・姉妹とその家族からなっており，祈りと労働を規律正しく繰り返し，詩編全部を毎日唱え，隣人のための慈善活動に従事した．1977-97年に，リトル・ギディングを拠点とする小さなエキュメニカルな共同体が存在した．

## リトル・チャプター
Chapter, Little（Short Reading）

読書課*以外の各聖務日課*に含まれる，聖書の1-2節の日課．

## リドン
Liddon, Henry Parry（1829-90）

1870年からセント・ポール主教座聖堂*参事会員*，および1870-82年にオックスフォード大学ディーン・アイアランド講座担当釈義学教授．彼はトラクト運動*後の自由主義に直面したオックスフォード大学で，強い影響力をもち，生涯をつうじて，霊的指導という使命を果たした．彼は復古カトリック教会*に関心をもち，ボン教会再一致会議*に出席した．彼はE. B. ピュージー*に傾倒し，その伝記を書いた（1893-97年に没後出版）．

## リヌス（聖(せい)）
Linus, St

すべての初期の司教表によれば，リヌスは使徒ペトロ*とパウロ*後の，ローマ司教であった．それ以上に確実なことは何も知られない．祝日は9月23日（1969年に削除）．

## リバイバル運動(うんどう)（信仰復興運動(しんこうふっこううんどう)）
revivalism

福音主義的なリバイバルを中心とする宗教的礼拝と実践の運動ないし大衆的な宗教的熱意の高まりで，集中的な説教と祈りの集会に鼓舞される．
➡大覚醒

### リパルダ
Ripalda, Juan Martnez de（1594-1648）

スペインのイエズス会*員．当時の最も有名な神学者の一人であった．主著は1634-48年の超自然的なものに関する論考『超自然的存在について』（*De Ente Supernaturali*）である．

### リプシウス
Lipsius, Richard Adelbert（1830-92）

ドイツのプロテスタント神学者．外典*行伝に関する彼の著作は，これらの文献の問題を解明するのに貢献し，1891年にM. ボネー（Bonnet）とともにその標準本文を校訂した．

### リベリウス
Liberius

352-66年に教皇．アレイオス*派の皇帝コンスタンティウスに聖アタナシオス*を反逆者として断罪することに同意するよう命じられたリベリウスは，これを拒否したため，355年にローマから追放された．357年に彼は屈服し，358年に復位が許され，アタナシオスの排斥に同意し，ある信条に署名したが，それは「ホモウーシオス」*に言及しないが，それ以外は正統的である．

### リベリウス教皇表（フィロカルス教皇表）
Liberian Catalogue（Philocalian Calendar）

リベリウス*までの初期の教皇のリスト．➡『354年の年代記』の編者

### リベリ・ミサールム
Libelli Missarum

特定の教会で使用するため，一定期間の一つかそれ以上のミサのための式文を載せた小冊子．固定したミサ典文*，聖書からの朗読箇所，朗唱される部分は含まれていなかった．式文が任意に構成された時期と秘跡書*の形に固定した時期を結びつけるものである．

### 『リベル・ポンティフィカリス』
*Liber Pontificalis*

初期の教皇伝の集成．最初期の教皇のそれは短いが，4世紀以降は長くなる傾向にあった．➡リベリウス教皇表

### 『リベル・レガリス』
*Liber Regalis*

1308年のエドワード2世の戴冠時に導入された，イングランド王の戴冠式*の式文を載せた書．1603年にジェームズ1世*のために英語に翻訳されたが，1685年にジェームズ2世*により放棄された．

### リポン
Ripon

ノーサンブリア王オズウィ（Oswiu）の息子アルクフリット（Alchfrith）は661年より少し前に修道院を建て，聖ウィルフリッド*が661年にその大修道院長になった．その修道院は950年に破壊された．11世紀に，アウグスチノ修道祭式者会*がその廃墟に聖堂を建てた．この修道院はヘンリー8世*により解散されたが，1604年に参事会教会*として再建された．1836年に，聖堂は新しいリポン主教区（2000年以降，リポン・アンド・リーズ［Leeds］主教区）の大聖堂となった．

### リミニ教会会議とセレウキア教会会議
Ariminum and Seleucia, Synods of

コンスタンティウス帝がアレイオス主義*論争を議するために，359年にそれぞれ東西の司教たちを召集した2つの教会会議．リミニ（Rimini，当時のアリミヌム）での大多数は正統派であったが，皇帝の圧力に屈してアレイオス主義的な信条に署名した．この信条はセレウキアでも受け入れられた．

### リーメンシュナイダー
Riemenschneider, Tilman（1460頃-1531）

ドイツの木彫師，石材彫刻家．祭壇衝立において，彼は作品を中心点に集めることで統一をもたらした．着色する代わりに，彼は明暗の変化，素材の質感，人物の高度に豊かな表現により独自の効果を生み出した．

## 留

➡十字架の道行き

## 竜騎兵の迫害

Dragonnades（1683-86年）

ユグノー*に対する迫害で，名称の由来は竜騎兵（dragoons）により迫害が行われたからで，彼らはカトリシズムを受け入れることを強制する目的でユグノーの居住区に駐屯した.

## 留保された罪

reserved sins

カトリック教会の司教は自己自身の裁治権によって一定の罪を「留保する」権利をもつ．1983年の『教会法典』*では，法律によって留保された罪はもはや存在しないが，刑罰*は留保されうるので，その免除（remission）は教区司教のような特定の教会当局をとおしてのみ得られる．若干の重大な罪は教皇に留保される.

## リュクスーユ

Luxeuil

590年頃に聖コルンバヌス*により建てられたこの大修道院は，やがてフランスにおける最も重要な存在となった．732年に破壊されたが，シャルルマーニュ*により復興され，1790年まで存続した.

## リュースブルク（ルースブルーク）（福）

Ruusbroec（Ruysbroeck）, Bl Jan van（1293-1381）

フランデレン（フランドル）の神秘家．1343年に2人の司祭とともに，ブリュッセルに近いフルーネンダール（Groenendaal）の隠修士修道院（hermitage）に隠遁した．彼らに仲間が加わり，1350年に修道祭式者会*となり，リュースブルクが没するまで修道院長（prior）であった．フルーネンダールはのちに「デヴォティオ・モデルナ」*と呼ばれる宗教運動において目立つようになった．リュースブルクはほとんどすべて自国語の中世オランダ語で著述した．彼の著作には，『霊的婚姻』，『永遠の救いの鏡』，『霊的愛の階梯の7つの段階』がある．祝日は12月2日.

## リュッベルトゥス

Lubbertus, Sibrandus（1555頃-1625）

オランダのカルヴァン主義*の神学者．1585年から，新設のフラーネカー（Franeker）大学神学教授であった．彼の主な関心はカトリックの教え，特にR. ベラルミーノ*のそれに反駁することであり，彼に対して3冊の反駁書を著した．正統カルヴァン主義を擁護して，リュッベルトゥスはまたソッツィーニ*主義とアルミニウス主義*に反対した．彼は1618–19年のドルトレヒト会議*で顕著な役割を果たした.

## リュバック

Lubac, Henri de（1896-1991）

フランスのイエズス会*員の神学者．1929年から，リヨンで教えた．第2ヴァティカン公会議*で神学顧問（*peritus*）であった彼は，1983年に枢機卿に任じられた．彼の膨大な著作が扱った幅広いテーマには，教会，恩恵，超自然的なもの，中世における釈義*史，ピコ・デラ・ミランドラ*，フィオーレのヨアキム*がある．彼が第2ヴァティカン公会議を可能にする知的な雰囲気を生むのに貢献したのは主として，トリエント後の「バロック」神学に締めつけられてきたカトリックの伝統の幅広い霊的資源を利用できるようにしたことによる．彼は『キリスト教原典叢書』（*Sources Chrétiennes*）の創刊者の一人であったが，これはフランス語訳付きの教父と中世のテキストの叢書で，現在は世界中の学者が関わっている．➡ダニエルー

## リュベンス（ルーベンス）

Rubens, Peter Paul（1577-1640）

フランデレン（フランドル）のバロック*様式の画家．1600年に，マントヴァ公の宮廷画家になり，イタリアとスペインに滞在したのち，1608年にアントウェルペン（アンヴェルス）に戻り，スペイン領ネーデルラント総督の宮廷画家に任命された．彼は敬虔なカトリックであった．彼の受肉*理解を示すたくましい体つきは，ケンブリッジ大学キ

ングズ・カレッジの『礼拝』（*Adoration*）に見られ，キリストの犠牲に対する彼の深い理解は，アントウェルペン大聖堂の三連祭壇画に見られる．1623年以降，ネーデルラント総督の外交使節となった．ロンドンのナショナル・ギャラリーの『平和と戦争』（*Peace and War*）は，1628年に和平をもたらす努力をした，実際の訓練期間の記念碑である．彼のカトリシズムにはストア派*的な要素が含まれ，その活動はキリスト教とともに，世俗的なものと聖なるもの，歴史，礼拝，自然，異教の神話も包含していた．

## 両意説者（りょういせつしゃ）

➡キリスト両意論者

## 領主主義（りょうしゅしゅぎ）

territorialism

俗権が臣民の宗派を決定する権利をもつという説．

## 良心（りょうしん）

conscience

この語は現在では，集団的であれ個人的であれ，行為の善性を判断する能力を指す．キリスト教徒が同意するのは，良心が人間に独自のものであり，その効果は経験によりまた恩恵*をとおして増すということである．

西方の中世の神学者たちは，道徳的な識別の源泉が感情や意志にあるのか，それとも実践的な理性にあるのかで意見が分かれていた．宗教改革者たちは堕落*により影響を受けず，善悪を識別できる堕落していない自然の力という考えに反対して，キリスト教徒の良心が信仰に依存することを強調した．より最近の思想家は良心の本質と権威について，意見が分かれている．ある人たちは良心という概念を放棄しがちであったし，他の人たち（たとえば主教J. バトラー*）は良心のうちに一種の道徳的な感覚を見ており，それを働かせることで人々は自らを超えたより高い「存在」に気づくようになるというのである．I. カント*によれば，良心は理性の道徳的命令（定言的命令*）の普遍的な要請に気づくことである．宗教は神の意志としてこの要請を認めることであり，個人が慣習的・社会的な規準からの自らの独立性を認識するのは，良心の命令に従うことによる．現代の心理学は良心を，幼年期に形成され，社会的に受け入れられない，欲求を抑圧する超自我の活動と見なす．にもかかわらず，人間の自由はある種の究極的な自律を含むという意味と結びついた，社会的な圧力に対する批判的な態度が意味するのは，個人のもつ価値の意味が国家や社会により課されるそれと衝突するとき，良心の概念が有効だと思われることである．倫理神学者は良心が聖書や教会の教えに留意することにより特徴づけられる必要性を強調しており，このように特徴づけられた良心は支持される．

## 両性説者（りょうせいせつしゃ）

➡キリスト両性論者

## 良知（りょうち）

synteresis（synderesis）

倫理的行動の最初の原理に関する我々の知識を指して，スコラ*神学者が用いた専門語．

## 旅行祝福祈禱文（りょこうしゅくふくきとうぶん）

Itinerarium

短い式文で，以前は聖務日課書*に含まれ，旅行に出発しようとする聖職者により唱えられることが定められていた．

## リヨン公会議（第1）（こうかいぎ だい）

Lyons, First Council of（1245年）

カトリック教会では第13回公会議*に数えられる同会議は，インノケンティウス4世*により召集され，主にフランス，イタリア，スペインの司教が出席した．同会議は皇帝フリードリヒ2世*を廃位した．被告が会議に召喚されておらず，教皇が原告と同時に判事であるのは無効だという，フリードリヒ側の代理の異議は却下された．

## リヨン公会議（第2）
Lyons, Second Council of（1274年）

カトリック教会では第14回公会議*に数えられる同会議は，主にギリシア教会との合同を成し遂げるために，グレゴリウス10世により召集された．ギリシア人の合同に対する要望が起こったのは主に，コンスタンティノポリスのラテン皇帝になりたがっていたシャルル・ダンジューへの恐れからであった．ギリシア皇帝ミカエル８世パライオロゴスの使節はローマに従うことに同意した．実現した合同は1289年に終わった．同会議は新設のいくつかの托鉢修道会*を廃止したが，フランシスコ会*とドミニコ会*を認可した．

## リヨンの貧者
Poor Men of Lyons

ヴァルデス派*が1184年に断罪されたときの別称．

## リレドス（装飾壁）
reredos

祭壇の上方や背後に置かれた装飾．最初期のものは祭壇の背後の壁に描かれた絵画であった．中世のリレドスは通常，彩色した木製板で，固定されるか三連板（triptych），ないし石造かアラバスター製になっていた．➡祭壇衝立

## リンガード
Lingard, John（1771-1851）

イギリスの歴史家．カトリックの旧家出身の彼は，1795年に司祭に叙階された．1811年に，地方伝道に赴き，残りの生涯を著作活動に費やした．1819-30年の（1688年までを扱った）『イングランド史』（*History of England*）の成功は，その客観性，同時代の文書の使用，宗教改革のような論争的な時期に対する新しい視点によった．彼は1826年にひそかに枢機卿に選出されたらしい証拠がある．

## リンカーン
Lincoln

司教座をここに置いた司教レミギウス（1092年没）は，それをオックスフォードシャーのドーチェスター*から移した．それはイングランドにおける最大の司教区になり，テムズ川からハンバー（Humber）川までに及んだ．司教座聖堂は1086年に建立され始め，大部分は1300年までに完成した．

## リンカーン裁定
Lincoln Judgement

リンカーン*主教E. キング*に対する告発に関して，カンタベリー*大主教E. W. ベンソン*が1890年に下した裁定で，その告発は聖餐式を「東向きの位置」*で執行すること，チャリス*内で水とぶどう酒を混ぜること（聖品混合*）や他の四事項に関してであった．裁定はおおむね同主教を支持した．

## リンジー
Lindsey, Theophilus（1723-1808）

ユニテリアン派*．彼は英国教会でさまざまな教職に就いた．J. プリーストリー*との交友からその非正統的信仰に刺激されて，三位一体*の教理に疑いをもつようになったリンジーは，1772年に「39箇条」*への署名に反対する議会への「羽毛亭請願書」*の提出に参加した．それが失敗したあと，彼はユニテリアン派になり，1774年からロンドンで集会を開いた．

## 臨終者のケア
dying, care of the

臨終者の精神的なケアは常に，教会の中心的な関心事であった．教会が長いあいだ定めてきたのは，悔悛*による和解，秘跡としての油注ぎ（➡塗油），臨終者の聖体拝領（➡最後の糧）であった．病者や臨終者の物質的なケアは，修道会活動の一つであった．西方では，病者のケアは主として世俗の施設に移った．主眼が延命に向かっているこのようなケアの限界をある意味で反省して，現代のホスピス活動は発達した．それを基礎づけている見解は，肉体的痛みと苦しい症状を適切にコントロールすることにより，臨終の床にある患者が残された生命を評価し，意味を見いだし，避けが

たくなっている死をおそらく受け入れることができるというものである．サウス・ロンドンのセント・クリストファーズ・ホスピス（St Christopher's Hospice）は1967年に創立された．これは，他のホスピスの建設およびホスピス・ケアの原則を医療活動に取り入れることにより，国際的な影響を及ぼしてきた．

現代では，いわゆる安楽死（euthanasia）も徐々に擁護されてきているが，この語は今は不治の病の場合のような，人道的な理由で生命を終わらせることを指す．自死*と同様に，安楽死は生命の神聖さをふさわしく尊重することと相いれない．キリスト教の倫理学者は安楽死を不法と見なすが，生命を維持する過重で特別の処置を続ける義務はないといわれる．安楽死は1940年，1980年，1995年にローマ・カトリック教会により，1976年に英国教会の総会*（General Synod）により断罪された．英国において安楽死を認めるさまざまな法案は否決されてきた．安楽死そのものを合法化してはいないが，カリフォルニア州は1976年に，末期患者が死が迫っていると思われたとき，事前の指示で，生命維持の処置をしないよう頼むことを認めた．オランダでは，厳密に制限された条件下で，安楽死が2001年に法制化された．

## 臨終者(りんじゅうしゃ)のための祈(いの)り
Commendatio morientium

（ラテン語で「臨終者を推薦すること」の意．）臨終者の床で唱えられるように，西方教会で規定されている祈り．以前は「臨終の時の祈り」（Commendatio animae）と呼ばれていた．

## リンディスファーン
Lindisfarne

「聖なる島」．聖エイダン*が635年に到着して以来，リンディスファーンは伝道の拠点および司教座となり，修道院付属学校が栄えた．修道院と教会堂は793年および875年にデーン人により略奪された．エアドゥルフ（Earduulf, 900年没）は司教座をチェスター・レ・ストリートに移し，それは995年にダラム*に移った．（英国国立図書館に所蔵されている）『リンディスファーン福音書』は700年頃に書かれ，彩色された．

## リンドウッド
Lyndwood, William（1375頃-1446）

イングランドの教会法学者，1442年からセント・デーヴィッズ司教．彼はロラード派*に対する処置に関しては大司教H. チチェリー*に強く同調した．1430年に完成した彼の『管区法令集』（*Provinciale*）は，1222-1416年のカンタベリー*大司教たちの管区内の教憲集（constitutions）であり，多数の注解と索引は1433年に完成した．これは英国教会法の規準書であり，その本文が正式の目的で一般に用いられる．

## 輪廻(りんね)
metempsychosis（reincarnation）

魂が完全な浄化の達成まで1つの体から別の体へと流転するという教理．さまざまな宗教に見いだされるが，体の復活というキリスト教の教理とは根本的に異なる．

## リンブス
➡リンボ

## リンボ（リンブス）
limbo

伝統的なラテン神学において，至福直観*の十全な祝福から排除されてはいるが，いかなる他の罰にも断罪されない魂の居所．

## 「倫理運動(りんりうんどう)」
Ethical Movement

1876年に，道徳が宗教における基本的な要素であると考える人たちを結びつけるために，「倫理教化協会」（Society for Ethical Culture）がフィーリクス・アドラー（Adler）によりアメリカで設立された．これに対応する運動が1887年にイギリスでも始まったが，反響を呼ばなかった．

## 倫理学

➡道徳哲学

## 倫理神学（道徳神学）

moral theology

キリスト教信仰に照らした，道徳的問題および道徳性の根拠に関する学問．最初期から，キリスト教の思想家は道徳性の問題に関心をもったが，倫理神学は16世紀末になってやっと教理神学（dogmatic theology）から独立した一分野として現れ始めた. 19世紀前半以降, プロテスタントは一般に，キリスト教の道徳的探求の分野に対して「キリスト教倫理」（Christian ethics）という名称を好んでいる．

『ディダケー』*中の「２つの道の教え」にはおそらく，倫理神学に関する最初のキリスト教の論考がみられる．４世紀における多数の異教徒の改宗に伴って，厳格な道徳的教えが緊急に必要となった．西方では, 聖アウグスティヌス*が古典的・新プラトン主義*的思想をキリスト教神学の諸目的に適合させたことは，中世の倫理思想に対する支配的な教父の影響力となった．彼は愛徳*（カリタス）を，そこから他の諸徳が流れ出るキリスト教的道徳性の根本的原理として確立した．13世紀のアリストテレス*主義の復興とともに, 聖トマス・アクィナス*は倫理神学を自然法*，自然的・超自然的な諸徳，聖霊の賜物に結びつけた．同時に，ペニャフォルトのライムンドゥス*の1225年頃の『告解大全』（*Summa de Poenitentia*）とともに，近代の決疑論*の先駆者が出現したのである．

対抗宗教改革*の時代，カトリック教会はプロテスタントが恩恵*を強調したことに応答する必要があった．この時期を特徴づけたのは, 決疑論, 特に蓋然説*のさまざまな体系の展開とそれをめぐる論争，および倫理神学に関する多くの手引き書である．この発展を助長したのは，秘跡的な懺悔*の頻度が増大したことである．近代の最も有名な倫理神学者は聖アルフォンソ・デ・リグオーリ*である．当時フランスやイタリアでふつうであった厳しい厳格蓋然説*的な方法に反対して，彼の1753-55年の『倫理神学』（*Theologia Moralis*）は穏やかな同等蓋然説*を確立した．20世紀に，カトリック倫理神学者が重要視するようになったのは，聖書の権威，聴罪司祭に最低限の義務を教えるよりむしろキリスト教的生き方を積極的に伝える倫理神学の役割，人間存在の社会的次元，エキュメニカル*な対話である．

プロテスタントはすべてのキリスト教徒を拘束する義務の体系を生み出す試みから離れようとして，善行がキリストにおいて完成された義認*のわざに対する自由な応答であると論じた．J. カルヴァン*は道徳律の直接的な行使を M. ルター*よりも重視し，また17世紀のイングランドでは，ピューリタン*も高教会派*も倫理神学に関心をもったが，18世紀には，プロテスタントの思想家はますます，道徳哲学*を手引きと見なすようになった. 20世紀には, K. バルト*の自由主義神学への反乱は，倫理学の際立って神学的な概念をヨーロッパに復権させるのに役立ち，他方，アメリカ合衆国*において, R. ニーバー*の「社会的福音」*運動への攻撃は，支配的な楽観論を批判するのにアウグスティヌス的な罪意識を取り入れた．カトリックとプロテスタントの倫理神学間の差異はあまり明確ではなくなってきており，すべての教会において，文化的・技術的な変更が倫理神学における多くの討議で議題にあがっており，たとえば，生命倫理*，社会的・経済的正義，近代の戦争の道徳性に関してそうである．

# る

## ルイ1世（ルートヴィヒ1世）

Louis I (the Pious)（778-840）

彼はシャルルマーニュ*の第3子で，781年にアキテーヌ王，813年に共同皇帝に任命された．（シャルルマーニュの没後の）814年に，皇帝に即位し，アニアヌの聖ベネディクトゥス*の指導のもとで，初期の修道院改革をフランク王国全体に拡大し，816-17年に修道院に対して多くの規定を課した．彼の後半生は彼の息子たちとその支援者間の紛争で損なわれた．

## ルイ9世（聖）

Louis IX, St（1214-70）

1226年からフランス王．1244年には十字軍*への参加を決めていた彼は，1248年に出航し，1249年にエジプトのダミエッタ港を占領した．しかしながら1250年に，十字軍兵士は敗走し，彼は捕虜となった．1254年にフランスに戻り，フランドル（フランデレン）を領土とし，アラゴンおよびイングランドと条約を締結した．彼は1270年に再び十字軍に出発したが，テュニスで赤痢にかかり没した．

謹厳で信心深い生き方をしたルイは，中世の国王の最高の理想を具現していた．1239年に皇帝ボードゥアン2世から取得した「茨の冠」*を納めるためにパリにサント・シャペル*を建てた．

## ルイス

Lewis, Clive Staples（1898-1963）

学者，キリスト教護教家．1925-54年に，オックスフォード大学モードリン・カレッジのテューターであったが，1954年にケンブリッジ大学教授になった．彼は1955年の霊的な自伝『不意なる歓び』（*Surprised by Joy*）に記されたゆるやかな回心体験をした．彼がキリスト教護教家として広く知られるようになったのは，放送の講演や一般向けの宗教的著作をつうじてであり，後者には1940年の『痛みの問題』（*The Problem of Pain*）や1942年の『悪魔の手紙』（*The Screwtape Letters*, 年配の悪魔が甥の悪魔に宛てた）がある．彼はまた，キリスト教的特色をもつ空想科学小説や児童文学書，さらには英文学に関する学問的な著作を刊行した．

## ルイス・デ・グラナダ

Luis de Granada（1504-88）

スペインの霊的著作家．本名はルイス・デ・サリア(Sarria)．1525年にグラナダでドミニコ会*員になった．1550/51年に，枢機卿インファンテ・エンリケに勧められてポルトガル*に赴き，そこで残りの生涯を過ごした．彼はブラガ（Braga）大司教職を辞退し，バルトロメオ*を代わりに推薦した．ルイスの名声はその霊的指導書，特に1554年の『祈りと黙想の書』（*Libro de la oración y meditación*）および1556-57年の『罪人の導き』（*Guía de pecadores*）に拠る．彼は修道士とともに信徒の霊的指導をめざした．彼は内面的な生活および口禱（vocal prayer）と区別された念禱*を重視し，内的な宗教生活と比して外的な儀式を重要でないと見なした．

## ルイス・デ・レオン

León, Luis de（1527/28-91）

スペインの神学者，詩人．1544年にアウグスチノ隠修士会*に入会し，1561年にサラマンカ大学で教授になった．彼はスペインの最もすぐれた抒情詩人の一人で，その洗練された散文はスペイン語に新しい美をもたらした．1583年のキリスト教徒の妻の義務に関する論考は，古典であり続けているが，彼の信心に関する傑作は1583-95年の『キリストの御名について』（*De los Nombres de Cristo*）

という，聖書に現れるいくつかのキリストの名に関する対話篇であって，キリストの和解の普遍的働きを説明している．

## 類比（るいひ）
analogy

一般的な現代の用法では，この語は論述の対象のあいだの類似性や相似性を意味する．より厳密には類比は，１つの言葉が違ってはいるが関連した意味をもつときに起こる言語学的・意味論的現象であり，健康な食物や健康な様子といった表現にみられる．神学では類比は，どのようにして通常は人々について用いられる言葉によってはっきりと神を指し示すことができるのかを説明するのに役立つ．こうして，神の知恵は測りがたいが，有意味に「神は賢明であられる」とか「ソロモンは賢明である」とか言うことができるのである．神について語る際に類比を用いることで，論理の一般的な規則を守る議論を神に関して用いて，すでにある（非神学的な）意味が存在する用語によってそれを続けることができる．神に関する論述が類比的でありうるという認識は，神人同形説*すなわち神を名前を付けうる被造物と同種の存在であるとする傾向を矯正することになる．

## ルオ・ウェンザオ
➡羅文藻

## ルカ（聖）
Luke, St

福音書記者*．伝承によれば，ルカ福音書*と使徒言行録*の著書であった．彼は医者であり（コロ4:14による），彼が異邦人であったことがコロサイ書4:11から推測されてきた．彼はどうやら聖パウロ*の第２回と第３回の宣教旅行の一部に随行し（使16:10-17, 20:5-21:18），一緒にローマに行ったらしい．「反マルキオン派の序文」*が記す伝承によれば，彼は独身で，その福音書をギリシアで書き，84歳で没した．祝日は10月18日．

## ルカによる福音書（ルカ福音書）
Luke, Gospel of St

共観福音書*の第３書．これを聖ルカ*に帰することは広く認められており，使徒言行録*とともに単一の著作をなす．マタイ福音書*とマルコ福音書*よりも詳細な表現でエルサレムの陥落を預言していることは，70年以後の著作年代を示唆するが，この推測には異論もある．現代のほとんどの学者の考えでは，著者はマルコ福音書といわゆるＱ資料*に依拠しているが，ルカの第２の資料がマタイ福音書だと考える学者もいる．ルカはおそらくキリスト教世界の外の読者に向けて書いており，確かに自らの素材をローマ当局の視点から最も好意的に見られるようにしている．

物語は洗礼者ヨハネ*とキリストの誕生の記述から始まり，次いで一般にマルコ福音書（およびマタイ福音書）と同じ順序に従っているが，いくつかの点で相違している．ルカに特有の箇所は，主（イエス）の優しさや人間的判断力および寄るべのない人たちや貧しい人たちへの配慮を強調している．女性に対して多くの言及がなされ，これは他の福音書に見られない．ルカはキリスト像において祈りに対してより顕著な地位を与え，主（イエス）の生涯の出来事においても，キリスト教共同体を教導し感化する存在としても，聖霊の働きを強調している．ルカ福音書と使徒言行録の重要な特徴は，キリストの生涯・死・教えにより与えられた救いが，ユダヤ人だけでなく万人に向けられているという主張である．

## ルキア（聖）
Lucy (Lucia), St

伝承によれば，彼女はシチリア島のシラクーザの出身で，ディオクレティアヌス*帝の迫害時に貧者に自らの財産を分け与えてキリスト教信仰を表明した．彼女は婚約者から当局に告発されて，303年に殉教した．祝日は12月13日．

## ルキアノス（アンティオキアの）（聖）
Lucian of Antioch, St（312年没）

神学者，殉教者．アンティオキア*教会の司祭であった彼は，影響力の大きい教師で，弟子にはアレイオス*やニコメディアのエウセビオス*がいた．ルキアノスの従属説*的な教えは，アレイオス主義の異端信仰の直接的な源泉であったと思われる．彼は聖書のギリシア語本文を改訂した（➡ルキアノス型本文）．祝日は東方では10月15日，西方では1月7日．

## ルキアノス（サモサタの）

Lucian of Samosata（115頃-200頃）

異教徒の風刺作家．彼は，のちに背教したキリスト教への改宗者であるペレグリヌス（Peregrinus）へ示したキリスト教徒たちの寛大さを記すが，彼らの単純さを嘲笑している．別の著作では，彼はキリスト教がビテュニア・ポントゥス州で普及していたというプリニウス*の証言を確認している．ルキアノスの作と称されてきた『フィロパトリス』*はずっと後代のものである．

## ルキアノス型本文（がたほんもん）

Lucianic text

アンティオキアのルキアノス*により改訂された，ギリシア語聖書の本文．これはやがてシリア，小アジア，コンスタンティノポリス*での標準的な本文となり，またその新約聖書の本文は「公認本文」*および欽定訳聖書（AV）の基礎になっている．

## ルキウス

Lucius

伝説で，ブリタニアの最初のキリスト教徒の王．物語の初期の形によれば，彼は教皇エレウテルス（Eleutherus, 在職174−89年）にブリタニアへのキリスト教の教師の派遣を要請し，多くの臣下とともに彼らの手から受洗した．この物語は後代にさまざまに潤色された．

## ルキナ

Lucina

この名前の幾人かの敬虔な女性が，ローマ教会の初期の伝承に出ている．その一人は，聖ペトロ*と聖パウロ*の遺体をカタコンベ*から移し，また聖パウロの遺体をオスティア街道*にある自分の所有地に埋葬したといわれる．

## ルキフェル（カリアリの）

Lucifer（370/71年没）

サルデーニャ島のカリアリ（Cagliari）司教．反アレイオス*派の神学者である彼は，354年のミラノ教会会議の最初の会合で，アタナシオス*を断罪するという提案に激しく反対した．その後の，皇帝コンスタンティウスとの個人的な激論は彼の追放を招いた．ユリアヌス*の即位後，ルキフェルは362年に赦され，アンティオキア*に赴き，そこでパウリノス（Paulinus）を主教に聖別してシスマ*を起こした．

## ル・クレイエ

Courayer, Pierre François Le（1681-1776）

フランスの神学者．英国教会の主教継承に関してW. ウェーク*と文通し，1723年に，アングリカン*の叙任*の有効性を擁護する論考を出版した．彼は1728年に破門され，イングランドへ渡った．

## ルクレール（クレリクス）

Le Clerc（Clericus），Jean（1657-1736）

アルミニウス主義*神学者，聖書学者．1684年に，アムステルダムのレモンストラント派のカレッジで哲学教授に任命された．思想の自由の擁護者で教条主義を嫌った彼は，信仰の領域における理性の無制限の権利を擁護した．彼は「三位一体の神」*や受肉*の秘義や原罪*の教えを合理主義にたって説明した．彼はモーセ五書*の著者がモーセ*であることを否定し，聖書の霊感に関する批判的な見解を展開し，旧約聖書の一部についてもそれを否定した．

## ルクレール

Leclercq, Henri（1869-1945）

ベネディクト会*員の学者．ベルギー出身の彼は，1914年からロンドンに居住した．彼は極めて多作で，特にラテン語のキリスト教史を扱ったが，彼の著作の多くは不正確である．(1903–53年にフェルナン・カブロル［Cabrol, 1855–1937年］と彼自身が編纂した)『キリスト教考古学・典礼事典』(*Dictionnaire d'archéologie chrétienne et de liturgie*) の後半部分はほぼ完全にルクレールの作である．

## ルゴ
Lugo, John de (1583-1660)

スペインのイエズス会*員．ローマで神学者として名声を博し，1643年に枢機卿となった．彼の考えでは，神はすべての魂に救いに十分な光を与えている．聖餐論において，彼は奉献的な礼拝の特質として破壊の要素を強調しつつ主張したのは，聖別の行為において，キリストの人間性が，その存在の素材が食物として摂取されて低次の状態に変化することによりある意味で「破壊される」ということである．

## ルシフェル
Lucifer

(ラテン語で「光をもたらす者」の意．)(ウルガタ訳聖書*でも，それに従う欽定訳聖書でも) イザヤ書14:12において，バビロンの王のあだ名．この節をルカ福音書10:18と関連づけながら，聖ヒエロニムス*はルシフェルを悪魔の同義語として用いた．

## ルースブルーク
➡リュースブルク

## ルソー
Rousseau, Jean-Jacques (1712-78)

フランスの著述家．1728年にカトリックになった．1741年に，パリに赴き，百科全書派*のサークルに紹介された．1754年に故郷のジュネーヴ*に戻り，カルヴァン主義*に戻った．同年，『人間不平等起源論』(*Discours sur l'origine et les fondements de l'inégalité parmi les hommes*) を書いた．原初の人間が自由で幸福な存在であったという根拠のない前提に立って，ルソーは人間の不平等がその社会的・独占的本能の過度の追求から起こったと主張した．1756年に，彼はモンモランシー (Montmorency) 付近に落ち着き，彼の最も有名な諸著作を書いた．1762年の『エミール』(*Émile, ou de l'Éducation*) の１章で，彼は自らの宗教的信念を要約した．彼が擁護した理神論*は，神，魂，来世の存在を肯定的に信じる啓蒙思想家 (*Philosophes*) のそれに似ているが，神がその源泉で霊感である良心をつうじて神との個人的な関係をもつという個人の感覚のうちに，究極的な正当性を見いだしている．1762年の『社会契約論』(*Du contrat social*) は，人民の総意に基づく，正しい状態という彼の理論を説いている．ここで，「市民宗教」はいっさいの教義的な不寛容を許さず，絶対的な真理を所有すると主張しない宗教だけを認める．

没後，ルソーはヨーロッパにおいて最も強く影響を及ぼした人の一人となった．彼の宗教的な影響力が深かったのは，彼が教理的に単純で，道徳的な規定において複雑でないだけでなく，知性的な必要にも情緒的な必要にも訴えるような，啓示宗教に代わるものを人人に提示したからである．

## ルター
Luther, Martin (1483-1546)

ドイツの宗教改革*者．1505年に，アウグスチノ隠修士会*の修道士となり，1508年に新設のヴィッテンベルク*大学で道徳哲学を教えるために派遣された．1511年に同大学で聖書釈義の教授となり，没するまでその地位にあった．

初めは，彼は唯名論*のそれと類似した聖書釈義および義認*の神学を採用していたと思われ，人間に対して自己の義認における限定的ながら決定的な役割を認めていた．1512–19年のあいだに彼が信じるようになったことは，人間は神の恩恵なしには神に応答しえず，ただ信仰をとおして，自己に転嫁されるキリストの功徳によってのみ義とされるのあって，わざや宗教的慣行は無関係だということであった．この発展はどうやら「塔の体験」(Turmerlebnis) と呼ばれるものと結びついていたらしい．

1517年10月31日に，ルターの「95箇条の提題」はヴィッテンベルク城教会の門扉に掲示された．これはローマのサン・ピエトロ大聖堂*の修復のための寄付としてレオ10世*が認可した贖宥*状に関するJ. テッツェル*の説教に反対して主に書かれた．例外的で急進的なことをほとんど述べていないが，この提題は改革のマニフェストと見なされるようになった．ルターは異端信仰のかどでローマで（欠席のまま）審問され，アウクスブルクで枢機卿カエタヌス*の前に召喚された．ルターはザクセン選帝侯フリードリヒ3世*の庇護のもとにヴィッテンベルクへ逃れた．1519年のライプツィヒ討論*で，ルターはJ. エック*と対決し，ここでルターは教皇の首位権（primacy）および公会議の不可謬性*を否定した．1520年に，彼は3大文書を出版した．ドイツの諸侯に宛てた第1書は，「霊的」階級と「世俗的」階級間の区別を否定することにより信徒による改革の構想を立て，諸侯に対して，ローマへの貢納，強制的な聖職者の独身制*，その他多くのカトリックの慣行や制度を廃止するように勧めた．第2書は，教会制度への信徒の服従を批判したが，ルターはそれを二種陪餐*の信徒への拒否，実体変化*説，ミサ奉献と同一視した．第3書は善行をなす義務からのキリスト者の自由を宣言した．その間に，ルターは1520年6月12日の大勅書*『エクスルゲ・ドミネ』*で断罪されたが，彼はその大勅書を焼き，1521年に破門された．彼はヴォルムス帝国議会*に召喚され，自説の撤回を拒否し，帝国追放刑に処せられた．彼はその後の8か月間をヴァルトブルク*で過ごして，聖書のドイツ語訳を開始した（新約聖書の翻訳は1522年に出版された）．彼はヴィッテンベルクに戻ったのち，1524年に修道服*を脱ぎ，1525年に結婚した．

反乱を起こした農民に対して戦争を行うよう諸侯に勧めた彼の文書は彼に対する民衆の支持をいくぶん失わせたが（➡農民戦争），宗教的・政治的状況は引き続き彼の見解の普及にとり有利であった．1526年のシュパイエル帝国議会*は，民族諸教会を組織する諸侯の権利を確立した．しかしながら，宗教改革者間の相違が明白になってきていた．1529年のマールブルク会談*において，聖餐におけるキリストの臨在の性質をめぐる，ルターとU. ツヴィングリ*間の不一致は架橋できないことがわかった．ルターが論じたのは，聖別*後に，「キリストの体と血」および「パンとぶどう酒」の両実体（substances）が互いに結合して共在するということであったが（➡共在説），ツヴィングリはキリストの臨在が純粋に象徴的であると論じた．ルターは1530年の比較的に宥和的なアウクスブルク信仰告白*を是認したが，その晩年は論争により陰鬱であった．

1520年の諸文書に加えて，ルターは数多くの著作を出版した．それには，1529年の『小教理問答』と『大教理問答』（➡カテキズム），聖書注解書，その多くが現在でも歌われている聖歌がある．彼の理念のいくつかは没後にルター派教会により変更されたが（➡ルター主義），20世紀になって，彼の「十字架の神学」*は再適用された．祝日は『共同礼拝』では10月31日．

## ルター主義（ルター派）
Lutheranism

M. ルター*の神学および1580年の『和協信条書』*に集成された諸文書に起原をもつ，西方教会内の教派．後者はルター主義の教えとして信仰のみによる義認*論を推進した．ルター派は伝統的な典礼様式を変更はしたが一般に維持し，説教と典礼を同等に強調した．

ルター神学の最初の体系的な表明は，1521年のP. メランヒトン*の『神学総覧』（*Loci communes*）であった．17世紀を支配したルター派「正統主義」はスコラ学*的な型によって築かれ，ルター派に知的な傾向を与えた．敬虔主義*の出現はこの主知主義に対する反動であると同時に，30年戦争*後の信条をめぐる争いおよび領邦諸教会の統合に対する反動でもあった．敬虔主義者は聖書の優越性および信仰の個人的本性に関するルターの理念に訴えた．

16世紀において，ルター主義はドイツの大半，デンマーク*，ノルウェー*，スウェーデン*，フィンランド*，東ヨーロッパ（たとえば，ポーランド*，ハンガリー*，ラトヴィア）に広がったが，ドイツと東ヨーロッパでは，カトリシズムとカルヴァン主義*がやがてその状況を逆転させたり変更したりした．19世紀において，1817年のプロイセンでの改革派*教会とルター派教会の合同の促進は，聖書的・歴史的批評学の挑戦とあいまって，ルターのロマン主義的な再発見および復興した信条主義を活気づけた．20世紀前半の政治的出来事がルターの「二王国論」に対する批判を引き起こしたのは，神がこの世界でその御意志を実行する，霊的な様式とこの世的な様式を区別しているからである．ドイツのルター派教会員は，その多くが告白教会*に参加したにもかかわらず，「無批判な適応」を非難された．1945年以降，ドイツのルター派は合同したプロテスタント教会を形成する努力に参加しながら，自己のアイデンティティを維持するために苦闘した．1948年に，大半のドイツのルター派の領邦教会はドイツ福音主義教会*の中に，「ドイツ合同福音ルター派教会」(Vereinigte evangelisch-lutherische Kirche Deutschlands)を結成した．1973年のロイエンベルク協約*は，ルター派教会と改革派教会間のより親密な関係を築くための枠組みを定めた．スカンディナヴィアでは，ルター派は正式に国教とされている．

ルター派は17世紀に北アメリカに伝わったが，ドイツ系移民が急増した1730年以降まで少数に留まった．1742年に，H. M. ミューレンベルク*がルター派教会を組織するためにハレ（Halle）からピッツバーグへ派遣され，彼は1748年に最初のルター派の管区（synod）を設立した．さまざまな背景をもった移民の波が押し寄せて，ルター派は急増した．北アメリカにおけるルター派の歴史を特徴づけるのは，信条主義的アイデンティティと増大する可見的一致をめぐる苦闘であった．1988年までに，３つの主要なルター派の組織が合同の結果として形成された．すなわち，1988年に創設された「アメリカ福音ルター派教会」(Evangelical Lutheran Church in America)，1971年に創設された「ルター派教会ミズーリ管区」(Lutheran Church-Missouri Synod)，1986年に創設された「カナダ福音ルター派教会」(Evangelical Lutheran Church in Canada）である．

18世紀に始まるヨーロッパの宣教師の活動に，19世紀のアメリカからのルター派の活動が加わって，ルター派教会はインド*，南太平洋*，アジアの他の地域，アフリカ，ラテン・アメリカ*，オーストラリア*に形成された．1923年に創設された「ルター派世界コンヴェンション」は，1947年に「ルター派世界連盟」(Lutheran World Federation)へと発展した．ルター派は多くのエキュメニカル運動に関わっている（➡再合同）．

## ルチア

➡ルキア

## ルツ記（き）

Ruth, Book of

この旧約聖書の文書は，モアブでヘブライ人と結婚したモアブ人であるルツの物語を伝える．夫の没後，ルツは義母とともにユダのベツレヘムに戻ってきた．前夫の親戚のボアズはルツを保護し，彼女と結婚した．この出来事は（前1000年より以前の）士師時代後期に設定されているが，本書は（前６世紀の）捕囚以前のものではない．末尾の系図（4:18-22）は著者の明白な目的の一つ，すなわちダビデ*の先祖にモアブ人の血統を記録することを示している．ルツはこうしてキリストの女祖先（ancestress）である（マタ1:5-16）．

## 『ルックス・ムンディ』

*Lux Mundi*（1889年）

C. ゴア*が編集した，英国教会員による論文集．旧約聖書に対する近代の批評学的見解を認めた点が，一部の高教会派*の人たちの感情を害した．

## ルテニア教会（きょうかい）

➡ウクライナ教会

## ルーテル教会（きょうかい）

➡ルター派教会

## ルートヴィヒ１世（せい）

➡ルイ１世

## ルドルフス（ザクセンの）
Ludolf of Saxony（1300頃-1378）

ドイツの霊的著作家．ドミニコ会*に入り，1340年にカルトゥジア会*に入る前に神学教授であった．彼の主著は『詩編の注解書』および有名な『キリストの生涯』（*Vita Christi*）である．後者は伝記ではなくて，キリストの生涯に関する黙想であって，祈りとともに教理的・霊的・道徳的教えを含んでいる．

## ルナン
Renan, Joseph Ernest（1823-92）

フランスの哲学者，神学者，オリエント学者．1852年の『アヴェロエスとアヴェロエス主義』（*Averroès et l'averroïsme*）は，学者としての彼の名声を確立した．1860年に，考古学的調査のためにフェニキアとシリアに派遣され，パレスチナ滞在中に，『イエス伝』（*Vie de Jésus*）を書いた．この中で，彼はキリストの生涯における超自然的な要素を否認し，その道徳的側面を無視し，キリストを愛すべきガリラヤの説教者として描いた．1863年にそれが刊行されると物議をかもした．1866年のフィオーレのヨアキム*に関する研究は，真摯な学問を新しい「人間の宗教」というロマン主義的理想像に結びつけている．

## ルノド
Renaudot, Eusèbe（1646-1720）

フランスのオリエント学者，典礼学者．彼の神学的主著は，1713年の『アレクサンドリアのヤコブ教会総主教史』（*Historia Patriarcharum Alexandrinorum Jacobitarum*）および1716年の『東方典礼集』（*Liturgiarum Orientalium Collectio*）である．後者は多くの東方典礼の式文を収録しており，現在でもなくてはならない．

## ルー派（は）
Rowites

1825-30年に，ダンバートンのカードゥロス（Cardross）に近いルー（Row）教会区を担当した，J. M. キャンベル*の弟子たち．

## ルービック
Lubich, Chiara（1920-2008）

フォコラーレ*の創立者．1943年に，彼女はトレント（Trento）の空襲後にフォコラーレを創立し，その都市の貧しい家族のあいだで活動した．多宗教との対話への彼女の関心は，彼女が「世界宗教と平和協議会」の名誉議長に選出されたことに示された．ヴァティカンの特別な許可のもとに，フォコラーレは他のキリスト教諸教会や諸教派の会員を共同体に受け入れたカトリック最初の組織となった．彼女はニューヨークのマルコム・エックス・モスクでアメリカ黒人のムスリムに説教した最初のキリスト教徒であり，最初の女性であった．

## ルフィヌス
Rufinus, Tyrannius（Turranius）（345頃-411）

修道士，歴史家，翻訳家．アクィレイア*の近くで生まれた彼は，373年頃にエジプトに赴き，アレクサンドリア*において数年間「盲目の」ディデュモス*のもとで学んだ．381年に，彼はエルサレム*にいた．彼はオリーブ山*での男女併存修道院*の創設に協力した．彼は397年にイタリアに戻った．

独創的な著作家でもあったが，彼が重要なのは，ギリシア語の知識が西方において衰えつつあったときに，ラテン語にギリシア語の神学書を翻訳したことである．現在残存している唯一の完全なテキストである，オリゲネス*の『諸原理について』の自由訳は，オリゲネスの正統信仰を擁護することを意図していた．これはルフィヌスを，その翻訳の偏向した性格を批判した聖ヒエロニムス*との激しい論争へと巻き込んだ．ルフィヌスが翻訳した他の著作には，オリゲネスの聖書注解，クレメンス文書*の『認知』，エウセビオス*の『教会史』があり，その『教会史』にルフィヌスはさらに2巻を付け加えた．使徒信条*への彼の注解は，アクィレイアとローマで用いられていた，その信条の4世紀の最古の連続したラテン語テキストを示している．

## ルフィノス（「シリア人」）
Rufinus the Syrian（399-401年頃に活動？）

パレスチナの司祭，ルフィノスの作として唯一の写本で記されている，『信仰の書』（*Liber de Fide*）の著者．この著作がアレイオス主義*，オリゲネス*，原罪*論に反対している事実から，その著者は，マリウス・メルカトル*がペラギウス*神学を改悪したといっている「シリア出身の」（*natione Syrus*）ルフィノス，また，カエレスティウス*が411年のカルタゴ*での裁判で言及した故人の司祭と同定されている．

## ルフェーヴル
Lefebvre, Marcel（1905-91）

フランス*の大司教．1929年に司祭に叙階された彼は，1932年に聖霊修道会*に入会し，ガボンに派遣された．1947年に，彼はダカール（Dakar）の代牧*に任命され，1955年にその初代大司教になった．1960年に，第2ヴァティカン公会議*の準備中央委員会委員に任命された．公会議において，より伝統主義的な委員の指導者の一人であった．彼は特に，署名はしたものの『信教自由宣言』について懸念した．彼はまたエキュメニズム*と団体性*に関する公会議の教えについて当惑し，またよく知られているように，のちに1970年のミサ典礼書*に含まれた通常式文に反対した．公会議後，彼が設立した神学校はやがてスイスのエコーヌ（Ecône）に移り，また彼は聖ピウス10世司祭兄弟会*を創立した．神学校と兄弟会の両方で，ルフェーヴルは公会議前に用いられていた教えと典礼様式に従った．1976年に，彼は地域の司教の許可なしに，数人の司祭を叙階し，停職制裁*の刑罰を受けた．にもかかわらず，彼は1988年に聖座*の許可なしに4人の司教を聖別した．これに関して，彼と4人は自動的に破門*を受けたことになると宣言された．

## ルフェーヴル・デタープル
Lefèvre d'Étaples, Jacques（Faber, Jacobus）（1455頃-1536）

フランスの人文主義者．マグダラのマリア*に関する2冊の批判的な論考が，1521年に異端の嫌疑でソルボンヌ*により断罪され，1525年にフランスを去らざるをえなかった．彼は決して宗教改革者の主要な教えを受け入れることがなく，宗教改革に対するその態度はエラスムス*のそれに似ている．彼は（ラテン語訳の）イグナティオス*の手紙（1498年）およびウルガタ訳聖書*のフランス語訳（新約聖書:1523年，旧約聖書:1528年）の最初の印刷本を出版した．

## ルプス
Lupus, Servatus（805頃-862）

古典学者，また840年からフェリエール（Ferrières）大修道院長．彼は教会問題に積極的な役割を果たし，彼の手紙は当時の歴史の主要な史料であり，古典と教父に対するすぐれた知識を示している．『3つの問題についての書』（*Liber de tribus questionibus*）は，ゴットシャルク*が提唱した二重予定*論に対する，慎重ながら好意的な応答である．

## ルーブリック（典礼注規）
rubrics

典礼式文中の儀式や儀典に関する指示．この語は，それが典礼の式文と区別するためにしばしば朱書された事実に由来する．➡「ブラック・ルーブリック」，「礼拝装具規定」

## ルペルトゥス（ドイツの）
Rupert of Deutz（1075頃-1129/30）

神学者．若いときに，リエージュの修道院に入った．彼が『聖務日課の書』（*Liber de divinis officiis*）において聖餐に関して用いた言葉は，のちにインパナティオ*と呼ばれる教理を彼が説いたという非難を招いた．1116年に，仲間の修道士がランのアンセルムス*のもとで一時期学んだのち戻り，アンセルムスは悪が起こることを神が望むと説いていると報告した．ルペルトゥスは憤慨し，『神の意志について』（*De voluntate Dei*）を書いて反論した．これは論争を巻き起こし，彼はジークブルク（Siegburg）の修道院に隠遁せざるをえなかった．ケルン大司教は1120年に彼がケルンに近いドイツ（Deutz）の大修道院長に選ばれるよう配慮した．彼の晩年の著作に『雅歌』の注解があり，彼は「花嫁」を聖母マリアと解釈している．16世紀の宗教改革者はルペルトゥスの著作の中に，特に聖餐に関する自分たちの教えに対する支えを見いだそうとした．

## ルーベンス

➡リュベンス

## ルーマニアのキリスト教

Romania, Christianity in

現在のルーマニアのほぼ西部にあたる，ローマ時代のダキア（Dacia）は，4世紀ないしそれ以前に，ローマ人の兵士や入植者をつうじてキリスト教を受け入れたようである．ブルガリア*の支配下で，ルーマニアの教会の事項はコンスタンティノポリス*のもとに置かれ，その礼拝は徐々に東方教会的特徴を帯びた．19世紀に，ルーマニアは徐々に独立国家として形成され，1885年に，コンスタンティノポリスの府主教的裁治権から独立するルーマニアの正教徒の要求が認められた（➡独立自治教会）．第1次世界大戦後にルーマニアが獲得したトランシルヴァニアには，1700年以来，カトリック東方教会*が存在しており，また少数のカトリック，ルター派*，カルヴァン派*，ユニテリアン派*も存在した．1923年の憲法で，ルーマニア正教会は国教会と認められた．ルーマニアが1944年にロシアに降伏したあと，ルーマニア正教会は1989年まで共産党政府に厳しく管理され，他の諸教会も迫害された．バプテスト派*だけが増大した．1989年以降，すべての教派はより大きな自由を享受している．1948年に正教会との合同を強いられたカトリック東方教会は，1990年に再興された．

## 『ルーメン・ゲンティウム』

Lumen Gentium（1964年）

第2ヴァティカン公会議*の『教会憲章』（Dogmatic Constitution on the Church）の冒頭語で，ラテン語の名称．

## ルルス

Llull, Ramon（Raymond Lull）（1233頃-1315頃）

宣教者，哲学者．当時イスラーム*の支配から回復されたばかりのマヨルカ島に生まれ，騎士として教育を受けた．30歳のとき，十字架につけられたキリストの幻視体験をして，それ以後イスラームの改宗に身をささげた．9年間，彼はマヨルカ島に留まって，アラビア語とキリスト教思想を学んだ．1274年頃の同島のランダ（Randa）山上での幻視で，彼が自らの思想を説く方式が啓示され，「真理発見の術」においてこれを案出した．1287年から，彼は広く旅行して，自らの計画に対する支持を求めた．その一つの成功例は1311-12年のヴィエンヌ公会議*の決議条項であって，5つの大学に東方の諸言語の講座が開設された．

その著作においてルルスが築いたのは，聖書の権威に頼らず，理性的な議論でイスラームやユダヤ教徒を改宗させようとした接近法である．彼はあらゆる形態の知識を万物における神の「諸威厳性」（Dignities，すなわち，神の属性）の現れと関連づけようとし，ユダヤ教，イスラーム，キリスト教に共通な一神教的な見方および幅広い新プラトン主義的で模範説*的な世界観をその出発点とした．彼の神秘的生活の概念の中心は，記憶・悟性・意志の浄化により達成され，神のより大いなる栄光のための行動に帰着する，神の完徳の観想である．

## ルルス（聖）

Lull, St（786年没）

マインツ司教．アングロ・サクソン人である彼は，ドイツに赴き，そこで知り合った聖ボニファティウス*がルルスをマインツ司教座の後継者に任命した．教皇ザカリアス*から特別に容認されて，ルルスは752年頃に聖別され，754年のボニファティウスの没後，マインツ司教となった．しかしながら，ハドリアヌス1世*が3人のフランク人の司教によるルルスの調査を命じたのち，781年頃にやっとパリウム*を受けた．祝日は10月16日．

## ルルド
Lourdes

フランスの巡礼地. 1858年に, 14歳のベルナデット*・スビルー(Soubirous)は,「私は無原罪の御宿り*である」と告げる聖母マリアの幻をここで見た. 泉が湧き出て, 奇跡的な治癒が報告され, 信徒がルルドに集まり始めた. 壮大な聖堂が建てられ, 医務局が治癒の性格を調査するために設置された. ルルドの聖母の任意の祝日は2月11日.

## ルンド
Lund

一時期を除いて, 1104-1536年に, ルンドは大司教座都市であった. 大学は1668年にさかのぼる. 19世紀において, その神学部はウプサラ*大学の自由主義化した神学と対比して, 保守的で「高教会派」的な伝統を守った. 1952年に, 世界教会協議会*の「信仰と職制」*委員会はここで会議を開き,「ルンド原則」と名づけられることになる原則を発し,「我々の教会は, 深い教理的な意見の相違が別々の行動を強いる場合を除いて, あらゆる問題で一緒に行動するべきではないか」と問うた.

# れ

## レアンデル(聖)
Leander, St(540頃-600頃)

おそらく577-78年からセビリャ司教. 西ゴート人のアレイオス主義*に反対した, スペインにおけるカトリックの正統信仰の指導的擁護者であった彼は, 王子ヘルメネギルドゥス(Hermenegild)を改宗させ, また589年に第3トレド教会会議*を主宰した. ➡レカレド

## 霊
spirit

キリスト教神学では, この語は以下のものを指す. (1) 個人ないし人間の霊魂*全般の知的で非物質的な部分であり, 生前の身体と結びついたり, 死により身体と分離したりしているが, 特に後者の局面は宗教的真理と行動に関連し, 神的影響を直接に受けやすい. (2) 時間・空間・身体的枠組の制限を受けないという意味で, 超人間的である存在の秩序. (3) 善であろうと悪であろうと, この(2)の秩序に属する被造物の一つ, すなわち, 天使*ないし悪魔*. (4) 三一神*の第3の位格(ペルソナ). ➡聖霊

## 霊印
character

カトリックの秘跡の神学において, 洗礼*, 堅信*, 叙階*が魂に刻むと考えられる消えないしるし.

## 霊歌
spirituals

アメリカの宗教的な俗謡. (「霊歌」[spiritual songs]としての)その起原は, 18世紀の白人の信仰復興運動*と19世紀のその野外集会*にあった. どうやら白人霊歌に由来するらしい黒人霊歌(Negro spirituals)は, 独自の性格をもち, その歌詞はキリストの苦難を黒人自身の奴隷という境遇と同一視しており, この世の不幸からの解放の願望を強調している. ゴスペル・ミュージック*という他の音楽が19世紀後半に白人霊歌と黒人霊歌から発展した.

## レイクス
Raikes, Robert(1736-1811)

日曜学校*の創始者. 『グロスター・ジャーナル』(*Gloucester Journal*)の発行人であった彼は, 地方の子どもたちの無視された状態と彼らの日曜日の振舞いに心を動かされた. 彼は近隣の教会区*で日曜学校を開設するのを助け, 1780年に, 平日も日曜も開く, 学校を自らの教会区で開設し, 聖書および読み書きその他の基本科目を教えた. レイクスは日曜学校の「創案者」ではなかったが, 彼の模範と評判がその急速な拡大を促進した.

## 霊魂(魂)
soul

生命の非物質的な要素である霊魂(魂)と知性と身体とのあいだを区別する考えは古来から存在する. 一種の来世を暗黙に想定している以外(➡不死性), 聖書にはこの主題ではっきりした教えはほとんどないが, ギリシア思想は霊魂と身体の関係のさまざまな理解の仕方を示した. それに含まれたのは, 不死の霊魂が真の自己であり, それが一時的に異質の身体に閉じ込められているのであるという, プラトン*的な考えであった. 修正されたプラトン的見解がニカイア後の時期に受け入れられるようになった. この見解によれば, 霊魂は不死的な真の自己であるが, 先在的ではない. 聖トマス・アクィナス*によれば, 霊魂は個々の霊的な実体であり, 身体の「形相」である. 身体

と霊魂はともに人間存在を構成するが，霊魂は死後には身体から離れて，別個の存在となる．しかしながら，その分離が最終的なものでないのは，霊魂が身体のために創られたからである．純粋に霊的な存在である霊魂は，人間の生殖力の所産でなく，各自の霊魂は神の新しい被造物である（➡クリエイショニズム）．現代では，霊魂論が考察されるときも，人間に関する聖書全体の教えとの関連で考えられている．

## 霊魂創造説

➡クリエイショニズム

## 霊魂伝遺説（創造分生説）

traducianism

人間の霊魂*が両親により子どもへと伝達されるという説．この語は時に，伝達が肉体として生まれるときに起こるというあからさまに唯物論的な見解に限定される．聖アウグスティヌス*によれば，霊魂伝遺説は原罪*を容易に説明するが，彼は同説と霊魂創造説*のどちらか１つに決めえなかった．あからさまな形の霊魂伝遺説は，霊魂の霊的な本性と相いれない．

## 『霊魂の園』

*Garden of the Soul, The*

有名な「霊操の手引きで，世俗に生きつつ信心に憧れるキリスト教徒のための教え」であって，R. チャロナー*が著し，1740年に最初に出版した．

## 「レイスウェイク条項」(「ライスワイク条項」)

Rijswick Clause（Ryswick Clause）

1697年の皇帝レオポルト１世とフランス王ルイ14世間のレイスウェイク条約に挿入された条項で，1679年のネイメヘン（Nijmegen）条約締結時に定めた，その間にルイにより回復されていた地域のカトリック諸教会に有利なように，宗教的境界がそれらの位置に戻るべきだとしていた規則を修正した．

## レイズブルーク

➡リュースブルク

## 霊性

spirituality

現在は，人々が自らの信仰を個人的に実践し，経験することを指したり，個人が神との個人的な関係に関してもつ霊操や信仰を指す曖昧な言葉．通常は，祈り*，黙想*，観想*，神秘主義*が霊性の大きな要素と見なされている．

## 「霊性の守護者」

guardian of the spiritualities

英国教会において，主教位が空位のとき，その管区の大主教がその管理を規定することで，通常は補佐主教*がそのために行動することを認可する．この資格をもつ大主教は「霊性の守護者」と呼ばれる．

## 『霊操』

*Spiritual Exercises, The*

聖イグナティウス・デ・ロヨラ*の有名な論考で，1522-23年のマンレサ（Manresa）での経験に由来し，実質上，1541年までに完成した．黙想会*を行う人たちのための手引きであり，主に想像の祈りの体系的な方針を提供し，基本的には約１か月続く．その主題はしばしばより短い黙想会でも用いられる．

## 霊的癒し

spiritual healing

精神療法の同義語としても時に用いられるが，この語は本来，祈りや秘跡的手段で人間全体を癒す試みに限定される．一般的に用いられる方法として，塗油*や按手*がある．患者は一般に医学的技能とあわせて用いることが勧められるが，霊的な手段だけで十分であると考える人もいる．（しばしば「信仰による癒し」［faith healing］ないし「神的癒し」［divine healing］と呼ばれる）霊的癒しは，現代のペンテコステ派*やカリスマ刷新運動*において顕著な役割を果たしている．

## レイデン（ライデン）
Leiden

1574年のスペイン人に対する英雄的な防衛戦を記念するために，1575年にオラニエ公ウィレムはこの都市に大学を贈った．正式には教会の支配から自由であったが，カルヴァン主義の影響が強く，1592年の神学生を訓練するカレッジの創設に力づけられて，レイデンはやがてカルヴァン派正統主義の牙城，イングランドのピューリタン*の避難地となった．17世紀には，レイデンはアルミニウス主義*者とゴマルス*主義者間の論争の舞台であった．

## レイトン
Leighton, Robert（1611-84）

1661-70年にダンブレイン（Dunblane）主教，1670-74年にグラスゴー大主教．彼が主教職を受けたのは，長老主義と監督主義間の対立に和解をもたらすために選ばれたと信じたからであったが，両組織を調停する彼の望みはうまくいかなかった．

## レイニー
Rainy, Robert（1826-1906）

学者，教会政治家．1851年にスコットランド自由教会*のミニスター*に叙任された．彼がエディンバラのニュー・カレッジ学長になり，大会*の指導者になった1874年以降，彼は自由教会，のちには合同自由教会*における協議をリードした．彼は神学の自由主義化に寄与し，1875年頃から1895年頃までスコットランド教会の非国教化に尽力した．彼の最後の大事業は1900年の自由教会と合同長老派教会*の合同であった．

## 「霊の剣」
Sword of the Spirit

1940年に，枢機卿A. ヒンズリー*が創始したカトリックの社会運動．その目標はカンタベリー*とヨーク*の両大主教および自由教会派の議長（Moderator）によって支援されたが，カトリックと他のグループ間の初期の協力関係は1941年に制限された．1965年に，「カトリック国際関係機関」(Catholic Institute for International Relations) になり，2006年に，パウルス6世*の回勅『ポプロールム・プログレッシオ』(Populorum Progressio) にちなんで「プログレッシオ」になった．

## 礼拝学
➡典礼学

## 礼拝儀式委員会
Ritual Commission

英国教会内の儀式的慣行の相違点を調査するために，1867年に任命された王立委員会（Royal Commission）．その4つの報告は1867年に聖餐用祭服，1868年に香*と灯火，1869年にレクショナリー*，1870年に祈禱書の改訂などの件を扱った．一般に，委員たちは300年間広く行われてきた慣行が標準的なアングリカンの慣例となることを勧めた．

## 礼拝式
Divine service

厳密にはこの語は聖務日課*，それゆえ朝課*と晩禱*を指すのであって，聖餐*を含まないと思われるが，しばしば曖昧にあらゆる形の宗教儀式について用いられている．

## 「礼拝装具規定」
Ornaments Rubric

教会堂およびミニスター*の礼拝装具が，「エドワード6世*の治世第2年に議会の権威により」定められたものを用いるべきだという，1559年の『祈禱書』の規定の通称．その意味は16世紀以来議論されている．➡ルーブリック

## 礼拝堂（チャペル）
chapel

この語は教会堂（churches）より小さなさまざまな聖堂（sacred buildings）を指す．以下のものが含まれる．(1) 個人的な施設，たとえば学校や病院の礼拝堂．(2) 英国教会の教会区教会堂と区別し

て，カトリックや非国教徒の礼拝所．(3) 独立した祭壇をもつ大きな教会堂の一部，たとえば「聖母礼拝堂」*．(4) 私設礼拝堂*．➡王室礼拝堂，オラトリー，支聖堂，チャントリー

## 「礼拝統一法」

Uniformity, Acts of

(1) 1549年に可決された，1548年の礼拝統一法は，すべての公の礼拝における『第1祈禱書*』の排他的な使用を強制し，それに従わない聖職禄保有者に対する処罰を規定した．(2) 1552年に可決された，1551年の礼拝統一法は，『第2祈禱書』の使用を命じた．正当な理由なしに主日や祝日に礼拝に出席しないことは教会による譴責により罰せられ，他の様式の礼拝に出席することは投獄により罰せられた．(3) 1559年に可決された，1558年の礼拝統一法は，わずかな変更があるが，『第2祈禱書』の使用を命じた．礼拝に出席しない場合，罰金が科された．(4) 1662年の礼拝統一法は，すべてのミニスター*が公に1662年の『祈禱書』に同意することを要求し，その排他的な使用を命じた．主教により叙任されていないミニスターは聖職を剝奪された．信従することを拒否したおよそ2,000人のミニスターが聖職禄を失った．この法令はその後の立法，特に1974年の「英国教会礼拝・教理条例」*により修正された．

## 礼拝統一法付属祈禱書

Annexed Book, the

1662年の「礼拝統一法」*に付された現行の『祈禱書』*で，その「忠実で正確な複製」の使用を規定している．

## 礼部聖省

Rites, Congregation of Sacred

この聖省は1588年にシクストゥス5世*により，公の礼拝に関するトリエント公会議*の決議条項を実施するために創設された．典礼の指示および列聖*，列福*，聖遺物*崇敬に関わるいっさいのことのほか，典礼に関するすべての権能*，免償*，特免*に対して責任があった．1969年に，同省は列聖聖省（現，列聖省*）と典礼聖省（Divine Worship）に分割された．1988年に，後者は秘跡聖省と合併して，典礼秘跡省（Congregation for the Discipline of the Sacraments）になった．

## レヴェラーズ

Levellers

17世紀のイングランドの政治的・宗教的団体．彼らは王政に反対し，信教の自由および参政権の拡大を擁護した．その名称は1647年に初めて現れる．彼らの主要な支持者は軍隊にいた．1649年のチャールズ1世*の処刑後，レヴェラーズは消滅した．

## レオ1世（聖）

Leo I (Leo the Great), St（461年没）

440年から教皇．彼の教皇職は，彼がローマ司教座の影響力を拡大・補強したその範囲のゆえに注目に値する．彼は強力な中央集権制により教会を強化しようとし，アフリカ，スペイン，ガリアに対する裁治権を要求した．彼はエウテュケス*論争により東方問題に関わることになり，すべての側から意見を求められた．451年のカルケドン公会議*では，彼の特使が初めに発言し，『レオの教書』*がキリスト論*的正統信仰の基準として受け入れられた．彼は452年にフン人を説得してドナウ以北に退去させ，455年にヴァンダル人がローマに侵入したとき撤退させた．143通の真正な書簡と約97の説教が現存している．祝日は東方では2月18日，西方では11月10日（以前は4月11日）．

## レオ3世（聖）

Leo III, St（816年没）

795年から教皇．799年にローマで襲撃されたのち，シャルルマーニュ*のもとに逃れ，ローマに戻るために護衛をつけてもらった．シャルルマーニュが800年にローマに来たとき，教皇は彼を神聖ローマ皇帝*として戴冠した．シャルルマーニュの刺激で，レオは養子論*の異端信仰に対して強い措置をとった．彼はカンタベリー*大司教とアングロ・サクソン諸王間の紛争を仲裁し，東方に

関しては，皇帝コンスタンティノス6世に反対した修道士たちを励ました．祝日は6月12日．

## レオ4世（聖）
Leo IV, St（855年没）

847年から教皇．846年にサラセン人から受けた被害の修復に直ちに着手し，テヴェレ川右岸にローマの一部を取り巻く（「レオの街」*と呼ばれる）防壁を築いた．850年に，彼はロータル1世の息子ルートヴィヒを共治帝として戴冠し，853年にアルフレッド*をイングランドの将来の王として「聖別した」といわれる．撒水式*の聖歌は彼に帰されている．祝日は7月17日．

## レオ9世（聖）
Leo IX, St（1002-54）

1048年から教皇．彼は150年間の衰退から教会を改革することを直ちに開始し，教皇職の新しい理念を育むのに貢献した．1049年の復活節教会会議で，独身制*がすべての聖職者に強制され，その後，幾度も教会会議を開催して，聖職売買*などの悪弊を禁じる教令を発布した．1050年のローマ教会会議で，トゥールのベレンガリウス*はその聖餐論のゆえに断罪された．祝日は4月19日．

## レオ10世
Leo X（1475-1521）

1513年から教皇．ジョヴァンニ・デ・メディチ（Giovanni de' Medici）は，ロレンツォ・イル・マニフィコの次男であった．レオが選出されたとき彼にかけられた大きな期待はまもなくはずれた．彼はユリウス2世*が遺した富を濫費し，教皇位の独立性に対する関心から，変化する政治の流れを追い続けた．レオはM. ルター*の反抗に込められた意味を理解できず，彼を1520年に破門した．

## レオ13世
Leo XIII（1810-1903）

1878年から教皇．「文化闘争」*後のドイツとの良好な関係を回復し，1886-87年に5月諸法*を段階的に廃止させた．1892年に，彼はワシントンに常駐の教皇使節を派遣し，ロシア*や日本*と新たな関係を築いた．イギリスとの関係改善の結果，国王エドワード7世が1903年にヴァティカンを訪問した．しかしながら，イタリアとの関係は緊張したままであり，フランスにおける教会と国家間の関係は悪化した．

彼の教皇位は，彼が政治的・社会的問題に関して出した指針のゆえに重要である．いくつかの有名な回勅で，彼は国家に関するキリスト教教理を展開した．彼は教権と俗権のそれぞれの領域を定義し，カトリックの教えが近代民主主義と共存しうることを強調した．社会問題に関する彼の最も重要な表明は，1891年の『レルム・ノヴァールム』*であった．彼は1902年に教皇庁立聖書委員会*を設立し，聖書批評の新しい方法論をある程度促進した．彼は一致を求めるアングリカンの願いを受けて，「英国教会の叙任」*を調査する委員会を設置したが，1896年にその叙任を無効として否定した．彼は教会の霊的生活を向上させ，宣教活動を奨励し，特に現地の聖職者の育成に努めた．

## 『レオ祈禱書』
Leonine Prayers

カトリックの典礼において，1964年までミサの終わりに司祭と会衆により自国語で唱えられた祈禱書．（3回のアヴェ・マリア*，サルヴェ・レジナ*，集会祈願*，聖ミカエル*への祈願を含む）その最終的な形はレオ13世*に由来する．

## レオデガリウス（聖）
Leodegar（Ledger, Leger）, St（616頃-678/79）

663年からオータン（Autun）司教．彼が主宰した（年代不詳の）オータン教会会議は，司教区内の全修道院での『ベネディクトゥス会則』*の準用を勧め，聖職者がアタナシオス信条*を暗唱することを命じた．彼は政争に巻き込まれて殺されたが，やがて聖人・殉教者と見なされるようになった．祝日は10月2日（時に3日）．

## レオナルドゥス（聖）
Leonard, St（6世紀）

隠修士*. 11世紀の伝記によれば，国王クローヴィス*の宮廷のフランク人貴族で，聖レミギウス*によりキリスト教に改宗した．レオナルドゥスはリモージュ（Limoges）に近い修室*で生活し，のちに修道院を創設した．祝日は11月6日．

## レオナルド・ダ・ヴィンチ
Leonardo da Vinci（1452-1519）

イタリアの画家，学者．1483-99年に，ミラノに住み，この間に最も有名な作品のいくつかを描き，その中に『最後の晩餐』がある．これは聖餐の制定ではなく，裏切りの告知の瞬間を描いている．フランス軍が1499年にミラノに侵入したとき，レオナルドはそこを離れて，放浪生活を始め，主として幅広い科学的・学問的な仕事に没頭した．

## 『レオの教書』
Tome of Leo

教皇レオ1世*が449年6月13日にコンスタンティノポリス*総主教フラウィアノス*に送った書簡．西方教会のキリスト論的な教理を述べ，特にエウテュケス*に反対している．同教書には，451年のカルケドン公会議*で公的な権威が付与された．

## レオの街
Leonine City

テヴェレ川右岸のローマの一部で，848-52年に教皇レオ4世*により防壁で固められた．

## 『レオ秘跡書』
Leonine Sacramentary

ローマ典礼に従うミサ祈禱書の中で現存する最古の書．ヴェローナ*に保存された，単一の7世紀の写本で存在する．同書を教皇レオ1世*に帰することは恣意的である．これは本来の意味の秘跡書*ではなくて，リベリ・ミサールム*の私的な集成であり，ミサの通常式文*やミサ典文*をもたず，典礼の変動する部分のみを含んでいる．

## レオン3世
Leo III（675頃-741）

717年からビザンティン皇帝（イサウリア朝）．718年にコンスタンティノポリス*を包囲していたアラブ人を撃退したのち，彼は行政改革を行い，新しい法典を公布した．726-29年に，彼が像*の崇拝に対する多くの禁止令を公布したのが，聖画像破壊論争*の発端となった．

## レオン6世（「哲人帝」）
Leo VI（Leo the Philosopher）（866-912）

886年からビザンティン皇帝．彼はコンスタンティノポリス総主教フォティオス*を罷免して，西方教会との通常の関係を回復した．レオンの多くの著作には，「聖霊の二重の発出」*に反対する2編を含む40編の説教および聖母マリアをたたえる聖歌や論考がある．

## レオンティオス（エルサレムの）
Leontius of Jerusalem（6-7世紀）

以前はビザンティオンのレオンティオス*に帰されていた，『キリスト単性論者駁論』（*Contra Monophysitas*）と『ネストリオス派駁論』（*Contra Nestorianos*）の著者に対して近代の学者により付けられた名前．彼のキリスト論は「新カルケドン主義*的」であった．

## レオンティオス（ビザンティオンの）
Leontius of Byzantium（6世紀）

反キリスト単性論派の神学者．彼はテオパスキタイ派*論争に加わった同名のスキタイ人修道士とはおそらく区別されるべきであるが，実際にはその生涯について何も知られない．カルケドン*派キリスト論の忠実な支持者であった彼は，エンヒュポスタシア*の概念を導入した．彼の神学的主著は『ネストリオス派とエウテュケス派に対する3書』（*Libri III contra Nestorianos et Eutychianos*）である．➡レオンティオス（エルサレムの）

## レガリア
Regale

中世にヨーロッパの国王が要求した，空位の司教区と大修道院の収入の取得およびそれらに属する聖職録の授与に対する権利．この要求は教皇職により否定され，叙任権闘争*に結びつくことになった．イングランドでは，空位の主教区の世俗的所有物に関してまだ王室がこの権利をもつ（が現在は，その収入は新任の主教が宣誓をするときにそっくり返還される）．

## レカレド
Recared（601年没）

西ゴート王．573年から王国（スペインの大半）で父の共同統治者であり，586年に父の後を継いだ．587年に，彼はアレイオス主義*を放棄して，カトリックになった．この行動が王国に平和をもたらしたのは，カトリックの聖職者と貴族の方がアレイオス派の西ゴート人よりも強大であったからである．➡レアンデル

## レギウム・ドーヌム
Regium Donum

（ラテン語で「王の贈り物」の意．）1851年まで，イングランドの長老派*，バプテスト派*，会衆派*教会のミニスター*に国債から拠出された交付金．チャールズ2世*が1672年の信仰寛容宣言*後に長老派のミニスターに支払われるよう命じた金額に由来する．➡「3教派」

## 歴代誌（れきだいし）
Chronicles, Books of

この旧約聖書*の文書は，天地創造から捕囚からの帰還（前539年頃）までのイスラエルとユダの歴史を記録している．ヘブライ語の聖書では1巻であって，上下2巻への分割は七十人訳聖書*にさかのぼり，そこでは「パラリポメノン」（Paralipomenon），すなわち（サムエル記*と列王記*から）「省略された事柄」と呼ばれる．「歴代誌（年代記）」の名称は聖ヒエロニムス*により導入され，英語聖書もそれに従っている．本書は前4世紀後半に書かれたと思われる．その歴史的な価値については，意見が分かれる．

## レギナルドゥス（ピペルノの）
Reginald of Piperno（1230頃-1285/95）

ドミニコ会*員．聖トマス・アクィナス*の「生涯の」僚友と呼ばれた．彼はトマスの著作の集成者で，『神学大全』*の第3部への補遺が完成したのはおそらく彼の編纂による．

## レクイエム（死者（ししゃ）ミサ）
Requiem

死者のためにささげられるミサで，入祭*の冒頭語からそう呼ばれ，1970年以前は，ローマ典礼のすべての死者ミサで用いられた．無漂白ろうそく（unbleached candles）の使用のような，死者ミサに特有であった多くの特徴も，1970年以降は消滅した．

## レクショナリー
➡レクティオナリウム

## レクター（主任司祭（しゅにんしさい））
rector

英国教会において，もともと10分の1税*全体を受ける権利をもつ人ないし団体で，当初つねに聖職禄所有者*（管理司祭）であった．中世には，聖職禄専有*によりこの権利が編入された，修道院のような宗教団体は，教会区を管理するために主任代行司祭*ないしその代理を任命した．「修道院の解散」*の際に聖職禄移管*により，その権利はしばしば信徒の手に移った（➡信徒教会管理者）．1968年以降，ティーム・レクターという用語が共同司牧制*における主要なミニスターを指して用いられている．その他，レクターは一般に，教会区でなく参事会の教会，修道会などの付属教会を管理する司祭である．

カトリック教会において，神学校*の校長やイエズス会*の修道院の院長がふつうレクターと呼ばれる．

## レクチャラー
lecturers

レクチャラー（説教者）は本来，1559年以降の

世紀に，しばしば規則的に説教をしてもらうために，市自治体，教会区*，また時には個々の信徒により任命された，叙任された有給のミニスター*（しばしば，執事）であった．「連合体のレクチャラー」（Lecturers by combination）は聖職禄を受けた聖職者のグループで，中心的な教会において輪番で説教するために連合していた．多くの有給のレクチャラー職は，ピューリタンが認めうる見解をもった説教者を確保するピューリタン的方策となった．

## レクティオナリウム（レクショナリー）
lectionary

公の礼拝で朗読される，聖書からの抜粋を載せた書．特定の日のために特定の抜粋を割り当てることは4世紀に始まった．もともと，朗読される章句の冒頭（*incipit*）と結び（*explicit*）が教会の聖書の余白に注記され，「カピトゥラリア」*，すなわち冒頭句と結び句の一覧表が参考のために作成されたが，その後，抜粋は独立した書にまとめられた．ミサのためのものはミサ典礼書*に載せられていたが，1969年に独立したレクティオナリウムがカトリック教会において発行された（1981年に改訂版）．1969年のカトリックのレクティオナリウムの発行後，（カトリックを含む）北アメリカの主な諸教会は「共通テキスト協議会」（Consultation on Common Texts）を発足させ，1982年にカトリックの主日の周期に基づく「共通レクショナリー」（Common Lectionary）を発行した．同書はさまざまな教会からの批評に応えて改訂され，「改訂共通レクショナリー」が1992年に発行された．これは正式のレクショナリーとして，多くのプロテスタントやアングリカンの諸教会で用いられている．英国教会の『共同礼拝・主日主要礼拝レクショナリー』はこれを適用したものである．

## 『レグナンス・イン・エクセルシス』
Regnans in excelsis（1570年）

ピウス5世*が公布したエリザベス1世*に対する破門の大勅書*.

## 『レグラ・マギストリ』
*Regula Magistri*（*Rule of the Master*）

（ラテン語で「教師の会則」の意.）500-25年頃にローマの南東部で「教師」により書かれた作者の分からない修道院会則．部分的に，『ベネディクトゥス会則』*と逐語的に全く一致しており，両会則の関係は論争のまとであったが，現在はほとんどすべての学者が『レグラ・マギストリ』をより古いと見ている．

## 『レグラリス・コンコルディア』
*Regularis Concordia*

イングランドにおける修道院の慣習法で，970-73年のあいだのいつか，ウィンチェスター*教会会議で認可された．アルフリック*によれば，この慣習法は聖エセルウォルド*の手になると思われるが，それが長く帰されてきた聖ダンスタン*の影響をおそらく受けている．その規定は一般に『ベネディクトゥス会則』*の伝統に従っている．

## レーゲンスブルク会議（かいぎ）
Ratisbon, Conference of（1541年）

カール5世*によりレーゲンスブルク（Regensburg）において開催された，3人のカトリック神学者と3人のプロテスタント神学者の会議．義認*に関する基本的な合意を含む，いくつかの主題で教理的合意に達したが，大きな相違点が残り，M.ルター*のその後の反対や政治的抗争のために，合同は不成功に終わった．➡コンタリーニ

## 『レコード』紙（し）
*Record, The*

1828年に創刊された，アングリカンの週刊紙．極めて福音主義的であった．1949年に，『チャーチ・オヴ・イングランド・ニューズペーパー』と合併した．

## レコレクト派（は）
Recollects

フランシスコ会*のオブセルヴァント派*の改革諸派の一つとして16世紀末にフランスで生まれ

た．1897年に他のオブセルヴァント系諸派と統合した．

## レーシー
Lacey, Thomas Alexander（1853-1931）

1918年からウースター*主教座聖堂のカノン*．彼はアングロ・カトリック主義*の立場の弁証家であった．彼はまた再一致*の問題に生涯をささげ，1896年に教皇側の委員会が「英国教会の叙任」*の正当性を吟味したとき，彼はアングリカン側から多くの資料を提供した．

## レジナ・チェリ
Regina Coeli

（ラテン語で「天の女王よ」の意．）聖母マリア*への復活節中のアンセム*で，冒頭語からそう呼ばれる．その作者は知られていないが，おそらく12世紀にさかのぼる．

## レス
Retz, Jean-François-Paul de Gondi（1613-79）

パリ*大司教．彼は1570年以来パリ司教座を占めてきた家系により，聖職に就かされた．1643年に，彼はおじの大司教の協働司教に任じられ，1652年に枢機卿になった．その直後に，J. マザラン*が強要して，彼は投獄された．1654年のおじの没後，国王は彼に署名して大司教職を放棄させたが，教皇はその受け入れを拒否した．レスは脱獄し，ローマへ赴いた．マザランの没後，1661年にパリに戻り，一時保有聖職禄*とされたサン・ドニ*大修道院と交換して大司教座を放棄した．

## レスポンソリウム
➡答唱

## レズリー
Leslie, Charles（1650-1722）

臣従拒誓者*．アイルランドでの聖職禄を剝奪された彼は，1689年にロンドンに来た．彼の最も有名な著作は理神論*哲学を批判した，1698年の『理神論者を扱う手早い方法』（*A Short and Easy Method with the Deists*）である．

## レズリー
Leslie, John（1527-96）

1566年からロス（Ross）司教．1569年に，エリザベス1世*へのメアリ・ステュアート*の特使となったが，1571年に彼はメアリが計画したノーフォーク公との結婚を支持したかどで投獄された．彼は英国を去ることを条件に1573年に釈放され，大陸においてカトリック側に沿った計画を継続した．1578年にローマで刊行された『スコットランド人の起原・慣習・偉業について』（*De Origine, Moribus, et Rebus Gestis Scotorum*）の後半は，同時代の出来事にとり権威である．

## レセプション
reception

教会全体が公会議ないし教皇の決定に対してその後の同意を与える非公式の措置．教皇の権威*の発展がカトリック教会においてレセプションを一般に軽視させてきたのに対し，アングリカンや正教徒は近代になってそれを強調してきた．最近はこの理念は，刷新が「受け入れられる」ことを期待する「実験」を支持するために，アングリカン・コミュニオン内で用いられている．

## 列王記（れつおうき）
Kings, Books of

この2冊の旧約聖書の列王記はもともと単一の書であり，それを分割したギリシア語への翻訳者が，サムエル記*と合わせたうえ，その4書を「王国の書」（Regnorum [libri]）と呼んだ．この（1Reg–4Regという）名称は，ウルガタ訳聖書*のクレメンティーナ版の表題に印刷され，またいくつかのカトリックの翻訳にも残っている．

列王記が述べるのは，ソロモン*の統治と神殿*の建設，ソロモンの没後に分裂したユダ・イスラエル*両王国に関して，721年頃のイスラエル王国のアッシリアへの降伏までの歴史であり，その後は，586年頃のエルサレム*陥落で終わる，ユダ王国の歴史にのみ関心を払っている．宗教的に重要な出来事は詳細に記述されているが，政治的に極めて重要な出来事が大まかに省略されている．

## レッシング
Lessing, Gotthold Ephraim（1729-81）

啓蒙主義*の指導的人物．彼は文学活動に従事した．神学問題に対する彼の関心は，彼が1774-78年に刊行したH. S. ライマールス*の断片に刺激されていた．彼は宗教の本質を，あらゆる歴史的啓示から独立した純粋に人道的な道徳性にあると見た．彼がその見解を具現したのは，1779年の戯曲『賢人ナータン』（*Nathan der Weise*）の主人公であって，啓蒙的合理主義にたって考え出された，静穏な寛容さと寛大さをもつ理想的なユダヤ人である．彼の作品は，19世紀をつうじてドイツで強い影響力をもつことになるプロテスタント自由主義の基礎を築いた．彼がキリスト教を歴史的宗教として否定したのは，「歴史の偶然的な真理が理性の必然的な真理の証拠になりえない」という理由からであった．彼はまた，福音書の起原に関して独創的な研究をした．

## 列聖（れっせい）
canonization

カトリック教会において，特定の故人がすでに天の栄光に入ったことを教皇が表明し，新「聖人」のために教会全体での公の崇敬を命じる最終的な宣言．正教会における列聖は通常，特定の独立自治教会*内の主教会議によって行われる．

初期の教会において，司教は自らの司教区*内の聖人崇敬を管理したが，聖人によってはその崇敬が地方的な限界を越えて広がった結果，教皇による介入を招いた．最初の歴史的に立証される列聖は，993年のアウクスブルクの聖ウルリヒ*のそれである．1170年頃，アレクサンデル3世*はだれもローマ教会の権威なしに聖人として崇敬されてはならないと主張し，その主張は西方の教会法の一部となった．現在では教皇の権威が付与されるのは，司教区のレベルで開始し，ローマの列聖省*で継続する長い法的手続きが終わってからである．通常，列福*以後にもう一つの奇跡*が要求される．➡聖人崇敬

## 列聖省（れっせいしょう）
Causes of Saints, Congregation for the

礼部聖省*が分割された1969年に創設されたこの省は，列福*や列聖*，聖人を「教会博士」*と宣言すること，聖遺物*の真正性の証明や保存などに関する諸手続きを行う．

## レッブ
Lebbe, Frédéric-Vincent（1877-1940）

中国*への宣教師．ベルギー*出身の彼は，1901年に北京で叙階された．彼は教会が地方文化に浸透する必要性を見てとり，中国的な生き方を採用した．彼が中国人の仲間とともに設立したカトリックの印刷所は，週刊誌『益世報』を発行した．彼は中国人学生の面倒をみるために1920年にヨーロッパに呼び戻された．これは彼に中国の教会に関する彼の展望を推進させる機会を提供した．1926年に，17世紀の羅文藻*以来の中国人司教たちが教皇自身により叙階された．彼らのもとで働きながら，レッブは「洗礼者聖ヨハネの小さき兄弟会」と「聖テレジアの小さき姉妹会」を創立した．日中戦争が始まると，彼らは負傷した中国人兵士のための傷病兵輸送隊を組織した．レッブは共産軍に逮捕され，解放後まもなく没した．

## 列福（れっぷく）
beatification

カトリック教会において，教皇があるカトリック信徒の没後にその公の崇敬を教会の諸地域で認める行為．その人は福者（Blessed）の称号を受ける．➡列聖

## レディー・デー
Lady Day

3月25日の「聖母マリアへのお告げ」*の祝日

## レデンプトール会（かい）
Redemptorists

1732年に聖アルフォンソ・デ・リグオーリ*に

より創設された「至聖贖罪主会」(Congregation of the Most Holy Redeemer) のこと. 設立の目的は, ヨーロッパおよび異教国の貧者への宣教活動であって, 純粋な教育活動に従事するのを拒否した.

## レナヌス
Rhenanus, Beatus (1485-1547)

ドイツの人文主義者. 古典および教父*の多くの校訂本を出版し, ドイツの古代史に関するすぐれた著作を書いた. 彼は友人であるエラスムス*の最初の伝記を書いた (当初, エラスムスによるオリゲネス*の翻訳本中に収められた). エラスムスと同様に, レナヌスも初めは宗教改革者に好意をもったが, プロテスタンティズムの革命的な性格が明らかになったとき, その態度を変えた.

## レ・ニーヴ
Le Neve, John (1679-1741)

イギリスの教会史家. 1716年の『英国教会年代誌』(*Fasti Ecclesiae Anglicanae*) は, イングランドとウェールズの全主教座聖堂における聖職者の継承を記録している.

## レノルズ
Rainolds, John (1549-1607)

1593-98年にリンカーン*主教座聖堂の主席司祭*, ついでオックスフォード大学コーパス・クリスティ・カレッジ学長. 1604年のハンプトン宮殿会議*では, ピューリタン*側の主な代表であった. 彼は欽定訳聖書の準備に役割を果たした.

## レパントの海戦(かいせん)
Lepanto, Battle of (1571年)

(主としてヴェネツィアとスペインからなる)「キリスト教同盟軍」が決定的にトルコ軍を敗った海戦.

## レビ (アルファイの子(こ))
Levi, son of Alphaeus

キリストによりその弟子の一人になるよう召された徴税人 (マコ2:14). 彼はどうやら聖マタイ*と同一視されよう.

## レビ記(き)
Leviticus, Book of

この旧約聖書の文書はほとんどすべてが律法からなる. 17-26章は「神聖法典」(Holiness Code) と呼ばれる明確な集成である. 本書には, 同性愛*の慣行を断罪する箇所がある (18:22と20:13).

## レビ人(びと)
Levites

聖書の記述によれば, ヤコブ*の息子の一人であるレビの子孫で, 特に聖所*の奉仕者とされていた. そのような部族の存在を疑う学者もいる. 申命記*の規定では,「祭司」と「レビ人」は実質的に互換性があったが, 前8-7世紀に, 祭司はツァドクを先祖にもつレビの子孫に限定されるようになり, レビ人には神殿*における他の義務が割り当てられた.

## レビヤタン (リヴァイアサン)
Leviathan

ウガリト文書, 旧約聖書, 後期のユダヤ文学に言及されている, 神話的な海の怪物ないし竜. この名は悪魔の意味にも変わった. T. ホッブズ*が「教会的および市民的コモンウェルスの素材・形態・権力」に関する論考にこのリヴァイアサンという表題をつけたのは, コモンウェルスが,「我々の平和と防御である不死の神のもとで恩恵をこうむっている, あの偉大なリヴァイアサン, いやむしろもっと敬虔にいえば, あの死すべき神」だからであった.

## レビラト婚(こん)
➡嫂婚制

## レピントン
Repington, Philip (1424年没)

1404-19年にリンカーン*司教. 若いときに, J. ウィクリフ*の教説を支持し, 1382年に破門されたが, やがて自説を撤回した. 彼は2度オックスフォード大学総長となった．ヘンリー4世は1399年の即位直後に，レピントンを自らの聴罪司祭*にした．

## レポリウス
Leporius（5世紀）

修道士，のちに（430年には）司祭．キリストの両性間の区別を強調して，キリストのペルソナ（位格）の統一性を否定した．ガリアで上長らに非難された彼は，北アフリカに渡り，418年に『撤回の書』（*Libellus Emendationis*）で自らの誤謬を公に告白した．

## レミ
➡レミギウス

## レミギウス（レミ）（聖）
Remigius（Remi），St（533年頃没）

「フランク人の使徒」．おそらく458年頃，22歳でランス*の管区大司教*に選ばれたといわれる．多くの臣下とともに，フランク王クローヴィス*に彼が授洗したことは，教会とフランクの支配者間の密接な協力関係の開始を特徴づけた．彼はモリニ人（Morini）やブルグンドのアレイオス派*への宣教を指示し，さまざまな司教区の創設に関わった．伝説によれば，フランス王の戴冠式に用いられた聖香油*のアンプッラ*は，クローヴィスの受洗の際に，レミギウスの祈りに応えて，鳩が運んできたものである．祝日は10月1日（現在は削除されている）．

## レミギウス（オセールの）
Remigius of Auxerre（841頃-908頃）

学者，教師．オセールのサン・ジェルマン修道院の修道士であった．彼はそこで教えたあと，ランス*，次いでパリ*で教えた．彼は文学的・道徳的なテキストに基づく総合的な課程に従って，古典やキリスト教の著作を注解した．独創的な思想家ではないが，他のだれよりもよく，健全な学問を同時代や後代の人たちにもたらした．

## 『レモンストランティア』
➡『抗議書』

## レーモン・ド・スボンド
➡ライムンドゥス（サブンデの）

## レランス
Lérins

カンヌ沖の2つの島の古称で，（現在は「サントノラ島」［St-Honorat］である）小さい方の島に，有名な修道院が410年頃に聖ホノラトゥス*により建てられた．

## 『レルム・ノヴァールム』
Rerum Novarum（1891年）

レオ13世*が発布した回勅で，伝統的なカトリックの教えを，産業革命により生まれた状況に適用することを意図している．社会が家族に起原をもつがゆえに，私有財産を自然権と宣言し，それを侵害するものとして社会主義を断罪した．家族とともに「妥当で質素な快適さで，労働者を支えうる」正当な賃金という考えを擁護し，また女性の自然な場所が家庭にあると主張した．

## レン
Wren, Christopher（1632-1723）

ロンドンのセント・ポール主教座聖堂*の建設者．オックスフォード大学サヴィル（Savile）講座担当天文学教授であり，王立協会の創設者であった．1666年のロンドンの大火後に，彼は都市を再建した1人であった．1675-1710年に建てられたセント・ポール主教座聖堂のほかに，彼は52のロンドン市の聖堂やその他の建築物を再建した．聖堂設計者としての彼の大きな功績は，特にアングリカンの儀式にふさわしい様式を生み出したことで，全会衆が礼拝や説教者をはっきり見聞きできるようになった．

## 連（ロザリオの）
decade

ロザリオ*の一区切りで，そう呼ばれるのは，主の祈り*とグロリア・パトリ*とともに，10回のアヴェ・マリア*からなるからである．

## 連願（連禱）

litany

助祭や司祭やカントル*が歌ったり唱えたりする一連の嘆願に，会衆が応唱する祈りの形式．どうやら4世紀にアンティオキア*で始まったらしく，コンスタンティノポリス*に広まり，その後，西方にも広まった．教皇ゲラシウス1世*は連願的な執り成しの祈り（➡ゲラシウスの嘆願）をミサの中に導入した．

## 連願（諸聖人の）

Litany of the Saints

カトリック教会で用いられる連願*．三位一体の各ペルソナ（位格）に向けられる，憐れみと救済を求める呼びかけ，および聖母マリアや預言者，族長，天使，諸聖人，証聖者，処女に，個々にないしまとめて執り成しを求める祈りからなる．このような連願の初期のものは東方では3世紀末から，西方では5世紀後半から見いだされる．諸聖人のリストには相違があったが，1571年にローマの慣行と異なる場合は教皇の認可を得ることが必要になった．1969年に改訂されて，近代の聖人が加わった．

## 連願（ロレトの）

Litany of Loreto

聖母マリアを記念する連願*で，「恩寵の聖母」のようなさまざまな尊称で聖母に呼びかける一連の嘆願に，会衆が「我らのために祈りたまえ」と応える．この名称はロレト*に由来するが，この連願はおそらくそこで始まったものではない．

## 煉獄

purgatory

西方のカトリック神学において，神の恩恵を保ちながら死んだ人の魂が至福直観*へと認められる前に，罪の赦しにまだ必要な処罰（punishment）を受けたり，おそらく赦されていない小罪*を償う，処罰と浄化（purification）の状態（ないし場所）．明白な形では，この教理は12世紀より前には見いだされないが，その諸要素，特に，すべての魂が死の際に地獄へと断罪されたり，天国にふさわしいわけではないという概念や，「死者のための祈り」*が有効であるという概念はずっと古くから存在した．東方教会は中間的な（intermediate）状態を認めるようになったが，定義することをしなかった．

罪が死後の生において浄められうるし，その過程は祈りにより早められうるという信念は，203年の『聖ペルペトゥア*と聖フェリキタス*の殉教』に表明されており，聖グレゴリウス1世*は特に「小罪」が「浄罪の火」（ignis purgatorius）で浄められると説いた．この教えを支持する聖書の章句として，マタイ福音書12:32，ヨハネ福音書14:2，Iコリント書3:11-15が暗示された．12世紀に，悔悛*の神学が厳密になったことは，現世で未完成な悔悛が完成されうる場所として，煉獄の理念を形成するのに貢献した．聖トマス・アクィナス*が説いたのは，煉獄では，小罪のどんな赦されていない罪過（*culpa*）も償われるが，小罪でも大罪*でも，死の際にまだ残っている罪のどんな処罰（*poena*）も保持されること，煉獄における最小の苦痛でさえ地上における最大の苦痛以上であるが，聖なる魂を深い平和へ至らせる救いの確かさにより救済されるということであった．さらに，その罪過や処罰は生者の祈りにより和らげられる．西方教会の教えは，1274年のリヨン公会議*および，さまざまな面で異議を唱えていたギリシア教会との和解を意図して，1439年のフィレンツェ公会議*で定義され，それはまた免償*の発達の背景ともなった．

煉獄に関する教会の教えに対する宗教改革者の反対の表明法として通常，聖書におけるその薄弱な支持を暗示し，煉獄が関わる中世後期の信仰の金銭ずくの面に加えて，教皇権を死後の生にまで拡大しそうなやり方を否定した．M. ルター*は1度は煉獄の存在を否定したが，ルター派の諸信条は死後の浄化の観念をまったくは否定していないとはいえ，罪を赦すという教皇の主張には反対する．トリエント公会議*はリヨン公会議とフィレンツェ公会議の教えを再確認したが，死後の浄化の原則および死んだ信者のための祈りの有効性を説くにとどめた．英国教会において，「39箇条」*の第22条は煉獄の「ローマ的」(Romish) 教理を断罪しているが，浄化の中間的な状態の存在および「死者のための祈り」の価値は，多くのアングリカンや幾人かの現代のプロテスタント神学者により認められている．煉獄に関する最近のカトリックの議論は抑制されており，煉獄における魂が生者のために祈りうるかというような多くの問題を未解決なままにしている．

## 連禱（れんとう）

➡連願

## レンブラント

Rembrandt Harmenszoon van Rijn（1606-69）

オランダ*の画家．レイデン*の裕福な製粉業者の息子であった彼は，1631年にアムステルダムに移るまでは自画像で有名であった．妻が1642年に没し，経済的困窮から破産し，1654年に，召使いに子どもを産ませた醜聞がアムステルダムの改革派教会との軋轢を招いた．これらの難儀は彼の芸術を深化・精神化し，約90枚の絵画や版画の主題である受難を理解するのに役立った．彼の人物像がそこから現れるように見える，光と影の扱い方は特徴的で，それにより時空を越えて起こっている印象を生み出している．

# ろ

## ロー
Law, William（1686-1761）

臣従拒誓者*，霊的著作家．ジョージ１世の即位時に臣従の誓いを拒否したため，ケンブリッジ大学のフェロー職を剝奪された．1740年から，彼はノーサンプトンシャーのキングズ・クリフ（Kings Cliffe）で極めて簡素な生活を送った．

彼の多くの著作の中で最も有名な1728年の『敬虔で聖なる生活への真摯な召命』（*A Serious Call to a Devout and Holy Life*）は，キリスト教的生活をまったく道徳的・禁欲的に過ごすよう力強く奨励し，節制・謙遜・克己のような日々の生活で実践される徳のすべてが，神に栄光を帰する意図で動機づけられるべきだと主張した．その教えの簡素さと力強い文体はやがて同書を古典として確立させた．祝日はアングリカン・コミュニオンの一部で４月９日ないし10日．

## ロイエンベルク協約（きょうやく）
Leuenberg Concord

1973年にスイスのロイエンベルクで採択された，東西ヨーロッパのルター派*教会と改革派*教会間の和協声明．本声明はさまざまな教理的諸点に関する16世紀の不一致を取り消し，礼拝と教会の職制における相違を認めた．ヨーロッパとラテン・アメリカ*の100以上の教会とともに現在は，ロイエンベルク教会組織（Leuenberg Church Fellowship）に，若干のメソジスト派*教会も含まれる．すべての教会間で，相互陪餐が認められている．➡再合同

## ロイシュ
Reusch, Franz Heinrich（1825-1900）

復古カトリック教会*の神学者．1870年に，第１ヴァティカン公会議*の不可謬性*の教理に反対し，1872年に署名を拒否したために破門された．彼は次いで復古カトリック教会を組織することと1874年と1875年のボン教会再一致会議*を開催することに指導的な役割を果たした．復古カトリック教会が1878年に「聖職者の独身制」*を放棄したとき，彼は抗議して信徒の教会員になった（lay communion）．

## ロイスブルーク
➡リュースブルク

## ロイヒリン
Reuchlin, Johannes（1454/55-1522）

ドイツの人文主義者．1485年頃，博学なユダヤ人の助けで，ヘブライ語を学び始め，カバラ*の教説に関心をもつようになった．彼の最も重要な著作で，ヘブライ語の文法と辞書からなる1506年の『ヘブライ語入門』（*De Rudimentis Hebraicis*）は，ヘブライ語の学問的学びを新しい基礎の上に置き，原典による旧約聖書の学びを奨励した．彼の晩年は，ユダヤ教の宗教書の破棄を擁護したケルン*のドミニコ会*員との論争に煩わされた（➡『高名ならざる人々の書簡』）．彼の批判のゆえに，カバラへの彼の関心と結びついて，異端の嫌疑を長くかけられることになった．彼は忠実なカトリック信徒にとどまった．

## ろうそく
candle

祭壇*上の用品としてろうそくが広く用いられるようになったのは，初期に祭壇の傍らか上に置かれた行列用の明かりから始まったと思われる．ろうそくは典礼やその他の時に灯される．幼児洗礼に関する1969年のカトリックの典礼書は，受洗のあと幼児の父，代父ないし他の人が復活ろうそ

く*から灯されたろうそくをもつように規定している．ある現代のアングリカンの典礼が灯されたろうそくを両親か代父母（か幼児）に渡すのを認めているのは，受洗者が闇から光へと移ったことを示すためである．東方教会も同様な慣行を守っている．奉納ろうそく（votive candles）が個人の供え物として像や霊廟の前に灯される．➡祭壇の燭台

## 朗読奉仕者（ろうどくほうししゃ）
reader

アングリカン・コミュニオンにおいて，礼拝を実施することを認められた信徒．英国教会における現在の形でのこの職務は1866年に由来する．朗読奉仕者は主教により正式にその職務に就くことを認められ，主教から一般に特定の教会区ないし主教区への認可を受ける．朗読奉仕者に帰される義務には，（赦免*を除く）「朝の祈り」*と「夕の祈り」*の朗読，聖餐時のパンとぶどう酒の分配，埋葬式*の司式，説教が含まれる．1969年以降，女性もこの職に選ばれている．

スコットランド*聖公会において，1863年の規則（Canons）は信徒の朗読奉仕者を規定し，その後，アングリカン・コミュニオンの多くの管区も英国教会で実施されているのと同様な義務をもつ朗読奉仕者を定めてきた．➡宣教奉仕者（読師）

## 蠟引き布（ろうびきぬの）
cere cloth

（ラテン語の *cera* は「蠟」の意．）西方の慣例では，祭壇の表面に置かれた蠟の染み込んだ布で，たとえばメンサ*を聖別する際に用いられる油で上にある亜麻布が汚れるのを防ぐためである．

## ロギア
logia

ギリシア語のロギオンの複数形で「語録」の意．➡イエスの語録

## ロク（聖）（せい）
Roch, St（1295頃-1327）

悪疫罹患者の治癒者．フランスからイタリアへの旅の途中，悪疫に苦しむアックアペンデンテ（Acquapendente）の町に立ち寄り，十字架のしるしで多くの人たちを癒し，またその後，他の土地でも同様の奇跡を行ったといわれる．祝日は4月16日．

## 6時課（じか）
Sext

正午，すなわち第6時に指定された聖務日課*．➡「3時課，6時課，9時課」

## 六旬節の主日（ろくじゅんせつのしゅじつ）
➡四旬節前第2主日

## 六書（ろくしょ）
Hexateuch

旧約聖書の最初の6つの書が1つのまとまった文書資料から編集されたと考えて，J. ヴェルハウゼン*などがこれらに付けた名称．

## 6条項（教会の）（じょうこう きょうかい）
Six Points, the

「東向きの位置」*，聖餐*式の祭服，聖品混合*，祭壇*の灯火，聖餐での「酵母を入れないパン」*，香*に関しての条項である．英国教会へのこれらの条項の導入は，1870年頃に始まった，これらの同様な儀礼的慣行を復興する運動の結果としてなされた．➡パーチャス裁定，リンカーン裁定

## ロクルス
loculus

（1）カタコンベ*内の通常の型の墓で，平面で長方形の壁龕の形をしている．（2）聖遺物*が1977年以前に納められていた，固定した祭壇内の穴．

## ロココ
rococo

バロック*の建築や装飾が発展したもので，フランスで起こり，1715年頃から1760年まで続いた．

### ロゴス（神の御言葉）
Logos（Word of God）

（ギリシア語で，*Logos* は「言葉」ないし「理性」の意.）キリスト教神学では，三位一体の神の第2のペルソナ（位格）に関して用いられる．旧約聖書において，神の言葉は人間との神の交わりの媒体だけではなかった．神が言われたことは創造的な力をもっており，預言者の時代には，主の御言葉はほとんど独立した存在力をもつと見なされた．タルグム*において，御言葉はその名前を挙げないで神について語る手段として用いられた．ヘレニズム時代のユダヤ教において，独立したヒュポスタシス*としてのロゴスの概念がいっそう展開した．

新約聖書において，専門的な意味でのこの語はヨハネ文書に限定されている．ヨハネ福音書の序において，ロゴスは永遠からの神，創造の御言葉で，ナザレのイエス・キリストに受肉した方であると記されている．福音書記者の思想の先例がさまざまに示唆されてきたが，彼がロゴスをメシア*と同一視したことはまったく前例がなかった．教父時代に，ロゴスに関する教説は聖イグナティオス*により取り上げられ，それを展開した2世紀の護教家*は，その中にキリスト教の教えをヘレニズム哲学と適合させる手段を見いだした．

### ロサ（リマの）（聖）
Rose of Lima, St（1586-1617）

アメリカ大陸最初の聖人．ペルーのリマで生きた．処女の誓いを立て，厳格な生活を送ったことで家族や友人から迫害された．彼女はまた，内面的なすさみ（desolation）と長期の患いに苦しんだ．彼女は南アメリカとフィリピン*の守護聖人*である．祝日は8月23日．

### ロザリオ
rosary

アヴェ・マリア*の15連*が唱えられる祈りの形態で，各連において主の祈り*がそれに先行し，グロリア・パトリ*が後に続く．祈りは球状のビーズ*ないし時に輪*で数えられる．各連には，一連の秘義*の一つに関する黙想*が伴う．通常，5連以下だけが同時に唱えられる（➡環）.

### ローザンヌ会議
'Lausanne'

1927年にローザンヌで開催された，「信仰と職制」*に関するエキュメニカル運動*の第1回会議.

### ロシアのキリスト教
Russia, Christianity in

キリスト教の多数の宣教師が9-10世紀にロシアで初めて宣教した．ウラジーミル*公は988年頃に受洗し，キリスト教を彼の支配地での国教とした．1054年の大シスマ*の際，ロシア教会は東方側についた．修道生活が11世紀前半におけるアトス山*からの修道士アントニイ（Antony）の到来から始まり，彼はキエフ付近に住んだ．14世紀にラドネジ（Radonezh）の聖セルギイ*により始められた諸改革後，修道生活はロシア全土に広がった．修道院が主教を供給したのに対し，在俗聖職者は一般に妻帯していた．

ロシアは1439年のフィレンツェ公会議*で実現した合同を否定した．コンスタンティノポリス教会はしばらくフィレンツェの合同を受け入れていたので，1448年のロシア主教会議はギリシア教会当局と無関係にモスクワ府主教を選出し，その結果，ロシア教会は独立自治教会*になった．1461年に，ロシア教会はモスクワとキエフと中心とする2人の府主教に分裂し，前者がまったくロシア的で，厳格に正教的であったのに対し，後者は西方の影響により開かれていた．1589年に，モスクワ総主教が任命された．その前の1551年に，有名な「百章会議」が聖職者の改革のために召集されていた．

フィレンツェ公会議以降，カトリックはモスクワのツァーリ（皇帝）の権力にひどく押さえつけられていたが，キエフ府主教区のロシア人はポーランド*・リトアニアの領土下に入り，そのカトリックの支配者から圧迫された．この地域のロシア人正教徒は1596年のブレスト・リトフスク*主教会議で教皇職を受け入れた．

ロシア教会において，モスクワ総主教ニーコン*(在職1652-58年）の典礼改革は，古儀式派*のシスマを促進し，ロシアの教会を大いに衰退させた.教会を自らの権威下に従わせることを願って，ピョートル大帝（在位1682-1725年）は総主教職を廃止した．1721年の「宗務規定」でそれに代わって設置された聖シノド*のメンバーはツァーリにより指名された．

1917-18年に，主教，司祭，信徒の会議がモスクワで開催され，教会のあらゆる局面の全面的な再編が開始され，復活した総主教職にチーホン*が選出された．しかしながら，1917年の革命がその活動を徹底的に粉砕した．公の礼拝が法律によって禁じられたのではないが，1918年のレーニンの布告が教会から財産を所有する権利を奪い，18歳未満の者への宗教教育を刑事上の違反としたあとは困難になった．聖職者は逮捕され，修道院や神学校は閉鎖され，教会の公的な活動は停止した．総主教チーホンが1925年に没したとき，後継者を選出できなかった．1941年のロシアへのドイツ軍の侵攻後，モスクワ府主教セルゲイ（Sergius）は祖国防衛を支持し，政府は約２万の正教会堂の再開などの譲歩をし，セルゲイの総主教への選出を認めた．1945年のドイツの敗北および西方との緊張の増大とともに，反宗教的な宣伝活動が再開した．正教会は限定された範囲の自由を保持したが，バルカン諸国を含む新たに獲得された領土内で，ルター派教会やカトリック教会に対する広範な迫害があった．1959-64年にもさらに迫害が起こり，ゴルバチョフが1985年に共産党書記長になるまで，圧迫は厳しいままであった．1988年に，東方スラヴ世界のキリスト教への改宗の千年祭を祝って，ロシア正教会の主教会議がモスクワに近いザゴルスク（Zagorsk）で開催された．政府は社会再建の援助に対する返礼として譲歩を約束した．返還されたダニロフ（Danilov）修道院がモスクワの総主教庁となり，バルカン諸国では，カトリックやルター派の教会堂が再建された．1990年に，信仰の自由に関する法律が制定されたが，短命なものに終わった．1997年に，ロシア国家会議は新しい法律を可決して，伝統的なロシアの宗教としてロシア正教会，イスラーム，仏教，ユダヤ教に特権的な地位を与えたのに対し，カトリック，プロテスタント，その他の少数派に新たな制限を導入した．モスクワ総主教庁はロシア政府と密接な関係にある．➡ウクライナ教会，バプテスト派

## ロシェトゥム

➡ロチェット

## ロジャーズ

Rogers, John（1500頃-1555）

「マシュー聖書」*の編者．ウィリアム・ティンダル*(1536年没）と出会った直後に，オランダ*でプロテスタントになり，1537年に「トマス・マシュー」の名で，最初の完全な英語訳聖書*を刊行した．彼自身が分担したのは，1535年のプロテスタントのフランス語訳聖書から主に翻訳された補遺的な論争の部分に限定された．1548年にロンドンに戻ったロジャーズには，教会区での高位が与えられ，1551年にセント・ポール主教座聖堂*名誉参事会員*になった．メアリ１世*の治下に，火刑に処せられた．

## ロス

Ross, John（1841-1915）

1871-1910年に，満州（中国東北部）へのスコットランド合同長老派教会の宣教師であったロスは，満州と朝鮮*におけるプロテスタント諸教会の実質的な創設者であった．彼と朝鮮人の委員会は初めて朝鮮文字を用いて新約聖書を朝鮮語に翻訳した（1882年に部分訳，1887年に全体訳）．現在用いられている文字はこの翻訳に由来する．ロスは特に神に対する語（*Hananim*）など，朝鮮語での多くの神学用語の使い方を確立した．中国固有の教会と固有な伝道の推進者であったロスは，独創的な思想家であり，10冊の著作を書いたが，その中に1879年の『朝鮮史』（*History of Corea*）と1909年の『中国の初期の宗教』（*The Original Religion of China*）がある．

## ロス
Wroth, William（1570ないし1576-1641）

ウェールズの非信従者*の牧師．1611年ないし1617年にチェップストー（Chepstow）の西のランファクス（Llanfaches）の主任司祭*になったが，1620年の突然の回心後，ピューリタン*の説教者として有名になった．1639年に，聖職禄を失っていた彼は，ウェールズで最初の分離派*教会をランファクスに建てた．

## ローズ
Laws, Robert（1851-1934）

宣教師．1875年に合同長老教会*で按手礼を受けた彼は，マラウィ*湖地域への，スコットランド自由教会*のリヴィングストニア（Livingstonia）・ミッションの開拓宣教師として派遣された．彼は1878年から1927年に引退するまでそのミッションを率いた．1894年に，牧師や商人として養成するために，中部と北部マラウィおよび東部ザンビア*出身の男女を訓練するオーヴァータウン学校（Overtoun Institute）を開設した．彼は1924年に，（1888年に南アフリカ*から派遣された）オランダ改革派教会*，スコットランド自由教会，スコットランド教会の宣教会が合同して，中央アフリカ長老派教会（Church of Central Africa Presbyterian）を形成するのに貢献した．

## ロスヴィタ
➡フロスヴィタ

## ロスキー
Lossky, Vladimir（1903-58）

ロシアの信徒神学者．1922年にロシアから追放された彼は，生涯の大半をパリで過ごした．彼は西方世界に対する正教思想の指導的な主唱者であり，S. ブルガーコフ*のソフィア論に対する反対者であった．

## ロスケリヌス
Roscelin（1125年没）

スコラ*哲学者，神学者．1092年頃にソワソン教会会議*で三神論*を非難されたが，それを説いたことを否定した．唯名論*の初期の傑出した擁護者であるロスケリヌスは，普遍という語が声（*voces*）であることを強調し，存在には部分がありえないことを証明しうると主張した．この哲学的教えから，彼が三位一体の３つのペルソナ（位格）を別個の事物（*res*）と認めた理由は，もし３つの位格が実体において同一であったならば，御父と聖霊も御子とともに受肉したことになるからである．

## ロスミーニ・セルバーティ（福）
Rosmini-Serbati, Bl Antonio（1797-1855）

イタリアの哲学者．彼の体系は人間精神に生得的な，不定的存在という指導的観念に基づく一種の観念論である．分析すれば，この観念は神の精神中に存在する観念と同一な他の多数の観念に分かれる．彼は存在をその完全性の度合に応じて区分し，神のみが絶対的に完全な存在であるとした．しかしながら，有限の本性を実現し，人間の直観の対象である存在は，神御自身ではないが，「神的な何か」である．彼の著作の一部は1849年に禁書目録*に載せられ，没する前に解除されたが，彼の40の教説は1887-88年に穏やかに断罪された．

1828年に，彼はしばしば「ロスミーニ修道会」（Rosminians）と呼ばれる男子修道会の「愛徳会」（Fathers of Charity）を創設した．その目的は，彼らが実践するように召されている慈善活動とともに，会員の聖化である．

## ロセッティ
Rossetti, Christina Georgina（1830-94）

詩人．D. G. ロセッティ*の妹で，ラファエル前派と密接な結びつきをもった．彼女の作品には，キャロル*'In the bleak mid-winter'（「こがらしさむく」『古今聖歌集』37番，「こがらしのかぜ」『讃美歌』468番）がある．祝日は『共同礼拝』*では４月27日．

## ロセッティ
Rossetti, Dante Gabriel（1828-82）

イギリスの画家，詩人で，ラファエル前派の結成者の一人．初期には，ダンテ*に大きく影響を受け，この時期の詩作では，キリスト教的主題が豊かで，彼の女性の理想は聖母マリアとベアトリーチェであった．彼が描いた1849年の『聖母マリアの少女時代』（*The Girlhood of Mary Virgin*）や1850年の『主のはしためを見よ』（*Ecce Ancilla Domini*, 両者ともロンドンのテートギャラリー所蔵）から，中世絵画の何か霊的な美が想起されるが，この質朴さはほとんどの詩作に欠けている．1863年頃から，宗教的な主題が消え，詩作も絵画も本質的に官能主義的である．

## ローゼンクロイツ派（は）

➡バラ十字会

## ロチェスター
Rochester

ケントにあるこの司教座を創設した聖アウグスティヌス*は，604年に聖ユストゥス*を初代司教に聖別した．初期には在俗カノン*が管理していた大聖堂は，マーシア人とデーン人により損壊された．司教ガンダルフ（Gundulf, 在職1077-1108年）は新しい大聖堂を建て始め，在俗カノンをベネディクト会*に置き換えた．この大聖堂は1130年に献堂された．1343年に，聖歌隊席*が再建され，中央の塔が付加された（1825-27年に建て替えられた）．「修道院の解散」*の際，小修道院*は1540年に破壊され，主席司祭*とカノンのいる在俗ファウンデーションが1541年に創設された．

## ロチェット（ロシェトゥム）
rochet

白色の亜麻布の祭服で，サープリス*に似ているが，袖に結び目があり，司教および時に他の高位聖職者が着用する．アングリカンの主教がシミアー*の下に着用するロチェットには寒冷紗製の袖（lawn sleeves）がついている．

## 「6箇条（かじょう）」
Six Articles

宗教改革の教えと慣行の拡大を阻止するために，ヘンリー8世*が1539年の宗教法で命じた箇条．実体変化*と一種陪餐を擁護し，聖職者の独身制*を強制し，修道士の誓願*を支持し，私誦ミサ（private Masses）と秘密告解*を擁護した．

## ロック
Locke, John（1632-1704）

哲学者．シャフツベリー卿の秘書官で，1683年のその失脚時にロックはオランダに逃れた．彼はウィリアムとメアリの即位後にイングランドに戻った．

ロックは17世紀後半における自由な探求と宗教的寛容の最も重要な擁護者であった．1689-92年の『宗教的寛容に関する書簡』（*Letters concerning Toleration*）において彼は，彼が国家にとり危険だとして排除していた無神論者とカトリックを除く，すべての人の信教の自由を訴えている．彼の理想が個人の意見を十分に許容する包括的な信条をもつ国民的な教会であった理由は，人間の悟性があまりに限定されているので，ある人が自らの信仰を別の人に押しつけられないというものであった．「1690年」の（実際は1689年に刊行された）有名な『人間悟性論』（*Essay concerning Human Understanding*）は，「生得観念」（innate ideas）というプラトン主義的概念を批判している．人間の心は「白紙状態」（*tabula rasa*）であり，一切の観念は経験に由来する．純粋な実体は人間の心によって把握されえず，それゆえ形而上学には確実な基礎が存在しない．魂の霊性は確実ではないとしても，少なくとも蓋然的である．他方，神の存在は理性により確実に発見されえ，神の律法は人々に行動の規範を与える．1695年の『キリスト教の合理性』（*The Reasonableness of Christianity*）において，ロックはキリスト教の唯一の確実な基礎がその合理性であると主張している．

## ロック
Rock, Daniel（1799-1871）

教会学者，古物研究家．彼の主著である1849-53年の『我々の父祖の教会』（*The Church of our Fathers*）は，中世イングランドの宗教儀式的慣行に関する知識を広めるのに貢献した．彼はイングランドにおいてカトリックの位階制の復興に積極的な役割を果たし，1852年に，カトリックのサザーク*司教座聖堂の初代参事会員の一人に任命された．

## ロッシ
de Rossi, Giovanni Battista（1822-94）

考古学者，碑銘研究者．その生涯をローマのカタコンベ*の発掘と研究にささげ，その際考古学的資料を発見・解釈するために，文書資料を活用した．第1ヴァティカン公会議*では，彼は使徒座*の優位性を擁護し，不可謬性*を支持した．

## ロッビア
➡デッラ・ロッビア

## ロード
Laud, William（1573-1645）

1633年からカンタベリー*大主教．彼はその前にオックスフォード大学セント・ジョンズ・カレッジ学長，1621年からセント・デーヴィッズ*主教，1626年からバース・アンド・ウェルズ*主教，1628年からロンドン主教を歴任していた．彼は優勢であったカルヴァン主義*神学に反対し，英国教会の中の宗教改革前の礼拝様式を復興させようとした．高等宗務*での彼の活動および礼拝様式を統一する努力は，ピューリタン*の激しい敵意を招いた．新しい礼拝様式をスコットランド*に強制する1637年の彼の試みは，彼の生涯における転機となった．1640年に，聖職者会議*に新しい教令*を導入して，王権神授説*を宣言し，全階層の人々に教会の統治形態の変更に決して同意しないという宣誓を強制した．「エトセトラ宣誓」と呼ばれたこの宣誓文により，彼は嘲りを受け，国王の命令で停職の処分になった．その直後，彼は長期議会により弾劾された．彼は1641年に投獄され，1644年に裁判に付され，1645年に処刑された．祝日はアメリカの1979年の『祈禱書』および『共同礼拝』*では1月10日．

## ロートマン
Rothmann, Bernhard（Bernt）（1495頃-1535頃）

ドイツの再洗礼派*．1529年に，ミュンスター近郊のヴァレンドルフ（Warendorf）の教会のチャプレンに任命された．1531年にP. メランヒトン*とW. カピト*を訪ねたのち，彼は宗教改革の主張を支持するようになった．彼はミュンスターの市議会と諸組合に支援され，同市の大教会の説教壇をまかされた．1532年に彼が公布した信条は，多くの点でルター主義*的であったが，聖餐に関してはツヴィングリ*主義的であった．しかしながら，1533年の『両秘跡の信条』（*Bekenntnisse van beyden Sacramenten*）が示しているのは，ロートマンと彼の仲間が今やルター主義もツヴィングリ主義も否定し，幼児洗礼*も否認したことである．彼らはM. ホフマン*の弟子から再洗礼を受け，ミュンスターは再洗礼派の都市国家になり，財産と複婚の共同体が設立された．ロートマンの役割ははっきりしないが，ミュンスターという「新しいエルサレム」を擁護するために執筆した．ミュンスターは1535年に領主司教の手に堕ちた．ロートマンの運命は知られていない．

## ロドーン
Rhodo（2世紀）

反グノーシス主義*的な護教家*．一時期，ローマでタティアノス*の弟子であった．彼はコンモドゥス帝（在位180-92年）の治下に著作活動をした．

## ロバートソン
Robertson, Frederick William（1816-53）

「ブライトン（Brighton）のロバートソン」，アングリカンの説教者．初めは福音主義*者であったが，広教会派*の神学を信奉するようになり，1847年に小さな私設礼拝堂*であるブライトンのトリニティー・チャペルのミニスター*に任命された．ここでの説教者としての影響力は遠く広く広がり，英国教会が当時ほとんど触れていなかった労働者階級にまで及んだ．

## ロバートソン
Robertson, William（1721-93）

スコットランド*の啓蒙主義*における中心的な人物. 1744年に叙任された彼は頭角を現し, 1750年代にスコットランド教会内で穏健派*の政策を形成するのに貢献した. 1762年に, エディンバラ大学学長になった. ここで, 彼は教授に対して宗教試問を課すことを止めさせた. 1752-80年に大会*の指導者として, 教会の統治とエートスを大改革するのに貢献した. 聖職禄授与権法（Patronage Act）に反対した人民党（Popular Party）の指導者たちと違って, 彼は民事法にも教会法にも服従を表明した. 彼はまた17世紀の論争的神学を否定し, 教条主義とピューリタンの超俗性を信用せず, 聖職者が当時の世俗文化に貢献することを可能にした.

## ロビンソン
Robinson, Henry Wheeler（1872-1945）

バプテスト派*の神学者. 1920-42年に, リージェンツ・パーク・カレッジ（Regent's Park College）学長で, 同校のロンドンからオックスフォードへの移転に功があった. 彼の主な関心は旧約聖書神学の分野および聖霊と贖い*の教理にあった. 彼の影響力は自らの教派を超えて広がった.

## ロビンソン
Robinson, John（1575頃-1625）

ピルグリム・ファーザーズ*の牧師. 英国教会で叙任されたが, 彼はピューリタン*になり, ノッティンガムシャーのスクルービ・マナー（Scrooby Manor）で「集められた教会」（gathered Church）に加わった. 1608年に, 彼と会衆はオランダ*に逃れた. 翌年, 彼はレイデン*に落ち着き, 1617年以降, 彼らの厳格なカルヴァン主義*がレイデンを中心とするアルミニウス主義*と衝突するようになったので, 共同体をアメリカへ移住させる計画に関心を払った. 彼はメイフラワー号で出帆しなかったが, その企画を支援した.

## ロビンソン
Robinson, John Arthur Thomas（1919-83）

アングリカンの神学者, 主教. ウリッジ（Woolwich）の補佐主教*であった1959-69年のあいだを除けば, 彼は活動期の大半をケンブリッジ*で過ごした. 1963年に, ペーパーバックで『神への誠実』（*Honest to God*）を出版して, 伝統的キリスト教を解釈し, 超自然的存在を理解する新しい方法を擁護した. その理念は新しくなかったが, それが強い影響を及ぼした理由はある程度, それが体系化された生き生きとした独創的な方法および著者が主教であった事実による. 彼の学問的著作は主に新約聖書に関連していた.

## ロベルトゥス（聖）
Robert, St（1027頃-1111）

モレーム（Molesme）大修道院長. 彼は15歳で修道士になった. 1075年に, 彼の指導下に入ることを望んだ数人の隠修士*のために, ブルゴーニュのモレームに修道院を建てた. 分裂がその共同体で起こったとき, ロベルトゥスと数人の修道士は1098年にモレームを去って, シトー*修道院を建てた. 18か月後に, モレームの修道士は院長に帰還を要請し, ロベルトゥスは戻り, モレームは有名なベネディクト会*の中心地となった. 祝日は（他の人たちとともに）1月26日（以前は, 4月17日と29日であった）.

## ロベルトゥス（ムランの）
Robert of Melun（1167年没）

スコラ学者*. イングランド出身の彼は, パリで学び, 教えた. 1142年に, ムランへ赴き, そこの学校で教えた. 1148年に, 彼はランス*教会会議でのギルベルトゥス・ポレタヌス*の断罪に関わった. 彼は1163年にヘレフォード*司教になった. 彼の三位一体論は影響力が大きかった. 彼によれば, 力はとりわけ御父に, 知恵は御子に, 善は聖霊に帰されるべきであるが, しかしながら, 1つのペルソナ（位格）に特別に前提される属性も, 他の2つのペルソナにも存在する.

## ロベルト・ベラルミーノ
➡ベラルミーノ

## ローマ（初期キリスト教における）
Rome（early Christian）

古いが十分な根拠のない伝承によれば，聖ペトロ*は42年にローマに到達した．ローマ書*が58年頃に書かれたとき，大きなキリスト教共同体がすでにローマに存在した．聖パウロ*は59-61年に到着し，また多くの学者の考えでは，彼の「獄中書簡」*も，マルコ福音書*，ルカ福音書*，使徒言行録*，Ⅰペトロ書*もローマで書かれた．64年のネロ*帝治下の大火は，キリスト教徒に対する全般的な迫害*の口実となった．古代の伝承によれば，ペトロもパウロも60年代にローマで殉教した．

初期のローマ司教はみなギリシア語圏の人で，たいていは神学者よりむしろ管理者であった．ヴィクトル1世*（在位189-98年）は最初のラテン語圏の教皇で，14日派*をめぐる論争での彼の行動は，その司教座の重要性が増大したことを反映している．重大なシスマ*が，規律と教義の問題に関する聖ヒッポリュトス*のカリストゥス1世*（在位217-22年）との論争により引き起こされた．デキウス*帝の迫害の際，ファビアヌス*（在位236-50年）が殉教し，司教座は14か月間空位であった．ノウァティアヌス*に率いられた，別の厳格主義的なシスマがコルネリウス*（在位251-53年）のもとで起こった．迫害が再びウァレリアヌス帝（在位253-60年）のもとで起こり，258年に，シクストゥス2世*と助祭全員が殉教した．

この頃までに，ローマ教会は高度に組織化されていた．コルネリウスのもとで，46人の司祭，7人の助祭，多くの下位の奉仕者がいた．教会の財産には，市内の礼拝用の私宅や市の城壁の外の埋葬地（カタコンベ*）が含まれていた．財産の管理と貧者の救援は助祭の務めであり，その各々が担当地域と配下をもっていた．

303年にディオクレティアヌス*帝の治下に起こった迫害で，教会の財産は没収され，多くのキリスト教徒が信仰を捨てた．306年のマクセンティウス帝の即位とともに，西方における迫害はやみ，次の2人の教皇は，悔悛*をほとんどかまったくしないで共同体に再び受け入れられることを望む棄教者*からの抗議に直面せざるをえなかった．司教ミルティアデス*（在位311-14年）のもとで，教会の財産は返還され，完全な信仰の自由が認められた（➡ミラノ勅令）．

4世紀半ばから5世紀後半のあいだに，ローマ司教，すなわち教皇の権威は着実に増大した．彼らは一貫して当時の神学論争において正統派の側に立って介入した．ユリウス1世*（在位337-52年）とリベリウス*（在位352-66年）はアレイオス*派に反対してニカイア*の信仰を擁護した．ダマスス*（在位366-84年）はアポリナリオス主義*を，インノケンティウス1世*（在位402-17年）はペラギウス主義*を，ケレスティヌス1世*（在位422-32年）はネストリオス*主義*を断罪し，他方，レオ1世*（在位440-61年）の『レオの教書』*が451年のカルケドン公会議*におけるエウテュケス*主義の敗北を助けることになった．343年のセルディカ教会会議およびグラティアヌス帝（在位375-83年）とテオドシウス*帝（在位379-95年）の諸法律は上訴法廷としてのローマ司教座の地位を確固たるものにした．

帝国の首都が330年にコンスタンティノポリス*に移ったとき，ローマは政治的重要性において衰微した．5世紀に，イタリアは侵略され，476年に蛮族の手に堕ちる前に，ローマは2度略奪された．一部が異教徒で，残りがアレイオス派であったランゴバルド人によるイタリアの一部の征服およびビザンティン勢力の衰退のゆえに，諸教皇，特にグレゴリウス1世*（在位590-604年）はローマで政治的権威をもつことになった．7世紀に，教皇職*とローマの名目上の支配者であったビザンティン皇帝とのあいだの関係は悪化した．教皇職の俗権の開始は729年のランゴバルド王リウトプランドによるストリ（Sutri）の「聖ペトロ」への寄進にあると見られるが，ランゴバルドの勢力の増大の結果，ステファヌス2世*は753年にフランク王ペパン3世*に訴えた．フランクの介入の結果，ランゴバルド王国が滅亡し，ローマ侯領が回復され，ラヴェンナ*太守*領がビザンティン皇帝でなく教皇職へ帰属し，また800年にシャルルマーニュ*がレオ3世*によりローマで皇帝として戴冠された．➡サン・パオロ・フオリ・レ・ムーラ

聖堂，サン・ピエトロ大聖堂，サンタ・マリア・マッジョーレ聖堂，聖ペトロの世襲領，ラテラノ大聖堂

## ローマ・カトリシズム（カトリシズム）
Roman Catholicism

教皇と一体をなすキリスト教徒の信仰と慣行を示すこの語は特に，プロテスタント諸教会と対比して，宗教改革*以降に存在してきたカトリシズムを指す．教会は最初の数世紀間，三位一体*と受肉*の秘義を明らかにしなければならず，中世には，恩恵*と秘跡*をつうじての神と人間の関係に集中したのに対し，トリエント後の神学者が特に関わってきたのは，教会の構造と特権，救いの経綸における聖母マリアの位置，そして，1870年の第1ヴァティカン公会議*で公布された不可謬性*の教理で頂点に達した，地上の「キリストの代理人」*としての教皇の機能であった．20世紀に，カトリック教会を周りの現代世界と密接に関連づける試みがなされた．このことは特に，1962-65年の第2ヴァティカン公会議*，礼拝における自国語の使用，他の諸教派のキリスト教徒に対するより自由な態度と結びついていた．

外的観点から見れば，カトリシズムは教皇をその頭とする，司教と司祭から組織された位階制として現れる．超自然的生活は通常，カトリック信徒の生活全体を扱う位階制の構成員により「7つの秘跡」*において個々のキリスト教徒にもたらされる．この典礼の生活の中心はミサ（ないし聖餐*）であり，それへの出席はすべての主日と「守るべき祝日」*，ないしその前夜について義務的である．

宗教改革後のカトリシズムにおいて，修道生活は範囲と規模において増大した．なかでもイエズス会*が最も影響力が大きかったが，新しい諸修道会が教育，看護，社会活動に従事するために創設された．第2次世界大戦以後には，C. E. ド・フーコー*の理念に鼓舞された「小さい兄弟会」のような，「信徒の修道会」（lay congregations）が増加した．彼らは観想の要素を，しばしば工業社会において生計を立てることと結びつけようとした．伝統的な修道会も相当に再編された．強調点におけるいくつかの変化にもかかわらず，カトリック教会の主要な目的がその成員の聖化および魂の救済であることに変わりない．

## ローマ・カトリック教会（宗教改革以後のイングランドとウェールズにおける）
Roman Catholic Church in England and Wales after the Reformation

王国の諸地域に強いカトリック的感情が存在したし，幾人かの重要人物が国王至上法*を受け入れるよりむしろ処刑されたが，国民の大多数はヘンリー8世*とエドワード6世*の治下における英国教会*の宗教改革に黙従した．カトリシズム*はメアリ1世*の治下に復興し始めたが，宗教改革者に対する彼女の迫害は敵意の遺産を生んだ．エリザベス1世*の治下，カトリックとアングリカンの区別が明瞭になったのは，1559年の礼拝統一法*が英国教会の礼拝に出席しない人たちに罰金を科したことによる（➡国教忌避）．多くのカトリックは自らの信仰をひそかに守り，当初，迫害はほとんどなかった．その後，政治状況および1570年のエリザベスの破門が態度を硬化させた．1574年の大陸からの最初の布教司祭たちに続いて，1580年以降イエズス会*員が到着したことは，カトリックの共同体を強化したが，刑罰法規が適用され，処刑が行われた．ジェームズ1世*の治世の後半，カトリックに対して刑罰法規はしばしば強制されず，その停止はチャールズ1世*のヘンリエッタ・マリア*との結婚の条件の一つであった．チャールズ2世*は宗教的寛容*を約束し，それを確保しようと努めたが，カトリックを議会と官職から排除する法律を受け入れざるをえなかった．ジェームズ2世*はカトリック教会への個人的な忠誠を表明して1685年に即位したが，カトリック信徒の利益を促進することを試みた結果，ウィリアムとメアリに取って代わられた．1688年の「権利の章典」および1700年の王位継承法*は王位からいかなるカトリックも，カトリックと結婚する人も除外し，また他の法律はカトリックを諸々の職業から排除した．

1685年に，ジョン・レイバーン（Leyburn）が初代の代牧*に任命された．さらに3人の代牧が1688年に任命されて，イングランドは4つの代牧区に区分された．アメリカ独立戦争のためにカトリック信徒のアイルランド人やスコットランド人を召集する必要から，最初のカトリック解放令*が1778年に発令された．1829年までには，ほとんどすべての制約が除去された．（1789年以降の）フランス革命における大陸でのカトリック教会の苦難はイングランド内にある程度の同情を生み，また，イングランド人の宗教共同体が国外から戻ってきた．19世紀に，カトリック人口はアイルランドからの移住者によっても増大した．1850年に，大司教のもとでの12人の属司教*からなる位階制が確立され（➡「教皇の攻勢」），N. P. S. ワイズマン*がウェストミンスター*大司教兼枢機卿になった．彼がイングランドに導入したウルトラモンタニズム*は，彼の後継者のH. E. マニング*により促進された．1908年に，イングランドとウェールズは布教地でなくなり，1918年に「布教区」（missions）は法定の小教区になった．枢機卿A. ヒンズリー*は第2次世界大戦初期に放送をつうじて一種の国民的人物になった．にもかかわらず，1世紀間の増大と強化を経た1945年でも，カトリック教会はまだ敵意をもって見られていた．1944年の教育法に続く教育の拡大により，高等教育や職業におけるカトリック信徒の数が増大した．1962-65年の第2ヴァティカン公会議*はカトリック教会全体を他の諸教会との新しい関係に導き，典礼における自国語の導入はカトリック教会をより「異質」でなく思わせた．信徒数は約400万人に増加し，枢機卿G. B. ヒューム*（1999年没）のもとで，カトリック教会は国民生活の主流に組み入れられた．最近，同教会は修道士や司祭による児童への性的虐待の発覚に悩んでいる．➡属人分区

## 『ローマ・カトリック要理問答（ようりもんどう）』
'Roman Catechism'

教皇の権威によりトリエント公会議*後に発行された，1566年の『トリエント公会議の教令に基づく教理問答』（*Catechismus ex Decreto Concilii Tridentini*）を指す．問答形式の標準的な教理問答*でなく，信条*，秘跡*，十戒*，（主の祈り*を含む）祈りを教理的に説明しており，教区司祭の使用を意図していた．➡『カトリック教会のカテキズム』

## 『ローマ儀式書（ぎしきしょ）』
Rituale Romanum

カトリック典礼の正式の典礼書で，ミサと聖務日課に加えて，司祭が司式する秘跡や他の典礼行為の執行のための祈りや式文を載せている．初版は1614年に発行された．改訂版は1969-76年に別々に発行された．

## 『ローマ儀典書（ぎてんしょ）』
Caeremoniale Romanum

教皇庁の儀式を扱ったラテン語の儀典書．

## 『ローマ教会殉教録（きょうかいじゅんきょうろく）』
Roman Martyrology

カトリック教会の公式の殉教録*．C. バロニウス*を含む学者の委員会により編纂され，『ウスアルドゥス殉教録』*のさまざまな地方版と置き換えるために1584年に刊行された．その後もさまざまな改訂がなされ，最後の改訂版は2004年に刊行された．

## ローマ教皇（きょうこう）
➡教皇

## ローマ近郊教区（きんこうきょうく）
Suburbicarian Dioceses

ローマ近郊の7つの司教区．「司教枢機卿」（Cardinal Bishops）は彼らの司教の称号をこれらの司教座から得ているが，1962年以降，その司牧的な責任を負っていない．その司教たちはおそらく11世紀までには，教皇選挙に参加する権利をもっていた．

## ローマ控訴院（こうそいん）
Rota Romana

聖座*に訴えられた事例を裁く，通常のカトリ

ックの上訴裁判所．1331年の教皇庁*の機構の再編時にさかのぼり，名称はアヴィニョン*の裁判官が用いた円卓に由来すると思われる．1870年の教皇職の俗権の停止とともに，その任務は実質的に終わった．1908年に再建され，幾度も再編されてきている．司教区裁判所などの裁判所でまず聴取され，次いで，他の裁判所に留保されない場合に，教皇庁に訴えられる教会に関する事項のための上訴裁判所である．聖座に留保されたり，教皇が破棄した事例を第1審で裁くこともあり，婚姻*の無効*が決定される裁判所でもある．

## 『ローマ詩編書』

Roman Psalter

イタリアの諸教会でピウス5世*（在位1566-72年）の時代まで用いられた詩編書*で，そのころ，ローマのサン・ピエトロ大聖堂*を除いて，実質的に『ガリア詩編書』*に置き換わった．以前の学者たちは『ローマ詩編書』を，聖ヒエロニムス*が急いで七十人訳聖書*から翻訳したといっているラテン語の詩編書と同一視したが，現在では，『ローマ詩編書』がヒエロニムスの作と考える学者はほとんどいない．

## ローマ信条

Old Roman Creed

使徒信条*より古くまた短いもので，「信仰の規則」*および遅くとも3世紀以降に洗礼*の際に唱えられた信条的宣言に基づいていた．

## 『ローマ定式書』

Ordines Romani

ローマ様式の典礼を執行するための規定の古い集成．最古のものは8世紀から10世紀にさかのぼり，典礼史にとり重要である．

## ローマの信徒への手紙（ローマ書）

Romans, Epistle to the

聖パウロ*の手紙中で最も長いこの手紙は，おそらく58年頃にコリント*から送られた．儀礼的な挨拶のあと，パウロは罪の普遍性を指摘し，だれも「律法のわざによって」神の前で義とされえないと結論する．義認*は「神の義によって」生起し，それは御子の福音において啓示され，神は御子を立て，罪を償う供え者とし（3:25）．この自由な賜物は信仰*によって自分のものになる．パウロは，このような状況下で，恩恵が増すようにと，我々が罪の中にとどまるという考えを斥け（6:1），逆に，洗礼*によって達成される特性の変化を指摘している．ユダヤ人の運命を論じて，その大半が現在ユダヤ人にも非ユダヤ人にも等しく示された救いを拒絶したと述べて，パウロは神の主権を強調し，イスラエルの離反が単に一時的なものであると主張している．彼は次いでキリスト教徒の生活の実践的義務を扱っている．彼は挨拶，祝福，頌栄*で結んでいる．

テキストが損なわれていないかが大いに議論されてきた．ある古代の写本は14:23で終わり，他の写本は15:33で終わり，ともに頌栄に直結していた証拠がある．1:7と1:15で，「ローマ」の名を欠いているテキストも存在する．若干の現代の学者の主張では，16章の長い個人的な挨拶のリストは，この章がまだ訪れたことがないと明確に述べている（1:13）ローマよりむしろ，友人たちのいる教会に向けられたことを示唆している．

ローマ書はキリスト教の神学的伝統にとり何よりも重要なテキストである．その教えは特に聖アウグスティヌス*の反ペラギウス*的著作において影響力をもったし，罪*，恩恵*，功徳*，自由意志，義認，予定*に関する西方キリスト教の見解に深い影響を及ぼした．ユダヤ教との和解に対する現代の試みはローマ書11章を出発点としており，ローマ書13:1-6は，特にドイツのルター派*における社会的・政治的保守主義にとって支えとなってきた．

## ロマノス（聖）

Romanus, St

パレスチナのカイサリア*の教会の輔祭*，祓魔師*で，ディオクレティアヌス*帝の迫害で304年頃にアンティオキア*で殉教した．祝日は11月18日．

## ロマノス（聖）
Romanos, St（540年頃活動）

「メロドス」(Melodos) と称される，ギリシアの宗教詩人，コンタキオン*の最も重要な作詞者．シリア出身の彼は，コンスタンティノポリス*で名声を得た．85の典礼聖歌が彼の名で伝わっているが，そのすべてが真作であるとはいえない．祝日は10月1日．

## ローマ離脱運動
*Los von Rom*

（ドイツ語で「ローマから離れよ」の意.）本運動は1897年にオーストリアで始まり，教皇から離脱したオーストリアをプロテスタントであるホーエンツォレルン家の皇帝の庇護下に統合することをめざした全ドイツ党（Alldeutscher Partei）により発展した．カトリック教会を離れた人たちの大半は名目上プロテスタントになったが，本運動は本質的に反キリスト教的であった．

## ローマ領アフリカにおける教会
Africa, the Church in Roman

どのようにしてキリスト教がローマ領「アフリカ」（おおよそ，トリポリ，チュニジア，アルジェリア，モロッコ）に達したかは知られていないが，2世紀末までには教会が設立され，広範囲に及んでいた．デキウス*帝治下の迫害*は一時的に教会の力を弱め，棄教者*の再受け入れをめぐる論争やノウァティアヌス*のシスマを引き起こした．4世紀にみられたのは，ドナトゥス派*との苦闘，聖アウグスティヌス*の活動，修道制*の発展，教皇側の要求に対するアフリカの抵抗，一連のアフリカの教会会議であり，その決議条項は東西教会の教会法*に取り入れられた．こうして達成されたものも，429年のヴァンダル人の侵攻により滅ぼされ，そのアレイオス主義にたつ王たちは通常カトリックのキリスト教を抑圧した．ユスティニアヌス*帝治下の534年の再征服は正統派を復興したが，7世紀末のアラブ人による征服が教会を日影に追いやった．

## ロマン主義
Romanticism

18世紀を特徴づけた古典主義や合理主義からの反動として，情熱や想像力を再主張する，文学や芸術の運動．啓蒙主義*に対するこのような反動はまずドイツで，ゲーテやF. D. E. シュライアマハー*のような著作家に見られ，イングランドでは，W. ブレイク*，W. ワーズワース*，S. T. コールリッジ*の作品に見られうる．

## ロムアルドゥス（聖）
Romuald, St（950頃-1027）

カマルドリ会*の創設者．ラヴェンナ*の貴族出身の彼は，父が決闘で人を殺すのを見て，恐ろしさからサンタポリナーレ・イン・クラッセ大修道院に入った．その後より厳格な禁欲主義を実践するために近隣の湿地帯に隠遁した．彼はさまざまな隠修士修道院（hermitages）や修道院を建て，カマルドリ修道院がカマルドリ会の中心地となった．祝日は以前は2月7日，現在は6月19日．

## ロメロ（福）
Romero, Bl Óscar Arnulfo（1917-80）

1977年からサン・サルバドル（San Salvador）大司教. 任命されたとき, 彼は保守派として知られており，1976年まで，フアン・ソブリーノ（Sobrino）の説く「解放の神学」*を非難していた．友人が殉教した結果，また悪化する状況が引き起こした全般的な分極化のゆえに, 彼はやがて「解放の神学」の原則を擁護して，同じロメロという名のエルサルバドル*の独裁者の敵対者になった．配下の聖職者の大多数は彼を支持したが，他の司教たちのほぼ全員が彼に反対した．同名の独裁者が倒れたあと，彼は国内の3つの主要な党派間で交渉に努めたが，ミサの執行中に暗殺された．祝日は『共同礼拝』*では3月24日．

## ロメーン
Romaine, William（1714-95）

カルヴァン主義*の説教者．若いときに英国教会の学問的伝統に従ったのち，1755年にG. ホイットフィールド*の影響下に入り，厳格なカルヴァン主義の主な代表者の一人になった．ロメーンの説教は，ハノーヴァー・スクエアのセント・ジョージ教会に大衆を惹きつけたが，その存在に対し，上流社会の教区民は腹を立てた．1766年に，彼はブラックグライアーズのセン・アン教会の管理司祭*になり，彼のリバイバリスト的説教は引き続き多くの会衆を惹きつけた．

## ロラード派（は）
Lollardy

「ロラード」(Lollard) は元来 J. ウィクリフ*の信奉者で，のちにこの語はやや漠然と，教会に対して真剣に批判的である人を指すようになった．ロラードたちはウィクリフに従って，彼らの教えを個人的信仰，神の選び，なかんずく聖書に基礎づけた．彼らは一般に「聖職者の独身制」*，実体変化*説，必須の口頭の懺悔*，免償*，巡礼*を攻撃し，司祭の行為の有効性がその司祭の道徳性により決定すると考えた．

この運動はいくつかの局面を通った．約20年間は，ある程度学問的な支持を得たが，1382年の大司教コートニー*によるウィクリフの教説の断罪は，ロラード派からオックスフォード大学における基盤を奪い始めた．リチャード２世の宮廷の幾人かの騎士もどうやらロラード派を支援していたらしい．15世紀初頭の激しい迫害がその信奉者の数を減少させ，(J. オールドカスル*卿が指導した) 1414年の反乱と1431年の反乱のあとは，この運動は非合法的になり，15世紀半ば以降は衰退したようであるが，1490年頃以降にどうやら復興したらしい．それが支配階級を勢力下に引き入れることはなかったが，地域的・精神的にルター主義*を受け入れやすくすることで，イングランドの宗教改革に貢献したと思われ，その影響力は17世紀の会衆派の非国教徒に辿れよう．

## ロール（ハンポールの）
Rolle of Hampole, Richard (1300頃-1349)

イングランドの隠修士，霊的著作家．ノース・ヨークシャー出身で，オックスフォード*大学で学んだと思われる．18歳で隠修士になった．彼は晩年をハンポールのシトー会*女子修道院の近くで過ごした．祝日は『共同礼拝』*では１月20日．

彼の著作の真作は以下のものである，(1) 聖書注解，(2)『愛の火』(*Incendium Amoris*) と『生活の改善』(*Emendatio Vitae*) を含むラテン語の論考（両著とものちに英訳された），(3) 隠遁者*マーガレット・カークビー (Kirkby) のために書かれた『生活の形式』(*The Form of Living*) を含む英語の論考，(4) 多くの英語詩．英語の『受難に関する黙想』(*Meditations on the Passion*) の著者性ははっきりしない．彼の見解では，観想的生活は「天の扉の開放」の経験に始まり，その後は，「熱情」「甘美」「天使の歌声」で特徴づけられる．

## ロルシュ
Lorsch

ヴォルムスに近いベネディクト会*の修道院．762-63年に創立された同修道院は，ゴルツェ*出身のメッスのクロデガング*の庇護下にあり，10世紀には，ゴルツェ改革運動の拠点であった．カロリング時代には，大きな写字室*と図書室を有し，それらは古典や教父の文献の継承にとり重要であった．

## ロールズ・チャペル
Rolls Chapel

かつてロンドンの公文書館の地にあった礼拝堂．公文書保管庁の書類 (Rolls) が以前に礼拝堂内に保管されていた．

## ロレト
Loreto

イタリアのアンコナに近く，聖母マリア*が「神のお告げ」*を受けたときに住んでいて，奇跡的に1295年に天使によりロレトに移されたといわれる「聖なる家」(Santa Casa) がある．➡ロレトの連願

## ロワジー
Loisy, Alfred Firmin (1857-1940)

フランスの近代主義*の聖書学者．歴史的・批

評的方法論を聖書研究に適用し，1893年にパリのアンスティテュ・カトリックから免職された．1902年に，『福音と教会』（*L'Évangile et l'Église*）を出版した．キリスト教を後代の教義的な付加物と離れて，史的イエスの教えに基づかせようとしたA. ハルナック*に反対して，ロワジーはキリスト教の本質が聖霊の導きのもとで拡大した，発展していく教会の信仰の中に求められるべきだと主張した．同書はパリ大司教により断罪された．1903年に，ロワジーが反論だけでなく，『第4福音書』（*Le Quatrième Évangile*）を出版したため，ピウス10世*は両書を禁書目録*に載せた．ロワジーは正式に従順の意を表し，隠棲した．教会との最終的な決裂は，近代主義を断罪した1907年の教皇法令後に起こった．彼は1908年に『検邪聖省教令「ラメンタビリ」に関する単純な考察』（*Simples Réflexions sur le décret du Saint-Office* Lamentabili），および1907-08年に『共観福音書』（*Les Évangiles synoptiques*）を出版し，1908年3月7日に破門された．

1909-30年に，彼はコレージュ・ド・フランスの教授であった．彼は多作の著作家であったが，教会との断絶後の彼の新約聖書に関する著作は一般にむらがあると見なされた．しかしながら，彼は司牧的な感覚をもった神秘主義者であったと思われる．

### ロンギノス（聖）
Longinus, St

キリストのわき腹を槍で刺した兵士に対して伝承で付けられた名前．この名前はまた時に，十字架のそばに立って「この人は神の子だった」と言った百人隊長にも帰され，また両者はしばしば混同される．祝日は西方では3月15日，東方では10月16日．

### ロングランド
Longland, John（1473-1547）

1521年からリンカーン*司教．ヘンリー8世*の聴罪司祭*として，アラゴンのキャサリンとの国王の離婚訴訟を進めるのに貢献した．

### ロングリー
Longley, Charles Thomas（1794-1868）

1862年からカンタベリー*大主教．1836-56年にリポン*初代主教であったとき，E. B. ピュージー*が新しくリーズ（Leeds）に建てたセント・セイヴィア（St Saviour's）教会の儀式主義的な慣行を抑制しようとした．大主教として，彼はケープタウン主教R. グレイ*を支持し，法的な争いを招かない限りでJ. W. コレンゾー*に反対した．ロングリーは1867年に第1回ランベス会議*を召集した．

### 『論説と評論』
*Essays and Reviews*（1860年）

宗教問題における自由な探求の必要性を信じる7人のアングリカンの著者たちによる論説集．本書の自由主義はS. ウィルバーフォース*に非難された．本書は1861年の主教の会合で断罪され，1864年の総会でも断罪された．

### ロンドン宣教協会
London Missionary Society（LMS）

本協会は，キリスト教の宣教団を異教徒のもとに派遣するために協力した，会衆派*，アングリカン*，長老派*，ウェスレー派*により1795年に創立された．教派主義のいかなる形態もそのメンバーから説かれなかったが，教会行政の形態に関する決定は被改宗者に委ねられることになった．協会はほとんどもっぱら会衆派により維持されるようになり，1966年に，その活動の責任は（当時は会衆派の）世界宣教協議会*に移行した．

### ロンバルドゥス
➡ペトルス・ロンバルドゥス

# わ

## 輪
➡指輪

## ワイズマン
Wiseman, Nicholas Patrick Stephen (1802-65)

枢機卿．1828年に，ローマのイングリッシュ・カレッジ*学長になった．1840年に，バーミンガムシャーのオスコット（Oscott）・カレッジ学長および新設の中部代牧区代牧*の協働司教*としてイングランドに戻った．位階制が1850年にイングランドとウェールズに復興されると，彼はウェストミンスター*初代大司教および枢機卿になった．彼はそのウルトラモンタニズム*的な見解およびイングランドにイタリア的な信心の慣行を強いる試みのゆえに，プロテスタントだけでなくカトリックによっても批判されたが，イングランドにおいてカトリック教会の主張を体系づけ促進するのに貢献した．彼は３回の管区教会会議を開催し，カトリック信徒の制約を排除しようとする議会への候補者を信徒が支持するように勧め，イングランドにおいて真のカトリック文化を育成することに努めた．

## 『我が生涯の弁明』
*Apologia pro vita sua*（1864年）

J. H. ニューマン*が1845年にカトリック教会に転会するまでの，その「宗教的考えの記述」．本書は，1864年１月に『マクミラン誌』（*Macmillan's Magazine*）上でC. キングズリー*に愚弄されたことをきっかけにして書かれた．

## 和協信条と『和協信条書』（『一致信条書』）
Concord, Formula (1577) and Book (1580) of

「和協信条」は古典的なルター派*の最後の信条（formula of faith）であり，『和協信条書』はルター主義の主要な信条関係の文書の最終的な集成である．ルター派内の意見の相違に直面して，J. アンドレーエ*は1567年に一致した信条の起草を委託された．1573年のシュヴァーベン和協信条の改訂版に，別のルター派の神学者たちが起草した1576年のマウルブロン信条が結合され，次にアンドレーエが「根本信条宣言」（Solida Declaratio）と「摘要」（Epitome）を起草した．これらはあわせて和協信条を構成している．和協信条が訴えるのは，聖書，初期の教父，使徒信条*，ニカイア信条*，アタナシオス信条*，1530年のアウクスブルク信仰告白*（P. メランヒトン*の『教皇の権力と首位権について』が1537年に追加された）とその1531年の弁証論，1537年のシュマルカルデン条項*，1529年のルターの２つの『教理問答』である．（聖書と教父は補遺に抜粋で示され，）和協信条そのものと以上の諸文書が『和協信条書』の基本を構成し，これは1580年にドイツ語で，また1584年にラテン語で刊行された．

## 災いを求める詩編
imprecatory Psalms

全体または一部で，神の報復を求めている詩編（たとえば詩58編）．これらの詩編はしばしば公の礼拝で用いられない．

## ワシントン大聖堂
Washington Cathedral

ワシントン，D. C. のセント・ピーター・アンド・セント・ポール主教座聖堂は，アメリカ聖公会*のワシントン主教座である．「ナショナル大聖堂」と呼ばれるが，主教区を超えた地位をもたない．14世紀のゴシック式で，広大な十字形の建物である同聖堂は，1907年に着工され，1990年に完成した．

## ワーズワース
Wordsworth, John（1843-1911）

1885年からソールズベリー*主教. ウィリアム・ワーズワース*の甥の息子である彼は, 当時の最もすぐれたラテン語学者の一人であった. 1878年以降, ウルガタ訳聖書*の新約聖書の校訂本の作成に傾注した（1889-1911年にマタイ福音書からローマ書まで, 1911年に新約聖書全体の小型版［minor edition］を刊行した）. 主教として, 大主教E. W. ベンソン*の貴重な助言者であり, また特にスウェーデン*国教会や復古カトリック教会*との再合同問題において熱心に活動した. この目的のために,「英国教会の叙任」*の有効性に関して2冊の本を刊行した. 1897年に彼は, カンタベリー*とヨーク*の両大主教が『アポストリチェ・クーレ』*に反対して送付してきた『応答書』（*Responsio*）のラテン語版を作成した.

## ワーズワース
Wordsworth, William（1770-1850）

詩人. 1798年に彼とS. T. コールリッジ*が出版した『抒情歌謡集』（*Lyrical Ballads*）に, 有名な『ティンターン・アビーの詩』（Tintern Abbey Lines）がある. この詩集でのワーズワースの目的は, 日常の人物や出来事におけるより深い霊的な意味を引き出すことであった. 彼の後期の作品には, 1805年までの霊的な自伝である『序曲』（*The Prelude*）, および『義務の頌』（Ode to Duty）や『不滅の頌』（Ode. Intimations of Immortality）を載せた1807年の2巻の『詩集』（*Poems*）がある. 自然は彼の芸術の最大の生みの親であった.

## ワッツ
Watts, Isaac（1674-1748）

讃美歌作者. ロンドンのマークレーン（Mark Lane）の独立派*教会牧師であったが, 1703年以降, 健康が衰え, 1712年に引退した. 晩年, 彼はユニテリアン主義*に傾いていたと思われる. 彼の讃美歌はその強くて平静な信仰を反映しており, 礼拝における音楽の使用が疑念をもって見られてきた非信従者*間で特に, 讃美歌の歌唱を強い信仰の力とすることに貢献した. その中に 'When I survey the wondrous Cross'（「みさかえのきみの」『古今聖歌集』77番, 「さかえの主イエスの」『讃美歌』142番）や 'Our God, our help in ages past'（「むかしより世々の」『古今聖歌集』320番, 「過ぎにしむかしも」『讃美歌』88番）がある. 祝日は『共同礼拝』では11月25日.

## ワトソン
Watson, Richard（1737-1816）

1782年からランダフ*主教. 彼にはアメリカ独立戦争に対する周知の反対者として主教区が提供されたが, 教会収入の再分配を含む急進的なその教会改革案およびアメリカの入植者と当初はフランス革命への共感のゆえに, それ以上の昇進ができなかった.

## ワルドー派（は）
➡ヴァルデス派

# 欧文・和文項目対照表

## A

| | |
|---|---|
| Aaron | アロン |
| Abba | アッバ |
| abbé | アベ |
| abbess | 女子大修道院長 |
| Abbo（Abbon）, St | アッボー（聖） |
| abbot | 大修道院長 |
| Abbot, Ezra | アボット |
| Abbot, George | アボット |
| abbreviator | 教皇庁文書速記官 |
| Abel | アベル |
| Abelard, Peter | アベラルドゥス |
| Abercius, Inscription of | アベルキオスの碑文 |
| Abgar, Legend of | アブガル伝説 |
| abjuration | 「放棄の誓い」 |
| Abjuration, Oath of | 「放棄の宣誓」 |
| ablutions | 洗浄 |
| Abolitionist Movement | 奴隷制廃止運動 |
| Abraham（Abram） | アブラハム |
| Abraham, Apocalypse of | 『アブラハムの黙示録』 |
| Abraham, Testament of | 『アブラハムの遺訓』 |
| Absolute Idealism | 絶対的観念論 |
| absolution | 赦免（赦罪） |
| Absolutions of the Dead | 赦禱式 |
| abstinence | 節制（小斎） |
| Abuna | アブーナ |
| Acacian schism | アカキオスのシスマ |
| Acacius of Caesarea | アカキオス（カイサリアの） |
| Acarie, Mme, Bl | アカリー夫人（福） |
| Acathistus | アカティストス |
| Acceptants | 「受容者」 |
| Accession Service | 即位記念礼拝式文 |
| accident | 偶有性 |
| accidie | アケディア |
| accommodation | 適応 |
| Aceldama | アケルダマ |
| Acoemetae | アコイメートイ派 |
| acolyte | 祭壇奉仕者（教会奉仕者） |
| act, human | 行為（人間の） |
| *Acta Apostolicae Sedis* | 『アクタ・アポストリカエ・セーディス』 |
| *Acta Sanctorum* | 『アクタ・サンクトールム』 |
| action | アクティオ |
| Action Française | アクシオン・フランセーズ |
| action sermon | 聖餐の説教 |
| Acton, John Emerich Edward Dalberg | アクトン |
| Acts of the Apostles | 使徒言行録 |
| Acts of the Martyrs | 殉教記録 |
| Actual Sin | 自罪（現行罪） |
| Actus Purus | 純粋現実態 |
| Adalbert of Bremen | アダルベルト（ブレーメンの） |
| Adam | アダム |
| Adam of Marsh | アダム（マーシュの） |
| Adam of St-Victor | アダム（サン・ヴィクトルの） |
| Adam, Karl | アダム |
| Adamantius | アダマンティオス |
| Adamites | アダム派 |
| Adamson, Patrick | アダムソン |
| Addai | アダイ |
| *Addai, Doctrine of* | 『アダイの教え』 |
| Addai and Mari, Liturgy of | アダイとマリの典礼文 |
| Adelard of Bath | アデラルドゥス（バースの） |
| Adeste fideles | アデステ・フィデレス |
| Adhémar de Monteil | アデマル（モンテーユの） |
| adherents | 「会友」 |
| Adiaphorists | アディアフォラ主義者 |
| ad limina Apostolorum | アド・リミナ・アポストロールム |
| Admission to Candidacy for Ordination of Deacons and Priests | 助祭・司祭候補者認定式 |
| Admission to Holy Communion Measure 1972 | 「聖餐認定条例」 |
| *Admonition to the Parliament, An* | 『議会への勧告』 |
| Ado, Martyrology of | 『アドー殉教録』 |
| Adomnán（Adamnan）, St | アダムナン（聖） |
| Adonai | アドーナイ |
| Adoptianism | 養子論（キリスト養子論） |
| adoration | 崇拝 |
| Adoro Te devote | アドロ・テ・デヴォーテ |

Advent 待降節
Adventists アドヴェンティスト派
Advertisements, book of 『通告文』
advowson 聖職推挙権
Aelfric アエルフリック
Aelia Capitolina アエリア・カピトリナ
Aeneas of Gaza アイネイアス（ガザの）
aer アエール
Aerius アエリオス
Aeterni Patris 『アエテルニ・パトリス』
Aetius アエティオス
affective prayer 愛の祈り
affinity 姻族
affirmation 肯定
affusion 灌水礼
Africa, Christianity in アフリカにおけるキリスト教
Africa, the Church in Roman ローマ領アフリカにおける教会
African Missions, Society of アフリカ宣教会
Agabus, St アガボ（聖）
agape アガペー（愛餐）
Agapemone, Church of the アガペモニー教会
Agapetus, St アガペトゥス（聖）
Agatha, St アガタ（聖）
Agathangelos アガタンゲロス
Agatho, St アガト（聖）
Agde, Council of アグド教会会議
age, canonical 教会法的適齢
age of reason 理性の年齢
Agenda アジェンダ
aggiornamento アジョルナメント
Agios o Theos ハギオス・ホ・テオス
Agnellus of Pisa, Bl アグネルス（ピサの）（福）
Agnellus, Andreas アグネルス
Agnes, St アグネス（聖）
Agnoetae アグノエタイ派
agnosticism 不可知論
Agnus Dei アグヌス・デイ（アニュス・デイ）
Agobard アゴバルドゥス
Agonizants（Camillians） カミロ修道会
agrapha アグラファ
Agricola, Johann アグリコラ
Agrippa von Nettesheim, Heinrich Cornelius アグリッパ・フォン・ネッテスハイム
Aidan, St エイダン（聖）
Ailred（Aelred）, St アエルレッド（聖）
aisle 側廊（アイル）
Alan of Lille アラヌス（リールの）
Alaric アラリック
alb アルブ（アルバ）
Alban, St アルバヌス（聖）
Albania, Christianity in アルバニアのキリスト教
Albert of Brandenburg アルブレヒト（ブランデンブルクの）
Albert of Prussia アルブレヒト（プロイセンの）
Albert the Great, St アルベルトゥス・マグヌス（聖）
Albigenses（Albigensians） アルビ派
Alcuin アルクイヌス
Aldhelm, St アルドヘルムス（聖）
Aleander, Girolamo アレアンドロ
aleph（א） アーレフ
Alesius, Alexander アレシウス
Alexander, St アレクサンドロス（聖）
Alexander II アレクサンデル 2 世
Alexander III アレクサンデル 3 世
Alexander V アレクサンデル 5 世
Alexander VI アレクサンデル 6 世
Alexander VII アレクサンデル 7 世
Alexander VIII アレクサンデル 8 世
Alexander of Hales アレクサンデル（ヘールズの）
Alexander of Lycopolis アレクサンドロス（リュコポリスの）
Alexander, Michael Solomon アレグザンダー
Alexandre, Noel アレクサンドル
Alexandria アレクサンドリア
Alexandrian text アレクサンドリア型本文
Alexandrian theology アレクサンドリア神学
Alfred the Great アルフレッド大王
aliturgical days 聖餐式のない日
All Saints' Day 諸聖徒日（諸聖人の祭日）
All Souls' Day 死者の日
Allah アッラー
Allamano, Bl Giuseppe アラマーノ（福）
Allatius, Leo アラティウス
Allegiance, Oath of 忠誠の誓い
allegory 寓喩（寓意）
Alleluia（Hallelujah） アレルヤ（ハレルヤ）
Alleluyatic Sequence アレルヤ続唱
Allen, Roland アレン
Allen, William アレン
Allestree, Richard アレストリー
almoner 施し物分配係

| | |
|---|---|
| almuce | アルミュス |
| Alogi | アロゴイ派 |
| Aloysius Gonzaga, St | アロイシウス・ゴンザーガ（聖） |
| alpha and omega（A and Ω） | アルファとオメガ |
| Alpha courses | アルファ・コース |
| Alphege, St | アルフェジ（聖） |
| Alphonsus Liguori, St | アルフォンソ・デ・リグオーリ（聖） |
| altar | 祭壇 |
| altar lights | 祭壇の燭台 |
| altar rails | 祭壇の柵 |
| Alternative Service Book（ASB） | 『併用祈禱書』 |
| Alumbrados | アルンブラドス |
| Amalarius of Metz | アマラリウス（メッスの） |
| Amalric | アマルリクス |
| Amana Society | アマナ会 |
| Amandus, St | アマンドゥス（聖） |
| ambo | アンボン |
| Ambrose, St | アンブロシウス（聖） |
| Ambrose, Isaac | アンブローズ |
| Ambrosian rite（Milanese rite） | アンブロシウス典礼（ミラノ典礼） |
| Ambrosiaster | アンブロシアステル |
| ambulatory | 周歩廊 |
| AMDG（Ad Majorem Dei Gloriam） | イエズス会の標語 |
| Amen | アーメン |
| Americanism | アメリカニズム |
| Ames, William | エームズ |
| amice | アミス（アミクト） |
| Amish | アーミッシュ |
| Ammon（Amum）, St | アンモン（聖） |
| Ammonas, St | アンモナス（聖） |
| Ammonius Saccas | アンモニオス・サッカス |
| Amos, Book of | アモス書 |
| Amphilochius, St | アンフィロキオス（聖） |
| Ampleforth Abbey | アンプルフォース・アビー |
| ampulla | アンプッラ |
| Amsdorf, Nikolaus von | アムスドルフ |
| Amsterdam Assembly | アムステルダム大会 |
| Amyraut, Moïse | アミロー |
| Anabaptists | 再洗礼派 |
| Anacletus, St | アナクレトゥス（聖） |
| analogy | 類比 |
| *Analogy of Religion, The* | 『宗教の類比』 |
| Anamnesis | アナムネーシス |
| Anaphora | アナフォラ |
| Anastasia, St | アナスタシア（聖） |
| Anastasis | アナスタシス |
| Anastasius, St | アナスタシオス（聖） |
| Anastasius I | アナスタシオス 1 世 |
| Anastasius Bibliothecarius | アナスタシウス（「司書」） |
| anathema | アナテマ |
| Anatolius, St | アナトリオス（聖） |
| Anatolius | アナトリオス |
| anchorite（m.）, anchoress（f.） | 独住修道士／独住修道女 |
| Ancient of Days | 「日の老いたる者」 |
| *Ancren Riwle*（*Ancrene Wisse*） | 『アンクレン・リウル』 |
| Ancyra | アンキュラ |
| Andreae, Jacob | アンドレーエ |
| Andrew, St | アンデレ（聖） |
| Andrew, Acts of St | 『アンデレ行伝』 |
| Andrew of Crete, St | アンドレアス（クレタの）（聖） |
| Andrew of St-Victor | アンドレアス（サン・ヴィクトルの） |
| Andrewes, Lancelot | アンドルーズ |
| angel | 天使 |
| Angela of Foligno, Bl | アンジェラ（フォリーニョの）（福） |
| Angela Merici, St | アンジェラ・メリチ（聖） |
| Angelico, Bl Fra | アンジェリコ（福） |
| Angels of the Churches | 「教会の天使たち」 |
| Angelus | アンジェラス（お告げの祈り） |
| Angelus Silesius | アンゲルス・シレジウス |
| Anglican chant | アングリカン・チャント |
| Anglican Communion | アングリカン・コミュニオン |
| Anglican Evangelical Group Movement | アングリカン福音主義グループ運動 |
| Anglicanism | アングリカニズム |
| Anglican-Methodist Conversations | 英国教会とメソジスト教会の対話 |
| Anglican Ordinations | 英国教会の叙任（聖職按手） |
| Anglican-Roman Catholic International Commission（ARCIC） | アングリカン－ローマ・カトリック国際委員会 |
| Anglo-Catholicism | アングロ・カトリック主義 |
| Anglo-Saxon Church | アングロ・サクソン時代の教会 |
| Angola, Christianity in | アンゴラのキリスト教 |
| Anima Christi | アニマ・クリスティ |
| Annas | アンナス |

| | |
|---|---|
| annates | 初年度献上金 |
| Anne, St | アンナ（聖） |
| Anne | アン |
| Anne Boleyn | アン・ブーリン |
| Annexed Book, the | 礼拝統一法付属祈禱書 |
| Anno Domini（AD） | アンノ・ドミニ（キリスト紀元） |
| Annunciation of the BVM | 聖母マリアへのお告げの祝日 |
| anointing | 油注ぎ |
| Anomoeans | アノモイオス派 |
| Anselm, St | アンセルムス（聖） |
| Anselm of Laon | アンセルムス（ランの） |
| Anselm of Lucca, St | アンセルムス（ルッカの）（聖） |
| Anskar（Ansgar）, St | アンスカル（聖） |
| ante-chapel | アンテチャペル |
| Ante-Communion | 聖餐式前禱 |
| antependium | 祭壇前面飾り（アンテペンディウム） |
| anthem | アンセム |
| anthropology | 人間学（人類学） |
| anthropomorphism | 神人同形論 |
| anthroposophy | 人智学 |
| Antichrist | 反キリスト（アンティキリスト） |
| anticlericalism | 反聖職者主義 |
| Antididagma | ヴィートへの返書 |
| antidoron | アンティドロン |
| antilegomena | アンティレゴメナ |
| Anti-Marcionite Prologues | 反マルキオン派の序文 |
| antiminsion（antimension） | アンティミンス |
| antinomianism | 反律法主義 |
| Antioch | アンティオキア |
| Antioch, Council of | アンティオキア教会会議 |
| Antiochene theology | アンティオキア神学 |
| Antiochus Epiphanes | アンティオコス・エピファネス |
| antiphon | アンティフォナ（交唱聖歌） |
| Antiphonary | アンティフォナーレ（交唱聖歌集） |
| antipope | 対立教皇 |
| antitrinitarianism | 反三位一体論 |
| Antonelli, Giacomo | アントネリ |
| Antonian movement | アントニウス運動 |
| Antonians | アントニオス修道会 |
| Antoninus, St | アントニヌス（聖） |
| Antony, St, of Egypt | アントニオス（エジプトの）（聖） |
| Antony, St, of Padua | アントニウス（パドヴァの）（聖） |
| apatheia | アパテイア |
| Apelles | アペレス |
| Aphrahat | アフラハト |
| Aphthartodocetae | キリスト不朽論者 |
| Apiarius | アピアリウス |
| Apocalyptic literature | 黙示文学 |
| apocatastasis | アポカタスタシス（万物復興） |
| apocrisiarius（apocrisarius） | アポクリシアリウス |
| Apocrypha, the | アポクリファ（旧約聖書続編） |
| Apocryphal New Testament | 外典（新約聖書の） |
| Apodeipnon | アポデイプノン |
| Apollinaris, St | アポリナリス（聖） |
| Apollinarius, Claudius | アポリナリオス（ヒエラポリスの） |
| Apollinarius and Apollinarianism | アポリナリオスとアポリナリオス主義 |
| Apollonius of Tyana | アポロニオス（テュアナの） |
| Apollos | アポロ |
| apologetics | 護教論（弁証学） |
| *Apologia pro vita sua* | 『我が生涯の弁明』 |
| Apologists | 護教家（護教家教父，弁証家） |
| Apolysis | アポリュシス |
| apophatic theology | 否定神学 |
| Apophthegmata Patrum | 『師父の言葉』 |
| apostasy | 背教 |
| aposticha | アポスティカ |
| Apostle | 使徒（アポストロス） |
| Apostle of the Gentiles | 異邦人の使徒 |
| Apostles' Creed | 使徒信条 |
| Apostolic Age | 使徒時代 |
| Apostolic Canons | 『使徒教令』 |
| Apostolic Church Order | 『使徒教会規律』 |
| Apostolic Constitutions | 『使徒教憲』 |
| Apostolic Delegate | 教皇使節 |
| Apostolic Fathers | 使徒教父 |
| Apostolic See | 使徒座 |
| apostolic succession | 使徒継承 |
| *Apostolic Tradition, The* | 『使徒伝承』 |
| Apostolicae Curae | 『アポストリチェ・クーレ』 |
| Apostolici | 使徒会 |
| apostolicity | 使徒性 |
| apotheosis | アポテオシス（神格化） |
| apparitor | 「召喚者」 |
| appeals | 上訴 |
| Appellants | 「上訴人」 |
| Appian Way | アッピア街道 |

| | |
|---|---|
| appropriation | 聖職禄専有 |
| apron | 前垂れ |
| apse | アプシス（アプス） |
| APUC（Association for the Promotion of the Unity of Christendom） | キリスト教一致推進連合会 |
| Aquarians（Hydroparastatae） | 水餐主義者 |
| Aquaviva（Acquaviva）, Claudio | アクアヴィーヴァ |
| Aquila, version of | アクィラ訳 |
| Aquileia | アクィレイア |
| Aramaic | アラム語 |
| Arator | アラトル |
| archaeology, Christian | キリスト教考古学 |
| archangel | 大天使 |
| archbishop | 大司教（大主教） |
| Archbishops' Council | 大主教会議 |
| archdeacon | 大執事（助祭長） |
| archdiocese | 大司教区（大主教区） |
| Arches Court of Canterbury | アーチ裁判所 |
| archimandrite | アルキマンドリテス |
| archpriest | 首席司祭 |
| arcosolium | アルコソリウム |
| area bishop | 地区主教 |
| Areopagite, the | アレオパギテース |
| Areopagus | アレオパゴス |
| Argentina, Christianity in | アルゼンチンのキリスト教 |
| Arianism | アレイオス主義 |
| aridity（dryness） | 乾燥状態 |
| Ariminum and Seleucia, Synods of | リミニ教会会議とセレウキア教会会議 |
| Aristeas, Letter of | 『アリステアスの手紙』 |
| Aristides | アリステイデス |
| Aristion | アリスティオン |
| Aristo of Pella | アリストン（ペラの） |
| Aristobulus, St | アリストブロ（聖） |
| Aristotle | アリストテレス |
| Arius | アレイオス |
| Ark | 箱舟（契約の箱） |
| Arles, Synods of | アルル教会会議 |
| Armagh | アーマー |
| Armagh, Book of | 『アーマー書』 |
| Armenia, Christianity in | アルメニアのキリスト教 |
| armill | 戴冠式用ストール |
| Arminianism | アルミニウス主義 |
| Arnauld, Antoine | アルノー |
| Arnauld, Jacqueline Marie Angélique | アルノー |
| Arndt, Johann | アルント |
| Arnobius | アルノビウス |
| Arnobius Junior | アルノビウス（小） |
| Arnold of Brescia | アルノルドゥス（ブレシアの） |
| Arnold, Gottfried | アルノルト |
| Arnold, Matthew | アーノルド |
| Arnold, Thomas | アーノルド |
| Arnulf, St | アルヌルフ（聖） |
| *ars praedicandi* | 『説教法』 |
| Artemon（Artemas） | アルテモン |
| artophorion | アルトフォリオン |
| Arundel, Thomas | アランデル |
| Asaph, St | アサフ（聖） |
| Asbury, Francis | アズベリー |
| Ascension of Christ | 昇天（キリストの） |
| *Ascent of Mount Carmel, The* | 『カルメル山登攀』 |
| asceticism | 禁欲主義 |
| Ash Wednesday | 灰の水曜日 |
| Aske, Robert | アスク |
| Askew（Ayscough）, Anne | アスキュ |
| Asperges | 撒水式 |
| aspersion | 滴礼 |
| aspirant | 準修道志願者 |
| Assemblies of God | アッセンブリーズ・オヴ・ゴッド |
| Assemblies of the French Clergy | フランス聖職者会議 |
| Assent, Declaration of | 同意宣言書 |
| Assisi | アッシジ |
| Associations, Law of | 「団体法」 |
| Assumption of the BVM | 被昇天（聖母マリアの） |
| Assumptionists（Augustinians of the Assumption） | 被昇天アウグスチノ会 |
| Assyrian Christians | アッシリア教会員 |
| asteriscus | 星型金具 |
| Asterius | アステリオス（ソフィストの） |
| Astruc, Jean | アストリュク |
| Athanasian Creed | アタナシオス信条 |
| Athanasius, St | アタナシオス（聖） |
| Athanasius（the Athonite）, St | アタナシオス（アトスの）（聖） |
| atheism | 無神論 |
| Athelstan | アセルスタン |
| Athenagoras | アテナゴラス |
| Athenagoras | アテナゴラス |
| Athens | アテネ |
| Athos, Mount | アトス山 |
| Atonement | 贖罪 |

| | |
|---|---|
| Atonement (Expiation), Day of | 贖罪の日 |
| atrium | アトリウム |
| Atterbury, Francis | アッタベリー |
| Atticus | アッティコス |
| Attila | アッティラ |
| attrition | 不完全な痛悔 |
| Auburn Declaration | オーバーン宣言 |
| Audiani | アウディウス派 |
| Audience, Court of | 聴聞裁判所 |
| audiences, pontifical | 教皇謁見 |
| audientes | 聴聞者 |
| *Aufklärung* | 啓蒙主義（ドイツの） |
| Augsburg, Confession of | アウクスブルク信仰告白 |
| Augsburg, Interim of | アウクスブルク仮信条協定 |
| Augsburg, Peace of | アウクスブルク宗教和議 |
| Augustine, St, of Canterbury | アウグスティヌス（カンタベリーの）（聖） |
| Augustine, St, of Hippo | アウグスティヌス（ヒッポの）（聖） |
| Augustine of Hippo, Rule of St | 『アウグスティヌス会則』 |
| Augustinian Canons | アウグスチノ修道祭式者会 |
| Augustinian Hermits or Friars | アウグスチノ隠修士会 |
| *Augustinus* | 『アウグスティヌス』 |
| Aulén, Gustaf | アウレン |
| aumbry (ambry) | アルマリウム |
| Aurelius, St | アウレリウス（聖） |
| aureole | 光背 |
| auricular confession | 秘密告解 |
| Ausonius | アウソニウス |
| Australia, Christianity in | オーストラリアのキリスト教 |
| authority | 権威 |
| auto de fe | アウトダフェ |
| auto sacramental | 聖体劇 |
| autocephalous (church) | 独立自治教会 |
| Auxentius | アウクセンティウス |
| Avancini, Nikola | アヴァンチーニ |
| Ave maris stella | アヴェ・マリス・ステラ |
| Ave verum Corpus | アヴェ・ヴェルム・コルプス |
| Averroism | アヴェロエス主義 |
| Avesta | 『アヴェスタ』 |
| Avicebron (Avicebrol) | アヴィケブロン |
| Avicenna | アヴィケンナ |
| Avignon | アヴィニョン |
| Avitus, St | アウィトゥス（聖） |
| Axum (Aksum) | アクスム |
| Ayliffe, John | エイリフ |
| Ayton, John | エイトン |
| Azymites | 無酵母主義者 |

# B

| | |
|---|---|
| Baal | バアル |
| Babel, Tower of | バベルの塔 |
| Babylas, St | バビュラス（聖） |
| Babylonian captivity | バビロニア捕囚（バビロン捕囚） |
| Bach, Johann Sebastian | バッハ |
| Bacon, Francis | ベーコン |
| Bacon, Roger | ベーコン |
| Bagot, Richard | バゴット |
| Baillie, John | ベイリー |
| Bainbridge, Christopher | ベインブリッジ |
| Baius, Michel | バーユス |
| Baker, Augustine | ベイカー |
| Baker, Sir Henry Williams, Bart. | ベイカー |
| baldacchino | バルダキヌム（バルダッキーノ） |
| Baldwin | ボールドウィン |
| Bale, John | ベイル |
| Balfour, Arthur James | バルフォア |
| Ball, John | ボール |
| Ballerini, Pietro | バレリーニ |
| Balsamon, Theodore | バルサモン |
| Balthasar, Hans Urs von | バルタザール |
| Baltimore, Councils of | ボルティモア教会会議 |
| Baluze, Étienne | バリューズ |
| Bancroft, Richard | バンクロフト |
| Báñez, Domingo | バニェス |
| Bangor | バンガー（バンゴル） |
| Bangorian Controversy | バンガー論争 |
| banns of marriage | 結婚予告 |
| Baptism | 洗礼（バプテスマ） |
| 'Baptism, Eucharist and Ministry' (BEM) | 『洗礼・聖餐・職務』 |
| 'baptism in the Holy Spirit' | 「聖霊による洗礼」 |
| Baptism of Christ | 洗礼（キリストの） |
| baptistery | 洗礼堂 |
| Baptists | バプテスト派 |
| Barabbas | バラバ |
| Barbara, St | バルバラ（聖） |
| Barclay, John | バークレー |
| Barclay, Robert | バークレー |
| Barclay, William | バークレー |

| | |
|---|---|
| Bar Cochba | バル・コクバ |
| Bar-Daisan (Bardesanes) | バル・ダイサン（バルデサネス） |
| Bar Hebraeus | バル・ヘブラエウス |
| Barlaam and Joasaph, Sts | バルラアム（聖）とヨアサフ（聖） |
| Barlow, William | バーロウ |
| Barlow, William | バーロウ |
| Barmen Declaration | バルメン宣言 |
| Barnabas, St | バルナバ（聖） |
| Barnabas, Epistle of | 『バルナバの手紙』 |
| Barnabas, Gospel of | 『バルナバ福音書』 |
| Barnabites | バルナバ修道会 |
| Barnett, Samuel Augustus | バーネット |
| Baro, Peter | バロ |
| Baronius, Cesare | バロニウス |
| baroque | バロック |
| Barrington, Shute | バリントン |
| Barrow (Barrowe), Henry | バロウ |
| Barsanuphius, St | バルサヌフィオス（聖） |
| Barsumas | バルスマス |
| Barth, Karl | バルト |
| Bartholomew, St | バルトロマイ（聖） |
| Bartholomew, Gospel of St | 『バルトロマイ福音書』 |
| Bartholomew of the Martyrs, Bl | バルトロメオ（福） |
| Bartholomew of Pisa | バルトロマエウス（ピサの） |
| Bartholomew's Day, Massacre of St | サン・バルテルミの虐殺 |
| Bartholomites | バルトロマイ修道会 |
| Bartimaeus | バルティマイ |
| Bartolommeo, Fra | バルトロメーオ |
| Barton, Elizabeth | バートン |
| Baruch, Book of | バルク書 |
| Baruch II | 『バルク書（第２）』 |
| Baruch III and IV | 『バルク書（第３と第４）』 |
| base ecclesial communities | 教会基礎共同体 |
| Basil, St, 'the Great' | バシレイオス（大）（聖） |
| Basil, Liturgy of St | バシレイオス典礼 |
| Basil, Rule of St | 『バシレイオス会則』 |
| Basil of Ancyra | バシレイオス（アンキュラの） |
| Basil of Seleucia | バシレイオス（セレウキアの） |
| basilica | バシリカ |
| Basilides | バシレイデス |
| *Basilikon Doron* | 『国王の賜物』 |
| Basle, Confessions of | バーゼル信条 |
| Basle, Council of | バーゼル公会議 |
| Bath and Wells | バース・アンド・ウェルズ |
| Batiffol, Pierre | バティフォル |
| Bauer, Bruno | バウアー |
| Baur, Ferdinand Christian | バウル |
| Bavon, St | バヴォ（聖） |
| Baxter, Richard | バクスター |
| Bay Psalm Book | 『ベイ詩編集』 |
| Bayle, Pierre | ベール |
| Bayly, Lewis | ベイリー |
| BCMS (Bible Churchmen's Missionary Society) | 聖書の教会宣教協会 |
| Bea, Augustin | ベア |
| bead | ビーズ |
| beadle | ビードル |
| Beard, Charles | ビアード |
| Beatific Vision | 至福直観 |
| beatification | 列福 |
| beating of the bounds | 教区境界の検分 |
| Beatitudes, the | 至福の教え |
| Beaton (Bethune), David | ビートン |
| Beauduin, Lambert | ボーデュアン |
| Beaufort, Henry | ボーフォート |
| Bec, Abbey of | ベック修道院 |
| Becket, St Thomas | ベケット（聖） |
| Becon, Thomas | ビーコン |
| Beda, the | ベーダ・カレッジ |
| Bede, St | ベーダ（聖） |
| Beecher, Lyman | ビーチャー |
| Beelzebub (Beelzebul) | ベルゼブル |
| Beguines, Beghards | ベギンとベガルド |
| Bel and the Dragon | ベルと竜（ダニエル書補遺の） |
| Belgic Confession | ベルギー信仰告白 |
| Belgium, Christianity in | ベルギーのキリスト教 |
| Belial | ベリアル |
| Bell, George Kennedy Allen | ベル |
| Bellarmine, St Robert | ベラルミーノ（聖） |
| Belloc, Joseph Hilaire Pierre | ベロック |
| bells | 鐘 |
| 'beloved disciple' | 「愛弟子」 |
| bema | ベーマ |
| Benedicite | ベネディチテ |
| Benedict of Nursia, St | ベネディクトゥス（ヌルシアの）（聖） |
| Benedict, Rule of St | 『ベネディクトゥス会則』 |
| Benedict of Aniane, St | ベネディクトゥス（アニアヌの）（聖） |

Benedict Biscop, St　ベネディクトゥス・ビスコップ（聖）
Benedict XII　ベネディクトゥス12世
Benedict XIII　ベネディクトゥス13世
Benedict XIII　ベネディクトゥス13世
Benedict XIV　ベネディクトゥス14世
Benedict XV　ベネディクトゥス15世
Benedict XVI　ベネディクトゥス16世
Benedictine Order　ベネディクト会
benedictio mensae　食卓の祈り
Benediction of the Blessed Sacrament　聖体降福式
Benedictional　祝福儀式書
Benedictus　ベネディクトゥス（ザカリアの歌）
Benedictus qui venit　ベネディクトゥス・クィ・ヴェニト
benefice　聖職禄
Benefit of Clergy　聖職者特権
Benet of Canfield　ベネット
Bengel, Johannes Albrecht　ベンゲル
Bennett, William James Early　ベネット
Benson, Edward White　ベンソン
Benson, Richard Meux　ベンソン
Berakah　ベラカー
Berdyaev, Nicolas　ベルジャーエフ
Bereans（Barclayans, Barclayites）　ベレア派（バークレー派）
Berengar of Tours　ベレンガリウス（トゥールの）
Berggrav, Eivind　ベルググラーフ
Bergson, Henri　ベルクソン
Berkeley, George　バークリー
Berkouwer, Gerrit Cornelis　ベルコーウェル
Bernadette, St　ベルナデット（聖）
Bernard of Chartres　ベルナルドゥス（シャルトルの）
Bernard of Clairvaux, St　ベルナルドゥス（クレルヴォーの）（聖）
Bernard of Cluny　ベルナルドゥス（クリュニーの）
Bernardines　改革ベルナルドゥス会
Bernardino of Siena, St　ベルナルディヌス（シエナの）（聖）
Berne, Theses of　ベルン提題
Bérulle, Pierre de　ベリュル
Bessarion　ベッサリオン
Bethabara　ベタバラ
Bethany　ベタニア
Bethel　ベテル
Bethesda　ベトザタ（ベテスダ）
Bethlehem　ベツレヘム
Bethlehemites　ベツレヘム会
Bethphage　ベトファゲ
Bethsaida　ベトサイダ
betrothal　婚約
betting and gambling　賭け事
Beuno, St　ベウノ（聖）
Beuron, Abbey of　ボイロン大修道院
Beveridge, William　ベヴァリッジ
Beyschlag, Willibald　バイシュラーク
Beza, Theodore　ベザ（ベーズ）
Bible　聖書
Bible（English Versions）　英語訳聖書
Bible Christians　バイブル・クリスチャン派
Bible divisions and references　聖書の章節区分
Biblia Pauperum　ビブリア・パウペルム
Biblical Commission　教皇庁立聖書委員会
Biblical Theology　聖書神学
bibliolatry　聖書崇拝
Bickersteth, Edward　ビカーステス
Biddle, John　ビドル
Biel, Gabriel　ビール
bigamy　重婚
Bilney, Thomas　ビルニー
bilocation　同時２地点存在
bination　ビナティオ
binding and loosing　つなぐことと解くこと
Bingham, Joseph　ビンガム
Binitarianism　二位一体論
bioethics　生命倫理
biretta　ビレット（ビレタ）
Birinus, St　ビリヌス（聖）
bishop　司教（主教，監督）
Bishops' Bible　ビショップ・バイブル（主教聖書）
Bishops' Book　『主教の書』
Bishops' Wars　主教戦争
Black Churches（Afro-American Churches）　黒人教会（アメリカ黒人教会）
Black Friars　ブラック・フライアーズ
Black Letter Days　黒文字の祝日
Black Mass　黒ミサ
Black Monks　ブラック・マンクス
Black Rubric　「ブラック・ルーブリック」
Blackwell, George　ブラックウェル
Blake, William　ブレイク
Blandina, St　ブランディナ（聖）

| | |
|---|---|
| Blasius, St | ブラシオス（聖） |
| blasphemy | 瀆神 |
| Blastares, Matthew | ブラスタレス |
| Blemmydes, Nicephorus | ブレミュデース |
| Blessed Sacrament | 聖別されたパン（聖餐式） |
| blessing（benediction） | 祝福 |
| Blomfield, Charles James | ブロムフィールド |
| Blondel, David | ブロンデル |
| Blondel, Maurice | ブロンデル |
| Bloxam, John Rouse | ブロクサム |
| Blumhardt, Johann Christoph | ブルームハルト |
| Boanerges | ボアネルゲス |
| Bobbio | ボッビオ |
| Bodley, George Frederick | ボドリー |
| Bodmer papyri | ボドマー・パピルス |
| Body of Christ | キリストの体 |
| Boehme, Jakob | ベーメ |
| Boethius, Anicius Manlius Torquatus Severinus | ボエティウス |
| Bogomils | ボゴミル派 |
| Boharic | ボハイル方言 |
| Bohemian Brethren | ボヘミア兄弟団 |
| Bohemond I | ボエモンド１世 |
| Bollandists | ボランディスト |
| Bologna | ボローニャ |
| Bologna, Corcordat of | ボローニャ協約 |
| Bolsec, Hieronymus Hermes | ボルセック |
| Bolsena, the Miracle of | ボルセナの奇跡 |
| Bonaventure, St | ボナヴェントゥラ（聖） |
| Bonhoeffer, Dietrich | ボンヘッファー |
| Boniface, St | ボニファティウス（聖） |
| Boniface I, St | ボニファティウス１世（聖） |
| Boniface VIII | ボニファティウス８世 |
| Boniface of Savoy | ボニファティウス（サヴォワの） |
| Bonn Reunion Conferences | ボン教会再一致会議 |
| Bonner, Edmund | ボナー |
| Bonosus | ボノスス |
| book of life | 命の書 |
| Booth, William | ブース |
| Bordeaux Pilgrim | ボルドーの巡礼者 |
| Borgia, Cesare | ボルジア |
| Borgia（Borja）, St Francis | ボルハ（聖） |
| Borrow, George Henry | ボロー |
| Bosanquet, Bernard | ボーサンケト |
| Bosco, St John | ボスコ（聖） |
| Bosio, Antonio | ボシオ |
| Bossey | ボセイ |
| Bossuet, Jacques-Bénigne | ボシュエ |
| Botulph（Botolph, Botwulf）, St | ボトゥルフ（聖） |
| Bourchier, Thomas | バウチャー |
| Bourdaloue, Louis | ブールダルー |
| Bourignon, Antoinette | ブリニョン |
| Bousset, Wilhelm | ブセット |
| Bow Church | ボウ教会 |
| Boyle, Robert | ボイル |
| Brabourne, Theophilus | ブレイバーン |
| Bradford, John | ブラッドフォード |
| Bradley, Francis Herbert | ブラッドリー |
| Bradwardine, Thomas | ブラッドワーディーン |
| Braga, rite of | ブラガ典礼 |
| Bramhall, John | ブラムホール |
| branch theory of the Church | 教会分枝説 |
| brasses | ブラス |
| brawling | 騒乱罪 |
| Bray, Thomas | ブレイ |
| Bray, the Vicar of | ブレイ村の司祭 |
| Brazil, Christianity in | ブラジルのキリスト教 |
| bread, leavened and unleavened | 酵母入りのパンと酵母を入れないパン |
| Breastplate of St Patrick | 「聖パトリキウスの胸当て」 |
| Breda, Declaration of | ブレダ宣言 |
| Breeches Bible | ズボン聖書 |
| Brémond, Henri | ブレモン |
| Brendan（Brenainn）, St | ブレンダン（聖） |
| Brent, Charles Henry | ブレント |
| Brenz, Johann | ブレンツ |
| Brest-Litovsk, Union of | ブレスト・リトフスクの教会合同 |
| Brethren of the Common Life | 共同生活兄弟団 |
| Brethren of the Free Spirit | 自由精神の兄弟団 |
| brethren of the Lord | 主の兄弟たち（イエスの兄弟たち） |
| Brett, Thomas | ブレット |
| Breviary | 聖務日課書（ブレヴィアリウム） |
| Bridges, Robert Seymour | ブリッジズ |
| Bridget（Birgitta）of Sweden, St | ビルギッタ（スウェーデンの）（聖） |
| Bridgettine Order（Brigittine Order） | ビルギッタ修道会 |
| Bridgewater Treatises | ブリッジウォーター論文叢書 |
| briefs, Church | ブリーフ（小勅書） |
| Briggs, Charles Augustus | ブリッグズ |

| | |
|---|---|
| Brigit (Bride), St | ブリギッド（聖） |
| British and Foreign Bible Society | 英国および海外聖書協会 |
| British Council of Churches | イギリス教会協議会 |
| Britten, Edward Benjamin | ブリテン |
| broadcasting, religious | 宗教放送 |
| Broad Church | 広教会派 |
| broad stole | ブロード・ストール |
| Brooke, Stopford Augustus | ブルック |
| Brooks, Phillips | ブルックス |
| Brother Lawrence | フレール・ローラン |
| Brothers Hospitallers | ヨハネ病院修道会 |
| Browne, George | ブラウン |
| Browne, Robert | ブラウン |
| Browne, Sir Thomas | ブラウン |
| Brownson, Orestes Augustus | ブラウンソン |
| Brunner, Emil | ブルンナー |
| Bruno, St | ブルーノ（聖） |
| Bruno, St | ブルーノ（聖） |
| Bruno, Giordano | ブルーノ |
| Buber, Martin | ブーバー |
| Bucer (Butzer), Martin | ブツァー |
| Buchanan, George | ブキャナン |
| Buchman, Frank Nathan Daniel | ブックマン |
| Buckfast Abbey | バックファスト・アビー |
| Bugenhagen, Johann | ブーゲンハーゲン |
| bugia (scotula, palmatorium) | 手燭（ブジア） |
| Bulgakov, Sergius | ブルガーコフ |
| Bulgaria, Christianity in | ブルガリアのキリスト教 |
| bull | 大勅書 |
| Bull, George | ブル |
| bullarium | 大勅書集 |
| Bullinger, Heinrich | ブリンガー |
| Bultmann, Rudolf | ブルトマン |
| Bunting, Jabez | バンティング |
| Bunyan, John | バニヤン |
| Burchard | ブルカルドゥス |
| Burchard (Burckard), John | ブルヒャルト |
| Burdett-Coutts, Angela Georgina | バーデット・クーツ |
| Burgher | バーガー派 |
| Burgundio of Pisa | ブルグンディオ（ピサの） |
| burial services (funeral services) | 埋葬式 |
| Burma, Christianity in | ミャンマー（ビルマ）のキリスト教 |
| Burnet, Gilbert | バーネット |
| burning | 火刑 |
| burning bush, the | 燃える柴 |
| Burrough, Edward | バロウ |
| burse | ブルサ |
| Busch, Jan | ブッシュ |
| Bushnell, Horace | ブッシュネル |
| Butler, Alban | バトラー |
| Butler, Joseph | バトラー |
| Butler, Josephine Elizabeth | バトラー |
| Butler, William John | バトラー |
| Butterfield, Sir Herbert | バターフィールド |
| Butterfield, William | バターフィールド |
| Byrd, William | バード |
| Byrhtferth | ビルトフェルト |
| Byzantine rite | ビザンティン典礼 |
| Byzantine text of the NT | ビザンティン型本文（新約聖書の） |

# C

| | |
|---|---|
| Cabasilas, St Nicholas | カバシラス（聖） |
| Cabrini, St Frances Xavier | カブリーニ（聖） |
| Cadbury, Henry Joel | キャドベリー |
| Caecilian | カエキリアヌス |
| Caedmon | カドモン |
| Caeremoniale Episcoporum | 『司教儀典書』 |
| Caeremoniale Romanum | 『ローマ儀典書』 |
| Caesar | カエサル |
| Caesarea (Palestine) | カイサリア（パレスチナの） |
| Caesarea Philippi | フィリポ・カイサリア |
| Caesarean text | カイサリア型本文 |
| Caesarius, St | カエサリウス（聖） |
| Caesarius of Heisterbach | カエサリウス（ハイスターバッハの） |
| Caesaropapism | 皇帝教皇主義 |
| Caiaphas | カイアファ |
| Cainites | カイン派 |
| Caird, Edward | ケアード |
| Cajetan, St | ガエターノ（聖） |
| Cajetan, Thomas de Vio | カエタヌス |
| Calamy, Edmund | カラミー |
| Calamy, Edmund | カラミー |
| calced | 履靴派 |
| Calderwood, David | コールダーウッド |
| calefactory | 修道院暖炉室 |
| calendar | 暦 |
| Calixtines | カリス派 |

| | |
|---|---|
| Calixtus, Georg | カリクストゥス |
| calling | 召命 |
| Callistus（Calixtus）I, St | カリストゥス１世（聖） |
| Callistus（Calixtus）II | カリストゥス２世 |
| Callistus（Calixtus）III | カリストゥス３世 |
| Calovius, Abraham | カロヴィウス |
| Calvary | カルヴァリ |
| Calvin, John | カルヴァン |
| Calvinism | カルヴァン主義 |
| Calvinistic Methodism | カルヴァン主義メソジズム |
| Camaldolese | カマルドリ会 |
| Câmara, Helder Passoa | カマラ |
| Cambridge | ケンブリッジ |
| Cambridge Camden Society | ケンブリッジ・カムデン協会 |
| Cambridge Platonists | ケンブリッジ・プラトン学派 |
| Camerarius, Joachim | カメラリウス |
| Camerlengo | カメルレンゴ |
| Cameron, John | カメロン |
| Cameron, John | カメロン |
| Cameron, Richard | カメロン |
| Cameronians | カメロン派 |
| Camillus of Lellis, St | カミロ・デ・レリス |
| Camisards | カミザール派 |
| Campanella, Tommaso | カンパネラ |
| campanile（bell-tower） | カンパニーレ（鐘楼） |
| Campbell, Alexander | キャンベル |
| Campbell, John McLeod | キャンベル |
| Campeggio, Lorenzo | カンペッジョ |
| Campion, St Edmund | キャンピオン（聖） |
| camp meeting | 野外集会（キャンプ・ミーティング） |
| Canaan | カナン |
| Canada, Christianity in | カナダのキリスト教 |
| candle | ろうそく |
| Candlemas | キャンドルマス |
| Canisius, St Peter | カニシウス（聖） |
| Cano, Melchior | カーノ |
| canon | カノン |
| canon（ecclesiastical title） | カノン |
| canon（hymnological） | カノン |
| canon law | 教会法 |
| Canon of the Mass | ミサ典文 |
| canon of Scripture | 正典（聖書の） |
| canoness | カノネス |
| canonization | 列聖 |
| Canons, the | 『教令』 |
| canons regular（regular canons） | 修道祭式者会（律修参事会） |
| canopy, processional | 天蓋（行列用の） |
| Canossa | カノッサ |
| cantata | カンタータ |
| Canterbury | カンタベリー |
| Canterbury cap | カンタベリー帽 |
| canticle | カンティクル |
| *Canticle of the Sun, The* | 『太陽の賛歌』 |
| Cantilupe, St Thomas de | カンティリュープ（聖） |
| cantor | カントル |
| cantoris | 北側聖歌隊 |
| Capernaum | カファルナウム |
| capital punishment | 死刑 |
| Capito, Wolfgang | カピト |
| Capitular Mass | 参事会ミサ |
| capitulary | カピトゥラリア（カピチュラリー） |
| cappa magna | 大カッパ |
| Cappadocian Fathers, the | カッパドキア３教父 |
| Capreolus, John | カプレオルス |
| Captivity Epistles, the | 獄中書簡 |
| Capuchins | カプチン会 |
| Carbonari | カルボナリ党 |
| Cardale, John Bate | カーデイル |
| Cardijn, Joseph-Léon | カルディン |
| cardinal | 枢機卿 |
| cardinal virtues（natural virtues） | 枢要徳（自然徳） |
| Carey, William | ケアリ |
| Caribbean, Christianity in the | カリブ海のキリスト教 |
| Carlile, Wilson | カーライル |
| Carlisle | カーライル |
| Carlstadt（Karlstadt） | カールシュタット |
| Carmel, Mount | カルメル山 |
| Carmelites | カルメル会 |
| carnival | 謝肉祭 |
| carol | キャロル |
| Caroline Books, the | カロリング文書 |
| Caroline Divines | カロライン神学者 |
| Carolingian schools | カロリング学派 |
| Carpenter, Lant | カーペンター |
| Carpocrates | カルポクラテス |
| Carranza, Bartolomé | カランサ |
| Carroll, John | キャロル |
| Carstares, William | カーステアズ |
| *Carta Caritatis*（*Charter of Love*） | 『愛の憲章』（『カルタ・カリターティス』） |

Carter, Thomas Thellusson　カーター
Cartesianism　デカルト主義
Carthage, Councils of　カルタゴ教会会議
Carthusian Order　カルトゥジア会
cartouche　カルトゥーシュ
Cartwright, Thomas　カートライト
Casel, Odo　カーゼル
Cashel, Council of　カッシェル教会会議
Cassander, Georg　カッサンダー
Cassian, John　カッシアヌス
Cassinese Congregation　カッシーノ修族
Cassiodorus, Flavius Magnus Aurelius　カッシオドルス
cassock　キャソック（スータン）
Castel Gandolfo　カステル・ガンドルフォ
Castellio, Sebastian　カステリョ
casuistry　決疑論
Caswall, Edward　キャズウォール
catacombs　カタコンベ
catafalque　カタファルク
catechesis　カテケーシス（要理教育）
Catechetical School of Alexandria　アレクサンドリア教理学校
catechism　カテキズム（教理問答）
Catechism, Prayer Book　『祈禱書』のカテキズム
Catechism of the Catholic Church　『カトリック教会のカテキズム』
catechist　カテキスタ
catechumens　洗礼志願者（カテクメヌス）
Catechumens, Mass of the　洗礼志願者のミサ
Categorical Imperative　定言的命令
catena　カテナ
Catharinus, Ambrosius　カタリヌス
Cathars　カタリ派
cathedra　カテドラ
cathedral　司教座聖堂（主教座聖堂，大聖堂）
cathedral schools　カテドラルスクール
Catherine, St, of Alexandria　カタリナ（アレクサンドリアの）（聖）
Catherine, St, of Genoa　カタリナ（ジェノヴァの）（聖）
Catherine, St, de' Ricci　カタリナ（リッチの）（聖）
Catherine, St, of Siena　カタリナ（シエナの）（聖）
Catherine, St, of Sweden　カタリナ（スウェーデンの）（聖）
Catherine de' Medici　カトリーヌ・ド・メディシス
Catholic　カトリック
Catholic Action　カトリック・アクション
Catholic Apostolic Church　カトリック使徒教会
Catholic Association　カトリック協会
Catholic Epistles　公同書簡
Catholic Relief Acts（Catholic Emancipation Acts）　カトリック解放令
Catholic Truth Society　カトリック信仰協会
Catholic University of America　アメリカ・カトリック大学
Catholicos　カトリコス
Caton, William　ケイトン
Causes of Saints, Congregation for the　列聖省
Caussade, Jean Pierre de　コーサード
cautel　秘跡注規
Caxton, William　カクストン
Cecilia, St　カエキリア（聖）
Cedd, St　セッド（聖）
Cedron（Kidron）　キドロン
celebret　ケレブレト（ミサ執行許可状）
Celestine I, St　ケレスティヌス1世（聖）
Celestine III　ケレスティヌス3世
Celestine V, St　ケレスティヌス5世（聖）
Celestine Order　ケレスティヌス修道会
Celestius　カエレスティウス
celibacy of the clergy　独身制（聖職者の）
cell　セル
cella（cella cemeterialis）　セラ（ケラ）
cellarer　修道院衣食住係
Celsus　ケルソス
Celtic Churches　ケルト諸教会
cemetery　墓地
Cenaculum（Upper Room）　高間（2階の広間）
censing（incensation）　献香
Centre Party　中央党
Centuriators of Magdeburg　『マクデブルク世紀史』の著者たち
Cerdo　ケルドン
cere cloth　蠟引き布
ceremonial　儀典
Cerinthus　ケリントス
Cesarini, Julian　チェザリーニ
chaburah　ハブラー
Chad, St　チャド（聖）
Chadwick, Henry, KBE　チャドウィック
Chalcedon, Council of　カルケドン公会議

Chalcedon, the Definition of　カルケドン定式
Chaldean Christians（Syro-Chaldean Christians）　カルデア教会
chalice　カリス（チャリス）
chalice veil　カリス・ヴェール
Challoner, Richard　チャロナー
Chalmers, James　チャーマーズ
Chalmers, Thomas　チャーマーズ
Chambers, Robert　チェンバーズ
chancel　内陣
chancellor　チャンセラー
Chancery, Papal　教皇庁尚書院
Channel Islands, Christianity in the　チャネル諸島のキリスト教
Channing, William Ellery　チャニング
chantry　チャントリー（寄進供養礼拝堂）
chapel　礼拝堂（チャペル）
chapel of ease　支聖堂
chapel royal　王室礼拝堂
chaplain　チャプレン
chaplet　環（ロザリオの）
Chapman, John　チャップマン
chapter　チャプター
Chapter, Little（Short Reading）　リトル・チャプター
chapter house　チャプター・ハウス
character　霊印
Chardon, Louis　シャルドン
charge　告諭
charismata　カリスマ
Charismatic Renewal Movement　カリスマ刷新運動
charity　愛徳（カリタス）
Charlemagne（Charles the Great）　シャルルマーニュ（カール大帝）
Charles I　チャールズ 1 世
Charles II　チャールズ 2 世
Charles V　カール 5 世
Charles Borromeo, St　カルロ・ボロメオ（聖）
Charles Martel　シャルル・マルテル（カール・マルテル）
Charron, Pierre　シャロン
charterhouse　チャーターハウス
Chartres　シャルトル
chasuble　チャズブル（カズラ）
Chateaubriand, François-René, Vicomte de　シャトーブリアン
Chaucer, Geoffrey　チョーサー
Chelsea, Councils of　チェルシー教会会議
Chemnitz, Martin　ケムニッツ
Cherubicon（Cherubic Hymn）　ケルビコン
Cherubim　ケルビム（智天使）
Chester　チェスター
Chester Beatty Papyri　チェスター・ビーティ・パピルス
Chevetogne　シュヴトーニュ
Chichele, Henry　チチェリー
Chichester　チチェスター
Children's Crusade　少年十字軍
Chile, Christianity in　チリのキリスト教
Chillingworth, William　チリングワース
chimere　シミアー
China, Christianity in　中国のキリスト教
China Inland Mission（CIM）　中国内地宣教協会
Chinese Rites Controversy　中国の典礼論争
choir（architectural）　聖歌隊席（クワイア）
choir（musical）　聖歌隊（クワイア）
choir sisters　聖歌隊席の修道女
chorepiscopus　地方主教（地方司教）
chrism　聖香油
chrismatory　聖香油入れ
Christ　キリスト
Christ the King, Feast of　王たるキリストの祭日
Christ Church, Oxford　クライスト・チャーチ（オックスフォードの）
Christadelphians　キリスト・アデルフィアン派
Christian　キリスト教徒（キリスト者，クリスチャン）
Christian Aid　クリスチャン・エイド
Christian Science　クリスチャン・サイエンス
Christian Socialism　キリスト教社会主義
*Christian Year, The*　『キリスト者の 1 年』
Christina　クリスティーナ
Christmas　クリスマス（降誕祭）
Christocentric　キリスト中心主義的
Christology　キリスト論
Christopher, St　クリストフォロス（聖）
Chrodegang, St　クロデガング（聖）
Chromatius, St　クロマティウス（聖）
Chronicles, Books of　歴代誌
Chronicon Paschale　『復活祭年代記』
Chronographer of AD 354, the　『354 年の年代記』の編者
chronology, biblical　聖書年代学
Chrysippus of Jerusalem

| | |
|---|---|
| | クリュシッポス（エルサレムの） |
| Chrysogonus, St | クリュソゴヌス（聖） |
| Chrysologus, St Peter | クリュソログス（聖） |
| chrysom（chrism-robe） | 幼児の洗礼服 |
| Chrysostom, Pseudo- | 偽クリュソストモス |
| Chrysostom, St John | ヨアンネス・クリュソストモス（聖） |
| Chrysostom, Liturgy of St | クリュソストモス典礼 |
| Chrysostom, Prayer of St | クリュソストモスの祈り |
| Church | 教会 |
| Church Army | チャーチ・アーミー |
| Church Assembly（National Assembly of the Church of England） | 英国教会会議 |
| Church Association | チャーチ・アソシエーション |
| Church Commissioners | 英国教会教会問題検討委員会 |
| *Church Hymnary, The* | 『教会聖歌集』 |
| Church Meeting | 教会総会 |
| Church's Ministry among Jewish people | ユダヤ人への教会のミニストリー |
| Church of England | 英国教会（英国国教会） |
| Church of the East（Assyrian Church of the East） | アッシリア東方教会（ネストリオス派教会） |
| Church Sisters | チャーチ・シスター |
| *Church Times* | 『チャーチ・タイムズ』 |
| Church Union | チャーチ・ユニオン |
| Church Unity Octave | 教会一致の 8 日間 |
| Churches Together | チャーチ・トゥゲザー |
| Churching of Women | 産後感謝式 |
| churchwardens | 教会区委員 |
| churchyard | チャーチ・ヤード |
| ciborium | キボリウム（チボリウム） |
| Cimabue | チマブーエ |
| Circumcellions | キルクムケリオネス |
| circumcision | 割礼 |
| Circumcision, Feast of the | 主の割礼の祝日 |
| circumincession（circuminsession） | 三位相互内在性 |
| Cisneros, Francisco Ximénez de | シスネロス（ヒメネス・デ・シスネロス） |
| Cistercian Order | シトー会 |
| citation | 召喚 |
| Cîteaux | シトー |
| Civil Constitution of the Clergy | 聖職者民事基本法 |
| Clairvaux | クレルヴォー |
| clandestinity | 内密婚 |
| Clapham Sect | クラパム・セクト |
| Clare, St | クララ（聖） |
| Clarendon, Constitutions of | クラレンドン憲章 |
| Clarke, Samuel | クラーク |
| Clarkson, Thomas | クラークソン |
| class meeting | 組会 |
| Claudel, Paul Louis Charles | クローデル |
| Claudianus Mamertus | クラウディアヌス・マメルトゥス |
| Claudius | クラウディウス |
| clausura（enclosure） | 禁域 |
| Clayton, John | クレイトン |
| Clement of Rome, St | クレメンス（ローマの）（聖） |
| Clement V | クレメンス 5 世 |
| Clement VI | クレメンス 6 世 |
| Clement VII | クレメンス 7 世 |
| Clement VIII | クレメンス 8 世 |
| Clement XI | クレメンス11世 |
| Clement XIII | クレメンス13世 |
| Clement XIV | クレメンス14世 |
| Clement of Alexandria | クレメンス（アレクサンドリアの） |
| Clementine Literature（Pseudo-Clementines） | クレメンス文書（偽クレメンス文書） |
| Clementines | 『クレメンス集』 |
| Cleopas | クレオパ |
| Clergy Discipline Measure 2003 | 「聖職者規律条例」 |
| Clerical Disabilities Act 1870 | 聖職欠格法 |
| Clerical Subscription Act 1865 | 聖職受諾法 |
| Clericis Laicos | 『クレリキス・ライコス』 |
| Clerk in Holy Orders | 聖職者（英国教会の） |
| Clerk of the Closet | 国王付き聖職者 |
| clerks regular（regular clerks） | 修道聖職者会（律修聖職者会） |
| Clermont, Council of | クレルモン教会会議 |
| Clifford, John | クリフォード |
| Clitherow, St Margaret | クリゼロウ（聖） |
| cloister | 回廊（クロイスター） |
| Close, Francis | クロース |
| Clotilde, St | クロティルド（聖） |
| *Cloud of Unknowing, The* | 『不可知の雲』 |
| Clovesho, Councils of | クロウヴァショウ教会会議 |
| Clovis | クローヴィス |
| Cluny, Cluniacs | クリュニーとクリュニー系修道院 |
| CMS（Church Mission Society） | 英国教会宣教協会 |
| coadjutor-bishop | 協働司教 |
| coarb | コアーブ |
| Cocceius, Johannes | コッケイユス（コクツェーユス） |

Cochlaeus, Johannes コッホレウス
co-consecrator 共同聖別司教
Codex Alexandrinus（'A'） アレクサンドリア写本
Codex Amiatinus アミアティヌス写本
Codex Bezae（'D'） ベザ写本
Codex Ephraemi（'C'） エフラエム写本
Codex Iuris Canonici（CIC） 『教会法典』
Codex Sinaiticus（'א'） シナイ写本
Codex Vaticanus（'B'） ヴァティカン写本
Codrington, Christopher コドリントン
coenobite（cenobite） 共住修道士
Coffin, Charles コファン
*cogito ergo sum* コギト・エルゴ・スム
Coke, Thomas コーク
Colenso, John William コレンゾー
Coleridge, Samuel Taylor コールリッジ
Colet, John コレット
Colettines コレット派
Coligny, Gaspard de コリニー
collation コラティオ
collect 集会祈願（特禱）
collegialism 教会団体説
collegiality 団体性
Collegiants コレギア派
collegiate church 参事会教会（共住聖職者教会）
Collier, Jeremy コリアー
Collins, Anthony コリンズ
Colluthus コルトス
Collyridians コリュリス派
Colman, St コルマン（聖）
Cologne ケルン
Colombini, Bl Giovanni コロンビーニ（福）
Colosseum コロセウム
Colossians, Epistle to the
コロサイの信徒への手紙（コロサイ書）
colours, liturgical 典礼色
Columba, St コルンバ（聖）
Columbanus, St コルンバヌス（聖）
Comboni, St Daniele コンボーニ（聖）
Comenius, Johannes Amos
コメニウス（コメンスキー）
Comes コメス（聖句集）
Comfortable Words, the 慰めの言葉
Comgall, St コムガル（聖）
commandery 騎士団領
Commandments, the Ten 十戒
Commandments of the Church（Precepts of the Church）
教会の掟
commemoration 祝日の記念祈禱
commendam 空職俸禄
Commendatio morientium 臨終者のための祈り
Commination 大斎懺悔式文
Commodian コンモディアヌス
Common of the Saints 共通典礼文（聖人の）
Common Order, Book of 『共同礼拝規定書』
*Common Praise* 『コモン・プレイズ』
Common Prayer, The Book of（BCP）
『祈禱書』（英国教会の）
Common Worship（CW） 『共同礼拝』（『新祈禱書』）
Communicantes 聖体拝領唱
communicatio idiomatum 属性の融通（属性の交流）
Communion, frequency of 陪餐の回数
Communion, The Order of the 『聖餐式順序』
Communion anthem（antiphon） 拝領唱
Communion in both kinds（Communion under both species） 二種陪餐
Communion of Saints 聖徒の交わり
Communion plate 聖体拝領皿
Communion table 聖餐卓
Communion tokens 陪餐許可証
Community Churches コミュニティー・チャーチ
Community of the Resurrection 復活修士会
comparative religion 比較宗教学
competentes 有資格者
Compline 終課（就寝前の祈り）
Complutensian Polyglot
コンプルトゥム版多国語対訳聖書
Compostela（Santiago de Compostela）
サンティアゴ・デ・コンポステラ
comprecation 聖人の執り成し
Compton, Henry コンプトン
Comte, Auguste コント
concelebration 共同司式
Conciliar theory（Conciliarism）
公会議首位説（公会議首位主義）
conclave コンクラーヴェ（教皇選挙会議場）
concomitance 併存説（相伴説）
Concord, Formula（1577）and Book（1580）of
和協信条と『和協信条書』（『一致信条書』）
concordance コンコルダンス
concordat 政教協約
Concordat of 1801 政教協約（1801年の）

concupiscence 情欲
concurrence 祝日の連続
concursus divinus 神の協力
condignity 等価的功徳
conditional immortality 条件付き不死説
Condren, Charles de コンドラン
Confessing Church（Confessional Church） 告白教会
confession コンフェッション（告白，告解，懺悔）
*Confessions of St Augustine, The* 『告白録』（アウグスティヌスの）
confessor コンフェッソル（証聖者，聴罪司祭）
Confirmation 堅信
Confiteor コンフィテオル
Congar, Yves コンガール
*congé d'élire* コンジェ・デリレ（主教選挙勅許書）
Congo, Democratic Republic of the, Christianity in コンゴ民主共和国のキリスト教
Congo, kingdom of, Christianity in コンゴ王国のキリスト教
congregation, monastic 単式誓願修道会（修族）
Congregation of the Lord 「主の会衆」
Congregation, Religious 律修者聖省
Congregationalism 会衆制（会衆派）
congruism 合宜説
Conrad of Gelnhausen コンラドゥス（ゲルンハウゼンの）
Conrad of Marburg コンラドゥス（マールブルクの）
Consalvi, Ercole コンサルヴィ
consanguinity 血族
conscience 良心
consecration 聖別
Consecration, the Prayer of 聖別の祈り
Consensus Genevensis ジュネーヴ一致信条
Consensus Tigurinus（Zurich Consensus） チューリヒ一致信条
consignatorium コンシグナトリウム
consistory コンシストリー（枢機卿会議）
Consolata Missionaries コンソラータ宣教会
Constance, Council of コンスタンツ公会議
Constantine the Great コンスタンティヌス大帝（コンスタンティヌス 1 世）
Constantinople コンスタンティノポリス
Constantinople, First Council of コンスタンティノポリス公会議（第 1 ）
Constantinople, Second Council of コンスタンティノポリス公会議（第 2 ）
Constantinople, Third Council of コンスタンティノポリス公会議（第 3 ）
Constitutional Church 憲法派教会
consubstantial 同一実体
consubstantiation 共在説
Consultation on Church Union（COCU） 教会合同協議会
contakion（kontakion） コンタキオン
Contarini, Gasparo コンタリーニ
contemplation, contemplative life 観想と観想生活
contraception, procreation, and abortion, ethics of 避妊・生殖・中絶の倫理
Contra-Remonstrantie 『反抗議書』
contrition 痛悔
convent コンヴェント（女子修道院）
Conventicles Act 1664 秘密集会禁止法
Conventual Mass 修道院の日々のミサ
Conventuals コンベンツアル派
conversi 助修士
Conversion of St Paul, Feast of the パウロの回心記念日
Convocations of Canterbury and York 聖職者会議（カンタベリーとヨークの）
Convulsionaries 痙攣派
Cooper（Cowper）, Thomas クーパー
Coornhert, Dirck Volckertszoon コールンヘルト
cope コープ
Copernicus, Nicholas コペルニクス
Coptic コプト語
Coptic Church コプト教会
Corbie コルビー
Cordeliers コルドリエ
Co-Redemptrix 共同贖い主
Corinth コリント（コリントス）
Corinthians, Epistles to the コリントの信徒への手紙（コリント書）
Corinthians, Third Epistle to the 『コリントの信徒への第 3 の手紙』
Cornelius, St コルネリウス（聖）
Cornelius a Lapide（Cornelis Cornelissen van den Steen） コルネリウス・ア・ラピデ
Coronation of Our Lady 聖母の戴冠
Coronation rite in England 戴冠式（イングランドにおける）
corporal コルポラーレ（聖体布）
corporal works of mercy 慈しみのわざ（具体的な）

Corporation Act 1661　自治体法
Corpus Christi, Feast of　キリストの聖体の祭日
Corpus Iuris Canonici　教会法大全
correctoria　コレクトリア
corrody　コロディー
Cosin, John　カズン
Cosmas and Damian, Sts
コスマス（聖）とダミアノス（聖）
Cosmas Indicopleustes
コスマス・インディコプレウステス
Cosmas Melodus, St　コスマス・メロードス（聖）
Cosmocrator　コスモクラトル
Cosmological Argument　宇宙論的証明
cosmology　宇宙論
cotta　コッタ
Council　教会会議
Council for World Mission　世界宣教協議会
counsels of perfection　完徳の勧告
Counter-Reformation　対抗宗教改革（反宗教改革）
Courayer, Pierre François Le　ル・クレイエ
Court of Ecclesiastical Causes Reserved
教会留保事項裁判所
Courtenay, William　コートニー
Couturier, Paul Irénée　クテュリエ
Covel, John　コヴル
covenant　契約
Covenanters　カヴェナンター
Coventry　コヴェントリー
Coverdale, Miles　カヴァデール
cowl　カウル
Cowley Fathers, the　カウリー・ファーザーズ
Cowper, William　クーパー
Cox, Richard　コックス
CPAS（Church Pastoral Aid Society）
教会司牧援助協会
Crakanthorpe, Richard　クラカンソープ
Cranach, Lukas　クラーナハ
Cranmer, Thomas　クランマー
Crashaw, Richard　クラショー
creation　創造（天地創造）
creationism　クリエイショニズム
credence（credence table）　祭器卓
Crediton　クレディトン
credo ut intelligam　クレド・ウト・インテリガム
creed　信条（信経，クレド）
Creed of Pius IV（Professio fidei Tridentinae）
ピウス4世の信仰宣言
Creighton, Mandell　クライトン
cremation　火葬
crib　飼い葉桶（馬小屋）
Crisis, Theology of　危機神学
Crispin and Crispinian, Sts
クリスピヌス（聖）とクリスピニアヌス（聖）
critical apparatus　本文批判脚注資料
*Critique of Pure Reason, The*　『純粋理性批判』
Croce, Benedetto　クローチェ
Cromwell, Oliver　クロムウェル
Cromwell, Thomas　クロムウェル
crosier（pastoral staff）　牧杖（司教杖）
Crown Nominations Commission
最高人事検討委員会
Crown of Thorns　茨の冠
Crowther, Samuel Adjai（Ajayi）　クラウザー
crucifix　十字架像（磔刑像）
crucifixion　十字架刑（磔刑）
Cruden, Alexander　クルーデン
cruets　小瓶（ミサ用の）
Crusades　十字軍
crutched friars（fratres cruciferi）　十字架修道会
crypt　クリュプタ（地下祭室）
Crypto-Calvinism　クリプト・カルヴァン主義
Cudworth, Ralph　カドワース
Cugoano, Ottabah　クゴアノ
cuius regio, eius religio
クイユス・レギオ，エイユス・レリギオ
Culdee　ケリ・デ
Cullmann, Oscar　クルマン
Cum occasione　『クム・オカジオーネ』
Cumberland, Richard　カンバーランド
cuneiform　楔形文字
curate　補助司祭
*Cur Deus Homo*　『クール・デウス・ホモ』
Curé d'Ars, the, St　ヴィアンネ（アルスの司祭）（聖）
Curia　教皇庁（クリア）
cursive script　筆記字体
*Cursor Mundi*　『クルソル・ムンディ』
Customary（Consuetudinary）　慣習書（慣習律）
Cuthbert, St　カスバート（聖）
Cynewulf　キネウルフ
Cyprian, St　キュプリアヌス（聖）
Cyprian, St　キュプリアノス（聖）
Cyprus, Christianity in　キプロスのキリスト教

Cyril, St, of Jerusalem キュリロス（エルサレムの）（聖）
Cyril, St, of Alexandria キュリロス（アレクサンドリアの）（聖）
Cyril, St and Methodius, St キュリロス（聖）とメトディオス（聖）
Cyril of Scythopolis キュリロス（スキュトポリスの）
Cyrillic キリル文字
Czechoslovak Hussite Church チェコスロヴァキア・フス教会

# D

'D' D 資料（申命記資料）
Daillé, Jean ダイエ
d'Ailly, Pierre アイイ
Dale, Robert William デイル
D'Alembert, Jean Le Rond ダランベール
Dalman, Gustaf Herman ダルマン
dalmatic ダルマティカ
Damascus ダマスコ
Damasus, St ダマスス（聖）
Damien, St ダミアン（聖）
damnation 劫罰
Dance of Death 死の舞踏
Daniel, Book of ダニエル書
Daniel, St ダニエル（聖）
Daniélou, Jean ダニエルー
Dante Alighieri ダンテ
Darboy, Georges ダルボア
Darby, John Nelson ダービー
D'Arcy, Martin Cyril ダーシー
Dark Ages, the 暗黒時代
Darwin, Charles ダーウィン
Davenport, Christopher ダヴェンポート
Davenport, John ダヴェンポート
David ダビデ
David, St デーヴィッド（聖）
David of Augsburg ダーヴィト（アウクスブルクの）
David of Dinant ダヴィッド（ディナンの）
Davidson, Randall Thomas デーヴィッドソン
Day, Dorothy デイ
Day Hours 時課（時禱）
Day's Psalter デイの韻律詩編集
deacon 助祭（執事，輔祭）
deaconess 女執事（女性執事，ディアコニッセ）
dead, prayers for the 死者のための祈り
Dead Sea 死海
Dead Sea Scrolls 死海写本
dean ディーン
Dearmer, Percy ディアマー
'death of God' theology 神の死の神学
decade 連（ロザリオの）
decani 南側聖歌隊
Deceased Wife's Sister's Marriage Act 1907 亡き妻の姉妹との婚姻法
Decius デキウス
Declaration against Transubstantiation 実体変化への反対宣言
Declaration of the Sovereign（Royal Declaration） 登位宣言
Declaration of Indulgence 信仰自由宣言
Declaratory Acts 宣言的制定法
Decollation of St John the Baptist 洗礼者聖ヨハネ斬首の記念日
decretals 教皇教令
Decretum Gelasianum 『ゲラシウス教令』
Dedication, Jewish Feast of the 神殿奉献記念祭
dedication of Churches 献堂式
de Dominis, Marco Antonio デ・ドミニス
Defender of the Faith 「信仰の擁護者」
Defender of the Matrimonial Bond 結婚の絆の保護官
Defensor デフェンソル
*de fide*（*de fide catholica*） デ・フィデ
de Foucauld, Bl Charles Eugène フーコー（福）
De Haeretico Comburendo 異端火刑法
deification 神化
Deiniol, St デイニオール（聖）
Deism 理神論
Deissmann, Adolf ダイスマン
de la Taille, Maurice ラ・タイユ
Delegates, Court of 国王代理官裁判所
Delille, Ven. Henriette ドリール（尊）
de Lisle, Ambrose Lisle March Phillipps ド・ライル
Delitzsch, Franz Julius デリッチ
della Robbia, Luca and Andrea デッラ・ロッビア
de Maistre, Joseph メーストル
Demetrius, St デメトリオス（聖）
Demiurge デミウルゴス
demythologizing 非神話化
Denison, George Anthony デニソン
Denmark, Christianity in デンマークのキリスト教

Denney, James　デニー
de Noailles, Louis Antoine　ノアイユ
de Nobili, Robert　ノビリ
Deo gratias　デオ・グラティアス
Deprecatio Gelasii　ゲラシウスの嘆願
*De profundis*　デ・プロフンディス
Der Balyzeh fragments　デルバリゼー断片
de Rossi, Giovanni Battista　ロッシ
*De Sacramentis*　『秘跡について』
Descartes, René　デカルト
Descent of Christ into Hell, the（Harrowing of Hell）　キリストの陰府への降下
de Smet, Pierre-Jean　ド・スメット
Determinism　決定論
Deutero-Isaiah　第2イザヤ
Deuteronomistic History　申命記史書
Deuteronomy, Book of　申命記
devil　悪魔
Devotio Moderna（Modern Devotion）　デヴォティオ・モデルナ
*Devout Life, Introduction to the*　『信心生活入門』
de Wette, Wilhelm Martin Leberecht　デ・ヴェッテ
d'Hulst, Maurice　ユルスト
diaconicon　輔祭室
Diadochus　ディアドコス
*Diakonisches Werk*　社会奉仕団
Dialectical Theology　弁証法神学
Diamper, Synod of　ディアンペル教会会議
Diaspora, Jewish　ディアスポラ
Diatessaron　『ディアテッサロン』
Dibelius, Martin　ディベリウス
Dibelius, Otto　ディベリウス
didache　ディダケー
*Didache*　『ディダケー』（『12使徒の教訓』）
Didascalia Apostolorum　『使徒戒規』（『ディダスカリア』）
Diderot, Denis　ディドロ
Didymus the Blind　ディデュモス（「盲目の」）
Dies irae　『ディエス・イレ』
Dietrich of Nieheim（Niem）　ディートリヒ（ニーハイムの）
digamy　再婚
Diggers　ディガーズ
dikirion, trikirion　二枝燭台と三枝燭台
Dilthey, Wilhelm　ディルタイ
diocese　司教区（主教区）
Diocletian（Gaius Aurelius Valerius Diocletianus）　ディオクレティアヌス
Diocletianic Era　ディオクレティアヌス紀元
Diodore　ディオドロス
Diognetus, the Epistle to　『ディオグネトスへの手紙』
Dionysius the Areopagite　ディオニシオ（アレオパゴスの議員）
Dionysius　ディオニュシオス
Dionysius of Paris, St（St Denys, St Denis）　ディオニュシウス（パリの）（聖）
Dionysius the Great, St　ディオニュシオス（大）（聖）
Dionysius, St　ディオニュシウス（聖）
Dionysius the Pseudo-Areopagite　ディオニュシオス・アレオパギテース（偽ディオニュシオス）
Dionysius Exiguus　ディオニュシウス・エクシグウス
Dionysius the Carthusian（Denys van Leeuwen, Denys Ryckel）　ディオニュシウス（カルトゥジア会の）
Dioscorus　ディオスコロス
Dippel, Johann Konrad　ディッペル
diptychs　ディプテュコン（ディプティク）
*Directory of Church Government, A*　『教会訓練解説』
Dirge　ディリゲ（埋葬式の聖務日課）
diriment impediment　結婚無効障害
discalced　跣足派
Disciples of Christ（Churches of Christ）　ディサイプル派（チャーチ・オブ・クライスト）
disciplina arcani　守秘規定
discipline　ディシプリン（規律）
Discipline, Books of　『規律書』
discus　ディスコス
Dismas　ディスマス
Dispensationalism　経綸主義
dispensations　特免（免除）
Disruption, the　スコットランド教会分裂
Dissenters　非国教徒
Dissolution of the Monasteries　修道院の解散
Diurnal　日中聖務日課書
Dives　「金持ち」
*Divina Commedia, La*　『神曲』
Divine Praises, the　「神の賛歌」
Divine Right of Kings　王権神授説
Divine service　礼拝式
Divine Word, Society of the（SVD）　神言修道会
divorce　離婚
Dix, Gregory　ディックス

Docetism キリスト仮現論（仮現説）
Doctors, Scholastic スコラ的博士
Doctors' Commons ドクターズコモンズ
Doctors of the Church 教会博士
*Doctrine in the Church of England* 『英国教会の教理』
Dodd, Charles Harold ドッド
Doddridge, Philip ドッドリッジ
Dodwell, Henry ドッドウェル
dogma 教義
Doherty, Catherine ドハーティ
Dold, Alban ドルト
Dolling, Robert William Radclyffe ドーリング
Döllinger, Johann Joseph Ignaz von デリンガー
DOM（Deo Optimo Maximo） 「至善至高の神へ」
Dom 師
Dome of the Rock 岩のドーム
Dominic, St ドミニクス（聖）
Dominican Order（Order of Preachers） ドミニコ会（説教者兄弟会）
Domitian, Titus Flavius ドミティアヌス
Domitilla, Flavia ドミティラ
Donatello（Donato di Niccolò di Betto Bardi） ドナテッロ
Donation of Constantine 「コンスタンティヌスの寄進状」
Donatists ドナトゥス派
Donne, John ダン
doorkeeper 守門
Dorchester, Oxon ドーチェスター（オックスフォードシャー）
Dormition of the BVM 聖母マリアの眠り
Dorotheus, St ドロテオス（聖）
Dorothy（Dorothea）, St ドロテア（聖）
dorsal（dossal） 掛け布
Dort（Dordrecht）, Synod of ドルトレヒト会議（ドルト会議）
Dositheus ドシテオス
Dositheus ドシテオス
Dostoevsky, Fedor Mikhailovitsch ドストエフスキー
Douai ドゥエー
Douai Abbey ドゥエー・アビー
Douai-Reims Bible ドゥエー・ランス聖書
Double Feasts 復唱の祝日
double justice 二種の義
double monastery 男女併存修道院
Double Procession of the Holy Spirit 聖霊の二重の発出
Doukhobors ドゥホボール派（ドゥクオボル派）
dove 鳩
Downside Abbey ダウンサイド・アビー
Dowsing, William ダウジング
doxology 頌栄（栄唱）
Dragonnades 竜騎兵の迫害
drama 演劇
*Dream of the Rood, The* 『十字架の夢』
Drexel, St Katharine ドレクセル（聖）
Driver, Samuel Rolles ドライヴァー
Droste-Vischering, Clemens August von ドロステ・ツ・フィッシェリング
Drummond, Henry ドラモンド
Drummond, Henry ドラモンド
Drummond, James ドラモンド
Dry Mass ドライ・マス
Dryden, John ドライデン
dualism 二元論（二性論）
Dublin ダブリン
*Dublin Review* 『ダブリン・レヴュー』
Dubourg, Anne デュブール
DuBourg, Louis William Valentine デュブール
Dubricius, St ドゥブリキウス（聖）
Du Cange, Charles Dufresne デュ・カンジュ
Duchesne, Louis デュシェーヌ
Duchesne, St Rose Philippine デュシェーヌ（聖）
Duff, Alexander ダフ
Dugdale, William ダグデール
Duhm, Bernhard ドゥーム
dulia ドゥリア（崇敬）
Dulles, Avery ダレス
du Moulin, Pierre デュ・ムーラン
Duns Scotus, Bl Johannes ドゥンス・スコトゥス（福）
Dunstan, St ダンスタン（聖）
Dupanloup, Félix Antoine Philibert デュパンルー
Du Perron, Jacques Davy デュ・ペロン
Dupin, Louis Ellies デュパン
du Plessis-Mornay, Philippe デュ・プレシ・モルネー
Duplex Querela ドゥプレックス・クェレラ
Duppa, Brian ダッパ
Dura Europos ドゥラ・エウロポス
Durandus of Saint-Pourçain ドゥランドゥス（サン・プルサンの）
Durandus of Troarn ドゥランドゥス（トロアルンの）

| | |
|---|---|
| Durandus, William | ドゥランドゥス（マンドの） |
| Dürer, Albrecht | デューラー |
| Durham | ダラム |
| Durham Book | 『ダラムの書』 |
| Dury（Durie), John | デュリー |
| Dutch Reformed Church | オランダ改革派教会 |
| dying, care of the | 臨終者のケア |
| Dykes, John Bacchus | ダイクス |
| Dyophysites | キリスト両性論者（両性説者） |
| Dyothelites | キリスト両意論者（両意説者） |

# E

| | |
|---|---|
| 'E' | E 資料（エロヒスト資料） |
| Eadmer | エアドメルス |
| Earle, John | アール |
| Earthquake Synod | 「地震会議」 |
| Easter | 復活祭（復活日） |
| Easter Litany | 復活祭連禱 |
| Eastern Catholic Churches（Uniat Churches） | カトリック東方教会（ユニアト教会，帰一教会） |
| eastward position | 東向きの位置 |
| Ebedjesus（Abdisho' bar Berikha） | エベド・イエス（アブディショー・バル・ベリカ） |
| Eberlin, Johannes | エーベルリン |
| Ebionites | エビオン派 |
| Ebionites, Gospel according to the | 『エビオン派福音書』 |
| *Ecce Homo* | 『この人を見よ』 |
| Ecclesiastes | コヘレトの言葉（伝道の書） |
| Ecclesiastical Commissioners | 英国教会財務委員会 |
| Ecclesiastical Courts Commissions | 教会裁判所に関する委員会 |
| Ecclesiastical Discipline, Royal Commission on | 王立教会規律委員会 |
| Ecclesiastical Jurisdiction Measure 1963 | 教会裁判権条例 |
| Ecclesiastical Titles Act 1851 | 教会管轄区使用禁止法 |
| ecclesiasticism | 教会中心主義 |
| Ecclesiasticus | シラ書（集会の書） |
| ecclesiology | 教会論（教会建築学） |
| Echternach | エヒテルナハ |
| Eck, Johann | エック |
| Eckhart, Meister | エックハル |
| eclecticism | 折衷主義 |
| ecphonesis | エクフォネシス |
| ecstasy | エクスタシス（脱自） |
| ectene | エクテニエ |
| Ecthesis | 『エクテシス』 |
| Ecumenical Movement（Ecumenism） | エキュメニカル運動（エキュメニズム，教会一致促進運動） |
| Edessa | エデッサ |
| Edgar | エドガー |
| Edinburgh Conference（1910） | エディンバラ会議 |
| Edinburgh Conference（1937） | エディンバラ会議 |
| Edmund, St, of Abingdon | エドマンド（アビンドンの）（聖） |
| Edmund the Martyr, St | エドマンド（殉教王）（聖） |
| Edward, St | エドワード（聖） |
| Edward the Confessor, St | エドワード（証聖王）（聖） |
| Edward VI | エドワード 6 世 |
| Edwards, Jonathan | エドワーズ |
| Edwin | エドウィン |
| efficacious grace | 効果的な恩恵 |
| Egbert | エグベルト |
| Egbert, St | エグベルト（聖） |
| Egede, Hans | エーゲデ |
| Egeria（Etheria), Pilgrimage of | 『エゲリアの巡礼記』（『アエテリアの巡礼記』） |
| Egerton Papyrus | エジャトン・パピルス |
| *Egyptian Church Order* | 『エジプト教会規律』 |
| Egyptians, Gospel according to the | 『エジプト人福音書』 |
| Eighteen Benedictions, the | シュモネー・エスレー |
| *Eikon Basilike* | 『エイコン・バシリケー』 |
| eileton | エイレトン |
| Einhard（Eginhard） | アインハルト（エギンハルト） |
| Einsiedeln | アインジーデルン |
| elder | 長老（長老派教会の） |
| election | 選び |
| Elevation | 奉挙 |
| Elgar, Sir Edward | エルガー |
| El Greco（Domenicos Theotocopoulos） | エル・グレコ |
| Elias of Cortona | エリアス（コルトナの） |
| Eligius（Éloi), St | エリギウス（エロワ）（聖） |
| Elijah（Elias） | エリヤ |
| Eliot, Thomas Stearns | エリオット |
| Elipandus | エリパンドゥス |
| Elizabeth, St | エリサベト（聖） |
| Elizabeth, St, of Hungary（Elizabeth of Thuringia） | エリザベト（ハンガリーの）（聖） |
| Elizabeth I | エリザベス 1 世 |

| | |
|---|---|
| Elkesaites | エルカサイ派 |
| Ellerton, John | エラートン |
| Elmo, St（San Telmo） | エルモ（聖） |
| Elohim | エローヒーム |
| El Salvador, Christianity in | エルサルバドルのキリスト教 |
| Elvira, Council of | エルビラ教会会議 |
| Ely | イーリー |
| Ember Days | 四季の斎日（聖職按手節） |
| Embolism | 副文（閏月） |
| Embury, Philip | エンベリー |
| Emerson, Ralph Waldo | エマソン |
| Emmaus | エマオ |
| Emmerick, Anna Katharina | エンメリック |
| Ems, Congress of | エムス会議 |
| Emser, Hieronymus | エムザー |
| Enabling Act | 権能付与法 |
| Enarxis | エナルクシス |
| encolpion | エンコルピオン |
| Encratites | エンクラティス派 |
| encyclical | 回勅 |
| Encyclopedists | 百科全書派 |
| Endo, Shusaku | 遠藤周作 |
| energumen | エネルグメノイ |
| English Church Union | イギリス・チャーチ・ユニオン |
| English College, Rome | イングリッシュ・カレッジ（ローマの） |
| *English Hymnal, The* | 『英語聖歌集』 |
| Enhypostasia | エンヒュポスタシア |
| Enlightenment, the | 啓蒙主義 |
| Ennodius, St, Magnus Felix | エンノディウス（聖） |
| Enoch | エノク |
| Enoch, Books of | 『エノク書』 |
| enthronization（inthronization） | 着座式 |
| Enurchus, St | エヌルクス（聖） |
| epanokamelavchion | エパノカミラフカ |
| eparchy | エパルキア |
| Ephesians, Epistle to the | エフェソの信徒への手紙（エフェソ書） |
| Ephesus | エフェソス（エフェソ） |
| Ephesus, Council of | エフェソス公会議 |
| ephod | エフォド |
| ephor | エフォロス |
| Ephphatha | エッファタ |
| Ephraem Syrus, St | エフラエム（シリアの）（聖） |
| epiclesis | エピクレーシス |
| Epictetus | エピクテトス |
| Epicureanism | エピクロス派 |
| epigonation | エピゴナティオン |
| epimanikia | エピマニキア |
| Epiphanius, St | エピファニオス（聖） |
| Epiphany | 公現祭（顕現日） |
| episcopacy | 司教制（主教制） |
| Episcopal Church in the United States of America | アメリカ聖公会（米国聖公会） |
| Episcopalian | 監督教会員 |
| episcopi vagantes | エピスコピ・ヴァガンテス |
| Episcopius | エピスコピウス |
| Epistle | 書簡 |
| *Epistolae Obscurorum Virorum* | 『高名ならざる人々の書簡』 |
| epitaphion | エピタフィオン |
| epitrachelion | エピトラケリオン（エピタラヒル） |
| Equiprobabilism | 同等蓋然説 |
| Erasmus, Desiderius | エラスムス |
| Erastianism | エラストゥス主義 |
| Erigena（Eriugena） | エリウゲナ |
| Errington, George | アーリントン |
| Erskine, Ebenezer | アースキン |
| Erskine, Thomas | アースキン |
| eschatology | 終末論 |
| Esdras, Books of | エズラ記（ギリシア語）・エズラ記（ラテン語） |
| *Essays and Reviews* | 『論説と評論』 |
| Essenes | エッセネ派 |
| Establishment | 国教会 |
| Esther, Book of | エステル記 |
| eternal life | 永遠の命 |
| Ethelbert, St | エセルベルト（聖） |
| Ethelbert, St | エセルベルト（聖） |
| Ethelburga, St | エセルブルガ（聖） |
| Etheldreda, St | エセルドレダ（聖） |
| Ethelhard | エセルハルド |
| Ethelwold, St | エセルウォルド（聖） |
| Ethical Movement | 「倫理運動」 |
| Ethiopian Church（Abyssinian Church） | エチオピア教会（アビシニア教会） |
| Eucharist | 聖餐（聖体，エウカリスティア） |
| Eucharistic fast | 聖体拝領前の断食 |
| Eucharistic Prayers | 奉献文 |
| Eucharistic Sacrifice | 聖餐の犠牲 |

Eucharistic vestments 聖餐用祭服
Eucherius, St エウケリウス（聖）
Euchologion エウコロギオン
Eudes, St John ジャン・ユード（聖）
Eudists ユード修道会
Eugenius III, Bl エウゲニウス3世（福）
Eugenius IV エウゲニウス4世
Eugippius エウギッピウス
eulogia エウロギア
Eunomius エウノミオス
Euphemia, St エウフェミア（聖）
Europe, Diocese in ヨーロッパ教区
Eusebian Canons and Sections エウセビオスの『福音書の列表』
Eusebius エウセビオス（カイサリアの）
Eusebius エウセビオス（ドリュライオンの）
Eusebius エウセビオス（エメサの）
Eusebius エウセビオス（ニコメディアの）
Eusebius, St エウセビオス（サモサタの）（聖）
Eusebius, St エウセビウス（ヴェルチェリの）（聖）
Eustachius (Eustace), St エウスタキウス（聖）
Eustathius, St エウスタティオス（アンティオキアの）（聖）
Eustathius エウスタティオス（セバステの）
Eustochium, St Julia エウストキウム（聖）
Euthalius エウタリオス
Euthymius, St エウテュミオス（聖）
Euthymius エウテュミオス
Euthymius Zigabenus エウテュミオス・ジガベノス
Eutyches エウテュケス
Evagrius Ponticus エウアグリオス・ポンティコス
Evagrius Scholasticus エウアグリオス・スコラスティコス
Evangeliary エヴァンジェリアリー
Evangelical Alliance 福音主義同盟
Evangelical Church 福音教会
Evangelical Church in Germany (*Evangelische Kirche in Deutschland*) ドイツ福音主義教会
Evangelicalism 福音主義
Evangelical Union 福音主義連盟
Evangelische Bund 福音主義同盟（ドイツの）
evangelist 福音宣教者（福音書記者，伝道者）
Evangelistarium エヴァンゲリスタリオン
*Evangelium Veritatis* 『真理の福音』
Evanson, Edward エヴァンソン
Eve エバ
Evelyn, John イーヴリン
evening Communion 夕方の聖餐
Evening Prayer 夕の祈り
Evensong 晩禱
Evergetinos, Paul エウエルゲティノス
evolution 進化論
Ewald, Heinrich Georg August エーヴァルト
Exaltation of the Cross 聖十字架の称賛
examining chaplains エグザミニング・チャプレン
exarch エクサルコス（太守）
excardination 教区除籍
Exceptions 「『祈禱書』への異議」
Exclusion, Right of 除外権
Exclusion Controversy 王位継承排除論争
excommunication 破門
exegesis 釈義
exemplarism 模範説
exemption 免属
exequatur 教書の国家認可制
Exeter エクセター
Exile, the 捕囚
Existentialism 実存主義
Exodus, Book of 出エジプト記
ex opere operato エクス・オペレ・オペラート
exorcism 悪魔祓い
exorcist 祓魔師
expectant, the Church 期待の教会
expiation 罪の償い
Exposition of the Blessed Sacrament 聖体賛美式
Exsurge, Domine 『エクスルゲ・ドミネ』
extra-liturgical services 「典礼外の儀式」
Extraordinary Form of the Roman Rite 特別式文（ローマ典礼の）
Extravagantes 『追加集』
Exultet エクスルテット（復活賛歌）
Exuperius, St エクスペリウス（聖）
Ezana エザナ
Ezekiel, Book of エゼキエル書
Eznik エズニク
Ezra エズラ
Ezra and Nehemiah, Books of エズラ記・ネヘミア記

# F

Faber, Frederick William フェイバー
Faber, Jacobus (Lefèvre d'Étaples, Jacques) ルフェーヴル・デタープル

Faber, Johann ファーバー（ファブリ）
Fabian, St ファビアヌス（聖）
Fabiola, St ファビオラ（聖）
Fabri, Felix ファブリ
Fabricius, Johann Albert ファブリーツィウス
Faculties, Court of 権能裁判所
faculty 権能（学部）
Facundus ファクンドゥス
Fairbairn, Andrew Martin フェアベアン
faith 信仰
Faith (Foy), St フィデース（フォワ，フォア）（聖）
Faith and Order 信仰と職制
Faithful, Mass of the 信者のミサ
faith schools 宗教学校
falda ファルダ
faldstool フォールドストゥール
Falk, Paul Ludwig Adalbert ファルク
Fall, the 堕落（堕罪）
False Decretals (Pseudo- Isidorian Decretals) 『偽教皇令集』（『偽イシドルス教皇令集』）
Falwell, Jerry Lamont フォールウェル
Familists ファミリスト
fan, liturgical ファン（典礼用の）
fanon ファノン
Farel, Guillaume ファレル
Farrar, Frederic William ファラー
Farrer, Austin Marsden ファラー
Fastidius ファスティディウス
fasts and fasting 断食（大斎）
Father ファーザー（神父）
Fathers of the Church 教父
Fatima ファティマ
Faulhaber, Michael von ファウルハーバー
Faustus of Milevis ファウストゥス（ミレウィの）
Faustus of Riez, St ファウストゥス（リエの）（聖）
Fawkes, Guy フォークス
Fayûm Gospel fragment ファイユーム・パピルス
feasts, ecclesiastical 祝日（教会の）
Feasts of Obligation 守るべき祝日
Feathers Tavern Petition 羽毛亭請願書
Febronianism フェブロニウス主義
Felicity, St フェリキタス（聖）
Felicity, St フェリキタス（聖）
Felix, St フェリクス（聖）
Felix フェリクス
Fell, John フェル
feminist theology フェミニスト神学
Fénelon, François de Salignac de la Mothe フェヌロン
Ferdinand II フェルディナント2世
Ferdinand V フェルナンド5世
feretory 聖遺物安置所
feria 週日
Fermentum フェルメントゥム
Ferrandus フェランドゥス
Ferrar, Nicholas フェラー
festum フェストゥム
Feuerbach, Ludwig Andreas フォイエルバッハ
Feuillants フイヤン修族シトー会
Fichte, Johann Gottlieb フィヒテ
Ficino, Marsilio フィチーノ
fideism 信仰主義
Fides Damasi 「ダマススの信条」
Fides Hieronymi 「ヒエロニムスの信条」
Field, Frederick フィールド
Field, John フィールド
Field, Richard フィールド
Fifth Monarchy Men 第5王国派
Figgis, John Neville フィッギス
Filioque フィリオクェ
Finland, Christianity in フィンランドのキリスト教
Finney, Charles Grandison フィニー
Finnian, St フィニアン（聖）
Firmicus Maternus, Julius フィルミクス・マテルヌス
Firmilian, St フィルミリアノス（聖）
First Fridays 初金曜日（第1金曜日）
fish 魚
Fisher, Geoffrey Francis フィッシャー
Fisher, St John フィッシャー（聖）
Fisher, Samuel フィッシャー
Fisher the Jesuit (John Fisher) フィッシャー（イエズス会員）
fistula フィストゥラ
FitzRalph, Richard フィッツラルフ
Five Mile Act 5マイル法
Flacius Illyricus, Matthias フラキウス・イリリクス
flagellants 鞭打ち苦行者
flagon フラゴン
Flavian, St フラウィアノス（聖）
Fléchier, Esprit フレシエ
Fleming, Richard フレミング
Fletcher, John William フレッチャー
Fleury フルリー

Fleury, Claude フルリー
Flood, the 洪水
Florence（Ferrara-Florence), Council of
フィレンツェ公会議（フェラーラ・フィレンツェ公会議）
Florentius Radewijns
フロレンティウス・ラーデウェインス
florilegium 詞華集
Florovsky, George フロロフスキー
Florus フロルス
Focolare, the フォコラーレ
folded chasuble フォルディッド・チャズブル
Foliot, Gilbert フォリオット
font 洗礼盤
Fontevrault, Order of フォントヴロー修道会
Fools, Feast of 愚者の祭
Forbes, Alexander Penrose フォーブズ
form 形相
formal sin 形式的罪
form criticism 様式史的研究
Formosus フォルモスス
Formula Missae et Communionis
「ミサと聖餐の原則」
Forsyth, Peter Taylor フォーサイス
Fortescue, Adrian フォーテスキュー
Forty Hours' Devotion 40時間の祈り
Forty Martyrs of England and Wales
40人殉教者（イングランドとウェールズの）
Forty-Two Articles 「42箇条」
forum フォルム
Fosdick, Harry Emerson フォズディック
fossors（grave-diggers) 墓堀人（フォソーレス）
*Foundations* 『ファウンデーション』
Fountains Abbey ファウンテンズ・アビー
Foursquare Gospel Church
フォアスクエア・ゴスペル・チャーチ
Fox, George フォックス
Foxe, John フォックス
Foxe, Richard フォックス
Fraction パンを裂くこと
France, Christianity in フランスのキリスト教
Frances of Rome, St フランチェスカ（ローマの）（聖）
Francis フランキスクス（フランシスコ）
Francis of Assisi, St
フランチェスコ（アッシジの）（聖）
Francis of Paola, St フランチェスコ（パオラの）（聖）
Francis de Sales, St フランソワ・ド・サル（聖）
Francis Xavier, St ザビエル（聖）
Franciscan Order フランシスコ会
Franck, Sebastian フランク
Francke, August Hermann フランケ
Frankfurt, Councils of フランクフルト教会会議
Franzelin, Johann Baptist フランツェリン
frater フレイター
fraternities（confraternity) 信心会
Fraticelli フラティチェリ
Frederick I（Barbarossa)
フリードリヒ1世（バルバロッサ）
Frederick II フリードリヒ2世
Frederick III フリードリヒ3世
Frederick III フリードリヒ3世
Free Church of England イギリス自由教会
Free Church of Scotland スコットランド自由教会
Free Churches Group 自由教会派
Freemasonry フリーメーソン
Freer logion フリーア・ロギオン
freewill offerings 随意の献げ物
Freewillers 自由意志説信奉者
Frere, Walter Howard フリア
Friday 金曜日
Frideswide, St フリデスウィデ（聖）
Friends, Religious Society of
キリスト友会（フレンド派）
Frith, John フリス
Froben, Johann フローベン
Froissart, Jean フロワサール
frontal フロンタル
Froude, Richard Hurrel フルード
Fructuosus, St フルクトゥオスス（聖）
Frumentius, St フルメンティオス（聖）
Fry, Elizabeth フライ
Fulbert, St フルベルトゥス（聖）
Fulda フルダ
Fulgentius, St フルゲンティウス（聖）
Fulke, William フルク
Fuller, Andrew フラー
Fuller, Thomas フラー
Fundamentalism ファンダメンタリズム（根本主義）

# G

Gabbatha ガバタ
Gabriel ガブリエル

| | |
|---|---|
| Gabriel Severus | ガブリエル・セウェロス |
| Gairdner, William Henry Temple | ゲアドナー |
| Gaius（Caius） | ガイウス |
| Galatians, Epistle to the | ガラテヤの信徒への手紙（ガラテヤ書） |
| Gale, Thomas | ゲール |
| Galerius | ガレリウス |
| Galgani, St Gemma | ガルガーニ（聖） |
| Galilee | ガリラヤ |
| Galilee | ギャラリー |
| Galilei, Galileo | ガリレイ |
| Gall, St | ガルス（聖） |
| Galla Placidia | ガッラ・プラキディア |
| *Gallia Christiana* | 『ガリア・クリスティアーナ』 |
| Gallican Articles, the Four | 「ガリア４箇条」 |
| Gallican chant | ガリア聖歌 |
| Gallican Confession（*Confessio Gallicana*） | ガリア信仰告白 |
| Gallican Psalter | 『ガリア詩編書』 |
| Gallican rite | ガリア典礼 |
| Gallicanism | ガリカニスム（ガリア主義） |
| Gallio, Lucius Junius | ガリオン |
| Gamaliel | ガマリエル |
| Gandolphy, Peter | ガンドルフィ |
| Gangra, Council of | ガングラ教会会議 |
| *Garden of the Soul, The* | 『霊魂の園』 |
| Gardiner, Stephen | ガードナー |
| Garima Gospels | ガリマ福音書 |
| Garnet（Garnett）, Henry | ガーネット |
| Gascoigne, Thomas | ガスコイン |
| Gasquet, Francis Aidan | ガスケ |
| Gauden, John | ゴードン |
| Gaudentius, St | ガウデンティウス（聖） |
| Gaudium et spes | 『ガウディウム・エト・スペース』 |
| Gaunilo, Count | ガウニロ |
| Gavanti, Bartolomeo | ガヴァンティ |
| Geddes, Jenny | ゲッデス |
| Gehenna | ゲヘナ |
| Geiler von Kaisersberg, Johann | ガイラー・フォン・カイゼルスベルク |
| Gelasian Sacramentary | 『ゲラシウス秘跡書』 |
| Gelasius, St | ゲラシウス（聖） |
| Gelasius | ゲラシオス（カイサリアの） |
| Gelasius of Cyzicus | ゲラシオス（キュジコスの） |
| Gellert, Christian Fürchtegott | ゲレルト |
| Gematria | ゲマトリア |
| Gemistus Plethon, Georgius | プレトン |
| genealogies of Christ | キリストの系図 |
| General | 総会長 |
| General Assembly | 大会（長老派教会の） |
| General Baptists | 普遍バプテスト派（一般バプテスト派） |
| General Chapter | 修道会総会（総会議） |
| General Confession | 一般告白（総告白） |
| General Judgement（Last Judgement）, the | 最後の審判 |
| General Superintendent | 総監督 |
| General Thanksgiving | 一般感謝の祈り |
| General Theological Seminary, New York City | ジェネラル神学校（ニューヨーク） |
| Genesis, Book of | 創世記 |
| Geneva | ジュネーヴ |
| Geneva Bible | ジュネーヴ聖書 |
| Geneva gown | ジュネーヴ・ガウン |
| Genevan Catechism | 『ジュネーヴ教理問答』 |
| Geneviève, St | ジュヌヴィエーヴ（聖） |
| geniza | ゲニザ |
| Gennadius I, St | ゲンナディオス１世（聖） |
| Gennadius of Marseilles | ゲンナディウス（マルセイユの） |
| Gentile, Giovanni | ジェンティーレ |
| Gentiles | 異邦人 |
| genuflexion | 跪拝 |
| Geoffrey of Monmouth | ジェフリー（モンマスの） |
| George, St | ゲオルギオス（聖） |
| George | ゲオルギオス |
| George of Cappadocia | ゲオルギオス（カッパドキアの） |
| George Hamartolos | ゲオルギオス・ハマルトロス |
| George Scholarius | ゲオルギオス・スコラリオス（ゲンナディオス２世） |
| George Syncellus | ゲオルギオス・シュンケロス |
| Georgia, Church of | グルジア教会（ジョージア教会） |
| Gerhard, Johann | ゲルハルト |
| Gerhard Zerbolt of Zutphen | ヘーラルト・ゼルボルト（ジュトフェンの） |
| Gerhardt, Paul | ゲルハルト |
| Gerhoh of Reichersberg | ゲルホー（ライヘルスベルクの） |
| German-Christians（*Deutsche Christen*） | ドイツ・キリスト者 |
| Germanus, St | ゲルマヌス（オセールの）（聖） |

| | |
|---|---|
| Germanus, St | ゲルマヌス（パリの）（聖） |
| Germanus, St | ゲルマノス（コンスタンティノポリスの）（聖） |
| *Gerontius, The Dream of* | 『ゲロンシアスの夢』 |
| Gerson, Jean le Charlier de | ジェルソン |
| Gertrude, St | ジェルトリュード（ゲルトルーディス）（聖） |
| Gertrude, St, 'the Great' | ゲルトルーディス（大）（聖） |
| Gervasius and Protasius, Sts | ゲルヴァシウス（聖）とプロタシウス（聖） |
| Gesuati（Clerici apostolici S. Hieronymi） | イエスアート会 |
| Gethsemane, Garden of | ゲツセマネ |
| Geulincx, Arnold | ゲーリンクス（ヘーリンクス） |
| Ghana, Christianity in | ガーナのキリスト教 |
| Ghéon, Henri | ゲオン |
| ghetto | ゲットー |
| Gibbon, Edward | ギボン |
| Giberti, Gian Matteo | ジベルティ |
| Gibson, Edmund | ギブソン |
| Gideon Bibles | ギデオン聖書 |
| Gifford Lectures | ギフォード講演 |
| Gilbert de la Porrée | ギルベルトゥス・ポレタヌス |
| Gilbert of Sempringham, St | ギルベルトゥス（センプリンガムの）（聖） |
| Gildas, St | ギルダス（聖） |
| Giles（Aegidius）, St | アエギディウス（ジャイルズ，ジル）（聖） |
| Giles（Aegidius）of Rome | アエギディウス（ローマの） |
| Gilgamesh, Epics of | ギルガメシュ叙事詩 |
| Gill, Arthur Eric Rowton | ギル |
| Gilpin, Bernard | ギルピン |
| Gilson, Étienne | ジルソン |
| Gioberti, Vincenzo | ジョベルティ |
| Giotto | ジョット |
| Giovanni Capistrano, St | ジョヴァンニ（カペストラーノの）（聖） |
| Giraldus Cambrensis（Gerald de Barri, Gerald of Wales） | ジラルドゥス・カンブレンシス |
| girdle | ガードル（シンクチュア，チングルム） |
| Glabrio, Manius Acillius | グラブリオ |
| Gladstone, William Ewart | グラッドストン |
| Glagolitic | グラゴール文字 |
| Glanvill, Joseph | グランヴィル |
| Glasites（Sandemanians） | グラース派（サンデマン派） |
| Glastonbury Abbey | グラストンベリー・アビー |
| glebe（glebe land） | 教会所属地 |
| Gloria in excelsis | グロリア・イン・エクセルシス |
| Gloria Patri | グロリア・パトリ |
| Glorious Mysteries, the five | 5つの栄光の秘義 |
| Glossa Ordinaria（Glossa Communis） | 「グロッサ・オルディナリア」 |
| glossolalia（gift of tongues） | 異言 |
| Gloucester | グロースター |
| gloves, liturgical | 手袋（典礼用の） |
| Gnesio-Lutherans | 純正ルター派 |
| Gnosticism | グノーシス主義 |
| Goar, Jacques | ゴアール |
| God | 神 |
| 'God Save the King / Queen' | 英国国歌 |
| Godfrey of Bouillon | ゴドフロワ・ド・ブイヨン |
| godparents（sponsors） | 代父母（教父母） |
| Gog and Magog | ゴグとマゴグ |
| Golden Calf | 金の子牛 |
| Golden Legend | 『黄金伝説』 |
| Golden Number | 黄金数 |
| Golden Rose | 黄金のばら |
| Golden Rule | 黄金律 |
| Golden Sequence | 黄金続唱 |
| Golgotha | ゴルゴタ |
| Gomar, Francis | ゴマルス |
| Good Friday | 聖金曜日（受難日） |
| Good Samaritan | 善いサマリア人 |
| Good Shepherd | 良い羊飼い |
| Gorcum Martyrs | ゴルクムの殉教者 |
| Gordon Riots（No Popery Riots） | ゴードン暴動 |
| Gordon's Calvary | ゴードンのカルヴァリ |
| Gore, Charles | ゴア |
| Gorgonia, St | ゴルゴニア（聖） |
| Gorham Case | ゴーラム事件 |
| Görres, Johann Joseph von | ゲレス |
| Gorton, Samuel | ゴートン |
| Gorze | ゴルツェ |
| Goscelin | ゴスケリヌス |
| Gospel | 福音（福音書） |
| Gospel（in the Liturgy） | 福音書（典礼における） |
| Gospel Music | ゴスペル・ミュージック |
| Gospeller | ゴスペラー |
| Goter（Gother）, John | ゴター |

Gothic version ゴート語訳聖書
Gothic vestments ゴシック祭服
*Gottesfreunde* 「神の友」
Gotthard（Godehard）, St
ゴットハルト（ゴーデハルト）（聖）
Gottschalk ゴットシャルク（ゴデスカルクス）
grace 恩恵（恩寵，恵み）
Grace at meals 食前・食後の感謝の祈り
gradine 祭壇棚
Gradual 昇階唱（グラドゥアーレ）
Gradual Psalms（Songs of Ascent, Songs of Degrees）
昇階詩編（都に上る歌）
graffiti グラフィーティ
Grafton, Richard グラフトン
Graham, 'Billy'（William Franklin Graham）
グラハム（グレアム）
Grail, the Holy 聖杯
Grande Chartreuse, La
ラ・グランド・シャルトルーズ修道院
Grandmont, Order of グランモン修道会
Gratian グラティアヌス
Gratry, Auguste Joseph Alphonse グラトリ
gravamen 陳情書
Gray, Robert グレイ
Great Awakening, the 大覚醒
Great Bible グレート・バイブル（大聖書）
Great Entrance 大聖入
Great Schism 大シスマ（教会大分裂）
Greece, Christianity in ギリシアのキリスト教
Greek（biblical and patristic）
ギリシア語（聖書と教父の）
Green, Thomas Hill グリーン
Greenwood, John グリーンウッド
Gregorian calendar グレゴリウス暦
Gregorian Sacramentary 『グレゴリウス秘跡書』
Gregorian Water グレゴリウス聖水
Gregorianum グレゴリアナ大学
Gregory I, St（Gregory the Great）
グレゴリウス１世（大グレゴリウス）（聖）
Gregory II, St グレゴリウス２世（聖）
Gregory VII, St グレゴリウス７世（聖）
Gregory IX グレゴリウス９世
Gregory X, Bl グレゴリウス10世（福）
Gregory XI グレゴリウス11世
Gregory XIII グレゴリウス13世
Gregory XVI グレゴリウス16世
Gregory of Elvira, St
グレゴリウス（エルビラの）（聖）
Gregory the Illuminator, St
グレゴリオス（照明者）（聖）
Gregory of Nazianzus, St
グレゴリオス（ナジアンゾスの）（聖）
Gregory of Nyssa, St
グレゴリオス（ニュッサの）（聖）
Gregory Palamas, St グレゴリオス・パラマス（聖）
Gregory of Rimini グレゴリウス（リミニの）
Gregory Thaumaturgus, St
グレゴリオス・タウマトゥルゴス（聖）
Gregory of Tours, St
グレゴリウス（トゥールの）（聖）
gremial 司教用膝掛け
Grey Friars グレー・フライアーズ
Grey Nuns 灰色の姉妹会
Griesbach, Johann Jakob グリースバッハ
Grignion de Montfort, St Louis-Marie
グリニヨン・ド・モンフォール（聖）
Grimshaw, William グリムショー
Grindal, Edmund グリンダル
Grocyn, William グローシン
Groote（Grote）, Geert フローテ
Gropper, Johann グロッパー
Grosseteste, Robert グローステスト
Grotius, Hugo グロティウス
Grottaferrata グロッタフェラータ
Grou, Jean-Nicolas グルー
group ministry 集団司牧制
Grundtvig, Nikolai Fredrik Severin
グロンドヴィ（グルントヴィ）
Grünewald, Matthias グリューネヴァルト
Guarantees, Law of 保障法（イタリアの）
guardian グアルディアヌス
guardian angels 守護天使
guardian of the spiritualities 「霊性の守護者」
Guatemala, Christianity in グアテマラのキリスト教
Gudule, St グドゥラ（聖）
Guéranger, Prosper Louis Pascal ゲランジェ
Guérin, St Théodore ゲラン（聖）
Guest, Edmund ゲスト
Gueux ゴイセン
Gui, Bernard ベルナール・ギー
Guibert of Nogent グイベルトゥス（ノジャンの）
Guigo I グイゴ１世

Guigo II　グイゴ2世
Gunkel, Hermann　グンケル
Gunning, Peter　ガニング
Gunpowder Plot　火薬陰謀事件
Günther, Anton　ギュンター
Gustav-Adolf-Werk　グスタフ・アドルフ協会
Gustavus II Adolphus　グスターヴ2世（グスタフ・アドルフ）
Gutenberg, Johann　グーテンベルク
Guthlac, St　グスラック（聖）
Guthrie, James　ガスリー
Guthrie, Thomas　ガスリー
Guyard（Guyart）, Bl Marie　ギュイヤール（福）
Guyon, Madame　ギュイヨン

## H

Habakkuk, Book of　ハバクク書
habit（religious dress）　修道服
Hackney Phalanx　ハクニー連隊
Hades　陰府（ハデス）
Hadewijch　ハデウェイフ
Hadrian I　ハドリアヌス1世
Hadrian IV　ハドリアヌス4世
Hadrian VI　ハドリアヌス6世
Hadrian the African, St　ハドリアヌス（カンタベリーの）（聖）
Hagenau, Conference of　ハーゲナウ会議
Haggadah　ハガダー
Haggai, Book of　ハガイ書
Hagia Sophia　ハギア・ソフィア大聖堂
Hagiographa　諸書
hagiography　聖人伝
hagiology　聖人伝文学
hagioscope（squint）　ハギオスコープ
Hail Mary（Ave Maria）　アヴェ・マリア（天使祝詞）
hair-shirt　ヘアシャツ
Halachah　ハラカー
Half-Way Covenant, the　半途契約
Halifax, Charles Lindley Wood　ハリファックス
Hall, Joseph　ホール
Hall, Robert　ホール
Hallel　ハレル
Haller, Berchtold　ハラー
halo（nimbus）　光輪（ニンブス）
Hamann, Johann Georg　ハーマン
Hamilton, John　ハミルトン
Hamilton, Patrick　ハミルトン
Hamilton, Walter Kerr　ハミルトン
Hammond, Henry　ハモンド
Hampden, Renn Dickson　ハンプデン
Hampton Court Conference　ハンプトン宮殿会議
Handel, George Frideric　ヘンデル
hands, imposition of（laying on of hands）　按手
Hannington, James　ハニングトン
Hardenberg, Albert　ハルデンベルク
Hardouin, Jean　アルドゥワン
Hare, Julius Charles　ヘア
Harklean version　ハルクレンシス
Harless, Gottlieb Christoph Adolph von　ハルレス
Harmony Society　ハーモニー協会
Harms, Claus　ハルムス
Harnack, Adolf　ハルナック
Harris, Howel(l)　ハリス
Harris, William Wadé　ハリス
Harrison, Frederic　ハリソン
Hartmann, Eduard von　ハルトマン
Harvest Thanksgiving　収穫感謝祭
Hasmonaeans　ハスモン家
Hastings, James　ヘースティングズ
Hatfield, Council of　ハットフィールド教会会議
Hawkins, Edward　ホーキンズ
Haymo of Faversham　ハイモ（ファヴァシャムの）
Headlam, Arthur Cayley　ヘッドラム
hearse　ハース
heart　心
Heaven　天
hebdomadarian　ヘブドマダリアン
Heber, Reginald　ヒーバー
Hebrew　ヘブライ人
Hebrew　ヘブライ語
Hebrews, Epistle to the　ヘブライ人への手紙（ヘブライ書）
Hebrews, Gospel according to the　『ヘブライ人福音書』
Hebron　ヘブロン
Hecker, Isaac Thomas　ヘッカー
hedonism　快楽主義
Hefele, Karl Joseph　ヘーフェレ
Hegel, Georg Wilhelm Friedrich　ヘーゲル
Hegesippus, St　ヘゲシッポス（聖）
hegumenos　ヘグメノス
Heidegger, Martin　ハイデガー

| | |
|---|---|
| Heidelberg Catechism | 『ハイデルベルク教理問答』（『ハイデルベルク信仰問答』） |
| Heiler, Friedrich | ハイラー |
| *Heilsgeschichte* | 救済史 |
| Heim, Karl | ハイム |
| Heiric of Auxerre | ヘイリクス（オセールの） |
| heirmos | ヘイルモス（連接歌） |
| Helena, St | ヘレナ（聖） |
| *Heliand* | 『ヘーリアント』 |
| Hell | 地獄 |
| Helvetic Confession | スイス信条（スイス信仰告白） |
| Helvidius | ヘルウィディウス |
| Helwys, Thomas | ヘルウィス |
| Hemerobaptists | 日々洗礼派 |
| Hemmerli（Hemmerlin）, Felix | ヘメルリ |
| Henderson, Alexander | ヘンダーソン |
| henotheism | 単一神教 |
| Henoticon | 「ヘノティコン」 |
| Henricians | ヘンリクス派 |
| Henrietta Maria | ヘンリエッタ・マリア |
| Henry II, St | ハインリヒ2世（聖） |
| Henry IV | ハインリヒ4世 |
| Henry IV | アンリ4世 |
| Henry VI | ヘンリー6世 |
| Henry VIII | ヘンリー8世 |
| Henry of Blois | ヘンリー（ブロワの） |
| Henry of Ghent | ヘンリクス（ヘントの） |
| Henry of Lausanne | ヘンリクス（ローザンヌの） |
| Henry Suso, Bl | ゾイゼ（福） |
| Henson, Herbert Hensley | ヘンソン |
| heortology | 教会祝祭学 |
| Heptateuch | 七書 |
| Heracleon | ヘラクレオン |
| Heraclius | ヘラクレイオス（ヘラクリウス） |
| Herbert, Edward | ハーバート |
| Herbert, George | ハーバート |
| Hereford | ヘレフォード |
| heresy | 異端信仰（異端） |
| Herimannus Contractus（Hermann the Lame） | ヘルマンヌス・コントラクトゥス |
| heritor | ヘリター |
| Herman, Emma | ハーマン |
| Hermann of Wied | ヘルマン・フォン・ヴィート |
| Hermas | ヘルマス |
| hermeneutics | 解釈学 |
| Hermesianism | ヘルメス主義 |
| Hermetic books | ヘルメス文書 |
| Hermias | ヘルミアス |
| hermit | 隠修士 |
| Herod family | ヘロデ家 |
| Herodians | ヘロデ派 |
| Herrmann, Wilhelm | ヘルマン |
| Herrnhut | ヘルンフート |
| Hertford, Council of | ハートフォード教会会議 |
| Hesychasm | ヘシュカスモス（ヘシカズム） |
| Hesychius | ヘシュキオス |
| Hesychius of Jerusalem, St | ヘシュキオス（エルサレムの）（聖） |
| Hexaemeron | 『6日物語』 |
| Hexapla | 『ヘクサプラ』（6欄組聖書） |
| Hexateuch | 六書 |
| Heylyn, Peter | ヘイリン |
| Hibbert, Robert | ヒバート |
| Hickes, George | ヒックス |
| Hicks, Elias | ヒックス |
| Hieracas of Leontopolis | ヒエラカス（レオントポリスの） |
| hierarchy | 位階制（ヒエラルキア） |
| Hieronymian Martyrology | 『ヒエロニムス殉教録』 |
| High Altar | 高祭壇 |
| High Churchmen | 高教会派 |
| High Commission, Court of | 高等宗務裁判所 |
| High Mass（Missa Sollemnis） | 荘厳ミサ（盛式ミサ） |
| ‘high places’, the | 「高台」 |
| high priest | 大祭司 |
| higher criticism | 上層批判（高等批判） |
| Hilarion, St | ヒラリオン（聖） |
| Hilary of Arles, St | ヒラリウス（アルルの）（聖） |
| Hilary of Poitiers, St | ヒラリウス（ポワティエの）（聖） |
| Hilda, St | ヒルダ（聖） |
| Hildebert of Lavardin | ヒルデベルトゥス（ラヴァルダンの） |
| Hildegard of Bingen, St | ヒルデガルト（ビンゲンの）（聖） |
| Hilton, Walter | ヒルトン |
| Hincmar | ヒンクマルス |
| Hinsley, Arthur | ヒンズリー |
| Hippo, Council of | ヒッポ教会会議 |
| Hippolytus, St | ヒッポリュトス（聖） |
| Hippolytus, Canons of St | 『ヒッポリュトス教令』 |

Hispana Collection 『スペイン教令集』
Historical Jesus, Quest of the 史的イエスの探求
Hoadly, Benjamin ホードリー
Hobbes, Thomas ホッブズ
Hocktide ホック祝節
Hodge, Charles ホッジ
Hofbauer, St Clement Mary ホーフバウアー（聖）
Høffding, Harald ヘフディング
Hoffmann（Hoffman）, Melchior ホフマン
Hofmann, Johann Christian Konrad von ホフマン
Holcot, Robert ホルコット
Holiness Movement ホーリネス運動
Holland, Henry Scott ホランド
Holocaust ホロコースト
Holste, Lucas ホルステ
Holtzmann, Heinrich Julius ホルツマン
Holy Alliance 神聖同盟
Holy Club 神聖クラブ
Holy Coat 聖衣
Holy Cross Day 聖十字架日
Holy Door, the 聖なる扉
Holy Family, the 聖家族
Holy Ghost Fathers（Spiritans） 聖霊修道会
Holy Innocents 幼子殉教者
Holy Land（holy places）, the 聖地
Holy Office 検邪聖省
Holy Orders 聖職
Holy Roman Empire 神聖ローマ帝国
Holy Saturday 聖土曜日
Holy See 聖座
Holy Sepulchre 聖墳墓
Holy Shroud 聖骸布
Holy Spirit（Holy Ghost） 聖霊
Holy Synod 聖シノド（聖務会院）
holy water 聖水
Holy Week 聖週間（受難週）
Holy Year 聖年
Homberg, Synod of ホンベルク会議
homiliary 説教集
Homilies, Books of 『説教集』
Homoeans ホモイオス派
homoousios ホモウーシオス
homosexuality 同性愛
Hong Xiuquan 洪秀全
Honoratus, St ホノラトゥス（聖）
Honorius I ホノリウス1世
Honorius III ホノリウス3世
Honorius 'of Autun' ホノリウス（オータンの）
Hontheim, Johann Nikolaus von ホントハイム
Hooker, Richard フッカー
Hooper, John フーパー
hope 希望
Hopkins, Gerard Manley ホプキンズ
Hormisdas, St ホルミスダス（聖）
Horne, George ホーン
Horologion ホロロギオン
Horsley, Samuel ホーズリー
Hort, Fenton John Anthony ホート
Hosanna ホサナ（ホザンナ）
Hosea, Book of ホセア書
Hosius（Ossius） ホシウス
Hosius（Hozjusz）, Stanislaus ホシウス
Hoskyns, Sir Edwyn Clement ホスキンズ
Hosmer, Frederick Lucian ホズマー
Hospitallers（Knights Hospitaller） ヨハネ騎士団（聖ヨハネ騎士修道会）
hospitals 救護院
Host ホスティア（ホスチア）
Hostiensis（Henry of Susa） ホスティエンシス
Hours, Canonical 定時課
Housel ハウゼル
Howard, John ハワード
Howe, John ハウ
Howells, Herbert Norman ハウエルズ
Howley, William ハウリー
Hroswitha（Hrosvit, Rosvitha） フロスヴィタ（ロスヴィタ）
Huber, Samuel フーバー
Hubert, St フベルトゥス（聖）
Hubert Walter ヒューバート・ウォールター
Hubmaier, Balthasar フープマイアー
Hucusque 「フークウースクェ」
Huddleston, Ernest Urban Trevor ハドルストン
Hugh, St フーゴー（聖）
Hugh, St フーゴー（聖）
Hugh of St-Victor フーゴー（サン・ヴィクトルの）
Hughes, Hugh Price ヒューズ
Huguenots ユグノー
Humanae Vitae 『フマナエ・ヴィタエ』
Humbert of Romans フンベルトゥス（ロマンの）
Humbert of Silva Candida フンベルトゥス（シルヴァ・カンディダの）

Humble Access, the Prayer of 「謙遜な近づきの祈り」
Hume, David ヒューム
Hume, George Basil ヒューム
humeral veil 肩衣
Humiliati フミリアティ（謙遜派）
humility 謙遜
Hungary, Christianity in ハンガリーのキリスト教
Hunt, William Holman ハント
hunting 狩猟
Huntingdon, Selina, Countess of ハンティンドン
Huss, John（Jan Hus） フス
Hutchinson, John ハッチンソン
Hutten, Ulrich von フッテン
Hutton, Richard Holt ハットン
Huvelin, Henri ユヴラン
Huxley, Thomas Henry ハクスリー
Huysmans, Joris Karl ユイスマンス
Hyacinth, St ヒアキントゥス（聖）
hylozoism 物活論
Hymnary ヒムナリウム
hymns 聖歌（讃美歌）
*Hymns, Ancient and Modern* 『古今聖歌集』（英語版）
Hypapante ヒュパパンテ
Hypatia ヒュパティア
hyperdulia ヒュペルドゥリア（特別崇敬）
hypostasis ヒュポスタシス
Hypostatic Union ヒュポスタシス的結合（位格的結合）
Hypsistarians ヒュプシストス派

# I

Iamblichus イアンブリコス（ヤンブリコス）
Ibas イバス
Iceland, Christianity in アイスランドのキリスト教
icon イコン（聖画像，聖像）
Iconoclastic Controversy 聖画像破壊論争
Iconography, Christian キリスト教図像学
iconostasis イコノスタシス
idiorrhythmic 自律修道院
Idiot, the イディオータ
Ignatius, Father イグナティウス神父
Ignatius, St イグナティオス（聖）
Ignatius Loyola, St イグナティウス・デ・ロヨラ（聖）
IHS アイ・エイチ・エス
Ildefonsus, St イルデフォンスス（聖）
Illingworth, John Richardson イリングワース
Illtyd（Illtud）, St イルティッド（イルトゥート）（聖）
Illuminati イルミナティ（被照明派）
illuminative way 照明の道
image of God（imago Dei） 神の像
images 像
*Imitation of Christ, The* 『イミタティオ・クリスティ』
Immaculate Conception of the BVM 無原罪の御宿り（聖母マリアの）
Immanence, Divine 内在性（神の）
Immanuel（Emmanuel） インマヌエル
immersion 浸礼
immolation いけにえの奉献
immortality 不死性
impanation インパナティオ
impassibility of God 不受苦性（神の）
impediment 婚姻障害
imprecatory Psalms 災いを求める詩編
imprimatur インプリマトゥル
impropriation 聖職禄移管
imputation 転嫁
In Coena Domini 『イン・コエナ・ドミニ』
incardination 教区入籍
Incarnation 受肉
incense 香
incubation インクバティオ
inculturation 文化適応（インカルチュレーション）
incumbent 聖職禄所有者（管理司祭）
Independents 独立派
Index librorum prohibitorum 禁書目録
India, Pakistan, and Bangladesh, Christianity in インド，パキスタン，バングラデシュのキリスト教
Indonesia, Christianity in インドネシアのキリスト教
induction 聖職就任式
indulgences 免償（贖宥）
indult インドゥルトゥム（特典）
Industrial Christian Fellowship 産業労働者キリスト教友和会
infallibility 不可謬性
Infancy Gospels 幼時福音書
Infant Baptism（Paedobaptism） 幼児洗礼
infirmarian 修道院看護係
Inge, William Ralph イング
inhibition 職務執行停止命令
Injunctions, Royal 「国王布告」

Inner Light (Inward Light) 「内なる光」
*Innere Mission* 「内国伝道」
Innocent I, St インノケンティウス1世(聖)
Innocent III インノケンティウス3世
Innocent IV インノケンティウス4世
Innocent X インノケンティウス10世
Innocent XI, Bl インノケンティウス11世(福)
Inopportunists 不可謬性反対派
Inquisition, the 異端審問(宗教裁判)
inscriptions, early Christian 碑文(初期キリスト教の)
installation 任命式
Instantius インスタンティウス
*Institutes, The* 『キリスト教綱要』
Institutes of Consecrated Life 奉献生活の会
institution 聖職選任式
Institution, the Words of 「制定の言葉」
instruments, tradition of the 用具の授与
insufflation 息吹
Intelligent Design 知的設計
intention 意向
intercession 執り成し(取り次ぎの祈り,代願)
Intercontinental Church Society ('Intercon')
インターコンティネンタル・チャーチ・ソサエティー
interdict インテルディクトゥム
Interim rite 暫定式文
International Bible Students' Association
国際聖書研究者会
interstices 中間期間
intinction インティンクション
Introit イントロイトゥス(入祭)
Invention of the Cross 聖十字架の発見
Investiture Controversy 叙任権闘争
invincible ignorance 不可抗的無知
Invitatory 初めの祈り(招詞)
Iona アイオナ
Ireland, Christianity in アイルランドのキリスト教
Irenaeus, St エイレナイオス(聖)
Irish Articles 「アイルランド条項」
Iron Crown 鉄の王冠
Irving, Edward アーヴィング
Isaac イサク
Isaac the Great, St イサク(大)(聖)
Isaac of Nineveh イサク(ニネベの)
Isaac of Stella イサク(ステラの)
Isabella I of Castile イサベル1世
Isaiah イザヤ
Isaiah, Ascension of 『イザヤの昇天』
Isaiah, Book of イザヤ書
Isho'dad of Merv イショダード(メルヴの)
Isidore, St イシドロス(聖)
Isidore, St イシドルス(聖)
Isidore Mercator イシドルス・メルカトル
Islam イスラーム
Israel イスラエル
Issy, Articles of 「イシー条項」
Italo-Greeks 「イタリアのギリシア人」
Ite, missa est イテ・ミサ・エスト
Itinerarium 旅行祝福祈禱文
Ives, St イヴォ(聖)
Ivo, St イヴォ(聖)


# J


'J' J資料(ヤハウィスト資料)
Jacob ヤコブ
Jacob Baradaeus ヤコブ・バラダイオス
Jacob of Edessa ヤコブ(エデッサの)
Jacob of Nisibis, St ヤコブ(ニシビスの)(聖)
Jacob of Sarug (Serugh) ヤコブ(サルグの)
Jacobins ジャコバン
Jacobites ヤコブ派
Jacopone da Todi (Jacopo Benedetti)
ヤコポーネ・ダ・トディ
James, St ヤコブ(聖)
James, St, 'the Great' ヤコブ(大)(聖)
James, St, 'the Less' ヤコブ(小)(聖)
James, Apocalypses of 『ヤコブの黙示録』
James, Apocryphal Epistle of
『ヤコブのアポクリュフォン』
James, Book of 『ヤコブの書』
James, Epistle of St ヤコブの手紙(ヤコブ書)
James, Liturgy of St ヤコブ典礼
James I ジェームズ1世
James II ジェームズ2世
James the Deacon ヤコブス(助祭)
James of Voragine (Varazze), Bl
ヤコブス(ヴァラッツェの)(福)
James, William ジェームズ
Jamnia (Jabneh) ヤムニア(ヤブネ)
Jane Frances de Chantal, St シャンタル(聖)
Jansen, Cornelius Otto ヤンセン
Jansenism ヤンセン主義(ジャンセニスム)
Januarius, St ヤヌアリウス(聖)

Janus　ヤーヌス
Japan, Christianity in　日本のキリスト教
Jaspers, Karl　ヤスパース
Jassy, Synod of　ヤーシ主教会議
Jehoshaphat, the Valley of　ヨシャファトの谷
Jehovah's Witnesses　エホバの証人
Jeremiah　エレミヤ
Jeremiah, Book of　エレミヤ書
Jeremy, Epistle of（Letter of Jeremiah）　エレミヤの手紙
Jerome, St　ヒエロニムス（聖）
Jerome Emiliani（Miani）, St　ジロラモ・ミアーニ（エミリアーニ）（聖）
Jerome of Prague　ヒエロニムス（プラハの）
Jerusalem　エルサレム
Jerusalem, Anglican Bishopric in　エルサレム教区（アングリカンの）
Jerusalem, Synod of　エルサレム主教会議
Jesse Window　エッサイの窓
Jesu, dulcis memoria　イエス・ドゥルキス・メモリア
Jesuits（The Society of Jesus）　イエズス会
Jesus　イエス
Jesus Christ　イエス・キリスト
Jesus Movement（Jesus Revolution）　イエス運動（ジーザス運動）
Jesus Prayer　イエスの祈り
Jewel, John　ジューエル
Jews, Christian attitude to　ユダヤ教徒へのキリスト教徒の態度
Joachim, St　ヨアキム（聖）
Joachim of Fiore　ヨアキム（フィオーレの）
Joan, Pope　ヨハンナ（女性教皇）
Joan of Arc, St　ジャンヌ・ダルク（聖）
Job, Book of　ヨブ記
Jocists　カトリック青年労働者連盟
Joel, Book of　ヨエル書
Johannine Comma　ヨハネのコンマ
John, St　ヨハネ（聖）
John, Acts of　『ヨハネ行伝』
John, Apocryphon of　『ヨハネのアポクリュフォン』
John, Epistles of St　ヨハネの手紙（ヨハネ書）
John, Gospel of St　ヨハネによる福音書（ヨハネ福音書）
John XII　ヨアンネス12世
John XXI　ヨアンネス21世
John XXII　ヨアンネス22世
John XXIII　ヨアンネス23世
John XXIII, St　ヨアンネス23世（聖）
John of Antioch　ヨアンネス（アンティオキアの）
John of Apamea　ヨアンネス（アパメアの）
John of Ávila, St　フアン（アビラの）（聖）
John the Baptist, St　ヨハネ（洗礼者）（聖）
John Baptist de La Salle, St　ジャン・バティスト・ド・ラ・サール（聖）
John of Beverley, St　ヨアンネス（ベヴァリーの）（聖）
John Climacus, St　ヨアンネス・クリマコス（聖）
John of the Cross, St　フアン・デ・ラ・クルス（聖）
John of the Cross　フアン・デ・ラ・クルス
John of Dalyatha　ヨアンネス（ダリュアタの）
John of Damascus, St　ヨアンネス（ダマスコの）（聖）
John　ジョン
John of Ephesus　ヨアンネス（エフェソスの）
John the Faster, St　ヨアンネス（「断食者」）
John of God, St　フアン・デ・ディオス（聖）
John the Grammarian　ヨアンネス・グラマティコス
John Gualbert, St　ヨアンネス・グアルベルトゥス（聖）
John Malalas　ヨアンネス・マララス
John of Matha, St　ヨアンネス（マタの）（聖）
John of Nepomuk, St　ヨアンネス（ネポムクの）（聖）
John of Parma, Bl　ヨアンネス（パルマの）（福）
John and Paul, Sts　ヨアンネス（聖）とパウルス（聖）
John Paul I　ヨアンネス・パウルス１世
John Paul II, St　ヨアンネス・パウルス２世（聖）
John Philoponus　ヨアンネス・フィロポノス
John the Presbyter　ヨハネ（「長老」）
John of Ragusa　ヨアンネス（ラグーザの）
John of St Thomas　ヨアンネス（聖トマスの）
John of Salisbury　ヨアンネス（ソールズベリーの）
John Scholasticus　ヨアンネス・スコラスティコス
John of Wesel（Johann Ruchrat）　ヨーハン（ヴェーゼルの）
Johnson, Samuel　ジョンソン
Joinville, Jean de　ジョワンヴィル
Jonah, Book of　ヨナ書
Jonas, Justus（Jodocus Koch）　ヨーナス
Jones, Griffith　ジョーンズ
Jones, Inigo　ジョーンズ
Jones, James Warren 'Jim'　ジョーンズ（「ジム」）
Jones, Rufus Matthew　ジョーンズ
Jones, William, 'of Nayland'　ジョーンズ（「ネイランドの」）

Jordan, River　ヨルダン川
Josaphat, St　ヨサファト・クンツェヴィチ（聖）
Joseph, St　ヨセフ（聖）
Joseph of Arimathaea, St　ヨセフ（アリマタヤの）（聖）
Joseph Calasanctius, St　ホセ・デ・カラサンス（聖）
Joseph of Cupertino, St　ジュゼッペ（コペルティーノの）（聖）
Joseph the Hymnographer, St　ヨセフォス（讃美歌作者の）（聖）
Joseph of Volokolamsk, St　ヨシフ・ヴォロツキイ（聖）
Josephinism　ヨーゼフ主義
Josephus, Flavius　ヨセフス
Joshua, Book of　ヨシュア記
Jovian　ヨウィアヌス
Jovinian　ヨウィニアヌス
Jowett, Benjamin　ジャウエット
Joyful Mysteries, the five　5つの喜びの秘義
Juana Inés de la Cruz　フアナ・イネス・デ・ラ・クルス
jube　内陣前仕切り（内陣障壁）
Jubilate　ユビラーテ
Jubilee, Year of　ヨベルの年
Jubilees, Book of　『ヨベル書』
Judaea　ユダヤ
Judah　ユダ族
Judaism　ユダヤ教
Judaizers　ユダヤ主義者
Judas Iscariot　ユダ（イスカリオテの）
Judas Maccabaeus　ユダ・マカバイ
Jude, St　ユダ（聖）
Jude, Epistle of St　ユダの手紙（ユダ書）
Judges, Book of　士師記
Judicial Committee of the Privy Council　枢密院司法委員会
Judith, Book of　ユディト記
Judson, Adoniram　ジャドソン
Julian the Apostate　ユリアヌス（「背教者」）
Julian the 'Arian'　ユリアノス（「アレイオス主義者」）
Julian of Eclanum　ユリアヌス（アエクラヌムの）
Julian of Halicarnassus　ユリアノス（ハリカルナッソスの）
Julian of Norwich　ジュリアナ（ノリッジの）
Julian of Toledo, St　ユリアヌス（トレドの）（聖）
Juliana of Liège, Bl　ジュリエンヌ（リエージュの）（福）
Jülicher, Adolf　ユーリヒャー
Julius I, St　ユリウス1世（聖）
Julius II　ユリウス2世
Julius III　ユリウス3世
Julius Africanus, Sextus　ユリオス・アフリカノス
Jumièges　ジュミエージュ
Jung Codex　ユング写本
Jurieu, Pierre　ジュリュー
jus devolutum　ユース・デヴォルトゥム
justification　義認（義化）
Justin Martyr, St　ユスティノス（殉教者）（聖）
Justinian I　ユスティニアヌス1世
Justinian, Code of　『ユスティニアヌス法典』
Justus, St　ユストゥス（聖）
Juvenal　ユウェナリス
Juvencus, Caius Vettius Aquilinus　ユウェンクス
Juxon, William　ジャクソン


# K


Kabbala (Cabbala)　カバラ
Kagawa, Toyohiko　賀川豊彦
Kähler, Martin　ケーラー
Kaiserswerth　カイザースヴェルト
kamelavchion　カミラフカ
Kangxi　康熙帝
Kant, Immanuel　カント
katavasia　カタバシア
kathisma　カシズマ
Keble, John　キーブル
Keith, George　キース
Kells, Book of　『ケルズの書』
Kempe, Margery　ケンプ
Ken, Thomas　ケン
Kennett, White　ケネット
kenotic theories　ケノーシス論
Kenrick, Francis Patrick　ケンリック
Kensit, John　ケンジット
Kentigern, St　ケンティゲルン（聖）
Kenya, Christianity in　ケニアのキリスト教
Kepler, Johann　ケプラー
kerygma　ケリュグマ
Keswick Convention　ケズィック・コンヴェンション
Ketteler, Wilhelm Emmanuel von　ケッテラー
Kettlewell, John　ケットルウェル
Kevin, St　ケヴィン（聖）

Khomiakov, Alexis Stepanovich　ホミャコーフ
Kiddush　キドゥシュ
Kierkegaard, Søren Aabye　キルケゴール
Kikuyu　キクーユ
Kilham, Alexander　キラム
Kilian, St　キリアン（聖）
Kilwardby, Robert　キルウォードビー
Kimbangu, Simon　キンバング
Kimpa Vita, Beatriz　キンパ・ヴィータ
Kindred and Affinity, Table of　親族・姻族結婚禁止表
King, Edward　キング
King, Martin Luther　キング
King, William　キング
King James Version　欽定訳聖書
King's Book　『国王の書』
King's College, London　キングズ・カレッジ（ロンドンの）
King's Confession　国王信条
King's evil, touching for the　「国王の疫病」のための接触
Kingdom of God　神の国
Kings, Books of　列王記
Kingsley, Charles　キングズリー
Kirk　カーク
Kirk, Kenneth Escott　カーク
Kirk session　カーク・セッション
Kiss of Peace（pax）　平和の接吻（親睦の接吻）
Kittel, Gerhard　キッテル
Klopstock, Friedrich Gottlieb　クロプシュトック
Klosterneuburg　クロスターノイブルク
Know-Nothing　ノウ・ナッシング党
Knox, Edmund Arbuthnott　ノックス
Knox, John　ノックス
Knox, Ronald Arbuthnott　ノックス
Kolbe, St Maximilian　コルベ（聖）
kollyva　コッリュバ
komvoschinion　コンボスキニオン
Koran　『コーラン』（『クルアーン』）
Korea, Christianity in　朝鮮のキリスト教
Korntal　コルンタール
Krüdener, Barbara Juliana Freifrau von　クリューデナー
*Kulturkampf*　文化闘争
Küng, Hans　キュング
Kuyper, Abraham　カイパー
Kyriale　キリアーレ
Kyrie eleison　キリエ・エレイソン（あわれみの賛歌）

# L

Labadists　ラバディー派
labarum　ラバルム
Laberthonnière, Lucien　ラベルトニエール
Labre, St Benedict Joseph　ラーブル（聖）
Lacey, Thomas Alexander　レーシー
Lachmann, Karl　ラッハマン
Lacordaire, Henri-Dominique　ラコルデール
Lactantius　ラクタンティウス
lacticinia　ラクティキニア
Ladislaus（László）, St　ラースロー（聖）
Lady Chapel　聖母礼拝堂
Lady Day　レディー・デー
Laetentur Coeli　ラエテントゥル・カエリ
Lagrange, Marie-Joseph　ラグランジュ
Laínez, Diego　ライネス
laity　信徒
Lalibela　ラリベラ
lamb　小羊
Lambert, St　ランベルトゥス（聖）
Lambert, François　ランベール
Lambeth　ランベス
Lambeth Articles　「ランベス条項」（「ランベス信条」）
Lambeth Conferences　ランベス会議
Lambeth degrees　ランベス学位
Lambeth Opinions　ランベス見解
Lambeth Quadrilateral　「ランベス4綱領」
Lamennais, Félicité Robert de　ラムネー
Lamentations of Jeremiah　哀歌
Lammas Day　聖ペトロの鎖の記念日
Lampert（Lambert）of Hersfeld　ランペルトゥス（ヘルスフェルトの）
lamps　ランプ
lance（liturgical）　ランス（典礼用の）
Lance, Holy　聖なる槍
Lanfranc　ランフランク
Lang, Cosmo Gordon　ラング
Langton, Stephen　ラングトン
Laodicea　ラオディキア
Laodicea, Canons of　『ラオディキア教令』
Laodiceans, Epistle to the　『ラオディキア人への手紙』
*lapsi*（the lapsed）　棄教者
Lardner, Nathaniel　ラードナー
La Salette　ラ・サレット

Las Casas, Bartolomé de ラス・カサス
Laski（à Lasco）, John ウァスキ（ア・ラスコ）
Lassus, Orlande de（Orlando di Lasso） ラッスス
Last Gospel 最後の福音書朗読
Last Supper 最後の晩餐
Lateran Basilica
ラテラノ大聖堂（サン・ジョヴァンニ・イン・ラテラノ大聖堂）
Lateran Councils ラテラノ公会議
Lateran Treaty ラテラノ条約
Latimer, Hugh ラティマー
Latin ラテン語
Latin America, Christianity in
ラテン・アメリカのキリスト教
Latitudinarianism
ラティテューディナリアニズム（宗教的自由主義）
la Trappe ラ・トラップ
latria ラトリア
Latrocinium エフェソス強盗会議
Laud, William ロード
Lauda Sion 『ラウダ・シオン』
Lauds 賛課
Laurence, St ラウレンティウス（聖）
Laurence of Brindisi, St
ラウレンティウス（ブリンディシの）（聖）
'Lausanne' ローザンヌ会議
lavabo 洗手式
Lavigerie, Charles-Martial Allemand ラヴィジュリー
lavra（laura） ラヴラ（ラウラ）
Law, William ロー
Laws, Robert ローズ
Laxism 弛緩説
lay brother, lay sister 信徒修道士／信徒修道女
lay rector 信徒教会管理者
Lazarists ラザリスト会
Lazarus ラザロ
Leander, St レアンデル（聖）
Lebbe, Frédéric-Vincent レッブ
Le Clerc（Clericus）, Jean ルクレール（クレリクス）
Leclercq, Henri ルクレール
lectern 聖書台
lectionary レクティオナリウム（レクショナリー）
lector（reader） 宣教奉仕者（読師）
lecturers レクチャラー
Lee, Frederick George リー
Lefebvre, Marcel ルフェーヴル
legate, Papal 教皇特使
Leibniz, Gottfried Wilhelm ライプニッツ
Leiden レイデン（ライデン）
Leighton, Robert レイトン
Leipzig, Disputation of
ライプツィヒ討論（ライプツィヒ論争）
Leipzig Interim ライプツィヒ仮信条協定
Le Neve, John レ・ニーヴ
Lent 四旬節（大斎節）
Leo I, St（Leo the Great） レオ１世（聖）
Leo III, St レオ３世（聖）
Leo IV, St レオ４世（聖）
Leo IX, St レオ９世（聖）
Leo X レオ10世
Leo XIII レオ13世
Leo III レオン３世
Leo VI レオン６世（「哲人帝」）
Leodegar（Ledger, Leger）, St レオデガリウス（聖）
León, Luis de ルイス・デ・レオン
Leonard, St レオナルドゥス（聖）
Leonardo da Vinci レオナルド・ダ・ヴィンチ
Leonine City レオの街
Leonine Prayers 『レオ祈禱書』
Leonine Sacramentary 『レオ秘跡書』
Leontius of Byzantium
レオンティオス（ビザンティオンの）
Leontius of Jerusalem
レオンティオス（エルサレムの）
Lepanto, Battle of レパントの海戦
Leporius レポリウス
Lérins レランス
Leslie, Charles レズリー
Leslie, John レズリー
Lessing, Gotthold Ephraim レッシング
Letters of Business 聖職者会議召集状
Letters Dimissory 叙任委託書
Letters of Orders 聖職就任証
Letters Testimonial 聖職推薦状
Leuenberg Concord ロイエンベルク協約
Levellers レヴェラーズ
Levi, son of Alphaeus レビ（アルファイの子）
Leviathan レビヤタン（リヴァイアサン）
levirate marriage 嫂婚制（レビラト婚）
Levites レビ人
Leviticus, Book of レビ記
Lewis, Clive Staples ルイス

libellatici 証明書購入者
Libelli Missarum リベリ・ミサールム
*Liber Censuum* 『収入台帳』
*Liber de Causis* 『原因論』
*Liber Pontificalis* 『リベル・ポンティフィカリス』
*Liber Regalis* 『リベル・レガリス』
Liberal Catholic Church 自由カトリック教会
Liberal Evangelicalism 自由主義的福音主義
liberalism 自由主義
liberation theology 解放の神学
Liberian Catalogue（Philocalian Calendar） リベリウス教皇表（フィロカルス教皇表）
Liberius リベリウス
Lichfield リッチフィールド
Liddel, Henry George リデル
Liddon, Henry Parry リドン
Life and Work 生活と実践
Light of the World, the 世の光
Lightfoot, John ライトフット
Lightfoot, Joseph Barber ライトフット
limbo リンボ（リンブス）
Lincoln リンカーン
Lincoln Judgement リンカーン裁定
Lindisfarne リンディスファーン
Lindsey, Theophilus リンジー
Lingard, John リンガード
Linus, St リヌス（聖）
lion ライオン
Lippi, Fra Filippo リッピ
Lipsius, Richard Adelbert リプシウス
litany 連願（連禱）
Litany, the BCP 嘆願（『祈禱書』の）
Litany of Loreto 連願（ロレトの）
Litany of the Saints 連願（諸聖人の）
literate リテレート
Little Entrance 小聖入
*Little Flowers of St Francis*（the 'Fioretti'） 『聖フランチェスコの小さき花』（『フィオレッティ』）
Little Gidding リトル・ギディング
*Little Labyrinth, The* 『小迷路』
Little Office of Our Lady 小聖務日課（聖母マリアの）
Little Offices 小聖務日課
Liturgical Movement 典礼運動
liturgiology 典礼学（礼拝学）
Liturgy 典礼
Liudprand（Liutprand） リウトプランドゥス
Liverpool Cathedrals リヴァプール大聖堂
Livingstone, David リヴィングストン
Llandaff ランダフ
Llull, Ramon（Raymond Lull） ルルス
LMS（London Missionary Society） ロンドン宣教協会
Locke, John ロック
loculus ロクルス
logia ロギア
Logos（Word of God） ロゴス（神の御言葉）
Loisy, Alfred Firmin ロワジー
Lollardy ロラード派
Longinus, St ロンギノス（聖）
Longland, John ロングランド
Longley, Charles Thomas ロングリー
Lopez, Gregory 羅文藻（ルオ・ウェンザオ，グレゴリオ・ロペス）
Lord of Hosts 万軍の主
Lord's Day, the 主の日
Lord's Prayer 主の祈り（主禱文）
Lord's Supper 主の晩餐
Loreto ロレト
Lorsch ロルシュ
Lossky, Vladimir ロスキー
*Los von Rom* ローマ離脱運動
Louis I（the Pious） ルイ1世（ルートヴィヒ1世）
Louis IX, St ルイ9世（聖）
Lourdes ルルド
love 愛
Lovedale ラヴデール
Low Church 低教会派
Low Mass 読唱ミサ
Low Sunday 白衣の主日
Lowder, Charles Fuge ラウダー
Lu, Cheng-hsiang（Lou, Tseng-tsiang） 陸徵祥
Lubac, Henri de リュバック
Lubbertus, Sibrandus リュッベルトゥス
Lubich, Chiara ルービック
Lucar, Cyril キュリロス・ルカリス
Lucian of Antioch, St ルキアノス（アンティオキアの）（聖）
Lucian of Samosata ルキアノス（サモサタの）
Lucianic text ルキアノス型本文
Lucifer ルシフェル
Lucifer ルキフェル（カリアリの）
Lucina ルキナ
Lucius ルキウス

Lucy, St ルキア（聖）
Ludlow, John Malcolm Forbes ラドロウ
Ludolf of Saxony ルドルフス（ザクセンの）
Lugo, John de ルゴ
Luis de Granada ルイス・デ・グラナダ
Luke, St ルカ（聖）
Luke, Gospel of St ルカによる福音書（ルカ福音書）
Lull, St ルルス（聖）
Lumen Gentium 『ルーメン・ゲンティウム』
Luminous Mysteries, the five 5つの光の秘義
Lund ルンド
Lupus, Servatus ルプス
Luther, Martin ルター
Lutheranism ルター主義（ルター派）
*Lux Mundi* 『ルックス・ムンディ』
Luxeuil リュクスーユ
lych-gate（lich-gate） 駐棺門
lying うそをつくこと
Lyndwood, William リンドウッド
Lyons, First Council of リヨン公会議（第１）
Lyons, Second Council of リヨン公会議（第２）

# M

Mabillon, Jean マビヨン
Macarius of Alexandria, St マカリオス（アレクサンドリアの）（聖）
Macarius of Egypt, St マカリオス（エジプトの）（聖）
Macarius of Jerusalem, St マカリオス（エルサレムの）（聖）
Macarius Magnes マカリオス・マグネス
Macarius of Moscow, St マカリイ（モスクワの）（聖）
Macarius of Moscow マカリイ（モスクワの）
Macarius/Simeon マカリオス／シメオン
Macaulay, Zachary マコーリー
Maccabees マカバイ家
Maccabees, Books of マカバイ記
Maccabees, Feast of the Holy マカバイ記７兄弟の祝日
Macedonius マケドニオス
Machutus（Malo）, St マクトゥス（マロ）（聖）
Mackay, Alexander Murdoch マッカイ
Mackintosh, Hugh Ross マッキントッシュ
Mackonochie, Alexander Heriot マコノキー
Maclaren, Alexander マクラレン
MacLeod, George Fielden マクラウド
Macleod, Norman マクラウド
Macrina, St マクリナ（聖）
Madauran Martyrs マダウラの殉教者たち
Madeba Map メデバ（マデバ）の地図
Madonna マドンナ（聖母子像）
Maffei, Francesco Scipio マッフェイ
Magdalens マグダレン
Magi 東方３博士（占星術の学者たち）
Magisterium 教導職（教導権）
Magnificat マニフィカト（マリアの賛歌）
Magnus, St マグヌス（聖）
Maimonides, Moses マイモニデス
Major（Maier）, Georg マヨール
Major Orders 上級品級
Malabar Christians（Thomas Christians） マラバル・キリスト教徒（トマス・キリスト教徒）
Malachi, Book of マラキ書
Malachy, St マラキアス（聖）
Malachy, Prophecies of マラキアスの予言
Malankarese Church マランカル教会
Malawi, Christianity in マラウィのキリスト教
Malchion マルキオン
Maldonado, Juan マルドナド
Malebranche, Nicolas マルブランシュ
Malines Conversations マリーヌ会談
Maltese Cross マルタ十字
Malvern Conference モルヴァン会議
Mamertine Prison マメルティヌスの牢獄
Mamertus, St マメルトゥス（聖）
Manasses, Prayer of 『マナセの祈り』
Mandaeans マンダ教徒
Mande, Hendrik マンデ
mandyas マンディアス
Mani（Manes） and Manichaeism マニとマニ教
maniple マニプルス
manna マナ（マンナ）
Manners-Sutton, Charles マナーズ・サットン
Manning, Henry Edward マニング
manse マンス
Mansel, Henry Longueville マンセル
Mansi, Giovanni Domenico マンシ
Mant, Richard マント
Mantegna, Andrea マンテーニャ
mantelletta マンテレッタ
mantellone マンテローネ
mantum マントゥム
manual acts 「手の動き」

Manuale マヌアーレ
manuscripts of the Bible 聖書写本
maranatha マラナ・タ
Marburg, Colloquy of マールブルク会談
Marburg, University of マールブルク大学
Marca, Pierre de マルカ
Marcan hypothesis, the マルコ福音書優先説
Marcellina, St マルケリナ（聖）
Marcellus マルケロス（アンキュラの）
Marcian マルキアヌス
Marcian the Monk マルキアノス（修道士の）
Marcion マルキオン
Marcionite Prologues マルキオン派の序文
Marcosians マルコス派
Marcus Aurelius マルクス・アウレリウス
Maredsous マレズー
Margaret, St マルガリタ（聖）
Margaret, 'The Lady' マーガレット
Margaret Mary Alacoque, St アラコック（聖）
Margaret of Scotland, St マーガレット（スコットランドの）（聖）
Marheineke, Philipp Konrad マールハイネケ
Maria Laach マリア・ラーハ
Mariana, Juan マリアナ
Marianists マリア会
Mariavites マリア模倣会
Mariolatry マリア崇拝
Mariology マリア論
Marists マリスト修道会
Maritain, Jacques マリタン
Marius Mercator マリウス・メルカトル
Mark, St マルコ（聖）
Mark, Gospel of St マルコによる福音書（マルコ福音書）
Mark, Liturgy of St マルコ典礼
Mark, Secret Gospel of 『秘密のマルコ福音書』
Mark the Hermit マルコス（隠修士の）
Marmion, Bl Columba マルミオン（福）
Marnix, Philipp van マルニクス
Maronites マロン教会（マロン派）
Marot, Clément マロ
Marprelate Tracts マープレリット文書
Marquette, Jacques マルケット
marriage licences 結婚許可証
Marriott, Charles マリオット
Marrow Controversy マロー論争
Marsh, Herbert マーシュ
Marsilius（Marsiglio）of Padua マルシリウス（パドヴァの）
Martène, Edmond マルテーヌ
Martensen, Hans Lassen マルテンセン
Martha, St マルタ（聖）
Martin, St マルティヌス（トゥールの）（聖）
Martin, St マルティヌス（ブラガの）（聖）
Martin I, St マルティヌス1世（聖）
Martin IV マルティヌス4世
Martin V マルティヌス5世
Martin, Gregory マーティン
Martineau, James マーティノー
Martyn, Henry マーティン
martyr 殉教者
martyrium 殉教者記念聖堂
martyrology 殉教録
Marucchi, Orazio マルッキ
Mary, the Blessed Virgin（BVM）マリア（聖母マリア，おとめマリア）
Mary, Gospel of 『マリア福音書』
Mary, Gospel of the Birth of 『マリアの誕生福音書』
Mary of Egypt, St マリア（エジプトの）（聖）
Mary Magdalene, St マリア（マグダラの）（聖）
Mary Magdalene de' Pazzi, St マリア・マッダレーナ・デ・パッツィ（聖）
Mary, Queen of Scots メアリ・ステュアート
Mary Tudor メアリ1世（メアリ・テューダー）
Maryknoll メリノール会
Marys in the NT マリア（新約聖書における）
Mass ミサ
Mass, music for the ミサ曲
Massillon, Jean-Baptiste マシヨン
Massoretes マソラ学者
material sin 実質的罪
Mathew, Arnold Harris マシュー
matrimony（marriage）結婚（婚姻）
matter 質料
Matthew, St マタイ（聖）
Matthew, Gospel of St マタイによる福音書（マタイ福音書）
Matthew of Aquasparta マッタエウス（アクアスパルタの）
Matthew Paris マシュー・パリス
Matthew's Bible マシュー聖書
Matthias, St マティア（聖）

Matthias, Gospel of St 『マティア福音書』
Mattins（Matins） 朝課（早禱）
Mattins of Bruges ブリュッヘ（ブリュージュ）の朝課
Maundy Thursday（Holy Thursday） 聖木曜日
Maur（Maurus）, St マウルス（モール）（聖）
Maurice, St マウリキウス（聖）
Maurice, Frederick Denison モーリス
Maurists サン・モール学派
Maximilian, St マクシミリアヌス（聖）
Maximus, St マクシムス（聖）
Maximus the Confessor, St マクシモス（証聖者）（聖）
Maximus the Cynic マクシモス（キュニコス派の）
Maximus the Greek, St マクシム・グレク（聖）
Max Müller, Friedrich マックス・ミュラー
May Laws 5月諸法
Mayne, St Cuthbert メイン（聖）
Maynooth College メイヌース・カレッジ
Mazarin, Jules マザラン
Mazarin Bible マザラン聖書
McPherson, Aimée Semple マクファーソン
Mechitarists メヒタル修道会
Mechthild of Magdeburg メヒティルト（マクデブルクの）
Mede（Mead）, Joseph ミード
Mediatrix of All Graces すべての恩恵の仲介者
Medina, Bartolomé メディナ
meditation 黙想（瞑想）
megachurch 巨大教会
Meinrad, St マインラート（聖）
Meissen Agreement マイセン協定
Melanchthon, Philipp メランヒトン
Melanesian Brotherhood メラネシア兄弟会
Melania メラニア
Melchites（Melkites ） メルキト教会（メルキト派）
Melchizedek メルキゼデク
Melitian Schisms メリティオス派のシスマ
Melitius, St メリティオス（聖）
Melito, St メリトン（聖）
Mellitus, St メリトゥス（聖）
Melville, Andrew メルヴィル
Memling（Memlinc）, Hans メムリンク
Memorare メモラーレ
memoria 記念日
Memoriale Rituum メモリアーレ・リトゥウム
Menaion メナイオン（ミネオン）
Menas, St メナス（エジプトの）（聖）
Menas, St メナス（コンスタンティノポリスの）（聖）
mendicant friars（friars） 托鉢修道士（托鉢修道会）
Mennonites メノナイト派（メノー派）
Menologion メノロギオン
mensa メンサ
mental prayer 念禱
mental reservation 意中留保
Merbecke（Marbeck）, John マーベック
Mercedarians メルセス修道会
Mercersburg Theology マーサーズバーグ神学
Mercier, Désiré Joseph メルシエ
mercy-seat 贖いの座
merit 功徳（功績）
Merry del Val, Rafael メリ・デル・ヴァル
Mersch, Émile メルシュ
Mersenne, Marin メルセンヌ
Merton, Thomas マートン
Mesonyktikon メソニクティコン
Mesrop（Mesrob）, St メスロプ（聖）
Messalians メッサリア派（エウキタイ派）
Messiah メシア
messianic secret メシアの秘密
Metaphysical Poets 形而上詩派
metaphysics 形而上学
metempsychosis（reincarnation） 輪廻
Methodism メソジズム（メソジスト主義）
Methodist Churches メソジスト教会（メソジスト派）
Methodist New Connexion メソジスト改革派
Methodius of Olympus, St メトディオス（オリュンポスの）（聖）
metrical psalters 韻律詩編
Metrophanes Critopoulos メトロファネス・クリトプロス
metropolitan 管区大司教（府主教）
Mexico, Christianity in メキシコのキリスト教
Micah, Book of ミカ書
Michael the Archangel, St ミカエル（大天使）（聖）
Michael Cerularius ミカエル・ケルラリオス
Michael the Syrian ミカエル（シリア人の）
Michaelis, Johann David ミヒャエリス
Michelangelo ミケランジェロ
*Micrologus* 『ミクロログス』
Middleton, Thomas Fanshawe ミドルトン
Midrash ミドラシュ
Migetius ミゲティウス

Migne, Jacques Paul　ミーニュ
Milan, Edict of　ミラノ勅令
Mildred, St　ミルドレダ（聖）
Milíč, Jan　ミリーチュ
militant, the Church　戦いの教会
millenarianism（chiliasm）　千年王国説（千年至福説）
Millenary Petition　千人請願
Mill Hill Missionaries　ミル・ヒル宣教会
Milman, Henry Hart　ミルマン
Milner, John　ミルナー
Milner, Joseph　ミルナー
Miltiades, St　ミルティアデス（聖）
Miltitz, Carl von　ミルティッツ
Milton, John　ミルトン
Milvian Bridge, Battle of the　ミルウィウス橋頭の戦い
Minims（Ordo Fratrum Minimorum）　ミニミ修道会（ミニモ会）
minister　ミニスター
minor canon　主教座聖堂準参事会員
Minor Orders　下級品級
Minor Prophets, the　小預言者（小預言書）
minster　ミンスター
Minucius Felix　ミヌキウス・フェリクス
miracle　奇跡
Miserere　ミゼレーレ
misericord　ミゼリコード
Mishnah　ミシュナー
Misrule, Lord（Abbot, Master）of　無秩序の主人
Missa Cantata　歌ミサ（歌唱ミサ）
Missal　ミサ典礼書
missions　宣教
*Mit brennender Sorge*　『ミット・ブレネンダー・ゾルゲ』
Mithraism　ミトラス教
mitre　ミトラ（マイター，司教冠）
mixed chalice　聖品混合
mixed marriage　混宗婚（異宗婚）
Moberly, Robert Campbell　モバリー
Modalism　様態論
Moderates　穏健派
Moderator　大会議長（モデレーター）
Modern Church　近代教会
Modernism　近代主義（モダニズム）
Moffat, Robert　モファット
Moffatt, James　モファット
Mogila, Peter　モギラ
Möhler, Johann Adam　メーラー
Molina, Luis de　モリナ
Molinos, Miguel de　モリノス
Moltmann, Jürgen　モルトマン
Monarchianism　モナルキア主義（モナルキア派）
Monarchian Prologues　モナルキア派の序文
monastery　修道院
Monastic Breviary　修道院用聖務日課書
monasticism　修道制
*Monasticon Anglicanum*　『イングランド修道院資料集』
Mone, Franz Joseph　モーネ
Monica, St　モニカ（聖）
monism　一元論
monk　修道士
Monogenes, The　モノゲネス
monolatry　拝一神教
Monophysitism　キリスト単性論（単性説）
monotheism　一神教（一神論）
Monothelitism　キリスト単意論（単意説）
Monsignor　モンシニョル
monstrance　顕示台（聖体顕示台）
Montaigne, Michel de　モンテーニュ
Montalembert, Charles René Forbes　モンタランベール
Montanism　モンタノス派
Monte Cassino　モンテ・カッシーノ
montes pietatis　モンテス・ピエターティス
Montesquieu, Charles Louis Joseph de Secondat, Baron de la Brède et de　モンテスキュー
Month's Mind　マンスス・マインド
Mont-St-Michel　モン・サン・ミシェル
Montserrat　モンセラート
Moody, Dwight Lyman　ムーディ
moral philosophy（ethics）　道徳哲学（倫理学）
Moral Re-Armament　道徳再武装
moral theology　倫理神学（道徳神学）
Morality Play（Morality）　道徳劇
Moravian Brethren　モラヴィア兄弟団
More, Dame Gertrude　モア
More, Hannah　モア
More, Henry　モア
More, St Thomas　モア（聖）
Morgan, William　モーガン
Morin, Jean　モラン
Morison, James　モリソン

| | |
|---|---|
| Mormons | モルモン教 |
| Morone, Giovanni | モローネ |
| Morris, William | モリス |
| Morrison, Robert | モリソン |
| mortal sin | 大罪 |
| mortification | 苦行 |
| Mortmain | 死手 |
| Moschus, John | ヨアンネス・モスコス |
| Moses | モーセ |
| *Moses, The Assumption of* | 『モーセの昇天』 |
| Moses bar Kepha | モーシェ・バル・ケーパー |
| Moses of Khoren | モーセス（コレネの） |
| motet | モテット |
| Mothering Sunday | マザリング・サンデー |
| Mothers' Union, the | マザーズ・ユニオン |
| Mott, John Raleigh | モット |
| motu proprio | 教皇自発教令 |
| Moule, Handley Carr Glyn | モウル |
| Moulton, James Hope | モウルトン |
| movable feasts | 移動祝日 |
| Mowinckel, Sigmund Olaf Plytt | モーヴィンケル |
| Mozambique, Christianity in | モザンビークのキリスト教 |
| Mozarabic chant | モサラベ聖歌 |
| Mozarabic rite | モサラベ典礼（イスパニア典礼） |
| mozetta（mozzetta） | モゼッタ |
| Mozley, James Bowling | モズリー |
| Muggletonians | マグルトン派 |
| Muhlenberg, Henry Melchior | ミューレンベルク |
| Müller, George | ミュラー |
| Müller, Julius | ミュラー |
| Münster, Sebastian | ミュンスター |
| Müntzer（Münzer）, Thomas | ミュンツァー |
| Muratori, Lodovico Antonio | ムラトリ |
| *Muratorian Canon* | 『ムラトリ正典目録』 |
| Murillo, Bartolomé Estebán | ムリリョ |
| Myconius, Friedrich | ミュコニウス |
| Myconius, Oswald | ミュコニウス |
| Myrc（Mirc）, John | マーク |
| Mysteries of the Rosary | 秘義（ロザリオの） |
| Mystery Plays（Miracle Plays） | 神秘劇（奇跡劇） |
| mysticism, mystical theology | 神秘主義 , 神秘神学 |

# N

| | |
|---|---|
| Naassenes | ナハシュ派 |
| Nag Hammadi papyri | ナグ・ハマディ文書 |
| Nag's Head Story | ナッグズヘッド物語 |
| Nahum, Book of | ナホム書 |
| Name of Jesus | イエスの名 |
| Nantes, Edict of | ナント王令（ナント勅令） |
| Narsai（Narses） | ナルサイ（ナルセス） |
| narthex | ナルテクス（拝廊） |
| natalitia | ナタリティア |
| Nathanael | ナタナエル |
| National Apostasy, Sermon on | 『国民の背教』 |
| National Council of the Evangelical Free Churches | 英国福音主義自由教会協議会 |
| National Covenant | 国民契約 |
| National Institutions Measure 1998 | 英国教会教会制度条例 |
| National Society | 国民協会 |
| Nativity of St John the Baptist | 洗礼者ヨハネの誕生の祝日 |
| Nativity of the BVM | 聖母マリアの誕生の祝日 |
| Natural Law | 自然法 |
| Natural Theology | 自然神学 |
| Naumburg Convention | ナウムブルク宗教会議 |
| nave | 身廊（ネーヴ） |
| Nayler, James | ネイラー |
| Nazarene（Nasorean） | ナザレ人（ナザレ派） |
| Nazarenes, Gospel of the | 『ナザレ人福音書』 |
| Nazareth | ナザレ |
| Nazarius, St | ナザリウス（聖） |
| Nazirites | ナジル人 |
| Neal, Daniel | ニール |
| Neale, John Mason | ニール |
| Neander, Joachim | ネアンダー |
| Nectarios of Egina, St | ネクタリオス（エイナの）（聖） |
| Nectarius, St | ネクタリオス（聖） |
| Nectarius | ネクタリオス |
| Negative Confession | 否定信条 |
| Nehemiah | ネヘミヤ |
| Nemesius of Emesa | ネメシオス（エメサの） |
| Neocaesarea, Council of | ネオカイサリア教会会議 |
| Neo-Chalcedonianism | 新カルケドン主義 |
| neophyte | 新受洗者 |
| Neoplatonism | 新プラトン主義 |
| *Neostadiensium Admonitio* | 「ノイシュタットの勧告」 |
| Neot, St | ネオト（聖） |
| nepotism | ネポティズム |
| Nereus and Achilleus, Sts | ネレウス（聖）とアキレウス（聖） |

Nero, Claudius ネロ
Nerses, St ネルセス（聖）
Nerses IV, St ネルセス４世（聖）
Nestle, Eberhard ネストレ
Nestorius ネストリオス
Ne Temere ネ・テメレ
Netherlands, Christianity in the オランダのキリスト教
Netter, Thomas ネッター
Neumann, Therese ノイマン
neume ネウマ
Neutral text 中立型本文
Nevin, John Williamson ネヴィン
Newman, Bl John Henry ニューマン（福）
New Rome 新しいローマ
New Testament 新約聖書
Newton, Isaac ニュートン
Newton, John ニュートン
New Year's Day 新年
New Zealand, Christianity in ニュージーランドのキリスト教
Nicaea, First Council of ニカイア公会議（第１）
Nicaea, Second Council of ニカイア公会議（第２）
Nicaragua, Christianity in ニカラグアのキリスト教
Nicene Creed ニカイア信条
Nicephorus, St ニケフォロス（聖）
Nicephorus Callistus（Xanthopoulos） ニケフォロス・カリストス（クサントプロス）
Niceta, St ニケタ（ニケタス）（聖）
Nicetas Acominatos（Nicetas Choniates） ニケタス・アコミナトス（ニケタス・コニアテス）
Nicetas Stethatos ニケタス・ステタトス
Nicholas, St ニコラオス（聖）
Nicholas I, St ニコラウス１世（聖）
Nicholas V ニコラウス５世
Nicholas of Basle ニコラウス（バーゼルの）
Nicholas of Cusa ニコラウス・クザーヌス
Nicholas of Flüe, St ニコラウス（フリューエの）（聖）
Nicholas Hereford ニコラス（ヘレフォードの）
Nicholas of Lyre ニコラウス（リールの）
Nicholas of Tolentino, St ニコラウス（トレンティーノの）（聖）
Nicholas, Henry（Hendrik Niclaes） ニクラエス
Nicodemism ニコデモ主義
Nicodemus ニコデモ
Nicodemus of the Holy Mountain, St ニコデモス・ハギオリテス（聖）
Nicolaitans ニコライ派（ニコラオス派）
Nicole, Pierre ニコル
Nicomedes, St ニコメデス（聖）
Niebuhr, Helmut Richard ニーバー
Niebuhr, Reinhold ニーバー
Niemöller, Martin ニーメラー
Nietzsche, Friedrich Wilhelm ニーチェ
Nigeria, Christianity in ナイジェリアのキリスト教
Nihilianism キリストの人間性否定論
Nikon ニーコン
Nil Sorsky, St ニル・ソルスキイ（聖）
Nilus the Ascetic, St ニーロス（苦行者の）（聖）
Nineveh, Fast of ニネベの断食
Ninian, St ニニアン（聖）
Nisan ニサン
Nitrian Desert ニトリア砂漠
Nitzsch, Karl Immanuel ニッチュ
Noah（Noe） ノア
Nobis quoque peccatoribus ノビス・クオクェ・ペッカトリブス
Noble Guard 教皇護衛兵
Nocturn 宵課
Noetics 「ノエティックス」
Noetus ノエトス
Nominalism 唯名論
Nomocanon ノモカノン
Nonconformists' Chapels Act 1844 非信従者礼拝堂令
Nonconformity 非信従者
None ９時課
Nonjurors 臣従拒誓者（臣従拒否者）
Norbert, St ノルベルトゥス（聖）
Noris, Henry ノリス
Norris, John ノリス
'North End' 「ノース・エンド」
North India, Church of 北インド教会
Norway, Christianity in ノルウェーのキリスト教
Norwich ノリッジ
notaries 書記官
notes of the Church 教会の標識
Noth, Martin ノート
Notker Balbulus ノートカー・バルブルス
Notker Labeo ノートカー・ラベオー
Notker ノートカー
Notre-Dame, Paris ノートルダム大聖堂（パリの）

| | |
|---|---|
| Novatianism | ノウァティアヌス主義（ノウァティアヌス派） |
| Novello, Vincent | ノヴェロ |
| Novena | 9日間の祈り |
| novice | 修練者（修練士） |
| Nowell, Alexander | ノーエル |
| Nubia, Christianity in | ヌビアのキリスト教 |
| nullity | 無効 |
| number of the beast | 獣の数字 |
| Numbers, Book of | 民数記 |
| numinous | ヌミノーゼ |
| nun | 修道女 |
| Nunc Dimittis | ヌンク・ディミッティス（シメオンの歌） |
| nuncio | 教皇大使 |
| Nuptial Mass | 結婚式のミサ |
| Nuremberg Declaration | ニュルンベルク宣言 |

# O

| | |
|---|---|
| Oak, Synod of the | 「樫の木教会会議」（ドリュス教会会議） |
| Oakeley, Frederick | オークリー |
| O-Antiphons（Greater Antiphons） | おお交唱 |
| Oates,Titus | オーツ |
| oath | 誓い |
| Obadiah, Book of | オバデヤ書 |
| obedience | 従順（服従） |
| obedientiary | 修道院管理役員 |
| Oberammergau | オーバーアマガウ |
| oblate | 献身者 |
| Oblates Regular of St Benedict | ベネディクト会律修献身会 |
| oblations | 奉献 |
| obscurantism | 反啓蒙主義 |
| Observants（Observantines） | オブセルヴァント派（原会則派） |
| Occasional Conformity Act | 仮装信従禁止法 |
| Occasional Offices | 特定聖務日課 |
| Occasional Prayers | 特定祈禱集 |
| Occasionalism | 機会原因論（偶因論） |
| occurrence | 祝日の競合 |
| Ochino, Bernardino | オキーノ |
| O'Connell, Daniel | オコンネル |
| Octave | 8日間（8日目） |
| Octoechos | オクトエコス |
| Oda, St | オダ（聖） |
| Odilia, St | オディリア（聖） |
| Odilo, St | オディロ（聖） |
| odium theologicum | 神学的嫌悪 |
| Odo, St | オド（聖） |
| Odo | オド |
| Oecolompadius, Johannes | エコランパディウス |
| Oecumenical Councils | 公会議 |
| Oecumenical Patriarch | 世界総主教 |
| Oecumenius | オイクメニオス |
| Oengus, St | オエングス（聖） |
| Offa | オッファ |
| Offertory | 奉納（オフェルトリウム） |
| Office, Divine | 聖務日課 |
| Office hymns | 聖務日課用聖歌 |
| Office of Readings | 読書課 |
| Official Principal（Official） | オッフィキアリス（オフィシャル・プリンシパル） |
| Olav, St（Olav Haraldsson） | オラフ（聖） |
| Old Believers（Starovery） | 古儀式派 |
| Oldcastle, Sir John | オールドカスル |
| Old Catholics | 復古カトリック教会（古カトリック主義者） |
| Oldham, Joseph Houldsworth | オールダム |
| Old Latin versions | 古ラテン語訳聖書 |
| Old Roman Catholic Church | 復古ローマ・カトリック教会 |
| Old Roman chant | 古ローマ聖歌 |
| Old Roman Creed | ローマ信条 |
| Old Syriac version | 古シリア語訳聖書 |
| Old Testament | 旧約聖書 |
| Olier, Jean-Jacques | オリエ |
| Olives, Mount of | オリーブ山 |
| Olivetan | オリヴェタン |
| Olivetans | オリヴェト修族 |
| Olivi, Petrus Joannis | オリヴィ |
| Oman, John Wood | オーマン |
| ombrellino | オンブレリーノ |
| omophorion | オモフォリオン |
| Oneida Community | オナイダ・コミュニティー |
| Onesimus, St | オネシモ（聖） |
| Ontological Argument | 本体論的証明（存在論的証明） |
| Ontologism | 本体論主義（存在論主義） |
| Ophites and Naassenes | オフィス派とナハシュ派 |
| Optatus, St | オプタトゥス（聖） |
| option | 選定権 |
| Opus Dei | オプス・デイ |

Orange, Councils of　オランジュ教会会議
Orangism　オレンジ党の運動
orarion　オラリオン
Oratorians　オラトリオ会
oratorio　オラトリオ
oratory　オラトリー
ordeals　神明裁判
Ordericus Vitalis　オルデリクス・ヴィタリス
Orders and Ordination　職階と叙階（叙任, 聖職按手）
Ordinal　聖務指針書
Ordinal　聖職按手式文
Ordinariate, Personal　属人分区
Ordinary　裁治権者
Ordinary of the Mass　通常式文（ミサの）
Ordines Romani　『ローマ定式書』
Oresme, Nicholas　オレーム
Organic Articles　『宗教法令』
organs　オルガン
Oriental Orthodox Churches　オリエンタル・オーソドックス教会
orientation　方位
Origen　オリゲネス
Origenism　オリゲネス主義
Original Righteousness　原始義（原義）
Original Sin　原罪
Ornaments Rubric　「礼拝装具規定」
Orosius, Paulus　オロシウス
Orsisius（Horsi-isi）, St　オルシシオス（ホルシエシ）（聖）
Orthodox Church（Eastern Orthodox Church）　東方正教会（正教会）
Orthodoxy　正統信仰（正教）
Orthodoxy, Feast of　正教の勝利の祝日
Orthros　オルトロス
Ortlieb of Strasbourg　オルトリープ（ストラスブールの）
O salutaris Hostia　オ・サルタリス・ホスティア
O Sapientia　オ・サピエンティア
Osiander, Andreas　オジアンダー
Osmund, St　オズムンド（聖）
ostensory　オステンソリウム
Ostervald, Jean Frédéric　オステルヴァルド
Ostian Way　オスティア街道
Oswald, St　オズワルド（聖）
Oswald, St　オズワルド（聖）
Oswin（Oswine）, St　オズウィン（聖）
Otfrid（Otfried）of Weissenburg　オットフリート（ヴァイセンブルクの）
Otto, St　オットー（バンベルクの）（聖）
Otto of Freising　オットー（フライジングの）
Otto, Rudolf　オットー
Ouen（Audoenus）, St　アウドエヌス（ウーアン）（聖）
Overall, John　オーヴァオール
Overbeck, Franz　オーヴァーベック
Overseas Missionary Fellowship（OMF）　国際福音宣教団
Owen, John　オーエン
Oxford　オックスフォード
Oxford Conference　オックスフォード会議
Oxford Group　オックスフォード・グループ
Oxford Movement　オックスフォード運動
Oxyrhynchus papyri　オクシリンコス・パピルス
Ozanam, Bl Antoine Frédéric　オザナム（福）

# P

'P'　P 資料（祭司資料）
Pachomius, St　パコミオス（聖）
Pacian, St　パキアヌス（聖）
Paenitemini　『パエニテミニ』
Paget, Francis　パジェット
Pagnini, Santi　パグニヌス（パニーノ）
pain bénit　パン・ベニ
Paine, Thomas　ペイン
Pakistan, Church of　パキスタン教会
Palatine Guard　教皇名誉近衛隊
Palestrina, Giovanni Pierluigi da　パレストリーナ
Paley, William　ペイリー
palimpsest　重記写本（パリンプセスト）
pall　パラ（ポール）
Palladius　パラディオス
Palladius, St　パラディウス（聖）
pallium　パリウム
Pallottini Fathers　パロッティ会
Palm Sunday　枝の主日（棕櫚の主日）
Palmer, Phoebe Worrall　パーマー
Palmer, William　パーマー
Pammachius, St　パンマキウス（聖）
Pamphilus, St　パンフィロス（聖）
panagia　パナギア
Pancras, St　パンクラティウス（聖）
panentheism　万有内在神論（万有在神論）

Pange lingua 『パンジェ・リングァ』
Pannenberg, Wolfhart パネンベルク
Pannychis パンニキス
Panormitanus パノルミタヌス
panpsychism 汎心論
Pantaenus, St パンタイノス（聖）
Pantaleon（Pantaleimon）, St パンタレオン（聖）
pantheism 汎神論
Papa Angelicus（Pastor Angelicus） パパ・アンゲリクス
Papacy 教皇職
'Papal Aggression' 「教皇の攻勢」
Paphnutius, St パフヌティオス（聖）
Papias パピアス
papyrology パピルス学
Parabalani（Parabolani） パラバラニ（パラボラニ）
parable 譬え
Paracelsus パラケルスス
Paraclete パラクレートス
Paradigm パラディグマ
paradise パラダイス（楽園）
*Paradise Lost* 『失楽園』
Paragraph Bibles 段落聖書
parallelism 並行法
*Paraphrases of Erasmus, The* 『エラスムスの福音書注解』
parclose パークローズ
Pardon 免罪（パルドン祭）
Paris パリ
parish 教会区（小教区）
parish clerk 教会区書記
Parker, Matthew パーカー
Parker, Theodore パーカー
Parochial Church Council 教会区会
Paroissien パロワシアン
Parousia（Second Coming） パルーシア（再臨）
parson 教会区主任司祭
Parsons（Persons）, Robert パーソンズ
Particular Baptists 特定バプテスト派
Particular Judgement 私審判
parvis パーヴィス
Pascal, Blaise パスカル
Paschal II パスカリス2世
Paschal Baylon（Pascual Bailon）, St パスクアル・バイロン（聖）
Paschal Candle 復活ろうそく
Paschal Controversies 復活祭論争（パスカ論争）
Paschal lamb 過越の小羊
Paschaltide（Eastertide） 復活節
Paschal Vigil Service 復活徹夜祭
Paschasius Radbertus, St パスカシウス・ラドベルトゥス（聖）
Passion, the 受難（受苦）
Passion, musical settings for the 受難曲
Passion Sunday 受難の主日
Passional 受難物語集
Passionists 御受難修道会
Passiontide 受難節
Passover 過越（過越祭）
pastophorion パストフォリオン
pastor 牧師
Pastor aeternus 『パストル・アエテルヌス』
pastoral letters 司牧教書（司教教書）
pastoralia 司牧神学（牧会学）
Patarenes パタリ派
paten パテナ（パテン）
Patmos パトモス
Paton, John Gibson ペイトン
Paton, William ペイトン
patriarch 族長
patriarch 総主教（総大司教）
Patrick, St パトリキウス（聖）
Patrick, Simon パトリック
Patrimony of St Peter 聖ペトロの世襲領
Patripassianism 御父受難説（父神受苦論）
patristics 教父学（教父研究）
patrology 教父文献学
patron saint 守護聖人
Patteson, John Coleridge パティソン
Pattison, Mark パティソン
Paul, St パウロ（聖）
Paul, Acts of St 『パウロ行伝』
Paul, Apocalypse of St 『パウロの黙示録』
Paul, Martyrdom of St 『パウロの殉教』
Paul III パウルス3世
Paul IV パウルス4世
Paul V パウルス5世
Paul VI, Bl パウルス6世（福）
Paul of the Cross, St パオロ（十字架の）（聖）
Paul the Deacon（Paulus Diaconus） パウルス・ディアコヌス
Paul of Samosata パウロス（サモサタの）

| | |
|---|---|
| Paul of Thebes, St | パウロス（テーベの）（聖） |
| Paul and Thecla, Acts of Sts | 『パウロとテクラの行伝』 |
| Paula, St | パウラ（聖） |
| Paulicians | パウロス派（パウリキアノス派） |
| Pauline Privilege | パウロの特権 |
| Paulinus, St | パウリヌス（アクィレイアの）（聖） |
| Paulinus, St | パウリヌス（ノラの）（聖） |
| Paulinus, St | パウリヌス（ヨークの）（聖） |
| Paulists | パウロ宣教会 |
| Paulus Silentiarius（Paul the Silentiary） | パウロス・シレンティアリオス |
| pax brede（pax, osculatorium） | 接吻板（聖牌） |
| Peace of the Church, the | 「教会の平和」 |
| Peake, Arthur Samuel | ピーク |
| Pearson, John | ピアソン |
| Pearson, John Loughborough | ピアソン |
| Peasants' War | 農民戦争 |
| Pecham（Peckham）, John | ペッカム |
| Pecock, Reginald | ピーコック |
| pectoral cross | 胸飾り十字架 |
| Peculiar | 特別教区 |
| Peculiar People（Plumstead Peculiars）, the | ピキュリアー・ピープル派 |
| Pedilavium（foot-washing） | 洗足式 |
| Peel parish | ピール教会区 |
| Péguy, Charles Pierre | ペギー |
| Pelagia, St | ペラギア（聖） |
| Pelagianism | ペラギウス主義（ペラギウス派） |
| pelican | ペリカン |
| Pelikan, Jaroslav Jan | ペリカン |
| penalties, ecclesiastical | 刑罰（教会による） |
| Penance | 悔悛（ゆるしの秘跡） |
| Penington（Pennington）, Isaac | ペニントン |
| Penitential Books | 『償いの規定書』 |
| Penitentiary | 聴罪司祭 |
| penitents | 悔悛者 |
| Penn, William | ペン |
| Pennefather, William | ペニファーザー |
| Penry, John | ペンリー |
| Pentateuch | モーセ五書（五書） |
| Pentecost | ペンテコステ（五旬祭） |
| Pentecostalism | ペンテコステ派 |
| Pentecostarion | ペンテコスタリオン |
| Pepin（Pippin）III | ペパン3世（小ピピン） |
| Percival, John | パーシヴァル |
| perfection | 完全（完徳） |
| Pergamum | ペルガモン |
| pericope | ペリコペー |
| pericope adulterae | 姦通の女のペリコペー |
| Perkins, William | パーキンズ |
| Perpetua, St | ペルペトゥア（聖） |
| perpetual curate | 永久補助司祭 |
| Perrone, Giovanni | ペローネ |
| per saltum | ペル・サルトゥム |
| persecutions, early Christian | 迫害（初期キリスト教における） |
| perseverance | 堅忍 |
| personal prelature | 属人区 |
| Perth, Articles of | 「パース条項」 |
| Perugino, Pietro Vannucci | ペルジーノ |
| Peshitta | ペシッタ |
| Petavius, Dionysius | ペトー（ペタヴィウス） |
| Peter, St | ペトロ（聖） |
| Peter, Acts of St | 『ペトロ行伝』 |
| Peter, Apocalypse of St | 『ペトロの黙示録』 |
| Peter, Epistles of St | ペトロの手紙（ペトロ書） |
| Peter, Gospel of St | 『ペトロ福音書』 |
| Peter, Letter of St, to Philip | 『フィリポに送ったペトロの手紙』 |
| Peter, Liturgy of St | ペトロ典礼 |
| Peter, Preaching of St | 『ペトロの宣教』 |
| Peter of Alcántara, St | ペトルス（アルカンタラの）（聖） |
| Peter of Alexandria, St | ペトロス（アレクサンドリアの）（聖） |
| Peter de Bruys | ペトルス（ブリュイの） |
| Peter the Chanter | ペトルス・カントル |
| Peter Claver, St | ペドロ・クラベル（聖） |
| Peter Comestor | ペトルス・コメストル |
| Peter Damian, St | ペトルス・ダミアニ（聖） |
| Peter the Fuller | ペトロス・ホ・クナフェウス |
| Peter the Hermit | ペトルス（アミアンの） |
| Peter Lombard | ペトルス・ロンバルドゥス |
| Peter Martyr, St | ペトルス（殉教者）（聖） |
| Peter Martyr | ピーター・マーター（ヴェルミーリ） |
| Peter Mongo | ペトロス・モンゴス |
| Peter Nolasco, St | ペトルス・ノラスクス（ペドロ・ノラスコ）（聖） |
| Peter of Tarentaise, St | ペトルス（タランテーズの）（聖） |
| Peter the Venerable | ペトルス・ヴェネラビリス |
| Peterborough | ピーターバラ |

| | |
|---|---|
| Peter's Pence (Rome-Scot) | ペトロ献金 |
| Petrarch, Francesco | ペトラルカ |
| Petri, Olaus | ペートリ |
| Petrock (Pedrog), St | ペトロク（聖） |
| Petronius, St | ペトロニウス（聖） |
| pew | 会衆席 |
| Pfaff fragments of Irenaeus | プファフのエイレナイオス断片 |
| Pflug, Julius von | プフルーク |
| Phanar, the | ファナル |
| Pharisees | ファリサイ派 |
| phelonion | フェロニオン |
| phenomenology | 現象学 |
| Philadelphia | フィラデルフィア |
| Philadelphians | フィラデルフィア派 |
| Philaret (Filaret), Theodore Nikitich Romanov | フィラレート |
| Philaret (Filaret), Drozdov | フィラレート |
| Philaster (Filaster), St | フィラストリウス（聖） |
| Phileas, St | フィレアス（聖） |
| Philemon | フィレモン |
| Philibert, St | フィリベルトゥス（聖） |
| Philip, Gospel of | 『フィリポ福音書』 |
| Philip the Arabian | フィリップス・アラブス |
| Philip | フィーリプ |
| Philip II | フェリペ２世 |
| Philip, John | フィリップ |
| Philip Neri, St | フィリッポ・ネリ（聖） |
| Philip Sidetes | フィリッポス（シデの） |
| Philippians, Epistle to the | フィリピの信徒への手紙（フィリピ書） |
| Philippines, Christianity in the | フィリピンのキリスト教 |
| Philippists | フィーリプ派 |
| Philip's Lent, St | 聖フィリポの斎 |
| Philips in the NT | フィリポ（新約聖書における） |
| Phillimore, Robert Joseph | フィリモア |
| Phillpotts, Henry | フィルポッツ |
| Philo | フィロン |
| *Philocalia* | 『フィロカリア』 |
| Philomena, St | フィロメナ（聖） |
| *Philopatris* | 『フィロパトリス』 |
| philosophy of religion | 宗教哲学 |
| Philostorgius | フィロストルギオス |
| Philoxenian version of the NT | フィロクセニアナ |
| Philoxenus | フィロクセノス |
| Philpot, John | フィルポット |
| Phocas, St | フォカス（聖） |
| Phoebadius, St | フォエバディウス（聖） |
| phoenix | フェニックス（不死鳥） |
| Phos Hilaron | フォス・ヒラロン |
| Photius | フォティオス |
| phylactery | 経札（聖句の入った小箱） |
| *Pia Desideria* | 『敬虔なる願望』 |
| Piarists | エスコラピオス修道会 |
| Pico della Mirandola, Giovanni | ピコ・デラ・ミランドラ |
| Pie (Pica) | パイ |
| Pietà | ピエタ |
| Pietism | 敬虔主義 |
| Pighi (Pigge), Albert | ピギウス |
| Pilate, Pontius | ピラト |
| Pilate, Acts of | 『ピラト行伝』 |
| Pilgrim Fathers | ピルグリム・ファーザーズ |
| pilgrimage | 巡礼 |
| Pilgrimage of Grace, the | 「恩寵の巡礼」 |
| *Pilgrim's Progress, The* | 『天路歴程』 |
| Pilkington, James | ピルキントン |
| Pio da Pietrelcina, St | ピオ（ピエトレルチーナの）（聖） |
| Pionius, St | ピオニオス（聖） |
| Pirckheimer, Willibald | ピルクハイマー |
| Pirminius, St | ピルミニウス（聖） |
| Pisa, Council of | ピサ教会会議 |
| piscina | 聖水盤 |
| Pisgah | ピスガ |
| *Pistis Sophia* | 『ピスティス・ソフィア』 |
| Pistoia, Synod of | ピストイア教会会議 |
| Pithou, Pierre | ピトゥー |
| Pius I, St | ピウス１世（聖） |
| Pius II | ピウス２世 |
| Pius IV | ピウス４世 |
| Pius V, St | ピウス５世（聖） |
| Pius VI | ピウス６世 |
| Pius VII | ピウス７世 |
| Pius IX, Bl | ピウス９世（福） |
| Pius X, St | ピウス10世（聖） |
| Pius XI | ピウス11世 |
| Pius XII | ピウス12世 |
| Placebo | プラチェボ |
| plainsong (plainchant) | 単旋聖歌 |
| Plantin, Christopher | プランタン |

| | |
|---|---|
| Plantinga, Alvin | プランティンガ |
| Platina, Bartolomeo | プラティナ |
| Plato | プラトン |
| Platonism | プラトン主義 |
| plenary indulgence | 全免償 |
| Pliny | プリニウス |
| Plotinus | プロティノス |
| Plunkett（Plunket), St Oliver | プランケット（聖） |
| Plymouth Brethren | プリマス・ブレズレン |
| Pneumatomachi | プネウマトマコイ（聖霊異質論者） |
| *Poimandres* | 『ポイマンドレス』 |
| Poiret, Pierre | ポワレ（ポアレ） |
| Poissy, Colloquy of | ポワシー会談 |
| Poland, Christianity in | ポーランドのキリスト教 |
| Pole, Reginald | プール（ポール） |
| Polycarp, St | ポリュカルポス（聖） |
| Polycrates | ポリュクラテス |
| Polyglot Bibles | 多国語対訳聖書（ポリグロト聖書） |
| Pomponazzi, Pietro | ポンポナッツィ |
| Pomponia Graecina | ポンポニア・グラエキナ |
| Pontifex Maximus | ポンティフェクス・マクシムス |
| Pontifical | 司教典礼書 |
| pontificals | 司教用祭具 |
| Poor Clares | クララ会 |
| Poor Men of Lyons | リヨンの貧者 |
| Poore, Richard | プア |
| Pope | 教皇 |
| Pope, William Burt | ポープ |
| Popery | 「教皇制」 |
| Popery, the Declaration against | 「教皇制」への反対宣言 |
| Popish Plot | 教皇派陰謀事件 |
| poppy heads | けし飾り |
| Porette（Porete), Margaret | ポレット |
| Porphyry | ポルフュリオス |
| Porteus, Beilby | ポーティアス（ポルテウス） |
| Portiuncula | ポルチュンクラ |
| Port-Royal, Convent of | ポール・ロワイヤル修道院 |
| Portugal, Christianity in | ポルトガルのキリスト教 |
| Porvoo Agreement | ポルヴォー協定 |
| Positive Theology | 実証神学 |
| Positivism | 実証主義 |
| postcommunion | 聖餐式後の祈り |
| postil | ポスティラ |
| postulant | 修道志願者 |
| Potamius | ポタミウス |
| Pothinus, St | ポテイノス（ポティヌス）（聖） |
| Potter, John | ポッター |
| Powers | 能天使 |
| *Praedestinatus* | 『予定された者』 |
| Praemunire | 教皇尊信罪法 |
| Praepositinus | プラエポシティヌス |
| pragmatic sanction | 国事詔書 |
| Pragmatism | プラグマティズム |
| Praxeas | プラクセアス |
| Praxedes（Prassede), St | プラクセデス（聖） |
| prayer | 祈り（祈禱） |
| preaching | 説教 |
| prebendary | 主教座聖堂名誉参事会員 |
| precentor | 先唱者 |
| precept | 掟 |
| preceptory | テンプル騎士団支団 |
| preces feriales | 週日用応答祈願 |
| Precious Blood, devotion to the | 御血への信心 |
| predella | プレデッラ |
| predestinarianism | 予定説 |
| predestination | 予定 |
| Preface | 叙唱 |
| prelate | 高位聖職者 |
| Premonstratensian Canons | プレモントレ会 |
| Preparation, Day of | 準備の日 |
| Presanctified, Mass of the | 既聖ホスティアによるミサ |
| presbyter | 長老（初期の教会の） |
| Presbyterianism | 長老制（長老派） |
| Presbytery | プレスビテリ |
| Presentation of Christ in the Temple | キリストの神殿での奉献 |
| Presentation of the BVM | 聖母マリアの奉献 |
| Presentation of the Lord | 主の奉献 |
| Prester John | プレスビテル・ヨアンネス |
| Price, Richard | プライス |
| pricket | プリケット |
| pride | 高慢 |
| Prideaux, Humphrey | プリドー |
| prie-dieu | 祈禱台（プリ・デュ） |
| Prierias, Sylvester | プリエリアス |
| priest | 司祭（祭司） |
| priest in charge (priest-in-charge) | 教会区担当司祭 |
| Priestley, Joseph | プリーストリー |
| Primasius | プリマシウス |
| Primate | 首座主教（首席大司教） |
| Prime | 1時課 |

| | |
|---|---|
| Primer (Prymer) | 小祈禱書 |
| primicerius | プリミケリウス |
| Primitive Methodist Church | プリミティブ・メソジスト教会 |
| Primus | プライマス |
| Princeton Theological Seminary | プリンストン神学校 |
| prior | 小修道院長（大修道院長代理） |
| prioress | 女子小修道院長 |
| priory | 小修道院 |
| Prisca | プリスカ |
| Priscilla (Prisca), St | プリスキラ（プリスカ）（聖） |
| Priscillianism | プリスキリアヌス派 |
| privileged altar | 特権付き祭壇 |
| Probabiliorism | 厳格蓋然説（高度蓋然説） |
| Probabilism | 蓋然説 |
| probationer | プロベーショナー（牧師輔） |
| Process Theology | プロセス神学 |
| Procession (liturgical) | 行列 |
| Procession (theological) | 発出 |
| Processional | 行列用儀式書 |
| Proclus | プロクロス |
| Proclus, St | プロクロス（聖） |
| Procopius of Caesarea | プロコピオス（カイサリアの） |
| Procopius of Gaza | プロコピオス（ガザの） |
| Proctors of the Clergy | 聖職代議員 |
| profession, religious | 修道誓願 |
| prohibited degrees | 結婚禁止親等 |
| prokimenon | プロキメノン |
| prolocutor | 下院議長（聖職者会議の） |
| Promised Land, the | 約束の地 |
| Promotor Fidei | 信仰証明官 |
| Promotor Justitiae | 公正証明官 |
| Prone | プローン |
| Propaganda Fide, Congregation of | 布教聖省 |
| Proper | 固有式文 |
| prophecy | 預言 |
| prophets (early Christian) | 預言者（初期キリスト教の） |
| propitiation | 宥め |
| proprietary chapel | 私設礼拝堂 |
| proselyte | 改宗者 |
| Proskomide | プロスコミディア |
| Prosper of Aquitaine, St | プロスペル（アクィタニアの）（聖） |
| Prosperity theology | 繁栄の神学 |
| prosphora | プロスフォラ |
| Protestantism | プロテスタンティズム |
| Protevangelium | 『原福音書』 |
| prothesis | プロテシス（奉献台） |
| Protomartyr | 「最初の殉教者」 |
| protonotary apostolic | 教皇庁書記官 |
| Proverbs, Book of | 箴言 |
| Providentissimus Deus | 『プロヴィデンティッシムス・デウス』 |
| province | 管区 |
| provincial | 管区長 |
| Provisors, Statutes of | 後継聖職者任命法 |
| provost | プロヴォスト |
| Prudentius | プルデンティウス |
| Prudentius, Galindo | プルデンティウス |
| Prynne, William | プリン |
| Psalms, Book of | 詩編 |
| Psalter | 詩編書 |
| Psalter Collects | 詩編集 |
| psaltery | プサルテリウム |
| Psellus, Michael | プセロス |
| pseudepigrapha | 偽典 |
| psychology of religion | 宗教心理学 |
| Ptolemaic system | プトレマイオス体系 |
| Public Worship Regulation Act 1874 | 公同礼拝規制法 |
| publican | 徴税人 |
| Pudens, St | プデンス（プーデース）（聖） |
| Pudentiana, St | プデンティアナ（聖） |
| Pufendorf, Samuel | プーフェンドルフ |
| Pugin, Augustus Welby Northmore | ピュージン |
| Pulcheria, St | プルケリア（聖） |
| Pullen, Robert | プルス（プレン） |
| pulpit | 説教壇 |
| Purcell, Henry | パーセル |
| Purchas Judgement | パーチャス裁定 |
| purgative, illuminative, and unitive ways | 浄化・照明・合一の道 |
| purgatory | 煉獄 |
| Purification of the BVM | 聖母マリアの清めの祝日 |
| purificator | プリフィカトリウム |
| Purim | プリム |
| Puritans | ピューリタン |
| Purvey, John | パーヴィー |
| Pusey, Edward Bouverie | ピュージー |
| Pyrrhonism | ピュロン主義 |
| pyx | ピクシス |

## Q

'Q'　Q資料
Quadragesima　四旬節の40日間（四旬節第1主日）
Quadratus, St　クァドラトス（聖）
quadrivium　4科（クァドリウィウム）
Quakers　クェーカー派
Quare Impedit　聖職推挙権妨害排除令状
Quarles, Francis　クォールズ
Quartodecimanism　14日派
Quattro Coronati　四戴冠殉教者
Queen Anne's Bounty（QAB）　アン女王基金
Quesnel, Pasquier　ケネル
Quiercy, Synods of　キエルジー教会会議
Quietism　静寂主義（キエティスム）
Quiñones, Francisco de　キニョーネス
Quinquagesima　四旬節前第1主日（五旬節の主日）
Quinque Viae（Five Ways）　5つの道
Quirinus　クィリヌス
Qumran　クムラン
*quodlibet*　随意討論
Quo vadis?　クオ・ヴァディス

## R

Rabanus Maurus（Hrabanus Maurus）　フラバヌス・マウルス（ラバヌス・マウルス）
rabbi　ラビ
Rabbula　ラブラ
Raccolta　『ラコルタ』
Racovian Catechism　『ラクフ教理問答』
Rad, Gerhard von　ラート
Radegunde, St　ラデグンディス（聖）
Rahner, Karl　ラーナー
Raikes, Robert　レイクス
Rainolds, John　レノルズ
Rainy, Robert　レイニー
*Rambler*　『ランブラー』誌
Ramsey, Arthur Michael　ラムジー
Ramus, Petrus（Pierre de la Ramée）　ラムス
Rancé, Armand-Jean le Bouthillier de　ランセ
Ranters　ランター派
Raphael, St　ラファエル（聖）
Raphael（Raffaello Sanzio）　ラファエッロ
Rapp, Johann Georg　ラップ
Rashdall, Hastings　ラシュダル
Rashi　ラシ
Raskolniki　ラスコリニキ
Ratherius　ラテリウス
Ratio Studiorum　『イエズス会学事規定』
rationale　ラティオナレ
Ratisbon, Conference of　レーゲンスブルク会議
Ratramnus　ラトラムヌス
Rauschenbusch, Walter　ラウシェンブッシュ
Ravenna　ラヴェンナ
Raymond Nonnatus, St　ライムンドゥス・ノンナトゥス（聖）
Raymond of Peñafort, St　ライムンドゥス（ペニャフォルトの）（聖）
Raymond of Sebonde　ライムンドゥス（サブンデの）
reader　朗読奉仕者
Real Presence, the　真の臨在
Realism　実在論
recapitulation　再統合
Recared　レカレド
reception　レセプション
receptionism　信受者主義
recluse　隠遁者
recollection　潜心（静修）
Recollects　レコレクト派
Recollects　瞑想アウグスチノ会
Reconciliation, Sacrament of　ゆるしの秘跡
*Record, The*　『レコード』紙
rector　レクター（主任司祭）
recusancy　国教忌避
redaction criticism　編集史的研究
red hat　赤帽子（枢機卿の）
red letter day　赤文字の祝日
Red Mass　赤ミサ
Red Sea　紅海
redemption　贖い
Redemptorists　レデンプトール会
*Reformatio Legum Ecclesiasticarum*　『教会法改訂案』
Reformation, the　宗教改革
Reformed Churches　改革派教会
Reformed Presbyterian Churches　改革長老派教会
Refreshment Sunday　四旬節第4主日
Regale　レガリア
regeneration　再生
Regina Coeli　レジナ・チェリ
Reginald of Piperno　レギナルドゥス（ピペルノの）
Regium Donum　レギウム・ドーヌム
Regnans in excelsis

『レグナンス・イン・エクセルシス』
*Regula Magistri*（Rule of the Master）『レグラ・マギストリ』
regular 修道司祭（律修者）
*Regularis Concordia* 『レグラリス・コンコルディア』
Reichenau ライヘナウ
Reichsbischof 帝国監督
Reimarus, Hermann Samuel ライマールス
Reims ランス
Reinkens, Joseph Hubert ラインケンス
Reitzenstein, Richard ライツェンシュタイン
relics 聖遺物
*Religionsgeschichtliche Schule* 宗教史学派
religious 修道者
religious orders in Anglicanism アングリカニズムにおける修道会
Religious Tract Society 宗教小冊子協会
reliquary 聖遺物箱
Rembrandt Harmenszoon van Rijn レンブラント
Remigius（Remi）, St レミギウス（レミ）（聖）
Remigius of Auxerre レミギウス（オセールの）
Remonstrance, the 『抗議書』（『レモンストランティア』）
Renan, Joseph Ernest ルナン
Renaudot, Eusèbe ルノド
Renunciation of the Devil 悪魔の放棄（悪霊の拒否）
reordination 再叙階
reparation 償い
repentance 悔い改め
Repington, Philip レピントン
Repose, Altar of（Repository） 聖体遷置所
Reproaches, the（Improperia） インプロペリア
reprobation 棄却
Requiem レクイエム（死者ミサ）
reredos リレドス（装飾壁）
Rerum Novarum 『レルム・ノヴァールム』
reservation 保存（パンの）
reserved sins 留保された罪
residence 定住
responsory 答唱（レスポンソリウム）
restitution 損害賠償
Resurrection of Christ 復活（キリストの）
resurrection of the dead 復活（死者の）
retable 祭壇衝立
retreat 黙想会（修養会）
Retz, Jean-François-Paul de Gondi レス
Reuchlin, Johannes ロイヒリン
reunion 再合同（再一致）
Reusch, Franz Heinrich ロイシュ
revelation 啓示
Revelation, Book of ヨハネの黙示録（ヨハネ黙示録）
Reverend 尊称（聖職者に対する）
revivalism リバイバル運動（信仰復興運動）
Rhenanus, Beatus レナヌス
Rhodo ロドーン
rhythmical office 律動的聖務日課
Ricci, Matteo リッチ
Ricci, Scipione de' リッチ
Richard of Chichester, St リカルドゥス（チチェスターの）（聖）
Richard of Middleton（Richardus de Mediavilla） リカルドゥス（ミドルトンの）
Richard of St-Victor リカルドゥス（サン・ヴィクトルの）
Richelieu, Armand Jean du Plessis de リシュリュー
Ridley, Nicholas リドリー
Ridsdale Judgement リズデール審判
Riemenschneider, Tilman リーメンシュナイダー
Rienzo, Cola di リエンツォ
Rievaulx リーヴォー
rigorism 厳格主義（厳格説）
rings 指輪（輪）
Ripalda, Juan Martínez de リパルダ
Ripon リポン
Rita of Cascia, St リタ（カッシャの）（聖）
Rites, Congregation of Sacred 礼部聖省
Ritschl, Albrecht リッチュル
ritual 儀式書
Ritual Commission 礼拝儀式委員会
Ritual Masses 儀式を伴うミサ
Rituale Romanum 『ローマ儀式書』
Ritus Servandus ミサ執行案内（典礼以外の聖務案内）
Robert, St ロベルトゥス（聖）
Robert of Melun ロベルトゥス（ムランの）
Robertson, Frederick William ロバートソン
Robertson, William ロバートソン
Robinson, Henry Wheeler ロビンソン
Robinson, John ロビンソン
Robinson, John Arthur Thomas ロビンソン
Roch, St ロク（聖）
Rochester ロチェスター
rochet ロチェット（ロシェトゥム）

Rock, Daniel ロック
rococo ロココ
Rogation Days 祈願祭
Rogers, John ロジャーズ
Rolle of Hampole, Richard ロール（ハンポールの）
Rolls Chapel ロールズ・チャペル
Romaine, William ロメーン
'Roman Catechism' 『ローマ・カトリック要理問答』
Roman Catholic Church in England and Wales after the Reformation
ローマ・カトリック教会（宗教改革以後のイングランドとウェールズにおける）
Roman Catholicism
ローマ・カトリシズム（カトリシズム）
Roman Congregations 教皇庁の省
Roman Martyrology 『ローマ教会殉教録』
Roman Psalter 『ローマ詩編書』
Romania, Christianity in ルーマニアのキリスト教
Romanos, St ロマノス（聖）
Romans, Epistle to the
ローマの信徒への手紙（ローマ書）
Romanticism ロマン主義
Romanus, St ロマノス（聖）
Rome（early Christian）
ローマ（初期キリスト教における）
Romero, Bl Óscar Arnulfo ロメロ（福）
Romuald, St ロムアルドゥス（聖）
'Root and Branch' 「根こそぎ請願」
rosary ロザリオ
Roscelin ロスケリヌス
Rose of Lima, St ロサ（リマの）（聖）
Rosicrucians バラ十字会（ローゼンクロイツ派）
Rosmini-Serbati, Bl Antonio
ロスミーニ・セルバーティ（福）
Ross, John ロス
Rossetti, Christina Georgina ロセッティ
Rossetti, Dante Gabriel ロセッティ
Rosy Sequence バラの続唱
Rota Romana ローマ控訴院
Rothmann, Bernhard（Bernt） ロートマン
Rousseau, Jean-Jacques ルソー
Routh, Martin Joseph ラウス
Rowites ルー派
Rowntree, Joseph ラウントリー
Royal School of Church Music（RSCM）
王立教会音楽学校
Rubens, Peter Paul リュベンス（ルーベンス）
rubrics ルーブリック（典礼注規）
Rufinus,, Tyrannius（Turranius） ルフィヌス
Rufinus the Syrian ルフィノス（「シリア人」）
Rule of Faith（*Regula Fidei*） 信仰の基準
Runcie, Robert Alexander Kennedy ランシー
Rupert of Deutz ルペルトゥス（ドイツの）
rural dean（area dean） 地区大執事（地区助祭長）
Ruskin, John ラスキン
Russell, Charles Taze ラッセル
Russia, Christianity in ロシアのキリスト教
Ruth, Book of ルツ記
Rutherford, Joseph Franklin ラザフォード
Rutherford, Mark ラザフォード
Rutherford, Samuel ラザフォード
Rutter, John ラター
Ruusbroec（Ruysbroeck）, Bl Jan van
リュースブルク（ルースブルーク）（福）
Rycaut, Paul ライコート
Ryder, Henry ライダー
Rylands St John
ライランズ・パピルス（ヨハネ福音書の）
Ryle, John Charles ライル
Ryswick Clause（Rijswick Clause ）
「レイスウェイク条項」（「ライスワイク条項」）

# S

Sá, Manoel de サ
Sabaoth 万軍
Sabas, St サバス（聖）
Sabatier, Auguste サバティエ
Sabatier, Paul サバティエ
Sabbatarianism 安息日厳守主義
Sabbath 安息日
Sabbatical Year 安息の年
Sabbatine Privilege
カルメル会の特権（土曜日の特権）
Sabellianism サベリウス主義
Sabina, St サビーナ（聖）
Sacheverell, Henry サシェヴェレル
sacrament
サクラメント（秘跡，聖礼典，聖奠，機密）
sacrament house 聖体安置塔
sacramentals 準秘跡
Sacramentarians 聖餐形式論者
Sacramentary 秘跡書（サクラメンタリウム）

Sacred College（Sacred College of Cardinals）
枢機卿団
Sacred Heart 聖心（イエスの）
Sacred Heart of Mary 聖心（マリアの）
sacrifice 犠牲
sacrilege 瀆聖
sacring bell（Sanctus bell） サンクトゥス・ベル
sacristan サクリスタン
sacristy サクリスティー（祭具室）
Sadducees サドカイ派
Sadoleto, Jacopo サドレート
Sahdona サードナ
Sahidic サヒド方言
St Albans セント・オールバンズ
St Asaph セント・アサフ
Saint-Cyran, Abbé de
サン・シラン（デュヴェルジェ・ド・オランヌ）
St Davids セント・デーヴィッズ
St-Denis サン・ドニ
St-Germain-des-Prés サン・ジェルマン・デ・プレ
St-Omer サントメール
St Patrick's Purgatory 聖パトリキウスの煉獄
St Paul's Cathedral, London
セント・ポール主教座聖堂（ロンドン）
St Paul's outside the Walls, Rome（San Paolo Fuori le Mura）
サン・パオロ・フオリ・レ・ムーラ聖堂（ローマ）
St Peter's, Rome（Basilica di San Pietro in Vaticano）
サン・ピエトロ大聖堂（ローマ）
Saint-Simon, Claude Henri de Rouvroy サン・シモン
Saint-Sulpice, Society of 聖スルピス会
Sainte-Chapelle, Paris サント・シャペル（パリ）
saints, devotion to the 聖人崇敬
sakkos サッコス
Salesians サレジオ会
Salisbury ソールズベリー
Salisbury（Sarum）, Use of セイラム式文
Salmanticenses サラマンカ学派
Salome サロメ
salos サロス
salt 塩
Salvation Army 救世軍
Salve Regina サルヴェ・レジナ
Salvian サルウィアヌス（マルセイユの）
Samaria サマリア
Samson サムソン
Samson, St サムソン（聖）
Samuel, Books of サムエル記
sanatio in radice サナティオ・イン・ラディケ
sanbenito サンベニート
Sánchez, Thomas サンチェス
Sancroft, William サンクロフト
Sanctorale サンクトラーレ
sanctuary 聖所
sanctuary, right of 聖所の庇護権
Sanctus サンクトゥス（感謝の賛歌）
sandals, episcopal 司教靴
Sanders（Sander）, Nicholas サンダーズ
Sanderson, Robert サンダーソン
Sanhedrin 最高法院（サンヘドリン）
Santa Claus サンタクロース
Santa Maria Maggiore, Rome
サンタ・マリア・マッジョーレ聖堂（ローマ）
Santiago, Order of ヤコブ騎士団
sarabaites サラバイタイ派
Saracens サラセン人
Saravia, Hadrian a サラビア
sarcophagus 石棺
Sardica（Serdica）, Council of
セルディカ（サルディカ）教会会議
Sardis サルディス
Sarpi, Paolo サルピ
Satan サタン
satisfaction 償罪（充足）
Saturday 土曜日
Saturninus サトゥルニノス
Sava（Sabas）, St サヴァ（サバス）（聖）
Savigny, Abbey of サヴィニー大修道院
Savonarola, Girolamo サヴォナローラ
Savoy Conference サヴォイ会議
Savoy Declaration サヴォイ宣言
Sawtrey, William ソートリー
Saxon Confession ザクセン信仰告白
Sayers, Dorothy Leigh セイヤーズ
Sayings of Jesus イエスの語録
Scala Sancta（Scala Pilati） 聖階段（ピラトの階段）
Scaliger, Joseph Justus スカリジェル
scapular スカプラリオ
Scaramelli, Giovanni Battista スカラメッリ
Scete スケティス
Schaff, Philip シャッフ
Scheeben, Matthias Joseph シェーベン

| | |
|---|---|
| Schelling, Friedrich Wilhelm Joseph von | シェリング |
| Schelstrate, Emmanuel | スヘルストラート |
| Schillebeeckx, Edward Cornelis Florentius Alfons | スヒレベークス |
| schism | シスマ（離教，教会分裂） |
| Schlatter, Adolf | シュラッター |
| Schlegel, Friedrich | シュレーゲル |
| Schleiermacher, Friedrich Daniel Ernst | シュライアマハー |
| Schmalkaldic Articles | 「シュマルカルデン条項」 |
| Schmalkaldic League | シュマルカルデン同盟 |
| Schola Cantorum | スコラ・カントールム |
| Scholastica, St | スコラスティカ（聖） |
| Scholasticism | スコラ学 |
| scholia | スコリオン |
| Schoolmen（Scholastics） | スコラ学者 |
| Schopenhauer, Arthur | ショーペンハウアー |
| Schütz, Heinrich | シュッツ |
| Schwabach, Articles of | 「シュヴァーバッハ条項」 |
| Schwartz, Eduard | シュヴァルツ |
| Schweitzer, Albert | シュヴァイツァー |
| Schwenckfeldians | シュヴェンクフェルト派 |
| *scientia media* | 中間知（中知） |
| Scillitan Martyrs, the | スキリウムの殉教者たち |
| Scone | スクーン |
| Scory, John | スコーリー |
| Scotism | スコトゥス主義 |
| Scotland, Christianity in | スコットランドのキリスト教 |
| Scott, George Gilbert | スコット |
| Scott, Thomas | スコット |
| Scottish Confession | 「スコットランド信仰告白」 |
| screens | 仕切り（スクリーン） |
| scriptorium | 写字室 |
| Scrope, Richard le | スクループ |
| scruples | 疑悩 |
| scrutiny（scrutinium） | スクルティニウム |
| Sea, Forms of Prayer to be used at | 海上の祈禱集 |
| Seabury, Samuel | シーベリー |
| Seal of Confession | 告白の秘密 |
| Sebaldus, St | セバルドゥス（聖） |
| Se-Baptists | セ・バプテスト派 |
| Sebaste, the Forty Martyrs of | セバステの40人の殉教者 |
| Sebastian, St | セバスティアヌス（聖） |
| Secker, Thomas | セッカー |
| Second Adam | 第２のアダム |
| Secret | 密唱 |
| sectary | セクタリー |
| secular arm | 俗権 |
| secular clergy | 在俗司祭 |
| secularism | 世俗主義 |
| sede vacante | 司教空位期 |
| sedia gestatoria | 教皇用輿 |
| sedilia | 聖職者席 |
| Sedulius | セドゥリウス |
| Sedulius Scottus | セドゥリウス・スコットゥス |
| see | 司教座 |
| Seekers | シーカー派 |
| Seeley, John Robert | シーリー |
| Segneri, Paolo | セニェリ |
| Seises, Dance of the | セイスの舞踏 |
| Selden, John | セルデン |
| Sellon, Priscilla Lydia | セロン |
| Selwyn, George Augustus | セルウィン |
| Semiarianism | 半アレイオス主義 |
| Semi-Doubles | 半復唱の祝日（１級小祝日） |
| seminary | 神学校 |
| Semipelagianism | 半ペラギウス主義 |
| Semi-Quietism | 半静寂主義（セミ・キエティスム） |
| Semler, Johann Salomo | ゼムラー |
| Sempringham | センプリンガム |
| Seneca, Lucius Annaeus | セネカ |
| Sens, Councils of | サンス教会会議 |
| Sentences | 『命題集』 |
| Separatists | 分離派（分離主義者） |
| Septuagesima | 四旬節前第３主日（七旬節の主日） |
| Septuagint（‘LXX’） | 七十人訳聖書（セプトゥアギンタ） |
| Sequence | 続唱（セクエンツィア） |
| Seraphim | セラフィム（熾天使） |
| Seraphim of Sarov, St | セラフィム（サーロフの）（聖） |
| Serapion, St | セラピオン（聖） |
| Serbia, Church of | セルビア教会 |
| Sergius | セルギオス |
| Sergius, St | セルギウス１世（聖） |
| Sergius, St | セルギイ（聖） |
| Sergius Paulus | セルギウス・パウルス |
| Seripando, Girolamo | セリパンド |
| sermo generalis | 「総説教」 |
| Sermon on the Mount | 山上の説教 |
| Servant Songs | 僕の歌 |

| | |
|---|---|
| server | 奉仕者 |
| Servetus, Michael | セルヴェトゥス |
| servile work | 肉体労働 |
| Servites | マリアのしもべ修道会 |
| Servus Servorum Dei | 神の僕らの僕 |
| Seton, Elizabeth Ann Bayley, St | シートン（聖） |
| Settlement, Act of | 王位継承法 |
| Seven Bishops, Trial of | 7人の主教の裁判 |
| Seven Churches | 7つの教会 |
| Seven Deacons | 7人の奉仕者（7人の執事） |
| seven deadly sins | 7つの罪源 |
| seven liberal arts | 自由学芸7科 |
| seven penitential Psalms, the | 7つの悔罪詩編 |
| seven sacraments, the | 7つの秘跡 |
| Seven Sleepers of Ephesus | 7人の睡眠者（エフェソスの） |
| Seven Sorrows of the BVM | 聖母マリアの7つの悲しみ |
| seven virtues, the | 7つの美徳 |
| seven Words from the Cross | 十字架の7つの言葉 |
| Seventh-day Adventists | セブンスデー・アドヴェンティスト派 |
| Seventh Day Baptists | セブンスデー・バプテスト派 |
| Severian | セウェリアノス |
| Severinus, St | セウェリヌス（聖） |
| Severus | セウェロス（アンティオキアの） |
| Sexagesima | 四旬節前第2主日（六旬節の主日） |
| Sext | 『第6書』 |
| Sext | 6時課 |
| sexton | セクストン |
| Shaftesbury, Anthony Ashley Cooper | シャフツベリー |
| Shakers | シェーカー派 |
| Shakespeare, John Howard | シェイクスピア |
| Sharp, James | シャープ |
| Sharp, John | シャープ |
| Shaxton, Nicholas | シャクストン |
| Sheen, Ven. Fulton John | シーン（尊） |
| Sheldon, Gilbert | シェルドン |
| Shema, the | シェマー |
| Shenoute | シェヌーテ |
| Sheol | シェオール |
| *Shepherd of Hermas, The* | 『ヘルマスの牧者』 |
| Sheppard, Hugh Richard Lawrie | シェパード |
| Sherborne | シャーバーン |
| Sherlock, William | シャーロック |
| Shewbread | 供えのパン |
| shibboleth | シイボレト |
| Shorthouse, Joseph Henry | ショートハウス |
| shrine | シュライン |
| Shrove Tuesday | 告解火曜日 |
| Sibylline Oracles | シビュラの託宣 |
| Sicard | シカルドゥス |
| Sicilian Vespers, the | シチリアの晩禱事件 |
| Sickingen, Franz von | ジッキンゲン |
| sidesmen | 教会区委員補 |
| Sidgwick, Henry | シジウィック |
| Sidonius Apollinaris, St | シドニウス・アポリナリス（聖） |
| Sierra Leone | シエラレオネ |
| Sigan-Fu stone（Sian-Fu stone） | 大秦景教流行中国碑 |
| Sigebert of Gembloux | シゲベルトゥス（ジャンブルーの） |
| Siger of Brabant | シゲルス（ブラバンの） |
| sign of the Cross | 十字架のしるし |
| Silas, St | シラス（聖） |
| silence, the argument from | 沈黙論法 |
| Siloam, Pool of | シロアムの池 |
| Silvia of Aquitaine | シルウィア（アクィタニアの） |
| Simeon | シメオン |
| Simeon, the New Theologian, St | シメオン（新神学者）（聖） |
| Simeon of Durham | シメオン（ダラムの） |
| Simeon of Mesopotamia | シメオン（メソポタミアの） |
| Simeon Metaphrastes, St | シメオン・メタフラステス（聖） |
| Simeon Stylites, St | シメオン（柱頭行者）（聖） |
| Simeon of Thessalonica, St | シメオン（テサロニケの）（聖） |
| Simeon, Charles | シメオン |
| similitudo Dei | 神の似姿 |
| Simon, St, 'the Less' | シモン（「熱心党の」）（聖） |
| Simon of Cyrene | シモン（キュレネ人） |
| Simon Magus | シモン・マゴス（魔術師シモン） |
| Simon Peter, St | シモン・ペトロ（聖） |
| Simon Stock, St | シモン・ストック（聖） |
| Simon of Sudbury | シモン（サドベリーの） |
| Simon, Richard | シモン |
| Simons in the NT | シモン（新約聖書における） |
| simony | 聖職売買（シモニア） |
| Simple Feasts | 単唱の祝日 |
| Simplicianus, St | シンプリキアヌス（聖） |
| Simplicius, St | シンプリキウス（聖） |

| | |
|---|---|
| simultaneum | シムルタネウム（共同使用権） |
| sin | 罪 |
| Sinai | シナイ |
| Sinodos | 『シノドス』 |
| Sion College, London | シオン・カレッジ（ロンドンの） |
| Si quis | 聖職任命予告 |
| Siricius, St | シリキウス（聖） |
| Sirmium, Blasphemy of | シルミウム瀆神信条 |
| Sisters of Mercy | マーシー修女会（マーシー女子修道会） |
| Sistine Chapel | システィナ礼拝堂 |
| Sistine Madonna（Madonna di S. Sisto） | 『サン・シストの聖母』 |
| *Sitz im Leben* | 生活の座 |
| Six Articles | 「6箇条」 |
| Six Points, the | 6条項（教会の） |
| Sixtus II, St | シクストゥス2世（聖） |
| Sixtus IV | シクストゥス4世 |
| Sixtus V | シクストゥス5世 |
| slavery | 奴隷制 |
| Sleidanus, Johannes | スライダヌス |
| Slessor, Mary | スレッサー |
| Smaragdus | スマラグドゥス |
| Smart, Peter | スマート |
| 'Smectymnuus' | 「スメクティムヌウス」 |
| Smith, John | スミス |
| Smith, William Robertson | スミス |
| Smithfield | スミスフィールド |
| Smyrna | スミルナ（スミュルナ） |
| Smyth（Smith）, John | スマイス（スミス） |
| sobornost | ソボルノスチ |
| Social Gospel | 社会的福音 |
| Society of the Holy Cross | 聖十字架修士会 |
| Society of St John the Evangelist（SSJE） | 福音記者聖ヨハネ修士会 |
| Society of St Pius X | 聖ピウス10世司祭兄弟会 |
| Socinus | ソッツィーニ |
| Socrates Scholasticus | ソクラテス |
| sodality | 兄弟会 |
| Söderblom, Nathan | セーデルブルム |
| Sodom and Gomorrah | ソドムとゴモラ |
| Sodor and Man | ソダー・アンド・マン |
| Soissons, Councils of | ソワソン教会会議 |
| soleas | ソレアス |
| Solemn League and Covenant | 「厳粛なる同盟と契約」 |
| Solesmes | ソレーム |
| Solifidianism | 信仰義認論 |
| Sollemnitas | 祭日 |
| Solomon | ソロモン |
| Solomon, Odes of | 『ソロモンの頌歌』 |
| Solomon, Psalms of | 『ソロモンの詩編』 |
| Solomon, Song of（Song of Songs） | 雅歌 |
| Solovyov, Vladimir | ソロヴィヨフ |
| Somaschi | ソマスカ修道会 |
| Somerset, Duke of | サマセット公 |
| Son of Man | 人の子 |
| Song of the Three Young Men（Song of the Three Children） | 3人の若者の賛歌（ダニエル書補遺の） |
| *Songs of Praise* | 『ソングズ・オヴ・プレイズ』 |
| Sophronius, St | ソフロニオス（聖） |
| Sorbonne | ソルボンヌ |
| Sorrowful Mysteries, the five | 5つの悲しみの秘義 |
| soteriology | 救済論 |
| Soto, Dominic de | ソト |
| soul | 霊魂（魂） |
| South Africa, Christianity in | 南アフリカにおけるキリスト教 |
| South India, Church of | 南インド教会 |
| South Pacific, Christianity in | 南太平洋におけるキリスト教 |
| Southcott, Joanna | サウスコット |
| Southwark | サザーク |
| Southwell | サウスウェル |
| Southwell, St Robert | サウスウェル（聖） |
| Sozomen | ソゾメノス |
| Spain, Christianity in | スペインにおけるキリスト教 |
| Spalatin, Georg | シュパラティン |
| SPCK（Society for Promoting Christian Knowledge） | キリスト教知識普及協会 |
| species | 種（形色） |
| Spellman, Francis Joseph | スペルマン |
| Spencer, Herbert | スペンサー |
| Spencer, John | スペンサー |
| Spener, Philipp Jakob | シュペーナー |
| Speyer, Diets of | シュパイアー帝国議会 |
| SPG（Society for the Propagation of the Gospel in foreign parts） | 海外福音宣教協会 |
| Spinckes, Nathaniel | スピンクス |
| Spinoza, Benedictus de（Baruch de） | スピノザ |
| spirit | 霊 |
| *Spiritual Exercises, The* | 『霊操』 |

| | |
|---|---|
| Spiritual Franciscans | スピリトゥアル派 |
| spiritual healing | 霊的癒し |
| spiritual works of mercy | 慈しみのわざ（精神的な） |
| Spiritualism | 心霊主義 |
| spirituality | 霊性 |
| spirituals | 霊歌 |
| spoon, liturgical | スプーン（典礼用の） |
| Sports, Book of | 『遊びの書』 |
| Spottiswoode, John | スポッティスウッド |
| Spurgeon, Charles Haddon | スパージョン |
| Spy Wednesday | 裏切りの水曜日 |
| Spyridon（Spiridion）, St | スピュリドン（聖） |
| Sri Lanka, Christianity in | スリランカのキリスト教 |
| Stabat Mater dolorosa | 『スターバト・マーテル』 |
| stability | 定住性 |
| Stainer, Sir John | ステイナー |
| stalls | ストール |
| stake | 火刑柱 |
| Stanford, Sir Charles Villiers | スタンフォード |
| Stanislaus, St | スタニスワフ（聖） |
| Stanley, Arthur Penrhyn | スタンリー |
| Stanton, Arthur Henry | スタントン |
| Stapeldon, Walter de | ステイプルドン |
| Stapleton, Thomas | ステイプルトン |
| Star of Bethlehem | ベツレヘムの星 |
| staretz | スターレツ |
| State Prayers | 国家の祈り |
| State Services | 国家行事記念礼拝 |
| States of the Church（Papal States） | 教皇領 |
| station days | 指定日 |
| Stations of the Cross | 十字架の道行き（留） |
| *Statuta Ecclesiae Antiqua* | 『旧教会条例』 |
| Staupitz, Johann von | シュタウピッツ |
| Stein, St Edith | シュタイン（聖） |
| Steiner, Rudolf | シュタイナー |
| 'Stephanus'（Estienne） | エティエンヌ家 |
| Stephen, St | ステファノ（聖） |
| Stephen, St | イシュトヴァン（聖） |
| Stephen I, St | ステファヌス1世（聖） |
| Stephen II（III） | ステファヌス2（3）世 |
| Stephen III（IV） | ステファヌス3（4）世 |
| Stephen Harding, St | ステファヌス・ハーディング（聖） |
| Stercoranists | 糞便派 |
| Stern, Henry Aaron | スターン |
| Sternhold, Thomas | スターンホールド |
| Sterry, Peter | ステリー |
| stewardship | ステュワードシップ |
| sticharion | スティカリオン |
| sticheron | スティケロン |
| Stigand | スティガンド |
| stigmatization | 聖痕 |
| Stillingfleet, Edward | スティリングフリート |
| Stockholm Conference | ストックホルム会議 |
| Stoicism | ストア派 |
| stole | ストラ（ストール） |
| Stonyhurst College | ストーニーハースト・カレッジ |
| Storch, Nicolas | シュトルヒ |
| Stott, John Robert Walmsley | ストット |
| stoup | 聖水器 |
| Stratford, John | ストラトフォード |
| Strauss, David Friedrich | シュトラウス |
| Street, George Edmund | ストリート |
| Streeter, Burnett Hillman | ストリーター |
| Strigel, Victorinus | シュトリーゲル |
| Strossmayer, Joseph Georg | シュトロスマイエル |
| Strype, John | ストライプ |
| Stubbs（Stubbe）, John | スタッブズ |
| Stubbs, William | スタッブズ |
| Studd, Charles Thomas | スタッド |
| Studdert Kennedy, Geoffrey Anketell | スタッダート・ケネディ |
| Student Christian Movement（SCM） | 学生キリスト教運動 |
| Studios | ストゥディオス |
| studium generale | ストゥディウム・ゲネラーレ |
| Stundists | 時禱派 |
| Sturm, Johannes | シュトゥルム |
| Stylite（Piller Saint） | 柱頭行者 |
| Suárez, Francisco | スアレス |
| subcinctorium | スブキンクトリウム |
| subdeacon | 副助祭（副輔祭） |
| Subiaco | スビアコ |
| Subiaco Congregation | スビアコ修族 |
| subintroductae（*syneisaktai*） | シュンエイスアクタイ |
| sublapsarianism（infralapsarianism, postlapsarianism） | 堕罪後予定説 |
| submersion（total immersion） | 完全浸礼 |
| Submission of the Clergy | 「聖職者の服従」 |
| subordinationism | 従属説 |
| substance | 実体 |
| Subunists | 一種陪餐論者 |

| | |
|---|---|
| Suburbicarian Dioceses | ローマ近郊教区 |
| succentor | 先唱者代理 |
| Sudan, Christianity in | スーダンのキリスト教 |
| Suetonius | スエトニウス |
| suffragan bishop | 属司教（補佐主教） |
| Suger | シュジェール |
| Suicer, Johann Kasper | スイツァー |
| suicide | 自死（自殺） |
| Suidas | スイダス |
| Sulpicius Severus | スルピキウス・セウェルス |
| Summa | スンマ（大全） |
| *Summa Theologiae* | 『神学大全』 |
| Sumner, John Bird | サムナー |
| Sundar Singh, Sadhu | サンダー・シン |
| Sunday | 主日（日曜日） |
| Sunday, Billy | サンデー |
| Sunday letter | 主日文字 |
| Sunday Schools | 日曜学校 |
| supererogation, works of | 義務以上の行為 |
| superintendents | 監督 |
| superior | 長上（上長） |
| supralapsarianism（antelapsarianism） | 堕罪前予定説 |
| Supremacy, Acts of | 首長令（国王至上法） |
| Surin, Jean-Joseph | シュラン |
| surplice（superpelliceum） | サープリス（スペルペリケウム） |
| surplice fees | サープリス・フィー |
| surrogate | 主教代理 |
| Sursum corda | スルスム・コルダ |
| Susanna, Book of | スザンナ（ダニエル書補遺の） |
| Susanna, St | スサンナ（聖） |
| suspension | 停職制裁 |
| Suvermerian | スヴァメリアン |
| swastika | スワスティカ（かぎ十字） |
| Sweden, Christianity in | スウェーデンのキリスト教 |
| Swedenborg, Emanuel | スヴェーデンボリ |
| Swift, Jonathan | スウィフト |
| Swiss Brethren | スイス兄弟団 |
| Swiss Guard | スイス人衛兵 |
| Swithun（Swithin）, St | スウィジン（聖） |
| Sword of the Spirit | 「霊の剣」 |
| Syllabus Errorum | 『謬説表』（『シラブス』） |
| Sylvester（Silvester）I, St | シルヴェステル 1 世（聖） |
| Sylvester（Silvester）II | シルヴェステル 2 世 |
| Sylvestrines（Silvestrines） | シルヴェステル修道会 |
| Symmachus | シュンマコス |
| Symmachus, St | シンマクス（聖） |
| synagogue | シナゴーグ（会堂） |
| Synapte | シュナプテ |
| Synaxarion | シュナクサリオン |
| synaxis | シュナクシス（集会） |
| syncellus | シュンケロス |
| syncretism | 混交主義 |
| synergism | 神人協力説 |
| Synesius | シュネシオス |
| Synodical Government | 総会体制（英国教会の） |
| Synodicon | シノディコン |
| Synoptic problem | 共観福音書問題 |
| synteresis（synderesis） | 良知 |
| Syriac | シリア語 |
| Syriac versions of the Bible | シリア語訳聖書 |
| Syrian Catholics | シリア・カトリック教会 |
| Syrian Orthodox Church | シリア正教会（ヤコブ教会） |
| Syrian text of the NT | シリア型本文（新約聖書の） |
| syzygy | 「対」（シュジュギア） |

# T

| | |
|---|---|
| Tabernacle（Jewish） | 幕屋 |
| Tabernacle（Christian） | 聖櫃（タベルナクルム） |
| Tabernacles, Feast of | 仮庵祭 |
| *Tablet* | 『タブレット』 |
| Taborites | タボル派 |
| Tacitus, Cornelius | タキトゥス |
| Taiping Rebellion | 太平天国の乱 |
| Tait, Archibald Campbell | テイト |
| Taizé Community | テゼ共同体 |
| Talbot, Edward Stuart | トールボット |
| Tall Brothers | 「長身の兄弟たち」 |
| Talleyrand-Périgord, Charles Maurice de, Prince of Benevento | タレーラン・ペリゴール |
| Tallis, Thomas | タリス |
| Talmud | タルムード |
| Tambaram Conference | タンバラム会議 |
| Tametsi | タムエトシ |
| Tanner, Thomas | タナー |
| Tantum ergo | タントゥム・エルゴ |
| Tarasius, St | タラシオス（聖） |
| Targum | タルグム |
| Tarsicius, St | タルシキウス（聖） |
| Tarsus | タルソス |
| Tasso, Torquato | タッソ |
| Tate, Nahum and Brady, Nicholas | |

テートとブレーディー
Tatian　タティアノス
Tattam, Henry　タッタム
Tauler, John　タウラー
Tausen, Hans　タウセン
Tavener, Sir John Kenneth　タヴナー
Taverner's Bible　タヴァナー聖書
Taylor, James Hudson　テイラー
Taylor, Jeremy　テイラー
Taylor, John　テイラー
team ministry　共同司牧制
Te Deum　テ・デウム
Te igitur　テ・イギトゥル
Teilhard de Chardin, Pierre　テイヤール・ド・シャルダン
Teilo, St　テイロ（聖）
Tekakwitha, St Kateri　テカクウィタ（聖）
Telemachus, St　テレマコス（聖）
teleology　目的論
Telesio, Bernardino　テレジオ
Telesphorus, St　テレスフォルス（聖）
temperance　節制（節酒）
Templars（Knights Templar）　テンプル騎士団（神殿騎士修道会）
Temple, the　神殿
Temple, Frederick　テンプル
Temple, William　テンプル
Templeton Foundation　テンプルトン財団
Temporale　テンポラーレ
temptation　誘惑（試練）
temptation of Christ　誘惑（キリストの）
tempus clausum　禁婚期
Ten Articles　「10箇条」
Ten Thousand Martyrs　1万人の殉教者
Ten Tribes, the　10部族
Ten Years' Conflict　10年紛争
Tenebrae　テネブレ
Tenison, Thomas　テニソン
tenure, common　共通在職期間
Terce, Sext, None　3時課・6時課・9時課
Teresa, St Mother　テレサ（マザー・テレサ）（聖）
Teresa of Ávila, St　テレサ（アビラの）（聖）
Teresa of Lisieux, St　テレーズ（リジューの）（聖）
Terminism　ターミニズム
territorialism　領主主義
Tersteegen, Gerhard　テルステーゲン
Tertullian, Quintus Septimius Florens　テルトゥリアヌス
Test Act　審査法（審査律）
Testament of Our Lord in Galilee（Apostles, Epistle of the）　『使徒たちの手紙』
Testaments of the Twelve Patriarchs　『12族長の遺訓』
Testamentum Domini　『テスタメントゥム・ドミニ』
Tetragrammaton　聖4文字
Tetrapolitan Confession　四都市信仰告白
Tetrateuch　四書
Tetzel, Johann　テッツェル
Teutonic Order（Order of German Knights）　ドイツ騎士団（テュートン騎士団）
textual criticism　本文批判
Textus Receptus　公認本文（公認聖書）
Thaddaeus, St　タダイ（聖）
theandric activity　神人両性具有行動
Theatines　テアティニ修道会
Thebaid, the　テーベ地方
Theban Legion, the　テーベ軍団
Thecla, St　テクラ（聖）
Theism　有神論
Theobald　シーオボールド（テオバルドゥス）
theocracy　神政政治（神権政治）
Theodicy　神義論
Theodora I　テオドラ1世
Theodore the Lector　テオドロス（読師の）
Theodore of Mopsuestia　テオドロス（モプスエスティアの）
Theodore of Raïthu　テオドロス（ライトゥの）
Theodore of Studios, St　テオドロス（ストゥディオスの）（聖）
Theodore of Tarsus, St　テオドルス（タルソスの）（聖）
Theodoret　テオドレトス
Theodoric　テオドリクス
Theodosian Code　『テオドシウス法典』
Theodosian Collection　「テオドシウス文庫」
Theodosius I　テオドシウス1世
Theodosius II　テオドシウス2世
Theodotion　テオドティオン
Theodotus　テオドトス
Theodotus　テオドトス
Theodotus　テオドトス
Theodulf　テオドゥルフ
Theognostus　テオグノストス

*theologia crucis* 十字架の神学
*Theologia Deutsch* (*Deutsche Theologie*) 『ドイツ神学』(『テオロギア・ドイチュ』, 『テオロギア・ゲルマニカ』)
Theological Colleges (Anglican) 神学校(アングリカンの)
theological virtues 対神徳
theology 神学
theology of religions 諸宗教の神学
Theopaschites テオパスキタイ派
Theophan (Feofan) the Recluse, St フェオファン(隠修士の)(聖)
Theophany 顕現(神の)
Theophilanthropists 敬神博愛主義者(神人愛主義者)
Theophilus テオフィロス(アンティオキアの)
Theophilus テオフィロス(アレクサンドリアの)
Theophylact テオフュラクトス
theosophy 神智学
theotokion テオトキオン
Theotokos (Mother of God) テオトコス(神の母)
Therapeutae テラペウタイ派
thermarion テルマリオン
Thessalonians, Epistles to the テサロニケの信徒への手紙(テサロニケ書)
Thessalonica テサロニケ
Theudas テウダ
Thierry (Theodoricus) of Chartres テオドリクス(シャルトルの)
Third Orders 第3会
Third Rome 第3のローマ
Thirlwall, Connop サールウォール
Thirty-Nine Articles 「39箇条」
Thirty Years War 30年戦争
Tholuck, Friedrich August Gottreu トールク
Thomas, St トマス(聖)
Thomas, Acts of 『トマス行伝』
Thomas, Apocalypse of 『トマスの黙示録』
Thomas, Book of 『トマスの書』
Thomas, Gospel of 『トマス福音書』
Thomas, Infancy Gospel of 『トマスによる幼時物語』
Thomas Aquinas, St トマス・アクィナス(聖)
Thomas of Celano トマス(チェラーノの)
Thomas Gallus トマス・ガルス
Thomas a Jesu トマス・デ・ヘスス
Thomas à Kempis トマス・ア・ケンピス
Thomas of Marga トマス(マルガの)
Thomism トミズム(トマス学派)
Thompson, Francis トムソン
Thoresby, John ソレスビ
Thorn (Torun), Conference of トルン会議
Thorndike, Herbert ソーンダイク
Thorvaldsen, Bertel トルヴァルセン
Three Chapters, the 「3章」
Three Denominations, the 「3教派」
Three Hours' Service 「3時間の礼拝」
Thundering Legion 雷電軍団
thurible (censer) 香炉
thurifer 香炉奉持者
Thurneysen, Eduard トゥルナイゼン
Thyatira ティアティラ
tiara 教皇冠(三重冠)
Tiele, Cornelis Petrus ティーレ
Tikhon, St チーホン(聖)
Tikhon of Zadonsk, St チーホン(ザドンスクの)(聖)
Tillich, Paul ティリッヒ
Tillotson, John ティロットソン
Timothy, St テモテ(聖)
Timothy and Titus, Epistles to 牧会書簡(司牧書簡)
Timothy ティモテオス
Timothy ティモテオス
Timothy Aelurus ティモテオス・アイルロス
Tindal, Matthew ティンダル
Tintern Abbey ティンターン・アビー
Tintoretto ティントレット
tippet ティペット
Tischendorf, Constantin ティッシェンドルフ
Tissot, James Joseph Jacques ティソ
tithes 10分の1税
Titian (Tiziano Vecellio) ティツィアーノ
title 名義教会
Titus, St テトス(聖)
Titus ティトス
Tobit, Book of トビト記
Toc H タク・エイチ
Toland, John トーランド
Toledo, Councils of トレド教会会議
tolerati トレラティ
Toleration Act 1688 信仰寛容法(寛容令)
toleration, religious 宗教的寛容
Tolstoy, Leo トルストイ
Tome of Damasus 『ダマススの教書』

| | |
|---|---|
| Tome of Leo | 『レオの教書』 |
| tonsure | 剃髪 |
| Toplady, Augustus Montague | トプレディ |
| Torah | トーラー |
| Torgau Articles | 「トルガウ条項」 |
| Torquemada, Juan de | トルケマダ |
| Torquemada, Tomás | トルケマダ |
| Tosefta | トセフタ |
| total depravity | 全面的堕落 |
| tract（liturgical） | トラクトゥス（詠唱） |
| tract（propagandist） | トラクト（小冊子） |
| Tractarianism（Tractarian Movement） | トラクト運動（トラクタリアニズム） |
| Tractatus Origenis | 『オリゲネスの説教』 |
| tractoria | トラクトリア |
| traditio-historical criticism | 伝承史的研究 |
| traditio symboli | 「信条の授与」 |
| tradition | 伝承（伝統，聖伝） |
| Traditionalism | 伝統主義 |
| traditors | トラーディトル |
| traducianism | 霊魂伝遺説（創造分生説） |
| Traherne, Thomas | トラハーン |
| transenna | 仕切り格子 |
| Transfiguration, the | 変容（キリストの） |
| translation | 移動（転任） |
| transubstantiation | 実体変化 |
| Trappists | トラピスト会 |
| Travers, Walter | トラヴァーズ |
| Traversari, Ambrogio | トラヴェルサーリ |
| Treacle Bible | 糖蜜聖書 |
| Tre Fontane | トレ・フォンターネ |
| Tremellius, John Immanuel | トレメリウス |
| Trench, Richard Chenevix | トレンチ |
| Trent, Council of | トリエント公会議 |
| Trental | 慰霊ミサ |
| Triad | 三つ組 |
| Triduum Sacrum | 聖週間の最後の3日間 |
| Triers and Ejectors | 審査官と追放官 |
| Trimmer, Sarah | トリマー |
| Trinitarian | 三位一体論信奉者（三一神論者） |
| Trinitarians（Order of the Most Holy Trinity） | 三位一体修道会 |
| Trinity, doctrine of the | 三位一体の教理 |
| Trinity College, Dublin | トリニティー・カレッジ（ダブリンの） |
| Trinity Sunday | 三位一体の主日 |
| Triodion | トリオディオン |
| triple candlestick | 三枝燭台 |
| Trisagion | トリスアギオン |
| tritheism | 三神論 |
| Trithemius, Johannes | トリテミウス |
| Trito-Isaiah | 第3イザヤ |
| triumphant, the Church | 勝利の教会 |
| trivium | 3科（トリウィウム） |
| Troas | トロアス |
| Troeltsch, Ernst | トレルチ |
| troparion | トロパリオン |
| trope | トロープス |
| Trophimus, St | トロフィモ（聖） |
| Trophimus, St | トロフィムス（聖） |
| Truce of God | 神の休戦 |
| Trullan Synod | トルロス教会会議 |
| Truro | トルーロ |
| Tübingen | テュービンゲン |
| Tübingen School | テュービンゲン学派 |
| Tuckney, Anthony | タックニー |
| tulchan Bishops | タルハン主教 |
| Tulloch, John | タラク |
| tunicle | トゥニチェラ |
| Tunkers（Dunkers, Dunkards） | ダンカー派 |
| Tunstall, Cuthbert | タンスタル |
| Tur 'Abdin | トゥラブディン |
| Tutiorism（Rigorism） | 安全説（厳格説） |
| Tutu, Desmond Mpilo | トゥトゥ（ツツ） |
| Twelfth Night | 12夜 |
| Twelve Articles | 「12箇条」 |
| Twelve Great Feasts, the | 12大祝日 |
| Tychicus, St | ティキコ（聖） |
| Tyconius | ティコニウス |
| Tyndale（Tindale）, William | ティンダル |
| types | 予型 |
| typicon | テュピコン |
| Typos, the | 『テュポス』 |
| tyrannicide | 暴君殺害 |
| Tyre and Sidon | ティルスとシドン |
| Tyrrell, George | ティレル |

## U

| | |
|---|---|
| Ubaghs, Gerhard Casimir | ユバフス |
| Ubertino of Casale | ウベルティーノ（カザレの） |
| ubiquitarianism | 遍在説（キリストの） |
| Udall（Uvedale）, John | ユーダル |

Udall (Uvedale), Nicholas　ユーダル
Uganda, Christianity in　ウガンダのキリスト教
UIODG (ut in omnibus Deus glorificetur)　ベネディクト会の標語
Ukrainian Churches　ウクライナの諸教会
Ullathorne, William Bernard　アラソーン
Ulphilas　ウルフィラス
Ulrich, St　ウルリヒ（聖）
Ultramontanism　ウルトラモンタニズム（教皇権至上主義）
UMCA (Universities' Mission to Central Africa)　中央アフリカ学生伝道協会
Unam Sanctam　『ウナム・サンクタム』
uncial script　アンシアル字体
Uncreated Light　非創造的光
unction　塗油
Underhill, Evelyn　アンダーヒル
Unification Church (Holy Spirit Association for the Unification of World Christianity)　世界基督教統一神霊協会
Uniformity, Acts of　「礼拝統一法」
Unigenitus　『ウニゲニトゥス』
Union Theological Seminary, New York　ユニオン神学校（ニューヨーク）
Unitarianism　ユニテリアン主義（ユニテリアン派）
Unitas Fratrum　一致兄弟団
United Church of Christ　合同キリスト教会
United Free Church of Scotland　スコットランド合同自由教会
United Methodist Church　合同メソジスト教会
United Methodist Free Churches　合同メソジスト自由教会
United Presbyterian Church　合同長老派教会
United Reformed Church　合同改革派教会
United Secession Church　合同分離派教会
United Society for Christian Literature　合同キリスト教文書協会
United States of America, Christianity in　アメリカ合衆国のキリスト教
*Univers, L'*　『ユニヴェール』誌
universalism　ユニヴァーサリズム（普遍救済論）
universals　普遍
Uppsala　ウプサラ
Urban II, Bl　ウルバヌス２世（福）
Urban V, Bl　ウルバヌス５世（福）
Urban VI　ウルバヌス６世
Urban VIII　ウルバヌス８世
Urbi et Orbi　ウルビ・エト・オルビ
Urbs beata Hierusalem　ウルブス・ベアータ・エルサレム
Urbs Sion aurea　「黄金のエルサレム」
*Urgeschichte*　原歴史
Urim and Thummin　ウリムとトンミム
Ursacius　ウルサキオス
Ursinus, Zacharias　ウルジヌス
Ursula, St　ウルスラ（聖）
Ursula de Jesús　ウルスラ・デ・ヘスス
Ursulines　ウルスラ修道会
Usagers　慣行派
use　式文（ユース）
USPG (United Society for the Propagation of the Gospel)　合同福音宣教協会
Ussher, James　アッシャー
Usuard, Martyrology of　『ウスアルドゥス殉教録』
usury　高利
Utica, the Martyrs of　ウティカの殉教者たち
Utilitarianism　功利主義
Utraquism　二種陪餐論
Utrecht, Declaration of　ユトレヒト宣言

# V

Vacancy-in-See Committee　主教空位期委員会
Vaison, Councils of　ヴェゾン教会会議
Valdés, Juan de　バルデス
Valence, Councils of　ヴァランス教会会議
Valens　ウァレンス
Valentine, St　ウァレンティヌス（聖）
Valentinus　ウァレンティノス
Valerian, St　ウァレリアヌス（聖）
validation of marriage　結婚の有効化
validity　有効性
Valla, Lorenzo　ヴァッラ
Vallumbrosans　ヴァロンブローザ修族
Valor Ecclesiasticus　教会所領会計監査録
van der Kemp, Johannes Theodorus　ケンプ
Van Espen, Zeger Bernhard　エスペン
van Eyck, Hubert and Jan　エイク
Van Mildert, William　ヴァン・ミルダート
Vane, Henry　ヴェイン
Väterås, Ordinance of　ヴェステロースの布告
Vatican　ヴァティカン
Vatican Council, First　ヴァティカン公会議（第１）

Vatican Council, Second　ヴァティカン公会議（第2）
Vaughan, Charles John　ヴォーン
Vaughan, Henry　ヴォーン
Vaughan, Herbert　ヴォーン
Vaughan Williams, Ralph　ヴォーン・ウィリアムズ
Vecchioni　ヴェッキオニ
Vedast（Vaast）, St　ヴェダストゥス（聖）
veil　ヴェール
Velichkovsky, St Paisy　ヴェリチコフスキー（聖）
Venantius Fortunatus　ウェナンティウス フォルトゥナトゥス
Venerable　尊者
Veneration of the Cross（Creeping to the Cross）　十字架の崇敬
Veni Creator　『ヴェニ・クレアトル』
Veni Sancte Spiritus　『ヴェニ・サンクテ・スピリトゥス』
Veni, veni, Emmanuel　『ヴェニ・ヴェニ・エマヌエル』
venial sin　小罪
Venice　ヴェネツィア
Venite　ヴェニテ
Venn, Henry　ヴェン
Venn, Henry　ヴェン
verger（virger）　権標捧持者
*Vermittlungstheologie*　調停神学
Vernazza, Battista　ヴェルナッツァ
Verona　ヴェローナ
Verona Fathers　コンボーニ宣教会（ヴェローナ兄弟会）
Veronica, St　ウェロニカ（聖）
versicle　唱句
Vesperale（Vesperal）　ヴェスペラーレ
Vespers　晩課（晩の祈り）
Vestiarian Controversy　祭服論争
vestments　祭服
vestry　ヴェストリー（教会区会）
Veuillot, Louis　ヴイヨー
Vexilla regis　『ヴェクシラ・レジス』
via dolorosa　ヴィア・ドロローサ
via media　ヴィア・メディア
Viaticum　最後の糧（ヴィアティクム）
vicar　主任代行司祭（司教代理）
Vicar Apostolic（vicarius apostolicus）　代牧（使徒座代理区長）
Vicar of Christ（vicarius Christi）　キリストの代理人
Vicar General　司教総代理（大主教代理人）
Vicelin, St　ヴィケリヌス（聖）
Vico, Giovanni Battista　ヴィーコ
Victimae Paschali　『ヴィクティメ・パスカリ』
Victor I, St　ヴィクトル1世（聖）
Victor, St　ウィクトル（カプアの）（聖）
Victor　ウィクトル（ウィタの）
Victoria, Tomás Luis de　ビクトリア
Victorines　サン・ヴィクトル会
Victorinus, St　ウィクトリヌス（聖）
Victorinus Afer, Caius Marius　マリウス・ウィクトリヌス
Victricius, St　ウィクトリキウス（聖）
Vidi aquam　『ヴィディ・アクアム』
Vieira, António　ヴィエイラ
Vienne, Council of　ヴィエンヌ公会議
Vietnam, Christianity in　ヴェトナムのキリスト教
Vigil　徹夜祭
Vigilantius　ウィギランティウス
Vigilius　ヴィギリウス
Vilatte, Joseph René　ヴィラット
Vincent, St　ウィンケンティウス（聖）
Vincent of Beauvais　ヴィンケンティウス（ボーヴェの）
Vincent Ferrer（Vicente Ferrer）, St　ビセンテ・フェレル（聖）
Vincent of Lérins, St　ウィンケンティウス（レランスの）（聖）
Vincent de Paul（Depaul）, St　ヴァンサン・ド・ポール（聖）
Vincentian canon　「ウィンケンティウスの基準」
Vineam Domini Sabaoth　『ヴィネアム・ドミニ』
Vinegar Bible　ヴィネガー聖書
Vinet, Alexandre Rudolf　ヴィネ
Viret, Pierre　ヴィレ
Virgil　ウェルギリウス
Virgilius of Salzburg, St　ヴィルギリウス（ザルツブルクの）（聖）
Virgin Birth of Christ　処女降誕（キリストの）
virtualism　効力主義
visitation, episcopal　巡察（司教による）
Visitation of Our Lady　聖母の訪問の祝日
Visitation Order　マリア訪問会
Visitation of the Sick　病者の訪問
Vitalian, St　ヴィタリアヌス（聖）
Vitalis, St　ウィタリス（聖）
vitandi　ヴィタンディ

Vitoria, Francisco de　ビトリア
Vitus, St　ウィトゥス（聖）
Vladimir, St　ウラジーミル（聖）
Voet（Voetius）, Gisbert　ヴート（ヴォエティウス）
Voltaire　ヴォルテール
voluntary　ヴォランタリー
voluntaryism　自立主義
von Hügel, Baron Friedrich　ヒューゲル
Vonier, Anscar　フォニール
Vorstius, Conradus　ヴォルスティウス
Voss, Gerhard Jan　ヴォス
Votive Masses　信心ミサ（随意ミサ）
vowel points　母音記号
vows　誓願
Vulgate　ウルガタ訳聖書

## W

Wadding, Luke　ウォディング
Wailing Wall　嘆きの壁
wake　前夜祭
Wake, William　ウェイク
Walafrid Strabo　ヴァラフリドゥス・ストラボ
Walburga, St　ヴァルブルガ（聖）
Walden, Roger　ウォールデン
Waldenses（Vaudois）　ヴァルデス派（ワルドー派）
Waldenström, Paul Peter　ヴァルデンストレム
Wales, Christianity in　ウェールズのキリスト教
Wall, William　ウォール
Walsingham　ウォールジンガム
Walter of St-Victor　ヴァルテル（サン・ヴィクトルの）
Walton, Brian　ウォールトン
Walton, Izaak　ウォールトン
Wandering Jew, the　さまよえるユダヤ人
war, Christian attitude to　戦争へのキリスト教徒の態度
war, participation of the clergy in　戦争への聖職者の参加
Warburton, William　ウォーバートン
Ward, Mary　ウォード
Ward, Reginald Somerset　ウォード
Ward, Seth　ウォード
Ward, Wilfrid　ウォード
Ward, William George　ウォード
Warham, William　ウォーラム
Wartburg　ヴァルトブルク
Washington Cathedral　ワシントン大聖堂
Waterland, Daniel　ウォーターランド
Watson, Richard　ワトソン
Watts, Isaac　ワッツ
Wazo　ヴァゾ
Wearmouth and Jarrow　ウェアマスとジャロー
Webb, Benjamin　ウェッブ
Wednesday　水曜日
Wee Frees　スコットランド自由教会少数派
week　週
Weigel, Valentin　ヴァイゲル
Weil, Simone　ヴェイユ
Weiss, Johannes　ヴァイス
Welby, Justin Portal　ウェルビー
Wellhausen, Julius　ヴェルハウゼン
Wells　ウェルズ
Welsh Bible and Prayer Book　ウェールズ語の聖書と祈禱書
Wenceslas, St　ヴァーツラフ（聖）
Werburg, St　ウェルブルガ（聖）
Wesley, Charles　ウェスレー
Wesley, John　ウェスレー
Wesley, Samuel Sebastian　ウェスレー
Wessel（Gansfort）　ウェッセル（ハンスフォート）
Wessenberg, Ignaz Heinrich von　ヴェッセンベルク
West Africa, Christianity in　西アフリカのキリスト教
Westcott, Brooke Foss　ウェストコット
Western text of the NT　西方型本文（新約聖書の）
Westminster Abbey　ウェストミンスター・アビー
Westminster Assembly　ウェストミンスター会議
Westminster Catechisms　『ウェストミンスター教理問答』
Westminster Cathedral　ウェストミンスター大聖堂
Westminster Confession　ウェストミンスター信仰告白
Weston, Frank　ウェストン
westward position　西向きの位置
Wettstein, Johann Jakob　ヴェットシュタイン
Weymouth New Testament　『ウェイマスの新約聖書』
Wharton, Henry　ウォートン
Whately, Richard　ホエイトリー
Whichcote, Benjamin　ホイッチコート
Whiston, William　ホイストン
Whitaker, William　ホイッティカー
Whitby, Synod of　ホイットビー教会会議
Whitchurch, Edward　ホイットチャーチ

| | |
|---|---|
| White Fathers | 白衣宣教会 |
| White Friars | ホワイト・フライアーズ |
| White Ladies | ホワイト・レディーズ |
| White Monks | ホワイト・マンクス |
| White Sisters | ホワイト・シスターズ |
| White, Francis | ホワイト |
| White, John | ホワイト |
| White, Joseph Blanco | ホワイト |
| Whitefield, George | ホイットフィールド |
| Whitgift, John | ホイットギフト |
| Whitsunday | 聖霊降臨の主日（聖霊降臨日） |
| Whittier, John Greenleaf | ホイッティアー |
| Whittingham, William | ホイッティンガム |
| *Whole Duty of Man, The* | 『人間の義務の全容』 |
| Whyte, Alexander | ホワイト |
| Wichern, Johann Hinrich | ヴィーヘルン |
| widows | やもめ（寡婦） |
| Wilberforce, Samuel | ウィルバーフォース |
| Wilberforce, William | ウィルバーフォース |
| Wilfrid, St | ウィルフリッド（聖） |
| Wilkes, Paget | ウィルクス |
| Wilkins, David | ウィルキンズ |
| Wilkins, John | ウィルキンズ |
| Willehad, St | ウィレハッド（聖） |
| William I | ウィリアム１世 |
| William（Guilelmus）of Auvergne | グイレルムス（オーヴェルニュの） |
| William（Guilelmus）of Auxerre | グイレルムス（オセールの） |
| William（Guilelmus）of Champeaux | グイレルムス（シャンポーの） |
| William（Guilelmus）of Conches | グイレルムス（コンシュの） |
| William（Guilelmus）of Malmesbury | グイレルムス（マームズベリーの） |
| William（Guilelmus）of Moerbeke | グイレルムス（ムールベケの） |
| William of Norwich, St | ウィリアム（ノリッジの）（聖） |
| William of Ockham | オッカム（オッカムのウィリアム） |
| William（Guilelmus）of St-Thierry | グイレルムス（サン・ティエリの） |
| William（Guilelmus）of Tyre | グイレルムス（ティルスの） |
| William of Waynflete | ウィリアム（ウェインフリートの） |
| William of Wykenham | ウィリアム（ウィッカムの） |
| William of York, St | ウィリアム（ヨークの）（聖） |
| Williams, Charles Walter Stansby | ウィリアムズ |
| Williams, Isaac | ウィリアムズ |
| Williams, John | ウィリアムズ |
| Williams, John | ウィリアムズ |
| Williams, Roger | ウィリアムズ |
| Williams, Rowan Douglas | ウィリアムズ |
| Williams, Rowland | ウィリアムズ |
| Willibald, St | ウィリバルド（聖） |
| Willibrord, St | ウィリブロード（聖） |
| Wilsnack | ヴィルスナック |
| Wilson, Daniel | ウィルソン |
| Wilson, Thomas | ウィルソン |
| Winchelsea, Robert of | ウィンチェルシー |
| Winchester | ウィンチェスター |
| Windesheim | ウィンデスヘイム |
| Windsor, St George's Chapel | セント・ジョージ礼拝堂（ウィンザーの） |
| Windthorst, Ludwig | ヴィントホルスト |
| wine | ぶどう酒 |
| Winifred, St | ウィニフレッド（聖） |
| Wipo | ヴィポ |
| wisdom | 知恵（ソフィア） |
| Wisdom of Solomon | 知恵の書（ソロモンの知恵） |
| Wiseman, Nicholas Patrick Stephen | ワイズマン |
| Wishart, George | ウィシャート |
| Witchcraft | 魔術 |
| Witelo | ヴィテロ |
| Wittenberg | ヴィッテンベルク |
| Wittenberg, Concord of | ヴィッテンベルク協約 |
| Wittgenstein, Ludwig | ウィトゲンシュタイン |
| Wolfenbüttel Fragments | 『ヴォルフェンビュッテル断片』 |
| Wolff, Christian | ヴォルフ |
| Wolfgang, St | ヴォルフガング（聖） |
| Wolsey, Thomas | ウルジー |
| women, ordination of | 女性の聖職叙任 |
| Woodard, Nathaniel | ウッダード |
| Woolman, John | ウルマン |
| Woolston, Thomas | ウルストン |
| Worcester | ウースター |
| Wordsworth, John | ワーズワース |
| Wordsworth, William | ワーズワース |
| World Alliance of Reformed Churches | |

改革派教会世界連盟
World Council of Churches（WCC） 世界教会協議会
Worms, Concordat of ヴォルムス協約
Worms, Conference of ヴォルムス会議
Worms, Diet of ヴォルムス帝国議会
Worms, Synod of ヴォルムス教会会議
Worship, Directory of Public（Westminster Directory） 『公同礼拝指針』
Worship and Doctrine Measure 「英国教会礼拝・教理条例」
Wounds, the Five Sacred 5つの聖なる傷
wrath of God, the 神の怒り
Wrede, William ヴレーデ
Wren, Christopher レン
Wroth, William ロス
Wulfric（Ulrich）, St ウルフリック（聖）
Wulfstan ウルフスタン
Wulfstan, St ウルフスタン（聖）
Württemberg Confession ヴュルテンベルク信仰告白
Wycliffe（Wiclif）, John ウィクリフ

# X

Xu Guangqi 徐光啓

# Y

Yahweh ヤハウェ
year, liturgical（ecclesiastical calendar） 典礼暦（教会暦）
YMCA（Young Men's Christian Association） キリスト教青年会
yoga ヨーガ
Yom Kippur ヨーム・キップール
Yonge, Charlotte Mary ヤング
York ヨーク
YWCA（Young Women's Christian Association） キリスト教女子青年会

# Z

Zabarella, Francesco ザバレラ
Zacchaeus ザアカイ
Zachariah ザカリア
Zacharias, St ザカリアス（聖）
Zacharias Scholasticus ザカリアス・スコラスティコス
Zahn, Theodor ツァーン
Zambia, Christianity in ザンビアのキリスト教
Zanchi, Girolamo ザンキ
Zara Yakub ザラ・ヤコブ
Zealots ゼーロータイ（熱心党）
Zechariah, Book of ゼカリヤ書
Zeno, St ゼノ（聖）
Zeno ゼノ
Zephaniah, Book of ゼファニヤ書
Zephyrinus, St ゼフィリヌス（聖）
Zernov, Nicolas ゼルノーフ
Zimbabwe, Christianity in ジンバブウェのキリスト教
Zinzendorf, Nikolaus Ludwig Graf von ツィンツェンドルフ
Zion シオン
Zita, St ジータ（聖）
Zonaras, Johannes ゾナラス
Zoroastrianism（Mazdaism） ゾロアスター教（マズダ教）
Zosimus, St ゾシムス（聖）
Zosimus ゾシモス
zucchetto ズケット
Zwickau Prophets ツヴィッカウの預言者たち
Zwingli, Ulrich（Huldreich） ツヴィングリ

# 歴代教皇・対立教皇一覧

• 対立教皇は在位年代の前に*印が付けられている.
• *印の付いた教皇・対立教皇は本辞典の項目になっている.

| | | |
|---|---|---|
| 64頃まで | ペトロ* | St Peter |
| | リヌス* | Linus |
| | アナクレトゥス* | Anacletus |
| 96頃活動 | クレメンス1世* | Clement I |
| | エウァリストゥス | Evaristus |
| | アレクサンデル1世 | Alexander I |
| 117頃-127頃 | シクストゥス1世 | Sixtus I |
| 127頃-137頃 | テレスフォルス* | Telesphorus |
| 137頃-140頃 | ヒギヌス | Hyginus |
| 140頃-154頃 | ピウス1世* | Pius I |
| 154頃-166頃 | アニケトゥス | Anicetus |
| 166頃-175頃 | ソテル | Soter |
| 175頃-189 | エレウテルス | Eleutherus |
| 189-198 | ヴィクトル1世* | Victor I |
| 198-217 | ゼフィリヌス* | Zephyrinus |
| 217-222 | カリストゥス1世* | Callistus I |
| *217-235頃 | ヒッポリュトス* | Hippolytus |
| 222-230 | ウルバヌス1世 | Urban I |
| 230-235 | ポンティアヌス | Pontian |
| 235-236 | アンテルス | Anterus |
| 236-250 | ファビアヌス* | Fabian |
| 251-253 | コルネリウス* | Cornelius |
| *251-257/58 | ノウァティアヌス* | Novatian |
| 253-254 | ルキウス1世 | Lucius I |
| 254-257 | ステファヌス1世* | Stephen I |
| 257-258 | シクストゥス2世* | Sixtus II |
| 259-268 | ディオニュシウス* | Dionysius |
| 269-274 | フェリクス1世 | Felix I |
| 275-283 | エウティキアヌス | Eutychianus |
| 283-296 | カイウス | Caius |
| 286-304 | マルケリヌス | Marcellinus |
| 307頃-308/09 | マルケルス1世 | Marcellus I |
| 310 | エウセビウス | Eusebius |
| 310/11-314 | ミルティアデス* | Miltiades |
| 314-335 | シルヴェステル1世* | Silvester I |
| 336 | マルクス | Mark |
| 337-352 | ユリウス1世* | Julius I |
| 352-366 | リベリウス* | Liberius |
| *355-365 | フェリクス2世 | Felix II |
| 366-384 | ダマスス1世* | Damasus I |
| *366-367 | ウルシヌス | Ursinus |
| 384-399 | シリキウス* | Siricius |
| 399-401 | アナスタシウス1世 | Anastasius I |
| 402-417 | インノケンティウス1世* | Innocent I |
| 417-418 | ゾシムス* | Zosimus |
| 418-422 | ボニファティウス1世* | Boniface I |
| *418-419 | エウラリウス | Eulalius |
| 422-432 | ケレスティヌス1世* | Celestine I |
| 432-440 | シクストゥス3世 | Sixtus III |
| 440-461 | レオ1世* | Leo I |
| 461-468 | ヒラルス | Hilarus |
| 468-483 | シンプリキウス* | Simplicius |
| 483-492 | フェリクス3(2)世 | Felix III (II) |
| 492-496 | ゲラシウス1世* | Gelasius I |
| 496-498 | アナスタシウス2世 | Anastasius II |
| 498-514 | シンマクス* | Symmachus |
| *498-99, 501-06 | ラウレンティウス | Laurentius |
| 514-523 | ホルミスダス* | Hormisdas |
| 523-526 | ヨアンネス1世 | John I |
| 526-530 | フェリクス4(3)世 | Felix IV (III) |
| 530-532 | ボニファティウス2世 | Boniface II |
| *530 | ディオスクルス | Dioscurus |
| 533-535 | ヨアンネス2世 | John II |
| 535-536 | アガペトゥス1世* | Agapetus I |
| 536-537 | シルヴェリウス | Silverius |
| 537-555 | ヴィギリウス* | Vigilius |
| 555-561 | ペラギウス1世 | Pelagius I |
| 561-574 | ヨアンネス3世 | John III |
| 575-579 | ベネディクトゥス1世 | Benedict I |
| 579-590 | ペラギウス2世 | Pelagius II |
| 590-604 | グレゴリウス1世* | Gregory I |
| 604-606 | サビニアヌス | Sabinianus |

607 ボニファティウス３世　Boniface III
608-615 ボニファティウス４世　Boniface IV
615-618 デウスデディトゥス１世 Deusdedit I（またはアデオダトゥス１世　Adeodatus I）
619-625 ボニファティウス５世　Boniface V
625-638 ホノリウス１世*　Honorius I
640 セウェリヌス　Severinus
640-642 ヨアンネス４世　John IV
642-649 テオドルス１世　Theodore I
649-655 マルティヌス１世*(1)　Martin I
654-657 エウゲニウス１世　Eugenius I
657-672 ヴィタリアヌス*　Vitalian
672-676 アデオダトゥス２世　Adeodatus II
676-678 ドヌス　Donus
678-681 アガト*　Agatho
682-683 レオ２世　Leo II
684-685 ベネディクトゥス２世　Benedict II
685-686 ヨアンネス５世　John V
686-687 コノン　Cono
*687 テオドルス　Theodore
*687 パスカリス　Paschal
687-701 セルギウス１世*　Sergius I
701-705 ヨアンネス６世　John VI
705-707 ヨアンネス７世　John VII
708 シシンニウス　Sisinnius
708-715 コンスタンティヌス　Constantine
715-731 グレゴリウス２世*　Gregory II
731-741 グレゴリウス３世　Gregory III
741-752 ザカリアス*　Zacharias
752 ステファヌス２世　Stephen II
752-757 ステファヌス２（3）世*　Stephen II（III）
757-767 パウルス１世　Paul I
*767-769 コンスタンティヌス　Constantine
*768 フィリップス　Philip
768-772 ステファヌス３（4）世*　Stephen III（IV）
772-795 ハドリアヌス１世*　Hadrian I
795-816 レオ３世*　Leo III
816-817 ステファヌス４（5）世　Stephen IV（V）
817-824 パスカリス１世　Paschal I
824-827 エウゲニウス２世　Eugenius II
827 ヴァレンティヌス　Valentine
827-844 グレゴリウス４世　Gregory IV
844-847 セルギウス２世　Sergius II
*844 ヨアンネス　John
847-855 レオ４世*　Leo IV
855-858 ベネディクトゥス３世　Benedict III
*855 アナスタシウス*（「司書」） Anastasius Bibliothecarius
858-867 ニコラウス１世*　Nicholas I
867-872 ハドリアヌス２世　Hadrian II
872-882 ヨアンネス８世　John VIII
882-884 マリヌス１世　Marinus I
884-885 ハドリアヌス３世　Hadrian III
885-891 ステファヌス５（6）世　Stephen V（VI）
891-896 フォルモスス*　Formosus
896 ボニファティウス６世　Boniface VI
896-897 ステファヌス６（7）世　Stephen VI（VII）
897 ロマヌス　Romanus
897 テオドルス２世　Theodore II
898-900 ヨアンネス９世　John IX
900-903 ベネディクトゥス４世　Benedict IV
903 レオ５世　Leo V
*903-904 クリストフォルス　Christopher
904-911 セルギウス３世　Sergius III
911-913 アナスタシウス３世　Anastasius III
913-914 ランド　Lando
914-928 ヨアンネス10世　John X
928 レオ６世　Leo VI
928-931 ステファヌス７（8）世　Stephen VII（VIII）
931-935 ヨアンネス11世　John XI
936-939 レオ７世　Leo VII
939-942 ステファヌス８（9）世　Stephen VIII（IX）
942-946 マリヌス２世　Marinus II
946-955 アガペトゥス２世　Agapetus II
955-964 ヨアンネス12世*　John XII

| | |
|---|---|
| 963-965 | レオ8世[2]　Leo VIII |
| 964 | ベネディクトゥス5世　Benedict V |
| 965-972 | ヨアンネス13世　John XIII |
| 973-974 | ベネディクトゥス6世　Benedict VI |
| *974,984-985 | ボニファティウス7世　Boniface VII |
| 974-983 | ベネディクトゥス7世　Benedict VII |
| 983-984 | ヨアンネス14世　John XIV |
| 985-996 | ヨアンネス15世　John XV |
| 996-999 | グレゴリウス5世　Gregory V |
| *997-998 | ヨアンネス16世　John XVI |
| 999-1003 | シルヴェステル2世*　Silvester II |
| 1003 | ヨアンネス17世　John XVII |
| 1003/04-09 | ヨアンネス18世　John XVIII |
| 1009-12 | セルギウス4世　Sergius IV |
| 1012-24 | ベネディクトゥス8世　Benedict VIII |
| *1012 | グレゴリウス6世　Gregory VI |
| 1024-32 | ヨアンネス19世　John XIX |
| 1032-44 | ベネディクトゥス9世　Benedict IX |
| 1045 | シルヴェステル3世　Silvester III |
| 1045 | ベネディクトゥス9世　Benedict IX（復位） |
| 1045-46 | グレゴリウス6世　Gregory VI |
| 1046-47 | クレメンス2世　Clement II |
| 1047-48 | ベネディクトゥス9世　Benedict IX（再復位） |
| 1048 | ダマスス2世　Damasus II |
| 1048-54 | レオ9世*　Leo IX |
| 1055-57 | ヴィクトル2世　Victor II |
| 1057-58 | ステファヌス9（10）世　Stephen IX（X） |
| *1058-59 | ベネディクトゥス10世　Benedict X |
| 1059-61 | ニコラウス2世　Nicholas II |
| 1061-73 | アレクサンデル2世*　Alexander II |
| *1061-72 | ホノリウス2世　Honorius II |
| 1073-85 | グレゴリウス7世*　Gregory VII |
| *1080, 84-1100 | クレメンス3世　Clement III |
| 1086-87 | ヴィクトル3世　Victor III |
| 1088-99 | ウルバヌス2世*　Urban II |
| 1099-1118 | パスカリス2世*　Paschal II |
| *1100-01 | テオドリクス　Theodoric |
| *1101 | アルベルトゥス　Albert |
| *1105-11 | シルヴェステル4世　Silvester IV |
| 1118-19 | ゲラシウス2世　Gelasius II |
| *1118-21 | グレゴリウス8世　Gregory VIII |
| 1119-24 | カリストゥス2世*　Callistus II |
| 1124-30 | ホノリウス2世　Honorius II |
| *1124 | ケレスティヌス2世　Celestine II |
| 1130-43 | インノケンティウス2世　Innocent II |
| *1130-38 | アナクレトゥス2世　Anacletus II |
| *1138 | ヴィクトル4世　Victor IV |
| 1143-44 | ケレスティヌス2世　Celestine II |
| 1144-45 | ルキウス2世　Lucius II |
| 1145-53 | エウゲニウス3世*　Eugenius III |
| 1153-54 | アナスタシウス4世　Anastasius IV |
| 1154-59 | ハドリアヌス4世*　Hadrian IV |
| 1159-81 | アレクサンデル3世*　Alexander III |
| *1159-64 | ヴィクトル4世[3]　Victor IV |
| *1164-68 | パスカリス3世　Paschal III |
| *1168-78 | カリストゥス3世　Callistus III |
| *1179-80 | インノケンティウス3世　Innocent III |
| 1181-85 | ルキウス3世　Lucius III |
| 1185-87 | ウルバヌス3世　Urban III |
| 1187 | グレゴリウス8世　Gregory VIII |
| 1187-91 | クレメンス3世　Clement III |
| 1191-98 | ケレスティヌス3世*　Celestine III |
| 1198-1216 | インノケンティウス3世*　Innocent III |
| 1216-27 | ホノリウス3世*　Honorius III |
| 1227-41 | グレゴリウス9世*　Gregory IX |
| 1241 | ケレスティヌス4世　Celestine IV |
| 1243-54 | インノケンティウス4世*　Innocent IV |
| 1254-61 | アレクサンデル4世　Alexander IV |
| 1261-64 | ウルバヌス4世　Urban IV |
| 1265-68 | クレメンス4世　Clement IV |
| 1271-76 | グレゴリウス10世*　Gregory X |
| 1276 | インノケンティウス5世　Innocent V |

| | | | |
|---|---|---|---|
| 1276 | ハドリアヌス5世 Hadrian V | 1492-1503 | アレクサンデル6世* Alexander VI |
| 1276-77 | ヨアンネス21世*(4) John XXI | 1503 | ピウス3世 Pius III |
| 1277-80 | ニコラウス3世 Nicholas III | 1503-13 | ユリウス2世* Julius II |
| 1281-85 | マルティヌス4世* Martin IV | 1513-21 | レオ10世* Leo X |
| 1285-87 | ホノリウス4世 Honorius IV | 1522-23 | ハドリアヌス6世* Hadrian VI |
| 1288-92 | ニコラウス4世 Nicholas IV | 1523-34 | クレメンス7世* Clement VII |
| 1294 | ケレスティヌス5世* Celestine V | 1534-49 | パウルス3世* Paul III |
| 1294-1303 | ボニファティウス8世* Boniface VIII | 1550-55 | ユリウス3世* Julius III |
| 1303-04 | ベネディクトゥス11世 Benedict XI | 1555 | マルケルス2世 Marcellus II |
| 1305-14 | クレメンス5世* Clement V | 1555-59 | パウルス4世* Paul IV |
| 1316-34 | ヨアンネス22世* John XXII | 1559-65 | ピウス4世* Pius IV |
| *1328-30 | ニコラウス5世 Nicholas V | 1566-72 | ピウス5世* Pius V |
| 1334-42 | ベネディクトゥス12世* Benedict XII | 1572-85 | グレゴリウス13世* Gregory XIII |
| 1342-52 | クレメンス6世* Clement VI | 1585-90 | シクストゥス5世* Sixtus V |
| 1352-62 | インノケンティウス6世 Innocent VI | 1590 | ウルバヌス7世 Urban VII |
| 1362-70 | ウルバヌス5世* Urban V | 1590-91 | グレゴリウス14世 Gregory XIV |
| 1370-78 | グレゴリウス11世* Gregory XI | 1591 | インノケンティウス9世 Innocent IX |
| 1378-89 | ウルバヌス6世* Urban VI | 1592-1605 | クレメンス8世* Clement VIII |
| *1378-94 | クレメンス7世 Clement VII | 1605 | レオ11世 Leo XI |
| 1389-1404 | ボニファティウス9世 Boniface IX | 1605-21 | パウルス5世* Paul V |
| *1394-1417 | ベネディクトゥス13世* Benedict XIII | 1621-23 | グレゴリウス15世 Gregory XV |
| 1404-06 | インノケンティウス7世 Innocent VII | 1623-44 | ウルバヌス8世* Urban VIII |
| 1406-15 | グレゴリウス12世 Gregory XII | 1644-55 | インノケンティウス10世* Innocent X |
| *1409-10 | アレクサンデル5世* Alexander V | 1655-67 | アレクサンデル7世* Alexander VII |
| *1410-15 | ヨアンネス23世* John XXIII | 1667-69 | クレメンス9世 Clement IX |
| 1417-31 | マルティヌス5世* Martin V | 1670-76 | クレメンス10世 Clement X |
| *1423-29 | クレメンス8世 Clement VIII | 1676-89 | インノケンティウス11世* Innocent XI |
| *1425-30 | ベネディクトゥス14世 Benedict XIV | 1689-91 | アレクサンデル8世* Alexander VIII |
| 1431-47 | エウゲニウス4世* Eugenius IV | 1691-1700 | インノケンティウス12世 Innocent XII |
| *1439-49 | フェリクス5世 Felix V | 1700-21 | クレメンス11世* Clement XI |
| 1447-55 | ニコラウス5世* Nicholas V | 1721-24 | インノケンティウス13世 Innocent XIII |
| 1455-58 | カリストゥス3世* Callistus III | 1724-30 | ベネディクトゥス13世* Benedict XIII |
| 1458-64 | ピウス2世* Pius II | 1730-40 | クレメンス12世 Clement XII |
| 1464-71 | パウルス2世 Paul II | 1740-58 | ベネディクトゥス14世* Benedict XIV |
| 1471-84 | シクストゥス4世* Sixtus IV | 1758-69 | クレメンス13世* Clement XIII |
| 1484-92 | インノケンティウス8世 Innocent VIII | | |

1366-68 シモン・ランガム Simon Langham
1368-74 ウィリアム・ウィットルシー William Wittleseye
1375-81 シモン（サドベリーの）* Simon of Sudbury
1381-96 ウィリアム・コートニー* William Courtenay
1396-97 トマス・アランデル* Thomas Arundel
1397-99 ロジャー・ウォールデン* Roger Walden
1399-1414 トマス・アランデル（復位） Thomas Arundel
1414-43 ヘンリー・チチェリー* Henry Chichele
1443-52 ジョン・スタッフォード John Stafford
1452-54 ジョン・ケンプ John Kempe
1454-86 トマス・バウチャー* Thomas Bourchier
1487-1500 ジョン・モートン John Morton
1501-03 ヘンリー・ディーン Henry Dean
1503-32 ウィリアム・ウォーラム* William Warham
1533-56 トマス・クランマー* Thomas Cranmer
1556-58 レジナルド・プール* Reginald Pole
1559-75 マシュー・パーカー* Matthew Parker
1575-83 エドマンド・グリンダル* Edmund Grindal
1583-1604 ジョン・ホイットギフト* John Whitgift
1604-10 リチャード・バンクロフト* Richard Bancroft
1611-33 ジョージ・アボット* George Abbot
1633-45 ウィリアム・ロード* William Laud
1660-63 ウィリアム・ジャクソン* William Juxon
1663-77 ギルバート・シェルドン* Gilbert Sheldon
1678-90 ウィリアム・サンクロフト* William Sancroft
1691-94 ジョン・ティロットソン* John Tillotson
1695-1715 トマス・テニソン* Thomas Tenison
1716-37 ウィリアム・ウェイク* William Wake
1737-47 ジョン・ポッター* John Potter
1747-57 トマス・ヘリング Thomas Herring
1757-58 マシュー・ハットン Matthew Hutton
1758-68 トマス・セッカー* Thomas Secker
1768-83 フレデリック・コーンウォリス Frederick Cornwallis
1783-1805 ジョン・ムーア John Moore
1805-28 チャールズ・マナーズ・サットン* Charles Manners-Sutton
1828-48 ウィリアム・ハウリー* William Howley
1848-62 ジョン・バード・サムナー* John Bird Sumner
1862-68 チャールズ・トマス・ロングリー* Charles Thomas Longley
1868-82 アーチボルド・キャンベル・テイト* Archibald Campbell Tait
1883-96 エドワード・ホワイト・ベンソン* Edward White Benson
1897-1902 フレデリック・テンプル* Frederick Temple
1903-28 ランダル・トマス・デーヴィッドソン* Randall Thomas Davidson
1928-42 コズモ・ゴードン・ラング* Cosmo Gordon Lang
1942-44 ウィリアム・テンプル* William Temple
1945-61 ジェフリー・フランシス・フィッシャー* Geoffrey Francis Fisher
1961-74 アーサー・マイケル・ラムジー* Arthur Michael Ramsey
1974-80 フレデリック・ドナルド・コガン Frederick Donald Coggan
1980-91 ロバート・アレグザンダー・ケネディ・ランシー* Robert Alexander Kennedy Runcie
1991-2002 ジョージ・レナード・ケアリ

| | | | |
|---|---|---|---|
| | George Leonard Carey | 2013- | ジャスティン・ポータル・ウェルビー* Justin Portal Welby |
| 2002-12 | ローアン・ダグラス・ウィリアムズ* Rowan Douglas Williams | | |

《訳者紹介》

**木寺廉太**（きでら・れんた）

1941年生まれ．東京大学大学院人文科学研究科宗教学宗教史学専攻博士課程進学，ストラスブール大学より宗教学博士号取得．茨城キリスト教大学文学部教授，立教大学文学部キリスト教学科教授を歴任．現在，立教大学名誉教授．

**著書**『古代キリスト教と平和主義——教父たちの戦争・軍隊・平和観』（立教大学出版会，2004年）．

**訳書**『キリスト教教父著作集16　テルトゥリアヌス４』（2002年），W. E. ポウスト『キリスト教シンボル・デザイン事典』（2007年），C. リンドバーグ『キリスト教史』（2007年），G. R. エヴァンズ『異端信仰』（2008年），F. ヤング『ニカイア信条・使徒信条入門』（2009年），P. シェルドレイク『キリスト教霊性の歴史』（2010年）（以上，教文館）．


オックスフォード　キリスト教辞典

2017年1月20日　初版発行

訳　者　木　寺　廉　太
発行者　渡　部　満
発行所　株式会社　教　文　館
〒104-0061　東京都中央区銀座4-5-1　電話 03(3561)5549　FAX 03(5250)5107
URL　http://www.kyobunkwan.co.jp/publishing/

印刷所　モリモト印刷株式会社

配給元　日キ販　〒162-0814　東京都新宿区新小川町9-1
電話 03(3260)5670　FAX 03(3260)5637

ISBN978-4-7642-4041-4　Printed in Japan